BUCH + DATENBANK!

Das komplette Werk mit über 50 Mustern steht Ihnen online zur Verfügung. Alle Formulare als RTF-Dokumente verfügbar, ausgewählte Formulare mit LAWLIFT-Funktion. Plus Gesetze und Entscheidungen im Volltext.

Aktivieren Sie jetzt Ihren Account!
Ihre Zugangsdaten für 3 Nutzer:

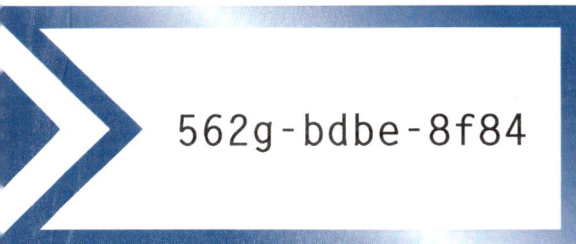

562g - bdbe - 8f84

So einfach funktioniert es:
Wählen Sie auf www.otto-schmidt.de oben rechts „Otto Schmidt online", dann den Menüpunkt „Neu registrieren".

Bereits registrierte Online-Nutzer anderer Module wählen „Zugang verlängern und erweitern".

Geben Sie Ihre Zugangsdaten ein. Der Zugang ist bis zum Erscheinen der Neuauflage gültig.

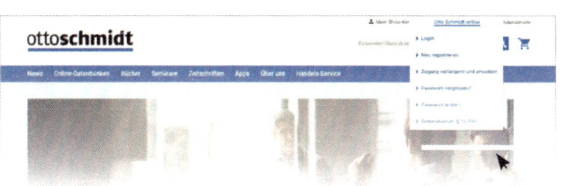

Haben Sie Fragen?
Unser Kundenservice ist für Sie da:
Telefon 0221/93738-999
kundenservice@otto-schmidt.de

Moos
Datenschutz und Datennutzung

Datenschutz
und
Datennutzung

Verträge · Datenschutzklauseln
Datenschutzerklärungen

Herausgegeben
von

Dr. Flemming Moos
Rechtsanwalt, Fachanwalt für IT-Recht
Hamburg

3., neu bearbeitete
und erweiterte Auflage

2021

ottoschmidt

Bearbeiter

Prof. Dr. Ralf B. Abel
Rechtsanwalt, Hamburg

Dr. Marian Arning, LL.M.
Rechtsanwalt, Hamburg

Dr. Mirko Bange
Richter am Landgericht, Köln

Silvia C. Bauer
Rechtsanwältin, Köln

Dr. Ulrich Baumgartner, LL.M.
Rechtsanwalt, München

Thorsten Feldmann, LL.M.
Fachanwalt für Urheber- und
Medienrecht, Berlin

Dr. Axel Freiherr
von dem Bussche, LL.M.
Fachanwalt für IT-Recht, Hamburg

Dr. Detlev Gabel
Fachanwalt für IT-Recht, Frankfurt a.M.

Dr. Till Gerhardt
Rechtsanwalt, Hamburg

Stephan Hansen-Oest
Fachanwalt für IT-Recht, Flensburg

Frank Henkel
Rechtsanwalt, Hamburg

Britta Hinzpeter, LL.M.
Rechtsanwältin, München

Julian Höppner, LL.M.
Fachanwalt für IT-Recht, Berlin

Dr. Thomas Jansen
Rechtsanwalt, München

Dr. Wulf Kamlah
Rechtsanwalt, Frankfurt a.M.

Dr. Markus Lang
Rechtsanwalt, Düsseldorf

Claudia Maschke, LL.M.
Wirtschaftsjuristin, Hamburg

Dr. Sebastian Meyer, LL.M.
Fachanwalt für IT-Recht und Notar,
Bielefeld

Dr. Flemming Moos
Fachanwalt für IT-Recht, Hamburg

Lukas Neff, LL.M.
Wirtschaftsjurist, Mainz

Jamie Nowak, LL.M. Eur.
Fachanwalt für Handels- und
Gesellschaftsrecht, München

Leif Rohwedder
Rechtsanwalt, Hamburg

Dr. Tobias Rothkegel
Rechtsanwalt, Hamburg

Dr. Daniel Rücker, LL.M.
Rechtsanwalt, München

Adrian Schneider
Rechtsanwalt, Köln

Dr. Martin Soppe
Rechtsanwalt, Hamburg

Felix Sperling-Fröhlich, LL.M.
Rechtsanwalt, Wiesbaden

Dr. Frank Weberndörfer
Fachanwalt für Arbeitsrecht, Hamburg

Christoph Zieger
Rechtsanwalt, München

Zitierempfehlung:
Bearbeiter in Moos, Datenschutz- und Datennutzung,
3. Aufl. 2021, Rz. ... bzw. M ...

Bibliografische Information
der Deutschen Nationalbibliothek

Die Deutsche Nationalbibliothek verzeichnet diese
Publikation in der Deutschen Nationalbibliografie;
detaillierte bibliografische Daten sind im Internet
über http://dnb.d-nb.de abrufbar.

Verlag Dr. Otto Schmidt KG
Gustav-Heinemann-Ufer 58, 50968 Köln
Tel. 02 21/9 37 38-01, Fax 02 21/9 37 38-943
info@otto-schmidt.de
www.otto-schmidt.de

ISBN 978-3-504-56101-7

©2021 by Verlag Dr. Otto Schmidt KG, Köln

Das verwendete Papier ist aus chlorfrei gebleichten
Rohstoffen hergestellt, holz- und säurefrei, alterungs-
beständig und umweltfreundlich.

Einbandgestaltung: Lichtenford, Mettmann
Satz: WMTP, Birkenau
Druck und Verarbeitung: Kösel, Krugzell
Printed in Germany

Vorwort

Ziemlich genau drei Jahre nach der Vorauflage liegt nun die 3. Auflage dieses Handbuchs vor. Die Grundkonzeption des Buches ist hierbei ein wenig erweitert worden: Den **Schwerpunkt** des Handbuchs bildet nach wie vor die **Datenschutzrelevanz** der darin aufgenommenen und kommentierten Verträge und sonstigen Muster. Es finden sich aber auch einige Muster, die Daten nicht als Schutzgut der Datenschutz-Grundverordnung (DSGVO) oder anderer Datenschutzvorschriften behandeln, sondern als **Wirtschaftsgut**.

In beiden Fällen bedarf es in der Praxis sehr häufig bestimmter Vereinbarungen und Klauseln, um gesetzlichen Pflichten nachzukommen oder die Rechtslage im Sinne der Datenverwender zu gestalten.

Auch wenn das Datenschutzrecht selbst als Sondermaterie des öffentlichen Rechts primär mit Verboten und Geboten arbeitet, bestehen mannigfache Bezugspunkte zum Zivilrecht, was den **Datenschutz** eben in den **Fokus der Vertragsgestaltung** rückt. Vertragliche Vereinbarungen zwischen datenverarbeitenden Stellen tragen dazu bei, die sich aus der DSGVO und anderweitigen gesetzlichen Datenschutzvorschriften ergebenden Anforderungen zu erfüllen. Das geschieht nicht nur in Fällen, in denen das Gesetz den Abschluss solcher Verträge explizit verlangt, wie z.B. für Auftragsverarbeitungen i.S.v. Art. 28 DSGVO, sondern auch mittelbar, indem Verträge als Instrumente verwendet werden, datenschutzrechtliche Verpflichtungen umzusetzen, wie z.B. im Fall der vertraglichen Beauftragung eines externen Datenschutzbeauftragten, dem Abschluss einer Betriebsvereinbarung zum Datenschutz oder auch der Vereinbarung der Standarddatenschutzklauseln für Übermittlungen personenbezogener Daten an Empfänger außerhalb der EU.

Seit dem Erscheinen der Vorauflage dieser Mustersammlung rechtzeitig zum Inkrafttreten der **DSGVO** hat sich die Rechtslage im Datenschutzrecht zwar nicht maßgeblich geändert, seit Mai 2018 sind aber sehr viele Erfahrungen bei der praktischen Umsetzung der DSGVO gesammelt worden. Daneben sind einige rechtskonkretisierende **gerichtliche und behördliche Entscheidungen** ergangen. Zu guter Letzt haben auch der Europäische Datenschutzausschuss (EDSA) und die in ihm repräsentierten **Aufsichtsbehörden** eine Reihe von **Empfehlungen und Orientierungshilfen** formuliert.

Viele dieser Entscheidungen und Empfehlungen haben unmittelbare Auswirkungen auf die Gestaltung der in diesem Handbuch enthaltenen Muster und Klauseln. So hat die Rechtsprechung von EuGH und BGH in Sachen *Planet49* beispielsweise Folgen für die wirksame Gestaltung von Einwilligungserklärungen. Die drei vom EuGH bereits gefällten Urteile zur gemeinsamen Verantwortlichkeit in Sachen *Facebook Fanpages*, *Zeugen Jehovas* und *Fashion ID* sind naturgemäß bei der Gestaltung von Verträgen nach Art. 26 DSGVO zu berücksichtigen. Und ganz aktuell wird fieberhaft nach Lösungen gesucht, wie die Anforderungen des EuGH in seinem *Schrems II*-Urteil und die dazu ergangenen Empfehlungen des EDSA durch Zusatzregelungen zu den Standarddatenschutzklauseln abgedeckt werden können.

Parallel zur Fortentwicklung und Konkretisierung des Rechtsrahmens hat sich auch der technologische und wirtschaftliche Trend zur Erschließung von **Daten als Wirtschaftsgut** weiter verstärkt: Die **digitale Transformation**, die mittlerweile nahezu alle Wirtschaftsbereiche erfasst hat, ist sehr häufig datengetrieben. Hierdurch besteht ein nochmals gestiegener Bedarf, die Nutzung von Daten für wirtschaftliche Zwecke durch Verträge zu organisieren und zu steuern.

Soweit solche Daten einen Personenbezug aufweisen, hält dieses Handbuch **Musterverträge** vor, die zur Umsetzung der datenschutzrechtlichen Vorgaben in vertraglichen Vereinbarungen dienen, wie z.B. im Fall des Auskunfteivertrages, des Adressenkauf- und -überlassungsvertrages oder auch des Marktforschungsvertrages. In anderen Fällen soll ein Personenbezug gerade vermieden werden; in solchen Fällen können die jeweils einschlägigen Vertragsmuster dazu dienen, die Anonymität der Daten abzusichern, wie z.B. im Fall der Datentreuhand. In wiederum anderen Fällen geht es gar nicht um personenbezogene Daten, sondern um Daten als reines Wirtschaftsgut, wie z.B. in dem Datenlieferungsvertrag oder dem Datenbanklizenzvertrag.

Weitere Anwendungsfälle bilden **organisatorische Festlegungen**, z.B. im Hinblick auf die Tätigkeit bestimmter Personen oder Dienstleister, die selbst datenschutzrechtlich relevante Pflichten übernehmen, wie im Falle eines Datenschutzbeauftragten oder eines Datenschutz-Auditors, **innerbetriebliche Regelungen** mit Datenschutzbezug, vor allem in der Gestalt von Unternehmensrichtlinien und Betriebsvereinbarungen, sowie Verträge und andere **Instrumente zur internationalen Datenübermittlung** in Drittländer. Zu guter Letzt umfasst das Handbuch eine Vielzahl einzelner **Muster-Klauseln, Einwilligungs- und Datenschutzerklärungen**.

Das vorliegende Handbuch soll für alle vorstehend benannten Regelungszwecke und Verwendungsszenarien passende Muster bereithalten, d.h. Verträge, andere Regelungsinstrumente und Erklärungen, die dem Schutz personenbezogener Daten unmittelbar dienen, Vereinbarungen und Klauseln über die Nutzung, Übermittlung und sonstige Verwendung personenbezogener Daten sowie auch Organisationsregelungen, die gerade aufgrund der zugelassenen Datenverwendungen oder wegen der Ausfüllung gesetzlicher Aufgaben mit Datenschutzbezug besondere datenschutzrechtlich determinierte Regelungen erfordern.

Gegenüber der 2. Auflage sind **5 neue, zusätzliche Mustertexte** ergänzt worden, so dass das Handbuch nunmehr 47 kommentierte Mustertexte umfasst. Neu aufgenommen wurden: Verbindliche interne Datenschutzvorschriften für Auftragsverarbeiter – Processor Binding Corporate Rules (§ 32); die Datenschutzklausel zu Angemessenheitsbeschlüssen (§ 37); die Klausel zur Übernahme der Datenschutzinformation (§ 38); die Datenschutzerklärung für Beschäftigte (§ 39); die Datenschutzerklärung für Geschäftskunden und Lieferanten (§ 40) und die Cookie-Einwilligung (§ 46).

Um der zunehmenden Internationalisierung (getrieben natürlich auch durch die weitere Europäisierung des Datenschutzrechts aufgrund der DSGVO) Rechnung zu tragen, wurde auch die Anzahl der **englischsprachigen Fassungen** weiter ausgebaut.

Neu und besonders erfreulich ist, dass sämtliche Muster im rtf-Format online abrufbar sind, so dass eine unmittelbare praktische Nutzung der Muster im betrieblichen und anwaltlichen Alltag unproblematisch möglich ist. Ermöglicht wird dies durch den erstmals enthaltenen mobilen Zugriff auf das gesamte Werk und alle Muster bei Otto Schmidt online – LAWLIFT-Dokumentenautomation für ausgewählte Muster inklusive. Die Zugangsdaten befinden sich vorne im Buch.

Das Handbuch richtet sich in erster Linie an Rechtsanwälte, Unternehmensjuristen, Datenschutz- und Compliance-Verantwortliche im Unternehmen sowie auch an Datenschutzbeauftragte und andere Nutzer, die über eine juristische Vorbildung verfügen und mit der Erstellung, Prüfung oder Verhandlung von Datennutzungs- oder Datenschutzverträgen jeglicher Art oder anderer datenbezogener Regelungen wie Einwilligungen, Betriebsvereinbarungen, Richtlinien oder Datenschutzerklärungen betraut sind. Die Muster sollen grundsätzlich für den datenschutzrechtlichen Laien verwendbar sein, gleichzeitig aber anhand der Erläuterungen eine Auseinandersetzung mit den Klauseln auf wissenschaftlichem Niveau erlauben.

Es ist hierbei bewusst keine homogene Meinungsbildung bzw. Vereinheitlichung wiederkehrender Klauseln über das gesamte Werk intendiert und umgesetzt worden. Im Gegenteil ist eine gewisse **Heterogenität der einzelnen Muster** bewusst in Kauf genommen worden, weil sie dem Nutzer weitere Alternativen bietet. Bezugnahmen auf abweichende oder ergänzende Parallelregelungen sind in den Erläuterungen der Muster durch Querverweise erfolgt.

Bei den Verfassern der kommentierten Muster handelt es sich ausnahmslos um erfahrene Rechtsanwältinnen und Rechtsanwälte, die in ihrer täglichen Praxis mit der Erstellung, Prüfung und Verhandlung datenschutzbezogener Verträge und Klauseln befasst sind und bezüglich der praktischen Verwendung der hier als Muster aufgenommenen Regelungen echtes Insider-Wissen besitzen.

Sämtlichen Autorinnen und Autoren gilt mein besonders herzlicher Dank dafür, dass sie in diesem Handbuch ihr geballtes Know-how an die Leser weitergeben und damit diesem Werk einen wirklichen Mehrwert verschafft haben. Ungeachtet dessen ist es natürlich immer so, dass jede Vorlage einer sachkundigen Anpassung an den Einzelfall bedarf und deshalb auch die Muster in diesem Handbuch weder den Verwender seiner Eigenverantwortung entheben noch die anwaltliche Beratung ersetzen können und sollen.

Auf Seiten des Verlages möchte ich ganz besonders herzlich Frau Friederike Voss, Frau Sonja Behrens-Khaled und Frau Sandra Roeseler danken, die durch ihre äußerst kompetente verlegerische und redaktionelle Begleitung und ihre proaktive Koordination der Manuskripterstellung ein wesentlicher Erfolgsgarant dafür waren, dass auch die Neuauflage so vollständig, qualitativ hochwertig und aktuell fertiggestellt werden konnte.

Ich wünsche recht viel Freude und Erfolg bei der Verwendung der Muster. Für Anregungen und Kritik bin ich gerne empfänglich.

Auch unter lektorat@otto-schmidt.de sind Anregungen oder Hinweise jederzeit willkommen.

Hamburg, im Januar 2021   Flemming Moos

Für Greta

Inhaltsübersicht

Ausführliche Inhaltsverzeichnisse zu Beginn der einzelnen Kapitel.

Teil 1
Verträge zur Datenschutzorganisation

Teil 2
Datenschutzverträge

Teil 3
Datennutzungsverträge

Teil 4
Unternehmensrichtlinien und Betriebsvereinbarungen

Teil 5
Verträge über internationale Datentransfers

Teil 6
Datenschutzklauseln

Teil 7
Datenschutzerklärungen und Einwilligungen

Inhalts- und Musterverzeichnis

Teil 1
Verträge zur Datenschutzorganisation

Teil 2
Datenschutzverträge

Teil 3

Datennutzungsverträge

Teil 4

Unternehmensrichtlinien und Betriebsvereinbarungen

§ 19 Unternehmensrichtlinie Datenschutz

§ 20 Betriebsvereinbarung zur Videoüberwachung

§ 21 Betriebsvereinbarung zur Mitarbeiterortung

§ 25 Social Media-Richtlinie

Teil 5
Verträge über internationale Datentransfers

§ 26 EU-Standarddatenschutzklauseln für die Übermittlung personenbezogener Daten in Drittländer (Standardvertrag I)

§ 27 Alternative EU-Standarddatenschutzklauseln für die Übermittlung personenbezogener Daten in Drittländer (Standardvertrag II)

§ 31 Verbindliche interne Datenschutzvorschriften für Verantwortliche

§ 32 Verbindliche interne Datenschutzvorschriften für Auftragsverarbeiter

Teil 6
Datenschutzklauseln

§ 33 Datenschutzklausel Aufgabenverlagerung (ehem. Funktionsübertragung)

§ 34 Datenschutzklausel Kaufvertrag

§ 35 Datenübertragungsklausel Asset Deal

Teil 7
Datenschutzerklärungen und Einwilligungen

Abkürzungsverzeichnis

a.A.	anderer Ansicht
ABl.	Amtsblatt
Abs.	Absatz
Abschn.	Abschnitt
a.E.	am Ende
AEPD	Agencia Española de Protección de Datos
AEUV	Vertrag über die Arbeitsweise der Europäischen Union
a.F.	alte Fassung
AfP	Archiv für Presserecht (Zeitschrift)
AG	Amtsgericht; Aktiengesellschaft
AGB	Allgemeine Geschäftsbedingungen
AiB	Arbeitsrecht im Betrieb (Zeitschrift)
AktG	Aktiengesetz
Alt.	Alternative
AnwBl	Anwaltsblatt
AnwZert ITR	AnwaltZertifikatOnline IT-Recht
AO	Abgabenordnung
AP	Arbeitsrechtliche Praxis
ArbG	Arbeitsgericht
ArbNErfG	Gesetz über Arbeitnehmererfindungen
ArbRAktuell	Arbeitsrecht Aktuell (Zeitschrift)
ArbSchG	Arbeitsschutzgesetz
ArbZG	Arbeitszeitgesetz
Art.	Artikel
AuA	Arbeit und Arbeitsrecht (Zeitschrift)
Aufl.	Auflage
B2B	Business-to-business
B2C	Business-to-customer
BAG	Bundesarbeitsgericht
BAT	Bundesangestelltentarifvertrag
BayLDA	Bayerisches Landesamt für Datenschutzaufsicht
BayLfD	Bayerischer Landesbeauftragter für den Datenschutz
BB	Betriebs-Berater (Zeitschrift)
BCR	Binding Corporate Rules
BDSG a.F.	Bundesdatenschutzgesetz in der Fassung der Bekanntmachung vom 14. Januar 2003, das zuletzt durch Artikel 7 des Gesetzes vom 30. Juni 2017 geändert worden ist – in Geltung bis 25. Mai 2018
BDSG	Bundesdatenschutzgesetz in der Fassung der Bekanntmachung des Gesetzes zur Anpassung des Datenschutzrechts an die Verordnung (EU) 2016/679 und zur Umsetzung der Richtlinie (EU) 2016/680 (Datenschutz-Anpassungs- und -Umsetzungsgesetz EU), BGBl. I S. 2097 v. 5.7.2017
BeckRS	Beck-Rechtsprechung
BEEG	Gesetz zum Elterngeld und zur Elternzeit
BetrVG	Betriebsverfassungsgesetz
BfDI	Bundesbeauftragte/r für Datenschutz und die Informationsfreiheit
BGB	Bürgerliches Gesetzbuch
BGBl.	Bundesgesetzblatt

BGH	Bundesgerichtshof
BKR	Zeitschrift für Bank- und Kapitalmarktrecht
BlnBDI	Berliner Beauftragte/r für Datenschutz und Informationsfreiheit
BNotO	Bundesnotarordnung
BORA	Berufsordnung für Rechtsanwälte
BPersVG	Bundespersonalvertretungsgesetz
BR	Bundesrat/Betriebsrat
BR-Drucks.	Bundesratsdrucksache
BRAO	Bundesrechtsanwaltsordnung
BSI	Bundesamt für Sicherheit in der Informationstechnik
bspw.	beispielsweise
BT-Drucks.	Bundestagsdrucksache
Buchst.	Buchstabe
BUrlG	Bundesurlaubsgesetz
BVDW	Bundesverband Digitale Wirtschaft
BVerfG	Bundesverfassungsgericht
BVerfGE	Sammlung der Entscheidungen des BVerfG
BVerwG	Bundesverwaltungsgericht
BYOD	Bring Your Own Device
bzgl.	bezüglich
bzw.	beziehungsweise
CB	Compliance Berater (Zeitschrift)
CCB	Cookie-Consent-Banner
CCZ	Corporate Compliance Zeitschrift
CISG	Convention on Contracts for the International Sale of Goods
CLSR	Computer Law and Security Report
COPE	Corporate Owned, Personally Enabled
CR	Computer und Recht (Zeitschrift)
CRi	Computer Law Review International (Zeitschrift)
CuA	Computer und Arbeit (Zeitschrift)
CYOD	Choose Your Own Device
DakkS	Deutsche Akkreditierungsstelle GmbH
DB	Der Betrieb (Zeitschrift)
d.h.	das heißt
DMP	Data Management Platform
DÖV	Die Öffentliche Verwaltung (Zeitschrift)
DRiZ	Deutsche Richterzeitung
DSAnpUG-EU	Datenschutz-Anpassungs- und -Umsetzungsgesetz EU
DSB	Datenschutzbeauftragter/Datenschutz-Berater (Zeitschrift)
DSGVO	Verordnung (EU) 2016/679 des Europäischen Parlaments und des Rates vom 27.4.2016 zum Schutz natürlicher Personen bei der Verarbeitung personenbezogener Daten, zum freien Datenverkehr und zur Aufhebung der Richtlinie 95/46/EG (Datenschutz-Grundverordnung)
DSK	Konferenz der unabhängigen Datenschutzbehörden des Bundes und der Länder (Datenschutzkonferenz)
DSP	Demand-Side-Platform
DSRL	Datenschutz-Richtlinie (Richtlinie 95/46/EG zum Schutz natürlicher Personen bei der Verarbeitung personenbezogener Daten und zum freien Datenverkehr)
DuD	Datenschutz und Datensicherheit (Zeitschrift)

EDPB	European Data Protection Board
EDSA	Europäischer Datenschutzausschuss
EFZG	Entgeltfortzahlungsgesetz
EG	Europäische Gemeinschaft
ehem.	ehemalige(r/s)
ENISA	European Union Agency for Network and Information Security
ePrivacy-VO	Verordnung des Europäischen Parlaments und des Rates über die Achtung des Privatlebens und den Schutz personenbezogener Daten in der elektronischen Kommunikation und zur Aufhebung der Richtlinie 2002/58/EG
etc.	et cetera
EU	Europäische Union
EuGH	Gerichtshof der Europäischen Union
EuGVVO	Verordnung des Rates über die gerichtliche Zuständigkeit und die Anerkennung und Vollstreckung von Entscheidungen in Zivil- und Handelsrechtssachen
EuR	Europarecht (Zeitschrift)
EuZW	Europäische Zeitschrift für Wirtschaftsrecht
e.V.	eingetragener Verein
EWR	Europäischer Wirtschaftsraum
EWS	Europäisches Wirtschafts- und Steuerrecht (Zeitschrift)
f., ff.	folgende, fortfolgende
Fn.	Fußnote
GDPR	General Data Protection Regulation (s. DSGVO)
gem.	gemäß
GeschGehG	Geschäftsgeheimnisgesetz
GewO	Gewerbeordnung
GG	Grundgesetz
ggf.	gegebenenfalls
ggü.	gegenüber
GmbH	Gesellschaft mit beschränkter Haftung
GmbHG	GmbH-Gesetz
GRUR	Zeitschrift der Deutschen Vereinigung für Gewerblichen Rechtsschutz und Urheberrecht
GRUR-Prax	Gewerblicher Rechtsschutz und Urheberrecht, Praxis im Immaterialgüter- und Wettbewerbsrecht (Zeitschrift)
GuP	Gesundheit und Pflege (Zeitschrift)
GVOBl.	Gesetz- und Verordnungsblatt
GwG	Geldwäschegesetz
GWR	Gesellschafts- und Wirtschaftsrecht (Zeitschrift)
Halbs./Hs.	Halbsatz
HGB	Handelsgesetzbuch
h.M.	herrschende Meinung
HmbBfDI	Hamburgischer Beauftragter für den Datenschutz und die Informationsfreiheit
i.d.F.	in der Fassung
i.d.R.	in der Regel
i.Erg.	im Ergebnis
i.H.v.	in Höhe von
IP	Internet Protocol
IPRB	Der IP-Rechts-Berater (Zeitschrift)
i.S.d.	im Sinne des/der

i.S.e.	im Sinne einer/eines
i.S.v.	im Sinne von
IT	Informationstechnik
ITRB	Der IT-Rechts-Berater (Zeitschrift)
i.v.F.	im vorliegenden Fall
i.V.m.	in Verbindung mit
K&R	Kommunikation & Recht (Zeitschrift)
Kap.	Kapitel
KG	Kammergericht; Kommanditgesellschaft
KOM	Dokument der EU-Kommission
krit.	kritisch
KSchG	Kündigungsschutzgesetz
KUG	Gesetz betreffend das Urheberrecht an Werken der bildenden Künste und der Photographie
KWG	Kreditwesengesetz
LAG	Landesarbeitsgericht
LfDI	Landesbeauftragte/r für Datenschutz und Informationsfreiheit
LG	Landgericht
lit.	Buchstabe
LT-Drucks.	Landtagsdrucksache
m. Anm.	mit Anmerkungen
MaRisk BA	Mindestanforderungen an das Risikomanagement für Kreditinstitute
MaRisk VA	Mindestanforderungen an das Risikomanagement für Versicherungs- unternehmen
MBO-Ä	(Muster-)Berufsordnung für die in Deutschland tätigen Ärztinnen und Ärzte
MDR	Monatsschrift für Deutsches Recht
MiLoG	Mindestlohngesetz
MMR	MultiMedia und Recht (Zeitschrift)
MPR	Zeitschrift für das gesamte Medizinprodukterecht
MüKo	Münchener Kommentar
MuSchG	Mutterschutzgesetz
m.w.N.	mit weiteren Nachweisen
NetzDG	Netzwerkdurchsetzungsgesetz
NJ	Neue Justiz (Zeitschrift)
NJOZ	Neue Juristische Online Zeitschrift
NJW	Neue Juristische Wochenschrift
Nr.	Nummer
NVwZ	Neue Zeitschrift für Verwaltungsrecht
NZA	Neue Zeitschrift für Arbeitsrecht
NZG	Neue Zeitschrift für Gesellschaftsrecht
o.Ä.	oder Ähnliches
o.g.	oben genannte/n/r
OLG	Oberlandesgericht
OVG	Oberverwaltungsgericht
OWiG	Ordnungswidrigkeitengesetz
PAO	Patentanwaltsordnung
PBCR	Processor Binding Corporate Rules

PbD	Privacy by Design
PflegeZG	Pflegezeitgesetz
PinG	Privacy in Germany (Zeitschrift)
PRev	Revisionspraxis (Zeitschrift)
RdA	Recht der Arbeit (Zeitschrift)
RDV	Recht der Datenverarbeitung (Zeitschrift)
RFID	radio-frequency identification
RL	Richtlinie
RStV	Rundfunkstaatsvertrag
Rz.	Randzahl
s./S.	siehe; Seite
s.a.	siehe auch
SchiedsVZ	Zeitschrift für Schiedsverfahren
SGB	Sozialgesetzbuch
s.o.	siehe oben
sog.	so genannte/r
SSL	Secure Socket Layer (Codierungssystem)
StBerG	Steuerberatungsgesetz
StGB	Strafgesetzbuch
str.	streitig
StVG	Straßenverkehrsgesetz
s.u.	siehe unten
TKG	Telekommunikationsgesetz
TLS	Transport Layer Security (Codierungssystem)
TMG	Telemediengesetz
TzBfG	Teilzeit- und Befristungsgesetz
u.a.	unter anderem
u.ä.	und ähnliche(s)
ULD	Unabhängiges Landeszentrum für Datenschutz Schleswig-Holstein
UmwG	Umwandlungsgesetz
UrhG	Urheberrechtsgesetz
UStG	Umsatzsteuergesetz
usw.	und so weiter
u.U.	unter Umständen
UVV Kassen	Unfallverhütungsvorschrift Kassen
UWG	Gesetz gegen den unlauteren Wettbewerb
v.	vom
v.a.	vor allem
VAG	Versicherungsaufsichtsgesetz
VG	Verwaltungsgericht
VGH	Verwaltungsgerichtshof
vgl.	vergleiche
VO	Verordnung
VSBG	Verbraucherstreitbeilegungsgesetz
VuR	Verbraucher und Recht (Zeitschrift)
VwVfG	Verwaltungsverfahrensgesetz

WBRL	Whistleblowing-Richtlinie (Richtlinie zum Schutz von Personen, die Verstöße gegen das Unionsrecht melden, RL (EU) 2019/1937 v. 23.10.2019)
WiPrO	Gesetz über eine Berufsordnung der Wirtschaftsprüfer
WM	Wertpapier-Mitteilungen (Zeitschrift für Wirtschafts- und Bankrecht)
WP	Working Paper
WpHG	Gesetz über den Wertpapierhandel
WRP	Wettbewerb in Recht und Praxis (Zeitschrift)
WuM	Wohnungswirtschaft und Mietrecht (Zeitschrift)
ZAG	Gesetz über die Beaufsichtigung von Zahlungsdiensten
ZAP	Zeitschrift für die anwaltliche Praxis
z.B.	zum Beispiel
ZD	Zeitschrift für Datenschutz
ZfV	Zeitschrift für Verwaltung
Ziff.	Ziffer
ZInsO	Zeitschrift für das gesamte Insolvenzrecht
ZRFC	Risk, Fraud & Compliance (Zeitschrift)
ZRP	Zeitschrift für Rechtspolitik
ZPO	Zivilprozessordnung

Allgemeines Literaturverzeichnis

Weitere Literatur ist in den ausführlichen Literaturübersichten zu Beginn der einzelnen Kapitel nachgewiesen.

Ascheid/Preis/Schmidt, Kündigungsrecht – Großkommentar zum gesamten Recht der Beendigung von Arbeitsverhältnissen, 6. Aufl. 2021
Auer-Reinsdorff/Conrad, Handbuch IT- und Datenschutzrecht, 3. Aufl. 2019

BeckOK Datenschutzrecht, hrsg. von Wolff/Brink, 34. Edition 2020 (zitiert: *Bearbeiter* in BeckOK DatenschutzR)
Bergmann/Möhrle/Herb, Datenschutzrecht, Loseblatt
v. d. Bussche/Voigt, Konzerndatenschutz, 2. Aufl. 2019

Ehmann/Selmayr, Datenschutz-Grundverordnung: DS-GVO, 2. Aufl. 2018
Erfurter Kommentar zum Arbeitsrecht, hrsg. von Müller-Glöge/Preis/Schmidt, 21. Aufl. 2021 (zitiert: *Bearbeiter* in ErfK)

Forgó/Helfrich/Schneider, Betrieblicher Datenschutz – Rechtshandbuch, 3. Aufl. 2019

Gola, Datenschutz-Grundverordnung: DS-GVO, 2. Aufl. 2018
Gola/Heckmann, Bundesdatenschutzgesetz: BDSG, 13. Aufl. 2019

Härting, Datenschutz-Grundverordnung – Das neue Datenschutzrecht in der betrieblichen Praxis, 2016
Hoeren/Sieber/Holznagel, Handbuch Multimedia-Recht – Rechtsfragen des elektronischen Geschäftsverkehrs, Loseblatt

Koreng/Lachenmann, Formularhandbuch Datenschutzrecht, 2. Aufl. 2018
Kühling/Buchner, Datenschutz-Grundverordnung/Bundesdatenschutzgesetz: DS-GVO/BDSG, 3. Aufl. 2020

Laue/Kremer, Das neue Datenschutzrecht in der betrieblichen Praxis, 2. Aufl. 2019
Leupold/Glossner, Münchener Anwaltshandbuch IT-Recht, 3. Aufl. 2013

Moos/Schefzig/Arning, Die neue Datenschutzgrundverordnung, 2018
Müller-Glöge/Preis/Schmidt siehe Erfurter Kommentar zum Arbeitsrecht

Paal/Pauly, Datenschutz-Grundverordnung Bundesdatenschutzgesetz: DS-GVO BDSG, 2. Aufl. 2018
Palandt, Bürgerliches Gesetzbuch: BGB, 80. Aufl. 2021
Plath, DSGVO BDSG, Kommentar, 3. Aufl. 2018

Schantz/Wolff, Das neue Datenschutzrecht – Datenschutz-Grundverordnung und Bundesdatenschutzgesetz in der Praxis, 2017
Schuster/Grützmacher, IT-Recht Kommentar, 2020
Schwartmann/Jaspers/Thüsing/Kugelmann, DS-GVO/BDSG: Datenschutz-Grundverordnung, Bundesdatenschutzgesetz, 2. Aufl. 2020
Simitis, Bundesdatenschutzgesetz, 8. Aufl. 2014
Simitis/Hornung/Spiecker gen. Döhmann, Datenschutz – DSGVO mit BDSG, 2019
Specht/Mantz, Handbuch Europäisches und deutsches Datenschutzrecht – Bereichsspezifischer Datenschutz in Privatwirtschaft und öffentlichem Sektor, 2019

Sydow, Europäische Datenschutzgrundverordnung, 2. Aufl. 2018
Sydow, Bundesdatenschutzgesetz, 2019

Taeger/Gabel, DSGVO – BDSG, 3. Aufl. 2019

Wolff/Brink siehe BeckOK DatenschutzR
Wybitul, EU-Datenschutz-Grundverordnung, 2017

Zöller, Kommentar zur Zivilprozessordnung, 33. Aufl. 2020

Teil 1
Verträge zur Datenschutzorganisation

§ 1
Arbeitsvertrag mit einem Datenschutzbeauftragten

Literatur: *Bongers*, Der Kündigungs- und Bestellungsschutz des betrieblichen Datenschutzbeauftragten, ArbRAktuell 2010, 300147; *Dzida/Kröpelin*, Sonderkündigungsschutz des Datenschutzbeauftragten bei Umstrukturierung und Personalabbau, BB 2010, 1026; *Dzida/Kröpelin*, Kann ein Betriebsratsmitglied zugleich Datenschutzbeauftragter sein?, NZA 2011, 1018; *Ehrich*, Die Bedeutung des § 36 III 4 BDSG für die Kündigung des betrieblichen Datenschutzbeauftragten durch den Arbeitgeber, NZA 1993, 248; *Ernst*, Interessenkonflikt bei Personalunion zwischen Revisionsabteilung und Datenschutzbeauftragtem, NJOZ 2010, 2443;

Franck/Reif, Pluralistische Datenschutzkontrolle, ZD 2015, 405; *Gehlhaar*, Der Kündigungsschutz des betrieblichen Datenschutzbeauftragten, NZA 2010, 373; *Gola/Klug*, Neuregelungen zur Bestellung betrieblicher Datenschutzbeauftragter, NJW 2007, 118; *Greiner/Senk*, Der Datenschutzbeauftragte und sein Schutz vor Benachteiligung, Abberufung und Kündigung – Ein Wegweiser durch DS-GVO und BDSG, NZA 2020, 201; *Kort*, Was ändert sich für Datenschutzbeauftragte, Aufsichtsbehörden und Betriebsrat mit der DS-GVO, ZD 2017, 3; *Niklas/Faas*, Der Datenschutzbeauftragte nach der Datenschutz-Grundverordnung, NZA 2017, 1091; *Schwab/Ehrhard*, Sonderkündigungsschutz für Datenschutzbeauftragte – Gelten mit Inkrafttreten der BDSG-Novelle II neue Spielregeln?, NZA 2009, 1118; *Weth/Herberger/Wächter/Sorge*, Daten- und Persönlichkeitsschutz im Arbeitsverhältnis, 2. Aufl. 2018 (zit. *Bearbeiter* in Weth).

A. Einleitung

1.1 Private Arbeitgeber sind als nicht-öffentliche Stellen gem. § 38 Abs. 1 Satz 1 BDSG zur **Bestellung eines Beauftragten für den Datenschutz** verpflichtet, wenn sie in der Regel mindestens 20 Personen ständig mit der automatisierten Verarbeitung personenbezogener Daten beschäftigen.

Unabhängig von der Anzahl der mit der Verarbeitung personenbezogener Daten regelmäßig beschäftigen Personen besteht eine Verpflichtung zur Bestellung eines Datenschutzbeauftragten gem. § 38 Abs. 1 Satz 2 BDSG auch dann, wenn Verarbeitungen vorgenommen werden, welche einer Datenschutz-Folgenabschätzung nach Art. 35 DSGVO unterliegen, sowie im Falle von besonders gefahrträchtigen Datenverarbeitungen, etwa für Auskunfteien und Markt- und Meinungsforschungsinstitute[1]. Außerhalb der gesetzlichen Verpflichtung zur Bestellung eines Datenschutzbeauftragten ist eine Bestellung durch die verantwortliche Stelle gem. Art. 37 Abs. 4 Satz 1 Halbs. 1 DSGVO selbstverständlich auch freiwillig möglich.

Da das BDSG keine Frist zur Bestellung eines Datenschutzbeauftragten nennt[2], hat die Bestellung unverzüglich nach Eintritt der Bestellungsvoraussetzungen zu erfolgen[3].

1.2 Als Datenschutzbeauftragte kommen Personen innerhalb der verantwortlichen Stelle und gem. Art. 37 Abs. 6 DSGVO auch außerhalb der verantwortlichen Stelle in Betracht. Die verantwortliche Stelle kann zwischen der Bestellung eines **internen** oder eines **externen Datenschutzbeauftragten** zunächst grundsätzlich frei wählen[4]. Die Wahl stellt jedoch keinen wichtigen Grund für die Abberufung eines einmal bestellten Datenschutzbeauftragten i.S.d. § 38 Abs. 2 i.V.m. § 6 Abs. 4 Satz 1 BDSG, § 626 BGB dar (vgl. hierzu noch Rz. 1.97 ff.).

1.3 Vertragliche Grundlage für die Tätigkeit eines externen Datenschutzbeauftragten wird regelmäßig ein **Geschäftsbesorgungsvertrag** i.S.d. §§ 675, 611 BGB sein[5]. Die Tätigkeit eines internen Datenschutzbeauftragten wird dagegen in der Regel auf Basis eines Arbeitsvertrags erfolgen. Den Abschluss eines neben dem Arbeitsvertrag stehenden Vertrags werden die Parteien regelmäßig nicht beabsichtigen[6].

1.4 Die nachfolgenden Muster beinhalten zunächst das Muster des Arbeitsvertrags (M 1.1, Rz. 1.7) für denFall einer **Neueinstellung eines Arbeitnehmers als Datenschutzbeauftragten**. Die Erweiterung der bestehenden Aufgaben eines Arbeitnehmers um diejenigen eines Datenschutzbeauftragten ist sodann im Muster eines Ergänzungsvertrags (M 1.2, Rz. 1.73) geregelt. Beide Vertragsmuster berücksichtigen keine etwaig einschlägigen Regelungen in **Betriebsvereinbarungen** oder **Tarifverträgen**. Insbesondere an derartige Regelungen müssten die Vertragsmuster ggf. noch angepasst werden. Das

---

1 *Moos* in BeckOK DatenschutzR, § 38 BDSG Rz. 15.
2 Anders noch § 4f Abs. 1 Satz 2 BDSG a.F.
3 *Paal* in Paal/Pauly, Art. 37 DSGVO Rz. 5; *Heberlein* in Ehmann/Selmayr, Art. 37 DSGVO Rz. 17.
4 *Klug* in Gola, Art. 37 DSGVO Rz. 15; *Drewes* in Simitis/Hornung/Spiecker, Art. 37 DSGVO Rz. 50.
5 S. hierzu das Muster in Teil 1 Kap. 2, Rz. 2.2.
6 *Gehlhaar*, NZA 2010, 373 (375).

Muster eines **Bestellungsschreibens** (M 1.3, Rz. 1.86) hat die Bestellung zum Datenschutzbeauftragen zum Gegenstand.

Das **Arbeitsverhältnis** ist rechtlich jeweils strikt von dem **Bestellungsverhältnis** zu trennen. Der Arbeitnehmer wird für den Arbeitgeber zwar auf Basis seines Arbeitsvertrags als Datenschutzbeauftragter tätig. Der Arbeitsvertrag ist mithin vertragliche Grundlage seiner Bestellung zum Datenschutzbeauftragten. Gleichwohl handelt es sich um zwei voneinander rechtlich unabhängige Rechtsverhältnisse (vgl. hierzu noch Rz. 1.22). In der Praxis ist daher neben der arbeitsvertraglichen Grundlage (M 1.1, Rz. 1.7 bzw. M 1.2, Rz. 1.73) auch zusätzlich die Bestellung (M 1.3, Rz. 1.86) zu vereinbaren.

1.5

Ein im Beschäftigungsbetrieb existierender **Betriebsrat** hat weder bei dem Abschluss eines Arbeits- bzw. Ergänzungsvertrags[7] noch bei dem Bestellungsakt[8] ein **Mitbestimmungsrecht**. Allerdings ist gem. § 99 BetrVG die vorherige **Zustimmung** des Betriebsrats zu der tatsächlichen Einstellung eines Datenschutzbeauftragten einzuholen[9]. Dasselbe gilt bzgl. der tatsächlichen **Versetzung** eines Arbeitnehmers auf die Position des Datenschutzbeauftragten i.S.v. § 95 Abs. 3 BetrVG[10]. Der Betriebsrat ist gem. § 99 Abs. 2 Nr. 1 BetrVG zur Verweigerung der Zustimmung berechtigt, wenn der Arbeitnehmer nicht die gem. § 37 Abs. 5 DSGVO erforderliche **Fachkunde** und **Zuverlässigkeit** sowie die Fähigkeit zur Erfüllung seiner in Art. 39 DSGVO normierten Aufgaben besitzt[11].

1.6

Vorstehendes gilt nicht im Falle der Einstellung bzw. Versetzung eines i.S.d. § 5 Abs. 3 BetrVG in leitender Position angestellten Datenschutzbeauftragten. Die Einstellung bzw. Versetzung eines solchen Arbeitnehmers ist dem Betriebsrat gem. § 105 BetrVG lediglich anzuzeigen[12]. Ein Datenschutzbeauftragter ist aber nicht automatisch als leitender Angestellter i.S.d. § 5 Abs. 3 BetrVG zu qualifizieren[13].

B. Arbeitsvertrag mit einem Datenschutzbeauftragten

I. Muster

M 1.1 Arbeitsvertrag mit einem Datenschutzbeauftragten

1.7

Arbeitsvertrag[14]

zwischen

…

*(nachfolgend „**Arbeitgeber**")*

und

…

*(nachfolgend „**Arbeitnehmer**")*

*– beide Vertragsparteien nachfolgend auch **Parteien** genannt –*

---

7 *Kania* in ErfK, § 99 BetrVG Rz. 4.
8 *Drewes* in Simitis/Hornung/Spiecker, Art. 37 DSGVO Rz. 53.
9 *Gola* in Gola/Heckmann, § 5 BDSG Rz. 11.
10 BAG v. 22.3.1994 – 1 ABR 51/93, AP BetrVG 1972 § 99 Versetzung Nr. 4; *Moos* in BeckOK DatenschutzR, Art. 37 DSGVO Rz. 75.
11 BAG v. 22.3.1994 – 1 ABR 51/93, AP BetrVG 1972 § 99 Versetzung Nr. 4; LAG Hamm v. 8.4.2011 – 13 TaBV 92/10, DuD 2011, 737 (738); *Gola* in Gola/Heckmann, § 5 BDSG Rz. 11.
12 *Kramer* in Weth, Teil A X. Rz. 8; ebenso einen etwa bestehenden Sprecherausschuss, § 31 Abs. 1 SprAuG.
13 *Kramer* in Weth, Teil A X. Rz. 8.
14 Das Muster bezieht sich auf einen Datenschutzbeauftragten einer nicht öffentlichen Stelle.

1. Beginn des Arbeitsverhältnisses, Arbeitsort und Aufgaben des Arbeitnehmers[15]

1.1 Der Arbeitnehmer wird mit Wirkung ab dem … [Datum] am Standort … [Ort] als

- … [Position] und

- Beauftragter für den Datenschutz i.S.d. § 38 BDSG, Art. 39 DSGVO (*Datenschutzbeauftragter*)

angestellt.

Der Arbeitnehmer ist für die effektive Durchführung seiner Aufgaben verantwortlich. Er hat seine Aufgaben sorgfältig auszuführen.

1.2 In seiner Funktion als Datenschutzbeauftragter ist dieser berechtigt, seine Vorschläge oder Bedenken jederzeit unmittelbar der Geschäftsleitung vorzutragen. Hauptansprechpartner innerhalb der Geschäftsleitung ist derzeit … [Name]. Bei Anwendung seiner Fachkunde auf dem Gebiet des Datenschutzes ist der Arbeitnehmer weisungsfrei.

1.3 In seiner Funktion als … [Position] berichtet der Arbeitnehmer an … [Position des Vorgesetzten]. Der Arbeitgeber behält sich vor, einen anderen Vorgesetzten zu benennen.

2. Widerruf der Bestellung zum Datenschutzbeauftragten, Versetzungsvorbehalt[16]

2.1 Der Arbeitgeber ist jederzeit aus wichtigem Grund oder auf Verlangen der Aufsichtsbehörde zum Widerruf der Bestellung zum Datenschutzbeauftragen berechtigt (§ 38 Abs. 2 i.V.m. § 6 Abs. 4 Satz 1 BDSG). Im Falle des Widerrufs enden auch die vertraglichen Aufgaben des Arbeitnehmers als Datenschutzbeauftragter. Der Arbeitsvertrag im Übrigen bleibt von dem Widerruf unberührt.

2.2 Der Arbeitgeber behält sich vor, dem Arbeitnehmer, soweit hierdurch dessen Aufgaben als Datenschutzbeauftragter nicht berührt werden, unter Berücksichtigung seiner Interessen auch andere gleichwertige, nach seinen Kenntnissen und Fähigkeiten zumutbare Aufgaben, ggf. auch an einem anderen Arbeitsort zu übertragen. Dieses Recht wird auch durch eine lang währende Betrauung mit denselben Aufgaben bzw. einer Beschäftigung am selben Ort nicht eingeschränkt.

2.3 Die Bestellung zum Datenschutzbeauftragten endet spätestens mit Beendigung des Arbeitsverhältnisses.

3. Arbeitszeit[17]

3.1 Die regelmäßige wöchentliche Arbeitszeit beträgt 40 Stunden.

3.2 Der Arbeitnehmer bestimmt die für seine Aufgaben als Datenschutzbeauftragter aufzuwendende Arbeitszeit im Rahmen des Erforderlichen selbst. Insoweit ist er von seinen Aufgaben als … [Position] befreit.

Die Parteien gehen derzeit davon aus, dass von der regelmäßigen wöchentlichen Arbeitszeit ca. 80 % auf die Aufgaben als … [Position] und ca. 20 % auf die Aufgaben als Datenschutzbeauftragter entfallen.

3.3 Beginn, Ende und Dauer der täglichen Arbeitszeit sowie die Lage der Pausen richten sich im Übrigen nach den Vorgaben des Arbeitgebers und orientieren sich an den betrieblichen Erfordernissen.

3.4 Der Arbeitnehmer ist verpflichtet, bei Bedarf im gesetzlich zulässigen Umfang an Samstagen, Sonntagen und Feiertagen zu arbeiten sowie Mehrarbeit und Überstunden zu leisten.

3.5 Durch das vereinbarte Grundgehalt gemäß Ziffer 4.1 sind bis zu 20 Überstunden monatlich mit abgegolten.

---

15 Zu den Erläuterungen siehe Rz. 1.9 ff.
16 Zu den Erläuterungen siehe Rz. 1.18 ff.
17 Zu den Erläuterungen siehe Rz. 1.27 f.

4. Gehalt und Aufwendungsersatz, Freiwilligkeitsvorbehalt[18]

4.1 Der Arbeitnehmer erhält ein Jahresgehalt in Höhe von EUR … [Betrag] brutto, zahlbar bargeldlos in zwölf monatlichen Raten jeweils zum Ende des Monats.

4.2 Der Arbeitgeber erstattet dem Arbeitnehmer alle im Zusammenhang mit der Ausübung seiner Arbeitsaufgaben anfallenden erforderlichen Aufwendungen, soweit diese allgemein oder im Einzelfall genehmigt wurden. Auf Verlangen hat der Arbeitnehmer entsprechende Belege als Nachweis vorzulegen.

4.3 Etwaige Sonderleistungen, z.B. Gratifikationszahlungen, Weihnachtsgeld, Urlaubsgeld, 13. Monatsgehalt, werden freiwillig, d.h. ohne Anerkennung einer Rechtspflicht, gewährt. Auch die wiederholte freiwillige Leistung begründet keinen Rechtsanspruch auf weitere Leistungen in der Zukunft.

5. Urlaub[19]

5.1 Der Arbeitnehmer erhält für jedes volle Kalenderjahr 30 Arbeitstage Urlaub (Jahresurlaub); Arbeitstage sind Wochentage von Montag bis Freitag.

5.2 Bei Beginn oder Ende des Arbeitsverhältnisses während eines laufenden Kalenderjahrs erhält der Arbeitnehmer $^{1}/_{12}$ des Jahresurlaubs für jeden vollen Monat des Bestehens des Arbeitsverhältnisses in diesem Kalenderjahr. Für den gesetzlichen Mindesturlaub erfolgt eine etwaige anteilige Berechnung ausschließlich nach den Bestimmungen des Bundesurlaubsgesetzes.

5.3 Der Urlaub ist grundsätzlich im laufenden Kalenderjahr zu nehmen. Die Lage des Urlaubs hat der Arbeitnehmer vorab mit dem Arbeitgeber abzustimmen. Bei der Festlegung des Urlaubs werden die Interessen des Arbeitnehmers angemessen berücksichtigt.

5.4 Mit Erteilung des Urlaubs wird bis zur vollständigen Erfüllung des jeweiligen Urlaubsanspruchs zunächst der gesetzliche Mindesturlaub, dann ein etwaiger Schwerbehindertenzusatzurlaub und schließlich ein nach Ziffern 5.1 oder 5.2 etwaig über den gesetzlichen Mindesturlaub hinausgehender Urlaub eingebracht.

5.5 Ein nach Ziffern 5.1 oder 5.2 etwaig über den gesetzlichen Mindesturlaub hinausgehender Urlaub verfällt in jedem Fall am 31. Dezember des betreffenden Kalenderjahres; es erfolgt insoweit bei Beendigung des Arbeitsverhältnisses auch keine Abgeltung noch offener Urlaubstage. Die Übertragung des Urlaubs auf das Folgejahr, der Verfall und die Abgeltung des Urlaubs im Übrigen richten sich nach den gesetzlichen Bestimmungen.

6. Arbeitsverhinderung und Arbeitsunfähigkeit infolge Krankheit[20]

6.1 Der Arbeitnehmer ist verpflichtet, dem Arbeitgeber jede Arbeitsverhinderung oder Verlängerung einer Arbeitsverhinderung und deren voraussichtliche Dauer unverzüglich mitzuteilen. Auf Verlangen sind die Gründe der Arbeitsverhinderung anzugeben.

6.2 Im Falle der Arbeitsunfähigkeit infolge Krankheit ist der Arbeitnehmer verpflichtet, spätestens vor Ablauf des dritten Kalendertages nach Beginn der Arbeitsunfähigkeit eine ärztliche Bescheinigung über das Bestehen der Arbeitsunfähigkeit sowie deren voraussichtliche Dauer vorzulegen. Der Arbeitgeber ist berechtigt, die Vorlage der ärztlichen Bescheinigung früher zu verlangen. Dauert die Arbeitsunfähigkeit länger als in der Bescheinigung angegeben, so hat der Arbeitnehmer dies unverzüglich mitzuteilen und eine Anschlussbescheinigung vorzulegen. Die Pflicht zur Mitteilung und zur Vorlage einer ärztlichen Bescheinigung besteht unabhängig von einer Verpflichtung des Arbeitgebers zur Entgeltfortzahlung.

6.3 Im Falle der Arbeitsunfähigkeit infolge Krankheit zahlt der Arbeitgeber dem Arbeitnehmer das Gehalt entsprechend den Regelungen des Entgeltfortzahlungsgesetzes für bis zu sechs Wochen fort.

---

18 Zu den Erläuterungen siehe Rz. 1.34 f.
19 Zu den Erläuterungen siehe Rz. 1.37 ff.
20 Zu den Erläuterungen siehe Rz. 1.44.

6.4 Kann der Arbeitnehmer aufgrund gesetzlicher Vorschriften von einem Dritten Ersatz des Schadens beanspruchen, der ihm durch die Arbeitsunfähigkeit entstanden ist, so geht dieser Anspruch insoweit auf den Arbeitgeber über, als dieser dem Arbeitnehmer Arbeitsentgelt fortgezahlt und darauf entfallene vom Arbeitgeber zu tragende Beiträge zur gesetzlichen Sozialversicherung abgeführt hat. Der Arbeitnehmer ist verpflichtet, dem Arbeitgeber die zur Erhebung der Ansprüche erforderlichen Angaben zu machen und an der Geltendmachung und Durchsetzung mitzuwirken.

6.5 § 616 BGB findet keine Anwendung. Der Arbeitnehmer hat abgesehen von den Fällen der Ziffer 6.3 keinen Vergütungsanspruch, wenn er durch einen in seiner Person liegenden Grund an der Arbeitsleistung verhindert ist.

7. Nebentätigkeiten, Wettbewerbsverbot[21]

7.1 Jede die Erfüllung der Pflichten aus dem Arbeitsverhältnis beeinträchtigende anderweitige entgeltliche oder unentgeltliche Tätigkeit des Arbeitnehmers ist während der Dauer des Arbeitsverhältnisses untersagt.

7.2 Dem Arbeitnehmer ist während der Dauer des Arbeitsverhältnisses insbesondere untersagt, in selbständiger, unselbständiger oder sonstiger Weise für ein Unternehmen tätig zu werden, welches mit dem Arbeitgeber in unmittelbarem oder mittelbarem Wettbewerb steht. In gleicher Weise ist dem Arbeitnehmer untersagt, ein solches Unternehmen zu errichten, zu erwerben oder sich hieran unmittelbar oder mittelbar zu beteiligen. Eine Beteiligung an börsennotierten Unternehmen ist dem Arbeitnehmer jedoch erlaubt, sofern er aufgrund seiner Beteiligung keinen bestimmenden Einfluss auf die Geschäftsführung des Unternehmens ausüben kann.

8. Arbeitsergebnisse, Erfindungen, Urheberrecht[22]

8.1 Sämtliche Arbeitsergebnisse aus der Tätigkeit des Arbeitnehmers für den Arbeitgeber stehen im Eigentum des Arbeitgebers.

8.2 Für Erfindungen des Arbeitnehmers gelten die gesetzlichen Vorschriften über Arbeitnehmererfindungen und die hierzu ergangenen Durchführungsvorschriften und Richtlinien.

8.3 Der Arbeitnehmer überträgt dem Arbeitgeber mit Abschluss dieses Vertrags sämtliche ihm im Rahmen des Arbeitsverhältnisses erwachsenden Nutzungs- und Verwertungsrechte an Urheber- und sonstigen Immaterialgüterrechten. Die Übertragung erfolgt ausschließlich und ohne inhaltliche, zeitliche oder räumliche Beschränkung. Sie gilt auch für noch unbekannte Nutzungs- oder Verwertungsarten. Durch die Übertragung erhält der Arbeitgeber auch das Recht, das betreffende Nutzungs- oder Verwertungsrecht auf Dritte zu übertragen oder diesen weitere Nutzungs- oder Verwertungsrechte einzuräumen.

8.4 § 69b Urheberrechtsgesetz bleibt unberührt.

8.5 Die Übertragung der Rechte an Arbeitsergebnissen ist durch das vereinbarte Grundgehalt abschließend abgegolten. Dies gilt auch für die Zeit nach Beendigung des Arbeitsverhältnisses.

9. Laufzeit und Beendigung des Arbeitsverhältnisses[23]

9.1 Das Arbeitsverhältnis wird auf unbestimmte Zeit geschlossen.

9.2 Für die ordentliche Kündigung des Arbeitsverhältnisses gilt beiderseits eine Kündigungsfrist von vier Wochen zum 15. oder zum Ende eines Kalendermonats. Eine für den Arbeitgeber kraft Gesetzes verbindliche Verlängerung der ordentlichen Kündigungsfrist gilt auch für den Arbeitnehmer.

9.3 Das Recht zur außerordentlichen Kündigung aus wichtigem Grund bleibt unberührt.

9.4 Jede Kündigung bedarf zu ihrer Rechtswirksamkeit der Schriftform.

---

21 Zu den Erläuterungen siehe Rz. 1.46 f.
22 Zu den Erläuterungen siehe Rz. 1.49.
23 Zu den Erläuterungen siehe Rz. 1.51 ff.

9.5 Das Arbeitsverhältnis endet, ohne dass es einer Kündigung bedarf, mit Ablauf des Monats, in dem der Arbeitnehmer das gesetzliche Regelrentenalter vollendet. Es endet ebenfalls, ohne dass es einer Kündigung bedarf, wenn der Arbeitnehmer vor Vollendung des gesetzlichen Regelrentenalters eine gesetzliche Vollrente wegen Alters oder unbefristete Rente wegen voller Erwerbsminderung in Anspruch nimmt.

10. Verschwiegenheitspflicht, Herausgabe von Gegenständen[24]

10.1 Der Arbeitnehmer verpflichtet sich, über alle vertraulichen Angelegenheiten, die ihm im Rahmen des Arbeitsverhältnisses zur Kenntnis gelangen, insbesondere über Betriebs- und Geschäftsgeheimnisse, während der Dauer und auch nach dem Ende des Arbeitsverhältnisses Stillschweigen zu wahren. § 38 Abs. 2 i.V.m. § 6 Abs. 5 Satz 2, Abs. 6 BDSG sind zu beachten.

10.2 Auf Verlangen des Arbeitgebers, spätestens aber bei Beendigung des Arbeitsverhältnisses hat der Arbeitnehmer sämtliche ihm im Rahmen des Arbeitsverhältnisses überlassenen Gegenstände und Daten, gleich auf welchem Medium, herauszugeben. Auf Verlangen des Arbeitgebers hat er zu bescheinigen, dass er keine solchen Gegenstände und Daten sowie Vervielfältigungen von Daten mehr im Besitz hat. Der Arbeitnehmer wird dem Arbeitgeber spätestens am Tag der Beendigung des Arbeitsverhältnisses eine Aufstellung aller Passwörter, Schreibschutzcodes und ähnliche Zugangscodes, die er auf den von ihm im Betrieb genutzten PCs und anderen IT- oder Telekommunikations-Ressourcen verwendet hat, zur Verfügung stellen. Zurückbehaltungsrechte jedweder Art sind ausgeschlossen.

11. Verfallfristen[25]

11.1 Alle beiderseitigen Ansprüche aus oder im Zusammenhang mit dem Arbeitsverhältnis verfallen, wenn sie nicht innerhalb von drei Monaten nach der Fälligkeit gegenüber der anderen Partei in Textform geltend gemacht werden.

11.2 Lehnt die andere Partei die Erfüllung des Anspruchs ab oder erklärt sie sich nicht innerhalb von zwei Wochen nach der schriftlichen Geltendmachung des Anspruches, so verfällt dieser, wenn er nicht innerhalb von weiteren drei Monaten nach der Ablehnung oder dem Fristablauf gerichtlich geltend gemacht wird.

11.3 Die Absätze 1 und 2 gelten nicht für eine Haftung wegen Vorsatzes oder unerlaubter Handlung sowie für Ansprüche auf den gesetzlichen Mindestlohn und andere Ansprüche, auf die nicht verzichtet werden kann.

12. Vollständigkeit[26]

Dieser Vertrag beinhaltet die vollständigen Vereinbarungen der Parteien in Bezug auf den Vertragsgegenstand. Insoweit ersetzt er alle etwaigen vorangegangenen Vereinbarungen zwischen den Parteien. Nebenabreden sind nicht getroffen.

13. Schriftform[27]

Individuelle Änderungen oder Ergänzungen dieses Vertrags sind formlos gültig (§ 305b BGB). Im Übrigen bedürfen Änderungen oder Ergänzungen dieses Vertrags zu ihrer Rechtswirksamkeit der Schriftform. Dies gilt auch für eine Aufhebung des Schriftformerfordernisses. Ausgeschlossen sind damit insbesondere Vertragsänderungen durch betriebliche Übung.

14. Salvatorische Klausel[28]

Sollten einzelne Bestimmungen dieses Vertrags ganz oder teilweise unwirksam sein oder werden, wird hierdurch die Wirksamkeit des Vertrags im Übrigen nicht berührt. Die Parteien werden die unwirksame Bestim-

---

24 Zu den Erläuterungen siehe Rz. 1.62.
25 Zu den Erläuterungen siehe Rz. 1.64 f.
26 Zu den Erläuterungen siehe Rz. 1.67.
27 Zu den Erläuterungen siehe Rz. 1.69 f.
28 Zu den Erläuterungen siehe Rz. 1.72.

mung durch eine dieser nach Sinn und Zweck möglichst nahe kommende wirksame Bestimmung ersetzen. Die vorstehende Regelung gilt im Falle unbeabsichtigter Vertragslücken entsprechend.

…
Ort, Datum
…
Arbeitgeber

…
Ort, Datum
…
Arbeitnehmer

II. Erläuterungen

1. Beginn des Arbeitsverhältnisses, Arbeitsort und Aufgaben des Arbeitnehmers (Ziff. 1)

1.8 **M 1.1.1 Beginn des Arbeitsverhältnisses, Arbeitsort und Aufgaben des Arbeitnehmers**

1. Beginn des Arbeitsverhältnisses, Arbeitsort und Aufgaben des Arbeitnehmers

1.1 Der Arbeitnehmer wird mit Wirkung ab dem … [Datum] am Standort … [Ort] als

- *… [Position] und*

- *Beauftragter für den Datenschutz i.S.d. § 38 BDSG, Art. 39 DSGVO (**Datenschutzbeauftragter**)*

angestellt.

Der Arbeitnehmer ist für die effektive Durchführung seiner Aufgaben verantwortlich. Er hat seine Aufgaben sorgfältig auszuführen.

1.2 In seiner Funktion als Datenschutzbeauftragter ist dieser berechtigt, seine Vorschläge oder Bedenken jederzeit unmittelbar der Geschäftsleitung vorzutragen. Hauptansprechpartner innerhalb der Geschäftsleitung ist derzeit … [Name]. Bei Anwendung seiner Fachkunde auf dem Gebiet des Datenschutzes ist der Arbeitnehmer weisungsfrei.

1.3 In seiner Funktion als … [Position] berichtet der Arbeitnehmer an … [Position des Vorgesetzten]. Der Arbeitgeber behält sich vor, einen anderen Vorgesetzten zu benennen.

a) Zeitpunkt der Bestellung und weitere Tätigkeit (Ziff. 1.1)

1.9 Beginn des Arbeitsvertrags und **Bestellung zum Datenschutzbeauftragten** fallen nach Ziff. 1.1 zeitlich zusammen. Soll der Arbeitnehmer nicht schon zu Beginn des Arbeitsverhältnisses als Datenschutzbeauftragter bestellt werden, sondern etwa erst nach Ablauf einer **Probezeit** (zur Probezeit vgl. auch Rz. 1.59 und Rz. 1.91), wäre dies unter Ziff. 1.1. entsprechend zu regeln. Dies wäre allerdings nur zulässig, solange gem. § 38 Abs. 1 BDSG keine Pflicht zur Bestellung eines Datenschutzbeauftragten besteht oder, im Falle einer solchen Pflicht, der existierende obligatorische Datenschutzbeauftragte bis zur Bestellung des neuen Datenschutzbeauftragten im Amt bleibt.

1.10 Ziff. 1.1 geht davon aus, dass der Arbeitnehmer neben seiner Tätigkeit als Datenschutzbeauftragter noch einer anderen Tätigkeit im Unternehmen nachgehen wird. Die **nebenamtliche Tätigkeit** als Datenschutzbeauftragter ist grundsätzlich zulässig[29]. Allerdings darf hierdurch nicht die gem. Art. 37 Abs. 5, Art. 39 DSGVO erforderliche Zuverlässigkeit des Datenschutzbeauftragten in Frage gestellt werden[30].

---

29 *Heberlein* in Ehmann/Selmayr, Art. 39 DSGVO Rz. 20.

30 Zur erforderlichen Fachkunde und Zuverlässigkeit s. auch die Erläuterungen zum Bestellungsschreiben (Rz. 1.87 f.).

So muss der für die Tätigkeit als Datenschutzbeauftragter erforderliche **Zeitaufwand** eine andere Tätigkeit überhaupt zulassen[31]. Hierfür wird insbesondere die Größe des Unternehmens eine maßgebliche Rolle spielen. Feste Grenzwerte gibt es nicht, vielmehr muss dies im Einzelfall beurteilt werden[32]. 1.11

Auch darf aufgrund der anderen Tätigkeit keine die Zuverlässigkeit des Datenschutzbeauftragten in Frage stellende **Interessenkollision** entstehen. Dies wäre bei der Bestellung des Unternehmensinhabers oder des Leiters der verantwortlichen Stelle, wie etwa dem Geschäftsführer, immer der Fall[33]. Auch die Positionen des Leiters der EDV-Abteilung, des Leiters der Personalabteilung, des Leiters der Rechtsabteilung, des Vertriebs- oder Betriebsleiters oder des Personalleiters werden teils als mit dem Amt des Datenschutzbeauftragten grundsätzlich unverträglich angesehen[34]. Gleiche Bedenken werden in der Rechtsliteratur teilweise in Bezug auf die Bestellung von Mitarbeitern der IT-Abteilung[35] oder der Revisionsabteilung[36] geäußert. Das Risiko möglicher Interessenkollisionen muss aber jeweils im Einzelfall beurteilt werden[37]. Nach der Rechtsprechung des BAG kommt es dabei darauf an, ob der Beschäftigte in erster Linie die Ergebnisse seiner eigenen Arbeit kontrollieren müsste[38]. Die Mitgliedschaft des Arbeitnehmers im **Betriebsrat** ist nach der Rechtsprechung des BAG mit dem Amt des Datenschutzbeauftragten vereinbar[39]. 1.12

b) Organisatorische Eingliederung und Weisungsfreiheit (Ziff. 1.2)

Ziff. 1.2 regelt die **organisatorische Eingliederung** des Datenschutzbeauftragten. 1.13

Der Datenschutzbeauftragte muss organisatorisch nicht unmittelbar der Leitung der verantwortlichen Stelle unterstellt sein[40]. Aus Art. 38 Abs. 3 Satz 3 DSGVO ergibt sich, dass der Datenschutzbeauftragte unmittelbar der höchsten Managementebene berichtet. Hierdurch soll dem Datenschutzbeauftragten die zur Erfüllung seiner Aufgaben erforderliche Autorität verliehen werden.

Der Datenschutzbeauftragte ist gem. Art. 38 Abs. 3 Satz 1 DSGVO in der Ausübung seiner Fachkunde auf dem Gebiet des Datenschutzes nicht an Weisungen gebunden. Dies soll die zur Ausübung seiner gesetzlichen Aufgaben erforderliche Unabhängigkeit gewährleisten[41]. Die **Weisungsfreiheit** gilt auch für etwaige Mitarbeiter des Datenschutzbeauftragten[42]. Auch ist die Weisungsfreiheit rein funktionsbezo- 1.14

---

31 *Heberlein* in Ehmann/Selmayr, Art. 39 DSGVO Rz. 20.
32 So hat das ArbG Offenbach (ArbG Offenbach am Main v. 19.2.1992 – 1 BV 79/91) im Jahre 1993 den Zeitaufwand für die Tätigkeit als interner Datenschutzbeauftragter für einen produzierenden Betrieb mit weniger als 300 Mitarbeitern auf weniger als 20 % des Arbeitsumfangs eingeschätzt. Dies dürfte wohl infolge des technischen Fortschritts als überholt gelten (*Scheja* in Taeger/Gabel, Art. 37 DSGVO Rz. 69 Fn. 68).
33 *Bergt* in Kühling/Buchner, Art. 38 DSGVO Rz. 40; *Drewes* in Simitis/Hornung/Spiecker, Art. 38 DSGVO Rz. 55.
34 *Franzen* in ErfK, § 38 BDSG Rz. 4.
35 *Drewes* in Simitis/Hornung/Spiecker, Art. 38 DSGVO Rz. 55.
36 *Bergt* in Kühling/Buchner, Art. 38 DSGVO Rz. 42; vgl. hierzu auch ausf. *Ernst*, NJOZ 2010, 2443.
37 So wohl auch *Bergt* in Kühling/Buchner, Art. 38 DSGVO Rz. 42.
38 BAG v. 22.3.1994 – 1 ABR 51/93, NZA 1994, 1049.
39 BAG v. 23.3.2011 – 10 AZR 562/09, AP BDSG § 4f Nr. 3; ebenso LAG Mecklenburg-Vorpommern v. 25.2.2020 – 5 Sa 108/19, BeckRS 2020, 5259; LAG Sachsen v. 19.8.2019 – 9 Sa 268/18, BeckRS 2019, 22146; *Moos* in BeckOK DatenschutzR, Art. 38 DSGVO Rz. 37; a.A. *Dzida/Kröpelin*, NZA 2011, 1018; *Drewes* in Simitis/Hornung/Spiecker, Art. 38 DSGVO Rz. 55.
40 *Bergt* in Kühling/Buchner, Art. 38 DSGVO Rz. 25; anders die frühere Regelung in § 4f Abs. 3 Satz 1 BDSG a.F.
41 *Scheja* in Taeger/Gabel, Art. 38 DSGVO Rz. 2; *Moos* in BeckOK DatenschutzR, Art. 38 DSGVO Rz. 18.
42 *Moos* in BeckOK DatenschutzR, Art. 38 DSGVO Rz. 17; *Drewes* in Simitis/Hornung/Spiecker, Art. 38 DSGVO Rz. 31.

gen; sie gilt allein für die Erfüllung der Aufgaben des Datenschutzbeauftragten und nicht für die Ausübung anderer Tätigkeiten[43].

1.15 Mit der Weisungsfreiheit werden dem Datenschutzbeauftragten keine Entscheidungsbefugnisse über Maßnahmen zur Gewährleistung des Datenschutzes eingeräumt[44]. Diese fallen in den alleinigen Verantwortungsbereich der Leitung der verantwortlichen Stelle. Auch darf diese die ordnungsgemäße Aufgabenerfüllung durch den Datenschutzbeauftragten überwachen[45]. Dass die verantwortliche Stelle dem Datenschutzbeauftragten (verbindliche) **Prüfaufträge** erteilen darf, wird teils unter Hinweis auf europarechtliche Vorgaben verneint[46]. Nach zutreffender Ansicht ist dies allerdings möglich, jedenfalls solange der Datenschutzbeauftragte hierdurch nicht von Aufgaben abgehalten wird, die er in Ausübung seiner Fachkunde für vordringlich hält[47]. Wann der Datenschutzbeauftragte welche Aufgaben im Rahmen seines Amts erfüllt, entscheidet er grundsätzlich selbst.

c) Berichtspflichten (Ziff. 1.3)

1.16 Ziff. 1.3 trifft Regelungen zu den **Berichtspflichten** des Arbeitnehmers außerhalb seiner Funktion als Datenschutzbeauftragter. Dies ist zulässig, weil die gem. Art. 38 Abs. 3 Satz 1 DSGVO angeordnete Weisungsfreiheit rein funktionsbezogen ist (vgl. Rz. 1.13 ff.).

2. Widerruf der Bestellung zum Datenschutzbeauftragten, Versetzungsvorbehalt (Ziff. 2)

1.17 M 1.1.2 Widerruf der Bestellung zum Datenschutzbeauftragten, Versetzungsvorbehalt

2. Widerruf der Bestellung zum Datenschutzbeauftragten, Versetzungsvorbehalt

2.1 Der Arbeitgeber ist jederzeit aus wichtigem Grund oder auf Verlangen der Aufsichtsbehörde zum Widerruf der Bestellung zum Datenschutzbeauftragen berechtigt (§ 38 Abs. 2 i.V.m. § 6 Abs. 4 Satz 1 BDSG). Im Falle des Widerrufs enden auch die vertraglichen Aufgaben des Arbeitnehmers als Datenschutzbeauftragter. Der Arbeitsvertrag im Übrigen bleibt von dem Widerruf unberührt.

2.2 Der Arbeitgeber behält sich vor, dem Arbeitnehmer, soweit hierdurch dessen Aufgaben als Datenschutzbeauftragter nicht berührt werden, unter Berücksichtigung seiner Interessen auch andere gleichwertige, nach seinen Kenntnissen und Fähigkeiten zumutbare Aufgaben, ggf. auch an einem anderen Arbeitsort zu übertragen. Dieses Recht wird auch durch eine lang währende Betrauung mit denselben Aufgaben bzw. einer Beschäftigung am selben Ort nicht eingeschränkt.

2.3 Die Bestellung zum Datenschutzbeauftragten endet spätestens mit Beendigung des Arbeitsverhältnisses.

a) Widerruf der Bestellung (Ziff. 2.1)

1.18 Ziff. 2.1 stellt zunächst klar, dass der Arbeitgeber gem. § 38 Abs. 2 i.V.m. § 6 Abs. 4 Satz 1 BDSG aus wichtigem Grund oder auf Verlangen der Aufsichtsbehörde zum **Widerruf der Bestellung** des Arbeit-

---

43 *Moos* in BeckOK DatenschutzR, Art. 38 DSGVO Rz. 17; *Drewes* in Simitis/Hornung/Spiecker, Art. 38 DSGVO Rz. 33.

44 *Moos* in BeckOK DatenschutzR, Art. 38 DSGVO Rz. 17; *Scheja* in Taeger/Gabel, Art. 38 DSGVO Rz. 62.

45 *Moos* in BeckOK DatenschutzR, Art. 38 DSGVO Rz. 20; *Scheja* in Taeger/Gabel, Art. 38 DSGVO Rz. 63.

46 *Moos* in BeckOK DatenschutzR, Art. 38 DSGVO Rz. 19 m.w.N.

47 BT-Drucks. 14/4329, 36; BAG v. 13.3.2007 – 9 AZR 612/05, NZA 2007, 563.

nehmers zum Datenschutzbeauftragten berechtigt ist (zum Widerruf der Bestellung vgl. Rz. 1.97 ff.). Nach der im Vertragsmuster vorgesehenen Regelung entfallen mit dem wirksamen Widerruf zugleich auch die einen Teil der arbeitsvertraglichen Pflichten bildenden Aufgaben des Arbeitnehmers als Datenschutzbeauftragter. Im Übrigen bleibt der Arbeitsvertrag nach der im Vertragsmuster vorgesehenen Regelung von dem Widerruf unberührt.

Die im Vertragsmuster vorgesehene Regelung orientiert sich an zwei Entscheidungen des BAG[48]. Hiernach liegt im Falle der Bestellung zum Datenschutzbeauftragten im bestehenden Arbeitsverhältnis regelmäßig eine **konkludente Vertragsänderung** vor, sofern der Arbeitgeber dem Arbeitnehmer die Aufgaben des Datenschutzbeauftragten nicht einseitig im Rahmen seines Direktionsrechts zuweisen kann und auch nicht ausdrücklich eine entsprechende Änderung des Arbeitsvertrags vereinbart wird. Die vertraglichen Aufgaben des Arbeitnehmers erweitern sich. Neben die bisherigen Aufgaben treten die gesetzlichen Aufgaben als Datenschutzbeauftragter. Diese Erweiterung entfällt nach dem Willen der Parteien aber regelmäßig automatisch mit dem Widerruf der Bestellung. Einer **Änderungs- oder Teilkündigung** bedarf es nicht.

Trotz der im Vertragsmuster vorgesehenen Regelung sollte jedoch zusammen mit dem Widerruf der Bestellung vorsorglich auch eine ggf. überflüssige und damit unwirksame Änderungs- bzw. Teilkündigung des Arbeitsvertrags ausgesprochen werden.

Ein Automatismus dahingehend, dass mit einem Widerruf der Bestellung zum Datenschutzbeauftragten zugleich auch das Arbeitsverhältnis endet, lässt sich vertraglich nicht vereinbaren. Der Grund für den Widerruf kann zwar gem. § 626 BGB zur außerordentlichen Kündigung des Arbeitsverhältnisses berechtigen. Zwingend ist dies allerdings nicht (s. auch Rz. 1.56)[49]. Soll mit dem Widerruf auch das Arbeitsverhältnis enden, ist bei Vorliegen eines wichtigen Grundes daher gleichzeitig eine außerordentliche Kündigung auszusprechen.

b) Versetzungsvorbehalt (Ziff. 2.2)

Ziff. 2.2 beinhaltet einen **Versetzungsvorbehalt** bzgl. der Arbeitsaufgaben und des Arbeitsorts des Arbeitnehmers. Versetzungen sind nur zulässig, soweit hierdurch die Aufgaben des Arbeitnehmers als Datenschutzbeauftragter nicht berührt werden. Insbesondere dürfen dem Arbeitnehmer daher keine Aufgaben übertragen werden, die wegen einer Interessenkollision seine Zuverlässigkeit als Datenschutzbeauftragter in Frage stellen (vgl. hierzu auch Rz. 1.12). Andernfalls könnte der Arbeitgeber durch die Versetzung einen wichtigen Grund für den Widerruf der Bestellung zum Datenschutzbeauftragten schaffen. Dies wäre mit dem **Abberufungsschutz** des § 38 Abs. 2 i.V.m. § 6 Abs. 4 Satz 1 BDSG nicht zu vereinbaren. Zudem ist bei Versetzungen das Benachteiligungsverbot des Art. 38 Abs. 3 Satz 2 DSGVO zu beachten.

c) Verknüpfung Bestellung und Arbeitsverhältnis (Ziff. 2.3)

Ziff. 2.3 macht die Bestellung zum Datenschutzbeauftragten vom **Fortbestand des Arbeitsverhältnisses** abhängig. Die automatische Beendigung des Amts des Datenschutzbeauftragten mit Beendigung des Arbeitsvertrags kann ohne eine entsprechende Regelung jedenfalls seit Inkrafttreten des Gesetzes zur Änderung datenschutzrechtlicher Vorschriften vom 14.8.2009 nicht mehr angenommen werden. Mit dem durch dieses Gesetz neben dem Abberufungsschutz des § 38 Abs. 2 i.V.m. § 6 Abs. 4 Satz 1 BDSG eingefügten Sonderkündigungsschutz des § 38 Abs. 2 i.V.m. § 6 Abs. 4 Satz 2 BDSG wurde klargestellt, dass es sich bei Arbeitsverhältnis und Amt des Datenschutzbeauftragten um zwei voneinander

1.19

1.20

1.21

1.22

---

48 BAG v. 23.3.2011 – 10 AZR 562/09, AP BDSG § 4f Nr. 3; BAG v. 29.9.2010 – 10 AZR 588/09, AP BDSG § 4f Nr. 2.

49 *Heberlein* in Ehmann/Selmayr, Art. 38 DSGVO Rz. 28.

unabhängige Rechtsverhältnisse handelt[50]. Die im Vertragsmuster vorgesehene vertragliche Verknüpfung zwischen Arbeitsverhältnis und Amt ist aber unproblematisch möglich. Insbesondere wird hierdurch der **Abberufungsschutz** des § 38 Abs. 2 i.V.m. § 6 Abs. 4 Satz 1 BDSG nicht ausgehebelt.

1.23 Die Beendigung des Arbeitsverhältnisses durch **Aufhebungsvertrag** oder **Eigenkündigung** des Arbeitnehmers berührt den Abberufungsschutz ohnehin nicht. Eine solche Beendigung hat der Arbeitnehmer selbst in der Hand. § 38 Abs. 2 i.V.m. § 6 Abs. 4 Satz 1 BDSG soll den Arbeitnehmer vor einem einseitigen Widerruf der Bestellung durch den Arbeitgeber schützen. Der Abberufungsschutz verschafft dem Arbeitnehmer aber keinen Anspruch auf das Amt ohne Arbeitsvertrag. Ansonsten könnte sich der Arbeitnehmer durch eine Eigenkündigung zum externen Datenschutzbeauftragten „aufschwingen". Die Wahl zwischen externem und internem Datenschutzbeauftragten obliegt jedoch allein dem Arbeitgeber[51]. Auch sonst steht insoweit die im Vertragsmuster vorgesehene Regelung im Einklang mit dem BDSG und der DSGVO. Insbesondere können Arbeitgeber und Arbeitnehmer die Bestellung einvernehmlich beenden[52]. Ebenso kann der Arbeitnehmer das Amt des Datenschutzbeauftragten jederzeit niederlegen[53] (s. hierzu Rz. 1.101 f.).

1.24 Im Falle einer Arbeitgeberkündigung gegenüber einem Datenschutzbeauftragten ist eine Beeinträchtigung des Abberufungsschutzes durch die im Vertragsmuster vorgesehene Regelung ebenfalls in vielen Fällen von vornherein ausgeschlossen. Das Arbeitsverhältnis des obligatorischen Datenschutzbeauftragten kann gem. § 38 Abs. 2 i.V.m. § 6 Abs. 4 Satz 2 BDSG durch den Arbeitgeber nur aus wichtigem Grund i.S.d. § 626 BGB gekündigt werden (vgl. hierzu auch Rz. 1.55 ff.). Ein solcher wichtiger Grund für die außerordentliche Kündigung stellt zwangsläufig auch einen wichtigen Grund für den Widerruf der Bestellung gem. § 38 Abs. 2 i.V.m. § 6 Abs. 4 Satz 1 BDSG dar. Wenn dem Arbeitgeber die Fortsetzung des Arbeitsverhältnisses insgesamt nicht mehr zuzumuten ist, dann kann auch die Fortsetzung des Bestellungsverhältnisses nicht zumutbar sein.

1.25 Jedenfalls steht der Abberufungsschutz der im Vertragsmuster vorgesehenen Regelung aber auch deshalb nicht entgegen, weil nach zutreffender Auffassung schon die wirksame Beendigung des Arbeitsverhältnisses – gleich aus welchem Grund – für sich gesehen einen wichtigen Grund für den Widerruf der Bestellung darstellt[54]. Zwar ist die Bestellung von dem Arbeitsverhältnis rechtlich zu unterscheiden. Gleichwohl bildet das Arbeitsverhältnis die Grundlage für das Amt[55].

3. Arbeitszeit (Ziff. 3)

1.26 **M 1.1.3 Arbeitszeit**

3. Arbeitszeit

3.1 Die regelmäßige wöchentliche Arbeitszeit beträgt 40 Stunden.

3.2 Der Arbeitnehmer bestimmt die für seine Aufgaben als Datenschutzbeauftragter aufzuwendende Arbeitszeit im Rahmen des Erforderlichen selbst. Insoweit ist er von seinen Aufgaben als ... [Position] befreit.

---

50 *Gehlhaar*, NZA 2010, 373 (375 f.); BT-Drucks. 16/12011, 30; vor der Novelle bspw. a.A. LAG Niedersachsen v. 16.6.2003 – 8 Sa 1968/02, NZA-RR 2004, 354 (356); *Ehrich*, NZA 1993, 248 (251); *Schwab/Ehrhard*, NZA 2009, 1118 (1119 f.).

51 *Moos* in BeckOK DatenschutzR, Art. 37 DSGVO Rz. 70; *Klug* in Gola, Art. 37 DSGVO Rz. 15.

52 *Drewes* in Simitis/Hornung/Spiecker, Art. 37 DSGVO Rz. 64.

53 *Drewes* in Simitis/Hornung/Spiecker, Art. 37 DSGVO Rz. 63.

54 BAG v. 23.3.2011 – 10 AZR 562/09, AP BDSG § 4f Nr. 3, allerdings in einem obiter dictum; *Dzida/Kröpelin*, NZA 2011, 1018 (1020); *Dzida/Kröpelin*, BB 2010, 1026 (1030); *Gehlhaar*, NZA 2010, 373 (377); *Bongers*, ArbRAktuell 2010, 300147.

55 So bspw. auch BAG v. 13.3.2007 – 9 AZR 612/05, AP BDSG § 4f Nr. 1.

Die Parteien gehen derzeit davon aus, dass von der regelmäßigen wöchentlichen Arbeitszeit ca. 80 % auf die Aufgaben als … [Position] und ca. 20 % auf die Aufgaben als Datenschutzbeauftragter entfallen.

3.3 Beginn, Ende und Dauer der täglichen Arbeitszeit sowie die Lage der Pausen richten sich im Übrigen nach den Vorgaben des Arbeitgebers und orientieren sich an den betrieblichen Erfordernissen.

3.4 Der Arbeitnehmer ist verpflichtet, bei Bedarf im gesetzlich zulässigen Umfang an Samstagen, Sonntagen und Feiertagen zu arbeiten sowie Mehrarbeit und Überstunden zu leisten.

3.5 Durch das vereinbarte Grundgehalt gemäß Ziffer 4.1 sind bis zu 20 Überstunden monatlich mit abgegolten.

a) Umfang und Verteilung der Arbeitszeit (Ziff. 3.1 bis 3.4)

Die unter Ziff. 3.1 festzulegende regelmäßige wöchentliche **Arbeitszeit** des Arbeitnehmers darf gem. § 3 ArbZG im Falle einer 6-Tage-Woche maximal 48 Stunden betragen[56]. 1.27

Ziff. 3.2 sichert dem Arbeitnehmer die gem. Art. 38 Abs. 3 Satz 1 DSGVO erforderliche Weisungsfreiheit bei der Erfüllung seiner Aufgaben als Datenschutzbeauftragter in zeitlicher Hinsicht (vgl. hierzu auch Rz. 1.11). Der Arbeitnehmer bestimmt insoweit seine Arbeitszeit im Rahmen des Erforderlichen selbst. Er ist von seinen sonstigen Aufgaben entbunden. 1.28

Die in der Regelung festgehaltene Verteilung der regelmäßigen wöchentlichen Arbeitszeit auf die Aufgaben als Datenschutzbeauftragter und sonstige Aufgaben ist nicht bindend. Sie gibt lediglich das beiderseitige Verständnis der Parteien bei Vertragsschluss wieder. Sie kann aber Indiz dafür sein, ob sich die auf die Aufgaben als Datenschutzbeauftragter aufgewendete Arbeitszeit im Rahmen des Erforderlichen hält. 1.29

b) Überstundenabgeltung (Ziff. 3.5)

Nach Ziff. 3.5 sind monatlich bis zu 20 **Überstunden** mit dem Grundgehalt abgegolten. Eine solche Abgeltungsklausel ist auch bei formularmäßiger Verwendung wirksam[57]. Die Grenze ist gem. § 138 BGB die zur Unwirksamkeit führende Sittenwidrigkeit der Abgeltungsklausel wegen Lohnwuchers. Dieser setzt in objektiver Hinsicht ein auffälliges Missverhältnis zwischen Leistung und Gegenleistung voraus. Ein solches liegt regelmäßig bei Unterschreitung von zwei Dritteln des in dem betreffenden Wirtschaftszweig üblicherweise gezahlten Tariflohns vor[58]. Die pauschale Abgeltung von 20 Überstunden monatlich stellt bei einer Wochenarbeitszeit von 40 Stunden im Falle eines tarifüblichen Grundgehalts daher kein Problem dar. 1.30

Eine formularmäßig verwendete pauschale Abgeltung aller Überstunden ist dagegen nach der Rechtsprechung des BAG[59] wegen eines Verstoßes gegen das Transparenzgebot des § 307 Abs. 1 Satz 2 BGB unwirksam. Für den Arbeitnehmer ist hieraus die für die vereinbarte Vergütung maximal zu erbringende Leistung nicht zu erkennen. 1.31

Ggf. ist dies allerdings dann anders zu beurteilen, wenn sich die Voraussetzungen und der maximal zulässige Umfang von Überstunden anderweitig aus dem Vertrag ergeben und die Regelung nicht insgesamt intransparent ist.

---

56 *Wank* in ErfK, § 3 ArbZG Rz. 5.
57 BAG v. 16.5.2012 – 5 AZR 331/11, NZA 2012, 908.
58 BAG v. 16.5.2012 – 5 AZR 331/11, NZA 2012, 908 (910); v. 18.4.2012 – 5 AZR 630/10, NZA 2012, 978.
59 BAG v. 22.2.2012 – 5 AZR 765/10, NZA 2012, 861 (862).

1.32 Die Überstundenvergütung richtet sich im Falle einer unwirksamen Abgeltungsklausel nach § 612 BGB. Hiernach gilt eine Vergütung dann als stillschweigend vereinbart, wenn die Dienstleistung nur gegen eine Vergütung zu erwarten ist. Die erforderliche Vergütungserwartung wird in vielen Fällen vorliegen. Sie kann aber insbesondere dann fehlen, wenn arbeitszeitbezogene und arbeitszeitunabhängig vergütete Arbeitsleistungen zeitlich miteinander verschränkt sind[60] oder wenn Dienste höherer Art geschuldet sind oder insgesamt eine deutlich herausgehobene Vergütung gezahlt wird[61]. Letzteres liegt regelmäßig bei einer Vergütung oberhalb der Beitragsbemessungsgrenze in der gesetzlichen Rentenversicherung vor[62].

4. Gehalt und Aufwendungsersatz, Freiwilligkeitsvorbehalt (Ziff. 4)

1.33 **M 1.1.4 Gehalt und Aufwendungsersatz, Freiwilligkeitsvorbehalt**

4. Gehalt und Aufwendungsersatz, Freiwilligkeitsvorbehalt

4.1 Der Arbeitnehmer erhält ein Jahresgehalt in Höhe von EUR … [Betrag] brutto, zahlbar bargeldlos in zwölf monatlichen Raten jeweils zum Ende des Monats.

4.2 Der Arbeitgeber erstattet dem Arbeitnehmer alle im Zusammenhang mit der Ausübung seiner Arbeitsaufgaben anfallenden erforderlichen Aufwendungen, soweit diese allgemein oder im Einzelfall genehmigt wurden. Auf Verlangen hat der Arbeitnehmer entsprechende Belege als Nachweis vorzulegen.

4.3 Etwaige Sonderleistungen, z.B. Gratifikationszahlungen, Weihnachtsgeld, Urlaubsgeld, 13. Monatsgehalt, werden freiwillig, d.h. ohne Anerkennung einer Rechtspflicht, gewährt. Auch die wiederholte freiwillige Leistung begründet keinen Rechtsanspruch auf weitere Leistungen in der Zukunft.

a) Gehalt und Aufwendungen (Ziff. 4.1 und 4.2)

1.34 Ziff. 4.1 bestimmt das jährliche **Bruttogehalt** des Arbeitnehmers. Der Arbeitnehmer erhält gem. Ziff. 4.2 nach vorheriger Genehmigung des Arbeitgebers die für seine Tätigkeit erforderlichen Aufwendungen ersetzt. Insoweit gilt die allgemeine Unterstützungspflicht gem. Art. 38 Abs. 2 DSGVO (für öffentliche Stellen auch gem. § 6 Abs. 2 BDSG), wonach die für die Erfüllung der Aufgaben erforderlichen Ressourcen und der Zugang zu personenbezogenen Daten und Verarbeitungsvorgängen sowie die zur Einhaltung des Fachwissens erforderlichen Ressourcen zur Verfügung zu stellen sind.

b) Freiwilligkeitsvorbehalt (Ziff. 4.3)

1.35 Der allgemeine **Freiwilligkeitsvorbehalt** unter Ziff. 4.3 soll insbesondere verhindern, dass aus **betrieblicher Übung** ein Anspruch des Arbeitnehmers auf neben dem Grundgehalt gewährte Leistungen entsteht. Ein formularmäßig verwendeter Freiwilligkeitsvorbehalt, der auch laufendes Arbeitsentgelt erfasst, ist nach der Rechtsprechung des BAG[63] als unangemessene Benachteiligung i.S.d. § 307 Abs. 1 BGB unwirksam. Der Anwendungsbereich der Regelung wurde daher auf Sonderleistungen, wie bspw. Gratifikationszahlungen, Weihnachtsgeld, Urlaubsgeld oder ein 13. Monatsgehalt, beschränkt. Vor dem Hintergrund einer Entscheidung des BAG[64] ist allerdings dennoch zweifelhaft, ob der Freiwilligkeitsvorbehalt wirksam ist bzw. im Falle einer längerfristigen Gewährung von Zusatzleistungen An-

---

60 BAG v. 22.2.2012 – 5 AZR 765/10, NZA 2012, 861 (862); v. 21.9.2011 – 5 AZR 629/10, NZA 2012, 145 (148).

61 BAG v. 22.2.2012 – 5 AZR 765/10, NZA 2012, 861 (862); v. 17.8.2011 – 5 AZR 406/10, NZA 2011, 1335 (1337).

62 BAG v. 22.2.2012 – 5 AZR 765/10, NZA 2012, 861 (862 f.).

63 BAG v. 25.4.2007 – 5 AZR 627/06, AP BGB § 308 Nr. 7.

64 BAG v. 14.9.2011 – 10 AZR 526/10, NZA 2012, 81.

sprüche aus betrieblicher Übung tatsächlich verhindern kann. Der Freiwilligkeitsvorbehalt sollte daher gegenüber dem Arbeitnehmer im Falle der Gewährung von Sonderleistungen jeweils wiederholt und dies auch dokumentiert werden.

5. Urlaub (Ziff. 5)

M 1.1.5 Urlaub

1.36

5. Urlaub

5.1 Der Arbeitnehmer erhält für jedes volle Kalenderjahr 30 Arbeitstage Urlaub (Jahresurlaub); Arbeitstage sind Wochentage von Montag bis Freitag.

5.2 Bei Beginn oder Ende des Arbeitsverhältnisses während eines laufenden Kalenderjahrs erhält der Arbeitnehmer ¹/₁₂ des Jahresurlaubs für jeden vollen Monat des Bestehens des Arbeitsverhältnisses in diesem Kalenderjahr. Für den gesetzlichen Mindesturlaub erfolgt eine etwaige anteilige Berechnung ausschließlich nach den Bestimmungen des Bundesurlaubsgesetzes.

5.3 Der Urlaub ist grundsätzlich im laufenden Kalenderjahr zu nehmen. Die Lage des Urlaubs hat der Arbeitnehmer vorab mit dem Arbeitgeber abzustimmen. Bei der Festlegung des Urlaubs werden die Interessen des Arbeitnehmers angemessen berücksichtigt.

5.4 Mit Erteilung des Urlaubs wird bis zur vollständigen Erfüllung des jeweiligen Urlaubsanspruchs zunächst der gesetzliche Mindesturlaub, dann ein etwaiger Schwerbehindertenzusatzurlaub und schließlich ein nach Ziffern 5.1 oder 5.2 etwaig über den gesetzlichen Mindesturlaub hinausgehender Urlaub eingebracht.

5.5 Ein nach Ziffern 5.1 oder 5.2 etwaig über den gesetzlichen Mindesturlaub hinausgehender Urlaub verfällt in jedem Fall am 31. Dezember des betreffenden Kalenderjahres; es erfolgt insoweit bei Beendigung des Arbeitsverhältnisses auch keine Abgeltung noch offener Urlaubstage. Die Übertragung des Urlaubs auf das Folgejahr, der Verfall und die Abgeltung des Urlaubs im Übrigen richten sich nach den gesetzlichen Bestimmungen.

a) Allgemeines (Ziff. 5.1 bis 5.3)

Der in Ziff. 5.1 vorgesehene **Jahresurlaub** geht über den gesetzlichen Mindesturlaub hinaus. Der gesetzliche Mindesturlaubsanspruch beträgt gem. § 3 BUrlG im Falle der im Vertragsmuster vorgesehenen 5-Tage-Woche 20 Arbeitstage pro Kalenderjahr. Der volle Mindesturlaubsanspruch wird gem. § 4 BUrlG erstmalig nach sechsmonatigem Bestehen des Arbeitsverhältnisses erworben (sog. Wartezeit).

1.37

Ziff. 5.2 sieht bei unterjährigem Ein- oder Austritt des Arbeitnehmers grundsätzlich eine zeitanteilige Berechnung des Urlaubsanspruchs vor. Der Arbeitnehmer erhält pro vollem Beschäftigungsmonat in dem betreffenden Kalenderjahr ¹/₁₂ des Jahresurlaubs. Der gesetzliche Mindesturlaub ist allerdings nur entsprechend den Bestimmungen des BUrlG zu kürzen. Eine zeitanteilige Berechnung des gesetzlichen Mindesturlaubs erfolgt gem. § 5 Abs. 1 BUrlG nur dann, wenn der Arbeitnehmer im betreffenden Kalenderjahr die Wartezeit noch nicht erfüllt hat bzw. er vor erfüllter Wartezeit oder nach erfüllter Wartezeit in der ersten Hälfte eines Kalenderjahres aus dem Arbeitsverhältnis ausscheidet. Dabei sind gem. § 5 Abs. 2 BUrlG Bruchteile von mindestens einem halben Tag auf einen vollen Urlaubstag aufzurunden; eine Abrundung erfolgt nicht. Ansonsten hat der Arbeitnehmer Anspruch auf den vollen gesetzlichen Mindesturlaub.

1.38

Ziff. 5.3 entspricht im Wesentlichen § 7 Abs. 1 und 3 BUrlG.

1.39

b) Verfall des Anspruchs (Ziff. 5.4 und 5.5)

1.40 Ziff. 5.4 und 5.5 sollen insbesondere einer Anhäufung von Urlaubsansprüchen im Falle einer Langzeiterkrankung des Arbeitnehmers soweit möglich entgegenwirken. So soll nach der Rechtsprechung des EuGH[65] und der darauf beruhenden Rechtsprechung des BAG[66] der gesetzliche Mindesturlaub entgegen § 7 Abs. 3 BUrlG dann nicht zum Ende des Urlaubsjahres bzw. des 31.3. des Folgejahres erlöschen, wenn der Arbeitnehmer bis dahin arbeitsunfähig erkrankt war und seinen Urlaub deswegen nicht nehmen konnte. Die genannte Rechtsprechung ist nur auf den gesetzlichen Mindesturlaubsanspruch, nicht aber auf einen darüber hinausgehenden vertraglichen Urlaubsanspruch anwendbar[67].

Ferner kann der Urlaubsanspruch nur dann am Ende des Kalenderjahres oder eines Übertragungszeitraums erlöschen, wenn der Arbeitgeber den Arbeitnehmer zuvor über seinen konkreten Urlaubsanspruch und die Verfallfristen belehrt und der Arbeitnehmer den Urlaub dennoch aus freien Stücken nicht genommen hat[68].

1.41 Ziff. 5.4 regelt vor diesem Hintergrund zunächst, dass gewährter Urlaub vorrangig auf den gesetzlichen Mindesturlaub anzurechnen ist. Ohne eine solche Regelung wäre gewährter Urlaub gem. § 366 Abs. 2 BGB zunächst auf einen darüber hinausgehenden vertraglichen Urlaubsanspruch anzurechnen. Ziff. 5.5 bestimmt den Verfall des über den gesetzlichen Mindesturlaub hinausgehenden vertraglichen Urlaubs zum Jahresende.

1.42 Das Problem der Anhäufung von Urlaubsansprüchen im Falle von Langzeiterkrankungen hat sich mittlerweile allerdings in gewisser Hinsicht wieder entspannt. So soll nach der Rechtsprechung des BAG[69] § 7 Abs. 3 BUrlG dahingehend auszulegen sein, dass der gesetzliche Mindesturlaubsanspruch auch bei fortdauernder Arbeitsunfähigkeit infolge Krankheit spätestens mit Ablauf von 15 Monaten nach dem betreffenden Urlaubsjahr erlischt.

6. Arbeitsverhinderung und Arbeitsunfähigkeit infolge Krankheit (Ziff. 6)

1.43 **M 1.1.6 Arbeitsverhinderung und Arbeitsunfähigkeit infolge Krankheit**

6. Arbeitsverhinderung und Arbeitsunfähigkeit infolge Krankheit

6.1 Der Arbeitnehmer ist verpflichtet, dem Arbeitgeber jede Arbeitsverhinderung oder Verlängerung einer Arbeitsverhinderung und deren voraussichtliche Dauer unverzüglich mitzuteilen. Auf Verlangen sind die Gründe der Arbeitsverhinderung anzugeben.

6.2 Im Falle der Arbeitsunfähigkeit infolge Krankheit ist der Arbeitnehmer verpflichtet, spätestens vor Ablauf des dritten Kalendertages nach Beginn der Arbeitsunfähigkeit eine ärztliche Bescheinigung über das Bestehen der Arbeitsunfähigkeit sowie deren voraussichtliche Dauer vorzulegen. Der Arbeitgeber ist berechtigt, die Vorlage der ärztlichen Bescheinigung früher zu verlangen. Dauert die Arbeitsunfähigkeit länger als in der Bescheinigung angegeben, so hat der Arbeitnehmer dies unverzüglich mitzuteilen und eine Anschlussbescheinigung vorzulegen. Die Pflicht zur Mitteilung und zur Vorlage einer ärztlichen Bescheinigung besteht unabhängig von einer Verpflichtung des Arbeitgebers zur Entgeltfortzahlung.

6.3 Im Falle der Arbeitsunfähigkeit infolge Krankheit zahlt der Arbeitgeber dem Arbeitnehmer das Gehalt entsprechend den Regelungen des Entgeltfortzahlungsgesetzes für bis zu sechs Wochen fort.

---

65 EuGH v. 20.1.2009 – C-350/06 und C-520/06, NZA 2009, 135.
66 BAG v. 24.3.2009 – 9 AZR 983/07, NZA 2009, 538.
67 BAG v. 24.3.2009 – 9 AZR 983/07, NZA 2009, 538 (546).
68 BAG v. 19.2.2019 – 9 AZR 541/15, NZA 2019, 982.
69 BAG v. 7.8.2012 – 9 AZR 353/10, NZA 2012, 1216 (1221); vgl. hierzu auch EuGH v. 22.11.2011 – C-214/10, NZA 2011, 1333; zu den Besonderheiten im Hinblick auf § 17 Satz 2 MuSchG und § 17 Abs. 2 BEEG s. BAG v. 15.12.2015 – 9 AZR 52/15, NZA 2016, 433.

6.4 Kann der Arbeitnehmer aufgrund gesetzlicher Vorschriften von einem Dritten Ersatz des Schadens beanspruchen, der ihm durch die Arbeitsunfähigkeit entstanden ist, so geht dieser Anspruch insoweit auf den Arbeitgeber über, als dieser dem Arbeitnehmer Arbeitsentgelt fortgezahlt und darauf entfallende vom Arbeitgeber zu tragende Beiträge zur gesetzlichen Sozialversicherung abgeführt hat. Der Arbeitnehmer ist verpflichtet, dem Arbeitgeber die zur Erhebung der Ansprüche erforderlichen Angaben zu machen und an der Geltendmachung und Durchsetzung mitzuwirken.

6.5 § 616 BGB findet keine Anwendung. Der Arbeitnehmer hat abgesehen von den Fällen der Ziffer 6.3 keinen Vergütungsanspruch, wenn er durch einen in seiner Person liegenden Grund an der Arbeitsleistung verhindert ist.

Ziff. 6.1 bis 6.4 entsprechen im Wesentlichen der gesetzlichen Regelung des **EFZG**. Ziff. 6.5 schließt die Anwendung des § 616 BGB aus. Hiernach verliert der Arbeitnehmer seinen Vergütungsanspruch dann nicht, wenn er für eine verhältnismäßig unerhebliche Zeit durch einen in seiner Person liegenden Grund ohne sein Verschulden an der Arbeitsleistung verhindert wäre. Dies kann bspw. der Fall sein bei der eigenen Hochzeit, Niederkunft der Ehefrau, Pflege eines nahen Angehörigen gem. § 2 PflegeZG oder Beerdigungen im engsten Familienkreis[70]. Der Ausschluss des § 616 BGB ist auch formularmäßig grundsätzlich wirksam[71].   1.44

7. Nebentätigkeiten, Wettbewerbsverbot (Ziff. 7)

M 1.1.7 Nebentätigkeiten, Wettbewerbsverbot   1.45

7. Nebentätigkeiten, Wettbewerbsverbot

7.1 Jede die Erfüllung der Pflichten aus dem Arbeitsverhältnis beeinträchtigende anderweitige entgeltliche oder unentgeltliche Tätigkeit des Arbeitnehmers ist während der Dauer des Arbeitsverhältnisses untersagt.

7.2 Dem Arbeitnehmer ist während der Dauer des Arbeitsverhältnisses insbesondere untersagt, in selbständiger, unselbständiger oder sonstiger Weise für ein Unternehmen tätig zu werden, welches mit dem Arbeitgeber in unmittelbarem oder mittelbarem Wettbewerb steht. In gleicher Weise ist dem Arbeitnehmer untersagt, ein solches Unternehmen zu errichten, zu erwerben oder sich hieran unmittelbar oder mittelbar zu beteiligen. Eine Beteiligung an börsennotierten Unternehmen ist dem Arbeitnehmer jedoch erlaubt, sofern er aufgrund seiner Beteiligung keinen bestimmenden Einfluss auf die Geschäftsführung des Unternehmens ausüben kann.

Ziff. 7.1 untersagt dem Arbeitnehmer klarstellend alle die Erfüllung der Pflichten aus dem Arbeitsverhältnis beeinträchtigenden **Nebentätigkeiten**. Solche Tätigkeiten sind während der Dauer des Arbeitsverhältnisses auch ohne gesonderte Vereinbarung zu unterlassen[72]. Das Verbot erfasst bspw. Wettbewerbstätigkeiten[73]. Eine Tätigkeit des Datenschutzbeauftragten für direkte Wettbewerber kann nach einer Meinung in der Kommentarliteratur zudem eine der Bestellung als Datenschutzbeauftragten entgegenstehende Interessenkollision bedeuten[74]. Auch sind dem Arbeitnehmer bspw. dem Urlaubszweck widersprechende Erwerbstätigkeiten untersagt (§ 8 BUrlG). Da gem. § 2 Abs. 1 Satz 1 Halbs. 2 ArbZG die Arbeitszeiten mehrerer Arbeitsverhältnisse zusammenzurechnen sind, kann die Ausübung von Ne-   1.46

---

70 *Preis* in ErfK, § 616 BGB Rz. 4 ff.

71 BAG v. 7.2.2007 – 5 AZR 270/06, AP BGB § 611 Abhängigkeit Nr. 118; *Preis* in ErfK, § 616 BGB Rz. 13.

72 *Preis* in ErfK, § 611a BGB Rz. 725.

73 Vgl. § 60 HGB; *Preis* in ErfK, § 611a BGB Rz. 720 f., 727.

74 *Heberlein* in Ehmann/Selmayr, Art. 38 DSGVO Rz. 25.

bentätigkeiten ferner den Höchstarbeitszeiten des ArbZG zuwiderlaufen. Auch solche Tätigkeiten sind von dem Arbeitnehmer zu unterlassen[75].

1.47 Ziff. 7.2 greift als besonderen Fall der untersagten Nebentätigkeiten das Verbot von Wettbewerbstätigkeiten während der Dauer des Arbeitsverhältnisses auf. Nach Beendigung des Arbeitsverhältnisses sind dem Arbeitnehmer Wettbewerbstätigkeiten dagegen gestattet. Sollen derartige Tätigkeiten ausgeschlossen werden, ist eine gesonderte Vereinbarung zu treffen. Hierbei sind die Vorgaben der §§ 74 ff. HGB zu beachten. Insbesondere ist gem. § 74 Abs. 2 HGB während des Verbotes eine Entschädigung von mindestens der Hälfte der letzten vertraglichen Bezüge zu gewähren. Die Dauer des Verbots darf gem. § 74a Abs. 1 Satz 3 HGB zwei Jahre nach Beendigung des Arbeitsverhältnisses nicht überschreiten.

8. Arbeitsergebnisse, Erfindungen, Urheberrecht (Ziff. 8)

1.48 **M 1.1.8 Arbeitsergebnisse, Erfindungen, Urheberrecht**

8. Arbeitsergebnisse, Erfindungen, Urheberrecht

8.1 Sämtliche Arbeitsergebnisse aus der Tätigkeit des Arbeitnehmers für den Arbeitgeber stehen im Eigentum des Arbeitgebers.

8.2 Für Erfindungen des Arbeitnehmers gelten die gesetzlichen Vorschriften über Arbeitnehmererfindungen und die hierzu ergangenen Durchführungsvorschriften und Richtlinien.

8.3 Der Arbeitnehmer überträgt dem Arbeitgeber mit Abschluss dieses Vertrags sämtliche ihm im Rahmen des Arbeitsverhältnisses erwachsenden Nutzungs- und Verwertungsrechte an Urheber- und sonstigen Immaterialgüterrechten. Die Übertragung erfolgt ausschließlich und ohne inhaltliche, zeitliche oder räumliche Beschränkung. Sie gilt auch für noch unbekannte Nutzungs- oder Verwertungsarten. Durch die Übertragung erhält der Arbeitgeber auch das Recht, das betreffende Nutzungs- oder Verwertungsrecht auf Dritte zu übertragen oder diesen weitere Nutzungs- oder Verwertungsrechte einzuräumen.

8.4 § 69b Urheberrechtsgesetz bleibt unberührt.

8.5 Die Übertragung der Rechte an Arbeitsergebnissen ist durch das vereinbarte Grundgehalt abschließend abgegolten. Dies gilt auch für die Zeit nach Beendigung des Arbeitsverhältnisses.

1.49 Ziff. 8 trifft Regelungen bzgl. der Übertragung von **Arbeitsergebnissen** bzw. **Nutzungsrechten** an den Arbeitgeber. Insbesondere mit Blick auf die § 32 Abs. 3 Satz 1 und 2, § 32a Abs. 3 Satz 1 und § 32c Abs. 3 Satz 1 UrhG sowie §§ 22, 23 ArbNErfG kann nicht ausgeschlossen werden, dass der Arbeitnehmer für von ihm geschaffene Werke entgegen Ziff. 8.5 in bestimmten Fällen eine gesonderte Vergütung verlangen kann.

9. Laufzeit und Beendigung des Arbeitsverhältnisses (Ziff. 9)

1.50 **M 1.1.9 Laufzeit und Beendigung des Arbeitsverhältnisses**

9. Laufzeit und Beendigung des Arbeitsverhältnisses

9.1 Das Arbeitsverhältnis wird auf unbestimmte Zeit geschlossen.

9.2 Für die ordentliche Kündigung des Arbeitsverhältnisses gilt beiderseits eine Kündigungsfrist von vier Wochen zum 15. oder zum Ende eines Kalendermonats. Eine für den Arbeitgeber kraft Gesetzes verbindliche Verlängerung der ordentlichen Kündigungsfrist gilt auch für den Arbeitnehmer.

---

75 *Preis* in ErfK, § 611a BGB Rz. 727.

9.3 Das Recht zur außerordentlichen Kündigung aus wichtigem Grund bleibt unberührt.

9.4 Jede Kündigung bedarf zu ihrer Rechtswirksamkeit der Schriftform.

9.5 Das Arbeitsverhältnis endet, ohne dass es einer Kündigung bedarf, mit Ablauf des Monats, in dem der Arbeitnehmer das gesetzliche Regelrentenalter vollendet. Es endet ebenfalls, ohne dass es einer Kündigung bedarf, wenn der Arbeitnehmer vor Vollendung des gesetzlichen Regelrentenalters eine gesetzliche Vollrente wegen Alters oder unbefristete Rente wegen voller Erwerbsminderung in Anspruch nimmt.

a) Laufzeit (Ziff. 9.1)

Ziff. 9.1 sieht den Abschluss eines unbefristeten Arbeitsvertrags vor. Innerhalb der Grenzen des TzBfG wäre auch eine **Befristung** möglich. Die Befristung eines Arbeitsverhältnisses bedarf gem. § 14 Abs. 1 TzBfG grundsätzlich eines Sachgrundes. Ein Sachgrund läge gem. § 14 Abs. 1 Satz 2 Nr. 3 TzBfG bspw. vor, wenn der Arbeitnehmer zur Vertretung eines anderen Arbeitnehmers, etwa in Elternzeit, eingestellt wird. Das Sachgrunderfordernis gilt allerdings nicht ausnahmslos. Insbesondere kann gem. § 14 Abs. 2 Satz 1 TzBfG das Arbeitsverhältnis im Falle einer Neueinstellung auf die Dauer von bis zu zwei Jahren auch grundlos befristet werden. Bis zu dieser Gesamtdauer sind maximal drei Verlängerungen der Befristung zulässig. Erforderlich hierfür ist gem. § 14 Abs. 2 Satz 2 TzBfG, dass der Arbeitnehmer nicht zuvor bei dem Arbeitgeber beschäftigt war. Dies ist nach der Rechtsprechung des BVerfG[76] nicht der Fall, wenn die Vorbeschäftigung sehr lange zurückliegt oder ganz anders geartet ist oder lediglich von sehr kurzer Dauer ist. 1.51

Ob der Abberufungsschutz des § 38 Abs. 2 i.V.m. § 6 Abs. 4 Satz 1 BDSG und der Sonderkündigungsschutz des § 38 Abs. 2 i.V.m. § 6 Abs. 4 Satz 2 BDSG die nach dem TzBfG bestehenden Befristungsmöglichkeiten einschränken, ist umstritten. So wird die Zulässigkeit einer befristeten Bestellung teils vom Vorliegen eines sachlichen Grundes abhängig gemacht[77]. Eine verbreitete Ansicht hält eine Befristung der Bestellung grundsätzlich für zulässig, soweit hierdurch die effiziente Amtsausübung des Datenschutzbeauftragten nicht unterlaufen wird[78]. Eine Mindestdauer der befristeten Bestellung ist in Art. 37 DSGVO nicht ausdrücklich geregelt. Dies kann nur für den Einzelfall entschieden werden[79]. Jedenfalls bei Einhaltung der von dem **Düsseldorfer Kreis** für externe Datenschutzbeauftragte empfohlenen **Mindestdauer** von ein bis zwei Jahren bei Erstverträgen bzw. ansonsten vier Jahren[80] werden nach dieser Auffassung einer Befristung der Bestellung regelmäßig keine datenschutzrechtlichen Bedenken entgegenstehen. 1.52

Die vorstehenden Ansichten berücksichtigen jedenfalls in Bezug auf die Befristung des Arbeitsverhältnisses nach der hier vertretenen Auffassung nicht ausreichend, dass der Gesetzgeber einen besonderen Befristungsschutz, anders als einen Sonderkündigungsschutz (§ 38 Abs. 2 i.V.m. § 6 Abs. 4 Satz 2 BDSG), gerade nicht geschaffen hat. Der Gesetzgeber hat somit insoweit den durch das TzBfG vermittelten Schutz auch für den Datenschutzbeauftragten als ausreichend erachtet. Hierfür spricht auch, dass der Gesetzgeber den Datenschutzbeauftragten bei Einführung des Sonderkündigungsschutzes kündigungsrechtlich mit anderen Funktionsträgern, wie Betriebsräten, gleichstellen wollte[81]. Im 1.53

---

76 BVerfG v. 6.6.2018 – 1 BvL 7/14 und 1 BvR 1375/14, NZA 2018, 774; so auch BAG v. 23.1.2019 – 7 AZR 733/16, NZA 2019, 700 (702).

77 *Gola* in Gola/Heckmann, § 5 BDSG Rz. 18.

78 *Moos* in BeckOK DatenschutzR, Art. 38 DSGVO Rz. 22; *Bergt* in Kühling/Buchner, Art. 38 DSGVO Rz. 29.

79 *Moos* in BeckOK DatenschutzR, Art. 38 DSGVO Rz. 22; *Bergt* in Kühling/Buchner, Art. 38 DSGVO Rz. 29.

80 Im Ergebnis ähnlich *Moos* in BeckOK DatenschutzR, Art. 38 DSGVO Rz. 22; *Bergt* in Kühling/Buchner, Art. 38 DSGVO Rz. 29.

81 BT-Drucks. 16/12011, 30.

Fall des Sonderkündigungsschutzes von Betriebsräten gem. § 15 KSchG lässt das BAG[82] Befristungen aber zu. Soweit es um die befristete Verlängerung eines befristeten Arbeitsvertrags eines Betriebsratsmitglieds geht, ist an den Sachgrund, soweit ein solcher erforderlich ist, nach dieser Rechtsprechung lediglich ein strenger Maßstab zu stellen. Die bestehenden Befristungsmöglichkeiten nach dem TzBfG werden auch durch datenschutzrechtliche Vorgaben daher nicht eingeschränkt.

1.54 Soweit man für die Befristung des Arbeitsverhältnisses einen über das TzBfG hinausgehenden datenschutzrechtlichen Befristungsschutz für den Datenschutzbeauftragten zur Gewährleistung einer effektiven Amtsausübung für wünschenswert hält, ist nach der hier vertretenen Auffassung der Gesetzgeber gefragt. Bis zu einer entsprechenden gesetzlichen Regelung wird man von einem derartigen Befristungsschutz auf Grundlage der bestehenden datenschutzrechtlichen Vorgaben aber nicht ausgehen können. Auf europäischer Ebene wurde eine ausdrückliche Regelung zur Befristung des Amts des Datenschutzbeauftragten nicht in die neue Datenschutz-Grundverordnung aufgenommen.

b) Beendigung (Ziff. 9.2 bis 9.5)

1.55 Das Arbeitsverhältnis des Datenschutzbeauftragten kann durch den Arbeitgeber gem. § 38 Abs. 2 i.V.m. § 6 Abs. 4 Satz 2 BDSG nur außerordentlich aus wichtigem Grund i.S.d. § 626 BGB gekündigt werden. Dieser **Sonderkündigungsschutz** gilt gleichermaßen für haupt- und nebenamtliche Datenschutzbeauftragte[83], soweit gem. § 38 Abs. 1 BDSG eine Pflicht zur Bestellung eines Datenschutzbeauftragten besteht. Der „nur" freiwillig bestellte Datenschutzbeauftragte genießt keinen Sonderkündigungsschutz[84]. Der Sonderkündigungsschutz endet nicht mit der Bestellung. Er gilt gem. § 38 Abs. 2 i.V.m. § 6 Abs. 4 Satz 3 BDSG vielmehr bis zum Ablauf eines Jahres nach Beendigung der Bestellung fort.

1.56 Ein wichtiger Grund für die außerordentliche Kündigung des Arbeitsvertrags kann in der Verletzung von amtlichen oder arbeitsvertraglichen Pflichten liegen[85]. So liegt etwa ein die außerordentliche Kündigung rechtfertigender Grund bei Straftaten des Arbeitnehmers gegenüber dem Arbeitgeber, bspw. bei Untreue zu Lasten des Arbeitgebers, grundsätzlich vor. Ob die Straftat im Zusammenhang mit der Tätigkeit als Datenschutzbeauftragter begangen wurde, ist dabei unerheblich. Ein wichtiger Grund für den Widerruf der Bestellung i.S.d. § 38 Abs. 2 i.V.m. § 6 Abs. 4 Satz 1 BDSG berechtigt dabei aber nicht zwingend auch zu einer außerordentlichen Kündigung des Arbeitsvertrags. Dies folgt bereits aus Wortlaut und Systematik von § 6 Abs. 4 Sätze 1 und 2 BDSG. Die in § 6 Abs. 4 Satz 1 BDSG für den Widerruf der Bestellung vorgesehene „entsprechende Anwendung" des § 626 BGB bedeutet, dass eine Fortdauer der Bestellung – und nicht zwingend auch des Arbeitsverhältnisses – für den Arbeitgeber unzumutbar sein muss[86].

1.57 Die ordentliche Kündigung des Arbeitsvertrags kommt vor dem Hintergrund des § 38 Abs. 2 i.V.m. § 6 Abs. 4 Satz 2, 3 BDSG zunächst durch den Datenschutzbeauftragten selbst in Betracht. Durch den Arbeitgeber ist eine ordentliche Kündigung nur gegenüber einem freiwilligen Datenschutzbeauftragten jederzeit möglich, wobei selbstverständlich die Grenzen des KSchG zu beachten sind. Dagegen scheidet eine ordentliche Kündigung des Arbeitgebers gegenüber einem obligatorischen Datenschutzbeauftragten vom Zeitpunkt der Bestellung bis zum Ablauf eines Jahres nach Beendigung der Bestellung aus.

---

82 BAG v. 17.2.1983 – 2 AZR 481/81, AP KSchG 1969 § 15 Nr. 14; *Linck* in Ascheid/Preis/Schmidt, § 15 KSchG Rz. 14.

83 BAG v. 27.7.2017 – 2 AZR 812/16, NZA 2018, 166.

84 *Greiner/Senk*, NZA 2020, 201 (208); *Franzen* in ErfK, § 38 BDSG Rz. 10.

85 *Franzen* in ErfK, § 38 BDSG Rz. 10.

86 Im Ergebnis ebenso *Greiner/Senk*, NZA 2020, 201 (209); a.A. *Gola* in Gola/Heckmann, § 6 BDSG Rz. 18, der einen Widerruf der Bestellung nur dann für zulässig hält, wenn zugleich ein Grund zur fristlosen Kündigung des Arbeitsverhältnisses vorliegt. Siehe auch oben Rz. 1.20.

Nach Ziff. 9.2 gilt für die ordentliche Kündigung grundsätzlich die gesetzliche Mindestkündigungsfrist des § 622 Abs. 1 BGB von vier Wochen zum 15. oder zum Ende eines Kalendermonats. Darüber hinaus ordnet Ziff. 9.2 im Falle einer für den Arbeitgeber kraft Gesetzes verbindlichen Verlängerung der ordentlichen Kündigungsfrist oder Veränderung des Kündigungstermins die Geltung auch für den Arbeitnehmer an. Die gesetzliche Mindestkündigungsfrist für ordentliche Kündigungen des Arbeitgebers verlängert sich gem. § 622 Abs. 2 Satz 1 BGB abhängig von der Beschäftigungsdauer des Arbeitnehmers, erstmals nach zwei Jahren auf einen Monat zum Ende des Kalendermonats. § 622 Abs. 2 Satz 1 BGB, nach dem Beschäftigungszeiten vor dem 25. Lebensjahr des Arbeitnehmers nicht berücksichtigt werden, ist europarechtswidrig[87] und damit unanwendbar[88].   1.58

Grundsätzlich wäre es gem. § 622 Abs. 3 BGB auch denkbar, zu Beginn des Arbeitsverhältnisses eine maximal sechsmonatige **Probezeit** mit einer verkürzten ordentlichen Kündigungsfrist von mindestens zwei Wochen zu vereinbaren. Im Falle eines obligatorischen Datenschutzbeauftragten ist die ordentliche Kündigung durch den Arbeitgeber gem. § 38 Abs. 2 i.V.m. § 6 Abs. 4 Satz 2 BDSG aber nicht möglich, sofern, wie im Vertragsmuster vorgesehen, Beginn des Arbeitsvertrags und Bestellung zum Datenschutzbeauftragten zeitlich zusammenfallen. Eine Probezeitvereinbarung könnte zugunsten des Arbeitgebers somit nicht zum Tragen kommen und ist daher im Vertragsmuster auch nicht vorgesehen. Eine solche Vereinbarung wäre aber dann denkbar, wenn die Bestellung zum Datenschutzbeauftragten erst nach Ablauf der Probezeit erfolgen soll (zur Probezeit vgl. auch Rz. 1.9 und Rz. 1.91).   1.59

Ziff. 9.3 und 9.4[89] haben nur klarstellende Bedeutung. Ziff. 9.5 sieht eine Beendigung des Arbeitsvertrags mit Renteneintritt vor.   1.60

10. Verschwiegenheitspflicht, Herausgabe von Gegenständen (Ziff. 10)

M 1.1.10 Verschwiegenheitspflicht, Herausgabe von Gegenständen   1.61

10. Verschwiegenheitspflicht, Herausgabe von Gegenständen

10.1 Der Arbeitnehmer verpflichtet sich, über alle vertraulichen Angelegenheiten, die ihm im Rahmen des Arbeitsverhältnisses zur Kenntnis gelangen, insbesondere über Betriebs- und Geschäftsgeheimnisse, während der Dauer und auch nach dem Ende des Arbeitsverhältnisses Stillschweigen zu wahren. § 38 Abs. 2 i.V.m. § 6 Abs. 5 Satz 2, Abs. 6 BDSG sind zu beachten.

10.2 Auf Verlangen des Arbeitgebers, spätestens aber bei Beendigung des Arbeitsverhältnisses hat der Arbeitnehmer sämtliche ihm im Rahmen des Arbeitsverhältnisses überlassenen Gegenstände und Daten (gleich auf welchem Medium) herauszugeben. Auf Verlangen des Arbeitgebers hat er zu bescheinigen, dass er keine solchen Gegenstände und Daten sowie Vervielfältigungen von Daten mehr im Besitz hat. Der Arbeitnehmer wird dem Arbeitgeber spätestens am Tag der Beendigung des Arbeitsverhältnisses eine Aufstellung aller Passwörter, Schreibschutzcodes und ähnliche Zugangscodes, die er auf den von ihm im Betrieb genutzten PCs und anderen IT- oder Telekommunikations-Ressourcen verwendet hat, zur Verfügung stellen. Zurückbehaltungsrechte jedweder Art sind ausgeschlossen.

Ziff. 10.1 stellt klar, dass der Arbeitnehmer während der Dauer und nach Beendigung seines Arbeitsverhältnisses über vertrauliche Angelegenheiten Stillschweigen zu wahren hat. Dies gilt jedenfalls für Betriebs- und Geschäftsgeheimnisse auch ohne entsprechende Vereinbarung[90]. Der Verrat von **Betriebs- und Geschäftsgeheimnissen** während des Arbeitsverhältnisses ist gem. § 23 GeschGehG straf-   1.62

---

87 EuGH v. 19.1.2010 – C-555/07, NZA 2010, 85.
88 BAG v. 9.9.2010 – 2 AZR 714/08, NZA 2011, 343.
89 Vgl. hierzu § 623 BGB.
90 *Preis* in ErfK, § 611a BGB Rz. 710 ff.; zur Unzulässigkeit noch weitergehender „Catch-All"-Klauseln vgl. *Preis*, a.a.O., Rz. 718 und LAG Köln v. 2.12.2019 – 2 SaGa 20/19, BeckRS 2019, 44850.

rechtlich sanktioniert. Die im Vertragsmuster vorgesehene Regelung verweist ferner auf die besonderen Verschwiegenheitsbestimmungen für den Datenschutzbeauftragten gem. § 38 Abs. 2 i.V.m. § 6 Abs. 5 Satz 2, Abs. 6 BDSG. Die Verschwiegenheitspflicht des § 38 Abs. 2 i.V.m. § 6 Abs. 5 Satz 2 BDSG gilt auch gegenüber dem Arbeitgeber und Arbeitnehmervertretungen[91].

Ziff. 10.2 trifft Regelungen zur Herausgabe von Gegenständen und Daten des Arbeitgebers.

11. Verfallfristen (Ziff. 11)

1.63   **M 1.1.11 Verfallfristen**

11. Verfallfristen

11.1   Alle beiderseitigen Ansprüche aus oder im Zusammenhang mit dem Arbeitsverhältnis verfallen, wenn sie nicht innerhalb von drei Monaten nach der Fälligkeit gegenüber der anderen Partei in Textform geltend gemacht werden.

11.2   Lehnt die andere Partei die Erfüllung des Anspruchs ab oder erklärt sie sich nicht innerhalb von zwei Wochen nach der schriftlichen Geltendmachung des Anspruches, so verfällt dieser, wenn er nicht innerhalb von weiteren drei Monaten nach der Ablehnung oder dem Fristablauf gerichtlich geltend gemacht wird.

11.3. Die Absätze 1 und 2 gelten nicht für eine Haftung wegen Vorsatz oder unerlaubter Handlung sowie für Ansprüche auf den gesetzlichen Mindestlohn und andere Ansprüche, auf die nicht verzichtet werden kann.

1.64   Mehrstufige **Verfallklauseln** mit dem unter Ziff. 11 vorgesehenen Inhalt sind auch bei formularmäßiger Verwendung grundsätzlich wirksam. Sie dürfen gem. § 305c Abs. 1 BGB nach ihrer äußeren Gestaltung nicht überraschend sein[92]. Dies wäre bspw. bei Verfallklauseln unter dem Punkt „Schlussbestimmungen" der Fall[93]. Auch müssen sie dem Transparenzgebot gem. § 307 Abs. 1 Satz 2 BGB genügen. Ein Verstoß gegen das Transparenzgebot läge z.B. dann vor, wenn sie die Voraussetzungen und Rechtsfolgen des Verfalls nicht klar regeln[94]. Zudem dürfen sie gem. § 307 Abs. 1 Satz 1 BGB den Arbeitnehmer nicht unangemessen benachteiligen. Dies wäre insbesondere dann der Fall, wenn sie auf erster[95] oder zweiter Stufe[96] eine Verfallfrist von weniger als drei Monaten vorsehen oder die Verfallfrist auf erster Stufe zu einem Zeitpunkt vor Fälligkeit des Anspruchs beginnt[97]. Das früher häufig formularmäßig vorgesehene Schriftformerfordernis wäre nach der heute geltenden Fassung des § 309 Nr. 13 BGB, wonach keine strengere Form als die Textform vereinbart werden darf, nicht mehr möglich.

1.65   Derartige Verfallklauseln sind auch dann wirksam, wenn sie Ansprüche aufgrund vorsätzlichen oder grob fahrlässigen Verhaltens bzw. Ansprüche aus einer schuldhaften Verletzung des Lebens, des Körpers oder der Gesundheit nicht explizit ausklammern. Nach der Rechtsprechung des BAG liegt ein Verstoß gegen § 202 Abs. 1 BGB nicht vor, weil eine Vorsatzhaftung von der Verfallklausel regelmäßig

---

91 *Bergt* in Kühling/Buchner, § 6 BDSG Rz. 18.
92 BAG v. 28.9.2005 – 5 AZR 52/05, NZA 2006, 149 (151); v. 25.5.2005 – 5 AZR 572/04, NZA 2005, 1111 (1113).
93 BAG v. 31.8.2005 – 5 AZR 545/04, NZA 2006, 324 (326).
94 BAG v. 28.9.2005 – 5 AZR 52/05, NZA 2006, 149 (151); v. 25.5.2005 – 5 AZR 572/04, NZA 2005, 1111 (1113).
95 BAG v. 27.1.2016 – 5 AZR 277/14, NZA 2016, 679 (680); v. 12.3.2008 – 10 AZR 152/07, NZA 2008, 699 (701); v. 28.9.2005 – 5 AZR 52/05, NZA 2006, 149 (153).
96 BAG v. 12.3.2008 – 10 AZR 152/07 NZA, 2008, 699 (701); v. 25.5.2005 – 5 AZR 572/04, NZA 2005, 1111 (1114).
97 BAG v. 28.9.2005 – 5 AZR 52/05, NZA 2006, 149 (153).

schon nicht erfasst werden soll; jedenfalls ist eine Verfallklausel gem. §§ 134, 202 Abs. 1 BGB nur insoweit nichtig, als sie sich auch auf eine Vorsatzhaftung erstreckt[98]. § 309 Nr. 7 BGB ist auf die Verfallklausel nicht anwendbar, weil kein Haftungsausschluss und keine Haftungsbegrenzung vorliegt, sondern der Anspruch lediglich befristet wird; selbst wenn man dies anders sehen wollte, ist auch hier allenfalls eine Teilnichtigkeit anzunehmen, soweit das Klauselverbot des § 309 Nr. 7 BGB greift[99]. Jedenfalls für den Fall vorsätzlich strafbaren Verhaltens ist im Vertragsmuster zur Vermeidung rechtlicher Unsicherheiten gleichwohl eine Ausnahme vorgesehen. Entsprechendes gilt für den gesetzlichen Mindestlohn, welcher ebenfalls nicht von einer Verfallklausel erfasst werden kann (§ 3 MiLoG)[100].

12. Vollständigkeit (Ziff. 12)

M 1.1.12 Vollständigkeit

1.66

12. Vollständigkeit

Dieser Vertrag beinhaltet die vollständigen Vereinbarungen der Parteien in Bezug auf den Vertragsgegenstand. Insoweit ersetzt er alle etwaigen vorangegangenen Vereinbarungen zwischen den Parteien. Nebenabreden sind nicht getroffen.

Vollständigkeitsklauseln mit dem Inhalt von Ziff. 12 sind nach der Rechtsprechung des BGH[101] auch bei formularmäßiger Verwendung zulässig. Sie entsprechen der widerleglichen Vermutung der Vollständigkeit eines schriftlichen Vertrags. Dem Arbeitnehmer darf allerdings nicht der Nachweis von Nebenabreden abgeschnitten werden. Gleichwohl ist eine derartige Regelung jedenfalls zur Klarstellung sinnvoll.

1.67

13. Schriftform (Ziff. 13)

M 1.1.13 Schriftform

1.68

13. Schriftform

Individuelle Änderungen oder Ergänzungen dieses Vertrags sind formlos gültig (§ 305b BGB). Im Übrigen bedürfen Änderungen oder Ergänzungen dieses Vertrags zu ihrer Rechtswirksamkeit der Schriftform. Dies gilt auch für eine Aufhebung des Schriftformerfordernisses. Ausgeschlossen sind damit insbesondere Vertragsänderungen durch betriebliche Übung.

Ziff. 13 soll die Entstehung von Ansprüchen aus betrieblicher Übung verhindern. Die Parteien können von einer einfachen **Schriftformklausel**, d.h. einer Klausel, der zufolge Änderungen und Ergänzungen des Vertrags der Schriftform bedürfen, jederzeit schlüssig und formlos abweichen. Eine solche Klausel kann daher auch keine Ansprüche aus betrieblicher Übung verhindern[102]. Anderes gilt dagegen im Fal-

1.69

98 BAG v. 28.9.2005 – 5 AZR 52/05, NZA 2006, 149 (151); v. 25.5.2005 – 5 AZR 572/04, NZA 2005, 1111 (1112).

99 BAG v. 28.9.2005 – 5 AZR 52/05, NZA 2006, 149 (152); v. 25.5.2005 – 5 AZR 572/04, NZA 2005, 1111 (1113).

100 BAG v. 24.8.2016 – 5 AZR 703/15, NZA 2016, 1539; dort auch zur Frage einer geltungserhaltenden Reduktion.

101 Vgl. bspw. BGH v. 26.11.1984 – VIII ZR 214/83, NJW 1985, 623 (630).

102 BAG v. 20.5.2008 – 9 AZR 382/07, NZA 2008, 1233 (1234).

le einer doppelten Schriftformklausel, d.h. einer Klausel, nach der die Aufhebung des Schriftformerfordernisses ebenfalls der Schriftform bedarf[103].

1.70 Eine formularmäßig verwendete doppelte Schriftformklausel ist jedoch dann gem. § 307 Abs. 1 BGB unwirksam, wenn sie bei dem Arbeitnehmer den Eindruck erweckt, eine nach Vertragsabschluss getroffene mündliche Abrede sei unwirksam. Individuelle Vertragsabreden haben gem. § 305b BGB immer Vorrang vor Allgemeinen Geschäftsbedingungen. Sie setzen sich damit auch gegen eine doppelte Schriftformklausel durch[104]. Individualvereinbarungen wurden daher in der im Vertragsmuster vorgesehenen Regelung von dem Schriftformerfordernis ausgenommen.

Die Wirksamkeit der im Vertragsmuster vorgesehenen Schriftformklausel ist höchstrichterlich nicht bestätigt. Die Gewährung von Leistungen neben dem vertraglich vereinbarten Gehalt sollte daher zur Vermeidung von Ansprüchen aus betrieblicher Übung außerdem jeweils unter einen Freiwilligkeitsvorbehalt gestellt werden (vgl. hierzu auch Rz. 1.35).

14. Salvatorische Klausel (Ziff. 14)

1.71 **M 1.1.14 Salvatorische Klausel**

14. Salvatorische Klausel

Sollten einzelne Bestimmungen dieses Vertrags ganz oder teilweise unwirksam sein oder werden, wird hierdurch die Wirksamkeit des Vertrags im Übrigen nicht berührt. Die Parteien werden die unwirksame Bestimmung durch eine dieser nach Sinn und Zweck möglichst nahe kommende wirksame Bestimmung ersetzen. Die vorstehende Regelung gilt im Falle unbeabsichtigter Vertragslücken entsprechend.

1.72 Die **salvatorische Klausel** unter Ziff. 14 führt nicht dazu, dass im Falle der Unwirksamkeit einzelner Vertragsbestimmungen der Vertrag im Übrigen unter allen Umständen bestehen bleibt. Sie führt lediglich zu der widerleglichen Vermutung i.S.v. § 139 BGB, dass die Parteien den Vertrag auch ohne die unwirksame Bestimmung geschlossen hätten[105].

C. Ergänzungsvertrag zum Arbeitsvertrag

I. Muster

1.73 **M 1.2 Ergänzungsvertrag zum Arbeitsvertrag (Bestellung zum Datenschutzbeauftragten)**

Ergänzungsvertrag[106] *zum Arbeitsvertrag vom [Datum]*

zwischen

...

– Arbeitgeber –

und

---

103 BAG v. 20.5.2008 – 9 AZR 382/07, NZA 2008, 1233 (1234 f.).
104 BAG v. 20.5.2008 – 9 AZR 382/07, NZA 2008, 1233 (1235 ff.).
105 BAG v. 23.4.2009 – 6 AZR 533/08, NZA 2009, 1260 (1263).
106 Das Muster bezieht sich auf einen Datenschutzbeauftragten einer nicht-öffentlichen Stelle.

...

– Arbeitnehmer –

*– beide Vertragsparteien nachfolgend auch einzeln **Partei** und gemeinsam **Parteien** genannt –*

*In Änderung bzw. Ergänzung des Arbeitsvertrags vom … [Datum] (**Arbeitsvertrag**) vereinbaren die Parteien folgendes:*

1. Tätigkeit als Datenschutzbeauftragter[107]

*1.1 Mit Wirksamwerden der Bestellung übernimmt der Arbeitnehmer neben seiner bisherigen Tätigkeit die Aufgaben eines Beauftragten für den Datenschutz i.S.d. § 38 BDSG, Art. 39 DSGVO (**Datenschutzbeauftragter**).*

1.2 Er ist in dieser Funktion unmittelbar der Geschäftsleitung unterstellt. Er ist berechtigt, seine Vorschläge oder Bedenken jederzeit unmittelbar der Geschäftsleitung vorzutragen. Hauptansprechpartner innerhalb der Geschäftsleitung ist derzeit … [Name]. Bei Anwendung seiner Fachkunde auf dem Gebiet des Datenschutzes ist der Arbeitnehmer weisungsfrei.

1.3 Der Arbeitnehmer bestimmt die für seine Aufgaben als Datenschutzbeauftragter aufzuwendende Arbeitszeit im Rahmen des Erforderlichen selbst. Insoweit ist er von seinen Aufgaben als … [Position] befreit.

Die Parteien gehen derzeit davon aus, dass von der regelmäßigen wöchentlichen Arbeitszeit des Arbeitnehmers ca. 80 % auf die Aufgaben als … [Position] und ca. 20 % auf die Aufgaben als Datenschutzbeauftragter entfallen.

1.4 Der Arbeitgeber ist jederzeit aus wichtigem Grund oder auf Verlangen der Aufsichtsbehörde zum Widerruf der Bestellung zum Datenschutzbeauftragen berechtigt (§ 38 Abs. 2 i.V.m. § 6 Abs. 4 Satz 1 BDSG). Die Bestellung endet in jedem Fall spätestens mit Beendigung des Arbeitsvertrags.

2. Beginn, Laufzeit und Beendigung[108]

2.1 Dieser Vertrag steht unter der aufschiebenden Bedingung des Wirksamwerdens der Bestellung zum Datenschutzbeauftragten. Er ist auf unbestimmte Zeit geschlossen.

2.2 Im Falle des Widerrufs der Bestellung zum Datenschutzbeauftragten endet auch dieser Vertrag. Der Arbeitsvertrag im Übrigen bleibt von dem Widerruf unberührt.

2.3 Dieser Vertrag endet in jedem Fall spätestens mit Beendigung des Arbeitsvertrags.

3. Fortgeltung des Arbeitsvertrags[109]

Soweit dieser Vertrag nichts Abweichendes bestimmt, gilt der zwischen den Parteien bestehende Arbeitsvertrag fort.

4. Vollständigkeit[110]

Dieser Vertrag beinhaltet die vollständigen Vereinbarungen der Parteien in Bezug auf die Tätigkeit des Arbeitnehmers als Datenschutzbeauftragter. Insoweit ersetzt er alle etwaigen vorangegangenen Vereinbarungen zwischen den Parteien. Nebenabreden sind nicht getroffen.

5. Schriftform

Individuelle Änderungen oder Ergänzungen dieses Vertrags sind formlos gültig (§ 305b BGB). Im Übrigen bedürfen Änderungen oder Ergänzungen dieses Vertrags zu ihrer Rechtswirksamkeit der Schriftform. Dies

---

107 Zu den Erläuterungen siehe Rz. 1.75.
108 Zu den Erläuterungen siehe Rz. 1.77 f.
109 Zu den Erläuterungen siehe Rz. 1.80.
110 Zu den Erläuterungen der Klauseln 4–6 siehe Rz. 1.82.

gilt auch für eine Aufhebung des Schriftformerfordernisses. Ausgeschlossen sind damit insbesondere Vertragsänderungen durch betriebliche Übung.

6. Salvatorische Klausel

Sollten einzelne Bestimmungen dieses Vertrags ganz oder teilweise unwirksam sein oder werden, wird hierdurch die Wirksamkeit des Vertrags im Übrigen nicht berührt. Die Parteien werden die unwirksame Bestimmung durch eine dieser nach Sinn und Zweck möglichst nahe kommende wirksame Bestimmung ersetzen. Die vorstehende Regelung gilt im Falle unbeabsichtigter Vertragslücken entsprechend.

…	…
Ort, Datum	*Ort, Datum*
…	…
Arbeitgeber	*Arbeitnehmer*

II. Erläuterungen

1. Tätigkeit als Datenschutzbeauftragter (Ziff. 1)

1.74 **M 1.2.1 Tätigkeit als Datenschutzbeauftragter**

1. Tätigkeit als Datenschutzbeauftragter

*1.1 Mit Wirksamwerden der Bestellung übernimmt der Arbeitnehmer neben seiner bisherigen Tätigkeit die Aufgaben eines Beauftragten für den Datenschutz i.S.d. § 38 BDSG, Art. 39 DSGVO (**Datenschutzbeauftragter**).*

1.2 Er ist in dieser Funktion unmittelbar der Geschäftsleitung unterstellt. Er ist berechtigt, seine Vorschläge oder Bedenken jederzeit unmittelbar der Geschäftsleitung vorzutragen. Hauptansprechpartner innerhalb der Geschäftsleitung ist derzeit … [Name]. Bei Anwendung seiner Fachkunde auf dem Gebiet des Datenschutzes ist der Arbeitnehmer weisungsfrei.

1.3 Der Arbeitnehmer bestimmt die für seine Aufgaben als Datenschutzbeauftragter aufzuwendende Arbeitszeit im Rahmen des Erforderlichen selbst. Insoweit ist er von seinen Aufgaben als … [Position] befreit.

Die Parteien gehen derzeit davon aus, dass von der regelmäßigen wöchentlichen Arbeitszeit des Arbeitnehmers ca. 80 % auf die Aufgaben als … [Position] und ca. 20 % auf die Aufgaben als Datenschutzbeauftragter entfallen.

1.4 Der Arbeitgeber ist jederzeit aus wichtigem Grund oder auf Verlangen der Aufsichtsbehörde zum Widerruf der Bestellung zum Datenschutzbeauftragen berechtigt (§ 38 Abs. 2 i.V.m. § 6 Abs. 4 Satz 1 BDSG). Die Bestellung endet in jedem Fall spätestens mit Beendigung des Arbeitsvertrags.

1.75 Bzgl. der Ziff. 1.1 und 1.2 sei auf die Erläuterungen zu den Ziff. 1.1 und 1.2 des Arbeitsvertrags verwiesen (vgl. Rz. 1.9 ff. und Rz. 1.13 ff.), bzgl. der erforderlichen Fachkunde und Zuverlässigkeit auf die Erläuterungen zum Bestellungsschreiben (vgl. Rz. 1.87 f.). Bzgl. Ziff. 1.3 sei auf die Erläuterungen zu Ziff. 3.2 des Arbeitsvertrags (vgl. Rz. 1.27 f.), bzgl. Ziff. 1.4 Satz 1 auf die Erläuterungen zu Ziff. 2.1 des Arbeitsvertrages (vgl. Rz. 1.18 ff.) und bzgl. Ziff. 1.4 Satz 2 auf die Erläuterungen zu Ziff. 2.3 des Arbeitsvertrags (vgl. Rz. 1.22 ff.) verwiesen.

2. Beginn, Laufzeit und Beendigung (Ziff. 2)

M 1.2.2 Beginn, Laufzeit und Beendigung

1.76

2. Beginn, Laufzeit und Beendigung

2.1 Dieser Vertrag steht unter der aufschiebenden Bedingung des Wirksamwerdens der Bestellung zum Datenschutzbeauftragten. Er ist auf unbestimmte Zeit geschlossen.

2.2 Im Falle des Widerrufs der Bestellung zum Datenschutzbeauftragten endet auch dieser Vertrag. Der Arbeitsvertrag im Übrigen bleibt von dem Widerruf unberührt.

2.3 Dieser Vertrag endet in jedem Fall spätestens mit Beendigung des Arbeitsvertrags.

Ziff. 2.1 knüpft den Beginn des Ergänzungsvertrags an das Wirksamwerden der Bestellung zum Daten- 1.77
schutzbeauftragten. Bzgl. einer Befristung kann auf die Erläuterungen zum Bestellungsschreiben (vgl.
Rz. 1.89 ff.) verwiesen werden.

Bzgl. Ziff. 2.2 sei auf die Erläuterungen zu Ziff. 2.1 des Arbeitsvertrags (vgl. Rz. 1.18 ff.) verwiesen. 1.78

3. Fortgeltung des Arbeitsvertrags (Ziff. 3)

M 1.2.3 Fortgeltung des Arbeitsvertrags

1.79

3. Fortgeltung des Arbeitsvertrags

Soweit dieser Vertrag nichts Abweichendes bestimmt, gilt der zwischen den Parteien bestehende Arbeitsvertrag fort.

Ziff. 3 stellt klar, dass die Regelungen des existierenden Arbeitsvertrags unberührt bleiben, soweit der 1.80
Ergänzungsvertrag keine abweichende Regelung trifft.

4. Vollständigkeit, Schriftform, Salvatorische Klausel (Ziff. 4, 5 und 6)

M 1.2.4 Vollständigkeit, Schriftform, Salvatorische Klausel

1.81

4. Vollständigkeit

Dieser Vertrag beinhaltet die vollständigen Vereinbarungen der Parteien in Bezug auf die Tätigkeit des Arbeitnehmers als Datenschutzbeauftragter. Insoweit ersetzt er alle etwaigen vorangegangenen Vereinbarungen zwischen den Parteien. Nebenabreden sind nicht getroffen.

5. Schriftform

Individuelle Änderungen oder Ergänzungen dieses Vertrags sind formlos gültig (§ 305b BGB). Im Übrigen bedürfen Änderungen oder Ergänzungen dieses Vertrags zu ihrer Rechtswirksamkeit der Schriftform. Dies gilt auch für eine Aufhebung des Schriftformerfordernisses. Ausgeschlossen sind damit insbesondere Vertragsänderungen durch betriebliche Übung.

6. Salvatorische Klausel

Sollten einzelne Bestimmungen dieses Vertrags ganz oder teilweise unwirksam sein oder werden, wird hierdurch die Wirksamkeit des Vertrags im Übrigen nicht berührt. Die Parteien werden die unwirksame Bestimmung durch eine dieser nach Sinn und Zweck möglichst nahe kommende wirksame Bestimmung ersetzen. Die vorstehende Regelung gilt im Falle unbeabsichtigter Vertragslücken entsprechend.

1.82 Bzgl. der Ziff. 4 bis 6 sei auf die Erläuterungen zu den Ziff. 12 bis 14 des Arbeitsvertrags (vgl. Rz. 1.67, 1.69 f. und Rz. 1.72) verwiesen.

1.83–1.85 Einstweilen frei.

D. Bestellungsschreiben

I. Muster

1.86 **M 1.3 Bestellungsschreiben (Datenschutzbeauftragter)**

Bestellungsschreiben [Briefpapier des Arbeitgebers]

Frau/Herrn … [Name]

… [Anschrift]

… [Datum]

Bestellung zum Beauftragten für den Datenschutz i.S.d. § 38 BDSG, Art. 39 DSGVO[111]

Sehr geehrte/r Frau/Herr … [Name],

hiermit bestellen wir Sie mit … [sofortiger Wirkung]/[Wirkung ab dem [Datum]] zur/zum Beauftragten für den Datenschutz i.S.d. § 38 BDSG, Art. 39 DSGVO.

Die Bestellung erfolgt auf unbestimmte Zeit. Sie kann von uns jederzeit aus wichtigem Grund (§ 626 BGB) oder auf Verlangen der Aufsichtsbehörde widerrufen werden (§ 38 Abs. 2 i.V.m. § 6 Abs. 4 Satz 1 BDSG).

Die Bestellung endet in jedem Fall spätestens mit Beendigung Ihres Arbeitsvertrags.

Wir wünschen Ihnen für Ihre Tätigkeit viel Erfolg.

Mit freundlichen Grüßen

…

[Unterschrift Geschäftsleitung]

Ich nehme hiermit meine Bestellung zur/zum Beauftragten für den Datenschutz entsprechend dem vorstehenden Schreiben vom … [Datum] an.

…

Ort, Datum

…

[Unterschrift Arbeitnehmer]

---

111 Zu den Erläuterungen siehe Rz. 1.87 ff.

II. Erläuterungen

1. Bestellung und Bestellungsdauer

Zum Datenschutzbeauftragten darf gem. Art. 37 Abs. 5, Art. 39 DSGVO nur bestellt werden, wer über eine hinreichende berufliche Qualifikation verfügt, insbesondere Fachwissen im Datenschutzrecht und der Datenschutzpraxis aufweist und die Fähigkeit zur Erfüllung seiner in Art. 39 DSGVO normierten Aufgaben besitzt[112]. Die Fähigkeit zur Erfüllung seiner in Art. 39 DSGVO normierten Aufgaben setzt neben der fachlichen Qualifikation auch die persönliche Eignung und damit die Zuverlässigkeit voraus[113]. Die Zuverlässigkeit kann insbesondere dann aufgrund von **Interessenkonflikten** in Frage stehen, wenn der Arbeitnehmer neben seinem Amt als Datenschutzbeauftragter weitere Tätigkeiten im Unternehmen ausüben soll (vgl. hierzu bereits Rz. 1.12).

1.87

Besitzt der Arbeitnehmer nicht die für das Amt des Datenschutzbeauftragten erforderliche Fachkunde oder Zuverlässigkeit, ist die Bestellung dennoch rechtswirksam. Dies folgt aus § 38 Abs. 2, § 6 Abs. 4 Satz 1 i.V.m. § 40 Abs. 5 Satz 2 BDSG. Die Aufsichtsbehörde kann in diesem Fall aber gem. § 40 Abs. 5 Satz 2 BDSG von nicht-öffentlichen Stellen die Abberufung des Datenschutzbeauftragten verlangen. Dies berechtigt (und verpflichtet) die nicht-öffentliche Stelle gem. § 38 Abs. 2 i.V.m. § 6 Abs. 4 Satz 1 BDSG zum Widerruf der Bestellung. Die verantwortliche Stelle kann bei fehlender Fachkunde oder Zuverlässigkeit insbesondere gem. Art. 58 Abs. 2 lit. i i.V.m. Art. 83 Abs. 4 lit. a DSGVO bußgeldpflichtig sein, weil sie den Datenschutzbeauftragten nicht bzw. nicht in der vorgeschriebenen Weise bestellt hat.

1.88

Das BDSG schließt eine **Befristung** der Bestellung des Datenschutzbeauftragten nicht aus. Es trifft zu der Frage der Befristung schlichtweg keine Regelung. Die Zulässigkeit einer Befristung der Bestellung des Datenschutzbeauftragten wird in der Rechtsliteratur uneinheitlich beantwortet (hierzu im Einzelnen oben in den Erläuterungen zu Ziff. 9.1 des Arbeitsvertrages, Rz. 1.52).

1.89

Jedenfalls soweit im konkreten Fall eine Befristung des Arbeitsverhältnisses zulässig ist, muss auch eine entsprechende Befristung der Bestellung möglich sein, denn die wirksame Beendigung des Arbeitsverhältnisses stellt für sich gesehen einen wichtigen Grund für den Widerruf der Bestellung des Datenschutzbeauftragten dar (vgl. Rz. 1.25). Der gesetzliche Abberufungsschutz gem. § 38 Abs. 2 i.V.m. § 6 Abs. 4 Satz 1 BDSG wird insoweit also nicht berührt. Nach der hier vertretenen Ansicht beurteilt sich die Zulässigkeit der Befristung des Arbeitsverhältnisses allein nach dem TzBfG. Ein besonderer datenschutzrechtlicher Befristungsschutz existiert nicht (vgl. Rz. 1.52 ff.).

1.90

Soweit eine Befristung der **Bestellung zur Probe** (vgl. zur Probezeit auch Rz. 1.9 und Rz. 1.59) in der Rechtsliteratur teilweise für unzulässig und damit wohl für unwirksam gehalten wurde, weil der Datenschutzbeauftragte die erforderliche Fachkunde und Zuverlässigkeit von Beginn an besitzen müsse[114], scheint dies zwei unterschiedliche Fragestellungen miteinander zu vermischen. Eine Bestellung zum Zweck der Erprobung der Fachkunde und Zuverlässigkeit des Datenschutzbeauftragten wäre in der Tat wegen eines Verstoßes gegen Art. 37 Abs. 5 DSGVO unzulässig. Besitzt der Datenschutzbeauftragte zur Zeit seiner Bestellung nicht die erforderliche Fachkunde und Zuverlässigkeit, darf er nicht zum Datenschutzbeauftragten bestellt werden. Erfolgt die Bestellung dennoch, ist sie allerdings wirksam, aber zu widerrufen (vgl. hierzu schon Rz. 1.88). Dies gilt unabhängig davon, ob die Bestellung befristet oder unbefristet erfolgt. Auch im Falle einer Befristung zur Probe endet die Bestellung daher mit Fristablauf von selbst[115]; dies gilt auch, wenn die Eignung des Datenschutzbeauftragten tatsächlich besteht. Auf die Rechtswirksamkeit der Befristungsabrede hat das Motiv „Erprobung" somit keine Auswirkungen.

1.91

---

112 Vgl. ausführlich *Moos* in BeckOK DatenschutzR, Art. 37 DSGVO Rz. 56 ff.; *Klug* in Gola, Art. 37 DSGVO Rz. 18.

113 *Drewes* in Simitis/Hornung/Spiecker, Art. 38 DSGVO Rz. 47.

114 *Simitis* in Simitis, § 4f BDSG a.F. Rz. 63.

115 *Bergt* in Kühling/Buchner, Art. 37 DSGVO Rz. 42.

1.92 Die Bestellung ist kein einseitiger Akt des Arbeitgebers, sondern erfordert eine **Zustimmungserklärung des Arbeitnehmers**[116]. Eine entsprechende Verpflichtung im Arbeitsvertrag kann diese nicht ersetzen. Im Falle einer Verweigerung der Zustimmung entgegen einer arbeitsvertraglichen Pflicht kann der Arbeitgeber hieraus ggf. zwar arbeitsrechtliche Konsequenzen ziehen. Der Arbeitnehmer ist allerdings nicht wirksam zum Datenschutzbeauftragten bestellt. Arbeitsvertrag und Bestellung sind zwei voneinander unabhängige Rechtsgeschäfte (vgl. hierzu schon Rz. 1.22).

1.93 Das BDSG bzw. die DSGVO setzen dabei nicht voraus, dass die Bestellung schriftlich erfolgt. Dies ist aber zu Dokumentationszwecken empfehlenswert. Die Bestellung zum Datenschutzbeauftragten i.S.d. § 38 BDSG, Art. 39 DSGVO, der Beginn der Bestellung (im Zweifel: mit sofortiger Wirkung) und eine etwaige Befristung (im Zweifel: unbefristet) sollten aus den betreffenden Erklärungen eindeutig hervorgehen. Ebenso sollte die Einverständniserklärung des Datenschutzbeauftragten in Schriftform erfolgen.

1.94 Die Aufgaben des Datenschutzbeauftragten ergeben sich bereits aus dem Gesetz und müssen nicht umschrieben werden. Die Vorgaben für die organisatorische Eingliederung folgen aus Art. 38 Abs. 3 Satz 1 DSGVO. Die Eingliederung selbst ist ein tatsächlicher Akt und muss diesen Vorgaben entsprechen. Insoweit ist nichts Näheres zu konkretisieren. Die Unterstützungspflicht des Arbeitgebers folgt aus Art. 38 Abs. 2 DSGVO, für öffentliche Stellen zudem aus § 6 Abs. 2 BDSG. Für nichtöffentliche Stellen folgt die Unterstützungspflicht allein aus Art. 38 Abs. 2 DSGVO. Die erforderliche Unterstützung ist für jeden Einzelfall zu beurteilen und unterliegt einem laufenden Wandel. Auch insoweit ist eine Präzisierung weder erforderlich noch in jedem Fall sinnvoll.

1.95 Die Bestellung kann daher auch in den Arbeitsvertrag aufgenommen werden. Eine etwaige Bestellung im Rahmen des Arbeitsvertrags sollte allerdings eindeutig erklärt werden. Da Arbeitsvertrag und Amt zwei voneinander zu unterscheidende Rechtsverhältnisse sind (vgl. hierzu schon Rz. 1.22), kann nicht ohne weiteres davon ausgegangen werden, dass die Parteien mit der Einstellung zugleich die Bestellung vornehmen wollten.

1.96 Gemäß Art. 37 Abs. 7 DSGVO sind die Kontaktdaten des Datenschutzbeauftragten zu veröffentlichen und der zuständigen Aufsichtsbehörde mitzuteilen. Die Veröffentlichung der Daten muss in einer Art und Weise erfolgen, dass die Adressaten in die Lage versetzt werden, direkt und vertraulich mit dem Datenschutzbeauftragten in Kontakt zu treten[117]. In Frage kommen etwa die Kontaktaufnahme via E-Mail, Telefon oder Post[118]. Der Name des Datenschutzbeauftragten muss nicht zwingend angegeben werden[119]. Der Ort für die Veröffentlichung der Kontaktdaten ist gesetzlich nicht vorgeschrieben. Hierfür bieten sich die Internetseite und das Intranet des Auftraggebers an, damit sowohl Kunden als auch Mitarbeiter auf die Kontaktdaten zugreifen können[120]. Der Aufsichtsbehörde sind die Kontaktdaten anlasslos und nicht erst nach Aufforderung mitzuteilen[121].

2. Widerruf und anderweitige Beendigung der Bestellung

1.97 Die Bestellung zum Datenschutzbeauftragten kann durch den privaten Arbeitgeber als nicht-öffentliche Stelle gem. § 38 Abs. 2 i.V.m. § 6 Abs. 4 Satz 1 BDSG nur aus wichtigem Grund entsprechend § 626 BGB oder auf Verlangen der Aufsichtsbehörde gem. § 40 Abs. 6 Satz 2 BDSG widerrufen werden. Die Aufsichtsbehörde kann gem. § 40 Abs. 6 Satz 2 BDSG von nicht-öffentlichen Stellen die Abberu-

---

116 BAG v. 29.9.2010 – 10 AZR 588/09, NZA 2011, 151.
117 *Klug* in Gola, Art. 37 DSGVO Rz. 19.
118 *Klug* in Gola, Art. 37 DSGVO Rz. 19.
119 *Klug* in Gola, Art. 37 DSGVO Rz. 19; *Drewes* in Simitis/Hornung/Spiecker, Art. 37 DSGVO Rz. 68; *Scheja* in Taeger/Gabel, Art. 38 DSGVO Rz. 85.
120 *Klug* in Gola, Art. 37 DSGVO Rz. 19.
121 *Moos* in BeckOK DatenschutzR, Art. 37 DSGVO Rz. 82.

fung des Datenschutzbeauftragten bei fehlender Fachkunde oder im Falle eines schwerwiegenden Interessenkonflikts verlangen.

Als wichtiger Grund für den **Widerruf** kommt insbesondere die wirksame Beendigung des Arbeitsvertrags[122] oder die Verletzung von Amts- oder allgemeinen arbeitsvertraglichen Pflichten durch den Datenschutzbeauftragten in Betracht[123]. Beispiele für Amtspflichtverletzungen, die den Widerruf ggf. rechtfertigen können, sind insbesondere Versäumnisse bei der Beratung der verantwortlichen Stelle über die nach § 47 Nr. 6 BDSG zu treffenden technischen und organisatorischen Maßnahmen, die Vernachlässigung der Prüfung von Verarbeitungsbereichen oder Verstöße gegen Verschwiegenheitspflichten[124].

1.98

Daneben ist ein Widerruf insbesondere dann zulässig und geboten, wenn der Datenschutzbeauftragte nicht (mehr) die gem. Art. 37 Abs. 5, Art. 39 DSGVO erforderliche Fachkunde besitzt[125]. Die Wahl des Datenschutzbeauftragten in den Betriebsrat rechtfertigt keinen Widerruf seiner Bestellung. Beide Ämter schließen sich nach der Rechtsprechung des BAG[126] nicht grundsätzlich gegenseitig aus[127]. Auch die organisatorische Entscheidung des Arbeitgebers, anstelle eines internen Datenschutzbeauftragten künftig einen externen Datenschutzbeauftragten zu bestellen, rechtfertigt keinen Widerruf[128]. Ansonsten könnte der Arbeitgeber mit seiner Entscheidung den Abberufungsschutz des § 38 Abs. 2 i.V.m. § 6 Abs. 4 Satz 1 BDSG umgehen. Organisatorische Änderungen erlauben einen Widerruf allenfalls in besonderen Situationen, bspw. bei der Stilllegung des Betriebs oder organisatorischen Änderungen zur Abwendung einer betrieblichen Notsituation[129].

1.99

Ob der Widerruf zu seiner Wirksamkeit auch einer entsprechenden Änderung des zugrunde liegenden Arbeitsvertrags bedarf, erscheint zweifelhaft. Das BAG[130] hielt dies in der Vergangenheit zwar für erforderlich. Hieran ist aber jedenfalls seit Inkrafttreten des Gesetzes zur Änderung datenschutzrechtlicher Vorschriften vom 14.8.2009 nicht mehr ohne weiteres festzuhalten. Der neben dem Abberufungsschutz des § 6 Abs. 4 Satz 1 BDSG i.V.m. § 38 Abs. 2 BDSG geregelte Sonderkündigungsschutz des Datenschutzbeauftragten gem. § 6 Abs. 4 Satz 2, 3 BDSG (jeweils auch für nicht-öffentliche Stellen, § 38 Abs. 2 BDSG) stellt klar, dass die Beendigung des Amts einerseits und die Beendigung des Arbeitsverhältnisses andererseits grundsätzlich unabhängig voneinander zu beurteilen sind[131] (vgl. hierzu auch schon Rz. 1.22).

1.100

Der Arbeitnehmer kann das Amt des Datenschutzbeauftragten jederzeit niederlegen[132], ohne dass es hierfür eines besonderen Grundes bedarf. Ist der Arbeitnehmer arbeitsvertraglich zur Übernahme des Amts des Datenschutzbeauftragten verpflichtet, verletzt er mit einer grundlosen Amtsniederlegung allerdings seine Pflichten aus dem Arbeitsvertrag. Der Arbeitgeber kann in diesem Fall ggf. arbeitsrechtliche Schritte einleiten, bspw. eine Abmahnung aussprechen oder das Arbeitsverhältnis unter Umständen sogar gem. § 626 BGB wegen beharrlicher Arbeitsverweigerung außerordentlich kündigen.

1.101

---

122 BAG v. 23.3.2011 – 10 AZR 562/09, AP BDSG § 4f Nr. 3; *Dzida/Kröpelin*, NZA 2011, 1018 (1020); *Dzida/Kröpelin*, BB 2010, 1026 (1030); *Gehlhaar*, NZA 2010, 373 (377); *Bongers*, ArbRAktuell 2010, 300147.
123 LAG Mecklenburg-Vorpommern v. 25.2.2020 – 5 Sa 108/19, BeckRS 2020, 5259; *Gola* in Gola/Heckmann, § 6 BDSG Rz. 18.
124 *Drewes* in Simitis/Hornung/Spiecker, Art. 37 DSGVO Rz. 60.
125 *Drewes* in Simitis/Hornung/Spiecker, Art. 37 DSGVO Rz. 60.
126 BAG v. 23.3.2011 – 10 AZR 562/09, AP BDSG § 4f Nr. 3.
127 Vgl. hierzu auch *Dzida/Kröpelin*, NZA 2011, 1018.
128 BAG v. 23.3.2011 – 10 AZR 562/09, AP BDSG § 4f Nr. 3.
129 BAG v. 23.3.2011 – 10 AZR 562/09, AP BDSG § 4f Nr. 3.
130 BAG v. 13.3.2007 – 9 AZR 612/05, AP BDSG § 4f Nr. 1.
131 *Gehlhaar*, NZA 2010, 373 (375 f.); vgl. auch BT-Drucks. 16/12011, 30.
132 *Drewes* in Simitis/Hornung/Spiecker, Art. 37 DSGVO Rz. 63.

1.102 Fraglich ist insoweit, ob der Arbeitnehmer durch die **Amtsniederlegung** eine Pflichtverletzung begeht, wenn ihm der Arbeitgeber die Aufgaben des Datenschutzbeauftragten nicht einseitig im Rahmen des Direktionsrechts zuweisen konnte und auch nicht ausdrücklich eine entsprechende Änderung des Arbeitsvertrags vereinbart wurde. Nach der Rechtsprechung des BAG[133] liegt in derartigen Fällen regelmäßig eine konkludente Erweiterung der vertraglichen Aufgaben des Arbeitnehmers um die gesetzlichen Aufgaben des Datenschutzbeauftragten vor. Diese Erweiterung entfällt, so das BAG, automatisch mit dem Widerruf der Bestellung. Ob die Erweiterung, wie das BAG[134] ebenfalls ausführte, auch bei jeder anderen Beendigung des Amts entfällt, erscheint für den Fall der Amtsniederlegung dagegen zweifelhaft. Regelmäßig haben die Parteien nicht den übereinstimmenden Willen, dem Arbeitnehmer ein einseitiges „Rückkehrrecht" in das Arbeitsverhältnis ohne das Amt des Datenschutzbeauftragten einzuräumen. Dies gilt insbesondere dann, wenn der Arbeitgeber mit der Bestellung gerade seiner gesetzlichen Pflicht gem. § 38 Abs. 1 BDSG nachkommt. Etwas anderes kann man daher allenfalls dann annehmen, wenn dem Arbeitnehmer die Möglichkeit der Amtsniederlegung im Rahmen der Bestellung ausdrücklich eingeräumt wurde.

1.103 Arbeitnehmer und Arbeitgeber können das Amt des Datenschutzbeauftragten selbstverständlich auch einvernehmlich beenden[135]. Hierfür ist kein besonderer Grund erforderlich. Das Amt des Datenschutzbeauftragten endet zudem mit Ablauf einer Befristung, soweit man diese, wie hier vertreten (vgl. Rz. 1.52 ff.), für rechtswirksam hält[136].

1.104 Widerruf, Niederlegung oder einvernehmliche Beendigung des Amts sind nicht an eine bestimmte **Form** gebunden. Die Einhaltung der Schriftform ist nicht erforderlich, allerdings ist diese zu Dokumentationszwecken sinnvollerweise einzuhalten.

---

133 BAG v. 29.9.2010 – 10 AZR 588/09, AP BDSG § 4f Nr. 2; BAG v. 23.3.2011 – 10 AZR 562/09, AP BDSG § 4f Nr. 3.
134 BAG v. 29.9.2010 – 10 AZR 588/09, AP BDSG § 4f Nr. 2.
135 *Drewes* in Simitis/Hornung/Spiecker, Art. 37 DSGVO Rz. 64.
136 *Drewes* in Simitis/Hornung/Spiecker, Art. 37 DSGVO Rz. 62.

§ 2
Vertrag über die Beauftragung eines externen Datenschutzbeauftragten

Literatur: *Däubler/Wedde/Weichert/Sommer*, EU-DSGVO und BDSG, 2. Aufl. 2020; *Gola/Schomerus*, BDSG, 12. Aufl. 2015; *Hümmerich/Lücke/Mauer*, Arbeitsrecht, 9. Aufl. 2018; *Nägele/Apel*, Beck'sche Online-Formulare IT- und Datenrecht, 3. Edition 2020 (zit.: BeckOF IT/*Bearbeiter*).

A. Einleitung

2.1 Von wenigen Ausnahmen abgesehen unterliegen Unternehmen regelmäßig der gesetzlichen **Pflicht**, einen **betrieblichen Datenschutzbeauftragten** zu **benennen** (s. Art. 37 Abs. 1 DSGVO[1] i.V.m. § 38 Abs. 1 BDSG)[2]. Dabei haben Unternehmen die Wahl, ob sie einen schon vorhandenen oder neu einzustellenden Arbeitnehmer mit diesem „Amt" betrauen wollen (sog. **interner Datenschutzbeauftragter**) oder einen externen Dienstleister (**externer Datenschutzbeauftragter**) bevorzugen (so ausdrücklich Art. 37 Abs. 6 DSGVO). Es bestehen zumindest drei gute Gründe, sich als Unternehmen genau zu überlegen, welche Lösung verfolgt wird: Der erste Grund liegt in dem gesetzlichen Kündigungsschutz des internen betrieblichen Datenschutzbeauftragten gem. § 38 Abs. 2 i.V.m. § 6 Abs. 4 Satz 2 und 3 BDSG. Für die Dauer der Bestellung bis ein Jahr nach seiner wirksamen Abberufung als Datenschutzbeauftragter kann das Arbeitsverhältnis mit ihm nur aus wichtigem Grund gekündigt werden. Der zweite Grund besteht in der Freistellungs- und Kostenübernahmepflicht des Unternehmens für Fortbildungsveranstaltungen des internen Datenschutzbeauftragten. Der dritte Grund liegt in der Schwierigkeit vieler Unternehmen begründet, einen fachlich geeigneten internen Kandidaten zu finden, der die nötige Beratungsqualität gewährleistet. Die technischen Verarbeitungsprozesse werden zunehmend komplexer. Damit einhergehend setzen die rechtlichen Bewertungen der Zulässigkeit der Verarbeitungen entsprechend tiefgreifende und aktuelle Kenntnisse des Datenschutzrechts voraus. Die Praxis mancher Unternehmen, durch Bestellung eines „Alibi-Datenschutzbeauftragten" nur dem äußeren Anschein nach der gesetzlichen Benennungspflicht nachzukommen, erscheint vor diesem

---

[1] Verordnung (EU) 2016/679 des Europäischen Parlaments und des Rates vom 27.4.2016 zum Schutz natürlicher Personen bei der Verarbeitung personenbezogener Daten, zum freien Datenverkehr und zur Aufhebung der Richtlinie 95/46/EG (Datenschutz-Grundverordnung), ABl. Nr. L 119 S. 1, ber. ABl. Nr. L 314 S. 72 und ABl. 2018 Nr. L 127 S. 2.

[2] Bundesdatenschutzgesetz in der Fassung der Bekanntmachung vom 14.1.2003 (BGBl. I, 66), das zuletzt durch Art. 12 des Gesetzes vom 20.11.2019 (BGBl. I 1626) geändert worden ist.

Hintergrund höchst bedenklich und mit Blick auf den deutlich angezogenen Bußgeldrahmen bei nicht ordnungsgemäßer Benennung nach Art. 83 Abs. 4 lit. a DSGVO bis zu Euro 10.000.000 oder zwei Prozent des weltweiten Jahresumsatzes eines Unternehmens einerseits und die Sorgfaltspflichten der Geschäftsleitung aus §§ 91, 93 AktG und § 43 GmbHG andererseits sehr haftungsträchtig. Letztlich ist die Entscheidung für einen internen oder externen Datenschutzbeauftragten nach den Umständen im Einzelfall genau abzuwägen, wobei auch die Unternehmensgröße eine wichtige Rolle spielt. Je größer ein Unternehmen ist, desto wichtiger werden auch organisatorische Kenntnisse des Datenschutzbeauftragten und erfordern eine stärkere organisatorische Einbindung ins Unternehmen, was für externe Datenschutzbeauftragte schwer zu gewährleisten ist. Für kleine und mittelständische Unternehmen kann eine externe Lösung dagegen vorteilhaft sein.

B. Vertrag über die Beauftragung eines externen Datenschutzbeauftragten

I. Muster

M 2.1 Vertrag über die Beauftragung eines externen Datenschutzbeauftragten 2.2

Vertrag über die Beauftragung eines externen Datenschutzbeauftragten

Vertrag[3]

zwischen

der Firma …,

*– nachfolgend „**Auftraggeber**" genannt –*

und

Herrn/Frau/Firma …, … (Anschrift)

*– nachfolgend „**Auftragnehmer**" genannt –*

Präambel[4]

Nach den Bestimmungen der Datenschutz-Grundverordnung[5] (vgl. Art. 37 Abs. 1 DSGVO) und des Bundesdatenschutzgesetzes[6] (vgl. § 38 Abs. 1 BDSG) unterliegen nicht-öffentliche Stellen unter bestimmten Voraussetzungen der Pflicht, einen betrieblichen Datenschutzbeauftragten zu benennen. Nach eigener Prüfung durch den Auftraggeber besteht auch für ihn eine derartige Benennungspflicht. Der Auftraggeber hat sich entschieden, diese Funktion nicht intern zu besetzen, sondern an den Auftragnehmer als externen Dienstleister auszulagern. Die näheren Anforderungen zur Übertragung dieser Aufgaben regelt dieser Vertrag.

Der Auftragnehmer konnte sich im Rahmen der Vorgespräche zu diesem Vertrag ein überschlägiges Bild über die Verarbeitungen personenbezogener Daten und die dabei eingesetzten IT-Systeme beim Auftraggeber verschaffen. Er verfügt somit über genügend Informationen, um das gesetzlich erforderliche Maß an Fachwissen zur Übernahme der Funktion als betrieblicher Datenschutzbeauftragter nach Art. 37 Abs. 5

---

3 Zu den Erläuterungen siehe Rz. 2.6.

4 Zu den Erläuterungen siehe Rz. 2.8.

5 Verordnung (EU) 2016/679 des Europäischen Parlaments und des Rates vom 27.4.2016 zum Schutz natürlicher Personen bei der Verarbeitung personenbezogener Daten, zum freien Datenverkehr und zur Aufhebung der Richtlinie 95/46/EG (Datenschutz-Grundverordnung), ABl. L 119 S. 1, ber. ABl. L 314 S. 72 und ABl. 2018 Nr. L 127 S. 2.

6 Bundesdatenschutzgesetz in der Fassung der Bekanntmachung vom 14.1.2003 (BGBl. I S. 66), das zuletzt durch Art. 12 des Gesetzes vom 20.11.2019 (BGBl. I S. 1626) geändert worden ist.

DSGVO einschätzen zu können. Belege zum vorhandenen Fachwissen beim Auftragnehmer wurden im Vorfeld des Vertragsabschlusses zur Verfügung gestellt.

1. Gegenstand des Vertrags[7]

1.1 *Der Auftragnehmer wird mit Wirksamkeit dieses Vertrags zum betrieblichen Datenschutzbeauftragten mit den gesetzlichen Aufgaben nach Art. 39 DSGVO für den Auftraggeber benannt. Der Vertrag legt in Konkretisierung der gesetzlichen Anforderungen die Einzelheiten zu den Aufgaben des Auftragnehmers und zur Zusammenarbeit der Vertragsparteien fest.*

1.2 *Der Auftragnehmer nimmt die Aufgaben als alleiniger Datenschutzbeauftragter wahr. Der Auftraggeber wird daneben ohne Zustimmung des Auftragnehmers keine weiteren Datenschutzbeauftragten für Teilbereiche des Unternehmens oder der Verarbeitung personenbezogener Daten benennen.*

1.3 *Zum Nachweis der Erfüllung der Benennungspflicht wird hierzu eine gesonderte Benennungsurkunde von den Vertragsparteien unterzeichnet. Der Auftragnehmer stellt hierfür auf Wunsch des Auftraggebers ein geeignetes Formular zur Verfügung.*

2. Organisatorisches zur Einbindung des Auftragnehmers[8]

2.1 *Der Auftragnehmer ist direkt der Geschäftsleitung des Auftraggebers unterstellt. In Wahrnehmung seiner Aufgaben ist er weisungsfrei. Weisungsrechte gegenüber der Belegschaft stehen dem Auftragnehmer nicht zu.*

2.2 *Dem Auftragnehmer wird für Fragen zum Datenschutz und zur Datensicherheit ein zuständiger Ansprechpartner benannt.*

2.3 *Auf Wunsch des Auftragnehmers stellt der Auftraggeber geeignete Räumlichkeiten zur Verfügung, die das Führen vertraulicher Gespräche im Unternehmen ermöglichen.*

2.4 *Der Auftraggeber ermöglicht eine direkte, unkontrollierte Kontaktaufnahme zwischen internen und externen Betroffenen mit dem Auftragnehmer.*

Der Auftraggeber veröffentlicht die Kontaktdaten des Auftragnehmers sowohl intern im Unternehmen als auch zumindest auf seiner Webseite (Datenschutzerklärung). Zudem teilt der Auftraggeber diese Daten unverzüglich der Aufsichtsbehörde mit (vgl. Art. 37 Abs. 7 DSGVO).

2.5 *Der Auftragnehmer erhält zur Durchführung seiner Beratungs- und Prüftätigkeit die erforderlichen Zutritts- und Zugriffsrechte für alle betrieblichen Bereiche und IT-Systeme beim Auftraggeber.*

2.6 *Der Auftragnehmer ist in allen Angelegenheiten des Datenschutzes zu involvieren (vgl. Art. 38 Abs. 1 DSGVO). Der Auftraggeber informiert den Auftragnehmer insbesondere rechtzeitig und umfassend über sämtliche vorhandenen oder geplanten datenschutzrelevanten IT-Systeme und Verarbeitungsprozesse.*

3. Zeit, Ort und Personal zur Leistungserbringung[9]

3.1 *Der Auftragnehmer entscheidet über Zeit und Ort des Einsatzes für den Auftraggeber nach eigenem Ermessen. In dringenden Fällen steht der Auftragnehmer auch kurzfristig zur Verfügung.*

3.2 *Der Auftragnehmer übt seine Tätigkeit in seinen eigenen Räumlichkeiten aus. Er verpflichtet sich jedoch, einen angemessenen Teil seines Zeitbudgets beim Auftraggeber vor Ort zu erbringen. Näheres regeln die Vertragsparteien im gegenseitigen Einvernehmen.*

3.3 *Dem Auftragnehmer ist es gestattet, zur Erfüllung dieses Vertrags geeignetes eigenes Personal sowie nach vorheriger Absprache mit dem Auftraggeber fachkundige und zuverlässige Dritte als Subunternehmer einzusetzen. Die eigene Verantwortlichkeit des Auftragnehmers bleibt hiervon unangetastet. Bei der Weitergabe personenbezogener Daten an Dritte gewährleistet der Auftragnehmer die Einhaltung datenschutzrechtlicher Grenzen.*

---

7 Zu den Erläuterungen siehe Rz. 2.10 f.
8 Zu den Erläuterungen siehe Rz. 2.13 ff.
9 Zu den Erläuterungen siehe Rz. 2.20 f.

4. Gesetzliche Aufgabenbeschreibung[10]

Die Aufgaben des Auftragnehmers ergeben sich aus Art. 39 DSGVO. Hierzu gehören:

- *Unterrichtung und Beratung des Verantwortlichen oder des Auftragsverarbeiters und der Beschäftigten, die Verarbeitungen durchführen, hinsichtlich ihrer Pflichten nach der DSGVO sowie nach sonstigen Datenschutzvorschriften der Union bzw. der Mitgliedstaaten;*

- *Überwachung der Einhaltung der DSGVO, anderer Datenschutzvorschriften der Union bzw. der Mitgliedstaaten sowie der Strategien des Verantwortlichen oder des Auftragsverarbeiters für den Schutz personenbezogener Daten einschließlich der Zuweisung von Zuständigkeiten, der Sensibilisierung und Schulung der an den Verarbeitungsvorgängen beteiligten Mitarbeiter und der diesbezüglichen Überprüfungen;*

- *Beratung – auf Anfrage – im Zusammenhang mit der Datenschutz-Folgenabschätzung und Überwachung ihrer Durchführung gemäß Art. 35 DSGVO; Zusammenarbeit mit der Aufsichtsbehörde;*

- *Tätigkeit als Anlaufstelle für die Aufsichtsbehörde in mit der Verarbeitung zusammenhängenden Fragen, einschließlich der vorherigen Konsultation gemäß Art. 36 DSGVO, und gegebenenfalls Beratung zu allen sonstigen Fragen.*

5. Konkretisierung der gesetzlichen Aufgaben[11]

5.1 *Der Auftraggeber stellt dem Auftragnehmer ein Verzeichnis aller Verarbeitungstätigkeiten mit den Angaben nach Art. 30 DSGVO zur Verfügung und hält dieses auf dem aktuellen Stand. Der Auftragnehmer wird auf Wunsch des Auftraggebers hierfür geeignete Formulare in elektronischer Form zur Verfügung stellen und berät bei der Erstellung der Verarbeitungsverzeichnisse.*

5.2 *Der Auftragnehmer ist berechtigt, nach eigenem Ermessen Audits durchzuführen. Gegenstand eines Audits können sämtliche Geschäftsprozesse sein, die einen Bezug zur Verarbeitung personenbezogener Daten haben wie bspw. die Personal- und Kundenverwaltung, das Betreiben einer Firmenwebseite oder von Telekommunikationsanlagen. Bei der Durchführung eines Audits ist eine unangemessene Störung im Betriebsablauf zu vermeiden.*

5.3 *Der Auftragnehmer hat ein direktes Berichtsrecht gegenüber der Geschäftsleitung des Auftraggebers.*

5.4 *Einmal pro Jahr erstellt der Auftragnehmer einen separaten Tätigkeitsbericht, der über die Situation zum Datenschutz und zur Datensicherheit Auskunft gibt, etwaige Mängel benennt und Lösungsvorschläge enthält. Der Bericht ist direkt und ausschließlich an die Geschäftsleitung zu richten.*

5.5 *Art und Umfang der gesetzlich erforderlichen Schulungen zum Datenschutz werden zwischen den Vertragsparteien abgestimmt. Für die Schulungsinhalte ist der Auftragnehmer allein verantwortlich.*

5.6 *Der Auftragnehmer erstellt die erforderlichen datenschutzrelevanten Dokumente wie insbesondere datenschutzrelevante Klauseln in Betriebsvereinbarungen, Richtlinien, Arbeitsanweisungen, Einwilligungsklauseln und Vertragsklauseln zum Datenschutz nach näherer Abstimmung mit dem Auftraggeber oder wirkt an ihrer Erstellung mit.*

5.7 *Der Auftragnehmer prüft die Zusammenarbeit mit externen Geschäftspartnern auf datenschutzkonforme Datenverarbeitung und Vertragsgestaltung insbesondere hinsichtlich der Anforderungen zur Auftragsverarbeitung nach Art. 28 DSGVO. Unmittelbare Kontrollmaßnahmen beim Geschäftspartner (Dienstleister) schuldet der Auftragnehmer jedoch nicht.*

5.8 *Neue Entwicklungen in Gesetzgebung und Rechtsprechung werden vom Auftragnehmer rechtzeitig an den Auftraggeber kommuniziert.*

5.9 *Bei der Beantwortung externer Anfragen zum Datenschutz ist der Auftragnehmer inhaltlich keinen Weisungen unterworfen. Im Rahmen der gebotenen gegenseitigen Rücksichtnahme sind derartige Stellungnahmen in der Regel unter vorheriger Beteiligung des Auftraggebers abzugeben.*

---

10 Zu den Erläuterungen siehe Rz. 2.23.
11 Zu den Erläuterungen siehe Rz. 2.25 ff.

5.10 Sofern beim Auftraggeber ein Betriebsrat, Gesamtbetriebsrat und/oder in der Firmengruppe ein Konzernbetriebsrat oder sonstige Arbeitnehmervertretungen vorhanden sind, erfolgt die Zusammenarbeit und der Informationsaustausch nach eigenem Ermessen des Auftragnehmers. Insbesondere ist der Auftragnehmer berechtigt, Datenschutzanfragen der jeweiligen Arbeitnehmervertretungen eigenständig, d.h. ohne Rücksprache und Information gegenüber dem Auftraggeber, zu beantworten. Kontrollhandlungen des Auftragnehmers gegenüber dem Betriebsrat können nur im Einvernehmen mit dem Betriebsrat erfolgen. Eine Berichterstattung zu solchen Kontrolltätigkeiten gegenüber dem Auftraggeber berücksichtigt die Vertraulichkeitserwartung des Betriebsrats und der Arbeitnehmer und Arbeitnehmerinnen.

6. Umfang der Beratungs- und Prüfpflichten[12]

6.1 Die Beratungs- und Prüfpflichten des Auftragnehmers gehen vor allem in technischer und rechtlicher Hinsicht qualitativ nur soweit, wie es der Ausbildungs- und Qualifikationsstand sowie das finanzielle und zeitliche Budget des Auftragnehmers erwarten lassen. Der Auftragnehmer hat jedoch die Pflicht, dem Auftraggeber unverzüglich anzuzeigen, wenn bestimmte Aufgabenstellungen eine Prüfung durch besonders qualifizierte Experten (wie z.B. Rechtsexperten, IT-Fachleute, Mathematiker oder Betriebswirtschaftler) erforderlich machen. In solchen Fällen stimmen die betreffenden Unternehmen das weitere Vorgehen mit dem Auftragnehmer gemeinsam ab. Die Kosten für derartigen zusätzlichen Beratungsaufwand trägt der Auftraggeber.

6.2 Die Vertragsparteien gehen davon aus, dass die Wahrnehmung der Aufgaben als betrieblicher Datenschutzbeauftragter für den Auftraggeber schwerpunktmäßig keine Rechtsberatung im Sinne des Rechtsdienstleistungsgesetzes (RDG) erfordert. Sollten dennoch einzelne juristisch schwierige und umfangreiche Fragestellungen anfallen, die als Rechtsberatung im Sinne des RDG anzusehen sind, gilt Ziffer 6.1.

[*Alternative:* Die Vertragsparteien gehen davon aus, dass die Wahrnehmung der Aufgaben als betrieblicher Datenschutzbeauftragter für den Auftraggeber schwerpunktmäßig eine Rechtsberatung im Sinne des Rechtsdienstleistungsgesetzes (RDG) erfordert. Der Auftragnehmer gewährleistet die Erbringung der Rechtsberatung im Einklang mit dem RDG. Dies gilt auch bei Einsatz von Dritten bzw. Subunternehmern des Auftragnehmers gemäß Ziffer 3.3 dieses Vertrages. Ziffer 6.1 findet insoweit keine Anwendung].

7. Fachwissen und Fehlen von Interessenkollisionen[13]

7.1 Der Auftragnehmer sichert unter Berücksichtigung von Punkt 6 des Vertrags zu, über das für die Aufgabenwahrnehmung als betrieblicher Datenschutzbeauftragter erforderliche Fachwissen zu verfügen. Er verpflichtet sich, das nötige Fachwissen ggf. durch den Besuch von Fort- und Weiterbildungsveranstaltungen auch während der Laufzeit des Vertrags zu erhalten. Etwaige Kosten zum Erhalt des Fachwissens sind mit dem vereinbarten Honorar pauschal abgegolten.

7.2 Der Auftragnehmer sichert zu, dass er hinsichtlich seiner Aufgaben für den Auftraggeber keinen Interessenkollisionen unterliegt (vgl. Art. 38 Abs. 6 DSGVO). Sollten nachträglich diesbezügliche Zweifel aufkommen, unterliegt der Auftragnehmer einer unverzüglichen Hinweispflicht gegenüber dem Auftraggeber.

7.3 Der nachträgliche Wegfall des erforderlichen Fachwissens oder das Aufkommen nachträglicher Interessenkollisionen berechtigen den Auftraggeber zur sofortigen Abberufung des Auftragnehmers als betrieblichen Datenschutzbeauftragten.

8. Verschwiegenheitspflicht[14]

8.1 Der Auftragnehmer ist verpflichtet, über alle Informationen zum Auftraggeber, die dem Auftragnehmer im Zusammenhang mit der Erledigung seiner Aufgaben zur Kenntnis gelangen, Stillschweigen zu bewahren.

---

12 Zu den Erläuterungen siehe Rz. 2.37.
13 Zu den Erläuterungen siehe Rz. 2.39 ff.
14 Zu den Erläuterungen siehe Rz. 2.43 ff.

8.2 *Die Verschwiegenheitspflicht besteht nicht, wenn und soweit der Auftragnehmer vom Auftraggeber schriftlich von dieser Verpflichtung entbunden wurde.*

8.3 *Die Verschwiegenheitspflicht besteht auch dann nicht,*

8.3.1 *soweit die Offenlegung von Informationen zur Wahrung berechtigter Interessen des Auftragnehmers auch unter Berücksichtigung etwaiger entgegenstehender Interessen des Auftraggebers unerlässlich ist;*

8.3.2 *soweit der Auftragnehmer nach den Versicherungsbedingungen seiner Berufshaftpflicht zur Information und Mitwirkung verpflichtet ist;*

8.3.3 *soweit der Auftragnehmer gesetzlich zur Offenbarung verpflichtet ist, insbesondere gegenüber Aufsichtsbehörden oder berufsständischen Kammern, oder*

8.3.4 *soweit der Auftragnehmer in seiner Eigenschaft als betrieblicher Datenschutzbeauftragter insbesondere gemäß Art. 39 Abs. 1 lit. d und lit. e DSGVO zur Kooperation mit der Aufsichtsbehörde berechtigt oder verpflichtet ist.*

8.4 *Diese Verschwiegenheitspflicht des Auftragnehmers besteht über die Dauer des Vertragsverhältnisses fort.*

8.5 *Mitarbeiter und weitere Erfüllungsgehilfen des Auftragnehmers sind im gleichen Umfang wie der Auftragnehmer selbst zur Verschwiegenheit zu verpflichten. Der Auftragnehmer weist dies auf Verlangen des Auftraggebers nach.*

8.6 *Unberührt von den vorstehenden Regelungen bleiben die besonderen Verschwiegenheitsverpflichtungen des betrieblichen Datenschutzbeauftragten zum Schutz der betroffenen Personen nach § 6 Abs. 5 Satz 2 und Abs. 6 BDSG sowie § 203 Abs. 4 StGB.*

8.7 *Soweit nach den vorstehenden Regelungen eine Befreiung von der Verschwiegenheitspflicht vereinbart ist, gelten diese gleichzeitig als Befreiung von etwaigen gesetzlichen Auskunfts- und Aussageverweigerungsrechten (z.B. nach § 102 AO, § 53 StPO, § 383 ZPO).*

9. Vergütung[15]

9.1 *Als Pauschalhonorar wird ein jährlicher Betrag von … Euro (in Worten: … Euro) zuzüglich der jeweils geltenden gesetzlichen Mehrwertsteuer vereinbart. Der Einsatz von Hilfspersonal oder Dritten bzw. Subunternehmern gemäß Ziffer 3.3. dieses Vertrages ist mit dem Pauschalhonorar abgegolten.*

9.2 *Bei der Bemessung des Pauschalhonorars gehen die Vertragsparteien davon aus, dass der jährliche Zeitaufwand des Auftragnehmers im Durchschnitt … Personentage nicht überschreitet. Ergeben sich nachträglich wesentliche Abweichungen vom anfänglich prognostizierten Zeitaufwand, nehmen die Vertragsparteien eine entsprechende Vertragsanpassung vor.*

9.3 *Falls zur Erfüllung der von dem Auftragnehmer mit diesem Vertrag übernommenen Tätigkeit Reisen erforderlich sind, gelten die folgenden Regelungen zum Aufwendungsersatz:*

(1) *Fahrten innerhalb der Ortschaft am Sitz des Auftragnehmers gelten nicht als Reisen und werden nicht gesondert vergütet.*

(2) *Der Auftraggeber wird Reiseaufwendungen wie folgt erstatten:*

– *PKW-Fahrten: Kilometerpauschale …ct./km und Parkgebühren nach Aufwand*

– *Zugfahrten: Ticket 1. Klasse*

– *Flüge: Flugticket Economy-Klasse ab Entfernungen von mehr 400 km oder einer alternativen Reisezeit von mehr als vier Stunden oder nach Absprache mit dem Auftraggeber.*

– *ggf. erforderliche Taxikosten*

– *Hotelunterkunft: max. Vier-Sterne-Kategorie oder nach Absprache.*

---

15 Zu den Erläuterungen siehe Rz. 2.51 ff.

(3) Sofern nicht ausdrücklich anders geregelt, ist der Auftragnehmer frei in der Wahl des Reisemittels.

(4) Für erforderliche Reiseaufwendungen des Hilfspersonals des Auftragnehmers oder in Absprache mit dem Auftraggeber eingesetzter Dritter (Subunternehmer nach Ziffer 3.3 des Vertrages) gelten die Regelungen in (1)–(3) entsprechend.

9.4 Sämtliche (ggf. anteilige) Pauschalhonorare nach Abs. 1 werden jeweils zum Beginn eines Kalendervierteljahres für das laufende Quartal im Voraus fällig. Der Auftraggeber nimmt die Zahlung spätestens zwei Wochen nach Erhalt einer vom Auftragnehmer ausgestellten Rechnung vor. Zu erstattende Reiseaufwendungen werden auf den Quartalsrechnungen des Auftragnehmers unter Beifügung von Belegen separat ausgewiesen.

9.5 Sämtliche Beträge sind auf folgendes Konto zu überweisen:

Konto-Nr.: …

BLZ: …

Bank: …

Alternative bei zeitabhängigem Honorar:

Der Auftragnehmer erhält für seine Tätigkeit eine Vergütung auf Basis von Stundensätzen. Der vereinbarte Stundensatz beträgt … Euro (in Worten: … Euro) zuzüglich der gesetzlichen Mehrwertsteuer.

Die erfassten Zeiten werden jeweils auf volle fünf Minuten aufgerundet.

Erforderliche Reisezeiten einschließlich Wartezeiten werden lediglich mit dem halben Stundensatz berechnet.

Der Auftragnehmer wird Aufzeichnungen über die geleistete Arbeitszeit führen und mit den Rechnungen zur Verfügung stellen. Die Aufzeichnungen dürfen angesichts der Verschwiegenheitspflicht des Auftragnehmers keine Rückschlüsse auf betroffene Personen zulassen.

Die jeweils geleisteten Stunden werden sofort fällig und zum Monatsende in Rechnung gestellt.

Kommt der Auftraggeber mit einer Zahlung in Verzug, behält sich der Auftragnehmer vor, weitere Leistungen erst zu erbringen, wenn die Rechnung durch Zahlung anerkannt worden ist.

10. Haftung[16]

10.1 Der Auftragnehmer haftet gegenüber dem Auftraggeber für eigenes Verschulden und für das Verschulden eigener Mitarbeiter und sonstiger Erfüllungsgehilfen.

10.2 Der Auftragnehmer hat eine Berufshaftpflichtversicherung mit einer Deckungssumme von … Euro pro Einzelfall abgeschlossen. Er verpflichtet sich, die Versicherung in dieser Höhe mindestens für die Dauer dieses Vertragsverhältnisses aufrechtzuerhalten. Der Auftragnehmer stellt sicher, dass bei Einsatz von Subunternehmen diese ebenfalls über eine entsprechende Haftpflichtversicherung verfügen. Der Auftraggeber ist berechtigt, jederzeit einen entsprechenden Nachweis zu verlangen.

10.3 In einem Haftpflichtfall kann der Auftragnehmer nur bis zur Höhe der in Ziffer 10.2 benannten Deckungssumme in Anspruch genommen werden. Wegen eines weitergehenden Schadens wird eine Haftung des Auftragnehmers hiermit ausdrücklich ausgeschlossen.

10.4 Der Schadenersatzanspruch ist innerhalb von sechs Monaten geltend zu machen, nachdem der Auftraggeber von dem Schaden Kenntnis erlangt hat.

11. Vertragslaufzeit und Abberufung[17]

11.1 Der Vertrag wird zunächst für eine Mindestdauer von einem Jahr abgeschlossen.

11.2 Die Vertragslaufzeit verlängert sich jeweils um weitere vier Jahre, wenn der Vertrag nicht von einer Vertragspartei unter Einhaltung einer Kündigungsfrist von zwei Monaten zum Ende der jeweiligen Mindestvertragslaufzeit schriftlich gekündigt wird.

---

16 Zu den Erläuterungen siehe Rz. 2.57 ff.
17 Zu den Erläuterungen siehe Rz. 2.61 ff.

11.3 Im Übrigen endet der Vertrag in dem Fall einer wirksamen Abberufung des Auftragnehmers als betrieblicher Datenschutzbeauftragter oder einer Amtsniederlegung durch den Auftragnehmer. Wie die Abberufung darf auch eine Amtsniederlegung nur aus wichtigem Grund und schriftlich erfolgen.

11.4 Das Recht zur außerordentlichen Kündigung des Vertrags bleibt unberührt.

11.5 Im Falle einer wirksamen Kündigung des Vertrags wird zum Ende des Vertrags auch das Benennungsverhältnis beendet, ohne dass es einer expliziten Erklärung zur Abberufung oder Amtsniederlegung bedarf.

11.6 Entfällt für den Auftraggeber nach Vertragsabschluss dauerhaft die gesetzliche Pflicht zur Benennung eines betrieblichen Datenschutzbeauftragten, besteht für beide Vertragsparteien das Recht zur außerordentlichen Kündigung des Vertrags.

12. Schlussbestimmungen[18]

12.1 Nebenabreden zu diesem Vertrag bestehen nicht. Änderungen des Vertrags bedürfen der Schriftform.

12.2 Sollten einzelne Bestimmungen dieses Vertrags unwirksam sein oder werden, wird dadurch die Wirksamkeit der übrigen Regelungen nicht berührt. Die Vertragspartner verpflichten sich, unwirksame Bestimmungen durch Regelungen zu ersetzen, die dem ursprünglich verfolgten Zweck so nahe wie möglich kommen und deren Wirksamkeit keine Bedenken entgegenstehen. Das Gleiche gilt für den Fall von Vertragslücken.

12.3 Ändern sich abgesehen von der Benennungspflicht die gesetzlichen Bestimmungen zum betrieblichen Datenschutzbeauftragten (z.B. hinsichtlich seiner Rechte und Pflichten, Stellung im Unternehmen), werden die Vertragsparteien die entsprechenden vertraglichen Anpassungen einvernehmlich vornehmen.

…
Ort, Datum
…
Auftragnehmer

…
Ort, Datum
…
Auftraggeber

II. Erläuterungen

1. Vorbemerkung

Der betriebliche Datenschutzbeauftragte hat die Einhaltung der Datenschutzvorschriften im Unternehmen zu überwachen; eine eigene Verantwortung für die Einhaltung des Datenschutzes trägt er jedoch nicht[19]. Bei dem Vertrag zur Beauftragung eines externen betrieblichen Datenschutzbeauftragten handelt es sich daher um einen Dienstvertrag in der Ausprägung eines entgeltlichen **Geschäftsbesorgungsvertrags** gem. § 675 BGB[20]. 2.3

Soweit sich die Datenschutzaufsichtsbehörden zu den Vertragsinhalten im Verhältnis zum (externen) betrieblichen Datenschutzbeauftragten geäußert haben, wird versucht, dies in den betreffenden Klauseln umzusetzen. 2.4

---

18 Zu den Erläuterungen siehe Rz. 2.67 f.
19 *Ettig/Bausewein* in Wybitul, Art. 39 DSGVO Rz. 16; *Datenschutzkonferenz*, Kurzpapier Nr. 12 Datenschutzbeauftragte bei Verantwortlichen und Auftragsverarbeitern, S. 4, Stand: 17.12.2018.
20 *Lücke* in Hümmerich/Lücke/Mauer, § 1 S. 655, Rz. 435; *Drewes* in Simitis/Hornung/Spiecker, Art. 37 DSGVO Rz. 51, offen gelassen von *Scheja* in Taeger/Gabel, Art. 37 DSGVO Rz. 68.

2. Erläuterung des Rubrums

2.5 M 2.1.1 Rubrum

Vertrag über die Beauftragung eines externen Datenschutzbeauftragten

Vertrag

zwischen

der Firma ...,

*– nachfolgend „**Auftraggeber**" genannt –*

und

Herrn/Frau/Firma ..., ... (Anschrift)

*– nachfolgend „**Auftragnehmer**" genannt –*

2.6 Auf der Seite des Auftragnehmers kommt es in der Praxis zu unterschiedlichen Konstellationen:

a) Natürliche Person

2.6a Es könnte eine einzelne (natürliche) Person, ein selbständiger Datenschutzexperte (und meist Inhaber einer bestimmten Firma), als externer Datenschutzbeauftragter vorgesehen werden. Vertragspartner und bestellter Datenschutzbeauftragter sind personenidentisch.

b) Juristische Person

2.6b Eine Firma als **juristische Person** wird Auftragnehmer und als juristische Person auch zum betrieblichen Datenschutzbeauftragten bestellt. Datenschutzbeauftragter und Vertragspartner sind auch hier identisch. Die Zulässigkeit dieser Variante ist allerdings auch auf der Grundlage der DSGVO umstritten. Ein Teil der Literatur geht davon aus, dass die gesetzlichen Regelungen zum Datenschutzbeauftragten insbesondere zur erforderlichen „Fachkunde" bzw. zum „Fachwissen" sowie zum Abberufungsschutz nur auf natürliche und nicht auf juristische Personen passen[21]. Dieser Auffassung haben sich verschiedene Aufsichtsbehörden angeschlossen[22].

c) Angestellter einer juristischen Person

2.6c Um den unter b) skizzierten rechtlichen Problemen aus dem Wege zu gehen, wird häufig der Geschäftsbesorgungsvertrag mit der juristischen Personen abgeschlossen und als betrieblicher Datenschutzbeauftragter ein **bestimmter angestellter Mitarbeiter** benannt. Um im Innenverhältnis die erforderliche Unabhängigkeit und Weisungsfreiheit im Kundenverhältnis zu gewährleisten, erfordert diese Variante entsprechende arbeitsvertragliche Klauseln.

d) Konzerndatenschutzbeauftragter

2.6d Als weitere Variante kommt es vor, dass der Auftragnehmer mit der **Konzernmutter** als Auftraggeber kontrahiert, die Aufgaben als betrieblicher Datenschutzbeauftragter allerdings für weitere Konzern-

---

21 *Bergt* in Kühling/Buchner, Art. 37 DSGVO Rz. 36 m.w.N.
22 Tätigkeitsbericht 2017 des Unabhängigen Landeszentrums für Datenschutz Schleswig-Holstein, 5.3, S. 58 f.; ebenso *BayLDA* (https://www.lda.bayern.de/de/faq.html) und *LDI NRW*, Praxisratgeber, Die/der Beauftragte für den Datenschutz, Teil II, 2. Aufl., November 2019, S. 15.

unternehmen übernehmen soll. Die Konzernmutter erbringt Dienstleistungen zum Datenschutz gegenüber den Tochterunternehmen als Serviceleistung, die in der Regel im Wege der Konzernumlage vergütet wird. Nach Art. 37 Abs. 2 DSGVO darf eine Unternehmensgruppe ausdrücklich einen gemeinsamen Datenschutzbeauftragten ernennen, sofern von jeder Niederlassung aus der Datenschutzbeauftragte leicht erreicht werden kann[23].

Grundsätzliche Bedenken gegen diese Konstruktion bestehen nicht, allerdings wären einige Besonderheiten in den Vertrag einzuarbeiten, die in dem Vertragsmuster aus Gründen der Übersichtlichkeit außer Betracht geblieben sind.

In dem Vertragsmuster werden die Varianten a) und b) abgebildet.

3. Erläuterung der Präambel

M 2.1.2 Präambel 2.7

Präambel

Nach den gesetzlichen Bestimmungen der Datenschutz-Grundverordnung (vgl. Art. 37 Abs. 1 DSGVO) und des Bundesdatenschutzgesetzes (vgl. § 38 Abs. 1 BDSG) unterliegen nicht-öffentliche Stellen unter bestimmten Voraussetzungen der Pflicht, einen betrieblichen Datenschutzbeauftragten zu benennen. Nach eigener Prüfung durch den Auftraggeber besteht auch für ihn eine derartige Benennungspflicht. Der Auftraggeber hat sich entschieden, diese Funktion nicht intern zu besetzen, sondern an den Auftragnehmer als externen Dienstleister auszulagern. Die näheren Anforderungen zur Übertragung dieser Aufgaben regelt dieser Vertrag.

Der Auftragnehmer konnte sich im Rahmen der Vorgespräche zu diesem Vertrag ein überschlägiges Bild über die Verarbeitungen personenbezogener Daten und die dabei eingesetzten IT-Systeme beim Auftraggeber verschaffen. Er verfügt somit über genügend Informationen, um das gesetzlich erforderliche Maß an Fachwissen zur Übernahme der Funktion als betrieblicher Datenschutzbeauftragter nach Art. 37 Abs. 5 DSGVO einschätzen zu können. Belege zum vorhandenen Fachwissen beim Auftragnehmer wurden im Vorfeld des Vertragsabschlusses zur Verfügung gestellt.

a) Prüfung einer Benennungspflicht

Die Präambel macht deutlich, dass der Auftraggeber die gesetzliche Benennungspflicht eigenständig geprüft hat und diesbezüglich keine Beratung durch den Auftragnehmer erfolgt ist. Auch die Entscheidung über eine interne oder externe Besetzung dieser Funktion ist der Präambel zufolge allein eine Entscheidung des Auftraggebers. 2.8

b) Fachwissen des Auftragnehmers

Der zweite Absatz zeigt auf, dass es dem Auftragnehmer im Rahmen der Vertragsanbahnung ermöglicht wurde, Einblicke in die Verarbeitungsprozesse beim Auftraggeber zu bekommen. Im Hinblick auf das gesetzlich geforderte **Fachwissen** des betrieblichen Datenschutzbeauftragten, das im Vertrag vom Auftragnehmer ausdrücklich zugesichert wird, ist dies nicht unerheblich. Der Auftragnehmer weiß somit, worauf er sich bei der Auftragsübernahme einlässt und kann das Maß des beim Auftraggeber erforderlichen Fachwissens abschätzen. 2.8a

---

23 Zu den Anforderungen einer leichten Erreichbarkeit s. *Art. 29-Datenschutzgruppe*, WP 243 rev. 01, S. 12 f.

c) Belege des Fachwissens

2.8b Die im Rahmen der Vertragsanbahnung vom Auftragnehmer vorgelegten Belege zum **Nachweis seines Fachwissens** sind in diesem Vertragsmuster bewusst nicht explizit aufgelistet[24]. Die Vorlage der Belege sollte im Vertrag nur kurz erwähnt werden; eine Auflistung würde den Vertrag nur unnötig aufblähen. Dem Auftraggeber ist allerdings zu empfehlen, die Belege im Hinblick auf seine Sorgfaltspflichten bei Auswahl des Auftragnehmers zu dokumentieren. Auf Verlangen hat er gegenüber der Aufsichtsbehörde die ordnungsgemäße Benennung nachzuweisen, widrigenfalls droht ein Bußgeld nach Art. 83 Abs. 4 lit. a DSGVO.

4. Gegenstand des Vertrags (Ziff. 1)

2.9 M 2.1.3 Gegenstand des Vertrags

1. Gegenstand des Vertrags

1.1 Der Auftragnehmer wird mit Wirksamkeit dieses Vertrags zum betrieblichen Datenschutzbeauftragten mit den gesetzlichen Aufgaben nach Art. 39 DSGVO für den Auftraggeber benannt. Der Vertrag legt in Konkretisierung der gesetzlichen Anforderungen die Einzelheiten zu den Aufgaben des Auftragnehmers und zur Zusammenarbeit der Vertragsparteien fest.

1.2 Der Auftragnehmer nimmt die Aufgaben als alleiniger Datenschutzbeauftragter wahr. Der Auftraggeber wird daneben ohne Zustimmung des Auftragnehmers keine weiteren Datenschutzbeauftragten für Teilbereiche des Unternehmens oder der Verarbeitung personenbezogener Daten benennen.

1.3 Zum Nachweis der Erfüllung der Benennungspflicht wird hierzu eine gesonderte Benennungsurkunde von den Vertragsparteien unterzeichnet. Der Auftragnehmer stellt hierfür auf Wunsch des Auftraggebers ein geeignetes Formular zur Verfügung.

a) Verweis auf gesetzliche Aufgaben (Ziff. 1.1)

2.10 Die gesetzlichen **Aufgaben** des betrieblichen Datenschutzbeauftragten sind allgemein in Art. 39 DSGVO definiert, so dass an dieser Stelle ein Verweis auf diese Norm genügt. Eine nähere Erläuterung der gesetzlichen Aufgaben enthält außerdem Ziff. 4 des Vertragsmusters.

b) Alleiniger Datenschutzbeauftragter (Ziff. 1.2)

2.10a Grundsätzlich kann ein Verantwortlicher **mehrere Datenschutzbeauftragte** für sein Unternehmen benennen. Voraussetzung ist jedoch eine klare Abgrenzung der Zuständigkeiten der einzelnen Datenschutzbeauftragten[25]. Es sollte daher im Vertrag klar angesprochen werden, ob der Auftragnehmer als alleiniger Datenschutzbeauftragter fungiert oder weitere Datenschutzbeauftragte eingesetzt werden oder werden sollen. Gerade die nachträgliche Benennung weiterer Datenschutzbeauftragter könnte während der Laufzeit eines Vertrages missbräuchlich zur „Entmachtung" des bestehenden Datenschutzbeauftragten genutzt werden. Ohne Zustimmung des Auftragnehmers sollte die Benennung weiterer Datenschutzbeauftragter daher ausgeschlossen sein.

---

24 So auch *Kremer/Sander* in Koreng/Lachenmann, B II 1; anders das Vertragsmuster von *Lücke* in Hümmerich/Lücke/Mauer, § 1 S. 655, Rz. 435, der auf eine Verbandsmitgliedschaft des Auftragnehmers und einen bestimmten von ihm absolvierten Datenschutz-Lehrgang verweist; anders auch BeckOF IT/*Hofmann*, Form. 2.21, § 1 Abs. 3.

25 *Franck/Reif*, ZD 2015, 405 (406); BAG v. 27.7.2017 – 2 AZR 812/16 Rz. 18 (zit. nach juris), NZA 2018, 166 (167 [18]).

c) Form der Benennung (Ziff. 1.3)

Juristisch ist zwischen dem Grundverhältnis (Geschäftsbesorgungsvertrag) und der gesetzlich erfor- **2.11**
derlichen Benennung zu trennen. Da Art. 37 DSGVO keine bestimmte Form zur Benennung verlangt,
sieht die Vertragsklausel die Benennung mit Wirksamwerden des Vertrages als erfolgt an. Die vertraglich optional vorgesehene Unterzeichnung einer **Benennungsurkunde** erscheint jedoch sinnvoll, da es
in der Praxis durchaus vorkommt, die Benennung gegenüber externen Stellen nachweisen zu müssen,
z.B. gegenüber Aufsichtsbehörden oder Geschäftskunden.

Die Benennung sollte von der Geschäftsleitung vorgenommen und vom betrieblichen Datenschutzbeauftragten gegengezeichnet werden. Wie schon nach dem BDSG a.F. ist zu empfehlen, in der **Benennungsurkunde** eine kurze Aufgabenbeschreibung und Angaben zur Stellung im Unternehmen
aufzunehmen (Weisungsfreiheit, direkte Unterstellung unter die Geschäftsleitung). Sofern, wie hier
vorgeschlagen, ein ausführliches Vertragsmuster verwendet wird, kann die Benennungsurkunde sehr
knapp, insbesondere ohne Aufgabenbeschreibung unter bloßer Bezugnahme auf Art. 39 DSGVO, ausfallen.

5. Organisatorisches zur Einbindung des Auftragnehmers (Ziff. 2)

M 2.1.4 Organisatorisches zur Einbindung des Auftragnehmers 2.12

2. Organisatorisches zur Einbindung des Auftragnehmers

2.1 *Der Auftragnehmer ist direkt der Geschäftsleitung des Auftraggebers unterstellt. In Wahrnehmung seiner
Aufgaben ist er weisungsfrei. Weisungsrechte gegenüber der Belegschaft stehen dem Auftragnehmer
nicht zu.*

2.2 *Dem Auftragnehmer wird für Fragen zum Datenschutz und zur Datensicherheit ein zuständiger Ansprechpartner benannt.*

2.3 *Auf Wunsch des Auftragnehmers stellt der Auftraggeber geeignete Räumlichkeiten zur Verfügung, die
das Führen vertraulicher Gespräche im Unternehmen ermöglichen.*

2.4 *Der Auftraggeber ermöglicht eine direkte, unkontrollierte Kontaktaufnahme zwischen internen und externen Betroffenen mit dem Auftragnehmer.*

*Der Auftraggeber veröffentlicht die Kontaktdaten des Auftragnehmers sowohl intern im Unternehmen
als auch zumindest auf seiner Webseite (Datenschutzerklärung). Zudem teilt der Auftraggeber diese
Daten unverzüglich der Aufsichtsbehörde mit (vgl. Art. 37 Abs. 7 DSGVO).*

2.5 *Der Auftragnehmer erhält zur Durchführung seiner Beratungs- und Prüftätigkeit die erforderlichen Zu-
tritts- und Zugriffsrechte für alle betrieblichen Bereiche und IT-Systeme beim Auftraggeber.*

2.6 *Der Auftragnehmer ist in allen Angelegenheiten des Datenschutzes zu involvieren (vgl. Art. 38 Abs. 1
DSGVO). Der Auftraggeber informiert den Auftragnehmer insbesondere rechtzeitig und umfassend über
sämtliche vorhandenen oder geplanten datenschutzrelevanten IT-Systeme und Verarbeitungsprozesse.*

a) Weisungsfreiheit (Ziff. 2.1)

Nach Art. 38 Abs. 3 Satz 3 DSGVO berichtet der Datenschutzbeauftragte unmittelbar der höchsten **2.13**
Managementebene des Verantwortlichen oder des Auftragsverarbeiters. Dies verlangt praktisch eine
direkte Unterstellung des betrieblichen Datenschutzbeauftragten unter die Geschäftsleitung unter
Beibehaltung seiner schon vor Geltung der DSGVO bestehenden **Weisungsfreiheit** auf dem Gebiet des
Datenschutzes (Art. 38 Abs. 3 Satz 1 DSGVO). Gesetzlich nicht direkt geregelt ist die Frage des Wei-
sungsrechts des betrieblichen Datenschutzbeauftragten gegenüber der Belegschaft, was hier verneint

wird. Mittelbar wirkt sich seine fehlende unmittelbare Einwirkungsmöglichkeit auf einzelne Mitarbeiter haftungsrechtlich für ihn entlastend aus.

b) Ansprechpartner beim Auftraggeber (Ziff. 2.2)

2.14 In Fällen dauerhafter Zusammenarbeit mit einem externen Dienstleister ist es generell für beide Seiten wichtig, feste **Ansprechpartner** im Unternehmen vorzusehen, so auch für den externen betrieblichen Datenschutzbeauftragten. Damit werden Verantwortlichkeiten klar zugewiesen.

c) Ermöglichung vertraulicher Gespräche (Ziff. 2.3)

2.15 Der betriebliche Datenschutzbeauftragte ist einerseits zentraler Ansprechpartner für Datenschutzfragen im Unternehmen, unterliegt andererseits aber einer Verschwiegenheitspflicht im Verhältnis zum Betroffenen (s. § 38 Abs. 2 i.V.m. § 6 Abs. 5 Satz 2 BDSG). Für seine Aufgabenwahrnehmung ist es daher unerlässlich, mit den Betroffenen vertrauliche Gespräche führen zu können. Nach Art. 38 Abs. 2 DSGVO sind ihm die für die Erfüllung seiner Aufgaben erforderlichen Ressourcen vom Verantwortlichen zur Verfügung zu stellen.

d) Direkte Kontaktmöglichkeit für Betroffene (Ziff. 2.4)

2.16 Die Klausel setzt Art. 38 Abs. 4 DSGVO um, wonach es den betroffenen Personen ermöglicht werden muss, den Datenschutzbeauftragten zu allen mit der Verarbeitung ihrer personenbezogenen Daten und mit der Wahrnehmung ihrer Rechte gemäß der Verordnung im Zusammenhang stehenden Fragen zu Rate ziehen zu können.

Außerdem sind die Kontaktdaten des betrieblichen Datenschutzbeauftragten nach Art. 37 Abs. 7 DSGVO zu veröffentlichen und der Aufsichtsbehörde mitzuteilen. Nach herrschender Meinung gehört hierzu nicht der Name des Datenschutzbeauftragten[26]. Auch die Aufsichtsbehörden verlangen auf ihren Online-Meldeformularen zwingend nur die Angabe der E-Mail-Adresse des Datenschutzbeauftragten. Gegenüber der eigenen Belegschaft und auch der Aufsichtsbehörde erscheint die Angabe des Namens allerdings sinnvoll. Letztere wäre über das Verarbeitungsverzeichnis nach Art. 30 DSGVO ohnehin in der Lage, den Namen des Datenschutzbeauftragten zu erfahren[27]. Es ist daher davon abgesehen worden, hierzu konkrete Festlegungen im Vertrag zu treffen. Sollte eine Veröffentlichung des Namens des Auftragnehmers auf der Webseite des Unternehmens gewünscht sein, sollten die Vertragsparteien außerhalb des Vertragswerks vorsorglich eine entsprechende Einwilligung i.S.v. Art. 7 DSGVO abfassen, sofern es sich bei dem betrieblichen Datenschutzbeauftragten um eine natürliche Person handelt; bei juristischen Personen ist demgegenüber keine Einwilligung erforderlich.

e) Zugang zu personenbezogenen Daten und Unterlagen (Ziff. 2.5)

2.17 Art. 38 Abs. 2 DSGVO verlangt vom Verantwortlichen und Auftragsverarbeiter, dem betrieblichen Datenschutzbeauftragten den Zugang zu personenbezogenen Daten und Verarbeitungsvorgängen zu gewährleisten. Der Umsetzung dieser Anforderung dient Ziff. 2.5 des Musters, indem es die **Zutritts- und Einsichtsrechte** vertraglich absichert.

---

26 Verneinend *Bergt* in Kühling/Buchner, Art. 37 DSGVO Rz. 38; *Heberlein* in Ehmann/Selmayr, Art. 37 DSGVO Rz. 45; *Art. 29-Datenschutzgruppe*, WP 243 S. 13; *Drewes* in Simitis/Hornung/Spiecker, Art. 37 DSGVO Rz. 68; *Jaspers/Reif* in Schwartmann/Jaspers/Thüsing/Kugelmann, Art. 37 DSGVO Rz. 51; a.A. *Weichert*, BvD-News 2/2016, 9 (10).

27 *Jaspers/Reif* in Schwartmann/Jaspers/Thüsing/Kugelmann, Art. 37 DSGVO Rz. 51.

f) Rechtzeitige Information des Datenschutzbeauftragten (Ziff. 2.6)

Die Klausel erinnert den Auftraggeber an seine entsprechenden gesetzlichen **Informationspflichten** 2.18
gegenüber dem betrieblichen Datenschutzbeauftragten aus Art. 38 Abs. 1 DSGVO.

6. Zeit, Ort und Personal zur Leistungserbringung (Ziff. 3)

M 2.1.5 Zeit, Ort und Personal zur Leistungserbringung 2.19

3. Zeit, Ort und Personal zur Leistungserbringung

3.1 Der Auftragnehmer entscheidet über Zeit und Ort des Einsatzes für den Auftraggeber nach eigenem Ermessen. In dringenden Fällen steht der Auftragnehmer auch kurzfristig zur Verfügung.

3.2 Der Auftragnehmer übt seine Tätigkeit in seinen eigenen Räumlichkeiten aus. Er verpflichtet sich jedoch, einen angemessenen Teil seines Zeitbudgets beim Auftraggeber vor Ort zu erbringen. Näheres regeln die Vertragsparteien im gegenseitigen Einvernehmen.

3.3 Dem Auftragnehmer ist es gestattet, zur Erfüllung dieses Vertrags geeignetes eigenes Personal sowie nach vorheriger Absprache mit dem Auftraggeber fachkundige und zuverlässige Dritte als Subunternehmer einzusetzen. Die eigene Verantwortlichkeit des Auftragnehmers bleibt hiervon unangetastet. Bei der Weitergabe personenbezogener Daten an Dritte gewährleistet der Auftragnehmer die Einhaltung datenschutzrechtlicher Grenzen.

a) Anwesenheitspflicht (Ziff. 3.1 und 3.2)

Als selbständiger Dienstleister entscheidet der Auftragnehmer grundsätzlich allein über Zeit und Ort 2.20
seiner Tätigkeiten. Da eine vollständige Aufgabenerfüllung als betrieblicher Datenschutzbeauftragter
aus der Ferne kaum denkbar ist, verlangen die Datenschutzaufsichtsbehörden, dass ein angemessener
Teil seines **Zeitbudgets** in den Räumlichkeiten der verantwortlichen Stellen verbracht werden muss
und dies zumindest dem Grunde nach vertraglich vereinbart sein soll[28].

b) Einbeziehung von Subunternehmern des Datenschutzbeauftragten (Ziff. 3.3)

Anders als abhängig Beschäftigte schuldet der externe Dienstleister grundsätzlich keine Leistung in 2.21
Person, soweit nicht ausdrücklich im Vertrag etwas anderes geregelt ist. Der betriebliche Datenschutzbeauftragte darf allerdings nicht durch Dritte substituiert werden. Aufgrund des geforderten Fachwissens und der Zuverlässigkeit des betrieblichen Datenschutzbeauftragten im Sinne fehlender Interessenkollisionen müssen auch die Erfüllungsgehilfen diese Voraussetzungen erfüllen. Hierfür trägt der
Datenschutzbeauftragte die vertragliche Verantwortung.

Der Einsatz von Subunternehmern kann eine Weitergabe personenbezogener Daten (vor allem von Beschäftigten oder Kunden des Auftraggebers) mit sich bringen. Dabei würde es sich um eine Übermittlung personenbezogener Daten handeln, die eine taugliche Rechtsgrundlage erfordern. Dies wäre im
Einzelfall zu prüfen, insbesondere bei Weitergabe besonderer Datenkategorien i.S.v. Art. 9 Abs. 1
DSGVO.

---

28 Beschluss der obersten Aufsichtsbehörden für den Datenschutz im nicht-öffentlichen Bereich (Düsseldorfer Kreis am 24./25.11.2010), S. 3.

7. Gesetzliche Aufgabenbeschreibung (Ziff. 4)

2.22 **M 2.1.6 Gesetzliche Aufgabenbeschreibung**

4. Gesetzliche Aufgabenbeschreibung

Die Aufgaben des Auftragnehmers ergeben sich aus Art. 39 DSGVO. Hierzu gehören:

– *Unterrichtung und Beratung des Verantwortlichen oder des Auftragsverarbeiters und der Beschäftigten, die Verarbeitungen durchführen, hinsichtlich ihrer Pflichten nach der DSGVO sowie nach sonstigen Datenschutzvorschriften der Union bzw. der Mitgliedstaaten;*

– *Überwachung der Einhaltung der DSGVO, anderer Datenschutzvorschriften der Union bzw. der Mitgliedstaaten sowie der Strategien des Verantwortlichen oder des Auftragsverarbeiters für den Schutz personenbezogener Daten einschließlich der Zuweisung von Zuständigkeiten, der Sensibilisierung und Schulung der an den Verarbeitungsvorgängen beteiligten Mitarbeiter und der diesbezüglichen Überprüfungen;*

– *Beratung – auf Anfrage – im Zusammenhang mit der Datenschutz-Folgenabschätzung und Überwachung ihrer Durchführung gemäß Art. 35 DSGVO; Zusammenarbeit mit der Aufsichtsbehörde;*

– *Tätigkeit als Anlaufstelle für die Aufsichtsbehörde in mit der Verarbeitung zusammenhängenden Fragen, einschließlich der vorherigen Konsultation gemäß Art. 36 DSGVO, und gegebenenfalls Beratung zu allen sonstigen Fragen.*

2.23 Ziff. 4 gibt die in Art. 39 DSGVO enthaltenen Aufgabenbeschreibungen zum betrieblichen Datenschutzbeauftragten wieder. Zwar kann im Vertrag auch einfach auf Art. 39 DSGVO verwiesen werden. Es erscheint jedoch sinnvoll, zwecks Vermeidung von Missverständnissen, die gesetzlichen Bestimmungen direkt in die Vertragsurkunde aufzunehmen. Nicht selten sind die gesetzlichen Bestimmungen zum Datenschutzbeauftragten im Einzelnen im Unternehmen nicht bekannt.

8. Konkretisierung der gesetzlichen Aufgaben (Ziff. 5)

2.24 **M 2.1.7 Konkretisierung der gesetzlichen Aufgaben**

5. Konkretisierung der gesetzlichen Aufgaben

5.1 *Der Auftraggeber stellt dem Auftragnehmer ein Verzeichnis aller Verarbeitungstätigkeiten mit den Angaben nach Art. 30 DSGVO zur Verfügung und hält dieses auf dem aktuellen Stand. Der Auftragnehmer wird auf Wunsch des Auftraggebers hierfür geeignete Formulare in elektronischer Form zur Verfügung stellen und berät bei der Erstellung der Verarbeitungsverzeichnisse.*

5.2 *Der Auftragnehmer ist berechtigt, nach eigenem Ermessen Audits durchzuführen. Gegenstand eines Audits können sämtliche Geschäftsprozesse sein, die einen Bezug zur Verarbeitung personenbezogener Daten haben wie bspw. die Personal- und Kundenverwaltung, das Betreiben einer Firmenwebseite oder von Telekommunikationsanlagen. Bei der Durchführung eines Audits ist eine unangemessene Störung im Betriebsablauf zu vermeiden.*

5.3 *Der Auftragnehmer hat ein direktes Berichtsrecht gegenüber der Geschäftsleitung des Auftraggebers.*

5.4 *Einmal pro Jahr erstellt der Auftragnehmer einen separaten Tätigkeitsbericht, der über die Situation zum Datenschutz und zur Datensicherheit Auskunft gibt, etwaige Mängel benennt und Lösungsvorschläge enthält. Der Bericht ist direkt und ausschließlich an die Geschäftsleitung zu richten.*

5.5 *Art und Umfang der gesetzlich erforderlichen Schulungen zum Datenschutz werden zwischen den Vertragsparteien abgestimmt. Für die Schulungsinhalte ist der Auftragnehmer allein verantwortlich.*

5.6 Der Auftragnehmer erstellt die erforderlichen datenschutzrelevanten Dokumente wie insbesondere datenschutzrelevante Klauseln in Betriebsvereinbarungen, Richtlinien, Arbeitsanweisungen, Einwilligungsklauseln und Vertragsklauseln zum Datenschutz nach näherer Abstimmung mit dem Auftraggeber oder wirkt an ihrer Erstellung mit.

5.7 Der Auftragnehmer prüft die Zusammenarbeit mit externen Geschäftspartnern auf datenschutzkonforme Datenverarbeitung und Vertragsgestaltung insbesondere hinsichtlich der Anforderungen zur Auftragsverarbeitung nach Art. 28 DSGVO. Unmittelbare Kontrollmaßnahmen beim Geschäftspartner (Dienstleister) schuldet der Auftragnehmer jedoch nicht.

5.8 Neue Entwicklungen in Gesetzgebung und Rechtsprechung werden vom Auftragnehmer rechtzeitig an den Auftraggeber kommuniziert.

5.9 Bei der Beantwortung externer Anfragen zum Datenschutz ist der Auftragnehmer inhaltlich keinen Weisungen unterworfen. Im Rahmen der gebotenen gegenseitigen Rücksichtnahme sind derartige Stellungnahmen in der Regel unter vorheriger Beteiligung des Auftraggebers abzugeben.

5.10 Sofern beim Auftraggeber ein Betriebsrat, Gesamtbetriebsrat und/oder in der Firmengruppe ein Konzernbetriebsrat oder sonstige Arbeitnehmervertretungen vorhanden sind, erfolgt die Zusammenarbeit und der Informationsaustausch nach eigenem Ermessen des Auftragnehmers. Insbesondere ist der Auftragnehmer berechtigt, Datenschutzanfragen der jeweiligen Arbeitnehmervertretung eigenständig, d.h. ohne Rücksprache und Information gegenüber dem Auftraggeber, zu beantworten. Kontrollhandlungen des Auftragnehmers gegenüber dem Betriebsrat können nur im Einvernehmen mit dem Betriebsrat erfolgen. Eine Berichterstattung zu solchen Kontrolltätigkeiten gegenüber dem Auftraggeber berücksichtigt die Vertraulichkeitserwartung des Betriebsrats und der Arbeitnehmer und Arbeitnehmerinnen.

a) Ratio

Die in Punkt 4 entsprechend dem gesetzlichen Wortlaut beschriebenen **gesetzlichen Aufgaben** des Datenschutzbeauftragten werden in Punkt 5 konkretisiert. Die Regelungen können und sollten je nach Situation beim Verantwortlichen angepasst bzw. ergänzt werden.   2.25

b) Verarbeitungsverzeichnis (Ziff. 5.1)

Anders als nach der Vorgängerregelung im BDSG (vgl. § 4g Abs. 2 Satz 2 BDSG a.F.) existiert nach der DSGVO keine Pflicht zur Vorhaltung eines öffentlichen Verfahrensverzeichnisses; entsprechend entfällt die bisherige Verpflichtung des betrieblichen Datenschutzbeauftragten, ein solches Verfahrensverzeichnis (nach DSGVO „Verarbeitungsverzeichnis") jedermann zur Verfügung zu stellen. Das Verarbeitungsverzeichnis stellt somit ein internes Arbeitsmittel für den betrieblichen Datenschutzbeauftragten dar und muss auf Verlangen vom Verantwortlichen an die Aufsichtsbehörde herausgegeben werden. Die Verpflichtung, die Verarbeitungsverzeichnisse aktuell zu halten, liegt ebenfalls beim Verantwortlichen, sofern nicht anders vereinbart.   2.26

c) Weisungsfreiheit und Rücksichtnahmepflicht (Ziff. 5.2)

Aufgrund der Überwachungsfunktion des Datenschutzbeauftragten kann er eigenständig Datenschutzprüfungen vornehmen. Bei der Durchführung von **Prüfungen** ist der Datenschutzbeauftragte weisungsfrei und vom Verantwortlichen zu unterstützen (vgl. Art. 38 Abs. 2 DSGVO). Die beispielhafte Auflistung der Prüfbereiche zeigt einerseits die wesentlichen Tätigkeitsfelder des betrieblichen Datenschutzbeauftragten auf, macht andererseits aber auch deutlich, dass ihm keine personenbezogenen Verarbeitungen vorenthalten werden können, unabhängig davon, welche Technik im jeweiligen Unternehmen gerade zum Einsatz kommt. Bei der Durchführung der Audits ist jedoch angemessen Rücksicht zu nehmen auf die betrieblichen Belange.   2.27

d) Berichtsrecht gegenüber der Geschäftsleitung (Ziff. 5.3)

2.28 Das direkte **Berichtsrecht** des Datenschutzbeauftragten gegenüber der Geschäftsleitung folgt aus Art. 38 Abs. 3 Satz 3 DSGVO.

e) Tätigkeitsbericht (Ziff. 5.4)

2.29 Art. 38 Abs. 3 Satz 3 DSGVO enthält nicht nur das Recht des betrieblichen Datenschutzbeauftragten, direkt gegenüber der höchsten Managementebene zu berichten, sondern auch eine dahingehende Pflicht[29]. In welch einer Häufigkeit berichtet werden soll, lässt die DSGVO offen. Empfohlen wird, zumindest jährlich einen Tätigkeitsbericht zu verfassen. Jede Geschäftsleitung hat sich zudem aus ihrer Gesamtverantwortung für das Unternehmen regelmäßig ein Bild über den Datenschutz und die Datensicherheit im Unternehmen zu verschaffen (vgl. § 91 Abs. 2, § 93 Abs. 1 AktG; § 43 Abs. 2 GmbHG).

f) Unterrichtungs- und Beratungspflicht (Ziff. 5.5)

2.30 Nach Art. 39 Abs. 1 lit. a DSGVO schuldet der betriebliche Datenschutzbeauftragte Unterrichtung und Beratung. Ob damit auch eine Schulungsverpflichtung besteht, ist daher zweifelhaft. Zumindest sollte er die Durchführung von Schulungsmaßnahmen überwachen und die Inhalte bestimmen können. Nur er vermag zu beurteilen, welche Vorschriften im Unternehmen zur Anwendung kommen, von welchen Mitarbeitern sie zu beachten sind und wer entsprechend geschult werden muss. Stets relevant sind Fragen des Beschäftigten- und Kundendatenschutzes, aber auch des Fernmeldegeheimnisses und alle Fragen der Datensicherheit, insbesondere am Arbeitsplatz. Eine nähere Ausgestaltung im Vertragstext sollte jedoch unterbleiben, zumal bei Vertragsabschluss noch keine abschließende Beurteilung des Schulungsbedarfs im Unternehmen möglich sein wird.

Das Gesetz legt die Art und den Umfang der **Schulung** nicht näher fest, so dass mangels Weisungsbefugnis des Datenschutzbeauftragten diesbezüglich Abstimmungen mit dem Auftraggeber vorgenommen werden müssen. Dies betrifft Fragen der zeitlichen Dimension und der Methodik (z.B. Präsenzveranstaltungen, E-Learning-Tools) der Schulungen.

g) Erstellung von Datenschutz-Dokumenten (Ziff. 5.6)

2.31 Der betriebliche Datenschutzbeauftragte sollte nicht nur in der Lage sein, vorhandene Datenschutz-Dokumente zu prüfen, sondern auch sie zu erstellen, mit der Einschränkung gemäß Punkt 6. Aufgrund der begrenzten Zuständigkeit des betrieblichen Datenschutzbeauftragten schuldet er keine komplette Ausarbeitung von Dokumenten wie z.B. Betriebsvereinbarungen, sondern nur der datenschutzrelevanten Textpassagen. Die Klausel zeigt gleichzeitig auf, dass der Datenschutzbeauftragte in diesen Angelegenheiten einzubeziehen ist.

h) Prüfung von Datenweitergaben (Ziff. 5.7)

2.32 Die Prüfung der **Datenflüsse** an externe Empfänger besitzt in der Praxis eine hohe Priorität. Fehler können zu Rufschädigungen und Bußgeldern nach Art. 83 DSGVO führen, insbesondere wegen Verstoßes gegen die Vorschriften zur Auftragsverarbeitung nach Art. 28 DSGVO oder wegen unzulässigen Verarbeitungen.

Nach Art. 28 Abs. 1 DSGVO darf der Verantwortliche nur mit **Auftragsverarbeitern** zusammenarbeiten, die hinreichend Garantien dafür bieten, dass geeignete technische und organisatorische Maßnahmen so durchgeführt werden, dass die Verarbeitung im Einklang mit den Anforderungen dieser Verordnung erfolgt und den Schutz der Rechte der betroffenen Person gewährleistet. Wie schon § 11 BDSG a.F. fordert auch Art. 28 Abs. 3 Satz 2 DSGVO die Aufnahme bestimmter Mindestinhalte in den

---

29 *Bergt* in Kühling/Buchner, Art. 38 DSGVO Rz. 25.

Vertrag mit dem Dienstleister. Formelle Mängel bei der vertraglichen Ausgestaltung sind bußgeldbewehrt und daher in der Kontrollpraxis des Datenschutzbeauftragten sehr bedeutsam. Die Kontrollpflichten nach Art. 28 Abs. 3 Satz 2 lit. h DSGVO richten sich allerdings an den Verantwortlichen bzw. Auftragsverarbeiter und somit nicht direkt an den betrieblichen Datenschutzbeauftragten. Dies sollte vertraglich klargestellt werden, da ansonsten ein Konflikt mit der Weisungsfreiheit des betrieblichen Datenschutzbeauftragten drohen würde. Zwar mögen Prüfaufträge seitens des Verantwortlichen gegenüber dem Datenschutzbeauftragten keine Weisungen und somit grundsätzlich zulässig sein[30]; eine vollständige Übertragung der Verantwortlichkeit zur Durchführung der Kontrollen gegenüber den Auftragsverarbeitern würde jedoch zu einer Verlagerung der eigentlich dem Verantwortlichen obliegenden Pflicht führen und damit zu weit gehen. Allerdings ist das Prüfkonzept in diesem Zusammenhang mit dem Datenschutzbeauftragten abzustimmen und Prüfergebnisse ihm vorzulegen, so dass er faktisch stark in den Kontrollprozess des Verantwortlichen eingebunden ist. Auf den Datenschutzbeauftragten können jedoch nur einzelne Prüftätigkeiten übertragen werden, nicht die Kontrollaufgabe als Ganzes. Eine Abstimmung zwischen Datenschutzbeauftragtem und Verantwortlichem im Rahmen des Prüfkonzepts ist daher unerlässlich.

i) Datenschutz-Update-Service (Ziff. 5.8)

Ein externer Datenschutzbeauftragter hat sich so zu organisieren, dass aktuelle Entwicklungen in Gesetzgebung und Rechtsprechung ihn zeitnah erreichen. Er hat zudem selbst für sein erforderliches **Fachwissen** zu sorgen (s. unter 7.1, Rz. 2.39). Eine Unterstützungspflicht des Auftraggebers besteht, anders als gegenüber einem internen Datenschutzbeauftragten, nicht. Insoweit besteht die berechtigte Erwartung des Auftraggebers, über neue Entwicklungen vom Datenschutzbeauftragten informiert zu werden. **2.33**

j) Beantwortung externer Anfragen (Ziff. 5.9)

Die Beantwortung externer Anfragen gegenüber dem betrieblichen Datenschutzbeauftragten korrespondiert mit seiner inhaltlichen Weisungsfreiheit einerseits und dem Recht der betroffenen Personen, sich direkt an den Datenschutzbeauftragten wenden zu können. Aufgrund vertraglicher Rücksichtnahmepflichten und zwecks Vermeidung von Haftungsfällen sollten Stellungnahmen nach Extern nicht ohne Absprache mit dem Auftraggeber erfolgen. **2.34**

k) Verhältnis zum Betriebsrat (Ziff. 5.10)

Betriebsrat und Datenschutzbeauftragter haben vielfältige Berührungspunkte: Beide sind sie zuständig für die Überwachung der Einhaltung von Vorschriften zum Beschäftigtendatenschutz und unterstützen sich gegenseitig im Rahmen ihrer Aufgabenerfüllung. Unstreitig sind Arbeitnehmervertretungen und die Arbeitgeberseite auch berechtigt, dem Datenschutzbeauftragten Prüfaufträge vorzulegen. Insoweit besteht auch eine Verpflichtung des Datenschutzbeauftragten, sich dieser Datenschutzanfragen anzunehmen. Wie er die Zusammenarbeit im Einzelnen ausgestaltet, insbesondere welcher Informationsaustausch stattfindet, liegt im Ermessen des Datenschutzbeauftragten, der sich insoweit auf seine Weisungsfreiheit im Verhältnis zum Auftraggeber berufen kann. Eine Kontrolle des Betriebsrats durch den Datenschutzbeauftragten kommt nach einer Entscheidung des BAG vom 11.11.1997 wegen der im Betriebsverfassungsgesetz verankerten Unabhängigkeit des Betriebsrats zwar nicht in Betracht[31]. Ob diese Sonderstellung des Betriebsrats auch nach Inkrafttreten der DSGVO noch gilt, ist streitig[32]. Teilweise wird die DSGVO gegenüber dem Betriebsverfassungsgesetz als vorrangig angesehen, so dass der Betriebsrat sich nunmehr den Kontrollen eines betrieblichen Datenschutzbeauftragten **2.35**

---

30 BAG v. 13.3.2007 – 9 AZR 612/05, NJW 2007, 2507 (2508); ablehnend *Moos* in BeckOK DatenschutzR, Art. 38 DSGVO Rz. 19 m.w.N.
31 BAG v. 11.11.1997 – 1 ABR 21/97, AP Nr. 1 zu § 36 BDSG.
32 Zum Meinungsstand s. *Drewes* in Simitis/Hornung/Spiecker, Art. 39 DSGVO Rz. 28 m.w.N.

unterwerfen muss. Andere sehen den Betriebsrat seinerseits als Verantwortlichen an, da er im Wesentlichen selbst über die Mittel und Zwecke der Verarbeitung von Beschäftigtendaten im Betriebsrat entscheidet (vgl. die Begriffsdefinition in Art. 4 Nr. 7 DSGVO)[33]. Da diese Frage rechtlich noch nicht abschließend geklärt ist, sollte der Vertragstext in dieser Rechtsfrage zurückhaltend sein. Eine Kontrolle beim Betriebsrat kommt nach derzeitigen Stand allenfalls mit Einvernehmen des Betriebsrats in Betracht. Aufgrund der Berichtspflicht des Datenschutzbeauftragten gegenüber der obersten Managementebene beim Auftraggeber ist für diesen Fall zwingend sicherzustellen, dass der Arbeitgeber und Auftraggeber keine zu tiefen Einblicke in die Aufgabenwahrnehmungen des Betriebsrats erhält.

9. Umfang der Beratungs- und Prüfpflichten (Ziff. 6)

2.36 **M 2.1.8 Umfang der Beratungs- und Prüfpflichten**

6. Umfang der Beratungs- und Prüfpflichten

6.1 Die Beratungs- und Prüfpflichten des Auftragnehmers gehen vor allem in technischer und rechtlicher Hinsicht qualitativ nur soweit, wie es der Ausbildungs- und Qualifikationsstand sowie das finanzielle und zeitliche Budget des Auftragnehmers erwarten lassen. Der Auftragnehmer hat jedoch die Pflicht, dem Auftraggeber unverzüglich anzuzeigen, wenn bestimmte Aufgabenstellungen eine Prüfung durch besonders qualifizierte Experten (wie z.B. Rechtsexperten, IT-Fachleute, Mathematiker oder Betriebswirtschaftler) erforderlich machen. In solchen Fällen stimmen die betreffenden Unternehmen das weitere Vorgehen mit dem Auftragnehmer gemeinsam ab. Die Kosten für derartigen zusätzlichen Beratungsaufwand trägt der Auftraggeber.

6.2 Die Vertragsparteien gehen davon aus, dass die Wahrnehmung der Aufgaben als betrieblicher Datenschutzbeauftragter für den Auftraggeber schwerpunktmäßig keine Rechtsberatung im Sinne des Rechtsdienstleistungsgesetzes (RDG) erfordert. Sollten dennoch einzelne juristisch schwierige und umfangreiche Fragestellungen anfallen, die als Rechtsberatung im Sinne des RDG anzusehen sind, gilt Ziffer 6.1.

*[**Alternative:** Die Vertragsparteien gehen davon aus, dass die Wahrnehmung der Aufgaben als betrieblicher Datenschutzbeauftragter für den Auftraggeber schwerpunktmäßig eine Rechtsberatung im Sinne des Rechtsdienstleistungsgesetzes (RDG) erfordert. Der Auftragnehmer gewährleistet die Erbringung der Rechtsberatung im Einklang mit dem RDG. Dies gilt auch bei Einsatz von Dritten bzw. Subunternehmern des Auftragnehmers gemäß Ziffer 3.3 dieses Vertrages. Ziffer 6.1 findet insoweit keine Anwendung.]*

a) Hinzuziehung weiterer Dienstleister (Ziff. 6.1)

2.37 Datenschutz ist eine Querschnittsmaterie und konfrontiert den Datenschutzbeauftragten mit unterschiedlich tiefgehenden Fragestellungen insbesondere aus den weiten Bereichen Recht und Technik. Der Datenschutzbeauftragte vermag aufgrund seiner Berufsausbildung und -erfahrung diese Anforderungen regelmäßig nicht in Gänze abzudecken[34]. Er hat meistens entweder seine Stärken im rechtlichen oder technischen Bereich, selten auf beiden Gebieten. Diesen Punkt greift die Klausel auf und verlagert das Kostenrisiko des zusätzlichen Beratungsaufwands aufgrund spezieller Fragestellungen auf den Auftraggeber.

---

33 So *LfDI Baden-Württemberg*, 34. Tätigkeitsbericht 2018, S. 37/38; a.A. https://www.lda.bayern.de/de/faq.html; die 97. Datenschutzkonferenz am 3. und 4.4.2019 blieb in dieser Frage ohne Ergebnis.

34 Das Leitbild zum betrieblichen Datenschutzbeauftragten vom Berufsverband der Datenschutzbeauftragten Deutschlands (BvD) e.V., 4. Aufl. 2018, vermittelt freilich ein anderes Bild.

b) Rechtsberatung nach Rechtsdienstleistungsgesetz (Ziff. 6.2)

Die selbstständige Erbringung von Rechtsdienstleistungen darf nach dem Rechtsdienstleistungsgesetz **2.37a** (RDG) grundsätzlich nur durch bestimmte Berufsgruppen, wie vor allem durch Rechtsanwälte, erbracht werden (vgl. § 3 RDG). Eine Ausnahme hiervon besteht nach § 5 Abs. 1 RDG, wenn die Rechtsdienstleistung lediglich als eine Nebenleistung zum Berufs- oder Tätigkeitsbild gehört. Nach einer Entscheidung des Anwaltsgerichtshofs Hamburg stellt die anwaltliche Tätigkeit eines externen Datenschutzbeauftragten nicht den ganz eindeutigen Schwerpunkt dar. Der Beruf des Datenschutzbeauftragten erfordere in einem nicht unerheblichen Umfang Tätigkeiten in anderen Bereichen (z.B. IT-Sicherheit, Organisation, betriebswirtschaftliche Grundkompetenz etc.)[35]. Hierauf stellt auch der BFH in zwei Entscheidungen ab, wonach die Tätigkeit des Datenschutzbeauftragten ausgehend von den ihm gesetzlich vorgegebenen Aufgaben einen völlig eigenständigen und neuen Beruf darstelle[36].

Vor diesem Hintergrund sollten sich die Vertragsparteien vorab Gedanken machen, ob der Auftragnehmer hauptsächlich Rechtsberatung erbringen soll oder eine solche nur gelegentlich anfällt. Es liegt im Verantwortungsbereich des Auftragnehmers, nur solche Dienstleistungen vertraglich zuzusagen, die er auch erbringen darf und somit nicht im Konflikt mit dem RDG stehen.

10. Fachwissen und Fehlen von Interessenkollisionen (Ziff. 7)

M 2.1.9 Fachwissen und Fehlen von Interessenkollisionen   2.38

7. Fachwissen und Fehlen von Interessenkollisionen

7.1 Der Auftragnehmer sichert unter Berücksichtigung von Punkt 6 des Vertrags zu, über das für die Aufgabenwahrnehmung als betrieblicher Datenschutzbeauftragter erforderliche Fachwissen zu verfügen. Er verpflichtet sich, das nötige Fachwissen ggf. durch den Besuch von Fort- und Weiterbildungsveranstaltungen auch während der Laufzeit des Vertrags zu erhalten. Etwaige Kosten zum Erhalt des Fachwissens sind mit dem vereinbarten Honorar pauschal abgegolten.

7.2 Der Auftragnehmer sichert zu, dass er hinsichtlich seiner Aufgaben für den Auftraggeber keinen Interessenkollisionen unterliegt (vgl. Art. 38 Abs. 6 DSGVO). Sollten nachträglich diesbezügliche Zweifel aufkommen, unterliegt der Auftragnehmer einer unverzüglichen Hinweispflicht gegenüber dem Auftraggeber.

7.3 Der nachträgliche Wegfall des erforderlichen Fachwissens oder das Aufkommen nachträglicher Interessenkollisionen berechtigt den Auftraggeber zur sofortigen Abberufung des Auftragnehmers als betrieblichen Datenschutzbeauftragten.

a) Garantie des Fachwissens (Ziff. 7.1)

Der Präambel zufolge konnte sich der Auftragnehmer ein Bild über die Verarbeitung personenbezogener Daten beim Auftraggeber verschaffen. Er vermag daher am ehesten zu beurteilen, ob sein Fachwissen ausreichend ist, um die Funktion als Datenschutzbeauftragter für das jeweilige Unternehmen zu übernehmen. Seine in der Klausel enthaltene Zusicherung wird dem gerecht.   **2.39**

Der betriebliche Datenschutzbeauftragte muss sein Fachwissen stets den aktuellen Anforderungen und Entwicklungen anpassen. Aus Sicht der Datenschutzaufsichtsbehörden kann bei der Benennung von

---

35 AGH Hamburg v. 22.6.2017 – AGH I ZU (SYN) 11/2016 (I-6), ZD 2018, 176 (177).
36 BFH v. 5.6.2003 – IV R 34/01, DuD 2004, 180 (182) und v. 14.1.2020 – VIII R 27/17, ZD 2020, 423 (424 f.); a.A. BGH v. 15.10.2018 – AnwZ (Brfg) 20/18, NJW 2018, 3701 Rz. 70.

externen Datenschutzbeauftragten die Fortbildung Bestandteil der vereinbarten Vergütung sein[37]. Die Klausel nimmt diesen richtigen Gedanken auf.

b) Vermeidung von Interessenkollisionen (Ziff. 7.2)

2.40 Neben der nötigen Qualifikation darf der Datenschutzbeauftragte keinen Interessenkollisionen unterliegen (vgl. Art. 38 Abs. 6 DSGVO)[38]. Eine Tätigkeit des Auftragnehmers für direkte Wettbewerber kann eine Interessenkollision bedeuten und sollte daher gegenüber dem Auftraggeber offengelegt werden. Weitere Interessenkollisionen können sich aus der Übernahme weiterer, mit der Aufgabe als Datenschutzbeauftragter unvereinbarer Aufgaben für den Auftraggeber ergeben. So ist es bspw. einem externen IT-Dienstleister, der in dieser Funktion über weitreichende Zugriffsrechte und Einflussmöglichkeiten zur Verwendung personenbezogener Daten verfügt, nicht erlaubt, zusätzlich die Funktion als betrieblicher Datenschutzbeauftragter einzunehmen[39]. Handelt es sich bei dem IT-Dienstleister um eine juristische Person, wird dieses Problem nicht selten dadurch versucht zu umgehen, in dem nicht die juristische Person, sondern ein Mitarbeiter dieser Gesellschaft zum Datenschutzbeauftragten bestellt wird, der in eigener Person über diese Rolle hinaus keine IT-Dienste für den Kunden und Auftraggeber erbringt. Aufgrund der Tatsache, dass das Grundverhältnis (Dienstleistungsvertrag) zwischen den Unternehmen besteht und der bestellte Datenschutzbeauftragte seine Tätigkeit als (weisungsabhängiger) Mitarbeiter des IT-Dienstleisters erbringt, wird das Problem der Interessenkollision allerdings nicht beseitigt, sondern allenfalls verlagert. Für einen solchen Datenschutzbeauftragten könnte sich zum einen die Konstellation ergeben, seinen Arbeitgeber gegenüber dem Auftraggeber wegen Datenschutzverstößen anzeigen zu müssen, was einen Loyalitätskonflikt bedeuten würde; zum anderen weiß ein solcher Datenschutzbeauftragter, dass eine allzu kritische Haltung in Datenschutzfragen das Rechtsverhältnis zwischen seinem Arbeitgeber und dem Auftraggeber insgesamt stark belasten kann, mit potentiell negativen Folgen auch für sein Arbeitsverhältnis[40].

So lange Interessenskonflikte vermieden werden können, ist die Übernahme weiterer Aufgaben durch den Datenschutzbeauftragten nach der Literatur nicht zu beanstanden[41].

c) Wegfall der Benennungsvoraussetzungen (Ziff. 7.3)

2.41 Erforderliches Fachwissen und das Fehlen von Interessenkollisionen gehören zu den gesetzlichen Benennungsvoraussetzungen, die stets erfüllt sein müssen. Fallen sie nachträglich weg, darf die Benennung nicht aufrechterhalten bleiben; es darf also abberufen werden. Nach Ziff. 11.3 des Vertragsmusters würde der Vertrag gleichzeitig mit Abberufung des Auftragnehmers enden. Im Übrigen würde wegen fehlender gesetzlicher Benennungsvoraussetzungen ein wichtiger Grund für eine außerordentliche Kündigung nach Ziff. 11.4 des Vertragsmusters vorliegen.

---

37 Beschluss der obersten Aufsichtsbehörden für den Datenschutz im nicht-öffentlichen Bereich (Düsseldorfer Kreis am 24./25.11.2010), S. 3.

38 Beispiele zu Interessenkollisionen s. *Scheja* in Taeger/Gabel, Art. 38 DSGVO Rz. 75–77; *Moos* in BeckOK DatenschutzR, Art. 38 DSGVO Rz. 32–37.

39 *Bergt* in Kühling/Buchner, Art. 38 DSGVO Rz. 42, 44.

40 Vgl. WP 243 rev. 01, S. 14.

41 *Scheja* in Taeger/Gabel, Art. 38 DSGVO Rz. 75; *Moos* in BeckOK DatenschutzR, Art. 38 DSGVO Rz. 32; a.A. in Bezug auf Wirtschaftsprüfer, Steuerberater oder Rechtsanwalt *Heberlein* in Ehmann/Selmayr, Art. 38 DSGVO Rz. 24.

11. Verschwiegenheitspflicht (Ziff. 8)

M 2.1.10 Verschwiegenheitspflicht

8. Verschwiegenheitspflicht

8.1 Der Auftragnehmer ist verpflichtet, über alle Informationen zum Auftraggeber, die dem Auftragnehmer im Zusammenhang mit der Erledigung seiner Aufgaben zur Kenntnis gelangen, Stillschweigen zu bewahren.

8.2 Die Verschwiegenheitspflicht besteht nicht, wenn und soweit der Auftragnehmer vom Auftraggeber schriftlich von dieser Verpflichtung entbunden wurde.

8.3 Die Verschwiegenheitspflicht besteht auch dann nicht,

8.3.1 soweit die Offenlegung von Informationen zur Wahrung berechtigter Interessen des Auftragnehmers auch unter Berücksichtigung etwaiger entgegenstehender Interessen des Auftraggebers unerlässlich ist;

8.3.2 soweit der Auftragnehmer nach den Versicherungsbedingungen seiner Berufshaftpflicht zur Information und Mitwirkung verpflichtet ist;

8.3.3 soweit der Auftragnehmer gesetzlich zur Offenbarung verpflichtet ist, insbesondere gegenüber Aufsichtsbehörden oder berufsständischen Kammern, oder

8.3.4 soweit der Auftragnehmer in seiner Eigenschaft als betrieblicher Datenschutzbeauftragter insbesondere gemäß Art. 39 Abs. 1 lit. d und lit. e DSGVO zur Kooperation mit der Aufsichtsbehörde berechtigt oder verpflichtet ist.

8.4 Diese Verschwiegenheitspflicht des Auftragnehmers besteht über die Dauer des Vertragsverhältnisses fort.

8.5 Mitarbeiter und weitere Erfüllungsgehilfen des Auftragnehmers sind im gleichen Umfang wie der Auftragnehmer selbst zur Verschwiegenheit zu verpflichten. Der Auftragnehmer weist dies auf Verlangen des Auftraggebers nach.

8.6 Unberührt von den vorstehenden Regelungen bleiben die besonderen Verschwiegenheitsverpflichtungen des betrieblichen Datenschutzbeauftragten zum Schutz der betroffenen Personen nach § 6 Abs. 4 Satz 2 und Abs. 6 BDSG sowie § 203 Abs. 4 StGB.

8.7 Soweit nach den vorstehenden Regelungen eine Befreiung von der Verschwiegenheitspflicht vereinbart ist, gelten diese gleichzeitig als Befreiung von etwaigen gesetzlichen Auskunfts- und Aussageverweigerungsrechten (z.B. nach § 102 AO, § 53 StPO, § 383 ZPO).

a) Dauerhafte Verschwiegenheitspflicht des Datenschutzbeauftragten (Ziff. 8.1, 8.2 und 8.4)

Die Klauseln enthalten die für Beratungsverträge üblichen Verschwiegenheitspflichten, die auch nach Beendigung des Vertrags fortbestehen. Abgesehen von den Ausnahmefällen der Ziff. 8.3 kann der Auftraggeber hiervon befreien, wobei aus Gründen der Nachweisbarkeit Schriftform vereinbart werden sollte.

b) Wahrung berechtigter Interessen (Ziff. 8.3.1)

Die Klausel sieht eine Ausnahme von der Verschwiegenheitspflicht nach Interessenabwägung vor, bspw. im Rahmen von Rechtsstreitigkeiten des Auftragnehmers.

c) Unterrichtung der Berufshaftpflichtversicherung (Ziff. 8.3.2)

2.45 Aufgrund der nach dem Vertrag bestehenden Verpflichtung des Auftragnehmers zum Abschluss und zur Aufrechterhaltung einer Berufshaftpflichtversicherung muss es dem Auftragnehmer ermöglicht werden, im Versicherungsfall die erforderlichen Informationen an den Versicherer zu geben.

d) Verhältnis zu Aufsichtsbehörden (Ziff. 8.3.3 und 8.3.4)

2.46 Der externe betriebliche Datenschutzbeauftragte unterliegt unter Umständen der staatlichen Aufsicht. Außerdem arbeitet er mit der Aufsichtsbehörde zusammen bzw. kooperiert mit dieser (vgl. Art. 39 Abs. 1 lit. d und lit. e DSGVO). Diese gesetzlich geregelten Beziehungen des Datenschutzbeauftragten zur staatlichen Aufsicht einschließlich berufsständischen Kammern sind nach den Vertragsklauseln als Ausnahmen von der Verschwiegenheitpflicht geregelt.

e) Offenbarung gegenüber Mitarbeitern (Ziff. 8.5)

2.47 Wegen der vertraglich eingeräumten Möglichkeit des Einsatzes eigener Mitarbeiter oder fachkundiger Dritter ist die Verschwiegenheitpflicht auf diese Personen zu erweitern. Die Einhaltung dieser Pflicht des Auftragnehmers muss für die Auftraggeber kontrollierbar sein, so dass eine entsprechende vertragliche Nachweispflicht des Auftragnehmers angezeigt ist.

f) Unabdingbare gesetzliche Schweigepflichten (Ziff. 8.6)

2.48 Nicht abdingbar sind die **gesetzlichen Schweigepflichten** des Datenschutzbeauftragten gegenüber den betroffenen Personen (§ 6 Abs. 4 Satz 2 BDSG). Gleiches gilt für Datenschutzbeauftragte, die Kenntnis von Daten erhalten, die einem Berufsgeheimnis unterfallen (vgl. § 6 Abs. 6 BDSG). Diese Bestimmung steht im Zusammenhang insbesondere mit § 203 StGB, der für diverse Berufsträger wie u.a. Ärzte und Anwälte eine strafbewehrte Schweigepflicht vorsieht. Der betriebliche Datenschutzbeauftragte bspw. in Anwaltskanzleien und Krankenhäusern unterliegt gem. § 203 Abs. 4 StGB der gleichen Schweigepflicht. Die Vertragsklauseln stellen dies klar.

g) Entbindung von beruflicher Schweigepflicht (Ziff. 8.7)

2.49 Nicht selten üben **Berufsgeheimnisträger** wie z.B. Rechtsanwälte die Funktion als Datenschutzbeauftragter aus. Die Aufrechterhaltung dieser damit einhergehenden, sehr weitreichenden Geheimhaltungspflichten (s. § 203 StGB) würde ihn in seinem Wirken als Datenschutzbeauftragter zu Lasten der betroffenen Personen einschränken. Die Klausel 8.7 stellt klar, dass die Ausnahmen von der vertraglichen Verschwiegenheitpflicht gleichzeitig Befreiungen von der Berufsgeheimnispflicht darstellen.

12. Vergütung (Ziff. 9)

2.50 **M 2.1.11 Vergütung**

9. Vergütung

9.1 *Als Pauschalhonorar wird ein jährlicher Betrag von … Euro (in Worten: … Euro) zuzüglich der jeweils geltenden gesetzlichen Mehrwertsteuer vereinbart. Der Einsatz von Hilfspersonal oder Dritten bzw. Subunternehmern gemäß Ziffer 3.3. dieses Vertrages ist mit dem Pauschalhonorar abgegolten.*

9.2 *Bei der Bemessung des Pauschalhonorars gehen die Vertragsparteien davon aus, dass der jährliche Zeitaufwand des Auftragnehmers im Durchschnitt … Personentage nicht überschreitet. Ergeben sich nachträglich wesentliche Abweichungen vom anfänglich prognostizierten Zeitaufwand, nehmen die Vertragsparteien eine entsprechende Vertragsanpassung vor.*

*9.3 Falls zur Erfüllung der von dem Auftragnehmer mit diesem Vertrag übernommenen Tätigkeit Reisen er-
forderlich sind, gelten die folgenden Regelungen zum Aufwendungsersatz:*

*(1) Fahrten innerhalb der Ortschaft am Sitz des Auftragnehmers gelten nicht als Reisen und werden
nicht gesondert vergütet.*

(2) Der Auftraggeber wird Reiseaufwendungen wie folgt erstatten:

   – PKW-Fahrten: Kilometerpauschale …ct./km und Parkgebühren nach Aufwand

   – Zugfahrten: Ticket 1. Klasse

   *– Flüge: Flugticket Economy-Klasse ab Entfernungen von mehr 400 km oder einer alternativen
   Reisezeit von mehr als vier Stunden oder nach Absprache mit dem Auftraggeber.*

   – ggf. erforderliche Taxikosten

   – Hotelunterkunft: max. Vier-Sterne-Kategorie oder nach Absprache.

(3) Sofern nicht ausdrücklich anders geregelt, ist der Auftragnehmer frei in der Wahl des Reisemittels.

*(4) Für erforderliche Reiseaufwendungen des Hilfspersonals des Auftragnehmers oder in Absprache
mit dem Auftraggeber eingesetzter Dritter (Subunternehmer nach Ziffer 3.3 des Vertrages) gelten
die Regelungen in (1)–(3) entsprechend.*

*9.4 Sämtliche (ggf. anteilige) Pauschalhonorare nach Abs. 1 werden jeweils zum Beginn eines Kalendervier-
teljahres für das laufende Quartal im Voraus fällig. Der Auftraggeber nimmt die Zahlung spätestens zwei
Wochen nach Erhalt einer vom Auftragnehmer ausgestellten Rechnung vor. Zu erstattende Reiseaufwendungen werden auf den Quartalsrechnungen des Auftragnehmers unter Beifügung von Belegen separat ausgewiesen.*

9.5 Sämtliche Beträge sind auf folgendes Konto zu überweisen:

Konto-Nr.: …

BLZ: …

Bank: …

Alternative bei zeitabhängigem Honorar:

*Der Auftragnehmer erhält für seine Tätigkeit eine Vergütung auf Basis von Stundensätzen. Der vereinbarte
Stundensatz beträgt … Euro (in Worten: … Euro) zuzüglich der gesetzlichen Mehrwertsteuer.*

Die erfassten Zeiten werden jeweils auf volle fünf Minuten aufgerundet.

*Erforderliche Reisezeiten einschließlich Wartezeiten werden lediglich mit dem halben Stundensatz berech-
net.*

*Der Auftragnehmer wird Aufzeichnungen über die geleistete Arbeitszeit führen und mit den Rechnungen
zur Verfügung stellen. Die Aufzeichnungen dürfen angesichts der Verschwiegenheitspflicht des Auftragnehmers keine Rückschlüsse auf Betroffene zulassen.*

Die jeweils geleisteten Stunden werden sofort fällig und zum Monatsende in Rechnung gestellt.

*Kommt der Auftraggeber mit einer Zahlung in Verzug, behält sich der Auftragnehmer vor, weitere Leistun-
gen erst zu erbringen, wenn die Rechnung durch Zahlung anerkannt worden ist.*

a) Pauschalvergütung (Ziff. 9.1–9.5)

Die Vereinbarung einer auf einer anfänglichen Schätzung basierenden pauschalen Vergütung in Ver-   2.51
bindung mit der Regelung in Ziff. 3.2 zur persönlichen Anwesenheit des Datenschutzbeauftragten in
den Räumlichkeiten des Auftraggebers hat verschiedene Vorteile für beide Seiten. Vor allem verschafft
es den Vertragspartnern Kostentransparenz und befreit von bürokratischem Ballast der Nachweisle-

gung zu den einzelnen Tätigkeiten. Nebenbei wird für den Auftraggeber ein Anreiz gesetzt, für den finanziellen Aufwand entsprechende Leistungen beim Datenschutzbeauftragten auch abzurufen. Durch Vereinbarung persönlicher Anwesenheitspflichten vor Ort ist das Risiko einer weitgehenden Untätigkeit des Datenschutzbeauftragten minimiert.

2.52 Die in den Klauseln enthaltene Vergütungssystematik sieht eine gleichbleibende quartalsweise Zahlung im Voraus vor. Eine in der Praxis häufig aufzufindende Staffelung in Form eines erhöhten Aufwands im ersten Jahr und Herabstufung in der Folgezeit sollte nur dann gewählt werden, wenn der Zeitaufwand für mehrere Jahre gut prognostizierbar ist. Alternativ sollte eine aufwandsbezogene Abrechnung verhandelt werden (s. nachfolgende Alternativklausel).

2.53 Trotz oder gerade wegen der **Pauschalvergütung** sollten die Vertragsparteien den prognostizierten zeitlichen Aufwand im Vertrag aufnehmen (s. Ziff. 9.2). Es macht aus Sicht des Auftragnehmers Sinn, seine Tätigkeiten mit dem jeweiligen zeitlichen Aufwand zu dokumentieren, um frühzeitig eine Abweichung von der anfänglichen Aufwandsschätzung erkennen zu können. Ggf. ist bei einer deutlichen Abweichung nachzuverhandeln. Denkbar sind auch Mischformen von Pauschalvergütung und aufwandsabhängiger Vergütung nach Verbrauch des prognostizierten Zeitaufwands oder in dem bestimmte Tätigkeiten gesondert vergütet werden, z.B. Schulungstätigkeiten oder die Mitarbeit in bestimmten Projekten.

Mit der Pauschalvergütung sollte der Einsatz von Subunternehmern abgegolten sein. Der Einsatz von speziellen Experten nach Ziff. 6.1 des Vertrages geht hingegen zu Lasten des Auftraggebers. Da Abgrenzungsschwierigkeiten nicht auszuschließen sind, sieht der Vertrag eine Absprache zwischen den Vertragsparteien vor, bevor auf der einen oder anderen Seite Kosten anfallen.

b) Alternativklausel

2.54 Die Vereinbarung eines rein **zeitabhängigen Honorars** erscheint auf den ersten Blick fair. Es wird nur vergütet, was auch geleistet wurde. Probleme entstehen jedoch vor allem dann, wenn der Auftraggeber aus welchen Gründen auch immer die Zusammenarbeit mit dem Datenschutzbeauftragten „schleifen" lässt und das Entstehen von Aufwand verhindert bzw. verzögert. Eine solche Haltung des Auftraggebers würde durch entsprechende Kosteneinsparung auch noch belohnt, obwohl der Auftragnehmer stets das Amt als Datenschutzbeauftragter mit der damit verbundenen Verantwortung innehat.

2.55 Sollte eine zeitabhängige Vergütung auf Nachweis vereinbart werden, sollte klargestellt werden, dass die Tätigkeitsnachweise im Hinblick auf die Verschwiegenheitspflicht des Datenschutzbeauftragten aus § 6 Abs. 4 Satz 2 und Abs. 6 BDSG keine Rückschlüsse auf die Person des Betroffenen enthalten dürfen. Die Wahl des Vergütungsmodells darf sich auch nicht negativ auf die Unabhängigkeit und Weisungsfreiheit des betrieblichen Datenschutzbeauftragten auswirken. Nach Ansicht der Datenschutzaufsichtsbehörden sollte daher ein angemessenes Zeitbudget konkret vereinbart werden[42]. Zwingend ist dies jedoch nicht und hindert vor allem nicht an einer dem tatsächlichen Aufwand entsprechenden Honorierung. Wichtig ist, dass der betriebliche Datenschutzbeauftragte selbst (weisungsfrei) entscheidet, wann er was und in welchem Umfang tun möchte. Dies ist u.a. in Ziff. 3.1 des Mustervertrags verankert.

---

42 Beschluss der obersten Aufsichtsbehörden für den Datenschutz im nicht-öffentlichen Bereich (Düsseldorfer Kreis am 24./25.11.2010), III Nr. 4, S. 3.

13. Haftung (Ziff. 10)

M 2.1.12 Haftung

2.56

10. Haftung

10.1 Der Auftragnehmer haftet gegenüber dem Auftraggeber für eigenes Verschulden und für das Verschulden eigener Mitarbeiter und sonstiger Erfüllungsgehilfen.

10.2 Der Auftragnehmer hat eine Berufshaftpflichtversicherung mit einer Deckungssumme von … Euro pro Einzelfall abgeschlossen. Er verpflichtet sich, die Versicherung in dieser Höhe mindestens für die Dauer dieses Vertragsverhältnisses aufrechtzuerhalten. Der Auftragnehmer stellt sicher, dass bei Einsatz von Subunternehmen diese ebenfalls über eine entsprechende Haftpflichtversicherung verfügen. Der Auftraggeber ist berechtigt, jederzeit einen entsprechenden Nachweis zu verlangen.

10.3 In einem Haftpflichtfall kann der Auftragnehmer nur bis zur Höhe der in Ziffer 10.2 benannten Deckungssumme in Anspruch genommen werden. Wegen eines weitergehenden Schadens wird eine Haftung des Auftragnehmers hiermit ausdrücklich ausgeschlossen.

10.4 Der Schadenersatzanspruch ist innerhalb von sechs Monaten geltend zu machen, nachdem der Auftraggeber von dem Schaden Kenntnis erlangt hat.

a) Haftungsbeschränkung (Ziff. 10.1)

Ziff. 10.1 sieht dem Grunde nach keine **Haftungsbeschränkung** vor. Der Auftragnehmer haftet für jede eigene Fahrlässigkeit oder eigenen Vorsatz wie für das Verschulden seiner Erfüllungsgehilfen (vgl. §§ 280, 276, 278 BGB). Die häufig vorkommende Haftungsbeschränkung auf grobe Fahrlässigkeit und Vorsatz ist zwar im gewissen Rahmen zulässig. Der Auftragnehmer beraubt sich damit allerdings eines guten Verkaufsarguments im Verhältnis zum internen Datenschutzbeauftragten, der als Arbeitnehmer haftungsprivilegiert ist nach den Grundsätzen der Arbeitnehmerhaftung.

2.57

b) Pflicht zum Abschluss einer Berufshaftpflichtversicherung (Ziff. 10.2 und 10.3)

Eine Haftungsbeschränkung sollte lediglich der Höhe nach vorgenommen werden und zwar in dem Umfang einer bestehenden Berufshaftpflichtversicherung, die während der Laufzeit des Vertrags aufrechterhalten und ggf. nachgewiesen werden muss. Sollten Subunternehmen eingesetzt werden, bestehen die Auftraggeber nicht selten darauf, dass auch diese über eine entsprechende Haftpflichtversicherung verfügen müssen.

2.58

c) Ausschlussfrist (Ziff. 10.4)

Auch in zeitlicher Hinsicht sollte eine Haftungsbeschränkung vorgenommen werden. Eine Ausschlussfrist von sechs Monaten ab Kenntnis vom Schaden erscheint angemessen.

2.59

14. Vertragslaufzeit und Abberufung (Ziff. 11)

M 2.1.13 Vertragslaufzeit und Abberufung

2.60

11. Vertragslaufzeit und Abberufung

11.1 Der Vertrag wird zunächst für eine Mindestdauer von einem Jahr abgeschlossen.

11.2 Die Vertragslaufzeit verlängert sich jeweils um weitere vier Jahre, wenn der Vertrag nicht von einer Vertragspartei unter Einhaltung einer Kündigungsfrist von zwei Monaten zum Ende der jeweiligen Mindestvertragslaufzeit schriftlich gekündigt wird.

11.3 Im Übrigen endet der Vertrag in dem Fall einer wirksamen Abberufung des Auftragnehmers als betrieblicher Datenschutzbeauftragter oder einer Amtsniederlegung durch den Auftragnehmer. Wie die Abberufung darf auch eine Amtsniederlegung nur aus wichtigem Grund und schriftlich erfolgen.

11.4 Das Recht zur außerordentlichen Kündigung des Vertrags bleibt unberührt.

11.5 Im Falle einer wirksamen Kündigung des Vertrags wird zum Ende des Vertrags auch das Benennungsverhältnis beendet, ohne dass es einer expliziten Erklärung zur Abberufung oder Amtsniederlegung bedarf.

11.6 Entfällt für den Auftraggeber nach Vertragsabschluss dauerhaft die gesetzliche Pflicht zur Benennung eines betrieblichen Datenschutzbeauftragten, besteht für beide Vertragsparteien das Recht zur außerordentlichen Kündigung des Vertrags.

a) Varianten zur Laufzeit (Ziff. 11.1 und 11.2)

2.61   Externe betriebliche Datenschutzbeauftragte unterliegen keinem besonderen **Kündigungsschutz**. Eine **Befristung** ist ebenso zulässig wie die hier favorisierte Vereinbarung einer Mindestvertragslaufzeit[43]. Die Dauer der Befristung oder Mindestvertragslaufzeit muss mit einer unabhängigen Wahrnehmung der Aufgaben als Datenschutzbeauftragter kompatibel sein, darf also nicht zu kurz sein[44]. Die Vertragsklausel ist einer Empfehlung des Düsseldorfer Kreises nachgebildet, die grundsätzlich eine Mindestvertragslaufzeit von vier Jahren vorsieht, bei Erstverträgen allerdings wegen der Notwendigkeit der Überprüfung der Eignung grundsätzlich eine Vertragslaufzeit von ein bis zwei Jahren gestattet[45].

b) Akzessorietät zwischen Amt und Vertrag (Ziff. 11.3)

2.62   Die Klausel sieht eine **Akzessorietät** zwischen bestehendem Amt als betrieblicher Datenschutzbeauftragter und Wirksamkeit des Vertrags vor. Der Vertrag endet somit automatisch mit wirksamer Abberufung oder Amtsniederlegung. Anders als die Abberufung ist die Amtsniederlegung gesetzlich nicht geregelt. Eine Amtsniederlegung sollte nur aus wichtigem Grund möglich sein. Im Übrigen gelten die vertraglichen Kündigungsfristen.

c) Außerordentliche Kündigung (Ziff. 11.4)

2.63   Bei Dienstleistungsverträgen besteht gesetzlich die Möglichkeit der außerordentlichen Kündigung aus wichtigem Grund nach §§ 626, 627 BGB.

d) Auswirkung der Vertragsbeendigung (Ziff. 11.5)

2.64   Wird der Vertrag vom Auftraggeber wirksam gekündigt, stellt dies einen wichtigen Grund für eine Abberufung dar. Die Kündigungserklärung enthält nach richtiger Auffassung in einem solchen Fall gleichzeitig auch die Abberufungserklärung. Gleiches gilt bei einer Kündigung durch den Auftragnehmer, die gleichzeitig als Amtsniederlegung zu deuten wäre. Um jeden Zweifel daran von vornherein vorzubeugen, ist diese Frage explizit in Ziff. 11.5 aufgenommen worden.

---

43 *Bergt* in Kühling/Buchner, Art. 38 DSGVO Rz. 29.

44 *Bergt* in Kühling/Buchner, Art. 38 DSGVO Rz. 29.

45 Beschluss der obersten Aufsichtsbehörden für den Datenschutz im nicht-öffentlichen Bereich (Düsseldorfer Kreis am 24./25.11.2010), S. 2; s. Meinungsstand bei *Bergt* in Kühling/Buchner, Art. 38 DSGVO Rz. 29.

e) Nachträgliche Unterschreitung der gesetzlichen Benennungsschwellenwerte (Ziff. 11.6)

Sollten die Schwellenwerte für eine Benennung aus § 38 Abs. 1 BDSG beim Auftraggeber dauerhaft unterschritten werden, führt dies nicht automatisch zum Wegfall der Amtsstellung[46]. Der Datenschutzbeauftragte gilt in diesem Fall automatisch als freiwillig benannter Datenschutzbeauftragter. Es erscheint angemessen, für diesen Fall ein Recht zur außerordentlichen Kündigung des Vertrags zu vereinbaren, welche nach Ziff. 11.5 gleichzeitig eine Abberufung/Amtsniederlegung beinhalten würde.

2.65

15. Schlussbestimmungen (Ziff. 12)

M 2.1.14 Schlussbestimmungen

2.66

12. Schlussbestimmungen

12.1 Nebenabreden zu diesem Vertrag bestehen nicht. Änderungen des Vertrags bedürfen der Schriftform.

12.2 Sollten einzelne Bestimmungen dieses Vertrags unwirksam sein oder werden, wird dadurch die Wirksamkeit der übrigen Regelungen nicht berührt. Die Vertragspartner verpflichten sich, unwirksame Bestimmungen durch Regelungen zu ersetzen, die dem ursprünglich verfolgten Zweck so nahe wie möglich kommen und deren Wirksamkeit keine Bedenken entgegenstehen. Das Gleiche gilt für den Fall von Vertragslücken.

12.3 Ändern sich abgesehen von der Benennungspflicht die gesetzlichen Bestimmungen zum betrieblichen Datenschutzbeauftragten (z.B. hinsichtlich seiner Rechte und Pflichten, Stellung im Unternehmen), werden die Vertragsparteien die entsprechenden vertraglichen Anpassungen einvernehmlich vornehmen.

a) Schriftform und salvatorische Klausel (Ziff. 12.1 und 12.2)

Die Schlussklauseln in den Ziff. 12.1 und 12.2 enthalten die üblichen Regelungen zur Vollständigkeit der vertraglichen Absprachen, zur erforderlichen Form von Vertragsänderungen sowie zum eventuellen Fall der Unwirksamkeit einzelner Klauseln (salvatorische Klausel).

2.67

b) Vertragsanpassung bei gesetzlichen Änderungen (Ziff. 12.3)

Ziff. 12.3 regelt die Pflicht zur Vertragsanpassung, sollten sich die inhaltlichen gesetzlichen Vorgaben zum betrieblichen Datenschutzbeauftragten ändern.

2.68

---

46 BAG v. 5.12.2019 – 2 AZR 223/19 Rz. 43, 45, NZA 2020, 227 (230 f.).

§ 3
Vertrag über die Beauftragung eines Vertreters in der EU

Literatur: *Lantwin*, Kann ein Briefkasten haften? – Rolle des Vertreters nach DS-GVO, ZD 2019, 14; *Uecker*, Extraterritorialer Anwendungsbereich der DS-GVO, ZD 2019, 67.

A. Einleitung

Die DSGVO verlangt in bestimmten Fällen von nicht in der EU niedergelassenen Verantwortlichen 3.1
und Auftragsverarbeitern die Benennung eines Vertreters innerhalb der EU (vgl. Art. 27 DSGVO). Das
folgende Muster beinhaltet eine solche Benennung und trifft damit zusammenhängende Regelungen
im Verhältnis zwischen dem Verantwortlichen bzw. dem Auftragsverarbeiter einerseits und dem Vertreter andererseits.

B. Vertrag über die Beauftragung eines Vertreters in der EU

I. Muster – deutsch

3.2 **M 3.1 Vertrag über die Beauftragung eines Vertreters in der EU**

Vertrag über die Beauftragung eines Vertreters in der EU

zwischen

…

(nachfolgend Auftraggeber genannt)

und

…

(nachfolgend Auftragnehmer genannt)

(nachfolgend auch einzeln Partei und gemeinsam Parteien genannt)

Präambel

Der Auftraggeber ist gemäß Art. 27 DSGVO zur Benennung eines Vertreters in der Europäischen Union verpflichtet. Der Auftragnehmer wird diese Funktion für den Auftraggeber übernehmen.

Dies vorausgeschickt vereinbaren die Parteien was folgt:

1. Benennung und Funktion[1]

1.1 Der Auftraggeber benennt den dies annehmenden Auftragnehmer hiermit für die Dauer des Vertrags als Vertreter in der Europäischen Union im Sinne von Art. 27 und Art. 4 Nr. 17 DSGVO.

1.2 Der Auftraggeber ist jederzeit zum Widerruf der Benennung des Auftragnehmers als Vertreter einschließlich der damit verbundenen Vertretungsbefugnis berechtigt. Vertragliche Vergütungsansprüche des Auftragnehmers bleiben von dem Widerruf unberührt. Eine Niederlegung der Benennung seitens des Auftragnehmers ist während der Laufzeit dieses Vertrags ausgeschlossen. Jeder Widerruf und jede Niederlegung bedürfen zu ihrer Rechtswirksamkeit der Schriftform. Spätestens mit der Beendigung des Vertrags endet die Benennung des Auftragnehmers.

1.3 Der Auftragnehmer steht in seiner Funktion als Vertreter den betroffenen Personen, Datenschutzbehörden und sonstigen Dritten als Anlaufstelle für sämtlichen Fragen im Zusammenhang mit der Verarbeitung personenbezogener Daten durch den Auftraggeber zur Verfügung.

1.4 Der Auftragnehmer ist in Bezug auf die dem Auftraggeber nach der DSGVO obliegenden Pflichten für die Dauer des Vertrags umfassend zu dessen Vertretung gegenüber Dritten befugt. Der Auftragnehmer wird von dieser Vertretungsbefugnis nur entsprechend diesem Vertrag Gebrauch machen.

2. Einrichtung einer Anlaufstelle[2]

2.1 Der Auftragnehmer ist in seiner Funktion als Vertreter im Sinne von Art. 27 und Art. 4 Nr. 17 DSGVO für Dritte unter den folgenden Kontaktdaten erreichbar:

… [Vorname] … [Nachname] bzw. … [Firma] [Rechtsformzusatz]

… [Straße] [Hausnummer]

… [PLZ] [Ort]

---

1 Zu den Erläuterungen siehe Rz. 3.5 ff.
2 Zu den Erläuterungen siehe Rz. 3.32 ff.

... *[Land]*

E-Mail: ... [E-Mail-Adresse]

Die vorstehende E-Mail-Adresse wird der Auftragnehmer ausschließlich für Anfragen Dritter im Rahmen dieses Vertrags verwenden. Mit Beendigung der Aufgaben nach diesem Vertrag wird der Auftragnehmer die E-Mail-Adresse dauerhaft für eingehende E-Mails sperren.

2.2 *Der Auftraggeber ist berechtigt, den Auftragnehmer unter Angabe der vorstehenden Kontaktdaten gegenüber Dritten als Vertreter im Sinne von Art. 27 und Art. 4 Nr. 17 DSGVO zu benennen. Dies gilt insbesondere im Rahmen der Information gemäß Art. 13 und 14 DSGVO.*

2.3 *Die Verarbeitungstätigkeiten des Auftraggebers betreffende, eingehende Korrespondenz leitet der Auftragnehmer jeweils spätestens am folgenden Werktag in Kopie elektronisch per E-Mail an den Auftraggeber weiter.*

2.4 *Der Auftragnehmer beantwortet die Verarbeitungstätigkeiten des Auftraggebers betreffende, eingegangene Korrespondenz im Namen des Auftraggebers ausschließlich nach dessen Weisungen. Antworten sind spätestens am Werktag nach der Weisung abzusenden.*

2.5 *Der Auftragnehmer verwahrt während der Laufzeit des Vertrags für den Auftraggeber die Originale der postalisch eingegangenen Korrespondenz sowie Kopien sämtlicher abgesandter Korrespondenz. Die Herausgabe richtet sich nach Ziffer 5.*

2.6 *„Werktage" im Sinne dieses Vertrags sind Wochentage mit Ausnahme von Samstagen, Sonntagen und gesetzlichen Feiertagen am Sitz des Auftragnehmers.*

3. Verzeichnis der Verarbeitungstätigkeiten[3]

3.1 *Der Auftragnehmer hält ein Verzeichnis der Verarbeitungstätigkeiten des Auftraggebers im Sinne von Art. 30 Abs. 1 bzw. 2 DSGVO vor.*

3.2 *Der Auftraggeber stellt dem Auftragnehmer das Verzeichnis erstmalig nach Vertragsbeginn und etwaige nachfolgende Änderungen jeweils unverzüglich zur Verfügung.*

3.3 *Der Auftragnehmer ist im Rahmen seiner gesetzlichen Verpflichtung gemäß Art. 30 Abs. 4 DSGVO berechtigt, der Datenschutzaufsichtsbehörde das Verzeichnis auf Anfrage zur Verfügung zu stellen. Über entsprechende Anfragen wird er den Auftraggeber im Rahmen des tatsächlich Möglichen und gesetzlich Zulässigen unverzüglich unterrichten und sich mit diesem vorab über die Beantwortung der Anfrage abstimmen.*

4. Zusammenarbeit mit der Aufsichtsbehörde[4]

4.1 *Der Auftragnehmer arbeitet im Rahmen seiner gesetzlichen Verpflichtung gemäß Art. 31 DSGVO auf Anfrage mit der Datenschutzaufsichtsbehörde bei der Erfüllung ihrer Aufgaben zusammen.*

4.2 *Insbesondere wird er der Datenschutzaufsichtsbehörde auf Anweisung im Rahmen des Art. 58 Abs. 1 lit. a DSGVO alle Informationen bereitstellen, die für die Erfüllung ihrer Aufgaben erforderlich sind.*

4.3 *Über entsprechende Anfragen der Datenschutzaufsichtsbehörde wird der Auftragnehmer den Auftraggeber im Rahmen des tatsächlich Möglichen und gesetzlich Zulässigen unverzüglich unterrichten und sich mit diesem vorab über die Beantwortung der Anfrage abstimmen.*

5. Herausgabepflichten[5]

5.1 *Der Auftragnehmer ist verpflichtet, dem Auftraggeber auf Verlangen, spätestens aber mit Beendigung des Vertrags alles, was er zur bzw. in Ausführung seiner Tätigkeit erlangt hat, herauszugeben.*

---

3 Zu den Erläuterungen siehe Rz. 3.38 ff.
4 Zu den Erläuterungen siehe Rz. 3.43.
5 Zu den Erläuterungen siehe Rz. 3.45.

5.2 Die Herausgabepflicht umfasst insbesondere sämtliche Korrespondenz im Sinne von Ziffer 2.5 sowie sämtliche sonstigen Informationen – gleich welcher Art und in welcher Form –, die der Auftragnehmer zur bzw. in Ausführung seiner Tätigkeit erhält. Nach schriftlicher Bestätigung des Erhalts der Informationen durch den Auftraggeber wird der Auftragnehmer sämtliche etwaigen Kopien vernichten, soweit ihn keine zwingenden gesetzlichen Vorschriften zur weiteren Aufbewahrung verpflichten. Die Vernichtung wird er dem Auftraggeber in geeigneter Weise nachweisen.

6. Vergütung, Aufwendungsersatz[6]

6.1 Für seine Tätigkeit erhält der Auftragnehmer eine Vergütung von EUR … pro Kalendermonat zzgl. USt.

6.2 Beginnt oder endet die Tätigkeit des Auftragnehmers im Laufe eines Kalendermonats, wird die Vergütung für diesen Monat zeitanteilig gewährt.

6.3 Die Vergütung wird jeweils zum Ende des Kalendermonats fällig und ist binnen 30 Tagen ab Zugang einer ordnungsgemäßen Rechnung zu bezahlen.

6.4 Sämtliche Zahlungen erfolgen bargeldlos auf das folgende Konto des Auftragnehmers: …

6.5 Mit der Vergütung nach Ziffer 6.1 sind sämtliche Tätigkeiten des Auftragnehmers für den Auftraggeber vollständig abgegolten. Ein gesonderter Ersatz von Aufwendungen erfolgt nur im Ausnahmefall aufgrund gesonderter schriftlicher Vereinbarung zwischen den Parteien.

7. Laufzeit, Kündigung[7]

7.1 Der Vertrag beginnt mit seiner Unterzeichnung und gilt als auf unbestimmte Zeit geschlossen.

7.2 Er kann beiderseits jederzeit mit einer Frist von [drei Monaten zum Ende eines Kalendermonats] ordentlich gekündigt werden.

7.3 Eine Kündigung nach § 627 Abs. 1 BGB ist ausgeschlossen. Das beiderseitige Recht der Parteien zur außerordentlichen Kündigung aus wichtigem Grund bleibt unberührt.

7.4 Jede Kündigung bedarf zu ihrer Wirksamkeit der Schriftform.

7.5 Der Auftragnehmer unterstützt den Auftraggeber im Falle der Kündigung, gegebenenfalls auch noch nach der Vertragsbeendigung, auf Verlangen im Rahmen des Erforderlichen und Zumutbaren bei der geordneten Überleitung seiner Tätigkeit auf einen Folgeauftragnehmer bzw. den Auftraggeber.

7.6 Die Beendigung dieses Vertrags lässt diejenigen Bestimmungen unberührt, die ausdrücklich oder nach ihrem Sinn und Zweck auch über die Vertragsbeendigung hinaus Anwendung finden sollen. Dies gilt neben dieser Ziffer 7.6 insbesondere für Ziffern 2.1 Satz 3, 7.5 und 8 bis 13.

8. Schadensersatzhaftung, Freistellung[8]

8.1 Soweit hierin nicht ausdrücklich etwas Abweichendes bestimmt ist, haften die Parteien einander auf Schadensersatz nach den gesetzlichen Bestimmungen.

8.2 Die Parteien haben das gemeinsame Verständnis, dass der Auftragnehmer aufgrund seiner Benennung Dritten gegenüber nicht in die Pflichten des Auftraggebers als Verantwortlicher und Auftragsverarbeiter nach der DSGVO eintritt, sondern ihn persönlich nur die Pflichten der Art. 30, 31 und Art. 58 Abs. 1 lit. a DSGVO treffen.

8.3 Der Auftraggeber stellt – vorbehaltlich der Erfüllung der Pflichten des Auftragnehmers nach Ziffer 8.5 sowie der Einschränkung der Ziffer 8.6 – den Auftragnehmer auf erstes schriftliches Anfordern verschuldensunabhängig, vollumfänglich und dauerhaft von sämtlichen etwaigen Ansprüchen Dritter im Zusammenhang mit der Verletzung der Pflichten des Auftraggebers als Verantwortlicher und Auftragsverarbeiter nach der DSGVO frei und ersetzt diesem verschuldensunabhängig sämtliche durch derartige

---

6 Zu den Erläuterungen siehe Rz. 3.47.
7 Zu den Erläuterungen siehe Rz. 3.49 f.
8 Zu den Erläuterungen siehe Rz. 3.52 ff.

Ansprüche oder durch deren Geltendmachung verursachte Aufwendungen, Kosten und Schäden (einschließlich angemessener Rechtsverfolgungsaufwendungen).

8.4 *Gleichermaßen stellt der Auftragnehmer – vorbehaltlich der Erfüllung der Pflichten des Auftraggebers nach Ziffer 8.5 sowie der Einschränkung der Ziffer 8.6 – den Auftraggeber verschuldensunabhängig, vollumfänglich und dauerhaft von sämtlichen etwaigen Ansprüchen Dritter im Zusammenhang mit der Verletzung der Pflichten des Auftragnehmers als Unionsvertreter gemäß Art. 30, 31 und Art. 58 Abs. 1 lit. a DSGVO frei und ersetzt diesem verschuldensunabhängig sämtliche durch derartige Ansprüche oder durch deren Geltendmachung verursachte Aufwendungen, Kosten und Schäden (einschließlich angemessener Rechtsverfolgungsaufwendungen).*

8.5 *Die Parteien werden sich im Falle der Geltendmachung von Ansprüchen im Sinne der Ziffern 8.3 und 8.4 jeweils unverzüglich schriftlich informieren. Die in Anspruch genommene Partei wird den Anspruch ohne schriftliche Zustimmung der zur Freistellung bzw. zum Ersatz verpflichteten Partei weder anerkennen noch sich hierüber vergleichen. Die in Anspruch genommene Partei wird der zur Freistellung bzw. zum Ersatz verpflichteten Partei federführend die Verteidigung gegen den Anspruch überlassen.*

8.6 *§ 254 BGB findet auf die Freistellungs- und Ersatzansprüche der Ziffern 8.3 und 8.4 entsprechende Anwendung.*

9. Informationsrechte und Kontrollbefugnisse[9]

9.1 *Der Auftragnehmer überlässt dem Auftraggeber auf Verlangen alle erforderlichen Informationen zum Nachweis der Einhaltung seiner Verpflichtungen nach diesem Vertrag.*

9.2 *Der Auftraggeber ist zur Prüfung der Einhaltung der Bestimmungen dieses Vertrags durch den Auftragnehmer berechtigt. Er kann Prüfungen selbst oder durch einen beauftragten Dritten vornehmen. Der Auftragnehmer wird den Auftraggeber bei den Prüfungen im Rahmen des Erforderlichen unterstützen.*

10. Vertraulichkeit[10]

10.1 *Der Auftragnehmer wird alle im Zusammenhang mit diesem Vertrag erlangten vertraulichen Informationen des Auftraggebers – insbesondere Geschäftsgeheimnisse im Sinne von § 2 Nr. 1 GeschGehG (Geschäftsgeheimnis-Schutzgesetz) – vertraulich behandeln, insbesondere nicht an Dritte weitergeben oder anders als zur Erfüllung oder Durchsetzung seiner Rechte und Pflichten aus diesem Vertrag verwenden. Der Auftragnehmer wird angemessene Maßnahmen treffen, um die Vertraulichkeit vertraulicher Informationen zu gewährleisten, mindestens aber angemessene Geheimhaltungsmaßnahmen im Sinne von § 2 Nr. 1 lit. b GeschGehG ergreifen.*

10.2 *Keine vertraulichen Informationen sind Informationen, die:*

10.2.1 *im Zeitpunkt der Überlassung allgemein bekannt oder der Öffentlichkeit zugänglich waren oder dies danach ohne Mitwirkung des Auftragnehmers werden;*

10.2.2 *der Auftragnehmer im Zeitpunkt der Überlassung durch den Auftraggeber ohne Verpflichtung zur Vertraulichkeit bereits besessen hat; oder*

10.2.3 *der Auftragnehmer zu einem späteren Zeitpunkt rechtmäßig von einem Dritten ohne Verpflichtung zur Vertraulichkeit erhalten hat.*

Im Zweifel sind sämtliche Informationen des Auftragsgebers als vertrauliche Informationen zu behandeln und eine Klärung der Vertraulichkeit durch den Auftraggeber herbeizuführen.

10.3 *Die Verpflichtung zur Vertraulichkeit besteht nicht, soweit die Information durch den Auftraggeber schriftlich als nicht vertraulich freigegeben wurde.*

10.4 *Die Verpflichtung zur Vertraulichkeit besteht ferner nicht, soweit eine Pflicht zur Offenbarung der vertraulichen Informationen aufgrund zwingender gesetzlicher Regelung oder behördlicher oder gerichtlicher Anordnung besteht. In diesem Fall wird der Auftragnehmer den Auftraggeber im Rahmen des tatsächlich Möglichen und gesetzlich Zulässigen unverzüglich über die Verpflichtung zur Offenbarung*

---

9 Zu den Erläuterungen siehe Rz. 3.62.
10 Zu den Erläuterungen siehe Rz. 3.64.

informieren. Er wird sämtliche zumutbaren Schritte ergreifen, um eine Offenbarung der vertraulichen Informationen abzuwenden; in jedem Fall ist die Offenbarung auf das erforderliche Mindestmaß zu beschränken.

10.5 *Als Dritte im Sinne der Ziffer 10.1 gelten nicht gesetzliche Vertreter und Mitarbeiter des Auftragnehmers, die vertrauliche Informationen im Zusammenhang mit der Durchführung dieses Vertrags zwingend benötigen und einer angemessenen Vertraulichkeitsverpflichtung unterliegen. Als Dritte gelten ebenfalls nicht Berater des Auftragnehmers, die in ihrer Tätigkeit einer Berufsverschwiegenheitspflicht unterliegen (z.B. Anwälte, Steuerberater und Wirtschaftsprüfer).*

10.6 *Die Vertraulichkeitsverpflichtung nach dieser Ziffer 10 gilt auch nach Beendigung dieses Vertrags fort.*

11. Unterauftragnehmer[11]

Der Auftragnehmer wird sich zur Erfüllung seiner Tätigkeit Unterauftragnehmern nur nach vorheriger schriftlicher Zustimmung des Auftraggebers bedienen.

12. Abtretung, Zurückbehaltungsrechte[12]

12.1 *Der Auftragnehmer ist zur Abtretung von Ansprüchen aus oder im Zusammenhang mit diesem Vertrag nur mit vorheriger schriftlicher Zustimmung des Auftraggebers berechtigt. § 354a HGB bleibt von dieser Regelung unberührt.*

12.2 *Der Auftragnehmer ist gegenüber dem Auftraggeber nur zur Aufrechnung bzw. zur Ausübung von Zurückbehaltungsrechten berechtigt, wenn der betreffende Gegenanspruch unbestritten oder rechtskräftig festgestellt ist. Abweichend hiervon sind Zurückbehaltungsrechte des Auftragnehmers gegenüber Ansprüchen des Auftraggebers gemäß Ziffer 5 ausgeschlossen.*

13. Schlussbestimmungen

13.1 *Dieser Vertrag beinhaltet die vollständigen Vereinbarungen der Parteien in Bezug auf den Vertragsgegenstand. Nebenabreden bestehen nicht.*

13.2 *Änderungen, Ergänzungen oder eine Aufhebung dieses Vertrags bedürfen – soweit hierin nichts anderes bestimmt ist – zu ihrer Rechtswirksamkeit der Schriftform. Dies gilt auch für eine Aufhebung des Schriftformerfordernisses selbst.*

13.3 *Sollten einzelne Bestimmungen dieses Vertrags ganz oder teilweise unwirksam sein oder werden, wird hierdurch die Wirksamkeit des Vertrags im Übrigen nicht berührt. Die Parteien werden die unwirksame Bestimmung durch eine dieser nach Sinn und Zweck möglichst nahekommende wirksame Bestimmung ersetzen. Die vorstehende Regelung gilt im Falle unbeabsichtigter Vertragslücken entsprechend.*

13.4 *Dieser Vertrag unterliegt materiellem deutschen Recht unter Ausschluss der Kollisionsregeln des internationalen Privatrechts. Zur Klarstellung: Das Übereinkommen der Vereinten Nationen über Verträge über den internationalen Warenkauf gilt nicht.*

13.5 *Alleiniger Gerichtsstand für alle Streitigkeiten aus und im Zusammenhang mit diesem Vertrag ist …, Deutschland, soweit kein abweichender ausschließlicher Gerichtsstand begründet ist.*

…
Ort, Datum
…
Auftraggeber

…
Ort, Datum
…
Auftragnehmer

---

11 Zu den Erläuterungen siehe Rz. 3.66.
12 Zu den Erläuterungen siehe Rz. 3.68 f.

II. Muster – englisch

M 3.2 Agreement on the designation of a representative in the EU

Agreement on the designation of a representative in the EU

between

…

(Principal)

and

…

(Agent)

*(each a **Party**, together the **Parties**)*

Preamble

Principal has the obligation to designate a representative in the European Union according to Art. 27 GDPR. Agent will accept this designation.

Considering this, the Parties agree as follows:

1. Designation

1.1 Principal hereby designates Agent, and Agent accepts such designation by Principal, as representative in the European Union in the meaning of Art. 27 and Art. 4 No. 17 GDPR for the term of this agreement.

1.2 Principal has the right to dismiss Agent from the office of representative at any time, which shall also terminate any related powers of attorney. Contractual remuneration claims of Agent against Principal shall remain unaffected by such dismissal. Agent is not allowed to resign from the office of representative for the term of this agreement. Any such dismissal and resignation must be in written form in order to be legally effective. The office of representative including any related powers of attorney shall end automatically with the termination of this agreement at the latest.

1.3 Agent as representative of Principal shall serve as contact point for data subjects, supervisory authorities and other third parties in all matters in connection with the processing of personal data by Principal.

1.4 During the term of this agreement, Agent has unrestricted power of attorney to represent Principal vis-à-vis third party in relation to its obligations under the GDPR. Agent will only make use of this power of attorney as provided for in this agreement.

2. Establishment of a contact point

2.1 Third parties may contact Agent as representative of Principal in the meaning of Art. 27 and Art. 4 No. 17 GDPR under:

… [first name] … [last name] or … [company name] [legal form]

… [street] [no.]

… [ZIP] [city]

… [country]

E-mail: … [e-mail address]

Agent will use the above e-mail address only for requests of third parties within the scope of its services under this agreement. Agent will permanently block the e-mail address for incoming e-mail upon termination of his services under this agreement.

2.2 Principal has the right to name Agent as its representative the meaning of Art. 27 and Art. 4 No. 17 GDPR vis-à-vis third parties and inform them of the above contact data, particularly (without limitation) where required to do so under Art. 13 and 14 GDPR.

2.3 Agent shall forward to Principal any correspondence received in connection with the processing activities of Principal electronically via e-mail at the latest on the following Business Day.

2.4 Agent shall reply on behalf of Principal to any correspondence received in connection with the processing activities of Principal solely in accordance with the instructions of Principal. Agent shall submit the reply to the respective third party at the latest on the Business Day following the instruction.

2.5 During the term of this agreement, Agent shall store for Principal the originals of any correspondence received via postal mail and copies of all correspondence submitted. The return of such originals/copies is subject to clause 5.

2.6 "Business Days" in the meaning of this agreement shall be calendar days with the exception of Saturdays, Sunday and public holidays at the seat of Agent.

3. Records of processing activities

3.1 Agent shall maintain records of processing activities of Principal in the meaning of Art. 30 Para. 1 and/or 2 GDPR.

3.2 Principal shall provide Agent with such records of processing activities initially upon commencement of this agreement and immediately upon any subsequent amendments.

3.3 Agent has the right to provide the records of processing activities to the supervisory authority upon its request, where required to do so under Art. 30 Para. 4 GDPR. Agent will – to the extent legally permitted and practically possible – inform Principal of and consult with it in relation to answering any such request immediately.

4. Co-operation with supervisory authority

4.1 Agent shall cooperate, on request, with the supervisory authority in the performance of its tasks, where required to do so under Art. 31 GDPR.

4.2 In particular (without limitation), Agent will provide the supervisory authority, on its order in accordance with Art. 58 Para. 1 a) GDPR, with any information it requires for the performance of its tasks.

4.3 Agent will – to the extent legally permitted and practically possible – inform Principal of and consult with it in relation to answering any such request immediately.

5. Return obligations

5.1 Upon request of Principal, at the latest, however, upon termination of this agreement, Agent shall hand over to Principal any items that it has created or received in the provision of its services.

5.2 Agent is particularly (without limitation) required to return any correspondence in the meaning of clause 2.5 as well as any other data/information – irrespective of the form, format and type – that it has created or received in the provision of its services. Following written confirmation of Principal of the receipt of the data/information, Agent will destroy/erase any copies, unless it is required to further retain such data/information by applicable law.

6. Remuneration, expenses

6.1 In consideration of its services hereunder, Agent shall receive a remuneration of EUR … per calendar month plus VAT.

6.2 Should Agent commence or end its services in the course of a calendar month, it shall receive a pro-rated portion of the remuneration for such calendar month.

6.3 The monthly remuneration shall be due at the end of the respective calendar month and is to be paid within 30 days after receipt of a due invoice.

6.4 *All payments shall be made cashless by bank transfer to the following bank account of Agent: …*

6.5 *All services of Agent shall be fully compensated with the payment of the remuneration in accordance with clause 6.1. Expenses shall only be reimbursed separately in exceptional cases upon separate written agreement between the Parties.*

7. Term, termination

7.1 *This agreement commences with its signature and shall have an indefinite term.*

7.2 *It can be terminated by either Party ordinarily with a notice period of [three months to the end of a calendar month].*

7.3 *There shall not be a termination right in accordance with Sec. 627 Para. 1 of the German Civil Code (BGB) (if applicable). Either Party's right to terminate this agreement extraordinarily for an important reason shall remain unaffected.*

7.4 *Any notice of termination must be in written form in order to be legally effective.*

7.5 *In case of a notice of termination, as the case may be also following the termination of this agreement, Agent shall, on request, if and to the extent required and reasonable, support Principal with the due transition of Agent's responsibilities/services to a subsequent provider and/or Principal.*

7.6 *A termination of this agreement shall not affect such provisions of this agreement that shall – explicitly or due to their spirit and purpose – apply also following a termination of this agreement. This shall apply particularly (without limitation) to this clause 7.6 as well as to clauses 2.1 sentence 3, 7.5 and 8 to 13.*

8. Liability for damages, indemnification

8.1 *Either Party shall be liable to the other for damages in accordance with statutory law, unless agreed otherwise herein.*

8.2 *The Parties agree that, by designation as representative, Agent shall not assume the obligations of Principal as controller or processor under the GDPR, but that it shall personally only be liable for the obligations under Art. 30, 31 and Art. 58 Para. 1 a) GDPR.*

8.3 *Subject to the performance of Agent's obligations under clause 8.5 and the limitations under clause 8.6, Principal shall – without any requirement of negligence on the part of Principal, to the full extent and permanently – indemnify and hold harmless Agent from any claims of third parties in connection with the breach of the obligations of Principal as controller and/or processor under the GDPR and compensate Agent for any costs, damages and expenses (including (without limitation) reasonable legal expenses) resulting from such third party claims or the assertion of such claims.*

8.4 *Likewise, subject to the performance of Principal's obligations under clause 8.5 and the limitations under clause 8.6, Agent shall – without any requirement of negligence on the part of Agent, to the full extent and permanently – indemnify and hold harmless Principal from any claims of third parties in connection with the breach of the obligations of Agent as representative under Art. 30, 31 and Art. 58 Para. 1 a) GDPR and compensate Principal for any costs, damages and expenses (including (without limitation) reasonable legal expenses) resulting from such third party claims or the assertion of such claims.*

8.5 *Should third parties assert claims in the meaning of clauses 8.3 or 8.4, the Parties shall inform each other immediately. The Party held responsible shall not acknowledge or settle the claim without written prior consent of the Party obligated indemnify or compensate it in accordance with clauses 8.3 or 8.4. The Party held responsible shall allow the other Party to effectively lead the defense against the claim.*

8.6 *Sec. 254 BGB shall apply accordingly to the indemnification/compensation claims under clauses 8.3 and 8.4.*

9. Information and audit rights

9.1 *Agent shall, on request, provide Principal with all information required to prove its compliance with its obligations under this agreement.*

9.2 *Principal has the right to audit Agent's compliance with its obligations under this agreement. It can conduct audits itself or via a mandated third party. Agent shall contribute to and support such audits to the extent required.*

10. Confidentiality

10.1 *Agent shall treat all confidential information of Principal – in particular (without limitation) trade secrets in the meaning of Sec. 2 No. 1 of the German Act on the Protection of Trade Secrets (GeschGehG/ Geschäftsgeheimnis-Schutzgesetz) – it received in connection with this agreement confidential. Particularly (without limitation) Agent shall not disclose such information to third parties or use it for any purpose other than the performance of its obligations or assertion of its claims under this agreement. Agent shall maintain reasonable measures to ensure the confidentiality of the confidential information, at least, however, reasonable confidentiality measures in the meaning of Sec. 2 No. 1 b) GeschGehG.*

10.2 *No confidential information is information that:*

10.2.1 *is accessible or known to the public at the time it is provided to Agent or becomes accessible or known to the public later without any acts or omissions of Agent;*

10.2.2 *is already in the possession of Agent without any obligation to keep it confidential at the time it is provided to Agent; or*

10.2.3 *is provided to Agent later by a third party without any obligation to keep it confidential.*

In cases of doubt, Agent will treat all information of Principal as confidential information and seek confirmation of Principal whether the information is of confidential nature or not.

10.3 *The confidentiality obligations shall not apply to the extent Principal has confirmed in writing that the information is not confidential.*

10.4 *The confidentiality obligations shall also not apply to the extent confidential information must be disclosed by Agent due to statutory law or administrative or court orders. Agent shall immediately inform Principal of the obligation to disclose, if and to the extent legally permitted and practically possible. Agent shall take all reasonable measures to prevent the disclosure of the confidential information. In any case, Agent shall limit the disclosure to the required minimum.*

10.5 *Third parties in the meaning of clause 10.1 are not the legal representatives and staff of Agent that require access to the confidential information in connection with the performance of this agreement and that are bound by an adequate confidentiality information. Third parties are also not the consultants of Agent that are bound by a professional confidentiality obligation when performing their services (e.g. lawyers, tax advisors, accountants).*

10.6 *The confidentiality obligations under this clause 10 remain in full force and effect after the termination of this agreement.*

11. Subcontractors

Agent may only engage subcontractors in performance of its services under this agreement with prior written consent of Principal.

12. Assignment, retention rights

12.1 *Agent may only assign claims under or in connection with this agreement to third parties with prior written consent of Principal. Sec. 354a of the German Commercial Code (HGB) shall remain unaffected.*

12.2 *Agent may only assert set-off or retention rights against Principal if the counter claim is not disputed by Principal or recognized by final decision of a competent court. This shall not apply and retention rights shall be excluded entirely in relation to claims of Principal under clause 5.*

13. Final provisions

13.1 This agreement includes the entire understanding of the Parties in relation to the subject matter hereof. There are no side agreements.

13.2 Amendments, supplements and a termination of this agreement must be in written form in order to be legally effective, unless agreed otherwise herein. This also applies to a waiver of the written form requirement.

13.3 Should individual provisions of this agreement be or become invalid on full or in part, the remainder of this agreement shall remain valid. The Parties shall replace the invalid provision by a valid provision that comes as close as possible to the spirit and purpose of the invalid provision. This applies accordingly to an unintended omission in this agreement

13.4 This agreement is subject to substantive German law with the exclusion of the collision rules of German international private law. For the avoidance of doubt: The United Nations Convention on Contracts for the International Sale of Goods shall not apply.

13.5 Exclusive place of jurisdiction for all disputes in connection with this agreement is …, Germany, to the extent no exclusive statutory place of jurisdiction applies.

…	…
Place, date	*Place, date*
…	…
Principal	*Agent*

III. Erläuterungen

1. Vorbemerkung

Das Muster adressiert ausschließlich den Fall, dass der Auftragnehmer lediglich gelegentliche Anfragen in Bezug auf die Verarbeitungstätigkeiten des Auftraggebers empfängt und bearbeiten muss. Ist dagegen mit einer Abarbeitung massenhafter Anfragen zu rechnen, werden weitergehende Regelungen erforderlich oder jedenfalls zweckmäßig sein; Einzelheiten finden sich in der Kommentierung der einzelnen Klauseln. Das Muster beabsichtigt weder besonders auftraggeber- noch auftragnehmerfreundlich zu sein, sondern versucht vielmehr, die beiderseitigen Interessen der Parteien angemessen in Ausgleich zu bringen. Zivilrechtlich ist der Vertrag als entgeltlicher Geschäftsbesorgungsdienstvertrag i.S.v. §§ 675, 611 BGB einzuordnen. **3.3**

2. Bestellung, Funktion und Vertretungsbefugnisse (Ziff. 1)

M 3.1.1 Bestellung, Funktion und Vertretungsbefugnisse 3.4

1. Benennung und Funktion

1.1 Der Auftraggeber benennt den dies annehmenden Auftragnehmer hiermit für die Dauer des Vertrags als Vertreter in der Europäischen Union im Sinne von Art. 27 und Art. 4 Nr. 17 DSGVO.

1.2 Der Auftraggeber ist jederzeit zum Widerruf der Benennung des Auftragnehmers als Vertreter einschließlich der damit verbundenen Vertretungsbefugnis berechtigt. Vertragliche Vergütungsansprüche des Auftragnehmers bleiben von dem Widerruf unberührt. Eine Niederlegung der Benennung seitens des Auftragnehmers ist während der Laufzeit dieses Vertrags ausgeschlossen. Jeder Widerruf und jede Niederlegung bedürfen zu ihrer Rechtswirksamkeit der Schriftform. Spätestens mit der Beendigung des Vertrags endet die Benennung des Auftragnehmers.

1.3 Der Auftragnehmer steht in seiner Funktion als Vertreter den betroffenen Personen, Datenschutzbehörden und sonstigen Dritten als Anlaufstelle für sämtlichen Fragen im Zusammenhang mit der Verarbeitung personenbezogener Daten durch den Auftraggeber zur Verfügung.

1.4 Der Auftragnehmer ist in Bezug auf die dem Auftraggeber nach der DSGVO obliegenden Pflichten für die Dauer des Vertrags umfassend zu dessen Vertretung gegenüber Dritten befugt. Der Auftragnehmer wird von dieser Vertretungsbefugnis nur entsprechend diesem Vertrag Gebrauch machen.

a) Benennung als Unionsvertreter, Widerruf (Ziff. 1.2)

3.5 Ziff. 1.1 des Musters beinhaltet die Benennung des Unionsvertreters i.S.v. Art. 27 Abs. 1 und Art. 4 Nr. 17 DSGVO. Ziff. 1.2 trifft Regelungen zum Widerruf und zur Niederlegung der Benennung.

Zwischen der aufgrund der Benennung als Unionsvertreter begründeten Rechtsstellung – und insbesondere dem daraus resultierenden gesetzlichen Aufgaben-/Pflichtenkreis und den Vertretungsbefugnissen – einerseits und dem dieser Benennung zugrunde liegenden Vertragsverhältnis zwischen Verantwortlichem bzw. Auftragsverarbeiter und Unionsvertreter andererseits ist strikt zu trennen. Dies wirkt sich insbesondere im Zusammenhang mit dem Widerruf und der Niederlegung der Benennung und der Vertragsbeendigung aus (s. nachfolgend unter dd), Rz. 3.16 ff.).

aa) Pflicht zur Benennung eines Vertreters in der Europäischen Union

3.6 Art. 27 Abs. 1 DSGVO verpflichtet im Grundsatz nicht in der EU niedergelassene Verantwortliche und Auftragsverarbeiter zur Benennung eines Vertreters in der EU, wenn sie gem. Art. 3 Abs. 2 DSGVO in den territorialen Anwendungsbereich der Verordnung fallen. Dies ist der Fall, soweit durch den Verantwortlichen oder den Auftragsverarbeiter personenbezogene Daten in der EU befindlicher betroffener Personen verarbeitet werden und dies im Zusammenhang steht mit:

– dem (entgeltlichen oder unentgeltlichen) Angebot von Waren oder Dienstleistungen an oder

– der Beobachtung des Verhaltens von

in der EU befindliche/n betroffene/n Personen. Dagegen kommt es etwa auf die Nationalität der betroffenen Personen, deren registrierten Wohnsitz oder den Ort der Datenverarbeitung nicht an[13].

3.7 Liegen die Voraussetzungen der Art. 27 Abs. 1 i.V.m. Art. 3 Abs. 2 DSGVO im Hinblick auf mehrere Verarbeitungstätigkeiten des Verantwortlichen oder Auftragsverarbeiters vor (und besteht keine Ausnahme von der Benennungspflicht gem. Art. 27 Abs. 2 DSGVO, s. Rz. 3.8), muss der Verantwortliche bzw. Auftragsverarbeiter keine unterschiedlichen Vertreter für jede einzelne Verarbeitungstätigkeit benennen, ein Vertreter genügt[14]. Teils wird es in der Literatur[15] aufgrund des Wortlauts des Art. 27 Abs. 1 DSGVO (*„benennt der Verantwortliche **oder** der Auftragsverarbeiter"*) als unklar angesehen, ob die Benennung durch den Verantwortlichen **und** den Auftragsverarbeiter erforderlich ist oder eine Benennung durch einen der beiden genügt. Allerdings vertritt der Vertreter den Verantwortlichen bzw. den Auftragsverarbeiter gem. Art. 4 Nr. 17 DSGVO nur *„in Bezug auf die ihnen **jeweils** nach dieser Verordnung obliegenden Pflichten"*. D.h. der Vertreter des Auftragsverarbeiters vertritt zwar diesen in seinem Pflichtenkreis nach der DSGVO, nicht aber zugleich den Verantwortlichen in Bezug auf dessen (weitergehende) Pflichten. Ebenso vertritt der Vertreter des Verantwortlichen nur diesen, nicht aber den Auftragsverarbeiter in Bezug auf dessen Pflichten nach der DSGVO. Folglich kann auch der nur für den Auftragsverarbeiter benannte Vertreter für betroffene Personen nicht als Ansprechpartner des

---

13 *Plath* in Plath, Art. 3 DSGVO Rz. 13 und 15.

14 *European Data Protection Board*, Guidelines 3/2018 on the territorial scope of the GDPR (Article 3), Version 2.1, v. 12.9.2019, S. 24, https://edpb.europa.eu/sites/edpb/files/files/file1/edpb_guidelines_3_2018_territorial_scope_after_public_consultation_en_1.pdf, abgerufen am 30.11.2020.

15 *Plath* in Plath, Art. 27 DSGVO Rz. 3.

Verantwortlichen „vor Ort" in der EU dienen und umgekehrt. Der Schutzzweck des Art. 27 DSGVO lässt sich daher nur verwirklichen, wenn die darin geregelte Benennungspflicht sowohl den Verantwortlichen als auch den Auftragsverarbeiter trifft. Das Wort „*oder*" im Eingangssatz des Art. 27 Abs. 1 DSGVO ist daher nicht im Sinne eines Wahlrechts zwischen der Benennung des Vertreters durch entweder nur den Verantwortlichen oder nur den Auftragsverarbeiter zu verstehen[16].

Eine Ausnahme von der grundsätzlichen Pflicht zur Benennung eines Vertreters in der EU besteht **3.8** gem. Art. 27 Abs. 2 lit. a DSGVO[17] dann, wenn die Verarbeitung:

– nur gelegentlich erfolgt,

– keine umfangreiche Verarbeitung sensibler Daten (Art. 9 Abs. 1 DSGVO) oder personenbezogener Daten über strafrechtliche Verurteilungen oder Straftaten (Art. 10 DSGVO) einschließt und

– unter Berücksichtigung der Art, der Umstände, des Umfangs und der Zwecke der Verarbeitung voraussichtlich nicht zu einem Risiko für die Rechte und Freiheiten betroffener Personen führt.

Diese Voraussetzungen müssen kumulativ vorliegen[18]. Nach der Auffassung des Europäischen Datenschutzausschusses kann eine Verarbeitungstätigkeit nur dann als „gelegentlich" angesehen werden, wenn sie nicht regelmäßig und außerhalb der normalen Geschäftstätigkeit erfolgt[19]. Ob eine „umfangreiche" Verarbeitung sensibler bzw. strafrechtlicher Daten vorliegt, sei unter Berücksichtigung der Anzahl der betroffenen Personen, der Arten und des Volumens der verarbeiteten Daten sowie der Dauer und geografischen Reichweite der Verarbeitungstätigkeit zu bestimmen[20]. Im Rahmen der Beurteilung, ob die Verarbeitung „zu einem Risiko für die Rechte und Freiheiten betroffener Personen führt", sei die Eintrittswahrscheinlichkeit und die Schwere des etwaigen Risikos zu berücksichtigen[21]. D.h. ausgenommen von der Benennungspflicht werden allenfalls völlig risikolose Einzelfälle. Dagegen fällt beispielsweise ein außerhalb der EU ansässiger Versandhändler, der Waren über das Internet an Abnehmer innerhalb der EU vertreibt, regelmäßig ohne weiteres in die Benennungspflicht.

Art. 27 Abs. 2 lit. b DSGVO nimmt zudem Behörden und öffentliche Stellen von der Benennungspflicht aus[22]. Der Anwendungsbereich dieser Ausnahme dürfte allerdings begrenzt sein, weil Nicht-EU-Behörden in der Praxis nur selten gem. Art. 3 Abs. 2 DSGVO in den territorialen Anwendungsbereich der Verordnung fallen dürften[23].

Verletzt der Verantwortliche bzw. Auftragsverarbeiter seine Pflicht zur Benennung eines Vertreters in **3.9** der EU, so kann dies gem. Art. 83 Abs. 4 lit. a DSGVO mit einer Geldbuße von bis zu EUR 10 Mio. oder im Falle eines Unternehmens von 2 % des weltweiten Jahresumsatzes (maßgeblich ist der höhere Betrag) geahndet werden.

---

16 Im Ergebnis auch *Martini* in Paal/Pauly, Art. 27 DSGVO Rz. 16.
17 S. hierzu im Einzelnen etwa *Martini* in Paal/Pauly, Art. 27 DSGVO Rz. 28 ff.
18 *Martini* in Paal/Pauly, Art. 27 DSGVO Rz. 32; *Plath* in Plath, Art. 27 DSGVO Rz. 4.
19 *European Data Protection Board*, Guidelines 3/2018 on the territorial scope of the GDPR (Article 3), Version 2.1, v. 12.9.2019, S. 25, abrufbar unter: https://edpb.europa.eu/sites/edpb/files/files/file1/edpb_guidelines_3_2018_territorial_scope_after_public_consultation_en_1.pdf.
20 *European Data Protection Board*, Guidelines 3/2018 on the territorial scope of the GDPR (Article 3), Version 2.1, v. 12.9.2019, S. 25 f., abrufbar unter: https://edpb.europa.eu/sites/edpb/files/files/file1/edpb_guidelines_3_2018_territorial_scope_after_public_consultation_en_1.pdf.
21 *European Data Protection Board*, Guidelines 3/2018 on the territorial scope of the GDPR (Article 3), Version 2.1, v. 12.9.2019, S. 26, abrufbar unter: https://edpb.europa.eu/sites/edpb/files/files/file1/edpb_guidelines_3_2018_territorial_scope_after_public_consultation_en_1.pdf.
22 S. hierzu im Detail etwa *Martini* in Paal/Pauly, Art. 27 DSGVO Rz. 44 ff.
23 *European Data Protection Board*, Guidelines 3/2018 on the territorial scope of the GDPR (Article 3), Version 2.1, v. 12.9.2019, S. 26, abrufbar unter: https://edpb.europa.eu/sites/edpb/files/files/file1/edpb_guidelines_3_2018_territorial_scope_after_public_consultation_en_1.pdf.

bb) Anforderungen an die Person des Vertreters

3.10 Als Unionsvertreter des Verantwortlichen oder des Auftragsverarbeiters kommen gem. Art. 4 Nr. 17 sowohl natürliche als auch juristische Personen in Betracht[24]. Der Vertreter muss gem. Art. 27 Abs. 1 DSGVO in **einem** der Mitgliedstaaten niedergelassen sein, in denen sich die betroffenen Personen befinden[25]. Auf den Ort der Datenverarbeitung kommt es dagegen selbst dann nicht an, wenn die Datenverarbeitung durch einen Auftragsverarbeiter in einem Mitgliedstaat erfolgt[26]. Bei mehreren in Betracht kommenden Mitgliedstaaten besteht ein Wahlrecht; d.h. es muss nicht in jedem Mitglied-staat ein Unionsvertreter bestellt werden[27]. Andererseits genügt die Bestellung eines Vertreters nicht, wenn sich in dem Mitgliedstaat seiner Niederlassung keine in den Anwendungsbereich der DSGVO fal-lenden betroffenen Personen befinden, Art. 27 Abs. 3 DSGVO[28]. Der Europäische Datenschutzaus-schuss schlägt als **Good Practice** vor, dass unter den für die Niederlassung des Vertreters in Betracht kommenden Mitgliedstaaten derjenige gewählt werden sollte, in welchem sich der größte Teil der be-troffenen Personen befindet[29]. Dies erscheint in vielen Fällen zweckmäßig, ist aber gesetzlich nicht zwingend. Darüberhinausgehend stellt die DSGVO keine ausdrücklichen, weitergehenden Anfor-derungen an die Person des Vertreters, etwa vergleichbar mit den Vorgaben für die Qualifikation eines Datenschutzbeauftragten gem. Art. 37 Abs. 5 DSGVO[30]. Da der Vertreter allerdings im datenschutz-rechtlichen Pflichtenkreis des Verantwortlichen bzw. Auftragsverarbeiters tätig wird und sich diese durch die Benennung auch nicht enthaften können (s. Art. 27 Abs. 5 DSGVO), sind diese mit der mög-lichst sorgfältigen Auswahl ihres Vertreters gut beraten[31].

3.11 Der Europäische Datenschutzausschuss[32] hält ein breites „Spektrum kommerzieller und nichtkom-merzieller Einrichtungen wie Anwaltskanzleien, Beratungsfirmen, Privatunternehmen usw." für die Position des Vertreters nach Art. 27 Abs. 1 DSGVO geeignet. Nach der zutreffenden Ansicht des Euro-päischen Datenschutzausschusses kann ein Vertreter dabei nebeneinander für mehrere Nicht-EU-Ver-antwortliche bzw. -Auftragsverarbeiter benannt werden. Grundsätzlich unvereinbar aufgrund von In-teressenkonflikten hält er die Position des Vertreters mit derjenigen eines Auftragsverarbeiters sowie der des externen Datenschutzbeauftragten[33]. Dies überzeugt nicht. Es ist nicht ersichtlich, warum ein Vertreter nicht in der Lage sein sollte, seine Position neben einer Funktion als Auftragsverarbeiter oder als externer Datenschutzbeauftragter ausüben zu können. Konkrete Interessenkollisionen benennt der Europäische Datenschutzausschuss nicht.

---

24 *Martini* in Paal/Pauly, Art. 27 DSGVO Rz. 25; *Plath* in Plath, Art. 27 DSGVO Rz. 3; *Uecker*, ZD 2019, 67 (71); *European Data Protection Board*, Guidelines 3/2018 on the territorial scope of the GDPR (Arti-cle 3), Version 2.1, v. 12.9.2019, S. 24, abrufbar unter: https://edpb.europa.eu/sites/edpb/files/files/file1/edpb_guidelines_3_2018_territorial_scope_after_public_consultation_en_1.pdf.

25 *Piltz* in Gola, Art. 27 DSGVO Rz. 17; *Martini* in Paal/Pauly, Art. 27 DSGVO Rz. 47; *Plath* in Plath, Art. 27 DSGVO Rz. 6.

26 *European Data Protection Board*, Guidelines 3/2018 on the territorial scope of the GDPR (Article 3), Version 2.1, v. 12.9.2019, S. 26, abrufbar unter: https://edpb.europa.eu/sites/edpb/files/files/file1/edpb_guidelines_3_2018_territorial_scope_after_public_consultation_en_1.pdf.

27 *Piltz* in Gola, Art. 27 DSGVO Rz. 18; *Martini* in Paal/Pauly, Art. 27 DSGVO Rz. 47; *Plath* in Plath, Art. 27 DSGVO Rz. 6.

28 *Plath* in Plath, Art. 27 DSGVO Rz. 6.

29 *European Data Protection Board*, Guidelines 3/2018 on the territorial scope of the GDPR (Article 3), Version 2.1, v. 12.9.2019, S. 26, abrufbar unter: https://edpb.europa.eu/sites/edpb/files/files/file1/edpb_guidelines_3_2018_territorial_scope_after_public_consultation_en_1.pdf.

30 *Uecker*, ZD 2019, 67 (71).

31 Ähnlich *Martini* in Paal/Pauly, Art. 27 DSGVO Rz. 25.

32 *European Data Protection Board*, Guidelines 3/2018 on the territorial scope of the GDPR (Article 3), Version 2.1, v. 12.9.2019, S. 24, abrufbar unter: https://edpb.europa.eu/sites/edpb/files/files/file1/edpb_guidelines_3_2018_territorial_scope_after_public_consultation_en_1.pdf.

33 *European Data Protection Board*, Guidelines 3/2018 on the territorial scope of the GDPR (Article 3), Version 2.1, v. 12.9.2019, S. 24, abrufbar unter: https://edpb.europa.eu/sites/edpb/files/files/file1/edpb_guidelines_3_2018_territorial_scope_after_public_consultation_en_1.pdf.

Nach Auffassung des Europäischen Datenschutzausschusses[34] müsse der Vertreter zudem effektiv mit   3.11a
den betroffenen Personen und zuständigen Datenschutzbehörden kommunizieren können. Insoweit
solle die Kommunikation grundsätzlich in der Landessprache aller betroffenen Personen und Behörden erfolgen. Sollte dies einen unangemessenen Aufwand bedeuten, habe der Vertreter die Effektivität
durch andere Mittel und Techniken zu gewährleisten, wobei diese nicht näher spezifiziert werden. Die
DSGVO fordert indes nicht ausdrücklich, dass der Vertreter zur Kommunikation in der jeweiligen
Amts- bzw. Landessprache der Aufsichtsbehörden oder betroffenen Personen in der Lage sein müsste.
Die DSGVO verpflichtet gerade nicht zur Benennung eines Vertreters in jedem einzelnen relevanten
Mitgliedstaat, so dass sie derartige Sprachkenntnisse auch nicht als allgemeines Erfordernis stillschwei-
gend voraussetzen dürfte[35]. Das Erfordernis weitergehender Sprachkenntnisse kann sich abhängig von
den dem Unionsvertreter übertragenen Aufgaben allerdings mittelbar aus anderen Verpflichtungen des
Verantwortlichen bzw. Auftragsverarbeiters ergeben. So verpflichtet etwa Art. 12 DSGVO den Verantwortlichen, geeignete Maßnahmen zu treffen, um betroffenen Personen u.a. Mitteilungen im Zusammenhang mit Betroffenenrechten *in verständlicher […] Form* zu übermitteln. Ferner verpflichtet
Art. 31 DSGVO den Verantwortlichen und den Auftragsverarbeiter auf Anfrage zur Zusammenarbeit
mit den Datenschutzaufsichtsbehörden zur Erfüllung von deren Aufgaben. Die Art. 29-Datenschutz-
gruppe leitet hieraus etwa für den gemeinsamen Datenschutzbeauftragten einer Unternehmensgruppe
ab, dass dieser, ggf. mit seinem Team, zur Kommunikation mit den betroffenen Personen und Behörden in der jeweiligen Amtssprache in der Lage sein müsse[36]. Nimmt man ein entsprechendes Erfordernis für den Verantwortlichen und den Auftragsverarbeiter an und dient der Unionsvertreter nicht nur,
wie im vorliegenden Muster, als „Poststelle" des Verantwortlichen bzw. Auftragsverarbeiters, sondern
übernimmt er darüber hinaus die inhaltliche Beantwortung von Anfragen in dessen Namen, wird auch
er die für seinen Auftraggeber geltenden Sprachkenntnisse erfüllen müssen.

cc) Anforderungen an die Benennung

Nach dem Wortlaut des Art. 27 Abs. 1 DSGVO *„benennt der Verantwortliche oder der Auftragsverarbei-*   3.12
ter schriftlich einen Vertreter in der Union". Die Benennung ist, anders als dieser Wortlaut es nahelegt,
kein einseitiger Rechtsakt des Verantwortlichen bzw. des Auftragsverarbeiters. Sie bedarf zu ihrer Wirksamkeit der Annahme durch den Unionsvertreter. Die Benennung begründet eigene, teils bußgeldbewehrte Verpflichtungen des Vertreters (s. nur Art. 59 Abs. 1 lit. a, Art. 83 Abs. 5 lit. e DSGVO), die
diesem nicht einseitig aufgezwungen werden können. Die Schriftform dürfte daher sowohl für die Benennung seitens des Verantwortlichen bzw. Auftragsverarbeiters sowie für die Annahme durch den
Unionsvertreter gelten.

Welche konkreten Anforderungen sich an die geforderte Schriftlichkeit der Benennung des Unionsver-   3.13
treters i.S.v. Art. 27 Abs. 1 DSGVO stellen, lässt sich aufgrund der Verordnung selbst leider nicht zweifelsfrei beantworten. Insbesondere stellt sich die Frage, ob sie den Austausch von Originalunterschriften erfordert, ob ein telekommunikativer bzw. elektronischer Austausch von Unterschriften ausreicht
oder ob sogar der Austausch dauerhaft verkörperter Erklärungen ohne Unterschrift[37] genügt. Zwar
spricht der Wortlaut der Verordnung für das Erfordernis eines Austauschs von Originalunterschriften
für die wirksame Benennung des Unionsvertreters. Anders als insbesondere für den Auftragsverarbeitungsvertrag fehlt nämlich die ausdrückliche Klarstellung, dass die schriftliche Abfassung *„auch in*
einem elektronischen Format erfolgen" könne (vgl. Art. 28 Abs. 9 DSGVO)[38]. Nach Sinn und Zweck der

---

34 *European Data Protection Board*, Guidelines 3/2018 on the territorial scope of the GDPR (Article 3),
    Version 2.1, v. 12.9.2019, S. 27 f., abrufbar unter: https://edpb.europa.eu/sites/edpb/files/file1/
    edpb_guidelines_3_2018_territorial_scope_after_public_consultation_en_1.pdf.
35 *Martini* in Paal/Pauly, Art. 27 DSGVO Rz. 51.
36 *Art. 29 Working Party*, WP243, Guidelines on Data Protection Officers (‚DPOs'), http://ec.europa.eu/
    newsroom/document.cfm?doc_id=44100, abgerufen am 30.11.2020.
37 So wohl *Piltz* in Gola, Art. 27 DSGVO Rz. 15.
38 *Martini* in Paal/Pauly, Art. 27 DSGVO Rz. 17 f.

Regelung ist für die Benennung des EU-Vertreters allerdings kaum ein stärkeres Formerfordernis als bei Einschaltung eines Auftragsverarbeiters zu rechtfertigen.

Selbst wenn aber die Benennung *„auch in einem elektronischen Format erfolgen"* darf, ist die Frage nach den konkreten Anforderungen an die Schriftlichkeit nicht klar beantwortet. So wird beispielsweise für die Auftragsverarbeitung teils eine qualifizierte elektronische Signatur bzw. vergleichbare „sichere" elektronische Form gefordert[39]; teils wird vertreten, dass ein Online-Abschluss oder eine E-Mail genügt[40]. Gegen das Erfordernis einer qualifizierten elektronischen Signatur spricht, dass diese dem Europarecht begrifflich durchaus bekannt ist (s. nur die eIDAS-Verordnung[41]). Hätte der Verordnungsgeber eine solche Signatur im Sinn gehabt, würde die DSGVO sie ausdrücklich fordern. Die Diskussion ist allerdings in der Literatur aktuell im Fluss und auf längere Sicht kann weitergehende Sicherheit allenfalls eine gefestigte Aufsichtspraxis bzw. eine Klärung durch die Rechtsprechung bringen. Eine Benennung durch beiderseitige Unterschrift und Austausch der Originalunterschriften dürfte daher gegenwärtig zur Vermeidung von Risiken angezeigt und regelmäßig auch relativ unproblematisch durchführbar sein.

Jedenfalls kann nicht auf die deutsche Schriftformregelung des § 126 BGB abgestellt werden, weil Art. 27 Abs. 1 DSGVO als europäische Rechtsnorm autonom auszulegen ist[42].

3.14 Besondere inhaltliche Anforderungen an die schriftliche Benennung selbst, etwa vergleichbar mit den Mindestanforderungen an einen Auftragsverarbeitungsvertrag gem. Art. 28 Abs. 3 DSGVO, stellt die Verordnung nicht ausdrücklich. Allerdings bleiben die eigenen datenschutzrechtlichen Pflichten des Verantwortlichen bzw. Auftragsverarbeiters durch die Benennung des Vertreters unberührt (s. Art. 27 Abs. 4 DSGVO). Unzulänglichkeiten des in ihrem Pflichtenkreis tätigen Unionsvertreters sind ihnen im Außenverhältnis letztlich zuzurechnen. Daher wird aus haftungsrechtlicher Sicht die Konkretisierung der Rechte und Pflichten des Unionsvertreters in dem der Benennung zugrunde liegenden Vertragsverhältnis anzuraten sein.

3.15 Die Benennung muss nicht in einer gesonderten Urkunde erfolgen, eine Benennung innerhalb des zugrunde liegenden Vertrags, der etwa wie das vorliegende Muster auch wirtschaftliche Aspekte regelt, ist ohne weiteres zulässig. Ein Erfordernis einer gesonderten Benennungsurkunde lässt sich weder dem Wortlaut noch dem Sinn und Zweck des Art. 27 Abs. 1 DSGVO entnehmen. Soll allerdings das Risiko minimiert werden, dass etwa im Rahmen aufsichtlicher Prüfungen kommerzielle Abreden aufgedeckt werden müssen, kann sich eine Benennung in gesonderter Urkunde durchaus anbieten. Das Schriftformerfordernis der DSGVO bezieht sich jedenfalls nur auf die Benennung, nicht aber auf das ihr zugrunde liegende Vertragsverhältnis[43].

dd) Widerruf und Niederlegung der Benennung

3.16 Der Widerruf und die Niederlegung der Benennung als Unionsvertreter werden in der DSGVO nicht ausdrücklich geregelt; beide Rechtsakte sind einseitig jederzeit ohne besonderen Grund zulässig. Der Benennungsakt für sich gesehen schafft weder ein Recht noch eine Verpflichtung des Unionsvertreters, für eine bestimmte Laufzeit seine Position als Unionsvertreter zu bekleiden. Obgleich sich aus dem der Benennung zugrunde liegenden Vertrag etwas anderes ergeben kann, wäre ein (dann) pflichtwidriger Widerruf bzw. eine Niederlegung auch dann nicht unwirksam. Ein Widerruf bzw. eine Niederlegung entgegen den vertraglichen Vereinbarungen kann die andere Partei im Wesentlichen zur außerordentlichen Kündigung und zum Schadensersatz berechtigen. Eine bestimmte Form schreibt die DSGVO für

---

39 *Martini* in Paal/Pauly, Art. 27 DSGVO Rz. 19 und Art. 28 DSGVO Rz. 75; *Spoerr* in BeckOK DatenschutzR, Art. 28 DSGVO Rz. 103.

40 *Plath* in Plath, Art. 28 DSGVO Rz. 17.

41 Verordnung (EU) Nr. 910/2014 des Europäisches Parlaments und des Rates über elektronische Identifizierung und Vertrauensdienste für elektronische Transaktionen im Binnenmarkt vom 23.7.2014.

42 *Piltz* in Gola, Art. 27 DSGVO Rz. 15.

43 *Piltz* in Gola, Art. 27 DSGVO Rz. 13 f.

den Widerruf und die Niederlegung zwar nicht vor, allerdings dürfte es sicherheitshalber angezeigt sein, hierfür als *actus contrarius* zu der Benennung die für diese geltende Form einzuhalten. Anders als die Benennung bedürfen Widerruf und Niederlegung auch keiner Annahme, sondern genügt für deren Wirksamkeit der bloße Zugang.

Ziff. 1.2 lässt vor diesem Hintergrund den jederzeitigen Widerruf der Benennung durch den Auftrag-   3.17
geber zu. Hierdurch soll ein Widerruf insbesondere für den Fall ermöglicht werden, dass der Anlass hierfür keine außerordentliche Kündigung des Vertrags rechtfertigt. So kann etwa das Vertrauen des Auftraggebers in den Auftragnehmer erschüttert sein. Die Gründe dafür müssen aber nicht so schwer wiegen, dass der Vertrag fristlos beendet werden kann. Die Bestimmung stellt allerdings klar, dass der Widerruf die vertraglich geschuldete Vergütung des Auftragnehmers bis zur Vertragsbeendigung unberührt lässt. Ist eine außerordentliche Kündigung des Vertrags nicht möglich, ist dem Auftraggeber die Fortsetzung der Vergütungszahlungen bis zum nächstmöglichen Kündigungstermin zuzumuten.

Eine Amtsniederlegung vor Vertragsbeendigung wird dagegen ausgeschlossen. Eine jederzeitige Nie-   3.18
derlegungsmöglichkeit durch den Auftragnehmer liefe diametral den Interessen des Auftraggebers entgegen. Der Auftraggeber wird Kündigungsfristen so vereinbaren, dass bei Vertragsbeendigung eine geordnete Übergabe der Vertretertätigkeit auf einen Folgeauftragnehmer gewährleistet ist. Eine jederzeitige Niederlegungsmöglichkeit könnte die geordnete Übergabe vereiteln und den Auftraggeber gravierenden Haftungsrisiken aussetzen. Dagegen ist ein schutzwürdiges Interesse des Auftragnehmers an einer solchen jederzeitigen Niederlegungsmöglichkeit nicht erkennbar; insbesondere wird er bis zur Vertragsbeendigung für seine Tätigkeit entlohnt. Daher ist ihm eine Fortsetzung seiner Vertretertätigkeit bis zur Vertragsbeendigung zuzumuten.

Nach der hier vertretenen Auffassung ist zwischen der Vertreterbenennung selbst und dem ihr zugrun-   3.19
de liegenden Vertragsverhältnis zu unterscheiden (s. Rz. 3.5), so dass ein Widerruf oder eine Niederlegung der Benennung nicht ausschließlich zur Vertragsbeendigung führt. Zwar dürfte hierin meist zugleich konkludent eine Kündigungserklärung liegen (§ 133 BGB), allerdings sollte diese jedenfalls sicherheitshalber auch ausdrücklich erklärt werden. Ebenso führt die Vertragsbeendigung für sich gesehen nicht automatisch zur Beendigung der Vertreterbenennung. Vor diesem Hintergrund knüpft Ziff. 1.2 den Bestand der Vertreterposition an den Bestand des Vertrags.

b) Aufgaben-/Pflichtenkreis des Unionsvertreters (Ziff. 1.3)

Der Unionsvertreter wird gem. Art. 27 Abs. 4 DSGVO durch den Verantwortlichen bzw. den Auf-   3.20
tragsverarbeiter beauftragt, für betroffene Personen, die Datenschutzbehörden und ggf. sonstigen Dritten *„zusätzlich zu diesem oder an seiner Stelle … bei sämtlichen Fragen im Zusammenhang mit der Verarbeitung zur Gewährleistung der Einhaltung dieser Verordnung als Anlaufstelle zu dienen".* Da die Benennung gem. Art. 27 Abs. 5 DSGVO rechtliche Schritte gegen den Verantwortlichen bzw. den Auftragsverarbeiter unberührt lässt, ist die Formulierung *„zusätzlich zu diesem **oder** an seiner Stelle"* nicht als Wahlrecht des Verantwortlichen bzw. Auftragsverarbeiters zu verstehen[44]. Vielmehr stellt diese lediglich klar, dass der betreffende Dritte die Wahl hat, ob er sich im Zusammenhang mit der Verarbeitung an den Unionsvertreter oder gegebenenfalls (auch) den Verantwortlichen bzw. Auftragsverarbeiter wendet[45]. Hierdurch wird der Unionsvertreter allerdings nicht allgemein zum eigenen Haftungssubjekt neben dem Verantwortlichen bzw. dem Auftragsverarbeiter in Bezug auf dessen Verarbeitungstätigkeiten, sondern ist im Kern ein weiterer Zustellungsadressat[46].

---

44 A.A. *Martini* in Paal/Pauly, Art. 27 DSGVO Rz. 50, allerdings nach dieser Auffassung im Außenverhältnis nur wirksam bei Kenntnis des Betroffenen.

45 *Plath* in Plath, Art. 27 DSGVO Rz. 6.

46 *Martini* in Paal/Pauly, Art. 27 DSGVO Rz. 5 ff., 50 und 53 ff.; wohl auch *Piltz* in Gola, Art. 27 DSGVO Rz. 37 ff., 40 ff.

3.21 Insbesondere tritt der Unionsvertreter nicht, wie teils vertreten, weitergehend in die Pflichten des Verantwortlichen bzw. des Auftragsverarbeiters nach der DSGVO ein[47]. Ein solcher Pflichteneintritt ist der Verordnung nicht zu entnehmen. Nach dem Wortlaut der gesetzlichen Definition des Art. 4 Nr. 17 DSGVO vertritt der Unionsvertreter den Verantwortlichen bzw. den Auftragsverarbeiter *„in Bezug auf die ihnen jeweils nach dieser Verordnung obliegenden Pflichten"*. Ein Eintritt des Unionsvertreters in die Pflichtenstellung des Verantwortlichen bzw. Auftragsverarbeiters ist dem nicht zu entnehmen; die Formulierung *„in Bezug auf die … Pflichten"* umreißt und begrenzt lediglich den Umfang der Vertretungsmacht des Unionsvertreters. Ein Pflichteneintritt kann etwa auch aus dem englischen (*„represents … with regard to their respective obligations"*) und französischen (*„qui les représente en ce qui concerne leurs obligations respectives"*) Text der Verordnung nicht hergeleitet werden.

3.22 Auch gem. Art. 27 Abs. 4 DSGVO wird der Unionsvertreter von dem Verantwortlichen bzw. Auftragsverarbeiter lediglich beauftragt, *„bei sämtlichen Fragen im Zusammenhang mit der Verarbeitung zur Gewährleistung der Einhaltung dieser Verordnung als Anlaufstelle zu dienen"*. Zwar findet sich der in dem deutschen Verordnungstext gewählte Begriff der *„Anlaufstelle"* in vergleichbarer Form etwa nicht in der englischen und französischen Sprachfassung wieder[48]. Aber auch letzteren ist kein Pflichteneintritt, sondern lediglich eine Stellvertreterfunktion des Unionsvertreters zu entnehmen (*„mandated … to be addressed … on all issues"* bzw. *„mandaté … pour être la personne à qui … doivent s'adresser … pour toutes les questions"*).

3.23 Ein Pflichteneintritt lässt sich ebenso wenig aus dem maßgeblichen Erwägungsgrund 80 der DSGVO herleiten, nach dem der Unionsvertreter *„im Namen des Verantwortlichen oder des Auftragsverarbeiters und den Aufsichtsbehörden als Anlaufstelle dienen"* soll (*„should act on behalf of the controller or the processor and may be addressed by any supervisory authority"*). Auch die Aussage, dass der Unionsvertreter bei *„Verstößen des Verantwortlichen oder Auftragsverarbeiters"* (*„non-compliance by the controller or processor"*) Durchsetzungsverfahren unterworfen sein soll, zeigt, dass Pflichten des Verantwortlichen bzw. Auftragsverarbeiters gerade nicht zu solchen des Vertreters werden.

3.24 Eigene Pflichten des Unionsvertreters regelt die DSGVO darüber hinaus nur an wenigen, ausgewählten Stellen. So hat der Vertreter erforderlichenfalls ein Verarbeitungsverzeichnis zu führen und dies der Aufsichtsbehörde auf Anfrage zur Verfügung zu stellen (Art. 30 Abs. 1, 2 und 4 DSGVO), ist zur Zusammenarbeit mit der Aufsichtsbehörde verpflichtet (Art. 31 DSGVO) und hat dieser auf deren Anweisung die für ihre Aufgabenerfüllung erforderlichen Informationen bereitzustellen (Art. 58 Abs. 1 lit. a DSGVO). Hätte der Verordnungsgeber mit den Art. 4 Nr. 17 und Art. 27 DSGVO quasi vor die Klammer gezogen einen allgemeinen Pflichteneintritt des Unionsvertreters begründen wollen, wäre die selektive, ausdrückliche Regelung seiner Pflichten an anderer Stelle unnötig gewesen. Auch dies spricht gegen einen weitergehenden Pflichteneintritt des Unionsvertreters[49].

3.25 Soweit eine Übernahme der Pflichten des Verantwortlichen bzw. Auftragsverarbeiters durch dessen Unionsvertreter teils mit dem Ziel des effektiven Grundrechtsschutzes begründet werden soll[50], ist schon der insoweit vorgeschlagene Umfang der persönlichen Pflichten des Vertreters nur schwer nachvollziehbar. So sollen etwa einerseits Ansprüche der betroffenen Personen auf Unterlassung einer rechtswidrigen Verarbeitung nicht unmittelbar gegen den gerade nicht für die Rechtmäßigkeit der Verarbeitung verantwortlichen Vertreter geltend gemacht werden können[51]. Etwa ein Anspruch auf Einschränkung der Verarbeitung gem. Art. 18 DSGVO, der denklogisch auch die Unterlassung der weitergehenden, dann rechtswidrigen Verarbeitung beinhaltet, soll andererseits aber unmittelbar gegen den

---

47 Vgl. etwa *Hanloser* in BeckOK DatenschutzR, Art. 27 DSGVO Rz. 10 ff.
48 S. auch *Hanloser* in BeckOK DatenschutzR, Art. 27 DSGVO Rz. 5 (*„Übersetzungsfehler"*).
49 Im Grundsatz wohl auch *Hanloser* in BeckOK DatenschutzR, Art. 27 DSGVO Rz. 9.
50 *Hanloser* in BeckOK DatenschutzR, Art. 27 DSGVO Rz. 10 ff.
51 *Hanloser* in BeckOK DatenschutzR, Art. 27 DSGVO Rz. 12.

Vertreter selbst gerichtet werden können[52]. Ob ein solcher Pflichteneintritt einem effektiven Grundrechtsschutz der betroffenen Personen dienlich wäre, erscheint unabhängig davon aber auch zweifelhaft – ein solcher Pflichteneintritt würde gerade dazu einladen, leere Haftungshüllen mit den Vertreteraufgaben zu betrauen. Jedenfalls können die Pflichten nach der Verordnung aber auch schon aufgrund der an sie anknüpfenden Bußgeldsanktionen nicht ohne weiteres über den Wortlaut hinaus auf den Unionsvertreter ausgeweitet werden. Andernfalls droht ein Verstoß gegen das auch im Rahmen von Sanktionsnormen ohne strafrechtlichen Charakter zu beachtende Gesetzlichkeitsprinzip[53].

Das hier vertretene Verständnis vom Pflichtenkreis des Vertreters teilt auch der Europäische Datenschutzausschuss[54]. So weist dieser darauf hin, dass der Vertreter im Kern die Kommunikation zwischen den betroffenen Personen und den Datenschutzaufsichtsbehörden einerseits und dem Verantwortlichen bzw. Auftragsverarbeiter andererseits mittelt. Eigene Pflichten aus der DSGVO treffen den Vertreter dagegen nur sehr begrenzt, im Kern aus Art. 30, 31 und Art. 58 Abs. 1 lit. a DSGVO. Es gäbe auch keine Ersatzhaftung des Vertreters für Verstöße des Verantwortlichen bzw. Auftragsverarbeiters gegen die DSGVO, insoweit können lediglich behördliche Anordnungen und andere Maßnahmen gegenüber dem Verantwortlichen bzw. Auftragsverarbeiter über den Vertreter (d.h. als Zustelladressat) eingeleitet werden. Eine eigene Haftung des Vertreters kommt dagegen nur in dessen eigenem, sehr beschränkten Pflichtenkreis unter der DSGVO in Betracht. **3.26**

c) Vertretungsbefugnisse (Ziff. 1.4)

Der Unionsvertreter ist Vertreter des Verantwortlichen bzw. Auftragsverarbeiters in Bezug auf alle ihre Pflichten nach der DSGVO betreffenden Fragen (vgl. Art. 27 Abs. 4 und Art. 4 Nr. 17 DSGVO). Insbesondere ist der Unionsvertreter in zivilgerichtlichen Verfahren betroffener Personen wegen Betroffenenrechten oder eines Verstoßes gegen die DSGVO gem. § 44 Abs. 3 Satz 1 BDSG zustellungsbevollmächtigt, wobei der Verantwortliche bzw. Auftragsverarbeiter nach wie vor zur Benennung eines inländischen Zustellbevollmächtigten aufgefordert werden kann (§ 184 ZPO). **3.27**

Teilweise wird angenommen, dass diese in der DSGVO veranlagte Vertretungsbefugnis im Außenverhältnis durch den Verantwortlichen bzw. Auftragsverarbeiter nicht wirksam beschränkt werden könne[55], wofür zunächst in Bezug auf die Empfangsvertretungsbefugnis einiges spricht. Der Vertreter soll insbesondere für betroffene Personen und Datenschutzbehörden als Anlaufstelle innerhalb der Union für alle Fragen zur Verarbeitung dienen und muss daher zumindest zur Entgegennahme solcher Anfragen für den Verantwortlichen bzw. Auftragsverarbeiter ermächtigt sein. **3.28**

Auch für die aktive Vertretungsbefugnis des Unionsvertreters erscheint die Wirksamkeit einer Einschränkung im Außenverhältnis angesichts der von der DSGVO angenommenen umfassenden Vertretungsbefugnisse zweifelhaft, wird aber in der Praxis regelmäßig dahinstehen können. Jedenfalls eine Beschränkung der Vertretungsbefugnis im Innenverhältnis zwischen Verantwortlichem bzw. Auftragsverarbeiter einerseits und Unionsvertreter andererseits sollte aber unproblematisch möglich sein (s. auch Erwägungsgrund 80 DSGVO: Aufgabenerfüllung *entsprechend dem Mandat*). Die Möglichkeit einer wirksamen Einschränkung der aktiven Vertretungsbefugnis des Unionsvertreters im Außenverhältnis ist daher im Kern für die Frage entscheidend, ob Erklärungen des Unionsvertreters in Überschreitung von Beschränkungen im Innenverhältnis den Verantwortlichen bzw. Auftragsverarbeiter binden. Diese Frage dürfte allerdings allenfalls dann zu verneinen sein, wenn der Verantwortliche bzw. Auftragsverarbeiter die betreffende Einschränkung im Außenverhältnis auch nach außen stets eindeu- **3.29**

---

52 *Hanloser* in BeckOK DatenschutzR, Art. 27 DSGVO Rz. 11.
53 EuGH v. 25.9.1984 – 117/83, BeckRS 2004, 71319 Rz. 11; vgl. auch Art. 7 EMRK, Art. 49 EU-Grundrechte-Charta; s. hierzu auch noch Rz. 3.58.
54 *European Data Protection Board*, Guidelines 3/2018 on the territorial scope of the GDPR (Article 3), Version 2.1, v. 12.9.2019, S. 27 f., abrufbar unter: https://edpb.europa.eu/sites/edpb/files/file1/edpb_guidelines_3_2018_territorial_scope_after_public_consultation_en_1.pdf.
55 Wohl auch *Martini* in Paal/Pauly, Art. 27 DSGVO Rz. 49.

tig kundgetan hat. Andernfalls dürfte es aufgrund der gem. Art. 4 Nr. 17 DSGVO gesetzlich vorgesehenen uneingeschränkten Vertretungsbefugnis jedenfalls zu einer Bindung nach den Grundsätzen der Anscheinsvollmacht kommen.

3.30 Ziff. 1.4 geht im Grundsatz von einer im Außenverhältnis unbeschränkbaren Vertretungsbefugnis aus, verpflichtet den Auftragnehmer aber, im Innenverhältnis hiervon nur im Rahmen des Vertrags Gebrauch zu machen.

3. Einrichtung einer Anlaufstelle (Ziff. 2)

3.31 M 3.1.2 Einrichtung einer Anlaufstelle

2. Einrichtung einer Anlaufstelle

2.1 *Der Auftragnehmer ist in seiner Funktion als Vertreter im Sinne von Art. 27 und Art. 4 Nr. 17 DSGVO für Dritte unter den folgenden Kontaktdaten erreichbar:*

… [Vorname] … [Nachname] bzw. … [Firma] [Rechtsformzusatz]

… [Straße] … [Hausnummer]

… [PLZ] [Ort]

… [Land]

E-Mail: … [E-Mail-Adresse]

Die vorstehende E-Mail-Adresse wird der Auftragnehmer ausschließlich für Anfragen Dritter im Rahmen dieses Vertrags verwenden. Mit Beendigung der Aufgaben nach diesem Vertrag wird der Auftragnehmer die E-Mail-Adresse dauerhaft für eingehende E-Mails sperren.

2.2 *Der Auftraggeber ist berechtigt, den Auftragnehmer unter Angabe der vorstehenden Kontaktdaten gegenüber Dritten als Vertreter im Sinne von Art. 27 und Art. 4 Nr. 17 DSGVO zu benennen. Dies gilt insbesondere im Rahmen der Information gemäß Art. 13 und 14 DSGVO.*

2.3 *Die Verarbeitungstätigkeiten des Auftraggebers betreffende, eingehende Korrespondenz leitet der Auftragnehmer jeweils spätestens am folgenden Werktag in Kopie elektronisch per E-Mail an den Auftraggeber weiter.*

2.4 *Der Auftragnehmer beantwortet die Verarbeitungstätigkeiten des Auftraggebers betreffende, eingegangene Korrespondenz im Namen des Auftraggebers ausschließlich nach dessen Weisungen. Antworten sind spätestens am Werktag nach der Weisung abzusenden.*

2.5 *Der Auftragnehmer verwahrt während der Laufzeit des Vertrags für den Auftraggeber die Originale der postalisch eingegangenen Korrespondenz sowie Kopien sämtlicher abgesandter Korrespondenz. Die Herausgabe richtet sich nach Ziffer 5.*

2.6 *„Werktage" im Sinne dieses Vertrags sind Wochentage mit Ausnahme von Samstagen, Sonntagen und gesetzlichen Feiertagen am Sitz des Auftragnehmers.*

a) Einrichtung einer Anlaufstelle (Ziff. 2.1 und 2.2)

3.32 Das Muster geht unter Ziff. 2.1 davon aus, dass der Auftragnehmer im Rahmen seiner Vertretertätigkeit für den Auftraggeber postalisch und daneben jedenfalls auch per E-Mail zu erreichen sein wird. Die DSGVO trifft keine ausdrückliche Aussage dazu, über welche Kommunikationswege der Unionsvertreter für betroffene Personen, Datenschutzbehörden und sonstige Dritte erreichbar sein muss. Da der Unionsvertreter als Zustellungssubjekt dient, ist jedenfalls die Erreichbarkeit unter einer ladungsfähigen Anschrift zu gewährleisten; ein Postfach würde hierfür aus prozessualer Sicht nicht genügen[56]. Für die gem. Art. 13 Abs. 1 lit. a DSGVO anzugebenden Kontaktdaten des Verantwortlichen und seines Vertreters wird teils vertreten, dass die Angabe einer E-Mail-Adresse oder Telefonnummer erforderlich sei[57]. Die Art. 29-Datenschutzgruppe stellte hierzu fest, dass die nach Art. 13 Abs. 1 lit. a DSGVO durch den Verantwortlichen zu erteilenden Informationen den betroffenen Personen „vorzugswürdig" („*preferably*") die Kommunikation mit dem Verantwortlichen über mehrere Wege ermöglichen sollen, d.h. im Ergebnis mehrere Kontaktmöglichkeiten anzugeben seien[58]. Die Angabe einer Kontaktmöglichkeit über eine postalische Anschrift hinaus kann sich gegebenenfalls auch aus anderen Verpflichtungen mittelbar herleiten. So muss beispielsweise nach Art. 7 Abs. 3 Satz 4 DSGVO der Widerruf einer Einwilligung für die betroffene Person ebenso einfach wie die Erteilung möglich sein. Deswegen kann die Angabe etwa einer E-Mail-Adresse erforderlich sein.

Handelt es sich bei dem Vertreter um eine juristische Person mit einer Vielzahl von Mitarbeitern, bietet sich neben der vertraglichen Regelung der Kontaktdaten für die betroffenen Personen und die Datenschutzaufsichtsbehörden die vertragliche Benennung eines Ansprechpartners auf der Seite des Auftragnehmers für den Auftraggeber an[59].

Die Bestimmung der Ziff. 2.1 nimmt an, dass die von dem Auftragnehmer vorzuhaltende E-Mail-Adresse allein im Rahmen seiner Vertretungstätigkeit für den Auftraggeber genutzt wird. Diese Regelung ist aufgrund der DSGVO nicht zwingend erforderlich, soll aber ermöglichen, dass die E-Mail-Adresse nach Beendigung der Vertreterfunktion für eingehende E-Mails gesperrt werden kann. Alternativ könnte etwa auch der Auftraggeber die E-Mail-Adresse stellen, da diese dann nach Beendigung der Vertretertätigkeit unproblematisch durch einen neuen Vertreter weitergenutzt werden könnte. Dies würde die Überleitung der Vertretertätigkeit jedenfalls insoweit erleichtern, dass in laufenden Angelegenheiten nicht über die Änderung der E-Mail-Adresse informiert werden müsste. Diese Erwägungen gelten entsprechend, wenn der Auftraggeber andere Kontaktwege, etwa per Telefon oder Telefax, zu eröffnen hätte. Insbesondere für telefonische Anfragen können weitergehende Bestimmungen erforderlich sein, etwa wird im Anwendungsbereich des § 312a Abs. 5 BGB die Verwendung von Mehrwertrufnummern ausgeschlossen werden müssen. **3.33**

Ziff. 2.2 sieht das Recht des Auftraggebers vor, den Auftragnehmer unter Angabe seiner Kontaktdaten gegenüber Dritten als Unionsvertreter zu benennen. Diese Regelung hat im Wesentlichen klarstellende Funktion. Auch ohne eine solche Bestimmung wäre der Auftraggeber hierzu berechtigt. Das Auftreten als Unionsvertreter nach außen, insb. im Rahmen von Art. 13 Abs. 1 lit. a, Art. 14 Abs. 1 lit. a DSGVO, ist Hauptzweck des Vertrags. **3.34**

b) Kommunikation mit Dritten (Ziff. 2.3 bis 2.6)

Die Ziff. 2.3 bis 2.6 treffen Regelungen zur Kommunikation des Auftragnehmers mit Dritten im Rahmen seiner Funktion als Unionsvertreter. Nach den Bestimmungen fungiert der Auftragnehmer im Wesentlichen als „Poststelle" des Auftraggebers. Eingehende Korrespondenz ist von dem Auftragnehmer jeweils spätestens am nächsten Tag an den Auftraggeber weiterzuleiten. Die Beantwortung der Korrespondenz durch den Auftragnehmer im Namen des Auftraggebers erfolgt ausschließlich nach dessen Weisungen spätestens an dem der Weisung folgenden Tag. Eingehende Originalkorrespondenz und Kopien sämtlicher abgehender Korrespondenz verwahrt der Auftragnehmer für den Auftraggeber während der Vertragslaufzeit. Die grundsätzliche Weisungsbindung des Unionsvertreters ergibt sich schon aus §§ 675, 665 BGB. **3.35**

---

56 Vgl. BVerwG v. 13.4.1999 – 1 C 24-97, NJW 1999, 2608 ff.
57 *Schmidt-Wudy* in BeckOK DatenschutzR, Art. 14 DSGVO Rz. 40; *Franck* in Gola, Art. 13 DSGVO Rz. 8 ff.; *Paal/Hennemann* in Paal/Pauly, Art. 13 DSGVO Rz. 14.
58 *Art. 29 Working Party*, WP260, Guidelines on transparency under Regulation 2016/679, S. 31.
59 *European Data Protection Board*, Guidelines 3/2018 on the territorial scope of the GDPR (Article 3), Version 2.1, v. 12.9.2019, S. 24, abrufbar unter: https://edpb.europa.eu/sites/edpb/files/files/file1/edpb_guidelines_3_2018_territorial_scope_after_public_consultation_en_1.pdf.

3.36 Die insoweit getroffenen Bestimmungen genügen ausschließlich für den gelegentlichen Eingang verkörperter Anfragen per Post oder E-Mail, die dann der Auftraggeber selbst weiterbearbeitet. Sollen darüber hinaus eine telefonische Kontaktaufnahme ermöglicht werden bzw. ist mit einem massenhaften Eingang von Anfragen zu rechnen, werden weitergehende Regelungen erforderlich oder zweckmäßig sein. So werden beispielsweise in Bezug auf eingehende telefonische Anfragen insbesondere Regelungen getroffen werden müssen zu:

– einer einheitlichen, geordneten Abwicklung von Anfragen anhand von Call-Skripten;

– adäquate Eskalationsmechanismen für Anfragen „außerhalb der Reihe";

– Protokollierung von Anfragen und deren Bearbeitung; und

– der zeitlichen Verfügbarkeit für persönliche telefonische Anfragen und automatisierten Beantwortung telefonischer Anfragen außerhalb der regelmäßigen Geschäftszeiten.

Bei zu erwartenden massenhaften Anfragen Dritter werden etwa Bestimmungen erforderlich bzw. zweckmäßig sein zu:

– Versand automatisierter Eingangsbestätigungen;

– Kategorisierung und Priorisierung eingehender Anfragen;

– Übernahme der selbständigen Beantwortung einfacher Anfragen;

– Erstellung von Antwortvorschlägen/Entscheidungsgrundlagen für kompliziertere Anfragen;

– strukturierte Weiterleitung von Anfragen, einschließlich der Kategorisierung/Priorisierung und von Antwortvorschlägen/Entscheidungsgrundlagen; und

– Regelungen von Service Level und regelmäßigem Reporting.

4. Verzeichnis der Verarbeitungstätigkeiten (Ziff. 3)

3.37 M 3.1.3 Verzeichnis der Verarbeitungstätigkeiten

3. Verzeichnis der Verarbeitungstätigkeiten

3.1 Der Auftragnehmer hält ein Verzeichnis der Verarbeitungstätigkeiten des Auftraggebers im Sinne von Art. 30 Abs. 1 bzw. 2 DSGVO vor.

3.2 Der Auftraggeber stellt dem Auftragnehmer das Verzeichnis erstmalig nach Vertragsbeginn und etwaige nachfolgende Änderungen jeweils unverzüglich zur Verfügung.

3.3 Der Auftragnehmer ist im Rahmen seiner gesetzlichen Verpflichtung gemäß Art. 30 Abs. 4 DSGVO berechtigt, der Datenschutzaufsichtsbehörde das Verzeichnis auf Anfrage zur Verfügung zu stellen. Über entsprechende Anfragen wird er den Auftraggeber im Rahmen des tatsächlich Möglichen und gesetzlich Zulässigen unverzüglich unterrichten und sich mit diesem vorab über die Beantwortung der Anfrage abstimmen.

3.38 Art. 30 Abs. 1 bzw. 2 DSGVO verpflichten neben dem Verantwortlichen und dem Auftragsverarbeiter auch dessen Unionsvertreter zur Führung eines Verzeichnisses der Verarbeitungstätigkeiten. Das Verzeichnis ist gem. Art. 30 Abs. 3 DSGVO schriftlich zu führen, wobei dieses Schriftformerfordernis auch durch ein elektronisches Format erfüllt werden kann. Soweit Art. 30 Abs. 1 und 2 DSGVO den Unionsvertreter als Verpflichteten nennen, handelt es sich um eine der wenigen eigenen Verpflichtungen des Vertreters aus der DSGVO. Die Verpflichtung ist dennoch insoweit von dem vertretenen Verantwortlichen bzw. Auftragsverarbeiter abgeleitet, als sich das von dem Unionsvertreter zu führende Verzeichnis auf deren Verarbeitungstätigkeiten bezieht. Primär trifft die Verantwortlichkeit für den erstmaligen

Inhalt und spätere Änderungen des Verzeichnisses den Verantwortlichen bzw. den Auftragsverarbeiter, welche diese Informationen dem Vertreter jeweils zur Verfügung zu stellen haben[60].

Ein Verarbeitungsverzeichnis ist gem. Art. 30 Abs. 5 DSGVO dann nicht zu führen, wenn: 3.39

– das Unternehmen weniger als 250 Mitarbeiter beschäftigt;

– die vorgenommene Verarbeitung kein Risiko für die Rechte und Freiheiten der betroffenen Personen birgt; und

– nicht die Verarbeitung besonderer Datenkategorien (Art. 9 Abs. 1 DSGVO) bzw. von personenbezogenen Daten über strafrechtliche Verurteilungen und Straftaten Art. 10 DSGVO) einschließt.

Entfällt für den Verantwortlichen bzw. Auftragsverarbeiter hiernach die Pflicht zur Führung des Verzeichnisses, ist es auch durch den Unionsvertreter nicht zu führen. In diesem Fall könnte auf die Regelung der Ziff. 3 des Musters verzichtet werden.

Ziff. 3.1 verweist klarstellend auf diese gesetzliche Verpflichtung des Auftragnehmers zur Führung des 3.40 Verarbeitungsverzeichnisses. Der Auftragnehmer wird diese Verpflichtung mangels Kenntnis der Einzelheiten der Verarbeitungstätigkeiten des Auftraggebers regelmäßig alleine nicht erfüllen können. Folgerichtig verpflichtet Ziff. 3.2 den Auftraggeber daher, dem Auftragnehmer das Verzeichnis und etwaige Änderungen hierzu jeweils unverzüglich bereitzustellen. Der Auftragnehmer ist gesetzlich verpflichtet, der Datenschutzbehörde das Verzeichnis auf Anfrage zur Verfügung zu stellen (Art. 30 Abs. 4 DSGVO). Ziff. 3.3 nimmt klarstellend auf dieses Erfordernis Bezug und verpflichtet den Auftragnehmer insoweit im Rahmen des gesetzlich Zulässigen zur Information und Abstimmung mit dem Auftraggeber. Hintergrund dieser Regelung ist, dass das Auskunftsersuchen der Datenschutzbehörde im Regelfall im Zusammenhang mit weitergehenden Ermittlungen stehen wird. Dem Auftraggeber soll durch die Information und Abstimmung möglichst frühzeitig eine Einwirkungsmöglichkeit auf ein solches Verfahren eingeräumt werden.

Die Verletzung der Vorschrift des Art. 30 DSGVO durch den Unionsvertreter ist für diesen nicht buß- 3.41 geldbedroht, denn Art. 83 Abs. 4 lit. a DSGVO bezieht sich ausdrücklich nur auf Pflichten des Verantwortlichen und des Auftragsverarbeiters. Aufgrund solcher Verletzungen dürften Geldbußen gegen den Verantwortlichen bzw. Auftragsverarbeiter ebenfalls nicht angeordnet werden können. Da es sich um die Verletzung einer eigenen Pflicht des Unionsvertreters handelt, fehlt insoweit ebenfalls die gem. Art. 83 Abs. 4 lit. a DSGVO erforderliche Verletzung einer Pflicht des Verantwortlichen oder Auftragsverarbeiters. Eine ausweitende Auslegung der Bußgeldvorschrift scheitert an dem bei Sanktionsnormen zu beachtenden Gesetzlichkeitsgebot[61].

5. Zusammenarbeit mit der Aufsichtsbehörde (Ziff. 4)

M 3.1.4 Zusammenarbeit mit der Aufsichtsbehörde 3.42

4. Zusammenarbeit mit der Aufsichtsbehörde

4.1 Der Auftragnehmer arbeitet im Rahmen seiner gesetzlichen Verpflichtung gemäß Art. 31 DSGVO auf Anfrage mit der Datenschutzaufsichtsbehörde bei der Erfüllung ihrer Aufgaben zusammen.

---

60 *European Data Protection Board*, Guidelines 3/2018 on the territorial scope of the GDPR (Article 3), Version 2.1, v. 12.9.2019, S. 27, abrufbar unter: https://edpb.europa.eu/sites/edpb/files/files/file1/edpb_guidelines_3_2018_territorial_scope_after_public_consultation_en_1.pdf.
61 EuGH v. 25.9.1984 – 117/83, BeckRS 2004, 71319 Rz. 11; vgl. auch Art. 7 EMRK, Art. 49 EU-Grundrechte-Charta; s. hierzu auch Rz. 3.58.

4.2 Insbesondere wird er der Datenschutzaufsichtsbehörde auf Anweisung im Rahmen des Art. 58 Abs. 1 lit. a DSGVO alle Informationen bereitstellen, die für die Erfüllung ihrer Aufgaben erforderlich sind.

4.3 Über entsprechende Anfragen der Datenschutzaufsichtsbehörde wird der Auftragnehmer den Auftraggeber im Rahmen des tatsächlich Möglichen und gesetzlich Zulässigen unverzüglich unterrichten und sich mit diesem vorab über die Beantwortung der Anfrage abstimmen.

3.43 Art. 31 DSGVO verpflichtet den Unionsvertreter zur Zusammenarbeit mit der Datenschutzbehörde zur Erfüllung ihrer Aufgaben. Gemäß Art. 58 Abs. 1 lit. a DSGVO hat der Vertreter auf Anweisung der Behörde insbesondere die zur Erfüllung ihrer Aufgaben erforderlichen Informationen bereitzustellen. Es handelt sich bei diesen Verpflichtungen um zwei der wenigen originären Pflichten des Unionsvertreters nach der DSGVO. Ob eine Verletzung dieser Pflicht des Vertreters gem. Art. 83 Abs. 5 lit. e DSGVO mit einem Bußgeld belegt werden kann, erscheint aufgrund des Bestimmtheitsgebots jedenfalls sehr zweifelhaft (vgl. auch Rz. 3.58). Der Bußgeldtatbestand verweist lediglich auf die Verweigerung eines „Zugangs" gem. Art. 58 Abs. 1 DSGVO, von dem dort ausdrücklich nur unter lit. e und lit. f die Rede ist. Die Regelungen unter den Ziff. 4.1 und 4.2 des Musters greifen die vorstehenden Verpflichtungen des Auftragnehmers auf. Ziff. 4.3 verpflichtet den Auftragnehmer im Rahmen des Möglichen und Zulässigen bei Anfragen der Datenschutzbehörden zur Abstimmung mit dem Auftraggeber. Dies soll dem Auftraggeber möglichst frühzeitig Einfluss auf etwaige Ermittlungsverfahren der Datenschutzbehörden verschaffen.

6. Herausgabepflichten (Ziff. 5)

3.44 **M 3.1.5 Herausgabepflichten**

5. Herausgabepflichten

5.1 Der Auftragnehmer ist verpflichtet, dem Auftraggeber auf Verlangen, spätestens aber mit Beendigung des Vertrags alles, was er zur bzw. in Ausführung seiner Tätigkeit erlangt hat, herauszugeben.

5.2 Die Herausgabepflicht umfasst insbesondere sämtliche Korrespondenz im Sinne von Ziffer 2.5 sowie sämtliche sonstigen Informationen – gleich welcher Art und in welcher Form –, die der Auftragnehmer zur bzw. in Ausführung seiner Tätigkeit erhält. Nach schriftlicher Bestätigung des Erhalts der Informationen durch den Auftraggeber, wird der Auftragnehmer sämtliche etwaigen Kopien vernichten, soweit ihn keine zwingenden gesetzlichen Vorschriften zur weiteren Aufbewahrung verpflichten. Die Vernichtung wird er dem Auftraggeber in geeigneter Weise nachweisen.

3.45 Ziff. 5 trifft Regelungen zur Herausgabe von Korrespondenz, Informationen und sonstigen Gegenständen an den Auftraggeber, die der Auftragnehmer zur bzw. in Ausführung seines Auftrags erhält. Auch ohne entsprechende vertragliche Bestimmung ergibt sich eine solche Pflicht bereits aus §§ 675, 667 BGB. Wie auch der restliche Vertrag orientiert sich die Klausel an dem Fall nur gelegentlicher Anfragen per Post oder E-Mail. Für eine Massenbearbeitung können weitergehende Regelungen zweckmäßig sein. Etwa können Detailregelungen zu einem elektronischen Austausch (Format/Schnittstellen) sinnvoll sein.

7. Vergütung, Aufwendungsersatz (Ziff. 6)

M 3.1.6 Vergütung, Aufwendungsersatz

3.46

6. Vergütung, Aufwendungsersatz

6.1 Für seine Tätigkeit erhält der Auftragnehmer eine Vergütung von EUR … pro Kalendermonat zzgl. USt.

6.2 Beginnt oder endet die Tätigkeit des Auftragnehmers im Laufe eines Kalendermonats, wird die Vergütung für diesen Monat zeitanteilig gewährt.

6.3 Die Vergütung wird jeweils zum Ende des Kalendermonats fällig und ist binnen 30 Tagen ab Zugang einer ordnungsgemäßen Rechnung zu bezahlen.

6.4 Sämtliche Zahlungen erfolgen bargeldlos auf das folgende Konto des Auftragnehmers: …

6.5 Mit der Vergütung nach Ziffer 6.1 sind sämtliche Tätigkeiten des Auftragnehmers für den Auftraggeber vollständig abgegolten. Ein gesonderter Ersatz von Aufwendungen erfolgt nur im Ausnahmefall aufgrund gesonderter schriftlicher Vereinbarung zwischen den Parteien.

Die Vergütungsregelung der Ziff. 6 geht von einem monatlich nachträglich zu entrichtenden Pauschalhonorar aus, mit dem abweichend von §§ 675, 669, 670 BGB auch sämtliche Aufwendungen des Auftragnehmers abgegolten werden. Die Regelung kann für den Fall der gelegentlichen Bearbeitung weniger Anfragen angemessen sein, für die Bearbeitung massenhafter Anfragen wären allerdings regelmäßig weitere Regelungen zweckmäßig. So könnten etwa fixe Basispreise sowie aufwandsabhängige Preise pro Vorgang, eine Bonus-/Malus-Regelung für die Über-/Unterschreitung vereinbarter Service Level, Aufwendungsersatzregelungen für Porto-, Kopie- und Telekommunikations- und andere Kosten, Bestimmungen zur Übernahme von Kosten für einmalige Infrastrukturaufwendungen (etwa für die Einrichtung von Telekommunikationsanlagen), die Bepreisung von Beendigungs- bzw. Überleitungsaufgaben etc. festgelegt werden. Welche konkreten Vergütungsregelungen letztendlich getroffen werden, ist im Wesentlichen eine wirtschaftliche Entscheidung der beiden Parteien.

3.47

8. Laufzeit, Kündigung (Ziff. 7)

M 3.1.7 Laufzeit, Kündigung

3.48

7. Laufzeit, Kündigung

7.1 Der Vertrag beginnt mit seiner Unterzeichnung und gilt als auf unbestimmte Zeit geschlossen.

7.2 Er kann beiderseits jederzeit mit einer Frist von [drei Monaten zum Ende eines Kalendermonats] ordentlich gekündigt werden.

7.3 Eine Kündigung nach § 627 Abs. 1 BGB ist ausgeschlossen. Das beiderseitige Recht der Parteien zur außerordentlichen Kündigung aus wichtigem Grund bleibt unberührt.

7.4 Jede Kündigung bedarf zu ihrer Wirksamkeit der Schriftform.

7.5 Der Auftragnehmer unterstützt den Auftraggeber im Falle der Kündigung, gegebenenfalls auch noch nach der Vertragsbeendigung, auf Verlangen im Rahmen des Erforderlichen und Zumutbaren bei der geordneten Überleitung seiner Tätigkeit auf einen Folgeauftragnehmer bzw. den Auftraggeber.

7.6 Die Beendigung dieses Vertrags lässt diejenigen Bestimmungen unberührt, die ausdrücklich oder nach ihrem Sinn und Zweck auch über die Vertragsbeendigung hinaus Anwendung finden sollen. Dies gilt neben dieser Ziffer 7.6 insbesondere für Ziffern 2.1 Satz 3, 7.5 und 8 bis 13.

3.49 Die Ziff. 7.1 und 7.3 sehen im Grundsatz eine unbefristete Laufzeit des Vertrags bei beiderseitiger, ordentlicher Kündigungsmöglichkeit mit Frist von drei Monaten zum Monatsende vor. Die DSGVO selbst schreibt für den einer Unionsvertreterbestellung unterliegenden Vertrag nicht ausdrücklich eine bestimmte Vertragslaufzeit- oder Kündigungsregelung vor. Allerdings wird der Verantwortliche bzw. Auftragsverarbeiter insbesondere dafür Sorge tragen müssen, dass sein Unionsvertreter nicht von einem Tag auf den anderen seine Tätigkeit niederlegen kann. Ebenso wird er Laufzeit- bzw. Kündigungsregelungen so treffen müssen, dass eine geordnete Überleitung der Tätigkeit des Unionsvertreters auf einen Nachfolgeauftragnehmer gewährleistet ist. Dies wird der Auftraggeber bereits aufgrund seines Schadensersatz- und Bußgeldhaftungsrisikos (Art. 82 und Art. 83 DSGVO) sicherstellen müssen. Folglich wird der Auftraggeber regelmäßig auf eine angemessene Kündigungsfrist für ordentliche Kündigungen seitens des Auftragnehmers bestehen. Darüber hinaus sind wirtschaftliche Interessen zu beachten und wird sich etwa auch der Auftragnehmer kaum mit einer jederzeitigen Kündigungsmöglichkeit des Auftraggebers einverstanden erklären. Jedenfalls wird sich ein wirtschaftlich agierender Auftragnehmer eine jederzeitige Kündigungsmöglichkeit zugunsten des Auftraggebers angemessen bezahlen lassen. Da das gegebenenfalls in Betracht kommende jederzeitige fristlose Kündigungsrecht gem. §§ 675, 627 Abs. 1 BGB regelmäßig nicht den beiderseitigen Interessen entsprechen dürfte, schließt es Ziff. 7.3 aus. Ein Ausschluss des beiderseitigen außerordentlichen Kündigungsrechts der Parteien aus wichtigem Grund ist nicht möglich, was die Ziffer ebenso klarstellt. Ziff. 7.4 schreibt für sämtliche Kündigungen die Schriftform vor, welche außerhalb von Arbeitsverhältnissen mangels Anwendbarkeit des § 623 BGB nicht zwingend ist.

3.50 Die Bestimmung der Ziff. 7.5 verpflichtet den Auftragnehmer zur kostenlosen Unterstützung der Überleitung seiner Tätigkeit auf einen Folgevertreter oder, falls ein solcher nicht mehr erforderlich ist, auf den Auftraggeber. Insbesondere im Falle einer Massenbearbeitung von Anfragen wird eine ausführlichere Übergangsregelung erforderlich bzw. jedenfalls zweckmäßig sein. So könnten etwa Detailregelungen zur Einrichtung von automatisierten Antworten bzw. Ansagen zur Beendigung der Vertreterstellung bei eingehenden E-Mails bzw. Telefonaten und zur gemeinsamen Benachrichtigung von betroffenen Personen, Datenschutzbehörden und Gerichten in laufenden Verfahren etc. sowie damit zusammenhängende Kostenfragen getroffen werden. Ziff. 7.6 trifft eine klarstellende Regelung zu über die Vertragsbeendigung hinausgeltenden Bestimmungen, wie etwa die Haftungs- und Vertraulichkeitsbestimmungen.

9. Schadensersatzhaftung, Freistellung (Ziff. 8)

3.51 **M 3.1.8 Schadensersatzhaftung, Freistellung**

8. Schadensersatzhaftung, Freistellung

8.1 *Soweit hierin nicht ausdrücklich etwas Abweichendes bestimmt ist, haften die Parteien einander auf Schadensersatz nach den gesetzlichen Bestimmungen.*

8.2 *Die Parteien haben das gemeinsame Verständnis, dass der Auftragnehmer aufgrund seiner Benennung Dritten gegenüber nicht in die Pflichten des Auftraggebers als Verantwortlicher und Auftragsverarbeiter nach der DSGVO eintritt, sondern ihn persönlich nur die Pflichten der Art. 30, 31 und Art. 58 Abs. 1 lit. a DSGVO treffen.*

8.3 *Der Auftraggeber stellt – vorbehaltlich der Erfüllung der Pflichten des Auftragnehmers nach Ziffer 8.5 sowie der Einschränkung der Ziffer 8.6 – den Auftragnehmer auf erstes schriftliches Anfordern verschuldensunabhängig, vollumfänglich und dauerhaft von sämtlichen etwaigen Ansprüchen Dritter im Zusammenhang mit der Verletzung der Pflichten des Auftraggebers als Verantwortlicher und Auftragsverarbeiter nach der DSGVO frei und ersetzt diesem verschuldensunabhängig sämtliche durch derartige Ansprüche oder durch deren Geltendmachung verursachte Aufwendungen, Kosten und Schäden (einschließlich angemessener Rechtsverfolgungsaufwendungen).*

8.4 Gleichermaßen stellt der Auftragnehmer – vorbehaltlich der Erfüllung der Pflichten des Auftragsgebers nach Ziffer 8.5 sowie der Einschränkung der Ziffer 8.6 – den Auftraggeber verschuldensunabhängig, vollumfänglich und dauerhaft von sämtlichen etwaigen Ansprüchen Dritter im Zusammenhang mit der Verletzung der Pflichten des Auftragnehmers als Unionsvertreter gemäß Art. 30, 31 und Art. 58 Abs. 1 lit. a DSGVO frei und ersetzt diesem verschuldensunabhängig sämtliche durch derartige Ansprüche oder durch deren Geltendmachung verursachte Aufwendungen, Kosten und Schäden (einschließlich angemessener Rechtsverfolgungsaufwendungen).

8.5 Die Parteien werden sich im Falle der Geltendmachung von Ansprüchen im Sinne der Ziffern 8.3 und 8.4 jeweils unverzüglich schriftlich informieren. Die in Anspruch genommene Partei wird den Anspruch ohne schriftliche Zustimmung der zur Freistellung bzw. zum Ersatz verpflichteten Partei weder anerkennen noch sich hierüber vergleichen. Die in Anspruch genommene Partei wird der zur Freistellung bzw. zum Ersatz verpflichteten Partei federführend die Verteidigung gegen den Anspruch überlassen.

8.6 § 254 BGB findet auf die Freistellungs- und Ersatzansprüche der Ziffern 8.3 und 8.4 entsprechende Anwendung.

a) Zivilrechtliche Haftung des Unionsvertreters im Innenverhältnis

Die Haftungsverteilung zwischen Verantwortlichem bzw. Auftragsverarbeiter einerseits und Unionsvertreter andererseits unter der DSGVO ist bislang nicht vollends geklärt, was auch an dem noch in der Diskussion befindlichen Pflichtenumfang des Vertreters liegen dürfte. 3.52

Im Innenverhältnis richtet sich die Haftung des Unionsvertreters gegenüber dem Verantwortlichen bzw. Auftragsverarbeiter nach den allgemeinen zivilrechtlichen Grundsätzen. Im Falle von Pflichtverletzungen des Vertreters kommen insbesondere Schadensersatzansprüche gem. § 280 Abs. 1 BGB i.V.m. dem (Geschäftsbesorgungs-) Dienstvertrag in Betracht. Vereitelt der Vertreter etwa pflichtwidrig die Erfüllung von Betroffenenrechten durch den Verantwortlichen und hat dieser daraufhin Schadensersatz zu leisten, kann er grundsätzlich den Vertreter in Regress nehmen. 3.53

b) Zivilrechtliche Haftung des Unionsvertreters im Außenverhältnis

Im Außenverhältnis gegenüber Dritten ist allenfalls eine sehr eingeschränkte Haftung des Unionsvertreters denkbar. Der Vertreter tritt nicht in die Pflichtenstellung des Verantwortlichen bzw. Auftragsverarbeiters ein (s. hierzu im Einzelnen Rz. 3.20 ff.). Daher können gegen diesen gerichtete Ansprüche nicht automatisch auch gegen den Vertreter als Anspruchsgegner geltend gemacht werden. So kann etwa nicht der Vertreter selbst gem. Art. 15 DSGVO auf Auskunft über die Datenverarbeitung des Verantwortlichen in Anspruch genommen werden[62]. 3.54

Ebenso wenig haftet der Vertreter den betroffenen Personen im Falle von Pflichtverstößen durch den Verantwortlichen bzw. Auftragsverarbeiter automatisch persönlich auf Schadensersatz. Die Haftungsnorm des Art. 82 DSGVO findet schon deswegen keine Anwendung, weil sie inhaltlich ausschließlich den Verantwortlichen und Auftragsverarbeiter adressiert[63]. Ansprüche gem. § 823 Abs. 1 BGB i.V.m. dem allgemeinen Persönlichkeitsrecht (Art. 1 Abs. 1, Art. 2 Abs. 1 GG) bzw. gem. § 823 Abs. 2 BGB i.V.m. Normen der DSGVO scheitern insoweit mangels eigener Pflichtverletzungen des Vertreters. 3.55

§ 823 Abs. 1 bzw. 2 BGB können aber bei einer Verletzung der eigenen Katalogpflichten des Vertreters (Art. 30, Art. 31, Art. 58 Abs. 1 lit. a DSGVO) grundsätzlich Schadensersatzansprüche begründen. Allerdings dürften aus derartigen Pflichtverletzungen regelmäßig keine Schäden resultieren und deswegen eine Haftung des Vertreters im Ergebnis dennoch ausscheiden. 3.56

---

62 A.A. *Hanloser* in BeckOK DatenschutzR, Art. 27 DSGVO Rz. 11.
63 *Lantwin*, ZD 2019, 14 (18); a.A. *Hanloser* in BeckOK DatenschutzR, Art. 27 DSGVO Rz. 13 („Übernahmeverschulden").

c) Bußgeldhaftung des Unionsvertreters

3.57 Eine Bußgeldhaftung des Unionsvertreters nach Art. 83 DSGVO kommt nach der hier vertretenen Auffassung nicht in Betracht. Die Bußgeldtatbestände des Art. 83 Abs. 4 DSGVO adressieren ausdrücklich nur den Verantwortlichen und den Auftragsverarbeiter (lit. a)[64], Zertifizierungsstellen (lit. b) sowie Überwachungsstellen (lit c). Die Bußgeldtatbestände des Art. 83 Abs. 5 lit. a bis c DSGVO betreffen Verstöße gegen nur an Verantwortliche und Auftragsverarbeiter gerichtete Datenschutzvorschriften. Die im Bußgeldtatbestand des Art. 83 Abs. 5 lit. d DSGVO genannten, im Rahmen von Kapitel IX der DSGVO geschaffenen nationalen Verpflichtungen dürften sich nicht an den Unionsvertreter richten können. Jedenfalls beinhaltet das BDSG in Deutschland aktuell keine einzige solche an den Vertreter adressierte Pflicht. Nach Art. 83 Abs. 5 lit. e, Abs. 6 DSGVO kann zwar die Nichtbefolgung von Anweisungen der Aufsichtsbehörde nach Art. 58 Abs. 2 DSGVO ein Bußgeld auslösen. Die betreffenden Anordnungsbefugnisse bestehen aber nicht gegenüber dem Vertreter[65]. Auch die nationalen Bußgeld- und Strafvorschriften der §§ 42, 43 BDSG knüpfen nicht an Verstöße gegen Pflichten des Unionsvertreters an.

3.58 Im Ergebnis ist eine Bußgeldhaftung des Vertreters alleine gem. Art. 83 Abs. 5 lit. e DSGVO denkbar, wenn er entgegen seiner Pflicht nach Art. 58 Abs. 1 lit. a DSGVO der Aufsichtsbehörde auf Anweisung erforderliche Informationen nicht erteilt. Selbst insoweit ist dies aber durchaus zweifelhaft, da Art. 83 Abs. 5 lit. e DSGVO ausdrücklich nur von einer *„Nichtgewährung des Zugangs* [der Aufsichtsbehörde] unter Verstoß gegen Artikel 58 Absatz 1"* spricht. Von einem solchen *„Zugang"* ist aber explizit nur in Art. 58 Abs. 1 lit. e und lit. f DSGVO die Rede, welche sich wiederrum ausdrücklich allein an den Verantwortlichen und den Auftragsverarbeiter richten. Vor diesem Hintergrund wäre eine Auslegung des Art. 83 Abs. 5 lit. e DSGVO dahingehend, dass dieser auch Verstöße gegen die Informationspflicht des Vertreters gem. Art. 58 Abs. 1 lit. a DSGVO bebußt, wegen des Bestimmtheitsgrundsatzes und des Analogieverbots problematisch. Beide Grundsätze sind als Ausfluss des fundamentalen Gesetzlichkeitsprinzips auch im Rahmen von Sanktionsnormen ohne strafrechtlichen Charakter zu beachten[66].

d) Haftung des Verantwortlichen bzw. des Auftragsverarbeiters

3.59 Im Innenverhältnis haftet der Verantwortliche bzw. Auftragsverarbeiter dem Unionsvertreter nach allgemeinen Regeln, insbesondere können sich bei Pflichtverletzungen Schadensersatzansprüche gem. § 280 Abs. 1 BGB ergeben. Im Außenverhältnis bleibt der Verantwortliche bzw. Auftragsverarbeiter ungeachtet der Vertreterbenennung schon gem. Art. 27 Abs. 5 DSGVO aus der Verordnung verpflichtet. Er hat weiterhin für die Erfüllung seiner Pflichten einzustehen (z.B. die Betroffenenrechte gem. Art. 15 ff. DSGVO zu erfüllen) und kann bei Pflichtverletzungen zum Schadensersatz verpflichtet sein (z.B. Art. 82 DSGVO). Seine Bußgeldhaftung richtet sich nach Art. 83 DSGVO, wobei ihm durch den Vertreter verursachte Verstöße gegen seine Pflichten zuzurechnen sein dürften. Die Verletzung der eigenen „Katalogpflichten" des Vertreters (Art. 30, Art. 31, Art. 58 Abs. 1 lit. a DSGVO) sollten aber keine Bußgeldhaftung des Verantwortlichen bzw. Auftragsverarbeiters auslösen. In diesen Pflichtverletzungen liegt nicht automatisch zugleich eine Pflichtverletzung des Verantwortlichen bzw. Auftragsverarbeiters.

e) Haftungsregelung

3.60 Die Haftungsregelung geht im Grundsatz in Ziff. 8.1 davon aus, dass die Parteien einander nach den gesetzlichen Bestimmungen auf Schadensersatz haften, soweit der Vertrag nichts anderes bestimmt. Es ist zu erwarten, dass ein Auftragnehmer insoweit regelmäßig auf eine insbesondere mit Blick auf die vereinbarte Vergütung und Versicherbarkeit der Vertragsrisiken angemessene Haftungsbeschränkung

---

64 A.A. *Martini* in Paal/Pauly, Art. 27 DSGVO Rz. 5; *Piltz* in Gola, Art. 27 DSGVO Rz. 47.

65 A.A. *Hanloser* in BeckOK DatenschutzR, Art. 27 DSGVO Rz. 14.

66 EuGH v. 25.9.1984 – 117/83, BeckRS 2004, 71319 Rz. 11; vgl. auch Art. 7 EMRK, Art. 49 EU-Grundrechte-Charta; *Frenzel* in Paal/Pauly, Art. 83 DSGVO Rz. 19; *Lantwin*, ZD 2019, 14 (17).

drängen wird. Ziff. 8.2 stellt klar, dass die Parteien entsprechend der hier vertretenen Auffassung davon ausgehen, dass der Auftragnehmer Dritten gegenüber nicht in die Pflichten des Auftraggebers nach der DSGVO eintritt, sondern ihn nur die Pflichten gem. Art. 30, Art. 31, Art. 58 Abs. 1 lit. a DSGVO treffen. Die Ziff. 8.3 bis 8.6 flankieren dieses Verständnis von der Haftungsverteilung mit einer entsprechenden verschuldensunabhängigen Freistellungsregelung. Eine derartige Regelung dürfte allein mit Blick auf die bislang fehlende Aufsichtspraxis und Rechtsprechung zur Pflichten- und Haftungsverteilung in der Regel erforderlich sein. Hierin dürfte auch ein Schwerpunkt der Vertragsverhandlungen liegen.

10. Informationsrechte und Kontrollbefugnisse (Ziff. 9)

M 3.1.9 Informationsrechte und Kontrollbefugnisse

3.61

9. Informationsrechte und Kontrollbefugnisse

9.1 Der Auftragnehmer überlässt dem Auftraggeber auf Verlangen alle erforderlichen Informationen zum Nachweis der Einhaltung seiner Verpflichtungen nach diesem Vertrag.

9.2 Der Auftraggeber ist zur Prüfung der Einhaltung der Bestimmungen dieses Vertrags durch den Auftragnehmer berechtigt. Er kann Prüfungen selbst oder durch einen beauftragten Dritten vornehmen. Der Auftragnehmer wird den Auftraggeber bei den Prüfungen im Rahmen des Erforderlichen unterstützen.

Ziff. 9 räumt dem Auftraggeber Informationsrechte und Kontrollbefugnisse zur Prüfung der ordnungsgemäßen Vertragsdurchführung ein. Auch ohne entsprechende Regelung stehen dem Auftraggeber die Auskunftsrechte gem. § 675 Abs. 1, § 666 BGB zu.

3.62

11. Vertraulichkeit (Ziff. 10)

M 3.1.10 Vertraulichkeit

3.63

10. Vertraulichkeit

10.1 Der Auftragnehmer wird alle im Zusammenhang mit diesem Vertrag erlangten vertraulichen Informationen des Auftraggebers – insbesondere Geschäftsgeheimnisse im Sinne von § 2 Nr. 1 GeschGehG (Geschäftsgeheimnis-Schutzgesetz) – vertraulich behandeln, insbesondere nicht an Dritte weitergeben oder anders als zur Erfüllung oder Durchsetzung seiner Rechte und Pflichten aus diesem Vertrag verwenden. Der Auftragnehmer wird angemessene Maßnahmen treffen, um die Vertraulichkeit vertraulicher Informationen zu gewährleisten, mindestens aber angemessene Geheimhaltungsmaßnahmen im Sinne von § 2 Nr. 1 lit. b GeschGehG ergreifen.

10.2 Keine vertraulichen Informationen sind Informationen, die:

10.2.1 im Zeitpunkt der Überlassung allgemein bekannt oder der Öffentlichkeit zugänglich waren oder dies danach ohne Mitwirkung des Auftragnehmers werden;

10.2.2 der Auftragnehmer im Zeitpunkt der Überlassung durch den Auftraggeber ohne Verpflichtung zur Vertraulichkeit bereits besessen hat; oder

10.2.3 der Auftragnehmer zu einem späteren Zeitpunkt rechtmäßig von einem Dritten ohne Verpflichtung zur Vertraulichkeit erhalten hat.

Im Zweifel sind sämtliche Informationen des Auftragsgebers als vertrauliche Informationen zu behandeln und eine Klärung der Vertraulichkeit durch den Auftraggeber herbeizuführen.

10.3 Die Verpflichtung zur Vertraulichkeit besteht nicht, soweit die Information durch den Auftraggeber schriftlich als nicht vertraulich freigegeben wurde.

10.4 Die Verpflichtung zur Vertraulichkeit besteht ferner nicht, soweit eine Pflicht zur Offenbarung der vertraulichen Informationen aufgrund zwingender gesetzlicher Regelung oder behördlicher oder gerichtlicher Anordnung besteht. In diesem Fall wird der Auftragnehmer den Auftraggeber im Rahmen des tatsächlich Möglichen und gesetzlich Zulässigen unverzüglich über die Verpflichtung zur Offenbarung informieren. Er wird sämtliche zumutbaren Schritte ergreifen, um eine Offenbarung der vertraulichen Informationen abzuwenden; in jedem Fall ist die Offenbarung auf das erforderliche Mindestmaß zu beschränken.

10.5 Als Dritte im Sinne der Ziffer 10.1 gelten nicht gesetzliche Vertreter und Mitarbeiter des Auftragnehmers, die vertrauliche Informationen im Zusammenhang mit der Durchführung dieses Vertrags zwingend benötigen und einer angemessenen Vertraulichkeitsverpflichtung unterliegen. Als Dritte gelten ebenfalls nicht Berater des Auftragnehmers, die in ihrer Tätigkeit einer Berufsverschwiegenheitspflicht unterliegen (z.B. Anwälte, Steuerberater und Wirtschaftsprüfer).

10.6 Die Vertraulichkeitsverpflichtung nach dieser Ziffer 10 gilt auch nach Beendigung dieses Vertrags fort.

3.64 Anders als etwa für den Datenschutzbeauftragten (s. Art. 38 Abs. 5 DSGVO) nimmt die DSGVO nicht ausdrücklich auf Geheimhaltungs- bzw. Vertraulichkeitsverpflichtungen des Unionsvertreters Bezug. Dennoch ist auch der Unionsvertreter jedenfalls aufgrund vertraglicher Nebenpflicht gem. § 241 Abs. 2 BGB zur Geheimhaltung vertraulicher Informationen des Auftraggebers verpflichtet. Ziff. 10 des Vertragsmusters greift diese bestehende Verpflichtung des Auftragnehmers (insoweit klarstellend) auf und gestaltet sie näher aus. Durch den Hinweis auf die Vertraulichkeitspflicht fördert die Klausel zugleich die durch den Auftraggeber zu gewährleistende Vertraulichkeit der Datenverarbeitung (Art. 5 Abs. 1 lit. f, Art. 32 Abs. 1 lit. b DSGVO). Eine angemessene Verpflichtung der mit der Verarbeitung betrauten Personen auf die Vertraulichkeit wird von der DSGVO als selbstverständliches Erfordernis vorausgesetzt (vgl. Art. 28 Abs. 3 Satz 2 lit. b DSGVO).

12. Unterauftragnehmer (Ziff. 11)

3.65 **M 3.1.11 Unterauftragnehmer**

11. Unterauftragnehmer

Der Auftragnehmer wird sich zur Erfüllung seiner Tätigkeit Unterauftragnehmern nur nach vorheriger schriftlicher Zustimmung des Auftraggebers bedienen.

3.66 Die Zulässigkeit der Einschaltung von Unterauftragnehmern wird in Ziff. 11 von der vorherigen schriftlichen Zustimmung des Auftraggebers abhängig gemacht. Die Regelung trägt zum einen dem Umstand Rechnung, dass der Beauftragung des Unionsvertreters regelmäßig ein besonderes Vertrauensverhältnis zugrunde liegt. Bei Verletzung der Pflichten des Auftragnehmers ist der Auftraggeber im Außenverhältnis erheblichen Haftungsrisiken ausgesetzt (vgl. insb. Art. 82 und Art. 83 DSGVO). Schon deswegen hat er ein erhebliches Interesse daran, dass der Unionsvertreter seine Aufgaben persönlich erfüllt und nicht an beliebige, ihm unbekannte Dritte weiterdelegiert. Zum anderen soll die Bestimmung der einer Unterbeauftragung regelmäßig immanenten Weitergabe vertraulicher Informationen entgegenwirken. Auch ohne eine ausdrückliche Klausel im Vertrag dürften Unterbeauftragungen durch den Unionsvertreter aufgrund der Regelung der § 675 Abs. 1, § 613 BGB ausgeschlossen sein. Da es sich insoweit allerdings „nur" um eine Zweifelsfallregelung handelt, erscheint das im Muster enthaltene Zustimmungsbedürfnis für Unterbeauftragungen jedenfalls als Klarstellung sinnvoll.

13. Abtretung, Zurückbehaltungsrechte (Ziff. 12)

M 3.1.12 Abtretung, Zurückbehaltungsrechte 3.67

12. Abtretung, Zurückbehaltungsrechte

12.1 Der Auftragnehmer ist zur Abtretung von Ansprüchen aus oder im Zusammenhang mit diesem Vertrag nur mit vorheriger schriftlicher Zustimmung des Auftraggebers berechtigt. § 354a HGB bleibt von dieser Regelung unberührt.

12.2 Der Auftragnehmer ist gegenüber dem Auftraggeber nur zur Aufrechnung bzw. zur Ausübung von Zurückbehaltungsrechten berechtigt, wenn der betreffende Gegenanspruch unbestritten oder rechtskräftig festgestellt ist. Abweichend hiervon sind Zurückbehaltungsrechte des Auftragnehmers gegenüber Ansprüchen des Auftraggebers gemäß Ziffer 5 ausgeschlossen.

Ziff. 12.1 verbietet im Rahmen des gesetzlich Zulässigen die Abtretung von Ansprüchen aus dem Vertrag durch den Auftragnehmer. Die Regelung soll im Wesentlichen das Risiko einer Offenbarung vertraulicher Informationen des Auftraggebers aufgrund des Auskunftsanspruchs des Zessionars gegenüber dem Zedenten gem. § 402 BGB verhindern. 3.68

Ziff. 12.2 beschränkt potentielle Aufrechnungs- und Zurückbehaltungsrechte des Auftragnehmers. Die Zurückbehaltung der Leistungen des Auftragnehmers kann dazu führen, dass der Auftraggeber seine Pflichten nach der DSGVO nicht erfüllen kann. Insbesondere kann es zu einer Verletzung von Betroffenenrechten kommen. Im Außenverhältnis wäre hierfür der Auftraggeber verantwortlich. Ihm drohen u.a. Schadensersatzansprüche betroffener Personen (Art. 82 DSGVO). Ferner sind Geldbußen bis zu EUR 20 Mio. bzw. 4 % des weltweiten Jahresumsatzes denkbar (Art. 83 Abs. 5 DSGVO, s. dort insb. lit. b). Ein Regress bei dem Auftragnehmer ist bei bestehendem Zurückbehaltungsrecht ausgeschlossen. Eine Beschränkung der Zurückbehaltungsrechte erscheint daher zweckmäßig. 3.69

14. Schlussbestimmungen (Ziff. 13)

M 3.1.13 Schlussbestimmungen 3.70

13. Schlussbestimmungen

13.1 Dieser Vertrag beinhaltet die vollständigen Vereinbarungen der Parteien in Bezug auf den Vertragsgegenstand. Nebenabreden bestehen nicht.

13.2 Änderungen, Ergänzungen oder eine Aufhebung dieses Vertrags bedürfen – soweit hierin nichts anderes bestimmt ist – zu ihrer Rechtswirksamkeit der Schriftform. Dies gilt auch für eine Aufhebung des Schriftformerfordernisses selbst.

13.3 Sollten einzelne Bestimmungen dieses Vertrags ganz oder teilweise unwirksam sein oder werden, wird hierdurch die Wirksamkeit des Vertrags im Übrigen nicht berührt. Die Parteien werden die unwirksame Bestimmung durch eine dieser nach Sinn und Zweck möglichst nahekommende wirksame Bestimmung ersetzen. Die vorstehende Regelung gilt im Falle unbeabsichtigter Vertragslücken entsprechend.

13.4 Dieser Vertrag unterliegt materiellem deutschen Recht unter Ausschluss der Kollisionsregeln des internationalen Privatrechts. Zur Klarstellung: Das Übereinkommen der Vereinten Nationen über Verträge über den internationalen Warenkauf gilt nicht.

13.5 Alleiniger Gerichtsstand für alle Streitigkeiten aus und im Zusammenhang mit diesem Vertrag ist ..., Deutschland, soweit kein abweichender ausschließlicher Gerichtsstand begründet ist.

Ziff. 13 trifft die gängigen Schlussbestimmungen. 3.71

§ 4
Geheimhaltungsvereinbarung

Literatur: *Braun/Wybitul*, Übermittlung von Arbeitnehmerdaten bei Due Diligence – Rechtliche Anforderungen und Gestaltungsmöglichkeiten, BB 2008, 782; *Burghardt-Richter/Bode*, Geschäftsgeheimnisschutzgesetz: Überblick und Leitfaden für Unternehmen zur Wahrung ihrer Geschäftsgeheimnisse, BB 2019, 2697; *Göpfert/Meyer*, Datenschutz bei Unternehmenskauf: Due Diligence und Betriebsübergang, NZA 2011, 486; *Hüffer/Koch*, Aktiengesetz, 14. Aufl. 2020; *Körber*, Geschäftsleitung der Zielgesellschaft und due diligence bei Paketerwerb und Unternehmenskauf, NZG 2002, 263; *Sander/Schumacher/Kühne*, Weitergabe von Arbeitnehmerdaten in Unternehmenstransaktionen, ZD 2017, 105; *Schiffer/Bruß*, Due Diligence beim Unternehmenskauf und vertragliche Vertraulichkeitsvereinbarungen, BB 2012, 847; *Söbbing*, Sind Non Disclosure Agreements wirklich notwendig?, GWR 2010, 237; *Tribess/Spitz*, Datenschutz im M&A Prozess, GWR 2019, 261; *Voigt/Herrmann/Grabenschröer*, Das neue Geschäftsgeheimnisgesetz – praktische Hinweise zu Umsetzungsmaßnahmen für Unternehmen, BB 2019, 142; *Werder/Kost*, Vertraulichkeitsvereinbarungen in der M&A-Praxis, BB 2010, 2903.

A. Einleitung

I. Allgemeines

Geheimhaltungsvereinbarungen dienen regelmäßig der Ergänzung gesetzlich (bspw. nach § 4 Gesch- 4.1
GehG bzw. §§ 17 f. UWG a.F.[1], §§ 202a ff. StGB) oder vertraglich (als Nebenpflicht) bereits bestehender Verschwiegenheitspflichten. Isolierte Geheimhaltungsvereinbarungen wie der vorliegende Entwurf bieten sich insbesondere dann an, wenn im Vorfeld der Anbahnung eines Vertragsverhältnisses sensitive Informationen ausgetauscht werden sollen, um den Vertragsparteien die Prüfung eines Vertragsabschlusses zu ermöglichen. Nachdem die gesetzlich bestehenden Vertraulichkeitspflichten nicht jede, sondern nur bestimmte Informationen (bspw. **Geschäfts- und Betriebsgeheimnisse**[2]) erfassen, und vorvertragliche Verpflichtungen der Parteien im Rahmen der Vertragsanbahnung (vgl. § 241 Abs. 2, § 311 Abs. 2 Nr. 1, 2 BGB) nicht in jedem Fall eine Verschwiegenheitspflicht bezüglich der ausge-

---

1 Vgl. BT-Drucks. 19/4724, 40; zur Anwendbarkeit der aufgehobenen §§ 17–19 UWG auf Altfälle vgl. *Wabnitz/Janovsky/Schmitt/Möhrenschlager*, Handbuch Wirtschafts- und Steuerstrafrecht, 5. Aufl. 2020, Kap. 16.

2 Zu den Anforderungen des Geschäftsgeheimnisgesetzes s. *Fuhlrott* in BeckOK GeschGehG, § 2 GeschGehG Rz. 20, 66 sowie *Rosenthal/Hamann*, NJ 2019, 321 (324); *Vogt/Hermann/Grabenschroer*, BB 2019, 142; *Burghart-Richter/Bode*, BB 2019, 2697 (2701); *Apel/Walling*, DB 2019, 891 (895).

tauschten Informationen beinhalten, ist eine explizite vertragliche Regelung ratsam[3]. Zudem kann eine Geheimhaltungsvereinbarung bei der Durchsetzung von Ansprüchen nach dem GeschGehG den Nachweis einer angemessenen Geheimhaltungsmaßnahme i.S.v. § 2 Abs. 1 Nr. 2 lit. b GeschGehG erleichtern[4].

II. Ausgangssituation

4.2 Das vorliegende Muster geht von einer beabsichtigten Unternehmenstransaktion aus und ist im Interesse der offen legenden Partei formuliert. Es ist jedoch grundsätzlich auch für andere Situationen, bspw. die Anbahnung eines Kooperationsvertrags, verwendbar. Die Regelungen im Muster wären dann entsprechend anzupassen.

4.3 Soweit – wie im vorliegenden Beispiel – im Vorfeld einer möglichen Unternehmenstransaktion Informationen ausgetauscht werden, kann sich die Notwendigkeit einer Geheimhaltungsvereinbarung bereits aus Verpflichtungen der Geschäftsleitung ergeben. Bspw. unterliegt der Vorstand einer AG einer strafbewehrten **Verschwiegenheitspflicht** (vgl. § 93 Abs. 1 Satz 3 AktG, § 404 Abs. 1 Nr. 1 AktG)[5]. Auch der GmbH-Geschäftsführer ist zur Verschwiegenheit verpflichtet[6]. Zwar tritt diese Verpflichtung zurück, wenn die Offenlegung den Interessen der Gesellschaft dient und das Organmitglied hiermit also gerade seine Geschäftsführungspflichten erfüllt[7]. Bzgl. der Informationserteilung im Rahmen einer **Due Diligence-Prüfung** erfordert dies aber zum einen, dass diese für das Zustandekommen der beabsichtigten Transaktion unabdingbar ist[8]. Zum anderen trifft das Organmitglied die Pflicht, die Geheimhaltungsinteressen der Gesellschaft durch geeignete Geheimhaltungsvereinbarungen zu sichern[9]. Wird der Prozess von der Geschäftsleitung gesteuert, ist ein Zustimmungsbeschluss der jeweiligen Gremien (Vorstands- bzw. Gesellschafterbeschluss) zu empfehlen.

4.4 Auch sonstige Geheimhaltungspflichten bleiben durch die Geheimhaltungsvereinbarung im Grundsatz selbstverständlich unberührt. D.h. die offenlegende Partei hat jeweils zu prüfen, ob und unter welchen Voraussetzungen sie die betreffende Information weitergeben darf. Vertragliche Verschwiegenheitspflichten gegenüber Dritten sind – sofern nichts anderes vereinbart ist – trotz der Geheimhaltungsvereinbarung einzuhalten[10]. Bei börsennotierten AG sind bspw. das Verbot, **Insiderinformationen** offen zu legen, sowie **Veröffentlichungspflichten** zu beachten (vgl. Art. 14 ff. der Marktmissbrauchsverordnung – Verordnung (EU) Nr. 596/2014). Besonders kritisch kann die Offenlegung vertraulicher Informationen im Rahmen einer Due Diligence werden, wenn es sich bei den Parteien um Wettbewerber handelt. In diesem Fall ist nicht nur im Eigeninteresse darauf zu achten, dass dem Gegenüber keine sensiblen Daten überlassen werden, deren Offenlegung schon per se einen irreparablen Schaden darstellt, der über eine Vertraulichkeitsverpflichtung gar nicht (mehr) verhindert bzw. beseitigt werden kann. Hinzu kommt, dass man sich bei einem Austausch solcher Daten mit einem Wettbewerber unter Umständen auch dem Vorwurf einer unzulässigen abgestimmten Verhaltensweise (§ 1 GWB, Art. 101 AEUV) mit den entsprechenden Sanktionen aussetzen kann. Insbesondere in derartigen Fällen wird es sich anbieten, Informationen lediglich stufenweise und besonders sensitive Informationen zunächst nur gesetzlichen Verschwiegenheitspflichten unterliegenden Dritten zugänglich zu machen, welche diese für den Interessenten ohne Offenlegung von Details bewerten.

---

3 Vgl. hierzu auch *Werder/Kost*, BB 2010, 2903 (2905).
4 *Jansen/Hofmann*, BB 2020, 259 (260); *Maaßen*, GRUR 2019, 352 (360).
5 *Körber*, NZG 2002, 263 (266).
6 *Körber*, NZG 2002, 263 (266).
7 *Schiffer/Bruß*, BB 2012, 847 (849); *Hüffer/Koch*, § 93 AktG Rz. 8.
8 *Hüffer/Koch*, § 93 AktG Rz. 32.
9 *Hüffer/Koch*, § 93 AktG Rz. 32.
10 *Schiffer/Bruß*, BB 2012, 847 (850/851).

Die **Übermittlung personenbezogener Daten im Rahmen einer Due Diligence-Prüfung** ist an den 4.5
Vorgaben der DSGVO zu messen. Personenbezogene Daten sind alle Informationen, die sich auf eine
identifizierte oder identifizierbare natürliche Person beziehen (Art. 4 Ziff. 1 DSGVO). Die DSGVO erfordert für die Verwendung personenbezogener Daten die Einwilligung des Betroffenen (Art. 6 Abs. 1
lit. a, Art. 7 DSGVO) oder eine anderweitige Rechtfertigung nach der DSGVO (Art. 6 Abs. 1 lit. b-f
DSGVO). Im Rahmen einer Due Diligence-Prüfung werden insbesondere Mitarbeiterdaten relevant
sein. Die Einholung von Einwilligungen (Art. 6 Abs. 1 lit. a, Art. 7 DSGVO) der betroffenen Mitarbeiter wird insoweit regelmäßig nicht praktikabel sein[11]. Häufig scheitert dies schon an der bloßen Anzahl
der Mitarbeiter. Aber auch die Möglichkeit des jederzeitigen Widerrufs der Einwilligung (Art. 7 Abs. 3
DSGVO) sowie der Umstand, dass die Mitarbeiter bei Einholung der Einwilligung über den Zweck der
Datenverwendung zu informieren wären (Art. 5 Abs. 1 lit. b DSGVO), dürften einer Einwilligung
entgegenstehen. Die potentielle Transaktion würde ihnen mehr oder minder offengelegt werden
müssen. Dem stehen meist wiederum selbst Vertraulichkeitsgesichtspunkte entgegen[12]. Eine Einwilligung kommt daher allenfalls in Einzelfällen als Rechtfertigung der Weitergabe von Mitarbeiterdaten
in Betracht.

Soweit Angaben über Arbeitnehmer i.S.d. § 5 Abs. 1 BetrVG betroffen sind, kommt als Rechtferti- 4.6
gung der Datenweitergabe auch unter der DSGVO und § 26 Abs. 4 BDSG grundsätzlich eine Betriebsvereinbarung in Betracht[13]. In der Regel wird eine solche allerdings nicht vorliegen. Ein Abschluss im
konkreten Einzelfall wird an Geheimhaltungsinteressen des Unternehmens bzgl. der beabsichtigten
Transaktion scheitern. Die Weitergabe personenbezogener Mitarbeiterdaten im Rahmen einer Due Diligence-Prüfung kann auch nicht isoliert auf § 26 Abs. 1 BDSG gestützt werden. Die fragliche Datenverwendung ist nicht für die Begründung, Durchführung oder Beendigung der Beschäftigungsverhältnisse erforderlich[14].

Unter der DSGVO kann die Weitergabe personenbezogener Daten grundsätzlich über Art. 6 Abs. 4 4.7
DSGVO gerechtfertigt werden[15]. Hiernach kann eine Datenverwendung auch im Falle einer Zweckänderung unter bestimmten Voraussetzungen zulässig sein. Zwar enthält Art. 6 Abs. 1 lit. f DSGVO eine Auffangvorschrift, welche weitgehend derjenigen entspricht, die unter dem BDSG a.F. in diesem
Zusammenhang herangezogen wurde (§ 28 Abs. 2 Satz 1 Nr. 2 BDSG a.F.). Allerdings wird man Art. 6
Abs. 4 DSGVO als speziellere Regelung für den Fall einer Zweckänderung anwenden müssen. Hiernach
muss der Zweck der Verarbeitung mit demjenigen, zu dem die Daten ursprünglich erhoben wurden,
vereinbar sein. Insoweit hat der Verantwortliche insbesondere jede Verbindung zwischen neuem und
ursprünglichem Zweck (Art. 6 Abs. 4 lit. a DSGVO), den Zusammenhang, in welchem die Daten
erhoben wurden (Art. 6 Abs. 4 lit. b DSGVO), die Art der Daten (Art. 6 Abs. 4 lit. c DSGVO), die möglichen Folgen der Verarbeitung für die betroffenen Personen (Art. 6 Abs. 4 lit. d DSGVO) sowie etwaige Maßnahmen zum Schutz der Daten (bspw. Pseudonymisierung oder Verschlüsselung; Art. 6
Abs. 4 lit. e DSGVO) zu berücksichtigen. Im Ergebnis ist also – wie bei § 28 BDSG a.F. – auch unter der
DSGVO letztlich eine Interessenabwägung vorzunehmen. Im Rahmen dieser Interessenabwägung wird
nach Art. 6 Abs. 4 lit. d DSGVO zudem eine Rolle spielen, ob die Vertraulichkeit der betreffenden Daten zwischen potentiellem Veräußerer und Erwerber durch ausreichende Vertraulichkeitsvereinbarungen gewährleistet ist[16].

Ob und inwieweit personenbezogene Daten im Rahmen einer Due Diligence-Prüfung an einen poten- 4.8
tiellen Erwerber übermittelt werden dürfen, ist damit einzelfallabhängig zu entscheiden. Im Ergebnis
wird es in der Regel nicht zulässig sein, gegenüber dem potentiellen Erwerber Einzelangaben zu sämtli-

---

11 *Göpfert/Meyer*, NZA 2011, 486 (487).
12 *Göpfert/Meyer*, NZA 2011, 486 (487).
13 *Stamer/Kuhnke* in Plath, Art. 88 DSGVO Rz. 9; Erwägungsgrund 155 zur DSGVO.
14 *Göpfert/Meyer*, NZA 2011, 486 (488); *Braun/Wybitul*, BB 2008, 782 (784).
15 *Göpfert/Meyer*, NZA 2011, 486 (488); *Maschmann* in Kühling/Bucher, Art. 88 DSGVO Rz. 21; *Schulz*
   in Gola, Art. 6 DSGVO Rz. 202.
16 *Schulz* in Gola, Art. 6 DSGVO Rz. 204; *Braun/Wybitul*, BB 2008, 782 (785).

chen Mitarbeitern des Unternehmens zu offenbaren; vielmehr sind diese **Angaben** zu **anonymisieren** bzw. – wie Art. 6 Abs. 4 lit. e DSGVO nunmehr ausdrücklich erwähnt – zu **pseudonymisieren**[17]. Anders kann dies nur in Ausnahmefällen sein, insbesondere wenn eine Anonymisierung wegen der geringen Mitarbeiterzahl nicht möglich ist[18]. Offen gelegt werden dürfen personenbezogene Angaben im Übrigen in der Regel allenfalls bei Organmitgliedern und wichtigen Führungskräften[19]. Die Übermittlung besonderer Kategorien personenbezogener Daten (Art. 9 Abs. 1 DSGVO), d.h. Daten, aus denen die rassische und ethnische Herkunft, politische Meinungen, religiöse oder weltanschauliche Überzeugungen oder Gewerkschaftszugehörigkeit hervorgehen, sowie von genetischen Daten, biometrischen Daten zur eindeutigen Identifizierung einer natürlichen Person, Gesundheitsdaten oder Daten zum Sexualleben oder der sexuellen Orientierung, lässt sich in der Due Diligence-Phase ohne Einwilligung des Mitarbeiters grundsätzlich nicht rechtfertigen[20]. Art. 6 Abs. 4 lit. c DSGVO stellt insoweit klar, dass die Art der Daten bei der Zulässigkeit der Verarbeitung im Falle einer Zweckänderung zu berücksichtigen ist.

4.9 Nicht ganz unproblematisch ist, wie man auf Seiten des Verantwortlichen mit der im Falle einer Zweckänderung nach Art. 6 Abs. 4 DSGVO grundsätzlich vorher bestehenden Informationspflicht gegenüber den oder dem Auskunftsrecht der betroffenen Personen umgeht (Art. 13 Abs. 3, Art. 15 DSGVO). Allgemein wird eine solche vorherige Information oder Auskunft, insbesondere aufgrund bestehender Vertraulichkeitsverpflichtungen, nicht in Betracht kommen. Eine allgemeine Grundlage, auf die, etwa im Rahmen der Interessenabwägung nach Art. 6 Abs. 4 DSGVO, eine Ausnahme von der Informationsplicht gestützt werden könnte, findet sich in der DSGVO nicht[21]. Allerdings hat der deutsche Gesetzgeber auf Basis von Art. 88 DSGVO durch § 29 BDSG gewisse Einschränkungen der Informations- und Auskunftspflichten nach der DSGVO statuiert. So besteht das Auskunftsrecht nach Art. 15 DSGVO nicht, wenn durch die Erteilung der Auskunft Informationen offenbart würden, die nach einer Rechtsvorschrift oder ihrem Wesen nach, insbesondere wegen der überwiegenden berechtigten Interessen eines Dritten, geheim gehalten werden müssen (§ 29 Abs. 1 Satz 2 BDSG). Weiter besteht keine Informationspflicht nach Art. 13 Abs. 3 DSGVO, wenn im Rahmen eines Mandatsverhältnisses Daten an einen Berufsgeheimnisträger übermittelt werden, sofern nicht das Interesse der betroffenen Person an der Informationserteilung überwiegt (§ 29 Abs. 2 BDSG). Im Ergebnis wird man sich daher im Hinblick auf ein Auskunftsersuchen, insbesondere im Falle einer üblichen Geheimhaltungsvereinbarung, auf die berechtigten Interessen des Vertragspartners berufen können. Was die im Übrigen diskutierte Regelung der Informationspflicht nach Art. 13 Abs. 3 DSGVO betrifft, ist derzeit keine rechtssichere Lösung ersichtlich[22]. Eine Weitergabe, insbesondere von Klardaten, an die Rechtsanwälte der Gegenseite ist durch den Wortlaut der Norm jedenfalls nicht gedeckt. Es empfiehlt es sich indes, die betreffenden Daten allenfalls anonymisiert über die eigenen beratenden Rechtsanwälte, bspw. in einem dort eingerichteten Datenraum, zugänglich zu machen.

Die Geheimhaltungsvereinbarung kann auf der Seite des Empfängers grundsätzlich nicht dessen Auskunftspflichten gegenüber Dritten einschränken. Eine Art „mittelbare Drittwirkung" ist aber insbesondere im Verhältnis zwischen Empfänger und dessen Gesellschaftern denkbar. Ist zu besorgen, dass der Gesellschafter ihm erteilte Informationen treuwidrig an Dritte weiterleiten wird, kann der Empfänger bspw. einem **Auskunftsverlangen** gem. § 51a Abs. 1 GmbHG den Rechtsmissbrauchseinwand entgegenhalten[23]. Die Treuwidrigkeit der Weiterleitung kann sich insbesondere daraus ergeben, dass auf-

---

17 *Plath* in Plath, § 28 BDSG Rz. 66; *Göpfert/Meyer*, NZA 2011, 486 (489); *Braun/Wybitul*, BB 2008, 782 (785).

18 *Schulz* in Gola, Art. 6 DSGVO Rz. 209; *Göpfert/Meyer*, NZA 2011, 486 (489); *Braun/Wybitul*, BB 2008, 782 (785).

19 *Schulz* in Gola, Art. 6 DSGVO Rz. 203; *Göpfert/Meyer*, NZA 2011, 486 (489); *Braun/Wybitul*, BB 2008, 782 (785).

20 *Göpfert/Meyer*, NZA 2011, 486 (489); *Braun/Wybitul*, BB 2008, 782 (785/786).

21 *Sander/Schumacher/Kühne*, ZD 2017, 105 (110).

22 Ausführlich dazu *Tribess/Spitz*, GWR 2019, 261 (264); *Bach*, EuZW 2020, 175 (178).

23 Für einen vergleichbaren Fall *Schiffer/Bruß*, BB 2012, 847 (850).

grund der Geheimhaltungsvereinbarung und dem damit in der Regel verbundenen erhöhten Haftungsrisiko (Vertragsstrafe) ein besonderer Geheimhaltungsbedarf des Empfängers besteht[24].

B. Geheimhaltungsvereinbarung

I. Muster – deutsch

M 4.1 Geheimhaltungsvereinbarung   4.10

Geheimhaltungsvereinbarung

zwischen

…

*(nachfolgend auch „…" oder „**offen legende Partei**" genannt)*

und

…

*(nachfolgend auch „…" oder „**empfangende Partei**" genannt)*

*– beide Vertragsparteien nachfolgend auch einzeln „**Partei**" und gemeinsam „**Parteien**" genannt –*

Präambel[25]

… prüft die Möglichkeit, sich an … zu beteiligen. Vorher wird eine Due-Diligence Prüfung stattfinden. In diesem Zusammenhang werden auch vertrauliche Informationen offen gelegt werden. Diese Vereinbarung soll dem Schutz vertraulicher Informationen dienen, die der empfangenden Partei zu vorgenanntem Zweck offenbart werden. Ausschließlicher Zweck der Weitergabe der vertraulichen Informationen im Rahmen dieser Vereinbarung ist es, dass sich die Parteien über einen möglichen Vertragsschluss klar werden.

Vor diesem Hintergrund vereinbaren die Parteien Folgendes:

1. Überlassung von Informationen[26]

Die empfangende Partei wird von der offen legenden Partei bzw. von den von ihr beauftragten Beratern Informationen zu dem in der Präambel genannten Zweck erhalten. Die offen legende Partei ist hinsichtlich Gegenstand und Umfang der zu überlassenden Informationen frei. Informationen im Sinne dieser Geheimhaltungsvereinbarung sind sämtliche Informationen, die der empfangenden Partei von der offen legenden Partei zur Verfügung gestellt werden, insbesondere Geschäftsgeheimnisse gemäß § 2 Nr. 1 GeschGehG (Geschäftsgeheimnisgesetz) sowie Informationen im Sinne von Geschäftsgeheimnissen, für die keine angemessenen Schutzmaßnahmen im Sinne von § 2 Nr. 1 lit. b GeschGehG getroffen wurden. Die empfangende Partei hat keinen Anspruch auf die Überlassung bestimmter Informationen und darf die überlassenen Informationen ausschließlich zu dem in der Präambel genannten Zweck verwenden. Die offen legende Partei behält sämtliche Rechte an den überlassenen Informationen.

2. Vertraulichkeit[27]

Hinsichtlich der von der offen legenden Partei überlassenen Informationen gilt Folgendes:

2.1 Die empfangende Partei ist verpflichtet, sämtliche von der offen legenden Partei bzw. ihren Beratern erhaltenen Informationen vertraulich zu behandeln, d.h. diese weder direkt noch indirekt Dritten in irgend-

---

24 Ausführlich *Schindler* in BeckOK GmbHG, § 51a GmbHG Rz. 46, 60 f.
25 Zu den Erläuterungen siehe Rz. 4.12.
26 Zu den Erläuterungen siehe Rz. 4.14.
27 Zu den Erläuterungen siehe Rz. 4.16 ff.

einer Form – weder mündlich noch schriftlich oder auf andere Weise – zu offenbaren, es sei denn in dieser Vereinbarung ist ausdrücklich etwas Abweichendes geregelt.

2.2 *Die Verpflichtung zur Vertraulichkeit gilt nicht bzw. nicht mehr für solche Informationen, für welche die empfangende Partei nachweisen kann, dass*

- *die Information von der empfangenden Partei unabhängig von den von der offen legenden Partei erlangten Informationen entwickelt worden ist;*

- *die Information zum Zeitpunkt der Offenlegung durch die offen legende Partei der empfangenden Partei bereits bekannt ist;*

- *sie diese nach der Offenlegung durch die offen legende Partei rechtmäßig von einem Dritten ohne Verletzung einer Vertraulichkeitspflicht erlangt hat;*

- *die Information zum Zeitpunkt der Offenlegung durch die offen legende Partei allgemein bekannt ist oder nach Offenlegung allgemein bekannt wird;*

- *sie zu der Weitergabe vorab ausdrücklich schriftlich von der offen legenden Partei ermächtigt worden ist; oder*

- *sie aufgrund einer Rechtsvorschrift oder behördlichen Anordnung zur Weitergabe verpflichtet ist. In diesem Fall hat die empfangende Partei die offen legende Partei – soweit zulässig – über die beabsichtigte Weitergabe vorab schriftlich zu informieren und die gesetzlich zulässigen und erforderlichen Vorkehrungen zu treffen, um den Umfang der Weitergabe so gering wie möglich zu halten.*

2.3 *Die empfangende Partei muss die erforderliche Sorgfalt verwenden, um sämtliche nach diesem Vertrag erhaltenen Informationen vertraulich zu behandeln und insbesondere angemessene Geheimhaltungsmaßnahmen im Sinne des § 2 Abs. 1 Nr. 2 lit. b GeschGehG ergreifen. Die empfangende Partei ist berechtigt, die erhaltenen Informationen ihren Angestellten oder Beratern zugänglich zu machen, soweit dies nach dem Vertragszweck dieser Vereinbarung erforderlich ist. In diesem Fall hat die empfangende Partei diese Angestellten und Berater, sofern sie nicht zur beruflichen Verschwiegenheit verpflichtet sind, entsprechend dieser Vereinbarung, insbesondere auch zur Herausgabe bzw. Vernichtung der erhaltenen Informationen gemäß Ziffer 2.4, zu verpflichten. Die empfangende Partei steht für Verletzungen der Pflichten nach dieser Vereinbarung durch ihre Angestellten oder Berater ein. Sie wird der empfangenden Partei auf deren Wunsch eine schriftliche Liste aller Personen überlassen, denen die Informationen weitergegeben wurden.*

2.4 *Nach Aufforderung durch die offen legende Partei, spätestens jedoch [einen] Monat nach (I) erfolglosem Abbruch oder Beendigung der Vertragsverhandlungen oder (II) Abschluss der Due Diligence, wenn daraufhin keine Vertragsverhandlungen aufgenommen werden, sind die überlassenen Informationen, Unterlagen und Dateien einschließlich etwaiger Vervielfältigungsstücke hiervon nach Wahl der offen legenden Partei unverzüglich zurückzugeben oder zu vernichten bzw. zu löschen. Die Verpflichtung der empfangenen Partei schließt die Vernichtung oder Löschung der auf Basis der vertraulichen Informationen selbst oder von Dritten erstellten Berichte, Zusammenfassungen oder Bewertungen ein. Ein Zurückbehaltungsrecht besteht nicht. Die empfangende Partei verpflichtet sich, die vollständige Herausgabe bzw. erfolgte Vernichtung oder Löschung der erhaltenen Informationen, Unterlagen und Dateien sowie die auf Basis der vertraulichen Informationen erstellten Berichte, Zusammenfassungen oder Bewertungen – auch durch die von ihr eingeschalteten Dritten – schriftlich zu bestätigen.*

2.5 *Die Vertraulichkeitsverpflichtung gilt unbefristet und unabhängig von der Beendigung der Due Diligence oder Aufnahme und Beendigung von Vertragsverhandlungen fort.*

2.6 *Die empfangende Partei ist verpflichtet, die offen legende Partei unverzüglich über jeden ihr bekannt werdenden Verstoß oder Verdacht eines Verstoßes gegen die Verpflichtungen aus dieser Vereinbarung zu informieren.*

2.7 *Für jeden Fall der Verletzung der in dieser Vereinbarung geregelten Pflichten durch die empfangende Partei oder einen ihrer Mitarbeiter oder Berater ist diese verpflichtet, der offen legenden Partei eine Vertragsstrafe in Höhe von [50 000] EUR zu bezahlen. Das Recht zur Geltendmachung eines weitergehenden Schadens sowie etwaiger Rechtsbehelfe, bspw. Maßnahmen des einstweiligen Rechtsschutzes, bleibt unberührt. Die Parteien sind sich einig, dass der offen legenden Partei im Falle einer Verletzung der Vertraulichkeit zudem die Rechte nach Abschnitt 2 des Geschäftsgeheimnisgesetzes, insbesondere die Rechte gemäß §§ 10 bis 13 GeschGehG, entsprechend zustehen.*

3. Keine Verpflichtung zum Abschluss von Verträgen[28]

Diese Vereinbarung beinhaltet keine Verpflichtung der offen legenden Partei zum Abschluss von Verträgen oder zum Eingehen weiterer Verpflichtungen mit oder gegenüber der empfangenden Partei, insbesondere nicht zum Abschluss des Beteiligungsvertrags.

4. Änderungen und Ergänzungen[29]

Änderungen und Ergänzungen zu diesem Vertrag, einschließlich dieser Regelung, bedürfen zu ihrer Wirksamkeit der Schriftform. Die Schriftform wird nur durch eigenhändige Unterzeichnung durch beide Parteien gewahrt.

5. Salvatorische Klausel[30]

Sollten einzelne Bestimmungen dieser Vereinbarung unwirksam sein oder werden, so wird die Wirksamkeit der Vereinbarung im Übrigen nicht berührt. Die Parteien werden anstelle der unwirksamen Bestimmung eine wirksame Regelung treffen, die der unwirksamen Bestimmung inhaltlich und wirtschaftlich möglichst nahe kommt. Im Falle von Regelungslücken werden die Parteien eine Regelung treffen, die sie getroffen hätten, wenn sie den betreffenden Punkt bei Abschluss der Vereinbarung bedacht hätten.

6. Anwendbares Recht und Gerichtsstand[31]

Diese Vereinbarung unterliegt deutschem Recht. Ausschließlicher Gerichtsstand und Erfüllungsort ist [Ort].

…	…
Ort, Datum	*Ort, Datum*
…	…

II. Muster – englisch

M 4.2 Non Disclosure Agreement

4.10a

Non Disclosure Agreement

between

…

(hereinafter referred to as "… or "Disclosing Party")

and

…

(hereinafter referred to as "…" or "Receiving Party")

– both contracting parties hereinafter also referred to individually as "Party" and together as "Parties" –

---

28 Zu den Erläuterungen siehe Rz. 4.24.
29 Zu den Erläuterungen siehe Rz. 4.26.
30 Zu den Erläuterungen siehe Rz. 4.26.
31 Zu den Erläuterungen siehe Rz. 4.26.

Preamble

... is examining the possibility of participating in .... A due diligence process will take place before that. In this context, confidential information will also be disclosed. This Agreement is intended to protect confidential information disclosed to the Receiving Party for the aforementioned purpose. The sole purpose of disclosing confidential information under this Agreement is to enable the Parties to understand the possibility of entering into a contract.

Against this background, the Parties agree as follows:

1. Disclosure of Information

The Receiving Party shall obtain information from the Disclosing Party or from advisors engaged by the Disclosing Party for the purpose set out in the preamble. The Disclosing Party shall be free as to the subject matter and scope of the information to be provided. Information within the meaning of this confidentiality agreement shall mean all information made available to the receiving party by the disclosing party, in particular business secrets pursuant to § 2 No. 1 GeschGehG (Geschäftsgeheimnisgesetz – German Business Secrets Act) and information within the meaning of business secrets for which no appropriate protective measures within the meaning of § 2 No. 1 lit. b GeschGehG have been taken. The Receiving Party shall have no claim to the provision of certain information and may use the information provided solely for the purpose stated in the Preamble. The Disclosing Party shall retain all rights to the information provided.

2. Confidentiality

With regard to the information provided by the Disclosing Party the following applies:

2.1 The Receiving Party is obliged to treat all information received from the Disclosing Party or its advisors as confidential, i.e. not to disclose such information, either directly or indirectly, to any third party in any form whatsoever – whether orally, in writing or otherwise – unless expressly provided otherwise in this Agreement.

2.2 The obligation of confidentiality shall not or no longer apply to such information for which the Receiving Party can prove that

– the information has been developed by the Receiving Party independently of the information obtained from the Disclosing Party;

– the information is already known to the Receiving Party at the time of disclosure by the Disclosing Party;

– it has lawfully obtained them from a third party after disclosure by the Disclosing Party without breach of any confidentiality obligation;

– the information is generally known at the time of disclosure by the Disclosing Party or becomes generally known after disclosure;

– it has been expressly authorised in advance and in writing by the Disclosing Party; or

– it is obliged to pass on such information by virtue of a legal provision or official order. In this case, the Receiving Party shall – to the extent permitted – inform the Disclosing Party in advance in writing of the intended disclosure and take the legally permissible and necessary precautions to keep the extent of disclosure as low as possible.

2.3 The Receiving Party shall use reasonable care to keep confidential all information received under this Agreement and, in particular, implement appropriate secrecy measures within the meaning of § 2 (1) No. 2 lit. b GeschGehG. The Receiving Party shall be entitled to make the information received available to its employees or consultants to the extent required by the purpose of this Agreement. In this case, the Receiving Party shall oblige such employees and consultants, unless they are bound to professional secrecy, in accordance with this Agreement, in particular to surrender or destroy the information received in accordance with Section 2.4. The Receiving Party shall be liable for violations of the obligations under this Agreement by its employees or consultants. It shall provide the Receiving Party, at its request, with a written list of all persons to whom the information has been disclosed.

2.4 Upon request by the Disclosing Party, but no later than [one] month after (I) unsuccessfully terminating or terminating the contractual negotiations **or** (II) concluding the due diligence, if no contractual negotiations are subsequently commenced, the information, documents and files provided, including any copies thereof, shall be returned immediately or destroyed or deleted at the discretion of the Disclosing Party. The obligation of the Receiving Party shall include the destruction or deletion of any reports, summaries or assessments prepared on the basis of the confidential information itself or by third parties. There is no right of retention. The Receiving Party undertakes to confirm in writing the complete surrender or destruction or deletion of the information, documents and files received as well as the reports, summaries or evaluations prepared on the basis of the Confidential Information – also by third parties engaged by the Receiving Party.

2.5 The confidentiality obligation shall continue to apply indefinitely and independently of the termination of the due diligence or the commencement and termination of contractual negotiations.

2.6 The Receiving Party shall be obligated to notify the Disclosing Party without delay of any violation or suspected violation of the obligations under this Agreement of which it becomes aware.

2.7 For each case of violation of the obligations set forth in this Agreement by the Receiving Party or one of its employees or consultants, the Receiving Party shall be obligated to pay the disclosing party a contractual penalty of [50 000] EUR. The right to assert further damages as well as any legal remedies, e.g. measures of interim legal protection, shall remain unaffected. The parties agree that in case of a violation of the confidentiality obligation the disclosing party shall also be also entitled to assert the rights pursuant to Section 2 of the German Business Secrets Act, in particular the rights pursuant to §§ 10 to 13 GeschGehG.

3. No obligation to conclude contracts

This Agreement does not contain any obligation of the Disclosing Party to conclude contracts or to enter into further obligations with or towards the Receiving Party, in particular not to conclude the participation agreement.

4. Amendments and supplements

Amendments and supplements to this contract, including this provision, must be in writing to be effective. The written form shall only be maintained by personal signature by both parties.

5. Salvatory Clause

Should individual provisions of this Agreement be or become invalid, the validity of the remaining provisions shall not be affected. The Parties shall replace the invalid provision with a valid provision that comes as close as possible to the invalid provision in terms of content and economic effect. In the event of loopholes, the Parties shall make a provision which they would have made if they had considered the relevant point when concluding the Agreement.

6. Applicable Law and Jurisdiction

This Agreement is subject to German law. Exclusive place of jurisdiction and place of performance is [place].

...
Place, Date
...

...
Place, Date
...

III. Erläuterungen

1. Präambel

4.11 M 4.1.1 Präambel einer Geheimhaltungsvereinbarung

Präambel

… prüft die Möglichkeit, sich an … zu beteiligen. Vorher wird eine Due-Diligence Prüfung stattfinden. In diesem Zusammenhang werden auch vertrauliche Informationen offen gelegt werden. Diese Vereinbarung soll dem Schutz vertraulicher Informationen dienen, die der empfangenden Partei zu vorgenanntem Zweck offenbart werden. Ausschließlicher Zweck der Weitergabe der vertraulichen Informationen im Rahmen dieser Vereinbarung ist es, dass sich die Parteien über einen möglichen Vertragsschluss klar werden.

Vor diesem Hintergrund vereinbaren die Parteien Folgendes:

4.12 Die Präambel stellt im Wesentlichen klar, dass die offen legende Partei der empfangenden Partei Informationen ausschließlich zur Durchführung einer Due-Diligence-Prüfung im Vorfeld einer potentiellen Unternehmenstransaktion zugänglich macht. Die Präambel eines Vertrags ist von nicht zu unterschätzender Bedeutung. Im Rahmen der Vorbemerkung werden im Regelfall der Hintergrund und die wechselseitigen Intentionen der Parteien erläutert. Dies dient nicht nur dem besseren Verständnis der getroffenen Regelungen. Die Präambel ist auch für die Auslegung der vertraglichen Vereinbarungen (§§ 133, 157 BGB) von Bedeutung, kann darüber hinaus aber auch die Geschäftsgrundlage des Vertrags (§ 313 BGB) abbilden. Die Auslegung genießt gegenüber der Anwendung der **Grundsätze zur Geschäftsgrundlage** Vorrang. Können dem Vertrag bereits durch Auslegung bestimmte Vereinbarungen für den Wegfall, die Änderung oder das Fehlen bestimmter Umstände entnommen werden, kommt die Anwendung der Grundsätze über die Geschäftsgrundlage nicht in Betracht. Der Übergang zwischen Auslegung und Geschäftsgrundlage ist allerdings fließend. Bei der Formulierung der Präambel ist vor diesem Hintergrund daher besondere Sorgfalt geboten.

2. Überlassung von Informationen (Ziff. 1)

4.13 M 4.1.2 Überlassung von Informationen

1. Überlassung von Informationen

Die empfangende Partei wird von der offen legenden Partei bzw. von den von ihr beauftragten Beratern Informationen zu dem in der Präambel genannten Zweck erhalten. Die offen legende Partei ist hinsichtlich Gegenstand und Umfang der zu überlassenden Informationen frei. Informationen im Sinne dieser Geheimhaltungsvereinbarung sind sämtliche Informationen, die der empfangenden Partei von der offen legenden Partei zur Verfügung gestellt werden, insbesondere Geschäftsgeheimnisse gemäß § 2 Nr. 1 GeschGehG (Geschäftsgeheimnisgesetz) sowie Informationen im Sinne von Geschäftsgeheimnissen, für die keine angemessenen Schutzmaßnahmen im Sinne von § 2 Nr. 1 lit. b GeschGehG getroffen wurden. Die empfangende Partei hat keinen Anspruch auf die Überlassung bestimmter Informationen und darf die überlassenen Informationen ausschließlich zu dem in der Präambel genannten Zweck verwenden. Die offen legende Partei behält sämtliche Rechte an den überlassenen Informationen.

4.14 Sinnvollerweise legt die Vereinbarung fest, ob und ggf. in welchem Umfang die offenlegende Partei verpflichtet ist, bestimmte Informationen zu überlassen. Hier wird in Ziff. 1 im Interesse der offenlegenden Partei bestimmt, dass diese frei sein soll zu entscheiden, welche Informationen weitergegeben werden. Die Regelung stellt klar, dass die überlassenen Informationen insbesondere auch Geschäftsgeheimnisse i.S.v. § 2 Nr. 1 GeschGehG beinhalten können, wobei der Schutzbereich auch auf solche Geheimnisse erweitert wird, die mangels angemessener Geheimhaltungsmaßnahmen möglicherweise nicht dem Schutz des § 2 Nr. 1 GeschGehG unterfallen. Dies greift die gesetzliche Neuregelung durch das GeschGehG[32] auf. Daneben kann man auch festlegen, dass die offenlegende Partei keinerlei Gewähr für die **Richtigkeit und Vollständigkeit der Informationen** übernimmt. Zu beachten ist allerdings, dass solche Regelungen mit Offenlegungs- und Gewährleitungspflichten im Rahmen eines später ggf. geschlossenen Kaufvertrags abzustimmen sind. Beim Unternehmenskauf bestehen weit reichende Aufklärungspflichten des Veräußerers. So ist bspw. ungefragt über sämtliche Umstände aufzuklären, die für den Käufer für den Abschluss des Vertrags von erkennbar entscheidender Bedeutung sind. Diesen Pflichten kann man sich über eine restriktive Regelung in einer vorgelagerten Verschwiegenheitsvereinbarung nicht entziehen. Zweckmäßigerweise wird man die Frage der ausgetauschten Informationen abschließend in einem sich ggf. anschließenden Kaufvertrag regeln. In jedem Fall sollte klarstellend geregelt werden, dass die empfangene Partei die Informationen ausschließlich zu dem in dem Vertrag definierten Zweck verwenden darf. Der Vorbehalt etwaiger Rechte der offenlegenden Partei an den überlassenen Informationen ist sinnvoll, bei hinreichender **Regelung des Nutzungszwecks** aber rein klarstellender Natur.

3. Vertraulichkeit (Ziff. 2)

M 4.1.3 Vertraulichkeit   4.15

2. Vertraulichkeit

Hinsichtlich der von der offen legenden Partei überlassenen Informationen gilt Folgendes:

2.1 Die empfangende Partei ist verpflichtet, sämtliche von der offen legenden Partei bzw. ihren Beratern erhaltenen Informationen vertraulich zu behandeln, d.h. diese weder direkt noch indirekt Dritten in irgendeiner Form – weder mündlich noch schriftlich oder auf andere Weise – zu offenbaren, es sei denn in dieser Vereinbarung ist ausdrücklich etwas Abweichendes geregelt.

2.2 Die Verpflichtung zur Vertraulichkeit gilt nicht bzw. nicht mehr für solche Informationen, für welche die empfangende Partei nachweisen kann, dass

- *die Information von der empfangenden Partei unabhängig von den von der offen legenden Partei erlangten Informationen entwickelt worden ist;*

- *die Information zum Zeitpunkt der Offenlegung durch die offen legende Partei der empfangenden Partei bereits bekannt ist;*

- *sie diese nach der Offenlegung durch die offen legende Partei rechtmäßig von einem Dritten ohne Verletzung einer Vertraulichkeitspflicht erlangt hat;*

- *die Information zum Zeitpunkt der Offenlegung durch die offen legende Partei allgemein bekannt ist oder nach Offenlegung allgemein bekannt wird;*

- *sie zu der Weitergabe vorab ausdrücklich schriftlich von der offen legenden Partei ermächtigt worden ist; oder*

- *sie aufgrund einer Rechtsvorschrift oder behördlichen Anordnung zur Weitergabe verpflichtet ist. In diesem Fall hat die empfangende Partei die offen legende Partei – soweit zulässig – über die beabsichtigte Weitergabe vorab schriftlich zu informieren und die gesetzlich zulässigen und erforderlichen Vorkehrungen zu treffen, um den Umfang der Weitergabe so gering wie möglich zu halten.*

2.3 Die empfangende Partei muss die erforderliche Sorgfalt verwenden, um sämtliche nach diesem Vertrag erhaltenen Informationen vertraulich zu behandeln und insbesondere angemessene Geheimhaltungsmaßnahmen im Sinne des § 2 Abs. 1 Nr. 2 lit. b GeschGehG ergreifen. Die empfangende Partei ist be-

---

32 Vgl. *Jansen/Hofmann*, BB 2020, 259 (263).

rechtigt, die erhaltenen Informationen ihren Angestellten oder Beratern zugänglich zu machen, soweit dies nach dem Vertragszweck dieser Vereinbarung erforderlich ist. In diesem Fall hat die empfangende Partei diese Angestellten und Berater, sofern sie nicht zur beruflichen Verschwiegenheit verpflichtet sind, entsprechend dieser Vereinbarung, insbesondere auch zur Herausgabe bzw. Vernichtung der erhaltenen Informationen gemäß Ziffer 2.4, zu verpflichten. Die empfangende Partei steht für Verletzungen der Pflichten nach dieser Vereinbarung durch ihre Angestellten oder Berater ein. Sie wird der empfangenden Partei auf deren Wunsch eine schriftliche Liste aller Personen überlassen, denen die Informationen weitergegeben wurden.

*2.4 Nach Aufforderung durch die offen legende Partei, spätestens jedoch [einen] Monat nach (I) erfolglosem Abbruch oder Beendigung der Vertragsverhandlungen **oder** (II) Abschluss der Due Diligence, wenn daraufhin keine Vertragsverhandlungen aufgenommen werden, sind die überlassenen Informationen, Unterlagen und Dateien einschließlich etwaiger Vervielfältigungsstücke hiervon nach Wahl der offen legenden Partei unverzüglich zurückzugeben oder zu vernichten bzw. zu löschen. Die Verpflichtung der empfangenen Partei schließt die Vernichtung oder Löschung der auf Basis der vertraulichen Informationen selbst oder von Dritten erstellten Berichte, Zusammenfassungen oder Bewertungen ein. Ein Zurückbehaltungsrecht besteht nicht. Die empfangende Partei verpflichtet sich, die vollständige Herausgabe bzw. erfolgte Vernichtung oder Löschung der erhaltenen Informationen, Unterlagen und Dateien sowie die auf Basis der vertraulichen Informationen erstellten Berichte, Zusammenfassungen oder Bewertungen – auch durch die von ihr eingeschalteten Dritten – schriftlich zu bestätigen.*

2.5 Die Vertraulichkeitsverpflichtung gilt unbefristet und unabhängig von der Beendigung der Due Diligence oder Aufnahme und Beendigung von Vertragsverhandlungen fort.

2.6 Die empfangende Partei ist verpflichtet, die offen legende Partei unverzüglich über jeden ihr bekannt werdenden Verstoß oder Verdacht eines Verstoßes gegen die Verpflichtungen aus dieser Vereinbarung zu informieren.

2.7 Für jeden Fall der Verletzung der in dieser Vereinbarung geregelten Pflichten durch die empfangende Partei oder einen ihrer Mitarbeiter oder Berater ist diese verpflichtet, der offen legenden Partei eine Vertragsstrafe in Höhe von [50 000] EUR zu bezahlen. Das Recht zur Geltendmachung eines weitergehenden Schadens sowie etwaiger Rechtsbehelfe, bspw. Maßnahmen des einstweiligen Rechtsschutzes, bleibt unberührt. Die Parteien sind sich einig, dass der offen legenden Partei im Falle einer Verletzung der Vertraulichkeit zudem die Rechte nach Abschnitt 2 des Geschäftsgeheimnisgesetzes, insbesondere die Rechte gemäß §§ 10 bis 13 GeschGehG, entsprechend zustehen.

a) Gegenstand und Umfang (Ziff. 2.1 und 2.2)

4.16 Ziff. 2.1 definiert **Gegenstand und Umfang der Verschwiegenheitspflicht** und erstreckt diese im Ausgangspunkt auf sämtliche überlassenen Informationen. Ziff. 2.2 nimmt anschließend hiervon wieder gewisse Informationen aus[33]. Die **Beweislast** dafür, ob eine der genannten Ausnahmen vorliegt, trifft die empfangende Partei[34]. So werden von der Verschwiegenheitspflicht zunächst die durch die empfangende Partei unabhängig von der offenlegenden Partei selbständig entwickelten Informationen „ausgenommen". Tatsächlich handelt es sich insoweit in der Sache um eine bloße Klarstellung. Derartige Informationen hat die empfangende Partei nicht von der offen legenden Partei „erhalten" und sind daher nicht von Ziff. 2.1 erfasst.

4.17 Die Verschwiegenheitspflicht gilt ferner nicht für Informationen, die der empfangenden Partei zur Zeit der Offenbarung durch die offen legende Partei schon bekannt sind bzw. danach rechtmäßig durch einen Dritten offenbart werden. Sie gilt auch nicht für zur Zeit der Offenbarung allgemein bekannte bzw. später bekannt werdende Informationen. Die Verschwiegenheitsvereinbarung soll gerade die Vertraulichkeit der von der offen legenden Partei im Rahmen der Due Diligence-Prüfung zugänglich gemachten Informationen gewährleisten. Informationen, die die empfangende Partei unabhängig davon er-

---

33 Zu den gewählten Ausnahmen vgl. auch *Werder/Kost*, BB 2010, 2903 (2906).
34 Vgl. hierzu auch *Söbbing*, GWR 2010, 237 (238).

langt hat bzw. erlangen kann, sind mangels Vertraulichkeit nicht schutzwürdig und eine diesbezügliche Verschwiegenheitspflicht würde die empfangende Partei über Gebühr belasten.

Stimmt die offenlegende Partei der Weitergabe der Information durch die empfangende Partei vorab ausdrücklich schriftlich zu, steht die Verschwiegenheitspflicht dem ebenfalls nicht entgegen. Ein Festhalten an der Verschwiegenheitspflicht wäre insoweit widersprüchlich. Ist die empfangende Partei aufgrund einer Rechtsvorschrift oder behördlichen Anordnung zur Weitergabe der Information verpflichtet, ist dies ebenfalls möglich. Auf eine Verschwiegenheitspflicht für diese Fälle könnte sich die empfangende Partei nicht einlassen und eine solche hätte aufgrund der gesetzlichen bzw. behördlichen Pflicht letztlich auch praktisch keine Wirkung. Um die Interessen der offen legenden Partei auch insoweit weitestgehend zu sichern, hat die empfangende Partei die offen legende Partei über die beabsichtigte Weitergabe – soweit zulässig – vorab schriftlich zu informieren. Ferner hat sie den Umfang der Weitergabe so gering wie möglich zu halten. 4.18

b) Empfängerkreis (Ziff. 2.3)

Um dem Geheimhaltungsinteresse der offen legenden Partei weitestgehend Rechnung zu tragen, bietet es sich an, den **Kreis der empfangsberechtigten Personen** einzugrenzen und der offen legenden Partei darüber hinaus bekannt zu geben. Aus Sicht der offen legenden Partei dient dies auch der Erleichterung, einen möglichen Verstoß nachzuweisen. Um eine lückenlose Geheimhaltungsverpflichtung zu gewährleisten, ist der empfangenden Partei aufzuerlegen, weitere Empfänger der ihr erteilten Informationen entsprechend zur Verschwiegenheit zu verpflichten. Darüber hinaus ist klarzustellen, dass die empfangende Partei für die von ihr einbezogenen Dritten einzustehen hat. Die Vereinbarung muss vorsehen, wie die empfangende Partei bzw. die von ihr eingeschalteten Dritten mit den überlassenen Informationen zu verfahren haben. Entsprechende Regelungen trifft Ziff. 2.3. Im Einzelfall können sich derartige Pflichten auch aus gesetzlichen Vorschriften ergeben, etwa wenn es sich um eine Transaktion unter Beteiligung eines börsennotierten Unternehmens handelt und eine Insiderliste zu erstellen ist (Art. 18 der Marktmissbrauchsverordnung – Verordnung (EU) Nr. 596/2014). Die ausdrückliche Verpflichtung der empfangenden Partei, selbst angemessene Geheimhaltungsmaßnahmen im Sinne des Geschäftsgeheimnisgesetzes zu ergreifen, dokumentiert ggf. zu Beweiszwecken, dass die offen legende Partei auch nach Offenlegung Sorge getragen hat, den Schutz des Geschäftsgeheimnisses aufrecht zu erhalten. 4.19

c) Rückgabe und Vernichtung (Ziff. 2.4)

Grundsätzlich ist eine Verpflichtung zur **Rückgabe** bzw. **Vernichtung** überlassener **Unterlagen** bzw. **Löschung erhaltener Daten** zweckmäßig. Diese ist in Ziff. 2.4 geregelt. Diese Rückgabe- bzw. Vernichtungspflicht erstreckt sich darüber hinaus auch auf von der empfangenden Partei bzw. deren Beratern auf Grundlage der überlassenen Informationen erstellte Zusammenfassungen und Berichte. Dieser Punkt wird oftmals Anlass zu Diskussionen geben und eine Kompromisslösung erfordern, da die empfangende Partei und deren Berater ein Interesse haben können, diese Unterlagen zur Wahrung eigener Interessen zu behalten. 4.20

d) Laufzeit (Ziff. 2.5)

Die Laufzeit der Geheimhaltungsverpflichtung kann je nach Gegenstand der überlassenen Informationen – wie hier in Ziff. 2.5 geregelt – unbefristet oder auch nur befristet ausgestaltet werden, wenn die Informationen nach Ablauf eines gewissen Zeitraums nicht mehr schützenswert sein sollten. 4.21

e) Vertragsstrafe (Ziff. 2.6 und 2.7)

Um etwaige Verstöße gegen die Geheimhaltungsvereinbarung effektiv zu ahnden, sieht die Vereinbarung in Ziff. 2.6 eine Hinweispflicht der offen legenden Partei für die ihr bekannt werdenden Verstöße 4.22

und eine **Vertragsstrafenregelung** vor. Wird nicht, wie in Ziff. 2.7 vorgesehen, eine Vertragsstrafe vereinbart, kann im Regelfall nur Unterlassung und ggf. Ersatz des entstandenen Schadens verlangt werden. Ein materieller Schaden lässt sich jedoch nur in ganz seltenen Fällen konkret nachweisen und durchsetzen. Im Hinblick auf die Höhe der Vertragsstrafe ist zu berücksichtigen, dass hier AGB-rechtliche Beschränkungen bestehen können, wenn es sich bei der Geheimhaltungsvereinbarung um ein für die mehrfache Verwendung erstelltes Vertragsmuster handeln sollte (vgl. § 309 Nr. 6, § 307 BGB). Ungeachtet der praktischen Schwierigkeit, eine für alle denkbaren Rechtsverstöße angemessene Vertragsstrafenregelung zu treffen, sollte die Vertragsstrafe stets ausreichend hoch sein, um abschreckende Wirkung zu entfalten. Zudem wird zugunsten der offen legenden Partei vereinbart, dass die in Bezug auf Geschäftsgeheimnisse geltenden Rechte nach Abschnitt 2 des GeschGehG allgemein für Verstöße gegen die Vertraulichkeit nach dieser Vereinbarung gelten sollen. Ob diese Regelung, die im Ergebnis eine Erweiterung des Anwendungsbereichs des GeschGehG mit sich bringt, einer AGB-Inhaltskontrolle standhält, ist jedoch zweifelhaft. Insoweit ist zu beachten, dass die Qualifikation der Vertraulichkeitsvereinbarung als „angemessene Geheimhaltungsmaßnahme" die Vereinbarung von Vertragsstrafen nicht voraussetzt[35].

4. Vertragsabschlussfreiheit (Ziff. 3)

4.23 **M 4.1.4 Vertragsabschlussfreiheit**

3. Keine Verpflichtung zum Abschluss von Verträgen

Diese Vereinbarung beinhaltet keine Verpflichtung der offen legenden Partei zum Abschluss von Verträgen oder zum Eingehen weiterer Verpflichtungen mit oder gegenüber der empfangenden Partei, insbesondere nicht zum Abschluss des Beteiligungsvertrags.

4.24 Die Regelung der Ziff. 3 stellt lediglich klar, dass durch den Abschluss der Geheimhaltungsvereinbarung keine weitergehenden Pflichten der Parteien begründet werden. Jeder Partei soll es vorbehalten bleiben, auf Grundlage oder trotz der erhaltenen oder überlassenen Informationen die Due Diligence oder die weiteren Vertragsverhandlungen abzubrechen. Wenngleich sich dies von selbst versteht, kann eine solche Regelung im Einzelfall hilfreich sein, um das Risiko einer Haftung wegen Abbruchs der Vertragsverhandlungen zu reduzieren. Unter Umständen kann sich insoweit auch eine Haftungsbeschränkung oder ein Haftungsausschluss empfehlen. Die Bestimmung wäre dann entsprechend zu ergänzen bzw. anzupassen.

5. Abschließende Regelungen (Ziff. 4, 5 und 6)

4.25 **M 4.1.5 Abschließende Regelungen**

4. Änderungen und Ergänzungen

Änderungen und Ergänzungen zu diesem Vertrag, einschließlich dieser Regelung, bedürfen zu ihrer Wirksamkeit der Schriftform. Die Schriftform wird nur durch eigenhändige Unterzeichnung durch beide Parteien gewahrt.

---

35 Zur Erforderlichkeit von Vertragsstrafenregelungen bei Geschäftsgeheimnissen vgl. *Jansen/Hofmann*, BB 2020, 259 (264).

5. Salvatorische Klausel

Sollten einzelne Bestimmungen dieser Vereinbarung unwirksam sein oder werden, so wird die Wirksamkeit der Vereinbarung im Übrigen nicht berührt. Die Parteien werden anstelle der unwirksamen Bestimmung eine wirksame Regelung treffen, die der unwirksamen Bestimmung inhaltlich und wirtschaftlich möglichst nahe kommt. Im Falle von Regelungslücken werden die Parteien eine Regelung treffen, die sie getroffen hätten, wenn sie den betreffenden Punkt bei Abschluss der Vereinbarung bedacht hätten.

6. Anwendbares Recht und Gerichtsstand

Diese Vereinbarung unterliegt deutschem Recht. Ausschließlicher Gerichtsstand und Erfüllungsort ist [Ort].

Schriftformvorbehalt, salvatorische Klausel sowie die **Rechtswahl- und Gerichtsstandsklausel** sind 4.26
allgemein zu empfehlen. Die im Rahmen der salvatorischen Klausel vorgesehene Verpflichtung, eine
der unwirksamen Regelung möglichst nahe kommende Bestimmung zu vereinbaren, ist AGB-rechtlich
nicht durchsetzbar. Eine Regelung zur Rechtswahl ist natürlich nur erforderlich, wenn es sich um einen
internationalen Sachverhalt handelt. Für Gerichtsstandsvereinbarungen sind die Beschränkungen der
§§ 38, 40 ZPO bzw., bei internationalen Sachverhalten, des Art. 23 EuGVVO zu beachten. Im Übrigen
gibt es AGB-rechtliche Beschränkungen, bspw. wird im Rahmen des § 307 BGB teilweise ein Zusammenhang des gewählten Gerichtsstands mit dem Vertragsgegenstand oder dem Sitz des Verwenders gefordert[36].

---

36 Vgl. hierzu *Grüneberg* in Palandt, § 307 BGB Rz. 93.

Literatur: *Albrecht/Jotzo*, Das neue Datenschutzrecht der EU, 2017; *Europäischer Datenschutzbeauftragter*, Leitlinien zu den Begriffen „Verantwortlicher", „Auftragsverarbeiter" und „gemeinsam Verantwortliche" nach der Verordnung (EU) 2018/1725 v. 7.11.2019; *Grages*, Haftung und Innenausgleich in Datenschutzverträgen, CR 2020, 232; *Grages*, Risikosteuerung durch vertragliche Haftungsregeln, DSB 2020, 169; *Knyrim*, Datenschutz-Grundverordnung – Das neue Datenschutzrecht in Österreich und der EU, 2016; *Lachenmann*, Datenübermittlung im Konzern, 2016; *Monreal*, „Der für die Verarbeitung Verantwortliche" – das unbekannte Wesen des deutschen Datenschutzrechts – Mögliche Konsequenzen aus einem deutschen Missverständnis, ZD 2014, 611; *Moos/Rothkegel*, „Gefällt mir"-Button von Facebook – Fashion ID, MMR 2019, 579; *Moos/Rothkegel*, Gemeinsame Verantwortlichkeit eines Fanpage-Betreibers und des dazugehörigen sozialen Netzwerks, MMR 2018, 591; *Rothkegel/Strassemeyer*, Joint Control in European Data Protection Law, CRi 2019, 161; *Schneider*, Kollision von Joint Controllership und One-Stop-Shop, ZD 2019, 179; *Specht-Riemenschneider/Schneider*, Die gemeinsame Verantwortlichkeit im Datenschutzrecht, MMR 2019, 503; *Spittka/Mantz*, Datenschutzrechtliche Anforderungen an den Einsatz von Social Plugins, NJW 2019, 2742.

A. Einleitung

I. Das Konstrukt der gemeinsamen Verantwortlichkeit

5.1 Der Begriff der gemeinsamen Verantwortlichkeit ergibt sich aus Art. 4 Nr. 7 DSGVO i.V.m. Art. 26 Abs. 1 Satz 1 DSGVO. Danach sind zwei oder mehr Stellen gemeinsam Verantwortliche, wenn sie die **Zwecke und Mittel der Verarbeitung gemeinsam** festlegen.

5.2 Die DSGVO hat dem Konstrukt der **gemeinsamen Verantwortlichkeit** (auch „**Joint Control**" oder „Pluralistische Kontrolle") in Art. 26 DSGVO eine eigene Vorschrift gewidmet, weil in der heutigen Datenverarbeitungsrealität immer häufiger mehrere Stellen bestimmte Verarbeitungsprozesse gemeinsam steuern und eine klarere und transparentere Verteilung der jeweiligen Pflichten in solchen Konstellationen wünschenswert war. Dies unterstreicht Erwägungsgrund 79 DSGVO[1].

1. Vorliegen einer gemeinsamen Verantwortlichkeit

Die Bewertung, ob eine gemeinsame Verantwortlichkeit vorliegt, erfolgt generell wie bei der „alleinigen" Kontrolle, wobei bei der gemeinsamen Verantwortlichkeit der Schwerpunkt darauf zu legen ist, dass mehr als eine Partei über die Zwecke (das „Warum") und Mittel (das „Wie") entscheidet[2]. Demgemäß ist auch im Falle einer gemeinsamen Verantwortlichkeit erforderlich, dass der Beteiligte über Zwecke und Mittel eines bestimmten Datenverarbeitungsverfahrens jedenfalls (mit-) bestimmen kann.   5.3

Unproblematisch liegt eine gemeinsame Verantwortlichkeit vor, wenn mehrere Akteure über alle **Zwecke und Mittel** der Verarbeitungstätigkeiten **gemeinsam entscheiden** und gemeinsame Mittel für die Erreichung gemeinsamer Zwecke einsetzen[3]. Möglich ist es aber auch, dass die Beteiligung der Parteien an den gemeinsamen Entscheidungen verschiedene Formen aufweist und **nicht gleichmäßig verteilt** ist; auch der **Grad an Entscheidungsgewalt** kann variieren[4].   5.4

Bei der Feststellung, ob eine gemeinsame Verantwortlichkeit vorliegt, orientiert sich der EuGH in seiner diesbezüglichen Rechtsprechung[5] – die noch zur DSRL ergangen ist – stark an der zuvor von der Art. 29-Datenschutzgruppe entwickelten **Typologie für die konkrete Allokation der Entscheidungsgewalt**, die auch unter Art. 26 DSGVO zur Orientierung angewendet werden kann[6]. Die Bewertung, ob eine gemeinsame Verantwortlichkeit gegeben ist, erfolgt stets auf Basis der nachfolgend dargestellten Kriterien. Der EuGH betont hierbei jedoch, dass nicht die bloße Existenz singulärer Umstände zur Bejahung einer gemeinsamen Verantwortung führe, sondern dies vielmehr im Rahmen einer wertenden, holistischen Betrachtung alle Umstände des konkreten Einzelfalls zu bewerten sei[7].   5.5

a) Entscheidungsgewalt

Die Eigenschaft als Verantwortlicher ergibt sich danach in erster Linie aus dem Umstand, dass eine Stelle sich für die Verarbeitung personenbezogener Daten entschieden hat und diesbezüglich befugt ist, verbindliche Entscheidungen zu treffen. Die notwendige **Entscheidungsgewalt** kann sich hierbei ergeben aus: 5.6

– einer **ausdrücklichen rechtlichen Zuständigkeit** (d.h. wenn das Gesetz den für die Verarbeitung Verantwortlichen explizit normiert oder ihm eine Aufgabe oder Pflicht zur Erhebung und Verarbeitung bestimmter Daten überträgt), oder

---

1 *Albrecht/Jotzo*, Teil 3 Rz. 7 mit Verweis auf Art. 26 Abs. 1 Satz 2 und Abs. 2 Satz 1 DSGVO; *Hartung* in Kühling/Buchner, Art. 26 DSGVO Rz. 10; *Plath* in Plath, Art. 26 DSGVO Rz. 1.

2 Vgl. *Art. 29-Datenschutzgruppe*, WP 169 v. 16.2.2010, S. 22; *Hartung* in Kühling/Buchner, Art. 26 DSGVO Rz. 14; *Spoerr* in BeckOK DatenschutzR, Art. 26 DSGVO Rz. 15; *Freund* in Schuster/Grützmacher, Art. 26 DSGVO Rz. 24.

3 *Art. 29-Datenschutzgruppe*, WP 169 v. 16.2.2010, S. 26; vgl. *Rothkegel/Strassemeyer*, CRi 2019, 161 (169 f.).

4 Vgl. EuGH v. 29.7.2019 – C-40/17, ECLI:EU:C:2019:629 Rz. 70; v. 10.7.2018 – C-25/17, ECLI:EU:C: 2018:551 Rz. 66; v. 5.6.2018 – C-210/16, ECLI:EU:C:2018:388 Rz. 43; zu den Auswirkungen unter der DSGVO vgl. *Moos/Schefzig/Strassemeyer* in Moos/Schefzig/Arning, Kap. 19 Rz. 57; ebenso *Art. 29-Datenschutzgruppe*, WP 169 v. 16.2.2010, S. 23, 25; *Hartung* in Kühling/Buchner, Art. 26 DSGVO Rz. 13; *Spoerr* in BeckOK DatenschutzR, Art. 26 DSGVO Rz. 15; *Rothkegel/Strassemeyer*, CRi 2019, 161 (167).

5 Vgl. EuGH v. 29.7.2019 – C-40/17, ECLI:EU:C:2019:629; v. 10.7.2018 – C-25/17, ECLI:EU:C:2018:551; v. 5.6.2018 – C-210/16, ECLI:EU:C:2018:388.

6 *Art. 29-Datenschutzgruppe*, WP 169 v. 16.2.2010, S. 9 ff.; anschaulich zuvor *Olsen/Mahler*, CLSR 2007, 415 (419 ff.); ausf. auch *Rothkegel/Strassemeyer*, CRi 2019, 161 (166 f.).

7 EuGH v. 5.6.2018 – C-210/16, ECLI:EU:C:2018 Rz. 72 ff.; v. 29.7.2019 – C-40/17, ECLI:EU:C:2019:629 Rz. 70; vgl. *Rothkegel/Strassemeyer*, CRi 2019, 161 (166).

– gemeinsamen rechtlichen Bestimmungen oder **einer etablierten Rechtspraxis**, die in der Regel eine gewisse, natürliche **implizite Entscheidungsgewalt** mit sich bringen, wobei typische, hergebrachte Rollen dabei helfen sollen, die Verantwortlichkeit zuzuweisen (die Art. 29-Datenschutzgruppe nimmt dies z.B. für den Arbeitgeber in Bezug auf die Daten seiner Mitarbeiter an); und

– **tatsächlichen Umständen** und anderen Aspekten wie Vertragsverhältnissen, einer tatsächlichen Kontrolle durch eine Partei oder einer Offensichtlichkeit gegenüber der betroffenen Person.

Wenn keine der drei vorstehenden Fallgruppen für eine bestimmte Stelle einschlägig ist, kann sie nicht als (Mit-) Verantwortliche eingestuft werden.

5.7 Der EuGH legt hierbei jedoch ein sehr weites Verständnis an. Es genügt nach seiner Ansicht bereits, dass ein Beteiligter – auch ohne die relevanten Daten selbst zu verarbeiten – von der Datenverarbeitung eines anderen profitiert und diese (in welcher Form auch immer) veranlasst oder ermutigt hat oder sich mit dieser (konkludent) einverstanden erklärt und beide dabei gleiche, komplementäre oder jedenfalls sich bedingende Interessen verfolgen[8].

5.8 Das Eigeninteresse muss jedoch über die bloße Erfüllung der Verarbeitungsleistung für einen anderen hinausgehen, weil ein so verstandenes Eigeninteresse auch bei einem **Auftragsverarbeiter** zwanglos vorläge. Vielmehr muss für den Verarbeitenden aus der konkreten Datenverarbeitung unmittelbar ein Nutzen hervorgehen (der über die etwaige Zahlung eines entsprechenden Entgelts hinausgeht)[9].

5.9 Erforderlich ist ferner, dass die beteiligte Partei Entscheidungsgewalt in Bezug auf die spezifische Vorgangsreihe und den konkret verarbeiteten Datensatz hat. Insbesondere die abstrakte Festlegung eines Verarbeitungszwecks genügt in aller Regel nicht, um eine gemeinsame Verantwortlichkeit zu begründen. So führt etwa das Angebot (und ggf. die Durchführung) einer bestimmten Verarbeitungsleistung am Markt, welche Verantwortliche zur Verarbeitung eines konkreten Datensatzes freiwillig nutzen können, nicht dazu, dass der jeweilige Dienstleister als gemeinsam Verantwortlicher zu klassifizieren wäre; dies jedenfalls sofern er aus der Verarbeitung keinen eigenen Nutzen zieht.

b) Zwecke und Mittel der Verarbeitung

5.10 Verantwortlichkeit umfasst die Kompetenz, die **Zwecke** und die **Mittel**, mithin das „Ob" und das „Wie" der Verarbeitung zu bestimmen. Zwischen Zwecken und *wesentlichen* Mitteln kann dabei oftmals nicht trennscharf unterschieden werden: So beziehen sich *wesentliche* Mittel zuvörderst auf den Umfang der Verarbeitung: die betroffenen Personenkategorien, die verarbeiteten Datenkategorien, die etwaige Zugangsgewährung für Dritte, die Löschung von Daten usw[10]. Die Entscheidung über die Zwecke der Verarbeitung bedingt deshalb in gewisser Weise auch diejenige über die *wesentlichen* Mittel[11]. Eine getrennte Betrachtung von Zwecken und (jedenfalls *wesentlichen*) Mittel ist daher häufig schwierig.

2. Abgrenzung zur getrennten Verantwortlichkeit

5.11 Gleichwohl ist nicht ausreichend, wenn mehrere Akteure bei einer Datenverarbeitung lediglich zusammenarbeiten, ohne jedoch im Hinblick auf diese Datenverarbeitungen gemeinsam Zwecke und/oder wesentliche Mittel festzulegen. In solchen Fällen liegt eine einfache Datenweitergabe zwischen zwei **ge-**

---

8 EuGH v. 10.7.2018 – C-25/17, ECLI:EU:C:2018:551 Rz. 70; v. 29.7.2019 – C-40/17, ECLI:EU:C:2019: 629 Rz. 80; hierzu ausf. *Rothkegel/Strassemeyer*, CRi 2019, 161.

9 *Rothkegel/Strassemeyer*, CRi 2019, 161 (167); *Krupar/Strassemeyer*, K&R 2018, 746 (750); vgl. *Arning/Rothkegel* in Taeger/Gabel, Art. 4 DSGVO Rz. 218.

10 Vgl. *Art. 29-Datenschutzgruppe*, WP 169 v. 16.2.2010, S. 17; *EDSB*, Leitlinien v. 7.11.2019, S. 10.

11 Vgl. *Rothkegel/Strassemeyer*, CRi 2019, 161 (166); *Moos* in Moos/Schefzig/Arning, Kap. 8 Rz. 10.

trennt **Verantwortlichen** vor[12]. Hierbei kann es sich sowohl um eine sequentielle als auch sternförmige Zusammenarbeit handeln. So geht z.B. auch die Art. 29-Datenschutzgruppe von einem sog. „**origin-based approach**" aus, wenn verschiedene Stellen unabhängig voneinander Daten in ein System einspeisen, wobei jedoch jede Stelle nur für die Einspeisung ihrer Daten verantwortlich ist, da es – jedenfalls unter den einmeldenden Stellen – an einer gemeinsamen Bestimmung der Zwecke und Mittel der Gesamtheit der Daten im jeweiligen System fehlt[13]. Freilich sind auch Konstellationen denkbar, in denen eine entsprechende gemeinsame Zweckbestimmung hinsichtlich des Fortbestandes des Systems gerade besteht.

Insofern kann eine Zusammenarbeit mit Dritten datenschutzrechtlich auch in der Weise abgebildet werden, dass beide Unternehmen als **eigenständig Verantwortliche** agieren, sie also jeweils selbst und unabhängig voneinander für die Rechtmäßigkeit ihrer jeweiligen Datenverarbeitungen bzw. ihrer jeweils kontrollierten Abschnitte einer Datenverarbeitung einzustehen haben. Für solche Arten der Kooperation ist das nachfolgende Muster nicht geeignet; im Bedarfsfall kann zwischen eigenständig Verantwortlichen jedoch ebenfalls eine Vereinbarung zur Datenübermittlung getroffen werden[14]. 5.12

3. Reichweite der gemeinsamen Verantwortlichkeit

Eine gemeinsame Verantwortlichkeit muss sich nicht auf den gesamten **Lifecycle** eines einmal erhobenen Datums erstrecken. Vielmehr kann die (gemeinsame) Verantwortlichkeit auch nur **einzelne Phasen** der Verarbeitung betreffen[15]. Eine gemeinsame Verantwortlichkeit liegt nicht (mehr) vor, wenn eine Partei auf die Verarbeitung in einer bestimmten Phase faktisch keinen Einfluss mehr nehmen kann und die konkrete Verarbeitungsphase auch nicht aus Eigeninteresse akzeptiert wird (weil daraus kein eigenständiger Nutzen für die jeweilige Partei erwächst)[16]. Eine Grenzziehung kann mitunter schwierig sein[17]. Zur Zerteilung und anschließenden Segmentierung einer Verarbeitungssequenz kann dabei auf die Definition der Verarbeitung in Art. 4 Nr. 2 DSGVO und die dort benannten, unterschiedlichen Verarbeitungsformen rekurriert werden[18]. 5.13

Liegt nur eine **sequentielle gemeinsame Verantwortlich**keit vor, sind zwei Szenarien denkbar: (i) die gemeinsame Verantwortlichkeit besteht bereits im Zeitpunkt der Erhebung und endet bei dem Übergang in eine sich später anschließende **Verarbeitungsphase**[19] oder (ii) die gemeinsame Verantwortlichkeit beginnt zeitlich erst nach der Erhebung der Daten, etwa weil sie sich auf einen bei einem anderen Beteiligten bereits vorhandenen Datensatz bezieht (z.B. in Gestalt einer gemeinsamen Analyse oder Verwertung bereits vorhandener Daten)[20]. 5.14

Eine eindeutige Identifizierung der Reichweite einer gemeinsamen Verantwortlichkeit ist relevant, um festlegen zu können, für welche Verarbeitungsschritte eine Vereinbarung nach Art. 26 DSGVO abgeschlossen werden muss. Nur so lässt sich dann auch sinnvoll bestimmen, welche datenschutzrecht- 5.15

---

12 *Art. 29-Datenschutzgruppe*, WP 169 v. 16.2.2010, S. 24; *Hartung* in Kühling/Buchner, Art. 26 DSGVO Rz. 12.
13 *Art. 29-Datenschutzgruppe*, WP 169 v. 16.2.2010, S. 21.
14 Z.B. in Gestalt einer Datenschutzklausel zur Aufgabenverlagerung, siehe hierzu das Muster in Teil 6, Rz. 32.8.
15 EuGH v. 29.7.2019 – C-40/17, ECLI:EU:C:2019:629 Rz. 70 ff.; zuvor bereits *Golland*, K&R 2018, 433 (437).
16 *Moos/Rothkegel*, MMR 2019, 579 (585); ausf. dazu *Rothkegel/Strassemeyer*, CRi 2019, 161 (169 ff.).
17 *Freund* in Schuster/Grützmacher, Art. 26 DSGVO Rz. 16; *Marosi* in Specht/Mantz, § 3 Rz. 143.
18 EuGH v. 29.7.2019 – C-40/17, ECLI:EU:C:2019:629 Rz. 71.
19 Etwa weil einer der Akteure keinen Zugriff mehr auf die Daten hat und keine fortlaufende Nutzung aus der anschließenden Verarbeitung zieht (Ende der Verantwortlichkeit) oder weil es am wechselseitigen Einfluss und identischen Zwecken für die Weiterverarbeitung fehlt (getrennte Verantwortlichkeit).
20 Siehe zu den verschiedenen Konstellationen auch *Spoerr* in BeckOK DatenschutzR, Art. 26 DSGVO Rz. 23 ff.

lichen Regelungen die Parteien im Hinblick auf die konkreten, gemeinsam verantworteten Verarbeitungsvorgänge treffen müssen bzw. wie die bestehenden Verpflichtungen zwischen den Parteien aufgeteilt werden sollen[21].

4. Keine Begründung gemeinsamer Verantwortlichkeit durch Vertrag

5.16 Die Bewertung, ob tatsächlich eine gemeinsame Verantwortlichkeit gegeben ist, erfolgt stets anhand der dargestellten Kriterien, wobei es auf die **tatsächlichen Gegebenheiten** ankommt. Das bedeutet aber auch, dass sich eine gemeinsame Verantwortlichkeit nicht auf eine dies konstatierende vertragliche Regelung stützen lässt, wenn sie nicht den **realen Einflussmöglichkeiten** der Parteien entspricht[22].

II. Die Zuweisung von Verantwortlichkeiten

5.17 Liegt eine gemeinsame Verantwortlichkeit vor, fordert Erwägungsgrund 79 DSGVO die klare **Zuweisung von Verantwortlichkeiten** zwischen ihnen. Diese Zuweisung muss auch nach außen erkennbar sein[23]. Den betroffenen Personen dürfen aufgrund der gemeinsamen Verantwortlichkeit und der damit einhergehenden Komplexität des Verarbeitungszusammenhangs keine Nachteile entstehen und die vollständige Einhaltung der datenschutzrechtlichen Vorgaben muss gewährleistet sein[24].

III. Vereinbarung über gemeinsame Verantwortlichkeit

5.18 Aus diesem Grund müssen die Beteiligten eine schriftliche Vereinbarung über bestimmte Aspekte der gemeinsamen Verantwortlichkeit schließen. Diese Vereinbarung hat zwar **keine konstitutive Wirkung** für eine gemeinsame Verantwortlichkeit, weil nach Art. 26 Abs. 1 Satz 1 DSGVO die Akteure bereits als gemeinsam Verantwortliche gelten, wenn sie gemeinsam die Zwecke der und die Mittel zur Verarbeitung festlegen.

Art. 26 DSGVO verlangt dabei nicht nur das Vorliegen einer Vereinbarung an sich, sondern macht auch bestimmte Vorgaben zu Inhalt und Form der Vereinbarung (dazu sogleich).

5.19 Bei fehlender Vereinbarung oder Nichterfüllung der inhaltlichen Anforderungen droht die Verhängung einer Geldbuße nach Art. 83 Abs. 4 lit. a DSGVO[25].

1. Mindestinhalte der Vereinbarung

5.20 Art. 26 Abs. 2 Satz 1 DSGVO normiert – wenn auch in sehr genereller Weise – bestimmte Anforderungen an die Vereinbarung zwischen den gemeinsam Verantwortlichen. Zunächst muss sie die tatsächlichen **Funktionen** und **Beziehungen** der gemeinsam Verantwortlichen **gegenüber den betroffenen Personen** gebührend widerspiegeln. Hierdurch sollen die betroffenen Personen vor Scheinvereinbarungen geschützt werden[26]. Als tatsächliche Funktionen werden die Aufgabenverteilung zwischen den gemeinsam Verantwortlichen und die Entscheidungsbefugnisse über Zwecke und Mittel der Verarbei-

---

21 Vgl. EuGH v. 29.7.2019 – C-40/17, ECLI:EU:C:2019:629 Rz. 74, 100 ff.; *Freund* in Schuster/Grützmacher, Art. 26 DSGVO Rz. 37.

22 *Art. 29-Datenschutzgruppe*, WP 169 v. 16.2.2010, S. 23; *Martini* in Paal/Pauly, Art. 26 DSGVO Rz. 20; *Krupar/Strassemeyer*, K&R 2018, 746 (750).

23 *Art. 29-Datenschutzgruppe*, WP 169 v. 16.2.2010, S. 29; *Laue* in Laue/Kremer, § 1 Rz. 58; siehe auch *EDSB*, Leitlinien v. 7.11.2019, S. 29.

24 *Laue* in Laue/Kremer, § 1 Rz. 58; *Horn* in Knyrim, S. 159.

25 *Martini* in Paal/Pauly, Art. 26 DSGVO Rz. 6.

26 *Spoerr* in BeckOK DatenschutzR, Art. 26 DSGVO Rz. 32.

tung verstanden. Unter den Beziehungen wird die Aufgabenverteilung in Bezug auf die gesetzlichen Pflichten verstanden, die gegenüber den Betroffenen zu erfüllen sind[27].

Die konkreten Mindestinhalte der Vereinbarung zwischen gemeinsam Verantwortlichen normiert Art. 26 Abs. 1 Satz 2 DSGVO, wonach in der Vereinbarung in transparenter Form mindestens Folgendes festzulegen ist: 5.21

– Verteilung der Verpflichtungen gemäß der DSGVO, insbesondere was die **Wahrnehmung der Rechte der Betroffenen** (Art. 15–22 DSGVO) angeht,

– Übernahme der Informationspflichten gemäß den Art. 13 und 14 DSGVO, und

– Fungieren als primäre Anlaufstelle für die betroffenen Personen (Art. 26 Abs. 1 Satz 3 DSGVO).

Je nach Einzelfall können auch andere datenschutzrechtliche Verpflichtungen aus der DSGVO aufgeteilt werden, sofern dies sinnvoll möglich ist, z.B. die Erstellung des Verzeichnisses der Verarbeitungstätigkeiten nach Art. 30 DSGVO oder die Durchführung unter Umständen erforderlicher Datenschutz-Folgenabschätzungen nach Art. 35 DSGVO[28].   5.22

Wichtig ist, dass sich bei der Verteilung von Pflichten unter den gemeinsamen Verantwortlichen keine Lücken ergeben[29]. Nicht aufgeteilte Verantwortlichkeiten sind weiterhin von allen gemeinsam Verantwortlichen zu erfüllen[30].   5.23

2. Zusätzliche Gestaltungsempfehlungen

Die gemeinsam Verantwortlichen sollten über den in Art. 26 Abs. 1 Satz 2 DSGVO vorgesehenen Mindestinhalt hinaus insbesondere die **Kooperationspflichten** untereinander zur Erfüllung der rechtlichen Anforderungen der DSGVO und auch etwaige Ausgleichsansprüche im Innenverhältnis vertraglich festhalten.   5.24

Bei der vertraglichen Ausgestaltung der gemeinsamen Verantwortlichkeit macht generell eine Orientierung an den Vorgaben für Vereinbarungen mit Auftragsverarbeitern nach Art. 28 Abs. 3 DSGVO Sinn, wobei naturgemäß der Aspekt der Weisungsgebundenheit entfällt.   5.25

Letztlich sollten die Parteien auch Regelungsaspekte wie **Haftung und Sanktionen** in den Blick nehmen, weil Art. 82 Abs. 4 DSGVO eine gesamtschuldnerische Schadensersatzhaftung aller an einer Verarbeitung beteiligten Akteure vorsieht[31].   5.26

All diese vorstehenden Regelungsaspekte greift das nachstehende Muster auf und macht allgemeingültige Regelungsvorschläge, die freilich – je nach Gegenstand der Kooperation – an den Einzelfall anzupassen sind (siehe unten Rz. 5.33 ff.).   5.27

3. Formvorgaben und zu veröffentlichende Vertragsbestandteile

Art. 26 DSGVO sieht **keinen Formzwang** im eigentlichen Sinne vor. Der wirksame Abschluss einer Vereinbarung über gemeinsame Verantwortlichkeit bedarf insbesondere keiner Schriftform. Art. 26 Abs. 1 Satz 2 DSGVO verlangt hingegen eine Festlegung der oben genannten, verpflichtenden Vertragsinhalte (also vor allem der jeweiligen Zuständigkeiten) „in transparenter Form". Dass Transparenz-   5.28

---

27 *Piltz* in Gola, Art. 26 DSGVO Rz. 20.
28 *Horn* in Knyrim, S. 159.
29 *Monreal*, ZD 2014, 611 (612); *Hartung* in Kühling/Buchner, Art. 26 DSGVO Rz. 21.
30 *Horn* in Knyrim, S. 159.
31 *Moos* in Moos/Schefzig/Arning, Kap. 8 Rz. 21.

erfordernis ist adressatengerecht auszulegen[32]. Es gelten deshalb nicht dieselben **Transparenzanforderungen** wie bei der Betroffeneninformation, so dass es im Kontext von Art. 26 DSGVO darauf ankommt, dass die Festlegungen – insbesondere für die gemeinsam Verantwortlichen – eindeutig und nachvollziehbar sind; eine Allgemeinverständlichkeit, die auch in der Sprache zum Ausdruck kommen muss, ist nicht verlangt[33]. Um diesen Anforderungen zu genügen, wird die Vereinbarung daher in der Regel jedenfalls in Textform abzufassen sein; dies auch bereits, um der in Art. 5 Abs. 2 DSGVO verankerten Rechenschaftspflicht entsprechen zu können.

5.29 Zu beachten ist jedoch, dass gem. Art. 26 Abs. 2 Satz 2 DSGVO den betroffenen Personen **das „Wesentliche"** (im Englischen „the essence") der Vereinbarung über die gemeinsame Verantwortlichkeit zur Verfügung zu stellen ist, wobei das Gesetz nicht weiter konkretisiert, was dies umfasst. Der überwiegende Teil der Literatur geht richtigerweise davon aus, dass hierunter sämtliche Vereinbarungen zwischen den Verantwortlichen fallen, die für die **Wahrnehmung der Betroffenenrechte** von Belang sind[34]. Konkret sind darunter der Umfang der gemeinsamen Verantwortlichkeit und die Abreden zum Umgang mit Informationspflichten und sonstigen Betroffenenrechten zu fassen. Nicht zum Wesentlichen gehören hingegen kommerzielle Regelungen, interne Haftungsregelungen und sonstige geheimhaltungsbedürftige Abreden[35].

5.30 Eine bestimmte Form ist nicht vorgeschrieben. Demnach müssen die Informationen **nicht im Originalwortlaut** zur Verfügung gestellt, sondern können etwa auch zusammengefasst werden[36]. In Zusammenschau mit Art. 26 Abs. 1 Satz 2 DSGVO ist jedoch auf eine transparente Darstellung zu achten, so dass die betroffenen Personen in die Lage versetzt werden, die Reichweite der gemeinsamen Verantwortlichkeit sowie die Pflichtenverteilung unter den gemeinsam Verantwortlichen nachvollziehen zu können. Wie zuvor erwähnt sind hieran jedoch keine übermäßigen Anforderungen zu stellen. Insofern ist zu beachten, dass betroffene Personen ihre Rechte gem. Art. 26 Abs. 3 DSGVO ohnehin gegenüber jedem der gemeinsam Verantwortlichen geltend machen können, ungeachtet dessen was die Verantwortlichen im Innenverhältnis diesbezüglich vereinbart haben[37].

5.31 Gerade bei komplexeren Formen der Zusammenarbeit kann es dabei empfehlenswert sein, eine den Anforderungen von Art. 26 Abs. 2 Satz 2 DSGVO entsprechende, kondensierte Fassung des für betroffene Personen relevanten Vereinbarungsinhalts ebenfalls gemeinsam festzulegen und etwa als **Anlage zur Vereinbarung** vorzusehen[38].

5.32 Wie (und zu welchem Zeitpunkt) diese Informationen den betroffenen Personen zu unterbreiten sind, sieht Art. 26 DSGVO nicht vor. Da sich die im Rahmen von Art. 26 DSGVO zur Verfügung zu stellenden Informationen jedoch mit den herkömmlichen Betroffeneninformationen nach Art. 13, 14 DSGVO überschneiden (vgl. etwa die Pflicht zur Nennung des (gemeinsam) Verantwortlichen nach Art. 13 Abs. 1 lit. a oder Art. 14 Abs. 1 lit. a DSGVO), werden die betroffenen Personen nach Art. 26 Abs. 2 Satz 2 DSGVO auch im Zeitpunkt der Erhebung der relevanten personenbezogenen Daten (im Rahmen der gemeinsamen Verantwortlichkeit) informiert werden müssen. In der Regel bietet es sich daher an, das *Wesentliche* der Vereinbarung nach Art. 26 DSGVO in den jeweiligen, ohnehin verwendeten **Datenschutzhinweis** zu **integrieren**.

---

32 *Spoerr* in BeckOK DatenschutzR, Art. 26 DSGVO Rz. 29.

33 *Spoerr* in BeckOK DatenschutzR, Art. 26 DSGVO Rz. 29; *Freund* in Schuster/Grützmacher, Art. 26 DSGVO Rz. 47; a.A. *Martini* in Paal/Pauly, Art. 26 DSGVO Rz. 25.

34 *Lang* in Taeger/Gabel, Art. 26 DSGVO Rz. 44 f.

35 *Spoerr* in BeckOK DatenschutzR, Art. 26 DSGVO Rz. 35; *Moos* in Moos/Schefzig/Arning, Kap. 8 Rz. 38.

36 *Freund* in Schuster/Grützmacher, Art. 26 DSGVO Rz. 53; *Moos* in Moos/Schefzig/Arning, Kap. 8 Rz. 36.

37 *Freund* in Schuster/Grützmacher, Art. 26 DSGVO Rz. 44; *Lang* in Taeger/Gabel, Art. 26 DSGVO Rz. 41.

38 Zu den Erläuterungen siehe Rz. 5.72 ff.

B. Vereinbarung zwischen gemeinsam Verantwortlichen

I. Muster – deutsch

M 5.1 Vereinbarung zwischen gemeinsam Verantwortlichen

5.33

1. Vertragsgegenstand[39]

1.1 Dieser Vertrag stellt eine Vereinbarung gemäß Art. 26 Datenschutzgrundverordnung (DSGVO) zur Regelung einer Verarbeitung personenbezogener Daten in gemeinsamer Verantwortlichkeit der Parteien dar.

1.2 Die Zusammenarbeit der Parteien nach Maßgabe des Vertrages vom … [Datum] (nachfolgend „**Hauptvertrag**" genannt) – nachfolgend als „**Zusammenarbeit**" bezeichnet – bringt es mit sich, dass die Parteien gemeinsam die Zwecke und wesentliche Elemente der Mittel der Verarbeitung bestimmter personenbezogener Daten festlegen (nachfolgend als „**Daten**" oder „**Datenverarbeitung**" bezeichnet). Die Parteien fungieren deshalb im datenschutzrechtlichen Sinn als gemeinsam Verantwortliche i.S.v. Art. 26 in Verbindung mit Art. 4 Nr. 7 DSGVO.

1.3 Dieser Vertrag regelt die datenschutzrechtlichen Rechte und Pflichten der Parteien bei der Durchführung der Zusammenarbeit und konkretisiert insbesondere die Verteilung und Erfüllung der Aufgaben und Pflichten nach anwendbarem Datenschutzrecht (insbesondere der DSGVO) zwischen den Parteien im Hinblick auf die Datenverarbeitung.

2. Gegenstand, Zweck, Mittel und Umfang der Datenverarbeitung[40]

2.1 Gegenstand der Datenverarbeitung ist [allgemeine Beschreibung des übergreifenden Gegenstands der Datenverarbeitung; z.B. „der gemeinsame Betrieb eines CRM-Systems"], wie im Einzelnen im Hauptvertrag beschrieben.

2.2 Die Datenverarbeitung erfolgt entsprechend den in **Anlage 1** zu diesem Vertrag enthaltenen Festlegungen zu Zwecken, Mitteln und Umfang. Sie bezieht sich auf die in **Anlage 1** spezifizierte Art der Daten und die dort bestimmten Kategorien betroffener Personen.

2.3 In **Anlage 1** zu diesem Vertrag ist darüber hinaus abschließend festgelegt, welche Partei oder ob beide Parteien gemeinsam (jeweils) die Kategorien betroffener Personen, die Art der personenbezogenen Daten, die Mittel und Zwecke der Verarbeitung bestimmt haben.

2.4 Die Parteien sind sich einig, dass die Datenverarbeitung ausschließlich in einem Mitgliedstaat der Europäischen Union (EU) stattfindet. Jede Verlagerung in ein Drittland muss zwischen den Parteien abgestimmt werden und darf generell nur erfolgen, wenn die besonderen Voraussetzungen der Art. 44 ff. DSGVO erfüllt sind.

3. Phasen der Datenverarbeitung/Zuständigkeiten und Verantwortung[41]

3.1 Die Zuständigkeiten im Hinblick auf die Datenverarbeitung sind zwischen den Parteien nach Phasen der Datenverarbeitung folgendermaßen aufgeteilt:

– Für die Erhebung der Daten ist Vertragspartei … zuständig.

– Für die Speicherung der Daten ist Vertragspartei … zuständig.

– Für die Änderung und Löschung der Daten, die Einschränkung deren Verarbeitung und deren Übertragung nach Art. 20 DSGVO ist Vertragspartei … zuständig.

– Für die sonstigen Verarbeitungen ist Vertragspartei … zuständig.

– Beide Parteien dürfen die Daten für die in diesem Vertrag festgelegten Zwecke verwenden.

---

39 Zu den Erläuterungen siehe Rz. 5.43 ff.
40 Zu den Erläuterungen siehe Rz. 5.49 ff.
41 Zu den Erläuterungen siehe Rz. 5.56 ff.

3.2 Die Daten sind in einem strukturierten, gängigen und maschinenlesbaren Format zu speichern.

3.3 Vor einer etwaigen Löschung von Daten ist zuvor die andere Partei zu informieren; sie darf der Löschung aus berechtigtem Grund widersprechen, etwa sofern sie eine gesetzliche Aufbewahrungspflicht trifft. Die Parteien haben ein Protokoll über die Löschung bzw. Vernichtung der Daten zu erstellen.

3.4 Die Parteien haben eigenständig dafür Sorge zu tragen, dass sie sämtliche, in Bezug auf die Daten beste- hende, gesetzliche Aufbewahrungspflichten einhalten können. Sie haben hierzu (unbeschadet entspre- chender Regelungen in diesem Vertrag) angemessene Datensicherungsvorkehrungen zu treffen. Dies gilt insbesondere im Falle einer Beendigung der Zusammenarbeit.

4. Information der betroffenen Personen[42]

4.1 Vertragspartei … hat die Erfüllung der Informationspflichten nach Art. 13 und 14 DSGVO sicherzustel- len.

4.2 Betroffenen Personen sind die erforderlichen Informationen in präziser, transparenter, verständlicher und leicht zugänglicher Form in einer klaren und einfachen Sprache unentgeltlich zur Verfügung zu stel- len. Die Parteien werden sich auf Inhalt und Formulierung dieser Informationen verständigen.

4.3 [DIE NACH ZIFFER 4.1 ZUSTÄNDIGE PARTEI] hat die wesentlichen Inhalte dieses Vertrages den Betroffe- nen entsprechend Art. 26 Abs. 2 Satz 2 DSGVO zur Verfügung zu stellen; die Parteien werden sich auf In- halt und Formulierung dieser Informationen verständigen.

4.4 Die nach dieser Ziffer 4 zur Verfügung zu stellenden Informationen sind auf der Webseite [DER NACH ZIFFER 4.1 ZUSTÄNDIGEN PARTEI] in von jeder Unterseite leicht und jederzeit erreichbarer Form zu ver- öffentlichen.

[Optional[43]:

4.5 Vertragspartei … ist dazu verpflichtet, vor der Erhebung der personenbezogenen Daten, die Gegenstand der Zusammenarbeit sind, innerhalb der Informationen nach Art. 13 oder 14 DSGVO auf die nachgela- gerten Verarbeitungen durch [DIE WEITERVERARBEITENDE PARTEI] hinzuweisen.

4.6 Der Hinweis kann durch eine deutliche Hervorhebung und Verlinkung auf die unter [HYPERLINK EIN- FÜGEN] abrufbaren Datenschutzinformationen von [DIE WEITERVERARBEITENDE PARTEI] erfolgen; [DIE WEITERVERARBEITENDE PARTEI] ist für die Erreichbarkeit der Datenschutzinformationen verantwortlich.

4.7 [DIE WEITERVERARBEITENDE PARTEI] stellt hierzu alle erforderlichen Informationen zur Verfügung und ist für die Richtigkeit und Vollständigkeit sowie die Vereinbarkeit der Angaben mit den datenschutz- rechtlichen Vorgaben alleine verantwortlich.]

5. Erfüllung der sonstigen Rechte der betroffenen Personen[44]

5.1 Vertragspartei … ist für die Bearbeitung und Beantwortung von Anträgen auf Wahrnehmung der sonstigen nach den Art. 15 ff. DSGVO bestehenden Rechte der betroffenen Personen („Betroffenenrech- te") zuständig.

5.2 Ungeachtet der Regelung in Ziffer 5.1 dieses Vertrags stimmen die Parteien überein, dass sich betroffene Personen an beide Parteien zwecks Wahrnehmung der ihnen jeweils zustehenden Betroffenenrechte wenden können. In einem solchen Fall ist [DIE JEWEILS ANDERE PARTEI] dazu verpflichtet, das Ersuchen eines Betroffenen an [DIE NACH ZIFFER 5.1 ZUSTÄNDIGE PARTEI] unverzüglich weiterzuleiten.

5.3 Im Falle eines Betroffenenersuchens auf Löschung findet Ziffer 3.3 dieses Vertrags entsprechende An- wendung.

---

42 Zu den Erläuterungen siehe Rz. 5.67 ff.
43 Zu den Erläuterungen siehe Rz. 5.74 ff.
44 Zu den Erläuterungen siehe Rz. 5.81 ff.

6. Sicherheit der Verarbeitung[45]

6.1 Die Parteien haben vor Beginn der Verarbeitung die in **Anlage 2** dieses Vertrags spezifizierten technischen und organisatorischen Maßnahmen zu implementieren und während des Vertrags aufrechtzuerhalten.

6.2 Da die technischen und organisatorischen Maßnahmen sowohl dem technischen Fortschritt und der technologischen Weiterentwicklung als auch gesetzlichen Änderungen unterliegen, ist es den Parteien gestattet, alternative und adäquate Maßnahmen umzusetzen, sofern dabei das Sicherheitsniveau der in **Anlage 2** festgelegten Maßnahmen nicht unterschritten wird. Stellt eine Partei fest, dass die nach Ziffer 6.1 dieses Vertrages umgesetzten Maßnahmen nicht ausreichend sind oder technische Fortschritte bzw. gesetzliche Änderungen weitere Maßnahmen erfordern, hat sie die jeweils andere Partei unverzüglich schriftlich darüber zu informieren. Die Umsetzung solcher weiterer Maßnahmen erfolgt erst nach schriftlicher Zustimmung der jeweils anderen Partei. Die Parteien werden solche Änderungen dokumentieren.

6.3 Die Parteien gewährleisten, alle geeigneten technischen und organisatorischen Maßnahmen so durchzuführen, dass die Datenverarbeitung im Einklang mit den Anforderungen anwendbarer Datenschutzbestimmungen (insbesondere der DSGVO) erfolgt und den Schutz der Rechte der betroffenen Person gewährleistet.

7. Einschaltung von Auftragsverarbeitern[46]

7.1 Jede Partei darf Auftragsverarbeiter im Rahmen der Datenverarbeitung nur nach vorheriger schriftlicher Zustimmung der jeweils anderen Partei einschalten.

7.2 Zur Prüfung einer solchen Zustimmung hat die beauftragungswillige Partei der jeweils anderen Partei eine Kopie der abzuschließenden Vereinbarung zur Auftragsverarbeitung zur Verfügung zu stellen.

7.3 Ferner muss die beauftragungswillige Partei der jeweils anderen Partei schriftlich bestätigen, dass sie den Auftragsverarbeiter unter besonderer Berücksichtigung der Eignung der von diesem getroffenen technischen und organisatorischen Maßnahmen sorgfältig ausgewählt und sich von der Einhaltung der beim Auftragsverarbeiter getroffenen technischen und organisatorischen Maßnahmen überzeugt hat. Dieser Bestätigung ist die Ergebnisdokumentation dieser Überprüfung beizufügen.

7.4 Die Vereinbarung hat den Anforderungen der Art. 28, 29 DSGVO zu entsprechen. Beide Parteien müssen die Vereinbarung als Auftraggeber wirksam abschließen. Jede Partei kann sich von der jeweils anderen Partei dabei vertreten lassen.

7.5 Sofern ein außerhalb der EU ansässiger Auftragsverarbeiter eingeschaltet werden soll, findet Ziffer 2.4 dieses Vertrags entsprechende Anwendung.

7.6 Daten dürfen erst nach dem wirksamen Abschluss der Vereinbarung zwischen den Parteien und dem Auftragsverarbeiter nach Maßgabe der Ziffer 7.4 dieses Vertrags weitergeleitet werden.

7.7 Eingeschaltete Auftragsverarbeiter sind von der jeweils beauftragungswilligen Partei regelmäßig (d.h. mindestens einmal jährlich) in geeigneter Form zu überprüfen. Über diese Prüfungen ist ein Prüfbericht zu erstellen und der jeweils anderen Partei unaufgefordert zur Verfügung zu stellen.

7.8 Die Parteien werden sich je zugestimmter Auftragsverarbeitung über deren jeweilige Durchführung, insbesondere hinsichtlich der Weisungserteilung gegenüber dem jeweiligen Auftragsverarbeiter sowie dessen Überprüfung im gegenseitigen Benehmen nach Treu und Glauben verständigen.

7.9 Die in **Anlage 3** benannten Auftragsverarbeiter gelten von den Parteien als akzeptiert. Darin sind ggf. auch Einzelheiten zur Durchführung dieser Auftragsverarbeitungen festgeschrieben.

---

45 Zu den Erläuterungen siehe Rz. 5.86 ff.
46 Zu den Erläuterungen siehe Rz. 5.91 ff.

8. Vorgehen bei Datenschutzverletzungen[47]

8.1 Vertragspartei … ist für die Prüfung und Bearbeitung aller Verletzungen des Schutzes personenbezogener Daten i.S.v. Art. 4 Nr. 12 DSGVO (nachfolgend als „Datenpanne(n)" bezeichnet) einschließlich der Erfüllung aller deshalb etwaig bestehender Meldepflichten gegenüber der zuständigen Aufsichtsbehörde nach Art. 33 DSGVO oder gegenüber betroffenen Personen nach Art. 34 DSGVO zuständig.

8.2 Die Parteien werden jede etwaig festgestellte Datenpanne unverzüglich der jeweils anderen Partei anzeigen und bei einer etwaigen Meldung nach Art. 33, 34 DSGVO sowie einer Aufklärung und Beseitigung von Datenpannen im Rahmen des Erforderlichen und Zumutbaren mitwirken, insbesondere sämtliche in diesem Zusammenhang relevanten Informationen einander unverzüglich zur Verfügung stellen.

8.3 Bevor [DIE NACH ZIFFER 8.1 ZUSTÄNDIGE PARTEI] eine Meldung nach Ziffer 8.1 dieses Vertrags an eine Aufsichtsbehörde oder eine betroffene Person vornimmt, stimmt sie das Vorgehen mit der anderen Partei ab.

9. Sonstige gemeinsame und gegenseitige Pflichten[48]

9.1 Beide Parteien sind verpflichtet, einen fachkundigen und zuverlässigen Datenschutzbeauftragten nach Art. 37 DSGVO oder anderer anwendbarer Datenschutzgesetze zu bestellen, sofern und solange die gesetzlichen Voraussetzungen für eine Bestellpflicht gegeben sind.

9.2 Die Parteien haben alle mit der Datenverarbeitung beschäftigten Personen schriftlich zur Wahrung der Vertraulichkeit im Hinblick auf die Daten zu verpflichten.

9.3 Die Parteien werden die Datenverarbeitung in ihr jeweiliges Verfahrensverzeichnis nach Art. 30 Abs. 1 DSGVO aufnehmen und dort als ein Verfahren in gemeinsamer Verantwortung vermerken.

9.4 Beide Vertragsparteien haben sich gegenseitig unverzüglich und vollständig zu informieren, wenn Fehler oder Unregelmäßigkeiten bei der Datenverarbeitung oder Verletzungen von Bestimmungen dieses Vertrags oder anwendbaren Datenschutzrechts (insbesondere der DSGVO) festgestellt werden.

9.5 Die Parteien benennen jeweils einen festen Ansprechpartner sowie dessen Stellvertreter für sämtliche im Zusammenhang mit diesem Vertrag, der Zusammenarbeit oder der Datenverarbeitung aufkommende Fragen.

Derzeit fungiert auf Seiten der [VERTRAGSPARTEI 1] folgende Person als Ansprechpartner:

… (Vorname, Name, Position)

Derzeit fungiert auf Seiten der [VERTRAGSPARTEI 2] folgende Person als Ansprechpartner:

… (Vorname, Name, Position)

Ein Wechsel in der Person des Ansprechpartners ist der jeweils anderen Partei unverzüglich schriftlich mitzuteilen.

9.6 Die Parteien werden sich bei der Einhaltung der in diesem Vertrag vereinbarten Festlegungen sowie anwendbaren gesetzlichen Datenschutzbestimmungen (insbesondere der DSGVO) im Rahmen des Erforderlichen und Zumutbaren gegenseitig unterstützen; hierzu zählen insbesondere:

– *Die Verpflichtung, die jeweils andere Partei bei der Etablierung und Aufrechterhaltung angemessener technischer und organisatorischer Maßnahmen gemäß Ziffer 6 dieses Vertrags zu unterstützen;*

– *die Verpflichtung, sich gegenseitig bei einer etwaig erforderlichen Datenschutz-Folgenabschätzung und etwaigen Konsultationspflichten der zuständigen Aufsichtsbehörde gemäß Art. 35, 36 DSGVO zu unterstützen;*

– *die Verpflichtung, sich bei der Einrichtung und Pflege der beiderseitigen Verzeichnisse der Verarbeitungstätigkeiten zu unterstützen.*

---

47 Zu den Erläuterungen siehe Rz. 5.95 ff.
48 Zu den Erläuterungen siehe Rz. 5.101 ff.

9.7 Die Parteien verpflichten sich, alle im Zusammenhang mit diesem Vertrag, der Zusammenarbeit oder der Datenverarbeitung stehenden Fakten, Auswirkungen und ergriffenen Maßnahmen zu dokumentieren.

10. Zusammenarbeit mit Aufsichtsbehörden[49]

10.1 Die Parteien werden der jeweils anderen Partei unverzüglich anzeigen, wenn sich eine Datenschutzaufsichtsbehörde im Zusammenhang mit diesem Vertrag, der Zusammenarbeit oder der Datenverarbeitung an sie wendet.

10.2 Die Parteien sind sich darüber einig, dass Aufforderungen zuständiger Datenschutzaufsichtsbehörden grundsätzlich Folge zu leisten ist, insbesondere sind etwaig angeforderte Informationen zu überlassen und Möglichkeiten zur Prüfung (auch vor Ort) einzuräumen. Die Parteien gewähren zuständigen Datenschutzaufsichtsbehörden in diesem Rahmen die erforderlichen Zugangs-, Auskunfts- und Einsichtsrechte.

10.3 Soweit wie möglich werden sich die Parteien im gegenseitigen Benehmen miteinander abstimmen, bevor etwaigen Anfragen von zuständigen Datenschutzaufsichtsbehörden Folge geleistet wird bzw. Informationen im Zusammenhang mit diesem Vertrag, der Zusammenarbeit oder der Datenverarbeitung an zuständige Datenschutzaufsichtsbehörden herausgegeben werden.

[Alternativ[50]:

10. Zentrale Anlaufstelle für Aufsichtsbehörden

10.1 Die zentrale Anlaufstelle gegenüber der nach Art. 55, 56 DSGVO zuständigen Aufsichtsbehörde ist Vertragspartei … im Zusammenhang mit allen Anfragen oder Maßnahmen, die diesen Vertrag, die Zusammenarbeit oder die Datenverarbeitung betreffen.

10.2 [DIE NACH ZIFFER 10.1 ZUSTÄNDIGE PARTEI] kann alle Parteien verbindlich anweisen, eine durch die zuständige Aufsichtsbehörde getroffene Maßnahme oder Anweisung umzusetzen oder die dafür erforderliche Mitwirkung zu erbringen; die weiteren Parteien sind verpflichtet, derartige Anweisungen umzusetzen. [DIE NACH ZIFFER 10.1 ZUSTÄNDIGE PARTEI] ist außerdem insbesondere für jede Kommunikation mit den Aufsichtsbehörden sowie das Einlegen von Rechtsbehelfen zuständig.

10.3 Die Parteien werden der jeweils anderen Partei unverzüglich anzeigen, wenn sich eine Datenschutzaufsichtsbehörde im Zusammenhang mit diesem Vertrag, der Zusammenarbeit oder der Datenverarbeitung an sie wendet.

10.4 Soweit sich eine Aufsichtsbehörde unmittelbar an eine andere Partei als [DIE NACH ZIFFER 10.1 ZUSTÄNDIGE PARTEI] wendet, wird gegenüber der Aufsichtsbehörde auf den Regelungsgehalt von Ziffer 10.1 und 10.2 verwiesen.]

11. Haftung[51]

11.1 Die Parteien haften gegenüber betroffenen Personen nach den gesetzlichen Vorschriften.

11.2 Die Parteien stellen einander im Innenverhältnis von jeglicher Haftung frei, soweit sie jeweils Anteil an der Verantwortung für die haftungsauslösende Ursache tragen. Das gilt auch im Hinblick auf eine gegen eine Partei etwa verhängte Geldbuße wegen eines Verstoßes gegen Datenschutzvorschriften mit der Maßgabe, dass die mit der Geldbuße belegte Partei zunächst die Rechtsmittel gegen den Bußgeldbescheid ausgeschöpft haben muss. Bleibt die jeweilige Partei danach ganz oder teilweise mit einer Geldbuße belastet, die nicht ihrem internen Anteil an der Verantwortung für den Verstoß entspricht, ist die jeweils andere Partei verpflichtet, sie von der Geldbuße in dem Umfang freizustellen, in dem die andere Partei Anteil an der Verantwortung für den durch die Geldbuße sanktionierten Verstoß trägt.

---

49 Zu den Erläuterungen siehe Rz. 5.107 ff.
50 Zu den Erläuterungen siehe Rz. 5.112.
51 Zu den Erläuterungen siehe Rz. 5.118 ff.

12. Schlussbestimmungen[52]

12.1 *Für die Laufzeit und Beendigung des Vertrages und das Exit Management gelten die Regelungen des Hauptvertrages. Im Fall von Widersprüchen zwischen diesem Vertrag und sonstigen Vereinbarungen zwischen den Parteien, insbesondere dem Hauptvertrag, gehen die Regelungen dieses Vertrags vor.*

12.2 *Sollten einzelne Bestimmungen dieses Vertrags unwirksam sein oder werden oder eine Lücke enthalten, so bleiben die übrigen Bestimmungen hiervon unberührt. Die Parteien verpflichten sich, anstelle der unwirksamen Regelung eine solche gesetzlich zulässige Regelung zu treffen, die dem Zweck der unwirksamen Regelung am nächsten kommt und den Anforderungen des Art. 26 DSGVO am besten gerecht wird.*

12.3 *Es gilt deutsches Recht einschließlich der DSGVO.*

II. Muster – englisch

5.34 **M 5.2 Joint Control Agreement**

1. Subject Matter of the Agreement

1.1 *This agreement constitutes an agreement pursuant to Art. 26 of the General Data Protection Regulation (GDPR) governing the processing of personal data under the joint responsibility of the Parties.*

1.2 *The cooperation of the Parties pursuant to the Agreement of … [date] (hereinafter referred to as the "Main Agreement") – hereinafter referred to as the "Cooperation" – entails that the Parties jointly determine the purposes and essential elements of the means of processing certain personal data (hereinafter referred to as "Data" or "Data Processing"). The parties therefore act as jointly responsible parties in terms of data protection law within the meaning of Art. 26 in conjunction with Art. 4 No. 7 GDPR.*

1.3 *This Agreement governs the rights and obligations of the Parties under applicable data protection law in the performance of the Cooperation and, in particular, specifies the allocation and performance of the tasks and obligations under applicable data protection law (in particular the GDPR) between the Parties with regard to the data processing activities.*

2. Object, purpose, means and extent of data processing

2.1 *The object of the data processing is [general description of the overall object of the data processing; e.g. "the joint operation of a CRM system"], as described in detail in the main contract.*

2.2 *The data processing shall be carried out in accordance with the specifications set out in Appendix 1 to this Agreement in relation to its purpose, means and scope. The processing relates to the type of data specified in Appendix 1 and the categories of data subjects specified therein.*

2.3 *Annex 1 to this Agreement also conclusively specifies which party or whether both parties have jointly determined (each of them) the categories of data subjects, the type of personal data, the means and the purposes of the processing.*

2.4 *The parties agree that the data processing will take place exclusively in a Member State of the European Union (EU). Any relocation to a third country must be agreed between the parties and, in general, may only take place if the special requirements of Art. 44 et seqq. GDPR are fulfilled.*

3. Phases of data processing/competencies and responsibilities

3.1 *The responsibilities with regard to data processing are divided between the parties according to the phases of data processing as follows:*

---

52 Zu den Erläuterungen siehe Rz. 5.128 ff.

- *The Party responsible for collecting the data shall be ....*
- *The Party responsible for storing the data shall be ....*
- *The Party ... shall be responsible for the modification and deletion of data, the restriction of their processing and their transmission in accordance with Art. 20 DSGVO.*
- *The Party ... shall be responsible for further processing activities*
- *Both Parties may use the data for the purposes specified in this agreement.*

3.2 *The data shall be stored in a structured, common and machine-readable format.*

3.3 *Prior to any deletion of data, the other party shall be informed; the other party may object to the deletion for a justified reason, for example if it has a legal obligation to retain the data. The parties shall draw up a protocol on the deletion or destruction of the data.*

3.4 *The parties shall independently ensure that they are able to comply with all legal obligations to retain data. To this end, they shall (without prejudice to the corresponding provisions in this agreement) take appropriate data backup measures. This applies in particular in the event of termination of the cooperation.*

4. Information of the data subjects

4.1 *Party ... shall ensure that the information obligations under Art. 13 and 14 GDPR are fulfilled.*

4.2 *Data subjects must be provided with the necessary information free of charge in a precise, transparent, comprehensible and easily accessible form in clear and simple language. The parties shall agree on the content and wording of this information.*

4.3 *[THE PARTY RESPONSIBLE UNDER SECTION 4.1] shall make the essential contents of this Agreement available to the data subjects in accordance with Art. 26 para. 2 sentence 2 GDPR; the parties shall agree on the content and wording of this information.*

4.4 *The information to be made available under this Clause 4 shall be published on the website [THE COMPETENT PARTY RESPONSIBLE UNDER Clause 4.1] in a form that is easily and at all times accessible from any subpage.*

[Optional:

4.5 *Party ... shall prior to the collection of the personal data which is subject to the collaboration in its data protection notice according to Art. 13, 14 GDPR inform about the subsequent processing of this data by [THE PARTY UNDERTAKING THE SUBSEQUENT PROCESSING].*

4.6 *The information can be provided by clearly highlighting and referencing to the data protection notice from [THE PARTY UNDERTAKING THE SUBSEQUENT PROCESSING] which is accessible under [INSERT HYPERLINK]; [THE PARTY UNDERTAKING THE SUBSEQUENT PROCESSING] shall be responsible for the accessibility of this data protection notice.*

4.7 *[THE PARTY UNDERTAKING THE SUBSEQUENT PROCESSING] shall make available all necessary informationen and shall be solely responsible for the correctness, completeness of the information as well as for its compatibility with the data protection law provisions.]*

5. Compliance with the other rights of the data subjects

5.1 *Party ... shall be responsible for processing and responding to requests for the exercise of the other rights referred to in Articles 15 et seqq. GDPR ("data subjects' rights").*

5.2 *Notwithstanding the provision in Section 5.1 of this Agreement, the Parties agree that data subjects may contact both Parties to exercise their respective data subjects' rights. In such a case, [THE OTHER PARTY] shall be obliged to forward without delay the request of a Data Subject to [THE PARTY RESPONSIBLE UNDER SECTION 5.1].*

5.3 *In the event of a request for deletion by a data subject, Clause 3.3 of this Agreement shall apply mutatis mutandis.*

6. Security of Processing

6.1 The Parties shall implement the technical and organisational measures specified in Annex 2 to this Agreement prior to the start of the processing and maintain them during the term of the Agreement.

6.2 Since the technical and organizational measures are subject to technical progress and technological development as well as legal changes, the Parties are permitted to implement alternative and adequate measures, provided that the security level of the measures specified in Annex 2 is not undercut. If one party determines that the measures implemented in accordance with section 6.1 of this Agreement are not sufficient or that technical progress or legal changes require further measures, it shall immediately inform the other party in writing. The implementation of such further measures shall only take place after the written consent of the respective other Party. The parties shall document such changes.

6.3 The Parties safeguard that all appropriate technical and organisational measures will be implemented in such a way that data processing is carried out in accordance with the requirements of applicable data protection laws (in particular the GDPR) and the protection of the rights of the data subject is ensured.

7. Use of Processors

7.1 Each Party may only use a processor for data processing with the prior written consent of the other Party.

7.2 For thepurpose of examining whether consent shall be granted, the party willing to commission a processor shall provide the other party with a copy of the agreement to be concluded for commissioned processing.

7.3 Furthermore, the party willing to commission a processor must confirm in writing to the other party that it has carefully selected the processor, taking into account in particular the suitability of the technical and organisational measures taken by the processor, and that it has satisfied itself that the technical and organisational measures taken by the processor are complied with. This confirmation shall be accompanied by the documentation of the results of this inspection.

7.4 The processing agreement shall comply with the requirements of Articles 28, 29 GDPR. Both parties must effectively conclude the processing agreement as the principal. Each party may be represented by the other party in this process.

7.5 If a processor located outside the EU is to be involved, Section 2.4 of this Agreement shall apply accordingly.

7.6 Data may only be made availabel to the processor after the processing agreement between the parties and the processor has been effectively concluded in accordance with section 7.4 of this contract.

7.7 Any processor shall be reviewed by the party willing to commission the processor on a regular basis (i.e. at least once a year) in an appropriate manner. A report on these verifications shall be prepared and made available to the other party without being requested to do so.

7.8 The parties shall agree in good faith for each approved commissioned processing activity on its respective execution, in particular with regard to the issuing of instructions to the respective processor and its inspection by mutual agreement.

7.9 The processors named in Annex 3 shall be deemed accepted by the parties. If necessary, details on the execution of these commissioned processing activities are also stipulated therein.

8. Procedure in the event of data breaches

8.1 Party … shall be responsible for examining and handling all personal data breaches within the meaning of Art. 4 No. 12 GDPR (hereinafter referred to as "data breach(es)"), including the fulfilment of any resulting notification obligations to the competent supervisory authority under Art. 33 GDPR or to data subjects under Art. 34 GDPR.

8.2 The Parties shall immediately notify the other Party of any data breach identified and shall cooperate in any notification pursuant to Art. 33, 34 GDPR and in the clarification and elimination of data breaches to the extent necessary and reasonable, in particular they shall immediately make available to each other all information relevant in this context.

8.3 Before [THE PARTY RESPONSIBLE FOR FIGURE 8.1] makes a notification pursuant to Clause 8.1 of this Agreement to a supervisory authority or an affected data subject, it shall coordinate the procedure with the other Party.

9. Other common and mutual obligations

9.1 Both parties are obliged to appoint a competent and reliable data protection officer in accordance with Art. 37 GDPR or other applicable data protection laws, if and as long as the legal requirements for an apppointment exist.

9.2 The parties shall commit all persons involved in data processing to maintain confidentiality with regard to the personal data in writing.

9.3 The parties shall include the data processing in their respective register of processing activities in accordance with Art. 30 para. 1 GDPR and note it there as a processing activity under joint control.

9.4 Both parties shall inform each other immediately and completely if errors or irregularities in data processing or violations of the provisions of this agreement or applicable data protection law (in particular the GDPR) are discovered.

9.5 The parties shall each appoint a permanent contact person and his or her deputy for all questions arising in connection with this Agreement, the cooperation or the data processing.

Currently, the following person acts as contact person on the side of [CONTRACTUAL PARTY 1]:

… (First name, surname, position)

At present, the following person acts as contact person on the part of [CONTRACTING PARTY 2]:

… (First name, surname, position)

A change in the person of the contact person must be notified to the other party in writing without delay.

9.6 The parties shall support each other within the scope of what is necessary and reasonable in complying with the provisions of this agreement as well as applicable statutory data protection provisions (in particular the GDPR); this includes in particular:

- The obligation to support the respective other party in establishing and maintaining appropriate technical and organizational measures in accordance with Section 6 of this Agreement;

- the obligation to support each other in any necessary data protection impact assessment and any obligation to consult with the competent supervisory authority pursuant to Art. 35, 36 GDPR;

- the obligation to assist each other in the establishment and maintenance of mutual registers of processing activities.

9.7 The parties undertake to document all facts, effects and measures taken in connection with this agreement, the cooperation or the data processing.

10. Cooperation with Supervisory Authorities

10.1 The Parties shall immediately notify the other Party if a data protection supervisory authority contacts them in connection with this Agreement, the cooperation or the data processing.

10.2 The parties agree that requests by competent supervisory authorities are to be complied with in principle, in particular any information requested is to be provided and opportunities for audits (including on site) are to be provided. In this context, the Parties shall grant competent supervisory authorities the necessary rights of access, information and inspection.

10.3 To the extent possible, the parties shall consult with each other before responding to any requests from supervisory authorities or before disclosing information relating to this Agreement, the cooperation or the data processing to as supervisory authority.

[Alternative:

10. Central contact point for supervisory authorities

10.1 *Central point of contact vis-à-vis the competent supervisory authority pursuant to Art. 55, 56 GDPR shall be Party … in connection with any request or measure relating to this Agreement, the Cooperation or the Data Processing.*

10.2 *[THE PARTY RESPONSIBLE UNDER SECTION 10.1] may give binding instructions to all Parties to implement a measure or instruction taken by the competent supervisory authority or to provide the cooperation required for this purpose; the further Parties shall be obliged to implement such instructions. [THE PARTY RESPONSIBLE UNDER SECTION 10.1] shall also be responsible in particular for any communication with the supervisory authorities as well as the filing of appeals.*

10.3 *The Parties shall notify the other Party without undue delay if a data protection supervisory authority approaches them in connection with this Agreement, the Cooperation or the Data Processing.*

10.4 *Insofar as a supervisory authority directly addresses a party other than [THE RESPONSIBLE PARTY UNDER SECTION 10.1], reference shall be made to the content of Clauses 10.1 and 10.2 vis-à-vis the supervisory authority].*

11. Liability

11.1 *The parties shall be liable to the data subjects in accordance with the statutory provisions.*

11.2 *The parties shall indemnify each other from any liability to the extent that they each bear part of the responsibility for the cause giving rise to liability. This shall also apply with regard to any fine imposed on a party for a violation of data protection laws, with the proviso that the party subject to the fine must first have exhausted all legal remedies against the administrative order imposing the fine. If the respective party subsequently remains wholly or partly burdened with a fine which does not correspond to its internal share of responsibility for the infringement, the respective other party is obliged to indemnify it from the fine to the extent that the other party has responsibility for the infringement sanctioned by the fine.*

12. Final Provisions

12.1 *The provisions of the main agreement apply to the term and termination of the agreement and the exit management. In the event of contradictions between this agreement and other agreements between the parties, in particular the main agreement, the provisions of this agreement shall take precedence.*

12.2 *Should individual provisions of this agreement be or become invalid or contain a loophole, the remaining provisions shall remain unaffected. The parties undertake to replace the invalid provision with a legally permissible provision that comes closest to the purpose of the invalid provision and best meets the requirements of Art. 26 GDPR.*

12.3 *German law including the GDPR shall apply.*

III. Erläuterungen

1. Vorbemerkung

5.35 Da die **Anwendungsszenarien** für Datenverarbeitungen in gemeinsamer Verantwortlichkeit i.S.v. Art. 26 DSGVO maßgeblich **vom jeweiligen Einzelfall geprägt** sind und daher **stark variieren** können[53], kann dieses Muster nur als Ausgangspunkt der Vertragsgestaltung und -verhandlung, jedoch nicht für jegliche Konstellationen quasi als allgemeingültiges Muster dienen. Das ist sogar noch weni-

---

53 Vgl. *Rothkegel/Strassemeyer*, CRi 2019, 161 (166); *Freund* in Schuster/Grützmacher, Art. 26 DSGVO Rz. 14; *Art. 29-Datenschutzgruppe*, WP 169 v. 16.2.2010, S. 22.

ger möglich als bei Auftragsverarbeitungen, weil sich für letztere über die vergangenen Jahre – sogar Jahrzehnte – zumindest einige typische Anwendungsszenarien, wie z.B. das Outsourcing, herausgebildet haben[54]. Hieran fehlt es für die Fallgestaltung der gemeinsamen Verantwortlichkeit noch.

Die Anwendungsszenarien dürften auch deutlich vielgestaltiger sein, weil es hier keine so enge Vorprägung wie bei der Auftragsverarbeitung durch die Weisungsgebundenheit gibt. Die Beteiligung der Parteien an den gemeinsamen Entscheidungen über Zwecke und Mittel der Verarbeitung kann eine Vielzahl **verschiedener Formen** aufweisen und die Kompetenzen müssen nicht gleichmäßig verteilt sind[55]. Die Beziehung der Parteien kann je nach Intensität der Zusammenarbeit bzw. Verzahnung sehr eng oder aber auch eher locker sein (so dass bspw. nur die Zwecke (und *wesentlichen* Mittel) oder nur die (technischen) Mittel oder nur Teile davon übereinstimmen)[56]. Auch der Grad der Beteiligung an den Entscheidungen kann variieren[57]. Hinzu kommt, dass eine gemeinsame Verantwortlichkeit nur einzelne Verarbeitungsvorgänge oder gar nur gewisse Abschnitte davon umfassen kann[58]. Dieser Facettenreichtum erfordert naturgemäß eine stets individualisierte vertragliche Berücksichtigung. **5.36**

a) Anwendungsszenarien

Nachfolgend seien beispielhaft einige Anwendungsszenarien dargestellt, in denen eine gemeinsame Verantwortlichkeit in Betracht kommt und für die deshalb das Muster prinzipiell Verwendung finden kann: **5.37**

Die Art. 29-Datenschutzgruppe zieht beispielsweise folgende Verarbeitungsszenarien für eine gemeinsame Verantwortlichkeit in Betracht:

— **Zusammenarbeit eines Unternehmens mit einer Personalvermittlung**, wenn die Vermittlungsagentur nicht nur weisungsgebunden Kandidaten aussucht, sondern z.B. hierbei auch eine selbständig aufgebaute Datenbank mit passenden Kandidaten einsetzt[59];

— **gemeinsamer Betrieb einer Internet-basierten Buchungsplattform** durch ein Reisebüro, eine Fluggesellschaft und eine Hotelkette[60];

— **gemeinsamer Betrieb einer „Schuldnerdatei"**, in der mehrere (verbundene) Unternehmen Informationen über säumige Kunden zusammenführen (soweit jeweils datenschutzrechtlich zulässig)[61];

— Zusammenarbeit zwischen dem Betreiber einer Website und einem Werbenetzwerkbetreiber zur **Ausspielung von verhaltensbezogener Online-Werbung**[62].

Der EuGH hat derweil bereits für folgende Verarbeitungsszenarien eine gemeinsame Verantwortlichkeit bejaht[63]: **5.38**

---

54 Siehe hierzu *Moos* in Moos/Schefzig/Arning, Kap. 7 Rz. 16; Teil 2, Rz. 7.28 f.
55 *Hartung* in Kühling/Buchner, Art. 26 DSGVO Rz. 13; *Spoerr* in BeckOK DatenschutzR, Art. 26 DSGVO Rz. 15; *Bygrave/Tosoni* in Kuner/Bygrave/Docksey/Drechsler, Art. 4 GDPR, S. 152.
56 *Art. 29-Datenschutzgruppe*, WP 169 v. 16.2.2010, S. 23 f.; *Laue* in Laue/Kremer, § 1 Rz. 56; a.A. *Freund* in Schuster/Grützmacher, Art. 26 DSGVO Rz. 21 ff.
57 Siehe dazu ausf. *Moos/Rothkegel*, MMR 2019, 579 (585 f.); *Rothkegel/Strassemeyer*, CRi 2019, 161 (166 f.); *Freund* in Schuster/Grützmacher, Art. 26 DSGVO Rz. 16 ff., 29 ff.
58 Siehe dazu schon Rz. 5.13 ff.; siehe zu Regelungen, die bei einem Auseinanderfallen zu bedenken sind, Rz. 5.11 ff.
59 *Art. 29-Datenschutzgruppe*, WP 169 v. 16.2.2010, S. 19.
60 *Art. 29-Datenschutzgruppe*, WP 169 v. 16.2.2010, S. 20.
61 *Art. 29-Datenschutzgruppe*, WP 169 v. 16.2.2010, S. 23.
62 *Art. 29-Datenschutzgruppe*, WP 169 v. 16.2.2010, S. 23.
63 Zu den konkreten Auswirkungen unter der DSGVO vgl. *Rothkegel/Strassemeyer*, CRi 2019, 161 ff.

– **Zwischen dem Administrator einer Fanpage und dem dazugehörigen Betreiber der Plattform**, wenn der Plattformbetreiber über die Fanpage Daten erhebt, zu eigenen Zwecken analysiert und dem Fanpage-Betreiber aggregierte Analysedaten, entsprechend der zuvor vom Fanpage-Betreiber ausgewählten Kriterien, zur Verfügung stellt[64];

– **Zwischen einer Religionsgemeinschaft und ihren als Verkündiger tätigen Mitgliedern**, wenn die durch die einzelnen Mitglieder durchgeführte Erhebung und weitere Verarbeitung der Daten von der Gemeinschaft (abstrakt) organisiert sowie koordiniert wird und sie dazu im eigenen Interesse an der Verarbeitung aufruft[65];

– **Zwischen dem Anbieter eines Website-Plugins und der einbindenden Partei**, wenn mit dem Plugin personenbezogene Daten zur freien Verwendung an den Anbieter übermittelt werden und die einbindende Partei mit der Übermittlung eigene kommerzielle Interessen verfolgt[66]. In diesem Fall beschränkte sich die gemeinsame Verantwortlichkeit erstmals nur auf den Vorgang bzw. die Vorgangsreihe, für welche die jeweilige Partei tatsächlich über die Zwecke und Mittel (mit)entschied: vorliegend das Erheben und die Weitergabe an den Plugin-Anbieter.

5.39 In der Literatur werden diverse weitere Anwendungsszenarien aufgezeigt, die vor allem mannigfache Kooperationsformen in der digitalen Welt einschließlich App-Dienste, Online-Plattformen und Cloud-Services, aber auch Unternehmens-Kooperationen und Konzernverarbeitungen abdecken[67]. Eine gemeinsame Verantwortlichkeit ist nach Maßgabe der drei zuvor genannten EuGH-Urteile wahrscheinlich, wenn folgende Voraussetzungen kumulativ vorliegen[68]:

– Die **Zwecke und Mittel** der Verarbeitung sind (i) identisch oder (ii) zumindest ähnlich oder bedingen einander (symbiotisches Verhältnis).

– Die Verarbeitung erfolgt aus **demselben übergeordneten** (abstrakten) **Interesse**, z.B. „wirtschaftliches Interesse".

– Jede Partei hat **übergeordnete Kenntnisse** über die Zwecke und Mittel der anderen Partei.

– Jede Partei **akzeptiert** die Zwecke der jeweils anderen Partei zumindest konkludent durch eine aktive Handlung, etwa durch den Abschluss eines Vertrages oder durch eine positive Beeinflussung der Verarbeitung, wie z.B. die Einleitung oder Förderung der Verarbeitung oder die Bereitstellung eines in der Gestalt konzipierten Verarbeitungswerkzeugs.

– Jede Partei **profitiert direkt von der Verarbeitung** des spezifischen Datensatzes, d.h. durch die Verarbeitung wird ein direkter Nutzen für die beteiligten Parteien generiert (der über eine bloße finanzielle Kompensation hinausgeht).

5.40 Bei der Beurteilung, ob eine gemeinsame Verantwortlichkeit vorliegt, sollten die oben genannten Kriterien in erster Linie auf einer sachlichen und **objektiven Grundlage** angewandt werden. Die Orientierung an beispielhaften Szenarien bietet sich oftmals für eine nähere Bewertung nicht an. Die Beurteilung jeder Verarbeitungssituation – auch in vermeintlich typischen Szenarien (z.B. der Integration eines Plug-ins, der Verwendung einer Software oder der Wiedergabe einer klinischen Studie) – hängt nämlich in hohem Maße von den Besonderheiten des jeweiligen Einzelfalls ab, insbesondere von den

---

64 Vgl. EuGH v. 5.6.2018 – C-210/16, ECLI:EU:C:2018:388 Rz. 43 f.; unter Berücksichtigung der weiteren Urteile des EuGH und der Ausführungen des BVerwG v. 11.9.2019 – 6 C 15.18 Rz. 27, NVwZ 2020, 1768 (1771), erscheint für die Annahme einer gemeinsamen Verantwortlichkeit die Auswahl von Analysekriterien durch den Administrator der Fanpage nicht erforderlich.

65 Vgl. EuGH v. 10.7.2018 – C-25/17, ECLI:EU:C:2018:551 Rz. 75.

66 Vgl. EuGH v. 29.7.2019 – C-40/17, ECLI:EU:C:2019:629 Rz. 85.

67 Siehe für eine umfassende Auflistung diskutierter Konstellationen: *Freund* in Schuster/Grützmacher, Art. 26 DSGVO Rz. 60; speziell zu Konstellationen der Konzerndatenverarbeitung: *Lachenmann*, S. 318 ff.

68 Vgl. *Rothkegel/Strassemeyer*, CRi 2019, 161 (169 ff.).

Vereinbarungen zwischen den beteiligten Parteien. Vor diesem Hintergrund können die folgenden abstrakten Szenarien als Ausgangspunkte für eine Einzelfallbetrachtung dienen[69]:

Szenario 1 – Identität der Zwecke & Mittel/Alle Parteien verarbeiten Daten:

In der Praxis wird dieses Szenario der seltenste Fall sein. Hierfür sind genau dieselben (Mikro-) Zwecke und Mittel erforderlich. In diesem Fall sind beide Parteien an der Verarbeitung beteiligt. Die gemeinsame Verantwortlichkeit endet, wenn eine Partei einen Verarbeitungsvorgang ohne entscheidenden Einfluss der anderen Partei durchführt. Dies ist insbesondere dann der Fall, wenn eine Verarbeitungsvorgang nicht vereinbart wurde oder nicht im oder sogar gegen das Interesse der anderen Partei ist.

Szenario 2 – Bündelung/Ähnlichkeit der Zwecke und Mittel/Alle Parteien verarbeiten Daten:

Wie in Szenario 1 verarbeiten beide Parteien personenbezogene Daten in verschiedenen Phasen, die (Mikro-) Zwecke und Mittel sind jedoch nicht identisch, sondern nur ähnlich. Die Zwecke sind aber komplementär oder voneinander abhängig, während beide Parteien direkt einen Nutzen aus der Verarbeitung ziehen (der über eine bloße finanzielle Entschädigung hinausgeht). Auf dieser Grundlage „akzeptieren" die Parteien die Zwecke des jeweils anderen aus denselben übergreifenden Interessen (z.B. „wirtschaftliches Interesse"). Wenn die Parteien weder Informationen oder Ergebnisse austauschen noch zumindest ähnliche, komplementäre oder voneinander abhängige Interessen verfolgen, ist es eher wahrscheinlich, dass sie nicht als gemeinsame, sondern vielmehr als getrennte Verantwortliche auftreten.

Szenario 3 – Identität/Bündelung/Ähnlichkeit der Zwecke und Mittel für eine bestimmte Verarbeitungsvorgang/nur eine Partei verarbeitet Daten:

In der Praxis ist dieses das fallabhängigste Szenario. Es verarbeitet nur eine Partei personenbezogene Daten. Die andere Partei ermutigt im eigenen Interesse zur Verarbeitung, da sie direkt davon profitiert. Das alleinige Ermutigen oder das alleinige Profitieren wird in der Regel jedoch nicht zu einer gemeinsamen Verantwortlichkeit führen, da es am gemeinsamen Einfluss auf die Zwecke fehlt.

Für die gemeinsame Verantwortlichkeit ist eine Einflussnahme vor oder während der Verarbeitung (zumindest durch eine aktive Förderung der Zwecke) erforderlich. Ist eine Datenanalyse etwa bereits durchgeführt und nur die Ergebnisse werden an eine andere Partei übermittelt, fehlt es an einer gemeinsamen Festlegung der Zwecke, da die übermittelnde Partei in der Regel nur eine finanzielle Entschädigung erhalten wird. Hat die Partei, welche die Ergebnisse erhält, jedoch auf einer Makroebene aktiv dazu ermutigt und zumindest (vor Verarbeitung) grundlegende Anweisungen gegeben, wie und warum die Verarbeitung erfolgen soll, kann eine gemeinsame Verantwortlichkeit bestehen, sofern die Zwecke ähnlich sind und beide Parteien von der Verarbeitung profitieren.

Stellt eine Partei etwa einer anderen Partei ein Verarbeitungswerkzeug zur Verfügung, ist maßgeblich, ob die konkrete Verarbeitung der spezifischen personenbezogenen Daten auch unmittelbar einen Nutzen für die Partei bringt, die das Werkzeug nur zur Verfügung stellt. Ist dies nicht der Fall, ist die zur Verfügung stellende Partei entweder in keiner Eigenschaft an der Verarbeitung beteiligt oder handelt lediglich als Auftragsverarbeiter.

b) Umsetzung im Vertragsmuster

An einigen Stellen des Musters wird deshalb nur beispielhaft vorgegeben oder angeregt, was konkret von den Vertragsparteien auszuhandeln und zu regeln wäre. Das Muster enthält an gewissen Stellen zudem **Platzhalter**, die kennzeichnen, an welchen Stellen das Vertragsmuster an die im Einzelfall zwischen den Parteien bestehenden Gegebenheiten sowie die avisierte Zusammenarbeit angepasst werden muss; insbesondere ist hierbei genau festzulegen, welche Partei **für welchen Verarbeitungsvorgang** bzw. für die Einhaltung welcher datenschutzrechtlichen Bestimmung **zuständig** sein soll. Darüber hinaus können die Vertragsparteien zu einzelnen Teilbereichen des Musters ergänzende Regelungen treffen. Hierbei ist – ähnlich wie im Fall der Auftragsverarbeitung – auch eine enge **Abstimmung mit** einem zwischen den Parteien bestehenden **Hauptvertrag** wichtig. Gerade weil die Inhalte der datenschutzrechtlichen Vereinbarung in Art. 26 DSGVO nicht so stringent vorgegeben sind, wie dies Art. 28

5.41

---

69 Siehe ausf. und zur Herleitung der Szenarien *Rothkegel/Strassemeyer*, CRi 2019, 161 (169 ff.).

Abs. 3 DSGVO für Auftragsverarbeitungsverträge macht, kann es hier verstärkt zu Überlagerungen der Vereinbarungen kommen.

2. Vertragsgegenstand (Ziff. 1)

5.42   **M 5.1.1 Vertragsgegenstand**

1. Vertragsgegenstand

1.1 Dieser Vertrag stellt eine Vereinbarung gemäß Art. 26 Datenschutzgrundverordnung (DSGVO) zur Regelung einer Verarbeitung personenbezogener Daten in gemeinsamer Verantwortlichkeit der Parteien dar.

1.2 Die Zusammenarbeit der Parteien nach Maßgabe des Vertrages vom … [Datum] (nachfolgend „Hauptvertrag" genannt) – nachfolgend als „Zusammenarbeit" bezeichnet – bringt es mit sich, dass die Parteien gemeinsam die Zwecke und wesentlichen Elemente der Mittel der Verarbeitung bestimmter personenbezogener Daten festlegen (nachfolgend als „Daten" oder „Datenverarbeitung" bezeichnet). Die Parteien fungieren deshalb im datenschutzrechtlichen Sinn als gemeinsam Verantwortliche i.S.v. Art. 26 in Verbindung mit Art. 4 Nr. 7 DSGVO.

1.3 Dieser Vertrag regelt die datenschutzrechtlichen Rechte und Pflichten der Parteien bei der Durchführung der Zusammenarbeit und konkretisiert insbesondere die Verteilung und Erfüllung der Aufgaben und Pflichten nach anwendbarem Datenschutzrecht (insbesondere der DSGVO) zwischen den Parteien im Hinblick auf die Datenverarbeitung.

a) Ratio

5.43   In Ziff. 1 wird bestimmt, dass die Ausgestaltung der gemeinsamen Verantwortlichkeit i.S.v. Art. 26 DSGVO Ziel und Gegenstand der Vereinbarung sind.

b) Vorliegen einer gemeinsamen Verantwortlichkeit (Ziff. 1)

5.44   In Ziff. 1 wird zunächst statuiert, dass eine gemeinsame Verantwortlichkeit vorliegt und dass es sich bei dem Vertrag um eine **Vereinbarung i.S.v. Art. 26 Abs. 1 Satz 2 DSGVO** handelt. Diese explizite Festlegung ist aus Gründen der Rechtssicherheit empfehlenswert. Zum einen gewährleistet sie eine **Abgrenzung von anderen Vertragsformen** (z.B. einem Auftragsverarbeitungsvertrag). Das ist sinnvoll, um auch nach außen und ggf. gegenüber einer Aufsichtsbehörde den Charakter des Vertrages zweifelsfrei bestimmen und nachweisen zu können, dass der gesetzlichen Pflicht zum Abschluss eines entsprechenden Vertrages auch genügt wurde.

Zum anderen hilft sie bei der **Auslegung des Vertrages**, indem sie eine Orientierung an den gesetzlichen Anforderungen und dem gesetzlichen Leitbild ermöglicht (vgl. Ziff. 1.3).

5.45   Es ist hierbei sinnvoll, auch das Verhältnis der Parteien zueinander sowie die Hintergründe und Umstände, welche eine gemeinsame Verantwortlichkeit im Hinblick auf die vertragsgegenständliche Datenverarbeitung begründen, darzustellen. Im Muster wird diesbezüglich auf die Festlegungen im Hauptvertrag verwiesen. Enthält dieser keine Ausführungen hierzu oder besteht ein solcher Hauptvertrag gar nicht, müssen entsprechende Passagen hier oder in einer Präambel ergänzt werden.

c) Zusatzregelung: Klarstellung des Umfangs im Falle gemeinsamer Verantwortlichkeit für eine einzelne Vorgangsreihe

5.46   Wie zuvor ausgeführt können je nach Verarbeitungssituation abweichende Vereinbarungen angebracht oder gar erforderlich sein. Letzteres gilt insbesondere, wenn die gemeinsame Verantwortlichkeit nur gewisse Abschnitte im Rahmen einer größeren Verarbeitungssequenz umspannt oder Daten durch eine Partei außerhalb der gemeinsamen Verantwortlichkeit weiterverarbeitet werden sollen (siehe zuvor schon Rz. 5.13 f.).

Gerade für nur einzelne Vorgänge umfassende gemeinsame Verantwortlichkeiten ist es zur Vermeidung unnötiger (und gesetzlich nicht vorgeschriebener) Haftungsrisiken umso relevanter, den **Umfang der gemeinsamen Verantwortlichkeit möglichst genau zu beschreiben**. Hierzu ist es empfehlenswert, bereits in Ziff. 1.2 eine entsprechende Formulierung aufzunehmen, für welche Vorgangsreihe die gemeinsame Verantwortlichkeit exakt besteht. Die detaillierte Abgrenzung erfolgt über Anlage 1. Die im Vertrag festgelegten Begrenzung wirkt zwar nicht konstitutiv, sie kann dennoch ein wichtiges Indiz etwa im Falle von Haftungsfragen oder aufsichtsbehördlichem Einschreiten darstellen. 5.47

3. Gegenstand, Zweck, Mittel und Umfang der Datenverarbeitung (Ziff. 2)

M 5.1.2 Gegenstand, Zweck, Mittel und Umfang der Datenverarbeitung 5.48

2. Gegenstand, Zweck, Mittel und Umfang der Datenverarbeitung

2.1 Gegenstand der Datenverarbeitung ist [allgemeine Beschreibung des übergreifenden Gegenstands der Datenverarbeitung; z.B. „der gemeinsame Betrieb eines CRM-Systems"], wie im Einzelnen im Hauptvertrag beschrieben.

*2.2 Die Datenverarbeitung erfolgt entsprechend den in **Anlage 1** zu diesem Vertrag enthaltenen Festlegungen zu Zwecken, Mitteln und Umfang. Sie bezieht sich auf die in **Anlage 1** spezifizierte Art der Daten und die dort bestimmten Kategorien betroffener Personen.*

*2.3 In **Anlage 1** zu diesem Vertrag ist darüber hinaus abschließend festgelegt, welche Partei oder ob beide Parteien gemeinsam (jeweils) die Kategorien betroffener Personen, die Art der personenbezogenen Daten, die Mittel und Zwecke der Verarbeitung bestimmt haben.*

2.4 Die Parteien sind sich einig, dass die Datenverarbeitung ausschließlich in einem Mitgliedstaat der Europäischen Union (EU) stattfindet. Jede Verlagerung in ein Drittland muss zwischen den Parteien abgestimmt werden und darf generell nur erfolgen, wenn die besonderen Voraussetzungen der Art. 44 ff. DSGVO erfüllt sind.

a) Ratio

In Ziff. 2 wird der **Gegenstand der gemeinsamen Verantwortlichkeit** definiert. Hierdurch wird festgelegt, für welche konkrete Verarbeitung bzw. Vorgangsreihe die nachfolgenden Rechte und Pflichten der Parteien greifen; sie dienen auch der Abgrenzung zu anderweitigen Verarbeitungen, die die Parteien ggf. jeweils in **separater Verantwortung** durchführen und die nicht von diesem Vertrag erfasst werden. 5.49

b) Spezifizierung der Datenverarbeitung (Ziff. 2.1–2.3)

Art. 26 Abs. 1 Satz 2 DSGVO gibt nicht vor, in welcher Weise und mit welchem Detaillierungsgrad die in gemeinsamer Verantwortung betriebene Datenverarbeitung spezifiziert werden muss. Das können die Parteien selbst festlegen. Aus der Natur der Sache ergibt sich, dass die Parteien jedenfalls die **Zwecke und Mittel der Verarbeitung** festlegen sollten[70], weil sich hierauf ja gerade die gemeinsame Verantwortlichkeit begründet. In der Vereinbarung sollte jedoch ausdrücklich die Reichweite der gemein- 5.50

---

70 *Martini* in Paal/Pauly, Art. 26 DSGVO Rz. 23.

samen Verantwortlichkeit festgelegt werden, um sich nicht der Gefahr einer möglicherweise ausufernden gemeinsamen Haftung auszusetzen[71].

5.51 Bei den **Zwecken der Verarbeitung** muss es sich um festgelegte, eindeutige und legitime Zwecke handeln, für die personenbezogene Daten verarbeitet werden. **Mittel der Verarbeitung** bezeichnet die Maßnahmen, Instrumente, Werkzeuge und Hilfsmittel, mit denen der Zweck/die Zwecke der Verarbeitung erreicht werden sollen. Dies kann u.a. technische Maßnahmen, wie Software oder Hardware, umfassen. Vornehmlich ist der Umfang der Verarbeitung darzulegen (sog. *wesentliche* Mittel): u.a. die betroffenen Personenkategorien; die verarbeiteten Datenkategorien; die zugangsberechtigten Dritten; Löschfristen usw. (siehe dazu Rz. 5.7).

5.52 Die Festlegung sollte im Interesse beider Parteien so spezifisch sein, dass eine trennscharfe und rechtssichere Abgrenzung von anderen Verarbeitungen erfolgen kann, die die Parteien evtl. in separater, eigenständiger Verantwortung vornehmen. Empfehlenswert erscheint es deshalb, **weitere Spezifizierungen** vorzunehmen, bei denen man sich an den etablierten Standards im Rahmen von Auftragsverarbeitungen orientieren kann. Ziff. 2.1 benennt vor diesem Hintergrund den Gegenstand der Verarbeitung und in Ziff. 2.2 und 2.3 erfolgen Verweise auf eine **Anlage 1**, in der Zwecke und Mittel der Verarbeitung umfangreich dargelegt werden sollten. Erfolgt die Datenverarbeitung für verschiedene Zwecke, sind insbesondere die Art der Daten und Kategorien betroffener Personen jeweils gesondert für die Zwecke anzugeben.

5.53 Wie eingangs erläutert ist es hierbei nicht zwingend so, dass beide Parteien sämtliche dieser Festlegungen gemeinsam treffen (siehe Rz. 5.4 ff.); vor diesem Hintergrund sieht Ziff. 2.3 eine Spezifizierung dahingehend vor, welche Partei welche Festlegungen getroffen hat.

c) Ort der Datenverarbeitung (Ziff. 2.4)

5.54 Zu diesen Festlegungen kann – je nach Art der in Rede stehenden Datenverarbeitung – auch der **Ort der Datenverarbeitung** zählen. Das Muster macht hierzu in Ziff. 2.4 nur eine Vorgabe dahingehend, dass die Datenverarbeitung nur innerhalb der EU stattzufinden hat. Hierdurch binden sich die Parteien selbst und können jeweils nur mit Zustimmung der anderen Vertragspartei hiervon abweichen. Andere Gestaltungen sind natürlich denkbar. Neben einer pauschalen Freigabe von Datenverarbeitungen in **Drittländern** kann natürlich auch eine noch stärkere lokale Begrenzung bis hin zu einem konkreten Serverstandort erfolgen.

4. Phasen der Datenverarbeitung/Zuständigkeiten und Verantwortung (Ziff. 3)

5.55 **M 5.1.3 Phasen der Datenverarbeitung/Zuständigkeiten und Verantwortung**

3. Phasen der Datenverarbeitung/Zuständigkeiten und Verantwortung

3.1 Die Zuständigkeiten im Hinblick auf die Datenverarbeitung sind zwischen den Parteien nach Phasen der Datenverarbeitung folgendermaßen aufgeteilt:

- *Für die Erhebung der Daten ist Vertragspartei … zuständig.*
- *Für die Speicherung der Daten ist Vertragspartei … zuständig.*
- *Für die Änderung und Löschung der Daten, die Einschränkung deren Verarbeitung und deren Übertragung nach Art. 20 DSGVO ist Vertragspartei … zuständig.*
- *Für die sonstigen Verarbeitungen ist Vertragspartei … zuständig.*
- *Beide Parteien dürfen die Daten für die in diesem Vertrag festgelegten Zwecke verwenden.*

---

71 Zu den verschiedenen Varianten und der Reichweite siehe schon Rz. 5.9 ff.

3.2 Die Daten sind in einem strukturierten, gängigen und maschinenlesbaren Format zu speichern.

3.3 Vor einer etwaigen Löschung von Daten ist die andere Partei zu informieren; sie darf der Löschung aus berechtigtem Grund widersprechen, etwa sofern sie eine gesetzliche Aufbewahrungspflicht trifft. Die Parteien haben ein Protokoll über die Löschung bzw. Vernichtung der Daten zu erstellen.

3.4 Die Parteien haben eigenständig dafür Sorge zu tragen, dass sie sämtliche, in Bezug auf die Daten bestehende, gesetzliche Aufbewahrungspflichten einhalten können. Sie haben hierzu (unbeschadet entsprechender Regelungen in diesem Vertrag) angemessene Datensicherungsvorkehrungen zu treffen. Dies gilt insbesondere im Falle einer Beendigung der Zusammenarbeit.

a) Ratio

Sinn und Zweck der Regelung in Ziff. 3 ist die nähere Bestimmung der Zuständigkeiten der beiden Parteien für einzelne Verarbeitungsschritte. 5.56

b) Verteilung der Zuständigkeiten (Ziff. 3.1)

Bei vielen Formen der Verarbeitung in gemeinsamer Verantwortlichkeit ist es naheliegend, dass de facto nicht alle Parteien an sämtlichen Verarbeitungsschritten beteiligt sind. Werden Daten z.B. in einer gemeinsamen Datenbank gesammelt, wird es in der Regel so sein, dass nur eine der Parteien die Datenbank betreibt. Eventuell ist es ja auch so, dass nicht sämtliche Parteien Daten erheben, die dann in gemeinsamer Verantwortung verarbeitet werden, sondern die Daten nur von einer Partei stammen. 5.57

Deshalb sieht das Muster in Ziff. 3.1 eine Festlegung der **Zuständigkeiten für einzelne Verarbeitungsphasen** vor. Die Auswahl der Phasen im Muster ist natürlich nur beispielhaft; hier müssen die Parteien jeweils im Einzelfall die relevanten Phasen und die jeweiligen Zuständigkeiten bestimmen. 5.58

Je nach Verteilung der Zuständigkeiten und den beabsichtigten Verarbeitungen kann es notwendig sein, auch noch weitergehende Festlegungen zu treffen[72]. Werden die in gemeinsamer Verantwortung verarbeiteten Daten etwa nur durch eine Partei gehostet, braucht aber auch die andere Partei **Zugriff auf die Daten**, sollten sich die Parteien auf eine technische und organisatorische Lösung einigen, die eine Zugriffsmöglichkeit der anderen Partei vorsieht[73]. 5.59

c) Vorgaben zur Speicherung, Aufbewahrung und Löschung von Daten (Ziff. 3.2–3.4)

In Ziff. 3.2–3.4 enthält das Muster **beispielhafte konkrete Festlegungen** zur Art der Speicherung der Daten, zur Erfüllung von Aufbewahrungspflichten und zur Löschung. Auch die genaue Ausgestaltung dieser Regelungen ist stark von der Art der Kooperation der Parteien abhängig. In einem Fall etwa, in dem beide Parteien die in gemeinsamer Verantwortung verarbeiteten Daten in eigenständigen, separaten Datenbanken speichern, mögen beide Parteien eigenständig jeweils für die Löschung der Daten zuständig und verantwortlich sein, so dass die Regelung in Ziff. 3.3 des Musters entsprechend anzupassen wäre. 5.60

d) Keine Klarstellung zu gemeinsamer Haftung

Nach außen stehen die Parteien grundsätzlich gemeinsam für die Datenschutzkonformität der Verarbeitung ein. Sie haften deshalb auch als **Gesamtschuldner** für etwaige Schadensersatzansprüche betroffener Personen (Art. 82 Abs. 4 DSGVO). Diese gemeinsame Außenhaftung lässt sich vertraglich nicht abbedingen. 5.61

---

72 *EDSB*, Leitlinien v. 7.11.2019, S. 29 f.
73 Für die Festlegung eines Benutzer- und Rollenkonzepts auch *Lachenmann*, S. 323.

5.62 Gemäß Art. 82 Abs. 4 i.V.m. Abs. 3 DSGVO wird jedoch auch ein (gemeinsam) Verantwortlicher von der Haftung frei, wenn er nachweist, dass er in keinerlei Hinsicht für den Umstand, durch den der Schaden eingetreten ist, verantwortlich ist. Nach Art. 82 Abs. 5 DSGVO hat zudem ein **Binnenausgleich** entsprechend der jeweiligen **Verantwortungsanteile**, d.h. nach Art und Umfang des Beitrags des jeweils Verantwortlichen zum Datenschutzverstoß und eines daraus resultierenden Schadens, zu erfolgen[74].

5.63 Vor diesem Hintergrund kann den vertraglichen Regelungen zwischen den Parteien gleichwohl eine nicht zu unterschätzende Indiz- und Zurechnungsfunktion zukommen[75]. So kann die Vereinbarung einzelne Pflichten intern so klar und eindeutig allokieren, dass im Falle einer Verletzung dieser Pflichten einem der gemeinsam Verantwortlichen (jedenfalls in Kombination mit anderen entlastenden Umständen) bereits im Außenverhältnis die vollständige Exkulpation nach Art. 82 Abs. 4 i.V.m. Abs. 3 DSGVO gelingen kann[76]. Jedenfalls im Rahmen des Binnenausgleichs können entsprechend eindeutige Abreden jedoch in jedem Fall fruchtbar gemacht werden, um sich bei seinen Mitverantwortlichen schadlos zu halten. Demgemäß ist die oftmals in Verträgen anzutreffende Klarstellung der gemeinsamen Haftung nicht empfehlenswert, da sie einer möglichen Freizeichnung vorgreifen könnte.

5.64 Erwägungsgrund 146 Satz 8 DSGVO unterstreicht die anteilsmäßige Haftung nach jeweiliger Verantwortlichkeit. Hiernach ist ein anteiliger Ausgleichsanspruch auch in einem Prozess vor einem mitgliedstaatlichen Gericht zulässig, sofern mehrere Gesamtschuldner verklagt sind und für die betroffene Person der volle Schadensersatz sichergestellt ist[77]. Nach dem Wortlaut des Art. 82 Abs. 5 DSGVO ist die Regelung auch als **Anspruchsgrundlage** für einen (gemeinsam) Verantwortlichen zu verstehen, den Mit-Verantwortlichen entsprechend seinem Verschuldensanteil in Regress nehmen zu können, da der in Anspruch Genommene „den Teil des Schadensersatzes zurückfordern [kann], der … [dem] Anteil [des Mit-Verantwortlichen] an der Verantwortung für den Schaden entspricht."

Die Zuständigkeitsverteilungen in Ziff. 3 stellen vor diesem Hintergrund zugleich die Grundlage für eine solche **Risikoverteilung nach Verschuldensanteilen** dar[78].

5.65 Das gilt im Übrigen nicht nur für die Schadensersatzhaftung, sondern auch für die Belegung mit Geldbußen: Gemäß Art. 83 Abs. 2 Satz 2 lit. d DSGVO hat die Aufsichtsbehörde bei der Entscheidung über das Ob und die Höhe eines Bußgeldes u.a. den „**Grad der Verantwortung des Verantwortlichen** …" gebührend zu berücksichtigen. Die Aufsichtsbehörden müssen in solchen Konstellationen folglich ermitteln, zu welchem Anteil die gemeinsam Verantwortlichen jeweils eine Verantwortung trifft[79]. Hierfür bietet die Zuständigkeitsverteilung in Ziff. 3 eine Orientierung: Diejenige Partei, die nach der Festlegung in der Vereinbarung zur gemeinsamen Verantwortlichkeit für eine bestimmte Verarbeitungsphase zuständig ist, wird regelmäßig einen höheren **Grad an Verantwortung** für die Rechtskonformität bzw. dann auch Rechtsverstöße in diesem Bereich schultern. Werden etwa genaue inhaltliche Vorgaben hinsichtlich der gemeinsam verantworteten Datenverarbeitung vereinbart, spricht dies im Falle eines materiellen Verstoßes für einen gleichwertigen Verschuldensgrad. Wenn eine Partei jedoch von dieser Vereinbarung abweicht, kann unter Umständen eine vollständige Freizeichnung angemessen sein[80].

---

74 *Quaas* in BeckOK DatenschutzR, Art. 82 DSGVO Rz. 45; *Becker* in Plath, Art. 82 DSGVO Rz. 7.

75 *Moos* in Moos/Schefzig/Arning, Kap. 8 Rz. 44.

76 Siehe ausf. *Moos* in Moos/Schefzig/Arning, Kap. 8 Rz. 44; siehe zu möglichen Umständen auch *Moos/Schefzig* in Taeger/Gabel, Art. 82 DSGVO Rz. 73 ff.

77 *Quaas* in BeckOK DatenschutzR, Art. 82 DSGVO Rz. 44.

78 Vgl. *Schantz* in Schantz/Wolff, Rz. 377.

79 *Nemitz* in Ehmann/Selmayr, Art. 83 DSGVO Rz. 21.

80 *Moos* in Moos/Schefzig/Arning, Kap. 8 Rz. 41.

5. Information der betroffenen Personen (Ziff. 4)

M 5.1.4 Information der betroffenen Personen 5.66

4. Information der betroffenen Personen

4.1 Vertragspartei … hat die Erfüllung der Informationspflichten nach Art. 13 und 14 DSGVO sicherzustellen.

4.2 Betroffenen Personen sind die erforderlichen Informationen in präziser, transparenter, verständlicher und leicht zugänglicher Form in einer klaren und einfachen Sprache unentgeltlich zur Verfügung zu stellen. Die Parteien werden sich auf Inhalt und Formulierung dieser Informationen verständigen.

4.3 [DIE NACH ZIFFER 4.1 ZUSTÄNDIGE PARTEI] hat die wesentlichen Inhalte dieses Vertrages den Betroffenen entsprechend Art. 26 Abs. 2 Satz 2 DSGVO zur Verfügung zu stellen; die Parteien werden sich auf Inhalt und Formulierung dieser Informationen verständigen.

4.4 Die nach dieser Ziffer 4 zur Verfügung zu stellenden Informationen sind auf der Webseite [DER NACH ZIFFER 4.1 ZUSTÄNDIGEN PARTEI] in von jeder Unterseite leicht und jederzeit erreichbarer Form zu veröffentlichen.

[Optional:

4.5 Vertragspartei … ist dazu verpflichtet, vor der Erhebung der personenbezogenen Daten, die Gegenstand der Zusammenarbeit sind, innerhalb der Informationen nach Art. 13 oder 14 DSGVO auf die nachgelagerten Verarbeitungen durch [DIE WEITERVERARBEITENDE PARTEI] hinzuweisen.

4.6 Der Hinweis kann durch eine deutliche Hervorhebung und Verlinkung auf die unter [HYPERLINK EINFÜGEN] abrufbaren Datenschutzinformationen von [DIE WEITERVERARBEITENDE PARTEI] erfolgen; [DIE WEITERVERARBEITENDE PARTEI] ist für die Erreichbarkeit der Datenschutzinformationen verantwortlich.

4.7 [DIE WEITERVERARBEITENDE PARTEI] stellt hierzu alle erforderlichen Informationen zur Verfügung und ist für die Richtigkeit und Vollständigkeit sowie die Vereinbarkeit der Angaben mit den datenschutzrechtlichen Vorgaben alleine verantwortlich.]

a) Ratio

Ziff. 4 bezweckt die Festlegung der **Zuständigkeit für die Erfüllung der Informationspflichten** nach 5.67
Art. 13 und 14 DSGVO; diese Regelung setzt mithin eine verbindliche Anforderung nach Art. 26 Abs. 1
Satz 2 DSGVO um.

b) Zuständigkeit für die Informationserteilung (Ziff. 4.1)

Verpflichtend in die Vereinbarung nach Art. 26 Abs. 1 Satz 2 DSGVO aufzunehmen ist die Zuständig- 5.68
keit für die Erfüllung der Informationspflichten nach Art. 13, 14 DSGVO[81]. Zwar hat der EuGH unter
der Datenschutzrichtlinie 95/46/EG die Pflicht zur Informationserteilung explizit dem Initiator einer
Verarbeitung auferlegt[82], auf die DSGVO ist dies jedoch nicht übertragbar[83]. Diese Anforderung erfüllt
Ziff. 4.1 des Musters, in der die hierfür zuständige Partei benannt wird.

Wie sich die gemeinsam Verantwortlichen ihre Pflichten aufteilen, unterliegt ihrer **freien Dispositi-** 5.69
on[84].

---

81 *Martini* in Paal/Pauly, Art. 26 DSGVO Rz. 23a.
82 Vgl. EuGH v. 29.7.2019 – C-40/17, ECLI:EU:C:2019:629 Rz. 102 f.
83 Vgl. *Moos* in Moos/Schefzig/Arning, Kap. 8 Rz. 40.
84 *Martini* in Paal/Pauly, Art. 26 DSGVO Rz. 26.

5.70　Das Muster weist die **Zuständigkeit** für die Erfüllung der Informationspflicht nur einer Partei zu. Der Verwender muss im **Einzelfall** prüfen, ob dies **sachgerecht** ist. Um eine umfassende Belehrung der betroffenen Personen sicherzustellen, kann es evtl. auch angebracht sein, dass die Informationspflichten von beiden Parteien befolgt werden. Dies kann etwa der Fall sein, wenn die Parteien einen klar abgrenzbaren Kundenstamm haben und somit eine Belehrung durch eine Partei nicht die Kunden der jeweils anderen Partei erreichen würde.

c) Vorgaben für die Informationserteilung (Ziff. 4.2–4.4)

5.71　Weil jedoch wiederum beide Parteien nach außen dafür einstehen, dass die Informationen den Anforderungen des Art. 13, 14 DSGVO gerecht werden, hat die nicht zuständige Partei ein Interesse daran, der zuständigen Partei weitere Vorgaben dazu zu machen, wie diese Informationspflicht zu erfüllen ist[85]. Auch die hier vorgesehenen Formulierungen dienen nur als Beispiel. Andere oder weitere inhaltlich Vorgaben sind denkbar, je nach Bedürfnis in der konkreten Verarbeitungssituation. Gerade bei komplexeren oder risikoträchtigen Verarbeitungsvorgängen kann es sich anbieten, die jeweiligen **Informationsdokumente** bereits **als Anlage** zu einem solchen Vertrag aufzunehmen. Sofern die inhaltliche Abstimmung zwischen den Parteien nicht bereits im Rahmen der Vertragsverhandlungen erfolgen soll, sollte ergänzt werden, dass die Parteien sich auf Inhalt und Formulierung der Informationen verständigen werden.

5.72　Gemäß Art. 26 Abs. 2 Satz 2 DSGVO muss den betroffenen Personen auch „**das Wesentliche der Vereinbarung**" zur gemeinsamen Verantwortlichkeit zur Verfügung gestellt werden (hierzu bereits zuvor Rz. 5.29). Diese Verpflichtung greift Ziff. 4.3 auf und weist sie einer der Vertragsparteien zu.

Das Muster enthält sich dabei einer genauen Festlegung, welche konkreten Inhalte der Vereinbarung zur Verfügung zu stellen sind. Eine derartige Festlegung kann jedoch empfehlenswert sein, wenn vorrangig eine der Parteien mit den betroffenen Personen interagiert[86]. In einem solchen Fall wären daher die als wesentlich eingestuften Abreden vertraglich zu fixieren. Wie auch bereits bei den Informationen nach Art. 13, 14 DSGVO kann es sich gerade bei komplexeren Formen der Zusammenarbeit anbieten, eine den Anforderungen von Art. 26 Abs. 2 Satz 2 DSGVO entsprechende, kondensierte Fassung des für betroffene Personen relevanten Vereinbarungsinhalts ebenfalls gemeinsam abzufassen und etwa als Anlage zur Vereinbarung vorzusehen.

5.73　Die Parteien sollten in derartigen Fällen auch abstimmen, zu welchem Zeitpunkt und auf welche Weise die Information über das Wesentliche der Vereinbarung erfolgt. Das Muster sieht eine **Bereitstellung auf** einer bestimmten **Internetseite** vor (Ziff. 4.4). Dies dürfte nach Erwägungsgrund 58 Satz 2 DSGVO jedenfalls dann ausreichend sein, wenn die Information für die Öffentlichkeit bestimmt ist[87]. Ist dies nicht der Fall, wäre die Musterregelung verarbeitungsspezifisch anzupassen[88]. Alternativ kann z.B. eine schriftliche Bereitstellung der Informationen vereinbart werden, wenn die betroffenen Personen einen mit der Datenverarbeitung zusammenhängenden schriftlichen Vertrag mit einer der Parteien schließen.

85　Dies unbedingt empfehlend auch *EDSB*, Leitlinien v. 7.11.2019, S. 30.

86　*Moos* in Moos/Schefzig/Arning, Kap. 7 Rz. 16; *Laue* in Laue/Kremer, § 1 Rz. 63; *Specht-Riemenschneider/Schneider*, MMR 2019, 503 (506).

87　*Martini* in Paal/Pauly, Art. 26 DSGVO Rz. 35.

88　Siehe zu verschiedenen Varianten etwa *Art. 29-Datenschutzgruppe*, WP 260 rev.01 v. 11.4.2018, Rz. 40, bestätigt durch *EDSA*, Endorsement 1/2018 v. 25.5.2018, Ziff. 2.

d) Zusatzregelung: Information der betroffenen Person über nachgelagerte Verarbeitungen (Ziff. 4.5–4.7)

aa) Ratio

Ziff. 4.5–4.7 stellen eine zusätzliche Regelung zu den allgemeinen Vereinbarungen aus Ziff. 4.1 bis 4.4 über die Informationserteilung gegenüber den betroffenen Personen dar[89]. Sie ist für die Fälle empfehlenswert, in denen die **gemeinsame Verantwortlichkeit** ab der Erhebung nur noch einzelne Vorgangsreihen betrifft und im Anschluss **auseinanderfällt**. Ist eine Partei nicht an der Erhebung der personenbezogenen Daten unmittelbar beteiligt, hat sie keine Möglichkeit mehr, die betroffenen Personen rechtskonform über eine **Weiterverarbeitung** außerhalb der gemeinsamen Verantwortlichkeit zu **informieren**. Schon unter der DSRL traf diese Pflicht nicht den Initiator der Verarbeitung, sondern nur die weiterverarbeitende Partei[90]. Deshalb verpflichtet die Vereinbarung an dieser Stelle die initiierende Partei, eine ausreichende Information der betroffenen Personen sicherzustellen. Zwar wird die weiterverarbeitende Partei hierdurch nicht von ihrer gesetzlichen Pflicht und diesbezüglich denkbaren Haftung befreit; sie kann aber im Falle eines Unterlassens die zuständige Partei in Regress nehmen (siehe schon Rz. 5.63 ff.). `5.74`

bb) Pflicht zur Informationserteilung über weiterführende Verarbeitungen (Ziff. 4.5 und 4.6)

Jeder Verantwortliche ist gesetzlich nur dazu verpflichtet, die Informationen nach Art. 13 und/oder Art. 14 DSGVO zu erteilen, für die er (mit-)verantwortlich ist[91]. Ziff. 4.5 legt deshalb der Partei, welche die Verarbeitung initiiert, die Pflicht auf, auch eine darüberhinausgehende Informationserteilung sicherzustellen. Ziff. 4.6 regelt das Verfahren, wie die Informationen zu erteilen sind. Das Muster sieht eine Verlinkung auf eine bereits bestehende Datenschutzerklärung der weiterverarbeitenden Partei vor, wobei die weiterverarbeitende Partei für die Erreichbarkeit der entsprechenden Informationen verantwortlich ist. Die Regelung ist nach Belieben und Verarbeitungssituation anzupassen. Insofern kann es sich anbieten, die relevanten Informationen bereits als Anlage aufzunehmen, was jedoch deren Anpassung bzw. Aktualisierung ggf. unnötig formalisiert. `5.75`

cc) Keine Haftung für unzureichende Informationserteilung (Ziff. 4.7)

Das Vertragsmuster sieht vor, dass die weiterverarbeitende Partei den betroffenen Personen die zur Verfügung zu stellenden Informationen zuleitet. Für die Richtigkeit und die Vereinbarkeit mit datenschutzrechtlichen Anforderungen in Hinblick auf weiterführende Zwecke ist allein der Verantwortliche, mithin die weiterverarbeitende Partei zuständig. Die Vereinbarung dient zur Klarstellung, dass die initiierende Partei weder im Außen- noch im Innenverhältnis für die Richtigkeit oder Vollständigkeit dieser Informationen haftet. `5.76`

dd) Zusätzliche Regelung im Falle eines Einwilligungserfordernisses

Eine gleichgelagerte Problematik besteht, wenn die gesamte Verarbeitung oder sogar gerade nur die Weiterverarbeitung durch eine Partei auf eine Einwilligung der betroffenen Personen gestützt werden soll, jedoch nur die initiierende Partei Kontakt zu den betroffenen Personen hat. Insofern ist die initiierende Partei nur verpflichtet, sicherzustellen, dass die Einwilligung die Phasen abdeckt, für die sie (mit-)verantwortlich ist[92]. Will eine andere Partei, die keinen unmittelbaren Kontakt mit den Betroffenen hat, jedoch nachgelagert einwilligungsbedürftige Verarbeitungen durchführen, fehlt es ihr regelmäßig an einer wirksamen Einwilligung. `5.77`

---

89 Siehe zur allgemeinen Regelung Rz. 5.52 ff.
90 Vgl. EuGH v. 29.7.2019 – C-40/17, ECLI:EU:C:2019:629 Rz. 101 f., MMR 2019, 579 (584).
91 EuGH v. 29.7.2019 – C-40/17, ECLI:EU:C:2019:629 Rz. 105, MMR 2019, 579.
92 Vgl. EuGH v. 29.7.2019 – C-40/17, ECLI:EU:C:2019:629 Rz. 101, MMR 2019, 579.

5.78 Auch für diesen Fall sollte ein Zusatz in die Vereinbarung aufgenommen werden, der die initiierende Partei zur Einholung einer Einwilligung verpflichtet, die auch die nachfolgenden Verarbeitungen durch die andere Partei mit abdeckt. Die Ausgestaltung hängt indes stark vom Einzelfall ab. Es empfiehlt sich, ausführlich zu regeln, wie die Einwilligung inhaltlich ausgestaltet und wirksam eingeholt werden soll; der Einwilligungstext sollte vertraglich festgehalten werden, da es hierbei sehr auf Formulierungsfeinheiten ankommen kann[93]. Im Falle eines technischen Werkzeugs, das für die Verarbeitung zur Verfügung gestellt wird, ist zu prüfen, ob die Einholung der Einwilligung bereits technisch implementiert werden kann.

6. Erfüllung der sonstigen Rechte der betroffenen Personen (Ziff. 5)

5.79 **M 5.1.5 Erfüllung der sonstigen Rechte der betroffenen Personen**

5. Erfüllung der sonstigen Rechte der betroffenen Personen

5.1 Vertragspartei … ist für die Bearbeitung und Beantwortung von Anträgen auf Wahrnehmung der sonstigen nach den Art. 15 ff. DSGVO bestehenden Rechte der betroffenen Personen („Betroffenenrechte") zuständig.

5.2 Ungeachtet der Regelung in Ziffer 5.1 dieses Vertrags stimmen die Parteien überein, dass sich betroffene Personen an beide Parteien zwecks Wahrnehmung der ihnen jeweils zustehenden Betroffenenrechte wenden können. In einem solchen Fall ist [DIE JEWEILS ANDERE PARTEI] dazu verpflichtet, das Ersuchen eines Betroffenen an [DIE NACH ZIFFER 5.1 ZUSTÄNDIGE PARTEI] unverzüglich weiterzuleiten.

5.3 Im Falle eines Betroffenenersuchens auf Löschung findet Ziffer 3.3 dieses Vertrags entsprechende Anwendung.

a) Ratio

5.80 Ziff. 5 bezweckt die Festlegung der **Zuständigkeit für die Bearbeitung von Anträgen auf Wahrnehmung der Rechte der betroffenen Personen** nach Art. 15 ff. DSGVO; diese Regelung setzt mithin ebenfalls eine verbindliche Anforderung nach Art. 26 Abs. 1 Satz 2 DSGVO um.

b) Zuständigkeit für die Wahrnehmung der Rechte der betroffenen Personen (Ziff. 5.1)

5.81 Verpflichtend ist in die Vereinbarung nach Art. 26 Abs. 1 Satz 2 DSGVO die Zuständigkeit für die **Wahrnehmung der Rechte der betroffenen Personen** (nach Art. 15 ff. DSGVO) aufzunehmen[94]. Diese Anforderung erfüllt Ziff. 5.1 des Musters, in der die hierfür zuständige Partei bestimmt wird. Die Regelung legt dabei fest, dass die zuständige Partei alle etwaigen Anträge der betroffenen Personen bearbeitet und beantwortet. Auch hier sind naturgemäß andere Gestaltungen denkbar. Zum Beispiel kann die Zuständigkeit auch nach einzelnen Pflichten aufgeteilt werden. In diesem Fall wäre es dann wegen des Transparenzerfordernisses empfehlenswert, eine tabellarische Auflistung der jeweiligen Pflichten[95] in die Vereinbarung aufzunehmen, wie etwa im Rahmen von Ziff. 3.1 des Musters im Zusammenhang mit den verschiedenen Verarbeitungsphasen.

---

93 Siehe umfassend zur rechtskonformen Einwilligung im Einklang mit den Anforderungen der neuen EuGH-Rspr. *Moos/Rothkegel*, MMR 2019, 732 (737 ff.).
94 *Martini* in Paal/Pauly, Art. 26 DSGVO Rz. 23a.
95 Dafür auch: *Martini* in Paal/Pauly, Art. 26 DSGVO Rz. 23b.

c) Kooperationspflicht statt Anlaufstelle (Ziff. 5.2)

Das Muster verzichtet darauf, eine Partei auch nach außen als zentrale **Anlaufstelle** für die betroffe- 5.82
nen Personen zu benennen, wie es Art. 26 Abs. 1 Satz 3 DSGVO ermöglicht. Eine solche Regelung ist
optional und kommt vor allem bei einer größeren Zahl von (Mit-) Verantwortlichen in Betracht[96].
Durch die Benennung einer solchen Anlaufstelle könnte im Übrigen ohnehin nicht unterbunden werden, dass sich betroffene Personen auch an die anderen Mit-Verantwortlichen wenden, um ihre Rechte
geltend zu machen (Art. 26 Abs. 3 DSGVO). Eine konkrete Zuweisung kann im Innenverhältnis zwischen den Parteien unter Umständen zu Regressansprüchen führen[97].

Vor diesem Hintergrund beläst es das Muster in Ziff. 5.2 bei einer **Kooperationspflicht**, kraft derer 5.83
die für die Bearbeitung der Betroffenenanträge unzuständige Vertragspartei sämtliche bei ihr eingehenden Anträge unverzüglich an die andere Partei weiterleitet, damit sie die weitere Bearbeitung
übernehmen kann.

7. Sicherheit der Verarbeitung (Ziff. 6)

M 5.1.6 Sicherheit der Verarbeitung 5.84

6. Sicherheit der Verarbeitung

*6.1 Die Parteien haben vor Beginn der Verarbeitung die in **Anlage 2** dieses Vertrags spezifizierten technischen und organisatorischen Maßnahmen zu implementieren und während des Vertrags aufrechtzuerhalten.*

*6.2 Da die technischen und organisatorischen Maßnahmen sowohl dem technischen Fortschritt und der
technologischen Weiterentwicklung als auch gesetzlichen Änderungen unterliegen, ist es den Parteien
gestattet, alternative und adäquate Maßnahmen umzusetzen, sofern dabei das Sicherheitsniveau der
in **Anlage 2** festgelegten Maßnahmen nicht unterschritten wird. Stellt eine Partei fest, dass die nach Ziffer 6.1 dieses Vertrages umgesetzten Maßnahmen nicht ausreichend sind oder technische Fortschritte
bzw. gesetzliche Änderungen weitere Maßnahmen erfordern, hat sie die jeweils andere Partei unverzüglich schriftlich darüber zu informieren. Die Umsetzung solcher weiterer Maßnahmen erfolgt erst nach
schriftlicher Zustimmung der jeweils anderen Partei. Die Parteien werden solche Änderungen dokumentieren.*

*6.3 Die Parteien gewährleisten, alle geeigneten technischen und organisatorischen Maßnahmen so durch-
zuführen, dass die Datenverarbeitung im Einklang mit den Anforderungen anwendbarer Datenschutzbestimmungen (insbesondere der DSGVO) erfolgt und den Schutz der Rechte der betroffenen Person gewährleistet.*

a) Ratio

Sinn und Zweck der Regelung besteht in der Festlegung **technischer und organisatorischer Sicher-** 5.85
heitsmaßnahmen als eine Ausprägung der „Mittel der Verarbeitung".

b) Vereinbarung technischer und organisatorischer Maßnahmen

Die gemeinsame Verantwortlichkeit gründet sich u.a. auf eine gemeinsame Festlegung der (wesentli- 5.86
chen) **Mittel der Verarbeitung**. Zu diesen Mitteln der Verarbeitungen zählen auch die **technischen
und organisatorischen Gegebenheiten der Verarbeitung**; also z.B. welche Hardware oder Software

---

96 *Martini* in Paal/Pauly, Art. 26 DSGVO Rz. 28.
97 *Freund* in Schuster/Grützmacher, Art. 26 DSGVO Rz. 44.

für die Verarbeitung eingesetzt wird[98], aber auch, durch welche solcher Maßnahmen die Daten geschützt werden[99].

5.87 Je nachdem, welchen Stellenwert in der jeweiligen Konstellation die gemeinsame Festlegung der Verarbeitungsmittel einnimmt, kann es deshalb empfehlenswert sein, in der Vereinbarung auch solche technischen und organisatorischen Maßnahmen verbindlich zu vereinbaren. Hierzu dient Ziff. 6.

5.88 Inhaltlich lehnt sich die Regelung an in Auftragsverarbeitungsverträgen gebräuchliche Gestaltungen an, so dass auf die dortigen Klauseln und Erläuterungen verwiesen werden kann[100].

8. Einschaltung von Auftragsverarbeitern (Ziff. 7)

5.89 **M 5.1.7 Einschaltung von Auftragsverarbeitern**

7. Einschaltung von Auftragsverarbeitern

7.1 Jede Partei darf Auftragsverarbeiter im Rahmen der Datenverarbeitung nur nach vorheriger schriftlicher Zustimmung der jeweils anderen Partei einschalten.

7.2 Zur Prüfung einer solchen Zustimmung hat die beauftragungswillige Partei der jeweils anderen Partei eine Kopie der abzuschließenden Vereinbarung zur Auftragsverarbeitung zur Verfügung zu stellen.

7.3 Ferner muss die beauftragungswillige Partei der jeweils anderen Partei schriftlich bestätigen, dass sie den Auftragsverarbeiter unter besonderer Berücksichtigung der Eignung der von diesem getroffenen technischen und organisatorischen Maßnahmen sorgfältig ausgewählt und sich von der Einhaltung der beim Auftragsverarbeiter getroffenen technischen und organisatorischen Maßnahmen überzeugt hat. Dieser Bestätigung ist die Ergebnisdokumentation dieser Überprüfung beizufügen.

7.4 Die Vereinbarung hat den Anforderungen der Art. 28, 29 DSGVO zu entsprechen. Beide Parteien müssen die Vereinbarung als Auftraggeber wirksam abschließen. Jede Partei kann sich von der jeweils anderen Partei dabei vertreten lassen.

7.5 Sofern ein außerhalb der EU ansässiger Auftragsverarbeiter eingeschaltet werden soll, findet Ziffer 2.4 dieses Vertrags entsprechende Anwendung.

7.6 Daten dürfen erst nach dem wirksamen Abschluss der Vereinbarung zwischen den Parteien und dem Auftragsverarbeiter nach Maßgabe der Ziffer 7.4 dieses Vertrags weitergeleitet werden.

7.7 Eingeschaltete Auftragsverarbeiter sind von der jeweils beauftragungswilligen Partei regelmäßig (d.h. mindestens einmal jährlich) in geeigneter Form zu überprüfen. Über diese Prüfungen ist ein Prüfbericht zu erstellen und der jeweils anderen Partei unaufgefordert zur Verfügung zu stellen.

7.8 Die Parteien werden sich je zugestimmter Auftragsverarbeitung über deren jeweilige Durchführung, insbesondere hinsichtlich der Weisungserteilung gegenüber dem jeweiligen Auftragsverarbeiter sowie dessen Überprüfung im gegenseitigen Benehmen nach Treu und Glauben verständigen.

*7.9 Die in **Anlage 3** benannten Auftragsverarbeiter gelten von den Parteien als akzeptiert. Darin sind ggf. auch Einzelheiten zur Durchführung dieser Auftragsverarbeitungen festgeschrieben.*

---

98 *Art. 29-Datenschutzgruppe*, WP 169 v. 16.2.2010, S. 14.
99 Instruktiv: *Freund* in Schuster/Grützmacher, Art. 32 DSGVO Rz. 75 ff.
100 Siehe z.B. das Muster eines kurzen Auftragsverarbeitungsvertrages in Teil 2, Rz. 7.63 ff.

a) Ratio

Der Sinn und Zweck von Ziff. 7 besteht darin, dass die gemeinsam Verantwortlichen verbindliche Vorgaben für die **Einschaltung von Auftragsverarbeitern** verabreden. Hierbei handelt es sich um eine fakultative Regelung. $\qquad$ 5.90

b) Vorgaben zur Einschaltung von Auftragsverarbeitern

Art. 26 Abs. 1 Satz 2 DSGVO verlangt für die Vereinbarung über die gemeinsame Verantwortlichkeit nicht explizit eine Regelung zur Einschaltung von **Auftragsverarbeitern**[101]. Die Klausel gehört deshalb nicht zum zwingenden Inhalt einer solchen Vereinbarung. Es hängt aber auch hier wiederum sehr stark von dem konkreten Verarbeitungsszenario ab, ob eine solche Regelung aufgenommen werden sollte. Impliziert die gemeinsame Verarbeitung etwa eine sehr weitgehende Auslagerung von Verarbeitungtätigkeiten auf Dienstleister, kann es im Zuge der gemeinsamen Festlegung der wesentlichen Mittel der Verarbeitung geboten sein, nähere Vereinbarungen zur Einschaltung solcher Auftragsverarbeiter zu treffen. Für solche Fälle ist die Beispielsregelung in Ziff. 7 gedacht. Spielen Auslagerungen keine oder nur eine untergeordnete Rolle, kann die Regelung auch ausgespart werden. $\qquad$ 5.91

Inhaltlich nimmt auch diese Regelung **Anleihen** an typischen Gestaltungen in **Auftragsverarbeitungsverträgen** im Zusammenhang mit der Einschaltung von Unterauftragsverarbeitern. Zur Erläuterung kann auf die dortigen Regelungsvorschläge nebst Erläuterungen verwiesen werden[102]. $\qquad$ 5.92

9. Vorgehen bei Datenschutzverletzungen (Ziff. 8)

M 5.1.8 Vorgehen bei Datenschutzverletzungen $\qquad$ 5.93

8. Vorgehen bei Datenschutzverletzungen

8.1 Vertragspartei … ist für die Prüfung und Bearbeitung aller Verletzungen des Schutzes personenbezogener Daten i.S.v. Art. 4 Nr. 12 DSGVO (nachfolgend als „Datenpanne(n)" bezeichnet) einschließlich der Erfüllung aller deshalb etwaig bestehender Meldepflichten gegenüber der zuständigen Aufsichtsbehörde nach Art. 33 DSGVO oder gegenüber betroffenen Personen nach Art. 34 DSGVO zuständig.

8.2 Die Parteien werden jede etwaig festgestellte Datenpanne unverzüglich der jeweils anderen Partei anzeigen und bei einer etwaigen Meldung nach Art. 33, 34 DSGVO sowie einer Aufklärung und Beseitigung von Datenpannen im Rahmen des Erforderlichen und Zumutbaren mitwirken, insbesondere sämtliche in diesem Zusammenhang relevanten Informationen einander unverzüglich zur Verfügung stellen.

8.3 Bevor [DIE NACH ZIFFER 8.1 ZUSTÄNDIGE PARTEI] eine Meldung nach Ziffer 8.1 dieses Vertrags an eine Aufsichtsbehörde oder eine betroffene Person vornimmt, stimmt sie das Vorgehen mit der anderen Partei ab.

a) Ratio

Die Regelung in Ziff. 8 weist **Zuständigkeiten** zwischen den Parteien in Bezug auf den Umgang mit **Datenpannen** zu und gestaltet das **Vorgehen** dazu weiter aus. $\qquad$ 5.94

---

101 Dafür etwa auch *Gierschmann*, ZD 2020, 69 (72).

102 Siehe z.B. das Muster eines auftraggeberfreundlichen allgemeinen Auftragsverarbeitungsvertrages in Teil 2, Rz. 8.71 ff.

b) Zuständigkeit für die Bearbeitung von Datensicherheitsverletzungen (Ziff. 8.1)

5.95 Gemäß Art. 26 Abs. 1 Satz 2 DSGVO ist in der Vereinbarung festzulegen, „wer … welche Verpflichtung gemäß dieser Verordnung erfüllt". Auch wenn im Nachsatz dazu nur die Betroffenenrechte besondere Erwähnung finden, gilt diese Regelungsverpflichtung im Grundsatz für alle (relevanten) Pflichten nach der DSGVO. In diesem Sinne erfolgt in Ziff. 8.1 eine Zuweisung der **Zuständigkeit** für den Umgang mit **Datensicherheitsverletzungen** i.S.v. Art. 4 Nr. 12 DSGVO. Maßgeblich geht es hierbei natürlich um die Erfüllung etwaiger Melde- und Unterrichtungspflichten nach Art. 33, 34 DSGVO.

5.96 Die Vertragsregelung geht aber darüber hinaus und weist einer Vertragspartei auch die Zuständigkeit der einer solchen Meldung vorgelagerten **Prüfung und Bearbeitung** jeglicher Verletzung des Schutzes personenbezogener Daten i.S.v. Art. 4 Nr. 12 DSGVO zu[103].

c) Kooperationspflichten bei Datensicherheitsverletzungen (Ziff. 8.2–8.3)

5.97 In ähnlicher Weise wie für die Information der betroffenen Personen gem. Ziff. 4 und die Wahrnehmung der sonstigen Rechte gem. Ziff. 5 beschränkt sich das Muster auch hier nicht auf eine Zuweisung der Zuständigkeit für die Erfüllung der gesetzlichen Pflichten, sondern etabliert ergänzend gewisse **Abstimmungs- und Kooperationspflichten der Vertragsparteien**; hier in den Ziff. 8.2 und 8.3. Diese Kooperationspflichten dienen generell dazu, es der jeweils für zuständig erklärten Vertragspartei zu ermöglichen, die jeweilige Pflicht auch faktisch erfüllen zu können und sie dabei zu unterstützen. Hieran hat – wie bereits gesagt – jeweils auch die unzuständige Vertragspartei ein Interesse wegen der gemeinsamen Außenhaftung.

5.98 Konkret sieht Ziff. 8.2 vor, dass die Parteien sich gegenseitig unverzüglich informieren und nach Möglichkeit an der Aufklärung und Beseitigung von Datenpannen mitwirken. Ein gesondertes **Abstimmungserfordernis** ist in Ziff. 8.3 vorgesehen, bevor eine Meldung einer Datensicherheitsverletzung an eine **Aufsichtsbehörde** oder eine betroffene Person vorgenommen wird. Wegen der möglichen Brisanz einer solchen Meldung erscheint dies sinnvoll, wenn schon ansonsten die Zuständigkeit (wie in Ziff. 8.1) in die Hände einer Partei gelegt wird.

10. Sonstige gemeinsame und gegenseitige Pflichten (Ziff. 9)

5.99 **M 5.1.9 Sonstige gemeinsame und gegenseitige Pflichten**

9. Sonstige gemeinsame und gegenseitige Pflichten

9.1 Beide Parteien sind verpflichtet, einen fachkundigen und zuverlässigen Datenschutzbeauftragten nach Art. 37 DSGVO oder anderer anwendbarer Datenschutzgesetze zu bestellen, sofern und solange die gesetzlichen Voraussetzungen für eine Bestellpflicht gegeben sind.

9.2 Die Parteien haben alle mit der Datenverarbeitung beschäftigten Personen schriftlich zur Wahrung der Vertraulichkeit im Hinblick auf die Daten zu verpflichten.

9.3 Die Parteien werden die Datenverarbeitung in ihr jeweiliges Verfahrensverzeichnis nach Art. 30 Abs. 1 DSGVO aufnehmen und dort als ein Verfahren in gemeinsamer Verantwortung vermerken.

9.4 Beide Vertragsparteien haben sich gegenseitig unverzüglich und vollständig zu informieren, wenn Fehler oder Unregelmäßigkeiten bei der Datenverarbeitung oder Verletzungen von Bestimmungen dieses Vertrags oder anwendbaren Datenschutzrechts (insbesondere der DSGVO) festgestellt werden.

9.5 Die Parteien benennen jeweils einen festen Ansprechpartner sowie dessen Stellvertreter für sämtliche im Zusammenhang mit diesem Vertrag, der Zusammenarbeit oder der Datenverarbeitung aufkommende Fragen.

---

103 Siehe dazu umfassend auch *Arning/Rothkegel* in Taeger/Gabel, Art. 4 DSGVO Rz. 297 ff.

Derzeit fungiert auf Seiten der [VERTRAGSPARTEI 1] folgende Person als Ansprechpartner:

... (Vorname, Name, Position)

Derzeit fungiert auf Seiten der [VERTRAGSPARTEI 2] folgende Person als Ansprechpartner:

... (Vorname, Name, Position)

Ein Wechsel in der Person des Ansprechpartners ist der jeweils anderen Partei unverzüglich schriftlich mitzuteilen.

9.6 Die Parteien werden sich bei der Einhaltung der in diesem Vertrag vereinbarten Festlegungen sowie anwendbaren gesetzlichen Datenschutzbestimmungen (insbesondere der DSGVO) im Rahmen des Erforderlichen und Zumutbaren gegenseitig unterstützen; hierzu zählen insbesondere:

- *die Verpflichtung, die jeweils andere Partei bei der Etablierung und Aufrechterhaltung angemessener technischer und organisatorischer Maßnahmen gemäß Ziffer 6 dieses Vertrags zu unterstützen;*

- *die Verpflichtung, sich gegenseitig bei einer etwaig erforderlichen Datenschutz-Folgenabschätzung und etwaigen Konsultationspflicht der zuständigen Aufsichtsbehörde gemäß Art. 35, 36 DSGVO zu unterstützen;*

- *die Verpflichtung, sich bei der Einrichtung und Pflege der beiderseitigen Verzeichnisse der Verarbeitungtätigkeiten zu unterstützen.*

9.7 Die Parteien verpflichten sich, alle im Zusammenhang mit diesem Vertrag, der Zusammenarbeit oder der Datenverarbeitung stehenden Fakten, Auswirkungen und ergriffenen Maßnahmen zu dokumentieren.

a) Ratio

Die Regelung bestimmt, wie und durch welche Partei(en) weitere maßgebliche Pflichten gemäß der DSGVO erfüllt werden und legt den Parteien darüber hinaus **vertragliche Nebenpflichten** auf (insbesondere **Informations- und Kooperationspflichten**). 5.100

b) Zuweisung weiterer Zuständigkeiten (Ziff. 9.1–9.3)

In Ziff. 9 werden weitere Festlegungen i.S.v. Art. 26 Abs. 1 Satz 2 DSGVO dahingehend getroffen, welche der Vertragsparteien **welche Verpflichtung gemäß der DSGVO** erfüllt. In Ziff. 9 erfolgt dies im Einzelnen für folgende DSGVO-Pflichten: 5.101

- Bestellung eines **Datenschutzbeauftragten** nach Art. 37 DSGVO (Ziff. 9.1);

- Verpflichtung der Mitarbeiter auf **Vertraulichkeit** (Ziff. 9.2);

- Aufnahme des Verfahrens in das jeweilige **Verzeichnis der Verarbeitungstätigkeiten** nach Art. 30 Abs. 1 DSGVO (Ziff. 9.3);

Diese Auswahl an Pflichten und entsprechenden Zuständigkeiten ist wiederum nur exemplarisch. Der Verwender des Musters kann weitere Zuständigkeiten zuweisen und diese auch anders allokieren[104]. 5.102

c) Informations- und Kooperationspflichten (Ziff. 9.4–9.7)

Die darauffolgenden Ziff. 9.4–9.7 normieren **vertragliche Nebenpflichten**, die sich im Wesentlichen in gegenseitigen **Informations- und Unterstützungspflichten** manifestieren. Auch hier sind im Einzelfall natürlich andere Festlegungen möglich. 5.103

---

104 Siehe weiterführend: Rz. 5.22 f.

5.104 Eine Sonderstellung nimmt evtl. die **Dokumentationspflicht** in Ziff. 9.7 ein. Ihre besondere Bedeutung erhält sie vor dem Hintergrund der **Rechenschaftspflicht** der Verantwortlichen gem. Art. 5 Abs. 2, Art. 24 Abs. 1 DSGVO[105], wonach sie die Einhaltung der Pflichten gemäß der DSGVO nachweisen können müssen. Soweit im Rahmen der gemeinsamen Verantwortlichkeit hier aber Zuständigkeiten für die Erfüllung bestimmter Pflichten bei einer Vertragspartei konzentriert werden, liegt es maßgeblich auch in deren Hand, die Pflichterfüllung nachzuweisen. Damit hier die jeweils andere Partei nicht in Beweisnot kommt, etabliert Ziff. 9.7 eine Verpflichtung, alle entsprechenden Maßnahmen zu dokumentieren, etwa durch entsprechende Protokollierungen[106].

11. Zusammenarbeit mit Aufsichtsbehörden (Ziff. 10)

5.105 **M 5.1.10 Zusammenarbeit mit Aufsichtsbehörden**

10. Zusammenarbeit mit Aufsichtsbehörden

10.1 Die Parteien werden der jeweils anderen Partei unverzüglich anzeigen, wenn sich eine Datenschutzaufsichtsbehörde im Zusammenhang mit diesem Vertrag, der Zusammenarbeit oder der Datenverarbeitung an sie wendet.

10.2 Die Parteien sind sich darüber einig, dass Aufforderungen zuständiger Datenschutzaufsichtsbehörden grundsätzlich Folge zu leisten ist, insbesondere sind etwaig angeforderte Informationen zu überlassen und Möglichkeiten zur Prüfung (auch vor Ort) einzuräumen. Die Parteien gewähren zuständigen Datenschutzaufsichtsbehörden in diesem Rahmen die erforderlichen Zugangs-, Auskunfts- und Einsichtsrechte.

10.3 Soweit wie möglich werden sich die Parteien im gegenseitigen Benehmen miteinander abstimmen, bevor etwaigen Anfragen von zuständigen Datenschutzaufsichtsbehörden Folge geleistet wird bzw. Informationen im Zusammenhang mit diesem Vertrag, der Zusammenarbeit oder der Datenverarbeitung an zuständige Datenschutzaufsichtsbehörden herausgegeben werden.

a) Ratio

5.106 Ziff. 10 regelt die Zusammenarbeit der Vertragsparteien mit den **Datenschutzaufsichtsbehörden**; diese Regelung ist fakultativ.

b) Kooperationspflichten

5.107 Als gemeinsam Verantwortliche stehen beide Parteien nach außen hin für die Datenschutzkonformität der Verarbeitung und für die Erfüllung der Pflichten nach der DSGVO ein, auch wenn die Zuständigkeit hierfür intern einer der Vertragsparteien zugewiesen worden ist[107]. Es ist deshalb ein essentielles Bedürfnis beider Parteien, von behördlichen Untersuchungen zu erfahren, auch wenn sie sich beim anderen Vertragspartner ereignen. Ziff. 10.1 sieht deshalb eine gegenseitige **Informationspflicht** vor.

5.108 **Kontrollen der Aufsichtsbehörden** bei einer Partei können wegen der gemeinsamen Verantwortlichkeit auch Folgen für die jeweils andere Partei haben. Beide Parteien haben deshalb ein Interesse daran, dass die jeweils andere Partei die notwendigen Mitwirkungshandlungen gegenüber der Aufsichtsbehörde erbringt und mit ihr im Rahmen der gesetzlichen Vorgaben kooperiert. Um dies vertraglich abzusichern, findet sich eine ausdrückliche Regelung dazu in Ziff. 10.2.

---

105 Die Bedeutung heraushebend auch *Bygrave/Tosoni* in Kuner/Bygrave/Docksey/Drechsler, Art. 4 (7) GDPR, S. 145.
106 Dafür auch: *Lachenmann*, S. 324.
107 Siehe zu etwaigen Ausnahmen ausf. *Moos* in Moos/Schefzig/Arning, Kap. 8 Rz. 44.

Wegen der möglichen Implikationen für beide Vertragsparteien verankert Ziff. 10.3 schließlich eine **5.109** Pflicht zur **gegenseitigen Abstimmung**, bevor Anfragen von Aufsichtsbehörden beantwortet werden. Dies dient auch dazu, unvollständige oder falsche Meldungen zu vermeiden, die im Falle verteilter Verarbeitungen, wie sie typischerweise bei gemeinsamer Verantwortlichkeit vorliegen, leichter vorkommen können, weil zumeist nicht alle Informationen bei einer Vertragspartei vorhanden sind.

c) Alternativregelung: Zentrale Anlaufstelle für Aufsichtsbehörden

Die nachfolgende Regelung bietet sich in Verarbeitungskonstellationen an, in denen sich die gemein- **5.110** sam Verantwortlichen nicht auf Augenhöhe gegenüberstehen, sondern sich in hierarchisch geprägten Über-Unterordnungsverhältnissen befinden, etwa im Falle der Zentralisierung von Unternehmensfunktionen in Konzerngefügen. In solchen Konstellationen kann es angebracht sein, die datenschutzrechtliche Verantwortlichkeit bzw. Verwaltung bei einer der Parteien soweit wie möglich zu zentralisieren.

M 5.1.11 Zentrale Anlaufstelle für Aufsichtsbehörden

5.111

10. Zentrale Anlaufstelle für Aufsichtsbehörden

10.1 Die zentrale Anlaufstelle gegenüber der nach Art. 55, 56 DSGVO zuständigen Aufsichtsbehörde ist Vertragspartei … im Zusammenhang mit allen Anfragen oder Maßnahmen, die diesen Vertrag, die Zusammenarbeit oder die Datenverarbeitung betreffen.

10.2 [DIE NACH ZIFFER 10.1 ZUSTÄNDIGE PARTEI] kann alle Parteien verbindlich anweisen, eine durch die zuständige Aufsichtsbehörde getroffene Maßnahme oder Anweisung umzusetzen oder die dafür erforderliche Mitwirkung zu erbringen; die weiteren Parteien sind verpflichtet, derartige Anweisungen umzusetzen. [DIE NACH ZIFFER 10.1 ZUSTÄNDIGE PARTEI] ist außerdem insbesondere für jede Kommunikation mit den Aufsichtsbehörden sowie das Einlegen von Rechtsbehelfen zuständig.

10.3 Die Parteien werden der jeweils anderen Partei unverzüglich anzeigen, wenn sich eine Datenschutzaufsichtsbehörde im Zusammenhang mit diesem Vertrag, der Zusammenarbeit oder der Datenverarbeitung an sie wendet.

10.4 Soweit sich eine Aufsichtsbehörde unmittelbar an eine andere Partei als [DIE NACH ZIFFER 10.1 ZUSTÄNDIGE PARTEI] wendet, wird gegenüber der Aufsichtsbehörde auf den Regelungsgehalt von Ziffer 10.1 und 10.2 verwiesen.

aa) Ratio

Diese Ziff. 10 enthält eine Alternativregelung zur allgemeinen Vereinbarung über die Zusammenarbeit **5.112** mit Aufsichtsbehörden[108]: Sinn und Zweck ist es, vom **One-Stop-Shop** Verfahren Gebrauch zu machen, indem eine Partei mit **Weisungsbefugnissen** ausgestattet und unmittelbar als für Behördenanfragen zuständige Partei benannt wird, wodurch die für diese Partei örtlich zuständige Aufsichtsbehörde als federführend und somit als die ausschließlich für die gesamte gemeinsam verantwortete Datenverarbeitung zuständige Aufsichtsbehörde bestimmt wird.

bb) Benennung und Ausstattung mit Befugnissen (Ziff. 10.1–10.3)

Die DSGVO regelt nicht eindeutig, ob das One-Stop-Shop Verfahren auch im Falle einer gemein- **5.113** samen Verantwortlichkeit anwendbar ist. Nach Ansicht des Europäischen Datenschutzausschusses ist dies möglich[109]. Erforderlich ist neben der bloßen Benennung (Ziff. 10.1), dass die Parteien in der

---

108 Siehe zur allgemeinen Regelung Rz. 5.105.
109 Vgl. *Art. 29-Datenschutzgruppe*, WP 244 rev.01 v. 5.5.2017, Ziff. 2.1.3, Anhang Ziff. 2.d.ii, bestätigt durch *EDSA*, Endorsement 1/2018 v. 25.5.2018, Ziff. 8.

Vereinbarung nach Art. 26 Abs. 1 Satz 2 DSGVO einem der Verantwortlichen die Befugnis einräumen, alle erforderlichen Maßnahmen zur **Umsetzung von aufsichtsbehördlichen Anweisungen** und Maßnahmen auch für die anderen Parteien rechtsverbindlich anzuordnen oder umzusetzen bzw. umsetzen zu lassen (Ziff. 10.2)[110]. So manifestieren die gemeinsam Verantwortlichen nämlich (nur) die objektiven Kriterien zur Bestimmung der federführenden Aufsichtsbehörde (vgl. Erwägungsgrund 36 Satz 2 DSGVO) innerhalb der Vereinbarung.

5.114 Ziff. 10.3 entspricht der ursprünglichen Ziff. 10.1 (siehe M 5.1.10) und dient dem Informationsinteresse aller Parteien[111].

cc) Zusammenarbeit mit der Aufsichtsbehörde (Ziff. 10.4)

5.115 Ziff. 10.4 verpflichtet die übrigen Parteien, etwaig anfragende Aufsichtsbehörden auf die in Ziff. 10.1 und 10.2 getroffenen Regelungen (und somit deren Unzuständigkeit) hinzuweisen. Ergänzend könnten diesbezüglich noch Regelungen vorgesehen werden, wie die Parteien zu reagieren haben, wenn eine Aufsichtsbehörde auf ihrer Zuständigkeit beharrt, etwa erst von den getroffenen Regelungen abzuweichen, wenn die Zuständigkeit der anfragenden Behörde gerichtlich bestätigt worden ist.

12. Haftung (Ziff. 11)

5.116 **M 5.1.12 Haftung**

11. Haftung

11.1 Die Parteien haften gegenüber betroffenen Personen nach den gesetzlichen Vorschriften.

11.2 Die Parteien stellen einander im Innverhältnis von jeglicher Haftung frei, soweit sie jeweils Anteil an der Verantwortung für die haftungsauslösende Ursache tragen. Das gilt auch im Hinblick auf eine gegen eine Partei etwa verhängte Geldbuße wegen eines Verstoßes gegen Datenschutzvorschriften mit der Maßgabe, dass die mit der Geldbuße belegte Partei zunächst die Rechtsmittel gegen den Bußgeldbescheid ausgeschöpft haben muss. Bleibt die jeweilige Partei danach ganz oder teilweise mit einer Geldbuße belastet, die nicht ihrem internen Anteil an der Verantwortung für den Verstoß entspricht, ist die jeweils andere Partei verpflichtet, sie von der Geldbuße in dem Umfang freizustellen, in dem die andere Partei Anteil an der Verantwortung für den durch die Geldbuße sanktionierten Verstoß trägt.

a) Ratio

5.117 Ziff. 11 regelt die Haftung, hierbei im Wesentlichen den Regress zwischen den Vertragsparteien im Falle einer Inanspruchnahme durch einen Dritten.

b) Außenhaftung (Ziff. 11.1)

5.118 Ziff. 11.1 hat nur klarstellende Funktion. In Bezug auf die **Außenhaftung** der Parteien wird auf die gesetzlichen Vorschriften verwiesen, die ohnehin in einer solchen Vereinbarung nicht abdingbar sind. Vornehmlich gilt hier bezüglich der Haftung gegenüber betroffenen Personen Art. 82 Abs. 1 DSGVO, wonach jeder Verantwortliche gegenüber einer betroffenen Person auf Ersatz des **materiellen und**

---

110 Vgl. *Art. 29-Datenschutzgruppe*, WP 244 rev.01 v. 5.5.2017, Ziff. 2.1.3, Anhang Ziff. 2.d.ii, bestätigt durch *EDSA*, Endorsement 1/2018 v. 25.5.2018, Ziff. 8; dahingehend auch *Eichler* in BeckOK DatenschutzR, Art. 56DSGVO Rz. 11; *Kremer* in Laue/Kremer Rz. 34; kritisch dazu *Tosoni* in Kuner/Bygrave/Docksey/Drechsler, Art. 4 (16) GDPR, S. 234; a.A. *Schneider*; ZD 2020, 179 (182 ff.), der sich für ein Prioritätsprinzip ausspricht.

111 Zu den Erläuterungen siehe Rz. 5.107.

immateriellen Schadens wegen eines Verstoßes gegen die DSGVO haftet. Art. 82 Abs. 4 DSGVO ordnet hierbei bei mehreren Haftungssubjekten (wie z.B. im Falle gemeinsam Verantwortlicher) eine **gesamtschuldnerische Haftung** an, es sei denn, einer oder mehrere der gemeinsam Verantwortlichen können sich gem. Art. 82 Abs. 4 i.V.m. Abs. 3 DSGVO exkulpieren.

Im Zusammenhang mit einer möglichen (Außen-)Haftung kann jedoch den übrigen vertraglichen Regelungen zwischen den Parteien eine nicht zu unterschätzende Indiz- und Zurechnungsfunktion zukommen. So kann die Vereinbarung einzelne Pflichten intern so klar und eindeutig einer Partei zuweisen, dass im Falle einer Verletzung dieser Pflichten einem der gemeinsam Verantwortlichen (jedenfalls in Kombination mit anderen entlastenden Umständen) bereits im Außenverhältnis die vollständige Exkulpation nach Art. 82 Abs. 4 i.V.m. Abs. 3 DSGVO gelingen kann (zu alledem bereits unter Rz. 5.61 ff.). 5.119

c) Binnenregress (Ziff. 11.2)

Im Gegensatz zur Regelung des § 426 Abs. 1 Satz 1 BGB, wonach Gesamtschuldner im Innenverhältnis grundsätzlich zu gleichen Anteilen haften, sieht Art. 82 Abs. 5 i.V.m. Abs. 2 DSGVO bei einem Rückgriff zwischen Gesamtschuldnern im Innenverhältnis eine Verteilung der **Haftung nach** dem jeweiligen **Verursachungsbeitrag** vor. Gemeinsam Verantwortliche haften also nach außen zwar gesamtschuldnerisch. Nach Art. 82 Abs. 5 i.V.m. Abs. 2 DSGVO erfolgt ein anschließender Binnenausgleich jedoch entsprechend der jeweiligen Verantwortungsanteile, d.h. nach Art und Umfang des Beitrags des jeweiligen Verantwortlichen zum Datenschutzverstoß und eines daraus resultierenden Schadens[112]. Das Muster sieht hiervon keine Abweichung vor, sondern bekräftigt in Ziff. 11.2 Satz 1 genau diese Haftungsverteilung nach Verursachungsbeiträgen[113]. 5.120

Relevanter, weil gesetzlich weniger konzise vorgegeben, ist die **Haftungsverteilung bei** etwa verhängten **Geldbußen** wegen Datenschutzverstößen. Hierzu findet sich deshalb eine Regelung in Ziff. 11.2 Satz 2 des Musters. 5.121

Der Hintergrund besteht darin, dass es **keine gesamtschuldnerische Haftung mehrerer Verantwortlicher für etwaige Geldbußen** gibt. Es fehlt im Art. 83 DSGVO gerade eine Regelung, die eine solche gesamtschuldnerische Haftung anordnet, wie sie für die Schadensersatzhaftung in Art. 82 Abs. 4 DSGVO normiert ist. Die Aufsichtsbehörde wird deshalb Geldbußen entsprechend den Verfahrensregelungen nach nationalem Recht[114] gegen mehrere Verantwortliche allenfalls separat verhängen, nicht aber gegen sie als Gesamtschuldner. § 41 Abs. 1 Satz 1 BDSG i.V.m. § 14 Abs. 1 Satz 1 OWiG bestimmt hierbei, dass bei einer Beteiligung von mehreren Handelnden (wie hier ggf. beide gemeinsam Verantwortliche) beide ordnungswidrig handeln (und sie deshalb beide jeweils separat Adressat eines Bußgeldbescheids sein können).

Gemäß Art. 83 Abs. 2 Satz 2 lit. d DSGVO hat die Aufsichtsbehörde bei der Entscheidung über das Ob und die Höhe einer Geldbuße dabei den „**Grad der Verantwortung des Verantwortlichen** oder des Auftragsverarbeiters" gebührend zu berücksichtigen. Die Aufsichtsbehörde soll in solchen Konstellationen nach dem jeweiligen Verantwortungsbereich differenzieren und dabei ermitteln und prüfen, zu welchem Anteil den Verantwortlichen jeweils eine Verantwortlichkeit trifft[115]. Soweit dies gewährleistet ist, bedürfte es deshalb streng genommen keiner weiteren internen Regressregelung, soweit von dem Grundsatz der Haftung nach Verursachungsbeitrag nicht abgewichen werden soll[116].

Es kann freilich auch nicht ausgeschlossen werden, dass die zuständige Aufsichtsbehörde die konkrete Verteilung der jeweiligen Verantwortlichkeit im Innenverhältnis nicht ausreichend oder nicht zu-

---

112 *Quaas* in BeckOK DatenschutzR, Art. 82 DSGVO Rz. 45; *Becker* in Plath, Art. 82 DSGVO Rz. 7.
113 Siehe zu abweichenden Ansätzen *Moos* in Moos/Schefzig/Arning, Kap. 8 Rz. 41.
114 *Albrecht/Jotzo*, Teil 8 Rz. 36.
115 *Nemitz* in Ehmann/Selmayr, Art. 83 DSGVO Rz. 21.
116 So auch *Grages*, DSB 2020, 169 (171).

treffend feststellt. Für solche Konstellationen findet sich deshalb in Ziff. 11.2 eine vertragliche Regressregelung[117].

Diese verweist die jeweils mit einer Geldbuße belegte Partei zunächst auf die **Ausschöpfung aller Rechtsmittel** gegen den sie belastenden Bußgeldbescheid, wenn sie der Auffassung sein sollte, dass sie einen geringeren Grad an Verantwortung an dem Verstoß trifft, als von der Aufsichtsbehörde angenommen. Nur für ein dann etwa noch verbleibendes Delta lässt die Vertragsregelung einen Regress gegen den Mitverantwortlichen zu.

d) Vertragshierarchie

5.122 Wird die Vereinbarung über die gemeinsame Verantwortlichkeit anlässlich eines Hauptvertrags (etwa über die Erbringung einer gewissen Dienstleistung, die zur Entstehung der gemeinsamen Verantwortlichkeit führt) abgeschlossen, kann es zudem empfehlenswert sein, vertraglich klarzustellen, dass die Haftungsregelung der Vereinbarung nach Art. 26 DSGVO etwaig abweichenden Haftungsregelungen des jeweiligen Hauptvertrags vorgeht, sofern es sich um Datenschutzverstöße oder Verstöße gegen die Vereinbarung nach Art. 26 DSGVO handelt[118]. Andernfalls kann es schnell zu Widersprüchen und Unklarheiten kommen.

e) Alternativregelung: Individuelle Haftungsverteilung

5.123 Es kann vorkommen, dass die gesetzliche Haftungsregel bestimmte Konstellationen nicht interessengerecht abzubilden vermag. In solchen Fällen ist es geboten, insbesondere in Fällen von **Über-Unterordnungsverhältnissen** oder wenn eine der Parteien den Großteil des Risikos verantwortet, individuelle und abweichende Regelungen zu treffen[119]. Die Ausgestaltung richtet sich letztlich stark nach dem Einzelfall, insbesondere den beteiligten Parteien, ihren Beziehungen zueinander und der Ausgestaltung der konkreten Verarbeitung. Umfassende Haftungsregelungen sollten immer individuell auf die Situation abgestimmt sein.

5.124 Im Innenverhältnis ist zumindest jede Art der Haftungsverteilung denkbar. Dies betrifft sowohl Schadensersatzansprüche wie auch die Bußgeldverteilung[120]. Eine Grenze dürfte allerdings dann erreicht sein, wenn die Verlagerung zu einer Überforderung der regresspflichtigen Partei führt[121].

5.125 Generell empfehlenswert ist es, darüber hinaus klarzustellen, dass ein **Regress- und etwaiger Freistellungsanspruch** bereits vor vollständig erfolgter Zahlung besteht. Im Rahmen der Gesamtschuld nach § 426 BGB ist dies zwar anerkannt, in der DSGVO sprechen jedoch auch Argumente hiergegen[122]. Parteien können durch eine derartige Vereinbarung bereits im Vorfeld Streitigkeiten vermeiden.

---

117 Ähnliches empfiehlt *Grages*, DSB 2020, 169 (170 f.); ausf. *Grages*, CR 2020, 232 (235 ff.).
118 *Grages*, DSB 2020, 169 (169).
119 So auch *Grages*, DSB 2020, 169 (170 f.); ausf. *Grages*, CR 2020, 232 (235).
120 Vgl. *Grages*, DSB 2020, 169 (170 f.).
121 Siehe dazu auch Rz. 8.173; ebenso *Grages*, CR 2020, 232 (235).
122 Vgl. *Grages*, CR 2020, 232 (237); verneinend etwa *Kresse* in Sydow, Art. 82 DSGVO Rz. 25; ab einer Teilzahlung bejahend dagegen *Bergt* in Kühling/Buchner, Art. 82 DSGVO Rz. 60; ebenso *Moos/Schefzig* in Taeger/Gabel, Art. 82 DSGVO Rz. 94.

13. Schlussbestimmungen (Ziff. 12)

M 5.1.13 Schlussbestimmungen 5.126

12. Schlussbestimmungen

12.1 Für die Laufzeit und Beendigung des Vertrages und das Exit Management gelten die Regelungen des Hauptvertrages. Im Fall von Widersprüchen zwischen diesem Vertrag und sonstigen Vereinbarungen zwischen den Parteien, insbesondere dem Hauptvertrag, gehen die Regelungen dieses Vertrags vor.

12.2 Sollten einzelne Bestimmungen dieses Vertrags unwirksam sein oder werden oder eine Lücke enthalten, so bleiben die übrigen Bestimmungen hiervon unberührt. Die Parteien verpflichten sich, anstelle der unwirksamen Regelung eine solche gesetzlich zulässige Regelung zu treffen, die dem Zweck der unwirksamen Regelung am nächsten kommt und den Anforderungen des Art. 26 DSGVO am besten gerecht wird.

12.3 Es gilt deutsches Recht einschließlich der DSGVO.

a) Ratio

Ziff. 12 enthält die üblichen Schlussbestimmungen. 5.127

b) Verhältnis zum Hauptvertrag (Ziff. 12.1)

Ziff. 12.1 regelt das Verhältnis zum Hauptvertrag. Neben der üblichen Vorrangregelung enthält die Klausel auch einen Verweis auf die Regelungen zur Vertragsbeendigung und zum Exit Management. Diese Regelungen sind auch im Hinblick auf den weiteren Umgang mit den in gemeinsamer Verantwortung verarbeiteten Daten von besonderer Bedeutung. 5.128

Denn es ist sinnvollerweise festzulegen, ob die Daten bei Beendigung der Kooperation zu löschen sind oder falls nicht, wer die Daten erhält und zu welchen Zwecken er sie weiterverwenden darf. Sofern dazu keine allgemeinen Festlegungen im Hauptvertrag enthalten sind, sollte hier eine spezifische Vereinbarung getroffen werden.

Als zulässige Varianten von Beendigungsklauseln werden Regelungen angesehen, nach denen nur ein Verantwortlicher die Daten übernimmt oder die allen Verantwortlichen die Daten jeweils für die Weiterverfolgung ihrer Zwecke belassen[123]. 5.129

c) Salvatorische Klausel und geltendes Recht (Ziff. 12.2 und 12.3)

Die Ziff. 12.2 und 12.3 enthalten schließlich eine Regelung zum geltenden Recht und eine salvatorische Klausel. Letztere sieht vor, dass etwaige unwirksame Klauseln in der Vereinbarung durch solche Regelungen zu ersetzen sind, die am besten den Anforderungen des Art. 26 DSGVO entsprechen. 5.130

---

123 *Spoerr* in BeckOK DatenschutzR, Art. 26 DSGVO Rz. 26.

§ 6
Vertrag zur Durchführung eines Datenschutzaudits

Literatur: *Bäumler*, Datenschutzaudit und Gütesiegel in Schleswig-Holstein, DuD 2001, 251 ff.; *Bock*, Euro-PriSe Trust Certification, DuD 2008, 1 ff.; *Bock/Rost*, Privacy by Design und die Neuen Schutzziele, DuD 2011, 30 ff.; *Büdenbender*, Der Werkvertrag, JuS 2001, 625 ff.; *Dorschel*, IT-Sicherheit und Datenschutz in der Vertragsgestaltung, DSRI-Tagungsband 2010, 651 ff.; *Intveen*, Geheimhaltungsvereinbarungen bei IT-Projekten, ITRB 2007, 239 ff.; *Königshofen*, Chancen und Risiken eines gesetzlich geregelten Datenschutzaudits, DuD 2000, 357 ff.; *Maier/Pawlowska/Lins/Sunyaev*, Die Zertifizierung nach der DS-GVO, ZD 2020, 445 ff.; *Meissner*, Das Datenschutzgütesiegel EuroPriSe, ADV-Mitteilungen 2009, 7 ff.; *Meissner*, Datenschutzgütesiegel als vertrauensbildende Maßnahme am Beispiel des europäischen EuroPriSe-Zeichens in Bogendorfer (Hrsg.), Datenschutzgespräche 2011 – Datenschutz im Unternehmen, 2011, 95 ff.; *Meissner*, Zertifizierungskriterien für das Datenschutzgütesiegel EuroPriSe, DuD 2008, 525 ff.; *Richter*, Zertifizierung unter der DS-GVO, ZD 2020, 84 ff.; *Roßnagel*, Datenschutzaudits, 2000; *Roßnagel*, Datenschutz-Audit, DuD 1997, 505 ff.; *Roßnagel*, Audits stärken Datenschutzbeauftragte. Replik zum Beitrag „Datenschutz-Audit" von Drews und Kranz, DuD 2000, 231 f.; *Rost*, Standardisierte Datenschutzmodellierung, DuD 2012, 47 ff.; *Schläger/Stutz*, ips – Das Datenschutz-Zertifikat für Online-Dienste, DuD 2003, 406 ff.; *Schröder*, Datenschutzaudit als Element der Selbstregulierung, DSRITB 2012, 635; *Söbbing*, Die rechtliche Betrachtung von IT-Projekten – Rechtliche Fragestellungen in den unterschiedlichen Phasen eines IT-Projekts, MMR 2010, 222 ff.

A. Einleitung

6.1 Die Durchführung von **Audits** ist ein gängiges Instrument, mit dem Unternehmen bzw. allgemein verantwortliche Stellen versuchen, Rechtskonformität oder eine Konformität mit bestimmten Standards zu überprüfen und sie im Anschluss intern oder extern darzustellen.

Nach zunächst guten Erfahrungen mit Umweltaudits hat es schon 2001 mit einer Novellierung des BDSG a.F. seitens des Gesetzgebers die Idee gegeben, auch im Datenschutzbereich das Instrument eines Audits einzuführen. Das Instrument der **Zertifizierung auf Basis von Datenschutz-Standards** findet sich auch in Art. 42, 43 DSGVO. Ähnlich wie im Umweltschutzbereich gab und gibt es auch im Datenschutzsektor ein sog. **Vollzugsdefizit**. Das bedeutet – vereinfacht formuliert –, dass die Normadressaten sowohl im Umweltschutz- wie auch im Datenschutzbereich häufig nicht oder nicht vollständig die jeweiligen Verpflichtungen umsetzen, auf der anderen Seite jedoch staatlicherseits die Möglichkeiten fehlen, Rechtsverstöße aufzudecken oder zu ahnden.

Durch diese Möglichkeit einer freiwilligen Methode, Rechtskonformität zu überprüfen und nach außen darstellen zu können, hat der Gesetzgeber eine Möglichkeit der **Selbstregulierung** für die Daten verarbeitenden Stellen geschaffen[1]. Über die Zertifizierungsinstrumente der DSGVO kann zudem auch die Einhaltung von Vorgaben der DSGVO – z.B. im Hinblick auf das Treffen geeigneter Datensicherheitsmaßnahmen – erleichtert erfolgen, da diese als ein „Faktor" (Art. 32 Abs. 3 DSGVO) herangezogen werden können, um geeignete Datensicherheitsmaßnahmen nachzuweisen. Ziel eines Datenschutzaudits ist dabei auch, durch die Prüfung der Datenverarbeitungsvorgänge im Unternehmen eine kontinuierliche Verbesserung des Datenschutzes im Unternehmen zu erreichen[2].

I. Datenschutzaudits

Die **DSGVO** sieht die **Einführung von datenschutzspezifischen Zertifizierungsverfahren sowie von**   6.2
Datenschutzsiegeln und -prüfzeichen vor. Diese sollen dem Nachweis dienen, dass die Vorgaben der DSGVO bei Verarbeitungsvorgängen von Verantwortlichen oder Auftragsverarbeitern eingehalten werden (Art. 42 Abs. 1 DSGVO). Das Datenschutzaudit nach § 9a BDSG a.F. sah vor, dass sowohl Daten verarbeitende Stellen als auch Anbieter von Datenverarbeitungssystemen/-programmen ihr Datenschutzkonzept sowie ihre technischen Einrichtungen durch unabhängige und zugelassene Gutachter prüfen und bewerten lassen können. Ferner war vorgesehen, dass das Ergebnis der Prüfung veröffentlicht wird.

Ende 2012 hat die Bundesregierung die „Stiftung Datenschutz" errichtet, die den Auftrag hat, Produk-   6.3
te und Dienstleistungen auf Datenschutzfreundlichkeit zu prüfen und – neben weiteren Aufgaben im Bereich der Bildung – ein Datenschutzaudit zu entwickeln. Gleichwohl gab es für das BDSG a.F. nie ein finales Konzept für ein Datenschutzaudit. Die DSGVO hingegen erfordert nicht zwingend weitere Rechtsakte, um Zertifizierungen zu ermöglichen. Diverse Zertifizierungsanbieter werden in Deutschland künftig nach vorheriger Akkreditierung Zertifizierungen i.S.d. Art. 42 DSGVO durchführen. So wird dieses „Instrument" der Zertifizierung künftig einen Durchbruch im Markt erwarten können.

Im Bereich des Datenschutzes wird generell zwischen Produktaudits und Verfahrensaudits unterschie-   6.4
den. Dieser Grundgedanke lag schon § 9a BDSG a.F. zugrunde. Auch die DSGVO sieht die Möglichkeit vor, Produkte oder Dienstleistungen auf Basis der Art. 42, 43 DSGVO zu zertifizieren[3], auch wenn dies im Detail umstritten ist[4]. Bei einem **Produktaudit** wird geprüft, ob IT-Systeme, wozu Hardware und auch Software gehören können, bei ihrem Einsatz den Rechtsvorschriften zu Datenschutz und Datensicherheit entsprechen. Bei einem **Verfahrensaudit** hingegen bezieht sich der Gegenstand der Prüfung darauf, ob die oder ein Teil der Geschäftsprozesse einer Daten verarbeitenden Stelle den Anforderungen des Datenschutzrechts genügen.

Abhängig von der Ausgestaltung des jeweiligen Datenschutzaudits kann es z.B. das Abprüfen eines Kri-   6.5
terienkataloges erfordern, dass das IT-System oder das zu prüfende Unternehmen sogar über die Anforderungen des geltenden Datenschutzrechts hinausgeht.

Weitere gesetzliche Regelungen zu Datenschutzaudits gab es z.B. in Schleswig-Holstein, wo nach § 4   6.6
Abs. 2 LDSG-SH Produkte, deren Vereinbarkeit mit den Vorschriften über den Datenschutz und die Datensicherheit in einem förmlichen Verfahren festgestellt wurde, von öffentlichen Stellen des Landes Schleswig-Holsteins vorrangig einzusetzen waren. Näheres regelte die Landesverordnung über ein Datenschutzaudit (Datenschutzauditverordnung – DSAVO). Mit Anwendbarkeit der DSGVO sind diese Normen jedoch nicht mehr anwendbar. Der Europäische Datenschutzausschuss (EDSA) hat 2019

---

1 Vgl. *Schröder*, DSRITB 2012, S. 635.
2 Vgl. *Roßnagel*, DuD 1997, 505; *Roßnagel*, DuD 2000, 231; *Bäumler*, DuD 2001, 251 (252).
3 Vgl. Erwägungsgrund 100 der DSGVO.
4 Zum Meinungsstand *Kinast* in Taeger/Gabel, Art. 42 DSGVO Rz. 18 ff.

dann seine „Guidelines 1/2018 on certification and identifying certification criteria in accordance with Articles 42 and 43 of the Regulation 2016/679 – Annex 2" veröffentlicht.[5]

6.7 Nach Art. 43 DSGVO müssen Zertifizierungsstellen, die im Rahmen von Datenschutzaudits tätig werden, zuvor akkreditiert werden. Dies gesetzlich zu regeln ist Sache der Mitgliedstaaten. Die Bundesrepublik Deutschland hat sich dabei in § 39 BDSG für eine Kombinationslösung entschieden, bei der für die Akkreditierung die vom Bund beliehene Deutsche Akkreditierungsstelle GmbH (DAkkS) zuständig ist. Hintergrund hierfür ist der dort für die Akkreditierungsverfahren selbst bestehende Sachverstand[6]. Um den für das Datenschutzrecht erforderlichen Sachverstand zusätzlich mit einzubringen, hat der Bund dann jedoch noch die Datenschutz-Aufsichtsbehörden als sog. Konformitätsbewertungsstellen i.S.d. § 1 Abs. 2 Akkreditierungsstellengesetz vorgesehen.

Zertifizierungsstellen müssen daher nicht nur von der DAkkS akkreditiert sein, sondern bedürfen zudem einer Befugniserteilung durch die Aufsichtsbehörden, so dass im Ergebnis die Akkreditierung i.S.d. Art. 43 DSGVO durch die DAkkS nur im Einvernehmen mit der jeweils zuständigen Aufsichtsbehörde erfolgen kann.

Die Aufsichtsbehörden haben ihre „Anforderungen zur Akkreditierung gemäß Art. 43 Abs. 3 DSGVO i.V.m. DIN EN ISO/IEC 17065" entsprechend veröffentlicht[7].

Der gesamte Prozess verläuft insgesamt recht schleppend; gleichwohl sind die Hoffnungen groß, dass Zertifizierungen nach der DSGVO sich im Markt mit Erfolg durchsetzen können[8].

II. Praktische Durchführung von Datenschutzaudits

6.8 In der Praxis ist die Durchführung von Datenschutzaudits in verschiedenen Arten üblich. Bei **gesetzlich geregelten Datenschutzaudits**, wie z.B. dem ehemaligen schleswig-holsteinischen **Gütesiegel für IT-Produkte**, sind in ein Audit eine Zertifizierungsstelle, die zugleich Akkreditierungsstelle für Gutachter ist, und externe private Gutachter/Sachverständige involviert. Das Unternehmen, das ein Produkt zertifizieren lassen möchte, wird dabei sein Produkt zunächst durch vom Unternehmen ausgewählte private Sachverständige rechtlich und technisch prüfen lassen. Die Prüfergebnisse werden sodann in einem Gutachten zusammengefasst, das der Zertifizierungsstelle zur Prüfung vorgelegt wird. Wenn die Zertifizierungsstelle – wie die Gutachter – zu dem Ergebnis kommt, dass die Prüfkriterien durch das betreffende Produkt oder Verfahren eingehalten werden, wird die Zertifizierungsstelle ein Zertifikat/Siegel an das betreffende Unternehmen verleihen[9].

6.9 Üblich sind darüber hinaus aber auch Datenschutzaudits, die von Zertifizierungsstellen oder z.B. **technischen Überwachungsvereinen** durchgeführt werden. Diese orientieren sich meist an Vorgaben zur **Zertifizierung von Managementsystemen**. Ein entsprechendes Regelwerk hierfür gibt es mit der ISO/IEC 17021-1:2015. In dieser Norm gibt es Ausführungen dafür, welche Anforderungen die Zertifizierungsstelle erfüllen muss und wie ein Audit in der Praxis abzulaufen hat. Geregelt ist dort ferner auch, wie die Auditoren zu akkreditieren sind und welche Maßstäbe dort zu gelten haben.

---

5 Abrufbar unter https://edpb.europa.eu/sites/edpb/files/consultation/edpb_guidelines_1_2018_certifica tion_en_annex2_en_0.pdf (aufgerufen am 15.12.2020).

6 Vgl. *Richter*, ZD 2020, 84 (85); *Maier/Pawlowska/Lins/Sunyaev*, ZD 2020, 445 (448).

7 Abrufbar unter https://www.datenschutzkonferenz-online.de/media/ah/20201008_din17065_Ergaenzun gen_deutsch_nach_opinion.pdf (aufgerufen am 15.12.2020); vgl. auch „Akkreditierungsprozess für den Bereich „Datenschutz" gem. Art. 42, 43 DS-GVO", abrufbar unter https://www.datenschutzkonferenz-on line.de/media/oh/20190315_oh_akk_c.pdf (aufgerufen am 15.12.2020).

8 Vgl. *Richter*, ZD 2020, 84 (87).

9 Vgl. zum Ablauf am Beispiel des European Privacy Seals (EuroPriSe) *Meissner*, ADV-Mitteilungen 2009, 7 ff.

Schließlich ist es auch noch üblich, dass einzelne **Berufsgruppen**, wie z.B. Rechtsanwälte, Datenschutz-   6.10
audits für Unternehmen anbieten. Diese werden dann anhand eigenentwickelter Kriterienkataloge eine
Prüfung der Geschäftsprozesse im Unternehmen oder eine Prüfung einzelner Verfahren oder Produkte
durchführen.

In der Praxis wird ein Datenschutzaudit regelmäßig von dem **Datenschutzbeauftragten** des jewei-   6.11
ligen Unternehmens begleitet werden. Dieser kann dabei eine zentrale Stellung haben[10]. Ein erfolg-
reiches Datenschutzaudit führt jedoch nicht dazu, dass Pflichten für den Datenschutzbeauftragten im
Hinblick auf seine internen Kontrollaufgaben entfallen würden. Gleiches gilt für Kontrollbefugnisse
von Aufsichtsbehörden: Wenn ein Unternehmen erfolgreich ein Datenschutzaudit absolviert hat, folgt
hieraus keine gesetzliche Konsequenz, dass eine Aufsichtsbehörde dann nicht oder weniger tiefgehend
prüfen würde. Dies ändert sich nach Art. 42 Abs. 4 DSGVO auch nicht mit der Neuregelung der Zertifizierung durch die DSGVO. Gleichwohl ist denkbar, dass es für Unternehmen mit einem entsprechenden Zertifikat zu einer Art von entlastendem Effekt kommt, weil diese eventuell weniger mit einer Kontrolle durch die Aufsichtsbehörde zu rechnen haben könnten. In Anbetracht der eher geringen Anzahl
von nicht-anlassbezogenen Kontrollen durch Aufsichtsbehörden in Deutschland dürfte der Effekt allerdings praktisch von geringerer Bedeutung sein.

B. Vertrag zur Durchführung eines Datenschutzaudits

I. Muster

M 6.1 Vertrag zur Durchführung eines Datenschutzaudits   6.12

Vertrag zur Durchführung eines Datenschutzaudits

zwischen

*… (nachfolgend „**Auftraggeber**" genannt)*

und

*… (nachfolgend „**Auftragnehmer**" genannt)*

1. Allgemeines[11]

*1.1 Ziel dieser Vereinbarung ist es, die Einhaltung der Rechtsvorschriften zu Datenschutz und Datensicher-
heit durch den Auftraggeber im Hinblick auf den Zertifizierungsgegenstand durch den Auftragnehmer
prüfen zu lassen. Der Auftragnehmer wird die Prüfung anhand eines von ihm genutzten Kriterienkataloges vornehmen.*

*1.2 Nach einer erfolgten Vorbesprechung wird der Auftragnehmer den Zertifizierungsgegenstand einer da-
tenschutzrechtlichen Prüfung unterziehen und einen Prüfbericht erstellen.*

*1.3 Sofern bei der Prüfung durch den Auftragnehmer festgestellt wird, dass die Rechtsvorschriften zu Da-
tenschutz und Datensicherheit beim Auftragnehmer im Zusammenhang mit dem Zertifizierungsgegenstand eingehalten werden, wird der Auftragnehmer auf Wunsch des Auftraggebers ein entsprechendes Zertifikat verleihen. Das Zertifikat kann befristet werden.*

---

10 Vgl. *Königshofen*, DuD 2002, 357 (359).
11 Zu den Erläuterungen siehe Rz. 6.15 ff.

2. Gegenstand des Audits[12]

2.1 Der Auftraggeber beauftragt den Auftragnehmer mit der Durchführung eines Datenschutzaudits und der Erstellung eines Prüfberichts mit den Ergebnissen des Audits. Die Parteien legen zunächst fest, auf welche/n Bereich/e eines Produkts oder Verfahrens oder Bündel von Verfahren sich das Audit erstrecken soll („Zertifizierungsgegenstand") und welche Grenzen und/oder Ausnahmen bestehen.

2.2 Zertifizierungsgegenstand sind nachfolgende Geschäftsprozesse/Verfahren/Produkt [ggf. streichen bzw. Singular verwenden]:

– [Beispiel:] Softwareprodukt … des Auftraggebers

– [Beispiel:] Erhebung, Verarbeitung und Nutzung von Kundendaten im Unternehmen des Auftraggebers

– [Beispiel:] sämtliche Verfahren beim Auftraggeber, mit denen automatisiert personenbezogene Daten verarbeitet oder genutzt werden

– [Beispiel:] Managementsystem der Organisationseinheit … am Standort … des Auftraggebers

2.3 Als Prüfkriterien werden die jeweils geltenden Rechtsgrundlagen zu Datenschutz und Datensicherheit als Grundlage festgelegt. Dies beinhaltet insbesondere die Einhaltung von Vorgaben der Datenschutz-Grundverordnung (DSGVO), – soweit einschlägig des Bundesdatenschutzgesetzes (BDSG) und – soweit einschlägig – den geltenden bereichsspezifischen Regelungen wie dem Telemediengesetz (TMG), dem Telekommunikationsgesetz (TKG) oder anderen anzuwendenden Rechtsgrundlagen. [Optional:] Darüber hinaus werden die im Kriterienkatalog, der diesem Vertrag als ANLAGE X beigefügt ist, konkret bezeichneten Kriterien hinsichtlich der Einhaltung bei der Prüfung des Zertifizierungsgegenstandes durch den Auftragnehmer geprüft werden.

3. Vertragsschluss und Vertragsbeginn[13]

3.1 Der Vertrag wird mit Unterzeichnung des Vertrages durch beide Parteien geschlossen.

3.2 Als Vertragsbeginn wird der … vereinbart.

4. Leistungen des Auftragnehmers[14]

4.1 Der Auftragnehmer führt für den Auftraggeber eine datenschutzrechtliche Überprüfung des Zertifizierungsgegenstandes in der jeweils vereinbarten Weise durch. Der Auftragnehmer wird in dem Zusammenhang die vom Auftraggeber zur Verfügung gestellte Dokumentation zum Zertifizierungsgegenstand sichten, datenschutzrechtlich prüfen und bewerten. Weiter wird der Auftragnehmer die praktische Umsetzung der jeweils erforderlichen gesetzlichen Vorgaben zu Datenschutzrecht und Datensicherheit prüfen und bewerten. [Optional:] Der Auftragnehmer prüft die in der ANLAGE X enthaltenen Prüfkriterien im Hinblick auf ihre praktische Umsetzung beim Auftraggeber.

4.2 Der Auftragnehmer wird die Ergebnisse seiner Prüfungen und die Bewertungen in einem Prüfbericht zusammenstellen, der dem Auftraggeber nach Fertigstellung in Textform zur Verfügung gestellt wird.

4.3 Die Prüftiefe und die Entscheidung darüber, wie die Prüfung tatsächlich durchgeführt wird (z.B. Dokumentenprüfung, Inaugenscheinnahme vor Ort etc.), liegt im Ermessen des Auftragnehmers.

4.4 Der Auftragnehmer setzt für die Prüfung fachkundiges und zuverlässiges Personal ein. Alle mit der Prüfung beschäftigten Personen werden vom Auftragnehmer zur Vertraulichkeit und auf den Schutz personenbezogener Daten verpflichtet. Der Auftragnehmer stellt sicher, dass die beteiligten Personen über die erforderlichen Kompetenzkriterien verfügen.

---

12 Zu den Erläuterungen siehe Rz. 6.20 ff.
13 Zu den Erläuterungen siehe Rz. 6.28 ff.
14 Zu den Erläuterungen siehe Rz. 6.32 ff.

5. Unabhängigkeit des Auftragnehmers[15]

Der Auftragnehmer führt seine Leistungen unabhängig, unparteilich und im Hinblick auf die Prüfung der Einhaltung der datenschutzrechtlichen Anforderungen weisungsfrei durch.

6. Auditplan[16]

6.1 Der Auftragnehmer wird im Zusammenwirken mit dem Auftraggeber einen Auditplan erstellen, der die Grundlagen für die Festlegungen hinsichtlich der Durchführung und zeitlichen Planung der Audittätigkeiten beinhaltet.

6.2 In dem Auditplan sind Auditziele, der Auditumfang, die Auditkriterien, Termine und Standorte von Audittätigkeiten sowie Rollen und Verantwortlichkeiten der an dem Audit beteiligten Personen zu beschreiben.

6.3 Der Auftragnehmer wird dem Auftraggeber den Auditplan in Textform zur Verfügung stellen. Der Auftraggeber kann dem Auftragnehmer Einwände und Änderungswünsche binnen 14 Tagen nach Zugang des Auditplans mitteilen. Der Auftragnehmer wird die Einwände und Änderungswünsche prüfen und einen geänderten Auditplan in Textform übermitteln oder im Falle der Nichtberücksichtigung eine Stellungnahme mit einer Begründung der Nichtberücksichtigung an den Auftraggeber in Textform senden.

7. Mitwirkungspflichten des Auftraggebers[17]

7.1 Der Auftraggeber stellt dem Auftragnehmer alle für die Durchführung der Leistungen des Auftragnehmers erforderlichen Unterlagen und Informationen kostenfrei zur Verfügung. Die jeweils erforderlichen Informationen und Dokumente sind dem Auftragnehmer nach Aufforderung unverzüglich in geeigneter Weise zur Verfügung zu stellen.

7.2 Soweit für die Durchführung des Audits eine Inaugenscheinnahme und Prüfung vor Ort erforderlich ist, wird der Auftraggeber dem Auftragnehmer hierfür den jeweils erforderlichen Zugang gewähren.

7.3 Der Auftraggeber wird einen oder mehrere Personen als Ansprechpartner des Auftragnehmers benennen, die diesen bei der Durchführung des Audits in geeigneter Weise unterstützen.

7.4 Der Auftraggeber ist verpflichtet, Änderungen an dem Zertifizierungsgegenstand und/oder der Rechts-/ Organisationsform des Auftraggebers, die sich auf die Prüfung und Bewertung des Auftragnehmers auswirken können, unverzüglich in Textform anzuzeigen. Dies gilt auch nach Abschluss des Audits, sofern ein entsprechendes Zertifikat verliehen worden ist.

8. Abschlussbesprechung und Prüfbericht[18]

8.1 Nach Durchführung der Prüfung und Bewertung wird der Auftragnehmer mit dem Auftraggeber eine Abschlussbesprechung durchführen. In der Abschlussbesprechung wird der Auftragnehmer über die Auditfeststellungen berichten, die ermittelten Konformitäten und Nichtkonformitäten aufzeigen und die hieraus zu ziehenden Schlussfolgerungen aufzeigen. Dem Auftraggeber wird Gelegenheit zur Stellungnahme zu den Auditfeststellungen gegeben.

8.2 Der Auftragnehmer wird das Ergebnis seiner Prüfung und seine Bewertung (Arbeitsergebnis) in einem Prüfbericht schriftlich dokumentieren. Der Prüfbericht muss die ermittelten Konformitäten und Nichtkonformitäten darlegen und vom Auftragnehmer ggf. vorgelegte Korrekturen im Hinblick auf ihre Annehmbarkeit bewerten.

---

15 Zu den Erläuterungen siehe Rz. 6.43 ff.
16 Zu den Erläuterungen siehe Rz. 6.47 ff.
17 Zu den Erläuterungen siehe Rz. 6.59 ff.
18 Zu den Erläuterungen siehe Rz. 6.70 ff.

9. Abnahme[19]

9.1 Der Auftragnehmer wird seinen Prüfbericht zu dem jeweils im Auditplan festgelegten oder individuell vereinbarten Termin liefern. Der jeweilige Termin gilt nicht als Fixgeschäft i.S.d. § 323 Abs. 2 Nr. 2 BGB.

9.2 Der Auftraggeber ist verpflichtet, binnen zwei Wochen nach Zugang des Prüfberichts die Abnahme oder Nichtabnahme schriftlich [*alternativ*: in Textform] zu erklären. Eine Nichtabnahme ist zugleich zu begründen. Unerhebliche Mängel berechtigen den Auftraggeber nicht zu einer Verweigerung der Abnahme.

9.3 Sofern der Auftraggeber nicht binnen der Frist der Ziffer 9.2 eine Abnahme oder Nichtabnahme erklärt, kann der Auftragnehmer dem Auftraggeber eine Frist von zwei Wochen zur Abgabe der Erklärung setzen. Der Prüfbericht gilt mit Ablauf der Frist als abgenommen, wenn der Auftraggeber weder die Abnahme noch die begründete Nichtabnahme erklärt.

10. Zertifikat und Nutzungsrechte[20]

10.1 Sofern die Prüfung und Bewertung des Zertifizierungsgegenstandes ergibt, dass die Prüfkriterien eingehalten werden, wird der Auftragnehmer auf Wunsch des Auftraggebers ein Zertifikat für den Auftraggeber erteilen. Die Gültigkeit des Zertifikats wird auf zwei Jahre beschränkt.

10.2 Der Auftragnehmer kann im Falle von Nichtkonformitäten das Zertifikat mit der Auflage verleihen, dass zuvor definierte Maßnahmen vom Auftraggeber innerhalb von vereinbarten Fristen umgesetzt und nachgewiesen werden. Im Falle der nicht fristgerechten Behebung von Nichtkonformitäten kann der Auftragnehmer die Gültigkeit des Zertifikats aufheben.

10.3 Der Auftraggeber erhält mit Erteilung des Zertifikats ein einfaches, nicht übertragbares, widerrufliches Recht, das Zertifikat und das dazugehörige, vom Auftragnehmer ausgestellte Siegel für die Dauer der Gültigkeit für eigene Zwecke zu nutzen. Änderungen am Siegel oder Zertifikat dürfen vom Auftraggeber nicht vorgenommen werden.

10.4 Der Auftraggeber ist bei der werblichen Nutzung des Zertifikats und/oder des Siegels verpflichtet, nur das vom Auftragnehmer zur Verfügung gestellte Zertifikat und/oder Siegel zu verwenden. Dies beinhaltet insbesondere die Pflicht, den Geltungsbereich und die Gültigkeit des Zertifikats zu benennen. Der Auftraggeber ist weiter verpflichtet, keine irreführenden Angaben bei der Verwendung von Zertifikat und/oder Siegel zu machen.

10.5 Der Auftragnehmer kann das Zertifikat des Auftraggebers entziehen, wenn der Auftraggeber seinen Mitteilungspflichten (Ziffer 7.4) nicht nachkommt, den Zertifizierungsgegenstand nicht unerheblich verändert oder er das Siegel und/oder Zertifikat in nicht vertragsgerechter Weise verwendet. Mit dem Entzug des Zertifikats werden die Nutzungsrechte im Sinne von Ziffer 10.3 widerrufen.

11. Wiederholungsaudit und Rezertifizierung[21]

11.1 Der Auftraggeber kann den Zertifizierungsgegenstand erneut beim Auftragnehmer einem Datenschutzaudit unterziehen. Dies ist insbesondere dann möglich, wenn sich der Zertifizierungsgegenstand ändert oder die Gültigkeit des Zertifikats abläuft.

11.2 Ein Wiederholungsaudit und eine Rezertifizierung sind zwischen den Parteien gesondert zu vereinbaren.

12. Preise, Zahlung[22]

12.1 Die Parteien vereinbaren für die Durchführung des Datenschutzaudits durch den Auftragnehmer eine Vergütung i.H.v. … EUR netto zzgl. der jeweils geltenden USt.

---

19 Zu den Erläuterungen siehe Rz. 6.79 ff.
20 Zu den Erläuterungen siehe Rz. 6.87 ff.
21 Zu den Erläuterungen siehe Rz. 6.102 ff.
22 Zu den Erläuterungen siehe Rz. 6.106 ff.

12.2 Die Vergütung ist nach erfolgter Abnahme fällig und binnen 30 Tagen vom Auftraggeber an den Auftragnehmer zu zahlen.

12.3 Die Parteien können im Auditplan Abschlagszahlungen vereinbaren, die abhängig von Terminen oder Arbeitsfortschritten sein können.

13. Vertraulichkeit[23]

13.1 Alle zwischen den Parteien im Zusammenhang mit der Durchführung des Audits ausgetauschten Informationen (insbesondere Dokumente und Dateien) sind von den Parteien vertraulich zu behandeln. Dies bezieht sich auch auf Informationen, die vor dem Vertragsschluss im Rahmen der Vertragsanbahnung ausgetauscht wurden.

13.2 Eine Weitergabe von diesen Informationen an Dritte oder eine Einsichtnahme durch Dritte ist nur dann zulässig, wenn dies für die Erfüllung des Vertragszwecks erforderlich ist, aufgrund von Rechtsvorschriften erlaubt oder mit Einwilligung jeweils beider Vertragspartner erfolgt.

13.3 Vorstehende Verpflichtungen gelten nicht für Informationen,

(a) die dem Empfänger vor der Vertragsanbahnung nachweislich bereits bekannt waren oder danach von dritter Seite bekannt werden, ohne dass dadurch eine Vertraulichkeitsvereinbarung, gesetzliche Vorschriften oder behördliche Anordnungen verletzt werden;

(b) die bei Abschluss des Vertrags öffentlich bekannt sind oder danach öffentlich bekannt gemacht werden, soweit dies nicht auf einer Verletzung dieses Vertrags beruht;

(c) die aufgrund gesetzlicher Verpflichtungen oder auf Anordnung eines Gerichtes oder einer Behörde offengelegt werden müssen.

Soweit zulässig und möglich wird der zur Offenlegung verpflichtete Empfänger die andere Vertragspartei vorab unterrichten und ihr Gelegenheit geben, gegen die Offenlegung vorzugehen.

13.4 Beide Parteien sind verpflichtet, entsprechende Geheimhaltungspflichten mit ihren Beschäftigten und sonstigen Dritten, die an der Ausführung des Vertrages mitwirken, zu vereinbaren.

13.5 Die Verpflichtung zur Geheimhaltung besteht auch nach Beendigung des Vertrages für einen Zeitraum von zwei Jahren fort.

14. Datenschutz[24]

14.1 Der Auftragnehmer trägt Sorge dafür, dass personenbezogen Daten, von denen er im Zusammenhang mit der Erbringung von Leistungen für den Auftraggeber Kenntnis erhält, nur erhoben, verarbeitet und genutzt werden, soweit dies zur vertragsgemäßen Leistungserbringung erforderlich und durch gesetzliche Vorschriften erlaubt oder vom Gesetzgeber angeordnet ist.

14.2 Der Auftragnehmer stellt sicher, dass alle Beschäftigten, die am Audit mitwirken, insbesondere auf die Wahrung des Schutzes personenbezogener Daten verpflichtet wurden.

15. Gewährleistung und Verzug[25]

15.1 Mängel an Arbeitsergebnissen des Auftragnehmers sind vom Auftraggeber unverzüglich schriftlich [alternativ: in Textform] geltend zu machen.

15.2 Ansprüche auf Gewährleistung des Auftraggebers verjähren nach Ablauf von 12 Monaten nach Abnahme des Prüfberichts.

15.3 Bei zeitlichen Abweichungen vom Auditplan oder Abweichungen von Teilabschnitten des Zeitplans, die die Einhaltung des Gesamtzeitplans beeinträchtigen, kann der Auftraggeber die vereinbarte Vergütung in angemessener Höhe mindern. Etwaige Schadensersatzansprüche bleiben unberührt.

---

23 Zu den Erläuterungen siehe Rz. 6.111 ff.
24 Zu den Erläuterungen siehe Rz. 6.123 ff.
25 Zu den Erläuterungen siehe Rz. 6.128 ff.

16. Haftungsbeschränkung[26]

16.1 Der Auftragnehmer haftet bei Vorsatz oder grober Fahrlässigkeit für alle vom Auftragnehmer im Zusammenhang mit der Erbringung der vertragsgemäßen Leistungen verursachten Schäden unbeschränkt.

16.2 Bei leichter Fahrlässigkeit haftet der Auftragnehmer im Fall der Verletzung des Lebens, des Körpers oder der Gesundheit unbeschränkt.

16.3 Im Übrigen haftet der Auftragnehmer im Zusammenhang mit der Erbringung von Leistungen für den Auftraggeber nur, soweit er eine wesentliche Vertragspflicht verletzt hat. Als wesentliche Vertragspflichten werden dabei abstrakt solche Pflichten bezeichnet, deren Erfüllung die ordnungsgemäße Durchführung des Vertrages überhaupt erst ermöglicht und auf deren Einhaltung der Nutzer regelmäßig vertrauen darf. In diesen Fällen ist die Haftung auf den Ersatz des vorhersehbaren, typischerweise eintretenden Schadens beschränkt.

16.4 Soweit die Haftung des Auftragnehmers nach den vorgenannten Vorschriften ausgeschlossen oder beschränkt wird, gilt dies auch für Erfüllungsgehilfen des Auftragnehmers.

17. Vertragsdauer/Kündigung[27]

17.1 Der Vertrag wird auf die Dauer der Durchführung des Datenschutzaudits (mit Abschluss der Abnahme) oder – im Falle der Verleihung eines Zertifikats – auf die Dauer der Gültigkeit des Zertifikats geschlossen.

17.2 Ein außerordentliches Kündigungsrecht jeder Partei bleibt unberührt. Die Kündigung bedarf der Schriftform. § 649 BGB bleibt unberührt.

18. Schlussbestimmungen[28]

18.1 Es gilt das Recht der Bundesrepublik Deutschland, wobei die Geltung des UN-Kaufrechts ausgeschlossen wird.

18.2 Ist der Nutzer Kaufmann, juristische Person des öffentlichen Rechts oder öffentlich-rechtliches Sondervermögen, so ist der Sitz des Auftragnehmers ausschließlicher Gerichtsstand für alle Streitigkeiten aus dem Vertragsverhältnis.

18.3 Sollten einzelne Bestimmungen dieses Vertrages unwirksam sein oder werden, so berührt dies die Wirksamkeit der übrigen Bestimmungen nicht. Die Parteien werden im Falle der Unwirksamkeit einer Klausel eine am wirtschaftlichen Zweck des Vertrages orientierte ersatzweise Regelung vereinbaren.

II. Erläuterungen

1. Vorbemerkung

6.13 Bei diesem Vertragsmuster handelt es sich um eine Lösung, die sowohl durch Zertifizierungsstellen, durch rechtliche oder technische Sachverständige als auch durch bei Zertifizierungsstellen akkreditierte Sachverständige genutzt werden kann.

In allgemein üblichen rechtlichen Regelungen lehnt sich der Vertrag zudem an das **Regelwerk ISO/IEC 17021-1:2015** an.

Es handelt sich um ein ausgewogenes Vertragswerk, das weder Auftraggeber noch Auftragnehmer rechtlich in besonderer Weise bevorzugt oder benachteiligt.

---

26 Zu den Erläuterungen siehe Rz. 6.137 ff.
27 Zu den Erläuterungen siehe Rz. 6.144 ff.
28 Zu den Erläuterungen siehe Rz. 6.148 ff.

2. Allgemeines (Ziff. 1)

M 6.1.1 Allgemeines

6.14

1. Allgemeines

1.1 Ziel dieser Vereinbarung ist es, die Einhaltung der Rechtsvorschriften zu Datenschutz und Datensicherheit durch den Auftraggeber im Hinblick auf den Zertifizierungsgegenstand durch den Auftragnehmer prüfen zu lassen. Der Auftragnehmer wird die Prüfung anhand eines von ihm genutzten Kriterienkataloges vornehmen.

1.2 Nach einer erfolgten Vorbesprechung wird der Auftragnehmer den Zertifizierungsgegenstand einer datenschutzrechtlichen Prüfung unterziehen und einen Prüfbericht erstellen.

1.3 Sofern bei der Prüfung durch den Auftragnehmer festgestellt wird, dass die Rechtsvorschriften zu Datenschutz und Datensicherheit beim Auftragnehmer im Zusammenhang mit dem Zertifizierungsgegenstand eingehalten werden, wird der Auftragnehmer auf Wunsch des Auftraggebers ein entsprechendes Zertifikat verleihen. Das Zertifikat kann befristet werden.

a) Ratio

Mit Ziff. 1 des Vertrages wird der Vertrag durch allgemeine Ausführungen zum Ziel und zum Ablauf des Audits eingeleitet.

6.15

b) Ziel des Audits (Ziff. 1.1)

In Ziff. 1.1 wird das Ziel der Zertifizierung bzw. des Audits beschrieben. Grundsätzlich wird bei jedem Datenschutzaudit das Ziel sein, eine Konformität mit einem Regelwerk festzustellen und z.B. durch ein Siegel/Zertifikat nach außen sichtbar zu machen. Das Regelwerk kann dabei entweder ein Gesetz bzw. mehrere Gesetze und/oder ein **Kriterienkatalog** sein[29].

6.16

c) Vorbesprechungen (Ziff. 1.2)

In der Regel wird jedes Datenschutzaudit mit einer recht ausführlichen Vorbesprechung beginnen. Abhängig von der jeweiligen Auditierungsinstanz ist die Vorbesprechung dabei schon Teil des Audits oder eine vorgelagerte Phase. In der Praxis wird die Vorbesprechung häufig auch als **Pre-Audit** bezeichnet. Die Vorbesprechung dient dazu, Klarheit zwischen den Parteien darüber zu verschaffen, was der „Scope" der Zertifizierung/Auditierung sein soll[30]. Anders formuliert: Was genau soll untersucht werden?

6.17

Wenn diese Frage geklärt ist, werden die Parteien besprechen, nach welchen Kriterien und Vorgaben das Datenschutzaudit durchzuführen ist. Nach Klärung dieser Vorfragen kann das Datenschutzaudit mit der damit einhergehenden datenschutzrechtlichen Prüfung beginnen und wird dann regelmäßig mit Fertigstellung des Prüfberichts enden.

d) Folgen der Prüfung (Ziff. 1.3)

Gegenstand dieser Klausel ist es, die Folge eines erfolgreichen Datenschutzaudits festzusetzen, nämlich die **Erteilung eines Zertifikates** auf Wunsch des Auftraggebers. Nicht jedes Datenschutzaudit

6.18

---

29 Vgl. zu Konformitätsaussagen am Beispiel EuroPriSe *Meissner*, Datenschutzgütesiegel als vertrauensbildende Maßnahme am Beispiel des europäischen EuroPriSe-Zeichens, in: Bogendorfer (Hrsg), Datenschutzgespräche 2011 – Datenschutz im Unternehmen, Kapitel D.I, S. 95 (100 f.).

30 Vgl. zur Notwendigkeit von Pre-Audits *Schläger/Stutz*, DuD 2003, 406 (409).

wird mit einem positiven Ergebnis abgeschlossen. Sollte der Prüfbericht zum Ergebnis haben, dass die Rechtsvorschriften zu Datenschutz und Datensicherheit nicht eingehalten werden, führt dies dazu, dass ein Zertifikat nicht verliehen werden kann.

Der Auftraggeber wird dann die Möglichkeit haben, anhand der **Nichtkonformitäts-Feststellungen**[31] im Prüfbericht seine Geschäftsprozesse oder sein Produkt entsprechend zu verbessern, um ein erneutes Audit erfolgreich durchführen zu können.

3. Gegenstand des Audits (Ziff. 2)

6.19   **M 6.1.2 Gegenstand des Audits**

2. Gegenstand des Audits

2.1 Der Auftraggeber beauftragt den Auftragnehmer mit der Durchführung eines Datenschutzaudits und der Erstellung eines Prüfberichts mit den Ergebnissen des Audits. Die Parteien legen zunächst fest, auf welche/n Bereich/e eines Produkts oder Verfahrens oder Bündel von Verfahren sich das Audit erstrecken soll („Zertifizierungsgegenstand") und welche Grenzen und/oder Ausnahmen bestehen.

2.2 Zertifizierungsgegenstand sind nachfolgende Geschäftsprozesse/Verfahren/Produkt [ggf. streichen bzw. Singular verwenden]:

– [Beispiel:] Softwareprodukt ….des Auftraggebers

– [Beispiel:] Erhebung, Verarbeitung und Nutzung von Kundendaten im Unternehmen des Auftraggebers

– [Beispiel:] sämtliche Verfahren beim Auftraggeber, mit denen automatisiert personenbezogene Daten verarbeitet oder genutzt werden

– [Beispiel:] Managementsystem der Organisationseinheit … am Standort ….des Auftraggebers

2.3 Als Prüfkriterien werden die jeweils geltenden Rechtsgrundlagen zu Datenschutz und Datensicherheit als Grundlage festgelegt. Dies beinhaltet insbesondere die Einhaltung von Vorgaben der Datenschutz-Grundverordnung (DSGVO), – soweit einschlägig – des Bundesdatenschutzgesetzes (BDSG) und – soweit einschlägig – den geltenden bereichsspezifischen Regelungen wie dem Telemediengesetz (TMG), dem Telekommunikationsgesetz (TKG) oder anderen anzuwendenden Rechtsgrundlagen. [Optional] Darüber hinaus werden die im Kriterienkatalog, der diesem Vertrag als ANLAGE X beigefügt ist, konkret bezeichneten Kriterien hinsichtlich der Einhaltung bei der Prüfung des Zertifizierungsgegenstandes durch den Auftragnehmer geprüft werden.

a) Ratio

6.20   Ziff. 2 beschreibt den **Gegenstand des Audits** bzw. vielmehr, wie die Parteien den Gegenstand des Audits gemeinsam festlegen. Grundfrage bei jedem Datenschutzaudit ist, was genau Gegenstand der Zertifizierung sein soll. Hier wird entsprechend vom Zertifizierungsgegenstand oder auch vom Scope des Audits bzw. der Zertifizierung gesprochen. International hat sich auch der Begriff „**Target of Evaluation**"[32] durchgesetzt.

---

31 Vgl. zu den Wechselwirkungen zwischen Aussagen eines Audits und einem verbesserten Datenschutzmanagement das Schaubild von *Rost*, DuD 2008, 47 (51).
32 Vgl. zum Begriff im Zusammenhang mit EuroPriSe *Bock*, DuD 2008, 1 (5).

b) Umfang des Audits (Ziff. 2.1)

In Ziff. 2.1 wird zunächst festgelegt, dass der Auftraggeber den Auftragnehmer mit der Durchführung **6.21** des Audits beauftragt, wobei hierbei auch die grundsätzlich im Rahmen des Audits zu erbringenden Leistungen benannt werden. Hierzu gehört entsprechend auch die **Erstellung eines Prüfberichts**, der die Ergebnisse des Datenschutzaudits in schriftlicher Form enthält.

Im zweiten Satz wird dann die wichtige Frage des Zertifizierungsgegenstandes und dessen Ermittlung angesprochen. Grundsätzlich werden die Parteien bei jedem Datenschutzaudit diese zentrale Frage ausführlich erörtern. Mit der **Festlegung des Zertifizierungsgegenstandes** ist es insbesondere möglich, bestimmte Bereiche eines Unternehmens, eines Verfahrens oder eines Produktes aus der Zertifizierung auszuklammern. Das wird insbesondere dann Sinn machen, wenn z.B. beim Produkt externe **Schnittstellen** zu fremden Produkten vorhanden sind, die nicht mitzertifiziert werden sollen.

Die Festlegung des Zertifizierungsgegenstandes ermöglicht es zudem, den **Umfang des Audits** zu be- **6.22** schränken. Gerade bei der Auditierung von Unternehmen bzw. Managementsystemen in Unternehmen kann ein Audit sehr leicht große Ausmaße annehmen und entsprechende Kosten verursachen. Deshalb macht es in der Praxis meist Sinn, bestimmte Bereiche durch den Zertifizierungsgegenstand für die Prüfung festzulegen, um das Audit überschaubar und zeitlich beherrschbar zu machen.

c) Gegenstand der Zertifizierung (Ziff. 2.2)

Mit Ziff. 2.2 des Vertrages wird der Zertifizierungsgegenstand konkret festgelegt. Im Muster sind Bei- **6.23** spiele genannt, die in der praktischen Umsetzung entsprechend auf den konkreten Fall abzuändern sind.

Die Beispiele enthalten in der Praxis häufig vorkommende Szenarien für Zertifizierungsgegenstände. Es ist sinnvoll, den **Zertifizierungsgegenstand so konkret wie möglich zu beschreiben**. Dabei ist es üblich, neben einer Beschreibung des Zertifizierungsgegenstandes auch **negative Abgrenzungen** vorzunehmen. Dies kann bspw. so formuliert werden „Zum Zertifizierungsgegenstand gehören nicht: …“.

Denkbar wäre auch, den Zertifizierungsgegenstand in einer **Anlage** zum Vertrag konkret zu beschrei- **6.24** ben. Dies ist dann empfehlenswert, wenn der Zertifizierungsgegenstand sehr umfangreich ist und die Verwendung einer Anlage das Vertragswerk übersichtlicher machen kann. Dann wäre hier in dem betreffenden Absatz auf die jeweilige Anlage mit der Beschreibung des Zertifizierungsgegenstandes zu verweisen.

d) Prüfkriterien (Ziff. 2.3)

Bei einem Audit sind immer die jeweiligen Prüfkriterien anzugeben. Im Falle eines Datenschutzaudits **6.25** sind dies zunächst die jeweiligen **Rechtsgrundlagen** zu Datenschutz und Datensicherheit, zu denen vornehmlich die DSGVO gehört. Weiter können aber auch das BDSG oder bereichsspezifische Rechtsvorschriften wie das TMG oder das TKG und auch z.B. Regelungen aus den Sozialgesetzbüchern einschlägig sein.

In der Praxis ist es durchaus üblich, dass die Auditoren selbst oder die Zertifizierungsstellen eigene **6.26** **Kriterienkataloge** nutzen, anhand derer die Prüfung konkret vorgenommen wird. Dies gilt mit Zertifizierungen nach Art. 42 DSGVO umso mehr, da im Kontext einer Akkreditierung durch die Akkreditierungsstelle regelmäßig ein Kriterienkatalog vorgelegt und von der Akkreditierungsstelle genehmigt werden muss. Entsprechend sieht Abs. 3 eine optionale Klausel vor, mit der ein Kriterienkatalog als Anlage zum Vertrag einbezogen werden kann[33].

---

33 Das nichtstaatliche Gütesiegel „ips“ ist ein Beispiel für eine Verwendung eines eigenen Kriterienkataloges. Vgl. dazu *Schläger/Stutz*, DuD 2003, 406 ff.

4. Vertragsschluss und Vertragsbeginn (Ziff. 3)

6.27 **M 6.2.3 Vertragsschluss und Vertragsbeginn**

3. Vertragsschluss und Vertragsbeginn

3.1 Der Vertrag wird mit Unterzeichnung des Vertrages durch beide Parteien geschlossen.

3.2 Als Vertragsbeginn wird der … vereinbart.

a) Ratio

6.28 Ziff. 3 enthält eine einfache Regelung zum Vertragsschluss und zum Vertragsbeginn.

b) Vertragsparteien (Ziff. 3.1)

6.29 Mit Ziff. 3.1 wird festgelegt, dass der Vertrag mit Unterzeichnung durch beide Parteien geschlossen wird. Dies dient als Klarstellung dafür, wann der Vertrag geschlossen wird.

c) Vertragsbeginn (Ziff. 3.2)

6.30 Unabhängig vom Vertragsschluss werden die Parteien in der Praxis häufig einen späteren Start des Projekts vereinbaren. Entsprechend macht es Sinn, eine Klausel im Vertrag vorzuhalten, aus der sich der konkrete Vertragsbeginn ergibt. Häufig wird der Auftraggeber nach den durchgeführten Vorgesprächen noch Vorarbeiten durchzuführen haben. Dies beinhaltet meistens insbesondere die Erstellung oder Ergänzungen von Dokumentationen, die im Zusammenhang mit der Durchführung des Datenschutzaudits den Auditoren oder dem Auditor vorgelegt werden müssen. Für diese Mitwirkungspflichten des Auftraggebers bildet der Vertrag also schon die Grundlage, auch wenn der Beginn der Erbringung der Hauptleistungen durch den Auftragnehmer erst auf einen späteren Zeitpunkt terminiert ist.

5. Leistungen des Auftragnehmers (Ziff. 4)

6.31 **M 6.1.4 Leistungen des Auftragnehmers**

4. Leistungen des Auftragnehmers

4.1 Der Auftragnehmer führt für den Auftraggeber eine datenschutzrechtliche Überprüfung des Zertifizierungsgegenstandes in der jeweils vereinbarten Weise durch. Der Auftragnehmer wird in dem Zusammenhang die vom Auftraggeber zur Verfügung gestellte Dokumentation zum Zertifizierungsgegenstand sichten, datenschutzrechtlich prüfen und bewerten. Weiter wird der Auftragnehmer die praktische Umsetzung der jeweils erforderlichen gesetzlichen Vorgaben zu Datenschutzrecht und Datensicherheit prüfen und bewerten. [Optional:] Der Auftragnehmer prüft die in der ANLAGE X enthaltenen Prüfkriterien im Hinblick auf ihre praktische Umsetzung beim Auftraggeber.

4.2 Der Auftragnehmer wird die Ergebnisse seiner Prüfungen und die Bewertungen in einem Prüfbericht zusammenstellen, der dem Auftraggeber nach Fertigstellung in Textform zur Verfügung gestellt wird.

4.3 Die Prüftiefe und die Entscheidung darüber, wie die Prüfung tatsächlich durchgeführt wird (z.B. Dokumentenprüfung, Inaugenscheinnahme vor Ort etc.), liegt im Ermessen des Auftragnehmers.

4.4 Der Auftragnehmer setzt für die Prüfung fachkundiges und zuverlässiges Personal ein. Alle mit der Prüfung beschäftigten Personen werden vom Auftragnehmer zur Vertraulichkeit und auf den Schutz personenbezogener Daten verpflichtet. Der Auftragnehmer stellt sicher, dass die beteiligten Personen über die erforderlichen Kompetenzkriterien verfügen.

a) Ratio

In Ziff. 4 des Vertrages werden die Leistungen des Auftragnehmers definiert. Die Konkretisierung der Leistungen ist insbesondere im Zusammenhang mit dem späteren, etwaigen Auftreten von Leistungsstörungen bzw. vertraglichen Pflichtverletzungen relevant.

6.32

Abhängig vom Einfall können die Leistungen noch weiter konkretisiert werden. Zu beachten ist außerdem, dass ggf. konkrete Leistungen ergänzend aus dem Auditplan (Ziff. 6) hinzukommen können.

b) Leistungspflicht (Ziff. 4.1)

In Ziff. 4.1 ist zunächst die Pflicht des Auftragnehmers geregelt, die Auditierung in der jeweils konkret vereinbarten Weise durchzuführen. Die Klausel kann und soll nach den konkreten Umständen des Einzelfalles angepasst werden. Der Formulierungsvorschlag hier stellt eine allgemeine Regelung dar, die in dieser Form gebräuchlich ist.

6.33

Die **Hauptleistung des Auftragnehmers** besteht darin, den Zertifizierungsgegenstand datenschutzrechtlich zu prüfen. Dies beginnt in der Praxis zunächst mit einer Dokumentensichtung. Anhand der vom Auftraggeber vorgelegten Dokumentation wird der Auditor eine erste grobe Prüfung vornehmen und Einzelpunkte mit dem jeweiligen Kriterienkatalog abgleichen. Im Hinblick auf die Details werden in der Regel Vor-Ort-Prüfungen stattfinden. Bei den Prüfungen vor Ort wird der jeweilige Sachverständige dann den Abgleich dahingehend vornehmen, ob die tatsächlichen Gegebenheiten den Festlegungen in der Dokumentation entsprechen und diese mit den Anforderungen des Kriterienkataloges in Einklang zu bringen ist.

6.34

Der Auditor wird dann bewerten, inwieweit die vom Auftraggeber zur Verfügung gestellte Dokumentation ausreichend ist und vor allem, ob die in der Dokumentation beschriebenen Inhalte auch in der Praxis umgesetzt wurden.

c) Dokumentation der Prüfung (Ziff. 4.2)

Die Ergebnisse der Prüfung durch den Auditor werden dann nach vollständiger Sichtung von Dokumentationen und den ggf. erforderlichen Vor-Ort-Prüfungen in einem **Prüfbericht** schriftlich festgehalten. Der Begriff „Prüfbericht" ist dabei nicht fix, sondern kann z.B. auch durch gebräuchliche Begriffe wie „Gutachten" ersetzt werden.

6.35

Der Auftragnehmer hat den Prüfbericht nach Fertigstellung dem Auftraggeber zur Verfügung zu stellen. Das Vertragsmuster hier sieht vor, dass eine Übermittlung in Textform stattfindet. Dies ermöglicht die in der Praxis übliche Versendung der Dokumente per **E-Mail**. Leider hat sich die Verschlüsselung von E-Mails (z.B. über den PGP-Standard) in der Praxis noch nicht so durchgesetzt wie erhofft. Da im Prüfbericht zum Teil sehr sensible Informationen im Hinblick auf die Datenschutz- und Datensicherheitssituation des Auftraggebers zu finden sein können, sollte im Einzelfall mit dem Auftraggeber abgeklärt werden, wie eine Übermittlung des Prüfberichts in elektronischer Form abgesichert werden kann, damit eine Kenntnisnahme der Informationen durch unbefugte Dritte nach Möglichkeit ausgeschlossen wird.

6.36

d) Prüftiefe (Ziff. 4.3)

6.37 Ziff. 4.3 sieht eine **Ermessensregelung** bei der Durchführung der Überprüfung für den Auditor vor. Falls in der Ausführung des Datenschutzaudits Unklarheit darüber besteht, wie konkret eine Überprüfung eines Kriteriums zu erfolgen hat, werden die Parteien dies in der Regel zwar miteinander besprechen und eine Einigung treffen. Sollte dies aber nicht der Fall sein, gestattet es Ziff. 4.3 dem Auditor, selbst im eigenen Ermessen darüber zu befinden, wie er die Prüfung konkret durchführen möchte.

6.38 Denkbar wäre natürlich auch, dass in diesen Fragen ein **Lenkungsausschuss** (gerade in größeren Zertifizierungsprojekten) entscheidet. Die Einrichtung dieses Ausschusses, die Befugnisse und der Verfahrensablauf müssten dann entsprechend im Vertrag ergänzt werden.

e) Am Audit beteiligte Personen (Ziff. 4.4)

6.39 Der Auftragnehmer kann grundsätzlich auch eine Einzelperson sein. In der Praxis wird die Auditierung jedoch meistens durch ein Unternehmen erfolgen. Um eine verlässliche und fachkundige Überprüfung und Zertifizierung vornehmen zu können, ist dabei der **Einsatz von geschultem und zuverlässigem Personal** zwingend erforderlich. Ziff. 4.4 sieht daher eine entsprechende Zusicherung des Auftragnehmers vor, nur fachkundiges und zuverlässiges Personal für die Prüfung einzusetzen.

6.40 Da die prüfenden Personen bei der Prüfung in der Regel auch mit personenbezogenen Daten in Kontakt kommen werden, ist eine **Verpflichtung zur Vertraulichkeit** erforderlich. Auch hier sieht das Vertragsmuster wieder eine entsprechende Zusicherung des Auftragnehmers vor. Darüber hinaus bekommen die Auditoren möglicherweise auch Kenntnisse von Geschäftsgeheimnissen, so dass eine entsprechende Zusicherung der Vertraulichkeit geboten ist[34].

6.41 Nach Ziff. 7.2 der ISO/IEC 17021-1:2015 hat die Zertifizierungsstelle bei der Auswahl der beteiligten Prüfer sicherzustellen, dass diese über die erforderlichen **Kompetenzkriterien** verfügen. Sollte der Auftragnehmer daher eine Zertifizierungsstelle sein, die nach den Vorgaben der ISO/IEC 17021-1:2015 Zertifizierungen durchführt, muss dieser schon bei der Akkreditierung von Sachverständigen/Prüfern für das Vorhandensein eines Verfahrens Sorge tragen, welches gewährleistet, dass nur Personen als Sachverständige akkreditiert werden, die nachgewiesene Kenntnisse im jeweils erforderlichen Gebiet aufweisen können[35].

6. Unabhängigkeit des Auftragnehmers (Ziff. 5)

6.42 **M 6.1.5 Unabhängigkeit des Auftragnehmers**

5. Unabhängigkeit des Auftragnehmers

Der Auftragnehmer führt seine Leistungen unabhängig, unparteilich und im Hinblick auf die Prüfung der Einhaltung der datenschutzrechtlichen Anforderungen weisungsfrei durch.

---

34 Vgl. zur vertraglichen Regelung des Datengeheimnisses in IT-Verträgen *Dorschel*, IT-Sicherheit und Datenschutz in der Vertragsgestaltung, DSRI-Tagungsband 2010, 651 (653).

35 Zur Akkreditierung für das European Privacy Seal vgl. *Meissner*, Datenschutzgütesiegel als vertrauensbildende Maßnahme am Beispiel des europäischen EuroPriSe-Zeichens, in: Bogendorfer (Hrsg), Datenschutzgespräche 2011 – Datenschutz im Unternehmen, Kapitel D.I, S. 95 (122 ff.).

a) Ratio

Es liegt im Wesen einer glaubwürdigen Zertifizierung, dass diese nur durch Personen durchgeführt werden kann, die unabhängig vom jeweiligen Auftraggeber sind[36]. Eine **Unabhängigkeit** besteht z.B. dann nicht, wenn der Auditor beim jeweiligen Auftraggeber beschäftigt ist.   6.43

Bedenken hinsichtlich einer Unabhängigkeit können ferner dann bestehen, wenn der jeweilige Prüfer zuvor intensiv beratend für den Auftraggeber im Hinblick auf den Zertifizierungsgegenstand tätig gewesen ist. Dies könnte dazu führen, dass der Prüfer letztlich seine eigene Arbeit zu bewerten hätte, was zum Verlust der Objektivität führen würde.

Die strikte **Trennung zwischen Zertifizierung und Beratung** schwindet in der Praxis allerdings immer mehr. Viele Zertifizierungsstellen gehen mittlerweile dazu über, auch vermehrt Beratungselemente bei der Zertifizierung zu verwenden.   6.44

b) Unabhängigkeit (Ziff. 5)

Diese Klausel enthält eine kurze, klarstellende Feststellung dahingehend, dass der Auftragnehmer unabhängig und unparteilich seine Leistungen erbringt. Wichtig ist dabei insbesondere, dass der Prüfer gegenüber dem Auftraggeber weisungsfrei ist. Dabei muss die **Weisungsfreiheit** nicht unbegrenzt sein. Es reicht für eine Unabhängigkeit aus, wenn der Prüfer im Hinblick auf die Prüfung der jeweils vereinbarten Prüfkriterien und der jeweiligen Bewertung weisungsfrei ist.   6.45

7. Auditplan (Ziff. 6)

M 6.1.6 Auditplan   6.46

6. Auditplan

6.1 Der Auftragnehmer wird im Zusammenwirken mit dem Auftraggeber einen Auditplan erstellen, der die Grundlagen für die Festlegungen hinsichtlich der Durchführung und zeitlichen Planung der Audittätigkeiten beinhaltet.

6.2 In dem Auditplan sind Auditziele, der Auditumfang, die Auditkriterien, Termine und Standorte von Audittätigkeiten sowie Rollen und Verantwortlichkeiten der an dem Audit beteiligten Personen zu beschreiben.

6.3 Der Auftragnehmer wird dem Auftraggeber den Auditplan in Textform zur Verfügung stellen. Der Auftraggeber kann dem Auftragnehmer Einwände und Änderungswünsche binnen 14 Tagen nach Zugang des Auditplans mitteilen. Der Auftragnehmer wird die Einwände und Änderungswünsche prüfen und einen geänderten Auditplan in Textform übermitteln oder im Falle der Nichtberücksichtigung eine Stellungnahme mit einer Begründung der Nichtberücksichtigung an den Auftraggeber in Textform senden.

a) Ratio

Die Auditierung der Datenschutzkonformität eines Produktes, eines Verfahrens oder eines Managementsystems wird in der Regel ein recht aufwändiges Projekt sein. Es ist daher üblich, im entsprechenden Verfahren einen sog. Auditplan zu erstellen, aus dem sich der konkrete **Ablauf des Audits** ergibt. Neben den Inhalten des Audits werden hierin vor allem auch Termine und Abgabezeiten geregelt.   6.47

---

36 Vgl. zur Anforderung der Unabhängigkeit *Bock/Rost*, DuD 2011, 30 (34).

6.48 Die Parteien werden den Auditplan regelmäßig im Zusammenwirken erstellen. Federführend wird der Auftragnehmer den Plan erstellen, dabei jedoch die aus den Vorgesprächen und ggf. weiteren Gesprächen zur Kenntnis gelangte Belange des Auftraggebers berücksichtigen.

Der Auditplan ist ein zentrales Dokument im gesamten Zertifizierungsverfahren[37].

b) Erstellung eines Auditplans (Ziff. 6.1)

6.49 In Anlehnung an Ziff. 9.1.2 der ISO/IEC 17021-1:2015 sieht Abs. 1 vor, dass der Auftragnehmer gemeinsam mit dem Auftraggeber einen Auditplan erstellt. Essentielle Bestandteile des Plans sind dabei die Festlegung der Audittätigkeiten und eine Abstimmung von Terminen. Der Auditplan wird vom Auftragnehmer regelmäßig schon bei den ersten Vorgesprächen vorgeplant.

c) Bestandteile eines Auditplans (Ziff. 6.2)

6.50 Ein Auditplan enthält in Anlehnung an die Vorgaben der ISO/IEC 17021-1:2015 folgende Bestandteile:

– Auditziele

– Auditumfang

– Auditkriterien

– Termine

– Terminort/Standorte

Darüber hinaus werden auch die beteiligten Personen aufgeführt, die das Audit (und ggf. den „Review") durchführen. Sofern eine entsprechende Trennung vorgesehen ist, wären auch die beteiligten Personen bei der Zertifizierungsstelle zu benennen, die darüber entscheiden, ob die Zertifizierung nach Vorlage des Prüfberichts erfolgen kann oder nicht.

6.51 Die **Auditziele** werden in der Praxis zwischen den Parteien abgestimmt. Abhängig vom jeweils gewählten Ziel werden dann Beschreibungen des Auditumfangs erfolgen. Dabei kann der **Auditumfang** einerseits positiv beschrieben werden („Was gehört zum Umfang?") und andererseits sind auch Negativabgrenzungen als Ergänzung üblich.

6.52 Ein wichtiger Punkt sind auch die **Auditkriterien**. Das sind die Voraussetzungen, die der jeweilige Zertifizierungsgegenstand erfüllen muss. Jeder Auditor und jede Zertifizierungsstelle wird in der Regel eigene Kriterienkataloge entwickelt haben. Auftraggeber tun gut daran, wenn sie diese im Vorwege prüfen und im Hinblick auf ihre Aussagekraft einschätzen lassen. Dabei sollte insbesondere darauf geachtet werden, dass die im Kriterienkatalog genannten Voraussetzungen nicht unter den gesetzlichen Anforderungen bleiben.

6.53 Auch die **Terminplanung** ist ein Bestandteil des Auditplans. Hier sollten Auftragnehmer darauf achten, dass sie nicht unter Umständen durch „unglückliche" Formulierungen im Auditplan ungewollt ein Fixgeschäft i.S.d. § 323 Abs. 2 Nr. 2 BGB entstehen lassen.

---

37 Ein Auditplan kommt auch in anderen Bereichen zum Einsatz, z.B. bei den Binding Corporate Rules, vgl. *Art. 29-Datenschutzgruppe*, WP 256 rev.01, Working Document setting up a table with the elements and principles to be found in Binding Corporate Rules, adopted on 28 November 2017 – as last revised and adopted on 6 February 2018, http://ec.europa.eu/newsroom/article29/item-detail.cfm?item_id=614109 (aufgerufen am 15.12.2020). Das WP 256 wurde vom EDSA während seiner ersten Plenarsitzung übernommen.

Im Auditplan werden üblicherweise Termine für Vor-Ort-Prüfungen eingeplant, soweit dies möglich 6.54
ist. Ferner wird auch ein Termin für den Abschluss des Audits bzw. die Schlussbesprechung avisiert
werden. Dies wird zu Beginn der Erstellung des Auditplans jedoch meist nur grob erfolgen – z.B. bezogen auf eine Kalenderwoche.

d) Bereitstellung des Auditplans (Ziff. 6.3)

Auch wenn die Parteien bei der Erstellung des Auditplans zusammenwirken sollen (vgl. Abs. 1), wird 6.55
der Auditplan letztlich verantwortlich immer vom Auftragnehmer erstellt werden. Dieser wird nach
der in diesem Vertrag vorgesehenen Klausel dem Auftraggeber den Auditplan in Textform, also z.B. per
E-Mail, zusenden. In der Praxis ist die Zusendung per E-Mail mittlerweile üblich, so dass ein Verweis
auf die Schriftform hier wenig praxisnah erschien. Gleichwohl sollten die Parteien hier darauf hinwir-
ken, dass ggf. eine **Verschlüsselung der Dateien** erfolgt oder ein Abruf über einen Server (z.B. per
SFTP) mit einer verschlüsselten Verbindung erfolgt.

Da es immer vorkommen kann, dass der Auftraggeber mit bestimmten Punkten im Auditplan nicht 6.56
einverstanden ist, hat dieser das Recht, **Einwände** gegen fehlerhafte Annahmen oder fehlerhaft übernommene Absprachen zu machen. Hier gilt eine Frist von 14 Tagen, die im Regelfall ausreichend sein
sollte. Gleiches gilt für Änderungswünsche des Auftraggebers. **Änderungswünsche** sind im Gegensatz
zu Einwänden „bloße" Wünsche, die der Auftragnehmer nicht zwingend berücksichtigen muss. Wenn
der Auftragnehmer Einwände oder Änderungswünsche umsetzt, wird er diese in den Auditplan aufnehmen. Wenn der Auftragnehmer Einwände oder Änderungswünsche nicht berücksichtigen kann
oder möchte, wird er dies in begründeter Form dem Auftraggeber mitteilen.

Im Vertragsmuster wurde bewusst auf eine erneute Frist für den Auftragnehmer zur erneuten Über- 6.57
sendung des Auditplans bzw. einer begründeten Ablehnung verzichtet. Im konkreten Einzelfall kann
es jedoch durchaus hilfreich sein, auch hier eine Fristregelung zu implementieren, um den Fortgang
des Audits zu beschleunigen bzw. einen Verzug zu vermeiden.

8. Mitwirkungspflichten des Auftraggebers (Ziff. 7)

M 6.1.7 Mitwirkungspflichten des Auftraggebers   6.58

7. Mitwirkungspflichten des Auftraggebers

*7.1 Der Auftraggeber stellt dem Auftragnehmer alle für die Durchführung der Leistungen des Auftragneh-
mers erforderlichen Unterlagen und Informationen kostenfrei zur Verfügung. Die jeweils erforderlichen
Informationen und Dokumente sind dem Auftragnehmer nach Aufforderung unverzüglich in geeigneter Weise zur Verfügung zu stellen.*

*7.2 Soweit für die Durchführung des Audits eine Inaugenscheinnahme und Prüfung vor Ort erforderlich ist,
wird der Auftraggeber dem Auftragnehmer hierfür den jeweils erforderlichen Zugang gewähren.*

*7.3 Der Auftraggeber wird einen oder mehrere Personen als Ansprechpartner des Auftragnehmers benen-
nen, die diesen bei der Durchführung des Audits in geeigneter Weise unterstützen.*

*7.4 Der Auftraggeber ist verpflichtet, Änderungen an dem Zertifizierungsgegenstand und/oder der Rechts-/
Organisationsform des Auftraggebers, die sich auf die Prüfung und Bewertung des Auftragnehmers auswirken können, unverzüglich in Textform anzuzeigen. Dies gilt auch nach Abschluss des Audits, sofern
ein entsprechendes Zertifikat verliehen worden ist.*

a) Ratio

6.59 Ein Datenschutzaudit kann nur erfolgreich sein, wenn alle beteiligten Personen und Institutionen bei der Durchführung des Audits zusammenwirken. Der Auftragnehmer wird naturgemäß ein Interesse an der erfolgreichen Durchführung des Audits haben; er ist zudem durch seine Verpflichtung zur Erbringung der Audit-Leistungen (Ziff. 4) gebunden. Passend dazu sieht das Vertragsmuster **Mitwirkungspflichten** für den Auftraggeber vor. Diese sind auch geboten, denn häufig bestehen nach Beginn des Audits Erfordernisse für die Begehung oder Inaugenscheinnahmen von Unternehmen bzw. IT-Systemen in Unternehmen, zu denen normalerweise keine „fremden" Personen Zutritt erhalten. Durch entsprechende Mitwirkungspflichten kann der Auftraggeber auch innerbetrieblich entsprechend Argumente für Zutrittsrechte von Auditoren besser begründen und durchsetzen.

6.60 Die Mitwirkungspflichten im Vertragsmuster dürften angemessen und „üblich" sein und den Auftraggeber nicht unangemessen benachteiligen.

b) Bereitstellung von Informationen (Ziff. 7.1)

6.61 Damit der Auditor seine Prüfung durchführen kann, ist die **Sichtung von Unterlagen** zwingend erforderlich. Ferner werden ggf. ergänzende Informationen durch die **Befragung von Personal** oder Dienstleistern des Auftraggebers erforderlich sein, um die Prüfung und Bewertung des Zertifizierungsgegenstandes vorzunehmen. Entsprechend dazu sieht Abs. 1 eine Pflicht des Auftraggebers vor, die jeweils benötigten Dokumente und Informationen kostenfrei zur Verfügung zu stellen.

6.62 Ähnliches gilt für den **Zeitpunkt der Bereitstellung** von Unterlagen und Informationen. Damit die jeweils vereinbarten oder avisierten Termine im Auditplan eingehalten werden können, ist eine zügige Lieferung von Informationen durch den Auftraggeber geboten. Entsprechend sieht die Klausel hier eine „unverzügliche" Bereitstellung vor, d.h. die jeweiligen Dokumente müssen ohne schuldhaftes Zögern (vgl. § 121 Abs. 1 Satz 1 BGB) geliefert werden.

6.63 Eine direkte Rechtsfolge bei einer **Verzögerung** von zu liefernden Informationen oder Dokumenten sieht der Vertrag nicht vor. Hier kommen dann aber die ergänzend geltenden Regelungen des BGB über den Verzug (§§ 286 ff. BGB) zur Anwendung. Wenn der Auftraggeber seinen Mitwirkungspflichten nicht nachkommt, kann dem Auftragnehmer zudem nach den §§ 642, 643 BGB ein Kündigungsrecht zustehen. Voraussetzung ist nach § 643 BGB dann eine vorherige Fristsetzung mit Kündigungsandrohung.

c) Vor-Ort-Prüfungen (Ziff. 7.2)

6.64 Zur Durchführung von Datenschutzaudits werden regelmäßig Vor-Ort-Prüfungen erforderlich sein, um den durch Dokumentationen des Auftraggebers aufgezeichneten Stand mit der praktischen Umsetzung abzugleichen. Da hier häufig Orte aufgesucht werden müssen, für die besondere Sicherheitsvorkehrungen gelten (z.B. in Rechenzentren), gibt es im Vertrag hier eine Mitwirkungspflicht des Auftraggebers. Dieser muss dem Auftragnehmer entsprechend **Zutritt zu den Räumlichkeiten** verschaffen.

6.65 Die Zutrittsverschaffung ist begrenzt auf die **Erforderlichkeit**. Es kann durchaus in der Praxis Fälle geben, in denen ein Auditor z.B. Zutritt zu einem Rechenzentrum haben möchte, dies aber ggf. nur beschränkt möglich ist, z.B. kein Zugriff auf einzelne Serverracks eingeräumt werden kann, um die Sicherheit im Rechenzentrum nicht zu gefährden. Dann kann ggf. durch einen Teilzutritt eine ausreichende Prüfungssituation erreicht werden.

d) Ansprechpartner (Ziff. 7.3)

Die Klausel sieht die Benennung eines bzw. mehrerer Ansprechpartner beim Auftraggeber vor. Dies ist **6.66** für die erfolgreiche Durchführung eines Audits essentiell. Der Auftragnehmer wird regelmäßig nicht wissen, welche Personen er beim Auftraggeber für spezifische Fragestellungen ansprechen kann. Insoweit ist eine Kanalisierung durch einen oder mehrere, wenige Ansprechpartner geboten, die dann intern dafür sorgen, dass dem Auftragnehmer die jeweils angefragten Informationen mitgeteilt werden können.

e) Informationspflicht bei Änderungen (Ziff. 7.4)

Abs. 4 sieht eine allgemeine Informationspflicht des Auftraggebers im Hinblick auf Änderungen am **6.67** Zertifizierungsgegenstand vor. Es kommt in der Praxis durchaus häufig vor, dass nach Beginn eines Audits z.B. Softwareänderungen an Applikationen vorgenommen werden, die für die Auditierung relevant sind. Damit etwaige Änderungen bei der Prüfung und Bewertung berücksichtigt werden können, muss der Auftraggeber den Auftragnehmer **unverzüglich** in Textform, also z.B. E-Mail, über Änderungen informieren.

Es kommt zudem regelmäßig vor, dass **nach Abschluss des Datenschutzaudits** und nach Erteilung **6.68** eines Zertifikats Änderungen am Zertifizierungsgegenstand vorgenommen werden. Dies kann dann ggf. dazu führen, dass die jeweiligen Rechtsvorschriften zum Datenschutz bzw. die festgelegten Prüfkriterien möglicherweise nicht mehr eingehalten werden. Um das Vertrauen in ein erteiltes Zertifikat aufrechterhalten zu können, ist es zwingend geboten, dass dem Auftraggeber auch nach einem abgeschlossenen, erfolgreichen Datenschutzaudit entsprechende Informationspflichten auferlegt werden. Entsprechend sieht Abs. 4 hier eine solche Verpflichtung des Auftraggebers vor.

9. Abschlussbesprechung und Prüfbericht (Ziff. 8)

M 6.1.8 Abschlussbesprechung und Prüfbericht 6.69

8. Abschlussbesprechung und Prüfbericht

8.1 Nach Durchführung der Prüfung und Bewertung wird der Auftragnehmer mit dem Auftraggeber eine Abschlussbesprechung durchführen. In der Abschlussbesprechung wird der Auftragnehmer über die Auditfeststellungen berichten, die ermittelten Konformitäten und Nichtkonformitäten aufzeigen und die hieraus zu ziehenden Schlussfolgerungen aufzeigen. Dem Auftraggeber wird Gelegenheit zur Stellungnahme zu den Auditfeststellungen gegeben.

8.2 Der Auftragnehmer wird das Ergebnis seiner Prüfung und seine Bewertung (Arbeitsergebnis) in einem Prüfbericht schriftlich dokumentieren. Der Prüfbericht muss die ermittelten Konformitäten und Nichtkonformitäten darlegen und vom Auftragnehmer ggf. vorgelegte Korrekturen im Hinblick auf ihre Annehmbarkeit bewerten.

a) Ratio

Nach jeder durchgeführten Überprüfung im Zusammenhang mit einem Datenschutzaudit wird re- **6.70** gelmäßig eine Abschlussbesprechung stattfinden, in der der Auftragnehmer seine Erlebnisse und vor allem seine Ergebnisse der Überprüfung darstellen wird. Die Abschlussbesprechung ist ein elementarer Bestandteil eines Datenschutzaudits. In der Abschlussbesprechung besteht zudem noch einmal die Gelegenheit für den Auftraggeber, ergänzende Fragen, Verständnisfragen und Fragen zum Ablauf zu stellen. Dies ist ferner nochmals eine gute Gelegenheit für den Auftraggeber, Einfluss auf den Prüfbericht zu nehmen. Es kann in der Praxis durchaus vorkommen, dass bei den Auditoren z.B. Verständnisprobleme im Hinblick auf die Dokumentation bestanden, die ggf. in der Abschlussbesprechung geklärt werden können.

6.71 Der Ablauf der Abschlussbesprechung ist nicht fest vorgegeben. Üblich ist es, dass der Auftragnehmer zunächst seine Ergebnisse in einer Präsentation gegenüber dem Auftraggeber darstellt und es dann Gelegenheit zur Diskussion gibt. Zum Abschluss wird dann das weitere Vorgehen im Hinblick auf die Fertigstellung des Prüfberichts und die ggf. in Aussicht gestellte Zertifizierung besprochen werden.

b) Abschlussbesprechung (Ziff. 8.1)

6.72 Wie schon unter a) geschildert, ist die Abschlussbesprechung ein zentrales Element eines Datenschutzaudits. Daher macht es Sinn, vor der finalen Fertigstellung des Berichts über die Prüfung („Prüfbericht") noch einmal eine Besprechung mit dem Auftraggeber durchzuführen.

Entsprechend sieht z.B. auch die ISO/IEC 17021-1:2015 in Ziff. 9.1.9 vor, dass eine Abschlussbesprechung durchzuführen ist. Dort ist sogar vorgesehen, dass die Abschlussbesprechung zwingend auch mit Mitgliedern des Managements des Auftraggebers vorgenommen werden muss.

Der Mustervertrag sieht dies nicht zwingend vor, da ein Datenschutzaudit z.B. auch von Auditoren durchgeführt werden kann, die nicht an die betreffende ISO-Norm gebunden sind.

Entscheidend ist letztlich, dass die Abschlussbesprechung dem Auftraggeber die **Möglichkeit** eröffnet, nach der Darstellung der Ergebnisse der Überprüfung noch einmal **Stellung zu** offenen oder kritischen Punkten **zu nehmen**. Dabei kommt es für das Datenschutzaudit an sich nicht darauf an, ob hier nun Mitglieder des Managements anwesend sind oder nicht.

6.73 In der Darstellung der Ergebnisse durch den Auftragnehmer in einer Abschlussbesprechung wird ein Fokus darauf liegen, wo bei der Überprüfung **Konformitäten** und **Nichtkonformitäten** zum jeweiligen Kriterienkatalog festgestellt worden sind. Insbesondere im Falle einer Nichtkonformität wird der Auftraggeber die Gelegenheit nutzen wollen, weitere Fragen zu den Ursachen der Nichtkonformität und vor allem zur Behebung der Nichtkonformität zu stellen. Möglicherweise besteht dann sogar die Option, dass der Auftraggeber eine ggf. fehlerhafte Ermittlung einer Nichtkonformität durch den Auftragnehmer korrigieren kann.

6.74 In der Praxis werden gerade die kritischen Fragen regelmäßig zwar vor der Abschlussbesprechung thematisiert werden; gleichwohl kommt es gerade in großen Projekten durchaus vor, dass bestimmte Punkte erst in der Abschlussbesprechung zwischen den Parteien noch einmal final diskutiert werden können.

c) Prüfbericht (Ziff. 8.2)

6.75 Wenn die Abschlussbesprechung durchgeführt wurde, wird der Auftragnehmer den Prüfbericht fertig stellen. Der Prüfbericht enthält die **schriftliche Dokumentation** der datenschutzrechtlichen Überprüfungen durch den Auftragnehmer im Hinblick auf den Zertifizierungsgegenstand. Im Prüfbericht selbst wird noch einmal der Ablauf des Datenschutzaudits dargestellt und die einzelnen Punkte der Überprüfung des Zertifizierungsgegenstandes im Einzelnen erläutert und bewertet. Insbesondere werden dabei die Feststellungen dafür getroffen, ob und an welchen Stellen der Zertifizierungsgegenstand den Anforderungen des Kriterienkataloges entsprochen hat („Konformität") und wo es Abweichungen gegeben hat („Nichtkonformität").

6.76 Nicht jede Nichtkonformität muss zwingend dazu führen, dass eine Zertifizierung nicht möglich ist. So sind z.B. im Falle einer Nichtkonformität Auflagen gegenüber dem Auftraggeber denkbar, die z.B. vorsehen, dass binnen einer bestimmten Frist eine Änderung an Konfigurationen eines IT-Systems erfolgen muss.

Der Prüfbericht selbst muss nicht in einer bestimmten **Form** gestaltet sein. Entscheidend ist, dass der   6.77
Auftraggeber aus dem Prüfbericht den Ablauf der Überprüfung und die Ergebnisse der Überprüfung
sowie die entsprechenden Feststellungen und Bewertungen in nachvollziehbarer Weise entnehmen
kann.

10. Abnahme (Ziff. 9)

M 6.1.9 Abnahme   6.78

9. Abnahme

*9.1 Der Auftragnehmer wird seinen Prüfbericht zu dem jeweils im Auditplan festgelegten oder individuell
vereinbarten Termin liefern. Der jeweilige Termin gilt nicht als Fixgeschäft i.S.d. § 323 Abs. 2 Nr. 2 BGB.*

*9.2 Der Auftraggeber ist verpflichtet, binnen zwei Wochen nach Zugang des Prüfberichts die Abnahme
oder Nichtabnahme schriftlich [alternativ: in Textform] zu erklären. Eine Nichtabnahme ist zugleich zu
begründen. Unerhebliche Mängel berechtigen den Auftraggeber nicht zu einer Verweigerung der Abnahme.*

*9.3 Sofern der Auftraggeber nicht binnen der Frist der Ziffer 9.2 eine Abnahme oder Nichtabnahme erklärt,
kann der Auftragnehmer dem Auftraggeber eine Frist von zwei Wochen zur Abgabe der Erklärung setzen. Der Prüfbericht gilt mit Ablauf der Frist als abgenommen, wenn der Auftraggeber weder die Abnahme noch die begründete Nichtabnahme erklärt.*

a) Ratio

Die Erstellung eines Prüfberichts unterliegt in der Regel dem Werkvertragsrecht. Denkbar wäre zwar   6.79
auch, hier Dienstvertragsrecht anzuwenden, da es sich um einen Dienst höherer Art i.S.d. § 627 BGB
handeln könnte. Bei einem Datenschutzaudit wird jedoch im Gegensatz zu einer Dienstleistung
nicht nur die Überprüfung geschuldet. Im Hinblick auf die Erstellung des vollständigen Prüfberichts
wird ein Erfolg in geschuldet, nämlich die Herstellung eines nichtkörperlichen Werkes. Ein Prüfbericht
entspricht inhaltlich zudem einem Gutachten, und bei Gutachten kommt im Gegensatz zu einer Beratung **Werkvertragsrecht** zur Anwendung[38]. Der Schwerpunkt der Tätigkeit ist im Falle der Erstellung
des Prüfberichts erfolgsbezogen. Damit ist Werkvertragsrecht einschlägig, und entsprechend ist eine
Abnahme i.S.d. § 640 BGB erforderlich.

Diese Klausel enthält einige wenige Rahmenbedingungen für die **Durchführung der Abnahme**[39] so-   6.80
wie für den Fall einer nicht oder nicht rechtzeitig erfolgten Abnahme.

b) Abgabe des Prüfberichts (Ziff. 9.1)

Auftraggeber und Auftragnehmer werden individuell einen Termin zur Abgabe des Prüfberichts ver-   6.81
einbart oder diesen im Auditplan festgehalten haben. Auch wenn eine termingerechte Abgabe im Interesse des Auftraggebers ist, hat der Auftragnehmer gleichwohl ein berechtigtes Interesse daran, dass
dieser Termin nicht im Sinne eines Fixgeschäfts (§ 323 Abs. 2 Nr. 2 BGB) verstanden wird. Dies würde
dem Auftraggeber ansonsten Rücktrittsrechte im Hinblick auf den Vertrag einräumen, die für den Auftragnehmer erhebliche Nachteile bedeuten könnten. Für den Verzug gibt es im Übrigen eine gesonderte
Regelung in Ziff. 15.3, die hier einschlägig werden kann.

---

38 Vgl. BGH v. 20.4.2004 – X ZR 250/02, NJW 2004, 3035; *Büdenbender*, JuS 2001, 625.
39 Vgl. zur „Abnahme" im IT-Recht *Söbbing*, MMR 2010, 222 (224).

c) Abnahme durch den Auftraggeber (Ziff. 9.2)

6.82 Die Klausel sieht vor, dass der Auftraggeber in zwei Wochen nach Zugang des Prüfberichts eine Abnahme zu erklären hat. Die **Frist** von zwei Wochen sollte ggf. gerade in größeren Datenschutzaudit-Projekten verlängert werden, um dem Auftraggeber eine vollständige Prüfung des Prüfberichts zu ermöglichen. Der Auftraggeber kann dann entsprechend die Abnahme (§ 640 BGB) erklären. Dabei sieht Satz 3 vor, dass unerhebliche Mängel den Auftraggeber nicht zu einer Verweigerung der Abnahme berechtigen. Dabei handelt es sich um eine übliche Klausel, die verhindert, dass bei kleineren Mängeln eine Gesamtabnahme durch den Auftraggeber verweigert wird.

6.83 Die Klausel sieht vor, dass die Abnahme schriftlich zu erfolgen hat. Alternativ kann auch hier die Textform (z.B. E-Mail) gewählt werden. Im Hinblick auf die Folgen, die eine Abnahme rechtlich auslöst, wird in der Praxis jedoch nach wie vor häufig die **Schriftform** gefordert. Dies verhindert auch, dass z.B. eine E-Mail, mit der vielleicht auf die Zusendung des Prüfberichts positiv eingegangen wird, als Abnahme gewertet werden könnte.

6.84 Ferner sieht die Klausel vor, dass eine **Nichtabnahme zu begründen** ist. Dies soll den Auftragnehmer in die Lage versetzen, eine Nacherfüllung schnell vornehmen zu können bzw. die Möglichkeit einer Klarstellung zu erhalten, dass der Prüfbericht in den bemängelten Punkten fehlerfrei ist. Ein Auditbericht kann dann z.B. fehlerhaft sein, wenn der Auditor zur Verfügung gestellte Dokumentation des Auftraggebers nicht berücksichtigt hat. Gleiches kann gelten, wenn der Auditor getroffene Maßnahmen für nicht ausreichend hält, obwohl diese z.B. nach einem anderen Standard (z.B. BSI Standard 100-1 (bis 5), VdS 3473 o.Ä.) dem Stand der Technik entsprechen und damit ausreichend wären. Schließlich kann auch eine fehlerhafte Darstellung und Bewertung der konkreten technischen Umsetzung durch den Auditor zu einem fehlerhaften Auditbericht führen.

d) Fristsetzung Abnahme (Ziff. 9.3)

6.85 Im Falle einer nicht rechtzeitig erteilten Abnahme muss nach dieser Klausel noch einmal eine Fristsetzung durch den Auftragnehmer gegenüber dem Auftraggeber erfolgen. Denkbar wäre natürlich auch, hier eine Klausel zu verwenden, die im Falle einer Nichtreaktion eine Abnahme fingiert. Dies führt in der Praxis jedoch relativ häufig zu Streitigkeiten zwischen den Parteien, die gerade in größeren Datenschutzaudit-Projekten vermieden werden sollten. Es erscheint daher angemessen, dem Auftragnehmer die Pflicht aufzuerlegen, dem Auftraggeber noch einmal eine Nachfrist zu setzen, bevor hier die Fiktion einer Abnahme erfolgt.

Wenn jedoch auch diese Frist erfolglos verstreicht, wird die Abnahme mit dieser Klausel in Satz 2 fingiert.

11. Zertifikat und Nutzungsrechte (Ziff. 10)

6.86 **M 6.1.10 Zertifikat und Nutzungsrechte**

10. Zertifikat und Nutzungsrechte

10.1 Sofern die Prüfung und Bewertung des Zertifizierungsgegenstandes ergibt, dass die Prüfkriterien eingehalten werden, wird der Auftragnehmer auf Wunsch des Auftraggebers ein Zertifikat für den Auftraggeber erteilen. Die Gültigkeit des Zertifikats wird auf zwei Jahre beschränkt.

10.2 Der Auftragnehmer kann im Falle von Nichtkonformitäten das Zertifikat mit der Auflage verleihen, dass zuvor definierte Maßnahmen vom Auftraggeber innerhalb von vereinbarten Fristen umgesetzt und nachgewiesen werden. Im Falle der nicht fristgerechten Behebung von Nichtkonformitäten kann der Auftragnehmer die Gültigkeit des Zertifikats aufheben.

10.3 *Der Auftraggeber erhält mit Erteilung des Zertifikats ein einfaches, nicht übertragbares, widerrufliches Recht, das Zertifikat und das dazugehörige, vom Auftragnehmer ausgestellte Siegel für die Dauer der Gültigkeit für eigene Zwecke zu nutzen. Änderungen am Siegel oder Zertifikat dürfen vom Auftraggeber nicht vorgenommen werden.*

10.4 *Der Auftraggeber ist bei der werblichen Nutzung des Zertifikats und/oder des Siegels verpflichtet, nur das vom Auftragnehmer zur Verfügung gestellte Zertifikat und/oder Siegel zu verwenden. Dies beinhaltet insbesondere die Pflicht, den Geltungsbereich und die Gültigkeit des Zertifikats zu benennen. Der Auftraggeber ist weiter verpflichtet, keine irreführenden Angaben bei der Verwendung von Zertifikat und/oder Siegel zu machen.*

10.5 *Der Auftragnehmer kann das Zertifikat des Auftraggebers entziehen, wenn der Auftraggeber seinen Mitteilungspflichten (Ziffer 7.4) nicht nachkommt, den Zertifizierungsgegenstand nicht unerheblich verändert oder er das Siegel und/oder Zertifikat in nicht vertragsgerechter Weise verwendet. Mit dem Entzug des Zertifikats werden die Nutzungsrechte im Sinne des Ziffer 10.3 widerrufen.*

a) Ratio

Ein erfolgreich durchlaufenes Datenschutzaudit wird in der Regel mit einem Zertifikat enden. Dabei wird die **Gültigkeit des Zertifikats** in der Regel auf einen bestimmten Zeitraum (hier: 2 Jahre) beschränkt.   6.87

Neben einem Zertifikat wird die jeweilige Zertifizierungsstelle bzw. der Auditor in diesem Fall auch ein „**Siegel**" zur Verfügung stellen, das der Auftraggeber werblich nutzen kann, um z.B. auf dem zertifizierten Produkt oder auf seinen Unternehmensunterlagen mit dem Siegel zum Ausdruck zu bringen, dass hier eine bestimmte Datenschutzkonformität durch eine dritte Stelle festgestellt worden ist.   6.88

Um zu verhindern, dass der Auftraggeber nach erfolgreich durchgeführtem Audit Änderungen an dem Zertifizierungsgegenstand vornimmt, die dann z.B. zu einem datenschutzwidrigen, nicht zertifizierten Einsatz führen können, gibt es in Abs. 5 auch eine Regelung, die den Entzug eines Zertifikats vorsieht.   6.89

b) Zertifikatserteilung (Ziff. 10.1)

Mit der Klausel wird geregelt, dass nach einer erfolgreichen Durchführung der datenschutzrechtlichen Überprüfung anhand des jeweiligen Kriterienkataloges ein Zertifikat erteilt wird. Hier ist vorgesehen, dass das Zertifikat vom Auftragnehmer nur auf Wunsch des Auftraggebers erteilt wird. Selbstverständlich wäre es auch möglich, dies als Automatismus vorzusehen, der nicht vom Wunsch des Auftraggebers abhängig ist.   6.90

Es ist üblich, entsprechende Zertifikate zeitlich zu befristen. Ein Zeitraum von zwei Jahren hat sich zumindest für den Bereich der Datenschutz-Gütesiegel in der Praxis etabliert. Eine entsprechende Regelung ist daher in Satz 2 enthalten.   6.91

c) Auflagen (Ziff. 10.2)

Ziff. 10.2 enthält eine in der Praxis enorm wichtige Regelung. Nur selten kommt es vor, dass ein Zertifizierungsgegenstand wirklich alle Punkte eines Kriterienkataloges vollständig erfüllt. Üblich sind **Abweichungen**, bei denen es dann darauf ankommt, ob diese erheblich sind oder nur eine geringfügige Abweichung aufweisen. Sollte eine Abweichung und damit eine Nichtkonformität vorliegen, kann der Auftragnehmer z.B. vorsehen, dass der Auftraggeber diese Abweichung innerhalb einer bestimmten Frist zu beheben und die Behebung nachzuweisen hat. In dem Fall würde dann trotzdem ein Zertifikat erteilt werden, das dann aber im Falle der Nichtbehebung wieder entzogen bzw. aufgehoben werden kann.   6.92

d) Nutzungsrechte (Ziff. 10.3)

6.93 Die Klausel enthält eine **einfache Übertragungsregelung** zu Nutzungsrechten zugunsten des Auftraggebers. Dem Auftraggeber wird ein einfaches, nicht übertragbares, widerrufliches Recht übertragen, das Zertifikat und das Siegel für eigene Zwecke zu nutzen.

6.94 Wichtig ist dabei auch, dass der Auftraggeber nicht befugt ist, **Änderungen** am Siegel oder Zertifikat vorzunehmen.

e) Datenschutz-Siegel (Ziff. 10.4)

6.95 Ein Hauptzweck für viele Unternehmen, sich einem Datenschutzaudit zu unterziehen, ist es, eine **Datenschutzkonformität nach außen darstellen** zu können[40]. Dies kann klassischerweise in Form eines Siegels erfolgen. Um eine Irreführung im Markt zu verhindern, ist ein sorgsamer Umgang mit Siegeln unerlässlich. Jeder Aussteller eines Siegels wird daher zumindest den **Gültigkeitszeitraum** auf dem Siegel oder im unmittelbaren Zusammenhang mit dem Siegel vermerken. Folgerichtig macht es dann Sinn, den Auftraggeber zu verpflichten, dass das Siegel immer in der Form verwendet wird, dass der Gültigkeitszeitraum angegeben wird.

6.96 Gleiches gilt auch für den **Geltungsbereich** des Siegels. So kann z.B. der Geltungsbereich auf das Rechenzentrum eines Auftraggebers beschränkt werden oder z.B. auf den Umgang mit bestimmten Arten personenbezogener Daten wie etwa Kundendaten etc.

6.97 Satz 3 sieht dann eine allgemeine Verpflichtung des Auftraggebers vor, keine irreführenden Angaben bei der Verwendung des Siegels oder des Zertifikats zu machen.

f) Entzug des Zertifikats (Ziff. 10.5)

6.98 Ziff. 10.5 ist ebenfalls eine wichtige Regelung zugunsten des Auftragnehmers. Danach kann der Auftragnehmer dem Auftraggeber das Zertifikat entziehen, wenn dieser seinen Mitteilungspflichten nach Ziff. 7.4 nicht nachkommt. Dies soll die Gefahr verringern, dass ein Auftraggeber nach erfolgreicher Zertifizierung nach Belieben seinen Zertifizierungsgegenstand ändert, ohne den Auftragnehmer hierüber zu informieren. Ohne die Möglichkeit des Auftragnehmers, auch nachträglich noch ein Zertifikat zu entziehen, würde die Glaubwürdigkeit eines entsprechenden Datenschutzaudits stark beeinträchtigt werden können.

6.99 Nicht nur bei Verletzungen von Mitteilungspflichten, sondern allgemein bei nicht unerheblichen Veränderungen des Zertifizierungsgegenstandes oder einer nicht vertragsgerechten Verwendung von Zertifikat oder Siegel kann ein Entzug des Zertifikats durch den Auftragnehmer erfolgen.

6.100 Im Falle eines Entzugs des Zertifikats wird der Auftragnehmer die **Nutzungsrechte** nach Satz 3 entsprechend gegenüber dem Auftraggeber **widerrufen**.

---

40 Dazu auch *Bock*, DuD 2008, 1 (2).

12. Wiederholungsaudit und Rezertifizierung (Ziff. 11)

M 6.1.11 Wiederholungsaudit und Rezertifizierung   6.101

11. Wiederholungsaudit und Rezertifizierung

11.1 Der Auftraggeber kann den Zertifizierungsgegenstand erneut beim Auftragnehmer einem Daten-schutzaudit unterziehen. Dies ist insbesondere dann möglich, wenn sich der Zertifizierungsgegen-stand ändert oder die Gültigkeit des Zertifikats abläuft.

11.2 Ein Wiederholungsaudit und eine Rezertifizierung sind zwischen den Parteien gesondert zu verein-baren.

a) Ratio

Selbstverständlich kann ein Datenschutzaudit jederzeit wiederholt werden. Eine entsprechende Rege-   6.102
lung ist hier im Mustervertrag vorgesehen.

b) Wiederholungsaudit (Ziff. 11.1)

Ein Datenschutzaudit kann jederzeit wiederholt werden. Die Klausel enthält diesbezüglich eine ein-   6.103
fache Regelung.

Ein Datenschutzaudit zu wiederholen, ist vor allem dann möglich, wenn sich der Zertifizierungsgegen-stand ändert oder – was der Regelfall sein dürfte – wenn die Gültigkeit des Zertifikats abgelaufen ist.

c) Vertragserfordernis (Ziff. 11.2)

Da ein erneutes Datenschutzaudit in der Regel ein neues Projekt darstellt, sollten die Parteien ent-   6.104
sprechend für dieses neue Projekt einen gesonderten Vertrag schließen. Die Klausel hier sieht ent-sprechend vor, dass die Rezertifizierung mit dem Wiederholungsaudit gesondert zwischen den Par-teien zu vereinbaren ist[41].

13. Preise, Zahlung (Ziff. 12)

M 6.1.12 Preise, Zahlung   6.105

12. Preise, Zahlung

12.1 Die Parteien vereinbaren für die Durchführung des Datenschutzaudits durch den Auftragnehmer eine Vergütung i.H.v. … EUR netto zzgl. der jeweils geltenden USt.

12.2 Die Vergütung ist nach erfolgter Abnahme fällig und binnen 30 Tagen vom Auftraggeber an den Auf-tragnehmer zu zahlen.

12.3 Die Parteien können im Auditplan Abschlagszahlungen vereinbaren, die abhängig von Terminen oder Arbeitsfortschritten sein können.

---

41 Die Möglichkeit zur Rezertifizierung ist bei allen gängigen Datenschutzaudits zurzeit gegeben. Vgl. *Meissner*, Datenschutzgütesiegel als vertrauensbildende Maßnahme am Beispiel des europäischen Euro-PriSe-Zeichens, in Bogendorfer (Hrsg), Datenschutzgespräche 2011 – Datenschutz im Unternehmen, Kapitel D.I, S. 95 (118 f.).

a) Ratio

6.106 § 12 enthält eine einfach gehaltene Regelung zum Preis und zur Zahlung der Vergütung des Auftragnehmers für die geleisteten Arbeiten.

b) Vergütungsvereinbarung (Ziff. 12.1)

6.107 Die Klausel enthält eine sehr einfach gestaltete Klausel über den zwischen den Parteien vereinbarten Preis für die Leistungen des Auftragnehmers.

Diese kann in der Praxis entsprechend abgeändert werden.

c) Fälligkeit (Ziff. 12.2)

6.108 Ziff. 12.2 enthält einen Hinweis zur Fälligkeit des Anspruchs auf Zahlung. Der jeweilige Betrag wird mit der Abnahme (§ 9) zur Zahlung fällig. In der Klausel ist auch eine Frist zur Zahlung von 30 Tagen angegeben.

Auch hier können natürlich entsprechende Modifikationen vorgenommen werden.

d) Abschlagszahlungen (Ziff. 12.3)

6.109 Datenschutzaudit-Projekte sind nicht selten Projekte, die über einen Zeitraum von mehreren Monaten laufen. In großen Projekten werden zudem Abschlagszahlungen für den Auftragnehmer geboten sein. Da eine entsprechende Regelung zu Zeitpunkten von Abschlagszahlungen im Vertrag selbst zu unflexibel sein dürfte, erfolgt in dieser Klausel ein Verweis auf die Möglichkeit, Abschlagszahlungen und Zeitpunkte von Abschlagszahlungen im Auditplan festzulegen. Dies ermöglicht den Parteien eine bessere Flexibilität.

14. Vertraulichkeit (Ziff. 13)

6.110 **M 6.1.13 Vertraulichkeit**

13. Vertraulichkeit

13.1 Alle zwischen den Parteien im Zusammenhang mit der Durchführung des Audits ausgetauschten Informationen (insbesondere Dokumente und Dateien) sind von den Parteien vertraulich zu behandeln. Dies bezieht sich auch auf Informationen, die vor dem Vertragsschluss im Rahmen der Vertragsanbahnung ausgetauscht wurden.

13.2 Eine Weitergabe von diesen Informationen an Dritte oder eine Einsichtnahme durch Dritte ist nur dann zulässig, wenn dies für die Erfüllung des Vertragszwecks erforderlich ist, aufgrund von Rechtsvorschriften erlaubt oder mit Einwilligung jeweils beider Vertragspartner erfolgt.

13.3 Vorstehende Verpflichtungen gelten nicht für Informationen,

(a) die dem Empfänger vor der Vertragsanbahnung nachweislich bereits bekannt waren oder danach von dritter Seite bekannt werden, ohne dass dadurch eine Vertraulichkeitsvereinbarung, gesetzliche Vorschriften oder behördliche Anordnungen verletzt werden;

(b) die bei Abschluss des Vertrags öffentlich bekannt sind oder danach öffentlich bekannt gemacht werden, soweit dies nicht auf einer Verletzung dieses Vertrags beruht;

(c) die aufgrund gesetzlicher Verpflichtungen oder auf Anordnung eines Gerichtes oder einer Behörde offengelegt werden müssen.

Soweit zulässig und möglich wird der zur Offenlegung verpflichtete Empfänger die andere Vertragspartei vorab unterrichten und ihr Gelegenheit geben, gegen die Offenlegung vorzugehen.

13.4 Beide Parteien sind verpflichtet, entsprechende Geheimhaltungspflichten mit ihren Beschäftigten und sonstigen Dritten, die an der Ausführung des Vertrages mitwirken, zu vereinbaren.

13.5 Die Verpflichtung zur Geheimhaltung besteht auch nach Beendigung des Vertrages für einen Zeitraum von zwei Jahren fort.

a) Ratio

Der Auftragnehmer erfährt im Zuge eines Datenschutzaudits sehr viel über den Auftraggeber und dessen Geschäftsprozesse. Ziff. 13 sieht daher eine entsprechende Regelung zur Vertraulichkeit vor[42]. 6.111

Häufig werden bereits vor Vertragsschluss **Geheimhaltungsregelungen** zwischen den Parteien vereinbart (z.B. über eine Vertraulichkeitsvereinbarung/ein Non-Disclosure-Agreement (NDA)). 6.112

In diesem Muster wurde von einer **Vertragsstrafenregelung** abgesehen. Diese kann selbstverständlich zwischen den Parteien vereinbart werden. 6.113

Sofern **Berufsgeheimnisträger** wie z.B. Rechtsanwälte im Zusammenhang mit der Erstellung eines Gutachtens in dem Datenschutzaudit tätig sind, wird dann ergänzend die Schweigepflicht des § 203 StGB gelten. 6.114

b) Vertraulichkeit (Ziff. 13.1)

Ziff. 13.1 enthält die Verpflichtung der Parteien, die im Zusammenhang mit der Durchführung des Audits erhaltenen Informationen vertraulich zu behandeln. 6.115

Die Verpflichtung wird zudem auch auf die Informationen erstreckt, die vor dem Vertragsschluss zwischen den Parteien ausgetauscht wurden. In der Praxis wird – wie bereits erwähnt – meist zuvor schon eine entsprechende Vertraulichkeitsvereinbarung (z.B. durch ein NDA) zwischen den Parteien geschlossen worden sein. Die Klausel erweitert den Bereich jedoch vorsorglich.

c) Weitergabe von Informationen (Ziff. 13.2)

Es kann durchaus vorkommen, dass eine Weitergabe von vertraulichen Informationen an Dritte im Zusammenhang mit dem Datenschutzaudit erfolgt. Dies kann z.B. dann der Fall sein, wenn externe Auditoren oder Fachkräfte involviert werden. Um nicht für jeden Fall der Weitergabe von Informationen eine Zustimmung vom Auftraggeber einholen zu müssen, kann nach Abs. 2 eine Weitergabe auch dann erfolgen, wenn diese zur Erfüllung des Vertragszwecks erforderlich ist. 6.116

Gleiches gilt auch, wenn Rechtsvorschriften dies erlauben oder eine Einwilligung der Vertragspartner vorliegt.

Die Verpflichtung zur Vertraulichkeit besteht nicht nur gegenüber dem Auftraggeber. Auch der Auftraggeber erhält ggf. Informationen über Geschäfts- und Auditprozesse des Auftragnehmers, deren Geheimhaltung der Auftragnehmer gewahrt wissen möchte. Insoweit wird hier **nicht zwischen Informationen von Auftraggebern oder Auftragnehmern differenziert**. 6.117

d) Ausnahmen (Ziff. 13.3)

Ziff. 13.3 enthält die notwendigen Aufweichungen der Vertraulichkeitsklauseln, damit diese keine unangemessene Benachteiligung des jeweils anderen Vertragspartners beinhalten. So sind hier z.B. 6.118

---

42 Vgl. allgemein zu Geheimhaltungsvereinbarungen *Intveen*, ITRB 2007, 239 ff.

die Informationen ausgenommen, die der jeweils anderen Partei nachweislich bereits bekannt waren oder sogar öffentlich bekannt gemacht wurden.

6.119 Gleiches gilt für etwaige Verpflichtungen einer Vertragspartei zu entsprechenden Offenlegungen. Hier sieht der Vertrag jedoch noch die Regelung vor, dass die Partei, die zur Offenlegung verpflichtet ist, die jeweils andere Vertragspartei zu unterrichten und Gelegenheit zur Stellungnahme geben soll, soweit dies zulässig und möglich ist.

e) Vertraulichkeitsregelungen für weitere Personen (Ziff. 13.4)

6.120 Damit die Vertraulichkeit auch bei weiteren Personen, die an dem Datenschutzaudit beteiligt sind, gewährleistet ist, sind beide Parten durch diese Klausel verpflichtet, entsprechende Vertraulichkeitsregelungen mit ihren Beschäftigten und sonstigen Dritten zu treffen.

Dabei werden Form und Inhalt nicht fest vorgegeben. Die Verpflichtungen müssen aber „entsprechend" sein, d.h. die Parteien werden die **wesentlichen Inhalte dieser Vertraulichkeitsregelung** des § 13 **übernehmen** müssen.

f) Dauer der Vertraulichkeitsverpflichtung (Ziff. 13.5)

6.121 Die Verpflichtung zur Vertraulichkeit wird durch diese Klausel auf den Zeitraum nach Vertragsbeendigung erstreckt. Ein Zeitraum von zwei Jahren wurde hier als angemessen gewertet. Da der Wegfall der Vertraulichkeitspflicht nicht zugleich bedeutet, dass Informationen, die zuvor der Vertraulichkeit unterlagen, nun an Dritte weitergegeben werden dürfen, ist ein Zeitraum von zwei Jahren auch ausreichend.

15. Datenschutz (Ziff. 14)

6.122 **M 6.1.14 Datenschutz**

14. Datenschutz

14.1 Der Auftragnehmer trägt Sorge dafür, dass personenbezogen Daten, von denen er im Zusammenhang mit der Erbringung von Leistungen für den Auftraggeber Kenntnis erhält, nur erhoben, verarbeitet und genutzt werden, soweit dies zur vertragsgemäßen Leistungserbringung erforderlich und durch gesetzliche Vorschriften erlaubt oder vom Gesetzgeber angeordnet ist.

14.2 Der Auftragnehmer stellt sicher, dass alle Beschäftigten, die am Audit mitwirken, insbesondere auf die Wahrung des Schutzes personenbezogener Daten verpflichtet wurden.

a) Ratio

6.123 Im Zusammenhang mit dem Datenschutzaudit wird der Auftragnehmer auch personenbezogene Daten des Auftragnehmers, dessen Beschäftigten oder Dritten verwenden.

Entsprechend sieht Ziff. 14 eine kurze Regelung zum Datenschutz vor.

b) Regelung zum Datenschutz (Ziff. 14.1)

6.124 Ziff. 14.1 enthält die Zusicherung des Auftragnehmers, personenbezogene Daten nur in einer dem Grundsatz der Erforderlichkeit entsprechenden Weise zu erheben, zu verarbeiten und zu nutzen.

Die **Datenverarbeitung** wird der Auftragnehmer im Datenschutzaudit im Wesentlichen auf Art. 6 Abs. 1 lit. b DSGVO stützen können. Der Auftragnehmer wird im Rahmen der Auditierung regelmäßig im eigenen Ermessen mit den Daten umgehen, um das Datenschutzaudit durchzuführen. Es fehlt an einer Weisungsgebundenheit, so dass eine Auftragsverarbeitung[43] nicht in Betracht kommt. Möchte der Auftraggeber über die pauschale Verpflichtung auf die Einhaltung der gesetzlichen Datenschutzvorschriften hinausgehende Datenschutzvereinbarungen, kann sich insoweit an dem Muster der Datenschutzklausel für Aufgabenverlagerungen[44] orientiert werden.

c) Vertraulichkeit von Beschäftigten (Ziff. 14.2)

Der Auftragnehmer ist nach der DSGVO verpflichtet, seine Beschäftigten auf Vertraulichkeit zu verpflichten, wenn diese personenbezogene Daten verarbeiten. 6.125

Mit der Regelung in Abs. 2 verpflichtet sich der Auftragnehmer zudem direkt gegenüber dem Auftraggeber, dieser gesetzlichen Verpflichtung zum Vertraulichkeit nachzukommen. 6.126

16. Gewährleistung und Verzug (Ziff. 15)

M 6.1.15 Gewährleistung und Verzug 6.127

15. Gewährleistung und Verzug

*15.1 Mängel an Arbeitsergebnissen des Auftragnehmers sind vom Auftraggeber unverzüglich schriftlich [**alternativ:** in Textform] geltend zu machen.*

15.2 Ansprüche auf Gewährleistung des Auftraggebers verjähren nach Ablauf von 12 Monaten nach Abnahme des Prüfberichts.

15.3 Bei zeitlichen Abweichungen vom Auditplan oder Abweichungen von Teilabschnitten des Zeitplans, die die Einhaltung des Gesamtzeitplans beeinträchtigen, kann der Auftraggeber die vereinbarte Vergütung in angemessener Höhe mindern. Etwaige Schadensersatzansprüche bleiben unberührt.

a) Ratio

Die Einordnung eines Datenschutzaudits zu einem bestimmten Vertragstyp ist schwierig, da es sowohl Dienstvertragselemente (z.B. Durchführung eines Pre-Audits, Besprechungen, Vor-Ort-Termine) als auch Werkvertragselemente (v.a. die Erstellung des Prüfberichts) gibt. Der Schwerpunkt der Leistung besteht in der Erstellung eines Prüfberichts, dem zuvor durchgeführte Prüfungen zugrunde liegen. Der Prüfbericht ist die Grundlage für eine Zertifizierung und damit zentraler Bestandteil des Datenschutzaudits. In diesem werden die Arbeitsergebnisse schriftlich zusammengefasst. Es sprechen daher aufgrund des Schwerpunkt-Aspekts gute Argumente dafür, hier Werkvertragsrecht anzuwenden. Im Hinblick auf Gewährleistungsansprüche gilt dies auch, zumal diese sich regelmäßig auf Arbeitsergebnisse beziehen dürften und daher auf den Prüfbericht abzielen (siehe hierzu Rz. 6.79). 6.128

Ziff. 15 enthält nur rudimentäre Regelungen zur Gewährleistung, so dass im Übrigen die gesetzlichen Gewährleistungsregelungen gelten.

---

43 Siehe hierzu die Muster von *Moos*, Teil 2, Rz. 8.33 ff. und Rz. 9.27 ff.
44 Siehe hierzu das Muster von *Gabel/Bange*, Teil 6, Rz. 33.8.

b) Gewährleistung (Ziff. 15.1)

6.129 Der Auftragnehmer schuldet die Durchführung des Datenschutzaudits mit der Erstellung eines Prüfberichts. Wenn der Prüfbericht Mängel hat, dann hat der Auftraggeber ggf. entsprechende Gewährleistungsrechte. Zumindest im kaufmännischen Geschäftsverkehr ist eine Regelung wie in Abs. 1, wonach der Auftraggeber Mängel an Arbeitsergebnissen unverzüglich mitzuteilen hat, in der Praxis üblich.

6.130 Die **Anzeige des Mangels** muss in Schriftform erfolgen. Alternativ könnte auch die Textform verwendet werden, um z.B. die Mängelanzeige per E-Mail oder Fax zu ermöglichen. Dann wäre die Formulierung entsprechend abzuändern.

c) Verjährung (Ziff. 15.2)

6.131 Die Klausel sieht eine Verjährungsfrist von 12 Monaten vor. Die Frist beginnt mit der Abnahme (Ziff. 9) des Prüfberichts zu laufen.

Alternativ kann hier eine andere Frist verwendet oder auf die gesetzliche Frist (§ 634 Abs. 1 Nr. 1 BGB) verwiesen werden.

Die Frist sollte jedoch, um nicht Gefahr zu laufen, dass dann eine unangemessene Benachteiligung vorliegen könnte, nicht kürzer als 12 Monate bemessen sein.

d) Minderung (Ziff. 15.3)

6.132 Die Klausel sieht eine konkrete Möglichkeit des Auftraggebers vor, bei einem **Verzug** bzw. Teilverzug des Auftraggebers eine Minderung durchzuführen.

6.133 Die Parteien werden mit dem Auditplan in der Praxis auch eine Terminplanung gemacht haben. Auch wenn dies nicht zwingend ist, werden hier ggf. konkrete Abgabetermine oder Abgabezeiträume vereinbart. Der Auftraggeber hat meist ein Interesse daran, dass diese Zeitpläne eingehalten werden und soll daher ein entsprechendes Minderungsrecht erhalten.

6.134 Die Minderung ist auf den „angemessenen Betrag" konkretisiert. Hier wäre auch eine konkrete Regelung mit Nennung eines bestimmten Betrages oder eines prozentuellen Anteils der Vergütung denkbar, um nicht im Nachhinein einen Streit über die Höhe des „angemessenen" Betrages zu provozieren.

6.135 Nicht jede zeitliche Abweichung berechtigt nach dieser Klausel zu einer Minderung. Voraussetzung ist, dass die Abweichung den **Gesamtzeitplan beeinträchtigt**. Das macht Sinn, weil ein Verzug gerade zu Beginn bzw. mitten in einem Projekt dazu führen kann, dass sich die Gesamtlaufzeit erheblich verlängert.

17. Haftungsbeschränkung (Ziff. 16)

6.136 **M 6.1.16 Haftungsbeschränkung**

16. Haftungsbeschränkung

16.1 Der Auftragnehmer haftet bei Vorsatz oder grober Fahrlässigkeit für alle vom Auftragnehmer im Zusammenhang mit der Erbringung der vertragsgemäßen Leistungen verursachten Schäden unbeschränkt.

16.2 Bei leichter Fahrlässigkeit haftet der Auftragnehmer im Fall der Verletzung des Lebens, des Körpers oder der Gesundheit unbeschränkt.

16.3 Im Übrigen haftet der Auftragnehmer im Zusammenhang mit der Erbringung von Leistungen für den Auftraggeber nur, soweit er eine wesentliche Vertragspflicht verletzt hat. Als wesentliche Vertragspflichten werden dabei abstrakt solche Pflichten bezeichnet, deren Erfüllung die ordnungsgemäße Durchführung des Vertrages überhaupt erst ermöglicht und auf deren Einhaltung der Nutzer regelmäßig vertrauen darf. In diesen Fällen ist die Haftung auf den Ersatz des vorhersehbaren, typischerweise eintretenden Schadens beschränkt.

16.4 Soweit die Haftung des Auftragnehmers nach den vorgenannten Vorschriften ausgeschlossen oder beschränkt wird, gilt dies auch für Erfüllungsgehilfen des Auftragnehmers.

a) Ratio

Die Klausel enthält eine Haftungsbeschränkung zugunsten des Auftragnehmers.   6.137

Aufgrund der Rechtsprechung sind einer Haftungsbeschränkung enge Grenzen gesetzt, wenn diese formularmäßig erfolgt und nicht konkret individuell vereinbart wird. Bei einer zu „scharfen" Haftungsbeschränkung besteht die Gefahr, dass die Haftungsbeschränkung insgesamt für unwirksam erklärt wird und dann in der Rechtsfolge eine unbeschränkte Haftung des Auftragnehmers gelten würde.

Daher wurden hier Formulierungen verwendet, die nach der derzeitigen Rechtsprechung wohl eine zulässige Haftungsbeschränkung beinhalten.

b) Fälle der unbeschränkten Haftung (Ziff. 16.1)

Diese Klausel stellt den Grundsatz auf, dass der Auftragnehmer bei Vorsatz und grober Fahrlässigkeit   6.138
unbeschränkt haftet. Nach der Rechtsprechung kann in Regelungen zur Haftungsbeschränkung, die der AGB-Kontrolle unterliegen, nur die Haftung für leichte Fahrlässigkeit, nicht aber Vorsatz und grobe Fahrlässigkeit beschränkt werden.

c) Weitere Fälle der unbeschränkten Haftung (Ziff. 16.2)

Da im Falle der Verletzung des Lebens, des Körpers oder der Gesundheit grundsätzlich keine Haf-   6.139
tungsbeschränkung über formularmäßige Regelungen möglich ist, stellt diese Klausel noch einmal sicher, dass die Haftung diesbezüglich auch bei leichter Fahrlässigkeit nicht beschränkt wird.

d) Verletzung wesentlicher Vertragspflichten (Ziff. 16.3)

Mit dieser Klausel wird die Haftung auf die Verletzung wesentlicher Vertragspflichten beschränkt. Die-   6.140
se werden auch als Kardinalpflichten bezeichnet. Da der BGH seit seinem Urteil zum Begriff der Kardinalpflichten[45] die Verwendung des Begriffs der Kardinalpflichten ohne dessen konkreter Definition als unzulässig verworfen hat, wird in der Vertragspraxis meist nur noch der Begriff der wesentlichen Vertragspflichten verwendet, wobei auch dieser dann zu konkretisieren und zu erläutern ist. Dies erfolgt in dieser Klausel mit Satz 2.

Bei einer Verletzung von wesentlichen Vertragspflichten in leicht fahrlässiger Weise ist die Haftung   6.141
dann auf den Ersatz des vorhersehbaren, typischerweise eintretenden Schadens begrenzt. Im Einzelfall kann es sinnvoll sein, hier einen festen Maximalbetrag zu nennen. Da das Vertragsmuster aber nicht von einem bestimmten Auftragsvolumen ausgeht, ist hier eine allgemein passende Formulierung verwendet worden. In größeren Datenschutzauditprojekten sollte die Höhe des dann zu leistenden Schadensersatzes ggf. konkret verhandelt werden, um hier keine Unwägbarkeiten entstehen zu lassen.

---

45 BGH v. 20.7.2005 – VIII ZR 121/04, CR 2006, 228.

e) Haftung für Erfüllungsgehilfen (Ziff. 16.4)

6.142 Diese Klausel enthält die Klarstellung, dass sich die Haftungsbeschränkungen der Abs. 1–3 auch auf Erfüllungsgehilfen des Auftragnehmers beziehen.

18. Vertragsdauer/Kündigung (Ziff. 17)

6.143 **M 6.1.17 Vertragsdauer/Kündigung**

17. Vertragsdauer/Kündigung

17.1 Der Vertrag wird auf die Dauer der Durchführung des Datenschutzaudits (mit Abschluss der Abnahme) oder – im Falle der Verleihung eines Zertifikats – auf die Dauer der Gültigkeit des Zertifikats geschlossen.

17.2 Ein außerordentliches Kündigungsrecht jeder Partei bleibt unberührt. Die Kündigung bedarf der Schriftform. § 649 BGB bleibt unberührt.

a) Ratio

6.144 Mit dieser Klausel wird die Vertragsdauer geregelt. Bei einem Datenschutzaudit handelt es sich um ein **Projekt**, das mit Abschluss (negativ oder positiv) endet. Entsprechend wird die **Vertragslaufzeit** geregelt.

b) Vertragsdauer (Ziff. 17.1)

6.145 Nach dieser Klausel wird die Vertragslaufzeit auf die Dauer der **Durchführung des Datenschutzaudits** beschränkt. Dabei endet das Datenschutzaudit entweder mit der Abnahme des Prüfberichts (Ziff. 9) oder im Falle des erfolgreichen Audits mit Ablauf der Gültigkeit des Zertifikats.

c) Außerordentliche Kündigung (Ziff. 17.2)

6.146 Unabhängig von der Laufzeit muss es immer auch das Recht jeder Partei geben, sich **bei Vorliegen eines wichtigen Grundes** auch (fristlos) vom Vertrag zu lösen.

Entsprechend sieht Abs. 2 auch die Klarstellung vor, dass ein außerordentliches Kündigungsrecht jeder Partei unberührt bleibt. Die Kündigung muss jedoch nach Satz 2 zwingend **schriftlich** erfolgen.

Ein **außerordentliches Kündigungsrecht** kann dem Auftragnehmer im Falle der Verletzung von Mitwirkungspflichten des Auftraggebers nach § 643 BGB zustehen (Rz. 6.63). Der Auftraggeber wiederum kann nach § 649 BGB jederzeit den Vertrag kündigen. Nach § 649 Satz 1 ist der Auftragnehmer dann jedoch berechtigt, die vereinbarte Vergütung unter Anrechnung der ersparten Aufwendungen zu verlangen. In der Praxis ist es hier für den Auftragnehmer vorteilhaft, das Projekt in genügend Teilabschnitte zu gliedern, um schon zuvor Abschlagszahlungen erhalten zu können, da sich die Berechnung ersparter Aufwendungen in der Praxis häufig als schwierig darstellt.

19. Schlussbestimmungen (Ziff. 18)

M 6.1.18 Schlussbestimmungen 6.147

18. Schlussbestimmungen

18.1 Es gilt das Recht der Bundesrepublik Deutschland, wobei die Geltung des UN-Kaufrechts ausgeschlossen wird.

18.2 Ist der Nutzer Kaufmann, juristische Person des öffentlichen Rechts oder öffentlich-rechtliches Sondervermögen, so ist der Sitz des Auftragnehmers ausschließlicher Gerichtsstand für alle Streitigkeiten aus dem Vertragsverhältnis.

18.3 Sollten einzelne Bestimmungen dieses Vertrages unwirksam sein oder werden, so berührt dies die Wirksamkeit der übrigen Bestimmungen nicht. Die Parteien werden im Falle der Unwirksamkeit einer Klausel eine am wirtschaftlichen Zweck des Vertrages orientierte ersatzweise Regelung vereinbaren.

a) Ratio

In den Schlussbestimmungen finden sich allgemeine, übliche Regelungen zum **anzuwendenden** 6.148
Recht[46], **Gerichtsstand** und die sog. **salvatorische Klausel**.

Von einer **Regelung zur Schriftform von Änderungen des Vertrages** wurde abgesehen, da dies rechtlich wegen des Vorranges der Individualabrede problematisch sein kann. Dennoch sind solche Klauseln gerade in Rechtsgeschäften zwischen Unternehmern – auch in Verbindung – mit einer „doppelten Schriftformklausel" üblich und auch nicht so problematisch wie in Rechtsgeschäften mit Verbrauchern.

b) Geltendes Recht (Ziff. 18.1)

Als geltendes Recht wird mit dieser Klausel das deutsche Recht vereinbart. 6.149

c) Gerichtsstand (Ziff. 18.2)

Hier handelt es sich um eine **allgemein gehaltene Gerichtsstandsklausel**, die in dieser Form auch 6.150
in B2C-Geschäften verwendet werden kann.

Natürlich kann die **Klausel**, da es sich bei Datenschutzaudits immer um Rechtsgeschäfte zwischen Unternehmern handelt, auch **konkret gefasst** werden und wie folgt lauten: „Als Gerichtsstand für alle Streitigkeiten aus dem Vertragsverhältnis wird der Sitz des Auftragnehmers vereinbart."

Selbstverständlich ist auch eine **Gerichtsstandswahl** zugunsten des Auftraggebers möglich.

d) Salvatorische Klausel (Ziff. 18.3)

Diese Klausel enthält eine salvatorische Klausel für den Fall, dass eine Regelung im Vertrag sich als unwirksam erweisen sollte. Sollte es sich dabei um eine Klausel handeln, die für den Vertrag von Bedeutung ist, dann müssen die Parteien eine Ersatzregelung treffen, die dem „Gewollten" möglichst nahekommt. Wichtig ist hier, dass es **keinen Automatismus** gibt, der z.B. ohne konkrete Vereinbarung der Parteien eine „ähnliche" Regelung vorsieht. Die Parteien müssen diese schon individuell vereinbaren. Eine automatische Ersetzung wäre wohl unzulässig.

---

46 Zu Rechtswahlklauseln vgl. *Stögmüller* in Leupold/Glossner, Teil 5, Rz. 255 ff.

Teil 2
Datenschutzverträge

§ 7
Kurzer Auftragsverarbeitungsvertrag (Anlage)

Literatur: *Albrecht/Jotzo*, Das neue Datenschutzrecht der EU, 1. Aufl. 2017; *Art. 29-Datenschutzgruppe*, WP 169 v. 16.2.2010: Stellungnahme 1/2010 zu den Begriffen „für die Verarbeitung Verantwortlicher" und „Auftragsverarbeiter"; *Buchner/Schwichtenberg*, Gesundheitsdatenschutz unter der Datenschutz-Grundverordnung, GuP 2016, 218; *Datenschutzkonferenz*, Kurzpapier Nr. 13 v. 17.12.2018: Auftragsverarbeitung, Art. 28 DS-GVO; *Dovas*, Joint Controllership – Möglichkeiten oder Risiken der Datennutzung?, ZD 2016, 512; *Drewes/Monreal*, Grenzenlose Auftragsdatenverarbeitung, PinG 2014, 143; *Durmus*, Überprüfung und Aktualisierung von Datenschutzmaßnahmen gem. Art. 24 DSGVO, DSB 2020, 122; *Durmus*, Unterstützungspflichten des Auftragsverarbeiters gegenüber dem Verantwortlichen, DSB 2019, 273; *Europäischer Datenschutzausschuss*, Leitlinien zu den Begriffen „Verantwortlicher", „Auftragsverarbeiter" und „gemeinsam Verantwortliche" nach der Verordnung (EU) 2018/1725 v. 7.11.2019; *Eßer/Kramer/von Lewinski*, Auernhammer, Datenschutz-Grundverordnung, Bundesdatenschutzgesetz und Nebengesetze, 7. Aufl. 2020; *Härting*, Auftragsverarbeitung nach der DSGVO, ITRB 2016, 137; *Hofmann*, Anforderungen aus DS-GVO und NIS-RL an das Cloud Computing, ZD-Aktuell 2017, 05488; *Jauernig*, Bürgerliches Gesetzbuch: BGB, 17. Aufl. 2018; *Kaulartz/Braegelmann*, Rechtshandbuch Artificial Intelligence und Machine Learning, 2020; *Knyrim*, Datenschutz-Grundverordnung: Praxishandbuch, 1. Aufl 2016; *Koch*, Geltungsbereich von Internet-Auktionsbedingungen, CR 2005, 505; *Koós/Englisch*, Eine „neue" Auftragsverarbeitung?, ZD 2014, 276; *Moos*, Die EU-Standardvertragsklauseln für Auftragsverarbeiter, CR 2010, 281; *Moos/Schefzig*, „Safe Harbor" hat Schiffbruch erlitten, CR 2016, 625; *Müthlein*, ADV 5.0 – Neugestaltung der Auftragsdatenverarbeitung in Deutschland, RDV 2016, 74; *Nebel/Richter*, Datenschutz bei Internetdiensten nach der DS-GVO, ZD 2012, 407; *Piltz*, Überprüfung der TOM beim Einsatz von Auftragsverarbeitern, DSB 2019, 200; *Rothkegel/Strassemeyer*, Joint Control in European Data Protection Law, CRi 2019, 161; *Roßnagel*, Europäische Datenschutz-Grundverordnung, Vorrang des Unionsrechts – Anwendbarkeit des nationalen Rechts, 2017; *Roßnagel/Kroschwald*, Was wird aus der Datenschutzgrundverordnung? – Die Entschließung des Europäischen Parlaments über ein Verhandlungsdokument, ZD 2014, 495; *Roßnagel/Richter/Nebel*, Besserer Internetdatenschutz für Europa – Vorschläge zur Spezifizierung der DS-GVO, ZD 2013, 103; *Schmidt/Freund*, Perspektiven der Auftragsverarbeitung, ZD 2017, 14; *Schmidt/Kahl*, Verarbeitung „sensibler" Daten durch Cloud-Anbieter in Drittstaaten, ZD 2017, 54; *Schmitz/v. Dall'Armi*, Auftragsdatenverarbeitung in der DS-GVO – das Ende der Privilegierung?, ZD 2016, 427; *Schröder/Haag*, Stellungnahme der Art. 29-Datenschutzgruppe zum Cloud Computing – Gibt es neue datenschutzrechtliche Anforderungen für Cloud Computing?, ZD 2012, 495; *Taeger*, Tagungsband Herbstakademie 2016: Smart World – Smart Law? (DSRITB), 2016; *Wächter*, Datenschutz im Unternehmen, 5. Aufl. 2017; *Wybitul*, EU-Datenschutz-Grundverordnung im Unternehmen, 1. Aufl. 2016.

A. Einleitung/Rechtlicher Rahmen

7.1 Zahlreiche Vertragskonstellationen bzw. die anschließende Erbringung der vereinbarten Leistungen gehen (unter Umständen von den Vertragsparteien unerkannt) mit der **Verarbeitung personenbezogener Daten durch eine Vertragspartei im Auftrag der jeweils anderen Vertragspartei** einher. Das deutsche bzw. europäische Datenschutzrecht verlangt in solchen Fällen stets den Abschluss eines den Anforderungen des Art. 28 DSGVO entsprechenden **Auftragsverarbeitungsvertrags** zwischen den Parteien.

I. Verwendungskontext

Das nachfolgende Muster soll dabei einen allgemeinen Rahmen für Auftragsverarbeitungen schaffen, in dem die gesetzlich notwendigen Regelungsinhalte berücksichtigt sind. 7.2

1. Nutzung eines standardisierten Vertragsmusters

Die Verwendung eines solchen „Musters" im Sinne **vorformulierter Standardvertragsregelungen** ist für Auftragsverarbeitungsverträge grundsätzlich datenschutzrechtlich zulässig. Dies ergibt sich bereits zwanglos aus Art. 28 Abs. 6 DSGVO selbst. Danach kann der Vertrag ausdrücklich ganz oder teilweise auf Standardvertragsklauseln beruhen, die entweder von der Kommission (Art. 28 Abs. 6 DSGVO) oder einer Aufsichtsbehörde[1] (Art. 28 Abs. 7 DSGVO) festgelegt werden können. Es ist somit nicht notwendig, dass der gesamte Auftragsverarbeitungsvertrag ein „Individualvertrag" ist. Die auftragsspezifischen Festlegungen sollen in den vorgesehenen Anlagen zum Vertrag erfolgen. Für den Fall, dass besondere Anforderungen bestehen, die sich vor allem aus spezialgesetzlichen Vorschriften oder auch aus besonderen Verarbeitungssituationen ergeben können, ist das Muster eventuell entsprechend zu ergänzen. 7.3

2. Minimalregelung

In gewissen Fallkonstellationen kann es dabei verhandlungstechnisch zu Hindernissen führen, auf den Abschluss eines **umfangreichen und sehr detaillierten Auftragsverarbeitungsvertrags** zu bestehen, wie es vor allem in Deutschland jahrelang geübte Praxis war. Dies gilt insbesondere in Fällen, in denen der Auftragsverarbeitungsvertrag nur abgeschlossen wird, um die **gesetzlichen Mindestvorgaben zu erfüllen**; z.B. wenn die Auftragsverarbeitung nach Dauer, Art oder Umfang derart beschränkt ist, dass der gesetzliche Mindeststandard einen völlig ausreichenden Schutz bietet. 7.4

Dies kann beispielsweise im Zusammenhang mit einer Unternehmenstransaktion im Nachgang an die Übertragung einer Produktsparte oder eines Teilgeschäftsbetriebs der Fall sein, sofern der ehemalige Inhaber für eine **überschaubare Übergangszeit** bestimmte Leistungen im Rahmen eines sog. **Transitional Services Agreements** (TSA) gegenüber dem Erwerber oder auch unmittelbar gegenüber seinen (ehemaligen) Endkunden (im Auftrag des Erwerbers) erbringt, etwa die Bearbeitung von Gewährleistungsanfragen. Da (eine zulässige Übertragung der Daten vorausgesetzt) der **Erwerber mittlerweile der für die Kundendaten Verantwortliche** im datenschutzrechtlichen Sinn ist, ist eine **Verarbeitung durch den ehemaligen Inhaber in aller Regel nur im Rahmen einer Auftragsverarbeitung** und ausschließlich nach den Weisungen des Erwerbers zulässig.

Da solche Arrangements in der Regel nur kurzzeitig bestehen, bedarf es zumeist auch **keiner detaillierten, beschreibenden Vertragsregelungen** im Hinblick auf bestimmte Prozesse und Vorgänge zur Umsetzung der einzelnen von Art. 28 DSGVO geforderten Regelungsbereiche, etwa der Beantwortung von Betroffenenanfragen. 7.5

Das nachfolgende Muster ist für solche Konstellationen konzipiert und dient **der Erfüllung der gesetzlichen Minimalanforderungen an einen Auftragsverarbeitungsvertrag nach Art. 28 DSGVO**. 7.6

---

1 U.a. haben sowohl die dänische als auch die slowenische Datenschutzaufsichtsbehörde jeweils eigene Entwürfe solcher Standardvertragsklauseln i.S.v. Art. 28 Abs. 6 DSGVO im Kohärenzverfahren nach Art. 63 DSGVO in den *EDSA* eingebracht; der hierzu jeweils nach Art. 64 Abs. 1 DSGVO eine Stellungnahme abgegeben hat. In beiden Fällen hatte der *EDSA* den Aufsichtsbehörden noch bestimmte Überarbeitungen empfohlen, um sie endgültig als Standardvertragsklauseln nach Art. 28 Abs. 6 DSGVO anzuerkennen; vgl. Opinion 14/2019 on the draft Standard Contractual Clauses submitted by the DK SA (Article 28(8) GDPR), adopted on 9 July 2019; und Opinion 17/2020 on the draft Standard Contractual Clauses submitted by the SI SA (Article 28(8) GDPR), adopted on 19 May 2020.

Es ist als **Vertragsanlage** konzipiert, die einem Hauptvertrag (also z.B. einem Transitional Services Agreement) beizufügen wäre. Das Muster wird als **deutsche und englische Sprachfassung** zur Verfügung gestellt. Für detaillierte Erläuterungen zum rechtlichen Rahmen der Auftragsverarbeitung wird auf die entsprechenden Erläuterungen zu den umfangreichen Vereinbarungen zur Auftragsverarbeitung[2] verwiesen.

II. Auftragsverarbeitungen in Sondersituationen

7.7   Für ausgewählte Verarbeitungssituationen stehen dabei eigenständige Muster parat[3]. Für andere Verwendungszusammenhänge sind ggf. **individuelle Anpassungen** oder **Ergänzungen** angezeigt, die je nach den auftragsgegenständlichen Verarbeitungsszenarien und den jeweils einschlägigen bereichsspezifischen Sondervorschriften variieren.

1. Auftragsverarbeitungen nach § 62 BDSG

7.8   Teil 3 des BDSG, der die Vorgaben der RL (EU) 2016/680[4] umsetzt, enthält in § 62 BDSG eine eigenständige Regelung zur Auftragsverarbeitung. Die Anforderungen an den entsprechenden Auftragsverarbeitungsvertrag nach § 62 Abs. 5 Satz 2 BDSG sind weitestgehend inhaltsgleich zu denjenigen des Art. 28 Abs. 3 DSGVO[5].

2. Auftragsverarbeitung von Sozialdaten und Daten aus digitalen Gesundheitsanwendungen

7.9   Die eigenständige Regelung zur Auftragsverarbeitung von **Sozialdaten** in § 80 SGB X, die bislang weitergehende inhaltliche Anforderungen aufgestellt hat, ist mit Wirkung zum 25.5.2018 in der Weise abgeändert worden, dass sie keine inhaltlich über Art. 28 Abs. 3 DSGVO hinausgehenden Anforderungen an den Auftragsverarbeitungsvertrag selbst mehr stellt. Nach § 80 Abs. 1 Satz 1 SGB X hat der Auftraggeber jedoch seiner Rechts- oder Fachaufsichtsbehörde rechtzeitig vor der Auftragserteilung Einzelheiten zu der beabsichtigten Auftragsverarbeitung schriftlich oder elektronisch anzuzeigen. Außerdem ist eine Auftragsverarbeitung in Drittländern nur zugelassen, wenn für das Drittland ein Angemessenheitsbeschluss der Kommission vorliegt (§ 80 Abs. 2 SGB X). Gleichlautende Einschränkungen der Auftragsverarbeitung auf EU-Mitgliedstaaten und Drittländer mit Angemessenheitsbeschluss sieht § 4 Abs. 3 der neuen Verordnung über das Verfahren und die Anforderungen zur Prüfung der Erstattungsfähigkeit digitaler Gesundheitsanwendungen in der gesetzlichen Krankenversicherung (Digitale Gesundheitsanwendungen-Verordnung – DiGAV) vor.

7.9a   Wegen des Schrems-II-Urteils des EuGH[6], in dem das Gericht den auf das EU-U.S.-Privacy Shield gestützten Angemessenheitsbeschluss (EU) 2016/1250 für die USA für ungültig erklärt hat, ist mithin derzeit eine Auftragsverarbeitung in den USA für Sozialdaten und für Datenverarbeitungen bei digita-

---

2 Siehe hierzu die Muster in diesem Teil 2, Rz. 8.5 und Rz. 9.7.

3 Vgl. die kommentierten Muster einer Datenschutzvereinbarung Outsourcingvertrag in Teil 2 § 10, eines Vertrags zur Datenträger- und Aktenvernichtung in Teil 2 § 11 sowie eines Vertrags über die Durchführung von Webanalysen in Teil 3 § 17.

4 Richtlinie (EU) 2016/680 des Europäischen Parlaments und des Rates vom 27.4.2016 zum Schutz natürlicher Personen bei der Verarbeitung personenbezogener Daten durch die zuständigen Behörden zum Zweck der Verhütung, Ermittlung, Aufdeckung oder Verfolgung von Straftaten oder der Strafvollstreckung sowie zum freien Datenverkehr und zur Aufhebung des Rahmenbeschlusses 2008/977/JI des Rates, ABl. EG Nr. L 119, 89.

5 Ähnlich *Spoerr* in BeckOK DatenschutzR, § 62 BDSG, Vorab.

6 EuGH v. 16.7.2020 – C-311/18 – Schrems II, WM 2020, 1495.

len Gesundheitsanwendungen, die in das Verzeichnis nach § 139e Abs. 1 SGB V aufgenommen werden sollen, nicht zugelassen.

3. Cloud Computing

Ein wichtiger Anwendungsbereich ist nach wie vor derjenige des **Cloud Computing.** Je nach dem zur Anwendung kommenden Cloud-Modell besteht ein mehr oder minder großes Spannungsverhältnis zu den datenschutzrechtlichen Anforderungen, vor allem hinsichtlich Kontrollierbarkeit, Transparenz und Beeinflussbarkeit der Datenverarbeitung[7], mit dem sich auch schon die Datenschutzaufsichtsbehörden beschäftigt haben. Zu der Umsetzung der DSGVO-Anforderungen im Bereich des Cloud Computing existieren soweit ersichtlich keine expliziten Richtlinien der Aufsichtsbehörden. Mit der gebotenen Zurückhaltung sollte deshalb nach wie vor eine Orientierung an der **Entschließung der 82. Konferenz der Datenschutzbeauftragten des Bundes und der Länder** vom 28./29.9.2011 erfolgen. Danach dürfen Anwender Cloud-Services nur dann in Anspruch nehmen, wenn sie in der Lage sind, ihre Pflichten als verantwortliche Stelle in vollem Umfang zu erfüllen und die Umsetzung der **Datenschutz- und Informationssicherheitsanforderungen** geprüft haben[8].

7.10

Nach dieser Entschließung wären z.B. bei der Inanspruchnahme von Cloud Services zu folgenden Aspekten Regelungen in dem entsprechenden Auftragsverarbeitungsvertrag zu ergänzen[9]:

- eine detaillierte und eindeutige vertragliche Regelung zum Ort der Datenverarbeitung und zur Benachrichtigung über eventuelle Ortswechsel,

- spezielle Regelungen zur Daten-Portabilität (die nun freilich wegen Art. 20 DSGVO ohnehin geboten sind)[10],

- die Festlegung, welche Art von aktuellen und aussagekräftigen Nachweisen (bspw. Zertifikate anerkannter und unabhängiger Prüfungsorganisationen) über die Infrastruktur, die bei der Auftragserfüllung in Anspruch genommen wird und die insbesondere die Informationssicherheit betreffen, der Auftragnehmer dem Auftraggeber zur Erfüllung seiner Kontrollpflicht vorlegen muss.

Details zur datenschutzgerechten Ausgestaltung von Cloud Services und insbesondere auch der entsprechenden Gestaltung des Auftragsverarbeitungsvertrags (wenn auch noch auf Basis von § 11 BDSG a.F. und nicht der DSGVO) können auch der **Orientierungshilfe der Arbeitskreise „Technik" und „Medien"**[11] entnommen werden, die von der Konferenz der Datenschutzbeauftragten des Bundes und der Länder zustimmend zur Kenntnis genommen worden ist. Ähnliches gilt auch für die Stellungnahme zum Cloud-Computing der Art. 29-Datenschutzgruppe noch zur DSRL[12]. Außerdem kann auf Leitlinien zur Nutzung von Cloud-Computing-Diensten des Europäischen Datenschutzbeauftragten zurückgegriffen werden. Zwar richtet sich dieser an die Organe und Einrichtungen der EU, innerhalb der umfassenden Bewertung wurden allerdings die Regelungen der DSGVO als Bewertungsmaßstab herangezogen[13].

7.10a

---

7 *Schantz/Wolff*, Kap. E Rz. 952.

8 Konferenz der Datenschutzbeauftragten des Bundes und der Länder, Entschließung „Datenschutzkonforme Gestaltung und Nutzung von Cloud-Computing" v. 28./29.9.2011, S. 1.

9 Detaillierter zur vertraglichen Gestaltung des Auftragsdatenverarbeitungsvertrags im Falle des Cloud Computing *Schröder/Haag*, ZD 2012, 495 (497 f.).

10 *Moos* in Moos/Schefzig/Arning, Kap. 7 Rz. 39.

11 *Arbeitskreis Technik und Medien der Konferenz der Datenschutzbeauftragten des Bundes und der Länder*, Orientierungshilfe – Cloud Computing, Version 2.0, Stand 9.10.2014.

12 *Art. 29-Datenschutzgruppe*, WP 196 v. 1.7.2012; dazu auch *Schröder/Haag*, ZD 2012, 495.

13 Vgl. *EDPS*, Leitlinien zur Nutzung von Cloud-Computing-Diensten durch die Organe und Einrichtungen der EU, v. 16.3.2018, S. 2.

4. Auftragsverarbeitung im Konzern

7.11 Auftragsverarbeitungen sind auch innerhalb von **Konzernverbünden** verbreitet. Das Bestehen gesellschaftsrechtlicher Über- und Unterordnungsverhältnisse schließt die Wahl der Auftragsverarbeitung im Konzern dabei nicht aus, solange gewährleistet ist, dass sich die beauftragte Gesellschaft an die ihr erteilten Weisungen hält[14]. Deshalb kann es sinnvoll sein, in einen Auftragsverarbeitungsvertrag zwischen zwei konzernangehörigen Unternehmen zusätzlich Regelungen aufzunehmen, die der besonderen Konzern-Situation Rechnung tragen. Sinnvoll ist es z.B., in die Regelung zu den Weisungsbefugnissen und der Weisungsgebundenheit des Auftragsverarbeiters das Verhältnis zu etwaigen gesellschaftsrechtlichen Einwirkungsmöglichkeiten in dem Sinne zu regeln, dass die datenschutzrechtlichen Anforderungen gewahrt sind[15].

5. Auftragsverarbeitungen in Drittländern

7.12 Erfolgt eine Weitergabe personenbezogener Daten an einen Auftragsverarbeiter in einem Drittland, also außerhalb der EU, ergeben sich – zumindest auf 1. Stufe – künftig keine datenschutzrechtlichen Besonderheiten mehr.

a) Zulässigkeit auf der 1. Stufe

7.13 Art. 3 Abs. 1 und Abs. 2 DSGVO stellen klar, dass **Auftragsverarbeiter auch außerhalb der EU** angesiedelt sein können[16]. Unter der DSGVO ist somit die Begründung einer Auftragsverarbeitung mit einem weisungsgebundenen Dienstleister in einem Drittstaat möglich. Die Privilegierungswirkung der Auftragsverarbeitung ist unter der DSGVO somit nicht mehr auf innergemeinschaftliche Konstellationen beschränkt[17].

b) Zulässigkeit auf der 2. Stufe

7.14 Ungeachtet dessen bedarf es aber bei Einschaltung eines Auftragsverarbeiters im Drittland nach wie vor einer Absicherung der Datenweitergabe auf der **2. Stufe**. Im Kern geht es hierbei darum, dass für personenbezogene Daten auch in Drittländern ein angemessenes Schutzniveau gewährleistet sein muss. Diesbezüglich stehen den Parteien die Instrumente gemäß Kapitel V DSGVO parat[18].

7.15 Maßgeschneidert für Auftragsverarbeitungen in Drittländern sind hierunter die **Standardvertragsklauseln für die Übermittlung personenbezogener Daten an Auftragsverarbeiter in Drittländern** vom 5.2.2010[19]. Hierbei handelt es sich um Standarddatenschutzklauseln i.S.v. Art. 46 Abs. 2 lit. c DSGVO, die gem. Art. 46 Abs. 5 Satz 2 DSGVO weiterhin unverändert fortgelten und somit unter der DSGVO weiterverwendet werden können. Sollen im Falle einer internationalen Auftragsverarbeitung nur die EU-Standardvertragsklauseln für Auftragsverarbeiter verwendet und kein gesonderter Vertrag nach Art. 28 Abs. 3 DSGVO geschlossen werden, muss freilich darauf geachtet werden, dass die (noch

---

14 *Moos* in Moos/Schefzig/Arning, Kap. 7 Rz. 43; *Wächter*, Datenschutz im Unternehmen, Kap. F Rz. 991 ff.

15 Hierzu nachfolgend unter Rz. 7.16a.

16 Im Gegensatz zur Rechtslage unter dem BDSG *Müthlein*, RDV 2016, 74 (83).

17 So auch *Freund* in Schuster/Grützmacher, Art. 28 DSGVO Rz. 52.

18 Siehe hierzu die Muster in Teil 5, §§ 26–31.

19 Beschluss K(2010) 593 der Kommission v. 5.2.2010 über Standardvertragsklauseln für die Übermittlung personenbezogener Daten an Auftragsverarbeiter in Drittländern nach der Richtlinie 95/46/EG, ABl. 2010 L 39, S. 5; siehe hierzu *Moos*, CR 2010, 281 ff. sowie die Erläuterungen in Teil 5 § 28.

unter der DSRL entstandenen) EU-Standardvertragsklauseln um die notwendigen Regelungen ergänzt werden, die Art. 28 Abs. 3 DSGVO nun zusätzlich verlangt[20].

Die Rechtmäßigkeit von Auftragsverarbeitungen in Drittländern auf Basis der entsprechenden Stan- **7.15a** dardvertragsklauseln steht seit dem EuGH-Urteil in Sachen Schrems II allerdings in Frage: Der wirksame Abschluss von EU-Standardvertragsklauseln bedeute danach nämlich nicht, dass jeglicher auf dieser Grundlage durchgeführte Drittstaatentransfer auch ein entsprechendes Schutzniveau i.S.v. Art. 44 ff. DSGVO aufweist. Vielmehr müsse zur Bejahung des auch bei Verwendung der EU-Standardvertragsklauseln zu gewährleistenden, angemessenen Schutzniveaus sichergestellt sein, dass sich der Datenimporteur an seine Verpflichtungen aus den EU-Standardvertragsklauseln halten kann. Dies könne etwa in Zweifel zu ziehen sein, wenn der Datenimporteur nach lokalem Recht weitreichenden Auskunftpflichten gegenüber nationalen Sicherheitsbehörden unterliege, die nicht den zur Prüfung des EU-U.S.-Privacy Shields vom Gerichtshof entwickelten Anforderungen entsprechen.

Insofern fordert EuGH für fremdstaatliche Eingriffsnormen, dass diese – um den Anforderungen der DSGVO (in Auslegung der GRCh) zu entsprechen – folgende Voraussetzungen erfüllen müssen:

– klare und präzise gesetzliche Festlegung ihrer Tragweite und Anwendung;

– Wahrung des (absoluten) Wesensgehalts der betroffenen Grundrechte (Art. 7, 8 und 47 GRCh);

– Beachtung des Grundsatzes der Verhältnismäßigkeit, vor allem indem Eingriffe auf das absolut notwendige Maß beschränkt sind und zu einer dem Gemeinwohl dienenden Zielsetzung angewendet werden (s. dazu beispielhaft die Auflistung in Art. 23 Abs. 1 DSGVO);

– Gewährung wirksamer Rechtsbehelfe für die betroffenen Personen vor unabhängigen Gerichten, die ihnen u.a. Zugang zu und eine Berichtigung ihrer personenbezogenen Daten ermöglichen (Rz. 173 ff., 194 des Urteils in Sachen Schrems II)[21].

Diese Anforderungen müsse der Datenexporteur vor der Übermittlung prüfen und gegebenenfalls zusätzliche Maßnahmen ergreifen, oder – falls dies nicht möglich sein sollte – den jeweiligen Datentransfer unterlassen[22].

Keine zusätzlichen Regelungen (neben dem Vertrag nach Art. 28 Abs. 3 DSGVO) erfordert es, wenn **7.15b** der Auftragsverarbeiter in einem Drittland ansässig ist, in welchem das Schutzniveau für personenbezogene Daten durch Beschluss der EU-Kommission ausdrücklich gem. Art. 45 Abs. 3 DSGVO als angemessen erachtet wird[23]. Von besonderer praktischer Relevanz war hier bisher der partielle Angemessenheitsbeschluss für die USA unter zusätzlicher Verpflichtung auf das „EU-U.S.-Privacy Shield" Der EuGH hat nun den Kommissionsbeschluss (EU) 2016/1250 über die Angemessenheit des EU-U.S.-Privacy Shield allerdings mit sofortiger Wirkung für ungültig erklärt[24]. Somit ist die Übermittlung personenbezogener Daten aus der EU an einen Auftragsverarbeiter in den USA, die bisher auf der Grundlage einer Zertifizierung des Empfängers unter dem EU-U.S.-Privacy Shield erfolgte, ab sofort unzulässig. In der Folge muss die Verarbeitung deshalb entweder ausgesetzt oder auf einen anderen Transfermechanismus i.S.v. Art. 44 ff. DSGVO gestützt werden[25].

---

20 *Moos/Zeiter* in Moos/Schefzig/Arning, Kap. 9 Rz. 60; konkrete Ergänzungsvorschläge in Teil 5 § 28.
21 Hierzu ausf. *Moos/Rothkegel*, ZD 2020, 522 f.
22 EuGH v. 16.7.2020 – C-311/18 – Schrems II, WM 2020, 1495 Rz. 128 ff.
23 Eine Liste der bisher ergangenen Angemessenheitsbeschlüsse stellt die EU-Kommission bereit unter: https://ec.europa.eu/info/law/law-topic/data-protection/international-dimension-data-protection/adequa cy-decisions_en (Stand 11/2020).
24 EuGH v. 16.7.2020 – C-311/18 – Schrems II, WM 2020, 1495 Rz. 199 ff.
25 Siehe hierzu Teil 5 – Verträge über internationale Datentransfers.

III. Formerfordernisse

7.16 Nach Art. 28 Abs. 9 DSGVO ist der Vertrag i.S.d. Art. 28 Abs. 3 DSGVO schriftlich zu schließen. Art. 28 Abs. 9 Halbs. 2 DSGVO stellt hierzu aber klar, dass auch eine elektronische Form ausreichend ist. Zu beachten ist, dass beide Regelungen dabei jedoch nicht auf nationale Formvorschriften verweisen oder anderweitig Bezug nehmen. Daher kann nicht auf das deutsche Verständnis der Schriftform (§ 126 BGB) oder elektronischen Form (§ 126a BGB) abgestellt werden, wonach etwa im Falle eines elektronischen Vertragsschlusses stets eine qualifizierte elektronische Signatur erforderlich wäre[26]. Vielmehr sind unionsrechtliche Normen generell autonom (mithin ohne Rekurs auf nationale Vorschriften) auszulegen[27]. Vorliegend genügt nach wohl einheiliger Meinung ein Vertragsschluss in Textform i.S.d. § 126b BGB, um die Anforderungen von Art. 28 Abs. 9 DSGVO zu erfüllen[28]. Die Anordnung der Schriftform (bzw. elektronischen Form) soll letztlich sicherstellen, dass der Auftraggeber tatsächlich Weisungen erteilt und der Auftragnehmer nachweisen kann, dass er weisungsgemäß verfahren ist[29]. Diese Funktion erfüllt hingegen auch die (bloße) Textform. Die Textform nach § 126b BGB ist gewahrt, wenn

– die Erklärung in einer Urkunde oder auf andere, zur dauerhaften Wiedergabe in Schriftzeichen geeignete Weise abgegeben,

– die Person des Erklärenden genannt und

– der Abschluss der Erklärung durch Nachbildung der Namensunterschrift oder anders erkennbar gemacht wird (etwa durch Nennung am Textende, eine eingescannte Unterschrift oder einen Zusatz, wonach die Erklärung auch ohne Unterschrift gültig ist)[30].

7.16a Möglich sind daher folgende Gestaltungen, die den Formanforderungen genügen dürften[31]:

– Verwendung einer pdf-Datei;

– Zusendung eines unterzeichneten Vertrages per E-Mail[32];

– Anklicken einer Schaltfläche im Internet („Click-to-Accept") unter Verlinkung auf den Vertrag in Textform[33].

Praxisrelevant, zugleich durch die DSGVO aber nicht explizit geregelt, ist, ob Gesellschaften innerhalb eines **Konzernverbunds** den (Form-) Anforderungen von Art. 28 DSGVO entsprechen, wenn sie die Leistungen eines Auftragsverarbeiters auf Grundlage einer „Affiliate"-Klausel eines zwischen der Konzernmutter und dem Auftragsverarbeiter bestehenden Rahmenvertrags (der eine entsprechende Vereinbarung nach Art. 28 DSGVO in der Regel als Anhang umfasst) in Anspruch nehmen. Solche Konstellationen sind in der Praxis durchaus verbreitet und verpflichten den Auftragsverarbeiter, vertragsgegenständliche Leistungen auch gegenüber den verbundenen Unternehmen des Auftraggebers zu erbringen, ohne dass diese jedoch Vertragspartei werden (vgl. etwa Vertrag zugunsten Dritter i.S.d. § 328 Abs. 1 BGB[34]). Vielfach wird angeführt, dass ein Vertrag nach Art. 28 Abs. 3, Abs. 9 DSGVO un-

---

26 So aber *Spoerr* in BeckOK DatenschutzR, Art. 28 DSGVO Rz. 103.
27 Siehe auch zuletzt EuGH v. 1.10.2019 – C-673/17, ECLI:EU:C:2019:801, Rz. 47.
28 *Kremer* in Laue/Kremer, § 5 Rz. 15, § 2 Rz. 8; *Martini* in Paal/Pauly, Art. 28 DSGVO Rz. 75; *Albrecht/Jotzo*, Teil 5 Rz. 26; *Roßnagel/Hofmann*, Rz. 252; *Klug* in Gola, Art. 28 DSGVO Rz. 12; umfassend dazu und i.E. ebenso *Freund* in Schuster/Grützmacher, Art. 28 DSGVO Rz. 141 f.
29 *Bertermann* in Ehmann/Selmayr, Art. 28 DSGVO Rz. 12.
30 *Einsele* in MüKo BGB, § 126b BGB Rz. 6.
31 *Moos* in Moos/Schefzig/Arning, Kap. 7 Rz. 33.
32 *Kremer* in Laue/Kremer, § 5 Rz. 16 mit weiteren Beispielen; *Piltz*, BB 2016, 711 (713).
33 Insofern eine authentifizierte Zugangsmöglichkeit empfehlend *Kramer* in Gierschmann/Schlender/Stenzel/Veil, Art. 28 DSGVO Rz. 97.
34 *Stadler* in Jauernig, § 328 BGB Rz. 8 ff.

mittelbar zwischen dem Verantwortlichen und dem Auftragsverarbeiter zu schließen sei. Der Wortlaut von Art. 28 Abs. 3, Abs. 9 DSGVO verlangt demgegenüber jedoch lediglich, dass die Verarbeitung *„auf der Grundlage eines Vertrags* [erfolgt], *der […] den Auftragsverarbeiter in Bezug auf den Verantwortlichen bindet“*[35]. Nach dem Wortlaut wäre es daher grundsätzlich ausreichend, dass der Auftragsverarbeiter im Rahmen der Leistungserbringung gegenüber den verbundenen Unternehmen des Auftraggebers verpflichtet ist, diese Leistung nach Maßgabe des mit dem Auftraggeber abgeschlossenen Auftragsverarbeitungsvertrags zu erbringen. Auch wertend betrachtet ist so ebenfalls keine Umgehung oder Absenkung des vertraglich vereinbarten Datenschutzniveaus zu befürchten. Um ein solches Ergebnis abzusichern, sollte vertraglich sichergestellt sein, dass die verbundenen Unternehmen des Auftraggebers die Pflichten aus dem Auftragsverarbeitungsvertrag auch gegenüber dem Auftragnehmer durchsetzen können. Daneben sollte auf eine umfassende Dokumentation geachtet werden, welche verbundenen Unternehmen welche Leistungen vom Auftragnehmer in Anspruch nehmen (etwa durch entsprechende Bestellformulare). Freilich sind auch andere vertragliche Gestaltungsmöglichkeiten denkbar.

IV. Bußgeldbewehrung

Die sorgsame Abfassung des Auftragsverarbeitungsvertrags ist bedeutsam, weil eine Verletzung der Pflichten des Verantwortlichen und des Auftragsverarbeiters nach Art. 28 DSGVO gem. Art. 83 Abs. 4 lit. a DSGVO mit Geldbußen von bis zu 10 Mio. EUR oder im Falle eines Unternehmens bis zu 2 % des gesamten weltweit erzielten Jahresumsatzes sanktioniert wird[36]. Art. 83 Abs. 4 lit. a DSGVO macht keinen Unterschied zwischen den einzelnen Pflichten des Art. 28 DSGVO. Insofern können sämtliche Verstöße mit einem Bußgeld geahndet werden[37].   7.17

V. Zusätzliche Verpflichtungen bei Auftragsverarbeitungen

Der Abschluss eines den Anforderungen des Art. 28 Abs. 3 DSGVO genügenden Auftragsverarbeitungsvertrags ist eine notwendige, nicht aber eine hinreichende Maßnahme zur Begründung einer rechtskonformen Auftragsverarbeitung. Der Auftraggeber ist wegen Art. 28 Abs. 1 DSGVO auch verpflichtet, den Auftragnehmer sorgfältig unter besonderer Berücksichtigung der von ihm getroffenen technischen und organisatorischen Maßnahmen auszuwählen[38]. Nach Erwägungsgrund 81 DSGVO hat sich die Auswahl des Auftragsverarbeiters insbesondere an dessen **Fachwissen**, **Zuverlässigkeit** und **Ressourcen** zu orientieren. Zu diesem Zweck muss er sich bereits vor Abschluss des Vertrags von der Einhaltung dieser Maßnahmen überzeugen und das Ergebnis seiner Prüfung **dokumentieren**. Der Auftraggeber sollte sich deshalb bereits vor Vertragsabschluss geeignete **Unterlagen** (Prüfberichte, Zertifikate, etc.) von dem Auftragnehmer vorlegen lassen oder eigenständige Prüfungen, z.B. durch eine **Checkliste** oder eine **Vor-Ort-Kontrolle**, durchführen. Um auch der Pflicht zur **Nachweisbarkeit** nach Art. 5 Abs. 2, Art. 24 Abs. 1 DSGVO Genüge zu tun, sollte der Auftraggeber das Ergebnis dieser Prüfung **dokumentieren**.   7.18

---

35 Noch deutlicher im Englischen: „Processing […] shall be governed by a contract […] that is binding on the processor with regard to the controller“.

36 *Gola* in Gola, Art. 83 DSGVO Rz. 24; *Moos/Schefzig* in Taeger/Gabel, Art. 83 DSGVO Rz. 78.

37 *Hartung* in Kühling/Buchner, Art. 28 DSGVO Rz. 101.

38 *Plath* in Plath, Art. 28 DSGVO Rz. 12.

B. Kurzer Auftragsverarbeitungsvertrag (Anlage)

I. Muster – deutsch

7.19 M 7.1 Kurzer Auftragsverarbeitungsvertrag (Anlage)

Anlage zur Auftragsverarbeitung

1. Anwendungsbereich[39]

*Bei der Erbringung der Leistungen gemäß dem Hauptvertrag verarbeitet der Auftragnehmer personenbezogene Daten, die der Auftraggeber zur Erbringung der Leistungen zur Verfügung gestellt hat und bezüglich derer der Auftraggeber als Verantwortlicher im datenschutzrechtlichen Sinn fungiert („**Auftraggeber-Daten**"). Diese Anlage spezifiziert die Datenschutzpflichten und -rechte der Parteien im Zusammenhang mit der Verarbeitung der Auftraggeber-Daten zur Erbringung der Leistungen nach dem Hauptvertrag.*

2. Umfang der Beauftragung/Weisungsbefugnisse des Auftraggebers[40]

2.1 Der Auftragnehmer wird die Auftraggeber-Daten ausschließlich im Auftrag und gemäß den Weisungen des Auftraggebers verarbeiten, sofern der Auftragnehmer nicht gesetzlich dazu verpflichtet ist. In letzterem Fall teilt der Auftragnehmer dem Auftraggeber diese rechtlichen Anforderungen vor der Verarbeitung mit, sofern das betreffende Gesetz eine solche Mitteilung nicht wegen eines wichtigen öffentlichen Interesses verbietet.

*2.2 Die Verarbeitung von Auftraggeber-Daten durch den Auftragnehmer erfolgt ausschließlich in der Art, dem Umfang und zu dem Zweck wie in **Anhang 1** zu dieser Anlage spezifiziert; die Verarbeitung betrifft ausschließlich die darin bezeichneten Arten personenbezogener Daten und Kategorien betroffener Personen.*

2.3 Die Dauer der Verarbeitung entspricht der Laufzeit des Hauptvertrages.

2.4 Der Auftraggeber behält sich das Recht zur Erteilung von Weisungen über Art, Umfang, Zwecke und Mittel der Verarbeitung von Auftraggeber-Daten vor.

3. Anforderungen an Personal[41]

3.1 Der Auftragnehmer hat alle Personen, die Auftraggeber-Daten verarbeiten, bezüglich der Verarbeitung von Auftraggeber-Daten zur Vertraulichkeit zu verpflichten.

3.2 Der Auftragnehmer stellt sicher, dass ihm unterstellte natürliche Personen, die Zugang zu Auftraggeber-Daten haben, diese nur auf seine Anweisung verarbeiten, es sei denn, sie sind nach dem Recht der Union oder der Mitgliedstaaten zur Verarbeitung verpflichtet.

4. Sicherheit der Verarbeitung[42]

4.1 Der Auftragnehmer ergreift alle geeigneten technischen und organisatorischen Maßnahmen, die unter Berücksichtigung des Stands der Technik, der Implementierungskosten und der Art, des Umfangs, der Umstände und der Zwecke der Verarbeitung der Auftraggeber-Daten sowie der unterschiedlichen Eintrittswahrscheinlichkeit und Schwere des Risikos für die Rechte und Freiheiten der betroffenen Personen erforderlich sind, um ein dem Risiko angemessenes Schutzniveau für die Auftraggeber-Daten zu gewährleisten.

*4.2 Der Auftragnehmer hat vor dem Beginn der Verarbeitung der Auftraggeber-Daten insbesondere die in **Anhang 2** zu dieser Anlage spezifizierten technischen und organisatorischen Maßnahmen zu ergreifen*

---

39 Zu den Erläuterungen siehe Rz. 7.46 ff.
40 Zu den Erläuterungen siehe Rz. 7.51 ff.
41 Zu den Erläuterungen siehe Rz. 7.60 ff.
42 Zu den Erläuterungen siehe Rz. 7.64 ff.

und während des Hauptvertrags aufrechtzuerhalten sowie sicherzustellen, dass die Verarbeitung von Auftraggeber-Daten im Einklang mit diesen Maßnahmen durchgeführt wird.

5. Inanspruchnahme weiterer Auftragsverarbeiter[43]

5.1 Der Auftraggeber genehmigt hiermit in allgemeiner Weise die Inanspruchnahme weiterer Auftragsverarbeiter durch den Auftragnehmer. Die gegenwärtig vom Auftragnehmer eingesetzten weiteren Auftragsverarbeiter sind in **Anhang 3** *genannt.*

5.2 Der Auftragnehmer wird den Auftraggeber über jede beabsichtigte Änderung in Bezug auf die Hinzuziehung oder Ersetzung weiterer Auftragsverarbeiter informieren. Der Auftraggeber ist berechtigt, gegen jede beabsichtigte Änderung Einspruch zu erheben. Erhebt der Auftraggeber Einspruch, ist dem Auftragnehmer die beabsichtigte Änderung untersagt. Im Falle zugelassener Änderungen wird der Auftragnehmer die Liste der Unterauftragnehmer in **Anhang 3** *entsprechend aktualisieren und dem Auftraggeber unverlangt zur Verfügung stellen.*

5.3 Der Auftragnehmer wird jedem weiteren Auftragsverarbeiter vertraglich dieselben Datenschutzpflichten auferlegen, die in dieser Anlage in Bezug auf den Auftragnehmer festgelegt sind.

5.4 Der Auftragnehmer wird vor jeder Beauftragung sowie regelmäßig während der Beauftragung überprüfen, dass die weiteren Auftragsverarbeiter geeignete technische und organisatorische Maßnahmen ergriffen haben und diese so durchgeführt werden, dass die Verarbeitung der Auftraggeber-Daten gemäß dieser Anlage erfolgt.

6. Rechte der betroffenen Personen[44]

6.1 Der Auftragnehmer wird den Auftraggeber im Rahmen des Zumutbaren mit technischen und organisatorischen Maßnahmen dabei unterstützen, seiner Pflicht zur Beantwortung von Anträgen auf Wahrnehmung der ihnen zustehenden Rechte betroffener Personen nachzukommen.

6.2 Der Auftragnehmer wird insbesondere:

- *den Auftraggeber unverzüglich informieren, falls sich eine betroffene Person mit einem Antrag auf Wahrnehmung ihrer Rechte in Bezug auf Auftraggeber-Daten unmittelbar an den Auftragnehmer wenden sollte;*
- *dem Auftraggeber auf Anfrage alle bei ihm vorhandenen Informationen über die Verarbeitung von Auftraggeber-Daten geben, die der Auftraggeber zur Beantwortung des Antrags einer betroffenen Person benötigt und über die der Auftraggeber nicht selbst verfügt.*

7. Sonstige Unterstützungspflichten des Auftragnehmers[45]

7.1 Der Auftragnehmer meldet dem Auftraggeber, unverzüglich nachdem ihm eine solche bekannt geworden ist, jede Verletzung des Schutzes von Auftraggeber-Daten, insbesondere Vorkommnisse, die zur Vernichtung, zum Verlust, zur Veränderung, oder zur unbefugten Offenlegung von beziehungsweise zum unbefugten Zugang zu Auftraggeber-Daten führen. Die Meldung enthält nach Möglichkeit eine Beschreibung:

- *der Art der Verletzung des Schutzes der Auftraggeber-Daten, soweit möglich mit Angabe der Kategorien und der ungefähren Zahl der betroffenen Personen, der betroffenen Kategorien und der ungefähren Zahl der betroffenen personenbezogenen Datensätze;*
- *der wahrscheinlichen Folgen der Verletzung des Schutzes der Auftraggeber-Daten;*
- *der von dem Auftragnehmer ergriffenen oder vorgeschlagenen Maßnahmen zur Behebung der Verletzung des Schutzes der Auftraggeber-Daten und gegebenenfalls Maßnahmen zur Abmilderung ihrer möglichen nachteiligen Auswirkungen.*

---

43 Zu den Erläuterungen siehe Rz. 7.69 ff.
44 Zu den Erläuterungen siehe Rz. 7.77 ff.
45 Zu den Erläuterungen siehe Rz. 7.81 ff.

7.2 Für den Fall, dass der Auftraggeber verpflichtet ist, die Aufsichtsbehörden und/oder Betroffenen nach Art. 33, 34 DSGVO zu informieren, wird der Auftragnehmer den Auftraggeber auf dessen Anfrage unterstützen, diese Pflichten einzuhalten.

7.3 Der Auftragnehmer wird den Auftraggeber im Rahmen des Zumutbaren bei etwa von ihm durchzuführenden Datenschutz-Folgenabschätzungen und sich gegebenenfalls anschließenden Konsultationen der Aufsichtsbehörden nach Art. 35, 36 DSGVO unterstützen.

8. Datenlöschung und -zurückgabe[46]

Der Auftragnehmer wird auf die Weisung des Auftraggebers hin mit Beendigung des Hauptvertrages alle Auftraggeber-Daten entweder vollständig und unwiderruflich löschen oder an den Auftraggeber zurückgeben, sofern nicht gesetzlich eine Verpflichtung des Auftragnehmers zur weiteren Speicherung der Auftraggeber-Daten besteht.

9. Nachweise und Überprüfungen[47]

9.1 Der Auftragnehmer hat sicherzustellen und regelmäßig zu kontrollieren, dass die Verarbeitung der Auftraggeber-Daten mit dieser Anlage, einschließlich des in **Anhang 1** festgelegten Umfangs der Verarbeitung der Auftraggeber-Daten, sowie den Weisungen des Auftraggebers in Einklang steht.

9.2 Der Auftragnehmer wird die Umsetzung der Pflichten nach dieser Anlage in geeigneter Weise dokumentieren und dem Auftraggeber entsprechende Nachweise auf dessen Anfrage vorlegen. Der Auftragnehmer wird insbesondere dokumentieren:

– alle Vertraulichkeitsverpflichtungen von Personen, die Auftraggeber-Daten verarbeiten;

– alle sich in seinem Einwirkungsbereich ereignenden Verletzungen des Schutzes von Auftraggeber-Daten einschließlich aller damit im Zusammenhang stehenden Fakten, deren Auswirkungen und von ihm ergriffene Abhilfemaßnahmen;

– alle Verträge über die Inanspruchnahme weiterer Auftragsverarbeiter und alle Prüfungen weiterer Auftragsverarbeiter im Sinne von Ziffer 5;

– alle auf Weisung des Auftraggebers erfolgten Löschungen von Auftraggeber-Daten.

9.3 Der Auftraggeber ist berechtigt, den Auftragnehmer vor dem Beginn der Verarbeitung von Auftraggeber-Daten und regelmäßig während der Laufzeit des Hauptvertrags bezüglich der Einhaltung der Regelungen dieser Anlage, insbesondere der Umsetzung der technischen und organisatorischen Maßnahmen gemäß **Anhang 2**, selbst oder durch einen von ihm beauftragten Prüfer zu überprüfen; einschließlich durch Inspektionen. Der Auftragnehmer ermöglicht solche Überprüfungen und trägt durch alle zweckmäßigen und zumutbaren Maßnahmen zu solchen Überprüfungen bei, unter anderem durch:

– die Gewährung der notwendigen Zugangs- und Zugriffsrechte und

– der Bereitstellung aller notwendigen Informationen.

---

46 Zu den Erläuterungen siehe Rz. 7.89 f.
47 Zu den Erläuterungen siehe Rz. 7.92 ff.

II. Muster – englisch

M 7.2 Short Data Processing Agreement (Addendum)   7.20

Data Processing Addendum

1. Scope of Application

*In the course of rendering services as per the Main Agreement, the Processor processes personal data which has been provided by the Controller in order to render the services and with regard to which the Controller acts as controller in terms of data protection law ("**Controller Data**"). This Addendum specifies the data protection obligations and rights of the parties in connection with the processing of Controller Data to render the services under the Main Agreement.*

2. Scope of the commissioning/Right of the Controller to issue instructions

2.1 The Processor shall process the Controller Data exclusively on behalf of and in accordance with the instructions of the Controller, unless the Processor is legally required to do so. In the latter case, the Processor shall inform the Controller of that legal requirement before processing, unless that law prohibits such information on important grounds of public interest.

*2.2 The processing of Controller Data by the Processor comprises exclusively the type, scope and purpose determined in **Annex 1** to this Addendum; the processing relates exclusively to the types of personal data and categories of data subjects identified therein.*

2.3 The duration of processing corresponds to the duration of the Main Agreement.

2.4 The Controller reserves the right to issue instructions about the type, extent, purpose and means of the processing of Controller Data.

3. Personnel requirements

3.1 The Processor shall obligate all personnel engaged in the processing of Controller Data to confidentiality with regard to processing of Controller Data.

3.2 The Processor shall ensure that natural persons acting under his authority who have access to Controller Data shall process such data only on his instructions; unless they are obliged to process the data in accordance with the law of the Union or the Member States.

4. Security of processing

4.1 The Processor shall take all appropriate technical and organisational measures, taking into account the state of the art, the implementation costs and the nature, the scope, circumstances and purposes of the processing of Controller Data, as well as the different likelihood and severity of the risk to the rights and freedoms of the data subject, in order to ensure a level of protection appropriate to the risk of Controller Data.

*4.2 In particular, the Processor shall establish prior to the beginning of the processing of Controller Data and maintain throughout the term of the Main Agreement the technical and organizational measures as specified in **Annex 2** to this Addendum and ensure that the processing of Controller Data is carried out in accordance with those measures.*

5. Engagement of further processors

*5.1 The Controller hereby authorizes the Processor to engage further processors in a general manner. The further processors currently engaged by the Processor are listed in **Annex 3**.*

5.2 The Processor shall inform the Controller of any intended changes concerning the addition or replacement of further processors. The Controller is entitled to object to any intended change. If the Controller objects, the Processor is prohibited from making the intended change. In the event of authorised modi-

fications, the Processor shall update the list of processors in **Annex 3** accordingly and proactively make it available to the Controller.

5.3 The Processor shall contractually impose the same data protection obligations on each further processor as set out in this Annex with respect to the Processor.

5.4 The Processor shall prior to each engagement and regularly throughout the engagement monitor that appropriate technical and organisational measures have been taken by the further processors and that the measures are carried out in such a way that the processing of Controller Data is carried out in accordance with this Addendum.

6. Data subjects' rights

6.1 The Processor shall to a reasonable extent support the Controller with technical and organisational measures in fulfilling his obligation to respond to requests for exercising data subjects' rights.

6.2 The Processor shall in particular:

– inform the Controller immediately if a data subject should contact the Processor directly with a request for exercising his or her rights in relation to Controller Data;

– on request, provide the Controller with all information available to him on the processing of Controller Data which the Controller required in order to respond to the request of a data subject and which the Controller does not have at its disposal.

7. Other support obligations of the Processor

7.1 The Processor shall notify the Controller immediately after becoming aware of any breach of Controller Data, in particular any incidents that lead to the destruction, loss, alteration or unauthorized disclosure of or access to Controller Data. If possible, the notification shall contain a description of:

– the nature of the breach of Controller Data, indicating, as far as possible, the categories and the approximate number of affected data subjects, the categories and the approximate number of affected personal data sets;

– the likely consequences of the breach of Controller Data;

– the measures taken or proposed by the Processor to remedy the breach of Controller Data and, where appropriate, measures to mitigate their potential adverse effects.

7.2 In the event that the Controller is obligated to inform the supervisory authorities and/or data subjects in accordance with Art. 33, 34 GDPR, the Processor shall, at the request of the Controller, assist the Controller to comply with these obligations.

7.3 The Processor shall to a reasonable extent assist the Controller with data protection impact assessments to be carried out by him and, if necessary, subsequent consultations with the supervisory authority pursuant to Art. 35, 36 GDPR.

8. Deletion and return of Controller Data

Upon the instruction of the Controller, the Processor shall, upon termination of the Main Agreement, either completely and irrevocably delete or return back to the Controller all Controller Data, unless the Processor is obligated by law to further store Controller Data.

9. Evidence and audits

9.1 The Processor shall ensure and regularly control that the processing of Controller Data is consistent with this Addendum, including the extent of the processing of Controller Data as specified in **Annex 1** and with the instructions of the Controller.

9.2 The Processor shall document the implementations of the obligations under this Addendum in an appropriate manner and provide the Controller with appropriate evidence at the latter's request. The Processor shall document in particular:

– *all confidentiality obligations of persons who process Controller Data;*

– *all breaches of Controller Data occurring in his sphere of influence, including all related facts, their effects and the remedial measures taken by him;*

– *all contracts relating to the use of further processors and all audits of further processors as set forth in section 5;*

– *all deletions of Controller Data made on the instruction of the Controller.*

9.3 *The Controller shall be entitled to audit the Processor by himself or through a commissioned auditor prior to the start of the processing of Controller Data and regularly during the term of the Main Agreement with regard to compliance with the provisions of this Addendum, in particular the implementation of the technical and organisational measures as defined in* **Annex 2***; including inspections. The Processor shall enable such audits and contribute to such audits by taking all appropriate and reasonable measures; including:*

– *granting the necessary entry and access rights;*

– *the provision of all necessary information.*

III. Erläuterungen

1. Vorbemerkung

a) Anwendungsbereich des Vertragsmusters

Das vorliegende Muster stellt einen nur die Mindestanforderungen des Art. 28 DSGVO enthaltenden Auftragsverarbeitungsvertrag dar.   7.21

aa) Auftragsverarbeitungen i.S.v. Art. 28 DSGVO

Auftragsverarbeiter ist nach der Legaldefinition in Art. 4 Nr. 8 DSGVO eine natürliche oder juristische Person, Behörde, Einrichtung oder andere Stelle, die personenbezogene Daten im Auftrag des Verantwortlichen verarbeitet. Maßgeblich gekennzeichnet ist die Auftragsverarbeitung durch die in Art. 29 DSGVO verankerte **Weisungsgebundenheit** des Auftragsverarbeiters gegenüber dem als Auftraggeber agierenden Verantwortlichen.   7.22

Einer Auftragsverarbeitung sind **alle Formen der Zusammenarbeit** zwischen zwei Stellen zugänglich, bei denen (1) ausschließlich der Auftraggeber über Zwecke und Mittel der Verarbeitung entscheidet und (2) der Auftragnehmer an die Weisungen des Auftraggebers bezüglich der Verarbeitung der personenbezogenen Daten gebunden ist[48].

(1) Gegenstand der Tätigkeit

Unerheblich ist, welchen konkreten Gegenstand die Zusammenarbeit hat. Sie muss sich nicht in einer reinen Datenverarbeitungstätigkeit erschöpfen[49], sondern kann auch weitergehende Tätigkeiten des Auftragnehmers zum Gegenstand haben[50].   7.23

---

48 *Schild* in BeckOK DatenschutzR, Art. 4 DSGVO Rz. 98 f.; *Spoerr* in BeckOK DatenschutzR, Art. 28 DSGVO Rz. 26 ff.; *Dovas*, ZD 2016, 512 (516); *Härting*, ITRB 2016, 137 f.; *Hofmann*, ZD-Aktuell 2017, 05488; *Müthlein*, RDV 2016, 74 (84 f.).

49 So aber wohl *Martini* in Paal/Pauly, Art. 28 DSGVO Rz. 7, 77; *Plath* in Plath, Art. 28 DSGVO Rz. 2, Art. 29 DSGVO Rz. 5; *Schreiber* in Plath, Art. 4 DSGVO Rz. 28; *Wybitul/Schultze-Melling/Sörup* in Wybitul, S. 128, die die Auftragsverarbeitung auf technische Unterstützungsleistungen begrenzen wollen.

50 Zu typischen Fallgruppen von Auftragsverarbeitungen siehe Teil 5, §§ 26–28.

Dies entspricht auch der bisherigen Position der Art. 29-Datenschutzgruppe, die festgestellt hat, dass die „Verarbeitungtätigkeit [eines Auftragsverarbeiters] auf eine sehr spezifische Aufgabe oder einen sehr spezifischen Kontext beschränkt oder allgemeiner und weiter gefasst sein [kann]"; und dass „das wichtigste Kriterium ist, dass der Auftragsverarbeiter „im Auftrag des für die Verarbeitung Verantwortlichen" handeln muss"[51]. Der Übergang zur DSGVO bringt insoweit keine Änderung der Rechtslage.

(2) Notwendigkeit einer aktiven Verarbeitung

7.24   Im Unterschied zum bisherigen Recht spricht der Wortlaut von Art. 4 Nr. 8 DSGVO nun aber dafür, dass die Begründung einer Datenverarbeitung nur dort notwendig ist, wo tatsächlich auch eine **aktive „Verarbeitung"** im Auftrag erfolgt. Dies wird noch der Fall sein, wo zumindest eine Kenntnisnahme der Daten durch den Datenempfänger ausdrücklich gewünscht ist[52].

Art. 28 DSGVO enthält keine dem § 11 Abs. 5 BDSG a.F. vergleichbare Regelung, wonach bei einer **Wartung von Datenverarbeitungsanlagen** ausdrücklich die entsprechende Anwendung der Regelungen zur Auftragsverarbeitung angeordnet ist, um diese Rechtslücke zu schließen[53]. Nach hiesiger Ansicht sind die Voraussetzungen einer aktiven Verarbeitung deshalb nicht erfüllt, wenn nur gelegentlich einer anderen Tätigkeit (z.B. einer Reinigungs- oder Wartungsleistung) ein Zugriff auf personenbezogene Daten möglich, aber eben nicht auftragsgegenständlich ist[54]. Trotz des weiten Verarbeitungsbegriffs gem. Art. 4 Nr. 2 DSGVO handelt es sich in solchen Fällen mangels Willensmoment nicht um eine „Offenlegung durch Verbreitung oder eine andere Form der Bereitstellung" oder um ein „Auslesen"[55]. Zum Teil wird für solche Konstellationen zwar eine direkte[56] oder analoge[57] Anwendung des Art. 28 DSGVO erwogen, diese Ansicht findet aber keine Stütze in der DSGVO, weil eine Datenverarbeitung hier höchstens bei Gelegenheit erfolgen würde[58]. Sie ist deshalb schon nicht Gegenstand eines weisungsbindenden Auftrags.

7.25   Die Auftragsverarbeitung muss also von anderen Tätigkeiten abgegrenzt werden, bei denen zwar eine Kenntnisnahme der Daten erfolgen kann, die aber **keine aktive Datenverarbeitung** zum Gegenstand haben. In der Praxis ist eine solche Abgrenzung zwischen einer Auftragsverarbeitung und einer „beiläufigen Kenntnisnahme" nicht immer einfach[59].

Betreffen die Tätigkeiten im eigentlichen Kern nicht den Umgang mit personenbezogenen Daten, sondern ist der Kontakt mit personenbezogenen Daten nur ein unvermeidliches „Beiwerk", unterfallen diese in der Regel nicht dem Regime der Auftragsverarbeitung. Unbeschadet etwaiger besonderer Geheimhaltungsverpflichtungen wie dem Post-, Telekommunikations- oder Bankgeheimnis reicht in

---

51 *Art. 29-Datenschutzgruppe*, WP 169 v. 16.2.2010, S. 30.
52 *Bertermann* in Ehmann/Selmayr, Art. 28 DSGVO Rz. 10.
53 *Hartung* in Kühling/Buchner, Art. 28 DSGVO Rz. 53.
54 Anders noch nach § 11 Abs. 5 BDSG a.F., wonach die Regelungen zur Auftragsdatenverarbeitung entsprechend anzuwenden sind, wenn bei Prüfungs- oder Wartungsleistungen ein Datenzugriff nicht ausgeschlossen werden kann; ausf. *Arning/Rothkegel* in Taeger/Gabel, Art. 4 DSGVO Rz. 225.
55 *Lissner* in Taeger, DSRITB 2016, S. 401 (414 f.); a.A. *Schmidt/Freund*, ZD 2017, 14 (16 f.), die darauf abstellen, dass auch Wartungen nach Art. 4 Nr. 2 DSGVO „im Zusammenhang mit personenbezogenen Daten" stattfinden und mithin erlaubnispflichtig sind.
56 *Schmidt/Freund*, ZD 2017, 14 (16 f.); *DSK*, Kurzpapier Nr. 13 v. 17.12.2018, S. 3 f., https://tinyurl.com/DSL-AV-Wartung (Stand 11/2020), einzelfallabhängig, aber insbesondere wenn die Notwendigkeit eines Zugriffs auf personenbezogene Daten besteht; *Schneider* in Forgó/Helfrich/Schneider, Teil VII, Kap. 2 Rz. 139, der Ausführungsformen für Wartung, Pflege und Services sieht, welche die Merkmale für eine Auftragsverarbeitung erfüllen, insbesondere Tests mit Echtdaten.
57 *Müthlein*, RDV 2016, 74 (83).
58 Im Ergebnis auch *Spoerr* in BeckOK DatenschutzR, Art. 28 DSGVO Rz. 21, 37; *Lissner* in Taeger, DSRITB 2016, S. 401 (414 f.), die ein Schutzdefizit des Betroffenen ausschließen, weil bei unbefugtem Zugriff der Dienstleister selbst als Verantwortlicher einzustufen wäre.
59 *Hartung* in Kühling/Buchner, Art. 28 DSGVO Rz. 54.

solchen Konstellationen im Regelfall eine **Geheimhaltungsverpflichtung** der externen Personen aus[60].

Beispiele für solche reinen Hilfsleistungen, die einen Zugang zu personenbezogenen Daten mit sich bringen können, sind:

—   Transportleistungen von Post- oder Kurierdiensten sowie Geldtransportdienstleistungen,

—   Übertragungsleistungen von öffentlichen Telekommunikationsdiensten,

—   Bewachungsdienste,

—   Reinigungsdienstleistungen,

—   Reines Server-Housing, bei dem der Provider keinen Zugriff auf den Rechner selbst und die darauf verarbeiteten Daten hat,

—   Handwerkereinsätze in Unternehmen für Reparaturen und Wartung.

Manche Einzelfälle werden schwer einzuordnen sein. In Sonderfällen kann deshalb durchaus eine Ausrichtung des Vertrages am Maßstab eines Auftragsverarbeitungsvertrags nach Art. 28 DSGVO geboten bzw. für den Auftraggeber wünschenswert sein, um Rechtsunsicherheit zu vermeiden. Hierbei ist es freilich nicht immer sinnvoll, sämtliche Regelungsgegenstände gem. Art. 28 Abs. 3 Satz 2 DSGVO in eine solche Vereinbarung aufzunehmen. Unter anderem kommen Abstriche bei den technischen und organisatorischen Sicherheitsmaßnahmen in Betracht, weil bestimmte Risiken gar nicht bestehen.

bb) Abgrenzung zur eigenverantwortlichen Verarbeitung

Der Begriff und das Institut der sog. „**Funktionsübertragung**" ist unter der DSGVO überflüssig und sollte künftig vermieden werden[61]. Die einzig relevante Abgrenzung der Auftragsverarbeitung ist diejenige zur **eigenverantwortlichen Verarbeitung** durch den Datenempfänger oder aber einer **gemeinsamen Verantwortlichkeit** zwischen Datenübermittler und -empfänger. Durch den in der einschlägigen EuGH-Rechtsprechung verfolgten, sehr niedrigschwelligen und zu weiten Teilen konturlosen Ansatz bei der Bejahung einer gemeinsamen Verantwortlichkeit, wird diese Rechtsfigur immer relevanter und sollte bei der Zusammenarbeit mit Dritten stets angedacht werden[62]. Alleiniger Prüfungsmaßstab bleibt aber weiterhin, ob der Auftragnehmer und/oder der Auftraggeber (gegebenenfalls gemeinsam) über Zwecke und Mittel der Verarbeitung entscheiden.

7.26

Weil Art. 4 Nr. 7 DSGVO insoweit dem Art. 2 lit. d DSRL entspricht, kann für diese Abgrenzung auf die Ausführungen der Art. 29-Datenschutzgruppe hierzu unter der DSRL[63] rekurriert werden[64].

7.27

Nach Ansicht der Art. 29-Datenschutzgruppe ist stets ein für die Verarbeitung Verantwortlicher, wer über den **Zweck der Verarbeitung** entscheidet[65]. Eine Zwecksetzungsbefugnis darf also einem Auftragsverarbeiter in keinem Fall zukommen. Entscheidungen über inhaltliche Fragen, die den Kern der Rechtmäßigkeit der Verarbeitung wesentlich betreffen, sind dem für die Verarbeitung Verantwortlichen vorbehalten[66]. Ein Auftragnehmer ist deshalb ein für die Verarbeitung Verantwortlicher, wenn er einen Einfluss auf den Zweck hat und die Verarbeitung (auch) zu seinem eigenen Nutzen durch-

---

60 Eine solche kann sich an dem Muster der Geheimhaltungsvereinbarung in Teil 1, § 4 orientieren.

61 *Hartung* in Kühling/Buchner, Art. 28 DSGVO Rz. 44; *DSK*, Kurzpapier Nr. 13 v. 17.12.2018, S. 1, https://tinyurl.com/DSL-AV-Wartung (Stand 11/2020); a.A. *Ingold* in Sydow, Art. 28 DSGVO Rz. 17 ff.; ausf. zur Einordnung unter der DSGVO siehe auch *Freund* in Schuster/Grützmacher, Art. 28 DSGVO Rz. 28 ff.

62 Ausf. zur Abgrenzung siehe § 5, Rz. 5.1 ff.

63 *Art. 29-Datenschutzgruppe*, WP 169 v. 16.2.2010.

64 *Müthlein*, RDV 2016, 74 (84); auch Erwägungsgrund 9 DSGVO sieht vor, dass die Ziele und Grundsätze der DSRL auch unter der DSGVO Gültigkeit besitzen, vgl. *Bogendorfer* in Knyrim, S. 171.

65 *Art. 29-Datenschutzgruppe*, WP 169 v. 16.2.2010, S. 17.

66 *Art. 29-Datenschutzgruppe*, WP 169 v. 16.2.2010, S. 18.

führt, beispielsweise durch die Verwendung der erhaltenen personenbezogenen Daten zur Erbringung von Mehrwertdiensten[67]. Entscheidet der Auftragnehmer z.B. darüber, wie lange Daten aufbewahrt werden oder wer Zugang zu den verarbeiteten Daten hat, handelt er hinsichtlich dieses Teils der Datennutzung als ein für die Verarbeitung Verantwortlicher[68].

7.28 Die **Entscheidungsbefugnis über die Mittel der Verarbeitung** ist demgegenüber zweitrangig. Sie hat eine Verantwortlichkeit für die Verarbeitung nur dann zur Folge, wenn über **wesentliche Aspekte** der Mittel entschieden wird[69]. Die Entscheidung über bestimmte technische oder organisatorische Mittel der Verarbeitung kann daher vom Verantwortlichen durchaus auf den Auftragsverarbeiter delegiert werden, ohne seine Stellung als Auftragsverarbeiter zu gefährden[70]. Es ist auch durchaus möglich, dass ausschließlich der Auftragsverarbeiter über die technischen und organisatorischen Mittel entscheidet[71].

cc) Typische Fallgruppen einer Auftragsverarbeitung

7.29 Weil diese Zuordnung im Einzelfall schwer fallen kann[72], sollen die nachfolgenden, von der Art. 29-Datenschutzgruppe herausgearbeiteten Kriterien, die größtenteils mit anschaulichen Beispielsfällen versehen sind, Hilfestellung geben. Danach sind im Regelfall Indizien, die für eine **Auftragsverarbeitung** sprechen, folgende:

– ausführliche, dem Auftragsverarbeiter wenig Spielraum gebende Weisungen,

– eine vertraglich vorgesehene und tatsächlich ausgeführte permanente sorgfältige Beaufsichtigung seitens des Auftraggebers als Indiz für seine vollständige alleinige Kontrolle,

– wenn wegen des Auftretens gegenüber den betroffenen Personen ein Eindruck vermittelt und Erwartungen geweckt werden sollen, wer verantwortliche Stelle ist (z.B. wenn der Auftragsverarbeiter eines Call Centers angewiesen wird, sich beim Kunden mit der Identität des Verantwortlichen vorzustellen),

– die traditionellen Rolle und Fachkompetenz des Dienstleisters[73].

7.30 Ungeachtet des Umstandes, dass Auftragsverarbeitungen nicht per se auf bestimmte inhaltliche Formen der Zusammenarbeit beschränkt sind und jeweils eine datenschutzrechtliche Charakterisierung im Einzelfall anhand der Entscheidungsbefugnisse über Zwecke und Mittel der Verarbeitung erfolgen muss, gibt es eine Reihe **typischer Konstellationen**, in denen Auftragsverarbeitungen begründet werden, weil die Verarbeitungstätigkeiten weisungsgebunden erfolgen und der Auftragnehmer keine eigenen Zwecke mit den Daten verfolgen soll. In folgenden beispielhaften Fallkonstellationen fungiert ein Auftragnehmer regelmäßig als Auftragsverarbeiter[74]:

– IT-Outsourcing/Rechenzentrumsbetrieb[75]

– SaaS/Cloud Computing

---

67 *Art. 29-Datenschutzgruppe*, WP 169 v. 16.2.2010, S. 18; a.A. im Falle einer Anonymisierung mit anschließender Weiterverarbeitung *Piltz/Zwerschke* in Kaulartz/Braegelmann, Kap. 8.5 Rz. 12 ff.

68 *Art. 29-Datenschutzgruppe*, WP 169 v. 16.2.2010, S. 18; siehe auch *Rothkegel/Strassemeyer*, CRi 2019, 161 (166).

69 *Art. 29-Datenschutzgruppe*, WP 169 v. 16.2.2010, S. 17.

70 *Art. 29-Datenschutzgruppe*, WP 169 v. 16.2.2010, S. 18.

71 *Art. 29-Datenschutzgruppe*, WP 169 v. 16.2.2010, S. 17; siehe hierzu auch Teil 3.

72 Siehe dahingehend auch *Rothkegel/Strassemeyer*, CRi 2019, 161, 169.

73 *Hartung* in Kühling/Buchner, Art. 28 DSGVO Rz. 46 ff.

74 Siehe zu weiteren Positiv- wie Negativbeispielen *BayLDA*, Auslegungshilfe: Was ist Auftragsverarbeitung und was nicht, 15.5.2019, https://tinyurl.com/BayLDA-AV (Stand 11/2020); *DSK*, Kurzpapier Nr. 13 v. 17.12.2018, Anhang S. 4 f., https://tinyurl.com/DSL-AV-Wartung (Stand 11/2020).

75 Siehe hierzu das gesonderte Muster in Teil 2, Rz. 10.2.

- Auslagerung des Telekommunikationsanlagenbetriebs

- Onlineshop- und Website-Hosting

- Externe Lohn- und Gehaltsabrechnung durch ein Dienstleistungszentrum[76]

- Datenkonvertierung/Einscannen von Dokumenten

- Werbe-E-Mail- und Newsletter-Versand/Lettershop

- Gewisse Website-Analyseverfahren[77]

- Call-Center-Dienstleistungen

- Elektronische Archivierung

- Akten- und Datenträgervernichtung[78]

dd) Privilegierungswirkung der Auftragsverarbeitung

Die Rechtsnatur der Auftragsverarbeitung unter der DSGVO ist umstritten. Uneinigkeit besteht darüber, ob Datenweitergaben an einen Auftragsverarbeiter **generell privilegiert sind** oder ob hierfür das dem Datenschutzrecht immanente Verbotsprinzip gilt[79]. Praxisrelevant ist dies für die Frage, ob der Auftraggeber dem Auftragsverarbeiter zur Durchführung des Auftrags ungeprüft alle notwendigen personenbezogenen Daten zur Verfügung stellen darf, oder ob er vorher sicherstellen muss, dass hierfür eine Erlaubnis in Gestalt einer Einwilligung oder eines gesetzlichen Erlaubnistatbestandes greift. 7.31

Nach der sog. **Theorie der Rechtfertigungsbedürftigkeit**[80] ist die Auftragsverarbeitung wie jede andere Datenverarbeitung stets rechtfertigungsbedürftig[81]. Entweder bedürfe es also einer **Einwilligung nach Art. 6 Abs. 1 Satz 1 lit. a DSGVO** oder einer anderweitigen gesetzlichen Erlaubnis[82]. Zumeist gehen die Vertreter dieser Ansicht davon aus, dass die Interessenabwägung nach Art. 6 Abs. 1 Satz 1 lit. f DSGVO positiv ausgeht, wenn die Voraussetzungen der Art. 28, 29 DSGVO vorliegen[83]. Problematisch stellt sich hierbei jedoch eine Verarbeitung **besonderer Kategorien personenbezogener Daten nach Art. 9 DSGVO** im Auftrag dar, denn für letztere gibt es keinen dem Art. 6 Abs. 1 Satz 1 lit. f DSGVO vergleichbaren Erlaubnistatbestand[84]. 7.32

Die Gegenansicht (die sog. **Privilegierungstheorie**)[85], geht davon aus, dass das Rechtfertigungserfordernis beim Einsatz eines Auftragsverarbeiters nicht gilt, die Bereitstellung von Daten zur Durchfüh- 7.33

---

76 Werden derartige Tätigkeiten hingegen durch einen Steuerberater ausgeführt, agiert dieser aufgrund seiner beruflichen Weisungsfreiheit als getrennter Verantwortlicher (vgl. § 11 StBerG).
77 Siehe hierzu das gesonderte Muster in Teil 3, Rz. 17.25.
78 Siehe hierzu das gesonderte Muster in Teil 2, Rz. 11.5.
79 Ausf. zum Streitstand *Schmidt/Freund*, ZD 2017, 14.
80 Diese Bezeichnung einführend *Schmidt/Freund*, ZD 2017, 14 (15).
81 *Kremer* in Laue/Kremer, § 5 Rz. 12; *Roßnagel/Hofmann*, Rz. 251; *Dovas*, ZD 2016, 512 (516); *Piltz*, BB 2016, 711 (712); *Roßnagel/Kroschwald*, ZD 2014, 495 (497 f.); *Koós/Englisch*, ZD 2014, 276 (284); *Roßnagel/Richter/Nebel*, ZD 2013, 103 (105); wohl auch *Nebel/Richter*, ZD 2012, 407 (411).
82 *Kremer* in Laue/Kremer, § 5 Rz. 12; *Koós/Englisch*, ZD 2014, 276 (284); *Roßnagel/Kroschwald*, ZD 2014, 495 (497); *Dovas*, ZD 2016, 512 (516); wohl auch *Nebel/Richter*, ZD 2012, 407 (411).
83 *Kremer* in Laue/Kremer, § 5 Rz. 12; *Schmid/Kahl*, ZD 2017, 54 (57); *Koós/Englisch*, ZD 2014, 276 (284); a.A. für eine klassische Abwägung im Rahmen des Art. 6 Abs. 1 lit. f DSGVO *Roßnagel/Kroschwald*, ZD 2014, 495 (497); *Roßnagel/Richter/Nebel*, ZD 2013, 103 (105).
84 *Kremer* in Laue/Kremer, § 5 Rz. 12; *Koós/Englisch*, ZD 2014, 276 (284); zu Gesundheitsdaten *Buchner/Schwichtenberg*, GuP 2016, 218 (224); eine Interessenabwägung auch bei besonderen Kategorien personenbezogener Daten als möglich ansehend *Schmid/Kahl*, ZD 2017, 54 (57).
85 Diese Bezeichnung einführend *Schmidt/Freund*, ZD 2017, 14 (15).

rung eines Auftragsverarbeitungsvertrags an den Auftragsverarbeiter also in der Weise privilegiert ist, dass sie keiner Rechtfertigung bedarf[86].

7.34 Zweitgenannter Ansicht ist der Vorzug zu geben. Auftragsverarbeitungen werden somit – nach wie vor – einer internen Nutzung durch die verantwortliche Stelle gleichgestellt und sind in dem Sinne **privilegiert**, dass die Weitergabe an den Auftragnehmer **keine erlaubnispflichtige Übermittlung** i.S.v. Art. 4 Nr. 2 DSGVO darstellt[87].

Die Privilegierung ist der Ausgestaltung der jeweiligen Rollen als Verantwortlicher und Auftragsverarbeiter durch die Regelung des Art. 28 DSGVO immanent, so dass die Privilegierung schon aus dem gesetzlichen Konstrukt und dem Zweck der Auftragsverarbeitung hervorgeht[88]. Dieser Ansicht scheinen auch die Aufsichtsbehörden zuzuneigen: die Datenschutzkonferenz geht ebenso von einer Privilegierung aus wie – freilich auf Basis der insoweit aber identischen Rechtslage nach der RL 95/46/EG – die Art. 29-Datenschutzguppe, welche eine hinreichende Legitimierung und Befugnis zur Verarbeitung personenbezogener Daten allein aus der Rolle als Auftragsverarbeiter herleiten[89].

b) Gesetzliche Anforderungen an Auftragsverarbeitungsverträge

7.35 Durch die DSGVO sind die Mindestanforderungen an den Inhalt eines Auftragsverarbeitungsvertrags im Vergleich zur bisherigen Rechtslage leicht geändert worden: Der nunmehr in Art. 28 Abs. 3 DSGVO enthaltene **Katalog von Mindestinhalten** entspricht zwar im Großen und Ganzen der vormals in § 11 Abs. 2 Satz 2 BDSG a.F. enthaltenen Auflistung[90]; ein paar relevante Abweichungen gibt es aber[91]. Der Auftragsverarbeitungsvertrag muss den Auftragsverarbeiter an den Verantwortlichen binden und die folgenden Mindestinhalte gemäß dem nicht abschließenden („*insbesondere*") Katalog des Art. 28 Abs. 3 DSGVO aufweisen:

– den Gegenstand, die Dauer, die Art und den Zweck der Verarbeitung, Art. 28 Abs. 3 Satz 1 DSGVO;

– die Art der personenbezogenen Daten, Art. 28 Abs. 3 Satz 1 DSGVO;

– die Kategorien betroffener Personen, Art. 28 Abs. 3 Satz 1 DSGVO;

– die Weisungsgebundenheit des Auftragsverarbeiters mit der Ausnahme in Bezug auf bestimmte Übermittlungen an Drittstaaten, zu denen der Auftragsverarbeiter gesetzlich verpflichtet ist, Art. 28 Abs. 3 Satz 2 lit. a DSGVO;

---

86 *Martini* in Paal/Pauly, Art. 28 DSGVO Rz. 8 ff.; *Plath* in Plath, Art. 28 DSGVO Rz. 6; *Albrecht/Jotzo*, Teil 5 Rz. 22; wohl auch *Bogendorfer* in Knyrim, S. 172 f.; *Wybitul/Schultze-Melling/Sörup* in Wybitul, S. 127; *Schmidt/Freund*, ZD 2017, 14 ff.; *Buchner/Schwichtenberg*, GuP 2016, 218 (224); *Lissner* in Taeger, DSRITB 2016, S. 401 (406 f.); *Schmitz/v. Dall'Armi*, ZD 2016, 427 (429); zur DSRL *Drewes/Monreal*, PinG 2014, 143 (145); *v. d. Bussche/Voigt* in v. d. Bussche/Voigt, Kap. 4 Rz. 3; differenzierend *Spoerr* in BeckOK DatenschutzR, Art. 28 DSGVO Rz. 29 ff. und *Taeger/Lachenmann*, DSRITB 2016, S. 535 (538), welche die Übermittlung durch den Verantwortlichen als rechtfertigungsbedürftig ansehen, wobei Art. 6 Abs. 1 Satz 1 lit. f DSGVO bei der Auftragsverarbeitung regelmäßig greifen würde, und die weitere Datenverarbeitung durch den Auftragsverarbeiter als einheitlicher Vorgang betrachtet werden müsse i.S.d. Art. 4 Nr. 2 DSGVO und durch die Vorprüfung des Art. 6 DSGVO privilegiert sei.

87 *Martini* in Paal/Pauly, Art. 28 DSGVO Rz. 8.

88 *Plath* in Plath, Art. 28 DSGVO Rz. 6; *Schmidt/Freund*, ZD 2017, 14 (15 ff.); *Buchner/Schwichtenberg*, GuP 2016, 218 (224); wohl auch *Schmitz/v. Dall'Armi*, ZD 2016, 427 (429); so auch zur DSRL *Drewes/Monreal*, PinG 2014, 143 (145).

89 *DSK*, Kurzpapier Nr. 13, v. 17.12.2018, S. 1, https://tinyurl.com/DSL-AV-Wartung (Stand 11/2020); *Art. 29-Datenschutzgruppe*, WP 169 v. 16.2.2010, S. 37.

90 *Hartung* in Kühling/Buchner, Art. 28 DSGVO Rz. 64.

91 A.A. *Freund* in Schuster/Grützmacher, Art. 28 DSGVO Rz. 52, „nur Begrifflichkeiten ohne inhaltliche Abweichungen bzw. lassen sich durch Auslegung auflösen".

- die Informationspflicht über nicht der Weisung unterliegende Datenübermittlungen an Drittstaaten, Art. 28 Abs. 3 Satz 2 lit. a DSGVO;

- die Gewährleistung der Vertraulichkeit und der Einhaltung gesetzlicher Verschwiegenheitspflichten durch das vom Auftragsverarbeiter eingesetzte Personal, Art. 28 Abs. 3 Satz 2 lit. b DSGVO;

- die Verpflichtung zur Ergreifung der nach Art. 32 DSGVO erforderlichen Sicherheitsmaßnahmen, Art. 28 Abs. 3 Satz 2 lit. c DSGVO;

- die Einhaltung der Vorgaben zum Einsatz von Unterauftragsverarbeitern, Art. 28 Abs. 3 Satz 2 lit. d DSGVO;

- die Unterstützung des Auftraggebers bei der Erfüllung von Betroffenenrechten, Art. 28 Abs. 3 Satz 2 lit. e DSGVO;

- die Unterstützung des Auftraggebers bei technischen und organisatorischen Sicherheitsmaßnahmen, bei der Unterrichtung von Aufsichtsbehörden und Betroffenen im Falle von Datenpannen, bei Datenschutz-Folgenabschätzungen und bei Konsultationen der Aufsichtsbehörden, Art. 28 Abs. 3 Satz 2 lit. f DSGVO;

- die Rückgabe oder Löschung der personenbezogenen Daten im Fall der Beendigung des Auftragsverhältnisses nach Wahl des Auftraggebers, Art. 28 Abs. 3 Satz 2 lit. g DSGVO;

- die Bereitstellung von Informationen zum Nachweis der Einhaltung der Pflichten, Art. 28 Abs. 3 Satz 2 lit. h DSGVO;

- das Ermöglichen und Unterstützen von Überprüfungen einschließlich Inspektionen durch den Auftraggeber, Art. 28 Abs. 3 Satz 2 lit. h DSGVO.

Es handelt sich hierbei um eine **nicht abschließende Auflistung**, so dass – je nach Schutzbedarf der Daten – auch weitere Festlegungen notwendig sein können. Die genannten Punkte sind aber mindestens im Vertrag vorzusehen, unabhängig davon, wie umfangreich und dauerhaft die Datenverarbeitungstätigkeit ist.

Konkretisierungen bezüglich der Ausgestaltung der Regelungen enthält das Gesetz nicht. In welcher Detailtiefe die einzelnen Regelungsbereiche im Auftragsdatenverarbeitungsvertrag auszugestalten sind bleibt offen. Es ist deshalb der **Dispositionsbefugnis des Auftraggebers** überlassen, auf welche Art und Weise – und vor allem mit welchem Verpflichtungsgehalt – er die Vorgaben des Art. 28 Abs. 3 DSGVO umsetzt.

c) Ausgestaltung als Anlage

Oftmals wird ein solcher Vertrag als **Anlage zu einem Hauptvertrag** verwendet; so ist auch das vorliegende Muster gestaltet. Aufgrund des zu erwartenden internationalen Anwendungsbereichs dieses Musters wird es neben der deutschen Sprachfassung auch als englische Version zur Verfügung gestellt. Die nachfolgende Kommentierung erfolgt anhand der deutschen Sprachfassung.   7.36

d) Ausgestaltung als Minimalregelung

Das Muster enthält **sämtliche Regelungen, um die Voraussetzungen des Art. 28 DSGVO** zu erfüllen, beschränkt sich grundsätzlich aber auch gerade auf den absoluten, von Art. 28 Abs. 3 DSGVO geforderten Mindestinhalt.   7.37

e) Neutrale Konzeption

Das Muster ist **vertragsparitätisch neutral konzipiert** und begünstigt deshalb weder Auftraggeber noch Auftragnehmer stärker als gesetzlich verlangt. Sollen die Regelungen stärker zugunsten einer Par-   7.38

tei ausfallen, müssten sie gegebenenfalls entsprechend **angepasst** oder um weitere Regelungen, etwa aus den umfangreichen Mustern zu Vereinbarungen zur Auftragsverarbeitung[92], **ergänzt** werden.

f) Verwendung für Unterauftragsverarbeitungen

7.39 Das Muster ist für eine Verwendung als originärer Auftragsverarbeitungsvertrag – also zum Abschluss zwischen Verantwortlichem und Auftragsverarbeiter – gedacht.

Weil im Falle von Unterbeauftragungen (oder nach dem Terminus der DSGVO im Falle der Einschaltung „weiterer Auftragsverarbeiter") gem. Art. 28 Abs. 4 DSGVO die Verpflichtungen aus dem originären Auftragsverarbeitungsvertrag an den Unterauftragsverarbeiter weitergereicht werden müssen, gilt es oftmals, sehr ähnliche Verträge auch als **Unterauftragsverarbeitungsverträge** abzuschließen[93]. Prinzipiell kann das hiesige Muster auch in diesen Konstellationen eingesetzt werden; es müsste im Wesentlichen nur begrifflich klargestellt werden, dass es das Verhältnis Auftragsverarbeiter – Unterauftragsverarbeiter betrifft.

7.40–7.44 Einstweilen frei.

2. Anwendungsbereich (Ziff. 1)

7.45 **M 7.1.1 Anwendungsbereich**

1. Anwendungsbereich

*Bei der Erbringung der Leistungen gemäß dem Hauptvertrag verarbeitet der Auftragnehmer personenbezogene Daten, die der Auftraggeber zur Erbringung der Leistungen zur Verfügung gestellt hat und bezüglich derer der Auftraggeber als Verantwortlicher im datenschutzrechtlichen Sinn fungiert („**Auftraggeber-Daten**"). Diese Anlage spezifiziert die Datenschutzpflichten und -rechte der Parteien im Zusammenhang mit der Verarbeitung der Auftraggeber-Daten zur Erbringung der Leistungen nach dem Hauptvertrag.*

a) Ratio

7.46 Klausel 1 stellt insoweit den **Bezug zum jeweiligen Hauptvertrag** her, der es erforderlich macht, den vorliegenden Auftragsverarbeitungsvertrag abzuschließen, welcher die jeweiligen **datenschutzrechtlichen Pflichten der Vertragsparteien** im Innenverhältnis zueinander definiert. Ferner wird klargestellt, dass der Auftragnehmer bzw. Processor (als Auftragsverarbeiter) personenbezogene Daten im Auftrag des Auftraggebers bzw. Controllers (als Verantwortlicher) verarbeitet und demnach eine Auftragsverarbeitung vorliegt.

b) Bezugnahme auf den Hauptvertrag

7.47 Streng genommen handelt es sich bei dieser Regelung um keinen gem. Art. 28 DSGVO gesetzlich vorgeschriebenen Vertragsinhalt. Gleichwohl unterstützt die Bestimmung des Anwendungsbereichs der Vereinbarung durch die Bezugnahme auf den Hauptvertrag die notwendige Spezifizierung des Gegenstandes der Auftragsverarbeitung nach Art. 28 Abs. 3 Satz 1 DSGVO. Weil der Gegenstand möglichst genau festgelegt werden muss[94], ist es insoweit zielführend, die Auftragsverarbeitung einem bestimm-

---

92 Siehe hierzu das Muster eines auftragnehmerfreundlichen Auftragsverarbeitungsvertrages in Rz. 9.7 und das Muster eines auftraggeberfreundlichen Auftragsverarbeitungsvertrages in Rz. 8.5.
93 *Freund* in Schuster/Grützmacher, Art. 28 DSGVO Rz. 131: „nicht maßgeblich abweichen".
94 *Spoerr* in BeckOK DatenschutzR, Art. 28 DSGVO Rz. 51.

ten Auftrag/Hauptvertrag zuzuordnen. Die Parteibezeichnungen können an die im Hauptvertrag verwendeten Termini angepasst werden.

Wie sich aus der Regelung ergibt, fungiert der Auftraggeber hier als Verantwortlicher. Häufig kommen in der Praxis auch Gestaltungen vor, in denen der **Auftraggeber sowohl als Verantwortlicher als auch als Auftragsverarbeiter** für die auftragsgegenständlichen Daten fungiert. Das kommt z.B. vor, wenn eine Gruppenobergesellschaft einen Auftragsverarbeitungsvertrag mit dem Betreiber einer HR-Software abschließt, mit der nicht nur deren eigene Personaldaten, sondern auch diejenigen der Gruppenunternehmen verarbeitet werden sollen. Der Auftraggeber fungiert dann ggf. als Verantwortlicher für seine eigenen Personaldaten und als Auftragsverarbeiter für die Personaldaten der anderen Gruppenunternehmen. Dennoch können beide Konstellationen in einem einheitlichen Vertrag abgebildet werden. 7.48

Eine alternative Formulierung des Anwendungsbereichs könnte dann z.B. wie folgt lauten: 7.49

M 7.1.2 Alternativformulierung für den Anwendungsbereich des Auftragsverarbeitungsvertrags

Vertragsgegenstand

*Bei der Erbringung der Leistungen gemäß dem Hauptvertrag verarbeitet der Auftragnehmer personenbezogene Daten, die der Auftraggeber zur Erbringung der Leistungen zur Verfügung gestellt hat und bezüglich derer der Auftraggeber teilweise als Verantwortlicher und teilweise als Auftragsverarbeiter für die mit ihm verbundenen Unternehmen fungiert („**Auftraggeber-Daten**"). Der Auftragnehmer fungiert als Auftragsverarbeiter, soweit der Auftraggeber Verantwortlicher ist; der Auftragnehmer fungiert als Unterauftragsverarbeiter, soweit der Auftraggeber selbst Auftragsverarbeiter ist. Diese Anlage spezifiziert die Datenschutzpflichten und -rechte der Parteien im Zusammenhang mit der Verarbeitung der Auftraggeber-Daten zur Erbringung der Leistungen nach dem Hauptvertrag.*

3. Auftragsgegenstand und Weisungsbefugnis (Ziff. 2)

M 7.1.3 Auftragsgegenstand und Weisungsbefugnis 7.50

2. Umfang der Beauftragung/Weisungsbefugnisse des Auftraggebers

2.1 Der Auftragnehmer wird die Auftraggeber-Daten ausschließlich im Auftrag und gemäß den Weisungen des Auftraggebers verarbeiten, sofern der Auftragnehmer nicht gesetzlich dazu verpflichtet ist. In letzterem Fall teilt der Auftragnehmer dem Auftraggeber diese rechtlichen Anforderungen vor der Verarbeitung mit, sofern das betreffende Gesetz eine solche Mitteilung nicht wegen eines wichtigen öffentlichen Interesses verbietet.

*2.2 Die Verarbeitung von Auftraggeber-Daten durch den Auftragnehmer erfolgt ausschließlich in der Art, dem Umfang und zu dem Zweck wie in **Anhang 1** zu dieser Anlage spezifiziert; die Verarbeitung betrifft ausschließlich die darin bezeichneten Arten personenbezogener Daten und Kategorien betroffener Personen.*

2.3 Die Dauer der Verarbeitung entspricht der Laufzeit des Hauptvertrages.

2.4 Der Auftraggeber behält sich das Recht zur Erteilung von Weisungen über Art, Umfang, Zwecke und Mittel der Verarbeitung von Auftraggeber-Daten vor.

a) Ratio

7.51 Ziff. 2 des Musters bestimmt unter Verweis auf einen entsprechend auszufüllenden Anhang den **Umfang der im Auftrag durchgeführten Datenverarbeitungsaktivitäten** durch den Auftragnehmer. Ferner wird festgehalten, dass eine Verarbeitung der betroffenen personenbezogenen Daten grundsätzlich **nur auf Weisung des Auftraggebers** erfolgen darf. Zudem wird festgehalten, dass der Auftraggeber auch nach Abschluss dieser Vereinbarung berechtigt ist, Weisungen in Bezug auf die Verarbeitung der betroffenen personenbezogenen Daten gegenüber dem Auftragnehmer zu erteilen.

Die Regelung stellt zudem klar, dass die Laufzeit dieser Anlage an die Laufzeit des Hauptvertrags gekoppelt ist.

b) Leistungspflicht und Weisungsgebundenheit

7.52 Die Klausel setzt insoweit die Anforderungen von Art. 28 Abs. 3 Satz 1, Satz 2 lit. a DSGVO um.

7.53 Die **vertraglich festgelegten Leistungspflichten** des Auftragnehmers im Hauptvertrag sowie die **Bestimmung des Umfangs der Datenverarbeitung** in dieser Ergänzungsvereinbarung einschließlich der entsprechenden Anlage gelten insoweit als **Weisungen des Verantwortlichen**.

7.54 Die Kopplung an die Laufzeit des Hauptvertrags stellt sicher, dass der Auftragnehmer keine Verarbeitungen von Auftraggeber-Daten mehr vornehmen darf, wenn der Hauptvertrag endet. Eine solche Verarbeitung dieser Daten wäre datenschutzrechtlich unzulässig, weil nicht mehr von der Auftragsverarbeitung gedeckt.

7.55 Ziff. 2.4 statuiert das **Weisungsrecht** des Auftraggebers. Diese vertragliche Regelung flankiert Art. 29 DSGVO, in dem das Weisungsrecht (und die korrespondierende Pflicht des Auftragsverarbeiters, die Weisungen zu befolgen) auch direkt gesetzlich festgeschrieben ist[95]. Unklar ist noch, ob der Umfang des Weisungsrechts nach Art. 28, 29 DSGVO einer vertraglichen Ausgestaltung zugänglich ist[96]. Im Sinne einer Normierung nur der Mindestvorgaben enthält sich das Muster aber, selbst wenn man dies für möglich erachten würde, einer detaillierten Ausgestaltung.

7.56 Art. 28 Abs. 3 Satz 2 lit. a DSGVO statuiert ferner, dass vom Auftraggeber **erteilte Weisungen zu dokumentieren** sind. Wem diese Pflicht obliegt, sagt die Vorschrift allerdings nicht. Wenn man sich auf den Standpunkt stellt, dass diese Pflicht grundsätzlich vom Auftraggeber als Verantwortlichem zu erfüllen ist[97], bedarf es streng genommen keiner vertraglichen Regelung. Die Pflicht zur Dokumentierung erteilter Weisungen kann jedoch **vertraglich auch dem Auftragnehmer zugeteilt** werden, bzw. können durch eine explizite Regelung Unklarheiten über die Zuständigkeit vermieden werden. Das Muster kann daher durch eine entsprechende Regelung ergänzt werden[98]. Um einen nach Art. 28 Abs. 3 DSGVO gesetzlich vorgeschriebenen Inhalt eines Auftragsverarbeitungsvertrags handelt es sich dabei jedoch nicht.

7.57 Art. 28 Abs. 3 Satz 3 DSGVO sieht ferner die Pflicht des Auftragnehmers vor, den Verantwortlichen unverzüglich zu informieren, wenn der Auftragnehmer der Ansicht ist, dass eine **erteilte Weisung gegen Datenschutzrecht verstößt**. Auch hier handelt es sich um eine aus dem Gesetz erwachsende Pflicht von Auftragsverarbeitern, jedoch um keinen nach Art. 28 DSGVO zwingenden Inhalt eines Auftragsverarbeitungsvertrags; eine entsprechende Regelung kann jedoch aufgenommen werden.

---

95 *Spoerr* in BeckOK DatenschutzR, Art. 29 DSGVO Rz. Vor 1.

96 Dafür: *Spoerr* in BeckOK DatenschutzR, Art. 29 DSGVO Rz. 1.

97 *Freund* in Schuster/Grützmacher, Art. 28 DSGVO Rz. 52; *Gabel/Lutz* in Taeger/Gabel, Art. 28 DSGVO Rz. 44; a.A. *Martini* in Paal/Pauly, Art. 28 DSGVO Rz. 39; *Spoerr* in BeckOK DatenschutzR, Art. 28 DSGVO Rz. 58.

98 *Moos* in Moos/Schefzig/Arning, Kap. 7 Rz. 24; zum verpflichtenden Vertragsinhalt zählen die Dokumentationspflicht sogar *Martini* in Paal/Pauly, Art. 28 DSGVO Rz. 39.

Ergänzend kann ferner geregelt werden, ob eine **Verarbeitung außerhalb der EU** – etwa durch einen   7.58
Unterauftragnehmer – stattfinden darf und welche Voraussetzungen dabei einzuhalten sind. Alternativ
kann eine Verarbeitung außerhalb der EU auch gänzlich ausgeschlossen werden. Wenn bereits der **Auftragnehmer außerhalb der EU** ansässig ist, hat der Auftraggeber zusätzlich zum Abschluss der vorliegenden Vereinbarung dafür Sorge zu tragen, dass die Übermittlung an den außerhalb der EU ansässigen Auftragnehmer entsprechend **den Vorgaben der Art. 44–49 DSGVO abgesichert** ist, etwa durch
den zusätzlichen Abschluss von EU-Standarddatenschutzklauseln[99].

4. Anforderungen an Personal (Ziff. 3)

M 7.1.4 Anforderungen an Personal   7.59

3. Anforderungen an Personal

3.1 Der Auftragnehmer hat alle Personen, die Auftraggeber-Daten verarbeiten, bezüglich der Verarbeitung
von Auftraggeber-Daten zur Vertraulichkeit zu verpflichten.

3.2 Der Auftragnehmer stellt sicher, dass ihm unterstellte natürliche Personen, die Zugang zu Auftraggeber-
Daten haben, diese nur auf seine Anweisung verarbeiten, es sei denn, sie sind nach dem Recht der Union
oder der Mitgliedstaaten zur Verarbeitung verpflichtet.

a) Ratio

Ziff. 3 des Musters statuiert, dass der Auftragnehmer sein Personal, das bei der Verarbeitung von Auf-   7.60
traggeber-Daten eingesetzt wird, zur Vertraulichkeit über die Inhalte der Auftraggeber-Daten verpflichten muss. Ferner muss der Auftragnehmer sicherstellen, dass sein Personal die Auftraggeber-Daten nur weisungsgemäß verarbeitet.

b) Verpflichtung zur Vertraulichkeit und weisungsgebundene Verarbeitung

Die Klausel setzt die Anforderungen von Art. 28 Abs. 3 Satz 2 lit. b und Art. 29 DSGVO um. Die Ver-   7.61
pflichtung der Mitarbeiter auf **Vertraulichkeit** verlangt Art. 28 Abs. 3 Satz 2 lit. b DSGVO – in ähnlicher Weise wie § 5 BDSG a.F.[100]. Art. 29 DSGVO unterwirft daneben jede einem Auftragsverarbeiter
unterstellte Person der weisungsgebundenen Verarbeitung. Weil diese Personen ihrerseits gesetzlich
oder vertraglich zur Verschwiegenheit verpflichtet sein müssen[101], greift die Regelung in dem Muster
dies hier mit auf.

Weil das Gesetz hier keine bestimmte **Form der Verpflichtung** verlangt[102], kann insoweit auch eine   7.62
Festschreibung im Vertrag unterbleiben. Für eine detaillierte Beschreibung dieser Pflichten wird auf
die Erläuterungen der in diesem Formularhandbuch enthaltenen umfangreichen Vereinbarungen zur
Auftragsverarbeitung verwiesen[103].

---

99   Siehe hierzu die Muster in Teil 5, Rz. 26.24, Rz. 27.20 und Rz. 28.27.
100 *Spoerr* in BeckOK DatenschutzR, Art. 28 DSGVO Rz. 63.
101 *Spoerr* in BeckOK DatenschutzR, Art. 29 DSGVO Rz. 12.
102 *Spoerr* in BeckOK DatenschutzR, Art. 28 DSGVO Rz. 65.
103 Siehe Teil 2, Rz. 8.33 ff., 8.51 ff.; Rz. 9.25 ff., 9.41 ff.

5. Sicherheit der Verarbeitung (Ziff. 4)

7.63 **M 7.1.5 Sicherheit der Verarbeitung**

4. Sicherheit der Verarbeitung

4.1 Der Auftragnehmer ergreift alle geeigneten technischen und organisatorischen Maßnahmen, die unter Berücksichtigung des Stands der Technik, der Implementierungskosten und der Art, des Umfangs, der Umstände und der Zwecke der Verarbeitung der Auftraggeber-Daten sowie der unterschiedlichen Eintrittswahrscheinlichkeit und Schwere des Risikos für die Rechte und Freiheiten der betroffenen Personen erforderlich sind, um ein dem Risiko angemessenes Schutzniveau für die Auftraggeber-Daten zu gewährleisten.

4.2 Der Auftragnehmer hat vor dem Beginn der Verarbeitung der Auftraggeber-Daten insbesondere die in Anhang 2 zu dieser Anlage spezifizierten technischen und organisatorischen Maßnahmen zu ergreifen und während des Hauptvertrags aufrechtzuerhalten sowie sicherzustellen, dass die Verarbeitung von Auftraggeber-Daten im Einklang mit diesen Maßnahmen durchgeführt wird.

a) Ratio

7.64 Klausel 4 statuiert zunächst die generelle **Pflicht des Auftragnehmers, angemessene technische und organisatorische Datensicherheitsmaßnahmen gem. Art. 32 DSGVO** zu implementieren, die er bei der Verarbeitung der personenbezogenen Daten im Auftrag des Auftraggebers anzuwenden hat. Unter Verweis auf einen entsprechenden Anhang werden dem Auftragnehmer dabei im Speziellen **konkret zu ergreifende (und für die Laufzeit des Hauptvertrags) zu erhaltende Maßnahmen** auferlegt.

b) Konkretisierung der technischen und organisatorischen Maßnahmen

7.65 Klausel 4 setzt die gesetzlichen Vorgaben von Art. 28 Abs. 3 Satz 2 lit. c DSGVO um.

7.66 Nicht hinreichend geklärt ist, ob es auch unter Geltung des Art. 28 DSGVO einer detaillierten **Spezifizierung** der vom Auftragsverarbeiter konkret zu realisierenden Maßnahmen in dem Vertrag bedarf. Nach alter Rechtslage ist dies verlangt worden[104]. Wegen des Wortlauts, der stärkeren Eigenverantwortung des Auftragsverarbeiters und auch wegen der größeren Spezifizierung des Maßnahmenkanons in Art. 32 Abs. 1 DSGVO mag man dies künftig ggf. vertraglich für verzichtbar halten[105]. Es reicht demnach eine allgemeine Verpflichtung auf angemessene Maßnahmen.

Empfehlenswert ist eine derartige Minimalregelung jedoch nicht[106]: Die organisatorischen Pflichten nach Art. 5 Abs. 2, Art. 24 Abs. 1, Art. 32 Abs. 1 DSGVO verlangen vom Verantwortlichen nämlich spezifische Maßnahmen im Lichte der jeweils spezifischen Risiken[107]. Die bloße vertragliche Verpflichtung zur Einhaltung von Art. 32 DSGVO führt jedoch nicht automatisch zur Erfüllung dieser gesetzlichen Pflichten. Dies gilt insbesondere vor dem Hintergrund, dass es dem Verantwortlichen obliegt, das jeweilige der ausgelagerten Verarbeitung inhärente Risiko zu bewerten[108]. Der Auftraggeber muss daher bewerten, ob die vom Auftragnehmer implementierten Maßnahmen diesem Risiko angemessen sind. Dieses Risiko ist entsprechend zu dokumentieren, etwa indem ein bestimmter Katalog aus Maß-

---

104 Vgl. *Freund* in Schuster/Grützmacher, Art. 28 DSGVO Rz. 92.

105 In diesem Sinne wohl *Martini* in Paal/Pauly, der Art. 28 Abs. 3 Satz 2 lit. c DSGVO für überflüssig hält, Art. 28 DSGVO Rz. 45; *Freund* in Schuster/Grützmacher, Art. 28 DSGVO Rz. 92; a.A. *Spoerr* in BeckOK DatenschutzR, Art. 28 DSGVO Rz. 71.

106 So auch *Freund* in Schuster/Grützmacher, Art. 28 DSGVO Rz. 93; *Hartung* in Kühling/Buchner, Art. 28 DSGVO Rz. 71.

107 Siehe dazu *Durmus*, DSB 2020, 122 f.

108 *Piltz*, DSB 2019, 200 (200); *Durmus*, DSB 2020, 273 (273).

nahmen vertraglich mit dem Auftragnehmer vereinbart wird[109]. Vor diesem Hintergrund sieht das Muster eine Spezifizierung konkreter Maßnahmen in einem Anhang vor.

Für eine detaillierte Beschreibung dieser Pflicht wird auf die Erläuterungen der in diesem Formular-   7.67
handbuch enthaltenen umfangreichen Vereinbarungen zur Auftragsverarbeitung verwiesen. Die Klausel kann durch weitere oder detailliertere Regelungen aus der in diesem Formularhandbuch enthaltenen umfangreichen Vereinbarungen zur Auftragsverarbeitung ergänzt werden.

6. Unterauftragsverarbeitungen (Ziff. 5)

M 7.1.6 Unterauftragsverarbeitungen   7.68

5. Inanspruchnahme weiterer Auftragsverarbeiter

*5.1 Der Auftraggeber genehmigt hiermit in allgemeiner Weise die Inanspruchnahme weiterer Auftragsverarbeiter durch den Auftragnehmer. Die gegenwärtig vom Auftragnehmer eingesetzten weiteren Auftragsverarbeiter sind in **Anhang 3** genannt.*

*5.2 Der Auftragnehmer wird den Auftraggeber über jede beabsichtigte Änderung in Bezug auf die Hinzuziehung oder Ersetzung weiterer Auftragsverarbeiter informieren. Der Auftraggeber ist berechtigt, gegen jede beabsichtigte Änderung Einspruch zu erheben. Erhebt der Auftraggeber Einspruch, ist dem Auftragnehmer die beabsichtigte Änderung untersagt. Im Falle zugelassener Änderungen wird der Auftragnehmer die Liste der Unterauftragnehmer in **Anhang 3** entsprechend aktualisieren und dem Auftraggeber unverlangt zur Verfügung stellen.*

5.3 Der Auftragnehmer wird jedem weiteren Auftragsverarbeiter vertraglich dieselben Datenschutzpflichten auferlegen, die in dieser Anlage in Bezug auf den Auftragnehmer festgelegt sind.

5.4 Der Auftragnehmer wird vor jeder Beauftragung sowie regelmäßig während der Beauftragung überprüfen, dass die weiteren Auftragsverarbeiter geeignete technische und organisatorische Maßnahmen ergriffen haben und diese so durchgeführt werden, dass die Verarbeitung der Auftraggeber-Daten gemäß dieser Anlage erfolgt.

a) Ratio

Klausel 5 ermöglicht es dem Auftragnehmer grundsätzlich – unter Einhaltung der vertraglich bestimmten Vorgaben – die für den Auftraggeber vorgenommenen **Datenverarbeitungsaktivitäten an**   7.69
Unterauftragnehmer auszulagern. Zu diesen Vorgaben zählen in erster Linie, dass die Unterauftragnehmer über **geeignete technische und organisatorische Datenschutz- und Datensicherheitsmaßnahmen** verfügen und **denselben datenschutzrechtlichen Pflichten** wie der Auftragnehmer vertraglich unterworfen werden müssen. Zudem muss der Auftragnehmer den Auftraggeber **über jede neue Einschaltung eines Unterauftragnehmers informieren** und ihm ein zu begründendes Widerspruchsrecht zugestehen.

Ferner wird der Auftragnehmer verpflichtet, etwaig **eingeschaltete Unterauftragnehmer** vor der Unterbeauftragung sowie regelmäßig während der Laufzeit der Unterbeauftragung zu **kontrollieren**.   7.70
Letztlich treffen den Auftragnehmer gewisse Dokumentationspflichten, die es in erster Linie dem Auftraggeber ermöglichen sollen, seinen originären Pflichten als Verantwortlicher nachzukommen.

---

109 Siehe für einen dahingehenden pragmatischen Ansatz *Piltz*, DSB 2019, 200 f.

b) Konkrete Anforderungen an Unterauftragsverarbeitungen

7.71 Klausel 5 setzt in erster Linie die gesetzlichen Vorgaben aus Art. 28 Abs. 2 und Abs. 3 Satz 2 lit. d und Abs. 4 DSGVO um.

7.72 Im Unterschied zum bisherigen Recht ergeben sich aus der DSGVO nun auch **inhaltliche Mindestvorgaben** für die Vertragsregelung zur **Einschaltung von Unterauftragsverarbeitern**. Diese ergeben sich maßgeblich aus Art. 28 Abs. 2 DSGVO, auf den Art. 28 Abs. 3 Satz 2 lit. d DSGVO verweist. Danach ist der Auftragsverarbeiter z.B. direkt aus dem Gesetz verpflichtet, im Falle einer Allgemeingenehmigung von Unterbeauftragungen den Auftraggeber im Einzelfall zu informieren und ihm einen Einspruch zu ermöglichen[110]. Diese Vorgaben sind nicht abdingbar und deshalb hier in das Muster übernommen.

7.73 Es ist nicht gesetzlich geregelt, ob das Einspruchsrecht an bestimmte Einwendungen gebunden werden kann[111]; auch die Rechtsfolge eines Einspruchs ergibt sich nicht ausdrücklich aus Art. 28 Abs. 2 DSGVO. Im Sinne einer Minimalregelung sind umfangreiche Regelungen hierzu unterblieben. Es ist in Ziff. 5.2 lediglich klargestellt worden, dass ein Einspruch eine Verbotswirkung hat[112]. Alternativ kann die Unterauftragsvergabe **generell ausgeschlossen** oder in jedem Einzelfall **von der Zustimmung des Auftraggebers abhängig** gemacht werden.

7.74 Für eine detaillierte Beschreibung dieser Pflicht wird wiederum auf die Erläuterungen zu den umfangreichen Vereinbarungen zur Auftragsverarbeitung verwiesen.

7.75 Ergänzend können Regelung zur Einschaltung von außerhalb der EU ansässigen Unterauftragsverarbeiten aufgenommen werden. Der Auftraggeber hat bei einer etwaigen solchen Gestattung darauf zu achten, dass er den **Auftragnehmer verpflichtet**, die Voraussetzungen der Art. 44–49 DSGVO bei der Einschaltung von **Unterauftragnehmern außerhalb der EU** einzuhalten und einen solchen **Transfer entsprechend abzusichern**, etwa durch den **Abschluss von EU-Standarddatenschutzklauseln**, gegebenenfalls in Vertretung des Auftraggebers, wenn der Auftragnehmer in der EU ansässig ist; dem Auftragnehmer kann diesbezüglich auch im Rahmen dieser Vereinbarung eine entsprechende **Vollmacht** erteilt werden. Alternativ kann die Einschaltung eines Unterauftragnehmers außerhalb der EU auch generell ausgeschlossen werden.

7. Rechte der betroffenen Personen (Ziff. 6)

7.76 **M 7.1.7 Rechte der betroffenen Personen**

6. Rechte der betroffenen Personen

6.1 *Der Auftragnehmer wird den Auftraggeber im Rahmen des Zumutbaren mit technischen und organisatorischen Maßnahmen dabei unterstützen, seiner Pflicht zur Beantwortung von Anträgen auf Wahrnehmung der ihnen zustehenden Rechte betroffener Personen nachzukommen.*

6.2 *Der Auftragnehmer wird insbesondere:*

- *den Auftraggeber unverzüglich informieren, falls sich eine betroffene Person mit einem Antrag auf Wahrnehmung ihrer Rechte in Bezug auf Auftraggeber-Daten unmittelbar an den Auftragnehmer wenden sollte;*

- *dem Auftraggeber auf Anfrage alle bei ihm vorhandenen Informationen über die Verarbeitung von Auftraggeber-Daten geben, die der Auftraggeber zur Beantwortung des Antrags einer betroffenen Person benötigt und über die der Auftraggeber nicht selbst verfügt.*

---

110 *Spoerr* in BeckOK DatenschutzR, Art. 28 DSGVO Rz. 41.
111 *Spoerr* in BeckOK DatenschutzR, Art. 28 DSGVO Rz. 42.
112 So auch *Moos* in Moos/Schefzig/Arning, Kap. 7 Rz. 51.

a) Ratio

Klausel 6 verankert die Verpflichtung des Auftragnehmers, den Auftraggeber bei der Erfüllung der 7.77
Rechte von betroffenen Personen zu unterstützen. Es handelt sich um eine **Mitwirkungspflicht** bei der
Erfüllung etwaiger Betroffenenanfragen.

b) Mitwirkung des Auftragnehmers bei Anfragen von Betroffenen

Klausel 6 setzt in erster Linie die gesetzlichen Vorgaben von Art. 28 Abs. 3 Satz 1 und Satz 2 lit. e 7.78
DSGVO um, wobei die **Konkretisierungen** der Mitwirkungspflicht in Ziff. 6.2 des Musters streng
genommen sogar verzichtbar wären[113]. Auch wenn also eine weitere Spezifizierung gesetzlich nicht
verlangt ist, erscheint sie in solchen Konstellationen, wo mit einer verstärkten Geltendmachung von
Betroffenenrechten gerechnet wird, sinnvoll[114]. Andernfalls ist jeweils im Einzelfall durch **Vertragsauslegung** zu bestimmen, welche Maßnahmen sich als **geeignete und dem Auftragsverarbeiter zumutbare Maßnahmen** darstellen[115]. Für eine detaillierte Beschreibung der Pflichten wird auf die Erläuterungen der umfangreichen Vereinbarungen zur Auftragsverarbeitung verwiesen.

Die Klausel kann durch weitere oder detailliertere Regelungen aus den in diesem Formularhandbuch 7.79
enthaltenen umfangreichen Vereinbarungen zur Auftragsverarbeitung ergänzt werden. So kann der
Auftragnehmer grundsätzlich auch stärker in die Bearbeitung solcher Anfragen involviert werden; die
Verantwortung verbleibt im Außenverhältnis jedoch stets beim Auftraggeber.

8. Sonstige Unterstützungspflichten (Ziff. 7)

M 7.1.8 Sonstige Unterstützungspflichten des Auftragsnehmers 7.80

7. Sonstige Unterstützungspflichten des Auftragnehmers

*7.1 Der Auftragnehmer meldet dem Auftraggeber, unverzüglich nachdem ihm eine solche bekannt gewor-
den ist, jede Verletzung des Schutzes von Auftraggeber-Daten, insbesondere Vorkommnisse, die zur Vernichtung, zum Verlust, zur Veränderung, oder zur unbefugten Offenlegung von beziehungsweise zum
unbefugten Zugang zu Auftraggeber-Daten führen. Die Meldung enthält nach Möglichkeit eine Beschreibung:*

*– der Art der Verletzung des Schutzes der Auftraggeber-Daten, soweit möglich mit Angabe der Kate-
gorien und der ungefähren Zahl der betroffenen Personen, der betroffenen Kategorien und der ungefähren Zahl der betroffenen personenbezogenen Datensätze;*

– der wahrscheinlichen Folgen der Verletzung des Schutzes der Auftraggeber-Daten;

*– der von dem Auftragnehmer ergriffenen oder vorgeschlagenen Maßnahmen zur Behebung der Ver-
letzung des Schutzes der Auftraggeber-Daten und gegebenenfalls Maßnahmen zur Abmilderung ihrer möglichen nachteiligen Auswirkungen.*

*7.2 Für den Fall, dass der Auftraggeber verpflichtet ist, die Aufsichtsbehörden und/oder Betroffenen nach
Art. 33, 34 DSGVO zu informieren, wird der Auftragnehmer den Auftraggeber auf dessen Anfrage unterstützen, diese Pflichten einzuhalten.*

*7.3 Der Auftragnehmer wird den Auftraggeber im Rahmen des Zumutbaren bei etwa von ihm durchzufüh-
renden Datenschutz-Folgenabschätzungen und sich gegebenenfalls anschließenden Konsultationen
der Aufsichtsbehörden nach Art. 35, 36 DSGVO unterstützen.*

---

113 Vgl. *Freund* in Schuster/Grützmacher, Art. 28 DSGVO Rz. 100.
114 *Freund* in Schuster/Grützmacher, Art. 28 DSGVO Rz. 100; *Hartung* in Kühling/Buchner, Art. 28
DSGVO Rz. 74.
115 Vgl. *Spoerr* in BeckOK DatenschutzR, Art. 28 DSGVO Rz. 47.

a) Ratio

7.81 Klausel 7 statuiert **ergänzende Unterstützungspflichten des Auftragnehmers**; namentlich zur Meldung von Datenpannen sowie zur Mitwirkung an der Durchführung etwaiger Datenschutz-Folgenabschätzungen und Erfüllung von Meldepflichten gegenüber Datenschutzaufsichtsbehörden bzw. Betroffenen durch den Auftraggeber.

b) Erläuterungen

7.82 Klausel 7 setzt die gesetzliche Vorgabe aus Art. 28 Abs. 3 Satz 2 lit. f DSGVO um.

aa) Information über Datenpannen (Ziff. 7.1)

7.83 Die Pflicht zur Information des Auftraggebers über Verletzungen des Schutzes personenbezogener Daten (Ziff. 7.1) erwächst für den Auftragnehmer ohnehin originär aus Art. 33 Abs. 2 DSGVO. Die Vertragsregelung orientiert sich inhaltlich an dieser gesetzlichen Regelung.

Die unter Ziff. 7.1 des Musters aufgenommene Pflicht soll ferner sicherstellen, dass der Auftraggeber seinen **originären Pflichten**, insbesondere nach Art. 33, 34 DSGVO sowie der Rechenschaftspflicht nach Art. 5 Abs. 2 DSGVO **als Verantwortlicher** für die ausgelagerte Datenverarbeitung nachkommen kann. Aus diesem Grund findet sich darin eine Aufzählung der vom Auftragnehmer nach Möglichkeit mitzuteilenden Informationen. Die DSGVO selbst macht keine inhaltlichen Vorgaben für die Information durch den Auftragsverarbeiter[116].

bb) Unterstützung bei Meldungen (Ziff. 7.2)

7.84 Neben dieser Informationspflicht verlangt Art. 28 Abs. 3 Satz 2 lit. f DSGVO explizit die Verankerung einer **Unterstützungspflicht**[117]. Eine solche Unterstützung ist für den Fall der Notwendigkeit einer Meldung durch den Auftraggeber explizit in Ziff. 7.2 verankert.

7.85 Auch hier belässt es das Muster bei einer Mindestregelung. Art und Umfang der Unterstützungspflicht wird nicht konkretisiert und muss im Einzelfall durch Vertragsauslegung bestimmt werden. In Ermangelung konkreter vertraglicher Vorgaben bestimmt sich das **Ausmaß der Unterstützungspflicht** anhand des mit der Verarbeitung verbundenen Risikos[118]. Die Klausel kann durch weitere oder detailliertere Regelungen aus den umfangreichen Vereinbarungen zur Auftragsverarbeitung ergänzt werden.

cc) Unterstützung bei Datenschutz-Folgeabschätzungen (Ziff. 7.3)

7.86 Wegen des Verweises in Art. 28 Abs. 3 Satz 2 lit. f DSGVO auf die Art. 32-36 DSGVO ist in Ziff. 7.3 auch die **Unterstützung** durch den Auftragnehmer bei etwaigen Datenschutz-Folgenabschätzungen nach Art. 35 DSGVO geregelt.

7.87 Eine solche Unterstützung wird in Auftragsverarbeitungssituationen für notwendig erachtet, weil der Verantwortliche die Verarbeitung gerade nicht allein durchführt und deshalb nicht alle relevanten Fakten kennt. In diesem Sinne wird im Rahmen der Unterstützung insbesondere die **Bereitstellung aller relevanten Informationen** an den Auftraggeber geschuldet sein[119].

Auch hier gilt, dass die Unterstützungspflicht nicht uneingeschränkt gilt und mangels vertraglicher Spezifizierung im Einzelfall durch Auslegung zu ermitteln ist.

---

116 *Brink* in BeckOK DatenschutzR, Art. 33 DSGVO Rz. 49.
117 *Martini* in Paal/Pauly, Art. 28 DSGVO Rz. 49; ausf. dazu *Durmus*, DSB 2020, 273 f.
118 *Martini* in Paal/Pauly, Art. 28 DSGVO Rz. 49.
119 *Spoerr* in BeckOK DatenschutzR, Art. 28 DSGVO Rz. 76.

9. Datenlöschung und -rückgabe (Ziff. 8)

M 7.1.9 Datenlöschung und -rückgabe 7.88

8. Datenlöschung und -rückgabe

Der Auftragnehmer wird auf die Weisung des Auftraggebers hin mit Beendigung des Hauptvertrages alle Auftraggeber-Daten entweder vollständig und unwiderruflich löschen oder an den Auftraggeber zurückgeben, sofern nicht gesetzlich eine Verpflichtung des Auftragnehmers zur weiteren Speicherung der Auftraggeber-Daten besteht.

a) Ratio

Klausel 8 statuiert, dass der Auftragnehmer **nach Erbringung der unter dem Hauptvertrag geschul-** 7.89 **deten Leistungen** verpflichtet ist, die Auftraggeber-Daten nach Wahl des Auftraggebers entweder vollständig und unwiderruflich zu löschen oder an den Auftraggeber herauszugeben.

b) Wahlmöglichkeit des Auftraggebers

Klausel 8 setzt die Vorgaben von Art. 28 Abs. 3 Satz 2 lit. g DSGVO um. 7.90

Inhaltlich orientiert sich auch diese Regelung an dem gesetzlichen Mindestgehalt. Insbesondere werden beide Alternativen (Löschung oder Herausgabe der Daten) offen gehalten, so dass der Auftraggeber erst zur Beendigung der Auftragsverarbeitung eine Entscheidung treffen muss, wie er das ihm zustehende **Wahlrecht**[120] ausübt. Für eine detaillierte Beschreibung dieser Pflicht wird auf die Erläuterungen der in diesem Formularhandbuch enthaltenen umfangreichen Vereinbarungen zur Auftragsverarbeitung verwiesen.

10. Nachweise und Überprüfungen (Ziff. 9)

M 7.1.10 Nachweise und Überprüfungen 7.91

9. Nachweise und Überprüfungen

*9.1 Der Auftragnehmer hat sicherzustellen und regelmäßig zu kontrollieren, dass die Verarbeitung der Auftraggeber-Daten mit dieser Anlage, einschließlich des in **Anhang 1** festgelegten Umfangs der Verarbeitung der Auftraggeber-Daten, sowie den Weisungen des Auftraggebers in Einklang steht.*

9.2 Der Auftragnehmer wird die Umsetzung der Pflichten nach dieser Anlage in geeigneter Weise dokumentieren und dem Auftraggeber entsprechende Nachweise auf dessen Anfrage vorlegen. Der Auftragnehmer wird insbesondere dokumentieren:

- *alle Vertraulichkeitsverpflichtungen von Personen, die Auftraggeber-Daten verarbeiten;*
- *alle sich in seinem Einwirkungsbereich ereignenden Verletzungen des Schutzes von Auftraggeber-Daten einschließlich aller damit im Zusammenhang stehenden Fakten, deren Auswirkungen und von ihm ergriffene Abhilfemaßnahmen;*
- *alle Verträge über die Inanspruchnahme weiterer Auftragsverarbeiter und alle Prüfungen weiterer Auftragsverarbeiter im Sinne von Ziffer 5;*
- *alle auf Weisung des Auftraggebers erfolgten Löschungen von Auftraggeber-Daten.*

---

120 *Martini* in Paal/Pauly, Art. 28 DSGVO Rz. 50.

9.3 Der Auftraggeber ist berechtigt, den Auftragnehmer vor dem Beginn der Verarbeitung von Auftraggeber-Daten und regelmäßig während der Laufzeit des Hauptvertrags bezüglich der Einhaltung der Regelungen dieser Anlage, insbesondere der Umsetzung der technischen und organisatorischen Maßnahmen gemäß **Anhang 2,** *selbst oder durch einen von ihm beauftragten Prüfer zu überprüfen; einschließlich durch Inspektionen. Der Auftragnehmer ermöglicht solche Überprüfungen und trägt durch alle zweckmäßigen und zumutbaren Maßnahmen zu solchen Überprüfungen bei, unter anderem durch:*

– *die Gewährung der notwendigen Zugangs- und Zugriffsrechte und*

– *der Bereitstellung aller notwendigen Informationen.*

a) Ratio

7.92 Diese Klausel sieht zunächst die Pflicht des Auftragnehmers vor, eigenständig und regelmäßig zu überprüfen, ob er bei der Verarbeitung der Auftraggeber-Daten die Vorschriften dieser Anlage einhält.

7.93 Klausel 9.2 sieht eine grundsätzliche Dokumentationspflicht des Auftragnehmers im Hinblick auf die Einhaltung bzw. Umsetzung der ihn nach dieser Anlage treffenden Pflichten vor; exemplarisch werden einzelne, zu dokumentierende Vorgänge aufgezählt.

7.94 Ferner wird das Recht des Auftraggebers statuiert, den Auftragnehmer vor Beginn der Datenverarbeitung sowie periodisch während der Vertragslaufzeit selbst oder durch unabhängige Prüfer zu **auditieren**. Dem Auftragnehmer werden entsprechende **Mitwirkungspflichten** auferlegt.

b) Erläuterungen

7.95 Klausel 9 setzt zunächst die gesetzlichen Vorgaben von Art. 28 Abs. 3 Satz 2 lit. h DSGVO um. Die unter Ziff. 9.1 und 9.2 des Musters aufgenommenen Pflichten sollen dabei in erster Linie sicherstellen, dass der Auftraggeber seinen **originären Pflichten**, insbesondere der Rechenschaftspflicht nach Art. 5 Abs. 2 DSGVO, **als Verantwortlicher** für die ausgelagerte Datenverarbeitung nachkommen kann.

aa) Eigenkontrollen (Ziff. 9.1)

7.96 Streng genommen verlangt Art. 28 Abs. 3 Satz 2 lit. h DSGVO nur eine Information durch den Auftragnehmer. Weil diese Information aber dem Nachweis der Einhaltung der in Art. 28 DSGVO festgelegten Vorgaben dient, konturiert Ziff. 9.1 diese Zielsetzung noch etwas aus und verlangt von dem Auftragnehmer darüber hinaus als geeignete Maßnahme zur Sicherstellung der Einhaltung selbst entsprechende **Eigenkontrollen**.

7.97 Diese Vertragspflicht fungiert im Wesentlichen als „**geeignete Datenschutzvorkehrung**" i.S.v. Art. 24 Abs. 2 DSGVO, die der Verantwortliche trifft, um die Anforderungen des Art. 24 Abs. 1 DSGVO zu erfüllen. Auch wenn also streng genommen eine solche Verpflichtung nicht im Kanon des Art. 28 Abs. 2 DSGVO auftaucht, erscheint sie zur Erfüllung der **Nachweispflicht** des Auftraggebers kaum verzichtbar und zur Umsetzung eines umfassenden **Datenschutz-Compliance-Managements**[121] sinnvoll. Dies ergibt sich auch mittelbar aus Art. 39 Abs. 1 lit. b DSGVO, wonach der Verantwortliche u.a. „**Überprüfungen**" vorzunehmen hat. Diese Verpflichtung wird in Ziff. 9.1 an den Auftragsverarbeiter weitergegeben.

bb) Dokumentationen (Ziff. 9.2)

7.98 In Ziff. 9.2 werden die Informationen konkretisiert, die der Auftragnehmer zum Nachweis der Einhaltung erzeugen und bereitstellen muss. Streng genommen verlangt Art. 28 DSGVO auch diese Konkreti-

---

121 *Martini* in Paal/Pauly, Art. 24 DSGVO Rz. 40.

sierung nicht zwingend; erneut speist sie sich wieder eher aus Art. 24 DSGVO bzw. den jeweiligen Einzelverpflichtungen.

cc) Auftraggeberprüfungen (Ziff. 9.3)

Ferner wird dem Auftraggeber ermöglicht, die ihm nach Art. 28 Abs. 1 DSGVO obliegende, **initiale Überprüfung**, ob der **Auftragnehmer über ein angemessenes Datenschutzniveau**, insbesondere über geeignete technische und organisatorische Datenschutz- und Datensicherheitsmaßnahmen verfügt, durchzuführen. Die DSGVO verankert eine **Kontrollpflicht** des Auftraggebers zwar nicht explizit; diese Pflicht lässt sich jedoch aus dem Grundsatz der Rechenschaftspflicht nach Art. 5 Abs. 2 i.V.m. Art. 24 Abs. 1 Satz 1 DSGVO und deren Nachweis ableiten[122].

7.99

Das Kontrollrecht kann insoweit an bestimmte Bedingungen geknüpft werden, etwa dass Kontrollen nur zu regulären Geschäftszeiten oder nach erfolgter Voranmeldung durchgeführt werden dürfen. Ferner können etwa **Vor-Ort-Kontrollen** dezidiert geregelt werden. Ein Ausschluss erscheint nach neuer Rechtslage nicht mehr ohne weiteres möglich, weil Art. 28 Abs. 3 Satz 2 lit. h DSGVO explizit von „**Inspektionen**" spricht[123]. Alternativ kann aufgenommen werden, dass der Auftragnehmer auch entsprechende **Zertifizierungs- oder andere Prüfberichte** vorlegen und sich **Drittkontrollen** unterziehen kann.

7.100

Unklar ist noch, ob die DSGVO hierzu weitergehende Regelungen in dem Auftragsverarbeitungsvertrag verlangt. Teilweise wird vertreten, dass dem Auftraggeber insoweit eine breite Konkretisierungs- und Ausgestaltungsverantwortung zukomme, so dass Intensität und Mittel der Kontrollen zu spezifizieren seien[124].

7.101

---

122 *Moos* in Moos/Schefzig/Arning, Kap. 7 Rz. 70.
123 *Spoerr* in BeckOK DatenschutzR, Art. 28 DSGVO Rz. 84.
124 *Spoerr* in BeckOK DatenschutzR, Art. 28 DSGVO Rz. 84.

§ 8
Allgemeiner Auftragsverarbeitungsvertrag – auftraggeberfreundlich

Literatur: *Arbeitsgruppe „Digitaler Neustart" der Konferenz der Justizministerinnen und Justizminister der Länder (JuMiKo)*, Bericht v. 15.5.2017, https://ogy.de/digitaler-neustart-jumiko; *Arbeitskreis Technik und Medien der Konferenz der Datenschutzbeauftragten des Bundes und der Länder*, Orientierungshilfe – Cloud Computing, Version 2.0, Stand 9.10.2014, https://ogy.de/orientierungshilfe-cloud-computing; *Art. 29-Datenschutzgruppe*, WP 169: Stellungnahme 1/2010 zu den Begriffen „Für die Verarbeitung Verantwortlicher" und „Auftragsverarbeiter", v. 16.2.2010, https://ogy.de/Art29-Datenschutzgruppe-WP169; *Art. 29-Datenschutzgruppe*, WP 176: Häufig gestellte Fragen zu bestimmten Aspekten im Zusammenhang mit dem Inkrafttreten des Beschlusses 2010/87/EU der Kommission vom 5. Februar 2010 über Standardvertragsklauseln für die Übermittlung personenbezogener Daten an Auftragsverarbeiter in Drittländern nach der Richtlinie 95/46/EG, v. 12.7.2010, https://ogy.de/Art29-Datenschutzgruppe-WP176; *Art. 29-Datenschutzgruppe*, WP 196, Stellungnahme 05/2012 zum Cloud Computing, v. 1.7.2012, https://ogy.de/Art29-Datenschutzgruppe-WP196; *Art. 29-Datenschutzgruppe*, WP 243 rev.01: Leitlinien in Bezug auf Datenschutzbeauftragte („DSB"), v. 5.4.2017, übernommen durch den EDSA mit Endorsement 1/2018, https://ogy.de/Art29-Datenschutzgruppe-WP243; *Bayerisches Landesamt für Datenschutzaufsicht (BayLDA)*, Formulierungshilfe für einen Auftragsverarbeitungsvertrag nach Art. 28 Abs. 3 DS-GVO, v. 13.2.2018, https://ogy.de/baylda-Formulierungshilfe-AV; *Bayerisches Landesamt für Datenschutzaufsicht (BayLDA)*, Tätigkeitsbericht 2009/10, https://ogy.de/baylda-taetigkeitsbericht-20092010; *Bayerisches Landesamt für Datenschutzaufsicht (BayLDA)*, Tätigkeitsbericht 2011/12, https://ogy.de/baylda-taetigkeitsbericht-20112012; *Bitkom*, Position zum Bundesmuster zur Auftragsverarbeitung, v. 2.8.2019, https://ogy.de/bitkom-bundesmusterAVV; *Bundesamt für Sicherheit in der Informationstechnik (BSI)*, Eckpunktepapier Sicherheitsempfehlungen für Cloud Computing-Anbieter, Stand Februar 2012, https://ogy.de/bsi-cloud-computing; *Datenschutzkonferenz (DSK)*, Hinweise zum Verzeichnis von Verarbeitungstätigkeiten, Art. 30 DSGVO, Stand: Februar 2018, https://ogy.de/DSK-Art30; *Der Bayerische Landesbeauftragte für den Datenschutz (BayLfD)*, Orientierungshilfe Auftragsdatenverarbeitung, Version 2.0, Stand 1.4.2019, https://ogy.de/BayLfD-Auftragsverarbeitung; *Der Bundesbeauftragte für den Datenschutz und Informationsfreiheit (BfDI)*, Positionspapier zur Anonymisierung unter der DSGVO unter besonderer Berücksichtigung der TK-Branche, v. 29.6.2020, https://ogy.de/BfDI-Anonymisierung; *Der Bundesbeauftragte für Datenschutz und Informationssicherheit (BfDI)*, Muster Auftragsverarbeitung nach DSGVO, https://ogy.de/bfdi-MusterAVV; *Der Hessische Datenschutzbeauftragte*, Mustervereinbarung zum Datenschutz und zur Datensicherheit in Auftragsverhältnissen nach § 11 BDSG, Stand 28.9.2010, https://ogy.de/Hessen-Muster-11BDSG; *Düsseldorfer Kreis*, Handreichung zur rechtlichen Bewertung von Fallgruppen zur internationalen Auftragsdatenverarbeitung, v. 28.3.2007, Anlage zum Beschluss 22421.18.16 v. 20.4.2007, https://ogy.de/duesseldorfer-kreis-Auftragsverarbeitung; *Eckhardt*, DS-GVO: Anforderungen an die Auftragsverarbeitung als Instrument zur Einbindung Externer, CCZ 2017, 111; *Europäischer Datenschutzausschuss (EDSA)*, Hinweise zur Übermittlung von Daten nach der Datenschutz-Grundverordnung (DSGVO) im Fall eines ungeregelten Brexit, angenommen am 12.2.2019; aktualisiert am 4.10.2019, https://ogy.de/gttm; *EDSA*, Opinion 14/2019 on the draft Standard Contractual Clauses submitted by the DK SA (Article 28(8) GDPR), adopted on 9.7.2019; https://ogy.de/1aib; *EDSA*, Guidelines 07/2020 on the concepts of controller and processor in the GDPR, Version 1.0, adopted on 2.9.2020, https://ogy.de/pjml; *Gaul/Köhler*, Mitarbeiterdaten in der

Computer Cloud: Datenschutzrechtliche Grenzen des Outsourcing, BB 2011, 2229; *Geminn/Schaller*, Brexit im Datenschutz?, ZD-Aktuell 2016, 05320; *Golland*, Datenschutzrechtliche Anforderungen an internationale Datentransfers, NJW 2020, 2593; *Grupp*, Vertragsgestaltung in Zeiten von Brexit, NJW 2017, 2065; *Hoeren*, Das neue BDSG und die Auftragsdatenverarbeitung, DuD 2010, 688; *Hoeren*, Datenbesitz statt Dateneigentum, MMR 2019, 5; *Keppeler/Berning*, Technische und rechtliche Probleme bei der Umsetzung der DS-GVO-Löschpflichten, ZD 2017, 314; *Kilian/Heussen/Taeger/Pohle*, Computerrechts-Handbuch – Informationstechnologie in der Rechts- und Wirtschaftspraxis, 35. EL 2020; *Koós/Englisch*, Eine „neue" Auftragsdatenverarbeitung, ZD 2014, 276; *Moos*, Die EU-Standardvertragsklauseln für Auftragsverarbeiter 2010, CR 2010, 281; *Müthlein*, ADV 5.0 – Neugestaltung der Auftragsdatenverarbeitung in Deutschland, RDV 2016, 74; *Nink/Müller*, Beschäftigtendaten im Konzern – Wie die Mutter so die Tochter?, ZD 2012, 505; *Piltz*, Die Datenschutz-Grundverordnung, K&R 2016, 709; *Rothkegel/Strassemeyer*, Joint Control in European Data Protection Law – How to make sense of the CJEU's Holy Trinity, CRi 2019, 161; *Roßnagel*, Rechtsfragen eines Smart Data-Austauschs, NJW 2017, 10; *Schefzig*, Wem gehört das neue Öl? – Die Sicherung der Rechte an Daten, K&R Beihefter 3/2015, 3; *Schmidt/Freund*, Perspektiven der Auftragsverarbeitung, ZD 2017, 14; *Schmidt/Kahl*, Verarbeitung „sensibler" Daten durch Cloud-Anbieter in Drittstaaten, ZD 2017, 54; *Schmitz*, Telefonanlagenfunktionen „im Netz" des TK-Providers, ZD 2011, 104; *Schröder/Haag*, Stellungnahme der Art. 29-Datenschutzgruppe zum Cloud Computing, ZD 2012, 495; *Splittgerber/Rockstroh*, Sicher durch die Cloud navigieren – Vertragsgestaltung beim Cloud Computing, BB 2011, 2179; *Taeger*, Law as a Service (LaaS) – Recht im Internet- und Cloud-Zeitalter, 2013; *Taeger*, Tagungsband Herbstakademie 2015, Internet der Dinge, 2015; *Vander*, Auftragsdatenverarbeitung 2.0? – Neuregelungen der Datenschutznovelle II im Kontext von § 11 BDSG, K&R 2010, 292; *v. Holleben/Knaut*, Die Zukunft der Auftragsverarbeitung – Privilegierung, Haftung, Sanktionen und Datenübermittlung mit Auslandsbezug unter der DSGVO, CR 2017, 299.

A. Einleitung

I. Verwendung des Vertragsmusters

8.1   Bei dem nachfolgend erläuterten Vertragsmuster handelt es sich um einen Auftragsverarbeitungsvertrag i.S.v. Art. 28 DSGVO. Es dient dazu, die gesetzlichen **Anforderungen gem. Art. 28 Abs. 3 DSGVO** umzusetzen, wonach Auftragsverarbeitungen auf Basis eines Vertrags oder eines anderen Rechtsinstruments durchzuführen sind und in inhaltlicher Hinsicht Regelungen zu mindestens den in Art. 28 Abs. 3 Satz 2 DSGVO im Einzelnen aufgelisteten Gegenständen enthalten müssen.

II. Auftraggeberfreundlichkeit des Musters

8.2   Das Vertragsmuster ist **auftraggeberfreundlich** gestaltet, indem es (1) bei der Umsetzung der gesetzlichen Anforderungen aus Art. 28 Abs. 3 Satz 2 DSGVO durchgehend ein für den Auftraggeber erstrebenswertes, hohes Schutz- und Verpflichtungsniveau vorsieht, und (2) zusätzliche, aus Auftraggebersicht sinnvolle Regelungen aufnimmt, die nach Art. 28 Abs. 3 DSGVO nicht zwingend notwendig wären.

8.3   Weil zwar der Gegenstand der notwendigen Mindestregelungen dem Katalog in Art. 28 Abs. 3 DSGVO leicht zu entnehmen ist[1], nicht aber deren Gehalt, lässt sich der **Mindestgehalt** eines Auftragsverarbeitungsvertrages nicht immer mit abschließender Sicherheit bestimmen. Der Auftraggeber wird im Zweifel deshalb darauf bedacht sein, den Vertrag nicht „auf Kante zu nähen", sondern die Anforderungen des Art. 28 Abs. 3 DSGVO lieber etwas über das erforderliche Maß hinaus zu erfüllen.

8.4   Hinzu kommt, dass sich Gestaltungsanforderungen an einen Vertrag zur Auftragsverarbeitung nicht ausschließlich aus Art. 28 DSGVO ergeben. Der Auftraggeber hat zusätzlich zu bedenken, dass er nach

---

1 *Spoerr* in BeckOK DatenschutzR, Art. 28 DSGVO Rz. 50.

Art. 24 Abs. 1 DSGVO dazu verpflichtet ist, unter Berücksichtigung der Art, des Umfangs, der Umstände und der Zwecke der Verarbeitung sowie der unterschiedlichen Eintrittswahrscheinlichkeit und Schwere der Risiken für die Rechte und Freiheiten natürlicher Personen u.a. geeignete organisatorische Maßnahmen umzusetzen, um sicherzustellen und den Nachweis dafür erbringen zu können, dass die Verarbeitung gemäß der DSGVO erfolgt. Ein Auftragsverarbeitungsvertrag stellt immer auch eine **organisatorische Maßnahme des Verantwortlichen** dar, mit der er die Einhaltung der Datenschutzanforderungen durch den Auftragnehmer und deren Nachweis sicherstellt, so dass sich aus **Art. 24 DSGVO** ebenfalls Anforderungen ergeben können, die zumindest der Verantwortliche und Auftraggeber vertraglich verankern will oder muss. Der notwendige Verpflichtungsgehalt des Auftragsverarbeitungsvertrages wird deshalb mittelbar durch Art. 24 Abs. 1 DSGVO mitbestimmt. Es kann deshalb je nach Verarbeitungssituation geboten sein, bei der Umsetzung der gesetzlichen Anforderungen aus Art. 28 Abs. 3 Satz 2 DSGVO ein **höheres Schutz- und Verpflichtungsniveau** vorzusehen oder zusätzliche, aus Auftraggebersicht sinnvolle Regelungen aufzunehmen, die nach Art. 28 Abs. 3 DSGVO nicht zwingend notwendig wären. Dieses Ansinnen verfolgt das nachstehende Vertragsmuster. In diesem Sinne enthält das nachfolgende Muster auch (wenige) Konkretisierungen der von Art. 28 Abs. 3 DSGVO geforderten Mindestregelungen, die es dem Verantwortlichen ermöglichen sollen, den ihm originär obliegenden datenschutzrechtlichen Pflichten trotz Auslagerung der Verarbeitungstätigkeit an den Auftragsverarbeiter nachzukommen und die man bei restriktiver Auslegung nicht in jedem Fall als absolut zwingend ansehen mag.

B. Allgemeiner Auftragsverarbeitungsvertrag – auftraggeberfreundlich

I. Muster – deutsch

M 8.1 Auftragsverarbeitungsvertrag (auftraggeberfreundlich)　　　　　　　8.5

Auftragsverarbeitungsvertrag

Vertrag über die Verarbeitung personenbezogener Daten im Auftrag eines Verantwortlichen gemäß Art. 28 DSGVO

zwischen

…

– nachfolgend „Auftraggeber" genannt –

und

…

– nachfolgend „Auftragnehmer" genannt –

1. Vertragsgegenstand[2]

Im Rahmen der Leistungserbringung nach dem Vertrag vom … [Datum] (nachfolgend „Hauptvertrag" genannt) ist es erforderlich, dass der Auftragnehmer mit personenbezogenen Daten umgeht, für die der Auftraggeber als Verantwortlicher im Sinne der datenschutzrechtlichen Vorschriften fungiert (nachfolgend „Auftraggeber-Daten" genannt). Dieser Vertrag konkretisiert die datenschutzrechtlichen Rechte und Pflichten der Parteien im Zusammenhang mit dem Umgang des Auftragnehmers mit Auftraggeber-Daten zur Durchführung des Hauptvertrags.

---

2 Zu den Erläuterungen siehe Rz. 8.9 ff.

2. Umfang der Beauftragung[3]

2.1 Der Auftragnehmer verarbeitet die Auftraggeber-Daten ausschließlich im Auftrag und nach Weisung des Auftraggebers i.S.v. Art. 28 DSGVO (Auftragsverarbeitung). Der Auftraggeber bleibt Verantwortlicher im datenschutzrechtlichen Sinn.

2.2 Die Verarbeitung von Auftraggeber-Daten durch den Auftragnehmer erfolgt ausschließlich in der Art, dem Umfang und zu dem Zweck wie in **Anlage 1** zu diesem Vertrag spezifiziert; die Verarbeitung betrifft ausschließlich die darin bezeichneten Arten personenbezogener Daten und Kategorien betroffener Personen. Die Dauer der Verarbeitung entspricht der Laufzeit des Hauptvertrages. Der Auftragnehmer ist verpflichtet, auf Verlangen des Auftraggebers Änderungen der Festlegungen in **Anlage 1** dieses Vertrags zuzustimmen, soweit er keinen sachlichen Grund zur Verweigerung dieser Zustimmung hat. Die Änderungen sind schriftlich festzulegen.

2.3 Jede von den Festlegungen in **Anlage 1** abweichende oder darüber hinausgehende Verarbeitung von Auftraggeber-Daten ist dem Auftragnehmer untersagt, insbesondere eine Verarbeitung der Auftraggeber-Daten zu eigenen Zwecken. Das gilt auch für eine Anonymisierung der Auftraggeber-Daten und für jegliche Verwendung anonymisierter Auftraggeber-Daten.

2.4 Die Verarbeitung der Auftraggeber-Daten durch den Auftragnehmer findet ausschließlich im Gebiet der Bundesrepublik Deutschland statt. Eine Datenverwendung außerhalb Deutschlands, auch im Wege der Gewährung des Zugriffs auf Auftraggeber-Daten an Personen außerhalb Deutschlands, bedarf der vorherigen schriftlichen Zustimmung des Auftraggebers. Datenverwendungen in Ländern, die weder Mitgliedstaat der Europäischen Union noch Vertragsstaat des Abkommens über den Europäischen Wirtschaftsraum (EWR) sind (nachfolgend „Drittländer" genannt) dürfen nur unter der weiteren Voraussetzung erfolgen, dass die Voraussetzungen der Art. 44 ff. DSGVO zur Zufriedenheit des Auftraggebers erfüllt sind.

2.5 Sofern der Auftragnehmer Auftraggeber-Daten außerhalb seiner Hauptniederlassung verarbeitet, informiert er den Auftraggeber über alle sonstigen Orte, an denen er Auftraggeber-Daten verarbeitet. Der Auftraggeber ist berechtigt, nach billigem Ermessen der Verarbeitung von Auftraggeber-Daten außerhalb der Hauptniederlassung des Auftragnehmers zu widersprechen. Dem Auftragnehmer ist es untersagt, Auftraggeber-Daten in Privatwohnungen zu verarbeiten; hierzu zählt auch eine Zugriffsgewährung an Mitarbeiter in Privatwohnungen, z.B. im Wege der Telearbeit. Ferner ist es dem Auftragnehmer untersagt, Auftraggeber-Daten auf privaten Datenverarbeitungsgeräten der Mitarbeiter zu speichern oder zugänglich zu machen.

2.6 Der Auftragnehmer erwirbt an den Auftraggeber-Daten keine Rechte und ist auf Verlangen des Auftraggebers jederzeit auf erstes Anfordern zur Herausgabe der Auftraggeber-Daten in einer für den Auftraggeber lesbaren und weiterverarbeitbaren Form verpflichtet. Zurückbehaltungsrechte in Bezug auf die Auftraggeber-Daten und die dazugehörigen Datenträger sind ausgeschlossen.

3. Weisungsbefugnisse des Auftraggebers[4]

3.1 Der Auftragnehmer darf die Auftraggeber-Daten ausschließlich im Auftrag und gemäß den Weisungen des Auftraggebers verarbeiten, sofern der Auftragnehmer nicht gesetzlich zu einer anderweitigen Verarbeitung verpflichtet ist. In letzterem Fall teilt der Auftragnehmer dem Auftraggeber diese rechtlichen Anforderungen rechtzeitig vor der Verarbeitung mit, sofern das betreffende Gesetz eine solche Mitteilung nicht wegen eines wichtigen öffentlichen Interesses verbietet.

3.2 Der Auftraggeber besitzt insoweit gegenüber dem Auftragnehmer ein umfassendes Weisungsrecht über Art, Umfang, Zweck und Verfahren der Verarbeitung von Auftraggeber-Daten. Die Weisungen des Auftraggebers sollen grundsätzlich in Schrift- oder Textform erfolgen. Bei Bedarf kann der Auftraggeber Weisungen auch mündlich oder telefonisch erteilen. Mündlich oder telefonisch erteilte Weisungen bedürfen jedoch einer unverzüglichen Bestätigung durch den in Ziffer 3.3 genannten Weisungsberechtigten des Auftraggebers in Schrift- oder Textform. Der Auftragnehmer ist verpflichtet, sämtliche Weisungen des Auftraggebers zu dokumentieren.

---

3 Zu den Erläuterungen siehe Rz. 8.13 ff.
4 Zu den Erläuterungen siehe Rz. 8.34 ff.

3.3 *Weisungen sollen im Regelfall von dem Weisungsberechtigten des Auftraggebers oder dessen Stellvertreter erteilt werden. Derzeit fungieren auf Seiten des Auftraggebers folgende Personen als Weisungsberechtigter und als dessen Stellvertreter:*

Weisungsberechtigter:

…

…

Stellvertreter:

…

…

3.4 *Der Auftraggeber wird dem Auftragnehmer einen Wechsel in der Person des Weisungsberechtigten oder des Stellvertreters möglichst frühzeitig anzeigen.*

3.5 *Die Parteien vereinbaren als Empfangsberechtigten für Weisungen auf Seiten des Auftragnehmers folgende Person:*

Empfangsberechtigter:

…

…

Stellvertreter:

…

…

In dringenden Fällen darf der Auftraggeber aber auch jedem anderen Beschäftigten des Auftragnehmers entsprechende Weisungen erteilen, sofern weder der Empfangsberechtigte noch sein Stellvertreter für den Auftraggeber erreichbar waren.

3.6 *Ein Wechsel in der Person des Empfangsberechtigten oder des Stellvertreters bzw. deren dauerhafte Verhinderung hat der Auftragnehmer dem Auftraggeber möglichst frühzeitig schriftlich unter Benennung eines Vertreters mitzuteilen. Bis zum Zugang einer solchen Mitteilung beim Auftraggeber gelten die benannten Personen weiter als empfangsberechtigt für Weisungen des Auftraggebers.*

3.7 *Der Auftragnehmer ist verpflichtet, die Weisungen des Auftraggebers unverzüglich auszuführen. Der Auftraggeber ist berechtigt, dem Auftragnehmer hierfür im Einzelfall eine jeweils angemessene Frist zu setzen, die der Auftragnehmer einzuhalten hat.*

3.8 *Der Auftragnehmer gewährleistet, dass er die Auftraggeber-Daten im Einklang mit den Bestimmungen dieses Vertrags und den Weisungen des Auftraggebers verarbeitet. Der Auftragnehmer bestätigt, dass ihm und seinen Mitarbeitern, die mit Auftraggeber-Daten umgehen, die Vorschriften der DSGVO und die sonstigen einschlägigen Datenschutzvorschriften bekannt sind. Ist der Auftragnehmer der begründeten Ansicht, dass eine Weisung des Auftraggebers gegen diesen Vertrag oder das geltende Datenschutzrecht verstößt, hat er den Auftraggeber unverzüglich darauf hinzuweisen. Der Auftragnehmer ist nach rechtzeitiger vorheriger Ankündigung gegenüber dem Auftraggeber mit mindestens 14-tägiger Frist berechtigt, die Ausführung der Weisung bis zu einer Bestätigung oder Änderung der Weisung durch den Auftraggeber auszusetzen. Bestätigt der Auftraggeber die Weisung, ist der Auftragnehmer verpflichtet, sie zu befolgen.*

3.9 *Falls eine Weisung die gemäß Ziffer 2.2 und **Anlage 1** dieses Vertrags getroffenen Festlegungen ändert oder aufhebt, ist sie nur zulässig, wenn hierbei eine entsprechende neue schriftliche Festlegung nach Ziffer 2.2 erfolgt.*

4. Rechtsstellung des Auftraggebers[5]

Der Auftraggeber ist Eigentümer der Auftraggeber-Daten und im Verhältnis der Parteien zueinander Inhaber aller etwaigen Rechte an den Auftraggeber-Daten.

5. Anforderungen an Personal und Systeme[6]

5.1 Der Auftragnehmer gewährt Personen Zugriff auf Auftraggeber-Daten nur, soweit dies unmittelbar für die Erfüllung einer konkreten Aufgabe durch diese Person notwendig ist (Need-to-know-Prinzip). Der Auftragnehmer hat alle Personen, die Auftraggeber-Daten verarbeiten, bezüglich der Verarbeitung von Auftraggeber-Daten in Schriftform zur Vertraulichkeit zu verpflichten und die Verpflichtung dem Auftraggeber auf erstes Anfordern nachzuweisen.

5.2 Der Auftragnehmer stellt sicher, dass ihm unterstellte natürliche Personen, die Zugang zu Auftraggeber-Daten haben, diese nur auf seine Anweisung verarbeiten, es sei denn, sie sind nach dem Recht der Union oder der Mitgliedstaaten zur Verarbeitung verpflichtet.

5.3 Der Auftragnehmer gewährleistet, dass er nur solche Systeme für die Verarbeitung von Auftraggeber-Daten einsetzt, die dafür ausgelegt sind, den Datenschutz durch eine der Verarbeitungssituation angemessene technische Systemgestaltung zu unterstützen.

6. Sicherheit der Verarbeitung[7]

6.1 Der Auftragnehmer verpflichtet sich, alle geeigneten technischen und organisatorischen Maßnahmen zu ergreifen und während der Dauer der Verarbeitung von Auftraggeber-Daten aufrecht zu erhalten, die unter Berücksichtigung des Stands der Technik, der Implementierungskosten und der Art, des Umfangs, der Umstände und der Zwecke der Verarbeitung der Auftraggeber-Daten sowie der unterschiedlichen Eintrittswahrscheinlichkeit und Schwere des Risikos für die Rechte und Freiheiten der betroffenen Personen erforderlich sind, um ein dem Risiko angemessenes Schutzniveau für die Auftraggeber-Daten zu gewährleisten.

*6.2 Der Auftragnehmer garantiert, vor dem Beginn der Verarbeitung der Auftraggeber-Daten insbesondere die in **Anlage 2** zu diesem Vertrag spezifizierten technischen und organisatorischen Maßnahmen zu ergreifen und sicherzustellen, dass die Verarbeitung von Auftraggeber-Daten im Einklang mit diesen Maßnahmen durchgeführt wird.*

*6.3 Dem Auftragnehmer ist es gestattet, nach vorheriger schriftlicher Zustimmung des Auftraggebers alternative adäquate technische und organisatorische Maßnahmen umzusetzen, sofern das Sicherheitsniveau der in **Anlage 2** festgelegten technischen und organisatorischen Maßnahmen nicht unterschritten wird.*

*6.4 Auf Weisung des Auftraggebers wird der Auftragnehmer darüber hinausgehende wirksame technische und organisatorische Maßnahmen umsetzen, wenn sich die in **Anlage 2** des Vertrags bestimmten Maßnahmen als nicht ausreichend erwiesen haben oder wenn der technische Fortschritt dies erfordert. Der Auftragnehmer hat den Auftraggeber unverzüglich schriftlich zu informieren, wenn er Grund zu der Annahme hat, dass die Maßnahmen gemäß **Anlage 2** nicht (mehr) ausreichend sind oder der technische Fortschritt weitere Maßnahmen erfordert.*

*6.5 Für die Sicherheit der Auftraggeber-Daten relevante Entscheidungen zur Organisation der Datenverarbeitung und zu den angewandten Verfahren sind in jedem Fall vom Auftragnehmer im Voraus mit dem Auftraggeber abzustimmen, auch wenn hierdurch keine Abweichung von den Maßnahmen nach **Anlage 2** erfolgt.*

*6.6 Auf Verlangen weist der Auftragnehmer dem Auftraggeber die Einhaltung der in **Anlage 2** festgelegten technischen und organisatorischen Maßnahmen nach. Dabei kann der Nachweis nach Verlangen des Auftraggebers durch die Vorlage eines aktuellen Testats oder Berichts einer unabhängigen Instanz (wie z.B. eines Wirtschaftsprüfers, Revisors, dem betrieblichen Datenschutzbeauftragten oder einem exter-*

---

5 Zu den Erläuterungen siehe Rz. 8.48 ff.
6 Zu den Erläuterungen siehe Rz. 8.52 ff.
7 Zu den Erläuterungen siehe Rz. 8.58 ff.

nen Datenschutzauditor etc.) oder einer geeigneten Zertifizierung (z.B. nach BSI-Grundschutz) erbracht werden. Die Kontrollrechte des Auftraggebers nach Ziffer 10 bleiben davon unberührt.

6.7 Der Auftragnehmer ist verpflichtet, die Grundsätze der ordnungsmäßigen automatisierten Verarbeitung personenbezogener Daten einzuhalten und insbesondere jeweils aktuelle Dokumentationen aller automatisierten Verfahren zur Verarbeitung von Auftraggeber-Daten vorzuhalten sowie definierte und dokumentierte Test- und Freigabeverfahren für diese automatisierten Verfahren einzuhalten.

6.8 Auf Verlangen stellt der Auftragnehmer dem Auftraggeber ein umfassendes und aktuelles Datenschutz- und Sicherheitskonzept für die Auftragsverarbeitung nach diesem Vertrag zur Verfügung.

7. Inanspruchnahme weiterer Auftragsverarbeiter[8]

7.1 Der Auftragnehmer darf weitere Auftragsverarbeiter hinsichtlich der Verarbeitung von Auftraggeber-Daten nur nach vorheriger schriftlicher Zustimmung des Auftraggebers hinzuziehen. Der Zustimmungspflicht unterliegen auch Vertragsverhältnisse, die die Prüfung oder Wartung von Datenverarbeitungsverfahren oder -anlagen durch andere Stellen oder andere Nebenleistungen zum Gegenstand haben, sofern dabei ein Zugriff auf Auftraggeber-Daten nicht ausgeschlossen werden kann.

7.2 Zur Prüfung einer solchen Zustimmung hat der Auftragnehmer dem Auftraggeber den Entwurf des Unterauftragsverarbeitungsvertrags zwischen ihm und dem weiteren Auftragsverarbeiter ungekürzt in Kopie zur Verfügung zu stellen. Ferner muss der Auftragnehmer dem Auftraggeber schriftlich bestätigen, dass er den weiteren Auftragnehmer unter besonderer Berücksichtigung der Eignung der von diesem getroffenen technischen und organisatorischen Maßnahmen sorgfältig ausgewählt hat, er sich von der Einhaltung der beim weiteren Auftragnehmer getroffenen technischen und organisatorischen Maßnahmen überzeugt hat und dieser Erklärung eine Bestätigung der Ergebnisdokumentation dieser Überprüfung beizufügen. Ein Anspruch auf Erteilung der Zustimmung durch den Auftraggeber besteht nicht.

7.3 Der Auftragnehmer hat den weiteren Auftragsverarbeiter in dem Unterauftragsverarbeitungsvertrag schriftlich ebenso zu verpflichten, wie auch der Auftragnehmer aufgrund dieses Vertrags gegenüber dem Auftraggeber verpflichtet ist. Dem Auftraggeber sind im Unterauftragsverarbeitungsvertrag gegenüber dem weiteren Auftragsverarbeiter unmittelbar sämtliche Kontrollrechte gemäß Ziffer 9 dieses Vertrags einzuräumen (echter Vertrag zugunsten Dritter). In dem Unterauftragsverarbeitungsvertrag sind die Verantwortlichkeitssphären des Auftragnehmers und des weiteren Auftragsverarbeiters klar voneinander abzugrenzen. Der Auftragnehmer haftet für ein Verschulden jedes weiteren Auftragsverarbeiters wie für eigenes Verschulden.

7.4 Falls der Auftragnehmer einen weiteren Auftragsverarbeiter in einem Drittland einschalten möchte, gelten zusätzlich die Anforderungen gemäß Ziffer 2.4 bezüglich der Erfüllung der Voraussetzungen der Art. 44 ff. DSGVO. Die Parteien stellen klar, dass nur der Auftraggeber selbst berechtigt ist, Verträge i.S.v. Art. 46 Abs. 2 lit. c oder d und Abs. 3 lit. a DSGVO mit weiteren Auftragsverarbeitern in Drittländern abzuschließen und der Auftragnehmer hierzu keinerlei Vollmacht oder sonstige Berechtigung besitzt. Der Auftragnehmer verpflichtet sich bereits jetzt, einem etwa zwischen dem Auftraggeber und einem weiteren Auftragsverarbeiter in einem Drittland geschlossenen Vertrag im Sinne dieser Regelungen (einschließlich einem solchen auf Basis der Standardvertragsklauseln für die Übermittlung personenbezogener Daten an Auftragsverarbeiter in Drittländern gemäß Beschluss der EU-Kommission vom 5. Februar 2010 („Standardvertragsklauseln")) mit der Wirkung beizutreten, dass der Auftragnehmer gewährleistet, dass der Datenimporteur die Pflichten gemäß dem jeweiligen Vertrag einhält.

7.5 Der Auftraggeber stimmt hiermit der Inanspruchnahme der weiteren Auftragsverarbeiter gemäß **Anlage 3** zu.

7.6 Nachdem der Auftraggeber der Einschaltung eines weiteren Auftragsverarbeiters zugestimmt hat, wird der Auftragnehmer ihm eine vollständige Kopie des von beiden Seiten rechtswirksam unterzeichneten Unterauftragsverarbeitungsvertrags zuleiten. Der Auftragnehmer darf Auftraggeber-Daten erst dann einem weiteren Auftragsverarbeiter bereitstellen, sobald er zu seiner Zufriedenheit verifiziert hat, dass geeignete technische und organisatorische Maßnahmen so durchgeführt werden, dass die Verarbeitung im Einklang mit diesem Vertrag erfolgt.

---

8 Zu den Erläuterungen siehe Rz. 8.74 ff.

7.7 Der Auftragnehmer hat abgeleitete Kontrollpflichten gegenüber den weiteren Auftragsverarbeitern und kann und muss hierfür die in diesem Vertrag beschriebenen und in dem Unterauftragsverarbeitungsvertrag zu spiegelnden Kontrollbefugnisse des Auftraggebers wahrnehmen. Der Auftragnehmer hat die Einhaltung der vertraglichen Verpflichtungen des weiteren Auftragsverarbeiters regelmäßig (d.h. mindestens einmal jährlich) in geeigneter Form zu überprüfen, das Ergebnis der Prüfung zu dokumentieren und den entsprechenden Prüfbericht dem Auftraggeber innerhalb von sechs Wochen nach Durchführung der Prüfung unaufgefordert zur Verfügung zu stellen. Der Auftraggeber bleibt berechtigt, die Ausübung der Kontrollbefugnisse durch den Auftragnehmer uneingeschränkt zu überwachen und kann jederzeit auch selbst diese Kontrolle gegenüber dem weiteren Auftragsverarbeiter ausüben.

8. Rechte der betroffenen Personen[9]

8.1 Der Auftragnehmer wird den Auftraggeber mit technischen und organisatorischen Maßnahmen dabei unterstützen, seiner Pflicht zur Beantwortung von Anträgen auf Wahrnehmung der ihnen zustehenden Rechte betroffener Personen nachzukommen.

8.2 Soweit eine betroffene Person einen Antrag auf Wahrnehmung der ihr zustehenden Rechte unmittelbar gegenüber dem Auftragnehmer geltend macht, wird der Auftragnehmer dieses Ersuchen unverzüglich, spätestens aber innerhalb von 3 Tagen an den Auftraggeber weiterleiten und ohne entsprechende Einzelweisung des Auftraggebers nicht mit der betroffenen Person in Kontakt treten.

8.3 Der Auftragnehmer wird dem Auftraggeber unverzüglich, längstens aber innerhalb von fünf Werktagen Informationen über die gespeicherten Auftraggeber-Daten (auch soweit sie sich auf den Speicherungszweck beziehen), die Empfänger von Auftraggeber-Daten, an die der Auftragnehmer sie auftragsgemäß weitergibt und den Zweck der Speicherung mitteilen, sofern dem Auftraggeber diese Informationen nicht selbst vorliegen.

8.4 Der Auftragnehmer ist verpflichtet, Auftraggeber-Daten auf Weisung des Auftraggebers unverzüglich, spätestens aber innerhalb einer Frist von fünf Werktagen, zu berichtigen, zu löschen oder ihre Verarbeitung einzuschränken. Der Auftragnehmer wird dem Auftraggeber die weisungsgemäße Berichtigung oder Löschung der Daten bzw. die Einschränkung von deren Verarbeitung jeweils auf Verlangen schriftlich bestätigen.

8.5 Der Auftragnehmer stellt sicher, dass er auf Einzelweisung des Auftraggebers den gesamten zu einer betroffenen Person gespeicherten Datensatz in einem vom Auftraggeber im Einzelfall festzulegenden, strukturierten, gängigen und maschinenlesbaren Format an den Auftraggeber übergeben kann.

9. Mitteilungs- und Unterstützungspflichten bei Verletzungen des Schutzes von Auftraggeber-Daten[10]

9.1 Der Auftragnehmer meldet dem Auftraggeber unverzüglich – spätestens aber innerhalb von 24 Stunden – nachdem ihm eine solche bekannt geworden ist, jede potentielle Verletzung des Schutzes von Auftraggeber-Daten, insbesondere Vorkommnisse, die zur Vernichtung, zum Verlust, zur Veränderung oder zur unbefugten Offenlegung von beziehungsweise zum unbefugten Zugang zu Auftraggeber-Daten führen können („Datensicherheitsvorfall"). Die Meldung enthält mindestens eine Beschreibung:

– der Art der Verletzung des Schutzes der Auftraggeber-Daten mit Angabe der Kategorien und der ungefähren Zahl der betroffenen Personen, der betroffenen Kategorien und der ungefähren Zahl der betroffenen personenbezogenen Datensätze;

– der möglichen Folgen der Verletzung des Schutzes der Auftraggeber-Daten;

– der von dem Auftragnehmer ergriffenen oder vorgeschlagenen Maßnahmen zur Behebung der Verletzung des Schutzes der Auftraggeber-Daten und gegebenenfalls Maßnahmen zur Abmilderung ihrer möglichen nachteiligen Auswirkungen.

9.2 Der Auftragnehmer ist verpflichtet, den Auftraggeber im Falle eines Datensicherheitsvorfalls bei seinen diesbezüglichen Aufklärungs-, Abhilfe- und Informationsmaßnahmen, einschließlich aller Handlungen

---

9 Zu den Erläuterungen siehe Rz. 8.92 ff.
10 Zu den Erläuterungen siehe Rz. 8.101 ff.

zur Erfüllung gesetzlicher Verpflichtungen (etwa nach Art. 33 oder Art. 34 DSGVO) auf erstes Anfordern im Rahmen des Zumutbaren zu unterstützen. Der Auftragnehmer wird insbesondere unverzüglich sämtliche zumutbaren Maßnahmen ergreifen, um die entstandenen Gefährdungen für die Integrität oder Vertraulichkeit der Auftraggeber-Daten zu minimieren und zu beseitigen, die Auftraggeber-Daten zu sichern und mögliche nachteilige Folgen für Betroffene zu verhindern oder in ihren Auswirkungen so weit wie möglich zu begrenzen.

9.3 Der Auftragnehmer ist verpflichtet, unverzüglich nach Kenntniserlangung von einem Datensicherheitsvorfall eine Root-Cause-Analyse durchzuführen, diese zu dokumentieren und dem Auftraggeber die Dokumentation auf Verlangen auszuhändigen. Stellt der Auftraggeber hierbei fest, dass die bisherigen, vom Auftragnehmer realisierten technischen und organisatorischen Maßnahmen zum Schutz der Auftraggeber-Daten nicht ausreichend waren, ist der Auftragnehmer verpflichtet, ohne zusätzliche Kosten solche zusätzlichen technischen und organisatorischen Maßnahmen umzusetzen, die nach Ansicht des Auftraggebers erforderlich sind für einen angemessenen Schutz der Auftraggeber-Daten gegen Datensicherheitsvorfälle.

9.4 Der Auftragnehmer ist verpflichtet, ein Verzeichnis über alle sich während der Vertragslaufzeit bei ihm ereignenden Datensicherheitsvorfälle zu führen, in das Informationen aufzunehmen sind über (1) sämtliche Umstände und Fakten im Zusammenhang mit dem Datensicherheitsvorfall, (2) dessen Auswirkungen und (3) den jeweils ergriffenen Abhilfemaßnahmen. Auf Verlangen des Auftraggebers hat der Auftragnehmer ihm dieses Verzeichnis vorzulegen.

10. Sonstige Unterstützungspflichten des Auftragnehmers[11]

10.1 Der Auftragnehmer hat den Auftraggeber unverzüglich darüber zu informieren, wenn das Eigentum des Auftraggebers oder seine sonstigen Rechte an den Auftraggeber-Daten beim Auftragnehmer durch Maßnahmen Dritter, z.B. durch Pfändung, Beschlagnahme, Insolvenz oder Vergleichsverfahren oder durch sonstige Ereignisse gefährdet wird. Ferner wird der Auftragnehmer alle jeweils beteiligten Dritten darüber informieren, dass die Auftraggeber-Daten im Eigentum des Auftraggebers stehen.

10.2 Ist der Auftraggeber gegenüber einer staatlichen Stelle oder einem Dritten verpflichtet, Auskünfte über die Auftraggeber-Daten oder deren Verarbeitung zu erteilen, so ist der Auftragnehmer verpflichtet, den Auftraggeber bei der Erteilung solcher Auskünfte auf erstes Anfordern zu unterstützen, insbesondere durch unverzügliches Zurverfügungstellen sämtlicher Informationen und Dokumente über die vertragsgegenständliche Verarbeitung von Auftraggeber-Daten einschließlich den vom Auftragnehmer ergriffenen technisch-organisatorischen Maßnahmen, über den technischen Ablauf und die Orte der Verarbeitung von Auftraggeber-Daten und über die an der Verarbeitung beteiligten Personen.

10.3 Der Auftragnehmer hat dem Auftraggeber auf Verlangen unverzüglich eine jeweils aktuelle Aufstellung der Angaben nach Art. 30 Abs. 2 DSGVO sowie der beim Auftragnehmer zugriffsberechtigten Personen jeweils in Bezug auf die Auftraggeber-Daten zur Verfügung zu stellen.

10.4 Der Auftragnehmer bestätigt, dass er einen fachkundigen und zuverlässigen Datenschutzbeauftragten nach Art. 37 DSGVO bestellt hat und verpflichtet sich, die Bestellung eines Datenschutzbeauftragten während der Dauer der Verarbeitung von Auftraggeber-Daten aufrechtzuerhalten, auch wenn die gesetzlichen Voraussetzungen für eine Bestellpflicht entfallen sollten.

Die Kontaktdaten des Datenschutzbeauftragten sind wie folgt:

…

…

Einen Wechsel in der Person des Datenschutzbeauftragten hat der Auftragnehmer dem Auftraggeber unverzüglich schriftlich mitzuteilen.

10.5 Der Auftragnehmer wird den Auftraggeber im Rahmen des Zumutbaren bei etwa von ihm durchzuführenden Datenschutz-Folgenabschätzungen und sich gegebenenfalls anschließenden Konsultationen der Aufsichtsbehörden nach Art. 35, 36 DSGVO unterstützen.

---

11 Zu den Erläuterungen siehe Rz. 8.114 ff.

11. Datenlöschung und -rückgabe[12]

11.1 Der Auftragnehmer wird auf die Weisung des Auftraggebers hin mit Beendigung des Hauptvertrages alle Auftraggeber-Daten entweder vollständig und unwiderruflich löschen oder an den Auftraggeber zurückgeben, sofern nicht gesetzlich eine Verpflichtung des Auftragnehmers zur weiteren Speicherung der Auftraggeber-Daten besteht.

11.2 Der Auftragnehmer stellt darüber hinaus sicher, dass er Auftraggeber-Daten auf Einzelweisung des Auftraggebers jederzeit löschen kann; etwa, wenn ihre Kenntnis für die Erfüllung des Zwecks der jeweiligen Verarbeitung nicht mehr erforderlich ist.

11.3 Mindestens 1 Monat vor Beendigung des Hauptvertrages hat der Auftragnehmer beim Auftraggeber unter detaillierter Angabe der betroffenen Auftraggeber-Daten eine Entscheidung darüber abzufragen, ob die Auftraggeber-Daten mit Vertragsbeendigung von ihm gelöscht oder zurückgegeben werden sollen. Erteilt der Auftraggeber ihm hierauf keine anderweitige Einzelweisung, wird der Auftragnehmer ihm die Auftraggeber-Daten zurückgeben.

11.4 Soweit Auftraggeber-Daten zu löschen sind, die auf Datenträgern enthalten sind, sind diese Datenträger mindestens gemäß Sicherheitsstufe 3 der DIN 66399 „Büro und Datentechnik – Vernichten von Datenträgern" zu vernichten; soweit Datenträger besondere Arten personenbezogener Daten enthalten, sind diese mindestens gemäß Sicherheitsstufe 4 der DIN 66399 „Büro und Datentechnik – Vernichten von Datenträgern" zu vernichten.

11.5 Die Bestimmungen der Ziffern 11.1-11.4 gelten auch für Vervielfältigungen der Auftraggeber-Daten (insbesondere Archivierungs- und Sicherungsdateien) in allen Systemen des Auftragnehmers sowie für Test- und Ausschussdaten.

11.6 Über jede Löschung und Vernichtung von Auftraggeber-Daten hat der Auftragnehmer ein schriftliches Protokoll zu erstellen, das dem Auftraggeber auf Verlangen unverzüglich vorzulegen ist.

11.7 Dokumentationen, die dem Nachweis der auftrags- und ordnungsgemäßen Verarbeitung von Auftraggeber-Daten dienen, sind durch den Auftragnehmer für eine Dauer von zehn Jahren nach Vertragsende aufzubewahren und dem Auftraggeber auch nach Vertragsende auf Verlangen in Kopie herauszugeben.

12. Nachweise und Überprüfungen[13]

12.1 Der Auftragnehmer hat sicherzustellen und regelmäßig (mindestens einmal pro Jahr) zu kontrollieren, dass die Verarbeitung der Auftraggeber-Daten mit diesem Vertrag sowie den Weisungen des Auftraggebers in Einklang steht.

12.2 Der Auftragnehmer wird die Umsetzung der Pflichten nach diesem Vertrag in geeigneter Weise dokumentieren und dem Auftraggeber entsprechende Nachweise auf dessen Verlangen vorlegen. Der Auftragnehmer wird insbesondere dokumentieren:

- alle Eigenkontrollen gemäß Ziffer 12.1;

- alle Vertraulichkeitsverpflichtungen von Personen, die Auftraggeber-Daten verarbeiten;

- alle Verträge über die Inanspruchnahme weiterer Auftragsverarbeiter und alle Prüfungen weiterer Auftragsverarbeiter im Sinne von Ziffer 7;

- alle auf Weisung des Auftraggebers erfolgten Löschungen von Auftraggeber-Daten.

12.3 Der Auftraggeber ist berechtigt, den Auftragnehmer regelmäßig während der Verarbeitung von Auftraggeber-Daten bezüglich der Einhaltung der Regelungen dieses Vertrages, insbesondere der Umsetzung der technischen und organisatorischen Maßnahmen gemäß **Anhang 2**, zu überprüfen, einschließlich durch Vor-Ort-Kontrollen.

12.4 Zur Durchführung von Kontrollen nach Ziffer 12.3 ist der Auftraggeber berechtigt, jederzeit sämtliche Geschäftsräume des Auftragnehmers zu betreten und dort Vor-Ort-Kontrollen durchzuführen. Soweit

---

12 Zu den Erläuterungen siehe Rz. 8.124 ff.
13 Zu den Erläuterungen siehe Rz. 8.134 ff.

möglich, wird der Auftraggeber dem Auftragnehmer solche Vor-Ort-Kontrollen rechtzeitig vorher ankündigen. Der Auftragnehmer gewährt dem Auftraggeber sämtliche für die Durchführung der Kontrolle benötigten Zugangs-, Auskunfts- und Einsichtsrechte. Der Auftragnehmer verpflichtet sich insbesondere, dem Auftraggeber Zugang zu den Datenverarbeitungseinrichtungen, Dateien und anderen Dokumenten zu gewähren, um die Kontrolle und Überprüfung der relevanten Datenverarbeitungseinrichtungen, Dateien und anderer Dokumentationen zu ermöglichen, die mit der Verarbeitung von Auftraggeber-Daten im Zusammenhang stehen. Der Auftraggeber nimmt hierbei angemessene Rücksicht auf die Betriebsabläufe und berechtigte Geheimhaltungsinteressen des Auftragnehmers.

12.5 Der Auftragnehmer ermöglicht solche Überprüfungen und trägt durch alle zweckmäßigen und zumutbaren Maßnahmen zu solchen Überprüfungen bei, unter anderem durch die Bereitstellung aller notwendigen Informationen einschließlich aller Zertifikate, Auditberichte und sonstigen Ergebnisse von Überprüfungen im Hinblick auf die Verarbeitung von Auftraggeber-Daten.

*12.6 Der Auftraggeber ist berechtigt, von dem Datenschutzbeauftragten des Auftragnehmers Auskunft über sämtliche Aspekte der Verarbeitung von Auftraggeber-Daten, einschließlich der getroffenen technisch-organisatorischen Maßnahmen, zu erhalten und von ihm regelmäßig eine Bestätigung der Einhaltung der technischen und organisatorischen Maßnahmen gemäß **Anlage 2** zu verlangen. Der Auftragnehmer wird unter Beachtung von dessen Weisungsfreiheit dafür sorgen, dass der Datenschutzbeauftragte auf Verlangen des Auftraggebers Auskünfte und Bestätigungen zeitnah erteilt.*

12.7 Der Auftraggeber ist berechtigt, die Kontrollhandlungen nach dieser Ziffer 12 selbst oder durch einen zur Geheimhaltung verpflichteten Bevollmächtigten vorzunehmen. Der Auftragnehmer ist verpflichtet, die Kontrollhandlungen eines solchen Bevollmächtigten in derselben Weise zu dulden und zu unterstützen wie Kontrollen durch den Auftraggeber.

12.8 Gemäß den anwendbaren Datenschutzvorschriften unterliegen der Auftraggeber und der Auftragnehmer öffentlichen Kontrollen durch die zuständige Aufsichtsbehörde. Auf Verlangen des Auftraggebers wird der Auftragnehmer den Auftraggeber im Rahmen von behördlichen Aufsichtsverfahren nach Kräften unterstützen, wenn und soweit die vertragsgegenständliche Verarbeitung von Auftraggeber-Daten Gegenstand des Aufsichtsverfahrens ist. Der Auftragnehmer wird insbesondere auf Verlangen des Auftraggebers ihm selbst oder der Aufsichtsbehörde unmittelbar alle Informationen im Zusammenhang mit diesem Vertrag geben und entsprechende Auskünfte erteilen und der Aufsichtsbehörde die Möglichkeit einräumen, Prüfungen in demselben Umfang durchzuführen, wie sie die Aufsichtsbehörde beim Auftraggeber durchführen darf. Der Auftragnehmer verpflichtet sich, der zuständigen Aufsichtsbehörde auch in diesem Rahmen alle erforderlichen Zugangs-, Auskunfts- und Einsichtsrechte zu gewähren. Falls die Aufsichtsbehörde beim Auftragnehmer Kontrollhandlungen, Ermittlungen oder Maßnahmen durchführt, die Auftraggeber-Daten betreffen, hat der Auftragnehmer den Auftraggeber darüber so früh wie möglich und in der Regel unverzüglich nach Erhalt der Ankündigung der Aufsichtsmaßnahme durch die Behörde zu informieren.

13. Vertragsdauer und Kündigung[14]

13.1 Die Laufzeit dieses Vertrags entspricht der Laufzeit des Hauptvertrags. Die Regelungen zur ordentlichen Kündigung des Hauptvertrags gelten entsprechend.

13.2 Der Auftraggeber ist zu einer jederzeitigen außerordentlichen Kündigung dieses Vertrags sowie des Hauptvertrags aus wichtigem Grund berechtigt. Ein wichtiger Grund liegt für den Auftraggeber insbesondere vor, wenn

- *der Auftragnehmer gegen eine wesentliche Pflicht aus diesem Vertrag verstößt,*
- *der Auftragnehmer die Auftraggeber-Daten für andere als nach Ziffer 2.2 zugelassene Zwecke verwendet,*
- *der Auftragnehmer eine Weisung des Auftraggebers nach Ziffer 3 dieses Vertrags nicht ausführt,*
- *der Auftragnehmer einer Meldepflicht nach Ziffer 9.1 nicht nachkommt,*

---

14 Zu den Erläuterungen siehe Rz. 8.156 ff.

- der Auftragnehmer die Ausübung der Kontrollrechte des Auftraggebers nach Ziffer 9 dieses Vertrags verweigert oder nicht nur unerheblich behindert oder

- der Auftragnehmer einen weiteren Auftragsverarbeiter entgegen Ziffer 7.1 ohne vorherige schriftliche Zustimmung des Auftraggebers einschaltet.

13.3 Der Hauptvertrag darf im Falle einer Beendigung dieses Vertrags nur fortgeführt werden, wenn ausgeschlossen ist, dass der Auftragnehmer Auftraggeber-Daten verarbeitet. Im Zweifel gilt eine Kündigung des Hauptvertrags auch als eine Kündigung dieses Vertrags und gilt eine Kündigung dieses Vertrags auch als Kündigung des Hauptvertrags.

14. Haftung und Vertragsstrafe[15]

14.1 Für Schäden des Auftraggebers durch schuldhafte Verstöße des Auftragnehmers gegen diesen Vertrag sowie gegen die ihn unmittelbar treffenden gesetzlichen Datenschutzverpflichtungen haftet der Auftragnehmer entsprechend den gesetzlichen Haftungsregelungen. Etwaige anderweitig zwischen den Parteien vereinbarte Haftungsbegrenzungen (z.B. aus dem Hauptvertrag) finden diesbezüglich keine Anwendung. Soweit Dritte Ansprüche gegen den Auftraggeber geltend machen, die ihre Ursache in einem schuldhaften Verstoß des Auftragnehmers gegen diesen Vertrag oder gegen eine ihn unmittelbar treffende gesetzliche Datenschutzverpflichtung haben, stellt der Auftragnehmer den Auftraggeber von diesen Ansprüchen auf erstes Anfordern frei.

14.2 Der Auftragnehmer verpflichtet sich, den Auftraggeber auch von allen etwaigen Geldbußen, die gegen den Auftraggeber verhängt werden, in dem Umfang auf erstes Anfordern freizustellen, in dem der Auftragnehmer Anteil an der Verantwortung für den durch die Geldbuße sanktionierten Verstoß trägt.

14.3 Der Auftragnehmer trägt die Beweislast dafür, dass etwaige Schäden und Geldbußen nicht auf einem von ihm zu vertretenden Umstand beruhen, soweit die jeweilige Ursache in der Verarbeitung von Auftraggeber-Daten in der Zuständigkeitssphäre des Auftragnehmers liegt.

14.4 Im Falle eines schuldhaften Verstoßes gegen eine der Verpflichtungen aus Ziffer 2.1 bis 2.3, Ziffer 3.1, Ziffer 6, Ziffer 7.1, Ziffer 8.1, Ziffer 9.2, Ziffer 10.1 oder Ziffer 13.2 dieses Vertrags wird pro Verstoß eine von dem Auftragnehmer an den Auftraggeber zu zahlende Vertragsstrafe in Höhe von … EUR fällig.

15. Schlussbestimmungen[16]

15.1 Sollten einzelne Bestimmungen dieses Vertrags unwirksam sein oder werden oder eine Lücke enthalten, so bleiben die übrigen Bestimmungen hiervon unberührt. Die Parteien verpflichten sich, anstelle der unwirksamen Regelung eine solche gesetzlich zulässige Regelung zu treffen, die dem Zweck der unwirksamen Regelung am nächsten kommt und den Anforderungen des Art. 28 DSGVO am besten gerecht wird.

15.2 Im Fall von Widersprüchen zwischen diesem Vertrag und sonstigen Vereinbarungen zwischen den Parteien, insbesondere dem Hauptvertrag, gehen die Regelungen dieses Vertrags vor.

15.3 Jede Änderung dieses Vertrages bedarf einer ausdrücklichen Vereinbarung zwischen den Parteien.

…
(Ort, Datum)

…
(Unterschrift Auftraggeber)

…
(Ort, Datum)

…
(Unterschrift Auftragnehmer)

Anlagen:

Anlage 1: Zweck, Art und Umfang der Datenverarbeitung, Art der Daten und Kategorien der betroffenen Personen

Anlage 2: Technische und organisatorische Maßnahmen

Anlage 3: Weitere Auftragsverarbeiter

---

15 Zu den Erläuterungen siehe Rz. 8.163 ff.
16 Zu den Erläuterungen siehe Rz. 8.179 ff.

Anlage 1: Zweck, Art und Umfang der Datenverarbeitung, Art der Daten und Kategorien der betroffenen Personen

Zweck der Datenverarbeitung	…
Art und Umfang der Datenverarbeitung	…
Art der Daten	…
Kategorien betroffener Personen	…

Anlage 2: Technische und organisatorische Maßnahmen

…

Anlage 3: Weitere Auftragsverarbeiter

Firma, Anschrift	Art der Verarbeitung	Zweck	Art der Daten	Kategorien der betroffenen Personen
…	…	…	…	…
…	…	…	…	…

II. Muster – englisch

M 8.2 Data Processing Agreement (customer-friendly)

8.6

Data Processing Agreement

Agreement on the processing of personal data on behalf of a controller pursuant to Art. 28 GDPR

between

…

*– hereinafter referred to as "**Customer**"–*

and

…

*– hereinafter referred to as "**Supplier**"–*

1. Subject of the Agreement

*In the course of rendering services as per the Main Agreement of … [Date] (hereinafter referred to as "**Main Agreement**"), it is necessary that the Supplier deals with personal data with regard to which the Customer acts as a controller in terms of data protection law (hereinafter referred to as "**Customer Data**"). This agreement specifies the data protection obligations and rights of the parties in connection with the Supplier's use of Customer Data to render the services under the Main Agreement.*

2. Scope of the commissioning

2.1 The Supplier shall process the Customer Data exclusively on behalf and in accordance with the instructions of the Customer within the meaning of Art. 28 GDPR (Processing on Behalf). The Customer remains the controller in terms of data protection law.

*2.2 The processing of Customer Data by the Supplier occurs exclusively in the manner and the scope and for the purpose determined in **Annex 1** to this Agreement; the processing relates exclusively to the types of personal data and categories of data subjects specified therein. The duration of processing corresponds* to the term of the Main Agreement. The Supplier is required, upon the request of the Customer, to agree to changes in the specification in **Annex 1** to this agreement, unless the Supplier has a justified reason to refuse agreement. The changes shall be specified in writing.

2.3 Any processing of Customer Data that deviates from or exceeds the specifications in **Annex 1** is prohibited for the Supplier, in particular processing of Customer Data for his own purposes. This also applies to the anonymization of Customer Data and any use of anonymized Customer Data.

2.4 The processing of Customer Data by the Supplier shall exclusively take place on the territory of the Federal Republic of Germany. Any data processing outside of Germany, including granting access to Customer Data to persons outside of Germany, requires a prior written consent from the Customer. Data processing in countries which are neither a Member of the European Union nor a contracting state of the European Economic Area (EEA) (hereinafter referred to as ("third countries") may only take place under the further condition that the requirements of Art. 44 ff. GDPR are fulfilled to the satisfaction of the Customer.

2.5 As far as the Supplier processes Customer Data outside his main establishment, he shall inform the Customer of all other locations where he collects or uses Customer Data. The Customer shall, at his reasonable discretion, have the right to object the processing of Customer Data outside the Supplier's main establishment. The Supplier is prohibited from processing Customer Data in private homes; this also includes granting access to employees in private homes, e.g. by means of teleworking. Furthermore, the Supplier is prohibited from storing or making Customer Data available to employees on personal data processing devices.

2.6 The Supplier does not acquire any rights to the Customer Data. Upon first request of the Customer the Supplier shall at any time hand over the Customer Data in a readable and processable format for the Customer. Rights of retention regarding the Customer Data and the associated data carriers are excluded.

3. Right of the Customer to issue instructions

3.1 The Supplier shall process the Customer Data exclusively on behalf and in accordance with the instructions of the Customer, unless the Supplier is legally required to do otherwise. In the latter case, the Supplier shall inform the Customer of that legal requirement in a timely manner before processing, unless that law prohibits such information on important grounds of public interest.

3.2 In this respect the Customer has a comprehensive right to issue instruction towards the Supplier about the type, extent, purpose and procedure of processing of Customer Data. The instructions by the Customer shall generally be given in writing or text form. If necessary the Customer can also issue instructions orally or by telephone. However, instructions that are given orally or by telephone require an immediate confirmation in writing or text form by the person authorized by the Customer as per Section 3.3. The Supplier shall document all instructions given by the Customer.

3.3 In general, instructions shall be issued by the person that is authorized by the Customer or his deputy. At present, the following individuals are authorized on the part of the Customer to issue instructions and act as his deputy:

Authorized representative:

…

…

Deputy:

…

…

3.4 The Customer shall inform the Supplier about any change in the person authorized to issue instructions or the deputy as soon as possible.

3.5 Both parties agree on the following person to be authorized to receive instructions from the Supplier:

Authorized recipient:

...

...

Deputy:

...

...

In urgent cases, the Customer may also issue instructions to any other employee of the Supplier, as far as neither the authorized recipient nor his deputy is reachable to the Customer.

3.6 The Supplier shall inform the Customer about any change in the person authorized to receive instructions or his deputy or about any permanent hindrance. The Information shall be provided as soon as possible in writing, naming another deputy. Until such notification has been received by the Customer, the persons named shall continue to be the authorized person to receive instructions by the Customer.

3.7 The Processer shall execute the instruction given by the Customer without delay. The Customer shall have the right to set the Supplier a reasonable deadline for each individual case, which the Supplier shall meet.

3.8 The Supplier shall ensure that the Customer Data is processed in accordance with the provisions of this agreement and the instructions given by the Customer. The Supplier confirms that he and his employees who handle Customer Data are aware of the provisions of the GDPR and other relevant data protection law provisions. If the Supplier is of the justified opinion that an instruction given by the Customer infringes this agreement or applicable data protection law, he shall inform the Customer thereof immediately. The Supplier shall have the right to suspend the execution of the instruction until the Customer confirms or changes the instruction provided that the Supplier has informed the Customer about the suspension at least 14 days in advance. If the Customer confirms the instruction, the Supplier must comply with it.

3.9 If an instruction changes or revokes the specifications made in accordance with Section 2.2 and **Annex 1** of this agreement, it shall only be permissible if a new corresponding written specification in accordance to Section 2.2 is made.

4. Legal status of the Customer

The Customer is the owner of the Customer Data and in the relationship between the parties, he is the owner of all possible rights to the Customer Data.

5. Requirements for personnel and systems

5.1 The Supplier shall grant access to Customer Data to a person only as far as this is directly necessary for a certain task fulfilled by this person (need to know principle). The Supplier shall obligate all personnel engaged in the processing of Customer Data to confidentiality with regard to processing of Customer Data in writing and shall prove the obligation to the Customer upon his first request.

5.2 The Supplier shall ensure that natural persons acting under his authority who have access to Customer Data shall process such data only according to his instructions; unless they are obliged to process the data otherwise in accordance with the law of the Union or the Member States.

5.3 The Supplier shall ensure that he only uses systems for processing Customer Data which are capable to support data protection by design as appropriate for the specific processing scenario.

6. Security of processing

6.1 The Supplier undertakes to take all appropriate technical and organisational measures and maintain them while processing Customer Data, taking into account the state of the art, the implementation costs and the nature, scope, circumstances and purposes of the Customer Data, as well as the different *likelihood and severity of the risk to the rights and freedoms of the data subjects, in order to ensure a level of protection of Customer Data appropriate to the risk.*

6.2 *The Supplier guarantees to establish in particular the technical and organisational measures specified in **Annex 2** to this agreement prior to begin processing of Customer Data and to ensure that processing of Customer Data is carried out in accordance with those measures.*

6.3 *The Supplier shall have the right to implement alternative adequate technical and organisational measures after prior written consent of the Customer, as long they do not drop below the security level of the technical and organisational measures specified in **Annex 2**.*

6.4 *Upon the instruction of the Customer the Supplier shall implement further effective technical and organisational measures if the measures specified in **Annex 2** of the agreement have not proved to be sufficient or if the technical progress so requires. The Supplier shall immediately inform the Customer in writing if the has reasons to believe that the measures in accordance to **Annex 2** are no longer sufficient or that technical progress requires further measures.*

6.5 *Decisions relevant to the security of the Customer Data concerning the organisation of data processing and the procedures used shall in any case be aligned in advance by the Supplier with the Customer, even if it does not result in any deviation from the measures according to **Annex 2**.*

6.6 *Upon request, the Supplier shall prove towards the Customer the compliance with the technical and organisational measures determined in **Annex 2**. Proof can be furnished at the request of the Customer by submitting a current certificate or report from an independent authority (such as an auditor, the company's data protection officer or an external data protection auditor, etc.) or an appropriate certification (e.g. according to BSI – Basic Protection). The Customers' rights of control according to Section 10 shall remain unaffected.*

6.7 *The Supplier shall adhere to the principles of a correctly, computer-based processing of personal data and in particular to keep an updated documentation of all automated procedures for processing Customer Data. In addition, the Supplier shall adhere to defined and documented test and release procedures for these automated procedures.*

6.8 *Upon request, the Supplier shall provide the Customer with a comprehensive and updated data protection and security concept for the data processing in accordance with this agreement.*

7. Engagement of further processors

7.1 *The Supplier may only engage further processors with regard to the processing of Customer Data upon prior written authorization of the Customer. An authorization is also required for contractual relationships that involve the examination or maintenance of data processing procedures or systems by third parties or that involve other additional services, as long as access to Customer Data cannot be excluded.*

7.2 *In order to assess whether an authorization shall be granted, the Supplier shall provide to the Customer a copy of the complete draft of the agreement between him and the other processor. Furthermore the Supplier must confirm in writing to the Customer that he has carefully selected the further processor with particular regard to the suitability of the technical and organisational measures taken by him. In addition the Supplier must confirm that he has satisfied himself that the further processor complies with the technical and organisational measures. The Supplier shall attach to this declaration a confirmation of the documented results of this examination. The Supplier has no claim against the Customer that an authorization is granted.*

7.3 *The Supplier shall oblige the further processor in the sub-processing agreement in writing in the same way the Supplier is obligated towards the Customer based on this agreement. In the sub-processing agreement the Customer shall be granted all control rights directly towards the further processor in accordance with section 9 of this agreement (contract for the benefit of third parties). In the sub-processing agreement the spheres of responsibility of the Supplier and the further processor shall be clearly delineated. The Supplier shall be liable for any fault of any further processor as if it was his own fault.*

7.4 *In case the Supplier wants to engage a further processor in a third country, the requirements of Section 2.4 regarding the fulfilment of the requirements of Art. 44 ff. GDPR apply. The parties hereby clarify that only the Customer is entitled to conclude an agreement with further processors in third coun-*

tries within the meaning of Art. 46 para. 2 lit. c or d and para. 3 lit. a GDPR and that the Supplier has no authorization or other entitlement to do so. The Supplier undertakes already at this stage to accede to any contract concluded between the Customer and a further processor in a third country within the meaning of these provisions (including an agreement which is based on the standard contractual clauses for the transfer of personal data to processors in third countries pursuant to the decision of the European Commission of December 5th in 2004), with the effect that the Supplier ensures that the data importer will comply with the obligations under the respective agreement.

7.5 The Customer hereby authorizes the engagement of the further processors listed in **Annex 3**.

7.6 After the Customer has authorized the engagement of a further processor, the Supplier shall provide to him a complete copy of the sub-processing agreement signed by both parties with legal effect. The Supplier may only provide the Customer Data to a further processor if he has verified to his satisfaction that appropriate technical and organisational measures are implemented in such a way that the processing of Customers Data is carried out in accordance with this agreement.

7.7 The Supplier shall have derived control obligations towards further processors and shall be entitled and obliged to exercise the Customer's control obligations as described in this agreement and as reflected in the sub-processing agreement. The Supplier shall regularly (i.e. at least once a year) monitor in an appropriate way the further processors' compliance with their contractual obligations. Furthermore he shall document the results of the audit and provide the audit report to the Customer unrequested within six weeks after the audit has been carried out. The Customer shall remain entitled to monitor without restrictions the exercise of the control by the Supplier and may at any time exercise this control over the further processors himself.

8. Data subjects' rights

8.1 The Supplier shall support the Customer by virtue of technical and organisational measures in fulfilling the latter's obligation to respond to requests for exercising data subjects' rights.

8.2 As far as a data subject submits a request for the exercise of his rights directly to the Supplier, the Supplier will forward this request to the Customer without undue delay, but within 3 days at the latest, and he will not contact the data subject without a respective individual instruction from the Customer.

8.3 The Supplier shall inform the Customer of any information relating to the stored Customer Data (including in relation to the purpose for which it is stored) without undue delay, but within five working days at the latest, about the recipients of Customer Data to which the Supplier shall disclose it in accordance with the instruction and about the purpose of storage, as far as the Customer does not have this information at his disposal.

8.4 The Supplier shall be obliged to correct, delete or restrict the processing of Customer Data at the instruction of the Customer without undue delay, but within five working days at the latest. Upon request, the Supplier shall respectively confirm in writing to the Customer the correction or deletion of the data or the restriction of its processing in accordance with the Customer's instructions.

8.5 The Supplier shall ensure that, on individual instructions of the Customer, he is able to hand over the entire data record relating to a data subject in a structured, commonly used and machine-readable format determined by the Customer on a case-by-case basis.

9. Notification and support obligations in case of a breach of security of Customer Data

9.1 The Supplier shall notify the Customer without undue delay – but within 24 hours at the latest – after becoming aware of any potential breach of the security of Customer Data, in particular any incidents that lead to the destruction, loss, alteration or unauthorized disclosure of or access to Customer Data ("Data Security Incident"). The notification contains at least a description of:

– the nature of the breach of security of Customer Data, indicating the categories and approximate number of data subjects concerned and the categories and approximate number of personal data records concerned;

– the likely consequences of the breach of security of Customer Data;

   – the measures taken or proposed by the Supplier to remedy the breach of security of Customer Data and, where appropriate, measures to mitigate their potential adverse effects.

9.2 In the event of a Data Security Incident, the Supplier shall, upon first request assist the Customer with all reasonable means with his investigation, remediation and information measures concerning this matter, including all actions for the fulfilment of legal obligations (e.g. in accordance to Art. 33 or 34 GDPR). In particular, the Supplier shall immediately take all reasonable measures to minimise and eliminate any risks to the integrity or confidentiality of the Customer Data, to secure the Customer Data and to prevent or limit as far as possible any adverse effects for the affected data subjects.

9.3 The Supplier shall carry out a root-cause analysis immediately after becoming aware of a Data Security Incident, document this analysis and hand over the documentation to the Customer upon request. If the Customer determines that the technical and organisational measures implemented by the Supplier were not sufficient to protect the Customer Data, the Supplier shall implement such additional technical and organisational measures without additional cost, which in the opinion of the Customer are necessary for an appropriate protection of the Customer Data against data security incidents.

9.4 The Supplier shall keep a record of all Data Security Incidents that occur during the term of the agreement, including information about (1) all circumstances and facts in connection with the data security incident, (2) its effects and (3) the remedial measures taken respectively. Upon request of the Customer the Supplier shall provide the Customer this record.

10. Further support obligations of the Supplier

10.1 The Supplier shall inform the Customer immediately if the Customer's property or any of his other rights regarding the Customer Data are at risk by interventions of third parties such as seizure, confiscation, insolvency or composition proceedings or by any other incidents. Furthermore, the Supplier shall inform all third parties involved that the Customer Data is owned by the Customer.

10.2 If the Customer must provide information about the Customer Data or their processing to a governmental or administrative authority or a third party, the Supplier shall upon first request assist the Customer in providing such information, in particular by making all information and documents relating to the processing of Customer Data in matter of the agreement immediately available. This includes the technical and organisational measures taken by the Supplier, the technical procedures, the places where the Customer Data is processed and the persons that are involved in the processing.

10.3 Upon request, the Supplier shall immediately provide the Customer with an updated record of the information in accordance to Art. 30 para. 2 GDPR and the persons entitled to access Customer Data authorized by the Supplier.

10.4 The Supplier hereby confirms that he has designated a competent and reliable data protection officer in accordance with Art. 37 GDPR and undertakes to maintain the designation of a data protection officer for the duration of processing Customer Data, even if the legal requirement for an obligation for designation is omitted.

   The contact details of the data protection officer are as follows:

   ...

   ...

   The Supplier shall immediately inform the Customer in writing of any change in the person of the data protection officer.

10.5 The Supplier shall assist the Customer as far as reasonable with data protection impact assessments to be carried out by him and, if necessary, subsequent consultations with the supervisory authority pursuant to Art. 35, 36 GDPR.

11. Deletion and return of Customer Data

11.1 Upon the instruction of the Customer, the Supplier shall either completely and irrevocably delete or return back to the Customer all Customer Data upon termination of the Main Agreement, unless the Supplier is obligated by law to further store the Customer Data.

11.2 In addition the Supplier shall also ensure that he is able to delete the Customer Data at any time on individual instruction of the Customer; for example, if their knowledge is no longer required for the fulfilment of the purposes of the respective processing.

11.3 At least 1 month prior to the termination of the Main Agreement the Supplier shall request the Customer to make a decision about whether to delete or return the Customer Data upon termination of the Agreement, providing detailed information on the affected Customer Data. If the Customer does not give him an individual instruction, the Supplier shall return the Customer Data to him.

11.4 As far as Customer Data must be deleted which is stored on data carriers, these data carriers shall be destroyed at least in accordance with security level 3 of DIN 66399 "Office and Data Technology – Destruction of Data Carriers"; as far as the data carrier contain special types of personal data, the data carriers must be destroyed at least in accordance with security level 4 of DIN 66399 "Office an Data Technology – Destruction of Carriers".

11.5 The provisions of Section 11.1–11.4 shall also apply to copies of Customer Data (in particular archiving and backup files) in all systems of the Supplier as well as to test and waste data.

11.6 The Supplier shall generate a written record of each deletion and destruction of Customer Data, which he shall provide to the Customer upon his request and without undue delay.

11.7 The Supplier shall keep documentations, which serve as evidence of the orderly and accurate processing of Customer Data, for a period of ten years after the termination of the agreement. Upon request, the Supplier shall also provide the Customer with a copy of the documentation after the termination of the agreement.

12. Evidence and audits

12.1 The Supplier shall ensure and regularly control (at least once a year) that the processing of Customer Data is in compliance with this agreement and the Customer's instructions.

12.2 The Supplier shall document the execution of the obligations under this agreement in an appropriate manner and provide the Customer with appropriate evidence at the latter's request. The Supplier shall document in particular:

All self-controls in terms of Section 12.1;

All confidentiality undertakings of persons who process Customer Data;

All contracts relating to the use of further processors and all audits of further processors as set forth in Section 7;

All deletions of Customer Data made on the instruction of the Customer.

12.3 The Customer shall be entitled to audit the Supplier regularly during the processing of Customer Data with regard to compliance with the provisions of this agreement, in particular the implementation of the technical and organisational measures as defined in **Annex 2**; including on-site inspections.

12.4 In order to carry out inspections in accordance with Section 12.3, the Customer is entitled to access all business premises of the Supplier and carry out on-site inspections at any time. As far as possible, the Customer shall inform the Supplier of such on-site inspections in advance. The Supplier shall grant the Customer all necessary rights of access, information and inspection in order to carry out the monitoring. The Supplier undertakes in particular to grant the Customer access to the data processing systems, files and other documentations in order to enable monitoring and audits of the relevant data processing systems, files and other documentations relating to the processing of Customer Data. Thereby the Customer shall take into reasonable consideration the business processes and legitimate confidentiality interests of the Supplier.

12.5 The Supplier shall enable such audits and contribute to such audits by taking all appropriate and reasonable measures, inter alia by providing all necessary information including all certificates, audit reports and other results of monitoring with regard to the processing of Customer Data.

12.6 The Customer shall be entitled to obtain information from the Supplier's data protection officer on all aspects of the processing of Customer Data, including the technical and organisational measures taken. Furthermore the Customer shall be entitled to demand a regular confirmation from the Supplier about the compliance with the technical and organisational measures in accordance with **Annex 2**. The Supplier shall ensure that upon request of the Customer the data protection officer will in a timely manner provide information and confirmation.

12.7 The Customer shall be entitled to carry out the monitoring in accordance with Section 12 himself or by an authorized representative who is bound to confidentiality. The Supplier shall tolerate and support the monitoring by an authorized representative in the same way as by the Customer.

12.8 In accordance with applicable data protection laws, the Customer and the Supplier are subject to monitoring and enforcement by the supervisory authority. At the request of the Customer, the Supplier shall assist the Customer to the best of his ability in administrative supervisory procedures, if and to the extent the processing of Customer Data is subject of the supervision procedure. Upon request of the Customer, the Supplier shall provide the Customer or the supervisory authority directly with all information relating to this agreement. Furthermore the Supplier shall provide relevant information and allow the supervisory authority to carry out audits to the same extent as the supervisory authority may carry out on the Customer's premises. In this context the Supplier undertakes to grant the supervisory authority all necessary rights of access, information and inspections. If the supervisory authority carries out monitoring, investigations or measures at the Supplier's premises, which concern Customer Data, the Supplier shall inform the Customer as soon as possible and usually immediately after receiving the announcement of the supervisory measures by the authority.

13. Contract term and termination

13.1 The term of this agreement corresponds to the term of the Main Agreement. The provisions regarding the ordinary termination of the Main Agreement apply accordingly.

13.2 The Customer shall be entitled to an extraordinary termination of this agreement and the Main Agreement for good cause at any time. A good cause exists for the Customer in particular if

– the Supplier infringes an essential obligation under this agreement,

– the Supplier uses the Customer Data for purposes other than permitted according to Section 2.2,

– the Supplier fails to carry out an instruction given by the Customer in accordance to Section 3 of this agreement,

– the Supplier fails to comply with a reporting obligation in accordance to Section 9.1,

– the Supplier refuses the Customer's exercise of his control rights according to Section 9 of this agreement or does not only insignificantly impede these rights, or

– the Supplier engages a further processor contrary to Section 7.1 without a prior written authorization of the Customer.

13.3 In the event that this agreement is terminated, the Main Agreement may only be continued, if it can be excluded that the Supplier processes Customer Data. In case of doubt, a termination of the Main Agreement shall also be regarded as a termination of this agreement and vice versa, a termination of this agreement shall also be considered a termination of the Main Agreement.

14. Liability and contractual penalty

14.1 The Supplier shall be liable in accordance with the statutory provisions for damages of the Customer resulting from the Supplier's culpable breach of this agreement or statutory data protection obligations affecting the Supplier. In this regard, any limitations of liability otherwise agreed between the parties (e.g. in the Main Agreement) shall not apply. As far as third parties assert claims against the Customer which are caused by the Supplier's culpable breach of this agreement or a statutory data protection obligation affecting him, the Supplier shall upon first request indemnify and hold the Customer harmless from these claims.

14.2 The Supplier undertakes to indemnify the Customer upon first request against all possible fines imposed on the Customer corresponding to the Supplier's part of responsibility for the infringement sanctioned by the fine.

14.3 The Supplier shall bear the burden of proof that any damages and fines are not based on a circumstance for which the Supplier is responsible, as far as the respective cause lies in the processing of Customer Data within the latter's sphere of responsibility.

14.4 In case of a culpable infringement of an obligation according to Section 2.1–2.3, Section 3.1, Section 6, Section 7.1, Section 8.1, Section 9.2, Section 10.1 or Section 13.2 of this agreement, the Supplier shall pay a contractual penalty for each infringement to the Customer amounting to EUR ....

15. Final provisions

15.1 In case individual provisions of this agreement are ineffective or become ineffective or contain a gap, the remaining provisions shall remain unaffected. The parties undertake to replace the ineffective provision by a legally permissible provision which comes closest to the purpose of the ineffective provision and that best meets the requirements of Art. 28 GDPR.

15.2 In case of conflicts between this agreement and other arrangements between the parties, in particular the Main Agreement, the provisions of this agreement shall prevail.

15.3 Any amendment to this agreement requires an explicit arrangement between the parties.

...
(Place, Date)   ...
...   (Place, Date)
(Signature Customer)   ...
                                                       (Signature Supplier)

Annex:

Annex 1: Purpose, type and extent of the processing of Customer Data, types of personal data and categories of data subjects

Annex 2: Technical and organisational measures

Annex 3: Further Processors

Annex 1: Purpose, type and extent of the processing of Customer Data, types of personal data and categories of data subjects

Purpose of data processing   ...
Type and extent of data processing ...
Types of personal data   ...
Categories of data subjects   ...

Annex 2: Technical and organisational measures

...

Annex 3: Further Processors

Company, Address	Type of processing	Purpose	Type of data	Categories of data subjects
...	...	...	...	...
...	...	...	...	...

III. Erläuterungen

1. Vorbemerkung

8.7 Bei dem Vertragsmuster handelt es sich um einen Auftragsverarbeitungsvertrag i.S.v. Art. 28 DSGVO. Es dient dazu, die gesetzlichen Anforderungen gem. Art. 28 Abs. 3 DSGVO umzusetzen und darüber hinaus weitere, für den Auftraggeber vorteilhafte Regelungen festzuschreiben.

2. Vertragsgegenstand (Ziff. 1)

8.8 **M 8.1.1 Vertragsgegenstand**

1. Vertragsgegenstand

*Im Rahmen der Leistungserbringung nach dem Vertrag vom … [Datum] (nachfolgend „**Hauptvertrag**" genannt) ist es erforderlich, dass der Auftragnehmer mit personenbezogenen Daten umgeht, für die der Auftraggeber als Verantwortlicher im Sinne der datenschutzrechtlichen Vorschriften fungiert (nachfolgend „**Auftraggeber-Daten**" genannt). Dieser Vertrag konkretisiert die datenschutzrechtlichen Rechte und Pflichten der Parteien im Zusammenhang mit dem Umgang des Auftragnehmers mit Auftraggeber-Daten zur Durchführung des Hauptvertrags.*

a) Ratio

8.9 In Ziff. 1 wird der **Vertragsgegenstand** definiert. Die Regelung dient damit zugleich der Umsetzung der Vorgabe aus Art. 28 Abs. 3 Satz 1 DSGVO, wonach in dem Vertrag u.a. der „Gegenstand der Verarbeitung" festzulegen ist. Erforderlich ist danach eine hinreichend genaue Beschreibung des Vertragsgegenstandes[17].

b) Definition des Auftragsgegenstandes

8.10 Eine eigenständige Beschreibung der Verarbeitung ist nicht notwendig, ausreichend sind Referenzen auf andere Dokumente[18]. Das Vertragsmuster bedient sich im Hinblick auf die Festlegung des Auftragsgegenstandes daher eines Verweises auf den üblicherweise parallel zur Auftragsverarbeitung abgeschlossenen **Hauptvertrag**, der den Gegenstand der Leistungspflichten, mithin der Verarbeitung, festlegt und in der Regel auch die weiteren leistungsspezifischen Bestimmungen zur Vergütung, Haftung für Mängel, etc. beinhaltet. Die Regelungen zur Auftragsverarbeitung müssen nicht in einem separaten Dokument enthalten sein. Sie können regelungstechnisch auch ganz oder teilweise in das zugrunde liegende Rechtsgeschäft integriert sein[19]. Die Ausgestaltung als separate Vereinbarung, auf die dann – wie hier – in einem Hauptvertrag Bezug genommen wird, ist angesichts des Umfangs der Regelungen zur Auftragsverarbeitung in der Praxis aber weit verbreitet.

8.11 Sollte ein Hauptvertrag nicht bestehen oder darin der Leistungsgegenstand nur unzureichend definiert sein, müsste wegen Art. 28 Abs. 3 Satz 1 DSGVO ergänzend eine spezifische Festlegung der Verarbeitung in dem Auftragsverarbeitungsvertrag erfolgen. Zur Erfüllung der gesetzlichen Anforderungen an die **Spezifizierung des Auftragsgegenstandes** ist eine kurze, prägnante Kategorisierung der Leistung nach dem Verarbeitungszweck ausreichend, wie sie z.B. auch im Verzeichnis der Verarbeitungstätigkei-

---

17 *Spoerr* in BeckOK DatenschutzR, Art. 28 DSGVO Rz. 51.
18 *Hartung* in Kühling/Buchner, Art. 28 DSGVO Rz. 65.
19 Vgl. *Freund* in Schuster/Grützmacher, Art. 28 DSGVO Rz. 66.

ten nach Art. 30 DSGVO zur **Bezeichnung des Verfahrens** gewählt wird[20]; etwa durch Begriffe wie „Lohnabrechnung", „Telefondatenerfassung", „Datenträgerentsorgung", etc[21]. Je nach Art der im Auftrag auszuführenden Leistung kann freilich eine auftragsspezifische Anpassung oder Ergänzung des Auftragsverarbeitungsvertrags notwendig sein[22]. Solche Anpassungen sind vor allem dann geboten, wenn für die auszulagernden Datenverarbeitungen bereichsspezifische Datenschutzregeln gelten. In diesen Fällen ist es regelmäßig angezeigt, dass der Auftraggeber dem Auftragnehmer abgeleitete Pflichten in dem Auftragsverarbeitungsvertrag auferlegt[23].

3. Umfang der Beauftragung (Ziff. 2)

M 8.1.2 Umfang der Beauftragung   8.12

2. Umfang der Beauftragung

2.1 Der Auftragnehmer verarbeitet die Auftraggeber-Daten ausschließlich im Auftrag und nach Weisung des Auftraggebers i.S.v. Art. 28 DSGVO (Auftragsverarbeitung). Der Auftraggeber bleibt Verantwortlicher im datenschutzrechtlichen Sinn.

*2.2 Die Verarbeitung von Auftraggeber-Daten durch den Auftragnehmer erfolgt ausschließlich in der Art, dem Umfang und zu dem Zweck wie in **Anlage 1** zu diesem Vertrag spezifiziert; die Verarbeitung betrifft ausschließlich die darin bezeichneten Arten personenbezogener Daten und Kategorien betroffener Personen. Die Dauer der Verarbeitung entspricht der Laufzeit des Hauptvertrages. Der Auftragnehmer ist verpflichtet, auf Verlangen des Auftraggebers Änderungen der Festlegungen in **Anlage 1** dieses Vertrags zuzustimmen, soweit er keinen sachlichen Grund zur Verweigerung dieser Zustimmung hat. Die Änderungen sind schriftlich festzulegen.*

*2.3 Jede von den Festlegungen in **Anlage 1** abweichende oder darüber hinausgehende Verarbeitung von Auftraggeber-Daten ist dem Auftragnehmer untersagt, insbesondere eine Verarbeitung der Auftraggeber-Daten zu eigenen Zwecken. Das gilt auch für eine Anonymisierung der Auftraggeber-Daten und für jeglicheVerwendung anonymisierter Auftraggeber-Daten.*

2.4 Die Verarbeitung der Auftraggeber-Daten durch den Auftragnehmer findet ausschließlich im Gebiet der Bundesrepublik Deutschland statt. Eine Datenverwendung außerhalb Deutschlands, auch im Wege der Gewährung des Zugriffs auf Auftraggeber-Daten an Personen außerhalb Deutschlands, bedarf der vorherigen schriftlichen Zustimmung des Auftraggebers. Datenverwendungen in Ländern, die weder Mitgliedstaat der Europäischen Union noch Vertragsstaat des Abkommens über den Europäischen Wirtschaftsraum (EWR) sind (nachfolgend „Drittländer" genannt) dürfen nur unter der weiteren Voraussetzung erfolgen, dass die Voraussetzungen der Art. 44 ff. DSGVO zur Zufriedenheit des Auftraggebers erfüllt sind.

2.5 Sofern der Auftragnehmer Auftraggeber-Daten außerhalb seiner Hauptniederlassung verarbeitet, informiert er den Auftraggeber über alle sonstigen Orte, an denen er Auftraggeber-Daten verarbeitet. Der Auftraggeber ist berechtigt, nach billigem Ermessen der Verarbeitung von Auftraggeber-Daten außerhalb der Hauptniederlassung des Auftragnehmers zu widersprechen. Dem Auftragnehmer ist es untersagt, Auftraggeber-Daten in Privatwohnungen zu verarbeiten; hierzu zählt auch eine Zugriffsgewährung an Mitarbeiter in Privatwohnungen, z.B. im Wege der Telearbeit. Ferner ist es dem Auftragnehmer untersagt, Auftraggeber-Daten auf privaten Datenverarbeitungsgeräten der Mitarbeiter zu speichern oder zugänglich zu machen.

---

20 *Hartung* in Kühling/Buchner, Art. 28 DSGVO Rz. 65.
21 *EDSA*, Guidelines 07/2020 on the concepts of controller and processor in the GDPR, Rz. 111; *DSK*, Hinweise zum Verzeichnis von Verarbeitungstätigkeiten, Art. 30 DS-GVO, Stand: Februar 2018, S. 5.
22 S. beispielhaft das Muster eines Vertrags zur Datenträgervernichtung und -löschung in Teil 2, Rz. 11.3.
23 Als Beispiel dient das Webtracking; siehe hierzu die Erläuterungen zu dem entsprechenden Muster in Teil 3, Rz. 17.25 ff.

2.6 Der Auftragnehmer erwirbt an den Auftraggeber-Daten keine Rechte und ist auf Verlangen des Auftraggebers jederzeit auf erstes Anfordern zur Herausgabe der Auftraggeber-Daten in einer für den Auftraggeber lesbaren und weiterverarbeitbaren Form verpflichtet. Zurückbehaltungsrechte in Bezug auf die Auftraggeber-Daten und die dazugehörigen Datenträger sind ausgeschlossen.

a) Ratio

8.13 In Ziff. 2.1 wird festgelegt, dass eine **Auftragsverarbeitung i.S.v. Art. 28 DSGVO** begründet wird. Hierdurch wird die Art der Beziehung zwischen den Vertragsparteien insbesondere von einer Übermittlung personenbezogener Daten an einen anderen Verantwortlichen abgegrenzt. Die Ziff. 2.1–2.6 sind Folgeregelungen, die die Auftragsverarbeitung weiter konturieren.

b) Begründung der Auftragsverarbeitung (Ziff. 2.1)

8.14 Aus der Typisierung der Vertragsbeziehung als Auftragsverarbeitung ergeben sich unmittelbar spezifische gesetzliche Pflichten und Verantwortlichkeiten beider Vertragsparteien: Den Auftraggeber treffen im Hinblick auf die konkrete Leistungsbeziehung zu dem Auftragnehmer insbesondere die **Pflichten aus Art. 28 Abs. 1 DSGVO** und die Pflicht zur Aufsicht über den Auftragsverarbeiter, wie sie u.a. in Art. 29 DSGVO zum Ausdruck kommt. Neben die Pflicht zur ordnungsgemäßen Begründung einer Auftragsverarbeitung tritt deshalb auch die Pflicht, während der Auftragsverarbeitung für Datenschutzkonformität zu sorgen – insoweit ist das **Weisungsrecht des Verantwortlichen von besonderer Bedeutung**[24].

8.15 Für den Auftragnehmer folgt daraus, dass er die Auftraggeber-Daten nur weisungsgebunden und insbesondere nicht für eigene Zwecke verarbeiten darf, wie es ebenfalls in Art. 29 DSGVO bestimmt ist[25].

8.16 Die Begründung einer Auftragsverarbeitung bringt es mit sich, dass der Auftraggeber auch im Hinblick auf die dem Auftrag unterfallenden Datenerhebungen und -verwendungen durch den Auftragnehmer „**Verantwortlicher**" i.S.v. Art. 4 Nr. 7 DSGVO bleibt. Die entsprechende Regelung in Ziff. 2.1 Satz 2 gibt somit nur die gesetzliche Rechtslage wieder.

c) Festlegung von Art und Zweck der Verarbeitung, Datenarten und Kategorien der betroffenen Personen (Ziff. 2.2)

aa) Spezifizierung der Angaben

8.17 Nach Art. 28 Abs. 3 Satz 1 DSGVO muss der dem Auftragnehmer gestattete Umgang mit den Auftraggeber-Daten präzise beschrieben werden. Art und Zweck der Datenverarbeitung sind ebenso in den Vertrag aufzunehmen wie die Art der personenbezogenen Daten und die Kategorien der betroffenen Personen sowie die Rechte und Pflichten des Verantwortlichen[26]. Diese Angaben müssen so konkret angegeben werden, dass Umfang und Gegenstand des zugelassenen Datenumgangs durch den Auftragnehmer im Einzelnen nachvollzogen werden können und den Parteien die Rechtsfolgen ihrer Vereinbarung deutlich werden[27]. Gewisse Kategorisierungen und Abstrahierungen sind freilich zulässig. Die **auftragsspezifische Festlegung** dient auch dazu, die dem jeweiligen Auftrag unterfallende Datenverarbeitung von anderen Auftragsverarbeitungen, die möglicherweise zwischen den Vertragsparteien bestehen, abzugrenzen.

---

24 *Moos/Cornelius* in Moos/Schefzig/Arning, Kap. 7 Rz. 21.
25 *Schmidt/Freund*, ZD 2017, 14 (17).
26 *Spoerr* in BeckOK DatenschutzR, Art. 28 DSGVO Rz. 53.
27 *Spoerr* in BeckOK DatenschutzR, Art. 28 DSGVO Rz. 57.

Das Muster sieht eine Umsetzung dergestalt vor, dass die Mehrzahl der konkreten Einzelangaben hierzu in der **Tabelle gemäß Anlage 1 zum Muster** eingetragen werden. Als Spezifizierung der Datenarten kommt etwa eine Beschreibung als „Vertragsdaten", „Kontaktdaten", „Beschäftigtendaten", „Gesundheitsdaten" o.Ä. in Betracht; die Kategorie der betroffenen Personen kann durch Angaben wie „Kunden", „Interessenten", „Beschäftigte", „Lieferanten" etc. spezifiziert werden[28]. Erfolgt die Datenverarbeitung für verschiedene Zwecke, sind die Art der Daten und die Kategorie der betroffenen Personen jeweils gesondert anzugeben, ggf. ist hierbei zwischen einzelnen Phasen der Datenverarbeitung zu differenzieren. Umfasst der auftragsmäßige Datenumgang auch die Übermittlung von Daten an einen Dritten, sollten auch die Datenempfänger und der Umfang der zu übermittelnden Daten festgelegt werden.   8.18

Alternativ oder ergänzend zu den in die Anlage 1 einzutragenden Angaben kann anerkanntermaßen auf eine entsprechende Leistungsvereinbarung oder die betreffende Passage in einem **separaten Dienstvertrag** verwiesen werden[29] – hier also etwa auf den in Ziff. 1 des Musters referenzierten **Hauptvertrag**.   8.19

Im Text selbst wird noch die Dauer der Verarbeitung festgelegt, wie ebenfalls von Art. 28 Abs. 3 Satz 1 DSGVO verlangt. Bei Auftragsverarbeitungen handelt es sich in der Regel um **Dauerschuldverhältnisse**[30]. Die DSGVO verlangt hierbei nicht, dass der Auftrag per se nur befristet erteilt werden darf. Auch Verträge mit unbefristeter **Laufzeit** sind zulässig[31]. Für erforderlich wird dann nur eine **Beendigungsmöglichkeit** durch ordentliche Kündigung gehalten[32]. Alternativ ist auch eine Festlaufzeit zulässig, während welcher eine ordentliche Kündigung ausgeschlossen ist. Das Muster verweist bzgl. der Dauer der Verarbeitung auf die Laufzeit des Hauptvertrages, damit ein Gleichlauf von Hauptvertrag und Auftragsverarbeitung sichergestellt ist[33]. In dem Hauptvertrag müssen dann freilich auch entsprechende **Laufzeitregelungen** enthalten sein.   8.20

bb) Spätere Festlegung und Änderungen

In Ausnahmefällen kann es dazu kommen, dass im Zeitpunkt des Vertragsschlusses noch keine abschließende Festlegung der Datenarten oder des Umfangs der Datenverarbeitung erfolgen kann; z.B. in einem **komplexen IT-Projekt**, bei dem zunächst in einer **Planungs- oder Migrationsphase** eine genauere Definition des Umfangs der späteren Datenverarbeitung im Regelbetrieb („**Future Mode of Operations**") erfolgt. Dann – aber auch nur dann – ist es zulässig, hier nur generelle Vorgaben zu machen und an dieser Stelle im Vertrag darauf zu verweisen, dass im Laufe der ersten Projektphase vor Beginn des Regelbetriebs genauere Festlegungen erfolgen[34]. In einem solchen Fall sollte sinnvollerweise das Verfahren vereinbart werden, in dem diese Konkretisierungen erfolgen, also insbesondere, ob dies einvernehmlich zwischen den Parteien erfolgen muss, oder ob dies auf Weisung des Auftraggebers geschieht.   8.21

In der Praxis kann es gerade bei längerfristigen Auftragsverarbeitungen auch dazu kommen, dass der Auftraggeber den **Umfang der Datenverarbeitung ändern** möchte, z.B. weil er die Arten der vom Auftragnehmer verarbeiteten Daten oder die Kategorien der betroffenen Personen ändern oder erweitern   8.22

---

28 *EDSA*, Guidelines 07/2020 on the concepts of controller and processor in the GDPR, Rz. 111; *Spoerr* in BeckOK DatenschutzR, Art. 28 DSGVO Rz. 56.

29 *Hartung* in Kühling/Buchner, Art. 28 DSGVO Rz. 65.

30 *Hoeren*, DuD 2010, 688 (689).

31 *Freund* in Schuster/*Grützmacher*, Art. 28 DSGVO Rz. 73; *Spoerr* in BeckOK DatenschutzR, Art. 28 DSGVO Rz. 52.

32 *Freund* in Schuster/Grützmacher, Art. 28 DSGVO Rz. 73; *Spoerr* in BeckOK DatenschutzR, Art. 28 DSGVO Rz. 52.

33 Diese Möglichkeit bejaht auch *EDSA*, Guidelines 07/2020 on the concepts of controller and processor in the GDPR, Rz. 111; vgl. auch *Freund* in Schuster/Grützmacher, Art. 28 DSGVO Rz. 72.

34 So zum alten Recht: *Hoeren*, DuD 2010, 688 (689).

will. Ziff. 2.2 Satz 2 verpflichtet den Auftragnehmer, einem solchen Verlangen des Auftraggebers zuzustimmen, soweit er keinen sachlichen Grund zur Verweigerung dieser Zustimmung hat. Dadurch hat der Auftraggeber die notwendige Planungssicherheit. Alternativ wäre es auch denkbar, derartige Änderungen oder Erweiterungen des Datenumgangs dem Weisungsrecht des Auftraggebers zuzuordnen.

d) Verbot zweckwidriger Verwendungen der Daten (Ziff. 2.3)

8.23 In Ziff. 2.3 des Musters findet sich eine ausdrückliche Regelung, dass dem Auftragnehmer jede von den vertraglichen Vorgaben abweichende oder darüber hinausgehende Erhebung oder Verwendung der Daten, insbesondere eine Verarbeitung der Daten zu eigenen Zwecken, untersagt ist. Hierdurch soll vermieden werden, dass der Dienstleister die Daten z.B. unter Berufung auf **gesetzliche Erlaubnistatbestände** neben der Auftragsdurchführung parallel auch zu anderen (eigenen) Zwecken verwendet. Aus Gründen der Rechtssicherheit ist in dem Muster ausdrücklich auch die Anonymisierung der Auftraggeber-Daten untersagt. Es ist zwar umstritten, ob es sich bei der Anonymisierung um eine Verarbeitung handelt, für die es einer Erlaubnisvorschrift bedarf und in der Literatur wird mit sehr guten Argumenten vertreten, dass es sich bei einer Anonymisierung nicht um eine erlaubnispflichte „Verarbeitung" i.S.v. Art. 4 Nr. 2 DSGVO handelt[35]. Die Aufsichtsbehörden vertreten eine abweichende Auffassung. So hat der Bundesbeauftragte für Datenschutz und Informationsfreiheit (BfDI) ein Positionspapier veröffentlicht, wonach er für eine Anonymisierung personenbezogener Daten eine Erlaubnisvorschrift verlangt[36], was auch der schon früher von der Art. 29-Datenschutzgruppe geäußerten Rechtsauffassung entspricht. In bestimmten Verarbeitungszusammenhängen kann freilich eine derart enge Verflechtung von eigen- und fremdnützigen Datenverarbeitungen bestehen, dass dieses pauschale Verbot durch eine andere, interessengerechte Regelung ersetzt werden müsste[37].

e) Verwendungsverbot für anonymisierte Daten

8.24 Über das gesetzlich Verlangte hinaus untersagt das Muster dem Auftragnehmer ausdrücklich auch eine Verarbeitung **anonymer Daten** zu eigenen Zwecken. Zwar unterliegen anonyme Daten gemäß Erwägungsgrund 26 nicht den Anforderungen der DSGVO, so dass eine Nutzung anonymer Daten prinzipiell zugelassen werden könnte. Weil die Anonymität aber im Zweifel schwierig zu bestimmen und die Abgrenzung zum Personenbezug komplex ist[38], sollte der Auftraggeber insoweit kein Risiko eingehen; zumal (wie oben erläutert) vorher regelmäßig eine Anonymisierung erfolgen müsste, deren Rechtmäßigkeit jedenfalls nicht von vornherein auf der Hand liegt.

Um insoweit Unsicherheiten zu Lasten des Auftraggebers zu vermeiden, wird in Ziff. 2.3 Satz 2 ausdrücklich festgelegt, dass dem Auftragnehmer auch jede Verarbeitung anonymisierter Auftraggeber-Daten ohne Zustimmung des Auftraggebers untersagt ist.

f) Ort der Datenverarbeitung (Ziff. 2.4–2.5)

aa) Auftragsverarbeitung nur innerhalb der EU/des EWR

8.25 Eine Auftragsverarbeitung kann auch mit einem Auftragsverarbeiter begründet werden, der seinen Sitz in einem Staat hat, der weder EU-Mitglied noch EWR-Vertragsstaat ist (nachfolgend auch „Drittlän-

---

35 *Arning/Rothkegel* in Taeger/Gabel, Art. 4 DSGVO Rz. 78 m.w.N.
36 *BfDI*, Positionspapier zur Anonymisierung, 29.6.2020, S. 5.
37 Zu dem Beispiel der Datenverwendung zum Zweck der Bereitstellung einer netzseitigen Telefonanlagenfunktion *Schmitz*, ZD 2011, 104 (108).
38 Siehe hierzu Erläuterungen in Teil 2, Rz. 12.38; siehe auch *BfDI*, Positionspapier zur Anonymisierung, 29.6.2020, S. 4; zur Anonymisierung für die Praxis siehe *Moos/Schefzig/Strassemeyer* in Moos/Schefzig/Arning, Kap. 22 Rz. 28.

der" genannt)[39]. Art. 3 Abs. 2 DSGVO stellt insoweit klar, dass Auftragsverarbeiter auch außerhalb der EU angesiedelt sein können. Der Auftraggeber kann deshalb prinzipiell auch eine Auftragsverarbeitung in einem **Drittland** gestatten.

Ungeachtet dessen bedarf es aber bei Einschaltung eines Auftragsverarbeiters im Drittland nach wie vor einer Absicherung der Datenweitergaben auf der 2. Stufe. Einer besonderen Rechtfertigung nach Art. 44 ff. DSGVO bedürfen deshalb alle Übermittlungen von Daten, die in einem Drittland (oder bei einer internationalen Organisation) verarbeitet werden oder verarbeitet werden sollen[40]. Es kommt hierbei darauf an, dass die Daten – durch Übertragung oder Abruf – in das Hoheitsgebiet des Drittlands gelangen; auf den tatsächlichen bzw. gesellschaftsrechtlichen Sitz des Datenempfängers (im Drittland) kommt es nicht maßgeblich an[41]. **8.26**

Der Auftraggeber hat also ein Interesse daran, sich bezüglich Drittstaatenübermittlungen vertraglich abzusichern, den Ort der Verarbeitung durch den Auftragnehmer festzulegen und ggf. einzuschränken. Dieser Aspekt hat durch die Entscheidung des EuGH in Sachen *Schrems II*[42] eine überragende Bedeutung erhalten. In dem Urteil hat das Gericht nicht nur das EU-U.S.-Privacy Shield für ungültig erklärt, sondern auch Datenübermittlungen in Drittstaaten auf Basis der EU-Standardvertragsklauseln strengen Anforderungen an den Datenschutz im Zielland unterworfen. Manche Aufsichtsbehörden ziehen deshalb in Zweifel, ob insbesondere Datenweitergaben in die USA derzeit überhaupt datenschutzkonform erfolgen können[43]. Es besteht die Befürchtung, dass der **Dienstleister** seitens dortiger Behörden **zur Herausgabe der Daten seiner Auftraggeber** verpflichtet werden kann, so dass ein entsprechender Datentransfer nicht den datenschutzrechtlichen Anforderungen der Art. 44 ff. DSGVO genügt. Die Verarbeitung der Auftraggeber-Daten durch den Auftragnehmer wird deshalb in Ziff. 2.4 regional (jedenfalls auf das Gebiet der EU bzw. des EWR) begrenzt. Datenverwendungen in Ländern, die weder Mitgliedstaat der EU noch Vertragsstaat des Abkommens über den EWR sind, dürfen nur unter der Bedingung erfolgen, dass die Voraussetzungen der Art. 44 ff. DSGVO zur Zufriedenheit des Auftraggebers erfüllt sind[44].

bb) Lokale Beschränkung unter Kontrollaspekten

Weitere Umstände können aus Auftraggebersicht sogar eine weitergehende lokale Beschränkung der Datenverarbeitung angezeigt erscheinen lassen: Zum einen ist es so, dass auch innerhalb der EU trotz der Harmonisierung durch die DSGVO durchaus noch Unterschiede in der Anwendung und Durchsetzung der Datenschutzvorschriften durch die jeweiligen Aufsichtsbehörden bestehen können. Außerdem enthält die DSGVO bekanntermaßen eine Reihe von Öffnungsklauseln, die auch materielle Unterschiede in den in verschiedenen Mitgliedstaaten anwendbaren Datenschutzregeln zur Folge haben können. Darüber hinaus kann eine **effektive Vor-Ort-Kontrolle** der Auftragsverarbeitungen durch den Auftraggeber eingeschränkt sein, wenn die Daten in einem anderen Land als seinem Sitzland verarbeitet werden. **8.27**

In diesem Sinne sieht Ziff. 2.4 des Musters vor, dass die Verarbeitung der Daten ausschließlich im Gebiet der Bundesrepublik Deutschland stattzufinden hat und eine Datenverarbeitung außerhalb Deutschlands, auch im Wege der Gewährung des Zugriffs auf Auftraggeber-Daten an Personen außerhalb Deutschlands, nur mit vorheriger schriftlicher Zustimmung des Auftraggebers zulässig ist.

---

39 *Eckhardt*, CCZ 2017, 111 (116); *Schmidt/Kahl*, ZD 2017, 54 (56).
40 *v. d. Bussche* in Plath, Art. 44 DSGVO Rz. 1.
41 A.A. wohl *Schröder* in Kühling/Buchner, Art. 44 DSGVO Rz. 19, der auf die „Belegenheit" der Stelle abstellt.
42 EuGH v 16.7.2020 – C-311/18 – Schrems II, MMR 2020, 597.
43 *LfDI Berlin*, Pressemitteilung vom 17.7.2020.
44 Zu den insoweit erhöhten Anforderungen nach Maßgabe des Schrems II-Urteils des EuGH siehe die Erläuterungen in Teil 5, Rz. 26.10.

8.28　Eine ähnliche Regelung könnte im Fall der Inanspruchnahme von Cloud Services geboten sein. Nach Ansicht der Aufsichtsbehörden und Teilen der Literatur müsse beim **Cloud Computing** durch vertragliche Vereinbarungen zwischen dem Auftraggeber und dem Auftragnehmer der Ort der technischen Verarbeitung personenbezogener Daten vereinbart werden[45]. Cloud-Anbieter sowie deren Unterauftragnehmer könnten in diesem Sinne bspw. verpflichtet werden, nur technische Infrastrukturen zu verwenden, die sich physikalisch innerhalb der EU befinden.

8.29　Weil die **EWR-Staaten** Island, Liechtenstein und Norwegen die Anwendung der DSGVO beschlossen haben, sind sie nicht als Drittländer zu qualifizieren.Mit dem Ende der Übergangszeit nach dem **Austritt** des **Vereinigten Königreichs** aus der EU zum 31.12.2020 (sog. **Brexit**), gilt dieses zwar prinzipiell als Drittland[46]. Das in letzter Minute geschlossene Handels- und Zusammenarbeitsabkommen zwischen der EU und dem Vereinigten Königreich trifft aber eine Übergangsregelung, wonach Übermittlungen personenbezogener Daten von der EU in das Vereinigte Königreich und Nordirland für eine **Übergangsperiode** nicht als Übermittlungen in ein Drittland angesehen werden. Diese Periode beginnt mit dem Inkrafttreten des Abkommens und endet, wenn die EU-Kommission das Vereinigte Königreich betreffende **Adäquanzentscheidungen** nach Art. 45 Abs. 3 DSGVO und Art. 36 Abs. 3 Richtlinie (EU) 2016/680 getroffen hat, spätestens jedoch nach **vier Monaten**. Dieses Enddatum kann um zwei Monate verlängert werden, falls keine der beteiligten Parteien widerspricht[47]. Es ist deshalb realistisch von einem Moratorium bis Mitte 2021 auszugehen.

cc) Datenverarbeitungen außerhalb der Hauptniederlassung

8.30　Die Regelung in Ziff. 2.5, wonach der Auftragnehmer den Auftraggeber über alle Verarbeitungen außerhalb seiner Hauptniederlassung zu informieren und ggf. auf Widerspruch zu unterlassen hat, dient wiederum dazu, dem Auftraggeber eine effektive Auftragskontrolle zu ermöglichen und **„unsichere"** **Verarbeitungsbedingungen** auszuschließen. Bestimmte Verarbeitungsszenarien, denen per se eine zu große Unsicherheit anhaftet, wie z.B. Datenverarbeitungen in Privatwohnungen – auch im Wege einer Zugriffsgewährung an Mitarbeiter in Privatwohnungen, z.B. im Wege der Telearbeit –, verbietet das Muster generell. Angesichts der Verbreitung von **Bring Your Own Device** (BYOD) wird es dem Auftragnehmer wegen der damit verbundenen Datensicherheitsrisiken[48] auch untersagt, Auftraggeber-Daten auf privaten Datenverarbeitungsgeräten der Mitarbeiter zu speichern oder zugänglich zu machen.

8.30a　Ob diese Regelungen in Zeiten der **Corona-Krise** sinnvoll sind, muss im Einzelfall beurteilt werden. Gegebenenfalls ist es aktuell nicht praktikabel, insbesondere einen Datenzugriff aus dem **Home Office** auszuschließen. Sollte dies der Fall sein, wären aber jedenfalls spezifische **technische und organisatorische Sicherheitsmaßnahmen** vorzusehen, die diesem erhöhten Risiko ausreichend Rechnung tragen[49].

g) Rechte an den Daten und Zurückbehaltungsrechte (Ziff. 2.6)

8.31　Insbesondere wenn der Auftragsverarbeitung besonders sensible personenbezogene Daten unterfallen, soll nach Auffassung mancher Datenschutzaufsichtsbehörden die **Einrede des Zurückbehaltungsrechts** nach § 273 BGB hinsichtlich der verarbeiteten Daten und der dazugehörigen Datenträger ver-

---

45　*Arbeitskreis Technik und Medien der Konferenz der Datenschutzbeauftragten des Bundes und der Länder*, Orientierungshilfe – Cloud Computing, Version 2.0, Stand 9.10.2014, S. 9; *Splittgerber/Rockstroh*, BB 2011, 2179 (2181).

46　*Grupp*, NJW 2017, 2065 (2067); *Geminn/Schaller*, ZD-Aktuell 2016, 05320.

47　Siehe *DSK*, Pressemitteilung v. 28.12.2020.

48　S. hierzu die Erläuterungen zu dem Muster einer BYOD-Betriebsvereinbarung in Teil 4, Rz. 24.6 ff.

49　Vgl. z.B. *LfDI Niedersachsen*, Hilfestellung zum Datenschutz im Homeoffice – Stand: Juli 2020, https://tinyurl.com/y4r8fkak.

traglich ausgeschlossen werden[50]. Entsprechende Regelungen sind in Ziff. 2.6 aufgenommen, in der klargestellt wird, dass der Auftragnehmer an den Auftraggeber-Daten keine Rechte erwirbt und auf Verlangen des Auftraggebers jederzeit zur Herausgabe der Daten verpflichtet ist. **Zurückbehaltungs-rechte** in Bezug auf die Auftraggeber-Daten und die dazugehörigen Datenträger werden explizit ausgeschlossen. Durch die Formulierung „auf erstes Anfordern" wird erreicht, dass generell Einreden und Einwendungen des Auftragnehmers gegen den Herausgabeanspruch ausgeschlossen sind. Die Regelung ist Ausfluss des umfassenden Weisungsrechts des Auftraggebers, wie es in allgemeiner Form in Ziff. 3.1 des Vertragsmusters niedergelegt ist.

Die Herausgabe der Daten an den Auftraggeber kann dazu führen, dass der Auftragnehmer seine **Pflichten aus dem Hauptvertrag** nicht mehr erfüllen kann. Bei der Bereitstellung der vom Auftragnehmer zur Vertragserfüllung benötigten Daten handelt es sich im Regelfall um eine erforderliche Mitwirkung des Auftraggebers. Das Gesetz ordnet solche **Mitwirkungshandlungen** grundsätzlich als sog. Obliegenheiten ein (vgl. § 642 BGB), deren Verletzung eine Entschädigungsverpflichtung und ein Kündigungsrecht des Auftragnehmers nach sich ziehen kann. Hier ist eine Abstimmung mit dem Hauptvertrag notwendig. Aus Auftraggebersicht könnte eine ergänzende Regelung sinnvoll sein, wonach etwaige Ansprüche des Auftragnehmers aus §§ 642, 643 BGB wegen eines Herausgabeverlangens der Daten nach Ziff. 2.6 des Musters ausgeschlossen werden. Es ist freilich auch nicht unüblich, solche Mitwirkungen vertraglich in den Rang echter Vertragspflichten zu heben, deren Einhaltung dann von dem Auftragnehmer eigenständig eingeklagt werden könnte. Wenn das so in dem Hauptvertrag vorgesehen ist, wären weitergehende Sonderregelungen zu den zivilrechtlichen Auswirkungen eines Herausgabeverlangens durch den Auftraggeber angeraten.

8.32

4. Weisungsbefugnisse des Auftraggebers (Ziff. 3)

M 8.1.3 Weisungsbefugnisse des Auftraggebers

8.33

3. Weisungsbefugnisse des Auftraggebers

3.1 Der Auftragnehmer darf die Auftraggeber-Daten ausschließlich im Auftrag und gemäß den Weisungen des Auftraggebers verarbeiten, sofern der Auftragnehmer nicht gesetzlich zu einer anderweitigen Verarbeitung verpflichtet ist. In letzterem Fall teilt der Auftragnehmer dem Auftraggeber diese rechtlichen Anforderungen rechtzeitig vor der Verarbeitung mit, sofern das betreffende Gesetz eine solche Mitteilung nicht wegen eines wichtigen öffentlichen Interesses verbietet.

3.2 Der Auftraggeber besitzt insoweit gegenüber dem Auftragnehmer ein umfassendes Weisungsrecht über Art, Umfang, Zweck und Verfahren der Verarbeitung von Auftraggeber-Daten. Die Weisungen des Auftraggebers sollen grundsätzlich in Schrift- oder Textform erfolgen. Bei Bedarf kann der Auftraggeber Weisungen auch mündlich oder telefonisch erteilen. Mündlich oder telefonisch erteilte Weisungen bedürfen jedoch einer unverzüglichen Bestätigung durch den in Ziffer 3.3 genannten Weisungsberechtigten des Auftraggebers in Schrift- oder Textform. Der Auftragnehmer ist verpflichtet, sämtliche Weisungen des Auftraggebers zu dokumentieren.

3.3 Weisungen sollen im Regelfall von dem Weisungsberechtigten des Auftraggebers oder dessen Stellvertreter erteilt werden. Derzeit fungieren auf Seiten des Auftraggebers folgende Personen als Weisungsberechtigter und als dessen Stellvertreter:

Weisungsberechtigter:

…

…

---

50 *BayLfD*, Orientierungshilfe Auftragsdatenverarbeitung, Stand 1.4.2019, S. 20; zu weitgehend *Bergt* in Taeger, der einen zwingenden Ausschluss des Zurückbehaltungsrechts verlangt, Law as a Service (LaaS), S. 37 (42).

Stellvertreter:

…

…

3.4 Der Auftraggeber wird dem Auftragnehmer einen Wechsel in der Person des Weisungsberechtigten oder des Stellvertreters möglichst frühzeitig anzeigen.

3.5 Die Parteien vereinbaren als Empfangsberechtigten für Weisungen auf Seiten des Auftragnehmers folgende Person:

Empfangsberechtigter:

…

…

Stellvertreter:

…

…

In dringenden Fällen darf der Auftraggeber aber auch jedem anderen Beschäftigten des Auftragnehmers entsprechende Weisungen erteilen, sofern weder der Empfangsberechtigte noch sein Stellvertreter für den Auftraggeber erreichbar waren.

3.6 Ein Wechsel in der Person des Empfangsberechtigten oder des Stellvertreters bzw. deren dauerhafte Verhinderung hat der Auftragnehmer dem Auftraggeber möglichst frühzeitig schriftlich unter Benennung eines Vertreters mitzuteilen. Bis zum Zugang einer solchen Mitteilung beim Auftraggeber gelten die benannten Personen weiter als empfangsberechtigt für Weisungen des Auftraggebers.

3.7 Der Auftragnehmer ist verpflichtet, die Weisungen des Auftraggebers unverzüglich auszuführen. Der Auftraggeber ist berechtigt, dem Auftragnehmer hierfür im Einzelfall eine jeweils angemessene Frist zu setzen, die der Auftragnehmer einzuhalten hat.

3.8 Der Auftragnehmer gewährleistet, dass er die Auftraggeber-Daten im Einklang mit den Bestimmungen dieses Vertrags und den Weisungen des Auftraggebers verarbeitet. Der Auftragnehmer bestätigt, dass ihm und seinen Mitarbeitern, die mit Auftraggeber-Daten umgehen, die Vorschriften der DSGVO und die sonstigen einschlägigen Datenschutzvorschriften bekannt sind. Ist der Auftragnehmer der begründeten Ansicht, dass eine Weisung des Auftraggebers gegen diesen Vertrag oder das geltende Datenschutzrecht verstößt, hat er den Auftraggeber unverzüglich darauf hinzuweisen. Der Auftragnehmer ist nach rechtzeitiger vorheriger Ankündigung gegenüber dem Auftraggeber mit mindestens 14-tägiger Frist berechtigt, die Ausführung der Weisung bis zu einer Bestätigung oder Änderung der Weisung durch den Auftraggeber auszusetzen. Bestätigt der Auftraggeber die Weisung, ist der Auftragnehmer verpflichtet, sie zu befolgen.

*3.9 Falls eine Weisung die gemäß Ziffer 2.2 und **Anlage 1** dieses Vertrags getroffenen Festlegungen ändert oder aufhebt, ist sie nur zulässig, wenn hierbei eine entsprechende neue Festlegung nach Ziffer 2.2 erfolgt.*

a) Ratio

8.34   In Ziff. 3 des Musters werden der Umfang und die Art der Ausübung des **Weisungsrechts** des Auftraggebers festgelegt. Die Festschreibung der Weisungsrechte des Auftraggebers in Ziff. 3 des Musters geht grundsätzlich auf die Regelung in Art. 28 Abs. 3 Satz 2 lit. a DSGVO zurück. Danach ist in dem Auftragsverarbeitungsvertrag positiv festzulegen, dass der Auftragnehmer die Daten nur auf dokumentierte Weisung des Verantwortlichen verarbeitet.

b) Weisungsrecht des Auftraggebers (Ziff. 3.1)

In seiner Gesamtheit kann das Weisungsrecht des Auftraggebers wegen Art. 29 DSGVO nicht abbedungen werden, ohne dass das Vertragsverhältnis seinen Charakter als Auftragsverarbeitung verliert. Fehlt es an der Weisungsgebundenheit, weil der Auftragnehmer selbst über den Umgang mit den Daten bestimmen darf, wird der Bereich der Auftragsverarbeitung verlassen und es liegt ggf. eine Verarbeitung der Daten durch den Auftragnehmer als weiterem für die Verarbeitung Verantwortlichen vor[51]. Unter Umständen kann auch eine **gemeinsame Verantwortlichkeit** der Vertragsparteien gegeben sein[52].

8.35

Der Vorbehalt bzgl. einer etwaigen eigenverantwortlichen Verarbeitung (außerhalb der Weisungen des Auftraggebers) und die diesbezügliche Mitteilungspflicht des Auftragnehmers ist explizit in Art. 28 Abs. 3 Satz 2 lit. a DSGVO vorgeschrieben[53]. Die Neuregelung zielt insbesondere auf **staatliche Herausgabeverlangen**, etwa im Zusammenhang mit Ermittlungen durch **Sicherheitsbehörden**.

aa) Umfang des Weisungsrechts (Ziff. 3.2)

Das Muster definiert die **Weisungsbefugnis** des Auftraggebers in Ziff. 3.2 Satz 1 denkbar weit und gewährt ihm ein umfassendes, uneingeschränktes Weisungsrecht bezüglich Art, Umfang, Zweck und Verfahren der Verarbeitung von Auftraggeber-Daten. Diese weit gefasste Weisungsbefugnis ist grundsätzlich im Interesse des Auftraggebers. In besonderen Fällen mag der Auftraggeber aber auch einem eingeschränkten Weisungsrecht den Vorzug geben. So steht das datenschutzrechtliche Weisungsrecht des auftraggebenden Unternehmens in einem Konzernverbund mit zentralisierten IT- und Datenverarbeitungsfunktionen tendenziell in einem Spannungsverhältnis[54] zu dem gleichzeitigen Bestreben einer einheitlichen, konzernweiten Handhabung. Es kann deshalb sinnvoll sein, dass sich konzerngebundene Auftraggeber kein vollumfassendes Weisungsrecht einräumen lassen, sondern dem **Konzernauftragsverarbeiter** – innerhalb eines definierten Rahmens – Entscheidungsspielräume, etwa bei Änderungen technisch-organisatorischer Maßnahmen, zugestehen.

8.36

Problematisch kann die Erteilung von **Einzelweisungen** auch bei der Inanspruchnahme weitgehend standardisierter Leistungen sein, wie es z.B. für das Cloud Computing kennzeichnend ist. Bei der Inanspruchnahme solcher Leistungen wäre das Muster ggf. in der Weise anzupassen, dass der Auftraggeber nur zu allgemeinen Anweisungen berechtigt ist, die ggf. sogar abschließend in dem Auftragsverarbeitungsvertrag beschrieben werden[55].

8.37

Eine solche Beschränkung des Weisungsrechts wäre für den Auftraggeber allerdings nicht ohne **Risiko**. Je nach Gefahrenlage kann es sein, dass eine Einzelfallweisung notwendig ist, damit der Auftraggeber seinen Pflichten als Verantwortlicher nach **Art. 24 Abs. 1 DSGVO** nachkommen kann. Der Auftraggeber sollte deshalb generell darauf bedacht sein, dass der Auftragsverarbeitungsvertrag **Einzelweisungen** explizit zulässt. Denn auch wenn die Erteilung von Weisungen prima facie als ein Recht des Verantwortlichen ausgestaltet ist, gehört es zu seiner sich unmittelbar aus Art. 24 Abs. 1 DSGVO ergebenden **Pflicht** zur Umsetzung organisatorischer Maßnahmen, dem Auftragsverarbeiter **geeignete Weisungen** zu erteilen, um sicherzustellen und den Nachweis dafür zu erbringen, dass die Verarbeitung durch den Auftragsverarbeiter gemäß der Verordnung erfolgt.

8.38

---

51 Siehe hierzu das Muster in Teil 6, Rz. 32.8; siehe zur Abgrenzung auch *Rothkegel/Strassemeyer*, CRi 2019, 161 (166 f.); *BayLfD*, Orientierungshilfe Auftragsverarbeitung, Version 2.0, Stand: 1.4.2019, S. 12.

52 Siehe hierzu das Muster in Teil 1, Rz. 5.25; weiterführend auch: *Rothkegel/Strassemeyer*, CRi 2019, 161 ff.

53 *Martini* in Paal/Pauly, Art. 28 DSGVO Rz. 40.

54 Vgl. *Nink/Müller*, ZD 2012, 505 (505).

55 Krit. zur Möglichkeit einer rechtskonformen Umsetzung des Weisungsrechts gegenüber Cloud-Anbietern *Gaul/Koehler*, BB 2011, 2229 (2232).

bb) Form der Weisungen (Ziff. 3.2)

8.39 Aus Gründen der Rechtssicherheit sollte für Einzelweisungen ein **Formerfordernis** festgelegt werden. In diesem Sinne wird in Ziff. 3.2 grundsätzlich Schrift- oder Textform verlangt. Um dem Auftraggeber aber die notwendige Flexibilität zu geben, schnell und unbürokratisch Weisungen erteilen zu können, ist er bei Bedarf auch zu mündlichen oder telefonischen Weisungen berechtigt, die dann im Nachhinein schriftlich oder in Textform zu bestätigen sind.

c) Dokumentation der Weisungen (Ziff. 3.2)

8.40 Nach Art. 28 Abs. 3 Satz 2 lit. a DSGVO sind sämtliche Weisungen zu **dokumentieren**. Die DSGVO spezifiziert aber nicht hinreichend klar, ob dies vom Verantwortlichen oder vom Auftragsverarbeiter getan werden muss. Es erscheint sinnvoll, dies als gemeinsame Verpflichtung zu begreifen[56] und in dem Auftragsverarbeitungsvertrag hierzu eine Festlegung zu treffen. Das Muster überantwortet diese Pflicht dem Auftragsverarbeiter.

d) Weisungs- und Empfangsberechtigte (Ziff. 3.3–3.6)

8.41 Es wird von den Aufsichtsbehörden bevorzugt, die weisungsberechtigten Personen in dem Vertrag zu bezeichnen[57]. In Ziff. 3.3 ist eine solche Nennung vorgesehen. Damit sich der Auftraggeber aber nicht über Gebühr selbst bindet, wird die Weisungsbefugnis nicht abschließend auf eine bestimmte Person verengt. Vielmehr soll die **namentlich zu nennende Person** nur im Regelfall für Weisungen zuständig sein. Die Erteilung von Weisungen durch andere Personen bleibt also möglich. Ferner steht es dem Auftraggeber frei, den Weisungsberechtigten und dessen Stellvertreter auszuwechseln; d.h. die namentliche Benennung in dem Vertrag ist nur deklaratorisch.

8.42 Dem Auftragnehmer wird in dem Muster weniger Flexibilität zugestanden. Dadurch soll zugunsten des Auftraggebers Unsicherheit darüber vermieden werden, an welche Person er Weisungen zu richten hat, um eine etwaige Nichtbefolgung von Weisungen wegen vermeintlicher **Unzuständigkeit** des Weisungsempfängers zu vermeiden. In diesem Sinne sieht das Muster vor, dass

– der Auftraggeber bei Nichterreichbarkeit der vereinbarten Weisungsempfänger auch jedem anderen Beschäftigten des Auftragnehmers Weisungen erteilen kann (Ziff. 3.5);

– die benannten Weisungsempfänger bis zum Zugang einer Änderungsmitteilung durch den Auftragnehmer empfangsberechtigt bleiben (Ziff. 3.6).

e) Frist zur Umsetzung von Weisungen (Ziff. 3.7)

8.43 Nach Ziff. 3.7 ist auch die Bemessung einer Frist zur Ausführung von Weisungen in die Bestimmungsmacht des Auftraggebers gestellt. Gibt er dem Auftragnehmer im Einzelfall keine konkrete Frist vor, hat der Auftragnehmer die Weisung unverzüglich, also gem. § 121 Abs. 1 Satz 1 BGB **ohne schuldhaftes Zögern** auszuführen.

f) Auftragskonformität der Datenverarbeitung (Ziff. 3.8)

8.44 Die in Art. 28, 29 DSGVO gesetzlich verankerte **Verantwortlichkeitsverteilung** zwischen Auftraggeber und Auftragnehmer gilt zunächst für das Außenverhältnis gegenüber Betroffenen und Aufsichtsbehörden, so dass hiervon abweichende Zuweisungen von Verantwortlichkeiten an den Auftragsverarbeiter im (internen) Verhältnis der Parteien zueinander möglich bleiben, wobei darauf zu achten ist, die Stel-

---

56 *Hartung* in Kühling/Buchner, Art. 28 DSGVO Rz. 33; für eine Pflicht des Auftragsverarbeiters: *Spoerr* in BeckOK DatenschutzR, Art. 28 DSGVO Rz. 58; *Martini* in Paal/Pauly, Art. 28 DSGVO Rz. 38.

57 Siehe hierzu die beispielhafte Darstellung des *BayLDA*, Formulierungshilfe für einen Auftragsverarbeitungsvertrag nach Art. 28 Abs. 3 DS-GVO, 13.2.2018, S. 3.

lung des Auftragsverarbeiters nicht derart aufzuwerten, dass er in die Rolle eines Mitverantwortlichen hineinwächst[58]. Ziff. 3.8 greift diese Möglichkeit auf und unterwirft den Auftragnehmer einer Verpflichtung, sich und den Mitarbeitern, die mit Auftraggeber-Daten umgehen, Kenntnis von allen für die Auftragsdurchführung relevanten **Datenschutzvorschriften** zu verschaffen. Bei sehr speziellen Vorschriften könnte es sogar angezeigt sein, diese explizit im Auftragsverarbeitungsvertrag aufzuführen, damit der Auftragnehmer weiß, was er zur Umsetzung welcher Spezialvorschriften zu beachten hat[59]. Als Folge dieser Vertragsregelung kann sich der Auftragnehmer im Falle eines in seinem Verantwortungsbereich liegenden Verstoßes gegen die Datenschutzvorschriften gegenüber dem Auftraggeber nicht darauf berufen, dass er die entsprechende gesetzliche Regelung nicht kannte.

g) Remonstration des Auftragnehmers (Ziff. 3.8)

Nach Art. 28 Abs. 3 Satz 3 DSGVO ist der Auftragnehmer zur **Remonstration** gegenüber dem Auftraggeber verpflichtet, wenn er der Ansicht ist, dass eine Weisung des Auftraggebers gegen das geltende Datenschutzrecht verstößt. Ziff. 3.8 des Musters regelt die Auswirkungen einer solchen Remonstration auf die weitere Vertragserfüllung seitens des Auftragnehmers, da diese von Art. 28 Abs. 3 Satz 3 DSGVO offen gelassen werden[60]. Nach dem Muster soll der Auftragnehmer grundsätzlich nicht berechtigt sein, die – aus seiner Sicht datenschutzwidrige – Verarbeitung auszusetzen, sondern nur, wenn der Auftraggeber die vermeintlich datenschutzwidrige Weisung nicht in angemessener Frist bestätigt. Insbesondere vor dem Hintergrund, dass Unklarheit darüber herrscht, ob eine Suspendierung der Weisung bis zu deren Bestätigung möglich ist, ist eine solche vertragliche Regelung geboten[61]. Bestätigt der Auftraggeber die Weisung, ist der Auftragnehmer verpflichtet, sie zu befolgen.

Die Regelung in Ziff. 3.8 sieht nicht vor, dass der Auftragnehmer jede Weisung des Auftraggebers auf Rechtmäßigkeit zu überprüfen hätte[62]. Angesichts des Umstandes, dass der Auftraggeber Verantwortlicher i.S.v. Art. 4 Nr. 7 DSGVO ist, steht er nach Art. 24 Abs. 1 DSGVO für die Rechtmäßigkeit weiterhin ein[63]. Wenn der Auftraggeber eine intensivere Kontrolle der Datenschutzkonformität durch den Auftragnehmer wünscht, etwa weil dieser über besondere Kenntnisse oder Kapazitäten verfügt, die er sich zunutze machen will, kann eine solche **Überprüfungspflicht** freilich in den Vertrag mit aufgenommen werden.

h) Vertragsändernde Weisungen (Ziff. 3.9)

Da das Weisungsrecht hier zugunsten des Auftraggebers sehr umfassend angelegt ist (vgl. Ziff. 3.2 Satz 1), ist es denkbar, dass hierdurch auch vertragliche Festlegungen überschrieben werden; z.B. wenn die Realisierung einer bestimmten, zusätzlichen technischen oder organisatorischen Maßnahme angeordnet wird, wie es durch Ziff. 6.4 des Musters ermöglicht wird. In solchen Fällen verlangt Ziff. 3.9, dass eine neue Festlegung nach Ziff. 2.2. erfolgt.

8.45

8.46

---

58 Zur Abgrenzung: *Moos/Cornelius* in Moos/Schefzig/Arning, Kap. 7 Rz. 13; *Rothkegel/Strassemeyer*, CRi 2019, 161 (166 f.).

59 Noch zum BDSG siehe *Der Hessische Datenschutzbeauftragte*, Mustervereinbarung zum Datenschutz und zur Datensicherheit in Auftragsverhältnissen nach § 11 BDSG, Stand 28.9.2010, S. 6.

60 *Freund* in Schuster/*Grützmacher*, Art. 28 DSGVO Rz. 119.

61 *Freund* in Schuster/*Grützmacher*, Art. 28 DSGVO Rz. 119.

62 *Bertermann* in Ehmann/Selmayr, Art. 28 DSGVO Rz. 30.

63 *Martini* in Paal/Pauly, Art. 24 DSGVO Rz. 18.

5. Rechtsstellung des Auftraggebers (Ziff. 4)

8.47 **M 8.1.4 Rechtsstellung des Auftraggebers**

4. Rechtsstellung des Auftraggebers

Der Auftraggeber ist Eigentümer der Auftraggeber-Daten und im Verhältnis der Parteien zueinander Inhaber aller etwaigen Rechte an den Auftraggeber-Daten.

a) Ratio

8.48 Ziff. 4 des Musters dient dazu, die Rechtsstellung des Auftraggebers im Hinblick auf die Daten und die sich daraus ergebenden Rechte und Pflichten klarzustellen.

b) Rechte an den Daten

8.49 Es empfiehlt sich vor allem im Falle der Verarbeitung besonders sensibler personenbezogener Daten, die Verfügungsbefugnisse an den im Rahmen der Auftragsverarbeitung zu erhebenden, verarbeitenden oder zu nutzenden personenbezogenen Daten vertraglich zu regeln[64]. Das ist auch außerhalb dieses Spezialfalls sinnvoll, weil die zivilrechtliche Lage im Hinblick auf das **Eigentum und** die **Verfügungsbefugnis an Daten** bisher nicht hinreichend geklärt ist[65]. Eine derartige Regelung ist deshalb sinnvoll, um die Verwendung der Daten durch den Auftragnehmer auch jenseits der datenschutzrechtlichen Verwendungsrestriktionen effektiv zu begrenzen, weil allein aus dem Gesetz heraus zivilrechtliche Verwendungsverbote kaum zu begründen sind[66]. Das liegt im Wesentlichen daran, dass nach der weiterhin herrschenden Meinung ein spezielles absolutes Recht an Daten nicht existiert und es sich bei Daten insbesondere auch nicht um Sachen handelt, an denen zivilrechtliches Eigentum begründet werden könnte[67].

Das Muster klammert diese Fragestellung im Detail aus, legt aber in Ziff. 4 fest, dass jedenfalls im Verhältnis der Vertragsparteien zueinander der Auftraggeber **Eigentümer** der Auftraggeber-Daten und **Inhaber aller etwaigen Rechte** an den Auftraggeber-Daten sein soll[68].

---

64 Beispielhaft für eine Klausel zur Klärung von Eigentumsverhältnissen siehe *BfDi*, Muster Auftragsverarbeitung, S. 6; Kritik hierzu aufgrund der Begrifflichkeit des Eigentums siehe *Bitkom*, Position zum Bundesmuster Auftragsverarbeitung, 2.8.2019, S. 17; siehe auch für die Anerkennung einer zumindest eigentumsähnlichen Position: *JuMiKo Arbeitsgruppe „Digitaler Neustart"*, Bericht v. 15.5.2017, S. 60; *Polenz* in Kilian/Heussen/Taeger/Pohle, 1. Abschnitt, Teil 13: Verfassungsrechtliche Grundlagen des Datenschutzes, Rz. 61.

65 Hierzu: *Schefzig*, K&R Beihefter 3/2015, 3 (3 f.).

66 *Schefzig*, K&R Beihefter 3/2015, 3 (7); *Roßnagel*, NJW 2017, 10 (12).

67 *JuMiKo Arbeitsgruppe „Digitaler Neustart"*, Bericht v. 15.5.2017, S. 98; *Hoeren*, MMR 2019, 5 (6); *Schefzig*, K&R Beihefter 3/2015, 3; *Schefzig* in Taeger, Internet der Dinge, S. 551 (553).

68 Siehe *JuMiKo Arbeitsgruppe „Digitaler Neustart"*, Bericht v. 15.5.2017, S. 34 f., die aufgrund der mangelnden Anerkennung einer Sach- oder Rechtsqualität an Daten keine Schranken für die Vertragsgestaltung zieht und keine Zweifel in Bezug auf die Frage der Wirksamkeit der Regelung von Rechten und Pflichten in Bezug auf Daten im Verhältnis der Vertragsparteien zueinander sieht; siehe auch für die Anerkennung einer zumindest eigentumsähnlichen Position *JuMiKo Arbeitsgruppe „Digitaler Neustart"*, Bericht v. 15.5.2017, S. 60; *Polenz* in Kilian/Heussen/Taeger/Pohle, 1. Abschnitt, Teil 13: Verfassungsrechtliche Grundlagen des Datenschutzes, Rz. 61.

c) Verantwortlichkeit des Auftraggebers

Explizit nicht in diese Regelung aufgenommen wurde eine Klausel, nach der den Auftraggeber die (alleinige) datenschutzrechtliche **Verantwortung für die materielle Zulässigkeit** der Datenverarbeitung trifft, wie dies nach altem Recht durchaus üblich war.

8.50

Es entspricht zwar nach wie vor der gesetzlichen Lage, dass der Auftraggeber als Verantwortlicher nach außen, also gegenüber Dritten und den Betroffen für die Rechtmäßigkeit der Verarbeitung einzustehen hat[69]. Daneben haftet aber nach Art. 82 DSGVO auch der Auftragsverarbeiter in nicht unerheblichem Umfang selbst. Ihm gegenüber können Betroffene gem. Art. 79 DSGVO auch selbst gerichtliche Rechtsbehelfe geltend machen und über Art. 82 Abs. 1 DSGVO kann jedermann (*„jede Person“*) – also nicht nur betroffenen Personen – ein Schadensersatzanspruch direkt gegen den Auftragsverarbeiter zustehen. Zudem kann der Auftragsverarbeiter nach Art. 83 Abs. 4 lit. a DSGVO selbst unmittelbarer Adressat von Bußgeldern sein. Es ist nicht im Interesse des Auftraggebers, diese gesetzlich vorgesehene **Eigenhaftung des Auftragnehmers** einzuschränken oder eine Regressmöglichkeit vorzusehen.

6. Anforderungen an Personal und Systeme (Ziff. 5)

M 8.1.5 Anforderungen an Personal und Systeme

8.51

5. Anforderungen an Personal und Systeme

5.1 Der Auftragnehmer gewährt Personen Zugriff auf Auftraggeber-Daten nur, soweit dies unmittelbar für die Erfüllung einer konkreten Aufgabe durch diese Person notwendig ist (Need-to-know-Prinzip). Der Auftragnehmer hat alle Personen, die Auftraggeber-Daten verarbeiten, bezüglich der Verarbeitung von Auftraggeber-Daten in Schriftform zur Vertraulichkeit zu verpflichten und die Verpflichtung dem Auftraggeber auf erstes Anfordern nachzuweisen.

5.2 Der Auftragnehmer stellt sicher, dass ihm unterstellte natürliche Personen, die Zugang zu Auftraggeber-Daten haben, diese nur auf seine Anweisung verarbeiten, es sei denn, sie sind nach dem Recht der Union oder der Mitgliedstaaten zur Verarbeitung verpflichtet.

5.3 Der Auftragnehmer gewährleistet, dass er nur solche Systeme für die Verarbeitung von Auftraggeber-Daten einsetzt, die dafür ausgelegt sind, den Datenschutz durch eine der Verarbeitungssituation angemessene technische Systemgestaltung zu unterstützen.

a) Ratio

Ziff. 5 kombiniert verschiedene Verpflichtungen des Auftragnehmers im Hinblick auf die von ihm zu gewährleistenden Anforderungen an Personal und Verarbeitungssysteme, die er im Rahmen des Auftrags einsetzt.

8.52

b) Verpflichtung auf Need-to-know-Prinzip und zur Vertraulichkeit (Ziff. 5.1)

Ziff. 5.1 umfasst eine Verpflichtung auf die Einhaltung des **Need-to-Know-Prinzips**, wonach Personen Zugang zu personenbezogenen Daten nur erhalten dürfen, soweit sie es für die Erfüllung einer bestimmten Aufgabe benötigen. Eine solche Vertragspflicht ist nicht zwingend erforderlich, der Europäische Datenschutzausschuss befürwortet jedoch eine Aufnahme in den Vertrag[70].

8.53

---

69 Zur Stellung des Auftraggebers als alleiniger Verantwortlicher siehe *Plath* in Plath, Art. 28 DSGVO Rz. 6; *Hartung* in Kühling/Buchner, Art. 28 DSGVO Rz. 40.

70 Vgl. *EDSA*, Opinion 14/2019 on the draft Standard Contractual Clauses submitted by the DK SA (Article 28(8) GDPR), rec. 23.

8.53a Die Regelung in Ziff. 5.1 setzt daneben die gesetzliche Verpflichtung aus Art. 28 Abs. 3 Satz 2 lit. b DSGVO um, wonach der Vertrag eine Pflicht des Auftragnehmers vorsehen muss, die zu Verarbeitung personenbezogener Daten befugten Personen zur **Vertraulichkeit** zu verpflichten (soweit sie nicht einer angemessenen gesetzlichen Schweigepflicht unterliegen).

Diese Pflicht ersetzt die früher nach § 5 Satz 2 BDSG a.F. bestehende Pflicht, alle mit der Erhebung oder Verwendung personenbezogener Daten beschäftigten Personen bei der Aufnahme ihrer Tätigkeit auf das **Datengeheimnis** zu verpflichten.

Diese Anforderung setzt Ziff. 5.1 des Musters um, wobei dem Auftragnehmer auch explizit aufgegeben wird, dem Auftraggeber die Einhaltung der Verpflichtung auf Verlangen nachzuweisen. Aus Auftraggebersicht ist dies notwendig, um der **Rechenschaftspflicht** nach Art. 24 Abs. 1 i.V.m. Art. 5 Abs. 2 DSGVO nachzukommen.

Die Regelung in § 52 BDSG verlangt eine Verpflichtung auf das **Datengeheimnis** nur im Anwendungsbereich der RL 2016/680 – also im Bereich der Strafverfolgung. Sofern also darauf bezogene Datenverarbeitungstätigkeiten im Wege einer Auftragsverarbeitung ausgelagert werden sollten, wäre eine entsprechende Verpflichtung sinnvollerweise auch im Vertrag zu ergänzen.

c) Weisungsgebundenheit (Ziff. 5.2)

8.54 Den Auftragnehmer trifft eine eigenständige gesetzliche Pflicht, gem. Art. 32 Abs. 4 DSGVO sicherzustellen, dass ihm unterstellte Personen, die Zugang zu personenbezogenen Daten haben, diese nur auf Anweisung des Verantwortlichen verarbeiten[71]. Ziff. 5.2 münzt dies in eine vertragliche Pflicht des Auftragnehmers gegenüber dem Auftraggeber um. Üblicherweise werden sich entsprechende Pflichten des Personals, die Weisungen des Auftragnehmers zu befolgen, bereits aus den Direktionsbefugnissen des jeweiligen Unternehmens aufgrund der bestehenden Arbeits- oder Dienstverhältnisse ergeben.

d) Anforderungen an Systeme (Ziff. 5.3)

8.55 Ziff. 5.3 enthält eine Basisverpflichtung des Auftragnehmers zur Gewährleistung von **Datenschutz durch Technikgestaltung**. Hierdurch erstreckt der Auftraggeber die ihn nach Art. 25 Abs. 1 DSGVO treffende Verpflichtung auf den Auftragnehmer. Dies steht im Einklang mit Erwägungsgrund 78 DSGVO, wonach u.a. in Bezug auf die Entwicklung, Gestaltung, Auswahl und Nutzung von Anwendungen, Diensten und Produkten, die personenbezogene Daten verarbeiten, auch deren Hersteller „ermutigt" werden sollen, den Datenschutz bereits bei der Entwicklung und Gestaltung der Systeme zu berücksichtigen. Weil es in der Praxis gerade bei speziellen Verarbeitungen häufig so ist, dass Auftragsverarbeiter eigenentwickelte Systeme für die auftragsgegenständliche Verarbeitung nutzen, sollte der Auftragnehmer folglich gewährleisten, dass die Systeme die Anforderungen des Data Protection by Design in einer Weise berücksichtigen, dass der Auftraggeber als Verantwortlicher seiner gesetzlichen Verpflichtung nach Art. 25 Abs. 1 DSGVO nachkommen kann. Er vermeidet hierdurch auch eigenständige Haftungsrisiken[72].

Je nach Verarbeitungsszenario kann es sinnvoll sein, zusätzlich eine vertragliche Verpflichtung des Auftragnehmers auf die Einhaltung der Anforderungen des **Datenschutzes durch datenschutzfreundliche Voreinstellungen** (Art. 25 Abs. 2 DSGVO) vorzusehen.

---

71 *Plath* in Plath, Art. 29 DSGVO Rz. 2.
72 *Müthlein*, RDV 2016, 74 (78).

7. Sicherheit der Verarbeitung (Ziff. 6)

M 8.1.6 Sicherheit der Verarbeitung

8.56

6. Sicherheit der Verarbeitung

6.1 Der Auftragnehmer verpflichtet sich, alle geeigneten technischen und organisatorischen Maßnahmen zu ergreifen und während der Dauer der Verarbeitung von Auftraggeber-Daten aufrecht zu erhalten, die unter Berücksichtigung des Stands der Technik, der Implementierungskosten und der Art, des Umfangs, der Umstände und der Zwecke der Verarbeitung der Auftraggeber-Daten sowie der unterschiedlichen Eintrittswahrscheinlichkeit und Schwere des Risikos für die Rechte und Freiheiten der betroffenen Personen erforderlich sind, um ein dem Risiko angemessenes Schutzniveau für die Auftraggeber-Daten zu gewährleisten.

*6.2 Der Auftragnehmer garantiert, vor dem Beginn der Verarbeitung der Auftraggeber-Daten insbesondere die in **Anlage 2** zu diesem Vertrag spezifizierten technischen und organisatorischen Maßnahmen zu ergreifen und sicherzustellen, dass die Verarbeitung von Auftraggeber-Daten im Einklang mit diesen Maßnahmen durchgeführt wird.*

*6.3 Dem Auftragnehmer ist es gestattet, nach vorheriger schriftlicher Zustimmung des Auftraggebers alternative adäquate technische und organisatorische Maßnahmen umzusetzen, sofern das Sicherheitsniveau der in **Anlage 2** festgelegten technischen und organisatorischen Maßnahmen nicht unterschritten wird.*

*6.4 Auf Weisung des Auftraggebers wird der Auftragnehmer darüber hinausgehende wirksame technische und organisatorische Maßnahmen umsetzen, wenn sich die in **Anlage 2** des Vertrags bestimmten Maßnahmen als nicht ausreichend erwiesen haben oder wenn der technische Fortschritt dies erfordert. Der Auftragnehmer hat den Auftraggeber unverzüglich schriftlich zu informieren, wenn er Grund zu der Annahme hat, dass die Maßnahmen gemäß **Anlage 2** nicht (mehr) ausreichend sind oder der technische Fortschritt weitere Maßnahmen erfordert.*

*6.5 Für die Sicherheit der Auftraggeber-Daten relevante Entscheidungen zur Organisation der Datenverarbeitung und zu den angewandten Verfahren sind in jedem Fall vom Auftragnehmer im Voraus mit dem Auftraggeber abzustimmen, auch wenn hierdurch keine Abweichung von den Maßnahmen nach **Anlage 2** erfolgt.*

*6.6 Auf Verlangen weist der Auftragnehmer dem Auftraggeber die Einhaltung der in **Anlage 2** festgelegten technischen und organisatorischen Maßnahmen nach. Dabei kann der Nachweis nach Verlangen des Auftraggebers durch die Vorlage eines aktuellen Testats oder Berichts einer unabhängigen Instanz (wie z.B. eines Wirtschaftsprüfers, Revisors, dem betrieblichen Datenschutzbeauftragten oder einem externen Datenschutzauditor etc.) oder einer geeigneten Zertifizierung (z.B. nach BSI-Grundschutz) erbracht werden. Die Kontrollrechte des Auftraggebers nach Ziffer 10 bleiben davon unberührt.*

6.7 Der Auftragnehmer ist verpflichtet, die Grundsätze der ordnungsmäßigen automatisierten Verarbeitung personenbezogener Daten einzuhalten und insbesondere jeweils aktuelle Dokumentationen aller automatisierten Verfahren zur Verarbeitung von Auftraggeber-Daten vorzuhalten sowie definierte und dokumentierte Test- und Freigabeverfahren für diese automatisierten Verfahren einzuhalten.

6.8 Auf Verlangen stellt der Auftragnehmer dem Auftraggeber ein umfassendes und aktuelles Datenschutz- und Sicherheitskonzept für die Auftragsverarbeitung nach diesem Vertrag zur Verfügung.

a) Ratio

Sowohl den Auftraggeber als auch den Auftragnehmer selbst trifft nach Art. 32 Abs. 1 DSGVO eine unmittelbare gesetzliche Verpflichtung, geeignete **technische und organisatorische Maßnahmen** zu treffen, um ein dem Risiko der Verarbeitung angemessenes Schutzniveau zu gewährleisten. Ungeachtet der eigenen gesetzlichen Verpflichtung des Auftragnehmers verlangt Art. 28 Abs. 3 Satz 2 lit. c DSGVO eine vertragliche Verpflichtung des Auftragnehmers, dass er alle nach Art. 32 DSGVO erforderlichen

8.57

Maßnahmen ergreift. Hierzu dient Ziff. 6 des Musters, in der neben der reinen Festlegung dieser Maßnahmen auch deren Dokumentation, Änderung und Ergänzung geregelt wird.

b) Spezifizierung der technischen und organisatorischen Maßnahmen (Ziff. 6.1–6.2)

8.58 Gemäß Art. 28 Abs. 3 Satz 2 lit. c DSGVO hat der Auftragsverarbeitungsvertrag auch eine Verpflichtung des Auftragnehmers zu enthalten, die nach Art. 32 DSGVO erforderlichen Maßnahmen zu ergreifen. In Ziff. 6.1 wird deshalb die gesetzliche Verpflichtung nach Art. 32 Abs. 1 DSGVO zunächst abstrakt in den Vertrag aufgenommen.

8.59 Den Anforderungen des früheren § 11 Abs. 2 Satz 2 Nr. 3 BDSG a.F. genügte es dabei nicht, die gesetzlichen Anforderungen an die Sicherheitsmaßnahmen (seinerzeit gem. § 9 BDSG a.F. i.V.m. den in der Anlage aufgelisteten Schutzzielen) schlicht zu wiederholen[73]. Die gesetzlichen Vorgaben waren dergestalt auszufüllen, dass zu jedem **Schutzziel** (und je nach Bedarf ggf. zu weiteren relevanten Schutzzielen) ganz konkrete, von dem Auftragnehmer umzusetzende Maßnahmen festgeschrieben werden.

8.60 Für den Auftragsverarbeitungsvertrag nach Maßgabe der DSGVO ist weniger klar, in welchem **Detaillierungsgrad** die Maßnahmen aufzuführen sind[74]. Es lässt sich gut vertreten, dass nach Art. 28 Abs. 3 Satz 2 lit. c DSGVO nicht zwingend einzelne Maßnahmen zu vereinbaren sind, sondern eine allgemeine Verpflichtung des Auftragnehmers – wie hier in Ziff. 6.1 – ausreichend ist[75]. Dies scheint auch der Ansicht der Art. 29-Datenschutzgruppe zu entsprechen, die für Weisungen zu den Mitteln der Verarbeitung keine zu sehr ins Detail gehenden Festlegungen verlangt[76].

8.61 Weil der Auftraggeber aber als Ausdruck seiner Gesamtverantwortung für die unter seiner Aufsicht erfolgende Verarbeitung letztlich nach außen auch für die Geeignetheit der vom Auftragsverarbeiter ergriffenen Maßnahmen einzustehen hat, ist es für ihn vorteilhaft, zumindest einen **Mindeststandard detaillierter Maßnahmen** konkret festzulegen. Das Muster sieht deshalb in Ziff. 6.1 vor, dass solche Einzelmaßnahmen festgelegt und in einer Anlage 2 zum Auftragsverarbeitungsvertrag aufgelistet werden. Für deren Umsetzung und Aufrechterhaltung während der gesamten Vertragslaufzeit soll der Auftragnehmer hier verschuldensunabhängig im Rahmen einer Garantiehaftung einstehen. Die Einhaltung dieser konkreten, in Anlage 2 benannten Sicherheitsmaßnahmen ist nach der Formulierung in Ziff. 6.1 als **Mindestschutz** ausgestaltet. Nach Satz 1 hat der Auftragnehmer darüber hinaus – allerdings verschuldensabhängig – gegenüber dem Auftraggeber dafür einzustehen, dass er auch alle sonstigen technischen und organisatorischen Maßnahmen trifft, die ggf. zusätzlich erforderlich sein sollten, um die sich aus Art. 32 DSGVO ergebenden Anforderungen zu gewährleisten.

8.62 Praktische Schwierigkeiten bei der Auswahl und Gestaltung der Maßnahmen können daraus resultieren, dass Unwägbarkeiten bei der Bestimmung der gebotenen Maßnahmen bestehen: nach Art. 32 Abs. 1 DSGVO ist eine Orientierung am Kriterium der **Geeignetheit** für die Eindämmung der verarbeitungsspezifischen Risiken vorgegeben[77]. Art und Umfang der Schutzmaßnahmen hängen deshalb maßgeblich von dem Schutzbedarf der im Auftrag verarbeiteten personenbezogenen Daten ab. Hierbei hat eine Auswahl anhand der vier vom Gesetz vorgegebenen Kriterien zu erfolgen: (1) Stand der Technik, (2) Implementierungskosten, (3) Art, Umfang, Umstände und Zwecke der Verarbeitung und (4) Wahrscheinlichkeit des Eintritts und Schwere des Risikos für die betroffenen Personen. Beschränkt sich der Auftrag auf einen Umgang mit Daten, der für die Betroffenen keine besonderen Risiken erwarten lässt, sind in der Regel standardisierte Sicherheitsmaßnahmen ausreichend. Zur Auswahl geeigneter technisch-organisatorischer Maßnahmen im Fall des **Cloud Computing** kann zudem auf ein Eck-

---

[73] *Vander*, K&R 2010, 292 (294).
[74] *Müthlein*, RDV 2016, 74 (81).
[75] *Hartung* in Kühling/Buchner, Art. 28 DSGVO Rz. 71.
[76] *Art. 29-Datenschutzgruppe*, WP 169, 16.2.2010, S. 16 f.
[77] *Jandt* in Kühling/Buchner, Art. 32 DSGVO Rz. 5.

punktepapier des BSI[78] zurückgegriffen werden. Das Eckpunktepapier soll und kann als Richtschnur und Grundlage für die Diskussion zwischen Cloud-Anbieter und Auftraggeber dienen, um darauf aufbauend konkrete Maßnahmen zur Absicherung von Cloud Services festzulegen[79].

In der Praxis verfügen renommierte Dienstleister häufig über **IT-Sicherheitskonzepte**, die einzelne Sicherheitsmaßnahmen detailliert auflisten und die dann als Anlage 2 referenziert werden können. Verfügt der Dienstleister nicht über ein hinreichend dokumentiertes Sicherheitskonzept, hat sich die Verwendung einer Checkliste bewährt, in der der Auftragsverarbeiter die de facto von ihm getroffenen Maßnahmen auswählt.   8.63

Die Verpflichtung zur Ergreifung der notwendigen technischen und organisatorischen Maßnahmen ist im Vertrag ausdrücklich nicht nur auf den Zeitpunkt des Vertragsschlusses gemünzt. Vielmehr erstreckt Ziff. 6.1 Satz 1 diese Pflicht explizit auf die **gesamte Vertragslaufzeit**. Dies ist rechtlich auch notwendig, weil ansonsten die Gefahr besteht, dass bestimmte, vertraglich festgeschriebene Maßnahmen wegen des technischen Fortschritts alsbald nicht mehr dem Stand der Technik entsprechen[80].   8.63a

c) Änderung und Fortschreibung der Maßnahmen (Ziff. 6.3–6.4)

Zulässig und entsprechend dem Kriterium der Berücksichtigung des Standes der Technik sogar notwendig ist eine **Dynamisierung** der Festlegungen für technische und organisatorische Maßnahmen[81]. Hierzu dienen die Regelungen in Ziff. 6.3-6.4 des Musters.   8.64

Ziff. 6.3 eröffnet die grundsätzliche Möglichkeit, andere als die in der Anlage 2 festgeschriebenen Maßnahmen umzusetzen, macht dies aber von einer vorherigen schriftlichen Zustimmung des Auftraggebers und der weiteren Bedingung abhängig, dass das bisherige **Sicherheitsniveau** nicht unterschritten wird. Insbesondere durch das Zustimmungserfordernis hat der Auftraggeber die volle Kontrolle über etwaige Abweichungen von den ursprünglich festgelegten Vorgaben.   8.65

Ziff. 6.4 lässt eine weitere Dynamisierung bzw. Änderung und Ergänzung der in Anlage 2 festgeschriebenen Einzelmaßnahmen aufgrund einer entsprechenden **Weisung des Auftraggebers** zu, zu deren Umsetzung der Auftragnehmer verpflichtet ist, wenn sich herausgestellt hat (z.B. durch das Auftreten einer Datenpanne oder auch im Zuge eines Audits), dass die bisherigen Maßnahmen unzureichend waren oder gerade eben der technische Fortschritt weitere Schutzmaßnahmen verlangt (z.B. eine stärkere Verschlüsselung). Da oftmals der Auftragsverarbeiter selbst in Datensicherheitsmaßnahmen beschlagener ist als der Auftraggeber und er darüber hinaus näher dran ist an der Ausführung der Datenverarbeitung, ist es für den Auftraggeber sinnvoll, diesen **Wissens- und Erfahrungsvorsprung** für sich nutzbar zu machen. Ziff. 6.4 Satz 2 des Musters sieht deshalb eine entsprechende Informationspflicht des Auftragnehmers für den Fall vor, dass er die Maßnahmen gemäß Anlage 2 für nicht mehr ausreichend oder für ergänzungsbedürftig hält.   8.66

d) Sicherheitsrelevante Entscheidungen (Ziff. 6.5)

Die Sicherheit der Datenverarbeitung kann – je nach Umfang und Grad der Spezifizierung in dem Auftragsverarbeitungsvertrag – auch durch Faktoren außerhalb der Festlegungen in Anlage 2 zum Muster beeinflusst werden. Hinsichtlich der Inanspruchnahme von Cloud Services meinen die Aufsichtsbehörden, dass der Cloud-Anbieter Bestandteile seiner Service-Umgebung nur ändern dürfe, wenn er   8.67

---

78 *BSI*, Eckpunktepapier Sicherheitsempfehlungen für Cloud Computing-Anbieter, Stand: Februar 2012.
79 Hierzu auch *Schröder/Haag*, ZD 2012, 495 (498 ff.).
80 *EDSA*, Opinion 14/2019 on the draft Standard Contractual Clauses submitted by the DK SA (Article 28(8) GDPR), rec. 26.
81 *Jandt* in Kühling/Buchner, Art. 32 DSGVO Rz. 10.

den Auftraggeber vorher informiert – in Einzelfällen auch aktiv die Zustimmung des Auftraggebers eingeholt – habe[82].

Ziff. 6.5 des Musters soll dem Auftraggeber vor diesem Hintergrund auch in solchen Fällen eine Mitwirkung ermöglichen, indem die Regelung bei sicherheitsrelevanten Entscheidungen des Auftragnehmers zur Organisation der Datenverarbeitung und zu den angewandten Verfahren eine vorherige Abstimmung mit dem Auftraggeber verlangt.

e) Nachweispflicht (Ziff. 6.6)

8.68 Die Aufsichtsbehörden verlangen bei ihren Kontrollen bzgl. der Einhaltung von Art. 28 DSGVO regelmäßig angemessene Aufzeichnungen; etwa in Form von systemseitig erzeugten **Protokollen** oder anderen **Dokumentationen**[83]. Der Nachweis der ordnungsgemäßen Umsetzung geeigneter technischer und organisatorischer Maßnahmen muss bei Bedarf lückenlos geführt werden können, schon damit der Auftraggeber seiner Rechenschaftspflicht nach Art. 24 Abs. 1 i.V.m. Art. 5 Abs. 2 DSGVO nachkommen kann.

Damit der Auftraggeber bei behördlichen Kontrollen satisfaktionsfähig ist und auch seine eigenen Kontrollen (hierzu sogleich zu Ziff. 9) fundiert durchführen kann, wird der Auftragnehmer in Ziff. 6.6 verpflichtet, dem Auftraggeber auf Verlangen die Einhaltung aller in Anlage 2 festgelegten technischen und organisatorischen Maßnahmen nachzuweisen. Dem Auftraggeber wird dabei ein Wahlrecht im Hinblick auf die geeignete Form des Nachweises eingeräumt (aktuelles **Testat** oder **Bericht** einer unabhängigen Instanz, wie z.B. eines Wirtschaftsprüfers, Revisors, dem betrieblichen Datenschutzbeauftragten oder einem externen **Datenschutzauditor** etc., oder eine geeignete Zertifizierung (z.B. nach BSI-Grundschutz)). Für den Fall, dass es bei dem Auftragnehmer hierzu ein akzeptables Standardprocedere gibt, kann auch dieses hier vereinbart werden. Ggf. wäre auch noch eine Kostenregelung zu ergänzen.

f) Ordnungsmäßigkeit und Dokumentation (Ziff. 6.7)

8.69 Der Begriff der technischen und organisatorischen Maßnahmen ist weit zu fassen; er umfasst nicht nur unmittelbar der Datensicherheit dienende Maßnahmen, sondern auch Verfahren zur Überprüfung, Bewertung und Evaluierung ihrer Wirksamkeit sowie abstrakte Fähigkeiten der technischen Systeme und Dienste[84]. Die Verpflichtung zur Ergreifung allgemeiner Maßnahmen im Sinne einer ordnungsmäßigen Datenverarbeitung wird in Ziff. 6.7 konkretisiert, indem dem Auftragnehmer aufgegeben wird, insbesondere jeweils aktuelle **Dokumentationen** aller automatisierten Verfahren zur Verarbeitung von Auftraggeber-Daten vorzuhalten sowie definierte und **dokumentierte Test- und Freigabeverfahren** für diese automatisierten Verfahren einzuhalten.

g) Datenschutz- und Datensicherheitskonzept (Ziff. 6.8)

8.70 Wenn der Auftragnehmer ein **Datensicherheitskonzept** besitzt, muss der Auftraggeber prüfen und schriftlich festlegen, ob es seinen und den gesetzlichen Datensicherheitsanforderungen entspricht. Wenn und soweit in diesem Datensicherheitskonzept die nach Art. 32 DSGVO erforderlichen Maßnahmen hinreichend spezifiziert enthalten sind, kann auf eine Wiederholung in der Anlage zum Auftragsverarbeitungsvertrag verzichtet und das Sicherheitskonzept an sich zur Vertragsanlage gemacht

---

82 *Arbeitskreis Technik und Medien der Konferenz der Datenschutzbeauftragten des Bundes und der Länder*, Orientierungshilfe – Cloud Computing, Version 2.0, Stand 9.10.2014, S. 33.
83 Vgl. schon Hinweise zum BDSG Nr. 12, Staatsanz. 1980, Nr. 53, S. 4.
84 *Jandt* in Kühling/Buchner, Art. 32 DSGVO Rz. 16.

werden[85]. Sind die darin genannten Maßnahmen nicht ausreichend, können im Einzelfall ergänzende Maßnahmen vereinbart werden.

8. Inanspruchnahme weiterer Auftragsverarbeiter (Ziff. 7)

M 8.1.7 Inanspruchnahme weiterer Auftragsverarbeiter 8.71

7. Inanspruchnahme weiterer Auftragsverarbeiter

7.1 Der Auftragnehmer darf weitere Auftragsverarbeiter hinsichtlich der Verarbeitung von Auftraggeber-Daten nur nach vorheriger schriftlicher Zustimmung des Auftraggebers hinzuziehen. Der Zustimmungspflicht unterliegen auch Vertragsverhältnisse, die die Prüfung oder Wartung von Datenverarbeitungsverfahren oder -anlagen durch andere Stellen oder andere Nebenleistungen zum Gegenstand haben, sofern dabei ein Zugriff auf Auftraggeber-Daten nicht ausgeschlossen werden kann.

7.2 Zur Prüfung einer solchen Zustimmung hat der Auftragnehmer dem Auftraggeber den Entwurf des Unterauftragsverarbeitungsvertrags zwischen ihm und dem weiteren Auftragsverarbeiter ungekürzt in Kopie zur Verfügung zu stellen. Ferner muss der Auftragnehmer dem Auftraggeber schriftlich bestätigen, dass er den weiteren Auftragnehmer unter besonderer Berücksichtigung der Eignung der von diesem getroffenen technischen und organisatorischen Maßnahmen sorgfältig ausgewählt hat, er sich von der Einhaltung der beim weiteren Auftragnehmer getroffenen technischen und organisatorischen Maßnahmen überzeugt hat und dieser Erklärung eine Bestätigung der Ergebnisdokumentation dieser Überprüfung beizufügen. Ein Anspruch auf Erteilung der Zustimmung durch den Auftraggeber besteht nicht.

7.3 Der Auftragnehmer hat den weiteren Auftragsverarbeiter in dem Unterauftragsverarbeitungsvertrag schriftlich ebenso zu verpflichten, wie auch der Auftragnehmer aufgrund dieses Vertrags gegenüber dem Auftraggeber verpflichtet ist. Dem Auftraggeber sind im Unterauftragsverarbeitungsvertrag gegenüber dem weiteren Auftragsverarbeiter unmittelbar sämtliche Kontrollrechte gemäß Ziffer 9 dieses Vertrags einzuräumen (echter Vertrag zugunsten Dritter). In dem Unterauftragsverarbeitungsvertrag sind die Verantwortlichkeitssphären des Auftragnehmers und des weiteren Auftragsverarbeiters klar voneinander abzugrenzen. Der Auftragnehmer haftet für ein Verschulden jedes weiteren Auftragsverarbeiters wie für eigenes Verschulden.

7.4 Falls der Auftragnehmer einen weiteren Auftragsverarbeiter in einem Drittland einschalten möchte, gelten zusätzlich die Anforderungen gemäß Ziffer 2.4 bezüglich der Erfüllung der Voraussetzungen der Art. 44 ff. DSGVO. Die Parteien stellen klar, dass nur der Auftraggeber selbst berechtigt ist, Verträge i.S.v. Art. 46 Abs. 2 lit. c oder d und Abs. 3 lit. a DSGVO mit weiteren Auftragsverarbeitern in Drittländern abzuschließen und der Auftragnehmer hierzu keinerlei Vollmacht oder sonstige Berechtigung besitzt. Der Auftragnehmer verpflichtet sich bereits jetzt, einem etwa zwischen dem Auftraggeber und einem weiteren Auftragsverarbeiter in einem Drittland geschlossenen Vertrag im Sinne dieser Regelungen (einschließlich einem solchen auf Basis der Standardvertragsklauseln für die Übermittlung personenbezogener Daten an Auftragsverarbeiter in Drittländern gemäß Beschluss der EU-Kommission vom 5. Februar 2010 („Standardvertragsklauseln")) mit der Wirkung beizutreten, dass der Auftragnehmer gewährleistet, dass der Datenimporteur die Pflichten gemäß dem jeweiligen Vertrag einhält.

*7.5 Der Auftraggeber stimmt hiermit der Inanspruchnahme der weiteren Auftragsverarbeiter gemäß **Anlage 3** zu.*

7.6 Nachdem der Auftraggeber der Einschaltung eines weiteren Auftragsverarbeiters zugestimmt hat, wird der Auftragnehmer ihm eine vollständige Kopie des von beiden Seiten rechtswirksam unterzeichneten Unterauftragsverarbeitungsvertrags zuleiten. Der Auftragnehmer darf Auftraggeber-Daten erst dann einem weiteren Auftragsverarbeiter bereitstellen, sobald er zu seiner Zufriedenheit verifiziert hat, dass geeignete technische und organisatorische Maßnahmen so durchgeführt werden, dass die Verarbeitung im Einklang mit diesem Vertrag erfolgt.

---

[85] Noch zum BDSG a.F. siehe *Der Hessische Datenschutzbeauftragte*, Mustervereinbarung zum Datenschutz und zur Datensicherheit in Auftragsverhältnissen nach § 11 BDSG, Stand 28.9.2010, S. 9.

7.7 Der Auftragnehmer hat abgeleitete Kontrollpflichten gegenüber den weiteren Auftragsverarbeitern und kann und muss hierfür die in diesem Vertrag beschriebenen und in dem Unterauftragsverarbeitungsvertrag zu spiegelnden Kontrollbefugnisse des Auftraggebers wahrnehmen. Der Auftragnehmer hat die Einhaltung der vertraglichen Verpflichtungen des weiteren Auftragsverarbeiters regelmäßig (d.h. mindestens einmal jährlich) in geeigneter Form zu überprüfen, das Ergebnis der Prüfung zu dokumentieren und den entsprechenden Prüfbericht dem Auftraggeber innerhalb von sechs Wochen nach Durchführung der Prüfung unaufgefordert zur Verfügung zu stellen. Der Auftraggeber bleibt berechtigt, die Ausübung der Kontrollbefugnisse durch den Auftragnehmer uneingeschränkt zu überwachen und kann jederzeit auch selbst diese Kontrolle gegenüber dem weiteren Auftragsverarbeiter ausüben.

a) Ratio

8.72 In Ziff. 7 werden die Voraussetzungen für die Begründung von **Unterauftragsverarbeitungsverhältnissen** – nach dem Sprachgebrauch der DSGVO „der Inanspruchnahme weiterer Auftragsverarbeiter" – normiert und Vorgaben für das Verfahren der Einschaltung von Unterauftragnehmern sowie der Durchführung der Unterauftragsverhältnisse gemacht.

b) Einschaltung weiterer Auftragsverarbeiter (Ziff. 7.1)

8.73 Gemäß Art. 28 Abs. 3 Satz 2 lit. d DSGVO ist im Auftragsverarbeitungsvertrag auch festzulegen, dass der Auftragnehmer die in Art. 28 Abs. 2 und Abs. 4 genannten Bedingungen für die Inanspruchnahme der Dienste weiterer Auftragsverarbeiter einhält. Weil Abs. 2 hierbei aber die Wahlmöglichkeit zwischen einer Allgemeingenehmigung und einer Einzelfallgenehmigung eröffnet, ergibt es für den Auftraggeber Sinn, sich in dem Vertrag nicht auf einen Verweis auf die gesetzlichen Regelungen zu beschränken, sondern hierzu konkrete Festlegungen zu treffen[86].

8.74 Die DSGVO sieht in Art. 28 Abs. 2 DSGVO ausdrücklich vor, dass der Auftragsverarbeiter „weitere Auftragsverarbeiter" (bisher war der Terminus „Unterauftragsverarbeiter" gebräuchlich) in Anspruch nehmen kann, verlangt insoweit aber, dass eine vorherige schriftliche Genehmigung des Verantwortlichen vorliegt. Der Begriff der „vorherigen Genehmigung" mag widersprüchlich erscheinen, wenn man zur Begriffsklärung § 184 BGB heranziehen wollte, weil eine Genehmigung danach die nachträgliche Zustimmung bedeutet. Die DSGVO ist aber autonom auszulegen; gemeint ist also die **vorherige Zustimmung** im Sinne einer Einwilligung (§ 183 BGB)[87].

8.75 Art. 28 Abs. 2 DSGVO eröffnet dabei eine **Wahlmöglichkeit** für die Erteilung dieser Zustimmung: der Verantwortliche kann sie entweder „gesondert" (also konkret für jede beabsichtigte Einschaltung eines weiteren Auftragsverarbeiters) oder „allgemein" (also pauschal für alle weiteren Auftragsverarbeiter) erteilen. Das Muster sieht in Ziff. 7.1 eine **Einzelfallgenehmigung** als auftraggeberfreundliche Variante vor. Es wäre auch denkbar, hier je nach Art der weiteren Auftragsverarbeiter Abstufungen zu machen. Praxisrelevant könnte z.B. eine **Allgemeingenehmigung** nur für verbundene Unternehmen des Auftragsverarbeiters sein. Daneben bleibt freilich auch die noch striktere Variante möglich, nämlich die Einschaltung weiterer Auftragsverarbeiter generell zu untersagen[88].

8.76 In der Praxis besteht im Übrigen oft Unklarheit darüber, bei welchen Dienstverhältnissen, die der Auftragnehmer eingeht, es sich um eine Unterbeauftragung im Sinne der datenschutzrechtlichen Vorschriften und dem vom Auftragnehmer geschlossenen Auftragsverarbeitungsvertrag handelt. Klar ist, dass eine zustimmungspflichtige Inanspruchnahme eines weiteren Auftragsverarbeiters dann vorliegt, wenn der Auftragnehmer einen **Erfüllungsgehilfen** einsetzt, der Teile der dem Auftraggeber gegenüber zu erbringenden Verarbeitungsleistungen (unter Rückgriff auf die Auftraggeber-Daten) übernimmt.

---

86 Ebenso: *Piltz*, K&R 2016, 709 (713).
87 *Hartung* in Kühling/Buchner, Art. 28 DSGVO Rz. 87.
88 *Eckhardt*, CCZ 2017, 111 (114 f.).

Zweifel können aber teilweise dort bestehen, wo der Vertragspartner des Auftragnehmers reine **Nebenleistungen** erbringt[89]. Ein Beispiel bildet die **Wartung und Prüfung von Hard- und Software**, die der Auftragnehmer zur Leistungserbringung einsetzt. Da die DSGVO (im Unterschied zu § 11 Abs. 5 BDSG a.F.) für diese Fallgruppe nicht mehr ausdrücklich eine entsprechende Anwendung der Regelungen zur Auftragsverarbeitung anordnet, besteht hier im Prinzip Spielraum. Auftraggeberfreundlich ist sie hier in Ziff. 7.1 Satz 2 als zustimmungspflichtige Unterbeauftragung eingeordnet[90]. In welchen weiteren Fällen ein Zugriff des Vertragspartners des Auftragnehmers auf Auftraggeber-Daten nicht ausgeschlossen werden kann, ist oft unklar. Die Regelung in Ziff. 7.1 bezieht deshalb auch alle sonstigen „Nebenleistungen" ein.

c) Erteilung der Zustimmung (Ziff. 7.2 und 7.5)

Das Muster sieht vor, dass der Auftraggeber mit Vertragsabschluss bestimmten Unterauftragsverhältnissen zustimmt und verweist in Ziff. 7.5 zu Einzelheiten der zugelassenen weiteren Auftragsverarbeiter auf eine Anlage 3 zu dem Muster. Darin sollen die **Identität des Unterauftragnehmers**, die von ihm zu erbringenden Tätigkeiten, der Zweck der durch ihn erfolgenden Datenverarbeitung, die betroffenen Kategorien von Daten und der Kreis der betroffenen Personen spezifiziert werden. Die konkrete Benennung der weiteren Auftragsverarbeiter hilft dem Verantwortlichen, seinen **Kontrollpflichten** effektiv nachkommen zu können. Nur so kann er z.B. verifizieren, ob und wenn ja welche Änderungen es in Bezug auf die Hinzuziehung weiterer Auftragsverarbeiter gab. Auch von Aufsichtsbehörden wird gefordert, dass der Auftragnehmer ausdrücklich schon bei Vertragsabschluss und bei Änderungen anschließend einzelfallbezogen über den Einsatz von Unterauftragnehmern informiert, da den Verantwortlichen keine Holschuld hierzu trifft und etwaige Regelungen, wonach der Verantwortliche sich etwa über die Homepage des Auftragnehmers über den Einsatz von Unterauftragnehmern informieren muss, ungenügend sind[91]. Die Einbeziehung von Unterauftragnehmern droht vor allem bei der Inanspruchnahme von **Cloud Services** intransparent zu sein, da deren Inanspruchnahme oft nur für einen kurzzeitig gestiegenen Bedarf an Rechenleistung erfolgt und nicht vorab feststeht, wessen Kapazitäten konkret genutzt werden. Cloud-Anbieter sollen deshalb nach Vorstellung der Aufsichtsbehörden[92] ohnehin vertraglich verpflichtet werden, sämtliche **Unterauftragnehmer** abschließend gegenüber dem Cloud-Anwender zu **benennen**.

8.77

Eine genaue Spezifizierung des Umfangs der Unterbeauftragung – wie in der Anlage 3 vorgesehen – ist vor allem dann wichtig, wenn ein Unterauftragnehmer nicht die gesamten Leistungen des Auftragnehmers übernimmt und deshalb auch eine Abgrenzung seiner Tätigkeitssphäre zu derjenigen des Hauptauftragnehmers und anderer Unterauftragnehmer möglich sein muss.

d) Verpflichtung des Unterauftragnehmers (Ziff. 7.3)

Art. 28 Abs. 3 Satz 2 lit. d DSGVO verlangt per se neben der Verpflichtung des Auftragnehmers auf die Einhaltung der gesetzlichen Regelungen in Art. 28 Abs. 2 und Abs. 4 DSGVO zur Einschaltung weiterer Auftragsverarbeiter keine weitergehenden Regelungen im Auftragsverarbeitungsvertrag. In der Praxis ist es aber üblich, dass weitere Anforderungen an die Einschaltung weiterer Auftragsverarbeiter definiert werden.

8.78

---

89 Siehe hierzu die Erläuterungen in Teil 2, Rz. 7.24 f.
90 Für dieses Ergebnis als „sachgerechte Lösung" auch *Müthlein*, RDV 2016, 74 (83).
91 *EDSA*, Guidelines 07/2020 on the concepts of controller and processor in the GDPR, Rz. 148; *BayLfD*, Orientierungshilfe Auftragsdatenverarbeitung, Version 2.0, Stand: 1.4.2019, S. 18.
92 *Arbeitskreis Technik und Medien der Konferenz der Datenschutzbeauftragten des Bundes und der Länder*, Orientierungshilfe – Cloud Computing, Version 2.0, Stand 9.10.2014, S. 9; so wohl auch *Splittgerber/ Rockstroh*, BB 2011, 2179 (2181).

aa) Spiegelung der Regelungen des übergeordneten Auftragsverarbeitungsvertrags

8.79 Selbstverständlich ist, dass die Unterbeauftragung ihrerseits den Vorgaben des Art. 28 DSGVO genügen muss. Bei einer Unterbeauftragung sind zusätzlich die Vorgaben der übergeordneten Auftragsverarbeitung zu berücksichtigen. Hierbei ist nicht ganz klar, welchen **Regelungsgehalt** das Gesetz genau verlangt. Nach dem Wortlaut von Art. 28 Abs. 4 Satz 1 DSGVO müssen dem weiteren Auftragsverarbeiter „dieselben Datenschutzpflichten auferlegt" werden, die im Auftragsverarbeitungsvertrag zwischen Auftraggeber und Auftragnehmer enthalten sind. Die Formulierung könnte dafür sprechen, dass die Pflichten 1:1 auf das Unterauftragsverhältnis zu übertragen seien mit der Folge, dass keinerlei Abweichungen zulässig wären. Ob die Anforderung in Art. 28 Abs. 4 DSGVO aber tatsächlich so strikt zu interpretieren ist, erscheint zweifelhaft. Eine identische **Spiegelung der Regelungen aus dem übergeordneten Auftragsverarbeitungsvertrag** wäre beispielsweise oftmals dort nicht sinnvoll, wo der weitere Auftragsverarbeiter nur Teile der Verarbeitungsleistung übernimmt. Es dürfte prinzipiell deshalb wohl genügen, wenn der Vertrag mit dem weiteren Auftragsverarbeiter sämtliche nach Art. 28 Abs. 3 DSGVO geforderten Regelungen enthält und sich bei der inhaltlichen Ausgestaltung an den Vorgaben des übergeordneten Vertrages orientiert[93].

8.80 Um hier Klarheit über den Verpflichtungsgehalt des Unterauftragsverarbeitungsvertrages zu erzeugen, wird dem Auftragnehmer in Ziff. 7.3 des Musters aufgegeben, den Unterauftragnehmer in dem Unterauftragsverarbeitungsvertrag ebenso zu verpflichten, wie auch der Auftragnehmer gegenüber dem Auftraggeber verpflichtet ist – die eigenen Vertragspflichten also gegenüber dem weiteren Auftragsverarbeiter zu spiegeln. Etwas anderes gilt nur dann, wenn die Datenverarbeitung nicht vollständig an den Unterauftragnehmer weitergereicht wird, sondern nur bestimmte Leistungsanteile; in diesem Fall wäre eine sachbereichsspezifische Anpassung sinnvoll. Das Muster geht jedoch generell von einer 1:1-Weitergabe der Pflichten an den Unterauftragnehmer aus; die Regelung wäre auf diesen Fall ggf. anzupassen.

bb) Eigene Kontrollrechte des Auftraggebers

8.81 Früher wurde es bei einer „gestuften Auftragsverarbeitung", d.h. bei einer Einschaltung von weiteren Auftragsverarbeitern, teilweise zusätzlich für erforderlich gehalten, dass der Auftraggeber **eigene Kontrollrechte** bei dem weiteren Auftragsverarbeiter erhält[94]. Ein solches Erfordernis, in dem Unterauftrag eigene, selbst durchsetzbare und einklagbare Rechte des Auftraggebers vorzusehen, besteht unter der DSGVO nicht mehr[95]. Ungeachtet dessen nimmt das Muster eine solche Anforderung im Sinne einer auftraggeberfreundlichen Gestaltung in Ziff. 7.3 auf und verpflichtet den Auftragnehmer, dem Auftraggeber im Unterauftragsverarbeitungsvertrag unmittelbare Kontrollrechte im Sinne eines echten Vertrags zugunsten eines Dritten zu sichern. Das bedeutet freilich nicht, dass der Auftraggeber die Kontrollen tatsächlich auch selbst durchführen muss – das kann in der Praxis auch von dem Haupt-Auftragsverarbeiter gemacht werden[96].

8.82 In dem Unterauftragsverarbeitungsvertrag sind die Verantwortlichkeitssphären des Auftragnehmers und des Unterauftragnehmers klar voneinander abzugrenzen. Werden mehrere weitere Auftragsverarbeiter eingesetzt, so gilt dies auch für die Verantwortlichkeiten zwischen den einzelnen Unterauftragnehmern.

8.83 Der Auftragnehmer haftet für ein Verschulden seiner Unterauftragnehmer wie für eigenes Verschulden. Diese sich bereits unmittelbar aus Art. 28 Abs. 4 Satz 2 DSGVO ergebende Rechtsfolge ist im Muster nochmals explizit verankert.

---

93 In diesem Sinne wohl auch *Hartung* in Kühling/Buchner, Art. 28 DSGVO Rz. 89.

94 *Art. 29 Datenschutzgruppe*, WP 169, 16.2.2010, S. 34; *BayLDA*, Tätigkeitsbericht 2011/12, S. 59.

95 *Müthlein*, RDV 2016, 74 (82); *Hartung* in Kühling/Buchner, Art. 28 DSGVO Rz. 86.

96 So ausdrücklich *EDSA*, Opinion 14/2019 on the draft Standard Contractual Clauses submitted by the DK SA (Article 28(8) GDPR), rec. 30; *Hartung* in Kühling/Buchner, Art. 28 DSGVO Rz. 86.

e) Unterauftragnehmer in Drittländern (Ziff. 7.4)

Soll ein weiterer Auftragsverarbeiter in einem Drittland (also außerhalb der EU bzw. des EWR) ein- 8.84
geschaltet werden, muss auch die Datenschutzkonformität auf der 2. Stufe sichergestellt sein. Zu diesem Zweck wird in der Regelung klargestellt, dass zusätzlich zu den Anforderungen gem. Ziff. 2.4 die
Voraussetzungen der Art. 44 ff. DSGVO erfüllt sein müssen. Soll dabei auf EU-Standarddatenschutzklauseln[97] i.S.v. Art. 46 Abs. 2 lit. c DSGVO zurückgegriffen werden, ist zu beachten, dass eine Ver-
tragskette nicht ohne weiteres möglich ist: In einer solchen Konstellation ist nämlich der **Auftraggeber**
als **Datenexporteur** i.S.d. Art. 44 ff. DSGVO und der **Unterauftragnehmer** als **Datenimporteur** einzustufen, so dass diese beiden Unternehmen Vertragsparteien des EU-Standardvertrags sein müssen[98]
und folglich nur der Auftraggeber selbst berechtigt ist, Verträge i.S.v. Art. 46 Abs. 2 lit. c DSGVO mit
Unterauftragnehmern in Drittländern abzuschließen. Das Muster macht insoweit zugunsten des Auftraggebers nicht von der Möglichkeit[99] Gebrauch, den Auftragnehmer zum Abschluss eines solchen
Vertrags namens des Auftraggebers zu **bevollmächtigen**. Eine solche Vorgehensweise kann freilich
sinnvoll sein, wenn eine Vielzahl von Unterauftragnehmern eingeschaltet werden soll.

Aufsichtsbehörden und Literatur empfehlen in einer solchen Konstellation zudem einen **Beitritt** des 8.85
Auftragnehmers zu dem direkt zwischen dem Auftraggeber und dem Unterauftragnehmer abzuschließenden EU-Standardvertrag[100]. Diese Empfehlung setzt Ziff. 7.4 Satz 3 des Musters um, der den Auftragnehmer verpflichtet, einem solchen auf Basis der EU-Standarddatenschutzklauseln geschlossenen
Vertrag mit der Wirkung beizutreten, dass der Auftragnehmer primär dafür verantwortlich bleibt, dass
der Unterauftragnehmer die Pflichten gemäß den Standardvertragsklauseln einhält.

Unternehmen müssen nach der Rechtsprechung des EuGH[101] unter der DSGVO im Vorfeld umfas- 8.85a
send prüfen, ob der (Unter-) Auftragnehmer die Einhaltung der EU-Standarddatenschutzklauseln
und ein der DSGVO entsprechendes Datenschutzniveau im Drittland faktisch gewährleisten kann. Ist
dies im jeweiligen Drittland nicht der Fall, müssen zusätzliche vertragliche oder technische und organisatorische Maßnahmen getroffen werden.

f) Freigabe der Datenverarbeitung durch den Unterauftragnehmer (Ziff. 7.6)

Ziff. 7.6 gestaltet das Verfahren der Einschaltung eines weiteren Auftragsverarbeiters näher aus. Das 8.86
Verfahren ist hier derart ausgestaltet, dass der Auftragnehmer dem Auftraggeber gem. Ziff. 7.2 zunächst den (fertig ausgehandelten) Entwurf des Unterauftragsverarbeitungsvertrags vorlegt und auf
der Basis dieses Entwurfs die **Zustimmung des Auftraggebers** einholt. Anschließend sollen Auftragnehmer und Unterauftragnehmer den Vertrag dann unterzeichnen und dem Auftraggeber eine Kopie
vorlegen. Um sicherzustellen, dass der Unterauftragnehmer Auftraggeber-Daten erst erhält, wenn alle
gesetzlichen Anforderungen an die wirksame Begründung der weiteren Auftragsverarbeitung erfüllt
sind, legt die Klausel dem Auftragnehmer noch eine an Art. 28 Abs. 1 DSGVO angelehnte Verpflichtung auf. Je nach Einzelfall können auch noch Nachweise durch den Auftragnehmer ausdrücklich zum

---

97 Beschluss (K (2010) 593) der Kommission vom 5.2.2010 über Standardvertragsklauseln für die Übermittlung personenbezogener Daten an Auftragsverarbeiter in Drittländern nach der Richtlinie 95/46/
   EG des Europäischen Parlaments und des Rates (2010/87/EU), ABl. EU Nr. L 39, 5., abrufbar unter
   http://eur-lex.europa.eu/LexUriServ/LexUriServ.do?uri=OJ:L:2010:039:0005:0018:DE:PDF; siehe umfassend zu den Auswirkungen der Schrems II-Rechtsprechung des EuGH hierauf auch Teil 5, Rz. 26.10 f.;
   Moos/Schefzig/Strassemeyer in Moos/Schefzig/Arning, Kap. 22 Rz. 103 ff.
98 *Lange/Filip* in BeckOK DatenschutzR, Art. 46 DSGVO Rz. 40; noch zum BDSG a.F. siehe auch *Düsseldorfer Kreis*, Handreichung zur rechtlichen Bewertung von Fallgruppen zur internationalen Auftragsdatenverarbeitung, 28.3.2007, S. 4; *Moos*, CR 2010, 281 (285); zur DSGVO a.A. *Golland*, NJW 2020,
   2593 (2595 f.).
99 *Lange/Filip* in BeckOK DatenschutzR, Art. 46 DSGVO Rz. 41; *Art. 29-Datenschutzgruppe*, WP 176 v.
   12.7.2010, S. 4.
100 *Lange/Filip* in BeckOK DatenschutzR, Art. 46 DSGVO Rz. 42.
101 EuGH v. 16.7.2020 – C-311/18 – Schrems II, MMR 2020, 597.

Gegenstand der Regelung gemacht werden; z.B. der **Nachweis** der Realisierung bestimmter technischer oder organisatorischer Maßnahmen.

g) Kontrollpflichten gegenüber dem weiteren Auftragsverarbeiter (Ziff. 7.7)

8.87 Durch Unterbeauftragungen können Vertragsketten entstehen, in denen der Auftraggeber zunächst nur seinen unmittelbaren Auftragnehmer und dieser dann den Unterauftragnehmer kontrolliert[102]. Diese „abgeleiteten Kontrollpflichten" sind in Ziff. 7.7 des Musters festgeschrieben. Das Muster sieht hierbei eine Mindestfrequenz der Kontrolle von einem Jahr vor. Damit sich der Auftraggeber seinerseits von der Angemessenheit der Kontrollen durch den Auftragnehmer überzeugen kann, werden zusätzlich Dokumentations- und Berichtspflichten verankert.

8.88 Gemäß Ziff. 7.3 des Musters ist der Auftragnehmer allerdings verpflichtet, dem Auftraggeber im Unterauftragsverarbeitungsvertrag eigene Kontrollbefugnisse im Sinne eines echten Vertrags zugunsten Dritter gem. § 328 BGB einzuräumen, deren Ausübung sich der Auftraggeber in Ziff. 7.3 vollumfänglich vorbehält. In Ziff. 7.7 Satz 4 wird diesbezüglich klargestellt, dass das Recht des Auftraggebers zu solchen **Eigenkontrollen** beim Unterauftragnehmer unberührt bleibt.

9. Rechte der betroffenen Personen (Ziff. 8)

8.89 **M 8.1.8 Rechte der betroffenen Personen**

8. Rechte der betroffenen Personen

8.1 Der Auftragnehmer wird den Auftraggeber mit technischen und organisatorischen Maßnahmen dabei unterstützen, seiner Pflicht zur Beantwortung von Anträgen auf Wahrnehmung der ihnen zustehenden Rechte betroffener Personen nachzukommen.

8.2 Soweit eine betroffene Person einen Antrag auf Wahrnehmung der ihr zustehenden Rechte unmittelbar gegenüber dem Auftragnehmer geltend macht, wird der Auftragnehmer dieses Ersuchen unverzüglich, spätestens aber innerhalb von 3 Tagen an den Auftraggeber weiterleiten und ohne entsprechende Einzelweisung des Auftraggebers nicht mit der betroffenen Person in Kontakt treten.

8.3 Der Auftragnehmer wird dem Auftraggeber unverzüglich, längstens aber innerhalb von fünf Werktagen Informationen über die gespeicherten Auftraggeber-Daten (auch soweit sie sich auf den Speicherungszweck beziehen), die Empfänger von Auftraggeber-Daten, an die der Auftragnehmer sie auftragsgemäß weitergibt und den Zweck der Speicherung mitteilen, sofern dem Auftraggeber diese Informationen nicht selbst vorliegen.

8.4 Der Auftragnehmer ist verpflichtet, Auftraggeber-Daten auf Weisung des Auftraggebers unverzüglich, spätestens aber innerhalb einer Frist von fünf Werktagen, zu berichtigen, zu löschen oder ihre Verarbeitung einzuschränken. Der Auftragnehmer wird dem Auftraggeber die weisungsgemäße Berichtigung oder Löschung der Daten bzw. die Einschränkung von deren Verarbeitung jeweils auf Verlangen schriftlich bestätigen.

8.5 Der Auftragnehmer stellt sicher, dass er auf Einzelweisung des Auftraggebers den gesamten zu einer betroffenen Person gespeicherten Datensatz in einem vom Auftraggeber im Einzelfall festzulegenden, strukturierten, gängigen und maschinenlesbaren Format an den Auftraggeber übergeben kann.

---

102 *Hartung* in Kühling/Buchner, Art. 28 DSGVO Rz. 86; *Hoeren*, DuD 2010, 688 (690).

a) Ratio

Ziff. 8 dient der Festlegung, wie im Verhältnis der Vertragsparteien zueinander gewährleistet wird, dass die **Rechte der Betroffenen** gemäß Kapitel III DSGVO erfüllt werden. Die Regelung setzt insoweit Art. 28 Abs. 3 Satz 2 lit. e DSGVO um. 8.90

b) Generelle Unterstützungspflicht des Auftragnehmers (Ziff. 8.1)

Gemäß Art. 28 Abs. 3 Satz 2 lit. e DSGVO ist in dem Auftragsverarbeitungsvertrag festzulegen, dass der Auftragsverarbeiter den Verantwortlichen nach Möglichkeit mit geeigneten technischen und organisatorischen Maßnahmen dabei unterstützt, seiner Pflicht zur Beantwortung von Anträgen auf Wahrnehmung der in Kapitel III genannten Rechte der betroffenen Personen nachzukommen. In Ziff. 8.1 des Musters wird diese übergreifende **Unterstützungspflicht** des Auftragnehmers festgeschrieben. 8.91

c) Verweisungspflicht des Auftragnehmers (Ziff. 8.2)

Die Pflicht zur Beantwortung von Anträgen betroffener Personen auf Geltendmachung eines ihrer Rechte nach Abschnitt III trifft allein den Verantwortlichen. Art. 12 DSGVO enthält jedoch einige **Verfahrensregelungen** im Hinblick auf die Bearbeitung von entsprechenden Anträgen, die eine dezidiertere Inpflichtnahme des Auftragsverarbeiters sinnvoll erscheinen lassen. So sieht Art. 12 Abs. 3 Satz 1 DSGVO z.B. vor, dass der Verantwortliche die betroffene Person spätestens nach einem Monat über die auf seinen Antrag hin getroffenen Maßnahmen informiert. Um diese zeitliche Vorgabe einhalten zu können, hat der Auftraggeber u.a. ein Interesse daran, möglichst schnell davon zu erfahren, wenn ein entsprechender Antrag gestellt worden ist. 8.92

Vor diesem Hintergrund sieht das Muster in Ziff. 8.2 eine Pflicht des Auftragnehmers vor, etwa an ihn herangetragene Ersuchen einer betroffenen Person auf Geltendmachung ihrer Rechte unverzüglich, spätestens aber innerhalb von 3 Tagen, an den Auftraggeber weiterzuleiten und nur auf entsprechende Einzelweisung mit der betroffenen Person selbst in Kontakt zu treten und ihm Auskünfte zu erteilen. 8.93

d) Informationspflicht des Auftragnehmers (Ziff. 8.3)

Der Verantwortliche muss jederzeit eine effektive Möglichkeit haben, seinen etwaigen gesetzlichen Verpflichtungen auf Beantwortung von Anträgen der betroffenen Personen auf Geltendmachung ihrer Rechte nach Kapitel III DSGVO nachzukommen. Im Falle der Auftragsverarbeitung kann es deshalb sein, dass der Auftraggeber zur Erfüllung dieser Verpflichtungen auf die Unterstützung des Auftragnehmers angewiesen ist, weil er für sich z.B. nicht über alle für eine Auskunft notwendigen Informationen verfügt. 8.94

Für die **Erteilung von Auskünften** über die in Art. 15 DSGVO genannten Details der Datenverarbeitung ist in dem Muster eine **Höchstfrist** von fünf Werktagen vorgesehen. Der Wortlaut von Art. 12 oder Art. 15 DSGVO gibt eine Frist zur Auskunftserteilung zwar nicht explizit vor. Teilweise werden die Fristenregelungen in Art. 12 Abs. 3 und Abs. 4 DSGVO aber so verstanden, dass sie sich nicht nur auf eine entsprechende Sachstandsinformation beziehen, sondern zugleich auch als Fristvorgabe für die Erfüllung des Betroffenenrechts an sich dienen[103]. Der Auftraggeber darf sich mit einer Auskunftserteilung gegenüber dem Betroffenen deshalb nicht beliebig Zeit lassen, sondern sollte dies im Regelfall in **Monatsfrist** erledigen (Art. 12 Abs. 3 Satz 1 DSGVO). Die dem Auftragnehmer zugestandene Reaktionszeit sollte deshalb wesentlich kürzer sein, um eine rechtzeitige Auskunftserteilung an den Betroffenen sicherzustellen. 8.95

---

103 So *Hartung* in Kühling/Buchner, Art. 12 DSGVO Rz. 33.

e) Einzelweisungen des Auftraggebers (Ziff. 8.4–8.5)

8.96 Das Muster sieht in Ziff. 8.4 weitergehende Verpflichtungen des Auftragnehmers zur Berichtigung, Löschung und Einschränkung der Verarbeitung der Daten auf Einzelweisung des Auftraggebers vor. Die Regelung gibt dem Auftragnehmer zwar nicht explizit vor, auf welchem Wege die Berichtigung, Löschung oder Einschränkung der Verarbeitung zu erfolgen hat (etwa mithilfe welcher technischer oder organisatorischer Maßnahmen); es lässt dem Auftragnehmer somit die Wahl der Mittel. Es wird aber festgeschrieben, dass der Auftragnehmer die **Berichtigung, Löschung** oder **Einschränkung der Verarbeitung** auf Einzelweisung vorzunehmen hat. Aus Gründen der **Nachweisbarkeit** (Art. 5 Abs. 2; 24 Abs. 1 DSGVO) ist wiederum vorgesehen, dass der Auftragnehmer eine schriftliche Bestätigung der ordnungsgemäßen Pflichterfüllung schuldet.

8.97 Eine eigenständige Regelung hat in Ziff. 8.5 die Pflicht zur Ermöglichung der **Datenportabilität** nach Art. 20 DSGVO erfahren. Die Regelung verpflichtet den Auftragnehmer, technisch und organisatorisch sicher zu stellen, dass eine Ausgabe der Daten in einem den Anforderungen des Art. 20 Abs. 1 DSGVO entsprechenden Format erfolgen kann.

10. Mitteilungs- und Unterstützungspflichten des Auftragnehmers (Ziff. 9)

8.98 **M 8.1.9 Mitteilungs- und Unterstützungspflichten des Auftragnehmers bei Verletzungen des Schutzes von Auftraggeber-Daten**

9. Mitteilungs- und Unterstützungspflichten des Auftragnehmers bei Verletzungen des Schutzes von Auftraggeber-Daten

9.1 Der Auftragnehmer meldet dem Auftraggeber, unverzüglich – spätestens aber innerhalb von 24 Stunden – nachdem ihm eine solche bekannt geworden ist, jede potentielle Verletzung des Schutzes von Auftraggeber-Daten, insbesondere Vorkommnisse, die zur Vernichtung, zum Verlust, zur Veränderung oder zur unbefugten Offenlegung von beziehungsweise zum unbefugten Zugang zu Auftraggeber-Daten führen können („Datensicherheitsvorfall"). Die Meldung enthält mindestens eine Beschreibung:

- *der Art der Verletzung des Schutzes der Auftraggeber-Daten mit Angabe der Kategorien und der ungefähren Zahl der betroffenen Personen, der betroffenen Kategorien und der ungefähren Zahl der betroffenen personenbezogenen Datensätze;*

- *der möglichen Folgen der Verletzung des Schutzes der Auftraggeber-Daten;*

- *der von dem Auftragnehmer ergriffenen oder vorgeschlagenen Maßnahmen zur Behebung der Verletzung des Schutzes der Auftraggeber-Daten und gegebenenfalls Maßnahmen zur Abmilderung ihrer möglichen nachteiligen Auswirkungen.*

9.2 Der Auftragnehmer ist verpflichtet, den Auftraggeber im Falle eines Datensicherheitsvorfalls bei seinen diesbezüglichen Aufklärungs-, Abhilfe- und Informationsmaßnahmen, einschließlich aller Handlungen zur Erfüllung gesetzlicher Verpflichtungen (etwa nach Art. 33 oder 34 DSGVO) auf erstes Anfordern im Rahmen des Zumutbaren zu unterstützen. Der Auftragnehmer wird insbesondere unverzüglich sämtliche zumutbaren Maßnahmen ergreifen, um die entstandenen Gefährdungen für die Integrität oder Vertraulichkeit der Auftraggeber-Daten zu minimieren und zu beseitigen, die Auftraggeber-Daten zu sichern und mögliche nachteilige Folgen für Betroffene zu verhindern oder in ihren Auswirkungen so weit wie möglich zu begrenzen.

9.3 Der Auftragnehmer ist verpflichtet, unverzüglich nach Kenntniserlangung von einem Datensicherheitsvorfall eine Root-Cause-Analyse durchzuführen, diese zu dokumentieren und dem Auftraggeber die Dokumentation auf Verlangen auszuhändigen. Stellt der Auftraggeber hierbei fest, dass die bisherigen, vom Auftragnehmer realisierten technischen und organisatorischen Maßnahmen zum Schutz der Auftraggeber-Daten nicht ausreichend waren, ist der Auftragnehmer verpflichtet, ohne zusätzliche Kosten solche zusätzlichen technischen und organisatorischen Maßnahmen umzusetzen, die nach Ansicht des

Auftraggebers erforderlich sind für einen angemessenen Schutz der Auftraggeber-Daten gegen Datensicherheitsvorfälle.

9.4 Der Auftragnehmer ist verpflichtet, ein Verzeichnis über alle sich während der Vertragslaufzeit bei ihm ereignenden Datensicherheitsvorfälle zu führen, in das Informationen aufzunehmen sind über (1) sämtliche Umstände und Fakten im Zusammenhang mit dem Datensicherheitsvorfall, (2) dessen Auswirkungen und (3) den jeweils ergriffenen Abhilfemaßnahmen. Auf Verlangen des Auftraggebers hat der Auftragnehmer ihm dieses Verzeichnis vorzulegen.

a) Ratio

Art. 28 Abs. 3 Satz 2 lit. f DSGVO verlangt Festlegungen zu der vom Auftragsverarbeiter zu leistenden **Unterstützung** bei der Einhaltung der den Verantwortlichen treffenden Pflichten nach Art. 32–36 DSGVO. In dieser Ziff. 9 erfolgt eine Spezifizierung dieser Unterstützungspflicht im Hinblick auf etwaige Pflichten wegen **Datenpannen** nach Maßgabe von Art. 33, 34 DSGVO.   8.99

b) Informationspflicht bei Datensicherheitsvorfällen (Ziff. 9.1)

Ziff. 9.1 gestaltet die Informationspflicht des Auftragsverarbeiters zur Information des Verantwortlichen über **Datenpannen** näher aus.   8.100

aa) Informationspflicht des Auftragsverarbeiters

Auftragsverarbeiter trifft eine eigenständige gesetzliche Pflicht zur Information des Auftraggebers im Falle einer Datenpanne: Nach **Art. 33 Abs. 2 DSGVO** ist der Auftragsverarbeiter in diesem Sinne verpflichtet, eine Verletzung des Schutzes personenbezogener Daten unverzüglich nach deren Bekanntwerden dem Verantwortlichen zu melden. Die **Meldepflicht** in Ziff. 9.1 ist deshalb nicht konstitutiv, sondern gibt zunächst nur die gesetzliche Lage wieder.   8.101

Die Informationspflicht des Auftragnehmers gem. Ziff. 9.1 des Musters soll es dem Auftraggeber ermöglichen, seinerseits seine etwaige gesetzliche Informationspflicht nach Art. 33 oder Art. 35 DSGVO erfüllen zu können.   8.102

Das Muster legt die Informationspflicht des Auftragnehmers, Vorschlägen in der Literatur folgend[104], dabei in Ziff. 9.1 relativ breit an und beschränkt sich vor allem nicht auf Situationen, in denen der Auftraggeber seinerseits einer Verpflichtung nach Art. 33, 34 DSGVO unterliegen würde. Die Informationspflicht des Auftragnehmers greift bei allen sog. **Datensicherheitsvorfällen**, die der Vertrag in Anlehnung an die Legaldefinition in Art. 4 Nr. 12 DSGVO definiert als alle potentiellen Verletzungen des Schutzes von Auftraggeber-Daten, insbesondere Vorkommnisse, die zur Vernichtung, zum Verlust, zur Veränderung, oder zur unbefugten Offenlegung von beziehungsweise zum unbefugten Zugang zu Auftraggeber-Daten führen können.

Die Vertragsregelung beschränkt sich folglich nicht auf tatsächliche Verletzungen, sondern bezieht auch solche Unregelmäßigkeiten ein, die eine mögliche Verletzung des Schutzes der Auftraggeber-Daten begründen. Hierdurch soll vermieden werden, dass der Auftragnehmer eine solche Prüfung autonom und ohne Beteiligung des Auftraggebers vornimmt, was ansonsten die Gefahr bergen würde, dass der Auftragnehmer eine Informationspflicht zu Unrecht ablehnt und dem Auftraggeber eine eigenständige Prüfung und ggf. Korrektur dieser Einschätzung verwehrt bliebe[105].

---

104 *Hartung* in Kühling/Buchner, Art. 28 DSGVO Rz. 75.
105 So auch *Grages* in Plath, Art. 33 DSGVO Rz. 10; *Hartung* in Kühling/Buchner, Art. 28 DSGVO Rz. 75.

bb) Inhalt der Information

8.103 Damit der Auftraggeber eine ausreichende Faktenbasis für eine Entscheidung darüber besitzt, ob und zu welchen Abhilfemaßnahmen er den Auftragnehmer ggf. anweisen will und vor allem, ob er einer gesetzlichen **Informationspflicht nach Art. 33, 34 DSGVO** oder einer bereichsspezifischen Parallelregelung (z.B. nach § 109a TKG) unterliegt, benötigt er vom Auftragnehmer möglichst umfassende Informationen über den Datensicherheitsvorfall. Angesichts der Bußgeldandrohung in Art. 83 Abs. 4 lit. a DSGVO für einen Verstoß gegen die Meldepflicht nach Art. 33, 34 DSGVO kann ihn hier jede Fehleinschätzung teuer zu stehen kommen.

8.104 In Ziff. 9.1 Satz 2 wird dem Auftragnehmer vor diesem Hintergrund der Mindestinhalt der Information vorgeschrieben, der wiederum auftraggeberfreundlich umfassend angelegt ist. In Parallelität zu Art. 33 Abs. 3 DSGVO zählen zu den vom Auftragnehmer zu machenden Angaben insbesondere die dort als **Mindestinhalt für die Behördenmeldung** vorgeschriebenen Informationen.

cc) Reaktionszeit

8.105 Es ist sinnvoll, auch die **Reaktionsgeschwindigkeit** des Auftragnehmers im Vertrag zu regeln. Das erfolgt direkt in Ziff. 9.1 des Musters. Die darin vorgesehene Verpflichtung auf eine Erstmeldung spätestens innerhalb von **24 Stunden** nach Kenntniserlangung von dem Datensicherheitsvorfall soll es dem Auftraggeber ermöglichen, seinerseits die ihn treffenden Höchstfristen einzuhalten. Nach Art. 33 Abs. 1 Satz 1 DSGVO soll die Meldung gegenüber der Aufsichtsbehörde möglichst binnen 72 Stunden nach Bekanntwerden der Verletzung erfolgen.

c) Unterstützungspflicht und Abhilfemaßnahmen (Ziff. 9.2)

8.106 Im Falle einer Auftragsverarbeitung kann der Auftraggeber weder die **Aufklärung des Datensicherheitsvorfalls** noch die Umsetzung von Abhilfemaßnahmen alleine leisten. Er ist deshalb auf eine entsprechende Kooperation des Auftragnehmers angewiesen. In Ziff. 9.2 werden deshalb entsprechende **Unterstützungspflichten** des Auftragnehmers verankert. Auch die danach bestehenden Verpflichtungen des Auftragnehmers sind umfassend angelegt und erstrecken sich auf alle zumutbaren Unterstützungshandlungen zur Erfüllung der gesetzlichen Verpflichtungen des Auftraggebers (etwa nach Art. 33, 34 DSGVO). Der Auftraggeber hat ein erhebliches Eigeninteresse daran, etwaige **Sicherheitslücken** umgehend zu schließen und alle gebotenen Maßnahmen zu ergreifen, die die Auswirkungen der Datenpanne möglichst minimieren, um den Datenschutzverstoß und etwaige aufsichtsbehördliche Sanktionen so gering wie möglich zu halten. Die Benachrichtigung der Aufsichtsbehörde muss nach Art. 33 Abs. 3 DSGVO u.a. eine Beschreibung der von dem Verantwortlichen ergriffenen Maßnahmen zur Behebung der Datenpanne und zur Abmilderung nachteiliger Auswirkungen enthalten. Diese Verpflichtung soll es der Aufsichtsbehörde ermöglichen, sicherzustellen, dass der datenschutzrechtliche Verstoß beseitigt wurde und andernfalls eventuell Maßnahmen nach Art. 58 Abs. 2 lit. d und lit. f DSGVO anzuordnen[106]. Um dem möglichst zu entgehen, sollte der Auftraggeber darauf drängen, dass auch der Auftragnehmer seinerseits unverzüglich sämtliche zumutbaren Maßnahmen mit dieser Zielsetzung ergreift. Auch insoweit sieht das Muster in Ziff. 9.2 weitergehende Verpflichtungen des Auftragnehmers vor.

d) Untersuchung und Nachbesserung (Ziff. 9.3)

8.107 Hat sich ein Datensicherheitsvorfall i.S.d. Ziff. 9.1 ereignet, gibt das dem Auftraggeber Anlass, zu hinterfragen, ob die verabredeten Datensicherheitsmaßnahmen eingehalten worden sind und ob sie ausreichend oder ggf. lückenhaft sind. Insofern kommt der Informationspflicht nach Art. 33 DSGVO auch eine präventive Wirkung zu, indem für den Verantwortlichen ein Anreiz geschaffen wird, für ein hohes

---

106 *Brink* in BeckOK DatenschutzR, Art. 33 DSGVO Rz. 58.

Niveau der Datensicherheit zu sorgen[107]. Denn das Bekanntwerden von (weiteren) Datensicherheitsverletzungen kann zur Abwanderung von Kunden, zu allgemeinen **Imageschäden** und (jedenfalls vorübergehend) zu einer Minderung des Unternehmenswertes führen. Damit der Auftraggeber auch für den Verantwortungsbereich des Auftragnehmers solche Konsequenzen aus der Datenpanne ziehen kann, verpflichtet Ziff. 9.3 des Musters den Auftragnehmer dazu, unverzüglich nach Kenntniserlangung von einem Datensicherheitsvorfall eine **Root-Cause-Analyse** durchzuführen, diese zu dokumentieren und dem Auftraggeber die Dokumentation auszuhändigen.

Stellt sich heraus, dass das bestehende Sicherheitskonzept nicht ausreichend ist, verlangen die Aufsichtsbehörden explizit, dass ergänzende Maßnahmen zu vereinbaren sind, deren Umsetzung vom Auftraggeber wiederum überwacht werden muss[108]. Sollte sich deshalb erweisen, dass die bisherigen technischen und organisatorischen Maßnahmen nicht ausreichend sind, verpflichtet Ziff. 9.3 Satz 2 den Auftragnehmer in diesem Sinne, solche zusätzlichen technischen und organisatorischen Maßnahmen umzusetzen, die nach Ansicht des Auftraggebers erforderlich sind für einen angemessenen Schutz seiner Daten. Das Muster weist die **Kostentragungspflicht** für solche zusätzlichen Maßnahmen dem Auftragnehmer zu; dies dürfte jedenfalls sachgerecht sein, solange es sich bei dem Auftragnehmer um einen professionellen IT-Dienstleister handelt, der ein erhebliches Eigeninteresse an der Sicherheit seiner Datenverarbeitungssysteme haben dürfte. 8.108

e) Dokumentation von Datenpannen (Ziff. 9.4)

Der Auftraggeber hat ein Interesse daran, dass der Auftragnehmer die eingetretenen Datensicherheitsvorfälle dokumentiert, damit er die tatsächlich erstatteten Meldungen mit dem **Verzeichnis der eingetretenen Sicherheitsverletzungen** abgleichen kann. Außerdem trifft den Auftraggeber selbst eine gesetzliche Pflicht zur Dokumentation von Datenpannen einschließlich aller damit im Zusammenhang stehenden Fakten, den Auswirkungen und den Abhilfemaßnahmen (Art. 33 Abs. 5 DSGVO). Es ist für den Auftraggeber deshalb vorteilhaft, den Auftragnehmer hierfür unterstützend in die Pflicht zu nehmen. 8.109

Ziff. 9.4 statuiert deshalb eine vertragliche Verpflichtung des Auftragnehmers, mindestens während der Vertragslaufzeit ein Verzeichnis über alle sich bei ihm ereignenden Datensicherheitsverletzungen zu führen und dem Auftraggeber auf Verlangen vorzulegen. 8.110

11. Sonstige Unterstützungspflichten des Auftragnehmers (Ziff. 10)

M 8.1.10 Sonstige Unterstützungspflichten des Auftragnehmers 8.111

10. Sonstige Unterstützungspflichten des Auftragnehmers

10.1 Der Auftragnehmer hat den Auftraggeber unverzüglich darüber zu informieren, wenn das Eigentum des Auftraggebers oder seine sonstigen Rechte an den Auftraggeber-Daten beim Auftragnehmer durch Maßnahmen Dritter, z.B. durch Pfändung, Beschlagnahme, Insolvenz oder Vergleichsverfahren oder durch sonstige Ereignisse gefährdet wird. Ferner wird der Auftragnehmer alle jeweils beteiligten Dritten darüber informieren, dass die Auftraggeber-Daten im Eigentum des Auftraggebers stehen.

10.2 Ist der Auftraggeber gegenüber einer staatlichen Stelle oder einem Dritten verpflichtet, Auskünfte über die Auftraggeber-Daten oder deren Verarbeitung zu erteilen, so ist der Auftragnehmer verpflichtet, den Auftraggeber bei der Erteilung solcher Auskünfte auf erstes Anfordern zu unterstützen, insbesondere durch unverzügliches Zurverfügungstellen sämtlicher Informationen und Dokumente über die vertragsgegenständliche Verarbeitung von Auftraggeber-Daten einschließlich den vom Auftragnehmer er-

---

107 *Brink* in BeckOK DatenschutzR, Art. 33 DSGVO Rz. 10.
108 *BayLfD*, Orientierungshilfe Auftragsdatenverarbeitung, Version 2.0, Stand: 1.4.2019, S. 21.

griffenen technisch-organisatorischen Maßnahmen, über den technischen Ablauf und die Orte der Ver-
arbeitung von Auftraggeber-Daten und über die an der Verarbeitung beteiligten Personen.

10.3 Der Auftragnehmer hat dem Auftraggeber auf Verlangen unverzüglich eine jeweils aktuelle Aufstel-
lung der Angaben nach Art. 30 Abs. 2 DSGVO sowie der beim Auftragnehmer zugriffsberechtigten
Personen jeweils in Bezug auf die Auftraggeber-Daten zur Verfügung zu stellen.

10.4 Der Auftragnehmer bestätigt, dass er einen fachkundigen und zuverlässigen Datenschutzbeauftrag-
ten nach Art. 37 DSGVO bestellt hat und verpflichtet sich, die Bestellung eines Datenschutzbeauftrag-
ten während der Dauer der Verarbeitung von Auftraggeber-Daten aufrechtzuerhalten, auch wenn die
gesetzlichen Voraussetzungen für eine Bestellpflicht entfallen sollten.

Die Kontaktdaten des Datenschutzbeauftragten sind wie folgt:

…

…

Einen Wechsel in der Person des Datenschutzbeauftragten hat der Auftragnehmer dem Auftraggeber
unverzüglich schriftlich mitzuteilen.

10.5 Der Auftragnehmer wird den Auftraggeber im Rahmen des Zumutbaren bei etwa von ihm durch-
zuführenden Datenschutz-Folgenabschätzungen und sich gegebenenfalls anschließenden Konsulta-
tionen der Aufsichtsbehörden nach Art. 35, 36 DSGVO unterstützen.

a) Ratio

8.112 In Ziff. 10 des Musters werden eine Reihe weiterer Unterstützungsverpflichtungen des Auftragnehmers festgeschrieben, wie es teilweise nach Art. 28 Abs. 3 Satz 2 lit. f DSGVO verlangt ist.

b) Unterstützungspflichten des Auftragnehmers

aa) Eigentumsbeeinträchtigungen (Ziff. 10.1)

8.113 Vor allem bei einer Verarbeitung besonders sensibler personenbezogener Daten fordern Datenschutz-aufsichtsbehörden teilweise, dass in den Vertrag auch Klauseln aufgenommen werden, die den Schutz des Eigentums und der personenbezogenen Daten des Auftraggebers vor **Zugriffen Dritter** (z.B. bezüglich Pfändung, Beschlagnahme, Zwangsvollstreckung oder Insolvenz des Auftragnehmers) regeln. Dem Auftragnehmer sei diesbezüglich die Pflicht aufzuerlegen, in einem derartigen Falle den Auftraggeber unverzüglich davon in Kenntnis zu setzen[109]. Solche Regelungen enthält Ziff. 10.1, die im Zusammenhang steht mit den Bestimmungen in Ziff. 4 des Vertragsmusters. Auch sie dient der Absicherung der Verfügungsbefugnis des Auftraggebers an seinen Daten. Die Regelung normiert eine Informationspflicht des Auftragnehmers, die bereits im Vorfeld einer **Eigentumsbeeinträchtigung** greift, wenn das Eigentum des Auftraggebers oder seine sonstigen Rechte an den Auftraggeber-Daten durch Maßnahmen Dritter (Pfändung, Beschlagnahme, Insolvenz, etc.) gefährdet werden.

bb) Drittauskünfte (Ziff. 10.2)

8.114 Ziff. 10.2 regelt Unterstützungspflichten des Auftragnehmers in Fällen, in denen der Auftraggeber gegenüber einer staatlichen Stelle (vor allem einer Datenschutzaufsichtsbehörde) oder einem anderen Dritten zur Erteilung von Auskünften über die Auftraggeber-Daten oder deren Verarbeitung verpflichtet ist. Entsprechende **Auskunftspflichten des Auftraggebers** können sich vor allem aus § 40 Abs. 4 BDSG ergeben. Danach ist der Verantwortliche (aber ggf. auch der Auftragsverarbeiter direkt) verpflichtet, der Aufsichtsbehörde umfassend Auskunft zu erteilen. Die Auskunft muss alle zur Erfüllung der Aufgaben der Aufsichtsbehörde erforderlichen und angeforderten Angaben enthalten, also zutreffend, umfassend und vollständig sein. Um sicherzustellen, dass er diese Anforderungen seinerseits ge-

---

109 *BayLfD*, Orientierungshilfe Auftragsdatenverarbeitung, Version 2.0, Stand: 1.4.2019, S. 20.

genüber der Aufsichtsbehörde auch im Hinblick auf solche Datenverarbeitungen erfüllen kann, die von dem Auftragnehmer für ihn vorgenommen werden, enthält Ziff. 10.2 eine umfassende Informationspflicht des Auftragnehmers über seinen Umgang mit den Auftraggeber-Daten einschließlich den von ihm ergriffenen technisch-organisatorischen Maßnahmen, den technischen Ablauf der Datenverwendung, die Verarbeitungsorte und die an der Erhebung und Verwendung der Daten beteiligten Mitarbeiter des Auftragnehmers.

Die Auskunft an die Aufsichtsbehörde nach § 40 Abs. 4 Satz 1 BDSG muss unverzüglich, d.h. ohne schuldhaftes Zögern (vgl. § 121 Abs. 1 Satz 1 BGB) gegeben werden. Die Aufsichtsbehörde kann hierzu eine angemessene **Frist** setzen. Das Muster sieht in Ziff. 10.2 deshalb ebenfalls eine „unverzügliche" Erteilung der Auskünfte und Übergabe der Informationen vor, wobei durch die Formulierung „auf erstes Anfordern" gewährleistet wird, dass der Auftragnehmer keine Einreden oder Einwendungen geltend machen darf.   8.115

cc) Verzeichnis der Verarbeitungstätigkeiten (Ziff. 10.3)

Der **Auftragsverarbeiter** ist nach Art. 30 Abs. 2 DSGVO verpflichtet, selbst ein **Verzeichnis seiner im Auftrag durchgeführten Verarbeitungen** zu führen. Dieses Verzeichnis muss u.a. Angaben über Drittlandübermittlungen und Beschreibungen der technischen und organisatorischen Maßnahmen enthalten. Ziff. 10.3 des Musters statuiert eine Verpflichtung des Auftragnehmers, dem Auftraggeber auf Verlangen den auf die Verarbeitung von Auftraggeber-Daten bezogenen Teil dieses Verzeichnisses zur Verfügung zu stellen. Dies unterstützt die Kontrolle des Auftragnehmers durch den Auftraggeber: Durch die Prüfung der Angaben im Verzeichnis der Verarbeitungstätigkeiten kann der Auftraggeber z.B. überprüfen, ob der Auftragsverarbeiter etwaige vertragliche Restriktionen bzgl. der Einschaltung weiterer Auftragsverarbeiter eingehalten hat.   8.116

dd) Bestellung eines Datenschutzbeauftragten (Ziff. 10.4)

Der Auftragnehmer könnte einer gesetzlichen Verpflichtung unterliegen, einen Datenschutzbeauftragten zu bestellen, etwa nach Art. 37 Abs. 1 DSGVO oder nach Art. 37 Abs. 4 DSGVO i.V.m. § 38 Abs. 1 BDSG. Der Auftragnehmer muss somit einen **Datenschutzbeauftragten** nur bestellen, wenn und soweit die jeweiligen gesetzlichen Voraussetzungen erfüllt sind. Das ist in der Regel der Fall, wenn entweder (1) die Kerntätigkeit des Unternehmens in umfangreichen Überwachungsmaßnahmen oder umfangreichen Verarbeitungen sehr sensibler personenbezogener Daten besteht (Art. 37 Abs. 1 lit. b und lit. c DSGVO) oder (2) bei dem Auftragnehmer mindestens 10 Personen ständig mit der automatisierten Datenverarbeitung beschäftigt sind (§ 38 Abs. 1 Satz 1 BDSG). Letzteres ist zwar bei klassischen Outsourcing-Unternehmen regelmäßig der Fall, bei kleineren Datenverarbeitungs-Dienstleistern muss das aber nicht immer so sein. Das Fehlen eines betrieblichen Datenschutzbeauftragten kann zur Folge haben, dass die Eigenkontrolle des Auftragnehmers vernachlässigt wird. Das Muster verpflichtet den Auftragnehmer deshalb, unabhängig von den gesetzlichen Voraussetzungen für eine **Bestellpflicht**, einen fachkundigen und zuverlässigen betrieblichen Datenschutzbeauftragten nach Art. 37 DSGVO zu bestellen.   8.117

In Ziff. 10.4 wird explizit auch der Fall geregelt, dass eine ursprünglich bestehende Bestellpflicht künftig eventuell entfällt. Auch ein solcher Fortfall der Bestellpflicht soll die vertragliche Verpflichtung des Auftragnehmers zur Benennung eines Datenschutzbeauftragten unberührt lassen. In der Praxis könnte dies vor allem relevant sein, wenn die Mitarbeiterzahl unter den Schwellenwert von zehn Personen sinkt.   8.118

Die Regelung in Ziff. 10.4 sieht weiter vor, dem Auftraggeber **Personalien und Kontaktdaten des Datenschutzbeauftragten** und etwaige künftige Änderungen bekannt zu machen. Dies ist vor allem deshalb sinnvoll, weil der Auftraggeber nach Ziff. 12.6 berechtigt ist, von dem Datenschutzbeauftragten des Auftragnehmers im Rahmen seiner Kontrollen Auskünfte und eine Bestätigung der Einhaltung der technischen und organisatorischen Maßnahmen gemäß Anlage 2 zu verlangen. Die Angaben sollen eine direkte Kontaktaufnahme ermöglichen.   8.119

ee) Datenschutz-Folgenabschätzungen (Ziff. 10.5)

8.120 Die im Vertrag zu regelnde Unterstützungspflicht durch den Auftragsverarbeiter erstreckt sich nach Art. 28 Abs. 3 Satz 2 lit. f DSGVO schließlich auch auf die Pflichten des Verantwortlichen zur Durchführung von **Datenschutz-Folgenabschätzungen** und sich gegebenenfalls anschließenden Konsultationen der Aufsichtsbehörden nach Art. 35, 36 DSGVO. Die Folgenabschätzung berührt dabei typischerweise auch Gegebenheiten in der Verantwortungssphäre des Auftragsverarbeiters, namentlich die **Verarbeitungsvorgänge** an sich (wozu z.B. auch die vom Auftragnehmer eingesetzten Systeme zählen können) und zur Bewältigung von Risiken geplante **Abhilfemaßnahmen** (wozu auch technische und organisatorische Maßnahmen des Auftragnehmers zählen können). Vor diesem Hintergrund verankert Ziff. 10.5 des Musters eine explizite Unterstützungspflicht des Auftragnehmers im Zusammenhang mit der Durchführung etwaiger Datenschutz-Folgenabschätzungen und Konsultationen. Steht bereits vor Abschluss des Auftragsverarbeitungsvertrages fest, dass eine Datenschutz-Folgenabschätzung für das entsprechende Verfahren durchzuführen ist, können und sollten die Vertragspflichten des Auftragnehmers noch spezifiziert werden.

12. Datenlöschung und -rückgabe (Ziff. 11)

8.121 **M 8.1.11 Datenlöschung und -rückgabe**

11. Datenlöschung und -rückgabe

11.1 Der Auftragnehmer wird auf die Weisung des Auftraggebers hin mit Beendigung des Hauptvertrages alle Auftraggeber-Daten entweder vollständig und unwiderruflich löschen oder an den Auftraggeber zurückgeben, sofern nicht gesetzlich eine Verpflichtung des Auftragnehmers zur weiteren Speicherung der Auftraggeber-Daten besteht.

11.2 Der Auftragnehmer stellt darüber hinaus sicher, dass er Auftraggeber-Daten auf Einzelweisung des Auftraggebers jederzeit löschen kann; etwa, wenn ihre Kenntnis für die Erfüllung des Zwecks der jeweiligen Verarbeitung nicht mehr erforderlich ist.

11.3 Mindestens 1 Monat vor Beendigung des Hauptvertrages hat der Auftragnehmer beim Auftraggeber unter detaillierter Angabe der betroffenen Auftraggeber-Daten eine Entscheidung darüber abzufragen, ob die Auftraggeber-Daten mit Vertragsbeendigung von ihm gelöscht oder zurückgegeben werden sollen. Erteilt der Auftraggeber ihm hierauf keine anderweitige Einzelweisung, wird der Auftragnehmer ihm die Auftraggeber-Daten zurückgeben.

11.4 Soweit Auftraggeber-Daten zu löschen sind, die auf Datenträgern enthalten sind, sind diese Datenträger mindestens gemäß Sicherheitsstufe 3 der DIN 66399 „Büro und Datentechnik – Vernichten von Datenträgern" zu vernichten; soweit Datenträger besondere Arten personenbezogener Daten enthalten, sind diese mindestens gemäß Sicherheitsstufe 4 der DIN 66399 „Büro und Datentechnik – Vernichten von Datenträgern" zu vernichten.

11.5 Die Bestimmungen der Ziffern 11.1–11.4 gelten auch für Vervielfältigungen der Auftraggeber-Daten (insbesondere Archivierungs- und Sicherungsdateien) in allen Systemen des Auftragnehmers sowie für Test- und Ausschussdaten.

11.6 Über jede Löschung und Vernichtung von Auftraggeber-Daten hat der Auftragnehmer ein schriftliches Protokoll zu erstellen, das dem Auftraggeber auf Verlangen unverzüglich vorzulegen ist.

11.7 Dokumentationen, die dem Nachweis der auftrags- und ordnungsgemäßen Verarbeitung von Auftraggeber-Daten dienen, sind durch den Auftragnehmer für eine Dauer von zehn Jahren nach Vertragsende aufzubewahren und dem Auftraggeber auch nach Vertragsende auf Verlangen in Kopie herauszugeben.

a) Ratio

Ziff. 11 regelt den Umgang mit den Auftraggeber-Daten nach Erfüllung der Vertragszwecke. Insbesondere macht die Vorschrift Vorgaben zur **Rückgabe und Löschung der Daten** und setzt damit die Anforderungen gem. Art. 28 Abs. 3 Satz 2 lit. g DSGVO um.

8.122

b) Vorgaben zu Datenlöschung und Datenrückgabe

Art. 28 Abs. 3 Satz 2 lit. g DSGVO verlangt, dass in dem Auftragsverarbeitungsvertrag eine Pflicht des Auftragsverarbeiters vorzusehen ist, nach Abschluss der Verarbeitungsleistungen die Daten nach Wahl des Verantwortlichen zu löschen oder zurückzugeben (sofern nicht eine gesetzliche **Aufbewahrungspflicht** besteht). Diese Anforderung wird in Ziff. 11 des Musters umgesetzt, wobei zusätzliche Details zur Löschung geregelt werden.

8.123

aa) Weisungen zu Löschung und Herausgabe (Ziff. 11.1–11.2)

In Ziff. 11.1 des Musters findet sich die Basisregelung, nach der der Auftragnehmer entsprechend der Weisung des Auftraggebers die Daten mit Vertragsbeendigung löscht oder herausgibt. Zugunsten des Auftraggebers ist hier jedoch nicht nur eine entsprechende Weisung zum Zeitpunkt der Beendigung der Datenverarbeitung möglich: Gemäß Ziff. 11.2 kann der Auftraggeber explizit auch eine frühere **Löschung noch während der Vertragslaufzeit** verlangen; z.B. wenn die Kenntnis der Daten durch den Auftragnehmer für die Erfüllung des Zwecks nicht mehr erforderlich ist. Über eine solche Regelung erhält sich der Auftraggeber ausdrücklich die Möglichkeit zu Einzelweisungen zur Erfüllung der Verpflichtung zur **Speicherbegrenzung** nach Art. 5 Abs. 1 lit. e DSGVO.

8.124

bb) Abfrage einer Weisung (Ziff. 11.3)

Der Auftraggeber sollte sich ausreichend davor schützen, dass der Auftragnehmer in vorauseilendem Gehorsam Daten löscht, ohne dass der Auftraggeber im Bedarfsfall die Daten auf seinen Systemen gesichert hat. Andernfalls kann es passieren, dass Daten, die der Auftraggeber weiterhin benötigt, unwiederbringlich verloren sind. Genauso sollte es der Auftraggeber vermeiden, dass er zum **Vertragsende** eine **explizite Weisung** zu Löschung oder Herausgabe versäumt und dadurch riskieren, dass die Daten unzulässigerweise beim Auftragnehmer weiter gespeichert bleiben. Um solche vom Auftraggeber ungewollten Löschungen oder weiteren Aufbewahrungen zu vermeiden, sieht das Muster in Ziff. 11.3 eine Verpflichtung des Auftragnehmers vor, vom Auftraggeber 1 Monat vor Vertragsende explizit eine Weisung bzgl. des Umgangs mit den Daten anzufordern. Auf diese Weise erhält der Auftraggeber die Gelegenheit, durch Einzelweisungen Einfluss auf die Löschung zu nehmen und ggf. vorher die Herausgabe einer Kopie des Datenbestandes zu verlangen.

8.125

cc) Vernichtung von Daten (Ziff. 11.4)

Der in der DSGVO nicht näher definierte Begriff „Löschen" bedeutet Unkenntlichmachen von Daten[110]. Durch das Löschen soll bewirkt werden, dass die in den zu löschenden Daten enthaltenen Informationen nicht mehr mit verhältnismäßigem Aufwand zur Kenntnis genommen werden können[111]. Um hinreichende Rechtssicherheit für eine **ordnungsgemäße Löschung** zu erreichen, sollte eine Orientierung anhand anerkannter Standards erfolgen, z.B. wie hier in dem Muster nach **DIN 66399** (Büro und Datentechnik – Vernichtung von Datenträgern). Zwar wurde die DIN 66399 noch zum BDSG entwickelt, sie kann aber auch unter der DSGVO eine solide Grundlage für ein **Löschkonzept** darstellen[112]. Die DIN 66399 unterscheidet insgesamt sechs Arten von Datenträgern, deren datenschutzgerechte Vernichtung sie regelt:

8.126

---

110 *Laue/Kremer*, § 4 Rz. 47.
111 *Herbst* in Kühling/Buchner, Art. 17 DSGVO Rz. 37.
112 *Gardyan-Eisenlohr/Cornelius* in Moos/Schefzig/Arning, Kap. 12 Rz. 28; *Keppeler/Berning*, ZD 2017, 314 (318).

– P – Informationsdarstellung in Originalgröße (z.B. Papier, Film und Druckplatten),

– F – Informationsdarstellung verkleinert (z.B. Mikrofilme, Folien),

– O – Informationsdarstellung auf optischen Datenträgern (z.B. CD/DVD),

– T – Informationsdarstellung auf magnetischem Datenträger (z.B. Disketten, magnetische Ausweiskarten, Magnetbänder),

– H – Informationsdarstellung auf Festplatten mit magnetischem Datenträger und

– E – Informationsdarstellung auf elektronischen Datenträgern (z.B. USB-Sticks, Chipkarten).

8.127 Zu jeder dieser Datenträgerkategorien sieht die DIN 66399 jeweils sieben verschiedene **Sicherheitsstufen** für die Vernichtung vor. Ziff. 13.4 schreibt dem Auftragnehmer für „normale" personenbezogene Daten eine Vernichtung nach Sicherheitsstufe 3 und für besondere Arten personenbezogener Daten eine Vernichtung nach Sicherheitsstufe 4 vor, was den Anforderungen der Datenschutzaufsichtsbehörden genügt[113].

dd) Erstreckung auf alle Vervielfältigungen (Ziff. 11.5)

8.128 Ziff. 11.5 stellt klar, dass sich die Datenlöschung nicht nur auf das Produktivsystem des Auftragnehmers bezieht, sondern auch für alle in sonstigen Systemen gespeicherten Daten (z.B. in **Test- und Archivierungssystemen**) und alle sonstigen Vervielfältigungen gilt.

ee) Protokollierung der Löschung (Ziff. 11.6)

8.129 Wegen der expliziten Erstreckung der **Rechenschaftspflicht** gem. Art. 5 Abs. 2 DSGVO auf den Grundsatz der Speicherbegrenzung hat der Auftraggeber ein gehöriges Interesse daran, dass die Löschung der Daten nachvollziehbar dokumentiert wird, damit er seinen Nachweispflichten nachkommen kann. In Ziff. 11.6 ist eine solche Verpflichtung des Auftragnehmers, Löschungen zu protokollieren und die Protokolle dem Auftraggeber auf Verlangen vorzulegen, vorgesehen.

ff) Aufbewahrung von Nachweisen (Ziff. 11.7)

8.130 Die Löschpflicht nach Ziff. 11.1 soll sich nicht auf Dokumentationen beziehen, die dem Nachweis der auftrags- und ordnungsgemäßen Verarbeitung von Auftraggeber-Daten dienen. Der Auftraggeber hat – ebenfalls vor dem Hintergrund seiner Rechenschaftspflicht nach Art. 5 Abs. 2 i.V.m. Art. 24 Abs. 1 DSGVO – ein Interesse daran, dass der Auftragnehmer die Vertrags- und Datenschutzkonformität seines Handelns auch nach Vertragsbeendigung noch belegen kann; etwa wenn im Nachhinein Anfragen von betroffenen Personen oder Untersuchungen von Aufsichtsbehörden erfolgen. Ziff. 11.7 verpflichtet den Auftragnehmer vor diesem Hintergrund, solche **Dokumentationen** auch noch für einen definierten Zeitraum nach Vertragsende aufzubewahren und sie dem Auftraggeber auf Verlangen in Kopie herauszugeben.

13. Nachweise und Überprüfungen (Ziff. 12)

8.131 **M 8.1.12 Nachweise und Überprüfungen**

12. Nachweise und Überprüfungen

12.1 Der Auftragnehmer hat sicherzustellen und regelmäßig (mindestens einmal pro Jahr) zu kontrollieren, dass die Verarbeitung der Auftraggeber-Daten mit diesem Vertrag sowie den Weisungen des Auftraggebers in Einklang steht.

---

113 Vgl. Teil 2, Rz. 11.31.

12.2 Der Auftragnehmer wird die Umsetzung der Pflichten nach diesem Vertrag in geeigneter Weise dokumentieren und dem Auftraggeber entsprechende Nachweise auf dessen Verlangen vorlegen. Der Auftragnehmer wird insbesondere dokumentieren:

– alle Eigenkontrollen gemäß Ziffer 12.1;

– alle Vertraulichkeitsverpflichtungen von Personen, die Auftraggeber-Daten verarbeiten;

– alle Verträge über die Inanspruchnahme weiterer Auftragsverarbeiter und alle Prüfungen weiterer Auftragsverarbeiter im Sinne von Ziffer 7;

– alle auf Weisung des Auftraggebers erfolgten Löschungen von Auftraggeber-Daten.

12.3 Der Auftraggeber ist berechtigt, den Auftragnehmer regelmäßig während der Verarbeitung von Auftraggeber-Daten bezüglich der Einhaltung der Regelungen dieses Vertrages, insbesondere der Umsetzung der technischen und organisatorischen Maßnahmen gemäß *Anhang 2*, zu überprüfen; einschließlich durch Vor-Ort-Kontrollen.

12.4 Zur Durchführung von Kontrollen nach Ziffer 12.3 ist der Auftraggeber berechtigt, jederzeit sämtliche Geschäftsräume des Auftragnehmers zu betreten und dort Vor-Ort-Kontrollen durchzuführen. Soweit möglich, wird der Auftraggeber dem Auftragnehmer solche Vor-Ort-Kontrollen rechtzeitig vorher ankündigen. Der Auftragnehmer gewährt dem Auftraggeber sämtliche für die Durchführung der Kontrolle benötigten Zugangs-, Auskunfts- und Einsichtsrechte. Der Auftragnehmer verpflichtet sich insbesondere, dem Auftraggeber Zugang zu den Datenverarbeitungseinrichtungen, Dateien und anderen Dokumenten zu gewähren, um die Kontrolle und Überprüfung der relevanten Datenverarbeitungseinrichtungen, Dateien und anderer Dokumentationen zu ermöglichen, die mit der Verarbeitung von Auftraggeber-Daten im Zusammenhang stehen. Der Auftraggeber nimmt hierbei angemessene Rücksicht auf die Betriebsabläufe und berechtigte Geheimhaltungsinteressen des Auftragnehmers.

12.5 Der Auftragnehmer ermöglicht solche Überprüfungen und trägt durch alle zweckmäßigen und zumutbaren Maßnahmen zu solchen Überprüfungen bei, unter anderem durch die Bereitstellung aller notwendigen Informationen einschließlich aller Zertifikate, Auditberichte und sonstiger Ergebnisse von Überprüfungen im Hinblick auf die Verarbeitung von Auftraggeber-Daten.

12.6 Der Auftraggeber ist berechtigt, von dem Datenschutzbeauftragten des Auftragnehmers Auskunft über sämtliche Aspekte der Verarbeitung von Auftraggeber-Daten, einschließlich der getroffenen technisch-organisatorischen Maßnahmen, zu erhalten und von ihm regelmäßig eine Bestätigung der Einhaltung der technischen und organisatorischen Maßnahmen gemäß *Anlage 2* zu verlangen. Der Auftragnehmer wird unter Beachtung von dessen Weisungsfreiheit dafür sorgen, dass der Datenschutzbeauftragte auf Verlangen des Auftraggebers Auskünfte und Bestätigungen zeitnah erteilt.

12.7 Der Auftraggeber ist berechtigt, die Kontrollhandlungen nach dieser Ziffer 12 selbst oder durch einen zur Geheimhaltung verpflichteten Bevollmächtigten vorzunehmen. Der Auftragnehmer ist verpflichtet, die Kontrollhandlungen eines solchen Bevollmächtigten in derselben Weise zu dulden und zu unterstützen wie Kontrollen durch den Auftraggeber.

12.8 Gemäß den anwendbaren Datenschutzvorschriften unterliegen der Auftraggeber und der Auftragnehmer öffentlichen Kontrollen durch die zuständige Aufsichtsbehörde. Auf Verlangen des Auftraggebers wird der Auftragnehmer den Auftraggeber im Rahmen von behördlichen Aufsichtsverfahren nach Kräften unterstützen, wenn und soweit die vertragsgegenständliche Verarbeitung von Auftraggeber-Daten Gegenstand des Aufsichtsverfahrens ist. Der Auftragnehmer wird insbesondere auf Verlangen des Auftraggebers ihm selbst oder der Aufsichtsbehörde unmittelbar alle Informationen im Zusammenhang mit diesem Vertrag geben und entsprechende Auskünfte erteilen und der Aufsichtsbehörde die Möglichkeit einräumen, Prüfungen in demselben Umfang durchzuführen, wie sie die Aufsichtsbehörde beim Auftraggeber durchführen darf. Der Auftragnehmer verpflichtet sich, der zuständigen Aufsichtsbehörde auch in diesem Rahmen alle erforderlichen Zugangs-, Auskunfts- und Einsichtsrechte zu gewähren. Falls die Aufsichtsbehörde beim Auftragnehmer Kontrollhandlungen, Ermittlungen oder Maßnahmen durchführt, die Auftraggeber-Daten betreffen, hat der Auftragnehmer den Auftraggeber darüber so früh wie möglich und in der Regel unverzüglich nach Erhalt der Ankündigung der Aufsichtsmaßnahme durch die Behörde zu informieren.

a) Ratio

8.132 Ziff. 12 des Musters setzt die Gestaltungsanforderung gem. Art. 28 Abs. 3 Satz 2 lit. h DSGVO um, wonach in dem Vertrag festzulegen ist, dass der Auftragsverarbeiter dem Verantwortlichen alle erforderlichen Informationen zum Nachweis der Einhaltung seiner Auftragsverarbeiter-Pflichten zur Verfügung stellt und Überprüfungen ermöglicht und dazu beiträgt.

b) Eigenkontrolle des Auftragnehmers (Ziff. 12.1)

8.133 Eine explizite Verpflichtung des Auftragsverarbeiters, seine Verarbeitungen und deren Vertragskonformität selbst zu kontrollieren, ist in der DSGVO nicht vorgesehen. Aus der Notwendigkeit einer Vertragspflicht zum **Nachweis der Einhaltung** seiner entsprechenden Pflichten gem. Art. 28 Abs. 3 Satz 2 lit. h DSGVO ergibt sich allerdings mittelbar eine solche Pflicht zur Eigenkontrolle. Denn andernfalls könnte er hierüber keinen Nachweis führen, wie es die Klausel explizit verlangt.

8.134 In Ziff. 12.1 ist deshalb eine **eigene Kontrollpflicht des Auftragnehmers** spezifiziert. Das Gesetz macht keine konkreten inhaltlichen Vorgaben dazu, wie diese Kontrollen durchzuführen sind. Häufigkeit und Umfang der Kontrollen unterliegen deshalb – unter Beachtung des datenschutzrechtlich verlangten Mindestschutzniveaus – der Disposition der Vertragsparteien. Die Vertragsregelung konkretisiert die Kontrollvorgaben, indem sie ein **Mindestkontrollintervall** von einem Jahr vorsieht und die gesamte Verarbeitung der Auftraggeber-Daten nach Maßgabe des Auftragsverarbeitungsvertrags und der spezifischen Weisungen des Auftraggebers zum Kontrollgegenstand macht.

8.135 Die Regelung wird ergänzt durch Ziff. 7.7 des Musters, in dem spezifische, **abgeleitete Kontrollpflichten** des Auftragnehmers in Bezug auf etwa von ihm eingesetzte **Unterauftragnehmer** geregelt sind.

c) Dokumentation und Nachweise (Ziff. 12.2)

8.136 Ziff. 12.2 spezifiziert die **Nachweisverpflichtung** des Auftragnehmers, indem ihm aufgegeben wird, konkrete Unterlagen dem Auftraggeber auf Anforderung vorzulegen. Je nach konkreter Ausgestaltung des Auftragsverarbeitungsvertrages (und der spezifischen Pflichten des Auftragnehmers) können hier weitere Dokumente genannt werden. Auch diese Verpflichtung dient dem Auftraggeber dazu, seiner **Rechenschaftspflicht** aus Art. 5 Abs. 2 i.V.m. Art. 24 Abs. 1 DSGVO Genüge zu tun.

8.137 Im Anwendungsbereich von Teil 3 des BDSG – also bei der Verarbeitung personenbezogener Daten im Bereich der **Strafverfolgung** gemäß RL (EU) 2016/680 – besteht eine explizite Verpflichtung auch der Auftragsverarbeiter zur **Protokollierung bestimmter Verarbeitungsmaßnahmen** (§ 76 BDSG). In einem solchen Fall sollte sich der Auftraggeber auch die Vorlage dieser Protokolle ausbedingen.

d) Überprüfungsrecht des Auftraggebers (Ziff. 12.3)

8.138 Art. 28 DSGVO macht keine Vorgaben dazu, ob und wie der Verantwortliche den Auftragsverarbeiter kontrollieren und seine Verarbeitungstätigkeit überwachen muss[114]. Allerdings wird Art. 28 DSGVO dahingehend verstanden, dass eine Pflicht zur Überprüfung der Datenverarbeitung durch den Auftragnehmer während des gesamten Zeitraums der Verarbeitung besteht[115]. Auch ergibt sich eine solche Verpflichtung des Auftraggebers wiederum mittelbar aus Art. 5 Abs. 2 i.V.m. Art. 24 Abs. 1 DSGVO[116]. Der Auftraggeber muss daher vertraglich sicherstellen, dass er ausreichende Kontrollbefugnisse hat.

---

114 *Freund* in Schuster/Grützmacher, Art. 28 DSGVO Rz. 63; ähnlich hinsichtlich des „wie" der Kontrollen: *Hartung* in Kühling/Buchner, Art. 28 DSGVO Rz. 60.

115 *Hartung* in Kühling/Buchner, Art. 28 DSGVO Rz. 60; *Martini* in Paal/Pauly, Art. 28 DSGVO Rz. 21; *Spoerr* in BeckOK DatenschutzR, Art. 28 DSGVO Rz. 35.

116 *Müthlein*, RDV 2016, 74 (77); *Hartung* in Kühling/Buchner, Art. 28 DSGVO Rz. 60.

Ziff. 12.3 gewährt dem Auftraggeber deshalb in Umsetzung von Art. 28 Abs. 3 Satz 2 lit. h DSGVO das **Recht zu einer jederzeitigen Überprüfung**.

aa) Gegenstand der Überprüfungen

Der Gegenstand der Überprüfungen, zu denen der Auftraggeber nach Ziff. 12.3 berechtigt sein soll, ist **8.139** weit gefasst und bezieht sich – entsprechend der Vorgabe in Art. 28 Abs. 3 Satz 2 lit. h DSGVO – auf die **Einhaltung sämtlicher Vertragspflichten**, wobei im Muster zusätzlich explizit die Einhaltung der getroffenen technischen und organisatorischen Maßnahmen erwähnt wird.

Die Überprüfungsrechte dienen dem Auftraggeber dazu, sich davon zu überzeugen, dass der Auftragnehmer die Bestimmungen des Vertrags einhält.

bb) Häufigkeit der Überprüfungen

Das Gesetz macht keine Vorgaben dazu, wie oft der Auftraggeber entsprechende Überprüfungen **8.140** durchführen muss. Das Gesetz weist dem Auftraggeber hier eine breite Konkretisierungs- und Ausgestaltungsverantwortung zu[117], kraft derer er in dem Vertrag entsprechende Festlegungen treffen sollte. Das Muster belässt es im Hinblick auf die Häufigkeit dabei, Überprüfungen „**regelmäßig**" und „jederzeit" zuzulassen. Hierdurch wird zum Ausdruck gebracht, dass vor allem bei längerfristigen Auftragsverarbeitungen eine einmalige Kontrolle nicht ausreicht. Wollen die Vertragspartner weitere Konkretisierungen vornehmen, könnte auch eine Regelfrist, z.B. eine jährliche Kontrolle, verabredet werden. Bei auf mehrere Jahre angelegten Auftragsverhältnissen wird vorgeschlagen, sich bezüglich der Häufigkeit der Kontrollen an **revisionstypischen Prüfungszyklen** und der jeweiligen Risikoeinordnung zu orientieren, wonach in der Regel ein- bis dreijährige Kontrollzyklen etabliert sind[118]. Hierbei handelt es sich freilich nur um generelle Leitlinien. Je nach Art und Umfang der Auftragsverarbeitung variiert der Kontrollzyklus. Hierbei wäre aber sicherzustellen, dass der Vertrag nach wie vor **anlassbezogene Überprüfungen** zulässt, etwa im Nachgang zu **Datenpannen** bei dem Auftragnehmer.

Aus Auftraggebersicht ist es sinnvoll, sich gegenüber dem Auftragnehmer vertraglich in dieser Hinsicht **8.141** nicht einzuschränken. Das Muster sieht deshalb in Ziff. 12.3 vor, dass der Auftraggeber regelmäßig überprüfen und nach Ziff. 12.4 zu diesem Zweck auch jederzeit die **Geschäftsräume des Auftragnehmers** betreten darf.

e) Art der Überprüfungen

Die DSGVO schreibt auch nicht ausdrücklich vor, auf welche Art und Weise die von dem Auftraggeber **8.142** vorzunehmenden Kontrollen erfolgen müssen. Der Auftraggeber wird diese Flexibilität in seinem Sinne nutzen und sich in dem Vertrag vorab ungern auf bestimmte Arten von Überprüfungen beschränken lassen.

aa) Vor-Ort-Kontrollen (Ziff. 12.4–12.5)

Art. 28 Abs. 3 Satz 2 lit. h DSGVO verlangt ausdrücklich, dass der Auftragsverarbeiter auch „**Inspektionen**" ermöglicht und dazu beiträgt. Nach der wohl überwiegenden Ansicht sind hiermit Vor-Ort-Kontrollen gemeint[119]. Teilweise wird es zwar auch für zulässig erachtet, bei entsprechender Parteivereinbarung auch die Vorlage von Zertifizierungen ohne **Vor-Ort-Kontrolle** als ausreichend anzusehen[120], ein Auftraggeber wird solche aber nicht pauschal ausschließen wollen. Je nach Auftragsgegenstand, Fallgestaltung und konkretem Anlass kann eine Kontrolle bei dem Auftragnehmer

---

117 *Spoerr* in BeckOK DatenschutzR, Art. 28 DSGVO Rz. 84.
118 *Vander*, K&R 2010, 292 (295).
119 *Spoerr* in BeckOK DatenschutzR, Art. 28 DSGVO Rz. 84; *Moos/Cornelius* in Moos/Schefzig/Arning, Kap. 7 Rz. 76.
120 *Laue/Kremer*, § 5 Rz. 28.

vor Ort geboten sein. Es wäre freilich für den Auftraggeber denkbar, nicht zwingend eine **Eigenkontrolle** zu fordern, sondern eine solche durch einen **externen Prüfer** (siehe hierzu Ziff. 12.7 des Musters), bei dem sogar auch eine Beauftragung durch den Auftragnehmer in Betracht kommen soll[121].

8.144　In Ziff. 12.4 werden dem Auftraggeber weitgehende Rechte zur Vor-Ort-Kontrolle der Datenverarbeitung in den Geschäftsräumen des Auftragnehmers eingeräumt. Das Muster sieht eine vorherige Ankündigung der Kontrollen vor, gestattet ausdrücklich aber auch Ausnahmen, so dass aus begründetem Anlass auch unangekündigte **Ad-hoc-Kontrollen** erfolgen dürfen.

8.145　Die Kontrollen des Auftraggebers müssen dabei unter Wahrung der **Betriebs- und Geschäftsgeheimnisse** des Auftragnehmers erfolgen. Sieht ein als AGB einzustufender Vertrag insoweit zu weitgehende Kontrollrechte vor, kann ein Verstoß gegen § 307 Abs. 2 Nr. 1 BGB in Betracht kommen[122]. Der Vertrag sollte deshalb angemessene Schutzmaßnahmen für die Geheimhaltungs- und sonstigen berechtigten Interessen des Auftragnehmers vorsehen. Zu weit geht es aber, für Auftragsverarbeitungen zu konstatieren, dass die Rechtsprechung Audit-Rechte des Auftraggebers vor Ort als problematisch ansehe[123]. Die Auftragsverarbeitung ist ja gerade ein Vertragsverhältnis, das schon aufgrund der gesetzlichen Vorgaben in Art. 28, 29 DSGVO durch Weisung und Kontrolle des Auftraggebers geprägt ist. Ein Recht zur Vor-Ort-Kontrolle stellt deshalb per se keine AGB-widrige unangemessene Benachteiligung i.S.v. § 307 Abs. 2 Nr. 1 BGB dar, weil eine solche Vorschrift in einem Auftragsverarbeitungsvertrag gerade nicht von wesentlichen Grundgedanken der gesetzlichen Regelung (Art. 28 Abs. 3 Satz 2 lit. h DSGVO) abweicht, sondern sie im Gegenteil gerade im Sinne des gesetzlichen Leitbildes aufgreift und umsetzt.

bb) Zugangs-, Auskunfts- und Einsichtsrechte (Ziff. 12.4)

8.146　Zugangs- und Einsichtsrechte des Auftraggebers sind notwendig, um Vor-Ort-Kontrollen überhaupt zu ermöglichen. In diesem Sinne gewährt Ziff. 12.4 dem Auftraggeber die im Zusammenhang mit solchen Vor-Ort-Kontrollen benötigten Zugangs-, Auskunfts- und Einsichtsrechte. Explizit als Beispiel der vom Auftragnehmer insoweit geschuldeten Mitwirkung genannt wird die **Zugangsgewährung zu den Datenverarbeitungseinrichtungen**, Dateien und anderen auftragsrelevanten Dokumenten und Informationen.

cc) Vorlage von Zertifikaten und Auditberichten (Ziff. 12.5)

8.147　Art. 28 Abs. 3 Satz 2 lit. h DSGVO erwähnt neben den Inspektionen auch explizit die Zurverfügungstellung aller erforderlichen Informationen und Nachweise. Die Regelung in Ziff. 12.5 gibt dem Auftraggeber vor diesem Hintergrund das Recht, die Vorlage von **Zertifikaten, Auditberichten** und anderer Ergebnisse von **Datenschutzprüfungen** vom Auftragnehmer zu verlangen. Der Auftraggeber kann auf dieser Grundlage seiner Überprüfungspflicht auch dadurch nachkommen, dass er diese Unterlagen und die darin enthaltenen Feststellungen über die Verarbeitungspraktiken des Auftragsverarbeiters prüft.

dd) Anrufung des betrieblichen Datenschutzbeauftragten (Ziff. 12.6)

8.148　Ziff. 12.6 gibt dem Auftraggeber darüber hinaus das Recht, zur Durchführung von Überprüfungen explizit den **Datenschutzbeauftragten des Auftragnehmers** zu Auskünften und Bestätigungen heranzuziehen. Das hat seinen Grund darin, dass der Datenschutzbeauftragte des Auftragnehmers in besonderer Weise geeignet erscheint, dem Auftraggeber zutreffende und objektive Informationen über die

---

121　*Hartung* in Kühling/Buchner, Art. 28 DSGVO Rz. 78; *BayLfD*, Orientierungshilfe Auftragsdatenverarbeitung, Version 2.0, Stand: 1.4.2019, S. 21; *Art. 29-Datenschutzgruppe*, WP 196, Stand: Juli 2012, S. 27.

122　*Hoeren*, DuD 2010, 688 (690).

123　So aber *Hoeren*, DuD 2010, 688 (690).

Datenverarbeitung bei dem Auftragnehmer und deren Übereinstimmung mit den gesetzlichen und vertraglichen Festlegungen zu vermitteln.

Das folgt schon aus der Funktion des Datenschutzbeauftragten als ein unabhängiges Selbstkontroll- 8.149 organ der Daten verarbeitenden Stelle, der seine Tätigkeit gemäß Erwägungsgrund 97 DSGVO in „vollständiger Unabhängigkeit" wahrnehmen soll[124]. Hinzu kommt, dass der Datenschutzbeauftragte bei der Erfüllung seiner Aufgaben nach Art. 38 Abs. 3 Satz 1 DSGVO **weisungsfrei** ist, so dass Einwirkungen der Geschäftsleitung des Auftragnehmers auf die Ausübung seiner Aufgaben ausscheiden müssen. Dem Datenschutzbeauftragten dürfen also durch den Auftragsverarbeiter nicht bestimmte Prüfaufträge geschweige denn Prüfungsergebnisse vorgegeben werden[125]; so etwa auch nicht Inhalt oder Ergebnis seiner Mitwirkung bei einer Auftragskontrolle durch den Auftraggeber. Der Auftraggeber sollte sich diese von Gesetzes wegen notwendigerweise bestehende **Unabhängigkeit und Weisungsfreiheit** deshalb auch im Rahmen der von ihm durchzuführenden **Auftragskontrolle** zu Nutze machen. In diesem Sinne sieht Ziff. 12.6 des Musters vor, dass der Auftraggeber von dem Datenschutzbeauftragten des Auftragnehmers Auskunft über sämtliche Aspekte der Verarbeitung von Auftraggeber-Daten, einschließlich der getroffenen technisch-organisatorischen Maßnahmen sowie einer Bestätigung der Einhaltung der vereinbarten technischen und organisatorischen Maßnahmen, verlangen darf.

f) Kontrolle durch Bevollmächtigte (Ziff. 12.7)

Zuständig für die Prüfungen beim Auftragnehmer hinsichtlich der Einhaltung der gebotenen Sicher- 8.150 heitsmaßnahmen ist grundsätzlich die **Unternehmensleitung des Auftraggebers**, die daraus bestimmte Prüfungsaufgaben an die jeweiligen Unternehmenseinheiten (Fachabteilung, Revision, etc.) übertragen kann[126]. Der Auftraggeber muss die Kontrollen aber nicht selbst durchführen. Teilweise werden ihm dazu auch das notwendige technische Know-how oder die Personalkapazitäten fehlen. Ziff. 12.7 gestattet es dem Auftraggeber deshalb, die Kontrollen durch einen Bevollmächtigten, wie z.B. einen externen Sachverständigen, einen Auditor, etc. vorzunehmen.

Explizit ist die Möglichkeit der **Einschaltung** eines **externen Prüfers** in § 62 Abs. 5 Satz 2 Nr. 6 BDSG (also in Teil 3 im Hinblick auf Datenverarbeitungen im Bereich der Strafverfolgung) vorgesehen.

g) Behördliche Kontrollen (Ziff. 12.8)

Als Verantwortlicher steht grundsätzlich der Auftraggeber nach außen hin für die Datenschutzkonfor- 8.151 mität auch der durch den Auftragnehmer vorgenommenen Datenverarbeitungen ein, die dem Auftraggeber zugerechnet werden. Etwaige **Kontrollen der Aufsichtsbehörden** richten sich deshalb primär gegen den Auftraggeber, auch wenn die Befugnisse der Aufsichtsbehörden prinzipiell auch gegenüber den Auftragsverarbeitern bestehen (vgl. z.B. Art. 58 DSGVO). Aus Sicht des Auftraggebers ist es deshalb empfehlenswert, den Auftragnehmer dazu zu verpflichten, die notwendigen Mitwirkungshandlungen zu erbringen, damit er seinerseits seine Pflichten gegenüber der Aufsichtsbehörde erfüllen und auch seine Rechte effektiv wahrnehmen kann.

Ziff. 12.8 sieht vor diesem Hintergrund vor, dass der Auftragnehmer den Auftraggeber im Rahmen sol- 8.152 cher behördlichen Aufsichtsverfahren nach Kräften zu unterstützen hat, soweit der Umgang mit Auftraggeber-Daten Gegenstand des Aufsichtsverfahrens ist. Die **Unterstützungspflicht** ist breit angelegt und umfasst u.a. die **Erteilung aller benötigten Informationen**, die Gestattung von Prüfungen durch die Aufsichtsbehörde und die Gewährung von entsprechenden **Zugangs-, Auskunfts- und Einsichtsrechten der Aufsichtsbehörde**.

---

124 *Art. 29-Datenschutzgruppe*, WP 243 rev.01, Stand 5.4.2017, S. 17.
125 *Schefzig* in Moos/Schefzig/Arning, Kap. 11 Rz. 124; *Art. 29-Datenschutzgruppe*, WP 243 rev.01, Stand 5.4.2017, S. 17 f.; *Bergt* in Kühling/Buchner, Art. 38 DSGVO Rz. 27.
126 *BayLDA*, Tätigkeitsbericht 2009/10, S. 36.

14. Vertragsdauer und Kündigung (Ziff. 13)

8.153 **M 8.1.13 Vertragsdauer und Kündigung**

13. Vertragsdauer und Kündigung

13.1 Die Laufzeit dieses Vertrags entspricht der Laufzeit des Hauptvertrags. Die Regelungen zur ordentlichen Kündigung des Hauptvertrags gelten entsprechend.

13.2 Der Auftraggeber ist zu einer jederzeitigen außerordentlichen Kündigung dieses Vertrags sowie des Hauptvertrags aus wichtigem Grund berechtigt. Ein wichtiger Grund liegt für den Auftraggeber insbesondere vor, wenn

- *der Auftragnehmer gegen eine wesentliche Pflicht aus diesem Vertrag verstößt,*

- *der Auftragnehmer die Auftraggeber-Daten für andere als nach Ziffer 2.2 zugelassene Zwecke verwendet,*

- *der Auftragnehmer eine Weisung des Auftraggebers nach Ziffer 3 dieses Vertrags nicht ausführt,*

- *der Auftragnehmer einer Meldepflicht nach Ziffer 9.1 nicht nachkommt,*

- *der Auftragnehmer die Ausübung der Kontrollrechte des Auftraggebers nach Ziffer 9 dieses Vertrags verweigert oder nicht nur unerheblich behindert oder*

- *der Auftragnehmer einen weiteren Auftragsverarbeiter entgegen Ziffer 7.1 ohne vorherige schriftliche Zustimmung des Auftraggebers einschaltet.*

13.3 Der Hauptvertrag darf im Falle einer Beendigung dieses Vertrags nur fortgeführt werden, wenn ausgeschlossen ist, dass der Auftragnehmer Auftraggeber-Daten verarbeitet. Im Zweifel gilt eine Kündigung des Hauptvertrags auch als eine Kündigung dieses Vertrags und gilt eine Kündigung dieses Vertrags auch als Kündigung des Hauptvertrags.

a) Ratio

8.154 In Ziff. 14 sind die Regelungen zur Laufzeit und zur Kündigung des Auftragsverarbeitungsvertrages enthalten. Insbesondere schreiben sie zugunsten des Auftraggebers bestimmte **Kündigungsgründe** fest, bei deren Eintreten er sich von dem Auftragsverarbeitungsvertrag – und ggf. dem Hauptvertrag – aus wichtigem Grund lösen darf.

b) Laufzeitregelung (Ziff. 13.1)

8.155 Ziff. 13.1 enthält eine übliche **Laufzeitregelung**. Weil zumeist die Erbringung der Leistungen nach dem Hauptvertrag nicht ohne die im Auftragsverarbeitungsvertrag bestimmte Datenverarbeitung möglich ist, kommen abweichende Laufzeiten kaum in Betracht.

c) Kündigung des Auftragsverarbeitungsvertrags (Ziff. 13.1–13.2)

aa) Ordentliche Kündigung (Ziff. 13.1)

8.156 In Ziff. 13.1 Satz 2 ist eine Regelung zur ordentlichen Kündigung des Auftragsverarbeitungsvertrags enthalten, die sich freilich ebenfalls in einem Verweis auf die **Kündigungsregelungen** des Hauptvertrags erschöpft. Üblich sind beidseitige Rechte zur ordentlichen Kündigung, die eine Kündigungsfrist von zumeist mehreren Monaten vorsehen. Je nach Art der übertragenen Leistung kann dem Auftraggeber auch daran gelegen sein, dem Auftragnehmer ein ordentliches Kündigungsrecht nicht zuzugestehen. Hier ist im Einzelfall eine auftragsspezifische Festlegung sinnvoll.

bb) Außerordentliche Kündigung (Ziff. 13.2)

Nach § 314 BGB besteht von Gesetzes wegen ein Recht zur **außerordentlichen Kündigung** eines **8.157** Dauerschuldverhältnisses **aus wichtigem Grund**, welches in den allermeisten Fällen auch auf den Auftragsverarbeitungsvertrag anwendbar sein dürfte. Ein Ausschluss dieses Kündigungsrechts ist nicht möglich. Es ist deshalb empfehlenswert, in dem Auftragsverarbeitungsvertrag festzulegen, welche Verstöße des Auftragnehmers einen wichtigen Grund zur außerordentlichen Kündigung darstellen[127]. Ziff. 13.2 des Musters bestätigt diese Rechtslage ausdrücklich im Hinblick auf das Kündigungsrecht des Auftraggebers und legt **beispielhaft** folgende Verhaltensweisen des Auftragnehmers als **wichtige Gründe** fest, die eine Kündigung des Auftraggebers gestatten:

– einen Verstoß des Auftragnehmers gegen eine **wesentliche Vertragspflicht**,

– die **Verwendung** der Auftraggeber-Daten **für andere** als nach Ziff. 2.2 zugelassene **Zwecke**,

– die ganz oder teilweise **Nichtausführung einer Weisung** des Auftraggebers nach Ziff. 3 des Vertrags,

– das **Unterlassen einer notwendigen Meldung** nach Ziff. 9.1,

– die **Verweigerung oder Behinderung** der vom Auftraggeber nach Ziff. 10 des Vertrags ausgeführten **Kontrollen** und

– die Einschaltung von **Unterauftragnehmern ohne** vorherige schriftliche **Zustimmung** des Auftraggebers.

Diese Beispiele sollen **besonders gravierende Pflichtverletzungen** des Auftragnehmers explizit erfassen. **8.158** Denkbar ist es natürlich, andere oder weitere Vertragspflichten in diese Aufzählung aufzunehmen. Ein Auftraggeber, der erhebliche Imageschäden durch eine Datenpanne befürchten muss, wird z.B. bestimmte Verstöße gegen die Mitwirkungspflichten bei Verletzungen des Schutzes der Auftraggeberdaten als wichtigen Grund festgeschrieben wissen wollen.

cc) Gleichlauf mit Hauptvertrag (Ziff. 13.3)

Generell ist darauf zu achten, dass nicht nur bezüglich der Laufzeit, sondern auch bezüglich der Kündi- **8.159** gung ein Gleichlauf mit dem Hauptvertrag gegeben ist, weil der Hauptvertrag ohne die entsprechenden Datenverwendungen in der Regel nicht durchgeführt werden kann und deshalb bei einer **isolierten Kündigung des Auftragsverarbeitungsvertrags** die Gefahr besteht, dass die Datenverwendungen – dann nicht hinreichend datenschutzrechtlich abgesichert – zur Durchführung des ungekündigten Hauptvertrags weiter laufen. Diese Problematik wird durch die Regelung in Ziff. 13.3 vermieden. Danach darf der Hauptvertrag im Falle einer Beendigung des Auftragsverarbeitungsvertrags nur fortgeführt werden, wenn ausgeschlossen ist, dass der Auftragnehmer Auftraggeber-Daten verwendet oder darauf zugreift. Das mag z.B. der Fall sein, wenn der Auftraggeber auf eine Blackbox-Verarbeitung umstellt, so dass die Daten für den Auftragnehmer nicht mehr personenbezogen und deshalb eine Auftragsverarbeitungsvereinbarung entbehrlich ist. Um allerdings zu vermeiden, dass „aus Nachlässigkeit" nur einer der beiden Verträge gekündigt wird und daraus eine datenschutzwidrige Verarbeitung entsteht, sieht Ziff. 13.3 Satz 2 vor, dass eine Kündigung eines der beiden Verträge im Zweifel auch als eine Kündigung des jeweils anderen gelten soll. Auch in diesem Punkt ist regelmäßig eine Abstimmung der Formulierungen mit dem Hauptvertrag notwendig, weil dieser typischerweise eigenständige Regelungen zur Kündigung aus wichtigem Grund enthalten wird.

---

127 *Bergt* in Taeger, Law as a Service (LaaS), S. 37 (43).

15. Haftung und Vertragsstrafe (Ziff. 14)

8.160   **M 8.1.14 Haftung und Vertragsstrafe**

14. Haftung und Vertragsstrafe

14.1 Für Schäden des Auftraggebers durch schuldhafte Verstöße des Auftragnehmers gegen diesen Vertrag sowie gegen die ihn unmittelbar treffenden gesetzlichen Datenschutzverpflichtungen haftet der Auftragnehmer entsprechend den gesetzlichen Haftungsregelungen. Etwaige anderweitig zwischen den Parteien vereinbarte Haftungsbegrenzungen (z.B. aus dem Hauptvertrag) finden diesbezüglich keine Anwendung. Soweit Dritte Ansprüche gegen den Auftraggeber geltend machen, die ihre Ursache in einem schuldhaften Verstoß des Auftragnehmers gegen diesen Vertrag oder gegen eine ihn unmittelbar treffende gesetzliche Datenschutzverpflichtung haben, stellt der Auftragnehmer den Auftraggeber von diesen Ansprüchen auf erstes Anfordern frei.

14.2 Der Auftragnehmer verpflichtet sich, den Auftraggeber auch von allen etwaigen Geldbußen, die gegen den Auftraggeber verhängt werden, in dem Umfang auf erstes Anfordern freizustellen, in dem der Auftragnehmer Anteil an der Verantwortung für den durch die Geldbuße sanktionierten Verstoß trägt.

14.3 Der Auftragnehmer trägt die Beweislast dafür, dass etwaige Schäden und Geldbußen nicht auf einem von ihm zu vertretenden Umstand beruhen, soweit die jeweilige Ursache in der Verarbeitung von Auftraggeber-Daten in der Zuständigkeitssphäre des Auftragnehmers liegt.

14.4 Im Falle eines schuldhaften Verstoßes gegen eine der Verpflichtungen aus Ziffer 2.1 bis 2.3, Ziffer 3.1, Ziffer 6, Ziffer 7.1, Ziffer 8.1, Ziffer 9.2, Ziffer 10.1 oder Ziffer 13.2 dieses Vertrags wird pro Verstoß eine von dem Auftragnehmer an den Auftraggeber zu zahlende Vertragsstrafe in Höhe von … EUR fällig.

a) Ratio

8.161   Ziff. 14 enthält Regelungen zur **Haftungsverteilung** zwischen Auftraggeber und Auftragnehmer und begründet die Verpflichtung des Auftragnehmers zur Zahlung einer **Vertragsstrafe** bei bestimmten Vertragsverstößen.

b) Haftung des Auftragnehmers und Haftungsfreistellung (Ziff. 14.1)

8.162   Typischerweise werden in dem Hauptvertrag zwischen Auftraggeber und Auftragnehmer übliche **Haftungsklauseln** vereinbart sein, die zumeist auch eine bestimmte Begrenzung der Haftung des Dienstleisters (z.B. abhängig vom Grad des Verschuldens oder auf einen bestimmten **Höchstbetrag**) vorsehen. Nach Ziff. 14.1 Satz 1 sollen solche Haftungsbegrenzungen nicht für Schäden des Auftraggebers durch schuldhafte Verstöße des Auftragnehmers gegen die Festlegungen des Auftragsverarbeitungsvertrags sowie gegen direkt auf ihn anwendbare gesetzliche Datenschutzbestimmungen gelten.

8.163   Ungeachtet der unter der DSGVO gestärkten Eigenhaftung des Auftragsverarbeiters steht der Auftraggeber als Verantwortlicher i.S.v. Art. 4 Nr. 7 DSGVO nach außen auch und primär für die Datenschutzkonformität des Datenumgangs ein – auch soweit dieser durch den Auftragnehmer erfolgt. So haftet der Auftragsverarbeiter nach Art. 82 Abs. 2 Satz 2 DSGVO (wenn auch im Vergleich zum Verantwortlichen nur eingeschränkt) zwar selbst direkt für etwaige Schäden der betroffenen Personen. Nach Art. 82 Abs. 4 DSGVO haften Verantwortlicher und Auftragsverarbeiter aber als **Gesamtschuldner**. Ein **Binnenausgleich** zwischen den Parteien ist deshalb in jedem Fall notwendig.

8.164   Hierzu trifft das Gesetz freilich schon selbst eine Regelung, so dass es einer zusätzlichen vertraglichen Regelung nicht zwingend bedarf: Im Gegensatz zur Regelung des § 426 Abs. 1 Satz 1 BGB, wonach Gesamtschuldner im Innenverhältnis grundsätzlich zu gleichen Anteilen haften, sieht Art. 82 Abs. 2 DSGVO bei einem Rückgriff zwischen Gesamtschuldnern im Innenverhältnis eine Verteilung der **Haf-**

tung nach dem jeweiligen Verursachungsbeitrag vor. Art. 82 DSGVO genießt Anwendungsvorrang vor § 426 BGB[128].

Nach Art. 82 Abs. 5 DSGVO hat ein Binnenausgleich jedoch entsprechend der jeweiligen Verantwortungsanteile, d.h. nach Art und Umfang des Beitrags von Auftraggeber und dem jeweiligen Auftragsverarbeiter zum Datenschutzverstoß und eines daraus resultierenden Schadens zu erfolgen[129]. 8.165

Erwägungsgrund 146 Satz 8 DSGVO unterstreicht die anteilsmäßige Haftung nach jeweiliger Verantwortlichkeit. Hiernach ist ein anteiliger Ausgleichsanspruch auch in einem Prozess vor einem mitgliedstaatlichen Gericht zulässig, sofern mehrere Gesamtschuldner verklagt sind und für den Betroffen der volle Schadensersatz sichergestellt ist[130]. Nach dem Wortlaut des Art. 82 Abs. 5 DSGVO ist die Regelung auch als Anspruchsgrundlage für den Verantwortlichen zu verstehen, den jeweiligen Auftragsverarbeiter entsprechend seinem Verschuldensanteil in Regress nehmen zu können, da der in Anspruch genommene „den Teil des Schadensersatzes zurückfordern [kann], der […] [dem] Anteil [des jeweiligen Auftragsverarbeiters] an der Verantwortung für den Schaden entspricht."

Diese bereits gesetzlich vorgesehene **Risikoverteilung nach Verschuldensanteilen** wird in Ziff. 14.1 des Musters wiederholt. Für den Fall, dass der Auftraggeber von einem Dritten wegen eines Datenschutzverstoßes in Anspruch genommen wird, der seine Ursache in einem vertragswidrigen Umgang des Auftragnehmers mit den Auftraggeber-Daten hat, muss der Auftragnehmer den Auftraggeber nach dieser Regelung von allen solchen Ansprüchen **freistellen**. Durch die Formulierung „auf erstes Anfordern" wird erreicht, dass Einreden und Einwendungen des Auftragnehmers gegen den Freistellungsanspruch ausgeschlossen sind. 8.166

c) Regress für Bußgelder (Ziff. 14.2)

Wegen der unter der DSGVO signifikant gestiegenen Bedeutung von **Bußgeldern** findet sich in Ziff. 14.2 des Musters auch hierfür eine ausdrückliche **Regressregelung**. Ob es hierfür in der Praxis einen Bedarf gegen wird, hängt maßgeblich von der Bußgeldpraxis der Aufsichtsbehörden ab, die derzeit noch nicht verlässlich prognostiziert werden kann. 8.167

Zunächst besteht ein maßgeblicher Unterschied im Vergleich zur Haftung für Schadensersatz darin, dass es **keine gesamtschuldnerische Haftung** des Verantwortlichen und des Auftragsverarbeiters für etwaige Bußgelder gibt. Es fehlt im Art. 83 DSGVO gerade eine Regelung, die eine solche gesamtschuldnerische Haftung anordnet, wie sie für die Schadensersatzhaftung in Art. 82 Abs. 4 DSGVO normiert ist. Die Aufsichtsbehörden werden Bußgelder deshalb gegen einen Verantwortlichen und einen Auftragsverarbeiter allenfalls separat verhängen, nicht aber gegen sie als Gesamtschuldner. Gemäß § 41 Abs. 1 Satz 1 BDSG sind für die Verhängung von Geldbußen nach Art. 83 Abs. 3 bis 6 DSGVO die Vorschriften des OWiG entsprechend anzuwenden. Hierbei bestimmt § 14 Abs. 1 Satz 1 OWiG, dass bei einer Beteiligung von mehreren Handelnden (wie hier ggf. Verantwortlicher und Auftragsverarbeiter) beide ordnungswidrig handeln (und sie deshalb beide jeweils **separat Adressat eines Bußgeldbescheids** sein können). 8.168

Gemäß Art. 83 Abs. 2 Satz 2 lit. d DSGVO hat die Aufsichtsbehörde bei der Entscheidung über das Ob und die Höhe eines Bußgeldes dabei den **„Grad der Verantwortung des Verantwortlichen oder des Auftragsverarbeiters"** gebührend zu berücksichtigen. Die Aufsichtsbehörden müssen in solchen Konstellationen ermitteln, zu welchem Anteil den Verantwortlichen und den Auftragsverarbeiter jeweils eine Verantwortlichkeit trifft[131]. Nach dem OWiG wäre dann grundsätzlich die individuelle Schuld eines 8.169

---

128 *Frenzel* in Paal/Pauly, Art. 82 DSGVO Rz. 17; *v. Holleben/Knaut*, CR 2017, 299 (302).
129 *Quaas* in BeckOK DatenschutzR, Art. 82 DSGVO Rz. 45; *Becker* in Plath, Art. 82 DSGVO Rz. 7.
130 *Quaas* in BeckOK DatenschutzR, Art. 82 DSGVO Rz. 44.
131 *Nemitz* in Ehmann/Selmayr, Art. 83 DSGVO Rz. 21.

jeden Täters zu ahnden – also eingedenk seines jeweiligen Verschuldensanteils. Soweit dies gewährleistet ist, bedürfte es wohl keiner internen Regressregelung.

8.170 Es mag freilich sein, dass die zuständige Aufsichtsbehörde die konkrete Verteilung der jeweiligen Verantwortlichkeit im Innenverhältnis nicht ausreichend oder nicht zutreffend feststellt. Für solche Konstellationen kann eine vertragliche Regressregelung sinnvoll sein, wie sie hier in Ziff. 14.2 des Musters aufgenommen wurde.

8.171 Eine solche **Regressklausel für Bußgelder** dürfte auch **rechtlich wirksam** sein. Für das EU-Kartellrecht hat der EuGH (wenn auch in einer Konstellation einer Gesamtschuld) entschieden, dass im Innenverhältnis eine privatautonome Regressregelung bzgl. eines Bußgeldes getroffen werden kann, ohne dass dies dem Sanktionszweck von Bußgeldern entgegensteht[132]. Der BGH hat diese Auffassung bestätigt und konkretisiert, dass Vereinbarungen über die Ausgleichspflicht im Innenverhältnis getroffen werden können[133].

Grundsätzlich ist der Sinn und Zweck einer Geldbuße zwar, dass sie den Verletzter in eigener Person trifft und er deswegen die gegen ihn verhängte Sanktion in eigener Person tragen und damit auch eine ihm auferlegte Geldstrafe oder -buße aus seinem eigenen Vermögen aufbringen muss. Das schließe nach der Rechtsprechung des BGH indessen für sich allein einen Anspruch gegen einen anderen auf Ersatz für einen solchen Vermögensnachteil nicht aus. Der BGH hat die **Erstattungsfähigkeit** bejaht, wenn der Verletzter eine Aufgabe im Zusammenhang mit dem bußgeldbelegten Verstoß an jemanden mit Eigenverantwortung delegiert hat und er diesen bei der Durchführung lediglich überwacht – dort für den Fall der Beauftragung eines Steuerberaters[134].

8.172 Für den Fall einer Auftragsverarbeitung lassen sich diese Voraussetzungen durchaus übertragen: Der Auftragsverarbeiter hat vor allem die technischen und organisatorischen Maßnahmen i.S.d. Art. 32 Abs. 1 DSGVO teilweise in eigener Verantwortung zu treffen. Art. 28 DSGVO und auch andere DSGVO-Vorschriften normieren weitere, direkt den Auftragsverarbeiter treffende Pflichten. Es lässt sich deshalb gut vertreten, dass er trotz der systembedingten Weisungsgebundenheit bestimmte Pflichten in eigener Verantwortung zu erfüllen hat. Dem Auftraggeber kommt insoweit im Wesentlichen eine Überwachungsfunktion zu. Analog den Feststellungen des BGH im oben angeführten Urteil erscheint es deshalb möglich, in einem Auftragsverarbeitungsvertrag eine Regress- bzw. Freistellungsverpflichtung des Auftragsverarbeiters zu vereinbaren für dem Auftraggeber auferlegte Bußgelder, soweit diese auf ein Verschulden des Auftragsverarbeiters zurückgehen.

8.173 Noch nicht verlässlich einzuschätzen ist, ob hierbei eine **Haftungsobergrenze** vorzusehen ist. Hiervon ist in dem Muster bisher Abstand genommen worden, diese könnte aber evtl. noch ergänzt werden. Die **Bußgeldobergrenzen** sind nach Art. 83 Abs. 4 bis 6 DSGVO **umsatzabhängig**. Dadurch soll gewährleistet werden, dass die jeweilige Geldbuße nicht außer Verhältnis zur Leistungsfähigkeit des betroffenen Unternehmens steht. Dies muss nach der Rechtsprechung des BGH beim Innenausgleich/Regress jedenfalls im Rahmen einer Gesamtschuld Berücksichtigung finden, weil Unternehmen sonst im Extremfall mit einer Ausgleichsforderung konfrontiert werden könnten, die außer Verhältnis zu ihrer Größe steht und dadurch ihre Existenz bedroht[135].

d) Beweislast (Ziff. 14.3)

8.174 Art. 82 Abs. 3 DSGVO normiert für die Außenhaftung des Auftragsverarbeiters das Prinzip einer verschuldensabhängigen Haftung mit Beweislastumkehr[136]. In Anlehnung an diese Regelung ist es für

---

132 EuGH v. 10.4.2014 – C-247/11 P und C-253/11 P Rz. 152 und 157 – Areva.
133 BGH v. 18.11.2014 – KZR 15/12, GRUR-RS 2015, 00033 Rz. 37.
134 BGH v. 14.11.1996 – IX ZR 215/95, NJW 1997, 518 (519).
135 BGH v. 18.11.2014 – KZR 15/12, GRUR-RS 2015, 00033 Rz. 69.
136 *Koós/Englisch*, ZD 2014, 276 (283); *Laue/Kremer*, § 5 Rz. 32.

den Auftraggeber empfehlenswert, auch im Innenverhältnis für Datenschutzverstöße im Zusammenhang mit der Auftragsverarbeitung eine **Beweislastumkehr** zu seinen Gunsten vorzusehen. Eine solche Regelung findet sich in Ziff. 14.3 des Musters. Danach hat der Auftragnehmer zu beweisen, dass etwaige Schäden einschließlich Ansprüchen Dritter aus dem Umgang mit den Auftraggeber-Daten nicht von ihm zu vertreten sind.

e) Vertragsstrafe (Ziff. 14.4)

Vertragsstrafen können ein Instrument sein, um die tatsächliche Befolgung der gesetzlichen und vertraglichen Vorgaben und der Weisungen des Auftraggebers durch den Auftragnehmer sicherzustellen. Das Risiko eines auftragswidrigen Umgangs mit personenbezogenen Daten, dem durch die Vereinbarung einer **Vertragsstrafe** entgegen gewirkt werden sollte, sehen die Aufsichtsbehörden u.a. bei **Cloud-Anbietern**, bei denen eine erhöhte Gefahr bestehe, dass diese z.B. Weisungen des Cloud-Anwenders missachten oder die Auftraggeber-Daten vertragswidrig für eigene Geschäftszwecke verarbeiten und nutzen könnten[137]. Ein weiteres Anwendungsfeld ist die Tätigkeit von Anonymisierungsdienstleistern, bei denen die Vertragsstrafe ein Instrument darstellt, um die Anonymität der Daten abzusichern[138]. Die Vertragsstrafenregelung in Ziff. 14.4 ist zugunsten des Auftraggebers breiter angelegt und belegt nicht nur Verstöße gegen die Zweckbindung mit einer Vertragsstrafe, sondern auch weitere Verstöße gegen bestimmte, als besonders vertragswesentlich eingestufte Pflichten. Die Möglichkeit der Vereinbarung einer solchen Vertragsstrafenregelung ist maßgeblich von der Verhandlungsposition des Auftraggebers abhängig. Entsprechende Regelungen finden sich mittlerweile aber recht häufig in Auftragsverarbeitungsverträgen.

8.175

16. Schlussbestimmungen (Ziff. 15)

M 8.1.15 Schlussbestimmungen

8.176

15. Schlussbestimmungen

15.1 Sollten einzelne Bestimmungen dieses Vertrags unwirksam sein oder werden oder eine Lücke enthalten, so bleiben die übrigen Bestimmungen hiervon unberührt. Die Parteien verpflichten sich, anstelle der unwirksamen Regelung eine solche gesetzlich zulässige Regelung zu treffen, die dem Zweck der unwirksamen Regelung am nächsten kommt und den Anforderungen des Art. 28 DSGVO am besten gerecht wird.

15.2 Im Fall von Widersprüchen zwischen diesem Vertrag und sonstigen Vereinbarungen zwischen den Parteien, insbesondere dem Hauptvertrag, gehen die Regelungen dieses Vertrags vor.

15.3 Jede Änderung dieses Vertrages bedarf einer ausdrücklichen Vereinbarung zwischen den Parteien.

a) Ratio

Ziff. 15 enthält die üblichen Schlussbestimmungen.

8.177

b) Salvatorische Klausel (Ziff. 15.1)

Ziff. 15.1 enthält eine **salvatorische Klausel**, wonach im Falle der Unwirksamkeit einer einzelnen Vertragsregelung der restliche Vertrag wirksam bleiben soll. Bei der ebenfalls verankerten Verpflichtung

8.178

---

137 *Arbeitskreis Technik und Medien der Konferenz der Datenschutzbeauftragten des Bundes und der Länder,* Orientierungshilfe – Cloud Computing, Version 2.0, Stand 9.10.2014, S. 10.

138 Siehe das Muster in Teil 3, Rz. 15.84.

der Parteien, die unwirksame Regelung durch eine wirksame zu ersetzen, ist als besondere Gestaltungsanforderung in Satz 2 vorgegeben, dass diese Ersatzregelung nicht nur dem Zweck der unwirksamen Regelung möglichst nahe kommen, sondern auch den gesetzlichen Anforderungen des Art. 28 DSGVO möglichst optimal gerecht werden soll.

c) Vorrangregelung (Ziff. 15.2)

8.179 Werden die Regelungen zur Auftragsverarbeitung – wie hier – in eine von dem Hauptvertrag separierte Vereinbarung aufgenommen, ist sicherzustellen, dass in dem Hauptvertrag keine widersprechenden Regelungen enthalten sind. Ziff. 15.2 des Musters ordnet in diesem Sinne im Falle von Widersprüchen ausdrücklich den **Vorrang des Auftragsverarbeitungsvertrags** an. Zusätzlich muss darauf geachtet werden, dass in dem Hauptvertrag selbst keine abweichende Regelung enthalten ist, die ihrerseits einen Vorrang des Hauptvertrags vorsieht.

d) Änderungsregelung (Ziff. 15.3)

8.180 Ziff. 15.3 stellt klar, dass es für eine Änderung des Vertrages einer ausdrücklichen Vereinbarung zwischen den Parteien bedarf. Das ergibt sich zwar schon aus dem deutschen Zivilrecht (§ 311 Abs. 1 BGB). Insbesondere in manchen Vertragsmustern US-amerikanischer Auftragsverarbeiter finden sich aber teilweise Regelungen, wonach Aktualisierungen des Auftragsverarbeitungsvertrages einseitig erfolgen können und dem Vertragspartner lediglich durch Veröffentlichung auf der Website des Anbieters zur Kenntnis gebracht werden. Solche Regelungen erfüllen die Anforderungen aus Art. 28 DSGVO nicht[139].

---

139 *EDSA*, Guidelines 07/2020 on the concepts of controller and processor in the GDPR, Rz. 107.

§ 9
Allgemeiner Auftragsverarbeitungsvertrag – auftragnehmerfreundlich

Literatur: *Arbeitsgruppe „Digitaler Neustart" der Konferenz der Justizministerinnen und Justizminister der Länder (JuMiKo),* Bericht v. 15.5.2017, https://ogy.de/digitaler-neustart-jumiko; *Art. 29-Datenschutzgruppe,* WP 169, Stellungnahme 1/2010 zu den Begriffen „Für die Verarbeitung Verantwortlicher" und „Auftrags-verarbeiter", v. 16.2.2010, https://ogy.de/Art29-Datenschutzgruppe-WP169; *Art. 29-Datenschutzgruppe,* WP 176, Häufig gestellte Fragen zu bestimmten Aspekten im Zusammenhang mit dem Inkrafttreten des Be-schlusses 2010/87/EU der Kommission vom 5. Februar 2010 über Standardvertragsklauseln für die Über-mittlung personenbezogener Daten an Auftragsverarbeiter in Drittländern nach der Richtlinie 95/46/EG, v. 12.7.2010, https://ogy.de/Art29-Datenschutzgruppe-WP176; *Bamberger/Roth/Hau/Poseck,* BGB, 55. Edition, Stand: 1.8.2020 (zit.: BeckOK BGB/*Bearbeiter*); *Datenschutzkonferenz (DSK),* Kurzpapier Nr. 13, Auftrags-verarbeitung, Art. 28 DSGVO, Stand: 17.12.2018, https://ogy.de/dsk-kurzpapier13; *Der Bayerische Landes-beauftragte für den Datenschutz (BayLfD),* Orientierungshilfe Auftragsdatenverarbeitung, Version 2.0, Stand 1.4.2019, https://ogy.de/BayLfD-Auftragsverarbeitung; *Der Bundesbeauftragte für den Datenschutz und Infor-mationsfreiheit (BfDI),* Positionspapier zur Anonymisierung unter der DSGVO unter besonderer Berücksich-tigung der TK-Branche, 29.6.2020, https://ogy.de/BfDI-Anonymisierung; *Düsseldorfer Kreis,* Handreichung zur rechtlichen Bewertung von Fallgruppen zur internationalen Auftragsdatenverarbeitung, 28.3.2007, Anlage zum Beschluss 22421.18.16 v. 20.4.2007, https://ogy.de/duesseldorfer-kreis-Auftragsverarbeitung; *Eckhardt*, DS-GVO: Anforderungen an die Auftragsverarbeitung als Instrument zur Einbindung Externer, CCZ 2017, 111; *Gaul/Köhler*, Mitarbeiterdaten in der Computer Cloud: Datenschutzrechtliche Grenzen des Outsourcing, BB 2011, 2229; *Golland*, Datenschutzrechtliche Anforderungen an internationale Datentransfers, NJW 2020, 2593; *Hoeren*, Das neue BDSG und die Auftragsdatenverarbeitung, DuD 2010, 688; *Kaufmann*, Google Analytics: Datenschutzbehörden verlangen unhaltbare Verträge von deutschen Site-Betreibern, ZD-Aktuell 2012, 02945; *Moos*, Die EU-Standardvertragsklauseln für Auftragsverarbeiter 2010, CR 2010, 281; *Moos*, Wirksamkeit und Umfang gesetzlicher und vertraglicher Pflichten zur Lizenzüberprüfung, CR 2006, 797; *Müthlein*, ADV 5.0 – Neugestaltung der Auftragsdatenverarbeitung in Deutschland, RDV 2016, 74; *Roßnagel*, Rechtsfragen eines Smart Data-Austauschs, NJW 2017, 10; *Rothkegel/Strassemeyer*, Joint Control in European Data Protection Law – How to make sense of the CJEU's Holy Trinity, CRi 2019, 161; *Schefzig*, Wem gehört das neue Öl? – Die Sicherung der Rechte an Daten, K&R Beihefter 3/2015, 3; *Schmidt/Freund*, Perspektiven der Auftragsverarbeitung, ZD 2017, 14; *Schmidt/Kahl*, Verarbeitung „sensibler" Daten durch Cloud-Anbieter in Drittstaaten, ZD 2017, 54; *Taeger*, Law as a Service (LaaS) – Recht im Internet- und Cloud-Zeitalter, 2013; *v. Holleben/Knaut*, Die Zukunft der Auftragsverarbeitung – Privilegierung, Haftung, Sanktionen und Datenübermittlung mit Auslandsbezug unter der DSGVO, CR 2017, 299.

A. Einleitung

I. Verwendung des Vertragsmusters

Der Einsatzbereich des nachfolgenden Musters ist identisch zu demjenigen des vorstehenden Musters § 8: Auch hierbei handelt es sich um einen Auftragsverarbeitungsvertrag i.S.v. Art. 28 DSGVO. Es dient somit ebenfalls dazu, die gesetzlichen **Anforderungen gem. Art. 28 Abs. 3 DSGVO** umzusetzen, wonach Auftragsverarbeitungen auf Basis eines Vertrags oder eines anderen Rechtsinstruments durchzuführen sind und in inhaltlicher Hinsicht Regelungen zu mindestens den in Art. 28 Abs. 3 Satz 2 DSGVO im Einzelnen aufgelisteten Gegenständen enthalten müssen. 9.1

II. Auftragnehmerfreundlichkeit des Musters

Im Gegensatz zum Muster in § 8 ist dieses Vertragsmuster jedoch **auftragnehmerfreundlich** gestaltet, indem es (1) bei der Umsetzung der gesetzlichen Anforderungen aus Art. 28 Abs. 3 Satz 2 DSGVO durchgehend versucht, nur die gesetzlich verlangten Mindestregelungen vorzusehen, und (2) zusätzliche, aus Auftragnehmersicht sinnvolle Regelungen aufnimmt, die nach Art. 28 Abs. 3 DSGVO nicht zwingend verlangt sind. 9.2

Gerade bei einer auftragnehmerfreundlichen Ausgestaltung des Auftragsverarbeitungsvertrags ist besondere Vorsicht geboten, weil nach Art. 83 Abs. 4 lit. a DSGVO u.a. bei Verstößen gegen die Pflichten aus Art. 28 DSGVO eine **Geldbuße** von bis zu EUR 10 Mio. oder 2 % des weltweiten Jahresumsatzes verhängt werden kann; und zwar sowohl gegen den Verantwortlichen als auch den Auftragsverarbeiter selbst. Entsprechende Bußgelder sind in der Praxis auch schon verhängt worden: So hat der Hamburgische Beauftragte für Datenschutz und Informationsfreiheit in einem Fall ein Bußgeld von EUR 5.000 wegen des Fehlens eines entsprechenden Auftragsverarbeitungsvertrages verhängt. Bei einem auftragnehmerfreundlich auf das **Mindestmaß reduzierten Pflichtengehalt** besteht deshalb generell ein Risiko, dass eine Datenschutzaufsichtsbehörde weitergehende Regelungen mit einem höheren Schutzniveau für notwendig hält. Auch als Auftragsverarbeiter sollte man deshalb darauf bedacht sein, den Vertrag auch nicht zu sehr „auf Kante zu nähen". Für die Verwendung des nachfolgenden Musters bedeutet das, dass die Verwender die künftige **Rechtsentwicklung** noch sorgsamer beobachten sollten, weil Gerichte oder Aufsichtsbehörden bestimmte Anforderungen aus Art. 28 DSGVO strenger auslegen mögen als hier zugrunde gelegt. 9.3

III. Ergänzungs- und Änderungsbedarf

9.4 Die Ausgestaltung des Auftragsverarbeitungsvertrages pro Auftraggeber oder eher pro Auftragnehmer hängt neben der Sensitivität der Verarbeitung oftmals auch von der Verhandlungsposition der jeweiligen Partei ab. Für den Fall, dass besondere Anforderungen bestehen, die sich vor allem aus spezialgesetzlichen Vorschriften oder auch aus **besonderen Verarbeitungssituationen** ergeben können, wäre aus Auftraggebersicht sinnvollerweise ein Vertrag mit einem höheren Schutzniveau[1] oder ein Muster mit **verarbeitungsspezifischen Sonderregelungen**[2] der Vorzug zu geben.

IV. Stellung des Musters durch den Auftragsverarbeiter

9.5 Es ist datenschutzrechtlich nicht zu beanstanden, wenn der Auftragsverarbeitung ein **von dem Auftragnehmer vorgelegtes Vertragsmuster** zugrunde gelegt wird. In der Literatur ist zwar zum BDSG a.F. teilweise vertreten worden, dass die **Weisungsgebundenheit** des Auftragnehmers nur erreicht werden könne, wenn in dem Auftragsverarbeitungsvertrag durch den Auftraggeber selbst alle datenschutzrechtlichen Punkte festgelegt werden und ihm deshalb kein Mustervertrag „oktroyiert" werden dürfe[3]. Das war und ist in dieser Pauschalität aber unzutreffend. Richtig ist, dass die Festlegungen in dem Vertrag allein aufgrund ihrer zivilrechtlichen Verbindlichkeit eine hinreichende Weisungsgebundenheit erzeugen, und zwar unabhängig davon, von wem die Formulierung stammt. Solange Festlegungen zu allen von Art. 28 Abs. 3 DSGVO verlangten Bereichen enthalten sind, ist die Autorenschaft der Regelungen unerheblich.

Diese Sichtweise entspricht auch derjenigen der Art. 29-Datenschutzgruppe, die durch den Übergang zur DSGVO nicht obsolet geworden ist: Sie erkennt ausdrücklich an, dass vor allem solche Dienstleister, die auf eine bestimmte Datenverarbeitung spezialisiert sind, häufig **standardmäßige Dienstleistungen und Verträge** festlegen, die von den für die Verarbeitung Verantwortlichen zu unterzeichnen sind und so faktisch ein bestimmtes Standardverfahren für die im Auftrag erfolgende Datenverarbeitung definieren. Sie stellt sich aber gleichzeitig auf den Standpunkt, dass der Verantwortliche die Vertragsbedingungen aus freien Stücken annimmt und damit für sie die volle Verantwortung übernimmt, so dass der Umstand, dass der Vertrag von dem Auftragnehmer und nicht von dem Auftraggeber gestaltet worden ist, die Rechtmäßigkeit der Auftragsverarbeitung unberührt lässt[4]. Insbesondere berühre die Ausarbeitung der Vertragsbedingungen durch den Auftragnehmer nicht die Tatsache, dass der Auftraggeber in seiner Eigenschaft als Verantwortlicher über die wesentlichen Aspekte der Verarbeitung entscheidet[5]. Im Ergebnis ist es deshalb als zulässig anzusehen, wenn der Auftragsverarbeitungsvertrag von dem Auftragnehmer im Sinne **vorformulierter Bedingungen** gestellt wird. Um die sich aus der Einheitlichkeit der Datenverarbeitung ergebenden Kostenvorteile zu erhalten, ist es für Dienstleister sogar empfehlenswert, selbst ein Vertragsmuster zu erstellen und allen Kunden den Vertragsabschluss auf dieser Basis anzubieten[6].

---

1 Hierzu dient das Muster eines auftraggeberfreundlichen Auftragsverarbeitungsvertrags in Teil 2, Rz. 8.5.
2 Vgl. die kommentierten Muster einer Datenschutzvereinbarung Outsourcingvertrag in Teil 2, § 10, eines Vertrags über Datenträgervernichtung/-löschung in Teil 2, § 11 sowie eines Vertrags über die Durchführung von Webanalysen in Teil 3, § 17.
3 *Kaufmann*, ZD-Aktuell 2012, 02945.
4 *Art. 29-Datenschutzgruppe*, WP 169, v. 16.2.2010, S. 32.
5 *Art. 29-Datenschutzgruppe*, WP 169, v. 16.2.2010, S. 32.
6 *Bergt* in Taeger, Law as a Service (LaaS), S. 37 (45).

V. Sonstige gesetzliche Anforderungen an eine Auftragsverarbeitung

Wegen der **sonstigen gesetzlichen Anforderungen** und **Gestaltungshinweise** kann auf die Erläute- 9.6
rungen zu dem Muster eines kurzen Auftragsverarbeitungsvertrags verwiesen werden (siehe Teil 2,
Rz. 7.21 ff.).

B. Allgemeiner Auftragsverarbeitungsvertrag – auftragnehmerfreundlich

I. Muster – deutsch

M 9.1 Auftragsverarbeitungsvertrag (auftragnehmerfreundlich)   9.7

Auftragsverarbeitungsvertrag

*Vertrag über die Verarbeitung personenbezogener Daten im Auftrag eines Verantwortlichen gemäß Art. 28
DSGVO*

zwischen

…

*– nachfolgend „**Auftraggeber**" genannt –*

und

…

*– nachfolgend „**Auftragnehmer**" genannt –*

1. Vertragsgegenstand[7]

*Im Rahmen der Leistungserbringung nach dem Vertrag vom … [Datum] (nachfolgend „**Hauptvertrag**" genannt) ist es erforderlich, dass der Auftragnehmer mit personenbezogenen Daten umgeht, für die der Auftraggeber als Verantwortlicher im Sinne der datenschutzrechtlichen Vorschriften fungiert (nachfolgend „**Auftraggeber-Daten**" genannt). Dieser Vertrag konkretisiert die datenschutzrechtlichen Rechte und Pflichten
der Parteien im Zusammenhang mit dem Umgang des Auftragnehmers mit Auftraggeber-Daten zur Durchführung des Hauptvertrags.*

2. Umfang der Beauftragung[8]

*2.1 Der Auftragnehmer verarbeitet die Auftraggeber-Daten im Auftrag und nach Weisung des Auftrag-
gebers i.S.v. Art. 28 DSGVO (Auftragsverarbeitung). Der Auftraggeber bleibt Verantwortlicher im datenschutzrechtlichen Sinn.*

*2.2 Die Verarbeitung von Auftraggeber-Daten durch den Auftragnehmer erfolgt in der Art, dem Umfang
und zu dem Zweck wie in **Anlage 1** zu diesem Vertrag spezifiziert; die Verarbeitung betrifft die darin bezeichneten Arten personenbezogener Daten und Kategorien betroffener Personen. Die Dauer der Verarbeitung entspricht der Laufzeit des Hauptvertrages.*

*2.3 Dem Auftragnehmer bleibt es vorbehalten, die Auftraggeber-Daten zu anonymisieren oder zu aggre-
gieren, so dass eine Identifizierung einzelner betroffener Personen nicht mehr möglich ist, und in dieser
Form zum Zweck der bedarfsgerechten Gestaltung, der Weiterentwicklung und der Optimierung sowie
der Erbringung des nach Maßgabe des Hauptvertrags vereinbarten Dienstes zu verwenden. Die Partei-*

---

7 Zu den Erläuterungen siehe Rz. 9.11 ff.
8 Zu den Erläuterungen siehe Rz. 9.16 ff.

en stimmen darin überein, dass anonymisierte bzw. nach obiger Maßgabe aggregierte Auftraggeber-Daten nicht mehr als Auftraggeber-Daten im Sinne dieses Vertrags gelten.

2.4 Der Auftragnehmer darf die Auftraggeber-Daten im Rahmen des datenschutzrechtlich Zulässigen für eigene Zwecke auf eigene Verantwortung verarbeiten und nutzen, wenn eine gesetzliche Erlaubnisvorschrift oder eine Einwilligungserklärung des Betroffenen das gestattet. Auf solche Datenverarbeitungen findet dieser Vertrag keine Anwendung.

2.5 Die Verarbeitung der Auftraggeber-Daten durch den Auftragnehmer findet grundsätzlich innerhalb der Europäischen Union oder in einem anderen Vertragsstaat des Abkommens über den Europäischen Wirtschaftsraum (EWR) statt. Es ist dem Auftragnehmer gleichwohl gestattet, Auftraggeber-Daten unter Einhaltung der Bestimmungen dieses Vertrags auch außerhalb des EWR zu verarbeiten, wenn er den Auftraggeber vorab über den Ort der Datenverarbeitung informiert und die Voraussetzungen der Art. 44–48 DSGVO erfüllt sind oder eine Ausnahme nach Art. 49 DSGVO vorliegt.

3. Weisungsbefugnisse des Auftraggebers[9]

3.1 Der Auftragnehmer verarbeitet die Auftraggeber-Daten gemäß den Weisungen des Auftraggebers, sofern der Auftragnehmer nicht gesetzlich zu einer anderweitigen Verarbeitung verpflichtet ist. In letzterem Fall teilt der Auftragnehmer dem Auftraggeber diese rechtlichen Anforderungen vor der Verarbeitung mit, sofern das betreffende Gesetz eine solche Mitteilung nicht wegen eines wichtigen öffentlichen Interesses verbietet.

3.2 Die Weisungen des Auftraggebers sind grundsätzlich abschließend in den Bestimmungen dieses Vertrags festgelegt und dokumentiert. Einzelweisungen, die von den Festlegungen dieses Vertrags abweichen oder zusätzliche Anforderungen aufstellen, bedürfen einer vorherigen Zustimmung des Auftragnehmers und erfolgen nach Maßgabe des im Hauptvertrag festgelegten Änderungsverfahrens, in dem die Weisung zu dokumentieren und die Übernahme etwa dadurch bedingter Mehrkosten des Auftragnehmers durch den Auftraggeber zu regeln ist.

3.3 Der Auftragnehmer gewährleistet, dass er die Auftraggeber-Daten im Einklang mit den Weisungen des Auftraggebers verarbeitet. Ist der Auftragnehmer der Ansicht, dass eine Weisung des Auftraggebers gegen diesen Vertrag oder das geltende Datenschutzrecht verstößt, ist er nach einer entsprechenden Mitteilung an den Auftraggeber berechtigt, die Ausführung der Weisung bis zu einer Bestätigung der Weisung durch den Auftraggeber auszusetzen. Die Parteien stimmen darin überein, dass die alleinige Verantwortung für die weisungsgemäße Verarbeitung der Auftraggeber-Daten beim Auftraggeber liegt.

4. Verantwortlichkeit des Auftraggebers[10]

4.1 Der Auftraggeber ist für die Rechtmäßigkeit der Verarbeitung der Auftraggeber-Daten sowie für die Wahrung der Rechte der Betroffenen im Verhältnis der Parteien zueinander allein verantwortlich. Sollten Dritte gegen den Auftragnehmer aufgrund der Verarbeitung von Auftraggeber-Daten nach Maßgabe dieses Vertrages Ansprüche geltend machen, wird der Auftraggeber den Auftragnehmer von allen solchen Ansprüchen auf erstes Anfordern freistellen.

4.2 Dem Auftraggeber obliegt es, dem Auftragnehmer die Auftraggeber-Daten rechtzeitig zur Leistungserbringung nach dem Hauptvertrag zur Verfügung zu stellen und er ist verantwortlich für die Qualität der Auftraggeber-Daten. Der Auftraggeber hat den Auftragnehmer unverzüglich und vollständig zu informieren, wenn er bei der Prüfung der Auftragsergebnisse des Auftragnehmers Fehler oder Unregelmäßigkeiten bezüglich datenschutzrechtlicher Bestimmungen oder seinen Weisungen feststellt.

4.3 Der Auftraggeber hat dem Auftragnehmer auf Anforderung die in Art. 30 Abs. 2 DSGVO genannten Angaben zur Verfügung zu stellen, soweit sie dem Auftragnehmer nicht selbst vorliegen.

---

9 Zu den Erläuterungen siehe Rz. 9.26 ff.
10 Zu den Erläuterungen siehe Rz. 9.34 ff.

4.4 Ist der Auftragnehmer gegenüber einer staatlichen Stelle oder einer Person verpflichtet, Auskünfte über die Verarbeitung von Auftraggeber-Daten zu erteilen oder mit diesen Stellen anderweitig zusammenzuarbeiten, so ist der Auftraggeber verpflichtet, den Auftragnehmer auf erstes Anfordern bei der Erteilung solcher Auskünfte bzw. der Erfüllung anderweitiger Verpflichtungen zur Zusammenarbeit zu unterstützen.

5. Anforderungen an Personal[11]

Der Auftragnehmer hat alle Personen, die Auftraggeber-Daten verarbeiten, bezüglich der Verarbeitung von Auftraggeber-Daten zur Vertraulichkeit zu verpflichten.

6. Sicherheit der Verarbeitung[12]

6.1 Der Auftragnehmer wird gemäß Art. 32 DSGVO erforderliche, geeignete technische und organisatorische Maßnahmen ergreifen, die unter Berücksichtigung des Standes der Technik, der Implementierungskosten und der Art, des Umfangs, der Umstände und der Zwecke der Verarbeitung der Auftraggeber-Daten sowie der unterschiedlichen Eintrittswahrscheinlichkeit und Schwere des Risikos für die Rechte und Freiheiten der betroffenen Personen erforderlich sind, um ein dem Risiko angemessenes Schutzniveau für die Auftraggeber-Daten zu gewährleisten.

6.2 Dem Auftragnehmer ist es gestattet, technische und organisatorische Maßnahmen während der Laufzeit des Vertrages zu ändern oder anzupassen, solange sie weiterhin den gesetzlichen Anforderungen genügen.

7. Inanspruchnahme weiterer Auftragsverarbeiter[13]

*7.1 Der Auftraggeber erteilt dem Auftragnehmer hiermit die allgemeine Genehmigung, weitere Auftragsverarbeiter hinsichtlich der Verarbeitung von Auftraggeber-Daten hinzuzuziehen. Die zum Zeitpunkt des Vertragsschlusses hinzugezogenen weiteren Auftragsverarbeiter ergeben sich aus **Anlage 2**. Generell nicht genehmigungspflichtig sind Vertragsverhältnisse mit Dienstleistern, die die Prüfung oder Wartung von Datenverarbeitungsverfahren oder -anlagen durch andere Stellen oder andere Nebenleistungen zum Gegenstand haben, auch wenn dabei ein Zugriff auf Auftraggeber-Daten nicht ausgeschlossen werden kann, solange der Auftragnehmer angemessene Regelungen zum Schutz der Vertraulichkeit der Auftraggeber-Daten trifft.*

7.2 Der Auftragnehmer wird den Auftraggeber über beabsichtigte Änderungen in Bezug auf die Hinzuziehung oder die Ersetzung weiterer Auftragsverarbeiter informieren. Dem Auftraggeber steht im Einzelfall ein Recht zu, Einspruch gegen die Beauftragung eines potentiellen weiteren Auftragsverarbeiters zu erheben. Ein Einspruch darf vom Auftraggeber nur aus wichtigem, dem Auftragnehmer nachzuweisenden Grund erhoben werden. Soweit der Auftraggeber nicht innerhalb von 14 Tagen nach Zugang der Benachrichtigung Einspruch erhebt, erlischt sein Einspruchsrecht bezüglich der entsprechenden Beauftragung. Erhebt der Auftraggeber Einspruch, ist der Auftragnehmer berechtigt, den Hauptvertrag und diesen Vertrag mit einer Frist von 3 Monaten zu kündigen.

7.3 Der Vertrag zwischen dem Auftragnehmer und dem weiteren Auftragsverarbeiter muss letzterem dieselben Pflichten auferlegen, wie sie dem Auftragnehmer kraft dieses Vertrages obliegen. Die Parteien stimmen überein, dass diese Anforderung erfüllt ist, wenn der Vertrag ein diesem Vertrag entsprechendes Schutzniveau aufweist bzw. dem weiteren Auftragsverarbeiter die in Art. 28 Abs. 3 DSGVO festgelegten Pflichten auferlegt sind.

7.4 Unter Einhaltung der Anforderungen der Ziffer 2.5 dieses Vertrags gelten die Regelungen in dieser Ziffer 7 auch, wenn ein weiterer Auftragsverarbeiter in einem Drittstaat eingeschaltet wird. Der Auftraggeber bevollmächtigt den Auftragnehmer hiermit, in Vertretung des Auftraggebers mit einem weiteren Auftragsverarbeiter einen Vertrag unter Einbeziehung der EU-Standardvertragsklauseln für die Über-

---

11 Zu den Erläuterungen siehe Rz. 9.42 f.
12 Zu den Erläuterungen siehe Rz. 9.45 ff.
13 Zu den Erläuterungen siehe Rz. 9.51 ff.

mittlung personenbezogener Daten an Auftragsverarbeiter in Drittländern vom 5.2.2010 zu schließen. Der Auftraggeber erklärt sich bereit, an der Erfüllung der Voraussetzungen nach Art. 49 DSGVO im erforderlichen Maße mitzuwirken.

8. Rechte der betroffenen Personen[14]

8.1 Der Auftragnehmer wird den Auftraggeber mit technischen und organisatorischen Maßnahmen im Rahmen des Zumutbaren dabei unterstützen, seiner Pflicht zur Beantwortung von Anträgen auf Wahrnehmung der ihnen zustehenden Rechte betroffener Personen nachzukommen.

8.2 Soweit eine betroffene Person einen Antrag auf Wahrnehmung der ihr zustehenden Rechte unmittelbar gegenüber dem Auftragnehmer geltend macht, wird der Auftragnehmer dieses Ersuchen zeitnah an den Auftraggeber weiterleiten.

8.3 Der Auftragnehmer wird dem Auftraggeber Informationen über die gespeicherten Auftraggeber-Daten, die Empfänger von Auftraggeber-Daten, an die der Auftragnehmer sie auftragsgemäß weitergibt, und den Zweck der Speicherung mitteilen, sofern dem Auftraggeber diese Informationen nicht selbst vorliegen oder er sie sich selbst beschaffen kann.

8.4 Der Auftragnehmer wird es dem Auftraggeber ermöglichen, im Rahmen des Zumutbaren und Erforderlichen gegen Erstattung der dem Auftragnehmer hierdurch entstehenden nachzuweisenden Aufwände und Kosten, Auftraggeber-Daten zu berichtigen, zu löschen oder ihre weitere Verarbeitung einzuschränken oder auf Verlangen des Auftraggebers die Berichtigung, Sperrung oder Einschränkung der weiteren Verarbeitung selbst vorzunehmen, wenn und soweit das dem Auftraggeber selbst unmöglich ist.

8.5 Soweit die betroffene Person gegenüber dem Auftraggeber ein Recht auf Datenübertragbarkeit bezüglich der Auftraggeber-Daten nach Art. 20 DSGVO besitzt, wird der Auftragnehmer den Auftraggeber im Rahmen des Zumutbaren und Erforderlichen gegen Erstattung der dem Auftragnehmer hierdurch entstehenden nachzuweisenden Aufwände und Kosten bei der Bereitstellung der Auftraggeber-Daten in einem gängigen und maschinenlesbaren Format unterstützen, wenn der Auftraggeber sich die Daten nicht anderweitig beschaffen kann.

9. Mitteilungs- und Unterstützungspflichten des Auftragnehmers[15]

9.1 Soweit den Auftraggeber eine gesetzliche Melde- oder Benachrichtigungspflicht wegen einer Verletzung des Schutzes von Auftraggeber-Daten (insbesondere nach Art. 33, 34 DSGVO) trifft, wird der Auftragnehmer den Auftraggeber zeitnah über etwaige meldepflichtige Ereignisse in seinem Verantwortungsbereich informieren. Der Auftragnehmer wird den Auftraggeber bei der Erfüllung der Melde- und Benachrichtigungspflichten auf dessen Ersuchen im Rahmen des Zumutbaren und Erforderlichen gegen Erstattung der dem Auftragnehmer hierdurch entstehenden nachzuweisenden Aufwände und Kosten unterstützen.

9.2 Der Auftragnehmer wird den Auftraggeber im Rahmen des Zumutbaren und Erforderlichen gegen Erstattung der dem Auftragnehmer hierdurch entstehenden nachzuweisenden Aufwände und Kosten bei etwa vom Auftraggeber durchzuführenden Datenschutz-Folgenabschätzungen und sich gegebenenfalls anschließenden Konsultationen der Aufsichtsbehörden nach Art. 35, 36 DSGVO unterstützen.

10. Datenlöschung[16]

10.1 Der Auftragnehmer wird die Auftraggeber-Daten nach Beendigung dieses Vertrages löschen, sofern nicht gesetzlich eine Verpflichtung des Auftragnehmers zur weiteren Speicherung der Auftraggeber-Daten besteht.

---

14 Zu den Erläuterungen siehe Rz. 9.66 ff.
15 Zu den Erläuterungen siehe Rz. 9.74 ff.
16 Zu den Erläuterungen siehe Rz. 9.80 ff.

10.2 Dokumentationen, die dem Nachweis der auftrags- und ordnungsgemäßen Verarbeitung von Auftrag-geber-Daten dienen, dürfen durch den Auftragnehmer auch nach Vertragsende aufbewahrt werden.

11. Nachweise und Überprüfungen[17]

11.1 Der Auftragnehmer wird dem Auftraggeber auf dessen Anforderung alle erforderlichen und beim Auf-tragnehmer vorhandenen Informationen zum Nachweis der Einhaltung seiner Pflichten nach diesem Vertrag zur Verfügung stellen.

11.2 Der Auftraggeber ist berechtigt, den Auftragnehmer bezüglich der Einhaltung der Regelungen dieses Vertrages, insbesondere der Umsetzung der technischen und organisatorischen Maßnahmen, zu über-prüfen; einschließlich durch Inspektionen.

11.3 Zur Durchführung von Inspektionen nach Ziffer 11.2 ist der Auftraggeber berechtigt, im Rahmen der üblichen Geschäftszeiten (montags bis freitags von 10 bis 18 Uhr) nach rechtzeitiger Vorankündigung gemäß Ziffer 11.5 auf eigene Kosten, ohne Störung des Betriebsablaufs und unter strikter Geheimhal-tung von Betriebs- und Geschäftsgeheimnissen des Auftragnehmers die Geschäftsräume des Auftrag-nehmers zu betreten, in denen Auftraggeber-Daten verarbeitet werden.

11.4 Der Auftragnehmer ist berechtigt, nach eigenem Ermessen unter Berücksichtigung der gesetzlichen Verpflichtungen des Auftraggebers, Informationen nicht zu offenbaren, die sensibel im Hinblick auf die Geschäfte des Auftragnehmers sind oder wenn der Auftragnehmer durch deren Offenbarung gegen ge-setzliche oder andere vertragliche Regelungen verstoßen würde. Der Auftraggeber ist nicht berechtigt, Zugang zu Daten oder Informationen über andere Kunden des Auftragnehmers, zu Informationen hin-sichtlich Kosten, zu Qualitätsprüfungs- und Vertrags-Managementberichten sowie zu sämtlichen ande-ren vertraulichen Daten des Auftragnehmers, die nicht unmittelbar relevant für die vereinbarten Über-prüfungszwecke sind, zu erhalten.

11.5 Der Auftraggeber hat den Auftragnehmer rechtzeitig (in der Regel mindestens zwei Wochen vorher) über alle mit der Durchführung der Überprüfung zusammenhängenden Umstände zu informieren. Der Auftraggeber darf eine Überprüfung pro Kalenderjahr durchführen. Weitere Überprüfungen erfolgen gegen Kostenerstattung und nach Abstimmung mit dem Auftragnehmer.

11.6 Beauftragt der Auftraggeber einen Dritten mit der Durchführung der Überprüfung, hat der Auftrag-geber den Dritten schriftlich ebenso zu verpflichten, wie auch der Auftraggeber aufgrund von dieser Zif-fer 11 dieses Vertrags gegenüber dem Auftragnehmer verpflichtet ist. Zudem hat der Auftraggeber den Dritten auf Verschwiegenheit und Geheimhaltung zu verpflichten, es sei denn, dass der Dritte einer be-ruflichen Verschwiegenheitsverpflichtung unterliegt. Auf Verlangen des Auftragnehmers hat der Auf-traggeber ihm die Verpflichtungsvereinbarungen mit dem Dritten unverzüglich vorzulegen. Der Auf-traggeber darf keinen Wettbewerber des Auftragnehmers mit der Kontrolle beauftragen.

11.7 Nach Wahl des Auftragnehmers kann der Nachweis der Einhaltung der Pflichten nach diesem Vertrage anstatt durch eine Inspektion auch durch die Vorlage eines geeigneten, aktuellen Testats oder Berichts einer unabhängigen Instanz (z.B. Wirtschaftsprüfer, Revision, Datenschutzbeauftragter, IT-Sicherheits-abteilung, Datenschutzauditoren oder Qualitätsauditoren) oder einer geeigneten Zertifizierung durch IT-Sicherheits- oder Datenschutzaudit – z.B. nach BSI-Grundschutz – („Prüfungsbericht") erbracht wer-den, wenn der Prüfungsbericht es dem Auftraggeber in angemessener Weise ermöglicht, sich von der Einhaltung der Vertragspflichten zu überzeugen.

12. Vertragsdauer und Kündigung[18]

12.1 Die Laufzeit und Kündigung dieses Vertrags richtet sich nach den Bestimmungen zur Laufzeit und Kün-digung des Hauptvertrags. Eine Kündigung des Hauptvertrags bewirkt automatisch auch eine Kündi-gung dieses Vertrags. Eine isolierte Kündigung dieses Vertrags ist ausgeschlossen.

---

17 Zu den Erläuterungen siehe Rz. 9.86 ff.
18 Zu den Erläuterungen siehe Rz. 9.106 f.

13. Haftung[19]

13.1 Für die Haftung des Auftragnehmers nach diesem Vertrag gelten die Haftungsausschlüsse und -begrenzungen gemäß dem Hauptvertrag. Soweit Dritte Ansprüche gegen den Auftragnehmer geltend machen, die ihre Ursache in einem schuldhaften Verstoß des Auftraggebers gegen diesen Vertrag oder gegen eine seiner Pflichten als datenschutzrechtlich Verantwortlicher haben, stellt der Auftraggeber den Auftragnehmer von diesen Ansprüchen auf erstes Anfordern frei.

13.2 Der Auftraggeber verpflichtet sich, den Auftragnehmer auch von allen etwaigen Geldbußen, die gegen den Auftragnehmer verhängt werden, in dem Umfang auf erstes Anfordern freizustellen, in dem der Auftraggeber Anteil an der Verantwortung für den durch die Geldbuße sanktionierten Verstoß trägt.

14. Schlussbestimmungen[20]

14.1 Sollten einzelne Bestimmungen dieses Vertrags unwirksam sein oder werden oder eine Lücke enthalten, so bleiben die übrigen Bestimmungen hiervon unberührt. Die Parteien verpflichten sich, anstelle der unwirksamen Regelung eine solche gesetzlich zulässige Regelung zu treffen, die dem Zweck der unwirksamen Regelung am nächsten kommt und dabei den Anforderungen des Art. 28 DSGVO genügt.

14.2 Im Fall von Widersprüchen zwischen diesem Vertrag und sonstigen Vereinbarungen zwischen den Parteien, insbesondere dem Hauptvertrag, gehen die Regelungen dieses Vertrags vor.

...
(Ort, Datum)

...
(Ort, Datum)

...
(Unterschrift Auftraggeber)

...
(Unterschrift Auftragnehmer)

Anlagen:

Anlage 1: Zweck, Art und Umfang der Datenverarbeitung, Art der Daten und Kategorien der betroffenen Personen

Anlage 2: Weitere Auftragsverarbeiter

Anlage 1: Zweck, Art und Umfang der Datenverarbeitung, Art der Daten und Kategorien der betroffenen Personen

Zweck der Datenverarbeitung	...
Art und Umfang der Datenverarbeitung	...
Art der Daten	...
Kategorien betroffener Personen	...

Anlage 2: Weitere Auftragsverarbeiter

Firma, Anschrift	Art der Verarbeitung	Zweck	Art der Daten	Kategorien der betroffenen Personen
...	...	...	...	...
...	...	...	...	...

---

19 Zu den Erläuterungen siehe Rz. 9.109 ff.
20 Zu den Erläuterungen siehe Rz. 9.117 ff.

II. Muster – englisch

M 9.2 Data Processing Agreement (supplier-friendly)

Data Processing Agreement

Agreement on the processing of personal data on behalf of a controller pursuant to Art. 28 GDPR

between

…

*– hereinafter referred to as "**Customer**"–*

and

…

*– hereinafter referred to as "**Supplier**" –*

1. Subject of the Agreement

*In the course of rendering services as per the Main Agreement of … [Date] (hereinafter referred to as "**Main Agreement**"), it is necessary that the Supplier deals with personal data with regard to which the Customer acts as a controller in terms of data protection law (hereinafter referred to as "**Customer Data**"). This agreement specifies the data protection obligations and rights of the parties in connection with the Supplier's use of Customer Data to render the services under the Main Agreement.*

2. Scope of the commissioning

2.1 The Supplier shall process the Customer Data on behalf and in accordance with the instructions of the Customer within the meaning of Art. 28 GDPR (Processing on Behalf). The Customer remains the controller in terms of data protection law.

*2.2 The processing of Customer Data by the Supplier occurs in the manner and the scope and for the purpose determined in **Annex 1** to this agreement; the processing relates to the types of personal data and categories of data subjects specified therein. The duration of processing corresponds to the term of the Main Agreement.*

2.3 The Supplier reserves the right to anonymize or aggregate the Customer Data in such a way that it is no longer possible to identify individual data subjects, and to use them in this form for the purpose of needs-based designing, developing and optimizing as well as rendering of the services agreed as per the Main Agreement. The parties agree that anonymized and according to the above requirement aggregated Customer Data are not considered Customer Data for the purposes of this agreement.

2.4 The Supplier may process and use the Customer Data for his own purposes as controller to the extent legally permitted by data protection law, if permitted by a statutory permission or consent by the data subject. This Agreement does not apply to such data processing.

2.5 The processing of Customer Data by the Supplier shall in principle take place inside the European Union or another contracting state of the European Economic Area (EEA). The Supplier is nevertheless permitted to process Customer Data in accordance with the provisions of this agreement outside the EEA if he informs the Customer in advance about the place of data processing and if the requirements of Art. 44 to 48 GDPR are fulfilled or if an exception according to Art. 49 GDPR applies.

3. Right of the Customer to issue instructions

3.1 The Supplier processes the Customer Data in accordance with the instructions of the Customer, unless the Supplier is legally required to do otherwise. In the latter case, the Supplier shall inform the Customer of that legal requirement before processing, unless that law prohibits such information on important grounds of public interest.

3.2 The instructions of the Customer are in principle conclusively stipulated and documented in the provisions of this agreement. Individual instructions which deviate from the stipulations of this agreement or which impose additional requirements shall require the Supplier's consent and shall be made in accordance with the change request procedure laid down in the Main Agreement, in which the instruction shall be documented and any additional costs incurred by the Supplier as a result thereof shall be borne by the Customer.

3.3 The Supplier shall ensure that the Customer Data is processed in accordance with the instructions given by the Customer. If the Supplier is of the opinion that an instruction given by the Customer infringes this agreement or applicable data protection law, he is after correspondingly informing the Customer entitled to suspend the execution of the instruction until the Customer confirms the instruction. The parties agree that the sole responsibility for the processing of the Customer Data in accordance with the instructions lies with the Customer.

4. Legal Responsibility of the Customer

4.1 The Customer is solely responsible for the permissibility of the processing of the Customer Data and for safeguarding the rights of data subjects in the relationship between the parties. Should third parties assert claims against the Supplier based on the processing of Customer Data in accordance with this agreement, the Customer shall indemnify the Supplier from all such claims upon first request.

4.2 The Customer is responsible to provide the Supplier with the Customer Data in time for the rendering of services according to the Main Agreement and he is responsible for the quality of the Customer Data. The Customer shall inform the Supplier immediately and completely if during the examination of the of the Supplier's results he finds errors or irregularities with regard to data protection provisions or his instructions.

4.3 On request, the Customer shall provide the Supplier with the information specified in Art. 30 para. 2 GDPR, insofar as it is not available to the Supplier himself.

4.4 If the Supplier is required to provide information to a governmental body or person on the processing of Customer Data or to cooperate with these bodies in any other way, the Customer is obliged at first request to assist the Supplier in providing such information and in fulfilling other cooperation obligations.

5. Requirements for personnel and systems

The Supplier shall commit all persons engaged in processing Customer Data to confidentiality with respect to the processing of Customer Data.

6. Security of processing

6.1 The Supplier takes according to Art. 32 GDPR necessary, appropriate technical and organizational measures, taking into account the state of the art, the implementation costs and the nature, scope, circumstances and purposes of the Customer Data, as well as the different likelihood and severity of the risk to the rights and freedoms of the data subjects, in order to ensure a level of protection of Customer Data appropriate to the risk.

6.2 The Supplier shall have the right to modify technical and organizational measures during the term of the agreement, as long as they continue to comply with the statutory requirements.

7. Engagement of further processors

7.1 The Customer grants the Supplier the general authorization to engage further processors with regard to the processing of Customer Data. Further processors consulted at the time of conclusion of the agreement result from **Annex 2**. In general, no authorization is required for contractual relationships with service providers that are concerned with the examination or maintenance of data processing procedures or systems by third parties or that involve other additional services, even if access to Customer Data cannot be excluded, as long as the Supplier takes reasonable steps to protect the confidentiality of the Customer Data.

7.2 The Supplier shall notify the Customer of any intended changes in relation to the consultation or re-placement of further processors. In individual cases, the Customer has the right to object to the engage-ment of a potential further processor. An objection may only be raised by the Customer for important reasons which have to be proven to the Supplier. Insofar as the Customer does not object within 14 days after receipt of the notification, his right to object to the corresponding engagement lapses. If the Custo-mer objects, the Supplier is entitled to terminate the Main Agreement and this agreement with a notice period of 3 months.

7.3 The agreement between the Supplier and the further processor must impose the same obligations on the latter as those incumbent upon the Supplier under this agreement. The parties agree that this re-quirement is fulfilled if the contract has a level of protection corresponding to this agreement, respec-tively if the obligations laid down in Art. 28 para. 3 GDPR are imposed on the further processor.

7.4 Subject to compliance with the requirements of Section 2.5 of this agreement, the provisions of this Section 7 shall also apply if a further processor in a third country is involved. The Customer hereby authorises the Supplier to conclude an agreement with another processor on behalf of the Customer based on the standard contractual clauses for the transfer of personal data to processors in third coun-tries pursuant to the decision of the European Commission of February 5th in 2010. The Customer de-clares his willingness to cooperate in fulfilling the requirements of Art. 49 GDPR to the extent necessary.

8. Data subjects' rights

8.1 The Supplier shall support the Customer within reason by virtue of technical and organizational mea-sures in fulfilling the latter's obligation to respond to requests for exercising data subjects' rights.

8.2 As far as a data subject submits a request for the exercise of his rights directly to the Supplier, the Suppli-er will forward this request to the Customer in a timely manner.

8.3 The Supplier shall inform the Customer of any information relating to the stored Customer Data, about the recipients of Customer Data to which the Supplier shall disclose it in accordance with the instruction and about the purpose of storage, as far as the Customer does not have this information at his disposal and as far as he is not able to collect it himself.

8.4 The Supplier shall, within the bounds of what is reasonable and necessary, against reimbursement of the expenses and costs incurred by the Supplier as a result of this and to be proven enable the Customer to correct, delete or restrict the further processing of Customer Data, or at the instruction of the Custo-mer correct, block or restrict further processing himself, if and to the extent that this is impossible for the Customer.

8.5 Insofar as the data subject has a right of data portability vis-à-vis the Customer in respect of the Custo-mer Data pursuant to Art. 20 GDPR, the Supplier shall support the Customer within the bounds of what is reasonable and necessary in return for reimbursement of the expenses and costs incurred by the Sup-plier as a result of this and to be proven in handing over the Customer Data in a structured, commonly used and machine-readable format, if the Customer is unable to obtain the data elsewhere.

9. Notification and support obligations of the Supplier

9.1 Insofar as the Customer is subject to a statutory notification obligation due to a breach of the security of Customer Data (in particular pursuant to Art. 33, 34 GDPR), the Supplier shall inform the Customer in a timely manner of any reportable events in his area of responsibility. The Supplier shall assist the Custo-mer in fulfilling the notification obligations at the latter's request to the extent reasonable and necessary in return for reimbursement of the expenses and costs incurred by the Supplier as a result thereof and to be proven.

9.2 The Supplier shall assist the Customer to the extent reasonable and necessary in return for reimburse-ment of the expenses and costs incurred by the Supplier as a result thereof and to be proven with data protection impact assessments to be carried out by the Customer and, if necessary, subsequent consul-tations with the supervisory authority pursuant to Art. 35, 36 GDPR.

10. Deletion and return of Customer Data

10.1 The Supplier shall delete the Customer Data upon termination of this agreement, unless the Supplier is obligated by law to further store the Customer Data.

10.2 The Supplier may keep documentations, which serve as evidence of the orderly and accurate processing of Customer Data, also after the termination of the agreement.

11. Evidence and audits

11.1 The Supplier shall provide the Customer, at the latter's request, with all information required and available to the Supplier to prove compliance with his obligations under this agreement.

11.2 The Customer shall be entitled to audit the Supplier with regard to compliance with the provisions of this agreement, in particular the implementation of the technical and organizational measures; including inspections.

11.3 In order to carry out inspections in accordance with Section 11.2., the Customer is entitled to access the business premises of the Supplier in which Customer Data is processed within the usual business hours (Mondays to Fridays from 10 a.m. to 6 p.m.) after timely advance notification in accordance with Section 11.5 at his own expense, without disruption of the course of business and under strict secrecy of the Supplier's business and trade secrets.

11.4 The Supplier is entitled, at his own discretion and taking into account the legal obligations of the Customer, not to disclose information which is sensitive with regard to the Supplier's business or if the Supplier would be in breach of statutory or other contractual provisions as a result of its disclosure. The Customer is not entitled to get access to data or information about the Supplier's other customers, cost information, quality control and contract management reports, or any other confidential data of the Supplier that is not directly relevant for the agreed audit purposes.

11.5 The Customer shall inform the Supplier in good time (usually at least two weeks in advance) of all circumstances relation to the performance of the audit. The Customer may carry out one audit per calendar year. Further audits are carried out against reimbursement of the costs and after consultation with the Supplier.

11.6 If the Customer commissions a third party to carry out the audit, the Customer shall obligate the third party in writing the same way as the Customer is obliged vis-à-vis the Supplier according to this Section 11 of this agreement. In addition, the Customer shall obligate the third party to maintain secrecy and confidentiality, unless the third party is subject to a professional obligation of secrecy. At the request of the Supplier, the Customer shall immediately submit to him the commitment agreements with the third party. The Customer may not commission any of the Supplier's competitors to carry out the audit.

11.7 At the discretion of the Supplier, proof of compliance with the obligations under this agreement may be provided, instead of an inspection, by submitting an appropriate, current opinion or report from an independent authority (e.g. auditor, audit department, data protection officer, IT security department, data protection auditors or quality auditors) or a suitable certification by IT security or data protection audit – e.g. according to BSI-Grundschutz – ("audit report"), if the audit report makes it possible for the Customer in an appropriate manner to convince himself of compliance with the contractual obligations.

12. Contract term and termination

12.1 The term and termination of this agreement shall be governed by the term and termination provisions of the Main Agreement. A termination of the Main Agreement automatically results in a cancellation of this agreement. An isolated termination of this contract is excluded.

13. Liability

13.1 The Supplier's liability under this agreement shall be governed by the disclaimers and limitations of liability provided for in the Main Agreement. As far as third parties assert claims against the Supplier which are caused by the Customer's culpable breach of this agreement or one of his obligations as *the controller in terms of data protection law affecting him, the Customer shall upon first request in-demnify and hold the Supplier harmless from these claims.*

13.2 The Customer undertakes to indemnify the Supplier upon first request against all possible fines im-posed on the Supplier corresponding to the Customer's part of responsibility for the infringement sanc-tioned by the fine.

14. Final provisions

14.1 In case individual provisions of this agreement are ineffective or become ineffective or contain a gap, the remaining provisions shall remain unaffected. The parties undertake to replace the ineffective provision by a legally permissible provision which comes closest to the purpose of the ineffective pro-vision and that thereby satisfies the requirements of Art. 28 GDPR.

14.2 In case of conflicts between this agreement and other arrangements between the parties, in particu-lar the Main Agreement, the provisions of this agreement shall prevail.

…	…
(Place, Date)	*(Place, Date)*
…	…
(Signature Customer)	*(Signature Supplier)*

Annex:

Annex 1: Purpose, type and extent of the processing of Customer Data, types of personal data and cate-gories of data subjects

Annex 2: Further Processors

Annex 1: Purpose, type and extent of the processing of Customer Data, types of personal data and categories of data subjects

Purpose of data processing	…
Type and extent of data processing	…
Types of personal data	…
Categories of data subjects	…

Annex 2: Further Processors

Company, Address	Type of processing	Purpose	Type of data	Categories of data subjects
…	…	…	…	…
…	…	…	…	…

III. Erläuterungen

1. Vorbemerkung

Bei dem Vertragsmuster handelt es sich um einen **Auftragsverarbeitungsvertrag i.S.v. Art. 28 DSGVO**. Es dient dazu, die gesetzlichen Anforderungen gem. Art. 28 Abs. 3 DSGVO umzusetzen und darüber hinaus weitere, für den Auftragnehmer vorteilhafte Regelungen festzuschreiben.

9.9

2. Vertragsgegenstand (Ziff. 1)

9.10 **M 9.1.1 Vertragsgegenstand**

1. Vertragsgegenstand

*Im Rahmen der Leistungserbringung nach dem Vertrag vom … [Datum] (nachfolgend „**Hauptvertrag**" genannt) ist es erforderlich, dass der Auftragnehmer mit personenbezogenen Daten umgeht, für die der Auftraggeber als Verantwortlicher im Sinne der datenschutzrechtlichen Vorschriften fungiert (nachfolgend „**Auftraggeber-Daten**" genannt). Dieser Vertrag konkretisiert die datenschutzrechtlichen Rechte und Pflichten der Parteien im Zusammenhang mit dem Umgang des Auftragnehmers mit Auftraggeber-Daten zur Durchführung des Hauptvertrags.*

a) Ratio

9.11 In Ziff. 1 wird der **Vertragsgegenstand** definiert. Die Regelung dient damit zugleich der Umsetzung der Vorgabe aus Art. 28 Abs. 3 Satz 1 DSGVO, wonach in dem Vertrag u.a. der „Gegenstand der Verarbeitung" festzulegen ist. Erforderlich ist danach eine hinreichend genaue Beschreibung des Vertragsgegenstandes[21].

b) Definition des Auftragsgegenstandes

9.12 Das Vertragsmuster bedient sich – wie auch das Muster eines auftraggeberfreundlichen Auftragsverarbeitungsvertrags in Teil 2 § 8 – im Hinblick auf die Festlegung des Auftragsgegenstandes eines Verweises auf den üblicherweise parallel zur Auftragsverarbeitung abgeschlossenen **Hauptvertrag**[22].

9.13 Die Ausgestaltung als separate Vereinbarung, die dann – wie hier – auf einen Hauptvertrag verweist, ist angesichts des Umfangs der Regelungen zur Auftragsverarbeitung in der Praxis weit verbreitet. Aus Auftragnehmersicht ist es verhandlungstaktisch sinnvoll, zu versuchen, die **Sonderreglungen** in dem Auftragsverarbeitungsvertrag auf ein Minimum zu beschränken, weil die Auftragsverarbeitungsverträge zumeist – wohl auch wegen der gesetzlichen Vorgaben in Art. 28 Abs. 3 DSGVO – eher auftraggeberfreundlich, der Hauptvertrag aber oft ausgewogener gestaltet ist.

9.14 Sollte ein Hauptvertrag nicht bestehen oder darin der Leistungsgegenstand nur unzureichend definiert sein, müsste wegen Art. 28 Abs. 3 Satz 1 DSGVO ergänzend eine spezifische Festlegung in dem Auftragsverarbeitungsvertrag selbst erfolgen. Für Einzelheiten sei auf die diesbezüglichen Erläuterungen zum auftraggeberfreundlichen Muster verwiesen (Teil 2, Rz. 8.11).

3. Umfang der Beauftragung (Ziff. 2)

9.15 **M 9.1.2 Umfang der Beauftragung**

2. Umfang der Beauftragung

2.1 Der Auftragnehmer verarbeitet die Auftraggeber-Daten im Auftrag und nach Weisung des Auftraggebers i.S.v. Art. 28 DSGVO (Auftragsverarbeitung). Der Auftraggeber bleibt Verantwortlicher im datenschutzrechtlichen Sinn.

---

21 *Spoerr* in BeckOK DatenschutzR, Art. 28 DSGVO Rz. 51.
22 Siehe hierzu die Erläuterungen in Teil 2, Rz. 8.10 ff.

*2.2 Die Verarbeitung von Auftraggeber-Daten durch den Auftragnehmer erfolgt in der Art, dem Umfang und zu dem Zweck wie in **Anlage 1** zu diesem Vertrag spezifiziert; die Verarbeitung betrifft die darin bezeichneten Arten personenbezogener Daten und Kategorien betroffener Personen. Die Dauer der Verarbeitung entspricht der Laufzeit des Hauptvertrages.*

2.3 Dem Auftragnehmer bleibt es vorbehalten, die Auftraggeber-Daten zu anonymisieren oder zu aggregieren, so dass eine Identifizierung einzelner betroffener Personen nicht mehr möglich ist, und in dieser Form zum Zweck der bedarfsgerechten Gestaltung, der Weiterentwicklung und der Optimierung sowie der Erbringung des nach Maßgabe des Hauptvertrags vereinbarten Dienstes zu verwenden. Die Parteien stimmen darin überein, dass anonymisierte bzw. nach obiger Maßgabe aggregierte Auftraggeber-Daten nicht mehr als Auftraggeber-Daten im Sinne dieses Vertrags gelten.

2.4 Der Auftragnehmer darf die Auftraggeber-Daten im Rahmen des datenschutzrechtlich Zulässigen für eigene Zwecke auf eigene Verantwortung verarbeiten und nutzen, wenn eine gesetzliche Erlaubnisvorschrift oder eine Einwilligungserklärung des Betroffenen das gestattet. Auf solche Datenverarbeitungen findet dieser Vertrag keine Anwendung.

2.5 Die Verarbeitung der Auftraggeber-Daten durch den Auftragnehmer findet grundsätzlich innerhalb der Europäischen Union oder in einem anderen Vertragsstaat des Abkommens über den Europäischen Wirtschaftsraum (EWR) statt. Es ist dem Auftragnehmer gleichwohl gestattet, Auftraggeber-Daten unter Einhaltung der Bestimmungen dieses Vertrags auch außerhalb des EWR zu verarbeiten, wenn er den Auftraggeber vorab über den Ort der Datenverarbeitung informiert und die Voraussetzungen der Art. 44–48 DSGVO erfüllt sind oder eine Ausnahme nach Art. 49 DSGVO vorliegt.

a) Ratio

In Ziff. 2.1 wird festgelegt, dass eine **Auftragsverarbeitung i.S.v. Art. 28 DSGVO** begründet wird. Hierdurch wird die Art der Beziehung zwischen den Vertragsparteien insbesondere von einer Übermittlung personenbezogener Daten an einen anderen Verantwortlichen abgegrenzt. Die Ziff. 2.2–2.5 sind Folgeregelungen, die die Auftragsverarbeitung weiter konturieren.   9.16

b) Begründung der Auftragsverarbeitung (Ziff. 2.1)

Aus der Typisierung der Vertragsbeziehung als Auftragsverarbeitung ergeben sich unmittelbar spezifische gesetzliche Pflichten und Verantwortlichkeiten beider Vertragsparteien: Den Auftraggeber treffen im Hinblick auf die konkrete Leistungsbeziehung zu dem Auftragnehmer insbesondere die **Pflichten aus Art. 28 Abs. 1 DSGVO** und die Pflicht zur Aufsicht über den Auftragsverarbeiter, wie sie u.a. in Art. 29 DSGVO zum Ausdruck kommt. Neben die Pflicht zur ordnungsgemäßen Begründung einer Auftragsverarbeitung tritt deshalb auch die Pflicht, während der Auftragsverarbeitung für Datenschutzkonformität zu sorgen – insoweit ist das **Weisungsrecht des Verantwortlichen** von besonderer Bedeutung[23]. Für den Auftragnehmer folgt daraus, dass er die Auftraggeber-Daten nur weisungsgebunden und insbesondere nicht für eigene Zwecke verarbeiten darf, wie es ebenfalls in Art. 29 DSGVO bestimmt ist[24].   9.17

c) Spezifizierung der Verarbeitung (Ziff. 2.2)

Nach Art. 28 Abs. 3 Satz 1 DSGVO muss der dem Auftragnehmer gestattete Umgang mit den Auftraggeber-Daten präzise beschrieben werden. Art und Zweck der Datenverarbeitung sind ebenso in den Vertrag aufzunehmen wie die Art der personenbezogenen Daten und die Kategorien der betroffenen Personen sowie die Rechte und Pflichten des Verantwortlichen[25]. Diese Angaben müssen so konkret angegeben werden, dass Umfang und Gegenstand des zugelassenen Datenumgangs durch den Auftrag-   9.18

---

23 *Moos/Cornelius* in Moos/Schefzig/Arning, Kap. 7 Rz. 21.
24 *Schmidt/Freund*, ZD 2017, 14 (17).
25 *Spoerr* in BeckOK DatenschutzR, Art. 28 DSGVO Rz. 53.

nehmer im Einzelnen nachvollzogen werden kann und den Parteien die Rechtsfolgen ihrer Vereinbarung deutlich werden[26]. Hierzu dient **Anlage 1** zu dem Muster. Zur weiteren Erläuterung wird auf die Ausführungen zum auftraggeberfreundlichen Muster in § 8 verwiesen (Teil 2, Rz. 8.17 ff.).

d) Verarbeitungen des Auftragsverarbeiters zu eigenen Zwecken

9.19 In Ziff. 2.3–2.4 gestattet das Muster dem Auftragsverarbeiter in einem gewissen Rahmen ausdrücklich auch eine Verarbeitung der Auftraggeber-Daten zu eigenen Zwecken außerhalb der Auftragsverarbeitung.

aa) Verarbeitung anonymisierter Daten (Ziff. 2.3)

9.20 Ziff. 2.3 erlaubt dem Auftragnehmer ausdrücklich eine Verarbeitung **anonymer Daten** und nicht-personenbezogener aggregierter Daten zu bestimmten eigenen Zwecken. Dies ist datenschutzrechtlich möglich, weil anonyme Daten gemäß Erwägungsgrund 26 DSGVO nicht den Anforderungen der DSGVO unterliegen, so dass eine Nutzung anonymer Daten vertraglich ohne durchgreifende Bedenken zugelassen werden kann.

9.21 Weil die Anonymität aber im Zweifel schwierig zu bestimmen und die Abgrenzung zum Personenbezug komplex ist[27] und weil es unsicher ist, ob eine **Anonymisierung** selbst eine an sich erlaubnispflichtige Datenverarbeitung darstellt[28], findet sich hier eine explizite Gestattung durch den Auftraggeber. In der Praxis wird eine solche Verwendung für Auftragnehmer zum Zweck des **Machine Learning** immer bedeutsamer. Auftragnehmer, die im Rahmen der Auftragsverarbeitung eine Software einsetzen, welche über entsprechende Fähigkeiten verfügt, möchten diese Verarbeitungen naturgemäß zum einen nicht der Weisung des Auftraggebers unterwerfen und die Ergebnisse zum anderen auch zugunsten anderer Kunden verwenden.

bb) Eigenverantwortliche Verarbeitungen (Ziff. 2.4)

9.22 In Ziff. 2.4 des Musters findet sich auch eine ausdrückliche Regelung, die dem Auftragnehmer eine eigenverantwortliche Verarbeitung der Daten in personenbezogener Form (zu eigenen Zwecken) erlaubt. Hierdurch wird es dem Dienstleister ermöglicht, die Daten z.B. unter Berufung auf **gesetzliche Erlaubnistatbestände** neben der Auftragsdurchführung parallel auch zu anderen (eigenen) Zwecken zu verwenden. Diese Verarbeitungen erfolgen dann außerhalb des Auftragsverarbeitungsvertrages. Der Auftragnehmer fungiert dann insoweit selbst als Verantwortlicher. Ob eine solche Regelung notwendig ist und in den Verhandlungen mit dem Auftraggeber durchgesetzt werden kann, ist im Einzelfall abzuwägen; üblich wäre sie sicherlich nicht.

cc) „Eigentum" an den Daten

9.23 Häufig werden sich Auftraggeber eine Regelung ausbedingen wollen, die ihnen die exklusive Verfügungsbefugnis an den Daten zuschreibt. Eine solche Regelung zum „Dateneigentum" kann sinnvoll sein, weil die zivilrechtliche Lage im Hinblick auf das **Eigentum und** die **Verfügungsbefugnis an Daten** bisher nicht hinreichend geklärt ist und allein aus dem Gesetz heraus zivilrechtliche Verwendungsverbote kaum zu begründen sind[29]. Das Muster verwendet den Begriff des „Dateneigentums" zwar nicht, verankert aber in den Ziff. 2.3–2.4 eben explizite Verarbeitungs- und damit auch Verfügungsbefugnisse des Auftragnehmers, die im Ergebnis dazu führen, dass dem Auftraggeber kein umfassendes

---

26 *Spoerr* in BeckOK DatenschutzR, Art. 28 DSGVO Rz. 57.
27 Siehe auch *BfDI*, Positionspapier zur Anonymisierung, 29.6.2020, S. 4; zur Anonymisierung für die Praxis siehe ~~*Moos/Schefzig/Strassemeyer*~~ in Moos/Schefzig/Arning, Kap. 22 Rz. 28.
28 Siehe etwa *BfDI*, Positionspapier zur Anonymisierung, 29.6.2020, S. 5, der in der Anonymisierung eine Datenverarbeitung sieht.
29 *Schefzig*, K&R Beihefter 3/2015, 3 (7); *Roßnagel*, NJW 2017, 10 (12).

„**Eigentum**" an den Daten zukommt und er nicht **Inhaber aller etwaigen Rechte** an den Auftraggeber-Daten ist[30].

e) Auftragsverarbeitung in Drittländern (Ziff. 2.5)

Im Unterschied zur Rechtslage nach dem BDSG a.F. kann eine Auftragsverarbeitung mittlerweile ausdrücklich auch mit einem Auftragsverarbeiter in einem Drittland begründet werden[31]. Der Auftraggeber kann deshalb prinzipiell auch eine Auftragsverarbeitung in einem **Drittland** gestatten, was in Ziff. 2.5 so vorgesehen ist. Es bleibt freilich bei der Notwendigkeit einer Absicherung der Datenweitergabe auf der 2. Stufe (also nach Art. 44 ff. DSGVO). 9.24

4. Weisungsbefugnisse des Auftraggebers (Ziff. 3)

M 9.1.3 Weisungsbefugnisse des Auftraggebers 9.25

3. Weisungsbefugnisse des Auftraggebers

3.1 Der Auftragnehmer verarbeitet die Auftraggeber-Daten gemäß den Weisungen des Auftraggebers, sofern der Auftragnehmer nicht gesetzlich zu einer anderweitigen Verarbeitung verpflichtet ist. In letzterem Fall teilt der Auftragnehmer dem Auftraggeber diese rechtlichen Anforderungen vor der Verarbeitung mit, sofern das betreffende Gesetz eine solche Mitteilung nicht wegen eines wichtigen öffentlichen Interesses verbietet.

3.2 Die Weisungen des Auftraggebers sind grundsätzlich abschließend in den Bestimmungen dieses Vertrags festgelegt und dokumentiert. Einzelweisungen, die von den Festlegungen dieses Vertrags abweichen oder zusätzliche Anforderungen aufstellen, bedürfen einer vorherigen Zustimmung des Auftragnehmers und erfolgen nach Maßgabe des im Hauptvertrag festgelegten Änderungsverfahrens, in dem die Weisung zu dokumentieren und die Übernahme etwa dadurch bedingter Mehrkosten des Auftragnehmers durch den Auftraggeber zu regeln ist.

3.3 Der Auftragnehmer gewährleistet, dass er die Auftraggeber-Daten im Einklang mit den Weisungen des Auftraggebers verarbeitet. Ist der Auftragnehmer der Ansicht, dass eine Weisung des Auftraggebers gegen diesen Vertrag oder das geltende Datenschutzrecht verstößt, ist er nach einer entsprechenden Mitteilung an den Auftraggeber berechtigt, die Ausführung der Weisung bis zu einer Bestätigung der Weisung durch den Auftraggeber auszusetzen. Die Parteien stimmen darin überein, dass die alleinige Verantwortung für die weisungsgemäße Verarbeitung der Auftraggeber-Daten beim Auftraggeber liegt.

a) Ratio

In Ziff. 3 des Musters werden der Umfang und die Art der Ausübung des **Weisungsrechts** des Auftraggebers festgelegt. Die Festschreibung der Weisungsrechte des Auftraggebers in Ziff. 3 des Musters erfolgt wegen Art. 28 Abs. 3 Satz 2 lit. a DSGVO. Danach ist in dem Auftragsverarbeitungsvertrag positiv festzulegen, dass der Auftragnehmer die Daten nur auf dokumentierte Weisung des Verantwortlichen verarbeitet. 9.26

---

30 Siehe *JuMiKo Arbeitsgruppe „Digitaler Neustart"*, Bericht v. 15.5.2017, S. 34 f., die aufgrund der mangelnden Anerkennung einer Sach- oder Rechtsqualität an Daten keine Schranken für die Vertragsgestaltung zieht und keine Zweifel in Bezug auf die Frage der Wirksamkeit von Regelung über Rechte und Pflichten in Bezug auf Daten im Verhältnis der Vertragsparteien zueinander sieht.
31 *Eckhardt*, CCZ 2017, 111 (116); *Schmidt/Kahl*, ZD 2017, 54 (56).

b) Weisungsrecht des Auftraggebers (Ziff. 3.1)

9.27 In seiner Gesamtheit kann das Weisungsrecht des Auftraggebers wegen Art. 29 DSGVO nicht abbedungen werden, ohne dass das Vertragsverhältnis seinen Charakter als Auftragsverarbeitung verliert[32]. Satz 1 schreibt diese grundsätzliche Weisungsgebundenheit fest. Der Vorbehalt bzgl. einer etwaigen **eigenverantwortlichen Verarbeitung** (außerhalb der Weisungen des Auftraggebers) und die diesbezügliche Mitteilungspflicht des Auftragnehmers in Satz 2 ist explizit in Art. 28 Abs. 3 Satz 2 lit. a DSGVO vorgeschrieben[33]. Die Regelung zielt insbesondere auf Verarbeitungen des Auftragsverarbeiters zur Erfüllung **staatlicher Herausgabeverlangen**, etwa im Zusammenhang mit Ermittlungen durch **Sicherheitsbehörden**.

c) Umfang des Weisungsrechts (Ziff. 3.2)

9.28 Das Muster definiert die **Weisungsbefugnis** des Auftraggebers in Ziff. 3.2 Satz 1 denkbar eng und begrenzt die Weisungen im Grundsatz auf die Festlegungen in dem Vertrag selbst.

9.29 Dies ist eine häufig beim Cloud Computing anzutreffende Gestaltung, weil die Erteilung von **Einzelweisungen** im Gegensatz steht zu der Erbringung einer im höchsten Maße standardisierten Leistung[34].

9.30 Eine derartige Beschränkung des Weisungsrechts ist für den Auftraggeber eventuell aber riskant, weil Einzelfallweisungen u.U. notwendig sein können, damit der Auftraggeber seinen Pflichten als Verantwortlicher nach **Art. 24 Abs. 1 DSGVO** nachkommen kann. Das Muster sieht hier deshalb auch noch eine Möglichkeit für Einzelweisungen vor, unterwirft diese aber der **Change Request-Regelung** des Hauptvertrages und damit einer Zustimmungspflicht des Auftragnehmers.

d) Dokumentation der Weisungen (Ziff. 3.2)

9.31 Neu ist das Erfordernis gem. Art. 28 Abs. 3 Satz 2 lit. a DSGVO, sämtliche Weisungen zu **dokumentieren**. Die DSGVO spezifiziert nicht hinreichend klar, ob dies vom Verantwortlichen oder vom Auftragsverarbeiter getan werden muss. Es erscheint sinnvoll, dies als gemeinsame Verpflichtung zu begreifen[35] und in dem Auftragsverarbeitungsvertrag hierzu eine Festlegung zu treffen. Das Muster sieht insoweit eine Dokumentation im Vertragsänderungsverfahren vor.

e) Remonstration des Auftragnehmers (Ziff. 3.3)

9.32 Nach Art. 28 Abs. 3 Satz 3 DSGVO ist der Auftragnehmer zur **Remonstration** gegenüber dem Auftraggeber verpflichtet, wenn er der Ansicht ist, dass eine Weisung des Auftraggebers gegen das geltende Datenschutzrecht verstößt. Ziff. 3.3 des Musters regelt die Auswirkungen einer solchen Remonstration auf die weitere Vertragserfüllung seitens des Auftragnehmers, da diese von Art. 28 Abs. 3 Satz 3 DSGVO offen gelassen werden[36]. Nach dem Muster soll der Auftragnehmer grundsätzlich berechtigt sein, die – aus seiner Sicht datenschutzwidrige – Verarbeitung nach vorheriger Mitteilung auszusetzen.

---

32 Zur Bedeutung des Weisungsrechts für die Auftragsverarbeitung und zur Abgrenzung einer Auftragsverarbeitung von der Verarbeitung durch einen weiteren Verantwortlichen siehe auch *Rothkegel/Strassemeyer*, CRi 2019, 161 (166 f.); *BayLfD*, Orientierungshilfe Auftragsverarbeitung, Version 2.0, Stand: 1.4.2019, S. 12.

33 *Martini* in Paal/Pauly, Art. 28 DSGVO Rz. 41.

34 Krit. zur Möglichkeit einer rechtskonformen Umsetzung des Weisungsrechts gegenüber Cloud-Anbietern *Gaul/Koehler*, BB 2011, 2229 (2232).

35 *Hartung* in Kühling/Buchner, Art. 28 DSGVO Rz. 33; für eine Pflicht des Auftragsverarbeiters: *Spoerr* in BeckOK DatenschutzR, Art. 28 DSGVO Rz. 58; *Martini* in Paal/Pauly, Art. 28 DSGVO Rz. 39.

36 *Freund* in Schuster/Grützmacher, Art. 28 DSGVO Rz. 119.

Weil Unklarheit darüber herrscht, ob eine Suspendierung der Weisung bis zu deren Bestätigung möglich ist, erscheint eine solche vertragliche Regelung geboten[37].

Bestätigt der Auftraggeber die Weisung, stellt die Regelung klar, dass der Auftraggeber für etwaige daraus resultierende Rechtsverletzungen die **alleinige Verantwortung** trifft. Das entspricht zwar ohnehin der gesetzlichen Lage, soll aber dem Auftragnehmer im Fall der möglichen Androhung eines Bußgeldes eine zusätzliche Argumentationshilfe im Hinblick auf das **Zumessungskriterium** nach Art. 83 Abs. 2 Satz 2 lit. d DSGVO geben; auch im Hinblick auf den in Ziff. 13.2 des Musters explizit normierten Regressanspruch (siehe Rz. 9.115).

5. Verantwortlichkeit des Auftraggebers (Ziff. 4)

M 9.1.4 Verantwortlichkeit des Auftraggebers   9.33

4. Verantwortlichkeit des Auftraggebers

4.1 Der Auftraggeber ist für die Rechtmäßigkeit der Verarbeitung der Auftraggeber-Daten sowie für die Wahrung der Rechte der Betroffenen im Verhältnis der Parteien zueinander allein verantwortlich. Sollten Dritte gegen den Auftragnehmer aufgrund der Verarbeitung von Auftraggeber-Daten nach Maßgabe dieses Vertrages Ansprüche geltend machen, wird der Auftraggeber den Auftragnehmer von allen solchen Ansprüchen auf erstes Anfordern freistellen.

4.2 Dem Auftraggeber obliegt es, dem Auftragnehmer die Auftraggeber-Daten rechtzeitig zur Leistungserbringung nach dem Hauptvertrag zur Verfügung zu stellen und er ist verantwortlich für die Qualität der Auftraggeber-Daten. Der Auftraggeber hat den Auftragnehmer unverzüglich und vollständig zu informieren, wenn er bei der Prüfung der Auftragsergebnisse des Auftragnehmers Fehler oder Unregelmäßigkeiten bezüglich datenschutzrechtlicher Bestimmungen oder seinen Weisungen feststellt.

4.3 Der Auftraggeber hat dem Auftragnehmer auf Anforderung die in Art. 30 Abs. 2 DSGVO genannten Angaben zur Verfügung zu stellen, soweit sie dem Auftragnehmer nicht selbst vorliegen.

4.4 Ist der Auftragnehmer gegenüber einer staatlichen Stelle oder einer Person verpflichtet, Auskünfte über die Verarbeitung von Auftraggeber-Daten zu erteilen oder mit diesen Stellen anderweitig zusammenzuarbeiten, so ist der Auftraggeber verpflichtet, den Auftragnehmer auf erstes Anfordern bei der Erteilung solcher Auskünfte bzw. der Erfüllung anderweitiger Verpflichtungen zur Zusammenarbeit zu unterstützen.

a) Ratio

Ziff. 4 des Musters dient dazu, die **Rechtsstellung des Auftraggebers** im Hinblick auf die Daten und   9.34
die sich daraus ergebenden Rechte und Pflichten klarzustellen. Zudem normiert er einige **Unterstützungspflichten des Auftraggebers**. Es handelt sich allesamt um Regelungen, die von der DSGVO nicht explizit verlangt sind.

b) Stellung als Verantwortlicher (Ziff. 4.1)

Die Begründung einer Auftragsverarbeitung bringt es mit sich, dass der Auftraggeber auch im Hinblick   9.35
auf die dem Auftrag unterfallenden Datenerhebungen und -verwendungen durch den Auftragnehmer „**Verantwortlicher**" i.S.v. Art. 4 Nr. 7 DSGVO bleibt. Die entsprechende Regelung in Ziff. 4.1 Satz 2 gibt somit im Grundsatz die gesetzliche Rechtslage wieder. Als Verantwortlicher steht der Auftraggeber deshalb generell auch gegenüber Dritten und betroffenen Personen für die Rechtmäßigkeit der Ver-

---

37 *Freund* in Schuster/Grützmacher, Art. 28 DSGVO Rz. 119.

arbeitung ein[38]. Weil neuerdings aber nach Art. 82 DSGVO auch den Auftragsverarbeiter in nicht unerheblichem Umfang selbst Verpflichtungen gegenüber Dritten treffen (etwa, weil betroffene Personen auch ihm gegenüber gem. Art. 79 DSGVO selbst gerichtliche Rechtsbehelfe erheben können und über Art. 82 Abs. 1 DSGVO jedermann („*jede Person*") Schadensersatzansprüche direkt gegenüber dem Auftragsverarbeiter geltend machen kann), ist es im Interesse des Auftragnehmers, diese gesetzlich vorgesehene **Eigenhaftung des Auftragnehmers** einzuschränken und eine Regressmöglichkeit vorzusehen. Solche Regelungen enthält Ziff. 4.1.

c) Unterstützungspflichten des Auftraggebers (Ziff. 4.2–4.4)

9.36   In den Ziff. 4.2–4.4 werden einige für den Auftragnehmer zur Durchführung des Auftrags relevante **Mitwirkungen des Auftraggebers** als Obliegenheiten festgeschrieben.

aa) Beistellung der Auftraggeberdaten und Prüfung der Verarbeitungsergebnisse (Ziff. 4.2)

9.37   Zunächst handelt es sich dabei um die rechtzeitige **Beistellung der Auftraggeber-Daten** zur Leistungserbringung nach dem Hauptvertrag. Je nach Vertragstypus kommen evtl. Ansprüche des Auftragnehmers auf Entschädigung nach § 642 Abs. 2 BGB und ein Kündigungsrecht nach § 643 BGB in Betracht, wenn der Auftraggeber seine **Obliegenheit** zur rechtzeitigen Beistellung des Datenbestandes verletzt. Zugunsten des Auftragnehmers wird als Folge aus dieser Verantwortlichkeitszuweisung noch bestimmt, dass der Auftraggeber auch für die **Qualität der Daten**[39] einzustehen hat. Das kann wiederum im Hinblick auf die Erbringung der Leistungen nach dem Hauptvertrag im Falle etwaiger Leistungsmängel relevant werden. Sollte der Leistungsmangel seine Ursache in der unzureichenden Datenqualität haben, würde den Auftragnehmer grundsätzlich kein Verschulden treffen.

9.38   In Ziff. 4.2 Satz 2 wird dem Auftraggeber aufgegeben, den Auftragnehmer unverzüglich und vollständig zu informieren, wenn er bei der **Prüfung der Auftragsergebnisse** des Auftragnehmers Fehler oder Unregelmäßigkeiten bezüglich datenschutzrechtlicher Bestimmungen oder seinen Weisungen feststellt. Diese Regelung könnte vor allem dann relevant werden, wenn es tatsächlich zu Unregelmäßigkeiten beim Auftragnehmer kommen sollte. Verletzt der Auftraggeber seine Obliegenheit aus Ziff. 4.2 Satz 2, wäre ihm dies als **Mitverschulden** nach § 254 BGB anzurechnen.

bb) Bereitstellung von Informationen (Ziff. 4.3)

9.39   Ziff. 4.3 normiert eine Unterstützungspflicht des Auftraggebers im Hinblick auf die gesetzliche Verpflichtung des Auftragnehmers, gem. Art. 30 Abs. 2 DSGVO selbst ein **Verzeichnis von Verarbeitungstätigkeiten** zu führen, in das er zu allen Auftragsverarbeitungen bestimmte Informationen eintragen muss. Soweit sich diese Informationen auf den Auftragsverarbeiter selbst beziehen (wie etwa seine Kontaktdaten), werden sie ihm ohnehin selbst vorliegen. Einige Informationen müssen aber vom Auftraggeber kommen (etwa die Kategorien der Verarbeitung, aber u.U. auch die Angaben zu Drittlandsübermittlungen, weil Vertragspartner der EU-Standardvertragsklauseln grundsätzlich der Auftraggeber sein muss). Ziff. 4.3 sichert zugunsten des Auftragnehmers die Bereitstellung der notwendigen Informationen durch den Auftraggeber ab.

cc) Unterstützung bei behördlicher Kontrolle (Ziff. 4.4)

9.40   Auch Auftragsverarbeiter unterliegen der behördlichen Kontrolle (vgl. Art. 58 Abs. 1 lit. a DSGVO). Ziff. 4.4 normiert vor diesem Hintergrund eine Verpflichtung des Auftraggebers, ihn bei entsprechenden Auskunfts- und anderen **Kontrollmaßnahmen der Aufsichtsbehörde** zu unterstützen, soweit sich die Kontrollhandlung auf die Verarbeitung von Auftraggeber-Daten bezieht.

---

38 *Plath* in Plath, Art. 28 DSGVO Rz. 6; *Hartung* in Kühling/Buchner, Art. 28 DSGVO Rz. 40.
39 Vgl. zur Datenqualität und diesbezüglicher Folgeansprüche ausf. Teil 3, Rz. 14.24 ff.

6. Anforderungen an Personal (Ziff. 5)

M 9.1.5 Anforderungen an Personal

5. Anforderungen an Personal

Der Auftragnehmer hat alle Personen, die Auftraggeber-Daten verarbeiten, bezüglich der Verarbeitung von Auftraggeber-Daten zur Vertraulichkeit zu verpflichten.

a) Ratio

Ziff. 5 betrifft die Verpflichtung des Auftragnehmers, das Personal auf **Vertraulichkeit** zu verpflichten, wie es Art. 28 Abs. 3 Satz 2 lit. b DSGVO verlangt.

b) Vertraulichkeitsverpflichtung

Die Regelung in Ziff. 5 setzt die gesetzliche Verpflichtung aus Art. 28 Abs. 3 Satz 2 lit. b DSGVO um, wonach der Vertrag eine Pflicht des Auftragnehmers vorsehen muss, die zur Verarbeitung personenbezogener Daten befugten Personen zur **Vertraulichkeit** zu verpflichten (soweit sie nicht einer angemessenen gesetzlichen Schweigepflicht unterliegen). Diese Pflicht ersetzt die bisher nach § 5 Satz 2 BDSG a.F. bestehende Pflicht, alle mit der Erhebung oder Verwendung personenbezogener Daten beschäftigten Personen bei der Aufnahme ihrer Tätigkeit auf das **Datengeheimnis** zu verpflichten.

7. Sicherheit der Verarbeitung (Ziff. 6)

M 9.1.6 Sicherheit der Verarbeitung

6. Sicherheit der Verarbeitung

6.1 Der Auftragnehmer wird die gemäß Art. 32 DSGVO erforderlichen, geeigneten technischen und organisatorischen Maßnahmen ergreifen, die unter Berücksichtigung des Standes der Technik, der Implementierungskosten und der Art, des Umfangs, der Umstände und der Zwecke der Verarbeitung der Auftraggeber-Daten sowie der unterschiedlichen Eintrittswahrscheinlichkeit und Schwere des Risikos für die Rechte und Freiheiten der betroffenen Personen erforderlich sind, um ein dem Risiko angemessenes Schutzniveau für die Auftraggeber-Daten zu gewährleisten.

6.2 Dem Auftragnehmer ist es gestattet, technische und organisatorische Maßnahmen während der Laufzeit des Vertrages zu ändern oder anzupassen, solange sie weiterhin den gesetzlichen Anforderungen genügen.

a) Ratio

Den Auftragnehmer trifft nach Art. 32 Abs. 1 DSGVO eine unmittelbare gesetzliche Verpflichtung, geeignete **technische und organisatorische Maßnahmen** zu treffen, um ein dem Risiko der Verarbeitung angemessenes Schutzniveau zu gewährleisten. Zusätzlich verlangt Art. 28 Abs. 3 Satz 2 lit. c DSGVO eine vertragliche Verpflichtung des Auftragnehmers, dass er alle nach Art. 32 DSGVO erforderlichen Maßnahmen ergreift. Diese Regelung findet sich in Ziff. 6 des Musters.

b) Ergreifung technischer und organisatorischer Maßnahmen (Ziff. 6.1)

9.46 Gemäß Art. 28 Abs. 3 Satz 2 lit. c DSGVO hat der Auftragsverarbeitungsvertrag eine Verpflichtung des Auftragnehmers zu enthalten, die nach **Art. 32 DSGVO erforderlichen Maßnahmen** zu ergreifen. In Ziff. 6.1 wird deshalb die gesetzliche Verpflichtung nach Art. 32 Abs. 1 DSGVO zunächst in den Vertrag aufgenommen. Eine Spezifizierung erfolgt hierbei dadurch, dass der Inhalt des Art. 32 Abs. 1 Satz 1 DSGVO hier nochmals in den Wortlaut der Vertragsregelung aufgenommen worden ist.

9.47 Das Muster verzichtet aber explizit darauf, die zu ergreifenden Maßnahmen näher zu **spezifizieren**. Dies ist für den Auftragnehmer vorteilhaft, weil er so – im Rahmen des nach Art. 32 DSGVO Zugelassenen – Flexibilität bei der Auswahl der Maßnahmen besitzt.

9.48 Ob diese Gestaltung den Anforderungen der DSGVO genügt, ist nach wie vor nicht mit letzter Rechtssicherheit festzustellen (siehe hierzu Teil 2, Rz. 8.60 ff.). Es lässt sich aber gut vertreten, dass nach Art. 28 Abs. 3 Satz 2 lit. c DSGVO nicht zwingend einzelne Maßnahmen zu vereinbaren sind, sondern eine allgemeine Verpflichtung des Auftragnehmers – wie hier in Ziff. 6.1 – ausreichend ist[40]. Dies scheint auch der Ansicht der Art. 29-Datenschutzgruppe zu entsprechen, die für Weisungen zu den Mitteln der Verarbeitung keine zu sehr ins Detail gehenden Festlegungen verlangt[41].

c) Änderung und Fortschreibung der Maßnahmen (Ziff. 6.2)

9.49 Zulässig und entsprechend dem Kriterium der Berücksichtigung des Standes der Technik sogar notwendig ist eine **Dynamisierung** der Festlegungen für technische und organisatorische Maßnahmen[42]. Hierzu dient die Regelung in Ziff. 6.2 des Musters. Die Befugnis des Auftragnehmers, die technischen und organisatorischen Maßnahmen während der Vertragslaufzeit zu ändern und anzupassen, folgt im Grunde schon aus der in Ziff. 6.1 verankerten Freiheit, die geeigneten Maßnahmen selbst festzulegen. Sie dient hier deshalb eher der Klarstellung.

8. Inanspruchnahme weiterer Auftragsverarbeiter (Ziff. 7)

9.50 M 9.1.7 Inanspruchnahme weiterer Auftragsverarbeiter

7. Inanspruchnahme weiterer Auftragsverarbeiter

7.1 Der Auftraggeber erteilt dem Auftragnehmer hiermit die allgemeine Genehmigung, weitere Auftragsverarbeiter hinsichtlich der Verarbeitung von Auftraggeber-Daten hinzuzuziehen. Die zum Zeitpunkt des Vertragsschlusses hinzugezogenen weiteren Auftragsverarbeiter ergeben sich aus Anlage 2. Generell nicht genehmigungspflichtig sind Vertragsverhältnisse mit Dienstleistern, die die Prüfung oder Wartung von Datenverarbeitungsverfahren oder -anlagen durch andere Stellen oder andere Nebenleistungen zum Gegenstand haben, auch wenn dabei ein Zugriff auf Auftraggeber-Daten nicht ausgeschlossen werden kann, solange der Auftragnehmer angemessene Regelungen zum Schutz der Vertraulichkeit der Auftraggeber-Daten trifft.

7.2 Der Auftragnehmer wird den Auftraggeber über beabsichtigte Änderungen in Bezug auf die Hinzuziehung oder die Ersetzung weiterer Auftragsverarbeiter informieren. Dem Auftraggeber steht im Einzelfall ein Recht zu, Einspruch gegen die Beauftragung eines potentiellen weiteren Auftragsverarbeiters zu erheben. Ein Einspruch darf vom Auftraggeber nur aus wichtigem, dem Auftragnehmer nachzuweisenden Grund erhoben werden. Soweit der Auftraggeber nicht innerhalb von 14 Tagen nach Zugang der Benachrichtigung Einspruch erhebt, erlischt sein Einspruchsrecht bezüglich der entsprechenden Beauftra-

---

40 *Hartung* in Kühling/Buchner, Art. 28 DSGVO Rz. 71.
41 *Art. 29-Datenschutzgruppe*, WP 169 v. 16.2.2010, S. 16 f.
42 *Jandt* in Kühling/Buchner, Art. 32 DSGVO Rz. 10.

gung. Erhebt der Auftraggeber Einspruch, ist der Auftragnehmer berechtigt, den Hauptvertrag und diesen Vertrag mit einer Frist von 3 Monaten zu kündigen.

7.3 Der Vertrag zwischen dem Auftragnehmer und dem weiteren Auftragsverarbeiter muss letzterem dieselben Pflichten auferlegen, wie sie dem Auftragnehmer kraft dieses Vertrages obliegen. Die Parteien stimmen überein, dass diese Anforderung erfüllt ist, wenn der Vertrag ein diesem Vertrag entsprechendes Schutzniveau aufweist bzw. dem weiteren Auftragsverarbeiter die in Art. 28 Abs. 3 DSGVO festgelegten Pflichten auferlegt sind.

7.4 Unter Einhaltung der Anforderungen der Ziffer 2.5 dieses Vertrags gelten die Regelungen in dieser Ziffer 7 auch, wenn ein weiterer Auftragsverarbeiter in einem Drittstaat eingeschaltet wird. Der Auftraggeber bevollmächtigt den Auftragnehmer hiermit, in Vertretung des Auftraggebers mit einem weiteren Auftragsverarbeiter einen Vertrag unter Einbeziehung der EU-Standardvertragsklauseln für die Übermittlung personenbezogener Daten an Auftragsverarbeiter in Drittländern vom 5.2.2010 zu schließen. Der Auftraggeber erklärt sich bereit, an der Erfüllung der Voraussetzungen nach Art. 49 DSGVO im erforderlichen Maße mitzuwirken.

a) Ratio

In Ziff. 7 werden die Voraussetzungen für die Begründung von **Unterauftragsverarbeitungsverhält-** **nissen** – nach dem Sprachgebrauch der DSGVO „der Inanspruchnahme weiterer Auftragsverarbeiter" – normiert und Vorgaben für das Verfahren der Einschaltung von Unterauftragnehmern sowie der Durchführung der Unterauftragsverhältnisse gemacht. Die Regelung dient der Umsetzung von Art. 28 Abs. 3 Satz 2 lit. d DSGVO. 9.51

b) Einschaltung weiterer Auftragsverarbeiter (Ziff. 7.1)

Gemäß Art. 28 Abs. 3 Satz 2 lit. d DSGVO ist im Auftragsverarbeitungsvertrag festzulegen, dass der Auftragnehmer die in Art. 28 Abs. 2 und 4 genannten Bedingungen für die Inanspruchnahme der Dienste weiterer Auftragsverarbeiter einhält. Weil Abs. 2 hierbei aber die **Wahlmöglichkeit** zwischen einer **Allgemeingenehmigung** und einer **Einzelfallgenehmigung** eröffnet, macht es für den Auftragnehmer Sinn, sich in dem Vertrag die größtmögliche, von der DSGVO zugelassene Freiheit bei der Hinzuziehung von weiteren Auftragsverarbeitern direkt im Vertrag zugestehen zu lassen. 9.52

Die DSGVO sieht in Art. 28 Abs. 2 DSGVO ausdrücklich vor, dass der Auftragsverarbeiter weitere Auftragsverarbeiter (also nach bisherigem Sprachgebrauch „Unterauftragsverarbeiter") in Anspruch nehmen kann, verlangt insoweit aber, dass eine vorherige schriftliche Genehmigung des Verantwortlichen vorliegt[43]. 9.53

Die von Art. 28 Abs. 2 DSGVO eröffnete Wahlmöglichkeit wird hier auftragnehmerfreundlich in Form der **Allgemeingenehmigung** genutzt. Der Auftraggeber erteilt dem Auftragnehmer somit in Ziff. 7.1 eine generell wirkende Zustimmung, weitere Auftragsverarbeiter einzusetzen. 9.54

Das Muster sieht vor, dass die zum Zeitpunkt des Vertragsabschlusses bereits **bestehenden Unterauftragsverhältnisse** in einer Anlage 2 zu dem Muster spezifiziert werden. Dies macht auch für den Auftragnehmer Sinn, weil er nach Art. 28 Abs. 2 Satz 2 DSGVO im Falle einer Allgemeingenehmigung verpflichtet ist, den Auftraggeber über die beabsichtigten Hinzuziehungen und etwaige Änderungen zu informieren. So ist der Status quo dokumentiert und es erübrigt sich eine gesonderte Mitteilung des Auftragnehmers im Hinblick auf die in Anlage 2 benannten Auftragsverarbeiter. Die Information kann freilich auch außerhalb einer Vertragsanlage erfolgen. Wäre das gewünscht, könnte der Vertrag etwa auch stattdessen einen Passus enthalten, wonach der Auftragnehmer den Auftraggeber nach Vertragsschluss über die bereits hinzugezogenen weiteren Auftragsverarbeiter informiert. Der Nachteil wäre, 9.55

---

43 Zum Begriff der Genehmigung siehe Teil 2, Rz. 8.74.

dass dem Auftraggeber dann ggf. noch ein nicht abdingbares Einspruchsrecht gegen diese weiteren Auftragsverarbeiter zustehen würde (dazu sogleich).

9.56 Da die DSGVO (im Unterschied zu § 11 Abs. 5 BDSG a.F.) für **Wartungsleistungen** nicht mehr ausdrücklich eine entsprechende Anwendung der Regelungen zur Auftragsverarbeitung anordnet, nutzt Ziff. 7.1 Satz 2 des Musters den hieraus resultierenden Spielraum und ordnet für solche Leistungen – nebst anderen sog. **Nebenleistungen**[44] – Genehmigungsfreiheit an, indem sie solche Dienstleister nicht als „weitere Auftragsverarbeiter" qualifiziert[45].

c) Regelung zum Einspruchsverfahren (Ziff. 7.2)

9.57 Entscheidet man sich für die Allgemeingenehmigung, besteht die Kehrseite der Medaille für den Auftragnehmer darin, dass dem Auftraggeber nach Art. 28 Abs. 2 Satz 2 DSGVO ein Recht zusteht, **Einspruch gegen** jede beabsichtigte **Hinzuziehung oder Ersetzung** eines weiteren Auftragsverarbeiters zu erheben.

Auch wenn die DSGVO die Rechtsfolge eines solchen Einspruchs nicht explizit bestimmt, ist wohl davon auszugehen, dass ein Einspruch des Verantwortlichen zu der **Unzulässigkeit** der Inanspruchnahme des jeweiligen Unterbeauftragten führt[46].

9.58 Diese gesetzliche Regelung steht im Konflikt zu der bisher üblichen Praxis vieler Auftragsverarbeiter (vor allem bei Cloud Services), sich eine allgemeine Freizeichnung für Unterauftragsverhältnisse ohne Verhinderungsmöglichkeit des Auftraggebers auszubedingen[47]. Solche Gestaltungen sind unter der DSGVO nicht mehr möglich.

aa) Beschränkung des Einspruchsrechts

9.59 Teilweise wird jedoch vertreten, dass der Auftraggeber von seinem Einspruchsrecht nur Gebrauch machen dürfe, wenn der Auftragnehmer beabsichtigt, Unterauftragnehmer einzusetzen, die nicht von der Genehmigung erfasst sind oder nicht den Anforderungen an Auftragsverarbeiter nach der DSGVO entsprechen[48]. Dem Gesetzeswortlaut lässt sich die Beschränkung freilich nicht entnehmen. Das Muster führt hier deshalb zugunsten des Auftragnehmers in Ziff. 7.2 Satz 2 eine vertragliche **Eingrenzung des Einspruchsrechts** dergestalt ein, dass er vom Auftraggeber nur aus einem wichtigen Grund erhoben werden darf, welcher dem Auftragnehmer nachzuweisen ist. Ferner ist eine (kurze) **Frist** für die Einlegung des Einspruchs vorgesehen, damit der Auftragnehmer alsbald Rechtssicherheit darüber hat, ob er einen bestimmten weiteren Auftragsverarbeiter einsetzen darf oder nicht. Dies ist für den Auftragnehmer dann eine wichtige Regelung, wenn die Unterbeauftragung sich nicht nur auf das eine Vertragsverhältnis mit dem Auftraggeber bezieht, sondern auf sämtliche Kundenbeziehungen und er deshalb die Umsetzung erst beginnen kann, wenn er sicher sein kann, dass von keinem Auftraggeber ein Einspruch erhoben worden ist.

bb) Kündigungsrecht des Auftragnehmers

9.60 Gerade in solchen Fallgestaltungen einer sehr stark homogenisierten Auftragsverarbeitungslistung für eine Vielzahl von Kunden (wie z.B. im Fall des Cloud Computing) kann es für den Auftragnehmer wirtschaftlich oder operativ unmöglich oder unzumutbar sein, wegen eines Einspruchs einzelner oder weniger Auftraggeber für diese auf einen alternativen Unterauftragnehmer umzuschwenken. Für sol-

---

44 Zum Begriff der Nebenleistung siehe Teil 2, Rz. 8.76.
45 Zur Annahme einer Auftragsverarbeitung bei Wartungslistungen bereits bei der Möglichkeit des Zugriffs auf personenbezogene Daten siehe *DSK*, Kurzpapier Nr. 13 v. 17.12.2018, S. 3 f.
46 So auch *Martini* in Paal/Pauly, Art. 28 DSGVO Rz. 61.
47 *Laue/Kremer*, § 5 Rz. 24.
48 *Plath* in Plath, Art. 28 DSGVO Rz. 18, der vertritt, dass es sich sonst um ein Recht zum nachträglichen Entzug der Genehmigung handeln würde.

che Fälle sieht Ziff. 7.2 Satz 4 deshalb ein Recht des Auftragnehmers vor, sich von dem Hauptvertrag und dem Auftragsverarbeitungsvertrag zu lösen.

d) Anforderung an den Inhalt des Unterauftragsverarbeitungsvertrags (Ziff. 7.3)

Art. 28 Abs. 3 Satz 2 lit. d DSGVO verlangt per se neben der Verpflichtung des Auftragnehmers auf die Einhaltung der gesetzlichen Regelungen in Art. 28 Abs. 2 und 4 DSGVO zur Einschaltung weiterer Auftragsverarbeiter keine weitergehenden Regelungen im Auftragsverarbeitungsvertrag. Für den Auftragnehmer macht es aber Sinn, die gesetzlichen Festlegungen insbesondere in Art. 28 Abs. 4 DSGVO näher auszukonturieren, wie es in Ziff. 7.3 des Musters erfolgt. **9.61**

So ist nicht ganz klar, welchen **Regelungsgehalt** das Gesetz für den Vertrag mit dem weiteren Auftragsverarbeiter genau verlangt. Nach dem Wortlaut von Art. 28 Abs. 4 Satz 1 DSGVO müssen dem weiteren Auftragsverarbeiter „dieselben Datenschutzpflichten auferlegt" werden, die im Auftragsverarbeitungsvertrag zwischen Auftraggeber und Auftragnehmer enthalten sind. Die Formulierung könnte dafür sprechen, dass die Pflichten 1:1 auf das Unterauftragsverhältnis zu übertragen seien mit der Folge, dass keinerlei Abweichungen zulässig wären. Ob die Anforderung in Art. 28 Abs. 4 DSGVO aber tatsächlich so strikt zu interpretieren ist, erscheint zweifelhaft. Eine identische **Spiegelung der Regelungen aus dem übergeordneten Auftragsverarbeitungsvertrag** wäre beispielsweise oftmals nicht sinnvoll, wo der weitere Auftragsverarbeiter nur Teile der Verarbeitungsleistung übernimmt. Es dürfte prinzipiell deshalb wohl genügen, wenn der Vertrag mit dem weiteren Auftragsverarbeiter sämtliche nach Art. 28 Abs. 3 geforderten Regelungen enthält und sich bei der inhaltlichen Ausgestaltung an den Vorgaben des übergeordneten Vertrages orientiert[49]. **9.62**

Um hier zugunsten des Auftragnehmers größere Klarheit über den Verpflichtungsgehalt des Unterauftragsverarbeitungsvertrages zu erzeugen, wird dieses Verständnis in Ziff. 7.3 des Musters festgeschrieben. **9.63**

e) Unterauftragnehmer in Drittländern (Ziff. 7.4)

Soll ein weiterer Auftragsverarbeiter in einem Drittland (also außerhalb der EU bzw. des EWR) eingeschaltet werden, muss auch die Datenschutzkonformität auf der 2. Stufe sichergestellt sein (siehe hierzu Teil 2, Rz. 8.84). Weil in einer solchen Konstellation der **Auftraggeber** als **Datenexporteur** i.S.d. Art. 44 ff. DSGVO und der **Unterauftragnehmer** als **Datenimporteur** einzustufen ist, müssen diese beiden Unternehmen Vertragsparteien eines etwa zur Absicherung gewählten EU-Standardvertrags[50] sein[51]. Das Muster macht insoweit zugunsten des Auftragnehmers von der Möglichkeit[52] Gebrauch, den Auftragnehmer zum Abschluss eines solchen Vertrags namens des Auftraggebers zu **bevollmächtigen**. Eine solche Vorgehensweise ist vor allem dann sinnvoll, wenn eine Vielzahl von Unterauftragnehmern eingeschaltet werden soll. **9.64**

---

49 In diesem Sinne wohl auch *Hartung* in Kühling/Buchner, Art. 28 DSGVO Rz. 89.

50 Beschluss (K (2010) 593) der Kommission vom 5.2.2010 über Standardvertragsklauseln für die Übermittlung personenbezogener Daten an Auftragsverarbeiter in Drittländern nach der Richtlinie 95/46/EG des Europäischen Parlaments und des Rates (2010/87/EU), ABl. EU Nr. L 39, 5., abrufbar unter http://eur-lex.europa.eu/LexUriServ/LexUriServ.do?uri=OJ:L:2010:039:0005:0018:DE:PDF; siehe umfassend zu den Auswirkungen der Schrems II-Rechtsprechung des EuGH hierauf auch *Moos/Rothkegel*, ZD 2020, 522; *Moos/Schefzig/Strassemeyer* in Moos/Schefzig/Arning, Kap. 22 Rz. 103 ff.

51 *Lange/Filip* in BeckOK DatenschutzR, Art. 46 DSGVO Rz. 40; noch zum BDSG a.F. siehe *Düsseldorfer Kreis*, Handreichung zur rechtlichen Bewertung von Fallgruppen zur internationalen Auftragsdatenverarbeitung v. 28.3.2007, S. 4; *Moos*, CR 2010, 281 (285); zur DSGVO a.A. *Golland*, NJW 2020, 2593 (2595 f.).

52 *Lange/Filip* in BeckOK DatenschutzR, Art. 46 DSGVO Rz. 42; *Art. 29-Datenschutzgruppe*, WP 176 v. 12.7.2010, S. 4.

9. Rechte der betroffenen Personen (Ziff. 8)

9.65 **M 9.1.8 Rechte der betroffenen Personen**

8. Rechte der betroffenen Personen

8.1 Der Auftragnehmer wird den Auftraggeber mit technischen und organisatorischen Maßnahmen im Rahmen des Zumutbaren dabei unterstützen, seiner Pflicht zur Beantwortung von Anträgen auf Wahrnehmung der ihnen zustehenden Rechte betroffener Personen nachzukommen.

8.2 Soweit eine betroffene Person einen Antrag auf Wahrnehmung der ihr zustehenden Rechte unmittelbar gegenüber dem Auftragnehmer geltend macht, wird der Auftragnehmer dieses Ersuchen zeitnah an den Auftraggeber weiterleiten.

8.3 Der Auftragnehmer wird dem Auftraggeber Informationen über die gespeicherten Auftraggeber-Daten, die Empfänger von Auftraggeber-Daten, an die der Auftragnehmer sie auftragsgemäß weitergibt, und den Zweck der Speicherung mitteilen, sofern dem Auftraggeber diese Informationen nicht selbst vorliegen oder er sie sich selbst beschaffen kann.

8.4 Der Auftragnehmer wird es dem Auftraggeber ermöglichen, im Rahmen des Zumutbaren und Erforderlichen gegen Erstattung der dem Auftragnehmer hierdurch entstehenden nachzuweisenden Aufwände und Kosten, Auftraggeber-Daten zu berichtigen, zu löschen oder ihre weitere Verarbeitung einzuschränken oder auf Verlangen des Auftraggebers die Berichtigung, Sperrung oder Einschränkung der weiteren Verarbeitung selbst vornehmen, wenn und soweit das dem Auftraggeber selbst unmöglich ist.

8.5 Soweit die betroffene Person gegenüber dem Auftraggeber ein Recht auf Datenübertragbarkeit bezüglich der Auftraggeber-Daten nach Art. 20 DSGVO besitzt, wird der Auftragnehmer den Auftraggeber im Rahmen des Zumutbaren und Erforderlichen gegen Erstattung der dem Auftragnehmer hierdurch entstehenden nachzuweisenden Aufwände und Kosten bei der Bereitstellung der Auftraggeber-Daten in einem gängigen und maschinenlesbaren Format unterstützen, wenn der Auftraggeber sich die Daten nicht anderweitig beschaffen kann.

a) Ratio

9.66 Ziff. 8 normiert **Unterstützungspflichten des Auftragnehmers** im Hinblick auf die Beantwortung von Anträgen betroffener Personen auf Wahrnehmung ihrer Rechte nach Kapitel III DSGVO. Die Regelung setzt insoweit Art. 28 Abs. 3 Satz 2 lit. e DSGVO um, wobei hier im Sinne einer auftragnehmerfreundlichen Regelung der Verpflichtungsgehalt des Musters ein sehr geringes Maß hat.

b) Generelle Unterstützungspflicht des Auftragnehmers (Ziff. 8.1)

9.67 Gemäß Art. 28 Abs. 3 Satz 2 lit. e DSGVO ist in dem Auftragsverarbeitungsvertrag festzulegen, dass der Auftragsverarbeiter den Verantwortlichen nach Möglichkeit mit geeigneten technischen und organisatorischen Maßnahmen dabei unterstützt, seiner Pflicht zur Beantwortung von **Anträgen auf Wahrnehmung der in Kapitel III genannten Rechte der betroffenen Personen** nachzukommen. In Ziff. 8.1 des Musters wird diese übergreifende **Unterstützungspflicht** des Auftragnehmers festgeschrieben, wobei zugunsten des Auftragnehmers ein Zumutbarkeitsvorbehalt explizit verankert wird.

c) Verweisung durch den Auftragnehmer (Ziff. 8.2)

9.68 Die Pflicht zur Beantwortung von Anträgen betroffener Personen auf Geltendmachung eines ihrer Rechte nach Kapitel III der DSGVO trifft allein den Verantwortlichen. Damit dieser seinen Verpflichtungen aus Art. 12 ff. DSGVO auch nachkommen kann, sieht Ziff. 8.2 vor, dass der Auftragnehmer ein etwa an ihn herangetragenes Ersuchen einer betroffenen Person auf Geltendmachung ihrer Rechte an den Auftraggeber weiterleitet.

d) Unterstützung bei der Erfüllung einzelner Rechte (Ziff. 8.3–8.5)

In den Ziff. 8.3–8.5 spezifiziert das Muster die Unterstützungspflichten in Bezug auf einzelne, den betroffenen Personen ggf. zustehende Rechte. **9.69**

Sämtliche Unterstützungen sind hier zugunsten des Auftragnehmers an die **Erstattung** der dem Auftragnehmer entstehenden **Aufwände** und **Kosten** gebunden und greifen allesamt nur ein, wenn der Auftraggeber auf die Mitwirkung des Auftragnehmers angewiesen ist. Die Vereinbarung des Kostenerstattungsanspruchs ist naturgemäß eine Frage der wirtschaftlichen Verhandlungsposition. Sie schützt aber evtl. auch den Auftraggeber vor versteckten, höheren Aufschlägen auf den Leistungspreis, wenn der Auftragnehmer den Umfang seiner Inanspruchnahme für solche Unterstützungen nicht verlässlich prognostizieren kann.

aa) Unterstützung bei Informationspflicht (Ziff. 8.3)

Im Falle der Auftragsverarbeitung kann es sein, dass der Auftraggeber zur Erfüllung der **Informationspflichten** nach Art. 13 und Art. 14 DSGVO auf die Unterstützung des Auftragnehmers angewiesen ist, weil er für sich z.B. nicht über alle für eine Auskunft notwendigen Informationen verfügt. Ziff. 8.3 verpflichtet den Auftragnehmer deshalb zu zumutbaren Unterstützungen durch Bereitstellung beim Auftraggeber nicht vorhandener Informationen. **9.70**

bb) Unterstützung bei Berichtigung, Löschung und Einschränkung der Verarbeitung (Ziff. 8.4)

Ziff. 8.4 regelt die Unterstützung durch den Auftragnehmer im Hinblick auf die **Berichtigung, Löschung und Einschränkung der Verarbeitung** der Daten nach Art. 16–18 DSGVO. Die Verpflichtung ist zweigestuft: im ersten Schritt soll der Auftragnehmer es dem Auftraggeber ermöglichen, diese Maßnahmen selbst zu ergreifen. Nur wenn dies dem Auftraggeber selbst nicht möglich ist, obliegt es dem Auftragnehmer, die Daten in seinen Systemen zu berichtigen, zu löschen oder deren Verarbeitung einzuschränken. **9.71**

cc) Datenübertragbarkeit (Ziff. 8.5)

Eine eigenständige Regelung hat in Ziff. 8.5 die Pflicht zur Unterstützung bei der **Datenübertragbarkeit** nach Art. 20 DSGVO erfahren. Die Regelung verpflichtet den Auftragnehmer – unter den oben bereits erläuterten Bedingungen – sicher zu stellen, dass eine Ausgabe der Daten in einem den Anforderungen des Art. 20 Abs. 1 DSGVO entsprechenden Format erfolgen kann. **9.72**

10. Mitteilungs- und Unterstützungspflichten des Auftragnehmers (Ziff. 9)

M 9.1.9 Mitteilungs- und Unterstützungspflichten des Auftragnehmers **9.73**

9. Mitteilungs- und Unterstützungspflichten des Auftragnehmers

9.1 Soweit den Auftraggeber eine gesetzliche Melde- oder Benachrichtigungspflicht wegen einer Verletzung des Schutzes von Auftraggeber-Daten (insbesondere nach Art. 33, 34 DSGVO) trifft, wird der Auftragnehmer den Auftraggeber zeitnah über etwaige meldepflichtige Ereignisse in seinem Verantwortungsbereich informieren. Der Auftragnehmer wird den Auftraggeber bei der Erfüllung der Melde- und Benachrichtigungspflichten auf dessen Ersuchen im Rahmen des Zumutbaren und Erforderlichen gegen Erstattung der dem Auftragnehmer hierdurch entstehenden nachzuweisenden Aufwände und Kosten unterstützen.

9.2 Der Auftragnehmer wird den Auftraggeber im Rahmen des Zumutbaren und Erforderlichen gegen Erstattung der dem Auftragnehmer hierdurch entstehenden nachzuweisenden Aufwände und Kosten bei etwa vom Auftraggeber durchzuführenden Datenschutz-Folgenabschätzungen und sich gegebenenfalls anschließenden Konsultationen der Aufsichtsbehörden nach Art. 35, 36 DSGVO unterstützen.

a) Ratio

9.74 Art. 28 Abs. 3 Satz 2 lit. f DSGVO verlangt Festlegungen zu der vom Auftragsverarbeiter zu leistenden **Unterstützung** bei der Einhaltung der den Verantwortlichen treffenden Pflichten nach Art. 32-36 DSGVO. In dieser Ziff. 9 erfolgt eine Spezifizierung dieser Unterstützungspflichten, die auftragnehmerfreundlich nur sehr rudimentär erfolgt.

b) Unterstützung bei Datensicherheitsvorfällen (Ziff. 9.1)

9.75 Ziff. 9.1 regelt die Unterstützung im Hinblick auf etwaige Meldungen oder Benachrichtigungen bei **Datenpannen** nach Art. 33 und 34 DSGVO. Das Muster beschränkt sich hierbei auf das Notwendigste, um den Verpflichtungsumfang für den Auftragnehmer möglichst gering zu halten.

9.76 In Ziff. 9.1 Satz 1 findet sich eine Pflicht des Auftragnehmers, eine Verletzung des Schutzes personenbezogener Daten unverzüglich nach deren Bekanntwerden dem Auftraggeber zu melden, wie es bereits nach **Art. 33 Abs. 2 DSGVO** verpflichtend ist. Die **Meldepflicht** in Ziff. 9.1 ist deshalb nicht konstitutiv, sondern gibt zunächst nur die gesetzliche Lage wieder.

9.77 Ziff. 9.1 Satz 2 verpflichtet den Auftragnehmer recht abstrakt auf weitere Unterstützungsmaßnahmen zur Erfüllung der gesetzlichen Verpflichtungen des Auftraggebers nach Art. 33, 34 DSGVO, wobei die Unterstützung wiederum unter dem Vorbehalt der Zumutbarkeit und Erforderlichkeit steht und gegen Erstattung der dem Auftragnehmer hierdurch entstehenden, nachzuweisenden Aufwände und Kosten erfolgen soll.

c) Datenschutz-Folgenabschätzungen (Ziff. 9.2)

9.78 Die im Vertrag zu regelnde Unterstützungspflicht durch den Auftragsverarbeiter erstreckt sich nach Art. 28 Abs. 3 Satz 2 lit. f DSGVO schließlich auch auf die Pflichten des Verantwortlichen zur Durchführung von **Datenschutz-Folgenabschätzungen** und sich gegebenenfalls anschließenden Konsultationen der Aufsichtsbehörden nach Art. 35, 36 DSGVO. Diesem Zweck dient Ziff. 9.2, wobei auch hier wiederum auftragnehmerfreundlich nur eine Minimalregelung erfolgt ist.

11. Datenlöschung (Ziff. 10)

9.79 **M 9.1.10 Datenlöschung**

10. Datenlöschung

10.1 Der Auftragnehmer wird die Auftraggeber-Daten nach Beendigung dieses Vertrages löschen, sofern nicht gesetzlich eine Verpflichtung des Auftragnehmers zur weiteren Speicherung der Auftraggeber-Daten besteht.

10.2 Dokumentationen, die dem Nachweis der auftrags- und ordnungsgemäßen Verarbeitung von Auftraggeber-Daten dienen, dürfen durch den Auftragnehmer auch nach Vertragsende aufbewahrt werden.

a) Ratio

Ziff. 10 regelt den Umgang mit den Auftraggeber-Daten nach Erfüllung der Vertragszwecke. Insbesondere macht die Vorschrift Vorgaben zur **Rückgabe und Löschung der Daten** und setzt damit die Anforderungen gem. Art. 28 Abs. 3 Satz 2 lit. g DSGVO um. 9.80

b) Vorgaben zu Datenlöschung und Datenrückgabe

Art. 28 Abs. 3 Satz 2 lit. g DSGVO verlangt, dass in dem Auftragsverarbeitungsvertrag eine Pflicht des Auftragsverarbeiters vorzusehen ist, nach Abschluss der Verarbeitungsleistungen die Daten nach Wahl des Verantwortlichen zu löschen oder zurückzugeben (sofern nicht eine gesetzliche **Aufbewahrungspflicht** besteht). Diese Anforderung wird in Ziff. 10 des Musters umgesetzt, wobei hier auftragnehmerfreundlich nur Basisvorgaben zur Löschung geregelt werden. 9.81

aa) Löschung bei Vertragsende (Ziff. 10.1)

In Ziff. 10.1 des Musters findet sich die Basisregelung, nach der der Auftragnehmer die Daten nach Vertragsbeendigung zu löschen hat. Eine Herausgabe ist explizit nicht vorgesehen, so dass der Auftraggeber hiermit bereits die Wahlmöglichkeit zwischen **Löschung** und Herausgabe ausgeübt hat. Soll eine Herausgabe erfolgen, müsste die Vertragsregelung also angepasst werden. 9.82

Konkrete Vorgaben zur Art der Löschung (siehe hierzu Teil 2, Rz. 8.126) sind nicht vereinbart. Der Auftragnehmer kann deshalb selbst festlegen, wie er die Löschung vornimmt. Er muss sich freilich an die Vorgaben der DSGVO halten. Darin ist der Begriff der Löschung zwar nicht näher definiert; er bedeutet aber ein Unkenntlichmachen von Daten[53], durch das bewirkt werden soll, dass die in den zu löschenden Daten enthaltenen Informationen nicht mehr mit verhältnismäßigem Aufwand zur Kenntnis genommen werden können[54]. 9.83

bb) Aufbewahrung von Nachweisen (Ziff. 10.2)

Der Auftragnehmer hat ein Interesse daran, die Vertrags- und Datenschutzkonformität seines Handelns auch nach Vertragsbeendigung belegen zu können. Die Löschpflicht nach Ziff. 10.1 soll sich deshalb nicht auf Dokumentationen erstrecken, die dem Nachweis der auftrags- und ordnungsgemäßen Verarbeitung von Auftraggeber-Daten dienen. Ziff. 10.2 berechtigt den Auftragnehmer vor diesem Hintergrund, solche **Dokumentationen** auch noch nach Vertragsende aufzubewahren. 9.84

12. Nachweise und Überprüfungen (Ziff. 11)

M 9.1.11 Nachweise und Überprüfungen 9.85

11. Nachweise und Überprüfungen

11.1 Der Auftragnehmer wird dem Auftraggeber auf dessen Anforderung alle erforderlichen und beim Auftragnehmer vorhandenen Informationen zum Nachweis der Einhaltung seiner Pflichten nach diesem Vertrag zur Verfügung stellen.

11.2 Der Auftraggeber ist berechtigt, den Auftragnehmer bezüglich der Einhaltung der Regelungen dieses Vertrages, insbesondere der Umsetzung der technischen und organisatorischen Maßnahmen, zu überprüfen; einschließlich durch Inspektionen.

11.3 Zur Durchführung von Inspektionen nach Ziffer 11.2 ist der Auftraggeber berechtigt, im Rahmen der üblichen Geschäftszeiten (montags bis freitags von 10 bis 18 Uhr) nach rechtzeitiger Vorankündigung

---

53 *Laue/Kremer*, § 4 Rz. 47.
54 *Herbst* in Kühling/Buchner, Art. 17 DSGVO Rz. 37.

gemäß Ziffer 11.5 auf eigene Kosten, ohne Störung des Betriebsablaufs und unter strikter Geheimhaltung von Betriebs- und Geschäftsgeheimnissen des Auftragnehmers die Geschäftsräume des Auftragnehmers zu betreten, in denen Auftraggeber-Daten verarbeitet werden.

11.4 Der Auftragnehmer ist berechtigt, nach eigenem Ermessen unter Berücksichtigung der gesetzlichen Verpflichtungen des Auftraggebers, Informationen nicht zu offenbaren, die sensibel im Hinblick auf die Geschäfte des Auftragnehmers sind oder wenn der Auftragnehmer durch deren Offenbarung gegen gesetzliche oder andere vertragliche Regelungen verstoßen würde. Der Auftraggeber ist nicht berechtigt, Zugang zu Daten oder Informationen über andere Kunden des Auftragnehmers, zu Informationen hinsichtlich Kosten, zu Qualitätsprüfungs- und Vertrags-Managementberichten sowie zu sämtlichen anderen vertraulichen Daten des Auftragnehmers, die nicht unmittelbar relevant für die vereinbarten Überprüfungszwecke sind, zu erhalten.

11.5 Der Auftraggeber hat den Auftragnehmer rechtzeitig (in der Regel mindestens zwei Wochen vorher) über alle mit der Durchführung der Überprüfung zusammenhängenden Umstände zu informieren. Der Auftraggeber darf eine Überprüfung pro Kalenderjahr durchführen. Weitere Überprüfungen erfolgen gegen Kostenerstattung und nach Abstimmung mit dem Auftragnehmer.

11.6 Beauftragt der Auftraggeber einen Dritten mit der Durchführung der Überprüfung, hat der Auftraggeber den Dritten schriftlich ebenso zu verpflichten, wie auch der Auftraggeber aufgrund dieser Ziffer 11 dieses Vertrags gegenüber dem Auftragnehmer verpflichtet ist. Zudem hat der Auftraggeber den Dritten auf Verschwiegenheit und Geheimhaltung zu verpflichten, es sei denn, dass der Dritte einer beruflichen Verschwiegenheitsverpflichtung unterliegt. Auf Verlangen des Auftragnehmers hat der Auftraggeber ihm die Verpflichtungsvereinbarungen mit dem Dritten unverzüglich vorzulegen. Der Auftraggeber darf keinen Wettbewerber des Auftragnehmers mit der Kontrolle beauftragen.

11.7 Nach Wahl des Auftragnehmers kann der Nachweis der Einhaltung der Pflichten nach diesem Vertrag anstatt durch eine Inspektion auch durch die Vorlage eines geeigneten, aktuellen Testats oder Berichts einer unabhängigen Instanz (z.B. Wirtschaftsprüfer, Revision, Datenschutzbeauftragter, IT-Sicherheitsabteilung, Datenschutzauditoren oder Qualitätsauditoren) oder einer geeigneten Zertifizierung durch IT-Sicherheits- oder Datenschutzaudit – z.B. nach BSI-Grundschutz – („Prüfungsbericht") erbracht werden, wenn der Prüfungsbericht es dem Auftraggeber in angemessener Weise ermöglicht, sich von der Einhaltung der Vertragspflichten zu überzeugen.

a) Ratio

9.86 Ziff. 11 des Musters setzt die Gestaltungsanforderung gem. Art. 28 Abs. 3 Satz 2 lit. h DSGVO um, wonach in dem Vertrag festzulegen ist, dass der Auftragsverarbeiter dem Verantwortlichen alle erforderlichen **Informationen zum Nachweis** der Einhaltung seiner Auftragsverarbeiter-Pflichten zur Verfügung stellt und **Überprüfungen** ermöglicht und dazu beiträgt. Zusätzlich enthält Ziff. 11 einige diesbezügliche **Schutzvorschriften** zugunsten des Auftragnehmers.

b) Nachweise (Ziff. 11.1)

9.87 Ziff. 11.1 normiert die **Informations- und Nachweisverpflichtung** des Auftragnehmers, indem ihm aufgegeben wird, dem Auftraggeber die erforderlichen Informationen zum Nachweis der Vertragskonformität vorzulegen.

9.88 Die Formulierung versucht, im Rahmen des von Art. 28 Abs. 3 Satz 2 lit. h DSGVO überhaupt Gestatteten, die Modalitäten der Information so auftragnehmerfreundlich wie möglich zu gestalten, indem festgeschrieben wird, dass die Informationen nur auf Verlangen (also nicht proaktiv) und nur in dem Umfang herauszugeben sind, wie sie beim Auftragnehmer auch vorhanden sind.

c) Überprüfungsrecht des Auftraggebers (Ziff. 11.2)

Art. 28 DSGVO macht keine Vorgaben dazu, ob und wie der Verantwortliche den Auftragsverarbeiter kontrollieren und seine Verarbeitungstätigkeit überwachen muss[55]. Allerdings wird aus Art. 28 DSGVO eine generelle Pflicht des Auftraggebers zur Überprüfung der Datenverarbeitung durch den Auftragnehmer während des gesamten Zeitraums der Verarbeitung abgeleitet[56]. Auch ergibt sich eine solche Verpflichtung des Auftraggebers mittelbar aus Art. 5 Abs. 2 i.V.m. Art. 24 Abs. 1 DSGVO[57]. Der Auftraggeber muss deshalb vertraglich sicherstellen, dass er ausreichende Kontrollbefugnisse hat. Ziff. 11.2 gewährt dem Auftraggeber deshalb in Umsetzung von Art. 28 Abs. 3 Satz 2 lit. h DSGVO das **Recht zu entsprechenden Überprüfungen einschließlich Inspektionen**. 9.89

aa) Gegenstand der Überprüfungen

Der Gegenstand der Kontrollen, zu denen der Auftraggeber nach Ziff. 11.2 berechtigt sein soll, bezieht sich – entsprechend der Vorgabe in Art. 28 Abs. 3 Satz 2 lit. h DSGVO – auf die **Einhaltung der Vertragspflichten**, wobei im Muster beispielhaft explizit die Einhaltung der getroffenen technischen und organisatorischen Maßnahmen erwähnt wird. 9.90

bb) Vor-Ort-Kontrollen

Zu Gegenstand, Häufigkeit und Art der Überprüfungen sind keine genaueren Festlegungen erfolgt (siehe hierzu Teil 2, Rz. 8.139 ff.). Ausdrücklich verlangt Art. 28 Abs. 3 Satz 2 lit. h DSGVO nunmehr, dass der Auftragsverarbeiter auch „**Inspektionen**" ermöglicht und dazu beiträgt. Nach der wohl überwiegenden Ansicht sind hiermit Vor-Ort-Kontrollen gemeint[58]. Aus Gründen der Rechtssicherheit inkludiert das Muster deshalb trotz der Auftragnehmer-Freundlichkeit die grundsätzliche Möglichkeit einer solchen Vor-Ort-Kontrolle. 9.91

d) Durchführung von Inspektionen (Ziff. 11.3–11.6)

Vor-Ort-Kontrollen stellen grundsätzlich intensive Eingriffe in den Geschäftsbetrieb des Auftragnehmers dar. In den Ziff. 11.3–11.6 sind deshalb **Schutzvorschriften** zugunsten des Auftragnehmers enthalten, die einen Ausgleich des Prüfungsinteresses des Auftraggebers mit der unternehmerischen Freiheit des Auftragnehmers erreichen sollen. Eine restriktive Ausgestaltung der Kontrollrechte ist grundsätzlich nicht zu beanstanden, solange dem die (besondere) Schutzbedürftigkeit der Daten nicht entgegensteht[59]. 9.92

aa) Geschäftsräume des Auftragnehmers

Zunächst ist in Ziff. 11.3 des Musters festgelegt, dass Kontrollen nur in solchen Geschäftsräumen des Auftragnehmers stattfinden dürfen, in denen Auftraggeber-Daten verarbeitet werden. Dadurch soll sichergestellt werden, dass die Kontrollen nicht über das notwendige Maß hinausgehen und der Auftraggeber etwa **Rechenzentren** kontrolliert, in denen sich gar keine Auftraggeber-Daten befinden oder andere **Büro- oder Geschäftsräume**. 9.93

---

55 *Freund* in Schuster/Grützmacher, Art. 28 DSGVO Rz. 63; ähnlich hinsichtlich des „Wie" der Kontrollen: *Hartung* in Kühling/Buchner, Art. 28 DSGVO Rz. 60.

56 *Hartung* in Kühling/Buchner, Art. 28 DSGVO Rz. 60; *Martini* in Paal/Pauly, Art. 28 DSGVO Rz. 20; *Spoerr* in BeckOK DatenschutzR, Art. 28 DSGVO Rz. 35.

57 *Müthlein*, RDV 2016, 74 (77); *Hartung* in Kühling/Buchner, Art. 28 DSGVO Rz. 60.

58 *Spoerr* in BeckOK DatenschutzR, Art. 28 DSGVO Rz. 84; *Moos/Cornelius* in Moos/Schefzig/Arning, Kap. 7 Rz. 76.

59 *Bergt* in Taeger, Law as a Service (LaaS), S. 37 (42).

bb) Während der üblichen Geschäftszeiten

9.94 Die Überprüfung soll nur während der üblichen Geschäftszeiten erfolgen dürfen. Es ist vorgesehen, dass hierzu nähere Festlegungen in der Klausel erfolgen; also die „übliche Geschäftszeit" nach Tagen und Uhrzeiten genau bestimmt wird.

cc) Rechtzeitige Vorankündigung

9.95 Der Auftraggeber hat die Überprüfungen rechtzeitig anzukündigen. Näheres hierzu regelt Ziff. 11.5, die eine Regelfrist zur Ankündigung von 2 Wochen etabliert.

dd) Auf eigene Kosten

9.96 Ziff. 11.3 bestimmt auch, dass die Überprüfungen auf eigene Kosten des Auftraggebers zu erfolgen haben. Die **Erstattung von Aufwänden**, die dem Auftragnehmer selbst entstehen, ist in Ziff. 11.5 geregelt.

ee) Ohne Störung des Betriebsablaufs

9.97 Ferner hat die Überprüfung ohne Störung des Betriebsablaufs beim Auftragnehmer zu erfolgen. Durch diese Vorgabe soll sichergestellt werden, dass trotz der Kontrollen der übliche **Geschäftsbetrieb** des Auftragnehmers ungehindert weiterlaufen kann und nicht beeinträchtigt wird. Konkret bedeutet das, dass z.B. Systeme, mit denen Auftraggeber-Daten, aber auch Daten anderer Auftraggeber verarbeitet werden, nicht aus Anlass der Kontrolle abgeschaltet oder in einem anderen Betriebsmodus betrieben werden dürfen, dass Personal des Auftragnehmers nicht von seinen regulär zu erledigenden Aufgaben abgezogen werden darf, etc. Je nach Art der Datenverarbeitung kann es für den Auftragnehmer vorteilhaft sein, diese Regelung noch zu spezifizieren.

ff) Wahrung von Betriebs- und Geschäftsgeheimnissen (Ziff. 11.4)

9.98 Von besonderer Bedeutung ist für den Auftragnehmer regelmäßig, dass die Kontrollen des Auftraggebers unter Wahrung der **Betriebs- und Geschäftsgeheimnisse** des Auftragnehmers erfolgen. Ganz grundsätzlich wird der Auftragnehmer insoweit schon durch das AGB-Recht geschützt, wonach Allgemeine Geschäftsbedingungen (um die es sich bei vom Auftraggeber gestellten Auftragsverarbeitungsverträgen oft handeln wird), die zu weitgehende Kontrollrechte vorsehen, gegen § 307 Abs. 2 Nr. 1 BGB verstoßen können[60]. Der Vertrag muss deshalb angemessene **Schutzmaßnahmen** für die Geheimhaltungs- und sonstigen berechtigten Interessen des Auftragnehmers vorsehen. Dies ist für den Auftragnehmer seit Inkrafttreten des neuen Geschäftsgeheimnisgesetzes (GeschGehG) zum 26.4.2019 noch wichtiger: Denn nach dem GeschGehG sind Informationen nur geschützt, wenn sie geheim, von wirtschaftlichem Wert und zudem durch angemessene Maßnahmen geschützt sind. Zu Letzteren können auch vertragliche Regelungen gehören.

9.98a Diesem Ansinnen folgt der Wortlaut von Ziff. 11.3, der vom Auftraggeber explizit die strikte Geheimhaltung von Betriebs- und Geschäftsgeheimnissen des Auftragnehmers verlangt. Der Begriff ist nicht gesetzlich definiert, umfasst aber nach hergebrachter Definition alle nur einem begrenzten Personenkreis bekannten und nicht offenkundigen Tatsachen, die nach dem Willen des Unternehmens in den Grenzen seines berechtigten wirtschaftlichen Interesses geheim gehalten werden sollen[61]. Kommt es dem Auftragnehmer auf die Vertraulichkeit bestimmter Informationen an, könnte das Muster um eine beispielhafte Aufzählung der relevanten Betriebs- und Geschäftsgeheimnisse ergänzt werden. Ergänzende Regelungen zur Wahrung der berechtigten Geheimhaltungsinteressen des Auftragnehmers sind in Ziff. 11.4 enthalten.

---

[60] *Hoeren*, DuD 2010, 688 (690).
[61] Vgl. z.B. BAG v. 16.3.1982 – 3 AZR 83/79, AP Nr. 1 zu § 611 BGB Betriebsgeheimnis.

gg) Ankündigung, Häufigkeit und Kostentragung (Ziff. 11.5)

In Ziff. 11.5 wird der Auftraggeber verpflichtet, den Auftragnehmer rechtzeitig über alle mit der Durchführung der Überprüfung zusammenhängenden Umstände zu informieren. Es wird eine **Regelfrist von 2 Wochen** bestimmt. Die Zeitspanne von zwei Wochen soll dem Auftragnehmer die Möglichkeit geben, sich auf die Überprüfung vorzubereiten und die erforderlichen Dispositionen zu treffen; z.B. um dafür zu sorgen, dass kompetente Mitarbeiter vor Ort sind, die die Überprüfung begleiten und dem Auftraggeber Rede und Antwort stehen können. Für den Fall, dass sensible Bereiche wie z.B. ein Rechenzentrum inspiziert werden sollen, will der Auftragnehmer ggf. auch eine Personenüberprüfung durchführen. Auch hierfür sind Vorbereitungen zu treffen. 9.99

Indem das Muster die **zweiwöchige Ankündigungsfrist** als Regelfall festschreibt, gestattet es im Umkehrschluss allerdings auch kurzfristigere Ankündigungen. Das ist jedoch nur in Ausnahmefällen zulässig, welche in Ziff. 11.5 nicht näher definiert sind. Denkbar wäre etwa eine anlassbezogene Überprüfung, weil sich bei dem Auftragnehmer eine Datenpanne ereignet hat und deshalb die zwei Wochen nicht abgewartet werden können. 9.100

Zugunsten des Auftragnehmers ist in der Klausel auch eine **zahlenmäßige Begrenzung** auf eine Überprüfung pro Kalenderjahr enthalten. Ob dies ausreichend ist, muss im Einzelfall bestimmt werden. Ggf. müssten auch mehr Überprüfungen ermöglicht werden.

Der Auftragsverarbeiter hat in der Regel ein Interesse daran, seine Kostenlast durch die Mitwirkung an Überprüfungen gering und vor allem kalkulierbar zu halten. Der mit der Ermöglichung und Begleitung der Überprüfungen verbundene **Aufwand** ist für den Auftragnehmer jedoch kaum zu kalkulieren. Neben der Prüfungstiefe hängt dies maßgeblich auch von der Häufigkeit der Prüfungen ab. Beides liegt weitgehend in der Entscheidungshoheit des Auftraggebers. Erklärt sich der Auftraggeber nicht zur Übernahme der mit seinen Prüfungen verbundenen Kosten des Auftragnehmers und zur Abgeltung seiner Aufwendungen bereit, wird der Auftragnehmer daher typischerweise einen **Sicherheitsaufschlag** auf die Vergütung nach dem Hauptvertrag vornehmen. Das kann letztlich finanziell auch für den Auftraggeber nachteilig sein. Es ist deshalb im beiderseitigen Interesse, die Kostentragung zu regeln. Das Muster sieht zugunsten des Auftragnehmers deshalb eine **pauschale Aufwandsentschädigung** für Mitwirkungen an weiteren Überprüfungen vor. Alternativ ist auch die Vereinbarung eines Personenstunden- oder -tagessatzes möglich. 9.101

e) Einschaltung eines externen Prüfers (Ziff. 11.6)

Ziff. 11.6 enthält Sonderregelungen für die Durchführung von Überprüfungen durch vom Auftraggeber beauftragte Dritte. 9.102

Der Auftraggeber muss die Überprüfungen nicht selbst durchführen, wie sich schon aus Art. 28 Abs. 3 Satz 2 lit. h DSGVO ergibt. Teilweise werden ihm dazu auch das notwendige technische **Know-how** oder die **Personalkapazitäten** fehlen. Ziff. 11.6 gestattet es dem Auftraggeber deshalb, die Kontrollen durch einen **Bevollmächtigten**, wie z.B. einen externen **Sachverständigen**, einen **Auditor**, etc., vorzunehmen.

Durch die Einschaltung eines Dritten werden aber in besonderem Maße die Geheimhaltungsinteressen des Auftragnehmers berührt. So ist z.B. im Rahmen von § 809 BGB anerkannt, dass der Besichtigungsanspruch nicht gewährt werden kann, wenn **Betriebsgeheimnisse** des Betroffenen verletzt werden könnten[62]. Dasselbe muss deshalb erst recht bei dem hier von Art. 28 Abs. 3 Satz 2 lit. h DSGVO ermöglichten **anlassunabhängigen Überprüfungen** gelten, denn eine Gefahr der Verletzung von Betriebs- und Geschäftsgeheimnissen besteht bei der Durchführung solcher Kontrollen in besonderem Maße: Je nachdem, wie umfangreich die Überprüfung vor Ort ist, besteht jedenfalls grundsätzlich die Möglichkeit, dass bei einer Überprüfung der Datenverarbeitungsanlagen auch solche Dateien und In- 9.103

---

62 BGH v. 2.5.2002 – I ZR 45/01, CR 2002, 791 (794); *Gehrlein* in BeckOK BGB, § 809 BGB Rz. 5.

halte wahrgenommen werden, an deren Geheimhaltung der Auftragnehmer ein besonderes Interesse besitzt. Im Einzelfall erscheint es darüber hinaus nicht ausgeschlossen, die Beschaffenheit bestimmter Datenverarbeitungssysteme selbst als geheimhaltungsbedürftig anzusehen[63].

Die Regelungen in Ziff. 11.6 sollen dem Rechnung tragen, indem dem Auftraggeber aufgegeben wird, den von ihm mit der Kontrolle beauftragten Dritten schriftlich zur **Geheimhaltung** und zur Einhaltung der Kontrollschranken gemäß dieser Ziff. 11 zu verpflichten und dem Auftragnehmer diese **Verpflichtungsvereinbarung** auf Verlangen vorzulegen[64]. Grundsätzlich auch für den Auftragnehmer vorteilhaft ist es, wenn einer von Gesetzes wegen zur Verschwiegenheit verpflichteten Person oder Institution, wie z.B. einem unabhängigen Wirtschaftsprüfer, die entsprechenden Überprüfungen überantwortet werden. Zur weiteren Absicherung der Geheimhaltung wird es dem Auftraggeber untersagt, die Überprüfung von einem **Wettbewerber** des Auftragnehmers durchführen zu lassen.

f) Vorlage von Zertifikaten und Auditberichten (Ziff. 11.7)

9.104 Teilweise wird bei entsprechender Parteivereinbarung auch die Vorlage von Zertifizierungen ohne **Vor-Ort-Kontrolle** als ausreichend angesehen[65]. Je nach Auftragsgegenstand, Fallgestaltung und konkretem Anlass kann eine Kontrolle bei dem Auftragnehmer vor Ort deshalb evtl. auch entfallen. Hierbei wird es teilweise als eine zulässige Gestaltung angesehen, dass ein mit der Überprüfung betrauter **externer Prüfer** auch durch den Auftragnehmer direkt beauftragt wird[66]. Ziff. 11.7 gibt dem Auftragnehmer vor diesem Hintergrund das Recht, die Inspektion zu ersetzen durch die Vorlage von **Zertifikaten, Auditberichten** und anderer Ergebnisse von **Datenschutzprüfungen**. Der Auftraggeber kann dann auf dieser Grundlage seiner Überprüfungspflicht auch dadurch nachkommen, dass er diese Unterlagen und die darin enthaltenen Feststellungen über die Verarbeitungspraktiken des Auftragsverarbeiters prüft.

13. Vertragsdauer und Kündigung (Ziff. 12)

9.105 **M 9.1.12 Vertragsdauer und Kündigung**

12. Vertragsdauer und Kündigung

Die Laufzeit und Kündigung dieses Vertrags richtet sich nach den Bestimmungen zur Laufzeit und Kündigung des Hauptvertrags. Eine Kündigung des Hauptvertrags bewirkt automatisch auch eine Kündigung dieses Vertrags. Eine isolierte Kündigung dieses Vertrags ist ausgeschlossen.

a) Ratio

9.106 In Ziff. 12 sind die Regelungen zur Vertragsdauer und zur Kündigung des Auftragsverarbeitungsvertrages enthalten.

b) Laufzeit und Kündigung

9.107 Ziff. 12 enthält eine übliche **Laufzeitregelung**. Weil zumeist die Erbringung der Leistungen nach dem Hauptvertrag nicht ohne die im Auftragsverarbeitungsvertrag bestimmte Datenverarbeitung möglich ist, kommen abweichende Laufzeiten kaum in Betracht.

---

63 *Moos*, CR 2006, 797 (801).
64 Vgl. zu entsprechenden Geheimhaltungsregelungen bei Lizenzauditklauseln auch *Moos*, CR 2006, 797 (801).
65 *Laue/Kremer*, § 5 Rz. 28.
66 *Hartung* in Kühling/Buchner, Art. 28 DSGVO Rz. 78.

Auftragnehmerfreundlich werden für den Auftraggeber keine speziellen, aus der Auftragsverarbeitung resultierenden **Kündigungsgründe** festgelegt, sondern es wird auch für die Kündigungsregelungen auf den Hauptvertrag verwiesen. Freilich bleibt es – ungeachtet etwaiger Festlegungen im Hauptvertrag – bei der Möglichkeit des Auftraggebers (und des Auftragnehmers), den Vertrag nach § 314 BGB **aus wichtigem Grund zu kündigen**. Ein Ausschluss dieses Kündigungsrechts ist nicht möglich.

14. Haftung (Ziff. 13)

M 9.1.13 Haftung 9.108

13. Haftung

13.1 Für die Haftung des Auftragnehmers nach diesem Vertrag gelten die Haftungsausschlüsse und -begrenzungen gemäß dem Hauptvertrag. Soweit Dritte Ansprüche gegen den Auftragnehmer geltend machen, die ihre Ursache in einem schuldhaften Verstoß des Auftraggebers gegen diesen Vertrag oder gegen eine seiner Pflichten als datenschutzrechtlich Verantwortlicher haben, stellt der Auftraggeber den Auftragnehmer von diesen Ansprüchen auf erstes Anfordern frei.

13.2 Der Auftraggeber verpflichtet sich, den Auftragnehmer auch von allen etwaigen Geldbußen, die gegen den Auftragnehmer verhängt werden, in dem Umfang auf erstes Anfordern freizustellen, in dem der Auftraggeber Anteil an der Verantwortung für den durch die Geldbuße sanktionierten Verstoß trägt.

a) Ratio

Ziff. 13 enthält Regelungen zur **Haftungsverteilung** zwischen Auftraggeber und Auftragnehmer. Die 9.109 Regelung ist nicht zwingend geboten, im Interesse des Auftragnehmers aber vor allem wegen der unter der DSGVO erweiterten Haftung auch des Auftragsverarbeiters empfehlenswert.

b) Haftung des Auftragnehmers und Haftungsfreistellung (Ziff. 13.1)

Typischerweise werden in dem Hauptvertrag zwischen Auftraggeber und Auftragnehmer übliche 9.110 **Haftungsklauseln** vereinbart sein, die zumeist auch eine bestimmte Begrenzung der Haftung des Dienstleisters (z.B. abhängig vom Grad des Verschuldens oder auf einen bestimmten **Höchstbetrag**) vorsehen. Nach Ziff. 13.1 Satz 1 sollen solche Haftungsbegrenzungen explizit auch für Schäden des Auftraggebers durch schuldhafte Verstöße des Auftragnehmers gegen die Festlegungen des Auftragsverarbeitungsvertrags gelten.

Ungeachtet der unter der DSGVO gestärkten Eigenhaftung des Auftragsverarbeiters steht der Auf- 9.111 traggeber als Verantwortlicher i.S.v. Art. 4 Nr. 7 DSGVO nach außen auch und primär für die Datenschutzkonformität des Datenumgangs ein – auch soweit dieser durch den Auftragnehmer erfolgt. So haftet der Auftragsverarbeiter nach Art. 82 Abs. 2 Satz 2 DSGVO (wenn auch im Vergleich zum Verantwortlichen nur eingeschränkt) zwar selbst direkt für etwaige Schäden der betroffenen Personen. Nach Art. 82 Abs. 4 DSGVO haften Verantwortlicher und Auftragsverarbeiter aber als **Gesamtschuldner**. Ein **Binnenausgleich** zwischen den Parteien ist deshalb in jedem Fall notwendig.

Hierzu trifft das Gesetz freilich schon selbst eine Regelung, so dass es einer zusätzlichen vertraglichen 9.112 Regelung nicht zwingend bedarf: Im Gegensatz zur Regelung des § 426 Abs. 1 Satz 1 BGB, wonach Gesamtschuldner im Innenverhältnis grundsätzlich zu gleichen Anteilen haften, sieht Art. 82 Abs. 2 DSGVO bei einem Rückgriff zwischen Gesamtschuldnern im Innenverhältnis eine Verteilung der **Haf-**

tung nach dem jeweiligen Verursachungsbeitrag vor. Art. 82 DSGVO genießt Anwendungsvorrang vor § 426 BGB[67].

9.113 Nach Art. 82 Abs. 5 DSGVO hat ein Binnenausgleich jedoch entsprechend der jeweiligen Verantwortungsanteile, d.h. nach Art und Umfang des Beitrags von Auftraggeber und dem jeweiligen Auftragsverarbeiter zum Datenschutzverstoß und eines daraus resultierenden Schadens zu erfolgen[68].

Erwägungsgrund 146 Satz 8 DSGVO unterstreicht die anteilsmäßige Haftung nach jeweiliger Verantwortlichkeit. Hiernach ist ein anteiliger Ausgleichsanspruch auch in einem Prozess vor einem mitgliedstaatlichen Gericht zulässig, sofern mehrere Gesamtschuldner verklagt sind und für den Betroffenen der volle Schadensersatz sichergestellt ist[69]. Nach dem Wortlaut des Art. 82 Abs. 5 DSGVO ist die Regelung auch als Anspruchsgrundlage für den Auftragsverarbeiter zu verstehen, den jeweiligen Verantwortlichen entsprechend seinem Verschuldensanteil in Regress zu nehmen, da der in Anspruch genommene „den Teil des Schadensersatzes zurückfordern [kann], der ... [dem] Anteil [des jeweiligen Verantwortlichen] an der Verantwortung für den Schaden entspricht."

9.114 Diese bereits gesetzlich vorgesehene **Risikoverteilung nach Verschuldensanteilen** wird in Ziff. 13.1 des Musters wiederholt. Für den Fall, dass der Auftragnehmer von einem Dritten wegen eines Datenschutzverstoßes in Anspruch genommen wird, der seine Ursache in einem Verstoß des Auftraggebers gegen seine gesetzlichen oder vertraglichen Datenschutzpflichten hat, muss der Auftraggeber den Auftragnehmer nach dieser Regelung von allen solchen Ansprüchen **freistellen**. Durch die Formulierung „auf erstes Anfordern" wird erreicht, dass Einreden und Einwendungen des Auftraggebers gegen den Freistellungsanspruch ausgeschlossen sind.

c) Regress für Bußgelder (Ziff. 13.2)

9.115 Wegen der unter der DSGVO signifikant gestiegenen Bedeutung von **Bußgeldern** findet sich in Ziff. 13.2 des Musters auch hierfür eine ausdrückliche **Regressregelung**[70]. Auch für die Konstellation, dass der Auftragnehmer den Auftraggeber in Regress nehmen will, ist noch nicht geklärt, ob dies rechtlich unproblematisch zulässig ist. Die Gesamtverantwortung des Auftraggebers als datenschutzrechtlich Verantwortlicher spricht aber dafür, dass er den Auftragnehmer von Bußgeldern schadlos halten darf.

15. Schlussbestimmungen (Ziff. 14)

9.116 **M 9.1.14 Schlussbestimmungen**

14.1 Sollten einzelne Bestimmungen dieses Vertrags unwirksam sein oder werden oder eine Lücke enthalten, so bleiben die übrigen Bestimmungen hiervon unberührt. Die Parteien verpflichten sich, anstelle der unwirksamen Regelung eine solche gesetzlich zulässige Regelung zu treffen, die dem Zweck der unwirksamen Regelung am nächsten kommt und dabei den Anforderungen des Art. 28 DSGVO genügt.

14.2 Im Fall von Widersprüchen zwischen diesem Vertrag und sonstigen Vereinbarungen zwischen den Parteien, insbesondere dem Hauptvertrag, gehen die Regelungen dieses Vertrags vor.

---

67 *Frenzel* in Paal/Pauly, Art. 82 DSGVO Rz. 17; *v. Holleben/Knaut*, CR 2017, 299 (302).
68 *Quaas* in BeckOK DatenschutzR, Art. 82 DSGVO Rz. 45; *Becker* in Plath, Art. 82 DSGVO Rz. 7.
69 *Quaas* in BeckOK DatenschutzR, Art. 82 DSGVO Rz. 44.
70 S. hierzu im Detail die Erläuterungen in Teil 2, Rz. 8.167 ff.

a) Ratio

Ziff. 14 enthält die üblichen Schlussbestimmungen.

9.117

b) Salvatorische Klausel (Ziff. 14.1)

Ziff. 14.1 enthält eine **salvatorische Klausel**, wonach im Falle der Unwirksamkeit einer einzelnen Vertragsregelung der restliche Vertrag wirksam bleiben soll. Bei der ebenfalls verankerten Verpflichtung der Parteien, die unwirksame Regelung durch eine wirksame zu ersetzen, ist als besondere Gestaltungsanforderung in Satz 2 vorgegeben, dass diese Ersatzregelung nicht nur dem Zweck der unwirksamen Regelung möglichst nahe kommen, sondern auch den gesetzlichen Anforderungen des Art. 28 DSGVO genügen soll.

9.118

c) Vorrangregelung (Ziff. 14.2)

Werden die Regelungen zur Auftragsverarbeitung – wie hier – in eine von dem Hauptvertrag separierte Vereinbarung aufgenommen, ist sicherzustellen, dass in dem Hauptvertrag keine widersprechenden Regelungen enthalten sind. Ziff. 14.2 des Musters ordnet in diesem Sinne im Falle von Widersprüchen ausdrücklich den **Vorrang des Auftragsverarbeitungsvertrags** an. Zusätzlich muss darauf geachtet werden, dass in dem Hauptvertrag selbst keine abweichende Regelung enthalten ist, die ihrerseits einen Vorrang des Hauptvertrags vorsieht.

9.119

§ 10
Datenschutzklausel Outsourcingvertrag

Literatur: *Bürkle*, Compliance in Versicherungsunternehmen, 3. Aufl. 2020; *Gabel/Steinhauer*, Neue aufsichtsrechtliche Anforderungen für das Outsourcing durch Versicherungsunternehmen, VersR 2010, 177; *Gola/Schomerus*, BDSG, 12. Aufl. 2015; *Hoenike/Hülsdunk*, Outsourcing im Versicherungs- und Gesundheitswesen ohne Einwilligung?, MMR 2004, 788; *Jandt/Rossnagel/Wilke*, Outsourcing der Verarbeitung von Patientendaten – Fragen des Daten- und Geheimnisschutzes, NZS 2011, 641; *Kort*, Strafbarkeitsrisiken des Datenschutzbeauftragten nach § 203 StGB beim IT-Outsourcing, insbesondere in datenschutzrechtlich „sichere" Drittstaaten, NStZ 2011, 193.

A. Einleitung

10.1 Datenschutz spielt im Rahmen von Outsourcingprojekten oftmals eine bedeutende Rolle. Wird die Erfüllung einzelner Aufgaben oder die Abwicklung von Geschäftsprozessen auf Dritte verlagert, müssen diese auch Zugriff auf die hierfür erforderlichen Daten erhalten. Bei der Gestattung dieses Zugriffs sind insbesondere die Vorgaben der DSGVO und anderer datenschutzrechtlicher Bestimmungen zu beachten, wenn und soweit personenbezogene Daten betroffen sind. Das Vertragsmuster geht dabei von einer **Auftragsverarbeitung** aus[1].

B. Datenschutzklausel Outsourcingvertrag

I. Muster

10.2 **M 10.1 Datenschutzklausel Outsourcingvertrag**

Datenschutzklausel Outsourcingvertrag[2]

[einzufügen in Outsourcingvertrag]

1. Datenschutz

1.1 Die Verarbeitung personenbezogener Daten für den Auftraggeber zur Erfüllung der in diesem Outsourcingvertrag übernommenen Leistungspflichten durch den Auftragnehmer erfolgt ausschließlich im Auftrag des Auftraggebers.

*1.2 Die Einzelheiten der Auftragsverarbeitung sind in der **Anlage Datenschutz** festgelegt. Diese geht in ihrem Anwendungsbereich den Regelungen dieses Outsourcingvertrags (einschließlich anderer Anlagen) vor.*

*Die Vergütung des Auftragnehmers und der Ersatz etwaiger Aufwendungen ergibt sich jedoch abschließend aus Ziffer [Ziffer] (Vergütung) sowie der **Anlage Vergütung**.*

1.3 Die Parteien sind sich der besonderen Bedeutung des Datenschutzes und der Datensicherheit bewusst.

*Sie werden die rechtliche und tatsächliche Angemessenheit und Wirksamkeit der in der **Anlage Datenschutz** enthaltenen Datenschutz- und Datensicherheitsmaßnahmen fortlaufend überprüfen.*

Die Parteien werden mindestens einmal jährlich jeweils im [Monat] zusammenkommen und sich zu den Ergebnissen ihrer fortlaufenden Prüfung austauschen, um etwaigen Anpassungsbedarf aufdecken.

*Soweit zur Gewährleistung der rechtlichen und tatsächlichen Angemessenheit und Wirksamkeit der in der **Anlage Datenschutz** enthaltenen Datenschutz- und Datensicherheitsmaßnahmen Anpassungen erforderlich werden, sind diese vom Auftragnehmer unaufgefordert als Change Requests gemäß Ziffer [Ziffer] des Outsourcingvertrags anzubieten. Im Übrigen gilt Ziffer [Ziffer] (Change Management).*

Anlage Datenschutz zum Outsourcingvertrag vom [...]

zwischen

...

*(nachfolgend „**Auftraggeber**" genannt)*

und

---

1 Für Aufgabenverlagerungen s. die Musterklausel in Teil 6, Rz. 33.8.
2 Zu den Erläuterungen siehe Rz. 10.10 ff.

...

*(nachfolgend „**Auftragnehmer**" genannt)*

*(nachfolgend auch einzeln **Partei** und gemeinsam **Parteien** genannt)*

Präambel

Zwischen den Parteien wurde ein Outsourcingvertrag vom ... geschlossen. Zur Erfüllung der vertraglich übernommenen Leistungspflichten wird der Auftragnehmer personenbezogene Daten im Auftrag des Auftraggebers verarbeiten.

Zu diesem Zweck vereinbaren die Parteien was folgt:

1. Gegenstand, Umfang und Dauer der Verarbeitung[3]

*1.1 Der Auftragnehmer wird im Rahmen der Erfüllung der im Outsourcingvertrag übernommenen Leistungspflichten im Auftrag des Auftraggebers personenbezogene Daten (**Auftrags-Daten**) verarbeiten (Art. 4 Nr. 8, Art. 28 DSGVO). Die Verarbeitung erfolgt ausschließlich zum Zweck der Erfüllung der Leistungspflichten des Auftragnehmers nach dem Outsourcingvertrag.*

*1.2 Die Art und der Zweck der Verarbeitung sowie die Art der personenbezogenen Daten und die Kategorien der betroffenen Personen ergeben sich abschließend aus der **Anlage Leistungsumfang/SLAs** zum Outsourcingvertrag.*

1.3 Der Bestand dieses Vertrags ist an die Laufzeit des zwischen den Parteien vereinbarten Outsourcingvertrags gekoppelt.

2. Weisungen des Auftraggebers[4]

2.1 Der Auftragnehmer verarbeitet die Auftrags-Daten ausschließlich auf dokumentierte Weisung des Auftraggebers.

Dies gilt insbesondere im Hinblick auf die Übermittlung personenbezogener Daten in andere Länder als die Mitgliedsstaaten der Europäischen Union.

Der Auftraggeber ist hinsichtlich der Verarbeitung der Auftrags-Daten gegenüber dem Auftragnehmer umfassend weisungsbefugt.

*2.2 Der Auftraggeber weist den Auftragnehmer hiermit zu der für die Erfüllung der im Outsourcingvertrag übernommenen Leistungspflichten erforderlichen und in der **Anlage Leistungsumfang/SLAs** näher spezifizierten Verarbeitung der Auftrags-Daten an.*

Diese Verarbeitung der Auftrags-Daten findet ausschließlich im Gebiet der Bundesrepublik Deutschland oder in einem anderen Mitgliedstaat der Europäischen Union statt.

*Für die über den in der **Anlage Leistungsumfang/SLAs** festgelegten Leistungsumfang hinausgehenden Weisungen des Auftraggebers gilt im Übrigen Ziffer [Ziffer] (Change Management) des Outsourcingvertrags.*

2.3 Darüber hinaus ist der Auftraggeber in Ausnahmefällen (z.B. bei Eilbedürftigkeit) zu Einzelfallweisungen berechtigt. Diese sind schriftlich oder in Textform, notfalls auch mündlich zu erteilen. Mündliche Weisungen sind unverzüglich schriftlich oder in Textform zu bestätigen.

Zur Erteilung bzw. Entgegennahme solcher Weisungen sind ausschließlich die nachfolgend benannten Berechtigten und ihre jeweiligen Stellvertreter berechtigt:

[Weisungsberechtigter/Empfangsberechtigter/Stellvertreter]

---

3 Zu den Erläuterungen siehe Rz. 10.17 ff.
4 Zu den Erläuterungen siehe Rz. 10.21 ff.

Änderungen der Weisungs- bzw. Empfangsberechtigten und ihrer Stellvertreter teilen sich die Parteien jeweils unverzüglich schriftlich mit. Bis zum Zugang dieser Mitteilung gelten ausschließlich die bisherigen Kontaktpersonen als weisungs- bzw. empfangsberechtigt.

2.4 *Ohne dokumentierte Weisung darf der Auftragnehmer die Auftrags-Daten nur verarbeiten, soweit er hierzu im Einzelfall durch das Recht der Europäischen Union oder ihrer Mitgliedstaaten verpflichtet ist. Er teilt dem Auftraggeber die betreffenden rechtlichen Anforderungen vor der Verarbeitung in Schrift- oder Textform mit, sofern das betreffende Recht eine solche Mitteilung nicht wegen eines wichtigen öffentlichen Interesses verbietet.*

2.5 *Der Auftragnehmer informiert den Auftraggeber unverzüglich in Schrift- oder Textform, falls er der Auffassung ist, dass eine Weisung gegen anwendbare Datenschutzbestimmungen der Europäischen Union oder ihrer Mitgliedstaaten verstößt. In diesem Fall wird der Auftragnehmer die Umsetzung der Weisung bis zu einer Änderung oder Bestätigung durch den Auftraggeber in Schrift- oder Textform aussetzen.*

3. Pflichten des Auftraggebers[5]

3.1 *Der Auftraggeber bleibt für die auftragsgemäße Verarbeitung durch den Auftragnehmer alleine Verantwortlicher im datenschutzrechtlichen Sinn.*

3.2 *Der Auftraggeber hat dem Auftragnehmer die Auftrags-Daten rechtzeitig zur Erfüllung der im Outsourcingvertrag übernommenen Leistungspflichten in der im Einzelnen in **Anlage Leistungsumfang/SLAs** zum Outsourcingvertrag festgelegten Art und Weise zugänglich zu machen.*

3.3 *Etwaige Fehler oder Unregelmäßigkeiten im Rahmen der Verarbeitung der Auftrags-Daten durch den Auftragnehmer teilt der Auftraggeber jeweils unverzüglich in Schrift- oder Textform mit.*

4. Allgemeine Organisationspflichten, technische und organisatorische Maßnahmen[6]

4.1 *Der Auftragnehmer wird die Einhaltung der Vorgaben dieses Vertrags regelmäßig kontrollieren.*

4.2 *Der Auftragnehmer gewährleistet, dass sich die zur Verarbeitung der Auftrags-Daten befugten Personen zur Vertraulichkeit verpflichtet haben oder einer angemessenen gesetzlichen Verschwiegenheitspflicht unterliegen. Die Verpflichtung wird der Auftragnehmer dem Auftraggeber auf Verlangen nachweisen.*

4.3 *Angesichts der Art bzw. des Umfangs der Datenverarbeitung durch den Auftragnehmer hat dieser einen Datenschutzbeauftragten zu bestellen. Er erhält hierfür während der Laufzeit dieses Vertrags eine Aufwendungsersatzpauschale gemäß der **Anlage Vergütung** zum Outsourcingvertrag.*

4.4 *Der Auftragnehmer stellt sicher, dass die zur Gewährleistung der Einhaltung der einschlägigen datenschutzrechtlichen Bestimmungen erforderlichen technischen und organisatorischen Maßnahmen (Art. 32 DSGVO) getroffen und aufrechterhalten werden.*

Insbesondere unterstützt der Auftragnehmer den Auftraggeber mit geeigneten technischen und organisatorischen Maßnahmen bei der Erfüllung der Rechte der betroffenen Personen.

*Die Parteien sind sich darüber einig, dass der Auftragnehmer die in der **Anlage Leistungsumfang/SLAs** zum Outsourcingvertrag dargestellten technischen und organisatorischen Maßnahmen als verbindlichen Mindeststandard einzuhalten hat.*

Die technischen und organisatorischen Maßnahmen sind durch den Auftragnehmer fortlaufend der fortschreitenden technischen Entwicklung anzupassen.

*Änderungen der Maßnahmen, die den in der **Anlage Leistungsumfang/SLAs** zum Outsourcingvertrag festgelegten Mindeststandard unterschreiten würden, bedürfen der vorherigen Zustimmung des Auftraggebers. Insoweit gilt [Ziffer] (Change Management) des Outsourcingvertrags.*

---

5 Zu den Erläuterungen siehe Rz. 10.29 ff.
6 Zu den Erläuterungen siehe Rz. 10.33 ff.

5. Einschaltung weiterer Auftragsverarbeiter[7]

Für die Einschaltung weiterer Auftragsverarbeiter gilt Ziffer [Ziffer] (Subunternehmer) des Outsourcingvertrags.

6. Rechte der betroffenen Personen[8]

6.1 Der Auftraggeber ist für die Erfüllung der Rechte der betroffenen Personen verantwortlich (Art. 12 ff. DSGVO).

6.2 Sämtliche Anfragen betroffener Personen wird der Auftragnehmer jeweils unverzüglich an den Auftraggeber weiterleiten.

6.3 Der Auftragnehmer wird den Auftraggeber bei der Erfüllung von Rechten betroffener Personen im Rahmen des Erforderlichen unterstützen.

7. Meldung von Datenschutzverstößen[9]

7.1 Der Auftragnehmer ist verpflichtet, den Auftraggeber über jede Verletzung des Schutzes personenbezogener Daten unverzüglich, spätestens aber 24 Stunden nach Bekanntwerden zu unterrichten.

7.2 Die Unterrichtung enthält zumindest die folgenden Informationen:

- Zeitpunkt der Entdeckung;
- Beschreibung der Art der Verletzung mit Angabe:
  - der Kategorien und der ungefähren Zahl der betroffenen Personen;
  - der betroffenen Kategorien und der ungefähren Zahl der betroffenen Datensätze;
- Beschreibung der wahrscheinlichen Folgen der Verletzung und
- eine Beschreibung der ergriffenen und vorgeschlagenen Maßnahmen zur Behebung der Verletzung und gegebenenfalls Maßnahmen zur Abmilderung ihrer möglichen nachteiligen Auswirkungen;

  sowie den Namen und die Kontaktdaten einer Anlaufstelle für weitere Informationen.

7.3 Soweit diese Informationen nicht zur gleichen Zeit bereitgestellt werden können, kann der Auftragnehmer diese ohne unangemessene Verzögerung schrittweise zur Verfügung stellen.

7.4 Auch über die vorstehenden Bestimmungen dieser Ziffer 7 hinaus unterstützt der Auftragnehmer den Auftraggeber im Rahmen des Erforderlichen bei der Erfüllung seiner Pflichten gemäß Art. 33 und Art. 34 DSGVO.

8. Datenschutz-Folgenabschätzungen und vorherige Konsultationen[10]

Der Auftragnehmer unterstützt den Auftraggeber im Rahmen des Erforderlichen bei Datenschutz-Folgenabschätzungen gemäß Art. 35 DSGVO und vorherigen Konsultationen gemäß Art. 36 DSGVO.

9. Herausgabe- und Löschungspflichten bei Beendigung des Auftrags[11]

9.1 Mit Beendigung dieses Vertrags hat der Auftragnehmer auf Verlangen des Auftraggebers sämtliche in seinem Besitz befindlichen Auftrags-Daten zur Migration der im Outsourcingvertrag übernommenen Leistungen auf den Auftraggeber oder einen von diesem bestimmten neuen Auftragnehmer herauszugeben. Es gilt Ziffer [Ziffer] (Beendigungsunterstützung) des Outsourcingvertrags.

9.2 Anschließend hat der Auftragnehmer – soweit dem keine im Outsourcingvertrag getroffenen Bestimmungen entgegenstehen oder ihn nicht das Recht der Europäischen Union oder ihrer Mitgliedstaaten

---

7 Zu den Erläuterungen siehe Rz. 10.39 ff.
8 Zu den Erläuterungen siehe Rz. 10.44.
9 Zu den Erläuterungen siehe Rz. 10.46 f.
10 Zu den Erläuterungen siehe Rz. 10.49.
11 Zu den Erläuterungen siehe Rz. 10.51 f.

zu einer weiteren Speicherung verpflichtet – sämtliche in seinem Besitz befindlichen Auftrags-Daten zu löschen bzw. zu vernichten. Dies gilt insbesondere auch für Vervielfältigungen, Test- und Ausschlussdaten. Die Löschung bzw. Vernichtung ist vom Auftragnehmer schriftlich zu dokumentieren und dem Auftraggeber nachzuweisen. Dem Auftragnehmer überlassene Datenträger sind dem Auftraggeber zurückzugeben.

10. Informationsrechte und Kontrollbefugnisse[12]

10.1 Der Auftragnehmer überlässt dem Auftraggeber auf Verlangen alle erforderlichen Informationen zum Nachweis der Einhaltung der Vorgaben nach diesem Vertrag.

10.2 Der Auftraggeber kann die Einhaltung der Vorgaben dieses Vertrags durch den Auftragnehmer prüfen. Er kann Prüfungen selbst oder durch einen beauftragten Dritten vornehmen. Der Auftragnehmer wird den Auftraggeber bei den Prüfungen im Rahmen des Erforderlichen unterstützen.

10.3 Der Auftragnehmer wird den Auftraggeber bei Kontrollen durch die Datenschutzaufsichtsbehörde im Rahmen des Erforderlichen unterstützen.

10.4 Für Prüfungen des Auftraggebers und Kontrollen der Datenschutzaufsichtsbehörde im Einzelnen gilt Ziffer [Ziffer] (Prüfungen und Kontrollen) des Outsourcingvertrags.

11. Schlussbestimmungen[13]

11.1 Änderungen, Ergänzungen oder eine Aufhebung dieses Vertrags bedürfen – soweit hierin nichts anderes bestimmt ist – zu ihrer Rechtswirksamkeit der Schriftform. Dies gilt auch für eine Aufhebung des Schriftformerfordernisses.

11.2 Sollten einzelne Bestimmungen dieses Vertrags ganz oder teilweise unwirksam sein oder werden, wird hierdurch die Wirksamkeit des Vertrags im Übrigen nicht berührt. Die Parteien werden die unwirksame Bestimmung durch eine dieser nach Sinn und Zweck möglichst nahe kommende wirksame Bestimmung ersetzen. Die vorstehende Regelung gilt im Falle unbeabsichtigter Vertragslücken entsprechend.

11.3 Alleiniger Gerichtsstand für alle Streitigkeiten aus und im Zusammenhang mit diesem Vertrag ist [Ort], soweit kein ausschließlicher Gerichtsstand begründet ist.

...   ...
Ort, Datum   *Ort, Datum*
...   ...
Auftraggeber   *Auftragnehmer*

II. Erläuterungen

1. Vorbemerkung

10.3 Die Datenschutzklausel zur Verwendung in einem Outsourcingvertrag trifft zusammen mit der Anlage Datenschutz Vorgaben für die Verarbeitung personenbezogener Daten zur Erfüllung der von dem Auftragnehmer übernommenen Leistungspflichten. Oftmals bestehen vielfältige **Berührungspunkte** bzw. **Wechselwirkungen** einer solchen Regelung mit zahlreichen anderen Regelungen im **Outsourcingvertrag**. Dies betrifft insbesondere Vereinbarungen über den Leistungsumfang, Regelungen zur Leistungsgüte (*Service Level Agreements*/*SLAs*), Vergütungs- und Aufwendungsersatzregelungen, Subunternehmerklauseln, Audit-Regelungen und Verschwiegenheitsvereinbarungen. Dies ist im konkreten Einzelfall zu bedenken und die betreffenden Bestimmungen sind aufeinander abzustimmen (s. hierzu auch noch die Erläuterungen zu den einzelnen Musterklauseln).

---

12 Zu den Erläuterungen siehe Rz. 10.54.
13 Zu den Erläuterungen siehe Rz. 10.57.

Die Regelungen in der Datenschutzklausel und der Anlage Datenschutz gehen davon aus, dass der 10.4
Auftragnehmer im Zuge der Erfüllung seiner Leistungspflichten nach dem Outsourcingvertrag personenbezogene Daten des Auftraggebers verarbeitet. Die genannten Regelungen setzen ferner voraus,
dass die Datenverarbeitung durch den Auftragnehmer ausschließlich weisungsgebunden im Rahmen
einer **Auftragsverarbeitung** (Art. 4 Nr. 8, Art. 28, 29 DSGVO) erfolgt[14]. Im Rahmen einer Auftragsverarbeitung bleibt der Auftraggeber Verantwortlicher (Art. 4 Nr. 7 DSGVO) im datenschutzrechtlichen Sinn. D.h. er entscheidet als „Herr über die Daten" über Zwecke und Mittel der Verarbeitung[15].
Der Auftragnehmer wird dagegen lediglich als „verlängerter Arm" des Auftraggebers entsprechend dessen Weisungen tätig (vgl. insb. Art. 28 Abs. 3 Satz 2 lit. a, Art. 29 DSGVO)[16]. Dementsprechend ist
er im Verhältnis zu dem Auftraggeber auch nicht als Dritter zu qualifizieren (Art. 4 Nr. 10 DSGVO).

Die Entscheidung für oder gegen eine solche Auftragsverarbeitung hängt im konkreten Einzelfall
von einer Vielzahl von Faktoren ab:

– Ist die Auftragsverarbeitung tatsächlich überhaupt darstellbar bzw. zweckmäßig?

– Bestehen zu einer Auftragsverarbeitung datenschutzrechtlich Alternativen?

– Erfordern sonstige rechtliche Vorgaben eine Auftragsverarbeitung?

Eine Auftragsverarbeitung kommt nicht für jedes Outsourcingvorhaben in Betracht. Erforderlich ist 10.5
in jedem Fall die Weisungsabhängigkeit des Auftragnehmers (vgl. Art. 29 DSGVO). Dem Auftragnehmer dürfen bzgl. der Zwecke und Mittel der Datenverarbeitung keine wesentlichen eigenen Entscheidungsspielräume zukommen. Andernfalls wird er selbst zum datenschutzrechtlich Verantwortlichen
(vgl. auch Art. 28 Abs. 10 DSGVO). Unproblematisch lässt sich dies meist darstellen, wenn gerade die
Verarbeitung der Daten an sich den Leistungsgegenstand bildet. Anders kann dies aber sein, wenn der
Auftragnehmer auch die Aufgabe, der die Datenverarbeitung dient, übernimmt[17]. Entscheidet er in
diesem Zusammenhang im Wesentlichen eigenverantwortlich über Zwecke und Mittel der Verarbeitung, wird eine Auftragsverarbeitung ausscheiden. Vor diesem Hintergrund kann eine Auftragsverarbeitung im Rahmen eines *Business Process Outsourcing (BPO)* eher Fragen aufwerfen als bei einem
Information Technology Outsourcing (ITO). Letztlich ist aber anhand des konkreten Einzelfalls zu beurteilen, ob eine Auftragsverarbeitung aufgrund der vom Auftragnehmer zu erbringenden Leistungen
darstellbar ist[18].

Nach der früheren Rechtslage unter dem BDSG a.F. war der Zugriff eines Auftragsverarbeiters (im EU- 10.6
bzw. EWR-Inland) auf personenbezogene Daten insoweit rechtlich „**privilegiert**", als er keiner geson-
derten Rechtsgrundlage bedurfte. Der Auftragnehmer wurde als Teil der Auftraggeberorganisation und
der Datenzugriff nicht als rechtfertigungsbedürftige Übermittlung (§ 3 Abs. 4 Satz 2 Nr. 3, Abs. 8
BDSG a.F.) gesehen. Diskutiert wird aktuell in der Literatur, ob diese Privilegierung auch unter der
DSGVO beibehalten werden kann oder der Datenzugriff eines Auftragsverarbeiters einer gesonderten
Rechtfertigung bedarf[19]. Praktische Relevanz hat diese Diskussion insbesondere im Hinblick auf die
Verarbeitung von sensiblen Daten i.S.d. Art. 9 Abs. 1 DSGVO (z.B. Gesundheitsdaten) im Auftrag. So
würde sich der Zugriff auf „einfache" personenbezogene Daten durch einen Auftragsverarbeiter auch
ohne die Privilegierung i.d.R. jedenfalls gem. Art. 6 Abs. 1 lit. f DSGVO wegen berechtigter Interessen
rechtfertigen lassen. Dagegen würde Art. 9 DSGVO für die Weitergabe sensibler Daten keine entspre-

---

14 S. hierzu auch die Muster „allgemeiner" Auftragsverarbeitungsverträge in Kap. § 8, Rz. 8.5, und Kap.
§ 9, Rz. 9.7.
15 *Plath* in Plath, Art. 28 DSGVO Rz. 2.
16 *Plath* in Plath, Art. 28 DSGVO Rz. 2.
17 *Klug* in Gola, Art. 28 DSGVO Rz. 5.
18 Zur Abgrenzung s. auch die Erläuterungen zu § 8.
19 *Plath* in Plath, Art. 28 DSGVO Rz. 3 ff.; *Martini* in Paal/Pauly, Art. 28 DSGVO Rz. 8 ff.; *Spoerr* in Beck-
OK DatenschutzR, Art. 28 DSGVO Rz. 29 ff.

chende Rechtsgrundlage für den Datenzugriff bieten und sich dieser i.d.R. nur mittels Einwilligung rechtfertigen lassen. Teils wird der Fortbestand der bisherigen Privilegierung mangels einer § 3 Abs. 4 Satz 2 Nr. 3, Abs. 8 BDSG a.F. entsprechenden Regelung in Frage gestellt. Bei dem Datenzugriff eines Auftragsverarbeiters handele es sich (als Offenlegung) i.S.d. Art. 4 Nr. 2 DSGVO um einen dem allgemeinen Verbot mit Erlaubnisvorbehalt unterliegenden Verarbeitungsvorgang. Nach zutreffender Ansicht ist allerdings der Zugriff eines Auftragsverarbeiters auch nach der DSGVO nicht gesondert rechtfertigungsbedürftig, sofern die Regelungen zur Auftragsvergabe gem. Art. 28 DSGVO eingehalten werden[20]. D.h. im Ergebnis darf der Auftraggeber personenbezogene Daten auch unter der DSGVO durch den Auftragsverarbeiter verarbeiten lassen, wie er diese selbst verarbeiten dürfte.

10.7 Die Vereinbarung einer Auftragsverarbeitung kann aufgrund gesetzlicher Vorgaben außerhalb des Datenschutzrechts erforderlich sein. So erfordern z.B. die **aufsichtsrechtlichen Vorgaben** für Versicherungsunternehmen und Banken bei der Auslagerung von Geschäftsprozessen eine besonders enge Einbindung des Auftragnehmers (vgl. etwa § 32 Abs. 4 VAG und § 25b Abs. 3 KWG, AT9 MaRisk BA[21]). Insbesondere muss sich der Auftraggeber die erforderlichen **Weisungsrechte** vorbehalten. Dies dürfte zwar nicht zwingend auch eine Auftragsverarbeitung im datenschutzrechtlichen Sinn voraussetzen. Allerdings sollten die genannten regulatorischen Vorgaben keine geringeren Anforderungen stellen als die bei einer Auftragsverarbeitung erforderliche Weisungsbindung und sonstigen Vorgaben. Vor diesem Hintergrund kann es insbesondere in den genannten Fällen zweckmäßig sein, die Regelungen zur Auftragsverarbeitung über personenbezogene Daten hinaus auch auf alle dem Auftragnehmer überlassenen Daten zu erstrecken. Ein Outsourcingvorhaben, das den **Schutzbereich des § 203 StGB** berührt (z.B. die Auslagerung der Policen-Verwaltung einer **privaten Kranken-, Unfall- oder Lebensversicherung**, sofern der Auftragnehmer dabei Zugriff auf personenbezogene Versichertendaten erhält), ist ohne Einwilligung des Versicherten schon strafrechtlich allenfalls bei einer ganz engen Einbindung des Auftragnehmers zulässig (vgl. insbesondere § 203 Abs. 3, Abs. 4 Satz 2 Nr. 1 StGB). Auch bei derartigen Vorhaben dürfte eine Auftragsverarbeitung bzw. eine dieser entsprechende enge Anbindung des Auftragnehmers an den Auftraggeber ratsam sein.

10.8 Die Vereinbarung einer Auftragsverarbeitung bedarf grundsätzlich eines Vertrags mit gewissen Mindestinhalten (Art. 28 Abs. 3 DSGVO). Der Vertrag ist schriftlich abzufassen, was auch in einem elektronischen Format erfolgen kann (Art. 28 Abs. 9 DSGVO). Diese Formvorschriften sind zwar nicht im nationalen Sinne der §§ 126, 126a BGB zu verstehen[22]. Die konkreten Anforderungen sind jedoch aktuell in der Diskussion: So wird mit Blick auf Dokumentations-, Beweissicherungs- und Authentizitätssicherungszwecke teils eine elektronische Signatur bzw. vergleichbare „sichere" elektronische Form gefordert[23]. Teils wird vertreten, dass auch ein Online-Abschluss oder eine E-Mail genügt[24]. Die Nichteinhaltung der formellen Vorgaben für die Auftragserteilung kann mit einer Geldbuße von bis zu EUR 10 Mio. oder im Fall eines Unternehmens von bis zu 2 % seines gesamten weltweit erzielten Jahresumsatzes des vorangegangenen Geschäftsjahrs (maßgeblich ist der höhere Betrag) geahndet werden (Art. 83 Abs. 4 lit. a DSGVO).

20 *Plath* in Plath, Art. 28 DSGVO Rz. 3 ff.; *Martini* in Paal/Pauly, Art. 28 DSGVO Rz. 8 ff.; *Spoerr* in BeckOK DatenschutzR, Art. 28 DSGVO Rz. 29 ff.

21 https://www.bafin.de/SharedDocs/Veroeffentlichungen/DE/Rundschreiben/2017/rs_1709_marisk_ba.html.

22 *Klug* in Gola, Art. 28 DSGVO Rz. 12; *Plath* in Plath, Art. 28 DSGVO Rz. 17; *Martini* in Paal/Pauly, Art. 28 DSGVO Rz. 75.

23 *Martini* in Paal/Pauly, Art. 28 DSGVO Rz. 75; *Spoerr* in BeckOK DatenschutzR, Art. 28 DSGVO Rz. 103.

24 *Plath* in Plath, Art. 28 DSGVO Rz. 17.

2. Datenschutzklausel für einen Outsourcingvertrag

M 10.1.1 Datenschutzklausel für einen Outsourcingvertrag 10.9

1. Datenschutz

1.1 Die Verarbeitung personenbezogener Daten für den Auftraggeber zur Erfüllung der in diesem Outsourcingvertrag übernommenen Leistungspflichten durch den Auftragnehmer erfolgt ausschließlich im Auftrag des Auftraggebers.

*1.2 Die Einzelheiten der Auftragsverarbeitung sind in der **Anlage Datenschutz** festgelegt. Diese geht in ihrem Anwendungsbereich den Regelungen dieses Outsourcingvertrags (einschließlich anderer Anlagen) vor.*

*Die Vergütung des Auftragnehmers und der Ersatz etwaiger Aufwendungen ergibt sich jedoch abschließend aus Ziffer [Ziffer] (Vergütung) sowie der **Anlage Vergütung**.*

1.3 Die Parteien sind sich der besonderen Bedeutung des Datenschutzes und der Datensicherheit bewusst.

*Sie werden die rechtliche und tatsächliche Angemessenheit und Wirksamkeit der in der **Anlage Datenschutz** enthaltenen Datenschutz- und Datensicherheitsmaßnahmen fortlaufend überprüfen.*

Die Parteien werden mindestens einmal jährlich jeweils im [Monat] zusammenkommen und sich zu den Ergebnissen ihrer fortlaufenden Prüfung austauschen, um etwaigen Anpassungsbedarf aufdecken.

*Soweit zur Gewährleistung der rechtlichen und tatsächlichen Angemessenheit und Wirksamkeit der in der **Anlage Datenschutz** enthaltenen Datenschutz- und Datensicherheitsmaßnahmen Anpassungen erforderlich werden, sind diese vom Auftragnehmer unaufgefordert als Change Requests gemäß Ziffer [Ziffer] des Outsourcingvertrags anzubieten. Im Übrigen gilt Ziffer [Ziffer] (Change Management).*

a) Festlegung auf Auftragsverarbeitung (Ziff. 1.1)

Ziff. 1.1 stellt zunächst fest, dass die Verarbeitung personenbezogener Daten im Rahmen der Erfüllung der Leistungspflichten nach dem Outsourcingvertrag ausschließlich in Form der **Auftragsverarbeitung** erfolgt. 10.10

b) Verweis auf Anlage zum Datenschutz, Rangfolge (Ziff. 1.2)

Hinsichtlich der näheren Einzelheiten der Auftragsverarbeitung verweist Ziff. 1.2 aus Gründen der Übersichtlichkeit auf eine **Anlage Datenschutz**. Diese Anlage geht im Rahmen ihres Anwendungsbereichs den anderen Bestimmungen des Outsourcingvertrags (einschließlich anderer Anlagen) vor. Dieses **Rangverhältnis** ist grundsätzlich zwingend, da die Anlage gesetzlich vorgeschriebene Mindestregelungen zur Auftragsverarbeitung erhält (s. hierzu noch die Kommentierung zu den Bestimmungen der Anlage). Im Einzelfall können aber aufgrund gesetzlicher Vorgaben auch andere, strengere Regelungen vorrangig vor der Anlage zu beachten sein. Insbesondere kann dies aus **aufsichtsrechtlichen** (z.B. bankaufsichtsrechtlichen) **Anforderungen** folgen. Dies ist jeweils anhand der konkreten Umstände des Einzelfalls zu prüfen und die Klausel insoweit ggf. anzupassen. 10.11

Im Falle vorrangig einzuhaltender aufsichtsrechtlicher Vorgaben wäre am Ende von Ziff. 1.2 etwa der folgende Zusatz denkbar:

*Soweit die **Anlage Aufsichtsrechtliche Anforderungen** dem Auftragnehmer im Vergleich zu der **Anlage Datenschutz** strengere Verpflichtungen auferlegt, geht sie dieser vor.*

Ziff. 1.2 nimmt an, dass **Vergütungs- und Aufwendungsersatzregelungen** im Outsourcingvertrag gesondert abschließend geregelt sind. Die Klausel nimmt die entsprechenden Regelungen daher von dem grundsätzlichen Vorrang der Anlage Datenschutz aus. Die betreffenden Regelungen wären aber 10.12

auf die Datenschutzregelungen abzustimmen. Insbesondere ist zu vereinbaren, ob und welche gesonderte Vergütung der Auftragnehmer erhält, wenn Weisungen des Auftraggebers zur Datenverarbeitung über den im Outsourcingvertrag vereinbarten Leistungsumfang hinausgehen, der Auftragnehmer den Auftraggeber bei eigenen Audits oder Kontrollen der Datenschutzaufsichtsbehörde unterstützt oder der Auftragnehmer gerade aufgrund des Umfangs der von ihm im Rahmen des Outsourcings übernommenen Datenverarbeitungen einen Datenschutzbeauftragten benennen muss etc. In wieweit derartige Vergütungsregelungen aus datenschutzrechtlicher Sicht zulässig sind, ist allerding in der Diskussion.

10.12a So vertrat der Bayerische Landesbeauftragte für den Datenschutz etwa die Auffassung[25], die Mitwirkung an Kontrollmaßnahmen des Verantwortlichen könne vertraglich nicht von einem zusätzlichen Entgelt abhängig gemacht werden, gerade nicht für den Fall von Vor-Ort-Kontrollen. Die gem. Art. 28 Abs. 3 Satz 2 lit. h DSGVO als Mindestinhalt des Auftragsverarbeitungsvertrages vorzusehenden Kontrollrechte müssten ohne Begründung und ohne Abwehrmöglichkeit ausgeübt werden können. Eine zusätzliche Vergütung könnte der Ausübung der Kontrollrechte entgegenwirken, da die Kontrolle durch den Verantwortlichen deshalb als etwas Außergewöhnliches, außerhalb des vertraglichen Synallagmas wahrgenommen werden würde. Daneben könne die Vergütung auch aufgrund ihrer Höhe bzw. einer gegebenenfalls unklaren Berechnung abschreckend auf den Verantwortlichen wirken. Diese Argumentation ließe sich, wenn man ihr folgen wollte, im Grundsatz auch auf sämtliche anderen gem. Art. 28 Abs. 3 DSGVO zwingend im Auftragsverarbeitungsvertrag vorzusehenden Rechte des Verantwortlichen bzw. Pflichten des Auftragsverarbeiters übertragen. Die DSGVO geht selbstverständlich davon aus, dass diese Rechte und Pflichten nicht „auf dem Papier" wirksam sind, sondern auch tatsächlich effektiv ausgeübt werden können. Eine gesonderte Vergütung kann die Ausübung dieser Rechte faktisch beeinträchtigen, sollte der Verantwortliche aufgrund dessen Wirtschaftlichkeitserwägungen in die Entscheidung über die Rechtsausübung einfließen lassen.

10.12b Dennoch kann der Auffassung des Bayerischen Landesbeauftragten für den Datenschutz, jedenfalls in dieser Absolutheit, nicht gefolgt werden. Zwar wäre nachvollziehbar, wenn die Mindestrechte/-pflichten gem. Art. 28 Abs. 3 DSGVO aus Sicht eines Verantwortlichen keine gesonderten Vergütungsfolgen auslösen können sollen. Es handelt sich um eine gesetzlich zwingende Folge der im Hauptvertrag vereinbarten Leistungen. Ohne Vereinbarung dieser Rechte und Pflichten kann der Auftragsverarbeiter seine Leistungen nicht, jedenfalls nicht als Auftragsverarbeiter, erbringen. Aus Sicht des Verantwortlichen sind diese Leistungen mit der hierfür vereinbarten „regulären" Vergütung abgegolten. Für eine „doppelte Vergütung" besteht aus dessen Sicht kein Anlass. Dennoch ist eine Vergütungsregelung im Hinblick auf die Rechte und Pflichten nach Art. 28 Abs. 3 DSGVO datenschutzrechtlich zulässig. Die DSGVO beinhaltet kein ausdrückliches Verbot, nach dem für Ausübung der Rechte bzw. Erfüllung der Pflichten nach Art. 28 Abs. 3 DSGVO keine gesonderte Vergütung vereinbart werden kann. Auch ist dies nach dem Sinn und Zweck des Art. 28 Abs. 3 DSGVO nicht untersagt. Der Verantwortliche muss bei Vertragsschluss beurteilen, ob er sich die vereinbarte Vergütung und damit Rechtsausübung auch leisten kann. Das Risiko, dass sich die Situation nach Vertragsschluss ändert und die Vergütung nicht mehr leisten kann, wohnt dem Auftragsverarbeitungsvertrag inne. Wenn der Verantwortliche die für die Leistungserbringung vereinbarte „reguläre" Vergütung nicht mehr leisten kann, ist seitens des Auftragsverarbeiters mit der Geltendmachung von Zurückbehaltungsrechten zu rechnen. Die DSGVO verlangt in Art. 28 Abs. 3 DSGVO jedoch nicht, dass derartige Rechte im Auftragsverarbeitungsvertrag ausgeschlossen werden müssten. Steht dagegen bei Vertragsschluss bereits fest, dass der Verantwortliche sich seine Rechtsausübung wirtschaftlich nicht leisten kann, darf er die entsprechende Vergütungsvereinbarung nicht schließen. Unzulässig dürften allenfalls Regelungen sein, die (etwa aufgrund der vereinbarten Vergütungshöhe) offensichtlich darauf gerichtet sind, die Rechtsausübung durch den Verantwortlichen zu vereiteln.

---

25 Abrufbar unter: https://www.datenschutz-bayern.de/datenschutzreform2018/aki06.html.

c) Fortlaufende Prüfung der Angemessenheit (Ziff. 1.3)

Wegen der besonderen Bedeutung von Datenschutz und Datensicherheit verpflichtet Ziff. 1.3 die Parteien dazu, die rechtliche und tatsächliche Angemessenheit und **Wirksamkeit der Datenschutz- und Datensicherheitsmaßnahmen** fortlaufend zu prüfen. Die daraus resultierenden Erkenntnisse sind nach der Regelung mindestens einmal jährlich zu besprechen, um einen etwaigen Anpassungsbedarf bei den Datenschutzregelungen zu identifizieren. Insbesondere mit Blick auf die zu treffenden technischen und organisatorischen Datenschutz- und Datensicherheitsmaßnahmen wird eine derartige Prüfung regelmäßig auch gem. Art. 32 Abs. 1 lit. d DSGVO erforderlich sein.   10.13

Ziff. 1.3 geht davon aus, dass der Outsourcingvertrag selbst ein Verfahren zur Anpassung des Vertrags, insbesondere des vertraglichen Leistungsumfangs einschließlich der damit verbundenen Vergütungsbestimmungen, regelt (**Change Management**). Insoweit nimmt die Regelung den Auftragnehmer in die Verantwortung und verpflichtet ihn, unaufgefordert entsprechend dem vereinbarten Verfahren die erforderlichen bzw. zweckmäßigen Anpassungen (als sog. *Change Requests*) anzubieten.   10.14

Eine denkbare einfache *Change Management-Regelung* wäre:

M 10.1.2 Change Management-Regelung Outsourcingvertrag   10.15

1. Change Management

1.1. Vertragsanpassungen, erforderliche Vertragsanpassungen

Vertragsanpassung ist jede Änderung des Outsourcingvertrags einschließlich etwaiger Änderungs- und Ergänzungsvereinbarungen, insbesondere des vereinbarten Leistungsumfangs und der damit verbundenen Vergütungsregelungen.

Erforderliche Vertragsanpassung ist jede Vertragsanpassung, die erforderlich ist aufgrund von:

– anwendbaren gesetzlichen Bestimmungen;

– Weisungen des Auftraggebers hinsichtlich der Verarbeitung der Auftrags-Daten gemäß Ziffer 2.2 der **Anlage Datenschutz**, die über den in der **Anlage Leistungsumfang/SLAs** festgelegten Leistungsumfang hinausgehen; oder

– ....

1.2. Change Requests

Jede Partei ist berechtigt, der jeweils anderen Partei Vertragsanpassungen vorzuschlagen; der Auftragnehmer ist verpflichtet, Vertragsanpassungen vorzuschlagen, soweit dies der Outsourcingvertrag bestimmt.

*Die Vorschläge (**Change Requests**) erfolgen schriftlich mit den in der **Anlage Change Request** im Einzelnen festgelegten Mindestinhalten.*

1.3. Vorgehen im Falle von Change Requests

Der Empfänger eines formgerechten Change Requests hat dieses binnen [zehn Werktagen] nach Zugang entweder schriftlich (i) anzunehmen oder (ii) abzulehnen bzw. (iii) in der Form eines Change Requests Änderungen vorzuschlagen und die Angelegenheit dem Steering Committee zur weiteren Verhandlung vorzulegen.

Kommt eine Einigung über das Change Request zustande, wird der Outsourcingvertrag zu den vereinbarten, geänderten Bedingungen fortgesetzt. Kommt keine Einigung zustande, gelten die bisherigen Bedingungen fort.

1.4. Zusätzliche Bestimmungen für erforderliche Vertragsanpassungen

Der Auftragnehmer kann für erforderliche Vertragsanpassungen keine Anpassung seiner vertragsgemäßen Vergütung verlangen.

Change Requests des Auftraggebers zu erforderlichen Vertragsanpassungen bzw. Änderungsvorschläge des Auftraggebers bzgl. Change Requests des Auftragnehmers zu erforderlichen Vertragsanpassungen sind vom Auftragnehmer unverzüglich nach Zugang schriftlich anzunehmen.

Der Auftragnehmer ist insbesondere nicht zur Verweigerung der Annahme und/oder Umsetzung des Change Requests berechtigt, wenn nach seiner Auffassung der Fall einer erforderlichen Vertragsanpassung nicht vorliegt. Er ist in diesem Fall jedoch berechtigt, die Angelegenheit zur weiteren Klärung dem Steering Committee vorzulegen.

3. Anlage Datenschutz

a) Gegenstand, Umfang und Dauer der Verarbeitung (Ziff. 1)

10.16   **M 10.1.3 Gegenstand, Umfang und Dauer der Verarbeitung**

1. Gegenstand, Umfang und Dauer der Verarbeitung

*1.1   Der Auftragnehmer wird im Rahmen der Erfüllung der im Outsourcingvertrag übernommenen Leistungspflichten im Auftrag des Auftraggebers personenbezogene Daten (**Auftrags-Daten**) verarbeiten (Art. 4 Nr. 8, Art. 28 DSGVO). Die Verarbeitung erfolgt ausschließlich zum Zweck der Erfüllung der Leistungspflichten des Auftragnehmers nach dem Outsourcingvertrag.*

*1.2   Die Art und der Zweck der Verarbeitung sowie die Art der personenbezogenen Daten und die Kategorien der betroffenen Personen ergeben sich abschließend aus der **Anlage Leistungsumfang/SLAs** zum Outsourcingvertrag.*

1.3   Der Bestand dieses Vertrags ist an die Laufzeit des zwischen den Parteien vereinbarten Outsourcingvertrags gekoppelt.

aa) Gegenstand der Verarbeitung (Ziff. 1.1)

10.17   Ziff. 1.1 trifft eine im Rahmen eines Auftragsverarbeitungsvertrags erforderliche Regelung (Art. 28 Abs. 3 Satz 1 DSGVO) zum **Gegenstand der Verarbeitung**. Die Klausel verweist insoweit auf den zugrunde liegenden Outsourcingvertrag bzw. die durch diesen begründeten Leistungspflichten des Auftragnehmers[26]. Sollte die Auftragsverarbeitung ausschließlich im Rahmen einer bestimmten Leistungsvereinbarung auf Grundlage des Outsourcingvertrags erfolgen, wäre ggf. auf diese zu verweisen. Ist die Datenverarbeitung nicht nur ein notweniger Bestandteil der Erfüllung weitergehender Pflichten im Rahmen des Outsourcingvertrags, sondern selbst die vom Auftragnehmer zu erbringende Hauptleistung, könnten die Regelungen der Anlage Datenschutz ggf. auch unmittelbar in den zugrunde liegenden Outsourcingvertrag bzw. die betreffende Leistungsvereinbarung integriert werden.

bb) Umfang der Verarbeitung (Ziff. 1.2)

10.18   Eine ebenfalls erforderliche Regelung (Art. 28 Abs. 3 Satz 1 DSGVO) zum Umfang der beabsichtigten Datenverarbeitung ist in Ziff. 1.2 enthalten. **Art und Zweck der Verarbeitung** sowie die **Art der personenbezogenen Daten** und **Kategorien der betroffenen Personen** sind näher zu spezifizieren. Zu erfassen sind dabei nur Angaben zur Datenverarbeitung im Rahmen der Auftragsverarbeitung. Lediglich in diesem Zusammenhang mitanfallende Daten (z.B. bzgl. der mit der Auftragserfüllung beschäftigten

---

26 Zur Zulässigkeit einer solchen Verweisung *Klug* in Gola, Art. 28 DSGVO Rz. 8.

Mitarbeiter) sind nicht aufzunehmen. Die Regelung geht davon aus, dass entsprechende Angaben bereits an anderer Stelle im Outsourcingvertrag (Anlage Leistungsumfang/SLAs) enthalten sind und verweist hierauf[27]. Soweit dies nicht der Fall ist, wäre eine gesonderte Anlage zu erstellen und diese in Bezug zu nehmen[28].

cc) Dauer der Verarbeitung (Ziff. 1.3)

Eine im Auftragsverarbeitungsvertrag ebenso erforderliche Regelung (Art. 28 Abs. 3 Satz 1 DSGVO) zur **Dauer des Auftrags** trifft Ziff. 1.3, die die Laufzeit des Auftragsverarbeitungsvertrags unmittelbar an die Laufzeit des Outsourcingvertrags koppelt[29]. Ggf. ist es auch zweckmäßig, die Laufzeit an eine bestimmte Leistungsvereinbarung zu knüpfen, etwa wenn die Auftragsverarbeitung ausschließlich im Rahmen einer bestimmten Leistungsvereinbarung erfolgt.

10.19

b) Weisungen des Auftraggebers (Ziff. 2)

M 10.1.4 Weisungen des Auftraggebers

10.20

2. Weisungen des Auftraggebers

2.1 Der Auftragnehmer verarbeitet die Auftrags-Daten ausschließlich auf dokumentierte Weisung des Auftraggebers.

Dies gilt insbesondere im Hinblick auf die Übermittlung personenbezogener Daten in andere Länder als die Mitgliedsstaaten der Europäischen Union.

Der Auftraggeber ist hinsichtlich der Verarbeitung der Auftrags-Daten gegenüber dem Auftragnehmer umfassend weisungsbefugt.

*2.2 Der Auftraggeber weist den Auftragnehmer hiermit zu der für die Erfüllung der im Outsourcingvertrag übernommenen Leistungspflichten erforderlichen und in der **Anlage Leistungsumfang/SLAs** näher spezifizierten Verarbeitung der Auftrags-Daten an.*

Diese Verarbeitung der Auftrags-Daten findet ausschließlich im Gebiet der Bundesrepublik Deutschland oder in einem anderen Mitgliedstaat der Europäischen Union statt.

*Für die über den in der **Anlage Leistungsumfang/SLAs** festgelegten Leistungsumfang hinausgehenden Weisungen des Auftraggebers gilt im Übrigen Ziffer [Ziffer] (Change Management) des Outsourcingvertrags.*

2.3 Darüber hinaus ist der Auftraggeber in Ausnahmefällen (z.B. bei Eilbedürftigkeit) zu Einzelfallweisungen berechtigt. Diese sind schriftlich oder in Textform, notfalls auch mündlich zu erteilen. Mündliche Weisungen sind unverzüglich schriftlich oder in Textform zu bestätigen.

Zur Erteilung bzw. Entgegennahme solcher Weisungen sind ausschließlich die nachfolgend benannten Berechtigten und ihre jeweiligen Stellvertreter berechtigt:

[Weisungsberechtigter/Empfangsberechtigter/Stellvertreter]

Änderungen der Weisungs- bzw. Empfangsberechtigten und ihrer Stellvertreter teilen sich die Parteien jeweils unverzüglich schriftlich mit. Bis zum Zugang dieser Mitteilung gelten ausschließlich die bisherigen Kontaktpersonen als weisungs- bzw. empfangsberechtigt.

2.4 Ohne dokumentierte Weisung darf der Auftragnehmer die Auftrags-Daten nur verarbeiten, soweit er hierzu im Einzelfall durch das Recht der Europäischen Union oder ihrer Mitgliedstaaten verpflichtet ist. Er teilt dem Auftraggeber die betreffenden rechtlichen Anforderungen vor der Verarbeitung in Schrift-

---

27 Zur Zulässigkeit einer solchen Verweisung *Klug* in Gola, Art. 28 DSGVO Rz. 8.
28 S. hierzu das Beispiel im Muster bei Kap. § 8, Rz. 8.5.
29 Zur Zulässigkeit einer solchen Koppelung *Klug* in Gola, Art. 28 DSGVO Rz. 8.

oder Textform mit, sofern das betreffende Recht eine solche Mitteilung nicht wegen eines wichtigen öffentlichen Interesses verbietet.

2.5 Der Auftragnehmer informiert den Auftraggeber unverzüglich in Schrift- oder Textform, falls er der Auffassung ist, dass eine Weisung gegen anwendbare Datenschutzbestimmungen der Europäischen Union oder ihrer Mitgliedstaaten verstößt. In diesem Fall wird der Auftragnehmer die Umsetzung der Weisung bis zu einer Änderung oder Bestätigung durch den Auftraggeber in Schrift- oder Textform aussetzen.

aa) Weisungsbindung und -recht (Ziff. 2.1)

10.21 Ziff. 2 trifft eine im Rahmen eines Auftragsverarbeitungsvertrags erforderliche Regelung (Art. 28 Abs. 3 Satz 2 lit. a DSGVO) zu den **Weisungen** des Auftraggebers[30]. Ziff. 2.1 schreibt fest, dass die Datenverarbeitung durch den Auftragnehmer (einschließlich einer Datenübermittlung in Staaten außerhalb der EU) ausschließlich auf dokumentierte Weisung des Auftraggebers erfolgen darf (vgl. auch Art. 29 DSGVO) und behält dem Auftraggeber insoweit ein umfassendes Weisungsrecht vor.

bb) Ausübung des Weisungsrechts (Ziff. 2.2 und 2.3)

10.22 Ziff. 2.2 stellt klar, dass der Auftragnehmer zu den Datenverarbeitungen angewiesen wird, die für die Erfüllung der im Outsourcingvertrag übernommenen Leistungspflichten erforderlich sind[31]. Insoweit geht die Regelung davon aus, dass die betreffenden Prozesse in der Anlage Leistungsumfang/SLAs des Outsourcingvertrags auch hinreichend spezifiziert sind. Ist dies nicht der Fall, wären also zusätzliche Weisungen des Auftraggebers erforderlich, müsste Ziff. 2.2 entsprechend angepasst werden.

10.23 Die Regelung sieht zudem vor, dass die Auftragsverarbeitung ausschließlich in Deutschland oder jedenfalls in einem anderen Mitgliedstaat der EU erfolgt. Eine etwaige Übermittlung personenbezogener Daten in Staaten außerhalb der EU müsste besonders gerechtfertigt werden (Art. 44 ff. DSGVO). Die Erfordernisse wären je nach konkretem Einzelfall zu bewerten und im Auftragsverarbeitungsvertrag zusätzlich zu adressieren.

10.24 Bzgl. der über den in der Anlage Leistungsumfang/SLAs des Outsourcingvertrags festgelegten Leistungsumfang hinausgehenden Weisungen des Auftraggebers verweist die Regelung auf das allgemeine **Change Management Verfahren** im Outsourcingvertrag. Insoweit wäre im Outsourcingvertrag neben dem Verfahren zur Vertragsanpassung insbesondere auch zu regeln, ob und inwieweit sich gleichzeitig die Vergütung des Auftragnehmers ändern soll (vgl. insoweit auch der Vorschlag einer Change Management-Regelung unter Rz. 10.15).

10.25 Nach Ziff. 2.3 bleibt der Auftraggeber in Ausnahmefällen (z.B. bei Eilbedürftigkeit) auch außerhalb der Bestimmungen von Ziff. 2.2 zu Einzelfallweisungen berechtigt. Solche Weisungen sind nach der Regelung mit Blick auf die Dokumentationspflicht (Art. 28 Abs. 3 Satz 2 lit. a DSGVO) grundsätzlich schriftlich oder in Textform zu erteilen. Lediglich notfalls sind auch mündliche Weisungen erlaubt, die anschließend unverzüglich schriftlich oder in Textform zu bestätigen sind. Ziff. 2.3 legt zudem die insoweit weisungs- bzw. empfangsberechtigten Personen abschließend fest.

cc) Zulässige Verarbeitung ohne Weisung (Ziff. 2.4)

10.26 Ziff. 2.4 räumt dem Auftragnehmer ausnahmsweise das Recht zur Datenverarbeitung auch ohne Weisung des Auftraggebers ein, soweit dies aufgrund des Rechts der EU bzw. ihrer Mitgliedstaaten vorgeschrieben ist (Art. 28 Abs. 3 Satz 2 lit. a DSGVO). Der Auftragnehmer hat den Auftraggeber hiervon aber grundsätzlich vor der Verarbeitung zu informieren.

---

30 *Klug* in Gola, Art. 28 DSGVO Rz. 9.
31 Zur Zulässigkeit einer solchen Verweisung *Klug* in Gola, Art. 28 DSGVO Rz. 8.

dd) Hinweis auf rechtswidrige Weisungen (Ziff. 2.5)

Ziff. 2.5 wiederholt die gesetzliche Pflicht des Auftragnehmers (Art. 28 Abs. 3 Satz 3 DSGVO), auf **10.27** nach seiner Ansicht datenschutzrechtswidrige Weisungen hinzuweisen. Die Klausel räumt dem Auftragnehmer zudem das Recht ein, die Ausführung bis zu einer Bestätigung des Auftraggebers auszusetzen.

c) Pflichten des Auftraggebers (Ziff. 3)

M 10.1.5 Pflichten des Auftraggebers

10.28

3. Pflichten des Auftraggebers

3.1 Der Auftraggeber bleibt für die auftragsgemäße Verarbeitung durch den Auftragnehmer alleine Verantwortlicher im datenschutzrechtlichen Sinn.

*3.2 Der Auftraggeber hat dem Auftragnehmer die Auftrags-Daten rechtzeitig zur Erfüllung der im Outsourcingvertrag übernommenen Leistungspflichten in der im Einzelnen in **Anlage Leistungsumfang/SLAs** zum Outsourcingvertrag festgelegten Art und Weise zugänglich zu machen.*

3.3 Etwaige Fehler oder Unregelmäßigkeiten im Rahmen der Verarbeitung der Auftrags-Daten durch den Auftragnehmer teilt der Auftraggeber jeweils unverzüglich in Schrift- oder Textform mit.

aa) Verantwortlichkeit des Auftraggebers (Ziff. 3.1)

Der Auftraggeber bleibt auch für die auftragsgemäße Verarbeitung durch den Auftragnehmer alleiniger **10.29** **datenschutzrechtlicher Verantwortlicher** (Art. 4 Nr. 7 DSGVO). Dies stellt Ziff. 3.1 klar.

bb) Bereitstellung der Auftrags-Daten (Ziff. 3.2)

Nach Ziff. 3.2 hat der Auftraggeber die zur Erfüllung der im Outsourcingvertrag übernommenen Leis- **10.30** tungspflichten erforderlichen Daten rechtzeitig zur Verfügung zu stellen. Die Regelung nimmt an, dass Details hierzu (z.B. bestimmte **Schnittstellen** für den Datenaustausch) in der Anlage Leistungsumfang/SLAs zum Outsourcingvertrag enthalten sind. Andernfalls wären die Einzelheiten in einer gesonderten Anlage aufzunehmen und hierauf zu verweisen.

cc) Mitteilung von Unregelmäßigkeiten (Ziff. 3.3)

Ziff. 3.3 verpflichtet den Auftraggeber, erkannte **Fehler** oder **Unregelmäßigkeiten** bei der Auftrags- **10.31** verarbeitung unverzüglich dem Auftragnehmer mitzuteilen. Diese Regelung ist im Wesentlichen klarstellender Natur. Der Auftraggeber bleibt für die Datenverarbeitung durch den Auftragnehmer Verantwortlicher (Art. 4 Nr. 7 DSGVO). Schon aus diesem Grund hat er dem Auftragnehmer Unregelmäßigkeiten unverzüglich nach Entdeckung mitzuteilen und auf deren Einstellung hinzuwirken.

d) Allgemeine Organisationspflichten, technische und organisatorische Maßnahmen (Ziff. 4)

M 10.1.6 Allgemeine Organisationspflichten, technische und organisatorische Maßnahmen

10.32

4. Allgemeine Organisationspflichten, technische und organisatorische Maßnahmen

4.1 Der Auftragnehmer wird die Einhaltung der Vorgaben dieses Vertrags regelmäßig kontrollieren.

4.2 Der Auftragnehmer gewährleistet, dass sich die zur Verarbeitung der Auftrags-Daten befugten Personen zur Vertraulichkeit verpflichtet haben oder einer angemessenen gesetzlichen Verschwiegenheits-

pflicht unterliegen. Die Verpflichtung wird der Auftragnehmer dem Auftraggeber auf Verlangen nachweisen.

*4.3 Angesichts der Art bzw. des Umfangs der Datenverarbeitung durch den Auftragnehmer hat dieser einen Datenschutzbeauftragten zu bestellen. Er erhält hierfür während der Laufzeit dieses Vertrags eine Aufwendungsersatzpauschale gemäß der **Anlage Vergütung** zum Outsourcingvertrag.*

4.4 Der Auftragnehmer stellt sicher, dass die zur Gewährleistung der Einhaltung der einschlägigen datenschutzrechtlichen Bestimmungen erforderlichen technischen und organisatorischen Maßnahmen (Art. 32 DSGVO) getroffen und aufrechterhalten werden.

Insbesondere unterstützt der Auftragnehmer den Auftraggeber mit geeigneten technischen und organisatorischen Maßnahmen bei der Erfüllung der Rechte der betroffenen Personen.

*Die Parteien sind sich darüber einig, dass der Auftragnehmer die in der **Anlage Leistungsumfang/SLAs** zum Outsourcingvertrag dargestellten technischen und organisatorischen Maßnahmen als verbindlichen Mindeststandard einzuhalten hat.*

Die technischen und organisatorischen Maßnahmen sind durch den Auftragnehmer fortlaufend der fortschreitenden technischen Entwicklung anzupassen.

*Änderungen der Maßnahmen, die den in der **Anlage Leistungsumfang/SLAs** zum Outsourcingvertrag festgelegten Mindeststandard unterschreiten würden, bedürfen der vorherigen Zustimmung des Auftraggebers. Insoweit gilt [Ziffer] (Change Management) des Outsourcingvertrags.*

aa) Kontrollen, Verpflichtung auf die Vertraulichkeit (Ziff. 4.1 und 4.2)

10.33 Ziff. 4.1 verpflichtet den Auftragnehmer zu regelmäßig vorzunehmenden **Kontrollen**. Nach Ziff. 4.2 darf der Auftragnehmer nur zur Vertraulichkeit verpflichtete Mitarbeiter bei der Datenverarbeitung einsetzen. Auch eine Regelung hierzu gehört zum Mindestinhalt eines Auftragsverarbeitungsvertrags (Art. 28 Abs. 3 Satz 2 lit. b DSGVO)[32].

bb) Bestellung eines Datenschutzbeauftragten (Ziff. 4.3)

10.34 Ziff. 4.3 geht von einer Verpflichtung des Auftragnehmers zur Bestellung eines Datenschutzbeauftragten aus (Art. 37 ff. DSGVO, § 38 BDSG). Ferner nimmt die Regelung an, dass der Auftragnehmer für die Bestellung des Datenschutzbeauftragten eine Aufwendungsersatzpauschale erhält, die in der insoweit in Bezug genommenen Anlage Vergütung zum Outsourcingvertrag geregelt ist. Besteht eine Pflicht des Auftragnehmers zur Bestellung eines Vertreters in der EU (Art. 27 DSGVO), wäre eine entsprechende Regelung denkbar. Ohne gesonderte Aufwendungsersatzregelung kann ein Ersatz nicht verlangt werden. Selbst wenn gerade die Auftragsverarbeitung zu einer Pflicht zur Bestellung eines Datenschutzbeauftragten führt, erfüllt der Auftragnehmer mit der Bestellung eine eigene gesetzliche Verpflichtung und wäre der Datenschutzbeauftragte für alle Datenverarbeitungen des Auftragnehmers zuständig. Auch lassen sich die entstehenden Aufwendungen oftmals im Nachhinein nur schwer beziffern, weil hierfür der Gesamtaufwand aufgeteilt werden müsste in den Aufwand, der spezifisch auf die Aufgaben des Datenschutzbeauftragten im Auftragsverhältnis entfällt, und demjenigen, der unabhängig davon durch die Tätigkeit des Datenschutzbeauftragten im Übrigen verursacht wird. Jedenfalls ist ohne Aufwendungsersatzregelung davon auszugehen, dass die Aufwendungen bereits in der Vergütung für die betreffende Leistung mit eingepreist worden sind.

cc) Technische und organisatorische Maßnahmen (Ziff. 4.4)

10.35 Der Auftragnehmer ist verpflichtet, im Rahmen seiner Tätigkeit die erforderlichen **technischen und organisatorischen Maßnahmen** zu treffen, um ein risikoangemessenes Datenschutzniveau zu gewährleisten (Art. 32 DSGVO). Zu den vom Auftragnehmer ggf. vorzunehmenden erforderlichen tech-

---

32 *Klug* in Gola, Art. 28 DSGVO Rz. 10.

nischen organisatorischen Maßnahmen können bspw. die Errichtung von Zutritts- und Zugriffsschranken für unbefugte Dritte und dergleichen zählen. Auch in diesem Punkt ist eine Regelung im Auftragsverarbeitungsvertrag zu treffen (Art. 28 Abs. 3 Satz 2 lit. c DSGVO)[33]. Insbesondere ist zu regeln, dass der Auftragnehmer den Auftraggeber nach Möglichkeit mit geeigneten technischen und organisatorischen Maßnahmen bei der Erfüllung von Betroffenenrechten unterstützt (Art. 28 Abs. 3 Satz 2 lit. e DSGVO)[34].

Als Mindeststandard hat der Auftragnehmer nach Ziff. 4.4 die in der Anlage Leistungsumfang/SLAs zum Outsourcingvertrag näher festgelegten Maßnahmen zu treffen. Sind die Mindestmaßnahmen dort nicht enthalten, wäre insoweit eine gesonderte Anlage zu erstellen und auf diese zu verweisen. Letztlich ist der Auftragnehmer aber unabhängig von den getroffenen Vereinbarungen mit dem Auftraggeber dafür verantwortlich, alle im Einzelfall erforderlichen Maßnahmen zu ergreifen (Art. 32 DSGVO). | 10.36

Welche Maßnahmen erforderlich sind, ist im Einzelfall unter Berücksichtigung des Stands der Technik, der Implementierungskosten, der Art, des Umfangs, der Umstände und der Zwecke der Verarbeitung sowie der unterschiedlichen Eintrittswahrscheinlichkeiten und Schwere der Risiken für die betroffenen Personen zu bestimmen. Hiernach werden etwa die Anforderungen bei sensiblen Daten i.S.d. Art. 9 Abs. 1 DSGVO (rassische und ethnische Herkunft, politische Meinungen, religiöse oder weltanschauliche Überzeugungen, Gewerkschaftszugehörigkeit, genetische Daten, biometrische Daten zur eindeutigen Identifizierung einer natürlichen Person, Gesundheit, Sexualleben oder sexuelle Orientierung) in der Regel höher als bei anderen Daten. | 10.37

e) Einschaltung weiterer Auftragsverarbeiter (Ziff. 5)

M 10.1.7 Einschaltung weiterer Auftragsverarbeiter | 10.38

5. Einschaltung weiterer Auftragsverarbeiter

Für die Einschaltung weiterer Auftragsverarbeiter gilt Ziffer [Ziffer] (Subunternehmer) des Outsourcingvertrags.

aa) Voraussetzungen

Der Auftragsverarbeitungsvertrag muss gewährleisten, dass der Auftragnehmer bei Einschaltung weiterer Auftragsverarbeiter die Voraussetzungen der DSGVO einhält (Art. 28 Abs. 3 Satz. 2 lit. d i.V.m. Abs. 2 und 4 DSGVO)[35]. | 10.39

Hiernach erfordert die Einschaltung eines weiteren Auftragsverarbeiters die **vorherige schriftliche Zustimmung** des Auftraggebers; diese kann für den Einzelfall oder, etwa bereits im Auftragsverarbeitungsvertrag, generell erteilt werden (Art. 28 Abs. 2 Satz 1 DSGVO). Im Falle einer allgemeinen Zustimmung ist der Auftraggeber über jede Änderung bzgl. der weiteren Auftragsverarbeiter vorab zu informieren; hierdurch soll der Auftraggeber die Möglichkeit erhalten, „Einspruch" gegen die Änderung zu erheben (Art. 28 Abs. 2 Satz 2 DSGVO). | 10.40

Der Auftragnehmer hat im Falle der Einschaltung eines weiteren Auftragsverarbeiters mit diesem einen **(Unter-) Auftragsverarbeitungsvertrag** zu schließen; dort sind die Pflichten des Auftragnehmers gegenüber dem Auftraggeber an den weiteren Auftragsverarbeiter weiterzugeben (Art. 28 Abs. 4 Satz 1 DSGVO). Der Auftragnehmer haftet gegenüber dem Auftraggeber für Pflichtverstöße des weiteren Auftragsverarbeiters (Art. 28 Abs. 4 Satz 2 DSGVO). | 10.41

---

33 *Klug* in Gola, Art. 28 DSGVO Rz. 10.
34 *Klug* in Gola, Art. 28 DSGVO Rz. 10.
35 *Klug* in Gola, Art. 28 DSGVO Rz. 13.

bb) Erweiterte Subunternehmer-Klausel in der Anlage Datenschutz

10.42 Die Regelung der Ziff. 5 geht davon aus, dass der Outsourcingvertrag eine allgemeine Subunternehmer-Klausel enthält und verweist auf diese. Diese Klausel im Outsourcingvertrag müsste die vorstehenden Erfordernisse der DSGVO mit berücksichtigen.

Soll eine ausführlichere Regelung unmittelbar in die Anlage Datenschutz aufgenommen werden, wäre beispielsweise die folgende Klausel denkbar:

M 10.1.8 Subunternehmer-Klausel für Vertragsanlage Datenschutz

5. Einschaltung weiterer Auftragsverarbeiter

5.1 Der Auftragnehmer ist berechtigt, bei der Verarbeitung der Auftrags-Daten die Dienste weiterer Auftragsverarbeiter in Anspruch zu nehmen.

Zur Zeit des Vertragsschlusses werden die folgenden weiteren Auftragsverarbeiter in Anspruch genommen:

Unterauftragnehmer	*Anschrift*	*Leistung*
…	…	…

5.2 Der Auftragnehmer wird den Auftraggeber spätestens [vier Wochen] vorab schriftlich über jede beabsichtigte Änderung in Bezug auf die Inanspruchnahme weiterer Auftragsverarbeiter informieren.

5.3 Der Auftraggeber hat das Recht, einer beabsichtigten Inanspruchnahme binnen [zwei Wochen] ab Zugang dieser Information gegenüber dem Auftragnehmer schriftlich zu widersprechen. Im Falle des Widerspruchs des Auftraggebers unterbleibt die beabsichtigte Inanspruchnahme des weiteren Auftragsverarbeiters durch den Auftragnehmer.

5.4 Im Falle einer Inanspruchnahme eines weiteren Auftragsverarbeiters sind diesem seitens des Auftragnehmers vertraglich den Bestimmungen dieses Vertrags entsprechende Datenschutzpflichten aufzuerlegen. Der Vertrag ist schriftlich abzufassen, was auch in einem elektronischen Format erfolgen kann. Der Vertrag ist dem Auftraggeber auf Verlangen nachzuweisen. Kommt der weitere Auftragsverarbeiter seinen Datenschutzpflichten nicht nach, so haftet hierfür der Auftragnehmer gegenüber dem Auftraggeber.

f) Rechte der betroffenen Personen (Ziff. 6)

10.43 ### M 10.1.9 Rechte der betroffenen Person

6. Rechte der betroffenen Personen

6.1 Der Auftraggeber ist für die Erfüllung der Rechte der betroffenen Personen verantwortlich (Art. 12 ff. DSGVO).

6.2 Sämtliche Anfragen betroffener Personen wird der Auftragnehmer jeweils unverzüglich an den Auftraggeber weiterleiten.

6.3 Der Auftragnehmer wird den Auftraggeber bei der Erfüllung von Rechten betroffener Personen im Rahmen des Erforderlichen unterstützen.

10.44 Ziff. 6 ist im Ausgangspunkt klarstellender Natur. Betroffenenrechte sind grundsätzlich gegenüber dem Auftraggeber geltend zu machen (Art. 12 ff. DSGVO). Darüber hinaus bestimmt die Regelung gewisse, für die Erfüllung der betreffenden Pflichten durch den Auftraggeber erforderliche Mitwirkungspflichten des Auftragnehmers. Bzgl. der zwingenden Regelung zur Unterstützung bei der Erfüllung von Betroffenenrechten durch technische und organisatorische Maßnahmen sei auf Rz. 10.35 verwiesen.

g) Meldung von Datenschutzverstößen (Ziff. 7)

M 10.1.10 Meldung von Datenschutzverstößen 10.45

7. Meldung von Datenschutzverstößen

7.1 Der Auftragnehmer ist verpflichtet, den Auftraggeber über jede Verletzung des Schutzes personenbezogener Daten unverzüglich, spätestens aber 24 Stunden nach Bekanntwerden zu unterrichten.

7.2 Die Unterrichtung enthält zumindest die folgenden Informationen:

- *Zeitpunkt der Entdeckung;*

- *Beschreibung der Art der Verletzung mit Angabe:*

  - *der Kategorien und der ungefähren Zahl der betroffenen Personen;*

  - *der betroffenen Kategorien und der ungefähren Zahl der betroffenen Datensätze;*

- *Beschreibung der wahrscheinlichen Folgen der Verletzung und*

- *eine Beschreibung der ergriffenen und vorgeschlagenen Maßnahmen zur Behebung der Verletzung und gegebenenfalls Maßnahmen zur Abmilderung ihrer möglichen nachteiligen Auswirkungen;*

  sowie den Namen und die Kontaktdaten einer Anlaufstelle für weitere Informationen.

7.3 Soweit diese Informationen nicht zur gleichen Zeit bereitgestellt werden können, kann der Auftragnehmer diese ohne unangemessene Verzögerung schrittweise zur Verfügung stellen.

7.4 Auch über die vorstehenden Bestimmungen dieser Ziffer 7 hinaus unterstützt der Auftragnehmer den Auftraggeber im Rahmen des Erforderlichen bei der Erfüllung seiner Pflichten gemäß Art. 33 und Art. 34 DSGVO.

Im Falle einer Verletzung des Schutzes personenbezogener Daten trifft den Auftraggeber grundsätzlich 10.46 eine Meldepflicht gegenüber der Aufsichtsbehörde (Art. 33 Abs. 1, 3 und 4 DSGVO). Die Verletzungen sind von dem Auftraggeber zudem zu dokumentieren (Art. 33 Abs. 5 DSGVO). Darüber hinaus kann die Benachrichtigung der betroffenen Personen durch den Auftraggeber erforderlich sein (Art. 34 DSGVO). Regelungen zur Unterstützung des Auftraggebers bei diesen Pflichten gehören zu den Mindestinhalten eines Auftragsverarbeitungsvertrags (Art. 28 Abs. 3 Satz 2 lit. f DSGVO)[36].

Dabei wiederholt Ziff. 7.1 zunächst die gesetzliche Verpflichtung des Auftragnehmers (Art. 33 Abs. 2 10.47 DSGVO), dem Auftraggeber etwaige Verletzungen des Schutzes personenbezogener Daten unverzüglich nach Entdeckung mitzuteilen. Die zeitliche Obergrenze für die Mitteilung legt die Bestimmung auf spätestens 24 Stunden nach Bekanntwerden der Entdeckung fest. Ziff. 7.2 konkretisiert den Inhalt dieser Mitteilung und orientiert sich insoweit an den Mindestinhalten der von dem Auftraggeber vorzunehmenden Meldungen (Art. 33 Abs. 3, Art. 34 Abs. 2 DSGVO). Ziff. 7.3 gestattet dem Auftragnehmer eine schrittweise Mitteilung, sollten nicht alle Informationen gleichzeitig verfügbar sein und orientiert sich auch insoweit an den Anforderungen an die Meldungen des Auftraggebers bei der Aufsichtsbehörde (Art. 33 Abs. 4 DSGVO). Die Regelung der Ziff. 7.4 konstatiert auch über diese Informationspflicht hinaus eine allgemeine Pflicht des Auftragnehmers zur Unterstützung des Auftraggebers bei der Erfüllung seiner Pflichten im Falle einer Verletzung des Schutzes personenbezogener Daten.

---

36 *Klug* in Gola, Art. 28 DSGVO Rz. 10.

h) Datenschutz-Folgenabschätzungen und vorherige Konsultationen (Ziff. 8)

10.48 **M 10.1.11 Datenschutz-Folgenabschätzungen und vorherige Konsultationen**

8. Datenschutz-Folgenabschätzungen und vorherige Konsultationen

Der Auftragnehmer unterstützt den Auftraggeber im Rahmen des Erforderlichen bei Datenschutz-Folgenabschätzungen gemäß Art. 35 DSGVO und vorherigen Konsultationen gemäß Art. 36 DSGVO.

10.49 Nach Art. 28 Abs. 3 Satz 2 lit. f DSGVO sind im Auftragsverarbeitungsvertrag auch Unterstützungspflichten des Auftragnehmers im Hinblick auf Datenschutz-Folgenabschätzungen gem. Art. 35 DSGVO und vorherige Konsultationen gem. Art. 36 DSGVO vorzusehen[37]. Ziff. 8 trifft insoweit eine knappe Regelung.

i) Herausgabe- und Löschungspflichten bei Beendigung des Auftrags (Ziff. 9)

10.50 **M 10.1.12 Herausgabe- und Löschungspflichten bei Beendigung des Auftrags**

9. Herausgabe- und Löschungspflichten bei Beendigung des Auftrags

9.1 Mit Beendigung dieses Vertrags hat der Auftragnehmer auf Verlangen des Auftraggebers sämtliche in seinem Besitz befindlichen Auftrags-Daten zur Migration der im Outsourcingvertrag übernommenen Leistungen auf den Auftraggeber oder einen von diesem bestimmten neuen Auftragnehmer herauszugeben. Es gilt Ziffer [Ziffer] (Beendigungsunterstützung) des Outsourcingvertrags.

9.2 Anschließend hat der Auftragnehmer – soweit dem keine im Outsourcingvertrag getroffenen Bestimmungen entgegenstehen oder ihn nicht das Recht der Europäischen Union oder ihrer Mitgliedsstaaten zu einer weiteren Speicherung verpflichtet – sämtliche in seinem Besitz befindlichen Auftrags-Daten zu löschen bzw. zu vernichten. Dies gilt insbesondere auch für Vervielfältigungen, Test- und Ausschlussdaten. Die Löschung bzw. Vernichtung ist vom Auftragnehmer schriftlich zu dokumentieren und dem Auftraggeber nachzuweisen. Dem Auftragnehmer überlassene Datenträger sind dem Auftraggeber zurückzugeben.

10.51 Der Auftragsverarbeitungsvertrag muss vorsehen, dass der Auftragnehmer nach Abschluss seiner Leistungen alle personenbezogenen Daten nach Wahl des Auftraggebers entweder löscht oder zurückgibt, sofern nicht nach dem Recht der EU oder ihrer Mitgliedstaaten eine Verpflichtung zur Speicherung besteht (Art. 28 Abs. 3 Satz 2 lit. g DSGVO)[38]. Ziff. 9.1 verpflichtet den Auftragnehmer mit Blick hierauf zunächst, die ihm überlassenen Daten bei **Beendigung des Vertrags** zur Überleitung der im Outsourcingvertrag übernommenen Leistungen auf den Auftraggeber oder einen neuen Auftragnehmer herauszugeben. Der Outsourcingvertrag enthält insoweit typischerweise eigene Bestimmungen, auf die Ziff. 9.1 verweist. Trifft der Outsourcingvertrag diesbezüglich keine Regelungen, wäre Ziff. 9 in diesem Punkt ausführlicher zu fassen. Insbesondere wäre zu regeln, wann der Auftraggeber die Daten wie (Datenträger, Format, etc.) herauszugeben hat.

10.52 Eine Pflicht zur anschließenden Löschung der Daten, soweit keine gesetzlichen oder im Outsourcingvertrag getroffenen Bestimmungen entgegenstehen, sowie zur Herausgabe von Datenträgern trifft Ziff. 9.2. Die Ausnahmen von der Löschpflicht sollen zum einen dem Auftragnehmer die Einhaltung eigener gesetzlicher Aufbewahrungspflichten ermöglichen. Zum anderen soll es verhindern, dass Wi-

---

37 *Klug* in Gola, Art. 28 DSGVO Rz. 10.
38 *Klug* in Gola, Art. 28 DSGVO Rz. 10.

dersprüche zu etwaig aus dem Outsourcingvertrag folgenden Aufbewahrungspflichten zugunsten des Auftraggebers über das Vertragsende hinaus entstehen.

j) Informationsrechte und Kontrollbefugnisse (Ziff. 10)

M 10.1.13 Informationsrechte und Kontrollbefugnisse

10.53

10. Informationsrechte und Kontrollbefugnisse

10.1 Der Auftragnehmer überlässt dem Auftraggeber auf Verlangen alle erforderlichen Informationen zum Nachweis der Einhaltung der Vorgaben nach diesem Vertrag.

10.2 Der Auftraggeber kann die Einhaltung der Vorgaben dieses Vertrags durch den Auftragnehmer prüfen. Er kann Prüfungen selbst oder durch einen beauftragten Dritten vornehmen. Der Auftragnehmer wird den Auftraggeber bei den Prüfungen im Rahmen des Erforderlichen unterstützen.

10.3 Der Auftragnehmer wird den Auftraggeber bei Kontrollen durch die Datenschutzaufsichtsbehörde im Rahmen des Erforderlichen unterstützen.

10.4 Für Prüfungen des Auftraggebers und Kontrollen der Datenschutzaufsichtsbehörde im Einzelnen gilt Ziffer [Ziffer] (Prüfungen und Kontrollen) des Outsourcingvertrags.

Ziff. 10.1 verpflichtet den Auftragnehmer zur Überlassung aller **Informationen**, die zum Nachweis der Einhaltung seiner Pflichten als Auftragsverarbeiter erforderlich sind. Ziff. 10.2 trifft eine Regelung zu den **Prüfrechten des Auftraggebers** und den Duldungs- und Mitwirkungspflichten des Auftragnehmers. Entsprechende Regelungen sind im Auftragsverarbeitungsvertrag erforderlich (Art. 28 Abs. 3 Satz 2 lit. h DSGVO)[39]. Nach Ziff. 10.3 hat der Auftragnehmer den Auftraggeber im Rahmen des Erforderlichen bei Kontrollen der Aufsichtsbehörden zu unterstützen. Ziff. 10.4 verweist bzgl. Prüfungen des Auftraggebers und Kontrollen der Datenschutzaufsichtsbehörde im Einzelnen auf eine allgemeine Audit-Klausel im Outsourcingvertrag. Enthält der Outsourcingvertrag keine derartige Regelung, wären die Ziff. 10.1 bis 10.3 zweckmäßigerweise ausführlicher zu fassen. Eine denkbare Regelung für Prüfungen des Auftraggebers wäre bspw.:

10.54

M 10.1.14 Alternativ-Regelung für Prüfungen des Auftraggebers (Outsourcingvertrag)

10.55

10. Informationsrechte und Kontrollbefugnisse

Der Auftraggeber kann die Einhaltung der Vorgaben dieses Vertrags durch den Auftragnehmer prüfen. Er kann Prüfungen selbst oder durch einen beauftragten Dritten vornehmen.

Hierzu gewährt der Auftragnehmer – im Rahmen des Erforderlichen und soweit der Geschäftsablauf nicht beeinträchtigt sowie Betriebs- und Geschäftsgeheimnisse nicht gefährdet werden und gesetzliche Regelungen nicht entgegenstehen – dem Auftraggeber während seinen üblichen Geschäftszeiten (derzeit [Montag bis Freitag 8:00 bis 17:00 Uhr (mit Ausnahme gesetzlicher Feiertage)]) Zutritt zu seinen Geschäftsräumen sowie die erforderlichen Einsichts- und Auskunftsrechte.

Kontrollen des Auftraggebers sind rechtzeitig in Schriftform anzukündigen. Dabei sind alle für die Kontrolle maßgeblichen Umstände mitzuteilen. Dem Auftragnehmer ist insbesondere zu ermöglichen, sich derart auf die Kontrolle vorzubereiten, dass sich der für die Kontrolle erforderliche Aufwand auf ein Minimum reduziert. In der Regel erfolgt die Ankündigung spätestens zwei Wochen vor Beginn der Kontrolle. Der Auftraggeber soll in der Regel nicht mehr als eine Kontrolle pro Kalenderjahr durchführen.

---

39 *Klug* in Gola, Art. 28 DSGVO Rz. 10.

*Der Auftraggeber trägt seine eigenen Aufwendungen im Zusammenhang mit seinen Prüfungen. Der Auftragnehmer erhält für die Prüfungen einen Aufwendungsersatz gemäß der **Anlage Vergütung** zum Outsourcingvertrag.*

k) Schlussbestimmungen (Ziff. 11)

10.56 **M 10.1.15 Schlussbestimmungen**

11. Schlussbestimmungen

11.1 Änderungen, Ergänzungen oder eine Aufhebung dieses Vertrags bedürfen – soweit hierin nichts anderes bestimmt ist – zu ihrer Rechtswirksamkeit der Schriftform. Dies gilt auch für eine Aufhebung des Schriftformerfordernisses.

11.2 Sollten einzelne Bestimmungen dieses Vertrags ganz oder teilweise unwirksam sein oder werden, wird hierdurch die Wirksamkeit des Vertrags im Übrigen nicht berührt. Die Parteien werden die unwirksame Bestimmung durch eine dieser nach Sinn und Zweck möglichst nahe kommende wirksame Bestimmung ersetzen. Die vorstehende Regelung gilt im Falle unbeabsichtigter Vertragslücken entsprechend.

11.3 Alleiniger Gerichtsstand für alle Streitigkeiten aus und im Zusammenhang mit diesem Vertrag ist [Ort], soweit kein ausschließlicher Gerichtsstand begründet ist.

10.57 Ziff. 11 trifft übliche **Schlussbestimmungen**. Diese wären mit den entsprechenden Regelungen im Outsourcingvertrag abzugleichen bzw. es wäre ggf. auf diese zu verweisen.

§ 11
Vertrag zur Datenträgervernichtung/-löschung

Literatur: *Albrecht/Jotzo*, Das neue Datenschutzrecht der EU, 2017; *Becker*, EU-Datenschutz-Grundverordnung, ITRB 2016, 107; *Buchner*, Grundsätze und Rechtmäßigkeit der Datenverarbeitung unter der DS-GVO, DuD 2016, 155; *Fox*, Sicheres Löschen von Daten auf Festplatten, DuD 2009, 110; *Gola/Schomerus*, BDSG, 12. Aufl. 2015; *Härting*, Auftragsverarbeitung nach der DS-GVO, ITRB 2016, 137; *Heymann*, Entsorgung von Datenträgern mit schutzbedürftigen Daten, CR 1992, 370; *Hoeren*, Das neue BDSG und die Auftragsdatenverarbeitung, DuD 2010, 688; *Koós/Englisch*, Eine „neue" Auftragsdatenverarbeitung? – Gegenüberstellung der aktuellen Rechtslage und der DS-GVO in der Fassung des LIBE-Entwurfs, ZD 2014, 276; *Moos/Gallenkemper/Volpers*, Rechtliche Aspekte der Abgabe von gebrauchter Hardware, CR 2008, 477; *Müthlein*, ADV 5.0 – Neugestaltung der Auftragsdatenverarbeitung in Deutschland, RDV 2016, 74; *Redeker*, Handbuch der IT-Verträge, Loseblattsammlung, Stand: 38. Ergänzungslieferung 2020; *Schneider*, Datenschutz nach der EU-Datenschutz-Grundverordnung, 2. Aufl. 2019; *Wybitul*, EU-Datenschutz-Grundverordnung in der Praxis – was ändert sich durch das neue Datenschutzrecht?, BB 2016, 1077.

A. Einleitung

11.1 Auch in den nicht gerade für ihre hohen Datenschutzstandards bekannten USA war die Aufregung groß, als im Jahr 2012 auf der traditionellen Thanksgiving-Parade in New York City kaum zerkleinerte, weiterhin gut lesbare Polizeiaktenschnipsel mit sensiblen Informationen wie Namen, Geburtsdaten und Sozialversicherungsnummern im Konfetti auftauchten. Doch auch in Deutschland kommt es regelmäßig zu Datenpannen in Zusammenhang mit der Entsorgung ausgesonderter Datenträger[1].

11.2 Insofern überrascht es nicht, dass es weit verbreitet und auch durchaus empfehlenswert ist, die Vernichtung und/oder Löschung von Datenträgern durch professionelle Dienstleister[2] ausführen zu lassen. Aus datenschutzrechtlicher Sicht handelt es sich dabei um einen **klassischen Fall der Auftragsverarbeitung nach Art. 28 DSGVO** (ehem. Auftragsdatenverarbeitung nach § 11 BDSG a.F.)[3]. Ein geeigneter Auftragsverarbeiter verfügt dabei insbesondere über ausreichend(es) Fachwissen, Zuverlässigkeit und Ressourcen[4].

11.3 Bei dem nachfolgenden Muster handelt es sich um einen Auftragsverarbeitungsvertrag i.S.v. Art. 28 Abs. 3 Satz 1 DSGVO[5]. Er ist darauf zugeschnitten, die gesetzlichen Voraussetzungen einer Auftragsverarbeitung **speziell für den Fall der Vernichtung und/oder Löschung von Datenträgern** abzubilden. Um sowohl die Nachvollziehbarkeit als auch Nachprüfbarkeit für Anwender und Aufsichtsbehörden (i.S.e. „Checkliste"[6]) zu erleichtern, orientiert er sich eng am Aufbau des Art. 28 Abs. 3 DSGVO. Das vorgeschlagene Muster kann auch dem Abgleich mit einem Vertrag des Dienstleisters dienen. Bei standardisierten Leistungen wie der vorliegenden ist nämlich damit zu rechnen, dass der Dienstleister ein eigenes Muster verwenden möchte und allenfalls zu Anpassungen bereit ist. Auftragsverarbeitungsverträge können gem. Art. 28 Abs. 9 DSGVO dabei auch in einem **elektronischen Format**[7] geschlossen werden.

---

1 S. bspw. *Innenministerium BW*, 5. Tb. NÖB (2009), LT-Drucks. 14/4963, S. 60 f.; BayLfD, Orientierungshilfe Datenträgerentsorgung, 2014, S. 5, 21; *Fox*, DuD 2009, 110 (110); *Heymann*, CR 1992, 370 (370).

2 Kommerzielle Dienstleister müssen indes nicht automatisch professionell bzw. rechtmäßig arbeitende Dienstleister sein, s. *Innenministerium BW*, 5. Tb. NÖB (2009), LT-Drucks. 14/4963, S. 60 f. Die Auswahl sollte also, nicht zuletzt wegen Art. 28 Abs. 1 DSGVO, sorgfältig getroffen werden.

3 Stellv. *BayLfD*, Auftragsverarbeitung – Orientierungshilfe, Version 2.0 (Stand: 1.4.2019), S. 25; s. auch *Hartung* in Kühling/Buchner, Art. 28 DS-GVO Rz. 24 ff.

4 Erwägungsgrund 81 Satz 1 DSGVO; s. auch *Koós/Englisch*, ZD 2014, 276 (279).

5 Vgl. auch die Muster in den §§ 7–9.

6 Vgl. *Hoeren*, DuD 2010, 688 (688).

7 *Hartung* in Kühling/Buchner, Art. 28 DS-GVO Rz. 95 f.: womit keine Form i.S.d. § 126a BGB (qualifizierte elektronische Signatur) gemeint ist. S. auch *Klug* in Gola, Art. 28 DS-GVO Rz. 12; *Bertermann* in Ehmann/Selmayr, Art. 28 DS-GVO Rz. 12; *Martini* in Paal/Pauly, Art. 28 DS-GVO Rz. 75: „Verkörperung", „E-Mail genügt … nicht". A.A. hinsichtlich des Erfordernisses einer elektronischen Signatur *Spoerr* in BeckOK Da-

Der Begriff „Datenträger" ist dabei bewusst weit zu verstehen (s. Rz. 11.25 ff.). Da mit fortschreitender Digitalisierung eine Schwerpunktverschiebung hin zu elektronischen Speichermedien zu erwarten ist[8], berücksichtigt das Vertragsmuster auch die Möglichkeit der datenschutzkonformen Löschung. Denn es liegt auf der Hand, dass grundsätzlich wiederverwendbare, aber – z.B. im Rahmen eines Refresh-Prozesses – ausgemusterte Datenträger (z.B. Festplatten) nicht notwendigerweise gleich vernichtet werden müssen. Indes erfordert eine ordnungsgemäße und datenschutzgerechte Löschung nicht unerhebliche Anstrengungen (vgl. Rz. 11.9, Rz. 11.26).

11.4

B. Vertrag zur Datenträgervernichtung/-löschung

I. Muster

M 11.1 Vertrag zur Datenträgervernichtung/-löschung

11.5

Vertrag über die datenschutzkonforme Vernichtung und/oder Löschung von Datenträgern

zwischen

…

*– nachfolgend „**Auftraggeber**" genannt –*

und

…

*– nachfolgend „**Auftragnehmer**" genannt –*

Präambel[9]

*Die Parteien haben am … [Datum] einen Vertrag geschlossen, der die Vernichtung und/oder Löschung von Datenträgern zum Gegenstand hat („**Hauptvertrag**"). Bei Durchführung des Hauptvertrags wird der Auftragnehmer als Auftragsverarbeiter i.S.d. Datenschutz-Grundverordnung (DSGVO) auch personenbezogene Daten verarbeiten, für die der Auftraggeber Verantwortlicher i.S.d. DSGVO ist. Dieser Vertrag über die datenschutzkonforme Vernichtung und/oder Löschung von Datenträgern („**Vertrag**") konkretisiert die datenschutzrechtlichen Rechte und Pflichten der Parteien im Zusammenhang mit den vertragsgegenständlichen Leistungen i.S.d. einschlägigen datenschutzrechtlichen Bestimmungen (insbesondere Art. 28 DSGVO).*

1. Gegenstand des Auftrags und allgemeine Pflichten[10]

1.1 Gegenstand dieses Vertrags ist die datenschutzkonforme Vernichtung und/oder Löschung von Datenträgern so wie im Hauptvertrag und diesem Vertrag (insbesondere den Ziffern 1 und 2) näher beschrieben.

1.2 Der Auftragnehmer wird bei der Vernichtung und/oder Löschung der Datenträger die einschlägigen Datenschutzvorschriften, insbesondere die Vorschriften der DSGVO und des Bundesdatenschutzgesetzes (BDSG), einhalten. Dabei wird er auch die Verarbeitungsgrundsätze nach Art. 5 DSGVO beachten. Dies schließt insbesondere eine über die Vernichtung und/oder Löschung der Datenträger hinausgehende Verwendung derselben, vor allem eine solche zu eigenen Zwecken oder zu Zwecken Dritter, aus.

1.3 Der Auftragnehmer wird etwaige ihn unmittelbar treffende datenschutzrechtliche Pflichten (z.B. Benennung eines Datenschutzbeauftragten, Führung von Verfahrensverzeichnissen) selbstständig erfüllen

---

tenschutzR, Art. 28 DS-GVO Rz. 103. Dies würde indes dem Willen des Gesetzgebers, eine Formerleichterung zu schaffen, widersprechen.

8 Vgl. *Bertermann* in Ehmann/Selmayr, Art. 28 DS-GVO Rz. 28.

9 Zu den Erläuterungen siehe Rz. 11.12 ff.

10 Zu den Erläuterungen siehe Rz. 11.17 ff.

und etwaige Mitwirkungshandlungen gegenüber dem Auftraggeber (z.B. Benennung der Kontaktdaten des Datenschutzbeauftragten) unverzüglich und unaufgefordert erbringen.

2. Vernichtung und/oder Löschung von Datenträgern[11]

2.1 Der Auftraggeber wird die zur Vernichtung und/oder Löschung bestimmten Datenträger rechtzeitig zum vereinbarten Termin zusammenstellen und zur Übergabe an den Auftragnehmer bereithalten.

2.2 Der Auftragnehmer wird die bereitgehaltenen Datenträger zum vereinbarten Zeitpunkt übernehmen. Die damit beauftragten Mitarbeiter des Auftragnehmers werden sich vorher ausweisen.

*2.3 Für jede Zusammenstellung gleichartiger Datenträger wird der Auftraggeber zwei vorausgefüllte Exemplare des in **Anlage 1 (Übergabeformular)** enthaltenen Formulars bereithalten. Diese werden bei Übergabe vervollständigt und von den Parteien unterzeichnet. Jede Partei erhält ein Exemplar.*

2.4 Der Auftragnehmer wird die vom Auftraggeber übernommenen Datenträger in Einklang mit dem Hauptvertrag und diesem Vertrag datenschutzkonform löschen und/oder vernichten. Dies hat am Tag der Übernahme zu erfolgen. Nur in begründeten Ausnahmefällen (z.B. Ausfall der Verarbeitungseinrichtung) und wenn eine sichere Aufbewahrung gewährleistet ist, dürfen die Datenträger erst am Folgetag gelöscht/vernichtet werden. Die so behandelten Datenträger dürfen eine Wiederherstellung der ursprünglich darauf enthaltenen Informationen nicht erlauben.

2.5 Soweit zur Vernichtung und/oder Löschung erforderlich wird der Auftragnehmer die Datenträger in verschlossenen und gegen unerlaubten Zugriff und Verlust besonders gesicherten und gekennzeichneten Transportbehältnissen zum Verarbeitungsort transportieren und diese während des Transportes sowie am Verarbeitungsort von Datenträgern anderer Kunden getrennt aufbewahren.

2.6 Der Auftragnehmer wird dem Auftraggeber die ordnungsgemäße Löschung/Vernichtung der Datenträger unmittelbar nach Ausführung mit Zeitangabe in schriftlicher oder elektronischer Form bestätigen.

2.7 Zur Löschung bestimmte Datenträger verbleiben im Eigentum des Auftraggebers und werden in Einklang mit den Bestimmungen des Hauptvertrags an den Auftraggeber zurückgeführt. Zur Vernichtung bestimmte Datenträger verbleiben bis zur vollständigen Vernichtung im Eigentum des Auftraggebers und werden im Anschluss daran vom Auftragnehmer in Einklang mit den Bestimmungen des Hauptvertrags entsorgt.

3. Dauer des Auftrags[12]

3.1 Die Laufzeit dieses Vertrags entspricht der Laufzeit des Hauptvertrags. Die Regelungen zur ordentlichen Kündigung des Hauptvertrags gelten entsprechend.

*3.2 Unbeschadet aller sonstigen Rechte des Auftraggebers aus diesem Vertrag, dem Hauptvertrag oder geltendem Recht ist der Auftraggeber berechtigt, diesen Vertrag jederzeit [**Optional:** schriftlich] aus wichtigem Grund kündigen. Ein solcher liegt insbesondere vor, wenn der Auftragnehmer gegen eine wesentliche Pflicht aus diesem Vertrag verstößt (z.B. die Datenträger zu anderen als den vereinbarten Zwecken verwendet (insbesondere Daten einsieht), gegen Weisungen des Auftraggebers verstößt oder dessen Kontrollrechte verhindert oder erschwert).*

3.3 Verletzt der Auftragnehmer eine Pflicht aus diesem Vertrag, kann der Auftraggeber jederzeit die Herausgabe aller beim Auftraggeber befindlichen Datenträger verlangen und die Herausgabe von Datenträgern an den Auftragnehmer verweigern, bis die Pflichtverletzung beseitigt ist.

3.4 Der Hauptvertrag darf im Falle einer Beendigung dieses Vertrags gemäß dieser Ziffer 3 nicht fortgeführt werden.

---

11 Zu den Erläuterungen siehe Rz. 11.24 ff.
12 Zu den Erläuterungen siehe Rz. 11.40 ff.

4. Details des Auftrags[13]

4.1 Art und Zweck der Verarbeitung personenbezogener Daten des Auftraggebers durch den Auftragnehmer ist deren Vernichtung und/oder Löschung mit/von den Datenträgern so wie im Hauptvertrag und diesem Vertrag (insbesondere Ziffer 2) näher beschrieben.

4.2 Die Art der mit/von den Datenträgern vernichteten/gelöschten personenbezogenen Daten (inklusive, wenn und soweit zutreffend, besondere Kategorien personenbezogener Daten) sowie der Kreis der von der Vernichtung/Löschung dieser personenbezogenen Daten Betroffenen sind in **Anlage 2 (Details der Verarbeitung)** zu diesem Vertrag näher beschrieben.

5. Weisungsrechte[14]

5.1 Der Auftragnehmer wird in Bezug auf den Umgang mit den Datenträgern ausschließlich auf Weisung des Auftraggebers handeln.

5.2 Der Auftraggeber ist berechtigt, Weisungen schriftlich, elektronisch oder mündlich zu erteilen, wobei er mündlich erteilte Weisungen unverzüglich dokumentieren wird. Die im Hauptvertrag und diesem Vertrag enthaltenen Anforderungen gelten als Weisungen, die ggf. wie vorstehend geändert, ergänzt oder ersetzt werden können.

5.3 Hat der Auftragnehmer Grund zu der Annahme, dass eine Weisung des Auftraggebers gegen Datenschutzrecht verstößt, wird er diesen unverzüglich darüber informieren. Der Auftragnehmer kann den Auftraggeber auffordern, die fragliche Weisung zurückzuziehen, zu ändern oder zu bestätigen. Bis zur endgültigen Entscheidung des Auftraggebers ist der Auftragnehmer berechtigt, die Umsetzung der fraglichen Weisung auszusetzen.

6. Drittstaatentransfer[15]

Der Auftragnehmer wird die Datenträger ausschließlich auf/aus dem Gebiet der Europäischen Union oder eines Vertragsstaates des Abkommens über den Europäischen Wirtschaftsraum vernichten/löschen. Eine Verbringung der Datenträger in oder eine Fernlöschung aus Drittstaaten ist untersagt [**Optional:** bedarf der vorherigen Zustimmung des Auftraggebers und unterliegt den besonderen Anforderungen der Art. 44 ff. DSGVO].

7. Vertraulichkeit[16]

7.1 Dem Auftragnehmer ist jede Einsichtnahme in die auf den Datenträgern enthaltenen Informationen untersagt.

7.2 Der Auftragnehmer wird sämtlichen bei Durchführung der Vernichtung/Löschung der Datenträger eingesetzten Mitarbeitern die Einsichtnahme in die auf den Datenträgern enthaltenen Informationen untersagen und die Einhaltung dieses Verbots durch geeignete Maßnahmen sicherstellen und überwachen.

7.3 Der Auftragnehmer wird zur Erbringung der vertragsgegenständlichen Leistungen nur Mitarbeiter einsetzen, die durch geeignete Maßnahmen mit den gesetzlichen Vorschriften über den Datenschutz und den speziellen datenschutzrechtlichen Anforderungen dieses Vertrags vertraut gemacht und, soweit sie nicht bereits angemessenen gesetzlichen Verschwiegenheitspflichten unterliegen, umfassend zur Vertraulichkeit verpflichtet wurden.

8. Technische und organisatorische Maßnahmen[17]

8.1 Der Auftragnehmer wird zum Schutz der Datenträger geeignete technische und organisatorische Maßnahmen ergreifen. Diese werden die datenschutzrechtlichen Anforderungen (insbesondere nach Art. 5, 24, 25 und Art. 32 DSGVO) erfüllen oder übertreffen. Die Verpflichtung umfasst auch Maßnahmen zur

---

13 Zu den Erläuterungen siehe Rz. 11.47 ff.
14 Zu den Erläuterungen siehe Rz. 11.51 ff.
15 Zu den Erläuterungen siehe Rz. 11.56 ff.
16 Zu den Erläuterungen siehe Rz. 11.60 ff.
17 Zu den Erläuterungen siehe Rz. 11.65 ff.

Gewährleistung des Datenschutzes durch Technik (privacy by design) und datenschutzfreundliche Voreinstellungen (privacy by default).

8.2 *Die zu Vertragsbeginn geltenden technischen und organisatorischen Maßnahmen sind in **Anlage 3** (**Technische und organisatorische Maßnahmen**) näher beschrieben und vom Auftragnehmer in Abstimmung mit dem Auftraggeber während der Vertragslaufzeit kontinuierlich weiterzuentwickeln und an veränderte Gegebenheiten anzupassen. Dabei darf das Sicherheitsniveau der zu Vertragsbeginn festgelegten Maßnahmen nicht unterschritten werden. Wesentliche Änderungen sind zu dokumentieren.*

9. Unterauftragsverhältnisse[18]

9.1 *Die Einschaltung von Unterauftragnehmern bei der Vernichtung/Löschung von Datenträgern durch den Auftragnehmer bedarf der vorherigen Zustimmung des Auftraggebers. [**Optional**: Die folgenden Unterauftragnehmer gelten zu Vertragsbeginn als genehmigt: …. **Oder**: Die in Anlage [x] (Unterauftragnehmer) benannten Unterauftragnehmer gelten zu Vertragsbeginn als genehmigt.]*

9.2 *Der Auftragnehmer wird etwaige Unterauftragnehmer unter besonderer Berücksichtigung der Eignung der von diesen getroffenen technischen und organisatorischen Maßnahmen zum Schutz der Datenträger sorgfältig auswählen.*

9.3 *Der Auftragnehmer wird etwaigen Unterauftragnehmern vertraglich dieselben Pflichten auferlegen, die er aufgrund dieses Vertrags selbst einzuhalten hat. Dies schließt insbesondere die Einhaltung der einschlägigen Datenschutzvorschriften, das Recht des Auftraggebers, umfassend über die Einhaltung der Datenschutzvorschriften informiert zu werden und dessen Recht ein, die Einhaltung der vertraglichen Bestimmungen ggf. direkt und im gleichen Umfang wie beim Auftragnehmer auch beim Unterauftragnehmer überprüfen zu können.*

9.4 *Der Auftragnehmer wird auf Verlangen des Auftraggebers diesem eine Abschrift des mit dem Unterauftragnehmer geschlossenen Vertrags aushändigen, wobei die kommerziellen Bestandteile nicht enthalten sein müssen.*

9.5 *Der Auftragnehmer haftet vollumfänglich für jede Verletzung von Datenschutzpflichten durch Unterauftragnehmer.*

10. Informations- und Unterstützungspflichten[19]

10.1 *Der Auftragnehmer wird den Auftraggeber und in den gesetzlich vorgesehenen Fällen auch die zuständigen Aufsichtsbehörden und Betroffenen [**Optional**: schriftlich **oder** elektronisch] über jede Verletzung des Schutzes personenbezogener Daten und andere Unregelmäßigkeiten bei der Vernichtung/Löschung der Datenträger unverzüglich unterrichten.*

10.2 *Der Auftragnehmer wird den Auftraggeber unverzüglich [**Optional**: schriftlich **oder** elektronisch] über Kontrollhandlungen und Maßnahmen nach Art. 51 ff. DSGVO, Ermittlungen nach Art. 83 f. DSGVO und Anfragen Betroffener – gleich welchen Inhalts (z.B. auf Auskunft) – unterrichten, soweit diese die vertragsgegenständlichen Leistungen betreffen und die Unterrichtung rechtlich zulässig ist.*

10.3 *Der Auftragnehmer wird die zur Wahrung der Betroffenenrechte gebotenen Handlungen (z.B. Berichtigung, Einschränkung und Löschung personenbezogener Daten) nur nach Rücksprache mit und auf Weisung des Auftraggebers durchführen.*

10.4 *Der Auftragnehmer wird den Auftraggeber bei der Einhaltung seiner eigenen datenschutzrechtlichen Pflichten, insbesondere der Ergreifung geeigneter technischer und organisatorischer Maßnahmen, der Durchführung von Datenschutz-Folgenabschätzungen, der Konsultation von Aufsichtsbehörden und der Durchführung der zur Wahrung der Betroffenenrechte (z.B. der Erteilung von Auskünften) notwendigen Handlungen, vollumfänglich unterstützen.*

---

18 Zu den Erläuterungen siehe Rz. 11.72 ff.
19 Zu den Erläuterungen siehe Rz. 11.80 ff.

11. Rückgabe von Datenträgern[20]

11.1 Sind bei Beendigung dieses Vertrags – gleich aus welchem Grund – noch Datenträger zur Vernichtung und/oder Löschung beim Auftragnehmer befindlich, so wird dieser nach Rücksprache mit dem Auftraggeber entweder die Vernichtung und/oder Löschung derselben in Einklang mit dem Hauptvertrag und diesem Vertrag abschließen, oder die Datenträger unverzüglich an den Auftraggeber zurückgeben.

11.2 Auf Verlangen hat der Auftragnehmer dem Auftraggeber die vollständige Rückgabe sämtlicher Datenträger zu bestätigen.

12. Prüfungs- und Kontrollhandlungen[21]

12.1 Der Auftraggeber bzw. ein von ihm beauftragter Prüfer hat das Recht, die Einhaltung der Bestimmungen dieses Vertrags durch den Auftragnehmer zu überprüfen. Der Auftragnehmer wird dem Auftraggeber hierzu unaufgefordert alle zum Nachweis der Einhaltung seiner vertraglichen und datenschutzrechtlichen Pflichten erforderlichen Informationen zur Verfügung stellen und auf Verlangen im darüber hinaus noch erforderlichen Umfang Auskunft erteilen, geeignete Nachweise vorlegen und eine Inspektion seiner Datenverarbeitungsanlagen und -verfahren (wenn erforderlich auch vor Ort; dann in der Regel nach vorheriger Terminvereinbarung und während der üblichen Geschäftszeiten) ermöglichen. Das Ergebnis der Prüfungen ist zu dokumentieren.

12.2 Der Auftragnehmer wird mittels regelmäßiger eigener Prüfungen (und ggf. geeigneter Verhaltensregeln und/oder Zertifizierungsverfahren) die Einhaltung der Bestimmungen dieses Vertrags gewährleisten. [Optional: Für die Einhaltung seiner vertraglichen und datenschutzrechtlichen Pflichten zu Vertragsbeginn wird auf die [Option 1] als Anlage [x] (Verhaltensregeln) beigefügten Verhaltensregeln [Option 2] als Anlage [x] (Zertifizierung) beigefügte Zertifizierung Bezug genommen.]

13. Schlussbestimmungen[22]

13.1 Änderungen, Ergänzungen und die Aufhebung dieses Vertrags – inklusive dieser Ziffer 13.1 – bedürfen der [elektronischen Form oder Schriftform].

13.2 Dieser Vertrag unterliegt europäischem Recht und dem Recht der Bundesrepublik Deutschland und ist in diesem Sinne auszulegen.

13.3 Im Falle von Widersprüchen zwischen diesem Vertrag und sonstigen Vereinbarungen zwischen den Parteien, insbesondere dem Hauptvertrag, gehen die Regelungen dieses Vertrags vor.

13.4 Sollten einzelne Bestimmungen dieses Vertrags unwirksam oder lückenhaft sein oder werden, so bleiben die übrigen Bestimmungen hiervon unberührt. Die Parteien verpflichten sich, anstelle der unwirksamen oder lückenhaften Regelung eine solche zu vereinbaren, die mit anwendbarem Recht (insbesondere Art. 28 DSGVO) in Einklang steht und dem Sinn und Zweck der ursprünglichen, unwirksamen oder lückenhaften Regelung am nächsten kommt.

13.5 Ausschließlicher Gerichtsstand für sämtliche Streitigkeiten oder Ansprüche, die aus oder i.V.m. diesem Vertrag entstehen, sind die ordentlichen Gerichte der Stadt … [z.B. Sitz des Auftraggebers].

…
(Ort, Datum)
…
(Unterschrift des Auftraggebers)

…
(Ort, Datum)
…
(Unterschrift des Auftragnehmers)

Anlagen:

Anlage 1: Übergabeformular

Anlage 2: Details der Verarbeitung

Anlage 3: Technische und organisatorische Maßnahmen

…

---

20 Zu den Erläuterungen siehe Rz. 11.87 f.
21 Zu den Erläuterungen siehe Rz. 11.90 ff.
22 Zu den Erläuterungen siehe Rz. 11.96.

Anlage 1: Übergabeformular

Datenträgerbezeichnung	...
Datenträgerart	...
Menge	...
Aufbewahrungsart/Verpackung	...
Schutzklasse	...
Sicherheitsstufe/Materialklassifizierung (nach DIN 66399)	...
Sicherheitsstufe/Materialklassifizierung (nach DIN EN 15713)	...
Vernichtungsmethode (Vernichtung des Datenträgers oder Löschung)	...
Zeitpunkt und Ort der Entgegennahme	...

[Unterschriften]

Anlage 2: Details der Verarbeitung

Art der Verarbeitung	*[Siehe Leistungsbeschreibung Hauptvertrag]*
Zweck der Verarbeitung	*[Siehe Leistungsbeschreibung Hauptvertrag]*
Art der personenbezogenen Daten	...
Kategorien der betroffenen Personen	...

Anlage 3: Technische und organisatorische Maßnahmen

...

II. Erläuterungen

1. Vorbemerkung

11.6 Bei dem vorliegenden Vertragsmuster handelt es sich um einen Vertrag zur Auftragsverarbeitung nach Art. 28 DSGVO. Er dient dazu, sowohl die **gesetzlichen Voraussetzungen der DSGVO** als auch die speziell für den Fall der **Vernichtung und/oder Löschung von Datenträgern** erforderlichen bzw. empfehlenswerten Regelungen abzubilden. Er ist als Bestandteil eines „zweischichtigen" Vertrags konzipiert (mehr dazu unter Rz. 11.13). Die ordnungsgemäße Vertragsgestaltung ist zudem Bestandteil des vom Auftraggeber als Verantwortlichem nach Art. 4 Nr. 7 DSGVO zu unterhaltenden Entsorgungskonzepts (s. auch Rz. 11.27)[23].

11.7 Auftragsverarbeitungen sind auch nach der DSGVO **privilegiert** und der zwischen dem Verantwortlichen und dem Auftragsverarbeiter stattfindende Datenaustausch (i.v.F. Austausch der Datenträger) stellt insbesondere keine Übermittlung darauf befindlicher Daten i.S.v. Art. 4 Nr. 2 DSGVO dar[24]. Die Vernichtung und/oder Löschung von Datenträgern stellt dabei einen solchen Fall der Auftragsverarbeitung dar[25]. Insofern kann an dieser Stelle dahinstehen, ob sich das Konzept der Funktionsübertragung generell überlebt hat[26].

---

23 *BayLfD*, Orientierungshilfe Datenträgerentsorgung, 2014, S. 5.
24 Stellv. zur (wohl) h.M.: *Hartung* in Kühling/Buchner, Art. 28 DS-GVO Rz. 15 ff.; *Martini* in Paal/Pauly, Art. 28 DS-GVO Rz. 8a; *Plath* in Plath, Art. 28 DS-GVO Rz. 3; jeweils m.w.N.; a.A. bspw. *Spoerr* in BeckOK DatenschutzR, Art. 28 DS-GVO Rz. 30 ff.
25 Stellv. *BayLfD*, Auftragsverarbeitung – Orientierungshilfe, Version 2.0 (Stand: 1.4.2019), S. 25 f.; *Innenministerium BW*, 5. Tb. NÖB (2009), LT-Drucks. 14/4963, S. 60 f.; s. auch *Hartung* in Kühling/Buchner, Art. 28 DS-GVO Rz. 24 ff.
26 Ausf. hierzu *Hartung* in Kühling/Buchner, Art. 28 DS-GVO Rz. 24 ff., 41 ff. m.w.N.

Die **Mindestanforderungen an einen Auftragsverarbeitungsvertrag** sind in Art. 28 DSGVO geregelt. 11.8
Die Vorschrift regelt in zehn Absätzen die Grundvoraussetzungen für eine rechtmäßige Auftragsverarbeitung, wobei die Systematik in sich nicht immer schlüssig ist und über Verweise zudem weitere
Normen eingebunden werden[27]. An zahlreichen Stellen der DSGVO finden sich ferner selbstständige
datenschutzrechtliche Pflichten, die (auch) den Auftragsverarbeiter treffen (bspw. nach Art. 27 Abs. 1,
Art. 30 Abs. 2, Art. 32 Abs. 1, Art. 37 Abs. 1 und Art. 44 ff. DSGVO)[28]. Art. 28 Abs. 3 DSGVO bietet
hierbei ein „Gerüst", an dem sich auch der vorliegende Vertrag orientiert (s.o.).

Kernbestandteil der vertragsgegenständlichen Leistungen ist die **Vernichtung und/oder Löschung** 11.9
von Datenträgern. Dabei handelt es sich jeweils um Formen der Verarbeitung i.S.v. Art. 4 Nr. 2
DSGVO[29]. Die Löschung stellt einen Unterfall der Vernichtung dar. Bei der Vernichtung wird die Sachsubstanz des Datenträgers physisch zerstört (z.B. durch Schreddern oder Verbrennen), wodurch es
auch zu einer Löschung der darauf befindlichen Daten und der darin verkörperten Informationen
kommt[30]. Die Löschung stellt demgegenüber ein milderes Mittel dar, bei dem die Sachsubstanz nicht
verletzt wird; sie stellt aber hinsichtlich der Informationsvernichtung kein Weniger dar, wenn sie (datenschutz)rechtlich korrekt ausgeführt wird[31]. Denn ungeachtet der Löschmethodik (z.B. Überschreiben) ist entscheidend, dass eine Wiederherstellung der in den gelöschten Daten verkörperten Informationen unmöglich ist[32].

Damit bietet sich die Löschung insbesondere für wiederverwendbare elektronische Speichermedien an 11.10
(z.B. Festplatten, Speicher- und Chipkarten, magnetische Datenträger, manche optische Datenträger
usw.). Sie scheidet dort aus, wo die Löschung dem Grundsatz der Nichtwiederherstellbarkeit der Informationen nicht genügt (z.B. bei bedruckten Datenträgern).

2. Präambel

M 11.1.1 Präambel 11.11

Präambel

*Die Parteien haben am … [Datum] einen Vertrag geschlossen, der die Vernichtung und/oder Löschung von
Datenträgern zum Gegenstand hat („**Hauptvertrag**"). Bei Durchführung des Hauptvertrags wird der Auftragnehmer als Auftragsverarbeiter i.S.d. Datenschutz-Grundverordnung (DSGVO) auch personenbezogene
Daten verarbeiten, für die der Auftraggeber Verantwortlicher i.S.d. DSGVO ist. Dieser Vertrag über die datenschutzkonforme Vernichtung und/oder Löschung von Datenträgern („**Vertrag**") konkretisiert die datenschutzrechtlichen Rechte und Pflichten der Parteien im Zusammenhang mit den vertragsgegenständlichen
Leistungen i.S.d. einschlägigen datenschutzrechtlichen Bestimmungen (insbesondere Art. 28 DSGVO).*

---

27 *Hartung* in Kühling/Buchner, Art. 28 DS-GVO Rz. 3.
28 *Härting*, DS-GVO, Rz. 581; s. Rz. 11.20 mit weiteren Ausführungen.
29 Stellv. *BayLfD*, Auftragsverarbeitung – Orientierungshilfe, Version 2.0 (Stand: 1.4.2019), S. 25.
30 Vgl. *BayLfD*, Orientierungshilfe Datenträgerentsorgung, 2014, S. 6; *Herbst* in Kühling/Buchner, Art. 4
 Nr. 2 DS-GVO Rz. 37.
31 Differenzierend (zum BDSG a.F.): *Dammann* in Simitis, § 3 BDSG a.F. Rz. 174 ff.
32 Hierbei ist – auch aufgrund der mit geringem Aufwand verbundenen Realisierbarkeit – ein strenger
 Maßstab anzulegen; *BayLfD*, Orientierungshilfe Datenträgerentsorgung, 2014, S. 6; vgl. *Herbst* in Küh-
 ling/Buchner, Art. 4 Nr. 2 DS-GVO Rz. 36 m.w.N.

a) Ratio

11.12 Die Präambel dient der Einführung in den Vertrag und erläutert wesentliche vertragliche Weichenstellungen und Grundlagen, die das Verständnis der nachfolgenden Regelungen erleichtern. Sie dient zugleich der Umsetzung von Art. 28 Abs. 3 Satz 1 DSGVO („Gegenstand der Verarbeitung").

b) Vertragsstruktur und Auftragsgegenstand

11.13 Die Präambel stellt zunächst klar, dass es sich bei dem vorliegenden Vertrag – wie in der Praxis üblich – um einen **„zweischichtigen"** **Vertrag** handelt. D.h. dieser Vertrag zur Auftragsverarbeitung mit dem Gegenstand der Datenträgervernichtung/-löschung beschränkt sich auf die datenschutzrechtlich relevanten Bestandteile und setzt voraus, dass übergeordnete Vertragsinhalte (insbesondere kommerzielle Bestimmungen, Laufzeit, Haftungsfragen etc.) in einem Hauptvertrag geregelt sind. Zur weiteren Unterscheidbarkeit dieser Verträge werden Definitionen eingeführt.

11.14 Das Vorhandensein von Hauptvertrag und (Datenschutz-)Vertrag bringt es mit sich, dass es zu **Überschneidungen** kommen kann; Ziff. 13.3 enthält deshalb eine Vorrangregelung zugunsten des vorliegenden Vertrags (s. Rz. 11.96). Dies gilt es in zweierlei Hinsicht zu berücksichtigen: Einerseits dort, wo die spezielleren Regeln dieses Vertrags diejenigen des Hauptvertrags verdrängen. Andererseits dort, wo dieser Vertrag keine Regelungen enthält und diejenigen des Hauptvertrags (auch) aus datenschutzrechtlicher Sicht gelten.

11.15 Dies ist bspw. für **kommerzielle Regelungen** relevant. Im Hauptvertrag können z.B. Zusatzvergütungen für die Durchführung von Inspektionen und Audits (vgl. Rz. 11.92 f.) oder die Frage der Weiterverwertung der Restbestände (Recycling o.Ä., vgl. Rz. 11.37) vereinbart werden. Während dies jedoch in erster Linie aus kommerziellen Gesichtspunkten relevant ist, können sich bspw. hinsichtlich der **Haftung** der Parteien auch rechtliche Probleme ergeben. Zulasten Dritter (insbesondere der Betroffenen) kann diese naturgemäß nicht abbedungen werden. Aufgrund der unter der DSGVO gewachsenen Eigenverantwortung des Auftragnehmers[33] ist aber damit zu rechnen, dass die Verteilung im Innenverhältnis – wie bei Auslagerungen auf Hauptvertragsebene ohnehin üblich – künftig verstärkt Gegenstand der Verhandlungen werden wird[34]. Dabei sind bspw. Art. 82 DSGVO und Art. 28 Abs. 4 Satz 2 DSGVO (hierzu Rz. 11.78) zu berücksichtigen.

3. Gegenstand des Auftrags und allgemeine Pflichten (Ziff. 1)

11.16 M 11.1.2 Gegenstand des Auftrags und allgemeine Pflichten

1. Gegenstand des Auftrags und allgemeine Pflichten

1.1 *Gegenstand dieses Vertrags ist die datenschutzkonforme Vernichtung und/oder Löschung von Datenträgern so wie im Hauptvertrag und diesem Vertrag (insbesondere den Ziffern 1 und 2) näher beschrieben.*

1.2 *Der Auftragnehmer wird bei der Vernichtung und/oder Löschung der Datenträger die einschlägigen Datenschutzvorschriften, insbesondere die Vorschriften der DSGVO und des Bundesdatenschutzgesetzes (BDSG), einhalten. Dabei wird er auch die Verarbeitungsgrundsätze nach Art. 5 DSGVO beachten. Dies schließt insbesondere eine über die Vernichtung und/oder Löschung der Datenträger hinausgehende Verwendung derselben, vor allem eine solche zu eigenen Zwecken oder zu Zwecken Dritter, aus.*

---

33 Hierzu stellv. *Hartung* in Kühling/Buchner, Art. 28 DS-GVO Rz. 31 ff.
34 Vgl. *Hartung* in Kühling/Buchner, Art. 28 DS-GVO Rz. 40.

1.3 Der Auftragnehmer wird etwaige ihn unmittelbar treffende datenschutzrechtliche Pflichten (z.B. Benennung eines Datenschutzbeauftragten, Führung von Verfahrensverzeichnissen) selbstständig erfüllen und etwaige Mitwirkungshandlungen gegenüber dem Auftraggeber (z.B. Benennung der Kontaktdaten des Datenschutzbeauftragten) unverzüglich und unaufgefordert erbringen.

a) Ratio

Ziff. 1.1 des Vertrags dient in erster Linie der Umsetzung des Art. 28 Abs. 3 Satz 1 DSGVO („Gegenstand der Verarbeitung"). Dabei genügt eine kurze, prägnante Kategorisierung der Leistung[35]. Die Ziff. 1.2 und 1.3 des Vertrags regeln sodann i.S.e. übergeordneten Leitbildes – jedoch mit zwingendem Regelungsinhalt –, dass den Auftragnehmer auch weitere, größtenteils selbstständig wahrzunehmende datenschutzrechtliche Pflichten treffen, die nicht ausdrücklich in diesem Vertrag geregelt sind.   11.17

b) Festlegung des Auftragsgegenstandes (Ziff. 1.1)

Der Auftragsgegenstand ist bereits in der Präambel festgelegt und wird durch die dem Hauptvertrag beigefügte Leistungsbeschreibung weiter detailliert. Der Vertrag und insbesondere die Ziff. 1 und 2 liefern weitere Einzelheiten in datenschutzrechtlicher Hinsicht. Der Detaillierungsgrad der vornehmlich im Hauptvertrag enthaltenen Leistungsbeschreibung muss aus datenschutzrechtlicher Sicht dabei so konkret und aussagekräftig sein, dass die vom Auftragnehmer vorzunehmende Verarbeitung einem bestimmten Vorgang zugeordnet werden kann[36]. Konkret bedeutet dies für die Datenträgervernichtung und -löschung, dass auch geregelt sein muss, für welche Phasen der Auftragnehmer zuständig sein soll und wie die Übergabe erfolgt[37].   11.18

c) Allgemeine Pflichten des Auftragnehmers (Ziff. 1.2 und 1.3)

Ungeachtet der Frage, ob aufgrund der Privilegierung der Auftragsverarbeitung (s. Rz. 11.7) eine separate Rechtfertigung des eigentlichen Datenverarbeitungsvorgangs (hier: Übergabe zur Vernichtung/Löschung derselben) entbehrlich ist[38], treffen den Auftragsverarbeiter zahlreiche von der eigentlichen Verarbeitung im Auftrag losgelöste, d.h. selbstständige Pflichten. Die DSGVO hat diesen Pflichtenkreis ggü. dem BDSG a.F. und der DSRL noch einmal signifikant erweitert[39].   11.19

Zu den selbstständigen Pflichten des Auftragnehmers zählen[40]:   11.20

– Die Pflicht zur Benennung eines Vertreters i.S.v. Art. 27 Abs. 1 DSGVO.

– Die Pflicht zur Führung eines Verfahrensverzeichnisses i.S.v. Art. 30 Abs. 2 DSGVO.

– Die Pflicht zur Zusammenarbeit mit den Aufsichtsbehörden i.S.v. Art. 31 DSGVO.

– Die Pflicht, technische und organisatorische Maßnahmen i.S.v. Art. 32 DSGVO zu ergreifen.

– Die Pflicht zur Meldung von Sicherheitsverstößen nach Art. 33 Abs. 2 DSGVO.

– Die Pflicht zur Bestellung eines betrieblichen Datenschutzbeauftragten i.S.v. Art. 37 DSGVO.

---

35 *BayLfD*, Auftragsdatenverarbeitung nach § 11 BDSG, S. 4: „Datenträgerentsorgung"; vgl. *BayLfD*, Auftragsverarbeitung – Orientierungshilfe, Version 2.0 (Stand: 1.4.2019), S. 16.
36 *Bertermann* in Ehmann/Selmayr, Art. 28 DS-GVO Rz. 19; *Gabel/Lutz* in Taeger/Gabel, Art. 28 DS-GVO Rz. 38.
37 *BayLfD*, Orientierungshilfe Datenträgerentsorgung, 2014, S. 36 f.
38 Vgl. *Hartung* in Kühling/Buchner, Art. 28 DS-GVO Rz. 13.
39 *Härting*, DS-GVO, Rz. 580 f.; *Hartung* in Kühling/Buchner, Art. 28 DS-GVO Rz. 31.
40 Nach *Härting*, DS-GVO, Rz. 581; s. auch *Hartung* in Kühling/Buchner, Art. 28 DS-GVO Rz. 2.

– Die Pflicht, zusätzliche Maßnahmen i.S.d. Art. 44 ff. DSGVO zu ergreifen, falls Daten in Drittländer transferiert werden sollen.

11.21 Diese Liste ist nicht abschließend. Auch sind nicht alle Pflichten stets zu gewährleisten. Der Auftragnehmer hat bspw. nur in den in Art. 37 Abs. 1 lit. b und lit. c DSGVO genannten Fällen (Kerntätigkeit Überwachung oder Verarbeitung besonderer Kategorien personenbezogener Daten) einen Datenschutzbeauftragten zu benennen. Bei der Datenträgervernichtung und -löschung dürfte dies häufig nicht der Fall sein. Grundsätzlich handelt es sich um Pflichten, die der Auftragnehmer selbstständig wahrnehmen muss. Nichtsdestotrotz besteht zumindest über Art. 28 Abs. 1 DSGVO eine Rückbindung an den Auftraggeber. Dieser würde seiner Pflicht zur sorgfältigen Auswahl des Auftragnehmers nicht gerecht werden, wenn er bspw. wissentlich den Umstand ignorieren würde, dass der Auftragnehmer trotz Vorliegen der Voraussetzungen keinen eigenen betrieblichen Datenschutzbeauftragten bestellt hat.

11.22 Eine besondere Stellung nimmt die **Zweckbindung**[41] ein. Sie gehört zu den zentralen Anforderungen an eine vertragliche Vereinbarung zur Auftragsverarbeitung. Dementsprechend untersagt Ziff. 1.2 des Vertrags dem Auftragnehmer ausdrücklich jede über die Vernichtung/Löschung hinausgehende Verwendung der Datenträger. Im Besonderen natürlich eine solche, in der die darauf befindlichen Daten anderweitig verwendet würden. Eine Zweckentfremdung träte deshalb bereits mit einer – für die Vernichtung/Löschung nicht notwendigen – Einsichtnahme in die Datenträger ein. Andernfalls stünde es dem Auftragnehmer in dem durch Art. 5 Abs. 1 lit. b, Art. 6 Abs. 4 DSGVO definierten (weiten) Rahmen frei, die ihm vom Auftraggeber übermittelten Daten auch für andere Zwecke zu verwenden, sofern diese mit den ursprünglichen Zwecken vereinbar sind[42]. Durch den Hinweis auf die strenge Zweckbindung kommt der Auftraggeber zugleich seiner Hinweispflicht nach den Art. 13 Abs. 3, Art. 14 Abs. 3 DSGVO nach[43]. Schließlich würde ein Abweichen vom vertraglich vereinbarten Zweck nach Art. 28 Abs. 10 DSGVO zu einer Qualifikation des Auftragnehmers als Verantwortlicher i.S.d. Art. 4 Nr. 7 DSGVO mit einem erhöhten Bußgeldrahmen sowie erweiterten Bußgeldtatbeständen führen[44].

4. Vernichtung und/oder Löschung von Datenträgern (Ziff. 2)

11.23 M 11.1.3 Vernichtung und/oder Löschung von Datenträgern

2. Vernichtung und/oder Löschung von Datenträgern

2.1 Der Auftraggeber wird die zur Vernichtung und/oder Löschung bestimmten Datenträger rechtzeitig zum vereinbarten Termin zusammenstellen und zur Übergabe an den Auftragnehmer bereithalten.

2.2 Der Auftragnehmer wird die bereitgehaltenen Datenträger zum vereinbarten Zeitpunkt übernehmen. Die damit beauftragten Mitarbeiter des Auftragnehmers werden sich vorher ausweisen.

*2.3 Für jede Zusammenstellung gleichartiger Datenträger wird der Auftraggeber zwei vorausgefüllte Exemplare des in **Anlage 1 (Übergabeformular)** enthaltenen Formulars bereithalten. Diese werden bei Übergabe vervollständigt und von den Parteien unterzeichnet. Jede Partei erhält ein Exemplar.*

2.4 Der Auftragnehmer wird die vom Auftraggeber übernommenen Datenträger in Einklang mit dem Hauptvertrag und diesem Vertrag datenschutzkonform löschen und/oder vernichten. Dies hat am Tag der Übernahme zu erfolgen. Nur in begründeten Ausnahmefällen (z.B. Ausfall der Verarbeitungseinrich-

---

41 S. allgemein zum Zweckbindungsgrundsatz *Herbst* in Kühling/Buchner, Art. 5 DS-GVO Rz. 20 ff.
42 S. stellv. Erwägungsgrund 50; *Härting*, DS-GVO, Rz. 509 ff.; *Herbst* in Kühling/Buchner, Art. 5 DS-GVO Rz. 24 ff., 42 ff.
43 S. auch Erwägungsgrund 50 S. 8: „In jeden Fall sollte gewährleistet sein, dass […] die betroffene Person über diese anderen Zwecke und über ihre Rechte einschließlich des Widerspruchsrechts unterrichtet wird." und *Härting*, DS-GVO, Rz. 525 ff.
44 *Hartung* in Kühling/Buchner, Art. 28 DS-GVO Rz. 33.

tung) und wenn eine sichere Aufbewahrung gewährleistet ist, dürfen die Datenträger erst am Folgetag gelöscht/vernichtet werden. Die so behandelten Datenträger dürfen eine Wiederherstellung der ursprünglich darauf enthaltenen Informationen nicht erlauben.

2.5 Soweit zur Vernichtung und/oder Löschung erforderlich wird der Auftragnehmer die Datenträger in verschlossenen und gegen unerlaubten Zugriff und Verlust besonders gesicherten und gekennzeichneten Transportbehältnissen zum Verarbeitungsort transportieren und diese während des Transportes sowie am Verarbeitungsort von Datenträgern anderer Kunden getrennt aufbewahren.

2.6 Der Auftragnehmer wird dem Auftraggeber die ordnungsgemäße Löschung/Vernichtung der Datenträger unmittelbar nach Ausführung mit Zeitangabe in schriftlicher oder elektronischer Form bestätigen.

2.7 Zur Löschung bestimmte Datenträger verbleiben im Eigentum des Auftraggebers und werden in Einklang mit den Bestimmungen des Hauptvertrags an den Auftraggeber zurückgeführt. Zur Vernichtung bestimmte Datenträger verbleiben bis zur vollständigen Vernichtung im Eigentum des Auftraggebers und werden im Anschluss daran vom Auftragnehmer in Einklang mit den Bestimmungen des Hauptvertrags entsorgt.

a) Ratio

Ziff. 2 des Vertrags dient der Umsetzung des Art. 28 Abs. 3 Satz 1 DSGVO („Gegenstand der Verarbeitung"). Dabei bildet die Vorschrift den Vernichtungs- bzw. Löschvorgang aus datenschutzrechtlicher Hinsicht ab und stellt diesbezüglich die zentrale Vorschrift zur Datenträgervernichtung und -löschung dar. Die Regelung ist chronologisch nach dem (ausgelagerten Teil des) Ablauf(s) eines typischen Vernichtungs- bzw. Löschvorgangs aufgebaut; die nachfolgenden Erläuterungen sind systematisch geordnet.   11.24

b) Vernichtung und/oder Löschung (Ziff. 2.4)

Den Kern des Auftrags bildet die Vernichtung und/oder Löschung der Datenträger. Ziff. 2.4 Satz 1 des Vertrags geht davon aus, dass die Details (d.h. die konkreten Arbeitsschritte, Ergebnisse, Sicherheitsmaßnahmen etc.) im Hauptvertrag geregelt sind. Dies kann auch in Form einer als Anlage beigefügten individuellen oder für eine Vielzahl von Fällen vorformulierten Leistungsbeschreibung erfolgen[45]. In Ergänzung hierzu regelt Ziff. 2.4 des Vertrags, dass die **Vernichtung und/oder Löschung datenschutzkonform** zu erfolgen hat[46].   11.25

Von wesentlicher Bedeutung ist, dass die Datenträger nach ihrer Behandlung keine Wiederherstellung der ursprünglich auf ihnen befindlichen Informationen erlauben (Ziff. 2.4 Satz 4 des Vertrags). Vernichtung und Löschung unterscheiden sich dabei insoweit, dass letztere keine Beschädigung der Sachsubstanz nach sich zieht (s. Rz. 11.9)[47]. An beide Entsorgungsmöglichkeiten sind **datenschutzrechtlich hohe Anforderungen** zu stellen[48]. Die Kenntnisnahme der auf den Datenträgern ursprünglich gespeicherten Daten muss im Nachgang für jedermann jederzeit tatsächlich unmöglich sein[49]. Die   11.26

---

45 Dort ist insbesondere auch die Unterscheidung zwischen stationärer und mobiler Entsorgung zu treffen, s. *BayLfD*, Orientierungshilfe Datenträgerentsorgung, 2014, S. 35.

46 Grundlegend zu datenschutzkonformen Löschtechniken *Scheja/Quae/Conrad/Hausen* in Forgó/Helfrich/Schneider, Teil IV Kap. 2 Rz. 21 ff.

47 S. *BayLfD*, Orientierungshilfe Datenträgerentsorgung, 2014, S. 28 ff. mit weiterführenden Informationen zu datenschutzkonformen Löschtechniken im elektronischen Bereich; s. auch *Fox*, DuD 2009, 110 (110 ff.); *Moos/Gallenkemper/Volpers*, CR 2008, 477 (478 f.).

48 Vgl. *Herbst* in Kühling/Buchner, Art. 4 Nr. 2 DS-GVO Rz. 36 f. m.w.N.

49 Stellv. *BayLfD*, Orientierungshilfe Datenträgerentsorgung, 2014, S. 6.

Wahl der Entsorgungsart hängt von der Art des Datenträgers, einer Kosten-Nutzen-Abwägung und der Schutzbedürftigkeit der darauf befindlichen Daten ab („je sensibler, desto …")[50].

11.27   Die Pflichten des Verantwortlichen zur ordnungsgemäßen Datenentsorgung setzen bereits vor der eigentlichen Entsorgung ein. Im Rahmen eines umfassenden **Entsorgungskonzepts** muss der gesamte Lebenszyklus der Daten, inklusive datenschutzkonformer Sammlung, Lagerung, Transport etc., abgebildet werden[51]. Welche Bestandteile hiervon sinnvollerweise auf einen Auftragnehmer übertragen werden können, ist einzelfallabhängig in der Leistungsbeschreibung festzulegen[52]. Es liegt aber auf der Hand, dass das betriebsinterne Konzept selbst und einige Teile des Ablaufs, wie bspw. die Sammlung der Daten, nicht auslagerungsfähig sind. Demgegenüber stellt der Auftragnehmer – allein um eine Einsichtnahme in die Daten zu vermeiden (vgl. Ziff. 7.1 des Vertrags) – regelmäßig geschützte Aufbewahrungs- und Transportbehältnisse zur Verfügung, in die der Auftraggeber die Datenträger noch innerhalb seiner eigenen Organisation sicher einbringen kann.

11.28   In organisatorischer und technischer Hinsicht ist die vertragsgegenständliche Vernichtung und/oder Löschung an der **DIN EN 15713** und der **DIN 66399** (insbesondere Teil 3) auszurichten[53]. Die 2012/2013 in Kraft getretene DIN 66399 hat die bis dato geltende DIN 32757 abgelöst und war zugleich eine Reaktion auf die europäische DIN EN 15713. Die DIN 66399 sollte dabei u.a. die speziellen Anforderungen des deutschen Datenschutzrechts berücksichtigen[54]. Insofern stellt sich mit Inkrafttreten der DSGVO die Frage, in welchem Verhältnis diese Normen stehen und ob insbesondere die DIN EN 15713 künftig als alleiniger (ggf. überarbeiteter) Maßstab fortbestehen bleibt. Bis auf Weiteres ist anzuraten, auf die Einhaltung beider Vorschriften (insbesondere der DIN 66399) zu achten.

11.29   Sowohl DIN EN 15713 als auch DIN 66399 ist gemeinsam, dass sie die zu vernichtenden/löschenden Datenträger **anhand ihres Materials kategorisieren:**

DIN EN 15713		DIN 66399	
A	Papier, Pläne, Dokumente und Zeichnungen	P	Informationsdarstellung in Originalgröße (Papier, Film, Druckformen etc.)
B	SIM-Karten und Negative	F	Informationsdarstellung verkleinert (z.B. Film, Mikrofilm, Folie etc.)
C	Video-/Tonbänder, Disketten, Kassetten und Filme	O	Informationsdarstellung auf optischen Datenträgern (CD, DVD, Blu Ray etc.)
D	Computer inklusive Festplatten, Soft- und Hardware	T	Informationsdarstellung auf magnetischen Datenträgern (Disketten, ID-Karten, Magnetbandkassetten etc.)
E	ID-Karten, CDs und DVDs	H	Informationsdarstellung auf Festplatten mit magnetischem Datenträger

---

50 *Scheja/Quae/Conrad/Hausen* in Forgó/Helfrich/Schneider, Teil IV Kap. 2 Rz. 21; *BayLfD*, Orientierungshilfe Datenträgerentsorgung, 2014, S. 7.

51 *BayLfD*, Orientierungshilfe Datenträgerentsorgung, 2014, S. 5, 21 ff., *Scheja/Quae/Conrad/Hausen* in Forgó/Helfrich/Schneider, Teil IV Kap. 2 Rz. 29 ff. und *Heymann*, CR 1992, 370 (372 f.) mit weiterführenden Informationen zur Erstellung eines solchen Konzepts.

52 Vgl. zur Verantwortlichkeitsverteilung bereits *Heymann*, CR 1992, 370 (374).

53 Ob die vorgeschlagene Leistungsbeschreibung diesen Anforderungen gerecht wird sollte auf Seiten des Auftraggebers fachseitig überprüft werden.

54 Vgl. *BayLfD*, Orientierungshilfe Datenträgerentsorgung, 2014, S. 8.

DIN EN 15713		DIN 66399	
F	Gefälschte Waren, Druckplatten, Mikrofiche, Kredit- und Kundenkarten etc.	E	Informationsdarstellung auf elektronischen Datenträgern (USB-Sticks, Chip- und Speicherkarten, Flash Speicher etc.)
G	Firmen- und Markenkleidung und Uniformen		
H	Medizinische Röntgen- und Overheadprojektor-Platten		

Die so kategorisierten Datenträger können in **drei Schutzklassen und sieben Sicherheitsstufen nach DIN 66399** eingeteilt werden. Dabei ergibt sich folgende Matrix[55]:   11.30

Schutzklasse	Sicherheitsstufe						
	1*	2*	3	4	5	6	7
1	X	X	X				
2			X	X	X		
3				X	X	X	X
* Die Kombination der Schutzklasse 1 mit den Sicherheitsstufen 1 und 2 ist für personenbezogene Daten grundsätzlich nicht eröffnet.							

Die konkrete Zuordnung eines Datenträgers hat anhand der Schutzbedürftigkeit der darauf gespeicherten Daten und des Wirtschaftlichkeits- und Angemessenheitsprinzips bei der Vernichtung/Löschung zu erfolgen[56]. Die Schutzklassen stehen – vereinfacht ausgedrückt – für „interne Daten" (Klasse 1), „vertrauliche Daten" (Klasse 2) und „besonders vertrauliche Daten" (Klasse 3)[57]. Die den Schutzklassen zugeordneten Sicherheitsstufen sind über den Aufwand hinsichtlich der Wiederherstellbarkeit der Daten definiert; um der datenschutzrechtlichen Anforderung Genüge zu tun, dass nach dem Entsorgungsvorgang die Kenntnisnahme der Daten für jedermann zu jeder Zeit tatsächlich unmöglich ist, ist – abhängig von der oben erläuterten Einordnung – mindestens zu gewährleisten, dass die Reproduktion der Informationen nur unter erheblichem Aufwand (Personen, Hilfsmittel, Zeit) und Verwendung gewerbeunüblicher Einrichtungen bzw. Sonderkonstruktionen möglich ist (Stufe 4)[58]. I.d.R. wird es notwendig sein, dass die **Wiederherstellung nach dem Stand der Technik unmöglich** ist (Stufe 5). Bei der Löschung genügt hierfür ein mehrfaches Überschreiben[59].   11.31

Den nach **DIN EN 15713** kategorisierten Datenträgern können **acht Zerkleinerungsstufen** für die ordnungsgemäße Entsorgung zugeordnet werden. Dabei ergibt sich folgendes Bild[60]:   11.32

---

55 *BayLfD*, Orientierungshilfe Datenträgerentsorgung, 2014, S. 10 ff., 16; s. auch *Scheja/Quae/Conrad/Hausen* in Forgó/Helfrich/Schneider, Teil IV Kap. 2 Rz. 26 f.

56 *BayLfD*, Orientierungshilfe Datenträgerentsorgung, 2014, S. 10; *Scheja/Quae/Conrad/Hausen* in Forgó/Helfrich/Schneider, Teil IV Kap. 2 Rz. 21.

57 *BayLfD*, Orientierungshilfe Datenträgerentsorgung, 2014, S. 10.

58 *BayLfD*, Orientierungshilfe Datenträgerentsorgung, 2014, S. 11 ff., 15.

59 S. auch *Scheja/Quae/Conrad/Hausen* in Forgó/Helfrich/Schneider, Teil IV Kap. 2 Rz. 21 ff.

60 *BayLfD*, Orientierungshilfe Datenträgerentsorgung, 2014, S. 19.

Zerkleinerungsstufe	Mittlere Oberfläche in mm²	Maximale Schnittbreite in mm
1	5.000	25
2	3.600	60
3	2.800	16
4	2.000	12
5	800	6
6	320	4
7	30	2
8	10	0,8

11.33 DIN EN 15713 normiert ferner weitere Qualitätskriterien für die Durchführung und Überwachung der Vernichtung von Datenträgern im Auftrag. Dazu zählt die sichere Aufbewahrung und der sichere Transport der Datenträger (inklusive Alarmanlage) sowie die Durchführung der Handlungen innerhalb des Übernahmetags[61]. Dies wird noch einmal ausdrücklich in Ziff. 2.4 Satz 2 des Vertrags festgelegt.

c) Vorbereitung und Abholung (Ziff. 2.1–2.2)

11.34 Als Teil des Entsorgungskonzepts nach DIN 66399 (Teil 3) ist es originäre Aufgabe des Verantwortlichen (d.h. des Auftraggebers), nicht nur die Zuständigkeiten als solche festzulegen (z.B. die Vernichtung/Löschung im Auftrag), sondern auch die Sicherheitsklasse und -stufe[62]. Dies muss im Vorfeld einer Datenträgervernichtung bzw. -löschung also bereits geschehen sein. Der weitere Ablauf bis zur Übergabe an den Auftragnehmer sollte daran ausgerichtet sein.

11.35 Die Ziff. 2.1 und 2.2 des Vertrags dienen hierbei dazu, das Risiko von Datenpannen im kritischen Bereich der Übergabe an den Auftragnehmer zu minimieren. Diese muss möglichst reibungslos ablaufen. Insbesondere müssen die Datenträger (in ihren Behältnissen) unverzüglich von den zur Abholung durch den Auftragnehmer eingesetzten Personen entgegengenommen werden können. Durch die beidseitige strenge Termintreuepflicht wird vermieden, dass sie länger in einem Zustand verminderter Sicherheit zwischengelagert werden[63]. Die Ausweispflicht ist eine weitere Maßnahme zur Erhöhung der Sicherheit in diesem Bereich und als Teil eines ordnungsgemäßen Vernichtungs- bzw. Löschungsablaufs gemäß DIN 66399 (Teil 3) erforderlich[64].

d) Transport (Ziff. 2.5)

11.36 Die Vorschrift regelt die Sicherheit der Datenträger während des Transports. Während der Auftraggeber für deren sichere Aufbewahrung innerhalb seiner eigenen Organisation verantwortlich bleibt, trifft diese Verantwortlichkeit beim Transport im Rahmen einer Auslagerung den Auftragnehmer. Insofern sind datenschutzrechtliche Regelungen hierfür erforderlich, die Ziff. 2.5 des Vertrags liefert. Diese Einzelheiten sind auch nach DIN 66399 (Teil 3) verpflichtend festzulegen[65]. Dabei muss insbesondere ausgeschlossen werden, dass Datenträger verloren gehen oder Unbefugte sonst wie Zugriff

---

61 *BayLfD*, Orientierungshilfe Datenträgerentsorgung, 2014, S. 19.
62 Vgl. *BayLfD*, Orientierungshilfe Datenträgerentsorgung, 2014, S. 18, 23 f.
63 Vgl. *BayLfD*, Orientierungshilfe Datenträgerentsorgung, 2014, S. 24; s. auch *Heymann*, CR 1992, 370 (373 f.).
64 Vgl. *BayLfD*, Orientierungshilfe Datenträgerentsorgung, 2014, S. 18.
65 Vgl. *BayLfD*, Orientierungshilfe Datenträgerentsorgung, 2014, S. 18, 24 f.

auf diese erlangen können. Dies kann bspw. dadurch sichergestellt werden, dass sie in verschlossenen Containern aufbewahrt und transportiert werden (deren Schlüssel nicht mittransportiert werden), die Transportfahrzeuge mit passiven GPS-Ortungssystemen ausgestattet sind oder durch mindestens zwei Personen begleitet werden, oder der Transportweg sonst wie adäquat abgesichert wird[66].

e) Rückgabe/Entsorgung (Ziff. 2.7)

Die Vorschrift regelt, was mit den Datenträgern (bzw. deren Rückständen) nach Abschluss der Vernichtung bzw. Löschung geschieht. Nach ordnungsgemäßer Vernichtung spricht grundsätzlich nichts dagegen, dass der Auftragnehmer Eigentümer des Abfalls wird und diesen anhand seines Materialwerts weiterveräußert[67]. Auch dies ist letztlich eine kommerzielle Frage. Der Vertrag geht davon aus, dass der Auftraggeber regelmäßig kein Interesse an den Rückständen hat. Insofern muss nur die Rückführung gelöschter Datenträger geregelt werden. Klarstellend, auch im Hinblick auf etwaige Zurückbehaltungs- oder Herausgabeansprüche (vgl. Ziff. 3.3), wird deshalb diese Frage und diejenige des Eigentumserwerbs bzw. -verbleibs ausdrücklich geregelt.

11.37

f) Dokumentation (Ziff. 2.3, 2.6)

Auch die Dokumentation des Ablaufs ist Teil eines adäquaten Entsorgungskonzepts (inklusive Art und Menge der zu entsorgenden Datenträger, Vernichtungsort und -zeit)[68]. Bei Aufgabenteilung zwischen Auftraggeber und Auftragnehmer ist dies entsprechend zu dokumentieren. Dem tragen die Ziff. 2.3 und 2.6 i.V.m. dem als Anlage beigefügten Muster Rechnung. Die Anfertigung separater Übergabeprotokolle für unterschiedliche Zusammenstellungen trägt dabei auch dem Umstand Rechnung, dass zu vernichtende Datenträger, die verschiedenen Sicherheitsstufen zuzuordnen sind, entweder getrennt oder anhand der höchsten Sicherheitsstufe entsorgt werden müssen[69]. Die Dokumentationspflicht ergibt sich auch aus DIN 66399 (Teil 3)[70]. Art. 28 Abs. 9 DSGVO entsprechend kann die Dokumentation auch elektronisch erfolgen; aus Vereinfachungs-, Effizienz- und Sicherheitsgesichtspunkten sollte von dieser Möglichkeit auch Gebrauch gemacht werden.

11.38

5. Dauer des Auftrags (Ziff. 3)

M 11.1.4 Dauer des Auftrags

11.39

3. Dauer des Auftrags

3.1 Die Laufzeit dieses Vertrags entspricht der Laufzeit des Hauptvertrags. Die Regelungen zur ordentlichen Kündigung des Hauptvertrags gelten entsprechend.

3.2 Unbeschadet aller sonstigen Rechte des Auftraggebers aus diesem Vertrag, dem Hauptvertrag oder geltendem Recht ist der Auftraggeber berechtigt, diesen Vertrag jederzeit [Optional: schriftlich] aus wichtigem Grund kündigen. Ein solcher liegt insbesondere vor, wenn der Auftragnehmer gegen eine wesentliche Pflicht aus diesem Vertrag verstößt (z.B. die Datenträger zu anderen als den vereinbarten Zwecken

---

66 *BayLfD*, Orientierungshilfe Datenträgerentsorgung, 2014, S. 24; s. auch *Heymann*, CR 1992, 370 (373 f., 377).

67 Krit. *BayLfD*, Orientierungshilfe Datenträgerentsorgung, 2014, S. 35; die datenschutzgerechte Entsorgung steht tatsächlich mit dem Geschäftsziel der Wiederverwertung von Rohstoffen in einem Spannungsfeld. Ziff. 2.6 beugt hierbei auch Missbrauch vor und erleichtert etwaige Schadensersatz- und/ oder Vertragsstrafenprozesse.

68 *BayLfD*, Orientierungshilfe Datenträgerentsorgung, 2014, S. 25, 37.

69 *BayLfD*, Orientierungshilfe Datenträgerentsorgung, 2014, S. 16.

70 Vgl. *BayLfD*, Orientierungshilfe Datenträgerentsorgung, 2014, S. 18.

verwendet (insbesondere Daten einsieht), gegen Weisungen des Auftraggebers verstößt oder dessen Kontrollrechte verhindert oder erschwert).

3.3 Verletzt der Auftragnehmer eine Pflicht aus diesem Vertrag, kann der Auftraggeber jederzeit die Herausgabe aller beim Auftraggeber befindlichen Datenträger verlangen und die Herausgabe von Datenträgern an den Auftragnehmer verweigern, bis die Pflichtverletzung beseitigt ist.

3.4 Der Hauptvertrag darf im Falle einer Beendigung dieses Vertrags gemäß dieser Ziffer 3 nicht fortgeführt werden.

a) Ratio

11.40 Ziff. 3 des Vertrags dient der Umsetzung des Art. 28 Abs. 3 Satz 1 DSGVO („Dauer der Verarbeitung"). Insofern schreibt sie zugunsten des Auftraggebers auch bestimmte Kündigungsrechte fest. Ziff. 3.3 des Vertrags dient dazu, die Auftragsverarbeitung bei Unstimmigkeiten bis zur Beseitigung derselben auszusetzen, um nicht nur die Wahl zwischen Fortgang und Kündigung zu bieten.

b) Festlegung der Auftragsdauer (Ziff. 3.1)

11.41 Bei Verträgen zur Auftragsverarbeitung handelt es sich regelmäßig um **Dauerschuldverhältnisse**[71]. Angaben zur Dauer der Aufgabenverlagerung gem. Art. 28 Abs. 3 Satz 1 DSGVO sind deshalb in den Hauptvertrag aufzunehmen[72]. Das vorliegende Muster geht von einer unbefristeten Laufzeit aus[73]. Gerade bei häufig/fortlaufend wiederkehrenden Leistungen wie der Datenträgervernichtung bzw. -löschung bietet sich eine unbefristete Vertragslösung aus Vereinfachungsgründen an. In diesem Fall ist auf **angemessene Beendigungsmöglichkeiten** zu achten (s. auch Rz. 11.43)[74].

c) Beendigung und Aussetzung; Fortbestand im Beendigungsfall

11.42 Ziff. 3.1 und 3.4 des Vertrags regeln den **Gleichlauf von Hauptvertrag und Vertrag zur Auftragsverarbeitung**. Dabei gilt, dass der Hauptvertrag im Falle einer Beendigung der Auftragsverarbeitungsvereinbarung nicht fortgeführt werden darf. Dies wäre allenfalls denkbar, wenn er bei Beendigung ohne Datenverwendung durchgeführt werden könnte. Dies ist i.v.F. der Vernichtung und/oder Löschung von Datenträgern nicht vorstellbar, so dass Ziff. 3.4 des Vertrags die entsprechende Rückwirkung auf den Hauptvertrag regelt. Dessen Schicksal in diesem Fall ist dort zu regeln (z.B. in Form eines außerordentlichen Kündigungsrechts).

11.43 Ziff. 3.1 Satz 2 macht die **Regelungen zur ordentlichen Kündigung** nach dem Hauptvertrag auch für diesen Vertrag zur Auftragsverarbeitung anwendbar. Bei Laufzeitverträgen wie dem vorliegenden sind ordentliche Kündigungsmöglichkeiten unter Vereinbarung einer angemessenen Frist üblich. Häufig kommt es auch dazu, dass die Parteien aus Gründen der Planungssicherheit einen Kündigungsausschluss für die ersten Monate vereinbaren. Dies ist möglich, sofern das Recht zur Kündigung aus wichtigem Grund nicht beeinträchtigt wird.

11.44 Das Recht des Auftraggebers zur **außerordentlichen Kündigung** gem. § 314 BGB ist nicht abdingbar. Insofern ist Ziff. 3.2 Satz 1 des Vertrags klarstellender Natur; auch der Hauptvertrag sollte eine solche Vorschrift enthalten. Ziff. 3.2 Satz 2 des Vertrags enthält eine Konkretisierung im Hinblick auf wichtige Gründe, die eine außerordentliche Kündigung im Bereich des Datenschutzes ermöglichen müssen[75].

---

71 *Hoeren,* DuD 2010, 688 (689).
72 *Gabel/Lutz* in Taeger/Gabel, Art. 28 DS-GVO Rz. 38.
73 Zu deren Zulässigkeit stellv. *Gabel/Lutz* in Taeger/Gabel, Art. 28 DS-GVO Rz. 38.
74 *Spoerr* in BeckOK DatenschutzR, Art. 28 DS-GVO Rz. 52; *Gabel/Lutz* in Taeger/Gabel, Art. 28 DS-GVO Rz. 38.
75 Vgl. *BayLfD,* Orientierungshilfe Datenträgerentsorgung, 2014, S. 37.

Dazu zählt insbesondere eine Verletzung des Zweckbindungsgrundsatzes (s. Rz. 11.22). Vor allem i.v.F. besteht kein legitimer Anlass, die Daten anderweitig als zur Vernichtung/Löschung zu verwenden. Eine Zweckentfremdung stellte einen derart eklatanten Vertrauens- und Vertragsbruch dar, dass dem Auftraggeber ein Festhalten an demselben nicht mehr zumutbar ist. Ähnlich verhält es sich mit den Weisungs- und Kontrollrechten. Insbesondere die Weisungsrechte sind prägend für die hiesige Auftragsverarbeitung. Die **Schriftform** ist hierbei nach Art. 28 Abs. 9 DSGVO nicht zwingend[76]; aus Dokumentationsgründen kann sie dennoch empfehlenswert sein.

Um dem Auftraggeber im Falle (minderer) Vertragsverletzungen ein weiteres, weniger einschneidendes Instrument an die Hand zu geben, sieht Ziff. 3.3 des Vertrags auch die **Möglichkeit der Aussetzung** des Leistungsaustauschs vor. Dieses Instrument ist insbesondere dazu gedacht, dem Auftragnehmer die Beseitigung geringfügiger Missstände zu ermöglichen. | 11.45

6. Details des Auftrags (Ziff. 4)

M 11.1.5 Details des Auftrags | 11.46

4. Details des Auftrags

4.1 Art und Zweck der Verarbeitung personenbezogener Daten des Auftraggebers durch den Auftragnehmer ist deren Vernichtung und/oder Löschung mit/von den Datenträgern so wie im Hauptvertrag und diesem Vertrag (insbesondere Ziffer 2) näher beschrieben.

*4.2 Die Art der mit/von den Datenträgern vernichteten/gelöschten personenbezogenen Daten (inklusive, wenn und soweit zutreffend, besondere Kategorien personenbezogener Daten) sowie der Kreis der von der Vernichtung/Löschung dieser personenbezogenen Daten Betroffenen sind in **Anlage 2 (Details der Verarbeitung)** zu diesem Vertrag näher beschrieben.*

a) Ratio

Ziff. 4 des Vertrags dient der Umsetzung des Art. 28 Abs. 3 Satz 1 DSGVO („Art und Zweck der Verarbeitung, Art der personenbezogenen Daten, Kategorien betroffener Personen"). | 11.47

b) Festlegung von Art und Zweck der Verarbeitung (Ziff. 4.1)

Hinsichtlich der näheren Einzelheiten in Bezug auf Art und Zweck der Auftragsverarbeitung knüpft die Klausel an die vertragsgegenständlichen Leistungen an, so wie diese im Hauptvertrag (der dortigen Leistungsbeschreibung) vereinbart und in diesem Vertrag datenschutzrechtlich konkretisiert werden. Aus datenschutzrechtlicher Sicht ist eine möglichst konkrete, verbindliche, vollständige und abschließende Beschreibung des Umgangs des Auftragnehmers mit den ihm überlassenen Datenträgern erforderlich[77]. Übersteigerte Anforderungen sind indes nicht zu erfüllen; es reicht aus, wenn die Beschreibung „angemessen ausführlich" ist[78]. | 11.48

---

76 *Hartung* in Kühling/Buchner, Art. 28 DS-GVO Rz. 95 f.; *Klug* in Gola, Art. 28 DS-GVO Rz. 12; *Martini* in Paal/Pauly, Art. 28 DS-GVO Rz. 75.

77 *BayLfD*, Auftragsverarbeitung – Orientierungshilfe, Version 2.0 (Stand: 1.4.2019), S. 16; *Petri* in Simitis, § 11 BDSG a.F. Rz. 68; einschränkend *Gola/Schomerus*, § 11 BDSG a.F. Rz. 18a (schriftliche Festlegung, die die dem konkreten Auftrag immanenten Datenverwendungen im Wesentlichen beschreiben).

78 *Artikel-29-Datenschutzgruppe*, WP 169 v. 16.2.2010, S. 32.

c) Festlegung von Art der Daten und Kreis der Betroffenen (Ziff. 4.2)

11.49 Nach Art. 28 Abs. 3 Satz 1 DSGVO sind auch die Art der von der Verarbeitung betroffenen personenbezogenen Daten sowie die Kategorien der davon betroffenen Personen vertraglich festzulegen. Hierzu dient Ziff. 4.2 des Vertrags, wobei er für die Einzelheiten aus Übersichtlichkeitsgründen auf eine Anlage verweist. Die erforderlichen Angaben sind ebenfalls möglichst konkret, verbindlich, vollständig und abschließend aufzunehmen, wenngleich keine übersteigerten Anforderungen gestellt werden und vorliegend insbesondere gewisse Kategorisierungen und Abstrahierungen zulässig sind[79]. So reichen vorliegend Schlagworte wie „Personaldaten", „Gesundheitsdaten", „Nutzungsdaten" etc. (Art der Daten) oder „Mitarbeiter", „Kunden", „Lieferanten" etc. (Betroffene)[80]. Die Anlage kann deshalb stichpunktartig befüllt werden.

7. Weisungsrechte (Ziff. 5)

11.50 **M 11.1.6 Weisungsrechte**

5. Weisungsrechte

5.1 Der Auftragnehmer wird in Bezug auf den Umgang mit den Datenträgern ausschließlich auf Weisung des Auftraggebers handeln.

5.2 Der Auftraggeber ist berechtigt, Weisungen schriftlich, elektronisch oder mündlich zu erteilen, wobei er mündlich erteilte Weisungen unverzüglich dokumentieren wird. Die im Hauptvertrag und diesem Vertrag enthaltenen Anforderungen gelten als Weisungen, die ggf. wie vorstehend geändert, ergänzt oder ersetzt werden können.

5.3 Hat der Auftragnehmer Grund zu der Annahme, dass eine Weisung des Auftraggebers gegen Datenschutzrecht verstößt, wird er diesen unverzüglich darüber informieren. Der Auftragnehmer kann den Auftraggeber auffordern, die fragliche Weisung zurückzuziehen, zu ändern oder zu bestätigen. Bis zur endgültigen Entscheidung des Auftraggebers ist der Auftragnehmer berechtigt, die Umsetzung der fraglichen Weisung auszusetzen.

a) Ratio

11.51 Ziff. 5 des Vertrags dient der Umsetzung der Art. 28 Abs. 3 Satz 2 lit. a, Satz 3, Art. 29 DSGVO. Weisungsrechte sind zentraler Bestandteil einer jeden Auftragsverarbeitung. Verstöße qualifizieren den Auftragnehmer ggf. zum Verantwortlichen i.S.d. Art. 4 Nr. 7 DSGVO mit einem erhöhten Bußgeldrahmen sowie erweiterten Bußgeldtatbeständen (Art. 28 Abs. 10 DSGVO)[81].

b) Weisungsrecht des Auftraggebers (Ziff. 5.1–5.2)

11.52 Das **Weisungsrecht des Auftraggebers ist umfassend**. Es umfasst alle hinreichend konkreten Weisungen des Auftraggebers im Einzelfall und so wie im Auftrag (also insbesondere der Leistungsbeschreibung) schriftlich festgelegt. Letzteres stellt Ziff. 5.2 Satz 2 des Vertrags noch einmal ausdrücklich klar. Im Übrigen definiert das Muster die Weisungsbefugnisse dem gesetzlichen Leitbild entsprechend weit.

---

79 *Artikel-29-Datenschutzgruppe*, WP 169 v. 16.2.2010, S. 32; *BayLfD*, Auftragsverarbeitung – Orientierungshilfe, Version 2.0 (Stand: 1.4.2019), S. 16; *Gabel/Lutz* in Taeger/Gabel, Art. 28 DS-GVO Rz. 40.

80 Stellv. *BayLfD*, Auftragsdatenverarbeitung nach § 11 BDSG, S. 5; *Klug* in Gola, Art. 28 DS-GVO Rz. 8; s. auch *BayLfD*, Auftragsverarbeitung – Orientierungshilfe, Version 2.0 (Stand: 1.4.2019), S. 16.

81 *Hartung* in Kühling/Buchner, Art. 28 DS-GVO Rz. 33.

Einzelweisungen können gem. Ziff. 5.2 Satz 1 des Vertrags schriftlich, elektronisch oder mündlich erteilt werden. Mündlich erteilte Weisungen müssen anschließend dokumentiert werden. Dies ergibt sich direkt aus dem Wortlaut von Art. 28 Abs. 3 Satz 2 lit. a DSGVO, wonach die Weisung weder in einer besonderen Form erteilt noch dem Auftragnehmer in dieser dokumentierten Form noch einmal zur Verfügung gestellt werden muss[82]. Letzteres ist aus Gründen der Rechtssicherheit indes empfehlenswert und mit geringem Aufwand verbunden.

11.53

c) Remonstrationsrecht des Auftragnehmers (Ziff. 5.3)

Das **Remonstrationsrecht des Auftragnehmers** ist Ausfluss von Art. 28 Abs. 3 Satz 3 DSGVO. Die Norm und vertragliche Umsetzung entspricht der bislang geltenden Rechtslage (ehem. § 11 Abs. 2 Satz 2 BDSG a.F.) und Praxis, dass offensichtlich rechtswidrige Weisungen nicht befolgt werden müssen[83]. Die nähere Ausgestaltung der Remonstration ist in der vertraglichen Vereinbarung zur Auftragsverarbeitung zu treffen[84]. Die Regelung des Musters ist dabei so formuliert („Grund zu der Annahme ... gegen Datenschutzrecht verstößt"), dass der Auftragnehmer nicht berechtigt ist, jede Weisung infrage zu stellen. Letztlich bleibt der Auftraggeber nach Art. 4 Nr. 7 DSGVO Verantwortlicher. Insofern muss das Weisungsrecht gegenüber den Bedenken der Auftragnehmerseite im Zweifelsfall durchschlagen (vgl. Ziff. 5.3 Satz 2 und 3 des Vertrags: „kann ... zurückziehen ...")[85]. Nicht zuletzt aus Gründen der Selbstkontrolle ist der Auftragnehmer jedoch berechtigt, die Ausführung bis zu einer expliziten Entscheidung des Auftraggebers auszusetzen.

11.54

8. Drittstaatentransfer (Ziff. 6)

M 11.1.7 Drittstaatentransfer

11.55

6. Drittstaatentransfer

Der Auftragnehmer wird die Datenträger ausschließlich auf/aus dem Gebiet der Europäischen Union oder eines Vertragsstaates des Abkommens über den Europäischen Wirtschaftsraum vernichten/löschen. Eine Verbringung der Datenträger in oder eine Fernlöschung aus Drittstaaten ist untersagt [Optional: bedarf der vorherigen Zustimmung des Auftraggebers und unterliegt den besonderen Anforderungen der Art. 44 ff. DSGVO].

a) Ratio

Ziff. 6 des Vertrags dient der Umsetzung der Art. 28 Abs. 3 Satz 2 lit. a, Art. 44 ff. DSGVO. Zwar ist in Art. 28 Abs. 3 DSGVO nicht ausdrücklich vorgesehen, dass die Übermittlung personenbezogener Daten vertraglich zu regeln ist, dies hat seinen Grund jedoch darin, dass es sich nunmehr um originäre Pflichten (auch) des Auftragnehmers handelt (s. Rz. 11.20); im Übrigen entspricht eine vertragliche Regelung gängiger Praxis und ist auch aus Gründen der Rechtssicherheit empfehlenswert[86]. Da die Auftragsverarbeitung innerhalb der EU bzw. des EWR privilegiert ist, ist dabei insbesondere die Frage der Verbringung bzw. Zugänglichmachung ins nicht europäische Ausland (i.S.v. nicht EU/EWR; sog. Drittstaatentransfer) zu regeln.

11.56

---

82 *Spoerr* in BeckOK DatenschutzR, Art. 28 DS-GVO Rz. 58; *Martini* in Paal/Pauly, Art. 28 DS-GVO Rz. 39; *Hartung* in Kühling/Buchner, Art. 28 DS-GVO Rz. 69.
83 *Müthlein*, RDV 2016, 74 (76); vgl. *Martini* in Paal/Pauly, Art. 28 DS-GVO Rz. 56.
84 *Martini* in Paal/Pauly, Art. 28 DS-GVO Rz. 58.
85 S. auch *Martini* in Paal/Pauly, Art. 28 DS-GVO Rz. 58.
86 *Hartung* in Kühling/Buchner, Art. 28 DS-GVO Rz. 69.

b) Verbringung der Datenträger ins Ausland

11.57 Zu einem Drittstaatentransfer personenbezogener Daten zusammen mit den Datenträgern selbst kann es i.v.F. nur durch **physische Verbringung** derselben in einen Drittstaat kommen. Dies erscheint bereits aus praktischen, finanziellen und geografischen Gründen abwegig. Deshalb sieht das Vertragsmuster in seiner Ausgangsfassung vor, dass eine solche Verbringung unzulässig ist. Optional kann diese von der vorherigen Zustimmung des Auftraggebers unter Einhaltung der Anforderungen der Art. 44 ff. DSGVO abhängig gemacht werden[87]. Aus Gründen der Rechtssicherheit sollte von dieser Option jedoch nur in begründeten Ausnahmefällen Gebrauch gemacht werden; bspw. bei einer Auftragsverarbeitung im Grenzbereich zur Schweiz (Art. 44, 45 DSGVO)[88].

c) Fernlöschung (Remote Wipe)

11.58 Zu einem Drittstaatentransfer personenbezogener Daten könnte es auch bei der **Fernlöschung (Remote Wipe)** als Unterfall der Fernwartung (Remote Access) kommen. Eine Übermittlung der zu löschenden Daten zwecks Löschung ist hierbei offenkundig unsinnig und dementsprechend bereits nicht vom Verwendungszweck gedeckt (Ziff. 1.2 des Vertrags). Allerdings ist auch die **Zugänglichmachung** (Offenlegung/Bereitstellung) der personenbezogenen Daten zur (Fern-)Löschung als Verarbeitung i.S.v. Art. 4 Nr. 2 DSGVO zu qualifizieren[89]. Dies wäre der Fall, wenn Daten zum Zweck der Fernlöschung aus einem Drittland dorthin zugänglich gemacht würden. Insofern sieht die Ausgangsfassung auch hier vor, dass eine derartige Fernlöschung unzulässig ist. Optional kann diese unter Einhaltung der Anforderungen der Art. 44 ff. DSGVO nach Zustimmung des Auftraggebers anwendbar gemacht werden[90]. Aufgrund der immensen damit verbundenen Datenschutz- und Sicherheitsrisiken, die zudem in keinem Verhältnis zum Nutzen stehen und überdies mit den (aufwendigen) Maßnahmen bspw. nach Art. 46 DSGVO möglicherweise nur unzureichend abgefangen werden können, ist i.v.F. dringend davon abzuraten, von dieser Möglichkeit Gebrauch zu machen. Empfehlenswert ist vielmehr die Löschung der Daten vor Ort oder in nahegelegenen Löscheinrichtungen des Auftragnehmers unter Einsatz der dafür erforderlichen technischen und organisatorischen Maßnahmen (z.B. Überschreibungssoftware, Einsatz von Degaussern o.Ä.)[91].

9. Vertraulichkeit (Ziff. 7)

11.59 **M 11.1.8 Vertraulichkeit**

7. Vertraulichkeit

7.1 Dem Auftragnehmer ist jede Einsichtnahme in die auf den Datenträgern enthaltenen Informationen untersagt.

7.2 Der Auftragnehmer wird sämtlichen bei Durchführung der Vernichtung/Löschung der Datenträger eingesetzten Mitarbeitern die Einsichtnahme in die auf den Datenträgern enthaltenen Informationen untersagen und die Einhaltung dieses Verbots durch geeignete Maßnahmen sicherstellen und überwachen.

7.3 Der Auftragnehmer wird zur Erbringung der vertragsgegenständlichen Leistungen nur Mitarbeiter einsetzen, die durch geeignete Maßnahmen mit den gesetzlichen Vorschriften über den Datenschutz und den speziellen datenschutzrechtlichen Anforderungen dieses Vertrags vertraut gemacht und, soweit sie

---

87 Detailliert hierzu *Wieczorek* in Specht/Mantz, § 7 Rz. 6 ff.

88 S. hierzu die Entscheidung der *EU-Kommission* zur Angemessenheit des Datenschutzniveaus in der Schweiz v. 26.7.2000, ABl. EG v. 25.8.2000, Nr. L 215/1; s. auch *Wieczorek* in Specht/Mantz, § 7 Rz. 7.

89 Vgl. *Herbst* in Kühling/Buchner, Art. 4 Nr. 2 DS-GVO Rz. 29.

90 Detailliert hierzu *Wieczorek* in Specht/Mantz, § 7 Rz. 6 ff.

91 Vgl. *BayLfD*, Orientierungshilfe Datenträgerentsorgung, 2014, S. 28 ff.

nicht bereits angemessenen gesetzlichen Verschwiegenheitspflichten unterliegen, umfassend zur Vertraulichkeit verpflichtet wurden.

a) Ratio

Ziff. 7.3 des Vertrags dient der Umsetzung des Art. 28 Abs. 3 Satz 2 lit. b DSGVO. Darüber hinaus greift das Vertragsmuster (Ziff. 7.1 und 7.2 des Vertrags) den Zweckbindungsgrundsatz (Ziff. 1.2 Satz 3 des Vertrags) hinsichtlich einer Einsichtnahme als Vorstufe jedweder anderweitigen, nicht vom Vertrag gedeckten Verarbeitung personenbezogener Daten auf und verlängert diesen ausdrücklich auf die Mitarbeiter des Auftragnehmers.   11.60

b) Verbot der Einsichtnahme (Ziff. 7.1–7.2)

Die Ziff. 7.1 und 7.2 des Vertrags regeln in Konkretisierung des Zweckbindungsgebots (Ziff. 1.2 Satz 3 des Vertrags), dass weder der Auftragnehmer selbst noch dessen Mitarbeiter überhaupt Einsicht in die auf den Datenträgern selbst enthaltenen Informationen nehmen dürfen. Dies ergibt sich zwar bereits aus dem Umkehrschluss, dass die vereinbarten Verwendungszwecke lediglich Vernichtung und/oder Löschung umfassen, sollte angesichts der Tatsache, dass eine Einsichtnahme grundsätzlich möglich bleibt, aber noch einmal hervorgehoben werden. Konkret bedeutet dies, dass organisatorische Maßnahmen i.S.v. Art. 32 DSGVO getroffen werden müssen, die eine Einsichtnahme verhindern (s. Rz. 11.66). Z.B. durch Bereitstellung von Aufbewahrungsmöglichkeiten wie abschließbaren Containern.   11.61

c) Vertraulichkeitsverpflichtung (Ziff. 7.3)

Ziff. 7.3 des Vertrags sieht gem. Art. 28 Abs. 3 Satz 2 lit. b DSGVO vor, dass der Auftragnehmer die von ihm zur Erbringung der vertragsgegenständlichen Leistungen eingesetzten Mitarbeiter zur **Vertraulichkeit** verpflichtet, sofern diese nicht bereits einer angemessenen **gesetzlichen Verschwiegenheitspflicht** unterliegen (was i.v.F. vermutlich praktisch irrelevant ist). Hierzu gehört auch eine möglichst spezifische Belehrung der Mitarbeiter über ihre datenschutzrechtlichen Pflichten[92]. Art und Inhalt der Verschwiegenheitsverpflichtung sind, anders als in § 5 BDSG a.F., nicht mehr gesetzlich vorgegeben[93]; der Verwendung bisher üblicher – ggf. modifizierter – Vertragsmuster spricht indes nichts entgegen[94].   11.62

In der Praxis ist es ferner üblich (und sinnvoll), die datenschutzrechtliche Vertraulichkeitsverpflichtung auch auf andere Bereiche auszudehnen. Z.B. auf die **Wahrung von Betriebs- und Geschäftsgeheimnissen**. Die praktische Notwendigkeit hierfür erscheint i.v.F. jedoch gering; der vorliegende Vertrag geht deshalb davon aus, dass dies wenn überhaupt im Hauptvertrag geregelt wird. Es wäre dann jedoch empfehlenswert, eine derartige Verpflichtung zusammen mit der Verpflichtung nach Ziff. 7.3 dieses Vertrags vorzunehmen. Zumindest zu Beweiszwecken sollten Verpflichtungserklärung und Belehrung dokumentiert werden[95]. Auch hier spricht entsprechend Art. 28 Abs. 9 DSGVO nichts dagegen, dies in einem elektronischen Format vorzunehmen (s. Rz. 11.3, Rz. 11.38)[96].   11.63

---

92 Vgl. zum BDSG a.F. *Gola/Schomerus*, § 5 BDSG a.F. Rz. 12.
93 Aber zu dokumentieren: *Klug* in Gola, Art. 28 DS-GVO Rz. 10.
94 *Hartung* in Kühling/Buchner, Art. 28 DS-GVO Rz. 70.
95 *Klug* in Gola, Art. 28 DS-GVO Rz. 10.
96 Vgl. *Spoerr* in BeckOK DatenschutzR, Art. 28 DS-GVO Rz. 65.

10. Technische und organisatorische Maßnahmen (Ziff. 8)

11.64 **M 11.1.9 Technische und organisatorische Maßnahmen**

8. Technische und organisatorische Maßnahmen

*8.1 Der Auftragnehmer wird zum Schutz der Datenträger geeignete technische und organisatorische Maß-
nahmen ergreifen. Diese werden die datenschutzrechtlichen Anforderungen (insbesondere nach Art. 5,
24, 25 und Art. 32 DSGVO) erfüllen oder übertreffen. Die Verpflichtung umfasst auch Maßnahmen zur
Gewährleistung des Datenschutzes durch Technik (privacy by design) und datenschutzfreundliche Voreinstellungen (privacy by default).*

*8.2 Die zu Vertragsbeginn geltenden technischen und organisatorischen Maßnahmen sind in **Anlage 3
(Technische und organisatorische Maßnahmen)** näher beschrieben und vom Auftragnehmer in Abstimmung mit dem Auftraggeber während der Vertragslaufzeit kontinuierlich weiterzuentwickeln und
an veränderte Gegebenheiten anzupassen. Dabei darf das Sicherheitsniveau der zu Vertragsbeginn festgelegten Maßnahmen nicht unterschritten werden. Wesentliche Änderungen sind zu dokumentieren.*

a) Ratio

11.65 Die Pflicht, geeignete technische und organisatorische Maßnahmen zum Schutz der personenbezogenen Daten nach den Art. 32, 5, 24 f. DSGVO zu ergreifen, trifft Auftraggeber wie Auftragnehmer
gleichermaßen (s. Rz. 11.20). Ziff. 8 des Vertrags dient der Umsetzung des Art. 28 Abs. 3 Satz 2 lit. c
DSGVO.

b) Technische und organisatorische Maßnahmen

11.66 Bei der Auftragsverarbeitung ist zu vereinbaren, dass die nach Art. 32 DSGVO erforderlichen **technischen und organisatorischen Maßnahmen** ergriffen werden, Art. 28 Abs. 3 Satz 2 lit. c DSGVO[97].
Darüber hinaus empfiehlt es sich, das Konzept des Datenschutzes durch Technik (privacy by design)
und datenschutzfreundliche Voreinstellungen (privacy by default) auf diese Verpflichtung zu erstrecken. So wird der Datenschutz in allen Stufen der Aufgabenverlagerung gewährleistet und – in Einklang mit Art. 5 Abs. 1 lit. c DSGVO (Grundsatz der Datenminimierung) – zu einer Verringerung der
Verarbeitung personenbezogener Daten beigetragen. Dies schließt i.v.F. insbesondere organisatorische
Maßnahmen zur Verhinderung der Einsichtnahme ein (s. Rz. 11.61).

11.67 Die technischen und organisatorischen Maßnahmen sind gem. Art. 28 Abs. 3 Satz 2 lit. c DSGVO
grundsätzlich nicht zwingend detailliert im Auftrag festzulegen[98]. Die Vorschrift verlangt nur die Verpflichtung des Auftragnehmers, sie (eigenverantwortlich) zu ergreifen. Andererseits besteht eine Pflicht
des Verantwortlichen, die Maßnahmen zu dokumentieren und ggf. nachzuweisen; dieser kann auch im
Rahmen des Vertrags zur Auftragsverarbeitung nachgekommen werden[99]. Die Festlegung ist zudem eine wesentliche Voraussetzung dafür, dass der Auftraggeber seinen Auswahl- und Kontrollpflichten
nach Art. 28 Abs. 1, Abs. 3 Satz 2 lit. h DSGVO effektiv nachkommen kann. Dementsprechend verweist Ziff. 8.2 des Vertrags auf eine Anlage zum Vertrag für die Details dieser Maßnahmen[100]. Dabei
spricht auch nichts dagegen, diese dem Hauptvertrag beizufügen.

---

97 S. auch *BayLfD*, Orientierungshilfe Datenträgerentsorgung, 2014, S. 36.
98 Stellv. *Bertermann* in Ehmann/Selmayr, Art. 28 DS-GVO Rz. 25; *Hartung* in Kühling/Buchner, Art. 28
DS-GVO Rz. 71; vgl. *Martini* in Paal/Pauly, Art. 28 DS-GVO Rz. 44 f. und *Artikel-29-Datenschutzgrup-
pe*, WP 169 v. 16.2.2010, S. 16 f.
99 S. auch *Hartung* in Kühling/Buchner, Art. 28 DS-GVO Rz. 71.
100 Vgl. zur Zulässigkeit nach dem BDSG a.F. *Gola/Schomerus*, § 11 BDSG a.F. Rz. 18b.

Inhaltlich ist die bloße Wiedergabe der Art. 32, 24 und 25 DSGVO nicht ausreichend; erforderlich sind vielmehr Angaben, wie die gesetzlichen Vorgaben im Einzelnen umgesetzt werden[101]. Hinsichtlich der konkreten Maßnahmen kann dem Auftragnehmer im Rahmen der Angemessenheit eine gewisse Flexibilität eingeräumt werden[102]. Ist der Auftragnehmer für mehrere Kunden tätig, schließen die von ihm zu ergreifenden Maßnahmen auch ohne ausdrückliche Erwähnung im Vertrag eine wirksame **Mandantentrennung** ein.

11.68

c) Weiterentwicklung und Zertifizierungen

Über Ziff. 8.2 des Vertrags wird eine gewisse Dynamisierung der technischen und organisatorischen Maßnahmen i.S.e. **kontinuierlichen Weiterentwicklung und Anpassung** an veränderte Gegebenheiten (z.B. System- oder Prozessänderungen) erreicht. Aus Gründen der Risikokontrolle hat dies stets in Abstimmung mit dem Auftraggeber zu erfolgen, darf – selbstverständlich – nicht zu einem Absinken des Schutzniveaus führen und ist entsprechend zu dokumentieren.

11.69

Art. 28 Abs. 3 Satz 2 lit. c, Abs. 5 DSGVO i.V.m. den Art. 32, 42 DSGVO lässt längerfristig eine Vereinfachung im Bereich der technischen und organisatorischen Maßnahmen durch **Zertifizierung von Datenträgervernichtungs- und -löschmaßnahmen** (z.B. Löschprogramme, Schredder, Verpressungsmaschinen etc.) möglich erscheinen (s. hierzu Rz. 11.9, Rz. 11.26). Über die Ziff. 8.2 und 12.2 des Vertrags können derartige Zertifizierungen oder Datenschutzsiegel berücksichtigt werden.

11.70

11. Unterauftragsverhältnisse (Ziff. 9)

M 11.1.10 Unterauftragsverhältnisse

11.71

9. Unterauftragsverhältnisse

9.1 Die Einschaltung von Unterauftragnehmern bei der Vernichtung/Löschung von Datenträgern durch den Auftragnehmer bedarf der vorherigen Zustimmung des Auftraggebers. [Optional: Die folgenden Unterauftragnehmer gelten zu Vertragsbeginn als genehmigt: …. Oder: Die in Anlage [x] (Unterauftragnehmer) benannten Unterauftragnehmer gelten zu Vertragsbeginn als genehmigt.]

9.2 Der Auftragnehmer wird etwaige Unterauftragnehmer unter besonderer Berücksichtigung der Eignung der von diesen getroffenen technischen und organisatorischen Maßnahmen zum Schutz der Datenträger sorgfältig auswählen.

9.3 Der Auftragnehmer wird etwaigen Unterauftragnehmern vertraglich dieselben Pflichten auferlegen, die er aufgrund dieses Vertrags selbst einzuhalten hat. Dies schließt insbesondere die Einhaltung der einschlägigen Datenschutzvorschriften, das Recht des Auftraggebers, umfassend über die Einhaltung der Datenschutzvorschriften informiert zu werden und dessen Recht ein, die Einhaltung der vertraglichen Bestimmungen ggf. direkt und im gleichen Umfang wie beim Auftragnehmer auch beim Unterauftragnehmer überprüfen zu können.

9.4 Der Auftragnehmer wird auf Verlangen des Auftraggebers diesem eine Abschrift des mit dem Unterauftragnehmer geschlossenen Vertrags aushändigen, wobei die kommerziellen Bestandteile nicht enthalten sein müssen.

9.5 Der Auftragnehmer haftet vollumfänglich für jede Verletzung von Datenschutzpflichten durch Unterauftragnehmer.

---

101 Vgl. zum BDSG a.F. *Petri* in Simitis, § 11 BDSG a.F. Rz. 73.
102 Vgl. zum BDSG a.F. *Gola/Schomerus*, § 11 BDSG a.F. Rz. 18b; vgl. stellv. zur mehr Freiheiten einräumenden DSGVO *Hartung* in Kühling/Buchner, Art. 28 DS-GVO Rz. 71; s. auch *Artikel-29-Datenschutzgruppe*, WP 169 v. 16.2.2010, S. 16 f.

a) Ratio

11.72 Ziff. 9 des Vertrags dient der Umsetzung des Art. 28 Abs. 2, Abs. 3 Satz 2 lit. d, Abs. 4 DSGVO. Die vertragliche Regelung normiert dabei das „Ob" und das „Wie" einer etwaigen Unterbeauftragung. Dies hat unter der Prämisse zu erfolgen, dass das Datenschutzniveau mit Einschaltung eines Unterauftragnehmers nicht absinken darf.

b) Begründung von Unterauftragsverhältnissen und Auswahl des Unterauftragnehmers (Ziff. 9.1–9.2)

11.73 Bei der Einschaltung von Unterauftragnehmern besteht naturgemäß die Gefahr, dass das im Verhältnis zwischen Auftraggeber und Auftragnehmer begründete **Datenschutzniveau** unterlaufen wird. Der Auftraggeber muss deshalb dafür sorgen, dass der Auftragnehmer bei der Auswahl eines Unterauftragnehmers die nach Art. 28 Abs. 1 DSGVO gebotene Sorgfalt anwendet (s. Rz. 11.2)[103]. Die DSGVO verlangt im Falle der Auftragsverarbeitung ferner eine vertragliche Regelung über die Berechtigung des Auftragsverarbeiters zur Begründung von Unterauftragsverhältnissen, Art. 28 Abs. 3 Satz 2 lit. d, Abs. 2 DSGVO.

11.74 Nach Art. 28 Abs. 2 Satz 1 DSGVO muss der Auftraggeber einer Unterauftragsvergabe des Auftragnehmers zunächst zustimmen. Dies kann gesondert oder allgemein geschehen. Strittig ist, ob dies, wie in Art. 28 Abs. 2 DSGVO ausdrücklich geregelt, schriftlich geschehen muss oder, im Hinblick auf Art. 28 Abs. 9 DSGVO (s. Rz. 11.3), auch elektronisch erfolgen kann[104]. Nach Art. 28 Abs. 2 Satz 2 DSGVO ist es jedenfalls zulässig, dem Auftragnehmer eine allgemeine Genehmigung zur Einschaltung von Unterauftragnehmern zu erteilen, wenn dieser den Auftragnehmer über beabsichtigte Änderungen in Bezug auf die Hinzuziehung oder Ersetzung weiterer Unterauftragnehmer informiert, so dass er die Möglichkeit erhält, „Einspruch zu erheben". Dabei ist unklar, ob mit dieser Formulierung die Möglichkeit verbunden sein soll, die Zustimmung wieder zu entziehen, oder ob hiermit lediglich Informations- und Kontrollrechte des Verantwortlichen befriedigt werden sollen[105].

11.75 Um Unsicherheiten in diesem Zusammenhang zu vermeiden sollte die **Zustimmung grundsätzlich schriftlich** erteilt werden. Optional sieht Ziff. 9.1 des Vertrags vor, dass eine Zustimmung bereits zum Zeitpunkt des Vertragsschlusses entweder in der Klausel selbst oder einer Anlage zum Vertrag hinterlegt werden kann. Sollte dieser schriftlich geschlossen werden, bestünden die o.g. Rechtsunsicherheiten somit nicht. Dieses Vorgehen erscheint i.v.F. auch praktikabel, da nicht mit einer hohen Anzahl und einem häufigen Wechsel von Unterauftragnehmern zu rechnen ist. Möchte der Verwender von einer schriftlichen Genehmigung absehen oder den Vertrag elektronisch abschließen, müsste jedenfalls das Einspruchsrecht näher ausgestaltet werden. Um Rechtsunsicherheiten zu vermeiden bietet es sich jedoch an, die Genehmigung von Unterauftragnehmern dann schriftlich separat auf Einzelfallebene vorzunehmen.

c) Verpflichtung, Kontrolle und Haftung des Unterauftragnehmers (Ziff. 9.3–9.5)

11.76 Um das Absinken des Datenschutzniveaus zu verhindern, hat der Auftraggeber ferner dafür Sorge zu tragen, dass der Auftragnehmer die von ihm übernommenen Verpflichtungen auch an etwaige Un-

---

103 Stellv. *Klug* in Gola, Art. 28 DS-GVO Rz. 6.
104 Für die Zulässigkeit der elektronischen Form: *Klug* in Gola, Art. 28 DS-GVO Rz. 13, 15; *Plath* in Plath, Art. 28 DS-GVO Rz. 15 („Redaktionsversehen"); *Ingold* in Sydow, Art. 28 DS-GVO Rz. 47; *Bertermann* in Ehmann/Selmayr, Art. 28 DS-GVO Rz. 15; *Petri* in Simitis/Hornung/Spiecker, Art. 28 DS-GVO Rz. 43; dagegen: *Martini* in Paal/Pauly, Art. 28 DS-GVO Rz. 62 („bes. Sicherheitsvorkehrungen an die Dokumentationsform" bei der allgemeinen Genehmigung).
105 Für ein Ablehnungsrecht: *Klug* in Gola, Art. 28 DS-GVO Rz. 13 (Widerspruchsmöglichkeit innerhalb einer vorab festgelegten Frist); *Martini* in Paal/Pauly, Art. 28 DS-GVO Rz. 61; gegen ein Ablehnungsrecht: *Plath* in Plath, Art. 28 DS-GVO Rz. 18.

terauftragnehmer weitergibt, Art. 28 Abs. 4 Satz 1 DSGVO[106]. Danach muss auch sichergestellt sein, dass dem Auftraggeber gegenüber dem Unterauftragnehmer i.S.d. Art. 28 Abs. 3 Satz 2 lit. h DSGVO (s. Rz. 11.91 ff.) ein umfassendes Informationsrecht und, sofern notwendig, auch ein direktes Prüfrecht (sog. **Durchgriffsprüfrecht**)[107] zusteht.

Dies schließt jedenfalls mit ein, dass der Auftraggeber die **Vertragsgrundlage zwischen Auftragnehmer und Unterbeauftragtem** einsehen kann. Die kommerziellen Bestimmungen sind hierbei datenschutzrechtlich nicht relevant und da zu erwarten ist, dass der Auftragnehmer diese ungern gegenüber dem Auftraggeber preisgeben wird, sieht Ziff. 9.4 des Vertrags vor, dass dies nicht geschehen muss. Der Vertrag dient der datenschutzrechtlichen Absicherung und nicht der Verbesserung der kommerziellen Position. | 11.77

Gemäß Art. 28 Abs. 4 Satz 2 DSGVO ist ferner eine **umfassende Haftung** des Auftragnehmers für seine Unterauftragnehmer zu regeln. Davon unberührt bleibt die Möglichkeit eines Innenregresses, sofern dieser hauptvertraglich ausgestaltet worden ist (s. bereits Rz. 11.15). Dieser stünde mithin nicht in Widerspruch zu Ziff. 9.5 des Vertrags. Insofern könnte der Inhalt der Norm auch in den Hauptvertrag integriert werden. Um nicht Gefahr zu laufen, die notwendige umfassende Haftung des Auftragnehmers für seine Unterauftragnehmer dort letztlich defizitär oder gar nicht zu regeln, empfiehlt sich jedoch eine Aufnahme in den Vertrag zur Auftragsverarbeitung. | 11.78

12. Informations- und Unterstützungspflichten (Ziff. 10)

M 11.1.11 Informations- und Unterstützungspflichten | 11.79

10. Informations- und Unterstützungspflichten

*10.1 Der Auftragnehmer wird den Auftraggeber und in den gesetzlich vorgesehenen Fällen auch die zuständigen Aufsichtsbehörden und Betroffenen [**Optional:** schriftlich **oder** elektronisch] über jede Verletzung des Schutzes personenbezogener Daten und andere Unregelmäßigkeiten bei der Vernichtung/ Löschung der Datenträger unverzüglich unterrichten.*

*10.2 Der Auftragnehmer wird den Auftraggeber unverzüglich [**Optional:** schriftlich **oder** elektronisch] über Kontrollhandlungen und Maßnahmen nach Art. 51 ff. DSGVO, Ermittlungen nach Art. 83 f. DSGVO und Anfragen Betroffener – gleich welchen Inhalts (z.B. auf Auskunft) – unterrichten, soweit diese die vertragsgegenständlichen Leistungen betreffen und die Unterrichtung rechtlich zulässig ist.*

10.3 Der Auftragnehmer wird die zur Wahrung der Betroffenenrechte gebotenen Handlungen (z.B. Berichtigung, Einschränkung und Löschung personenbezogener Daten) nur nach Rücksprache mit und auf Weisung des Auftraggebers durchführen.

10.4 Der Auftragnehmer wird den Auftraggeber bei der Einhaltung seiner eigenen datenschutzrechtlichen Pflichten, insbesondere der Ergreifung geeigneter technischer und organisatorischer Maßnahmen, der Durchführung von Datenschutz-Folgenabschätzungen, der Konsultation von Aufsichtsbehörden und der Durchführung der zur Wahrung der Betroffenenrechte (z.B. der Erteilung von Auskünften) notwendigen Handlungen, vollumfänglich unterstützen.

---

106 *Klug* in Gola, Art. 28 DS-GVO Rz. 14.

107 *Hartung* in Kühling/Buchner, Art. 28 DS-GVO Rz. 73, 86 hält ein solches nicht für zwingend notwendig.

a) Ratio

11.80 Ziff. 10 des Vertrags dient der Umsetzung der Art. 28 Abs. 3 Satz 2 lit. e und lit. f, Art. 12 ff., 32 ff. DSGVO. Ziff. 10 des Vertrags begründet deshalb diverse **Informations- und Unterstützungspflichten** des Auftragnehmers.

b) Informationspflichten des Auftragnehmers (Ziff. 10.1–10.2)

11.81 Ziff. 10.1 des Vertrags verpflichtet den Auftragnehmer bei **Verletzungen des Schutzes personenbezogener Daten** i.S.v. Art. 4 Nr. 12 DSGVO oder anderen Unregelmäßigkeiten bei der Datenverarbeitung, den Auftraggeber und in den gesetzlich vorgesehenen Fällen (z.B. Art. 12 ff. und Art. 33 f. DSGVO) auch die zuständigen Aufsichtsbehörden und die Betroffenen unverzüglich zu unterrichten[108]. Nur so kann der Auftraggeber als Verantwortlicher i.S.v. Art. 4 Nr. 7 DSGVO die notwendigen Maßnahmen ergreifen (s. Ziff. 10.3 des Vertrags). Dabei ist mit der Terminologie „andere Unregelmäßigkeiten" bewusst ein möglichst umfassender Begriff für Datenpannen gewählt worden, um zu vermeiden, dass es zu Auslassungen kommt. Aus Gründen der Rechtssicherheit muss die Inkenntnissetzung unverzüglich erfolgen[109].

11.82 Ziff. 10.2 des Vertrags regelt in Einklang mit Art. 28 Abs. 3 Satz 2 lit. e und lit. f DSGVO die Pflicht des Auftragnehmers, den Auftraggeber über **Kontrollhandlungen** und **Maßnahmen** nach Art. 51 ff. DSGVO sowie **Ermittlungen** nach Art. 83 f. DSGVO zu unterrichten, sofern dem kein gesetzliches Verbot entgegensteht.

11.83 Für die vorstehenden Informationshandlungen ist gesetzlich **keine spezielle Form** vorgesehen. Es gehört zu einer ordnungsgemäßen Datenschutzorganisation (Rechtssicherheit, Beweiszwecke), etwaige Eingaben zu dokumentieren, sofern das nicht aus Gründen der Praktikabilität ohnehin geschieht. Optional kann deshalb genauso gut vereinbart werden, dass der Auftragnehmer die Unterrichtungen in schriftlicher oder elektronischer Form vorzunehmen hat.

c) Betroffenenrechte (Ziff. 10.3)

11.84 Ziff. 10.3 des Vertrags stellt im Hinblick auf Art. 28 Abs. 3 Satz 2 lit. e DSGVO zunächst klar, dass der Auftraggeber für die Wahrung der Betroffenenrechte verantwortlich ist[110]. Dies gilt i.v.F. umso mehr, als dass der Auftragnehmer lediglich für die Vernichtung und/oder Löschung der Daten eingebunden wird. Insofern dürften die Betroffenenrechte auf Berichtigung, Einschränkung und dergleichen im Hinblick auf das Verhältnis Auftraggeber-Auftragnehmer kaum relevant sein. Falls notwendig, sind sie jedoch weisungsgebunden auszuführen. Dies ist spezieller Ausdruck der Weisungsrechte (vgl. Ziff. 5). Schließlich könnte der Auftraggeber die gebotenen Handlungen i.v.F. der Aufgabenteilung möglicherweise aber auch nicht alleine durchführen[111].

d) Unterstützungspflichten des Auftragnehmers (Ziff. 10.4)

11.85 Ziff. 10.4 des Vertrags bildet überwiegend Art. 28 Abs. 3 Satz 2 lit. f DSGVO ab. Allerdings bezieht sich die Vorschrift auch auf eine Unterstützung des Auftraggebers zur Wahrung der Betroffenenrechte i.S.v. Ziff. 10.3 des Vertrags und den Art. 12 ff. DSGVO nach Art. 28 Abs. 3 Satz 2 lit. e DSGVO[112]. Im Hinblick auf die vom Auftraggeber zu gewährleistenden technischen und organisatorischen Maßnahmen ist hierbei insbesondere dessen Meldepflicht etwaiger Datenpannen i.S.d. Art. 33 f. DSGVO betrof-

---

108 Vgl. *Klug* in Gola, Art. 28 DS-GVO Rz. 10 f.

109 Vgl. *Hoeren*, DuD 2010, 688 (691).

110 *Hartung* in Kühling/Buchner, Art. 28 DS-GVO Rz. 74.

111 S. auch *Spoerr* in BeckOK DatenschutzR, Art. 28 DS-GVO Rz. 76.

112 Vgl. *Hartung* in Kühling/Buchner, Art. 28 DS-GVO Rz. 74.

fen[113]. Die Unterstützung des Auftragnehmers sollte aus Gründen der Rechtssicherheit und zur Vermeidung von Unklarheiten – im Rahmen des Möglichen – umfassend ausgestaltet sein[114]. Um Bedenken des Auftragnehmers vor einer übermäßigen Inanspruchnahme zu begegnen, kann im Hauptvertrag eine separate Vergütungsvereinbarung für über das gewöhnliche Maß hinausgehende Unterstützungshandlungen vorgesehen werden.

13. Rückgabe von Datenträgern (Ziff. 11)

M 11.1.12 Rückgabe von Datenträgern   11.86

11. Rückgabe von Datenträgern

11.1 Sind bei Beendigung dieses Vertrags – gleich aus welchem Grund – noch Datenträger zur Vernichtung und/oder Löschung beim Auftragnehmer befindlich, so wird dieser nach Rücksprache mit dem Auftraggeber entweder die Vernichtung und/oder Löschung derselben in Einklang mit dem Hauptvertrag und diesem Vertrag abschließen, oder die Datenträger unverzüglich an den Auftraggeber zurückgeben.

11.2 Auf Verlangen hat der Auftragnehmer dem Auftraggeber die vollständige Rückgabe sämtlicher Datenträger zu bestätigen.

a) Ratio

Ziff. 11 des Vertrags dient der Umsetzung des Art. 28 Abs. 3 Satz 2 lit. g DSGVO. Gegenstand des Ver-   11.87
trags ist aber ohnehin die Datenträgervernichtung und/oder -löschung. Insofern ist lediglich für den Ausnahmefall Vorkehrung zu treffen, dass bei Beendigung des Vertrags diese Leistungen bei einigen Datenträgern (noch) nicht ausgeführt worden sind.

b) Herausgabe, Löschung und Bestätigung

Vorbehaltlich etwaiger gesetzlicher **Aufbewahrungspflichten** gilt bei der Auftragsverarbeitung nach   11.88
Art. 28 Abs. 3 Satz 2 lit. g DSGVO der Grundsatz, dass nach Auftragsende keine personenbezogenen Daten beim Auftragnehmer zurückbleiben dürfen, die ihm vom Auftraggeber zur Leistungserbringung zur Verfügung gestellt worden sind[115]. Zentrale Leistungspflicht ist jedoch gerade die Vernichtung und/oder Herausgabe von Datenträgern. Insofern sieht Ziff. 11.1 des Vertrags lediglich **Rückgabe-** bzw. **Vernichtungs-/Löschungspflichten des Auftragnehmers** für den Fall vor, wo diese vertragsgegenständliche Leistung (noch) nicht durchgeführt worden ist. Insbesondere für den Fall der Kündigung. Da die Datenträger dem Auftragnehmer einmal zur Vernichtung und/oder Löschung übergeben worden waren, eröffnet die Vorschrift auch die Möglichkeit, die vertragsgegenständlichen Handlungen noch zu Ende zu führen. Auch wenn Ziff. 11.1 damit hauptsächlich klarstellenden Charakter hat, ist die vertragliche Regelung nach Art. 28 Abs. 3 Satz 2 lit. g DSGVO trotzdem geboten. Ziff. 11.2 erfüllt vor diesem Hintergrund die gleichen Zwecke wie Ziff. 2.6 (s. Rz. 11.38).

---

113 Vgl. *Hartung* in Kühling/Buchner, Art. 28 DS-GVO Rz. 75.
114 *Klug* in Gola, Art. 28 DS-GVO Rz. 10; *Martini* in Paal/Pauly, Art. 28 DS-GVO Rz. 47; krit. hinsichtlich der Reichweite *Spoerr* in BeckOK DatenschutzR, Art. 28 DS-GVO Rz. 74, 77.
115 Stellv. *Klug* in Gola, Art. 28 DS-GVO Rz. 10.

14. Prüfungs- und Kontrollhandlungen (Ziff. 12)

11.89 **M 11.1.13 Prüfungs- und Kontrollhandlungen**

12. Prüfungs- und Kontrollhandlungen

12.1 Der Auftraggeber bzw. ein von ihm beauftragter Prüfer hat das Recht, die Einhaltung der Bestimmungen dieses Vertrags durch den Auftragnehmer zu überprüfen. Der Auftragnehmer wird dem Auftraggeber hierzu unaufgefordert alle zum Nachweis der Einhaltung seiner vertraglichen und datenschutzrechtlichen Pflichten erforderlichen Informationen zur Verfügung stellen und auf Verlangen im darüber hinaus noch erforderlichen Umfang Auskunft erteilen, geeignete Nachweise vorlegen und eine Inspektion seiner Datenverarbeitungsanlagen und -verfahren (wenn erforderlich auch vor Ort; dann in der Regel nach vorheriger Terminvereinbarung und während der üblichen Geschäftszeiten) ermöglichen. Das Ergebnis der Prüfungen ist zu dokumentieren.

12.2 Der Auftragnehmer wird mittels regelmäßiger eigener Prüfungen (und ggf. geeigneter Verhaltensregeln und/oder Zertifizierungsverfahren) die Einhaltung der Bestimmungen dieses Vertrags gewährleisten. [Optional: Für die Einhaltung seiner vertraglichen und datenschutzrechtlichen Pflichten zu Vertragsbeginn wird auf die [Option 1] als Anlage [x] (Verhaltensregeln) beigefügten Verhaltensregeln [Option 2] als Anlage [x] (Zertifizierung) beigefügte Zertifizierung Bezug genommen.]

a) Ratio

11.90 Ziff. 12 des Vertrags dient der Umsetzung der Art. 28 Abs. 3 Satz 2 lit. h, Abs. 5, Art. 40 ff. DSGVO. Danach sind im Auftragsverarbeitungsvertrag die Kontrollrechte des Auftraggebers sowie die korrespondierenden Duldungs- und Mitwirkungspflichten des Auftragnehmers und dessen Maßnahmen zur Selbstkontrolle festzulegen.

b) Prüfungs- und Kontrollhandlungen (Ziff. 12.1)

11.91 Ziff. 12 des Vertrags ordnet in Einklang mit Art. 28 Abs. 3 Satz 2 lit. h DSGVO an, dass der Auftragnehmer dem Auftraggeber unaufgefordert und umfassend **alle erforderlichen Informationen** zum Nachweis der Einhaltung der in Art. 28 DSGVO niedergelegten Pflichten **zur Verfügung stellt sowie Überprüfungen ermöglicht** und unterstützt. Vertragliche Festlegungen wie diese sind erforderlich, da das Gesetz selbst keine spezifischen Vorgaben in Bezug auf die Informationspflichten des Auftragsverarbeiters sowie Art und Umfang der vom Verantwortlichen durchzuführenden Kontrollen und den damit verbundenen Duldungs- und Mitwirkungspflichten des Auftragsverarbeiters enthält[116].

11.92 Hierbei genügt es zunächst, wenn der Auftragnehmer dem Auftraggeber alle zur Einhaltung der in Art. 28 DSGVO niedergelegten Pflichten erforderlichen **Informationen unaufgefordert zukommen lässt** und darüber hinaus (nachrangig) auf Anforderung die zur Auftragskontrolle noch erforderlichen Auskünfte gibt, Nachweise vorlegt etc. Dies muss letztlich auch das Recht des Auftraggebers zur Durchführung von **Inspektionen** beim Auftragnehmer einschließen, die aber nicht zwingend vor Ort durchgeführt werden müssen (in Betracht kommt auch die Vorlage eines schlüssigen Datensicherungskonzepts, die Anforderung von Prüfergebnissen oder die Einschaltung eines sachverständigen Dritten)[117]. Die Duldungs- und Mitwirkungspflichten des Auftragnehmers gestalten sich in der Regel spiegelbild-

---

116 Vgl. *Martini* in Paal/Pauly, Art. 28 DS-GVO Rz. 53; *Gabel/Lutz* in Taeger/Gabel, Art. 28 DS-GVO Rz. 57.

117 *Klug* in Gola, Art. 28 DS-GVO Rz. 11; *Hartung* in Kühling/Buchner, Art. 28 DS-GVO Rz. 78 m.w.N.; vgl. auch *Härting*, DS-GVO, Rz. 584: „Kontrollrechte …, aber keine Kontroll- oder Dokumentationspflichten".

lich zu den Kontrollrechten des Auftraggebers[118]. Das Ergebnis der vorgenommenen Kontrollen sollte allein aus Beweiszwecken und ggf. zum Nachweis nach Art. 28 Abs. 5 DSGVO dokumentiert werden (vgl. § 11 Abs. 2 Satz 5 BDSG a.F.).

Zur **Häufigkeit** der vom Verantwortlichen durchzuführenden Kontrollen enthält die DSGVO ebenfalls keine Vorgaben. Nach § 11 Abs. 2 Satz 4 BDSG a.F. musste sich der Auftraggeber zunächst vor Beginn der Datenverarbeitung und sodann regelmäßig von der Einhaltung der beim Auftragnehmer getroffenen technischen und organisatorischen Maßnahmen überzeugen. Den Abstand zwischen den regelmäßigen Überprüfungen hatte das BDSG aufgrund der in der Praxis vorkommenden Bandbreite an Auftragsverhältnissen bewusst offengelassen. Es war daher im Einzelfall auf Faktoren wie den Umfang der Datenverarbeitung, das Gefährdungspotential für die Betroffenen, die Sensibilität der verarbeiteten Daten etc. abzustellen[119]. Für den Prüfungsturnus in laufenden Auftragsverhältnissen wurden von aufsichtsbehördlicher Seite in der Regel Fristen zwischen einem Jahr und drei Jahren als angemessen angesehen, wobei Umstände wie die öffentliche Berichterstattung zu Datenschutzverletzungen oder Negativerfahrungen mit dem Auftragnehmer auch zu vorgezogenen Prüfungen Anlass geben konnten[120]. Bei der Vertragsgestaltung empfiehlt sich deshalb auch nach der DSGVO im Zweifel die Vereinbarung eines jederzeitigen Kontrollrechts des Auftraggebers[121]. 11.93

c) Eigenkontrolle des Auftragnehmers (Ziff. 12.2)

Ziff. 12.2 des Vertrags stellt sicher, dass der Auftragnehmer durch regelmäßig durchgeführte Prüfungen selbst die Einhaltung der Datenschutzanforderungen kontrolliert. Die Vorschrift eröffnet auch die Möglichkeit, dies bspw. durch die Einführung von Verhaltensregeln und/oder Zertifizierungsverfahren zu befördern, und trägt damit dem Gedanken der **Eigenkontrolle des Auftragnehmers** Rechnung (vgl. Art. 28 Abs. 5 DSGVO). Es wird jedoch dauern, bis sich hier Zertifizierungen, Datenschutzsiegel o.Ä. herausgearbeitet haben. Sobald dies der Fall ist, können sie erhebliche Erleichterungen darstellen. Über die in Ziff. 12.2 vorgeschlagenen Optionen können vorhandene Dokumentationen in den Vertrag eingebunden werden. 11.94

15. Schlussbestimmungen (Ziff. 13)

M 11.1.14 Schlussbestimmungen 11.95

13. Schlussbestimmungen

*13.1 Änderungen, Ergänzungen und die Aufhebung dieses Vertrags – inklusive dieser Ziffer 13.1 – bedürfen der [elektronischen Form **oder** Schriftform].*

13.2 Dieser Vertrag unterliegt europäischem Recht und dem Recht der Bundesrepublik Deutschland und ist in diesem Sinne auszulegen.

13.3 Im Falle von Widersprüchen zwischen diesem Vertrag und sonstigen Vereinbarungen zwischen den Parteien, insbesondere dem Hauptvertrag, gehen die Regelungen dieses Vertrags vor.

13.4 Sollten einzelne Bestimmungen dieses Vertrags unwirksam oder lückenhaft sein oder werden, so bleiben die übrigen Bestimmungen hiervon unberührt. Die Parteien verpflichten sich, anstelle der unwirksamen oder lückenhaften Regelung eine solche zu vereinbaren, die mit anwendbarem Recht (insbeson-

---

118 *Klug* in Gola, Art. 28 DS-GVO Rz. 11.
119 *BfDI*, Tb. 2009 und 2010, BT-Drucks. 17/5200, 34.
120 *BayLfD*, Tb. 2009/2010 (NÖB), S. 37.
121 *Gabel/Lutz* in Taeger/Gabel, Art. 28 DS-GVO Rz. 57 a.E.

dere Art. 28 DSGVO) in Einklang steht und dem Sinn und Zweck der ursprünglichen, unwirksamen oder lückenhaften Regelung am nächsten kommt.

13.5 Ausschließlicher Gerichtsstand für sämtliche Streitigkeiten oder Ansprüche, die aus oder i.V.m. diesem Vertrag entstehen, sind die ordentlichen Gerichte der Stadt … [z.B. Sitz des Auftraggebers].

11.96 Ziff. 13 des Vertrags enthält die üblichen Schlussbestimmungen. Ziff. 13.1 des Vertrags ist entsprechend der nach Art. 28 Abs. 9 DSGVO gewählten Form anzupassen. Hervorzuheben ist Ziff. 13.3, die i.S.e. *lex specialis*-Regelung den Vorrang der inhaltlich spezielleren und größtenteils zwingendes Recht enthaltenden Auftragsverarbeitungsvereinbarung regelt.

§ 12
Datentreuhändervertrag

Literatur: *Artikel 29-Datenschutzgruppe*, Stellungnahme 4/2007 zum Begriff „personenbezogene Daten" vom 20. Juni 2007, WP 136; *Artikel 29-Datenschutzgruppe*, Stellungnahme 5/2014 zu Anonymisierungstechniken, 10. April 2014, WP 216; *BaFin*, Rundschreiben 4/1997 – Veräußerung von Kundenforderungen im Rahmen von Asset-Backed Securities-Transaktionen durch deutsche Kreditinstitute, 1997; *Bizer*, Der Datentreuhänder, DuD 1999, 392; *Boos/Fischer/Schulte-Mattler*, Kommentar zum Kreditwesengesetz, 5. Aufl. 2016; *Brauneck*, Europa-Cloud: Zwingt der US CLOUD Act EU-Unternehmen zur EU-rechtswidrigen Datenherausgabe?, EWS 2019, 307; *Bräutigam*, IT-Outsourcing und Cloud-Computing, 4. Aufl. 2019; *Eßer/Kramer/v. Lewinski*, Auernhammer DSGVO/BDSG, 7. Aufl. 2020; *Forgó/Hänold/Pfeiffenbring/Pieper/Teherani*, Anonymitätsinteressen von Anlegern in der Publikums-KG – Kritische Betrachtung der BGH-Rechtsprechung aus datenschutzrechtlicher Perspektive, ZD 2014, 182; *Gausling*, Offenlegung von Daten auf Basis des CLOUD Act, MMR 2018, 578; *v. Heintschel-Heinegg*, Beck'scher Online-Kommentar StGB, 45. Edition 2020; *Hey/Hermeler*, Entgeltforderungen für Telekommunikationsleistungen – Taugliches Sicherungsmittel?, WM 2002, 213; *Hoeren*, Datenschutz und Auskunftsansprüche des Treugebers bei der Publikums-KG, ZIP 2010, 2436; *Information Commissioner's Office (ICO)*, Anonymisation: managing data protection risk code of practice, v. 25.3.2015; *Jäschke/Rochow/Tewes/Vogel/Mertes/Reiter/Methner*, Für immer anonym: Wie kann De-Anonymisierung verhindert werden?, abrufbar unter https://www.abida.de/de/blog-item/gutachten-f%C3%BCr-immer-anonym-wie-kann-de-anonymisierung-verhindert-werden (Stand 11/2020); *Joecks/Miebach*, Münchener Kommentar zum StGB, 3. Aufl. 2017; *Langenbucher/Bliesener/Spindler*, Bankenrechts-Kommentar, 3. Aufl. 2020; *Lehmann/Wancke*, Abtretung von Darlehensforderungen und Datenschutz – Neues zu einer problematischen Beziehung, WM 2019, 613; *Leupold/Glossner*, Münchener Anwaltshandbuch IT-Recht, 3. Aufl. 2013; *Oetker*, Handelsgesetzbuch: HGB, 6. Aufl. 2019; *Personal Data Protection Commission Singapore (PDPC)*, Guide to Basic Data Anonymisation Techniques, 25.1.2018; *Rath/Kuß/Maiworm*, Die neue Microsoft Cloud in Deutschland mit Datentreuhand als Schutzschild gegen NAS & Co.?, CR 2016, 98; *Rath/Spies*, CLOUD Act: Selbst für die Wolken gibt es Grenzen, CCZ 2018, 229; *Schimansky/Bunte/Lwowski*, Bankenrechtsbuch, 5. Aufl. 2017; *Schramm/Wegener*, Neue Anforderungen an eine anlasslose Speicherung von Vorratsdaten – Umsetzungsmöglichkeiten der Vorgaben des Bundesverfassungsgerichts, MMR 2011, 9; *Schwartz/Peifer*, Datentreuhändermodelle – Sicherheit vor Herausgabeverlangen US-amerikanischer Behörden und Gerichte?, CR 2017, 165; *Seibt*, Beck'sches Formularhandbuch Mergers & Acquisitions, 3. Aufl. 2018; *Sester/Voigt*, Anspruch auf Offenlegung der Identität von Mitgesellschaftern – Zugleich eine Besprechung des BGH-Beschlusses vom 21.9.2009 – II ZR 264/08, NZG 2010, 375; *Simitis*, Bundesdatenschutzgesetz Kommentar, 8. Aufl. 2014; *Specht-Riemenschneider/Werry/Werry*, Datenrecht in der Digitalisierung, 2019; *Wagner*, Daten von Fondsanlegern zur Mandatsakquise, ZD 2016, 568; *Zeising*, Asset Backed Securities (ABS) – Grundlagen und neuere Entwicklungen, BKR 2007, 311.

A. Einleitung

12.1 Die Datentreuhand hat verschiedene, zum Teil **sehr spezifische Anwendungsfelder**[1]. In gewissen Konstellationen kann die Einschaltung eines Datentreuhänders zum **Austarieren entgegenstehender Interessen betroffener Parteien** beitragen oder gar erforderlich sein, um nicht gegen **gesetzliche oder vertragliche Verbote** zu verstoßen. Der Datentreuhand können personenbezogene oder auch geschäftsbezogene Daten unterliegen.

12.2 In komplexen Vertrags- oder Gesellschaftskonstruktionen kann etwa ein Teil der beteiligten Parteien daran interessiert sein, gegenüber den anderen Beteiligten **anonym** zu verbleiben, während Letztere unter bestimmten Umständen ein berechtigtes Interesse daran haben können, die **Identität ihrer Vertragspartner oder Mitgesellschafter** zu erfahren[2]. Ein **zwischengeschalteter, unabhängiger Datentreuhänder** kann dabei sicherstellen, dass die Beteiligten grundsätzlich anonym verbleiben und ihre Daten ausschließlich in abgestimmten, streng limitierten Fällen gegenüber den jeweils anderen Beteiligten offenbart werden.

12.3 Gleichermaßen existieren Konstellationen, in denen Parteien gegen **gesetzliche oder vertragliche Verbote** verstoßen würden, wenn sie gewisse Informationen über einen Betroffenen einer bestimmten anderen Partei offenbaren. Dies kann etwa der Fall sein, wenn Informationen unter das **Bankgeheimnis** oder eine **berufliche Verschwiegenheitspflicht**[3] fallen[4].

---

1 Vgl. nachfolgend unter Rz. 12.17 ff.
2 Vgl. nachfolgend unter Rz. 12.28.
3 Zur Entbindung von der ärztlichen Schweigepflicht siehe das Muster in § 47, Rz. 47.14 ff.
4 Vgl. nachfolgend unter Rz. 12.18 f.

Im Falle personenbezogener Daten kann ein Unternehmen letztlich auch abseits etwaiger Verbote ein 12.4
eigennütziges Interesse daran haben, die Identität eines Betroffenen nicht zu erfahren, etwa um die **Anwendbarkeit datenschutzrechtlicher Limitierungen auszuschließen**[5].

I. Vertragliche Konstruktionen

Anhand des Beispiels eines Dreiparteienverhältnisses stellt sich die Datentreuhänderkonstruktion 12.5
wie folgt dar:

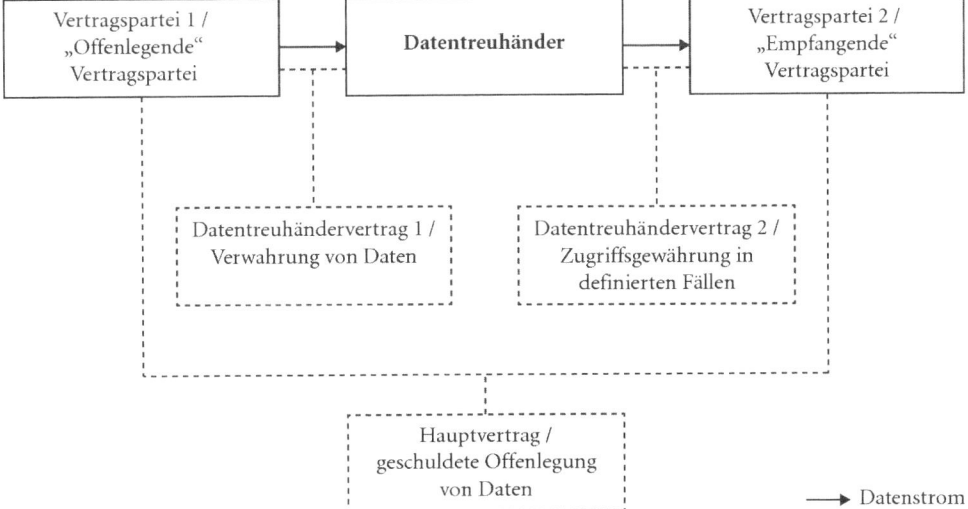

Zwischen den Vertragsparteien besteht ein Schuldverhältnis etwa in Form eines Dienst- oder Gesell- 12.6
schaftsvertrags (nachfolgend als „Hauptvertrag" bezeichnet). **Gegenstand des Hauptvertrags** (sei es
als vertragliche Leistungs- oder Nebenpflicht) ist u.a. die **Offenbarung von Informationen**, etwa bezüglich der Vertragspartei selbst oder anderer Betroffener. Zur Durchführung dieses Datenaustausches
schließen die Vertragsparteien zusätzlich jeweils einen **Datentreuhändervertrag** mit einem Dritten,
dem Datentreuhänder; alternativ kann auch ein Dreiparteienvertrag zwischen den Vertragsparteien
und dem Datentreuhänder geschlossen werden.

Im Rahmen des Hauptvertrags ist zwischen den Vertragsparteien zunächst zu vereinbaren, dass ein **Da-** 12.7
tenaustausch ausschließlich über den Datentreuhänder erfolgt. Ferner müssen die Vertragsparteien
(abschließend) festlegen, in welchen **Sachverhaltskonstellationen** bzw. unter welchen Bedingungen
der **Datentreuhänder berechtigt** sein soll, die **betroffenen Daten an die jeweils anfragende Vertrags-**
partei herauszugeben. Soweit es die Umstände des Einzelfalls erfordern, kann auch festgelegt werden,
dass der Datentreuhänder unter keinen Umständen berechtigt sein soll, die jeweiligen Daten zu offenbaren[6].

Dies schließt zum einen aus, dass eine Vertragspartei vertraglich über den festgelegten Umfang hi- 12.8
nausgehend auf Herausgabe der Daten in Anspruch genommen werden kann[7]. Zum anderen können die Fälle, in denen eine **Offenlegung von Daten** (wenn überhaupt) erfolgen darf, **granular (und**

---

5 Vgl. Erwägungsgrund 26 zur DSGVO und nachfolgend unter Rz. 12.36 ff.
6 Vgl. etwa nachfolgend unter Rz. 12.18 f., Rz. 12.36 f.
7 Vgl. jedoch Auskunftsanspruch nach Ansicht des BGH unter Rz. 12.30 f.

abschließend) festgelegt werden. Die Konstellation und die vertragliche Gestaltung im Hinblick auf die sichere Verwahrung und Herausgabe ist insgesamt einer Quellcode-Hinterlegungsvereinbarung (**Escrow**) im Zusammenhang mit Softwareerstellungs- oder -Softwareüberlassungsverträgen nicht unähnlich[8].

12.9 Wenn für den Auftraggeber **personenbezogene Daten** betroffen sind, kann durch die Beschränkung von Offenlegung und Weitergabe je nach Konstellation ggf. erreicht werden, dass die Daten für andere Stellen **anonym** sind, weil diese – ohne den Treuhänder – keinen Bezug zu einer identifizierten oder identifizierbaren natürlichen Person herstellen können. Die Einschaltung des Treuhänders kann in diesen Situationen verhindern, dass der Datensatz durch die willentliche oder auch versehentliche Preisgabe der Identität eines Betroffenen mit einem Personenbezug „infiziert" wird und sodann datenschutzrechtlichen Beschränkungen unterfällt[9].

12.10 Die **zwischen den Vertragsparteien vereinbarten Bestimmungen** zum Austausch von Informationen sind **im Verhältnis zum Datentreuhänder entsprechend aufzugreifen**. Zwischen der offenlegenden Vertragspartei und dem Datentreuhänder („Datentreuhändervertrag 1") ist daher festzulegen, dass die ihm **anvertrauten Daten grundsätzlich geheim zu halten** sind und ausschließlich in den zwischen den Vertragsparteien **definierten Fällen herausgegeben werden dürfen**[10]. Im Verhältnis zur anderen Vertragspartei („Datentreuhändervertrag 2") sind demgemäß die Fälle vertraglich festzuhalten, in denen die Herausgabe der Daten vom Datentreuhänder gefordert werden darf.

II. Datenschutzrechtliche Bewertung

12.11 Soweit die **Datentreuhand personenbezogene Daten zum Gegenstand** hat, sind sowohl im Verhältnis zwischen den Vertragsparteien und dem Datentreuhänder als auch zwischen den Vertragsparteien untereinander datenschutzrechtliche Vorgaben zu beachten.

12.12 Der Datentreuhändervertrag wird in aller Regel als **Auftragsverarbeitungsverhältnis i.S.d. Art. 28 DSGVO** auszugestalten sein. Insofern wird der Datentreuhänder regelmäßig dazu verpflichtet sein, ihm anvertraute Daten grundsätzlich geheim zu halten, sie nur weisungsgebunden unter vordefinierten Voraussetzungen an einen bestimmten Kreis von Empfängern herauszugeben und darüber hinaus nicht für andere, insbesondere eigene Zwecke zu verarbeiten[11]. Dementsprechend handelt der Datentreuhänder **streng auf Weisung der Vertragsparteien** (vgl. Art. 28 Abs. 3 lit. a DSGVO)[12]. Demgemäß bestimmt der Datentreuhänder weder Zwecke noch Mittel der Datenverarbeitung und ist daher nicht als Verantwortlicher i.S.d. Art. 4 Nr. 7 DSGVO anzusehen[13].

12.13 Der Datentreuhändervertrag entspricht daher im Wesentlichen **einem Auftragsverarbeitungsvertrag i.S.d. Art. 28 DSGVO**. Es gilt jedoch, die **Besonderheiten der Treuhänderstellung** des Auftragnehmers zu berücksichtigen und vertraglich – je nach einschlägiger Konstellation – entsprechend abzubilden.

12.14 Soweit beide Vertragsparteien wechselseitig verpflichtet sind, einander personenbezogene Daten zu offenbaren, müssen beide Datentreuhänderverhältnisse den Anforderungen von Art. 28 DSGVO entsprechen. Im Falle eines lediglich unidirektionalen Datenflusses gilt dies nur für das Verhältnis zwi-

---

8 Hierzu: *v.d. Busche/Schelinski* in Leupold/Glossner, Teil 1 Rz. 332 ff.; *Auer-Reinsdorff/Kast/Dressler* in Auer-Reinsdorff/Conrad, § 38 Rz. 58 ff.
9 Vgl. etwa nachfolgend unter Rz. 12.36 ff.
10 Vgl. zur alten Rechtslage *Bizer*, DuD 1999, 392 (393); *Hey/Hermeler*, WM 2002, 213 (218).
11 Vgl. *Hey/Hermeler*, WM 2002, 213 (219).
12 Vgl. *Martini* in Paal/Pauly, Art. 28 DSGVO Rz. 39; mit konkretem Beispiel zum Microsoft Model anschaulich *Schwartz/Pfeifer*, CR 2017, 165 (169 f.).
13 Vgl. zu dieser Diskussion Teil 2, Rz. 7.21 ff.

schen Datentreuhänder und der offenlegenden Vertragspartei. Zwischen Datentreuhänder und der empfangenden Vertragspartei genügt hingehen die vertragliche Festlegung des Auskunftsanspruches; gesonderte datenschutzrechtliche Vorgaben an dieses Vertragsverhältnis bestehen nicht.

Im Verhältnis zwischen den Vertragsparteien wird es sich regelmäßig um eine **Datenübermittlung zwischen Verantwortlichen** handeln[14]. Demgemäß haben die Vertragsparteien darauf zu achten, dass sie **datenschutzrechtlich zur Übermittlung bzw. Erhebung der betroffenen personenbezogenen Daten berechtigt** sind. Dies ist stets auf Grundlage der Umstände des konkreten Einzelfalls zu bestimmen.   12.15

Zwischen den Vertragsparteien kann es sich jedoch auch um eine **Auftragsverarbeitung** handeln. Dies kann etwa der Fall sein, wenn die empfangende Vertragspartei auf Grundlage der vom Datentreuhänder erhaltenen Daten eine **Dienstleistung für die offenlegende Vertragspartei** erbringt und dabei an deren Weisungen gebunden ist. Zu beachten ist dabei, dass es sich zwischen den Vertragsparteien sowie zwischen der offenlegenden Vertragspartei und dem Datentreuhänder um **zwei unabhängige Auftragsverarbeitungsverhältnisse** handelt. Insofern agieren weder der Datentreuhänder noch der empfangende Vertragspartner als Unterauftragsverarbeiter für den jeweils anderen.   12.16

III. Anwendungsszenarien

Die Einschaltung eines Datentreuhänders kann sich in folgenden **Konstellationen** anbieten: 12.17

1. Vermeidung von Verstößen gegen gesetzliche oder vertragliche Verbote

Gesetzliche oder vertragliche Verbote können die offenlegende Vertragspartei an der Übermittlung bzw. die empfangende Vertragspartei an der Erhebung bestimmter Daten hindern. Dies kann etwa bei der **Forderungsabtretung nach § 398 BGB** relevant werden.   12.18

Zur Wahrung des sachenrechtlichen Bestimmtheitsgrundsatzes und damit der Wirksamkeit einer Forderungsabtretung nach § 398 BGB bedarf es in der Regel der **Offenlegung des jeweiligen Forderungsschuldners**. Gemäß § 402 BGB hat der Zessionar auch grundsätzlich einen Anspruch darauf, die Identität des Schuldners zu erfahren, um die erworbene Forderung einziehen zu können[15].

Soweit es sich bei dem **Zedenten** derweil um ein **Kreditinstitut** handelt, steht einer Offenlegung der Identität des Schuldners oftmals das **Bankgeheimnis** entgegen. Grundsätzlich bedürfte das zedierende Kreditinstitut daher der **Einwilligung des Schuldners**[16]. Dies kann bei bilateralen Einzelabtretungen oder bei der Abtretung von Forderungsmehrheiten, etwa im Rahmen von sog. ABS-Transaktionen (**Asset-Backed-Securities**) der Fall sein. Unter dem Begriff sind Wertpapiere oder Schuldscheine (*securities*) zu verstehen, die Zahlungsansprüche gegen eine speziell gegründete **Zweckgesellschaft** zum Gegenstand haben. Die Zahlungsansprüche werden durch einen Bestand unverbriefter Forderun-   12.19

---

14 Vgl. *Hey/Hermeler*, WM 2002, 213 (218).

15 *Geiger* in Langenbucher/Bliesener/Spindler, Kap. 20 Rz. 25.

16 Nach zweifelhafter Ansicht des OLG Frankfurt liegt bei der Offenlegung der Identität eines Schuldners ein Verstoß gegen das Bankgeheimnis vor, welcher zur Unwirksamkeit der Abtretung führe, da es sich beim Bankgeheimnis um ein vereinbartes Abtretungsverbot i.S.d. § 399, Alt. 2 BGB handele (OLG Frankfurt v. 25.5.2004 – 8 U 84/04, NJW 2004, 3266 (3266)). Nach Ansicht des BGH ist ein Verstoß zwar grundsätzlich möglich, führe jedoch nicht zur Unwirksamkeit der Abtretung, sondern könne lediglich schuldrechtliche Konsequenzen nach sich ziehen (BGH v. 27.2.2007 – XI ZR 195/05, NJW 2007, 2106 (2107)); vgl. dazu *Lehmann/Wancke*, WM 2019, 613, 618 f.; *Ganter* in Schimansky/Bunte/Lwowski, § 96 Rz. 140b; a.A. *Kremer/Heukamp* in Seibt, Kap. I.I.5.1.c.

gen (*assets*) gedeckt (*backed*), die auf eine Zweckgesellschaft übertragen werden und den Inhabern der Asset-Backed Securities (Investoren) als Haftungsgrundlage zur Verfügung stehen[17].

12.20 Ohne **Einwilligung der Forderungsschuldner** ist eine Abtretung dennoch möglich, sofern die Forderungsschuldner im Rahmen der Abtretung allenfalls **verschlüsselt** bezeichnet werden und das zedierende Kreditinstitut (im Auftrag des Zessionars) die weitere **Verwaltung und Einziehung der Forderungen** übernimmt. Unter Wahrung des Bankgeheimnisses erfährt der Zessionar auf diese Weise nicht die Identität der Schuldner. Das zedierende **Kreditinstitut** agiert insoweit als **Treuhänder dieser Daten** und zieht die Forderungen im eigenen Namen, jedoch auf fremde Rechnung (der Zessionare) ein. Alternativ kann die **Identität der Betroffenen** auch verschlossen bei einem neutralen Datentreuhänder hinterlegt und in vertraglich definierten Bedarfsfällen, etwa bei Kreditausfällen, an das zedierende Kreditinstitut oder ein beauftragtes Inkasso-Unternehmen herausgegeben werden[18].

12.21 Dem Grunde nach kann entsprechend verfahren werden, wenn der Zedent durch Offenbarung des Schuldners gegenüber dem Zessionar gegen eine **berufliche Verschwiegenheitspflicht**[19] verstoßen würde, etwa im Falle von **Anwalts- oder Arzthonoraransprüchen**. Nach erneuter Reform des § 203 StGB ist die Offenlegung von unter eine gesetzliche Verschwiegenheitspflicht fallenden Angaben gegenüber Dienstleistern grundsätzlich möglich[20]. Insofern stellt § 203 Abs. 3 Satz 2, Alt. 1 StGB klar, dass Berufsgeheimnisträger Geheimnisse gegenüber solchen Personen offenbaren dürfen, die an ihrer beruflichen oder dienstlichen Tätigkeit mitwirken, wenn dies für die Inanspruchnahme der Tätigkeit der mitwirkenden Person erforderlich ist[21]. Hierzu kann im Einzelfall auch die Auslagerung von Informationen an einen Datentreuhänder zählen. Daneben sind etwaige standesrechtliche Vorschriften zu beachten (etwa § 43e BRAO für Rechtsanwälte).

12.22 In all diesen Fällen ist vertraglich zwischen den Parteien zwingend festzulegen, dass der Zedent die Identitäten der Forderungsschuldner unter keinen erdenklichen Umständen an den Zessionar oder sonstigen Dritten herausgeben wird. Verstöße gegen diese Verpflichtung sollten mit einer **Vertragsstrafe** versehen werden, um das Risiko einer Offenlegung weiter zu minimieren.

12.23 Nach Ansicht des EuGH können unter das **Fernmeldegeheimnis nach § 88 TKG bzw. § 206 StGB** fallende Angaben zum Forderungsschuldner an einen Zessionar übermittelt werden, wenn Letzterer diese Daten nur auf Weisung des Zedenten und unter dessen Kontrolle sowie lediglich zur Einziehung der entsprechenden Forderung verarbeitet[22]. Diese Anforderungen müssen vertraglich entsprechend zwischen den Parteien Niederschlag finden. Eine Datentreuhand verbleibt jedoch gleichermaßen möglich.

12.24 *Vice versa* kann sich eine Datentreuhänderkonstruktion anbieten, wenn eine Vertragspartei durch die Erhebung der Identität eines Betroffenen gegen **gesetzliche oder vertragliche Verbote verstoßen** würde, etwa als **Sponsor einer klinischen Studie**.

---

17 Ausf. zu ABS-Transaktionen *Zeising*, BKR 2007, 311 ff.; *Tollmann* in Boos/Fischer/Schulte-Mattler, Vorb. zu §§ 22a KWG ff., Rz. 6 ff. m.w.N.; vgl. auch *BaFin*, Rundschreiben 4/1997 – Veräußerung von Kundenforderungen im Rahmen von Asset-Backed Securities-Transaktionen durch deutsche Kreditinstitute, Geschäftszeichen: I 3-21-3/95, 19.3.1997 Ziff. III, abrufbar unter: https://www.bafin.de/SharedDocs/Veroeffentlichungen/DE/Rundschreiben/rs_9704_ba.html (Stand 11/2020).

18 Vgl. BGH v. 27.2.2007 – XI ZR 195/05, NJW 2007, 2106; *BaFin*, Rundschreiben 4/1997 – Veräußerung von Kundenforderungen im Rahmen von Asset-Backed Securities-Transaktionen durch deutsche Kreditinstitute, Geschäftszeichen: I 3-21-3/95, 19.3.1997 Ziff. III, abrufbar unter: https://www.bafin.de/SharedDocs/Veroeffentlichungen/DE/Rundschreiben/rs_9704_ba.html (Stand 11/2020); *Zeising*, BKR 2007, 311 ff.

19 Zur Befreiung von dieser Schweigepflicht siehe das Muster in Teil 7, Rz. 47.14 f.

20 Vgl. BT-Drucks. 18/11936, 17 ff.

21 *Weidemann* in BeckOK StGB, § 203 StGB Rz. 35 ff.

22 EuGH v. 22.11.2012 – C-119/12, ZD 2013, 77, Leitsatz; bestätigt durch BGH v. 7.2.2013 – III ZR 200/11, NJW 2013, 1092, Leitsatz; vgl. ferner *Altenhain* in MüKo StGB, § 206 StGB Rz. 76.

2. Ausschluss des Zugriffs ausländischer Behörden

Aufgrund des Urteils des EuGH in Sachen Schrems II[23], mit dem das Gericht nicht nur das EU-U.S.-Privacy Shield für ungültig erklärt hat, sondern auch Datenübermittlungen in Drittstaaten auf Basis der EU-Standardvertragsklauseln strengen Anforderungen an den Datenschutz im Zielland unterworfen hat, haben europäische Unternehmen zunehmend starke Bedenken, ihre personenbezogenen Daten **IT-Dienstleistern mit Sitz außerhalb der EU** anzuvertrauen. Es besteht die Befürchtung, dass der Dienstleister seitens **dortiger Behörden zur Herausgabe der Daten seiner Auftraggeber** verpflichtet werden und ein entsprechender Datentransfer nicht den datenschutzrechtlichen Anforderungen der Art. 44 ff. DSGVO genügen könnte. Nach dem EuGH-Urteil besonders im Fokus stehen hierbei Befugnisse von US-Behörden gegenüber in den USA ansässigen IT-Dienstleistern auf Grundlage von Sec. 702 FISA und der Executive Order 12333; aber auch des **Patriot Acts** bzw. CLOUD Acts. Einer technischen Zugriffsmöglichkeit bedarf es hierfür für das US-Unternehmen nicht. US-Gerichten genügt es einstweilen bereits, dass die US-Muttergesellschaft ihre Tochtergesellschaften aufgrund der **Konzernverbundenheit** zur Herausgabe der angefragten Daten anweisen kann[24]. | 12.25

Durch die Einschaltung eines ausschließlich in der EU ansässigen und vom IT-Dienstleister **gesellschaftsrechtlich unabhängigen Datentreuhänders** kann der Zugriff auf die Daten der Auftraggeber seitens ausländischer Behörden weitestgehend ausgeschlossen werden[25]. Insofern erfolgen die Datenspeicherung sowie der Betrieb der jeweiligen IT-Lösungen ausschließlich **in einem in der EU gelegenen und vom Datentreuhänder kontrollierten Rechenzentrum**. Der IT-Dienstleister hat hingegen grundsätzlich keinen Zugriff auf die Daten in dem Rechenzentrum; der Datentreuhänder gewährt ihm lediglich in eng umgrenzten Fällen zeitlich beschränkten Zugriff[26]. Die Daten der Auftraggeber liegen somit in der „Obhut und Kontrolle" des Datentreuhänders; der IT-Dienstleister kann mangels Zugriffsmöglichkeit daher nicht von ausländischen Behörden zur Herausgabe dieser Daten verpflichtet werden[27]. | 12.26

Zwischen den beteiligten Parteien ist daher vertraglich festzuhalten, dass der **IT-Dienstleister grundsätzlich keinen Zugriff** auf diese Rechenzentren hat. Ferner ist zu definieren, in welchen Fällen **ein zeitlich beschränkter Zugriff** (sei es durch die US-Muttergesellschaft oder eine Tochtergesellschaft in der EU) gewährt werden kann, etwa um Updates einzuspielen oder **Wartungsarbeiten** durchzuführen, welche der Datentreuhänder nicht selbst vornehmen kann[28]. | 12.27

3. Publikums-KGs und ähnliche Gesellschafts- bzw. Beteiligungsformen

Im Rahmen von **Fondsgesellschaften** oder anderen gesellschaftsrechtlichen Formen können Anleger ein Interesse daran haben, gegenüber anderen **Anlegern anonym** zu bleiben. Gleichermaßen können andere Anleger wiederum aus legitimen Gründen erfahren wollen, wer ihre Mitanleger bzw. -gesellschafter sind, etwa um ein Quorum zu bilden, gemeinsame rechtliche Schritte vorzubereiten oder zu | 12.28

---

23 EuGH v. 16.7.2020 – C-311/18, ECLI:EU:C:2020:559 Rz. 118 – Schrems II; hierzu im Detail Teil 5, Rz. 26.10.

24 *Rath/Kuß/Maiworm*, CR 2016, 98 (102).

25 *Bräutigam/Thalhofer* in Bräutigam, Kap. B Rz. 99; *Gausling*, MMR 2018, 578 (582); *Rath/Spies*, CCZ 2018, 229 (230); *Haas* in Specht-Riemenschneider/Werry/Werry, § 5.5 Rz. 77; *Conrad/Licht/Strittmatter* in Auer-Reinsdorff/Conrad, § 22 Rz. 197; krit. *Spies* in Forgó/Helfrich/Schneider, Teil XIII Kap. 2, Rz. 30.

26 So etwa die von der T-Systems International GmbH ausschließlich in Deutschland gehostete und betriebene „Deutschland Cloud" von Microsoft.

27 Ausf. hierzu *Rath/Kuß/Maiworm*, CR 2016, 98 ff.; *Schwartz/Peifer*, CR 2017, 165 (169 ff.); *Bräutigam/Thalhofer* in Bräutigam, Kap. B Rz. 99.

28 Vgl. etwa Microsoft Cloud Vertrag – Anhang 1: Datentreuhändervertrag zwischen dem Kunden und der T-Systems International GmbH, Abschnitt „Zugriff auf Kundendaten", S. 17, abrufbar unter: https://download.microsoft.com/download/2/C/8/2C8CAC17-FCE7-4F51-9556-4D77C7022DF5/MCA2017Agr_EMEA_EU-EFTA_GER_Sep20172_CR.pdf (Stand 6/2020).

überprüfen, ob die Mitanleger bzw. -gesellschafter ihren gesellschafterlichen Verpflichtungen ordnungsgemäß nachkommen[29].

12.29 Zur Illustration folgendes praxisnahes Beispiel: Im Rahmen einer **Publikums- oder Investment-KG** können sich interessierte Anleger etwa als **Kommanditisten oder lediglich als Treugeber** beteiligen. Treugeber werden dabei in der Regel in eine **Treuhandkommanditistin** in Form einer Beteiligungstreuhand-GmbH einbezogen[30]. Im Gesellschaftsvertrag ist bestimmt, dass die Treuhandkommanditistin die Identitäten der Treugeber grundsätzlich geheim zu halten habe, es sei denn die Treugeber willigen in eine Offenlegung ein.

12.30 In einer Serie von Entscheidungen hat der BGH derweil statuiert, dass Anleger (sei es als Kommanditist oder Treugeber) in aller Regel einen **Anspruch** darauf haben, **die Identität ihrer Mitanleger** zu erfahren; dieses Recht sei selbstverständlich und unentziehbar[31]. Dieser Anspruch richtet sich dabei sowohl gegen die Gesellschaft an sich als auch gegen alle Mitgesellschafter, mithin insbesondere die Treuhandkommanditistin[32]. **Anonymitätsklauseln** sieht der BGH grundsätzlich als unwirksam an[33].

12.31 Sofern personenbezogene Daten Gegenstand einer Auskunftserteilung sind, führt die Literatur hingegen erhebliche Zweifel an der **datenschutzrechtlichen Zulässigkeit** jedenfalls eines uneingeschränkten, anlasslosen Auskunftsrechts an. Insofern dürfe das Interesse einzelner Mitanleger, anonym zu bleiben, nicht pauschal gedanklich ausgeklammert werden[34]. Weiterhin sei stets im Einzelfall zu prüfen, auf welchen **Erlaubnistatbestand** eine Datenübermittlung bzw. -erhebung gestützt werden könne[35]. Dies hänge insbesondere auch vom **konkreten (legitimen) Zweck** ab, den der anfragende Mitanleger auf Grundlage der erteilten Auskunft zu verfolgen beabsichtigt und davon, ob die Auskunftserteilung zur Erfüllung dieser Zwecke erforderlich ist[36]. Durch den Umstand, dass die DSGVO eine strenge Zweckbindung für die Verarbeitung personenbezogener Daten fordert, muss es sich dabei ferner um mit dem ursprünglichen Erhebungszweck **vereinbare Zwecke** handeln[37].

12.32 Die **Einschaltung eines Datentreuhänders** (etwa in Person der Treuhandkommanditistin oder eines unabhängigen Dritten) kann diese widerstreitenden Interessen in Einklang bringen sowie eine entsprechende **Beauskunftung von Mitanlegern** rechtssicher ausgestalten. Der Datentreuhänder verwahrt die Daten der Mitanleger und behandelt diese grundsätzlich geheim. Eine Auskunftserteilung an anfragende Mitanleger erfolgt nur in eng umgrenzten Fällen[38].

---

29 Vgl. BGH v. 5.2.2013 – II ZR 136/11, ZD 2013, 450 Rz. 29; *Forgó/Hänold/Pfeiffenbring/Pieper/Tehrani*, ZD 2014, 182 (183).

30 Vgl. ausf. *Oetker* in Oetker, § 161 HGB Rz. 122 ff. und 163 ff.

31 BGH v. 21.9.2009 – II ZR 264/08, NZG 2010, 61 ff.; BGH v. 11.1.2011 – II ZR 187/09, NZG 2011, 276 ff.; BGH v. 5.2.2013 – II ZR 134/11, ZD 2013, 442 ff.; BGH v. 5.2.2013 – II ZR 136/11, ZD 2013, 450 ff.; BGH v. 16.12.2014 – II ZR 277/13, NZG 2015, 269 ff.; ausf. zu den Voraussetzungen des Auskunftsanspruchs *Forgó/Hänold/Pfeiffenbring/Pieper/Tehrani*, ZD 2014, 182 (183 ff.); *Wagner*, ZD 2016, 568 (569 ff.).

32 BGH v. 16.12.2014 – II ZR 277/13, NZG 2015, 269 (272).

33 Vgl. etwa BGH v. 21.9.2009 – II ZR 264/08, NZG 2010, 61, Leitsatz; BGH v. 5.2.2013 – II ZR 134/11, ZD 2013, 442 (444).

34 A.A. AG Schöneberg v. 28.11.2018 – 104 C 175/18, ZD 2019, 177 (177), wonach ein Anleger, der sich an einer Publikumsgesellschaft beteiligt – und sei es mittelbar über eine Treuhandkommanditistin – kein schutzwürdiges Interesse daran habe, seinen Mitgesellschaftern ggü. anonym zu bleiben.

35 Nach dem Urteil des AG Schöneberg könne hier insbesondere eine konkludente Einwilligung in die Weitergabe der Daten an die Treugeber und Gesellschafter durch Abschluss des Treuhandvertrages in Betracht kommen; AG Schöneberg v. 28.11.2018 – 104 C 175/18, ZD 2019, 177 (177).

36 Vgl. etwa *Forgó/Hänold/Pfeiffenbring/Pieper/Tehrani*, ZD 2014, 182 (183 ff.); *Hoeren*, ZIP 2010, 2436 (2438); *Sester/Voigt*, NZG 2010, 375 (378).

37 *Frenzel* in Paal/Pauly, Art. 5 DSGVO Rz. 30.

38 So auch OLG Hamburg v. 27.8.2009 – 6 U 38/08, NZG 2010, 317 (319); *Forgó/Hänold/Pfeiffenbring/Pieper/Tehrani*, ZD 2014, 182 (186).

Im **Gesellschafts- sowie (Daten-) Treuhändervertrag** ist dann zunächst festzuhalten, dass die Identitäten der Anleger vom Datentreuhänder verwahrt werden und grundsätzlich geheim zu halten sind. Sodann sind Sachverhaltskonstellationen zu definieren, in denen der Datentreuhänder die Identitäten einzelner Anleger offenbaren darf.

12.33

4. Datenarchivierung

Unternehmen haben regelmäßig Schwierigkeiten dabei, **Geschäftsunterlagen** und andere Daten datenschutzkonform zu **archivieren**. Soweit solche Informationen personenbezogene Daten beinhalten, sind diese grundsätzlich zu löschen, wenn sie für ihre konkrete, legitime Zweckbestimmung nicht mehr erforderlich sind[39] und keinen gesetzlichen Aufbewahrungsfristen unterliegen. Gleichwohl kann nicht ausgeschlossen werden, dass diese Informationen zukünftig für legitime Zwecke benötigt werden könnten, etwa aus Compliance-Gründen oder zur Rechtsverteidigung. Die rein abstrakte Möglichkeit einer zukünftigen Verwendung genügt in aller Regel jedoch nicht, um diese Daten datenschutzkonform „auf Vorrat" weiter vorhalten zu dürfen[40]. Insofern muss sich die **Erforderlichkeit der fortgesetzten Speicherung** bereits hinreichend konkretisiert haben[41].

12.34

Unter welchen Rahmenbedingungen eine fortgesetzte Speicherung datenschutzrechtlich zulässig sein kann, muss stets auf Grundlage der konkreten Umstände des Einzelfalls bewertet werden. Die **Archivierung** solcher Informationen durch einen Datentreuhänder kann dabei jedoch unter Umständen einen vermittelnden Lösungsweg aufzeigen. Demgemäß kann zwischen dem Verantwortlichen und dem Datentreuhänder vertraglich festgelegt werden, dass ein Zugriff auf die archivierten Daten nur in eng umgrenzten Fällen und nur unter Einhaltung eines festgelegten Verfahrens gewährt wird. So kann der Zugriff etwa auf die Vorbereitung von bzw. die **Verteidigung gegen kartellrechtliche Ansprüche oder die Untersuchung strafrechtlich relevanten Verhaltens von Führungspersonal** beschränkt werden. Soweit Mitarbeiterdaten betroffen sind, kann ferner festgelegt werden, dass **Betriebsräte und Datenschutzbeauftragte zu konsultieren** sind oder beim Zugriff auf die Informationen präsent sein müssen.

12.35

5. Sonderfall: Anonymisierungsdienste

Eine Sonderform der Datentreuhand kann bei **Anonymisierungsdiensten** zur Anwendung kommen. Solche Anbieter können dabei im Rahmen von **Zwei- oder Dreiparteienverhältnissen** eingeschaltet werden.

12.36

Ein Auftraggeber kann personenbezogene Daten an einen solchen Dienstleister übermitteln, welcher den Datensatz von jeglichem Personenbezug befreit und in dieser Form an den Auftraggeber zurück- oder an einen Dritten weitertransferiert. Vorausgesetzt dass die Daten wirksam anonymisiert worden sind, unterliegt **die Verarbeitung dieser anonymen Daten sodann keinen datenschutzrechtlichen Beschränkungen** mehr[42]. Ein solches Vorgehen kann sich etwa anbieten, wenn die Informationen im Rahmen von Datenanalyseprojekten oder etwa Blockchain-Anwendungen verwendet werden sollen.

12.37

In solchen Konstellationen ist jedoch darauf zu achten, dass weder dem Auftraggeber noch dem Dritten etwaiges **Zusatzwissen des Anonymisierungsdienstes** in Bezug auf den anonymisierten Datensatz **zugerechnet** wird, welches ihm eine Re-Identifizierung der Betroffenen ermöglichen würde. Insofern ist nach Ansicht des **EuGH** von der Personenbeziehbarkeit eines (isoliert betrachtet) anonymen Datums auszugehen, wenn der verarbeitenden Stelle *Mittel vernünftigerweise* zur Verfügung ste-

12.38

---

39 *Worms* in BeckOK DatenschutzR, Art. 17 DSGVO Rz. 26.

40 Vgl. zur anlasslosen Speicherung von Verkehrsdaten zur Strafverfolgung *Schramm/Wegener*, MMR 2011, 9 (11).

41 Vgl. *Herbst* in Kühling/Buchner, Art. 17 DSGVO Rz. 83.

42 Vgl. Erwägungsgrund 26 zur DSGVO; so auch statt vieler *Gerve* in Auernhammer, Art. 89 DSGVO Rz. 8.

hen, um entsprechendes Zusatzwissen von einem Dritten zu erlangen, durch welches die Identifizierung der jeweiligen Person herbeigeführt werden kann. Ein solches Mittel sei nur dann *vernünftig*, wenn die Identifizierung gesetzlich nicht verboten und auch praktisch durchführbar ist, also **nicht einen unverhältnismäßigen Aufwand an Zeit, Kosten und Arbeitskraft** erfordern würde. Eine absolute Unmöglichkeit ist daher nicht erforderlich; ein Personenbezug fehlt bereits, wenn das Risiko einer Identifizierung de facto vernachlässigbar erscheint[43]. Hierbei sind sowohl die **rein faktische Zugriffsmöglichkeit** auf etwaiges Zusatzwissen als auch **rechtliche Mittel, mithin gesetzliche oder vertragliche Ansprüche** auf Erhalt etwaigen Zusatzwissens, zu berücksichtigen. Bei diesem **Zusatzwissen** kann es sich zum einen um weitere Angaben bezüglich eines Betroffenen handeln.

12.39 Zum Ausschluss einer Identifizierbarkeit kann und sollte primär auf **technische Mittel und Verfahren** zurückgegriffen werden, durch deren Anwendung die Daten anonymisiert worden sind (etwa angewandte **Hash-Algorithmen**)[44]. Eine Anonymisierung muss aber nicht ausschließlich durch technische Maßnahmen erfolgen; ergänzend können **organisatorische Maßnahmen** ergriffen werden. Das ergibt sich u.a. aus Art. 89 Abs. 1 DSGVO, wonach (im Zusammenhang mit Forschungszwecken) explizit sowohl technische als auch organisatorische Maßnahmen geeignete Garantien für die Rechte und Freiheiten der betroffenen Personen im Sinne der DSGVO etablieren können, um den Grundsatz der Datenminimierung zu verwirklichen, dem sowohl eine Pseudonymisierung als auch eine Anonymisierung von Daten dienen kann[45]. Eine solche organisatorische Maßnahme kann in der Eingehung bestimmter **Vertragspflichten** bestehen, wie sie z.B. einer Datentreuhand immanent sind.

B. Datentreuhändervertrag

I. Muster

12.40 **M 12.1 Datentreuhändervertrag – Vertragspartei als Datentreuhänder/ Verhältnis zwischen den Vertragsparteien**

Vertragspartei als Datentreuhänder (Zweiparteienverhältnis)/Verhältnis zwischen den Vertragsparteien (Drei- bzw. Mehrparteienverhältnis)[46]

1. Auskunfts- und Offenlegungspflichten/Datentreuhänder[47]

1.1 [Bestimmung einer generellen Pflicht zum Informationsaustausch oder einer spezifischen Auskunfts- bzw. Offenlegungspflicht – sei es als vertragliche Leistungs- oder Nebenpflicht – zwischen den Vertragsparteien.]

*[**Alternativ**: Bestimmung einer spezifischen Auskunfts- bzw. Offenlegungspflicht einer der Vertragsparteien.]*

*1.2 Diese Informationen umfassen die in **Anlage 1** zu diesem Vertrag spezifizierten Arten von (personenbezogenen) Daten und gegebenenfalls Kategorien betroffener Personen („Daten").*

---

43 EuGH v. 19.10.2016 – C-582/14, MMR 2016, 842 Rz. 43 ff. m. Anm. *Moos/Rothkegel.*

44 Zu technischen Anonymisierungsverfahren instruktiv: *Art. 29-Datenschutzgruppe*, Stellungnahme 5/2014 zu Anonymisierungstechniken, 10.4.2014, WP 216; *Jäschke* et al., Für immer anonym, S. 23 ff.; *PDPC*, Guide to Basic Data Anonymisation Techniques; siehe auch *Arning/Rothkegel* in Taeger/Gabel, Art. 4 DSGVO Rz. 31; *ICO*, Anonymisation, S. 51 ff., 80 ff.

45 *Eichler* in BeckOK DatenschutzR, Art. 89 DSGVO Rz. 11; so zur bisherigen Rechtslage auch schon *Art. 29-Datenschutzgruppe*, Stellungnahme 4/2007 zum Begriff „personenbezogene Daten" vom 20.6.2007, WP 136, S. 15 f.

46 Zu den Erläuterungen siehe Rz. 12.43 ff.

47 Zu den Erläuterungen siehe Rz. 12.48 ff.

1.3 Die Vertragsparteien bestimmen [Name des Datentreuhänders] als unabhängigen Treuhänder der Daten („Datentreuhänder").

[**Alternativ**: Vertragspartei A agiert als Datentreuhänder (in dieser Funktion nachfolgend als „Datentreuhänder" bezeichnet) und verwahrt die Daten für Vertragspartei B.]

1.4 Die Vertragsparteien werden jeweils unverzüglich den Datentreuhändervertrag gemäß **Anlage 2** mit dem Datentreuhänder abschließen und dem Datentreuhänder die Daten zur Verfügung stellen.

[**Alternativ**: Zusätzlich zu diesem Vertrag schließen die Vertragsparteien den Datentreuhändervertrag gemäß **Anlage 2**.]

2. Offenlegung von Daten/Voraussetzungen[48]

2.1 Die Vertragsparteien vereinbaren, dass eine Offenlegung der Daten ausschließlich nach Maßgabe der Regelungen in Ziffer 1 und 2 dieses Vertrags sowie im Einklang mit dem Datentreuhändervertrag erfolgt; ein darüber hinausgehender Anspruch auf Herausgabe der Daten zwischen den Vertragsparteien besteht nicht und wird, soweit er bestehen sollte, hiermit ausgeschlossen.

2.2 Der Datentreuhänder wird die Daten vertraulich behandeln und sie vorbehaltlich der Regelung in Ziffer 2.3 insbesondere weder den Vertragsparteien noch sonstigen Dritten offenbaren oder anderweitig mitteilen.

[**Alternativ**: Der Datentreuhänder wird die Daten vertraulich behandeln und sie vorbehaltlich der Regelung in Ziffer 2.3 insbesondere weder Vertragspartei B noch sonstigen Dritten offenbaren oder anderweitig mitteilen.]

2.3 Der Datentreuhänder ist lediglich in folgenden Fällen zur Offenbarung der Daten berechtigt und verpflichtet:

– [Bestimmung der Fälle in denen eine Offenlegung der Daten erfolgen darf]

– …

Abseits dieser Fälle besteht weder ein Recht noch ein Anspruch auf Herausgabe der Daten.

2.4 Der Datentreuhänder wird die Offenlegung in jedem Einzelfall auf das jeweils erforderliche Maß (sowohl im Hinblick auf die Zahl der Betroffenen sowie den Umfang der offenzulegenden Daten) beschränken; ein über dieses Maß hinausgehender Anspruch auf Offenlegung der Daten besteht nicht und wird, soweit er bestehen sollte, hiermit ausgeschlossen.

2.5 Die Vertragsparteien sind [**Alternativ**: Vertragspartei B ist] verpflichtet, das Vorliegen eines der unter Ziffer 2.3 bestimmten Fälle gegenüber dem Datentreuhänder substantiiert darzulegen und auf Anforderung nachzuweisen. Der Datentreuhänder ist erst zur Offenlegung der Daten berechtigt und verpflichtet, wenn die jeweils anfragende Vertragspartei [**Alternativ**: Vertragspartei B] dieser Darlegungs- sowie gegebenenfalls Beweispflicht nachgekommen ist.

2.6 Die Vertragsparteien werden die Daten unter keinen erdenklichen Umständen unter Umgehung des Datentreuhänders, auch nicht auf Anfrage einer anderen Vertragspartei oder einer ihrer Mitarbeiter, vorsätzlich oder fahrlässig einander oder einer anderen Vertragspartei offenbaren oder anderweitig mitteilen. Dies gilt auch, sofern die Voraussetzungen eines der in Ziffer 2.3 bestimmten Fälle vorliegen sollten. [**Optional**: Jede Vertragspartei verpflichtet sich hiermit für den Fall eines schuldhaften Verstoßes zur Zahlung einer Vertragsstrafe an die andere Vertragspartei in Höhe von [Betrag] je Verstoß.]

[**Alternativ**: Sofern eine Vertragspartei als Datentreuhänder agiert, kann im Rahmen des Hauptvertrags auf eine solche Regelung verzichtet werden. Etwaige Offenlegungsverbote können im Datentreuhändervertrag aufgenommen werden.]

2.7 [**Optional**: Die Vertragsparteien werden angemessene technische und organisatorische Maßnahmen ergreifen, um das Risiko einer unzulässigen Offenlegung der Daten durch die Vertragsparteien bzw. einer ihrer Mitarbeiter zu minimieren.]

---

48 Zu den Erläuterungen siehe Rz. 12.53 ff.

12.41 **M 12.2 Datentreuhändervertrag – Verhältnis zum Datentreuhänder**

Verhältnis zum Datentreuhänder (Zwei- oder Drei- bzw. Mehrparteienverhältnis)[49]

Präambel[50]

[Beschreibung der Sachverhalts- sowie der Vertragskonstellation, welche den Auftraggeber dazu verpflichtet, die von diesem Treuhandverhältnis betroffenen Informationen seinen Vertragspartnern zu offenbaren sowie gegebenenfalls ihn dazu berechtigt, diese Informationen von seinen Vertragspartnern zu erhalten.]

Zur Erfüllung dieser Auskunftsrechte bzw. -pflichten beauftragen die Vertragsparteien den Datentreuhänder jeweils gesondert zur Verwahrung und gegebenenfalls Offenlegung ihrer jeweiligen Daten.

1. Umfang der Beauftragung[51]

*1.1 Der Datentreuhänder verarbeitet Informationen im Auftrag des Auftraggebers in der Art, dem Umfang und zu dem Zweck wie in **Anlage 1** zu diesem Vertrag spezifiziert; die Verarbeitung betrifft ausschließlich die darin bezeichneten Arten (personenbezogener) Daten und gegebenenfalls Kategorien betroffener Personen („Daten").*

*1.2 Der Datentreuhänder wird die Daten den in **Anlage 2** bezeichneten Vertragsparteien („Empfänger") nach Maßgabe der Regelungen dieses Vertrags offenlegen.*

*1.3 [Für Sachverhalts- und Vertragskonstellationen, in denen der Auftraggeber auch berechtigt ist, entsprechende Informationen über die übrigen Parteien des zugrunde liegenden Hauptvertragsverhältnisses über den Datentreuhänder zu erhalten: Der Datentreuhänder verwahrt die in **Anlage 1** spezifizierten Datenkategorien ebenfalls für und in Bezug auf die Empfänger („Empfänger-Daten"). Der Datentreuhänder wird dem Auftraggeber die Empfänger-Daten nach Maßgabe der Regelungen in diesem Vertrag zur Verfügung stellen.]*

1.4 …

2. Verwahrung und Offenlegung der Daten[52]

2.1 Der Datentreuhänder wird die Daten vertraulich behandeln und vorbehaltlich der Regelung in Ziffer 2.2 insbesondere weder den Empfängern noch Dritten offenbaren oder anderweitig mitteilen.

2.2 Der Datentreuhänder ist lediglich in folgenden Fällen zur Offenbarung der Daten gegenüber den Empfängern berechtigt:

  – [Zwischen den Vertragsparteien abgestimmte Fälle, in denen eine Offenlegung der Daten erfolgen darf]

  – …

  Ein über diese Fälle hinausgehendes Recht auf Offenlegung der Daten besteht nicht und wird, soweit es bestehen sollte, hiermit ausgeschlossen.

2.3 Der Datentreuhänder wird die Offenlegung auf das in jedem Einzelfall erforderliche Maß beschränken; ein über dieses Maß hinausgehendes Recht zur Offenlegung besteht nicht.

2.4 Der Datentreuhänder ist erst zur Offenlegung der Daten berechtigt, wenn das Vorliegen eines der unter Ziffer 2.2 bestimmten Fälle gegenüber dem Datentreuhänder vom jeweils anfragenden Empfänger substantiiert dargelegt und auf Verlangen des Auftraggebers nachgewiesen wurde.

2.5 Jede Offenlegung ist zusammen mit den Belegen und Nachweisen über den jeweiligen in Ziffer 2.2 bestimmten Offenlegungsgrund zu dokumentieren.

---

49 Zu den Erläuterungen siehe Rz. 12.60 ff.
50 Zu den Erläuterungen siehe Rz. 12.65 f.
51 Zu den Erläuterungen siehe Rz. 12.68 ff.
52 Zu den Erläuterungen siehe Rz. 12.72 ff.

2.6 Neben den in Ziffer 2.2 definierten Fällen und wenn die Voraussetzungen eines der in Ziffer 2.2 definierten Fälle vom jeweils anfragenden Empfänger nicht hinreichend dargelegt oder nachgewiesen wurden (dies gilt auch, sofern die Voraussetzungen im Einzelfall vorliegen sollten), wird der Datentreuhänder die Daten unter keinen erdenklichen Umständen, auch nicht auf Anfrage eines Empfängers oder einer seiner Mitarbeiter, einem Empfänger oder Dritten offenbaren oder anderweitig mitteilen. [Optional: Der Datentreuhänder verpflichtet sich hiermit für den Fall eines schuldhaften Verstoßes zur Zahlung einer Vertragsstrafe an den Auftraggeber in Höhe von [Betrag] je Verstoß.]

2.7 Der Datentreuhänder wird die in Anlage 3 bestimmten, technischen und organisatorischen Maßnahmen ergreifen, um das Risiko einer unzulässigen Offenlegung der Daten entgegen den Bestimmungen dieses Vertrags zu minimieren.

3. Auskunftsrecht des Auftraggebers[53]

[Für Sachverhalts- und Vertragskonstellationen, in denen der Auftraggeber auch berechtigt ist, entsprechende Informationen über die übrigen Parteien des zugrunde liegenden Hauptvertragsverhältnisses über den Datentreuhänder zu erhalten:]

3.1 Der Auftraggeber hat in den in Ziffer 2.2 bestimmten Fällen einen Anspruch gegen den Datentreuhänder auf Offenlegung von Empfänger-Daten.

3.2 Der Auftraggeber ist verpflichtet, das Vorliegen eines der unter Ziffer 2.2 bestimmten Fälle gegenüber dem Datentreuhänder substantiiert darzulegen und auf Verlangen nachzuweisen.

3.3 Der Datentreuhänder ist erst zur Offenlegung der Daten verpflichtet, wenn der Auftraggeber der in Ziffer 3.2 bestimmten Darlegungs- sowie gegebenenfalls Beweispflicht nachgekommen ist.

3.4 Der Datentreuhänder wird die Offenlegung in jedem Einzelfall auf das jeweils erforderliche Maß (sowohl im Hinblick auf die Zahl und Relevanz der betroffenen Empfänger sowie den Umfang der offenzulegenden Empfänger-Daten) beschränken; ein über dieses Maß hinausgehender Anspruch des Auftraggebers besteht nicht und wird hiermit ausgeschlossen.

M 12.3 Datentreuhändervertrag – Generelles Offenlegungsverbot 12.42

Generelles Offenlegungsverbot (Zwei- oder Drei- bzw. Mehrparteienverhältnis)[54]

Präambel

[Beschreibung der Sachverhalts- sowie Vertragskonstellation, welche zur Notwendigkeit der treuhänderischen Verwahrung der jeweils betroffenen Informationen durch den Datentreuhänder für den Auftraggeber führt sowie gegebenenfalls, welche Leistungen der Datentreuhänder ferner für den Auftraggeber erbringt.]

1. Umfang der Beauftragung[55]

1.1 Der Datentreuhänder verarbeitet Informationen im Auftrag des Auftraggebers in der Art, dem Umfang und zu dem Zweck wie in Anlage 1 zu diesem Vertrag spezifiziert; die Verarbeitung betrifft ausschließlich die darin bezeichneten Arten (personenbezogener) Daten und gegebenenfalls Kategorien betroffener Personen („Daten").

1.2 [Optional: Beschreibung weiterer vom Datentreuhänder zu erbringender Leistungen, etwa „Verwaltung und Einziehung vom Datentreuhänder an den Auftraggeber abgetretener Forderungen"]

1.3 …

---

53 Zu den Erläuterungen siehe Rz. 12.76 ff.
54 Zu den Erläuterungen siehe Rz. 12.79 ff.
55 Zu den Erläuterungen siehe Rz. 12.83 ff.

2. Pflichten des Datentreuhänders[56]

2.1 *Der Datentreuhänder verpflichtet sich, weder die Daten noch sonstige Informationen, welche eine Identifizierung der in* **Anlage 1** *spezifizierten Betroffenen im datenschutzrechtlichen Sinne gemäß Art. 4 Nr. 1 DSGVO durch den Auftraggeber ermöglichen würde, unter keinen erdenklichen Umständen, auch nicht auf Anfrage des Auftraggebers oder einer seiner Mitarbeiter, an den Auftraggeber herauszugeben oder anderweitig mitzuteilen.*

2.2 *[Falls es sich beim Datentreuhänder um einen Anonymisierungsdienst handelt: Der Datentreuhänder wird die Daten unverzüglich nach Abschluss der vertraglich geschuldeten Verarbeitungsleistungen automatisiert löschen. Falls eine Löschung aufgrund zwingender gesetzlicher Dokumentationspflichten nicht möglich ist, wird der Datentreuhänder die Daten für jegliche andere Verarbeitung sperren.]*

2.3 *Der Datentreuhänder verpflichtet sich hiermit für den Fall eines schuldhaften Verstoßes gegen eine der in Ziffer 2.1 und 2.2 bestimmten Pflichten zur Zahlung einer Vertragsstrafe an den Auftraggeber in Höhe von [Betrag] je Verstoß.]*

2.4 *[**Optional**: Der Datentreuhänder wird den Auftraggeber im Falle eines schuldhaften Verstoßes gegen eine der in Ziffer 2.1 und 2.2 bestimmten Pflichten ferner von jeglichen, durch diese Verletzung entstehenden Schadensersatzansprüchen und Bußgeldern sowie von hierdurch entstehenden erforderlichen Kosten der Rechtsverteidigung auf erstes Anfordern freistellen.]*

2.5 *Der Datentreuhänder wird die in* **Anlage 3** *bestimmten, technischen und organisatorischen Maßnahmen ergreifen, um das Risiko einer unzulässigen Offenlegung der Daten entgegen den Bestimmungen dieses Vertrags zu minimieren.*

II. Erläuterungen

1. Vertragspartei als Datentreuhänder (Zweiparteienverhältnis)/Verhältnis zwischen den Vertragsparteien (Drei- bzw. Mehrparteienverhältnis)

a) Vorbemerkung

12.43 Die Einschaltung eines Datentreuhänders muss zunächst im **Verhältnis zwischen den Parteien des jeweils zugrunde liegenden Hauptvertragsverhältnisses** (aus dem die Pflicht bzw. das Bedürfnis zum Informationsaustausch erwächst) vereinbart werden.

Diesen Zweck erfüllt das vorliegende Muster einer Datentreuhänderklausel. Ersichtlich handelt es sich bei dem Muster nicht um einen vollständigen Vertrag. Das Muster enthält insoweit ausschließlich **Regelungen**, welche für die **Vereinbarung der Datentreuhänderschaft** sowie die **Bestimmung und anschließende Offenbarung der von der Datentreuhänderschaft betroffenen (personenbezogenen) Daten** zwischen den (Haupt-)Vertragsparteien relevant sind. Demgemäß werden die Klauseln in einen (Haupt-)Vertrag eingebettet werden müssen.

12.44 Je nach **Sachverhalts- und Vertragskonstellation** kann dabei entweder eine der **Hauptvertragsparteien die Stellung als Datentreuhänder** der jeweils anderen Hauptvertragspartei einnehmen (Zweiparteienverhältnis) oder der Datenaustausch zwischen den Hauptvertragsparteien ausschließlich durch einen **unabhängigen Datentreuhänder** erfolgen (Drei- oder Mehrparteienverhältnis).

12.45 In der **Ausgangsfassung** behandelt das vorliegende Muster die Vereinbarung im Hinblick auf die Einschaltung eines unabhängigen Datentreuhänders. **Alternativ** erfasst das Muster die Konstellation, dass eine der Hauptvertragsparteien zudem als Datentreuhänder agiert.

---

56 Zu den Erläuterungen siehe Rz. 12.86 ff.

Zu beachten ist, dass in beiden Sachverhalts- bzw. Vertragskonstellation **zusätzlich der (eigentliche)** **Datentreuhändervertrag** mit dem jeweils einschlägigen Datentreuhänder abzuschließen ist[57].   12.46

b) Einigung auf Datenaustausch über einen Datentreuhänder/Bestimmung der offenzulegenden Daten (Ziff. 1)

M 12.1.1 Auskunfts- und Offenlegungspflichten   12.47

1. Auskunfts- und Offenlegungspflichten/Datentreuhänder

1.1 [Bestimmung einer generellen Pflicht zum Informationsaustausch oder einer spezifischen Auskunfts- bzw. Offenlegungspflicht – sei es als vertragliche Leistungs- oder Nebenpflicht – zwischen den Vertragsparteien.]

*[**Alternativ**: Bestimmung einer spezifischen Auskunfts- bzw. Offenlegungspflicht einer der Vertragsparteien.]*

*1.2 Diese Informationen umfassen die in **Anlage 1** zu diesem Vertrag spezifizierten Arten von (personenbezogenen) Daten und gegebenenfalls Kategorien betroffener Personen („Daten").*

1.3 Die Vertragsparteien bestimmen [Name des Datentreuhänders] als unabhängigen Treuhänder der Daten („Datentreuhänder").

*[**Alternativ**: Vertragspartei A agiert als Datentreuhänder (in dieser Funktion nachfolgend als „Datentreuhänder" bezeichnet) und verwahrt die Daten für Vertragspartei B.]*

*1.4 Die Vertragsparteien werden jeweils unverzüglich den Datentreuhändervertrag gemäß **Anlage 2** mit dem Datentreuhänder abschließen und dem Datentreuhänder die Daten zur Verfügung stellen.*

*[**Alternativ**: Zusätzlich zu diesem Vertrag schließen die Vertragsparteien den Datentreuhändervertrag gemäß **Anlage 2** ab.]*

aa) Ratio

Sinn und Zweck der Regelung besteht darin, die Datentreuhand durch eine dritte Partei zwischen den Hauptvertragsparteien verbindlich zu vereinbaren.   12.48

bb) Konkretisierung der betroffenen Daten und der beteiligten Parteien

In Ziff. 1.2 werden die Daten spezifiziert, die der Datentreuhand unterfallen sollen. Eine genaue Festlegung ist zur Vermeidung von Rechtsunsicherheit sinnvoll. In dem Muster wird hierfür auf eine Anlage verwiesen, die die **Datenarten** im Einzelnen bezeichnen sollte. Im Hinblick auf die **Spezifizierung** bietet sich eine Anleihe bei der Vorgehensweise im Rahmen von Auftragsverarbeitungen an[58].   12.49

In Ziff. 1.3 wird festgelegt, wer konkret als Datentreuhänder fungieren soll.   12.50

Ziff. 1.4 schließlich verpflichtet die Vertragsparteien zum Abschluss des Datentreuhändervertrages. Um im Nachgang Unstimmigkeiten über den Inhalt des Datentreuhändervertrages zu vermeiden, ist es sinnvoll, das entsprechende **Vertragsmuster** der Vereinbarung zwischen den Hauptvertragsparteien bereits ausformuliert als Anlage beizufügen, wie in Ziff. 1.4 vorgesehen. In manchen Situationen mag das nicht möglich sein; etwa weil aus Zeitgründen der Datentreuhändervertrag noch nicht vorliegt oder aber der Datentreuhänder selbst bei der Vertragsgestaltung mitbestimmen soll. In solchen Fällen wäre es auch denkbar, dass sich die Vertragsparteien nur auf bestimmte Mindestinhalte des Datentreuhändervertrages verständigen. Diese sollten dann aber hier im Einzelnen ausgeführt werden. Ein Ver-   12.51

---

57 Vgl. nachfolgend unter Rz. 12.60 ff.
58 Siehe hierzu z.B. Teil 2, Rz. 7.50 ff.

weis auf einen „**marktüblichen**" **Vertrag** ist wenig hilfreich, weil sich bisher kaum verlässliche Standards etabliert haben.

c) Voraussetzungen für die Offenlegung von Daten (Ziff. 2)

12.52   **M 12.1.2 Offenlegung von Daten/Voraussetzungen**

2. Offenlegung von Daten/Voraussetzungen

2.1 Die Vertragsparteien vereinbaren, dass eine Offenlegung der Daten ausschließlich nach Maßgabe der Regelungen in Ziffer 1 und 2 dieses Vertrags sowie im Einklang mit dem Datentreuhändervertrag erfolgt; ein darüber hinausgehender Anspruch auf Herausgabe der Daten zwischen den Vertragsparteien besteht nicht und wird, soweit er bestehen sollte, hiermit ausgeschlossen.

2.2 Der Datentreuhänder wird die Daten vertraulich behandeln und sie vorbehaltlich der Regelung in Ziffer 2.3 insbesondere weder den Vertragsparteien noch sonstigen Dritten offenbaren oder anderweitig mitteilen.

[Alternativ: Der Datentreuhänder wird die Daten vertraulich behandeln und sie vorbehaltlich der Regelung in Ziffer 2.3 insbesondere weder Vertragspartei B noch sonstigen Dritten offenbaren oder anderweitig mitteilen.]

2.3 Der Datentreuhänder ist lediglich in folgenden Fällen zur Offenbarung der Daten berechtigt und verpflichtet:

*   – [Bestimmung der Fälle in denen eine Offenlegung der Daten erfolgen darf]*

*   – …*

Abseits dieser Fälle besteht weder ein Recht noch ein Anspruch auf Herausgabe der Daten.

2.4 Der Datentreuhänder wird die Offenlegung in jedem Einzelfall auf das jeweils erforderliche Maß (sowohl im Hinblick auf die Zahl der Betroffenen sowie den Umfang der offenzulegenden Daten) beschränken; ein über dieses Maß hinausgehender Anspruch auf Offenlegung der Daten besteht nicht und wird, soweit er bestehen sollte, hiermit ausgeschlossen.

2.5 Die Vertragsparteien sind [Alternativ: Vertragspartei B ist] verpflichtet, das Vorliegen eines der unter Ziffer 2.3 bestimmten Fälle gegenüber dem Datentreuhänder substantiiert darzulegen und auf Anforderung nachzuweisen. Der Datentreuhänder ist erst zur Offenlegung der Daten berechtigt und verpflichtet, wenn die jeweils anfragende Vertragspartei [Alternativ: Vertragspartei B] dieser Darlegungssowie gegebenenfalls Beweispflicht nachgekommen ist.

2.6 Die Vertragsparteien werden die Daten unter keinen erdenklichen Umständen unter Umgehung des Datentreuhänders, auch nicht auf Anfrage einer anderen Vertragspartei oder einer ihrer Mitarbeiter, vorsätzlich oder fahrlässig einander oder einer anderen Vertragspartei offenbaren oder anderweitig mitteilen. Dies gilt auch, sofern die Voraussetzungen eines der in Ziffer 2.3 bestimmten Fälle vorliegen sollten. [Optional: Jede Vertragspartei verpflichtet sich hiermit für den Fall eines schuldhaften Verstoßes zur Zahlung einer Vertragsstrafe an die andere Vertragspartei in Höhe von [Betrag] je Verstoß.]

[Alternativ: Sofern eine Vertragspartei als Datentreuhänder agiert, kann im Rahmen des Hauptvertrags auf eine solche Regelung verzichtet werden. Etwaige Offenlegungsverbote können im Datentreuhändervertrag aufgenommen werden.]

2.7 [Optional: Die Vertragsparteien werden angemessene technische und organisatorische Maßnahmen ergreifen, um das Risiko einer unzulässigen Offenlegung der Daten durch die Vertragsparteien bzw. einer ihrer Mitarbeiter zu minimieren.]

aa) Ratio

Die Regelung bezweckt maßgeblich die Festlegung derjenigen Fälle, in denen die vom Treuhänder zu verwaltenden Daten offen zu legen sind, und die Bestimmung des einzuhaltenden Verfahrens.

12.53

bb) Generelle Geheimhaltungspflicht und Fallgruppen für Offenlegung

In Ziff. 2.1–2.4 finden sich detaillierte Regelungen über die Geheimhaltung und Offenbarung der treuhänderisch zu verwaltenden Daten. Es ist vorgesehen, dass die Daten nur in abschließend durch die Parteien bestimmten Fällen herausgegeben werden, und die Daten jeweils auch auf das zur Zweckerreichung notwendige Minimum zu begrenzen sind (Ziff. 2.4). So kann gezielt gesteuert werden, wer wann und zu welchen Zwecken Kenntnis von den Daten erhält.

12.54

In Ziff. 2.1 werden deshalb auch ausdrücklich etwaige **weitergehende** (gesetzliche) **Ansprüche** auf eine Herausgabe der Daten zwischen den Parteien **ausgeschlossen**. Wie bereits einleitend erwähnt, könnten solche Ansprüche – je nach abzudeckender Fallkonstellation – z.B. aus einer Zession nach § 402 BGB (siehe oben Rz. 12.18) erwachsen.

12.55

Ziff. 2.5 enthält eine übliche **Verfahrensregelung**, die die Einhaltung der Weitergabebeschränkung prozedural absichern soll, indem ein Beleg und im Zweifelsfall ein Nachweis für das Vorliegen eines Herausgabefalles vereinbart wird. Die **Darlegungs- und Beweislast** für das Vorliegen der Herausgabevoraussetzungen wird der herausverlangenden Partei aufgebürdet.

12.56

Ziff. 2.6 normiert ein **Umgehungsverbot**, kraft dessen eine anderweitige Weitergabe der Daten unter Umgehung des Treuhänders explizit ausgeschlossen wird.

12.57

Um den Weitergabebeschränkungen Nachdruck zu verleihen, ist in Ziff. 2.7 eine **Vertragsstrafenregelung** vorgesehen. Eine solche Regelung ist vor allem dann dringend anzuraten, wenn über die Datentreuhand eine **Anonymität** bestimmter ansonsten personenbezogener Daten abgesichert werden soll (siehe oben Rz. 12.36 ff.). In der Praxis kommt dies z.B. vor, wenn eine personenbeziehbare ID durch Verhashung/Verschlüsselung umgewandelt wird, und nur eine Partei (z.B. auch der Datentreuhänder) eine Zuordnung zur Ursprungs-ID vornehmen kann. Um mit hinreichender Sicherheit davon ausgehen zu können, dass es sich bei der neuen ID also um ein für die anderen Beteiligten anonymes Datum handelt, ist mindestens vorauszusetzen, dass eine Zuordnung der ID zu dem Pseudonym durch technische, organisatorische und rechtliche Mittel möglichst ausgeschlossen wird. Hierzu gehört vor allem auch die vertragliche Absicherung gegen die Herausgabe der Klar-Daten bzw. durch eine wirksame **Vertragsstrafe**[59].

12.58

Optional können zusätzlich weitere **technische und organisatorische Maßnahmen** zwischen den Parteien verabredet werden, um die Verwendungsbeschränkung bzgl. der Daten abzusichern (Ziff. 2.7). Soweit es sich hierbei wiederum um personenbezogene Daten handelt, ergibt sich für die Verantwortlichen eine gesetzliche Pflicht zur Ergreifung solcher Maßnahmen ohnehin aus Art. 24 Abs. 1 bzw. Art. 32 DSGVO. Mit der Festschreibung konkreter Maßnahmen in dem Vertrag können die Vertragsparteien zugleich ihrer **Rechenschaftspflicht** aus Art. 5 Abs. 1, Art. 24 Abs. 1 DSGVO bzgl. der Einhaltung dieser Anforderungen nachkommen.

12.59

2. Verhältnis zum Datentreuhänder (Zwei- oder Drei- bzw. Mehrparteienverhältnis)

a) Vorbemerkung

Zusätzlich zur Vereinbarung zwischen den (Haupt-)Vertragsparteien über die Einschaltung eines Datentreuhänders muss ferner **das eigentliche Datentreuhänderverhältnis** vertraglich abgebildet werden.

12.60

---

59 Siehe hierzu im Einzelnen die Erläuterungen in Teil 3, Rz. 15.83 ff.

12.61 Diesen Zweck erfüllt die nachstehende Musterklausel, bei der es sich ersichtlich nicht um einen vollständigen Vertrag handelt. Das Muster enthält insoweit ausschließlich Regelungen, welche für die Vereinbarung der Datentreuhänderschaft sowie die Bestimmung und anschließende Offenbarung der von der Datentreuhänderschaft betroffenen (personenbezogenen) Daten **im Verhältnis zum Datentreuhänder** relevant sind. Da der Datentreuhändervertrag im Wesentlichen einem **Auftragsverarbeitungsvertrag i.S.d. Art. 28 DSGVO** entspricht, müssen die Klauseln dieses Musters entsprechend in einen solchen Vertrag[60] inkorporiert werden, um die **Besonderheiten der Treuhänderstellung** des Auftragnehmers zu berücksichtigen und vertraglich – je nach einschlägiger Konstellation – entsprechend abzubilden.

12.62 Die **Parteien des Datentreuhändervertrags** bestimmen sich je nachdem, ob eine der **Hauptvertragsparteien die Stellung als Datentreuhänder einnimmt** oder der Datenaustausch zwischen den Hauptvertragsparteien durch einen **unabhängigen Datentreuhänder** erfolgt. Im ersten Fall muss der Datentreuhändervertrag zwischen den Parteien des jeweiligen Hauptvertrags (zusätzlich) abgeschlossen werden. Im Falle eines unabhängigen, dritten Datentreuhänders ist folgendes Vertragsgeflecht vorzusehen: **Soweit beide Vertragsparteien** wechselseitig verpflichtet sind, einander **personenbezogene Daten zu offenbaren**, müssen auch beide Parteien jeweils einen (den Anforderungen von Art. 28 DSGVO entsprechenden) Datentreuhändervertrag mit dem Datentreuhänder schließen. Im Falle eines lediglich **unidirektionalen Datenflusses** gilt dies lediglich für das Verhältnis zwischen Datentreuhänder und der offenlegenden Vertragspartei. Zwischen Datentreuhänder und der empfangenden Vertragspartei genügt hingehen die vertragliche Festlegung des Auskunftsanspruchs; gesonderte datenschutzrechtliche Vorgaben an dieses Vertragsverhältnis bestehen darüber hinaus nicht.

12.63 Im nachfolgenden Muster werden der Datentreuhänder (unabhängig davon, ob als unabhängiger Dritter oder als Partei des zugrunde liegenden Hauptvertragsverhältnisses) als „Datentreuhänder" und die jeweils Daten offenlegende (und gegebenenfalls auch Daten erhaltende) Vertragspartei als „Auftraggeber" bezeichnet.

b) Präambel

12.64 **M 12.2.1 Präambel**

Präambel

[Beschreibung der Sachverhalts- sowie der Vertragskonstellation, welche den Auftraggeber dazu verpflichtet, die von diesem Treuhandverhältnis betroffenen Informationen seinen Vertragspartnern zu offenbaren sowie gegebenenfalls ihn dazu berechtigt, diese Informationen von seinen Vertragspartnern zu erhalten.]

Zur Erfüllung dieser Auskunftsrechte bzw. -pflichten beauftragen die Vertragsparteien den Datentreuhänder jeweils gesondert zur Verwahrung und gegebenenfalls Offenlegung ihrer jeweiligen Daten.

aa) Ratio

12.65 Die Präambel sollte genutzt werden, um die **Ziele der Vertragsparteien** und die **Hintergründe der Datentreuhand** darzustellen.

bb) Beweggründe für die Datentreuhand

12.66 In der Präambel sind die konkreten Ziele und Beweggründe für die **Datentreuhand** darzustellen. Wie bereits erläutert, kann die Datentreuhand aus mannigfachen Motiven und zur Bewältigung unterschiedlichster rechtlicher Herausforderungen eingegangen werden (siehe oben Rz. 12.1 ff. und

---

60 Siehe hierzu die Muster in Teil 2, §§ 7–9.

Rz. 12.14 ff.). Eine **pauschale Vorformulierung** für alle denkbaren Einsatzszenarien ist im Rahmen dieses Musters folglich nicht möglich. Wegen des Drittbezugs sollte die Darstellung der Motive hier nicht zu knapp ausfallen, damit auch der Datentreuhänder die Konstellation kennt und seine vertraglichen Pflichten im Lichte der **gesetzlichen Rahmenbedingungen** ausgelegt werden können.

c) Umfang der Beauftragung (Ziff. 1)

M 12.2.2 Umfang der Beauftragung   12.67

1. Umfang der Beauftragung

*1.1 Der Datentreuhänder verarbeitet Informationen im Auftrag des Auftraggebers in der Art, dem Umfang und zu dem Zweck wie in **Anlage 1** zu diesem Vertrag spezifiziert; die Verarbeitung betrifft ausschließlich die darin bezeichneten Arten (personenbezogener) Daten und gegebenenfalls Kategorien betroffener Personen („Daten").*

*1.2 Der Datentreuhänder wird die Daten den in **Anlage 2** bezeichneten Vertragsparteien („Empfänger") nach Maßgabe der Regelungen dieses Vertrags offenlegen.*

*1.3 [Für Sachverhalts- und Vertragskonstellationen, in denen der Auftraggeber auch berechtigt ist, entsprechende Informationen über die übrigen Parteien des zugrunde liegenden Hauptvertragsverhältnisses über den Datentreuhänder zu erhalten: Der Datentreuhänder verwahrt die in **Anlage 1** spezifizierten Datenkategorien ebenfalls für und in Bezug auf die Empfänger („Empfänger-Daten"). Der Datentreuhänder wird dem Auftraggeber die Empfänger-Daten nach Maßgabe der Regelungen in diesem Vertrag zur Verfügung stellen.]*

1.4 …

aa) Ratio

Sinn und Zweck der Regelungen in Ziff. 1 besteht darin, den **Gegenstand der Datentreuhand** zu de-   12.68
finieren.

bb) Gegenstand der Datentreuhand

In Ziff. 1.1 finden sich Spezifizierungen dazu, welche Daten der Treuhand unterfallen. Die Regelung   12.69
entspricht der üblichen Gestaltung für Auftragsverarbeitungsverträge[61] und erwähnt alle Angaben, die
zur **Konkretisierung einer Auftragsverarbeitung** nach Art. 28 Abs. 3 Satz 1 DSGVO notwendig sind.

In Ziff. 1.2 werden die durch die Datentreuhand **Begünstigten** spezifiziert.   12.70

d) Verwahrung und Offenlegung von Daten (Ziff. 2)

M 12.2.3 Verwahrung und Offenlegung von Daten   12.71

2. Verwahrung und Offenlegung der Daten

2.1 Der Datentreuhänder wird die Daten vertraulich behandeln und vorbehaltlich der Regelung in Ziffer 2.2 insbesondere weder den Empfängern noch Dritten offenbaren oder anderweitig mitteilen.

2.2 Der Datentreuhänder ist lediglich in folgenden Fällen zur Offenbarung der Daten gegenüber den Empfängern berechtigt:

---

61 Siehe Teil 2, Rz. 7.50 ff.

– [Zwischen den Vertragsparteien abgestimmte Fälle, in denen eine Offenlegung der Daten erfolgen darf]

– …

Ein über diese Fälle hinausgehendes Recht auf Offenlegung der Daten besteht nicht und wird, soweit es bestehen sollte, hiermit ausgeschlossen.

2.3 Der Datentreuhänder wird die Offenlegung auf das in jedem Einzelfall erforderliche Maß beschränken; ein über dieses Maß hinausgehendes Recht zur Offenlegung besteht nicht.

2.4 Der Datentreuhänder ist erst zur Offenlegung der Daten berechtigt, wenn das Vorliegen eines der unter Ziffer 2.2 bestimmten Fälle gegenüber dem Datentreuhänder vom jeweils anfragenden Empfänger substantiiert dargelegt und auf Verlangen des Auftraggebers nachgewiesen wurde.

2.5 Jede Offenlegung ist zusammen mit den Belegen und Nachweisen über den jeweiligen in Ziffer 2.2 bestimmten Offenlegungsgrund zu dokumentieren.

2.6 Neben den in Ziffer 2.2 definierten Fällen und wenn die Voraussetzungen eines der in Ziffer 2.2 definierten Fälle vom jeweils anfragenden Empfänger nicht hinreichend dargelegt oder nachgewiesen wurden (dies gilt auch, sofern die Voraussetzungen im Einzelfall vorliegen sollten), wird der Datentreuhänder die Daten unter keinen erdenklichen Umständen, auch nicht auf Anfrage eines Empfängers oder einer seiner Mitarbeiter einem Empfänger oder Dritten offenbaren oder anderweitig mitteilen. [Optional: Der Datentreuhänder verpflichtet sich hiermit für den Fall eines schuldhaften Verstoßes zur Zahlung einer Vertragsstrafe an den Auftraggeber in Höhe von [Betrag] je Verstoß.]

2.7 Der Datentreuhänder wird die in **Anlage 3** bestimmten, technischen und organisatorischen Maßnahmen ergreifen, um das Risiko einer unzulässigen Offenlegung der Daten entgegen den Bestimmungen dieses Vertrags zu minimieren.

aa) Ratio

12.72 Sinn und Zweck der Ziff. 2 besteht darin – analog zu der entsprechenden Vereinbarung zwischen den Auftraggebern –, die Fälle festzulegen, in denen der Treuhänder die von ihm verwalteten Daten offen zu legen hat, und Regelungen zu dem hierbei einzuhaltenden Verfahren zu treffen.

bb) Generelle Geheimhaltungspflicht und Fallgruppen für Offenlegung

12.73 Die Regelungen in Ziff. 2 geben grundsätzlich spiegelbildlich wieder, was die Parteien des Hauptvertrages bezüglich der Verwahrung und Offenlegung der Daten durch den Treuhänder verabredet haben (siehe oben Rz. 12.54). Insoweit wird auf die dortigen Erläuterungen verwiesen.

12.74 Ziff. 2.5 verpflichtet den Treuhänder, etwaige Datenherausgaben nebst Begründung und ggf. Nachweisen zu dokumentieren. Ein gesetzlicher Aufhänger für diese Pflicht findet sich – sofern personenbezogene Daten betroffen sind – in Art. 28 Abs. 3 Satz 2 lit. a DSGVO. Man mag die Herausgaben als die Ausführung von Einzelweisungen ansehen, die dementsprechend zu dokumentieren sind. Weil der gesetzlichen Regelung nicht zweifelsfrei zu entnehmen ist, von wem diese Dokumentationspflicht zu erfüllen ist, macht eine vertragliche Regelung Sinn[62]. Die Pflicht zur **Dokumentierung erteilter Datenherausgaben** wird hier demnach dem Treuhänder zugeteilt.

---

62 *Moos* in Moos/Schefzig/Arning, Kap. 7 Rz. 24; zum verpflichtenden Vertragsinhalt eines Auftragsverarbeitungsvertrages zählen die Dokumentationspflicht sogar: *Martini* in Paal/Pauly, Art. 28 DSGVO Rz. 39.

e) Auskunftsrecht des Auftraggebers (Ziff. 3)

M 12.2.4 Auskunftsrecht des Auftraggebers

12.75

3. Auskunftsrecht des Auftraggebers

[Für Sachverhalts- und Vertragskonstellationen, in denen der Auftraggeber auch berechtigt ist, entsprechende Informationen über die übrigen Parteien des zugrunde liegenden Hauptvertragsverhältnisses über den Datentreuhänder zu erhalten:]

3.1 Der Auftraggeber hat in den in Ziffer 2.2 bestimmten Fällen einen Anspruch gegen den Datentreuhänder auf Offenlegung von Empfänger-Daten.

3.2 Der Auftraggeber ist verpflichtet, das Vorliegen eines der unter Ziffer 2.2 bestimmten Fälle gegenüber dem Datentreuhänder substantiiert darzulegen und auf Verlangen nachzuweisen.

3.3 Der Datentreuhänder ist erst zur Offenlegung der Daten verpflichtet, wenn der Auftraggeber der in Ziffer 3.2 bestimmten Darlegungs- sowie gegebenenfalls Beweispflicht nachgekommen ist.

3.4 Der Datentreuhänder wird die Offenlegung in jedem Einzelfall auf das jeweils erforderliche Maß (sowohl im Hinblick auf die Zahl und Relevanz der betroffenen Empfänger sowie den Umfang der offenzulegenden Empfänger-Daten) beschränken; ein über dieses Maß hinausgehender Anspruch des Auftraggebers besteht nicht und wird hiermit ausgeschlossen.

aa) Ratio

Die Klausel definiert die Herausgabeansprüche des Auftraggebers für Konstellationen, in denen er auch berechtigt sein soll, Informationen über die übrigen Parteien des zugrunde liegenden Hauptvertragsverhältnisses von dem Datentreuhänder zu erhalten. 12.76

bb) Offenlegung von Daten

Inhaltlich orientiert sich die Regelung an Ziff. 2.1–2.5 des Datentreuhandvertrags; auf die dortigen Erläuterungen wird verwiesen (siehe oben Rz. 12.73 ff.). 12.77

In rechtlicher Hinsicht begrenzt die Regelung, allen voran Ziff. 3.3, das ansonsten umfassende Weisungsrecht des Auftraggebers, welches ihm gesetzlich aus seiner Position als Verantwortlicher nach Art. 29 DSGVO zukommt[63]. Es besteht zwar nach wie vor kein fundiertes und eindeutiges Meinungsbild dazu, ob der **Umfang des Weisungsrechts** nach Art. 28, 29 DSGVO einer vertraglichen Ausgestaltung zugänglich ist[64]. In der hier vorliegenden Fallkonstruktion einer Datentreuhand ist es aber zwingend notwendig, die Einwirkungsbefugnisse des Auftraggebers durch Einzelweisungen zu begrenzen, sollen nicht die vertraglichen Verarbeitungsrestriktionen konterkariert werden. 12.78

3. Generelles Offenlegungsverbot (Zwei- oder Drei- bzw. Mehrparteienverhältnis)

a) Vorbemerkung

In gewissen Sachverhalts- und Vertragskonstellation kann ferner ein **generelles Offenlegungsverbot bestimmter Daten** zwischen den Parteien gewünscht bzw. erforderlich sein; etwa bei der Einschaltung von **Anonymisierungsdiensten** oder wenn gewisse **Daten einer Geheimhaltungspflicht, etwa dem Bankengeheimnis, unterliegen.** Eine solche Gemengelage kann sich dabei in Zwei- oder Drei- bzw. Mehrparteienverhältnissen ergeben. 12.79

---

63 *Spoerr* in BeckOK DatenschutzR, Art. 29 DSGVO Vorb.
64 Dafür: *Spoerr* in BeckOK DatenschutzR, Art. 29 DSGVO Rz. 1.

12.80 Dieser Verwendung dient das nachstehende Muster einer **Datentreuhänderklausel mit generellem Offenlegungsverbot**. Auch hierbei handelt es sich nicht um einen vollständigen Vertrag. Das Muster enthält ausschließlich Regelungen, welche für die Vereinbarung des generellen Offenlegungsverbots relevant sind; die Klauseln müssen daher in einen den **Anforderungen von Art. 28 DSGVO** entsprechenden Auftragsverarbeitungsvertrag eingebettet werden. In diesem oder einem gesonderten Vertrag ist darüber hinaus **die vom jeweiligen Datentreuhänder zu erbringende Hauptleistungspflicht** zu bestimmen, etwa die Verwaltung und Einziehung vom Auftraggeber erworbener Forderungen oder die Anonymisierung eines personenbezogenen Datensatzes.

12.81 Bezüglich der Parteien eines solchen Vertrags bzw. des erforderlichen Vertragsgeflechts gelten die **Erläuterungen zum Vertragsmuster M 12.2** (Rz. 12.60 ff.) entsprechend.

b) Umfang der Beauftragung (Ziff. 1)

12.82 **M 12.3.1 Umfang der Beauftragung**

1. Umfang der Beauftragung

*1.1 Der Datentreuhänder verarbeitet Informationen im Auftrag des Auftraggebers in der Art, dem Umfang und zu dem Zweck wie in **Anlage 1** zu diesem Vertrag spezifiziert; die Verarbeitung betrifft ausschließlich die darin bezeichneten Arten (personenbezogener) Daten und gegebenenfalls Kategorien betroffener Personen („Daten").*

*1.2 [**Optional:** Beschreibung weiterer vom Datentreuhänder zu erbringender Leistungen, etwa „Verwaltung und Einziehung vom Datentreuhänder an den Auftraggeber abgetretener Forderungen"]*

1.3 …

aa) Ratio

12.83 Die Ratio entspricht derjenigen von Ziff. 1 des vorherigen Musters; auf die dortigen Erläuterungen wird verwiesen (siehe oben Rz. 12.68).

bb) Bestimmung des Vertragsgegenstands

12.84 Auch inhaltlich entspricht die Regelung der Ziff. 1 des vorherigen Muster, so dass auch insoweit auf die dortigen Erläuterungen Bezug genommen wird (siehe oben Rz. 12.69 ff.).

c) Pflichten des Datentreuhänders (Ziff. 2)

12.85 **M 12.3.2 Pflichten des Datentreuhänders**

2. Pflichten des Datentreuhänders

*2.1 Der Datentreuhänder verpflichtet sich, weder die Daten noch sonstige Informationen, welche eine Identifizierung der in **Anlage 1** spezifizierten Betroffenen im datenschutzrechtlichen Sinne gemäß Art. 4 Nr. 1 DSGVO durch den Auftraggeber ermöglichen würde, unter keinen erdenklichen Umständen, auch nicht auf Anfrage des Auftraggebers oder einer seiner Mitarbeiter, an den Auftraggeber herauszugeben oder anderweitig mitzuteilen.*

2.2 [Falls es sich beim Datentreuhänder um einen Anonymisierungsdienst handelt: Der Datentreuhänder wird die Daten unverzüglich nach Abschluss der vertraglich geschuldeten Verarbeitungsleistungen automatisiert löschen. Falls eine Löschung aufgrund zwingender gesetzlicher Dokumentationspflichten nicht möglich ist, wird der Datentreuhänder die Daten für jegliche andere Verarbeitung sperren.]

2.3 Der Datentreuhänder verpflichtet sich hiermit für den Fall eines schuldhaften Verstoßes gegen eine der in Ziffer 2.1 und 2.2 bestimmten Pflichten zur Zahlung einer Vertragsstrafe an den Auftraggeber in Höhe von [Betrag] je Verstoß.]

2.4 [Optional: Der Datentreuhänder wird den Auftraggeber im Falle eines schuldhaften Verstoßes gegen eine der in Ziffer 2.1 und 2.2 bestimmten Pflichten ferner von jeglichen, durch diese Verletzung entstehenden Schadensersatzansprüchen und Bußgeldern sowie von hierdurch entstehenden erforderlichen Kosten der Rechtsverteidigung auf erstes Anfordern freistellen.]

*2.5 Der Datentreuhänder wird die in **Anlage 3** bestimmten, technischen und organisatorischen Maßnahmen ergreifen, um das Risiko einer unzulässigen Offenlegung der Daten entgegen den Bestimmungen dieses Vertrags zu minimieren.*

aa) Ratio

Die Regelung dient dem Zweck, eine Herausgabe/Offenlegung bestimmter Daten durch den Treuhänder gegenüber Dritten und dem Auftraggeber selbst auszuschließen. Sie dient vor allem dazu, eine Anonymisierung bestimmter Daten dadurch abzusichern, dass Zusatzwissen des Datentreuhänders „unter Verschluss" bleibt und dem Auftraggeber oder dem Dritten deshalb nicht zugerechnet werden muss.   12.86

bb) Geheimhaltung durch den Datentreuhänder

Vor diesem Hintergrund ist vertraglich besonderes Augenmerk darauf zu legen, entsprechende **Mittel auszuschließen**, um eine **Zurechnung etwaigen Zusatzwissens** so weit wie möglich zu **verhindern**. Dem Treuhänder wird deshalb in Ziff. 2.1 unter jeglichen erdenklichen Umständen untersagt, die treuhänderisch verwalteten Daten selbst oder etwaiges Zusatzwissen an den Auftraggeber oder den jeweiligen Dritten herauszugeben.   12.87

Hierdurch soll ausgeschlossen werden, dass der Auftraggeber über rechtliche Mittel verfügt, um die zur Identifizierung der betroffenen Personen notwendigen Daten heraus zu verlangen. Der EuGH stellt in diesem Zusammenhang auf die der verarbeitenden Stelle zur Verfügung stehenden „rechtlichen Mittel" ab[65]. Mögliche rechtliche Mittel können eben auch in **Herausgabeansprüchen als Auftraggeber** einer Auftragsverarbeitung bestehen (vgl. Art. 28 Abs. 3 lit. g DSGVO). Zur Abdingbarkeit der **Weisungsrechte** gilt das oben Gesagte (siehe oben Rz. 12.78).   12.88

Es sollte zudem versucht werden, die Entstehung entsprechenden **Zusatzwissens** bereits initial zu unterbinden. Demgemäß wird der Anonymisierungsdienstleister in Ziff. 2.2 vertraglich verpflichtet, die vom Auftraggeber erhaltenen personenbezogenen Daten unmittelbar nach deren Anonymisierung (wenn möglich automatisiert) zu löschen.   12.89

Sofern der Dienstleister verpflichtet sein sollte, die Daten in Klarform (etwa aus zwingenden Dokumentationsgründen) vorzuhalten und demnach an der Löschung gehindert ist, ist er jedenfalls vertraglich anzuhalten, die Daten in Klarform entsprechend für eine weitergehende Verwendung zu **sperren** (Ziff. 2.2).   12.90

Etwaige Verstöße sollten hier jedenfalls mit einer **Vertragsstrafe** versehen werden (Ziff. 2.3), um das Risiko einer Offenlegung des Zusatzwissens weiter zu minimieren[66].   12.91

---

65 EuGH v. 19.10.2016 – C-582/14, MMR 2016, 842 (843, 845 f.) m. Anm. *Moos/Rothkegel*.

66 So auch zur alten Rechtslage unter dem BDSG in der Fassung der Bekanntmachung vom 14.1.2003: *Dammann* in Simitis, § 3 BDSG Rz. 31.

12.92 Die optionale Regelung in Ziff. 2.4 legt wiederum **technische und organisatorische Maßnahmen** fest, die der Treuhänder zu ergreifen hat, um eine Offenlegung der Daten zu verhindern. Soweit es sich hierbei wiederum um personenbezogene Daten handelt, wird hiermit die Verpflichtung aus Art. 28 Abs. 3 Satz 2 lit. c DSGVO umgesetzt. Hierbei kann es sich auch um allgemeine **technische Anonymisierungsmaßnahmen** handeln[67].

---

67 Siehe hierzu die Beispiele in *Art. 29-Datenschutzgruppe*, Stellungnahme 5/2014 zu Anonymisierungstechniken, 10.4.2014, WP 216, S. 11 ff.; *Jäschke* et al., Für immer anonym, S. 23 ff.; *PDPC*, Guide to Basic Data Anonymisation Techniques.

Teil 3
Datennutzungsverträge

§ 13
Auskunfteivertrag

Literatur: *Chrocziel*, Datenschutzrechtliche Pflichten nach dem Geldwäschegesetz, ZD 2013, 170 ff.; *Früh*, Die Regelung des § 18 KWG, WM 2002, 1813; *Krüger/Wiencke/Koch*, Der Datenpool als Geschäftsgeheimnis, GRUR 2020, 578 ff.; *v. Lewinski/Pohl*, Auskunfteien nach der europäischen Datenschutzreform, ZD 2018, 17 ff.; *Ohly*, Das neue Geschäftsgeheimnisgesetz im Überblick, GRUR 2019, 441 ff.; *Plath*, DSGVO/BDSG, Kommentar, 2. Aufl. 2016.

A. Einleitung

Sucht man nach einem Auskunfteivertrag, so fällt auf, dass schon der Begriff „Auskunfteivertrag" eine Begriffsvermischung darstellt. Der Begriff „Auskunftei" beschreibt nämlich eine Branche. Der **Begriff der Auskunftei** wurde nach der bisherigen Rechtslage durch die BDSG-Novelle I im Jahre 2009/2010 weitestgehend bestimmt[1] und mit der Neufassung des § 31 BDSG fortgeführt[2]. Vertragstypologisch ist damit noch nichts ausgesagt. Andererseits ist die vertragstypologische Einordnung auch nur von untergeordneter praktischer Bedeutung, da sich das Konfliktpotential zwischen Auskunftei und dem Datenempfänger letztlich auf die Folgen bei fehlerhafter Auskunftserteilung beschränkt[3]. Mit dem Begriff „Auskunfteivertrag" wird gleichzeitig insinuiert, dass die gesamte Branche der Auskunfteien mehr oder

13.1

---

1 S. hierzu *Kamlah* in Plath, § 28a BDSG a.F. Rz. 1, 7 f. [Altauflage].
2 S. BT-Drucks. 18/11325, 101 f.
3 S. unten M 13.1.17 „Haftung", Rz. 13.57 ff.

weniger nur einen Vertrag nutzt. Die Branche der Auskunfteien ist zwar klein und besteht im Grunde nur aus wenigen wesentlichen Playern, doch können deren vertragliche Verpflichtungen höchst unterschiedlich sein. Das liegt zum einen an den unterschiedlichen Informationsinhalten, die durch Auskunfteien vermittelt werden können[4], zum anderen aber an der Ernsthaftigkeit, wie die jeweilige Auskunftei die bisherigen bestehenden gesetzlichen Bindungen, insbesondere des BDSG a.F., in das Vertragswerk übersetzt. Nach der bis Rechtslage bis zum 24.5.2018 wurde das Auskunfteiverfahren maßgeblich durch die auskunfteispezifischen Bestimmungen des BDSG a.F., insbesondere durch die Vorschriften der §§ 28a und b, § 29 und § 34 BDSG a.F., geprägt. Die sich aus diesen Bestimmungen ergebenden Zweifelsfragen konnten durch die Rechtsprechung zu einem ganz überwiegenden Teil geklärt werden[5]. Durch die Verordnung (EU) 2016/679 – Datenschutzgrundverordnung (DSGVO) – sind diese Bestimmungen aufgrund des Anwendungsvorranges der DSGVO entfallen. Der Rechtsrahmen für die Tätigkeit von Auskunfteien bestimmt sich nun nach den generalklauselartigen Bestimmungen der DSGVO, insbesondere des Art. 6 Abs. 1 lit. f. Der nationale Gesetzgeber hat die Offenheit der DSGVO erkannt und mit dem § 31 BDSG eine Bestimmung des wirtschaftlichen Verbraucherschutzes geschaffen. Er schreibt mit dem § 31 BDSG insoweit die Wertungen der §§ 28a und 28b BDSG a.F. und die sich hieraus durch die Rechtsprechung erarbeiteten Grundsätze fort, so dass Auskunfteiverfahren nach den Bestimmungen der DSGVO unter Berücksichtigung der Wertung des BDSG weiter zulässig bleiben. Die nachfolgende Darstellung beschreibt die Bestimmungen, die sich bei den seriösen und im **Verband der Handelsauskunfteien** organisierten Auskunfteien[6] in ähnlicher Weise wiederfinden.

B. Auskunfteivertrag

I. Muster

13.2 **M 13.1 Auskunfteivertrag**

Auskunfteivertrag[7]

zwischen der

Auskunftei …

und dem

Datenempfänger …

Präambel[8]

Die Auskunftei ist …. Grundlage hierfür ist ein Datenbestand mit ….

Der Datenempfänger möchte auf Grundlage der nachfolgenden Regelungen von der Auskunftei … beziehen.

Vor diesem Hintergrund vereinbaren die Parteien was folgt:

---

4 S. hierzu M 13.1.3 „Vertragsgegenstand", Rz. 13.8 ff.
5 S. insbesondere die Kommentierung zu § 31 BDSG bei *Kamlah* in Plath, DSGVO/BDSG, 3. Aufl. 2018.
6 Dies sind derzeit die SCHUFA Holding AG, Verband der Vereine Creditreform e.V., CRIF Bürgel GmbH, Creditreform Boniversum GmbH, Bisnode Deutschland GmbH, IHD Kreditschutzverein e.V.
7 Zu den Erläuterungen siehe Rz. 13.5.
8 Zu den Erläuterungen siehe Rz. 13.7.

1. Vertragsgegenstand (evtl. ergänzend noch „Verfahren")[9]

1.1 Gegenstand dieses Vertrags ist. …. Der Datenempfänger benötigt diese zum Zwecke …. Hierfür wird die Auskunftei ….

1.2 Einzelheiten des Verfahrens ergeben sich aus **Anlage 1** (Verfahrensbeschreibung) zu diesem Vertrag.

1.3 Die Anfragen erfolgen gemäß dem in Ziffer 8 gewählten Kommunikationsverfahren.

2. Grundlagen der Zusammenarbeit; Datenschutz[10]

2.1 Datenbestand der Auskunftei

Die Auskunftei speichert Daten über natürliche Personen, die von Datenempfängern gemeldet oder aus allgemein zugänglichen Quellen und amtlichen Bekanntmachungen entnommen bzw. von sonstigen Informationsdienstleistern bezogen wurden; ggf. werden auch Hinweise von betroffenen Personen zur eigenen Person gespeichert.

Zu minderjährigen betroffenen Personen speichert die Auskunftei nur eingeschränkt Informationen.

Die Auskunftei speichert auch Daten zu betroffenen Personen mit Wohnsitz im Ausland. Auskünfte zu diesen betroffenen Personen erfolgen unter dem Vorbehalt, dass Informationen von ausländischen Kreditgebern in der Auskunftei-Auskunft nur ausnahmsweise enthalten sind.

Die Auskunftei arbeitet mit anderen europäischen Kreditschutzorganisationen zusammen. Anfragen bei Kreditschutzorganisationen im Ausland sind gesondert in Auftrag zu geben.

2.2 Datenschutz

Es obliegt dem Datenempfänger, datenschutzrechtliche Unterrichtungs- und Informationspflichten einzuhalten und sich von außerhalb der der Verordnung EU 2016/679 (Datenschutz-Grundverordnung, nachfolgend „DSGVO" genannt) geregelten gesetzlichen oder vertraglichen Geheimhaltungspflichten befreien zu lassen.

Der Datenempfänger hat die betroffene Person, über die er Daten an die Auskunftei übermittelt, im Rahmen der Durchführung vorvertraglicher Maßnahmen, die auf Antrag der betroffenen Person erfolgen, unter Verwendung des Hinweises (siehe **Anlage 2**) nebst der ergänzenden Auskunftei-Information (siehe **Anlage 2**) zu informieren. Der Datenempfänger ist verpflichtet, die erfolgte Informationserteilung für die jeweilige betroffene Person in jedem Einzelfall zu dokumentieren und der Auskunftei auf Verlangen einen Nachweis hierüber zur Verfügung zu stellen.

Mit Erteilung von Informationen an den Datenempfänger wird dieser Verantwortlicher i.S.d. DSGVO.

Der Datenempfänger verpflichtet sich, insbesondere im Hinblick auf die aufgrund dieser Verträge erlangten und offenbarten Informationen, die notwendigen technischen und organisatorischen Maßnahmen i.S.v. Art. 32 DSGVO einzuhalten. Er verpflichtet sich, in geeigneter Weise Vorkehrungen zum Schutze und zur Sicherung der ihm anvertrauten und übermittelten Daten sowie der im Rahmen der (vor-)vertraglichen Beziehungen sonstigen übergebenen Dokumente gegen den unbefugten Zugriff der eigenen Mitarbeiter und Dritter zu treffen, und zwar in dem Maße, wie es auch zum Schutz der eigenen Daten üblich ist. Sofern eine der Vertraulichkeit unterliegende Information nicht den Anforderungen eines Geschäftsgeheimnisses im Sinne des Geschäftsgeheimnisgesetzes genügt, unterfällt diese Information dennoch den Vertraulichkeitsverpflichtungen dieser Ziffer.

So sind vor allem die ihm von der Auskunftei zugeteilten Kennziffern und vereinbarten Passwörter vertraulich zu behandeln und sicherzustellen, dass ein Missbrauch und damit ein unbefugtes Abrufen von Auskunftei-Daten ausgeschlossen ist. Sofern dem Datenempfänger mehrere Kennziffern zugeteilt wurden, hat er sicherzustellen, dass dem Anfragegrund entsprechend stets die richtige Kennziffer genutzt wird. Der Datenempfänger darf daher in keinem Fall seine Auskunftei-Kennziffer bzw. die Passwörter bekannt geben, auch nicht auf angebliche telefonische Rückfrage der Auskunftei.

---

9 Zu den Erläuterungen siehe Rz. 13.9 ff.
10 Zu den Erläuterungen siehe Rz. 13.14 ff.

Der Datenempfänger hat es außerdem zu unterlassen, die der Vertraulichkeit unterliegenden Informationen in irgendeiner Weise selbst wirtschaftlich zu verwerten oder nachzuahmen (insbesondere im Wege des sog. „Reverse Engineering") oder durch Dritte verwerten oder nachahmen zu lassen und insbesondere auf die vertraulichen Informationen gewerbliche Schutzrechte – insbesondere Marken, Designs, Patente oder Gebrauchsmuster – anzumelden.

Der Datenempfänger hat seine Mitarbeiter oder sonstige Dritte, die notwendigerweise Zugang zu den der Geheimhaltung unterliegenden Daten haben, gemäß Art. 5 Abs. 1 lit. f DSGVO auf Vertraulichkeit und Integrität zu verpflichten. Werden durch den Datenempfänger zur Durchführung dieses Vertrags Dritte eingeschaltet, hat der Datenempfänger auf Verlangen der Auskunftei die zwischen dem Datenempfänger und dem Dritten getroffenen vertraglichen Vereinbarungen vorzulegen.

Die übrigen datenschutzrechtlichen Verpflichtungen bleiben hiervon unberührt.

Der Datenempfänger wird hiermit davon unterrichtet, dass Zugriffsdaten gespeichert und zu Dokumentations- und Abrechnungszwecken sowie zur Datenschutz- und Sicherheitskontrolle maschinell verarbeitet werden.

Soweit der Inhalt der Auskunftei-Auskunft mit den eigenen Angaben der betroffenen Person nicht übereinstimmt, sollte der Auskunftsinhalt der betroffenen Person mitgeteilt werden (nicht jedoch als Ausdruck oder Screenshot, da diese Auskunftei-Zugangsdaten enthalten können). Führt die Auskunftei-Auskunft zur Ablehnung der Geschäftsverbindung, ist bei Verbraucherdarlehensverhältnissen sowie sonstigen Finanzierungshilfen der Auskunftsinhalt dem Betroffenen mitzuteilen. Wird die Richtigkeit des Auskunftsinhalts bestritten, wird der Datenempfänger die Auskunftei zur Klärung einschalten. Auskunftsansprüche der betroffenen Person gegen den Datenempfänger bleiben hiervon unberührt.

2.3 *Vorliegen und Nachweis des berechtigten Interesses*

Die Auskunftei stellt ihren Datenempfängern Daten nur unter Beachtung datenschutzrechtlicher Bestimmungen zur Verfügung und nur wenn diese ein berechtigtes Interesse an der Datenübermittlung i.S.d. Art. 6 Abs. 1 lit. f DSGVO glaubhaft darlegen. Der Datenempfänger ist für die Zulässigkeit des jeweiligen Datenabrufs verantwortlich und stellt sicher, dass das berechtigte Interesse am Erhalt der Daten in jedem Einzelfall vorliegt. Anfragen zu … sind unzulässig.

Die Auskunftei ist gemäß der sich aus Art. 5 Abs. 2 i.V.m. Abs. 1 DSGVO ergebenden Rechenschaftspflicht sowie in Umsetzung von Art. 24 ff. DSGVO verpflichtet, geeignete technische und organisatorische Maßnahmen einzusetzen, um sicherzustellen und den Nachweis dafür zu erbringen, dass die Verarbeitung gemäß der DSGVO erfolgt. Hierzu wird die Auskunftei die Angabe und das damit seitens des Datenempfängers begründete Vorliegen des berechtigten Interesses an der Übermittlung der Daten aufzeichnen und stichprobenweise durch Rückfrage bei ihren Datenempfängern prüfen. Zu diesem Zweck haben diese ebenfalls geeignete Aufzeichnungen über alle Anfragen der zurückliegenden zwölf Monate bereitzuhalten und der Auskunftei auf Verlangen zur Verfügung zu stellen. Der Datenempfänger hat die sich aus der Schuldnerverzeichnisabdruckverordnung – insbesondere aus deren §§ 16 ff. – ergebenden Pflichten zu realisieren. Insbesondere hat er den Abruf derart zu protokollieren, dass festgestellt werden kann, wer wann welche Daten in welcher Weise verarbeitet hat (Revisionsfähigkeit). Dieses gilt auch bei abgelehnten Anträgen.

Die Datenempfänger haben vor Aufnahme der Zusammenarbeit mit der Auskunftei die Einhaltung vorgenannter Verpflichtungen – ggf. im Rahmen einer Datenschutzfolgenabschätzung nach Art. 35 DSGVO – zu überprüfen bzw. zu implementieren sowie fortlaufend sicherzustellen.

Datenempfänger, die über einen Datenschutzbeauftragten oder eine Revisionsabteilung verfügen, können zunächst mit einer Bestätigung durch diese den Nachweis des berechtigten Interesses führen, nachdem sie das Vorliegen des berechtigten Interesses einzelfallbezogen festgestellt und überprüft haben. Auf gesonderte Anforderung der Auskunftei ist der Nachweis durch Vorlage geeigneter Unterlagen (z.B. durch Antragsunterlagen und entsprechende Protokolle) zu führen.

2.4 *Identität/Nutzungsverbot*

Die Auskunftei wendet bei der Datenverarbeitung die allgemein übliche Sorgfalt an. Mit der Auskunftei-Auskunft werden jedoch weder Existenz noch Identität der angefragten betroffenen Person bestätigt. Darum obliegt die Identitätsprüfung vor jeder Anfrage und bei Verwendung der Auskunft dem

Empfänger. Dies gilt insbesondere bei der Beauskunftung von Daten, die den öffentlichen Verzeichnissen und amtlichen Bekanntmachungen entnommen wurden.

Bei Abweichungen zwischen den gespeicherten bzw. beauskunfteten Daten und den Daten der Anfrage kann ein Hinweis durch die Auskunftei erfolgen. Wenn der Auskunftsempfänger die Identität nicht eindeutig feststellen kann, unterliegt die Auskunft einem absoluten Verarbeitungsverbot. Der Datenempfänger ist in diesen Fällen verpflichtet, der Auskunftei das Ergebnis seiner Identitätsprüfung mitzuteilen.

2.5 *Die Auskünfte sind erteilt, wenn sie die Schnittstelle der Auskunftei verlassen haben oder dem Datenempfänger zum Abruf bereitgestellt wurden. Leistungsübergabepunkt ist der Ausgangsrouter im Rechenzentrum der Auskunftei. Ab dann ist der Datenempfänger Verantwortlicher i.S.v. Art. 4 Nr. 7 DSGVO.*

2.6 *Dauer der Datenspeicherung*

Die Auskunftei speichert Informationen über Personen nur für eine bestimmte Zeit.

Maßgebliches Kriterium für die Festlegung dieser Zeit ist die Erforderlichkeit. Für eine Prüfung der Erforderlichkeit der weiteren Speicherung bzw. die Löschung personenbezogener Daten hat die Auskunftei Regelfristen festgelegt. Danach beträgt die grundsätzliche Speicherdauer von personenbezogenen Daten jeweils drei Jahre[11] taggenau nach deren Erledigung. Davon abweichend werden z.B. gelöscht:

[Detaillierung der jeweiligen Auskunftei].

Im Übrigen wird eine Löschung bzw. Berichtigung nur vorgenommen, wenn die ursprüngliche Meldung unzulässig war.

2.7 *Processingunternehmen/Erfüllungsgehilfen*

Sofern der Datenempfänger sich zur technischen Abwicklung eines Dritten bedient, hat er gegenüber der Auskunftei eine den Datenbankzugang regelnde Vereinbarung zu beauftragen.

In diesem Fall stellt er darüber hinaus unter Beachtung der Vorgaben des Art. 28 DSGVO durch vertragliche Regelungen mit diesem Dritten die Einhaltung der technischen Vorgaben durch den Dritten sicher.

3. Pflichten des Datenempfängers[12]

3.1 *Die übermittelten Daten dürfen nur für den angefragten Zweck genutzt werden (vgl. Ziffer 1.1). Sie dürfen nicht an Dritte weitergegeben werden. Das Weitergabeverbot an Dritte beinhaltet auch das Verbot, erhaltene Auskünfte in aufbereiteter Form oder mittelbar, z.B. durch Vergabe oder Ausweis von Zertifikaten oder sonstigen Hinweisen, aus denen sich die erfolgte Bonitätsprüfung ergibt, Dritten zur Verfügung zu stellen.*

3.2 *Der Datenempfänger verpflichtet sich, die Leistungen der Auskunftei nur in Anspruch zu nehmen, wenn ein berechtigtes Interesse an der Verwendung des Ergebnisses im vorstehenden Sinne vorliegt.*

3.3 *Zur Darlegung und Dokumentation des berechtigten Interesses am Erhalt der Auskunftei-Auskunft nutzt der Datenempfänger das Merkmal … und dokumentiert somit das Vorliegen des berechtigten Interesses. Die Auskunftei speichert dieses Merkmal und dokumentiert die Anfrage des Datenempfängers, sofern die Anfrage einer konkreten Person zugeordnet werden kann. Die Auskunftei übermittelt Ergebnisse nur, wenn der Anfragende sich eindeutig als berechtigter Datenempfänger identifiziert.*

3.4 *Daten zur angefragten Person*

Die zu einer Person gespeicherten Daten kann die Auskunftei nur beauskunften, wenn die angefragte Person eindeutig identifiziert werden kann. Der Datenempfänger ist daher verpflichtet, mit den korrekten und vollständigen Personalien der betroffenen Person (Name, Vorname, Geschlecht, private Anschrift und Voranschrift; ein zu langer Straßenname ist in normierter Schreibweise so abzukürzen, dass die Hausnummer mit angegeben werden kann) und möglichst unter Angabe des Geburtsdatums und des Geburtsortes anzufragen

---

11 S. hierzu M 13.1.9 „Dauer der Datenspeicherung", Rz. 13.33 f.
12 Zu den Erläuterungen siehe Rz. 13.38 ff.

oder alternativ mit den Daten, wie sie sich aus **Anlage 1** (Verfahrensbeschreibung) zu diesem Vertrag ergeben, anzufragen. Ein zu langer Straßenname ist in normierter Schreibweise so abzukürzen, dass die Hausnummer mit angegeben werden kann.

Fällt nach Auskünften die Identitätsprüfung negativ aus (vgl. hierzu Ziffer 2.4), so ist – ggf. nach Rückfrage beim Antragsteller – erneut mit insoweit korrigierten Daten anzufragen.

4. Profilbildung (Scoring)[13]

4.1 Die Score-Information erscheint in folgenden Varianten: …

4.2 Der Auskunftei-Score wird immer nur als Momentaufnahme berechnet und hat daher nur eine Aussagekraft für den Augenblick der Beauskunftung. Durch Änderung der zugrunde liegenden Informationen kann er somit bereits am nächsten Tag überholt sein.

4.3 Nach den datenschutzrechtlichen Bestimmungen dürfen Entscheidungen zulasten der betroffenen Person grundsätzlich nicht ausschließlich auf eine automatisierte Verarbeitung personenbezogener Daten – einschließlich Profiling – gestützt werden. Dies gilt nicht in den in Art. 22 Abs. 2 DSGVO sowie § 37 BDSG genannten Ausnahmefällen.

4.4 Sofern der Datenempfänger Scoreverfahren unter Nutzung von Anschriftendaten einsetzt, wird er hierüber die betroffene Person vorher unterrichten. Die Unterrichtung ist zu dokumentieren.

5. Intervall der Leistungserbringung[14]

Der Datenempfänger beauftragt die Auskunftei

5.1 ☐ für eine einmalige Leistungserbringung.
5.2 ☐ für eine dauerhafte Leistungserbringung, wobei die Leistung in folgenden zeitlichen Abständen erbracht werden soll:
    ☐ monatlich   ☐ vierteljährlich   ☐ halbjährlich   ☐ jährlich
5.3 ☐ gemäß individueller Vereinbarung: …

6. Vergütung[15]

6.1 Pro Treffer wird eine Vergütung fällig. Die Höhe der Vergütung pro Treffer/für die von der Auskunftei erbrachte Leistung richtet sich nach dem jeweils gültigen Preisverzeichnis, das als **Anlage 3** diesem Vertrag beigefügt ist. Änderungen des Preisverzeichnisses werden dem Datenempfänger vor ihrem Inkrafttreten rechtzeitig schriftlich mitgeteilt. Ist der Datenempfänger mit der Änderung des Preisverzeichnisses nicht einverstanden, steht ihm das Recht zur ordentlichen Kündigung gemäß Ziffer 6.3 zu.

alternativ:

Die Höhe der Vergütung beträgt … zzgl. der jeweils gesetzlich gültigen USt. Der Mindestumsatz beträgt EUR … pro Auftrag.

6.2 Die Auskunftei stellt dem Datenempfänger im Folgemonat eine Rechnung für Anfragen im vorhergehenden Monat.

6.3 Alle aus diesem Vertrag resultierenden Forderungen werden mit Rechnungsstellung sofort fällig. Diese werden dem Datenempfänger per Lastschrift abgebucht.

6.4 Soweit der Datenempfänger zur Vornahme der Leistungen aus diesem Vertrag einen Prozessor beauftragt, der im eigenen Namen und auf eigene Rechnung tätig wird, werden die daraus resultierenden Forderungen dem Prozessor als Leistungsempfänger in Rechnung gestellt. Hierzu sind separate Vereinbarungen zu treffen.

---

13 Zu den Erläuterungen siehe Rz. 13.44 ff.
14 Zu den Erläuterungen siehe Rz. 13.50.
15 Zu den Erläuterungen siehe Rz. 13.52.

7. Laufzeit und Kündigung/Inkrafttreten[16]

7.1 Dieser Vertrag tritt
☐ *mit Unterzeichnung*
☐ *zum …*
in Kraft.

7.2 Der Vertrag kann sowohl vom Datenempfänger, als auch von der Auskunftei mit einer Frist von 2 (zwei) Monaten zum Monatsende gekündigt werden.

7.3 Die Auskunftei ist zur sofortigen Einstellung der Leistungserbringung und zur fristlosen Kündigung berechtigt:

– *bei schuldhaftem Verstoß des Datenempfängers gegen grundlegende Verpflichtungen aus diesem Vertrag,*

– *bei schuldhaft falschen oder unvollständigen Angaben in Zusammenhang mit dem Abschluss dieses Vertrags oder …*

– *bei Verstößen gegen die Bestimmungen von Ziffer 4.*

8. Kommunikationsverfahren[17]

8.1 Der Datenempfänger wird die Festlegungen der ihm – im Hinblick auf das jeweils gewählte elektronische Kommunikationsverfahren – zur Verfügung gestellten Dokumente oder Software sowie die Außerbetriebnahme in ihrer jeweils gültigen Fassung einhalten. Änderungen und neue Versionen dieser Dokumente oder Software werden dem Datenempfänger rechtzeitig, d.h. in der Regel drei Monate vor deren Wirksamwerden bzw. vor der Inbetriebnahme der geänderten Schnittstelle oder der Außerbetriebnahme, mitgeteilt. Stimmt der Datenempfänger den Änderungen nicht zu, so kann er diesen Vertrag gemäß Ziffer 6.1 kündigen.

In Anbetracht ständiger DV-Optimierung kann die Auskunftei keine Gewähr für die Vollständigkeit und Richtigkeit der vorgenannten Dokumente oder Software übernehmen.

Werden die vereinbarten technischen Vorgaben nicht eingehalten, ist die Auskunftei berechtigt, den elektronischen Kommunikationszugang zum Auskunftei-Verfahren zu sperren. Hat der Datenempfänger den Verdacht, dass diese technischen Vorgaben nicht eingehalten werden – bspw. dass ein ihm zugewiesenes Zertifikat in unberechtigter Weise genutzt werden könnte –, wird er die Auskunftei unverzüglich informieren, damit der Zugang ggf. gesperrt werden kann.

Der Datenempfänger ist verpflichtet, aktuelle Sicherheitseinrichtungen, Firewalls, Virenscanner u.ä. zum Schutz der von der Auskunftei übermittelten oder bereitgestellten Informationen einzusetzen.

Der Datenempfänger wird vor jeder das Kommunikationsverfahren und/oder die elektronische Verbindung zur Auskunftei betreffenden eigenen Aktivität (z.B. Veränderung von Einstellungen bei Schnittstellen) die konkreten und aktuellen Spezifikationen mit der Auskunftei abklären und vor deren (produktivem) Einsatz einen diesbezüglichen Test gemeinsam mit der Auskunftei durchführen, sofern sich die Parteien nicht auf ein anderes Vorgehen einigen.

8.2 Der Datenempfänger wählt folgendes Kommunikationsverfahren zum Bezug der Dienstleistungen der Auskunftei:

☐ *Auskunftei*

☐ *…*

☐ *…*

☐ *…*

Ergänzend gelten die für das jeweils vereinbarte Kommunikationsverfahren bestehenden Sonderbedingungen gemäß **Anlage 4.**

---

16 Zu den Erläuterungen siehe Rz. 13.54.
17 Zu den Erläuterungen siehe Rz. 13.56.

Die Berechtigung zur Nutzung eines Kommunikationsverfahrens endet automatisch mit dem Ende des entsprechenden Vertragsbestandteils oder des gesamten Vertrags.

9. Haftung[18]

9.1 Haftung der Auskunftei für Informationen

9.1.1 Allgemeine Haftung

Die Auskunftei haftet unbeschränkt für Schäden aus der Verletzung des Lebens, des Körpers oder der Gesundheit, die auf einer fahrlässigen Pflichtverletzung der Auskunftei oder einer vorsätzlichen oder fahrlässigen Pflichtverletzung eines gesetzlichen Vertreters oder Erfüllungsgehilfen der Auskunftei beruhen.

Die Auskunftei haftet unbeschränkt im Fall von Vorsatz sowie im Fall der Haftung von der Auskunftei nach dem Produkthaftungsgesetz.

9.1.2 Haftungsprivilegierung

Dem Datenempfänger ist bewusst, dass mit der Lieferung von Informationen durch die Auskunftei zum Zwecke der Risikobeurteilung von Geschäften die Realisierung dieser Risiken nicht versichert ist. Daher gelten die folgenden Haftungsbeschränkungen für die vertragliche und gesetzliche, insbesondere deliktische Haftung der Auskunftei; dies gilt auch zugunsten der Auskunftei-Mitarbeiter.

Die Auskunftei haftet nicht für die sachliche Richtigkeit und Vollständigkeit der ihr von ihren Datenempfängern übermittelten bzw. aus allgemein zugänglichen Quellen und amtlichen Bekanntmachungen entnommenen oder von sonstigen Informationsdienstleistern zur Verfügung gestellten und von ihr verwalteten Daten. Die Auskunftei haftet nicht für Kreditlimitempfehlungen.

Die Auskunftei oder einer ihrer Erfüllungsgehilfen haftet für Fahrlässigkeit nur bei der Verletzung vertragswesentlicher Pflichten (Kardinalpflichten).

Pro Kalenderjahr ist die Haftung der Auskunftei der Summe nach begrenzt auf 50 % des vom Datenempfänger unter diesem Vertrag im jeweiligen Kalenderjahr gezahlten Entgelts.

Pro Einzelfall ist die Haftung der Auskunftei der Summe nach begrenzt auf 10 % des vom Datenempfänger unter diesem Vertrag im jeweiligen Kalenderjahr gezahlten Entgelts.

Die Haftung ist jedoch in jedem Fall auf EUR 50 000 pro Jahr begrenzt.

Bei der Erteilung von aus dem Ausland eingeholten Auskünften kann die Auskunftei eine Übersetzungshilfe zur Verfügung stellen, für die jedoch keine Haftung übernommen wird.

9.2 Haftung des Datenempfängers

Ein Verstoß des Datenempfängers gegen Verpflichtungen aus diesem Vertrag, insbesondere

- *der missbräuchliche Abruf von Daten*

- *die missbräuchliche Verwendung der Auskunftei-Auskunft*

begründet Schadenersatzansprüche der Auskunftei gegenüber dem Datenempfänger. Dies gilt auch für den Fall, dass die Auskunftei ihrerseits von Dritten in Anspruch genommen wird.

Teilt der Datenempfänger den Wegfall des berechtigten Interesses, insbesondere die Beendigung einer Geschäftsbeziehung mit dem Betroffenen, nicht mit und werden dann in Erfüllung des Monitoringverfahrens trotzdem Daten an den Datenempfänger übermittelt, so begründet dies eine unzulässige Datenübermittlung. Insoweit haftet der Datenempfänger gegenüber der Auskunftei für den ihr daraus entstandenen Schaden.

---

18 Zu den Erläuterungen siehe Rz. 13.58 ff.

10. Informationsweitergabe und Geheimhaltung[19]

10.1 Die Parteien werden alle Presseinformationen und -erklärungen sowie sonstige öffentliche Stellungnahmen über Abschlüsse oder Durchführung dieses Vertrags ausschließlich im vorherigen gegenseitigen Einvernehmen abgeben, herausgeben oder Dritten zur Verfügung stellen, es sei denn, es handelt sich um Pflichtveröffentlichungen nach börsenrechtlichen Bestimmungen. Hiervon unabhängig ist das Recht, auf die durch diesen Vertrag geregelte Zusammenarbeit hinzuweisen.

10.2 Beide Parteien verpflichten sich, während der gesamten Laufzeit dieses Vertrags sowie auch unbefristet nach Beendigung dieses Vertrags sämtliche vertraulichen Informationen, die im Zusammenhang mit der Durchführung dieses Vertrags bekannt werden sollten, strikt vertraulich zu behandeln und nicht gegenüber Dritten zu offenbaren oder anderweitig zu verwenden.

10.3 Als vertraulich sind insbesondere diejenigen Informationen zu verstehen, die den Inhalt dieses Vertrags, die Durchführung und Abwicklung dieses Vertrags und sämtliche mündlichen Abreden im Zusammenhang mit diesem Vertrag betreffen. Jede Partei ist verpflichtet, mit der anderen Partei Rücksprache zu halten, sofern irgendwelche Zweifel aufkommen sollten, ob eine Information im konkreten Einzelfall als vertraulich zu behandeln ist.

10.4 Diese Vertraulichkeitsverpflichtung gilt nicht für Informationen, die eine Partei nachweislich von Dritten rechtmäßig erhalten hat oder erhält, die bei Vertragsabschluss bereits allgemein bekannt waren oder nachträglich ohne Verstoß gegen die in diesem Vertrag enthaltenen Verpflichtungen allgemein bekannt wurden oder deren Veröffentlichung die andere Partei zugestimmt hat sowie für Informationen, die aufgrund gesetzlicher Pflicht oder behördlicher Anordnung an einen Dritten zu geben sind; in diesen Fällen ist die verpflichtete Partei gehalten, die jeweils andere Partei, soweit rechtlich zulässig, vorab bzw. unverzüglich über die Herausgabe zu unterrichten.

11. Ansprechpartner[20]

Die Parteien benennen einander Ansprechpartner und deren Stellvertreter. Änderungen bei den Ansprechpartnern oder deren Stellvertretern sind der anderen Partei unverzüglich anzuzeigen.

12. Sonstiges[21]

12.1 Die sich aus diesem Vertrag ergebenden Rechte zugunsten des Datenempfängers auf Erhalt von Informationen sind nicht übertragbar.

Eine Sitzverlegung ins Ausland, insbesondere in ein sog. Drittland (i.S.d. europäischen Datenschutzrechts), zeigt der Datenempfänger der Auskunftei unverzüglich an. Vorstehendes gilt auch für den Fall, dass die Daten physisch an einen Prozessor geliefert werden und dieser seinen Sitz ins Ausland oder in ein Drittland verlegt oder das Land, indem der Datenempfänger seinen Sitz hat, zu einem Drittland wird. Bei der Datenlieferung in ein Drittland sowie bei jedem Drittlandbezug ist der Datenempfänger verpflichtet, weiterhin den gesetzeskonformen Umgang mit Daten zu gewährleisten sowie umgehend Kontakt bzw. Vertragsverhandlungen aufzunehmen, um den gesetzeskonformen Drittlandverkehr entweder nachzuweisen oder zu vereinbaren.

12.2 Änderungen, Erweiterungen und Ergänzungen dieses Vertrags bedürfen der Schriftform. Abweichend hiervon genügen für Änderungen, Erweiterungen und Ergänzungen bezüglich des gewählten Vertragsgegenstandes gemäß Ziffer 1.1 sowie des Kommunikationsverfahrens gemäß Ziffer 8, die elektronische Form oder die Textform. Eine Änderung der vorstehenden Formklauseln bedarf ebenfalls der Schriftform.

12.3 Vertragssprache für diesen Vertrag ist deutsch. Etwaige, für den Datenempfänger erstellte anderssprachige Fassungen sind lediglich informatorische Übersetzungen, die nichts an den in deutscher Sprache definierten Leistungsverpflichtungen ändern.

---

19 Zu den Erläuterungen siehe Rz. 13.67.
20 Zu den Erläuterungen siehe Rz. 13.69.
21 Zu den Erläuterungen siehe Rz. 13.71.

12.4 Für alle Ansprüche aus und im Zusammenhang mit diesem Vertrag gilt das Recht der Bundesrepublik Deutschland unter Ausschluss des einheitlichen UN-Kaufrechts (CISG). Ausschließlicher Gerichtsstand für alle Rechtsstreitigkeiten aus diesem Vertrag ist ….

12.5 Sollte eine Bestimmung dieses Vertrags ganz oder teilweise gegen gesetzliche Regelungen verstoßen oder aus sonstigen Gründen nichtig sein, wird dadurch die Gültigkeit des übrigen Vertrags nicht berührt. Die Parteien werden die nichtige bzw. unwirksame Bestimmung im gegenseitigen Einvernehmen durch eine andere ersetzen, die dem wirtschaftlich angestrebten Zweck am nächsten kommt.

12.6 Die Anlagen sind Bestandteil dieses Vertrags.

Ort, den …   *Ort, den …*

…   *…*

Name des Datenempfängers   *Auskunftei*

…   *…*

Stempel und Unterschrift   *Stempel und Unterschrift*

Anlagen

Anlage 1 Verfahrensbeschreibung

Anlage 2 Auskunftei-Hinweis und Auskunftei-Information

Anlage 3 Preisverzeichnis

Anlage 4 Sonderbedingungen

II. Erläuterungen

1. Vorbemerkung

13.3 Wie alle Verträge enthält auch der Auskunfteivertrag zunächst eine Leistungsbeschreibung, um den Vertragsgegenstand zu konkretisieren. Es folgen dann – und das unterscheidet den Auskunfteivertrag sicher von anderen Standardverträgen – dezidierte „Übersetzungen" und Ausgestaltungen des datenschutzrechtlichen Rechtsrahmens. Diese nehmen in Auskunfteiverträgen einen breiten Raum ein. Neben den sonst üblicherweise in Verträgen zu regelnden Bestimmungen wie Vertragsdauer, Laufzeit und salvatorische Klausel ist auf die Haftungsklausel besonders hinzuweisen, da diese die atypische Gefährdungslage eines Auskunfteivertrags abzubilden hat.

2. Rubrum

13.4 **M 13.1.1 Rubrum eines Auskunfteivertrags**

Auskunfteivertrag

zwischen der

Auskunftei …

und dem

Datenempfänger …

Bereits das Rubrum macht die Rollenverteilung im datenschutzrechtlichen Sinne deutlich: Die durch die Auskunftei erteilte Auskunft stellt eine **Datenübermittlung**[22] an einen Datenempfänger dar. Nach welchen Regeln dies zu geschehen hat, bestimmt sich nach Art. 6 DSGVO. Die Zusammenarbeit mit einer Auskunftei ist damit nicht im Wege einer Auftragsverarbeitung[23] nach Art. 28 DSGVO abbildbar, da der Auskunftei eben nicht Daten zur Verarbeitung (im Auftrag) mit dem Ziel der Gewinnung eines bestimmten Arbeitsergebnisses übergeben werden, sondern mit der durch die Auskunftei erteilten Auskunft gerade Informationen (Daten) gewonnen werden sollen, die der Datenempfänger vorher nicht hatte und aus eigener Datenverarbeitung (auch durch einen Dienstleister im Auftrag) auch nicht hätte gewinnen können. Daneben scheint die Ausgestaltung eines Auskunfteiverfahrens über mehrere gemeinsam für die Verarbeitung Verantwortliche nach Art. 26 DSGVO fernliegend, da die Verantwortlichkeiten im Auskunfteiverfahren klar getrennt sind.

13.5

3. Präambel

M 13.1.2 Präambel eines Auskunfteivertrags

13.6

Präambel

Die Auskunftei ist …. Grundlage hierfür ist ein Datenbestand mit ….

Der Datenempfänger möchte auf Grundlage der nachfolgenden Regelungen von der Auskunftei … beziehen.

Vor diesem Hintergrund vereinbaren die Parteien was folgt:

An dieser Stelle folgen die in Präambeln üblichen Beschreibungen der Vertragsparteien sowie des Zwecks der Zusammenarbeit. Wesentlich aber ist, dass der Datenbestand der Auskunftei – zumindest gattungsbezogen – beschrieben wird. So kann ein **Auskunfteidatenbestand** nicht nur aus Kreditwürdigkeitsinformationen bestehen. Denkbar sind auch Betrugspräventionssysteme oder brancheninterne Warndateien. Grund für die Datenbestandsbeschreibung ist, dass deren Inhalt und damit die durch die Auskunftei vermittelten Informationen mit dem Auskunftszweck korrespondieren müssen.

13.7

4. Vertragsgegenstand (Ziff. 1)

M 13.1.3 Vertragsgegenstand eines Auskunfteivertrags

13.8

1. Vertragsgegenstand (evtl. ergänzend noch „Verfahren")

1.1 Gegenstand dieses Vertrags ist …. Der Datenempfänger benötigt diese zum Zwecke …. Hierfür wird die Auskunftei … .

*1.2 Einzelheiten des Verfahrens ergeben sich aus **Anlage 1** (Verfahrensbeschreibung) zu diesem Vertrag.*

1.3 Die Anfragen erfolgen gemäß dem in Ziffer 8 gewählten Kommunikationsverfahren.

Gegenstand eines Auskunfteivertrags ist die Erteilung bestimmter Informationen – in aller Regel in Form personenbezogener Daten. Welche Daten das inhaltlich sein können, wurde in der Präambel schon zumindest grob definiert. Der Inhalt des Auskunfteidatenbestandes und der sich daraus ablei-

13.9

---

22 Art. 4 Nr. 2 DSGVO geht von einem einheitlichen Begriff der „Verarbeitung" aus, unter den auch die Offenlegung durch Übermittlung fällt.

23 S. hierzu Teil 2, § 8 und § 9.

tende Inhalt der erteilten Auskunft – sprich der Umfang der mit der Auskunft übermittelten personenbezogenen Daten – muss wiederum mit dem Auskunftszweck korrespondieren. **Datenbestand, Auskunftinhalt** und **Zweckbestimmung** bedingen also einander und leiten sich unmittelbar voneinander ab. Aus dem Zweck wiederum leitet sich das berechtigte Interesse am Erhalt der Auskunft i.S.d. Art. 6 DSGVO ab. Die erteilte Auskunft muss also i.S.d. Zwecks „berechtigt" sein, womit der Datenbestand einer Auskunftei bereits die potentiellen Datenempfänger determiniert – zumindest dann, wenn der Auskunfteidatenbestand nicht hinreichend differenziert ist oder daraus keine hinreichend differenzierten Auskünfte erteilt werden können.

13.10 In Art. 5 DSGVO sind die Grundsätze für die Verarbeitung von personenbezogenen Daten und die hiermit einhergehende Rechenschaftspflicht des Art. 5 Abs. 2 DSGVO niedergelegt. Da Auskunfteiverfahren oft im Rahmen von **automatisierten Abrufverfahren** durchgeführt werden, sollte der Anlass und Zweck des Abrufverfahrens zwischen den beteiligten Stellen (also Auskunftei und Datenempfänger) vertraglich festgelegt werden, um der vorgenannten Rechenschaftspflicht Rechnung zu tragen. In Verbindung mit dem Datenbestand hat damit die jeweilige Auskunftei bezogen auf ihren (Geschäfts-) Zweck eine relativ festgeschriebene Funktion.

13.11 Die Einzelheiten des konkreten Datenaustausches können stark variieren, so dass diese in aller Regel in Anlagen individuell beschrieben werden. Dies gilt zum einen für bestimmte Auskunftsinhalte, als auch für den technischen Weg, in dem sie übermittelt werden[24].

13.12 Konkret kann die Auskunft aus einer Einzelauskunft bestehen, die auf entsprechende Anfrage übermittelt wird. Denkbar sind aber auch sog. **Stapelverarbeitungen** (auch „Batch-Verarbeitungen" genannt), bei denen mehrere Anfragen gleichzeitig bearbeitet und schließlich beauskunftet werden. An den rechtlichen Anforderungen hinsichtlich der Anfrageberechtigung bzw. der erteilten Auskünfte ändert sich dabei aber nichts. Schließlich können auch Auskünfte in sog. Monitoringverfahren erteilt werden, bei denen der Datenempfänger sein berechtigtes Interesse bei der Auskunftei hinterlegt und diese bei Eintritt eines bestimmten Anlasses (z.B. neu bekannt werdenden Informationen) Auskünfte erteilt.

5. Grundlagen der Zusammenarbeit; Datenschutz (Ziff. 2)

a) Datenbestand der Auskunftei (Ziff. 2.1)

13.13 **M 13.1.4 Datenbestand der Auskunftei**

2. Grundlagen der Zusammenarbeit; Datenschutz

2.1 Datenbestand der Auskunftei

Die Auskunftei speichert Daten über natürliche Personen, die von Datenempfängern gemeldet oder aus allgemein zugänglichen Quellen und amtlichen Bekanntmachungen entnommen bzw. von sonstigen Informationsdienstleistern bezogen wurden; ggf. werden auch Hinweise von betroffenen Personen zur eigenen Person gespeichert.

Zu minderjährigen betroffenen Personen speichert die Auskunftei nur eingeschränkt Informationen.

Die Auskunftei speichert auch Daten zu betroffenen Personen mit Wohnsitz im Ausland. Auskünfte zu diesen betroffenen Personen erfolgen unter dem Vorbehalt, dass Informationen von ausländischen Kreditgebern in der Auskunftei-Auskunft nur ausnahmsweise enthalten sind.

Die Auskunftei arbeitet mit anderen europäischen Kreditschutzorganisationen zusammen. Anfragen bei Kreditschutzorganisationen im Ausland sind gesondert in Auftrag zu geben.

---

24 So können bspw. Rechner-zu-Rechner-Verbindungen bestehen oder aber auch webbasierte Anbindungen den Datenaustausch realisieren.

Neben der bereits erläuterten datenschutzrechtlich gebotenen Beschreibung des Auskunfteidatenbestandes ist es auch schuldrechtlich naheliegend, dem Datenempfänger den Datenbestand zu beschreiben und damit deutlich zu machen, woraus die Auskunft überhaupt besteht oder eben nicht besteht (Ziff. 2.1 des Vertrags).

Gemeinsam ist insoweit vielen Auskunfteien, dass sie **allgemein zugängliche Daten** speichern und beauskunften. Daneben arbeiten einige Auskunfteien aber auch im Gegenseitigkeitsprinzip, d.h. der (vertraglichen) Berechtigung, Auskünfte zu erhalten, steht die Verpflichtung gegenüber, bestimmte Sachverhalte zu melden. Da diese Meldungen dann wieder über den Auskunfteidatenbestand auf entsprechende Anfrage zur Verfügung gestellt werden, haben diese Meldungen eine Fernwirkung für die betroffenen Personen. Die Übermittlung von Meldungen an eine Auskunftei sind nach Art. 6 Abs. 1 lit. f DSGVO prinzipiell zulässig[25]. Nach Art. 6 Abs. 1 lit. f DSGVO sind Meldungen rechtmäßig, wenn sie zur Wahrung der berechtigten Interessen des Verantwortlichen oder eines Dritten erforderlich sind, sofern nicht die Interessen oder Grundrechte und Grundfreiheiten der betroffenen Person, die den Schutz personenbezogener Daten erfordern, überwiegen, insbesondere dann, wenn es sich bei der betroffenen Person um ein Kind handelt. Bei Meldungen kann zwischen Positiv- und Negativdaten unterschieden werden.

Bei den sog. Negativdaten handelt es sich um forderungsbezogene personenbezogene Daten zu Zahlungsstörungen von betroffenen Personen. Der Gesetzgeber sah sich im Zuge der BDSG-Novelle in 2010 gezwungen, die Übermittlungsvoraussetzungen für Negativdaten mit der Fassung des § 28a Abs. 1 BDSG a.F. zu schärfen. Obwohl die Vorschrift des § 28a BDSG a.F. mit Wirksamwerden der DSGVO weggefallen ist, werden seine Grundsätze mit § 31 Abs. 2 BDSG fortgeführt. § 31 Abs. 2 BDSG, als Regelung des wirtschaftlichen Verbraucherschutzes, überträgt die bisher für die Übermittlung von Negativdaten an eine Auskunftei erforderlichen Übermittlungsvoraussetzungen auf die Zulässigkeit der Verwendung von Wahrscheinlichkeitswerten. Durch § 31 Abs. 2 BDSG wird klargestellt, dass auch nur solche Daten im Rahmen des Profiling durch den Datenempfänger verwendet werden dürfen, die den Anforderungen des § 31 BDSG entsprechen. Umgekehrt ist dann aber prinzipiell davon auszugehen, dass unter Einhaltung der Voraussetzungen des § 31 BDSG, insbesondere der des § 31 Abs. 2 BDSG, eine Übermittlung dieser Daten an eine Auskunftei auch interessengerecht i.S.v. Art. 6 Abs. 1 lit. f DSGVO ist[26].

Bei den sog. Positivdaten handelt es sich im Kontext von Auskunfteien um solche Informationen, die störungsfrei verlaufende (d.h. nicht notleidend gewordene) Verträge einer betroffenen Person dokumentieren.

Die Auskunftei ist nur dann in der Lage, ein umfassendes Bild der Kreditwürdigkeit einer betroffenen Person zu bieten, wenn Positivdaten an sie übermittelt und von ihr verarbeitet werden[27]. Insoweit ist die Übermittlung von Positivdaten zur Wahrung der berechtigten Interessen der Auskunftei erforderlich. Darüber hinaus ist die Übermittlung von Positivdaten auch zur Wahrung berechtigter Interessen eines Dritten erforderlich. In Frage kommende Dritte sind hier die Auskunftei selbst[28] und die am Auskunfteisystem teilnehmenden Vertragspartner der Auskunftei. § 31 Abs. 2 Satz 2 BDSG stellt klar, dass die Vorschriften des allgemeinen Datenschutzrechts über die Zulässigkeit der Verarbeitung von personenbezogenen Daten unberührt bleiben. Dies umfasst neben den Negativdaten auch die Verarbeitung von personenbezogenen Daten über die Begründung, ordnungsgemäße Durchführung und Beendigung eines Vertragsverhältnisses mit finanziellem Ausfallrisiko (Positivdaten) für die Ermittlung von Wahrscheinlichkeitswerten[29].

13.14

13.14a

---

25 S. hierzu die ausführliche Darstellung in Teil 7, § 43.

26 S. zu dieser Indizwirkung auch *v. Lewinski/Pohl*, ZD 1/2018, 17 (21).

27 Vgl. hierzu bereits BGH v. 19.9.1985 – III ZR 213/83.

28 So auch KG, Beschl. v. 23.8.2011 – 4 W 43/11.

29 S. BT-Drucks. 18/11325, 101 f.; *v. Lewinski/Pohl*, ZD 1/2018, 17 (20).

In den Verträgen der Auskunfteien, die sich Sachverhalte übermitteln lassen, sind in einer Sondervorschrift ggf. in Verbindung mit der bereits erwähnten Anlage 1 („Verfahrensbeschreibung", s. Rz. 13.8) dezidiert die einzelnen Übermittlungstatbestände aufgeführt

Schließlich ist es denkbar, dass sich ein Auskunfteidatenbestand auch aus **Drittquellen** speist, die in vielfältiger Weise am Markt verfügbar sind.

Die weiter aufgeführten **Einschränkungen** hinsichtlich der Daten zu minderjährigen Personen oder im Ausland wohnenden betroffenen Personen werden in aller Regel als präventive Leistungsbeschreibung aufgenommen, um Klarheit hinsichtlich der potentiellen Auskunftsinhalte zu erreichen.

b) Datenschutz (Ziff. 2.2)

13.15   **M 13.1.5 Datenschutz**

2.2 Datenschutz

Es obliegt dem Datenempfänger, datenschutzrechtliche Unterrichtungs- und Informationspflichten einzuhalten und sich von außerhalb der Verordnung EU 2016/679 (Datenschutz-Grundverordnung, nachfolgend „DSGVO" genannt) geregelten gesetzlichen oder vertraglichen Geheimhaltungspflichten befreien zu lassen.

Der Datenempfänger hat die betroffene Person, über die er Daten an die Auskunftei übermittelt, im Rahmen der Durchführung vorvertraglicher Maßnahmen, die auf Antrag der betroffenen Person erfolgen, unter Verwendung des Hinweises (siehe Anlage 2) nebst der ergänzenden Auskunftei-Information DSGVO (siehe Anlage 2) zu informieren. Der Datenempfänger ist verpflichtet, die erfolgte Informationserteilung für die jeweilige betroffene Person in jedem Einzelfall zu dokumentieren und der Auskunftei auf Verlangen einen Nachweis hierüber zur Verfügung zu stellen.

Mit Erteilung von Informationen an den Datenempfänger wird dieser Verantwortlicher i.S.d. DSGVO.

Der Datenempfänger verpflichtet sich, insbesondere im Hinblick auf die aufgrund dieser Verträge erlangten und offenbarten Informationen, die notwendigen technischen und organisatorischen Maßnahmen im Sinne von Art. 32 DSGVO einzuhalten. Er verpflichtet sich, in geeigneter Weise Vorkehrungen zum Schutze und zur Sicherung der ihm anvertrauten und übermittelten Daten sowie der im Rahmen der (vor-) vertraglichen Beziehungen sonstigen übergebenen Dokumente gegen den unbefugten Zugriff der eigenen Mitarbeiter und Dritter zu treffen, und zwar in dem Maße, wie es auch zum Schutz der eigenen Daten üblich ist. Sofern eine der Vertraulichkeit unterliegende Information nicht den Anforderungen eines Geschäftsgeheimnisses im Sinne des Geschäftsgeheimnisgesetzes genügt, unterfällt diese Information dennoch der Vertraulichkeitsverpflichtungen dieser Ziffer. So sind vor allem die ihm von der Auskunftei zugeteilten Kennziffern und vereinbarten Passwörter vertraulich zu behandeln und sicherzustellen, dass ein Missbrauch und damit ein unbefugtes Abrufen von Auskunftei-Daten ausgeschlossen ist. Sofern dem Datenempfänger mehrere Kennziffern zugeteilt wurden, hat er sicherzustellen, dass dem Anfragegrund entsprechend stets die richtige Kennziffer genutzt wird. Der Datenempfänger darf daher in keinem Fall seine Auskunftei-Kennziffer bzw. die Passwörter bekannt geben, auch nicht auf angebliche telefonische Rückfrage der Auskunftei.

Der Datenempfänger hat seine Mitarbeiter oder sonstige Dritte, die notwendigerweise Zugang zu den der Geheimhaltung unterliegenden Daten haben, gemäß Art. 5 Abs. 1 lit. f DSGVO auf Vertraulichkeit und Integrität zu verpflichten. Werden durch den Datenempfänger zur Durchführung dieses Vertrags Dritte eingeschaltet, hat der Datenempfänger auf Verlangen der Auskunftei die zwischen dem Datenempfänger und dem Dritten getroffenen vertraglichen Vereinbarungen vorzulegen.

Der Datenempfänger hat es außerdem zu unterlassen, die der Vertraulichkeit unterliegenden Informationen in irgendeiner Weise selbst wirtschaftlich zu verwerten oder nachzuahmen (insbesondere im Wege des sog. „Reverse Engineering") oder durch Dritte verwerten oder nachahmen zu lassen und insbesondere auf die vertraulichen Informationen gewerbliche Schutzrechte – insbesondere Marken, Designs, Patente oder Gebrauchsmuster – anzumelden.

Die übrigen datenschutzrechtlichen Verpflichtungen bleiben hiervon unberührt.

Der Datenempfänger wird hiermit davon unterrichtet, dass Zugriffsdaten gespeichert und zu Dokumentations- und Abrechnungszwecken sowie zur Datenschutz- und Sicherheitskontrolle maschinell verarbeitet und genutzt werden.

Soweit der Inhalt der Auskunftei-Auskunft mit den eigenen Angaben der betroffenen Person nicht übereinstimmt, sollte der Auskunftsinhalt der betroffenen Person mitgeteilt werden (nicht jedoch als Ausdruck oder Screenshot, da diese Auskunftei-Zugangsdaten enthalten können). Führt die Auskunftei-Auskunft zur Ablehnung der Geschäftsverbindung, ist bei Verbraucherdarlehensverhältnissen sowie sonstigen Finanzierungshilfen der Auskunftsinhalt dem Betroffenen mitzuteilen. Wird die Richtigkeit des Auskunftsinhalts bestritten, wird der Datenempfänger die Auskunftei zur Klärung einschalten. Auskunftsansprüche der betroffenen Person gegen den Datenempfänger bleiben hiervon unberührt.

Ziff. 2.2 enthält Klarstellungen zu datenschutzrechtlichen Vorgaben. Ziff. 2.2 Abs. 1 trägt den Verantwortlichkeiten für die verschiedenen Phasen der Datenverarbeitung Rechnung. Die Zusammenarbeit mit Auskunfteien bedingt zwingend einen **wechselseitigen Datenaustausch**. So muss der Anfragende der Auskunftei mitteilen, zu welcher Person die Auskunft begehrt wird. Damit werden aber im Rahmen der Anfrage an die Auskunftei personenbezogene Daten übermittelt, was erforderlich ist, um die Übermittlung einer Auskunft durch die Auskunftei nach Art. 6 Abs. 1 lit. f DSGVO zu ermöglichen. Gleichwohl ist nicht immer eindeutig, ob die mit der Anfrage verbundene Datenübermittlung trotz der in Art. 6 DSGVO geregelten Grundsätze überhaupt zulässig ist. So besteht jenseits der datenschutzrechtlichen Bestimmungen bspw. für Kreditinstitute die Pflicht, gegenüber ihren Kunden das **Bankgeheimnis** zu wahren. Für die SCHUFA wird daher vor allem zur Befreiung vom Bankgeheimnis vor Eingehung von Geschäften in aller Regel ein **SCHUFA-Hinweis nebst ergänzender SCHUFA-Information**[30] vereinbart. Dieser ist also trotz der gesetzlichen Bestimmungen des Art. 6 DSGVO nach wie vor notwendig. Daneben bestehen für den Datenempfänger eigene Informationspflichten nach Art. 13 DSGVO und ggf. nach Art. 14 DSGVO. Aber auch, wenn auf den SCHUFA-Hinweis nebst ergänzender SCHUFA-Information verzichtet wird, bleibt zur Wahrung der Transparenz die Verpflichtung bestehen, die betroffene Person nach Art. 13 DSGVO und ggf. nach Art. 14 DSGVO zu unterrichten. Die Befreiung vom Bankgeheimnis und weiteren ggf. parallel bestehenden Vertraulichkeits- bzw. Geheimhaltungsverpflichtungen, bspw. vertragliche Vertraulichkeitsverpflichtungen, kann durch die Einbindung in die Antragsunterlagen des jeweiligen Kreditinstituts erfolgen. Um den Befreiungscharakter im Hinblick auf das Bankgeheimnis bei der Integration des SCHUFA-Hinweises nach DSGVO in die Vertragsunterlagen zu stärken, kann es empfehlenswert sein, diesen in unmittelbarer Nähe zur Vertragsunterschrift zu platzieren und die Befreiung drucktechnisch hervorzuheben. Soll die Unterrichtung der betroffenen Person separat erfolgen, so wäre hier eine gesonderte Unterzeichnung durch die betroffene Person notwendig. Die Unterzeichnung dient hierbei nur der Befreiung von Bankgeheimnis und ist nicht als gesonderte Einwilligung in die Datenübermittlung nach Art. 6 Abs. 1 lit. a DSGVO zu sehen. Da die Verwendung des SCHUFA-Hinweises nebst ergänzender SCHUFA-Information gleichzeitig die Transparenzpflichten der SCHUFA nach Art. 14 DSGVO abbildet, ist es folgerichtig, dass die Verwendung dokumentiert und auf Nachweis zur Verfügung gestellt wird. | 13.16

Verzichtet der Datenempfänger oder eine Auskunftei auf die Verwendung einer solchen Lösung, bleiben die ggf. parallel bestehenden Vertraulichkeits- oder Geheimhaltungsverpflichtungen natürlich bestehen. Daher stellt Ziff. 2.2 Abs. 1 klar, dass es im Verantwortungsbereich des Datenempfängers liegt, sich ggf. davon befreien zu lassen. | 13.17

Der Logik folgend, dass die Auskunftserteilung durch die Auskunftei an den Datenempfänger eine nach Art. 6 Abs. 1 lit. f DSGVO zulässige Datenübermittlung darstellt, bestimmt Ziff. 2.2 Abs. 2, dass mit Auskunftserteilung der Datenempfänger **Verantwortlicher i.S.d. DSGVO** wird. Der zeitliche und physische Punkt des Verantwortlichkeitswechsels ergibt sich dabei in aller Regel aus den Beschreibun- | 13.18

---

30 S. Einzelheiten hierzu in Teil 7, § 43.

gen nach Anlage 1 zum Auskunfteivertrag. Als Verantwortlicher hat der Datenempfänger aus eigener Rechtspflicht bspw. die eigenen Informationspflichten nach Art. 13, Art. 15 und ggf. nach Art. 14 DSGVO und die Begrenzung der Dauer der Datenspeicherung nach Art. 5 Abs. 1 lit. e DSGVO zu beachten.

13.19 Mit der Schaffung des § 31 BDSG hat der Gesetzgeber die zentrale Bedeutung von Auskunfteien für das Kreditwesen und die Funktionsfähigkeit der Wirtschaft hervorgehoben[31]. Hintergrund der starken – auch öffentlichen – Aufmerksamkeit gegenüber Auskunfteien ist einerseits die Wirkung etwa erteilter Auskünfte, aber auch die Vertraulichkeit der durch die Auskunfteien vermittelten Informationen. Es ist daher systemimmanent, dass diese Parameter nicht nur für die Phasen der Übermittlung an eine Auskunftei, die Speicherung dort und die Rückübermittlung gelten, sondern auch Wirkung für die weitere Verwendung beim Datenempfänger entfalten. Gleichsam einer **Systemverantwortung** haben daher die Auskunfteien sicherzustellen, dass die für den Auskunfteidatenbestand definierten Grundsätze auf die Datenempfänger übertragen werden, auch wenn diese – wie soeben dargestellt – nach der Übermittlung selbst Verantwortlicher geworden sind. Die in Ziff. 2.2 Abs. 4 beschriebenen Grundsätze enthalten daher ein Mindestmaß an vertraglich verpflichtender Verantwortlichkeit, um die den Auskunfteien auferlegten Sorgfaltspflichten auf der Empfängerseite nicht zur Makulatur verkommen zu lassen. Durch die grundlegende Änderung des Schutzes von Geschäftsgeheimnissen im deutschen Recht mit Umsetzung der EU-Geschäftsgeheimnisrichtlinie (GeschGeh-RL) 2016/943 durch das Gesetz zum Schutz von Geschäftsgeheimnissen (GeschGehG), empfiehlt es sich, die Vertraulichkeit der vermittelten und offenbarten Informationen auch außerhalb des Schutzbereichs des GeschGehG vertraglich abzusichern[32]. Für die potentiellen Datenempfänger bedeutet dies, dass sie zumindest Strukturen vorhalten müssen, die den **Anforderungen des Art. 32 DSGVO** und den Umständen nach angemessenen Geheimhaltungsmaßnahmen gem. § 2 Nr. 1 lit. b GeschGehG entsprechen. Ferner haben sie auch die notwendigerweise im Vorfeld und im Rahmen der Durchführung einer Zusammenarbeit mit der Auskunftei ausgetauschte technische Dokumentation sowie offenbarte Informationen vertraulich zu behandeln.

13.20 In der Konsequenz des Vorstehenden ist auch Ziff. 2.2 Abs. 4 zu lesen: Der den Auskunfteien durch zahlreiche spezielle Regelungen verordnete Datenschutz setzt sich beim Datenempfänger fort, indem dieser seine Mitarbeiter gem. Art. 5 Abs. 1 lit. f DSGVO auf Vertraulichkeit und Integrität zu verpflichten hat. Daher ist es auch folgerichtig, dass dieser „Durchgriff" sogar auf den Subunternehmer des Datenempfängers erstreckt wird. Damit das der Auskunftei verordnete Datenschutzniveau nicht schlussendlich durch einen Subunternehmer verloren geht, hat der Datenempfänger die entsprechenden Verträge mit seinem Subunternehmer vorzulegen.

Ziff. 2.2 Abs. 4 enthält das vertragliche Verbot des sog. „**Reverse Engineering**" gem. § 3 Abs. 1 Nr. 2 GeschGehG, durch das Geschäftsgeheimnisse einer Auskunftei, wie z.B. Scoreformeln[33], durch Beobachten, Untersuchen, Rückbauen oder Testen durch den Datenempfänger erlangt werden können. Es ergibt sich bereits aus § 3 Abs. 1 Nr. 2 lit. b GeschGehG, dass dieses Recht zum „Reverse Engineering" vertraglich beschränkt werden kann[34]. So ist es auch folgerichtig, dass der Datenempfänger es unterlässt, für die vertraulichen Informationen gewerbliche Schutzrechte anzumelden.

13.21 Lediglich klarstellend formuliert dann Ziff. 2.2 Abs. 7, dass die dem Datenempfänger entweder bereits vor der Übermittlung der Anfragedaten als auch nach Erhalt in der Rolle als Verantwortlicher obliegenden datenschutzrechtlichen Pflichten unberührt bleiben.

13.22 Ziff. 2.2 Abs. 8 enthält einen Hinweis auf die Rechenschaftspflichten aus Art. 5 Abs. 2 DSGVO bzw. auf die Anforderungen, die nach Art. 24 ff. DSGVO umzusetzen sind. Damit die mit dem Auskunf-

---

31 S. BT-Drucks. 18/11325, 101 f.
32 *Krüger/Wiencke/Koch*, GRUR 2020, 578 (579).
33 S. BGH v. 28.1.2014 – VI ZR 156/13, NVwZ 2014, 749 (752).
34 *Ohly*, GRUR 2019, 441 (447).

teiverfahren einhergehenden Stichprobenkontrollen[35] überhaupt durchgeführt werden können, hat eine **Aufzeichnung der** entsprechenden **Abfragen** auch durch die Auskunftei zu erfolgen. Im automatisierten Abrufverfahren (das der Zusammenarbeit mit Auskunfteien in aller Regel zugrunde liegt) ist der Datenempfänger auch zur Aufzeichnung verpflichtet. Doch lassen sich die **Stichprobenkontrollen** der Auskunftei nur durchführen, wenn die Auskunftei über die bei ihr gespeicherten Abfragen gezielt beim Datenempfänger nachfragen kann. Nur so lassen sich missbräuchliche Abfragen überhaupt erst feststellen[36].

Ziff. 2.2 Abs. 9 enthält eine Sonderregelung, die gewissermaßen von den insbesondere in Ziff. 2.2 Abs. 4 auferlegten **Vertraulichkeitsverpflichtungen** gleich wieder dispensiert. Entscheidend aber ist, dass dies zugunsten der betroffenen Person geschieht. In der Praxis haben betroffene Personen vielfach – sofern es nicht um Distanzgeschäfte geht – gegenüber ihren Vertragspartnern umfangreiche **Selbstauskünfte** abzugeben. Dies gilt nicht nur für den Bereich der Institute i.S.d. KWG, sondern ist auch in der Wohnungswirtschaft geläufig, wo potentielle Mieter gegenüber ihren Vermietern weitestgehend Selbstauskünfte erteilen müssen. Holen nun die potentiellen Vertragspartner der betroffenen Personen bei einer Auskunftei Informationen ein und weichen diese von den Eigenangaben der betroffenen Person ab, dann ist der Auskunftsinhalt der betroffenen Person gegenüber offenzulegen, damit eine durch die Auskunftei vermittelte Information evtl. sofort korrigiert werden kann. Diese Vorgabe stellt gleichzeitig eine angemessene Maßnahme i.S.d. Art. 5 Abs. 1 lit. d DSGVO dar. Allerdings ist darauf zu achten, dass dabei nicht – durch ein in der Praxis immer wieder vorkommendes „Drehen des Bildschirms" – die Auskunftei-Zugangsdaten mit offengelegt werden. Führt der Auskunftsinhalt zur Ablehnung, so schreibt bereits § 30 Abs. 2 BDSG vor, dass der Auskunftsinhalt bekannt zu geben ist. Parallel zu der damit der betroffenen Person gegebenen Möglichkeit, ggf. bestehende Auskunfteifehler zu korrigieren, soll aber auch der Datenempfänger selbst verpflichtet sein, i.S.d. Betroffenen eine Klärung herbeizuführen. Da mit Erteilung der Auskunft der Datenempfänger Verantwortlicher geworden ist, ist dieser ohnehin nach Art. 15 DSGVO gegenüber der betroffenen Person zur Auskunft verpflichtet. Dass diese Auskunftspflicht sich auch auf die seitens der Auskunftei übermittelten Daten bezieht, wird zur Klarstellung noch einmal festgehalten.

13.23

c) Vorliegen und Nachweis des berechtigten Interesses (Ziff. 2.3)

M 13.1.6 Vorliegen und Nachweis des berechtigten Interesses

13.24

2.3 Vorliegen und Nachweis des berechtigten Interesses

Die Auskunftei stellt ihren Datenempfängern Daten nur unter Beachtung datenschutzrechtlicher Bestimmungen zur Verfügung und wenn diese ein berechtigtes Interesse an der Datenübermittlung i.S.d. Art. 6 Abs. 1 lit. f DSGVO glaubhaft darlegen. Der Datenempfänger ist für die Zulässigkeit des jeweiligen Datenabrufs verantwortlich und stellt sicher, dass das berechtigte Interesse am Erhalt der Daten in jedem Einzelfall vorliegt. Anfragen zu … sind unzulässig.

Die Auskunftei ist gemäß der sich aus Art. 5 Abs. 2 i.V.m. Abs. 1 DSGVO ergebenden Rechenschaftspflicht sowie in Umsetzung von Art. 24 ff. DSGVO verpflichtet, geeignete technische und organisatorische Maßnahmen einzusetzen, um sicherzustellen und den Nachweis dafür zu erbringen, dass die Verarbeitung gemäß der DSGVO erfolgt. Hierzu wird die Auskunftei die Angabe und das damit seitens des Datenempfängers begründete Vorliegen des berechtigten Interesses an der Übermittlung der Daten aufzeichnen und stichprobenweise durch Rückfrage bei ihren Datenempfängern prüfen. Zu diesem Zweck haben diese ebenfalls geeignete Aufzeichnungen über alle Anfragen der zurückliegenden zwölf Monate bereitzuhalten und der Auskunftei auf Verlangen zur Verfügung zu stellen. Der Datenempfänger hat die sich aus der Schuld-

---

35 S. hierzu M 13.1.6 „Vorliegen und Nachweis des berechtigten Interesses", Rz. 13.24 ff.

36 In welchem Umfang Stichproben durchzuführen sind, erwähnt das Gesetz nicht und wird für den Bereich der Handelsauskunfteien regelmäßig mit den zuständigen Datenschutzaufsichtsbehörden abgestimmt.

nerverzeichnisabdruckverordnung – insbesondere aus deren §§ 16 ff. – ergebenden Pflichten zu realisieren. Insbesondere hat er den Abruf derart zu protokollieren, dass festgestellt werden kann, wer wann welche Daten in welcher Weise verarbeitet hat (Revisionsfähigkeit). Dieses gilt auch bei abgelehnten Anträgen.

Datenempfänger, die über einen Datenschutzbeauftragten oder eine Revisionsabteilung verfügen, können zunächst mit einer Bestätigung durch diese den Nachweis des berechtigten Interesses führen, nachdem sie das Vorliegen des berechtigten Interesses einzelfallbezogen festgestellt und überprüft haben. Auf gesonderte Anforderung der Auskunftei ist der Nachweis durch Vorlage geeigneter Unterlagen (z.B. durch Antragsunterlagen und entsprechende Protokolle) zu führen.

Die Datenempfänger haben vor Aufnahme der Zusammenarbeit mit der Auskunftei die Einhaltung vorgenannter Verpflichtungen – ggf. im Rahmen einer Datenschutzfolgenabschätzung nach Art. 35 DSGVO – zu überprüfen bzw. zu implementieren sowie fortlaufend sicherzustellen.

13.25 Der Eingangssatz von Ziff. 2.3 stellt die Grundsätze des Datenaustauschs zwischen dem Datenempfänger und der Auskunftei dar. Durch den Wegfall der auskunfteispezifischen Bestimmungen des BDSG a.F. dienen als Rechtsgrundlage für diesen Datenaustausch nunmehr die Bestimmungen des Art. 6 Abs. 1 DSGVO.

Die Verarbeitung der personenbezogenen Daten und die Erteilung der Auskunft an den Datenempfänger richtet sich nach Art. 6 Abs. 1 lit. f DSGVO[37]. Danach ist eine Auskunftserteilung regelmäßig zulässig. Ein berechtigtes Interesse an einer Kreditwürdigkeitsprüfung ist regelmäßig dann gegeben, wenn von dem Verantwortlichen im Geschäftsverkehr Vorleistungen verlangt werden, die ein finanzielles Ausfallrisiko für diesen begründen. Dies ist typischerweise beim Geldkredit oder bei einem beim Kauf auf Rechnung. Gleichzeitig muss die betroffene Person typischerweise auch damit rechnen, dass eine Kreditwürdigkeitsprüfung durchgeführt wird und diese somit auch den „vernünftigen Erwartungen" der betroffenen Person im Sinne des Erwägungsgrundes 47 entspricht. Daneben sind bspw. die berechtigten Interessen Betrugsprävention und Direktmarketing ausdrücklich in Erwägungsgrund 47 genannt, so dass diese als berechtigte Interessen i.S.d. DSGVO anzusehen sind. Einen Hinweis, in welchen Fällen der nationale Gesetzgeber das berechtigte Interesse grundsätzlich annimmt, ist der Gesetzesbegründung zu § 31 BDSG zu entnehmen; bei Geschäften mit den dort genannten Branchen ist grundsätzlich das berechtigte Interesse am Erhalt der Informationen von einer Auskunftei gegeben.

Der Datenempfänger muss sicherstellen, dass ein berechtigtes Interesse am Erhalt von Informationen in jedem Einzelfall vorliegt und ist folgerichtig insoweit auch für die Zulässigkeit der Abrufe verantwortlich.

Daneben enthalten einige Auskunfteiverträge Anwendungsfelder, in denen – korrespondierend mit dem zweckgebundenen Datenbestand und der im automatisierten Abrufverfahren festzulegenden gesonderten Zweckbindung – Anfragen von vornherein ausgeschlossen werden. Wie das berechtigte Interesse konkret angegeben wird, bestimmt Ziff. 3.3.

13.26 Aus der sich aus Art. 5 Abs. 2 i.V.m. Abs. 1 DSGVO ergebenden Rechenschaftspflicht sowie in Umsetzung von Art. 24 ff. DSGVO sind Auskunfteien verpflichtet, geeignete technische und organisatorische Maßnahmen einzusetzen, um sicherzustellen und den Nachweis dafür zu erbringen, dass die Verarbeitung gemäß der DSGVO erfolgt. Hierzu sollten die Auskunfteien die Angabe und das damit seitens des Datenempfängers begründete Vorliegen des berechtigten Interesses an der Übermittlung der Daten weiterhin aufzeichnen und stichprobenweise durch Rückfrage beim jeweiligen Datenempfänger prüfen.

Da die Durchführung des sog. **Stichprobenverfahrens** bei Unterhaltung eines automatisierten Abrufverfahrens nicht ausdrücklich gesetzlich bestimmt ist, werden die Einzelheiten vertraglich beschrieben, um der genannten gesetzlichen Verpflichtung auch tatsächlich nachkommen zu können. So ist zu be-

---

37 S. auch 48. Tätigkeitsbericht des *Hessischen Beauftragten für Datenschutz und Informationsfreiheit*, vorgelegt zum 31.12.2019, S. 98 und Darstellung bei *v. Lewinski/Pohl*, ZD 1/2018, 17 (20 ff.).

stimmen, wie lange eigentlich der Nachweis des berechtigten Interesses geführt werden muss oder welchen Umfang die Stichproben überhaupt haben müssen. Als Prüfungszeitraum haben sich in der Praxis in Abstimmung mit den Datenschutzaufsichtsbehörden die zwölf Monate herausgebildet, die sich dementsprechend dann auch in den Auskunfteiverträgen finden. Da, wie bereits erwähnt, mehr oder weniger alle Auskunfteien Daten aus den Schuldnerverzeichnissen führen, die Verwendung dieser Daten teils sehr versteckten gesetzlichen Verpflichtungen unterliegen, wird auf diese Verpflichtungen ebenfalls noch einmal vertraglich hingewiesen. Der Hinweis kann aber entfallen, wenn den Auskunfteidienstleistungen keine Schuldnerverzeichnisdaten zugrunde liegen. Da zu einer effektiven **Missbrauchskontrolle** letztlich die Identifikation der konkret anfragenden Person wichtig ist, hat der Datenempfänger sicherzustellen, dass die Anfrage eben revisionsfähig nachvollzogen werden kann. Die Information, dass „irgendwer" aus dem Unternehmen des Datenempfängers eine Anfrage veranlasst hat, würde den Kontrollzweck ins Leere laufen lassen.

Schließlich formuliert Ziff. 2.3 Abs. 3 die Art und Weise, wie der **Nachweis** des berechtigten Interesses seitens des Datenempfängers geführt werden kann. Hier sind die Auskunfteien überwiegend der Ansicht, dass der Nachweis auch durch eine Bestätigung des innerbetrieblichen Kontrollorgans geführt werden kann, da dieser die internen Geschäftsprozesse einschließlich der Korrektheit von Auskunfteianfrageprozessen im Rahmen der Datenschutzfolgeabschätzung nach Art. 35 DSGVO überprüft hat und fortlaufend sicherstellen muss.   13.27

d) Identität/Nutzungsverbot (Ziff. 2.4)

M 13.1.7 Identität/Nutzungsverbot   13.28

2.4 Identität/Nutzungsverbot

Die Auskunftei wendet bei der Datenverarbeitung die allgemein übliche Sorgfalt an. Mit der Auskunftei-Auskunft werden jedoch weder Existenz noch Identität der angefragten betroffenen Person bestätigt. Darum obliegt die Identitätsprüfung vor jeder Anfrage und bei Verwendung der Auskunft dem Empfänger. Dies gilt insbesondere bei der Beauskunftung von Daten, die den öffentlichen Verzeichnissen und amtlichen Bekanntmachungen entnommen wurden.

Bei Abweichungen zwischen den gespeicherten bzw. beauskunfteten Daten und den Daten der Anfrage kann ein Hinweis durch die Auskunftei erfolgen. Wenn der Auskunftsempfänger die Identität nicht eindeutig feststellen kann, unterliegt die Auskunft einem absoluten Verarbeitungsverbot. Der Datenempfänger ist in diesen Fällen verpflichtet, der Auskunftei das Ergebnis seiner Identitätsprüfung mitzuteilen.

Ziff. 2.4 beschreibt eine auskunfteispezifische Problematik, denn im Auskunfteidatenbestand befinden sich keine Personen, sondern letztlich nur Datensätze. Auf eine Anfrage des Datenempfängers hin, kann die Auskunftei im Grunde nur die Übereinstimmung der mit der Anfrage übermittelten personenbezogenen Daten mit den bei ihr gespeicherten Daten abgleichen und nach Feststellung etwaiger Übereinstimmungen eine entsprechende Auskunft erteilen. Die Auskunftei kann aber als eine am konkreten Geschäftsvorfall, der berechtigterweise zu einer Anfrage führt, gar nicht direkt beteiligte Partei nicht feststellen, ob die Person, deren Daten im Rahmen eines Anfrage- und Auskunftsprozesses ausgetauscht werden, mit der Person identisch ist, die tatsächlich am konkreten Geschäftsvorfall teilnimmt oder gar existent ist. Es obliegt daher dem Datenempfänger, die Identität seines potentiellen Geschäftspartners zu überprüfen und festzustellen, ob die angefragten und darauf seitens der Auskunftei übermittelten Daten überhaupt dem „Gegenüber" zuzuordnen sind und ggf. **Identitätsmissbrauch** vorzubeugen[38]. Die Problematik verschärft sich auch insbesondere in den Fällen, in denen zu den Datensätzen keine hinreichenden Identifikationsmerkmale vorliegen. So liegen bspw. den zentralen Vollstreckungsgerichten nicht immer die Geburtsdaten der Betroffenen vor. Sieht man dann das Schuld-   13.29

---

38 S. hierzu die schon nach dem GwG bestehenden Verpflichtungen; s. dazu *Chrociel*, ZD 2013, 170 ff.

nerverzeichnis ein, so weiß man nicht, wem konkret ein bestimmter Eintrag zuzuordnen ist (z.B. bei Allerweltsnamen). Der Effekt entsteht natürlich in gleicher Weise bei Auskünften von Auskunfteien, die aufgrund gerichtlicher Bewilligung Schuldnerverzeichnisdaten in ihren Bestand übernehmen.

13.30 Stellt eine Auskunftei eine Ähnlichkeit des Anfragedatensatzes mit dem eigenen Bestand fest, kann sie auch einen entsprechenden **Ähnlichkeitshinweis** beauskunften. Dieser soll auf die Überprüfungspflicht des Datenempfängers noch einmal hinweisen. Sind aber gleichzeitig schon personenbezogene Daten übermittelt worden und kann der Datenempfänger nach Ausübung seiner Überprüfungspflicht eine Identität nicht feststellen, unterliegen die übermittelten Daten einem absoluten Verarbeitungsverbot. Gleichzeitig besteht die Verpflichtung des Datenempfängers, das Ergebnis der Überprüfung der Auskunftei mitzuteilen, damit die Auskunftei ggf. Korrekturen am eigenen Bestand vornehmen kann.

e) Leistungsübergabepunkt (Ziff. 2.5)

13.31 **M 13.1.8 Leistungsübergabepunkt**

Die Auskünfte sind erteilt, wenn sie die Schnittstelle der Auskunftei verlassen haben oder dem Datenempfänger zum Abruf bereitgestellt wurden. Leistungsübergabepunkt ist der Ausgangsrouter im Rechenzentrum der Auskunftei. Ab dann ist der Datenempfänger Verantwortlicher im Sinne von Art. 4 Nr. 7 DSGVO.

13.32 Ziff. 2.5 stellt klar, wann eine Auskunft erteilt ist. Damit wird quasi der „Gefahrübergang" definiert bzw. der Leistungsübergabepunkt, an dem der Datenempfänger auch datenschutzrechtlich Verantwortlicher wird. Für die Auskunftei ist diese Definition und die Festlegung eines Leistungsübergabepunktes wichtig, da nicht selten die Datenverarbeitung auf Seiten des Datenempfängers weitergeht und die in der Auskunft enthaltenen Daten mit eigenen Daten vermischt werden. Wird daraus ein Gesamtergebnis gewonnen und etwa einer Entscheidung zugrunde gelegt, so ist dafür insoweit die Auskunftei nicht verantwortlich.

f) Dauer der Datenspeicherung (Ziff. 2.6)

13.33 **M 13.1.9 Dauer der Datenspeicherung**

2.6 Dauer der Datenspeicherung

Die Auskunftei speichert Informationen über Personen nur für eine bestimmte Zeit.

Maßgebliches Kriterium für die Festlegung dieser Zeit ist die Erforderlichkeit. Für eine Prüfung der Erforderlichkeit der weiteren Speicherung bzw. die Löschung personenbezogener Daten hat die Auskunftei Regelfristen festgelegt. Danach beträgt die grundsätzliche Speicherdauer von personenbezogenen Daten jeweils drei Jahre taggenau nach deren Erledigung. Davon abweichend werden z.B. gelöscht:

[Detaillierung der jeweiligen Auskunftei]

Im Übrigen wird eine Löschung bzw. Berichtigung nur vorgenommen, wenn die ursprüngliche Meldung unzulässig war.

13.34 Ziff. 2.6 enthält die von der Auskunftei zu definierenden **Regellöschfristen**[39] in Ausgestaltung des Art. 5 Abs. 1 lit. e DSGVO, wonach die Speicherdauer für personenbezogene Daten durch die Erforderlichkeit der Speicherung bestimmt wird. Hierbei kann auf typisierte Regelprüffristen für wiederkehrende Vorgänge zurückgegriffen werden, da es gerade Unternehmen, die in großem Umfang Daten ver-

---

39 S. hierzu Erwägungsgrund 39 der DSGVO; VG Karlsruhe v. 6.7.2017 – 10 K 7698/16, ZD 2017, 543.

arbeiten – wie etwa Auskunfteien – nicht zuzumuten ist, jeden Einzelfall gesondert zu bewerten[40]. Eine Überprüfung kann in bestimmten Intervallen erfolgen, so wie es beispielsweise bislang nach § 35 Abs. 2 Satz 2 Nr. 4 BDSG a.F. möglich und zulässig war[41]. Die konkrete Ausgestaltung kann je nach Datenkranz und den Verarbeitungszweckender Auskunftei höchst unterschiedlich sein[42]. Teilweise wurde die Frage der Erforderlichkeit der Speicherung auch schon höchstrichterlich im Hinblick auf die grundrechtliche Ausgestaltung geklärt[43] bzw. spezialgesetzlich normiert[44]. Vor dem Hintergrund des Wegfalls der eindeutigen gesetzlichen Regelung des § 35 Abs. 2 Satz 2 Nr. 4 BDSG a.F. hat der Verband „Die Wirtschaftsauskunfteien" „Verhaltensregeln für die Prüf- und Löschfristen von personenbezogenen Daten durch die deutschen Wirtschaftsauskunfteien"[45] als Verhaltensregeln gem. Art. 40 DSGVO ausgearbeitet, welche mit Wirkung zum 25.5.2018 vom LDI NRW genehmigt[46] und auch schon gerichtlich bestätigt wurden[47].

Gleichzeitig wird damit dem Datenempfänger ein Leistungsmerkmal des Datenbestandes gegeben: Ältere Daten sind damit grundsätzlich nicht mehr verfügbar. Das soll aber nicht darüber hinwegtäuschen, dass teilweise abweichende Löschfristen bestehen. So können Informationen über laufende Geschäftsvorfälle (bspw. über Dauerschuldverhältnisse) und noch aktuelle Daten (Adressen) länger gespeichert werden.

g) Processingunternehmen/Erfüllungsgehilfen (Ziff. 2.7)

M 13.1.10 Processingunternehmen/Erfüllungsgehilfen   13.35

2.7 Processingunternehmen/Erfüllungsgehilfen

Sofern der Datenempfänger sich zur technischen Abwicklung eines Dritten bedient, hat er gegenüber der Auskunftei eine den Datenbankzugang regelnde Vereinbarung zu beauftragen.

In diesem Fall stellt er darüber hinaus unter Beachtung der Vorgaben des Art. 28 DSGVO durch vertragliche Regelungen mit diesem Dritten die Einhaltung der technischen Vorgaben durch den Dritten sicher.

Ziff. 2.7 behandelt die **Einschaltung Dritter beim Datenaustausch**. Es ist häufige Praxis, dass sich Datenempfänger zum Datenaustausch mit der Auskunftei eines technischen Dienstleisters bedienen, da sie oft nicht über die für ein automatisiertes Abrufverfahren nötige technische Infrastruktur verfügen. In diesen Fällen wird zur technischen Anbindung des Dienstleisters eine gesonderte Vereinbarung geschlossen. Im Verhältnis zum Datenempfänger ist der Dienstleister Auftragsverarbeiter. Da die Auskunftei ein Interesse daran hat, dass auch beim Datenempfänger und den durch diesen beauftragten Dritten ein angemessenes Datenschutzniveau herrscht, wird der Datenempfänger auf seine Verpflichtung hingewiesen, den Dienstleister nach Art. 28 DSGVO zu verpflichten.   13.36

---

40 S. hierzu VG Karlsruhe v. 6.7.2017 – 10 K 7698/16; auch *Plath* in Plath, Art. 5 DSGVO Rz. 18.
41 S. hierzu VG Karlsruhe v. 6.7.2017 – 10 K 7698/16; auch *Kamlah* in Plath, Art. 17 DSGVO Rz. 6.
42 S. zur Ermittlung von Regellöschfristen und zur Unterscheidung von Vorhaltefristen und Regellöschfristen bspw. DIN 66398.
43 S. hierzu BVerfG, Beschl. v. 29.6.2016 – 1 BvR 3487/14, ZD 2016, 531 (531); EuGH v. 9.3.2017 – C-398/15/, ZD 2017, 326 (327).
44 S. hierzu § 63a StVG und BT-Drucks. 18/11300, 25.
45 Abrufbar über die Webseite http://www.handelsauskunfteien.de/.
46 Abrufbar über die Webseite http://www.handelsauskunfteien.de/index.php?id=47.
47 LG Frankfurt/M. v. 20.12.2018 – 2/5 O 151/18, NZI 2019, 342 (343); LG Heilbronn v. 11.4.2019 – 13 O 140/181, ZD 2020, 257 (257).

6. Pflichten des Datenempfängers (Ziff. 3)

13.37 **M 13.1.11 Pflichten des Datenempfängers**

3. Pflichten des Datenempfängers

3.1 Die übermittelten Daten dürfen nur für den angefragten Zweck genutzt werden (vgl. Ziffer 1.1). Sie dürfen nicht an Dritte weitergegeben werden. Das Weitergabeverbot an Dritte beinhaltet auch das Verbot erhaltene Auskünfte in aufbereiteter Form oder mittelbar, z.B. durch Vergabe oder Ausweis von Zertifikaten oder sonstigen Hinweisen, aus denen sich die erfolgte Bonitätsprüfung ergibt, Dritten zur Verfügung zu stellen.

3.2 Der Datenempfänger verpflichtet sich, die Leistungen der Auskunftei nur in Anspruch zu nehmen, wenn ein berechtigtes Interesse an der Verwendung des Ergebnisses im vorstehenden Sinne vorliegt.

3.3 Zur Darlegung und Dokumentation des berechtigten Interesses am Erhalt der Auskunftei-Auskunft nutzt der Datenempfänger das Merkmal ... und dokumentiert somit das Vorliegen des berechtigten Interesses. Die Auskunftei speichert dieses Merkmal und dokumentiert die Anfrage des Datenempfängers, sofern die Anfrage einer konkreten Person zugeordnet werden kann. Die Auskunftei übermittelt Ergebnisse nur, wenn der Anfragende sich eindeutig als berechtigter Datenempfänger identifiziert.

3.4 Daten zur angefragten Person

Die zu einer Person gespeicherten Daten kann die Auskunftei nur beauskunften, wenn die angefragte Person eindeutig identifiziert werden kann. Der Datenempfänger ist daher verpflichtet, mit den korrekten und vollständigen Personalien der betroffenen Person (Name, Vorname, Geschlecht, private Anschrift und Voranschrift; ein zu langer Straßenname ist in normierter Schreibweise so abzukürzen, dass die Hausnummer mit angegeben werden kann) und möglichst unter Angabe des Geburtsdatums und des Geburtsortes anzufragen

*oder alternativ mit den Daten, wie sie sich aus **Anlage 1** (Verfahrensbeschreibung) zu diesem Vertrag ergeben, anzufragen. Ein zu langer Straßenname ist in normierter Schreibweise so abzukürzen, dass die Hausnummer mit angegeben werden kann.*

Fällt nach Auskünften die Identitätsprüfung negativ aus (vgl. hierzu Ziffer 2.4), so ist – ggf. nach Rückfrage beim Antragsteller – erneut mit insoweit korrigierten Daten anzufragen.

13.38 Ziff. 3.1 formuliert, dass die seitens der Auskunftei übermittelten Daten nur für den angefragten **Zweck** genutzt werden dürfen. Diese vertragliche Verpflichtung ergibt sich schon aus Art. 5 Abs. 1 lit. b DSGVO. Dass die Auskunftei hierüber den Datenempfänger noch einmal ausdrücklich zu unterrichten hat, ergibt sich aus Art. 5 Abs. 2 DSGVO.

Der (ursprüngliche) Zweck der Anfrage ergibt sich aus dem im Rahmen der Angabe des berechtigten Interesses übermittelten Anfragegrund (s. auch Ziff. 3.3).

Aus dem Grundsatz der Zweckbindung nach Art. 5 Abs. 1 lit. b DSGVO und zur eigenen Existenzsicherung bestimmen die Auskunfteiverträge in aller Regel, dass die übermittelten Daten nicht an Dritte weitergegeben werden dürfen. Etwa nach den allgemeinen Regelungen der Zweckänderung noch bestehende Möglichkeiten werden damit weitestgehend ausgeschlossen.

13.39 Ziff. 3.2 stellt klar, dass nicht nur ein berechtigtes Interesse durch einen entsprechenden Anfragegrund anzugeben ist, sondern dass das berechtigte Interesse auch tatsächlich vorliegen muss. Durch die vertragliche Verankerung ist damit gleichzeitig auch eine schuldrechtliche Zusicherung gegeben.

13.40 Ziff. 3.3 formuliert nun, wie das (tatsächlich vorliegende) berechtigte Interesse anzugeben ist. Dabei werden seitens der Auskunftei in aller Regel bestimmte Anfragegründe als Standard vorgegeben. Innerhalb der Auskunfteien ist hier in der Praxis unterschiedlicher Differenzierungsgrad festzustellen. So ist sicher präziser bspw. ein seitens des Betroffenen konkret angefragtes Geschäft als Anfragegrund anzugeben, als pauschal die Angabe, dass eine Überprüfung stattfinden soll. Der entsprechende **Katalog an Anfragegründen** wird bei den Auskunfteiverträgen entweder direkt in den Vertrag integriert oder in einer Anlage zum Vertrag aufgeführt. Wie bereits erwähnt, zeichnet auch die Auskunftei den übermittelten Anfragegrund zur Überprüfung des berechtigten Interesses auf (s. Rz. 13.22 und Rz. 13.25 ff. zu Ziff. 2.2 Abs. 6 und Ziff. 2.3 des Vertrags). Das macht aber natürlich nur Sinn, wenn die entsprechende Anfrage auch tatsächlich einer Person zugeordnet werden kann und daraufhin auch eine Auskunft erteilt wird. Diese wird auch nur erteilt, wenn sich der Datenempfänger entsprechend legitimiert hat.

Ziff. 3.4 knüpft direkt an Ziff. 3.3 und formuliert die Voraussetzung, damit eine eindeutige Zuordnung des Anfragedatensatzes zu den bei der Auskunftei gespeicherten Daten stattfinden kann. Es ist im Sinne der Betroffenen, dass der Datenempfänger möglichst präzise anfragt. Nur so können Personenverwechselungen sowohl bei der Auskunftei und beim Datenempfänger vermieden werden. Die teilweise geforderte Beschränkung der Erhebung von Daten, bspw. im Rahmen von Bestellprozessen, ist daher eher kontraproduktiv. Betroffene haben es selbst in der Hand sich ausreichend zu identifizieren und damit für eine sichere Überprüfung durch Auskunfteien zu sorgen. 13.41

Am Ende von Ziff. 3.4 wird (noch einmal) der Zusammenhang mit Ziff. 2.4 hergestellt, wonach eben nicht nur die Auskunftei die **Identität des Anfragedatensatzes** mit den bei ihr gespeicherten Daten feststellen muss, sondern auch der Datenempfänger verpflichtet ist, zu prüfen, ob die übermittelten Daten überhaupt zu der (ggf. vor ihm stehenden) Person „gehören". Der Datenempfänger hat dann ggf. im Gespräch weitergehende Angaben zu erfragen und dann eine neue Anfrage an die Auskunftei zu richten. Das Nutzungsverbot für die ggf. nicht eindeutig zuzuordnende Erstauskunft ergibt sich aus Ziff. 2.4. 13.42

7. Profilbildung/Scoring (Ziff. 4)

M 13.1.12 Profilbildung (Scoring) 13.43

4. Profilbildung (Scoring)

4.1 Die Score-Information erscheint in folgenden Varianten: ...

4.2 Der Auskunftei-Score wird immer nur als Momentaufnahme berechnet und hat daher nur eine Aussagekraft für den Augenblick der Beauskunftung. Durch Änderung der zugrunde liegenden Informationen kann er somit bereits am nächsten Tag überholt sein.

4.3 Nach den datenschutzrechtlichen Bestimmungen dürfen Entscheidungen zulasten der betroffenen Person grundsätzlich nicht ausschließlich auf eine automatisierte Verarbeitung personenbezogener Daten – einschließlich Profiling – gestützt werden. Dies gilt nicht in den in Art. 22 Abs. 2 DSGVO sowie § 37 BDSG genannten Ausnahmefällen.

4.4 Sofern der Datenempfänger Scoreverfahren unter Nutzung von Anschriftendaten einsetzt, wird er hierüber die betroffene Person vorher unterrichten. Die Unterrichtung ist zu dokumentieren.

Neben Auskünften, die aus personenbezogenen Daten in Form von Klardaten bestehen, gehört die Errechnung und Übermittlung von Wahrscheinlichkeitswerten inzwischen zum Standard der Auskunfteien. **Scoreverfahren** sind nach der Wertung des § 31 BDSG (und spezialgesetzlich für Kreditinstitute nach § 25a KWG) auch ausdrücklich zulässig. Dabei kann die Berechnung und Darstellungsform von Scoreinformationen höchst unterschiedlich sein. Sie stellt in der Regel das Geschäftsgeheimnis der jeweiligen Auskunftei dar. 13.44

Während die Zulässigkeit des Scorings bislang in § 28b BDSG a.F. geregelt war, findet sich in der DSGVO keine gesonderte Rechtsgrundlage für die Zulässigkeit des Scorings. Art. 22 DSGVO ist nicht als eigene Rechtsgrundlage anzusehen, sondern enthält nur für den Fall einer automatisierten Einzelentscheidung (einschließlich Profiling) weitere Betroffenenrechte. Insoweit bemisst sich die Zulässigkeit eines Profilings durch Auskunfteien grundsätzlich nur nach Art. 6 Abs. 1 lit. f DSGVO[48].

§ 31 BDSG regelt die Zulässigkeit der **Verwendung eines Wahrscheinlichkeitswerts** über ein bestimmtes zukünftiges Verhalten einer natürlichen Person zum Zweck der Entscheidung über die Begründung, Durchführung oder Beendigung eines Vertragsverhältnisses mit dieser Person (Scoring). Die gesetzgeberische Wertung ist im Rahmen der Interessensabwägung im Falle der Verarbeitung von personenbezogenen Daten zur Erstellung und Übermittlung eines Scorewerts (Profiling) nach Art. 6 Abs. 1 lit. f DSGVO zu berücksichtigen, so dass Wahrscheinlichkeitswerte, die unter Wahrung der dort genannten Grundsätze gebildet wurden in jedem Fall zulässig sind.

13.45 Ziff. 4.2 hat eher erläuternden Charakter und stellt klar, dass Scorewerte immer nur anlassbezogen berechnet werden und bereits am nächsten Tag überholt sein können, da sich der der Scoreberechnung zugrunde liegende Datenbestand (möglicherweise schon durch Zeitablauf) geändert hat.

13.46 Trotz – oder gerade wegen – des erhöhten **Automatisierungsgrades von Entscheidungen**, die (auch) aufgrund von Scoreinformationen getroffen werden, besteht die sich bereits aus Art. 22 Abs. 1 DSGVO ergebende Verpflichtung, keine ausschließlich automatisierten Entscheidungen zu treffen, die gegenüber einer betroffenen Person eine rechtliche Wirkung entfalten oder eine betroffene Person in ähnlicher Weise erheblich beeinträchtigen und dies wurde daher auch noch einmal vertraglich unterlegt.

13.47 Eine automatisierte Einzelentscheidung nach Art. 22 DSGVO erfolgt nicht durch die Auskunftei selbst. Diese liefert im Vorfeld von Geschäftsabschlüssen lediglich Informationen und ggf. einen Wahrscheinlichkeitswert. Die Entscheidung obliegt dann allein dem Verantwortlichen. Insofern treffen Auskunfteien etwaige weitere an Art. 22 DSGVO ansetzende Pflichten oder sich aus § 37 BDSG ergebende Pflichten nicht.

13.48 Ziff. 4.5 weist auf die Besonderheit von § 31 Abs. 1 Nr. 3 und Nr. 4 BDSG hin. Hiernach ist die Nutzung von Anschriftendaten im Rahmen von Wahrscheinlichkeitswerten bei der Verwendung durch den Verantwortlichen zwar zulässig, in diesen Fällen ist die betroffene Person aber hierüber gesondert zu informieren und diese Information durch den Verwender des Wahrscheinlichkeitswerts zu dokumentieren.

8. Intervall der Leistungserbringung (Ziff. 5)

13.49 **M 13.1.13 Intervall der Leistungserbringung**

5. Intervall der Leistungserbringung

Der Datenempfänger beauftragt die Auskunftei

5.1 ☐ für eine einmalige Leistungserbringung.
5.2 ☐ für eine dauerhafte Leistungserbringung, wobei die Leistung in folgenden zeitlichen Abständen erbracht werden soll:
    ☐ *monatlich*   ☐ *vierteljährlich*   ☐ *halbjährlich*   ☐ *jährlich*
5.3 ☐ gemäß individueller Vereinbarung:

13.50 Auskünfte können nicht nur anlassbezogen eingeholt werden, sondern sind auch – ein (fortbestehendes) berechtigtes Interesse vorausgesetzt – in regelmäßigen Abständen möglich. Praktischer An-

---

48 S. BT-Drucks. 18/11325, 101 f.; *v. Lewinski/Pohl*, ZD 1/2018, 17 (21).

wendungsfall sind sog. **Monitoringdienstleistungen**, bei denen bspw. Kundenbeziehungen ständig beobachtet werden müssen. So schreibt bspw. § 25a KWG eine solche Beobachtung vor[49].

9. Vergütung (Ziff. 6)

M 13.1.14 Vergütung   13.51

6. Vergütung

*6.1 Pro Treffer wird eine Vergütung fällig. Die Höhe der Vergütung pro Treffer/für die von der Auskunftei erbrachte Leistung richtet sich nach dem jeweils gültigen Preisverzeichnis, das als **Anlage 3** diesem Vertrag beigefügt ist. Änderungen des Preisverzeichnisses werden dem Datenempfänger vor ihrem Inkrafttreten rechtzeitig schriftlich mitgeteilt. Ist der Datenempfänger mit der Änderung des Preisverzeichnisses nicht einverstanden, steht ihm das Recht zur ordentlichen Kündigung gemäß Ziffer 6.3 zu.*

alternativ:

Die Höhe der Vergütung beträgt … zzgl. der jeweils gesetzlich gültigen USt. Der Mindestumsatz beträgt EUR … pro Auftrag.

6.2 Die Auskunftei stellt dem Datenempfänger im Folgemonat eine Rechnung für Anfragen im vorhergehenden Monat.

6.3 Alle aus diesem Vertrag resultierenden Forderungen werden mit Rechnungsstellung sofort fällig. Diese werden dem Datenempfänger per Lastschrift abgebucht.

6.4 Soweit der Datenempfänger zur Vornahme der Leistungen aus diesem Vertrag einen Prozessor beauftragt, der im eigenen Namen und auf eigene Rechnung tätig wird, werden die daraus resultierenden Forderungen dem Prozessor als Leistungsempfänger in Rechnung gestellt. Hierzu sind separate Vereinbarungen zu treffen.

Die Vergütungsklausel ist frei gestaltbar und unterscheidet sich möglicherweise nicht von Vergütungsklauseln anderer Verträge. Auskunfteispezifisch ist allenfalls die Frage, ob **transaktionsbezogen** (also für die gestellte Anfrage) oder **trefferbezogen** (nur für tatsächlich identifizierbare Anfragen und daraufhin erteilte Auskünfte) abgerechnet wird. Auch sog. **Flatrate-Modelle** sind denkbar.   13.52

10. Laufzeit und Kündigung/Inkrafttreten (Ziff. 7)

M 13.1.15 Laufzeit und Kündigung/Inkrafttreten   13.53

7. Laufzeit und Kündigung/Inkrafttreten

7.1 Dieser Vertrag tritt
  ☐ mit Unterzeichnung
  ☐ zum …
  in Kraft.

7.2 Der Vertrag kann sowohl vom Datenempfänger, als auch von der Auskunftei mit einer Frist von 2 (zwei) Monaten zum Monatsende gekündigt werden.

7.3 Die Auskunftei ist zur sofortigen Einstellung der Leistungserbringung und zur fristlosen Kündigung berechtigt:

---

49 Vgl. *Früh*, WM 2002, 1813 ff.

> – *bei schuldhaftem Verstoß des Datenempfängers gegen grundlegende Verpflichtungen aus diesem Vertrag,*
>
> – *bei schuldhaft falschen oder unvollständigen Angaben in Zusammenhang mit dem Abschluss dieses Vertrags oder …*
>
> – *bei Verstößen gegen die Bestimmungen von Ziffer 4.*

13.54 Auch diese Klausel dürfte sich nicht wesentlich von Laufzeitklauseln anderer Verträge unterscheiden. Um jedoch die **Seriosität des Datenaustausches** zu gewährleisten, wird seitens der Auskunfteien häufig vor Vertragsschluss die Berechtigung des potentiellen Datenempfängers geprüft. Macht der Interessent vor Vertragsschluss falsche Angaben und werden daraufhin möglicherweise unzulässig Auskünfte erteilt, weil das berechtigte Interesse an der Teilnahme des jeweiligen Auskunfteisystems gar nicht bestand, muss die Auskunftei die Zusammenarbeit zügig wieder beenden können und in der Übergangszeit bis zur Beendigung des Auskunfteivertrags berechtigt sein, die Leistungserbringung sofort einzustellen. Teilweise finden sich in den Auskunfteiverträgen auch Kündigungsrechte für den Fall, in dem der Auskunftei Informationen zu Personen des Datenempfängers oder der ersten Führungsebene bekannt werden, die dem Präventionszweck der jeweiligen Auskunftei zuwiderlaufen (bspw. Insolvenzinformationen im Datenbestand eines Kreditwürdigkeitsinformationssystems). Schließlich werden sich Kündigungsrechte für fehlerhafte Anwendung von Scoredienstleistungen vorbehalten, da diese zu erheblichen Reputationsschäden (auch) bei der Auskunftei führen können.

11. Kommunikationsverfahren (Ziff. 8)

13.55 **M 13.1.16 Kommunikationsverfahren**

8. Kommunikationsverfahren

8.1 Der Datenempfänger wird die Festlegungen der ihm – im Hinblick auf das jeweils gewählte elektronische Kommunikationsverfahren – zur Verfügung gestellten Dokumente oder Software sowie die Außerbetriebnahme in ihrer jeweils gültigen Fassung einhalten. Änderungen und neue Versionen dieser Dokumente oder Software werden dem Datenempfänger rechtzeitig, d.h. in der Regel drei Monate vor deren Wirksamwerden bzw. vor der Inbetriebnahme der geänderten Schnittstelle oder der Außerbetriebnahme, mitgeteilt. Stimmt der Datenempfänger den Änderungen nicht zu, so kann er diesen Vertrag gemäß Ziffer 6.1 kündigen.

In Anbetracht ständiger DV-Optimierung kann die Auskunftei keine Gewähr für die Vollständigkeit und Richtigkeit der vorgenannten Dokumente oder Software übernehmen.

Werden die vereinbarten technischen Vorgaben nicht eingehalten, ist die Auskunftei berechtigt, den elektronischen Kommunikationszugang zum Auskunftei-Verfahren zu sperren. Hat der Datenempfänger den Verdacht, dass diese technischen Vorgaben nicht eingehalten werden – bspw. dass ein ihm zugewiesenes Zertifikat in unberechtigter Weise genutzt werden könnte –, wird er die Auskunftei unverzüglich informieren, damit der Zugang ggf. gesperrt werden kann.

Der Datenempfänger ist verpflichtet, aktuelle Sicherheitseinrichtungen, Firewalls, Virenscanner u.ä. zum Schutz der von der Auskunftei übermittelten oder bereitgestellten Informationen einzusetzen.

Der Datenempfänger wird vor jeder das Kommunikationsverfahren und/oder die elektronische Verbindung zur Auskunftei betreffenden eigenen Aktivität (z.B. Veränderung von Einstellungen bei Schnittstellen) die konkreten und aktuellen Spezifikationen mit der Auskunftei abklären und vor deren (produktivem) Einsatz einen diesbezüglichen Test gemeinsam mit der Auskunftei durchführen, sofern sich die Parteien nicht auf ein anderes Vorgehen einigen.

8.2 Der Datenempfänger wählt folgendes Kommunikationsverfahren zum Bezug der Dienstleistungen der Auskunftei:

☐ *Auskunftei*

☐ *…*

☐ *…*

☐ *…*

*Ergänzend gelten die für das jeweils vereinbarte Kommunikationsverfahren bestehenden Sonderbedingungen gemäß **Anlage 4**.*

Die Berechtigung zur Nutzung eines Kommunikationsverfahrens endet automatisch mit dem Ende des entsprechenden Vertragsbestandteils oder des gesamten Vertrags.

Die Zusammenarbeit mit einer Auskunftei vollzieht sich in aller Regel in einem automatisierten Abrufverfahren. Dabei bieten die Auskunfteien unterschiedliche technische Wege an, um die Anbindung tatsächlich zu realisieren. Welcher Weg gewählt wird, hängt maßgeblich von dem **Volumen des Datenaustausches** ab. So bieten sich bei großen Volumina Rechner-zu-Rechnerverbindungen an, während sich für kleinere Datenempfänger die Einrichtung einer solchen IT-Infrastruktur nicht lohnt und daher auch webbasierte Services angeboten werden. Entsprechend dem gewählten technischen Verfahren existieren anbindungsspezifische Besonderheiten, die dann über eine Anlage zum Vertrag in entsprechenden Sonderbindungen abgebildet werden, um einen sicheren Datenaustausch zu gewährleisten. Im Vertrag selbst dagegen finden sich allgemeine Bestimmungen, die insbesondere die Versionierung und die Folgen der Aktualisierung der **technischen Spezifikationen** regeln.

13.56

12. Haftung (Ziff. 9)

M 13.1.17 Haftung

13.57

9. Haftung

9.1 Haftung der Auskunftei für Informationen

9.1.1 Allgemeine Haftung

Die Auskunftei haftet unbeschränkt für Schäden aus der Verletzung des Lebens, des Körpers oder der Gesundheit, die auf einer fahrlässigen Pflichtverletzung der Auskunftei oder einer vorsätzlichen oder fahrlässigen Pflichtverletzung eines gesetzlichen Vertreters oder Erfüllungsgehilfen der Auskunftei beruhen.

Die Auskunftei haftet unbeschränkt im Fall von Vorsatz sowie im Fall der Haftung von der Auskunftei nach dem Produkthaftungsgesetz.

9.1.2 Haftungsprivilegierung

Dem Datenempfänger ist bewusst, dass mit der Lieferung von Informationen durch die Auskunftei zum Zwecke der Risikobeurteilung von Geschäften die Realisierung dieser Risiken nicht versichert ist. Daher gelten die folgenden Haftungsbeschränkungen für die vertragliche und gesetzliche, insbesondere deliktische Haftung der Auskunftei; dies gilt auch zugunsten der Auskunftei-Mitarbeiter.

Die Auskunftei haftet nicht für die sachliche Richtigkeit und Vollständigkeit der ihr von ihren Datenempfängern übermittelten bzw. aus allgemein zugänglichen Quellen und amtlichen Bekanntmachungen entnommenen oder von sonstigen Informationsdienstleistern zur Verfügung gestellten und von ihr verwalteten Daten. Die Auskunftei haftet nicht für Kreditlimitempfehlungen.

Die Auskunftei oder einer ihrer Erfüllungsgehilfen haftet für Fahrlässigkeit nur bei der Verletzung vertragswesentlicher Pflichten (Kardinalpflichten).

Pro Kalenderjahr ist die Haftung der Auskunftei der Summe nach begrenzt auf 50 % des vom Datenempfänger unter diesem Vertrag im jeweiligen Kalenderjahr gezahlten Entgelts.

Pro Einzelfall ist die Haftung der Auskunftei der Summe nach begrenzt auf 10 % des vom Datenempfänger unter diesem Vertrag im jeweiligen Kalenderjahr gezahlten Entgelts.

Die Haftung ist jedoch in jedem Fall auf EUR 50 000 pro Jahr begrenzt.

Bei der Erteilung von aus dem Ausland eingeholten Auskünften kann die Auskunftei eine Übersetzungshilfe zur Verfügung stellen, für die jedoch keine Haftung übernommen wird.

9.2 Haftung des Datenempfängers

Ein Verstoß des Datenempfängers gegen Verpflichtungen aus diesem Vertrag, insbesondere

– der missbräuchliche Abruf von Daten

– die missbräuchliche Verwendung der Auskunftei-Auskunft

begründet Schadenersatzansprüche der Auskunftei gegenüber dem Datenempfänger. Dies gilt auch für den Fall, dass die Auskunftei ihrerseits von Dritten in Anspruch genommen wird.

Teilt der Datenempfänger den Wegfall des berechtigten Interesses, insbesondere die Beendigung einer Geschäftsbeziehung mit dem Betroffenen, nicht mit und werden dann in Erfüllung des Monitoringverfahrens trotzdem Daten an den Datenempfänger übermittelt, so begründet dies eine unzulässige Datenübermittlung. Insoweit haftet der Datenempfänger gegenüber der Auskunftei für den ihr daraus entstandenen Schaden.

13.58 Ziff. 9.1 regelt die Haftung der Auskunftei. Die Haftungsklausel leitet dabei zunächst mit der Aufzählung der Fälle ein, in denen die Haftung nach allgemeiner Ansicht nicht beschränkt werden kann.

13.59 Es folgt dann eine **Haftungsprivilegierung** zugunsten der Auskunfteien, die den Besonderheiten des Auskunfteivertrags Rechnung trägt. So wird zunächst klargestellt, dass die Auskunft keinen Versicherungscharakter hat. Eine aufgrund einer erteilten Auskunft getroffene (Kredit-)Entscheidung kann also nicht zum vollen Ersatz einer etwa valutierten Summe führen, falls diese (wegen vermeintlich fehlerhafter Auskunft) ausfällt. Die erteilte Auskunft deckt also nicht das Risiko des eingegangenen Geschäfts ab, sondern dient lediglich als Entscheidungsunterstützung. Diese Regelung ist gerechtfertigt, da sich der Einzelpreis für eine erteilte Auskunft überwiegend im Centbereich bewegt und damit deutlich wird, dass eine volle Risikoübernahme nicht gewollt ist, da es hierfür schon an einer äquivalenten Bepreisung fehlt.

13.60 Es folgt dann eine Konkretisierung der Haftungsprivilegierungen. So schließen die Auskunfteien in aller Regel die Haftung für solche Daten aus, die sie aus öffentlich zugänglichen Quellen entnommen haben und selbst zur Beauskunftung bereitstellen. Grund hierfür ist, dass möglicherweise schon die Veröffentlichung fehlerhaft war, was die Auskunfteien naturgemäß nicht nachvollziehen können, da sie am Veröffentlichungsvorgang nicht beteiligt gewesen sind. Beispielhaft seien hier die den Schuldnerverzeichnissen der Vollstreckungsgerichte entnommenen Daten genannt, die aufgrund von Bewilligungen den Auskunfteien „spiegelbildlich" zur Verfügung gestellt werden. Hier trifft die Auskunfteien allenfalls die Verpflichtung, für eine dem Stand der Technik entsprechende Zuordnungslogik zu sorgen. Auch die im Bereich von Wirtschaftsinformationen gegebenen sog. Limitempfehlungen unterliegen nicht der Haftung, falls das daraufhin eingeräumte Limit schlussendlich ausfällt, da sich die entsprechenden Limitempfehlungen aus den gespeicherten Daten ableiten, die nach dem Vorstehenden aber ihrerseits „haftungsfrei" fehlerhaft sein können.

13.61 Die folgenden Bestimmungen definieren eine Haftungsprivilegierung bei leichter Fahrlässigkeit wie sie nach allgemeiner Ansicht zulässig ist. Sie weisen insoweit keine Besonderheiten auf.

13.62 Aufgrund von § 30 Abs. 1 BDSG sind Kreditwürdigkeitsinformationen diskriminierungsfrei auch ausländischen Anbietern zur Verfügung zu stellen. Da die Auskunfteisysteme jedoch immer noch stark national geprägt sind, werden teilweise Übersetzungshilfen für die erteilten Auskünfte verlangt. Insbesondere aber zivilprozessuale Termini lassen sich nicht immer eindeutig übersetzen, so dass die Haftung für überlassene Übersetzungshilfen ausgeschlossen wird.

Ziff. 9.2 formuliert die Haftung des Datenempfängers. Hier spielen insbesondere der **missbräuchliche** **13.63** **Abruf** bzw. die **missbräuchliche Verwendung** eine praxisrelevante Rolle. Da Anfragen zur (nachträglichen) Überprüfung des berechtigten Interesses gespeichert werden müssen, müssen diese Anfragen als gespeicherte Daten der betroffenen Person nach Art. 15 DSGVO beauskunftet werden. Erkennt dann die betroffene Person die ggf. missbräuchliche Anfrage, sind Schadensersatzansprüche denkbar, für die dann der missbräuchlich Anfragende haften soll.

Eine Ersatzpflicht wird auch für den Fall bestimmt, dass der Datenempfänger bei Monitoringdienst- **13.64** leistungen (s. Rz. 13.50) den Wegfall seines ursprünglich fortbestehenden Interesses, aufgrund dessen dann laufend neu bekannt gewordene Informationen erteilt wurden, der Auskunftei nicht mitteilt und es daraufhin zu unzulässigen Datenübermittlungen kommt.

In Auskunfteiverträgen, die von einem Gegenseitigkeitsprinzip ausgehen, wonach bestimmte Sachver- **13.65** halte auch der Auskunftei zu übermitteln sind, wird die **Haftung für fehlerhaft übermittelte Sachverhalte** konkretisiert. Hintergrund ist, dass die Auskunfteien die Richtigkeit der ihr übermittelten Daten nicht einer „Eingangskontrolle" unterziehen können[50]. Die fehlerhafte Meldung fällt mithin erst nach erfolgter (Weiter-)Übermittlung auf und ein etwaiges Bekanntwerden der betroffenen Person bspw. nach dem Mechanismus von Ziff. 2.2 Abs. 7 des Vertrags. In diesen Fällen bestehen ggf. Ansprüche gegen die Auskunftei, deren Regressmöglichkeit sich die Auskunftei über die hier in Rede stehende Vorschrift sichern können muss. Gleichzeitig ist eine Haftungsregelung in diesem Sinne aber auch erforderlich, um ggf. missbräuchlichen Meldungen nicht Vorschub zu leisten.

13. Informationsweitergabe und Geheimhaltung (Ziff. 10)

M 13.1.18 Informationsweitergabe und Geheimhaltung **13.66**

10. Informationsweitergabe und Geheimhaltung

10.1 Die Parteien werden alle Presseinformationen und -erklärungen sowie sonstige öffentliche Stellungnahmen über Abschlüsse oder Durchführung dieses Vertrags ausschließlich im vorherigen gegenseitigen Einvernehmen abgeben, herausgeben oder Dritten zur Verfügung stellen, es sei denn, es handelt sich um Pflichtveröffentlichungen nach börsenrechtlichen Bestimmungen. Hiervon unabhängig ist das Recht, auf die durch diesen Vertrag geregelte Zusammenarbeit hinzuweisen.

10.2 Beide Parteien verpflichten sich, während der gesamten Laufzeit dieses Vertrags sowie auch unbefristet nach Beendigung dieses Vertrags sämtliche vertraulichen Informationen, die im Zusammenhang mit der Durchführung dieses Vertrags bekannt werden sollten, strikt vertraulich zu behandeln und nicht gegenüber Dritten zu offenbaren oder anderweitig zu verwenden.

10.3 Als vertraulich sind insbesondere diejenigen Informationen zu verstehen, die den Inhalt dieses Vertrags, die Durchführung und Abwicklung dieses Vertrags und sämtliche mündlichen Abreden im Zusammenhang mit diesem Vertrag betreffen. Jede Partei ist verpflichtet, mit der anderen Partei Rücksprache zu halten, sofern irgendwelche Zweifel aufkommen sollten, ob eine Information im konkreten Einzelfall als vertraulich zu behandeln ist.

10.4 Diese Vertraulichkeitsverpflichtung gilt nicht für Informationen, die eine Partei nachweislich von Dritten rechtmäßig erhalten hat oder erhält, die bei Vertragsabschluss bereits allgemein bekannt waren oder nachträglich ohne Verstoß gegen die in diesem Vertrag enthaltenen Verpflichtungen allgemein bekannt wurden oder deren Veröffentlichung die andere Partei zugestimmt hat sowie für Informatio-

---

50 Vgl. LG Stuttgart v. 15.5.2002 – 21 O 97/01, DB 2002, 1499.

nen, die aufgrund gesetzlicher Pflicht oder behördlicher Anordnung an einen Dritten zu geben sind; in diesen Fällen ist die verpflichtete Partei gehalten, die jeweils andere Partei, soweit rechtlich zulässig, vorab bzw. unverzüglich über die Herausgabe zu unterrichten.

13.67 Ziff. 10.1 enthält eine weitestgehend gängige Formulierung zur Abstimmung bei Presseaktivitäten.

Die Ziff. 10.2–10.4 enthalten Regelungen zur Vertraulichkeit hinsichtlich der im Rahmen der Vertragsbegründung und Durchführung überlassenen Unterlagen. Relevant wird dies insbesondere für die technischen Verfahrensbeschreibungen zur Einrichtung des automatisierten Abrufverfahrens, die meistens schon vor Vertragsunterzeichnung übergeben und im Laufe des Vertrags ständig aktualisiert werden[51]. Zur Sicherung des in diesen technischen Spezifikationen enthaltenen Auskunftei-Know-how sind daher entsprechende Verpflichtungen in Auskunfteiverträgen enthalten.

14. Ansprechpartner (Ziff. 11)

13.68 **M 13.1.19 Ansprechpartner**

11. Ansprechpartner

Die Parteien benennen einander Ansprechpartner und deren Stellvertreter. Änderungen bei den Ansprechpartnern oder deren Stellvertretern sind der anderen Partei unverzüglich anzuzeigen.

13.69 Die Vorschrift enthält keine Besonderheiten gegenüber vergleichbaren Regelungen, die auch andere Vertragstypen enthalten.

15. Sonstiges (Ziff. 12)

13.70 **M 13.1.20 Sonstiges**

12. Sonstiges

12.1 Die sich aus diesem Vertrag ergebenden Rechte zugunsten des Datenempfängers auf Erhalt von Informationen sind nicht übertragbar.

Eine Sitzverlegung ins Ausland, insbesondere in ein sog. Drittland (i.S.d. europäischen Datenschutzrechts), zeigt der Datenempfänger der Auskunftei unverzüglich an. Vorstehendes gilt auch für den Fall, dass die Daten physisch an einen Prozessor geliefert werden und dieser seinen Sitz ins Ausland oder in ein Drittland verlegt oder das Land, indem der Datenempfänger seinen Sitz hat, zu einem Drittland wird. Bei der Datenlieferung in ein Drittland sowie bei jedem Drittlandbezug ist der Datenempfänger verpflichtet, weiterhin den gesetzeskonformen Umgang mit Daten zu gewährleisten sowie umgehend Kontakt bzw. Vertragsverhandlungen aufzunehmen, um den gesetzeskonformen Drittlandverkehr entweder nachzuweisen oder zu vereinbaren.

12.2 Änderungen, Erweiterungen und Ergänzungen dieses Vertrags bedürfen der Schriftform. Abweichend hiervon genügen für Änderungen, Erweiterungen und Ergänzungen bezüglich des gewählten Vertragsgegenstandes gemäß Ziffer 1.1 sowie des Kommunikationsverfahrens gemäß Ziffer 8, die elektronische Form oder die Textform. Eine Änderung der vorstehenden Formklauseln bedarf ebenfalls der Schriftform.

---

51 S. M 13.1.15 „Laufzeit", Rz. 13.53 f.

12.3 Vertragssprache für diesen Vertrag ist deutsch. Etwaige, für den Datenempfänger erstellte anderssprachige Fassungen sind lediglich informatorische Übersetzungen, die nichts an den in deutscher Sprache definierten Leistungsverpflichtungen ändern.

12.4 Für alle Ansprüche aus und im Zusammenhang mit diesem Vertrag gilt das Recht der Bundesrepublik Deutschland unter Ausschluss des einheitlichen UN-Kaufrechts (CISG). Ausschließlicher Gerichtsstand für alle Rechtsstreitigkeiten aus diesem Vertrag ist …

12.5 Sollte eine Bestimmung dieses Vertrags ganz oder teilweise gegen gesetzliche Regelungen verstoßen oder aus sonstigen Gründen nichtig sein, wird dadurch die Gültigkeit des übrigen Vertrags nicht berührt. Die Parteien werden die nichtige bzw. unwirksame Bestimmung im gegenseitigen Einvernehmen durch eine andere ersetzen, die dem wirtschaftlich angestrebten Zweck am nächsten kommt.

12.6 Die Anlagen sind Bestandteil dieses Vertrags.

Auch ein Auskunfteivertrag enthält die üblichen Schlussbestimmungen, wie sie in anderen Verträgen enthalten sind. Auskunfteispezifisch ist allerdings Ziff. 12.1 Abs. 2. Diese Regelung soll sicherstellen, dass der Datenempfänger oder sein Dienstleister nicht einfach eine Verlagerung in ein Drittland vornimmt, ohne dass vorher das angemessene Datenschutzniveau i.S.d. Drittlandverkehrs durch entsprechende Maßnahmen[52] erreicht ist oder das Land, in dem der Datenempfänger seinen Sitz hat, zu einem Drittland wird. Im Ergebnis soll auch diese Vorschrift der Seriosität des Auskunfteiverfahrens unterstützen helfen, indem die Auskunftei auch nach bereits erfolgter Auskunftserteilung auf der Empfängerseite auf ein angemessenes Datenschutzniveau achtet. 13.71

---

52 Z.B. durch Vereinbarung der EU-Standarddatenschutzklauseln, s. hierzu Teil 5, § 26 und § 27.

Literatur: *Datenschutzkonferenz*, Kurzpapier Nr. 3, Verarbeitung personenbezogener Daten für Werbung v. 17.12.2018, abrufbar unter: https://www.datenschutzkonferenz-online.de/media/kp/dsk_kpnr_3.pdf; *Eisenberg*, Möglichkeiten des E-Mail-Direktmarketing ohne Einwilligung der Beworbenen, BB 2012, 2963; *Europäischer Datenschutzausschuss*, Guidelines 05/2020 on consent under Regulation 2016/679 V. 1.1 v. 4.5.2020, abrufbar unter: https://edpb.europa.eu/sites/edpb/files/files/file1/edpb_guidelines_202005_consent_en.pdf; *Geiger*, Aufgedrängte Vertragsschlüsse durch Zusammenwirken von Adresshandel, Telefonmarketing und angemaßten Einzugsermächtigungen, NJW 2007, 3030; *Köhler/Bornkamm*, UWG, 38. Aufl. 2020; *Pfeiffer*, Neue Regeln für die Datennutzung zu Werbezwecken, MMR 2010, 52; *Taeger/Schweda*, Die gemeinsam mit anderen Erklärungen erteilte Einwilligung, ZD 2020, 124; *Wendehorst/Graf v. Westphalen*, Das Verhältnis zwischen Datenschutz-Grundverordnung und AGB-Recht, NJW 2016, 3745; *Ziegenhorn/v. Heckel*, Datenverarbeitung durch Private nach der europäischen Datenschutzreform, NVwZ 2016, 1585.

A. Einleitung

Das folgende Vertragsformular enthält Regelungen für den klassischen **Adresskauf:** Der Käufer übernimmt von dem Lieferanten einen Bestand an personenbezogenen Daten und zahlt dem Lieferanten 14.1

dafür eine Vergütung. Es handelt sich um einen Kaufvertrag gem. § 433 BGB[1], wobei das Kaufobjekt im Falle der Verkörperung der Daten auf einem Datenträger eine Sache i.S.d. § 90 BGB ist, andernfalls die unverkörperten Daten „sonstiger Gegenstand" i.S.d. § 453 BGB sind[2].

14.2 Das Formular ist zudem als **Rahmenvertrag** (vgl. v.a. Ziff. 2.2) ausgestaltet. Das hat zur Folge, dass alleine der Abschluss dieses Adresslieferungsrahmenvertrags keine unmittelbaren Pflichten begründet, sondern erst ein darauf basierender Einzelvertrag, ggf. in Form einer schlichten Bestellung des Käufers. Derartige Rahmenkonstruktionen sind branchenüblich. Käufer arbeiten bei gleichartigen Geschäften in der Regel dauerhaft mit immer denselben Lieferanten zusammen. Die gleichartigen Geschäfte zwischen denselben Parteien sollen allesamt denselben (strengen) Regeln unterliegen. So ermöglicht der Rahmenvertrag die Lieferung von Daten „auf Zuruf" binnen kurzer Zeit, ohne dass es stets des Abschlusses eines umfangreichen Einzelvertrags bedarf. Das entspricht der heutigen Marketingrealität, in der Adressen mitunter tagesaktuell selektiert und geliefert werden. Dieses System sorgt für Flexibilität und Zeiteffizienz.

Das Vertragsmuster kann aber auch auf einen Einzelvertrag „zurückgebaut" werden, indem die auf Dauerschuldverhältnisse gemünzten Klauseln, insbesondere zum Entstehen der Leistungspflichten, zur Laufzeit und den Vergütungsalternativen, entsprechend angepasst werden.

14.3 Das Vertragsmuster ist für das sog. **„Permission Marketing"** ausgestaltet, bei dem die werbliche Ansprache des Verbrauchers auf der Grundlage einer durch den Verbraucher erteilten Einwilligung in Datenverarbeitung und Empfang der Werbebotschaft gegründet ist. Das Muster geht also nicht von einem gesetzlichen Erlaubnistatbestand aus. Jedenfalls für Telefon- und E-Mail-Marketing bedarf es wegen § 7 Abs. 2 UWG[3] ohnehin der Einwilligung des Verbrauchers (vgl. hierzu insbesondere Rz. 14.26 ff.).

14.4 Eine besondere Spielart des Adresslieferungsvertrags ist der **Vertrag zur Adress- oder Leadgenerierung**, bei der ein Unternehmen (als Auftraggeber) mit einem Auftragnehmer eine Vereinbarung über die Erhebung von personenbezogenen Daten und die Einholung entsprechender Einwilligungserklärungen der Verbraucher im Auftrag des Unternehmers und – im Hinblick auf die datenschutzrechtliche Beziehung – unmittelbar für das Unternehmen schließt. Der Auftragnehmer erbringt lediglich im Innenverhältnis die Dienstleistungen (etwa die Gestaltung einer Website, die Durchführung eines Gewinnspiels oder einer Telefonaktion, jeweils nach den Vorgaben des auftraggebenden Unternehmens), während im Außenverhältnis einzig der Auftraggeber auftritt. Datenschutzrechtlich ist die Leadgenerierung einfacher darstellbar, weil als Auftragsverarbeitung nach den Vorgaben des Art. 28 DSGVO abzubilden. Allerdings ist sie aufwendiger und dadurch wesentlich teurer für den Unternehmer, so dass sich der Adresslieferungsvertrag auch in Zeiten der Erschwerung der Übermittlung von personenbezogenen Daten zu Werbezwecken auf dem Markt noch immer gewisser Beliebtheit erfreut. Anders als in den Anfangsjahren des modernen Adresshandels sind die Käufer inzwischen aber aufgrund des gesteigerten Datenschutzbewusstseins, teilweise fragwürdiger Praktiken der Adresshändler und der sich daraus ergebenden Risiken wesentlich aufmerksamer.

14.5 Abzugrenzen ist der Adresslieferungsvertrag vom **Listbrokingvertrag**, bei dem nicht die Lieferung der Daten selbst Vertragsgegenstand ist, sondern das Vermitteln eines entsprechenden Vertrags zwischen Lieferanten und Käufer.

---

1 In der Praxis ist zu beachten, dass aus Sicht der Lieferanten – regelmäßig auch nach deren Verträgen – eher ein Mietvertrag zur ein- oder mehrmaligen Nutzung der gelieferten Datensätze vorliegt. Dementsprechend werden dort oft auch Regelungen zur Rückgabe sowie zur über das vereinbarte Maß hinausgehenden Nutzung getroffen.
2 *Ellenberger* in Palandt, § 90 BGB Rz. 2.
3 Soweit sie denn jemals verabschiedet wird, dürften hier in Zukunft die Vorgaben der ePrivacy-VO maßgeblich sein. Diese decken sich in den bislang diskutierten Fassungen bezüglich der Anforderungen jedoch weitgehend mit denen des § 7 Abs. 2 und 3 UWG – jedenfalls in Bezug auf Werbemaßnahmen gegenüber natürlichen Personen.

Selbstverständlich sind die Klauseln des vorliegenden Vertragsmusters als **Allgemeine Geschäftsbedin-** 14.6
gungen gem. § 305 BGB zu werten. Ihre Wirksamkeit ist daher an den §§ 305c, 307, 310 BGB zu messen, sofern nicht im Zuge des Vertragsschlusses über die Klauseln „verhandelt"[4] wird.

B. Adressenkauf- und -überlassungsvertrag

I. Muster

M 14.1 Adressenlieferungsrahmenvertrag

14.7

Adressenlieferungsrahmenvertrag

zwischen

A …

- Käufer -

und

B …

- Lieferant -

*Der Lieferant verfügt über einen Bestand von Adressdaten von Verbrauchern (nachfolgend „Datensätze").
Der Käufer beabsichtigt, Verbraucher aus bestimmten Zielgruppen direkt zu Werbezwecken zu kontaktieren
und zu diesem Zweck entsprechende Datensätze von dem Lieferanten zu beziehen.*

Dies vorangestellt schließen die Parteien den folgenden Vertrag.

1. Gegenstand des Vertrags[5]

*1.1 Gegenstand dieses Rahmenvertrags ist die Vereinbarung des vertraglichen Rahmens für die Lieferung
und Überlassung von Datensätzen zum Zwecke der Nutzung der Datensätze zur Kontaktaufnahme
mit Verbrauchern zu Werbezwecken und die Selektion der zu liefernden Datensätze.*

*1.2 Dieser Rahmenvertrag begründet noch keine Leistungspflichten. Leistungspflichten werden erst durch
die unter diesem Rahmenvertrag geschlossenen Einzelaufträge begründet. Ein Muster eines Einzelauftrags ist diesem Rahmenvertrag als Anhang A beigefügt. Es besteht keine Verpflichtung, Einzelaufträge
zu erteilen.*

*1.3 Gegenstand der Einzelaufträge können Datensätze für die Werbung per Briefpost (White Mailing), per
E-Mail oder per Telefon (Festnetz und Mobil) sein. In den Einzelaufträgen werden zumindest*

– *das Kommunikationsmittel, für das die Datensätze zu liefern sind;*

– *die Maßgaben für die Selektion der Datensätze;*

– *die Liefermenge;*

– *das jeweilige Recht zur Nutzung der Datensätze (ein- oder mehrmalige Nutzung, dauerhafte Nutzung etc.);*

– *die Lieferzeit;*

– *der Preis (in der Regel als sog. Tausenderkontaktpreis oder TKP) und die Abrechnungsmethode (Vergütung pro geliefertem Datensatz [ggf. mit Abzügen für nach internen Abgleichen ausgeschiedene*

---

4 Zum Begriff des „Verhandelns" im Zusammenhang mit AGB-Klauseln vgl. *Grüneberg* in Palandt, § 305
   BGB Rz. 11, unter Verweis auf BGH v. 6.12.2002 – V ZR 220/02, NJW 2003, 1313.
5 Zu den Erläuterungen siehe Rz. 14.13 ff.

Dubletten oder anderweitig nicht nutzbare Datensätze]), pro eingesetztem Datensatz (mit oder ohne Mindestabrechnungsquote) oder pro erfolgreicher Kontaktaufnahme mit den Verbrauchern

festgelegt. Weitere Leistungsparameter, wie z.B. die Neuerhebung von Verbraucherdaten (sog. Leads bzw. Lead-Generierung) speziell für den Käufer vor der Lieferung der entsprechenden Datensätze können hinzukommen.

1.4 *Der Lieferant kann vorbehaltlich Ziffer 4 dieses Rahmenvertrags für seine Lieferungen und Leistungen auf eigene Datenbestände oder auch solche dritter Unternehmen zurückgreifen. Die Parteien stellen jedoch vorsorglich klar, dass alleiniger Vertragspartner des Käufers der Lieferant ist, dieser also nicht lediglich als Vermittler dritter Datenbestände fungiert. Der Lieferant ist auch mit Blick auf die Nutzung von Datenbeständen dritter Unternehmen in jeder Hinsicht vollumfänglich leistungsverpflichtet, also insbesondere auch hinsichtlich der Anforderungen der Ziffer 5 und 6 dieses Rahmenvertrags.*

1.5 *Bei Widersprüchen gehen die in den Einzelaufträgen vereinbarten Regelungen den Regelungen dieses Rahmenvertrags stets vor.*

2. Stornierung[6]

Der Käufer ist berechtigt, Einzelaufträge ganz oder teilweise zu stornieren. Eine solche Stornierung wird der Käufer dem Lieferanten in Textform mitteilen. Die Stornierung wird innerhalb von 24 Stunden nach Zugang bzw. Empfang der Mitteilung wirksam (24-Stunden-Ausstiegsklausel). Kosten entstehen dem Käufer durch eine solche Stornierung nicht; der Lieferant kann keine Entgelt- oder Ersatzansprüche geltend machen.

3. Grundsätze zur Vertragsdurchführung[7]

3.1 *Negative Abweichungen von den vereinbarten Lieferungen und Leistungen und Teillieferungen, jeweils gleich ob in Bezug auf die Liefermenge oder sonstige Quantität oder von der vereinbarten Qualität des Leistungsgegenstands, werden vom Käufer nur akzeptiert, wenn der Käufer dies ausdrücklich bestätigt. Ansonsten ist der Lieferant nach Wahl des Käufers zur unverzüglichen Nacherfüllung verpflichtet, oder es gilt Ziffer 3.2 dieses Rahmenvertrags. Dubletten von Datensätzen gelten jeweils als nur ein gelieferter Datensatz und führen dementsprechend zu einer Minderlieferung.*

3.2 *Verbleibt es bei einer Minderlieferung oder bloßen Teilleistung, weil der Käufer die Nacherfüllung aus nachvollziehbaren Gründen ablehnt, weil der Lieferant die Nacherfüllung verweigert oder nicht leisten kann, oder aus sonstigen Gründen, ist die Vergütungspflicht des Käufers in jedem Fall entsprechend gemindert. Der Käufer ist jedoch überdies berechtigt, eine nicht unerhebliche Minderlieferung oder bloße Teilleistung als Nichterfüllung des ganzen Einzelauftrags zu werten und die entsprechenden Rechte auszuüben, insbesondere vom gesamten Einzelauftrag zurückzutreten und etwaige durch die Minderlieferung oder bloße Teilleistung entstandene unmittelbare und mittelbare Schäden gegenüber dem Lieferanten geltend zu machen, wenn und soweit der Lieferant die Minderlieferung bzw. bloße Teillieferung zu vertreten hat.*

3.3 *Vom Käufer nicht veranlasste Mehrlieferungen des Lieferanten können durch den Käufer ohne zusätzlich anfallende Vergütung genutzt werden.*

3.4 *Leistungszeiten und Liefertermine sind stets verbindlich. Bei Nichteinhaltung ist der Käufer berechtigt, die Vergütung angemessen zu mindern oder vom Vertrag zurückzutreten bzw. diesen zu kündigen. Wenn dem Käufer durch schuldhaft nicht eingehaltene Leistungszeiten und Liefertermine ein Schaden entsteht, hat der Lieferant dem Käufer den entsprechenden Schaden zu ersetzen.*

3.5 *Wenn dem Lieferanten Schwierigkeiten hinsichtlich der Leistungserbringung entstehen oder bekannt werden, muss dies dem Käufer unverzüglich mitgeteilt werden.*

---

6 Zu den Erläuterungen siehe Rz. 14.17.
7 Zu den Erläuterungen siehe Rz. 14.19 f.

4. Unterauftragnehmer[8]

Der Lieferant ist grundsätzlich berechtigt, sich zur Erfüllung seiner vertraglichen Pflichten eines oder mehrerer Unterauftragnehmer zu bedienen (vgl. Ziffer 1.4 dieses Rahmenvertrags). Voraussetzung ist jedoch, dass der Lieferant zuvor gegenüber dem Käufer die Identität des oder der avisierten Unterauftragnehmer offengelegt und die Quelle der betreffenden Datensätze angegeben hat. Auf Nachfrage des Käufers hat der Lieferant die Richtigkeit seiner Angaben vor oder nach Vertragsschluss zu belegen.

5. Datenqualität in tatsächlicher Hinsicht[9]

5.1 Alle vom Lieferanten gelieferten Datensätze müssen im Double-Opt-in-Verfahren erhoben worden sein. Der Lieferant wird mit jeder Lieferung einen Beispieldatensatz mitliefern, der aufzeigt, wie der Double-Opt-in-Prozess gestaltet war und wie er beim Lieferanten in identischer oder in allen wesentlichen Punkten vergleichbarer Weise – dies garantiert der Lieferant – auch für die anderen in der Lieferung enthaltenen Datensätze nachweisbar ist. Dies gilt insbesondere auch mit Blick auf gelieferte Datensätze aus Beständen Dritter.

5.2 Bei Mängeln der Lieferungen und Leistungen finden die Vorschriften der §§ 434 ff. BGB entsprechende Anwendung. Vorrangig gilt jedoch:

5.2.1 Soweit Vertragsgegenstand die Lieferung von Telefonadressen ist, hat der Lieferant den Einzelauftrag nicht erfüllt, wenn mehr als 5 % der betreffenden Personen unter der angegebenen Telefonnummer nicht erreicht werden können. Bei der Lieferung von E-Mail-Adressen zur werblichen Ansprache ist der Vertrag nur ordnungsgemäß erfüllt, wenn wenigstens 95 % der versandten E-Mails an die Empfänger zugestellt werden können. Liegt nach dieser Ziffer 5.2.1 keine Vertragserfüllung vor, kann der Käufer alle Datensätze des Einzelauftrags zurückgeben, ohne dass es einer Fristsetzung bedarf. Der Lieferant erhält in diesem Fall als Wertersatz unabhängig von der im Einzelauftrag vereinbarten Abrechnungsmethode nur die rechnerische Vergütung für diejenigen Datensätze, die vom Käufer tatsächlich eingesetzt wurden und bei denen die Kontaktaufnahme mit dem Verbraucher möglich war; etwaig bereits geleistete Beträge sind unverzüglich zurückzuzahlen.

Maßstab für die oben bezeichneten Quoten sind, sofern vorhanden, die eigenen Aufzeichnungen des Käufers. Wenn sich während der Durchführung der jeweiligen Kampagne nach wenigstens 10 % genutzter Datensätze Fehlerquoten abzeichnen, die die obigen Quoten um mehr als 50 % überschreiten, müssen nicht alle Datensätze genutzt werden; es kann jederzeit abgebrochen werden. In diesem Fall geltend die Sätze 3 und 4 des vorangehenden Absatzes dieser Ziffer 5.2.1 entsprechend.

***Alternativ** ist der Käufer berechtigt, eine Minderung der Vergütung geltend zu machen.*

5.2.2 Der Käufer kann auch dann vom Einzelauftrag zurücktreten oder die Vergütung mindern, wenn ein anderer erheblicher Mangel der Datenqualität vorliegt. Einer Fristsetzung durch den Käufer bedarf es in solchen Fällen nicht. Ein erheblicher Mangel kann z.B. bei vereinbarter Exklusiv- bzw. Erstnutzung von Datensätzen in sich wiederholenden Aussagen von Verbrauchern bestehen, bereits zuvor auf derselben Grundlage (also z.B. auf Grundlage des Gewinnspiels, das auch die Grundlage der Datenerhebung für die nach diesem Rahmenvertrag gelieferten Datensätze ist) kontaktiert worden zu sein. Um zu Gewährleistungsansprüchen nach dieser Ziffer 5.2.2 berechtigt zu sein, muss der Käufer nur nachweisen, dass es solche wiederholten Aussagen von Verbrauchern gibt.

5.3 Der Lieferant hat im Zuge der Lieferung immer anzugeben, aus welcher Quelle bzw. welchen Quellen die Daten genau stammen und wie und in welchem Zusammenhang sie erhoben wurden, insbesondere welche Gesellschaft die Daten erstmalig erhoben hat.

5.4 Der Käufer ist zudem stets berechtigt, vom Lieferanten zu verlangen, dass dieser auch das Datum der Erhebung (Generierung) der einzelnen Datensätze mitliefert oder nachliefert. Zudem ist der Käufer berechtigt, vom Lieferanten pro Lieferung anlassunabhängig die Lieferung von bis zu 20 Einwilligungsnachweisen nach Maßgabe von Ziffer 6 dieses Rahmenvertrags für vom Käufer bezeichnete Verbraucher zu

---

8 Zu den Erläuterungen siehe Rz. 14.22 f.
9 Zu den Erläuterungen siehe Rz. 14.25 ff.

verlangen. Dem Käufer steht diesbezüglich ein Zurückbehaltungsrecht hinsichtlich der eigenen Leistung zu. Stellt der Lieferant die Opt-in-Nachweise auch nach zweifacher Aufforderung nicht zur Verfügung, kann der Käufer ohne weiteres vom Einzelauftrag zurücktreten. Der Käufer kann die Einwilligungsnachweise während oder auch nach der Auftragsdurchführung fordern.

5.5 *Ist das Alter der Personen Gegenstand der vom Lieferant vorzunehmenden Datenselektion, so kann der Käufer verlangen, dass der Lieferant jeweils die Geburtsjahre der Verbraucher mitliefert. In jedem Fall hat der Käufer das Recht, eine nachträgliche Lieferung dieser Daten zu Prüfungszwecken zu verlangen. Ziffer 5.4 dieses Rahmenvertrags, dort die Sätze 3 bis 5, gilt entsprechend.*

5.6 *Bestellt der Käufer durch weitere Einzelaufträge weitere Datensätze, gleich ob im unmittelbaren Zusammenhang oder später bzw. für andere Kampagnen, hat der Lieferant sicherzustellen, dass diese Datensätze zu den zuvor unter diesem Rahmenvertrag gelieferten Datensätzen stets überschneidungsfrei sind, also keine Dubletten geliefert werden.*

5.7 *Ist der Lieferant (auch) mit der Lead-Generierung beauftragt und wird er vom Käufer pro so generiertem und geliefertem Datensatz vergütet, hängt der Anspruch auf die Vergütung von der Qualität der Leads ab. Stellt sich innerhalb von sechs Monaten nach der Lieferung der Leads heraus (z.B. im Zuge der versuchten Kontaktaufnahme mit den betreffenden Verbrauchern), dass die Leads mit einer nicht unerheblichen Fehlerquote behaftet sind, z.B., weil die Verbraucher unter dem angegebenen Namen, der mitgeteilten Adresse, E-Mail-Adresse oder Telefonnummer nicht zu erreichen sind, mindert sich die Vergütung des Lieferanten entsprechend der Fehlerquote. Zudem hat der Käufer das Recht, vom Einzelauftrag zurückzutreten, wenn die Fehlerquote erheblich ist. Eine Fehlerquote von über 7,5 % der Leads gilt stets als erheblich.*

Eine bereits geleistete Vergütung ist anteilig (bei Minderung) oder vollständig (bei Rücktritt) zurückzuzahlen, wobei in letzterem Fall Ziffer 5.2.1 Satz 4 dieses Rahmenvertrags Anwendung findet.

5.8 *Keine Regelung dieser Ziffer 5 ist so auszulegen, dass sie die dem Käufer bei entsprechender Anwendung der §§ 434 ff. BGB zustehenden Gewährleistungsansprüche einschränken würde. Dem Käufer obliegt es nicht, den Leistungsgegenstand vor Verwendung auf Mangelfreiheit zu prüfen. Der Käufer unterliegt auch keiner Rügeobliegenheit oder -pflicht i.S.v. § 377 HGB, weder hinsichtlich offensichtlicher noch hinsichtlich erst später zutage tretender Mängel.*

6. Datenqualität in rechtlicher Hinsicht: Einwilligungen, Nachweis der Einwilligung und Prüfung der Leistung[10]

6.1 *Zu liefernde Datensätze müssen stets mit entsprechenden Einwilligungserklärungen der jeweiligen Verbraucher (für die Zwecke dieses Rahmenvertrags sog. „Opt-ins") vorliegen. Die Einwilligungserklärungen müssen mit Blick auf die einzelauftragsgegenständliche Kontaktaufnahme zu Werbezwecken rechtlich wirksam und beweisbar sein. Der Lieferant hat diesbezüglich die geltende Rechtslage einschließlich der jeweils aktuellen Rechtsprechung zu beachten und deren Anforderungen zu genügen. Fehlende oder unwirksame Einwilligungserklärungen stellen einen erheblichen, nicht heilbaren Mangel der Leistung dar.*

6.2 *Unabhängig von Ziffer 6.1 dieses Rahmenvertrags, die dieser Ziffer 6.2 bei der Beurteilung der Vertragsgemäßheit der Lieferung/Leistung des Lieferanten im Zweifel stets vorgeht, stellt der Käufer an die Einholung der Einwilligung von den Personen, deren Datensätze Gegenstand einer Lieferung sind, die folgenden Mindestanforderungen:*

6.2.1 *Die Einwilligungserklärung muss gerade (auch) für den Käufer wirken und den Käufer als Einwilligungsempfänger bezeichnen. Sie muss zudem darüber informieren, dass die Einwilligung jederzeit (auch) gegenüber dem Käufer widerrufen werden kann sowie dass der Widerruf der Einwilligung indes die Rechtmäßigkeit der aufgrund der Einwilligung bis zum Widerruf erfolgten Verarbeitung nicht berührt.*

6.2.2 *Sofern die Daten „offline" erhoben werden, ist die Einwilligung immer mittels einer gesonderten, von den Adressaten aktiv anzuwählenden Checkbox (anzukreuzendes Kästchen) einzuholen, der ein eigener, deutlich gestalteter, nicht mit anderen Erklärungen (wie z.B. der Teilnahmeerklärung*

---

10 Zu den Erläuterungen siehe Rz. 14.25 ff.

zu einem Gewinnspiel) kombinierter oder in anderen Erklärungen (wie z.B. AGB) ohne Trennung enthaltener Einwilligungstext zugeordnet ist.

6.2.3 Sofern die Daten im Internet erhoben werden, ist die Einwilligung stets mittels einer gesonderten, nicht bereits voreingestellten, von den Adressaten also aktiv anzuwählenden Checkbox einzuholen, der ein eigener, deutlich gestalteter, nicht mit anderen Erklärungen (wie z.B. der Teilnahmeerklärung zu einem Gewinnspiel) kombinierter oder in anderen Erklärungen (wie z.B. AGB) enthaltener Einwilligungstext zugeordnet ist. Weiterhin sind sämtliche zu liefernden Datensätze einschließlich eines sog. IP-Timestamps zu erheben und zu speichern, also versehen mit der IP-Adresse des Internetanschlusses des Verbrauchers zum Zeitpunkt der Erklärung der Einwilligung sowie dem exakten Datum und Zeitpunkt der Erklärung. Über diese Erhebung und Verarbeitung dieser Daten ist der Verbraucher im Zuge des Einwilligungsprozesses zu informieren und sie muss von der Einwilligung umfasst sein. Zudem ist für jede Adresslieferung ein Screenshot der Internetseite, über die die Einwilligung des Adressaten eingeholt wurde, in Farbe vorzuhalten, auf dem der Einwilligungstext lesbar ist und aus dem ersehen werden kann, wie dieser und die ihm zugeordnete Checkbox auf der Seite angeordnet und dargestellt wurden.

6.2.4 Sofern die Daten zum Zwecke der Telefonwerbung erhoben werden, ist sicher zu stellen, dass die Rufnummer durch eine gesonderte Maßnahme, die sich auf den tatsächlichen Anschluss des Einwilligenden bezieht (SMS-Bestätigung, Verification Call o.Ä.), bestätigt ist.

6.2.5 Stellt die jeweils aktuelle Rechtslage bzw. Rechtsprechung strengere Anforderungen an die Wirksamkeit von Einwilligungserklärungen, gehen diese dieser Ziffer 6.2 vor.

6.3 Auf Verlangen des Käufers muss der Lieferant angefragte Einwilligungserklärungen gegenüber dem Käufer binnen 48 Stunden nach Anfrage nachweisen und schriftlich bzw. digital in der Form des Protokolls des Double-Opt-in-Prozesses des betreffenden Verbrauchers einschließlich Nachweises über die zugeordnete Einwilligungserklärung zur Verfügung stellen (Samstage, Sonntage und gesetzliche Feiertage bleiben bei der Berechnung der Frist außer Betracht). Diese Verpflichtung besteht zeitlich unbefristet. Der Nachweis der Einwilligung, dessen Richtigkeit vom Lieferant durch seine Unterschrift zu garantieren ist, hat dabei den kompletten Datensatz des Adressaten zu enthalten. Er ist zudem bei digital erteilten Einwilligungen mit dem in Ziffer 6.2.3 dieses Rahmenvertrags genannten Screenshot und dem IP-Timestamp zu verbinden. Die Versicherung der Richtigkeit der Angaben durch den Lieferanten muss sich auch auf den IP-Timestamp und den Screenshot beziehen.

6.4 Die Verpflichtungen der vorstehenden Ziffer 6.1 bis 6.3 gelten unabhängig davon, ob der Lieferant aus eigenen Datenbeständen liefert oder sich Datenbeständen Dritter (Unterlieferanten) bedient.

6.5 Hat der Lieferant schuldhaft gegen seine Verpflichtung verstoßen, entsprechende Einwilligungen einzuholen und vorzuhalten bzw. einholen und zur Lieferung an den Käufer vorhalten zu lassen, oder schuldhaft seine Nachweispflicht nach Ziffer 6.3 verletzt, hat er dem Käufer in jedem Fall eine Vertragsstrafe i.H.v. [BETRAG EINFÜGEN][11] EUR zu zahlen. Die Geltendmachung weiterer und weitergehender Ansprüche seitens des Käufers wird durch die Vertragsstrafeverpflichtung nicht berührt. Die Vertragsstrafe wird aber, sofern sie geleistet ist, auf andere Ansprüche immer angerechnet, solche Ansprüche werden daher nur insoweit fällig, als sie die Vertragsstrafezahlung übersteigen.

6.6 Der Lieferant hat vor der Lieferung von Datensätzen stets sicherzustellen, dass die betreffenden Verbraucher nicht in einer der Robinsonlisten oder einer anderen einschlägigen Liste eingetragen sind.

6.7 Der Lieferant gewährleistet weiterhin, dass der Leistungsgegenstand keine Datensätze enthält, deren Verwendung dem Lieferanten oder dem betreffenden Unterlieferanten durch gerichtliche Unterlassungs- oder sonstige Titel, gleich ob rechtskräftig oder nicht, untersagt wurde, gegen vom Lieferanten oder dem betreffenden Unterlieferanten abgegebene Unterlassungsversprechen (insbesondere in der Form von strafbewehrten Unterlassungs- und Verpflichtungserklärungen) verstoßen würde und/oder hinsichtlich derer beim Lieferanten oder dem betreffenden Unterlieferanten auch nur eine Beschwerde des betroffenen Verbrauchers, einer datenschutzrechtlichen Aufsichtsbehörde oder eines Verbraucherschutz- oder anderen Verbandes vorliegt.

---

11 Zur Höhe des einzufügenden Vertragsstrafenbetrages ist die jüngere Rechtsprechung des BGH zu beachten, vgl. Rz. 14.39.

7. Datenabgleich und Abrechnung „netto erreicht"[12]

7.1 In Fällen, in denen im Einzelauftrag vereinbart ist, dass vor der eigentlichen Selektion für die Lieferung Datensätze zunächst zum Zwecke eines Datenabgleichs (z.B. Abgleich mit beim Käufer bereits vorhandenen Beständen) bestellt werden, um die für den Käufer und/oder den Endkunden mit einem Mehrwert nutzbaren Datensätze zu ermitteln (im Folgenden die „tatsächliche Liefermenge"), wird erst nach dem Abgleich die eigentliche Selektion auf der Grundlage der tatsächlichen Liefermenge durchgeführt. Nur die tatsächliche Liefermenge ist auch vergütungspflichtig. Die übrigen Datensätze erhält der Lieferant ungenutzt zurück. Eine etwaig vereinbarte Mindestabrechnungsquote („MAQ"; s. unter Ziffer 8.3 dieses Rahmenvertrags) bezieht sich in einem solchen Fall lediglich auf die tatsächliche Liefermenge.

7.2 Ist eine Abrechnung „netto erreicht" vereinbart (in der Regel nur für Datensätze für Telefonmarketingzwecke), wird zunächst ein Datenabgleich nach Ziffer 7.1 dieses Rahmenvertrags durchgeführt. Vergütungspflichtig ist aber nicht die tatsächliche Liefermenge, sondern lediglich die Anzahl der durch Nutzung der tatsächlichen Liefermenge am Ende erfolgreich kontaktierten Verbraucher; erfolgreich kontaktiert in diesem Sinne wurde ein Verbraucher dann, wenn tatsächlich mit ihm gesprochen und nicht lediglich eine dritte Person oder ein Anrufbeantworter erreicht wurde oder die Nummer besetzt oder nicht vergeben war. Sofern zusätzlich das erfolgreiche Erreichen einer bestimmten Anzahl von Empfängern Gegenstand des Einzelvertrags ist, ist der Lieferant verpflichtet, solange Datensätze gemäß der vertraglichen Spezifikation nachzuliefern, bis die vorgesehene Anzahl erfolgreich kontaktierter Empfänger erreicht ist. Entscheidend sind diesbezüglich die Aufzeichnungen des Käufers.

8. Vergütung[13]

8.1 Der Käufer leistet dem Lieferanten die im Einzelvertrag festgelegte Vergütung.

8.2 Die im Einzelvertrag genannten Vergütungsbeträge verstehen sich netto zzgl. Umsatzsteuer.

8.3 Ist im Einzelvertrag eine Mindestabrechnungsquote („MAQ") vereinbart, richtet sich die Vergütung grundsätzlich (s. aber Ziffer 7.1 dieses Rahmenvertrags) nach dieser Quote, nicht nach der Gesamtliefermenge. Eine Vergütung über die MAQ hinaus ist nur zu leisten, sofern Datensätze über die vereinbarte MAQ hinaus tatsächlich genutzt wurden.

8.4 Ist eine Nettoabrechnung vereinbart (z.B., aber nicht ausschließlich, nach einem Datenabgleich wie in Ziffer 7.1 dieses Rahmenvertrags beschrieben), sind nur die tatsächlich genutzten Datensätze vergütungspflichtig. Ist eine Abrechnung „netto erreicht" Gegenstand des Einzelauftrags, bestimmt sich die Vergütung nach der Anzahl der tatsächlich erfolgreich kontaktierten Verbraucher, ggf. begrenzt auf die vorgesehene Zielzahl, wenn eine solche vereinbart ist (vgl. Ziffer 7.2 dieses Rahmenvertrags).

8.5 Dem Käufer stehen gegen Vergütungsansprüche des Lieferanten die gesetzlichen Zurückbehaltungsrechte zu. Ein Zurückbehaltungsrecht besteht insbesondere, solange der Lieferant nicht die verlangten Einwilligungsnachweise erbracht hat.

9. Zahlungsbedingungen

9.1 Der Lieferant erstellt ordnungsgemäße, die abgerechnete Leistung unter Nennung des betreffenden Einzelvertrags genau bezeichnende Rechnungen.

9.2 Das Zahlungsziel beträgt 60 Tage nach Eingang der ordnungsgemäßen Rechnung. Erfolgt die Zahlung binnen 21 Tagen nach Eingang der Rechnung, gelten 3 % Skonto.

10. Gewährleistung[14]

Unbeschadet der besonderen Regelungen der Ziffer 5 und 6 dieses Rahmenvertrags stehen dem Käufer bei Sach- und/oder Rechtsmängeln des Leistungsgegenstands die gesetzlichen Gewährleistungsansprüche nach den folgenden Maßgaben zu:

---

12 Zu den Erläuterungen siehe Rz. 14.43 ff.
13 Zu den Erläuterungen siehe Rz. 14.43 ff.
14 Zu den Erläuterungen siehe Rz. 14.49.

10.1 Der Lieferant gewährleistet, dass die Leistungsgegenstände mangelfrei sind, insbesondere, dass sie sich zur vertraglich oder gewöhnlich bestimmten Nutzung eignen und der Nutzung weder gesetzliche Normen noch eine der in Ziffer 6.6 dieses Rahmenvertrags aufgeführten Konstellationen entgegenstehen.

10.2 Der Käufer ist nur dann verpflichtet, eine Nacherfüllung des Lieferanten anzunehmen, wenn er für die nachgelieferten Datensätze noch im Rahmen der dem Einzelauftrag zugrunde liegenden Kampagne Verwendung hat. Ansonsten kann der Käufer die Vergütung unmittelbar mindern. Bei einer erheblichen Minderlieferung gilt zudem Ziffer 3.2 Satz 2 dieses Rahmenvertrags.

10.3 Sofern der Käufer die Nacherfüllung wünscht, werden vom Käufer hierfür eingedenk der marktüblich kurzfristigen Leistungszeiträume nur einmalige, knappe Nachfristen gesetzt. Eine Nachfrist von 24 Stunden ist im Regelfall nicht unangemessen. Eine zweite Nachfrist muss nicht gesetzt werden. Nach erfolglosem Ablauf der einmaligen Nachfrist stehen dem Käufer die gesetzlichen Ansprüche zu.

10.4 Sofern der Mangel in einer fehlenden rechtswirksamen Einwilligung des Verbrauchers besteht, kann der Käufer trotz Nachlieferung alle wegen der fehlenden Einwilligung entstehenden Schäden, insbesondere in der Form von Rechtsanwaltskosten und Verfahrenskosten, gegen den Lieferanten geltend machen (s. auch Ziffer 11.2 dieses Rahmenvertrags).

11. Haftung des Lieferanten und Freistellung[15]

11.1 Unbeschadet Ziffer 11.2 dieses Rahmenvertrags haftet der Lieferant gegenüber dem Käufer grundsätzlich nach den gesetzlichen Bestimmungen.

11.2 Der Lieferant stellt den Käufer vorbehaltlich Ziffer 11.3 dieses Rahmenvertrages zudem insbesondere von jeder Haftung und sämtlichen Kosten, einschließlich Rechtsanwaltskosten zur Rechtsverteidigung, Bußgeldern sowie möglicher und tatsächlicher Kosten eines gerichtlichen Verfahrens, frei, falls der Käufer von Dritten, insbesondere einem Verbraucher, einem Verbraucherschutzverband, einem Wettbewerber oder einer staatlichen Institution wie der Bundesnetzagentur oder einer Datenschutzaufsichtsbehörde mit der Behauptung in Anspruch genommen wird, der bzw. ein oder mehrere Verbraucher bzw. Betroffene seien zu Werbezwecken kontaktiert worden, ohne dass eine wirksame Einwilligung der betreffenden Person in die Datenverarbeitung und/oder den Empfang des betreffenden Werbemittels/die Kontaktaufnahme für den entsprechenden werblichen Zweck vorlag. Der Lieferant kann diese Haftung durch den Nachweis einer wirksamen Einwilligung vermeiden bzw. beenden, wobei hinsichtlich der Wirksamkeit die einschlägige Gesetzeslage und Rechtsprechung maßgeblich ist, nicht das Urteil des Lieferanten.

Der Käufer wird den Lieferanten über die Inanspruchnahme unterrichten. Der Lieferant ist verpflichtet, dem Käufer unverzüglich alle ihm verfügbaren Informationen über den betreffenden Sachverhalt vollständig mitzuteilen.

Voraussetzung für die Freistellung ist, dass der Käufer in der Sache ohne Zustimmung des Lieferanten keine Zugeständnisse macht oder Anerkenntnisse erklärt und es dem Lieferanten ermöglicht, auf seine Kosten alle gerichtlichen und außergerichtlichen Verhandlungen über die Ansprüche zu führen. Diese Voraussetzungen entfallen allerdings, wenn und soweit der Lieferant binnen der vom Käufer hierfür gesetzten Frist sich nicht mit dem Käufer über den Sachverhalt und das Vorgehen ins Benehmen setzt.

11.3 Ein Freistellungsanspruch des Käufers besteht nicht, wenn der Lieferant die Pflichtverletzung nicht zu vertreten hat bzw. zu vertreten hätte, die tatsächlichen Behauptungen des anspruchsstellenden Dritten als zutreffend unterstellt.

11.4 Ist eine nach Ziffer 6.4 dieses Rahmenvertrags fällige Vertragsstrafe durch den Lieferanten geleistet, findet eine entsprechende Anrechnung statt. Freistellungsansprüche werden in diesem Fall also nur fällig, sofern ihr Umfang den Betrag der geleisteten Vertragsstrafe übersteigt.

---

15 Zu den Erläuterungen siehe Rz. 14.51 ff.

12. Laufzeit, Kündigung und Rücktritt

12.1 Dieser Rahmenvertrag ist auf unbestimmte Zeit geschlossen. Er kann von beiden Seiten mit einer Frist von drei Monaten zum Ende eines jeden Kalenderquartals gekündigt werden.

12.2 Die Einzelaufträge unterliegen dem Stornierungsrecht des Käufers (s. oben Ziffer 2 dieses Rahmenvertrags).

12.3 Dem Käufer steht ein jederzeit ausübbares Sonderkündigungsrecht mit sofortiger Wirkung für den Fall zu, dass sich die Rechtslage hinsichtlich der Zulässigkeit der geplanten Verwendung der Leistungsgegenstände ändert und die Verwendung rechtlich unzulässig wird. Eine auf dieser Grundlage ausgesprochen Kündigung wirkt sowohl für diesen Rahmenvertrag als auch für alle laufenden Einzelaufträge.

12.4 Das Recht zur außerordentlichen Kündigung ist beiden Parteien unbenommen.

12.5 Bei einer ordentlichen Kündigung dieses Rahmenvertrags werden bereits geschlossene Einzelaufträge noch zu den Bedingungen dieses Rahmenvertrags durchgeführt, es sei denn, der Käufer erklärt, dies nicht zu wollen. Eine außerordentliche Kündigung dieses Rahmenvertrags bewirkt aber auch das sofortige Ende aller Einzelaufträge, ohne dass dies gesondert erklärt zu werden braucht.

12.6 Kündigungserklärungen bedürfen der Schriftform. Die Übermittlung der unterzeichneten Erklärung per Telefax genügt diesem Schriftformerfordernis, nicht hingegen eine Erklärung per E-Mail.

13. Vertraulichkeit

13.1 Der Lieferant ist verpflichtet, diesen Rahmenvertrag sowie alle ihm im Zusammenhang mit dem Auftrag bekannt gewordenen oder bekannt werdenden Informationen über den Käufer, die als vertraulich gekennzeichnet werden oder anhand sonstiger Umstände als Geschäfts- und Betriebsgeheimnisse oder anderweitig geheim zu haltende Informationen erkennbar sind, dauerhaft geheim zu halten, nicht an Dritte weiterzugeben, aufzuzeichnen oder in anderer Weise zu verwerten, sofern der Käufer der Offenlegung oder Verwendung nicht ausdrücklich und schriftlich zugestimmt hat.

13.2 Der Lieferant stellt durch geeignete vertragliche Vereinbarungen mit seinen Arbeitnehmern und allen anderen für ihn tätigen Personen, insbesondere eigenen Unterauftragnehmern und Lieferanten, sicher, dass auch diese Personen jegliche Offenlegung, Verwertung, Weitergabe oder Aufzeichnung der geheim zu haltenden Informationen unterlassen.

13.3 Verstößt der Lieferant gegen eine der in dieser Klausel festgelegten Verpflichtungen, hat der Lieferant dem Käufer für jeden Fall der schuldhaften Zuwiderhandlung eine vom Käufer der Höhe nach festzusetzende und im Streitfall vom zuständigen Gericht zu überprüfende Vertragsstrafe zu zahlen, wobei die Mindestvertragsstrafe [BETRAG EINFÜGEN][16] EUR beträgt.

13.4 Weitere und weitergehende Ansprüche, insbesondere Schadensersatzansprüche, behält sich der Käufer unter Anrechnung einer nach dem vorstehenden Absatz geleisteten Vertragsstrafe ebenso vor wie eine außerordentliche Kündigung des Vertrags.

13.5 Die Verpflichtungen nach dieser Ziffer 13 überdauern das Ende dieses Rahmenvertrags.

14. Aufrechnung und Zurückbehaltungsrecht[17]

Der Lieferant ist nicht zur Aufrechnung berechtigt, es sei denn, die Gegenforderungen sind von dem Käufer nicht bestritten oder rechtskräftig festgestellt. Entsprechendes gilt für die Geltendmachung eines Zurückbehaltungsrechts.

15. Schlussbestimmungen

15.1 Allgemeine Geschäftsbedingungen des Lieferanten finden keine Anwendung.

---

16 Auch für die Mindesthöhe der Vertragsstrafe in einer „Hamburger Brauch"-Klausel gilt der strenge Maßstab des BGH; vgl. Rz. 14.39.
17 Zu den Erläuterungen siehe Rz. 14.56.

15.2 *Gerichtsstand für alle aus oder im Zusammenhang mit dem Rahmenvertrag und/oder einem oder mehreren Einzelaufträgen entstehenden Streitigkeiten ist [STADT], wenn die Vertragsparteien Kaufleute, juristische Personen des öffentlichen Rechts oder öffentlich-rechtliche Sondervermögen sind. **Alternativ** hat der Käufer stets das Recht, den Lieferanten auch an dessen Sitz zu verklagen.*

15.3 *Für diesen Rahmenvertrag und alle Einzelaufträge gilt ausschließlich das Recht der Bundesrepublik Deutschland unter Ausschluss des UN-Kaufrechtsübereinkommens sowie des deutschen und europäischen Kollisionsrechts.*

15.4 *Änderungen und Ergänzungen von Rahmenvertrag und/oder Einzelaufträgen bedürfen zu ihrer Wirksamkeit der Schriftform. Dies gilt auch für eine Abrede, durch die diese Klausel für ungültig erklärt oder geändert wird.*

15.5 *Sollten eine oder mehrere Bestimmungen dieses Rahmenvertrags und/oder eines Einzelauftrags unwirksam sein oder werden, so bleibt der Rahmenvertrag bzw. der betreffende Einzelauftrag im Übrigen wirksam.*

II. Erläuterungen

1. Ausrichtung des Vertragsmusters

Das Vertragsmuster ist insgesamt bewusst käuferfreundlich gestaltet und dabei in AGB-rechtlicher Hinsicht insbesondere in den Regelungen der Ziff. 3, 5 und 6 „auf Kante genäht". Dies ist zum einen der meist stärkeren Verhandlungsposition von großen Datenabnehmern geschuldet. Zum anderen besteht der Sinn dieser Herangehensweise aber auch darin, neuralgische Punkte des Dateneinkaufs für Werbezwecke hervorzuheben, um die Interessen der Käufer deutlich zu machen – während die Motive und Interessen der Datenlieferanten naturgemäß gegenläufig sind. Bei der Vertragsgestaltung aus Sicht des Datenlieferanten lässt sich das Vertragsmuster daher in großen Teilen spiegeln. **14.8**

2. Datenschutzrechtliche und wettbewerbsrechtliche Grundkonstellation

In der Regel sind Gegenstand des Adresslieferungsvertrags personenbezogene Daten von Verbrauchern. Die hohen Anforderungen der Datenschutz-Grundverordnung (DSGVO) an die Einwilligung[18] führen dazu, dass der Prozess der Datenlieferung schon datenschutzrechtlich nur unter erschwerten Voraussetzungen rechtskonform abgebildet werden kann. Hinzu kommen im Direktmarketing jenseits der bloßen Briefwerbung die Anforderungen des § 7 Abs. 2 Nr. 2 und Nr. 3 UWG, die die größte Hürde für eine rechtssichere Vertragsgestaltung darstellen. Die strengen gesetzlichen Verpflichtungen schlagen sich in der Vertragsgestaltung, und damit auch im hiesigen Formular, vor allem in Gestalt von vertraglichen Garantien (vgl. v.a. Ziff. 6 und 7 des Musters), nieder. **14.9**

a) Datenschutzrecht

Die Einwilligung ist insbesondere für das Telefon- und E-Mail-Marketing der wichtigste Erlaubnistatbestand. Daher wird von Käuferseite in aller Regel großer Wert auf das Vorliegen entsprechender Einwilligungserklärungen der Verbraucher gelegt. Einwilligungserklärungen müssen nach der Legaldefinition in Art. 4 Nr. 11 DSGVO „freiwillig, für den bestimmten Fall, in informierter Weise und unmissverständlich (‚unambiguous') sein. Insbesondere darf die vertragliche Leistung nach Art. 7 Abs. 4 DSGVO grundsätzlich nicht von der Erteilung einer Einwilligung abhängig gemacht werden, die für die Vertragserfüllung nicht erforderlich ist (Koppelungsverbot). Wie bereits durch das Wettbewerbsrecht für das Telefon- und E-Mail-Marketing vorgegeben, ist auch nach der DSGVO ein ausdrückliches **14.10**

---

18 Siehe dazu nur *Europäischer Datenschutzausschuss*, Guidelines 05/2020 on consent under Regulation 2016/679 v. 4.5.2020.

Opt-In zur Wirksamkeit der Einwilligung vorausgesetzt[19]. Dies stellt insbesondere Erwägungsgrund 32 Satz 3 klar, der „Stillschweigen, bereits angekreuzte Kästchen oder Untätigkeit" für eine wirksame Einwilligung nicht ausreichen lässt. Vielmehr ist eine „eindeutige bestätigende Handlung" und bei verschiedenen Verarbeitungsvorgängen oder verschiedenen Verarbeitungszwecken eine gesonderte Einwilligung erforderlich[20]. Die DSGVO setzt in Art. 8 Abs. 1 außerdem die Altersgrenze der Einwilligungsfähigkeit auf 16 Jahre fest. Damit wurden die Anforderungen des Datenschutzrechts an die Einwilligung erheblich angehoben. Die Vorgaben des Datenschutzrechts gehen damit teilweise, etwa hinsichtlich des Koppelungsverbots, über jene des Wettbewerbsrechts hinaus. Gleichzeitig steigt nach der DSGVO das Bußgeld- und Haftungsrisiko[21]. Diese Risiken sollten vertraglich bestmöglich abgefedert werden.

Darüber hinaus kann der Erlaubnistatbestand in Art. 6 Abs. 1 lit. f DSGVO als Grundlage für Verarbeitungen zu Werbezwecken dienen. Denn als „berechtigtes Interesse" wird in Erwägungsgrund 47 Satz 7 „Direktwerbung" als Beispiel aufgeführt. Bewertungsmaßstab für das „berechtigte Interesse" sind dabei die „vernünftigen Erwartungen" der betroffenen Person, weshalb es für die Zulässigkeit der Werbemaßnahme darauf ankommt, ob der Werbeadressat mit der Kontaktaufnahme vernünftigerweise rechnen konnte. Der Erlaubnistatbestand wird allerdings aufgrund der hohen Anforderungen an das Telefon- und E-Mail-Marketing nur bei verbleibenden Kommunikationswegen, insbesondere bei der Briefwerbung, in Betracht kommen.

Denkbar ist zudem die Möglichkeit für den Lieferanten, die Daten im Rahmen einer „kostenlosen" Dienstleistung (etwa einem Gewinnspiel) zu erheben und die Datenverarbeitung der Anmeldedaten zu Werbezwecken als Gegenleistung für die Gewinnspielteilnahme auszuweisen. Dann dürfte die Verarbeitung nach Art. 6 Abs. 1 lit. b bzw. lit. f DSGVO zulässig sein[22]. Eine Einwilligung ist dann nicht erforderlich, so dass dem Problem einer etwaig mangelnden Freiwilligkeit wegen eines Verstoßes gegen das Koppelungsverbot in Art. 7 Abs. 4 DSGVO ausgewichen werden könnte. Allerdings sind auch in diesem Fall die Anforderungen des Wettbewerbsrechts zu beachten, insbesondere im Rahmen einer AGB-Kontrolle. Die Wirksamkeit von Klauseln und die rechtliche Zulässigkeit allgemein sind daher von der Ausgestaltung im Einzelfall abhängig.

Im Interesse des Käufers ist daher die Absicherung der Datenverarbeitung durch eine wirksame Einwilligung stets vorzugswürdig.

b) Wettbewerbsrecht

14.11 Art. 4 Nr. 11, Art. 6 Abs. 1 lit. a und Art. 7 DSGVO stellen für das Einholen einer wirksamen **Einwilligung** zur Datenverarbeitung für Werbezwecke bestimmte formelle und inhaltliche Voraussetzungen auf. Neben den datenschutzrechtlichen Regelungen sind beim Adresshandel weiterhin jene des Wett-

---

19 BGH v. 28.5.2020 – I ZR 7/16 – Cookie-Einwilligung II, GRUR 2020, 891; EuGH v. 1.10.2019 – C-673/17 – Planet49, MMR 2019, 732 Rz. 61 ff.; zur bisherigen Rechtslage unter dem BDSG a.F. vgl. BGH v. 16.7.2008 – VIII ZR 348/06 – Payback, NJW 2008, 3055 = GRUR 2008, 1010; *Frenzel* in Paal/Pauly, Art. 7 DSGVO Rz. 10.

20 Vgl. Erwägungsgründe 32, 42 und 43 der DSGVO; dazu auch im Kontext zu Cookie-Einwilligungen: EuGH v. 1.10.2019 – C-673/17 – Planet49, MMR 2019, 732 Rz. 61 ff.; siehe auch § 45, Rz. 45.16.

21 Nach Art. 83 Abs. 5 lit. a DSGVO droht dem Käufer bei Verstößen gegen die Bedingungen der Einwilligung ein Bußgeld von bis zu EUR 20 Millionen oder 4 Prozent des weltweiten Vorjahresumsatzes. Nach Art. 82 Abs. 1 DSGVO besteht nunmehr auch eine Haftung für immaterielle Schäden durch Datenschutzverstöße.

22 In diese Richtung die *Datenschutzkonferenz*, Kurzpapier Nr. 3, Verarbeitung personenbezogener Daten für Werbung v. 17.12.2018, S. 2; OLG Frankfurt v. 27.6.2019 – 6 U 6/19, ZD 2019, 507 im Leitsatz; a.A. *Wendehorst/Graf v. Westphalen*, NJW 2016, 3745 (3747), die eine teleologische Reduktion der Erlaubnistatbestände bei Umgehung des Koppelungsverbots fordern.

bewerbsrechts, insbesondere § 7 Abs. 2 Nr. 2 und Nr. 3 UWG, zu beachten[23]. Selbst wenn man also datenschutzrechtlich nicht die Einwilligung als Erlaubnistatbestand wählen sollte, muss jedenfalls wettbewerbsrechtlich in der absolut überwiegenden Anzahl der Fälle eine Einwilligung vorliegen. Da die Rechtsprechung gerade der Instanzgerichte zu diesen Normen (1.) generell sehr streng und (2.) in vielerlei Hinsicht uneinheitlich ist, ist der Käufer (auch) datenschutzrechtlich, vor allem aber mit Blick auf § 7 Abs. 2 UWG erheblichen Rechtsunsicherheiten ausgesetzt, weshalb sich der Adresshandel für diesen als Risikogeschäft darstellt. Er muss sich daher vertraglich so gut es geht absichern. Neben der sorgfältigen Auswahl des Datenlieferanten und der eigenen Sorgfalt bei der Durchführung der Kampagnen ist der Vertrag mit dem Lieferanten elementar, um sich, sollten sich die geschilderten rechtlichen Risiken realisieren, exkulpieren, wenigstens aber Regress nehmen zu können. Für die Exkulpation ist es natürlich entscheidend, das Erteilen einer Einwilligung durch den Verbraucher nachweisen und deren Wirksamkeit überzeugend vertreten zu können.

3. Gegenstand des Vertrags (Ziff. 1)

M 14.1.1 Gegenstand des Vertrags

14.12

1. Gegenstand des Vertrags

1.1 *Gegenstand dieses Rahmenvertrags ist die Vereinbarung des vertraglichen Rahmens für die Lieferung und Überlassung von Datensätzen zum Zwecke der Nutzung der Datensätze zur Kontaktaufnahme mit Verbrauchern zu Werbezwecken und die Selektion der zu liefernden Datensätze.*

1.2 *Dieser Rahmenvertrag begründet noch keine Leistungspflichten. Leistungspflichten werden erst durch die unter diesem Rahmenvertrag geschlossenen Einzelaufträge begründet. Ein Muster eines Einzelauftrags ist diesem Rahmenvertrag als Anhang A beigefügt. Es besteht keine Verpflichtung, Einzelaufträge zu erteilen.*

1.3 *Gegenstand der Einzelaufträge können Datensätze für die Werbung per Briefpost (White Mailing), per E-Mail oder per Telefon (Festnetz und Mobil) sein. In den Einzelaufträgen werden zumindest*

- *das Kommunikationsmittel, für das die Datensätze zu liefern sind;*

- *die Maßgaben für die Selektion der Datensätze;*

- *die Liefermenge;*

- *das jeweilige Recht zur Nutzung der Datensätze (ein- oder mehrmalige Nutzung, dauerhafte Nutzung etc.);*

- *die Lieferzeit;*

- *der Preis (in der Regel als sog. Tausenderkontaktpreis oder TKP) und die Abrechnungsmethode (Vergütung pro geliefertem Datensatz [ggf. mit Abzügen für nach internen Abgleichen ausgeschiedene Dubletten oder anderweitig nicht nutzbare Datensätze]), pro eingesetztem Datensatz (mit oder ohne Mindestabrechnungsquote) oder pro erfolgreicher Kontaktaufnahme mit den Verbrauchern*

festgelegt. Weitere Leistungsparameter, wie z.B. die Neuerhebung von Verbraucherdaten (sog. Leads bzw. Lead-Generierung) speziell für den Käufer vor der Lieferung der entsprechenden Datensätze können hinzukommen.

1.4 *Der Lieferant kann vorbehaltlich Ziffer 4 dieses Rahmenvertrags für seine Lieferungen und Leistungen auf eigene Datenbestände oder auch solche dritter Unternehmen zurückgreifen. Die Parteien stellen jedoch vorsorglich klar, dass alleiniger Vertragspartner des Käufers der Lieferant ist, dieser also nicht lediglich als Vermittler dritter Datenbestände fungiert. Der Lieferant ist auch mit Blick auf die Nutzung*

---

23 Die parallele Anwendbarkeit wird bestätigt durch das OLG München v. 7.2.2019 – 6 U 2404/18 – Opt-in/Opt-out, ZD 2019, 408 (409) Rz. 24; vgl. zudem hierzu die Muster einer Werbe-Einwilligungserklärung in § 45, Rz. 45.9 und Rz. 45.13.

von Datenbeständen dritter Unternehmen in jeder Hinsicht vollumfänglich leistungsverpflichtet, also insbesondere auch hinsichtlich der Anforderungen der Ziffer 5 und 6 dieses Rahmenvertrags.

1.5 Bei Widersprüchen gehen die in den Einzelaufträgen vereinbarten Regelungen den Regelungen dieses Rahmenvertrags stets vor.

14.13 Die Ziff. 1.1 und 1.2 des Vertragsmusters legen den Charakter des Vertrags als **Rahmenvertrag** fest. Vor allem stellt Ziff. 1.2 klar, dass durch den Abschluss des Vertrags noch keine unmittelbaren Leistungsverpflichtungen begründet werden. Solche kommen vielmehr erst durch Abschluss eines Einzelauftrags zustande, der dem Vertrag als Anlage beigefügt werden soll.

Durch die Rahmenvertrag-Einzelauftrag-Konstruktion haben es die Parteien in der Hand, die Schwelle für den Abschluss eines Einzelauftrags abzusenken oder anzuheben. Der Einzelauftrag kann als einseitige Bestellung oder als zweiseitig abzuschließende Vereinbarung ausgestaltet werden. So kann der Käufer z.B. sein Standard-Bestellformular für Fremdleistungen einsetzen. Auch kann der Lieferant seine Auftragsbestätigung als Anlage vorsehen, wobei es sich in allen Fällen um ein durchaus kurzes Formular handeln sollte, das lediglich die fachlichen und kaufmännischen Parameter des einzelnen Auftrags festhalten muss.

14.14 Ziff. 1.3 des Vertragsmusters sieht vor, dass in einem Einzelauftrag festgelegt wird, über welchen Werbekanal der Käufer die Verbraucher ansprechen will. Dies ist für die wettbewerbs- und datenschutzrechtliche Zulässigkeit von großer Bedeutung, weil die Anforderungen an die Einwilligung des Verbrauchers in die jeweils aufgeführten Werbemaßnahmen unterschiedlich sind[24]. Auch hat das Kommunikationsmittel, über das geworben werden soll, maßgeblichen Einfluss auf die vom Lieferanten gem. Ziff. 5 des Vertragsmusters zu gewährleistende Datenqualität.

14.15 Ziff. 1.4, die im Zusammenhang mit der Regelung in Ziff. 4 zu lesen ist, stellt dem Lieferanten grundsätzlich die **Art und Weise der Datenbeschaffung** frei. Dies spiegelt die Gegebenheiten der Branche wieder, in der kaum ein Lieferant über Daten in der Menge, Selektion und Qualität verfügt, wie sie am Markt durch Käufer nachgefragt werden. Daher beziehen Adresshändler Daten auch von anderen Händlern, um sie in der Folge auf der Grundlage von Verträgen wie dem hiesigen an die Käufer zu liefern.

Insoweit agieren Datenlieferanten in gewisser Hinsicht als **Listbroker**. Weil aber die Käufer nur einen Vertragspartner haben und alle etwaigen Ansprüche unmittelbar gegen den tatsächlichen Lieferanten geltend machen können möchten, ist das „echte" Listbroking selten geworden, wenn sich auch viele Datenhändler nach wie vor als Listbroker verstehen.

4. Stornierung (Ziff. 2)

14.16 M 14.1.2 Stornierung

2. Stornierung

Der Käufer ist berechtigt, Einzelaufträge ganz oder teilweise zu stornieren. Eine solche Stornierung wird der Käufer dem Lieferanten in Textform mitteilen. Die Stornierung wird innerhalb von 24 Stunden nach Zugang bzw. Empfang der Mitteilung wirksam (24-Stunden-Ausstiegsklausel). Kosten entstehen dem Käufer durch eine solche Stornierung nicht; der Lieferant kann keine Entgelt- oder Ersatzansprüche geltend machen.

---

24 Zur Ausgestaltung der Einwilligungserklärung siehe § 45, Rz. 45.2 und Rz. 45.13.

In Adresslieferungsverträgen sind **Stornierungsklauseln** nicht unüblich. Da auf Anbieterseite großer Wettbewerb herrscht und in den vergangenen Jahren aufgrund gesetzlicher Verschärfungen die Nachfrage nachgelassen hat, befindet sich der Käufer in der stärkeren Verhandlungsposition. Zudem muss dem Lieferanten zumindest in den Fällen, in denen er Datensätze hinzukauft, regelmäßig kein Schaden entstehen, wenn er eine entsprechende Regelung mit dem Unterlieferanten getroffen hat oder jedenfalls (nun) treffen wird.

Unklar ist die rechtliche Einordnung der Stornierung. Dem Willen der Parteien entspricht in der Regel die Einordnung als vertraglich vereinbartes, einseitiges Widerrufsrecht des Käufers, das ihn in die Lage versetzt, die von ihm abgegebene Willenserklärung jederzeit ohne Kostenfolge aus der Welt zu schaffen. Je nach Fallgestaltung kann jedoch eine rechtliche Einordnung als Rücktritts- oder Kündigungsrecht dem Willen der Parteien entsprechen. Auch über die ABG-rechtliche Wirksamkeit wird man sich ggf. streiten können.

14.17

5. Grundsätze der Vertragsdurchführung (Ziff. 3)

M 14.1.3 Grundsätze der Vertragsdurchführung

14.18

3. Grundsätze zur Vertragsdurchführung

3.1 Negative Abweichungen von den vereinbarten Lieferungen und Leistungen und Teillieferungen, jeweils gleich ob in Bezug auf die Liefermenge oder sonstige Quantität oder von der vereinbarten Qualität des Leistungsgegenstands, werden vom Käufer nur akzeptiert, wenn der Käufer dies ausdrücklich bestätigt. Ansonsten ist der Lieferant nach Wahl des Käufers zur unverzüglichen Nacherfüllung verpflichtet, oder es gilt Ziffer 3.2 dieses Rahmenvertrags. Dubletten von Datensätzen gelten jeweils als nur ein gelieferter Datensatz und führen dementsprechend zu einer Minderlieferung.

3.2 Verbleibt es bei einer Minderlieferung oder bloßen Teilleistung, weil der Käufer die Nacherfüllung aus nachvollziehbaren Gründen ablehnt, weil der Lieferant die Nacherfüllung verweigert oder nicht leisten kann, oder aus sonstigen Gründen, ist die Vergütungspflicht des Käufers in jedem Fall entsprechend gemindert. Der Käufer ist jedoch überdies berechtigt, eine nicht unerhebliche Minderlieferung oder bloße Teilleistung als Nichterfüllung des ganzen Einzelauftrags zu werten und die entsprechenden Rechte auszuüben, insbesondere vom gesamten Einzelauftrag zurückzutreten und etwaige durch die Minderlieferung oder bloße Teilleistung entstandene unmittelbare und mittelbare Schäden gegenüber dem Lieferanten geltend zu machen, wenn und soweit der Lieferant die Minderlieferung bzw. bloße Teillieferung zu vertreten hat.

3.3 Vom Käufer nicht veranlasste Mehrlieferungen des Lieferanten können durch den Käufer ohne zusätzlich anfallende Vergütung genutzt werden.

3.4 Leistungszeiten und Liefertermine sind stets verbindlich. Bei Nichteinhaltung ist der Käufer berechtigt, die Vergütung angemessen zu mindern oder vom Vertrag zurückzutreten bzw. diesen zu kündigen. Wenn dem Käufer durch schuldhaft nicht eingehaltene Leistungszeiten und Liefertermine ein Schaden entsteht, hat der Lieferant dem Käufer den entsprechenden Schaden zu ersetzen.

3.5 Wenn dem Lieferanten Schwierigkeiten hinsichtlich der Leistungserbringung entstehen oder bekannt werden, muss dies dem Käufer unverzüglich mitgeteilt werden.

Bei der Durchführung von Verträgen über die Lieferungen von Daten in großer Anzahl lassen sich **Mehr- oder Minderlieferungen** nie ausschließen. Auch ohne vertragliche Regelung wären die Parteien dabei jedoch nicht schutzlos gestellt: Im Falle der Minderlieferung hat der Käufer (weiterhin) das Recht auf vollständige Vertragserfüllung, so dass auch in Ermangelung einer vertraglichen Regelung Adressen bis zur geschuldeten Anzahl geliefert werden müssen. Als Fall der Minderlieferung gilt auch die Dublette. Adresslieferungsverträge sind grundsätzlich dahingehend auszulegen, dass individuelle Adressen in der geschuldeten Anzahl zu liefern sind.

14.19

Eine automatische Minderung des Kaufpreises im Falle der Minderlieferung ist gesetzlich hingegen nicht normiert. Dies bedarf einer vertraglichen Regelung, wie sie im vorliegenden Muster in Ziff. 3.2 vorgesehen ist. Damit hat der Käufer ein Wahlrecht, ob er auf Lieferung der Adressen in voller Anzahl besteht oder ob er dem Lieferanten nur die geminderte Vergütung zahlt. Mehrlieferungen müssten demgegenüber gem. §§ 812 ff. BGB zugunsten des Lieferanten rückabgewickelt werden. Das ist allerdings praktisch schwer umzusetzen und letztlich illusorisch. Nach Ziff. 3.3 kommen daher Mehrlieferungen in der Regel dem Käufer zugute.

14.20 Die übrigen Klauseln von Ziff. 3 enthalten zwar teilweise Selbstverständlichkeiten und haben daher nur deklaratorischen Charakter. Sie schreiben aber dem vielleicht rechtlich weniger beschlagenen Lieferanten seine schuldrechtlichen Verpflichtungen ins Stammbuch. Nicht deklaratorisch ist allerdings (Rz. 14.19) das Minderungsrecht des Käufers gem. Ziff. 3.4. Ohne dass zuvor die Möglichkeit zur Nacherfüllung eingeräumt werden müsste, berechtigt es den Käufer zur sofortigen Reduktion der Rechnung, wenn der Lieferant Termine verstreichen lässt. Da dies nicht dem gesetzlichen Leitbild entspricht, bestehen AGB-rechtliche Bedenken im Hinblick auf die Wirksamkeit dieser Klausel.

6. Unterauftragnehmer (Ziff. 4)

14.21 **M 14.1.4 Unterauftragnehmer**

4. Unterauftragnehmer

Der Lieferant ist grundsätzlich berechtigt, sich zur Erfüllung seiner vertraglichen Pflichten eines oder mehrerer Unterauftragnehmer zu bedienen (vgl. Ziffer 1.4 dieses Rahmenvertrags). Voraussetzung ist jedoch, dass der Lieferant zuvor gegenüber dem Käufer die Identität des oder der avisierten Unterauftragnehmer offengelegt und die Quelle der betreffenden Datensätze angegeben hat. Auf Nachfrage des Käufers hat der Lieferant die Richtigkeit seiner Angaben vor oder nach Vertragsschluss zu belegen.

14.22 Aus Käufersicht ist darauf zu achten, dass die Identität der Unterauftragnehmer bekannt gemacht wird und dem Käufer auch insofern die Datenquellen offenliegen. Dies ist vor allem im Rahmen von Auseinandersetzungen von Bedeutung, in denen sich der Käufer gegen die Behauptung eines Dritten (Betroffener, einer Verbraucherschutzzentrale, Wettbewerber, Bundesnetzagentur, Datenschutzaufsichtsbehörde) wehren muss, die werbliche Ansprache sei rechtswidrig, weil ohne entsprechende Einwilligung erfolgt. Dazu aber bedarf der Käufer entsprechender Unterstützung des Lieferanten und seiner Unterlieferanten (normiert durch die Ziff. 5.4 und 6.3 des Vertragsmusters).

Allerdings bietet es sich in manchen Konstellationen an, den Einsatz von Unterauftragnehmern explizit auszuschließen. Insbesondere, wenn der Lieferant für den Käufer individuell erhobene Adressen zu liefern hat, demnach Dienstleistungselemente in der Leistungspflicht enthalten sind, sollte der Käufer auf eine individuelle Bedienung durch ausschließlich den Lieferanten bestehen.

14.23 Aus Sicht des Lieferanten ist die Verpflichtung, die **Identität der Unterlieferanten** offenzulegen, hingegen ungünstig und wird von ihm, wenn er kann, abgelehnt werden. Denn legt er die Identität seiner Lieferanten offen, muss er befürchten, dass sich der Käufer bei Folgekäufen direkt an den (Unter)Lieferanten wendet, um Kosten zu sparen. Es bieten sich zur Absicherung zudem Klauseln an, die es dem Käufer (ggf. vertragsstrafenbewehrt) untersagen, bekannt gewordene Unterlieferanten zu kontaktieren und mit diesen unmittelbar oder mittelbar ohne Beteiligung des Auftragnehmers in Geschäftsbeziehungen über die Lieferung von Datensätzen zu treten, wenngleich man die AGB-rechtliche Zulässigkeit solcher Klauseln bezweifeln mag.

7. Datenqualität in tatsächlicher und rechtlicher Hinsicht (Ziff. 5 und 6)

M 14.1.5 Datenqualität in tatsächlicher und rechtlicher Hinsicht 14.24

5. Datenqualität in tatsächlicher Hinsicht

5.1 Alle vom Lieferanten gelieferten Datensätze müssen im Double-Opt-in-Verfahren erhoben worden sein. Der Lieferant wird mit jeder Lieferung einen Beispieldatensatz mitliefern, der aufzeigt, wie der Double-Opt-in-Prozess gestaltet war und wie er beim Lieferanten in identischer oder in allen wesentlichen Punkten vergleichbarer Weise – dies garantiert der Lieferant – auch für die anderen in der Lieferung enthaltenen Datensätze nachweisbar ist. Dies gilt insbesondere auch mit Blick auf gelieferte Datensätze aus Beständen Dritter.

5.2 Bei Mängeln der Lieferungen und Leistungen finden die Vorschriften der §§ 434 ff. BGB entsprechende Anwendung. Vorrangig gilt jedoch:

5.2.1 Soweit Vertragsgegenstand die Lieferung von Telefonadressen ist, hat der Lieferant den Einzelauftrag nicht erfüllt, wenn mehr als 5 % der betreffenden Personen unter der angegebenen Telefonnummer nicht erreicht werden können. Bei der Lieferung von E-Mail-Adressen zur werblichen Ansprache ist der Vertrag nur ordnungsgemäß erfüllt, wenn wenigstens 95 % der versandten E-Mails an die Empfänger zugestellt werden können. Liegt nach dieser Ziffer 5.2.1 keine Vertragserfüllung vor, kann der Käufer alle Datensätze des Einzelauftrags zurückgeben, ohne dass es einer Fristsetzung bedarf. Der Lieferant erhält in diesem Fall als Wertersatz unabhängig von der im Einzelauftrag vereinbarten Abrechnungsmethode nur die rechnerische Vergütung für diejenigen Datensätze, die vom Käufer tatsächlich eingesetzt wurden und bei denen die Kontaktaufnahme mit dem Verbraucher möglich war; etwaig bereits geleistete Beträge sind unverzüglich zurückzuzahlen.

Maßstab für die oben bezeichneten Quoten sind, sofern vorhanden, die eigenen Aufzeichnungen des Käufers. Wenn sich während der Durchführung der jeweiligen Kampagne nach wenigstens 10 % genutzter Datensätze Fehlerquoten abzeichnen, die die obigen Quoten um mehr als 50 % überschreiten, müssen nicht alle Datensätze genutzt werden; es kann jederzeit abgebrochen werden. In diesem Fall gelten die Sätze 3 und 4 des vorangehenden Absatzes dieser Ziffer 5.2.1 entsprechend.

Alternativ ist der Käufer berechtigt, eine Minderung der Vergütung geltend zu machen.

5.2.2 Der Käufer kann auch dann vom Einzelauftrag zurücktreten oder die Vergütung mindern, wenn ein anderer erheblicher Mangel der Datenqualität vorliegt. Einer Fristsetzung durch den Käufer bedarf es in solchen Fällen nicht. Ein erheblicher Mangel kann z.B. bei vereinbarter Exklusiv- bzw. Erstnutzung von Datensätzen in sich wiederholenden Aussagen von Verbrauchern bestehen, bereits zuvor auf derselben Grundlage (also z.B. auf Grundlage des Gewinnspiels, das auch die Grundlage der Datenerhebung für die nach diesem Rahmenvertrag gelieferten Datensätze ist) kontaktiert worden zu sein. Um zu Gewährleistungsansprüchen nach dieser Ziffer 5.2.2 berechtigt zu sein, muss der Käufer nur nachweisen, dass es solche wiederholten Aussagen von Verbrauchern gibt.

5.3 Der Lieferant hat im Zuge der Lieferung immer anzugeben, aus welcher Quelle bzw. welchen Quellen die Daten genau stammen und wie und in welchem Zusammenhang sie erhoben wurden, insbesondere welche Gesellschaft die Daten erstmalig erhoben hat.

5.4 Der Käufer ist zudem stets berechtigt, vom Lieferanten zu verlangen, dass dieser auch das Datum der Erhebung (Generierung) der einzelnen Datensätze mitliefert oder nachliefert. Zudem ist der Käufer berechtigt, vom Lieferanten pro Lieferung anlassunabhängig die Lieferung von bis zu 20 Einwilligungsnachweisen nach Maßgabe von Ziffer 6 dieses Rahmenvertrags für vom Käufer bezeichnete Verbraucher zu verlangen. Dem Käufer steht diesbezüglich ein Zurückbehaltungsrecht hinsichtlich der eigenen Leistung zu. Stellt der Lieferant die Opt-in-Nachweise auch nach zweifacher Aufforderung nicht zur Verfügung, kann der Käufer ohne weiteres vom Einzelauftrag zurücktreten. Der Käufer kann die Einwilligungsnachweise während oder auch nach der Auftragsdurchführung fordern.

5.5 Ist das Alter der Personen Gegenstand der vom Lieferant vorzunehmenden Datenselektion, so kann der Käufer verlangen, dass der Lieferant jeweils die Geburtsjahre der Verbraucher mitliefert. In jedem Fall hat der Käufer das Recht, eine nachträgliche Lieferung dieser Daten zu Prüfungszwecken zu verlangen. Ziffer 5.4 dieses Rahmenvertrags, dort die Sätze 3 bis 5, gilt entsprechend.

5.6 Bestellt der Käufer durch weitere Einzelaufträge weitere Datensätze, gleich ob im unmittelbaren Zusammenhang oder später bzw. für andere Kampagnen, hat der Lieferant sicherzustellen, dass diese Datensätze zu den zuvor unter diesem Rahmenvertrag gelieferten Datensätzen stets überschneidungsfrei sind, also keine Dubletten geliefert werden.

5.7 Ist der Lieferant (auch) mit der Lead-Generierung beauftragt und wird er vom Käufer pro so generiertem und geliefertem Datensatz vergütet, hängt der Anspruch auf die Vergütung von der Qualität der Leads ab. Stellt sich innerhalb von sechs Monaten nach der Lieferung der Leads heraus (z.B. im Zuge der versuchten Kontaktaufnahme mit den betreffenden Verbrauchern), dass die Leads mit einer nicht unerheblichen Fehlerquote behaftet sind, z.B., weil die Verbraucher unter dem angegebenen Namen, der mitgeteilten Adresse, E-Mail-Adresse oder Telefonnummer nicht zu erreichen sind, mindert sich die Vergütung des Lieferanten entsprechend der Fehlerquote. Zudem hat der Käufer das Recht, vom Einzelauftrag zurückzutreten, wenn die Fehlerquote erheblich ist. Eine Fehlerquote von über 7,5 % der Leads gilt stets als erheblich.

Eine bereits geleistete Vergütung ist anteilig (bei Minderung) oder vollständig (bei Rücktritt) zurückzuzahlen, wobei in letzterem Fall Ziffer 5.2.1 Satz 4 dieses Rahmenvertrags Anwendung findet.

5.8 Keine Regelung dieser Ziffer 5 ist so auszulegen, dass sie die dem Käufer bei entsprechender Anwendung der §§ 434 ff. BGB zustehenden Gewährleistungsansprüche einschränken würde. Dem Käufer obliegt es nicht, den Leistungsgegenstand vor Verwendung auf Mangelfreiheit zu prüfen. Der Käufer unterliegt auch keiner Rügeobliegenheit oder -pflicht i.S.v. § 377 HGB, weder hinsichtlich offensichtlicher noch hinsichtlich erst später zutage tretender Mängel.

6. Datenqualität in rechtlicher Hinsicht: Einwilligungen, Nachweis der Einwilligung und Prüfung der Leistung

6.1 Zu liefernde Datensätze müssen stets mit entsprechenden Einwilligungserklärungen der jeweiligen Verbraucher (für die Zwecke dieses Rahmenvertrags sog. „Opt-Ins") vorliegen. Die Einwilligungserklärungen müssen mit Blick auf die einzelauftragsgegenständliche Kontaktaufnahme zu Werbezwecken rechtlich wirksam und beweisbar sein. Der Lieferant hat diesbezüglich die geltende Rechtslage einschließlich der jeweils aktuellen Rechtsprechung zu beachten und deren Anforderungen zu genügen. Fehlende oder unwirksame Einwilligungserklärungen stellen einen erheblichen, nicht heilbaren Mangel der Leistung dar.

6.2 Unabhängig von Ziffer 6.1 dieses Rahmenvertrags, die dieser Ziffer 6.2 bei der Beurteilung der Vertragsgemäßheit der Lieferung/Leistung des Lieferanten im Zweifel stets vorgeht, stellt der Käufer an die Einholung der Einwilligung von den Personen, deren Datensätze Gegenstand einer Lieferung sind, die folgenden Mindestanforderungen:

6.2.1 Die Einwilligungserklärung muss gerade (auch) für den Käufer wirken und den Käufer als Einwilligungsempfänger bezeichnen. Sie muss zudem darüber informieren, dass die Einwilligung jederzeit (auch) gegenüber dem Käufer widerrufen werden kann.

6.2.2 Sofern die Daten „offline" erhoben werden, ist die Einwilligung immer mittels einer gesonderten, von den Adressaten aktiv anzuwählenden Checkbox (anzukreuzendes Kästchen) einzuholen, der ein eigener, deutlich gestalteter, nicht mit anderen Erklärungen (wie z.B. der Teilnahmeerklärung zu einem Gewinnspiel) kombinierter oder in anderen Erklärungen (wie z.B. AGB) ohne Trennung enthaltener Einwilligungstext zugeordnet ist.

6.2.3 Sofern die Daten im Internet erhoben werden, ist die Einwilligung stets mittels einer gesonderten, nicht bereits voreingestellten, von den Adressaten also aktiv anzuwählenden Checkbox einzuholen, der ein eigener, deutlich gestalteter, nicht mit anderen Erklärungen (wie z.B. der Teilnahmeerklärung zu einem Gewinnspiel) kombinierter oder in anderen Erklärungen (wie z.B. AGB) enthaltener Einwilligungstext zugeordnet ist. Weiterhin sind sämtliche zu liefernden Datensätze einschließlich eines sog. IP-Timestamps zu erheben und zu speichern, also versehen mit der IP-Adresse des Internetanschlusses des Verbrauchers zum Zeitpunkt der Erklärung der Einwilligung sowie dem exakten Datum und Zeitpunkt der Erklärung. Über diese Erhebung und Verarbeitung dieser Daten ist der Verbraucher im Zuge des Einwilligungsprozesses zu informieren und sie muss von der Einwilligung umfasst sein. Zudem ist für jede Adresslieferung ein Screenshot der Internetseite, über die die Einwilligung des Adressaten eingeholt wurde, in Farbe vorzuhalten, auf dem der Einwilligungstext lesbar ist und aus dem ersehen werden kann, wie dieser und die ihm zugeordnete Checkbox auf der Seite angeordnet und dargestellt wurden.

6.2.4 Stellt die jeweils aktuelle Rechtslage bzw. Rechtsprechung strengere Anforderungen an die Wirksamkeit von Einwilligungserklärungen, gehen diese dieser Ziffer 6.2 vor.

6.3 Auf Verlangen des Käufers muss der Lieferant angefragte Einwilligungserklärungen gegenüber dem Käufer binnen 48 Stunden nach Anfrage nachweisen und schriftlich bzw. digital in der Form des Protokolls des Double-Opt-in-Prozesses des betreffenden Verbrauchers einschließlich Nachweises über die zugeordnete Einwilligungserklärung zur Verfügung stellen (Samstage, Sonntage und gesetzliche Feiertage bleiben bei der Berechnung der Frist außer Betracht). Diese Verpflichtung besteht zeitlich unbefristet. Der Nachweis der Einwilligung, dessen Richtigkeit vom Lieferant durch seine Unterschrift zu garantieren ist, hat dabei den kompletten Datensatz des Adressaten zu enthalten. Er ist zudem bei digital erteilten Einwilligungen mit dem in Ziffer 6.2.3 dieses Rahmenvertrags genannten Screenshot und dem IP-Timestamp zu verbinden. Die Versicherung der Richtigkeit der Angaben durch den Lieferanten muss sich auch auf den IP-Timestamp und den Screenshot beziehen.

6.4 Die Verpflichtungen der vorstehenden Ziffer 6.1 bis 6.3 gelten unabhängig davon, ob der Lieferant aus eigenen Datenbeständen liefert oder sich Datenbeständen Dritter (Unterlieferanten) bedient.

6.5 Hat der Lieferant schuldhaft gegen seine Verpflichtung verstoßen, entsprechende Einwilligungen einzuholen und vorzuhalten bzw. einholen und zur Lieferung an den Käufer vorhalten zu lassen, oder schuldhaft seine Nachweispflicht nach Ziffer 6.3 verletzt, hat er dem Käufer in jedem Fall eine Vertragsstrafe i.H.v. [BETRAG EINFÜGEN] EUR zu zahlen. Die Geltendmachung weiterer und weitergehender Ansprüche seitens des Käufers wird durch die Vertragsstrafeverpflichtung nicht berührt. Die Vertragsstrafe wird aber, sofern sie geleistet ist, auf andere Ansprüche immer angerechnet, solche Ansprüche werden daher nur insoweit fällig, als sie die Vertragsstrafezahlung übersteigen.

6.6 Der Lieferant hat vor der Lieferung von Datensätzen stets sicherzustellen, dass die betreffenden Verbraucher nicht in einer der Robinsonlisten oder einer anderen einschlägigen Liste eingetragen sind.

6.7 Der Lieferant gewährleistet weiterhin, dass der Leistungsgegenstand keine Datensätze enthält, deren Verwendung dem Lieferanten oder dem betreffenden Unterlieferanten durch gerichtliche Unterlassungs- oder sonstige Titel, gleich ob rechtskräftig oder nicht, untersagt wurde, gegen vom Lieferanten oder dem betreffenden Unterlieferanten abgegebene Unterlassungsversprechen (insbesondere in der Form von strafbewehrten Unterlassungs- und Verpflichtungserklärungen) verstoßen würde und/oder hinsichtlich derer beim Lieferanten oder dem betreffenden Unterlieferanten auch nur eine Beschwerde des betroffenen Verbrauchers oder eines Verbraucherschutz- oder anderen Verbandes vorliegt.

Von zentraler Bedeutung im Adresslieferungsvertrag sind die Regelungen in Ziff. 5 und 6 zur **Datenqualität**. Durch sie sollen zum einen typische Probleme bei der tatsächlichen Beschaffenheit der Daten antizipiert, zum anderen rechtliche Risiken abgefedert werden, denen der Käufer bei der Nutzung der Adressen zu Werbezwecken im Falle nachfolgender Beschwerden von Verbrauchern, Wettbewerbern oder auch der Bundesnetzagentur sowie einer Datenschutzaufsichtsbehörde ausgesetzt ist. Das Übersenden der Nachweise über die Einwilligungserklärung hat weiterhin eine erhebliche Bedeutung für den Käufer. Zwar ist die Wirksamkeit der Einwilligung nicht von der Protokollierung abhängig. Allerdings besteht eine ausdrückliche Nachweispflicht bezüglich der Einwilligung in Art. 7 Abs. 1 DSGVO als Teil der umfassenden Rechenschaftspflicht des Verantwortlichen nach Art. 5 Abs. 2 DSGVO. Das eigenständige Vorhalten der Einwilligungsnachweise durch den Käufer dürfte jedoch entbehrlich sein, solange – mittels der Ziff. 6.3 – organisatorisch sichergestellt ist, dass der Einwilligungsnachweis auf Nachfrage unverzüglich (innerhalb einer Frist von 48 Stunden) geführt werden kann.

14.25

a) Datenqualität in tatsächlicher Hinsicht

aa) Erhebung im Double-Opt-In-Verfahren (Ziff. 5.1)

14.26 Obwohl der Käufer im Außenverhältnis für Werbung und die zugrunde liegende Datenverarbeitung haftet, ist er in Bezug auf die zentrale Frage – Liegt eine wirksame **Einwilligung des Verbrauchers** vor? – nicht in der Lage, sich mit den ihm vorliegenden Unterlagen und Informationen gegen Ansprüche Dritter zu verteidigen. Dies wird ihm nur gelingen, wenn der Lieferant ihm die erforderlichen Unterlagen und Informationen zur Verfügung stellt – und die Daten rechtskonform erhoben wurden.

14.27 Das Vertragsmuster wälzt das **Haftungsrisiko** des Käufers wegen Ansprüchen Dritter im Innenverhältnis auf den Lieferanten ab, soweit dies möglich ist. Dabei geht es nicht nur um die rechtliche Wirksamkeit der Einwilligungen (dazu der nächste Abschnitt), sondern wesentlich auch um deren Nachweisbarkeit. Daher besteht eine der wesentlichen vertraglichen Verpflichtungen des Lieferanten darin, die gelieferten Datensätze im sog. **Double-Opt-in-Verfahren** zu erheben oder erhoben zu haben[25]. Bei diesem Verfahren bestätigt der Verbraucher nicht nur einmal, seine Einwilligung zu erteilen. Vielmehr muss er die Erteilung der Einwilligung im Nachhinein noch einmal ausdrücklich bestätigen. Auf welche Art und Weise die Bestätigung erfolgt, hängt davon ab, wie die Adresse erhoben und die Einwilligung erteilt wurde[26]. Bei der „Opt-in-Generierung" im Internet erhält der Verbraucher bspw. im Nachhinein eine E-Mail, in der der Umstand, dass der Verbraucher seine Einwilligung erteilt hat und deren Reichweite, ausdrücklich aufgeführt sind. In der E-Mail ist zugleich ein Link enthalten, den der Verbraucher anzuklicken aufgefordert wird. Tut er dies, bewirkt dies die Bestätigung der Einwilligung.

14.28 Beim Double-Opt-in-Verfahren geht es – anders als oft unterstellt – nie um die rechtliche Wirksamkeit der Einwilligung. Diese hängt von anderen Faktoren wie der Deutlichkeit und Nachvollziehbarkeit der vorformulierten Einwilligungserklärung ab. Das Double-Opt-in-Verfahren dient allein der Nachweisbarkeit der erteilten Erklärung in tatsächlicher Hinsicht. Wenn ein Double-Opt-in-Verfahren durchgeführt wurde, führt dies nach der Rechtsprechung zu einer Vermutung, dass der Erklärende auch wirklich eine Einwilligung abgegeben hat, wenn diese Vermutung auch immer noch vom Werbeempfänger widerlegt werden kann.

Noch unklar ist allerdings zum einen, was für **Dokumentationspflichten** für das werbende Unternehmen bestehen, damit ein Double-Opt-in-Verfahren den Beweiszwecken effektiv dienen kann. Der BGH hat insofern festgestellt, dass der Werbende die konkrete Einverständniserklärung jedes einzelnen Verbrauchers vollständig dokumentieren muss, was im Fall einer elektronisch übermittelten **Einverständniserklärung** deren Speicherung und die jederzeitige Möglichkeit eines Ausdrucks voraussetzt[27]. Hohe Anforderungen an die Nachweisbarkeit stellt auch der europäische Datenschutzausschuss. Er verlangt, dass Aufzeichnungen vorliegen müssen, die den spezifischen Einwilligungstext, den Zeitpunkt und Angaben dazu, wie die Einwilligung eingeholt wurde, enthalten. Zugleich soll der Verantwortliche zeigen können, dass die betroffene Person informiert war und dass der vom Verantwortlichen vorgesehene „Workflow" eine rechtmäßige Einwilligung sicherstelle[28]. Zudem muss für die Einwilligung in **Telefonwerbung** die Besonderheit beachtet werden, dass der Inhaber einer E-Mail-Ad-

---

25 So auch BGH v. 10.2.2011 – I ZR 164/09, MMR 2011, 662; OLG Frankfurt v. 3.12.2009 – 16 U 30/09; zur Gestaltung des Double-Opt-in-Verfahrens und der Werbe-Einwilligungserklärung siehe § 45, Rz. 45.18.

26 Siehe hierzu § 45, Rz. 45.18.

27 BGH v. 10.2.2011 – I ZR 164/09, MMR 2011, 662; LG Berlin v. 23.1.2007 – 15 O 346/06; AG Düsseldorf v. 14.7.2009 – 48 C 1911/09; AG Berlin v. 11.6.2008 – 21 C 43/08. Das Double-Opt-in-Verfahren ist allerdings vom OLG München (v. 27.9.2012 – 29 U 1682/12) in Frage gestellt worden, weil dieses Gericht bereits die Bestätigungsmail, die Teil des Verifizierungsverfahrens ist, als unzulässige Werbung angesehen hat. Es bleibt zu hoffen, dass diese Entscheidung, die zudem mit der Rechtsprechung des BGH nur schwer vereinbar ist, ein vereinzelter gerichtlicher „Irrläufer" bleiben wird.

28 *Europäischer Datenschutzausschuss*, Guidelines 05/2020 on consent under Regulation 2016/679 v. 4.5.2020, Rz. 108.

resse nicht zwangsläufig auch der Inhaber einer angegebenen Telefonnummer ist. Nach der Rechtsprechung des BGH hat das Double-Opt-in-Verfahren auf Basis einer Bestätigungs-E-Mail daher nicht die gewünschte Beweiswirkung, wenn die angerufene Person bestreitet, Inhaber der E-Mail-Adresse zu sein, mit der das Double-Opt-in-Verfahren durchgeführt wurde[29]. Auch der telefonisch generierte Opt-in ist aber einer den Nachweiszweck erfüllenden Bestätigung zugänglich. Diese kann durch einen Rückruf an die von dem Verbraucher angegebene Telefonnummer erfolgen. Im Rahmen des Rückrufs wird dem Verbraucher dann ein Buchstaben- oder Zahlencode mitgeteilt, den dieser auf einer Webseite eingeben muss, auf der die Einzelheiten der zuvor erteilten Einwilligung spezifiziert sind[30]. Ist ein solches Verfahren nicht möglich, ist das „normale" Double-Opt-in-Bestätigungsverfahren mit E-Mails aber immer noch einem Verzicht auf jegliches Double-Opt-in-Verfahren vorzuziehen. Bestreitet nämlich der Verbraucher nicht, die E-Mail erhalten und den Bestätigungslink geklickt zu haben, begründet das Double-Opt-in-Verfahren zumindest eine sekundäre Darlegungslast für den Anspruchsteller.

In Ziff. 5.1 des Vertragsformulars garantiert der Lieferant, die Daten in einem solchen Double-Opt-in-Verfahren generiert zu haben. Die Art der Erhebung der Adresse ist ein Qualitätsmerkmal des Kaufgegenstands. Sie ist Eigenschaft i.S.d. § 119 BGB sowie Beschaffenheit i.S.d. § 434 BGB. Im Vertragsmuster ist sie aber zugleich Gegenstand einer Beschaffenheitsgarantie i.S.d. § 443 BGB. Hat der Lieferant die Daten nicht im Double-Opt-in-Verfahren erhoben, so hat er den Käufer ggf. arglistig i.S.d. § 123 BGB getäuscht. Auch liegt ein Eingehungs- oder Erfüllungsbetrug nahe. **14.29**

Die Regelungen der Ziff. 5.3 und 5.4 dienen dem Käufer zur weiteren Absicherung. Möchte sich der Lieferant auf derartige Regelungen nicht einlassen oder kann er sie nicht bedienen, muss der Käufer vermuten, dass etwas nicht stimmt, und sollte die Beendigung der Geschäftsbeziehung mit dem Lieferanten ins Auge fassen. Der Käufer sollte also gerade zu Beginn einer längerfristigen Zusammenarbeit mit einem Lieferanten das Recht, Stichproben zu nehmen, auch ausüben. Das gilt nicht zuletzt aufgrund der Tatsache, dass den Käufer zumindest nach der Auffassung mancher Gerichte im gerichtlichen Verfahren die Darlegungs- und Beweislast für das Nichtvorliegen der erforderlichen Einwilligung trifft. Der Käufer könne seinen Vortrag nicht auf die pauschale Behauptung beschränken, für die übermittelten Daten lägen keine Einwilligungen vor[31]. Vielmehr müsse der Käufer darlegen, wann er welche Datensätze benutzte und welche Person wann und in welcher Form mit welcher Begründung das fehlende Einverständnis artikulierte[32]. **14.30**

bb) Mängel hinsichtlich der Datenqualität (Ziff. 5.2)

Es empfiehlt sich zudem, nicht nur hinsichtlich des Double-Opt-in-Verfahrens, sondern auch in Sachen der **Validität der Datensätze** Vorgaben zu machen und die dem Käufer im Gewährleistungsfall zustehenden Rechte konkret zu benennen. Dies kann wie im Vertragsmuster in Ziff. 5.2 vorgeschlagen, aber natürlich auch anders geschehen. **14.31**

Kriterien sind u.a. die Erreichbarkeit der Verbraucher sowie (sofern vereinbart), dass die Datensätze dem Käufer exklusiv oder zur Erstnutzung überlassen werden. Die auf den ersten Blick harsch erscheinenden Rechtsfolgen entsprechender Schlechtleistung und die in den Ziff. 5.2.1 und 5.2.2 vorgesehenen Beweiserleichterungen sind in der Praxis durchaus angemessen. Wenn sich z.B. gleich zu Beginn einer Marketingaktion herausstellt, dass 5 % der Verbraucher nicht angesprochen werden können, spricht die Erfahrung dafür, dass es sich bei den gelieferten Daten insgesamt um Daten minderer Qualität, vor allem veraltete Daten, handelt. Nachdem dem Käufer kein anderer Indikator zur Qualitätsbemessung zur Verfügung steht, ist das Kriterium der Erreichbarkeit absolut sachgerecht.

---

29 BGH v. 10.2.2011 – I ZR 164/09, MMR 2011, 662.
30 Zu den rechtlichen Problemen eines solchen „Verification Calls" siehe § 45, Rz. 45.18.
31 OLG Düsseldorf v. 17.2.2010 – I-17 U 167/09, https://www.justiz.nrw.de/nrwe/olgs/duesseldorf/j2010/I_17_U_167_09beschluss20100217.html; OLG Frankfurt v. 3.12.2009 – 16 U 30/09.
32 OLG Düsseldorf v. 17.2.2010 – I-17 U 167/09, a.a.O.

b) Datenqualität in rechtlicher Hinsicht

14.32 Gegenstand des Vertragsmusters sind Daten, zu deren Verwendung zu Werbezwecken der Verbraucher seine ausdrückliche, **wirksame Einwilligung** erteilt hat. Liegt eine solche Einwilligung nicht vor, ist der Kaufgegenstand mit einem Rechtsmangel i.S.d. § 435 BGB behaftet. Denn liegt tatsächlich und/oder rechtlich eine Einwilligung nicht vor, kann dem Käufer die Nutzung, ggf. sogar schon die Speicherung der Daten, untersagt werden.

aa) Anforderungen der Rechtsprechung

14.33 Wann eine Einwilligung des Verbrauchers in eine werbliche Ansprache durch einen Unternehmer aus wettbewerbsrechtlicher Sicht wirksam ist, ist höchst umstritten[33]. Die Rechtsprechung zu dieser Frage ist generell sehr streng. Höchst- oder obergerichtliche Rechtsprechung, in der eine bestimmte Einwilligungsklausel für zulässig angesehen wurde, gibt es nur in absoluten Ausnahmefällen[34]. Jedoch lassen sich aus den bekannt gewordenen Entscheidungen neben dem Erfordernis der ausdrücklichen, aktiven Erklärung der Einwilligung[35] bestimmte inhaltliche Grundsätze destillieren:

Der Verbraucher muss grundsätzlich wissen bzw. darüber informiert werden, in welche Maßnahme er einwilligt (sog. **Transparenzgebot**). Nicht nur muss ihm klar sein, dass seine Daten generell zu Werbezwecken verwendet werden. Nach der Rechtsprechung[36] ist es vielmehr erforderlich, dass der Verbraucher darüber in Kenntnis gesetzt wird, welches Unternehmen ihn konkret mit welcher Werbung für welche Bereiche bzw. Produkte[37] ansprechen wird. Jedenfalls nach früherer Rechtsprechung musste es zudem einen engen inhaltlichen Bezug zwischen dem Umfeld der Einwilligungserteilung und dem Gegenstand der Einwilligungserklärung geben[38]. Bestand ein solch enger, inhaltlicher Bezug nicht, nahm der BGH eine unangemessene Benachteiligung i.S.d. § 307 BGB an. In neueren Urteilen hat der BGH zwar die fehlende inhaltliche Verzahnung nicht mehr thematisiert, was dafür spricht, dass er sie inzwischen nicht mehr fordert[39]. Da es jedoch an einer eindeutigen Klarstellung fehlt, folgen viele Instanzgerichte weiterhin in ihrer Grundtendenz der „Telefonwerbung VI"-Entscheidung. Nach höchstrichterlicher Rechtsprechung ist jedoch mittlerweile anerkannt, dass zumindest mehrere Werbekanäle in einer Einwilligungserklärung zusammengefasst werden dürfen[40].

14.34 Diese rechtlichen Anforderungen, mehr aber noch die teilweise kaum nachvollziehbaren – und zudem uneinheitlichen – Erwartungen der Gerichte, ziehen erhebliche Haftungsrisiken für den Käufer als Werbetreibenden nach sich. Die strengen Anforderungen der Rechtsprechung machen den Käufer nicht nur gegenüber dem Verbraucher und Verbraucherschutzzentralen, sondern wegen § 7 Abs. 2 UWG vor allem auch gegenüber Wettbewerbern angreifbar. Dazu kommen mit der Anwendbarkeit der DSGVO die auch unter datenschutzrechtlichen Gesichtspunkten erhöhten Anforderungen an eine rechtswirksame Einwilligung. Vor diesem Hintergrund ist zentraler Gegenstand der Vertragsgestaltung und zentrale Anforderung an den Lieferanten im Rahmen der Generierung bzw. des Einkaufs der Daten, die rechtlichen Anforderungen an die Erhebung der Einwilligung abzubilden[41].

---

33 Siehe hierzu im Detail vor allem auch § 45, Rz. 45.9 ff.
34 BGH v. 1.2.2018 – III ZR 196/17, MMR 2018, 460; OLG Frankfurt v. 27.6.2019 – 6 U 6/19, ZD 2019, 508, bei der allerdings der Wortlaut der Einwilligung nicht in den Urteilsgründen enthalten ist.
35 BGH v. 16.7.2008 – VIII ZR 348/06 – Payback, NJW 2008, 3055 = GRUR 2008, 1010.
36 BGH v. 18.7.2012 – VIII ZR 337/11, WRP 2012, 1545.
37 BGH v. 14.4.2011 – I ZR 50/09, CR 2011, 513.
38 BGH v. 27.1.2000 – I ZR 241/97 – Telefonwerbung VI, GRUR 2000, 818.
39 Siehe hierzu etwa BGH v. 16.7.2008 – VIII ZR 348/06 – Payback, NJW 2008, 3055.
40 BGH v. 1.2.2018 – III ZR 196/17, MMR 2018, 460 (462 Rz. 24 f.).
41 Siehe zur Gestaltung der Werbe-Einwilligungserklärung § 45.

bb) Wirksame und beweisbare Einwilligungserklärungen (Ziff. 6.1)

Weil sich die rechtlichen Anforderungen rechtsprechungsgetrieben dynamisch entwickeln, müssen sich Klauseln wie Ziff. 6 des Vertragsmusters im Abstrakten halten. Sie bürdet dem Lieferanten jedenfalls die Verpflichtung auf, sich mit der jeweils geltenden Rechtslage vertraut zu machen und diese bei der Generierung, dem Einkauf und in jedem Fall der Lieferung umzusetzen. Ziff. 6.2 legt insoweit lediglich einige Mindestanforderungen fest, die allerdings der generellen Regel der Ziff. 6.1 nachrangig sind (vgl. auch die Regelung in Ziff. 6.2.4 des Vertragsmusters). **14.35**

cc) Mindestanforderungen an die Einwilligungserklärungen (Ziff. 6.2)

Jenseits dessen materialisiert sich in Ziff. 6.2.1 des Vertragsmusters ein grundsätzliches Dilemma des **Datenhandels**: Die Rechtsprechung verlangt für die Rechtmäßigkeit der Übermittlung von personenbezogenen Daten, dass bereits bei der Erhebung der Einwilligung dem Verbraucher transparent dargelegt wird, an wen der Datensatz übermittelt wird. Die bloß abstrakte Beschreibung der Branche, der das Empfängerunternehmen angehört, genügt wohl nicht. Vielmehr ist das Unternehmen konkret zu bezeichnen. Dies hat streng genommen zur Folge, dass die auf Vorrat eingeholte Einwilligung in Werbemaßnahmen von noch nicht namentlich bezeichneten Unternehmen im Hinblick auf die Übermittlung und spätere Verwendung der Daten durch den Käufer unwirksam ist. Ziff. 6.2.1 verbietet es dem Lieferanten daher, aus einem bestehenden Datenbestand die Daten an den Käufer zu liefern, sofern diese nicht spezifisch (auch) für ihn erhoben wurden. Das beschränkt natürlich die Möglichkeit des Lieferanten, Daten dazuzukaufen. **14.36**

Von besonderer Bedeutung für die Generierung von personenbezogenen Daten über **Online-Angebote** ist zudem Ziff. 6.2.3 des Vertragsentwurfs. Durch Ziff. 6.2.3 werden dem Lieferanten Verpflichtungen auferlegt, wie und in welcher Form er die Einwilligung des Verbrauchers einholen muss[42]. **14.37**

Dabei könnte man darüber, ob aus datenschutzrechtlicher Sicht auch **IP-Adressen** gespeichert werden dürfen, eigentlich trefflich streiten[43]. Aus Sicht der Verfasser wäre dies jedenfalls in der vorliegenden Konstellation zulässig. IP-Timestamps sind ein anerkanntes Mittel, einen bestimmten Vorgang zu Nachweiszwecken zu protokollieren – und zu protokollieren ist die Einwilligung auch bei der elektronischen Kommunikation nun einmal, wenn auch die Nachweiseignung des IP-Timestamps nur in Kombination mit anderen Merkmalen gegeben ist. Um dieses Problem zu umgehen, trägt Ziff. 6.2.3 dem Lieferanten auf, auch den zu erstellenden Timestamp zum Gegenstand der Einwilligungserklärung zu machen.

dd) Nachweispflicht des Verkäufers (Ziff. 6.3)

Wenn der Käufer die Daten nutzt und von einem Verbraucher, einem Wettbewerber, einer Verbraucherzentrale oder einer Datenschutzaufsichtsbehörde mit der Begründung angegriffen wird, eine wirksame Einwilligung des Verbrauchers liege nicht vor, muss der Käufer in der Lage sein, die **Beweise** für die Generierung des Opt-ins zu beschaffen, zu prüfen und dem Angreifer zur Rechtsverteidigung vorzulegen. Da der Käufer die Daten nicht selbst erhoben hat, ist er auf die Unterstützung des Lieferanten angewiesen. Ziff. 6.3 des Vertragsmusters gestaltet diese Pflicht zur Mithilfe vertraglich aus. **14.38**

Bei Klauseln wie Ziff. 6.3 ist zu beachten, dass das Mittel solcher Angriffe regelmäßig die **Abmahnung** ist – mit einem drohenden Antrag auf Erlass einer einstweiligen Verfügung als nächstem Schritt. Aus

---

42 Zur Opt-in-Erklärung im Einzelnen vgl. § 45, Rz. 45.2 ff.

43 Die Diskussion, ob es sich bei (dynamischen) IP-Adressen um personenbezogene Daten handelt, dürfte sich in der Rechtswirklichkeit nach der Entscheidung des EuGH „Breyer" (EuGH v. 24.11.2011 – C-582/14), dort Rz. 49, faktisch erledigt haben. Der vom EuGH bezuggenommene Erwägungsgrund 26 der Richtlinie 95/46 entspricht insoweit weitgehend dem Erwägungsgrund 26 der DSGVO. Auch unter der DSGVO dürfte sich an dieser Beurteilung also nichts ändern, vgl. *Schantz* in Schantz/Wolff, Rz. 389.

diesem Grund muss der Nachweis der Einwilligung extrem schnell erbracht werden. Die vorgeschlagene Frist von 48 Stunden ist hier praxisnah und angemessen[44].

Aus **AGB-rechtlicher Sicht** fraglich könnte es ggf. sein, die Verpflichtung zur Lieferung des Opt-ins nur von einer Anfrage des Käufers, nicht aber davon abhängig zu machen, dass dieser seinen konkreten Bedarf nach dem Opt-in nachweist. Eine solche Sichtweise wäre indes nicht überzeugend. Denn sie würde einerseits bedeuten, dass der Käufer dem Lieferanten Interna offenlegen müsste. Andererseits muss der Käufer aufgrund der Rechenschaftspflichten aus Art. 7 Abs. 1 i.V.m. Art. 5 Abs. 2 DSGVO ohnehin stets den Nachweis führen können. Opt-ins einzuholen, vorzuhalten und nachzuweisen, ist letztlich Hauptleistungspflicht des Lieferanten. Deren Erfüllung von besonderen Voraussetzungen abhängig zu machen, wäre nicht nachvollziehbar.

Aus Sicht des Lieferanten ist zudem insbesondere die fehlende zeitliche Befristung der Verpflichtung problematisch, und der Lieferant wird deswegen, wenn er die Möglichkeit hat, eine zeitliche Befristung, z.B. auf drei Monate nach Lieferung des Datensatzes, verhandeln wollen. Für den Käufer ist dies aber kaum akzeptabel. Denn das Risiko, das durch den Opt-in-Nachweis reguliert werden soll, besteht eben nicht nur für einige Monate, sondern solange, wie die Ansprüche, denen sich der Käufer möglicherweise ausgesetzt sieht, nicht verjährt sind bzw. so lange keine Verfolgungsverjährung eingetreten ist.

ee) Vertragsstrafe (Ziff. 6.5)

14.39 Um das Einhalten der Verpflichtungen des Lieferanten im Rahmen der Adressgenerierung „wehrhaft" zu machen, sieht das Vertragsmuster eine **Vertragsstrafe** vor. Wegen gewisser Auswüchse in der Adresshandelsbranche ist eine solche unbedingt zu empfehlen, weil andernfalls kein spürbarer Anreiz geschaffen wird, die Verpflichtungen auch zu beachten. Fraglich ist AGB-rechtlich vor allem stets die Höhe einer solchen Vertragsstrafe. Eine Vertragsstrafe ist nach der Rechtsprechung verhältnismäßig, solange sie nicht „jedes vernünftige Verhältnis zum möglichen Schaden übersteig[t]"[45] bzw. solange sie nicht „außer Verhältnis zum Gewicht des Vertragsverstoßes und zu dessen Folgen für den Vertragspartner steh[t]"[46]. Die jüngere Rechtsprechung des BGH scheint allerdings strengere Maßstäbe anzulegen und nicht mehr (nur) auf die Folgen für den Vertragspartner (hier: den Käufer) abzustellen, sondern auf die Folgen für den Schuldner (sic!) der Vertragsstrafe und das Verhältnis dieser Folgen zum Gewicht des Vertragsverstoßes[47]. Vor diesem Hintergrund erscheint eine Vertragsstrafe i.H.v. EUR 15 000 pro Fall zwar durchaus angemessen, bedenkt man, dass die Verfahrenskosten aus einstweiligen Verfügungs- und Hauptsacheverfahren (gar über mehr als eine Instanz) insbesondere in Wettbewerbsstreitsachen sowie vor allem auch mögliche Bußgelder der Bundesnetzagentur oder der Datenschutzaufsichtsbehörde EUR 15 000 durchaus niedrig erscheinen lassen[48]. Dies gilt insbesondere vor dem Hintergrund des erheblichen Bußgeldrahmens der DSGVO. Allerdings existiert hier eine nicht unerhebliche Rechtsunsicherheit. Vor diesem Hintergrund liegt die Gestaltung der Vertragsstraferegelung nach dem sog. Hamburger Brauch in manchen Fällen ggf. näher.

ff) Robinsonlisten (Ziff. 6.6)

14.40 Bei den sog. **Robinsonlisten** handelt es sich um Schutzlisten mit Kontaktdaten von Verbrauchern, die keine unangeforderte Werbung erhalten wollen. Es gibt Robinsonlisten für Briefpost, E-Mail-Werbung, Festnetztelefonanschlüsse, Mobiltelefonanschlüsse und Telefaxnummern.

---

44 Dagegen aber ggf. OLG Celle v. 28.11.2012 – 9 U 77/12, ZD 2013, 132, wobei auch dort kurze Fristen nicht per se abgelehnt werden.
45 BGH v. 18.11.1982 – VII ZR 305/81, NJW 1983, 385.
46 BGH v. 3.4.1998 – V ZR 6/97, NJW 1998, 2600.
47 BGH v. 31.8.2017 – VII ZR 308/16, BB 2017, 2254.
48 A.A. OLG Celle v. 28.11.2012 – 9 U 77/12, ZD 2013, 132, das auf die Höhe der Vergütung für den einzelnen Datensatz – der meist unter einem Euro liegt – abstellt.

gg) Perspektive des Lieferanten

Der Lieferant hat selbstverständlich ganz andere Interessen. Wenn er diese durchsetzen kann, wird er 14.41
u.a. vereinbaren wollen, dass

– ihn der Käufer umgehend informiert, wenn es unerreichbare Adressen bzw. Telefonnummern und/
oder Widersprüche und Beschwerden von Verbrauchern (vor allem in der Form von Abmahnungen) gegen die Verwendung ihrer Daten für Werbung gibt;

– der Käufer die Verantwortung für den datenschutzgerechten und auch sonst (v.a. hinsichtlich § 7
Abs. 2 UWG) zulässigen Einsatz der Datensätze trägt, diesem also insbesondere die Prüfung obliegt,
ob er die Daten zulässigerweise für die vorgesehenen Zwecke der Werbung verarbeiten und nutzen
darf; und

– der Käufer ihn von den Folgen einer unzulässigen Nutzung freistellt.

8. Datenabgleich und Abrechnung „netto erreicht"; Vergütung (Ziff. 7 und 8)

M 14.1.6 Datenabgleich und Abrechnung „netto erreicht"; Vergütung 14.42

7. Datenabgleich und Abrechnung „netto erreicht"

*7.1 In Fällen, in denen im Einzelauftrag vereinbart ist, dass vor der eigentlichen Selektion für die Lieferung
Datensätze zunächst zum Zwecke eines Datenabgleichs (z.B. Abgleich mit beim Käufer bereits vorhandenen Beständen) bestellt werden, um die für den Käufer und/oder den Endkunden mit einem Mehrwert
nutzbaren Datensätze zu ermitteln (im Folgenden die „tatsächliche Liefermenge"), wird erst nach dem
Abgleich die eigentliche Selektion auf der Grundlage der tatsächlichen Liefermenge durchgeführt. Nur
die tatsächliche Liefermenge ist auch vergütungspflichtig. Die übrigen Datensätze erhält der Lieferant
ungenutzt zurück. Eine etwaig vereinbarte Mindestabrechnungsquote („MAQ"; s. unter Ziffer 8.3 dieses
Rahmenvertrags) bezieht sich in einem solchen Fall lediglich auf die tatsächliche Liefermenge.*

*7.2 Ist eine Abrechnung „netto erreicht" vereinbart (in der Regel nur für Datensätze für Telefonmarketingzwecke), wird zunächst ein Datenabgleich nach Ziffer 7.1 dieses Rahmenvertrags durchgeführt. Vergütungspflichtig ist aber nicht die tatsächliche Liefermenge, sondern lediglich die Anzahl der durch
Nutzung der tatsächlichen Liefermenge am Ende erfolgreich kontaktierten Verbraucher; erfolgreich kontaktiert in diesem Sinne wurde ein Verbraucher dann, wenn tatsächlich mit ihm gesprochen und nicht lediglich eine dritte Person oder ein Anrufbeantworter erreicht wurde oder die Nummer besetzt oder nicht
vergeben war. Sofern zusätzlich das erfolgreiche Erreichen einer bestimmten Anzahl von Empfängern
Gegenstand des Einzelvertrags ist, ist der Lieferant verpflichtet, solange Datensätze gemäß der vertraglichen Spezifikation nachzuliefern, bis die vorgesehene Anzahl erfolgreich kontaktierter Empfänger erreicht ist. Entscheidend sind diesbezüglich die Aufzeichnungen des Käufers.*

8. Vergütung

8.1 Der Käufer leistet dem Lieferanten die im Einzelvertrag festgelegte Vergütung.

8.2 Die im Einzelvertrag genannten Vergütungsbeträge verstehen sich netto zzgl. Umsatzsteuer.

*8.3 Ist im Einzelvertrag eine Mindestabrechnungsquote („MAQ") vereinbart, richtet sich die Vergütung
grundsätzlich (s. aber Ziffer 7.1 dieses Rahmenvertrags) nach dieser Quote, nicht nach der Gesamtliefermenge. Eine Vergütung über die MAQ hinaus ist nur zu leisten, sofern Datensätze über die vereinbarte
MAQ hinaus tatsächlich genutzt wurden.*

*8.4 Ist eine Nettoabrechnung vereinbart (z.B., aber nicht ausschließlich, nach einem Datenabgleich wie in
Ziffer 7.1 dieses Rahmenvertrags beschrieben), sind nur die tatsächlich genutzten Datensätze vergütungspflichtig. Ist eine Abrechnung „netto erreicht" Gegenstand des Einzelauftrags, bestimmt sich die*

> *Vergütung nach der Anzahl der tatsächlich erfolgreich kontaktierten Verbraucher, ggf. begrenzt auf die vorgesehene Zielanzahl, wenn eine solche vereinbart ist (vgl. Ziffer 7.2 dieses Rahmenvertrags).*
>
> *8.5 Dem Käufer stehen gegen Vergütungsansprüche des Lieferanten die gesetzlichen Zurückbehaltungsrechte zu. Ein Zurückbehaltungsrecht besteht insbesondere, solange der Lieferant nicht die verlangten Einwilligungsnachweise erbracht hat.*

14.43 Selbstverständlich können die Parteien in einem Einzelauftrag einfach vereinbaren, dass der Käufer dem Lieferanten jeden gelieferten Datensatz zu einem bestimmten Preis zu vergüten hat. So einfach sind die Vergütungsregelungen aber in der Praxis nur selten.

a) Vergütungspflicht der tatsächlichen Liefermenge (Ziff. 7.1)

14.44 Der Käufer will in der Regel sicherstellen, dass er die gelieferten Datensätze – jedenfalls solche, die er bezahlen muss – auch erfolgreich einsetzen kann, insbesondere, dass sie geeignet sind, die von ihm verfolgten Marketingziele zu erreichen. Deswegen vereinbaren die Parteien in der Regel zunächst bestimmte **Auswahlkriterien**, nach denen die Daten bestimmte Eigenschaften im Hinblick auf die vom Käufer für sich festgelegte Zielgruppe aufweisen müssen, z.B. ein bestimmtes Alter, ein bestimmtes Geschlecht oder eine bestimmte Berufsgruppe.

Daneben ist es üblich, dass der Käufer die vom Lieferanten zur Verfügung gestellten Datensätze zunächst zwar in voller Anzahl entgegennimmt, diese aber vor der finalen **Selektion** durch den Lieferanten mit bei ihm selbst, dem Käufer, bereits vorhandenen Datensätzen abgleicht. Der Käufer siebt dann die Daten aus, für die er keine Verwendung hat, und benutzt zu Werbezwecken lediglich die Daten, die erfolgreich den Filter durchlaufen haben. Die übrigen Datensätze erhält der Lieferant unbenutzt zurück. Ziff. 7.1 des Vertragsmusters sieht dementsprechend vor, dass der Käufer lediglich die von ihm ermittelten „gebrauchsfähigen" Datensätze vergütet.

Aus Sicht der Lieferanten wiederum ist die Selektion ebenso wie jede Vorselektion eine zu vergütende Leistung. Dies nicht zuletzt deswegen, weil in der Branche die Datenhaltung und -verarbeitung oft an Dienstleister ausgelagert sind, die pro Selektion bezahlt werden. Meist wird der Lieferant seine diesbezüglichen Leistungen und Kosten aber über den Preis für den einzelnen Datensatz kalkulieren.

b) Mindestabrechnungsquote (Ziff. 8.3)

14.45 Um dem Lieferanten im Falle eines Datenabgleichs durch den Käufer die Unsicherheit zu nehmen, welcher Anteil der gelieferten Adressen vergütet wird, wird nicht selten eine sog. **Mindestabrechnungsquote** (kurz „MAQ") vereinbart. Der Käufer ist dann verpflichtet, die Zahl der tatsächlich eingesetzten Datensätze (unabhängig von der Gesamtliefermenge) zu vergüten, mindestens aber einen bestimmten Prozentsatz der gesamten Liefermenge. Dies mag für den Käufer zwar auf den ersten Blick kaufmännisch nachteilig sein, denn durch die Mindestabrechnungsmethode muss er vielleicht Datensätze vergüten, die er nicht mit Mehrwert einsetzen kann. Der Käufer sollte also grundsätzlich bestrebt sein, eine Mindestabrechnungsquote im Vertrag zu vermeiden. Auf der anderen Seite sind für den Lieferanten die letzten Prozent zur Komplettierung einer dublettenfreien Selektion immer die teuersten – was sich dann im Preis pro Datensatz niederschlagen muss. Eine angemessene Mindestabrechnungsquote ist also ein Mittel, die kaufmännischen Risiken angemessen zu verteilen.

c) Abrechnung „netto erreicht" (Ziff. 8.4)

14.46 Die **Vergütungsvariante „netto erreicht"** ist vor allem im Telefonmarketing relevant. Bei ihr werden Kontakte nur dann vergütet, wenn die Person auch tatsächlich erreicht wurde. Selbstverständlich wirft diese Abrechnungsart Fragen auf. In jedem Fall wird der Käufer bzw. das Call-Center die Anruferfolge zu dokumentieren haben. Das Abrechnungsmodell legt zwar grundsätzlich nahe, die Darlegungs- und Beweislast hinsichtlich der Anruferfolge dem Lieferanten aufzuerlegen. Der Anruferfolg ist Voraussetzung der Vergütungspflicht und daher für den Lieferanten günstig. Da der Anruferfolg jedoch allein der Sphäre des Käufers zuzuordnen ist und vom Lieferanten nicht überprüft werden kann, ist die Annahme der sekundären Darlegungslast des Käufers naheliegend und sogar eine Beweislastumkehr denkbar.

d) Erläuterungen aus Sicht des Lieferanten

Der Lieferant wird Wert darauf legen, dass der Käufer die tatsächliche Nutzung (ob eingesetzte Daten-   14.47
sätze oder „netto erreichte" Datensätze) ordentlich erfasst, protokolliert und nachvollziehbar abrechnet. Zum Schutz vor Missbrauch, vor allem vor einem Weiterverkauf der Datensätze und wenn der Lieferant die Nutzung der Datensätze begrenzt hat, wird der Lieferant den Lieferungen auch Datensätze (Fakes) beimischen, bei denen es die vermeintlichen Verbraucher gar nicht gibt, weshalb die Werbung vielmehr bei ihm selbst, einem Mitarbeiter oder sonstigen ihm bekannten Dritten eingeht. Dies sollte er im Vertrag durchaus offenlegen, zum einen um zu vermeiden, dass (zu Unrecht) ein Mangel behauptet wird, zum anderen, um den Käufer vor den naheliegenden Versuchungen der Übernutzung oder Verwertung der Datensätze zu bewahren.

9. Gewährleistung (Ziff. 10)

M 14.1.7 Gewährleistung   14.48

10. Gewährleistung

Unbeschadet der besonderen Regelungen der Ziffer 5 und 6 dieses Rahmenvertrags stehen dem Käufer bei Sach- und/oder Rechtsmängeln des Leistungsgegenstands die gesetzlichen Gewährleistungsansprüche nach den folgenden Maßgaben zu:

10.1 Der Lieferant gewährleistet, dass die Leistungsgegenstände mangelfrei sind, insbesondere dass sie sich zur vertraglich oder gewöhnlich bestimmten Nutzung eignen und der Nutzung weder gesetzliche Normen noch eine der in Ziffer 6.6 dieses Rahmenvertrags aufgeführten Konstellationen entgegenstehen.

10.2 Der Käufer ist nur dann verpflichtet, eine Nacherfüllung des Lieferanten anzunehmen, wenn er für die nachgelieferten Datensätze noch im Rahmen der dem Einzelauftrag zugrunde liegenden Kampagne Verwendung hat. Ansonsten kann der Käufer die Vergütung unmittelbar mindern. Bei einer erheblichen Minderlieferung gilt zudem Ziffer 3.2 Satz 2 dieses Rahmenvertrags.

10.3 Sofern der Käufer die Nacherfüllung wünscht, werden vom Käufer hierfür eingedenk der marktüblich kurzfristigen Leistungszeiträume nur einmalige, knappe Nachfristen gesetzt. Eine Nachfrist von 24 Stunden ist im Regelfall nicht unangemessen. Eine zweite Nachfrist muss nicht gesetzt werden. Nach erfolglosem Ablauf der einmaligen Nachfrist stehen dem Käufer die gesetzlichen Ansprüche zu.

10.4 Sofern der Mangel in einer fehlenden rechtswirksamen Einwilligung des Verbrauchers besteht, kann der Käufer trotz Nachlieferung alle wegen der fehlenden Einwilligung entstehenden Schäden, insbesondere in der Form von Rechtsanwaltskosten und Verfahrenskosten, gegen den Lieferanten geltend machen (s. auch Ziffer 11.2 dieses Rahmenvertrags).

Ziff. 10 des Vertragsmusters gestaltet die anwendbaren **kaufrechtlichen Gewährleistungsansprüche**   14.49
des Käufers näher aus. Abweichungen vom gesetzlichen Leitbild (wie Ziff. 10.3 des Vertragsmusters) sind bekanntlich gerade in Gewährleistungsklauseln AGB-rechtlich stets dem Risiko der Unwirksamkeit ausgesetzt. Allerdings gibt es in der Branche Besonderheiten, die es angemessen erscheinen lassen,

durchaus z.B. mit kurzen Fristen zu arbeiten. So werden Datensätze für E-Mail-Kampagnen in der Regel für eine bestimmte Werbekampagne eingekauft, bei der E-Mails an einem bestimmten Tag ausgesendet werden sollen. Natürlich könnte ein Teil auch nachträglich versendet werden. Das würde aber im Zweifel höhere Versendungskosten mit sich bringen und – wichtiger – nicht mehr dem Kommunikationsplan des Käufers entsprechen.

Der Lieferant wird hier natürlich ganz andere Regelungen bevorzugen. So wird er die Gewährleistungszeit begrenzen und bestimmte **Toleranzgrenzen** definieren wollen, unterhalb derer (noch) keine Mängel vorliegen. Zudem wird er Wert darauf legen, dass die Rügeobliegenheit des § 377 HGB ausdrückliche Erwähnung findet. Seine Gewährleistung für Rechtsmängel wird der Lieferant durch eine entsprechende Definition der diesbezüglichen Leistungen und eine entsprechende Verteilung der Verantwortlichkeiten reduzieren wollen.

10. Haftung des Lieferanten und Freistellung (Ziff. 11)

14.50   **M 14.1.8 Haftung des Lieferanten und Freistellung**

11. Haftung des Lieferanten und Freistellung

11.1 Unbeschadet Ziffer 11.2 dieses Rahmenvertrags haftet der Lieferant gegenüber dem Käufer grundsätzlich nach den gesetzlichen Bestimmungen.

11.2 Der Lieferant stellt den Käufer vorbehaltlich Ziffer 11.3 dieses Rahmenvertrages zudem insbesondere von jeder Haftung und sämtlichen Kosten, einschließlich Rechtsanwaltskosten zur Rechtsverteidigung, Bußgeldern sowie möglicher und tatsächlicher Kosten eines gerichtlichen Verfahrens, frei, falls der Käufer von Dritten, insbesondere einem Verbraucher, einem Verbraucherschutzverband, einem Wettbewerber oder einer staatlichen Institution wie der Bundesnetzagentur oder einer Datenschutzaufsichtsbehörde mit der Behauptung in Anspruch genommen wird, der bzw. ein oder mehrere Verbraucher bzw. Betroffene seien zu Werbezwecken kontaktiert worden, ohne dass eine wirksame Einwilligung der betreffenden Person in die Datenverarbeitung und/oder den Empfang des betreffenden Werbemittels/ die Kontaktaufnahme für den entsprechenden werblichen Zweck vorlag. Der Lieferant kann diese Haftung durch den Nachweis einer wirksamen Einwilligung vermeiden bzw. beenden, wobei hinsichtlich der Wirksamkeit die einschlägige Gesetzeslage und Rechtsprechung maßgeblich ist, nicht das Urteil des Lieferanten.

Der Käufer wird den Lieferanten über die Inanspruchnahme unterrichten. Der Lieferant ist verpflichtet, dem Käufer unverzüglich alle ihm verfügbaren Informationen über den betreffenden Sachverhalt vollständig mitzuteilen.

Voraussetzung für die Freistellung ist, dass der Käufer in der Sache ohne Zustimmung des Lieferanten keine Zugeständnisse macht oder Anerkenntnisse erklärt und es dem Lieferanten ermöglicht, auf seine Kosten alle gerichtlichen und außergerichtlichen Verhandlungen über die Ansprüche zu führen. Diese Voraussetzungen entfallen allerdings, wenn und soweit der Lieferant binnen der vom Käufer hierfür gesetzten Frist sich nicht mit dem Käufer über den Sachverhalt und das Vorgehen ins Benehmen setzt.

11.3 Ein Freistellungsanspruch des Käufers besteht nicht, wenn der Lieferant die Pflichtverletzung nicht zu vertreten hat bzw. zu vertreten hätte, die tatsächlichen Behauptungen des anspruchsstellenden Dritten als zutreffend unterstellt.

11.4 Ist eine nach Ziffer 6.4 dieses Rahmenvertrags fällige Vertragsstrafe durch den Lieferanten geleistet, findet eine entsprechende Anrechnung statt. Freistellungsansprüche werden in diesem Fall also nur fällig, sofern ihr Umfang den Betrag der geleisteten Vertragsstrafe übersteigt.

Der Käufer haftet bei der Verwendung der Datensätze gegenüber Verbrauchern und Wettbewerbern. **14.51** Er kann sich zudem Ansprüchen von Verbraucher- bzw. Wettbewerbszentralen ausgesetzt sehen und – beim Telefonmarketing mittlerweile nicht selten, wenn das werbende Unternehmen zu den großen einer Branche gehört – von der Bundesnetzagentur mit Bußgeldern belegt werden. Gleiches gilt für die mit der Anwendbarkeit der DSGVO gestiegenen Risiken, von einer Datenschutzaufsichtsbehörde mit erheblichen Bußgeldern sanktioniert zu werden. Verwirklichen sich diese Risiken, liegt der Grund regelmäßig in dem Unvermögen des Käufers, im Verfahren die wirksame Einwilligung des jeweiligen Verbrauchers in den Empfang der betreffenden Werbung nachzuweisen. Die Unmöglichkeit, diesen Nachweis führen zu können, rührt daher, dass der Lieferant entweder abredewidrig gar keine wirksame Einwilligung eingeholt bzw. „eingekauft" hat oder sich eingeholte Einwilligungen nicht gerichts- bzw. verfahrensfest hat nachweisen lassen.

Das Vertragsmuster weist die diesbezüglichen Risiken dem Lieferanten zu, soweit dies praktisch und **14.52** rechtlich möglich ist. Dieser Ausrichtung entsprechend enthält Ziff. 11.2 des Vertragsmusters eine umfassende Freistellungsverpflichtung. Auf deren Grundlage hat der Käufer u.a. die Möglichkeit, dem Lieferanten den Streit zu verkünden, wenn der Käufer vor einem Zivilgericht (meist auf Unterlassung) in Anspruch genommen wird.

Gegen die Regelung mag man zwar einwenden, dass es unter den heute gegebenen rechtlichen Voraussetzungen für Adresshändler nahezu unmöglich ist, die von der Rechtsprechung aufgestellten Anforderungen an die Einholung einer wirksamen Einwilligung in Werbemaßnahmen komplett abzubilden, und eine umfassende Freistellungsverpflichtung für den Lieferanten ein enormes Haftungsrisiko in sich birgt. Dem kann man aber entgegenhalten, dass auch unter den rechtlich erschwerten Marktbedingungen die Generierung und der Handel mit personenbezogenen Daten für die verbleibenden Anbieter überaus profitabel ist und die Profitabilität vor allem über die vom Käufer bezahlte Vergütung erzielt wird. Vor diesem Hintergrund ist die im Vertragsmuster vorgesehene Verteilung des Risikos jedenfalls nicht unangemessen. Ob jedoch eine Freistellung von Bußgeldern der Datenschutzaufsichtsbehörden einer AGB-Kontrolle standhalten kann, ist zweifelhaft. Zwar ist eine Freistellung von Bußgeldern grundsätzlich zulässig[49]. Allerdings birgt eine solche Freistellungsklausel das Risiko, im Falle des Rechtsstreits aufgrund der damit regelmäßig einhergehenden doppelten Inanspruchnahme des Lieferanten wegen des Datenschutzverstoßes als „unangemessene Benachteiligung" für diesen gewertet zu werden.

Bestehen für den Käufer Zweifel an der Solvenz des Lieferanten, bietet es sich an, vom Lieferanten eine **14.53** selbstschuldnerische Bürgschaft auf erstes Anfordern, ausgereicht von einer renommierten Bank, zu fordern.

Der Lieferant wird, so er die Verhandlungsmacht hat, natürlich versuchen, zumindest den Haftungs- **14.54** rahmen für Fälle nur einfacher Fahrlässigkeit betragsmäßig zu begrenzen. In eigenen Standardverträgen stehen dem zwar die bekannten AGB-rechtlichen Schranken entgegen. Zumindest für die Freistellungsverpflichtung bei bloß behaupteten Ansprüchen Dritter wäre nach Auffassung der Autoren auch eine signifikante betragsmäßige Begrenzung möglich, da in diesen Fällen die Freistellung keine „echte" Haftung auf Schadensersatz ist, sondern nur einen möglichen Schadensersatzanspruch sichert.

---

49 Selbst bei der Übernahme von Geldstrafen durch Dritte liegt etwa keine Strafvereitelung vor, vgl. *Horrer/Patzschke*, CCZ 2013, 94.

11. Aufrechnung und Zurückbehaltungsrecht (Ziff. 14)

14.55 **M 14.1.9 Aufrechnung und Zurückbehaltungsrecht**

14. Aufrechnung und Zurückbehaltungsrecht

Der Lieferant ist nicht zur Aufrechnung berechtigt, es sei denn, die Gegenforderungen sind von dem Käufer nicht bestritten oder rechtskräftig festgestellt. Entsprechendes gilt für die Geltendmachung eines Zurück-behaltungsrechts.

14.56 Die Wirksamkeit des in Ziff. 14 des Vertragsentwurfs vorgesehenen Aufrechnungsverbots ist nach einer Entscheidung des BGH[50] AGB-rechtlich nicht gesichert. Die genannte Entscheidung erging allerdings zu einer Unternehmer-Verbraucher-Konstellation. Da hier lediglich Unternehmen beteiligt sind und die möglichen Ansprüche des Käufers – vor allem Schadensersatz- und Freistellungsansprüche infolge von Vertragsverletzungen des Lieferanten – in gewisser Weise „schutzwürdig" erscheinen, ist es nach hiesiger Auffassung aber mit § 307 BGB zu vereinbaren, die Aufrechnung zu begrenzen.

---

50 BGH v. 7.4.2011 – VII ZR 209/07, VersR 2011, 1396.

§ 15
Datenlieferungsvertrag

Literatur: *Arning/Moos*, Big Data bei verhaltensbezogener Online-Werbung – Programmatic Buying und Real Time Advertising, ZD 2014, 242; *Beck'scher Online-Kommentar BGB*, 55. Edition, Stand: 1.8.2020; *Bräutigam/Rücker*, E-Commerce, 2017; *Der Bundesbeauftragte für den Datenschutz und die Informationssicherheit (BfDI)*, Positionspapier zur Anonymisierung unter der DSGVO unter besonderer Berücksichtigung der TK-Branche, Stand: 29.6.2020; *Eichberger*, Rechte an Daten, VersR 2019, 709; *Hofmann/Johannes*, DSGVO: Anleitung zur autonomen Auslegung des Personenbezugs, ZD 2017, 221; *Hornung/Wagner*, Anonymisierung als datenschutzrelevante Verarbeitung?, ZD 2020, 223; *Kraus*, Datenlizenzverträge, in Taeger (Hrsg.), Internet der Dinge, 2015, S. 537; *Münchener Kommentar zum BGB*, 8. Aufl. 2018 (zit.: Bearbeiter in MüKo BGB); *Roßnagel*, Datenbetriebene Kooperation in der Industrie, NJW 2017, 10; *Schefzig*, Die Datenlizenz, in Taeger (Hrsg.), Internet der Dinge, 2015, S. 551; *Schefzig*, Wem gehört das neue Öl? – Die Sicherung der Rechte an Daten, K&R Beihefter 3/2015, 3.

A. Einleitung

15.1 Das folgende Vertragsformular bildet die Konstellation einer Lieferung anonymer Daten von einem Datenlieferanten an einen Datennutzer ab. Der **Datenlieferungsvertrag** beinhaltet die Gewährung einer „**Lizenz**" zur Nutzung nicht personenbezogener Daten gegen Entgelt. Der Lizenzvertrag ist nach der Rechtsprechung ein **typengemischter Vertrag**, der sowohl Elemente des Kaufvertrags als auch des Pachtrechts miteinander verbindet[1]. Der Datennutzer erwirbt eine dauerhafte Nutzungslizenz gegen ein monatliches Entgelt. Der Datenbestand selbst wird nach dem Muster aber nicht verkauft und übereignet. Elemente eines Kaufvertrages[2] enthält der vorliegende Datenlieferungsvertrag deshalb nicht.

Der Datenlieferant übermittelt Daten, die nach einzelnen Parametern bestimmbar sind. Diese Datensätze variieren nach Verfügbarkeit beim Datenlieferanten. Dieser schuldet zwar kein vor Lieferung genau festgelegtes Werk, das heißt genau definierte Daten nach Parametern, Anzahl, Inhalt usw. Allerdings schuldet der Datenlieferant eine Vorauswahl der Daten vor Lieferung anhand der geschuldeten Parameter, so dass das folgende Vertragsmuster auch Elemente eines Werkvertrags beinhaltet.

15.2 Das Formular ist dergestalt ausgerichtet, dass sich die Lizenz nur auf die Nutzung **nicht personenbezogener Daten** beschränkt, da die Übermittlung andernfalls einer datenschutzrechtlichen Erlaubnis bedürfte[3]. Wie es auch in **Erwägungsgrund 26** DSGVO explizit zum Ausdruck kommt, gilt die DSGVO nicht für anonyme Informationen[4], d.h. für Informationen, die sich nicht auf eine identifizierte oder identifizierbare natürliche Person beziehen, oder personenbezogene Daten, die in einer Weise anonymisiert worden sind, dass die betroffene Person nicht oder nicht mehr identifiziert werden kann.

Die Vertragsparteien müssen daher sicherstellen können, dass die vertragsgegenständlichen Datensätze wirklich keinen Personenbezug aufweisen und deshalb hinreichend anonymisiert sind. Nach zutreffender Ansicht ist dabei auch unter der DSGVO von einem relativen Begriff des Personenbezugs – und im Umkehrschluss dazu auch der Anonymität – auszugehen[5]. Das bedeutet, dass die DSGVO richtigerweise keine **absolute Anonymisierung** verlangt, sondern eine sog. **faktische Anonymisierung** ausreichend ist[6]. Dieses Verständnis liegt dem Vertragsmuster zugrunde.

---

1 *Harke* in MüKo BGB, § 581 BGB Rz. 27.

2 Siehe hierzu das Muster eines Adressenkauf- und -überlassungsvertrages in Teil 3, Rz. 14.7.

3 Zu beachten ist hierbei freilich, dass der Vorgang der Anonymisierung selbst einen Verarbeitungsschritt i.S.v. Art. 4 Nr. 2 DSGVO darstellen kann und deshalb selbst einer Rechtsgrundlage bedarf; so u.a. *BfDI*, Positionspapier zur Anonymisierung unter der DSGVO unter besonderer Berücksichtigung der TK-Branche, Stand: 29.6.2020, S. 5; *Hornung/Wagner*, ZD 2020, 223 (225).

4 *Schild* in BeckOK DatenschutzR, Art. 4 DSGVO Rz. 15.

5 *Hofmann/Johannes*, ZD 2017, 221 (225).

6 *Schmitz* in Moos/Schefzig/Arning, Kap. 2 Rz. 61.

Das Vertragsmuster ist auf Datenlieferungsvorgänge zugeschnitten, wie sie z.B. im Rahmen von Real Time Bidding Prozessen erfolgen, einem Teilakt des sog. **Programmatic Buying/Advertising**[7]. Real Time Bidding (RTB), auch Real-Time-Advertising (RTA) genannt, ist ein Verfahren, mit dem Werbetreibende bei der Auslieferung von Online-Werbemitteln automatisiert und in Echtzeit (engl. real time) auf Werbeplätze bzw. Ad Impressions im Internet bieten können. Dabei wird eine verfügbare Werbefläche in Echtzeit mit Werbemitteln des Höchstbietenden bestückt. Gebote werden hierbei für jede einzelne Ad Impression eines bereits existierenden Nutzers oder einen potentiellen Betrachters abgegeben. Die Höhe der Gebote richtet sich nach der Anzahl der einzelnen Datensätze, die über einen Nutzer vorhanden sind. Ein Vorteil dieser Verfahren besteht darin, dass der Datennutzer nur Daten erhält, mit denen er arbeiten kann und Datenströme minimiert werden[8]. 15.3

Abzugrenzen ist der Datenlieferungsvertrag vom Vertrag über **Retargeting-Maßnahmen**. Hierbei setzt der Retargeter auf der Homepage des Werbetreibenden beim Laden der Seite einen Cookie, der Daten an den Adserver weiter gibt. Beim Besuch anderer Seiten mit Werbebannern werden den Nutzern die entsprechenden Produkte oder Dienstleistungen der besuchten Webseite erneut angezeigt. Der Unterschied des Datenlieferungsvertrags zum Retargeting-Vertrag ist, dass der Datenlieferant, das heißt der Shopbetreiber, vom Datennutzer vergütet wird, während beim Retargeting der Shopbetreiber für das Cookie setzen und Ausstrahlen von Werbung eine Vergütung entrichtet. Zudem enthalten **Cookies** in der Regel personenbezogene oder zumindest personenbeziehbare Daten, wie z.B. eine Cookie-ID, Standort, Käuferhistorie usw.[9] und ungeachtet dessen wäre für das Setzen eines Cookies nach der Rechtsprechung des EuGH ohnehin eine Einwilligung erforderlich, selbst wenn es sich um anonyme Daten handeln würde[10]. 15.4

Die Klauseln des vorliegenden Vertragsmusters sind als **Allgemeine Geschäftsbedingungen gem. § 305 BGB** ausgestaltet. Im Rahmen der AGB-Kontrolle sind die §§ 307–309, 310 BGB zu beachten. 15.5

B. Datenlieferungsvertrag

I. Muster

M 15.1 Datenlieferungsvertrag

15.6

Datenlieferungsvertrag

zwischen der

… XY GmbH

… Straße

… PLZ Ort

(nachfolgend „Datenlieferant" genannt)

und der

---

7 Siehe hierzu: *Arning/Moos*, ZD 2014, 242 (243).
8 *Arning/Moos*, ZD 2014, 242 (243).
9 *Conrad/Dovas/Klatte* in Forgó/Helfrich/Schneider, Teil VIII Kap. 4 Rz. 106–108.
10 EuGH v. 1.10.2019 – C-673/17 – ECLI:EU:C:2019:801 Rz. 59 f., 65 – Planet49 m. Anm. *Moos/Rothkegel*, MMR 2019, 732 (735).

... Z GmbH

... Straße

... PLZ Ort

*(nachfolgend „**Datennutzer**" genannt)*

wird folgender Vertrag geschlossen:

Präambel[11]

Der Datennutzer ist als Dienstleister im Bereich des Online-Advertising tätig. Er betreibt u.a. eine so genannte Data Management Platform („DMP").

Der Datenlieferant verfügt als Betreiber eines Online-Shops über Daten, die über geplante und getätigte Käufe in diesem Online-Shop Auskunft geben, jeweils mit einem ausgeprägten Detailgrad, der z.B. den EAN-Code, den Produktpreis und die Produktbeschreibung umfasst.

Der Datennutzer beabsichtigt, solcherlei Daten in anonymisierter Form vom Datenlieferanten zu Zwecken der Profilbildung zu beziehen. Der Datennutzer wird diese Daten dazu verwenden, um es definierten Kunden zu ermöglichen, auf Basis der Daten Werbeflächen auf Websites z.B. im Wege des Real Time Bidding zu ersteigern, um maßgeschneiderte Werbung ausspielen zu können.

Dies vorausgeschickt, vereinbaren die Parteien Folgendes:

1. Vertragsgegenstand[12]

1.1 Der Datenlieferant verfügt über Daten aus Nutzungen seines Online-Shops, die von ihm in anonymisierten Datensätzen zusammengefasst werden („Lieferanten-Datensätze"). Der Datenlieferant wird dem Datennutzer nach Maßgabe von Ziffer 2 dieses Vertrages derartige Lieferanten-Datensätze zur Verfügung stellen, wie sie bei ihm vorhanden sind. Eine stetige Verfügbarkeit der Datensätze ist nicht geschuldet.

*1.2 Die Lieferanten-Datensätze sollen – im Rahmen des für den Datenlieferanten möglichen – die in **Anlage 1** aufgeführten Parameter enthalten. Dem Datennutzer ist bekannt, dass nicht jeder Datensatz sämtliche der dort angegebenen Parameter enthält. Der Datenlieferant wird dem Datennutzer die in **Anlage 1** aufgeführten Parameter so zur Verfügung stellen, wie diese Parameter dem Datenlieferanten in einem Lieferanten-Datensatz auch tatsächlich vorliegen. Dem Datennutzer ist bewusst, dass der Datenlieferant die Richtigkeit der Lieferanten-Datensätze nicht verifizieren kann; insbesondere kann der Datenlieferant nicht nachvollziehen, ob sich alle in einem Lieferanten-Datensatz gesammelten Informationen auf denselben Nutzer beziehen oder ein Rechner z.B. von mehreren Personen benutzt wird.*

*1.3 Auf Wunsch des Datennutzers werden die Parteien über die Zurverfügungstellung zusätzlicher Daten verhandeln, die auf bislang nicht in **Anlage 1** aufgeführten Parametern beruhen. Sollten die Parteien sich auf die Zurverfügungstellung solcher weiterer Daten einigen, werden sie diesen Vertrag, insbesondere die **Anlagen 1 und 2** entsprechend ergänzen. Es besteht seitens des Datennutzers kein Anspruch auf Zurverfügungstellung zusätzlicher Daten bzw. den Abschluss einer entsprechenden Vereinbarung.*

1.4 Der Datennutzer darf die Lieferant-Datensätze ausschließlich nach Maßgabe von Ziffer 3 dieses Vertrages verwenden. Eine weitergehende Verwendung ist untersagt.

2. Bereitstellung der Lieferanten-Datensätze[13]

*2.1 Der Datenlieferant wird dem Datennutzer die Lieferanten-Datensätze nach Maßgabe von **Anlage 3** zur Verfügung stellen.*

2.2 Dem Datennutzer obliegt die notwendige Mitwirkung, um dem Datenlieferanten die Übergabe der Lieferanten-Datensätze zu ermöglichen.

---

11 Zu den Erläuterungen siehe Rz. 15.15 ff.
12 Zu den Erläuterungen siehe Rz. 15.19 ff.
13 Zu den Erläuterungen siehe Rz. 15.28 ff.

3. Nutzungsrechte an den Lieferanten-Datensätzen[14]

Der Datenlieferant räumt dem Datennutzer an den Lieferanten-Datensätzen hiermit – unbeschadet der Regelung in Ziffer 7.4 – ein nicht-ausschließliches, übertragbares, räumlich auf Deutschland und zeitlich auf die Laufzeit dieses Vertrages beschränktes Recht zur Nutzung der Lieferanten-Datensätze nach Maßgabe der folgenden Bestimmungen ein:

3.1 Nutzung der Lieferanten-Datensätze durch den Datennutzer

3.1.1 Umfang der Nutzung

*Der Datennutzer ist berechtigt, die Lieferanten-Datensätze für sich selbst und für sämtliche seiner Kunden zu nutzen, die in **Anlage 4** explizit aufgeführt sind.*

*Soweit es dem Datenlieferanten aufgrund sachlicher Gründe nicht mehr zumutbar ist, dass der Datennutzer die Lieferanten-Datensätze für einen oder mehrere der in **Anlage 4** aufgeführte(n) Kunden nutzt (z.B. im Fall der Beanstandung durch eine Datenschutzbehörde), kann der Datenlieferant verlangen, dass der Datennutzer keine Lieferanten-Datensätze mehr für diese(n) Kunden verwendet. Der Datennutzer wird einem solchen Verlangen in angemessener Frist nachkommen.*

Das eingeräumte Nutzungsrecht berechtigt den Datennutzer – im Rahmen des datenschutzrechtlich Zulässigen – zur Nutzung der Lieferanten-Datensätze zum Zwecke der Erstellung von Online-Nutzungsprofilen, um auf Basis solcher Informationen Werbeflächen auf Websites z.B. im Wege des Real Time Bidding zu ersteigern, damit auf solchen Websites maßgeschneiderte Werbung ausgespielt werden kann. Die zugelassene Verwendung der Lieferanten-Datensätze beinhaltet insbesondere – aber nicht ausschließlich – die Segmentierung, Zielgruppenmodellierung, Lookalike-Bildung, Anwendung statistischer Verfahren, Datenanreicherung und jegliche Art von Data Mining und Analytics. Bei jeglicher Segmentierung der Lieferanten-Datensätze hat der Datennutzer sicherzustellen, dass keine Segmente erstellt werden, die aus weniger als 1.000 verschiedenen Profilen bestehen.

Dem Datennutzer ist es untersagt, Dritten Zugriff auf die Lieferanten-Datensätze zu gewähren oder sie an Dritte weiterzugeben; die Ausnahmeregelung gemäß Ziffer 3.2 bleibt hiervon unberührt. Weiterhin ist es dem Datennutzer untersagt, die Lieferanten-Datensätze für Zwecke des Retargeting zu verwenden, d.h. an einen Nutzer Werbung für diejenigen konkreten Leistungen oder Produkte auszuspielen, die in den Lieferanten-Datensätzen für den Nutzer erfasst sind.

3.1.2 Verbot der Nutzeridentifizierung

Es ist dem Datennutzer untersagt, betroffene natürliche Personen, auf die sich die Lieferanten-Datensätze beziehen, zu identifizieren, z.B. durch die Kombination mit bereits bei dem Datennutzer vorhandenen Daten.

3.1.3 Erhebung weiterer Daten durch den Datennutzer

Dem Datennutzer ist es untersagt, Daten zu erheben und zu verwenden, mittels derer der Datennutzer eine natürliche Person, auf die sich Lieferanten-Datensätze beziehen, ggf. nach Zusammenführung identifizieren könnte. Insbesondere ist dem Datennutzer eine Zusammenführung der Lieferanten-Datensätze mit derartigen personenbezogenen Daten untersagt.

3.1.4 Datennutzer-DMP

Unter Beachtung von Ziffer 3.1.3 darf der Datennutzer die Lieferanten-Datensätze mit anderen Nutzungs-Daten in seiner DMP zusammenführen und die so zusammengeführten Daten in gleichem Umfang nutzen wie die Lieferanten-Datensätze.

*Für die Anlegung und Vorhaltung der DMP ist es erforderlich, dass der Datennutzer auf die DMP des Datenlieferanten, wie in **Anlage 3** spezifiziert, zugreifen kann. Der Datenlieferant ist verpflichtet, im zumutbaren Rahmen an dem Datenzugriff mitzuwirken.*

---

14 Zu den Erläuterungen siehe Rz. 15.32 ff.

3.2 Weitergabe von Lieferanten-Datensätzen an Betreiber einer DSP

3.2.1 *Der Datennutzer darf die Lieferanten-Datensätze an den Betreiber einer Demand Side Platform („DSP") unter der Bedingung weitergeben, dass der Datennutzer den jeweiligen Betreiber zuvor schriftlich verpflichtet hat, die Lieferanten-Datensätze ausschließlich wie in dieser Ziffer 3.2 festgelegt zu verwenden. Der Datennutzer hat sicherzustellen, dass die Berechtigung des Betreibers der DSP zur Nutzung von Lieferanten-Datensätze spätestens in dem Zeitpunkt endet, in dem das Nutzungsrecht des Datennutzers endet, und dass der Betreiber der DSP die Lieferanten-Datensätze sodann nach Maßgabe von Ziffer 10.4 dieses Vertrages löscht. Der Datennutzer hat dem Datenlieferanten den Namen und die Adresse jedes Betreibers einer DSP, an den Lieferanten-Datensätze weitergegeben werden, unverzüglich schriftlich mitzuteilen.*

3.2.2 *Bevor der Datennutzer Lieferanten-Datensätze an den Betreiber einer DSP weitergibt, hat der Datennutzer ihn schriftlich zu verpflichten:*

– *die Lieferanten-Datensätze nur auf Weisung des Datennutzers zu verarbeiten,*

– *die Lieferanten-Datensätze nur zum Zweck der Buchung von Werbeflächen im Auftrag des Datennutzers bzw. eines Datennutzer-Kunden zu verwenden,*

– *die Lieferanten-Datensätze nicht an Dritte weiterzugeben bzw. ihnen Zugriff darauf zu ermöglichen,*

– *die Lieferanten-Datensätze nicht für eigene Zwecke zu verwenden,*

– *die jeweiligen betroffenen natürlichen Personen, auf die sich die Lieferanten-Datensätze beziehen, nicht zu identifizieren,*

– *keine Daten zu erheben und zu verwenden, mittels derer der Betreiber der DSP eine natürliche Person, auf die sich die Lieferanten-Datensätze beziehen, ggf. nach Zusammenführung identifizieren könnte und*

– *die Lieferanten-Datensätze getrennt von anderen Daten zu speichern.*

3.2.3 *Der Datennutzer hat dem Datenlieferanten die nach dieser Ziffer 3.2 erforderlichen Verpflichtungen des Betreibers der DSP auf erstes Anfordern nachzuweisen, wobei der Datennutzer dem Datenlieferanten auf Anforderung eine Kopie dieser Verpflichtungen zur Verfügung stellen muss.*

3.2.4 *Soweit es dem Datenlieferanten aufgrund sachlicher Gründe nicht mehr zumutbar ist, dass der Datennutzer die Lieferanten-Datensätze an einen oder mehrere Betreiber einer DSP weitergibt (z.B. wenn diese gegen Pflichten verstoßen haben, die ihnen der Datennutzer nach Maßgabe dieser Ziffer 3.2 auferlegen muss oder im Fall der Beanstandung einer Datenschutzbehörde), kann der Datenlieferant verlangen, dass keine Lieferanten-Datensätze mehr an diese(n) Betreiber einer DSP weitergegeben werden. Der Datennutzer wird einem solchen Verlangen in angemessener Frist nachkommen.*

3.2.5 *Der Datennutzer ist dafür verantwortlich und steht gegenüber dem Datenlieferanten dafür ein, dass die Weitergabe der Lieferanten-Datensätze an die Betreiber einer DSP datenschutzkonform erfolgt.*

4. Vergütung[15]

Der Datenlieferant erhält als Gegenleistung für das Zurverfügungstellen der Lieferanten-Datensätze und die Einräumung des Nutzungsrechts gemäß Ziffer 3 eine Vergütung vom Datennutzer nach Maßgabe von **Anlage 2.**

---

15 Zu den Erläuterungen siehe Rz. 15.50 f.

5. Abrechnung und Rechnungstellung[16]

*5.1 Der Datennutzer ist verpflichtet, dem Datenlieferanten für jeden Kalendermonat bis spätestens zum 5. Werktag des Folgemonats ein Reporting zur Verfügung zu stellen, welches die Nutzung der Lieferanten-Datensätze ausweist. Die Inhalte des Reportings sind in **Anlage 5** geregelt.*

5.2 Der Datennutzer ist verpflichtet, dem Datenlieferanten die Überprüfung der in dem Reporting enthaltenen Angaben zu ermöglichen und sämtliche hierfür erforderlichen Informationen zur Verfügung zu stellen. Außerdem muss der Datennutzer einem vom Datenlieferanten benannten, zur Verschwiegenheit verpflichteten Dritten (z.B. einem Wirtschaftsprüfer) – im Rahmen des Erforderlichen – hierzu auf erstes Anfordern lesenden Zugang zu seiner DMP gewähren.

5.3 Die Rechnungsstellung seitens des Datenlieferanten erfolgt monatlich. Die Rechnungen sind innerhalb von 30 Tagen nach deren Zugang fällig.

6. Datenschutz[17]

Es ist das gemeinsame Verständnis der Parteien, dass es sich bei den Lieferanten-Datensätzen aus sich heraus um anonyme Daten i.S.d. Datenschutzrechts handelt.

7. Gewährleistung[18]

7.1 Der Datenlieferant steht – außer für den Umstand, dass die jeweils in den Lieferanten-Datensätzen beschriebene Aktion ordnungsgemäß protokolliert wurde – nicht für die Richtigkeit des Aussagegehalts der Lieferanten-Datensätze oder etwa daraus abgeleiteter Interessen, Vorlieben oder Nutzungsgewohnheiten ein; unbeschadet dessen bemüht sich der Datenlieferant um eine Datenerhebung nach dem Stand von Wissenschaft und Technik.

7.2 Es ist das gemeinsame Verständnis der Parteien, dass die Lieferanten-Datensätze keine aus sich heraus personenbezogenen, sondern ausschließlich anonyme Daten i.S.d. anwendbaren Datenschutzgesetze enthalten. Die Parteien sind sich bewusst, dass diese Qualifizierung mit rechtlichen Unsicherheiten behaftet ist und nicht ausgeschlossen werden kann, dass eine etwa mit der Angelegenheit befasste Datenschutzaufsichtsbehörde bzw. ein hiermit befasstes Gericht diese Daten als personenbezogen i.S.d. Art. 4 Nr. 1 DSGVO ansehen könnte.

7.3 Sollten eine Datenschutzaufsichtsbehörde oder ein Gericht zu der Auffassung gelangen, dass es sich bei den Lieferanten-Datensätzen ganz oder teilweise nicht um anonyme, sondern um personenbezogene Daten handelt, haben beide Parteien das Recht, diesen Vertrag außerordentlich und fristlos zu kündigen. Weitergehende Rechte des Datennutzers sind in diesem Zusammenhang ausgeschlossen. Insbesondere kann der Datennutzer aus diesem Grund keine Rückerstattung der Vergütung für die bereits erbrachten Leistungen oder Schadens- bzw. Aufwendungsersatz vom Datenlieferanten verlangen.

7.4 Der Datennutzer ist verpflichtet, mit seinen Kunden und Betreibern einer DSP schriftlich Ziffer 7.2 und Ziffer 7.3 entsprechende Regelungen zu vereinbaren. Zuvor darf der Datennutzer keine Lieferanten-Datensätze nach Ziffer 3.1 für den jeweiligen Kunden nutzen oder nach Ziffer 3.2 an den Betreiber einer DSP weitergeben.

8. Haftung und Freistellung[19]

8.1 Der Datenlieferant haftet nach Maßgabe der gesetzlichen Bestimmungen für Schäden aus der Verletzung des Lebens, des Körpers oder der Gesundheit sowie nach dem Produkthaftungsgesetz und aus etwaigen Garantieversprechen sowie im Falle von Arglist, Vorsatz und grober Fahrlässigkeit.

8.2 Der Datenlieferant haftet ferner für Schäden aus der schuldhaften Verletzung wesentlicher Vertragspflichten, also solcher Pflichten, deren Erfüllung die ordnungsgemäße Durchführung des Vertrages über-

---

16 Zu den Erläuterungen siehe Rz. 15.53 ff.
17 Zu den Erläuterungen siehe Rz. 15.60 ff.
18 Zu den Erläuterungen siehe Rz. 15.64 ff.
19 Zu den Erläuterungen siehe Rz. 15.76 ff.

haupt erst ermöglicht und auf deren Einhaltung der Kunde regelmäßig vertrauen darf. Dabei ist die Haftung auf den Ersatz des vertragstypischen und vorhersehbaren Schadens begrenzt.

8.3 Eine über Ziffer 8.1 und 8.2 hinausgehende Haftung des Datenlieferanten auf Schadens- oder Aufwendungsersatz ist ausgeschlossen.

8.4 Soweit die Haftung des Datenlieferanten ausgeschlossen oder beschränkt ist, gilt dies auch für die persönliche Haftung der gesetzlichen Vertreter, leitenden Angestellten und sonstigen Erfüllungsgehilfen des Datenlieferanten.

8.5 Der Datennutzer hat den Datenlieferanten von allen angemessenen Kosten und Aufwendungen (einschließlich aller damit verbundenen Aufwendungen für die Rechtsverfolgung und Rechtsverteidigung) freizustellen, die dem Datenlieferanten dadurch entstehen, dass Dritte aufgrund der schuldhaften Verletzung der dem Datennutzer aufgrund dieses Vertrages oder von Gesetzes wegen obliegenden Verpflichtungen Ansprüche gegen den Datenlieferanten geltend machen. Entsprechendes gilt, wenn Dritte Ansprüche gegen den Datenlieferanten geltend machen, die auf der schuldhaften Verletzung einer nach Ziffer 3.2 vom Datennutzer weiterzugebenden Verpflichtung oder einer gesetzlichen Verpflichtung durch den Betreiber einer DSP beruhen.

9. Vertragsstrafe und Informationspflicht[20]

9.1 Im Falle eines schuldhaften Verstoßes des Datennutzers gegen eine der Verpflichtungen aus Ziffer 3.1 oder 3.2 dieses Vertrags wird pro Verstoß eine vom Datennutzer an den Datenlieferanten zu zahlende Vertragsstrafe in Höhe von EUR 50.000 (in Worten: Euro fünfzigtausend) fällig.

9.2 Im Falle eines schuldhaften Verstoßes eines Betreibers einer DSP gegen eine Verpflichtung im Sinne von Ziffer 3.2, die der Datennutzer an den Betreiber einer DSP weitergeben muss, wird pro Verstoß eine vom Datennutzer an den Datenlieferanten zu zahlende Vertragsstrafe in Höhe von EUR 50.000 (in Worten: Euro fünfzigtausend) fällig.

9.3 Der Datennutzer ist verpflichtet, den Datenlieferanten unverzüglich über Verstöße von Betreibern einer DSP gegen eine Verpflichtung zu informieren, die der Datennutzer nach Maßgabe von Ziffer 3.2 dieses Vertrages weitergeben muss.

10. Vertragsdauer, -beendigung und Datenlöschung[21]

10.1 Dieser Vertrag tritt mit Unterzeichnung durch beide Parteien in Kraft. Der Vertrag hat eine feste Laufzeit von 2 Jahren.

10.2 Das Recht beider Parteien zur jederzeitigen außerordentlichen und fristlosen Kündigung dieses Vertrages aus wichtigem Grund bleibt unberührt. Ein wichtiger Grund liegt für eine Partei insbesondere vor, wenn die jeweils andere Partei schwerwiegend gegen ihre vertraglichen Verpflichtungen verstößt und deswegen der kündigenden Partei das Festhalten am Vertrag nicht mehr zuzumuten ist; der Datenlieferant ist hiernach insbesondere zur außerordentlichen und fristlosen Kündigung des Vertrages berechtigt, wenn der Datennutzer schwerwiegend gegen seine Verpflichtungen aus Ziffer 3, 4, 5.1, 5.2, 6 und 7.4 verstößt.

10.3 Mit Beendigung des Vertrages ist der Datennutzer dazu verpflichtet, die Lieferanten-Datensätze in seiner DMP unverzüglich, unwiederbringlich und vollständig zu löschen. Der Datennutzer hat sicherzustellen, dass auch sämtliche Betreiber einer DSP, an die Lieferanten-Datensätze weitergegeben wurden, diese entsprechend löschen. Auf Verlangen des Datenlieferanten hat der Datennutzer dem Datenlieferanten die Löschung in geeigneter Form nachzuweisen; dies gilt auch für die Löschung bei den Betreibern einer DSP.

...   ...
Ort, Datum   *Ort, Datum*
...   ...
XY GmbH   *Z GmbH*

---

20 Zu den Erläuterungen siehe Rz. 15.82 ff.
21 Zu den Erläuterungen siehe Rz. 15.89 ff.

Anlagen:

Anlage 1: Einzelparameter der Lieferanten-Datensätze

Anlage 2: Vergütung

Anlage 3: Übertragung der Lieferanten-Datensätze

Anlage 4: Kundenliste

Anlage 5: Inhalte des Reportings

II. Erläuterungen

1. Vorbemerkung

a) Datenschutzrechtliche Verantwortlichkeit

Das vorliegende Vertragsmuster beinhaltet Regelungen zum Nutzungsrecht des Datennutzers an den gelieferten Datensätzen. Soweit also personenbezogene Daten vertragsgegenständlich sein sollten, würde der Datenlieferant in datenschutzrechtlicher Hinsicht Daten an den Datennutzer übermitteln, so dass der Datenlieferant als verantwortliche Stelle dafür Sorge zu tragen hätte, dass diese Datenübermittlung rechtlich zulässig wäre. **15.7**

b) Erlaubnis durch Einwilligung

Die Verarbeitung personenbezogener Daten ist nur rechtmäßig, wenn eine der in Art. 6 Abs. 1 DSGVO genannten Bedingungen vorliegt. Eine Rechtfertigung könnte sich zwar grundsätzlich aus einer Einwilligung des Betroffenen nach Art. 6 Abs. 1 lit. a DSGVO ergeben, in der Regel liegt eine solche aber nicht vor bzw. ist wegen Nichteinhaltung der Anforderungen an Transparenz und Freiwilligkeit unwirksam. Je nach Fallgestaltung scheidet eine Einwilligung aber nicht aus; gerade im Onlinebereich führt die zunehmende Etablierung von Einwilligungen über Cookie-Banner dazu, dass Einwilligungslösungen auch für solche Konstellationen realistischer werden. **15.8**

c) Gesetzliche Erlaubnisvorschriften

Nicht undenkbar erscheint es daneben, die Übermittlung etwaiger von dem Muster erfassten Daten, soweit sie Personenbezug aufweisen würden, auf Art. 6 Abs. 1 lit. f DSGVO zu stützen. Danach ist die Verarbeitung (einschließlich einer Übermittlung) zulässig, wenn eine Abwägung der berechtigten Interessen des Verantwortlichen mit den entgegenstehenden schutzwürdigen Belangen des Betroffenen zugunsten des Verantwortlichen ausgeht. Bei der hier intendierten Werbenutzung der Daten handelt es sich nach Erwägungsgrund 47 DSGVO prinzipiell auch um ein anerkanntes berechtigtes Interesse. Je nach Art und Umfang der Datensätze bestünde hierbei aber ein großes Risiko. Zwar erkennt die DSK ausdrücklich an, dass auch eine „Wiedererkennung und Merkmalszuordnung der Nutzer, z.B. bei werbefinanzierten Angeboten" ein berechtigtes Interesse darstellen kann; bei eingriffsintensiveren Maßnahmen, wie z.B. Profilbildungen, gehen die deutschen Datenschutzaufsichtsbehörden davon aus, dass das Interesse der betroffenen Personen am Ausschluss der Datenverarbeitung überwiegt[22]. **15.9**

Im Online-Bereich kommt hinzu, dass die Regelungen der DSGVO zumindest teilweise weiterhin von denjenigen nationalen Regelungen überlagert werden, die der Umsetzung der Richtlinie 2002/58/EG und dem darin verankerten Art. 5 Abs. 3 dienen – in Deutschland **§ 15 Abs. 3 TMG**. **15.10**

---

22 *Datenschutzkonferenz*, Orientierungshilfe der Aufsichtsbehörden für Anbieter von Telemedien, Stand: März 2019; *Arning* in Moos/Schefzig/Arning, Kap. 17 Rz. 28.

Nach der jüngsten Rechtsprechung des EuGH ist § 15 Abs. 3 TMG jedoch richtlinienkonform so auszulegen, dass sie im Einklang mit Art. 5 Abs. 3 RL 2002/58/EG eine **Einwilligung** verlangt und eine Widerspruchslösung gerade nicht (mehr) ausreichend ist[23].

15.11   Das gilt jedenfalls im Anwendungsbereich der Richtlinienvorschrift; also bei Daten, die (wie beim Einsatz von Cookies) auf dem Endgerät des Nutzers gespeichert oder daraus ausgelesen werden. Im Übrigen gilt § 15 Abs. 3 TMG nur für sog. Nutzungsdaten, also Daten, deren Erhebung und Verwendung für die Inanspruchnahme oder Abrechnung von Telemedien (z.B. Webseiten) erforderlich ist. Für andere Datenkategorien, sog. Inhaltsdaten, greift der Einwilligungsvorbehalt des § 15 Abs. 3 TMG nicht. Solche Daten könnten etwa Informationen über den thematischen Inhalt der vom Nutzer besuchten Webseiten oder Informationen über vom Nutzer angeklickte Produkte sein, die für die Ansprache mit individueller Werbung genutzt werden sollen.

15.12   Im Ergebnis verbleiben in der Praxis dennoch sehr häufig Unsicherheiten, ob die dem Muster zugrunde liegenden Verarbeitungen von einer gesetzlichen Erlaubnisvorschrift zugelassen sind.

d) Anonyme Daten

15.13   Das Muster bezieht sich deshalb auf eine Fallgestaltung, in der ausschließlich anonyme Daten, d.h. Daten ohne jeglichen Personenbezug, übermittelt werden. Die Übermittlung anonymer Daten ist hier in der Regel auch praxistauglich. Der Datennutzer wird zumeist nicht an der Identität des Betroffenen interessiert sein.

2. Präambel

15.14   **M 15.1.1 Präambel**

Präambel

Der Datennutzer ist als Dienstleister im Bereich des Online-Advertising tätig. Er betreibt u.a. eine so genannte Data Management Platform („DMP").

Der Datenlieferant verfügt als Betreiber eines Online-Shops über Daten, die über geplante und getätigte Käufe in diesem Online-Shop Auskunft geben, jeweils mit einem ausgeprägten Detailgrad, der z.B. den EAN-Code, den Produktpreis und die Produktbeschreibung umfasst.

Der Datennutzer beabsichtigt, solcherlei Daten in anonymisierter Form vom Datenlieferanten zu Zwecken der Profilbildung zu beziehen. Der Datennutzer wird diese Daten dazu verwenden, um es definierten Kunden zu ermöglichen, auf Basis der Daten Werbeflächen auf Websites z.B. im Wege des Real Time Bidding zu ersteigern, um maßgeschneiderte Werbung ausspielen zu können.

Dies vorausgeschickt, vereinbaren die Parteien Folgendes:

a) Ratio

15.15   Die Präambel gibt Auskunft über die **Rolle der Parteien** und die dem Vertrag zugrunde liegenden **Zielsetzungen der Parteien**.

---

23 EuGH v. 1.10.2019 – C-673/17 – ECLI:EU:C:2019:801 Rz. 59 f., 65 – Planet 49 m. Anm. *Moos/Rothkegel*, MMR 2019, 732 (735).

b) Erläuterungen

Die Rollen der Parteien werden in der Präambel beschrieben, soweit es für den Datenlieferungsvertrag 15.16
von Belang ist. Im Online-Bereich bestehen diverse Möglichkeiten, Daten zu erheben und zu verwenden, so dass schon anfangs in der Präambel möglichst genau bestimmt werden sollte, woher die Daten stammen und welche Verwendungen intendiert sind. So kann der Datenlieferant z.B. wie vorliegend eigene Daten erheben und übermitteln, aber auch Dritte mit der Erhebung von Daten auf seiner Seite beauftragen.

Die in der Präambel erwähnten Nutzungsmöglichkeiten der Daten können insbesondere bei der Aus- 15.17
legung der „Lizenzregelung" Bedeutung erlangen; also bei der Bestimmung der Frage, welche Verwendungen für welche Zwecke dem Datennutzer gestattet sein sollen, wenn die Vertragsregelung selbst keine endgültige Klarheit bringt. Je präziser und restriktiver also die Eingrenzung in der Präambel, desto geringer ist die Möglichkeit des Datenempfängers, die Datenverwendung über Gebühr auszudehnen.

3. Vertragsgegenstand (Ziff. 1)

M 15.1.2 Vertragsgegenstand   15.18

1. Vertragsgegenstand

1.1 Der Datenlieferant verfügt über Daten aus Nutzungen seines Online-Shops, die von ihm in anonymisierten Datensätzen zusammengefasst werden („Lieferanten-Datensätze"). Der Datenlieferant wird dem Datennutzer nach Maßgabe von Ziffer 2 dieses Vertrages derartige Lieferanten-Datensätze zur Verfügung stellen, wie sie bei ihm vorhanden sind. Eine stetige Verfügbarkeit der Datensätze ist nicht geschuldet.

*1.2 Die Lieferanten-Datensätze sollen – im Rahmen des für den Datenlieferanten möglichen – die in **Anlage 1** aufgeführten Parameter enthalten. Dem Datennutzer ist bekannt, dass nicht jeder Datensatz sämtliche der dort angegebenen Parameter enthält. Der Datenlieferant wird dem Datennutzer die in **Anlage 1** aufgeführten Parameter so zur Verfügung stellen, wie diese Parameter dem Datenlieferanten in einem Lieferanten-Datensatz auch tatsächlich vorliegen. Dem Datennutzer ist bewusst, dass der Datenlieferant die Richtigkeit der Lieferanten-Datensätze nicht verifizieren kann; insbesondere kann der Datenlieferant nicht nachvollziehen, ob sich alle in einem Lieferanten-Datensatz gesammelten Informationen auf denselben Nutzer beziehen oder ein Rechner z.B. von mehreren Personen benutzt wird.*

*1.3 Auf Wunsch des Datennutzers werden die Parteien über die Zurverfügungstellung zusätzlicher Daten verhandeln, die auf bislang nicht in **Anlage 1** aufgeführten Parametern beruhen. Sollten die Parteien sich auf die Zurverfügungstellung solcher weiterer Daten einigen, werden sie diesen Vertrag, insbesondere die **Anlagen 1 und 2** entsprechend ergänzen. Es besteht seitens des Datennutzers kein Anspruch auf Zurverfügungstellung zusätzlicher Daten bzw. den Abschluss einer entsprechenden Vereinbarung.*

1.4 Der Datennutzer darf die Lieferant-Datensätze ausschließlich nach Maßgabe von Ziffer 3 dieses Vertrages verwenden. Eine weitergehende Verwendung ist untersagt.

a) Ratio

Der Vertragsgegenstand gehört zu den *essentialia negotii*. Dementsprechend regelt Ziff. 1, was der 15.19
Hauptgegenstand des Mustervertrages ist, namentlich die Überlassung bestimmter Daten zur Nutzung durch den Empfänger. Zur Konkretisierung des geschuldeten **Umfangs der Datenlieferung** wird auf eine Anlage 1 verwiesen. Der Vertragsgegenstand sollte vollständig in Ziff. 1 niedergelegt werden. Im Einzelfall können Ergänzungen zum vorliegenden Muster erforderlich sein; ansonsten kann die Anpassung des Musters für den konkreten Verwendungszusammenhang über die Anlagen erfolgen.

b) Lieferanten-Datensätze (Ziff. 1.1)

15.20 Der Datenbestand, der von der Datenlizenz umfasst ist, muss eindeutig bestimmt werden; gerade im Fall dynamischer Datenbestände müssen die Vertragsparteien sorgfältig definieren, für welche Daten die Datenlizenz gilt[24]. Ziff. 1.1 enthält in diesem Sinne eine allgemeine Festlegung, welche Art von Daten aus welcher Quelle Gegenstand des Vertrages sind; hier sind als Beispiel bestimmte Daten gewählt worden, über die der Lieferant aus dem Betrieb eines Online-Shops verfügt.

Zur Vereinfachung führt die Ziff. 1.1 eine Definition des Vertragsgegenstandes ein („Lieferanten-Datensätze"). Schon in der Definition wird hierbei herausgestrichen, dass es sich um anonyme Daten handelt. Sollte sich später ergeben, dass bestimmte Parameter möglicherweise doch unerkannt einen Personenbezug aufweisen können, besteht hierüber ein Hebel für den Datenlieferanten, die weitere Übergabe dieser Information zu verweigern, weil nur die Bereitstellung anonymer Daten geschuldet ist.

15.21 Die Verfügbarkeit von neuen Datensätzen hängt vom Nutzerverhalten auf der Homepage des Online-Shops ab. Der Datenlieferant kann nicht beeinflussen, dass Nutzer seine Seite überhaupt besuchen und deshalb stetig neue Datensätze anfallen; auch die Erfüllung bestimmter Parameter kann er nicht steuern, weil sie auch von der Art der Interaktion der Nutzer abhängen (z.B. ob er im Online-Shop etwas kauft und wenn ja, welches Produkt). Eine stetige Verfügbarkeit neuer Datensätze entsprechend der vertraglichen Spezifikation sollte der Datenlieferant daher nicht versprechen.

c) Beschaffenheitsvereinbarung (Ziff. 1.2)

15.22 Ziff. 1.2 enthält im Wesentlichen eine **Beschaffenheitsvereinbarung** im Hinblick auf die Lieferanten-Datensätze. Die Festlegung, welche konkreten Informationen die zu übermittelnden Datensätze beinhalten sollen, ist aus Praktikabilitätsgründen in eine Anlage 1 ausgelagert.

Auch wenn in Ziff. 1.2 bestimmt wird, dass der Datenlieferant nicht für die Richtigkeit der Daten einzustehen hat, handelt es sich hierbei nicht um einen Ausschluss der **Mängelgewährleistung**, der in Formularverträgen nach den §§ 305 ff. BGB wirksam sein müsste. Ziff. 1.2 konkretisiert die entsprechende Datenverschaffungspflicht des Datenlieferanten dahingehend, dass er die Datensätze so zu liefern hat, wie sie bei ihm entstehen. Sind die Daten deshalb bereits bei ihm unvollständig oder unrichtig, liegt deshalb schon kein Mangel im Verhältnis zum Datenempfänger vor.

15.23 Ein weitergehendes Einstehen des Datenlieferanten für die **Richtigkeit oder Vollständigkeit der Daten** ist nicht empfehlenswert: Der Datenlieferant übermittelt anonyme Daten (wofür er keiner datenschutzrechtlichen Erlaubnis bedarf). Ultimativ könnte die Verifizierung der Richtigkeit der Daten jedoch eine Rückführung auf die jeweils betroffene Person notwendig machen (z.B. um einen Abgleich mit einem personenbezogenen Datensatz zu ermöglichen). Auch wenn dem Datenlieferanten eine Identifizierung des Datensubjekts durch Hinzuspeichern weiterer Daten evtl. möglich wäre, würde dies ggf. ein Verarbeiten personenbezogener Daten i.S.v. Art. 4 Nr. 2 DSGVO in Form des Abgleichs mit sich bringen und deshalb einer datenschutzrechtlichen Erlaubnis bedürfen, über die er nicht verfügt.

d) Vertragserweiterungen (Ziff. 1.3)

15.24 Nach Ziff. 1.3 ist ein Verhandeln über die Lieferung zusätzlicher Daten möglich. Ziff. 1.3 hat in der Praxis des Programmatic Advertising besondere Bedeutung: **Kampagnen** im Programmatic Advertising sind anhand nutzerbasierter Werbung ausgerichtet. Die Schnelllebigkeit des Online-Werbegeschäfts kann es mit sich bringen, dass Werbetreibende neue Trends und technische Möglichkeiten schnell umsetzen wollen. Zur Umsetzung können weitere Daten erforderlich oder zweckmäßig sein. Soll die Klausel noch stärker zugunsten des Datennutzers ausgestaltet sein, könnte z.B. auch ein ver-

---

24 *Schefzig* in Taeger, Internet der Dinge, S. 551 (558).

bindlicher Anspruch auf Ausdehnung zumindest auf solche Daten vorgesehen werden, über die der Datenlieferant verfügt.

Änderungen der Datensätze sollten schriftlich festgehalten werden – hier durch Anpassung der entsprechenden Anlage. In Einzelfällen kann es sinnvoll sein, Änderungen zeitlich zu befristen. Das Verhandeln über eine zusätzliche Vergütung für die Lieferung weiterer Datensätze kann im Einzelfall angezeigt sein.

e) Nutzungsrecht und Dateninhaberschaft (Ziff. 1.4)

Ziff. 1.4 macht auch den Umfang der **Nutzungsrechte** an den Datensätzen zum Vertragsgegenstand, und zwar durch Verweis auf die detaillierte Nutzungsrechtsregelung in Ziff. 3. Eine weitergehende Nutzung wird dem Empfänger der Daten explizit vertraglich untersagt.   15.25

Eine derartige Regelung ist von besonderer Bedeutung, um die Verwendung der Daten effektiv zu begrenzen, weil allein aus dem Gesetz heraus solche **Verwendungsverbote** kaum zu begründen sind[25]. Das liegt im Wesentlichen daran, dass nach der weiterhin herrschenden Meinung ein spezielles absolutes Recht an Daten nicht existiert[26] und es sich bei Daten insbesondere auch nicht um Sachen handelt, an denen zivilrechtliches Eigentum begründet werden könnte[27]. Damit der Datenlieferant dennoch die **Wertschöpfung** aus den von ihm übermittelten Daten steuern kann, muss er vertragliche Regelungen treffen, um die Verwertung der Daten kontrollieren zu können[28].

Durch diese Regelung wird auch die „**Dateninhaberschaft**" im bilateralen Verhältnis der Vertragsparteien zueinander festgelegt. Diese liegt nach dem Muster bei dem Datenlieferanten, weil der Datennutzer hier ausdrücklich die Verpflichtung übernimmt, die in Rede stehenden Daten nicht in einer Weise zu verwenden, die über die expliziten Festlegungen in Ziff. 3 hinausgeht. Die Klausel gestaltet das Verhältnis von Lizenznehmer und Lizenzgeber in Bezug auf die Daten deshalb im Ausgangspunkt in einer Form, die dem Status Quo bei Bestehen eines absoluten Rechts entspricht[29]. Umfangreiche Kataloge von Handlungen, die dem Datenempfänger untersagt sind, erübrigen sich deshalb. Wäre beabsichtigt, die Dateninhaberschaft bei dem Datenempfänger zu verorten, könnte das Verwendungsverbot in Ziff. 1.4 umgekehrt werden, so dass es den Datenlieferanten träfe.   15.26

4. Daten-Bereitstellung (Ziff. 2)

M 15.1.3 Bereitstellen der Lieferanten-Datensätze   15.27

2. Bereitstellen der Lieferanten-Datensätze

*2.1 Der Datenlieferant wird dem Datennutzer die Lieferanten-Datensätze nach Maßgabe von **Anlage 3** zur Verfügung stellen.*

2.2 Dem Datennutzer obliegt die notwendige Mitwirkung, um dem Datenlieferanten die Übergabe der Lieferanten-Datensätze zu ermöglichen.

---

25 *Kraus* in Taeger, Internet der Dinge, S. 537 (544); *Schefzig*, K&R Beihefter 3/2015, 3 (7); *Roßnagel*, NJW 2017, 10 (12).
26 *Eichberger*, VersR 2019, 709 (710).
27 *Schefzig*, K&R Beihefter 3/2015, 3; *Schefzig* in Taeger, Internet der Dinge, S. 551 (553).
28 *Schefzig* in Taeger, Internet der Dinge, S. 551 (555).
29 Vgl. *Schefzig* in Taeger, Internet der Dinge, S. 551 (556).

a) Ratio

15.28 Ziff. 2 enthält Regelungen zum **Umfang** und zu **technischen** Anforderungen der Bereitstellung der Datenlieferant-Daten.

b) Bereitstellungsmodus (Ziff. 2.1)

15.29 In Ziff. 2.1 ist in Verbindung mit Anlage 3 der **Modus der Übertragung der Datensätze** festgelegt. Die Parteien sollten hierbei genau definieren, in welchem technischen Verfahren und unter Rückgriff auf welche technischen Vorrichtungen die Datenübertragung stattfinden soll. **Anlage 3** kann Regelungen zur Serverleistung, Uhrzeit der Übertragung, Datengröße, Übertragungskanälen usw. beinhalten. Die Parteien sollten vorab klären, ob die technischen Anforderungen auf beiden Seiten erfüllbar sind.

c) Mitwirkung (Ziff. 2.2)

15.30 Üblicherweise bedarf es einer Mitwirkung des Datenempfängers, damit die Daten bei ihm vollständig und ohne Beeinträchtigung ihrer Vertraulichkeit und Integrität ankommen. Um dem Datenlieferanten die Erfüllung seiner Bereitstellungspflicht zu ermöglichen, verankert das Muster deshalb explizit eine **Mitwirkungspflicht** des Datennutzers. Dieser muss ggf. auch bestimmte technische Anforderungen erfüllen können und seine Systeme regelmäßig kompatibel zu denjenigen des Datenlieferanten gestalten. Sind konkrete Anforderungen bekannt, könnten diese hier auch im Sinne einer beispielhaften Aufzählung ausdrücklich in Ziff. 2.2 beschrieben werden.

5. Nutzungsrechtsregelung (Ziff. 3)

15.31 **M 15.1.4 Nutzungsrechte an den Lieferanten-Datensätzen**

3. Nutzungsrechte an den Lieferanten-Datensätzen

Der Datenlieferant räumt dem Datennutzer an den Lieferanten-Datensätzen hiermit – unbeschadet der Regelung in Ziffer 7.4 – ein nicht-ausschließliches, übertragbares, räumlich auf Deutschland und zeitlich auf die Laufzeit dieses Vertrages beschränktes Recht zur Nutzung der Lieferanten-Datensätze nach Maßgabe der folgenden Bestimmungen ein:

3.1 Nutzung der Lieferanten-Datensätze durch den Datennutzer

3.1.1 Umfang der Nutzung

– *Der Datennutzer ist berechtigt, die Lieferanten-Datensätze für sich selbst und für sämtliche seiner Kunden zu nutzen, die in **Anlage 4** explizit aufgeführt sind.*

– *Soweit es dem Datenlieferanten aufgrund sachlicher Gründe nicht mehr zumutbar ist, dass der Datennutzer die Lieferanten-Datensätze für einen oder mehrere der in **Anlage 4** aufgeführte(n) Kunden nutzt (z.B. im Fall der Beanstandung durch eine Datenschutzbehörde), kann der Datenlieferant verlangen, dass der Datennutzer keine Lieferanten-Datensätze mehr für diese(n) Kunden verwendet. Der Datennutzer wird einem solchen Verlangen in angemessener Frist nachkommen.*

– *Das eingeräumte Nutzungsrecht berechtigt den Datennutzer – im Rahmen des datenschutzrechtlich Zulässigen – zur Nutzung der Lieferanten-Datensätze zum Zwecke der Erstellung von Online-Nutzungsprofilen, um auf Basis solcher Informationen Werbeflächen auf Websites z.B. im Wege des Real Time Bidding zu ersteigern, damit auf solchen Websites maßgeschneiderte Werbung ausgespielt werden kann. Die zugelassene Verwendung der Lieferanten-Datensätze beinhaltet insbesondere – aber nicht ausschließlich – die Segmentierung, Zielgruppenmodellierung, Lookalike-Bildung, Anwendung statistischer Verfahren, Datenanreicherung und jegliche Art von Data Mining und Analytics. Bei jeglicher Segmentierung der Lieferanten-Datensät-*

ze hat der Datennutzer sicherzustellen, dass keine Segmente erstellt werden, die aus weniger als 1.000 verschiedenen Profilen bestehen.

– Dem Datennutzer ist es untersagt, Dritten Zugriff auf die Lieferanten-Datensätze zu gewähren oder sie an Dritte weiterzugeben; die Ausnahmeregelung gemäß Ziffer 3.2 bleibt hiervon unberührt. Weiterhin ist es dem Datennutzer untersagt, die Lieferanten-Datensätze für Zwecke des Retargeting zu verwenden, d.h. an einen Nutzer Werbung für diejenigen konkreten Leistungen oder Produkte auszuspielen, die in den Lieferanten-Datensätzen für den Nutzer erfasst sind.

3.1.2 Verbot der Nutzeridentifizierung

Es ist dem Datennutzer untersagt, betroffene natürliche Personen, auf die sich die Lieferanten-Datensätze beziehen, zu identifizieren, z.B. durch die Kombination mit bereits bei dem Datennutzer vorhandenen Daten.

3.1.3 Erhebung weiterer Daten durch den Datennutzer

Dem Datennutzer ist es untersagt, Daten zu erheben und zu verwenden, mittels derer der Datennutzer eine natürliche Person, auf die sich Lieferanten-Datensätze beziehen, ggf. nach Zusammenführung identifizieren könnte. Insbesondere ist dem Datennutzer eine Zusammenführung der Lieferanten-Datensätze mit derartigen personenbezogenen Daten untersagt.

3.1.4 Datennutzer-DMP

Unter Beachtung von Ziffer 3.1.3 darf der Datennutzer die Lieferanten-Datensätze mit anderen Nutzungs-Daten in seiner DMP zusammenführen und die so zusammengeführten Daten in gleichem Umfang nutzen wie die Lieferanten-Datensätze.

Für die Anlegung und Vorhaltung der DMP ist es erforderlich, dass der Datennutzer auf die DMP des Datenlieferanten, wie in **Anlage 3** spezifiziert, zugreifen kann. Der Datenlieferant ist verpflichtet, im zumutbaren Rahmen an dem Datenzugriff mitzuwirken.

3.2 Weitergabe von Datenlieferant-Daten an Betreiber einer DSP

3.2.1 Der Datennutzer darf die Lieferanten-Datensätze an den Betreiber einer Demand Side Platform („DSP") unter der Bedingung weitergeben, dass der Datennutzer den jeweiligen Betreiber zuvor schriftlich verpflichtet hat, die Lieferanten-Datensätze ausschließlich wie in dieser Ziffer 3.2 festgelegt zu verwenden. Der Datennutzer hat sicherzustellen, dass die Berechtigung des Betreibers der DSP zur Nutzung von Lieferanten-Datensätze spätestens in dem Zeitpunkt endet, in dem das Nutzungsrecht des Datennutzers endet, und dass der Betreiber der DSP die Lieferanten-Datensätze sodann nach Maßgabe von Ziffer 10.4 dieses Vertrags löscht. Der Datennutzer hat dem Datenlieferanten den Namen und die Adresse jedes Betreibers einer DSP, an den Lieferanten-Datensätze weitergegeben werden, unverzüglich schriftlich mitzuteilen.

3.2.2 Bevor der Datennutzer Lieferanten-Datensätze an den Betreiber einer DSP weitergibt, hat der Datennutzer ihn schriftlich zu verpflichten:

– die Lieferanten-Datensätze nur auf Weisung des Datennutzers zu verarbeiten,

– die Lieferanten-Datensätze nur zum Zweck der Buchung von Werbeflächen im Auftrag des Datennutzers bzw. eines Datennutzer-Kunden zu verwenden,

– die Lieferanten-Datensätze nicht an Dritte weiterzugeben bzw. ihnen Zugriff darauf zu ermöglichen,

– die Lieferanten-Datensätze nicht für eigene Zwecke zu verwenden,

– die jeweiligen betroffenen natürlichen Personen, auf die sich die Lieferanten-Datensätze beziehen, nicht zu identifizieren,

– keine Daten zu erheben und zu verwenden, mittels derer der Betreiber der DSP eine natürliche Person, auf die sich die Lieferanten-Datensätze beziehen, ggf. nach Zusammenführung identifizieren könnte und

– die Lieferanten-Datensätze getrennt von anderen Daten zu speichern.

3.2.3 Der Datennutzer hat dem Datenlieferanten die nach dieser Ziffer 3.2 erforderlichen Verpflichtungen des Betreibers der DSP auf erstes Anfordern nachzuweisen, wobei der Datennutzer dem Datenlieferanten auf Anforderung eine Kopie dieser Verpflichtungen zur Verfügung stellen muss.

3.2.4 Soweit es dem Datenlieferanten aufgrund sachlicher Gründe nicht mehr zumutbar ist, dass der Datennutzer die Lieferanten-Datensätze an einen oder mehrere Betreiber einer DSP weitergibt (z.B. wenn diese gegen Pflichten verstoßen haben, die ihnen der Datennutzer nach Maßgabe dieser Ziffer 3.2 auferlegen muss oder im Fall der Beanstandung einer Datenschutzbehörde), kann der Datenlieferant verlangen, dass keine Lieferanten-Datensätze mehr an diese(n) Betreiber einer DSP weitergegeben werden. Der Datennutzer wird einem solchen Verlangen in angemessener Frist nachkommen.

3.2.5 Der Datennutzer ist dafür verantwortlich und steht gegenüber dem Datenlieferanten dafür ein, dass die Weitergabe der Lieferanten-Datensätze an die Betreiber einer DSP datenschutzkonform erfolgt.

a) Ratio

15.32   Die Vorschrift dient der detaillierten Festlegung der **Nutzungsrechte** des Datennutzers an den überlassenen Datensätzen und ist das **Kernstück des Vertrages**.

b) Art der Lizenz (Ziff. 3)

15.33   In Satz 1 findet sich eine **Lizenzgewährung**, in der auch die Art der Lizenz näher bestimmt ist. Das Nutzungsrecht an den Datensätzen ist hiernach nicht-ausschließlich, übertragbar und räumlich sowie zeitlich begrenzt. Diese Ausgestaltung lehnt sich an Lizenzregelungen an, wie sie z.B. aus dem Urheberrecht für urheberrechtlich geschützte Inhalte geläufig sind.

Wie solche urheberrechtlichen Lizenzen kann auch eine **Datenlizenz** als ausschließliche oder nicht ausschließliche Lizenz gestaltet werden; freilich wirkt eine solche Vereinbarung hier nur als schuldrechtliche Regelung zwischen den Parteien[30].

c) Nutzungsberechtigung (Ziff. 3.1.1)

15.34   Ziff. 3.1.1 weist nicht nur den unmittelbaren Datenempfänger als nutzungsberechtigt aus, sondern erstreckt die Lizenz auch auf explizit in einer Anlage 4 benannte Dritte. Hierdurch wird es dem Vertragspartner ermöglicht, die auf Basis der übermittelten Datensätze erbrachten Dienste nicht nur für sich selbst, sondern auch für diese Dritten zu erbringen.

15.35   Weil der Datenlieferant weniger gut übersehen und kontrollieren kann, wie diese Dritten mit den Daten umgehen, räumt Ziff. 3.1.1 dem Datenlieferanten ein einseitiges Recht ein, die Verwendung der Daten einzuschränken.

Die Klausel ist in dieser Gestaltung auch nach **§ 308 Nr. 4, § 310 Abs. 1 BGB** wirksam. Änderungsvorbehalte sind in Verträgen zwischen Unternehmern, durch die ein Dauerschuldverhältnis begründet wird, zulässig, wenn eine Änderung zur Anpassung an sich ändernde Verhältnisse notwendig und angemessen ist[31]. Sachliche Gründe können die Beanstandung durch eine Aufsichtsbehörde, eine Änderung höchstrichterlicher Rechtsprechung oder eine Gesetzesänderung sein. Weil es zu der DSGVO weiterhin erst wenig Rechtsprechung gibt und die Anwendungspraxis auf Jahre hinaus mit größeren Unsicherheiten behaftet sein wird[32], erscheint es als ein durchaus denkbares Szenario, dass es Entscheidungen von Aufsichtsbehörden oder Gerichten geben kann, die auf die Zulässigkeit der auf Basis des

---

30 *Schefzig* in Taeger, Internet der Dinge, S. 551 (560).
31 *Grüneberg* in Palandt, § 308 BGB Rz. 26.
32 *Moos/Schefzig* in Moos/Schefzig/Arning, Kap. 19 Rz. 24 f.

Mustervertrages erfolgenden Datenverwendungen Einfluss haben; z.B. weil andere Maßstäbe an die Anonymität der Daten gelegt werden. In diesen Fällen wird der Datennutzer selbst die Daten in der Regel auch nicht mehr nutzen dürfen, so dass die Änderung auch angemessen ist. Die Klausel ist daher wirksam mit der Formulierung „aufgrund sachlicher Gründe" und unter Hinzufügung des Beispiels der Beanstandung durch eine Datenschutzbehörde.

d) Zweck der Nutzung (Ziff. 3.1.1)

Der Lizenzgeber wird häufig daran interessiert sein, das datenschutzrechtliche Prinzip der **Zweckbindung**, wie es in Art. 5 Abs. 1 lit. b DSGVO verankert ist, auch auf die Lizenzierung von nicht personenbezogenen Daten anzuwenden und es dementsprechend in die Datenlizenz aufzunehmen, weil es wirtschaftlich potentiell einen erheblichen Unterschied ausmacht, ob der Lizenznehmer einen Datensatz uneingeschränkt oder nur im Hinblick auf einen konkreten Zweck verwenden darf[33].

15.36

Das Muster greift diese Gestaltungsempfehlung auf und schreibt in Ziff. 3.1.1 den Zweck der Datenverwendung zur Erstellung von Online-Nutzungsprofilen für die Verwendung im Rahmen des Real Time Bidding fest. Explizit untersagt wird die Verwendung für Zwecke des Retargeting. Es wäre denkbar, die zugelassenen, aber auch die untersagten Verwendungszwecke durch Beispiele weiter zu konkretisieren.

e) Umfang der Nutzungsberechtigung (Ziff. 3.1.1)

Der zugelassene Umfang der Verwendung der Datensätze wird in Ziff. 3.1.1 etwas näher konkretisiert. Eine Aufzählung einzelner **Verwendungsoptionen** ist sinnvoll, um eine Richtung vorzugeben und die ausschließlich anonyme Verwendung zu gewährleisten. In diesem Sinne werden in dem Muster beispielhaft folgende Verwendungen zugelassen: Segmentierung, Zielgruppenmodellierung, **Look-alike-Bildung**, Anwendung statistischer Verfahren, Datenanreicherung und jegliche Art von **Data Mining** und **Analytics**.

15.37

Im Rahmen der **Segmentierung der Daten** muss gewährleistet sein, dass die Daten stets anonym bleiben. Aus diesem Grund ist auch eine Mindestanzahl von Profilen bestimmt, die nicht unterschritten werden darf, um die Gefahr einer Personalisierung des Datensatzes zu minimieren.

Der Datenlieferungsvertrag enthält zum Schutz des Datenlieferanten auch eine Regelung, die eine **Weitergabe** der Datensätze an unbefugte Dritte untersagt. Auch diese Regelung dient primär der Absicherung der Anonymität der Daten, weil sie den Kreis derjenigen begrenzt, die rechtskonform Zugang zu den Daten erhalten können und deren Kenntnisse und Fähigkeiten deshalb wohl bei der Beurteilung der „nach allgemeinem Ermessen wahrscheinlich zur Identifizierung nutzbaren Mittel" (Erwägungsgrund 26 DSGVO) außer Betracht bleiben können.

15.38

Die Klausel dient darüber hinaus der Haftungsvermeidung. Die Rechtsprechung hat eine **Störerhaftung** für Fälle entwickelt, in denen in irgendeiner Weise willentlich und adäquat kausal an der rechtswidrigen Beeinträchtigung eines Dritten mitgewirkt worden ist. Der Störer schuldet die Beseitigung und Unterlassung des rechtswidrigen Zustandes[34]. Der Datenlieferant könnte deshalb Betroffenen gegenüber als Störer haftbar sein, wenn der Datennutzer die ihm überlassenen Datensätze an Dritte weiterleitet und diese ohne eine dann etwa erforderliche datenschutzrechtliche Erlaubnis die Daten in personenbezogener Form verarbeiten[35]. Als Störer würde der Datenlieferant dann ggf. die Beseitigung oder das Unterlassen der rechtswidrigen Nutzung der Daten schulden.

---

33 *Schefzig* in Taeger, Internet der Dinge, S. 551 (561 f.).
34 *Schapiro* in Bräutigam/Rücker, 2. Teil C Rz. 6.
35 Zur Störerhaftung eines Anonymisierungsdienstleisters für die (urheberrechtswidrige) Verbreitung illegaler Inhalte LG Köln v. 30.1.2020 – 14 O 171/19, MMR 2020, 326.

15.38a Eine Störerhaftung scheint hierbei auch prinzipiell im Bereich des Datenschutzrechts möglich: In seinem Urteil in Sachen *FashionID*[36] musste sich der EuGH zwar nicht ausdrücklich zur zivilrechtlichen (Störer-)Haftung äußern, weil er eine Mitverantwortlichkeit gerade bejaht hatte. Der EuGH erkannte beiläufig jedoch an, dass Stellen auf Grundlage des nationalen Zivilrechts für vor- oder nachgelagerte Verarbeitungsschritte haften können, auch wenn sie hierfür keine datenschutzrechtliche Verantwortung tragen. Dieser Aspekt ist auch unter der DSGVO von äußerster Relevanz. Insofern statuiert Erwägungsgrund 146 Satz 4 DSGVO, dass weitere Schadensersatzansprüche (neben Art. 82 DSGVO) auf Grund von Verstößen gegen anderes Unionsrecht bzw. nationales Recht der Mitgliedstaaten unberührt bleiben.

f) Verbot der Identifizierung (Ziff. 3.1.2 und 3.1.3)

15.39 Um nicht den datenschutzrechtlichen Restriktionen der DSGVO und weiterer anwendbarer Datenschutzvorschriften zu unterfallen, müssen die Datensätze während der gesamten Verarbeitung anonym bleiben, da andernfalls eine Einwilligung des Betroffenen i.S.d. Art. 6 Abs. 1 lit. a DSGVO oder eine andere datenschutzrechtliche Erlaubnis für die vertragsgegenständlichen Verwendungen vorliegen muss (siehe Rz. 15.9 ff.). Deshalb statuiert das Vertragsmuster hier ein ausdrückliches **Verbot der (Re-)Identifizierung** betroffener Personen.

15.40 Hierbei reicht es aber auch nicht, sicherzustellen, dass die Daten im Zeitpunkt der Übermittlung anonym sind. Vielmehr muss die Anonymität über die gesamte Nutzungsdauer gewährleistet werden. Insoweit handelt es sich bei der Prüfung des Personenbezugs um eine dynamische Prüfung, die den Stand der Technik zum Zeitpunkt der Verarbeitung und die Entwicklungsmöglichkeiten in dem Zeitraum berücksichtigen sollte, für den die Daten verarbeitet werden[37]. Bei einer längerfristigen Nutzung sollten deshalb auch Möglichkeiten der Identifizierung berücksichtigt werden, die erst im Laufe der Vertragsdauer entstehen könnten.

Zu diesem Zweck wird dem Datennutzer nicht nur untersagt, die Daten mit bisher bereits bei ihm vorhandenen (personenbezogenen) Daten zusammenzuführen, sondern auch, künftig Daten zu erheben, die zu einer Identifizierung führen könnten.

g) Zugelassene Datenzusammenführung (Ziff. 3.1.4)

15.41 Ein absolutes Verbot der **Daten-Zusammenführung** ist in der für das Muster ausgewählten Sachverhaltskonstellation allerdings nicht sachgerecht. Zur Erzeugung der angereicherten Nutzungsprofile beabsichtigt der Datenempfänger hier ja gerade eine Einspeisung in seine DMP und die Verknüpfung mit darin ggf. bereits vorhandenen Informationen. Als Ausnahme von dem generellen Zusammenführungsverbot in Ziff. 3.1.3 wird dem Datennutzer in Ziff. 3.1.4 deshalb die Zusammenführung mittels der DMP im Rahmen der zugelassenen Verwendungszwecke gestattet. Der Datenempfänger muss ungeachtet dessen während des gesamten Verarbeitungsvorgangs sicherstellen, dass die Daten anonym bleiben.

15.42 Der Datennutzer kann die Datensätze nur sinnvoll nutzen, wenn er ein Matching mit den vorhandenen Daten durchführen kann. Die Pflicht des Datenlieferanten, ein solches Matching zu ermöglichen, ist eine vertragliche Nebenpflicht i.S.v. § 241 Abs. 2 BGB.

---

36 EuGH v. 29.7.2019 – C-40/17 – FashionID, MMR 2019, 579 m. Anm. *Moos/Rothkegel*.
37 *Art. 29-Datenschutzgruppe*, Stellungnahme 4/2007 zum Begriff „personenbezogene Daten", WP 136 v. 20.6.2007, S. 18; *BfDI*, Positionspapier zur Anonymisierung unter der DSGVO unter besonderer Berücksichtigung der TK-Branche, Stand: 29.6.2020, S. 4.

h) Datenweitergabe an DSP (Ziff. 3.2)

Ziff. 3.2 enthält eine weitere spezifische Nutzungsgestattung für die Fallgestaltung des Programmatic Advertising: Zur Durchführung des Real Time Bidding (hier der Einholung von Angeboten) gibt der Datennutzer als Betreiber einer DMP die Datensätze an eine sog. **Demand Side Platform (DSP)** weiter. Die Klausel dient der weiteren Spezifizierung des Lizenzumfangs und stellt eine Ausnahme vom generellen Weitergabeverbot der Datensätze (Ziff. 3.1.1) dar.

15.43

i) Inpflichtnahme der DSP (Ziff. 3.2.1–3.2.3)

Die Ziff. 3.2.1–3.2.3 enthalten darüber hinaus Verpflichtungen des Datennutzers, die DSP-Betreiber, denen er Datensätze weitergibt, in ähnlicher Weise vertraglich zu binden, wie er gegenüber dem Datenlieferanten gebunden ist.

15.44

Hauptgrund für die Weiterreichung dieser Pflichten ist wiederum die **Absicherung der Anonymität** der Daten. Die Begründung eines Personenbezugs der Datensätze für die Vertragsparteien kann auch daraus resultieren, dass die Identifizierung der betroffenen Person durch einen Dritten möglich ist. Erwägungsgrund 26 DSGVO stellt insoweit explizit nicht nur auf den Verantwortlichen, sondern auch auf die Mittel und Möglichkeiten „anderer Personen" ab. In diesem Sinne haben auch EuGH und BGH (wenn auch noch auf Grundlage der DSRL) einen Personenbezug von IP-Adressen bejaht, weil dieser die betreffende Person anhand von Zusatzinformationen, über die der Internetzugangsanbieter verfügt, durch Strafverfolgungsbehörden bestimmen lassen kann[38]. Es gilt deshalb, durch vertragliche Vorkehrungen möglichst eine solche Identifikation über Dritte auszuschließen. Dafür ist es mindestens erforderlich, dass die Veranlassung der Identifikation durch den Dritten (hier den DSP-Betreiber) nicht mehr als „vernünftiges Mittel" angesehen werden kann, weil die Identifizierung verboten, praktisch nicht durchführbar und deshalb mit einem unverhältnismäßigen Aufwand an Zeit, Kosten und Arbeitskraft verbunden wäre[39].

15.45

In diesem Sinne werden nicht nur die Zweckbindung und die Verwendungsbeschränkungen an den DSP-Betreiber weitergegeben, der Datennutzer muss ihn auch auf bestimmte **technische und organisatorische Maßnahmen** zur Absicherung der Anonymität verpflichten, u.a. zur Unterlassung einer Weitergabe und Zusammenführung mit anderen Daten, zur getrennten Speicherung und zur Löschung.

Die faktische Befolgung dieser Vertragspflichten wird durch die in Ziff. 9 festgelegte **Vertragsstrafe** zusätzlich abgesichert (siehe hierzu Rz. 15.83).

Um im Zweifel den Nachweis führen zu können, dass die Anonymität der Daten nicht dadurch aufgehoben wird, dass eine Identifikation der betroffenen Personen über den DSP-Betreiber möglich ist, sollte der Datenlieferant sicherstellen, dass er die **Verarbeitungskette** der Datensätze stets nachvollziehen und die technischen und organisatorischen Vorkehrungen zur Absicherung der Anonymität belegen kann. Zu diesem Zweck ist in Ziff. 3.2.3 vorgesehen, dass der Datennutzer dem Datenlieferanten die mit dem DSP-Betreiber abgeschlossene Vereinbarung vorlegt. Dies ist auch deshalb sinnvoll, weil im Rahmen einer etwaigen Störerhaftung des Datenlieferanten für etwaige Rechtsverstöße des Datennutzers/des DSP-Betreibers Prüfpflichten einzuhalten sind. Der Umfang der Prüfpflichten richtet sich im Einzelfall danach, was dem in Anspruch Genommenen zugemutet werden kann[40]. Dem Datenlieferanten kann zumindest zugemutet werden, zu prüfen, an welche DSP der Datennutzer die Daten wei-

15.46

---

38 EuGH v. 19.10.2016 – C 582/14, MMR 2016, 842 (843) – Breyer m. Anm. *Moos/Rothkegel*; BGH v. 16.5.2017 – VI ZR 135 Rz. 26, K&R 2015, 106 ff.

39 So auch die Anforderungen nach der DSGVO gemäß Erwägungsgrund 26: *Schild* in BeckOK DatenschutzR, Art. 4 DSGVO Rz. 15; *BfDI*, Positionspapier zur Anonymisierung unter der DSGVO unter besonderer Berücksichtigung der TK-Branche, Stand: 29.6.2020, S. 4.

40 BGH v. 30.4.2008 – I ZR 73/05, GRUR 2008, 702 Rz. 50 – Internet-Versteigerung III.

terleitet. Die Nachweispflicht des Datennutzers stellt eine Nebenpflicht aus dem Datenlieferungsvertrag nach § 241 Abs. 2 BGB dar.

j) Einschränkungen (Ziff. 3.2.4)

15.47 Die Ziff. 3.2.4 enthält das einseitige Recht des Datenlieferanten, die Weitergabe der Datensätze an einen DSP-Betreiber durch den Datennutzer im weiteren Verlauf einzuschränken. Es gilt hierzu das oben unter Rz. 15.37 Gesagte entsprechend: Die Entwicklung der Rechtsprechung zur Abgrenzung personenbezogener von anonymen Daten und zur datenschutzrechtlichen Zulässigkeit der vertragsgegenständlichen Datenweitergabe an die DSP-Betreiber unter der DSGVO ist kaum verlässlich prognostizierbar. Die Nutzungsänderung ist für beide Parteien von Vorteil und ggf. auch rechtlich verpflichtend. In Formularverträgen hält diese Klausel einer Wirksamkeitskontrolle nach § 308 Nr. 4, § 310 Abs. 1 BGB stand. Im Verkehr zwischen Unternehmern ist § 308 Nr. 4 BGB gem. § 307 Abs. 2 Nr. 1, § 310 Abs. 1 BGB anwendbar. Änderungsvorbehalte sind bei Dauerschuldverhältnissen zur Anpassung an sich ändernde Verhältnisse notwendig, müssen sich aber im Rahmen des Angemessenen halten[41].

Im Einzelfall kann es sinnvoll sein, die angemessene **Frist** zur Umsetzung der Nutzungsbeschränkung genauer zu definieren, um die Entstehung von Schäden zu vermeiden. Zur Fristberechnung sollten die Möglichkeiten der technischen Umsetzung beachtet werden.

k) Datenschutzrechtliche Verantwortlichkeit (Ziff. 3.2.5)

15.48 Wie bereits einleitend ausgeführt, regelt der Vertrag die Nutzung nicht personenbezogener Datensätze, so dass es für deren Verarbeitung und Übermittlung keiner datenschutzrechtlichen Erlaubnis bedarf. Indem in Ziff. 3.2.5 dem Datennutzer jedoch die **datenschutzrechtliche Verantwortlichkeit** für die Zulässigkeit der Weitergabe der Datensätze an den DSP-Betreiber zugewiesen wird, muss dieser in eigener (datenschutzrechtlicher) Verantwortung sicherstellen, dass die Datensätze auch bei dem DSP-Betreiber anonym sind. Andernfalls könnte er einen unmittelbaren Verstoß gegen die DSGVO begehen, der zu direkten Sanktionen durch die zuständigen Aufsichtsbehörden führen kann (Art. 58, 83 DSGVO).

6. Vergütung (Ziff. 4)

15.49 **M 15.1.5 Vergütung**

4. Vergütung

*Der Datenlieferant erhält als Gegenleistung für das Zurverfügungstellen der Lieferanten-Datensätze und die Einräumung des Nutzungsrechts gemäß Ziffer 3 eine Vergütung vom Datennutzer nach Maßgabe von **Anlage 2**.*

a) Ratio

15.50 Ziff. 4 enthält eine Regelung zur Vergütung, die die Lieferung und Nutzung der Datenlieferant-Daten abdeckt.

---

41 *Grüneberg* in Palandt, § 308 BGB Rz. 26.

b) Konkrete Vergütungsregelungen

Die Zahlung der Vergütung durch den Datennutzer an den Datenlieferanten ist die ihm obliegende Hauptpflicht. Als korrespondierende Nebenpflicht hat der Datenlieferant eine Abrechnung zu erstellen. Bei der Vergütung sind verschiedene **Abrechnungsmodelle** denkbar. Eine Abrechnung ist nach Monaten, Wochen oder Tagen möglich. Eine Preisgestaltung kann sich auch an einzelnen Projekten ausrichten. Das Vergütungsmodell kann feste Preise beinhalten oder die Preisgestaltung von Angebot und Nachfrage, Art der Nutzerdaten, bestimmten Ereignissen (Weihnachten, Ostern) usw. abhängig machen. Die konkreten Vergütungsregelungen sollten in Anlage 2 im Detail niedergelegt werden.

15.51

Vorab ist auch die Vereinbarung einer Vergütung für weitere Datenlieferant-Daten nach Ziff. 1.3 möglich.

7. Abrechnung und Rechnungsstellung (Ziff. 5)

M 15.1.6 Abrechnung und Rechnungsstellung

15.52

5. Abrechnung und Rechnungstellung

*5.1 Der Datennutzer ist verpflichtet, dem Datenlieferanten für jeden Kalendermonat bis spätestens zum 5. Werktag des Folgemonats ein Reporting zur Verfügung zu stellen, welches die Nutzung der Lieferanten-Datensätze ausweist. Die Inhalte des Reportings sind in **Anlage 5** geregelt.*

5.2 Der Datennutzer ist verpflichtet, dem Datenlieferanten die Überprüfung der in dem Reporting enthaltenen Angaben zu ermöglichen und sämtliche hierfür erforderlichen Informationen zur Verfügung zu stellen. Außerdem muss der Datennutzer einem vom Datenlieferanten benannten, zur Verschwiegenheit verpflichteten Dritten (z.B. einem Wirtschaftsprüfer) – im Rahmen des Erforderlichen – hierzu auf erstes Anfordern lesenden Zugang zu seiner DMP gewähren. Die Rechnungsstellung seitens des Datenlieferanten erfolgt monatlich.

5.3 Die Rechnungen sind innerhalb von 30 Tagen nach deren Zugang fällig.

a) Ratio

Ziff. 5 enthält Regelungen zur **Abrechnung** und **Rechnungsstellung** im Rahmen des Datenlieferungsvertrages.

15.53

b) Reporting (Ziff. 5.1)

In Ziff. 5.1 ist die Erstellung eines **Reportings** durch den Datennutzer geregelt. Dies ist notwendig, wenn die Vergütung nutzungsbasiert berechnet wird, damit der Datenlieferant nachvollziehen kann, welche Nutzungen erfolgt sind und welche Vergütung sich daraus ergibt. Im Fall der Verwendung im Rahmen des Programmatic Advertising wäre es z.B. denkbar, dass der Datennutzer Unique Cookies protokolliert, die er an einen DSP-Betreiber ausgespielt hat. Da das Reporting durchaus technisch komplex sein kann, ist es angezeigt, in Anlage 5 den Inhalt des Reportings näher darzulegen.

15.54

Die Perioden für die Bereitstellung des Reportings sollten sich am Abrechnungszyklus orientieren. Die Fristen für die Vorlage der Reports können im Einzelfall länger oder auch kürzer vereinbart werden. Typischerweise werden die Reports aber automatisch technisch generiert, so dass es keiner langwierigen Aufbereitung bedarf.

15.55

c) Überprüfungen (Ziff. 5.2)

15.56   Ziff. 5.2 ermöglicht dem Datenlieferanten, die Reports durch eigene Prüfungen zu verifizieren. Dies ist notwendig, weil er ansonsten die Übereinstimmung der Abrechnung mit den vertraglichen Vergütungsregeln nicht verifizieren kann.

Die Zugangsgewährung zur DMP kann im Einzelfall genauer ausgestaltet werden, wenn die technischen Möglichkeiten der Parteien dies erfordern.

d) Fälligkeit (Ziff. 5.3)

15.57   Eine Fälligkeitsregelung i.S.v. § 271 BGB sollte getroffen werden, um den Datennutzer ohne vorherige Mahnung nach § 286 Abs. 2 Nr. 1 BGB in Verzug zu setzen.

15.58   Die Klausel orientiert sich an den Anforderungen der § 308 Nr. 1a, § 310 Abs. 1 BGB. Die Vermutung nach § 308 Nr. 1a Halbs. 2 BGB greift ein, wenn der Verwender kein Verbraucher ist. Danach ist im Zweifel anzunehmen, dass eine Zeit von mehr als 30 Tagen nach Zugang dieser Rechnung unangemessen lang ist, wenn dem Schuldner nach Empfang der Gegenleistung eine Rechnung zugeht.

8. Datenschutz (Ziff. 6)

15.59   **M 15.1.7 Datenschutz**

6. Datenschutz

Es ist das gemeinsame Verständnis der Parteien, dass es sich bei den Lieferant-Datensätzen aus sich heraus um anonyme Daten i.S.d. Datenschutzrechts handelt.

a) Ratio

15.60   Die in dieser Ziff. 6 enthaltene Regelung betrifft den Schutz personenbezogener Daten.

b) Erläuterungen

15.61   Wie bereits erläutert, geht dieses Muster von einer Konstellation aus, in der keine personenbezogenen, sondern ausschließlich **anonyme Daten** verarbeitet werden. Daraus folgt, dass datenschutzrechtliche Restriktionen – einschließlich solchen aus der DSGVO – nicht eingreifen[42]. Es wäre prinzipiell auch denkbar, personenbezogene Daten zum Gegenstand des Datenlieferungsvertrages zu machen. In diesem Fall müsste die Datenschutzregelung naturgemäß deutlich ausgeweitet werden. Auch wenn die DSGVO im Fall einer Datenübermittlung zwischen zwei Verantwortlichen die Vereinbarung bestimmter Übermittlungsregeln nicht verlangt, solange keine gemeinsame Verantwortlichkeit i.S.v. Art. 26 DSGVO begründet wird[43], so wäre es dennoch im Interesse beider Parteien, derartige Regelungen als organisatorische Maßnahmen i.S.v. Art. 24 Abs. 1 DSGVO zu treffen.

15.62   Die Vereinbarung bestimmter Datenschutzvorkehrungen zwischen den an der Datenübermittlung beteiligten Vertragsparteien kann außerdem den Effekt haben, dass die **Interessenabwägung** gem. Art. 6 Abs. 1 lit. f DSGVO, auf die die Datenübermittlung möglicherweise gestützt wird, zugunsten des Verantwortlichen ausgeht, weil diese Vorkehrungen einen ausreichenden Ausgleich für die mit der Über-

---

42 *Schild* in BeckOK DatenschutzR, Art. 4 DSGVO Rz. 15.
43 Siehe hierzu das Muster in Teil 1, § 5, Rz. 5.33.

mittlung prinzipiell einhergehende Beeinträchtigung der Betroffeneninteressen bieten[44]. Inhaltlich bieten sich hierbei Anleihen an die Datenschutzklausel zur Aufgabenverlagerung an[45].

9. Gewährleistung (Ziff. 7)

M 15.1.8 Gewährleistung 15.63

7. Gewährleistung

7.1 Der Datenlieferant steht – außer für den Umstand, dass die jeweils in den Lieferanten-Datensätzen beschriebene Aktion ordnungsgemäß protokolliert wurde – nicht für die Richtigkeit des Aussagegehalts der Lieferanten-Datensätze oder etwa daraus abgeleiteter Interessen, Vorlieben oder Nutzungsgewohnheiten ein; unbeschadet dessen bemüht sich der Datenlieferant um eine Datenerhebung nach dem Stand von Wissenschaft und Technik.

7.2 Es ist das gemeinsame Verständnis der Parteien, dass die Lieferanten-Datensätze keine aus sich heraus personenbezogenen, sondern ausschließlich anonyme Daten i.S.d. anwendbaren Datenschutzgesetze enthalten. Die Parteien sind sich bewusst, dass diese Qualifizierung mit rechtlichen Unsicherheiten behaftet ist und nicht ausgeschlossen werden kann, dass eine etwa mit der Angelegenheit befasste Datenschutzaufsichtsbehörde bzw. ein hiermit befasstes Gericht diese Daten als personenbezogen i.S.d. Art. 4 Nr. 1 DSGVO ansehen könnte.

7.3 Sollten eine Datenschutzaufsichtsbehörde oder ein Gericht zu der Auffassung gelangen, dass es sich bei den Lieferanten-Datensätzen ganz oder teilweise nicht um anonyme, sondern um personenbezogene Daten handelt, haben beide Parteien das Recht, diesen Vertrag außerordentlich und fristlos zu kündigen. Weitergehende Rechte des Datennutzers sind in diesem Zusammenhang ausgeschlossen. Insbesondere kann der Datennutzer aus diesem Grund keine Rückerstattung der Vergütung für die bereits erbrachten Leistungen oder Schadens- bzw. Aufwendungsersatz vom Datenlieferanten verlangen.

7.4 Der Datennutzer ist verpflichtet, mit seinen Kunden und Betreibern einer DSP schriftlich Ziffer 7.2 und Ziffer 7.3 entsprechende Regelungen zu vereinbaren. Zuvor darf der Datennutzer keine Lieferanten-Datensätze nach Ziffer 3.1 für den jeweiligen Kunden nutzen oder nach Ziffer 3.2 an den Betreiber einer DSP weitergeben.

a) Haftung für Mängel (Ziff. 7.1)

aa) Ratio

Der Zweck dieser Regelung besteht in der Regelung der Haftung des Datenlieferanten für **Mängel an den Datensätzen**. 15.64

bb) Haftung für Richtigkeit der Daten

Gemäß Ziff. 7.1 soll der Datenlieferant nicht dafür haften, dass die übermittelten Datensätze auch tatsächlich richtig sind. Die Übernahme einer solchen Gewähr ist im hiesigen Anwendungsfall kaum möglich. Datensätze werden z.B. über verschiedene Devices eines Nutzers erhoben. Hierbei kann der Datenlieferant aber keineswegs sicherstellen, dass das Device auch stets von ein und demselben Nutzer verwendet wird. Es ist möglich, dass andere natürliche Personen Device nutzen und somit das Nutzerverhalten „verfälschen" können. Die Datenlieferung umfasst nur anonyme Daten, so dass der Datenlieferant nicht überprüfen kann, auf welche konkrete Person sich die Daten beziehen. 15.65

---

44 *Moos* in Moos/Schefzig/Arning, Kap. 8 Rz. 46.
45 Siehe hierzu das Muster in Teil 6, § 33, Rz. 33.8.

15.66 Der Datenlieferant soll im Beispiel auch nicht für einen bestimmten **Aussagegehalt der Datensätze** haften. Er steht nur dafür ein, dass die Datensätze den festgelegten Parametern entsprechen. Ein bestimmter Aussagewert dieser Parameter ist nicht geschuldet. Es obliegt dem Datennutzer selbst, aus den Parametern die für ihn richtigen Schlüsse zu ziehen. Der Datenlieferant schuldet somit Datensätze entsprechend festgelegter Parameter, die keinen bestimmten Aussagewert haben müssen. Ein Mangel liegt demnach nicht vor, wenn sich später herausstellt, dass die Datensätze einen angenommenen Aussagewert nicht besitzen. Die Parteien sind sich dieses Umstandes bewusst und nehmen die Ungewissheit hinsichtlich der Richtigkeit und der Aussagekraft der Datensätze in den Vertrag auf.

15.67 Das Vorliegen eines **Mangels** wäre denkbar, wenn Datensätze fehlerhaft übertragen wurden und daher unbrauchbar sind. Ziff. 7.1 enthält keinen vollständigen Gewährleistungsausschluss für Mängel. Eine Beschränkung der Gewährleistung nach § 309 Nr. 8 lit. b aa) BGB, der auch auf Verträge zwischen Unternehmern anzuwenden ist, liegt insoweit nicht vor.

15.68 Der Datenlieferant steht dafür ein, seine Systeme auf dem **Stand der Technik** zu halten, um Neuerungen, die die Datenerhebung und Kopplung von anonymen Daten verbessern, zu implementieren und so möglichst qualitativ hochwertige Datensätze zu liefern. Diese Regelung kann im Einzelfall durch Zeiträume für Updates und Nachrüstungen konkretisiert werden.

b) Anonymität als Geschäftsgrundlage (Ziff. 7.2 und 7.3)

aa) Ratio

15.69 Die Ziff. 7.2 und 7.3 schreiben die Anonymität der Daten als Geschäftsgrundlage fest und regeln die beiderseitigen Rechte für den Fall der **Störung dieser Geschäftsgrundlage**.

bb) Geschäftsgrundlage

15.70 Die Prämisse, dass es sich bei den vertragsgegenständlichen Datensätzen nicht um personenbezogene, sondern um anonyme Daten handelt, ist in dem hier gewählten Anwendungsfall der Erstellung von Profilen für Zwecke des Programmatic Advertising mit einer gewissen tatsächlichen und rechtlichen Unsicherheit verbunden. Deshalb ist es sinnvoll, diese Anonymität als gemeinsame Vorstellung der Parteien explizit im Vertrag zu verankern, wie dies in Ziff. 7.2 erfolgt. Hierdurch wird u.a. erreicht, dass die Vorstellung der Anonymität der Daten zur **Geschäftsgrundlage** i.S.v. § 313 BGB wird. Sollte sich nachträglich herausstellen, dass die Datensätze doch als personenbeziehbar einzustufen sind, hätten sich die Parteien über einen für ihre Willensbildung wesentlichen Umstand geirrt, so dass eine Anwendung von § 313 BGB in Betracht käme[46]. Da beide Vertragsparteien für gewisse mit der Vertragsdurchführung einhergehende Datenverarbeitung jeweils als Verantwortliche fungieren (siehe Ziff. 3.2.5 zur Verantwortlichkeit des Datennutzers), würde sich eine Anwendung des Datenschutzrechts wegen der daraus folgenden Verarbeitungsrestriktionen nachteilig auf beide Parteien auswirken. Es könnten deshalb beide Parteien den Datenlieferungsvertrag nach § 313 Abs. 3 BGB kündigen. Ziff. 7.3 normiert in Anlehnung hieran ausdrücklich auch ein vertragliches **Kündigungsrecht**.

15.71 Ziff. 7.3 stellt auch klar, dass die **Vergütung** für bereits gelieferte und genutzte Datensätze nicht zurückerstattet werden muss. Die Pflicht zur weiteren Vergütungszahlung erlischt durch **Kündigung ex nunc**. Im Voraus gezahlte Vergütung ist nach §§ 812 ff. BGB zurückzuzahlen. Ziff. 7.3 ist in Formularverträgen nach **§ 308 Nr. 7 BGB** wirksam.

15.72 Weil die Anonymität somit als Geschäftsgrundlage ein gemeinsames Risiko der Parteien ist, haftet der Datenlieferant nicht im Wege der Mängelgewährleistung, falls sich herausstellen sollte, dass es sich bei den Datensätzen nunmehr doch um personenbezogene Daten handeln sollte. Eine etwaige Rechtspre-

---

46 Vgl. *Lorenz* in BeckOK BGB, § 313 BGB Rz. 66.

chung, die eine weitere Verarbeitung der Datensätze verbieten oder bestimmten Restriktionen unterwerfen kann, begründet hier keinen Rechtsmangel i.S.d. § 581 Abs. 2, § 536 Abs. 3 BGB.

c) Weiterreichung der Pflichten (Ziff. 7.4)

aa) Ratio

Ziff. 7.4 verpflichtet den Datennutzer, die vorstehenden Verpflichtungen an diejenigen Dritten weiterzugeben, an die er die Datensätze übermittelt.   15.73

bb) Erläuterungen

Der Datennutzer muss gewährleisten, dass die Anonymität der Datensätze auch als Geschäftsgrundlage   15.74
in die weiteren Rechtsverhältnisse in der Verarbeitungskette Eingang findet. Hierdurch soll gewährleistet werden, dass beide Vertragsparteien eine ungewollte Verarbeitung personenbezogener Daten schnell und effektiv beenden können, ohne vertraglichen Regressansprüchen ausgesetzt zu sein.

10. Haftung und Freistellung (Ziff. 8)

M 15.1.9 Haftung und Freistellung   15.75

8. Haftung und Freistellung

8.1 Der Datenlieferant haftet nach Maßgabe der gesetzlichen Bestimmungen für Schäden aus der Verletzung des Lebens, des Körpers oder der Gesundheit sowie nach dem Produkthaftungsgesetz und aus etwaigen Garantieversprechen sowie im Falle von Arglist, Vorsatz und grober Fahrlässigkeit.

8.2 Der Datenlieferant haftet ferner für Schäden aus der schuldhaften Verletzung wesentlicher Vertragspflichten, also solcher Pflichten, deren Erfüllung die ordnungsgemäße Durchführung des Vertrages überhaupt erst ermöglicht und auf deren Einhaltung der Kunde regelmäßig vertrauen darf. Dabei ist die Haftung auf den Ersatz des vertragstypischen und vorhersehbaren Schadens begrenzt.

8.3 Eine über Ziffer 8.1 und 8.2 hinausgehende Haftung des Datenlieferanten auf Schadens- oder Aufwendungsersatz ist ausgeschlossen.

8.4 Soweit die Haftung des Datenlieferanten ausgeschlossen oder beschränkt ist, gilt dies auch für die persönliche Haftung der gesetzlichen Vertreter, leitenden Angestellten und sonstigen Erfüllungsgehilfen des Datenlieferanten.

8.5 Der Datennutzer hat den Datenlieferanten von allen angemessenen Kosten und Aufwendungen (einschließlich aller damit verbundenen Aufwendungen für die Rechtsverfolgung und Rechtsverteidigung) freizustellen, die dem Datenlieferanten dadurch entstehen, dass Dritte aufgrund der schuldhaften Verletzung der dem Datennutzer aufgrund dieses Vertrages oder von Gesetzes wegen obliegenden Verpflichtungen Ansprüche gegen den Datenlieferanten geltend machen. Entsprechendes gilt, wenn Dritte Ansprüche gegen den Datenlieferanten geltend machen, die auf der schuldhaften Verletzung einer nach Ziffer 3.2 vom Datennutzer weiterzugebenden Verpflichtung oder einer gesetzlichen Verpflichtung durch den Betreiber einer DSP beruhen.

a) Ratio

Ziff. 8 enthält übliche Regelungen zur Haftungsbeschränkung und zur Haftungsfreistellung.   15.76

b) Haftungsbeschränkung (Ziff. 8.1–8.4)

15.77 Ziff. 8.1–8.4 enthalten einen üblichen **Haftungsausschluss** unter Berücksichtigung der gesetzlichen Vorgaben für Allgemeine Geschäftsbedingungen. Ziff. 8.1 legt zunächst positiv fest, in welchen Fällen eine Haftung des Datenlieferanten entsprechend den gesetzlichen Regelungen gilt.

Durch diese Regelung soll sichergestellt werden, dass der Haftungsausschluss nach § 309 Nr. 7 lit. a, § 310 Abs. 1 BGB wirksam ist. Ein Ausschluss der Haftung wegen Vorsatz ist nach § 276 Abs. 3 BGB nicht zulässig. In Allgemeinen Geschäftsbedingungen kann die Haftung für grobe Fahrlässigkeit nach § 309 Nr. 7 lit. b BGB, der nach § 310 Abs. 1, § 307 BGB auch auf Verträge zwischen Unternehmern anwendbar ist, nicht wirksam ausgeschlossen werden[47].

15.78 In Ziff. 8.2 wird die Haftungsbegrenzung pro Schadensfall geregelt. Eine Haftungsbegrenzung bei Schäden aufgrund der Verletzung wesentlicher Vertragspflichten ist nach § 307 Abs. 2 Nr. 2 BGB unwirksam[48]. Bei der Verletzung wesentlicher Vertragspflichten, sog. Kardinalpflichten, ist eine Haftungsbeschränkung auf einfache Fahrlässigkeit unwirksam. Unvereinbar mit § 307 BGB sind Klauseln, die vertragstypische vorhersehbare Schäden von der Haftung ausnehmen[49].

15.79 Das Verbot des Haftungsausschlusses nach § 309 Nr. 7 lit. a BGB gilt auch für gesetzliche Vertreter oder Erfüllungsgehilfen des Verwenders.

c) Freistellung (Ziff. 8.5)

15.80 Ziff. 8.5 enthält eine **Haftungsfreistellung** zugunsten des Datenlieferanten für den Fall, dass Dritte Ansprüche gegen den Datenlieferanten geltend machen, die auf einer schuldhaften Pflichtverletzung des Datennutzers beruhen. Praxisrelevant könnte diese Regelung z.B. bei Datenschutzverstößen des Datennutzers sein; etwa falls der Datennutzer entgegen den vertraglich übernommenen Pflichten die Datensätze doch personalisiert und die betroffene Person deshalb von dem Datenlieferanten nach Art. 82 DSGVO Schadensersatz verlangt. Nach Art. 82 Abs. 2 DSGVO besteht nämlich im Außenverhältnis prinzipiell eine gesamtschuldnerische Haftung, falls **mehrere Verantwortliche „an einer Verarbeitung beteiligt"** sind. Nach einer in der Literatur vertretenen Ansicht sind hiervon nicht nur Fälle gemeinsamer Verantwortlichkeit (Art. 26 DSGVO) und Auftragsverarbeitungen (Art. 28 DSGVO) erfasst. Vielmehr soll auch ein Verantwortlicher, der rechtmäßig Daten an einen anderen Verantwortlichen weitergibt, an der weiteren Verarbeitung der Daten durch den Empfänger i.S.d. Art. 82 DSGVO beteiligt sein[50]. Das entspräche der Konstellation in dem hiesigen Vertragsmuster.

Eine **Regressregelung** für solche Fälle findet sich im Übrigen auch bereits in Art. 82 Abs. 5 DSGVO.

11. Vertragsstrafe und Informationspflicht (Ziff. 9)

15.81 **M 15.1.10 Vertragsstrafe und Informationspflicht**

9. Vertragsstrafe und Informationspflicht

9.1 Im Falle eines schuldhaften Verstoßes des Datennutzers gegen eine der Verpflichtungen aus Ziffer 3.1 oder 3.2 dieses Vertrags wird pro Verstoß eine vom Datennutzer an den Datenlieferanten zu zahlende Vertragsstrafe in Höhe von EUR 50.000 (in Worten: Euro fünfzigtausend) fällig.

---

47 *Grüneberg* in Palandt, § 309 BGB Rz. 67.
48 *Grüneberg* in Palandt, § 309 BGB Rz. 48.
49 *Grüneberg* in Palandt, § 309 BGB Rz. 48.
50 *Frenzel* in Paal/Pauly, Art. 82 DSGVO Rz. 13.

9.2 Im Falle eines schuldhaften Verstoßes eines Betreibers einer DSP gegen eine Verpflichtung im Sinne von Ziffer 3.2, die der Datennutzer an den Betreiber einer DSP weitergeben muss, wird pro Verstoß eine vom Datennutzer an den Datenlieferanten zu zahlende Vertragsstrafe in Höhe von EUR 50.000 (in Worten: Euro fünfzigtausend) fällig.

9.3 Der Datennutzer ist verpflichtet, den Datenlieferanten unverzüglich über Verstöße von Betreibern einer DSP gegen eine Verpflichtung zu informieren, die der Datennutzer nach Maßgabe von Ziffer 3.2 dieses Vertrages weitergeben muss.

a) Ratio

Die Aufnahme einer Vertragsstrafenregelung in Ziff. 9 dient im Wesentlichen der Absicherung der Anonymität der Datensätze. Die Sanktionierung von Re-Identifizierungsmaßnahmen mit einer Vertragsstrafe trägt dazu bei, dass sich die Wahrscheinlichkeit der (Wieder-) Herstellung eines Personenbezugs so verringert, dass es sich aus Sicht des Verantwortlichen (vorausgesetzt, weitere notwendige technische und organisatorische Absicherungen wurden getroffen) um anonyme Daten handelt[51].   15.82

b) Vertragsstrafe (Ziff. 9.1 und 9.2)

Die Ziff. 9.1 und 9.2 regeln Pflichten zur Zahlung einer betragsmäßig festgelegten Vertragsstrafe durch den Datennutzer für bestimmte Vertragsverstöße; namentlich einen eigenen Verstoß gegen die Verwendungsbeschränkungen der Datensätze und einen Verstoß eines DSP-Betreibers, dem er die Datensätze weitergegeben hat, gegen die an ihn weitergereichten Verwendungsbeschränkungen.   15.83

Eine **Vertragsstrafe** sollte dringend in den Vertrag aufgenommen werden, um die Anonymität der Datensätze weiter abzusichern. Wie bereits erläutert, hängt die Anonymität davon ab, ob Mittel nach allgemeinem Ermessen wahrscheinlich zur Identifizierung genutzt werden, wobei diverse Faktoren einschließlich Kosten, Zeit etc. zu berücksichtigen sind (Erwägungsgrund 26 DSGVO). Für den Fall, dass eine absolute Anonymisierung der Datensätze nicht möglich ist, sondern nur eine faktische Anonymisierung, muss also erreicht werden, dass eine Identifizierung unwahrscheinlich ist. Ob eine entsprechende **Wahrscheinlichkeit** tatsächlich vorliegt, lässt sich nur objektiv am Einzelfall beurteilen. Eine solche Wahrscheinlichkeit lässt sich jedenfalls deutlich minimieren, wenn das entsprechende vertragliche Verbot der Identifizierung mit einer wirksamen **Sanktion** belegt ist. Aufgrund der Vertragsstrafe lässt sich dann argumentieren, dass die Datensätze auch dann für die Beteiligten anonym sind, wenn der Datennutzer oder ein Dritter die betroffenen Personen durch Zusammenführen dieser Daten mit anderweitig erhobenen Daten an sich (theoretisch) bestimmen könnte[52].   15.84

Die Vertragsstrafe sollte hierbei natürlich so effektiv sein, dass sie wirksamen Abschreckungscharakter hat; in dem Muster ist hierfür ein beispielhafter Betrag festgelegt worden. In AGB sind freilich die gesetzlichen Anforderungen einzuhalten: Eine Vertragsstrafe ist nach der Rechtsprechung nach § 307 Abs. 1 BGB unwirksam, wenn die Vertragsstrafe der **Höhe** nach bereits auf den ersten Blick außer Verhältnis zu dem mit der Vertragsstrafe sanktionierten Verstoß und den Gefahren steht, die mit möglichen zukünftigen Verstößen für den Unterlassungsgläubiger verbunden sind[53]. Insbesondere die Schwere des Verstoßes, die Anzahl der betroffenen Datensätze, die Schadenshöhe usw. sollten bei der Bestimmung der Höhe berücksichtigt werden. Dies kann es unter Umständen gebieten, die Szenarien, in denen eine Vertragsstrafe verwirkt wird, weiter auszudifferenzieren[54]. Die Höhe der Vertragsstrafe sollte den potentiellen Wert, den eine unzulässige Re-Personalisierung der Datensätze hätte, deutlich übersteigen.   15.85

---

51 *Arning/Rothkegel* in Taeger/Gabel, Art. 4 DSGVO Rz. 54.
52 *Arning/Rothkegel* in Taeger/Gabel, Art. 4 DSGVO Rz. 54.
53 BGH v. 13.11.2013 – I ZR 77/12, NJW 2014, 2180 ff.
54 So auch *Schefzig* in Taeger, Internet der Dinge, S. 551 (562).

15.86 Es empfiehlt sich, eine Vertragsstrafe auch für den Fall eines Verstoßes durch Betreiber einer DSP in den Datenlieferungsvertrag aufzunehmen. Der Datennutzer sollte einen Anreiz haben, seine Vertragspartner zu überwachen, um die Anonymität der Datensätze zu wahren.

c) Informationspflicht (Ziff. 9.3)

15.87 Eine Information des Datenlieferanten über Verstöße der weiteren Datenempfänger ist für den Datenlieferanten sinnvoll, damit er Maßnahmen ergreifen kann, zu denen er ggf. datenschutzrechtlich angehalten sein kann.

12. Vertragsdauer, -beendigung und Datenlöschung (Ziff. 10)

15.88 **M 15.1.11 Vertragsdauer, -beendigung und Datenlöschung**

10. Vertragsdauer, -beendigung und Datenlöschung

10.1 Dieser Vertrag tritt mit Unterzeichnung durch beide Parteien in Kraft. Der Vertrag hat eine feste Laufzeit von 2 Jahren.

10.2 Das Recht beider Parteien zur jederzeitigen außerordentlichen und fristlosen Kündigung dieses Vertrages aus wichtigem Grund bleibt unberührt. Ein wichtiger Grund liegt für eine Partei insbesondere vor, wenn die jeweils andere Partei schwerwiegend gegen ihre vertraglichen Verpflichtungen verstößt und deswegen der kündigenden Partei das Festhalten am Vertrag nicht mehr zuzumuten ist; der Datenlieferant ist hiernach insbesondere zur außerordentlichen und fristlosen Kündigung des Vertrages berechtigt, wenn der Datennutzer schwerwiegend gegen seine Verpflichtungen aus Ziffer 3, 4, 5.1, 5.2, 6 und 7.4 verstößt.

10.3 Mit Beendigung des Vertrages ist der Datennutzer dazu verpflichtet, die Lieferanten-Datensätze in seiner DMP unverzüglich, unwiederbringlich und vollständig zu löschen. Der Datennutzer hat sicherzustellen, dass auch sämtliche Betreiber einer DSP, an die Lieferanten-Datensätze weitergegeben wurden, diese entsprechend löschen. Auf Verlangen des Datenlieferanten hat der Datennutzer dem Datenlieferanten die Löschung in geeigneter Form nachzuweisen; dies gilt auch für die Löschung bei den Betreibern einer DSP.

a) Ratio

15.89 Durch die in dieser Ziff. 10 enthaltenen Regelungen werden die **Vertragsdauer** und **Kündigungsregelung** festgelegt und die **Datenlöschung** zu Vertragsende geregelt.

b) Laufzeit (Ziff. 10.1)

15.90 Allgemein empfiehlt es sich, eine Regelung zum Inkrafttreten und zur Laufzeit zu treffen. Das Muster sieht eine feste Laufzeit mit einer Möglichkeit zur außerordentlichen Kündigung aus wichtigem Grund vor. Im Falle des Vertragsschlusses mit einem unbekannten Datennutzer kann es sich evtl. auch anbieten, zunächst eine Erprobungsphase mit einer festen Laufzeit vorzusehen.

c) Kündigung (Ziff. 10.2)

15.91 **Dauerschuldverhältnisse** können nach § 314 BGB aus wichtigem Grund gekündigt werden. Im Einzelfall können die Parteien weitere wichtige Gründe vereinbaren. Dies ist in Ziff. 10.2 erfolgt[55]. Ins-

---

55 Siehe hierzu auch das Kündigungsrecht wegen Störung der Geschäftsgrundlage in Ziff. 7.3, Rz. 15.70.

besondere werden hier Fälle einer Kündigungsmöglichkeit des Datenlieferanten spezifiziert, falls der Datennutzer gegen im Einzelnen benannte, wesentliche Vertragspflichten verstößt.

d) Datenlöschung (Ziff. 10.3)

Die Lizenz zur Nutzung der Datensätze ist gem. Ziff. 3 auf die Laufzeit des Vertrages begrenzt. Um dem anschließenden Nutzungsverbot zur praktischen Durchsetzung zu verhelfen, sieht Ziff. 10.3 vor, dass die Datensätze nach Ablauf der Vertragslaufzeit vollständig zu löschen sind. Zugunsten des Datenlieferanten ist zudem vorgesehen, dass der Datennutzer einen Nachweis über die Löschung zu erbringen hat.

15.92

§ 16
Marktforschungsvertrag/Social Media Monitoring-Vertrag

Literatur: *Hornung/Hofmann*, Die Auswirkungen der europäischen Datenschutzreform auf die Markt- und Meinungsforschung, ZD-Beil. 2017, 1; *Pflüger*, Datenschutz in der Markt- und Meinungsforschung, RDV 2010, 101; *Keller/Klein/Wachenfeld-Schell/Wirth*, Marktforschung für die Smart Data World, 2020; *Solmecke/Wahlers*, Rechtliche Situation von Social Media Monitoring-Diensten, ZD 2012, 550, *Venzke-Caprarese*, Social Media Monitoring – Analyse und Profiling ohne klare Grenzen?, DuD 2013, 775.

A. Einleitung

Der Bereich der **Markt- und Meinungsforschung** sowie der sog. Sozialforschung führt in der datenschutzrechtlichen Literatur und Wahrnehmung noch immer ein Schattendasein. Fachaufsätze oder gar Fachbücher, die sich dezidiert mit den datenschutzrechtlichen Fragen rund um die Marktforschung beschäftigen, sind schwer oder gar nicht zu finden[1].   16.1

Dies überrascht angesichts der hohen Bedeutung der Markt- und Meinungsforschung in der Unternehmenspraxis. Es gibt kaum ein Unternehmen, das nicht in die Marktforschung investiert. Die Marketingabteilungen sind auf Erkenntnisse der Marktforschung angewiesen, um Marketingbudgets effektiv einsetzen zu können. „**Know your customer**" ist bereits seit längerem auch in der Marketingabteilung zu einem Schlagwort geworden.

Die Unternehmen bedienen sich der Marktforschung aber längst nicht mehr nur zu Marketingzwecken. Auch bei der Produktentwicklung und Produktgestaltung kommen immer öfter Methoden der Markt- und Meinungsforschung zum Einsatz.   16.2

Das soziale Web macht es möglich, die Wünsche der potentiellen Kunden schon bei der Entwicklung und dem Design von neuen Produkten zu berücksichtigen. Unter dem Buzzword „**Crowdsourcing**"

---

1 Sieht man einmal von dem internationalen Kodex ICC/ESOMAR zur Markt-, Meinungs- und Sozialforschung sowie zur Datenanalytik (abrufbar unter https://www.esomar.org/uploads/public/knowledge-and-standards/codes-and-guidelines/ICCESOMAR_Code_German_.pdf – zuletzt abgerufen am 18.5.2020) ab, der in Art. 6 eine ausführliche und vergleichsweise strikte Regelung zum Thema „Datenschutz und Schutz der Privatsphäre" enthält.

testen vor allem größere Unternehmen den Bedarf und die potentielle Nachfrage nach neuen Produkten oder neuen Produktdesigns bereits vor und während der Entwicklungsphase.

16.3 In der Bugwelle des sozialen Webs und der Beliebtheit insbesondere der sozialen Netzwerke hat sich dabei eine Art „Marktforschung 2.0" entwickelt. Es liegt auf der Hand, dass sich durch die Nutzung des sozialen Webs sehr viel schneller sehr viel fundiertere und damit treffsicherere Erkenntnisse gewinnen lassen als durch die traditionellen Formen der Marktforschung, wie etwa Umfragen oder Telefonbefragungen. Über das soziale Web kommen Unternehmen in unmittelbaren Kontakt zu den potentiellen Abnehmern ihrer Produkte und können deren Wünsche antizipieren oder die künftigen Kunden gar aktiv bei der Gestaltung von Produkten oder von Werbekampagnen einbinden.

16.4 Eine wichtige Rolle bei der „neuen Marktforschung" spielt dabei die Analyse und Auswertung des sozialen Webs. In den sozialen Netzwerken lassen sich sehr schnell und vergleichsweise einfach bestimmte Trends und Stimmungen erkennen und kommerziell nutzen. **Social Media Monitoring** dient daher längst nicht mehr nur der Aufdeckung von Verstößen gegen unternehmensinterne Social Media Policies. Die systematische und automatische Analyse und Auswertung von Social Media Kanälen hat sich vielmehr zu einer neuen Disziplin der Markt- und Meinungsforschung entwickelt.

16.5 Neben zahlreichen weiteren Rechtsfragen (insbesondere zum Gewerblichen Rechtsschutz) stellen sich dabei auch spannende und neue datenschutzrechtliche Fragen. Wie so oft im Zusammenhang mit neuen technischen Entwicklungen lässt sich den Datenschutzgesetzen (und insbesondere der DSGVO) keine eindeutige Regelung entnehmen (im Gegensatz zur Rechtslage vor Wirksamwerden der DSGVO, in welcher mit § 30a BDSG a.F. eine spezifische Regelung zur Verfügung stand). Die Unternehmen stehen daher vor der Herausforderung, die bestehenden allgemeinen Datenschutzregelungen auf aktuelle technische Entwicklungen anzuwenden.

16.6 Die folgenden Ausführungen sollen anhand eines Vertrags zwischen einem Anbieter von Social Media Monitoring-Dienstleistungen und dem auftragserteilenden Unternehmen praktische Hilfestellung geben. Das Vertragsmuster und die begleitenden Erläuterungen stellen dabei die Interessen des Anbieters in den Mittelpunkt und erläutern, welchen Regelungen Anbieter in ihren Verträgen besondere Beachtung schenken sollten.

B. Marktforschungsvertrag/Social Media Monitoring-Vertrag

I. Muster

16.7 **M 16.1 Marktforschungsvertrag/Social Media Monitoring-Vertrag**

Marktforschungsvertrag/Social Media Monitoring-Vertrag

Präambel:

Der Kunde ist ein Unternehmen mit Aktivitäten im Bereich …. Zur Unterstützung seiner Marketingaktivitäten im Zusammenhang mit der Markteinführung eines neuen Produkts benötigt der Kunde verschiedene Marktinformationen.

Der Auftragnehmer bietet verschiedene Dienstleistungen im Bereich der Markt- und Meinungsforschung an, insbesondere zur Erfassung und Auswertung von sozialen Netzwerken („Social Media Monitoring"). Der Auftragnehmer verfügt zu diesem Zweck über ein System, mit dessen Hilfe er dem Kunden Daten aus dem Social Web beschaffen, analysieren und verfügbar machen kann. Gleichzeitig bietet der Auftragnehmer auch die Auswertung der gewonnenen Informationen an.

Vor diesem Hintergrund vereinbaren die Parteien Folgendes:

1. Vertragsgegenstand[2]

1.1 Der Auftragnehmer führt für den Kunden eine Marktanalyse zu folgenden Themen/Produkten durch:

[Aufzählung der Themen, zu denen der Kunde eine Marktanalyse wünscht]

1.2 Zu diesem Zweck wird der Auftragnehmer während der Vertragslaufzeit permanent relevante Beiträge und Meinungen auf folgenden Sozialen Netzwerken, Foren, Blogs, App-Stores, Bewertungsportalen und sonstigen Social Media Kanälen erfassen und auswerten:

[Aufzählung der Sozialen Medien, die ausgewertet werden sollen]

1.3 Auf Wunsch unterstützt der Auftragnehmer den Kunden dabei, weitere Social Media Kanäle zu identifizieren (Social Media Audit). In Abstimmung mit dem Kunden bietet der Auftragnehmer zudem einen Quellencheck an, um ggf. weitere besondere Quellen zu integrieren.

2. Zugang zum System des Auftragnehmers[3]

2.1 Der Kunde erhält zum Zwecke der Bereitstellung der Auswertungsergebnisse Zugang zum System des Auftragnehmers. Der Zugang erfolgt in Form einer Web-Applikation bzw. in Form einer vorab definierten Schnittstelle.

2.2 Sämtliche Rechte an dem System stehen ausschließlich dem Auftragnehmer zu. Der Kunde erwirbt an dem System keinerlei Eigentumsrechte und ist zur Nutzung des Systems nur für die Dauer dieses Vertrags und im Rahmen der vertraglichen Vereinbarungen berechtigt.

2.3 Zur Nutzung der Web-Applikation ist eine Autorisierung und Authentifizierung erforderlich. Hierfür erhält der Kunde eine Benutzerkennung und ein Passwort. Der Kunde hat das Passwort streng geheim zu halten und dafür zu sorgen, dass es Dritten nicht zugänglich wird. Das System steht dem Kunden während folgender Zeiten zur Verfügung: *[Definition der Zugangszeiten]*

2.4 *[Ggf. noch Regelungen zu Service Level bzgl. Verfügbarkeit des Systems, Antwortzeiten, Nutzungseinschränkungen, etc.]*

3. Mitwirkung des Kunden[4]

3.1 Falls der Kunde Leistungen beauftragt hat, für die seine Mitwirkung notwendig ist, benennt der Kunde einen qualifizierten und entscheidungsbefugten Ansprechpartner, der während der Dauer der Zusammenarbeit nach Absprache und Vereinbarung zu den üblichen Geschäftszeiten als Ansprechpartner zur Verfügung steht.

3.2 Der Ansprechpartner beim Kunden ist verantwortlich für die Bereitstellung, Richtigkeit und Vollständigkeit aller Informationen, Arbeitsunterlagen und Arbeitsmittel, die der Auftragnehmer zur Durchführung des Auftrags benötigt.

4. Reporting[5]

4.1 Die Ergebnisse seiner Auswertung verdichtet der Auftragnehmer zu einem Report, der insbesondere folgende mit dem Kunden vereinbarte Merkmale aufweist:

Zahl und Quellen der ausgewerteten relevanten Beiträge

- Executive Summary der ausgewerteten relevanten Beiträge
- Meinungsbildanalysen (ggf. mit O-Ton-Zitaten)
- Qualitative Trendanalyse

---

2 Zu den Erläuterungen siehe Rz. 16.12 ff.
3 Zu den Erläuterungen siehe Rz. 16.25.
4 Zu den Erläuterungen siehe Rz. 16.27.
5 Zu den Erläuterungen siehe Rz. 16.29 f.

   – *Ggf. Skizzierung von empfohlenen Maßnahmen*

   – *[Aufzählung weiterer Merkmale]*

4.2 Der Report wird dem Kunden [wöchentlich/monatlich/quartalsweise] über den in Ziffer 2 oben beschriebenen Zugang des Kunden zum System des Auftragnehmers zur Verfügung gestellt.

5. Vertragsdauer[6]

5.1 Die Vertragslaufzeit beginnt mit Unterzeichnung dieses Vertrags durch beide Vertragspartner und läuft bis zum [Definition der Vertragslaufzeit].

5.2 Dieser Vertrag kann von beiden Parteien schriftlich mit einer Frist von drei Monaten zum Monatsende gekündigt werden. Die gesetzlichen Rechte zur außerordentlichen Kündigung bleiben unberührt.

5.3 Das Recht zur Kündigung gemäß § 627 BGB (fristlose Kündigung bei Vertrauensstellung) ist ausgeschlossen.

5.4 Der Auftragnehmer hat das Recht, den Vertrag mit sofortiger Wirkung zu kündigen und seine vertragsgegenständlichen Leistungen einzustellen, falls der Kunde durch seine Nutzung des Systems des Auftragnehmers diesem Schaden zufügt und er sein schädigendes Verhalten auch nach schriftlicher Aufforderung nicht einstellt.

6. Vergütung[7]

6.1 Der Auftragnehmer erhält für die Erbringung der oben genannten Dienstleistungen eine Vergütung, wie in dem entsprechenden Angebot ausgewiesen. Für darüber hinausgehende, vom Kunden gewünschte Leistungen kann der Auftragnehmer eine zusätzliche Vergütung verlangen.

6.2 Darüber hinaus hat der Auftragnehmer Anspruch auf Ersatz seiner Auslagen und Kosten, die wie folgt vergütet werden: [Aufstellung der Vergütung, ggf. werden bestimmte Leistungen auf Basis von Manntagen abgerechnet]

6.3 Die Vergütung ist ohne Abzug sofort nach Rechnungsstellung zahlbar. Im Fall von Zahlungsverzug ist der Auftragnehmer berechtigt, Verzugszinsen in Höhe von [x] Prozentpunkten über dem Basiszinssatz zu verlangen.

6.4 Die Aufrechnung mit Gegenansprüchen des Kunden oder die Zurückbehaltung von Zahlungen wegen solcher Ansprüche ist nur zulässig, soweit die Gegenansprüche unbestritten oder rechtskräftig festgestellt sind oder sich aus demselben Auftrag ergeben, unter dem die betreffende Lieferung erfolgt ist.

7. Keine Rechte des Kunden an Daten[8]

7.1 Der Auftragnehmer betreibt ein System zur Beschaffung und Verarbeitung von Informationen und Daten aus dem Internet und anderen Quellen. Der Auftragnehmer verfügt daher über keinerlei Rechte an den Informationen und Daten (Texte, Bilder, etc.), die über das System aus dem Web beschafft werden und kann dem Kunden folglich auch keinerlei Rechte hieran einräumen oder verschaffen.

7.2 Der Kunde ist verpflichtet, sicherzustellen, dass durch seine Nutzung des Systems Rechte Dritter sowie gesetzliche Vorschriften nicht verletzt werden. Dies gilt insbesondere für Persönlichkeitsrechte und Urheberrechte. Der Kunde wird, soweit erforderlich, die entsprechenden (Nutzungs-) Rechte vom jeweiligen Inhaber bzw. Berechtigten erwerben.

8. Rechte an den Ergebnissen[9]

8.1 Dem Auftragnehmer verbleiben alle Rechte an seinen Leistungen und den Ergebnissen derselben, die ihm nach dem Urheberrechtsgesetz zustehen. Der Kunde erkennt an, dass das alleinige Urheberrecht

---

6 Zu den Erläuterungen siehe Rz. 16.32.
7 Zu den Erläuterungen siehe Rz. 16.34.
8 Zu den Erläuterungen siehe Rz. 16.36 f.
9 Zu den Erläuterungen siehe Rz. 16.39 f.

und alle Schutzrechte an Untersuchungskonzeptionen, Methoden, Verfahren und Verfahrenstechniken, grafischen und tabellarischen Darstellungen, die vom Auftragnehmer stammen, und an allen sonstigen Leistungen des Auftragnehmers ausschließlich diesem zustehen. Das Urheberrecht des Kunden an Unterlagen, die er erarbeitet hat, bleibt unberührt.

8.2 Das Eigentum an dem bei Durchführung des Auftrags angefallenen Material – Datenträger jeder Art, Fragebogen, weitere schriftliche Unterlagen usw. – und der angefallenen Daten liegt, wenn nichts anderes vereinbart wird, ausschließlich beim Auftragnehmer.

8.3 Der Auftragnehmer räumt dem Kunden an den mit Hilfe des Systems erstellten Analyse- und Arbeitsergebnissen ein nicht ausschließliches, zeitlich und räumlich unbeschränktes Nutzungsrecht ein, inhaltlich beschränkt auf die bestimmungsgemäße Nutzung im Rahmen des vereinbarten Zwecks und der vertraglichen Leistungsbeschreibung. Der Kunde darf die Ergebnisse ausschließlich für eigene, interne Zwecke im Rahmen der Markt- und Meinungsforschung verwenden. Eine Übertragung dieser Rechte auf Dritte bedarf der vorherigen schriftlichen Zustimmung des Auftragnehmers.

8.4 Jegliche über Ziffer 8.3 hinausgehende Nutzung ist unzulässig. Dies gilt insbesondere für jegliche öffentliche Zugänglichmachung, Verbreitung, Wiedergabe oder die Weitergabe von Daten an Dritte. Diese Regelungen gelten nicht, soweit es sich lediglich um unwesentliche Teile der Ergebnisse handelt. In jedem Fall hat der Kunde etwaige personenbezogene Daten als Teil der Ergebnisse zu anonymisieren, bevor er diese im Rahmen des nach dieser Ziffer 8.4 Zulässigen für weitergehende Zwecke verwendet.

9. Vertraulichkeit[10]

9.1 Beide Vertragsparteien verpflichten sich, den Inhalt dieses Vertrags, einschließlich seiner Anlagen und einschließlich der dem Vertrag zugrundeliegenden wirtschaftlichen Konditionen und aller Unterlagen, Daten, Informationen und Schriftstücke der jeweils anderen Partei, die ihnen aus oder im Zusammenhang mit dem vorliegenden Vertrag zugänglich und/oder bekannt werden oder wurden, sowie sämtliche wechselseitig im Rahmen der Auftragsdurchführung ausgetauschten Informationen streng vertraulich zu behandeln und sie ausschließlich für die Durchführung des Auftrags zu verwenden. Beide Vertragsparteien werden ihre Mitarbeiter entsprechend verpflichten.

9.2 Diese Verpflichtung gilt über die Laufzeit dieses Vertrags hinaus für einen Zeitraum von zwei Jahren weiter.

9.3 Die oben genannten Verpflichtungen gelten nicht für solche Informationen, für welche die empfangene Partei nachweist, dass sie ihr bereits vor dem Empfang bekannt waren oder dass sie der Öffentlichkeit vor dem Empfang bekannt waren oder dass sie der Öffentlichkeit nach dem Empfang zugänglich wurden, ohne dass die empfangende Partei dafür verantwortlich war.

10. Gewährleistung[11]

10.1 Die Mängelrechte des Kunden richten sich nach den gesetzlichen Vorschriften, sofern nachfolgend nichts anderes bestimmt ist.

10.2 Der Auftragnehmer übernimmt keine Gewährleistung, dass die von ihm nach den Regeln und Methoden der Markt- und Meinungsforschung erhobenen, ausgewerteten und analysierten Daten vom Kunden in einer bestimmten Weise kaufmännisch verwertet werden können.

10.3 Die Parteien sind sich einig, dass es trotz sorgfältiger Arbeit nach dem Stand der Technik nicht möglich ist, Hard- und Software, Anwendungen und elektronische Datenbanken so zu erstellen, dass diese stets fehlerfrei arbeiten oder gegen Manipulation durch Dritte geschützt werden können.

10.4 Der Auftragnehmer haftet nicht für Störungen der Datenübermittlung in fremde Datennetze.

10.5 Der Kunde ist verpflichtet, dem Auftragnehmer Mängel des Systems unverzüglich und mit einer möglichst detaillierten Fehlerbeschreibung mitzuteilen.

---

10 Zu den Erläuterungen siehe Rz. 16.42.
11 Zu den Erläuterungen siehe Rz. 16.44.

10.6 Die Reaktionszeiten bei Supportanfragen und die einzelnen Service-Level nach Fehlerklassen ergeben sich aus dem Folgenden: [Reaktionszeiten/Service Level nach Fehlerklassen]

10.7 Die Gewährleistungsbeschränkungen dieser Ziffer 10 gelten nicht, soweit der Auftragnehmer einen Mangel arglistig verschwiegen oder bestimmte Eigenschaften ausdrücklich zugesichert hat.

11. Haftung[12]

11.1 Der Auftragnehmer haftet dem Grunde nach für Vorsatz und grobe Fahrlässigkeit. Für leichte Fahrlässigkeit haftet der Auftragnehmer nur im Falle der Verletzung vertragswesentlicher Pflichten, wobei die Haftung dabei auf die Gesamthöhe der vereinbarten Nettovergütung des jeweiligen Einzelauftrags beschränkt ist. Wesentliche Vertragspflichten sind solche, deren Erfüllung den Vertrag prägt und auf die der Kunde vertrauen darf.

11.2 Der Auftragnehmer haftet nicht für Folgeschäden, insbesondere wegen entgangenen Gewinns oder immaterieller Verluste. Dies gilt insbesondere, aber nicht abschließend, für Schäden, die aus oder in Verbindung mit der Nutzung der gelieferten Daten/Ergebnisse durch den Kunden entstehen.

11.3 Alle sonstigen Schadensersatzansprüche gegen den Auftragnehmer aus welchem Rechtsgrund auch immer, insbesondere aufgrund von Vertragsverletzungen oder Delikt, sind ausgeschlossen, es sei denn, dem Auftragnehmer fällt Vorsatz oder grobe Fahrlässigkeit zur Last. Die Haftung wegen schuldhafter Verletzung des Lebens, des Körpers oder der Gesundheit bleibt unberührt; dies gilt auch für die zwingende Haftung nach dem Produkthaftungsgesetz.

11.4 Soweit die Schadensersatzhaftung des Auftragnehmers nach den vorstehenden Vorschriften ausgeschlossen oder eingeschränkt ist, gilt dies auch im Hinblick auf die persönliche Schadensersatzhaftung der Arbeitnehmer, Mitarbeiter, Vertreter und Erfüllungsgehilfen des Auftragnehmers.

12. Datenschutz[13]

12.1 Die Vertragsparteien verpflichten sich, bei der Durchführung dieses Vertrags alle anwendbaren gesetzlichen datenschutzrechtlichen Bestimmungen zu beachten.

12.2 Die Vertragsparteien sind sich darüber einig, dass der Auftragnehmer im Rahmen der Durchführung dieses Vertrags selbständig handelt und dem Kunden keine personenbezogenen Daten übermitteln wird.

13. Höhere Gewalt[14]

13.1 Im Falle höherer Gewalt ist der Auftragnehmer zur Leistungserbringung nicht verpflichtet. Als höhere Gewalt gelten insbesondere Streik, Aussperrung, Verzögerung oder Ausfall der Belieferung durch Lieferanten, sofern diese durch ein Ereignis der höheren Gewalt verursacht wurden, Stromausfälle und Unterbrechungen oder Zerstörung datenführender Leitungen außerhalb des Verantwortungsbereichs des Auftragnehmers, Angriffe und Attacken von Anwendern oder Dritten (z.B. durch Schadsoftware wie Viren oder DoS-Attacken), die der Auftragnehmer auch mit der nach den Umständen des Falles zumutbaren Sorgfalt nicht hätte abwenden können.

13.2 Der Auftragnehmer wird den Kunden innerhalb angemessener Zeit über ein derartiges Leistungshindernis sowie darüber, wann mit einer Wiederaufnahme der Leistung zu rechnen ist, informieren.

13.3 Sollte der Auftragnehmer mehr als zwei Wochen infolge höherer Gewalt nicht zur Leistungserbringung in der Lage sein, so ist der Kunde berechtigt, den vorliegenden Vertrag außerordentlich ohne Einhaltung einer Kündigungsfrist zu kündigen.

---

12 Zu den Erläuterungen siehe Rz. 16.46.
13 Zu den Erläuterungen siehe Rz. 16.48 ff.
14 Zu den Erläuterungen siehe Rz. 16.52.

14. Schlussbestimmungen[15]

14.1 Erfüllungsort und Gerichtsstand ist, wenn die Parteien Kaufleute sind, der Sitz des Auftragnehmers.

14.2 Es gilt das Recht der Bundesrepublik Deutschland.

14.3 Alle Änderungen dieses Vertrags bedürfen der Schriftform. Dies gilt auch für die Abänderung dieser Schriftformklausel.

14.4 Sollten eine oder mehrere Bestimmungen dieses Vertrags unwirksam sein, so bleibt die Wirksamkeit der übrigen Bestimmungen und des Vertrags als Ganzem hiervon unberührt. Das Gleiche gilt, soweit dieser Vertrag eine Lücke aufweisen sollte. Eine Lücke wird automatisch durch diejenige wirksame Bestimmung ersetzt, die dem wirtschaftlichen Zweck dieses Vertrags am nächsten kommt.

II. Erläuterungen

1. Social Media Monitoring

Der Vertragsgegenstand ist bereits in der Präambel des Vertrags kurz beschrieben. Dienstleistungen im Bereich der Markt- und Meinungsforschung werden oftmals durch spezialisierte externe Anbieter erbracht. Dies gilt umso mehr bei den neuen Formen der „digitalen" Markt- und Meinungsforschung wie bspw. bei dem hier vertragsgegenständlichen **Social Media Monitoring**[16].   16.8

Unter Social Media Monitoring versteht man die automatisierte, systematische und kontinuierliche Beobachtung und Analyse von Beiträgen und Dialogen in verschiedenen Social Media Kanälen, wie insbesondere **Soziale Netzwerke, Foren, Blogs**, **App-Stores**, **Bewertungsportale** und sonstige Social Media Kanäle[17]. Social Media Monitoring kann dabei etwa für das Marketing-Controlling, bei Produkteinführungen und zur Trenderkennung eingesetzt werden.[18]

Anbieter von Social Media Monitoring-Dienstleistungen verfügen oft über proprietäre Technologien und Methoden, die eine automatisierte, zielgerichtete und effektive Erfassung, Analyse und Auswertung der zahlreichen Meinungsäußerungen ermöglichen (z.B. sog. Social Media Crawler oder spezielle Schnittstellen (APIs) zu sozialen Netzwerken)[19]. Diese stellen sie teilweise ihren Kunden zur Verfügung, die dann mit Hilfe der Technologie eigene Auswertungen vornehmen. In der Praxis häufiger ist es jedoch, dass Unternehmen bestimmte Analysen in Auftrag geben und von den externen Anbietern oder Agenturen die Ergebnisse zur Verfügung gestellt bekommen. Ein wesentlicher Teil der Leistungen der Anbieter besteht dabei darin, die oft unüberschaubare Flut von Informationen zu bereinigen und in einer mit dem Kunden vorab vereinbarten Form aufzubereiten.   16.9

---

15 Zu den Erläuterungen siehe Rz. 16.54.

16 Eine Abgrenzung zu den Begriffen „Social Media Analytics" bzw. „Digital/Web Analytics" findet sich auf S. 7 des Leitfadens „Social Media Monitoring in der Praxis" der BVDW Social Media Fokusgruppe, abrufbar unter https://www.bvdw.org/fileadmin/bvdw/upload/publikationen/social_media/Leitfaden_Social_Media_Monitoring_2017.pdf, zuletzt abgerufen am 5.6.2020.

17 Vgl. *Solmecke/Wahlers*, ZD 2012, 550; *Wikipedia*, http://de.wikipedia.org/wiki/Social_Media_Monitoring, zuletzt abgerufen am 28.5.2020.

18 Ein Überblick über die möglichen Einsatzfelder findet sich auf S. 14/15 des Leitfadens „Social Media Monitoring in der Praxis" der BVDW Social Media Fokusgruppe, abrufbar unter https://www.bvdw.org/fileadmin/bvdw/upload/publikationen/social_media/Leitfaden_Social_Media_Monitoring_2017.pdf, zuletzt abgerufen am 5.6.2020.

19 Ein Überblick über den Markt für Social Monitoring Dienstleistungen findet sich unter http://www.monitoringmatcher.de/anbieter/social-media-monitoring/, zuletzt abgerufen am 18.5.2020.

2. Rechtsnatur

16.10 Die Rechtsnatur eines Social Media Monitoring-Vertrags richtet sich nach dem konkreten Einzelfall. In der Regel wird es sich um einen **typengemischten Vertrag** handeln. Die Durchführung einer Social Media Monitoring-Analyse hat in der Regel werkvertraglichen Charakter i.S.d. §§ 631 ff. BGB. Geschuldet ist nicht nur ein bloßes Tätigwerden, sondern ein bestimmter Erfolg in Form eines Reports oder von Ergebnissen der Analyse und deren Auswertung in anderer Form. Soweit der Anbieter dem Kunden die Nutzung seines IT-Systems ermöglicht, und sei es auch nur zur Übermittlung der Analyse-Ergebnisse, handelt es sich meist um Dienstleistungen i.S.d. §§ 611 ff. BGB. Im Einzelfall ist auch ein Geschäftsbesorgungsvertrag mit werk- und dienstvertraglichen Elementen möglich (§§ 675, 611, 631 BGB).

3. Vertragsgegenstand (Ziff. 1)

16.11 **M 16.1.1 Vertragsgegenstand**

1. Vertragsgegenstand

1.1 Der Auftragnehmer führt für den Kunden eine Marktanalyse zu folgenden Themen/Produkten durch:

[Aufzählung der Themen, zu denen der Kunde eine Marktanalyse wünscht]

1.2 Zu diesem Zweck wird der Auftragnehmer während der Vertragslaufzeit permanent relevante Beiträge und Meinungen auf folgenden Sozialen Netzwerken, Foren, Blogs, App-Stores, Bewertungsportalen und sonstigen Social Media Kanälen erfassen und auswerten:

[Aufzählung der Sozialen Medien, die ausgewertet werden sollen]

1.3 Auf Wunsch unterstützt der Auftragnehmer den Kunden dabei, weitere Social Media Kanäle zu identifizieren (Social Media Audit). In Abstimmung mit dem Kunden bietet der Auftragnehmer zudem einen Quellencheck an, um ggf. weitere besondere Quellen zu integrieren.

a) Allgemeines

16.12 Gegenstand des Vertrags ist eine **Marktanalyse**, mit deren Hilfe der Kunde die Marketingaktivitäten rund um die Markteinführung eines neuen Produkts planen möchte. Zu diesem Zweck beauftragt der Kunde einen Anbieter von Social Media Monitoring-Leistungen damit, zielgerichtet die Kommunikation im sozialen Web zu beobachten und zu analysieren.

16.13 Aufgrund der Vielzahl an Social Media Kanälen und der unüberschaubaren Dimension der täglichen Internet-Kommunikation ist es üblich, in derartigen Verträgen die von dem Dienstleister auszuwertenden Quellen vorab zu definieren. Aus empirischer Sicht unterscheiden sich die verschiedenen Social Media Kanäle und die einzelnen Medientypen erheblich[20]. Umso wichtiger ist auch aus diesem Grunde eine vertragliche Festlegung, welche Medien analysiert und ausgewertet werden sollen.

b) Datenschutzrechtlicher Hintergrund

16.14 Aus datenschutzrechtlicher Sicht ist dabei Folgendes zu beachten: Bei der Internet-Kommunikation und den sonstigen Daten, die im Zusammenhang mit Social Media Monitoring erhoben werden, wird es sich zumindest auch um personenbezogene Daten i.S.d. Art. 4 Nr. 1 DSGVO handeln. Nach

---

20 Vgl. dazu die „Richtlinie zur Medientyp-Einteilung" der BVDW-Fachgruppe Social Media vom 17.4.2013, abrufbar unter http://printarchiv.absatzwirtschaft.de/pdf/BVDW_Richtlinie_SMM_Medientyp-Einteilung.pdf, zuletzt abgerufen am 5.6.2020.

der Definition der Verordnung reicht – wie bisher unter dem alten BDSG – eine sog. „**Identifizier-barkeit**" bereits aus, um den Schutzbereich der DSGVO zu eröffnen. Mit anderen Worten: Sobald es praktisch möglich ist, ein Datum einer bestimmten natürlichen Person zuzuordnen, muss von einem personenbezogenen Datum ausgegangen werden.

Die rechtsdogmatische Diskussion rund um die Reichweite einer „Identifizierbarkeit" bzw. einer „Per-sonenbeziehbarkeit" ist seit langem lebhaft[21]. Die Praxis zeigt jedoch, dass insbesondere die Daten-schutz-Aufsichtsbehörden, aber zunehmend auch die Gerichte zu einer **sehr weiten (und oftmals deutlich überzogenen) Interpretation** des Begriffs der personenbezogenen Daten neigen. Anschauli-ches Beispiel hierfür ist die Diskussion um Google Street View/Bing Streetside oder um das sog. Smart Metering. Von enormer praktischer Bedeutung ist in diesem Zusammenhang das im Oktober 2016 er-gangene Urteil des EuGH im Falle Breyer, in dem das Gericht entschied, dass dynamische IP-Adressen in der Regel als personenbezogene Daten anzusehen sind[22] und damit den Anwendungsbereich des Da-tenschutzrechts sehr weit ausdehnte. | 16.15

Für den Bereich des Social Media Monitorings hat diese Diskussion jedoch kaum praktische Bedeu-tung. Im Rahmen der systematischen und automatisierten Erfassung und Analyse von Social Media Kanälen wird es sich in der Praxis nicht vermeiden lassen, auch personenbezogene Daten wie Klar-namen, E-Mail-Adressen und IP-Adressen oder gar sensible Daten wie Gesundheitsinformationen mit zu erfassen[23]. | 16.16

Aufgrund des sog. Verbotes mit Erlaubnisvorbehalt (vgl. Art. 6 Abs. 1 Satz 1 DSGVO) ist daher eine **datenschutzrechtliche Rechtfertigung** für die Erhebung und Verarbeitung personenbezogener Da-ten notwendig[24]. Diese Voraussetzungen müssen wohlgemerkt bereits für die Erhebung der Daten er-füllt sein. Der Umstand, dass die Anbieter von Social Media Monitoring ihren Kunden in aller Regel nur statistische (d.h. anonyme) Daten übermitteln, enthebt die Anbieter also nicht ihrer datenschutz-rechtlichen Pflichten. | 16.17

Mit **§ 30a BDSG a.F.** stand vor Wirksamwerden der DSGVO eine Sondervorschrift für die „**geschäfts-mäßige Datenerhebung und -speicherung für Zwecke der Markt- und Meinungsforschung**" zur Verfügung. Diese Regelung stellte im Ergebnis eine Privilegierung der Markt- und Meinungsforschung dar[25]. Der Gesetzgeber hatte die Privilegierung der Markt- und Meinungsforschung gegenüber den üb-rigen Unternehmen seinerzeit damit begründet, dass diese eine „wichtige Voraussetzung für die nach-haltige demokratische und wirtschaftliche Entwicklung der Bundesrepublik Deutschland" sei[26]. | 16.18

Eine § 30a BDSG a.F. entsprechende Regelung fehlt sowohl in der DSGVO als auch im BDSG. Es findet sich in keinem der beiden Regelwerke eine ausdrückliche Erwähnung der Markt- und Meinungsfor-schung. Lediglich für die „wissenschaftliche Forschung" finden sich recht allgemeine Regelungen. | 16.19

Folglich müssen sich Marktforschungsprojekte – und damit auch das Social Media Monitoring – an den allgemeinen Vorschriften der DSGVO orientieren. Zumindest theoretisch kann die Durchführung von Marktforschung auch künftig durch eine individuelle **Einwilligung** der betroffenen Personen nach Art. 7, 6 Abs. 1 lit. a DSGVO legitimiert werden. Für den Bereich des Social Media Monitorings schei-det diese Möglichkeit jedoch denknotwendig aus. Umso größere Bedeutung kommt den gesetzlichen Erlaubnistatbeständen in Art. 6 Abs. 1 lit. b ff. DSGVO zu[27].

---

21 Vgl. etwa *Gola* in Gola, Art. 4 DS-GVO Rz. 16 ff.
22 EuGH v. 19.10.2016 – C-582/14 (Patrick Breyer/Bundesrepublik Deutschland), CELEX 62014CJ0582.
23 Vgl. *Solmecke/Wahlers*, ZD 2012, 550 (552).
24 Allgemein zu den Rechtsgrundlagen: *Keller/Klein/Wachenfeld-Schell/Wirth*, Marktforschung für die Smart Data World, S. 296 ff.
25 Ausf. dazu *Venzke-Caprarese*, DuD 2013, 775 ff.
26 Vgl. die Gesetzesbegründung zur BDSG-Novelle II 2009, BT-Drucks. 16/13657, 20.
27 Siehe auch *Solmecke/Wahlers*, ZD 2012, 550 (552 f.).

16.20 Von besonderer Praxisrelevanz wird dabei Art. 6 Abs. 1 lit. f DSGVO sein. Danach kann ein **berechtigtes Interesse** des für das Monitoring Verantwortlichen eine rechtliche Erlaubnis darstellen, sofern nicht entgegenstehende Interessen der Personen, deren Daten erhoben werden, überwiegen. Eine derartige Interessenabwägung war auch bereits in § 30a Abs. 1 BDSG a.F. angelegt.

16.21 Es spricht viel dafür, dass sich Anbieter von Social Media Monitoring auf eine datenschutzrechtliche Rechtfertigung nach Art. 6 Abs. 1 lit. f DSGVO stützen können, wenn folgende Voraussetzungen erfüllt werden: Erforderlich ist eine strikte Zweckbindung, d.h. die gewonnenen Daten dürfen ausschließlich für Zwecke der Markt- und Meinungsforschung verwendet werden; andernfalls sind sie zu anonymisieren. Des Weiteren sollten personenbezogene Daten für ihre weitere Auswertung **pseudonymisiert** werden nach Art. 4 Nr. 5 DSGVO, d.h. sämtliche Informationen, mit deren Hilfe einzelne natürliche Personen identifiziert werden können, müssen extrahiert und gesondert gespeichert werden. Gleichzeitig muss mit Hilfe technisch-organisatorischer Maßnahmen sichergestellt werden, dass keine ungewollte Zusammenführung der identifizierenden mit den übrigen Daten erfolgt. Schließlich sind sämtliche Daten zu anonymisieren, sobald deren Auswertung abgeschlossen ist.

16.22 All diese Maßnahmen waren bereits Voraussetzung der Privilegierung durch § 30a BDSG a.F. und entsprechen der gängigen Praxis. Gleichzeitig entsprechen Sie den **Grundsätzen der DSGVO**, wie ein Blick auf Art. 5 Abs. 1 DSGVO zeigt. Insbesondere die Pseudonymisierung führt nach der DSGVO zu einem grundsätzlich geringeren Risiko für die betroffenen Personen (vgl. insb. Erwägungsgrund 28). Es spricht daher viel dafür, dass sich ein Anbieter von Social Media Monitoring-Dienstleistungen auf berechtigte Interessen nach Art. 6 Abs. 1 lit. f DSGVO berufen kann, wenn die geschilderten Voraussetzungen erfüllt sind. Bei der in diesem Zusammenhang gebotenen Interessenabwägung sind jedoch stets die Umstände des Einzelfalls umfassend zu würdigen, so dass im Einzelfall auch ein anderes Ergebnis möglich ist[28]. Die weitere Entwicklung bleibt abzuwarten, insbesondere die künftige Interpretation des Art. 6 Abs. 1 lit. f DSGVO durch die Aufsichtsbehörden und Gerichte.

16.23 Derzeit offen ist die Frage, ob bzw. inwieweit die Markt- und Meinungsforschung unter den **Begriff der „wissenschaftlichen Forschung" nach Art. 89 DSGVO** zu fassen ist[29]. Auf die Rechtmäßigkeit eines Forschungsvorhabens hat dies zwar keinen Einfluss, da Art. 89 DSGVO keine eigenständige Erlaubnis zur Verarbeitung personenbezogener Daten zu wissenschaftlichen Zwecken enthält[30]. Sollte diese Vorschrift aber Anwendung finden und wäre die Markt- und Meinungsforschung als eine im öffentlichen Interesse liegende wissenschaftliche Forschung anzusehen, dann hätte dies gleichwohl **für die Praxis weitreichende Privilegierungen** zur Folge: Insbesondere bestünde dann eine Erlaubnis, Daten auch zu Sekundärzwecken zu nutzen (vgl. Art. 5 Abs. 1 lit. b DSGVO) oder länger aufzubewahren (vgl. Art. 5 Abs. 1 lit. e DSGVO). Gleichzeitig wären Anbieter von Social Media Monitoring-Dienstleistungen nach Art. 89 Abs. 1 DSGVO auch ausdrücklich verpflichtet, technisch-organisatorische Maßnahmen (wie etwa die auch in dieser Vorschrift explizit genannte Pseudonymisierung von Daten) zu ergreifen, um dem Grundsatz der Datenminimierung zu genügen. Ähnlich zu § 30a BDSG a.F. wären die Dienstleister außerdem verpflichtet, personenbezogene Daten frühestmöglich nur noch anonymisiert zu verwenden. Eine Herausforderung für die Praxis bleibt allerdings die Erfüllung der Informationspflichten nach Art. 14 DSGVO.

Neben den Datenschutzgesetzen sind bei der Erhebung und Auswertung von Daten aus sozialen Netzwerken schließlich auch deren **Nutzungsbedingungen** zu beachten. Dabei sollte insbesondere darauf geachtet werden, ob die Nutzungsbedingungen eine kommerzielle Nutzung der Daten gestatten.

---

28 Lesenswert zur praktischen Durchführung einer Interessenabwägung im Rahmen dieser Vorschrift – wenn auch in anderem Zusammenhang – ist insoweit die „Orientierungshilfe der Aufsichtsbehörden für Anbieter von Telemedien" der deutschen Datenschutzkonferenz, abrufbar unter https://www.daten schutzkonferenz-online.de/media/oh/20190405_oh_tmg.pdf, zuletzt abgerufen am 5.6.2020.

29 Dazu vertieft *Ehmann* in Simitis/Hornung/Spiecker, Anh. 4 zu Art. 6 DSGVO Rz. 33 ff.

30 *Raum* in Ehmann/Selmayr, Art. 89 DS-GVO Rz. 22.

4. Zugang zum System des Auftragnehmers (Ziff. 2)

M 16.1.2 Zugang zum System des Auftragnehmers

16.24

2. Zugang zum System des Auftragnehmers

2.1 Der Kunde erhält zum Zwecke der Bereitstellung der Auswertungsergebnisse Zugang zum System des Auftragnehmers. Der Zugang erfolgt in Form einer Web-Applikation bzw. in Form einer vorab definierten Schnittstelle.

2.2 Sämtliche Rechte an dem System stehen ausschließlich dem Auftragnehmer zu. Der Kunde erwirbt an dem System keinerlei Eigentumsrechte und ist zur Nutzung des Systems nur für die Dauer dieses Vertrags und im Rahmen der vertraglichen Vereinbarungen berechtigt.

2.3 Zur Nutzung der Web-Applikation ist eine Autorisierung und Authentifizierung erforderlich. Hierfür erhält der Kunde eine Benutzerkennung und ein Passwort. Der Kunde hat das Passwort streng geheim zu halten und dafür zu sorgen, dass es Dritten nicht zugänglich wird. Das System steht dem Kunden während folgender Zeiten zur Verfügung: [Definition der Zugangszeiten]

2.4 [Ggf. noch Regelungen zu Service Level bzgl. Verfügbarkeit des Systems, Antwortzeiten, Nutzungseinschränkungen, etc.]

Erhält der Kunde, wie in Ziff. 2 des Vertragsmusters vorgesehen, Zugang zum System des Anbieters, so muss dieser technisch sicherstellen, dass der Kunde ausschließlich auf solche Daten zugreifen kann, die ihm der Anbieter berechtigterweise zur Verfügung stellt. Ein Zugriff auf andere Daten muss technisch ausgeschlossen sein.

16.25

5. Mitwirkung des Kunden (Ziff. 3)

M 16.1.3 Mitwirkung des Kunden

16.26

3. Mitwirkung des Kunden

3.1 Falls der Kunde Leistungen beauftragt hat, für die seine Mitwirkung notwendig ist, benennt der Kunde einen qualifizierten und entscheidungsbefugten Ansprechpartner, der während der Dauer der Zusammenarbeit nach Absprache und Vereinbarung zu den üblichen Geschäftszeiten als Ansprechpartner zur Verfügung steht.

3.2 Der Ansprechpartner beim Kunden ist verantwortlich für die Bereitstellung, Richtigkeit und Vollständigkeit aller Informationen, Arbeitsunterlagen und Arbeitsmittel, die der Auftragnehmer zur Durchführung des Auftrags benötigt.

In Abhängigkeit von den im Einzelfall beauftragten Leistungen bedarf der Anbieter der **Mitwirkung des Kunden**, um die vertragsgegenständlichen Leistungen erbringen zu können. Eine in der Praxis übliche Mitwirkungshandlung ist etwa die **Einrichtung von Schnittstellen** zwischen dem System des Kunden und dem System des Anbieters. Erhält der Kunde, wie in Ziff. 2 des Vertragsmusters vorgesehen, die Reports über einen Zugang zum System des Anbieters, so müssen die Vertragspartner diesen Zugang technisch sicherstellen. Dies erfordert auf Seiten des Kunden verschiedene Mitwirkungshandlungen und idealerweise die Identifizierung eines technischen Ansprechpartners für die Dauer der Zusammenarbeit.

16.27

6. Reporting (Ziff. 4)

16.28 **M 16.1.4 Reporting**

4. Reporting

4.1 Die Ergebnisse seiner Auswertung verdichtet der Auftragnehmer zu einem Report, der insbesondere folgende mit dem Kunden vereinbarte Merkmale aufweist:

- *Zahl und Quellen der ausgewerteten relevanten Beiträge*
- *Executive Summary der ausgewerteten relevanten Beiträge*
- *Meinungsbildanalysen (ggf. mit O-Ton-Zitaten)*
- *Qualitative Trendanalyse*
- *Ggf. Skizzierung von empfohlenen Maßnahmen*
- *[Aufzählung weiterer Merkmale]*

4.2 Der Report wird dem Kunden [wöchentlich/monatlich/quartalsweise] über den in Ziffer 2 oben beschriebenen Zugang des Kunden zum System des Auftragnehmers zur Verfügung gestellt.

16.29 Als Ergebnis eines Social Media Monitoring-Auftrags werden dem Kunden von dem Anbieter in aller Regel Reports oder sonstige Auswertungen zur Verfügung gestellt, die keine personenbezogenen Daten enthalten. Es wird sich vielmehr ganz überwiegend um **statistische Angaben** handeln[31]. So werden etwa üblicherweise keine einzelnen Äußerungen, Postings oder andere Stellungnahmen an den Kunden weitergegeben. Typische Inhalte von Reports sind etwa quantitative Angaben über das Diskussionsvolumen und qualitative Auswertungen der Tonalitäten in einem vorab definierten Social Media Kanal sowie Meinungsbild- und Trendanalysen. Insoweit gelten also keine datenschutzrechtlichen Besonderheiten.

16.30 Soweit jedoch „O-Töne" oder individuelle Stellungnahmen weitergegeben werden, können auch diese personenbezogene Daten enthalten. Nach dem Grundsatz der Zweckbindung in Art. 5 Abs. 1 lit. b DSGVO darf der die Daten empfangende Kunde diese ausschließlich für Zwecke der Markt- und Meinungsforschung nutzen. Eine darüber hinausgehende Nutzung setzt die vorherige **Anonymisierung der Daten** voraus[32]. Außerdem hat der Anbieter das Gebot der Datensparsamkeit zu beachten, wonach er dem Kunden nur im absolut erforderlichen Umfang personenbezogene Daten übermitteln darf.

7. Vertragsdauer (Ziff. 5)

16.31 **M 16.1.5 Vertragsdauer**

5. Vertragsdauer

5.1 Die Vertragslaufzeit beginnt mit Unterzeichnung dieses Vertrags durch beide Vertragspartner und läuft bis zum [Definition der Vertragslaufzeit].

---

31 Vgl. *Pflüger*, RDV 2010, 101 (104).

32 Für die Anonymisierung als eigenständigen Verarbeitungsschritt ist dann jedoch ebenfalls eine datenschutzrechtliche Rechtfertigung erforderlich, vgl. dazu das „Positionspapier zur Anonymisierung unter der DSGVO unter besonderer Berücksichtigung der TK-Branche" des *BfDI*, Stand: 29.6.2020, S. 5 ff. (abrufbar unter https://www.bfdi.bund.de/DE/Infothek/Transparenz/Konsultationsverfahren/01_Konsultation-Anonymisierung-TK/Positionspapier-Anonymisierung.pdf?__blob=publicationFile&v=2, zuletzt abgerufen am 18.8.2020).

5.2 Dieser Vertrag kann von beiden Parteien schriftlich mit einer Frist von drei Monaten zum Monatsende gekündigt werden. Die gesetzlichen Rechte zur außerordentlichen Kündigung bleiben unberührt.

5.3 Das Recht zur Kündigung gemäß § 627 BGB (Fristlose Kündigung bei Vertrauensstellung) ist ausgeschlossen.

5.4 Der Auftragnehmer hat das Recht, den Vertrag mit sofortiger Wirkung zu kündigen und seine vertragsgegenständlichen Leistungen einzustellen, falls der Kunde durch seine Nutzung des Systems des Auftragnehmers diesem Schaden zufügt und er sein schädigendes Verhalten auch nach schriftlicher Aufforderung nicht einstellt.

Verträge über Social Media Monitoring-Dienstleistungen werden üblicherweise für eine bestimmte Laufzeit abgeschlossen, die im Vertrag definiert werden sollte (einschließlich der vertraglichen Kündigungsmöglichkeiten). Aus Anbietersicht empfiehlt sich außerdem, die Anwendbarkeit des § 627 BGB auszuschließen. **16.32**

8. Vergütung (Ziff. 6)

M 16.1.6 Vergütung **16.33**

6. Vergütung

6.1 Der Auftragnehmer erhält für die Erbringung der oben genannten Dienstleistungen eine Vergütung, wie in dem entsprechenden Angebot ausgewiesen. Für darüber hinausgehende, vom Kunden gewünschte Leistungen kann der Auftragnehmer eine zusätzliche Vergütung verlangen.

6.2 Darüber hinaus hat der Auftragnehmer Anspruch auf Ersatz seiner Auslagen und Kosten, die wie folgt vergütet werden: [Aufstellung der Vergütung, ggf. werden bestimmte Leistungen auf Basis von Manntagen abgerechnet.]

6.3 Die Vergütung ist ohne Abzug sofort nach Rechnungsstellung zahlbar. Im Fall von Zahlungsverzug ist der Auftragnehmer berechtigt, Verzugszinsen in Höhe von [x] Prozentpunkten über dem Basiszinssatz zu verlangen.

6.4 Die Aufrechnung mit Gegenansprüchen des Kunden oder die Zurückbehaltung von Zahlungen wegen solcher Ansprüche ist nur zulässig, soweit die Gegenansprüche unbestritten oder rechtskräftig festgestellt sind oder sich aus demselben Auftrag ergeben, unter dem die betreffende Lieferung erfolgt ist.

Die Vergütungsregelung wird üblicherweise außerhalb des Hauptvertrags geregelt, etwa in Form eines schriftlichen Angebots des Anbieters, das der Kunde als Vertragsbestandteil akzeptiert. Im Hauptvertrag finden sich dann lediglich die üblichen Regelungen zu den Folgen eines Zahlungsverzugs, zu Zahlungsfristen oder zu einer möglichen Aufrechnung. **16.34**

9. Keine Rechte des Kunden an Daten (Ziff. 7)

M 16.1.7 Keine Rechte des Kunden an Daten **16.35**

7. Keine Rechte des Kunden an Daten

7.1 Der Auftragnehmer betreibt ein System zur Beschaffung und Verarbeitung von Informationen und Daten aus dem Internet und anderen Quellen. Der Auftragnehmer verfügt daher über keinerlei Rechte an den Informationen und Daten (Texte, Bilder, etc.), die über das System aus dem Web beschafft werden und kann dem Kunden folglich auch keinerlei Rechte hieran einräumen oder verschaffen.

7.2 Der Kunde ist verpflichtet, sicherzustellen, dass durch seine Nutzung des Systems Rechte Dritter sowie gesetzliche Vorschriften nicht verletzt werden. Dies gilt insbesondere für Persönlichkeitsrechte und Urheberrechte. Der Kunde wird, soweit erforderlich, die entsprechenden (Nutzungs-) Rechte vom jeweiligen Inhaber bzw. Berechtigten erwerben.

16.36 Da es sich bei den erhobenen Daten in der Regel um allgemein über das Internet zugängliche Informationen handeln wird, werden dem Auftragnehmer daran in der Regel keine Rechte zustehen. Folglich ist er auch nicht in der Lage, entsprechende Rechte an den Kunden zu übertragen.

16.37 Aus Sicht des Anbieters empfiehlt sich außerdem die in Ziff. 7.2 vorgesehene Verpflichtung des Kunden, das System des Anbieters ausschließlich in rechtskonformer Art und Weise zu nutzen. Denkbar wäre an dieser Stelle auch die Vereinbarung einer **Freistellungsverpflichtung** des Kunden, sollten Dritte gegen den Anbieter Ansprüche geltend machen, die auf eine vertragswidrige Nutzung des Systems durch den Kunden zurückgehen.

10. Rechte an den Ergebnissen (Ziff. 8)

16.38 **M 16.1.8 Rechte an den Ergebnissen**

8. Rechte an den Ergebnissen

8.1 Dem Auftragnehmer verbleiben alle Rechte an seinen Leistungen und den Ergebnissen derselben, die ihm nach dem Urheberrechtsgesetz zustehen. Der Kunde erkennt an, dass das alleinige Urheberrecht und alle Schutzrechte an Untersuchungskonzeptionen, Methoden, Verfahren und Verfahrenstechniken, grafischen und tabellarischen Darstellungen, die vom Auftragnehmer stammen, und an allen sonstigen Leistungen des Auftragnehmers ausschließlich diesem zustehen. Das Urheberrecht des Kunden an Unterlagen, die er erarbeitet hat, bleibt unberührt.

8.2 Das Eigentum an dem bei Durchführung des Auftrags angefallenen Material – Datenträger jeder Art, Fragebogen, weitere schriftliche Unterlagen usw. – und der angefallenen Daten liegt, wenn nichts anderes vereinbart wird, ausschließlich beim Auftragnehmer.

8.3 Der Auftragnehmer räumt dem Kunden an den mit Hilfe des Systems erstellten Analyse- und Arbeitsergebnissen ein nicht ausschließliches, zeitlich und räumlich unbeschränktes Nutzungsrecht ein, inhaltlich beschränkt auf die bestimmungsgemäße Nutzung im Rahmen des vereinbarten Zwecks und der vertraglichen Leistungsbeschreibung. Der Kunde darf die Ergebnisse ausschließlich für eigene, interne Zwecke im Rahmen der Markt- und Meinungsforschung verwenden. Eine Übertragung dieser Rechte auf Dritte bedarf der vorherigen schriftlichen Zustimmung des Auftragnehmers.

8.4 Jegliche über Ziffer 8.3 hinausgehende Nutzung ist unzulässig. Dies gilt insbesondere für jegliche öffentliche Zugänglichmachung, Verbreitung, Wiedergabe oder die Weitergabe von Daten an Dritte. Diese Regelungen gelten nicht, soweit es sich lediglich um unwesentliche Teile der Ergebnisse handelt. In jedem Fall hat der Kunde etwaige personenbezogene Daten als Teil der Ergebnisse zu anonymisieren, bevor er diese im Rahmen des nach dieser Ziffer 8.4 Zulässigen für weitergehende Zwecke verwendet.

16.39 An den vom Anbieter generierten Ergebnissen der Social Media Analyse benötigt der Kunde bestimmte **Nutzungsrechte**, um die Ergebnisse verwerten zu können. Diese Rechte erhält er durch die in Ziff. 8 des Vertragsmusters vorgesehene Regelung. Daneben spielen insbesondere urheberrechtliche Überlegungen noch eine andere Rolle: Im Rahmen des Social Media Monitoring wird der Anbieter in der Regel auch in großem Umfang nutzergenerierte Inhalte erfassen und speichern. Dies wirft zahlreiche

Fragen nach der urheberrechtlichen Zulässigkeit dieses Vorgehens auf, die an dieser Stelle jedoch nicht weiter vertieft werden sollen[33].

In Ziff. 8.3 und 8.4 kommt daneben die in Art. 5 Abs. 1 lit. b DSGVO zwingend vorgeschriebene Zweckbindung zum Ausdruck, sollten die Ergebnisse personenbezogene Daten i.S.d. Art. 4 Nr. 1 DSGVO enthalten. Gleichzeitig wird der Kunde verpflichtet, personenbezogene Daten zu anonymisieren, wenn er diese ausnahmsweise doch für andere Zwecke als zur Markt- und Meinungsforschung verwenden möchte (was ihm nach dem Vertragsmuster in engen Grenzen gestattet ist).

16.40

11. Vertraulichkeit (Ziff. 9)

M 16.1.9 Vertraulichkeit

16.41

9. Vertraulichkeit

9.1 Beide Vertragsparteien verpflichten sich, den Inhalt dieses Vertrags, einschließlich seiner Anlagen und einschließlich der dem Vertrag zugrundeliegenden wirtschaftlichen Konditionen und aller Unterlagen, Daten, Informationen und Schriftstücke der jeweils anderen Partei, die ihnen aus oder im Zusammenhang mit dem vorliegenden Vertrag zugänglich und/oder bekannt werden oder wurden, sowie sämtliche wechselseitig im Rahmen der Auftragsdurchführung ausgetauschten Informationen streng vertraulich zu behandeln und sie ausschließlich für die Durchführung des Auftrags zu verwenden. Beide Vertragsparteien werden ihre Mitarbeiter entsprechend verpflichten.

9.2 Diese Verpflichtung gilt über die Laufzeit dieses Vertrags hinaus für einen Zeitraum von zwei Jahren weiter.

9.3 Die oben genannten Verpflichtungen gelten nicht für solche Informationen, für welche die empfangene Partei nachweist, dass sie ihr bereits vor dem Empfang bekannt waren oder dass sie der Öffentlichkeit vor dem Empfang bekannt waren oder dass sie der Öffentlichkeit nach dem Empfang zugänglich wurden, ohne dass die empfangende Partei dafür verantwortlich war.

Insbesondere aus Sicht des Anbieters, der sein System dem Kunden zur Verfügung stellt, empfiehlt sich die Vereinbarung einer (gegenseitigen) **Vertraulichkeitsverpflichtung**. Aber auch der Kunde wird dem Anbieter im Rahmen der Zusammenarbeit unter Umständen vertrauliche Informationen offenlegen. Aus diesem Grund enthält das Vertragsmuster eine gegenseitige Vertraulichkeitsverpflichtung der Vertragsparteien, die inhaltlich jedoch keine Besonderheiten zu den auch in sonstigen Serviceverträgen verwendeten Standardklauseln aufweist.

16.42

12. Gewährleistung (Ziff. 10)

M 16.1.10 Gewährleistung

16.43

10. Gewährleistung

10.1 Die Mängelrechte des Kunden richten sich nach den gesetzlichen Vorschriften, sofern nachfolgend nichts anderes bestimmt ist.

---

33 I. Erg. wird es dabei im Einzelfall darauf ankommen, ob die im Rahmen des Monitorings erfassten Beiträge (d.h. in der Regel Sprachwerke i.S.d. § 2 Abs. 1 Nr. 1 UrhG) die erforderliche urheberrechtliche Schöpfungshöhe erreichen, so dass sie als „geschützte Werke" i.S.d. §§ 1, 2 UrhG Rechtsschutz genießen.

10.2 Der Auftragnehmer übernimmt keine Gewährleistung, dass die von ihm nach den Regeln und Methoden der Markt- und Meinungsforschung erhobenen, ausgewerteten und analysierten Daten vom Kunden in einer bestimmten Weise kaufmännisch verwertet werden können.

10.3 Die Parteien sind sich einig, dass es trotz sorgfältiger Arbeit nach dem Stand der Technik nicht möglich ist, Hard- und Software, Anwendungen und elektronische Datenbanken so zu erstellen, dass diese stets fehlerfrei arbeiten oder gegen Manipulation durch Dritte geschützt werden können.

10.4 Der Auftragnehmer haftet nicht für Störungen der Datenübermittlung in fremde Datennetze.

10.5 Der Kunde ist verpflichtet, dem Auftragnehmer Mängel des Systems unverzüglich und mit einer möglichst detaillierten Fehlerbeschreibung mitzuteilen.

10.6 Die Reaktionszeiten bei Supportanfragen und die einzelnen Service-Level nach Fehlerklassen ergeben sich aus dem Folgenden: [Reaktionszeiten/Service Level nach Fehlerklassen]

10.7 Die Gewährleistungsbeschränkungen dieser Ziffer 10 gelten nicht, soweit der Auftragnehmer einen Mangel arglistig verschwiegen oder bestimmte Eigenschaften ausdrücklich zugesichert hat.

16.44 Diese Regelung enthält zunächst die in Marktforschungsverträgen üblichen **Gewährleistungsbeschränkungen** hinsichtlich der Verwertbarkeit der Ergebnisse durch den Kunden.

Da der Anbieter seine Leistungen im Wesentlichen mit Hilfe eines (oft komplexen) IT-Systems erbringt, empfiehlt es sich, auch die insoweit üblichen Regelungen aufzunehmen. So sehen Verträge über IT-Services üblicherweise einen Ausschluss der Gewährleistung für den fehlerfreien Betrieb der IT-Systeme ebenso vor wie für die störungsfreie Datenübermittlung in den Netzen Dritter. Je nach Komplexität der Leistungen kann es auch sinnvoll sein, den Vertrag mit einem **SLA (Service Level Agreement)** zu ergänzen.

13. Haftung (Ziff. 11)

16.45 **M 16.1.11 Haftung**

11. Haftung

11.1 Der Auftragnehmer haftet dem Grunde nach für Vorsatz und grobe Fahrlässigkeit. Für leichte Fahrlässigkeit haftet der Auftragnehmer nur im Falle der Verletzung vertragswesentlicher Pflichten, wobei die Haftung dabei auf die Gesamthöhe der vereinbarten Nettovergütung des jeweiligen Einzelauftrags beschränkt ist. Wesentliche Vertragspflichten sind solche, deren Erfüllung den Vertrag prägt und auf die der Kunde vertrauen darf.

11.2 Der Auftragnehmer haftet nicht für Folgeschäden, insbesondere wegen entgangenen Gewinns oder immaterieller Verluste. Dies gilt insbesondere, aber nicht abschließend, für Schäden, die aus oder in Verbindung mit der Nutzung der gelieferten Daten/Ergebnisse durch den Kunden entstehen.

11.3 Alle sonstigen Schadensersatzansprüche gegen den Auftragnehmer aus welchem Rechtsgrund auch immer, insbesondere aufgrund von Vertragsverletzungen oder Delikt, sind ausgeschlossen, es sei denn, dem Auftragnehmer fällt Vorsatz oder grobe Fahrlässigkeit zur Last. Die Haftung wegen schuldhafter Verletzung des Lebens, des Körpers oder der Gesundheit bleibt unberührt; dies gilt auch für die zwingende Haftung nach dem Produkthaftungsgesetz.

11.4 Soweit die Schadensersatzhaftung des Auftragnehmers nach den vorstehenden Vorschriften ausgeschlossen oder eingeschränkt ist, gilt dies auch im Hinblick auf die persönliche Schadensersatzhaftung der Arbeitnehmer, Mitarbeiter, Vertreter und Erfüllungsgehilfen des Auftragnehmers.

Das Vertragsmuster sieht eine **Haftungsbeschränkung** zugunsten des Anbieters vor. Die Klausel entspricht dabei den Anforderungen der §§ 307 ff. BGB. Für den Anbieter wird dabei insbesondere die Beschränkung seiner Haftung für entgangenen Gewinn und sonstige Folgeschäden auf Seiten des Kunden von besonderem Interesse sein. Derartige „indirekte" Schäden sind nur schwer kalkulierbar oder vorhersehbar; umso wichtiger erscheint aus Sicht des Anbieters eine Reduzierung dieser Risiken.   16.46

14. Datenschutz (Ziff. 12)

M 16.1.12 Datenschutz   16.47

12. Datenschutz

12.1 Die Vertragsparteien verpflichten sich, bei der Durchführung dieses Vertrags alle anwendbaren gesetzlichen datenschutzrechtlichen Bestimmungen zu beachten.

12.2 Die Vertragsparteien sind sich darüber einig, dass der Auftragnehmer im Rahmen der Durchführung dieses Vertrags selbständig handelt und dem Kunden keine personenbezogenen Daten übermitteln wird.

Da der Anbieter nach dem hier vorgestellten Vertragsmuster keine personenbezogenen Daten i.S.d. Art. 4 Nr. 1 DSGVO als Teil der Ergebnisse an den Kunden übermittelt, erübrigen sich in dem Vertragsmuster weitere Regelungen zum Thema Datenschutz im Verhältnis der Parteien zueinander.   16.48

Für die Erhebung und Verarbeitung personenbezogener Daten im Zuge einer Social Media Monitoring-Analyse wird in der Regel deren Anbieter (also der Auftragnehmer) als Verantwortlicher i.S.d. Art. 4 Nr. 7 DSGVO anzusehen sein. Dies gilt jedenfalls dann, wenn der Anbieter einen Gestaltungsspielraum bei der Erhebung und Auswertung der Daten hat. Dementsprechend wird in der Regel auch keine Auftragsverarbeitung i.S.d. Art. 28 DSGVO zwischen dem Anbieter und dessen Kunden vorliegen[34]. In Ziff. 12 des Vertragsmusters wird dies noch einmal klargestellt.   16.49

Bei der datenschutzrechtlichen Beurteilung des Auftragsverhältnisses kommt es jedoch letztlich auf die tatsächlichen Umstände an. So ist es denkbar, dass in Einzelfällen und abhängig von dem konkreten Auftrag (ungeachtet einer gegenteiligen vertraglichen Regelung) durchaus auch der Kunde als Verantwortlicher i.S.d. Art. 4 Nr. 7 DSGVO anzusehen ist. Abhängig vom Einzelfall kommt auch eine gemeinsame Verantwortlichkeit beider Vertragsparteien nach Art. 26 DSGVO in Frage – insbesondere angesichts der extensiven Auslegung dieser Vorschrift durch den EuGH und zunehmend auch durch die Aufsichtsbehörden. Insbesondere wenn der Kunde spezifische Anweisungen zur Durchführung der Analyse erteilt oder das vom Auftragnehmer auszuwertende Datenmaterial selbst zur Verfügung stellt, ließe sich auch vertreten, den Kunden als Verantwortlichen und den Auftragnehmer lediglich als dessen „verlängerten Arm", d.h. als Auftragsverarbeiter i.S.d. Art. 28 DSGVO, zu qualifizieren[35]. In solchen Fällen müsste dann ein Auftragsverarbeitungsvertrag nach Maßgabe des Art. 28 Abs. 3 DSGVO geschlossen werden[36].   16.50

---

34 So auch *Solmecke/Wahlers*, ZD 2012, 550 (553).
35 Allgemein zum Begriff der Auftragsverarbeitung unter der DSGVO *Bertermann* in Ehmann/Selmayr, Art. 28 DS-GVO Rz. 3 ff.
36 Siehe hierzu die Muster in Teil 2, § 8 und § 9.

15. Höhere Gewalt (Ziff. 13)

16.51 **M 16.1.13 Höhere Gewalt**

13. Höhere Gewalt

13.1 Im Falle höherer Gewalt ist der Auftragnehmer zur Leistungserbringung nicht verpflichtet. Als höhere Gewalt gelten insbesondere Streik, Aussperrung, Verzögerung oder Ausfall der Belieferung durch Lieferanten, sofern diese durch ein Ereignis der höheren Gewalt verursacht wurden, Stromausfälle und Unterbrechungen oder Zerstörung datenführender Leitungen außerhalb des Verantwortungsbereichs des Auftragnehmers, Angriffe und Attacken von Anwendern oder Dritten (z.B. durch Schadsoftware wie Viren oder DoS-Attacken), die der Auftragnehmer auch mit der nach den Umständen des Falles zumutbaren Sorgfalt nicht hätte abwenden können.

13.2 Der Auftragnehmer wird den Kunden innerhalb angemessener Zeit über ein derartiges Leistungshindernis sowie darüber, wann mit einer Wiederaufnahme der Leistung zu rechnen ist, informieren.

13.3 Sollte der Auftragnehmer mehr als zwei Wochen infolge höherer Gewalt nicht zur Leistungserbringung in der Lage sein, so ist der Kunde berechtigt, den vorliegenden Vertrag außerordentlich ohne Einhaltung einer Kündigungsfrist zu kündigen.

16.52 Da Social Media Monitoring-Verträge üblicherweise für eine längere Laufzeit abgeschlossen werden, empfiehlt sich im Interesse des Anbieters eine Regelung für den Fall, dass der Anbieter infolge höherer Gewalt gehindert ist, seine Leistungen zu erbringen. Als ein möglicher Fall höherer Gewalt sollte dabei der in der Praxis immer häufigere Fall von Hacking-Attacken oder sonstiger Cyber-Kriminalität bedacht werden.

16. Schlussbestimmungen (Ziff. 14)

16.53 **M 16.1.14 Schlussbestimmungen**

14. Schlussbestimmungen

14.1 Erfüllungsort und Gerichtsstand ist, wenn die Parteien Kaufleute sind, der Sitz des Auftragnehmers.

14.2 Es gilt das Recht der Bundesrepublik Deutschland.

14.3 Alle Änderungen dieses Vertrags bedürfen der Schriftform. Dies gilt auch für die Abänderung dieser Schriftformklausel.

14.4 Sollten eine oder mehrere Bestimmungen dieses Vertrags unwirksam sein, so bleibt die Wirksamkeit der übrigen Bestimmungen und des Vertrags als Ganzem hiervon unberührt. Das Gleiche gilt, soweit dieser Vertrag eine Lücke aufweisen sollte. Eine Lücke wird automatisch durch diejenige wirksame Bestimmung ersetzt, die dem wirtschaftlichen Zweck dieses Vertrags am nächsten kommt.

16.54 Diese Klausel des Vertragsmusters weist keine Besonderheiten in Bezug auf den Vertragsgegenstand auf. Die Regelungen entsprechen vielmehr den üblichen Schlussbestimmungen in deutschen Verträgen.

Literatur: *Dieterich*, Canvas Fingerprinting – Rechtliche Anforderungen an neue Methoden der Nutzerprofilerstellung, ZD 2015, 199 ff.; *Engeler/Felber*, Entwurf der ePrivacy-VO aus Perspektive der aufsichtsbehördlichen Praxis, ZD 2017, 251 ff.; *Engeler/Marosi*, Planet49: Neues vom EuGH zu Cookies, Tracking und ePrivacy, CR 2019, 707 ff.; *Hoeren*, Google Analytics – datenschutzrechtlich unbedenklich? Verwendbarkeit von Webtracking-Tools nach BDSG und TMG, ZD 2011, 3 ff.; *Höppner*, Web Analytics und Datenschutz, DSRI-Tagungsband 2011, 477 ff.; *Karg*, Die Rechtsfigur des personenbezogenen Datums – Ein Anachronismus des Datenschutzes?, ZD 2012, 255 ff.; *Nikiforakis/Kapravelost/Joosen/Kruegel/Piessens/Vigna*, Cookieless Monster: Exploring the Ecosystem of Web-based Device Fingerprinting, https://lirias.kuleuven.be/bitstream/123456789/393661/1/cookieless_sp2013.pdf; *Schleipfer*, Datenschutzkonformes Webtracking nach Wegfall des TMG, ZD 2017, 460 ff.

A. Einleitung

I. Allgemeines zur Webanalyse

17.1 Auf sehr vielen Internetseiten kommen sog. Webanalyse-Verfahren zum Einsatz. Dabei werden für diese Verfahren verschiedene Begriffe verwendet. So wird von **Webtracking**, **Webanalyse** oder auch von **Reichweitenmessung und Reichweitenanalyse** gesprochen, wenn es um die Messung und Analyse von Nutzerverhalten auf Internetseiten geht. Ferner kommen in vielen Bereichen Systeme zum Einsatz, die auf einem sog. „**Device-Fingerprinting**"[1] basieren. Dabei werden individuelle Eigenschaften des Endgeräts ermittelt und können aufgrund der vielen individuellen Eigenschaften zu einem Profil verdichtet werden.

17.2 Bei einer Webanalyse werden durch den Einsatz von **Cookies**, **Java Script** oder weiteren Technologien Daten über die Nutzung einer Internetseite durch Besucher derselben erfasst und für den Betreiber der Seite aufbereitet. Hierbei werden in der Regel Daten über die Besuche aggregiert (z.B. Seitenabrufe pro Tag, „unique" Besucher pro Tag, durchschnittliche Verweildauer auf der Seite, abgerufene Seiten, Downloads von Dateien, ausgehende Links usw.)[2]. Durch die rasante Verbreitung von Online-Werbung, bei der z.B. Werbemittel auch interessenbasiert angezeigt werden, ist zudem die Messung von sog. „Conversions" für viele Unternehmen von hoher Bedeutung, da nur so die Wirksamkeit von Werbemaßnahmen gemessen werden kann.

17.3 Webanalyse-Systeme sind für gewerblich betriebene Internetangebote häufig essentiell. Sie erlauben nicht nur die Korrektur von Fehlern (z.B. „toten" internen Links), sondern ermöglichen vor allem die sog. „bedarfsgerechte Gestaltung" und **Optimierung des Dienstes**. Durch das Wissen, welche Seiten z.B. besonders beliebt sind, kann ein Anbieter einer Internetseite Rückschlüsse auf erfolgversprechende weitere Inhalte ziehen. Auch wird z.B. bei Online-Shops messbar, welche Inhalte auf der Internetseite häufiger zu Käufen geführt haben.

---

1 Vgl. dazu *Dieterich*, ZD 2015, 199 ff.
2 Vgl. zur Historie der Webanalyse „Arbeitspapier Webtracking und Privatsphäre" der *International Working Group on Data Protection in Telecommunications („Berlin Group")* v. 16.4.2013, https://www.datenschutz-berlin.de/fileadmin/user_upload/pdf/publikationen/working-paper/2013/2013-WP-Webtracking-de.pdf (aufgerufen am 15.12.2020), Ziff. 12 ff.

Allen gängigen Webanalyse-Verfahren liegt der Ansatz zugrunde, dass es nicht darum geht, das Verhalten von einzelnen Nutzern „auszuspähen". Die Systeme sind vielmehr darauf ausgelegt, das Verhalten der Nutzer insgesamt oder ggf. noch von Nutzergruppen zu analysieren, um hieraus Rückschlüsse auf Optimierungen zu ziehen oder Erkenntnisse über Besucherverhalten erhalten zu können. 17.4

Gleichwohl beinhalten Webanalyse-Verfahren durch die Vielzahl der möglichen Datenerhebungen und Analysen Gefahren für den Schutz personenbezogener Daten von Nutzern einer Internetseite. Die Gefahr wird hier vor allem in der **Verkettung von Daten** durch vernetzte Systeme gesehen. So wäre Google durch die hohe Verbreitung seines Webanalyse-Tools „Google Analytics" z.B. theoretisch in der Lage, das Surfverhalten einzelner Nutzer recht genau nachvollziehen zu können. Unternehmen oder öffentliche Stellen, die diese Verfahren einsetzen, und natürlich auch die Anbieter dieser Technologien sollten auf die Details des Einsatzes genau achten. Denn diese Verfahren können im Einzelfall sehr wohl ein sog. „**Profiling**" i.S.d. Art. 4 Nr. 4 DSGVO darstellen. Auch wenn im Falle von Webanalyse-Tools in der Regel der Anwendungsbereich von Art. 22 DSGVO nicht eröffnet sein wird, ist gleichwohl stets zu prüfen, ob vor dem Einsatz wegen Art. 35 Abs. 3 lit. a DSGVO eine Datenschutz-Folgenabschätzung durchgeführt werden muss. 17.5

Weltweit gibt es eine bedeutende Anzahl von Nutzern, die sich gegen das „Tracking" ihres Nutzerverhaltens wehren (wollen). Hierfür kann z.B. spezielle Software genutzt werden, die ein Tracking durch gängige Webanalyse-Tools unterbindet. Zum Teil werden diese selbst von den Herstellern von Webanalyse-Tools zur Verfügung gestellt. Große Anbieter von Endgeräten, wie z.B. Apple, unterbinden in aktuellen Softwareversionen bewusst den Einsatz von „Trackern", um Kunden zu schützen. 17.6

Das World Wide Web Consortium (W3C), das offene Standards für das Web entwickelt, hat durch das sog. „**Do-Not-Track**" (**DNT**) einen „Tracking Preference Expression"-Standard[3] entwickelt, der durch das Übertragen einer sog. Header-Information im Browser des Nutzers der Internetseite mitteilt, dass ein Tracking nicht gewünscht ist. Sowohl in den USA als auch in der EU-Kommission[4] gibt es Diskussionen darüber, ob DNT regulatorisch in die Praxis umgesetzt und die Beachtung von DNT damit verpflichtend für Anbieter von Internetseiten wird. Zwischenzeitlich ist die Diskussion hierzu jedoch verstummt. Es gab zum Teil rechtspolitische Bestrebungen in Deutschland, hier wieder Änderungen herbeizuführen, mit denen Zustimmungen z.B. zu Cookies „global" im Browser vorgenommen werden können sollen. Durchgesetzt hat sich dies aufgrund des Vorrangs der Regelungen der DSGVO und der ePrivacy-Richtlinie jedoch noch nicht. Zweifel bestehen bei diesen Browser-Lösungen einer Einwilligung häufig im Bereich einer zweifelsfreien „aktiven" Einwilligung. 17.7

II. Technische Funktionsweise der Webanalyse

Bei Webanalyse-Systemen kann zunächst zwischen zwei Lösungsansätzen differenziert werden. So gibt es **Webanalyse-Software**, die Anbieter von Internetseiten **auf ihrem eigenen Webserver** oder ihrem Webspace installieren können. Hier ist vor allem das Webanalyse-Tool „Matomo" sehr verbreitet. Die weitaus gängigere Variante ist allerdings die, dass die **Webanalyse-Software auf externen Systemen**, also in einem vom Webanalyse-Anbieter genutzten Rechenzentrum, betrieben wird. Das hat den Vorteil, dass die Wartung und Pflege der häufig komplexen Systeme vom Webanalyse-Anbieter selbst durchgeführt wird. Nachteil ist jedoch, dass eine wirksame Kontrolle dessen, was mit dem Webanalyse-Tool an Daten erhoben und analysiert wird, ungleich schwerer im Vergleich zu einer selbst „gehosteten" Variante ist. Durch die mittlerweile hohe Verbreitung von „Matomo" ist zu beobachten, dass viele Anbieter von Internetseiten „Matomo" nicht auf eigenen Servern oder IT-Systemen betreiben, sondern von darauf spezialisierten Dienstleistern oder Agenturen im Wege einer Auftragsverarbeitung installieren und hosten lassen. 17.8

---

3 Vgl. http://www.w3.org/TR/tracking-dnt/ (aufgerufen am 15.12.2020).
4 Ferner sehen auch einige Entwürfe für die ePrivacy-Verordnung entsprechende Ansätze von Verfahren auf Basis von Browsereinstellungen vor.

17.9 Bei beiden Varianten wird technisch die **Messung des Besucherverhaltens** dadurch initiiert, dass über ein Script im Quelltext der jeweils abgerufenen Internetseite auch die Webanalyse-Software über einen http-request aufgerufen wird. Dem HTTP-Protokoll liegt zugrunde, dass die Webanalyse-Software hierüber schon bestimmte Informationen über die IP-Adresse, den verwendeten Browser, den „Referrer" und weitere Informationen über den Browser im Endgerät des Nutzers erhält. Verbreitet ist auch die Anwendung von sog. „Tracking-Pixeln". Das sind Links zu sehr kleinen „leeren" Grafikdateien mit 1x1 Pixel Größe, die auf dem Server mit der Webanalyse-Software gespeichert sind und insoweit beim Aufruf dann auch die Informationen über den http-request ermöglichen.

17.10 Technisch wird dann meist vom Webanalyse-System ein **Cookie** im Browser des Endgeräts des Nutzers gesetzt, der dazu dient, den Besucher „wiederzuerkennen". Zu Beginn der Entwicklung von Webanalyse-Verfahren soll z.T. die IP-Adresse im Cookie gespeichert worden sein. Heute macht dies keiner der gängigen Anbieter mehr. Die meisten Anbieter speichern eine zufällige Identifikationsnummer im Cookie, die von der Webanalyse-Software vergeben wird und die an sich noch keinen unmittelbaren Personenbezug zum jeweiligen Nutzer ausweist. Über die Identifikationsnummer im Cookie kann der Benutzer wiedererkannt und sein Verhalten auf der Internetseite (Abruf von Internetseiten, getätigte Downloads etc.) dieser Identifikationsnummer zugeordnet werden.

17.11 Durch zusätzliche Java-Script-Technologie kann ein Webanalyse-Anbieter zudem weitere Informationen über den Browser des Nutzers bzw. das von diesem verwendeten Endgerät in Erfahrung bringen. Dazu gehören Information über das verwendete Betriebssystem, die Bildschirmauflösung, die Farbtiefe, installierte Plugins usw. Dies wiederum ermöglicht Rückschlüsse für die Optimierung der Internetseite im Hinblick auf bestimmte Endgeräte wie Smartphones, Tablet-PCs und dergleichen.

17.12 Wenn der Nutzer das Cookie löscht oder das Setzen von Cookies unterdrückt, dann ist eine Webanalyse – zumindest auf Cookie-Basis – nicht bzw. nicht mehr möglich. Viele Anbieter von Webanalyse-Verfahren haben hierfür jedoch alternative Verfahren entwickelt. So ist auf Basis von HTML5-Standards z.B. auch ein Speichern im sog. **DOM-Storage** möglich. Und schließlich gibt es auch einige Anbieter, die Webanalyse auf Basis des sog. „**Device-Fingerprintings**" anbieten. Bei dieser Technologie werden über eine Abfrage über den Browser des Nutzers so viele Informationen über das Endgerät des Nutzers erhoben, dass eine Identifizierung dieses Geräts eindeutig möglich wird, und das ohne Verwendung von Cookies. Im Gegensatz zu Cookies ist diese Technologie jedoch für den Betroffenen sehr intransparent[5].

17.13 Der Großteil der Anbieter von Webanalyse-Software bietet mit seinen Produkten eine Form der **Geolokalisierung** von Nutzern an. Hierzu wird meist die IP-Adresse verwendet. Aus einer vollständigen IP-Adresse lässt sich häufig eine Zuordnung auf eine Region des Landes vornehmen. Nach Maßgabe eines Beschlusses des Düsseldorfer Kreises soll eine IP-Adresse vor Durchführen der Geolokalisierung jedoch verkürzt werden, sofern keine Einwilligung des Betroffenen vorliegt, wobei die Verkürzung so zu erfolgen hat, dass eine Personenbeziehbarkeit ausgeschlossen ist[6]. Umstritten ist dabei, ob eine Verkürzung der IP-Adresse um das letzte Oktett ausreicht, oder ob eine Löschung von zwei Oktetten geboten ist. Zum Teil wurde von Aufsichtsbehörden empfohlen, die letzten beiden Oktette für eine Anonymi-

---

5 Vgl. umfassend zum Device-Fingerprinting *Nikiforakis/Kapravelost/Joosen/Kruegel/Piessens/Vigna*, Cookieless Monster: Exploring the Ecosystem of Web-based Device Fingerprinting, https://lirias.kuleuven. be/bitstream/123456789/393661/1/cookieless_sp2013.pdf (aufgerufen am 15.12.2020).

6 Vgl. Beschluss der obersten Aufsichtsbehörden für den Datenschutz im nicht-öffentlichen Bereich am 26./27.11.2009 in Stralsund, Datenschutzkonforme Ausgestaltung von Analyseverfahren zur Reichweitenmessung bei Internet-Angeboten, https://datenschutz.hessen.de/sites/datenschutz.hessen.de/files/content-downloads/B_Datenschutzkonforme%20Ausgestaltung%20von%20Analyseverfahren%20zur.pdf (aufgerufen am 15.12.2020).

sierung zu löschen[7] („IP-Masking"). Andere Aufsichtsbehörden haben im Rahmen eines sog. beanstandungsfreien Betriebes zumindest bei zwei Webanalyse-Anbietern die Löschung des letzten Oktetts ausreichen lassen. Diese Ansicht dürfte sich mittlerweile auch bei anderen Aufsichtsbehörden durchgesetzt haben[8].

Hinzu kommt noch, dass mittlerweile anerkannt ist, dass die Speicherung einer vollständigen IP-Adresse aus Datensicherheitsgründen sogar nach Art. 32 DSGVO geboten sein kann. Ohne vollständige IP-Adressen lassen sich sog. Datensicherheitsvorfälle nicht oder kaum analysieren, beheben oder künftig verhindern. Der „Zweck" der Speicherung der IP-Adresse ist hier aber ein anderer als bei der Webanalyse. Hier sollten Verantwortliche nicht dem Irrtum unterliegen, dass im Bereich der Webanalyse eine vollständige Verarbeitung der IP-Adresse zweifelsfrei zulässig wäre. 17.13a

Die Analyse-, Auswertungs- und Darstellungsmöglichkeiten der verschiedenen Webanalyse-Anbieter sind durchaus unterschiedlich. Im Hinblick auf die Möglichkeit der Unterbindung eines Trackings hat sich die Verwendung von sog. „**Opt-Out-Cookies**" durchgesetzt. Der Nutzer kann durch das Setzen eines „Opt-Out-Cookies", über das er idealerweise in den Datenschutzhinweisen des Anbieters der Internetseite informiert wird, dem weiteren Tracking widersprechen. Tut er dies, wird ein Cookie im Endgerät seines Browsers gesetzt. Dieses Cookie wird dann bei jedem Seitenaufruf von der Webanalyse-Software erkannt und führt dazu, dass eine Erhebung der Daten des Nutzers unterbleibt. Zum Teil führt das Cookie jedoch nur dazu, dass eine Auswertung der Daten unterbleibt, die Daten aber gleichwohl erhoben werden. Hier sollten die Anbieter, die die Technologie einsetzen, genau darauf achten, dass schon keine Erhebung der Daten erfolgt. 17.14

Wenn der Nutzer das „Opt-Out-Cookie" jedoch löscht, dann wird wieder ein Tracking seines Nutzungsverhaltens erfolgen. Hierauf muss der Nutzer hingewiesen werden. Der Nutzer kann schließlich auch selbst durch entsprechende Zusatzsoftware (z.B. Browser-Plugins) das Setzen von Cookies durch Webanalyse-Software unterbinden. Das ändert jedoch nichts an der Tatsache, dass der Anbieter der Internetseite die Webanalyse veranlasst und insoweit wohl auch verantwortliche Stelle für diese Datenerhebung, -verarbeitung und -nutzung ist. 17.15

III. Rechtliche und behördliche Vorgaben zur Webanalyse

Sofern die Webanalyse nicht ausdrücklich dazu dient, Pflichten des Anbieters gegenüber dem Nutzer aus dem Nutzungsverhältnis zu erfüllen[9], erfolgt die Webanalyse regelmäßig für Zwecke der **Werbung**, der **Marktforschung** oder zur **bedarfsgerechten Gestaltung der Telemedien** (§ 15 Abs. 3 Satz 1 TMG). Nicht ganz klar ist der Anwendungsbereich von § 15 Abs. 3 TMG, da trotz einer zwischenzeitlich ergangenen Rechtsprechung des BGH die Trennlinie zur DSGVO in Verbindung mit der ePrivacy-Richtlinie nicht deutlich skizziert ist. 17.16

Klar ist, dass nach der Rechtsprechung des BGH § 15 Abs. 3 TMG als Umsetzung der Vorgaben der ePrivacy-Richtlinie (2002/58/EG) in der Fassung der Richtlinie 2009/136/EG anzusehen ist und da-

---

7 So z.B. das *ULD*, Hinweise und Empfehlungen zur Analyse von Internet-Angeboten mit „Piwik", https://www.datenschutzzentrum.de/uploads/projekte/verbraucherdatenschutz/20110315-webanalyse-piwik.pdf, S. 8 (aufgerufen am 15.12.2020).

8 Siehe auch den Beschluss der *Datenschutzkonferenz (DSK)* vom 12.5.2020: „Hinweise zum Einsatz von Google Analytics im nicht-öffentlichen Bereich", https://www.datenschutzkonferenz-online.de/media/dskb/20200526_beschluss_hinweise_zum_einsatz_von_google_analytics.pdf (aufgerufen am 15.12.2020).

9 Bei Betreibern von sozialen Netzwerken erfolgt häufig eine Analyse des Nutzungsverhaltens, um dem Nutzer z.B. passende Inhalte (Gruppenbeiträge, Stellenanzeigen, passende Kontakte) anzeigen zu können. Sofern es Vertragsinhalt ist und der Anbieter diese „Matching"-Funktionen, z.B. zur Erweiterung des Netzwerks des Nutzers, als vertragliche Leistung anbietet, ist eine Erhebung-, Verarbeitung und Nutzung dieser Daten nach § 15 Abs. 1 TMG zulässig. § 15 Abs. 3 TMG steht dem nicht entgegen, da dieser eine Verarbeitung für andere Zwecke betrifft.

mit wegen Art. 95 DSGVO anwendbar bleibt. Allerdings ist eben insoweit nicht klar, wie weit der Anwendungsbereich von § 15 Abs. 3 TMG ist, da dort nur bestimmte Zwecke der Verarbeitung genannt sind. Insoweit ist denkbar, dass die Art. 6 ff. DSGVO parallel Anwendung finden.

Für das Vertragsmuster ist dieser Streit jedoch nicht entscheidend. Denn die verwendeten Klauseln sind ebenfalls grundsätzlich geeignet, die Einhaltung der rechtlichen Vorgaben der DSGVO zu gewährleisten. Dies betrifft insbesondere die Anforderungen aus Art. 6 Abs. 1 lit. f DSGVO und Art. 25 DSGVO.

Auf Basis des TMG durften die Nutzungsprofile nur unter Pseudonym erstellt werden. Hintergrund für diese Pflicht ist es, einen „Kompromiss zwischen dem Interesse des Nutzers an weitgehender Anonymität seines Konsumentenverhaltens und dem berechtigten wirtschaftlichen Interesse des Diensteanbieters" an der Auswertung der Inanspruchnahme des Dienstes herzustellen[10]. Daher soll eine entsprechende Auswertung nur pseudonym erfolgen können.

17.17 Nach § 15 Abs. 3 TMG ist bzw. war die Voraussetzung für die **Erstellung von pseudonymen Nutzungsprofilen**, dass diese für Zwecke der Werbung, der Marktforschung oder zur bedarfsgerechten Gestaltung der Telemedien erstellt werden und dass der Nutzer dem nicht widersprochen hat. Für die Wahrnehmung des **Widerspruchsrechts** ist eine entsprechende „Informiertheit" des Betroffenen erforderlich, die durch die Verpflichtung des Diensteanbieters, über die Widerspruchsmöglichkeit in Datenschutzhinweisen zu belehren (vgl. § 15 Abs. 2 Satz 2 TMG), erreicht werden soll. Nach der Rechtsprechung des BGH („Cookie-Einwilligung II)[11] ist § 15 Abs. 3 TMG richtlinienkonform dahingehend auszulegen, dass zumindest bei der Verwendung von Cookies zur Erstellung von pseudonymen Nutzungsprofilen eine Einwilligung des Betroffenen erforderlich ist, sofern diese Cookies nicht „unbedingt erforderlich" sind, um den Dienst zu erbringen. Letzteres wird für den Großteil der Internetseiten schwerlich zu begründen sein.

17.18 Rechtlich bedeutsam war schließlich auch das **Verbot der Zusammenführung von pseudonymen Nutzungsprofilen mit dem Träger des Pseudonyms** (§ 15 Abs. 3 Satz 3 TMG). Dies wäre nach § 16 Abs. 3 Nr. 5 TMG eine Ordnungswidrigkeit gewesen, die mit einer Geldbuße von bis zu EUR 50.000 geahndet werden kann. Künftig könnte eine entsprechende Zusammenführung von Daten jedoch einen Verstoß gegen Art. 25 DSGVO und/oder Art. 6 DSGVO i.V.m. Art. 5 Abs. 1 lit. b und lit. c DSGVO darstellen und ggf. nach Art. 82 Abs. 4 und Abs. 5 DSGVO mit einem Bußgeld geahndet werden. Allerdings wäre dies nur in den Fällen möglich, in denen § 15 Abs. 3 TMG klar nicht zur Anwendung kommt. Bedenken könnten zudem mit Blick auf den Bestimmtheitsgrundsatz im Straf- und Ordnungswidrigkeitenrecht bestehen.

17.19 Gerade in Online-Shop-Systemen oder auch in sozialen Netzwerken kann eine Zusammenführung zwischen der pseudonymen Identifikationsnummer im Cookie und dem Träger des Pseudonyms theoretisch leicht herbeigeführt werden, da der Diensteanbieter hier durch Interaktion des registrierten Nutzers eine Zuordnung vornehmen kann. Hier sah § 13 Abs. 4 Nr. 6 TMG flankierend vor, dass der Diensteanbieter **technische und organisatorische Maßnahmen** dafür zu treffen hat, dass Nutzungsprofile nach § 15 Abs. 3 TMG nicht mit dem Träger des Pseudonyms zusammengeführt werden. Wie diese Maßnahmen konkret aussehen sollen, ergab sich aus dem Gesetz nicht[12]. Tatsächlich wird eine Weitergeltung von § 13 Abs. 4 TMG aber schwerlich rechtlich vertretbar sein, da diese Norm nicht der Umsetzung der ePrivacy-Richtlinie dienen dürfte. Insoweit wäre dann allenfalls Art. 32 DSGVO zur den jeweils gebotenen technischen und organisatorischen Maßnahmen heranzuziehen.

17.20 Beispielhafte Maßnahme kann vor allem eine Abschottung von Verarbeitungsbereichen sein. Denkbar sind auch Maßnahmen einer „informationellen Gewaltenteilung". Das sind Modelle, in denen

---

10 So die Gesetzesbegründung zur Vorgängerregelung in § 4 Abs. 4 TDDSG, BT-Drucks. 13/7385, 24 – http://dipbt.bundestag.de/doc/btd/13/073/1307385.pdf (aufgerufen am 15.12.2020).

11 BGH v. 28.5.2020 – I ZR 7/16, NJW 2020, 2540 ff.

12 Vgl. *Hullen/Roggenkamp* in Plath, § 15 TMG Rz. 26.

mehrere Unternehmen zusammen agieren, um einen ganzheitlichen Dienst anzubieten. Dabei besteht jedoch die Besonderheit, dass jeder Anbieter allein einen Personenbezug nicht herleiten kann, weil dies durch Pseudonymisierungs- und Anonymisierungstechnologien des jeweils anderen Teils unterbunden wird. So wird z.B. im Bereich der Anbieter von verhaltensbezogener Werbung schon seit längerer Zeit mit Anonymisierungsdiensten gearbeitet, die z.B. IP-Adressen für den Anbieter anonymisieren, so dass dieser keinen Personenbezug aus der IP-Adresse herleiten kann. Der Anonymisierungsanbieter hingegen hat wiederum keinen Zugriff auf Daten, die auf ein Nutzerverhalten schließen lassen könnten. So weiß jedes einzelne Unternehmen nicht „alles", und dennoch kann für den Nutzer ein ganzheitlicher Dienst angeboten werden. Diese Modelle sind allerdings meist sehr komplex – technisch und rechtlich. Und nicht in jedem Fall sind diese Modelle geeignet, so kann es gerade bei reichweitenstarken Angeboten zu Performance-Problemen kommen.

Neben den gesetzlichen Vorgaben hat es auch seitens der Aufsichtsbehörden früher schon Beschlüsse **17.21** und Empfehlungen im Hinblick auf die Durchführung von Webanalyse-Maßnahmen gegeben. So hatte der Düsseldorfer Kreis in seiner Sitzung am 26./27.11.2009 in Stralsund den Beschluss „Datenschutzkonforme Ausgestaltung von Analyseverfahren zur Reichweitenmessung bei Internet-Angeboten"[13] gefasst und insoweit Vorgaben für entsprechende Diensteanbieter aus dem TMG zusammengefasst. Diese sind mittlerweile überholt. Die Datenschutzkonferenz (DSK) hat am 12.5.2020 „Hinweise zum Einsatz von Google Analytics im nicht-öffentlichen Bereich"[14] beschlossen. Danach halten die deutschen Aufsichtsbehörden folgende Maßnahmen beim Einsatz von Google Analytics für geboten:

– Einholung einer informierten, freiwilligen, aktiven und vorherigen Einwilligung der Nutzer;

– Einhaltung konkreter technischer Anforderungen an die Umsetzung des Widerrufs der Einwilligung;

– Transparenz der Datenverarbeitung;

– Kürzung der IP-Adresse.

Rechtlich nicht einwandfrei geklärt ist noch, inwieweit die sog. **Cookie-Richtlinie** eine **Einwilligung** **17.22** des Betroffenen in die Webanalyse erfordert. So wird von einigen Anbietern von Internetseiten argumentiert, dass der Einsatz von Google Analytics für die Erbringung der werbefinanzierten Seite „unbedingt erforderlich" i.S.d. Art. 5 (3) ePrivacy-Richtlinie sei und daher kein Erfordernis einer Einwilligung bestehen würde. Der Streit wird letztlich durch die Gerichte entschieden werden müssen. Zumindest in den Fällen, in denen Internetseiten der wirtschaftliche „Boden" komplett entzogen würde, weil z.B. die Wirksamkeit von Werbemitteln bei erheblichen Werbebudgets nicht mehr gemessen werden könnte, wäre es durchaus denkbar, dass man unter einer primärrechtskonformen Auslegung der ePrivacy-Richtlinie mit Blick auf Art. 15 und Art. 16 GRCh zu dem Ergebnis kommen könnte, dass es einer Einwilligung für die Verwendung von Cookies nicht bedarf.

Nach Art. 5 (3) der ePrivacy-Richtlinie in der aktuellen Fassung ist die Speicherung von Informationen oder der Zugriff auf Informationen, die bereits im Endgerät eines Teilnehmers oder Nutzers gespeichert sind, nur zulässig, wenn der Nutzer seine Einwilligung auf der Grundlage einer klaren und umfassenden Information erhalten hat.

Dabei soll es sich zudem um einen „prior consent", also eine Einwilligung handeln, die vor dem Setzen des Cookies oder dem Auslesen des Cookies, erteilt werden muss[15].

---

13 Zu finden unter: https://datenschutz.hessen.de/sites/datenschutz.hessen.de/files/content-downloads/ B_Datenschutzkonforme%20Ausgestaltung%20von%20Analyseverfahren%20zur.pdf (aufgerufen am 15.12.2020).
14 https://www.datenschutzkonferenz-online.de/media/dskb/20200526_beschluss_hinweise_zum_einsatz_ von_google_analytics.pdf (aufgerufen am 15.12.2020).
15 Vgl. zur Problematik *Höppner*, DSRI-Tagungsband 2011, 477 (486 f.).

17.23 Die durch Art. 5 (3) der ePrivacy-Richtlinie herbeigeführten Änderungen sind rechtspolitisch immer noch stark umstritten, da der Einsatz von Cookies für werbefinanzierte Internetseiten essentiell ist. Die Art. 29-Datenschutzgruppe hat in ihrem Arbeitspapier „Opinion 04/2012 on Cookie Consent Exemption" im Juni 2012 (WP 194)[16] empfohlen, Art. 5 (3) der ePrivacy-Richtlinie insoweit zu überdenken, dass bei einer Verwendung von Webanalyse-Tools mittels First-Party-Cookies eine Ausnahme vom Einwilligungserfordernis denkbar und angemessen sei. Letztlich wird abzuwarten sein, ob und wie eine künftige ePrivacy-Verordnung diese Voraussetzungen regeln wird. Der Europäische Datenschutzausschuss (EDSA) hat hier bislang noch keine weitergehenden Vorschläge gemacht.

B. Vertrag zur Durchführung von Webanalysen („Webtracking")

I. Muster

17.24 **M 17.1 Vertrag zur Durchführung von Webanalysen („Webtracking")**

Vertrag zur Durchführung von Webanalysen („Webtracking")

zwischen[17]

*… (nachfolgend „**Auftraggeber**" genannt)*

und

*… (nachfolgend „**Auftragnehmer**" genannt)*

1. Allgemeines[18]

1.1 Der Auftragnehmer stellt dem Auftraggeber seinen Webanalyse-Service zur Nutzung zur Verfügung. Der Webanalyse-Service wird auf IT-Systemen (Server) des Auftragnehmers betrieben, die der Auftragnehmer verwaltet, wartet und pflegt.

1.2 Voraussetzung für die Nutzung durch den Auftraggeber ist die Einbindung eines „Tracking-Codes" in den Quelltext seiner Internetseiten. Der „Tracking-Code" wird dem Auftraggeber vom Auftragnehmer zur Verfügung stellt. Alternativ kann die Einbindung auch über ein „Tracking-Pixel" in den Quelltext der Internetseiten des Auftraggebers erfolgen. Bei dieser Methode wird ein Aufruf einer Leer-Grafik-Datei (1x1 Pixel) auf dem Server des Auftragnehmers initiiert. Über diesen Aufruf, der über das HTTP-Protokoll erfolgt, kann der Auftragnehmer dann die Webanalyse durchführen. Der Auftragnehmer behält sich vor, die Einbindung abhängig von der Weiterentwicklung von technischen Standards anzupassen. Der Auftragnehmer wird dabei berechtigte Interessen des Auftraggebers angemessen berücksichtigen.

2. Vertragsschluss[19]

Der Vertrag kommt mit der Unterzeichnung des Vertrages durch beide Parteien zustande.

3. Leistungen des Auftragnehmers[20]

3.1 Der Auftragnehmer bietet dem Auftraggeber die Durchführung von Analysen des Verhaltens von Besuchern der Internetseiten des Auftraggebers an, die unter nachfolgendem URL im Internet abrufbar sind:

… [Domain eintragen]

---

16 Zu finden hier: https://ec.europa.eu/justice/article-29/documentation/opinion-recommendation/files/
    2012/wp194_en.pdf (aufgerufen am 15.12.2020).
17 Zum zugrundeliegenden Sachverhalt siehe Rz. 17.25.
18 Zu den Erläuterungen siehe Rz. 17.27 ff.
19 Zu den Erläuterungen siehe Rz. 17.35 ff.
20 Zu den Erläuterungen siehe Rz. 17.39 ff.

3.2 Die Leistungen des Auftragnehmers beinhalten die Bereitstellung von „Tracking-Codes" oder vergleichbaren Methoden, die der Auftraggeber in seine unter Ziffer 3.1 genannte Internetseite einbinden kann. Bei einem Aufruf einer Internetseite mit einem „Tracking-Code" des Auftraggebers führt dies dazu, dass der Aufruf vom Webanalyse-Service des Auftragnehmers protokolliert und nach den Festlegungen dieses Vertrages ausgewertet wird.

3.3 Der Auftragnehmer bereitet die Daten über das Besucherverhalten für den Auftraggeber auf und stellt neben Abrufzahlen auch weitere Übersichten mit Grafiken zur Verfügung. Die Auswertung kann der Auftraggeber in seinem Kundenbereich des Webanalyse-Services einsehen. Der Auftragnehmer stellt dem Auftraggeber die erforderlichen Zugangsdaten in geeigneter Weise zur Verfügung.

3.4 Der Auftragnehmer bietet dem Auftraggeber seinen Webanalyse-Service in der jeweils vom Auftraggeber gewählten Produktvariante und den jeweiligen Leistungsmerkmalen an.

3.5 Der Auftragnehmer stellt dem Auftraggeber mit der Webanalyse-Software eine Funktion zur Verfügung, mit der der Auftraggeber auf seiner Internetseite den Einsatz der Webanalyse-Software von einer Einwilligung des Besuchers der Internetseite abhängig machen kann. Bei der Umsetzung der Einwilligung sind die Vorgaben von Art. 7 DSGVO vom Auftragnehmer einzuhalten.

4. Pflichten des Auftraggebers[21]

4.1 Der Auftraggeber hat seine Zugangsdaten (Benutzername, Passwort) geheim zu halten. Er hat dafür Sorge zu tragen, dass diese Daten nicht unbefugten Dritten zugänglich gemacht werden.

4.2 Der Auftraggeber hat ferner sicher zu stellen, dass der Zugang zu und die Nutzung des Webanalyse-Services des Auftragnehmers mit den Benutzerdaten ausschließlich durch den Auftraggeber und/oder berechtigte Nutzer erfolgt. Sofern Tatsachen vorliegen, die die Annahme begründen, dass unbefugte Dritte von Zugangsdaten des Nutzers Kenntnis erlangt haben oder erlangen könnten, ist der Auftragnehmer vom Auftraggeber unverzüglich zu informieren.

4.3 Der Auftraggeber ist verpflichtet, bei der Nutzung des Webanalyse-Services die jeweils geltenden Rechtsvorschriften einzuhalten, dies gilt insbesondere im Hinblick auf die Datenschutz-Grundverordnung (DSGVO).

4.4 Der Auftraggeber wird auf seiner Internetseite über den Einsatz des Webanalyse-Services des Auftragnehmers hinweisen und in dem Zusammenhang auch über die Erstellung von pseudonymen Nutzungsprofilen und die Verwendung von Cookies informieren. Der Auftraggeber wird in dem Zusammenhang auch über die Möglichkeit informieren, das weitere „Tracking" durch Setzen eines „Opt-Out-Cookies" zu unterbinden. Die Information soll auch den Hinweis erhalten, dass im Falle einer Löschung eines „Opt-Out-Cookies" durch den Nutzer erneut ein „Tracking" stattfindet.

5. Datenschutz[22]

5.1 Der Auftragnehmer ist verpflichtet, seinen Web-Analyse-Service so zu gestalten, dass eine Einhaltung der jeweils geltenden Rechtsvorschriften zu Datenschutz und Datensicherheit für den Auftraggeber möglich ist.

5.2 Der Auftragnehmer wird insbesondere folgende Maßnahmen umsetzen:

5.2.1 Der Auftragnehmer wird dem Auftraggeber die technischen Informationen zur Verfügung stellen, die der Auftraggeber für eine den gesetzlichen Anforderungen entsprechende Information der Nutzer (insbesondere gemäß Art. 13, 14 DSGVO) seiner Internetseiten benötigt.

5.2.2 Der Auftragnehmer ist verpflichtet, die Möglichkeit zu eröffnen, dass die erhobenen IP-Adressen von Nutzern vor der Durchführung einer etwaigen Geolokalisierung um das letzte Oktett gelöscht oder das letzte Oktett überschrieben wird.

5.2.3 Der Auftragnehmer wird eine Speicherung von IP-Adressen in vollständiger Form unterlassen. Soweit IP-Adressen unverzüglich nach Erhebung dazu genutzt werden, um die IP-Adresse verschlüs-

---

21 Zu den Erläuterungen siehe Rz. 17.50 ff.
22 Zu den Erläuterungen siehe Rz. 17.62 ff.

selt in anonymisierter Weise zu speichern, so ist der Auftragnehmer verpflichtet, Verschlüsselungstechnologien einzusetzen, die eine De-Anonymisierung nach dem Stand der Technik ausschließen.

5.2.4 Der Auftragnehmer hat dem Auftraggeber eine Anpassung der Lebensdauer von Cookies zu ermöglichen. Sofern eine Anpassung der Cookie-Laufzeiten nicht oder nicht vollständig möglich ist, ist die Lebensdauer der für den Auftraggeber verwendeten Cookies auf sechs Monate zu beschränken.

5.2.5 Der Auftragnehmer wird es unterlassen, Technologien einzusetzen, die die Wiederherstellung von Cookies, die ein Nutzer in seinem Browser gelöscht hat, ermöglichen.

5.2.6 Der Auftragnehmer stellt eine technische Lösung für den Auftraggeber bereit, die dieser auf seinen Internetseiten einbinden kann, mit der Nutzer der Internetseiten des Auftraggebers eine Einwilligung („Opt-In") für die Erhebung, Verarbeitung und Nutzung personenbezogener Daten für Zwecke der Webanalyse erteilen können.

5.3 Die Verarbeitung von personenbezogenen Daten durch den Auftragnehmer für den Auftraggeber hat ausschließlich innerhalb der Europäischen Union oder des Europäischen Wirtschaftsraums stattzufinden.

5.4 Dem Auftragnehmer ist es untersagt, Nutzungsprofile von Nutzern der Internetseiten des Auftraggebers auf Basis von individuellen, browserbasierten Informationen („Device Fingerprint") zu erstellen.

5.5 Der Auftragnehmer wird dem Auftraggeber ermöglichen, das „Tracking" von Nutzern der Internetseiten des Auftraggebers, die einen „Do-Not-Track"-Header mittels ihres Browsers übertragen, zu unterbinden.

5.6 Dem Auftragnehmer ist es untersagt, pseudonyme Daten aus Nutzungsprofilen mit dem Träger des Pseudonyms zusammenzuführen.

6. Auftragsverarbeitung[23]

Der Auftraggeber ist Verantwortlicher für die Verarbeitung von personenbezogenen Daten im Zusammenhang mit der Durchführung der Webanalyse auf seinen Internetseiten. Der Auftragnehmer wird im Hinblick auf die Erhebung, Verarbeitung und Nutzung von personenbezogenen Daten im Auftrag des Auftraggebers tätig. Zur Umsetzung der Voraussetzungen des Art. 28 DSGVO vereinbaren die Parteien die in der **„Anlage Auftragsverarbeitung"** festgesetzten Regelungen.

7. Nutzungsrechte[24]

7.1 Der Auftragnehmer räumt dem Auftraggeber das zeitlich auf die Dauer des Vertrages beschränkte, nicht übertragbare Nutzungsrecht an der zum Einsatz kommenden Webanalyse-Software ein.

7.2 Die mit der Webanalyse-Software verarbeiteten und genutzten Nutzungsdaten werden im Auftrag des Auftraggebers vom Auftragnehmer verarbeitet. Der Auftraggeber ist insoweit „Herr dieser Daten" und kann über die Daten frei verfügen. Im Hinblick auf die vertragsgemäß durchzuführenden Webanalyse-Leistungen räumt der Auftraggeber dem Auftragnehmer das Recht ein, die Nutzungsdaten zur Erfüllung der Pflichten aus diesem Vertrag zu nutzen.

8. Datensicherung[25]

Der Auftragnehmer wird die für den Auftraggeber gespeicherten Daten regelmäßig, mindestens einmal täglich, in einer dem Stand der Technik entsprechenden Weise sichern. Die Sicherung hat redundant zu erfolgen. Die Datensicherung ist so zu verwahren, dass eine unbefugte Kenntnisnahme durch Dritte ausgeschlossen ist.

---

23 Zu den Erläuterungen siehe Rz. 17.90 ff.
24 Zu den Erläuterungen siehe Rz. 17.95 ff.
25 Zu den Erläuterungen siehe Rz. 17.100 ff.

9. Preise und Zahlung[26]

9.1 Die Parteien vereinbaren für die Erbringung der vertraglichen Leistungen des Auftragnehmers eine Vergütung i.H.v. … EUR netto zzgl. der jeweils geltenden USt. pro Monat.

9.2 Die Vergütung wird dem Auftraggeber jeweils zu Beginn eines Monats für den vergangenen Monat in Rechnung gestellt. Der Anspruch auf Zahlung ist mit Zugang der Rechnung beim Auftraggeber fällig und binnen 30 Tagen vom Auftraggeber an den Auftragnehmer zu zahlen.

10. Verfügbarkeit[27]

10.1 Der Auftragnehmer bemüht sich um eine möglichst unterbrechungsfreie Nutzbarkeit seines Webanalyse-Services. Jedoch können durch technische Störungen (wie z.B. Unterbrechung der Stromversorgung, Hardware- und Softwarefehler, technische Probleme in den Datenleitungen) zeitweilige Beschränkungen oder Unterbrechungen auftreten.

10.2 Der Auftragnehmer gewährleistet in seinem Verantwortungsbereich eine Verfügbarkeit von 99 % im Jahresmittel. Nicht in die Berechnung der Verfügbarkeit fallen die regulären Wartungsfenster, die jede Woche zwei Stunden betragen und in der Regel zwischen 0:00 Uhr und 6:00 Uhr mitteleuropäischer Zeit durchgeführt werden. Der Auftragnehmer wird den Auftraggeber über geplante Wartungsarbeiten vorab in Textform (z.B. per E-Mail) informieren. Der Auftragnehmer wird die Verfügbarkeit des Webanalyse-Services durch geeignete technische Methoden messen und dem Auftraggeber auf Anfrage zur Prüfung geeignete Unterlagen in geeigneter Weise zur Verfügung stellen.

11. Haftungsbeschränkung[28]

11.1 Die Parteien haften bei Vorsatz oder grober Fahrlässigkeit für alle jeweils von ihnen verursachten Schäden unbeschränkt.

11.2 Bei leichter Fahrlässigkeit haften die Parteien im Fall der Verletzung des Lebens, des Körpers oder der Gesundheit unbeschränkt.

11.3 Im Übrigen haften die Parteien nur, soweit sie jeweils eine wesentliche Vertragspflicht verletzt haben. Als wesentliche Vertragspflichten werden dabei abstrakt solche Pflichten bezeichnet, deren Erfüllung die ordnungsgemäße Durchführung des Vertrages überhaupt erst ermöglicht und auf deren Einhaltung die jeweils andere Partei regelmäßig vertrauen darf. In diesen Fällen ist die Haftung auf den Ersatz des vorhersehbaren, typischerweise eintretenden Schadens beschränkt.

11.4 Soweit die Haftung der Parteien nach den vorgenannten Vorschriften ausgeschlossen oder beschränkt wird, gilt dies auch für Erfüllungsgehilfen der Parteien.

12. Dauer und Kündigung[29]

12.1 Der Vertrag wird auf unbestimmte Zeit geschlossen.

12.2 Der Vertrag kann von jeder Partei mit einer Frist von drei Monaten zum Ende eines Monats gekündigt werden.

12.3 Ein außerordentliches Kündigungsrecht jeder Partei bleibt unberührt.

12.4 Die Kündigung bedarf der Schriftform.

12.5 Im Falle der Beendigung wird der Auftragnehmer alle für den Auftraggeber verarbeiteten Nutzungsdaten, insbesondere Rohdaten, in einem lesbaren, weiterverarbeitbaren Format zur Verfügung stellen.

---

26 Zu den Erläuterungen siehe Rz. 17.105 ff.
27 Zu den Erläuterungen siehe Rz. 17.110 ff.
28 Zu den Erläuterungen siehe Rz. 17.117 ff.
29 Zu den Erläuterungen siehe Rz. 17.124 ff.

13. Schlussbestimmungen[30]

13.1 Es gilt das Recht der Bundesrepublik Deutschland, wobei die Geltung des UN-Kaufrechts ausgeschlossen wird.

*13.2 Als Gerichtsstand für alle Streitigkeiten aus dem Vertragsverhältnis wird der Sitz des Auftragnehmers [**alternativ:** Auftraggebers] vereinbart.*

13.3 Sollten einzelne Bestimmungen dieses Vertrages unwirksam sein oder werden, so berührt dies die Wirksamkeit der übrigen Bestimmungen nicht. Die Parteien werden im Falle der Unwirksamkeit einer Klausel eine am wirtschaftlichen Zweck des Vertrages orientierte ersatzweise Regelung vereinbaren.

II. Erläuterungen

1. Vorbemerkung

17.25 In diesem Vertragsmuster wird davon ausgegangen, dass die **Webanalyse-Systeme von einem externen Dienstleister im Auftrag des Anbieters der Internetseiten durchgeführt** werden. Der Vertrag ist für die Verwendung durch Hersteller von Webanalyse-Software, die auf eigenen IT-Systemen eines Diensteanbieters installiert werden, nicht geeignet. Da bei einem Webanalyse-System regelmäßig auch IP-Adressen erhoben werden[31], liegt bei diesen Dienstleistungen regelmäßig eine Verarbeitung von personenbezogenen Daten im Auftrag vor. Denn nach der Rechtsprechung von EuGH und BGH sind IP-Adressen grds. als personenbezogene Daten einzuordnen. Auch wenn IP-Adressen nicht oder nicht in vollständiger Länge gespeichert werden, stellt schon die „flüchtige" Verwendung der IP-Adresse eine „Verarbeitung" personenbezogener Daten dar. Wenn diese – wie hier – im Auftrag erfolgt, ist entsprechend eine Vereinbarung nach Art. 28 DSGVO zwischen den Parteien zu treffen. Ziff. 6 des Vertragsmusters sieht insoweit einen Hinweis auf eine Anlage zur Vereinbarung einer Auftragsverarbeitung vor.

2. Allgemeines (Ziff. 1)

17.26 **M 17.1.1 Allgemeines**

1. Allgemeines

1.1 Der Auftragnehmer stellt dem Auftraggeber seinen Webanalyse-Service zur Nutzung zur Verfügung. Der Webanalyse-Service wird auf IT-Systemen (Server) des Auftragnehmers betrieben, die der Auftragnehmer verwaltet, wartet und pflegt.

1.2 Voraussetzung für die Nutzung durch den Auftraggeber ist die Einbindung eines „Tracking-Codes" in den Quelltext seiner Internetseiten. Der „Tracking-Code" wird dem Auftraggeber vom Auftragnehmer zur Verfügung stellt. Alternativ kann die Einbindung auch über ein „Tracking-Pixel" in den Quelltext der Internetseiten des Auftraggebers erfolgen. Bei dieser Methode wird ein Aufruf einer Leer-Grafik-Datei (1x1 Pixel) auf dem Server des Auftragnehmers initiiert. Über diesen Aufruf, der über das HTTP-Protokoll erfolgt, kann der Auftragnehmer dann die Webanalyse durchführen. Der Auftragnehmer behält sich vor, die Einbindung abhängig von der Weiterentwicklung von technischen Standards anzupassen. Der Auftragnehmer wird dabei berechtigte Interessen des Auftraggebers angemessen berücksichtigen.

---

30 Zu den Erläuterungen siehe Rz. 17.132 ff.
31 Technisch ist das regelmäßig zwingend, da schon durch den „http-request" die IP-Adresse technisch übermittelt wird, um eine Kommunikation zwischen Server und Endgerät zu ermöglichen.

a) Ratio

Der Vertrag wird mit einer allgemeinen Einleitung begonnen, in der der Vertragsgegenstand grob beschrieben und die Einbindung des Webtrackings in die Seiten als Voraussetzung für eine Nutzung dargestellt wird. **17.27**

b) Vertragsgegenstand (Ziff. 1.1)

Der Vertragsgegenstand wird hier allgemein beschrieben. Der Auftragnehmer soll für den Auftraggeber einen **Webanalyse-Service** zur Verfügung stellen. Wichtig ist, dass in dieser Vertragsvariante der Auftragnehmer den Webanalyse-Service auf seinen IT-Systemen, also **extern** zur Verfügung stellt. Der Vertrag sieht die Variante der Installation von Webanalyse-Software auf IT-Systemen des Auftraggebers nicht vor. **17.28**

Diese externe Variante kommt in der Praxis häufiger vor. Dies ermöglicht dem Auftragnehmer eine bessere Wartung und Pflege der zum Einsatz kommenden Software, ohne dass ein Zugriff auf fremde Hardware des Auftraggebers erforderlich wäre. **17.29**

c) Einbindung (Ziff. 1.2)

Die Einbindung von Webanalyse-Software erfolgt in aller Regel durch die Einbindung eines Tracking-Scripts („**Tracking-Code**") in den Quelltext der Internetseiten des Auftraggebers. Diese Einbindung muss durch den Auftraggeber erfolgen, da der Auftragnehmer regelmäßig keinen Zugriff auf den Quelltext der Internetseiten des Auftraggebers hat. **17.30**

Die Pflicht des Auftragnehmers beschränkt sich insoweit darauf, einen „Tracking-Code" zur Verfügung zu stellen, der durch dessen Einbindung in die Internetseiten die Webanalyse ermöglicht und initiiert. **17.31**

Der „Tracking-Code" besteht meist aus einem Java-Script-Code, der in die Seite eingebunden wird. Da einige Nutzer z.B. aus Sicherheitsgründen Java-Script in ihrem Browser deaktiviert haben, wird darüber hinaus von vielen Webanalyse-Anbietern die Möglichkeit offeriert, mit sog. „Tracking-Pixeln" zu arbeiten. Ein solches Pixel ist in der Regel eine Leer-Grafik-Datei, die über einen HTML-Tag im Quelltext vom Webanalyse-Server abgerufen wird. Über die technische Spezifizierung des HTTP-Protokolls erhält der Webanalyse-Server dann schon zumindest einige Grunddaten über den Browser des Nutzers und den Abruf der jeweiligen Internetseite. So wird ein Basis-Tracking möglich, auch wenn der Nutzer Java-Script deaktiviert hat. **17.32**

Mit der Weiterentwicklung von technischen Standards im Internet sind auch andere Einbindungstechnologien denkbar. Der Vertrag sieht insoweit eine **dynamische Anpassung** durch den Auftraggeber vor, bei dem jedoch berechtigte Interessen des Auftraggebers angemessen berücksichtigt werden müssen. **17.33**

3. Vertragsschluss (Ziff. 2)

M 17.1.2 Vertragsschluss **17.34**

2. Vertragsschluss

Der Vertrag kommt mit der Unterzeichnung des Vertrages durch beide Parteien zustande.

a) Ratio

17.35 Die Ziffer enthält eine kurze Festlegung darüber, wann ein Vertrag zwischen den Parteien zustande kommt.

b) Erläuterungen

17.36 In diesem Vertrag ist eine einfache Variante des Vertragsschlusses verwendet worden. Der Vertrag kommt zustande, wenn beide Parteien den Vertrag unterzeichnet haben.

17.37 Selbstverständlich kann hier eine entsprechende Anpassung im Hinblick auf den Vertragsbeginn und damit den Beginn der Leistungen erfolgen.

4. Leistungen des Auftragnehmers (Ziff. 3)

17.38 **M 17.1.3 Leistungen des Auftragnehmers**

3. Leistungen des Auftragnehmers

3.1 Der Auftragnehmer bietet dem Auftraggeber die Durchführung von Analysen des Verhaltens von Besuchern der Internetseiten des Auftraggebers an, die unter nachfolgendem URL im Internet abrufbar sind:

… [Domain eintragen]

3.2 Die Leistungen des Auftragnehmers beinhalten die Bereitstellung von "Tracking-Codes" oder vergleichbaren Methoden, die der Auftraggeber in seine unter Ziffer 3.1 genannte Internetseite einbinden kann. Bei einem Aufruf einer Internetseite mit einem "Tracking-Code" des Auftraggebers führt dies dazu, dass der Aufruf vom Webanalyse-Service des Auftragnehmers protokolliert und nach den Festlegungen dieses Vertrages ausgewertet wird.

3.3 Der Auftragnehmer bereitet die Daten über das Besucherverhalten für den Auftraggeber auf und stellt neben Abrufzahlen auch weitere Übersichten mit Grafiken zur Verfügung. Die Auswertung kann der Auftraggeber in seinem Kundenbereich des Webanalyse-Services einsehen. Der Auftragnehmer stellt dem Auftraggeber die erforderlichen Zugangsdaten in geeigneter Weise zur Verfügung.

3.4 Der Auftragnehmer bietet dem Auftraggeber seinen Webanalyse-Service in der jeweils vom Auftraggeber gewählten Produktvariante und den jeweiligen Leistungsmerkmalen an.

3.5 Der Auftragnehmer stellt dem Auftraggeber mit der Webanalyse-Software eine Funktion zur Verfügung, mit der der Auftraggeber auf seiner Internetseite den Einsatz der Webanalyse-Software von einer Einwilligung des Besuchers der Internetseite abhängig machen kann. Bei der Umsetzung der Einwilligung sind die Vorgaben von Art. 7 DSGVO vom Auftragnehmer einzuhalten.

a) Ratio

17.39 Die Leistungen, die der Webanalyse-Anbieter erbringt, werden in dieser Ziffer definiert. Der Gegenstand der vertraglichen Leistungen und auch der Gegenstand der Datenverarbeitung werden hier grundsätzlich festgelegt.

17.40 Die Leistungen werden durch eine flankierende Regelung in Ziff. 5 ("Datenschutz"), in der weitere Pflichten des Auftragnehmers im Umgang mit personenbezogenen Daten geregelt sind, ergänzt.

b) Internetseite/Domain (Ziff. 3.1)

Die vertraglich vereinbarte **Webanalyse** wird in der Regel **domainbasiert** erfolgen, d.h., dass der Auftragnehmer dem Auftraggeber anbietet, die Webanalyse für eine bestimmte Internetseite unter einer bestimmten Domain durchzuführen. 17.41

Denkbar ist auch eine Anpassung dahingehend, dass der Auftragnehmer dem Auftraggeber anbietet, jegliche seiner Internetseiten – unabhängig von Domains – anzubieten. Das dürfte in der Praxis aber eher unüblich sein. Vertragsrechtlich ist die Beschränkung auf eine oder mehrere, wenige Domains die Regel. 17.42

c) Tracking-Methode (Ziff. 3.2)

Wie schon unter Ziff. 1 beschrieben, besteht die vertragliche Leistung des Auftraggebers darin, einen „Tracking-Code" für den Auftraggeber bereitzustellen, den dieser in den Quelltext seiner Internetseiten einbinden kann, um eine Webanalyse zu ermöglichen. Die Klausel ermöglicht statt eines „Tracking-Codes" auch eine vergleichbare Methode. Hier kann es sich insbesondere um ein „**Tracking-Pixel**" handeln. 17.43

Erst bei einem Aufruf einer Internetseite, in die der „Tracking-Code" eingebunden ist, kann eine Webanalyse erfolgen, indem der Aufruf der Internetseite protokolliert wird und eine Auswertung der Daten über den Besuch erfolgen kann. 17.44

d) Analysen (Ziff. 3.3)

Die **Protokollierung von Zugriffen** auf eine Internetseite ist nur ein Merkmal einer Webanalyse. Die Kernleistung bei einer Webanalyse besteht darin, aus den gespeicherten Daten eine **Auswertung** zu generieren, die dem Auftraggeber Aufschluss darüber gibt, **wie Nutzer** bzw. Nutzergruppen seine **Internetseite nutzen**. 17.45

Der Auftraggeber erhält vom Auftragnehmer hierfür die Möglichkeit, in einem Kundenbereich auf einer Internetseite des Auftragnehmers die Analysen und Auswertungen einzusehen bzw. diese zu konfigurieren und anzupassen. Der Auftragnehmer stellt dem Auftraggeber die Zugangsdaten in geeigneter Weise zur Verfügung. Häufig werden dem Auftraggeber die Zugangsdaten separat per Post oder Übergabe zur Verfügung gestellt. Die Zusendung von Zugangsdaten per unverschlüsselter E-Mail sollte unterbleiben, da unverschlüsselte E-Mails nicht hinreichend sicher vor der unbefugten Kenntnisnahme durch Dritte sind. Einige Anbieter senden dem Auftraggeber einen Link zur Aktivierung seines Kundenbereichs. Nach Aufruf des Links kann der Auftraggeber dann sein Passwort (und ggf. auch seinen Benutzernamen) selbst wählen.

In der Praxis kann gerade im Umgang mit großen Unternehmen eine Anpassung dahingehend erforderlich sein, dass es mehrere Zugänge zum Kundenbereich geben muss, weil es mehrere Benutzer gibt. Zum Teil sind hier dann auch abgestufte Berechtigungen erforderlich. Bei komplexen Webanalyse-Systemen mit individuellen Analyse- und Reporting-Möglichkeiten ist eine Unterscheidung zwischen Benutzerkonten mit reinem Lesezugriff und Benutzerkonten, die die Berechtigung zur Erstellung und Konfiguration von Analysen und Berichten („Reports") haben, sinnvoll. 17.46

e) Leistungsbeschreibung (Ziff. 3.4)

Aufgrund der Vielfalt der jeweiligen Möglichkeiten von Webanalyse-Software ist es in der Praxis nicht üblich, eine komplette Leistungsbeschreibung im Vertrag vorzunehmen. In Ziff. 3.4 findet insoweit eine Verweisung auf die jeweilige Produktvariante und den dazugehörigen Leistungsmerkmalen statt. Wichtig ist insoweit, dass dem Vertrag auch eine „Bestellung" eines bestimmten Produktes zugrunde liegt. Anderenfalls müsste die Produktvariante, z.B. unter Ziff. 3.1, konkret benannt werden. 17.47

f) Option einer Einwilligungslösung (Ziff. 3.5)

17.48 Nach der Rechtsprechung des BGH[32] wird man nun auch in Deutschland regelmäßig von dem Erfordernis einer Einwilligung bei der Verwendung einer Cookie-basierten Webanalyse ausgehen können. Daher sollte der Auftragnehmer verpflichtet sein, eine entsprechende Technologie zum Einholen von Einwilligungen zu implementieren und anzubieten. Da der Auftraggeber zudem das Vorliegen einer Einwilligung nachweisen können muss, wäre weiterhin darüber nachzudenken, ob und inwieweit z.B. über die Speicherung von pseudonymen IDs beim Auftraggeber Einwilligungen nachgewiesen werden können. Praktisch würde dies aber zu einem „Mehr" an Datenverarbeitung führen, das nach Art. 11 Abs. 1 DSGVO grundsätzlich nicht gewollt ist.

5. Pflichten des Auftraggebers (Ziff. 4)

17.49 **M 17.1.4 Pflichten des Auftraggebers**

4. Pflichten des Auftraggebers

4.1 Der Auftraggeber hat seine Zugangsdaten (Benutzername, Passwort) geheim zu halten. Er hat dafür Sorge zu tragen, dass diese Daten nicht unbefugten Dritten zugänglich gemacht werden.

4.2 Der Auftraggeber hat ferner sicher zu stellen, dass der Zugang zu und die Nutzung des Webanalyse-Services des Auftragnehmers mit den Benutzerdaten ausschließlich durch den Auftraggeber und/oder berechtigte Nutzer erfolgt. Sofern Tatsachen vorliegen, die die Annahme begründen, dass unbefugte Dritte von Zugangsdaten des Nutzers Kenntnis erlangt haben oder erlangen könnten, ist der Auftragnehmer vom Auftraggeber unverzüglich zu informieren.

4.3 Der Auftraggeber ist verpflichtet, bei der Nutzung des Webanalyse-Services die jeweils geltenden Rechtsvorschriften einzuhalten, dies gilt insbesondere im Hinblick auf die Datenschutz-Grundverordnung (DSGVO).

4.4 Der Auftraggeber wird auf seiner Internetseite über den Einsatz des Webanalyse-Services des Auftragnehmers hinweisen und in dem Zusammenhang auch über die Erstellung von pseudonymen Nutzungsprofilen und die Verwendung von Cookies informieren. Der Auftraggeber wird in dem Zusammenhang auch über die Möglichkeit informieren, das weitere „Tracking" durch Setzen eines „Opt-Out-Cookies" zu unterbinden. Die Information soll auch den Hinweis erhalten, dass im Falle einer Löschung eines „Opt-Out-Cookies" durch den Nutzer erneut ein „Tracking" stattfindet.

a) Ratio

17.50 Auch den Auftraggeber treffen im Zusammenhang mit der Durchführung einer Webanalyse Pflichten. Diese sind in Ziff. 4 geregelt.

b) Schutz von Zugangsdaten (Ziff. 4.1)

17.51 Der Auftraggeber erhält vom Auftragnehmer Zugangsdaten für seinen Kundenbereich, in dem der Auftragnehmer seine Webanalyse-Daten einsehen und pflegen kann. Um den Schutz dieser Daten vor der unbefugten Kenntnisnahme durch Dritte zu gewährleisten, sind die Daten vom Auftraggeber geheim zu halten und vor der unbefugten Kenntnisnahme durch Dritte zu schützen. Dies ist Aufgabe des Auftraggebers.

---

32 BGH v. 28.5.2020 – I ZR 7/16, NJW 2020, 2540 ff.

c) Berechtigte Nutzer (Ziff. 4.2)

Der Auftraggeber ist verpflichtet, Sorge dafür zu tragen, dass sein „**Account**" nur durch ihn bzw. berechtigte Nutzer (vor allem Mitarbeiter) genutzt wird. Dies bezweckt einerseits ebenfalls den Schutz der Daten vor unbefugtem Zugriff, andererseits dient diese Regelung auch dazu, einer ausufernden vertragswidrigen Nutzung der Webanalyse entgegenzuwirken.   17.52

Häufig wird dem Auftraggeber ein Missbrauch des Passworts durch unberechtigte Nutzer oder die Gefahr desselben selbst auffallen, weil es z.B. einen Computer-Virus im Unternehmen oder einen sonstigen Vorfall mit Schadsoftware im Unternehmen gegeben hat und auf diesem Wege ggf. auch Zugangsdaten für die Webanalyse in dritte Hände gelangt sein können. Denkbar ist auch, dass z.B. mobile Geräte wie ein Notebook eines Beschäftigten des Auftraggebers entwendet worden oder verloren gegangen sind und die Zugangsdaten auf diesem externen Gerät gespeichert gewesen sind.   17.53

Um den Auftragnehmer in die Lage zu versetzen, sein Webanalyse-System vor entsprechenden Zugriffen durch unberechtigte Nutzer zu schützen und die jeweils erforderlichen Maßnahmen zu treffen, sieht Ziff. 4.2 eine Informationspflicht des Auftraggebers über derartige Vorfälle vor. Wenn Tatsachen die Annahme begründen, dass unbefugte Dritte Zugangsdaten erlangt haben könnten, ist der Auftragnehmer unverzüglich, also ohne schuldhaftes Zögern, zu informieren.   17.54

d) Einzuhaltendes Recht (Ziff. 4.3)

Auch wenn es an sich selbstverständlich ist, dass der Auftraggeber, in dessen Auftrag die Datenverarbeitung stattfindet, die geltenden Gesetze einhält, findet sich in diesem Vertrag noch einmal ausdrücklich die Verpflichtung des Auftraggebers, insbesondere die Regelungen der DSGVO einzuhalten.   17.55

Eine solche Regelung hat sich in der Praxis bewährt, da es häufig Begehrlichkeiten des Auftraggebers im Hinblick auf die Webanalyse gibt, die ggf. über die gesetzlichen Möglichkeiten hinausgeht. Um insoweit auch schon Weisungen unmöglich zu machen, die gegen eine Regelung der DSGVO verstoßen würden, ist eine entsprechende ausdrückliche Verpflichtung auf die Einhaltung dieser Gesetze zugunsten der Interessen des Auftragnehmers sinnvoll und geboten.   17.56

e) Informationspflicht (Ziff. 4.4)

Der Regelungsgedanke ist hier ähnlich wie bei Ziff. 4.3. Natürlich gibt es die gesetzlichen Verpflichtungen des Auftraggebers, nach Art. 13, 14 DSGVO über Zweck, Art und Umfang der Erhebung, Verarbeitung und Nutzung personenbezogener Daten auf seinen Internetseiten zu informieren. Eine **Klarstellung** dieser Pflicht in Ziff. 4.4 ist jedoch im Interesse des Auftragnehmers, da es in der Praxis durchaus vorkommen kann, dass ein Auftraggeber nicht über die Webanalyse informiert.   17.57

Eine Nichtinformation kann für den Auftragnehmer schädigende Einflüsse haben, da dieser ansonsten möglicherweise selbst vom Betroffenen als verantwortliche Stelle für die Datenverarbeitung angesehen werden könnte. In den Datenschutzhinweisen des Auftraggebers sollte daher deutlich werden, dass diese Webanalyse auf Veranlassung des Auftraggebers erfolgt.   17.58

Der Auftraggeber muss also in seinen **Datenschutzhinweisen** über die Webanalyse, die Erstellung von pseudonymen Nutzungsprofilen und die Verwendung von Cookies informieren.   17.59

Darüber hinaus soll der Auftraggeber, um den Anforderungen über die Information zu einem **Widerspruchsrecht** nach § 15 Abs. 3 TMG zu entsprechen, über ein Widerspruchsrecht informieren, das in diesem Zusammenhang durch das Setzen eines „**Opt-Out-Cookies**" erfolgen kann[33]. Sofern § 15 Abs. 3 TMG insoweit für nicht anwendbar zu erachten ist, würden ähnliche Vorgaben aus Art. 21   17.60

---

33 Zu den technischen Hintergründen eines „Opt-Out-Cookies" vgl. die Ausführungen unter Rz. 17.14 f.

DSGVO greifen. Wichtig ist in diesem Zusammenhang auch die Information darüber, dass ein Tracking nicht mehr unterbunden wird, wenn das „Opt-Out-Cookie" vom Nutzer gelöscht wird, da viele Nutzer sich über diesen Umstand nicht bewusst sind.

6. Datenschutz (Ziff. 5)

17.61 **M 17.1.5 Datenschutz**

5. Datenschutz

5.1 Der Auftragnehmer ist verpflichtet, seinen Web-Analyse-Service so zu gestalten, dass eine Einhaltung der jeweils geltenden Rechtsvorschriften zu Datenschutz und Datensicherheit für den Auftraggeber möglich ist.

5.2 Der Auftragnehmer wird insbesondere folgende Maßnahmen umsetzen:

5.2.1 Der Auftragnehmer wird dem Auftraggeber die technischen Informationen zur Verfügung stellen, die der Auftraggeber für eine den gesetzlichen Anforderungen entsprechende Information der Nutzer (insbesondere gemäß Art. 13, 14 DSGVO) seiner Internetseiten benötigt.

5.2.2 Der Auftragnehmer ist verpflichtet, die Möglichkeit zu eröffnen, dass die erhobenen IP-Adressen von Nutzern vor der Durchführung einer etwaigen Geolokalisierung um das letzte Oktett gelöscht oder das letzte Oktett überschrieben wird.

5.2.3 Der Auftragnehmer wird eine Speicherung von IP-Adressen in vollständiger Form unterlassen. Soweit IP-Adressen unverzüglich nach Erhebung dazu genutzt werden, um die IP-Adresse verschlüsselt in anonymisierter Weise zu speichern, so ist der Auftragnehmer verpflichtet, Verschlüsselungstechnologien einzusetzen, die eine De-Anonymisierung nach dem Stand der Technik ausschließen.

5.2.4 Der Auftragnehmer hat dem Auftraggeber eine Anpassung der Lebensdauer von Cookies zu ermöglichen. Sofern eine Anpassung der Cookie-Laufzeiten nicht oder nicht vollständig möglich ist, ist die Lebensdauer der für den Auftraggeber verwendeten Cookies auf sechs Monate zu beschränken.

5.2.5 Der Auftragnehmer wird es unterlassen, Technologien einzusetzen, die die Wiederherstellung von Cookies, die ein Nutzer in seinem Browser gelöscht hat, ermöglichen.

5.2.6 Der Auftragnehmer stellt eine technische Lösung für den Auftraggeber bereit, die dieser auf seinen Internetseiten einbinden kann, mit der Nutzer der Internetseiten des Auftraggebers eine Einwilligung („Opt-In") für die Erhebung, Verarbeitung und Nutzung personenbezogener Daten für Zwecke der Webanalyse erteilen können.

5.3 Die Verarbeitung von personenbezogenen Daten durch den Auftragnehmer für den Auftraggeber hat ausschließlich innerhalb der Europäischen Union oder des Europäischen Wirtschaftsraums stattzufinden.

5.4 Dem Auftragnehmer ist es untersagt, Nutzungsprofile von Nutzern der Internetseiten des Auftraggebers auf Basis von individuellen, browserbasierten Informationen („Device Fingerprint") zu erstellen.

5.5 Der Auftragnehmer wird dem Auftraggeber ermöglichen, das „Tracking" von Nutzern der Internetseiten des Auftraggebers, die einen „Do-Not-Track"-Header mittels ihres Browsers übertragen, zu unterbinden.

5.6 Dem Auftragnehmer ist es untersagt, pseudonyme Daten aus Nutzungsprofilen mit dem Träger des Pseudonyms zusammenzuführen.

a) Ratio

17.62 Die **Einhaltung von Rechtsvorschriften zum Schutz personenbezogener Daten** ist bei der Durchführung von Webanalysen essentiell. Die Regelungen in Ziff. 5 beinhalten insoweit Pflichten für den

Auftragnehmer, die sich aus den einschlägigen Gesetzen selbst ergeben bzw. sich von diesen ableiten lassen.

Ferner sind auch die **Vorgaben der Aufsichtsbehörden** für den Datenschutz im Hinblick auf den „beanstandungsfreien" Betrieb von bestimmten Webanalyse-Verfahren in diese Regelungen zum Datenschutz eingeflossen.   17.63

b) Verantwortlichkeit (Ziff. 5.1)

Das Datenschutzrecht, insbesondere im Telemedienbereich, ist sehr komplex. Dies macht die Einhaltung von rechtlichen Vorgaben in diesem Bereich sehr schwierig, zumal das geltende Recht nicht immer mit der sehr dynamischen technischen Entwicklung Stand halten konnte. In der Praxis kann es zudem sehr häufig vorkommen, dass es Auslegungsschwierigkeiten im Hinblick auf die Einhaltung konkreter Vorgaben des Gesetzes gibt. Auch im Hinblick auf die föderale Aufsichtsbehörden-Struktur in der Bundesrepublik Deutschland ist es nicht ungewöhnlich, dass in einem Bundesland eine Verarbeitung von Daten von Aufsichtsbehörden als erlaubt angesehen wird, während in einem anderen Bundesland eine entsprechende Verarbeitung beanstandet werden könnte.   17.64

Durch Ziff. 5.1 wird der Auftragnehmer verpflichtet, seinen Webanalyse-Service so zu gestalten, dass eine **datenschutzkonforme Nutzung** für den jeweiligen **Auftraggeber** möglich. Dieser ist als **Verantwortlicher** i.S.d. Art. 24 Abs. 1 DSGVO i.V.m. Art. 4 Ziff. 7 DSGVO selbst für die Verarbeitung von Daten, auch einer Verarbeitung von Daten im Auftrag, verantwortlich. Demzufolge hat er ein hohes Interesse daran, einen Dienst in Anspruch zu nehmen, der ihm eine datenschutzkonforme Nutzung ermöglicht.   17.65

c) Besondere Maßnahmen (Ziff. 5.2)

Um eine datenschutzkonforme Nutzung zu ermöglichen, bedarf es insbesondere nach den Vorgaben der Aufsichtsbehörden bestimmter Maßnahmen. Diese werden in Ziff. 5.2 und den jeweiligen Unterziffern geregelt.   17.66

aa) Informationen (Ziff. 5.2.1)

Der Auftraggeber hat nach Art. 13 DSGVO die Nutzer der Internetseiten über die Webanalyse, deren Zweck, Art und Umfang zu informieren. Häufig bedarf es für die Erläuterung der Funktionsweise weiterer Informationen vom Auftragnehmer, da meist nur dieser die technischen Detailkenntnisse über seine Software hat. Mit Ziff. 5.2.1 erhält der Auftraggeber gegenüber dem Auftragnehmer den **Anspruch auf Herausgabe geeigneter Informationen**, um seinen **Informationspflichten aus der DSGVO** nachzukommen.   17.67

Viele Anbieter bieten ihren Kunden entsprechende Formulartexte, die diese in die **Datenschutzhinweise** auf den Internetseiten einbinden können.   17.68

Die **Information der Nutzer** ist insbesondere auch geboten, um den Anforderungen der Datenschutzkonferenz aus dem Beschluss „Hinweise zum Einsatz von Google Analytics im nicht-öffentlichen Bereich" nachzukommen. Denn diese Vorgaben dürften nicht nur beim Einsatz von Google Analytics, sondern auch für den Einsatz anderer Webanalyse-Tools herangezogen werden können. Danach sind die Informationen insbesondere in transparenter und verständlicher Form zu erteilen.   17.69

bb) Geolokalisierung (Ziff. 5.2.2)

Nach Ansicht der Aufsichtsbehörden in Deutschland muss vor Durchführung einer Geolokalisierung eine Anonymisierung der IP-Adresse erfolgen.   17.70

17.71 Die Ziff. 5.2.2 verpflichtet den Auftragnehmer, eine entsprechende Lösung anzubieten. In diesem Vertrag wird davon ausgegangen, dass die Streichung des letzten Oktetts für eine Anonymisierung ausreicht.

17.72 Im Zuge der zunehmenden Durchsetzung des IPv6-Standards muss diese Klausel möglicherweise angepasst werden.

cc) IP-Adressen (Ziff. 5.2.3)

17.73 Nach der Rechtsprechung des EuGH[34] und des BGH[35] ist eine IP-Adresse grundsätzlich ein personenbezogenes Datum. Dies gilt jedenfalls dann, wenn der Anbieter der Internetseite über rechtliche Mittel verfügt, den Personenbezug herzuleiten. Der zuvor bestehende Streit darüber, ob eine IP-Adresse einen Personenbezug aufweist, ist damit im Hinblick auf die praktische Umsetzung durch die Rechtsprechung geklärt worden. Auch wenn mit der Geltung der DSGVO die Regelungen zur Verarbeitung von Bestands- und Nutzungsdaten künftig aus Art. 6 DSGVO abzuleiten sind, ist gleichwohl zu empfehlen, dass **IP-Adressen nach dem Ende der Nutzung unverzüglich zu löschen oder zu anonymisieren sind**. Nur so wird man wohl den Vorgaben des Datenschutzes durch Technikgestaltung und durch datenschutzfreundliche Voreinstellungen i.S.d. Art. 25 DSGVO Rechnung tragen können. Eine Speicherung darf nach Ziff. 5.2.3 nur in anonymisierter Form erfolgen.

17.74 Wichtig ist dabei, dass ein **Algorithmus zum Anonymisieren** verwendet wird, der eine De-Anonymisierung grundsätzlich unmöglich macht. So ist z.B. der MD5-Algorithmus vom Bayerischen Landesamt für Datenschutzaufsicht im Hinblick auf eine „Ver-Hashung" von IP-Adressen für mit dem BDSG a.F. unvereinbar erklärt worden. Hintergrund hierfür dürfte eine Schwachstelle im MD5-Algorithmus sein[36].

dd) Cookies (Ziff. 5.2.4)

17.75 Der Auftraggeber wird im Einzelfall eigene Wünsche im Hinblick auf die **Speicherdauer** von Cookies haben. Diese können aufgrund praktischer Bedürfnisse stark schwanken. Unterschiedlich dürften auch die Ansichten der Aufsichtsbehörden im Hinblick auf die maximale Lebensdauer bei Cookies im Zusammenhang mit Webanalyse-Verfahren sein. So hat das Bayerische Landesamt für Datenschutz eine Speicherdauer von maximal 24 Monaten für vertretbar gehalten. Erfahrungen aus der Praxis zeigen, dass andere Aufsichtsbehörden hier durchaus eine kürzere Lebensdauer von sechs bis zwölf Monaten für erforderlich halten. Daher sieht die Klausel hier eine maximale Cookie-Lebensdauer von sechs Monaten vor, sofern eine individuelle Anpassung über die Webanalyse-Software nicht oder nicht vollständig möglich ist.

17.76 Der Auftragnehmer muss über die Regelung in Ziff. 5.2.4 eine Anpassung der Cookie-Laufzeiten ermöglichen, um den jeweiligen datenschutzrechtlichen Anforderungen entsprechen zu können.

ee) Device Fingerprinting (Ziff. 5.2.5)

17.77 Es gibt Technologien, z.B. unter der Verwendung der Flash-Technologie oder auch des „Device-Fingerprintings", die es Anbietern ermöglicht, vom Nutzer gelöschte Cookies ohne deren Einverständnis wiederherzustellen („**Re-Spawning**"). Ermöglicht wird dies, indem parallel zu den Informationen im Cookie ein „Schattenprofil" mit identischen Informationen bzw. Informationszuordnungen auf Seiten des Webanalyse-Anbieters „mitläuft". Wenn ein Nutzer ohne Cookie dann dennoch z.B. über ein „Device-Fingerprinting" erkannt wird, dann kann ihm dasselbe Cookie mit den vorherigen Informationen wieder gesetzt werden.

---

34 EuGH v. 19.10.2016 – C 582/14 („Breyer"), Rz. 32 ff.
35 BGH v. 16.5.2017 – VI ZR 135/13, NJW 2017, 2416 ff.
36 Zum Hintergrund: https://www.heise.de/security/artikel/Konsequenzen-der-erfolgreichen-Angriffe-auf-MD5-270106.html.

Nach deutschem Recht ist dieses „Re-Spawning" **rechtswidrig**. Denn diese Bildung und Erstellung von Nutzungsprofilen unterläuft die Widerspruchsmöglichkeit des § 15 Abs. 3 TMG und ist daher mit den Vorgaben des § 15 Abs. 3 TMG nicht in Einklang zu bringen. Es ist rechtlich umstritten, inwieweit die Regelungen des § 15 Abs. 3 TMG mit Geltung der DSGVO wirksam bleiben oder nicht. Dies ist auch durch die Rechtsprechung des BGH bis dato nicht vollständig geklärt (siehe Rz. 17.16). Ein „Re-Spawning" wäre allerdings auch mit den Vorgaben der DSGVO nicht in zulässiger Weise möglich.

17.78

Zur Sicherstellung einer rechtskonformen Nutzung sieht Ziff. 5.2.5 ein entsprechendes Verbot solcher Technologien vor.

17.79

ff) „Opt-In" (Ziff. 5.2.6)

Wie in Rz. 17.22 f. erläutert, ist nach dem Wortlaut von Art. 5 (3) der ePrivacy-Richtlinie eine Einwilligung des Nutzers erforderlich. Sofern eine Umsetzung von Art. 5 (3) in deutsches Recht tatsächlich noch erfolgen bzw. ein Fall der unmittelbaren Geltung der Richtlinie wegen verspäteter Umsetzung und einem subjektiv-öffentlichen Recht vorliegen sollte, sieht Ziff. 5.2.5 vorsorglich eine Verpflichtung des Auftragnehmers vor, eine entsprechende „Opt-In-Technologie" vorzuhalten, damit der Auftraggeber die Möglichkeit hat, eine Einwilligung von Betroffenen einzuholen.

17.80

Da der Großteil der Webanalyse-Verfahren aktuell noch auf Basis von „Cookies" arbeitet, ist die Anwendung von „Opt-In"-Verfahren zwischenzeitlich der Standard.

17.81

d) Ort der Datenverarbeitung (Ziff. 5.3)

Die Klausel sieht eine Datenverarbeitung in der EU bzw. dem EWR vor. Hintergrund ist, dass im Falle der Nutzung eines Rechenzentrums in einem **Drittstaat** schon durch den Aufruf des Webanalyse-Services über den http-Request eine Übermittlung der IP-Adresse erfolgt. Dies erfolgt zwar notwendigerweise, um die Kommunikation mit dem Webanalyse-Server zu ermöglichen. Da eine IP-Adresse aber einen Personenbezug aufweisen kann, handelt es sich hier **möglicherweise um eine unzulässige Übermittlung von Nutzungsdaten**, die nicht von den Vorgaben der DSGVO gedeckt ist.

17.82

Um dieser Problematik aus dem Weg zu gehen, wird von vornherein eine **Datenverarbeitung in Staaten mit einem angemessenen Datenschutzniveau** verpflichtend vorgegeben.

17.83

e) Verbot Device Fingerprinting (Ziff. 5.4)

Die Problematik des „Device Fingerprintings" wurde schon in Rz. 17.12 dargestellt. Die Klausel soll sicherstellen, dass hier keine entsprechende Technologie zum Einsatz kommt, soweit es um Zwecke der Webanalyse geht.

17.84

f) Do-Not-Track (Ziff. 5.5)

Wie in Rz. 17.7 dargelegt, gibt es einen Do-Not-Track-Standard, der es Nutzern von Internetseiten ermöglicht, ihren Wunsch nach einem Unterbleiben von Webtracking durch eine entsprechende Browsereinstellung gegenüber dem Anbieter der Internetseite mitzuteilen. Es ist nicht ausgeschlossen, dass diese Technologie irgendwann verpflichtend zu berücksichtigen ist. Der Vertrag sieht insoweit proaktiv eine entsprechende Einbindung vor.

17.85

Die **Klausel ist optional** und kann, falls dies nicht erwünscht ist, ersatzlos gestrichen werden.

17.86

g) Zusammenführung von pseudonymen Daten (Ziff. 5.6)

17.87 Diese Klausel enthält die **Klarstellung** gegenüber dem Auftragnehmer als Auftragsverarbeiter, dass auch dieser keine Zusammenführung von Nutzungsprofilen mit dem Träger des Pseudonyms vornehmen darf.

17.88 Insoweit werden auch gegenüber dem Auftragnehmer die Vorgaben des § 15 Abs. 3 Satz 3 TMG umgesetzt.

7. Auftragsverarbeitung (Ziff. 6)

17.89 **M 17.1.6 Auftragsverarbeitung**

6. Auftragsverarbeitung

Der Auftraggeber ist Verantwortlicher für die Verarbeitung von personenbezogenen Daten im Zusammenhang mit der Durchführung der Webanalyse auf seinen Internetseiten. Der Auftragnehmer wird im Hinblick auf die Erhebung, Verarbeitung und Nutzung von personenbezogenen Daten im Auftrag des Auftraggebers tätig. Zur Umsetzung der Voraussetzungen des Art. 28 DSGVO vereinbaren die Parteien die in der „Anlage Auftragsverarbeitung" festgesetzten Regelungen.

a) Ratio

17.90 Der Anbieter des Webanalyse-Services wird seine Leistungen in aller Regel in Form einer **Verarbeitung von Daten im Auftrag** erbringen. Dies bedarf einer kurzen Regelung im Vertrag.

b) Erläuterungen

17.91 Der **Auftragnehmer** wird als **Auftragsverarbeiter** für den Auftraggeber tätig. Mit der Klausel wird zur Klarstellung noch einmal darauf hingewiesen, dass der Auftraggeber **Verantwortlicher** für die Datenverarbeitung ist.

17.92 Schon aufgrund des Umfangs eines **Auftragsverarbeitungsvertrages** wird dieser meist in eine Anlage ausgelagert.

17.93 Abhängig davon, ob der Auftragsverarbeitungsvertrag eher auftraggeber- oder auftragnehmerfreundlich sein soll, sollte dann ein entsprechender Auftragsverarbeitungsvertrag als Anlage zum Vertrag genommen werden. Hier kann eine Anlehnung an die Vertragsmuster unter Rz. 8.5 und Rz. 9.7 vorgenommen werden.

8. Nutzungsrechte (Ziff. 7)

17.94 **M 17.1.7 Nutzungsrechte**

7. Nutzungsrechte

7.1 Der Auftragnehmer räumt dem Auftraggeber das zeitlich auf die Dauer des Vertrages beschränkte, nicht übertragbare Nutzungsrecht an der zum Einsatz kommenden Webanalyse-Software ein.

7.2 Die mit der Webanalyse-Software verarbeitet und genutzten Nutzungsdaten werden im Auftrag des Auftraggebers vom Auftragnehmer verarbeitet. Der Auftraggeber ist insoweit „Herr dieser Daten" und kann über die Daten frei verfügen. Im Hinblick auf die vertragsgemäß durchzuführenden Webanalyse-Leistungen räumt der Auftraggeber dem Auftragnehmer das Recht ein, die Nutzungsdaten zur Erfüllung der Pflichten aus diesem Vertrag zu nutzen.

a) Ratio

Bei dem Anbieten einer Webanalyse-Software wird, auch wenn die Software nicht überlassen, sondern als Service angeboten wird, eine Übertragung von Nutzungsrechten **urheberrechtlich** erforderlich. Dies ist Gegenstand der Ziff. 7.   17.95

b) Nutzungsrechte (Ziff. 7.1)

Hier handelt es sich um eine einfache Regelung einer Übertragung der erforderlichen Nutzungsrechte an der Software für die Dauer des Vertrages. Es handelt sich um ein nicht übertragbares Nutzungsrecht.   17.96

c) Verfügungsbefugnis (Ziff. 7.2)

Die Ziff. 7.2 enthält eine Klarstellung, wer verfügungsberechtigt über die Daten ist, die über die Webanalyse-Software erhoben, verarbeitet und genutzt werden. Verfügungsbefugt ist allein der Auftraggeber als „Herr der Daten".   17.97

Auch wenn Zweifel daran bestehen, dass die Nutzungsdaten aus der Webanalyse einen urheberrechtlichen Schutz genießen, ist hier vorsorglich ein Nutzungsrecht an diesen Daten zugunsten des Auftragnehmers eingefügt worden.   17.98

9. Datensicherung (Ziff. 8)

M 17.1.8 Datensicherung   17.99

8. Datensicherung

Der Auftragnehmer wird die für den Auftraggeber gespeicherten Daten regelmäßig, mindestens einmal täglich, in einer dem Stand der Technik entsprechenden Weise sichern. Die Sicherung hat redundant zu erfolgen. Die Datensicherung ist so zu verwahren, dass eine unbefugte Kenntnisnahme durch Dritte ausgeschlossen ist.

a) Ratio

Die Nutzungsdaten, die mit dem Webanalyse-System verarbeitet werden, können einen hohen wirtschaftlichen Wert für den Auftraggeber aufweisen. Eine Sicherung der Daten ist daher für die Interessen des Auftraggebers essenziell.   17.100

b) Erläuterungen

Der Auftragnehmer ist verpflichtet, eine regelmäßige Datensicherung durchzuführen. Diese muss mindestens einmal täglich erfolgen, die Art und Weise der Datensicherung muss dem Stand der Technik entsprechen.   17.101

17.102 Um einen Verlust von Daten, z.B. im Falle eines Brandes im Rechenzentrum, auszuschließen, muss die Sicherung redundant erfolgen, so dass eine Wiederherstellung von Daten von einem anderen Speicherort möglich ist.

17.103 Schließlich ist die Datensicherung so aufzubewahren, dass diese nicht von Dritten eingesehen werden kann. Hier bieten sich Verschlüsselungstechnologien an, sofern die Datensicherung nicht in einem sicheren Bereich eines Rechenzentrums aufbewahrt wird.

10. Preise und Zahlung (Ziff. 9)

17.104 **M 17.1.9 Preise und Zahlung**

9. Preise und Zahlung

9.1 Die Parteien vereinbaren für die Erbringung der vertraglichen Leistungen des Auftragnehmers eine Vergütung i.H.v. … EUR netto zzgl. der jeweils geltenden USt. pro Monat.

9.2 Die Vergütung wird dem Auftraggeber jeweils zu Beginn eines Monats für den vergangenen Monat in Rechnung gestellt. Der Anspruch auf Zahlung ist mit Zugang der Rechnung beim Auftraggeber fällig und binnen 30 Tagen vom Auftraggeber an den Auftragnehmer zu zahlen.

a) Ratio

17.105 Mit dieser Klausel wird eine Vereinbarung zur Vergütung zwischen den Parteien getroffen.

b) Vergütung (Ziff. 9.1)

17.106 Die Klausel enthält eine einfache Regelung zur Vergütung des Auftragnehmers. Diese basiert in diesem Fall auf einer monatlichen **pauschalen Vergütung**.

17.107 Denkbar sind auch **dynamische Modelle**, die z.B. darauf basieren, dass eine Vergütung abhängig von der jeweiligen Besucherzahl pro Monat abhängig ist. Insoweit kann dann von einer volumenbasierten Abrechnung gesprochen werden, die entsprechend vereinbart werden kann.

c) Abrechnungsturnus (Ziff. 9.2)

17.108 In dieser Regelung wird davon ausgegangen, dass eine monatliche Rechnungsstellung und Bezahlung erfolgt. Entsprechend sind hier Regelungen zur Fälligkeit und zur Zahlung vorgesehen.

11. Verfügbarkeit (Ziff. 10)

17.109 **M 17.1.10 Verfügbarkeit**

10. Verfügbarkeit

10.1 Der Auftragnehmer bemüht sich um eine möglichst unterbrechungsfreie Nutzbarkeit seines Webanalyse-Services. Jedoch können durch technische Störungen (wie z.B. Unterbrechung der Stromversorgung, Hardware- und Softwarefehler, technische Probleme in den Datenleitungen) zeitweilige Beschränkungen oder Unterbrechungen auftreten.

10.2 Der Auftragnehmer gewährleistet in seinem Verantwortungsbereich eine Verfügbarkeit von 99 % im Jahresmittel. Nicht in die Berechnung der Verfügbarkeit fallen die regulären Wartungsfenster, die jede Woche zwei Stunden betragen und in der Regel zwischen 0:00 Uhr und 6:00 Uhr mitteleuropäischer Zeit durchgeführt werden. Der Auftragnehmer wird den Auftraggeber über geplante Wartungsarbeiten vorab in Textform (z.B. E-Mail) informieren. Der Auftragnehmer wird die Verfügbarkeit des Webanalyse-Services durch geeignete technische Methoden messen und dem Auftraggeber auf Anfrage zur Prüfung geeignete Unterlagen in geeigneter Weise zur Verfügung stellen.

a) Ratio

Aufgrund der wirtschaftlichen Bedeutung der Webanalyse für viele Internetanbieter ist eine Verfügbarkeit dieser Dienstleistung für den Auftraggeber sehr wichtig.   17.110

Die Ziff. 10 sieht eine Regelung zur Verfügbarkeit vor, die **ohne zusätzliches Service-Level-Agreement (SLA)** auskommt.   17.111

b) Grundsätzliches zur Verfügbarkeit (Ziff. 10.1)

Hier erfolgt eine **Klarstellung**, dass eine unterbrechungsfreie Nutzbarkeit und damit Verfügbarkeit nicht garantiert werden kann. Dies kann bedingt sein durch technische Störungen, die sowohl an der Hardware als auch der Software auftreten können. Hier ist dann eine entsprechende Wartung erforderlich.   17.112

c) Verfügbarkeit des Dienstes (Ziff. 10.2)

In dieser Regelung findet sich die Konkretisierung der Erfüllbarkeit auf einen Wert von 99 % im Jahresmittel. Sowohl der Prozentwert als auch der Zeitwert können abgeändert werden. So wäre z.B. eine Erhöhung auf 99,9 % Verfügbarkeit pro Monat als Alternativregelung denkbar.   17.113

Wichtig ist, dass die üblichen **Wartungszeiten**, die in Satz 2 definiert werden, **nicht mit in die Berechnung** der Verfügbarkeit fallen. Der Auftragnehmer ist verpflichtet, den Auftraggeber über geplante Wartungen zu informieren.   17.114

Der Auftragnehmer wird – schon im eigenen Interesse – die Verfügbarkeit messen und ist nach dieser Regelung dazu auch verpflichtet. Auf Anfrage hat der Auftraggeber das Recht entsprechende Messaufzeichnungen zu erhalten, um die Verfügbarkeitsberechnung nachprüfen zu können.   17.115

12. Haftungsbeschränkung (Ziff. 11)

M 17.1.11 Haftungsbeschränkung   17.116

11. Haftungsbeschränkung

11.1 Die Parteien haften bei Vorsatz oder grober Fahrlässigkeit für alle jeweils von ihnen verursachten Schäden unbeschränkt.

11.2 Bei leichter Fahrlässigkeit haften die Parteien im Fall der Verletzung des Lebens, des Körpers oder der Gesundheit unbeschränkt.

11.3 Im Übrigen haften die Parteien nur, soweit sie jeweils eine wesentliche Vertragspflicht verletzt haben. Als wesentliche Vertragspflichten werden dabei abstrakt solche Pflichten bezeichnet, deren Erfüllung die ordnungsgemäße Durchführung des Vertrages überhaupt erst ermöglicht und auf deren Einhal-

tung die jeweils andere Partei regelmäßig vertrauen darf. In diesen Fällen ist die Haftung auf den Ersatz des vorhersehbaren, typischerweise eintretenden Schadens beschränkt.

11.4 Soweit die Haftung der Parteien nach den vorgenannten Vorschriften ausgeschlossen oder beschränkt wird, gilt dies auch für Erfüllungsgehilfen der Parteien.

a) Ratio

17.117 Die Klausel enthält eine Haftungsbeschränkung **zugunsten beider Parteien.**

Denkbar wäre auch eine jeweils einseitige Haftungsbeschränkung.

b) Unbeschränkte Haftung (Ziff. 11.1)

17.118 Nach der Rechtsprechung kann in Regelungen zur Haftungsbeschränkung, die der AGB-Kontrolle unterliegen, nur die Haftung für leichte Fahrlässigkeit, nicht aber Vorsatz und grobe Fahrlässigkeit beschränkt werden. Entsprechend sieht die Klausel eine Feststellung diesbezüglich für beide Vertragsparteien vor.

c) Weitere Fälle der unbeschränkten Haftung (Ziff. 11.2)

17.119 Da im Falle der Verletzung des Lebens, des Körpers oder der Gesundheit grundsätzlich keine Haftungsbeschränkung über formularmäßige Regelungen möglich ist, enthält diese Klausel eine entsprechende Feststellung.

d) Verletzung wesentlicher Vertragspflichten (Ziff. 11.3)

17.120 Mit dieser Klausel wird die Haftung auf die Verletzung wesentlicher Vertragspflichten beschränkt. Diese werden auch als Kardinalpflichten bezeichnet. Da der BGH seit seinem Urteil zum Begriff der Kardinalpflichten[37] die Verwendung des Begriffs der Kardinalpflichten ohne dessen konkreter Definition als unzulässig verworfen hat, wird in der Vertragspraxis meist nur noch der Begriff der wesentlichen Vertragspflichten verwendet, wobei auch dieser dann zu konkretisieren und zu erläutern ist.

17.121 Bei einer Verletzung von wesentlichen Vertragspflichten in leicht fahrlässiger Weise ist die Haftung dann auf den Ersatz des vorhersehbaren, typischerweise eintretenden Schadens begrenzt. Denkbar ist hier auch die Ansetzung eines maximalen Schadensersatzbetrages.

e) Haftung von Erfüllungsgehilfen (Ziff. 11.4)

17.122 Die Regelung enthält eine Ausweitung der Haftungsbeschränkung auf die Erfüllungsgehilfen der Parteien.

13. Dauer und Kündigung (Ziff. 12)

17.123 **M 17.1.12 Dauer und Kündigung**

12. Dauer und Kündigung

12.1 Der Vertrag wird auf unbestimmte Zeit geschlossen.

---

37 BGH v. 20.7.2005 – VIII ZR 121/04, CR 2006, 228.

12.2 Der Vertrag kann von jeder Partei mit einer Frist von drei Monaten zum Ende eines Monats gekündigt werden.

12.3 Ein außerordentliches Kündigungsrecht jeder Partei bleibt unberührt.

12.4 Die Kündigung bedarf der Schriftform.

12.5 Im Falle der Beendigung wird der Auftragnehmer alle für den Auftraggeber verarbeiteten Nutzungsdaten, insbesondere Rohdaten, in einem lesbaren, weiterverarbeitbaren Format zur Verfügung stellen.

a) Ratio

Die Regelung enthält **Laufzeit- und Beendigungsvorschriften** für den Vertrag, die angepasst werden können.   17.124

b) Vertragsdauer (Ziff. 12.1)

Im vorliegenden Muster wird der Vertrag **auf unbestimmte Zeit** geschlossen.   17.125

Möglich ist natürlich auch eine **Befristung** des Vertrages, was in der Praxis zudem häufig vorkommt. Im Falle einer Befristung ist dann Ziff. 12.2 entsprechend anzupassen, weil es ggf. nicht gewollt ist, in einem befristeten Vertragsverhältnis ein ordentliches Kündigungsrecht einzuräumen.   17.126

c) Kündigungsfrist (Ziff. 12.2)

Die hier geregelte Kündigungsfrist kann den individuellen Erfordernissen angepasst werden. Im Hinblick auf die **Zumutbarkeit** der Klausel sollte bei Webanalyse-Verträgen jedoch darauf geachtet werden, dass eine zu kurze Kündigungsfrist für den Auftragnehmer eine unzumutbare Klausel darstellen kann. Denn der Auftraggeber wäre im Falle einer kurzfristigen Kündigung ggf. nicht in der Lage, kurzfristig einen Alternativanbieter zu finden und eine Migration der Daten vorzunehmen.   17.127

d) Außerordentliche Kündigung (Ziff. 12.3)

Hier findet sich die **Klarstellung**, dass ein außerordentliches Kündigungsrecht jeder Partei unberührt bleibt. Denkbar wäre hier – je nach Ausrichtung des Vertrages – wichtige Gründe für eine außerordentliche Kündigung zu definieren (z.B. Insolvenz des Vertragspartners etc.).   17.128

e) Form der Kündigung (Ziff. 12.4)

Die Kündigung muss nach dieser Klausel **schriftlich** erfolgen. Auch wenn in Vertragsverhältnissen die Kommunikation und auch die Erteilung von Weisungen im Zusammenhang mit einer Auftragsdatenverarbeitung häufig in Textform (vor allem per E-Mail) erfolgen wird, bedarf die Kündigung immer noch der Schriftform, schon aus Gründen der Nachweisbarkeit.   17.129

f) Herausgabe von Daten (Ziff. 12.5)

Die Klausel sieht eine Herausgabe von Daten an den Auftraggeber vor. Die Daten können für den Auftraggeber einen erheblichen Wert haben. Auch wenn nicht alle Analysen oder Funktionalitäten exportiert werden können, so sind zumindest die wesentlichen Daten, insbesondere die Rohdaten, auf denen die Auswertungen und Berichte basieren, herauszugeben. Die Herausgabe muss so erfolgen, dass eine Weiterverarbeitung der Daten durch den Auftraggeber möglich ist. Üblich sind hier z.B. Herausgaben von Daten im .csv-Format.   17.130

14. Schlussbestimmungen (Ziff. 13)

17.131 **M 17.1.13 Schlussbestimmungen**

13. Schlussbestimmungen

13.1 Es gilt das Recht der Bundesrepublik Deutschland, wobei die Geltung des UN-Kaufrechts ausgeschlossen wird.

13.2 Als Gerichtsstand für alle Streitigkeiten aus dem Vertragsverhältnis wird der Sitz des Auftragnehmers [alternativ: Auftraggebers] vereinbart.

13.3 Sollten einzelne Bestimmungen dieses Vertrages unwirksam sein oder werden, so berührt dies die Wirksamkeit der übrigen Bestimmungen nicht. Die Parteien werden im Falle der Unwirksamkeit einer Klausel eine am wirtschaftlichen Zweck des Vertrages orientierte ersatzweise Regelung vereinbaren.

a) Ratio

17.132 Hier finden sich recht übliche Schlussbestimmung zum **anzuwendenden Recht**, zum **Gerichtsstand** und eine „**salvatorische Klausel**".

b) Geltendes Recht (Ziff. 13.1)

17.133 Mit dieser Klausel wird deutsches Recht als Vertragsgrundlage festgelegt.

c) Gerichtsstand (Ziff. 13.2)

17.134 Hier handelt es sich um eine Gerichtsstandsklausel, die jeweils zugunsten des Auftragnehmers oder Auftraggebers angepasst werden kann. Die Klausel richtet sich an **Vertragsparteien im B2B-Bereich**. Die Regelung ist im B2C-Bereich nicht geeignet.

d) Salvatorische Klausel (Ziff. 13.3)

17.135 Diese Klausel enthält eine übliche „salvatorische Klausel". Im Falle einer Unwirksamkeit einer Klausel hat dies damit keine Auswirkungen auf den Rest des Vertrages. Wenn eine unwirksame Regelung vorliegen sollte, sind die Parteien gehalten, eine passende Ersatzregelung zu vereinbaren. Wichtig ist hier, dass es keinen Automatismus gibt, der z.B. ohne konkrete Vereinbarung der Parteien eine „ähnliche" Regelung vorsieht. Eine individuelle Vereinbarung ist insoweit geboten.

§ 18
Datenbanklizenz

A. Einleitung

I. Zunehmende praktische Bedeutung von Datenbanken

18.1 Mit der zunehmenden Relevanz von Daten in der Wissensgesellschaft erlangen auch Datenbanken immer größere Bedeutung, sowohl für die an den jeweiligen Inhalten interessierten professionellen und privaten Nutzer als auch für die Entwicklung darauf beruhender Geschäftsmodelle der Anbieter. Ihre Bandbreite reicht dabei von den dem Rechtsanwender wohlbekannten juristischen Datenbanken über im Geschäftsverkehr wichtige Datenbanken mit Unternehmens- oder Schuldnerdaten oder für die Warenproduktion unverzichtbaren Material- und Komponentendatenbanken bis hin zu Wissensdatenbanken im Bereich von Medizin und naturwissenschaftlicher Forschung.

II. Gesetzlicher Hintergrund

18.2 Eine vollständige Kodifizierung des Datenbankrechts gibt es nicht. Einige gesetzliche Regelungen finden sich jedoch im Urheberrechtsgesetz, der Schutzrichtung dieses Gesetzes entsprechend in erster Linie im Hinblick darauf, dass das in einer Datenbank verkörperte geistige Schaffen bzw. die ihr zugrunde liegende wesentliche Investition des Datenbankherstellers als schutzfähiges Recht anerkannt wird und auf diese Weise dem Datenbankhersteller rechtlich zugeordnet wird.

18.3 Theoretisch bedeutsam ist dabei die Unterscheidung zwischen Datenbankwerken, die eine persönliche geistige Schöpfung darstellen, einerseits und Datenbanken, die dieses Kriterium nicht erfüllen, aber eine wesentliche Investition erfordern, andererseits[1]. Diese Unterscheidung beruht auf der EU-Datenbankrichtlinie[2], die 1997 in das deutsche Recht umgesetzt wurde: Gemäß § 4 Abs. 2 Satz 1 UrhG ist ein Datenbankwerk im Sinne des Urheberrechtsgesetzes „ein Sammelwerk, dessen Elemente systematisch oder methodisch angeordnet und einzeln mit Hilfe elektronischer Mittel oder auf andere Weise zugänglich sind". Der Schöpfer eines derartigen Datenbankwerks genießt hierfür Urheberrechtsschutz. Demgegenüber ist eine bloße Datenbank (sui generis) gem. § 87a Abs. 1 Satz 1 UrhG „eine Sammlung von Werken, Daten oder anderen unabhängigen Elementen, die systematisch oder methodisch angeordnet und einzeln mit Hilfe elektronischer Mittel oder auf andere Weise zugänglich sind und deren Beschaffung, Überprüfung oder Darstellung eine nach Art oder Umfang wesentliche Investition erfordert." Im Unterschied zum Datenbankwerk ist bei einer Datenbank sui generis nicht eine besondere geistige Schöpfungshöhe erforderlich, aber eine „nach Art und Umfang wesentliche Investition". Folgerichtig bestimmt § 87a Abs. 2 UrhG, dass Datenbankhersteller in diesem Fall derjenige ist, der die Investition vorgenommen hat.

18.4 Für das nachfolgende Vertragsmuster wird vorausgesetzt, dass eine Sammlung besteht, die entweder die Kriterien eines Datenbankwerks oder einer Datenbank sui generis erfüllt. Eine Klärung, welche dieser beiden Alternativen im Einzelfall anwendbar ist, spielt für die Vertragsgestaltung in der Praxis kaum je eine Rolle, so dass im Folgenden auch durchgängig der Begriff „Datenbank" benutzt werden soll. Denn erstens geht es bei der Einräumung einer Nutzungsmöglichkeit regelmäßig um identische Aspekte. Zweitens wird es sich in aller Regel um geschützte Sammlungen handeln, bei denen bereits rein faktisch und unabhängig von etwaigen Rechtsfragen ein Nutzerzugriff eine Gestattung durch den Anbieter voraussetzt, weil erst dann der Zugriff technisch ermöglicht wird. Und drittens sind vertrags-

---

1 Näher dazu etwa *Möhring/Nicolini/Ahlberg*, Urheberrecht, § 4 Rz. 1 ff.
2 RL 96/9/EG des Europäischen Parlaments und des Rates der Europäischen Union vom 11.3.1996.

rechtliche Vorgaben für die Datenbanknutzung dem Urheberrechtsgesetz ohnehin nur in Form der Schrankenbestimmungen der §§ 87c, 87e UrhG zu entnehmen.

III. Datenbanklizenz als Allgemeine Geschäftsbedingungen

Das nachfolgende Vertragsmuster regelt eine Datenbanklizenz in Form allgemeiner Geschäftsbedin- 18.5
gungen. Individualvertragliche Datenbanklizenzverträge sind denkbar, erscheinen aber kaum praxisrelevant, weil die für eine geschäftliche Nutzung vorgesehenen Datenbanken praktisch ausnahmslos auf eine große Zahl von (potentiellen) Nutzern ausgerichtet sein dürften. Demgemäß sind die der Nutzung zugrunde liegenden Bedingungen des Anbieters regelmäßig „für eine Vielzahl von Verträgen vorformulierte Vertragsbedingungen" und damit allgemeine Geschäftsbedingungen i.S.d. § 305 Abs. 1 Satz 1 BGB. Aus dieser Einstufung folgt eine Reihe AGB-rechtlicher Vorgaben, die in das hier vorgestellte Muster eingearbeitet sind. Sollte im Einzelfall doch einmal eine individualvertragliche Nutzungsvereinbarung beabsichtigt sein, entfallen diese auf den §§ 305 ff. BGB beruhenden rechtlichen Vorgaben, und der Anbieter hat einen größeren Freiraum in der Vertragsgestaltung.

IV. Keine spezifischen Regelungen über den Inhalt der Datenbank

Spezifische Regelungen über den Inhalt der Datenbank enthält das nachfolgende Vertragsmuster 18.6
kaum. Vielmehr liegt seinem Text lediglich die Prämisse zugrunde, dass die einzelnen Inhalte (Elemente) der Datenbank ihrerseits urheberrechtlich schutzfähig sind (vgl. etwa Ziff. 8.1 Satz 2), zwingend ist das jedoch nicht. Soweit allgemein erkennbar ist, dass die Datenbanknutzung in bestimmten Branchen oder zu bestimmten Zwecken besondere rechtliche Vorgaben erfordert, z.B. bei der Nutzung einer Datenbank mit personenbezogenen Daten solche des Datenschutzrechts, ist das im Einzelnen bei den Erläuterungen der jeweiligen Regelungen angesprochen.

B. Datenbanklizenz

I. Muster

M 18.1 Datenbanklizenz   18.7

Datenbanklizenz

1. Geltungsbereich[3]

*1.1 Diese Allgemeinen Geschäftsbedingungen (nachfolgend auch „**AGB**") gelten für die Geschäftsbeziehung zwischen der XY GmbH (nachfolgend „**Anbieter**" oder „wir") und dem Kunden („**Kunde**" oder „Sie") im Hinblick auf die Nutzung der Datenbank [Name der Datenbank] (nachfolgend „**Datenbank**").*

1.2 Anbieter ist die XY GmbH, ABC-Straße 123, 45678 Alphabetstadt, Geschäftsführer Max Mustermann, Handelsregister AG Alphabetstadt, HRB 9876, Telefax: 01234-56789, E-Mail: XY@... .

1.3 Datenbank ist das unter der URL [www.abc] erreichbare Angebot [Name 1] sowie das unter der URL [www.def] erreichbare Angebot [Name 2], die von der XY GmbH betrieben werden.

1.4 Kunde ist der bei der Registrierung gegenüber dem Anbieter benannte Vertragspartner des Anbieters. Dabei kann es sich um eine juristische Person, eine sonstige Institution oder Einrichtung oder eine natürliche Person handeln. Die natürliche Person kann auch ein Verbraucher sein.

---

3 Zu den Erläuterungen siehe Rz. 18.9 ff.

1.5 Nutzer ist die vom Kunden bei der Registrierung namentlich als solche benannte Person. Hierbei kann es sich um den Kunden selbst handeln oder um einen Dritten, z.B. einen Angestellten im Unternehmen des Kunden.

1.6 Verbraucher ist jede natürliche Person, die ein Rechtsgeschäft zu Zwecken abschließt, die überwiegend weder ihrer gewerblichen noch ihrer selbständigen beruflichen Tätigkeit zugerechnet werden können (§ 13 BGB).

1.7 Abweichende oder entgegenstehende allgemeine Geschäftsbedingungen des Kunden werden nicht Vertragsbestandteil, soweit der Anbieter deren Geltung nicht ausdrücklich zustimmt.

2. Vertragsschluss[4]

2.1 Die Präsentation der Datenbank auf der Website des Anbieters oder in anderen Medien stellt kein bindendes Angebot des Anbieters auf Nutzung der Datenbank durch den Kunden dar. Vielmehr wird dem Kunden damit die Möglichkeit gegeben, seinerseits ein Angebot zum Abschluss des Datenbank-Nutzungsvertrages abzugeben.

2.2 Der Kunde gibt das Angebot zur Nutzung der Datenbank ausschließlich im Online-Bestellprozess (Registrierung) ab. Der Kunde ist verpflichtet, die im Rahmen der Registrierung vom Anbieter abgefragten Informationen vollständig und richtig mitzuteilen. Unvollständige oder falsche Angaben berechtigen den Anbieter zur Verweigerung oder Rücknahme der Nutzungsberechtigung.

2.3 Nach vollständiger Registrierung und Absendung der Angebotserklärung durch Aktivierung der Schaltfläche „zahlungspflichtig bestellen" erhält der Kunde vom Anbieter umgehend, gegebenenfalls nach Überprüfung der von ihm gemachten Angaben, eine Bestellbestätigung an die von ihm angegebene E-Mail-Adresse. Die Bestellbestätigung enthält ein initiales Nutzerpasswort für die Datenbanknutzung durch den Kunden und stellt zugleich die Vertragsannahme dar.

3. Zugang zur Datenbank[5]

3.1 Der Anbieter stellt dem Kunden je nach Bestellung einen oder mehrere passwortgeschützte Zugänge zur Datenbank zur Verfügung. Die Zugangsdaten bestehen aus dem vom Kunden bei der Registrierung gewählten Nutzernamen und einem individuellen Nutzerpasswort. Es wird empfohlen, dass der Kunde das ihm mit der Bestellbestätigung mitgeteilte initiale Nutzerpasswort unverzüglich ändert. Bei mehreren registrierten Nutzern erhält der Kunde für jeden Nutzer eigene Zugangsdaten.

3.2 Das Recht zum Zugang ist auf die dem Anbieter durch den Kunden namentlich genannten Nutzer beschränkt. Ein Nutzer kann mit seinen Zugangsdaten stets nur einmal zur gleichen Zeit bei der Datenbank angemeldet sein. Der Umfang der zulässigen Nutzung richtet sich nach Ziffer 8 („Nutzungsrechte") dieses Vertrags.

3.3 Der Kunde stellt gegenüber dem Anbieter sicher, dass die Zugangsdaten geheim gehalten werden. Er stellt ferner sicher, dass auch alle von ihm registrierten Nutzer diese Verpflichtung einhalten, und verpflichtet sich, den Anbieter unverzüglich zu informieren, wenn der Verdacht auf Missbrauch der Zugangsdaten besteht.

3.4 Die Nutzung der Datenbank durch den Kunden und die gebotene Kontrolle der Einhaltung der Nutzungsgrenzen erfordert, dass die vom System des Anbieters an die Endgeräte des Kunden versendeten Cookies ohne Modifizierung akzeptiert und während einer laufenden Sitzung nicht gelöscht werden. Der Kunde wird sich entsprechend verhalten und die Nutzer entsprechend verpflichten.

3.5 Der Anbieter behält sich vor, den Zugang zur Datenbank zu verweigern, wenn Anhaltspunkte dafür vorliegen, dass die vom Kunden eingesetzten Endgeräte oder die Art und Weise der Nutzung die Funktionalität und Sicherheit der Datenbank gefährden. Der Zugang kann ferner verweigert werden, wenn es dem Anbieter nicht möglich ist, zu überprüfen, ob der Kunde die Datenbank nur im Rahmen der ihm hier eingeräumten Rechte nutzt. Das ist insbesondere auch der Fall bei einer Nutzung ohne Akzep-

---

4 Zu den Erläuterungen siehe Rz. 18.18 ff.
5 Zu den Erläuterungen siehe Rz. 18.24 ff.

tanz von Cookies (Ziffer 3.4) oder unter Nutzung einer Anonymisierungs-Software. Etwaige weitere An-sprüche des Anbieters bleiben unberührt.

4. Informationen für Verbraucher[6]

4.1 Dem Kunden, der Verbraucher ist, steht das nachfolgende Widerrufsrecht zu.

Widerrufsbelehrung

Widerrufsrecht

Sie haben das Recht, binnen vierzehn Tagen ohne Angabe von Gründen diesen Vertrag zu widerrufen.

Die Widerrufsfrist beträgt vierzehn Tage ab dem Tag des Vertragsabschlusses. Um Ihr Widerrufsrecht auszuüben, müssen Sie uns, XY GmbH, ABC-Straße 123, 45678 Alphabetstadt, Telefax: 01234-56789, E-Mail: XY@…, mittels einer eindeutigen Erklärung (z.B. ein mit der Post versandter Brief, Telefax oder E-Mail) über Ihren Entschluss, diesen Vertrag zu widerrufen, informieren. Sie können dafür das beigefüg-te Muster-Widerrufsformular verwenden, das jedoch nicht vorgeschrieben ist.

Zur Wahrung der Widerrufsfrist reicht es aus, dass Sie die Mitteilung über die Ausübung des Widerrufs-rechts vor Ablauf der Widerrufsfrist absenden (§ 355 Abs. 1 Satz 5 BGB).

Widerrufsfolgen

Wenn Sie diesen Vertrag widerrufen, haben wir Ihnen alle Zahlungen, die wir von Ihnen erhalten haben, einschließlich der Lieferkosten (mit Ausnahme der zusätzlichen Kosten, die sich daraus ergeben, dass Sie eine andere Art der Lieferung als die von uns angebotene, günstigste Standardlieferung gewählt haben), unverzüglich und spätestens binnen vierzehn Tagen ab dem Tag zurückzuzahlen, an dem die Mitteilung über Ihren Widerruf dieses Vertrags bei uns eingegangen ist. Für diese Rückzahlung verwenden wir das-selbe Zahlungsmittel, das Sie bei der ursprünglichen Transaktion eingesetzt haben, es sei denn, mit Ih-nen wurde ausdrücklich etwas anderes vereinbart; in keinem Fall werden Ihnen wegen dieser Rückzah-lung Entgelte berechnet.

4.2 Der Kunde, der Verbraucher ist, kann für seinen Widerruf das folgende Muster-Widerrufsformular ver-wenden.

Muster-Widerrufsformular

(Wenn Sie den Vertrag widerrufen wollen, dann füllen Sie bitte dieses Formular aus und senden Sie es zurück.)

– *An XY GmbH, ABC-Straße 123, 45678 Alphabetstadt, Telefax: 01234-56789, E-Mail: XY@. …*

– *Hiermit widerrufe(n) ich/wir* den von mir/uns* abgeschlossenen Vertrag über die Erbringung der folgenden Dienstleistung*

– *Bestellt am*/Erhalten am*: …*

– *Name des/der Verbraucher(s): …*

– *Anschrift des/der Verbraucher(s): …*

– *Unterschrift des/der Verbraucher(s): …*

– *Datum: …*

* Unzutreffendes streichen.

4.3 Als Online-Anbieter sind wir verpflichtet, Verbraucher auf die Plattform zur Online-Streitbeilegung der Europäischen Kommission hinzuweisen. Nähere Informationen sind unter dem folgenden Link verfüg-bar: https://ec.europa.eu/consumers/odr. Wir nehmen an einem Streitbeilegungsverfahren vor einer Ver-braucherschlichtungsstelle allerdings nicht teil.

---

6 Zu den Erläuterungen siehe Rz. 18.31 ff.

5. Vorausgesetzte Hard- und Software[7]

5.1 Der Kunde ist selbst dafür verantwortlich, die technischen Voraussetzungen zu schaffen und aufrecht-zuerhalten, die für die Nutzung der Datenbank notwendig sind. Insbesondere benötigt der Kunde ein internetfähiges Endgerät, einen Internetzugang und einen gängigen Internetbrowser mit aktueller Software.

5.2 Der Anbieter ist bestrebt, die Datenbank stets auf dem aktuellen Stand der Technik zu halten, um dem Kunden das bestmögliche Nutzererlebnis zu ermöglichen. Aus diesem Grund wird die Datenbank technisch stetig weiterentwickelt. Es obliegt dem Kunden, seine Endgeräte sowie die Software an diese technische Entwicklung anzupassen. Führt eine solche Weiterentwicklung der Datenbank für den Kunden zu einer nicht nur unerheblichen Beeinträchtigung, so ist er berechtigt, innerhalb von sechs Wochen nach Live-Schaltung der Weiterentwicklung den Vertrag ohne Einhaltung einer Frist zu kündigen (Sonderkündigungsrecht).

5.3 Der Kunde ist verpflichtet, bei der Nutzung des Datenbankzugangs stets aktuelle Software zur Abwehr von Computerviren und sonstiger Schadsoftware zu nutzen.

6. Leistungsumfang und Verfügbarkeit[8]

6.1 Der Umfang der Leistungen und deren Begrenzung ergeben sich aus der Produktbeschreibung, die hier [LINK] aufgerufen werden kann. Dabei handelt es sich um eine Beschaffenheitsbeschreibung, mit der eine Garantie oder Eigenschaftszusicherung nicht verbunden ist; gleiches gilt für Beschreibungen in Werbeunterlagen des Anbieters und in ähnlichen Dokumenten.

6.2 Der Anbieter strebt eine Verfügbarkeit der Datenbank von nicht unter 98 % pro Monat an. Nicht erfasst von dieser Verfügbarkeit werden Zeiten der Nicht-Verfügbarkeit wegen nach ihrer Dauer angemessener, geplanter und vorab angekündigter Wartungsarbeiten. Diese werden regelmäßig zur Nachtzeit oder morgens bis spätestens 7 Uhr durchgeführt. Nicht erfasst werden außerdem Zeiten der Nichtverfügbarkeit wegen zwingend erforderlicher außerplanmäßiger Wartungsarbeiten, es sei denn, diese beruhen auf einer vorsätzlichen oder grob fahrlässigen Pflichtverletzung des Anbieters oder auf einer Verletzung von Kardinalpflichten. Nicht erfasst werden auch Zeiten der Nichtverfügbarkeit wegen vom Anbieter nicht beeinflussbarer Störungen des Internets oder wegen sonst vom Anbieter nicht zu vertretenden Umständen, insbesondere wegen höherer Gewalt.

6.3 Der Anbieter ist bestrebt, die Datenbank inhaltlich stets auf aktuellem Stand zu halten. Vollständigkeit und inhaltliche Fehlerfreiheit können jedoch nicht zugesagt werden.

7. Vergütung[9]

7.1 Die vom Kunden für die Nutzung der Datenbank an den Anbieter [monatlich/jährlich] zu leistende Vergütung beträgt … pro Nutzer.

7.2 Alle Preise verstehen sich – sofern nicht ausdrücklich anders angegeben – inklusive der gesetzlichen Umsatzsteuer.

7.3 Sämtliche Rechnungsbeträge sind sofort ohne Abzug zur Zahlung fällig. Die Zahlung kann erfolgen per Überweisung, per Kreditkarte oder im Lastschriftverfahren.

7.4 Im Falle von Leistungserweiterungen ist der Anbieter berechtigt, die Vergütung entsprechend der Erweiterung zu erhöhen, es sei denn, die Leistungserweiterung wäre nur unerheblich. Der Kunde wird über die Preiserhöhung informiert. Im Falle einer Erhöhung ist der Kunde berechtigt, den Vertrag innerhalb von sechs Wochen nach Erhalt der Information ohne Einhaltung einer Frist zu kündigen (Sonderkündigungsrecht); dies gilt nicht, wenn er die Datenbank nach Erhalt der Information weiternutzt bzw. genutzt hat.

---

7 Zu den Erläuterungen siehe Rz. 18.36 ff.
8 Zu den Erläuterungen siehe Rz. 18.40 ff.
9 Zu den Erläuterungen siehe Rz. 18.44 ff.

8. Nutzungsrechte[10]

8.1 Der Kunde erkennt an, dass es sich bei der Datenbank um eine vom Anbieter hergestellte Datenbank im Sinne von § 4 Abs. 2 Satz 1, § 87a UrhG handelt. Auch die einzelnen in der Datenbank verfügbaren Inhalte sind urheberrechtlich geschützt. Die zur Nutzung der Datenbank erforderlichen Computerprogramme unterfallen dem Schutz nach §§ 69a ff. UrhG. Rechte Dritter bleiben unberührt.

8.2 Mit Vertragsschluss erwirbt der Kunde unter der Bedingung der Zahlung der geschuldeten und fälligen Vergütung für sich und im Umfang seiner Registrierung ggf. auch für weitere Nutzer das einfache (nicht ausschließliche), auf die Laufzeit des Vertrags befristete, inhaltlich auf die Nutzung zu eigenen Zwecken beschränkte, nicht übertragbare und nicht unterlizenzierbare Recht zur vertragsgemäßen Nutzung der Datenbank. Das Nutzungsrecht gestattet den Lesezugriff auf die Datenbank, ferner die Recherche in der Datenbank, das individuelle Herunterladen von Inhalten (Download), das individuelle Speichern und den individuellen Ausdruck von Rechercheergebnissen. Abruf, Auswertung, Download, Speicherung, Ausdruck oder Weitergabe in systematischer oder automatisierter Form sowie das systematische Erstellen von Sammlungen aus den abgerufenen Inhalten oder von Trefferlisten aus der Datenbank, insbesondere für die kommerzielle Vermittlung dieser Informationen, sind unzulässig.

8.3 Jede Nutzung, die über Ziffer 8.2 hinausgeht, ist unzulässig und bedarf der vorherigen schriftlichen Zustimmung durch den Anbieter. Der Anbieter ist berechtigt, technische Maßnahmen zu ergreifen, die sicherstellen, dass die Nutzung des Kunden nicht über seine in Ziffer 8.2 genannten Rechte hinausgeht. Bei einer missbräuchlichen Nutzung der Datenbank durch den Kunden ist der Anbieter unbeschadet weiterer Ansprüche berechtigt, den Zugang zu sperren. Missbrauch liegt insbesondere im Falle des Einsatzes automatisierter Suchprogramme in der Datenbank durch den Kunden vor. Weitere Rechte des Anbieters, wie etwa das Recht zur außerordentlichen Kündigung sowie Ansprüche auf Schadensersatz, bleiben unberührt.

8.4 Heruntergeladene Inhalte dürfen nur für die Dauer der Vertraglaufzeit gespeichert werden. Danach sind sie zu löschen.

8.5 Rechte des Kunden aus den §§ 53, 55a, 87c und § 87e UrhG bleiben unberührt.

9. Datenschutz[11]

Die Bestimmungen zum Datenschutz im Zusammenhang mit der Nutzung der Datenbank ergeben sich aus der jeweils aktuellen Datenschutzerklärung, abrufbar hier [LINK].

10. Gewährleistung und Haftung[12]

10.1 Für den Fall, dass die Datenbank technische Mängel aufweist, behebt der Anbieter diese in angemessener Frist. Der Anbieter ist nur für die Möglichkeit des Abrufs von Inhalten der Datenbank aus dem Internet verantwortlich, nicht aber für die Datenübertragung zum Kunden bzw. die Darstellung auf dessen Endgerät.

10.2 Der Anbieter haftet ausschließlich nach den nachfolgenden Ziffern 10.3 bis 10.5. Die darüber hinausgehende Haftung ist ausgeschlossen.

10.3 Der Anbieter haftet unbeschränkt für Schäden wegen der Verletzung des Lebens, der Körpers oder der Gesundheit sowie für Schäden, die auf Vorsatz oder grober Fahrlässigkeit des Anbieters oder eines gesetzlichen Vertreters oder Erfüllungsgehilfen beruhen, sowie für Schäden, die unter eine vom Anbieter gewährte Garantie oder zugesicherten Eigenschaft fallen sowie wegen arglistig verschwiegener Mängel.

10.4 Für Schäden, die auf einer fahrlässigen Verletzung wesentlicher Vertragspflichten des Anbieters oder seiner gesetzlichen Vertreter oder Erfüllungsgehilfen beruhen, haftet der Anbieter; die Haftung ist jedoch begrenzt auf den Ersatz des vertragstypischen vorhersehbaren Schadens für solche Schäden.

10.5 Die Haftung nach dem Produkthaftungsgesetz bleibt unberührt.

---

10 Zu den Erläuterungen siehe Rz. 18.50 ff.
11 Zu den Erläuterungen siehe Rz. 18.56.
12 Zu den Erläuterungen siehe Rz. 18.58 ff.

11. Beginn, Laufzeit und Beendigung des Vertrags[13]

11.1 Die Laufzeit des Vertrages beginnt mit der Vertragsannahme durch den Anbieter (siehe oben Ziffer 2).

11.2 Die Mindestvertragslaufzeit beträgt zwölf Monate. Die Vertragslaufzeit verlängert sich jeweils um weitere zwölf Monate, wenn der Vertrag nicht mit einer Frist von sechs Wochen zum Ende der Vertragslaufzeit schriftlich oder in Textform (z.B. per E-Mail) von einer der Vertragsparteien gekündigt wird.

11.3 Das Recht jeder Vertragspartei zur außerordentlichen Kündigung aus wichtigem Grund bleibt unberührt. Ein wichtiger Grund liegt für den Anbieter insbesondere vor, wenn der Kunde oder einer der von ihm registrierten Nutzer schuldhaft gegen eine wesentliche Vertragspflicht, insbesondere die Pflichten aus der Ziffer 8, verstößt oder sich mit der Zahlung der Vergütung ganz oder mit nicht unwesentlichen Teilbeträgen trotz Mahnung und Nachfristsetzung mindestens dreißig Tage in Verzug befindet.

12. Schlussbestimmungen[14]

12.1 Sollte eine Bestimmung dieser AGB unwirksam sein oder werden, so bleiben die übrigen Bestimmungen hiervon unberührt.

12.2 Erfüllungsort ist der Sitz des Anbieters. Für Streitigkeiten mit Kaufleuten, juristischen Personen des öffentlichen Rechts oder einem öffentlich-rechtlichen Sondervermögen ist der ausschließliche Gerichtsstand gleichfalls der Sitz des Anbieters.

12.3 Es gilt das Sachrecht der Bundesrepublik Deutschland unter Ausschluss der Verweisungsregeln, und zwar auch dann, wenn der Zugriff auf die Datenbank von außerhalb des Gebiets der Bundesrepublik Deutschland erfolgt. Die Bestimmungen des UN-Kaufrechts finden keine Anwendung, auch nicht als Bestandteil des deutschen Rechts.

Stand der Nutzungsbedingungen: ... [Datum].

II. Erläuterungen

1. Geltungsbereich (Ziff. 1)

18.8   **M 18.1.1 Geltungsbereich**

1. Geltungsbereich

1.1 Diese Allgemeinen Geschäftsbedingungen (nachfolgend auch „AGB") gelten für die Geschäftsbeziehung zwischen der XY GmbH (nachfolgend „Anbieter" oder „wir") und dem Kunden („Kunde" oder „Sie") im Hinblick auf die Nutzung der Datenbank [Name der Datenbank] (nachfolgend „Datenbank").

1.2 Anbieter ist die XY GmbH, ABC-Straße 123, 45678 Alphabetstadt, Geschäftsführer Max Mustermann, Handelsregister AG Alphabetstadt, HRB 9876, Telefax: 01234-56789, E-Mail: XY@... .

1.3 Datenbank ist das unter der URL [www.abc] erreichbare Angebot [Name 1] sowie das unter der URL [www.def] erreichbare Angebot [Name 2], die von der XY GmbH betrieben werden.

1.4 Kunde ist der bei der Registrierung gegenüber dem Anbieter benannte Vertragspartner des Anbieters. Dabei kann es sich um eine juristische Person, eine sonstige Institution oder Einrichtung oder eine natürliche Person handeln. Die natürliche Person kann auch ein Verbraucher sein.

1.5 Nutzer ist die vom Kunden bei der Registrierung namentlich als solche benannte Person. Hierbei kann es sich um den Kunden selbst handeln oder um einen Dritten, z.B. einen Angestellten im Unternehmen des Kunden.

---

13 Zu den Erläuterungen siehe Rz. 18.62 ff.
14 Zu den Erläuterungen siehe Rz. 18.67 ff.

1.6 Verbraucher ist jede natürliche Person, die ein Rechtsgeschäft zu Zwecken abschließt, die überwiegend weder ihrer gewerblichen noch ihrer selbständigen beruflichen Tätigkeit zugerechnet werden können (§ 13 BGB).

1.7 Abweichende oder entgegenstehende allgemeine Geschäftsbedingungen des Kunden werden nicht Vertragsbestandteil, soweit der Anbieter deren Geltung nicht ausdrücklich zustimmt.

a) Ratio

In Ziff. 1 wird der allgemeine Anwendungsbereich der AGB festgelegt: Die Parteien werden ebenso bezeichnet wie der Vertragsgegenstand; zudem ist eine Abwehrklausel im Hinblick auf AGB der Vertragsgegenseite aufgenommen.

18.9

b) Geschäftsbeziehung (Ziff. 1.1)

Der Formulierung der Ziff. 1.1 liegt die Annahme zugrunde, dass außer den vorliegenden AGB kein gesonderter Vertrag zwischen Anbieter und Kunde abgeschlossen wird, sondern es sich insoweit um ein reines Massengeschäft handelt. Für den Fall, dass üblicherweise individualvertragliche Abreden zwischen Anbieter und Kunden getroffen werden, etwa in Bezug auf individualisierte Zugriffsrechte und Preise, wäre hier zu formulieren, dass die vorliegenden AGB jeweils „ergänzend zum Vertrag gelten"; dabei sollte der Name des mit dem Kunden geschlossenen Vertrages möglichst eindeutig bezeichnet werden („Nutzungsvertrag" o.Ä.).

18.10

c) Datenbankbetreiber (Ziff. 1.2)

Die Bezeichnung des Datenbankbetreibers als „Anbieter" in Ziff. 1.2 ist nicht zwingend, aber sinnvoll, weil sie insoweit der telemedienrechtlichen Diktion folgt[15]. Mit der Bezeichnung wird zugleich der Vertragspartner des Kunden definiert. Jedenfalls nach § 312d Abs. 1 Satz 1 BGB i.V.m. Art. 246a § 1 Satz 1 Nr. 2 EGBGB ist der Anbieter verpflichtet[16], seine Identität anzugeben, wozu bei juristischen Personen auch die Angabe eines Vertretungsberechtigten gehört[17].

18.11

d) Vertragsgegenstand (Ziff. 1.3)

In Ziff. 1.3 werden die Datenbanken benannt, auf die sich die AGB beziehen. Auf diese Weise wird der Vertragsgegenstand definiert. Vorliegend wird angenommen, dass der Anbieter zwei getrennte Datenbanken(teile) betreibt, die von den AGB erfasst werden. Selbstverständlich sind hier aber auch andere Gestaltungen denkbar. In jedem Fall sollte die betroffene Datenbank genau bezeichnet werden.

18.12

e) Kunden (Ziff. 1.4)

Der Kunde als der Vertragspartner des Anbieters wird in Ziff. 1.4 definiert. Für die weitere Ausgestaltung der AGB ist maßgeblich, dass auch Verbraucher (s. dazu auch Ziff. 1.6) Kunden sein können. Denn nur im Hinblick auf Verbraucher sind bestimmte Regelungsinhalte erforderlich, beispielsweise das Widerrufsrecht nebst Belehrung in Ziff. 4. Während die Nutzer diejenigen sind, welche die Datenbank tatsächlich nutzen, ist der Kunde derjenige, den die Pflichten aus dem Vertrag mit dem Anbieter treffen: der Kunde ist Vergütungsschuldner und im Verhältnis zum Anbieter verantwortlich für die Einhaltung der verschiedenen Nebenpflichten.

18.13

---

15 Vgl. § 2 Satz 1 Nr. 1 TMG.

16 Ob eine entsprechende Pflicht auch aus § 5 TMG folgt, ist streitig, s. dazu *Krüger/Peintinger* in Martinek/Semler/Flohr, Handbuch des Vertriebsrechts, 4. Aufl. 2016, § 36 Rz. 188.

17 S. *Grüneberg* in Palandt, Art. 246 EGBGB Rz. 6, auch zu den Details der anzugebenden Kommunikationskanäle.

f) Individuelle Zugangsberechtigung (Ziff. 1.5)

18.14 In Ziff. 1.5 wird vorausgesetzt, dass der Kunde, z.B. wenn es sich hierbei um eine Personenmehrheit oder eine juristische Person handelt, nicht (nur) in eigener Person die Datenbank nutzt, sondern bestimmte Personen benennt, die individuell zur Nutzung berechtigt sein sollen, z.B. Mitarbeiter oder Angestellte des Kunden. Wie bei verschiedenen nachfolgenden Regelungen noch deutlicher wird, liegt dem die Annahme zugrunde, dass der Anbieter ein Interesse daran hat, individuelle, personengebundene Zugangsberechtigungen („Lizenzen") zu erteilen und gegenüber dem Kunden nicht über eine Pauschale („Flatrate") abzurechnen oder die jeweils einzelnen Abrufe aus der Datenbank in Rechnung zu stellen. Denkbar sind freilich auch derartige (oder sonstige) Abrechnungsmodelle.

g) Definition Verbraucher (Ziff. 1.6)

18.15 Die Definition des Verbrauchers in Ziff. 1.6 folgt der gesetzlichen Regelung in § 13 BGB. Sie ist wichtig im Hinblick auf das Widerrufsrecht nebst Belehrung in Ziff. 4 und andere Sonderregeln, die auf Verbraucherschutzrecht beruhen. Für den Fall, dass Verbraucher keine Kunden werden können, ist diese Ziffer entbehrlich.

h) Abwehrklausel (Ziff. 1.7)

18.16 Ziff. 1.7 enthält eine Abwehrklausel gegen kollidierende Allgemeine Geschäftsbedingungen des Kunden in einem praxisüblichen Umfang. In Betracht kommen hier etwa Einkaufsbedingungen, mit denen ein Kunde alle für ihn tätigen Leistungserbringer verpflichten möchte. Die Rechtsfolgen einer Kollision von AGB sind freilich umstritten, und es ist angesichts des nach h.M. geltenden „Prinzips der Kongruenzgeltung" auch nicht sichergestellt, dass die Abwehrklausel zu einer Geltung allein der AGB des Anbieters führt[18]. Aber immerhin macht die Klausel den Geltungsanspruch der hiesigen AGB deutlich, mag in der Verhandlungssituation dazu führen, dass der Anbieter sich durchsetzt, und bewahrt zumindest den nicht kollidierenden Teil der AGB vor der Unwirksamkeit.

2. Vertragsschluss (Ziff. 2)

18.17 **M 18.1.2 Vertragsschluss**

2. Vertragsschluss

2.1 Die Präsentation der Datenbank auf der Website des Anbieters oder in anderen Medien stellt kein bindendes Angebot des Anbieters auf Nutzung der Datenbank durch den Kunden dar. Vielmehr wird dem Kunden damit die Möglichkeit gegeben, seinerseits ein Angebot zum Abschluss des Datenbank-Nutzungsvertrages abzugeben.

2.2 Der Kunde gibt das Angebot zur Nutzung der Datenbank ausschließlich im Online-Bestellprozess (Registrierung) ab. Der Kunde ist verpflichtet, die im Rahmen der Registrierung vom Anbieter abgefragten Informationen vollständig und richtig mitzuteilen. Unvollständige oder falsche Angaben berechtigen den Anbieter zur Verweigerung oder Rücknahme der Nutzungsberechtigung.

2.3 Nach vollständiger Registrierung und Absendung der Angebotserklärung durch Aktivierung der Schaltfläche „zahlungspflichtig bestellen" erhält der Kunde vom Anbieter umgehend, gegebenenfalls nach Überprüfung der von ihm gemachten Angaben, eine Bestellbestätigung an die von ihm angegebene E-Mail-Adresse. Die Bestellbestätigung enthält ein initiales Nutzerpasswort für die Datenbanknutzung durch den Kunden und stellt zugleich die Vertragsannahme dar.

---

18 Vgl. dazu näher *Grüneberg* in Palandt, § 305 BGB Rz. 54.

a) Ratio

Ziff. 2 enthält Regelungen darüber, wie der Vertrag über die Datenbanknutzung zwischen Anbieter und Kunden abgeschlossen wird. Das erscheint wichtig wegen der dabei zu beachtenden Pflichten des Kunden, aber auch im Hinblick auf die Frage, wann der Vertrag abgeschlossen ist. Grundlage dieser Regelungen ist die Vertragsfreiheit, die es dem Anbieter erlaubt zu entscheiden, ob er mit Interessenten einen Nutzungsvertrag abschließen will. Diese Vertragsfreiheit ist grundsätzlich nur in wenigen Ausnahmekonstellation eingeschränkt, beispielsweise wenn der Anbieter mit seiner Datenbank marktbeherrschend ist, so dass er gem. §§ 19, 20 GWB verpflichtet ist, Registrierungsanfragen nicht ohne sachlichen Grund unterschiedlich zu behandeln (Diskriminierungsverbot).

18.18

Des Weiteren treffen den Anbieter bestimmte „allgemeine Pflichten im elektronischen Geschäftsverkehr". Der sehr kleinteilig formulierte § 312i Abs. 1 BGB nennt insoweit ausdrücklich die Pflichten des Anbieters, dem Interessenten

18.19

„1. angemessene, wirksame und zugängliche technische Mittel zur Verfügung zu stellen, mit deren Hilfe der Kunde Eingabefehler vor Abgabe seiner Bestellung erkennen und berichtigen kann,

2. die in Artikel 246c des Einführungsgesetzes zum Bürgerlichen Gesetzbuche bestimmten Informationen rechtzeitig vor Abgabe von dessen Bestellung klar und verständlich mitzuteilen,

3. den Zugang von dessen Bestellung unverzüglich auf elektronischem Wege zu bestätigen und

4. die Möglichkeit zu verschaffen, die Vertragsbestimmungen einschließlich der Allgemeinen Geschäftsbedingungen bei Vertragsschluss abzurufen und in wiedergabefähiger Form zu speichern."

Hinzu kommen im Verkehr mit Verbrauchern die Pflichten gem. § 312j BGB. Diese umfassen Angaben betreffend Lieferbeschränkungen und akzeptierte Zahlungsmittel (Abs. 1), die Bereitstellung bestimmter Informationen (Abs. 2) sowie die Einrichtung einer Schaltfläche mit den Worten „zahlungspflichtig bestellen" (Abs. 3).

In diesem Zusammenhang ist zu beachten, dass § 312k Abs. 1 BGB Abweichungen von den vorstehend genannten Pflichten zum Nachteil des Kunden untersagt, und dass § 312k Abs. 2 BGB dem Anbieter die Beweislast dafür auferlegt, dass er die hier genannten Informationspflichten erfüllt hat.

b) Invitatio ad offerendum (Ziff. 2.1)

Ziff. 2.1 stellt klar, dass die Präsentation der Datenbank auf der Website oder in anderen Medien (noch) kein Angebot darstellt, sondern lediglich Interessenten einlädt, ihrerseits dem Anbieter ein Angebot auf Abschluss eines Nutzungsvertrages zu unterbreiten (sog. invitatio ad offerendum). Dadurch wird aus Sicht des Anbieters erreicht, dass er nicht mit jedem Interessenten einen Nutzungsvertrag eingeht, sondern vorab prüfen kann, ob er dies im Einzelfall (nicht) will.

18.20

c) Vertragsangebot (Ziff. 2.2)

Der Gedanke, dass der Anbieter bei der Frage des Vertragsschlusses das letzte Wort haben soll, liegt auch der Regelung in Ziff. 2.2 zugrunde. In technischer Hinsicht vorausgesetzt wird dabei, dass der Datenbanknutzung ein Registrierungsprozess mit entsprechenden Eingabemasken vorgeschaltet ist, in dem bestimmte Informationen vom Interessenten durch den Anbieter abgefragt werden, indem der Interessent durch diesen Prozess hindurchgeführt wird. Zu diesen Informationen dürften in jedem Fall die vom Anbieter benötigten Angaben über die Person des Kunden (Name, Firma, Adresse, Kontaktdetails usw.) gehören, des Weiteren die Anzahl und Namen der Nutzer, weil vorliegend von einer nutzerbasierten Lizenzerteilung ausgegangen wird (s. oben die Erläuterungen zu Ziff. 1.5, Rz. 18.14). Ferner bietet es sich an, festzulegen, auf welchem Weg Anbieter und Kunde zukünftig kommunizieren werden – im Hinblick auf die unterstellte Zusendung der/des Nutzerpasswortes/s per E-Mail (dazu Ziff. 2.3) bietet sich dieser Kommunikationskanal an. Des Weiteren müssen bestimmte Informationen dort ab-

18.21

gebildet werden, etwa diejenigen gem. § 312i Abs. 1 BGB. Schließlich wird der Anbieter bestimmte Einzelheiten der Vertragserfüllung dort abfragen wollen, so z.B. zur Laufzeit (s. dazu aber unten Ziff. 11), zur Vergütung (dazu Ziff. 7.1) oder zur Zahlungsmethode (dazu Ziff. 7.3). In der Klausel ebenfalls enthalten ist der Hinweis, dass bei falschen oder unvollständigen Angaben des Kunden eine Sanktionierung durch den Anbieter erfolgen kann, indem er die Registrierung verweigert oder später zurücknimmt.

d) Angebotsannahme (Ziff. 2.3)

18.22   Ziff. 2.3 behandelt dann den eigentlichen Vertragsschluss:

Der Kunde unterbreitet ein Angebot zum Vertragsschluss durch Absendung seiner Angaben. Innerhalb des hier zugrunde gelegten Registrierungsprozesses sollte dies durch Betätigung eines entsprechend bezeichneten Buttons geschehen, um sicherzustellen, dass alle vom Anbieter vorgesehenen Pflichtfelder bearbeitet worden sind. Die Kennzeichnung des Buttons (im Sprachgebrauch des Gesetzes „Schaltfläche") mit den Worten „zahlungspflichtig bestellen" beruht auf den Vorgaben des § 312j Abs. 3 BGB für den Geschäftsverkehr mit Verbrauchern. Andere Formulierungen sind zulässig, müssen ausweislich der Gesetzesformulierung aber „entsprechend eindeutig" sein.

Auf sein Angebot erhält der Interessent zunächst eine Bestellbestätigung. Diese muss gem. § 312i Abs. 1 Satz 1 Nr. 3 BGB unverzüglich, mithin ohne schuldhaftes Zögern, § 121 BGB, und in elektronischer Form, das heißt per E-Mail, erfolgen. Der Anbieter hat die Möglichkeit, vor der Bestätigungserklärung einen automatisierten Verifikationsprozess durchzuführen, z.B. eine Überprüfung der vom Interessenten angegebenen Adress- und Bankdaten. In dem hier unterstellten Ablauf ist mit der Bestellbestätigung zugleich die Willenserklärung auf Annahme des Vertragsangebots verbunden[19]. Selbstverständlich sind auch andere Lösungen vorstellbar, dabei ist allerdings zu beachten, dass es für die Auslegung der insoweit vom Anbieter abgegebenen Erklärungen, wie stets, auf den objektiven Empfängerhorizont ankommt[20].

In dem hier unterstellten Ablauf enthält die vom Anbieter an den Kunden versandte Annahme-E-Mail ferner zugleich ein Passwort für den jeweiligen Nutzer, um Missbrauch beim Zugang zur Datenbank zu verhindern; vorgeschlagen wird die Einrichtung einer Möglichkeit, dass der Kunde sein Passwort selbst ändern kann, so dass das vom Anbieter übersandte Passwort nur initial ist. Auch hier sind in der Praxis aber andere Gestaltungsmöglichkeiten denkbar.

3. Zugang zur Datenbank (Ziff. 3)

18.23   M 18.1.3 Zugang zur Datenbank

3. Zugang zur Datenbank

3.1 Der Anbieter stellt dem Kunden je nach Bestellung einen oder mehrere passwortgeschützte Zugänge zur Datenbank zur Verfügung. Die Zugangsdaten bestehen aus dem vom Kunden bei der Registrierung gewählten Nutzernamen und einem individuellen Nutzerpasswort. Es wird empfohlen, dass der Kunde das ihm mit der Bestellbestätigung mitgeteilte initiale Nutzerpasswort unverzüglich ändert. Bei mehreren registrierten Nutzern erhält der Kunde für jeden Nutzer eigene Zugangsdaten.

3.2 Das Recht zum Zugang ist auf die dem Anbieter durch den Kunden namentlich genannten Nutzer beschränkt. Ein Nutzer kann mit seinen Zugangsdaten stets nur einmal zur gleichen Zeit bei der Daten-

---

19 Zur Zulässigkeit dieser Verbindung von Wissens- und Willenserklärung BGH v. 16.10.2012 – X ZR 37/12, NJW 2013, 598 (599).
20 *Grüneberg* in Palandt, § 312i BGB Rz. 7 a.E.

bank angemeldet sein. Der Umfang der zulässigen Nutzung richtet sich nach Ziffer 8 („Nutzungsrechte") dieses Vertrags.

3.3 Der Kunde stellt gegenüber dem Anbieter sicher, dass die Zugangsdaten geheim gehalten werden. Er stellt ferner sicher, dass auch alle von ihm registrierten Nutzer diese Verpflichtung einhalten, und verpflichtet sich, den Anbieter unverzüglich zu informieren, wenn der Verdacht auf Missbrauch der Zugangsdaten besteht.

3.4 Die Nutzung der Datenbank durch den Kunden und die gebotene Kontrolle der Einhaltung der Nutzungsgrenzen erfordert, dass die vom System des Anbieters an die Endgeräte des Kunden versendeten Cookies ohne Modifizierung akzeptiert und während einer laufenden Sitzung nicht gelöscht werden. Der Kunde wird sich entsprechend verhalten und die Nutzer entsprechend verpflichten.

3.5 Der Anbieter behält sich vor, den Zugang zur Datenbank zu verweigern, wenn Anhaltspunkte dafür vorliegen, dass die vom Kunden eingesetzten Endgeräte oder die Art und Weise der Nutzung die Funktionalität und Sicherheit der Datenbank gefährden. Der Zugang kann ferner verweigert werden, wenn es dem Anbieter nicht möglich ist, zu überprüfen, ob der Kunde die Datenbank nur im Rahmen der ihm hier eingeräumten Rechte nutzt. Das ist insbesondere auch der Fall bei einer Nutzung ohne Akzeptanz von Cookies (Ziffer 3.4) oder unter Nutzung einer Anonymisierungs-Software. Etwaige weitere Ansprüche des Anbieters bleiben unberührt.

a) Ratio

In Ziff. 3 ist geregelt, wie der Zugang zur Datenbank erfolgt: Der Kunde erhält für jeden registrierten Nutzer einen passwortgeschützten Zugang, der nur vom registrierten Nutzer verwendet werden darf. Der Kunde ist zum Schutz der Passwörter verpflichtet und muss bestimmte Sicherungsmechanismen des Anbieters akzeptieren. Umgekehrt ist der Anbieter in bestimmten Fällen berechtigt, den Zugang zur Datenbank zu verweigern.   18.24

b) Zugangspasswort (Ziff. 3.1)

Ziff. 3.1 benennt die Zugänge zur Datenbank. Diese bestehen – unterstelltermaßen – aus einem vom Kunden bei der Registrierung gewählten Nutzernamen und dem Nutzerpasswort; abweichende Gestaltungen sind zulässig. Entsprechendes gilt für das der hiesigen Regelung zugrunde gelegte Verfahren, dass jeder Nutzer einen gesonderten Zugang mit eigenem Namen und Passwort erhält. Nach dem hier unterstellten Prozedere wird das Passwort initial jeweils vom Anbieter vorgegeben, kann aber vom Kunden (oder mit dessen Willen vom jeweiligen Nutzer) eigenständig geändert werden.   18.25

c) Zugangsbeschränkungen (Ziff. 3.2)

In Ziff. 3.2 sind Beschränkungen des Zugangs zur Datenbank formuliert: Jeder Zugang steht ausschließlich dem namentlich registrierten Nutzer zu. Dieser kann zur gleichen Zeit auch nur über ein Endgerät bei der Datenbank angemeldet sein, was dazu führt, dass die Weitergabe der Zugangsdaten an Dritte unattraktiver wird, weil diese nicht sicher sein können, neben dem registrierten Nutzer jeweils Zugang zur Datenbank zu bekommen. Für den registrierten Nutzer hat dies freilich zur Folge, dass er eine an einem Endgerät begonnene Sitzung zunächst beenden muss, bevor er sich über ein anderes Endgerät bei der Datenbank anmelden kann; dies erscheint aber zumutbar. Schließlich verweist die Ziffer hinsichtlich des Umfangs der Nutzungsrechte auf die Rechteklausel in Ziff. 8.   18.26

d) Geheimhaltung der Zugangsdaten (Ziff. 3.3)

Gemäß Ziff. 3.3 hat der Kunde die Geheimhaltung der Zugangsdaten (Nutzername und -passwort) sicherzustellen. Gegebenenfalls hat er diese Pflicht an die Nutzer in geeigneter Form, z.B. durch Abforderung entsprechender schriftlicher Verpflichtungserklärungen, weiterzugeben. Im Falle eines Verdachts   18.27

auf Missbrauch der Zugangsdaten hat der Kunde ferner den Anbieter zu informieren, damit dieser reagieren kann, beispielsweise durch Sperrung des betroffenen Zugangs.

e) Zugangskontrolle (Ziff. 3.4)

18.28 Ziff. 3.4 soll dem Anbieter die Möglichkeit eröffnen, die Einhaltung der Nutzungsvorgaben durch technische Mittel zu kontrollieren. Hierzu bietet sich nach dem derzeitigen Stand der Technik insbesondere der Einsatz von Cookies an, die freilich vom Kunden bzw. Nutzer nicht abgelehnt oder verändert werden dürfen. Dies ist hier als Nebenpflicht des Kunden formuliert.

f) Zugangsverweigerung (Ziff. 3.5)

18.29 Nach Ziff. 3.5 ist der Anbieter berechtigt, den Zugang zur Datenbank zu verweigern, wenn Funktionalität und Sicherheit der Datenbank durch die vom Kunden eingesetzten Endgeräte oder die Art und Weise der Nutzung gefährdet erscheinen. Dadurch soll verhindert werden, dass die Datenbank bzw. ihre Nutzbarkeit durch andere Nutzer Schaden nimmt; der Anbieter soll den entsprechenden Nutzer als verantwortlichen „Störer" von der weiteren Nutzung ausschließen dürfen. Vorausgesetzt wird, dass entsprechende Anhaltspunkte vorliegen; eine willkürliche Zugangsverweigerung wäre mit den Vertragspflichten des Anbieters nicht zu vereinbaren und deshalb von der Regelung nicht erfasst.

Die beiden folgenden Sätze geben dem Anbieter die Möglichkeit der Zugangsverweigerung, wenn er nicht in der Lage ist, zu kontrollieren, ob die rechtlichen Grenzen der Zugangsberechtigung eingehalten werden. Als Beispielsfälle sind hier hervorgehoben die Verweigerung der Akzeptanz der in Ziff. 3.4 genannten Cookies sowie die Verwendung einer Anonymisierungs-Software. Letztere kann insbesondere den Browser betreffen, sofern dadurch die IP-Adresse gezielt verschleiert wird.

Der letzte Satz stellt klar, dass etwaige weitere Ansprüche des Anbieters unberührt bleiben. Hierzu gehören beispielsweise das in Ziff. 11.3 genannte Sonderkündigungsrecht sowie eventuelle Unterlassungs- und Schadensersatzansprüche auf gesetzlicher Grundlage.

4. Informationen für Verbraucher (Ziff. 4)

18.30 **M 18.1.4 Informationen für Verbraucher**

4. Informationen für Verbraucher

4.1 Dem Kunden, der Verbraucher ist, steht das nachfolgende Widerrufsrecht zu.

Widerrufsbelehrung

Widerrufsrecht

Sie haben das Recht, binnen vierzehn Tagen ohne Angabe von Gründen diesen Vertrag zu widerrufen.

Die Widerrufsfrist beträgt vierzehn Tage ab dem Tag des Vertragsabschlusses. Um Ihr Widerrufsrecht auszuüben, müssen Sie uns, XY GmbH, ABC-Straße 123, 45678 Alphabetstadt, Telefax: 01234-56789, E-Mail: XY@..., mittels einer eindeutigen Erklärung (z. B. ein mit der Post versandter Brief, Telefax oder E-Mail) über Ihren Entschluss, diesen Vertrag zu widerrufen, informieren. Sie können dafür das beigefügte Muster-Widerrufsformular verwenden, das jedoch nicht vorgeschrieben ist.

Zur Wahrung der Widerrufsfrist reicht es aus, dass Sie die Mitteilung über die Ausübung des Widerrufsrechts vor Ablauf der Widerrufsfrist absenden (§ 355 Abs. 1 Satz 5 BGB).

Widerrufsfolgen

Wenn Sie diesen Vertrag widerrufen, haben wir Ihnen alle Zahlungen, die wir von Ihnen erhalten haben, einschließlich der Lieferkosten (mit Ausnahme der zusätzlichen Kosten, die sich daraus ergeben, dass Sie eine andere Art der Lieferung als die von uns angebotene, günstigste Standardlieferung gewählt haben), unverzüglich und spätestens binnen vierzehn Tagen ab dem Tag zurückzuzahlen, an dem die Mitteilung über Ihren Widerruf dieses Vertrags bei uns eingegangen ist. Für diese Rückzahlung verwenden wir dasselbe Zahlungsmittel, das Sie bei der ursprünglichen Transaktion eingesetzt haben, es sei denn, mit Ihnen wurde ausdrücklich etwas anderes vereinbart; in keinem Fall werden Ihnen wegen dieser Rückzahlung Entgelte berechnet.

4.2 Der Kunde, der Verbraucher ist, kann für seinen Widerruf das folgende Muster-Widerrufsformular verwenden.

Muster-Widerrufsformular

(Wenn Sie den Vertrag widerrufen wollen, dann füllen Sie bitte dieses Formular aus und senden Sie es zurück.)

- *An XY GmbH, ABC-Straße 123, 45678 Alphabetstadt, Telefax: 01234-56789, E-Mail: XY@…*

- *Hiermit widerrufe(n) ich/wir* den von mir/uns* abgeschlossenen Vertrag über die Erbringung der folgenden Dienstleistung*

- *Bestellt am*/Erhalten am*: …*

- *Name des/der Verbraucher(s): …*

- *Anschrift des/der Verbraucher(s): …*

- *Unterschrift des/der Verbraucher(s): …*

- *Datum: …*

* Unzutreffendes streichen.

4.3 Als Online-Anbieter sind wir verpflichtet, Verbraucher auf die Plattform zur Online-Streitbeilegung der Europäischen Kommission hinzuweisen. Nähere Informationen sind unter dem folgenden Link verfügbar: https://ec.europa.eu/consumers/odr. Wir nehmen an einem Streitbeilegungsverfahren vor einer Verbraucherschlichtungsstelle allerdings nicht teil.

a) Ratio

§§ 312g, 355 BGB sehen zugunsten des Kunden, der Verbraucher ist, ein Widerrufsrecht vor, mit dem dieser seine auf den Abschluss des Nutzungsvertrages gerichtete Willenserklärung – hier: das Angebot gem. Ziff. 2.2 – widerrufen kann. Im Falle des Widerrufs sind beide Parteien nicht mehr an ihre wechselseitigen Willenserklärungen gebunden (§ 355 Abs. 1 Satz 1 BGB); empfangene Leistungen, insbesondere Vergütungszahlungen, sind unverzüglich zurück zu gewähren (§ 355 Abs. 3 Satz 1 BGB). Das Widerspruchsrecht ist unabdingbar.

18.31

b) Widerrufsbelehrung (Ziff. 4.1)

Die Frist zum Widerruf beträgt grundsätzlich 14 Tage und beginnt ab Vertragsschluss (§ 355 Abs. 2 BGB), hier also mit Zugang der Annahmeerklärung des Anbieters beim Kunden (s. Ziff. 2.3). § 356 Abs. 5 BGB würde bei der vorliegenden Datenbanknutzung erlauben, das Widerrufsrecht bereits dann erlöschen zu lassen, „wenn der Unternehmer mit der Ausführung des Vertrages begonnen hat", mithin schon dann, wenn der im Gesetz „Unternehmer" genannte Anbieter dem Kunden den Zugang zur Datenbank ermöglicht hat. Das würde nach der genannten Vorschrift allerdings voraussetzen, dass der Kunde, der Verbraucher ist, „[1.] ausdrücklich zugestimmt hat, dass der Unternehmer mit der Ausführung des Vertrags vor Ablauf der Widerspruchsfrist beginnt und [2.] seine Kenntnis davon bestätigt hat, dass er durch seine Zustimmung mit Beginn der Ausführung des Vertrags sein Widerrufsrecht verliert." Da dies entsprechend umfangreiche Belehrungen durch den Anbieter erfordern würde und er zudem eine doppelte (Zustimmungs- bzw. Bestätigungs-) Erklärung des Kunden bekommen müsste, wird in der Praxis zumeist von der von § 356 Abs. 5 BGB eröffneten Möglichkeit kein Gebrauch ge-

18.32

macht und das Risiko in Kauf genommen, dass ein Kunde, der zugleich Verbraucher ist, sich noch nach bereits erfolgten ersten Nutzungshandlungen per Widerruf vom Vertrag lösen kann.

Für die Einzelheiten verweist § 356 Abs. 3 BGB auf Art. 246a § 1 EGBGB.

Hinsichtlich der Widerrufsbelehrung verweist Art. 246a § 1 Abs. 2 Satz 2 EGBGB weiter auf die Anlage 1, in der ein gesetzliches Muster für die Widerrufsbelehrung enthalten ist. Dieses Muster wird von der Praxis allseits verwendet und ist in Ziff. 4.1 übernommen.

c) Widerrufsformular (Ziff. 4.2)

18.33 Das Muster-Widerrufsformular in Ziff. 4.2 entspricht der Anlage 2 zu Art. 246a § 1 Abs. 2 Satz 1 Nr. 1 EGBGB und wird ebenfalls von der ganz breiten Praxis verwendet.

Für weiterführende Erläuterungen der zum Teil unübersichtlichen Einzelheiten zum Widerrufsrecht des Verbrauchers muss an dieser Stelle aus Platzgründen auf die einschlägigen Kommentierungen verwiesen werden.

d) Online-Plattform zur Streitbeilegung (Ziff. 4.3)

18.34 Ziff. 4.3 beruht auf § 36 Abs. 1 Verbraucherstreitbeilegungsgesetz (VSBG), mit dem die Richtlinie 2013/11/EU des Europäischen Parlaments und des Rates vom 21.5.2013 über die alternative Beilegung verbraucherrechtlicher Streitigkeiten und zur Änderung der Verordnung (EG) Nr. 2006/2004 und der Richtlinie 2009/22/EG (Richtlinie über alternative Streitbeilegung in Verbraucherangelegenheiten; ABl. Nr. L 165 vom 18.6.2013, S. 63) umgesetzt worden ist. Nicht anwendbar ist die Pflicht zur Information auf Anbieter, die am 31. Dezember des jeweiligen Vorjahres nicht mehr als zehn Mitarbeiter beschäftigt haben. Da die Teilnahme an dieser Form der „Alternative Dispute Resolution" freiwillig ist, kann der Anbieter auch darüber informieren, dass er sich an einem Streitbeilegungsverfahren nicht beteiligt.

5. Vorausgesetzte Hard- und Software (Ziff. 5)

18.35 **M 18.1.5 Vorausgesetzte Hard- und Software**

5. Vorausgesetzte Hard- und Software

5.1 Der Kunde ist selbst dafür verantwortlich, die technischen Voraussetzungen zu schaffen und aufrechtzuerhalten, die für die Nutzung der Datenbank notwendig sind. Insbesondere benötigt der Kunde ein internetfähiges Endgerät, einen Internetzugang und einen gängigen Internetbrowser mit aktueller Software.

5.2 Der Anbieter ist bestrebt, die Datenbank stets auf dem aktuellen Stand der Technik zu halten, um dem Kunden das bestmögliche Nutzererlebnis zu ermöglichen. Aus diesem Grund wird die Datenbank technisch stetig weiterentwickelt. Es obliegt dem Kunden, seine Endgeräte sowie die Software an diese technische Entwicklung anzupassen. Führt eine solche Weiterentwicklung der Datenbank für den Kunden zu einer nicht nur unerheblichen Beeinträchtigung, so ist er berechtigt, innerhalb von sechs Wochen nach Live-Schaltung der Weiterentwicklung den Vertrag ohne Einhaltung einer Frist zu kündigen (Sonderkündigungsrecht).

5.3 Der Kunde ist verpflichtet, bei der Nutzung des Datenbankzugangs stets aktuelle Software zur Abwehr von Computerviren und sonstiger Schadsoftware zu nutzen.

a) Technische Voraussetzungen (Ziff. 5.1)

Die meisten Kunden bzw. Nutzer werden bereits in eigenem Interesse von sich aus Hard- und Software benutzen, die einem aktuellen Stand entspricht und deshalb mit einer professionell betriebenen Datenbank kompatibel ist. Dennoch erscheint die Regelung sinnvoll zur Abgrenzung der Verantwortlichkeiten: Der Anbieter ist für den Betrieb der Datenbank verantwortlich und muss dabei einen bestimmten Standard einhalten. Sicherzustellen, dass dieser Standard dann auch von den Geräten der Nutzer zugänglich ist, obliegt hingegen diesen. Dies wird durch Ziff. 5.1 klargestellt, in dem zugleich die wesentlichen, vom Kunden bzw. Nutzer vorgehaltenen Elemente für die Datenbanknutzung genannt werden: internetfähige Hardware, Internetanschluss und gängiger Internetbrowser auf aktuellem Stand.

18.36

b) Weiterentwicklung der Datenbank (Ziff. 5.2)

Ziff. 5.2 erweitert die statische Obliegenheitsverteilung der Ziff. 5.1 um die dynamische Komponente der Weiterentwicklung: Der Anbieter ist zur fortlaufenden Weiterentwicklung der Datenbanksoftware berechtigt (vertraglich aber nicht verpflichtet), und es obliegt dem Kunden, damit Schritt zu halten. Schon um seine Kunden nicht zu verlieren, wird der Anbieter die Weiterentwicklung mit Blick auf die Marktgängigkeit betreiben. Kommt es dabei für einen Kunden dennoch zu einer nicht nur unerheblichen Beeinträchtigung, wird ihm ein Sonderkündigungsrecht eingeräumt. Damit soll zugleich der Regelung in § 308 Nr. 4 BGB Rechnung getragen werden[21]. Aus Gründen der Rechtsklarheit kann das Kündigungsrecht nur innerhalb einer Frist von sechs Wochen ausgeübt werden, was für die Feststellung der Beeinträchtigung durch den Kunden und dessen Entscheidungsfindung, ob die Kündigung erklärt werden soll, ausreichend erscheint.

18.37

c) Virensoftware (Ziff. 5.3)

In Ziff. 5.3 wird schließlich ein Sonderfall der Nutzung aktueller Software angesprochen und zu einer Vertragspflicht verdichtet: der Kunde ist verpflichtet, stets aktuelle Virensoftware usw. bei der Nutzung des Datenbankzugangs zu verwenden. Tut er dies nicht, stellt dies eine Vertragspflichtverletzung dar, die im Falle eines Schadens zu dessen Ersatz verpflichtet, § 280 Abs. 1 BGB.

18.38

6. Leistungsumfang und Verfügbarkeit (Ziff. 6)

M 18.1.6 Leistungsumfang und Verfügbarkeit

18.39

6. Leistungsumfang und Verfügbarkeit

6.1 Der Umfang der Leistungen und deren Begrenzung ergeben sich aus der Produktbeschreibung, die hier [LINK] aufgerufen werden kann. Dabei handelt es sich um eine Beschaffenheitsbeschreibung, mit der eine Garantie oder Eigenschaftszusicherung nicht verbunden ist; gleiches gilt für Beschreibungen in Werbeunterlagen des Anbieters und in ähnlichen Dokumenten.

6.2 Der Anbieter strebt eine Verfügbarkeit der Datenbank von nicht unter 98 % pro Monat an. Nicht erfasst von dieser Verfügbarkeit werden Zeiten der Nicht-Verfügbarkeit wegen nach ihrer Dauer angemessener, geplanter und vorab angekündigter Wartungsarbeiten. Diese werden regelmäßig zur Nachtzeit oder morgens bis spätestens 7 Uhr durchgeführt. Nicht erfasst werden außerdem Zeiten der Nichtverfügbarkeit wegen zwingend erforderlicher außerplanmäßiger Wartungsarbeiten, es sei denn, diese beruhen auf einer vorsätzlichen oder grob fahrlässigen Pflichtverletzung des Anbieters oder auf einer Verletzung von Kardinalpflichten. Nicht erfasst werden auch Zeiten der Nichtverfügbarkeit wegen vom Anbieter

---

21 S. dazu *Redeker* in Hoeren/Sieber/Holznagel, Multimedia-Recht, 50. EL, Teil 12 Vertragsrecht für Internetdienste, Rz. 32 ff.

nicht beeinflussbarer Störungen des Internets oder wegen sonst vom Anbieter nicht zu vertretenden Umständen, insbesondere wegen höherer Gewalt.

6.3 Der Anbieter ist bestrebt, die Datenbank inhaltlich stets auf aktuellem Stand zu halten. Vollständigkeit und inhaltliche Fehlerfreiheit können jedoch nicht zugesagt werden.

a) Produktbeschreibung (Ziff. 6.1)

18.40　Die vorliegenden AGB können die vom Anbieter angebotenen Leistungen und eine vollständige Beschreibung der Datenbank nicht abbilden. Hierfür ist eine gesonderte Produktbeschreibung erforderlich, die aus den AGB heraus mit einem Link erreichbar sein sollte. Dies ist in Ziff. 6.1 vorgesehen, die zugleich klarstellt, dass die darin enthaltenen Aussagen lediglich Beschaffenheitsangaben darstellen, nicht aber Eigenschaftszusicherungen oder gar Garantien, für deren Einhaltung der Anbieter verschuldensunabhängig einzustehen hätte.

b) Verfügbarkeit (Ziff. 6.2)

18.41　Die in Ziff. 6.2 enthaltene Verfügbarkeitsklausel bewegt sich auch im Rahmen des Üblichen und konkretisiert insoweit die generelle Leistungszusage. Bei der prozentualen Berechnung wird hier bewusst nicht auf das Jahr abgestellt, sondern auf einen kürzeren Zeitraum. Denn auch eine 99,9-prozentige Zuverlässigkeit über das Jahr gerechnet erlaubt eine Unterbrechung von mehr als acht Stunden auf einmal, was in vielen Fällen als zu lang angesehen würde[22] und deshalb unangemessen sein könnte (vgl. § 307 BGB). Zudem dürfte dem Kunden oftmals nicht zugemutet werden, ein Jahr abzuwarten, um erst dann einen eventuellen Anspruch gegen den Anbieter festzustellen[23]. Die Wartungszeiten dürfen sich nicht in den Hauptgeschäftszeiten des Kunden befinden[24]. Für vorsätzlich oder grob fahrlässig vom Anbieter verursachten Wartungsbedarf lässt sich eine Berücksichtigung nicht ausschließen, ebenso wenig, wenn dies auf eine Verletzung von Kardinalpflichten zurückzuführen ist.

c) Aktualität (Ziff. 6.3)

18.42　Ziff. 6.3 regelt schließlich den inhaltlichen Leistungsumfang. Hier wird das „Bestreben" des Anbieters formuliert, die Datenbank aktuell zu halten. Darum wird er sich regelmäßig bereits aus Reputationsgründen bemühen. Eine entsprechende Rechtspflicht oder gar Garantie ist damit freilich nicht verbunden. Entsprechendes gilt für die Vollständigkeit und inhaltliche Fehlerfreiheit: Auch eine solche wird ausdrücklich nicht zugesagt, um insbesondere eine entsprechende vertragliche Haftung auszuschließen.

7. Vergütung (Ziff. 7)

18.43　**M 18.1.7　Vergütung**

7. Vergütung

7.1 Die vom Kunden für die Nutzung der Datenbank an den Anbieter [monatlich/jährlich] zu leistende Vergütung beträgt … pro Nutzer.

22　*Redeker* in Hoeren/Sieber/Holznagel, Multimedia-Recht, 50. EL, Teil 12 Vertragsrecht für Internetdienste, Rz. 22.

23　*Ernst* in Ulmer/Brandner/Hensen, AGB Recht Kommentar, 12. Aufl., Teil 2, (44) Softwareverträge, Rz. 68.

24　Vgl. *Schmidl* in Dauner-Lieb/Langen, BGB – Schuldrecht, 3. Aufl., Anh IV zu §§ 535–580a, Rz. 92.

7.2 Alle Preise verstehen sich – sofern nicht ausdrücklich anders angegeben – inklusive der gesetzlichen Umsatzsteuer.

7.3 Sämtliche Rechnungsbeträge sind sofort ohne Abzug zur Zahlung fällig. Die Zahlung kann erfolgen per Überweisung, per Kreditkarte oder im Lastschriftverfahren.

7.4 Im Falle von Leistungserweiterungen ist der Anbieter berechtigt, die Vergütung entsprechend der Erweiterung zu erhöhen, es sei denn, die Leistungserweiterung wäre nur unerheblich. Der Kunde wird über die Preiserhöhung informiert. Im Falle einer Erhöhung ist der Kunde berechtigt, den Vertrag innerhalb von sechs Wochen nach Erhalt der Information ohne Einhaltung einer Frist zu kündigen (Sonderkündigungsrecht); dies gilt nicht, wenn er die Datenbank nach Erhalt der Information weiternutzt bzw. genutzt hat.

a) Ratio

Ziff. 7 betrifft die Vergütung als die wesentliche Gegenleistung des Kunden. 18.44

b) Vergütung (Ziff. 7.1)

Ziff. 7.1 geht dabei von einer zeitraum- und nutzerbezogenen Vergütung aus, unabhängig von der Anzahl von Einzelabrufen oder der sonstigen Nutzungsintensität. Selbstverständlich sind auch andere Vergütungsmodelle darstellbar; im Falle etwa einer abrufbasierten Abrechnung wären freilich noch Definitionen erforderlich, was unter einem Abruf zu verstehen ist und wie diese gezählt werden. Gegebenenfalls würde die bei der Zählung der Abrufe eingesetzte Software auch noch eine gesonderte datenschutzrechtliche Regelung erfordern[25]. In jedem Fall ist bei jeglichem Vergütungsmodell eine unzweideutige und trennscharfe Regelung der vergütungsrelevanten Parameter erforderlich. 18.45

c) Umsatzsteuer (Ziff. 7.2)

In Ziff. 7.2 wird festgehalten, dass die vom Anbieter angegebenen Preise sich einschließlich Umsatzsteuer verstehen. Dies ist ein Erfordernis der Preisauszeichnung gegenüber Verbrauchern und ergibt sich aus § 1 Abs. 1 der Preisangabenverordnung (PAngV), nach dem Preise gegenüber Verbrauchern „einschließlich der Umsatzsteuer und sonstiger Preisbestandteile" angegeben werden müssen. Ebenso fordert § 312d BGB i.V.m. Art. 246a § 1 Abs. 1 Satz 1 Nr. 4 EGBGB die Angabe des Gesamtpreises „einschließlich aller Steuern und Abgaben". 18.46

d) Fälligkeit und Zahlungsmittel (Ziff. 7.3)

In Ziff. 7.3 ist die Fälligkeit geregelt. Zudem sind dort die vom Anbieter akzeptierten Zahlungsmittel benannt. Selbstverständlich sind für beide Aspekte anderslautende Regelungen denkbar. Allerdings ist gegenüber Verbrauchern die Angabe der akzeptierten Zahlungsmittel gem. § 312j Abs. 1 BGB verpflichtend. Zu den gegenüber Verbrauchern eingeschränkten Möglichkeiten des Anbieters, für die Nutzung bestimmter Zahlungsmittel ein Entgelt zu verlangen, s. § 312a Abs. 4 BGB. 18.47

e) Preiserhöhungsklausel (Ziff. 7.4)

Ziff. 7.4 ist auf der Vergütungsebene das Gegenstück zur Regelung der Ziff. 5.2 mit der darin geregelten Befugnis des Anbieters, die Datenbank weiterzuentwickeln. Zwar sind allgemeine Preiserhöhungen AGB-rechtlich problematisch. Aber eine auf eine Leistungserweiterung gestützte Preiserhöhung ist grundsätzlich zulässig, insbesondere in Dauerschuldverhältnissen, auf die § 309 Nr. 1 BGB nicht anwendbar ist. Allerdings sollte auch hier sichergestellt sein, dass die Leistungserweiterung nicht nur unerheblich ist. Da es sich um eine Vertragsänderung handelt, muss der Nutzer über die beabsichtig- 18.48

---

25 Zum Datenschutzrecht bzw. der Datenschutzerklärung (Privacy Policy) s. Ziff. 9.

te Preiserhöhung informiert werden und die Möglichkeit zur Sonderkündigung unabhängig von den ansonsten geltenden Kündigungsfristen haben. Sinnvollerweise ist aus Gründen der Rechtssicherheit die Frist zur Ausübung des Sonderkündigungsrechts zeitlich befristet, hier auf sechs Wochen nach Erhalt der Preiserhöhungsankündigung. Macht der Kunde allerdings in Kenntnis der Preiserhöhung weiter von der Datenbank Gebrauch, entfällt nach Treu und Glauben sein Sonderkündigungsrecht, was im letzten Satz ausgedrückt wird.

8. Nutzungsrechte (Ziff. 8)

18.49 **M 18.1.8 Nutzungsrechte**

8. Nutzungsrechte

8.1 Der Kunde erkennt an, dass es sich bei der Datenbank um eine vom Anbieter hergestellte Datenbank im Sinne von § 4 Abs. 2 Satz 1, § 87a UrhG handelt. Auch die einzelnen in der Datenbank verfügbaren Inhalte sind urheberrechtlich geschützt. Die zur Nutzung der Datenbank erforderlichen Computerprogramme unterfallen dem Schutz nach §§ 69a ff. UrhG. Rechte Dritter bleiben unberührt.

8.2 Mit Vertragsschluss erwirbt der Kunde unter der Bedingung der Zahlung der geschuldeten und fälligen Vergütung für sich und im Umfang seiner Registrierung ggf. auch für weitere Nutzer das einfache (nicht ausschließliche), auf die Laufzeit des Vertrags befristete, inhaltlich auf die Nutzung zu eigenen Zwecken beschränkte, nicht übertragbare und nicht unterlizenzierbare Recht zur vertragsgemäßen Nutzung der Datenbank. Das Nutzungsrecht gestattet den Lesezugriff auf die Datenbank, ferner die Recherche in der Datenbank, das individuelle Herunterladen von Inhalten (Download), das individuelle Speichern und den individuellen Ausdruck von Rechercheergebnissen. Abruf, Auswertung, Download, Speicherung, Ausdruck oder Weitergabe in systematischer oder automatisierter Form sowie das systematische Erstellen von Sammlungen aus den abgerufenen Inhalten oder von Trefferlisten aus der Datenbank, insbesondere für die kommerzielle Vermittlung dieser Informationen, sind unzulässig.

8.3 Jede Nutzung, die über Ziffer 8.2 hinausgeht, ist unzulässig und bedarf der vorherigen schriftlichen Zustimmung durch den Anbieter. Der Anbieter ist berechtigt, technische Maßnahmen zu ergreifen, die sicherstellen, dass die Nutzung des Kunden nicht über seine in Ziffer 8.2 genannten Rechte hinausgeht. Bei einer missbräuchlichen Nutzung der Datenbank durch den Kunden ist der Anbieter unbeschadet weiterer Ansprüche berechtigt, den Zugang zu sperren. Missbrauch liegt insbesondere im Falle des Einsatzes automatisierter Suchprogramme in der Datenbank durch den Kunden vor. Weitere Rechte des Anbieters, wie etwa das Recht zur außerordentlichen Kündigung sowie Ansprüche auf Schadensersatz, bleiben unberührt.

8.4 Heruntergeladene Inhalte dürfen nur für die Dauer der Vertragslaufzeit gespeichert werden. Danach sind sie zu löschen.

8.5 Rechte des Kunden aus den §§ 53, 55a, 87c und § 87e UrhG bleiben unberührt.

a) Ratio

18.50 Die in Ziff. 8 enthaltenen Rechteklauseln sind das Herzstück des Datenbanklizenzvertrages, weil sie neben der rein technischen Zugangsgewährung den Umfang der für den Kunden erbrachten Leistungen bestimmen. Sie gehen von der Schutzfähigkeit der Datenbank und ihrer Inhalte aus und räumen dem Kunden und den von ihm gegebenenfalls registrierten Nutzern bestimmte Nutzungsrechte ein.

b) Schutz der Datenbank (Ziff. 8.1)

18.51 Ziff. 8.1 steckt insoweit den urheberrechtlichen Rahmen ab. Im Verhältnis zwischen Anbieter und Kunden wird festgehalten, dass die Datenbank rechtlich geschützt ist, und zwar entweder als Datenbankwerk i.S.d. § 4 Abs. 2 UrhG oder als Datenbank sui generis gem. § 87a UrhG[26]. Auf eine Differenzierung kann an dieser Stelle verzichtet werden; ohnehin dürfte diese Klausel in aller Regel nur deklaratorische Bedeutung haben. Satz 2 geht davon aus, dass auch die einzelnen Elemente der Datenbank urheberrechtlich geschützt sind, weil es sich dabei ihrerseits um Werke i.S.d. § 2 UrhG handelt. Dies mag bei reinen „Daten-Banken", in denen lediglich technische Daten akkumuliert und dargestellt werden, anders sein; in diesem Fall kann der Satz gestrichen werden. Von der Datenbank selbst und ihren Inhalten zu trennen sind ferner die für die Nutzung notwendigen Computerprogramme: Satz 3 hält fest, dass für diese der gesetzliche Schutz der §§ 69a ff. UrhG gilt. Schließlich stellt Satz 4 klar, dass etwaige Rechte Dritter unberührt bleiben. Derartige Rechte können etwa an den einzelnen Inhalten der Datenbank[27] oder an der Software[28] bestehen, gegebenenfalls auch an Marken, Logos oder ähnlichen Kennzeichnungen[29] der Datenbank. Der Satz soll im Hinblick auf derartige Rechte Dritter eine Berühmung des Anbieters ausschließen.

c) Rechteeinräumung (Ziff. 8.2)

Die eigentliche Rechteeinräumung ist in Ziff. 8.2 geregelt. Der Kunde erhält das einfache, zeitlich auf die Laufzeit des Vertrages befristete, inhaltlich auf die eigene Nutzung beschränkte Recht zur vertragsgemäßen Nutzung der Datenbank. Dieses Recht kann er nicht an Dritte „weitergeben", es also weder übertragen noch unterlizenzieren; zudem ist das Recht inhaltlich bewusst „auf die eigene Nutzung" beschränkt, um auszuschließen, dass der Kunde auf der Grundlage dieser Lizenz beispielsweise einen kommerziellen Informationsdienst für Dritte betreibt[30]. Eine bei Rechteeinräumungen oftmals ebenfalls anzutreffende räumliche Beschränkung ist hier bewusst nicht vorgesehen, weil unterstellt wird, dass der Datenbankzugriff über das Internet hier weltweit erfolgen kann und nicht über Geo-Blocking oder ähnliche technische Maßnahmen territorial beschränkt wird; sollte dies im Einzelfall anders sein, kann auch noch eine räumliche Beschränkung der Rechte, z.B. auf das Gebiet der Bundesrepublik Deutschland, aufgenommen werden. Die Rechteeinräumung steht zudem unter der Voraussetzung des Vertragsschlusses und unter der Bedingung der Zahlung der Vergütung: Sind diese Voraussetzungen nicht gegeben, werden keine Rechte eingeräumt.

18.52

In Satz 2 wird das gemäß Satz 1 eingeräumte Nutzungsrecht noch näher beschrieben. Es umfasst den Lesezugriff auf die Datenbank, die Recherchemöglichkeit in der Datenbank, das Recht zum individuellen Download von Inhalten aus der Datenbank sowie Speicherung und Ausdruck dieser Inhalte. Damit sind die wesentlichen Tätigkeiten des Datenbanknutzers beschrieben, und es wird klargestellt, dass ihm die dafür erforderlichen Rechte zustehen. Abweichungen sind freilich denkbar, weil der Anbieter sowohl die Nutzungsmöglichkeiten des Kunden enger fassen darf[31] als ihm auch weitergehende Möglichkeiten einräumen kann[32]; in diesen Fällen sind die hier vorgeschlagenen Formulierungen entsprechend anzupassen.

Satz 3 soll die Datenbank vor Ausbeutung schützen, indem darin systematische oder gar automatisierte Nutzungshandlungen ausgeschlossen werden, mit denen sich Wettbewerber des Anbieters eigene Datenbanken aufbauen oder eigene, an der Datenbank des Anbieters schmarotzende Informationsdienstleistungen für Dritte anbieten könnten. Derartige Nutzungshandlungen erscheinen auch im Hinblick auf § 87e UrhG als einer normalen Auswertung der Datenbank zuwiderlaufend bzw. als die

---

26 S. zu dieser Unterscheidung oben A.II., Rz. 18.2 ff.

27 Bei einer juristischen Aufsatzdatenbank etwa der einzelnen Autoren der in der Datenbank enthaltenen Aufsätze.

28 Insbesondere bei Verwendung einer nicht vom Anbieter selbst entwickelten (Standard-) Datenbanksoftware.

29 Das gilt vor allem dann, wenn der Anbieter sein Geschäft auf der Grundlage einer Markenlizenz oder ähnlicher Konstruktionen betreibt.

30 S. dazu auch die Formulierung am Ende von Ziff. 8.2.

31 Z.B. indem eine Speicherung von Datenbankinhalten oder deren Ausdruck ausgeschlossen wird.

32 Etwa durch die Möglichkeit, dass der Nutzer eigene Inhalte in die Datenbank einstellt (Upload).

berechtigten Interessen des Anbieters unzumutbar beeinträchtigend. Diese rechtlichen Beschränkungen wird der Anbieter durch entsprechende technische Schutzmaßnahmen ergänzen, um insbesondere die genannten automatisierten Nutzungshandlungen zu verhindern[33].

d) Darüber hinausgehende Nutzungen (Ziff. 8.3)

18.53   Ziff. 8.3 sichert die Beschränkung des dem Kunden eingeräumten Nutzungsrechtsumfangs weiter ab. Satz 1 stellt klar, dass eine über Ziff. 8.2 hinausgehende Nutzung unzulässig ist und nur (aber immerhin) mit einer entsprechenden Zustimmung des Anbieters erlaubt ist. Diese Zustimmung muss aus Dokumentationsgründen vorher und in Schriftform erfolgen. Satz 2 nimmt den oben bei Ziff. 8.1 Satz 3 angesprochenen Gedanken technischer Schutzmaßnahmen des Anbieters gegen missbräuchliche Nutzungen auf und macht einen ausdrücklichen entsprechenden Vorbehalt. Satz 3 erlaubt dem Anbieter ferner die sofortige Sperrung des Zugangs für einen Kunden im Fall missbräuchlicher Nutzung; weitere Ansprüche des Anbieters, z.B. auf außerordentliche Kündigung aus wichtigem Grund[34] oder Schadensersatz, bleiben davon unberührt, wie sich ausdrücklich auch aus Satz 5 ergibt. Satz 4 nennt als besonders praxisrelevantes Beispiel einer missbräuchlichen Datenbanknutzung den Einsatz eines automatisierten Suchprogramms in der Datenbank durch den Kunden. Wie sich aus der „insbesondere" Formulierung ergibt, werden aber auch andere Missbrauchsformen erfasst.

e) Heruntergeladene Datenbankinhalte (Ziff. 8.4)

18.54   Ziff. 8.4 greift inhaltlich zurück auf die bereits in Ziff. 8.2 Satz 1 geregelte zeitliche Befristung der zulässigen Datenbanknutzung und verpflichtet den Kunden, auf eigene Speichermedien heruntergeladene Datenbankinhalte nach Beendigung der Vertragslaufzeit zu löschen. Hier sind selbstverständlich auch andere Regelungen vorstellbar.

Die Schrankenregelungen der §§ 53, 55a, 87c und § 87e UrhG sind unabdingbar, dem trägt Satz 5 dadurch Rechnung, dass sie von dem Vertrag ausdrücklich unberührt bleiben.

9. Datenschutz (Ziff. 9)

18.55   **M 18.1.9 Datenschutz**

9. Datenschutz

Die Bestimmungen zum Datenschutz im Zusammenhang mit der Nutzung der Datenbank ergeben sich aus der jeweils aktuellen Datenschutzerklärung, abrufbar hier [LINK].

18.56   Die Nutzung der Datenbank wird je nach konkreter Ausgestaltung zu verschiedenen datenschutzrechtlichen Fragen führen. Diese können sehr unterschiedlich sein, je nachdem welche Daten der Anbieter erheben will oder sogar muss, z.B. im Rahmen eines Abrechnungsmodells, das auf einzelnen Nutzungsvorgängen basiert. In einer Datenschutzerklärung sollten diese Fragen geregelt werden; für deren Inhalt kann auf die einschlägigen Muster in diesem Handbuch verwiesen werden.

---

33 S. auch den entsprechenden Vorbehalt in Ziff. 8.3 Satz 2.
34 Geregelt in Ziff. 11.3.

10. Gewährleistung und Haftung (Ziff. 10)

M 18.1.10 Gewährleistung und Haftung 18.57

10. Gewährleistung und Haftung

10.1 Für den Fall, dass die Datenbank technische Mängel aufweist, behebt der Anbieter diese in angemessener Frist. Der Anbieter ist nur für die Möglichkeit des Abrufs von Inhalten der Datenbank aus dem Internet verantwortlich, nicht aber für die Datenübertragung zum Kunden bzw. die Darstellung auf dessen Endgerät.

10.2 Der Anbieter haftet ausschließlich nach den nachfolgenden Ziffern 10.3 bis 10.5. Die darüber hinausgehende Haftung ist ausgeschlossen.

10.3 Der Anbieter haftet unbeschränkt für Schäden wegen der Verletzung des Lebens, der Körpers oder der Gesundheit sowie für Schäden, die auf Vorsatz oder grober Fahrlässigkeit des Anbieters oder eines gesetzlichen Vertreters oder Erfüllungsgehilfen beruhen, sowie für Schäden, die unter eine vom Anbieter gewährte Garantie oder zugesicherten Eigenschaft fallen sowie wegen arglistig verschwiegener Mängel.

10.4 Für Schäden, die auf einer fahrlässigen Verletzung wesentlicher Vertragspflichten des Anbieters oder seiner gesetzlichen Vertreter oder Erfüllungsgehilfen beruhen, haftet der Anbieter; die Haftung ist jedoch begrenzt auf den Ersatz des vertragstypischen vorhersehbaren Schadens für solche Schäden.

10.5 Die Haftung nach dem Produkthaftungsgesetz bleibt unberührt.

a) Ratio

In Ziff. 10 sind Gewährleistung und Haftung geregelt. 18.58

b) Mängel (Ziff. 10.1)

Ziff. 10.1 enthält die Verpflichtung des Anbieters zur Behebung von Mängeln der Datenbank und 18.59 macht zugleich deutlich, wo dessen Verantwortlichkeit endet: der Anbieter ist nur dafür verantwortlich, dass aus dem Internet auf die Datenbank zugegriffen werden kann, ob die Datenübertragung zum Kunden funktioniert und die Suchergebnisse auf dessen Endgerät dargestellt werden können, liegt hingegen in der Verantwortlichkeit des Kunden.

c) Haftungsbeschränkungen (Ziff. 10.2–10.5)

Die Ziff. 10.2 bis 10.5 enthalten praxistypische und mit den AGB-rechtlichen Vorgaben der §§ 307 ff. 18.60 BGB vereinbare Haftungsbeschränkungen zugunsten des Anbieters: Seine Haftung ist grundsätzlich auf Fälle vorsätzlichen oder grob fahrlässigen Handelns beschränkt. Nicht beschränkbar und damit unberührt bleibt die Haftung für das Fehlen garantierter oder zugesicherter Eigenschaften, für arglistiges Verhalten und nach dem Produkthaftungsgesetz. Im Falle der Verletzung wesentlicher Vertragspflichten haftet der Anbieter auch bei einfacher Fahrlässigkeit, jedoch beschränkt auf den vertragstypischen vorhersehbaren Schaden.

11. Beginn, Laufzeit und Beendigung des Vertrags (Ziff. 11)

18.61   **M 18.1.11 Beginn, Laufzeit und Beendigung des Vertrags**

11. Beginn, Laufzeit und Beendigung des Vertrags

11.1 Die Laufzeit des Vertrages beginnt mit der Vertragsannahme durch den Anbieter (siehe oben Ziffer 2).

11.2 Die Mindestvertragslaufzeit beträgt zwölf Monate. Die Vertragslaufzeit verlängert sich jeweils um weitere zwölf Monate, wenn der Vertrag nicht mit einer Frist von sechs Wochen zum Ende der Vertragslaufzeit schriftlich oder in Textform (z.B. per E-Mail) von einer der Vertragsparteien gekündigt wird.

11.3 Das Recht jeder Vertragspartei zur außerordentlichen Kündigung aus wichtigem Grund bleibt unberührt. Ein wichtiger Grund liegt für den Anbieter insbesondere vor, wenn der Kunde oder einer der von ihm registrierten Nutzer schuldhaft gegen eine wesentliche Vertragspflicht, insbesondere die Pflichten aus der Ziffer 8, verstößt oder sich mit der Zahlung der Vergütung ganz oder mit nicht unwesentlichen Teilbeträgen trotz Mahnung und Nachfristsetzung mindestens dreißig Tage in Verzug befindet. Im Übrigen gilt § 314 BGB.

a) Ratio

18.62   Da es sich bei dem Lizenzvertrag um ein Dauerschuldverhältnis handelt, sind Regelungen über Laufzeitbeginn und -ende zu treffen.

b) Beginn der Vertragslaufzeit (Ziff. 11.1)

18.63   Ziff. 11.1 knüpft für den Vertragsbeginn an die Einigung (Angebot und Annahme) gem. Ziff. 2 an. Abweichende Vereinbarungen sind zulässig, müssten aber individualvertraglich außerhalb des hier vorausgesetzten Registrierungsprozesses erfolgen.

c) Vertragslaufzeit (Ziff. 11.2)

18.64   Ziff. 11.2 geht von einer revolvierenden Vertragslaufzeit von je zwölf Monaten aus, die sich bei Ablauf jeweils um weitere zwölf Monate verlängert, wenn sie nicht fristgerecht von einer Partei gekündigt wird. Als Kündigungsfrist sind hier sechs Wochen vorgeschlagen. Selbstverständlich sind sowohl für die Vertragslaufzeit als auch für die Kündigungsfristen andere Fristen vorstellbar. Auch Modelle mit einer unbefristeten Vertragslaufzeit oder mit einer sich nicht verlängernden befristeten Laufzeit sind ohne weiteres denkbar. Zu beachten ist § 309 Nr. 13 lit. b BGB, der in AGB gegenüber Verbrauchern Klauseln als unwirksam bestimmt, nach denen Kündigungs- und sonstige Erklärungen gegenüber dem Verwender einer strengeren Form als der Textform bedürfen; seit Inkrafttreten dieser Regelung am 1.10.2016 sind deshalb die früher oftmals anzutreffenden Schriftformklauseln in AGB gegenüber Verbrauchern unwirksam.

d) Außerordentliche Kündigung (Ziff. 11.3)

18.65   In Ziff. 11.3 geregelt ist schließlich der übliche Fall einer außerordentlichen Kündigung aus wichtigem Grund, welche nicht ausgeschlossen werden kann. In Satz 2 werden zwei Beispiele genannt, die für den Anbieter wichtige, zur Kündigung berechtigende Gründe darstellen sollen; andere Fälle sind denkbar, wie sich sowohl aus der „insbesondere" Formulierung ergibt, als auch aus dem deklaratorischen Hinweis, dass im Übrigen § 314 GB gilt.

12. Schlussbestimmungen (Ziff. 12)

M 18.1.12 Schlussbestimmungen

18.66

12. Schlussbestimmungen

12.1 Sollte eine Bestimmung dieser AGB unwirksam sein oder werden, so bleiben die übrigen Bestimmungen hiervon unberührt.

12.2 Erfüllungsort ist der Sitz des Anbieters. Für Streitigkeiten mit Kaufleuten, juristischen Personen des öffentlichen Rechts oder einem öffentlich-rechtlichen Sondervermögen oder in dem Fall, dass der Kunde keinen allgemeinen Gerichtsstand in Deutschland hat, ist der ausschließliche Gerichtsstand gleichfalls der Sitz des Anbieters.

12.3 Es gilt das Sachrecht der Bundesrepublik Deutschland unter Ausschluss der Verweisungsregeln, und zwar auch dann, wenn der Zugriff auf die Datenbank von außerhalb des Gebiets der Bundesrepublik Deutschland erfolgt. Die Bestimmungen des UN-Kaufrechts finden keine Anwendung, auch nicht als Bestandteil des deutschen Rechts.

a) Ratio

Ziff. 12 enthält die üblichen Schlussbestimmungen.

18.67

b) Salvatorische Klausel (Ziff. 12.1)

Ziff. 12.1 soll die Vermutung des § 139 BGB widerlegen und im Fall der Unwirksamkeit einer Klausel die Wirksamkeit der übrigen Bestimmungen erhalten.

18.68

c) Erfüllungsort und Gerichtsstand (Ziff. 12.2)

In Ziff. 12.2 wird der Erfüllungsort definiert. Die Gerichtsstandvereinbarung folgt den Beschränkungen des § 38 Abs. 1 und Abs. 2 Satz 1 ZPO.

18.69

d) Rechtswahl (Ziff. 12.3)

Ziff. 12.3 enthält eine typische Rechtswahlklausel. Diese hat bei dem vorliegenden Muster eine gewisse Bedeutung, weil der Zugriff auf die Datenbank auch von außerhalb Deutschlands aus erfolgen kann und auch denkbar ist, dass sich aus Datenbankinhalten und -sprache nicht ohne weiteres ableiten lässt, dass deren Betrieb auf Deutschland ausgerichtet ist. Hierfür soll die Klausel Klarheit in der Anwendbarkeit deutschen Rechts schaffen.

18.70

13. Stand der Nutzungsbedingungen

M 18.1.13 Stand der Nutzungsbedingungen

18.71

Stand der Nutzungsbedingungen: ... [Datum].

Die Angabe, welchen Stand die Nutzungsbedingungen haben, empfiehlt sich vor allem im Hinblick auf etwaigen Anpassungsbedarf bei Änderungen in Gesetzgebung und Rechtsprechung. Eine regelmäßige Kontrolle und Überarbeitung ist zur Vermeidung der Risiken unwirksamer Klauseln oder wettbewerbsrechtlicher Abmahnungen angezeigt.

18.72

Teil 4
Unternehmensrichtlinien und Betriebsvereinbarungen

§ 19
Unternehmensrichtlinie Datenschutz

Literatur: *Albrecht*, Das neue EU-Datenschutzrecht – von der Richtlinie zur Verordnung, CR 2016, 88; *Bergt*, Verhaltensregeln als Mittel zur Beseitigung der Rechtsunsicherheit in der Datenschutz-Grundverordnung, CR 2016, 670; *Bieker/Hansen/Friedewald*, Die grundrechtskonforme Ausgestaltung der Datenschutz-Folgenabschätzung nach der neuen europäischen Datenschutz-Grundverordnung, RDV 2016, 188; *Buchner*, Die Einwilligung im Datenschutzrecht, DuD 2010, 39; *Bürkle*, Compliance in Versicherungsunternehmen, 3. Aufl. 2020; *Buss*, Privacy by Design und Software, CR 2020, 1; *Eckhardt*, DS-GVO: Anforderungen an die Auftragsverarbeitung als Instrument zur Einbindung Externer, CCZ 2017, 111; *Eckhardt*, DSK-Orientierungshilfe Direktwerbung: Alles geklärt?, K&R 2019, 289; *Engler/Marosi*, Planet49: Neues vom EuGH zu Cookies, Tracking und ePrivacy, CR 2019, 707; *Graf von Kielmansegg*, Datenschutz und Gefahrenabwehr bei klinischen Prüfungen, DÖV 2009, 522; *Greve*, Das neue Bundesdatenschutzgesetz, NVwZ 2017, 737; *Grützner/Jakob*, Compliance von A–Z, 2. Aufl. 2015; *Hansen/Walczak*, Pseudonymisierung à la DSGVO und verwandte Methoden, RDV 2019, 53; *Härting*, Anonymität und Pseudonymität im Datenschutzrecht, NJW 2013, 2065; *Härting*, Starke Behörden, schwaches Recht – der neue EU-Datenschutzentwurf, BB 2012, 459; *Hauschka/Moosmayer/Lösler*, Corporate Compliance, 3. Aufl. 2016; *Hoeren/Sieber/Holznagel*, Multimedia-Recht, Loseblatt, Stand 53. Ergänzungslieferung 2020; *Jacobsen*, Datenschutz: Gefahr für Rückversicherungsunternehmen, ZfV 2010, 761; *Jaspers/Reif*, Der betriebliche Datenschutzbeauftragte nach der geplanten EU-Datenschutz-Grundverordnung, RDV 2012, 78; *Jaspers/Reif*, Der Datenschutzbeauftragte: Bestellpflicht, Rechtsstellung und Aufgaben, RDV 2016, 61; *Kilian/Heussen*, Computerrechts-Handbuch, Loseblattwerk, Stand 35. Ergänzungslieferung 2020; *Klug/Gola*, Die Entwicklung des Datenschutzrechts im zweiten Halbjahr 2019, NJW 2020, 660; *Kort*, Arbeitnehmerdatenschutz gemäß der EU-Datenschutz-Grundverordnung, DB 2016, 711; *Kremer*, Gemeinsame Verantwortlichkeit: Die neue Auftragsverarbeitung?, CR 2019, 225;

Krings/Mammen, Zertifizierungen und Verhaltensregeln – Bausteine eines modernen Datenschutzes für die Industrie 4.0, RDV 2015, 231; *Kühling/Martini*, Die Datenschutz-Grundverordnung: Revolution oder Evolution im europäischen und deutschen Datenschutzrecht?, EuZW 2016, 448; *Lepperhoff*, Dokumentationspflichten in der DS-GVO, RDV 2016, 197; *Leupold/Glossner*, Münchner Anwaltshandbuch IT-Recht, 3. Aufl. 2013; *Martini/Nink*, Wenn Maschinen entscheiden …, NVwZ 2017, 681; *Meyer*, Die Zukunft des Datenschutzbeauftragten – Berufsbild und Perspektiven in Steckler: 20 Jahre Wirtschaftsrecht im Verbundstudium, 2017; *Moll*, Münchener Anwaltshandbuch Arbeitsrecht (MAH), 4. Aufl. 2017; *Monreal*, Der Rahmen der Verantwortung und die klare Linie der Rechtsprechung des EuGH zu gemeinsam Verantwortlichen, CR 2019, 797; *Münch*, Zum fachlichen Profil der Beauftragten für Datenschutz und Datensicherheit, RDV 1993, 161; *Ohly/Sosnitza*, Gesetz gegen den unlauteren Wettbewerb: UWG, 7. Aufl. 2016; *Pachinger*, Datenschutz – Recht und Praxis, 1. Aufl. 2019; *Piltz*, Die Datenschutz-Grundverordnung, Teil 2: Rechte der Betroffenen und korrespondierende Pflichten des Verantwortlichen, K&R 2016, 629; *Piltz/Häntschel*, Der Datenschutzbeauftragte – Anwalt, Berater, Haftungsobjekt?, RDV 2020, 277; *Roßnagel/Wilke*, Die rechtliche Bedeutung gescannter Dokumente, NJW 2006, 2145; *Scheuring*, Das Gesetz zur Änderung datenschutzrechtlicher Vorschriften – die richtige Antwort auf die Datenskandale?, NVwZ 2010, 809; *Schmitz*, E-Privacy-VO – unzureichende Regeln für klassische Dienste, ZRP 2017, 172; *Schulz*, Die (Un-)Zulässigkeit von Datenübertragungen innerhalb verbundener Unternehmen, BB 2011, 2552; *Schulz*, Privacy by Design, CR 2012, 204; *Spindler/Schuster*, Recht der elektronischen Medien, 4. Aufl. 2019; *Taeger*, Data Breach Notification – Melde- und Benachrichtigungspflichten bei „Datenpannen", RDV 2020, 3; *Thode*, Die neuen Compliance-Pflichten nach der Datenschutz-Grundverordnung, CR 2016, 714; *Trittin/Fischer*, Datenschutz und Mitbestimmung, NZA 2009, 343; *Werkmeister/Brandt/Felcht*, Die Meldepflicht nach Art. 33 DSGVO, CR 2020, 89; *Werry/Knobich*, Die neue europäische Datenschutz-Grundverordnung – Inhalte und akuter Handlungsbedarf für Pharma- und Medizinprodukteunternehmen, MPR 2017, 1; *Wybitul*, Neue Anforderungen an betriebliche Datenschutzbeauftragte – Vorgaben der Datenschutzaufsichtsbehörden, MMR 2011, 372; *Wybitul/Baus*, Wie weit geht das Recht auf Auskunft und Kopie nach Art. 15 DSGVO?, CR 2019, 494; *Ziegenhorn/v. Heckel*, Datenverarbeitung durch Private nach der europäischen Datenschutzreform, NVwZ 2016, 1585.

A. Einleitung

I. Sinn und Zweck von Unternehmensrichtlinien

19.1 Mit Hilfe einer **Unternehmensrichtlinie** können die grundlegenden Vorgaben der Geschäftsleitung in einem Unternehmen definiert werden. Eine Unternehmensrichtlinie wird dabei als Vorgabe der Geschäftsleitung verabschiedet und den eigenen Mitarbeitern zur Kenntnis gebracht. Aufgrund des **Direktionsrechts des Arbeitgebers** ist die Geschäftsleitung berechtigt, verbindliche Vorgaben für die Mitarbeiter zu treffen[1]. Soweit in einem Unternehmen ein **Betriebsrat** besteht, ist zu prüfen, ob die Vorgaben der Unternehmensrichtlinie der **Mitbestimmung** unterliegen und nicht einseitig von der Geschäftsleitung vorgegeben werden können. In diesem Fall ist die Regelung durch eine **Betriebsvereinbarung** in Erwägung zu ziehen[2].

19.2 Eine Unternehmensrichtlinie zum Datenschutz kann dazu dienen, einheitliche **datenschutzrechtliche Standards** und Verfahren in einem Unternehmen zu etablieren. Es sind vor allem die abstrakten gesetzlichen Vorgaben für den Alltag im Unternehmen umzusetzen. Eine wesentliche Aufgabe einer Unternehmensrichtlinie zum Datenschutz ist daher die **Unterrichtung der Mitarbeiter** über die gesetzlichen Vorgaben zum Datenschutz und deren Umsetzung im Unternehmen. Aufgrund der Vielzahl denkbarer Fallgestaltungen kann auch eine Unternehmensrichtlinie nur einen groben Rahmen vorgeben und typische Konstellationen sowie Fragestellungen aufgreifen. Für spezielle Bereiche wie die Bedingungen für die Nutzung privater IT-Geräte der Mitarbeiter zu beruflichen Zwecken (Bring Your Own Device) ist ggf. auf spezielle Vereinbarungen und Regelungen zu verweisen[3]. Eine Unternehmensrichtlinie kann

---

1 *Altenburg* in Moll, MAH Arbeitsrecht, § 1 Rz. 39; *Dendorfer-Ditges* in Moll, MAH Arbeitsrecht, § 35 Rz. 31.
2 *Dendorfer-Ditges* in Moll, MAH Arbeitsrecht, § 35 Rz. 48.
3 S. hierzu das Muster M 24.1 in Teil 4, Rz. 24.5.

aber immerhin die Besonderheiten in einem Unternehmen aufgreifen und typische Abläufe erläutern. Auf diese Weise ist es möglich, den eigenen Mitarbeitern mehr Sicherheit im Umgang mit personenbezogenen Daten zu geben. Eine Unternehmensrichtlinie zum Datenschutz kann dabei insbesondere ein Baustein einer umfassenden **Compliance-Strategie** eines Unternehmens sein[4].

Unabhängig von der Größe eines Unternehmens besteht **keine gesetzliche Verpflichtung zur Einführung** einer Unternehmensrichtlinie. Falls es jedoch zu einem Verstoß gegen datenschutzrechtliche Bestimmungen kommt, kann das Vorliegen einer Unternehmensrichtlinie gleich in mehrfacher Hinsicht zu positiven Effekten führen. Zunächst kann die Unternehmensrichtlinie zum Nachweis im Sinne der Rechenschaftspflicht gem. Art. 5 Abs. 2 DSGVO dienen, dass trotz des Verstoßes im Einzelfall grundsätzlich angemessene Anstrengungen zur Einhaltung und Umsetzung der datenschutzrechtlichen Vorgaben implementiert wurden[5]. Weiter kann das Unternehmen bei einer drohenden Sanktion damit argumentieren, dass überobligatorische Maßnahmen implementiert wurden, die unter Anwendung der Auffangregelung gem. Art. 83 Abs. 2 lit. k DSGVO strafmildernd berücksichtigt werden müssen[6]. Schließlich kann der Verweis auf die Vorgaben der Unternehmensrichtlinie ein Baustein zur Exkulpation gem. Art. 82 Abs. 3 DSGVO im Rahmen der Abwehr von etwaigen Ersatzansprüchen betroffener Personen sein. 19.3

II. Abgrenzung zu anderen Regelwerken

1. Binding Corporate Rules

Während eine Unternehmensrichtlinie zumeist dazu dient, den Umgang mit personenbezogenen Daten in diesem Unternehmen durch die Mitarbeiter zu regeln, liegt der Schwerpunkt von Binding Corporate **Rules (BCR)**[7] gem. Art. 47 DSGVO auf der Regelung des Datenaustausches zwischen verschiedenen Unternehmen innerhalb einer multinationalen Gruppe[8]. Die BCR finden unter der Geltung verschiedener nationaler Datenschutzbestimmungen Anwendung, so dass sie eher allgemeine Grundprinzipien des Datenschutzrechts aufgreifen und anders als die Unternehmensrichtlinie sich nicht speziell an den Bestimmungen des deutschen Datenschutzrechts orientieren[9]. 19.4

Nicht nur der Schwerpunkt der Regelungen ist unterschiedlich, auch die rechtliche Bedeutung. BCR sollen typischerweise ein angemessenes Datenschutzniveau sicherstellen, wodurch überhaupt erst der Datenaustausch mit Empfängern aus Drittstaaten zulässig wird. Die Unternehmensrichtlinie sorgt de facto auch für ein **einheitliches Datenschutzniveau**, hat aber keine vergleichbare rechtliche Wirkung. Anders formuliert richtet sich die Unternehmensrichtlinie an die Mitarbeiter und soll eine praktische Handreichung sein; die BCR legen den Schwerpunkt dagegen eher darauf, den gesetzlichen Vorgaben und den Anforderungen der Aufsichtsbehörden zu genügen. 19.5

2. Branchenweite Verhaltensregeln

Richtlinien zum Umgang mit und zum Austausch von personenbezogenen Daten gibt es nicht nur auf Ebene einzelner Unternehmen und Konzerne, sondern auch für Unternehmensbranchen. In diesem Fall werden die Richtlinien in der Regel von den jeweiligen Branchenverbänden veröffentlicht. Bereits unter Geltung der Datenschutzrichtlinie bestand gem. Art. 27 DSRL – in Deutschland umgesetzt durch 19.6

---

4 *Dendorfer-Ditges* in Moll, MAH Arbeitsrecht, § 35 Rz. 31; *Thode*, CR 2016, 714 (715).

5 *Schantz* in BeckOK DatenschutzR, Art. 5 DSGVO Rz. 38.

6 *Frenzel* in Paal/Pauly, Art. 83 DSGVO Rz. 13.

7 S. hierzu die Muster M 31.1 und M 32.1 in Teil 5, Rz. 31.19 und Rz. 32.12.

8 *Pauly* in Paal/Pauly, Art. 47 DSGVO Rz. 1; *Grützner/Jakob*, Compliance A-Z zu „Bindende Unternehmensrichtlinien".

9 Vgl. Teil 5, Rz. 31.96.

§ 38a BDSG a.F. – die Möglichkeit der Vorlage der entsprechenden Verhaltensregeln an die Aufsichtsbehörde, die verbindlich die Vereinbarkeit mit dem geltenden Datenschutzrecht prüft[10]. Von dieser Möglichkeit wurde in der Praxis wenig Gebrauch gemacht, allerdings war die Vorlage an die Aufsichtsbehörde auch nicht zwingend erforderlich[11].

19.7 Das **Konzept der branchenweiten Verhaltensregeln** ist in der DSGVO beibehalten und weiter ausgebaut worden. Als wesentliches Hemmnis für die Nutzung entsprechender Verhaltensregelungen wurde die vage Ausgestaltung hinsichtlich des Prüf- und Genehmigungsverfahren ausgemacht, so dass diese Aspekte nun gem. Art. 40 DSGVO deutlich detaillierter geregelt sind[12].

19.8 Branchenweite Verhaltensregeln sind unabhängig von der Vorlage an die Aufsichtsbehörden grundsätzlich nur eine **Empfehlung** für die dem jeweiligen Branchenverband angeschlossenen bzw. der jeweiligen Branche zugehörigen Unternehmen, ohne dass den Richtlinien eine Verbindlichkeit zukäme. Den Unternehmen steht es natürlich frei, die Richtlinien aufgrund eigener Entscheidung für sich als verbindlich anzuerkennen. Die Erstellung und Übernahme von branchenweiten Verhaltensregeln macht vor allem dann Sinn, wenn es in der jeweiligen Branche Themen und Probleme gibt, denen sich alle Unternehmen stellen müssen. Branchenweite **Verhaltensregeln** existieren bspw. für die **Versicherungswirtschaft**[13]. Inwieweit zukünftig ein häufigerer Rückgriff auf die Möglichkeit der Nutzung von Verhaltensregeln erfolgt, bleibt abzuwarten. Klärungsbedarf besteht außerdem im Hinblick auf die gem. Art. 40 Abs. 9 DSGVO vorgesehene Möglichkeit, einzelne Verhaltensregeln für allgemein gültig zu erklären[14].

3. Datenschutzhandbuch

19.9 Die Unternehmensrichtlinie richtet sich an die Mitarbeiter des Unternehmens und übersetzt die abstrakten datenschutzrechtlichen Bestimmungen der DSGVO, gegebenenfalls ergänzt um weitere Vorgaben des Unternehmens, in eine für die Mitarbeiter möglichst verständliche Form (siehe Rz. 19.2). Inhaltlich kann sich die Unternehmensrichtlinie daher auf die Themenbereiche beschränken, die für die Mitarbeiter relevant sind.

19.10 In Abgrenzung dazu beschreibt das **Datenschutzhandbuch**, teilweise auch als Datenschutzkonzept bezeichnet, typischerweise sämtliche Maßnahmen, die von einem Unternehmen im Bereich Datenschutz getroffen werden und ist damit oft Bestandteil eines umfangreicheren Datenschutzmanagementsystems[15]. In einem derartigen Datenschutzhandbuch werden umfassend die verschiedenen Maßnahmen beschrieben, selbst wenn es sich um spezielle Themen handelt, mit denen die Mehrzahl der Mitarbeiter nicht in Berührung kommt. **Adressat des Datenschutzhandbuchs** sind auch nicht die Mitarbeiter, sondern eher die Geschäftsleitung, der Datenschutzbeauftragte und die IT-Abteilung. Der Fokus beider Regelwerke ist daher unterschiedliche ausgestaltet, so dass sich die Dokumente ergänzen und gemeinsam einen Beitrag zur Erfüllung der Rechenschaftspflicht gem. Art. 5 Abs. 2 DSGVO leisten können.

---

10 *Hullen* in Plath, § 38a BDSG Rz. 22 (2. Aufl.) zur Frage der Bindungswirkung der Feststellung der Aufsichtsbehörde.

11 *Bergt*, CR 2016, 670 (671); *Jungkind* in BeckOK DatenschutzR, Art. 40 DSGVO Rz. 1 f., wonach überhaupt nur zwei Verhaltensregeln von den Aufsichtsbehörden genehmigt wurden.

12 *Jungkind* in BeckOK DatenschutzR, Art. 40 DSGVO Rz. 2.

13 „Verhaltensregeln für den Umgang mit personenbezogenen Daten durch die deutsche Versicherungswirtschaft" des Gesamtverbandes der Deutschen Versicherungswirtschaft e.V.

14 *v. Braunmühl* in Plath, Art. 40 DSGVO Rz. 23.

15 *Frenzel* in Paal/Pauly, Art. 5 DSGVO Rz. 52; *Voigt* in Taeger/Gabel, Art. 5 DSGVO Rz. 48.

III. Systematik der Unternehmensrichtlinie

19.11 Durch die DSGVO haben sich die datenschutzrechtlichen Vorgaben, die von Unternehmen zu beachten sind, maßgeblich geändert. Zahlreiche Grundprinzipien, die bereits aus der Datenschutzrichtlinie und dem BDSG bekannt waren, gelten zwar weiterhin, gleichwohl sind viele Änderungen im Detail zu beachten[16]. Darüber hinaus wurden mit der DSGVO auch neue Prinzipien wie das Recht auf Vergessenwerden gem. Art. 17 DSGVO, der Anspruch auf Datenübertragbarkeit gem. Art. 20 DSGVO oder die Notwendigkeit einer Datenschutz-Folgenabschätzung gem. Art. 35 DSGVO eingeführt. Soweit zusätzlich unter Ausnutzung der Öffnungsklauseln der DSGVO noch nationale Sonderregelungen hinzugekommen sind, etwa bezogen auf die Funktion des Datenschutzbeauftragten, ergibt sich gerade durch das Zusammenspiel von DSGVO und BDSG ein relativ komplexer Rechtsrahmen.

Das Muster der Unternehmensrichtlinie orientiert sich bewusst nicht an der Gliederung des alten BDSG oder der aktuellen DSGVO, sondern versucht mit einer eigenen Systematik zunächst die allgemeinen Grundsätze darzustellen und danach spezielle Sachverhalte zusammenhängend zu regeln. In Abweichung zur DSGVO wird bewusst auf umfangreiche Begriffsdefinitionen verzichtet; stattdessen werden relevante Begrifflichkeiten bei Bedarf im jeweiligen Sachzusammenhang erläutert. Auf Verweise auf konkrete datenschutzrechtliche Bestimmungen wird ebenfalls bewusst verzichtet. Die Unternehmensrichtlinie ist durch dieses Vorgehen praktisch „zeitlos" und muss auch bei Änderungen der datenschutzrechtlichen Vorgaben nicht zwangsläufig angepasst werden.

B. Unternehmensrichtlinie Datenschutz

I. Muster

M 19.1 Unternehmensrichtlinie Datenschutz 19.12

Unternehmensrichtlinie Datenschutz

I. Allgemeines

1. Einleitung[17]

1.1 Die im Unternehmen vorhandenen Daten sind für das Unternehmen und die reibungslosen Abläufe im Unternehmen von großem Wert. Diese Daten sind daher gegen unbefugte Zugriffe und andere Gefährdungen zu schützen.

1.2 Gleichzeitig erwarten die Kunden, Partner und Mitarbeiter des Unternehmens, dass die dem Unternehmen anvertrauten Daten besonders geschützt werden und ein sorgsamer Umgang mit ihnen erfolgt.

1.3 Das Unternehmen bekennt sich auch im Rahmen seines gesellschaftlichen Engagements zu seiner Verantwortung für den sorgsamen Umgang mit personenbezogenen Daten.

2. Ziel der Unternehmensrichtlinie[18]

2.1 Mit dieser Unternehmensrichtlinie sollen einheitliche Standards für den Datenschutz im Unternehmen geschaffen werden.

2.2 Durch die Einhaltung der in dieser Unternehmensrichtlinie definierten Standards kommt das Unternehmen seinen datenschutzrechtlichen Verpflichtungen nach und sorgt für eine ausreichende Berücksichtigung der Interessen sowie Rechte der betroffenen Personen.

---

16 *Albrecht*, CR 2016, 88 (91).
17 Zu den Erläuterungen siehe Rz. 19.14 ff.
18 Zu den Erläuterungen siehe Rz. 19.19 ff.

2.3 Die Beachtung dieser Unternehmensrichtlinie ist Voraussetzung für den sicheren Austausch von personenbezogenen Daten innerhalb des Unternehmens.

3. Anwendungsbereich der Unternehmensrichtlinie[19]

3.1 Diese Unternehmensrichtlinie gilt für jegliche Verarbeitung von personenbezogenen Daten, wobei die erstmalige Erfassung von Daten, deren Speicherung und Verwendung sowie die Weitergabe innerhalb des Unternehmens und die Übermittlung an Dritte erfasst werden. Es werden umfassend alle datenschutzrechtlichen Aspekte geregelt, die sich im Rahmen der Datenverarbeitung ergeben können. Sie findet Anwendung auf sämtliche Arten von personenbezogenen Daten, insbesondere Daten von Mitarbeitern, Kunden, Lieferanten und anderen Geschäftspartnern.

3.2 Auch für alle Tochterunternehmen des Unternehmens ist diese Unternehmensrichtlinie verbindlich.

3.3 Die Herkunft der Daten ist für die Anwendbarkeit dieser Unternehmensrichtlinie nicht maßgeblich; entscheidend ist die Verwendung der Daten im Unternehmen.

3.4 Bestehende rechtliche Verpflichtungen werden von dieser Unternehmensrichtlinie nicht berührt und sind somit zu erfüllen. Es ist daher stets zu prüfen, welche rechtlichen Regelungen einschlägig sind; deren Beachtung ist sicherzustellen. Sofern sich aus den rechtlichen Bestimmungen geringere Anforderungen ergeben, gelten die weitergehenden Regelungen dieser Unternehmensrichtlinie.

4. Definitionen[20]

*4.1 **Personenbezogene Daten** im Sinne dieser Unternehmensrichtlinie sind Angaben über eine identifizierte oder identifizierbare natürliche Person. Daten, die ausschließlich Informationen über juristische Personen beinhalten, sind keine personenbezogenen Daten. Auch diese Daten sollen gleichermaßen geschützt werden. Der Personenbezug entfällt bei einer vollständigen Anonymisierung, nicht aber bereits bei der Verwendung von Pseudonymen.*

*4.2 **Betroffene Personen** sind diejenigen Personen, deren personenbezogene Daten im Unternehmen verarbeitet werden.*

*4.3 **Dritter** ist jede Stelle außerhalb des Unternehmens. Einzelne Stellen oder Abteilungen innerhalb des Unternehmens sind nicht Dritte, gleichwohl ist auch innerhalb des Unternehmens zu prüfen, inwieweit personenbezogene Daten unternehmensintern zur Verfügung gestellt werden müssen. Dienstleister, mit denen eine Vereinbarung zur Auftragsverarbeitung besteht, gelten ebenfalls nicht als Dritte, da diese unter der Verantwortung des Unternehmens tätig werden.*

II. Grundsätze der Datenverarbeitung

5. Zulässigkeit der Datenverarbeitung[21]

5.1 Bei jedem Vorgang der Datenverarbeitung ist zu prüfen, ob die beabsichtigte Verarbeitung von Daten zulässig ist. Bestehen Zweifel an der Zulässigkeit, soll der Datenschutzbeauftragte kontaktiert werden.

5.2 Die Zulässigkeit der Datenverarbeitung kann sich aus verschiedenen Gesichtspunkten ergeben. Zunächst kann sich die Zulässigkeit daraus ergeben, dass der Betroffene in die Datenverarbeitung eingewilligt hat. Auch ohne Einwilligung des Betroffenen kann die Datenverarbeitung zulässig sein, wenn eine gesetzliche Ermächtigungsgrundlage einschlägig ist. Fehlt es an einer Einwilligung und einer gesetzlichen Ermächtigungsgrundlage, dann ist die Datenverarbeitung unzulässig.

5.3 Im Rahmen der Zulässigkeitsprüfung ist auch zu untersuchen, ob die Datenverarbeitung unter Berücksichtigung des Prinzips der Datenminimierung notwendig ist.

---

19 Zu den Erläuterungen siehe Rz. 19.24 ff.
20 Zu den Erläuterungen siehe Rz. 19.36 ff.
21 Zu den Erläuterungen siehe Rz. 19.45 ff.

6. Gesetzliche Ermächtigungsgrundlagen[22]

6.1 Die Verarbeitung personenbezogener Daten kann erforderlich sein für die Begründung oder Erfüllung eines Vertrags mit der betroffenen Person.

6.2 Eine Notwendigkeit und Ermächtigung zur Datenverarbeitung kann sich ergeben aufgrund einer rechtlichen Verpflichtung des Unternehmens, die beispielsweise unmittelbar resultiert aus einer gesetzlichen Regelung oder einer verbindlichen behördlichen Entscheidung. Als Ermächtigungsgrundlage kommt insoweit insbesondere ein Auskunftsersuchen von Ermittlungsbehörden in Betracht.

6.3 Zulässig ist die Verarbeitung personenbezogener Daten auch, wenn sie zur Geltendmachung, Ausübung oder Verteidigung rechtlicher Ansprüche vor Gericht erforderlich ist. Gleiches gilt für die Wahrung lebenswichtiger Interessen.

6.4 Denkbar ist eine Datenverarbeitung schließlich in den Fällen, bei denen berechtigte Interessen des Unternehmens bestehen und gleichzeitig kein Grund zu der Annahme besteht, dass das schutzwürdige Interesse der betroffenen Person an dem Ausschluss der Datenverarbeitung überwiegt. Das Ergebnis einer solchen Interessenabwägung soll dabei schriftlich protokolliert werden.

7. Einwilligung und Protokollierung[23]

7.1 Eine Einwilligung der betroffenen Person ist als Grundlage für die Datenverarbeitung ausreichend, wenn die betroffene Person zuvor ausreichend informiert wurde und ihre Einwilligung für die beabsichtigte Datenverarbeitung anschließend eindeutig und auf freiwilliger Basis erteilt hat.

7.2 Von einer ausreichenden Information ist auszugehen, wenn die wesentlichen Abläufe der Datenverarbeitung verständlich erläutert werden und insbesondere erklärt wird, zu welchem Zweck die Daten verarbeitet werden. Die betroffene Person soll darauf hingewiesen werden, dass ihre Einwilligung frei widerruflich ist. Außerdem ist darauf zu achten, dass Einwilligungserklärungen gegenüber anderen Erklärungen optisch hervorgehoben und abgegrenzt werden. Eine Kopplung der Einwilligung mit anderen Erklärungen soll vermieden werden.

7.3 Eine Einwilligung kann nur dann freiwillig abgegeben werden, wenn die betroffene Person im Falle einer Verweigerung der Einwilligung keine gravierenden Nachteile zu befürchten hat. Wird die Inanspruchnahme oder Erbringung von Leistungen von einer Einwilligung abhängig gemacht, ist die erteilte Einwilligung regelmäßig dann freiwillig, wenn sie der Vertragsbegründung oder Vertragserfüllung dient oder wenn die Inanspruchnahme von Leistungen auch in anderer zumutbarer Weise möglich wäre.

7.4 Die Einwilligungserklärung der betroffenen Person soll aus Nachweisgründen in Textform eingeholt werden. In jedem Fall ist darauf zu achten, dass eine eindeutige Erklärung der betroffenen Person vorliegt. Die entsprechenden Einwilligungserklärungen sind für den Fall einer späteren Überprüfung zu protokollieren.

7.5 Bei einer schriftlich erteilten Einwilligung kann es zulässig sein, die Erklärung einzuscannen und das Original anschließend zu vernichten. Sofern eine Einwilligung online eingeholt wird, ist darauf zu achten, dass eine Überprüfung erfolgt, bspw. über ein Double-Opt-in-Verfahren.

8. Zweckbindung[24]

8.1 Personenbezogene Daten dürfen nur für den Zweck verarbeitet werden, für den sie ursprünglich erhoben wurden. Bei Einholung einer Einwilligung von der betroffenen Person ist auf den konkreten Zweck hinzuweisen. Es muss sich stets um einen rechtmäßigen Zweck der Datenverarbeitung handeln.

8.2 Wenn später eine Datenverarbeitung zu einem anderen Zweck erfolgen soll, dann muss auch hierfür eine Einwilligung eingeholt werden oder eine gesetzliche Ermächtigungsgrundlage vorliegen, sofern der neue Zweck der Datenverarbeitung nicht bereits mit dem ursprünglichen Zweck vereinbar ist.

---

22 Zu den Erläuterungen siehe Rz. 19.49 ff.
23 Zu den Erläuterungen siehe Rz. 19.57 ff.
24 Zu den Erläuterungen siehe Rz. 19.69 ff.

9. Verhältnismäßigkeit[25]

9.1 Bei der Verarbeitung personenbezogener Daten ist der Grundsatz der Verhältnismäßigkeit zu beachten. Der Grundsatz der Verhältnismäßigkeit ist beachtet, wenn die Datenverarbeitung dazu geeignet ist, einen legitimen Zweck zu erreichen. Weiter darf kein milderes, gleichermaßen geeignetes Mittel zur Erreichung des vorgesehenen Zwecks zur Verfügung stehen. Schließlich ist zu prüfen, ob der Datenverarbeitung keine überwiegenden schutzwürdigen Interessen der betroffenen Person entgegenstehen.

9.2 Als milderes Mittel kann bspw. die Verarbeitung von aggregierten Daten oder sonstigen Daten ohne Personenbezug in Betracht kommen.

9.3 Bei der Prüfung der Verhältnismäßigkeit kann insbesondere der Ursprung der personenbezogenen Daten (geschäftlich, privat oder intim) zu berücksichtigen sein. Weiter ist das mit der Datenverarbeitung verbundene Risiko einer Beeinträchtigung von Persönlichkeitsrechten abzuschätzen.

9.4 Im Rahmen der Prüfung der Verhältnismäßigkeit ist auch zu untersuchen, inwieweit eine Datenverarbeitung nach den Grundsätzen von Treu und Glauben sowie in transparenter Weise erfolgt.

10. Datenminimierung[26]

10.1 Die Datenverarbeitung im Unternehmen ist so zu organisieren, dass so wenig personenbezogene Daten wie möglich verarbeitet werden. Wenn personenbezogene Daten nicht mehr benötigt werden, sollen diese gelöscht werden.

10.2 Bereits bei der Datenerhebung ist darauf zu achten, dass als Voreinstellung nur die zwingend benötigten Daten verlangt und alle weiteren Daten auf freiwilliger Basis erhoben werden. Voreinstellungen und Vorgaben für betroffene Personen sollen möglichst datenschutzfreundlich gestaltet sein.

10.3 Für die im Unternehmen gespeicherten Daten ist festzulegen, für welchen Zeitraum eine Aufbewahrung bzw. Speicherung zu erfolgen hat. Gesetzliche Aufbewahrungspflichten sind hierbei zu beachten. Nach Ablauf der Aufbewahrungsfrist bzw. Speicherdauer ist für eine Löschung der Daten zu sorgen, idealerweise durch ein automatisiertes Verfahren.

10.4 Im Rahmen der Datenverarbeitung ist immer zu überprüfen, ob es zur Erfüllung der vorgesehenen Zwecke ausreichend ist, personenbezogene Daten zu anonymisieren oder zu pseudonymisieren. Bei entsprechenden Maßnahmen ist darauf zu achten, dass bei den entsprechend bearbeiteten Daten für den Empfänger der Daten jedenfalls kein Personenbezug mehr hergestellt werden kann, zumindest nicht mit verhältnismäßigem Aufwand.

11. Direkterhebung und Information der betroffenen Person[27]

11.1 Personenbezogene Daten sollen aus Transparenzgründen nach Möglichkeit bei der betroffenen Person direkt erhoben werden. Eine Erhebung bei Dritten ist dann in Erwägung zu ziehen, wenn hierfür berechtigte Gründe vorliegen, etwa das Vorgehen im Interesse der betroffenen Person ist oder eine Direkterhebung nur mit unverhältnismäßigem Aufwand möglich wäre.

11.2 Die betroffene Person ist grundsätzlich darüber zu informieren, wenn personenbezogene Daten über sie verarbeitet werden. Im Rahmen der Information sind alle relevanten Details mitzuteilen, die für die betroffene Person und die Ausübung ihrer Betroffenenrechte von Bedeutung sind. Eine gesonderte Information kann unterbleiben, wenn ihr die Datenverarbeitung bekannt ist. Hiervon ist bspw. auszugehen, wenn eine Einwilligung der betroffenen Person eingeholt wurde und die betroffene Person in diesem Zusammenhang vorab informiert wurde.

---

25 Zu den Erläuterungen siehe Rz. 19.75 ff.
26 Zu den Erläuterungen siehe Rz. 19.84 ff.
27 Zu den Erläuterungen siehe Rz. 19.93 ff.

12. Datenqualität[28]

12.1 Alle Mitarbeiter haben darauf zu achten, dass personenbezogene Daten richtig sind und auf dem neuesten Stand gehalten werden.

12.2 Unzutreffende oder unvollständige Daten sollen berichtigt oder gelöscht werden. Soweit eine betroffene Person die Berichtigung bzw. die Vervollständigung verlangt, ist ihrem berechtigten Verlangen unverzüglich zu entsprechen.

13. Datensicherheit[29]

13.1 Für das Unternehmen ist von großer Bedeutung, dass die Sicherheit der Daten jederzeit gewährleistet ist. Vor diesem Hintergrund sind die Daten u.a. ausreichend gegen Verlust, gegen unbefugten Zugriff und vor anderen Gefahren zu schützen.

13.2 Es ist daher dafür zu sorgen, dass angemessene Maßnahmen getroffen werden, um personenbezogene Daten zu schützen. Der Schutz hat durch technische und organisatorische Maßnahmen zu erfolgen.

13.3 Für die einzelnen Vorgänge der Datenverarbeitung sind die konkreten Schutzmaßnahmen zu dokumentieren und regelmäßig auf ihre Angemessenheit zu überprüfen.

13.4 Die IT-Abteilung kann weitergehende Vorgaben im Interesse der Datensicherheit erlassen, insbesondere in Bezug auf die Nutzung von IT-Systemen im Unternehmen.

III. Spezielle Formen der Datenverarbeitung

14. Werbemaßnahmen[30]

14.1 Im Vorfeld eines Vertrags ist es während der Phase der Vertragsanbahnung zulässig, Daten zur Erstellung von Angeboten, zur Vorbereitung von Vertragsunterlagen und zur Erfüllung sonstiger auf einen Vertragsabschluss gerichteter Wünsche zu verarbeiten.

14.2 Soweit potentielle Kunden eine Einwilligung erteilt haben, können sie auch unter Verwendung der Daten, die sie mitgeteilt haben, kontaktiert werden. Etwaige Einschränkungen des potentiellen Kunden sind hierbei zu beachten.

14.3 Für die Kommunikation während eines laufenden Vertragsverhältnisses mit einem Kunden ist dessen Einwilligung zur Datenverarbeitung nicht erforderlich, soweit die Datenverarbeitung zur Erfüllung der vertraglichen Verpflichtungen erforderlich ist. Soll der Kunde während eines laufenden Vertragsverhältnisses zu Werbezwecken kontaktiert werden, so soll vorher eine entsprechende Einwilligung des Kunden eingeholt werden, idealerweise bei Abschluss des Vertrags.

15. Erstellung von Nutzerprofilen[31]

15.1 Nutzerprofile mit Personenbezug dürfen nur mit Einwilligung der betroffenen Person oder bei Vorliegen einer gesetzlichen Ermächtigungsgrundlage erstellt werden. Andernfalls ist durch organisatorische und technische Maßnahmen sicherzustellen, dass Nutzerprofile nur ohne Personenbezug erstellt werden.

15.2 Ohne Einwilligung der betroffenen Person und ohne eine besondere Ermächtigungsgrundlage bleiben statistische Auswertungen und Untersuchungen auf Basis anonymisierter Daten möglich. Für die Erstellung von pseudonymisierten Nutzerprofilen genügt eine Information der betroffenen Person und die Einräumung einer Widerspruchsmöglichkeit in der Regel nicht, selbst wenn eine Zusammenführung mit anderen Kundendaten nicht vorgesehen ist.

---

28 Zu den Erläuterungen siehe Rz. 19.98 ff.
29 Zu den Erläuterungen siehe Rz. 19.103 ff.
30 Zu den Erläuterungen siehe Rz. 19.107 ff.
31 Zu den Erläuterungen siehe Rz. 19.113 ff.

16. Verarbeitung besonderer Arten von Daten[32]

16.1 Bei der Verarbeitung von personenbezogenen Daten ist zu berücksichtigen, dass sensible Daten und Daten über besonders schützenswerte betroffene Personen nur bei Vorliegen von zusätzlichen Voraussetzungen und/oder bei Einhaltung besonderer Schutzmaßnahmen verarbeitet werden dürfen.

16.2 Ein besonderer Schutz besteht für Daten über die rassische und ethnische Herkunft, politische Meinungen, religiöse oder weltanschauliche Überzeugungen und die Gewerkschaftszugehörigkeit sowie für genetische Daten, biometrische Daten, Gesundheitsdaten, Daten zum Sexualleben und zur sexuellen Orientierung. Für die Verarbeitung der vorgenannten Kategorien von Daten bedarf es einer gesonderten Rechtfertigung, außerdem sind geeignete Sicherheitsvorkehrungen zu implementieren und zu dokumentieren.

16.3 Finanz- und Kreditinformationen über Mitarbeiter und Kunden sind ebenfalls als sensible Daten anzusehen und sollen den gleichen Schutz genießen. Die vorstehenden Regelungen sollen daher entsprechend für derartige Daten gelten.

16.4 Als besonders schutzbedürftig gelten weiter Daten über strafrechtliche Verurteilungen und Straftaten. Soweit derartige Daten im Unternehmen verarbeitet werden sollen, bedarf dies der vorherigen Prüfung und Freigabe durch den Datenschutzbeauftragten.

16.5 Zusätzlich ist zu beachten, dass auch Minderjährige im Hinblick auf sämtliche personenbezogene Daten besonders schutzbedürftig sind. Maßnahmen zur Datenverarbeitung dürfen sich daher ohne vorherige Prüfung und Freigabe durch den Datenschutzbeauftragten nicht gezielt an Minderjährige richten.

17. Auftragsverarbeitung[33]

17.1 Wenn Dienstleister des Unternehmens in dessen Auftrag personenbezogene Daten verarbeiten, ist zu beachten, dass die gleichen Sorgfaltsanforderungen wie beim Unternehmen auch für den Dienstleister gelten.

17.2 Der Dienstleister wird im Auftrag und auch unter der Verantwortung des Unternehmens tätig. Trotz der Durchführung der Datenverarbeitung durch den Dienstleister bleibt das Unternehmen der Verantwortliche, so dass der Dienstleister sorgfältig auszuwählen ist.

17.3 Spätestens mit Beginn der Tätigkeit für das Unternehmen ist dafür Sorge zu tragen, dass mit dem Dienstleister eine gesonderte Vereinbarung zur Auftragsverarbeitung vereinbart wird und danach eine regelmäßige Kontrolle der Einhaltung der Pflichten aus der Vereinbarung zur Auftragsverarbeitung erfolgt. Abweichungen von der Standardvereinbarung zur Auftragsverarbeitung des Unternehmens sind mit dem Datenschutzbeauftragten abzustimmen.

18. Automatisierte Einzelentscheidungen[34]

18.1 Entscheidungen, die für die betroffene Person rechtliche Folgen nach sich ziehen oder sie erheblich beeinträchtigen können, dürfen nicht ausschließlich auf eine automatisierte Verarbeitung von personenbezogenen Daten gestützt werden. Die automatisierte Datenverarbeitung darf nur als Hilfsmittel für die Entscheidung herangezogen werden, ohne dabei deren einzige Grundlage zu bilden.

18.2 Eine von dem vorstehenden Grundsatz abweichende Handhabung muss entweder für die Erfüllung eines Vertrages mit der betroffenen Person erforderlich oder von einer ausdrücklichen Einwilligung der betroffenen Person abgedeckt sein. Sofern auf dieser Grundlage automatisierte Einzelentscheidungen erfolgen, muss für die betroffene Person die Möglichkeit für eine Nachprüfung bestehen.

---

32 Zu den Erläuterungen siehe Rz. 19.119 ff.
33 Zu den Erläuterungen siehe Rz. 19.129 ff.
34 Zu den Erläuterungen siehe Rz. 19.138 ff.

19. Übermittlung von Daten[35]

19.1 Die Übermittlung personenbezogener Daten ist ein Fall der Verarbeitung von Daten im Sinne dieser Unternehmensrichtlinie. Auch die Übermittlung ist daher nur mit Einwilligung der betroffenen Person oder aufgrund einer anderen Ermächtigungsgrundlage zulässig.

19.2 Bei der Übermittlung in das Ausland ist zusätzlich zu prüfen, ob hierdurch die Interessen und Rechte der betroffenen Person beeinträchtigt werden. Unproblematisch ist insoweit die Übermittlung in einen Vertragsstaat der Europäischen Union. Bei allen anderen Staaten ist vorab zu prüfen, ob ein vergleichbarer Datenschutzstandard besteht. Ein vergleichbarer Standard kann unter anderem durch den Abschluss zusätzlicher vertraglicher Vereinbarungen erreicht werden, etwa durch Nutzung der EU-Standardvertragsklauseln, gegebenenfalls ergänzt um zusätzliche Absicherungen. Jede Übermittlung von personenbezogenen Daten in einen Staat außerhalb des Europäischen Wirtschaftsraumes ist mit dem Datenschutzbeauftragten abzustimmen.

IV. Innerbetriebliche Prozesse

20. Anforderungen an Mitarbeiter[36]

20.1 Alle Mitarbeiter des Unternehmens sind besonders auf das Datengeheimnis zu verpflichten. Sie sind darüber zu belehren, dass es untersagt ist, personenbezogene Daten für private Zwecke zu nutzen, an Unbefugte zu übermitteln oder sie Unbefugten zugänglich zu machen. Die Verpflichtung auf das Datengeheimnis soll mit Beginn der Tätigkeit für das Unternehmen erfolgen. Die Mitarbeiter sind darüber zu belehren, dass die Pflicht zur Wahrung der Vertraulichkeit über das Ende der Tätigkeit für das Unternehmen fortgilt.

20.2 Auch innerhalb des Unternehmens ist darauf zu achten, dass nur die Mitarbeiter Zugriff auf personenbezogene Daten erhalten, die sie zur Erledigung ihrer Aufgaben für das Unternehmen benötigen.

20.3 Alle Mitarbeiter sollen zu Beginn ihrer Tätigkeit und nachfolgend regelmäßig in Datenschutzthemen geschult werden.

21. Dokumentationspflichten[37]

21.1 Das Unternehmen führt ein Verzeichnis über die Verfahren des Unternehmens zur Verarbeitung personenbezogener Daten (Verzeichnis der Verarbeitungstätigkeiten), das von dem Datenschutzbeauftragten verwaltet wird.

21.2 Um das Verzeichnis der Verarbeitungstätigkeiten vollständig und aktuell zu halten, haben die Mitarbeiter entsprechend den Vorgaben des Datenschutzbeauftragten alle Verfahren unter Nutzung entsprechender Vordrucke zu melden.

21.3 Bestandteil der Dokumentation ist eine Risikobewertung der einzelnen Verfahren. Abhängig von dem Ergebnis der Risikobewertung ist ergänzend zu der standardmäßigen Dokumentation eine umfassende Datenschutz-Folgenabschätzung unter Mitwirkung des Datenschutzbeauftragten zu erstellen.

22. Einführung neuer Systeme zur Datenverarbeitung[38]

Die Einführung neuer Systeme zur Verarbeitung personenbezogener Daten ist dem Datenschutzbeauftragten vorab mitzuteilen, damit dieser die datenschutzrechtliche Zulässigkeit prüfen kann.

---

35 Zu den Erläuterungen siehe Rz. 19.145 ff.
36 Zu den Erläuterungen siehe Rz. 19.150 ff.
37 Zu den Erläuterungen siehe Rz. 19.155 ff.
38 Zu den Erläuterungen siehe Rz. 19.164 ff.

V. Rechte der betroffenen Personen

23. Recht auf Auskunft und Datenübertragbarkeit[39]

23.1 Auf Anfrage ist einer betroffenen Person mitzuteilen, ob von dem Unternehmen personenbezogene Daten zu ihrer Person verarbeitet werden. Sofern dies der Fall ist, hat die betroffene Person einen Anspruch auf Auskunft über die entsprechenden personenbezogenen Daten. Die betroffene Person soll dabei die Art der Daten, zu denen sie eine Auskunft wünscht, näher bezeichnen.

23.2 Die Auskunftserteilung soll in einer für die betroffene Person verständlichen Form und Sprache erfolgen. Bei der Auskunftserteilung sind die vorhandenen personenbezogenen Daten und der Zweck der Speicherung mitzuteilen. Weiter soll, soweit verfügbar, die Herkunft der Daten erläutert werden. Verpflichtend sind außerdem Angaben zu etwaigen Empfängern der Daten, die Dauer der Speicherung, einer etwaigen automatisierten Entscheidungsfindung sowie Hinweise auf die Betroffenenrechte und das Beschwerderecht bei der Aufsichtsbehörde.

23.3 Neben dem Auskunftsrecht steht der betroffenen Person grundsätzlich auch der Anspruch zu, die zu ihrer Person gespeicherten Daten in strukturierter Form zu erhalten, damit diese von einem anderen Verantwortlichen übernommen werden können. Dieses Recht auf Datenübertragbarkeit bezieht sich aber nur auf solche Daten, die auf Basis einer Einwilligung, zur Erfüllung eines Vertrages oder im Rahmen einer automatisierten Verarbeitung verarbeitet wurden.

23.4 Bei der Auskunftserteilung und Erfüllung des Anspruchs auf Datenübertragbarkeit ist sicherzustellen, dass die Identität der betroffenen Person verifiziert wird. Weiter ist zu beachten, dass im Rahmen der Auskunftserteilung keine personenbezogenen Daten Dritter offenbart werden.

23.5 Über alle Anfragen auf Auskunftserteilung oder Ansprüche auf Datenübertragbarkeit ist der Datenschutzbeauftragte zu informieren, damit dieser die weiteren Aktivitäten koordinieren oder übernehmen kann. Soweit der Datenschutzbeauftragte nicht ausdrücklich die Bearbeitung übernimmt, bleibt die jeweilige Fachabteilung für die Beantwortung der Anfrage zuständig.

23.6 Wenn eine Anfrage nicht umgehend beantwortet bzw. ein Anspruch nicht umgehend erfüllt werden kann, ist der betroffenen Person zumindest eine Zwischeninformation zu übermitteln, in der die voraussichtliche Bearbeitungszeit mitgeteilt werden soll.

24. Löschung und Einschränkung der Verarbeitung[40]

24.1 Bei berechtigtem Ersuchen einer betroffenen Person sind die zu ihrer Person gespeicherten personenbezogenen Daten zu löschen. Ein Ersuchen ist insbesondere berechtigt, wenn keine Grundlage für die Datenverarbeitung besteht oder die Grundlage zwischenzeitlich entfallen ist. Sofern keine Grundlage (mehr) für die Speicherung von personenbezogenen Daten besteht, sind diese unabhängig von einem Ersuchen der betroffenen Person zu löschen.

24.2 Soweit eine Löschung nicht in Betracht kommt, ist zu prüfen, inwieweit zumindest eine Einschränkung der Verarbeitung der personenbezogenen Daten erfolgen kann. Eine Einschränkung der Verarbeitung soll insbesondere bis zur Klärung der Zulässigkeit der weiteren Datenverarbeitung erfolgen. Wenn die betroffene Person die weitere Nutzung ihrer Daten nicht mehr wünscht, ist eine Einschränkung der Verarbeitung in Erwägung zu ziehen, damit die Daten der betroffenen Person im Falle einer neuen Datenerhebung nicht (wieder) genutzt werden.

25. Recht auf Berichtigung[41]

25.1 Unvollständige oder unrichtige personenbezogene Daten sind auf Verlangen der betroffenen Person zu korrigieren. Die Korrektur ist dabei auch im Interesse des Unternehmens, da der gesamte Datenbestand möglichst richtig und von hoher Qualität sein soll.

---

39 Zu den Erläuterungen siehe Rz. 19.168 ff.
40 Zu den Erläuterungen siehe Rz. 19.181 ff.
41 Zu den Erläuterungen siehe Rz. 19.188 ff.

25.2 Soweit ein Mitarbeiter Kenntnis davon hat, dass bei dem Unternehmen gespeicherte Daten unvoll-ständig und unrichtig sind, soll der Mitarbeiter die jeweilige Fachabteilung hierüber informieren, da-mit eine Korrektur veranlasst werden kann.

26. Recht auf Widerruf, Widerspruch und Beschwerde[42]

26.1 Eine von einer betroffenen Person erteilte Einwilligung in die Verarbeitung ihrer Daten ist jederzeit frei widerruflich. Die betroffene Person ist auf die Möglichkeit des Widerrufs hinzuweisen. Der Widerruf gilt mit Wirkung für die Zukunft.

26.2 Soweit die Verarbeitung von Daten auf Basis einer gesetzlichen Ermächtigungsgrundlage erfolgt, be-darf es keiner Einwilligung der betroffenen Person. Widerspricht die betroffene Person der Datenver-arbeitung, ist zu prüfen, inwieweit auf die Datenverarbeitung zukünftig verzichtet werden kann. Ist dies nicht möglich, ist der betroffenen Person dies entsprechend zu erläutern.

26.3 Die betroffene Person hat das Recht, sich über den Umgang mit ihren personenbezogenen Daten im Unternehmen zu beschweren. Die Beschwerde ist unverzüglich an den Datenschutzbeauftragten wei-terzuleiten, sofern sie nicht an ihn direkt gerichtet war. Der Datenschutzbeauftragte wird die Beschwer-de beantworten und ggf. angemessene Maßnahmen zur Verbesserung des Datenschutzniveaus vor-schlagen.

VI. Zuständigkeit

27. Verantwortung[43]

27.1 In erster Linie sind diejenigen Mitarbeiter für die Einhaltung der Vorgaben dieser Unternehmensricht-linie verantwortlich, die jeweils mit der Datenverarbeitung betraut sind.

27.2 Alle Mitarbeiter des Unternehmens haben auf die Einhaltung dieser Unternehmensrichtlinie zu achten und auf diese Weise dazu beizutragen, dass in dem gesamten Unternehmen einheitlich hohe Daten-schutzstandards etabliert werden.

27.3 Die Führungskräfte des Unternehmens haben darauf zu achten, dass die Mitarbeiter über die Unter-nehmensrichtlinie informiert werden. Zu der Information gehört auch der Hinweis, dass Verstöße gegen die Vorgaben dieser Unternehmensrichtlinie straf-, haftungs- oder arbeitsrechtliche Konsequenzen nach sich ziehen können.

27.4 Das Unternehmen bleibt gegenüber der betroffenen Person der Verantwortliche im datenschutzrecht-lichen Sinne. Der einzelne Mitarbeiter handelt daher für das Unternehmen und hat dessen Vorgaben zu beachten.

28. Datenschutzbeauftragter als Ansprechpartner[44]

28.1 Fragen zu dieser Unternehmensrichtlinie oder dem richtigen Umgang mit personenbezogenen Daten können an den Datenschutzbeauftragten gerichtet werden. Die Kontaktdaten des Datenschutzbeauf-tragten sind im Intranet abrufbar und am schwarzen Brett ausgehängt.

28.2 Der Datenschutzbeauftragte koordiniert die datenschutzrechtlichen Aktivitäten des Unternehmens. Er ist u.a. Ansprechpartner für die betroffenen Personen, die mit der Datenverarbeitung betrauten Mit-arbeiter und die Geschäftsführung.

28.3 Der Datenschutzbeauftragte ist auch befugt, die Einhaltung dieser Unternehmensrichtlinie zu prüfen und die Beachtung der gesetzlichen Bestimmungen des Datenschutzrechts zu überwachen. Die ent-sprechende Überwachungsbefugnis entbindet aber nicht den einzelnen Mitarbeiter von seiner Verant-wortung.

---

42 Zu den Erläuterungen siehe Rz. 19.192 ff.
43 Zu den Erläuterungen siehe Rz. 19.201 ff.
44 Zu den Erläuterungen siehe Rz. 19.207 ff.

28.4 Alle Mitarbeiter haben den Datenschutzbeauftragten bei der Erfüllung seiner Aufgaben und Aktivitäten zu unterstützen. Der Datenschutzbeauftragte kann sich in Erfüllung seiner Aufgaben jederzeit an die Geschäftsführung wenden und seine Anliegen vortragen.

28.5 Bei Bedarf kann der Datenschutzbeauftragte in Ergänzung zu dieser Unternehmensrichtlinie Handlungsempfehlungen zu speziellen Themen herausgeben.

29. Meldung von Verstößen und Zusammenarbeit mit Aufsichtsbehörden[45]

29.1 Die Mitarbeiter haben dem Datenschutzbeauftragten unverzüglich Bericht zu erstatten, wenn sie Kenntnis von einem Verstoß gegen diese Unternehmensrichtlinie oder rechtliche Bestimmungen haben, die sich auf den Schutz personenbezogener Daten beziehen.

29.2 Eine Information hat bereits dann zu erfolgen, wenn erste Anhaltspunkte oder Verdachtsmomente für einen Datenschutzverstoß vorliegen. Auf diese Weise soll der Datenschutzbeauftragte frühzeitig in die Aufklärung der Angelegenheit eingebunden werden. Weitere Details im Hinblick auf das Verhalten bei möglichen Datenschutzverstößen sind in einem gesonderten Konzept für Datenschutzverstöße definiert.

29.3 Auf Basis der erhaltenen Informationen prüft der Datenschutzbeauftragte, inwieweit eine Informationspflicht gegenüber den Aufsichtsbehörden und den betroffenen Personen besteht.

29.4 Das Unternehmen arbeitet mit den zuständigen Aufsichtsbehörden kooperativ und vertrauensvoll zusammen. Im Falle einer gesetzlichen Auskunftsverpflichtung wird das Unternehmen die geforderten Auskünfte unverzüglich erteilen. Maßnahmen und Feststellungen der Aufsichtsbehörden werden von dem Unternehmen uneingeschränkt akzeptiert, soweit sie rechtmäßig sind. Die Kommunikation mit den Aufsichtsbehörden soll über den Datenschutzbeauftragten erfolgen.

VII. Schlussbestimmungen

30. Publizität[46]

30.1 Diese Unternehmensrichtlinie ist allen Mitarbeitern des Unternehmens in geeigneter Weise zugänglich zu machen, insbesondere über das Intranet.

30.2 Eine allgemeine Veröffentlichung dieser Unternehmensrichtlinie ist nicht vorgesehen, da es sich um eine interne Richtlinie des Unternehmens handelt.

31. Änderungen dieser Unternehmensrichtlinie[47]

31.1 Das Unternehmen behält sich das Recht vor, diese Unternehmensrichtlinie bei Bedarf zu ändern. Eine Änderung kann insbesondere erforderlich werden, um gesetzlichen Vorgaben, bindenden Verordnungen, Forderungen der Aufsichtsbehörden oder unternehmensinternen Verfahren zu entsprechen.

31.2 In regelmäßigen Abständen soll auch geprüft werden, inwieweit technologische Veränderungen eine Anpassung dieser Unternehmensrichtlinie erforderlich machen.

---

45 Zu den Erläuterungen siehe Rz. 19.216 ff.
46 Zu den Erläuterungen siehe Rz. 19.227 ff.
47 Zu den Erläuterungen siehe Rz. 19.233 ff.

II. Erläuterungen

1. Einleitung (Ziff. 1)

M 19.1.1 Einleitung

19.13

1. Einleitung

1.1 Die im Unternehmen vorhandenen Daten sind für das Unternehmen und die reibungslosen Abläufe im Unternehmen von großem Wert. Diese Daten sind daher gegen unbefugte Zugriffe und andere Gefährdungen zu schützen.

1.2 Gleichzeitig erwarten die Kunden, Partner und Mitarbeiter des Unternehmens, dass die dem Unternehmen anvertrauten Daten besonders geschützt werden und ein sorgsamer Umgang mit ihnen erfolgt.

1.3 Das Unternehmen bekennt sich auch im Rahmen seines gesellschaftlichen Engagements zu seiner Verantwortung für den sorgsamen Umgang mit personenbezogenen Daten.

Die Einleitung dient als Erklärung für den Leser, warum der Umgang mit personenbezogenen Daten 19.14 in einer eigenen Unternehmensrichtlinie geregelt wird. In der Einleitung erfolgt dabei bewusst noch keine Beschränkung auf personenbezogene Daten entsprechend des Anwendungsbereichs der DSGVO. Die Bedeutung von Daten für ein Unternehmen hängt in der Regel nicht an dem Personenbezug i.S.d. Art. 4 Nr. 1 DSGVO, weswegen die Einleitung offener formuliert ist. Nachfolgend wird der formale Anwendungsbereich der Unternehmensrichtlinie aber entsprechend der Regelung in Art. 2 Abs. 1 DSGVO auf personenbezogene Daten beschränkt (vgl. Ziff. 3.1).

a) Bedeutung der Daten für das Unternehmen (Ziff. 1.1)

Im Rahmen der Einleitung wird zunächst die besondere **Bedeutung** der Daten für ein Unternehmen 19.15 hervorgehoben[48]. Der Schutz dieser Daten ist damit zumindest auch im eigenen Interesse des Unternehmens.

b) Erwartungshaltung der betroffenen Personen (Ziff. 1.2)

Es wird aber auch klargestellt, dass die Vorgaben des Datenschutzes nicht nur im Interesse des Unternehmens zu beachten sind, sondern auf diese Weise vor allem die Interessen der betroffenen Personen geschützt werden. Letztlich ist die Berücksichtigung der Interessen der betroffenen Personen aber zugleich im Interesse des jeweiligen Unternehmens, da Vertrauen und Kundenzufriedenheit für die meisten Unternehmen von großer Bedeutung sind.

c) Selbstverpflichtung zum sorgsamen Umgang mit Daten (Ziff. 1.3)

Der Verweis auf das gesellschaftliche Engagement und eine allgemeine **Verantwortung** für einen da-19.17 tenschutzkonformen Umgang berücksichtigt die Tatsache, dass der Schutz personenbezogener Daten mittlerweile als gesellschaftliche Aufgabe angesehen wird, die nicht auf einzelne Personen oder Unternehmen beschränkt werden kann.

---

48 *Krings/Mammen*, RDV 2015, 231.

2. Ziel der Unternehmensrichtlinie (Ziff. 2)

19.18 **M 19.1.2 Ziel der Unternehmensrichtlinie**

2. Ziel der Unternehmensrichtlinie

2.1 Mit dieser Unternehmensrichtlinie sollen einheitliche Standards für den Datenschutz im Unternehmen geschaffen werden.

2.2 Durch die Einhaltung der in dieser Unternehmensrichtlinie definierten Standards kommt das Unternehmen seinen datenschutzrechtlichen Verpflichtungen nach und sorgt für eine ausreichende Berücksichtigung der Interessen sowie Rechte der betroffenen Person.

2.3 Die Beachtung dieser Unternehmensrichtlinie ist Voraussetzung für den sicheren Austausch von personenbezogenen Daten innerhalb des Unternehmens.

19.19 Eine Unternehmensrichtlinie soll einheitliche Vorgaben treffen, die unternehmensweit zu beachten sind. Der Vorteil einer Richtlinie liegt gerade darin, dass sie sich an alle Mitarbeiter richtet. Nach der allgemeinen Einleitung wird mit der Bestimmung des Ziels der Unternehmensrichtlinie ausdrücklich klargestellt, dass es darum geht, die rechtlichen Anforderungen zu erfüllen (Compliance) und die Rechte der betroffenen Personen zu beachten.

a) Schaffung einheitlicher Datenschutzstandards (Ziff. 2.1)

19.20 Unmittelbares Ziel der Unternehmensrichtlinie ist die **Schaffung einheitlicher Datenschutzstandards**, wobei damit kein Selbstzweck verfolgt wird. Der Nutzen für das Unternehmen ist bereits in der Einleitung des Musters erläutert (siehe Rz. 19.15).

b) Motivation zum Erlass einer Unternehmensrichtlinie (Ziff. 2.2)

19.21 Die Regelung verweist darauf, dass das Unternehmen ohnehin verpflichtet ist, die gesetzlichen Bestimmungen zum Datenschutz einzuhalten. Die Unternehmensrichtlinie ist damit nur eine Umsetzung und **Konkretisierung** der gesetzlichen Anforderungen. Soweit die Betroffenenrechte im Muster explizit genannt sind, gehören diese auch zu den gesetzlichen Bestimmungen, die aber unter Berücksichtigung der Regelungen in der Einleitung besonders hervorgehoben werden (siehe Rz. 19.16).

c) Bedeutung der Unternehmensrichtlinie (Ziff. 2.3)

19.22 Der Hinweis auf den sicheren Austausch von Daten innerhalb des Unternehmens bezieht sich darauf, dass bei einheitlichen Standards im Unternehmen die interne Weitergabe von Daten mit keinen besonderen Risiken verbunden ist. Die interne Weitergabe ist in der Regel keine Datenübermittlung im Sinne von Art. 4 Nr. 2 DSGVO. Die Stelle innerhalb des Unternehmens, die personenbezogene Daten erhält, ist – mit wenigen Ausnahmen – weder ein Dritter i.S.v. Art. 4 Nr. 10 DSGVO noch ein sonstiger Empfänger i.S.v. Art. 4 Nr. 11 DSGVO[49]. Gleichwohl gelten die allgemeinen datenschutzrechtlichen Prinzipien wie der Grundsatz der Datenminimierung gem. Art. 5 Abs. 1 lit. c DSGVO auch für die innerbetriebliche Organisation (siehe Rz. 19.83).

---

[49] *Gola* in Gola, Art. 4 DSGVO Rz. 82 zur Einordnung „interner Personen".

3. Anwendungsbereich der Unternehmensrichtlinie (Ziff. 3)

M 19.1.3 Anwendungsbereich der Unternehmensrichtlinie 19.23

3. Anwendungsbereich der Unternehmensrichtlinie

3.1 Diese Unternehmensrichtlinie gilt für jegliche Verarbeitung von personenbezogenen Daten, wobei die erstmalige Erfassung von Daten, deren Speicherung und Verwendung sowie die Weitergabe innerhalb des Unternehmens und die Übermittlung an Dritte erfasst werden. Es werden umfassend alle datenschutzrechtlichen Aspekte geregelt, die sich im Rahmen der Datenverarbeitung ergeben können. Sie findet Anwendung auf sämtliche Arten von personenbezogenen Daten, insbesondere Daten von Mitarbeitern, Kunden, Lieferanten und anderen Geschäftspartnern.

3.2 Auch für alle Tochterunternehmen des Unternehmens ist diese Unternehmensrichtlinie verbindlich.

3.3 Die Herkunft der Daten ist für die Anwendbarkeit dieser Unternehmensrichtlinie nicht maßgeblich; entscheidend ist die Verwendung der Daten im Unternehmen.

3.4 Bestehende rechtliche Verpflichtungen werden von dieser Unternehmensrichtlinie nicht berührt und sind somit zu erfüllen. Es ist daher stets zu prüfen, welche rechtlichen Regelungen einschlägig sind; deren Beachtung ist sicherzustellen. Sofern sich aus den rechtlichen Bestimmungen geringere Anforderungen ergeben, gelten die weitergehenden Regelungen dieser Unternehmensrichtlinie.

Durch die Regelungen zum **Anwendungsbereich** wird der sachliche und räumliche Anwendungsbereich festgelegt; gleichzeitig erfolgt eine Klarstellung des Rangverhältnisses gegenüber rechtlichen Bestimmungen wie sie sich aus der DSGVO und dem BDSG ergeben können. 19.24

a) Sachlicher Anwendungsbereich (Ziff. 3.1)

Die Bezugnahme auf die Verarbeitung von personenbezogenen Daten genügt grundsätzlich, um jegliche Datenverarbeitungsvorgänge abzudecken. Die frühere Bezugnahme auf die Erhebung, Speicherung und sonstige Verwendung personenbezogener Daten ist nicht mehr erforderlich, da Art. 4 Nr. 2 DSGVO die Verarbeitung als Oberbegriff definiert[50]. Einzelne **Phasen der Datenverarbeitung** sind nachfolgend lediglich exemplarisch und ohne abschließenden Charakter aufgeführt. Während die Definition gem. Art. 4 Nr. 2 DSGVO zahlreiche Einzelfälle der Datenverarbeitung nennt, konzentriert sich die Unternehmensrichtlinie bewusst auf einzelne, für das Unternehmen besonders relevante Fälle der Datenverarbeitung[51]. 19.25

Unter der **Datenerfassung** ist das Aufnehmen von beschafften Daten zu verstehen, so dass die Erfassung zeitlich nach der Erhebung anzusiedeln ist und einen Unterfall der Speicherung darstellen dürfte[52]. Auf eine gesonderte Erwähnung der Erhebung als erster Schritt der Datenverarbeitung wurde verzichtet, weil aus Sicht der betroffenen Person vor allem solche Vorgänge relevant sind, bei denen Daten längerfristig vorgehalten werden. Unabhängig hiervon finden sowohl die Unternehmensrichtlinie als auch die DSGVO bereits dann Anwendung, wenn – unabhängig von der späteren Speicherung – gezielt personenbezogene Daten beschafft werden[53]. Wenn dem Unternehmen personenbezogene Daten unaufgefordert offenbart oder zufällig bekannt werden, liegt dagegen noch keine Datenerhebung vor[54]. In der Praxis werden Daten zumeist in einem Zuge beschafft und gespeichert, so dass eine gesonderte Herausstellung der Datenerhebung nicht erforderlich ist. 19.26

---

50 *Schreiber* in Plath, Art. 4 DSGVO Rz. 10.
51 *Gola* in Gola, Art. 4 DSGVO Rz. 31 zur Bedeutung der einzelnen Phasen.
52 *Ernst* in Paal/Pauly, Art. 4 DSGVO Rz. 24; vgl. auch *Roßnagel* in Simitis/Hornung/Spiecker, Art. 4 Nr. 2 DSGVO Rz. 16 zur genauen Abgrenzung zwischen Erfassung und Speicherung.
53 *Ernst* in Paal/Pauly, Art. 4 DSGVO Rz. 23.
54 *Schild* in BeckOK DatenschutzR, Art. 4 DSGVO Rz. 36.

19.27 Unter der **Speicherung** von Daten wird die Aufbewahrung von Daten verstanden, wobei es auf die Art der Aufbewahrung nicht ankommt[55]. Eine Speicherung kann bspw. in einer Datenbank erfolgen, aber auch traditionell auf Karteikarten. Die Definition der Datenverarbeitung gem. Art. 4 Nr. 2 DSGVO verweist ausdrücklich darauf, dass auch Vorgänge ohne Hilfe von automatisierten Verfahren in Betracht kommen. Die Speicherung der Daten ist in jedem Fall ein zentraler Zwischenschritt im Rahmen der Datenverarbeitung. Vor diesem Hintergrund ist es gerechtfertigt, die Speicherung ausdrücklich in der Unternehmensrichtlinie anzusprechen.

19.28 Die weitere **Verwendung** der personenbezogenen Daten wird dann im Rahmen der Unternehmensrichtlinie ebenso wie in der Aufzählung in Art. 4 Nr. 2 DSGVO ausdrücklich erwähnt. Unter der Verwendung ist dabei jeder zweckgerichtete Gebrauch zu verstehen, wobei insbesondere die interne Nutzung umfasst wird[56].

19.29 Alternativ kann zur Abdeckung aller Aspekte der Datenverarbeitung auch der bisherige Dreiklang der Erhebung, Verarbeitung und Nutzung von personenbezogenen Daten beibehalten werden[57]. Der Anwendungsbereich verändert sich durch die geänderte Aufzählung nicht; es wird lediglich eine etwas andere Akzentuierung der wesentlichen Aspekte der Datenverarbeitung gewählt.

19.30 Im Ergebnis ist es letztlich ausreichend, mit dem Begriff der Verarbeitung sämtliche Aktivitäten abzudecken, so dass darauf verzichtet werden kann, die einzelnen Aspekte der Datenverarbeitung in der Unternehmensrichtlinie eigenständig zu definieren.

b) Konzernweite Geltung (Ziff. 3.2)

19.31 Um die Unternehmensrichtlinie möglichst umfassend zur Anwendung kommen zu lassen, wird der Anwendungsbereich auch auf **verbundene Gesellschaften** ausgeweitet. Das Muster spricht dabei ausschließlich von Tochterunternehmen und unterstellt dabei, dass die Unternehmensrichtlinie von der Obergesellschaft vorgegeben wird. Eine Differenzierung zwischen Niederlassungen im Geltungsbereich der DSGVO und im außereuropäischen Bereich erfolgt anders als in Art. 3 DSGVO nicht[58]. Bei einer internationalen Konzernstruktur ist zu prüfen, inwieweit eine Verwendung von BCR sinnvoll ist[59]. Soweit keine Konzernstruktur besteht, sondern die Unternehmensrichtlinie von einem einzelnen Unternehmen verwendet werden soll, kann die Regelung gestrichen werden; weitere Anpassungen des Musters sind ansonsten nicht erforderlich.

c) Anknüpfungspunkt für die Anwendbarkeit (Ziff. 3.3)

19.32 Mit dem Hinweis auf die fehlende Relevanz der Herkunft der Daten soll eine Klarstellung bezweckt werden, dass bei jeglicher Verwendung der Daten die Vorgaben der Unternehmensrichtlinie zu beachten sind. Es kommt nicht darauf an, ob die Daten bspw. gezielt erhoben wurden oder ursprünglich von einem Tochterunternehmen stammen. Nach dem Konzept des Sitzlandprinzips gem. Art. 3 Abs. 1 DSGVO kommt es auch nicht darauf an, ob Daten von EU-Bürgern betroffen sind, da alleine der Sitz des Unternehmens innerhalb der EU zur Anwendbarkeit der DSGVO führt[60]. Die Regelung hat nur eine klarstellende Bedeutung und könnte auch gestrichen werden.

---

55 *Ernst* in Paal/Pauly, Art. 4 DSGVO Rz. 25.
56 *Ernst* in Paal/Pauly, Art. 4 DSGVO Rz. 29.
57 *Schreiber* in Plath, Art. 4 DSGVO Rz. 10.
58 *Plath* in Plath, Art. 3 DSGVO Rz. 11 zur Anwendbarkeit der DSGVO bei Verarbeitung durch Nicht-EU-Niederlassungen.
59 Hierzu Teil 5, §§ 31 f.
60 *Piltz* in Gola, Art. 3 DSGVO Rz. 9.

d) Verhältnis zu rechtlichen Vorgaben (Ziff. 3.4)

Durch die Unternehmensrichtlinie sollen weitgehend die datenschutzrechtlichen Anforderungen für das jeweilige Unternehmen konkretisiert werden. Der allgemeine Verweis auf die **rechtlichen Verpflichtungen** nimmt dabei Bezug sowohl auf die DSGVO als auch auf die ergänzenden Regelungen des BDSG. Soweit in den Vorauflagen noch auf gesetzliche Vorgaben abgestellt wurde, ist zur Klarstellung jetzt eine Umstellung auf rechtliche Vorgaben erfolgt. Auf diese Weise wird die Diskussion vermieden, ob auch die DSGVO eine gesetzliche Bestimmung im Sinne der Unternehmensrichtlinie ist, obwohl es sich nicht um ein Gesetz im engeren Sinne handelt.

19.33

Es ist denkbar, dass die Regelungen der Richtlinie über die **rechtlichen Mindeststandards** hinausgehen. In diesem Fall beinhaltet die Richtlinie eine Selbstverpflichtung des Unternehmens, die auch dann zu beachten ist, wenn keine rechtliche Notwendigkeit bestand. Umgekehrt können durch die Richtlinie keine Standards vorgegeben werden, die unter den Mindeststandards von DSGVO und BDSG liegen. Die entsprechende Regelung in der Richtlinie hat insoweit nur klarstellende Bedeutung.

19.34

4. Definitionen (Ziff. 4)

M 19.1.4 Definitionen

19.35

4. Definitionen

4.1 *Personenbezogene Daten im Sinne dieser Unternehmensrichtlinie sind Angaben über eine identifizierte oder identifizierbare natürliche Person. Daten, die ausschließlich Informationen über juristische Personen beinhalten, sind keine personenbezogenen Daten. Auch diese Daten sollen gleichermaßen geschützt werden. Der Personenbezug entfällt bei einer vollständigen Anonymisierung, nicht aber bereits bei der Verwendung von Pseudonymen.*

4.2 *Betroffene Personen sind diejenigen Personen, deren personenbezogene Daten im Unternehmen verarbeitet werden.*

4.3 *Dritter ist jede Stelle außerhalb des Unternehmens. Einzelne Stellen oder Abteilungen innerhalb des Unternehmens sind nicht Dritte, gleichwohl ist auch innerhalb des Unternehmens zu prüfen, inwieweit personenbezogene Daten unternehmensintern zur Verfügung gestellt werden müssen. Dienstleister, mit denen eine Vereinbarung zur Auftragsverarbeitung besteht, gelten ebenfalls nicht als Dritte, da diese unter der Verantwortung des Unternehmens tätig werden.*

Zu Beginn der Unternehmensrichtlinie werden wesentliche datenschutzrechtliche Begriffe definiert. Das Muster konzentriert sich auf wenige Begriffe, die nachfolgend regelmäßig verwendet werden. Weitere Begriffe werden im Text innerhalb der Unternehmensrichtlinie definiert. Es können bei Bedarf auch noch weitere Begriffe wie einzelne Bestandteile der Datenverarbeitung definiert werden. Soweit keine gesonderte Definition im Muster erfolgt, kann auf die Begriffsbestimmungen des Art. 4 DSGVO zurückgegriffen werden.

19.36

a) Begriff der personenbezogenen Daten (Ziff. 4.1)

Der Begriff der **personenbezogenen Daten** wird im Muster inhaltlich in Übereinstimmung mit Art. 4 Nr. 1 DSGVO definiert. Sprachlich übernimmt die Definition den Verweis auf die Identifizierbarkeit und die Beschränkung auf natürliche Personen. Juristische Personen können sich zwar auf das allgemeine Persönlichkeitsrecht berufen, fallen aber nicht in den Anwendungsbereich der DSGVO[61]. Es wurde damit der deutsche Ansatz übernommen, während einige andere Staaten bisher den daten-

19.37

---

61 *Ernst* in Paal/Pauly, Art. 4 DSGVO Rz. 5.

schutzrechtlichen Schutz auch auf juristische Personen erstreckt haben[62]. Das Muster sieht insoweit überobligatorisch eine Erstreckung der Vorgaben auch auf Daten von juristischen Personen vor, wobei die Erstreckung als Soll-Bestimmung bewusst abgeschwächt ist.

19.38 Auf eine Aufzählung von Zuordnungsmöglichkeiten und eine Benennung verschiedener Datenarten entsprechend der Definition gem. Art. 4 Nr. 1 DSGVO wurde bewusst verzichtet. Ausdrücklich erwähnt werden aber die **Anonymisierung und Pseudonymisierung**, deren Bedeutung unter Geltung der DSGVO gestiegen ist. Bei der Anonymisierung entfällt die Möglichkeit der Identifizierung einer natürlichen Person vollständig, so dass keine personenbezogenen Daten vorliegen. Von einer Anonymisierung kann aber nur ausgegangen werden, wenn die Daten mit vernünftigem Aufwand nicht mehr einer bestimmten natürlichen Person zugeordnet werden können. In allen anderen Fällen liegt nur eine Pseudonymisierung i.S.v. Art. 4 Nr. 5 DSGVO vor, bei der noch eine indirekte Identifizierung möglich ist[63]. Aufgrund der gestiegenen Bedeutung der Pseudonymisierung, auf die in der DSGVO mehrfach hingewiesen wird[64], ist dieser Aspekt ausdrücklich geregelt.

b) Betroffene Person (Ziff. 4.2)

19.39 Nach dem Sprachgebrauch der DSGVO ist die **betroffene Person** diejenige, deren Daten durch den Verantwortlichen verarbeitet werden[65]. Die betroffene Person zeichnet sich dadurch aus, dass ihr die personenbezogenen Daten zugewiesen sind, die Gegenstand der Datenverarbeitung sind. Das Muster greift den Ansatz gem. Art. 4 Nr. 1 DSGVO auf.

c) Dritte (Ziff. 4.3)

19.40 Der Begriff des **Dritten** ist in Art. 4 Nr. 10 DSGVO definiert. Die Definition grenzt letztlich negativ ab, dass jede Person oder Stelle außerhalb des Verantwortlichen als Dritter anzusehen ist[66]. Wichtig ist zunächst die Aussage, dass innerhalb eines Unternehmens nicht weiter differenziert wird. Eine andere Abteilung ist folglich erst einmal nicht als Dritter im datenschutzrechtlichen Sinne anzusehen. Es ist aber dennoch dafür zu sorgen, dass innerhalb eines Unternehmens personenbezogene Daten nicht völlig frei verfügbar sind (siehe Rz. 19.152). Im Hinblick auf einzelne Mitarbeiter ist zu berücksichtigen, dass die Legaldefinition darauf abstellt, ob sie zur Verarbeitung der Daten „befugt" sind. Insoweit wird die Auffassung vertreten, dass Mitarbeiter automatisch zu Dritten werden, sobald sie ihre arbeitsrechtlichen Kompetenzen überschreiten[67].

19.41 Bei einem Fall der **Auftragsverarbeitung** ist der Dienstleister, der als Auftragsverarbeiter tätig wird, nicht als Dritter anzusehen[68]. Diese Sichtweise ist mittlerweile ausdrücklich in der Legaldefinition berücksichtigt. Angesichts der Tatsache, dass die datenschutzrechtliche Definition deutlich von dem umgangssprachlichen Verständnis abweicht, sollte hierauf explizit hingewiesen werden. Die Auftragsverarbeitung ermöglicht also die Auslagerung von Datenverarbeitungsvorgängen ohne eine Übermittlung der Daten an einen Dritten, ist im Gegenzug aber an enge Voraussetzungen gebunden[69].

---

62 *Schreiber* in Plath, Art. 4 DSGVO Rz. 4.
63 Erwägungsgrund 26 zur DSGVO; dazu *Hansen/Walczak*, RDV 2019, 53.
64 Vgl. Art. 6 Abs. 4 lit. e, Art. 25 Abs. 1, Art. 32 Abs. 1 lit. a, Art. 40 Abs. 2 lit. d und Art. 89 Abs. 1 DSGVO.
65 *Ernst* in Paal/Pauly, Art. 4 DSGVO Rz. 4.
66 *Schreiber* in Plath, Art. 4 DSGVO Rz. 37.
67 *Ernst* in Paal/Pauly, Art. 4 DSGVO Rz. 60.
68 *Schreiber* in Plath, Art. 4 DSGVO Rz. 37.
69 S. hierzu die Muster M 8.1 und M 9.1 in Teil 2, Rz. 8.5 und Rz. 9.7.

Bei einem **Konzernverbund** sollte in der Unternehmensrichtlinie klargestellt werden, dass eine andere Konzerngesellschaft dagegen sehr wohl als Dritter angesehen wird, selbst wenn mit Art. 4 Nr. 19 DSGVO ausdrücklich Unternehmensgruppen datenschutzrechtlich anerkannt werden[70]. Ein echtes Konzernprivileg wurde insoweit auch durch die DSGVO nicht eingeführt[71]. Der Austausch von Daten zwischen zwei Konzerngesellschaften ist grundsätzlich weiterhin eine Übermittlung von Daten[72]. Es kommt insoweit jetzt aber ggf. ein Datenaustausch unter vereinfachten Voraussetzungen in Betracht, nachdem die DSGVO die Notwendigkeit für einen konzerninternen Datenaustausch ausdrücklich anerkennt[73]. Als rechtliche Grundlage für den konzerninternen Datenaustausch kommt vor allem die Wahrnehmung berechtigter Interessen i.S.v. Art. 6 Abs. 1 lit. f DSGVO in Betracht. Bei der erforderlichen Interessenabwägung kann dabei berücksichtigt werden, dass für alle Konzerngesellschaften ein identisches Datenschutzniveau gilt, was durch einheitliche Unternehmensrichtlinien definiert und dokumentiert wird. Für rechtlich unselbständige Zweigstellen wie Filialen gelten die vorstehenden Ausführungen nicht; insoweit handelt es sich wie bei verschiedenen Abteilungen nur um unterschiedliche Bereiche eines einheitlichen Verantwortlichen.

19.42

In einem Konzernverbund oder bei einem Unternehmen mit rechtlich unselbständigen Zweigstellen bietet es sich an, das Muster in einem solchen Fall ggf. zu erweitern und die Abgrenzung bezogen auf das jeweilige Unternehmen näher zu erläutern.

19.43

5. Zulässigkeit der Datenverarbeitung (Ziff. 5)

M 19.1.5 Zulässigkeit der Datenverarbeitung

19.44

5. Zulässigkeit der Datenverarbeitung

5.1 Bei jedem Vorgang der Datenverarbeitung ist zu prüfen, ob die beabsichtigte Verarbeitung von Daten zulässig ist. Bestehen Zweifel an der Zulässigkeit, soll der Datenschutzbeauftragte kontaktiert werden.

5.2 Die Zulässigkeit der Datenverarbeitung kann sich aus verschiedenen Gesichtspunkten ergeben. Zunächst kann sich die Zulässigkeit daraus ergeben, dass der Betroffene in die Datenverarbeitung eingewilligt hat. Auch ohne Einwilligung des Betroffenen kann die Datenverarbeitung zulässig sein, wenn eine gesetzliche Ermächtigungsgrundlage einschlägig ist. Fehlt es an einer Einwilligung und einer gesetzlichen Ermächtigungsgrundlage, dann ist die Datenverarbeitung unzulässig.

5.3 Im Rahmen der Zulässigkeitsprüfung ist auch zu untersuchen, ob die Datenverarbeitung unter Berücksichtigung des Prinzips der Datenminimierung notwendig ist.

Bei den Grundsätzen der Datenverarbeitung wird zunächst das grundlegende Prinzip des **Verbots mit Erlaubnisvorbehalt** im Datenschutzrecht wiedergegeben[74]. Aus diesem Prinzip lässt sich ableiten, dass die Erlaubnis zur Datenverarbeitung der Ausnahmefall ist, der besonders gerechtfertigt werden muss.

19.45

a) Zulässigkeit der Datenverarbeitung (Ziff. 5.1)

Wegen des Verbots mit Erlaubnisvorbehalt ist es gerechtfertigt, in jedem Fall der Datenverarbeitung deren Zulässigkeit ausdrücklich prüfen zu lassen. Das Unternehmen und seine Mitarbeiter können sich nicht darauf verlassen, dass die Datenverarbeitung im Zweifelsfall zulässig sein wird. Rechtliche

19.46

---

70 *Ernst* in Paal/Pauly, Art. 4 DSGVO Rz. 127 zur Bedeutung der Unternehmensgruppe.
71 *Pauly* in Paal/Pauly, Art. 47 DSGVO Rz. 1; *Kort*, DB 2016, 711 (715).
72 *Schulz*, BB 2011, 2552.
73 Erwägungsgrund 48 DSGVO.
74 *Plath* in Plath, Art. 6 DSGVO Rz. 2; kritisch dazu *Albers/Veit* in BeckOK DatenschutzR, Art. 6 DSGVO Rz. 12.

Anknüpfung für die Regelung zur Zulässigkeit der Datenverarbeitung ist die Bestimmung des Art. 6 Abs. 1 DSGVO, in dem der Grundsatz des Verbots mit Erlaubnisvorbehalt verankert ist.

b) Einwilligung und weitere Ermächtigungsgrundlagen (Ziff. 5.2 und 5.3)

19.47 Die allgemeinen Ausführungen zur Zulässigkeit der Datenverarbeitung verweisen auf die Einwilligung des Betroffenen (siehe Rz. 19.56), die weiteren gesetzlichen Ermächtigungsgrundlagen (siehe Rz. 19.48) und das Prinzip der Datenminimierung (siehe Rz. 19.83). Alle entsprechenden Punkte werden in den nachfolgenden Bestimmungen weiter ausgeführt.

6. Gesetzliche Ermächtigungsgrundlagen (Ziff. 6)

19.48 **M 19.1.6 Gesetzliche Ermächtigungsgrundlagen**

6. Gesetzliche Ermächtigungsgrundlagen

6.1 Die Verarbeitung personenbezogener Daten kann erforderlich sein für die Begründung oder Erfüllung eines Vertrags mit der betroffenen Person.

6.2 Eine Notwendigkeit und Ermächtigung zur Datenverarbeitung kann sich ergeben aufgrund einer rechtlichen Verpflichtung des Unternehmens, die beispielsweise unmittelbar resultiert aus einer gesetzlichen Regelung oder einer verbindlichen behördlichen Entscheidung. Als Ermächtigungsgrundlage kommt insoweit insbesondere ein Auskunftsersuchen von Ermittlungsbehörden in Betracht.

6.3 Zulässig ist die Verarbeitung personenbezogener Daten auch, wenn sie zur Geltendmachung, Ausübung oder Verteidigung rechtlicher Ansprüche vor Gericht erforderlich ist. Gleiches gilt für die Wahrung lebenswichtiger Interessen.

6.4 Denkbar ist eine Datenverarbeitung schließlich in den Fällen, bei denen berechtigte Interessen des Unternehmens bestehen und gleichzeitig kein Grund zu der Annahme besteht, dass das schutzwürdige Interesse der betroffenen Person an dem Ausschluss der Datenverarbeitung überwiegt. Das Ergebnis einer solchen Interessenabwägung soll dabei schriftlich protokolliert werden.

19.49 Unter dem Stichwort „gesetzliche Ermächtigungsgrundlagen" werden wesentliche Fallgestaltungen erläutert, bei denen eine Verarbeitung personenbezogener Daten unabhängig von der Einwilligung des Betroffenen zulässig ist. Selbst wenn die Bezeichnung als „gesetzliche Ermächtigungsgrundlage" bei einem Verweis auf die DSGVO nicht ganz akkurat ist, wurde die Begrifflichkeit beibehalten; als Alternative kann auch von „datenschutzrechtlichen Ermächtigungsgrundlagen" gesprochen werden. Die Regelung übernimmt weitgehend die Liste der Erlaubnistatbestände gem. Art. 6 Abs. 1 DSGVO, soweit sie sich auf die Datenverarbeitung durch nicht-öffentliche Stellen beziehen. Die Einwilligung, die jetzt gleichberechtigt neben den weiteren Ermächtigungsgrundlagen steht, ist in der Übersicht nicht aufgeführt, da hierfür eine gesonderte Regelung vorgesehen ist (siehe Rz. 19.56).

a) Vertragserfüllung (Ziff. 6.1)

19.50 Die erste Fallgestaltung bezieht sich auf die **Datenverarbeitung im Rahmen eines** bestehenden **Vertragsverhältnisses**. Die Regelung gem. Art. 6 Abs. 1 lit. b DSGVO umfasst ausdrücklich auch die Phase der Vertragsanbahnung, soweit die Anfrage von der betroffenen Person erfolgt[75]. In dem Muster ist eine gesonderte Regelung für die Vertragsanbahnung (siehe Rz. 19.108) vorgesehen, so dass dieser Aspekt hier nicht näher angesprochen wird.

---

75 *Plath* in Plath, Art. 6 DSGVO Rz. 12.

b) Erfüllung rechtlicher Verpflichtungen (Ziff. 6.2)

Eine Verarbeitung personenbezogener Daten ist gem. Art. 6 Abs. 1 lit. c DSGVO dann zulässig, wenn hierzu eine **rechtliche Verpflichtung** besteht. Auf diese Weise werden Wertungswidersprüche aufgelöst, die sich zwischen dem Datenschutzrecht und anderen Rechtsbereichen ergeben können. Umstritten war beispielsweise in der Vergangenheit, wie die verpflichtende Überprüfung von Mitarbeitern und Kunden gegen Sanktionsliste datenschutzrechtlich gerechtfertigt werden konnte. Hilfreich ist in diesem Zusammenhang auch die relativ weite Formulierung der rechtlichen Verpflichtung, durch die die engere Formulierung der gesetzlichen Verpflichtung abgelöst wird[76]. Zur Erläuterung nennt das Muster neben den gesetzlichen Vorgaben explizit auch behördliche Entscheidungen, aus denen sich ebenfalls rechtliche Verpflichtungen ergeben können.

19.51

Ein Sonderfall der Erfüllung rechtlicher Pflichten kann die Erfüllung von **Auskunftspflichten** sein. Insoweit wird klargestellt, dass sich ein Unternehmen bestehenden Auskunftspflichten nicht durch eine Berufung auf datenschutzrechtliche Bedenken entziehen kann. Die Schwierigkeit besteht regelmäßig darin, dass geprüft werden muss, ob geltend gemachte Auskunftsansprüche tatsächlich bestehen. Es ergeben sich dabei beispielsweise bereits Unterschiede, ob eine Anfrage über die Polizei erfolgt oder unmittelbar von der Staatsanwaltschaft stammt. Sollte sich ein Unternehmen in einem größeren Umfang Auskunftsansprüchen ausgesetzt sehen, empfiehlt es sich, den Umgang mit derartigen Anfragen ausführlicher zu regeln. Das Muster deckt im Wesentlichen nur Auskunftsverlangen der Aufsichtsbehörden und den Umgang hiermit ab.

19.52

c) Geltendmachung eigener Ansprüche und lebenswichtige Interessen (Ziff. 6.3)

Die Datenverarbeitung zur **Geltendmachung eigener Ansprüche** ist weder in § 28 BDSG a.F. ausdrücklich vorgesehen gewesen noch findet sich eine Regelung in der aktuellen Auflistung gem. Art. 6 Abs. 1 DSGVO. Die Geltendmachung eigener Ansprüche könnte jedoch bereits ein Unterfall der Vertragserfüllung i.S.v. Art. 6 Abs. 1 lit. b DSGVO sein, wenn mit dem Betroffenen ein Vertragsverhältnis besteht und der hieraus resultierende eigene Anspruch des Unternehmens durchgesetzt werden muss. Außerdem dürfte ein berechtigtes Interesse des Unternehmens i.S.v. Art. 6 Abs. 1 lit. f DSGVO vorliegen. In diesem Fall bedarf es jedoch einer Interessenabwägung, die in dem Muster durch die Prüfung der Verhältnismäßigkeit gewährleistet ist. Durch die Einleitung zu Art. 6 Abs. 1 DSGVO wird klar, dass grundsätzlich auch mehrere Ermächtigungsgrundlagen einschlägig sein können.

19.53

Die in dem Muster kurz angesprochene Datenverarbeitung zur **Erfüllung lebenswichtiger Interessen** findet sich in Art. 6 Abs. 1 lit. d DSGVO. Es kann regelmäßig unterstellt werden, dass die betroffene Person mit dem Vorgehen einverstanden ist, wenn sie selbst betroffen ist. Die Regelung ermöglicht aber darüber hinaus auch die Datenverarbeitung zum Schutz eines Dritten. Gleichwohl dürfte die rechtliche Relevanz der Regelung für die meisten Unternehmen gering bleiben. Als Anwendungsbeispiel wird häufig die Datenverarbeitung zu humanitären Zwecken genannt[77].

19.54

d) Wahrnehmung berechtigter Interessen (Ziff. 6.4)

Schließlich bezieht sich das Muster auf den sehr praxisrelevanten Tatbestand, dass die Datenverarbeitung zur **Wahrnehmung berechtigter Interessen** erforderlich ist. Das Kriterium des berechtigten Interesses i.S.v. Art. 6 Abs. 1 lit. f DSGVO wird nicht weiter erläutert, weil die Klausel die unterschiedlichsten Sachverhalte abdecken kann. Es ist aber denkbar, dass typische Fallgestaltungen exemplarisch aufgeführt werden. In diesem Fall würde es sich anbieten, derartige Fallgestaltungen unter „Spezielle Formen der Datenverarbeitung" zu regeln. Zur Absicherung des Unternehmens wird von den Mitarbeitern verlangt, die ohnehin erforderliche Interessenabwägung zu protokollieren, damit später der Nachweis möglich ist, dass tatsächlich eine Abwägung stattgefunden hat. Aufgrund der durch Art. 5

19.55

---

76 *Plath* in Plath, Art. 6 DSGVO Rz. 37.
77 *Plath* in Plath, Art. 6 DSGVO Rz. 40 ff.

Abs. 2 DSGVO eingeführten Rechenschaftspflicht erhält die Dokumentation generell einen höheren Stellenwert.

7. Einwilligung und Protokollierung (Ziff. 7)

19.56   M 19.1.7 Einwilligung und Protokollierung

7. Einwilligung und Protokollierung

7.1 Eine Einwilligung der betroffenen Person ist als Grundlage für die Datenverarbeitung ausreichend, wenn die betroffene Person zuvor ausreichend informiert wurde und ihre Einwilligung für die beabsichtigte Datenverarbeitung anschließend eindeutig und auf freiwilliger Basis erteilt hat.

7.2 Von einer ausreichenden Information ist auszugehen, wenn die wesentlichen Abläufe der Datenverarbeitung verständlich erläutert werden und insbesondere erklärt wird, zu welchem Zweck die Daten verarbeitet werden. Die betroffene Person soll darauf hingewiesen werden, dass ihre Einwilligung frei widerruflich ist. Außerdem ist darauf zu achten, dass Einwilligungserklärungen gegenüber anderen Erklärungen optisch hervorgehoben und abgegrenzt werden. Eine Kopplung der Einwilligung mit anderen Erklärungen soll vermieden werden.

7.3 Eine Einwilligung kann nur dann freiwillig abgegeben werden, wenn die betroffene Person im Falle einer Verweigerung der Einwilligung keine gravierenden Nachteile zu befürchten hat. Wird die Inanspruchnahme oder Erbringung von Leistungen von einer Einwilligung abhängig gemacht, ist die erteilte Einwilligung regelmäßig dann freiwillig, wenn sie der Vertragsbegründung oder Vertragserfüllung dient oder wenn die Inanspruchnahme von Leistungen auch in anderer zumutbarer Weise möglich wäre.

7.4 Die Einwilligungserklärung der betroffenen Person soll aus Nachweisgründen in Textform eingeholt werden. In jedem Fall ist darauf zu achten, dass eine eindeutige Erklärung der betroffenen Person vorliegt. Die entsprechenden Einwilligungserklärungen sind für den Fall einer späteren Überprüfung zu protokollieren.

7.5 Bei einer schriftlich erteilten Einwilligung kann es zulässig sein, die Erklärung einzuscannen und das Original anschließend zu vernichten. Sofern eine Einwilligung online eingeholt wird, ist darauf zu achten, dass eine Überprüfung erfolgt, bspw. über ein Double-Opt-in-Verfahren.

19.57   Nach der Konzeption der DSGVO soll der Verantwortliche sich bemühen, die Daten bei der betroffenen Person mit deren Einwilligung zu erheben[78]. Für die Wirksamkeit der Einwilligung der betroffenen Person sind die Voraussetzungen gem. Art. 4 Nr. 11 und Art. 7 DSGVO zu beachten. Erforderlich ist danach eine freie Entscheidung der betroffenen Person, was voraussetzt, dass diese zuvor ausreichend informiert wurde, damit sie sich frei entscheiden kann.

a) Einwilligung als Grundlage der Datenverarbeitung (Ziff. 7.1)

19.58   In dem Muster wird einleitend zunächst auf die **Informationspflicht** abgestellt und danach auf die **Freiwilligkeit der Einwilligung**. Beide Aspekte werden in einzelnen Absätzen jeweils erläutert.

b) Informationspflichten bei Einwilligung (Ziff. 7.2)

19.59   Im Hinblick auf die **Information** des Betroffenen ergibt sich die Anforderung bereits aus Art. 4 Nr. 11 DSGVO, indem definiert wird, dass nur eine „in informierter Weise" abgegebene Einwilligung wirksam ist. Die Informationspflicht bezieht sich dabei auf alle Aspekte der Datenverarbeitung, die für die Entscheidungsfindung der betroffenen Person relevant sind. Es ist demnach nicht ausreichend, alleine

---

78 *Buchner*, DuD 2010, 39 zum Einwilligungserfordernis.

über den Verwendungszweck zu informieren, auch wenn dies eine entscheidende Information ist. Das Muster verlangt daher, dass neben der Information über den Verwendungszweck allgemein die wesentlichen Abläufe erläutert werden. Die Informationspflicht ist dabei immer vor dem Hintergrund zu sehen, dass die betroffene Person in die Lage versetzt werden soll, unter Abwägung aller Argumente zu entscheiden, ob eine Einwilligung erteilt werden soll.

Die einmal erteilte Einwilligung ist generell frei widerruflich. Die entsprechende Klarstellung im Muster hat also nur deklaratorische Bedeutung, dient aber auch der Transparenz. **19.60**

Das Erfordernis der **Verständlichkeit der Informationen** greift die Anforderung gem. Art. 7 Abs. 2 DSGVO auf, wonach „das Ersuchen um Einwilligung in verständlicher und leicht zugänglicher Form" zu erfolgen hat. Die Regelung gilt zwar unmittelbar nur für die Einwilligungserklärung, auch für Information ist aber eine verständliche Sprache zu fordern[79]. Soweit die Regelung des Musters vorgibt, dass die Einwilligung von anderen Erklärungen optisch zu trennen und abzugrenzen ist, entspricht dies der Vorgabe gem. Art. 7 Abs. 2 DSGVO, dass die Einwilligung von anderen Sachverhalten klar zu unterscheiden sein muss[80]. Diese Unterscheidbarkeit bezieht sich dabei nicht nur auf die grafische Trennung, sondern auch auf die sprachliche Differenzierung[81]. Beide Aspekte sind mit der Formulierung im Muster abgedeckt. **19.61**

Zusätzlich geht das Muster auf die **Kopplung** der Einwilligung mit weiteren Erklärungen ein. Ähnlich der Vorgabe gem. Art. 7 Abs. 4 DSGVO wird kein absolutes Kopplungsverbot definiert, sondern nur gefordert, dass eine Kopplung vermieden werden soll[82]. **19.62**

c) Freiwilligkeit (Ziff. 7.3)

Für eine **Freiwilligkeit** ist es erforderlich, dass die Einwilligung durch die betroffene Person ohne Zwang abgegeben wird und auch nicht erschlichen wurde. Positiv formuliert kommt es darauf an, dass die betroffene Person eine echte Wahl hat, ob und in welchem Umfang sie eine Einwilligung erklärt[83]. Bedenken gegen die Freiwilligkeit einer Einwilligung können sich vor allem ergeben bei einem wirtschaftlichen Machtgefälle oder bei Bestehen eines Abhängigkeitsverhältnisses[84]. Das typische Beispiel für ein Abhängigkeitsverhältnis ist dabei die Beziehung zwischen Arbeitgeber und Arbeitnehmer, wenn der Arbeitgeber bei einem bestehenden Arbeitsverhältnis eine Einwilligung eines Arbeitnehmers einholen möchte. Innerhalb des Arbeitsverhältnisses ist eine freiwillige Einwilligung nicht per se ausgeschlossen, allerdings hat eine sorgsame Einzelfallprüfung zu erfolgen. **19.63**

Es ist davon auszugehen, dass ein Unternehmen diesen Aspekt in der Regel nicht explizit in seiner Unternehmensrichtlinie ansprechen möchte. Dennoch sollte überlegt werden, eine entsprechende Klarstellung in die Unternehmensrichtlinie aufzunehmen. Auf diese Weise wird möglicherweise verhindert, dass ein Arbeitgeber im Vertrauen auf eine vermeintlich ausreichende Einwilligung eine Datenverarbeitung vornimmt, die tatsächlich wegen fehlender Freiwilligkeit der Einwilligung unzulässig ist und zu den entsprechenden datenschutzrechtlichen Konsequenzen führen kann. Es ist jedenfalls angezeigt, vor allem auch die leitenden Mitarbeiter für diesen Bereich zu sensibilisieren. Wenn eine Klarstellung vor diesem Hintergrund in die Unternehmensrichtlinie aufgenommen werden soll, kann wie folgt formuliert werden: „Eine Einwilligung während eines bestehenden Arbeitsverhältnisses ist insoweit problematisch, insbesondere wenn sie sich auf die Datenverarbeitung während des Arbeitsverhältnisses bezieht." **19.64**

---

79 *Ernst* in Paal/Pauly, Art. 4 DSGVO Rz. 84.
80 *Frenzel* in Paal/Pauly, Art. 7 DSGVO Rz. 10.
81 *Plath* in Plath, Art. 7 DSGVO Rz. 12.
82 *Frenzel* in Paal/Pauly, Art. 7 DSGVO Rz. 18 m.w.N.
83 *Ernst* in Paal/Pauly, Art. 4 DSGVO Rz. 69.
84 *Ernst* in Paal/Pauly, Art. 4 DSGVO Rz. 71.

d) Form (Ziff. 7.4)

19.65 Anders als nach der früheren Rechtslage besteht keine besondere Vorgabe bezogen auf die **Form der Einwilligung**. Es wird insbesondere nicht mehr von einer Einwilligung in Schriftform als Regelfall ausgegangen. Das Muster greift diese Änderung auf, verlangt aber gleichzeitig grundsätzlich die Textform für die Einwilligung. Hintergrund dieser Anforderung sind die gestiegenen Nachweispflichten, u.a. gem. Art. 7 Abs. 1 DSGVO, sowie im Zusammenhang mit der allgemeinen Rechenschaftspflicht gem. Art. 5 Abs. 2 DSGVO[85]. Zusätzlich verlangt das Muster eine eindeutige Einwilligung, was mit dem Kriterium einer unmissverständlichen Erklärung bzw. eindeutigen Handlung i.S.v. Art. 4 Nr. 11 DSGVO korrespondiert[86].

e) Nachweisbarkeit (Ziff. 7.5)

19.66 In der Praxis stellt sich vielfach die Frage, ob eine ursprünglich schriftlich eingeholte Einwilligungserklärung im Original aufbewahrt werden muss. Auch wenn einem Scan des Originals, der elektronisch archiviert wird, nicht die gleiche Beweiskraft zukommt, ist es empfehlenswert, diese Möglichkeit zuzulassen[87].

19.67 Für den Bereich der elektronischen Kommunikation wird auf das **Double-Opt-in-Verfahren** verwiesen, das nicht zwingend vorgeschrieben ist, aber eine sinnvolle Möglichkeit zur Erfüllung der Nachweispflichten darstellt.

8. Zweckbindung (Ziff. 8)

19.68 **M 19.1.8 Zweckbindung**

8. Zweckbindung

8.1 Personenbezogene Daten dürfen nur für den Zweck verarbeitet werden, für den sie ursprünglich erhoben wurden. Bei Einholung einer Einwilligung von der betroffenen Person ist auf den konkreten Zweck hinzuweisen. Es muss sich stets um einen rechtmäßigen Zweck der Datenverarbeitung handeln.

8.2 Wenn später eine Datenverarbeitung zu einem anderen Zweck erfolgen soll, dann muss auch hierfür eine Einwilligung eingeholt werden oder eine gesetzliche Ermächtigungsgrundlage vorliegen, sofern der neue Zweck der Datenverarbeitung nicht bereits mit dem ursprünglichen Zweck vereinbar ist.

a) Grundsatz der Zweckbindung (Ziff. 8.1)

19.69 Die **Zweckbindung** ist einer der wesentlichen datenschutzrechtlichen Grundsätze, der mittlerweile gem. Art. 5 Abs. 1 lit. b DSGVO auch ausdrücklich definiert ist. Die Schwierigkeit besteht vor allem darin, die Anforderungen an die Bestimmung des vorgesehenen Zwecks richtig zu bestimmen. Wenn der Zweck zu eng gefasst wird, entsteht u.a. bei der Information des Betroffenen ein unverhältnismäßiger Aufwand. Wird der Zweck zu allgemein festgelegt, ist für die betroffene Person auf der anderen Seite keine sinnvolle Prüfung möglich, inwieweit die vorgesehene Datenverarbeitung ihre schutzwürdigen Interessen berühren kann. Eine zu allgemein gehaltene Zweckbestimmung verstößt auch gegen die Vorgabe gem. Art. 5 Abs. 1 lit. b DSGVO zur Angabe eines eindeutigen Zwecks.

---

85 *Plath* in Plath, Art. 7 DSGVO Rz. 8.
86 *Plath* in Plath, Art. 7 DSGVO Rz. 3.
87 *Roßnagel/Wilke*, NJW 2006, 2145 zur Beweiskraft gescannter Unterlagen.

Zumeist wird verlangt, den typischen Sachverhalt der Datenverarbeitung generalisiert darzustellen. 19.70
In diesem Zusammenhang macht es unter Umständen Sinn, in der Unternehmensrichtlinie ein typisches Beispiel aus dem jeweiligen Unternehmensalltag aufzuführen.

Eine Datenverarbeitung ist damit nicht zulässig, wenn es an einem Zweck fehlt, also Daten bspw. zu- 19.71
nächst auf Vorrat gespeichert werden sollen. Insoweit wäre auch das Prinzip der **Datenminimierung**
gem. Art. 5 Abs. 1 lit. c DSGVO verletzt[88]. Die Datenverarbeitung ist auch unzulässig, wenn schon der
hierfür vorgesehene Zweck rechtswidrig ist.

Das Kriterium der **Rechtmäßigkeit** greift das Erfordernis eines legitimen Zwecks i.S.v. Art. 5 Abs. 1 19.72
lit. b DSGVO auf. Legitim und rechtmäßig haben insoweit den gleichen Sinngehalt[89].

b) Zweckänderung (Ziff. 8.2)

Eine spätere **Änderung der Zweckbindung** führt zwangsläufig dazu, dass erneut geprüft werden muss, 19.73
inwieweit die Datenverarbeitung auch unter dem veränderten Zweck zulässig ist. Die grundsätzliche
Möglichkeit einer nachträglichen Zweckänderung ergibt sich dabei aus Art. 6 Abs. 4 DSGVO[90]. Die
Regelungen ermöglichen eine Zweckänderung zunächst dann, wenn der neue Zweck der Datenverarbeitung mit dem ursprünglichen Zweck der Datenverarbeitung, unter dem die Daten erhoben wurden, vereinbar ist[91]. Alternativ ist eine spätere Zweckänderung auch dann zulässig, wenn eine zusätzliche Einwilligung für den neuen Zweck vorliegt oder eine gesetzliche Ermächtigungsgrundlage insoweit
einschlägig ist. Hierauf wird üblicherweise dann zurückzugreifen sein, wenn eine Vereinbarkeit nicht
positiv festgestellt werden kann[92]. Das Muster setzt die verschiedenen Alternativen so um, dass zunächst die Ausweitung der Einwilligung und die erneute Prüfung auf einschlägige Ermächtigungsgrundlagen beschrieben werden; die Zweckänderung für vereinbarte Zwecke ist dagegen wie in Art. 6
Abs. 4 DSGVO nur negativ formuliert.

9. Verhältnismäßigkeit (Ziff. 9)

M 19.1.9 Verhältnismäßigkeit   19.74

9. Verhältnismäßigkeit

*9.1 Bei der Verarbeitung personenbezogener Daten ist der Grundsatz der Verhältnismäßigkeit zu beachten.
Der Grundsatz der Verhältnismäßigkeit ist beachtet, wenn die Datenverarbeitung dazu geeignet ist, einen legitimen Zweck zu erreichen. Weiter darf kein milderes, gleichermaßen geeignetes Mittel zur Erreichung des vorgesehenen Zwecks zur Verfügung stehen. Schließlich ist zu prüfen, ob der Datenverarbeitung keine überwiegenden schutzwürdigen Interessen der betroffenen Person entgegenstehen.*

*9.2 Als milderes Mittel kann bspw. die Verarbeitung von aggregierten Daten oder sonstigen Daten ohne
Personenbezug in Betracht kommen.*

*9.3 Bei der Prüfung der Verhältnismäßigkeit kann insbesondere der Ursprung der personenbezogenen Daten
(geschäftlich, privat oder intim) zu berücksichtigen sein. Weiter ist das mit der Datenverarbeitung verbundene Risiko einer Beeinträchtigung von Persönlichkeitsrechten abzuschätzen.*

9.4 Im Rahmen der Prüfung der Verhältnismäßigkeit ist auch zu untersuchen, inwieweit eine Datenverarbeitung nach den Grundsätzen von Treu und Glauben sowie in transparenter Weise erfolgt.

---

88 *Plath* in Plath, Art. 5 DSGVO Rz. 10.
89 *Frenzel* in Paal/Pauly, Art. 5 DSGVO Rz. 28.
90 *Plath* in Plath, Art. 5 DSGVO Rz. 7.
91 *Plath* in Plath, Art. 6 DSGVO Rz. 130.
92 *Plath* in Plath, Art. 6 DSGVO Rz. 131.

19.75 Das Erfordernis der **Verhältnismäßigkeit** wird als zentraler Prüfungsmaßstab im Muster definiert. Auf diese Weise soll erreicht werden, dass bei jedem Datenverarbeitungsvorgang dessen Notwendigkeit und Rechtfertigung geprüft wird. Zwar ist die Verhältnismäßigkeit kein explizit normierter Grundsatz der Datenverarbeitung i.S.v. Art. 5 DSGVO; es lassen sich aber viele der dort genannten Grundsätze im Rahmen einer Prüfung der Verhältnismäßigkeit berücksichtigen.

a) Prüfung der Verhältnismäßigkeit (Ziff. 9.1)

19.76 Entsprechend des allgemeinen Aufbaus der Verhältnismäßigkeitsprüfung ist zunächst das Vorliegen eines legitimen Zwecks zu überprüfen. Fehlt es an einem solchen **legitimen Zweck** der Datenverarbeitung, so ist sie schon aus diesem Grund unzulässig.

19.77 Auf der zweiten Stufe ist die **Geeignetheit** zu überprüfen. Die Datenverarbeitung ist geeignet, wenn der legitime Zweck durch die Datenverarbeitung erreicht werden kann. Die Anforderungen bei der Geeignetheit sind nicht besonders hoch. Es geht vielmehr darum, die Plausibilität der vorgesehenen Datenverarbeitung zu hinterfragen. Wenn personenbezogene Daten abgefragt werden, die überhaupt nicht für den vorgesehenen Zweck benötigt werden, fehlt es bereits an der Geeignetheit der vorgesehenen Datenerhebung.

19.78 Oftmals scheitert die Prüfung der Verhältnismäßigkeit aber erst auf der nächsten Prüfungsstufe bei der **Erforderlichkeit**. Im Rahmen der Erforderlichkeit ist zu prüfen, ob es kein milderes, aber gleich geeignetes Mittel zur Zweckerfüllung gibt. Das Muster nennt als Beispiele angemessener Maßnahmen insbesondere die Möglichkeit der Datenverarbeitung ohne Personenbezug, etwa durch Nutzung aggregierter Daten oder anonymisierter Daten oder die Möglichkeit der Verwendung pseudonymisierter Daten. In der DSGVO wird dieser Aspekt insbesondere unter dem Grundsatz der Datenminimierung gem. Art. 5 Abs. 1 lit. c DSGVO behandelt.

19.79 Schließlich sind bei der Prüfung der **Angemessenheit**, auch als Verhältnismäßigkeit im engeren Sinne bezeichnet, die Interessen des Unternehmens gegenüber den Interessen der betroffenen Person abzuwägen. Das Gesetz verlangt in unterschiedlichen Abstufungen eine solche Interessenabwägung regelmäßig bei der Prüfung der Zulässigkeit der Datenverarbeitung.

b) Anhaltspunkte zur Prüfung der Erforderlichkeit (Ziff. 9.2)

19.80 Im Muster sind beispielhaft Maßnahmen aufgeführt, die bei der Prüfung der Erforderlichkeit berücksichtigt werden können. Auf diese Weise sollen Anhaltspunkte gegeben werden, wie die zuvor definierte Prüfung erfolgen kann.

c) Aspekte im Rahmen der Interessenabwägung (Ziff. 9.3)

19.81 Ähnlich wie bei der Prüfung der Erforderlichkeit nennt das Muster auch beispielhaft Aspekte, die bei der Interessenabwägung zu berücksichtigen sein können. Abhängig von den typischen Datenverarbeitungsvorgängen in einem Unternehmen können weitere Beispiele genannt werden.

d) Einbeziehung allgemeiner Grundsätze (Ziff. 9.4)

19.82 Das Muster integriert die Prüfung der sehr allgemein gehaltenen Grundsätze der Rechtmäßigkeit, der Verarbeitung nach Treu und Glauben sowie der Transparenz gem. Art. 5 Abs. 1 DSGVO in das Erfordernis der Verhältnismäßigkeit. Auf die Rechtmäßigkeit wird nicht erneut eingegangen, da dieses Kriterium bereits durch das Erfordernis eines legitimen Zwecks ausreichend abgedeckt sein dürfte. Das weitere Kriterium der Verarbeitung nach Treu und Glauben sowie das Transparenzgebot können dagegen nicht so eindeutig einer bestimmten Stufe der Verhältnismäßigkeit zugeordnet werden, weswegen diese Aspekte separat aufgeführt sind.

10. Datenminimierung (Ziff. 10)

M 19.1.10 Datenminimierung

10. Datenminimierung

10.1 Die Datenverarbeitung im Unternehmen ist so zu organisieren, dass so wenig personenbezogene Daten wie möglich verarbeitet werden. Wenn personenbezogene Daten nicht mehr benötigt werden, sollen diese gelöscht werden.

10.2 Bereits bei der Datenerhebung ist darauf zu achten, dass als Voreinstellung nur die zwingend benötigten Daten verlangt und alle weiteren Daten auf freiwilliger Basis erhoben werden. Voreinstellungen und Vorgaben für betroffene Personen sollen möglichst datenschutzfreundlich gestaltet sein.

10.3 Für die im Unternehmen gespeicherten Daten ist festzulegen, für welchen Zeitraum eine Aufbewahrung bzw. Speicherung zu erfolgen hat. Gesetzliche Aufbewahrungspflichten sind hierbei zu beachten. Nach Ablauf der Aufbewahrungsfrist bzw. Speicherdauer ist für eine Löschung der Daten zu sorgen, idealerweise durch ein automatisiertes Verfahren.

10.4 Im Rahmen der Datenverarbeitung ist immer zu überprüfen, ob es zur Erfüllung der vorgesehenen Zwecke ausreichend ist, personenbezogene Daten zu anonymisieren oder zu pseudonymisieren. Bei entsprechenden Maßnahmen ist darauf zu achten, dass bei den entsprechend bearbeiteten Daten für den Empfänger der Daten jedenfalls kein Personenbezug mehr hergestellt werden kann, zumindest nicht mit verhältnismäßigem Aufwand.

Unter dem einheitlichen Stichwort „Datenminimierung" deckt das Muster sämtliche Vorgaben gem. Art. 25 DSGVO ab. Angesprochen werden dabei die Grundsätze der Datenminimierung i.S.v. Art. 5 Abs. 1 lit. c DSGVO, außerdem der „Datenschutz durch Technikgestaltung" und die datenschutzfreundlichen Voreinstellungen i.S.v. Art. 25 DSGVO.

a) Grundsatz der Datenminimierung (Ziff. 10.1)

Der Grundsatz der **Datenminimierung** setzt typischerweise schon bei der Konzeption der Datenverarbeitungsvorgänge an. Es soll dafür Sorge getragen werden, dass die Vorgänge möglichst so gestaltet werden, dass so wenig personenbezogene Daten wie möglich verarbeitet werden. Die angemessene Konzeption der Datenverarbeitungsvorgänge unter Berücksichtigung des Grundsatzes der Datenvermeidung wird typischerweise unter dem Stichwort „**Privacy by Design**" (PbD) diskutiert[93]. Unter dem Stichwort „Datenschutz durch Technikgestaltung" ist dieser Aspekt mittlerweile ausdrücklich in Art. 25 Abs. 1 DSGVO geregelt[94].

b) Privacy by Default (Ziff. 10.2)

Zusätzlich zum „Datenschutz durch Technikgestaltung" werden auch **datenschutzfreundliche Voreinstellungen** gefordert, was unter das Stichwort „Privacy by Default" fällt[95]. Beide Anforderungen ergeben sich aus Art. 25 DSGVO. Von Bedeutung ist die Vorgabe für datenschutzfreundliche Voreinstellungen vor allem für öffentlich zugängliche Datenbanken, bei denen die Sichtbarkeit von Inhalten für die Nutzer differenziert festgelegt werden kann. Im Fokus der Regulierung standen zunächst soziale

---

93 *Schulz*, CR 2012, 204; *Buss*, CR 2020, 1.
94 *Martini* in Paal/Pauly, Art. 25 DSGVO Rz. 10.
95 *Conrad/Hausen* in Auer-Reinsdorff/Conrad, § 36 Rz. 210, § 36 Rz. 164 (2. Aufl.); *Plath* in Plath, Art. 25 DSGVO Rz. 16 ff.

Netzwerke[96]. Relevanz hat die Vorgabe aber auch für die zunehmende Anzahl an Self-Service-Portalen, mit denen Kunden ihre eigenen Angaben pflegen können; außerdem ist die Vorgabe für alle Angebote von Bedeutung, mit denen Nutzergewohnheiten in Erfahrung gebracht werden können, also etwa Internetseiten und Apps[97].

c) Aufbewahrungszeit (Ziff. 10.3)

19.87 Zur Datenminimierung gehört es auch, ursprünglich benötigte Daten zu löschen bzw. zu sperren, wenn die Notwendigkeit für eine weitere Aufbewahrung bzw. Speicherung entfällt. Die Vorgabe der Datenminimierung kann jedoch im Widerspruch stehen zu **gesetzlichen Aufbewahrungspflichten**, so dass hierauf im Muster ausdrücklich hingewiesen wird. Soweit keine Aufbewahrungspflichten bestehen, sollen personenbezogene Daten jedoch nach Ablauf der Aufbewahrungszeit bzw. Speicherdauer gelöscht werden.

19.88 Um sicherzustellen, dass die personenbezogenen Daten tatsächlich nach Ablauf der Aufbewahrungsfrist gelöscht werden, sind nach Möglichkeit technisch gestützte **Prüf- und Löschroutinen** vorzusehen. Ohne einen klar definierten Prozess besteht die Gefahr, dass Daten über die eigentlich vorgesehenen Aufbewahrungszeiten verfügbar bleiben, obwohl allen Beteiligten klar ist, dass die Daten eigentlich zu löschen sind.

d) Anonymisierung und Pseudonymisierung (Ziff. 10.4)

19.89 Auf die Möglichkeit einer anonymisierten und pseudonymisierten Verarbeitung von Daten wurde bereits im Rahmen der Verhältnismäßigkeitsprüfung hingewiesen (siehe Rz. 19.78). Auch bei Erläuterung der Datenminimierung erfolgt nochmals ein entsprechender Hinweis. Gleichzeitig wird definiert, unter welchen Voraussetzungen von einer ausreichenden Anonymisierung und Pseudonymisierung auszugehen ist.

19.90 Bei der **Anonymisierung** wird der Personenbezug so entfernt, dass auch für die verarbeitende Stelle eine Reanonymisierung, also ein Wiederherstellen des Personenbezugs, unter normalen Bedingungen unmöglich ist[98]. Im Gegensatz dazu bleibt bei der Pseudonymisierung ein Personenbezug regelmäßig bestehen, jedenfalls bei der verarbeitenden Stelle[99]. Wenn die pseudonymisierten Daten allerdings weitergegeben werden, sollte zumindest für den Empfänger kein Personenbezug mehr herstellbar sein. Das Muster berücksichtigt diesen Unterschied, indem im Hinblick auf den Personenbezug auf den Empfänger der anonymisierten bzw. pseudonymisierten Daten abgestellt wird.

19.91 Im Gegensatz zu dem Muster erwähnt die DSGVO nur die Pseudonymisierung, nicht aber die Anonymisierung[100]. Bereits im Rahmen der Definitionen wird mit Art. 4 Nr. 5 DSGVO ausschließlich auf die Pseudonymisierung eingegangen. Zu erklären ist dies mit der Tatsache, dass eine Verarbeitung von anonymisierten Daten überhaupt nicht in den Anwendungsbereich der DSGVO fällt und daher auch nicht geregelt werden muss. Im Interesse einer vollständigen Darstellung aller Möglichkeiten geht das Muster auf beide Aspekte entsprechend des bestehenden Zusammenhangs ein.

---

96 *Plath* in Plath, Art. 25 DSGVO Rz. 21 f.
97 *Spindler/Horváth* in Spindler/Schuster, Art. 25 DSGVO Rz. 10.
98 *Schreiber* in Plath, Art. 4 DSGVO Rz. 21 f.
99 *Ernst* in Paal/Pauly, Art. 4 DSGVO Rz. 40.
100 *Ernst* in Paal/Pauly, Art. 4 DSGVO Rz. 48.

11. Direkterhebung und Information des Betroffenen (Ziff. 11)

M 19.1.11 Direkterhebung und Information des Betroffenen

11. Direkterhebung und Information des Betroffenen

11.1 Personenbezogene Daten sollen aus Transparenzgründen nach Möglichkeit bei der betroffenen Person direkt erhoben werden. Eine Erhebung bei Dritten ist dann in Erwägung zu ziehen, wenn hierfür berechtigte Gründe vorliegen, etwa das Vorgehen im Interesse der betroffenen Person ist oder eine Direkterhebung nur mit unverhältnismäßigem Aufwand möglich wäre.

11.2 Die betroffene Person ist grundsätzlich darüber zu informieren, wenn personenbezogene Daten über sie verarbeitet werden. Im Rahmen der Information sind alle relevanten Details mitzuteilen, die für die betroffene Person und die Ausübung ihrer Betroffenenrechte von Bedeutung sind. Eine gesonderte Information kann unterbleiben, wenn ihr die Datenverarbeitung bekannt ist. Hiervon ist bspw. auszugehen, wenn eine Einwilligung der betroffenen Person eingeholt wurde und die betroffene Person in diesem Zusammenhang vorab informiert wurde.

a) Grundsatz der Direkterhebung (Ziff. 11.1)

Der **Grundsatz der Direkterhebung** war bisher gesetzlich in § 4 Abs. 2 Satz 1 BDSG a.F. normiert und wird als Ausfluss des Rechts auf informationelle Selbstbestimmung angesehen[101]. Der Grundsatz ist nicht ausdrücklich in die DSGVO übernommen worden[102]. Es ist allerdings davon auszugehen, dass in vielen Konstellationen die Anwendung der allgemeinen Grundsätze wie Treu und Glauben sowie Transparenz i.S.v. Art. 5 Abs. 1 DSGVO auch zu dem Ergebnis führt, dass eine Datenerhebung bei der betroffenen Person in der Regel zu favorisieren ist[103]. Vor diesem Hintergrund kann auch unter Geltung der DSGVO der Grundsatz der Direkterhebung als wesentliches datenschutzrechtliches Prinzip bezeichnet werden.

b) Information über die Datenverarbeitung (Ziff. 11.2)

Soweit eine Direkterhebung erfolgt, ist der betroffenen Person die Verarbeitung ihrer personenbezogenen Daten regelmäßig bekannt. Falls dagegen die Daten über die betroffene Person auf andere Weise erhoben werden, bedarf es genauerer Informationen, u.a. auch zur Herkunft der Daten. Abhängig von der Art der Erhebung ergeben sich die Informationspflichten aus Art. 13 DSGVO bzw. Art. 14 DSGVO, wobei die Informationspflichten hinsichtlich der grundlegenden Informationen identisch sind[104]. Im Vergleich beider Normen kommen außerhalb der Direkterhebung nur weitere Informationspflichten hinzu. Im Muster erfolgt keine Differenzierung abhängig von der Art der Datenerhebung. Es wird vielmehr abstrakt definiert, dass „alle relevanten Informationen" mitgeteilt werden sollen.

Besonders erwähnt werden im Muster die Informationen, die für die Ausübung der Betroffenenrechte von Bedeutung sind. Diese Gestaltung berücksichtigt die enge Verbindung zwischen Information und Auskunft. Während bei der Information zunächst nur über die Art der Daten zu informieren ist, sind bei der nachgelagerten Auskunft die konkreten Daten zu übermitteln[105]. Vor dem Hintergrund dieser Verbindung ist beispielsweise auch die neue Pflicht zur Angabe der Kontaktdaten des Datenschutzbeauftragten zu sehen, da dieser als Anlaufstelle der betroffenen Person zur Ausübung ihrer Betroffenenrechte anzusehen ist.

---

101 *Wolff* in BeckOK DatenschutzR, Syst. A. Rz. 80; *Iraschko-Luscher*, DuD 2006, 706.
102 *Ziegenhorn/v. Heckel*, NVwZ 2016, 1585 (1588).
103 *Schantz* in BeckOK DatenschutzR, Art. 5 DSGVO Rz. 9.
104 *Kamlah* in Plath, Art. 13 DSGVO Rz. 2.
105 *Kamlah* in Plath, Art. 13 DSGVO Rz. 5.

19.96 Grundsätzlich sind die Informationspflichten mit Einführung der DSGVO erheblich ausgeweitet worden, es bestehen aber auch weiterhin Ausnahmeregelungen[106]. Eine besondere Information ist gem. Art. 13 Abs. 4 DSGVO dann entbehrlich, wenn die betroffene Person bereits über die Informationen verfügt. In einem solchen Fall, der vor allem bei einer Datenverarbeitung auf Basis einer Einwilligung mit entsprechenden Informationen denkbar ist, würde eine (erneute) Information keinen relevanten Mehrwert für die betroffene Person bieten. Das Beispiel der Datenverarbeitung auf Basis einer Einwilligung ist zur Verdeutlichung im Muster ausdrücklich genannt.

12. Datenqualität (Ziff. 12)

19.97 **M 19.1.12 Datenqualität**

12. Datenqualität

12.1 Alle Mitarbeiter haben darauf zu achten, dass personenbezogene Daten richtig sind und auf dem neuesten Stand gehalten werden.

12.2 Unzutreffende oder unvollständige Daten sollen berichtigt oder gelöscht werden. Soweit eine betroffene Person die Berichtigung bzw. die Vervollständigung verlangt, ist ihrem berechtigten Verlangen unverzüglich zu entsprechen.

19.98 Betroffene Personen haben gem. Art. 16 DSGVO einen Berichtigungsanspruch bei unzutreffenden Daten, der in dem Muster berücksichtigt ist.

a) Richtigkeit und Aktualität von Daten (Ziff. 12.1)

19.99 Der Anspruch auf Berichtigung der Daten einer betroffenen Person ist nicht nur im Zusammenhang mit den Auskunfts- und Korrekturrechten zu sehen, die diese schützen sollen. Unabhängig hiervon hat auch das Unternehmen ein Interesse an einem **richtigen und vollständigen Datenbestand**. Die Anforderungen an die Datenqualität und die Anweisung an die Mitarbeiter zur Berichtigung oder Löschung unzutreffender oder unvollständiger Daten haben nicht primär einen datenschutzrechtlichen Hintergrund, aber zumindest eine datenschutzrechtliche Komponente. Auch außerhalb der Betroffenenrechte verlangt Art. 5 Abs. 1 lit. d DSGVO ausdrücklich, dass personenbezogene Daten sachlich richtig und auf dem neuesten Stand sein müssen[107].

b) Berichtigung von Daten (Ziff. 12.2)

19.100 Durch die Vorgabe in dem Muster wird verhindert, dass unzutreffende oder unvollständige Daten über eine betroffene Person weiter gespeichert oder verbreitet werden, wodurch die Rechte der betroffenen Person beeinträchtigt würden. Dem Muster ist dabei zu entnehmen, dass eine Korrektur unabhängig von der Geltendmachung eines Berichtigungsanspruchs durch die betroffene Person erfolgen soll.

19.101 Soweit eine betroffene Person ihr Recht auf Berichtigung geltend macht, hat die Berichtigung unverzüglich zu erfolgen. Mit dieser Regelung wird die zeitliche Vorgabe gem. Art. 16 DSGVO umgesetzt, wobei mit „unverzüglich" keine sofortige Berichtigung gemeint ist, sondern innerhalb angemessener Frist[108]. Der Verantwortliche muss insbesondere die Gelegenheit haben, ein Verlangen der betroffenen Person auf Richtigkeit zu prüfen; dieser Aspekt wird durch das Erfordernis eines berechtigten Verlangens berücksichtigt.

---

106 *Schmidt-Wudy* in BeckOK DatenschutzR, Art. 13 DSGVO Rz. 3.
107 *Roßnagel* in Simitis/Hornung/Spiecker, Art. 5 DSGVO Rz. 139.
108 *Kamlah* in Plath, Art. 16 DSGVO Rz. 9.

13. Datensicherheit (Ziff. 13)

M 19.1.13 Datensicherheit

19.102

13. Datensicherheit

13.1 Für das Unternehmen ist von großer Bedeutung, dass die Sicherheit der Daten jederzeit gewährleistet ist. Vor diesem Hintergrund sind die Daten u.a. ausreichend gegen Verlust, gegen unbefugten Zugriff und vor anderen Gefahren zu schützen.

13.2 Es ist daher dafür zu sorgen, dass angemessene Maßnahmen getroffen werden, um personenbezogene Daten zu schützen. Der Schutz hat durch technische und organisatorische Maßnahmen zu erfolgen.

13.3 Für die einzelnen Vorgänge der Datenverarbeitung sind die konkreten Schutzmaßnahmen zu dokumentieren und regelmäßig auf ihre Angemessenheit zu überprüfen.

13.4 Die IT-Abteilung kann weitergehende Vorgaben im Interesse der Datensicherheit erlassen, insbesondere in Bezug auf die Nutzung von IT-Systemen im Unternehmen.

Datensicherheit und Datenschutz hängen zwar zusammen, sind aber eigenständige Regelungsbereiche und haben eigene Zielrichtungen[109]. Bei der Datensicherheit wird traditionell der Schwerpunkt auf die **Verfügbarkeit**, **Authentizität** und **Integrität** von Daten gelegt[110].

19.103

a) Zweck der Datensicherheit und Umsetzung (Ziff. 13.1 und 13.2)

Vorkehrungen zur Datensicherheit sind zugleich Voraussetzung für die Akzeptanz der Datenverarbeitung, da auch hierdurch sichergestellt wird, dass die Interessen und Rechte der Betroffenen nicht über Gebühr beeinträchtigt werden. Die Datensicherheit wird durch **technische und organisatorische Maßnahmen** gewährleistet. Anknüpfungspunkt in datenschutzrechtlicher Hinsicht sind insoweit die Vorgaben zur Sicherheit der Verarbeitung gem. Art. 32 DSGVO.

19.104

b) Dokumentation und ergänzende Regelungen (Ziff. 13.3 und 13.4)

Mögliche Risiken in Bezug auf Datenschutz und Datensicherheit können nur dann schnell erkannt werden, wenn die Schutzmaßnahmen ausreichend dokumentiert sind. Das Muster sieht insoweit vor, dass die konkreten Schutzmaßnahmen dokumentiert werden sollen. Im Hinblick auf die Angemessenheit von Schutzmaßnahmen ist dabei zu beachten, dass sich die Bewertung durch geänderte Rahmenbedingungen schnell ändern kann. Der Verweis auf die regelmäßige Überprüfung zielt auf diesen Punkt ab und greift insoweit den in Art. 32 Abs. 1 lit. d DSGVO normierten Aspekt der „regelmäßigen Überprüfung, Bewertung und Evaluierung" auf[111]. Für konkrete Vorgaben zur Gewährleistung der Datensicherheit verweist das Muster auf andere Richtlinien, wobei die Regelungskompetenz auf die IT-Abteilung übertragen wird. Es ist auch denkbar, die Vorgaben zum Datenschutz und zur Datensicherheit in einer Richtlinie zu kombinieren.

19.105

---

109 *Martini* in Paal/Pauly, Art. 32 DSGVO Rz. 1b.
110 *Kramer/Meints* in Hoeren/Sieber/Holznagel, Teil 16.5 Rz. 3; ausf. dazu *Schmidt/Pruß* in Auer-Reinsdorff/Conrad, § 2 Rz. 245 ff.
111 *Hansen* in Simitis/Hornung/Spiecker, Art. 32 DSGVO Rz. 53.

14. Werbemaßnahmen (Ziff. 14)

19.106 **M 19.1.14 Werbemaßnahmen**

14. Werbemaßnahmen

14.1 Im Vorfeld eines Vertrags ist es während der Phase der Vertragsanbahnung zulässig, Daten zur Erstellung von Angeboten, zur Vorbereitung von Vertragsunterlagen und zur Erfüllung sonstiger auf einen Vertragsabschluss gerichteter Wünsche zu verarbeiten.

14.2 Soweit potentielle Kunden eine Einwilligung erteilt haben, können sie auch unter Verwendung der Daten, die sie mitgeteilt haben, kontaktiert werden. Etwaige Einschränkungen des potentiellen Kunden sind hierbei zu beachten.

14.3 Für die Kommunikation während eines laufenden Vertragsverhältnisses mit einem Kunden ist dessen Einwilligung zur Datenverarbeitung nicht erforderlich, soweit die Datenverarbeitung zur Erfüllung der vertraglichen Verpflichtungen erforderlich ist. Soll der Kunde während eines laufenden Vertragsverhältnisses zu Werbezwecken kontaktiert werden, so soll vorher eine entsprechende Einwilligung des Kunden eingeholt werden, idealerweise bei Abschluss des Vertrags.

19.107 Personenbezogene Daten werden in vielen Unternehmen insbesondere bei **Werbe- und Marketingmaßnahmen** verwendet. In dem Muster ist die Nutzung personenbezogener Daten zu diesen Zwecken daher unter den speziellen Formen der Datenverarbeitung ausführlicher geregelt, allerdings beschränkt auf datenschutzrechtliche Aspekte. Die besonderen wettbewerbsrechtlichen Anforderungen, die sich aus § 7 UWG ergeben, werden dagegen nicht weiter erläutert[112]. Genaue Ausführungen zur wettbewerbsrechtlichen Wertung finden sich im Kapitel über den Adressenkauf- und -überlassungsvertrag (Rz. 14.11).

a) Datenverarbeitung im Rahmen der Vertragsanbahnung (Ziff. 14.1)

19.108 Bei der Vertragsanbahnung besteht üblicherweise ein rechtsgeschäftsähnliches Schuldverhältnis, in dessen Rahmen bereits eine Datenverarbeitung notwendig und zulässig ist. Im Muster wird beispielhaft darauf hingewiesen, dass bereits die Übermittlung eines Angebotes nicht möglich wäre, wenn es an einer Rechtsgrundlage für die Datenverarbeitung zu diesem Zeitpunkt fehlen würde. Die Regelung gem. Art. 6 Abs. 1 lit. b DSGVO erstreckt sich folgerichtig auch auf vorvertragliche Maßnahmen, beschränkt dies aber auf Anfragen der betroffenen Person, wobei die entsprechende Regelung weit auszulegen ist[113].

b) Kontaktaufnahme mit Einwilligung (Ziff. 14.2)

19.109 Wenn eine Einwilligung der betroffenen Person vorliegt, ist die Datenverarbeitung in dem Umfang zulässig, wie sie von der Einwilligung umfasst ist[114]. Das Muster stellt insoweit nur klar, dass etwaige Einschränkungen der betroffenen Person zu beachten sind. Die betroffene Person hat die Möglichkeit, ihre Einwilligung insgesamt zu widerrufen; sie darf aber auch die Reichweite ihrer Einwilligung beliebig beschränken. Die Regelung ist aber nicht in dem Sinne zu verstehen, dass eine Kontaktaufnahme grundsätzlich nur dann zulässig ist, wenn eine Einwilligung der betroffenen Person vorliegt, weil dies über die gesetzgeberische Wertung von § 7 UWG hinausgehen würde. Denkbar ist – wenn auch in engen Grenzen – auch die Ansprache von Personen, mit denen bisher noch keine Kundenbeziehung besteht oder die Ansprache von Bestandskunden unabhängig von dem Vorliegen einer Einwilligung.

---

112 *Ohly* in Ohly/Sosnitza, § 7 UWG Rz. 1.
113 *Plath* in Plath, Art. 6 DSGVO Rz. 12.
114 Zur Gestaltung von Werbeeinwilligungen vgl. insb. die Muster für Werbe-Einwilligungserklärungen, M 45.1 (Offline), Teil 7, Rz. 45.2 und M 45.2 (Online), Teil 7, Rz. 45.13.

c) Kontaktaufnahme während des laufenden Vertragsverhältnisses (Ziff. 14.3)

Mit Abschluss des Vertrags ist die Phase der Vertragsanbahnung abgeschlossen. Die weitergehende Verwendung der im Rahmen der Vertragsanbahnung erlangten Daten muss daher genau geprüft werden. Es sind insoweit datenschutzrechtliche und werberechtliche Vorgaben zu beachten, die sich teilweise ergänzen. Durch § 7 Abs. 3 UWG ist es einem Unternehmen bspw. gestattet, im Rahmen einer Vertragsabwicklung erlangte Daten auch für die Direktwerbung für eigene ähnliche Waren oder Dienstleistungen zu verwenden.   19.110

Die sicherste Variante ist es jedoch, im Rahmen des Vertragsabschlusses zugleich die Einwilligung der betroffenen Person für zukünftige Werbemaßnahmen einzuholen. Bei einer solchen Koppelung ist nur zu beachten, dass die Einwilligung weiterhin freiwillig erteilt wird, also bspw. die Einwilligung nicht zwingende Voraussetzung für den Vertragsabschluss ist. Es kann im Einzelfall bspw. bedenklich sein, wenn eine Ware nur bestellt werden kann, wenn der Kunde gleichzeitig zwingend die Einwilligung in den Erhalt weiterer Werbung erteilen muss[115]. In diesem Zusammenhang ist insbesondere die Regelung gem. Art. 7 Abs. 4 DSGVO zur Kopplung der Einwilligung mit weiteren Erklärungen zu beachten. Danach kann die erteilte Einwilligung nicht mehr als freiwillig angesehen werden, wenn die betroffene Person keinen Zugang zu gleichwertigen vertraglichen Leistungen ohne Erklärung der Einwilligung hat[116]. Teilweise wird dazu auch vertreten, eine Kopplung sei bereits dann unzulässig, wenn verpflichtend eine Einwilligung verlangt wird, die für die Vertragserfüllung nicht erforderlich ist[117]. Unabhängig hiervon macht die zwangsweise Koppelung auch deshalb wenig Sinn, weil ohnehin nicht verhindert werden kann, dass die betroffene Person nach der Bestellung die (zwangsweise) erteilte Einwilligung direkt widerruft. Die Einwilligung ist gem. Art. 7 Abs. 3 DSGVO jederzeit frei widerruflich, ohne dass diese Möglichkeit ausgeschlossen werden könnte[118]. Die Möglichkeit gem. § 7 Abs. 3 UWG, gegenüber Bestandskunden unter bestimmten Voraussetzungen auch ohne ausdrückliche Einwilligung Werbung zu übermitteln, wird im Muster nicht erwähnt[119]. Eine Beschränkung dieser Möglichkeit durch das Muster ist dadurch aber nicht vorgesehen, weil die Regelung im Muster bewusst als Soll-Vorschrift ausgestaltet ist. Soweit deutlicher auf die Ausnahmevorschrift gem. § 7 Abs. 3 UWG hingewiesen werden soll, kann der Text im Muster wie folgt ergänzt werden: „Soweit eine Kontaktaufnahme zu Werbezwecken per E-Mail ohne ausdrückliche Einwilligung des Kunden erfolgt, sind die hierfür geltenden rechtlichen Vorgaben zu beachten; der Kunde muss insbesondere in der Vergangenheit schon vergleichbare Produkte gekauft haben, er darf dem Erhalt von Werbung nicht widersprochen haben und er muss auf die Möglichkeit zur Abmeldung hingewiesen werden".   19.111

15. Erstellung von Nutzerprofilen (Ziff. 15)

M 19.1.15 Erstellung von Nutzerprofilen   19.112

15. Erstellung von Nutzerprofilen

15.1 Nutzerprofile mit Personenbezug dürfen nur mit Einwilligung der betroffenen Person oder bei Vorliegen einer gesetzlichen Ermächtigungsgrundlage erstellt werden. Andernfalls ist durch organisatorische und technische Maßnahmen sicherzustellen, dass Nutzerprofile nur ohne Personenbezug erstellt werden.

15.2 Ohne Einwilligung der betroffenen Person und ohne eine besondere Ermächtigungsgrundlage bleiben statistische Auswertungen und Untersuchungen auf Basis anonymisierter Daten möglich. Für die Er-

---

115 *Kühling/Martini*, EuZW 2016, 448 (451).

116 *Plath* in Plath, Art. 7 DSGVO Rz. 19 f.; *Ernst* in Paal/Pauly, Art. 4 DSGVO Rz. 73.

117 *Albrecht*, CR 2016, 88 (91) und *Gierschmann*, ZD 2016, 51 (54), zitiert nach *Plath* in Plath, Art. 7 DSGVO Rz. 20.

118 *Frenzel* in Paal/Pauly, Art. 7 DSGVO Rz. 16.

119 *Ohly* in Ohly/Sosnitza, § 7 UWG Rz. 72.

stellung von pseudonymisierten Nutzerprofilen genügt eine Information der betroffenen Person und die Einräumung einer Widerspruchsmöglichkeit in der Regel nicht, selbst wenn eine Zusammenführung mit anderen Kundendaten nicht vorgesehen ist.

19.113 **Nutzerprofile** können insbesondere im Online-Bereich erzeugt werden, bspw. bezüglich der Nutzung von Internetseiten und Online-Shops. Die gesetzlichen Vorgaben in § 15 TMG haben durch die Rechtsprechung im Kontext der Nutzung von Cookies weitgehend an Bedeutung verloren[120]. Der Wortlaut von § 15 TMG sieht eigentlich ein Widerspruchsrecht im Sinne eines Opt-Out vor, ist aber europarechtskonform so zu interpretieren, dass Online-Nutzerprofile unter Nutzung von Cookies nur mit ausdrücklicher Zustimmung der betroffenen Person erstellt werden dürfen.

19.114 Nutzerprofile können aber auch außerhalb des Bereichs der Nutzung von Telemedien erstellt werden, bspw. über das Kaufverhalten von Kunden. Hierzu benötigt das Unternehmen jedoch eine Möglichkeit zur Identifizierung einzelner Kunden, bspw. durch Kunden- oder Rabattkarten. Da derartige Karten typischerweise personalisiert ausgegeben werden, ist eine Einwilligung des Betroffenen nach der Regelung im Muster erforderlich.

19.115 Die Erstellung und Verwendung von Nutzerprofilen ist ein Fall des **Profiling** i.S.v. Art. 4 Nr. 4 DSGVO, da eine systematische Erfassung von Daten mit dem Ziel erfolgt, u.a. persönliche Präferenzen des Kunden zu erkennen. Besondere rechtliche Anforderungen bestehen für das Profiling gem. Art. 22 DSGVO nur dann, wenn eine automatisierte Entscheidung im Einzelfall erfolgt, nicht aber bereits bei einer Vorselektion bestimmter Kundengruppen auf der Basis von Nutzerprofilen[121].

a) Nutzerprofile mit Personenbezug (Ziff. 15.1)

19.116 Personalisierte Nutzungsprofile dürfen in jedem Fall mit Einwilligung der betroffenen Person erstellt werden[122]. Das Muster sieht daher die Einholung der Einwilligung als Regelfall vor und definiert nachfolgend nur die Ausnahmen, bei denen eine Profilerstellung im Einzelfall ohne Einwilligung möglich sein kann.

b) Pseudonymisierte Profile (Ziff. 15.2)

19.117 Soweit Nutzerprofile unter Verwendung von Pseudonymen erstellt und ausgewertet werden, ist im Rahmen einer Interessenabwägung zu entscheiden, ob das Vorgehen auf die Wahrnehmung berechtigter Interessen i.S.v. Art. 6 Abs. 1 lit. f DSGVO gestützt werden kann. Standardmäßig gibt das Muster insoweit vor, dass eine Widerspruchslösung im Zweifelsfall nicht ausreichend ist, sondern eine aktive Einwilligung wie bei Profilen mit Personenbezug beschafft werden soll. Soweit eine Profilbildung ohne jeglichen Personenbezug erfolgt, also nur anonymisierte Nutzerprofile ausgewertet werden, bedarf es nicht einmal einer Widerspruchsmöglichkeit der betroffenen Person.

---

120 EuGH v. 1.10.2019 – C-673/17, GRUR 2019, 1198; BGH v. 28.5.2020 – I ZR 7/16, GRUR-RS 2020, 14332; dazu *Engeler/Marosi*, CR 2019, 707.
121 *Kamlah* in Plath, Art. 22 DSGVO Rz. 1 ff.
122 *Schmitz*, ZRP 2017, 172 (174); *Conrad* in Auer-Reinsdorff/Conrad, § 34 Rz. 728 ff.

16. Verarbeitung besonderer Arten von Daten (Ziff. 16)

M 19.1.16 Verarbeitung besonderer Arten von Daten 19.118

16. Verarbeitung besonderer Arten von Daten

16.1 Bei der Verarbeitung von personenbezogenen Daten ist zu berücksichtigen, dass sensible Daten und Daten über besonders schützenswerte betroffene Personen nur bei Vorliegen von zusätzlichen Voraussetzungen und/oder bei Einhaltung besonderer Schutzmaßnahmen verarbeitet werden dürfen.

16.2 Ein besonderer Schutz besteht für Daten über die rassische und ethnische Herkunft, politische Meinungen, religiöse oder weltanschauliche Überzeugungen und die Gewerkschaftszugehörigkeit sowie für genetische Daten, biometrische Daten, Gesundheitsdaten, Daten zum Sexualleben und zur sexuellen Orientierung. Für die Verarbeitung der vorgenannten Kategorien von Daten bedarf es einer gesonderten Rechtfertigung, außerdem sind geeignete Sicherheitsvorkehrungen zu implementieren und zu dokumentieren.

16.3 Finanz- und Kreditinformationen über Mitarbeiter und Kunden sind ebenfalls als sensible Daten anzusehen und sollten den gleichen Schutz genießen. Die vorstehenden Regelungen sollen daher entsprechend für derartige Daten gelten.

16.4 Als besonders schutzbedürftig gelten weiter Daten über strafrechtliche Verurteilungen und Straftaten. Soweit derartige Daten im Unternehmen verarbeitet werden sollen, bedarf dies der vorherigen Prüfung und Freigabe durch den Datenschutzbeauftragten.

16.5 Zusätzlich ist zu beachten, dass auch Minderjährige im Hinblick auf sämtliche personenbezogene Daten besonders schutzbedürftig sind. Maßnahmen zur Datenverarbeitung dürfen sich daher ohne vorherige Prüfung und Freigabe durch den Datenschutzbeauftragten nicht gezielt an Minderjährige richten.

Das Muster fasst zahlreiche Gestaltungen in einer zentralen Vorschrift zusammen, bei denen besondere Anforderungen im Hinblick auf die Datenverarbeitung bestehen. Diese besonderen Anforderungen können sich aus der Kategorie der verarbeiteten Daten oder dem Kreis der betroffenen Personen ergeben. Konkret deckt die Regelung die Verarbeitung besonderer Kategorien personenbezogener Daten i.S.v. Art. 9 Abs. 1 DSGVO, die Verarbeitung von personenbezogenen Daten über strafrechtliche Verurteilungen und Straftaten gem. Art. 10 DSGVO sowie den Schutz von Minderjährigen ab, der sich u.a. aus Art. 8 DSGVO ableitet. Das Muster dehnt die besonderen Schutzmaßnahmen außerdem auf Finanzdaten aus. 19.119

a) Umgang mit besonderen Arten von Daten (Ziff. 16.1)

Das Muster erläutert zunächst abstrakt, dass es im Hinblick auf bestimmte Kategorien von personenbezogenen Daten und bezogen auf bestimmte Gruppen von betroffenen Personen **besondere Anforderungen** geben kann. Auch außerhalb der nachfolgend aufgeführten Konstellationen ist auf Basis des risikobasierten Ansatzes immer zu prüfen, welche Schutzmaßnahmen im konkreten Fall erforderlich und angemessen sind[123]. 19.120

b) Kategorien besonderer Arten von Daten (Ziff. 16.2)

Das Muster übernimmt die Aufzählung der **besonderen Kategorien personenbezogener Daten** gem. Art. 9 Abs. 1 DSGVO. Auf eine genaue Darstellung der zusätzlichen Anforderungen bei der Datenverarbeitung wird dagegen verzichtet. Soweit in einem Unternehmen im größeren Umfang mit derartigen Daten umgegangen wird, empfehlen sich hierzu ggf. weitere Regelungen. Dies gilt bspw. für Pharmaunternehmen oder Versicherungskonzerne. 19.121

---

123 *Schantz* in BeckOK DatenschutzR, Art. 5 DSGVO Rz. 36.

19.122 Für Versicherungsunternehmen kann es bspw. notwendig sein, auch Gesundheitsdaten an Rückversicherer oder andere Konzernunternehmen zu übermitteln, um überhaupt eine Versicherung anbieten oder einen Versicherungsfall abwickeln zu können[124]. Pharmaunternehmen sind schon aufgrund der gesetzlichen Vorgaben zur Arzneimittelüberwachung verpflichtet, den Einsatz ihrer Medikamente im Hinblick auf Nebenwirkungen und sonstige Wirkungen zu überwachen, wozu sie auch Daten mit anderen Einrichtungen austauschen müssen[125]. Aufgrund des erhöhten Schutzniveaus bei besonderen Arten personenbezogener Daten muss die Einhaltung aller datenschutzrechtlichen Bestimmungen sorgsam beachtet werden. Die Versicherungsunternehmen bedienen sich insoweit abgestimmter Einwilligungserklärungen, die von den Aufsichtsbehörden geprüft wurden[126]. Insbesondere für die Verarbeitung von Gesundheitsdaten hat der nationale Gesetzgeber erkannt, dass es zusätzlicher Regelungen bedarf und hat insoweit mit der Regelung gem. § 22 BDSG von den in Art. 9 Abs. 2 DSGVO vorgesehen Öffnungsklauseln Gebrauch gemacht[127].

c) Schutz von Finanz- und Kreditinformationen (Ziff. 16.3)

19.123 Der Katalog der besonderen Kategorien personenbezogener Daten wurde gegenüber den Vorläuferregelungen weitgehend unverändert gelassen. Es ist insbesondere weiterhin nicht berücksichtigt, dass vor allem **Finanzdaten** besonders schutzbedürftig sind[128]. Diesen Aspekt greift das Muster auf und stellt die Finanzdaten im Ergebnis weitgehend besonderen Kategorien personenbezogener Daten i.S.v. Art. 9 Abs. 1 DSGVO gleich. Eine gewisse Abschwächung ist nur dadurch vorgesehen, dass sprachlich eine Soll-Vorschrift eingeführt wird.

d) Daten über strafrechtliche Verurteilungen und Straftaten (Ziff. 16.4)

19.124 Besondere Regelungen bestehen gem. Art. 10 DSGVO außerdem für Daten über **strafrechtliche Verurteilungen und Straftaten**, wobei hierfür anders als für die besonderen Kategorien personenbezogener Daten kein grundsätzliches Verarbeitungsverbot besteht. Wie die vorgesehene Verarbeitung unter behördlicher Aufsicht erfolgen soll, wird durch Art. 10 DSGVO nicht näher ausgeführt.

19.125 Im Regelfall wird die Anzahl der Verfahren, bei denen ein Unternehmen entsprechende Daten verarbeitet, überschaubar sein. Eine Datenverarbeitung ist aber bspw. denkbar im Hinblick auf die Überprüfung von Mitarbeitern oder Kunden auf Vorstrafen. Für derartige Fälle sieht das Muster vor, dass praktisch eine Art Vorabkontrolle durch den Datenschutzbeauftragten erfolgen soll.

e) Minderjährigenschutz (Ziff. 16.5)

19.126 Der **Schutz von Minderjährigen** ist ausweislich der Erwägungsgründe ein wesentliches Ziel der DSGVO[129]. Eine ausdrückliche Regelung findet sich aber nur in Art. 8 DSGVO, die sich ausschließlich mit der Einholung der Einwilligung bei betroffenen Personen befasst, die minderjährig sind.

19.127 Das Muster weitet entsprechend der Intention der DSGVO den Schutz der Minderjährigen auf alle Formen der Datenverarbeitung aus und untersagt standardmäßig eine Datenverarbeitung, die sich gezielt an Minderjährige richtet. Eine Differenzierung zwischen Kindern und sonstigen Minderjährigen erfolgt dabei bewusst nicht. Abhängig von dem Kundenkreis des Unternehmens ist diese Vorgabe ggf. entsprechend aufzuweichen. Zur Abdeckung der besonderen Schutzerfordernisse wird auch hier das Konzept der Vorabkontrolle durch den Datenschutzbeauftragten gewählt.

---

124 *Jacobsen*, ZfV 2010, 761.
125 *Graf von Kielmansegg*, DÖV 2009, 522.
126 *Günther/Krohm* in Bürkle, § 14 Rz. 8, 103.
127 *Werry/Knoblich*, MPR 2017, 1 (11) zu den Auswirkungen der DSGVO bei der Verarbeitung von Gesundheitsdaten.
128 *Schantz* in BeckOK DatenschutzR, Art. 5 DSGVO Rz. 36.
129 Erwägungsgründe 38 und 58 DSGVO.

17. Auftragsverarbeitung (Ziff. 17)

M 19.1.17 Auftragsverarbeitung

19.128

17. Auftragsverarbeitung

17.1 Wenn Dienstleister des Unternehmens in dessen Auftrag personenbezogene Daten verarbeiten, ist zu beachten, dass die gleichen Sorgfaltsanforderungen wie beim Unternehmen auch für den Dienstleister gelten.

17.2 Der Dienstleister wird im Auftrag und auch unter der Verantwortung des Unternehmens tätig. Trotz der Durchführung der Datenverarbeitung durch den Dienstleister bleibt das Unternehmen der Verantwortliche, so dass der Dienstleister sorgfältig auszuwählen ist.

17.3 Spätestens mit Beginn der Tätigkeit für das Unternehmen ist dafür Sorge zu tragen, dass mit dem Dienstleister eine gesonderte Vereinbarung zur Auftragsverarbeitung vereinbart wird und danach eine regelmäßige Kontrolle der Einhaltung der Pflichten aus der Vereinbarung zur Auftragsverarbeitung erfolgt. Abweichungen von der Standardvereinbarung zur Auftragsverarbeitung des Unternehmens sind mit dem Datenschutzbeauftragten abzustimmen.

Im Rahmen der arbeitsteiligen Aufgabenerledigung ist es üblich, dass Unternehmen die Erledigung bestimmter Aufgaben an Dienstleister auslagern. Diese werden oftmals den Zugriff auf personenbezogene Daten des Unternehmens benötigen, damit sie die ihnen übertragenen Aufgaben erledigen können.

19.129

Erfolgt eine eigenverantwortliche Datenverarbeitung durch den Dienstleister zur Erfüllung seiner Aufgaben, liegt ein Fall der **Funktionsübertragung** bzw. **Aufgabenverlagerung** vor[130]. Der Dienstleister ist für die Datenverarbeitung in seinem Bereich verantwortlich und das beauftragende Unternehmen muss sicherstellen, dass dem Dienstleister die personenbezogenen Daten zur eigenverantwortlichen Datenverarbeitung übertragen werden dürfen. Positiven Einfluss auf die Zulässigkeit kann dabei auch im Fall der eigenverantwortlichen Übertragung der Datenverarbeitung eine **Datenschutzvereinbarung** mit dem Dienstleister haben[131]. Ein Fall der Auftragsverarbeitung liegt dann nicht vor[132].

19.130

Ebenfalls außerhalb des Anwendungsbereichs der Auftragsverarbeitung liegt die gemeinsame Datenverarbeitung durch zwei oder mehrere Verantwortliche i.S.v. Art. 26 DSGVO, die im Innenverhältnis ihre Zuständigkeiten aufteilen[133]. Das Muster erwähnt allerdings aufgrund der größeren praktischen Relevanz nur die Beauftragung eines Dienstleisters als Auftragsverarbeiter[134].

19.131

Ein Fall der **Auftragsverarbeitung** i.S.v. Art. 28 DSGVO ist gegeben, wenn zwar die Datenverarbeitung durch den Dienstleister erfolgt, dieser aber im Auftrag, nach Weisung und unter der Verantwortung des beauftragenden Unternehmens (Auftraggeber) tätig wird. Verantwortlicher bleibt dann der Auftraggeber; rechtlich liegt kein Fall der Datenübermittlung vor, weil die Datenverarbeitung durch den Dienstleister für den Auftraggeber erfolgt[135]. Aus Sicht des Unternehmens ist damit die Auftragsverarbeitung ein privilegierter Vorgang der Datenverarbeitung[136]. Im Gegenzug muss das Unternehmen jedoch dafür sorgen, dass alle gesetzlichen Vorgaben zur Auftragsverarbeitung gem. Art. 28 DSGVO eingehalten werden.

19.132

---

130 *Martini* in Paal/Pauly, Art. 28 DSGVO Rz. 7.
131 Siehe hierzu das Muster M 33.1 in Teil 6, Rz. 33.8.
132 *Scheja/Haag* in Leupold/Glossner, Teil 5 Rz. 266 zur Abgrenzung.
133 Zu einer Vereinbarung zwischen gemeinsam Verantwortlichen vgl. das Muster M 5.1 in Teil 1, Rz. 5.33; siehe auch *Plath* in Plath, Art. 26 DSGVO Rz. 10 und ausführlicher *Monreal*, CR 2019, 797.
134 *Kremer*, CR 2019, 225 zur praktischen Relevanz der gemeinsamen Verantwortlichkeit.
135 *Martini* in Paal/Pauly, Art. 28 DSGVO Rz. 8.
136 *Spoerr* in BeckOK DatenschutzR, Art. 28 DSGVO Rz. 30; *Eckhardt*, CCZ 2017, 111 (113).

a) Sorgfaltsanforderungen bei Auftragsverarbeitung (Ziff. 17.1)

19.133 Im Muster wird auf eine Klarstellung verzichtet, dass die Auftragsverarbeitung grundsätzlich möglich und zulässig ist, weil dies als selbstverständliche Notwendigkeit angesehen wird. Stattdessen erfolgt eine Klarstellung, dass die Nutzung der Auftragsverarbeitung nicht zur Absenkung des Datenschutzniveaus führen darf, weswegen im Ergebnis auch die Auftragsverarbeiter die gleiche Sorgfalt an den Tag legen und sich idealerweise ebenfalls den Regelungen der Unternehmensrichtlinie unterwerfen müssen.

b) Verantwortlichkeit (Ziff. 17.2)

19.134 Die Regelung des Musters verweist auf die rechtlichen Konsequenzen der Auftragsverarbeitung, und zwar die Verantwortung des Unternehmens für die auf den Auftragsverarbeiter übertragenen Aktivitäten. Der Hinweis auf die Notwendigkeit einer **sorgfältigen Auswahl** greift die Regelung gem. Art. 28 Abs. 1 DSGVO auf.

c) Voraussetzungen für die Auftragsverarbeitung (Ziff. 17.3)

19.135 Während die sorgfältige Auswahl des Dienstleisters zeitlich vor der Beauftragung liegt, genügt der Abschluss einer Vereinbarung zur Auftragsverarbeitung bis zum Beginn der Tätigkeit des Dienstleisters. Nachdem durch Art. 28 Abs. 9 DSGVO das bisherige starre Schriftformerfordernis entfallen ist, schreibt das Muster keine besondere **Form** für die Vereinbarung zur Auftragsverarbeitung vor. Auf diese Weise ist es insbesondere möglich, die Vereinbarung auch per E-Mail oder online abzuschließen[137]. Aus den Anforderungen gem. Art. 28 DSGVO ergibt sich auch nicht, dass zwingend eine separate Vereinbarung abgeschlossen werden muss. Es wäre demnach auch möglich, die Regelungen zur Auftragsverarbeitung in den Hauptvertrag zu integrieren. Das Muster geht jedoch davon aus, dass im Regelfall der eigene **Standardvertrag** des Unternehmens zur Anwendung kommt[138]. Es ist aber auch denkbar, dass auf ein neutrales Muster zur Auftragsverarbeitung zurückgegriffen wird oder ein Standardvertrag des Dienstleisters zur Auftragsverarbeitung zur Anwendung kommt, der dann zumeist eher auftragnehmerfreundlich ist[139]. Dieser Fall ist im Muster ebenfalls berücksichtigt, indem für diesen Fall eine **Abstimmungspflicht** mit dem Datenschutzbeauftragten des Unternehmens vorgesehen ist.

19.136 Nach Auswahl des Dienstleisters und Abschluss einer Vereinbarung mit dem Dienstleister statuiert das Muster eine Kontrollpflicht des Unternehmens gegenüber dem Dienstleister. Die **Kontrolle des Dienstleisters** ist im Muster als besonders wichtiges Merkmal hervorgehoben und ausdrücklich geregelt. Eine Kontrollpflicht des Dienstleisters wird durch Art. 28 Abs. 1 DSGVO nicht mehr explizit definiert, allerdings lässt sich diese Anforderung aus den Regelungen herauslesen[140]. Das Muster weist darauf hin, dass der Auftraggeber sich nicht nur Kontrollrechte vorbehalten muss, sondern eine konkrete Kontrolle erwartet wird. Bei Beauftragung neuer Dienstleister hat eine sorgfältige Auswahl zu erfolgen, ggf. ist vor der Auftragserteilung eine Überprüfung des Dienstleisters vorzunehmen.

---

137 *Plath* in Plath, Art. 28 DSGVO Rz. 31.
138 S. hierzu das Muster eines auftraggeberfreundlichen Auftragsverarbeitungsvertrags (M 8.1) in Teil 2, Rz. 8.5.
139 S. hierzu das Muster eines auftragnehmerfreundlichen Auftragsverarbeitungsvertrags (M 9.1) in Teil 2, Rz. 9.7.
140 *Martini* in Paal/Pauly, Art. 28 DSGVO Rz. 21.

18. Automatisierte Einzelentscheidungen (Ziff. 18)

M 19.1.18 Automatisierte Einzelentscheidungen

19.137

18. Automatisierte Einzelentscheidungen

18.1 Entscheidungen, die für die betroffene Person rechtliche Folgen nach sich ziehen oder sie erheblich beeinträchtigen können, dürfen nicht ausschließlich auf eine automatisierte Verarbeitung von personenbezogenen Daten gestützt werden. Die automatisierte Datenverarbeitung darf nur als Hilfsmittel für die Entscheidung herangezogen werden, ohne dabei deren einzige Grundlage zu bilden.

18.2 Eine von dem vorstehenden Grundsatz abweichende Handhabung muss entweder für die Erfüllung eines Vertrages mit der betroffenen Person erforderlich oder von einer ausdrücklichen Einwilligung der betroffenen Person abgedeckt sein. Sofern auf dieser Grundlage automatisierte Einzelentscheidungen erfolgen, muss für die betroffene Person die Möglichkeit für eine Nachprüfung bestehen.

Für **automatisierte Einzelentscheidungen** gelten besondere datenschutzrechtliche Vorgaben gem. Art. 22 DSGVO. Hintergrund der entsprechenden Beschränkungen ist die Überlegung, dass wesentliche Entscheidungen, die für die betroffene Person gravierende Folgen haben können, nicht automatisiert ohne menschliche Eingriffsmöglichkeit erfolgen dürfen[141].

19.138

Die **praktische Relevanz** automatisierter Einzelentscheidungen im nicht-öffentlichen Bereich beschränkt sich auf sehr wenige Anwendungsfälle[142]. Es ist gleichwohl empfehlenswert, eine abstrakte Regelung zu diesem Bereich in eine Unternehmensrichtlinie aufzunehmen. Soweit ein Unternehmen tatsächlich bereits automatisierte Einzelentscheidungen nutzt, sollten diese genauer geregelt und dokumentiert werden.

19.139

a) Verbot automatisierter Einzelentscheidungen (Ziff. 18.1)

Das Muster greift zunächst das grundsätzliche Verbot der automatisierten Einzelentscheidung gem. Art. 22 Abs. 1 DSGVO auf. Das Verbot bezieht sich dabei auf Entscheidungen, die gegenüber der betroffenen Person eine rechtliche Wirkung entfalten oder sie in ähnlicher Weise erheblich beeinträchtigen. Im Regelfall wird sich das Verbot auf eine negative Entscheidung zu Lasten der betroffenen Person beziehen. Der Wortlaut von Art. 22 Abs. 1 DSGVO erfasst aber jede Entscheidung mit rechtlicher Wirkung, also auch eine positive Entscheidung zugunsten der betroffenen Person.

19.140

Durch das Muster wird klargestellt, dass das Verbot der automatisierten Einzelentscheidung nur einschlägig ist, wenn die Entscheidungsfindung vollständig automatisiert stattfindet, also ohne menschliche Einflussmöglichkeit. Als Beispiele hierfür werden in der Literatur computergestützte Entscheidungen über eine Kreditvergabe oder eine ausschließlich onlinebasiertes Einstellungsverfahren genannt[143]. Im Muster wird umgekehrt ein Beispiel genannt, das nicht als automatisierte Einzelentscheidung anzusehen ist, und zwar die automatisierte Vorauswahl zur Unterstützung einer menschlichen Entscheidung[144]. Dieser Fall dürfte aktuell noch deutlich praxisrelevanter sein als die vollständig automatisierte Entscheidung.

19.141

---

141 *v. Lewinski* in BeckOK DatenschutzRi, Art. 22 DSGVO Rz. 2; *Martini* in Paal/Pauly, Art. 22 DSGVO Rz. 1.

142 *Martini/Nink*, NVwZ 2017, 681 nennt beispielhaft Fälle aus dem öffentlichen Bereich.

143 *Martini* in Paal/Pauly, Art. 22 DSGVO Rz. 16 unter Verweis auf Erwägungsgrund 71 DSGVO.

144 *Martini* in Paal/Pauly, Art. 22 DSGVO Rz. 20.

b) Ausnahmen (Ziff. 18.2)

19.142 Aus der Formulierung im Muster wird deutlich, dass eine automatisierte Einzelentscheidung als Ausnahme angesehen wird, die – wenn überhaupt – nur nach einer sorgsamen Prüfung der Zulässigkeit stattfinden darf. Hinsichtlich der Ausnahmeregelungen orientiert sich das Muster an den Vorgaben gem. Art. 22 Abs. 2 DSGVO. Die vorgesehene Öffnungsklausel wird durch die Bestimmung gem. § 37 Abs. 1 BDSG aufgegriffen, die sich explizit auf Versicherungsverträge bezieht. Für Unternehmen aus diesem Bereich bietet es sich daher an, die Regelungen im Muster entsprechend zu erweitern.

19.143 Soweit eine automatisierte Einzelentscheidung auf Basis der Ausnahmeregelung in Betracht kommt, verlangt Art. 22 Abs. 2 DSGVO angemessene Maßnahmen zum Schutz der Rechte und Freiheiten sowie der berechtigten Interessen der betroffenen Person. Als Mindestschutz wird u.a. ausdrücklich das Recht auf Erwirkung des Eingreifens einer Person und auf Anfechtung der Entscheidung genannt[145]. Das Muster greift diesen Ansatz auf und sieht ein Nachprüfungsverfahren vor, so dass immer eine menschliche Letztentscheidung erfolgt.

19. Übermittlung von Daten (Ziff. 19)

19.144 **M 19.1.19 Übermittlung von Daten**

19. Übermittlung von Daten

19.1 Die Übermittlung personenbezogener Daten ist ein Fall der Verarbeitung von Daten im Sinne dieser Unternehmensrichtlinie. Auch die Übermittlung ist daher nur mit Einwilligung der betroffenen Person oder aufgrund einer anderen Ermächtigungsgrundlage zulässig.

19.2 Bei der Übermittlung in das Ausland ist zusätzlich zu prüfen, ob hierdurch die Interessen und Rechte der betroffenen Person beeinträchtigt werden. Unproblematisch ist insoweit die Übermittlung in einen Vertragsstaat der Europäischen Union. Bei allen anderen Staaten ist vorab zu prüfen, ob ein vergleichbarer Datenschutzstandard besteht. Ein vergleichbarer Standard kann unter anderem durch den Abschluss zusätzlicher vertraglicher Vereinbarungen erreicht werden, etwa durch Nutzung der EU-Standardvertragsklauseln, gegebenenfalls ergänzt um zusätzliche Absicherungen. Jede Übermittlung von personenbezogenen Daten in einen Staat außerhalb des Europäischen Wirtschaftsraumes ist mit dem Datenschutzbeauftragten abzustimmen.

19.145 Die Datenübermittlung ist ein Unterfall der Verarbeitung von Daten, was sich ausdrücklich aus der Definition gem. Art. 4 Nr. 2 DSGVO ergibt. Wegen der verschiedenen Konstellationen bei der Datenübermittlung bietet es sich an, alle Aspekte einheitlich in einer Regelung zu adressieren.

a) Zulässigkeit der Datenübermittlung (Ziff. 19.1)

19.146 Für die **Datenübermittlung im Inland** gelten grundsätzlich keine anderen Vorgaben als bei anderen Fällen der Datenverarbeitung, was durch die Regelung im Muster lediglich klargestellt wird.

b) Zusätzliche Anforderungen bei Datenübermittlung in das Ausland (Ziff. 19.2)

19.147 Besondere Anforderungen können jedoch bei der **Datenübermittlung in das Ausland** gem. Art. 44 DSGVO bestehen, wobei die besonderen Anforderungen sich nur auf eine Übermittlung in einen Drittstaat beziehen[146]. Auch wenn der Begriff des Drittstaats in der DSGVO nicht definiert ist, ergibt sich aus der Systematik, dass jeder Staat als Drittstaat anzusehen ist, in dem die DSGVO nicht gilt.

---

145 *v. Lewinski* in BeckOK DatenschutzR, Art. 22 DSGVO Rz. 46.
146 *Meyer/Schulte* in Pachinger, Kap. 8 Rz. 1.

Drittstaaten sind damit zunächst einmal auch die EWR-Mitglieder Island, Liechtenstein und Norwegen.

Bei der Datenübermittlung in einen Drittstaat nach diesem Verständnis muss zunächst geprüft werden, ob in dem Drittstaat ein angemessenes Datenschutzniveau besteht. Ist dies nicht der Fall, muss ein solches für die konkrete Datenübermittlung hergestellt werden, wofür verschiedene Möglichkeiten bestehen. Das Muster spricht den Einsatz der **EU-Standardvertragsklauseln**[147] an und verweist ansonsten auf das Erfordernis der Abstimmung mit dem Datenschutzbeauftragten. Soweit sich im Muster ein Verweis auf zusätzliche Absicherungen findet, sollen damit die Vorgaben der Rechtsprechung berücksichtigt werden, wonach insbesondere bei einer Datenübermittlung in die USA bzw. an US-amerikanische Unternehmen die alleinige Absicherung durch Standardvertragsklauseln nicht ausreichen[148]. 19.148

20. Anforderungen an Mitarbeiter (Ziff. 20)

M 19.1.20 Anforderungen an Mitarbeiter 19.149

20. Anforderungen an Mitarbeiter

20.1 Alle Mitarbeiter des Unternehmens sind besonders auf das Datengeheimnis zu verpflichten. Sie sind darüber zu belehren, dass es untersagt ist, personenbezogene Daten für private Zwecke zu nutzen, an Unbefugte zu übermitteln oder sie Unbefugten zugänglich zu machen. Die Verpflichtung auf das Datengeheimnis soll mit Beginn der Tätigkeit für das Unternehmen erfolgen. Die Mitarbeiter sind darüber zu belehren, dass die Pflicht zur Wahrung der Vertraulichkeit über das Ende der Tätigkeit für das Unternehmen fortgilt.

20.2 Auch innerhalb des Unternehmens ist darauf zu achten, dass nur die Mitarbeiter Zugriff auf personenbezogene Daten erhalten, die sie zur Erledigung ihrer Aufgaben für das Unternehmen benötigen.

20.3 Alle Mitarbeiter sollen zu Beginn ihrer Tätigkeit und nachfolgend regelmäßig in Datenschutzthemen geschult werden.

Unter dem Stichwort „Anforderungen an Mitarbeiter" werden verschiedene rechtliche Aspekte zusammengefasst, u.a. die **Verpflichtung auf das Datengeheimnis**, die **Beschränkung des Zugriffs** auf personenbezogene Daten innerhalb des Unternehmens sowie die **Schulung** der eigenen Mitarbeiter. 19.150

a) Verpflichtung auf das Datengeheimnis (Ziff. 20.1)

Die **Verpflichtung auf das Datengeheimnis** ergibt sich nicht mehr unmittelbar aus den Vorgaben der DSGVO, ist aber weiterhin – wie unter Geltung von § 5 BDSG a.F. – sinnvoll und notwendig[149]. Das Erfordernis kann aus der Vorgabe in Art. 24 Abs. 1 DSGVO abgeleitet werden, wonach der Verantwortliche sicherzustellen hat, dass die Datenverarbeitung nur entsprechend der datenschutzrechtlichen Vorgaben erfolgt[150]. Soweit sich in § 53 BDSG weiterhin ein expliziter Verweis auf das Datengeheimnis findet, ist zu beachten, dass diese Regelung für den nicht-öffentlichen Bereich weder unmittelbar gilt noch analog herangezogen werden kann. Der eingeführte Begriff der Verpflichtung auf das Datengeheimnis ist aber im Muster als Stichwort auch für den nicht-öffentlichen Bereich beibehalten worden. Unabhängig von einer förmlichen Verpflichtung sind die Mitarbeiter eines Unternehmens schon aufgrund der unmittelbar für sie geltenden datenschutzrechtlichen Bestimmungen zur Wahrung des 19.151

---

147 S. hierzu die Muster M 26.1, M 27.1 und M 28.1 in Teil 5, Rz. 26.24 und Rz. 27.20 sowie Rz. 28.27.
148 EuGH v. 16.7.2020 – C-311/18 – Schrems II, NJW 2020, 2613; dazu *Golland*, NJW 2020, 2593.
149 *Greve*, NVwZ 2017, 737 (741).
150 *Paschke* in Gola/Heckmann, § 53 BDSG Rz. 3.

Datengeheimnisses verpflichtet. Durch die vorgesehene förmliche Verpflichtung soll dem Aspekt lediglich ein besonderer Stellenwert verliehen werden. Denkbar ist eine Verpflichtung durch eine entsprechende Regelung im **Arbeitsvertrag** oder gesonderte **Merkblätter**[151]. Auf eine konkrete Anweisung zur Handhabung wird im Muster verzichtet. Der Hinweis auf die Fortgeltung der Verpflichtung auf das Datengeheimnis orientiert sich an der Regelung des § 53 Satz 3 BDSG.

b) Unternehmensinterne Beschränkung des Zugriffs auf Daten (Ziff. 20.2)

19.152 Auch wenn ein Unternehmen einheitlich als Verantwortlicher anzusehen ist, wird aus Gründen des Datenschutzes und der Datensicherheit gefordert, dass auch innerhalb des Unternehmens nur Personen Zugriff auf personenbezogene Daten haben, die diese für ihre Aufgabenwahrnehmung benötigen.

c) Schulung der Mitarbeiter (Ziff. 20.3)

19.153 Schließlich normiert die Regelung im Muster eine Verpflichtung zur regelmäßigen Schulung in Datenschutzthemen, die rechtlich für die Mitarbeiter nicht zwingend vorgesehen ist. Lediglich bei der Auflistung der Aufgaben des Datenschutzbeauftragten ist gem. Art. 39 Abs. 1 lit. a DSGVO die Unterrichtung und Beratung der Beschäftigten genannt[152]. Durch regelmäßige Schulungen soll erreicht werden, dass alle Mitarbeiter für Datenschutzthemen sensibilisiert werden. Es bietet sich insoweit an, die genaue Ausgestaltung mit dem Datenschutzbeauftragten abzustimmen. Die Art und Weise der Unterrichtung wird sich dabei auch nach der Größe des jeweiligen Unternehmens richten. Bei kleineren Unternehmen kommen vermutlich noch Präsenzschulungen in Betracht, bei größeren Unternehmen sind vor allem Multiplikatorenschulungen und E-Learning-Systeme in Erwägung zu ziehen.

21. Dokumentationspflichten (Ziff. 21)

19.154 **M 19.1.21 Dokumentationspflichten**

21. Dokumentationspflichten

21.1 Das Unternehmen führt ein Verzeichnis über die Verfahren des Unternehmens zur Verarbeitung personenbezogener Daten (Verzeichnis der Verarbeitungstätigkeiten), das von dem Datenschutzbeauftragten verwaltet wird.

21.2 Um das Verzeichnis der Verarbeitungstätigkeiten vollständig und aktuell zu halten, haben die Mitarbeiter entsprechend den Vorgaben des Datenschutzbeauftragten alle Verfahren unter Nutzung entsprechender Vordrucke zu melden.

21.3 Bestandteil der Dokumentation ist eine Risikobewertung der einzelnen Verfahren. Abhängig von dem Ergebnis der Risikobewertung ist ergänzend zu der standardmäßigen Dokumentation eine umfassende Datenschutz-Folgenabschätzung unter Mitwirkung des Datenschutzbeauftragten zu erstellen.

19.155 Jedes Unternehmen hat gem. Art. 30 Abs. 1 DSGVO ein **Verzeichnis der Verarbeitungstätigkeiten** zu führen und in diesem Verzeichnis alle Verfahren aufzuführen, die der eigenen Zuständigkeit unterliegen. Diese Verpflichtung wird in dem Muster aufgegriffen und hinsichtlich der praktischen Umsetzung ausgeführt. Hinsichtlich besonders kritischer Verfahren ist gem. Art. 35 DSGVO eine **Datenschutz-Folgenabschätzung** erforderlich, die ebenfalls angesprochen wird. Im Verhältnis zur früheren Rechts-

---

151 *Schreiber* in Plath, § 5 BDSG Rz. 16 (2. Aufl.).
152 *Moos* in BeckOK DatenschutzR, Art. 39 DSGVO Rz. 5.

lage ist dagegen die Pflicht entfallen, jedermann auf Nachfrage das öffentliche Verfahrensverzeichnis zur Verfügung zu stellen[153].

a) Verzeichnis der Verarbeitungstätigkeiten (Ziff. 21.1)

Die **Erstellung des Verzeichnisses der Verarbeitungstätigkeiten** ist Aufgabe des Verantwortlichen, der die Aufgabe der Erstellung oder Überwachung ggf. an den eigenen Datenschutzbeauftragten delegieren kann. Zu den Pflichtaufgaben des Datenschutzbeauftragten gem. Art. 38 DSGVO gehört die Mitwirkung bei der Erstellung des Verzeichnisses jedoch nicht[154]. 19.156

In der Praxis bietet es sich an, den Datenschutzbeauftragten mit der **Verwaltung des Verzeichnisses der Verarbeitungstätigkeiten** zu betrauen. Je nach Anzahl der Verfahren und der internen Aufgabenverteilung kann der Datenschutzbeauftragte bei der Anfertigung und Aktualisierung des Verzeichnisses auch eine aktivere Rolle spielen und die Mitarbeiter des Unternehmens in die Erstellung der Dokumentation einweisen oder sie unterstützen[155]. 19.157

Hinsichtlich der Pflicht zur Führung des Verzeichnisses der Verarbeitungstätigkeiten sieht Art. 30 Abs. 5 DSGVO grundsätzlich eine **Ausnahme für kleine und mittlere Unternehmen** vor, um diese zu entlasten[156]. Der Schwellenwert für die Ausnahmeregelung liegt bei 250 Mitarbeitern, unabhängig von der Intensität der Datenverarbeitung[157]. Durch die Rückausnahme, wonach u.a. nur eine gelegentliche Datenverarbeitung erfolgen darf, geht die gesamte Ausnahmeregelung fast vollständig ins Leere[158]. Das Muster verzichtet daher darauf, diesen Aspekt überhaupt anzusprechen. 19.158

b) Meldung von Verarbeitungstätigkeiten (Ziff. 21.2)

Die Regelung im Muster enthält keine genaueren Bestimmungen zur **praktischen Erarbeitung** des Verzeichnisses der Verarbeitungstätigkeiten, vielmehr wird auf die Vorgaben des Datenschutzbeauftragten abgestellt. Es wird dabei unterstellt, dass der Datenschutzbeauftragte – wenn er die Dokumentation nicht selbst erstellt – eine Vorlage für die zuständigen Mitarbeiter erarbeitet. Soweit das Muster von einem **Vordruck** spricht, ist damit nicht zwingend ein Formular gemeint, das schriftlich ausgefüllt werden muss. Zwar sieht Art. 30 Abs. 3 DSGVO formal eine Schriftform vor, lässt aber ausdrücklich auch ein elektronisches Format zu[159]. 19.159

Die inhaltlichen Anforderungen im Sinne eines Mindestumfangs für die Dokumentation ergeben sich aus Art. 30 Abs. 1 DSGVO[160]. Auf eine Wiedergabe im Muster wird dabei verzichtet, da sich die Details aus dem Vordruck ergeben werden, auf den verwiesen wird. 19.160

c) Risikobewertung und Datenschutz-Folgenabschätzung (Ziff. 21.3)

Mit Art. 35 Abs. 1 DSGVO wird neben der Pflicht zur Dokumentation aller Verfahren eine besonders intensive Prüfung in Form einer **Datenschutz-Folgenabschätzung** für besonders risikobehaftete Verfahren eingeführt[161]. Im Muster wird unterstellt, dass Bestandteil der generellen Dokumentation eine 19.161

---

153 *Thode*, CR 2016, 714 (718).
154 *Paal* in Paal/Pauly, Art. 39 DSGVO Rz. 3.
155 *Piltz/Häntschel*, RDV 2019, 277 (279) zur Zulässigkeit der Führung des Verzeichnisses durch den Datenschutzbeauftragten.
156 *Plath* in Plath, Art. 30 DSGVO Rz. 12; *Martini* in Paal/Pauly, Art. 30 DSGVO Rz. 30.
157 *Laue* in Spindler/Schuster, Art. 30 DSGVO Rz. 22.
158 *Plath* in Plath, Art. 30 DSGVO Rz. 15; *Martini* in Paal/Pauly, Art. 30 DSGVO Rz. 31.
159 *Plath* in Plath, Art. 30 DSGVO Rz. 10; *Laue* in Spindler/Schuster, Art. 30 DSGVO Rz. 16.
160 *Martini* in Paal/Pauly, Art. 30 DSGVO Rz. 6.
161 *Thode*, CR 2016, 714 (718); *v. d. Bussche* in Plath, Art. 35 DSGVO Rz. 1; ausf. *Bieker/Hansen/Friedewald*, RDV 2016, 188.

Risikobewertung ist, mit der typischerweise die Eintrittswahrscheinlichkeit und das mögliche Schadensausmaß im Eintrittsfall bewertet werden[162]. Ergibt sich aus dieser Bewertung ein hohes Risiko, so muss eine Datenschutz-Folgenabschätzung durchgeführt werden[163]. Die Aufsichtsbehörden haben außerdem Positivlisten gem. Art. 35 Abs. 4 DSGVO und Negativlisten gem. Art. 35 Abs. 5 DSGVO im Hinblick auf die Notwendigkeit bzw. Entbehrlichkeit einer Datenschutz-Folgenabschätzung veröffentlicht, deren Vorgaben im Idealfall bereits in die Risikobewertung einfließen[164].

19.162 Für die Erstellung der Datenschutz-Folgenabschätzung ist die Beteiligung des Datenschutzbeauftragten gem. Art. 35 Abs. 2 DSGVO ausdrücklich vorgesehen. Das Muster verzichtet daher darauf, die Mindestinhalte für die Datenschutz-Folgenabschätzung gem. Art. 35 Abs. 7 DSGVO wiederzugeben. Es wird davon ausgegangen, dass der Datenschutzbeauftragte den Prozess steuert und ggf. auf entsprechende Muster zurückgreift[165].

22. Einführung neuer Systeme zur Datenverarbeitung (Ziff. 22)

19.163 **M 19.1.22 Einführung neuer Systeme zur Datenverarbeitung**

22. Einführung neuer Systeme zur Datenverarbeitung

Die Einführung neuer Systeme zur Verarbeitung personenbezogener Daten ist dem Datenschutzbeauftragten vorab mitzuteilen, damit dieser die datenschutzrechtliche Zulässigkeit prüfen kann.

19.164 Durch die Pflicht zur Meldung aller Verfahren an den Datenschutzbeauftragten erhält dieser einen Überblick über die aktuell eingesetzten Systeme. Zusätzlich ist jedoch dafür zu sorgen, dass der Datenschutzbeauftragte bei der Konzeption neuer Systeme möglichst frühzeitig einbezogen wird, damit er neue Systeme datenschutzrechtlich bewerten kann. Die Regelung ist insbesondere darauf ausgerichtet, dass schon in der Planungsphase der Ansatz „Privacy by Design" i.S.v. Art. 25 Abs. 1 DSGVO berücksichtigt werden kann. Vor diesem Hintergrund ist im Muster explizit geregelt, dass der Datenschutzbeauftragte entsprechend informiert werden soll. Abhängig von der Größe eines Unternehmens kann auch in Erwägung gezogen werden, auf eine Vorabinformation dann zu verzichten, wenn auf andere Weise die datenschutzrechtliche Konformität der neu einzuführenden Verfahren sichergestellt werden kann. Denkbar ist insoweit die Nutzung einer Checkliste für neue IT-Systeme, mit der die Prüfung vom Datenschutzbeauftragten auf den Fachbereich verlagert wird[166]. Für einen solchen Fall könnte das Muster entsprechend ergänzt werden:

„Die Mitteilungspflicht vor Einführung neuer Systeme ist entbehrlich, wenn vor der Einführung die Datenschutzkonformität auf Basis der hierfür geltenden Checkliste überprüft wurde, keiner der in der Checkliste genannten Ausnahmefälle vorliegt und mit bzw. unverzüglich nach Einführung des neuen Systems die Meldung des Verfahrens für das Verzeichnis der Verarbeitungstätigkeiten erfolgt."

19.165 In der Regel ist zu erwarten, dass die **Einbeziehung des Datenschutzbeauftragten** entweder durch die IT-Abteilung erfolgt, die mit der Einführung der neuen Systeme betraut ist, oder durch die Fachabteilung, von der die fachlichen Anforderungen ausgehen, die zur Einführung neuer IT-Systeme führen.

---

162 *Karg* in Simitis/Hornung/Spiecker, Art. 35 DSGVO Rz. 24 ff.
163 *Martini* in Paal/Pauly, Art. 35 DSGVO Rz. 25.
164 *Karg* in Simitis/Hornung/Spiecker, Art. 35 DSGVO Rz. 47 ff.
165 *Baumgartner* in Ehmann/Selmayr, Art. 35 DSGVO Rz. 33; vgl. auch *Piltz/Häntschel*, RDV 2019, 277 (279) zur Frage der Zulässigkeit der Durchführung der Datenschutz-Folgenabschätzung durch den Datenschutzbeauftragten.
166 Vgl. für mögliche Inhalte einer Checkliste das Muster für Klauseln zur datenschutzfreundlichen Technikgestaltung (M 36.1), Teil 6, Rz. 36.5.

Im Muster wird bewusst auf eine genauere Definition verzichtet, durch wen die Meldung zu erfolgen hat. Hierdurch mag die Gefahr bestehen, dass der Datenschutzbeauftragte mehrfach über neue IT-Systeme informiert wird. Andererseits ist der Datenschutzbeauftragte aber nicht von einer einzigen Stelle abhängig, die eine entsprechende Meldung ggf. auch einmal versäumen kann.

Hinsichtlich des **Zeitpunktes der Information** ist eine möglichst frühzeitige Einbindung des Daten- 19.166 schutzbeauftragten erforderlich, damit dieser schon bei der Konzeption datenschutzrechtliche Aspekte einbringen kann. Nur auf diese Weise lässt sich die gewünschte „Vorfeldwirkung" erreichen[167]. Eine genauere Definition des richtigen Zeitpunktes wird aber kaum möglich sein. Aus dem Wortlaut des Musters ergibt sich insoweit nur, dass die Einbeziehung jedenfalls vor der Einführung zu erfolgen hat. Bei Bedarf kann die zeitliche Komponente durch den Zusatz „möglichst frühzeitig" noch stärker betont werden.

23. Recht auf Auskunft und Datenübertragbarkeit (Ziff. 23)

M 19.1.23 Recht auf Auskunft und Datenübertragbarkeit 19.167

23. Recht auf Auskunft und Datenübertragbarkeit

23.1 Auf Anfrage ist einer betroffenen Person mitzuteilen, ob von dem Unternehmen personenbezogene Daten zu ihrer Person verarbeitet werden. Sofern dies der Fall ist, hat die betroffene Person einen Anspruch auf Auskunft über die entsprechenden personenbezogenen Daten. Die betroffene Person soll dabei die Art der Daten, zu denen sie eine Auskunft wünscht, näher bezeichnen.

23.2 Die Auskunftserteilung soll in einer für die betroffene Person verständlichen Form und Sprache erfolgen. Bei der Auskunftserteilung sind die vorhandenen personenbezogenen Daten und der Zweck der Speicherung mitzuteilen. Weiter soll, soweit verfügbar, die Herkunft der Daten erläutert werden. Verpflichtend sind außerdem Angaben zu etwaigen Empfängern der Daten, der Dauer der Speicherung, einer etwaigen automatisierten Entscheidungsfindung sowie Hinweise auf die Betroffenenrechte und das Beschwerderecht bei der Aufsichtsbehörde.

23.3 Neben dem Auskunftsrecht steht der betroffenen Person grundsätzlich auch der Anspruch zu, die zu ihrer Person gespeicherten Daten in strukturierter Form zu erhalten, damit diese von einem anderen Verantwortlichen übernommen werden können. Dieses Recht auf Datenübertragbarkeit bezieht sich aber nur auf solche Daten, die auf Basis einer Einwilligung, zur Erfüllung eines Vertrages oder im Rahmen einer automatisierten Verarbeitung verarbeitet wurden.

23.4 Bei der Auskunftserteilung und Erfüllung des Anspruchs auf Datenübertragbarkeit ist sicherzustellen, dass die Identität der betroffenen Person verifiziert wird. Weiter ist zu beachten, dass im Rahmen der Auskunftserteilung keine personenbezogenen Daten Dritter offenbart werden.

23.5 Über alle Anfragen auf Auskunftserteilung oder Ansprüche auf Datenübertragbarkeit ist der Datenschutzbeauftragte zu informieren, damit dieser die weiteren Aktivitäten koordinieren oder übernehmen kann. Soweit der Datenschutzbeauftragte nicht ausdrücklich die Bearbeitung übernimmt, bleibt die jeweilige Fachabteilung für die Beantwortung der Anfrage zuständig.

23.6 Wenn eine Anfrage nicht umgehend beantwortet bzw. ein Anspruch nicht umgehend erfüllt werden kann, ist der betroffenen Person zumindest eine Zwischeninformation zu übermitteln, in der die voraussichtliche Bearbeitungszeit mitgeteilt werden soll.

Nach Art. 15 DSGVO steht der betroffenen Person ein Auskunftsanspruch zu. Das Muster präzisiert 19.168 den Umfang des Auskunftsanspruchs sowie die Abwicklung der Auskunftserteilung. Außerdem wird

---

167 *Plath* in Plath, Art. 25 DSGVO Rz. 2 unter Verweis auf *Schulz*, CR 2012, 204 (207).

das Recht auf Datenübertragbarkeit gem. Art. 20 DSGVO umgesetzt, bei dem es sich um einen Spezialfall des Auskunftsrechts nach Art. 15 DSGVO handelt[168].

a) Bestehen eines Auskunftsanspruchs (Ziff. 23.1)

19.169 Nach der Konzeption von Art. 15 DSGVO umfasst die **Auskunftspflicht** zwei Konstellationen[169]. In der ersten Alternative kann die betroffene Person zunächst eine Auskunft verlangen, inwieweit zu ihrer Person überhaupt eine Datenverarbeitung stattfindet[170]. Auf die entsprechende Anfrage genügt als Antwort des Verantwortlichen im Rahmen der sog. Verarbeitungsbestätigung bereits die Aussage, ob eine entsprechende Datenverarbeitung stattfindet. Die Antwort wird negativ ausfallen, wenn entweder nie personenbezogene Daten vorlagen oder diese mittlerweile gelöscht bzw. anonymisiert wurden[171]. Falls Daten der betroffenen Person verarbeitet werden, wird die betroffene Person in der Regel auch eine Auskunft zu diesen Daten erhalten wollen[172]. In der zweiten Alternative kann die betroffene Person daher dann die Offenlegung der Daten zu ihrer Person verlangen.

19.170 Das Muster sieht die Möglichkeit vor, dass der Betroffene nicht zwangsläufig eine generelle Auskunft wünscht, sondern sein **Auskunftsbegehren** auf bestimmte Arten von Daten beschränken kann[173]. In Zweifelsfällen darf das Unternehmen bei einer unklaren Anfrage entweder zunächst Rücksprache halten oder die Anfrage auslegen[174].

b) Auskunftserteilung (Ziff. 23.2)

19.171 Hinsichtlich der Art und Weise der **Auskunftserteilung** bestehen grundsätzlich keine besonderen Vorgaben. Durch Art. 15 Abs. 3 DSGVO ist lediglich vorgegeben, dass ein elektronisch gestellter Antrag grundsätzlich auch elektronisch beantwortet werden muss, wobei dann die gewünschten Auskünfte in einem gängigen elektronischen Format zur Verfügung zu stellen sind[175]. Verlangt eine betroffene Person die Auskunft per E-Mail, löst dies automatisch eine entsprechende Verpflichtung aus. Bei der elektronischen Auskunftserteilung ist aber besonders darauf zu achten, dass die Auskunftserteilung nur an die berechtigte Person erfolgt, weswegen Erwägungsgrund 63 auch die Schaffung eines Fernzugangs für die betroffene Person zu einem sicheren System propagiert[176]. Zusätzlich ist im Muster noch klargestellt, dass die Auskunft in verständlicher Form erfolgen soll, was der Vorgabe gem. Art. 12 Abs. 1 DSGVO entspricht[177].

19.172 Der Inhalt der Auskunft richtet sich primär nach dem Inhalt des Auskunftsverlangens. Generell sind dem Betroffenen die zu seiner Person gespeicherten Daten mitzuteilen, Art. 15 Abs. 3 DSGVO spricht insoweit von der Bereitstellung einer Kopie[178]. Der Verweis auf die Kopie meint jedoch nicht zwingend die Übersendung in Papierform, sondern besagt nur, dass das Unternehmen die Daten nicht (im Original) herausgeben muss.

19.173 Von der Reichweite des Auskunftsanspruchs ist auch die Erläuterung der **Herkunft der Daten** erfasst. Eine solche Auskunft lässt sich aus tatsächlichen Gründen nur erteilen, wenn die Herkunft erfasst wird

---

168 *Kamlah* in Plath, Art. 20 DSGVO Rz. 2.
169 *Piltz*, K&R 2016, 629 (631).
170 *Kamlah* in Plath, Art. 15 DSGVO Rz. 3.
171 *Paal* in Paal/Pauly, Art. 15 DSGVO Rz. 19 unter Verweis auf *Werkmeister/Brandt*, CR 2016, 233 (237).
172 *Dix* in Simitis/Hornung/Spiecker, Art. 15 DSGVO Rz. 13.
173 *Kamlah* in Plath, Art. 15 DSGVO Rz. 4 unter Verweis auf Erwägungsgrund 63.
174 *Schmidt-Wudy* in BeckOK DatenschutzR, Art. 15 DSGVO Rz. 47.
175 *Franck* in Gola, Art. 15 DSGVO Rz. 28 f.
176 *Dix* in Simitis/Hornung/Spiecker, Art. 15 DSGVO Rz. 32.
177 *Franck* in Gola, Art. 15 DSGVO Rz. 27.
178 *Paal* in Paal/Pauly, Art. 15 DSGVO Rz. 33.

oder zumindest eine Eingrenzung möglich ist, so dass eine entsprechende Einschränkung in dem Muster vorgenommen wurde[179]. Überflüssig ist die Erläuterung der Herkunft gem. Art. 15 Abs. 1 lit. g DSGVO bei Daten, die von der betroffenen Person selbst stammen. Zusätzlich greift das Muster auch die weiteren Details der Aufzählung gem. Art. 15 Abs. 1 DSGVO auf und gibt diese wieder.

c) Datenübertragbarkeit (Ziff. 23.3)

Hintergrund der Regelung zur **Datenübertragbarkeit** gem. Art. 20 DSGVO ist das Bestreben, der betroffenen Person eine bessere Kontrolle über die eigenen Daten zu ermöglichen und vor allem die Grundlage für einen einfacheren Wechsel der betroffenen Person von einem Anbieter zu einem anderen Anbieter zu schaffen[180]. Die neu eingeführte Regelung wird häufig unter dem Stichwort „Datenportabilität" behandelt[181]. Der Anspruch auf Datenübertragbarkeit bzw. Datenportabilität ist maßgeblich konzipiert worden für soziale Netzwerke, damit ein Nutzer unter Mitnahme seiner Daten einfacher zu einem anderen Anbieter wechseln kann[182]. Der Anwendungsbereich geht jedoch weit über die beabsichtigte Konstellation hinaus und erfasst eine Vielzahl von weiteren Fallgestaltungen, bei denen der Mehrwert für die betroffene Person gering, der Aufwand für den Verantwortlichen aber groß ist. Das Muster greift den Anspruch auf Datenübertragbarkeit auf und orientiert sich bei den Formulierungen an den Vorgaben gem. Art. 20 DSGVO, die vereinfacht wiedergegeben werden. — 19.174

d) Identitätsprüfung vor Auskunftserteilung (Ziff. 23.4)

Um zu vermeiden, dass im Rahmen der Auskunftserteilung oder der Erfüllung des Anspruchs auf Datenübertragbarkeit personenbezogene Daten an einen unbefugten Dritten offenbart werden, muss sich das Unternehmen davon überzeugen, dass das Auskunftsverlangen von der betroffenen Person stammt und diese die Antwort erhält. In diesem Zusammenhang darf das Unternehmen gem. Art. 12 Abs. 6 DSGVO zusätzliche Informationen zur Bestätigung der Identität der betroffenen Person verlangen[183]. Das Muster sieht diesbezüglich allgemein vor, dass die Identität der betroffenen Person verifiziert werden muss. Da das Auskunftsverlangen auf verschiedene Weise vorgebracht werden kann, gibt es auch unterschiedliche Möglichkeiten zur **Identifizierung** der betroffenen Person, die bei Bedarf weiter ausgeführt werden können. — 19.175

Zusätzlich stellt das Muster klar, dass im Rahmen einer Auskunftserteilung darauf zu achten ist, dass der betroffenen Person nicht Informationen über Dritte zur Verfügung gestellt werden. Dieser Aspekt ergibt sich auch ausdrücklich aus Art. 15 Abs. 4 DSGVO und Art. 20 Abs. 4 DSGVO, die der Gewährleistung der Rechte und Freiheit anderer Personen dienen[184]. — 19.176

e) Bearbeitung der Anfragen (Ziff. 23.5)

Die **Auskunftserteilung** und Erfüllung des Anspruchs auf Datenübertragbarkeit haben durch den Verantwortlichen zu erfolgen. Wer unternehmensintern für die Bearbeitung zuständig ist, kann innerhalb des Unternehmens frei festgelegt werden. Es ist sinnvoll, den Datenschutzbeauftragten in die Abläufe einzubeziehen. Oftmals sind die für die Auskunftserteilung erforderlichen Informationen von den betroffenen Fachabteilungen zur Verfügung zu stellen, so dass der Datenschutzbeauftragte nur eine koordinierende Aufgabe übernehmen kann. Vor diesem Hintergrund sieht das Muster vor, dass der Datenschutzbeauftragte zunächst nur zu informieren ist und er nach eigenem Ermessen die Angelegenheit — 19.177

---

179 *Franck* in Gola, Art. 15 DSGVO Rz. 17.
180 *Paal* in Paal/Pauly, Art. 20 DSGVO Rz. 4.
181 *v. Lewinski* in BeckOK DatenschutzR, Art. 20 DSGVO Rz. 5 zum Begriff der Datenübertragbarkeit bzw. Datenportabilität.
182 *Härting*, BB 2012, 459 (465).
183 *Kamlah* in Plath, Art. 15 DSGVO Rz. 19.
184 *Kamlah* in Plath, Art. 15 DSGVO Rz. 20.

an sich ziehen kann. Dies dürfte vor allem dann in Betracht kommen, wenn eine umfassende Auskunft verlangt wird und hierfür die Antworten verschiedener Fachabteilungen eingeholt werden müssen. In jedem Fall ist es sinnvoll, den Prozess der Auskunftserteilung zu standardisieren und die Abläufe zu dokumentieren, damit auch im Fall einer Überprüfung eine ordnungsgemäße Abwicklung nachgewiesen werden kann[185].

f) Zwischeninformation und Kosten (Ziff. 23.6)

19.178 Es entspricht den üblichen Gepflogenheiten im Geschäftsverkehr, der betroffenen Person eine Zwischennachricht im Falle einer längeren Bearbeitungszeit zukommen zu lassen. Auf diese Weise soll auch verhindert werden, dass die betroffene Person sich noch vor Erhalt der Auskunft an die Aufsichtsbehörde wendet oder ihre Ansprüche gerichtlich durchsetzt. Das Unternehmen hat ohnehin auf den entsprechenden Antrag der betroffenen Person gem. Art. 12 Abs. 3 DSGVO die Auskunft grundsätzlich unverzüglich zu erteilen[186]. Durch die Angabe der Höchstfrist von einem Monat mit einer Verlängerungsoption wird jedoch erkennbar, dass das Unternehmen berechtigt ist, zunächst die Informationen intern zu beschaffen und zu prüfen.

19.179 Auf die Frage der **Kosten** der Auskunftserteilung und der Erfüllung des Anspruchs auf Datenübertragbarkeit geht das Muster nicht ein, da die Erfüllung der Betroffenenrechte grundsätzlich kostenlos zu erfolgen hat, was sich aus Art. 12 Abs. 5 DSGVO sowie dem Umkehrschluss aus Art. 15 Abs. 3 DSGVO ergibt[187]. Sofern ein Unternehmen häufiger Adressat von Auskunftsverlangen ist, kann überlegt werden, im Einzelfall eine Kostenerstattung vorzusehen, soweit dies gem. Art. 12 Abs. 5 bzw. Art. 15 Abs. 3 DSGVO zulässig ist.

24. Löschung und Einschränkung der Verarbeitung (Ziff. 24)

19.180 **M 19.1.24 Löschung und Einschränkung der Verarbeitung**

24. Löschung und Einschränkung der Verarbeitung

24.1 Bei berechtigtem Ersuchen einer betroffenen Person sind die zu ihrer Person gespeicherten personenbezogenen Daten zu löschen. Ein Ersuchen ist insbesondere berechtigt, wenn keine Grundlage für die Datenverarbeitung besteht oder die Grundlage zwischenzeitlich entfallen ist. Sofern keine Grundlage (mehr) für die Speicherung von personenbezogenen Daten besteht, sind diese unabhängig von einem Ersuchen der betroffenen Person zu löschen.

24.2 Soweit eine Löschung nicht in Betracht kommt, ist zu prüfen, inwieweit zumindest eine Einschränkung der Verarbeitung der personenbezogenen Daten erfolgen kann. Eine Einschränkung der Verarbeitung soll insbesondere bis zur Klärung der Zulässigkeit der weiteren Datenverarbeitung erfolgen. Wenn die betroffene Person die weitere Nutzung ihrer Daten nicht mehr wünscht, ist eine Einschränkung der Verarbeitung in Erwägung zu ziehen, damit die Daten der betroffenen Person im Falle einer neuen Datenerhebung nicht (wieder) genutzt werden.

19.181 Das Auskunftsrecht der betroffenen Person dient vornehmlich der Prüfung, welche Daten über die betroffene Person gespeichert sind. Basierend auf der Auskunft des Unternehmens soll die betroffene Person dann entscheiden können, inwieweit sie die weitere Speicherung und Verwendung ihrer Da-

---

185 *Wybitul/Baus*, CR 2019, 494 (497 f.).
186 *Kamlah* in Plath, Art. 12 DSGVO Rz. 13.
187 *Schmidt-Wudy* in BeckOK DatenschutzR, Art. 15 DSGVO Rz. 92.

ten gestattet[188]. Der Auskunftsanspruch und der Löschungsanspruch stehen damit in einem engen inhaltlichen Zusammenhang.

a) Löschung von Daten (Ziff. 24.1)

Es gibt eine Vielzahl von Konstellationen gem. Art. 17 Abs. 1 DSGVO, in denen personenbezogene Daten zu löschen sind. Ein wesentlicher Aspekt für die Pflicht zur **Löschung von Daten** ist die entsprechende Aufforderung der betroffenen Person. Das Verlangen der betroffenen Person führt nicht automatisch dazu, dass ihre Daten zwangsläufig zu löschen sind. Das Verlangen auf Löschung kann bspw. unerheblich sein, weil die Datenspeicherung nicht auf einer Einwilligung basiert, sondern auf einer anderen Ermächtigungsgrundlage. Das Muster sieht daher eine Prüfung vor, ob das Ersuchen zur Löschung von Daten berechtigt ist. Beispielhaft ist aufgeführt, dass eine Löschung zu erfolgen hat, wenn keine Grundlage für die Datenverarbeitung besteht oder diese zwischenzeitlich entfallen ist. Bei der ersten Alternative wäre die Datenverarbeitung von Beginn an unzulässig gewesen, weswegen eine Pflicht zur Löschung gem. Art. 17 Abs. 1 lit. d DSGVO besteht. Bei der zweiten Alternative ergibt sich schon aus dem Grundsatz der Datenminimierung eine Verpflichtung zur Löschung, wobei dieser Fall auch durch die Regelung gem. Art. 17 Abs. 1 lit. a DSGVO erfasst ist.

19.182

Es ist jedoch nicht ausreichend, personenbezogene Daten ausschließlich nach Aufforderung der betroffenen Person zu löschen. Die Löschpflichten bestehen grundsätzlich antragsunabhängig, weswegen das Unternehmen von sich aus regelmäßig zu prüfen hat, inwieweit vorhandene Daten gelöscht werden müssen[189].

19.183

b) Einschränkung der Verarbeitung (Ziff. 24.2)

Neben der Möglichkeit zur Löschung von personenbezogenen Daten gewährt Art. 18 Abs. 1 DSGVO die Möglichkeit zur **Einschränkung der Verarbeitung**, wobei es an einer genauen Definition fehlt[190]. Nach der Konzeption der DSGVO kommt die Einschränkung vor allem als Zwischenlösung in Betracht, insbesondere für einen begrenzten Zeitraum[191].

19.184

Das Muster geht auf die Einschränkung der Verarbeitung ausschließlich als Alternative zur (vollständigen) Löschung ein, wenn diese nicht in Betracht kommt. Dies kann der Fall sein, wenn die betroffene Person eine Löschung gar nicht wünscht oder diese aus anderen Gründen (etwa bestehenden Aufbewahrungspflichten oder einer technischen Unmöglichkeit der Löschung) ausscheidet. Ohne dass eine besondere Öffnungsklausel bestehen würde, lässt § 35 Abs. 1 BDSG an die Stelle der Löschung die Einschränkung der Verarbeitung treten, wenn die Löschung nicht oder nur mit unverhältnismäßig hohem Aufwand möglich ist und das Löschinteresse der betroffenen Person gering ist.

19.185

Das Muster spricht außerdem explizit den Fall an, dass der betroffenen Person mit der tatsächlichen Löschung ihrer Daten oftmals nicht geholfen ist, sondern die Einschränkung der Verarbeitung sinnvoller ist. Wenn die betroffene Person sich bspw. gegen den Erhalt von Werbung durch das Unternehmen wendet, würde die Löschung ihrer Daten zwar dazu führen, dass sie zukünftig keine Werbung mehr erhält. Bei einer erneuten Datenverarbeitung wäre aber nicht ausgeschlossen, dass sie wieder in den Verteiler für Werbung aufgenommen wird, weil es an einem entsprechenden Sperrvermerk fehlt. Das Muster weist daher ausdrücklich darauf hin, dass zu prüfen ist, inwieweit eine Einschränkung der Verarbeitung der Daten statt ihrer Löschung in Betracht kommt.

19.186

---

188 *Paal* in Paal/Pauly, Art. 15 DSGVO Rz. 3; *Kamann/Braun* in Ehmann/Selmayr, Art. 17 DSGVO Rz. 12.

189 *Dix* in Simitis/Hornung/Spiecker, Art. 17 DSGVO Rz. 6.

190 *Kamlah* in Plath, Art. 18 DSGVO Rz. 1; *Piltz*, K&R 2016, 629 (633) verweist dazu auf Erwägungsgrund 67 DSGVO.

191 *Paal* in Paal/Pauly, Art. 18 DSGVO Rz. 3.

25. Recht auf Berichtigung (Ziff. 25)

19.187 **M 19.1.25 Recht auf Berichtigung**

25. Recht auf Berichtigung

25.1 Unvollständige oder unrichtige personenbezogene Daten sind auf Verlangen der betroffenen Person zu korrigieren. Die Korrektur ist dabei auch im Interesse des Unternehmens, da der gesamte Datenbestand möglichst richtig und von hoher Qualität sein soll.

25.2 Soweit ein Mitarbeiter Kenntnis davon hat, dass bei dem Unternehmen gespeicherte Daten unvollständig und unrichtig sind, soll der Mitarbeiter die jeweilige Fachabteilung hierüber informieren, damit eine Korrektur veranlasst werden kann.

19.188 Ebenso wie das Recht auf Löschung bzw. Einschränkung der Verarbeitung gehört das **Recht auf Berichtigung** zu den Korrekturrechten des Betroffenen[192]. In dem Muster sind die Löschung und Einschränkung der Verarbeitung entgegen der Reihenfolge in der DSGVO zuvor geregelt, da die Berichtigung auf Verlangen des Betroffenen in der Praxis der seltenere Fall sein dürfte. Die Regelungen zum Recht auf Berichtigung ergänzen damit die Regelungen zur Datenqualität, die sich u.a. auch mit der Richtigkeit von Daten befassen (siehe Rz. 19.98 ff.).

a) Berichtigung auf Veranlassung der betroffenen Person (Ziff. 25.1)

19.189 Die Berichtigung unvollständiger und unrichtiger Daten erfolgt zumeist schon im Interesse des Unternehmens, da diesem nicht daran gelegen sein kann, falsche Daten zu speichern. Die Berichtigung der Daten hat unter Beachtung des Grundsatzes der Richtigkeit der Daten gem. Art. 5 Abs. 1 lit. d DSGVO unabhängig von einem entsprechenden Verlangen der betroffenen Person zu erfolgen[193]. Auf Verlangen der betroffenen Person ist die Berichtigung dann aber erst recht vorzunehmen. Typischerweise erfährt das Unternehmen erst durch ein entsprechendes Verlangen der betroffenen Person von der Unrichtigkeit.

b) Berichtigung ohne Veranlassung der betroffenen Person (Ziff. 25.2)

19.190 Im Muster ist zusätzlich auch der Fall berücksichtigt, dass das Unternehmen selbständig Kenntnis von der Unrichtigkeit der Daten erwirbt. In diesem Fall ist im Interesse des Unternehmens geregelt, dass diese Information an die richtige Stelle im Unternehmen weitergegeben wird.

26. Recht auf Widerruf, Widerspruch und Beschwerde (Ziff. 26)

19.191 **M 19.1.26 Recht auf Widerruf, Widerspruch und Beschwerde**

26. Recht auf Widerruf, Widerspruch und Beschwerde

26.1 Eine von einer betroffenen Person erteilte Einwilligung in die Verarbeitung ihrer Daten ist jederzeit frei widerruflich. Die betroffene Person ist auf die Möglichkeit des Widerrufs hinzuweisen. Der Widerruf gilt mit Wirkung für die Zukunft.

26.2 Soweit die Verarbeitung von Daten auf Basis einer gesetzlichen Ermächtigungsgrundlage erfolgt, bedarf es keiner Einwilligung der betroffenen Person. Widerspricht die betroffene Person der Datenver-

---

192 *Worms* in BeckOK DatenschutzR, Art. 16 DSGVO Rz. 1.
193 *Dix* in Simitis/Hornung/Spiecker, Art. 16 DSGVO Rz. 1.

arbeitung, ist zu prüfen, inwieweit auf die Datenverarbeitung zukünftig verzichtet werden kann. Ist dies nicht möglich, ist der betroffenen Person dies entsprechend zu erläutern.

26.3 Die betroffene Person hat das Recht, sich über den Umgang mit ihren personenbezogenen Daten im Unternehmen zu beschweren. Die Beschwerde ist unverzüglich an den Datenschutzbeauftragten weiterzuleiten, sofern sie nicht an ihn direkt gerichtet war. Der Datenschutzbeauftragte wird die Beschwerde beantworten und ggf. angemessene Maßnahmen zur Verbesserung des Datenschutzniveaus vorschlagen.

Das Muster fasst unter dem „**Recht auf Widerruf, Widerspruch und Beschwerde**" verschiedene Fallgestaltungen zusammen, u.a. den Widerruf einer ursprünglich erteilten Einwilligung, den Widerspruch gegen eine ohne Einwilligung vorgenommene Datenverarbeitung und die Beschwerde gegen den Datenumgang durch das Unternehmen. 19.192

a) Widerruf der Einwilligung (Ziff. 26.1)

Der Widerruf bezieht sich auf eine ursprünglich erteilte Einwilligung der betroffenen Person. Die einmal erteilte Einwilligung kann grundsätzlich gem. Art. 7 Abs. 3 DSGVO jederzeit zurückgenommen werden, wobei damit die Einwilligung als Grundlage für die Datenverarbeitung mit Wirkung ex nunc wegfällt[194]. Für das Unternehmen bedeutet dies, dass bei einem Rückgriff auf eine Einwilligung immer zu prüfen ist, inwieweit ein späterer Widerruf der Einwilligung auch tatsächlich berücksichtigt werden kann. Eine Alternative zu diesem Vorgehen dürfte es nicht geben, da es insbesondere nicht möglich ist, die betroffene Person wirksam und mit Bindungswirkung auf ihr Widerrufsrecht verzichten zu lassen. Eine gewisse Absicherung besteht für das Unternehmen jedoch insoweit, als dass die bisher bereits erfolgte Datenverarbeitung gem. Art. 7 Abs. 3 DSGVO von dem späteren Widerruf ausdrücklich nicht berührt wird[195]. Außerdem ist die Regelung gem. Art. 17 Abs. 1 lit. b DSGVO zu beachten, wonach trotz Widerruf der Einwilligung eine Löschung nicht erfolgen muss, wenn sich der Verantwortliche auf eine andere Ermächtigungsgrundlage berufen kann. 19.193

b) Widerspruch der betroffenen Person (Ziff. 26.2)

Ist eine Datenverarbeitung ohne Einwilligung der betroffenen Person in zulässiger Weise erfolgt, kommt ein Widerruf nicht in Betracht. Die betroffene Person kann sich dann im Rahmen eines **Widerspruchs gegen die Datenverarbeitung** wenden[196]. 19.194

Das explizit normierte **Widerspruchsrecht gem. Art. 21 DSGVO** ist an sehr enge Voraussetzungen geknüpft, verbietet dafür aber bei Vorliegen der jeweiligen Voraussetzungen die weitere Datenverarbeitung. Von Bedeutung dürften vor allem das Widerspruchsrecht gem. Art. 21 Abs. 1 DSGVO im Hinblick auf die Datenverarbeitung zur Wahrnehmung berechtigter Interessen gem. Art. 6 Abs. 1 lit. f DSGVO und der Widerspruch gegen die Datenverarbeitung zur Direktwerbung gem. Art. 21 Abs. 2 DSGVO sein[197]. 19.195

Das Muster geht über die inhaltlich begrenzten Widerspruchsmöglichkeiten hinaus, indem der betroffenen Person gegen jede Art der Datenverarbeitung durch das Unternehmen ein Widerspruchsrecht gewährt wird. Das Ziel dieser Gestaltung ist die Vermeidung einer weiteren Eskalation zwischen der betroffenen Person und dem Verantwortlichen. Wenn die betroffene Person erkennbar nicht mit der Verarbeitung ihrer personenbezogenen Daten einverstanden ist, kann durch eine frühzeitige Einbeziehung des Datenschutzbeauftragten eine Fortsetzung der Auseinandersetzung möglicherweise vermieden 19.196

---

194 *Plath* in Plath, Art. 7 DSGVO Rz. 15.
195 *Frenzel* in Paal/Pauly, Art. 7 DSGVO Rz. 16.
196 *Martini* in Paal/Pauly, Art. 21 DSGVO Rz. 2.
197 Vgl. zum Widerspruchsrecht gegen Direktwerbung gem. Art. 21 Abs. 2 DSGVO *Eckhardt*, K&R 2019, 289 (295).

werden. Soweit allerdings der Widerspruch über das Widerspruchsrecht gem. Art. 21 DSGVO hinausgeht, bewirkt es nur eine **interne Überprüfung der Datenverarbeitung** durch das Unternehmen. Anders als der Widerruf der Einwilligung und das Widerspruchsrecht i.S.v. Art. 21 DSGVO führt der weitergehende Widerspruch der betroffenen Person nicht automatisch dazu, dass die weitere Datenverarbeitung in der Zukunft unzulässig wird. Soll es bei der Datenverarbeitung bleiben, ist die betroffene Person zumindest entsprechend zu informieren. Soweit dem Widerspruch entsprochen wird, entspricht es den Gepflogenheiten, hierüber ebenfalls zu informieren, auch wenn dies nicht ausdrücklich im Muster erwähnt ist.

c) Beschwerderecht (Ziff. 26.3)

19.197 Wenn dem Widerspruch nicht entsprochen wird, gewährt die Richtlinie das **Recht zur Beschwerde**. Das Muster sieht darüber hinaus vor, dass auch andere Entscheidungen im Zusammenhang mit der Datenverarbeitung und jeder vermeintlich nicht ordnungsgemäße Umgang mit personenbezogenen Daten zum Gegenstand einer Beschwerde gemacht werden können.

19.198 Einen Rechtsbehelf, über den innerbetrieblich entschieden wird, sehen die datenschutzrechtlichen Vorgaben nicht zwingend vor. Die Schaffung einer entsprechenden Eskalationsstufe kann jedoch unter Umständen die Einschaltung externer Instanzen wie Aufsichtsbehörden und Gerichte vermeiden. Das Recht der betroffenen Person, sich gem. Art. 77 Abs. 1 DSGVO jederzeit an die Aufsichtsbehörden zu wenden, kann auf diese Weise jedoch nicht eingeschränkt werden[198]. Die betroffene Person sieht aber möglicherweise freiwillig von einer entsprechenden Beschwerde bei der Aufsichtsbehörde ab, wenn sie auf andere Weise eine Überprüfung erreichen kann. Dies setzt allerdings voraus, dass die Hürden für die betroffene Person bei einer innerbetrieblichen Prüfung möglichst gering sind.

19.199 Im Muster soll die Beschwerde durch den Datenschutzbeauftragten beschieden werden. Dieser hat jedoch innerhalb des Unternehmens keine Entscheidungsbefugnis[199], kann aber die Empfehlung aussprechen, der Beschwerde der betroffenen Person zu entsprechen. Weitere Verfahrensabläufe regelt das Muster nicht, diese können aber bei Bedarf ergänzt werden.

27. Verantwortung (Ziff. 27)

19.200 **M 19.1.27 Verantwortung**

27. Verantwortung

27.1 In erster Linie sind diejenigen Mitarbeiter für die Einhaltung der Vorgaben dieser Unternehmensrichtlinie verantwortlich, die jeweils mit der Datenverarbeitung betraut sind.

27.2 Alle Mitarbeiter des Unternehmens haben auf die Einhaltung dieser Unternehmensrichtlinie zu achten und auf diese Weise dazu beizutragen, dass in dem gesamten Unternehmen einheitlich hohe Datenschutzstandards etabliert werden.

27.3 Die Führungskräfte des Unternehmens haben darauf zu achten, dass die Mitarbeiter über die Unternehmensrichtlinie informiert werden. Zu der Information gehört auch der Hinweis, dass Verstöße gegen die Vorgaben dieser Unternehmensrichtlinie straf-, haftungs- oder arbeitsrechtliche Konsequenzen nach sich ziehen können.

---

198 *Körffer* in Paal/Pauly, Art. 77 DSGVO Rz. 9.
199 Zur Übertragung von Zuständigkeiten an den Datenschutzbeauftragten siehe auch die Erläuterungen zu dem Vertragsmuster zur Bestellung eines externen Datenschutzbeauftragten in Teil 1, Rz. 2.13.

27.4 Das Unternehmen bleibt gegenüber der betroffenen Person der Verantwortliche im datenschutzrecht-lichen Sinne. Der einzelne Mitarbeiter handelt daher für das Unternehmen und hat dessen Vorgaben zu beachten.

Im Datenschutzrecht sind keine besonderen Regelungen zur Zuständigkeit für datenschutzrechtliche Fragestellungen vorgesehen, da dies zu weit in betriebsinterne Entscheidungen eingreifen würde. In letzter Konsequenz ist die jeweilige **Geschäftsleitung** des Unternehmens für die Beachtung der daten-schutzrechtlichen Bestimmungen verantwortlich[200]. Unter den Voraussetzungen des Art. 37 DSGVO i.V.m. § 38 Abs. 1 BDSG ist zudem ein **Beauftragter für den Datenschutz** zu benennen[201]. Im Zuge der Bürokratieentlastung ist dabei die Grenze für eine Pflicht eines Unternehmens zur Benennung von zehn auf zwanzig „Personen" angehoben worden, wobei aufgrund des Wortlautes eine weite Interpre-tation zu erfolgen hat und nicht nur auf angestellte Mitarbeiter im engeren Sinne abgestellt werden darf[202]. Die Einhaltung der datenschutzrechtlichen Bestimmungen einschließlich der Vorgaben einer Unternehmensrichtlinie für den Datenschutz kann jedoch nicht alleine in die Hände eines Daten-schutzbeauftragten gelegt werden. Aufgrund der lediglich beratenden Stellung des Datenschutzbeauf-tragten bleibt die Letztverantwortung für Entscheidungen mit datenschutzrechtlicher Relevanz immer bei der Geschäftsleitung[203]. Deutlich wird dies u.a. im Rahmen von Bußgeldverfahren bei der Bemes-sung etwaiger Bußgelder, die sich gem. Art. 83 DSGVO nach dem Umsatz des Unternehmens richten.

19.201

a) Verantwortung der Mitarbeiter (Ziff. 27.1)

Soweit eine Aufgabe klar einer bestimmten Person zugeordnet ist, hat diese Person zugleich die Ver-antwortung für den ordnungsgemäßen Umgang mit personenbezogenen Daten im Rahmen der Auf-gabenerfüllung sicherzustellen, was auch in dem Muster klargestellt wird. Zu der Pflicht der einzel-nen Mitarbeiter kann es dabei auch gehören, Entscheidungen von Vorgesetzten insoweit ggf. kritisch zu hinterfragen und in Zweifelsfällen den Datenschutzbeauftragten einzuschalten.

19.202

b) Appell an die Mitarbeiter (Ziff. 27.2)

Das Muster beinhaltet weiter einen Appell an alle Mitarbeiter, auf die Einhaltung der Unternehmens-richtlinie zu achten. Durch diesen Appell soll erreicht werden, dass Mitarbeiter sich um die Einhaltung der datenschutzrechtlichen Vorgaben nicht ausschließlich in ihrem eigenen Zuständigkeitsbereich kümmern, sondern generell auf eine rechtskonforme Datenverarbeitung achten. Damit wird die Ziel-vorgabe der Unternehmensrichtlinie zur Schaffung eines einheitlichen Standards wieder aufgegriffen (siehe Rz. 19.15).

19.203

c) Verantwortung der Führungskräfte (Ziff. 27.3)

Die Führungskräfte eines Unternehmens trifft die besondere Pflicht, auch im Rahmen der arbeits-rechtlichen Hierarchien für die Einhaltung der datenschutzrechtlichen Vorgaben zu sorgen. Dies kann u.a. dadurch erfolgen, dass den untergeordneten Mitarbeitern die Bedeutung des Datenschutzes und die Folgen eines Verstoßes gegen die Richtlinien vor Augen geführt werden. Die Konsequenzen können dabei sowohl das Unternehmen wie auch den einzelnen Mitarbeiter treffen. Ähnlich wie bei der Ver-pflichtung auf das Datengeheimnis ist es daher empfehlenswert, die Mitarbeiter auf die Einhaltung der Richtlinie zu verpflichten.

19.204

---

200 *Brandt* in Hauschka, § 29 Rz. 27.
201 *Moos* in BeckOK DatenschutzR, Art. 37 DSGVO Rz. 11, 36.
202 *Klug/Gola*, NJW 2020, 660; *Pauly* in Paal/Pauly, § 38 BDSG Rz. 6.
203 *Meyer*, S. 144.

d) Verantwortung im Außenverhältnis (Ziff. 27.4)

19.205 Abschließend wird nochmals klargestellt, dass im Außenverhältnis das Unternehmen verantwortlich bleibt, diese Verantwortung aber von jedem Mitarbeiter beachtet werden muss[204].

28. Datenschutzbeauftragter als Ansprechpartner (Ziff. 28)

19.206 **M 19.1.28 Datenschutzbeauftragter als Ansprechpartner**

28. Datenschutzbeauftragter als Ansprechpartner

28.1 Fragen zu dieser Unternehmensrichtlinie oder dem richtigen Umgang mit personenbezogenen Daten können an den Datenschutzbeauftragten gerichtet werden. Die Kontaktdaten des Datenschutzbeauftragten sind im Intranet abrufbar und am schwarzen Brett ausgehängt.

28.2 Der Datenschutzbeauftragte koordiniert die datenschutzrechtlichen Aktivitäten des Unternehmens. Er ist u.a. Ansprechpartner für die betroffenen Personen, die mit der Datenverarbeitung betrauten Mitarbeiter und die Geschäftsführung.

28.3 Der Datenschutzbeauftragte ist auch befugt, die Einhaltung dieser Unternehmensrichtlinie zu prüfen und die Beachtung der gesetzlichen Bestimmungen des Datenschutzrechts zu überwachen. Die entsprechende Überwachungsbefugnis entbindet aber nicht den einzelnen Mitarbeiter von seiner Verantwortung.

28.4 Alle Mitarbeiter haben den Datenschutzbeauftragten bei der Erfüllung seiner Aufgaben und Aktivitäten zu unterstützen. Der Datenschutzbeauftragte kann sich in Erfüllung seiner Aufgaben jederzeit an die Geschäftsführung wenden und seine Anliegen vortragen.

28.5 Bei Bedarf kann der Datenschutzbeauftragte in Ergänzung zu dieser Unternehmensrichtlinie Handlungsempfehlungen zu speziellen Themen herausgeben.

19.207 Die Regelung stellt den Aufgabenbereich des Datenschutzbeauftragten im Kontext der Richtlinie dar, ersetzt aber nicht die individuelle Vereinbarung zwischen dem Unternehmen und seinem Datenschutzbeauftragten[205].

Hinsichtlich der **Person des Datenschutzbeauftragten** verlangt Art. 37 Abs. 5 DSGVO eine ausreichende berufliche Qualifikation und insbesondere Fachwissen auf dem Gebiet des Datenschutzrechts und der Datenschutzpraxis. Insoweit sind wie bisher rechtliche, organisatorische und technische Kenntnisse zu fordern. Neu ist die Betonung der Datenschutzpraxis, so dass alleine theoretische Kenntnisse nicht mehr ausreichen dürften[206]. Innerhalb von Konzernstrukturen ist es möglich, einen gemeinsamen Datenschutzbeauftragten gem. Art. 37 Abs. 2 DSGVO zu benennen, der häufig auch als Konzerndatenschutzbeauftragter bezeichnet wird, aber gleichwohl von jeder Gesellschaft separat benannt werden muss[207].

19.208 Hinsichtlich der **Aufgaben des Datenschutzbeauftragten** ist die Aufzählung gem. Art. 39 Abs. 1 DSGVO nicht als abschließender Katalog zu verstehen, sondern definiert nur einen Mindestumfang an Aufgaben[208]. Nach der Konzeption der DSGVO werden als wesentliche Aufgabenbereiche die Unterrichtung und Beratung, die Überwachung, die Mitwirkung bei Datenschutz-Folgenabschätzungen so-

---

204 *Heberlein* in Ehmann/Selmayr, Art. 38 DSGVO Rz. 14.

205 Vgl. zur Tätigkeit als interner Datenschutzbeauftragter das Muster M 1.1 in Teil 1 und für einen externen Datenschutzbeauftragten das Muster M 2.1 in Teil 1.

206 *Moos* in BeckOK DatenschutzR, Art. 37 DSGVO Rz. 57; *Meyer*, S. 142.

207 *Drewes* in Simitis/Hornung/Spiecker, Art. 37 DSGVO Rz. 30.

208 *Paal* in Paal/Pauly, Art. 39 DSGVO Rz. 4.

wie die Zusammenarbeit mit der Aufsichtsbehörde definiert[209]. Die genauen Aufgaben des Datenschutzbeauftragten können und müssen der Verantwortliche und der vorgesehene Datenschutzbeauftragte im Rahmen der Benennung festlegen[210]. Abhängig von dem konkreten Aufgabenkatalog hat der Verantwortliche dann für ausreichende Ressourcen auf Seiten des Datenschutzbeauftragten zu sorgen. Das Muster legt vor diesem Hintergrund einen Schwerpunkt auf die Beschreibung der Zusammenarbeit des Datenschutzbeauftragten mit den übrigen Mitarbeitern. Auf eine zusammenfassende Darstellung aller Aufgaben des Datenschutzbeauftragten verzichtet das Muster bewusst; es finden sich vielmehr bei den jeweiligen inhaltlichen Themen Verweise auf den Datenschutzbeauftragten.

a) Erreichbarkeit des Datenschutzbeauftragten (Ziff. 28.1)

Es entspricht dem Berufsbild und dem Selbstverständnis eines Datenschutzbeauftragten, dass er sein Unternehmen in datenschutzrechtlichen Belangen berät[211]. Um diese Beratungsfunktion effektiv wahrnehmen zu können, muss der Datenschutzbeauftragte auch für die einzelnen Mitarbeiter erreichbar sein. Es bietet sich daher an, den Datenschutzbeauftragten unternehmensintern bekanntzumachen. Das Muster verweist hierfür auf das Intranet und das schwarze Brett. Dieser Punkt ist ggf. entsprechend der Möglichkeiten im Unternehmen anzupassen.

19.209

b) Aufgaben des Datenschutzbeauftragten (Ziff. 28.2)

Neben der reinen Beratung von Geschäftsleitung und Belegschaft sieht das Muster den Datenschutzbeauftragten auch als Koordinator für verschiedene Aktivitäten und als zentralen Ansprechpartner an, was nochmals klargestellt wird[212]. Weiter erfolgt eine Klarstellung dahingehend, dass der Datenschutzbeauftragte als Ansprechpartner für alle Beteiligten zur Verfügung steht. Dies betrifft sowohl die betroffenen Personen als auch die Mitarbeiter und die Geschäftsleitung. Das Anrufungsrecht der betroffenen Personen ergibt sich dabei bereits aus Art. 38 Abs. 4 DSGVO und wird von der Unternehmensrichtlinie nur aufgegriffen[213]. Für die Kontaktaufnahme zu den Mitarbeitern ist vor allem die Bekanntgabe der Kontaktdaten vorgesehen (siehe Rz. 19.209), bei Anliegen von externen betroffenen Personen ist die Einschaltung des Datenschutzbeauftragten als „Anwalt der Betroffenen" ebenfalls vorgesehen (siehe Rz. 19.177)[214].

19.210

c) Prüfungs- und Überwachungsbefugnis (Ziff. 28.3)

Eine unmittelbare Entscheidungskompetenz steht dem Datenschutzbeauftragten nicht zu, da er nur beratend tätig wird. Ohne entsprechende Regelung in der Unternehmensrichtlinie ist der Datenschutzbeauftragte zwar zur Prüfung der Datenverarbeitung im Unternehmen verpflichtet, der Umfang der eigenen Prüfungs- und Überwachungskompetenz bliebe aber unklar. Auch ohne ausdrückliche Regelung wird von einem unbegrenzten Kontroll- und Einsichtsrecht des Datenschutzbeauftragten ausgegangen. Das Muster gewährt dem Datenschutzbeauftragten ausdrücklich die erforderlichen Kompetenzen, die für eine ordnungsgemäße Aufgabenwahrnehmung notwendig sind. Es ist vor allem gegenüber den übrigen Mitarbeitern sinnvoll und interessengerecht, auf diese Weise die Stellung des Datenschutzbeauftragten zu stärken. Gleichzeitig sollte dann aber auch klargestellt werden, dass die Tätigkeit des Datenschutzbeauftragten nicht dazu führen darf, dass sich alle übrigen Mitarbeiter alleine auf dessen Tätigkeit verlassen.

19.211

---

209 *Moos* in BeckOK DatenschutzR, Art. 39 DSGVO Rz. 1.
210 *Piltz/Häntschel*, RDV 2019, 277 (278 f.); *Drewes* in Simitis/Hornung/Spiecker, Art. 39 DSGVO Rz. 5; *Paal* in Paal/Pauly, Art. 39 DSGVO Rz. 4.
211 *Jaspers/Reif*, RDV 2016, 61 (66).
212 *Klug* in Gola, Art. 38 DSGVO Rz. 6.
213 *Paal* in Paal/Pauly, Art. 38 DSGVO Rz. 12.
214 *Jaspers/Reif*, RDV 2012, 78 (82); *Paal* in Paal/Pauly, Art. 38 DSGVO Rz. 12.

d) Unterstützung durch die Mitarbeiter und Vortragsrecht (Ziff. 28.4)

19.212 Eine allgemeine Verpflichtung zur **Unterstützung des Datenschutzbeauftragten** lässt sich aus Art. 38 Abs. 2 DSGVO ableiten[215]. Adressat der Regelung ist zunächst das Unternehmen selbst, dass diese Unterstützungspflicht durch die Regelung in der Unternehmensrichtlinie an die einzelnen Mitarbeiter weiterreicht.

19.213 Im Hinblick auf die Beratung der Geschäftsleitung wird dem Datenschutzbeauftragten gem. Art. 38 Abs. 3 Satz 3 DSGVO ein direktes Vortragsrecht zugesprochen, was durch das Muster aufgegriffen wird[216].

e) Herausgabe von Handlungsempfehlungen (Ziff. 28.5)

19.214 Schließlich enthält das Muster noch eine **Kompetenzübertragung** zugunsten des Datenschutzbeauftragten für den Erlass von **Handlungsempfehlungen**. Aufgrund seiner Stellung im Unternehmen kann der Datenschutzbeauftragte keine verbindlichen Anweisungen erteilen, da dies der Geschäftsleitung vorbehalten ist. Im Muster wird dem Datenschutzbeauftragten gleichwohl eine relativ starke Stellung eingeräumt, indem er die Möglichkeit hat, Handlungsempfehlungen zu erlassen[217]. Nach dem Wortlaut haben die Empfehlungen keinen verpflichtenden Charakter, dennoch können sich Handlungsempfehlungen als Ergänzung zu der verpflichtenden Unternehmensrichtlinie anbieten.

29. Meldung von Verstößen und Zusammenarbeit mit Aufsichtsbehörden (Ziff. 29)

19.215 **M 19.1.29 Meldung von Verstößen und Zusammenarbeit mit Aufsichtsbehörden**

29. Meldung von Verstößen und Zusammenarbeit mit Aufsichtsbehörden

29.1 Die Mitarbeiter haben dem Datenschutzbeauftragten unverzüglich Bericht zu erstatten, wenn sie Kenntnis von einem Verstoß gegen diese Unternehmensrichtlinie oder rechtliche Bestimmungen haben, die sich auf den Schutz personenbezogener Daten beziehen.

29.2 Eine Information hat bereits dann zu erfolgen, wenn erste Anhaltspunkte oder Verdachtsmomente für einen Datenschutzverstoß vorliegen. Auf diese Weise soll der Datenschutzbeauftragte frühzeitig in die Aufklärung der Angelegenheit eingebunden werden. Weitere Details im Hinblick auf das Verhalten bei möglichen Datenschutzverstößen sind in einem gesonderten Konzept für Datenschutzverstöße definiert.

29.3 Auf Basis der erhaltenen Informationen prüft der Datenschutzbeauftragte, inwieweit eine Informationspflicht gegenüber den Aufsichtsbehörden und den betroffenen Personen besteht.

29.4 Das Unternehmen arbeitet mit den zuständigen Aufsichtsbehörden kooperativ und vertrauensvoll zusammen. Im Falle einer gesetzlichen Auskunftsverpflichtung wird das Unternehmen die geforderten Auskünfte unverzüglich erteilen. Maßnahmen und Feststellungen der Aufsichtsbehörden werden von dem Unternehmen uneingeschränkt akzeptiert, soweit sie rechtmäßig sind. Die Kommunikation mit den Aufsichtsbehörden soll über den Datenschutzbeauftragten erfolgen.

19.216 Die Bestimmung regelt sowohl die interne Kommunikation bei **Datenschutzverstößen** als auch die externe Kommunikation mit der Aufsichtsbehörde und den betroffenen Personen. Aufgrund der zentra-

---

215 *v. d. Bussche* in Plath, Art. 38 DSGVO Rz. 3.
216 *Moos* in BeckOK DatenschutzR, Art. 38 DSGVO Rz. 24 f.; *v. d. Bussche* in Plath, Art. 38 DSGVO Rz. 13; *Heberlein* in Ehmann/Selmayr, Art. 38 DSGVO Rz. 16.
217 *Klug* in Gola, Art. 39 DSGVO Rz. 4.

len Position des Datenschutzbeauftragten bietet es sich an, diesen die Koordinierung übernehmen zu lassen, zumal er ohnehin als zentraler Ansprechpartner für alle Fragen des Datenschutzes dienen soll.

a) Mitteilung von Verstößen (Ziff. 29.1)

Durch die Normierung einer Berichtspflicht der Mitarbeiter gegenüber dem Datenschutzbeauftragten soll sichergestellt werden, dass das Unternehmen und sein Datenschutzbeauftragter den Verpflichtungen gem. Art. 33 Abs. 1 DSGVO und Art. 34 Abs. 1 DSGVO nachkommen können. Das Muster implementiert dabei ein zweistufiges Verfahren im Hinblick auf Mitteilungen über Datenschutzverstöße. | 19.217

Auf der ersten Stufe ist zunächst über jeden Vorfall intern zu berichten, wobei die Bearbeitung entsprechender Berichte dem Datenschutzbeauftragten zugewiesen ist. Auf der zweiten Stufe erfolgt dann die Prüfung durch den Datenschutzbeauftragten, inwieweit eine offizielle Meldung i.S.v. Art. 33 Abs. 1 DSGVO oder eine Information gem. Art. 34 Abs. 1 DSGVO zu erfolgen hat. | 19.218

In zeitlicher Hinsicht wird eine unverzügliche Information verlangt, was nicht weiter konkretisiert wird. Es ist aber zu beachten, dass eine etwaige Meldung durch den Datenschutzbeauftragten gem. Art. 33 Abs. 1 DSGVO ebenfalls „unverzüglich und möglichst binnen 72 Stunden" zu erfolgen hat, wobei die zeitliche Vorgabe zutreffend als normative Leitvorgabe zu verstehen ist[218].

b) Konzept für Datenschutzverstöße (Ziff. 29.2)

Die Meldepflichten gem. Art. 33 Abs. 1 DSGVO beziehen sich auf **Verletzungen des Schutzes personenbezogener Daten** im Sinne der Definition gem. Art. 4 Nr. 12 DSGVO[219]. Die entsprechende Verletzung ist (nur) dann zu melden, wenn eine hinreichende Kenntnis besteht, die eine sinnvolle Meldung mit den vorgegebenen Mindestinhalten ermöglicht[220]. Gegenüber diesen Vorgaben erfolgt durch das Muster eine Ausweitung und Vorverlagerung der Berichtspflichten, indem ausdrücklich bereits erste Anhaltspunkte und Verdachtsmomente mitgeteilt werden sollen[221]. Zur Begründung für derart weitgehende interne Berichtspflichten verweist das Muster darauf, dass der Datenschutzbeauftragte möglichst frühzeitig einbezogen werden soll. Angesichts der gestiegenen Bedeutung der Melde- und Informationspflichten wird durch die Regelungen im Muster bewusst in Kauf genommen, dass Berichte auch dann erfolgen, wenn sich später der Verdacht eines Datenschutzverstoßes nicht bestätigt. Die Gestaltung berücksichtigt aber auch die Forderung, dass ab Vorliegen von Anhaltspunkten eine sich daran anschließende Aufklärungspflicht angenommen wird[222]. | 19.219

Zur **praktischen Umsetzung der internen Unterrichtung** verweist das Muster auf ein „gesondertes Konzept". Es empfiehlt sich, für die Mitarbeiter möglichst präzise Anleitungen zu erstellen und Formulare vorzulegen, die einfach ausgefüllt und übermittelt werden können. Weil es sich bei den Vorgaben zum konkreten Umgang mit Datenschutzverstößen eher um eine praktische Anweisung handelt, sind die Ausführungen bewusst aus dem Muster ausgelagert worden. Es ist aber grundsätzlich auch denkbar, sämtliche Details im Hinblick auf Datenschutzverstöße direkt in der Unternehmensrichtlinie zu regeln. | 19.220

---

218 *Taeger*, RDV 2020, 3 (7); vgl. zur Fristberechnung *Werkmeister/Brandt/Felcht*, CR 2020, 89.
219 *Martini* in Paal/Pauly, Art. 33 DSGVO Rz. 16.
220 *Dix* in Simitis/Hornung/Spiecker, Art. 33 DSGVO Rz. 7; *Martini* in Paal/Pauly, Art. 33 DSGVO Rz. 18.
221 *Martini* in Paal/Pauly, Art. 33 DSGVO Rz. 54 zur Bedeutung der Dokumentation.
222 *Werkmeister/Brandt/Felcht*, CR 2020, 89 (90).

c) Information der Aufsichtsbehörde (Ziff. 29.3)

19.221 Nicht jedes Ereignis, für das durch das Muster eine interne Meldung vorgesehen ist, löst auch tatsächliche eine **Meldepflicht gegenüber der Aufsichtsbehörde** aus. Zwar wird durch Art. 33 Abs. 1 DSGVO zunächst eine generelle Meldepflicht für Datenschutzverstöße begründet, die allerdings durch eine Ausnahme direkt wieder eingeschränkt wird[223]. Die Meldepflicht steht unter dem Vorbehalt eines prognostizierten Risikos im Einzelfall. Trotz hinreichender Kenntnis von einem Datenschutzverstoß muss keine Meldung erfolgen, wenn voraussichtlich kein Risiko für die betroffenen Personen besteht. Auf diese Weise besteht für das Unternehmen ein gewisser Prognosespielraum, allerdings verbleibt das Prognoserisiko grundsätzlich bei dem Unternehmen[224].

19.222 Gegenüber den betroffenen Personen kann sich eine Informationspflicht aus Art. 34 Abs. 1 DSGVO ergeben. Die Meldepflicht gegenüber der Aufsichtsbehörde und die **Informationspflicht gegenüber den betroffenen Personen** sind dabei nicht gleichlaufend, sondern die Informationspflicht gegenüber den betroffenen Personen ist an deutlich strengere Anforderungen geknüpft[225]. Voraussetzung für eine Informationspflicht ist danach ein voraussichtlich hohes Risiko für die persönlichen Rechte und Freiheiten als Folge des Datenschutzverstoßes. Systematisch unterscheidet sich das rechtliche Konzept auch darin, dass das Vorliegen eines hohen Risikos eine materielle Voraussetzung für die Benachrichtigungspflicht ist und das Fehlen eines solchen Risikos nicht lediglich als Ausnahme die Benachrichtigungspflicht entfallen lässt[226].

19.223 Auf die konkreten Inhalte der Melde- und Informationspflicht gem. Art. 33 Abs. 3 DSGVO bzw. Art. 34 Abs. 3 DSGVO geht das Muster nicht ein. Es wird insoweit unterstellt, dass die Meldung bzw. Information durch den Datenschutzbeauftragten erfolgt bzw. vorbereitet wird. Für die Mitarbeiter sollte im Rahmen des separaten Konzeptes zum Umgang mit Datenschutzverstößen ein Formular vorgelegt werden, mit dem die relevanten Tatsachen abgefragt werden, die der Datenschutzbeauftragte zur Erfüllung seiner Aufgaben benötigt.

d) Zusammenarbeit mit der Aufsichtsbehörde (Ziff. 29.4)

19.224 Unabhängig von dem Bestehen einer Meldepflicht bei einem Datenschutzverstoß ist in dem Muster die vertrauensvolle Zusammenarbeit mit der Aufsichtsbehörde geregelt. Die Kompetenzen der Aufsichtsbehörde gegenüber dem Unternehmen ergeben sich aus Art. 58 DSGVO. Das Unternehmen hat u.a. Untersuchungen und Kontrollen der Aufsichtsbehörde gem. Art. 58 Abs. 1 DSGVO zu dulden und Maßnahmen der Aufsichtsbehörde gem. Art. 58 Abs. 2 DSGVO („Abhilfebefugnisse") umzusetzen. Im Muster wird die Bereitschaft zur Unterstützung der Arbeit der Aufsichtsbehörde bekräftigt, allerdings mit der Einschränkung, dass sich das Unternehmen die Möglichkeit vorbehält, Aktivitäten der Behörde als unrechtmäßig anzusehen. Die Formulierung im Muster ist dabei so zu verstehen, dass der Vorbehalt sich sowohl auf die formelle Rechtmäßigkeit als auch auf eine materielle Überprüfung bezieht. Wird die Rechtmäßigkeit von dem Unternehmen angezweifelt, ist ggf. eine gerichtliche Klärung gem. Art. 78 Abs. 1 DSGVO herbeizuführen[227].

19.225 Das Muster geht entsprechend der Aufgabenzuweisung gem. Art. 39 Abs. 1 lit. e DSGVO davon aus, dass auch die Kommunikation mit der Aufsichtsbehörde durch den Datenschutzbeauftragten geführt wird[228]. Da es im Einzelfall denkbar ist, dass die Aufsichtsbehörde eine direkte Klärung mit der Ge-

---

223 *Hladjk* in Ehmann/Selmayr, Art. 33 DSGVO Rz. 11.

224 *Grages* in Plath, Art. 33 DSGVO Rz. 6.

225 *Brink* in BeckOK DatenschutzR, Art. 34 DSGVO Rz. 3.

226 *Dix* in Simitis/Hornung/Spiecker, Art. 34 DSGVO Rz. 4.

227 Zur Überprüfung aufsichtsbehördlicher Maßnahmen nach altem Recht vgl. bspw. OVG Schleswig-Holstein v. 22.4.2013 – 4 MB 11/13, K&R 2013, 523 m. Anm. *Meyer*.

228 *Paal* in Paal/Pauly, Art. 39 DSGVO Rz. 9; *Jaspers/Reif*, RDV 2016, 61 (66 f.).

schäftsleitung erwartet, ist die Regelung lediglich als Sollvorschrift ausgestaltet. Abhängig von dem Gegenstand der Aktivitäten der Aufsichtsbehörde ist ohnehin davon auszugehen, dass der Datenschutzbeauftragte sich mit der Geschäftsleitung abstimmt.

30. Publizität (Ziff. 30)

M 19.1.30 Publizität   19.226

30. Publizität

30.1 Diese Unternehmensrichtlinie ist allen Mitarbeitern des Unternehmens in geeigneter Weise zugänglich zu machen, insbesondere über das Intranet.

30.2 Eine allgemeine Veröffentlichung dieser Unternehmensrichtlinie ist nicht vorgesehen, da es sich um eine interne Richtlinie des Unternehmens handelt.

Die Bestimmung regelt die **Veröffentlichung der Unternehmensrichtlinie**, wobei einer rein unternehmensinternen Veröffentlichung der Vorzug gegenüber einer allgemeinen Veröffentlichung gegeben wird.   19.227

a) Unternehmensinterne Bekanntgabe (Ziff. 30.1)

Bei der Richtlinie handelt es sich grundsätzlich um ein unternehmensinternes Dokument. Damit die Mitarbeiter sich an den Vorgaben der Richtlinie orientieren können, ist sicherzustellen, dass alle Mitarbeiter Zugriff auf die Richtlinie haben. Eine einfache Möglichkeit der Bereitstellung der Richtlinie ist die **Veröffentlichung im Intranet**. Auf diese Weise ist es auch möglich, immer die aktuelle Fassung der Richtlinie zur Verfügung zu stellen. Soweit ein eigenes Intranet nicht zur Verfügung steht, sind andere Möglichkeiten zu nutzen, um die jederzeitige Zugriffsmöglichkeit auf die Richtlinie zu gewährleisten. Denkbar ist bspw. die Speicherung einer elektronischen Fassung auf einem allgemein verfügbaren Laufwerk.   19.228

Soweit vorgesehen ist, dass die Unternehmensrichtlinie auch für Tochtergesellschaften des Unternehmens gelten soll, ist daran zu denken, dass die dortigen Mitarbeiter Zugriff auf die Unternehmensrichtlinie haben und über diese informiert werden (siehe Rz. 19.31).   19.229

b) Externe Veröffentlichung (Ziff. 30.2)

Die Richtlinie enthält keine **vertraulichen Informationen** oder besonders schützenswerte Daten. Insoweit erfolgt lediglich die Klarstellung, dass eine allgemeine Veröffentlichung der Richtlinie nicht vorgesehen ist. Es entspricht der Praxis, dass entsprechende Richtlinien zumeist nicht veröffentlicht werden, sondern nur unternehmensweit verfügbar sind.   19.230

Betroffene Personen haben grundsätzlich keinen Anspruch auf Offenlegung der internen Richtlinie, die ein Unternehmen zum Umgang mit personenbezogenen Daten erlassen hat. Soweit aber ein Unternehmen gem. Art. 5 Abs. 2 DSGVO den Nachweis des ordnungsgemäßen Umgangs mit personenbezogenen Daten führen oder den Vorwurf einer Verletzung eines schuldhaften Datenschutzverstoßes gem. Art. 82 Abs. 3 DSGVO entkräften möchte, mag im Einzelfall die Offenlegung der internen Richtlinie hilfreich sein (siehe Rz. 19.3).   19.231

31. Änderungen der Unternehmensrichtlinie (Ziff. 31)

19.232 **M 19.1.31 Änderungen dieser Unternehmensrichtlinie**

31. Änderungen dieser Unternehmensrichtlinie

31.1 Das Unternehmen behält sich das Recht vor, diese Unternehmensrichtlinie bei Bedarf zu ändern. Eine Änderung kann insbesondere erforderlich werden, um gesetzlichen Vorgaben, bindenden Verordnungen, Forderungen der Aufsichtsbehörden oder unternehmensinternen Verfahren zu entsprechen.

31.2 In regelmäßigen Abständen soll auch geprüft werden, inwieweit technologische Veränderungen eine Anpassung dieser Unternehmensrichtlinie erforderlich machen.

19.233 Angesichts regelmäßiger gesetzlicher und technischer Veränderungen ist davon auszugehen, dass bezüglich der Richtlinie **Änderungsbedarf** in der Zukunft entstehen wird. Vor diesem Hintergrund sollte bereits bei Erlass der Richtlinie definiert werden, unter welchen Umständen eine Änderung der Richtlinie erfolgen kann.

a) Änderung der Unternehmensrichtlinie (Ziff. 31.1)

19.234 Die Entscheidung über die Änderung der Richtlinie wird von dem Unternehmen getroffen, das auch die Richtlinie ursprünglich erlassen hat. Grundsätzlich bedarf es keines konkreten Anlasses für eine Änderung oder Anpassung, daher stellt das Muster allgemein auf einen Änderungsbedarf ab. Nachfolgend sind nur beispielhaft Anlässe aufgeführt, aus denen sich der Änderungsbedarf ergeben kann. Gesetzesänderungen können u.a. zu einer Verschärfung der datenschutzrechtlichen Vorschriften führen, die dann auch in der Richtlinie berücksichtigt werden sollten. Auch eine geänderte Interpretation rechtlicher Vorschriften kann zu dem gleichen Ergebnis führen, ebenso Entscheidungen der Aufsichtsbehörde. Auch rein interne Veränderungen bei den Vorgaben und Abläufen des Unternehmens können einen Änderungsbedarf erzeugen.

b) Revisionsklausel (Ziff. 31.2)

19.235 Wegen der schnellen technologischen Entwicklung ist ausdrücklich auch ein Hinweis aufgenommen worden, dass der Inhalt der Richtlinie regelmäßig vor diesem Hintergrund rechtlich geprüft werden soll. Die Pflicht zur regelmäßigen Überprüfung der Richtlinie greift insoweit das Konzept gem. Art. 32 DSGVO auf, wonach technische und organisatorische Maßnahmen regelmäßig auf ihre Angemessenheit zu prüfen sind[229]. Auf eine konkrete Vorgabe, in welchen Abständen eine Überprüfung erfolgen soll, wurde dabei aus Gründen der höheren Flexibilität verzichtet.

---

229 Vgl. *Hladjk* in Ehmann/Selmayr, Art. 32 DSGVO Rz. 5 zur regelmäßigen Bewertung von technischen und organisatorischen Maßnahmen in Bezug auf ihre Angemessenheit aufgrund geänderter technischer Möglichkeiten.

§ 20
Betriebsvereinbarung zur Videoüberwachung

Literatur: *Bauer/Schansker*, (Heimliche) Videoüberwachung durch den Arbeitgeber, NJW 2012, 3537; *Bergwitz*, Verdeckte Videoüberwachung weiterhin zulässig, NZA 2012, 1205; *Byers/Wenzel*, Videoüberwachung am Arbeitsplatz nach dem neuen Datenschutzrecht, BB 2017, 2036; Datenschutzkonferenz, Orientierungshilfe „Videoüberwachung durch nicht-öffentliche Stellen", 2020; Düsseldorfer Kreis, Orientierungshilfe „Videoüberwachung durch nicht-öffentliche Stellen", 2014; *European Data Protection Board* (Hrsg.), Guideline 3/2019 on processing of personal data through video devices, Version 2.0, 2020; *Gola*, Der „neue" Beschäftigtendatenschutz nach § 26 BDSG n.F., BB 2017, 1462; *Gola/Schomerus*, BDSG, 12. Aufl. 2015; *Körner*, Beschäftigtendatenschutz in Betriebsvereinbarungen unter der Geltung der DS-GVO, NZA 2019, 1389; *Lang*, Datenschutzrechtlich bleibt eine lange Speicherdauer von Videoüberwachungsaufzeichnungen problematisch (Besprechung von BAG v. 23.8.2018 – 2 AZR 133/18), CB 2019, 38; *Lang*, Private Videoüberwachung im öffentlichen Raum, 2008; *Lang*, Videotechnik, Ortungssysteme und biometrische Verfahren – Mitarbeiterüberwachung in Datenschutz im Unternehmen, AuA Sonderausgabe 2010, 26; *Lang*, Videoüberwachung am Arbeitsplatz (Besprechung von BAG v. 26.8.2008 – 1 ABR 16/07), AuA 2009, 374; *Lang/Lachenmann*, Kein Mitbestimmungsrecht bei Videokamera-Attrappen, NZA 2015, 591; *Seiffert*, Datenschutzprüfung durch die Aufsichtsbehörden, 2. Aufl. 2009; *Taeger/Gabel*, Kommentar zum BDSG, 2. Aufl. 2013; *Wybitul*, Der neue Beschäftigtendatenschutz nach § 26 BDSG und Art. 88 DSGVO, NZA 2017, 413.

A. Einleitung

I. Tatsächliche Rahmenbedingungen für Videoüberwachung am Arbeitsplatz

20.1 Videoüberwachung am Arbeitsplatz erfolgt zu vielfältigen Zwecken präventiver und repressiver Art. Hierzu zählen z.B. die Erkennung und Lokalisierung von Gefahren zum **Objekt- und Personenschutz**, die **Verhinderung von Straftaten** durch Mitarbeiter oder andere Personen und die **Beweissicherung**.

20.2 Die rechtlichen Vorgaben für eine Videoüberwachung am Arbeitsplatz hängen nicht nur vom konkreten Zweck, den erfassten Bereichen und den betroffenen Personen ab, sondern auch von der Einsatzform der Videotechnik. Die Einsatzform bestimmt sich danach, ob bestimmte Komponenten der Videotechnik vorhanden sind bzw. ob und wie diese Komponenten genutzt werden. Folgende Basis-Einsatzformen lassen sich unterscheiden:

Geräte der Videotechnik sind entweder mit oder ohne akustisch-elektronische Komponenten ausgestattet und entsprechend einsetzbar. Dieser Einsatz kann – wiederum technisch bedingt – in zwei verschiedenen Formen erfolgen. Das sind zum einen das Beobachten und ggf. Abhören, wodurch nur der Augenblick erfasst wird und eine Reproduktion ausgeschlossen ist (sog. Kamera-Monitor-Prinzip). Die zweite Einsatzform bildet die Aufzeichnung der Bild- und ggf. Toninformation auf einem Speichermedium. Weiterhin ist Videoüberwachung offen[1] und verdeckt möglich. Schließlich kann Videotechnik mobil oder stationär eingesetzt werden[2].

II. Rechtsgrundlagen für Videoüberwachung am Arbeitsplatz

20.3 Bei einer Videoüberwachung am Arbeitsplatz können zum einen Beschäftigte der überwachenden Stelle und zum anderen deren Kunden, Lieferanten, Besucher und sonstige Personen betroffen sein. Insoweit kommen unterschiedliche Rechtsgrundlagen zum Tragen. Im Hinblick auf die Personen, die keine Beschäftigten der überwachenden Stelle sind, gelten die allgemeinen rechtlichen Vorgaben für eine Videoüberwachung an öffentlich bzw. nicht öffentlich zugänglichen Orten[3].

20.4 Für eine Videoüberwachung von Beschäftigten am Arbeitsplatz kommt die gesetzliche Vorschrift des § 26 BDSG zur Datenverarbeitung im **Beschäftigungskontext** zum Tragen. Daneben sind als Rechtsgrundlage für eine Videoüberwachung am Arbeitsplatz grundsätzlich auch eine **Einwilligung** der betroffenen Beschäftigten, der allgemeine Erlaubnistatbestand Art. 6 Abs. 1 lit. f DSGVO (Wahrung berechtigter Interessen) und schließlich in Betrieben mit Betriebsrat **Betriebsvereinbarungen** möglich[4].

---

1 Offen im Sinne von bekannt gemacht oder zumindest erkennbar. Zu den Termini „offen" einerseits und „verdeckt", „versteckt" sowie „heimlich" andererseits und zu deren zuweilen unpräzisen Verwendung in der Rechtsprechung s. *Lang*, S. 97.

2 Zu den verschiedenen Einsatzformen von Videotechnik zu Überwachungszwecken und deren grundlegenden Funktionsweisen, Möglichkeiten und Grenzen s. *Lang*, S. 8 und 37 ff.

3 Vgl. *Lang*, S. 343 ff. (zivil- und strafrechtlicher Rahmen) und S. 241 ff. (datenschutzgesetzlicher Rahmen für Private (nicht-öffentliche Stellen) unter Geltung der Richtlinie 95/46/EG und des BDSG a.F. Unter der DSGVO kommen als datenschutzgesetzliche Regelungen in erster Linie Art. 6 Abs. 1 lit. f DSGVO und für öffentliche Stellen auch § 4 BDSG zum Tragen; dazu *Grabenschröer/Reuter* in Taeger/Gabel, § 4 BDSG Rz. 8, 43, 45).

4 Unter Geltung der Richtlinie 95/46/EG und des BDSG a.F. waren § 6b, § 28 Abs. 1 Satz 1 Nr. 2 und § 32 BDSG a.F. die einschlägigen gesetzlichen Erlaubnistatbestände. Zur Betriebsvereinbarung als Rechtsgrundlage von Videoüberwachung am Arbeitsplatz s. Rz. 20.21 ff.

Es existieren keine spezifischen rechtlichen Regelungen für eine Videoüberwachung am Arbeitsplatz. 20.5
Zwar enthielt der unter Geltung der Richtlinie 95/46/EG[5] und des BDSG a.F. mehrmals überarbeitete
Gesetzentwurf der Bundesregierung zum **Beschäftigtendatenschutz**[6] auch in der seinerzeit diskutierten Fassung mit § 32f eine Regelung des Einsatzes von Videoüberwachung und Attrappen in nicht öffentlich zugänglichen Betriebsbereichen[7]. Allerdings wurde das seit langem geplante und immer wieder in Angriff genommene Gesetz zum Beschäftigtendatenschutz[8] auch unter Geltung der DSGVO
und des neuen BDSG nicht verabschiedet.

1. Einwilligung

Eine Videoüberwachung ist gem. Art. 6 Abs. 1 lit. a DSGVO i.V.m. § 26 Abs. 2 BDSG zwar grundsätz- 20.6
lich auf Basis einer **Einwilligung** der betroffenen Beschäftigten denkbar, wie es bereits unter der Richtlinie 95/46/EG und dem BDSG a.F. der Fall war[9]. Allerdings ist diese Rechtsgrundlage in mehrfacher
Hinsicht mit Unsicherheit belastet. Zum einen ist unklar, ob das BAG eine Einwilligung in eine Videoüberwachung von Beschäftigten im nicht öffentlich zugänglichen Raum für zulässig erachtet[10]. Zum
anderen ist die für eine wirksame Einwilligung erforderliche **Freiwilligkeit** und damit auch die Einwilligung zumindest als Grundlage für Überwachungsmaßnahmen im Beschäftigungsverhältnis grundsätzlich umstritten[11].

Diese unter Geltung der Richtlinie 95/46/EG und § 4a BDSG a.F. im Zusammenhang mit Über- 20.7
wachungsmaßnahmen geführte Diskussion ist mit Außerkrafttreten dieser Vorschriften nicht beendet.
Die DSGVO schließt eine Einwilligung im Beschäftigungskontext zwar nicht aus[12] und § 26 BDSG, der
auf Basis der Öffnungsklausel des Art. 88 DSGVO die Datenverarbeitung im Rahmen eines Beschäftigungsverhältnisses regelt, sieht in Abs. 2 explizit die Möglichkeit einer Einwilligung vor. Allerdings sind
die in Art. 7 Abs. 4 DSGVO konkretisierten Anforderungen an die Freiwilligkeit einer Einwilligung
auch im Beschäftigungsverhältnis zu beachten. Dabei ist die Abhängigkeit der beschäftigten Person
sorgfältig zu berücksichtigen[13], wenngleich sie nicht per se die Freiwilligkeit entfallen lässt. Vielmehr
sind die konkreten Umstände des Einzelfalls zu beachten[14].

---

5 Richtlinie 95/46/EG des Europäischen Parlaments und des Rates zum Schutz natürlicher Personen bei
der Verarbeitung personenbezogener Daten und zum freien Datenverkehr v. 24.10.1995, ABl. EG Nr. L
281/31 v. 23.11.1995 (nachfolgend „Richtlinie 95/46/EG").
6 BT-Drucks. 17/4230.
7 Dazu *Lang*, AuA Sonderausgabe 2010, 26 (26 f.).
8 Vgl. dazu *Seifert* in Simitis, § 32 BDSG Rz. 1 f.
9 So auch *Zöll* in Taeger/Gabel, § 26 BDSG Rz. 78; *Riesenhuber* in BeckOK DatenschutzR, § 26 BDSG
Rz. 46 f.; a.A. *Datenschutzkonferenz*, S. 25 f.
10 Vgl. BAG v. 29.6.2004 – 1 ABR 21/03, NZA 2004, 1278 (1281, 1282 f.) und BAG v. 14.12.2004 – 1 ABR
34/03, NJOZ 2005, 2709 (2713, 2714), wenngleich in beiden Entscheidungen die Ausführungen zum
Hausrecht eine ablehnende Auffassung des BAG vermuten lassen; vgl. auch BAG v. 20.10.2016 – 2 AZR
395/15, NJW 2017, 1193 (1195, Rz. 33), wo die Einwilligung lediglich im Rahmen der Verhältnismäßigkeit und nicht als Erlaubnistatbestand erörtert wird (alle Entscheidungen unter Geltung der Richtlinie
95/46/EG und des BDSG a.F.).
11 Ablehnend für eine Videoüberwachung von Beschäftigten *Landesbeauftragte für Datenschutz und Informationsfreiheit NRW*, 25. Datenschutzbericht, 2020, S. 64; zum Ganzen *Zöll* in Taeger/Gabel, § 26 BDSG
Rz. 75, 78.
12 Vgl. auch Erwägungsgrund 155 DSGVO und Erwägungsgrund 43 Satz 1 DSGVO, wo das Beschäftigungsverhältnis in der finalen Fassung anders als zuvor nicht mehr als Negativbeispiel aufgeführt wird;
s. dazu *Gola*, BB 2017, 1462 (1467).
13 Vor diesem Hintergrund kritisch gegenüber der Einwilligung als Rechtsgrundlage für eine Videoüberwachung im Kontext von Beschäftigungsverhältnissen *European Data Protection Board*, S. 14.
14 Zum Ganzen *Gola*, BB 2017, 1462 (1467 f.); *Stemmer* in BeckOK DatenschutzR, Art. 7 DSGVO Rz. 17,
37 ff.

20.8 Schließlich kann eine Einwilligung grundsätzlich jederzeit widerrufen werden. Vor diesem Hintergrund ist eine Einwilligung in eine Videoüberwachungsmaßnahme, die regelmäßig eine Vielzahl von Personen betrifft, nicht zielführend. Der Widerruf der Einwilligung eines einzigen Beschäftigten führt dazu, dass ungeachtet der Einwilligungen der anderen Beschäftigten die Videoüberwachung als ganzheitliche Maßnahme nicht mehr auf die Rechtsgrundlage einer Einwilligung gestützt werden kann.

2. Vorschriften der DSGVO und des BDSG

20.9 Als **gesetzliche Erlaubnisvorschrift** für eine Videoüberwachung am Arbeitsplatz kommt neben Art. 6 Abs. 1 lit. f DSGVO die ergänzende und konkretisierende Vorschrift zur Datenverarbeitung im Beschäftigungskontext in § 26 BDSG in Betracht. Die Regelung zur Videoüberwachung im öffentlich zugänglichen Raum in § 4 BDSG findet dagegen keine Anwendung.

a) § 26 Abs. 1 BDSG

20.10 § 26 Abs. 1 BDSG ist für die Datenverarbeitung im **Beschäftigungskontext** eine auf Basis der Öffnungsklausel des Art. 88 Abs. 1 DSGVO erlassene Spezialregelung im Verhältnis zu Art. 6 Abs. 1 DSGVO. Die Zulässigkeit einer Videoüberwachung am Arbeitsplatz gem. § 26 Abs. 1 BDSG bestimmt sich anhand des konkret verfolgten Zwecks der Überwachungsmaßnahme[15]. Es ist danach zu unterscheiden, ob die Videoüberwachung zur Aufdeckung von Straftaten oder zu anderen Zwecken erfolgt.

20.11 Zur **Aufdeckung von Straftaten** von Beschäftigten richtet sich die Zulässigkeit einer Videoüberwachung nach § 26 Abs. 1 Satz 2 BDSG. Danach dürfen personenbezogene Daten im Wege einer Videoüberwachung verarbeitet werden, wenn zu dokumentierende tatsächliche Anhaltspunkte den Verdacht begründen, dass die betroffene Person im Beschäftigungsverhältnis eine Straftat begangen hat, dieses Vorgehen zur Aufdeckung erforderlich ist und das schutzwürdige Interesse des Beschäftigten an dem Ausschluss der Datenverarbeitung nicht überwiegt, insbesondere Art und Ausmaß des Datenumgangs im Hinblick auf den Anlass nicht unverhältnismäßig sind.

20.12 Zu anderen Zwecken als zur Aufdeckung von Straftaten darf Videoüberwachung gem. § 26 Abs. 1 Satz 1 BDSG nur eingesetzt werden, wenn die mit ihr verbundene Datenverarbeitung für die **Zwecke des Beschäftigungsverhältnisses** erforderlich ist. Diese Zwecke umfassen gem. Art. 88 Abs. 1 DSGVO und § 26 Abs. 1 BDSG die Begründung, Durchführung und Beendigung des Beschäftigungsverhältnisses. Eine gute Orientierung für typische Zwecke der Durchführung des Beschäftigungsverhältnisses bzw. der Erfüllung des Arbeitsvertrags bieten die in Art. 88 Abs. 1 DSGVO bespielhaft genannten Fallgruppen. Vom Zweck der Durchführung des Beschäftigungsverhältnisses umfasst sein können auch **Verhaltens- und Leistungskontrollen** von Beschäftigten einschließlich Maßnahmen zur **Verhinderung von Straftraten** oder sonstigen Rechtsverstößen durch Beschäftigte oder Maßnahmen zur Aufklärung von Pflichtverstößen von Beschäftigten, die keine Straftaten sind[16].

20.13 Ungeachtet des Wortlauts von § 26 Abs. 1 Satz 1 BDSG sind auch hier die widerstreitenden Rechtspositionen nach dem Grundsatz der Verhältnismäßigkeit abzuwägen. Das wurde für § 32 Abs. 1 Satz 1 BDSG a.F. überwiegend – wenngleich mit unterschiedlichen Schwerpunkten und in unterschiedlicher Klarheit – aus dem gesetzgeberischen Willen und der Rechtsprechung der Arbeitsgerichte hergeleitet, auf die in den Gesetzesmaterialien verwiesen wird[17]. Der Gesetzgeber wollte mit § 32 BDSG a.F. die bisherige Rechtsprechung der Arbeitsgerichte zum Beschäftigtendatenschutz lediglich

---

15 So auch *Wybitul*, NZA 2017, 413 (414); *Gola*, BB 2017, 1462 (1467).

16 *Wybitul*, NZA 2017, 413 (416); *Gola*, BB 2017, 1462 (1466 f.); a.A. *Maschmann* in Kühling/Bucher, § 26 BDSG Rz. 45, 45a.

17 Vgl. nur *Zöll* in Taeger/Gabel, 2. Aufl., § 32 BDSG Rz. 16 ff.; *Gola/Schomerus*, § 32 BDSG Rz. 24 ff. für Videoüberwachung.

kodifizieren[18]. Nach Maßgabe der – in den Gesetzesmaterialien zu § 32 BDSG a.F. lediglich beispielhaft genannten – Entscheidungen des BAG kommt der Grundsatz der Verhältnismäßigkeit zum Tragen, in dessen Rahmen eine **Abwägung der Interessen** des Arbeitgebers und der Beschäftigten zu erfolgen hat.

An diesen Erwägungen hat sich für den insoweit wortgleichen § 26 Abs. 1 Satz 1 BDSG nichts geändert, da diese Norm laut Begründung des Gesetzgebers die spezialgesetzlichen Regelungen von § 32 Abs. 1 BDSG a.F. im Wesentlichen lediglich fortschreibt[19]. Der Gesetzgeber geht ebenfalls von der Notwendigkeit einer Abwägung „zur Herstellung praktischer Konkordanz" aus, die er in der nach § 26 Abs. 1 Satz 1 BDSG vorgesehenen Prüfung der Erforderlichkeit verortet[20]. Schließlich kann angeführt werden, dass auch bei nationalen Vorschriften, die im Rahmen von Öffnungsklauseln erlassen werden, die allgemeinen Grundsätze der Datenverarbeitung gem. Art. 5 Abs. 1 DSGVO und die darin enthaltenen Verhältnismäßigkeitserwägungen zum Tragen kommen müssen. Das wird in § 26 Abs. 5 BDSG nochmals explizit hervorgehoben.

20.14

b) Art. 6 Abs. 1 DSGVO

Für andere Zwecke als das Beschäftigungsverhältnis i.S.v. Art. 88 Abs. 1 DSGVO und § 26 Abs. 1 BDSG und die Aufdeckung von Straftaten von Beschäftigten bleiben die allgemeinen Vorschriften, insbesondere die Rechtsgrundlage Art. 6 Abs. 1 lit. f DSGVO (Wahrung berechtigter Interessen), im Verhältnis von Arbeitgeber und Beschäftigten anwendbar[21]. Der Anwendungsbereich von Art. 6 DSGVO kann eröffnet sein, wenn ein Datenumgang im Zusammenhang mit dem Beschäftigungsverhältnis steht, ohne dessen Begründung, Durchführung oder Beendigung, also ohne einem aus dem Beschäftigungsvertrag oder einer Betriebsvereinbarung folgenden Recht oder einer korrespondierenden Pflicht zu dienen. Es muss sich um Fälle handeln, die zwar mit dem Beschäftigungsverhältnis in einem gewissen Zusammenhang stehen, jedoch nach vorstehender Interpretation nicht mehr der Zweckbestimmung des Beschäftigungsvertragsverhältnisses zuzuordnen sind. Denn ein irgendwie gearteter Bezug zum Beschäftigungsverhältnis reicht für die Anwendbarkeit des speziellen § 26 Abs. 1 BDSG gerade nicht aus[22].

20.15

Für Videoüberwachungsmaßnahmen gegenüber Beschäftigten sind allerdings kaum Konstellationen denkbar, die auf der allgemeinen Erlaubnisnorm Art. 6 DSGVO basieren können. Insbesondere für Videoüberwachungsmaßnahmen im nicht öffentlichen Raum zur Verhinderung von Straftraten oder sonstigen Rechtsverstößen, die im Zusammenhang mit dem Beschäftigungsverhältnis stehen, ist § 26 Abs. 1 Satz 1 BDSG heranzuziehen[23]. Es kann regelmäßig davon ausgegangen werden, dass der Zweck dieser Überwachungsmaßnahmen, also die Verhinderung von Straftaten oder sonstigen Rechtsverstößen gegen den Arbeitgeber, zumindest auch der Durchführung des Beschäftigungsverhältnisses dient. Das gilt auch in den Fällen, in denen sich diese Maßnahme nicht ausschließlich oder nicht in erster Linie gegen die Beschäftigten, sondern gegen Dritte, z.B. Kunden oder Besucher, richtet. Eine andere Be-

20.16

---

18 Begründung zur Beschlussempfehlung des Innenausschusses, BT-Drucks. 16/13657, 20, auf die das BAG zur Begründung der Fortführung seiner Rechtsprechung unter § 32 BDSG a.F. in BAG v. 20.10.2016 – 2 AZR 395/15, NJW 2017, 1193 (1194) explizit verweist.

19 Begründung zum Entwurf eines Gesetzes zur Anpassung des Datenschutzrechts an die Verordnung (EU) 2016/679 und zur Umsetzung der Richtlinie (EU) 2016/680 (Datenschutz-Anpassungs- und -Umsetzungsgesetz EU – DSAnpUG-E) der Bundesregierung, BT-Drucks. 18/11325, 96 f. (nachfolgend „Begründung zum DSAnpUG-E der Bundesregierung").

20 Begründung zum DSAnpUG-E der Bundesregierung, BT-Drucks. 18/11325, 97.

21 Ebenso *Wybitul*, NZA 2017, 413 (415); *Gola*, BB 2017, 1462 (1467, 1468).

22 Vgl. Erwägungsgrund 155 DSGVO zur Öffnungsklausel Art. 88 Abs. 1 DSGVO und zum insoweit erforderlichen „Beschäftigungskontext"; *Gola* in Gola/Heckmann, § 26 BDSG Rz. 18 mit Beispielen in Rz. 4; weitere Beispiele bei *Gola/Schomerus*, § 32 BDSG Rz. 45 ff.; *Zöll* in Taeger/Gabel, 2. Aufl., § 32 BDSG Rz. 6, jeweils für die auch insoweit vergleichbare „Vorgängerregelung" § 32 BDSG a.F.

23 *Gola* in Gola/Heckmann, § 26 BDSG Rz. 23; vgl. auch für die „Vorgängerregelung" § 32 Abs. 1 Satz 1 BDSG a.F. die Begründung zur Beschlussempfehlung des Innenausschusses, BT-Drucks. 16/13657, 21.

urteilung kann sich ergeben, wenn eine Videoüberwachung ausschließlich dem Schutz vor Straftaten durch andere Personen als Beschäftigte dient und Beschäftigte von dieser Überwachung lediglich punktuell betroffen sind, weil sie sich im Erfassungsbereich nur gelegentlich bewegen (müssen). In dieser Konstellation kann auch Art. 6 Abs. 1 lit. f DSGVO als Rechtsgrundlage grundsätzlich in Betracht gezogen werden[24].

c) Keine Rechtsgrundlage: § 4 Abs. 1 Nr. 2 und 3 BDSG

20.17 § 26 BDSG und gegebenenfalls Art. 6 Abs. 1 lit. f DSGVO kommen als gesetzliche Erlaubnisvorschriften ebenfalls zum Tragen, wenn die Videoüberwachung von Beschäftigten an einem Arbeitsplatz erfolgt, der in einem öffentlich zugänglichen Bereich belegen ist. Die spezielle Regelung zur Videoüberwachung im öffentlich zugänglichen Raum in § 4 BDSG findet dagegen – anders als deren „Vorgängerregelung" in § 6b BDSG a.F. – keine Anwendung[25].

20.18 Öffentlich zugänglich sind Bereiche, die von einem unbestimmten oder nur nach allgemeinen Merkmalen bestimmten Personenkreis betreten und genutzt werden können und ihrem Zweck nach dazu auch bestimmt sind[26]. Hierzu zählen auch die für **Publikumsverkehr** geöffneten Bereiche, z.B. ein gemeinsamer **Beschäftigten- und Besucherparkplatz** oder **Verkaufsräume** in Geschäften, **Einkaufspassagen** oder **Bahnhöfen**. Nicht öffentlich zugänglich sind dagegen Bereiche, soweit sie ausschließlich den dort Beschäftigten vorbehalten und nicht Kunden, Besuchern oder sonstigen Dritten allgemein zugänglich gemacht werden, z.B. **Produktionsbereiche**, **Lager- und Personalräume**, **Büros**, **Kassen- und Schalterbereiche**[27].

20.19 § 4 BDSG enthält zwar eine spezielle Regelung für die Videoüberwachung im öffentlichen Raum, regelt aber nicht wie § 26 BDSG speziell die Verarbeitung von Beschäftigtendaten im Beschäftigungskontext. Die für das Verhältnis der entsprechenden „Vorgängervorschriften" § 6b und § 32 BDSG a.F. überwiegend und auch hier in der ersten Auflage vertretene Auffassung, dass § 6b BDSG a.F. mit seiner speziellen Regelung der Videoüberwachung im öffentlichen Raum § 32 Abs. 1 BDSG a.F. in Bezug auf die vom Videoeinsatz betroffenen Beschäftigten verdrängt[28], kann auf die Rechtslage unter der DSGVO und dem BDSG in der geltenden Fassung nicht übertragen werden.

20.20 Zwar sollen § 4 und § 26 BDSG laut Begründung des Gesetzgebers die spezialgesetzlichen Regelungen der § 6b und § 32 BDSG a.F. im Wesentlichen lediglich fortschreiben[29]. Für die Bestimmung des Anwendungsbereichs nationaler Vorschriften, die im Rahmen von Öffnungsklauseln der DSGVO erlassen werden, ist jedoch die DSGVO zu beachten. Es gibt keine Öffnungsklausel, nach der § 4 BDSG (auch)

---

24 *Datenschutzkonferenz*, S. 28 f., wobei das von den Datenschutzaufsichtsbehörden genannte – fragliche – Beispiel einer Videoüberwachung von Verkaufsflächen im Einzelhandel, um die Ware vor Kundendiebstahl zu schützen, umgehend wieder relativiert und auf Art. 88 DSGVO i.V.m. § 26 BDSG verwiesen wird (S. 29).

25 So auch *Byers/Wenzel*, BB 2017, 2036 (2038); *Buchner* in Kühling/Buchner, § 4 BDSG Rz. 1; *Grabenschröer/Reuter* in Taeger/Gabel, § 4 BDSG Rz. 23; a.A. *Starnecker*, in Gola/Heckmann § 4 BDSG Rz. 4; *Gola* in Gola/Heckmann, § 26 BDSG Rz. 75; wohl auch *Piltz*, § 4 Rz. 32. Zur Europarechtswidrigkeit und damit Nichtanwendbarkeit dieser Vorschrift s. Rz. 20.20a.

26 *Lang*, S. 241 f.; *Scholz* in Simitis, § 6b BDSG Rz. 42 ff. jeweils mit weiteren Hinweisen zu den Detailfragen (die Ausführungen in Bezug auf § 6b BDSG a.F. und die in § 6b BDSG a.F. genutzten Termini gelten in Bezug auf § 4 BDSG entsprechend).

27 *Lang*, S. 243; *Scholz* in Simitis, § 6b BDSG Rz. 48, 51 (die Ausführungen in Bezug auf § 6b BDSG a.F. und die in § 6b BDSG a.F. genutzten Termini gelten in Bezug auf § 4 BDSG entsprechend).

28 So für § 6b und § 32 BDSG a.F. unter Geltung der Richtlinie 95/46/EG *Seifert* in Simitis, § 32 BDSG Rz. 79; ebenso BAG v. 23.8.2018 – 2 AZR 133/18, NZA 2018, 1329 (1331), nachdem das Gericht einige Zeit keine abschließende Aussage zum Verhältnis von § 6b und § 32 BDSG a.F. getroffen hatte (z.B. in BAG v. 22.9.2016 – 2 AZR 848/15, NJW 2017, 843 (845)); a.A. *Bauer/Schansker*, NJW 2012, 3537 (3539) für eine verdeckte Videoüberwachung zur Aufklärung von Straftaten.

29 Begründung zum DSAnpUG-E der Bundesregierung, BT-Drucks. 18/11325, 81, 96 f.

im Beschäftigungsverhältnis gelten und angewendet werden kann[30]. Art. 88 Abs. 1 DSGVO scheidet als Öffnungsklausel aus. Weder der Wortlaut von § 4 BDSG noch die Gesetzesbegründung zu § 4 BDSG beziehen sich auf das Beschäftigungsverhältnis bzw. auf Art. 88 Abs. 1 DSGVO. Die Öffnungsklauseln Art. 6 Abs. 2 und Abs. 3 Satz 3 DSGVO scheiden ebenfalls aus. Sie beziehen sich ausdrücklich auf die Datenverarbeitung gem. Art. 6 Abs. 1 Satz 1 lit. c und lit. e DSGVO, deren Tatbestände – Erfüllung einer rechtlichen Verpflichtung und Wahrnehmung einer Aufgabe im öffentlichen Interesse – bei einer Videoüberwachung im Kontext von Beschäftigungsverhältnissen in der Regel nicht zum Tragen kommen.

Der Vollständigkeit halber ist darauf hinzuweisen, dass es auch für eine nationale Regelung der privaten Videoüberwachung außerhalb des Kontextes von Beschäftigungsverhältnissen keine Öffnungsklausel gibt. Die Rechtmäßigkeit einer im Rahmen privater Videoüberwachung erfolgenden Datenverarbeitung ist daher ausschließlich nach den Regelungen der DSGVO und nicht nach § 4 BDSG zu beurteilen. Die DSGVO-Vorschriften sind aufgrund des Vorrangs des Unionsrechtes insoweit abschließend[31]. Vor diesem Hintergrund wird § 4 BDSG von den Datenschutzaufsichtsbehörden und Gerichten nicht als Rechtsgrundlage für Videoüberwachung durch Privatpersonen oder Unternehmen angewendet. Sie halten diese Vorschrift – anders als der bundesdeutsche Gesetzgeber – zutreffend für europarechtswidrig, soweit sie die Videoüberwachung durch nicht-öffentliche Stellen regelt[32]. | 20.20a

3. Betriebsvereinbarung als Rechtsgrundlage und Zulässigkeitsgrenze

Eine **Betriebsvereinbarung** kann Rechtsgrundlage für die mit einer Videoüberwachung einhergehende Verarbeitung personenbezogener Daten sein[33]. Die DSGVO gestattet den EU-Mitgliedstaaten, Kollektivvereinbarungen als spezifische Regelungen für die Datenverarbeitung im Beschäftigungskontext vorzusehen (Art. 88 Abs. 1 DSGVO und Erwägungsgrund 155 DSGVO). Der deutsche Gesetzgeber hat von dieser Möglichkeit Gebrauch gemacht und Betriebsvereinbarungen als spezielle Rechtsgrundlage in § 26 Abs. 4 BDSG verankert. | 20.21

Die Betriebsparteien müssen bei ihren Regelungen die Vorgaben von Art. 88 Abs. 2 DSGVO beachten, was § 26 Abs. 4 Satz 2 BDSG nochmals hervorhebt. Nach Art. 88 Abs. 2 DSGVO müssen die Regelungen insbesondere bei Überwachungstechnik am Arbeitsplatz angemessene Maßnahmen umfassen, mit denen die berechtigten Interessen und Grundrechte der betroffenen Beschäftigten gewahrt werden. | 20.22

Die Regelungen der Betriebsparteien müssen mit den allgemeinen Datenschutzgrundsätzen der DSGVO vereinbar sein und machen das Vorliegen der entsprechenden Rechtmäßigkeitsvoraussetzungen nicht entbehrlich. Die in Art. 5 Abs. 1 DSGVO festgelegten Datenschutzgrundsätze wie die Verarbeitung nach Treu und Glauben, Transparenz, Zweckbindung, Datenminimierung und Speicherbegrenzung sind zu beachten und es sind weitere Maßnahmen zur Wahrung der berechtigten Interessen und Rechte der betroffenen Personen zu regeln[34]. Dazu zählen grundsätzlich auch die Informationspflichten gem. Art. 12 bis 14 DSGVO und die Rechte der betroffenen Personen, also der Beschäftigten. Diese Inhalte sind in einer Betriebsvereinbarung hinreichend abzubilden. Das wird in dem hier vorgeschlagenen Muster berücksichtigt und in den entsprechenden Passagen erläutert. | 20.23

---

30 So auch *Byers/Wenzel*, BB 2017, 2036 (2038).

31 *Buchner* in Kühling/Buchner, § 4 BDSG Rz. 2 f.; *Wilhelm* in BeckOK DatenschutzR, § 4 BDSG Rz. 1, 19; *Grabenschröer/Reuter* in Taeger/Gabel, § 4 BDSG Rz. 43, 45 f.

32 BVerwG v. 27.3.2019 – 6 C 2/18, NVwZ 2019, 1126 (1131); *Datenschutzkonferenz*, S. 7; ebenso *Buchner* in Kühling/Buchner, § 4 BDSG Rz. 2 f.; *Grabenschröer/Reuter* in Taeger/Gabel, § 4 BDSG Rz. 43, 45 f., alle m.w.N.

33 Zur Rechtslage unter der Richtlinie 95/46/EG und dem BDSG a.F. vgl. nur *Taeger* in Taeger/Gabel, 2. Aufl., § 4 BDSG Rz. 23, 44; *Gola/Schomerus*, § 4 BDSG Rz. 10 f.

34 Das folgt – ungeachtet § 26 Abs. 5 BDSG – direkt aus Art. 5 und Art. 88 Abs. 2 DSGVO; so auch *Körner*, NZA 2019, 1389 (1392).

20.24 Schließlich haben die Betriebsparteien mit Blick auf § 75 Abs. 2 Satz 1 BetrVG höherrangiges Recht, insbesondere das allgemeine Persönlichkeitsrecht der Arbeitnehmer, zu beachten. In diesem Rahmen können die Betriebsparteien die Grenzen eines rechtlich zulässigen Eingriffs nicht zu Lasten der Arbeitnehmer verschieben[35]. Die den Betriebsparteien auferlegte Schutzpflicht gem. § 75 Abs. 2 BetrVG wird durch den Grundsatz der Verhältnismäßigkeit konkretisiert. Die Überwachungsmaßnahme und die korrespondierenden Bestimmungen einer Betriebsvereinbarung müssen auch vor diesem Hintergrund geeignet, erforderlich und angemessen sein[36].

B. Betriebsvereinbarung zur Videoüberwachung

I. Muster

20.25 **M 20.1 Betriebsvereinbarung zur Videoüberwachung**

Betriebsvereinbarung zur Videoüberwachung[37]

zwischen

[Unternehmen]

– nachfolgend Arbeitgeber –

vertreten durch …,

und

dem Betriebsrat der [Unternehmen],

– nachfolgend Betriebsrat –

vertreten durch …

Präambel[38]

Die Anzahl von Sachbeschädigungen an der Außenumgrenzung und auf dem Außengelände der [Unternehmen] ist in den letzten zwölf Monaten stark gestiegen. 48 Vorfällen stehen zwei Vorfälle in dem davor liegenden Vergleichszeitraum von zwölf Monaten gegenüber. Die [Unternehmen] muss sich gegen die Sachbeschädigungen und den damit einhergehenden Zutritt unbefugter Personen stärker schützen. Das kann und soll im Wege einer offenen Videoüberwachung erfolgen, nachdem andere Maßnahmen wie die Verstärkung von Kontrollgängen sowie die Verbesserung der Einsehbarkeit und Beleuchtung der betroffenen Bereiche zu keiner Verbesserung der Situation geführt haben. Die Einführung und der Betrieb einer solchen offenen Videoüberwachung sind Gegenstand dieser Betriebsvereinbarung.

Diese Betriebsvereinbarung soll den Einsatz der Videoüberwachungstechnik in transparenter Weise regeln und die Interessen der Arbeitnehmer und des Arbeitgebers angemessen in Ausgleich bringen.

Diese Betriebsvereinbarung ist für die hier geregelte Verarbeitung personenbezogener Daten von Beschäftigten Rechtsgrundlage i.S.d. Art. 88 Abs. 1 Datenschutz-Grundverordnung und § 26 Abs. 4 Satz 1 Bundesdatenschutzgesetz.

---

35 BAG v. 21.6.2012 – 2 AZR 153/11, NZA 2012, 1025 (1028); BAG v. 26.8.2008 – 1 ABR 16/07, NZA 2008, 1187 (1190).

36 BAG v. 29.6.2004 – 1 ABR 21/03, NZA 2004, 1278 (1280); BAG v. 14.12.2004 – 1 ABR 34/03, NJOZ 2005, 2709 (2711).

37 Zu den Erläuterungen siehe Rz. 20.26 ff.

38 Zu den Erläuterungen siehe Rz. 20.27 ff.

1. Geltungsbereich[39]

Diese Betriebsvereinbarung gilt für alle bei [Unternehmen] beschäftigten Arbeitnehmer gemäß § 5 Abs. 1 BetrVG; sie gilt nicht für leitende Angestellte gemäß § 5 Abs. 3 und 4 BetrVG.

2. Zweck der Videoüberwachung[40]

2.1 Die Videoüberwachungsanlage wird ausschließlich zu Zwecken der Sicherung der Außenumgrenzung des Betriebsgeländes einschließlich der Zufahrten und Zugänge sowie zu repressiven Zwecken in rechtlich relevanten Vorfällen genutzt. Es sollen ein unbefugtes Betreten oder Befahren des Betriebsgeländes sowie Sachbeschädigungen an der Außenumgrenzung und auf dem Außenbetriebsgelände verhindert und ggf. mit Videoaufzeichnungen als Beweismittel auf dem Rechtsweg verfolgt werden.

2.2 Die Videoüberwachungsanlage wird nicht zu Zwecken der Leistungskontrolle, des Leistungsvergleichs oder der Leistungsbemessung der Arbeitnehmer eingerichtet oder genutzt.

2.3 Eine Anwesenheits- und Verhaltenskontrolle, die über den Zweck nach Ziffer 2.1 dieser Betriebsvereinbarung hinausgeht, findet nicht statt.

3. Erfasste Bereiche, Einsatzform und Kenntlichmachung[41]

3.1 Das Videoüberwachungssystem wird ausschließlich im Außenbereich des Betriebsgeländes eingesetzt. Erfasst sind der gesamte Zutritts- und Zufahrtsbereich, die zum öffentlich zugänglichen Bereich liegende Außenfassade des Hauptgebäudes und die Außenumgrenzung gemäß der Dokumentation in Ziffer 4 dieser Betriebsvereinbarung. Büros, Büroflure, sonstige Arbeitsplätze, Betriebs- und Aufenthaltsräume werden nicht erfasst.

3.2 Die Bilder der Videoüberwachung werden gemäß Ziffer 5 dieser Betriebsvereinbarung auf Monitore übertragen und gemäß Ziffer 6 dieser Betriebsvereinbarung aufgezeichnet. Es erfolgt keine akustische Überwachung durch Aufnahme, Übertragung und Aufzeichnung von Audiosignalen mit Hilfe der Videotechnik, was durch geeignete technische und bzw. oder organisatorische Maßnahmen sichergestellt wird.

3.3 Die Videoüberwachung wird offen durchgeführt, d.h. sie ist wie folgt kenntlich zu machen. Auf die erfassten Bereiche ist durch Beschilderung so hinzuweisen, dass die Mitarbeiter bereits vor Betreten dieser Bereiche von dem Umstand der Überwachung Kenntnis nehmen können. Die Orte und Größe der Beschilderung sowie eine Beispielabbildung enthält **Anlage 2** *zu dieser Betriebsvereinbarung.*

4. Dokumentation[42]

Das Videoüberwachungssystem ist in den Anlagen 1 bis 3 zu dieser Betriebsvereinbarung dokumentiert. Die Dokumentation besteht aus:

- *der* **Systembeschreibung (Anlage 1)** *mit*

  - *Angaben zur technischen Ausstattung des Gesamtsystems (Systemarchitektur einschließlich Schnittstellen und Systemfunktionen) und*

  - *Angaben zu den einzelnen Systemkomponenten einschließlich Anzahl der Kameras und Monitore,*

- *dem* **Lageplan**, *in dem die jeweiligen Standorte und Erfassungsbereiche der Kameras eingetragen sind* **(Anlage 2)**,

- *dem* **Berechtigungskonzept**, *das die Berechtigungen in Bezug auf das Videoüberwachungssystem, insbesondere auch für Zugriffe auf die übertragenen und aufgezeichneten Bilder regelt* **(Anlage 3)**.

---

39 Zu den Erläuterungen siehe Rz. 20.38 ff.
40 Zu den Erläuterungen siehe Rz. 20.43 ff.
41 Zu den Erläuterungen siehe Rz. 20.50 ff.
42 Zu den Erläuterungen siehe Rz. 20.73 ff.

5. Übermittlung der Bilder und Schnittstellen[43]

5.1 Die Bilder der Videoüberwachung werden auf Monitore übertragen, die sich gemäß dem Lageplan in **Anlage 2** zu dieser Betriebsvereinbarung in den Räumen des Pförtnerbereichs befinden.

5.2 Die Bilder der Videoüberwachung werden gemäß der Systembeschreibung in **Anlage 1** zu dieser Betriebsvereinbarung ausschließlich in einem abgeschlossenen System verarbeitet, das mit keinem anderen Datenverarbeitungssystem verbunden ist. Eine Übermittlung an andere Datenverarbeitungssysteme findet nicht statt.

5.3 Eine Übertragung der Bilder an Dritte und eine Offenlegung im Sinne der Datenschutz-Grundverordnung durch Übermittlung, Verbreitung oder eine andere Form der Bereitstellung der Aufzeichnungen findet nicht statt. Etwas anderes gilt, wenn staatliche Ermittlungsbehörden bei Straftaten oder einem entsprechenden Verdacht eingeschaltet werden. In diesem Fall sind die gesetzlichen Vorschriften zu beachten.

6. Aufzeichnung und Speicherung von Bildern[44]

6.1 Eine Bildaufzeichnung im Rahmen der Überwachung des Zutritts- und Zufahrtsbereiches erfolgt nur außerhalb der regelmäßigen Betriebszeiten und Betriebszugangszeiten, d.h. an Werktagen von 0.00–6.00 Uhr und 20.00–24.00 Uhr sowie an Wochenenden und Feiertagen von 0.00–24.00 Uhr. Eine Bildaufzeichnung im Rahmen der Überwachung der Außenfassade des Hauptgebäudes und der Außenumgrenzung gemäß der Dokumentation im Lageplan in **Anlage 2** zu dieser Betriebsvereinbarung erfolgt durchgehend. Die Bilder werden auf einer Festplatte in einer sog. Black Box aufgezeichnet. Das Videoüberwachungssystem ist gemäß der Systembeschreibung in **Anlage 1** zu dieser Betriebsvereinbarung so ausgestattet und eingestellt, dass die Aufzeichnung auf einem sog. Ringspeicher erfolgt, bei dem die aufgezeichneten Bilder nach 72 Stunden automatisch überschrieben werden.

6.2 Eine längere Speicherung ist zulässig, soweit es im Rahmen der Zweckbestimmung gemäß Ziffer 2 dieser Betriebsvereinbarung zur Verfolgung von Rechtsverletzungen durch die [Unternehmen] oder zum Zweck der Herausgabe an staatliche Ermittlungsbehörden erforderlich ist. Diese Aufzeichnungen sind zu markieren, um deren Verarbeitung i.S.v. Art. 4 Nr. 3 Datenschutz-Grundverordnung einzuschränken, und nach Abschluss der entsprechenden Verfahren unverzüglich, spätestens aber drei Arbeitstage nach Abschluss dieser Verfahren zu löschen.

6.3 Sicherungskopien dürfen im Rahmen der Zweckbestimmung gemäß Ziffer 2 dieser Betriebsvereinbarung nur zur Verfolgung von Rechtsverletzungen durch die [Unternehmen] oder zur Herausgabe an staatliche Ermittlungsbehörden angefertigt und herausgegeben werden. Die Regelung in Ziffer 6.2 Satz 2 dieser Betriebsvereinbarung gilt entsprechend.

7. Zugriff auf Aufzeichnungen und Auswertung[45]

7.1 Zugriffe auf die Aufzeichnungen und Auswertungen werden vom Videoüberwachungssystem gemäß Systembeschreibung in **Anlage 1** zu dieser Betriebsvereinbarung protokolliert. Sie sind ausschließlich im Rahmen der Zweckbestimmung gemäß Ziffer 2 dieser Betriebsvereinbarung zulässig. Ein Zugriff erfolgt im Wege des Vier-Augen-Prinzips in Abstimmung mit dem Betriebsrat und unter Hinzuziehung des betrieblichen Datenschutzbeauftragten. Der Betriebsrat und der Datenschutzbeauftragte sind vorab zu informieren, wenn ein Zugriff auf Aufzeichnungen oder eine Auswertung erfolgen soll.

7.2 Bei einem Zugriff und einer Auswertung ist ein Protokoll mit folgendem Inhalt zu erstellen:

- anwesende Personen und deren Funktion,
- Datum und Uhrzeit,
- Anlass und Ziel des Zugriffs/der Auswertung,
- Ergebnis des Zugriffs/der Auswertung und
- weitere geplante Schritte.

---

43 Zu den Erläuterungen siehe Rz. 20.78 f.
44 Zu den Erläuterungen siehe Rz. 20.81 ff.
45 Zu den Erläuterungen siehe Rz. 20.92 ff.

Das Protokoll ist von den gemäß Ziffer 7.3 dieser Betriebsvereinbarung bestimmten Personen zu unterzeichnen. Eine Kopie des Protokolls ist dem Betriebsrat und dem betrieblichen Datenschutzbeauftragten zuzuleiten.

*7.3 Der Arbeitgeber und der Betriebsrat bestimmen jeweils drei Personen, von denen im Fall eines Zugriffs oder einer Auswertung jeweils mindestens eine Person hinzuzuziehen ist. Diese Personen sind in **Anlage 4** dieser Betriebsvereinbarung aufgeführt.*

8. Rechte der Arbeitnehmer[46]

8.1 Die Arbeitnehmer werden vom Arbeitgeber vier Wochen vor Inbetriebnahme des Videoüberwachungssystems über dessen Einsatz, Zweck, Umfang und die Regelungen dieser Betriebsvereinbarung in geeigneter Weise informiert. Arbeitnehmer, die neu eingestellt werden, sind spätestens zum Zeitpunkt ihres Eintritts entsprechend Satz 1 dieser Ziffer 8.1 zu informieren.

8.2 Rechte der Arbeitnehmer, die sich aus gesetzlichen Vorschriften, insbesondere aus der Datenschutz-Grundverordnung und dem Bundesdatenschutzgesetz ergeben, bleiben unberührt. Das gilt auch für das Recht auf Beschwerde bei einer Aufsichtsbehörde gemäß Art. 77 Abs. 1 Datenschutz-Grundverordnung.

9. Zutritt zu Räumen mit Komponenten des Videoüberwachungssystems[47]

9.1 Zutritt zu den Räumen, in denen die Komponenten des Videoüberwachungssystems vorgehalten werden, haben ausschließlich Beschäftigte des Bereichs [Fachbereich/Abteilung].

9.2 Das in Bezug auf das Videoüberwachungssystem mit Wartungs- und Serviceaufgaben betraute Personal sowie das Reinigungspersonal erhalten nur im Rahmen ihrer Aufgaben und nur in Anwesenheit eines Beschäftigten des Bereichs [Fachbereich/Abteilung] Zutritt zu den genannten Räumen.

9.3 Die gesetzlichen Rechte und Pflichten des betrieblichen Datenschutzbeauftragten und des Betriebsrats bleiben unberührt.

10. Änderungen am Videoüberwachungssystem[48]

10.1 Änderungen, insbesondere Erweiterungen, des Videoüberwachungssystems einschließlich des Erfassungsbereichs der Videoüberwachung sind nur mit Zustimmung des Betriebsrats bzw. mit Ersetzung der Zustimmung durch die Einigungsstelle zulässig.

10.2 Der Arbeitgeber wird den Betriebsrat über geplante Änderungen oder Erweiterungen rechtzeitig informieren und diese mit dem Betriebsrat beraten.

11. Schlussbestimmungen[49]

11.1 Diese Betriebsvereinbarung tritt mit Unterzeichnung in Kraft und ist auf unbestimmte Zeit geschlossen.

11.2 Eine Kündigung kann durch beide Vertragsparteien mit einer Frist von … Monaten zum Ende eines Quartals, erstmals zum … erfolgen. Eine Teilkündigung ist möglich.

11.3 Die Regelungen dieser Betriebsvereinbarung gelten auch nach ihrer Beendigung fort, bis sie durch eine andere Abmachung ersetzt wurden.

11.4 Zur Beilegung von Meinungsverschiedenheiten im Zusammenhang mit dieser Betriebsvereinbarung sind der Arbeitgeber und der Betriebsrat unter den gesetzlichen Voraussetzungen des § 76 BetrVG berechtigt, die Einigungsstelle anzurufen.

---

46 Zu den Erläuterungen siehe Rz. 20.98 ff.
47 Zu den Erläuterungen siehe Rz. 20.102 ff.
48 Zu den Erläuterungen siehe Rz. 20.108 f.
49 Zu den Erläuterungen siehe Rz. 20.111 ff.

…	…
Ort, Datum	*Ort, Datum*
…	…
Arbeitgeber	*Betriebsrat*

Anlage 1

(Systembeschreibung gemäß Ziffer 4 der Betriebsvereinbarung zur Videoüberwachung)

…

Anlage 2

(Lageplan gemäß Ziffer 4 und Ziffer 3.3 Satz 3 der Betriebsvereinbarung zur Videoüberwachung)

…

Anlage 3

(Berechtigungskonzept gemäß Ziffer 4 der Betriebsvereinbarung zur Videoüberwachung)

…

Anlage 4

(Durch Arbeitgeber und Betriebsrat zu benennende Personen gemäß Ziffer 7.3 der Betriebsvereinbarung zur Videoüberwachung)

…

II. Erläuterungen

1. Vorbemerkung

20.26 Das Muster der Betriebsvereinbarung betrifft eine – in der Praxis häufig anzutreffende – Videoüberwachung der Außenumgrenzung eines Betriebsgeländes sowie der Zufahrten und Zugänge zur Verhinderung und Verfolgung von Diebstahl, Sachbeschädigung und Hausfriedensbruch. Dieses Beispiel kann mit den Erläuterungen lediglich eine erste Orientierung bieten. Bereits die (zulässigen) Gründe für eine betriebliche Videoüberwachung sind vielfältig. Das Muster bildet lediglich den vorstehend beschriebenen und damit einen bestimmten Sachverhalt ab. Allerdings muss auch in gleichgelagerten oder ähnlichen Konstellationen immer geprüft werden, ob und in welchem Umfang Anpassungen an dem Muster erforderlich sind. Dabei sind die Besonderheiten zu beachten, die sich zum einen aus den rechtlichen Vorgaben für Videoüberwachung am Arbeitsplatz und zum anderen aus den konkreten Umständen des Einzelfalls, z.B. betroffener Bereich, technische und organisatorische Umsetzung, ergeben[50].

---

50 Zu den tatsächlichen Rahmenbedingungen s. Rz. 20.1 f., zu den rechtlichen Rahmenbedingungen s. Rz. 20.3 ff. und Rz. 20.63 ff.

2. Bezeichnung der Vertragsparteien und Präambel

M 20.1.1 Bezeichnung der Vertragsparteien und Präambel

20.27

Betriebsvereinbarung zur Videoüberwachung

zwischen

[Unternehmen]

*– nachfolgend **Arbeitgeber** –*

vertreten durch …,

und

dem Betriebsrat der [Unternehmen],

*– nachfolgend **Betriebsrat** –*

vertreten durch …

Präambel

Die Anzahl von Sachbeschädigungen an der Außenumgrenzung und auf dem Außengelände der [Unternehmen] ist in den letzten zwölf Monaten stark gestiegen. 48 Vorfällen stehen zwei Vorfälle in dem davor liegenden Vergleichszeitraum von zwölf Monaten gegenüber. Die [Unternehmen] muss sich gegen die Sachbeschädigungen und den damit einhergehenden Zutritt unbefugter Personen stärker schützen. Das kann und soll im Wege einer offenen Videoüberwachung erfolgen, nachdem andere Maßnahmen wie die Verstärkung von Kontrollgängen sowie die Verbesserung der Einsehbarkeit und Beleuchtung der betroffenen Bereiche zu keiner Verbesserung der Situation geführt haben. Die Einführung und der Betrieb einer solchen offenen Videoüberwachung sind Gegenstand dieser Betriebsvereinbarung.

Diese Betriebsvereinbarung soll den Einsatz der Videoüberwachungstechnik in transparenter Weise regeln und die Interessen der Arbeitnehmer und des Arbeitgebers angemessen in Ausgleich bringen.

Diese Betriebsvereinbarung ist für die hier geregelte Verarbeitung personenbezogener Daten von Beschäftigten Rechtsgrundlage i.S.d. Art. 88 Abs. 1 Datenschutz-Grundverordnung und § 26 Abs. 4 Satz 1 Bundesdatenschutzgesetz.

a) Mitbestimmung bei Videoüberwachung am Arbeitsplatz

Arbeitgeber und Betriebsrat sind grundsätzlich befugt, eine Videoüberwachung im Betrieb einzuführen. Unter die umfassende Kompetenz zur Regelung materieller und formeller Arbeitsbedingungen sowie von Fragen der Ordnung des Betriebs fällt auch die Einführung und der Betrieb von Videoüberwachungstechnik am Arbeitsplatz[51]. Die **Mitbestimmungspflicht** folgt regelmäßig aus § 87 Abs. 1 Nr. 6 BetrVG. Entsprechendes gilt im Bereich des Personalvertretungsrechts gem. § 75 Abs. 3 Nr. 17 BPersVG und den entsprechenden Landesvorschriften. Videoüberwachungstechnik ist eine technische Einrichtung, die dazu bestimmt ist, das Verhalten oder die Leistung der Arbeitnehmer zu überwachen, da sie hierzu objektiv geeignet ist; auf eine Absicht zur Überwachung kommt es nicht an[52]. Allerdings sind eine lediglich abstrakte Eignung und damit die bloße Existenz und Funktionsweise einer Videoüberwachungsanlage nicht ausreichend. Vielmehr müssen nach der „objektiv-finalen Betrachtungs-

20.28

---

51 BAG v. 26.8.2008 – 1 ABR 16/07, NZA 2008, 1187 (1189); BAG v. 29.6.2004 – 1 ABR 21/03, NZA 2004, 1278 (1279).
52 BAG v. 26.8.2008 – 1 ABR 16/07, NZA 2008, 1187 (1189); BAG v. 29.6.2004 – 1 ABR 21/03, NZA 2004, 1278 (1279); BVerwG v. 16.9.2006 – 6 PB 10/06, BeckRS 2006, 26441, Rz. 4.

weise" neben der konkreten Funktionsweise und den objektiven Einsatzbedingungen auch der betroffene Arbeitsplatz und die entsprechenden Tätigkeitsbereiche berücksichtigt werden[53].

20.29 Daher scheidet Mitbestimmung aus, wenn eine Videokamera derart installiert und eingesetzt wird, dass Beschäftigte überhaupt nicht erfasst werden können oder lediglich eine als solche zu erkennende Kamera-Attrappe eingesetzt wird[54]. Umgekehrt kommt das Mitbestimmungsrecht auch dann zum Tragen, wenn eine Videoüberwachung ausschließlich der Überwachung eines Produktionsbereiches dient, wo sich zwar regelmäßig keine Beschäftigten aufhalten, aber ein Betreten dieses Bereiches grundsätzlich möglich ist, im Einzelfall erforderlich sein kann und die Beschäftigten dabei in den Erfassungsbereich der Kameras gelangen können. In diesen und vergleichbaren Konstellationen, z.B. bei einer Videoüberwachung von Kassenbereichen in Kreditinstituten aufgrund von § 6 DGUV Vorschrift 25 – Kassen[55], kommt es nicht darauf an, dass eine Mitarbeiterüberwachung nur ungewollter Nebeneffekt ist[56].

b) Vertragsparteien

20.30 Die Vertragsparteien der Betriebsvereinbarung sind auf der einen Seite der Arbeitgeber und auf der anderen Seite die Arbeitnehmervertretung. Letztere kann entweder der örtliche **Betriebsrat**, der **Gesamtbetriebsrat** oder der **Konzernbetriebsrat** sein.

20.31 Die Zuständigkeit für die Mitbestimmung bei technischen Überwachungseinrichtungen gem. § 87 Abs. 1 Nr. 6 BetrVG und damit auch für den Abschluss entsprechender Betriebsvereinbarungen liegt grundsätzlich bei den örtlichen Betriebsräten in den einzelnen Betrieben. Sie kann gem. § 50 Abs. 1 Satz 1 Halbs. 1 BetrVG bzw. § 58 Abs. 1 Satz 1 Halbs. 1 BetrVG ausnahmsweise originär bei dem Gesamtbetriebsrat bzw. Konzernbetriebsrat liegen, wenn es sich bei objektiver Betrachtung um eine überbetriebliche bzw. unternehmensübergreifende Angelegenheit handelt, die eine einheitliche Regelung erfordert[57]. Das ist beispielsweise nicht der Fall, wenn die Videoüberwachung lediglich von einem konzernangehörigen Unternehmen durchgeführt wird und kein unternehmensübergreifender Datenaustausch erfolgt[58].

20.32 Die örtlichen Betriebsräte können den Gesamtbetriebsrat bzw. den Konzernbetriebsrat gem. § 50 Abs. 2 BetrVG bzw. § 58 Abs. 2 BetrVG mit der Verhandlung und dem Abschluss der Betriebsvereinbarung beauftragen. Diese Beauftragung sollte aus Gründen der Rechtssicherheit in der Betriebsvereinbarung dokumentiert und die betreffenden Beschlüsse der örtlichen Betriebsräte bzw. Gesamtbetriebsräte als Anlagen beigefügt werden (vgl. Teil 4, Rz. 21.9 f.).

20.33 Auf Arbeitgeberseite sind bei einer Gesellschaft die gesetzlichen Organe zu benennen, die die Gesellschaft vertreten, z.B. **Vorstand** oder **Geschäftsführung**.

c) Präambel

20.34 Die Präambel des Musters enthält mehrere grundlegende Aussagen. Zum einen wird in Abs. 3 der Präambel festgehalten, dass die Betriebsvereinbarung **Rechtsgrundlage** i.S.d. Art. 88 Abs. 1 DSGVO

53 Vgl. nur BAG v. 14.11.2006 – ABR 4/06, NZA 2007, 399 (401 f.); BVerwG v. 23.9.1992 – 6 P 26/90, NVwZ-RR 1993, 559 (560); BVerwG v. 16.9.2006 – 6 PB 10/06, BeckRS 2006, 26441, Rz. 5 ff.

54 LAG Mecklenburg-Vorpommern v. 12.11.2014 – 3 TaBV 5/14, NZA-RR 2015, 196 (197); im Ergebnis zustimmend *Lang/Lachenmann*, NZA 2015, 591 (592, 594).

55 Unfallverhütungsvorschrift DGUV Vorschrift 25 – Kassen v. 1.10.1988 i.d.F. v. 1.1.1997 (Unfallverhütungsvorschrift i.S.d. § 15 SGB VII, hrsg. v. der Deutschen Gesetzlichen Unfallversicherung).

56 So auch *Gola* in Gola/Heckmann, § 26 BDSG Rz. 75.

57 *Koch* in ErfK, § 50 BetrVG Rz. 3 f. und § 58 BetrVG Rz. 2. Zu den Einzelheiten vgl. Teil 4, Rz. 21.5 ff.

58 BAG, Beschl. v. 26.1.2016 – 1 ABR 68/13, NZA 2016, 498 (500); anders dagegen der zugrunde liegende Sachverhalt bei LAG Köln v. 31.1.2020 – 9 TaBV 1/19, BeckRS 2020, 10700 (Rz. 45 ff.).

und § 26 Abs. 4 BDSG ist. Diese Regelung schafft die notwendige Transparenz nach Art. 5 Abs. 1 lit. a DSGVO und bringt zugleich Rechtssicherheit hinsichtlich der Rechtsgrundlage für die in Frage stehende Videoüberwachung.

Zum anderen werden in den Abs. 1 und 2 der Präambel der **Gegenstand der Betriebsvereinbarung**, die **Gründe** für die Einführung der Videoüberwachung und die zugrunde liegende Historie dargestellt. Diese Punkte können bei Streitigkeiten über die Auslegung einzelner Bestimmungen der Betriebsvereinbarung durch die Vertragsparteien oder ein Gericht herangezogen werden, sofern sie hinreichend konkret umschrieben sind. Auf eine Präambel mit lediglich allgemeinen Formulierungen sollte verzichtet werden. Allerdings ist es auch möglich, den Inhalt der Abs. 1 und 2 der Präambel in Ziff. 2 der Betriebsvereinbarung (Zweck der Videoüberwachung) zu integrieren und in der Präambel zu streichen. 20.35

Im Muster sind in Abs. 1 der Präambel zwei für die Zulässigkeit einer Videoüberwachung von Beschäftigten wesentliche Punkte dokumentiert. Das sind zum einen der Grund und Zweck der Überwachungsmaßnahme, nämlich eine starke Zunahme von Sachbeschädigungen u.a. an der Außenumgrenzung und damit einhergehenden Zutritten unbefugter Personen, vor denen sich das Unternehmen besser schützen will. Dieser Zweck, der vom Unternehmen als Verantwortlicher festzulegen ist, wird in Ziff. 2 der Betriebsvereinbarung präzisiert. Zum anderen enthält Abs. 1 Satz 4 der Präambel wesentliche Aussagen zur **Erforderlichkeit der Videoüberwachung**. Es wird festgehalten, dass bereits andere, weniger eingriffsintensive Maßnahmen wie verstärkte Kontrollgänge ergriffen wurden, diese aber erfolglos geblieben sind[59]. 20.36

Die Ausführungen in der Betriebsvereinbarung können und sollen nicht die Dokumentation der tatsächlichen Feststellungen ersetzen, die für die Beurteilung der Rechtmäßigkeit der Videoüberwachung relevant sind, z.B. Feststellungen zur Erforderlichkeit der Videoüberwachung oder zu Tatsachen, auf die sich ein konkreter Verdacht gründet. Diese Aspekte sind schon aus Gründen der Nachweisbarkeit anderweitig detailliert zu dokumentieren, insbesondere im Rahmen der **Datenschutz-Folgenabschätzung** gem. Art. 35 Abs. 1 DSGVO, der eine Videoüberwachung am Arbeitsplatz gemessen an den Kriterien von Art. 35 Abs. 1 und 3 DSGVO zumindest nach Auffassung der deutschen Datenschutzaufsichtsbehörden in der Regel unterliegen wird[60]. In jedem Fall werden entsprechende Feststellungen nicht dadurch entbehrlich, dass der Betriebsrat eingebunden wird und die Betriebsparteien die Rechtmäßigkeitsvoraussetzungen mit Abschluss der Betriebsvereinbarung als gegeben ansehen. 20.37

3. Geltungsbereich (Ziff. 1)

M 20.1.2 Geltungsbereich 20.38

1. Geltungsbereich

Diese Betriebsvereinbarung gilt für alle bei [Unternehmen] beschäftigten Arbeitnehmer gemäß § 5 Abs. 1 BetrVG; sie gilt nicht für leitende Angestellte gemäß § 5 Abs. 3 und 4 BetrVG.

---

59 Zur Festlegung des Zwecks einer Videoüberwachung am Arbeitsplatz und zur Erforderlichkeit als Rechtmäßigkeitsvoraussetzungen s. Rz. 20.44 ff. (Zweck) und Rz. 20.45 f., Rz. 20.64 f. (Erforderlichkeit).

60 *Datenschutzkonferenz*, S. 20, unter Verweis darauf, dass bei einer Videoüberwachung von Beschäftigten „ein besonders schützenswerter Personenkreis" betroffen ist und sich damit ein hohes Risiko i.S.d. Art. 35 Abs. 1 DSGVO ergeben kann. Das ist im Einzelfall zu prüfen. Zu der entsprechend zu beurteilenden Frage der Vorabkontrolle bei Videoüberwachung unter Geltung der Richtlinie 95/46/EG und des BDSG a.F. (§ 4d Abs. 5) s. *Lang*, S. 338 ff.; *Scholz* in Simitis, § 6b BDSG Rz. 149.

20.39 Die Regelung zum Geltungsbereich der Betriebsvereinbarung enthält eine personelle und eine räumliche Komponente.

20.40 In personeller Hinsicht ist der Geltungsbereich entsprechend der gesetzlich vorgegebenen Regelungskompetenz des Betriebsrats auf **Arbeitnehmer** i.S.d. § 5 Abs. 1 BetrVG begrenzt[61]. Damit werden nicht alle Beschäftigten i.S.d. § 26 Abs. 8 BDSG erfasst, z.B. keine leitenden Angestellten i.S.d. § 5 Abs. 3 BetrVG. In Bezug auf den nicht erfassten Personenkreis kommen für eine Videoüberwachung lediglich die allgemeinen Rechtsgrundlagen zum Tragen (zu diesen Rechtsgrundlagen s. Rz. 20.3 ff.).

20.41 Weitere Einschränkungen des personellen Geltungsbereichs in Ziff. 1 sind nicht angezeigt, da die Videoüberwachung im Muster einen Bereich betrifft, der grundsätzlich von allen Arbeitnehmern betreten werden kann.

20.42 In räumlicher Hinsicht kann eine weitere Präzisierung erforderlich sein, wenn mehrere Betriebe einen gemeinsamen Betriebsrat haben, aber nicht alle Betriebe bzw. deren Arbeitnehmer von der Videoüberwachungsmaßnahme betroffen sind.

4. Zweck der Videoüberwachung (Ziff. 2)

20.43 **M 20.1.3 Zweck der Videoüberwachung**

2. Zweck der Videoüberwachung

2.1 Die Videoüberwachungsanlage wird ausschließlich zu Zwecken der Sicherung der Außenumgrenzung des Betriebsgeländes einschließlich der Zufahrten und Zugänge sowie zu repressiven Zwecken in rechtlich relevanten Vorfällen genutzt. Es sollen ein unbefugtes Betreten oder Befahren des Betriebsgeländes sowie Sachbeschädigungen an der Außenumgrenzung und auf dem Außenbetriebsgelände verhindert und ggf. mit Videoaufzeichnungen als Beweismittel auf dem Rechtsweg verfolgt werden.

2.2 Die Videoüberwachungsanlage wird nicht zu Zwecken der Leistungskontrolle, des Leistungsvergleichs oder der Leistungsbemessung der Arbeitnehmer eingerichtet oder genutzt.

2.3 Eine Anwesenheits- und Verhaltenskontrolle, die über den Zweck nach Ziffer 2.1 dieser Betriebsvereinbarung hinausgeht, findet nicht statt.

20.44 In Ziff. 2 sind die Zwecke der Videoüberwachung und die **Zweckbindung** geregelt. Die – rechtlich zulässigen – Zwecke müssen konkret und abschließend festgelegt werden. Sie bilden ein wesentliches Element der Vereinbarung zwischen Arbeitgeber und Betriebsrat und sind ein entscheidendes Kriterium für die rechtliche Zulässigkeit der Videoüberwachung. Zum einen richtet sich die maßgebliche Rechtsgrundlage insbesondere nach dem mit der Videoüberwachung verfolgten Zweck (vgl. Rz. 20.10 ff., Rz. 20.15 f.). Zum anderen können die Geeignetheit und Erforderlichkeit einer Videoüberwachung nur anhand des konkret verfolgten Zweckes beurteilt werden[62].

20.45 Statt einer Videoüberwachung von Mitarbeitern können – je nach Einzelfall – möglicherweise gleich geeignete, aber weniger eingriffsintensive Maßnahmen in Betracht kommen. Die Betriebsparteien haben bei der Beurteilung der Erforderlichkeit einen **Entscheidungsspielraum**[63]. In einem Beschluss über die Wirksamkeit eines Spruchs der Einigungsstelle zur Einführung einer betrieblichen Videoüberwachung im Innen- und Außenbereich eines Briefverteilzentrums hat das BAG bspw. einen Videoein-

---

61 Details in *Kania* in ErfK, § 77 BetrVG Rz. 33 f. Zu den Begrenzungen der Regelungen des Geltungsbereichs aufgrund der Regelungskompetenzen des Betriebsrats insgesamt s. Rz. 20.31 f.

62 Zur Eignung und Erforderlichkeit einer Videoüberwachung s. *Lang*, S. 75 ff.

63 BAG v. 26.8.2008 – 1 ABR 16/07, NZA 2008, 1187 (1190, 1191); BAG v. 29.6.2004 – 1 ABR 21/03, NZA 2004, 1278 (1283); BAG v. 14.12.2004 – 1 ABR 34/03, NJOZ 2005, 2709 (2715).

satz zur Ergreifung und Überführung von Dieben sowie zur Verhinderung weiterer Diebstähle – entsprechend der Einschätzung der Betriebsparteien – als geeignet und erforderlich beurteilt, da Taschen- und Personenkontrollen in diesem Fall kein in gleicher Weise wirksames, das Persönlichkeitsrecht der Arbeitnehmer weniger einschränkendes Mittel waren[64].

Im Sachverhalt, der dem Muster der Betriebsvereinbarung zugrunde liegt, sind weniger eingriffsintensive Maßnahmen wie verstärkte Kontrollgänge bereits vor der geplanten Videoüberwachung ergriffen worden, aber erfolglos geblieben (vgl. Abs. 1 Satz 4 der Präambel).   20.46

Die Zwecke der Überwachungsmaßnahme müssen vor deren Beginn konkret festgelegt werden. Das folgt bereits aus dem auch im Rahmen von Betriebsvereinbarungen zu beachtenden Grundsatz der Zweckbindung gem. Art. 5 Abs. 1 lit. b DSGVO und erleichtert die Nachprüfung der Erforderlichkeit. Zwar verlangen die gesetzlichen Regelungen wie Art. 5 Abs. 1 lit. b DSGVO keine schriftliche Fixierung[65]. Eine nachträgliche Kontrolle – sowohl durch das Unternehmen als datenschutzrechtlich Verantwortlicher als auch durch beide Betriebsparteien im Rahmen der Mitbestimmung – gestaltet sich jedoch einfacher, wenn die Zwecke dokumentiert sind. Zudem verringert eine Dokumentation die Gefahr, dass eine Zweckbestimmung nachträglich an den Ergebnissen der Maßnahme ausgerichtet oder an diese angepasst wird. Schließlich hat das Unternehmen als datenschutzrechtlich Verantwortlicher die Rechenschaftspflicht gem. Art. 5 Abs. 2 DSGVO zu erfüllen und trägt damit die Beweislast dafür, dass der Zweck der Videoüberwachung vor Beginn eines Einsatzes festgelegt wurde. Kann dieser Nachweis nicht geführt werden, ist die Videoüberwachung unzulässig. Eine Diskussion über die schriftliche Fixierung des Zwecks ist auch mit Blick auf die weiteren Pflichten des Verantwortlichen nicht zielführend, nämlich dem Führen eines Verzeichnisses der Verarbeitungtätigkeiten gem. Art. 30 DSGVO und der ebenfalls zu dokumentierenden Datenschutz-Folgenabschätzung gem. Art. 35 Abs. 1 DSGVO, der eine Videoüberwachung am Arbeitsplatz gemessen an den Kriterien von Art. 35 Abs. 1 und 3 DSGVO häufig unterliegen wird (dazu s. Rz. 20.37).   20.47

Ziff. 2.2 verdeutlicht, dass die Videotechnik nicht zu Zwecken der **Leistungskontrolle**, des Leistungsvergleichs oder der Leistungsbemessung der Beschäftigten eingerichtet oder genutzt wird.   20.48

Ziff. 2.3 stellt klar, dass eine Anwesenheits- und **Verhaltenskontrolle** zwar im Rahmen der Zweckbestimmung von Ziff. 2.1 der Betriebsvereinbarung (unweigerlich) erfolgt, aber darüber hinaus nicht stattfindet.   20.49

5. Erfasste Bereiche, Einsatzform und Kenntlichmachung (Ziff. 3)

M 20.1.4 Erfasste Bereiche, Einsatzform und Kenntlichmachung   20.50

3. Erfasste Bereiche, Einsatzform und Kenntlichmachung

3.1 Das Videoüberwachungssystem wird ausschließlich im Außenbereich des Betriebsgeländes eingesetzt. Erfasst sind der gesamte Zutritts- und Zufahrtsbereich, die zum öffentlich zugänglichen Bereich liegende Außenfassade des Hauptgebäudes und die Außenumgrenzung gemäß der Dokumentation in Ziffer 4 dieser Betriebsvereinbarung. Büros, Büroflure, sonstige Arbeitsplätze, Betriebs- und Aufenthaltsräume werden nicht erfasst.

3.2 Die Bilder der Videoüberwachung werden gemäß Ziffer 5 dieser Betriebsvereinbarung auf Monitore übertragen und gemäß Ziffer 6 dieser Betriebsvereinbarung aufgezeichnet. Es erfolgt keine akustische Überwachung durch Aufnahme, Übertragung und Aufzeichnung von Audiosignalen mit Hilfe der Vi-

---

64 BAG v. 26.8.2008 – 1 ABR 16/07, NZA 2008, 1187 (1189); Besprechung bei *Lang*, AuA 2009, 374 (374 f.).

65 *Schantz* in BeckOK DatenschutzR, Art. 5 DSGVO Rz. 14; *Frenzel* in Paal/Pauly, Art. 5 DSGVO Rz. 27.

deotechnik, was durch geeignete technische und bzw. oder organisatorische Maßnahmen sicherge-
stellt wird.

3.3 Die Videoüberwachung wird offen durchgeführt, d.h. sie ist wie folgt kenntlich zu machen. Auf die er-
fassten Bereiche ist durch Beschilderung so hinzuweisen, dass die Mitarbeiter bereits vor Betreten die-
ser Bereiche von dem Umstand der Überwachung Kenntnis nehmen können. Die Orte und Größe der
*Beschilderung sowie eine Beispielabbildung enthält **Anlage 2** zu dieser Betriebsvereinbarung.*

a) Erfasster Bereich (Ziff. 3.1)

20.51   In Ziff. 3.1 werden die von der Videoüberwachung erfassten Bereiche definiert. Diese Konkretisierung
ist in mehrfacher Hinsicht relevant. Zum einen ist die Art der betroffenen Bereiche für die Angemessenheit des Videoeinsatzes entscheidend. Zum anderen dürfen über den **räumlichen Geltungsbereich**
der Betriebsvereinbarung keine Unklarheiten bestehen, um insoweit Regelungslücken zu vermeiden.
Dieser Aspekt ist insbesondere bei Unternehmen mit mehreren Betrieben und Standorten zu beachten.
Die betroffenen Betriebe oder Standorte eines Unternehmens und die dort jeweils zu überwachenden
Bereiche, z.B. Außenanlage, Parkplatz, Zugangsbereich, Lagerhalle, sind so konkret wie möglich zu bezeichnen.

20.52   Zur Klarstellung und aus Gründen der Rechtssicherheit wird in Ziff. 3.1 Satz 3 explizit darauf hingewiesen, dass andere als die in Ziff. 3.1 Satz 1 und 2 der Betriebsvereinbarung aufgeführten Bereiche wie
z.B. Büros und andere Betriebs- und Aufenthaltsräume von der Überwachung ausgenommen sind.
Grundsätzlich gilt: Eine Überwachung von Bereichen, die dem **Privat- und Intimbereich** zuzuordnen
sind, z.B. Umkleide- und Sanitärräume, greift zu stark in die **Persönlichkeitsrechte** der betroffenen
Personen ein und ist in jedem Fall unzulässig[66].

b) Einsatzform (Ziff. 3.2 und 3.3)

20.53   Die Einsatzform der Videotechnik ist ebenso wie der erfasste Bereich entscheidend für die Beurteilung
der Erforderlichkeit und Angemessenheit der Überwachungsmaßnahme. Sie sind in einer Betriebsvereinbarung festzulegen. Ziff. 3.2 i.V.m. Ziff. 5 und 6 sowie Ziff. 3.3 des Musters enthalten Vorschläge für
die entsprechenden Regelungen.

aa) Kamera-Monitor-Prinzip und Aufzeichnung

20.54   Die Videoüberwachung kommt nach Ziff. 3.2 sowohl im **Kamera-Monitor-Prinzip** als auch im **Auf-
zeichnungsmodus** zum Einsatz. Die Bilder werden zum einen auf Monitore im Pförtnerbereich
übertragen und dort live angezeigt und zum anderen aufgezeichnet. Diese Unterscheidung zwischen
Übertragung und Anzeige der Bilder (Kamera-Monitor-Prinzip) einerseits und Bildaufzeichnung
andererseits ist für die Beurteilung der Rechtmäßigkeit einer Videoüberwachung wesentlich und bei
der Prüfung der Erforderlichkeit und Angemessenheit einer Überwachungsmaßnahme zu berücksichtigen (s. Rz. 20.64 und Rz. 20.68).

20.55   Eine Videoaufzeichnung ist grundsätzlich nur zulässig, wenn mit der Überwachungsmaßnahme **repressive Ziele** verfolgt werden (dazu s. Rz. 20.64). Allerdings muss die Erforderlichkeit der Aufzeichnung für repressive Zwecke im Einzelfall geprüft werden, was hinsichtlich des Aspekts der Nachweisbarkeit von rechtswidrigen Handlungen aber regelmäßig zu einem positiven Ergebnis führen wird. So
hat das BAG in der bereits zitierten Entscheidung über die Wirksamkeit eines Spruchs der Einigungsstelle zur Einführung betrieblicher Videoüberwachung im Innen- und Außenbereich eines Briefverteil-

---

66 Vgl. nur *Datenschutzkonferenz*, S. 12, und für die – insoweit unveränderte – Rechtslage unter der Richt-
     linie 95/46/EG und dem BDSG a.F. *Düsseldorfer Kreis*, S. 9, 15; *Lang*, S. 305, 357, 396.

zentrums eine reine Bildübertragung (Kamera-Monitor-Prinzip) für die Aufklärung von Diebstählen weniger effizient als eine Videoaufzeichnung bewertet (s. Rz. 20.45)[67].

Nach dem Muster der Betriebsvereinbarung werden sowohl präventive als auch repressive Zwecke verfolgt. Zur Erreichung dieser Zwecke sind beide Modi – in der differenzierten Ausgestaltung gem. Ziff. 5 und 6 der Betriebsvereinbarung – erforderlich und angemessen. Die im Verhältnis zum Kamera-Monitor-Prinzip grundsätzlich größere Eingriffsintensität der dauerhaften Aufzeichnung wird aufgrund des im Beispiel eingesetzten sog. Black Box-**Verfahrens** minimiert (dazu s. Rz. 20.84). **20.56**

bb) Keine Audioüberwachung

In Ziff. 3.2 Satz 2 wird eine **Audioüberwachung** explizit ausgeschlossen, da sie für den Zweck gem. Ziff. 2 der Betriebsvereinbarung nicht erforderlich ist und aus diesem Grund auch unzulässig wäre. Für die Erfassung, Übertragung und Speicherung des gesprochenen Wortes bestehen besondere Zulässigkeitsvoraussetzungen, die nur in ganz besonders gelagerten Ausnahmefällen vorliegen können[68]. **20.57**

Es sollte bereits bei der Planung und Umsetzung der Videoüberwachung beachtet werden, dass Videotechnik häufig über eine Audioausstattung verfügt, mit der Tonaufnahmen erfasst, übertragen und aufgezeichnet werden können. Vor diesem Hintergrund sind vielfach technische und organisatorische Maßnahmen erforderlich, um eine technisch grundsätzlich realisierbare Audioüberwachung zu unterbinden; eine entsprechende Regelung enthält der zweite Halbsatz in Ziff. 3.2 Satz 2 des Musters. Die einfachste Form, das Verbot einer Audioüberwachung umzusetzen, ist freilich der Einsatz einer technischen Ausstattung ohne Audiofunktion. **20.58**

cc) Offene und verdeckte Videoüberwachung

In Ziff. 3.3 Satz 1 wird eindeutig festgelegt, dass der Videoeinsatz offen und nicht verdeckt bzw. heimlich erfolgen soll. Von einer offenen Anwendung sollen die betroffenen Personen Kenntnis nehmen. Zu diesem Zweck kommen sichtbare Hinweisschilder oder entsprechend genutzte Kameras zum Einsatz. Auf die Sichtbarkeit der Kameras allein kommt es nicht an, wenn auf die Videoüberwachung durch Schilder hingewiesen oder deren Existenz anderweitig bekannt gemacht wird. Daher kann ein offener Einsatz von Videotechnik letztlich auch vorliegen, wenn nicht erkennbare oder verdeckte Kameras genutzt werden[69]. **20.59**

Eine **heimliche**, den Beschäftigten nicht bekannte und nicht erkennbare **Videoüberwachung** ist nur ausnahmsweise und unter ganz besonders engen Voraussetzungen zulässig, wenn der konkrete Verdacht einer strafbaren Handlung oder einer anderen schweren Verfehlung zu Lasten des Arbeitgebers besteht, weniger einschneidende Mittel zur Aufklärung des Verdachts ausgeschöpft sind, die heimliche Videoüberwachung praktisch das einzig verbleibende Mittel darstellt und insgesamt nicht unverhältnismäßig ist[70]. **20.60**

---

67 BAG v. 26.8.2008 – 1 ABR 16/07, NZA 2008, 1187 (1189); Besprechung bei *Lang*, AuA 2009, 374 (374 f.).

68 Vgl. *Lang*, S. 127 ff., 355 f., 382, 391 ff.

69 *Lang*, S. 8, 97 für die – insoweit unveränderte – Rechtslage unter der Richtlinie 95/46/EG und dem BDSG a.F.

70 BAG v. 20.10.2016 – 2 AZR 395/15, NJW 2017, 1193 (1194); BAG v. 21.6.2012 – 2 AZR 152/11, NZA 2012, 1025 (1028 f.) und BAG v. 27.3.2003 – 2 AZR 51/02, NZA 2003, 1193 (1195); unter Verweis auf diese BAG-Rechtsprechung ebenso *Düsseldorfer Kreis*, S. 15 f., jeweils für die – insoweit unveränderte – Rechtslage unter der Richtlinie 95/46/EG und dem BDSG a.F.; für die aktuelle Rechtslage *Datenschutzkonferenz*, S. 27; dazu s. auch Rz. 20.7.

dd) Kenntlichmachung

20.61 Die Kenntlichmachung einer offenen Videoüberwachung sollte aus Gründen der Rechtssicherheit konkret vereinbart werden (Ziff. 3.3 Satz 2 und 3). Die Angaben zur Form (Text und/oder Piktogramm), zur Größe und zu den Orten der Beschilderung werden durch Beispielabbildungen und einen Eintrag im Lageplan ergänzt (vgl. Ziff. 3.3 Satz 3 i.V.m. Anlage 2 (Lageplan)).

20.62 Diese Aspekte sind erfahrungsgemäß häufig Streitpunkte bei der Durchführung einer Videoüberwachung, wenn keine entsprechende Regelung getroffen wurde. Zudem werden diese Punkte bei der **Datenschutz-Folgenabschätzung** gem. Art. 35 Abs. 1 DSGVO Berücksichtigung finden, der eine Videoüberwachung am Arbeitsplatz gemessen an den Kriterien von Art. 35 Abs. 1 und 3 DSGVO häufig unterliegen wird (dazu s. Rz. 20.37). Weiterhin werden die Informationen über Orte, Art und Größe der Beschilderung von den Datenschutzaufsichtsbehörden im Rahmen ihrer Aufsichtstätigkeit nach Art. 57 DSGVO abgefragt[71]. Schließlich wird mit der Umsetzung dieser Maßnahmen im Zusammenspiel mit der Information der Beschäftigten gem. Ziff. 8.1 des Musters dem Grundsatz der Transparenz gem. Art. 5 Abs. 1 lit. a DSGVO und der Informationspflicht gem. Art. 12 und 13 DSGVO Genüge getan.

20.62a An die Gestaltung und den Inhalt von Hinweisschildern für eine Videoüberwachung stellen die deutschen Datenschutzaufsichtsbehörden und der Europäische Datenschutzausschuss sehr hohe Anforderungen. Die Schilder sollen mindestens die Größe von DIN A4 haben und folgende Informationen enthalten[72]:

– Umstand der Beobachtung durch ein erkennbares Piktogramm (Kamerasymbol);

– Identität des Verantwortlichen (Name und Kontaktdaten);

– Kontaktdaten des betrieblichen Datenschutzbeauftragten, falls vorhanden;

– Zwecke und Rechtsgrundlage der Verarbeitung (Stichworte);

– Angabe des berechtigten Interesses, soweit die Verarbeitung auf Art. 6 Abs. 1 Satz 1 lit. f DSGVO beruht;

– Speicherdauer oder Kriterien für deren Festlegung;

– Hinweis darauf, wo die weiteren Informationen gem. Art. 13 DSGVO, z.B. zu den Rechten der betroffenen Personen, gegeben werden (z.B. Informationsblatt oder in den „allgemeinen Datenschutzhinweisen").

20.62b Es ist zwar fraglich, ob – wie von den deutschen Datenschutzaufsichtsbehörden vertreten[73] – tatsächlich nur auf diese Weise die Informationspflicht und das Transparenzgebot bei einer Videoüberwachung rechtskonform erfüllt werden können. Beispielsweise kann eine vollständige Information der betroffenen Personen bei einer Videoüberwachung von Bereichen, die ausschließlich von Beschäftigten betreten werden können, vor Inbetriebnahme der Überwachung auch so erfolgen, wie es in Ziff. 8.1 des Musters geregelt ist. In einer solchen Konstellation reicht es aus, wenn die Hinweisschilder lediglich den Umstand der Überwachung und die überwachten Bereiche kenntlich machen. Allerdings werden nach dem Sachverhalt, der dem Muster der Betriebsvereinbarung zugrunde liegt, mit Besuchern und Dienstleistern des Unternehmens sowie sonstigen Dritten auch andere Personen als Beschäftigte des Unternehmens betroffen sein, die nicht alle vorab umfassend informiert werden (können). Daher muss der Umfang der Information auf den Hinweisschildern und deren Ausgestaltung über den Aspekt der

---

71 Beispiele mit Fragebögen der Datenschutzaufsichtsbehörden unter Geltung der Richtlinie 95/46/EG und des BDSG a.F. bei *Seiffert*, Mustertexte (Fragebogen zur Vorbereitung).

72 *Datenschutzkonferenz*, S. 17 f. und Anlage 1; *European Data Protection Board*, S. 26 f.

73 *Datenschutzkonferenz*, S. 17.

Beschäftigtenüberwachung hinaus im Einzelfall geprüft und in der Betriebsvereinbarung festgelegt werden, um eine einheitliche Umsetzung zu erreichen.

c) Zulässigkeit einer Videoüberwachung – Eckpunkte der Erforderlichkeit und der Interessenabwägung

Die Zulässigkeit des mit einer Videoüberwachung verbundenen Eingriffs in die Persönlichkeitsrechte von Beschäftigten, insbesondere in das Recht auf informationelle Selbstbestimmung und das Recht am eigenen Bild[74], hängt ungeachtet der im Einzelfall einschlägigen Rechtsgrundlage (dazu Rz. 20.3 ff.) im Wesentlichen davon ab, ob die Maßnahme bzw. die auf diese Weise durchgeführte Datenverarbeitung erforderlich ist und keine schutzwürdigen Interessen der betroffenen Beschäftigten überwiegen bzw. keine entsprechenden Anhaltspunkte bestehen. Es ist eine am Verhältnismäßigkeitsgrundsatz ausgerichtete Abwägung zwischen den durch die Zwecke der Videoüberwachung bestimmten Interessen des Arbeitgebers und den insbesondere aus den Persönlichkeitsrechten erwachsenen schutzwürdigen Interessen der betroffenen Beschäftigten vorzunehmen. 20.63

Die Videoüberwachung muss im Hinblick auf den legitimen Zweck zunächst geeignet und erforderlich sein. Im Rahmen der Erforderlichkeit ist zu prüfen, ob statt einer Videoüberwachung von Beschäftigten gleich geeignete, aber weniger eingriffsintensive Maßnahmen in Betracht kommen. Die Prüfung muss sich am konkreten Einsatzzweck orientieren. Gleich wirksame, aber das allgemeine Persönlichkeitsrecht und dessen Konkretisierungen weniger einschränkende Mittel können bspw. – je nach Einzelfall – **Innenrevisionen** oder **Inventuren**, stichprobenartige oder umfassende Kontrollen der Warenlieferungen, **stichprobenartige Kontrollen** der Beschäftigten beim Verlassen des Betriebes, **Testkäufe** oder **Testretouren** sein. Kommt keine Alternative zur Videoüberwachung in Betracht, ist schließlich die Kontrollfrage zu stellen, ob die weniger eingriffsintensive Beobachtung ohne Bildaufzeichnung ausreicht. Das BAG gesteht den Betriebsparteien bei der Beurteilung der Erforderlichkeit einen – zuweilen weiten – Spielraum zu[75]. 20.64

Eine Videoüberwachung, die geeignet und erforderlich ist, muss schließlich angemessen sein. Es dürfen keine schutzwürdigen Interessen der betroffenen Beschäftigten überwiegen bzw. keine entsprechenden Anhaltspunkte bestehen. Für diese Feststellung bedarf es einer einzelfallbezogenen **Gesamtabwägung** der Intensität des Eingriffs in das allgemeine Persönlichkeitsrecht der betroffenen Beschäftigten und der den Eingriff rechtfertigenden Gründe auf Seiten des Arbeitgebers. Dabei sind die im Wesentlichen vom **BAG** unter Geltung der Richtlinie 95/46/EG und des BDSG a.F. entwickelten, wohl überwiegend von der Literatur und den Datenschutzaufsichtsbehörden befürworteten[76] und im Folgenden zusammengefassten „Leitlinien" zu berücksichtigen. Das gilt auch unter der DSGVO und dem BDSG[77]. Zum einen soll § 26 BDSG die spezialgesetzliche Regelung § 32 BDSG a.F. im Wesentlichen lediglich fortschreiben[78]. Zum anderen kommen mit diesen „Leitlinien" gerade die allgemeinen 20.65

---

74 Zu den betroffenen Inhalten des allgemeinen Persönlichkeitsrechts s. *Lang*, S. 344 ff.; zu dem Recht auf Achtung des Privatlebens gem. Art. 8 EMRK und den vom EGMR aufgestellten Kriterien für Videoüberwachungsmaßnahmen gegenüber Beschäftigten s. EGMR v. 17.10.2019 – 1874/13, 8567/13, NZA 2019, 1697 (1700 ff.).

75 Vgl. BAG v. 26.8.2008 – 1 ABR 16/07, NZA 2008, 1187 (1190, 1191), Besprechung bei *Lang*, AuA 2009, 374 (374 f.); BAG v. 29.6.2004 – 1 ABR 21/03, NZA 2004, 1278 (1283); BAG v. 14.12.2004 – 1 ABR 34/03, NJOZ 2005, 2709 (2715).

76 Vgl. nur *Der Landesbeauftragte für den Datenschutz Niedersachsen*, XV. Tätigkeitsbericht, Abschn. 34.2; *Düsseldorfer Kreis*, S. 15 f.; *Gola* in Gola/Heckmann, § 26 BDSG Rz. 67.

77 *Gola* in Gola/Heckmann, § 26 BDSG Rz. 67, 75; a.A. *Maschmann* in Kühling/Buchner, § 26 BDSG Rz. 46 in Bezug auf die für unzulässig gehaltene heimliche Videoüberwachung; vgl. auch *Datenschutzkonferenz*, S. 26 f., wenngleich ohne Bezugnahme auf die BAG-Rechtsprechung, wie es die Aufsichtsbehörden unter Geltung der Richtlinie 95/46/EG und des BDSG a.F. in *Düsseldorfer Kreis*, S. 15 f., noch getan haben.

78 So ausdrücklich die Begründung zum DSAnpUG-E der Bundesregierung, BT-Drucks. 18/11325, 96 f.

Grundsätze der Datenverarbeitung gem. Art. 5 Abs. 1 DSGVO und die darin enthaltenen Verhältnismäßigkeitserwägungen zum Tragen, die auch bei nationalen Vorschriften zu berücksichtigen sind, die im Rahmen von Öffnungsklauseln der DSGVO erlassen werden.

20.66 – Der Einsatz muss – zumindest in nicht öffentlich zugänglichen Bereichen – grundsätzlich an den **konkreten Verdacht** einer strafbaren Handlung oder einer anderen schweren Verfehlung zu Lasten des Arbeitgebers geknüpft sein. Eine verdachtsunabhängige Videoüberwachung wird in den genannten Bereichen regelmäßig unzulässig sein[79].

20.67 – Der **räumliche und zeitliche Umfang** einer Videoüberwachung sowie die Zahl der betroffenen Beschäftigten müssen soweit wie möglich und dem Zweck der Überwachungsmaßnahme entsprechend begrenzt sein[80]. Hinsichtlich der Intensität des Eingriffs in das allgemeine Persönlichkeitsrecht ist zu berücksichtigen, dass Beschäftigte aufgrund ihrer Pflicht, sich an dem vom Arbeitgeber bestimmten Ort der Leistungserbringung aufzuhalten, einem erhöhten Überwachungsdruck ausgesetzt sind. Beschäftigte können sich der Videoüberwachung im Gegensatz zu Dritten regelmäßig nicht durch Verlassen des betroffenen Bereiches entziehen. Dieser Umstand ist mit Blick auf den örtlichen und zeitlichen Umfang des Videoeinsatzes zu beachten. Eine räumliche und zeitliche Ausdehnung der Videoüberwachung allein aufgrund von Erfolglosigkeit im Rahmen des gewählten Überwachungsumfangs ist unzulässig[81].

20.68 – Eine Videoaufzeichnung soll nach Auffassung des BAG nur zulässig sein, wenn mit der Überwachungsmaßnahme zumindest auch **repressive Ziele** verfolgt werden[82]. Hierbei handelt es sich in erster Linie um eine Frage der Erforderlichkeit. Prävention erfordert im Gegensatz zur Verfolgung repressiver Ziele regelmäßig keine Bildspeicherung. Allerdings sind Konstellationen denkbar, in denen zumindest eine kurzzeitige Speicherung auch zum Zweck der Gefahrenabwehr erforderlich ist, um die für ein sofortiges Eingreifen notwendige Information vermitteln zu können. In diesen Fällen ist der Aspekt der Aufzeichnung im Rahmen der Interessenabwägung erneut aufzugreifen, da sich die Verhältnismäßigkeit einer Videoüberwachung auch nach der Einsatzform der Videotechnik bestimmt[83]. Die Eingriffsintensität lässt sich durch technische und organisatorische Maßnahmen verringern, z.B. durch Nutzung eines selbstüberschreibenden Ringspeichers, der eine kurze Speicherdauer hat und in einer sog. Black Box besonderen Zugriffssicherungen unterliegt[84].

20.69 – Im Fall einer Videoaufzeichnung bedarf es restriktiver Regeln für den **Zugriff auf** die **Speichermedien** und die Bilder. Weiterhin müssen Videoaufzeichnungen grundsätzlich unverzüglich nach ihrer Auswertung gelöscht werden, sofern sie nicht zur Zweckerfüllung weiter benötigt werden, z.B. zum Tatnachweis gegenüber dem Täter[85].

20.70 – Es müssen technische und organisatorische Maßnahmen einschließlich **Löschungsregeln** für den Fall einer Videoaufzeichnung getroffen werden, um die in Rz. 20.69 aufgezeigten Begrenzungen sicherzustellen und auf diese Weise die Eingriffe in die Persönlichkeitsrechte der betroffenen Beschäftigten so gering wie möglich zu halten[86].

---

79 BAG v. 20.10.2016 – 2 AZR 395/15, NJW 2017, 1193 (1194); BAG v. 26.8.2008 – 1 ABR 16/07, NZA 2008, 1187 (1191); Besprechung bei *Lang*, AuA 2009, 374 (374 f.); relativierend bzgl. der Konkretisierung des Verdachts BAG v. 28.3.2019 – 8 AZR 421/17, NZA 2019, 1212 (1216).

80 BAG v. 26.8.2008 – 1 ABR 16/07, NZA 2008, 1187 (1190); BAG v. 14.12.2004 – 1 ABR 34/03, NJOZ 2005, 2709 (2712, 2716); BAG v. 29.6.2004 – 1 ABR 21/03, NZA 2004, 1278 (1284); BAG v. 27.3.2003 – 2 AZR 51/02, NZA 2003, 1193 (1195).

81 BAG v. 26.8.2008 – 1 ABR 16/07, NZA 2008, 1187 (1192).

82 BAG v. 26.8.2008 – 1 ABR 16/07, NZA 2008, 1187 (1191).

83 Zu den Basis-Einsatzformen der Videotechnik s. Rz. 20.2.

84 Vgl. *Lang*, S. 322 ff. mit Beispielen für die private Videoüberwachung im öffentlichen Raum. Zum Black Box-Verfahren s. Rz. 20.84.

85 BAG v. 26.8.2008 – 1 ABR 16/07, NZA 2008, 1187 (1191 f.); zur zulässigen Speicherdauer und der insoweit zu weitgehenden Ansicht des BAG s. Rz. 20.86 ff.

86 BAG v. 26.8.2008 – 1 ABR 16/07, NZA 2008, 1187 (1191).

– Eine **verdeckte**, also den betroffenen Personen nicht bekannte **Überwachung** darf nur als Ultima 20.71
Ratio in eng begrenzten Ausnahmefällen eingesetzt werden, wenn der konkrete Verdacht einer strafbaren Handlung oder einer anderen schweren Verfehlung zu Lasten des Arbeitgebers besteht, alle
weniger einschneidenden Mittel zur Aufklärung ergebnislos ausgeschöpft sind und die Maßnahme
insgesamt nicht unverhältnismäßig ist. Dabei ist es nicht notwendig, dass sich der Verdacht gegen
einen einzelnen, bestimmten Arbeitnehmer richtet. Vielmehr bedarf es eines zumindest – räumlich
und funktional – abgrenzbaren Kreises von Verdächtigen[87].

– Schließlich ist der **Betriebsrat** bei der Einführung und Durchführung der Videoüberwachung zu 20.72
beteiligen. Das entbindet aber weder den Arbeitgeber noch den Betriebsrat von einer Prüfung der
Rechtmäßigkeitsvoraussetzungen. Allein die Beteiligung und Einbindung des Betriebsrats kann
auch im Rahmen der Interessenabwägung keine Zulässigkeit eines Eingriffs begründen[88].

6. Dokumentation (Ziff. 4 und Anlagen 1, 2 und 3)

M 20.1.5 Dokumentation 20.73

4. Dokumentation

*Das Videoüberwachungssystem ist in den Anlagen 1 bis 3 zu dieser Betriebsvereinbarung dokumentiert.
Die Dokumentation besteht aus:*

– *der **Systembeschreibung (Anlage 1)** mit*

 – *Angaben zur technischen Ausstattung des Gesamtsystems (Systemarchitektur einschließlich Schnittstellen und Systemfunktionen) und*

 – *Angaben zu den einzelnen Systemkomponenten einschließlich Anzahl der Kameras und Monitore,*

– *dem **Lageplan**, in dem die jeweiligen Standorte und Erfassungsbereiche der Kameras eingetragen sind
(**Anlage 2**),*

– *dem **Berechtigungskonzept**, das die Berechtigungen in Bezug auf das Videoüberwachungssystem, insbesondere auch für Zugriffe auf die übertragenen und aufgezeichneten Bilder regelt (**Anlage 3**).*

Anlage 1

(Systembeschreibung gemäß Ziffer 4 der Betriebsvereinbarung zur Videoüberwachung)

…

Anlage 2

(Lageplan gemäß Ziffer 4 und Ziffer 3.3 Satz 3 der Betriebsvereinbarung zur Videoüberwachung)

…

---

87 BAG v. 20.10.2016 – 2 AZR 395/15, NJW 2017, 1193 (1194); BAG v. 21.6.2012 – 2 AZR 152/11, NZA
 2012, 1025 (1028 f.); BAG v. 27.3.2003 – 2 AZR 51/02, NZA 2003, 1193 (1195). Zur entsprechenden
 Geltung dieser Grundsätze für eine verdeckte Videoüberwachung nicht öffentlich zugänglicher Arbeitsplätze unter Geltung der Richtlinie 95/46/EG und des BDSG a.F. vgl. *Bergwitz*, NZA 2012, 1205 (1208);
 zustimmend für die geltende Rechtslage unter DSGVO und BDSG *Gola* in Gola/Heckmann, § 26 BDSG
 Rz. 128; ablehnend *Maschmann* in Kühling/Buchner, § 26 BDSG Rz. 46, der eine heimliche Videoüberwachung in jedem Fall für unzulässig hält.
88 BAG v. 21.6.2012 – 2 AZR 152/11, NZA 2012, 1025 (1028 f.); BAG v. 26.8.2008 – 1 ABR 16/07, NZA
 2008, 1187 (1191, 1192).

Anlage 3

(Berechtigungskonzept gemäß Ziffer 4 der Betriebsvereinbarung zur Videoüberwachung)

...

20.74 In Ziff. 4 werden die Anlagen zur Betriebsvereinbarung aufgelistet, in denen die Kernpunkte der Videoüberwachung konkretisiert werden. Hierzu zählen die **Systembeschreibung**, der **Lageplan** und das **Berechtigungskonzept**. Diese Angaben dienen nicht nur der Konkretisierung des Inhalts der Betriebsvereinbarung, sondern sind auch wesentlich für die Frage der Erforderlichkeit und Angemessenheit des Videoeinsatzes (vgl. Rz. 20.2, Rz. 20.65 ff.) sowie für die **Datenschutz-Folgenabschätzung** gem. Art. 35 Abs. 1 DSGVO, der eine Videoüberwachung am Arbeitsplatz häufig unterliegen wird (dazu s. Rz. 20.37). Schließlich werden auch diese Informationen – wenngleich in unterschiedlichem Umfang – von den Datenschutzaufsichtsbehörden im Rahmen ihrer Aufsichtstätigkeit nach Art. 57 DSGVO abgefragt[89].

20.75 Die **Systembeschreibung (Anlage 1)** sollte zum einen Angaben zur technischen Ausstattung der Videoüberwachungsanlage in ihrer Gesamtheit enthalten. Das sind insbesondere übergreifende Informationen zur Systemarchitektur einschließlich **Schnittstellen** und **Systemfunktionen** wie z.B. die Aufzeichnung. Zum anderen sollten die Angaben zu den einzelnen **Systemkomponenten** der Videoüberwachungsanlage konkretisiert werden. Hierzu zählen die Aufnahmetechnik einschließlich der Anzahl der Kameras, die Übertragungstechnik, die Wiedergabetechnik einschließlich Anzahl und Ort der Monitore sowie die Aufzeichnungs- und Speicherungstechnik. Es ist bspw. bei der Aufnahme- bzw. Kameratechnik insbesondere auf folgende Punkte einzugehen: Dome-Kameras, Auto-Dome-Kameras oder Kameras mit Schwenk-/Neige-Mechanismus, digital/analog, Netzwerkkameras, Dual-Mode mit Infrarotlicht, Audio, Zoom und Schwenkbarkeit (maximale Reichweite und maximaler Erfassungsbereich), sog. intelligente Bildinterpretation bzw. Alarmverwaltung („Video Analytics"), automatische Kameranachführung[90].

20.76 Der **Lageplan (Anlage 2)** sollte neben dem Aufbewahrungsort für die Wiedergabe- und Aufzeichnungstechnik die Standorte der Kameras und Hinweisschilder sowie die von den Kameras erfassten Bereiche ausweisen. Dazu sind für jede Kamera die Ausrichtung (Winkel) und die Reichweite anzugeben.

20.77 Im **Berechtigungskonzept (Anlage 3)** sind die Berechtigungen für das Videoüberwachungssystem zu regeln. Dabei sind insbesondere die Rechte für Zugriffe auf die (live) übertragenen Bilder einerseits und die gespeicherten Videoaufzeichnungen andererseits differenziert zu gestalten.

7. Übermittlung der Bilder und Schnittstellen (Ziff. 5)

20.78 M 20.1.6 Übermittlung der Bilder und Schnittstellen

5. Übermittlung der Bilder und Schnittstellen

5.1 Die Bilder der Videoüberwachung werden auf Monitore übertragen, die sich gemäß dem Lageplan in Anlage 2 zu dieser Betriebsvereinbarung in den Räumen des Pförtnerbereichs befinden.

5.2 Die Bilder der Videoüberwachung werden gemäß der Systembeschreibung in Anlage 1 zu dieser Betriebsvereinbarung ausschließlich in einem abgeschlossenen System verarbeitet, das mit keinem anderen Datenverarbeitungssystem verbunden ist. Eine Übermittlung an andere Datenverarbeitungssysteme findet nicht statt.

---

89 Beispiele mit Fragebögen der Datenschutzaufsichtsbehörden unter Geltung der Richtlinie 95/46/EG und des BDSG a.F. bei *Seiffert*, Mustertexte (Fragebogen zur Vorbereitung).

90 Zur Technik der Systemkomponenten einer Videoüberwachung s. *Lang*, S. 37 ff.

5.3 Eine Übertragung der Bilder an Dritte und eine Offenlegung im Sinne der Datenschutz-Grundverord-
nung durch Übermittlung, Verbreitung oder eine andere Form der Bereitstellung der Aufzeichnungen
findet nicht statt. Etwas anderes gilt, wenn staatliche Ermittlungsbehörden bei Straftaten oder einem
entsprechenden Verdacht eingeschaltet werden. In diesem Fall sind die gesetzlichen Vorschriften zu be-
achten.

Die Regelung in Ziff. 5 konkretisiert i.V.m. Ziff. 3.2 Satz 1 die Einsatzform der Videotechnik und ent- 20.79
hält Details zur **Bildübermittlung** und zu **Schnittstellen** des Videoüberwachungssystems. Die strikten
Vorgaben zur Umsetzung der Bildübertragung in Ziff. 5.1 sichern einen insoweit verhältnismäßigen
Einsatz. Das gilt auch für den Betrieb der Videoüberwachungsanlage als ein geschlossenes System ohne
Schnittstellen zu anderen Datenverarbeitungssystemen (Ziff. 5.2). Diese Einschränkung ist zugleich ei-
ne technische Maßnahme zur Gewährleistung der datenschutzrechtlichen Vorgaben nach Art. 24 und
Art. 32 DSGVO und des Grundsatzes der Integrität und Vertraulichkeit gem. Art. 5 Abs. 1 lit. f
DSGVO, die im Vorfeld des Einsatzes von Videotechnik zu Überwachungszwecken – auch gem. Art. 88
Abs. 2 DSGVO und § 26 Abs. 5 BDSG – umzusetzen sind.

In Ziff. 5.3 wird eine Bildübertragung an Dritte und für Aufzeichnungen jede Form der Offenlegung 20.80
i.S.d. Art. 4 Nr. 2 DSGVO ausgeschlossen, sofern nicht staatliche Ermittlungsbehörden eingeschaltet
werden. Die Ausnahme bei Einschaltung staatlicher Ermittlungsbehörden ist angelehnt an die Regelungen der **Zweckdurchbrechung** in § 24 Abs. 1 Nr. 2 und § 4 Abs. 3 Satz 3 BDSG. Die Vorgabe,
dass in diesem Fall die gesetzlichen Vorgaben einzuhalten sind (Ziff. 5.3 Satz 3 des Musters) hat lediglich deklaratorischen Charakter.

8. Aufzeichnung und Speicherung (Ziff. 6)

M 20.1.7 Aufzeichnung und Speicherung 20.81

6. Aufzeichnung und Speicherung von Bildern

6.1 Eine Bildaufzeichnung im Rahmen der Überwachung des Zutritts- und Zufahrtsbereiches erfolgt nur
außerhalb der regelmäßigen Betriebszeiten und Betriebszugangszeiten, d.h. an Werktagen von 0.00–
6.00 Uhr und 20.00–24.00 Uhr sowie an Wochenenden und Feiertagen von 0.00–24.00 Uhr. Eine Bild-
aufzeichnung im Rahmen der Überwachung der Außenfassade des Hauptgebäudes und der Außenum-
*grenzung gemäß der Dokumentation im Lageplan in **Anlage 2** zu dieser Betriebsvereinbarung erfolgt*
durchgehend. Die Bilder werden auf einer Festplatte in einer sog. Black Box aufgezeichnet. Das Video-
*überwachungssystem ist gemäß der Systembeschreibung in **Anlage 1** zu dieser Betriebsvereinbarung*
so ausgestattet und eingestellt, dass die Aufzeichnung auf einem sog. Ringspeicher erfolgt, bei dem die
aufgezeichneten Bilder nach 72 Stunden automatisch überschrieben werden.

6.2 Eine längere Speicherung ist zulässig, soweit es im Rahmen der Zweckbestimmung gemäß Ziffer 2 die-
ser Betriebsvereinbarung zur Verfolgung von Rechtsverletzungen durch die [Unternehmen] oder zum
Zweck der Herausgabe an staatliche Ermittlungsbehörden erforderlich ist. Diese Aufzeichnungen sind
zu markieren, um deren Verarbeitung i.S.v. Art. 4 Nr. 3 Datenschutz-Grundverordnung einzuschränken,
und nach Abschluss der entsprechenden Verfahren unverzüglich, spätestens aber drei Arbeitstage nach
Abschluss dieser Verfahren zu löschen.

6.3 Sicherungskopien dürfen im Rahmen der Zweckbestimmung gemäß Ziffer 2 dieser Betriebsvereinba-
rung nur zur Verfolgung von Rechtsverletzungen durch die [Unternehmen] oder zur Herausgabe an
staatliche Ermittlungsbehörden angefertigt und herausgegeben werden. Die Regelung in Ziffer 6.2
Satz 2 dieser Betriebsvereinbarung gilt entsprechend.

Die Regelung in Ziff. 6 enthält die Einzelheiten zur **Bildaufzeichnung und Bildspeicherung.** Diese 20.82
Vorgaben und die korrespondierenden technischen und organisatorischen Maßnahmen entsprechen

nicht nur den Grundsätzen der Datenminimierung und Speicherbegrenzung gem. Art. 5 Abs. 1 lit. c und lit. e DSGVO, sondern stehen auch im Einklang mit der Rechtsprechung des BAG. Danach bedarf es restriktiver Regelungen, um den Eingriff in die Persönlichkeitsrechte der betroffenen Personen so gering wie möglich zu halten[91]. Ein Fehlen jeglicher räumlicher, zeitlicher oder personeller Begrenzung wird regelmäßig zur Unwirksamkeit der Videoüberwachung und der zugrunde liegenden Betriebsvereinbarung führen[92].

20.83 Gemäß Ziff. 6.1 Satz 1 und 2 erfolgt die Videoaufzeichnung nicht insgesamt durchgehend, sondern differenziert nach den betroffenen Bereichen. Bilder des werktags von 6.00–20.00 Uhr durch Personal kontrollierten Zutritts- und Zufahrtsbereichs werden lediglich außerhalb der regelmäßigen Betriebs- und Betriebszugangszeiten aufgezeichnet, also zu Zeiten, in denen die Beschäftigten diesen Bereich regelmäßig nicht passieren.

20.84 Die Videobilder werden auf einer Festplatte in einer Black Box gespeichert (Ziff. 6.1 Satz 3). Auf diese Weise wird die Eingriffsintensität der Videoüberwachung verringert. Zudem handelt es sich um eine Maßnahme, mit der die datenschutzgesetzliche Vorgabe „Datenschutz durch Technikgestaltung" gem. Art. 25 Abs. 1 DSGVO umgesetzt wird[93]. Im Black Box-Verfahren erfolgt die Speicherung technisch und organisatorisch derart gesichert, dass ein Zugriff nur bestimmten Personen unter zuvor festgelegten Bedingungen möglich ist. Die besonderen Zugriffsvoraussetzungen sind in Ziff. 7 der Betriebsvereinbarung geregelt (s. Rz. 20.92 ff.).

20.85 Die **Speicherdauer** ist auf 72 Stunden begrenzt, was durch technische Maßnahmen sichergestellt wird. Es kommt ein selbstüberschreibender Ringspeicher mit entsprechender Voreinstellung zum Einsatz, wodurch die Aufzeichnungen grundsätzlich nach 72 Stunden automatisch überspielt werden (Ziff. 6.1 Satz 4).

20.86 Eine Speicherdauer von 72 Stunden ist mit Blick auf den Sachverhalt, der dem Muster zugrunde liegt, insgesamt erforderlich und angemessen. Das gilt nicht zuletzt vor dem Hintergrund, dass auch bei Schäden, die an Wochenenden verursacht, aber aufgrund der organisatorischen Gegebenheiten grundsätzlich erst am Wochenanfang entdeckt werden können, ein Rückgriff auf die Aufzeichnungen möglich sein muss.

Die Speicherdauer steht nicht außer Verhältnis zu vergleichbaren bzw. ähnlichen Fallkonstellationen, in denen die deutschen Datenschutzaufsichtsbehörden einen entsprechenden Zeitraum für zulässig erachtet haben[94]. Vielmehr halten die deutschen Aufsichtsbehörden eine Speicherdauer von 72 Stunden in der Regel für zulässig[95].

Der dem Muster der Betriebsvereinbarung zugrunde liegende Sachverhalt enthält allerdings auch keine besonderen Anhaltspunkte, die für eine längere Speicherdauer sprechen könnten. Das gilt insbesondere auch mit Blick auf die überwachten Bereiche, die nicht zuletzt aufgrund der im Vorfeld der Videoüberwachung durchgeführten Maßnahmen grundsätzlich einsehbar und damit etwaige Sachbeschädigungen zeitnah feststellbar sind (vgl. Präambel der Betriebsvereinbarung).

20.87 Das BAG hat in der bereits mehrfach erwähnten Entscheidung über die Wirksamkeit eines Spruchs der Einigungsstelle zur Einführung betrieblicher Videoüberwachung im Innen- und Außenbereich

---

91 Vgl. BAG v. 26.8.2008 – 1 ABR 16/07, NZA 2008, 1187 (1191 f.); dazu s. Rz. 20.69 f.
92 Vgl. BAG v. 26.8.2008 – 1 ABR 16/07, NZA 2008, 1187 (1192); dazu s. Rz. 20.67.
93 Dazu *Lang* in Taeger/Gabel, Art. 25 DSGVO Rz. 29 ff.
94 Verschiedene von Datenschutzaufsichtsbehörden beurteilte Fallbeispiele für Videoüberwachung im öffentlich zugänglichen Bereich bei *Lang*, S. 330 f.; vgl. auch *Düsseldorfer Kreis*, S. 11 f.; jeweils unter Geltung der Richtlinie 95/46/EG und des BDSG a.F., wobei die DSGVO und das BDSG insoweit zu keinen Änderungen führen, wie die jüngeren Äußerungen der Aufsichtsbehörden in *Datenschutzkonferenz*, S. 22 f., zeigen.
95 *Datenschutzkonferenz*, S. 22 f.

eines Briefverteilzentrums eine Regelung – gemessen an § 6b Abs. 5 BDSG a.F. – für zulässig erachtet, wonach Videoaufzeichnungen unverzüglich nach ihrer Auswertung, spätestens jedoch nach 60 Tagen vorbehaltlich längerer gesetzlicher Aufbewahrungspflichten oder einer Verwendung zur Beweissicherung gelöscht werden[96]. Dieser Beschluss des BAG kann insoweit nicht überzeugen. Zwar bestimmt § 6b Abs. 5 BDSG a.F. ebenso wie der wortgleiche ab 25.5.2018 geltende, aber in Bezug auf die Videoüberwachung von Beschäftigten nicht anwendbare § 4 Abs. 5 BDSG[97] keine konkrete zeitliche Grenze, wenngleich in der Gesetzesbegründung zu § 6b Abs. 5 BDSG a.F. von regelmäßig ein bis zwei Arbeitstagen ausgegangen wird[98]. Die zulässige maximale Speicherdauer bestimmt sich jedoch gem. § 6b Abs. 5 BDSG a.F. wie bei jeder anderen Rechtsgrundlage für eine Videoüberwachung von Beschäftigten (zu den Rechtsgrundlagen s. Rz. 20.4 ff.) zum einen nach der Erforderlichkeit bezüglich des Aufzeichnungszwecks und zum anderen unter Berücksichtigung der Interessen der betroffenen Person an der Verhältnismäßigkeit im engeren Sinn. Der Entscheidung des BAG können leider keine Anhaltspunkte entnommen werden, warum das Gericht eine maximale Speicherdauer von 60 Tagen für zulässig erachtet.

In einer anderen Entscheidung hat das BAG eine Speicherdauer von sechs Monaten als datenschutzrechtlich zulässig erachtet[99]. Im Mittelpunkt dieser Entscheidung steht zwar die Frage, ob die Erkenntnisse aus der Videoaufzeichnung eines Ladengeschäfts einem Verwertungsverbot unterliegen, was das Gericht im Ergebnis ablehnt. Das BAG urteilt aber auch, dass die Speicherung über einen Zeitraum von knapp sechs Monaten und deren Auswertung nach § 32 Abs. 1 Satz 1 BDSG a.F. zulässig gewesen seien. Es bestehe keine Pflicht, Videoaufzeichnungen zeitnah zu sichten und auszuwerten. Sofern die Videoüberwachung rechtmäßig war, musste der Arbeitgeber das Bildmaterial nicht sofort auswerten, sondern durfte hiermit solange warten, bis er dafür einen berechtigten Anlass sah. Schließlich ergäbe sich unter der DSGVO keine andere Bewertung[100]. Allerdings trifft das Gericht an dieser Stelle keine Aussagen zur materiell-rechtlichen Zulässigkeit der Speicherung. Das BAG behandelt die praxisrelevante Frage der zulässigen Speicherdauer bei einer Videoüberwachung von Beschäftigten insgesamt nicht hinreichend. Es fehlen Hinweise zum konkreten Maßstab und zu den Anknüpfungspunkten für eine datenschutzrechtlich zulässige Speicherdauer. Daher kann auch aus dieser BAG-Entscheidung nicht der Schluss gezogen werden, dass eine lange Speicherung von Überwachungsaufzeichnungen datenschutzrechtlich unproblematisch ist[101]. | 20.87a

Die im Rahmen einer Videoüberwachung zulässige Speicherdauer kann aufgrund der möglichen Konstellationen sehr unterschiedlich sein und daher nur im Einzelfall beurteilt werden. Das zeigen auch die von den Aufsichtsbehörden bewerteten Fälle, in denen – in unterschiedlichen Konstellationen – regelmäßig deutlich kürzere Fristen als 60 Tage oder sechs Monate für unzulässig erachtet wurden. Lediglich für eine Videoaufzeichnung bei **Geldausgabeautomaten** wird – zutreffend – mit Blick auf die Widerspruchsfrist der Kunden eine Speicherung von mehreren Wochen bzw. Monaten akzeptiert[102]. | 20.88

In jedem Fall ist die für Videoaufzeichnungen geplante – maximale – Speicherdauer auf ihre Erforderlichkeit und Angemessenheit in Bezug auf den Zweck der Aufzeichnung konkret zu prüfen. Das | 20.89

---

96 BAG v. 26.8.2008 – 1 ABR 16/07, NZA 2008, 1187 (1189).
97 Die konkretisierende Vorschrift in § 4 Abs. 5 BDSG kommt im Rahmen einer Videoüberwachung am Arbeitsplatz in Bezug auf die betroffenen Beschäftigten nicht zum Tragen; s. Rz. 20.17 ff.
98 BT-Drucks. 14/5793, 63.
99 BAG v. 23.8.2018 – 2 AZR 133/18, NZA 2018, 1329 ff.; Besprechung bei *Lang*, CB 2019, 38; bestätigt von BAG v. 28.3.2019 – 8 AZR 421/17, NZA 2019, 1212 (1217 f.) in „Hinweisen" für das fortgesetzte Berufungsverfahren in einem vergleichbar gelagerten Fall für eine Speicherdauer von drei Monaten.
100 BAG v. 23.8.2018 – 2 AZR 133/18, NZA 2018, 1329 (1333, 1335).
101 *Lang*, CB 2019, 38 (39); so auch *Maschmann* in Kühling/Buchner, § 26 BDSG Rz. 45c.
102 Vgl. *Lang*, S. 330 f. mit einer zusammenfassenden Darstellung und Nachweisen der von den Datenschutzaufsichtsbehörden beurteilten Fallbeispiele für Videoüberwachung im öffentlich zugänglichen Bereich unter Geltung der Richtlinie 95/46/EG und des BDSG a.F., wobei die aktuell geltenden Vorschriften der DSGVO und des BDSG insoweit zu keinen Änderungen führen.

gilt letztlich für jede Rechtsgrundlage, die für eine Aufzeichnung im Rahmen einer Videoüberwachung in Betracht kommt (zu den möglichen Rechtsgrundlagen s. Rz. 20.3 ff.).

Diese Prüfung ist aus Gründen der Rechtssicherheit, aber auch mit Blick auf die **Rechenschaftspflicht** gem. Art. 5 Abs. 2 DSGVO zu dokumentieren. Das Unternehmen hat als datenschutzrechtlich Verantwortlicher die Rechenschaftspflicht gem. Art. 5 Abs. 2 DSGVO zu erfüllen und trägt damit die Beweislast dafür, dass eine entsprechende Prüfung vor Beginn der Videoüberwachung durchgeführt wurde. Schließlich muss dieser Punkt bei der **Datenschutz-Folgenabschätzung** gem. Art. 35 Abs. 1 DSGVO Berücksichtigung finden, die für eine Videoüberwachung am Arbeitsplatz gemessen an den Kriterien von Art. 35 Abs. 1 und 3 DSGVO häufig einschlägig sein wird (dazu s. Rz. 20.37).

20.90 Ziff. 6.2 der Betriebsvereinbarung gestattet eine längere Speicherdauer zur **Verfolgung von Rechtsverletzungen** oder zur Herausgabe an staatliche Ermittlungsbehörden. In diesem Fall sind die Aufzeichnungen zu markieren, damit sie zu keinem anderen Zweck weiterverarbeitet werden, also ihre Verarbeitung i.S.v. Art. 4 Nr. 3 DSGVO eingeschränkt ist (Ziff. 6.2 Satz 2). Auf diese Weise sollen im Sinne der Angemessenheit ein Zugriff und eine Nutzung der Aufzeichnungen bzw. Daten zu anderen Zwecken verhindert werden. Die Regelung, dass die Aufzeichnungen und damit die Daten nach Abschluss der Verfahren zu löschen sind, ist lediglich klarstellender Art. Die Pflicht zum Löschen folgt bereits aus Art. 5 Abs. 1 lit. e DSGVO[103]. Die Konkretisierung der zeitlichen Komponente mit einer Frist von höchstens drei Arbeitstagen muss als organisatorische Maßnahme implementiert werden.

20.91 Ziff. 6.4 der Betriebsvereinbarung regelt eine weitere Stufe der Datenverarbeitung und beschränkt die Anfertigung und Herausgabe von **Sicherungskopien** im Rahmen der Zweckbestimmung gem. Ziff. 2 der Betriebsvereinbarung auf die Verfolgung von Rechtsverletzungen durch das Unternehmen und die Herausgabe an staatliche Ermittlungsbehörden. Die Regelungen zur Einschränkung der Verarbeitung und Löschung in Ziff. 6.2 gelten für Sicherungskopien entsprechend (Ziff. 6.4 Satz 2).

9. Zugriff auf Aufzeichnungen und Auswertung (Ziff. 7 und Anlage 4)

20.92 **M 20.1.8 Zugriff auf Aufzeichnungen und Auswertung**

7. Zugriff auf Aufzeichnungen und Auswertung

*7.1 Zugriffe auf die Aufzeichnungen und Auswertungen werden vom Videoüberwachungssystem gemäß Systembeschreibung in **Anlage 1** zu dieser Betriebsvereinbarung protokolliert. Sie sind ausschließlich im Rahmen der Zweckbestimmung gemäß Ziffer 2 dieser Betriebsvereinbarung zulässig. Ein Zugriff erfolgt im Wege des Vier-Augen-Prinzips in Abstimmung mit dem Betriebsrat und unter Hinzuziehung des betrieblichen Datenschutzbeauftragten. Der Betriebsrat und der Datenschutzbeauftragte sind vorab zu informieren, wenn ein Zugriff auf Aufzeichnungen oder eine Auswertung erfolgen soll.*

7.2 Bei einem Zugriff und einer Auswertung ist ein Protokoll mit folgendem Inhalt zu erstellen:

- *anwesende Personen und deren Funktion,*
- *Datum und Uhrzeit,*
- *Anlass und Ziel des Zugriffs/der Auswertung,*
- *Ergebnis des Zugriffs/der Auswertung und*
- *weitere geplante Schritte.*

---

103 Die Vorschrift in § 4 Abs. 5 BDSG kommt im Rahmen einer Videoüberwachung am Arbeitsplatz in Bezug auf die betroffenen Beschäftigten nicht zum Tragen; s. Rz. 20.17 ff.

Das Protokoll ist von den gemäß Ziffer 7.3 dieser Betriebsvereinbarung bestimmten Personen zu unterzeichnen. Eine Kopie des Protokolls ist dem Betriebsrat und dem betrieblichen Datenschutzbeauftragten zuzuleiten.

*7.3 Der Arbeitgeber und der Betriebsrat bestimmen jeweils drei Personen, von denen im Fall eines Zugriffs oder einer Auswertung jeweils mindestens eine Person hinzuzuziehen ist. Diese Personen sind in **Anlage 4** dieser Betriebsvereinbarung aufgeführt.*

Anlage 4

(Durch Arbeitgeber und Betriebsrat zu benennende Personen gemäß Ziffer 7.3 der Betriebsvereinbarung zur Videoüberwachung)

…

Ziff. 7 der Betriebsvereinbarung enthält restriktive Regeln mit vorab festgelegten Kriterien für den **Zugriff** auf die **Videoaufzeichnungen** und deren Auswertung. Die Anforderung des BAG (s. Rz. 20.69 f.)[104] und des in Art. 5 Abs. 1 lit. c DSGVO geregelten Grundsatzes der Datenminimierung, auf diese Weise den Eingriff in die Persönlichkeitsrechte der betroffenen Arbeitnehmer so gering wie möglich zu halten, kann mit den technischen und organisatorischen Maßnahmen sowie den sonstigen Vorgaben in Ziff. 7 erfüllt werden: 20.93

– Protokollierung von Zugriffen und Auswertungen

– strikte Bindung an die Zweckbestimmung gem. Ziff. 2 der Betriebsvereinbarung

– Vorgabe des Vier-Augen-Prinzips

– Abstimmen mit bzw. Hinzuziehen des Betriebsrats und des Datenschutzbeauftragten sowie

– Vorabinformation des Betriebsrats und des Datenschutzbeauftragten.

Es ist zu jedoch beachten, dass allein eine Einbindung des Betriebsrats bei der Durchführung der Videoüberwachung – auch im Rahmen der Abwägung der Rechte und Interessen des Arbeitgebers und der betroffenen Beschäftigten – keine Zulässigkeit eines Eingriffs begründen kann. Es handelt sich lediglich um eine Maßnahme, die den Eingriff in die Rechte der betroffenen Personen so gering wie möglich halten soll (s. Rz. 20.72)[105]. Das gilt letztlich auch für die im Falle eines Zugriffs auf die Videoaufzeichnungen vorgesehene Einbindung des Datenschutzbeauftragten. Schließlich sind die in Ziff. 2 festgelegten Maßnahmen lediglich ein Vorschlag, der – wie das gesamte Muster – unter Berücksichtigung der jeweiligen Rahmenbedingungen entsprechend anzupassen ist.   20.94

Die **Protokollierung von Zugriffen** und Auswertungen erfolgt zum einen technisch durch das Videoüberwachungssystem (Ziff. 7.1 Satz 1), was eine Nachvollziehbarkeit etwaiger Zugriffe auf das System gewährleisten soll. Zum anderen ist bei Zugriffen und Auswertungen gem. Ziff. 7.2 eine Niederschrift mit dem in dieser Regelung festgelegten Inhalt zu fertigen. Dieses Protokoll ist dem Betriebsrat sowie dem Datenschutzbeauftragten zuzuleiten (Ziff. 7.2 Satz 3), was die Transparenz erhöht.   20.95

Die Regelung in Ziff. 7.3 der Betriebsvereinbarung stellt eine weitere verfahrensrechtliche Sicherung dar. Beide Betriebsparteien haben Personen zu bestimmen, die im Falle eines Zugriffs und einer Auswertung von Videoaufzeichnungen heranzuziehen sind. Diese Personen sind in **Anlage 4 der Betriebsvereinbarung** aufzuführen.   20.96

---

104 Vgl. BAG v. 26.8.2008 – 1 ABR 16/07, NZA 2008, 1187 (1191 f.) unter der Richtlinie 95/46/EG und dem BDSG a.F., wobei die DSGVO insoweit zu keinen Änderungen führt.

105 Vgl. BAG v. 21.6.2012 – 2 AZR 152/11, NZA 2012, 1025 (1028 f.); BAG v. 26.8.2008 – 1 ABR 16/07, NZA 2008, 1187 (1191, 1192) unter der Richtlinie 95/46/EG und dem BDSG a.F., wobei die DSGVO insoweit zu keinen Änderungen führt.

10. Rechte der Arbeitnehmer (Ziff. 8)

20.97 **M 20.1.9 Rechte der Arbeitnehmer**

8. Rechte der Arbeitnehmer

8.1 Die Arbeitnehmer werden vom Arbeitgeber vier Wochen vor Inbetriebnahme des Videoüberwachungs-systems über dessen Einsatz, Zweck, Umfang und die Regelungen dieser Betriebsvereinbarung in geeigneter Weise informiert. Arbeitnehmer, die neu eingestellt werden, sind spätestens zum Zeitpunkt ihres Eintritts entsprechend Satz 1 dieser Ziffer 8.1 zu informieren.

8.2 Rechte der Arbeitnehmer, die sich aus gesetzlichen Vorschriften, insbesondere aus der Datenschutz-Grundverordnung und dem Bundesdatenschutzgesetz ergeben, bleiben unberührt. Das gilt auch für das Recht auf Beschwerde bei einer Aufsichtsbehörde gemäß Art. 77 Abs. 1 Datenschutz-Grundverordnung.

20.98 Ziff. 8.1 dient der Klarstellung, dass der Arbeitgeber die Arbeitnehmer zu informieren hat. Die Pflicht zur **Information** ergibt sich bereits aus Art. 12 und Art. 13 DSGVO und aus § 77 Abs. 2 Satz 3 BetrVG, wonach die Betriebsvereinbarung vom Arbeitgeber an geeigneter Stelle im Betrieb auszulegen ist. In Ziff. 8.1 werden jedoch der Zeitpunkt für die Information konkretisiert und die Vorgaben der DSGVO abgebildet.

20.99 Mit einer Unterrichtung der Beschäftigten entsprechend der Regelung in Ziff. 8.1 des Musters erfüllt der Verantwortliche die Informationspflicht gem. Art. 12 und Art. 13 DSGVO. Zudem wird im Zusammenspiel mit den Maßnahmen nach Ziff. 3.3 des Musters dem Grundsatz der Transparenz gem. Art. 5 Abs. 1 lit. a DSGVO Genüge getan. Die Information bei der Erhebung personenbezogener Daten muss gem. Art. 13 Abs. 1 lit. a und lit. b DSGVO auch den Namen und die Kontaktdaten des Verantwortlichen i.S.d. DSGVO, also hier des Arbeitgebers, sowie die Kontaktdaten des Datenschutzbeauftragten enthalten, was zumindest bei Konzernstrukturen auch von praktischer Bedeutung sein kann. Weiterhin ist über den Zweck der Videoüberwachung, die Regelungen der Betriebsvereinbarung als Rechtsgrundlage sowie die darin festgelegte Speicherdauer zu informieren. Schließlich sollte die Information auch die in Ziff. 8.2 des Musters aufgegriffenen Rechte der betroffenen Personen gem. Art. 13 Abs. 2 lit. b DSGVO benennen (Auskunft, Löschung, Berichtigung, Einschränkung, Widerspruch, Datenübertragbarkeit) und einen Hinweis auf das Beschwerderecht bei der Aufsicht gem. Art. 13 Abs. 2 lit. d DSGVO enthalten. Diese Informationen sind gem. Art. 13 Abs. 2 DSGVO zwar nur zu geben, wenn es im Einzelfall für eine faire und transparente Verarbeitung notwendig ist. Davon wird jedoch häufig auszugehen sein, da eine Videoüberwachung am Arbeitsplatz gemessen an den Kriterien von Art. 35 Abs. 1 und 3 DSGVO häufig der Datenschutz-Folgenabschätzung gem. Art. 35 Abs. 1 DSGVO unterliegen wird (dazu s. Rz. 20.37). Dieser Umfang der gesetzlich vorgeschriebenen Information bei einer Videoüberwachung entspricht zudem der Auffassung der deutschen Datenschutzaufsichtsbehörden[106].

20.100 Die gesetzlichen Rechte der Arbeitnehmer, insbesondere die Rechte auf **Auskunft, Berichtigung, Löschung** oder **Einschränkung der Verarbeitung** gem. Art. 15 bis 19 DSGVO i.V.m. den ergänzenden Vorschriften des BDSG bleiben von der Betriebsvereinbarung gem. Ziff. 8.2 unberührt. Diese Regelung schafft Rechtssicherheit hinsichtlich der unter Geltung der Richtlinie 95/46/EG und des BDSG a.F. geführten Diskussion, ob Betriebsvereinbarungen die im BDSG a.F. verankerten Betroffenenrechte einschränken können (s. auch Rz. 20.23)[107]. Allerdings sollte diese auf die Rechte der betroffenen Per-

---

106 *Datenschutzkonferenz*, S. 17 f. und Anlage 2.
107 Zu dieser Diskussion s. *Taeger* in Taeger/Gabel, 2. Aufl., § 4 BDSG Rz. 34 ff.; *Sokol* in Simitis, § 4 BDSG Rz. 16 f.

sonen gemäß DSGVO übertragbare Diskussion mit Art. 88 Abs. 2 DSGVO dahingehend überholt sein, dass keine Einschränkung erfolgen darf[108].

11. Zutritt zu Räumen mit Komponenten des Videoüberwachungssystems (Ziff. 9)

M 20.1.10 Zutritt zu Räumen mit Komponenten des Videoüberwachungssystems   20.101

9. Zutritt zu Räumen mit Komponenten des Videoüberwachungssystems

9.1 Zutritt zu den Räumen, in denen die Komponenten des Videoüberwachungssystems vorgehalten werden, haben ausschließlich Beschäftigte des Bereichs [Fachbereich/Abteilung].

9.2 Das in Bezug auf das Videoüberwachungssystem mit Wartungs- und Serviceaufgaben betraute Personal sowie das Reinigungspersonal erhalten nur im Rahmen ihrer Aufgaben und nur in Anwesenheit eines Beschäftigten des Bereichs [Fachbereich/Abteilung] Zutritt zu den genannten Räumen.

9.3 Die gesetzlichen Rechte und Pflichten des betrieblichen Datenschutzbeauftragten und des Betriebsrats bleiben unberührt.

Die Regelungen in den Ziff. 9.1 und 9.2 sollen verhindern, dass Unbefugte unkontrolliert in die Nähe   20.102
der Komponenten des Videoüberwachungssystems gelangen. Insoweit bilden diese Regelungen einen (kleinen) Teil der organisatorischen Maßnahmen gem. Art. 24 und Art. 32 DSGVO ab, die im Vorfeld des Einsatzes von Videotechnik zu Überwachungszwecken – auch gem. Art. 88 Abs. 2 DSGVO und § 26 Abs. 5 BDSG – zu treffen sind. Die Vorgaben gem. Ziff. 9.1 und Ziff. 9.2 der Betriebsvereinbarung sind durch entsprechende Maßnahmen wie technische und organisatorische Zutrittssicherungen umzusetzen und sicherzustellen.

Zuweilen wird von Arbeitnehmervertretern gefordert, nicht nur den Zutritt zur Überwachungstech-   20.103
nik, sondern auch den Zugang zu und den Zugriff auf die Daten zu regeln[109]. Das gilt insbesondere, wenn **Wartungs- und Serviceaufgaben** von einem externen Auftragnehmer wahrgenommen werden. Eine entsprechende Regelung kann lauten:

Die Mitarbeiter der mit der Wartung des Videoüberwachungssystems beauftragten Firma [Auftragnehmer] dürfen die übertragenen und gespeicherten Bilder nur zur Kenntnis nehmen, soweit es im Rahmen der Wartungsarbeiten erforderlich ist oder sich nicht vermeiden lässt.

Die vorstehende oder eine entsprechende Regelung kann sinnvoll sein, wenn bei den Betriebsparteien Unklarheit oder Rechtsunsicherheit hinsichtlich des Einsatzes externer Dienstleister besteht.

Entscheidend ist jedoch, die beschriebene Vorgehensweise im Rahmen der Beauftragung mit dem   20.104
Dienstleister vertraglich zu vereinbaren, damit entsprechende organisatorische Vorkehrungen getroffen werden. Ob diese Vereinbarung den Vorgaben einer **Auftragsverarbeitung** genügen muss, ist umstritten[110]. Unter Geltung der Richtlinie 95/46/EG und des BDSG a.F. hatte der Gesetzgeber den Umstand, dass ein Zugriff auf personenbezogene Daten durch Wartungs- und Serviceunternehmen bei deren Tätigkeit nicht ausgeschlossen werden kann, besonders berücksichtigt und in § 11 Abs. 5 BDSG a.F. speziell geregelt. Zwischen Auftraggeber und Wartungs-/Serviceunternehmen mussten schriftliche Festlegungen gem. § 11 Abs. 5 BDSG a.F. getroffen werden, die einer Vereinbarung zur –

---

108 So auch *Pötters* in Gola, Art. 88 DSGVO Rz. 26 f.; wohl auch *Wybitul*, NZA 2017, 413 (419); *Selk* in Ehmann/Selmayr, Art. 88 DSGVO Rz. 92 f.; *Jens* in Sydow, Art. 88 DSGVO Rz. 18 f.

109 Zu diesen Termini vgl. Satz 1 der Anlage zu § 9 BDSG a.F. und entsprechende Kommentierungen, z.B. *Gola/Schomerus*, § 9 BDSG Rz. 22 ff.

110 Bejahend *Bertermann* in Ehmann/Selmayr, Art. 28 DSGVO Rz. 10; wohl auch *Ingold* in Sydow, Art. 28 DSGVO Rz. 20; a.A. *Spoerr* in BeckOK DatenschutzR, Art. 28 DSGVO Rz. 21b.

seinerzeit sog. – **Auftragsdatenverarbeitung** entsprachen. Die DSGVO und das BDSG enthalten indes keine vergleichbare Regelung. Es sind die Regelungen zur Auftragsverarbeitung gem. Art. 28 Abs. 3 DSGVO anzuwenden und zwischen Auftraggeber und Wartungs-/Serviceunternehmen spezielle Vereinbarungen gem. Art. 28 Abs. 3 DSGVO zu treffen[111]. Denn der im Rahmen von Wartungs- und Servicetätigkeiten mögliche Zugriff auf die personenbezogenen Daten bzw. der insoweit erfolgende Umgang mit diesen Daten wird – zumindest bei umfassenden Service- und Wartungsaufgaben – regelmäßig als eine Datenverarbeitung eingeordnet werden können und als solche vom Gegenstand des Auftrags mit umfasst sein.

20.105 Von einer Beauftragung mit Wartungs- und Serviceaufgaben zu unterscheiden ist die mehr oder weniger vollständige Übertragung der Videoüberwachung auf einen Dienstleister. Eine entsprechende Übertragung ist grundsätzlich möglich, ändert aber nichts an der Mitbestimmungspflichtigkeit der Einrichtung und des Einsatzes eines Videoüberwachungssystems. Bei der Vertragsgestaltung mit dem Auftragnehmer ist darauf zu achten, dass eine ordnungsgemäße Wahrnehmung des **Mitbestimmungsrechts** gewährleistet ist[112].

20.106 Die Zutrittsregeln gem. Ziff. 9.1 und Ziff. 9.2 können und dürfen die gesetzlichen Kontrollrechte und Überwachungspflichten des betrieblichen Datenschutzbeauftragten gem. Art. 39 Abs. 1 lit. b DSGVO[113] und des Betriebsrats gem. § 80 Abs. 1 Nr. 1 BetrVG nicht beschneiden. Das wird mit Ziff. 9.3 der Betriebsvereinbarung klargestellt. Im Rahmen der Wahrnehmung ihrer Aufgaben und unter Wahrung des Grundsatzes der Erforderlichkeit sind dem betrieblichen **Datenschutzbeauftragten** und dem Betriebsrat Zutritt zu den Räumen mit Komponenten des Videoüberwachungssystems zu gewähren. Der Betriebsrat hat bei seinen Kontrollhandlungen die Vorgaben und Grenzen von § 2 Abs. 1 und § 77 Abs. 1 Satz 2 BetrVG zu beachten.

12. Änderungen am Videoüberwachungssystem (Ziff. 10)

20.107 **M 20.1.11 Änderungen am Videoüberwachungssystem**

10. Änderungen am Videoüberwachungssystem

10.1 Änderungen, insbesondere Erweiterungen, des Videoüberwachungssystems einschließlich des Erfassungsbereichs der Videoüberwachung sind nur mit Zustimmung des Betriebsrats bzw. mit Ersetzung der Zustimmung durch die Einigungsstelle zulässig.

10.2 Der Arbeitgeber wird den Betriebsrat über geplante Änderungen oder Erweiterungen rechtzeitig informieren und diese mit dem Betriebsrat beraten.

20.108 Ziff. 10.1 der Betriebsvereinbarung hat lediglich klarstellende Funktion. Im Fall einer Änderung des Videoüberwachungssystems im Sinne einer qualitativen oder quantitativen **Erweiterung der Überwachungsmöglichkeit** hat der Betriebsrat grundsätzlich (erneut) ein Mitbestimmungsrecht gem. § 87 Abs. 1 Nr. 6 BetrVG; der bloße Austausch einer defekten Systemkomponente wird nicht erfasst[114].

---

111 Ebenso *Bertermann* in Ehmann/Selmayr, Art. 28 DSGVO Rz. 10; wohl auch *Ingold* in Sydow, Art. 28 DSGVO Rz. 20; a.A. *Spoerr* in BeckOK DatenschutzR, Art. 28 DSGVO Rz. 21b. Zur Vereinbarung einer Auftragsverarbeitung s. die Muster in Teil 2, § 8 und § 9.

112 Vgl. BAG v. 18.4.2000 – 1 ABR 22/99, NZA 2000, 1176 (1177). Zu der Frage, ob der Auftragnehmer auch bei einer mehr oder weniger vollständigen Übertragung der Videoüberwachung im Rahmen einer Auftragsverarbeitung eingeschaltet werden kann vgl. *Gola/Schomerus*, § 6b BDSG Rz. 16; *Lang*, S. 257 f., 286; jeweils für die Rechtslage unter der Richtlinie 95/46/EG und des BDSG a.F.

113 Der Verantwortliche hat gem. Art. 38 Abs. 2 DSGVO den Zugang zu den personenbezogenen Daten und den Verarbeitungsprozessen zu ermöglichen.

114 *Kania* in ErfK, § 87 BetrVG Rz. 59.

Die in Ziff. 10.2 explizit verankerten **Unterrichtungs- und Beratungsrechte** des Betriebsrats ergeben sich bereits aus § 90 Abs. 1 Nr. 2 und Abs. 2 BetrVG und aus § 80 Abs. 2 i.V.m. § 80 Abs. 1 Nr. 1 BetrVG.

20.109

13. Schlussbestimmungen (Ziff. 11)

M 20.1.12 Schlussbestimmungen

20.110

11. Schlussbestimmungen

11.1 Diese Betriebsvereinbarung tritt mit Unterzeichnung in Kraft und ist auf unbestimmte Zeit geschlossen.

11.2 Eine Kündigung kann durch beide Vertragsparteien mit einer Frist von … Monaten zum Ende eines Quartals, erstmals zum … erfolgen. Eine Teilkündigung ist möglich.

11.3 Die Regelungen dieser Betriebsvereinbarung gelten auch nach ihrer Beendigung fort, bis sie durch eine andere Abmachung ersetzt wurden.

11.4 Zur Beilegung von Meinungsverschiedenheiten im Zusammenhang mit dieser Betriebsvereinbarung sind der Arbeitgeber und der Betriebsrat unter den gesetzlichen Voraussetzungen des § 76 BetrVG berechtigt, die Einigungsstelle anzurufen.

Ziff. 11 hat lediglich klarstellende Bedeutung. Mit Blick auf die Ziff. 11.1 und 11.2 gilt, dass eine Betriebsvereinbarung grundsätzlich mit ihrer Unterzeichnung durch die Vertragsparteien in Kraft tritt[115] und gem. § 77 Abs. 5 BetrVG mit einer Frist von drei Monaten ordentlich gekündigt werden kann, soweit nichts anderes vereinbart ist. Die Vertragsparteien können insbesondere einen abweichenden Beginn bestimmen, die Betriebsvereinbarung befristen und andere **Kündigungsfristen** vorsehen[116].

20.111

Der deklaratorische Charakter von Ziff. 11.3 ergibt sich daraus, dass die Regelungen der Betriebsvereinbarung einen Bereich der zwingenden Mitbestimmung gem. § 87 Abs. 1 Nr. 6 BetrVG betreffen und daher bereits gem. § 77 Abs. 6 BetrVG fortgelten, bis sie durch eine andere Abmachung ersetzt werden. Allerdings kann die Nachwirkung durch eine ausdrückliche Regelung ausgeschlossen oder zeitlich begrenzt werden[117]. Das ist bspw. mit folgender Regelung möglich:

20.112

Die Regelungen dieser Betriebsvereinbarung gelten weiter bis zum Abschluss einer neuen oder überarbeiteten Betriebsvereinbarung, längstens jedoch bis zu drei Monate nach Wirksamwerden der Kündigung dieser Betriebsvereinbarung.

In diesem Fall wäre die Videoüberwachung mit Beendigung der Betriebsvereinbarung einzustellen. Dieser vom Zweck der Überwachungsmaßnahme losgelöste Automatismus ist regelmäßig nicht sinnvoll. Können sich die Betriebsparteien ungeachtet dessen nicht auf die gesetzlich vorgesehene Nachwirkung einigen, sollten die möglichen Auswirkungen eines Ausschlusses der **Nachwirkung** durch eine Regelung abgemildert werden, die zumindest zu einer Neuverhandlung führen und z.B. wie folgt lauten kann:

20.113

Die kündigende Vertragspartei ist berechtigt und auf Verlangen der anderen Vertragspartei verpflichtet, innerhalb von sechs Wochen nach Zugang der Kündigung den Entwurf einer neuen Vereinbarung vorzulegen.

Die Vertragsparteien verpflichten sich, in der Zeit vom Zugang der Kündigung bis zum Auslaufen dieser Betriebsvereinbarung intensiv mit dem Ziel zu verhandeln, eine für beide Seiten akzeptable Neuregelung zu erreichen.

---

115 *Kania* in ErfK, § 77 BetrVG Rz. 35.
116 *Kania* in ErfK, § 77 BetrVG Rz. 35, 89, 94.
117 *Kania* in ErfK, § 77 BetrVG Rz. 103.

20.114 Schließlich hat auch Ziff. 11.4 der Betriebsvereinbarung klarstellende Bedeutung. In erzwingbaren Mitbestimmungsangelegenheiten, wie sie im Fall von Videoüberwachung am Arbeitsplatz regelmäßig gem. § 87 Abs. 1 Nr. 6 BetrVG vorliegt (dazu s. Rz. 20.28), können Arbeitgeber und Betriebsrat die Einigungsstelle im Rahmen von §§ 76, 87 Abs. 2 BetrVG zur Beilegung von Meinungsverschiedenheiten anrufen.

§ 21
Betriebsvereinbarung zur Mitarbeiterortung

Literatur: Beck'scher TKG-Kommentar, 4. Aufl. 2013; *Beckschulze*, Internet- und E-Mail-Einsatz am Arbeitsplatz, DB 2009, 2097; *Brink*, Empfehlungen zur IuK-Nutzung am Arbeitsplatz, ZD 2015, 295; *Byers*, Zulässigkeit heimlicher Mitarbeiterkontrollen nach dem Datenschutzrecht, NZA 2017, 1086; *Deiters*, Betriebsvereinbarung Kommunikation – Beschäftigteninteressen und Compliance bei privater Nutzung von Kommunikationsmitteln im Unternehmen, ZD 2012, 109; *Düwell/Brink*, Beschäftigtendatenschutz nach Umsetzung der DS-GVO, NZA 2017, 1081; *Dzida/Grau*, Beschäftigtendatenschutz nach der Datenschutzgrundverordnung und dem neuen BDSG, DB 2018, 189; *Forst*, Social Media Guidelines – Regelung durch Betriebsvereinbarung?, ZD 2012, 251; *Fülbier/Splittgerber*, Keine (Fernmelde-) Geheimnisse vor dem Arbeitgeber?, NJW 2012, 1995; *Göpfert/Papst*, Digitale Überwachung mobiler Arbeit, DB 2016, 2015; *Gola*, Datenschutz bei der Kontrolle „mobiler" Arbeitnehmer – Zulässigkeit und Transparenz, NZA 2007, 1139; *Gola*, Die Ortung externer Beschäftigter – Abwägung zwischen Überwachungsinteresse und schutzwürdigen Arbeitnehmerinteressen, ZD 2012, 308; *Gola/Schomerus*, BDSG, 12. Aufl. 2015; *Jandt*, Datenschutz bei Location Based Services – Voraussetzungen und Grenzen der rechtmäßigen Verwendung von Positionsdaten, MMR 2007, 74; *Kiesche/Wilke*, GPS, digitales Flottenmanagement und Telematik – der Chef fährt mit!, CuA 7/2009, 5; *Kort*, Die Bedeutung der neueren arbeitsrechtlichen Rechtsprechung für das Verständnis des neuen Beschäftigtendatenschutzes, NZA 2018, 1097; *Körner*, Beschäftigtendatenschutz in Betriebsvereinbarungen unter der Geltung der DS-GVO, NZA 2019, 1389; *Kramer*, IT-Arbeitsrecht, 2. Aufl. 2019; *Maschmann*, Führung und Mitarbeiterkontrolle nach neuem Datenschutzrecht, NZA-Beilage 2018, 115; *Oberwetter*, Arbeitnehmerrechte bei Lidl, Aldi & Co., NZA 2008, 609; *Pötters/Hansen*, Datenschutzanforderungen an die Betriebsratsarbeit, ArbRAktuell 2020, 193; *Scheurle/Mayen*, Telekommunikationsgesetz, 3. Aufl. 2018; *Schrey/Kielkowski*, Die datenschutzrechtliche Betriebsvereinbarung in DS-GVO und BDSG 2018 – Viel Lärm um Nichts?, BB 2018, 629; *Schuster*, Der Arbeitgeber und das Telekommunikationsgesetz, CR 2014, 21; *Spindler/Schuster*, Recht der elektronischen Medien, 4. Aufl. 2019; *Spindler/Schmitz*, TMG, 2. Aufl. 2018; *Steindle*, Datenschutz bei Nutzung von Location Based Services in Unternehmen, MMR 2009, 167; *Wellhöner/Byers*, Datenschutz im Betrieb – Alltägliche Herausforderung für den Arbeitgeber?!, BB 2009, 2310; *Weth/Herberger/Wächter/Sorge*, Daten- und Persönlichkeitsschutz im Arbeitsverhältnis, 2. Aufl. 2019; *Wurzberger*, Anforderungen an Betriebsvereinbarungen nach der DS-GVO, ZD 2017, 258; *Wybitul*, Betriebsvereinbarungen im Spannungsverhältnis von arbeitgeberseitigem Informationsbedarf und Persönlichkeitsschutz des Arbeitnehmers, NZA 2017, 1488; *Wybitul*, Neue Spielregeln bei E-Mail-Kontrollen durch den Arbeitgeber – Überblick über den aktuellen Meinungsstand und die Folgen für die Praxis, ZD 2011, 69; *Wybitul*, Der neue Beschäftigtendatenschutz nach § 26 BDSG und Art. 88 DSGVO, NZA 2017, 413; *Wybitul/Sörup/Pötters*, Betriebsvereinbarungen und § 32 BDSG: Wie geht es nach der DS-GVO weiter?, ZD 2015, 559.

A. Einleitung

I. Die Mitarbeiterortung in der betrieblichen Praxis

21.1 Für technische Einrichtungen, die eine Ortung von Arbeitnehmern ermöglichen, sind vielfältige Anwendungsbereiche denkbar. Besonders von Interesse sind derartige Einrichtungen im Zusammenhang mit auswärtigen Tätigkeiten von Arbeitnehmern. So können etwa über die **GPS-Ortung** von Fahrzeugen auswärtige Einsätze im Rahmen von Logistik-, Transport- und technischen Servicedienstleistungen koordiniert und die Abrechnung von Fahrten gegenüber Kunden erleichtert werden. Auf externen Baustellen abgestellte Baumaschinen können im Falle eines Diebstahls durch GPS-Überwachung wieder aufgespürt werden. Auswärtig tätige Arbeitnehmer können durch **Handy-Ortung** nach einem Autounfall oder in anderen Notfällen ihren Standort bestimmen lassen. Aber auch innerhalb der Betriebsstätte existieren mögliche Anwendungsfelder für die Ortung von Arbeitnehmern. Ein Beispiel ist der Einsatz von **RFID-Transpondern** in Hausausweisen zur Zugangskontrolle oder zur Kontrolle des Anlaufens bestimmter Wegmarken bei nächtlichen Kontrollgängen des betrieblichen Wachdiensts.

II. Betriebsvereinbarungen zur Mitarbeiterortung

1. Mitbestimmungsrechte des Betriebsrats

21.2 Existiert im Unternehmen ein Betriebsrat, erfordern die Einführung und der Betrieb einer technischen Ortungseinrichtung in aller Regel den Abschluss einer Betriebsvereinbarung. Der Betriebsrat hat insbesondere ein **Mitbestimmungsrecht** gem. § 87 Abs. 1 Nr. 6 BetrVG. Hierfür genügt, dass die Einrichtung zur Erhebung und Verarbeitung personenbezogener bzw. -beziehbarer Verhaltens- bzw. Leistungsdaten geeignet ist; es kommt nicht darauf an, inwieweit diese Daten tatsächlich ausgewertet werden sollen[1].

21.3 Ohne entsprechende vorherige Vereinbarung zwischen Arbeitgeber und Betriebsrat sind die Einführung und der Betrieb einer technischen Ortungseinrichtung unzulässig. Es bedarf insoweit nicht zwingend einer „förmlichen" Betriebsvereinbarung; ausreichend ist ebenso der Abschluss einer bloßen

---

1 Ständige Rechtsprechung des BAG, vgl. etwa BAG v. 10.12.2013 – 1 ABR 43/12, NZA 2014, 439 (Rz. 20); BAG v. 14.11.2006 – 1 ABR 4/06, AP BetrVG 1972 § 87 Überwachung Nr. 43.

Regelungsabrede[2]. Allerdings können im Rahmen des Mitbestimmungsrechts gem. § 87 Abs. 1 Nr. 6 BetrVG Betriebsrat und Arbeitgeber den Abschluss einer Betriebsvereinbarung verlangen[3].

Scheitert eine Einigung, kann gem. § 76 BetrVG eine Regelung durch den Arbeitgeber oder den Betriebsrat im Einigungsstellenverfahren erzwungen werden.

Keine technische Ortungseinrichtung im oben genannten Sinne stellt dagegen der bloße Einsatz von Routenplanern wie z.B. „Google Maps" zur Überprüfung von Fahrtkostenabrechnungen dar[4].

2. Zuständigkeiten

Die Mitbestimmung bei technischen Überwachungseinrichtungen gem. § 87 Abs. 1 Nr. 6 BetrVG üben grundsätzlich die in den einzelnen Betrieben des Arbeitgebers bestehenden örtlichen Betriebsräte aus. Diese sind auch für den Abschluss einer entsprechenden Betriebsvereinbarung mit dem Arbeitgeber zuständig.   21.4

Die Zuständigkeit kann gem. § 50 Abs. 1 Satz 1 Halbs. 1 BetrVG ausnahmsweise originär bei dem **Gesamtbetriebsrat** liegen. Voraussetzung ist eine überbetriebliche Angelegenheit, die nicht durch die örtlichen Betriebsräte geregelt werden kann. Das Verlangen des Arbeitgebers nach einer einheitlichen Regelung genügt nicht; die einheitliche Regelung muss vielmehr objektiv notwendig sein[5].   21.5

Nach der Rechtsprechung des BAG[6] ist dies bspw. dann der Fall, wenn im Wege der elektronischen Datenverarbeitung in mehreren Betrieben Daten erhoben und verarbeitet werden, die auch zur Weiterverwendung in anderen Betrieben bestimmt sind. In diesem Fall ist eine unterschiedliche Ausgestaltung des elektronischen Datenverarbeitungssystems in den einzelnen Betrieben mit dessen einheitlicher Funktion nicht vereinbar.   21.6

Hiernach ließe sich bspw. bei einer zur Einsatzkoordinierung und Abrechnung vorgesehenen Ortungseinrichtung die Zuständigkeit des Gesamtbetriebsrats dann annehmen, wenn diese Aufgaben im Unternehmen zentralisiert erfüllt werden. Geht es um den Einsatz einer Ortungseinrichtung zur Zugangskontrolle in den einzelnen Betrieben des Arbeitgebers, ließe sich eine einheitliche Regelungsnotwendigkeit dagegen nur schwer begründen.   21.7

Ausnahmsweise ist gem. § 58 Abs. 1 Satz 1 Halbs. 1 BetrVG auch eine originäre Zuständigkeit des **Konzernbetriebsrats** denkbar[7]. Erforderlich ist eine unternehmensübergreifende Angelegenheit, die nicht durch die einzelnen Gesamtbetriebsräte bzw. Betriebsräte geregelt werden kann. Auch insoweit muss eine einheitliche Regelung objektiv notwendig sein; es sind entsprechend die Maßstäbe anzusetzen, die bei der Bewertung der originären Zuständigkeit des Gesamtbetriebsrats gelten[8].   21.8

Bei fehlender originärer Zuständigkeit können die örtlichen Betriebsräte den Gesamtbetriebsrat gem. § 50 Abs. 2 BetrVG mit der Verhandlung und dem Abschluss der Betriebsvereinbarung auch beauftragen. Entsprechend können bei fehlender originärer Zuständigkeit gem. § 58 Abs. 2 BetrVG die Ge-   21.9

---

2 BAG v. 14.8.2001 – 1 AZR 744/00, NZA 2002, 342 (345) m.w.N.; eine Regelungsabrede stellt allerdings keine Kollektivvereinbarung i.S.d. Art. 80 DSGVO und § 26 Abs. 4 BDSG dar und scheidet somit als eigene Rechtsgrundlage für die Verarbeitung von Mitarbeiterdaten aus, vgl. hierzu *Seifert* in Simitis/Hornung/Spicker, Art. 88 DSGVO Rz. 54; *Maschmann* in Kühling/Buchner, Art. 88 DSGVO Rz. 26.

3 BAG v. 8.8.1989 – 1 ABR 62/88, NZA 1990, 322 (324).

4 BAG v. 10.12.2013 – 1 ABR 43/12, NZA 2014, 439.

5 BAG v. 14.11.2006 – 1 ABR 4/06, AP BetrVG 1972 § 87 Überwachung Nr. 43.

6 BAG v. 14.11.2006 – 1 ABR 4/06, AP BetrVG 1972 § 87 Überwachung Nr. 43.

7 Vgl. etwa zum konzernweiten Austausch von Mitarbeiterdaten BAG v. 26.1.2016 – 1 ABR 68/13, ZD 2016, 535; BAG v. 20.12.1995 – 7 ABR 8/95, AP BetrVG 1972 § 58 Nr. 1.

8 *Koch* in ErfK, § 58 BetrVG Rz. 2.

samtbetriebsräte bzw. Betriebsräte den Konzernbetriebsrat beauftragen. In Zweifelsfällen bietet sich eine vorsorgliche Beauftragung an.

21.10 Die Beauftragungen des Gesamt- bzw. Konzernbetriebsrats können aus Gründen der Rechtssicherheit in der Betriebsvereinbarung dokumentiert und die betreffenden Beschlüsse der örtlichen Betriebsräte bzw. Gesamtbetriebsräte als Anlagen beigefügt werden.

III. Inhaltliche Grenzen der Betriebsvereinbarung

21.11 Der Betrieb der Ortungseinrichtung muss sich inhaltlich im Rahmen der **Regelungskompetenzen** der Betriebspartner halten. Diese sind hinsichtlich der Verwendung personenbezogener Daten insbesondere durch höherrangige datenschutzrechtliche Vorgaben begrenzt.

1. Datenschutzrechtliche Vorgaben des TKG

21.12 Häufig erfolgt eine Ortung durch Lokalisierung eines Mobilfunkendgeräts über ein Mobilfunknetz[9]. Die Verwendung personenbezogener Daten bei einer solchen **netzwerkbasierten Ortung** ist grundsätzlich an den Vorgaben der §§ 91 ff. TKG zu messen, sofern kein Anwendungsvorrang gem. Art. 95 DSGVO besteht[10].Im Verhältnis zwischen Arbeitgeber und Arbeitnehmer sind die Vorgaben der §§ 91 ff. TKG bei dem Betrieb einer Ortungseinrichtung aber nach zutreffender Ansicht regelmäßig ohnehin nicht anwendbar.

21.13 Verpflichteter der §§ 91 ff. TKG ist der Diensteanbieter i.S.d. § 3 Nr. 6 TKG[11]. Der Arbeitgeber ist im Verhältnis zu seinen Arbeitnehmern aber regelmäßig bereits deshalb nicht als Diensteanbieter zu qualifizieren, weil spezifisch für Ortungszwecke eingesetzte Mobilfunkendgeräte in der Praxis im Regelfall ausschließlich zur dienstlichen Nutzung zur Verfügung gestellt werden[12]. Im Falle der ausschließlich dienstlichen Nutzung erbringt der Arbeitgeber aber nach einhelliger Auffassung keine geschäftsmäßigen Telekommunikationsdienste gegenüber einem Dritten i.S.d. § 3 Nr. 10 TKG. Hierzu müsste der Arbeitgeber dem Arbeitnehmer jedenfalls die Privatnutzung des Mobilfunkendgeräts gestatten[13].

21.14 Im Falle der erlaubten **Privatnutzung** ist der Arbeitgeber hingegen nach wohl noch vorherrschender Ansicht[14] als Diensteanbieter i.S.d. § 3 Nr. 6 TKG zu qualifizieren[15]. Hiernach wären auch im Verhältnis zwischen dem Arbeitgeber und dem Arbeitnehmer die §§ 91 ff. TKG anzuwenden. Teile der arbeitsgerichtlichen Instanzrechtsprechung und der Rechtsliteratur stellen diese Auffassung aber, nach diesseitiger Auffassung zurecht, in Frage[16].

---

9 Im Falle einer Ortung mittels GPS scheidet die Anwendung des TKG aus; vgl. *Göpfert/Papst*, DB 2016, 1015 (1017) m.w.N.

10 *Eckhardt* in Spindler/Schuster, § 91 TKG Rz. 7 ff.

11 *Lünenbürger/Stamm* in Scheurle/Mayen/Büttgen, § 91 TKG Rz. 20.

12 So wohl auch *Steindle*, MMR 2009, 167 (169).

13 *Eckhardt* in Spindler/Schuster, § 88 TKG Rz. 30; *Göpfert/Papst*, DB 2016, 1015 (1017).

14 Vgl. bspw. LAG Hessen v. 21.9.2018 – 10 Sa 601/18, NZA-RR 2019, 130 (132); OLG Karlsruhe v. 10.1.2005 – 1 Ws 152/04, MMR 2005, 178 (179 f.); *Eckhardt* in Spindler/Schuster, § 88 TKG Rz. 30; *Bock* in Beck'scher TKG-Kommentar, § 88 TKG Rz. 24; *Wellhöner/Byers*, NZA 2009, 2310 (2310 ff.); *Brink*, ZD 2015, 295 (296 f.).

15 S. hierzu auch die Erläuterungen zum Muster einer Betriebsvereinbarung zur Internet- und E-Mail-Nutzung in Teil 4, Rz. 23.6 ff.

16 LAG Berlin-Brandenburg v. 14.1.2016 – 5 Sa 657/15, BB 2016, 891; LAG Berlin-Brandenburg v. 16.2.2011 – 4 Sa 2132/10, NZA-RR 2011, 342 (343); LAG Niedersachsen v. 31.5.2010 – 12 Sa 875/09, NZA-RR 2010, 406 (408); *Fülbier/Splittgerber*, NJW 2012, 1995 (1999); *Deiters*, ZD 2012, 109 (110); *Wybitul*, ZD 2011, 69 (73); *Schuster*, CR 2014, 21 (21 ff.).

Ist der Arbeitgeber gegenüber seinem Arbeitnehmer nicht als Diensteanbieter i.S.d. § 3 Nr. 6 TKG zu qualifizieren, trifft ihn telekommunikationsrechtlich allenfalls eine **Informationspflicht**. Eine netzwerkbasierte Ortung unter Verwendung von Standortdaten ist gem. § 98 Abs. 1 Satz 1 TKG zwar grundsätzlich nur mit Einwilligung des Mobilfunkteilnehmers zulässig. Dieser ist gem. § 3 Nr. 20 TKG aber nur der Arbeitgeber als Vertragspartner des Mobilfunkanbieters; eine Einwilligung des Arbeitnehmers als bloßer Nutzer des Mobilfunkendgeräts i.S.d. § 3 Nr. 14 TKG ist dagegen nicht erforderlich[17]. Erteilt der Arbeitgeber seine Einwilligung, muss er den Arbeitnehmer allerdings gem. § 98 Abs. 1 Satz 7 TKG informieren. Zudem erfolgt im Falle der Ortung gem. § 98 Abs. 1 Satz 2 TKG eine Information durch Textmitteilung des Mobilfunkanbieters auf das betreffende Mobilfunkendgerät. 21.15

2. Datenschutzrechtliche Vorgaben des TMG

Technische Ortungseinrichtungen werden vielfach durch Telemediendienste gestützt. So erfolgt bspw. die Nutzung der Funktionen gängiger **Flottenmanagementsysteme** über webbasierte Portale. 21.16

Die Verwendung personenbezogener Daten der Nutzer von Telemedien wäre daher im Grunde an den §§ 11 ff. TMG zu messen. Die Anwendung der §§ 11 ff. TMG ist im Verhältnis zwischen Arbeitgeber und Arbeitnehmer bei dem Betrieb der Ortungseinrichtung aber regelmäßig gem. § 11 Abs. 1 Nr. 1 TMG ausgeschlossen, weil die insoweit eingesetzten Telemedien ausschließlich dienstlich genutzt werden[18]. So sind für eine private Nutzung etwa eines webbasierten Portals eines Flottenmanagementsystems praktisch keine Anwendungsfälle denkbar.

3. Allgemeine datenschutzrechtliche Vorgaben des BDSG

Die Verwendung personenbezogener Daten bei dem Betrieb der Ortungseinrichtung richtet sich im Verhältnis zwischen Arbeitgeber und Arbeitnehmer somit regelmäßig allein nach dem BDSG sowie ergänzend der DSGVO. Eine Verarbeitung personenbezogener Daten ist gem. § 26 Abs. 1 BDSG nur zulässig, soweit dies durch das BDSG gestattet ist oder der Betroffene in die Datenverarbeitung gem. § 26 Abs. 2 BDSG (wirksam) eingewilligt hat. 21.17

a) Datenschutzrechtliche Einwilligung

Die Verwendung personenbezogener Daten bei dem Betrieb der Ortungseinrichtung lässt sich im Regelfall nicht rechtssicher auf eine **Einwilligung** des Arbeitnehmers gem. § 26 Abs. 2 BDSG stützen. Die Einwilligung müsste gem. § 26 Abs. 2 Satz 1 BDSG auf einer freien Entscheidung des Arbeitnehmers beruhen, wobei bezüglich der Beurteilung der Freiwilligkeit auf die Umstände im Zeitpunkt der Abgabe der Einwilligungserklärung abzustellen ist. Von einer Freiwilligkeit ist gem. § 26 Abs. 2 Satz 2 BDSG insbesondere dann auszugehen, wenn der Arbeitnehmer durch die Abgabe der Einwilligung einen wirtschaftlichen oder rechtlichen Vorteil erlangt oder aber Arbeitgeber und Arbeitnehmer gleichgelagerte Interessen verfolgen. Letzteres kann vorliegend dann angenommen werden, wenn die Ortung jedenfalls auch zum Zwecke des Eigenschutzes des Arbeitnehmers erfolgt, was sich freilich nur bei hinreichend risikobehafteten Tätigkeiten[19] ausreichend begründen lässt. Das Kriterium der gleichgelagerten Interessen kann daher zumindest dann vorliegen, wenn der Arbeitgeber in derartigen Fällen eine Video- oder GPS-Überwachung zum Schutz vor Überfällen installiert[20]. 21.18

---

17 *Kramer/Bongers*, IT-Arbeitsrecht, Rz. 815; *Seifert* in Simitis/Hornung/Spiecker, Art. 88 DS-GVO Rz. 142; *Gola*, ZD 2012, 308 (309); *Gola*, NZA 2007, 1139 (1143); *Oberwetter*, NZA 2008, 609 (612), vgl. ausf. *Steindle*, MMR 2009, 167; *Jandt*, MMR 2007, 74.
18 *Schmitz* in Spindler/Schmitz, § 11 TMG Rz. 34; *Steindle*, MMR 2009, 167 (170).
19 *Beyers* in Weth/Herberger/Wächter/Sorge, VII GPS Ortung, Rz. 14.
20 *Riesenhuber* in BeckOK DatenschutzR, § 26 BDSG Rz. 47; *Zöll* in Taeger/Gabel, § 26 BDSG Rz. 78.

21.18a Die bloße Hinnahme der Überwachung durch den Arbeitnehmer stellt dabei noch keine wirksame Einwilligung dar. Eine solche setzt – neben dem gesetzlich vorgesehenen Formerfordernis für eine Einwilligung gem. § 26 Abs. 2 Satz 3 BDSG – auch eine Aufklärung durch den Arbeitgeber über das Widerrufsrecht nach Art. 7 Abs. 3 DSGVO voraus.

Einer gesonderten Einwilligung bedarf es jedoch immer dann nicht, wenn sich die Rechtsgrundlage für eine Verarbeitung bereits aus dem Gesetz oder einer sonstigen Rechtsgrundlage ergibt.

b) Die Erlaubnistatbestände des § 26 BDSG

21.19 Als Erlaubnistatbestand für die Verarbeitung personenbezogener Daten bei dem Betrieb der Ortungseinrichtung kommt zunächst die Zentralnorm des § 26 Abs. 1 BDSG in Betracht. Hiernach sind im Ergebnis die Interessen des Arbeitgebers an der Datenverwendung mit den entgegenstehenden Interessen des Beschäftigten abzuwägen.

21.20 § 26 Abs. 1 Satz 1 BDSG gestattet die Verwendung personenbezogener Beschäftigtendaten für **Zwecke des Beschäftigungsverhältnisses**, soweit dies für dessen Begründung, Durchführung oder Beendigung erforderlich ist (siehe hierzu im Einzelnen Rz. 21.42 ff.). Im Rahmen der Erforderlichkeitsprüfung ist letztlich eine Abwägung der gegenläufigen Interessen von Arbeitgeber und Beschäftigtem hinsichtlich der Datenverwendung vorzunehmen[21].

21.21 Personenbezogene Beschäftigtendaten dürfen zudem gem. § 26 Abs. 1 Satz 2 BDSG zur **Aufdeckung von Straftaten** sowie nach zutreffender Auffassung auch zur Aufdeckung sonstiger schwerwiegender Pflichtverletzungen[22] verwendet werden, wenn zu dokumentierende tatsächliche Anhaltspunkte den Verdacht begründen, dass der Betroffene im Beschäftigungsverhältnis eine Straftat bzw. schwerwiegende Pflichtverletzung begangen hat, die Datenverarbeitung zur Aufdeckung erforderlich ist und das schutzwürdige Interesse des Beschäftigten an dem Ausschluss der Datenverarbeitung nicht überwiegt.

Ferner ist gem. Art. 6 Abs. 1 lit. f DSGVO zur Erfüllung eigener Geschäftszwecke des Arbeitgebers eine Verarbeitung personenbezogener Beschäftigtendaten zulässig, soweit dies zur Wahrung berechtigter Interessen des Arbeitgebers erforderlich ist und kein Grund zur Annahme besteht, dass schutzwürdige Interessen des Betroffenen an dem Ausschluss der Datenverarbeitung überwiegen. Art. 6 Abs. 1 lit. f DSGVO findet außerhalb des Regelungsbereichs des § 26 BDSG weiter Anwendung[23]. Nach Art. 6 Abs. 1 lit. f DSGVO kann etwa die Ortung von Arbeitsmitteln zum Zwecke der präventiven Abwehr von durch Dritte verübte Straftaten gegen das Eigentum des Arbeitgebers gerechtfertigt sein[24].

c) Die Betriebsvereinbarung als Kollektivvereinbarung

21.22 Nach § 26 Abs. 4 Satz 1 BDSG sowie im Übrigen gem. Art. 88 Abs. 1 DSGVO kann auch eine **Kollektivvereinbarung** eine Rechtsgrundlage für die Verarbeitung personenbezogener Daten von Arbeitnehmern darstellen. Die Betriebsparteien können daher einen eigenen Erlaubnistatbestand für die Verarbeitung schaffen, sofern sie bei der Erstellung die sich aus Art. 88 Abs. 2 DSGVO ergebende Verpflichtung zur Wahrung der menschlichen Würde, der berechtigten Interessen und der Grundrechte der betroffenen Person beachten[25]. Wie aus Art. 88 Abs. 2 DSGVO hervorgeht, gilt diese Verpflichtung der Betriebsparteien insbesondere im Hinblick auf am Arbeitsplatz eingesetzte Überwachungssysteme.

---

21 *Gola* in Gola/Heckmann, § 26 BDSG Rz. 16.

22 BAG v. 29.6.2017 – 2 AZR 597/16, NZA 2017, 1179 m.w.N.; *Gola* in Gola/Heckmann, § 26 BDSG Rz. 124 f.

23 *Maschmann* in Kühling/Buchner, § 26 BDSG Rz. 5; *Gräber/Nolden* in Paal/Pauly, § 26 BDSG Rz. 10.

24 *Beyers* in Weth/Herberger/Wächter/Sorge, VII GPS Ortung Rz. 20, 21; sofern jedoch mit der Ortung zugleich die Arbeitsmittel vor den Beschäftigten selbst geschützt werden sollen oder auch ein Schutz der Beschäftigten beabsichtigt ist, greift bereits § 26 Abs. 1 Satz 1 BDSG ein.

25 *Franzen* in ErfK, § 26 BDSG Rz. 48.

Dabei ist allerdings umstritten, ob eine **Betriebsvereinbarung eine Unterschreitung des Schutz-** 21.23
niveaus des BDSG und der DSGVO **rechtfertigen** kann. Dies wird vielfach für unzulässig gehalten[26];
hiernach wären lediglich Konkretisierungen der Regelungen des BDSG sowie der DSGVO erlaubt.
Ebenfalls sollen lediglich Abweichungen zugunsten der Arbeitnehmer möglich sein, wobei dies in der
Rechtsliteratur[27] vereinzelt unter Berufung auf das Prinzip der Vollharmonisierung von Unionsvorschriften abgelehnt wird[28]. Das BAG[29] hat indes noch für die Regelungen des BDSG a.F. eine abweichende Auffassung vertreten und es den Betriebsparteien gestattet, in einer Betriebsvereinbarung auch
zuungunsten der Arbeitnehmer von den Regelungen des BDSG a.F. abzuweichen. Diese Rechtsprechung dürfte hingegen mittlerweile als überholt zu betrachten sein[30]. Für die Praxis empfiehlt es sich
daher, sich bei der Erstellung von Betriebsvereinbarungen an den von der DSGVO vorgegebenen Mindeststandards zu orientieren und detaillierte Regelungen zur Verarbeitung sowie zum Umgang mit den
insoweit verarbeiteten Daten aufzunehmen. Eine Grenze der Zulässigkeit bildet ohnehin die Regelung
des § 75 Abs. 2 BetrVG, wonach die Betriebsparteien insbesondere die Persönlichkeitsrechte der Arbeitnehmer zu wahren haben[31]. Zwar kann aufgrund einer Betriebsvereinbarung das Persönlichkeitsrecht der Arbeitnehmer eingeschränkt werden, jedoch muss dieser Eingriff wiederum verhältnismäßig
sein[32].

4. Mindestinhalte einer Betriebsvereinbarung zur Verarbeitung personenbezogener Daten nach der DSGVO

Maßstab für die **Mindestinhalte** einer die Verarbeitung von personenbezogenen Daten der Arbeitneh- 21.24
mer regelnden Betriebsvereinbarung sind, wie bereits oben gezeigt, die Vorgaben des Art. 88 Abs. 2
DSGVO. Hiernach muss die Betriebsvereinbarung insbesondere Regelungen bezüglich der **Transpa-**
renz der Verarbeitung enthalten.

Welche Vorgaben bezüglich der Transparenz zu erfüllen sind, lässt sich zunächst aus Art. 5 Abs. 1 lit. a
DSGVO ableiten. Hiernach müssen personenbezogene Daten u.a. in einer für den Arbeitnehmer nachvollziehbaren Weise verarbeitet werden. Aus den Erwägungsgründen 39 und 58 zur DSGVO ergibt sich
zudem, dass Transparenz eine in klarer, verständlicher und einfach gehaltener Sprache erteilte Information u.a. dahingehend erfordert, welche personenbezogenen Daten durch wen zu welchem Zeitpunkt und für welche Zwecke erhoben, verwendet, eingesehen oder anderweitig verarbeitet werden[33].
Es ist daher erforderlich, dass die Betriebsparteien bereits in der Vereinbarung selbst abschließend
festlegen, für welche Zwecke eine Verarbeitung von Daten beabsichtigt ist[34]. Transparenz erfordert
zudem, dass die Rechtsgrundlage für die Verarbeitung genannt wird[35], weshalb die Aufnahme einer
Klarstellung nach der datenschutzrechtlichen Legitimationsfunktion der Betriebsvereinbarung empfohlen wird[36].

Als Richtlinie für den Inhalt einer Betriebsvereinbarung können daher ergänzend zu dem zwingend 21.25
zu beachtenden Transparenzerfordernis des Art. 88 Abs. 2 DSGVO die Regelungen des Art. 5 lit. a-f

---

26 *Körner*, NZA 2019, 1389 (1390); *Schrey/Kielkowski*, BB 2018, 629 (634); *Wybitul*, NZA 2017, 1488
  (1489); *Kramer* in Weth/Herberger/Wächter/Sorge/, VIII Datenschutz und betriebsinterner Umgang
  mit Personaldaten, Rz. 26; *Kania* in ErfK, § 87 BetrVG Rz. 61; *Brink*, ZD 2015, 295 (299).
27 *Maschmann*, NZA-Beilage 2018, 115 (117).
28 Kritisch hierzu *Kort*, NZA 2018, 1097 (1102).
29 BAG v. 27.5.1986 – 1 ABR 48/84, NZA 1986, 643 (646).
30 *Schrey/Kielkowski*, BB 2018, 629 (630); *Zöll* in Taeger/Gabel, § 26 BDSG Rz. 88.
31 *Kania* in ErfK, § 77 BetrVG Rz. 38, § 87 BetrVG Rz. 61.
32 BAG v. 29.6.2004 – 1 ABR 21/03, NZA 2004, 1278 (1280).
33 *Wurzberger*, ZD 2017, 258 (259).
34 *Wybitul*, NZA 2017, 1488 (1492); vgl. auch Art. 5 Abs. 1 lit. b DSGVO.
35 *Roßnagel* in Simitis/Hornung/Spiecker, Art. 5 DS-GVO Rz. 55.
36 *Wybitul*, NZA 2017, 1488 (1492); *Pötters/Hansen*, ArbRAktuell 2020, 193 (196).

DSGVO dienen[37], welche die Grundsätze für die Verarbeitung von personenbezogenen Daten regeln. Neben der bereits oben ausgeführten Transparenz und Zweckbindung sind dies u.a. die Grundsätze der Datenminimierung, der Speicherbegrenzung, der Integrität und Vertraulichkeit sowie der Rechenschaftspflicht des für die Datenverarbeitung Verantwortlichen. Besteht in dem betreffenden Betrieb bereits eine dem neuen Datenschutzrecht entsprechende Rahmenbetriebsvereinbarung zum Beschäftigtendatenschutz[38], so kann ggf. hierauf zwecks Vermeidung von Wiederholungen verwiesen werden. Eine derartige Konstruktion von Rahmenbetriebsvereinbarung und ergänzenden, die Rahmenbetriebsvereinbarung konkretisierenden Einzelbetriebsvereinbarungen wird aufgrund der hiermit einhergehenden klarstellenden Funktion empfohlen[39]. Der untenstehende Mustervorschlag einer Betriebsvereinbarung geht hingegen davon aus, dass eine Rahmenbetriebsvereinbarung nicht besteht.

B. Betriebsvereinbarung zur Mitarbeiterortung

I. Muster

21.26 **M 21.1 Betriebsvereinbarung zur Mitarbeiterortung**

Betriebsvereinbarung zur Mitarbeiterortung

zwischen

der …

– Arbeitgeber –

und

dem Betriebsrat des Betriebs … der …

– Betriebsrat –

1. Gegenstand und Zweck der Betriebsvereinbarung[40]

1.1 Gegenstand dieser Betriebsvereinbarung ist die Einführung und der Betrieb einer Ortungseinrichtung zur Überwachung der Einsatzfahrzeuge der Servicetechniker des Arbeitgebers zum Zwecke der

- *Koordinierung der Außeneinsätze der Servicetechniker*

- *Abrechnung der Fahrten von Servicetechnikern gegenüber Kunden und*

- *Aufklärung strafbarer Handlungen und anderer schwerer Verfehlungen.*

1.2 Mit dem Betrieb der Ortungseinrichtung geht eine Verarbeitung personenbezogener Daten der Servicetechniker einher. Diese Betriebsvereinbarung soll die Verarbeitung dieser Daten in transparenter Weise regeln und neben der Regelung des § 26 Abs. 1 BDSG eine zusätzliche Rechtsgrundlage für die Verarbeitung von personenbezogenen Daten der Arbeitnehmer i.S.d. § 26 Abs. 4 BDSG i.V.m. Art. 88 Abs. 2 DSGVO darstellen. Dabei soll sie die Interessen der Servicetechniker und des Arbeitgebers angemessen in Ausgleich bringen. Sie dient mithin dem Schutz von Persönlichkeitsrechten.

---

37 *Körner*, NZA 2019, 1389 (1392); *Schrey/Kielkowski*, BB 2018, 629 (634); *Wurzberger*, ZD 2017, 258 (261).

38 Vgl. hierzu *Körner*, NZA 2019, 1389 (1392).

39 *Ströbel/Wybitul* in Specht/Mantz, Handbuch Europäisches und deutsches Datenschutzrecht, § 10 Rz. 94; *Wybitul*, NZA 2017, 1488 (1490).

40 Zu den Erläuterungen siehe Rz. 21.30.

2. Anwendungsbereich[41]

Diese Betriebsvereinbarung gilt für die im Betrieb … des Arbeitgebers beschäftigten Arbeitnehmer i.S.v. § 5 Abs. 1 BetrVG. Sie gilt nicht für leitende Angestellte i.S.v. § 5 Abs. 3 und 4 BetrVG.

3. Einführung einer Ortungseinrichtung[42]

3.1 Der Arbeitgeber führt eine Ortungseinrichtung mit den folgenden Funktionen ein:

- **Live-Ortung:** *Ermittlung der jeweils aktuellen Position der Einsatzfahrzeuge*

- **Elektronisches Fahrtenbuch:** *Erfassung von Datum, Uhrzeit, Position und Kilometerstand zu Beginn und Ende jeder Einzelfahrt*

- **Streckenverfolgung:** *Detailaufzeichnung der mit den Einsatzfahrzeugen zurückgelegten Fahrstrecken.*

*3.2 Einzelheiten zu Ausstattung, Funktionsweise und Funktionsumfang der Ortungseinrichtung sowie zu der damit verbundenen Verwendung personenbezogener Daten ergeben sich aus **Anlage 1** (**Ortungseinrichtung**).*

4. Nutzung der Ortungseinrichtung[43]

4.1 Live-Ortung

Der Arbeitgeber ist zur Nutzung der Live-Ortungs-Funktion berechtigt, soweit dies zur Koordinierung der Einsätze der Servicetechniker erforderlich ist.

4.2 Elektronisches Fahrtenbuch

Der Arbeitgeber ist zur Nutzung der Elektronischen Fahrtenbuch-Funktion berechtigt, soweit dies zur Abrechnung von Fahrten gegenüber Kunden erforderlich ist.

4.3 Missbrauchskontrolle

4.3.1 Im Übrigen ist der Arbeitgeber – auch ohne Kenntnis des betroffenen Arbeitnehmers – zur Nutzung der Funktionen der Ortungseinrichtung berechtigt, soweit

- *tatsächliche Anhaltspunkte den konkreten Verdacht begründen, dass ein Arbeitnehmer eine strafbare Handlung oder eine andere schwere Verfehlung begangen hat oder begehen wird*

- *die Aufklärung des Verdachts durch mildere, aber gleich geeignete Mittel keinen Erfolg verspricht und*

- *die Nutzung unter Abwägung der beiderseitigen Interessen des Arbeitnehmers und des Arbeitgebers insgesamt nicht unverhältnismäßig ist.*

   Die den Verdacht begründenden Tatsachen sind von dem Arbeitgeber zu dokumentieren. Die im Rahmen des Einsatzes anfallenden Daten sind unverzüglich auszuwerten.

4.3.2 Der Betriebsrat und der Datenschutzbeauftragte sind vor einer solchen Nutzung unter Angabe der vorliegenden Verdachtsmomente und Art, Ort und Dauer der vorgesehenen Nutzung durch den Arbeitgeber zu unterrichten. Die Nutzung ist durch den Betriebsrat und den Datenschutzbeauftragten zu überwachen.

   Sollte eine vorherige Unterrichtung ausnahmsweise nicht möglich sein, z.B. in Eilfällen, bei Krankheit oder bei Urlaubsabwesenheit, ist sie unverzüglich nachzuholen. Sollte eine Überwachung der Nutzung ausnahmsweise nicht möglich sein, ist der Betriebsrat bzw. der Datenschutzbeauftragte unverzüglich über den Nutzungsverlauf zu unterrichten.

---

41 Zu den Erläuterungen siehe Rz. 21.32 ff.
42 Zu den Erläuterungen siehe Rz. 21.39 f.
43 Zu den Erläuterungen siehe Rz. 21.42 ff.

4.4 Zugriffsberechtigungen

*Die im Rahmen der Nutzung der Ortungseinrichtung nach Ziffern 4.1 bis 4.3 zugriffsberechtigten Personen ergeben sich aus **Anlage 2 (Zugriffsberechtigungen)**.*

4.5 Umfang der Nutzung

Die Nutzung der Ortungseinrichtung ist ausschließlich in dem unter Ziffern 4.1 bis 4.4 bestimmten Umfang zulässig. Jede darüber hinausgehende Nutzung, insbesondere zu einer über die dort genannten Zwecke hinausgehenden Leistungs- oder Verhaltenskontrolle, ist untersagt.

5. Speicherung, Löschung und Sperrung von Daten[44]

5.1 Bei der Nutzung der Live-Ortungs-Funktion nach Ziffer 4.1 anfallende Daten werden nicht gespeichert.

5.2 Im Übrigen sind die bei dem Betrieb der Ortungseinrichtung anfallenden Daten unverzüglich nach deren Auswertung, spätestens aber nach Ablauf von 90 Tagen zu löschen.

5.3 Werden Daten darüber hinaus zum Zweck der Beweissicherung (z.B. im Zusammenhang mit einem Gerichtsverfahren) benötigt, sind sie unverzüglich nach Wegfall des Beweissicherungszwecks zu löschen.

5.4 Im Falle von längeren gesetzlichen Aufbewahrungsfristen tritt anstelle der Löschung die Sperrung gemäß § 35 Abs. 3, § 46 Nr. 3 BDSG.

6. Änderungen und Erweiterungen der Ortungseinrichtung[45]

6.1 Änderungen der Ortungseinrichtung, welche eine umfassendere oder intensivere Überwachung ermöglichen würden, bedürfen der Zustimmung des Betriebsrats bzw. der Ersetzung der Zustimmung durch die Einigungsstelle.

6.2 Der Arbeitgeber wird den Betriebsrat über geplante Änderungen im Sinne von Ziffer 6.1 rechtzeitig informieren und diese mit dem Betriebsrat beraten.

7. Information der Arbeitnehmer; Ansprechpartner[46]

7.1 Die Arbeitnehmer sind vom Arbeitgeber über die Inhalte dieser Betriebsvereinbarung zu informieren.

7.2 Gesetzliche Auskunftsansprüche der Arbeitnehmer oder Informationspflichten gegenüber den Arbeitnehmern bleiben unberührt.

7.3 Ansprechpartner des Arbeitgebers in allen Fragen zu dieser Betriebsvereinbarung ist:

…

Eine Änderung des Ansprechpartners wird der Arbeitgeber in geeigneter Weise im Betrieb bekannt geben.

8. Meinungsverschiedenheiten[47]

Die Parteien sind unter den gesetzlichen Voraussetzungen des § 76 BetrVG berechtigt, zur Beilegung von Meinungsverschiedenheiten im Zusammenhang mit dieser Betriebsvereinbarung die Einigungsstelle anzurufen.

9. Beginn, Laufzeit und Beendigung[48]

9.1 Diese Betriebsvereinbarung tritt mit ihrer Unterzeichnung in Kraft und ist auf unbestimmte Zeit geschlossen.

---

44 Zu den Erläuterungen siehe Rz. 21.52 ff.
45 Zu den Erläuterungen siehe Rz. 21.56.
46 Zu den Erläuterungen siehe Rz. 21.58 ff.
47 Zu den Erläuterungen siehe Rz. 21.62.
48 Zu den Erläuterungen siehe Rz. 21.64 f.

9.2 Sie kann beiderseits mit einer Frist von drei Monaten gekündigt werden.

9.3 Die Regelungen dieser Betriebsvereinbarung gelten auch nach ihrer Beendigung fort, bis sie durch eine andere Abmachung ersetzt wurden.

…   *…*
Ort, Datum   *Ort, Datum*
…   *…*
Arbeitgeber   *Betriebsrat des Betriebs … der …*

Anlage 1 (Ortungseinrichtung)

…

Anlage 2 (Zugriffsberechtigungen)

…

II. Erläuterungen

1. Vorbemerkung

Das Muster behandelt die Einführung einer **Ortungseinrichtung** zur **Überwachung von Einsatzfahrzeugen von Servicetechnikern zu Koordinierungs- und Abrechnungszwecken.** Es kann insoweit nur als Leitfaden dienen. Insbesondere aufgrund der Vielzahl denkbarer technischer Gestaltungen bedarf das Muster stets einer umfassenden Anpassung auf den Einzelfall. Dies gilt entsprechend in Bezug auf andere technische Einrichtungen zur Mitarbeiterortung.   21.27

Die im Muster vorgesehenen Datenverarbeitungen sollten grundsätzlich bereits durch die allgemeine datenschutzrechtliche Erlaubnisvorschrift des § 26 Abs. 1 Satz 1 BDSG gerechtfertigt sein (vgl. hierzu schon Rz. 21.19 ff.). Daher dient die Betriebsvereinbarung lediglich als zusätzliche Absicherung, um die Datenverarbeitungen jedenfalls als andere Kollektivvereinbarung i.S.d. § 26 Abs. 4 Satz 1 BDSG, Art. 88 DSGVO zu erlauben (vgl. hierzu schon Rz. 21.22 ff.).   21.28

2. Gegenstand und Zweck der Betriebsvereinbarung (Ziff. 1)

M 21.1.1 Gegenstand und Zweck der Betriebsvereinbarung   21.29

1. Gegenstand und Zweck der Betriebsvereinbarung

1.1 Gegenstand dieser Betriebsvereinbarung ist die Einführung und der Betrieb einer Ortungseinrichtung zur Überwachung der Einsatzfahrzeuge der Servicetechniker des Arbeitgebers zum Zwecke der

  – *Koordinierung der Außeneinsätze der Servicetechniker*

  – *Abrechnung der Fahrten von Servicetechnikern gegenüber Kunden und*

  – *Aufklärung strafbarer Handlungen und anderer schwerer Verfehlungen.*

1.2 Mit dem Betrieb der Ortungseinrichtung geht eine Verarbeitung personenbezogener Daten der Servicetechniker einher. Diese Betriebsvereinbarung soll die Verarbeitung dieser Daten in transparenter Weise regeln und neben der Regelung des § 26 Abs. 1 BDSG eine zusätzliche Rechtsgrundlage für die Verarbeitung von personenbezogenen Daten der Arbeitnehmer i.S.d. § 26 Abs. 4 BDSG i.V.m. Art. 88 Abs. 2 DSGVO darstellen. Dabei soll sie die Interessen der Servicetechniker und des Arbeitgebers angemessen in Ausgleich bringen. Sie dient mithin dem Schutz von Persönlichkeitsrechten.

21.30 Ziff. 1 soll primär im Falle von Streitigkeiten über die Betriebsvereinbarung als Auslegungshilfe dienen. Die Bestimmung sollte den **Regelungsgegenstand** und die **Zielsetzung der Betriebsvereinbarung** daher möglichst präzise wiedergeben. Dabei verweist Ziff. 1.1 auf die Einführung und die Zwecke der Ortungseinrichtung. Ziff. 1.2 stellt klar, dass die Betriebsvereinbarung als Kollektivvereinbarung i.S.d. § 26 Abs. 4 BDSG die Verarbeitung personenbezogener Daten regelt. Sie verweist zudem auf das im Datenschutzrecht geltende Transparenzgebot (Art. 5 Abs. 1 lit. a DSGVO) und die sowohl im Rahmen des § 26 Abs. 1 Satz 2, als auch bei § 75 Abs. 2 Satz 1 BetrVG vorzunehmende Abwägung der Interessen für und gegen die Datenverarbeitung (vgl. hierzu schon Rz. 21.23).

3. Anwendungsbereich (Ziff. 2)

21.31 **M 21.1.2 Anwendungsbereich**

2. Anwendungsbereich

Diese Betriebsvereinbarung gilt für die im Betrieb … des Arbeitgebers beschäftigten Arbeitnehmer i.S.v. § 5 Abs. 1 BetrVG. Sie gilt nicht für leitende Angestellte i.S.v. § 5 Abs. 3 und 4 BetrVG.

21.32 Eine Betriebsvereinbarung kann, wie in Ziff. 2 geschehen, ihren Anwendungsbereich in personeller und „räumlicher" Hinsicht bestimmen, wobei insbesondere das **Gleichbehandlungsgebot** gem. § 75 BetrVG zu beachten ist[49]. Der Anwendungsbereich darf aber nicht über die Regelungskompetenzen des Betriebsrats in personeller und „räumlicher" Hinsicht hinaus ausgeweitet werden.

a) Personell

21.33 In personeller Hinsicht beschränkt sich die Regelungskompetenz des Betriebsrats auf **Arbeitnehmer** i.S.d. § 5 Abs. 1 BetrVG. Arbeitnehmer in diesem Sinne sind insbesondere auch Auszubildende, Teilzeitarbeitnehmer, geringfügig Beschäftigte und Aushilfen. Leitende Angestellte i.S.d. § 5 Abs. 3 und 4 BetrVG sind von der Regelungskompetenz ausgenommen. Gleiches gilt für ehemalige Arbeitnehmer, wie etwa Betriebsrentner, und grundsätzlich auch für Bewerber[50]. Die Regelungskompetenz erfasst somit nicht alle Beschäftigten i.S.d. § 26 Abs. 8 BDSG.

b) Räumlich

21.34 Die Regelungskompetenz des örtlichen Betriebsrats in „räumlicher" Hinsicht ist auf den Betrieb begrenzt, für den er gewählt ist. Die Regelungszuständigkeit ist insoweit allerdings nicht geografisch auf die **Betriebsstätte** beschränkt. Der Betriebsbegriff ist funktional zu verstehen, auch für Auswärtstätigkeiten der dem betreffenden Betrieb zuzuordnenden Arbeitnehmer können daher Regelungen getroffen werden[51].

21.35 Im Rahmen seiner originären Zuständigkeit gem. § 50 Abs. 1 Satz 1 Halbs. 1 BetrVG erstreckt sich die Regelungskompetenz des **Gesamtbetriebsrats** in „räumlicher" Hinsicht auf alle Betriebe des Unternehmens. Dies gilt gem. § 50 Abs. 1 Satz 1 Halbs. 2 BetrVG unabhängig davon, ob im Betrieb ein örtlicher Betriebsrat existiert.

21.36 Die Regelungskompetenz des **Konzernbetriebsrats** in „räumlicher" Hinsicht erstreckt sich im Rahmen seiner originären Zuständigkeit gem. § 58 Abs. 1 Satz 1 Halbs. 1 BetrVG auf alle Betriebe aller

---

49 *Kania* in ErfK, § 77 BetrVG Rz. 33.
50 BAG v. 13.5.1997 – 1 AZR 75/97, NZA 1998, 160; *Kania* in ErfK, § 77 BetrVG Rz. 34; umstritten, vgl. *Forst*, ZD 2012, 251 (253) m.w.N.
51 BAG v. 22.7.2008 – 1 ABR 40/07, NZA 2008, 1248.

Konzernunternehmen. Ob in dem Unternehmen ein Gesamtbetriebsrat oder in dem Betrieb ein örtlicher Betriebsrat existiert, ist gem. § 58 Abs. 1 Satz 1 Halbs. 2 BetrVG irrelevant.

Wird der Gesamt- oder Konzernbetriebsrat aufgrund einer Beauftragung i.S.d. § 50 Abs. 2 bzw. § 58 Abs. 2 BetrVG tätig, richten sich die Regelungsbefugnisse in „räumlicher" Hinsicht nach den Kompetenzen der ihn beauftragenden Mitarbeitervertretungen.   21.37

4. Einführung einer Ortungseinrichtung (Ziff. 3)

M 21.1.3 Einführung einer Ortungseinrichtung   21.38

3. Einführung einer Ortungseinrichtung

3.1 Der Arbeitgeber führt eine Ortungseinrichtung mit den folgenden Funktionen ein:

- *Live-Ortung: Ermittlung der jeweils aktuellen Position der Einsatzfahrzeuge*
- *Elektronisches Fahrtenbuch: Erfassung von Datum, Uhrzeit, Position und Kilometerstand zu Beginn und Ende jeder Einzelfahrt*
- *Streckenverfolgung: Detailaufzeichnung der mit den Einsatzfahrzeugen zurückgelegten Fahrstrecken.*

3.2 Einzelheiten zu Ausstattung, Funktionsweise und Funktionsumfang der Ortungseinrichtung sowie zu der damit verbundenen Verwendung personenbezogener Daten ergeben sich aus Anlage 1 (Ortungseinrichtung).

a) Ausgestaltung der Ortungseinrichtung

Ziff. 3 beschreibt zusammen mit Anlage 1 (Ortungseinrichtung) die Details der einzuführenden Ortungseinrichtung. Der Mitbestimmung des Betriebsrats gem. § 87 Abs. 1 Nr. 6 BetrVG unterliegt nicht nur das „Ob" der Einführung der Ortungseinrichtung, sondern gerade auch das „Wie", d.h. die konkrete Ausgestaltung (Anbieter, Modell, Komponenten etc.)[52]. Die Ortungseinrichtung sollte in der Betriebsvereinbarung daher möglichst genau beschrieben werden, um Streitigkeiten über den Umfang der erlaubten Einführung vorzubeugen. Aufgenommen werden sollten Einzelheiten zu **Ausstattung**, **Funktionsweise** und **Funktionsumfang der Ortungseinrichtung**. Um die Betriebsvereinbarung nicht zu überfrachten, bietet sich der Verweis auf eine Anlage an.   21.39

b) Verwendung personenbezogener Daten

Daneben sollte in der Anlage aber auch die Verwendung personenbezogener Daten durch die Einrichtung umfassend beschrieben werden. Dies schafft zunächst Klarheit darüber, inwieweit die Betriebsvereinbarung als Kollektivvereinbarung i.S.d. § 26 Abs. 4 Satz 1 BDSG die Datenverarbeitung erlaubt und insoweit Vorrang gegenüber dem BDSG genießt. Nach der wohl vorherrschenden Auffassung in der Rechtsliteratur[53] kann eine Betriebsvereinbarung zudem nur dann als Kollektivvereinbarung i.S.d. § 26 Abs. 4 BDSG eine Datenverarbeitung rechtfertigen, wenn sie zumindest die zu verarbeitenden Daten und den Zweck der Verarbeitung benennt. Die Aufsichtsbehörden[54] fordern teilweise als Mindestkatalog insbesondere nähere Angaben zu   21.40

---

52 *Kania* in ErfK, § 87 BetrVG Rz. 58.
53 *Maschmann* in Kühling/Buchner, § 26 BDSG Rz. 68; *Wybitul*, NZA 2017, 1488 (1492).
54 *Hamburgischer Beauftragter für Datenschutz und Informationsfreiheit* (HmbBfDI), 22. Tätigkeitsbericht, Ziff. IV. 9.3, abrufbar unter https://datenschutz-hamburg.de/assets/pdf/22._Taetigkeitsbericht_2008-2009.pdf.

– Gegenstand der Datenverarbeitung

– Zweckbindung

– Datenvermeidung und Datensparsamkeit

– Art und Umfang der verarbeiteten Daten

– Empfänger der Daten

– Rechte der Betroffenen

– Löschfristen und

– technische und organisatorische Maßnahmen, wie bspw. das Berechtigungskonzept.

Nach den Vorgaben des BVerfG im Volkszählungsurteil[55] müssen das informationelle Selbstbestimmungsrecht einschränkende Rechtsnormen u.a. das Gebot der Normenklarheit einhalten. Ein Gesetz ist dabei hinreichend bestimmt, „wenn sein Zweck aus dem Gesetzestext in Verbindung mit den Materialien deutlich wird …; dabei reicht es aus, wenn sich der Gesetzeszweck aus dem Zusammenhang ergibt, in dem der Text des Gesetzes zu dem zu regelnden Lebensbereich steht." Weitergehende formale Anforderungen sind auch an eine Betriebsvereinbarung als Kollektivvereinbarung i.S.d. § 26 Abs. 4 Satz 1 BDSG nicht zu stellen.

5. Nutzung der Ortungseinrichtung (Ziff. 4)

21.41   **M 21.1.4 Nutzung der Ortungseinrichtung**

4. Nutzung der Ortungseinrichtung

4.1 Live-Ortung

Der Arbeitgeber ist zur Nutzung der Live-Ortungs-Funktion berechtigt, soweit dies zur Koordinierung der Einsätze der Servicetechniker erforderlich ist.

4.2 Elektronisches Fahrtenbuch

Der Arbeitgeber ist zur Nutzung der Elektronischen Fahrtenbuch-Funktion berechtigt, soweit dies zur Abrechnung von Fahrten gegenüber Kunden erforderlich ist.

4.3 Missbrauchskontrolle

4.3.1 Im Übrigen ist der Arbeitgeber – auch ohne Kenntnis des betroffenen Arbeitnehmers – zur Nutzung der Funktionen der Ortungseinrichtung berechtigt, soweit

– *tatsächliche Anhaltspunkte den konkreten Verdacht begründen, dass ein Arbeitnehmer eine strafbare Handlung oder eine andere schwere Verfehlung begangen hat oder begehen wird*

– *die Aufklärung des Verdachts durch mildere, aber gleich geeignete Mittel keinen Erfolg verspricht und*

– *die Nutzung unter Abwägung der beiderseitigen Interessen des Arbeitnehmers und des Arbeitgebers insgesamt nicht unverhältnismäßig ist.*

– *Die den Verdacht begründenden Tatsachen sind von dem Arbeitgeber zu dokumentieren. Die im Rahmen des Einsatzes anfallenden Daten sind unverzüglich auszuwerten.*

4.3.2 Der Betriebsrat und der Datenschutzbeauftragte sind vor einer solchen Nutzung unter Angabe der vorliegenden Verdachtsmomente und Art, Ort und Dauer der vorgesehenen Nutzung durch den Arbeitgeber zu unterrichten. Die Nutzung ist durch den Betriebsrat und den Datenschutzbeauftragten zu überwachen.

---

55 BVerfG v. 15.12.1983 – 1 BvR 209/83 u.a., NJW 1984, 419 (424).

Sollte eine vorherige Unterrichtung ausnahmsweise nicht möglich sein, z.B. in Eilfällen, bei Krankheit oder bei Urlaubsabwesenheit, ist sie unverzüglich nachzuholen. Sollte eine Überwachung der Nutzung ausnahmsweise nicht möglich sein, ist der Betriebsrat bzw. der Datenschutzbeauftragte unverzüglich über den Nutzungsverlauf zu unterrichten.

4.4 Zugriffsberechtigungen

*Die im Rahmen der Nutzung der Ortungseinrichtung nach Ziffern 4.1 bis 4.3 zugriffsberechtigten Personen ergeben sich aus **Anlage 2 (Zugriffsberechtigungen)**.*

4.5 Umfang der Nutzung

Die Nutzung der Ortungseinrichtung ist ausschließlich in dem unter Ziffern 4.1 bis 4.4 bestimmten Umfang zulässig. Jede darüber hinausgehende Nutzung, insbesondere zu einer über die dort genannten Zwecke hinausgehenden Leistungs- oder Verhaltenskontrolle, ist untersagt.

a) Live-Ortung (Ziff. 4.1)

Ziff. 4.1 erlaubt eine Nutzung der **Live-Ortungs-Funktion** der Ortungseinrichtung, soweit dies zur Einsatzkoordinierung erforderlich ist. Der Einsatz einer solchen Ortungseinrichtung ist grundsätzlich dann zulässig, wenn hieran ein berechtigtes und die Interessen des Mitarbeiters überwiegendes Interesse des Arbeitgebers besteht, wie dies z.B. zur Verhinderung von Straftaten, zum Schutz seines Eigentums, zur Sicherheit seiner Mitarbeiter oder auch zu einer verbesserten Koordinierung der Außendienstmitarbeiter denkbar ist, und ein milderes gleich geeignetes Mittel nicht zur Verfügung steht[56]. Eine Nutzung der Ortungseinrichtung ist hiernach grundsätzlich zulässig. Insbesondere führt die Live-Ortung zu keiner im Grundsatz unzulässigen Rundumüberwachung des Arbeitnehmers[57]. | 21.42

Zwar hält das BAG die dauerhafte Videoüberwachung von Arbeitnehmern in nicht öffentlich zugänglichen Betriebsräumen für unzulässig[58]. Der Arbeitnehmer steht hierbei bei jeder Bewegung unter dem Druck, sich möglichst unauffällig zu benehmen. Er muss ständig damit rechnen, dass seine gesamte Verhaltensweise aufgezeichnet und später kontrolliert wird. | 21.43

Im Rahmen der Live-Ortung ist für den Arbeitgeber aber nur die Position des Arbeitnehmers ersichtlich. Darüber hinaus kann das Verhalten des Arbeitnehmers durch den Arbeitgeber nicht beobachtet werden. Ein mit einer Videoaufzeichnung vergleichbarer Überwachungsdruck entsteht daher in diesem Fall nicht[59]. | 21.44

Ist dem Arbeitnehmer auch eine private Nutzung des Einsatzfahrzeugs gestattet, müsste das Fahrzeug nach Dienstschluss vom Ortungssystem grundsätzlich abgemeldet[60] oder dem Arbeitnehmer die Möglichkeit gegeben werden, die Ortungsfunktion abzuschalten[61]. Der **private Lebensbereich** des Arbeitnehmers darf nach herrschender Ansicht mit der Ortungseinrichtung nicht kontrolliert werden[62]. Dies erscheint allerdings in Bezug auf solche Fälle durchaus fraglich, in denen der Verdacht besteht, dass der | 21.45

56 *Maschmann* in Kühling/Buchner, § 26 BDSG Rz. 52; *Göpfert/Papst*, DB 2016, 1015 (1017 f.); *Gola*, ZD 2012, 308 (310).
57 *Maschmann* in Kühling/Buchner, § 26 BDSG Rz. 52; *Gola*, ZD 2012, 308 (310); *Gola*, NZA 2007, 1139 (1142, 1144); *Wellhöner/Byers*, BB 2009, 2310 (2312); *Kiesche/Wilke*, CuA 7/2009, 5 (7); *Oberwetter*, NZA 2008, 609 (612).
58 BAG v. 29.6.2004 – 1 ABR 21/03, NZA 2004, 1278 (1281); BAG v. 26.8.2008 – 1 ABR 16/07, NZA 2008, 1187; hierzu im Detail auch Teil 4, Rz. 20.51 ff.
59 *Beckschulze*, DB 2009, 2097 (2099); *Göpfert/Papst*, DB 2016, 1015 (1018).
60 *Maschmann* in Kühling/Buchner, § 26 BDSG Rz. 52.
61 *Beyers* in Weth/Herberger/Wächter/Sorge, VII GPS Ortung, Rz. 39; *Gola*, ZD 2012, 308 (310).
62 *Beyers* in Weth/Herberger/Wächter/Sorge, VII GPS Ortung, Rz. 38; *Gola*, ZD 2012, 308 (310); *Gola*, NZA 2007, 1139 (1144); *Wellhöner/Byers*, BB 2009, 2310 (2312); *Beckschulze*, DB 2009, 2097 (2099); *Göpfert/Papst*, DB 2016, 1015 (1018).

Arbeitnehmer das Einsatzfahrzeug z.B. privat zur Begehung von Straftaten nutzt. In derart gelagerten Fällen dürfte die Ortung des Einsatzfahrzeugs auch bei privater Nutzung durch den Arbeitnehmer nach § 26 Abs. 1 Satz 2 BDSG zulässig sein[63].

b) Elektronisches Fahrtenbuch (Ziff. 4.2)

21.46 Ziff. 4.2 erlaubt die Nutzung der **Elektronischen Fahrtenbuch-Funktion**, soweit dies zur Abrechnung von Fahrten gegenüber Kunden erforderlich ist. Die Erfassung von Datum, Uhrzeit, Position und Kilometerstand zu Beginn und Ende jeder Einzelfahrt mit dem Einsatzfahrzeug und die Nutzung dieser Daten zu Abrechnungszwecken ist grundsätzlich zulässig[64].

c) Heimliche Ortung (Ziff. 4.3)

21.47 Ziff. 4.3 gestattet in Ausnahmefällen die (ggf. auch) heimliche Nutzung der Funktionen der Ortungseinrichtung zur Verfolgung von Straftaten und anderen schweren Pflichtverletzungen. Eine **heimliche Ortung** von Mitarbeitern kann allenfalls als ultima ratio zulässig sein[65]. Die Regelung orientiert sich an § 26 Abs. 1 Satz 2 BDSG und den Vorgaben des BAG[66] zur verdeckten Videoüberwachung.

d) Zugriffsberechtigte (Ziff. 4.4)

21.48 Ziff. 4.4 bestimmt die im Rahmen der Nutzung der Ortungseinrichtung nach Ziff. 4.1 bis 4.3 zugriffsberechtigten Personen. Diese sind in der Anlage 2 (**Zugriffsberechtigungen**) allgemein mit ihrer Position zu beschreiben. Bei einer namentlichen Bezeichnung wäre bei jeder personellen Veränderung auch eine Änderung der Betriebsvereinbarung erforderlich.

21.49 Der Zugriff ist auf diejenigen Personen zu beschränken, für die ein Zugriff im Rahmen des jeweiligen Nutzungszwecks erforderlich ist. So dürfen Disponenten auf die Live-Ortungs-Funktion zur Einsatzkoordinierung und Buchhaltungsmitarbeiter auf Einträge im elektronischen Fahrtenbuch zu Abrechnungszwecken zugreifen. Ein Zugriff etwa von Betriebsratsmitgliedern außerhalb dieser Positionen kommt dagegen nicht in Betracht.

e) Grenzen der Anwendbarkeit (Ziff. 4.5)

21.50 Ziff. 4.5 stellt klar, dass jegliche über die Ziff. 4.1 bis 4.4 hinausgehende Nutzung der Ortungseinrichtung untersagt ist.

---

63 Nach der Rechtsprechung des BAG (BAG v. 28.10.2010 – 2 AZR 293/09, NZA 2011, 112 (113)) kann eine fristlose Kündigung des Arbeitsverhältnisses gerechtfertigt sein, wenn eine Straftat zwar im Privatbereich des Arbeitnehmers begangen wurde, der Arbeitnehmer hierbei aber Betriebsmittel nutzte.

64 *Gola*, ZD 2012, 308 (310).

65 *Gola*, ZD 2012, 308 (310); *Oberwetter*, NZA 2008, 609 (612); *Göpfert/Papst*, DB 2016, 1015 (1018, 1019).

66 BAG v. 22.9.2016 – 2 AZR 848/15, NZA 2017, 112 (114); BAG v. 27.3.2003 – 2 AZR 51/02, NZA 2003, 1193 (1195); diese bisherige Rechtsprechung ist auch auf die DSGVO übertragbar, vgl. *Byers*, NZA 2017, 1086 (1091); a.A. *Maschmann* in Kühling/Buchner, § 26 BDSG Rz. 58, der verdeckte Überwachungsmaßnahmen stets für unzulässig hält.

6. Speicherung, Löschung und Sperrung von Daten (Ziff. 5)

M 21.1.5 Speicherung, Löschung und Sperrung von Daten

21.51

5. Speicherung, Löschung und Sperrung von Daten

5.1 Bei der Nutzung der Live-Ortungs-Funktion nach Ziffer 4.1 anfallende Daten werden nicht gespeichert.

5.2 Im Übrigen sind die bei dem Betrieb der Ortungseinrichtung anfallenden Daten unverzüglich nach deren Auswertung, spätestens aber nach Ablauf von 90 Tagen zu löschen.

5.3 Werden Daten darüber hinaus zum Zweck der Beweissicherung (z.B. im Zusammenhang mit einem Gerichtsverfahren) benötigt, sind sie unverzüglich nach Wegfall des Beweissicherungszwecks zu löschen.

5.4 Im Falle von längeren gesetzlichen Aufbewahrungsfristen tritt anstelle der Löschung die Sperrung gemäß § 35 Abs. 3, § 46 Nr. 3 BDSG.

Ziff. 5 trifft Regelungen zur Speicherung der bei dem Betrieb der Ortungseinrichtung anfallenden Daten. Ziff. 5.1 schließt dabei eine Speicherung der Daten aus der Nutzung der Live-Ortungs-Funktion zur Einsatzkoordinierung aus. Eine solche Speicherung ist für die Koordinierung laufender Einsätze nicht erforderlich[67].

21.52

Nach Ziff. 5.2 sind die Daten aus dem Betrieb der Ortungseinrichtung grundsätzlich unverzüglich nach deren Auswertung, spätestens aber nach 90 Tagen zu löschen. **Speicherfristen** von bis zu 90 Tagen wurden von den Aufsichtsbehörden insoweit teils als noch angemessen angesehen[68]. Die bei der Ortung zur Aufklärung von Straftaten und anderen schweren Verfehlungen anfallenden Daten sind grundsätzlich unverzüglich nach der nach Ziff. 4.3.2 ebenfalls unverzüglich vorzunehmenden Auswertung zu löschen.

21.53

Sind die angefallenen Daten darüber hinausgehend zur **Beweissicherung** erforderlich, etwa weil eine Meinungsverschiedenheit mit dem Kunden über die Abrechnung entsteht oder sich ein Verdacht gegen den Arbeitnehmer bestätigt, so sind sie nach Ziff. 5.3 unverzüglich nach dem Wegfall des Beweissicherungszwecks zu löschen.

21.54

7. Änderungen und Erweiterungen der Ortungseinrichtung (Ziff. 6)

M 21.1.6 Änderungen und Erweiterungen der Ortungseinrichtung

21.55

6. Änderungen und Erweiterungen der Ortungseinrichtung

6.1 Änderungen der Ortungseinrichtung, welche eine umfassendere oder intensivere Überwachung ermöglichen würden, bedürfen der Zustimmung des Betriebsrats bzw. der Ersetzung der Zustimmung durch die Einigungsstelle.

6.2 Der Arbeitgeber wird den Betriebsrat über geplante Änderungen im Sinne von Ziffer 6.1 rechtzeitig informieren und diese mit dem Betriebsrat beraten.

Änderungen der Ortungseinrichtung, welche eine Intensivierung der Überwachung ermöglichen – nicht aber z.B. ein bloßer Austausch der Hardware – lösen grundsätzlich erneut die Mitbestimmung

21.56

---

67 *Gola*, ZD 2012, 308 (310).
68 *Gola*, ZD 2012, 308 (310).

des Betriebsrats nach § 87 Abs. 1 Nr. 6 BetrVG aus[69]. Insoweit ist Ziff. 6 nur klarstellender Natur. Diesbezügliche Unterrichtungs- und Beratungsrechte des Betriebsrats folgen zudem insbesondere aus § 90 Abs. 1 Nr. 2 und Abs. 2 BetrVG[70] und aus § 80 Abs. 1 Nr. 1 und Abs. 2 BetrVG.

8. Information der Arbeitnehmer; Ansprechpartner (Ziff. 7)

21.57 **M 21.1.7 Information der Arbeitnehmer; Ansprechpartner**

7. Information der Arbeitnehmer; Ansprechpartner

7.1 Die Arbeitnehmer sind vom Arbeitgeber über die Inhalte dieser Betriebsvereinbarung zu informieren.

7.2 Gesetzliche Auskunftsansprüche der Arbeitnehmer oder Informationspflichten gegenüber den Arbeitnehmern bleiben unberührt.

7.3 Ansprechpartner des Arbeitgebers in allen Fragen zu dieser Betriebsvereinbarung ist:

...

Eine Änderung des Ansprechpartners wird der Arbeitgeber in geeigneter Weise im Betrieb bekannt geben.

21.58 Ziff. 7.1 dient lediglich der Klarstellung. Die Betriebsvereinbarung ist gem. § 77 Abs. 2 Satz 3 BetrVG durch den Arbeitgeber an geeigneter Stelle im Betrieb auszulegen. Hierdurch werden die Arbeitnehmer über den Inhalt der Betriebsvereinbarung informiert.

21.59 Gesetzliche **Auskunftsrechte** der Arbeitnehmer bzw. **Informationspflichten** gegenüber Arbeitnehmern bleiben gem. Ziff. 7.2 von der Betriebsvereinbarung unberührt. Solche Rechte bzw. Pflichten können insbesondere aus §§ 32, 34 BDSG; Art. 13 ff. DSGVO und § 98 Abs. 1 Satz 7 TKG folgen.

21.60 Die Benennung eines Ansprechpartners auf der Seite des Arbeitgebers für Fragen zu der Betriebsvereinbarung ist in der Regel sinnvoll.

9. Meinungsverschiedenheiten (Ziff. 8)

21.61 **M 21.1.8 Meinungsverschiedenheiten**

8. Meinungsverschiedenheiten

Die Parteien sind unter den gesetzlichen Voraussetzungen des § 76 BetrVG berechtigt, zur Beilegung von Meinungsverschiedenheiten im Zusammenhang mit dieser Betriebsvereinbarung die Einigungsstelle anzurufen.

21.62 Die Betriebsvereinbarung regelt Angelegenheiten im Bereich der zwingenden Mitbestimmung des Betriebsrats gem. § 87 Abs. 1 Nr. 6 BetrVG. Insoweit kann unter den gesetzlichen Voraussetzungen des § 76 BetrVG jeder der beiden Betriebspartner zur Beilegung von Meinungsverschiedenheiten die Einigungsstelle anrufen. Ziff. 8 greift diese gesetzliche Regelung klarstellend auf.

---

69 *Kania* in ErfK, § 87 BetrVG Rz. 59.
70 *Kania* in ErfK, § 90 BetrVG Rz. 3.

10. Beginn, Laufzeit und Beendigung (Ziff. 9)

M 21.1.9 Beginn, Laufzeit und Beendigung 21.63

9. Beginn, Laufzeit und Beendigung

9.1 Diese Betriebsvereinbarung tritt mit ihrer Unterzeichnung in Kraft und ist auf unbestimmte Zeit geschlossen.

9.2 Sie kann beiderseits mit einer Frist von drei Monaten gekündigt werden.

9.3 Die Regelungen dieser Betriebsvereinbarung gelten auch nach ihrer Beendigung fort, bis sie durch eine andere Abmachung ersetzt wurden.

Ziff. 9 hat lediglich klarstellende Bedeutung. Eine Betriebsvereinbarung tritt grundsätzlich mit ihrer 21.64 Unterzeichnung durch die Betriebspartner in Kraft[71]. Sie kann gem. § 77 Abs. 5 BetrVG von beiden Betriebspartnern mit einer Frist von drei Monaten ordentlich gekündigt werden. Die Betriebspartner können hiervon abweichende Regelungen treffen. Insbesondere können sie einen abweichenden Beginn bestimmen, die Betriebsvereinbarung befristen und andere Kündigungsfristen vorsehen[72].

Die Betriebsvereinbarung regelt Angelegenheiten im Bereich der zwingenden Mitbestimmung des Betriebsrats gem. § 87 Abs. 1 Nr. 6 BetrVG. Insoweit gelten ihre Regelungen gem. § 77 Abs. 6 BetrVG fort, 21.65 bis sie durch eine andere Abmachung ersetzt werden. Die **Nachwirkung** kann durch eine ausdrückliche Regelung ausgeschlossen oder zeitlich begrenzt werden[73]. In diesem Fall wäre die Nutzung der Ortungseinrichtung mit Beendigung der Betriebsvereinbarung einzustellen. Ein Ausschluss der Nachwirkung ist daher im Regelfall nicht zweckmäßig.

---

71 *Kania* in ErfK, § 77 BetrVG Rz. 35.
72 *Kania* in ErfK, § 77 BetrVG Rz. 94.
73 *Kania* in ErfK, § 77 BetrVG Rz. 103.

§ 22
Whistleblowing-Richtlinie

Literatur: *Altenbach/Dierkes*, EU-Whistleblowing-Richtlinie und DSGVO, CCZ 2020, 126; Arbeitsbericht der Ad-hoc-Arbeitsgruppe „Beschäftigtendatenschutz" des Düsseldorfer Kreises: „Whistleblowing-Hotlines: Firmeninterne Warnsysteme und Beschäftigtendatenschutz", abrufbar unter: http://www.datenschutz-hamburg.de/uploads/media/Handreichung–Whistleblowing-Hotlines.pdf; *Bauer*, Austausch von Daten im Konzern leicht gemacht? Das kleine Konzernprivileg, Datenschutzpraxis 8/2016, S. 18; *Breinlinger/Krader*, Whistleblowing – Chancen und Risiken bei der Umsetzung von anonym nutzbaren Hinweisgebersystemen im Rahmen des Compliance-Managements von Unternehmen, RDV 2006, 60; *Briegel*, Einrichtung und Ausgestaltung unternehmensinterner Whistleblowing-Systeme, 2009; *Dilling*, Der Schutz von Hinweisgebern und betroffenen Personen nach der EU-Whistleblower-Richtlinie, CCZ 2019, 214; *Eufinger*, EU-Geheimnisschutzrichtlinie und Schutz von Whistleblowern, ZRP 2016, 229; *Eufinger*, Verletzung der Fürsorgepflicht durch arbeitgeberseitiges Whistleblowing, NZA 2017, 619; *Fahrig*, Die Zulässigkeit von Wistleblowing aus arbeits- und datenschutzrechtlicher Sicht, NZA 2010, 1223; *Fahrig*, Verhaltenskodex und Whistleblowing im Arbeitsrecht, NJOZ 2010, 975; FAQ des *European Data Protection Board*, https://edpb.europa.eu/sites/edpb/files/files/file1/20200724_edpb_faqoncjeuc31118.pdf, Stand: 6.12.2020; *Fassbach/Hülsberg*, Beschäftigtendatenschutz im Hinweisgeberverfahren: Interessenkonflikt zwischen Hinweisgeberschutz und Auskunftsrecht des Beschuldigten, GWR 2020, 255; *Feige*, Personaldaten(über)fluss – Konzerne als illegale Datensammler? Datenübermittlungen in Konzern- und Matrixstrukturen innerhalb Europas; *Fuhlrott/Hiéramente*, Beckscher Online-Kommentar GeschGehG, 3. Edition, Stand: 15.3.2020 (zit: BeckOK GeschGehG); *Gerdemann*, Revolution des Whistleblowing-Rechts oder Pfeifen im Walde, RdA 2019, 16; *Göpfert/Landauer*, Arbeitsstrafrecht und die Bedeutung von Compliance-Systemen: Straftaten „für" das Unternehmen, NZA-Beilage 2011, 16; *Granetzny/Markworth*, Die neue Whistleblower-Richtlinie, jurisPR-Compl. 1/2020 Anm. 1; *Granetzny/Grau*, EU-US Privacy Shield – Wie sieht die Zukunft des transatlantischen Datenverkehrs aus?, NZA 2016, 405; *Herbert/Oberath*, Schweigen ist Gold? Rechtliche Vorgaben für den Umgang des Arbeitnehmers mit seiner Kenntnis über Rechtsverstöße im Betrieb, NZA 2005, 193; *Johannsen-Roth/Illert/Ghassemi-Tabar*, DCGK: Deutscher Corporate Governance Kodex, 1. Aufl. 2020; *Kempter/Steinat*, Compliance – arbeitsrechtsrechtliche Gestaltungsinstrumente und Auswirkungen in der Praxis, NZA 2017, 1505; *Klasen/Schaefer*, Whistleblower, Zeuge und „Beschuldigter" – Informationsweitergabe im Spannungsfeld grundrechtlicher Positionen, BB 2012, 641; *Körner*, Beschäftigtendatenschutz in Betriebsvereinbarungen unter der Geltung der DSGVO; NZA 2019, 1389; *Kort*, Betriebsrat und Arbeitnehmerdatenschutz – Rechte der Interessenvertretung bei datenschutzrechtlich relevanten Maßnahmen des Arbeitgebers, ZD 2016, 3; *Kort*, Was ändert sich für Datenschutzbeauftragte, Aufsichtsbehörden und Betriebsrat mit der DS-GVO, ZD 2017, 3; *Kortstock*, Creifelds Rechtswörterbuch, 24. Edition 2020; *Lassmann*, Whistleblowing – Möglichkeiten bei Ausgestaltung und Durchführung von Hinweisgebersystemen, AiB 2010, 447; *Lissner*, Auftragsdatenverarbeitung: Was kommt, was bleibt?, ITRB 2016, 401; *Mengel*, Arbeitsrechtliche Besonderheiten der Implementierung von Compliance-Programmen in internationalen Konzernen, CCZ 2008, 85; *Mengel*, Der Gesetzentwurf der SPD-Fraktion zum Whistleblowing, CCZ 2012, 146; *Mengel/Hagemeister*, Compliance und arbeitsrechtliche Implementierung im Unternehmen – Fortsetzung des Beitrags „Compliance und Arbeitsrecht", BB 2006, 2466 und BB 2007, 1386; *Miceli/Near*, Journal of Business Ethics, Vol. 4, 1995; Münchener Kommentar zum BGB, 8. Aufl. 2020 (zit: MüKo BGB/*Bearbeiter*); *Neumann*, Whistleblowing und die Frage nach dem rechtspolitischen Erfordernis einer gesetzlichen Schutzregelung, 2010 (zit.: „Whistleblowing"); Orientierungshilfe der Datenschutzaufsichtsbehörden zu Whistleblowing-Hotlines, abrufbar unter https://www.datenschutzkonferenz-online.de/media/oh/20181114_oh_whistleblowing_hotlines.pdf; Orientierungshilfe des *Landesbeauftragten für Datenschutz und Informationsfreiheit Baden-Württemberg*, abrufbar unter: https://www.baden-wuerttemberg.datenschutz.de/wp-content/uploads/2020/08/LfDI-BW-Orientierungshilfe-zu-Schrems-II.pdf, Stand: 17.10.2020); *Piltz*, Die Datenschutz-Grundverordnung, K&R 2016, S. 557 und S. 629; *Pötters/Sörup/Wybitul*, Betriebsvereinbarung und § 32 BSDG: Wie geht es nach der DS-GVO weiter?, ZD 2015, 559; *Preis/Seiwerth*, Geheimnisschutz im Arbeitsrecht und nach dem Geschäftsgeheimnisgesetz, RdA 2019, 351; *Reinhardt-Kasparek/Kaindl*, Whistleblowing und die EU-Geheimnisschutzrichtlinie – Ein Spannungsverhältnis zwischen Geheimnisschutz und Schutz der Hinweisgeber?, BB 2018, 1332 *Schemmel/Ruhmannseder/Witzigmann*, Hinweisgebersysteme, 2012 (zit.: *Schemmel/Ruhmannseder/Witzigmann*); *Schmolke*, Die neue Whistleblower-Richtlinie ist da! Und nun?, NZG 2020, 5; *Schmolke*, Der Vorschlag für eine europäische Whistleblower-Richtlinie, AG 2018, 769; *Schröder*, Datenschutzrecht für die Praxis, 3. Aufl. 2019; *Schultz*, Plädoyer für ein Hinweisgeberschutzgesetz, ArbR-Aktuell 2017, 10; *Schulz*, Compliance, Internes Whistleblowing, BB 2011, 629; *Schuster/Darsow*, Einführung von Ethikrichtlinien durch Direktionsrecht, NZA 2005, 273; *Simon/Schilling*, Kündigung wegen Whistleblowing?, BB 2011, 2421; Stellungnahme 1/2006 der *Article 29 Data Protection Working Party* zum Whistleblowing, WP 117 vom 1.6.2002, abrufbar unter: http://ec.europa.eu/justice/policies/privacy/docs/wpdocs/2006/wp117_en.pdf, Stand 17.11.2020; *Sonnenberg*,

Compliance-Systeme in Unternehmen, JuS 2017, 917; *Steffen/Stöhr*, Die Umsetzung von Compliance-Maßnahmen im Arbeitsrecht, RdA 2017, 43; *Süße/Ahrens*, Der Unternehmensmitarbeiter als interner Ermittler, BB 2019, 1332; *Thüsing*, Beschäftigtendatenschutz und Compliance, 2. Aufl. 2014; *Viefhues*, Digitaler Briefkasten für Whistleblower, ZD-Aktuell 2012, 03065; *Voigt*, Auftragsdatenverarbeitung mit ausländischen Auftragnehmern – Geringere Anforderungen an die Vertragsausgestaltung als im Inland?, ZD 2012, 546; *Walter*, Die datenschutzrechtlichen Transparenzpflichten nach der Datenschutzgrundverordnung, DSRITB 2016, 367; *Weidmann*, Datenschutzrechtliche Anforderungen an die Einrichtung interner Hinweisgebersysteme unter Berücksichtigung der EU-Whistleblowing-Richtlinie, DB 2019, 2393; *Wiebauer*, Whistleblowing im Arbeitsschutz, NZA 2015, 22; *Wisskirchen/Glaser*, Unternehmensinterne Untersuchungen (Teil I), DB 2011, 1392; *Wybitul*, Whistleblowing" – datenschutzkonformer Einsatz von Hinweisgebersystemen? Für und Wider zum rechtskonformen Betrieb, ZD 2011, 118.

A. Einleitung

Der Begriff „**Whistleblowing**" leitet sich aus der englischen Sprache ab und bedeutet – einfach ausgedrückt – in die Pfeife blasen oder genauer „jemanden verpfeifen". Als Whistleblower gilt üblicherweise eine Person, die als *„ein ehemaliges oder aktuelles Mitglied einer Organisation Kenntnis von illegalen, unmoralischen oder illegitimen Verhaltensweisen hat, die im Verantwortungsbereich der Organisationsführung liegen und dieses Fehlverhalten mangels Möglichkeiten, es selbst zu beheben, gegenüber Personen oder Organisationen aufdeckt, die Handlungsmöglichkeiten besitzen"*[1].   22.1

Unterschieden wird dabei im Wesentlichen zwischen einem **externen Whistleblower**, der sich mit seinen Informationen an einen Meldeadressaten außerhalb der Organisation wendet und einem **internen Whistleblower**, der seine Meldung gegenüber einem Meldeadressaten innerhalb der Organisation abgibt. Daneben wird inzwischen zwischen offenem, vertraulichem oder auch anonymem Whistleblowing unterschieden – je nachdem, ob und wie die Identität des Whistleblowers geheim gehalten wird[2].

Whistleblowing ist in den meisten anglo-amerikanischen Ländern seit vielen Jahren in sämtlichen Facetten weit verbreitet und wird dort von der Gesellschaft akzeptiert. Es ist ein fester Bestandteil der Kultur und auch des Rechtskreises. Sog. „Whistleblowing-Hotlines" oder auf Deutsch „Hinweisgebersysteme", mittels derer Missstände über spezielle Internet-Seiten oder über Telefon-Hotlines gemeldet werden können, gehören zum Unternehmensalltag und müssen aufgrund gesetzlicher Vorgaben wie dem **Sarbanes Oxley Act** zwingend von börsennotierten Unternehmen in den USA eingeführt werden.   22.2

Dieser Verpflichtung können sich die Tochterunternehmen von international agierenden Unternehmen – auch wenn sie ihren Sitz in der Europäischen Union haben – in der Regel nicht entziehen und müssen auf Grundlage dieser anderen Gesetzgebungen entsprechende Systeme einführen. Daneben wird die Einrichtung entsprechender Berichtslinien immer wieder aus Gründen der **Corporate Governance** und der Notwendigkeit der Einführung entsprechender Compliance-Strukturen empfohlen. Diese Zielrichtung verfolgt auch der **Deutsche Corporate Governance Kodex (DGCK) 2020**, der in Grundsatz 5, Empfehlungen und Anregungen A.2, die u.a. Einführung von internen Whistleblower-Systemen im Rahmen von Compliance Management Systemen fordert, um Risiken von Unternehmen, Vorständen und nicht zuletzt Aktionären zu minimieren[3].   22.3

Die Empfehlungen des DCGK folgen damit einem Trend, der auch in Europa vor mehreren Jahren u.a. mit den Enthüllungen von *Edward Snowden* immer stärker in den Fokus rückte. Historisch be-   22.4

---

1 Vgl. *Kortstock*, Creifelds Rechtswörterbuch, „Whistleblower"; *Miceli/Near*, Journal of Business Ethics, 1995, Vol. 4, No. 1, S. 1; *Briegel*, Whistleblowing-Systeme, S. 14 ff.; *Schulz*, BB 2011, 629 (630).

2 Vgl. *Gerdemann*, RdA 2019, 16 ff. m.w.N.

3 Deutscher Corporate Governance Codex aus Dezember 2019; abrufbar unter: https://www.dcgk.de/files/dcgk/usercontent/de/download/kodex/191216_Deutscher_Corporate_Governance_Kodex.pdf; vgl. dazu ausf. die Kommentierung zum Deutschen Corporate Governance Kodex von *Johannsen-Roth/Illert/Ghassemi-Tabar*.

dingt hat der Whistleblower im europäischen Raum eher einen schweren Stand: Früher wurden Whistleblower mitunter als „Denunzianten" tituliert und es herrschte ein tiefes Misstrauen gegen diese Menschen und auch gegen Unternehmen, die von ihren Mitarbeitern die Anzeige von Missständen verlangten. Nach und nach erfolgte auch in Europa eine Sensibilisierung der Gesellschaft für dieses Thema und der Ruf nach regulatorischen Vorgaben für den Schutz von Whistleblowern wurde immer lauter. In der Folge wurde der arbeits- und strafrechtliche Umgang mit Whistleblowern verstärkt Gegenstand eines höchst kontrovers geführten politischen Diskurses u.a. in der Europäischen Union[4]. Dieser mündete – eineinhalb Jahre nachdem der erste Kommissionsvorschlag[5] zu diesem Thema veröffentlicht wurde – im Oktober 2019 in einer Richtlinie zum Schutz von Personen, die Verstöße gegen das Unionsrecht melden (RL (EU) 2019/1937 v. 23.10.2019, ABl. EU Nr. L 305 v. 26.11.2019, S. 17)[6]. Die sog. Whistleblower-Richtlinie (WBRL) ist am 16.12.2019 in Kraft getreten. Jeder Mitgliedstaat muss nun eigenständig entscheiden, wie er die dort vorgegebenen Minimalregelungen umsetzen wird oder ob er ggf. auf nationaler Ebene über diesen europäischen Mindeststandard hinausgehen wird. Die Umsetzung muss bis zum 17.12.2021 erfolgen. In Deutschland könnte dies ggf. sogar schon früher erfolgen; Hinweisgebersysteme werden als maßgeblich im Kampf gegen Betrüger angesehen[7].

22.5 Einheitliche gesetzliche Grundlagen zum Whistleblowing existieren in Deutschland bislang noch nicht. Im Gegenteil: Der Hinweisgeberschutz ist eher lückenhaft und lässt den Whistleblower bislang befürchten, dass er bei der Meldung eines Vorfalls mit negativen Konsequenzen rechnen muss. Es sind lediglich in einzelnen Bereichen konkrete Regelungen zum Umgang mit Whistleblowern vorgesehen. Dazu zählen z.B. das Arbeitsschutzgesetz[8] oder der Finanzdienstleistungssektor[9]. Weiterhin finden sich Regelungen in §§ 84, 85 BetrVG mit u.a. einem Beschwerderecht gegenüber dem Betriebsrat oder auch in den §§ 13, 27 AGG mit der Möglichkeit, gegen Diskriminierungen vorzugehen. Zudem hat der Gesetzgeber mit § 612a BGB ein allgemeines Maßregelverbot eingeführt, das den Whistleblower schützt. Danach dürfen Arbeitnehmer nicht benachteiligt werden, wenn sie in zulässiger Weise ihre Rechte ausüben – wozu auch die Meldung von internen Missständen gehört. Allerdings müssen die Arbeitnehmer hier nachweisen, dass die Meldung zu einem tatsächlichen Nachteil geführt hat; dieser Nachweis ist in der Praxis wohl schwierig.

22.6 Nicht zuletzt gilt seit dem 26.4.2019 das neue Geschäftsgeheimnisgesetz (GeschGehG), das die „Richtlinie über den Schutz vertraulichen Know-Hows und der vertraulichen Geschäftsinformationen (Geschäftsgeheimnissen) vor rechtswidrigem Erwerb sowie rechtswidriger Nutzung und Offenlegung" (RL 2016/943/EU)[10] umsetzt und in § 5 GeschGehG eine konkrete Regelung für den Umgang mit Whistleblowern enthält. Die Norm bestimmt allerdings lediglich, dass kein Verstoß gegen das GeschGehG vorliegen soll, wenn die Offenlegung der Geschäftsgeheimnisse zum Schutz eines berechtigten

---

4 *Schmolke*, NZG 2020, 5 ff. mit ausführlichen Hinweisen zum Gesetzgebungsverfahren; *Schmolke*, AG 2018, 769 ff.

5 S. dazu: Vorschlag für eine Richtlinie des Europäischen Parlaments und des Rates zum Schutz von Personen, die Verstöße gegen das Unionsrecht melden, COM (2018) 2018 final v. 23.4.2018, abrufbar unter: https://eur-lex.europa.eu/resource.html?uri=cellar:a4e61a49-46d2-11e8-be1d-01aa75ed71a1.0002.02/DOC_1&format=PDF, Stand 6.12.2020.

6 Abrufbar unter https://eur-lex.europa.eu/legal-content/DE/TXT/PDF/?uri=CELEX:32019L1937&qid=1597164205654&from=EN, Stand 6.12.2020.

7 Siehe z.B. „Lehre aus Wirecard: Scholz setzt nun auf Whistleblower" (faz.net), abrufbar unter: https://www.faz.net/aktuell/finanzen/lehre-aus-wirecard-scholz-setzt-nun-auf-whistleblower-16874427.html, Stand: 6.12.2020.

8 § 17 Abs. 2 ArbSchG für mangelnden Gesundheitsschutz; vgl. dazu ausführlich *Wiebauer*, NZA 2015, 22 ff.

9 § 4d Abs. 6 FinDAG für Mitarbeiter von Finanzdienstleistern, die unter Aufsicht der BaFin stehen; s. auch § 6 Abs. 5, § 48 GwG, § 25a Abs. 1 Satz 6 Nr. 3 KWG, § 23 VAG und § 23 Abs. 3 WpHG; ausf. dazu *Gerdemann*, RdA 2019, 16 (18).

10 Vgl. dazu auch *Reinhardt-Kasparek/Kaindl*, BB 2018, 1332; *Preis/Seiwerth*, RdA 2019, 351; *Eufinger*, ZRP 2016, 229.

Interesses erfolgt. Berechtigtes Interesse kann z.B. sein, dass damit die Aufdeckung einer Straftat oder eines sonstigen Fehlverhaltens ermöglicht wird[11]. Konkrete Vorgaben, beispielsweise für die Ausgestaltung eines Meldesystems, enthält das Geschäftsgeheimnisgesetz nicht.

Ergänzend hat die deutsche Rechtsprechung – verstärkt seit 2001 – einige Leitlinien vorgegeben, die   22.7
dem Recht auf freie Meinungsäußerung des Whistleblowers grundsätzlich den Vorrang einräumt[12]
und sich umfassend mit arbeitsrechtlichen Themen rund um das Whistleblowing befasst. Dazu zählt
u.a. der Kündigungsschutz von Whistleblowern und insbesondere die Frage, ob der Arbeitnehmer zunächst zur internen Meldung verpflichtet ist. Das BAG setzt hierzu auf Abwägungen im Einzelfall und
hat einen – bislang nicht abschließenden – Abwägungskatalog erstellt, der auch z.B. die Motive oder
die Selbstbetroffenheit des Whistleblowers mit berücksichtigt. Dieser führt aber auch dazu, dass der
Arbeitnehmer mit arbeitsrechtlichen Konsequenzen rechnen muss, wenn die Abwägung zwischen seiner Meinungsfreiheit und den Loyalitäts- und Geheimhaltungsinteressen seines Arbeitgebers zu seinen
Ungunsten ausfällt[13]. Letztlich besteht für einen Whistleblower bislang in Deutschland eine erhebliche
Rechtsunsicherheit hinsichtlich der für ihn aus einer Meldung drohenden Konsequenzen.

Die Europäische Union hat jetzt mit der im Dezember 2019 in Kraft getretenen Whistleblower-Richt-   22.8
linie abweichende Wege beschritten und stellt den Schutz der Whistleblower mehr in den Vordergrund.
Die Richtlinie wird in vielerlei anderer Hinsicht erhebliche Neuerungen bringen, da sie u.a. detaillierte
Regelungen für die Ausgestaltung von Whistleblower-Systemen enthält und Mindeststandards ein-
führt, die von Unternehmen einzuhalten sind.

Ziel ist es, neben der Etablierung eines Schutzes für die Hinweisgeber[14] – die keinen Repressalien ausgesetzt, deren Vertraulichkeit gewahrt und die vor einer Haftung geschützt werden sollen –, EU-weit
einheitliche Rahmenbedingungen für das Whistleblowing zu schaffen, damit letztlich auch die finanziellen Interessen der Europäischen Union besser geschützt werden und der Binnenmarkt weiterentwickelt werden kann[15].

Sie sieht u.a. die verpflichtende Einführung eines internen Whistleblower-Systems für Unternehmen
mit mehr als 50 Mitarbeitern und in der Regel für juristische Personen des öffentlichen Rechts vor, so
dass im Ergebnis fast alle größeren Unternehmen künftig ein entsprechendes System vorhalten müssen[16].

Geschützt werden künftig nicht nur Mitarbeiter, sondern u.a. auch Bewerber, ausgeschiedene Mitarbeiter, Unterstützer des Hinweisgebers oder Journalisten.

Bislang bezieht sich der Schutz des Hinweisgebers auf das Melden von Missständen zum EU-Recht
(z.B. Geldwäsche, Steuerbetrug oder auch Datenschutz). Die Mitgliedsstaaten können Ergänzungen
der Liste vornehmen.

Der Meldeweg steht dem Hinweisgeber künftig frei: Die Meldung kann intern, aber auch direkt extern
gegenüber z.B. einer Aufsichtsbehörde erfolgen. Erfolgt innerhalb bestimmter Fristen keine Reaktion
auf die Meldung hin, kann der Hinweisgeber auch an die Öffentlichkeit gehen. Letzteres ist auch zuläs-

---

11 *Hiéramente* in BeckOK GeschGehG, § 5 Rz. 7.
12 Siehe z.B. BVerfG v. 2.7.2001 – 1 BvR 2049/000, NJW 2001, 3474 (3475).
13 Siehe bzgl. Rechtsprechung zum Thema „Whistleblowing in Deutschland" ausführlich *Gerdemann*,
   RdA 2019, 16 (17 ff.); *Granetzny/Markworth*, jurisPR-Compl. 1/2020 Anm. 1; *Thüsing/Forst* in Thüsing,
   § 6 Rz. 3 ff.; *Eufinger*, ZRP 2016, 229.
14 Siehe auch *Dilling*, CCZ 2019, 214 ff.
15 Siehe *Altenbach/Dierkes*, CCZ 2020, 126 (126); *Granetzny/Markworth*, jurisPR-Compl. 1/2020 Anm. 1.
16 Gemäß Art. 8 Abs. 4 WBRL sind zudem Unternehmen im Bereich der Finanzdienstleistungen, die zur
   Verhinderung von Geldwäsche und Terrorismusfinanzierung verpflichtet sind, in jedem Fall zur Einrichtung eines solchen Systems verpflichtet. Die nationalen Gesetzgeber können des Weiteren ggf. Ge-
   meinden mit entweder weniger als 10.000 Einwohnern oder weniger als 50 Arbeitnehmern von der
   Umsetzungspflicht ausnehmen, s. Art. 8 Abs. 7 und 8 WBRL.

sig, wenn er der Auffassung ist, dass ein öffentliches Interesse besteht. Der Schutz des Hinweisgebers bleibt jedenfalls bestehen.

Wie oben bereits ausgeführt, bleibt es den Mitgliedsstaaten unbenommen, abweichend von der WBRL strengere Regelungen festzulegen (vgl. Erwägungsgrund 5, Art. 2 WBRL) – hier bleibt abzuwarten, ob Deutschland davon Gebrauch machen wird. Die weiteren Ausführungen beziehen sich daher auf die bislang in der WBRL festgelegten Mindeststandards.

22.9 Einen extrem kritischen Themenkomplex bei der Einführung von Hinweisgebersystemen stellt regelmäßig das Datenschutzrecht dar: Die Anzeige von Missständen setzt stets voraus, dass der Hinweisgeber den Namen etc. des möglichen Täters nennt. Dies hat naturgemäß erhebliche Auswirkungen für den vermeintlichen Täter. Im Dilemma befindet sich auch der Hinweisgeber: Benennt er seinen Namen und hat er den angezeigten Täter falsch beschuldigt, kann er selbst Sanktionen ausgesetzt sein. Daneben muss er Reaktionen des angezeigten Täters befürchten, sofern sein Name nicht vertraulich behandelt wird.

Unternehmen als Betreiber des Whistleblower-Systems müssen indes die Transparenzpflichten der DSGVO umsetzen, so dass eine umfassende Anonymität ggf. nicht gewahrt werden kann. Zudem stehen den Betroffenen umfassende Rechte auf Auskunft, Löschung etc. zu, Art. 12 ff. DSGVO – auch dies kann zu Interessenkonflikten führen[17].

22.10 Die neue WBRL löst diese Konflikte nicht auf, sondern sieht in Art. 17 explizit vor, dass sämtliche Datenverarbeitungen im Anwendungsbereich der Richtlinie den Vorgaben der DSGVO entsprechen müssen und die Regelungen der DSGVO einzuhalten sind (vgl. auch Erwägungsgrund 83 ff. WBRL)[18]. Die Mitgliedsstaaten können bzw. sollen hier allerdings im Einklang mit u.a. Art. 23 Abs. 1 lit. e, lit. i und Abs. 2 DSGVO Regelungen schaffen, um Risiken zu minimieren. Insofern bleibt es – zunächst bis zur Umsetzung entsprechender nationaler Vorschriften – bei dem Spannungsfeld zwischen Transparenz und Anonymität.

22.11 Die europäischen und auch die deutschen Datenschutzaufsichtsbehörden verlangen zum Schutz aller Betroffenen bei der Implementierung von Hinweisgebersystemen klare Anweisungen des Unternehmens gegenüber den Nutzern der Systeme sowie Transparenz; daran wird sich auch künftig nichts ändern.

Eine Whistleblowing-Richtlinie konkretisiert diese Anweisungen bzw. setzt die Anforderungen um und informiert über die Rechte, Pflichten und Risiken, die sich für die einzelnen Beteiligten ergeben können.

B. Whistleblowing-Richtlinie

I. Muster

22.12 **M 22.1 Whistleblowing-Richtlinie**

Whistleblowing-Richtlinie

1. Einleitung[19]

In unserem Verhaltenskodex haben wir unsere Werte, Grundsätze und Richtlinien für die gesamte Konzerngruppe in Bezug auf den Umgang mit Kunden, Geschäftspartnern, Lieferanten, Mitarbeitern, etc. definiert und festgelegt.

---

17 Vgl. *Fassbach/Hülsberg*, GWR 2020, 255 ff.
18 *Weidmann*, DB 2019, 2393 (2393).
19 Zu den Erläuterungen siehe Rz. 22.16 ff.

Im Umgang miteinander ist uns Offenheit und Integrität sehr wichtig. Wir sehen uns der Einhaltung hoher ethischer Standards verpflichtet. Die Begehung von Straftaten etc. in unserer Unternehmensgruppe oder aus unserer Unternehmensgruppe heraus wird unter keinen Umständen geduldet.

Die nachfolgenden Regeln sollen sowohl unsere Mitarbeiter, die Unternehmensleitung als auch unsere Geschäftspartner, Kunden, Lieferanten etc. unterstützen, eventuelle Missstände zu erkennen, zu melden und zu beseitigen.

Daneben werden Verbesserungsvorschläge gefördert, die dazu beitragen, unsere Werte noch besser umzusetzen.

Diese Richtlinie zeigt Ihnen auf, in welchen Fällen und auf welche Weise Sie mögliche Missstände melden können. Daneben stellt diese Richtlinie klar, wie wir mit entsprechenden Hinweisen umgehen. Hinweisgeber müssen keinesfalls befürchten, wegen eines gutgläubigen Hinweises sanktioniert zu werden. Daneben sichern wir Hinweisgebern maximale Vertraulichkeit zu.

Mit der Richtlinie möchten wir Vertrauen schaffen und Sie zur Mitwirkung ermutigen. Damit leisten Sie einen wertvollen Beitrag dazu, dass wir gemeinsam unsere hohen Anforderungen an uns selbst erfüllen können.

2. Begriffsbestimmungen[20]

2.1 Verstöße

Handlungen oder Unterlassungen, die rechtswidrig sind und Gegenstand einer Meldung nach Ziffer 3.4. der Richtlinie sein können, oder die dem Ziel oder dem Zweck der Vorschriften zuwiderlaufen, aus denen der Gegenstand der Meldung abgeleitet wird.

2.2 Informationen über Verstöße

Informationen, einschließlich begründeter Verdachtsmomente, in Bezug auf tatsächliche oder potenzielle Verstöße, die in der Organisation, in der der Hinweisgeber tätig ist oder war, oder in einer anderen Organisation, mit der der Hinweisgeber aufgrund seiner beruflichen Tätigkeit im Kontakt steht oder stand, bereits begangen wurden oder sehr wahrscheinlich erfolgen werden, sowie in Bezug auf Versuche der Verschleierung solcher Verstöße.

2.3 Meldung

Die mündliche oder schriftliche Mitteilung von Informationen über Verstöße.

2.4 Interne Meldung

Die mündliche oder schriftliche Mitteilung von Informationen über Verstöße innerhalb des Unternehmens.

2.5 Externe Meldung

Die mündliche oder schriftliche Mitteilung von Informationen über Verstöße an die zuständigen Behörden.

2.6 Offenlegung

Das öffentliche Zugänglichmachen von Informationen über Verstöße.

2.7 Whistleblower/Hinweisgeber

Eine natürliche Person, die im Zusammenhang mit ihren Arbeitstätigkeiten erlangte Informationen über Verstöße meldet oder offenlegt.

---

20 Zu den Erläuterungen siehe Rz. 22.19 f.

2.8 Mittler

Eine natürliche Person, die einen Hinweisgeber bei dem Meldeverfahren in einem beruflichen Kontext unterstützt und deren Unterstützung vertraulich sein sollte.

2.9 Beruflicher Kontext

Laufende oder frühere Arbeitstätigkeiten im Unternehmen, durch die Personen unabhängig von der Art der Tätigkeiten Informationen über Verstöße erlangen und bei denen sich diese Personen Repressalien ausgesetzt sehen könnten, wenn sie diese Informationen melden würden.

2.10 Betroffene Person

Eine natürliche oder eine juristische Person, die in der Meldung oder in der Offenlegung als eine Person bezeichnet wird, die den Verstoß begangen hat, oder mit der die bezeichnete Person verbunden ist.

2.11 Ansprechpartner/Entscheidungsberechtigte

Ansprechpartner sind die vom Unternehmen benannten Personen, die Hinweise entgegen nehmen. Dabei kann es sich um interne Mitarbeiter handeln oder auch vom Unternehmen eingesetzte externe Dienstleister.

Entscheidungsberechtigte sind Personen, die im Unternehmen Handlungsmöglichkeiten zur Verfolgung, Ahndung etc. von Missständen haben.

2.12 Gutgläubigkeit

Gutgläubig sind Hinweise, wenn der Hinweisgeber einen vernünftigen Grund zur Annahme hat, dass die von ihm zu meldenden Tatsachen korrekt sind, seinem eigenen Kenntnisstand nicht widersprechen und nach seiner auf dieser Grundlage gebildeten Überzeugung einen Umstand darstellen, der unmittelbar oder mittelbar zu einem Schaden oder anderweitigen Nachteil für das Unternehmen, die Konzerngruppe, die Mitarbeiter, Geschäftspartner, Kunden etc. führen kann. Sofern den Hinweisgeber selbst eine Pflicht trifft, vorab Tatsachenaufklärung zu betreiben, muss er dies mit seiner Mitteilung offenlegen.

2.13 Benachteiligung/Repressalien

Direkte oder indirekte Handlungen oder Unterlassungen in einem beruflichen Kontext, die durch eine interne oder externe Meldung oder eine Offenlegung ausgelöst werden und durch die dem Hinweisgeber ein ungerechtfertigter Nachteil entsteht oder entstehen kann.

2.14 Folgemaßnahmen

Vom Empfänger einer Meldung oder einer zuständigen Behörde ergriffene Maßnahmen zur Prüfung der Stichhaltigkeit der in der Meldung erhobenen Behauptungen und gegebenenfalls zum Vorgehen gegen den gemeldeten Verstoß, unter anderem durch interne Nachforschungen, Ermittlungen, Strafverfolgungsmaßnahmen, Maßnahmen zur (Wieder-) Einziehung von Mitteln oder Abschluss des Verfahrens.

2.15 Rückmeldung

Die Unterrichtung des Hinweisgebers über die geplanten oder bereits ergriffenen Folgemaßnahmen und die Gründe für diese Folgemaßnahmen.

2.16 Zuständige Behörde

Die nationale Behörde, die gemäß dem geltenden Recht u.a. benannt wurde, um externe Meldungen entgegenzunehmen und dem Hinweisgeber Rückmeldung zu geben.

3. Grundsätze[21]

3.1 Zweck der Richtlinie

Ziel dieser Richtlinie ist die Einrichtung eines internen Hinweisgebersystems, das der Aufdeckung und Aufklärung von betrieblichen Missständen, unternehmensschädigendem Verhalten, Wirtschaftskriminalität u.ä. sowie dem Schutz unserer Mitarbeiter, Geschäftspartner, Kunden, etc. dient.

3.2 Meldeberechtigte

Meldeberechtigt sind sämtliche Personen, die für unsere Unternehmensgruppe arbeiten oder die im Rahmen ihrer beruflichen Tätigkeit mit uns in Kontakt stehen bzw. im beruflichen Kontext Informationen über einen Verstoß erlangen („Hinweisgeber"). Dies können z.B. aktuelle, künftige oder ehemalige Mitarbeiter bzw. Führungskräfte unserer Unternehmensgruppe, unsere Geschäftspartner, Kunden, Lieferanten, freie Mitarbeiter, Praktikanten oder auch die interessierte Öffentlichkeit sein.

3.3 Potentiell betroffene Personen

Es können alle Mitarbeiter, Führungskräfte etc. gemeldet werden, die im Verdacht stehen, einen Verstoß verschuldet zu haben. Gleiches gilt auch, wenn ein Dritter eine Handlung vornimmt, die sich gegen unser Unternehmen richtet.

Alternative 1:

Die Meldungen sind auf solche Mitarbeiter etc. zu beschränken, die in einer verantwortlichen Position beschäftigt sind, insbesondere der mittleren und oberen Führungsebene angehören. Damit wird sichergestellt, dass nur Verstöße der jeweils verantwortlich Handelnden gemeldet werden.

Alternative 2:

Die Meldungen sind auf solche Mitarbeiter etc. zu beschränken, die in den Fachbereichen Einkauf, Finanzwesen, Recht, Unternehmensführung … beschäftigt sind. Damit wird sichergestellt, dass nur Verstöße gemeldet werden, die geeignet sind, das Unternehmen nachhaltig wirtschaftlich zu schädigen.

3.4 Gegenstand der Meldung

Gegenstand der Meldung sind Informationen über Verstöße gegen das Recht der Europäischen Union, die in folgende Bereiche fallen und das Unternehmen betreffen:

Alternative 1:

a) Verstöße, die in den Anwendungsbereich der im Anhang aufgeführten Rechtsakte der Europäischen Union fallen und folgende Bereiche betreffen:

- öffentliches Auftragswesen,
- Finanzdienstleistungen, Finanzprodukte und Finanzmärkte sowie Verhinderung von Geldwäsche und Terrorismusfinanzierung,
- Produktsicherheit und -konformität,
- Verkehrssicherheit,
- Umweltschutz,
- Strahlenschutz und kerntechnische Sicherheit,
- Lebensmittel- und Futtermittelsicherheit, Tiergesundheit und Tierschutz,
- öffentliche Gesundheit,
- Verbraucherschutz,

---

21 Zu den Erläuterungen siehe Rz. 22.22 ff.

– *Schutz der Privatsphäre und personenbezogener Daten sowie Sicherheit von Netz- und Informationssystemen,*

b) Verstöße gegen die finanziellen Interessen der Union im Sinne von Artikel 325 AEUV sowie gemäß den genaueren Definitionen in einschlägigen Unionsmaßnahmen;

c) Verstöße gegen die Binnenmarktvorschriften im Sinne von Artikel 26 Absatz 2 AEUV, einschließlich Verstöße gegen Unionsvorschriften über Wettbewerb und staatliche Beihilfen, sowie Verstöße gegen die Binnenmarktvorschriften in Bezug auf Handlungen, die die Körperschaftsteuer-Vorschriften verletzen oder in Bezug auf Vereinbarungen, die darauf abzielen, sich einen steuerlichen Vorteil zu verschaffen, der dem Ziel oder dem Zweck des geltenden Körperschaftsteuerrechts zuwiderläuft.

Alternative 2:

– *Betrug und Fehlverhalten in Bezug auf die Rechnungslegung bzw. interne Rechnungslegungskontrollen,*

– *Wirtschaftsprüfungsdelikte,*

– *Korruption,*

– *Banken- und Finanzkriminalität,*

– *Geldwäsche, Finanzierung terroristischer Aktivitäten,*

– *Verbotene Insidergeschäfte,*

– *Verstöße gegen das Kartellrecht,*

– *Verstöße gegen das Wettbewerbsrecht,*

– *Bestechung, Amtsmissbrauch,*

– *Geheimnisverrat,*

– *Fälschung von Verträgen, Berichten oder Aufzeichnungen,*

– *Missbrauch von Unternehmensgütern, Diebstahl oder Veruntreuung,*

– *Umweltgefährdungen, Gemeingefahren, Gefahren für die Gesundheit bzw. Sicherheit unserer Mitarbeiter und ähnliche Fälle.,*

Weitere Informationen zu diesen Kategorien entnehmen Sie bitte dem Anhang.

3.5 Pflicht zur Meldung

Soweit meldeberechtigte Mitarbeiter Anlass zu der Annahme haben, dass der ggf. zu meldende Sachverhalt im sachlichen, räumlichen oder personalbezogenen Zurechnungszusammenhang mit dem Unternehmen steht, eine Straftat darstellt oder geeignet ist, zu schweren Schäden für das Unternehmen oder für Dritte zu führen, besteht eine Meldepflicht. Diese Meldepflicht entfällt, sofern der Sachverhalt den Entscheidungsberechtigten im Unternehmen bereits für den meldenden Mitarbeiter erkennbar bekannt ist oder sofern nach der Strafprozessordnung keine Zeugnispflicht bestünde.

Im Übrigen werden Hinweisgeber ermutigt, Beobachtungen grober Missstände, Sicherheitsmängel, ernsthafter Gefahren und Risiken zu melden, soweit die zu meldenden Umstände im Zusammenhang mit dem Betrieb des Unternehmens stehen.

Das Hinweissystem ist im Übrigen nicht als ein System zur Einreichung von Beschwerden über andere Mitarbeiter anzusehen. Dazu sind die ortsüblichen Berichtslinien einzuhalten.

4. Meldeverfahren[22]

4.1 Voraussetzungen der Meldung

4.1.1 Offene und anonyme Meldungen

Alle Hinweisgeber werden ermutigt, ihnen bekannte Missstände, Fehlverhalten, Gefährdungen etc. im Sinne dieser Richtlinie bzw. Informationen über Verstöße offen und direkt unter Angabe ihrer Kontaktdaten zu melden, sofern sich ein begründeter Verdacht auf einen Verstoß ergibt.

Alternativ ist aber auch jederzeit eine anonyme Meldung möglich. Da bei einer anonymen Meldung keine Rückfragen möglich sind und das Vertrauen beeinträchtigt werden kann, sollten anonyme Meldungen nur dann erfolgen, wenn dem Hinweisgeber eine ihm zurechenbare Meldung unzumutbar erscheint und er sicherstellen möchte, dass z.B. betroffene Personen keinesfalls seine Identität erfahren.

4.1.2. Begründeter Verdacht

Der Hinweisgeber sollte nur solche Fälle melden, bei denen er einen hinreichenden Grund zu der Annahme hat, dass die gemeldeten Informationen über den Verstoß zum Zeitpunkt des Verstoßes der Wahrheit entsprachen und er einen begründeten Verdacht hat, dass ein nach dieser Richtlinie relevanter Vorfall vorliegt. Er sollte sich bei seinen Meldungen immer auf die Richtlinie beziehen.

Nicht in allen Fällen wird für den Hinweisgeber klar erkennbar sein, ob eine bestimmte Handlung oder ein bestimmtes Verhalten entsprechend den Grundsätzen dieser Richtlinie gemeldet werden muss bzw. sollte. Der Hinweisgeber sollte dies vor seiner Meldung sorgfältig prüfen. Gleichwohl ist es vorzugswürdig, Verdachtsfälle gutgläubig zu melden, anstatt sie zu verschweigen. Im Zweifelsfall empfehlen wir, zunächst mit Ihrem lokalen Ansprechpartner oder dem für die Richtlinie zuständigen Ansprechpartner gemäß Ziffer 14.3 den Fall abzustimmen, ohne dass der Name des Verdächtigen benannt wird.

4.1.3 Konkret und schlüssig

Jeder Hinweis sollte so konkret wie möglich erfolgen. Der Hinweisgeber sollte dem Empfänger möglichst detaillierte Informationen über den zu meldenden Sachverhalt vorlegen, so dass dieser die Angelegenheit richtig einschätzen kann. In diesem Zusammenhang sollten die Hintergründe, der Tathergang und der Grund der Meldung sowie Namen, Daten, Orte und sonstige Informationen benannt werden. Sofern vorhanden, sollten Dokumente vorgelegt werden. Persönliche Erfahrungen, mögliche Vorurteile oder subjektive Auffassungen sollten als solche kenntlich gemacht werden.

Der Hinweisgeber ist grundsätzlich nicht zu eigenen Ermittlungen verpflichtet; eine Ausnahme kann gelten, wenn er dazu arbeitsvertraglich verpflichtet ist.

4.2 Verfahrensregeln

Den Hinweisgebern stehen verschiedene Möglichkeiten zur Verfügung, einen Hinweis effektiv und zuverlässig zu melden. Sämtliche Meldungen können mündlich (z.B. per Telefon) oder schriftlich bzw. elektronisch erteilt werden. Auf Wunsch des Hinweisgebers können auch persönliche Treffen vereinbart werden.

Die Meldung kann über die internen Meldekanäle kommuniziert werden, d.h. an interne Ansprechpartner oder über das extern betriebene Hinweisgebersystem („Interne Meldung").

Alternativ kann sich der Hinweisgeber auch über einen externen Meldekanal an die zuständige Behörde wenden, wie bspw. die Polizei oder eine Datenschutzaufsichtsbehörde („Externe Meldung").

Es empfiehlt sich, unter Abwägung der eigenen sowie der Interessen der beteiligten Personen und des Unternehmens das nachfolgend beschriebene Verfahren zur Meldung von Verstößen gemäß seinen Abstufungen angemessen in Anspruch zu nehmen.

---

22 Zu den Erläuterungen siehe Rz. 22.40 ff.

4.2.1 Interne Meldungen

Durch eine Interne Meldung wird sichergestellt, dass die Informationen über Verstöße an die Personen gelangen, die der Ursache des Verstoßes am nächsten sind, den Verstoß aufklären und das Problem beheben können. Daher sollte die Interne Meldung immer die erste Wahl sein.

(a) Stufe eins – Vorgesetzte

Erster Ansprechpartner sollte immer der Vorgesetzte oder die unmittelbar sachlich zuständige Person sein. Dies ist in der Regel der einfachste Weg, um ein Problem, das sich auf das Arbeitsumfeld bezieht, anzusprechen, Missverständnisse aufzuklären und ein gutes und offenes Arbeitsklima sicherzustellen. Ist die Angelegenheit begründet, so wird der Ansprechpartner die weiteren Schritte einleiten.

(b) Stufe zwei – Abteilung Compliance

Erscheint es aus sachlichen oder persönlichen Gründen unzumutbar oder nicht zweckmäßig, dass der Hinweis gegenüber dem Vorgesetzten/sachlich Zuständigen erfolgt, kann sich der Hinweisgeber auch direkt an den Leiter der Abteilung Compliance als seinen Ansprechpartner wenden. Gleiches gilt, wenn der Vorgesetzte/sachlich Zuständige den Hinweis nach Ansicht des Mitarbeiters nicht ordnungsgemäß verfolgt.

Alternative:

(b) Stufe zwei – Personalabteilung

Erscheint es aus sachlichen oder persönlichen Gründen unzumutbar oder nicht zweckmäßig, dass der Hinweis gegenüber dem Vorgesetzten/sachlich Zuständigen erfolgt, kann sich der Hinweisgeber auch direkt an den Leiter der lokalen Personalabteilung als seinen Ansprechpartner wenden. Gleiches gilt, wenn der Vorgesetzte/sachlich Zuständige den Hinweis nach Ansicht des Mitarbeiters nicht ordnungsgemäß verfolgt.

(c) Stufe drei – Geschäftsführung

Erscheint es aus sachlichen oder persönlichen Gründen erforderlich, dass der Hinweis direkt gegenüber der Geschäftsführung erfolgt, kann sich der Hinweisgeber auch unmittelbar an diese als seinen Ansprechpartner wenden. Dies gilt insbesondere, wenn der Hinweis nach Ansicht des Mitarbeiters nicht sachgemäß durch den Vorgesetzten/sachlich Zuständigen oder die zuständige Abteilung verfolgt wird. Erforderlich ist eine direkte Kommunikation insbesondere dann, wenn zu befürchten ist, dass der Vorgesetzte/sachlich Zuständige oder der Ansprechpartner der zuständigen Abteilung an dem Sachverhalt beteiligt ist oder wenn der Hinweisgeber schwerwiegende persönliche Benachteiligungen zu befürchten hat.

Alternative bzw. Zusatz:

(c) Stufe drei – Ombudsmann

Erscheint es aus sachlichen oder persönlichen Gründen erforderlich, dass der Hinweis nicht gegenüber den Vorgesetzten/sachlich Zuständigen oder der zuständigen Abteilung erfolgt, kann sich der Hinweisgeber auch an den von unserer Unternehmensgruppe eingesetzten Ombudsmann als seinen Ansprechpartner wenden. Der Ombudsmann ist zur Vertraulichkeit verpflichtet und prüft als unabhängige Instanz die eingehenden Meldungen.

4.2.2 Meldung an das Hinweisgebersystem

Hinweisgeber haben weiterhin die Möglichkeit, als Internen Meldekanal eine externe, unabhängige und vertrauliche Whistleblowing-Hotline bzw. eine vertrauliche Internetseite zu nutzen, um einen Missstand oder ein Problem zu melden.

Eine Meldung an das Hinweisgebersystem sollte nur dann erfolgen, wenn eine interne Kommunikation unzumutbar erscheint oder der Hinweisgeber davon ausgeht, dass seine Meldung intern nicht ordnungsgemäß behandelt wird.

(a) Whistleblowing Hotline

Hinweisgeber haben die Möglichkeit, sich telefonisch an eine Whistleblowing-Hotline zu wenden und dort gegenüber dem jeweiligen Ansprechpartner ihre Meldung abzugeben. Die Hotline wird von … mit Sitz in … betrieben, einem externen und unabhängigen Unternehmen. Die Angestellten des Betreibers der Hotline sind zur Vertraulichkeit verpflichtet und nicht mit unserer Unternehmensgruppe verbunden. Sie sind speziell für den Umgang mit Hinweisgebern und deren Angelegenheiten ausgebildet und können auf entsprechende professionelle Erfahrung zurückgreifen. Die Hotline ist 24 Stunden erreichbar. Es stehen Ansprechpartner für jedes Land zur Verfügung, so dass Sie Meldungen in Ihrer Muttersprache abgeben können.

Bitte nutzen Sie die folgenden gebührenfreien Telefonnummern:

Deutschland: …

Großbritannien: …

…

Weitere Informationen über die Hotline stehen Ihnen unter www … zur Verfügung.

Alternative (bei Sitz der Hotline in einem Staat außerhalb des Europäischen Wirtschaftsraums):

Die Übermittlung der Daten an die Hotline erfolgt (**Alternativen**) in einen Drittstaat außerhalb der Europäischen Union, der einen dem EU-Standard angemessenes Datenschutzniveau einhält, auf Grundlage der Standardvertragsklauseln der Europäischen Union, auf Grundlage von Binding Corporate Rules (…). Weitere Informationen bzw. Kopien der Regelungen sind unter www … erhältlich.

(b) Whistleblowing Webseite

Hinweisgeber haben auch die Möglichkeit, Hinweise auf unserer Whistleblowing Webseite zu hinterlassen. Die Webseite ist unter … in der jeweiligen Landessprache erreichbar und wird von … betrieben, einem externen und unabhängigen Unternehmen mit Sitz in …, das sich auf den Umgang mit Hinweisen spezialisiert hat. Die Hinweise werden vertraulich behandelt.

Weitere Informationen über die Whistleblowing Webseite stehen unter www … zur Verfügung.

Alternative (bei Sitz der Hotline in einem Staat außerhalb des Europäischen Wirtschaftsraums):

Die Übermittlung der Daten an die Hotline erfolgt (**Alternativen**) in einen Drittstaat außerhalb der Europäischen Union, der einen dem EU-Standard angemessenes Datenschutzniveau einhält, auf Grundlage der Standardvertragsklauseln der Europäischen Union, auf Grundlage von Binding Corporate Rules (…). Weitere Informationen bzw. Kopien der Regelungen sind unter www … erhältlich.

4.2.3 Externe Meldung

Dem Hinweisgeber steht auch der Weg frei, einen externen Meldekanal zu nutzen. Es empfiehlt sich, zuvor sorgfältig alle Informationen über den Verstoß abzuwägen und zu prüfen, ob tatsächlich vor einer internen Meldung eine externe Meldung erfolgen soll. In diesem Fall kann der Verstoß einer zuständigen Behörde, wie bspw. den Strafverfolgungs-, Ordnungs-, Finanz-, Gesundheits- oder Datenschutzaufsichtsbehörden, vom Hinweisgeber gemeldet werden. Ein solcher Hinweis sollte insbesondere dann erfolgen, wenn dies gesetzlich vorgeschrieben ist, ein gewichtiges öffentliches Interesse vorliegt oder Gefahr im Verzug besteht. Bei akuter Gefahr sollten vorrangig Behörden mit Eilbefugnis (Polizei, Feuerwehr etc.) informiert werden.

Das Instrument einer externen Meldung muss nach Urteil des Hinweisgebers im Vergleich zu anderen Alternativen das mildeste Mittel sein.

Der Hinweisgeber sollte dafür Sorge tragen, die möglichen negativen Konsequenzen der externen Meldung für das Unternehmen sowie für die beteiligten Personen auf ein Minimum zu beschränken. Die Instanz außerhalb des Unternehmens, an die die Informationen weitergeleitet werden, muss in der Lage sein, auf effektive Weise Schritte gegen den vermuteten Verstoß zu unternehmen.

Bevor der Hinweisgeber nach außen aktiv wird, sollte er zudem prüfen, ob er die internen Ansprechpartner, wie bspw. eine lokale Vertrauensperson, den Ombudsmann, die Geschäftsführung oder einen anderen im

Rahmen des externen Hinweisgebersystems benannten Ansprechpartner, über die beabsichtigte Meldung an eine Stelle außerhalb des Unternehmens informiert.

4.2.4 Offenlegung

Die Offenlegung von Verstößen gegenüber z.B. der Presse sollte nur in absoluten Ausnahmefällen erfolgen, da diese erhebliche Auswirkungen für unser Unternehmen hat. Insbesondere Falschmeldungen können unsere Reputation stark schädigen.

Vor einer Offenlegung sollte der Hinweisgeber bereits eine interne oder eine externe Meldung abgegeben haben und trotz der Meldung haben weder wir noch die Behörde geeignete Maßnahmen zu der Behebung des Verstoßes ergriffen.

Alternativ sollte der Hinweisgeber vor einer Offenlegung sicherstellen, dass er einen hinreichenden Grund zu der Annahme hat, dass der Verstoß eine unmittelbare oder offenkundige Gefährdung des öffentlichen Interesses darstellt oder er im Fall einer externen Meldung Repressalien zu befürchten hat bzw. dass aufgrund besonderer Umstände des Falls nur geringe Aussichten bestehen, dass wirksam gegen den Verstoß von einer Behörde vorgegangen wird.

4.2.5 Dokumentation

Schriftliche und elektronische Meldungen werden im Unternehmen zugriffsgeschützt aufbewahrt bzw. gespeichert.

Für mündliche Meldungen gilt folgendes:

- Mit Einwilligung des Hinweisgebers werden mündliche Meldungen (z.B. per Telefon) dauerhaft und abrufbar in einer Tonaufzeichnung gespeichert. Alternativ zur Speicherung kann eine vollständige und genaue Niederschrift des Gesprächs durch den Ansprechpartner erfolgen.
- Erfolgt keine Tonaufzeichnung der mündlichen Meldung, kann ein Gesprächsprotokoll durch den Ansprechpartner angefertigt werden.

Für persönliche Zusammenkünfte gilt folgendes:

- Erfolgt ein Treffen mit dem Hinweisgeber, kann auch hier mit Einwilligung des Hinweisgebers eine Tonaufzeichnung angefertigt und diese dauerhaft und abrufbar gespeichert oder alternativ ein Protokoll angefertigt werden.

Der Hinweisgeber muss die Möglichkeit erhalten, Niederschriften bzw. Protokolle von mündlichen Meldungen bzw. persönlichen Zusammenkünften zu prüfen, ggf. zu korrigieren und durch seine Unterschrift zu bestätigen.

5. Verfahrensablauf nach Meldung[23]

Jede Meldung wird vertraulich und unter Berücksichtigung der geltenden Datenschutzgesetze behandelt. Insbesondere ist sichergestellt, dass die Vertraulichkeit der Identität des Hinweisgebers und betroffener Personen gewahrt bleibt und nur zugriffsberechtigte Mitarbeiter unseres Unternehmens Zugriff auf diese Daten erhalten.

Sofern der Hinweisgeber seine Identität mitgeteilt hat, erhält er innerhalb von sieben Tagen nach Zugang der Meldung eine Bestätigung über deren Eingang.

Nach dem Eingang einer Meldung ergreift die Stelle, die die Meldung entgegennimmt, Folgemaßnahmen. Dazu zählt eine erste Überprüfung der Hinweise, insbesondere, ob Beweise vorliegen, die die übermittelten Informationen bekräftigen oder widerlegen.

Ist die entgegennehmende Stelle der Auffassung, dass weitere Ermittlungen erfolgen sollten, dokumentiert sie dies und leitet die Informationen an die im Unternehmen zuständige Stelle weiter. Diese führt im Anschluss die internen Ermittlungen durch.

---

23 Zu den Erläuterungen siehe Rz. 22.63 ff.

Alternative 1:

Hat der Ombudsmann die Meldung entgegengenommen und ist er der Auffassung, dass Folgemaßnahmen ergriffen werden sollten, wird er dies dokumentieren und dem Hinweisgeber mitteilen. Er wird die Informationen an die im Unternehmen zuständige Stelle weiterleiten, die im Anschluss die weiteren Folgemaßnahmen ergreift bzw. interne Ermittlungen durchführt. Den Namen des Hinweisgebers wird er nur dann dem Unternehmen mitteilen, wenn dieser seine vorherige Freigabe erteilt hat.

Alternative 2:

Hat der Ombudsmann die Meldung entgegengenommen und ist er der Auffassung, dass Folgemaßnahmen ergriffen werden sollten, wird er dies dokumentieren und dem Hinweisgeber mitteilen. Er wird nach entsprechender vorheriger Freigabe durch den Hinweisgeber die Informationen an die im Unternehmen zuständige Stelle weiterleiten, die im Anschluss die weiteren Folgemaßnahmen ergreift bzw. interne Ermittlungen durchführt. Den Namen des Hinweisgebers wird er ebenfalls nur nach dessen entsprechender Freigabe gegenüber dem Unternehmen offenlegen.

Mitarbeiter sind verpflichtet, die für die Untersuchung zuständige Stelle bei ihren Ermittlungen zu unterstützen und nach bestem Gewissen an der Aufklärung des Verdachts mitzuwirken. Sie sind zur Vertraulichkeit verpflichtet.

Die ermittelten Informationen werden dokumentiert, wobei nur die erforderlichen Daten erhoben und verarbeitet werden. Soweit aufgrund der ermittelten Ergebnisse erforderlich, werden die weiteren zuständigen Stellen, die Entscheidungsberechtigten sowie im Anschluss ggf. die Behörden eingeschaltet und die entsprechenden Daten an diese übermittelt.

Die Untersuchung wird zeitlich so schnell wie im angemessenen Rahmen möglich durchgeführt. Der Hinweisgeber wird von der für die Untersuchung zuständigen Stelle über den Fortlauf des Verfahrens bzw. die Folgemaßnahmen informiert. Die Rückmeldung an den Hinweisgeber erfolgt maximal drei Monate nach Bestätigung des Eingangs der Meldung bzw. – sollte in Ausnahmefällen keine Bestätigung erfolgt sein – drei Monate nach Ablauf der Frist von sieben Tagen nach Eingang der Meldung.

Stellt sich eine Meldung als falsch heraus oder kann sie nicht ausreichend mit Fakten belegt werden, wird dies entsprechend dokumentiert und das Verfahren unverzüglich eingestellt. Für die betroffene Person dürfen keine Konsequenzen entstehen, insbesondere wird der Vorgang nicht in der Personalakte dokumentiert.

Das Unternehmen wird sich im Übrigen bemühen, die Ergebnisse und Vorschläge einer jeden Untersuchung so zu nutzen, dass ein Fehlverhalten, soweit dies nach den bestehenden Umständen möglich ist, korrigiert werden kann.

6. Schutz des Hinweisgebers und der bei der Aufklärung mitwirkenden Personen[24]

6.1 Vertraulichkeit und Verschwiegenheit

Der Schutz eines Hinweisgebers wird durch die vertrauliche Behandlung seiner Identität gewährleistet. Dazu zählt auch, dass Informationen, aus denen die Identität des Hinweisgebers direkt oder indirekt abgeleitet werden können, der Vertraulichkeit unterliegen.

Sofern er seine Kontaktdaten mitteilt, werden diese unter Berücksichtigung der datenschutzrechtlichen Vorgaben gespeichert und genutzt. Ihm werden bei einer Erhebung seiner Daten sowohl die Zwecke der Datenspeicherung als auch -nutzung mitgeteilt. Gleiches gilt, wenn seine Daten an andere Stellen übermittelt werden sollen.

Grundsätzlich werden sein Name oder andere Informationen, die seine Identifizierung zulassen, nicht bekannt gegeben; abweichendes kann gelten, wenn der Hinweisgeber seine Identität bewusst mitteilt bzw. gewollt darlegt, die Offenlegung seiner Identität gestattet oder eine entsprechende Rechtspflicht besteht. Dies gilt insbesondere dann, wenn die Offenlegung unerlässlich ist, damit die von der Meldung betroffenen Personen ihr Recht auf Anhörung bzw. Verteidigung wahrnehmen können. Der Hinweisgeber wird vorab von der Offenlegung seiner Identität unterrichtet, es sei denn, die Unterrichtung würde entsprechende Untersuchungen oder Gerichtsverfahren gefährden.

---

24 Zu den Erläuterungen siehe Rz. 22.68 ff.

Sofern der Hinweisgeber im Rahmen der Meldung seine Identität bewusst mitteilt, gewollt darlegt bzw. die Offenlegung seiner Identität gestattet, besteht für das Unternehmen grundsätzlich nach der DSGVO die Pflicht, der betroffenen Person innerhalb eines Monats nach erfolgter Meldung seine Identität mitzuteilen. Er kann bis zum Ablauf dieser Frist seine entsprechende Einwilligung gegenüber dem Unternehmen widerrufen und damit die Mitteilung seiner Identität unterbinden.

Gleiches gilt für Mittler bzw. Personen, die an der Aufklärung des Verdachts mitgewirkt haben.

6.2 Schutz vor Repressalien

Jeder Hinweisgeber, der eine Meldung in gutem Glauben abgibt oder an der Aufklärung eines entsprechenden Verdachts mitwirkt, muss nicht aufgrund der Meldung an sich bzw. der Mitwirkung an der Meldung mit negativen Konsequenzen bzw. Repressalien rechnen (z.B. Suspendierung, Kündigung, Herabstufung, Aufgabenverlagerung, schlechte Beurteilungen, Disziplinarmaßnahmen oder Diskriminierung). Ebenso wenig sind die Androhung oder der Versuch von Repressalien zulässig.

Dies gilt auch für Mittler, Dritte, die mit dem Hinweisgeber in Verbindung stehen und im beruflichen Kontext Repressalien erleiden könnten bzw. Unternehmen, die im Eigentum des Hinweisgebers stehen, für die er arbeitet oder mit denen er in einem beruflichen Kontext in Verbindung steht.

Sollte sich trotz des oben aufgeführten Verbots, ein solcher Vorfall ereignen, kann dieser entsprechend Ziffer 4.2 über die dort vorgesehenen Meldewege mitgeteilt werden. Jegliche Benachteiligung, Diskriminierung, Belästigung oder ähnliches wird seitens des Unternehmens nicht geduldet. Das Unternehmen prüft die Umstände des jeweiligen Falles und kann vorübergehende oder dauerhafte Maßnahmen ergreifen, um den Hinweisgeber, etc. zu schützen und die Interessen des Unternehmens zu wahren. Das Unternehmen informiert die Betroffenen schriftlich über das Ergebnis der jeweiligen Untersuchung.

Jeder Mitarbeiter oder Vorgesetzte, der gegen dieses Verbot von Repressalien verstößt, muss mit disziplinarischen Maßnahmen rechnen, die im äußersten Fall zu seiner Entlassung führen können.

7. Missbrauch des Hinweisgebersystems[25]

Jeder ist aufgefordert, Missstände, Fehlverhalten etc. zu melden. Der Hinweisgeber sollte dabei darauf achten, dass er die Fakten objektiv, akkurat und vollständig darstellt. Persönliche Erfahrungen, mögliche Vorurteile oder subjektive Auffassungen sollten als solche kenntlich gemacht werden.

Eine Meldung sollte in gutem Glauben erfolgen. Ergibt die Überprüfung des Hinweises, dass bspw. kein begründeter Verdacht besteht oder die Fakten nicht ausreichen, um einen Verdacht zu erhärten, haben Hinweisgeber, die einen Hinweis gutgläubig melden, keine disziplinarischen Maßnahmen zu befürchten.

Anderes gilt für Hinweisgeber, die das Hinweisgebersystem bewusst für falsche Meldungen missbrauchen; diese müssen mit disziplinarischen Maßnahmen rechnen. Auch eine Beeinträchtigung des Hinweisgebersystems durch bspw. Manipulation, Vertuschung oder der Bruch von Absprachen betreffend die Vertraulichkeit können disziplinarische Maßnahmen nach sich ziehen. Als Maßnahmen kommen bspw. Abmahnungen oder Kündigungen in Betracht. Daneben kann dies zivilrechtliche oder strafrechtliche Folgen nach sich ziehen.

8. Schutz der betroffenen Person[26]

8.1 Information der betroffenen Person

Jede von einem Hinweis betroffene Person wird zu gegebener Zeit und unter Berücksichtigung der datenschutzrechtlichen Vorgaben über die gegen sie gerichteten Verdachtsäußerungen benachrichtigt, sofern diese Benachrichtigung nicht den Fortgang des Verfahrens zur Feststellung des Sachverhalts bzw. die Durchführung der Folgemaßnahmen erheblich erschweren würde. Die Benachrichtigung erfolgt spätestens nach Abschluss der Ermittlungen bzw. wenn die Ermittlungen nicht mehr gefährdet werden können.

Die Benachrichtigung enthält in der Regel Informationen über

– den Namen des Verantwortlichen und die Kontaktdaten des Datenschutzbeauftragten,

---

25 Zu den Erläuterungen siehe Rz. 22.77 f.
26 Zu den Erläuterungen siehe Rz. 22.80 ff.

– die Einzelheiten der eingereichten Meldung,

– die Zwecke der Verarbeitung,

– die Rechtsgrundlage für die Verarbeitung sowie die berechtigten Interessen des Unternehmens, die der Verarbeitung zugrunde liegen,

– die Kategorien der personenbezogenen Daten, die verarbeitet werden,

– die Abteilungen, die über die Meldung informiert sind sowie die zum Zugriff auf die Daten berechtigten Personen,

– die Empfänger bzw. Kategorien der Empfänger,

– die Absicht, die Daten an einen Empfänger mit Sitz in einem unsicheren Drittland zu übermitteln sowie die Rechtsgrundlage für die Übermittlung,

– den Hinweisgeber bzw. die Quelle, soweit dieser der Offenlegung seiner Daten zugestimmt hat oder dies zur Wahrung der Interessen der betroffenen Person erforderlich ist,

– die Dauer der Speicherung der Daten bzw. die Kriterien für die Festlegung der Dauer,

– die Rechte des Betroffenen auf Auskunft, Berichtigung, Sperrung oder Löschung bzw. etwaige Widerspruchsrechte,

– Beschwerderechte bei der Aufsichtsbehörde.

8.2 Recht auf Stellungnahme

Die betroffene Person ist von der zuständigen Stelle bzw. den Entscheidungsberechtigten anzuhören, bevor am Ende des oben erläuterten Verfahrens Schlussfolgerungen unter namentlicher Benennung der Person gezogen werden. Ist eine Anhörung aus objektiven Gründen nicht möglich, fordert die zuständige Stelle bzw. fordern die Entscheidungsberechtigten die betroffene Person auf, ihre Argumente schriftlich zu formulieren. Im Anschluss beschließen die Entscheidungsberechtigten die im Interesse des Unternehmens notwendigen Maßnahmen.

8.3 Recht auf Löschung der Daten

Bestätigt sich der in der Meldung geltend gemachte Verdacht nicht, hat die betroffene Person ein Recht auf Löschung ihrer in diesem Zusammenhang von dem Unternehmen gespeicherten Daten. Im Übrigen gilt Ziffer 12.

9. Weitere Rechte der Betroffenen[27]

9.1 Recht auf Auskunft

Sämtliche Personen, deren Daten im Rahmen des Verfahrens von dem Unternehmen verarbeitet werden (z.B. der Hinweisgeber, die betroffene Person oder die bei der Aufklärung mitwirkenden Personen), haben grundsätzlich das Recht, von dem Unternehmen nach Art. 15 DSGVO Auskunft über die von dem Unternehmen über sie gespeicherten Daten und weitere Informationen, wie z.B. die Verarbeitungszwecke oder die Empfänger der Daten zu verlangen. Das Recht besteht nicht, wenn durch die Auskunft Informationen offenbart werden, die wegen der überwiegenden berechtigten Interessen eines Dritten geheim gehalten werden müssen.

9.2 Recht auf Berichtigung, Sperrung oder Löschung

Sämtliche Personen, deren Daten im Rahmen des Verfahrens von dem Unternehmen verarbeitet werden (z.B. der Hinweisgeber, die betroffene Person, die Mittler oder andere bei der Aufklärung mitwirkenden Personen), haben das Recht auf Berichtigung ihrer unrichtigen Daten, das Recht auf deren Vervollständigung, das Recht, die Sperrung ihrer Daten oder deren Löschung zu verlangen, sofern dafür die Voraussetzungen nach Art. 16 ff. DSGVO vorliegen. Ein Löschungsverlangen ist z.B. berechtigt, wenn die Daten unrechtmäßig ver-

---

27 Zu den Erläuterungen siehe Rz. 22.87 ff.

arbeitet wurden oder die Daten für die Zwecke, für die sie erhoben wurden, nicht mehr benötigt werden. Dies gilt u.a. in den in Ziffer 8.3 der Richtlinie vorgesehenen Fällen.

9.3 Benachrichtigung der Empfänger

Wenn das Unternehmen die Daten an einen Dritten weitergegeben hat, wird es den Empfänger der Daten im Einklang mit den gesetzlichen Regelungen über die Berichtigung, Löschung oder Sperrung der Daten benachrichtigen.

9.4 Ansprechpartner

Die Rechte können gegenüber dem in Ziffer 14.3 benannten Ansprechpartner geltend gemacht werden.

10. Widerrufs- und Widerspruchsrechte[28]

Erfolgt die Verarbeitung auf Grundlage einer Einwilligung, kann diese grundsätzlich jederzeit ohne Begründung widerrufen werden. Für die Einwilligung eines Hinweisgebers gelten abweichend die Regelungen in Ziffer 6.1.

Werden Daten auf Grundlage von berechtigten Interessen des Unternehmens verarbeitet, kann die von dieser Verarbeitung betroffene Person jederzeit aus Gründen, die sich aus ihrer besonderen Situation ergeben, gegen die Verarbeitung ihrer Daten bei dem Unternehmen Widerspruch einlegen. Das Unternehmen wird dann entweder überwiegende schutzwürdige Gründe, die die Verarbeitung erlauben, nachweisen oder es verarbeitet die Daten nicht mehr. Für die Zeit dieser Überprüfung erfolgt eine Sperrung der Daten für diese Zwecke.

Diese Rechte können gegenüber dem in Ziffer 14.3 benannten Ansprechpartner geltend gemacht werden.

11. Beschwerderechte[29]

11.1 Verletzung dieser Richtlinie

Sowohl der Hinweisgeber als auch die gemeldete Person können sich bei Hinweisen auf Verletzung dieser Richtlinie an ihren direkten Vorgesetzten wenden.

Alternative:

Sowohl der Hinweisgeber als auch die betroffene Person können sich bei Hinweisen auf Verletzung dieser Richtlinie an den Ombudsmann, die Geschäftsführung oder an den unter Ziffer 14.3 benannten Ansprechpartner wenden.

Die Hinweise werden überprüft und an die zuständigen Stellen zur weiteren Aufklärung und Einleitung von Folgemaßnahmen weitergeleitet. Ziffer 5 gilt entsprechend.

11.2 Rechte zur Überprüfung des Ermittlungsergebnisses

Sowohl der Hinweisgeber als auch die betroffene Person können sich an die Geschäftsführung oder den unter Ziffer 14.3 benannten Ansprechpartner wenden, wenn sie die durchgeführten Ermittlungen für fehlerhaft bzw. unzureichend halten oder sie nach ihrer Auffassung im Rahmen der Ermittlungen ungerechtfertigt benachteiligt werden.

Die erforderlichen Maßnahmen zur Überprüfung der Angelegenheit werden in diesem Fall eingeleitet und der Beschwerdeführer entsprechend informiert.

11.3 Einbindung des Betriebsrats

Die gemeldete Person kann von ihrem Beschwerderecht nach §§ 84, 85 BetrVG Gebrauch machen und den Betriebsrat hinzuziehen.

---

28 Zu den Erläuterungen siehe Rz. 22.99 ff.
29 Zu den Erläuterungen siehe Rz. 22.105 ff.

11.4. Beschwerderecht bei der Datenschutzaufsichtsbehörde

Sofern ein Betroffener der Ansicht ist, dass das Unternehmen die Daten nicht im Einklang mit dem geltenden Datenschutzrecht verarbeitet, kann er Beschwerde bei einer Datenschutzaufsichtsbehörde einlegen. Die Beschwerde kann insbesondere gegenüber einer Behörde in dem Mitgliedsstaat seines Aufenthaltsorts, seines Arbeitsplatzes oder dem Ort des mutmaßlichen Verstoßes erfolgen.

12. Datenschutz[30]

Im Rahmen des Verfahrens werden personenbezogene Daten erhoben und gespeichert. Der Umgang mit diesen Daten erfolgt unter Einhaltung der geltenden Datenschutzgesetze.

Es werden nur die Daten verarbeitet, die für die Zwecke dieser Richtlinie objektiv erforderlich sind.

Die erhobenen Daten werden ausschließlich für die in dieser Richtlinie beschriebenen Zwecke genutzt. Die Bereitstellung der Daten erfolgt insbesondere, um die gesetzlichen Pflichten des Unternehmens bzw. Compliance im Unternehmen sicherzustellen.

Alternative 1:

Die Verarbeitung der Daten erfolgt zur Erfüllung einer rechtlichen Verpflichtung, die sich aus gesetzlichen Vorgaben ergibt, die für unser Unternehmen gelten … i.V.m. Art. 6 Abs. 1 lit. c DSGVO.

Alternative 2:

Die Verarbeitung der Daten erfolgt auf Grundlage des Art. 6 Abs. 1 lit. f DSGVO für berechtigte Interessen des Unternehmens, die gegenüber den Interessen des jeweils Betroffenen überwiegen. Berechtigte Interessen sind die Sicherstellung der Compliance im Unternehmen; dazu zählt die Aufdeckung und Aufklärung von betrieblichen Missständen, unternehmensschädigendem Verhalten, Wirtschaftskriminalität u.ä. sowie der Schutz der Mitarbeiter, Geschäftspartner, Kunden etc.

Bei Beschäftigten kann sich die Rechtsgrundlage für die Verarbeitung der Daten auch aus § 26 Abs. 1 Satz 2 BDSG ergeben, wenn zu dokumentierende tatsächliche Anhaltspunkte vorliegen, die den Verdacht begründen, dass der Beschäftigte im Beschäftigungsverhältnis eine Straftat begangen hat, die Verarbeitung zur Aufdeckung erforderlich ist und das schutzwürdige Interesse des Beschäftigten am Ausschluss der Verarbeitung überwiegt.

Sofern und soweit Daten auch nach Ablauf der üblichen Speicherdauer aufbewahrt werden, erfolgt diese Verarbeitung auf Grundlage des Art. 6 Abs. 1 lit. f DSGVO für berechtigte Interessen des Unternehmens, die gegenüber den Interessen des jeweils Betroffenen überwiegen. Berechtigte Interessen sind hier die Geltendmachung, die Ausübung eigener oder die Verteidigung gegen Rechtsansprüche, wobei hier im Einzelfall die Speicherdauer zu bestimmen ist.

Erteilt ein Hinweisgeber seine Einwilligung in die Offenlegung seiner Daten, ist die Rechtsgrundlage Art. 6 Abs. 1 lit. a, Art. 7 DSGVO bzw. § 26 Abs. 2 BDSG. Die infolge einer Meldung erhobenen Daten der gemeldeten Person werden getrennt von ihren übrigen im Unternehmen gespeicherten Daten aufbewahrt. Durch entsprechende Berechtigungssysteme und angemessene technisch-organisatorische Maßnahmen ist sichergestellt, dass nur die jeweils zuständigen Personen Zugriff auf diese Daten erlangen. Dies gilt auch für die Daten des Hinweisgebers.

Die Daten werden lediglich an berechtigte Personen übermittelt und nur soweit dies für die in dieser Richtlinie beschriebenen Zwecke erforderlich ist. Bei den Empfängern der Daten handelt es sich um …

Die Daten werden bzw. sollen nach … übermittelt werden, einen Staat außerhalb der Europäischen Union, der kein dem europäischen Recht entsprechendes Datenschutzniveau aufweist. Es sind gemäß Art. 46 ff. DSGVO die folgenden Garantien mit dem Empfänger vereinbart worden, die ein angemessenes Datenschutzniveau sicherstellen sollen: (**Alternativen:** Standardvertragsklauseln nach Art. 46 DSGVO, Binding Corporate Rules nach Art. 47 DSGVO, Ausnahmen nach Art. 49 DSGVO). Kopien der Vereinbarungen sind bei dem unter Ziffer 14.3 benannten Ansprechpartner zu erhalten bzw. diese können unter … abgerufen werden.

---

30 Zu den Erläuterungen siehe Rz. 22.111 ff.

Alternative:

Die Daten werden bzw. sollen nach … übermittelt werden, einen Staat außerhalb der Europäischen Union, der ein dem europäischen Recht entsprechendes Datenschutzniveau nach Art. 45 DSGVO aufweist.

Daten, die im Zusammenhang mit einer Meldung erhoben wurden und die nicht für das Verfahren von Relevanz sind, werden unverzüglich gelöscht. Im Übrigen erfolgt die Löschung der erhobenen Daten grundsätzlich innerhalb von zwei Monaten nach Abschluss der unternehmensinternen Ermittlungen. Kommt es infolge eines Fehlverhaltens im Sinne dieser Richtlinie oder eines Missbrauchs des Hinweisgebersystems gemäß Ziffer 8 zu einem Straf-, Disziplinar- oder Zivilgerichtsverfahren, kann sich die Speicherdauer bis zum rechtskräftigen Abschluss des jeweiligen Verfahrens verlängern. Eine Verlängerung der Speicherdauer kann sich auch ergeben, wenn die Daten für die Geltendmachung, die Ausübung von eigenen oder die Verteidigung gegen Rechtsansprüche erforderlich ist; hier ist im Einzelfall die Erforderlichkeit der Speicherdauer zu bestimmen.

Personen, die an dem Verfahren beteiligt sind, darunter auch der Hinweisgeber selbst, können sich jederzeit an den Datenschutzbeauftragten des Unternehmens wenden, um kontrollieren zu lassen, ob die aufgrund der einschlägigen anwendbaren Bestimmungen bestehenden Rechte beachtet wurden. Die Kontaktdaten des Datenschutzbeauftragten sind in Ziffer 14.4 aufgeführt.

13. Umsetzung/Verantwortlichkeit[31]

13.1 Umsetzung und Bekanntmachung der Richtlinie in der Unternehmensgruppe

Die Abteilung Compliance ist verantwortlich für die Bekanntmachung dieser Richtlinie und deren Umsetzung. Dazu zählt auch, in allen Unternehmen Bedingungen zu schaffen, die es den Hinweisgebern ermöglichen, vertrauensvoll Meldungen zu machen.

Insbesondere sind die folgenden Maßnahmen umzusetzen:

– *Information aller Mitarbeiter über das Hinweisgebersystem in der betreffenden Landessprache (einschließlich Inhalt des Verfahrens, wichtiger Namen und Adressen, Telefonnummern und E-Mail-Adressen). Dazu zählt die Zurverfügungstellung von Informationen über das Hinweisgebersystem im Intranet, in Personalinformationsblättern oder entsprechenden Einführungsprogrammen;*

– *Benennung eines oder mehrerer lokaler Ansprechpartner innerhalb des Unternehmens;*

– *Information und Schulung der Ansprechpartner und der lokalen Geschäftsführung über die korrekte Durchführung des Verfahrens und die Umsetzung der Anforderungen der Richtlinie.*

13.2 Kontrolle der Umsetzung der Richtlinie

Die jeweilige Geschäftsführung kontrolliert die Umsetzung der Richtlinie. Sie überprüft u.a. die Effektivität von Maßnahmen, die als Reaktion auf einen gemäß dieser Richtlinie geäußerten Verdacht durchgeführt wurden. Die Geschäftsführung kann im Unternehmen Stellen benennen, die sie bei der Kontrolle unterstützt.

Die Rechtsabteilung und die Interne Revision überprüfen diese Richtlinien mindestens einmal jährlich aus rechtlicher und operativer Perspektive.

14. Informationen, Schulungen, Ansprechpartner[32]

14.1 Abrufbare Informationen/Hinweise zur Richtlinie

Diese Richtlinie steht allen Mitarbeitern im Intranet unter … zum Abruf zur Verfügung. Mitarbeiter, die keinen Zugriff auf das Intranet haben, wird diese schriftlich zur Verfügung gestellt. Alternativ kann diese jederzeit bei der Personalabteilung angefordert werden.

---

31 Zu den Erläuterungen siehe Rz. 22.120 ff.
32 Zu den Erläuterungen siehe Rz. 22.124 ff.

14.2 Schulungen der Mitarbeiter

Alle Beschäftigten sind verpflichtet, die seitens des Unternehmens angebotenen Schulungen zum Thema Hinweisgebersystem zu absolvieren. Die Schulungen werden nach Abstimmung mit der Geschäftsführung von der Compliance-Abteilung organisiert.

14.3 Ansprechpartner

Bei Fragen, Anmerkungen etc. zu den Regelungen dieser Richtlinie wenden Sie sich bitte an folgenden Ansprechpartner: …

14.4 Datenschutzbeauftragter

Den Datenschutzbeauftragten des Unternehmens erreichen Sie wie folgt:

…

Bestätigung der Kenntnisnahme:

Hiermit bestätige ich, …, dass ich die Richtlinie zur Kenntnis genommen und verstanden habe.

…	…
Ort, Datum	Unterschrift

II. Erläuterungen

1. Vorbemerkung

Die Einführung von Whistleblowing-Hotlines oder auch Hinweisgebersystemen stößt in Europa häufig auf Unverständnis, da damit der Gedanke des Denunziantentums verbunden wird. Um den damit einhergehenden Bedenken zu begegnen und die Mitarbeiter zu motivieren, Verdachtsmomente zu melden, ist daher im Rahmen der Richtlinie besonders hervorzuheben, dass das Unternehmen nur die tatsächlich erforderlichen Daten erhebt, sowohl den Hinweisgeber als auch den Verdächtigen schützt und die Daten ausschließlich zweckgebunden nutzt. | 22.13

Besteht in dem Unternehmen ein Betriebsrat, so sind die umfassenden **Mitbestimmungsrechte des** | 22.14
Betriebsrats bei der Einführung von Compliance-Programmen zu beachten, vgl. § 87 Abs. 1 Nr. 1 bzw. § 87 Abs. 1 Nr. 6 BetrVG[33]. Eine Betriebsvereinbarung – die als Rechtsgrundlage für den Umgang mit Beschäftigtendaten gem. Art. 88 DSGVO i.V.m. Art. 26 Abs. 1 BDSG gilt – kann die Implementierung von entsprechenden Compliance-Programmen legitimieren. Daneben erfährt eine Betriebsvereinbarung regelmäßig eine hohe Akzeptanz bei den Arbeitnehmern und signalisiert, dass der Betriebsrat mit den entsprechenden Compliance-Maßnahmen einverstanden ist. Es versteht sich von selbst, dass auch in einer Betriebsvereinbarung die bspw. durch das BDSG oder das Grundgesetz geschützten Persönlichkeitsrechte der Arbeitnehmer angemessen zu berücksichtigen sind (§ 75 BetrVG) und das Schutzniveau des jeweils geltenden Datenschutzrechts nicht unterschritten werden sollte[34]. Dies gilt auch nach der DSGVO, die über Art. 88 Abs. 2 i.V.m. § 26 BDSG vorsieht, dass eine Betriebsvereinbarung nur dann als Rechtsgrundlage für den Umgang mit Daten gelten kann, wenn sie die Vorgaben der DSGVO berücksichtigt. Es sollen insbesondere Regelungen über angemessene und besondere Maßnahmen zur Wahrung der menschlichen Würde sowie zur Wahrung der berechtigten Interessen und

---

33 Vgl. zur Mitbestimmung: *Steffen/Stöhr*, RdA 2017, 43 (50); *Kempter/Steinat*, NZA 2017, 1505 (1510).

34 Vgl. ausführlich zu den Rechten des Betriebsrats und Betriebsvereinbarungen unter der DSGVO: *Mengel*, CCZ 2008, 85 ff.; *Lassmann*, AiB 2010, 447 ff.; *Fahrig*, NJOZ 2010, 975 ff.; *Kort*, ZD 2016, 3 ff.; *Pötters/Sörup/Wybitul*, ZD 2015, 559 ff.; *Kort*, ZD 2017, 3 ff.; *Kempter/Steinat*, NZA 2017, 1505 (1508); *Körner*, NZA 2019, 1389 ff.

der Grundrechte der betroffenen Person enthalten sein. Um Letzteres zu gewährleisten, soll die Betriebsvereinbarung Regelungen im Hinblick auf die Transparenz der Verarbeitung, die Übermittlung personenbezogener Daten innerhalb einer Konzerngruppe oder auch spezielle Regelungen betreffend die zur Überwachung von Arbeitnehmern eingesetzten Systeme am Arbeitsplatz enthalten. In der Praxis wird die Betriebsvereinbarung regelmäßig neben der Whistleblowing-Richtlinie implementiert. Inhaltlich enthält die Betriebsvereinbarung üblicherweise ähnliche Regelungen wie die Whistleblowing-Richtlinie (ggf. modifiziert, um den Anforderungen des Art. 88 DSGVO zu entsprechen). Zusätzlich werden in der Regel noch die Rechte der Betriebsräte ergänzt.

2. Einleitung (Ziff. 1)

22.15   **M 22.1.1 Einleitung**

1. Einleitung

In unserem Verhaltenskodex haben wir unsere Werte, Grundsätze und Richtlinien für die gesamte Konzerngruppe in Bezug auf den Umgang mit Kunden, Geschäftspartnern, Lieferanten, Mitarbeitern, etc. definiert und festgelegt.

Im Umgang miteinander ist uns Offenheit und Integrität sehr wichtig. Wir sehen uns der Einhaltung hoher ethischer Standards verpflichtet. Die Begehung von Straftaten etc. in unserer Unternehmensgruppe oder aus unserer Unternehmensgruppe heraus wird unter keinen Umständen geduldet.

Die nachfolgenden Regeln sollen sowohl unsere Mitarbeiter, die Unternehmensleitung als auch unsere Geschäftspartner, Kunden, Lieferanten etc. unterstützen, eventuelle Missstände zu erkennen, zu melden und zu beseitigen.

Daneben werden Verbesserungsvorschläge gefördert, die dazu beitragen, unsere Werte noch besser umzusetzen.

Diese Richtlinie zeigt Ihnen auf, in welchen Fällen und auf welche Weise Sie mögliche Missstände melden können. Daneben stellt diese Richtlinie klar, wie wir mit entsprechenden Hinweisen umgehen. Hinweisgeber müssen keinesfalls befürchten, wegen eines gutgläubigen Hinweises sanktioniert zu werden. Daneben sichern wir Hinweisgebern maximale Vertraulichkeit zu.

Mit der Richtlinie möchten wir Vertrauen schaffen und Sie zur Mitwirkung ermutigen. Damit leisten Sie einen wertvollen Beitrag dazu, dass wir gemeinsam unsere hohen Anforderungen an uns selbst erfüllen können.

a) Ratio

22.16   Die Einleitung soll einen kurzen Überblick über die Ziele der Richtlinie geben sowie Vertrauen und Akzeptanz der Compliance-Maßnahme schaffen.

b) Erläuterungen

22.17   Entsprechend den Regelungen der WBRL sollte das interne Hinweisgebersystem sowohl Personen zugänglich sein soll, die dem Unternehmen angehören (wie bspw. Beschäftigten oder der Geschäftsführung) oder auch Personen, die dem Unternehmen künftig angehören werden, dieses bereits verlassen haben bzw. diesem gar nicht angehören (wie bspw. ehemalige Mitarbeiter, Kunden, Lieferanten).

3. Begriffsbestimmungen (Ziff. 2)

M 22.1.2 Begriffsbestimmungen

22.18

2. Begriffsbestimmungen

2.1 Verstöße

Handlungen oder Unterlassungen, die rechtswidrig sind und Gegenstand einer Meldung nach Ziffer 3.4. der Richtlinie sein können, oder die dem Ziel oder dem Zweck der Vorschriften zuwiderlaufen, aus denen der Gegenstand der Meldung abgeleitet wird.

2.2 Informationen über Verstöße

Informationen, einschließlich begründeter Verdachtsmomente, in Bezug auf tatsächliche oder potenzielle Verstöße, die in der Organisation, in der der Hinweisgeber tätig ist oder war, oder in einer anderen Organisation, mit der der Hinweisgeber aufgrund seiner beruflichen Tätigkeit im Kontakt steht oder stand, bereits begangen wurden oder sehr wahrscheinlich erfolgen werden, sowie in Bezug auf Versuche der Verschleierung solcher Verstöße.

2.3 Meldung

Die mündliche oder schriftliche Mitteilung von Informationen über Verstöße.

2.4 Interne Meldung

Die mündliche oder schriftliche Mitteilung von Informationen über Verstöße innerhalb des Unternehmens.

2.5 Externe Meldung

Die mündliche oder schriftliche Mitteilung von Informationen über Verstöße an die zuständigen Behörden.

2.6 Offenlegung

Das öffentliche Zugänglichmachen von Informationen über Verstöße.

2.7 Whistleblower/Hinweisgeber

Eine natürliche Person, die im Zusammenhang mit ihren Arbeitstätigkeiten erlangte Informationen über Verstöße meldet oder offenlegt.

2.8 Mittler

Eine natürliche Person, die einen Hinweisgeber bei dem Meldeverfahren in einem beruflichen Kontext unterstützt und deren Unterstützung vertraulich sein sollte.

2.9 Beruflicher Kontext

Laufende oder frühere Arbeitstätigkeiten im Unternehmen, durch die Personen unabhängig von der Art der Tätigkeiten Informationen über Verstöße erlangen und bei denen sich diese Personen Repressalien ausgesetzt sehen könnten, wenn sie diese Informationen melden würden.

2.10 Betroffene Person

Eine natürliche oder eine juristische Person, die in der Meldung oder in der Offenlegung als eine Person bezeichnet wird, die den Verstoß begangen hat, oder mit der die bezeichnete Person verbunden ist.

2.11 Ansprechpartner/Entscheidungsberechtigte

Ansprechpartner sind die vom Unternehmen benannten Personen, die Hinweise entgegen nehmen. Dabei kann es sich um interne Mitarbeiter handeln oder auch vom Unternehmen eingesetzte externe Dienstleister.

Entscheidungsberechtigte sind Personen, die im Unternehmen Handlungsmöglichkeiten zur Verfolgung, Ahndung etc. von Missständen haben.

2.12 Gutgläubigkeit

Gutgläubig sind Hinweise, wenn der Hinweisgeber einen vernünftigen Grund zur Annahme hat, dass die von ihm zu meldenden Tatsachen korrekt sind, seinem eigenen Kenntnisstand nicht widersprechen und nach seiner auf dieser Grundlage gebildeten Überzeugung einen Umstand darstellen, der unmittelbar oder mittelbar zu einem Schaden oder anderweitigen Nachteil für das Unternehmen, die Konzerngruppe, die Mitarbeiter, Geschäftspartner, Kunden etc. führen kann. Sofern den Hinweisgeber selbst eine Pflicht trifft, vorab Tatsachenaufklärung zu betreiben, muss er dies mit seiner Mitteilung offenlegen.

2.13 Benachteiligung/Repressalien

Direkte oder indirekte Handlungen oder Unterlassungen in einem beruflichen Kontext, die durch eine interne oder externe Meldung oder eine Offenlegung ausgelöst werden und durch die dem Hinweisgeber ein ungerechtfertigter Nachteil entsteht oder entstehen kann.

2.14 Folgemaßnahmen

Vom Empfänger einer Meldung oder einer zuständigen Behörde ergriffene Maßnahmen zur Prüfung der Stichhaltigkeit der in der Meldung erhobenen Behauptungen und gegebenenfalls zum Vorgehen gegen den gemeldeten Verstoß, unter anderem durch interne Nachforschungen, Ermittlungen, Strafverfolgungsmaßnahmen, Maßnahmen zur (Wieder-)Einziehung von Mitteln oder Abschluss des Verfahrens.

2.15 Rückmeldung

Die Unterrichtung des Hinweisgebers über die geplanten oder bereits ergriffenen Folgemaßnahmen und die Gründe für diese Folgemaßnahmen.

2.16 Zuständige Behörde

Die nationale Behörde, die nach geltendem Recht u.a. benannt wurde, um externe Meldungen entgegenzunehmen und dem Hinweisgeber Rückmeldung zu geben.

a) Ratio

22.19 Die Begriffsbestimmungen stellen klar, welche Bedeutung das Unternehmen dem jeweiligen Begriff zukommen lassen möchte und schaffen Transparenz bzw. Rechtssicherheit durch eindeutige Definitionen.

b) Erläuterungen

22.20 Die Begriffsbestimmungen sind an die WBRL angelehnt, die in Art. 5 klare Definitionen vorgibt. Daneben empfiehlt es sich, hier alle Begriffe, die nach Ansicht des Unternehmens auslegungsbedürftig sein könnten, klarzustellen.

4. Grundsätze (Ziff. 3)

M 22.1.3 Grundsätze

3. Grundsätze

3.1 Zweck der Richtlinie

Ziel dieser Richtlinie ist die Einrichtung eines internen Hinweisgebersystems, das der Aufdeckung und Aufklärung von betrieblichen Missständen, unternehmensschädigendem Verhalten, Wirtschaftskriminalität u.ä. sowie dem Schutz unserer Mitarbeiter, Geschäftspartner, Kunden etc. dient.

3.2 Meldeberechtigte

Meldeberechtigt sind sämtliche Personen, die für unsere Unternehmensgruppe arbeiten oder die im Rahmen ihrer beruflichen Tätigkeit mit uns in Kontakt stehen. Dies können z.B. künftige, aktuelle oder ehemalige Mitarbeiter bzw. Führungskräfte unserer Unternehmensgruppe, unsere Geschäftspartner, Kunden, Lieferanten, freie Mitarbeiter, Praktikanten oder auch die interessierte Öffentlichkeit sein.

3.3 Potentiell betroffene Personen

Es können alle Mitarbeiter, Führungskräfte etc. gemeldet werden, die im Verdacht stehen, einen Verstoß verschuldet zu haben. Gleiches gilt auch, wenn ein Dritter eine Handlung vornimmt, die sich gegen unser Unternehmen richtet.

Alternative 1:

Die Meldungen sind auf solche Mitarbeiter etc. zu beschränken, die in einer verantwortlichen Position beschäftigt sind, insbesondere der mittleren und oberen Führungsebene angehören. Damit wird sichergestellt, dass nur Verstöße der jeweils verantwortlich Handelnden gemeldet werden.

Alternative 2:

Die Meldungen sind auf solche Mitarbeiter etc. zu beschränken, die in den Fachbereichen Einkauf, Finanzwesen, Recht, Unternehmensführung … beschäftigt sind. Damit wird sichergestellt, dass nur Verstöße gemeldet werden, die geeignet sind, das Unternehmen nachhaltig wirtschaftlich zu schädigen.

3.4 Gegenstand der Meldung

Gegenstand der Meldung sind Informationen über Verstöße gegen das Recht der Europäischen Union, die in folgende Bereiche fallen und das Unternehmen betreffen:

Alternative 1:

a) Verstöße, die in den Anwendungsbereich der im Anhang aufgeführten Rechtsakte der Europäischen Union fallen und folgende Bereiche betreffen:

- *öffentliches Auftragswesen,*
- *Finanzdienstleistungen, Finanzprodukte und Finanzmärkte sowie Verhinderung von Geldwäsche und Terrorismusfinanzierung,*
- *Produktsicherheit und -konformität,*
- *Verkehrssicherheit,*
- *Umweltschutz,*
- *Strahlenschutz und kerntechnische Sicherheit,*
- *Lebensmittel- und Futtermittelsicherheit, Tiergesundheit und Tierschutz,*
- *öffentliche Gesundheit,*
- *Verbraucherschutz,*

– *Schutz der Privatsphäre und personenbezogener Daten sowie Sicherheit von Netz- und Informationssystemen,*

b) Verstöße gegen die finanziellen Interessen der Union im Sinne von Artikel 325 AEUV sowie gemäß den genaueren Definitionen in einschlägigen Unionsmaßnahmen;

c) Verstöße gegen die Binnenmarktvorschriften im Sinne von Artikel 26 Absatz 2 AEUV, einschließlich Verstöße gegen Unionsvorschriften über Wettbewerb und staatliche Beihilfen, sowie Verstöße gegen die Binnenmarktvorschriften in Bezug auf Handlungen, die die Körperschaftsteuer-Vorschriften verletzen oder in Bezug auf Vereinbarungen, die darauf abzielen, sich einen steuerlichen Vorteil zu verschaffen, der dem Ziel oder dem Zweck des geltenden Körperschaftsteuerrechts zuwiderläuft.

Alternative 2:

– *Betrug und Fehlverhalten in Bezug auf die Rechnungslegung bzw. interne Rechnungslegungskontrollen,*

– *Wirtschaftsprüfungsdelikte,*

– *Korruption,*

– *Banken- und Finanzkriminalität,*

– *Geldwäsche, Finanzierung terroristischer Aktivitäten,*

– *Verbotene Insidergeschäfte,*

– *Verstöße gegen das Kartellrecht,*

– *Verstöße gegen das Wettbewerbsrecht,*

– *Bestechung, Amtsmissbrauch,*

– *Geheimnisverrat,*

– *Fälschung von Verträgen, Berichten oder Aufzeichnungen,*

– *Missbrauch von Unternehmensgütern, Diebstahl oder Veruntreuung,*

– *Umweltgefährdungen, Gemeingefahren, Gefahren für die Gesundheit bzw. Sicherheit unserer Mitarbeiter und ähnliche Fälle.,*

Weitere Informationen zu diesen Kategorien entnehmen Sie bitte dem Anhang.

3.5 Pflicht zur Meldung

Soweit meldeberechtigte Mitarbeiter Anlass zu der Annahme haben, dass der ggf. zu meldende Sachverhalt im sachlichen, räumlichen oder personalbezogenen Zurechnungszusammenhang mit dem Unternehmen steht, eine Straftat darstellt oder geeignet ist, zu schweren Schäden für das Unternehmen oder für Dritte zu führen, besteht eine Meldepflicht. Diese Meldepflicht entfällt, sofern der Sachverhalt den Entscheidungsberechtigten im Unternehmen bereits für den meldenden Mitarbeiter erkennbar bekannt ist oder sofern nach der Strafprozessordnung keine Zeugnispflicht bestünde.

Im Übrigen werden Hinweisgeber ermutigt, Beobachtungen grober Missstände, Sicherheitsmängel, ernsthafter Gefahren und Risiken zu melden, soweit die zu meldenden Umstände im Zusammenhang mit dem Betrieb des Unternehmens stehen.

Das Hinweissystem ist im Übrigen nicht als ein System zur Einreichung von Beschwerden über andere Mitarbeiter anzusehen. Dazu sind die ortsüblichen Berichtslinien einzuhalten.

a) Ratio

22.22 Die Klausel erläutert, wer wann welche Verstöße melden darf bzw. muss. Insbesondere soll sie dem **Grundsatz der Datenvermeidung und -sparsamkeit** Rechnung tragen und durch eine Reduzierung der jeweils Beteiligten und Vorfälle Vertrauen schaffen und das Risiko von Falschmeldungen minimieren.

b) Hinweisgebersystem (Ziff. 3.1)

Mittels des Hinweisgebersystems sollen unternehmensbezogene Vorgänge und Verhaltensweisen verfolgt werden, die das Unternehmen – aber auch die Öffentlichkeit – schädigen können. Insbesondere sollen solche Vorgänge aufgedeckt werden, für die **Insiderwissen** erforderlich ist.

22.23

Dazu ist es erforderlich, dass Hinweisgeber Meldungen ohne Furcht vor Repressalien machen können. Mit der WBRL soll künftig sichergestellt werden, dass möglichst viele Unternehmen Hinweisgebersysteme einführen, Meldungen und auch der Umgang mit Meldungen klaren Regelungen unterliegen und letztlich die Beteiligten umfassend geschützt werden. Der umfassende Schutz soll sicherstellen, dass die Hinweisgeber zur Meldung von Missständen ermutigt werden.

c) Meldeberechtigte und potentiell betroffene Personen (Ziff. 3.2 und 3.3)

Aus Gründen der Datensparsamkeit könnte es sich empfehlen, nur bestimmten Personenkreisen das Recht einzuräumen, Hinweise einzumelden[35]. Daneben wird damit naturgemäß das Risiko des Missbrauchs reduziert. Ist bspw. bekannt, dass regelmäßig Verstöße nur in einzelnen Abteilungen erfolgen oder es ist davon auszugehen, dass lediglich in der Führungsebene der Verdacht auf Begehung einer relevanten Tat entstehen kann, kann sich – je nach Einzelfall und auch nach Zweck des jeweiligen Systems – eine entsprechende Reduzierung des Kreises der Meldeberechtigten empfehlen.

22.24

Allerdings weitet die WBRL den Kreis der Meldeberechtigten stark aus, um möglichst vielen Hinweisgebern den nach der WBRL gewährten Schutz einzuräumen (s. Art. 4 WBRL zum „Persönlichen Anwendungsbereich" und Erwägungsgrund 37–41 der WBRL). Es soll umfassend sichergestellt werden, dass Verstöße gegen das Unionsrecht gemeldet und aufgedeckt werden können. Insofern sollte künftig ggf. auf eine Einschränkung verzichtet und ein weiter Kreis von Meldeberechtigten vorgesehen werden.

22.25

Dies gilt auch für den Fall der potentiell betroffenen Personen: Kommt lediglich ein Teil der Mitarbeiter als vermeintliche Täter in Betracht, da nur diese in gefährdeten Bereichen tätig sind, kann auch hier darauf verzichtet werden, den Kreis der potentiellen Verdächtigen auf alle Mitarbeiter auszuweiten. Damit werden die Risiken des Missbrauchs des Hinweisgebersystems reduziert[36]. Die WBRL sieht dazu weder explizite Vorgaben vor, noch schränkt sie den Kreis der potentiell betroffenen Personen ein. Wenn der sachliche Anwendungsbereich nach Art. 2 WBRL eröffnet ist, ist grundsätzlich eine Meldung erlaubt.

22.26

Insgesamt besteht bei einer Beschränkung des internen Meldewegs das Risiko, dass der externe Meldeweg beschritten wird.

Im Ergebnis ist eine Abwägung im Einzelfall erforderlich, ob und welche Einschränkungen jeweils für das Unternehmen sinnvoll sind oder ob dem Ansatz der WBRL gefolgt wird, keine Einschränkungen vorzusehen.

d) Inhalt der Meldung; Datenverarbeitung (Ziff. 3.4)

Unternehmen sind aus Compliance-Gründen und künftig auch nach der WBRL (dort Art. 8 WBRL) verpflichtet, bestimmte **Missstände**, die z.B. den Bestand des Unternehmens in wirtschaftlicher Hin-

22.27

---

35 Vgl. die Orientierungshilfe der Datenschutzaufsichtsbehörden zu Whistleblowing-Hotlines, S. 7, abrufbar unter https://www.datenschutzkonferenz-online.de/media/oh/20181114_oh_whistleblowing_hotlines.pdf, Stand 6.12.2020; *Weidmann*, DB 2019, 2393 (2395).

36 Vgl. die Stellungnahme 1/2006 der Art. 29 Data Protection Working Party, WP 117, IV. Nr. 2 i), S. 11, abrufbar unter http://ec.europa.eu/justice/data-protection/article-29/documentation/opinion-recommendation/files/2006/wp117_en.pdf sowie die Orientierungshilfe der Datenschutzaufsichtsbehörden zu Whistleblowing-Hotlines, S. 8, abrufbar unter https://www.datenschutzkonferenz-online.de/media/oh/20181114_oh_whistleblowing_hotlines.pdf, Stand jeweils 6.12.2020.

sicht oder auch die Allgemeinheit gefährden könnten, aufzudecken und zu verfolgen[37]. Daraus leitet sich die Notwendigkeit ab, die erforderlichen personenbezogenen Daten des Hinweisgebers und des potentiell Verdächtigen zu erheben, zu verarbeiten, etc.

22.28 Die Missstände können sich auf verschiedene Bereiche beziehen. In Art. 2 WBRL werden diverse Bereiche bzw. im Anhang die EU-Rechtsakte, auf die sich diese Bereiche beziehen, aufgezählt. Verstöße gegen diese Bereiche können Gegenstand einer Meldung sein. Alternative 1 listet diese Bereiche auf. Deutschland kann bei Umsetzung der WBRL zudem den Gegenstand der Meldepflichten erweitern (s. Art. 2 Abs. 2 WBRL); hier ist noch offen, ob dies erfolgen wird.

Alternative 2 listet die Bereiche auf, auf die sich nach bisheriger Auffassung der Datenschutzaufsichtsbehörden Meldungen beziehen dürfen.

Unternehmen müssen prüfen, ob sie sich bereits jetzt an der WBRL orientieren oder es bis zum Umsetzung der WBRL in deutsches Recht bei dem ursprünglichen Katalog belassen.

22.29 Die Verarbeitung der in diesem Zusammenhang anfallenden personenbezogenen Daten der jeweils betroffenen Personen bedarf einer **rechtlichen Legitimation**. Diese kann sich aus der DSGVO bzw. aus dem BDSG ergeben.

22.30 Die Rechtmäßigkeit der Verarbeitung der Daten im Rahmen eines internen Whistleblower-Systems kann sich zunächst aus Art. 6 Abs. 1 lit. c DSGVO ergeben: Danach ist eine Verarbeitung rechtmäßig, wenn diese zur Erfüllung einer rechtlichen Verpflichtung erforderlich ist, der der Verantwortliche unterliegt. Solche rechtlichen Verpflichtungen ergeben sich in Deutschland bislang nur aus einzelnen bereichsspezifischen Vorgaben, wie z.B. dem KWG, dem FinDAG oder dem VAG[38]. Künftig wird sich diese Verpflichtung aus Art. 8 WBRL ableiten lassen, da ein Großteil von Unternehmen danach rechtlich verpflichtet sein wird, Daten auf Grundlage und im Einklang mit dieser Vorschrift zu verarbeiten.

22.31 Alternativ – bzw. in den Fällen, in denen keine rechtliche Verpflichtung eines Unternehmens zum Betrieb eines internen Whistleblower-Systems besteht – kann sich die Erlaubnis zur Verarbeitung der Daten aus Art. 6 Abs. 1 lit. f DSGVO ableiten. Dieser erlaubt u.a. die Verarbeitung von Daten für eigene Zwecke des Unternehmens, sofern diese auf Basis überwiegender berechtigter Interessen des Verantwortlichen bzw. eines Dritten im Vergleich mit den schutzwürdigen Interessen des Betroffenen erfolgt.

Die deutschen Datenschutzaufsichtsbehörden haben in der Vergangenheit den Anwendungsbereich des Art. 6 Abs. 1 lit. f DSGVO insofern eingeschränkt, als sie nur in den nachfolgend aufgezählten Fallgruppen von berechtigten Interessen des Verantwortlichen ausgegangen sind:

– Betrug und Fehlverhalten in Bezug auf die Rechnungslegung bzw. interne Rechnungslegungskontrollen,

– Wirtschaftsprüfungsdelikte,

– Korruption,

– Banken- und Finanzkriminalität,

– Geldwäsche, Finanzierung terroristischer Aktivitäten,

– Verbotene Insidergeschäfte,

– Verstöße gegen das Kartellrecht,

– Verstöße gegen das Wettbewerbsrecht,

---

37 Vgl. *Wybitul*, ZD 2011, 118 ff.; *Gerdemann*, RdA 2019, 16 (22).
38 Siehe Orientierungshilfe der Datenschutzaufsichtsbehörden zu Whistleblowing-Hotlines, S. 4, abrufbar unter https://www.datenschutzkonferenz-online.de/media/oh/20181114_oh_whistleblowing_hotlines.pdf, Stand 6.12.2020; *Altenbach/Dierkes*, CCZ 2020, 126 (127).

– Bestechung, Amtsmissbrauch,

– Geheimnisverrat,

– Fälschung von Verträgen, Berichten oder Aufzeichnungen,

– Missbrauch von Unternehmensgütern, Diebstahl oder Veruntreuung,

– Umweltgefährdungen, Gemeingefahren, Gefahren für die Gesundheit bzw. Sicherheit unserer Mitarbeiter und ähnliche Fälle.

Als berechtigtes Interesse des Unternehmens war bzw. ist in diesen Fällen anerkannt, dass dieses rechtliche Konsequenzen, wie z.B. die Strafverfolgung, Bußgelder oder auch Schadenersatzforderungen durch die Verarbeitung der von einem Hinweisgeber gemeldeten Informationen vermeiden bzw. minimieren kann. Zudem kann das Unternehmen seine Reputation möglicherweise retten, indem es im Vorfeld mögliche Missstände erkennen und bekämpfen kann. **22.32**

Dies vorangestellt sind Meldungen von Verhaltensweisen, die sich lediglich auf eher **weiche Faktoren** beziehen, wie bspw. Verstöße gegen interne **Ethik-Richtlinien** und Verfahrensweisen, Verhalten, das sich nur voraussichtlich rufschädigend auswirken könnte oder auch arbeitsplatzbezogene Missstände eher kritisch zu würdigen. Hier ist nicht auszuschließen, dass die Datenschutzaufsichtsbehörden die Aufforderung eines Unternehmens, auch solche Verstöße bzw. Verhaltensweisen zu melden, nicht als berechtigtes Interesse eines Unternehmens einstufen würden. Unabhängig davon, dass ein Arbeitgeber bestimmte Verhaltensweisen, wie bspw. private Beziehungen, per se nicht reglementieren darf[39], überwiegen in diesen Fällen in der Regel die Interessen der vermeintlich Verdächtigen am Unterlassen einer entsprechenden Meldung, da hier in der Regel kein Zusammenhang zwischen einem Schaden für das Unternehmen und dem Vorfall besteht. Daher war und ist nicht zu empfehlen, diese zum Gegenstand einer Whistleblowing-Richtlinie zu machen[40]. **22.33**

Verstöße der oben benannten Art, die sich auf weiche Faktoren beziehen, sollten über Vorgesetzte eskaliert werden. Neben dem Risiko, dem Missbrauch des Hinweisgebersystems Vorschub zu leisten, sind dafür regelmäßig keine offiziellen Ermittlungen erforderlich und die vermeintlichen Täter werden unzumutbar belastet[41].

Im Ergebnis muss immer im Einzelfall im Rahmen einer **Verhältnismäßigkeitsprüfung** geprüft werden, ob lediglich die Daten erhoben werden, die für den verfolgten Zweck erforderlich sind, deren Erhebung angemessen ist und ob tatsächlich überwiegende berechtigte Interessen des Unternehmens die Verarbeitung erlauben[42]. Dies birgt einen erheblichen Unsicherheitsfaktor für alle Beteiligten, da entsprechende Einschätzungen immer relativ sind[43].

Daneben kann sich eine Rechtsgrundlage für den Umgang mit Beschäftigtendaten auch aus Art. 88 DSGVO i.V.m. § 26 Abs. 1 Satz 2 BDSG ableiten: Danach dürfen die Daten von Beschäftigten zur Aufdeckung von Straftaten, die von diesen im Beschäftigtenverhältnis begangen wurden, verarbeitet werden, sofern das schutzwürdige Interesse des Beschäftigten nicht überwiegt und die Verhältnismäßigkeit gewahrt wird. Dabei müssen zu dokumentierende tatsächliche Anhaltspunkte den Verdacht begründen. Der Anwendungsbereich ist sehr eng und wird nicht alle kritischen Verhaltensweisen umfassen; zudem verbleibt ein Restrisiko hinsichtlich der Frage, welche Daten letztlich zur Aufdeckung einer **22.34**

---

39 Vgl. bspw. den Fall Wal-Mart, LAG Düsseldorf v. 14.11.2005 – 10 TaBV 46/05, NZA 2006, 63.

40 Vgl. auch *Lassmann*, AiB 2010, 447 (448); vgl. Orientierungshilfe der Datenschutzaufsichtsbehörden zu Whistleblowing-Hotlines, S. 6, abrufbar unter https://www.datenschutzkonferenz-online.de/media/oh/20181114_oh_whistleblowing_hotlines.pdf, Stand: 6.12.2020.

41 Vgl. dazu auch *Weidmann*, DB 2019, 2393 (2394); *Schmolke*, NZG 2020, 5 (10).

42 Vgl. Orientierungshilfe der Datenschutzaufsichtsbehörden zu Whistleblowing-Hotlines, S. 5, 6, abrufbar unter https://www.datenschutzkonferenz-online.de/media/oh/20181114_oh_whistleblowing_hotlines.pdf, Stand: 6.12.2020.

43 Vgl. *Altenbach/Dierkes*, CCZ 2020, 126 (127).

Straftat erforderlich sind und ob diese auch tatsächlich im Beschäftigungskontext erfolgt. Insofern verbleiben auch hier aufgrund des Auslegungsspielraums und der damit einhergehenden Subjektivität Restrisiken[44].

22.35 Alternativ könnte auch eine Betriebsvereinbarung bzw. ein Tarifvertrag als Rechtsgrundlage für die Verarbeitung von Daten in einem entsprechenden System herangezogen werden (s. Art. 88 DSGVO i.V.m. § 26 Abs. 4 BDSG). An diese sind allerdings hohe Anforderungen zu stellen, da sie eindeutige Regelungen zur Datenerhebung und -verarbeitung und die in Art. 88 Abs. 2 DSGVO enthaltenen Vorgaben betreffend die Umsetzung von angemessenen und besonderen Maßnahmen zur Wahrung der menschlichen Würde, der berechtigten Interessen und der Grundrechte der Arbeitnehmer enthalten müssen. Dies kann zu einer gewissen Herausforderung werden. Zudem kann nur die Verarbeitung der Daten der Arbeitnehmer geregelt werden; für weitere Beteiligte muss auf alternative Rechtsgrundlagen zurückgegriffen werden[45].

22.36 Als weitere Rechtsgrundlage käme ggf. die Einwilligung der jeweils betroffenen Person in Betracht: Diese müsste dann allerdings freiwillig erteilt werden und jederzeit widerruflich sein, Art. 6 Abs. 1 lit. a, Art. 7 DSGVO[46]. Insbesondere bei einer Pflicht zur Meldung von Missständen kann jedoch keine wirkliche Freiwilligkeit erzielt werden. Zudem kann ein Hinweisgeber nicht über die Daten der von ihm gemeldeten Personen entscheiden bzw. an deren Stelle einwilligen; hier scheidet eine Einwilligung bereits aus der Natur der Sache heraus aus.

Bei Arbeitnehmern ist die Einwilligung in die Verarbeitung ihrer Daten durch den Arbeitgeber aufgrund ihres Abhängigkeitsverhältnisses vom Arbeitgeber zudem regelmäßig höchst kritisch und nur in besonderen Ausnahmen zulässig, die bei der Meldung von Missständen nicht greifen würden (s. Art. 26 Abs. 2 Satz 1 BDSG)[47].

Eine Einwilligung in die Verarbeitung von Daten im Rahmen von Whistleblowing wird wohl nur in Ausnahmefällen zulässig sein; so z.B., wenn der Hinweisgeber seine Identität dem Unternehmen mitteilt und/oder sich bereit erklärt, dass diese offengelegt wird[48].

e) Meldepflichten (Ziff. 3.5)

22.37 Regelungen, die lediglich gegenüber dem Mitarbeiter die Erwartungshaltung des Arbeitgebers konstatieren, dass er bei Vorliegen eines Verdachts einmelden möchte, sind regelmäßig als unkritisch einzustufen[49].

22.38 Etwas anderes gilt, wenn der Mitarbeiter in einer Richtlinie zu einer Meldung verpflichtet werden soll und nicht mehr frei entscheiden kann, ob er eine Anzeige tätigt oder nicht. Unabhängig von dem möglichen Klima des Misstrauens, das im Unternehmen geschürt wird, führt eine umfassende Meldepflicht zu einem Konflikt mit dem allgemeinen Persönlichkeitsrecht des Mitarbeiters in der Ausprägung des Rechts auf informationelle Selbstbestimmung[50]. Dazu kommt, dass er im äußersten Fall zu einer Selbstanzeige verpflichtet wäre[51]. Gleichwohl sind Arbeitnehmer verpflichtet, dem Arbeitgeber aufgrund gesetzlicher Nebenpflichten in der Ausprägung von Treue- und Loyalitätspflichten auch ohne

---

44 Vgl. *Altenbach/Dierkes*, CCZ 2020, 126 (127).
45 Vgl. *Weidmann*, DB 2019, 2393 (2394).
46 Vgl. *Klement* in Simitis/Hornung/Spiecker, Art. 7 DSGVO Rz. 48.
47 Vgl. *Seifert* in Simitis/Hornung/Spiecker, Art. 88 DSGVO Rz. 215 ff.
48 Vgl. Orientierungshilfe der Datenschutzaufsichtsbehörden zu Whistleblowing-Hotlines, S. 7, abrufbar unter https://www.datenschutzkonferenz-online.de/media/oh/20181114_oh_whistleblowing_hotlines.pdf, Stand: 6.12.2020.
49 Vgl. *Schuster/Darsow*, NZA 2005, 273 (275).
50 Vgl. *Schemmel/Ruhmanseder/Witzigmann*, Kap. 4 Rz. 136; s. auch *Steffen/Stöhr*, RdA 2017, 43 (49); *Dilling*, CCZ 2019, 214 ff.
51 *Mengel/Hagemeister*, BB 2007, 1386 (1389); *Kempter/Steinat*, NZA 2017, 1505 ff.

weitere Regelungen bzw. Richtlinien Risiken oder drohende Schäden zu melden[52]. Eine Pflicht zur Meldung kann daher jedenfalls dann in einer Richtlinie festgelegt werden, wenn eine gewisse Erheblichkeit der möglichen Missstände oder Pflichtverletzungen vorliegt, Reputationsschäden oder ähnliches zu befürchten sind, etc[53]. Im Ergebnis hängt die Pflicht zur Meldung vom Gegenstand der Meldung ab.

5. Meldeverfahren (Ziff. 4)

M 22.1.4 Meldeverfahren

22.39

4. Meldeverfahren

4.1 Voraussetzungen der Meldung

4.1.1 Offene und anonyme Meldungen

Alle Hinweisgeber werden ermutigt, ihnen bekannte Missstände, Fehlverhalten, Gefährdungen etc. im Sinne dieser Richtlinie bzw. Informationen über Verstöße offen und direkt unter Angabe ihrer Kontaktdaten zu melden, sofern sich ein begründeter Verdacht auf einen Verstoß ergibt.

Alternativ ist aber auch jederzeit eine anonyme Meldung möglich. Da bei einer anonymen Meldung keine Rückfragen möglich sind und das Vertrauen beeinträchtigt werden kann, sollten anonyme Meldungen nur dann erfolgen, wenn dem Hinweisgeber eine ihm zurechenbare Meldung unzumutbar erscheint und er sicherstellen möchte, dass z.B. betroffene Personen keinesfalls seine Identität erfahren.

4.1.2 Begründeter Verdacht

Der Hinweisgeber sollte nur solche Fälle melden, bei denen er einen hinreichenden Grund zu der Annahme hat, dass die gemeldeten Informationen über den Verstoß zum Zeitpunkt des Verstoßes der Wahrheit entsprachen und er einen begründeten Verdacht hat, dass ein nach dieser Richtlinie relevanter Vorfall vorliegt. Er sollte sich bei seinen Meldungen immer auf die Richtlinie beziehen.

Nicht in allen Fällen wird für den Hinweisgeber klar erkennbar sein, ob eine bestimmte Handlung oder ein bestimmtes Verhalten entsprechend den Grundsätzen dieser Richtlinie gemeldet werden muss bzw. sollte. Der Hinweisgeber sollte dies vor seiner Meldung sorgfältig prüfen. Gleichwohl ist es vorzugswürdig, Verdachtsfälle gutgläubig zu melden, anstatt sie zu verschweigen.

Im Zweifelsfall empfehlen wir, zunächst mit Ihrem lokalen Ansprechpartner oder dem für die Richtlinie zuständigen Ansprechpartner gemäß Ziffer 14.3 den Fall abzustimmen, ohne dass der Name des Verdächtigen benannt wird.

4.1.3 Konkret und schlüssig

Jeder Hinweis sollte so konkret wie möglich erfolgen. Der Hinweisgeber sollte dem Empfänger möglichst detaillierte Informationen über den zu meldenden Sachverhalt vorlegen, so dass dieser die Angelegenheit richtig einschätzen kann. In diesem Zusammenhang sollten die Hintergründe, der Tathergang und der Grund der Meldung sowie Namen, Daten, Orte und sonstige Informationen benannt werden. Sofern vorhanden, sollten Dokumente vorgelegt werden. Persönliche Erfahrungen, mögliche Vorurteile oder subjektive Auffassungen sollten als solche kenntlich gemacht werden.

---

52 Vgl. BAG v. 3.7.2003 – 2 AZR 235/02, NZA 2004, 427 (429); s. für den Fall des arbeitgeberseitigen Whistleblowings: *Eufinger*, NZA 2017, 619 ff.; vgl. *Steffen/Stöhr*, RdA 2017, 43 (49).

53 S. dazu die Stellungnahme 1/2006 der *Art. 29 Data Protection Working Party*, WP 117, abrufbar unter http://ec.europa.eu/justice/data-protection/article-29/documentation/opinion-recommendation/files/2006/wp117_en.pdf; vgl. auch *Klasen/Schaefer*, BB 2012, 641 (642); *Wisskirchen/Glaser*, DB 2011, 1392; *Fahrig*, NZA 2010, 1223; *Schulz*, BB 2011, 629 (630 ff.); *Steffen/Stöhr*, RdA 2017, 43 (49); *Kempter/Steinat*, NZA 2017, 1505 ff.

Der Hinweisgeber ist grundsätzlich nicht zu eigenen Ermittlungen verpflichtet; eine Ausnahme kann gelten, wenn er dazu arbeitsvertraglich verpflichtet ist.

4.2 Verfahrensregeln

Den Hinweisgebern stehen verschiedene Möglichkeiten zur Verfügung, einen Hinweis effektiv und zuverlässig zu melden. Sämtliche Meldungen können mündlich (z.B. per Telefon) oder schriftlich bzw. elektronisch erteilt werden. Auf Wunsch des Hinweisgebers können auch persönliche Treffen vereinbart werden.

Die Meldung kann über die internen Meldekanäle kommuniziert werden, d.h. an interne Ansprechpartner oder über das extern betriebene Hinweisgebersystem erfolgen „(Interne Meldung")."

Alternativ kann sich der Hinweisgeber auch über einen externen Meldekanal an die zuständige Behörde wenden, wie bspw. die Polizei oder eine Datenschutzaufsichtsbehörde („Externe Meldung").

Es empfiehlt sich unter Abwägung der eigenen sowie der Interessen der beteiligten Personen und des Unternehmens das nachfolgend beschriebene Verfahren zur Meldung von Verstößen gemäß seinen Abstufungen angemessen in Anspruch zu nehmen.

4.2.1 Interne Meldungen

(a) Stufe eins – Vorgesetzte

Erster Ansprechpartner sollte immer der Vorgesetzte oder die unmittelbar sachlich zuständige Person sein. Dies ist in der Regel der einfachste Weg, um ein Problem, das sich auf das Arbeitsumfeld bezieht, anzusprechen, Missverständnisse aufzuklären und ein gutes und offenes Arbeitsklima sicherzustellen. Ist die Angelegenheit begründet, so wird der Ansprechpartner die weiteren Schritte einleiten.

(b) Stufe zwei – Abteilung Compliance

Erscheint es aus sachlichen oder persönlichen Gründen unzumutbar oder nicht zweckmäßig, dass der Hinweis gegenüber dem Vorgesetzten/sachlich Zuständigen erfolgt, kann sich der Hinweisgeber auch direkt an den Leiter der Abteilung Compliance als seinen Ansprechpartner wenden. Gleiches gilt, wenn der Vorgesetzte/sachlich Zuständige den Hinweis nach Ansicht des Mitarbeiters nicht ordnungsgemäß verfolgt.

Alternative:

(b) Stufe zwei – Personalabteilung

Erscheint es aus sachlichen oder persönlichen Gründen unzumutbar oder nicht zweckmäßig, dass der Hinweis gegenüber dem Vorgesetzten/sachlich Zuständigen erfolgt, kann sich der Hinweisgeber auch direkt an den Leiter der lokalen Personalabteilung als seinen Ansprechpartner wenden. Gleiches gilt, wenn der Vorgesetzte/sachlich Zuständige den Hinweis nach Ansicht des Mitarbeiters nicht ordnungsgemäß verfolgt.

(c) Stufe drei – Geschäftsführung

Erscheint es aus sachlichen oder persönlichen Gründen erforderlich, dass der Hinweis direkt gegenüber der Geschäftsführung erfolgt, kann sich der Hinweisgeber auch unmittelbar an diese als seinen Ansprechpartner wenden. Dies gilt insbesondere, wenn der Hinweis nach Ansicht des Mitarbeiters nicht sachgemäß durch den Vorgesetzten/sachlich Zuständigen oder die zuständige Abteilung verfolgt wird. Erforderlich ist eine direkte Kommunikation insbesondere dann, wenn zu befürchten ist, dass der Vorgesetzte/sachlich Zuständige oder der Ansprechpartner der zuständigen Abteilung an dem Sachverhalt beteiligt ist oder wenn der Hinweisgeber schwerwiegende persönliche Benachteiligungen zu befürchten hat.

Alternative bzw. Zusatz:

(c) Stufe drei – Ombudsmann

Erscheint es aus sachlichen oder persönlichen Gründen erforderlich, dass der Hinweis nicht gegenüber den Vorgesetzten/sachlich Zuständigen oder der zuständigen Abteilung erfolgt, kann sich der Hinweisgeber auch an den von unserer Unternehmensgruppe eingesetzten Ombudsmann als seinen Ansprechpartner wenden.

Der Ombudsmann ist zur Vertraulichkeit verpflichtet und prüft als unabhängige Instanz die eingehenden Meldungen.

4.2.2 Meldung an das Hinweisgebersystem

Hinweisgeber haben weiterhin die Möglichkeit, als internen Meldekanal eine externe, unabhängige und vertrauliche Whistleblowing-Hotline bzw. eine vertrauliche Internetseite zu nutzen, um einen Missstand oder ein Problem zu melden.

Eine Meldung an das Hinweisgebersystem sollte nur dann erfolgen, wenn eine interne Kommunikation unzumutbar erscheint oder der Hinweisgeber davon ausgeht, dass seine Meldung intern nicht ordnungsgemäß behandelt wird.

(a) Whistleblowing Hotline

Hinweisgeber haben die Möglichkeit, sich telefonisch an eine Whistleblowing Hotline zu wenden und dort gegenüber dem jeweiligen Ansprechpartner ihre Meldung abzugeben. Die Hotline wird von … betrieben, einem externen und unabhängigen Unternehmen mit Sitz in … Die Angestellten des Betreibers der Hotline sind zur Vertraulichkeit verpflichtet und nicht mit unserer Unternehmensgruppe verbunden. Sie sind speziell für den Umgang mit Hinweisgebern und deren Angelegenheiten ausgebildet und können auf entsprechende professionelle Erfahrung zurückgreifen. Die Hotline ist 24 Stunden erreichbar. Es stehen Ansprechpartner für jedes Land zur Verfügung, so dass Sie Meldungen in Ihrer Muttersprache abgeben können.

Bitte nutzen Sie die folgenden gebührenfreien Telefonnummern:

Deutschland: …

Großbritannien: …

…

Weitere Informationen über die Hotline stehen Ihnen unter www … zur Verfügung.

***Alternative** (bei Sitz der Hotline in einem Staat außerhalb des Europäischen Wirtschaftsraums):*

*Die Übermittlung der Daten an die Hotline erfolgt (**Alternativen**) in einen Drittstaat außerhalb der Europäischen Union, der einen dem EU-Standard angemessenes Datenschutzniveau einhält, auf Grundlage der Standardvertragsklauseln der Europäischen Union, auf Grundlage von Binding Corporate Rules (…). Weitere Informationen bzw. Kopien der Regelungen sind unter www … erhältlich.*

(b) Whistleblowing Webseite

Hinweisgeber haben auch die Möglichkeit, Hinweise auf unserer Whistleblowing Webseite zu hinterlassen. Die Webseite ist unter … in der jeweiligen Landessprache erreichbar und wird von … betrieben, einem externen und unabhängigen Unternehmen mit Sitz in …, das sich auf den Umgang mit Hinweisen spezialisiert hat. Die Hinweise werden vertraulich behandelt.

Weitere Informationen über die Whistleblowing Webseite stehen unter www … zur Verfügung.

***Alternative** (bei Sitz der Hotline in einem Staat außerhalb des Europäischen Wirtschaftsraums):*

*Die Übermittlung der Daten an die Hotline erfolgt (**Alternativen**) in einen Drittstaat außerhalb der Europäischen Union, der einen dem EU-Standard angemessenes Datenschutzniveau einhält, auf Grundlage der Standardvertragsklauseln der Europäischen Union, auf Grundlage von Binding Corporate Rules (…). Weitere Informationen bzw. Kopien der Regelungen sind unter www … erhältlich.*

4.2.3 Externe Meldung

Dem Hinweisgeber steht auch der Weg frei, einen externen Meldekanal zu nutzen. Es empfiehlt sich, zuvor sorgfältig alle Informationen über den Verstoß abzuwägen und zu prüfen, ob tatsächlich vor einer internen Meldung eine externe Meldung erfolgen soll. In diesem Fall kann der Verstoß einer zuständigen Behörde, wie bspw. den Strafverfolgungs-, Ordnungs-, Finanz-, Gesundheits- oder Datenschutzaufsichtsbehörden, vom Hinweisgeber gemeldet werden. Ein solcher Hinweis sollte insbesondere dann erfolgen, wenn dies gesetzlich vorgeschrieben ist, ein gewichtiges öffentliches Interesse vorliegt oder Gefahr im Verzug besteht. Bei akuter Gefahr sollten vorrangig Behörden mit Eilbefugnis (Polizei, Feuerwehr etc.) informiert werden.

Das Instrument einer externen Meldung muss nach Urteil des Hinweisgebers im Vergleich zu anderen Alternativen das mildeste Mittel sein.

Der Hinweisgeber sollte dafür Sorge tragen, die möglichen negativen Konsequenzen der externen Meldung für das Unternehmen sowie für die beteiligten Personen auf ein Minimum zu beschränken. Die Instanz außerhalb des Unternehmens, an die die Informationen weitergeleitet werden, muss in der Lage sein, auf effektive Weise Schritte gegen den vermuteten Verstoß zu unternehmen.

Bevor der Hinweisgeber nach außen aktiv wird, sollte er zudem prüfen, ob er die internen Ansprechpartner, wie bspw. eine lokale Vertrauensperson, den Ombudsmann, die Geschäftsführung oder einen anderen im Rahmen des externen Hinweisgebersystems benannten Ansprechpartner über die beabsichtigte Meldung an eine Stelle außerhalb des Unternehmens informiert.

4.2.4 Offenlegung

Die Offenlegung von Verstößen gegenüber z.B. der Presse sollte nur in absoluten Ausnahmefällen erfolgen, da diese erhebliche Auswirkungen für unser Unternehmen hat. Insbesondere Falschmeldungen können unsere Reputation stark schädigen.

Vor einer Offenlegung sollte der Hinweisgeber bereits eine interne oder eine externe Meldung abgegeben haben und trotz der Meldung haben weder wir noch die Behörde geeignete Maßnahmen zu der Behebung des Verstoßes ergriffen.

Alternativ sollte der Hinweisgeber vor einer Offenlegung sicherstellen, dass er einen hinreichenden Grund zu der Annahme hat, dass der Verstoß eine unmittelbare oder offenkundige Gefährdung des öffentlichen Interesses darstellt oder er im Fall einer externen Meldung Repressalien zu befürchten hat bzw. dass aufgrund besonderer Umstände des Falls nur geringe Aussichten bestehen, dass wirksam gegen den Verstoß von einer Behörde vorgegangen wird.

4.2.5 Dokumentation

Schriftliche und elektronische Meldungen werden im Unternehmen zugriffsgeschützt aufbewahrt bzw. gespeichert.

Für mündliche Meldungen gilt folgendes:

– *Mit Einwilligung des Hinweisgebers werden mündliche Meldungen (z.B. per Telefon) dauerhaft und abrufbar in einer Tonaufzeichnung gespeichert. Alternativ zur Speicherung kann eine vollständige und genaue Niederschrift des Gesprächs durch den Ansprechpartner erfolgen.*

– *Erfolgt keine Tonaufzeichnung der mündlichen Meldung, kann ein Gesprächsprotokoll durch den Ansprechpartner angefertigt werden.*

Für persönliche Zusammenkünfte gilt folgendes:

– *Erfolgt ein Treffen mit dem Hinweisgeber, kann auch hier mit Einwilligung des Hinweisgebers eine Tonaufzeichnung angefertigt und diese dauerhaft und abrufbar gespeichert oder alternativ ein Protokoll angefertigt werden.*

Der Hinweisgeber muss die Möglichkeit erhalten, Niederschriften bzw. Protokolle von mündlichen Meldungen bzw. persönlichen Zusammenkünften zu prüfen, ggf. zu korrigieren und durch seine Unterschrift zu bestätigen.

a) Ratio

22.40 Die Nutzer des Hinweisgebersystems sollen ausführlich über das **Verfahren der Meldung von Missständen** etc. in Kenntnis gesetzt werden. Die Regelung soll den Hinweisgeber bestärken, Hinweise trotz eventueller Zweifel zu melden und dem Hinweisgeber aufzeigen, dass seine Hinweise nicht zu Sanktionen führen. Das Verfahren bildet bereits die Anforderungen der WBRL ab, so dass sich Unternehmen bei der Ausgestaltung ihrer Verfahren direkt daran orientieren können.

Daneben wird durch die Hinweise zum **Inhalt und der Form der Meldung** dem Grundsatz der Datensparsamkeit und -vermeidung Rechnung getragen. Zusätzlich wird Vertraulichkeit hergestellt und die Interessen des Verdächtigen auf einen sorgsamen und angemessenen Umgang mit seinen Daten gewahrt, indem nur die jeweils berechtigten Ansprechpartner Kenntnis von der Meldung erlangen.

b) Melde-Voraussetzungen (Ziff. 4.1)

aa) Offene oder anonyme Meldungen (Ziff. 4.1.1)

Anonymes Whistleblowing birgt die grundsätzliche Gefahr eines Anstiegs denunzierender Hinweise. Daneben ist die Aufklärung des Sachverhalts erheblich schwieriger, wenn der Hinweisgeber nicht als Informant zur Verfügung steht. Gleiches gilt für die Strafverfolgung: Der Hinweisgeber steht in der Regel auch nicht als Zeuge im anschließenden Strafverfahren zur Verfügung.   22.41

Die Datenschutzaufsichtsbehörden wollten in der Vergangenheit anonyme Hinweise nur in Ausnahmefällen zulassen bzw. forderten sogar, dass Unternehmen erst gar nicht auf die Möglichkeit einer anonymen Nutzung hinweisen sollten[54]. Begründet wurde dies damit, dass sich eine zu Unrecht gemeldete Person nicht in einem rechtsstaatlichen Verfahren gegen den Hinweisgeber zur Wehr setzen könne. Stattdessen solle Vertraulichkeit zugesichert und im Unternehmen ein entsprechendes Klima geschaffen werden[55]. Daneben seien offene Hinweise regelmäßig glaubwürdiger als anonyme[56].   22.42

Diese Auffassung wird inzwischen von den Behörden nicht mehr vertreten; im Gegenteil, die Behörden gehen sogar davon aus, dass für die Verarbeitung der Identität des Hinweisgebers gar keine Rechtsgrundlage bestehe, so dass seine Einwilligung in die Verarbeitung bzw. die Offenlegung seiner Daten eingeholt werden müsse. Die Einwilligung könne sich allerdings aus seinem Verhalten ergeben (z.B. durch bewusste Preisgabe seiner Identität); ein Widerruf müsse innerhalb eines Monats nach Meldung erfolgen[57].

Es wird zudem argumentiert, dass ein System, das keine Anonymität zulässt, in der Praxis weniger effektiv sei, da sich Hinweisgeber vor den Konsequenzen ihrer Meldungen scheuen würden. In der Tat sind gerade dann, wenn der Hinweisgeber einen Täter im Kollegenumfeld identifizieren soll, die Bedenken groß, sich öffentlich zu einer Meldung zu bekennen. Die Angst überwiegt in der Regel gegenüber dem Vertrauen des Hinweisgebers in die Wahrung der Vertraulichkeit durch das Unternehmen[58].   22.43

Die WBRL hat diesem Umstand Rechnung getragen und erlaubt das anonyme Whistleblowing grundsätzlich. Sie überlässt allerdings den Mitgliedsstaaten die endgültige Entscheidung, ob und in welchem

54 Vgl. Stellungnahme 1/2006 der *Art. 29 Data Protection Working Party*, WP 117, IV. Nr. 2 iii), S. 11, abrufbar unter http://ec.europa.eu/justice/data-protection/article-29/documentation/opinion-recommendation/files/2006/wp117_en.pdf, Stand: 6.12.2020.

55 Vgl. Stellungnahme 1/2006 der *Art. 29 Data Protection Working Party*, WP 117, IV. Nr. 2 iii), S. 11, abrufbar unter http://ec.europa.eu/justice/data-protection/article-29/documentation/opinion-recommendation/files/2006/wp117_en.pdf; Stellungnahme des *Düsseldorfer Kreises* zu Whistleblowing-Hotlines, S. 4, 5, abrufbar unter http://www.datenschutz-hamburg.de/uploads/media/Handreichung_Whistleblowing-Hotlines.pdf, Stand: 6.12.2020.

56 Vgl. zu der Schwierigkeit der Wahrung der Vertraulichkeit bei internen Meldungen *Dilling*, CCZ 2019, 214 (221, 222).

57 Vgl. Orientierungshilfe der Datenschutzaufsichtsbehörden zu Whistleblowing-Hotlines, S. 8, 9, abrufbar unter https://www.datenschutzkonferenz-online.de/media/oh/20181114_oh_whistleblowing_hotlines.pdf, Stand: 6.12.2020.

58 Vgl. dazu *Mengel*, CCZ 2008, 85 (89); *Viefhues*, ZD-Aktuell 2012, 03065; *Dilling*, CCZ 2019, 214 (221, 222); *Süße/Ahrens*, BB 2019, 1332 (1334); *Schröder* in Forgó/Helfrich/Schneider, Kap. 3 Rz. 61, 62.

Umfang sie Anonymität zulassen möchten, vgl. Art. 6 Abs. 2 WBRL. Insofern bleibt abzuwarten, wie Deutschland sich entscheidet.

22.44 Eine Alternative kann sein, anonymes Whistleblowing zwar grundsätzlich zuzulassen, aber eine neutrale Stelle zu installieren, die für eine vertrauliche Entgegennahme von Hinweisen unter Angabe von Kontaktdaten zur Verfügung steht (bspw. einen **Ombudsmann**). Diese neutrale Stelle sollte die Meldung bzw. die Daten des Hinweisgebers gegenüber dem Unternehmen nur dann offenlegen, wenn eine entsprechende Freigabe des Hinweisgebers erfolgt[59]. Damit könnten die Vorteile der offenen Meldung mit denen der anonymen Meldung zumindest im Ansatz kombiniert werden[60].

bb) Erforderlicher Verdachtsgrad (Ziff. 4.1.3)

22.45 Hinweisgeber scheuen häufig vor Meldungen zurück, weil sie nicht wissen, ob der Verdacht tatsächlich begründet ist und welche Konsequenzen eine **fehlerhafte Meldung** hat. Um diesen Risiken zu begegnen und Vertrauen zu schaffen, ist es sinnvoll, konkret zu beschreiben, in welchen Fällen von einem begründeten Verdacht ausgegangen werden kann. Die Regelung wird ergänzt durch Ziff. 2.12 (Definition des guten Glaubens) und Ziff. 7 (Missbrauch des Hinweisgebersystems).

22.46 Die WBRL sieht zudem umfassenden Schutz des Hinweisgebers vor bzw. weitet seinen diesbezüglichen Schutz aus: Er muss letztlich vernünftigerweise davon ausgegangen sein, dass die Information der Wahrheit entspricht und auch unter die WBRL fällt, ohne dass es letztlich darauf ankommt, ob der Verstoß nachgewiesen werden kann oder nicht, Art. 13 Abs. 1 WBRL. Insofern wird einem Hinweisgeber künftig nur schwer nachzuweisen sein, dass kein berechtigter Verdacht vorliegt, der eine Meldung eines Verstoßes in einem von der WBRL umfassten Bereich subjektiv rechtfertigen würde[61].

c) Verfahren (Ziff. 4.2)

22.47 Internes Whistleblowing liegt dann vor, wenn der Hinweisgeber seine Meldung direkt gegenüber dem Unternehmen bzw. der Organisation abgibt, innerhalb derer die Missstände aufgetreten sein sollen. Dabei kommen sowohl interne Anlaufstellen (d.h. Vorgesetzte, bestimmte Abteilungen, interne Ombudsmänner) als auch externe Anlaufstellen (d.h. externe Stellen, die von dem Unternehmen mit der Annahme der Meldungen beauftragt wurden, wie externe Ombudsmänner oder Betreiber von Hotlines) in Betracht.

22.47a Um die Hürden für eine Meldung so gering wie möglich zu halten, bieten Unternehmen dabei als Meldeverfahren häufig sowohl die Möglichkeit zur telefonischen Meldung (sog. Whistleblowing Hotline) als auch zur elektronischen Meldung über eine Webseite an (Ziff. 4.2.2). Beide Verfahren stehen üblicherweise direkt in mehreren Sprachen zur Verfügung. Gerade bei größeren Unternehmen oder auch bei der Nutzung von externen Stellen lohnt sich die Investition in bzw. die Nutzung einer Webseite, da eine Meldung ohne direkten menschlichen Kontakt bei dem Meldenden ggf. Berührungsängste abbauen kann und hier Meldungen rund um die Uhr gemacht werden können. Es gibt eine Vielzahl von Anbietern auf dem Markt, die solche Webseiten anbieten.

22.48 Davon zu unterscheiden ist das externe Whistleblowing: Hier wendet sich der Hinweisgeber an eine Stelle außerhalb des Unternehmens, wie bspw. die zuständige Behörde.

---

59 S. dazu M 22.1 Ziff. 5, Alternative 1 und 2 sowie Rz. 22.65.
60 Vgl. dazu ausführlich *Schemmel/Ruhmannseder/Witzigmann*, Kap. 5 Rz. 72 ff.
61 Siehe auch mit weiterführenden Hinweisen zur Rechtsprechung des BAG in diesem Zusammenhang *Gerdemann*, RdA 2019, 16 (23).

Zudem wird mit der WBRL eine weitere Kategorie eingeführt: die Offenlegung. Dies umfasst die   22.49
Weitergabe von Informationen über Verstöße an z.B. die Öffentlichkeit.

aa) Interne Meldungen (Ziff. 4.2.1)

Unternehmen sollten so genau wie möglich beschreiben, welche Ansprechpartner dem Hinweisgeber   22.50
zur Verfügung stehen. Wer hier benannt wird, richtet sich nach der jeweiligen internen Organisation
des Unternehmens. Je nach Zuständigkeit kommen bspw. die **Compliance-Abteilung**, die **Rechtsabteilung** oder auch die **Interne Revision** in Betracht. Es kann sich auch empfehlen, eine neutrale, unabhängige Stelle, einen sog. **Ombudsmann**, zu benennen (s. dazu Ziff. 4.2.1, Alternative c). Dies hat regelmäßig den Vorteil, dass die Hinweisgeber aufgrund der Neutralität eher bereit sind, entsprechende
Meldungen zu machen.

Hinsichtlich der Ansprechpartner schlägt die WBRL vor, dass innerhalb des Unternehmens die „am   22.51
besten geeignete" Person zum Erhalt und zur Nachverfolgung der Meldungen bestimmt wird. Laut EU
könnten das sein: Compliance Officer, Personalleiter, Legal Counsel/Unternehmensjurist, Chief Financial Officer (CFO)/Finanzdirektor oder auch ein Mitglied des Vorstands oder der Geschäftsführung.
Hier sollte das Unternehmen prüfen, wer in Betracht kommt. Unternehmen können die Bearbeitung
von Hinweisen auch auslagern, beispielsweise an einen Ombudsmann.

Sämtliche Ansprechpartner sollten zur Einhaltung der Vertraulichkeit verpflichtet und geschult werden. Da letztlich aufgrund der in Art. 5 DSGVO normierten Rechenschaftspflicht ein Nachweis zu führen ist, dass die Regelungen der DSGVO u.a. durch die mit der Verarbeitung beschäftigten Personen
eingehalten werden bzw. diese entsprechend zu schulen sind, empfiehlt sich eine solche Verpflichtung,
die neben der seinerzeit in § 5 BDSG a.F. vorgesehenen Verpflichtung auf das Datengeheimnis bzw.
jetzt über Art. 5 DSGVO abgeleitete Verpflichtung auf die Vertraulichkeit ergänzend vorgenommen
werden sollte[62].

In größeren Organisationen wird dabei auch häufig ein Ansprechpartner benannt, der bspw. im Mut-   22.52
terkonzern ansässig ist. Datenschutzrechtlich ist zu beachten, dass eine **Übermittlung der Daten** an einen Ansprechpartner in einem anderen Unternehmen einer datenschutzrechtlichen Legitimation bedarf; hier ist sorgfältig im Einzelfall zu prüfen, ob entsprechende Datenströme auf Grundlage des § 26
BDSG bzw. Art. 6 Abs. 1 lit. f DSGVO oder einer etwa abzuschließenden Betriebsvereinbarung gerechtfertigt sind und ob transparent über diese Datenströme informiert wird[63].

Wird eine externe Stelle beauftragt, ist weiterhin darauf zu achten, dass auch hier je nach Ausgestaltung   22.53
des Auftragsverhältnisses die erforderlichen datenschutzrechtlichen Legitimationen erfolgen. Wird die
Stelle bspw. als **Auftragsverarbeiter** tätig, ist ein Auftragsverarbeitungsvertrag gem. Art. 28 ff. DSGVO
abzuschließen[64]. Daneben ist sicherzustellen, dass die Tätigkeit der externen Stelle den datenschutzrechtlichen Anforderungen nach der DSGVO bzw. dem BDSG entspricht[65].

Sitzt das andere Unternehmen in einem **unsicheren Drittstaat**, der kein von der Europäischen Kom-   22.54
mission anerkanntes Datenschutzniveau aufweist (wie z.B. Indien), sind darüber hinaus zusätzlich die
Voraussetzungen des internationalen Datentransfers gem. Art. 46 ff. DSGVO einzuhalten (d.h. es ist

---

62 Vgl. dazu *Frenzel* in Paal/Pauly, Art. 5 DSGVO Rz. 47–49; *Schröder*, Datenschutzrecht für die Praxis,
    Kap. 3 Ziff. II.1.

63 Vgl. dazu *Wybitul*, ZD 2011, 118 (121); s. dazu auch zum Austausch von Daten auf Grundlage des
    „kleinen Konzernprivilegs" *Bauer*, Datenschutzpraxis 8/2016, S. 18; *Felge*, ZD 2015, 116 ff.; *Piltz*, K&R
    2016, 557 (565); *Taeger* in Taeger/Gabel, Art. 6 DSGVO Rz. 110; *Körner*, NZA 2019, 1389; *Buchner/Petri*
    in Kühling/Buchner, Art. 6 DSGVO Rz. 168; *Schröder* in Forgó/Helfrich/Schneider, Kap. 3 Rz. 64.

64 Zu den Voraussetzungen s. bspw. bei *Martini* in Paal/Pauly, Art. 28 DSGVO Rz. 38 ff.; sowie die Muster
    M 8.1 und M 9.1 in Teil 2, Rz. 8.5 und Rz. 9.7.

65 Vgl. dazu ausführlich Teil 2, Rz. 8.1 ff.

entweder eine Einwilligung aller Betroffenen erforderlich oder es werden bspw. die seitens der EU-Kommission erlassenen Standarddatenschutzklauseln abgeschlossen)[66].

22.55 Hier ist zu beachten, dass der Verantwortliche nach Art. 13 ff. DSGVO über die Empfänger der Daten, die Absicht, die Daten in ein unsicheres Drittland zu übermitteln und auch die **rechtliche Legitimation** des Transfers in den unsicheren Drittstaat informieren muss. Rein vorsorglich kann daher bereits hier der Sitz des Unternehmens angegeben werden (s. dazu auch unten Rz. 22.79)[67].

22.56 Die rechtliche Legitimation ergibt sich aus den „angemessenen Garantien" nach Art. 46 ff. DSGVO, die ein dem europäischen Datenschutzniveau entsprechendes Niveau sicherstellen sollen. Hier ist eine Angabe erforderlich, ob das Empfängerland ein dem europäischen Niveau entsprechendes Niveau aufweist (Art. 45 DSGVO), ob Datenexporteur und Datenimporteur ggf. Standardvertragsklauseln oder ähnlich verbindliche, von den zuständigen Datenschutzaufsichtsbehörden genehmigte Verträge vereinbart haben oder ggf. Binding Corporate Rules zum Einsatz kommen, Art. 46 ff. DSGVO. Im Zusammenhang mit dem Transfer von Daten u.a. in die USA ist seit dem Urteil des EuGH aus Juli 2020[68] zum sog. „Privacy Shield" eine erhebliche Rechtsunsicherheit entstanden, ob und unter welchen Voraussetzungen der Transfer in ein unsicheres Drittland (also ein Land, dass kein dem europäischen Datenschutzniveau entsprechendes Niveau aufweist), zulässig sein soll. Hier wird u.a. gefordert, dass der Verantwortliche bei einer Vereinbarung von Standardvertragsklauseln durch geeignete Prüfungen des Empfängers der Daten und ggf. zusätzliche Klauseln zu den Standardvertragsklauseln sicherstellen muss, dass die Rechte der Betroffenen ausreichend gewahrt werden und z.B. der rechtstaatlich nicht ausreichend abgesicherte Zugriff auf die Daten durch ausländische Behörden ausgeschlossen sein muss[69]. Hier bleibt die weitere Entwicklung abzuwarten. Hinsichtlich der Einführung von Whistleblowing-Systemen könnte sich jedenfalls empfehlen, die Verarbeitung auf Stellen mit Sitz innerhalb der EU zu beschränken. Dies vereinfacht jedenfalls die Prozesse.

22.57 Zudem ist der Betroffene darüber zu informieren, wo diese Klauseln etc. entweder in Kopie zu erhalten oder abrufbar sind, Art. 13 Abs. 1 lit. f DSGVO. Dies kann z.B. über die Bereitstellung entsprechender Informationen auf einer Homepage erfolgen. Die Belehrung hier kann ggf. entbehrlich sein, wenn alternativ unter Ziff. 12 „Datenschutz" ausführlich informiert wird. Aus Gründen der Transparenz bzw. der leichteren Lesbarkeit könnte sich dies jedoch zusätzlich empfehlen (s. dazu Rz. 22.79, Rz. 22.92 ff.).

22.58 Verantwortlich für die Legitimation des Austauschs ist immer der Verantwortliche. Dies gilt insbesondere, wenn eine externe Stelle bspw. durch den im außereuropäischen Ausland ansässigen Mutterkonzern beauftragt wird; eine solche Beauftragung befreit das Unternehmen als Verantwortlichen nicht davon, die Zulässigkeit des Betriebs des Hinweisgebersystems auf Grundlage des deutschen Datenschutzrechts zu legitimieren; dies erfordert ggf. den Abschluss von Auftragsverarbeitungsverträgen bzw. die Legitimation des internationalen Transfers von Daten[70]. Hier gilt die oben ausgeführte Informationspflicht entsprechend.

---

66 Vgl. dazu ausführlich die Erläuterungen zu den EU-Standarddatenschutzklauseln in Teil 5, Rz. 26.1 ff., Rz. 27.1 ff. und Rz. 28.1 ff. und *Pauly* in Paal/Pauly, Art. 46 DSGVO Rz. 18 ff.; zu den Bedenken gegen die Übermittlung von Daten an Unternehmen mit Sitz in den USA *Granetzny/Grau*, NZA 2016, 405.

67 Vgl. zu den Informationspflichten *Bäcker* in Kühling/Buchner, Art. 13 DSGVO Rz. 28 ff. und Rz. 33 ff.

68 Vgl. EuGH v. 16.7.2020 – C-311/18, GRUR-RS 2020, 16082; s. Anmerkungen *Schreiber*, GRUR-Prax. 2020, 379.

69 Siehe z.B. die Orientierungshilfe des *Landesbeauftragten für Datenschutz und Informationsfreiheit Baden-Württemberg*, abrufbar unter: https://www.baden-wuerttemberg.datenschutz.de/wp-content/uploads/2020/08/LfDI-BW-Orientierungshilfe-zu-Schrems-II.pdf oder die FAQ des European Data Protection Board: https://edpb.europa.eu/sites/edpb/files/files/file1/20200724_edpb_faqoncjeuc31118_en.pdf; Stand: 6.12.2020.

70 Vgl. zu den Voraussetzungen der Auftragsdatenverarbeitung durch ausländische Auftragnehmer *Voigt*, ZD 2012, 546 ff. und die Erläuterungen in Teil 5, Rz. 28.1 ff.

bb) Externe Meldungen (Ziff. 4.2.3)

Die Offenbarung von **Betriebs- und Geschäftsgeheimnissen** oder auch die Information von externen Dritten ohne vorherige Einschaltung der Entscheidungsträger bzw. Ansprechpartner im Unternehmen kann grundsätzlich für den Arbeitnehmer weitreichende Konsequenzen, wie bspw. seine Entlassung, nach sich ziehen[71]. 22.59

Die WBRL erlaubt dem Hinweisgeber neben der Internen Meldung allerdings auch die Meldung an externe Stellen (auch wenn in Art. 7 Abs. 2 WBRL formuliert ist, dass sich die Mitgliedstaaten dafür einsetzen sollen, dass interne Meldewege gegenüber externen bevorzugt werden sollten) und sieht insbesondere Regelungen zum Schutz des Hinweisgebers vor. Eine Meldung an eine externe Stelle kommt insbesondere dann in Betracht, wenn das Unternehmen keinen internen Meldekanal eingerichtet hat (sei es, weil es nicht verpflichtet ist oder es unterlassen hat), der Hinweisgeber diese nicht kennen konnte oder ihm ggf. eine interne Meldung nicht zugemutet werden kann[72]. Zudem geht der Gesetzgeber davon aus, dass mitunter eine Behörde effizienter die Verstöße verfolgen kann bzw. nicht in jedem Fall der Hinweisgeber sicher sein kann, dass er nicht doch bei einer internen Meldung Repressalien ausgesetzt ist. Die WBRL sieht insofern auch konkrete Vorgaben zur Einrichtung der externen Meldekanäle durch die Mitgliedstaaten vor.

cc) Offenlegung (Ziff. 4.2.4)

Unter engen Voraussetzungen ist nach der WBRL auch die Offenlegung der Informationen über Verstöße an die Medien bzw. die Öffentlichkeit zulässig, Art. 15 WBRL. Grundsätzlich muss der Hinweisgeber hier erfolglos intern und extern gemeldet bzw. keine Rückmeldung erhalten haben, bevor er – ohne Repressalien fürchten zu müssen – die Verstöße offenlegen darf. In der Praxis werden diese Fälle eher selten sein; ggf. wird der Hinweisgeber in diesen Fällen zudem ergänzenden Schutz über den presserechtlichen Informantenschutz genießen[73]. 22.60

dd) Dokumentation (Ziff. 4.2.5)

Es ist zu empfehlen, Prozesse zur Dokumentation insbesondere der mündlichen Äußerungen einzurichten. Art. 18 WBRL legt hier konkret fest, was wie zu dokumentieren ist und welchen Schutz der Hinweisgeber genießt. Unternehmen könnten z.B. in Anlehnung an Call-Center-Prozesse technische Möglichkeiten zur Aufnahme von Telefonaten etc. einführen, um die Anforderungen umzusetzen. 22.61

6. Verfahrensablauf nach Meldung (Ziff. 5)

M 22.1.5 Verfahrensablauf nach Meldung 22.62

5. Verfahrensablauf nach Meldung

Jede Meldung wird vertraulich und unter Berücksichtigung der geltenden Datenschutzgesetze behandelt. Insbesondere ist sichergestellt, dass die Vertraulichkeit der Identität des Hinweisgebers und betroffener Personen gewahrt bleibt und nur zugriffsberechtigte Mitarbeiter unseres Unternehmens Zugriff auf diese Daten erhalten.

Sofern der Hinweisgeber seine Identität mitgeteilt hat, erhält er innerhalb von sieben Tagen nach Zugang der Meldung eine Bestätigung über deren Eingang.

---

71 Vgl. bspw. LAG Schleswig-Holstein v. 20.3.2012 – 2 SA 331/11, ZD 2012, 336; BAG v. 3.7.2003 – 2 AZR 235/02, NZA 2004, 427 (430); BAG v. 7.12.2006 – 2 AZR 400/05, NZA 2007, 502 (503 ff.); *Schultz*, ArbR-Aktuell 2017, 10 ff.; *Herbert/Oberath*, NZA 2005, 193 (198).

72 *Gerdemann*, RdA 2019, 16 (23), vgl. auch BAG v. 4.7.1991 – 2 AZR 80/91, BeckRS 1991, 30738133.

73 *Gerdemann*, RdA 2019, 16 (23, 24); *Granetzny/Markworth*, jurisPR-Comp 1/2020, Anm. 1 (2, 3).

Nach dem Eingang einer Meldung ergreift die Stelle, die die Meldung entgegennimmt, Folgemaßnahmen. Dazu zählt eine erste Überprüfung der Hinweise, insbesondere, ob Beweise vorliegen, die die übermittelten Informationen bekräftigen oder widerlegen.

Ist die entgegennehmende Stelle der Auffassung, dass weitere Ermittlungen erfolgen sollten, dokumentiert sie dies und leitet die Informationen an die im Unternehmen zuständige Stelle weiter. Diese führt im Anschluss die internen Ermittlungen durch.

Alternative 1:

Hat der Ombudsmann die Meldung entgegengenommen und ist er der Auffassung, dass Folgemaßnahmen ergriffen werden sollten, wird er dies dokumentieren und dem Hinweisgeber mitteilen. Er wird die Informationen an die im Unternehmen zuständige Stelle weiterleiten, die im Anschluss die weiteren Folgemaßnahmen ergreift bzw. interne Ermittlungen durchführt. Den Namen des Hinweisgebers wird er nur dann dem Unternehmen mitteilen, wenn dieser seine vorherige Freigabe erteilt hat.

Alternative 2:

Hat der Ombudsmann die Meldung entgegengenommen und ist er der Auffassung, dass Folgemaßnahmen ergriffen werden sollten, wird er dies dokumentieren und dem Hinweisgeber mitteilen. Er wird nach entsprechender vorheriger Freigabe durch den Hinweisgeber die Informationen an die im Unternehmen zuständige Stelle weiterleiten, die im Anschluss die weiteren Folgemaßnahmen ergreift bzw. interne Ermittlungen durchführt. Den Namen des Hinweisgebers wird er ebenfalls nur nach dessen entsprechender Freigabe gegenüber dem Unternehmen offenlegen.

Mitarbeiter sind verpflichtet, die für die Untersuchung zuständige Stelle bei ihren Ermittlungen zu unterstützen und nach bestem Gewissen an der Aufklärung des Verdachts mitzuwirken. Sie sind zur Vertraulichkeit verpflichtet.

Die ermittelten Informationen werden dokumentiert, wobei nur die erforderlichen Daten erhoben und verarbeitet werden. Soweit aufgrund der ermittelten Ergebnisse erforderlich, werden die weiteren zuständigen Stellen, die Entscheidungsberechtigten sowie im Anschluss ggf. die Behörden eingeschaltet und die entsprechenden Daten an diese übermittelt.

Die Untersuchung wird zeitlich so schnell wie im angemessenen Rahmen möglich durchgeführt. Der Hinweisgeber wird von der für die Untersuchung zuständigen Stelle über den Fortlauf des Verfahrens bzw. die Folgemaßnahmen informiert. Die Rückmeldung an den Hinweisgeber erfolgt maximal drei Monate nach Bestätigung des Eingangs der Meldung bzw. – sollte in Ausnahmefällen keine Bestätigung erfolgt sein – drei Monate nach Ablauf der Frist von sieben Tagen nach Eingang der Meldung.

Stellt sich eine Meldung als falsch heraus oder kann sie nicht ausreichend mit Fakten belegt werden, wird dies entsprechend dokumentiert und das Verfahren unverzüglich eingestellt. Für die betroffene Person dürfen keine Konsequenzen entstehen, insbesondere wird der Vorgang nicht in der Personalakte dokumentiert.

Das Unternehmen wird sich im Übrigen bemühen, die Ergebnisse und Vorschläge einer jeden Untersuchung so zu nutzen, dass ein Fehlverhalten, soweit dies nach den bestehenden Umständen möglich ist, korrigiert werden kann.

a) Ratio

22.63 Ziel der Regelung ist es, den Fortgang des Verfahrens dem Hinweisgeber und auch den möglichen betroffenen Personen transparent darzustellen[74]. Es soll Vertrauen geweckt werden, dass die Hinweise so diskret wie möglich behandelt und lediglich den dazu Berechtigten übermittelt werden. Dies gilt insbesondere für die Alternative „Ombudsmann": Damit wird sichergestellt, dass das Unternehmen nur mit Einverständnis des Hinweisgebers von seiner Person Kenntnis erlangt (s. dazu bereits oben Rz. 22.41 ff.).

---

74 *Sonnenberg*, JuS 2017, 917 ff.

b) Erläuterungen

Die Beschreibung des jeweiligen Verfahrens ist an die im jeweiligen Unternehmen vorgesehenen **organisatorischen Gegebenheiten** anzupassen und hier lediglich beispielhaft aufgeführt. Es empfiehlt sich, diese so exakt wie möglich zu beschreiben, um größtmögliche Transparenz zu erreichen. Dazu zählt bspw. die konkrete Benennung der zuständigen Stellen, ggf. sogar der zuständigen Personen. In der Richtlinie sind die jedenfalls bei internen Meldungen einzuhaltenden Verfahrensabläufe, die in Art. 7 ff. WBRL beschrieben sind, integriert. Diese sollten – wie oben ausgeführt – an die im Unternehmen gelebte Praxis angepasst werden.

22.64

Sofern die Meldung an einen **Ombudsmann** erfolgt, ist als Alternative 1 vorgesehen, lediglich die Weitergabe des Namens des Hinweisgebers von dessen Freigabe abhängig zu machen. Mitunter wird zur Schaffung von Vertrauen auch alternativ vorgesehen, die komplette Weitergabe der Information von der Einwilligung des Hinweisgebers abhängig zu machen (Alternative 2)[75]. Dies kann sich empfehlen, wenn ein Klima des Vertrauens geschaffen werden soll. Allerdings muss dann damit gerechnet werden, dass das Unternehmen ggf. wichtige Hinweise nicht erlangt. Hier ist im Einzelfall zu berücksichtigen, welche Interessen das Unternehmen verfolgt[76]. Dem Ombudsmann sollte zudem in dem mit ihm zu schließenden Vertrag die Pflicht auferlegt werden, die Freigabe bzw. Einwilligung ordnungsgemäß zu dokumentieren und bei Bedarf an das Unternehmen zu übergeben; damit wird sichergestellt, dass auch das Unternehmen im Zweifelsfall die Freigabe nachweisen kann.

22.65

Nach Art. 7 WBRL sind künftig bestimmte Fristen im Rahmen des Verfahrens einzuhalten: Dies umfasst Fristen betreffend die Übermittlung der Bestätigung des Eingangs der Meldung als auch Fristen betreffend die Rückmeldung über den Fortgang der Angelegenheit. Dies fördert ein zügiges Verfahren und steigert dessen Akzeptanz, da der Hinweisgeber erkennt, dass sein Hinweis ernst genommen und verfolgt wird. Unternehmen müssen zudem durch interne Prozesse sicherstellen, dass die Fristen entsprechend eingehalten werden[77].

22.66

7. Schutz des Hinweisgebers und der bei der Aufklärung mitwirkenden Personen (Ziff. 6)

M 22.1.6 Schutz des Hinweisgebers und der bei der Aufklärung mitwirkenden Personen

22.67

6. Schutz des Hinweisgebers und der bei der Aufklärung mitwirkenden Personen

6.1 Vertraulichkeit und Verschwiegenheit

Der Schutz eines Hinweisgebers wird durch die vertrauliche Behandlung seiner Identität gewährleistet. Dazu zählt auch, dass Informationen, aus denen die Identität des Hinweisgebers direkt oder indirekt abgeleitet werden können, der Vertraulichkeit unterliegen.

Sofern er seine Kontaktdaten mitteilt, werden diese unter Berücksichtigung der datenschutzrechtlichen Vorgaben gespeichert und genutzt. Ihm werden bei einer Erhebung seiner Daten sowohl die Zwecke der Datenspeicherung als auch -nutzung mitgeteilt. Gleiches gilt, wenn seine Daten an andere Stellen übermittelt werden sollen.

Grundsätzlich werden sein Name oder andere Informationen, die seine Identifizierung zulassen, nicht bekannt gegeben; abweichendes kann gelten, wenn der Hinweisgeber seine Identität bewusst mitteilt bzw. gewollt darlegt, die Offenlegung seiner Identität gestattet oder eine entsprechende Rechtspflicht besteht. Dies gilt insbesondere dann, wenn die Offenlegung unerlässlich ist, damit die von der Meldung betroffenen Per-

---

75 Dazu ausführlich *Schemmel/Ruhmannseder/Witzigmann*, Kap. 5 Rz. 40 ff., 80.

76 Vgl. auch zum Einsatz eines Ombudsmanns und den Voraussetzungen: *Schröder* in Forgó/Helfrich/ Schneider, Kap. 3 Rz. 63.

77 Vgl. *Gerdemann*, RdA 2019, 16 (20).

sonen ihr Recht auf Anhörung bzw. Verteidigung wahrnehmen können. Der Hinweisgeber wird vorab von der Offenlegung seiner Identität unterrichtet, es sei denn, die Unterrichtung würde entsprechende Untersuchungen oder Gerichtsverfahren gefährden.

Sofern der Hinweisgeber im Rahmen der Meldung seine Identität bewusst mitteilt, gewollt darlegt bzw. die Offenlegung seiner Identität gestattet, besteht für das Unternehmen grundsätzlich nach der DSGVO die Pflicht, der betroffenen Person innerhalb eines Monats nach erfolgter Meldung seine Identität mitzuteilen. Er kann bis zum Ablauf dieser Frist seine entsprechende Einwilligung gegenüber dem Unternehmen widerrufen und damit die Mitteilung seiner Identität unterbinden.

Gleiches gilt für Mittler, d.h. Personen, die an der Aufklärung des Verdachts mitgewirkt haben.

6.2 Schutz vor Repressalien

Jeder Hinweisgeber, die eine Meldung in gutem Glauben abgibt oder an der Aufklärung eines entsprechenden Verdachts mitwirkt, muss nicht aufgrund der Meldung an sich bzw. der Mitwirkung an der Meldung mit negativen Konsequenzen bzw. Repressalien rechnen (z.B. Suspendierung, Kündigung, Herabstufung, Aufgabenverlagerung, schlechte Beurteilungen, Disziplinarmaßnahmen oder Diskriminierung). Ebenso sind die Androhung oder der Versuch von Repressalien nicht zulässig.

Dies gilt auch für Mittler, Dritte, die mit dem Hinweisgeber in Verbindung stehen und im beruflichen Kontext Repressalien erleiden könnten bzw. Unternehmen, die im Eigentum des Hinweisgebers stehen, für die er arbeitet oder mit denen er in einem beruflichen Kontext in Verbindung steht.

Sollte sich trotz des oben aufgeführten Verbots ein solcher Vorfall ereignen, kann dieser entsprechend Ziffer 4.2 über die dort vorgesehenen Meldewege mitgeteilt werden. Jegliche Benachteiligung, Diskriminierung, Belästigung oder ähnliches wird seitens des Unternehmens nicht geduldet. Das Unternehmen prüft die Umstände des jeweiligen Falles und kann vorübergehende oder dauerhafte Maßnahmen ergreifen, um den Hinweisgeber, etc. zu schützen und die Interessen des Unternehmens zu wahren. Das Unternehmen informiert die Betroffenen schriftlich über das Ergebnis der jeweiligen Untersuchung.

Jeder Mitarbeiter oder Vorgesetzte, der gegen dieses Verbot von Repressalien verstößt, muss mit disziplinarischen Maßnahmen rechnen, die im äußersten Fall zu seiner Entlassung führen können.

a) Ratio

22.68 Hinweisgeber, Mittler bzw. die an der Aufklärung mitwirkenden Personen sind in zweierlei Hinsicht zu schützen: Zum einen müssen sie befürchten, vom bzw. im Unternehmen Benachteiligungen ausgesetzt zu sein, wenn es zur Offenlegung ihres Namens kommt, zum anderen müssen sie befürchten, dass der von ihnen eingemeldete Verdächtige gegen sie vorgeht. Da der deutsche Gesetzgeber den **Schutz von Hinweisgebern** noch nicht spezialgesetzlich geregelt hat, besteht hier besonderer Regelungsbedarf, um das Vertrauen der Hinweisgeber zu stärken und sie nicht aus Angst vor Benachteiligungen von einer Meldung abzuhalten.

Die WBRL wird künftig Abhilfe schaffen, da sie in Art. 16 ff. WBRL umfassende Regelungen zum Schutz der Hinweisgeber und anderer Beteiligter an einer Meldung vorsieht.

b) Erläuterungen

aa) Wahrung der Vertraulichkeit (Ziff. 6.1)

22.69 Die Identität eines Hinweisgebers soll vertraulich behandelt werden, siehe u.a. Art. 9 Abs. 1 lit. a und Art. 16 WBRL. Erforderlich ist in diesem Zusammenhang zunächst die Einführung von Zugriffsberechtigungskonzepten: Vertraulichkeit wird u.a. dadurch sichergestellt, dass nur Berechtigte Zugriff auf die Daten erhalten[78].

---

78 Vgl. auch *Dilling*, CCZ 2019, 214 ff.

Im Rahmen der Vertraulichkeit ergibt sich ein gewisses Konfliktpotential mit den Regelungen der DSGVO. Diese fordert in Art. 12 ff. DSGVO umfassende Transparenz – auch hinsichtlich der Herkunft von Daten bzw. der Erhebung der Daten.

22.70

Nach Art. 14 DSGVO muss das Unternehmen grundsätzlich die betroffene Person spätestens innerhalb eines Monats nach Erhebung von deren Daten über die in Art. 14 DSGVO aufgezählten Informationen in Kenntnis setzen. Dies umfasst auch die Identität des Hinweisgebers – die allerdings vertraulich zu behandeln ist. Nach Art. 14 Abs. 5 lit. b DSGVO kann diese Information jedoch aufgeschoben werden, wenn die Verwirklichung der Ziele der Verarbeitung dadurch zumindest ernsthaft gefährdet würde. Entfällt der Grund, ist die Information nachzuholen. Zudem kann über § 29 Abs. 1 Satz 1 BDSG die Unterrichtungspflicht des Unternehmens hinsichtlich der Identität des Hinweisgebers eingeschränkt werden: Die Pflicht entfällt, wenn durch die Mitteilung Informationen offenbart würden, die wegen überwiegender berechtigter Interessen eines Dritten geheim zu halten sind. Wird Vertraulichkeit zugesichert, dann besteht kein Grund zur Offenlegung. Eine Ausnahme kann bestehen, wenn der Hinweisgeber seine Identität preisgibt bzw. seine Einwilligung erteilt[79]. Dann sollte allerdings ein Hinweis an diesen erfolgen und er darüber belehrt werden, dass seine Identität einen Monat nach Meldung offengelegt wird, sofern er seine diesbezügliche Einwilligung nicht widerruft.

Entsprechend kritisch sind Auskunftsansprüche nach Art. 15 DSGVO zu würdigen: Hier müsste das Unternehmen umfassend Auskunft über den Umgang mit den Daten durch das Unternehmen erteilen – sofern und soweit nicht dadurch nicht die Rechte und Freiheiten anderer Personen beschränkt werden, Art. 15 Abs. 3 DSGVO. Unternehmen müssen dabei eine einzelfallbezogene Interessenabwägung durchführen. Diese könnte auch zu Lasten des Hinweisgebers ausfallen – insbesondere wenn dieser leichtfertig Informationen oder sogar Fehlinformationen weitergegeben hat[80].

22.71

Ob diese Einschränkung sich nach der WBRL so aufrechterhalten lässt oder die Vertraulichkeit bzw. der Schutz des Hinweisgebers vor Offenlegung höher gewertet wird, bleibt dem nationalen Gesetzgeber überlassen. Die WBRL sieht in Art. 16 Abs. 2 vor, dass der nationale Gesetzgeber entsprechende Regelungen zur Vertraulichkeit umsetzen soll. Grundsätzlich statuiert Erwägungsgrund 85 WBRL allerdings, dass nach Art. 23 Abs. 1 lit. i DSGVO eine Beschränkung der Rechte der Betroffenen vorzunehmen ist, sofern und soweit dies notwendig ist, um den Hinweisgeber zu schützen. Hier bleibt abzuwarten, wie der deutsche Gesetzgeber dieses Erfordernis umsetzen wird.

Dieser Schutz sollte im Übrigen auch für solche Personen gelten, die am Verfahren mitwirken und an der Aufklärung beteiligt sind. Diese sind ebenso schutzwürdig wie der Hinweisgeber.

22.72

bb) Grundlage des Schutzes des Hinweisgebers (Ziff. 6.2)

Mangels spezialgesetzlicher Regelungen beruht der **Schutz des Hinweisgebers** vor Sanktionen seitens des Unternehmens, wie bspw. der Entlassung, zurzeit auf § 612a BGB und §§ 1 ff. KSchG[81]. Auf dieser Basis hat die Rechtsprechung in der Vergangenheit Grundsätze entwickelt, wann ein Hinweisgeber berechtigt ist, Missstände insbesondere an externe Stellen zu melden, ohne dass er selbst dabei in Gefahr gerät, gekündigt zu werden, weil er unter Umgehung interner Meldewege Betriebsinterna o.Ä. öffent-

22.73

---

79 Vgl. Orientierungshilfe der Datenschutzaufsichtsbehörden zu Whistleblowing-Hotlines, S. 10, abrufbar unter https://www.datenschutzkonferenz-online.de/media/oh/20181114_oh_whistleblowing_hotlines.pdf, Stand: 6.12.2020; *Weidmann*, DB 2019, 2393 (2397); *Schmolke*, NZG 2020, 5 (11); *Altenbach/Dierkes*, CCZ 2020, 126 (128).

80 Vgl. LAG Baden-Württemberg v. 20.12.2018 – 17 Sa 11/19, NZA-RR 2019, 242; *Schmidt-Wudy* in Beck-OK DatenschutzR, Art. 15 DSGVO Rz. 97; *Paal* in Paal/Pauly, Art. 15 DSGVO Rz. 41; *Dix* in Simitis/Hornung/Spiecker, Art. 15 DSGVO Rz. 35; Orientierungshilfe der Datenschutzaufsichtsbehörden zu Whistleblowing-Hotlines, S. 11, abrufbar unter https://www.datenschutzkonferenz-online.de/media/oh/20181114_oh_whistleblowing_hotlines.pdf, Stand: 6.12.2020; *Altenbach/Dierkes*, CCZ 2020, 126 (129).

81 S. dazu auch *Mengel*, CCZ 2012, 146 ff.

lich gemacht hat. Arbeitgeber berufen sich in diesen Fällen in der Praxis u.a. auf die Verletzung von arbeitsvertraglichen (Neben)Pflichten i.S.v. §§ 611, 241 Abs. 2 BGB. Kündigungen aus diesem Grund sollen insbesondere dann unwirksam sein, wenn der Hinweisgeber einer externen Stelle eine Straftat des Arbeitgebers meldet oder der Arbeitgeber nicht tätig wird[82].

22.74 Zusammengefasst liegt dann keine Verletzung arbeitsvertraglicher (Neben-) Pflichten vor, wenn der Mitarbeiter gesetzlich (bspw. nach § 17 Abs. 2 ArbSchG im Bereich des Arbeitsschutzes) oder auch vertraglich (bspw. durch eine Richtlinie bzw. seinen Arbeitsvertrag) zu der Offenbarung der entsprechenden Umstände verpflichtet war. In diesen Fällen ist der Mitarbeiter jedenfalls zu schützen. Dies stellt die Richtlinie klar.

22.75 Die WBRL ändert die bisherige Rechtslage zugunsten des Hinweisgebers umfassend ab: Dieser wird vor den in Art. 19 WBRL aufgeführten Repressalien umfassend geschützt. Der Schutz greift bereits, wenn der Verstoß noch gar nicht eingetreten ist und der Hinweisgeber nur begründete Bedenken oder einen begründeten Verdacht hat; Beweise müssen letztlich nicht erbracht werden (s. Erwägungsgrund 43). Ergänzt wird dieser umfassende Schutz durch eine Beweislastumkehr zugunsten des Hinweisgebers (s. Art. 21 Abs. 5 WBRL): Das Unternehmen muss nachweisen, dass eine Benachteiligung des Hinweisgebers nicht die Folge der Meldung ist[83]. Zudem darf das Unternehmen keinen vertraglichen Verzicht auf den Hinweisgeberschutz vereinbaren. Es empfiehlt sich daher im Ergebnis, bereits jetzt einen umfassenden Schutz des Hinweisgebers in der Richtlinie zu verankern.

8. Missbrauch des Hinweisgebersystems (Ziff. 7)

22.76 **M 22.1.7 Missbrauch des Hinweisgebersystems**

7. Missbrauch des Hinweisgebersystems

Jeder ist aufgefordert, Missstände, Fehlverhalten etc. zu melden. Der Hinweisgeber sollte dabei darauf achten, dass er die Fakten objektiv, akkurat und vollständig darstellt. Persönliche Erfahrungen, mögliche Vorurteile oder subjektive Auffassungen sollten als solche kenntlich gemacht werden.

Eine Meldung sollte in gutem Glauben erfolgen. Ergibt die Überprüfung des Hinweises, dass bspw. kein begründeter Verdacht besteht oder die Fakten nicht ausreichen, um einen Verdacht zu erhärten, haben Hinweisgeber, die einen Hinweis gutgläubig melden, keine disziplinarischen Maßnahmen zu befürchten.

Anderes gilt für Hinweisgeber, die das Hinweisgebersystem bewusst für falsche Meldungen missbrauchen; diese müssen mit disziplinarischen Maßnahmen rechnen. Auch eine Beeinträchtigung des Hinweisgebersystems durch bspw. Manipulation, Vertuschung oder der Bruch von Absprachen betreffend die Vertraulichkeit können disziplinarische Maßnahmen nach sich ziehen. Als Maßnahmen kommen bspw. Abmahnungen oder Kündigungen in Betracht. Daneben kann dies zivilrechtliche oder strafrechtliche Folgen nach sich ziehen.

---

82 Vgl. dazu bereits oben Rz. 22.38 m.w.N.; sowie BAG v. 3.7.2003 – 2 AZR 235/02, NZA 2004, 427 (428); BAG v. 7.12.2006 – 2 AZR 400/05, NZA 2007, 502 (503); vgl. auch EGMR v. 21.7.2011 – 28274/08 (Heinisch/Germany), abrufbar unter https://www.hrr-strafrecht.de/hrr/egmr/08/28274-08.pdf, Stand: 6.12.2020: Die Bundesrepublik Deutschland wurde wegen Benachteiligung eines Whistleblowers verurteilt, da darin eine Verletzung des Menschenrechts auf freie Meinungsäußerung zu sehen sei, Art. 10 EMRK; s. auch ergänzend *Simon/Schilling*, BB 2011, 2421 ff.

83 Siehe *Altenbach/Dierkes*, CCZ 2020, 126 (130); *Gerdemann*, RdA 2019, 16 (24); vgl. zur gegenteiligen Rechtslage nach § 612a BGB: *Müller-Glöge* in MüKo BGB, § 612a BGB Rz. 24.

a) Ratio

Die Klausel stellt zum einen klar, dass Denunziantentum geahndet wird und zum anderen soll sie bei den Hinweisgebern Vertrauen wecken, damit diese trotz möglicher Unsicherheiten Meldungen vornehmen und nicht mit Repressalien rechnen müssen.   22.77

b) Erläuterungen

Hinweisgeber, die im guten Glauben Hinweise abgeben, sollen nicht sanktioniert werden. Weiß der Hinweisgeber bei der Anzeige, dass sein Vorwurf falsch ist oder hätte er es erkennen können, wird die Gutgläubigkeit verneint[84]. Die Einordnung, ob Gutgläubigkeit vorliegt oder nicht, ist in der Praxis äußerst schwierig; daneben hat auch die Rechtsprechung hier bislang keine verlässlichen Grundsätze herausgearbeitet. Gleichwohl lässt sich durch ein internes Hinweisgebersystem das **Strafbarkeitsrisiko für Hinweisgeber** minimieren: Sofern falsche Verdächtigungen ausgesprochen werden, verbleiben diese Hinweise im Unternehmen, so dass bspw. der objektive Tatbestand des § 164 StGB regelmäßig nicht erfüllt ist. Gleiches gilt für die Straftatbestände der üblen Nachrede (§ 186 StGB) oder der Verleumdung (§ 187 StGB). Doch auch hier kommt es auf den Einzelfall an; insbesondere die von der Falschmeldung betroffene Person könnte ggf. Schritte gegen den Falschmelder einleiten.   22.78

Die WBRL möchte einen umfassenden Schutz des Hinweisgebers sicherstellen; in Art. 21 WBRL wird insbesondere klargestellt, dass sich keinerlei Haftung des Hinweisgebers für Meldungen und daraus resultierende Folgen ergibt. Selbst für die Offenlegung von Geschäftsgeheimnissen ist die Haftung ausgeschlossen[85]. Zudem sollen die Mitgliedstaaten weitere Maßnahmen zum Schutz des Hinweisgebers ergreifen. Hier bleibt abzuwarten, ob und wie der deutsche Gesetzgeber diesen Schutz konkretisiert.

9. Schutz der betroffenen Person (Ziff. 8)

M 22.1.8 Schutz der betroffenen Person   22.79

8. Schutz der betroffenen Person

8.1 Information der betroffenen Person

Jede von einem Hinweis betroffene Person wird zu gegebener Zeit und unter Berücksichtigung der datenschutzrechtlichen Vorgaben über die gegen sie gerichteten Verdachtsäußerungen benachrichtigt, sofern diese Benachrichtigung nicht den Fortgang des Verfahrens zur Feststellung des Sachverhalts bzw. die Durchführung der Folgemaßnahmen erheblich erschweren würde. Die Benachrichtigung erfolgt spätestens nach Abschluss der Ermittlungen bzw. wenn diese nicht mehr gefährdet werden können.

Die Benachrichtigung enthält in der Regel Informationen über

– den Namen des Verantwortlichen und die Kontaktdaten des Datenschutzbeauftragten,

– die Einzelheiten der eingereichten Meldung,

– die Zwecke der Verarbeitung,

– die Rechtsgrundlage für die Verarbeitung sowie die berechtigten Interessen des Unternehmens, die der Verarbeitung zugrunde liegen,

– die Kategorien der personenbezogenen Daten, die verarbeitet werden,

---

84 Vgl. BAG v. 7.12.2006 – 2 AZR 400/05, NJW 2007, 2204; vgl. auch zu den Rechtsfolgen von Falschmeldungen LAG Berlin v. 28.3.2006 – 7 Sa 1884/05; siehe auch *Dilling*, CCZ 2019, 214 (216); *Gerdemann*, RdA 2019, 16 (23).
85 *Gerdemann*, RdA 2019, 16 (24).

- die Abteilungen, die über die Meldung informiert sind sowie die zum Zugriff auf die Daten berechtigten Personen,

- die Empfänger bzw. Kategorien der Empfänger,

- die Absicht, die Daten an einen Empfänger mit Sitz in einem unsicheren Drittland zu übermitteln sowie die Rechtsgrundlage für die Übermittlung,

- den Hinweisgeber bzw. die Quelle, soweit dieser der Offenlegung seiner Daten zugestimmt hat oder dies zur Wahrung der Interessen der betroffenen Person erforderlich ist,

- die Dauer der Speicherung der Daten bzw. die Kriterien für die Festlegung der Dauer,

- die Rechte des Betroffenen auf Auskunft, Berichtigung, Sperrung oder Löschung bzw. etwaige Widerspruchsrechte,

- Beschwerderechte bei der Aufsichtsbehörde,

8.2 Recht auf Stellungnahme

Die betroffene Person ist von der zuständigen Stelle bzw. den Entscheidungsberechtigten anzuhören, bevor am Ende des oben erläuterten Verfahrens Schlussfolgerungen unter namentlicher Benennung der Person gezogen werden. Ist eine Anhörung aus objektiven Gründen nicht möglich, fordert die zuständige Stelle bzw. fordern die Entscheidungsberechtigten die betroffene Person auf, ihre Argumente schriftlich zu formulieren. Im Anschluss beschließen die Entscheidungsberechtigten die im Interesse des Unternehmens notwendigen Maßnahmen.

8.3 Recht auf Löschung der Daten

Bestätigt sich der in der Meldung geltend gemachte Verdacht nicht, hat die betroffene Person ein Recht auf Löschung ihrer in diesem Zusammenhang von dem Unternehmen gespeicherten Daten. Im Übrigen gilt Ziffer 12.

a) Ratio

22.80 Da der Verdächtige naturgemäß keine Kenntnis von den gegen ihn erhobenen Vorwürfen hat, stellt diese Klausel klar, unter welchen Voraussetzungen er von den Vorwürfen in Kenntnis gesetzt wird und welche Rechte ihm zustehen.

b) Erläuterungen

aa) Benachrichtigung des Betroffenen (Ziff. 8.1)

22.81 Die gemeldete Person ist von dem Verantwortlichen nach Art. 12, 14 DSGVO über die Erhebung ihrer Daten in einfacher Sprache zu unterrichten. Werden die Daten nicht direkt von dem Betroffenen erhoben, sondern – wie vorliegend – von einem Dritten eingemeldet, so hat der Verantwortliche gleichwohl die Pflicht, die gemeldete Person u.a. über den Umgang mit ihren Daten innerhalb bestimmter Fristen zu informieren. Art. 14 DSGVO enthält in Abs. 1 und 2 einen umfassenden Informationskatalog, der oben in der Alternative abgebildet ist. Zwar sind nicht alle Informationen zwingend zu erteilen; Art. 14 Abs. 2 DSGVO sieht allerdings hinsichtlich der „freiwilligen" Informationen vor, dass diese mitzuteilen sind, wenn dies für eine faire und transparente Verarbeitung erforderlich ist. Gerade im Rahmen von Whistleblowing-Mitteilungen wird aufgrund der massiven Eingriffe in die Persönlichkeitsrechte des Betroffenen in der Regel eine umfassende Belehrung erforderlich sein[86].

---

86 Vgl. *Schröder* in Forgó/Helfrich/Schneider, Kap. 3 Rz. 67.

Grundsätzlich sind die Informationen nach Art. 14 Abs. 3 lit. a DSGVO spätestens innerhalb eines Monats nach Erhalt zu übermitteln. Im Einzelfall kann von der **Benachrichtigung** abgesehen werden (bspw. gem. Art. 14 Abs. 5 lit. b DSGVO), wenn die Benachrichtigung die Ziele der Verarbeitung unmöglich machen oder ernsthaft beeinträchtigen würde[87]; andererseits muss das Unternehmen in diesen Fällen andere Möglichkeiten zur Information wählen, damit die berechtigten Interessen der betroffenen Person nicht beeinträchtigt werden. Zudem kann über § 29 Abs. 1 Satz 1 BDSG die Unterrichtungspflicht des Unternehmens hinsichtlich der Identität des Hinweisgebers eingeschränkt werden, so dass die Pflicht entfällt, wenn durch die Mitteilung Informationen offenbart würden, die wegen überwiegender berechtigter Interessen eines Dritten geheim zu halten sind. Wird dem Hinweisgeber Vertraulichkeit zugesichert, dann besteht kein Grund zur Offenlegung. Eine Ausnahme kann bestehen, wenn der Hinweisgeber seine Identität preisgibt bzw. seine Einwilligung erteilt (s. dazu auch Rz. 22.36)[88]. Ein kompletter Verzicht auf eine Benachrichtigung an sich wird jedenfalls nicht vertretbar sein. Vertretbar ist wohl, dass die Benachrichtigung erst dann erfolgt, wenn kein Risiko mehr besteht, dass die Ermittlung gefährdet werden könnte[89]. | 22.82

bb) Anhörung (Ziff. 8.2)

Das Unternehmen in seiner Funktion als Arbeitgeber muss die Rechte der Arbeitnehmer wahren; dazu zählt u.a. dass ein beschuldigter Arbeitnehmer im Fall von schweren Pflichtverletzungen oder im Fall einer **Verdachtskündigung** vorab angehört werden muss. Eine Verpflichtung dergestalt, den verdächtigen Arbeitnehmer – oder auch einen anderen Hinweisgeber – im Rahmen des Meldeverfahrens zwingend anzuhören, besteht allerdings nicht. Gleichwohl ist dies als sinnvoll zu erachten um diesem Gelegenheit zu geben, die entsprechenden Vorwürfe zu entkräften, bevor bspw. die Behörden ohne hinreichenden Grund eingeschaltet werden und ihre Ermittlungen aufnehmen. | 22.83

Die WBRL sieht in Art. 22 vor, dass der nationale Gesetzgeber einen wirksamen Schutz der betroffenen Person durch z.B. wirksame Rechtsbehelfe, faire Gerichtsverfahren oder Verteidigungsrechte vorsehen muss. Da Deutschland bereits effektive Maßnahmen eingerichtet hat, bleibt abzuwarten, ob hier noch zusätzliche speziell für vom Whistleblowing betroffene Personen etabliert werden. | 22.84

cc) Löschung der Daten (Ziff. 8.3)

Das Recht auf **Löschung** ergibt sich aus Art. 17 DSGVO: Danach sind Daten, die nicht mehr benötigt werden, zu löschen, soweit nicht Gründe der Löschung entgegenstehen (s. dazu Rz. 22.116). Daneben ergibt sich die korrespondiere Pflicht aus dem Zweckbindungsgrundsatz und dem Grundsatz der Speicherbegrenzung bzw. Datenminimierung, Art. 5 DSGVO: Daten dürfen nur für festgelegte Zwecke und nur im erforderlichen Umfang verarbeitet werden. Damit müssen Daten, die nicht mehr benötigt werden, vom Verantwortlichen gelöscht werden[90]. | 22.85

---

87 Vgl. *Breinlinger/Krader*, RDV 2006, 60 (68) für die entsprechende Rechtslage nach BDSG.

88 Vgl. Orientierungshilfe der Datenschutzaufsichtsbehörden zu Whistleblowing-Hotlines, S. 10, abrufbar unter https://www.datenschutzkonferenz-online.de/media/oh/20181114_oh_whistleblowing_hotlines.pdf, Stand: 6.12.2020; *Weidmann*, DB 2019, 2393 (2397).

89 Vgl. dazu *Walter*, DSRITB 2016, S. 367 ff.; *Dix* in Simitis/Hornung/Spiecker, Art. 14 DSGVO Rz. 12; *Bäcker* in Kühling/Buchner, Art. 14 DSGVO Rz. 23; *Altenbach/Dierkes*, CCZ 2020, 126 (128).

90 *Weidmann*, DB 2019, 2393 (2395).

10. Rechte der Betroffenen (Ziff. 9)

22.86 **M 22.1.9 Rechte der Betroffenen**

9. Rechte der Betroffenen

9.1 Recht auf Auskunft

Sämtliche Personen, deren Daten im Rahmen des Verfahrens von dem Unternehmen verarbeitet werden (z.B. der Hinweisgeber, die betroffene Person oder die bei der Aufklärung mitwirkenden Personen), haben grundsätzlich das Recht, von dem Unternehmen nach Art. 15 DSGVO Auskunft über die von dem Unternehmen über sie gespeicherten Daten und weitere Informationen, wie z.B. die Verarbeitungszwecke oder die Empfänger der Daten zu verlangen. Das Recht besteht nicht, wenn durch die Auskunft Informationen offenbart werden, die wegen der überwiegenden berechtigten Interessen eines Dritten geheim gehalten werden müssen.

9.2 Recht auf Berichtigung, Sperrung oder Löschung

Sämtliche Personen, deren Daten im Rahmen des Verfahrens von dem Unternehmen verarbeitet werden (z.B. der Hinweisgeber, die betroffene Person, die Mittler oder andere die bei der Aufklärung mitwirkenden Person), haben das Recht auf Berichtigung ihrer unrichtigen Daten, das Recht auf deren Vervollständigung, das Recht, die Sperrung ihrer Daten oder deren Löschung zu verlangen, sofern dafür die Voraussetzungen nach Art. 16 ff. DSGVO vorliegen. Ein Löschungsverlangen ist z.B. berechtigt, wenn die Daten unrechtmäßig verarbeitet wurden oder die Daten für die Zwecke, für die sie erhoben wurden, nicht mehr benötigt werden. Dies gilt u.a. in den in Ziffer 8.3 der Richtlinie vorgesehenen Fällen.

9.3 Benachrichtigung der Empfänger

Wenn das Unternehmen die Daten an einen Dritten weitergegeben hat, wird es den Empfänger der Daten im Einklang mit den gesetzlichen Regelungen über die Berichtigung, Löschung oder Sperrung der Daten benachrichtigen.

9.4 Ansprechpartner

Die Rechte können gegenüber dem in Ziffer 14.3 benannten Ansprechpartner geltend gemacht werden.

a) Ratio

22.87 Sowohl die gemeldete Person als auch der Hinweisgeber müssen über ihre nach DSGVO bestehenden Rechte belehrt werden. Dies ergibt sich aus Art. 12 ff. DSGVO (insbesondere Art. 13 Abs. 2 lit. b DSGVO und Art. 14 Abs. 2 lit. c DSGVO). Diese Belehrung ist nur dann erforderlich, wenn damit eine faire und transparente Verarbeitung gewährleistet werden soll. In der Regel wird dies aufgrund der besonderen Verarbeitungssituation hier der Fall sein, so dass auf die Belehrung nicht verzichtet werden sollte.

b) Erläuterungen

aa) Auskunftsrecht (Ziff. 9.1)

22.88 Nach Art. 15 DSGVO besteht ein umfassendes Auskunftsrecht des Betroffenen über die in Art. 15 DSGVO aufgeführten Informationen (u.a. Verarbeitungszwecke, Kategorien der verarbeiteten Daten, Empfänger oder Kategorien von Empfängern, ggf. die Absicht, Daten in unsichere Drittstaaten zu liefern, ggf. die Dauer der Speicherung, Rechte der Betroffenen, Beschwerderechte oder auch Herkunft der Daten).

Einen entsprechenden Antrag hat der Verantwortliche nach Geltendmachung innerhalb von einem Monat nach Eingang des Antrags spätestens zu beantworten, Art. 12 Abs. 3 DSGVO. Die Frist kann um zwei Monate verlängert werden. Die gewünschte Verlängerung ist allerdings ebenfalls innerhalb von einem Monat nach Eingang des Antrags gegenüber dem Betroffenen anzuzeigen und daneben zu begründen. Soll kein Tätigwerden erfolgen, so muss dies ebenfalls innerhalb eines Monats nach Eingang des Antrags angezeigt werden. Dabei ist auch über ein mögliches Beschwerderecht bei einer Aufsichtsbehörde und die Möglichkeit eines gerichtlichen Rechtsbehelfs hinzuweisen, Art. 12 Abs. 4 DSGVO.

22.89

Die zu erteilende Auskunft ist kostenlos und muss in Echtdaten bzw. als Kopie erteilt werden, Art. 15 Abs. 3 DSGVO. Weitere Kopien können gegen Erstattung der Kosten übermittelt werden. Daneben besteht das Recht, z.B. bei unverhältnismäßigen oder exzessiven Anträgen Entgelte zu verlangen oder die Auskunft zu verweigern, Art. 12 Abs. 5 DSGVO.

22.90

Dem Auskunftsrecht steht u.a. das Recht auf Vertraulichkeit des Hinweisgebers entgegen; das Auskunftsrecht kann allerdings eingeschränkt werden, wenn dadurch die Rechte und Freiheiten anderer Personen beschränkt werden, Art. 15 Abs. 3 DSGVO. Dazu muss das Unternehmen eine einzelfallbezogene Interessenabwägung durchführen und dann entscheiden, ob und in welchem Umfang die Auskunft erteilt werden muss. Dies umfasst insbesondere die Frage, ob die Identität des Hinweisgebers ggf. offengelegt werden darf (s. auch Rz. 22.69 ff.). Gegenstand des Anspruchs kann auch die Einsicht in die Fallakten eines Whistleblowing-Systems sein. Zum Schutz der Identität des Hinweisgebers kann es sich insofern empfehlen, bei Bedarf bzw. soweit möglich eine Schwärzung bzw. Pseudonymisierung/Anonymisierung von Fallakten vorzunehmen. Damit wird auch dem Grundsatz der Datenminimierung Genüge getan, Art. 5 DSGVO. Voraussetzung ist allerdings, dass die Echtdaten nicht mehr benötigt werden[91].

22.91

bb) Weitere Rechte (Ziff. 9.2)

Nach Art. 16, 17 und 18 DSGVO hat der Betroffene das Recht auf Berichtigung, Löschung und Sperrung seiner Daten.

22.92

Stellt der Betroffene einen entsprechenden Antrag, ist er innerhalb von einem Monat über dessen Umsetzung zu informieren. Hier gelten die oben dargestellten Fristen des Art. 12 Abs. 3 und 4 DSGVO entsprechend.

Daneben hat der Betroffene das Recht, unrichtige Daten unverzüglich berichtigen zu lassen oder eine Vervollständigung der Daten zu verlangen, Art. 16 DSGVO. Dies kann gerade nach Information über den Sachverhalt bei Whistleblowing-Fällen von Interesse werden. Allerdings muss der Verantwortliche ohnehin unter Berücksichtigung des Art. 5 Abs. 1 lit. d DSGVO immer dafür Sorge tragen, dass die Daten sachlich richtig und erforderlichenfalls auf dem neuesten Stand sind – daher ist er ohnehin zur Berichtigung verpflichtet.

22.93

Das Recht auf Löschung besteht insbesondere bei Widerruf einer Einwilligung, Zweckfortfall, unrechtmäßiger Verarbeitung oder bei Vorliegen eines entsprechenden nationalen Rechts, Art. 17 Abs. 1 lit. a, b, d und e DSGVO. Ein solches Recht besteht auch, wenn das Unternehmen die berechtigten Interessen im Umgang mit den Daten nicht nachweisen kann, auf die es sich z.B. im Rahmen des Whistleblowing nach Art. 6 Abs. 1 lit. f DSGVO beruft (s. dazu oben Rz. 22.31)[92].

22.94

---

91 LAG Baden-Württemberg v. 20.12.2018 – 17 Sa 11/19, NZA-RR 2019, 242; *Schmidt-Wudy* in BeckOK DatenschutzR, Art. 15 DSGVO Rz. 97; *Paal* in Paal/Pauly, Art. 15 DSGVO Rz. 41; *Dix* in Simitis/Hornung/Spiecker, Art. 15 DSGVO Rz. 35; Orientierungshilfe der Datenschutzaufsichtsbehörden zu Whistleblowing-Hotlines, S. 11, abrufbar unter https://www.datenschutzkonferenz-online.de/media/oh/20181114_oh_whistleblowing_hotlines.pdf, Stand: 6.12.2020; *Altenbach/Dierkes*, CCZ 2020, 126 (129).

92 *Weidmann*, DB 2019, 2393 (2395, 2396); *Altenbach/Dierkes*, CCZ 2020, 126 (130).

22.95 Dem Recht auf Löschung kann die Notwendigkeit, die Daten weiter zu speichern, entgegenstehen. Art. 17 Abs. 3 lit. e DSGVO erlaubt allerdings insofern eine weitere Speicherung, wenn dies für die Geltendmachung weiterer Rechtsansprüche oder die Verteidigung gegen Rechtsansprüche Dritter erforderlich ist. Daraus wird abgeleitet, dass von einer Löschung abgesehen werden kann, wenn die Daten z.B. zur Klärung der Rechtsansprüche oder der Einleitung von Strafverfahren benötigt werden[93]. Dies ist allerdings im Einzelfall zu klären und führt nicht zu einem pauschalen Recht zur Speicherung der Daten. Empfehlenswert ist in jedem Fall die Implementierung eines Löschkonzepts, das sich speziell auch auf die im Rahmen von Hinweisgebersystemen erhobenen Daten bezieht (s. zu den Löschfristen auch Rz. 22.116).

22.96 Legt ein Betroffener im Einklang mit Art. 21 DSGVO Widerspruch gegen die Verarbeitung seiner Daten auf Grundlage berechtigter Interessen ein, so sind seine Daten während der Dauer der Prüfung des Antrags zu sperren, Art. 18 Abs. 1 lit. d DSGVO[94]. Gleiches gilt, wenn die Richtigkeit geprüft wird, die Löschung von dem Betroffenen abgelehnt wird oder der Betroffene die Daten z.B. für die Geltendmachung von Rechtsansprüchen benötigt, Art. 18 Abs. 1 lit. a, b und c DSGVO.

cc) Information der Empfänger (Ziff. 9.3)

22.97 Nach Art. 19 DSGVO muss der Verantwortliche allen Empfängern der Daten mitteilen, dass der Betroffene die Berichtigung, Löschung oder Sperrung verlangt hat. Eine Ausnahme besteht nur, wenn dies unmöglich bzw. mit unverhältnismäßigem Aufwand verbunden ist. In der Regel sind die Empfänger der Daten im Rahmen eines Whistleblowing-Verfahrens überschaubar; daher wird wohl davon auszugehen sein, dass die Empfänger zu informieren sind.

11. Widerspruchsrechte (Ziff. 10)

22.98 **M 22.1.10 Widerspruchsrechte**

10. Widerrufs- und Widerspruchsrechte

Erfolgt die Verarbeitung auf Grundlage einer Einwilligung, kann diese grundsätzlich jederzeit ohne Begründung widerrufen werden. Für die Einwilligung eines Hinweisgebers gelten abweichend die Regelungen in Ziffer 6.1.

Werden Daten auf Grundlage von berechtigten Interessen des Unternehmens verarbeitet, kann die von dieser Verarbeitung betroffene Person jederzeit aus Gründen, die sich aus ihrer besonderen Situation ergeben, gegen die Verarbeitung ihrer Daten bei dem Unternehmen Widerspruch einlegen. Das Unternehmen wird dann entweder überwiegende schutzwürdige Gründe, die die Verarbeitung erlauben, nachweisen oder es verarbeitet die Daten nicht mehr. Für die Zeit dieser Überprüfung erfolgt eine Sperrung der Daten für diese Zwecke.

Diese Rechte können gegenüber dem in Ziffer 14.3 benannten Ansprechpartner geltend gemacht werden.

a) Ratio

22.99 Art. 21 DSGVO sieht ein Widerspruchsrecht gegen den Umgang mit Daten aufgrund berechtigter Interessen nach Art. 6 Abs. 1 lit. f DSGVO vor. Damit soll sichergestellt werden, dass Verantwortliche verantwortungsbewusst und unter Wahrung der Interessen des Betroffenen eine faire Verarbeitung seiner Daten vornehmen.

---

[93] Vgl. *Altenbach/Dierkes*, CCZ 2020, 126 (130); *Dix* in Simitis/Hornung/Spiecker, Art. 17 DSGVO Rz. 38.
[94] *Weidmann*, DB 2019, 2393 (2398).

b) Erläuterungen

Aus Transparenzgründen muss nach Art. 13 Abs. 2 lit. c DGSVO über ein bestehendes Widerspruchs- 22.100
recht belehrt werden, wenn die Verarbeitung auf Grundlage von berechtigten Interessen nach Art. 6
Abs. 1 lit. f DSGVO erfolgt und die Belehrung für eine faire und transparente Verarbeitung erforderlich ist. Dies wird in der Regel der Fall sein.

Daneben besteht nach Art. 21 Abs. 4 DSGVO die Pflicht, spätestens zum Zeitpunkt der ersten Kom- 22.101
munikation zu informieren. Diese Unterrichtung muss verständlich und in einer von anderen Infor-
mationen getrennten Form erfolgen. Wenn die Belehrung bereits in der Erstinformation, d.h. der
Richtlinie, erfolgt, empfiehlt es sich, rein vorsichtshalber zumindest einen gesonderten Absatz in der
Richtlinie aufzunehmen, damit dem Grundsatz der Transparenz und dem Gedanken des Art. 21 Abs. 4
DSGVO Rechnung getragen wird[95].

Das Widerspruchsrecht gegen die berechtigten Interessen besteht nur dann, wenn es in der besonde- 22.102
ren Situation des Betroffenen begründet ist. Eine besondere Situation wird nicht mit allgemeinen
schutzwürdigen Interessen begründet werden können, sondern wird sich aus Gründen ergeben müssen, die über die Verarbeitungssituation hinausgehen. Hier kommen z.B. Fälle in Betracht, in denen
der Betroffene durch die Verarbeitung seiner Daten einer hohen Gefährdung ausgesetzt wäre. Dies
könnte z.B. der Fall sein, wenn er in einem Zeugenschutzprogramm eingebunden ist und er Nachteile
befürchten müsste[96]. Das Unternehmen kann dem Widerspruchsbegehren begegnen, indem es zwingende schutzwürdige Gründe für die Verarbeitung nachweist, die gegenüber den schutzwürdigen Interessen des Betroffenen überwiegen oder es geltend machen kann, dass die Verarbeitung der Geltendmachung, Ausübung oder Verteidigung von Rechtsansprüchen dient[97].

Die WBRL sieht in Erwägungsgrund 85 vor, dass die Mitgliedstaaten über die Öffnungsklausel des 22.103
Art. 23 Abs. 1 lit. i DSGVO das Widerspruchsrecht ausschließen können, sofern und soweit dies notwendig ist, um die Verschleppung oder Verhinderung der Meldung und Untersuchung von Verstößen
zu verhindern. Dies wird insbesondere in den Fällen von Relevanz sein, in denen Unternehmen nach
der WBRL nicht zur Einführung von Hinweisgebersystemen rechtlich verpflichtet sind und sich nicht
auf Art. 6 Abs. 1 lit. c DSGVO als Rechtsgrundlage für die Verarbeitung berufen können, sondern lediglich auf Art. 6 Abs. 1 lit. f DSGVO[98].

12. Beschwerderechte (Ziff. 11)

M 22.1.11 Beschwerderechte

22.104

11. Beschwerderechte

11.1 Verletzung dieser Richtlinie

*Sowohl der Hinweisgeber als auch die gemeldete Person können sich bei Hinweisen auf Verletzung dieser
Richtlinie an ihren direkten Vorgesetzten wenden.*

---

95 S. *Piltz*, K&R 2016, 629 (635); *Weidmann*, DB 2019, 2393 (2398).
96 Vgl. *Kamlah* in Plath, Art. 21 DSGVO Rz. 5; *Mantz/Marosi* in Specht/Mantz, § 3 Rz. 8.
97 Orientierungshilfe der Datenschutzaufsichtsbehörden zu Whistleblowing-Hotlines, S. 11, 12, abrufbar
unter https://www.datenschutzkonferenz-online.de/media/oh/20181114_oh_whistleblowing_hotlines.pdf,
Stand: 6.12.2020.
98 *Weidmann*, DB 2019, 2393 (2398).

Alternative:

Sowohl der Hinweisgeber als auch die betroffene Person können sich bei Hinweisen auf Verletzung dieser Richtlinie an den Ombudsmann, die Geschäftsführung oder an den unter Ziffer 14.3 benannten Ansprechpartner wenden.

Die Hinweise werden überprüft und an die zuständigen Stellen zur weiteren Aufklärung und Einleitung von Folgemaßnahmen weitergeleitet. Ziffer 5 gilt entsprechend.

11.2 Rechte zur Überprüfung des Ermittlungsergebnisses

Sowohl der Hinweisgeber als auch die betroffene Person können sich an die Geschäftsführung oder den unter Ziffer 14.3 benannten Ansprechpartner wenden, wenn sie die durchgeführten Ermittlungen für fehlerhaft bzw. unzureichend halten oder sie nach ihrer Auffassung im Rahmen der Ermittlungen ungerechtfertigt benachteiligt werden.

Die erforderlichen Maßnahmen zur Überprüfung der Angelegenheit werden in diesem Fall eingeleitet und der Beschwerdeführer entsprechend informiert.

11.3 Einbindung des Betriebsrats

Die gemeldete Person kann von ihrem Beschwerderecht nach §§ 84, 85 BetrVG Gebrauch machen und den Betriebsrat hinzuziehen.

11.4. Beschwerderecht bei der Datenschutzaufsichtsbehörde

Sofern ein Betroffener der Ansicht ist, dass das Unternehmen die Daten nicht im Einklang mit dem geltenden Datenschutzrecht verarbeitet, kann er Beschwerde bei einer Datenschutzaufsichtsbehörde einlegen. Die Beschwerde kann insbesondere gegenüber einer Behörde in dem Mitgliedsstaat seines Aufenthaltsorts, seines Arbeitsplatzes oder dem Ort des mutmaßlichen Verstoßes erfolgen.

a) Ratio

22.105 Sowohl die gemeldete Person als auch der Hinweisgeber müssen das Recht haben, sich über Untätigkeit oder fehlerhafte Ermittlungen zu beschweren, ohne dass ihnen Nachteile drohen.

b) Erläuterungen

22.106 Es besteht grundsätzlich keine gesetzliche Pflicht des Unternehmens, sich mit einer **Beschwerde** auseinanderzusetzen. Eine entsprechende Regelung in einer Richtlinie führt indes zu einem vertraglichen Anspruch und in der Regel auch zu einer höheren Akzeptanz der Richtlinie[99]. Das Unternehmen sollte prüfen, wer im Unternehmen eine geeignete, vertrauenswürdige Stelle zur Entgegennahme von Beschwerden sein kann und diese hier benennen.

22.107 Mitarbeiter von Unternehmen, in denen ein Betriebsrat existiert, haben nach § 84 Abs. 1 BetrVG das Recht, sich bei der im Unternehmen zuständigen Stelle zu beschweren, sofern sie sich individuell benachteiligt fühlen (individuelles Beschwerdeverfahren). Die Vorschrift ist auch dann anzuwenden, wenn das Unternehmen betriebsratsfähig ist[100]. Der Beschwerde ist seitens des Unternehmens nachzugehen (bspw. durch den Vorgesetzten).

22.108 Daneben ist auch der Betriebsrat verpflichtet, Beschwerden von Arbeitnehmern nachzugehen, § 85 BetrVG (kollektives Beschwerdeverfahren). Voraussetzung ist auch hier eine subjektive, mögliche Beschwernis des Arbeitnehmers. Benachteiligungen, die allgemein das Unternehmen betreffen, sind hier

---

99 Vgl. *Schlemmel/Ruhmannseder/Witzigmann*, Kap. 4 Rz. 177.
100 Vgl. *Neumann*, Whistleblowing, S. 16.

nicht beschwerdefähig. Bei berechtigten Beschwerden tritt der Betriebsrat in Verhandlungen mit dem Arbeitgeber ein und versucht Abhilfe herbeizuführen.

Die Belehrung über das Beschwerderecht bei einer Datenschutzaufsichtsbehörde beruht auf Art. 13 Abs. 2 lit. d DSGVO: Diese Information ist dann zu erteilen, wenn dies für eine faire und transparente Verarbeitung erforderlich scheint. Rein vorsichtshalber empfiehlt sich aufgrund der besonderen Sensitivität im Umgang mit den Daten im Rahmen des Whistleblowings eine entsprechende Information. 22.109

13. Datenschutz (Ziff. 12)

M 22.1.12 Datenschutz 22.110

12. Datenschutz

Im Rahmen des Verfahrens werden personenbezogene Daten erhoben und gespeichert. Der Umgang mit diesen Daten erfolgt unter Einhaltung der geltenden Datenschutzgesetze.

Es werden nur die Daten verarbeitet, die für die Zwecke dieser Richtlinie objektiv erforderlich sind.

Die erhobenen Daten werden ausschließlich für die in dieser Richtlinie beschriebenen Zwecke genutzt. Die Bereitstellung der Daten erfolgt insbesondere um die gesetzlichen Pflichten des Unternehmens bzw. Compliance im Unternehmen sicherzustellen.

Alternative 1:

Die Verarbeitung der Daten erfolgt zur Erfüllung einer rechtlichen Verpflichtung, die sich aus gesetzlichen Vorgaben ergibt, die für unser Unternehmen gelten … i.V.m. Art. 6 Abs. 1 lit. c DSGVO.

Alternative 2:

Die Verarbeitung der Daten erfolgt auf Grundlage des Art. 6 Abs. 1 lit. f DSGVO für berechtigte Interessen des Unternehmens, die gegenüber den Interessen des jeweils Betroffenen überwiegen. Berechtigte Interessen sind die Sicherstellung der Compliance im Unternehmen; dazu zählt die Aufdeckung und Aufklärung von betrieblichen Missständen, unternehmensschädigendem Verhalten, Wirtschaftskriminalität u.ä. sowie der Schutz der Mitarbeiter, Geschäftspartner, Kunden etc.

Bei Beschäftigten kann sich die Rechtsgrundlage für die Verarbeitung der Daten auch aus § 26 Abs. 1 Satz 2 BDSG ergeben, wenn zu dokumentierende tatsächliche Anhaltspunkte vorliegen, die den Verdacht begründen, dass der Beschäftigte im Beschäftigungsverhältnis eine Straftat begangen hat, die Verarbeitung zur Aufdeckung erforderlich ist und das schutzwürdige Interesse des Beschäftigten am Ausschluss der Verarbeitung überwiegt.

Sofern und soweit Daten auch nach Ablauf der üblichen Speicherdauer aufbewahrt werden, erfolgt diese Verarbeitung auf Grundlage des Art. 6 Abs. 1 lit. f DSGVO für berechtigte Interessen des Unternehmens, die gegenüber den Interessen des jeweils Betroffenen überwiegen. Berechtigte Interessen sind hier die Geltendmachung, die Ausübung eigener oder die Verteidigung gegen Rechtsansprüche, wobei hier im Einzelfall die Speicherdauer zu bestimmen ist.

Erteilt ein Hinweisgeber seine Einwilligung in die Offenlegung seiner Daten, ist die Rechtsgrundlage Art. 6 Abs. 1 lit. a, Art. 7 DSGVO bzw. § 26 Abs. 2 BDSG.

Die infolge einer Meldung erhobenen Daten der gemeldeten Person werden getrennt von ihren übrigen im Unternehmen gespeicherten Daten aufbewahrt. Durch entsprechende Berechtigungssysteme und angemessene technisch-organisatorische Maßnahmen ist sichergestellt, dass nur die jeweils zuständigen Personen Zugriff auf diese Daten erlangen. Dies gilt auch für die Daten des Hinweisgebers.

Die Daten werden lediglich an berechtigte Personen übermittelt und nur soweit dies für die in dieser Richtlinie beschriebenen Zwecke erforderlich ist. Bei den Empfängern der Daten handelt es sich um ….

Die Daten werden bzw. sollen nach … übermittelt werden, einen Staat außerhalb der Europäischen Union, der kein dem europäischen Recht entsprechendes Datenschutzniveau aufweist. Es sind gemäß Art. 46 ff.

*DSGVO die folgenden Garantien mit dem Empfänger vereinbart worden, die ein angemessenes Daten-schutzniveau sicherstellen sollen: (**Alternativen**: Standardvertragsklauseln nach Art. 46 DSGVO, Binding Corporate Rules nach Art. 47 DSGVO, Ausnahmen nach Art. 49 DSGVO). Kopien der Vereinbarungen sind bei dem unter Ziffer 14.3 benannten Ansprechpartner zu erhalten bzw. diese können unter … abgerufen werden.*

Alternative:

Die Daten werden bzw. sollen nach … übermittelt werden, einen Staat außerhalb der Europäischen Union, der ein dem europäischen Recht entsprechendes Datenschutzniveau nach Art. 45 DSGVO aufweist.

Daten, die im Zusammenhang mit einer Meldung erhoben wurden und die nicht für das Verfahren von Relevanz sind, werden unverzüglich gelöscht. Im Übrigen erfolgt die Löschung der erhobenen Daten grundsätzlich innerhalb von zwei Monaten nach Abschluss der unternehmensinternen Ermittlungen. Kommt es infolge eines Fehlverhaltens im Sinne dieser Richtlinie oder eines Missbrauchs des Hinweisgebersystems gemäß Ziffer 8 zu einem Straf-, Disziplinar- oder Zivilgerichtsverfahren, kann sich die Speicherdauer bis zum rechtskräftigen Abschluss des jeweiligen Verfahrens verlängern. Eine Verlängerung der Speicherdauer kann sich auch ergeben, wenn die Daten für die Geltendmachung, die Ausübung von eigenen oder die Verteidigung gegen Rechtsansprüche erforderlich ist; hier ist im Einzelfall die Erforderlichkeit der Speicherdauer zu bestimmen.

Personen, die an dem Verfahren beteiligt sind, darunter auch der Hinweisgeber selbst, können sich jederzeit an den Datenschutzbeauftragten des Unternehmens wenden, um kontrollieren zu lassen, ob die aufgrund der einschlägigen anwendbaren Bestimmungen bestehenden Rechte beachtet wurden. Die Kontaktdaten des Datenschutzbeauftragten sind in Ziffer 14.4 aufgeführt.

a) Ratio

22.111 Datenschutzaufsichtsbehörden beurteilen den Einsatz von Hinweisgebersystemen regelmäßig kritisch, da personenbezogene Daten erhoben und verarbeitet werden, ohne dass insbesondere die verdächtigte Person davon Kenntnis erlangt. Eingriffe in die Persönlichkeitsrechte sowohl der verdächtigten Person als auch des Hinweisgebers sind nicht auszuschließen; daneben wird ggf. eine Kultur des Misstrauens im Unternehmen gefördert. Ziel der Klausel ist, Transparenz sowie Vertrauen zu schaffen und die jeweils Betroffenen über den Umfang der Datenerhebung und -verwendung im Rahmen der Richtlinie zu informieren sowie klarzustellen, dass die datenschutzrechtlich relevanten Gesetze und Grundsätze eingehalten werden.

b) Erläuterungen

22.112 Auch wenn es im Unternehmen eine Selbstverständlichkeit sein sollte, dass die Vorgaben des Datenschutzrechts eingehalten werden, empfiehlt sich aus Transparenzgründen eine entsprechende Erläuterung. Die Klausel hat mehr eine ergänzende Funktion, da an anderer Stelle der Richtlinie konkretere Regelungen zum Datenschutz enthalten sind (bspw. Ziff. 3, 5, 6.1 oder 8).

In diesem Zusammenhang weist auch die WBRL ausdrücklich in Art. 17 darauf hin, dass die Verarbeitung von personenbezogenen Daten in Hinweisgebersystemen immer an den Grundlagen der DSGVO zu messen ist. Dabei soll insbesondere sichergestellt werden, dass die Grundsätze der Datenminimierung, Speicherbegrenzung und Zweckbindung eingehalten werden. Die WBRL normiert in Art. 17 diesbezüglich, dass Daten, die für die Bearbeitung einer spezifischen Meldung offensichtlich nicht relevant sind, auch nicht erhoben bzw. unverzüglich gelöscht werden sollen, falls sie unbeabsichtigt erhoben wurden. Unternehmen sollten daher sorgfältig prüfen, welche gemeldeten Daten tatsächlich benötigt werden, überflüssige Daten löschen bzw. anonymisieren.

22.113 Die Regelung nimmt zudem Bezug auf Art. 13 DSGVO, der umfassende Informationspflichten des Verantwortlichen vorsieht. Dazu zählt z.B. nach Art. 13 Abs. 1 lit. c und lit. d DSGVO die umfassende Information des Betroffenen über die Rechtsgrundlagen der Verarbeitung und die berechtigten Interessen des Verantwortlichen. Hier sollte im Einzelnen geprüft werden, auf welcher Rechtsgrundlage die Datenverarbeitung beruht und diese hier jeweils erläutert werden (s. dazu bereits Rz. 22.29 ff., Rz. 22.52 ff.). Daneben ist über einen Transfer von Daten in unsichere Drittstaaten und die zur Sicherstellung eines angemessenen Datenschutzniveaus ergriffenen Garantien zu informieren (s. dazu bereits Rz. 22.79). Hier sollte bei Entwurf der Richtlinie geprüft werden, an welcher Stelle über die (beabsichtigte) Weitergabe der Daten informiert wird bzw. ob an beiden Stellen informiert werden soll.

Daneben sollte das Unternehmen noch einmal deutlich hervorheben, dass es die nach Art. 32 DSGVO i.V.m. Art. 5 DSGVO erforderlichen **technisch-organisatorischen Maßnahmen** umsetzt. Es ist u.a. sicherzustellen, dass nicht aus Versehen Daten eines vermeintlichen Täters bspw. in dessen Personalakte verbleiben oder zu dessen „üblichen" Stammdaten hinzugespeichert werden. Daneben sind die Risiken eines möglichen unbefugten Zugriffs auf die erhobenen Daten zu minimieren. Die Datenschutzaufsichtsbehörden empfehlen in diesem Zusammenhang als geeignete Maßnahmen z.B. die Umsetzung von **Berechtigungskonzepten**, die Einführung einer **Passwortrichtlinie**, den Einsatz von **Verschlüsselungsverfahren**, die **Protokollierung** von Dateneingaben oder auch die Nutzung von **Löschroutinen**. Daneben wird bei dem Betrieb einer internen Whistleblowing-Hotline empfohlen, diese organisatorisch nicht in den Fachbereich „Personal" zu integrieren; in diesem Fall ist nicht auszuschließen, dass die erforderliche Vertraulichkeit nicht mehr gewährleistet ist[101].

Erfolgt die Datenverarbeitung auch durch Externe, ist weiterhin sicherzustellen, dass diese die erforderlichen Maßnahmen ebenfalls umsetzen und entsprechend vertraglich z.B. durch einen Auftragsverarbeitungsvertrag nach Art. 28 DSGVO – oder wenn sie eigenverantwortlich agieren, durch einen entsprechenden Dienstleistungsvertrag – gebunden werden.

Ergänzend wird darauf hingewiesen, dass die Datenschutzaufsichtsbehörden davon ausgehen, dass die Einführung eines Whistleblowing-Systems einer Datenschutzfolgenabschätzung nach Art. 35 DSGVO zu unterziehen und der Datenschutzbeauftragte bei deren Einführung nach Art. 38 Abs. 1 DSGVO möglichst frühzeitig einzubinden ist[102]. | 22.115

Besonderes Augenmerk sollte auch auf die **Speicherdauer der Daten** gerichtet werden; die hier festgelegten Fristen basieren auf Empfehlungen der Datenschutzaufsichtsbehörden, die zwar auf Grundlage des BDSG a.F. ausgesprochen wurden, aber aufgrund der in der DSGVO vorgesehenen Regelungen, die nicht wesentlich von denen des BDSG a.F. abweichen und ebenfalls Datensparsamkeit verlangen, bislang weiterhin Gültigkeit haben (s. z.B. Art. 5 DSGVO)[103]. Ausnahmen können sich – wie bereits unter Rz. 22.95 ausgeführt – ergeben, wenn die Daten weiterhin für künftige Rechtsstreitigkeiten etc. erforderlich sind. Hier ist im Einzelfall zu prüfen, welche Daten dies sind und unter welchen Umständen dies zulässig ist. Dass sich daraus ein Spannungsfeld ergibt, liegt auf der Hand: Einerseits muss das Unternehmen löschen, andererseits will es sich auch vor Risiken schützen, die sich ggf. im Fall einer künftigen Meldung oder auch Offenlegung ergeben könnten. Das Unternehmen sollte daher dokumentieren, welche konkreten Anhaltspunkte vorliegen, die eine weitere Speicherung erforderlich machen. Dies lässt sich über die bei einer weiteren Speicherung der Daten ohnehin nach Art. 6 Abs. 1 lit. f DSGVO durchzuführenden Interessenabwägung umsetzen, da in diesem Zusammenhang idealerweise ohnehin eine zu dokumentierende Einzelfallbeurteilung erfolgt[104]. | 22.116

---

101 S. die Stellungnahme des *Düsseldorfer Kreises* zu Whistleblowing-Hotlines, S. 7, abrufbar unter http://www.datenschutz-hamburg.de/uploads/media/Handreichung_Whistleblowing-Hotlines.pdf, Stand: 6.12.2020.

102 Orientierungshilfe der Datenschutzaufsichtsbehörden zu Whistleblowing-Hotlines, S. 12, abrufbar unter https://www.datenschutzkonferenz-online.de/media/oh/20181114_oh_whistleblowing_hotlines.pdf, Stand: 6.12.2020.

103 S. die Stellungnahme des Düsseldorfer Kreises zu Whistleblowing-Hotlines, S. 6, abrufbar unter http://www.datenschutz-hamburg.de/uploads/media/Handreichung_Whistleblowing-Hotlines.pdf, Stand: 6.12.2020; *Weidmann*, DB 2019, 2393 (2395).

104 Vgl. *Altenbach/Dierkes*, CCZ 2020, 126 (130); *Dix* in Simitis/Hornung/Spiecker, Art. 17 DSGVO Rz. 38.

22.117 In Art. 17 WBRL wird dieses Thema ebenfalls aufgenommen; danach sind insbesondere Daten, die für die Bearbeitung einer spezifischen Meldung nicht relevant sind, unverzüglich zu löschen, falls sie unbeabsichtigt erhoben wurden. Damit muss bereits bei der Erhebung geprüft werden, welche Daten ggf. im Nachgang gelöscht werden müssen.

22.118 Hier wird ebenfalls zu beachten sein, dass die DSGVO den Unternehmen in diesem Bereich erheblich mehr Nachweispflichten auferlegt, wie z.B. den Nachweis, dass gelöscht wird, dass ein Berechtigungskonzept existiert oder dass bei dem Einsatz einer Whistleblowing-Hotline das geltende Recht beachtet wird. Gelingt der Nachweis nicht, haftet das Unternehmen, Art. 5 DSGVO.

14. Umsetzung/Verantwortlichkeit (Ziff. 13)

22.119 **M 22.1.13** Umsetzung/Verantwortlichkeit

13. Umsetzung/Verantwortlichkeit

13.1 Umsetzung und Bekanntmachung der Richtlinie in der Unternehmensgruppe

Die Abteilung Compliance ist verantwortlich für die Bekanntmachung dieser Richtlinie und deren Umsetzung. Dazu zählt auch, in allen Unternehmen Bedingungen zu schaffen, die es den Hinweisgebern ermöglichen, vertrauensvoll Meldungen zu machen.

Insbesondere sind die folgenden Maßnahmen umzusetzen:

- *Information aller Mitarbeiter über das Hinweisgebersystem in der betreffenden Landessprache (einschließlich Inhalt des Verfahrens, wichtiger Namen und Adressen, Telefonnummern und E-Mail-Adressen). Dazu zählt die Zurverfügungstellung von Informationen über das Hinweisgebersystem im Intranet, in Personalinformationsblättern oder entsprechenden Einführungsprogrammen;*
- *Benennung eines oder mehrerer lokaler Ansprechpartner innerhalb des Unternehmens;*
- *Information und Schulung der Ansprechpartner und der lokalen Geschäftsführung über die korrekte Durchführung des Verfahrens und die Umsetzung der Anforderungen der Richtlinie.*

13.2 Kontrolle der Umsetzung der Richtlinie

Die jeweilige Geschäftsführung kontrolliert die Umsetzung der Richtlinie. Sie überprüft u.a. die Effektivität von Maßnahmen, die als Reaktion auf einen gemäß dieser Richtlinie geäußerten Verdacht durchgeführt wurden. Die Geschäftsführung kann im Unternehmen Stellen benennen, die sie bei der Kontrolle unterstützt.

Die Rechtsabteilung und die Interne Revision überprüfen diese Richtlinien mindestens einmal jährlich aus rechtlicher und operativer Perspektive.

a) Ratio

22.120 In größeren Unternehmensgruppen empfiehlt es sich, einen Prozess zu etablieren, der sicherstellt, dass die Richtlinie einheitlich umgesetzt und ihre Einhaltung kontrolliert wird. Die Klausel beschreibt ein mögliches Verfahren.

b) Erläuterungen

22.121 Mitarbeiter sind über die Inhalte der Richtlinie nachweislich nach Art. 5 DSGVO zu informieren. Dies kann durch ein einheitliches Verfahren, gesteuert über die Compliance-Abteilung, oder auch auf anderen Wegen erfolgen. Hier sollte jeweils im Unternehmen geprüft werden, welche Verfahren den organisatorischen Gegebenheiten am Ehesten entsprechen und diese sollten hier erläutert werden.

Gleiches gilt für die **Kontrolle der Umsetzung und Einhaltung** der Richtlinie: Auch hier sollten die unternehmensspezifischen Eigenheiten in der Klausel abgebildet werden.   22.122

15. Informationen, Schulungen, Ansprechpartner (Ziff. 14)

M 22.1.14 Informationen, Schulungen, Ansprechpartner   22.123

14. Informationen, Schulungen, Ansprechpartner

14.1 Abrufbare Informationen/Hinweise zur Richtlinie

Diese Richtlinie steht allen Mitarbeitern im Intranet unter … zum Abruf zur Verfügung. Mitarbeiter, die keinen Zugriff auf das Intranet haben, wird diese schriftlich zur Verfügung gestellt. Alternativ kann diese jederzeit bei der Personalabteilung angefordert werden.

14.2 Schulungen der Mitarbeiter

Alle Beschäftigten sind verpflichtet, die seitens des Unternehmens angebotenen Schulungen zum Thema Hinweisgebersystem zu absolvieren. Die Schulungen werden nach Abstimmung mit der Geschäftsführung von der Compliance-Abteilung organisiert.

14.3 Ansprechpartner

Bei Fragen, Anmerkungen etc. zu den Regelungen dieser Richtlinie wenden Sie sich bitte an folgenden Ansprechpartner: …

14.4 Datenschutzbeauftragter

Den Datenschutzbeauftragten des Unternehmens erreichen Sie wie folgt:

….

Bestätigung der Kenntnisnahme:

Hiermit bestätige ich, …, dass ich die Richtlinie zur Kenntnis genommen und verstanden habe.

…   *…*
Ort, Datum   *Unterschrift*

a) Ratio

Es ist sicherzustellen, dass alle Mitarbeiter, die Rechte und Pflichten aus der Richtlinie treffen, nachweislich über diese belehrt werden. Dies umfasst insbesondere den Umgang mit Daten, Art. 5 DSGVO. Andernfalls besteht das Risiko, dass diese sich bei Fehlverhalten darauf zurückziehen, den Inhalt nicht gekannt bzw. nicht verstanden zu haben.   22.124

b) Erläuterungen

Die Informationen sollten für jeden Mitarbeiter zugänglich sein. Da nicht jeder Mitarbeiter Zugriff auf das Intranet haben wird, sollten immer alternative Wege zur Verfügung stehen. Hier sollten die im Unternehmen üblichen Wege der Bekanntmachung beschrieben werden.   22.125

Schulungen sind durchzuführen, damit Mitarbeiter sich bei einem Fehlverhalten im äußersten Fall nicht darauf berufen können, ohne Schuld zu handeln, da sie sich mangels Kenntnis der Richtlinie und damit mangels Unrechtsbewusstseins in einem unvermeidbaren Verbotsirrtum gem. § 17 StGB befun-   22.126

den hätten[105]. Auch hier sollte die von dem Unternehmen präferierte Schulungsmethode (E-Learning, Erläuterungen, Frontalschulungen) beschrieben und aufgenommen werden. Da das Unternehmen künftig die Einhaltung der DSGVO nachweisen muss, sollten die Schulungen dokumentiert werden.

22.127 In diesem Zusammenhang empfiehlt sich auch, die Kenntnisnahme der Richtlinie durch den Mitarbeiter bestätigen zu lassen, damit das Unternehmen seinen Pflichten aus Art. 5 DSGVO nachkommen kann. Dieser Abschnitt sollte in der Personalakte verwahrt werden. Eine Kopie der Bestätigung sollte dem Mitarbeiter für seine Akten übergeben werden.

---

105 Vgl. *Göpfert/Landauer*, NZA-Beilage 2011, 16 (17).

§ 23
Betriebsvereinbarung zur Internet- und E-Mail-Nutzung

Literatur: *Beckschulze*, Internet-, Intranet- und E-Mail-Einsatz am Arbeitsplatz, DB 2003, 2777; *Braun/ Spiegl*, E-Mail und Internet am Arbeitsplatz, AiB 2008, 393; *Brink*, Empfehlungen zur IuK-Nutzung am Arbeitsplatz – Rechtsgrundlagen und Regelungsmöglichkeiten bei betrieblicher und privater Nutzung, ZD 2015, 295; *Brink/Wirtz*, Kontrolle des Arbeitgebers bei (unerlaubter) Internetnutzung der Beschäftigten, Arb-Aktuell 2016, 255; *Eckhardt*, Wie weit reicht der Schutz des Fernmeldegeheimnisses (Art. 10 GG)?, DuD 2006, 365; *Fokken*, Telekommunikationsrechtliche Pflichten des Arbeitgebers bei privater E-Mail-Nutzung der Mitarbeiter, NZA 2020, 629; *Fülbier/Splittgerber*, Keine (Fernmelde-)Geheimnisse vor dem Arbeitgeber?, NJW 2012, 1995; *Gimmy*, Nutzung des Internets am Arbeitsplatz – ein Überblick, DRiZ 2007, 327; *Gola/ Schomerus*, BDSG, 12. Aufl. 2015; *Gola*, Der „neue" Beschäftigtendatenschutz nach § 26 BDSG n.F., BB 2017, 1462; *Gola*, Beschäftigtendatenschutz und EU-Datenschutz-Grundverordnung, EuZW 2012, 332; *Grabitz/ Hilf*, Das Recht der Europäischen Union, 40. Aufl. 2009; *Härting*, E-Mail und Telekommunikationsgeheimnis, CR 2007, 311; *Härting*, Internetsurfen am Arbeitsplatz, ITRB 2008, 88; *Heidrich/Forgó/Feldmann*, Heise Online-Recht, Loseblattwerk, Stand 3. Ergänzungslieferung 2011; *Kempermann*, Strafbarkeit nach § 206 StGB bei Kontrolle von Mitarbeiter- E-Mails? Rechtskonforme Lösungen zur Einhaltung von Compliance-Maßnahmen, ZD 2012, 12; *Klages*, KG: Kein Zugriff der Eltern auf Facebook-Account ihrer verstorbenen Tochter, ZD 2017, 386; *Kort*, Die Zukunft des deutschen Beschäftigtendatenschutzes – Erfüllung der Vorgaben der DSGVO, ZD 2016, 555; *Kühling*, Neues Bundesdatenschutzgesetz – Anpassungsbedarf bei Unternehmen, NJW 2017, 1985; *Maunz/Dürig*, Grundgesetz-Kommentar, 90. EL Februar 2020; *Mengel*, Kontrolle der Email- und Internet-Kommunikation am Arbeitsplatz, BB 2004, 2014; *Mengel*, Kontrolle der Telefonkommunikation am Arbeitsplatz, BB 2004, 1445; Münchener Kommentar zum Strafgesetzbuch: StGB, Band 4: §§ 185–262 StGB, 3. Aufl. 2017; *Olbert*, Die Privatnutzung des Internets durch den Arbeitnehmer, AuA 2008, 76; *Pröpper/Römermann*, Nutzung von Internet und E-Mail am Arbeitsplatz (Mustervereinbarung), MMR 2008, 514; *Säcker*, Kommentar zum Telekommunikationsgesetz, 3. Aufl. 2013; *Schönke/Schröder*, Strafgesetzbuch: StGB, 30. Aufl. 2019; *Taeger/Gabel*, BDSG/TKG/TMG, 2. Aufl. 2013; *Vehslage*, Privates Surfen im Büro, AnwBl 2001, 145; *Weißnicht*, Die Nutzung des Internet am Arbeitsplatz, MMR 2003, 448; *Weth/Herberger/Wächter/Sorge*, Daten- und Persönlichkeitsschutz im Arbeitsverhältnis, 2. Aufl. 2019; *Wolf/Mulert*, Die Zulässigkeit der Überwachung von E-Mail-Korrespondenz am Arbeitsplatz, BB 2008, 442; *Wybitul/Böhm*, E-Mail-Kontrollen für Compliance-Zwecke und bei internen Ermittlungen, CCZ 2015, 133; *Wybitul*, Der neue Beschäftigtendatenschutz nach § 26 BDSG und Artikel 88 DSGVO, NZA 2017, 413.

A. Einleitung

Fragen rund um die private Nutzung betrieblicher Kommunikationsmittel und sich daraus ergebende Konsequenzen stellen sich jedem Arbeitgeber und haben damit höchste Relevanz. Vor allem die Durchsuchung betrieblicher E-Mail-Accounts zu Compliance-Zwecken („E-Searches") gewinnt stetig an praktischer Bedeutung. Wenngleich diese Themen bereits seit einigen Jahren in der juristischen Literatur diskutiert werden, sind viele Details weiterhin umstritten und haben durch die Änderung der Rechtslage zum 25.5.2018 neue Relevanz gewonnen. Für Arbeitgeber gilt es, durch entsprechende Regelungen und Vereinbarungen die bestehenden Risiken bestmöglich zu reduzieren und so rechtliche Compliance herzustellen, aber auch die Unternehmensrealität und praktische Handhabung nicht aus den Augen zu verlieren. **23.1**

Dabei ist die private Nutzung betrieblicher E-Mail- und Internet-Accounts in vielen Betrieben immer noch unzureichend geregelt und wird faktisch geduldet. Schon aus personalpolitischer Sicht besteht häufig ein starkes Bedürfnis, die Privatnutzung nicht kategorisch zu untersagen, sondern auch insoweit einen angemessenen **Ausgleich zwischen Arbeitgeber- und Mitarbeiterinteressen** zu finden. Andererseits bergen unzureichende Regelungen die Gefahr, dass der Arbeitgeber ihm obliegende andere rechtliche Pflichten sowie andere berechtigte Interessen nicht oder nur eingeschränkt wahrnehmen kann. **23.2**

Dieses Kapitel zeigt den rechtlichen Rahmen und Diskussionsstand zur privaten Nutzung betrieblicher Internet- und E-Mail-Accounts auf und erläutert ein Muster für eine diese Fragen regelnde Betriebsvereinbarung, die durch eine Einwilligung der betroffenen Mitarbeiter ergänzt wird. **23.3**

Dabei ist zu beachten, dass unterschiedliche Varianten zur Regelung der Privatnutzung in Betracht kommen, die im Detail zu unterschiedlichen Ausgestaltungen führen. Auch Besonderheiten der Betriebs- und Unternehmensstrukturen sowie der im Einzelfall vorhandenen Betriebsratsgremien sind in der Praxis in jedem Einzelfall zu berücksichtigen. Vor diesem Hintergrund ist die hier erläuterte Betriebsvereinbarung kein allgemein gültiges Muster, sondern bedarf unter Berücksichtigung der Erläuterungen hierzu sowie insbesondere betriebsverfassungsrechtlicher Besonderheiten des Einzelfalls einer **Anpassung im Einzelfall**.

B. Betriebsvereinbarung zur Internet- und E-Mail-Nutzung

I. Muster

23.4 **M 23.1 Betriebsvereinbarung zur Internet- und E-Mail-Nutzung**

Betriebsvereinbarung zur Internet- und E-Mail-Nutzung

Zwischen

der

… [Firma (inkl. Rechtsformzusatz) des Betriebes],

vertreten durch [Vorname und Name], [Adresse]

*– nachstehend „**Arbeitgeber**" genannt –*

und

dem Betriebsrat der

… [Firma (inkl. Rechtsformzusatz) des Betriebes],

vertreten durch den/die Betriebsratsvorsitzende(n) Herrn/Frau [Vorname und Name], [Adresse]

*– nachstehend „**Betriebsrat**" genannt –*

*nachfolgend gemeinsam auch als „**Parteien**" bezeichnet,*

*wird zur Nutzung betrieblicher E-Mail- und Internet-Accounts folgende Betriebsvereinbarung (nachfolgend „**BV**") geschlossen:*

1. Präambel[1]

1.1 Betriebliche E-Mail- und Internet-Accounts dienen als Betriebsmittel der möglichst effizienten Erfüllung betrieblicher Aufgaben. Arbeitgeber und Betriebsrat möchten neben der betrieblichen Nutzung in einem in dieser BV beschriebenen Rahmen auch eine private Nutzung betrieblicher E-Mail- und Internet-Accounts ermöglichen. Dies gilt aber nur, soweit und solange es für den Arbeitgeber nicht zu Nachteilen und Einschränkungen führt, die bei einem Verbot der Privatnutzung nicht bestehen würden. Insbesondere darf die Gestattung der Privatnutzung den Arbeitgeber nicht bei der Durchführung von Maßnahmen einschränken, zu denen er aus anderen rechtlichen Gründen verpflichtet ist, oder die aus anderen Gründen der Wahrnehmung betrieblicher Interessen dienen. Dies betrifft bspw. Maßnahmen zur Sicherstellung rechtlicher Compliance sowie bei internationalen Gerichtsverfahren und behördlichen Untersuchungen.

*1.2 Um neben der rein betrieblichen Nutzung auch eine Privatnutzung zu ermöglichen und von einer Privatnutzung ausgehende Beschränkungen des Arbeitgebers zu vermeiden, schließen die Parteien diese BV. Die dieser BV als Anlage beigefügte „Zusatzvereinbarung zum Arbeitsvertrag für die private Nutzung betrieblicher Kommunikationsmittel und Einwilligungserklärung" (nachfolgend auch „**Zusatzvereinbarung**") ist nicht Teil dieser BV, wird vom Betriebsrat aber zustimmend zur Kenntnis genommen.*

2. Allgemeine Bestimmungen[2]

2.1 Diese BV regelt die Beteiligung des Betriebsrats bei Einsatz und Betrieb von Systemen, die mit betrieblichen E-Mail- und Internet-Accounts in Zusammenhang stehen.

---

1 Zu den Erläuterungen siehe Rz. 23.47.
2 Zu den Erläuterungen siehe Rz. 23.49 ff.

2.2 „E-Mail-Accounts" sind den Mitarbeitern vom Arbeitgeber zur Verfügung gestellte Betriebsmittel, die eine individuelle Kommunikation per E-Mail ermöglichen und alle damit in Zusammenhang stehende Hard- und Software mit einschließen.

2.3 „Internet-Accounts" sind den Mitarbeitern vom Arbeitgeber zur Verfügung gestellte Betriebsmittel, die einen Abruf von Informationen aus dem Internet ermöglichen und alle damit in Zusammenhang stehende Hard- und Software mit einschließen.

2.4 Diese BV findet Anwendung im Geltungsbereich des Betriebsverfassungsgesetzes (im Folgenden „BetrVG") und gilt für alle Arbeitnehmer i.S.d. § 5 BetrVG. Für sonstige im Betrieb beschäftigte Dritte, die keine Arbeitnehmer i.S.d. § 5 BetrVG sind, können die Regelungen dieser BV über entsprechende vertragliche Vereinbarungen einbezogen werden.

2.5 Soweit die Regelungen dieser BV und/oder der Zusatzvereinbarung im Widerspruch zu anderen BV und/oder sonstigen betrieblichen Regelungen und/oder Weisungen des Arbeitgebers stehen, haben die Regelungen dieser BV und der Zusatzvereinbarung vorrangige Geltung.

2.6 Soweit die Regelungen dieser BV nicht besondere Informationspflichten vorsehen, gelten die allgemeinen Regelungen der Art. 5 Abs. 1 lit. a und Art. 12 ff. der Datenschutz-Grundverordnung (EU-Verordnung 2016/79; im Folgenden „DSGVO"), insbesondere zur Transparenz der von dieser BV betroffenen Verarbeitung personenbezogener Daten.

3. Grundregeln zur Nutzung von E-Mail- und Internet-Accounts[3]

3.1 Betriebliche E-Mail- und Internet-Accounts dienen in erster Linie und vorrangig betrieblichen Zwecken des Arbeitgebers.

3.2 Bei der Nutzung betrieblicher E-Mail- und/oder Internet-Accounts sind jedwede Handlungen untersagt, die geeignet sind, Interessen des Arbeitgebers zu beeinträchtigen. Dies umfasst insbesondere Handlungen, die Gesetze, sonstige Rechtsvorschriften oder Rechte Dritter verletzen sowie sonstige Handlungen, die für den Arbeitgeber Nachteile mit sich bringen können und/oder das Ansehen des Arbeitgebers in der Öffentlichkeit beeinträchtigen. Deshalb sind bei der Nutzung betrieblicher E-Mail und/oder Internet-Accounts insbesondere, aber nicht abschließend, folgende Handlungen untersagt:

a) Abrufen, Anbieten oder Verbreiten von Inhalten, die gegen datenschutzrechtliche, persönlichkeitsrechtliche, urheberrechtliche oder strafrechtliche Bestimmungen verstoßen;

b) Herunterladen von Software, Musik oder urheberrechtlich geschützten Inhalten unter Verletzung von Lizenzen und/oder Urheberrechten, selbst wenn es vermeintlich zu geschäftlichen Zwecken geschieht;

c) Abrufen, Anbieten oder Verbreiten beleidigender, verleumderischer, verfassungsfeindlicher, rassistischer, gewaltverherrlichender, sexistischer oder pornografischer Äußerungen, Abbildungen oder Inhalte;

d) Anbieten oder Verbreiten weltanschaulicher oder politischer Aussagen;

e) Verbreiten von Computer-Viren oder sonstiger Schadsoftware;

f) Abrufen, Anbieten oder Verbreiten von für den Arbeitgeber kostenpflichtigen Internet-Seiten oder sonstigen kostenpflichtigen Leistungen zu nicht betrieblichen Zwecken;

g) Nutzung von Chat-Funktionalitäten und -angeboten zu privaten Zwecken.

4. Privatnutzung[4]

4.1 Allgemeine Regelungen zur Privatnutzung

4.1.1 Soweit nach dieser BV und der Zusatzvereinbarung eine Privatnutzung gestattet ist, erfolgt diese auf denselben technischen Systemen, auf denen auch die betrieblich veranlasste Nutzung stattfindet.

---

3 Zu den Erläuterungen siehe Rz. 23.55 ff.
4 Zu den Erläuterungen siehe Rz. 23.61 ff.

4.1.2 *Mitarbeiter haben keine Ansprüche auf eine Gestattung der privaten Nutzung betrieblicher E-Mail- und/oder Internet-Accounts. Soweit der Arbeitgeber über diese BV und die diese ergänzende Zusatzvereinbarung eine Privatnutzung gestattet, erfolgt diese Gestattung freiwillig und steht im alleinigen Ermessen des Arbeitgebers. Der Arbeitgeber ist damit jederzeit berechtigt, die Gestattung der Privatnutzung ganz oder teilweise zu beenden. Dies gilt insbesondere, wenn Mitarbeiter die sich aus dieser BV ergebenden Pflichten verletzen.*

4.1.3 *Zwar sprechen einige Gerichtsentscheidungen dafür, dass der Arbeitgeber bei einer Gestattung der Privatnutzung betrieblicher E-Mail- und Internet-Accounts nicht an das Fernmeldegeheimnis nach § 88 des Telekommunikationsgesetzes (im Folgenden „TKG") gebunden ist. Angesichts dessen, dass diese Entscheidungen keinen Bestand haben könnten oder sich die insoweit ohnehin umstrittene Rechtslage ändern könnte steht die Gestattung der Privatnutzung betrieblicher E-Mail- und Internet-Accounts stets unter dem Vorbehalt, dass der jeweilige Mitarbeiter die Zusatzvereinbarung unterzeichnet und so den Arbeitgeber durch seine ausdrückliche Einwilligung von den Beschränkungen des Fernmeldegeheimnisses nach § 88 TKG befreit hat.*

4.1.4 *Die Einwilligung des jeweiligen Mitarbeiters ist freiwillig und der Mitarbeiter kann diese jederzeit mit Wirkung für die Zukunft widerrufen. Ab Zugang seines Widerrufs entfällt gleichzeitig mit Wirkung für die Zukunft seine Berechtigung zu jedweder Privatnutzung betrieblicher E-Mail- und Internet-Accounts. Sofern keine berechtigten Interessen des jeweiligen Mitarbeiters entgegenstehen, ist ein Widerruf seiner Einwilligung allerdings insoweit ausgeschlossen, wie dadurch die Verarbeitung und Nutzung von Informationen in Zusammenhang mit der Nutzung betrieblicher E-Mail- und Internet-Accounts aus dem Zeitraum vor dem Widerruf eingeschränkt würde. Damit bleibt der Arbeitgeber auch im Falle eines Widerrufs der Einwilligung für Informationen in Zusammenhang mit der Nutzung betrieblicher E-Mail- und Internet-Accounts für diejenigen Zeiträume von den Beschränkungen des Fernmeldegeheimnisses befreit, in denen die Privatnutzung gestattet war.*

4.1.5 *Der Arbeitgeber gewährt dem Mitarbeiter keine Mindestverfügbarkeit und/oder Fehlerfreiheit der betrieblichen E-Mail- und Internet-Accounts und damit zusammenhängender technischer Einrichtungen. Der Mitarbeiter ist für eine etwaige Sicherung privater Inhalte selbst verantwortlich. Der Arbeitgeber ist gegenüber dem Mitarbeiter weder für etwaige Fehler und/oder Ausfälle der betrieblichen E-Mail- und Internet-Accounts und damit im Zusammenhang stehender technischer Einrichtungen verantwortlich, noch für etwaige daraus folgende Schäden und andere Nachteile, insbesondere Datenverluste.*

4.2 *Umfang der Privatnutzung*

4.2.1 *Die Mitarbeiter haben eine Privatnutzung betrieblicher E-Mail- und Internet-Accounts in Art und Umfang eigenverantwortlich so zu beschränken, dass Interessen des Arbeitgebers hierdurch nicht beeinträchtigt werden.*

4.2.2 *Die Privatnutzung ist auf gelegentliche Fälle zu beschränken, so dass insbesondere die ordnungsgemäße Erfüllung der geschuldeten Arbeitsleistung und sonstiger dem jeweiligen Mitarbeiter obliegender Pflichten sichergestellt ist und nicht beeinträchtigt wird. Eine solche Beeinträchtigung ist grundsätzlich nicht anzunehmen, wenn die Privatnutzung auf Pausenzeiten oder die Freizeit des jeweiligen Mitarbeiters beschränkt ist oder einen Umfang von insgesamt … Minuten/Stunden pro Tag/Woche [Regelungen zum Zeitraum noch anzupassen/zu ergänzen] nicht überschreitet.*

4.3 *E-Mails und Daten zur Internetnutzung von ausgeschiedenen oder verstorbenen Mitarbeitern*

4.3.1 *Bei Ausscheiden oder Versterben des Mitarbeiters unterliegen die betriebliche E-Mail-Korrespondenz des Mitarbeiters und die im Zusammenhang mit dessen Internetnutzung gespeicherten Daten weiterhin der ausschließlichen Verfügungsbefugnis des Arbeitgebers.*

4.3.2 *Bei Ausscheiden des Mitarbeiters trägt dieser die alleinige Verantwortung für die vorherige Sicherung und Löschung seiner privaten E-Mail-Korrespondenz. Mit Wirksamwerden des Ausscheidens des Mitarbeiters wird die private E-Mail-Korrespondenz des Mitarbeiters nur insoweit gelöscht, als sie sich in einem Privatordner befindet. Eine isolierte Löschung in die Langzeitarchivierung überführter privater E-Mails erfolgt nicht.*

*4.3.3 Nach dem Ausscheiden des Mitarbeiters werden auf seinem betrieblichen E-Mail-Account einge-
hende E-Mails für einen Zeitraum von drei weiteren Monaten auf einen vom Arbeitgeber zu benennenden anderen Mitarbeiter umgeleitet, um die Bearbeitung eingehender betrieblicher Korrespondenz sicherzustellen. Etwaige eingehende private E-Mails werden von dem vom Arbeitgeber zu
benennenden zuständigen Mitarbeiter auf Wunsch des ausgeschiedenen Mitarbeiters auf einen
von ihm zu benennenden privaten E-Mail-Account weitergeleitet. Der Mitarbeiter verpflichtet sich,
den jeweiligen Absendern seine private E-Mail-Adresse umgehend mitzuteilen und diese darauf
hinzuweisen, die betriebliche E-Mail-Adresse zukünftig nicht mehr für private Korrespondenz zu
nutzen.*

*4.3.4 Bei Versterben des Mitarbeiters informiert der Arbeitgeber dessen Erben auf entsprechende An-
frage der Erben über das Vorhandensein privater E-Mail-Korrespondenz des verstorbenen Mitarbeiters. Auf Wunsch der Erben sichert der Arbeitgeber die in einem Privatordner befindliche private E-Mail-Korrespondenz des verstorbenen Mitarbeiters und übergibt diese den Erben. Sofern
innerhalb ... [Zeitraum noch zu ergänzen] nach Versterben des Mitarbeiters keine entsprechende
Anfrage der Erben beim Arbeitgeber eingegangen ist, löscht der Arbeitgeber die in dem Privatordner befindliche private E-Mail-Korrespondenz des verstorbenen Mitarbeiters.*

*4.3.5 Bei Versterben des Mitarbeiters gilt Ziffer 4.3.3 entsprechend mit der Maßgabe, dass etwaige
E-Mails privater Natur von dem vom Arbeitgeber zu benennenden zuständigen Mitarbeiter auf
einen vom Erben des verstorbenen Mitarbeiters zu benennenden privaten E-Mail-Account weitergeleitet werden.*

5. Spezielle Regeln für E-Mail-Accounts[5]

5.1 Betriebliche E-Mails

*5.1.1 Betriebliche E-Mail-Korrespondenz unterliegt, ebenso wie sonstige über andere Kommunikations-
wege geführte betriebliche Korrespondenz, etwa Briefe oder Telefaxe, der ausschließlichen Verfügungsbefugnis des Arbeitgebers.*

*5.1.2 Vor diesem Hintergrund können der Vorgesetzte des jeweiligen Mitarbeiters und von ihm be-
stimmte andere Mitarbeiter des Arbeitgebers jederzeit lesenden Zugriff auf die betriebliche E-Mail-
Korrespondenz anderer Mitarbeiter nehmen, soweit dies betrieblichen Zwecken dient.*

*5.1.3 Unabhängig von den nach sonstigen in dieser BV gewährten Zugriffsrechten, insbesondere nach
Ziffer 5.1.2, haben die Mitarbeiter die Möglichkeit, anderen Mitarbeitern durch die Vornahme entsprechender Einstellungen selektive Zugriffsmöglichkeiten auf ihre E-Mail-Accounts zu gewähren,
wobei für die Reichweite dieser Zugriffe unterschiedliche Berechtigungsstufen unterschieden werden.*

*5.1.4 Der Arbeitgeber ist jederzeit berechtigt, in Zusammenhang mit etwaigen Vorlagepflichten ge-
genüber Gerichten und/oder Behörden im In- und Ausland sowie im Rahmen interner Untersuchungen, etwa zu Compliance-Themen, auf betriebliche E-Mails und betriebliche Ordner der
Mitarbeiter zuzugreifen, deren Inhalte auszuwerten und an im In- oder Ausland belegene Stellen
zu übermitteln.*

5.2 Private E-Mail und Privatordner

*5.2.1 Die betrieblichen E-Mail-Accounts verfügen über unterschiedliche elektronische Ordner, die der
strukturierten Ablage von E-Mail-Korrespondenz dienen. Soweit Mitarbeitern die Privatnutzung
gestattet ist, ist systemseitig auch ein ausschließlich für die Ablage von Privatkorrespondenz bestimmter Ordner (im Folgenden „**Privatordner**") vorhanden oder es ist ein solcher Ordner durch
den Nutzer anzulegen.*

*5.2.2 Die Mitarbeiter sind verpflichtet, private Korrespondenz von betrieblicher Korrespondenz best-
möglich zu trennen. Hierzu sind ein- und ausgehende E-Mails stets unverzüglich entweder zu löschen oder in den Privatordner zu verschieben.*

---

5 Zu den Erläuterungen siehe Rz. 23.76 ff.

5.2.3 *Mitarbeiter sind nicht berechtigt, Korrespondenz, die nicht ausschließlich privater Natur und damit zumindest auch betrieblicher Natur ist, in den Privatordner zu verschieben. Die Inhalte der Privatordner sind jeweils schnellstmöglich zu löschen oder auf privaten Speichermedien zu sichern.*

5.2.4 *E-Mails, die nicht ausschließlich private Inhalte, sondern zumindest auch geschäftliche Inhalte zum Gegenstand haben, sind als betriebliche E-Mails anzusehen.*

5.2.5 *Über den betrieblichen E-Mail-Anschluss versendete private E-Mails sind am Anfang der Betreffzeile durch den Begriff „Privat:" zu kennzeichnen. Soweit die ausschließlich private Natur nicht eindeutig durch Kennzeichnung als „Privat:" aus der Betreffzeile erkennbar ist, wird vermutet, dass alle außerhalb des Privatordners und damit in betrieblichen Ordnern gespeicherten E-Mails geschäftlicher Natur sind.*

5.3 *Einsichtnahme in den Privatordner*

5.3.1 *Da der Privatordner ausschließlich der Ablage privater E-Mail-Korrespondenz dient, sind die Zugriffsmöglichkeiten des Arbeitgebers insoweit eingeschränkt. Deshalb darf ein Zugriff durch den Arbeitgeber auf Privatordner grundsätzlich nur im Rahmen der Missbrauchskontrolle und innerhalb der hierfür vorgesehenen Grenzen erfolgen (hierzu Ziffer 7).*

5.3.2 *Soweit dies zur Sicherstellung eines ordnungsgemäßen Betriebes der betrieblichen E-Mail-Accounts erforderlich ist, ist der Arbeitgeber berechtigt, auch auf Privatordner der Mitarbeiter zuzugreifen (insbesondere zur Fehleranalyse und Fehlerkorrektur, Systemoptimierung und Kapazitätsplanung). Hierüber ist der jeweilige Mitarbeiter zu informieren.*

5.3.3 *Zudem ist der Arbeitgeber berechtigt, in Zusammenhang mit etwaigen Vorlagepflichten gegenüber Gerichten und/oder Behörden im In- und Ausland sowie im Rahmen interner Untersuchungen, etwa zu Compliance-Themen, auf die Privatordner der Mitarbeiter zuzugreifen, deren Inhalte auszuwerten und soweit erforderlich auch an im In- oder Ausland belegene Stellen zu übermitteln.*

6. Spezielle Regeln für Internet-Accounts[6]

6.1 *Filtersysteme*

6.1.1 *Der Arbeitgeber ist jederzeit berechtigt, zur auch faktischen Verhinderung und weiteren Reduzierung von Risiken eines Missbrauchs betrieblicher Internet-Accounts technische Vorkehrungen zu treffen, die insbesondere dafür sorgen, dass etwaige verbotene Internetseiten und/oder Inhalte blockiert werden und gar nicht abrufbar sind. Hierzu zählen insbesondere softwaregestützte Filtersysteme, die den Zugriff auf bestimmte Websites/URLs schon faktisch unterbinden.*

6.1.2 *Der Arbeitgeber kann solche Filter nach seinem ausschließlichen Ermessen konfigurieren, wobei hierbei Aspekte der betrieblichen Nutzung überwiegen.*

6.2 *Protokollierung der Nutzung betrieblicher Internet-Accounts*

Bei der Nutzung betrieblicher Internet-Accounts werden Informationen protokolliert und gespeichert, die in der technischen Infrastruktur anfallen. Insbesondere werden folgende Informationen für jedes aufgerufene Objekt protokolliert und gespeichert: Datum/Uhrzeit; Zieladresse; IP-Adresse [Art und Umfang der gespeicherten Informationen sind betriebsspezifisch zu ändern/ergänzen].

Eine Unterscheidung zwischen dienstlicher und privater Nutzung ist insoweit nicht möglich, weil beide Nutzungsarten über dieselbe technische Infrastruktur erfolgen. Diese Informationen können auch personenbezogene Daten des Nutzers enthalten, insbesondere Informationen über besuchte Websites und dort vorgenommene Aktivitäten des Nutzers.

7. Missbrauchskontrolle[7]

7.1 *Keine generelle Überwachung*

Eine generelle Überwachung der Nutzung betrieblicher E-Mail- und Internet-Accounts findet nicht statt.

---

6 Zu den Erläuterungen siehe Rz. 23.96 ff.
7 Zu den Erläuterungen siehe Rz. 23.104 ff.

7.2 Einsichtnahme und Auswertung

7.2.1 Soweit ein Verdacht besteht, dass der Mitarbeiter betriebliche E-Mail- und/oder Internet-Accounts rechtswidrig oder unter Verstoß gegen diese BV nutzt oder soweit entsprechende Rechtsverstöße des Mitarbeiters feststehen, ist der Arbeitgeber berechtigt, die gespeicherten Daten zur Internetnutzung und/oder die Privatordner des betroffenen Mitarbeiters einzusehen und auszuwerten und Mitarbeiter von der Privatnutzung vorübergehend oder dauerhaft auszuschließen. Ein Verdacht besteht insbesondere bei Kommunikationsverhalten, das deutlich vom üblichen Nutzungsverhalten abweicht und/oder einem deutlichen Anstieg von Übertragungsvolumina und/oder besonders hohen Übertragungsvolumina.

7.2.2 Der Zugriff auf die Protokolldaten erfolgt durch den Systemverantwortlichen und den Datenschutzbeauftragten.

7.2.3 Über die Einsichtnahme und Auswertung wird ein Protokoll erstellt, von dem der Mitarbeiter eine Abschrift erhält.

7.3 Arbeitsrechtliche Konsequenzen bei Verstößen gegen diese BV

Zuwiderhandlungen des Mitarbeiters gegen diese BV können zu Ermahnungen und/oder Abmahnungen bis hin zu Kündigungen sowie zu Schadensersatzansprüchen des Arbeitgebers gegen den Mitarbeiter führen.

8. Schlussbestimmungen[8]

8.1 Verschwiegenheitspflicht

Der Betriebsrat und jedes einzelne seiner Mitglieder haben über die ihnen in Ausübung ihres Amtes bekannt gewordenen vertraulichen Informationen Stillschweigen zu bewahren und dürfen diese Informationen Dritten nicht zur Kenntnis bringen. Vertrauliche Informationen in diesem Sinne sind neben ausdrücklich als „vertraulich" gekennzeichneten Informationen auch aus den Umständen erkennbar als vertraulich zu behandelnde Informationen, personenbezogene Daten der betroffenen Arbeitnehmer und insbesondere in Zusammenhang mit der Einsichtnahme in E-Mail-Accounts und Daten zur Nutzung von Internet-Accounts erlangte Informationen. Die gesetzlichen Pflichten des Betriebsrates und seiner Mitglieder nach § 79 BetrVG bleiben unberührt.

8.2 Ablösung von Betriebsvereinbarungen

Die BV löst folgende BV ab:

– *[Bezeichnung und Datum der abzulösenden Betriebsvereinbarung sind hier zu ergänzen]*

– *[Bezeichnung und Datum der abzulösenden Betriebsvereinbarung sind hier zu ergänzen]*

8.3 Inkrafttreten, Kündigung und Nachwirkung

8.3.1 Diese BV tritt mit Unterzeichnung in Kraft.

8.3.2 Sie kann mit einer Frist von … [Kündigungsfrist noch zu ergänzen] Monaten zum Ende eines Kalenderjahres gekündigt werden, erstmals jedoch zum … [Datum für Mindestlaufzeit zu ergänzen, falls eine solche gewünscht ist].

8.3.3 Ab Wirksamwerden einer Kündigung dieser BV ist allen Mitarbeitern die private Nutzung betrieblicher E-Mail- und Internet-Accounts untersagt. Im Falle der Beendigung dieser BV entfaltet diese nur noch insoweit Nachwirkung, als sie etwaige Eingriffe in Datenschutzrecht und das Fernmeldegeheimnis regelt, insbesondere mit Blick auf solche Daten und Informationen, die während einer gestatteten Privatnutzung betrieblicher E-Mail- und Internet-Accounts angefallen sind.

… [Ort], … [Datum][9]

[Name und Gesellschaftsform des Arbeitgebers]:

---

8 Zu den Erläuterungen siehe Rz. 23.113 ff.
9 Zu den Erläuterungen siehe Rz. 23.118.

…
(Vertreter [Arbeitgeber])

…
i.V. (Vertreter [Arbeitgeber])

Betriebsrat der [Name und Gesellschaftsform des Arbeitgebers]:

…
(Vertreter Betriebsrat)

…
(Vertreter Betriebsrat)

Anlage: *Zusatzvereinbarung zur privaten Nutzung betrieblicher Kommunikationsmittel und Einwilligungs-erklärung*[10]

1. *Die … [Name und Gesellschaftsform des Arbeitgebers zu ergänzen] (im Folgenden „**Unternehmen**") stellt Ihnen einen E-Mail-Account sowie einen Internet-Account zur Verfügung, die als Arbeitsmittel grundsätzlich nur der betrieblichen Aufgabenerfüllung dienen. Wenngleich die betriebliche Nutzung stets Vorrang hat, gestattet das Unternehmen Ihnen in gewissen Grenzen auch eine private Nutzung dieser Arbeitsmittel. Der genaue Umfang der gestatteten und damit zulässigen Privatnutzung sowie die dem Unternehmen zustehenden Zugriffsrechte in Zusammenhang mit der Nutzung betrieblicher E-Mail- und Internet-Accounts sind in der hierzu abgeschlossenen Betriebsvereinbarung „Betriebsvereinbarung zur Internet- und E-Mail-Nutzung" vom … [Datum der Betriebsvereinbarung zu ergänzen] (nachfolgend auch „**BV**") im Einzelnen beschrieben. Für Mitarbeiter, die dem Anwendungsbereich der BV nicht direkt unterfallen, werden die Regelungen der BV zur Internet- und E-Mail-Nutzung durch diese Zusatzvereinbarung rechtsverbindlich vereinbart.*

2. *Wir möchten besonders hervorheben, dass Sie nach Ziffer 5.2.2 der BV verpflichtet sind, ein- und ausgehende private E-Mails stets unverzüglich in einen hierfür gesondert eingerichteten „Privatordner" zu verschieben und damit von betrieblicher Korrespondenz streng zu trennen. Es ist Ihnen ausdrücklich nicht gestattet, Korrespondenz, die nicht ausschließlich privater Natur und damit zumindest auch betrieblicher Natur ist, in den Privatordner zu verschieben (vgl. Ziffer 5.2.3 der BV).*

3. *Wir behalten uns das Recht vor, betriebliche E-Mail-Postfächer sowie die in Ziffer 6.2 der BV genannten Informationen zur Internetnutzung zu protokollieren, einzusehen und auszuwerten. Zweck einer solchen Verarbeitung ist es, die Einhaltung rechtlicher Vorschriften sicherzustellen sowie die Rechte und Pflichten aus dem Arbeitsvertrag und der BV im Interesse des Unternehmens zu wahren. Insbesondere kann eine solche Verarbeitung im Zusammenhang mit Gerichtsverfahren, behördlichen Untersuchungen, betrieblicher Compliance, internen Ermittlungen sowie der Missbrauchskontrolle nach Ziffer 7 der BV notwendig werden. Die Voraussetzungen, Grenzen und der Umfang dieser Verarbeitung sind im Einzelnen in der BV sowie in etwaigen diese ergänzenden BV beschrieben.*

4. *Einige Gerichtsentscheidungen sprechen dafür, dass das Unternehmen bei einer Gestattung der Privatnutzung betrieblicher E-Mail- und Internet-Accounts nicht an das Fernmeldegeheimnis nach § 88 des Telekommunikationsgesetzes (im Folgenden „**TKG**") gebunden ist. Für den Fall, dass diese Entscheidungen keinen Bestand haben sollten oder sich die Rechtslage ändern sollte, steht die Gestattung der privaten Nutzung betrieblicher E-Mail- und Internet-Accounts stets unter dem Vorbehalt, dass Sie das Unternehmen durch Ihre Einwilligung von den Beschränkungen des Fernmeldegeheimnisses nach § 88 TKG befreien.*

5. *Ihre Einwilligung ist jeweils freiwillig. Sie können Ihre Einwilligung jederzeit mit Wirkung für die Zukunft widerrufen. Durch den Widerruf wird die Rechtmäßigkeit der aufgrund der Einwilligung bis zum Widerruf erfolgten Datenverarbeitung nicht berührt. Ab Zugang Ihres Widerrufs entfällt Ihre Berechtigung zu jedweder privater Nutzung betrieblicher E-Mail- und Internet-Accounts ebenfalls mit Wirkung für die Zukunft.*

6. *Ein Widerruf Ihrer Einwilligung ist allerdings jeweils ausgeschlossen, soweit dadurch die Verarbeitung solcher Informationen eingeschränkt würde, die sich auf die Nutzung betrieblicher E-Mail- und/oder Internet-Accounts aus dem Zeitraum vor dem Widerruf beziehen. Insoweit bleibt das Unternehmen auch im Falle eines Widerrufs Ihrer Einwilligung für diejenigen Zeiträume von den Beschränkungen des Fernmeldegeheimnisses befreit und zur Verarbeitung ermächtigt, in denen Ihnen die Privatnutzung gestattet war. Dieser Ausschluss des Widerrufsrechts gilt nur, sofern Ihre berechtigten Interessen dem nicht entgegenstehen.*

---

10 Zu den Erläuterungen siehe Rz. 23.120 ff.

Mit meiner Unterschrift erkläre ich mich einverstanden mit den Regeln für die private Nutzung betrieblicher E-Mail- und Internet-Accounts, die in dieser Zusatzvereinbarung beschrieben sind.

Ich willige ein, dass die in Ziffer 6.2. der BV genannten protokollierten Daten sowie meine im betrieblichen E-Mail-Postfach gespeicherte private wie berufliche E-Mail-Kommunikation nach Maßgabe der Ziffer 3 dieser Anlage verarbeitet werden.

Ich befreie das Unternehmen höchstvorsorglich von der Einhaltung des Fernmeldegeheimnisses nach § 88 TKG und von etwaigen davon ausgehenden Beschränkungen, soweit es um die private Nutzung betrieblicher E-Mail- und Internet-Accounts geht.

Ich bestätige mit meiner Unterschrift zugleich, dass mir eine Kopie der BV ausgehändigt wurde.

…
Ort, Datum

…
Unterschrift Arbeitgeber

…
Ort, Datum

…
Unterschrift Arbeitnehmer

II. Erläuterungen

1. Vorbemerkungen

Die folgenden Vorbemerkungen beleuchten zunächst die datenschutzrechtlichen und telekommunikationsrechtlichen Grundlagen der privaten Nutzung betrieblicher Kommunikationsmittel. Diese bilden die Grundlage für die konkrete Gestaltung der Betriebsvereinbarung sowie sonstiger Vereinbarungen und Regelungen zur Ausgestaltung der Privatnutzung. Die europäische Datenschutz-Grundverordnung (EU-Verordnung 2016/679; im Folgenden „DSGVO") ist seit dem 24.5.2016 in Kraft und ist seit dem 25.5.2018 als unmittelbar geltendes Recht anwendbar. Unter der DSGVO bleibt den Mitgliedstaaten nur sehr eingeschränkter Spielraum für nationale Regelungen. Mit Blick auf solche nationalen Regelungsspielräume hat der deutsche Gesetzgeber ein neues Bundesdatenschutzgesetz („BDSG") verabschiedet, das am 25.5.2018 in Kraft getreten ist und u.a. im Beschäftigtendatenschutz (§ 26 BDSG) präzisierende nationale Regelungen vorsieht. 23.5

a) Grundlagen

aa) Risiken bei nicht ausreichender Regelung der Privatnutzung

Nach bisher wohl überwiegender Meinung in der juristischen Literatur sind Unternehmen, die ihren Mitarbeitern die private Nutzung betrieblicher Kommunikationsmittel dem Grunde nach gestatten, gegenüber ihren Mitarbeitern als **Anbieter von Telekommunikationsleistungen** anzusehen und müssen damit die **Vorschriften des TKG** beachten. Gegenteilige Ansichten in Rechtsprechung und Literatur sind allerdings im Vordringen begriffen und finden Rückhalt in der Systematik der DSGVO (hierzu im Einzelnen noch Rz. 23.14 ff.). Somit eröffnen sich den betroffenen Unternehmen gute Argumente gegen eine Anwendung des TKG. 23.6

Dem TKG unterfallende Unternehmen haben das Fernmeldegeheimnis (§ 88 TKG) zu beachten. Die sich daraus ergebenden Grenzen für den betrieblichen Umgang mit E-Mail- und Internet-Accounts können zu erheblichen Einschränkungen der unternehmerischen Handlungsfreiheit und anderen für das Unternehmen nachteiligen Konsequenzen führen: 23.7

– Mitarbeiter dürfen keinen Einblick erhalten in E-Mail-Postfächer oder Details von sonstigen Kommunikationsvorgängen anderer Mitarbeiter über das Internet, wie es etwa im Falle einer **Krankheitsvertretung** oder **Nachfolge** angezeigt sein kann.

– Nehmen Mitarbeiter solche Inhalte unter Verstoß gegen das Fernmeldegeheimnis dennoch zur Kenntnis und geben diese Informationen an Dritte weiter, so steht eine Strafbarkeit nach § 206 StGB im Raum.

– Informationen, die unter Verstoß gegen das Fernmeldegeheimnis oder datenschutzrechtliche Vorschriften gewonnen wurden, können **Beweisverwertungsverboten** unterliegen und damit rechtlich gegenüber dem Rechtsverletzer unverwertbar sein, so etwa bei Fällen von Missbrauch des Internets.

– In der Praxis immer wichtiger werdende **interne Ermittlungen** in Form einer Sichtung von E-Mail-Postfächern und Internetverbindungsprotokollen, etwa in Zusammenhang mit anstehenden Untersuchungen von Aufsichtsbehörden, sind wegen der Beschränkungen des Fernmeldegeheimnisses grundsätzlich nicht gestattet.

– Auch eine Herausgabe kompletter Kommunikationsinhalte, insbesondere gesamter E-Mail-Postfächer, an Dritte ist grundsätzlich unzulässig und wäre sogar strafbewehrt. Dies ist insbesondere für interne Ermittlungen und **E-Discovery-Verfahren** in Zusammenhang mit ausländischen Ermittlungen problematisch. Auch diese Formen der Herausgabe und Einsichtnahme in Kommunikationsinhalte werden in der Praxis immer wichtiger.

– Auch bei der **elektronischen Archivierung** über den betrieblichen E-Mail-Account geführter Kommunikation treffen den Arbeitgeber Einschränkungen wegen etwaiger im betrieblichen E-Mail-Account möglicherweise enthaltener auch privater Kommunikation. Wegen solcher auch privater Kommunikation können sich ferner rechtliche Barrieren beim Einsatz von Spam-Filtern ergeben.

23.8 In der Praxis bestehen unabdingbare betriebliche Bedürfnisse, Daten über die E-Mail- und Internetnutzung nicht nur zu erheben, sondern unter bestimmten Umständen auch für die Einsicht durch andere Mitarbeiter oder sonstige Dritte zu öffnen. Deshalb kann schon unter dem Aspekt rechtlicher Compliance eine Gestattung der Privatnutzung nur dann in Betracht kommen, wenn die damit einhergehenden Eingriffe in Fernmeldegeheimnis und Datenschutzrecht in vertretbarer Weise gerechtfertigt werden können.

bb) Ausgestaltung der Privatnutzung durch Betriebsvereinbarung und/oder Zusatzvereinbarung

23.9 In Unternehmen mit Betriebsrat ist eine Betriebsvereinbarung zur Internet- und E-Mail-Nutzung ein möglicher Weg, die Privatnutzung betrieblicher Kommunikationsmittel durch Mitarbeiter im Betrieb inhaltlich auszugestalten. Die Betriebsvereinbarung hat die Gestalt eines **Vertrags zwischen Arbeitgeber und Betriebsrat**, entfaltet jedoch unmittelbare Wirkung gegenüber den Mitarbeitern, ohne dass sie explizit in die individuellen Arbeitsverträge mit eingebunden werden muss. Sie hat daher also den **Charakter einer Rechtsvorschrift**, nicht jedoch den eines formellen Gesetzes.

Auch unter der DSGVO werden Kollektivvereinbarungen (und damit auch Betriebsvereinbarungen) im Beschäftigungskontext grundsätzlich als mögliche Verarbeitungsgrundlage anerkannt (Art. 88 Abs. 1 DSGVO i.V.m. Erwägungsgrund 155). Im nationalen Recht wurden der damit eröffnete Regelungsspielraum mit § 26 Abs. 4 BDSG genutzt und Kollektivvereinbarungen als Verarbeitungsgrundlage aufgenommen[11].

23.10 In Ergänzung zu einem Vorschlag für eine mögliche Betriebsvereinbarung enthält dieses Kapitel eine Zusatzvereinbarung. Diese sollte mit jedem Mitarbeiter geschlossen werden, um noch verbleibende Rechtsunsicherheiten zu reduzieren, die eine Betriebsvereinbarung nicht zu beseitigen vermag.

23.11 In Unternehmen, die keinen Betriebsrat haben, bietet es sich an, die in der Betriebsvereinbarung und der Zusatzvereinbarung enthaltenen Regelungen zur privaten Nutzung betrieblicher E-Mail- und Internet-Accounts einheitlich in eine Zusatzvereinbarung zum Arbeitsvertrag zu konsolidieren.

---

11 Hierzu *Wybitul*, NZA 2017, 413 (417).

cc) Typische Varianten der Gestattung/Einschränkung der Privatnutzung

Aus rein rechtlicher Sicht am einfachsten und sichersten wäre es, jede Form der Privatnutzung betrieblicher E-Mail- und Internet-Accounts kategorisch zu untersagen. Damit bliebe der Arbeitgeber zwar Verantwortlicher im Sinne der DSGVO (Art. 4 Nr. 7 DSGVO), müsste sich allerdings lediglich an den Vorgaben der DSGVO und § 26 BDSG messen lassen. In vielen Unternehmen ist dies aber aus insbesondere personalpolitischen Gründen nicht gewünscht. In der Praxis finden sich deshalb häufig **Kompromissregelungen**, nach denen die private Nutzung betrieblicher E-Mail-Accounts komplett untersagt wird, wobei gleichzeitig die private Nutzung betrieblicher Internet-Accounts einschließlich Webmail-Diensten in gewissen Grenzen gestattet wird. Je weiter das Verbot der Privatnutzung reicht, desto geringer ist der rechtliche Rechtfertigungsaufwand.

23.12

Der hier vorliegende Vorschlag einer Betriebsvereinbarung nebst Zusatzvereinbarung geht von dem rechtlich schwierigsten Fall aus, dass die **Privatnutzung betrieblicher E-Mail- und Internet-Accounts** trotz Einschränkungen bei Inhalt und Umfang der Privatnutzung zumindest dem Grunde nach gestattet sein soll. Angesichts umfangreicher Gestattungen der Privatnutzung ist in diesem Fall der Rechtfertigungsaufwand für Einsichtnahmen in Daten zur E-Mail- und Internetnutzung am höchsten. Soweit bestimmte Nutzungen kategorisch verboten werden sollen, können die Regelungen zu Art und Umfang der noch erlaubten Nutzung durch entsprechende Nutzungsverbote ersetzt werden.

23.13

b) Rechtliche Hintergründe – Arbeitgeber als „Diensteanbieter" gem. § 3 Nr. 6 TKG

Durch die Gestattung auch der privaten Nutzung betrieblicher Kommunikationsmittel steht die Frage im Raum, ob der Arbeitgeber infolgedessen als Diensteanbieter i.S.d. § 3 Nr. 6 TKG anzusehen ist.

23.14

Bei Gestattung der privaten Nutzung betrieblicher E-Mail- und Internet-Accounts sollen Arbeitgeber nach der (wohl noch) h.M. als Diensteanbieter i.S.v. § 3 Nr. 6 TKG anzusehen sein. Dies soll schon dann gelten, wenn die private Nutzung dem Grunde nach gestattet ist, folglich unabhängig vom Umfang der Gestattung[12].

Neuere Stimmen in Rechtsprechung und Literatur lehnen eine Anwendung des TKG auf Arbeitgeber bei nicht verbotener Privatnutzung hingegen ab[13].

23.15

Diese Auffassung wird teilweise damit begründet, dass der Arbeitgeber bei Gestattung der Privatnutzung nicht „geschäftsmäßig" Telekommunikationsleistungen erbringe[14]. Dem ist entgegenzuhalten, dass ein „geschäftsmäßiges Erbringen von Telekommunikationsdiensten" nach § 3 Nr. 10 TKG als „das nachhaltige Angebot von Telekommunikation für Dritte mit oder ohne Gewinnerzielungsabsicht" definiert ist. Das erfordert nicht notwendig auch eine Entgeltlichkeit, sondern nur eine gewisse Nachhaltigkeit[15].

Gegen eine Anwendung des TKG auf Arbeitgeber bei nicht verbotener Privatnutzung könnte auch sprechen, dass der **Arbeitnehmer nicht als „Dritter" i.S.v. § 3 Nr. 10 TKG** angesehen wird, gegenüber

---

12 So i. Erg. etwa *Seifert* in Simitis, § 32 BDSG Rz. 92 m.w.N.; *Säcker*, § 3 TKG Rz. 16; *Maschmann* in Kühling/Buchner, Art. 88 DSGVO Rz. 78; *Hanebeck/Neunhoeffer*, K&R 2006, 112 (113); *Eckhardt*, DuD 2006, 365 (368); *Weißnicht*, MMR 2003, 448 (449); *Vehslage*, AnwBl. 2001, 145 (147); *Wolf/Mulert*, BB 2008, 442 ff.; BT-Drucks. 19/12552, 2.

13 So i. Erg. etwa auch das LAG Berlin-Brandenburg v. 14.1.2016 – 5 Sa 657/15; LAG Berlin v. 16.2.2011 – 4 Sa 2132/10, allerdings ohne hinreichende Begründung; LAG Niedersachsen v. 31.5.2010 – 12 Sa 875/09, MMR 2010, 639 (640); ebenso i. Erg. auch *Wybitul/Böhm*, CCZ 2015, 133 (134); *Baumgartner* in Weth/Herberger/Wächter/Sorge, Kapitel IX, Telefon-, Internet- und E-Mail-Nutzung, einschließlich Privatnutzung Rz. 88.

14 *Fülbier/Splittgerber*, NJW 2012, 1995 (1999).

15 *Fülbier/Splittgerber*, NJW 2012, 1995 (1999).

dem der Arbeitgeber Telekommunikationsleistungen erbringt[16]. Da das TKG den Begriff des „Dritten" nicht definiert, wird hier teilweise auf die datenschutzrechtliche Abgrenzung gem. § 11 Abs. 1 Nr. 1 TMG zurückgegriffen. Danach sollen die für Telemedien geltenden spezifischen datenschutzrechtlichen Vorschriften nicht gelten, soweit die Bereitstellung von Telemedien „im Dienst- und Arbeitsverhältnis zu ausschließlich beruflichen oder dienstlichen Zwecken" erfolgt. Überträgt man diese Argumentation auf den telekommunikationsrechtlichen Regelungskontext, so wäre der Arbeitgeber gegenüber dem Arbeitnehmer selbst bei gestatteter Privatnutzung nicht als Diensteanbieter i.S.d. TKG anzusehen[17].

23.16 Zumindest derzeit bejahen allerdings sowohl die Aufsichtsbehörden als auch die wohl noch überwiegenden Teile der Literatur bei nicht verbotener Privatnutzung die Anwendung des TKG auf Arbeitgeber[18].

Dieses Verständnis muss unter der DSGVO noch kritischer hinterfragt werden als bereits bisher. Denn die Einordnung als TK-Anbieter steht in systematischem Widerspruch zum Geltungsbereich der DSGVO und ihrem Verhältnis zur Richtlinie 2002/58/EG, welche Grundlage der §§ 91 ff. TKG ist.

23.17 Vorgenannte Richtlinie 2002/58/EG in ihrem begrenzten Anwendungsbereich bleibt nach Art. 95 DSGVO neben der DSGVO bestehen. Soweit die §§ 91 ff. TKG also die Richtlinie 2002/58/EG unmittelbar umsetzen, bleiben auch sie als sektorspezifischer Datenschutz erhalten. Die Richtlinie gilt aber spezifisch nur für die Betreiber öffentlicher Netze (s. Art. 3 Richtlinie 2002/58/EG). Arbeitgeber sind dies in aller Regel gerade nicht. Wenn die wohl herrschende Meinung also auch Arbeitgeber als TK-Anbieter betrachtet, geht sie von einer überschießenden Umsetzung europäischer Vorgaben in nationales Recht aus.

23.18 Für eine solche überschießende Umsetzung ist aber neben der DSGVO gerade kein Raum. Mit Geltung der DSGVO ist der Anwendungsbereich der §§ 91 ff. TKG daher auf jene Anbieter beschränkt, die von der Richtlinie direkt umfasst werden[19].

Somit wären nach der wohl noch herrschenden Meinung Arbeitgeber kurioserweise zwar TK-Anbieter nach nationalem Recht, für die der spezifische Datenschutz in §§ 91 ff. TKG aber nicht gelten würde. Die Einordnung als TK-Anbieter wird damit noch zweifelhafter[20].

Um bestmögliche Rechtssicherheit zu gewährleisten, adressieren die in diesem Kapitel beschriebenen Regelungen gleichwohl die von einer unterstellten Anwendbarkeit des TKG ausgehenden Risiken und zeigen Wege zu deren Reduzierung auf.

---

16 *Fülbier/Splittgerber*, NJW 2012, 1995 (1999) m.w.N.; so auch LAG Berlin-Brandenburg v. 14.1.2016 – 5 Sa 657/15.

17 Einer neueren Auffassung zufolge soll auch jüngere EuGH-Rechtsprechung gegen die Anwendung des TKG auf Arbeitgeber sprechen. Demnach liege in der Bereitstellung betrieblicher Internet- und E-Mail-Accounts schon keine Telekommunikationsdienstleistung i.S.d. § 3 Nr. 24 TKG. Nach Rechtsprechung des EuGH sei für das Vorliegen einer solchen Telekommunikationsdienstleistung maßgeblich, ob der Erbringer der Leistung gegenüber dem Endnutzer für die Gewährleistung der Signalübertragung verantwortlich ist, diese also sicherstellt und dafür haftet. Da der Arbeitgeber i.d.R. kein Interesse daran haben dürfte, einen solchen Anspruch auf eine funktionierende Signalübertragung zu begründen, liege keine Telekommunikationsdienstleistung vor. Arbeitgeber seien daher auch keine Diensteanbieter i.S.d. § 3 Nr. 6 lit. a TKG. Hierzu *Fokken*, NZA 2020, 629 (632 f.).

18 *Datenschutzkonferenz*, Orientierungshilfe der Aufsichtsbehörden zur datenschutzgerechten Nutzung von E-Mail und anderen Internetdiensten am Arbeitsplatz, Stand: Januar 2016, S. 4 f.; *Brink*, ZD 2015, 295 (296 f.) m.w.N.; *Maschmann* in Kühling/Buchner, Art. 88 DSGVO Rz. 78.

19 *Jenny* in Plath, Art. 95 DSGVO Rz. 2 m.w.N.; vgl. auch *Maschmann* in Kühling/Buchner, Art. 88 DSGVO Rz. 79; *Elschner* in Hoeren/Sieber/Holznagel, Teil 22.1, Rz. 76 ff.

20 *Kort*, ZD 2016, 555 (559).

c) Folgen der Anwendbarkeit des TKG, insbesondere des Fernmeldegeheimnisses

Die Anwendung des TKG führt dazu, dass die betroffenen Unternehmen für die Nutzung der von ih- 23.19
nen zur Verfügung gestellten betrieblichen Kommunikationsmittel das Fernmeldegeheimnis nach § 88
TKG einzuhalten haben. Der spezielle Datenschutz der §§ 91 ff. TKG findet nach hier vertretener Auffassung keine Anwendung mehr. Arbeitgeber sind im Verhältnis zu ihren Beschäftigten nicht Anbieter
öffentlicher Netze und damit nicht Adressaten der RL 2002/58/EG, welche den §§ 91 ff. TKG zugrunde
liegt und der DSGVO vorgeht (s. Rz. 23.16 ff.).

Das Fernmeldegeheimnis hat über **Art. 10 GG** Verfassungsrang. Bestimmte Verletzungen des Fern- 23.20
meldegeheimnisses können gem. § 206 StGB auch strafrechtlich belangt werden.

Der Zweck des Fernmeldegeheimnisses besteht ähnlich wie beim Briefgeheimnis im Schutz der Ver- 23.21
traulichkeit der individuellen Kommunikation für Fälle, in denen sich die Beteiligten nicht am selben
Ort befinden und wegen der räumlichen Distanz auf eine Übermittlung durch Andere angewiesen
sind.

aa) Geschützte Inhalte

Dem Schutz des Fernmeldegeheimnisses über § 88 Abs. 1 TKG unterliegen der Inhalt der Telekom- 23.22
munikation und ihre näheren Umstände, insbesondere die Tatsache, ob jemand an einem Telekommunikationsvorgang beteiligt ist oder war. Geschützt sind somit alle Verbindungsdaten eines Telekom-
munikationsvorgangs, also **wer**, **wann**, von **wo**, **auf welche Weise**, **wie lange**, **wie oft**, **mit wem** und
wohin kommuniziert hat.

bb) E-Mail- und Internetnutzung

Bei der Anwendung des Fernmeldegeheimnisses wird zwischen der Nutzung von E-Mail und Internet 23.23
unterschieden. Die E-Mail-Kommunikation der Mitarbeiter des Unternehmens war und ist als individuelle Kommunikation nach soweit ersichtlich einhelliger Meinung vom Schutzbereich des Fernmeldegeheimnisses umfasst, während bei der Internetnutzung nach dem konkreten Einzelfall teilweise differenziert wurde (s. dazu im Einzelnen Rz. 23.100).

cc) Reichweite und Dauer des Fernmeldegeheimnisses

Neben Begriff und Gegenstand des Fernmeldegeheimnisses war und ist auch dessen Reichweite Ge- 23.24
genstand der Diskussion in Rechtsprechung und Literatur.

(1) Begrenzung auf die Dauer des Übermittlungsvorgangs

Nach der mittlerweile auch von den einfachen Gerichten aufgegriffenen Rechtsprechung des BVerfG 23.25
endet der Schutz des Fernmeldegeheimnisses grundsätzlich bereits in dem Augenblick, in dem die
Nachricht beim Empfänger angekommen ist und der Übertragungsvorgang beendet ist[21].

Das Fernmeldegeheimnis ist ein spezialgesetzlicher Ausgleich für den Verlust der Beherrschbarkeit ei- 23.26
ner Nachricht während des Übermittlungsvorgangs, während dessen die Beteiligten darauf angewiesen
sind, eine von Dritten bereitgestellte technische Infrastruktur zu nutzen, die sie nicht vollständig kontrollieren können. Das Fernmeldegeheimnis schützt die an der Kommunikation Beteiligten rechtlich
vor Zugriffen Dritter, die die Kommunikationspartner faktisch nicht ohne weiteres beherrschen oder
kontrollieren können.

Eine E-Mail ist ab ihrem Zugang beim Empfänger nicht mehr den erleichterten **Zugriffsmöglichkei-** 23.27
ten Dritter ausgesetzt, die sich aus der **fehlenden Beherrschbarkeit und Überwachungsmöglichkeit**
des Übertragungsvorgangs ergeben. Daraus haben einige Stimmen die Folgerung gezogen, dass das

---

21 BVerfG v. 2.3.2006 – 2 BvR 2099/04, NJW 2006, 976 (978) m.w.N.

Fernmeldegeheimnis pauschal immer mit Abschluss des Übermittlungsvorgangs ende[22]. Dies wird aber von den Ausführungen des BVerfG in dieser Pauschalität nicht getragen, wie sogleich zu zeigen sein wird.

23.28 Schließlich sind die Inhalte einer E-Mail auch nach Abschluss des Übermittlungsvorgangs auch dann dem faktischen Risiko von Zugriffen Dritter ausgesetzt, wenn der Empfänger es nicht selbst in der Hand hat, die Inhalte der Kommunikation sowie die Informationen über deren nähere Umstände rückstandsfrei zu löschen. Dies gilt insbesondere dann, wenn sich diese Informationen nicht im Herrschaftsbereich des Betroffenen befinden.

(2) Ausdehnung des Fernmeldegeheimnisses über den Übermittlungsvorgang hinaus

23.29 Das BVerfG hat seine bisherigen Aussagen zur Dauer des Fernmeldegeheimnisses[23] in einer Entscheidung aus dem Jahr 2009 weiter präzisiert. In dieser Entscheidung ging es nicht um die physische Speicherung einer E-Mail allein auf der Hardware des Betroffenen, sondern um den Zugriff auf eine beim Provider gespeicherte E-Mail[24]. Hier hat das **BVerfG** den Schutz des Fernmeldegeheimnisses ausdrücklich auch auf die Zeit nach Abschluss des Übermittlungsvorgangs ausgedehnt, weil der Betroffene keinen physischen Zugriff auf die E-Mails hatte, sondern nur über das Internet auf die Server seines Providers zugreifen konnte. Entscheidendes Argument des BVerfG war, dass der Kommunikationsteilnehmer wegen **der fortbestehenden Einschaltung des Providers als Drittem** den Schutz des Fernmeldegeheimnisses benötigt, weil er die Sphäre des betroffenen Providers nicht beherrschen kann[25]. Das gilt auch dann, wenn der Empfänger die E-Mail bereits zur Kenntnis genommen hat und (bewusst) zur „Endspeicherung" beim Provider belässt[26].

(3) Entscheidende Bedeutung der Zugriffsmöglichkeiten des Arbeitgebers

23.30 Arbeitnehmer nutzen in aller Regel eine vom Arbeitgeber bereitgestellte Infrastruktur, auf die nicht jeder Arbeitnehmer auch physisch zugreifen kann. Überträgt man die Rechtsprechung des BVerfG zur Reichweite des Fernmeldegeheimnisses nun auf das Verhältnis zwischen Arbeitgeber und Arbeitnehmer, so muss das Fernmeldegeheimnis über den Abschluss des Übermittlungsvorgangs hinaus dauerhaft fortgelten.

23.31 Gegen diese Argumentation lässt sich vorbringen, dass der Arbeitnehmer im Einzelfall durchaus in der Lage sein kann, durch entsprechende Bedienung und Einstellung der vom Arbeitgeber zur Verfügung gestellten IT-Systeme auch eine Löschung bestimmter Kommunikationsinhalte zu veranlassen. Soweit der Arbeitnehmer so Nachrichten sicher dem Zugriff Dritter entziehen kann und soweit auch eine Wiederherstellung der Kommunikationsinhalte durch den Arbeitgeber oder sonstige Dritte nicht mehr möglich ist, lässt sich argumentieren, dass der Arbeitnehmer insoweit nicht mehr schutzbedürftig ist und dass dann auch der Schutz des Fernmeldegeheimnisses enden muss. E-Mails würden danach nicht mehr dem Schutz und den Beschränkungen des Fernmeldegeheimnisses unterfallen, wenn und soweit der Arbeitnehmer sie nach Eingang in seiner Inbox beliebig und vor allem rückstandsfrei löschen kann[27].

---

22 So etwa VGH Kassel v. 19.5.2009 – 6 A 2672/08. Z, MMR 2009, 714 (716); LAG Niedersachsen v. 31.5.2010 – 12 Sa 875/09, MMR 2010, 639 (640); LAG Berlin-Brandenburg v. 16.2.2011 – 4 Sa 2132/10, ZD 2011, 43 (44).

23 BVerfG v. 2.3.2006 – 2 BvR 2099/04, NJW 2006, 976 (978 f.) m.w.N.

24 BVerfG v. 16.6.2009 – 2 BvR 902/06, NJW 2009, 2431. Der Nutzer hat in diesem Fall seine E-Mails per „IMAP" über einen lokalen E-Mail-Client abgerufen. Hierbei verbleibt regelmäßig eine Kopie auf dem Server des Anbieters.

25 BVerfG v. 16.6.2009 – 2 BvR 902/06, NJW 2009, 2431 (2432 f.).

26 BVerfG v. 16.6.2009 – 2 BvR 902/06, NJW 2009, 2431 (2432 f.).

27 So in weiter Auslegung der Rechtsprechung des BVerfG aber ohne nähere Begründung auch VGH Kassel v. 19.5.2009 – 6 A 2672/08. Z, MMR 2009, 714 (716); LAG Niedersachsen v. 31.5.2010 – 12 Sa

(4) Ausdehnung des Fernmeldegeheimnisses durch elektronische Archivierung

Insbesondere wenn Unternehmen die gesamte E-Mail-Korrespondenz automatisiert in eine elektro- 23.32
nische Langzeitarchivierung überführen und wenn die Nutzer solche in die Langzeitarchivierung überführten Inhalte auch nicht mehr löschen können, liegen die Voraussetzungen für eine auf den reinen
Übermittlungsvorgang reduzierte Geltung des Fernmeldegeheimnisses nicht vor.

Schon zur Erfüllung der rechtlichen Anforderungen an die elektronische Archivierung sind zumindest 23.33
auch solche E-Mails, die den handels- und steuerrechtlichen Aufbewahrungspflichten (§ 257 HGB,
§ 147 AO) unterfallen, auch elektronisch revisionssicher zu archivieren[28]. Eine revisionssichere Archivierung verlangt allerdings, dass archivierungspflichtige Inhalte gerade nicht beliebig verändert oder
gelöscht werden können.

Soweit private und geschäftliche E-Mails aber, wie in der Regel, über dieselbe technische Infrastruk- 23.34
tur verarbeitet werden, ist eine technische **Trennung von geschäftlicher und privater Korrespondenz**
auch im Hinblick auf die Archivierung **nicht möglich**. Private E-Mails werden danach unweigerlich
ebenso wie geschäftliche E-Mails elektronisch archiviert. Im Rahmen einer lückenlosen, manipulati-
onssicheren E-Mail-Archivierung darf es auch nicht möglich sein, bestimmte E-Mails etwa durch das
Verschieben in einen „Privatordner" der Archivierung zu entziehen. Soweit private E-Mails durch den
Mitarbeiter nicht löschbar archiviert werden, würde das Fernmeldegeheimnis nicht enden, solange die
elektronische Archivierung fortbesteht.

Dieselben Grundsätze gelten für andere Arten durch den Mitarbeiter nicht verhinderbarer Speicherun- 23.35
gen von E-Mails auf anderen Systemkomponenten wie E-Mail-Server, rollierenden Backups und dergleichen. Das Muster der Betriebsvereinbarung geht davon aus, dass über den betrieblichen E-Mail-Account versandte und empfangene E-Mails der elektronischen Archivierung unterfallen und damit für
einen gewissen Zeitraum gespeichert werden, behandelt aber nicht die in der Praxis oft stark variieren-
den technischen Details dieser Speicherung.

(5) Sondersituation: Abwesende Mitarbeiter

Hat ein Mitarbeiter wegen Urlaub oder Krankheit oder aus sonstigen Gründen keinen Zugriff auf 23.36
seinen betrieblichen E-Mail-Account, so ist er faktisch nicht in der Lage, etwa eingehende private
E-Mails zu löschen. Auch dies ist zu berücksichtigen, wenn es zu beurteilen gilt, ob und inwieweit die
Beschränkungen des Fernmeldegeheimnisses im Einzelfall für einen E-Mail-Account eines Mitarbeiters noch gelten oder nicht. Die Bestimmung des Zeitraums, ab dem der Mitarbeiter die Möglichkeit
hat, eine E-Mail zu löschen und damit dem Zugriff Dritter zu entziehen, kann sich im Einzelfall durchaus schwierig gestalten.

(6) Ergebnis zur Reichweite und Dauer des Fernmeldegeheimnisses

Wenngleich nicht auszuschließen ist, dass eine mit dieser Frage befasste Behörde oder ein Gericht zu 23.37
einer anderen Auffassung gelangen mag und insoweit Rechtsunsicherheiten verbleiben, lässt sich zumindest mit guten Gründen argumentieren, dass das Fernmeldegeheimnis immer nur für diejenigen
E-Mails und solange gilt, wie der betroffene Inhaber des E-Mail-Accounts noch keine Löschung vornehmen konnte, etwa weil er infolge Abwesenheit nicht auf seinen E-Mail-Account zugreifen konnte,
und wie eine vom betroffenen Inhaber des E-Mail-Accounts veranlasste **Löschung von E-Mails** auf
dem jeweils betroffenen Medium noch nicht rückstandsfrei vollzogen ist.

875/09, MMR 2010, 639 (640); LAG Berlin-Brandenburg v. 16.2.2011 – 4 Sa 2132/10, ZD 2011, 43 (44);
Jenny in Plath, § 88 TKG Rz. 8; ähnlich auch *Klages*, ZD 2017, 386 (390).

28 Konkretisiert werden diese Anforderungen durch die Grundsätze ordnungsgemäßer DV-gestützter
Buchführungssysteme (GoBS) und die Grundsätze zum Datenzugriff und zur Prüfbarkeit digitaler Unterlagen (GDPdU); vgl. hierzu *Tschoepe*, Heise Online-Recht, C. III.4.6 Rz. 110 ff.

d) Möglichkeiten zur Rechtfertigung von Eingriffen

23.38 Soweit die Privatnutzung gestattet ist, stellt sich die Frage, wie und inwieweit aus betrieblicher Sicht erforderliche Eingriffe in das Datenschutzrecht sowie in das Fernmeldegeheimnis gerechtfertigt werden können.

23.39 Insoweit werden typischerweise Rechtfertigungen durch Betriebsvereinbarungen und/oder individuelle Einwilligungen der Betroffenen diskutiert. Dabei stellt sich die Frage, ob eine Betriebsvereinbarung alleine als Rechtfertigung dienen kann oder ob es weiterer Schritte seitens des Arbeitgebers bedarf.

aa) Keine Rechtfertigung von Eingriffen in das Fernmeldegeheimnis durch Betriebsvereinbarung

23.40 Gerade in der arbeitsrechtlichen Literatur wurde häufig vorgeschlagen, sämtliche Fragen im Zusammenhang mit der auch privaten Nutzung betrieblicher Kommunikationsmittel durch Betriebsvereinbarung zu regeln und so auch Eingriffe in das Fernmeldegeheimnis zu rechtfertigen[29].

23.41 Nach § 88 Abs. 3 TKG ist eine Ausnahme von der Verpflichtung zur Einhaltung des Fernmeldegeheimnisses allerdings „nur zulässig, soweit dieses Gesetz oder eine andere gesetzliche Vorschrift dies vorsieht und sich dabei ausdrücklich auf Telekommunikationsvorgänge bezieht". Trotz ihrer unmittelbaren und normativen Wirkung ist eine Betriebsvereinbarung lediglich eine untergesetzliche Norm. Da ausweislich des Wortlauts von § 88 Abs. 3 Satz 3 TKG **Eingriffe in das Fernmeldegeheimnis nur durch Gesetz zu rechtfertigen** sind, vermag eine Betriebsvereinbarung alleine Eingriffe in das Fernmeldegeheimnis nicht zu rechtfertigen.

bb) Betriebsvereinbarung als Rechtfertigungstatbestand im Datenschutzrecht

23.42 Der Umgang mit personenbezogenen Daten kann nach § 26 Abs. 4 BDSG auch durch Betriebsvereinbarungen als Kollektivvereinbarungen gerechtfertigt werden[30]. Unter dem BDSG a.F. war dabei umstritten, inwieweit dies mangels Öffnungsklausel auch im Anwendungsbereich der spezialgesetzlichen Datenschutzvorschriften der §§ 91 ff. TKG gilt[31]. Dieser Spezialdatenschutz findet nun allerdings nach hier vertretener Auffassung (s. Rz. 23.18) für Arbeitgeber keine Anwendung mehr.

23.43 Für das Fernmeldegeheimnis ändert die DSGVO an der unter Rz. 23.41 dargestellten Rechtslage nichts[32]. § 88 TKG ist einfachrechtliche Ausprägung des Art. 10 GG und steht damit in nationaler Kompetenz neben dem europäischen Datenschutzrecht. Es liegt daher nahe, zwischen der datenschutzrechtlichen Einwilligung als Verarbeitungstatbestand und der Einwilligung in Eingriffe in das Fernmeldegeheimnis zu differenzieren[33]. Letztgenannte Erklärung ist letztendlich bloßer Verzicht auf den Schutz des § 88 TKG und die ergänzende strafrechtliche Sanktion des § 206 StGB. Dieser muss ebenfalls auf informierter Basis erklärt werden. Nur so ist er Ausdruck der Dispositionsbefugnis des geschützten Arbeitnehmers.

---

29 So etwa *Beckschulze*, DB 2003, 2777 (2780); *Braun/Spiegl*, AiB 2008, 393 (393); *Olbert*, AuA 2008, 76 (79); *Gimmy*, DRiZ 2007, 327 (330); *Pröpper/Römermann*, MMR 2008, 514 ff. sehen eine Betriebsvereinbarung ausdrücklich als „die beste arbeitgeberseitige Absicherung" an.

30 *Wybitul*, NZA 2017, 413 (417); *Kühling*, NJW 2017, 1985 (1988).

31 Dafür etwa *Beckschulze*, DB 2003, 2777 (2780); *Braun/Spiegl*, AiB 2008, 393 (393); *Olbert*, AuA 2008, 76 (79); *Gimmy*, DRiZ 2007, 327 (330); *Pröpper/Römermann*, MMR 2008, 514 ff.; dagegen etwa *Mengel*, BB 2004, 1445 (1452) m.w.N.

32 Vgl. *Maschmann* in Kühling/Buchner, Art. 88 DSGVO Rz. 78; *Brink*, ZD 2015, 295 (297) m.w.N.

33 So i. Erg. auch *Brink/Wirtz*, ArbRAktuell 2016, 255 (257).

cc) Reduzierung von Risiken in der Praxis

Vor dem Hintergrund der fehlenden Rechtfertigungswirkung von Betriebsvereinbarungen im Kontext des § 88 TKG empfiehlt es sich, zumindest höchstvorsorglich, im Wege einer **Zusatzvereinbarung** (s. unten Anlage zur Betriebsvereinbarung) individuelle **Einwilligungen der betroffenen Arbeitnehmer** einzuholen[34]. — 23.44

In der Literatur wird teilweise vertreten, dass bezüglich der Einwilligungsmodalitäten auch für die Befreiung vom Fernmeldegeheimnis direkt Art. 7 DSGVO anzuwenden ist[35]. Andererseits könnte man Art. 7 DSGVO wegen der eigenständigen Natur des Fernmeldegeheimnisses auch nur entsprechend, seinem Rechtsgedanken nach, heranziehen. Auf eine Entscheidung kommt es freilich nicht an. Bei einem Eingriff in das Fernmeldegeheimnis liegt jedenfalls auch eine Verarbeitung personenbezogener Daten vor. Es erscheint damit sinnvoll, eine datenschutzkonforme Einwilligung mit einem expliziten Verzicht auf das Fernmeldegeheimnis i.S.d. § 88 TKG zu kombinieren. — 23.45

2. Präambel (Ziff. 1)

M 23.1.1 Präambel — 23.46

1. Präambel

1.1 Betriebliche E-Mail- und Internet-Accounts dienen als Betriebsmittel der möglichst effizienten Erfüllung betrieblicher Aufgaben. Arbeitgeber und Betriebsrat möchten neben der betrieblichen Nutzung in einem in dieser BV beschriebenen Rahmen auch eine private Nutzung betrieblicher E-Mail- und Internet-Accounts ermöglichen. Dies gilt aber nur, soweit und solange es für den Arbeitgeber nicht zu Nachteilen und Einschränkungen führt, die bei einem Verbot der Privatnutzung nicht bestehen würden. Insbesondere darf die Gestattung der Privatnutzung den Arbeitgeber nicht bei der Durchführung von Maßnahmen einschränken, zu denen er aus anderen rechtlichen Gründen verpflichtet ist, oder die aus anderen Gründen der Wahrnehmung betrieblicher Interessen dienen. Dies betrifft bspw. Maßnahmen zur Sicherstellung rechtlicher Compliance sowie bei internationalen Gerichtsverfahren und behördlichen Untersuchungen.

1.2 Um neben der rein betrieblichen Nutzung auch eine Privatnutzung zu ermöglichen und von einer Privatnutzung ausgehende Beschränkungen des Arbeitgebers zu vermeiden, schließen die Parteien diese BV. Die dieser BV als Anlage beigefügte „Zusatzvereinbarung zum Arbeitsvertrag für die private Nutzung betrieblicher Kommunikationsmittel und Einwilligungserklärung" (nachfolgend auch „Zusatzvereinbarung") ist nicht Teil dieser BV, wird vom Betriebsrat aber zustimmend zur Kenntnis genommen.

Die Präambel dokumentiert die wesentlichsten dieser Betriebsvereinbarung zugrunde liegenden **Ziele und Zielkonflikte** und kann soweit erforderlich auch für eine etwaige Auslegung der Betriebsvereinbarung herangezogen werden. Dabei soll schon aus der Präambel erkennbar werden, dass betriebliche E-Mail- und Internet-Accounts in allererster Linie betrieblichen Zwecken dienen und dass eine Gestattung der Privatnutzung die betrieblichen Belange nicht beeinträchtigen darf (zu typischen, von einer Gestattung der Privatnutzung ausgehenden Beeinträchtigungen bereits Rz. 23.6 ff.). — 23.47

---

34 Eine Betriebsvereinbarung wird durch die Zusatzvereinbarung auch nicht überflüssig, da § 87 BetrVG in der Regel ohnehin die Mitbestimmung des Betriebsrats erfordert.

35 So *Maschmann* in Kühling/Buchner, Art. 88 DSGVO Rz. 79.

3. Allgemeine Bestimmungen (Ziff. 2)

23.48 **M 23.1.2 Allgemeine Bestimmungen**

2. Allgemeine Bestimmungen

2.1 Diese BV regelt die Beteiligung des Betriebsrats bei Einsatz und Betrieb von Systemen, die mit betrieblichen E-Mail- und Internet-Accounts in Zusammenhang stehen.

2.2 „E-Mail-Accounts" sind den Mitarbeitern vom Arbeitgeber zur Verfügung gestellte Betriebsmittel, die eine individuelle Kommunikation per E-Mail ermöglichen und alle damit in Zusammenhang stehende Hard- und Software mit einschließen.

2.3 „Internet-Accounts" sind den Mitarbeitern vom Arbeitgeber zur Verfügung gestellte Betriebsmittel, die einen Abruf von Informationen aus dem Internet ermöglichen und alle damit in Zusammenhang stehende Hard- und Software mit einschließen.

2.4 Diese BV findet Anwendung im Geltungsbereich des Betriebsverfassungsgesetzes (im Folgenden „BetrVG") und gilt für alle Arbeitnehmer i.S.d. § 5 BetrVG. Für sonstige im Betrieb beschäftigte Dritte, die keine Arbeitnehmer i.S.d. § 5 BetrVG sind, können die Regelungen dieser BV über entsprechende vertragliche Vereinbarungen einbezogen werden.

2.5 Soweit die Regelungen dieser BV und/oder der Zusatzvereinbarung im Widerspruch zu anderen Betriebsvereinbarungen und/oder sonstigen betrieblichen Regelungen und/oder Weisungen des Arbeitgebers stehen, haben die Regelungen dieser BV und der Zusatzvereinbarung vorrangige Geltung.

2.6 Soweit die Regelungen dieser BV nicht besondere Informationspflichten vorsehen, gelten die allgemeinen Regelungen der Art. 5 Abs. 1 lit. a und Art. 12 ff. der Datenschutz-Grundverordnung (EU-Verordnung 2016/79; im Folgenden „DSGVO"), insbesondere zur Transparenz der von dieser BV betroffenen Verarbeitung personenbezogener Daten.

a) Gegenstand der Betriebsvereinbarung (Ziff. 2.1)

23.49 Diese Klausel ist an die Gegebenheiten im jeweiligen Unternehmen anzupassen. Ziel ist es, die Mitwirkung des Betriebsrats bei der Nutzung dieser Systeme durch diese Betriebsvereinbarung möglichst umfassend zu regeln. Nach dem Günstigkeitsprinzip können etwa bestehende individualvertragliche Regelungen mit einzelnen Arbeitnehmern fortbestehen, soweit sie den Arbeitnehmer insgesamt besser stellen als diese Betriebsvereinbarung[36].

b) Definitionen (Ziff. 2.2 und 2.3)

23.50 Die Definitionen betrieblicher E-Mail- und Internet-Accounts können ggf. noch an die im jeweiligen Unternehmen individuellen technisch-operativen Gegebenheiten angepasst und weiter konkretisiert werden. Eine zu starke Konkretisierung birgt jedoch die Gefahr, dass die Betriebsvereinbarung im Falle der Veränderung technischer Details nicht mehr aktuell ist und angepasst werden muss.

c) Persönlicher Anwendungsbereich (Ziff. 2.4)

23.51 Die Betriebsvereinbarung findet entsprechend den allgemeinen betriebsverfassungsrechtlichen Vorgaben nur auf Arbeitnehmer i.S.d. § 5 BetrVG Anwendung. Bei bestimmten Personengruppen wie etwa Praktikanten und Diplomanden ist die direkte Anwendung dieser Betriebsvereinbarung von deren rechtlichem Status als Arbeitnehmer abhängig. Soweit im Betrieb eingesetzte Personen keine Arbeit-

---

36 Hierzu etwa *Kania* in ErfK, § 77 BetrVG Rz. 68.

nehmer sind, etwa leitende Angestellte oder auch Leiharbeiter und sonstige externe Dienstleister, entfaltet die Betriebsvereinbarung keine Regelungskraft[37].

Soweit Personengruppen betriebliche Kommunikationsmittel privat nutzen dürfen und nicht dem **persönlichen Anwendungsbereich** dieser Betriebsvereinbarung unterfallen, sollten die Inhalte dieser Betriebsvereinbarung über separate Verträge mit den jeweiligen Personen einbezogen werden, etwa über die Zusatzvereinbarung zu dieser Betriebsvereinbarung, um insbesondere Verstöße gegen das Fernmeldegeheimnis und Datenschutzvorschriften zu vermeiden und gleichzeitig Kontrollrechte des Unternehmers bestmöglich abzusichern.   23.52

d) Abgrenzungsfragen (Ziff. 2.5 und 2.6)

Soweit zu einzelnen mit betrieblichen E-Mail- und Internet-Accounts in Zusammenhang stehenden Systemen im Betrieb noch andere Regelungen bestehen sollten, sind diese von den Regelungen dieser Betriebsvereinbarung abzugrenzen, nach Möglichkeit durch ausdrückliche Benennung der betroffenen anderen Regelungen.   23.53

Ziff. 2.6 stellt klar, dass die Regelungen der Art. 5 Abs. 1 lit. a und Art. 12 ff. DSGVO, insbesondere die Informationspflichten nach Art. 12, 13 DSGVO, für den Verantwortlichen gelten. Dieser deklaratorische Hinweis basiert auf der in Teilen der Literatur vertretenen Ansicht, dass wegen den Mindestanforderungen des Art. 88 Abs. 2 DSGVO zumindest eine Bezugnahme auf die Transparenzvorschriften der Art. 12 ff. DSGVO erforderlich ist[38].

4. Grundregeln (Ziff. 3)

M 23.1.3 Grundregeln zur Nutzung von E-Mail- und Internet-Accounts   23.54

3. Grundregeln zur Nutzung von E-Mail- und Internet-Accounts

3.1 Betriebliche E-Mail- und Internet-Accounts dienen in erster Linie und vorrangig betrieblichen Zwecken des Arbeitgebers.

3.2 Bei der Nutzung betrieblicher E-Mail- und/oder Internet-Accounts sind jedwede Handlungen untersagt, die geeignet sind, Interessen des Arbeitgebers zu beeinträchtigen. Dies umfasst insbesondere Handlungen, die Gesetze, sonstige Rechtsvorschriften oder Rechte Dritter verletzen sowie sonstige Handlungen, die für den Arbeitgeber Nachteile mit sich bringen können und/oder das Ansehen des Arbeitgebers in der Öffentlichkeit beeinträchtigen. Deshalb sind bei der Nutzung betrieblicher E-Mail und/oder Internet-Accounts insbesondere, aber nicht abschließend, folgende Handlungen untersagt:

a) Abrufen, Anbieten oder Verbreiten von Inhalten, die gegen datenschutzrechtliche, persönlichkeitsrechtliche, urheberrechtliche oder strafrechtliche Bestimmungen verstoßen;

b) Herunterladen von Software, Musik oder urheberrechtlich geschützten Inhalten unter Verletzung von Lizenzen und/oder Urheberrechten, selbst wenn es vermeintlich zu geschäftlichen Zwecken geschieht;

c) Abrufen, Anbieten oder Verbreiten beleidigender, verleumderischer, verfassungsfeindlicher, rassistischer, gewaltverherrlichender, sexistischer oder pornografischer Äußerungen, Abbildungen oder Inhalte;

d) Anbieten oder Verbreiten weltanschaulicher oder politischer Aussagen;

e) Verbreiten von Computer-Viren oder sonstiger Schadsoftware;

---

37 Zum Geltungsbereich des BetrVG etwa *Koch* in ErfK, § 5 BetrVG Rz. 1 ff.
38 Vgl. etwa *Pauly* in Paal/Pauly, Art. 88 DSGVO Rz. 11; anders wohl *Riesenhuber* in BeckOK DatenschutzR, Art. 88 DSGVO Rz. 86.

f) Abrufen, Anbieten oder Verbreiten von für den Arbeitgeber kostenpflichtigen Internet-Seiten oder sonstigen kostenpflichtigen Leistungen zu nicht betrieblichen Zwecken;

g) Nutzung von Chat-Funktionalitäten und -angeboten zu privaten Zwecken.

a) Vorrang betrieblicher Zwecke (Ziff. 3.1)

23.55 Diese Regelungen betonen die auch in etwaigen Konfliktfällen **vorrangig betriebliche Zweckbestimmung betrieblicher E-Mail- und Internet-Accounts** in Abgrenzung zu einer Nutzung zu privaten Zwecken.

b) Zulässige Nutzungshandlungen (Ziff. 3.2)

23.56 Die **allgemeinen Nutzungsregeln** in Ziff. 3.2 differenzieren noch nicht zwischen E-Mail- und Internetnutzung und setzen allgemeine Grenzen der Nutzung, gleich ob diese zu betrieblichen oder privaten Zwecken erfolgt.

23.57 Im Wesentlichen geht es darum, objektiv **rechtswidrige Nutzungshandlungen zu unterbinden**, nicht zuletzt auch zur Vermeidung einer etwaigen Mitverantwortlichkeit des Arbeitgebers, z.B. im Rahmen der Störerhaftung des Anschlussinhabers. Gleichzeitig dienen diese Regeln der Belehrung der Nutzer. Abgesehen davon, dass diese Belehrung schon zu einer Vermeidung oder Reduzierung etwaiger Rechtsverletzungen führen dürfte, kann sie zumindest dazu beitragen, das Risiko einer Mitverantwortlichkeit des Arbeitgebers im Rahmen der Störerhaftung zu reduzieren.

23.58 Das Verbot der Nutzung von **Chat-Funktionalitäten** dient nicht nur dazu, das Chatten als oft zeitintensive, ablenkende Beschäftigung zu vermeiden, sondern soll auch einen i.S.d. Fernmeldegeheimnisses besonders sensiblen Bereich der Internetnutzung vermeiden. Dies insofern, als das Chatten, anders als etwa das bloße Abrufen redaktioneller Inhalte, dem Bereich der vom **Fernmeldegeheimnis** geschützten **Individualkommunikation** zuzuordnen sein dürfte. Möchte man den potentiellen Anwendungsbereich des Fernmeldegeheimnisses im Bereich der Internetnutzung so gering wie möglich halten, so ist auch ein Verbot der Nutzung von **webbasierten E-Mail-Diensten**, **Voice-over-IP-Diensten** oder sonstigen der Individualkommunikation zuzuordnenden Diensten zu empfehlen[39].

23.59 Für ein **Verbot webbasierter E-Mail-Dienste** sprechen auch Aspekte der **IT- und Datensicherheit**, des Schutzes von Geschäftsgeheimnissen und von sonstigen vertraulichen Informationen. Ein Verbot webbasierter E-Mail-Dienste soll verhindern, dass Dateien unerkannt über webbasierte E-Mail-Dienste aus dem Betrieb herausgeleitet werden.

5. Privatnutzung (Ziff. 4)

23.60 **M 23.1.4 Privatnutzung**

4. Privatnutzung

4.1 Allgemeine Regelungen zur Privatnutzung

4.1.1 Soweit nach dieser BV und der Zusatzvereinbarung eine Privatnutzung gestattet ist, erfolgt diese auf denselben technischen Systemen, auf denen auch die betrieblich veranlasste Nutzung stattfindet.

---

[39] Auf diesem Weg wird auch sichergestellt, dass kein Beweisverwertungsverbot entsteht, vgl. LAG Hamm v. 10.7.2012 – 14 Sa 1711/10.

4.1.2 Mitarbeiter haben keine Ansprüche auf eine Gestattung der privaten Nutzung betrieblicher E-Mail- und/oder Internet-Accounts. Soweit der Arbeitgeber über diese BV und die diese ergänzende Zusatzvereinbarung eine Privatnutzung gestattet, erfolgt diese Gestattung freiwillig und steht im alleinigen Ermessen des Arbeitgebers. Der Arbeitgeber ist damit jederzeit berechtigt, die Gestattung der Privatnutzung ganz oder teilweise zu beenden. Dies gilt insbesondere, wenn Mitarbeiter die sich aus dieser BV ergebenden Pflichten verletzen.

4.1.3 Zwar sprechen einige Gerichtsentscheidungen dafür, dass der Arbeitgeber bei einer Gestattung der Privatnutzung betrieblicher E-Mail- und Internet-Accounts nicht an das Fernmeldegeheimnis nach § 88 des Telekommunikationsgesetzes (im Folgenden „TKG") gebunden ist. Angesichts dessen, dass diese Entscheidungen keinen Bestand haben könnten oder sich die insoweit ohnehin umstrittene Rechtslage ändern könnte, steht die Gestattung der Privatnutzung betrieblicher E-Mail- und Internet-Accounts stets unter dem Vorbehalt, dass der jeweilige Mitarbeiter die Zusatzvereinbarung unterzeichnet und so den Arbeitgeber durch seine ausdrückliche Einwilligung von den Beschränkungen des Fernmeldegeheimnisses nach § 88 TKG befreit hat.

4.1.4 Die Einwilligung des jeweiligen Mitarbeiters ist freiwillig und der Mitarbeiter kann diese jederzeit mit Wirkung für die Zukunft widerrufen. Ab Zugang seines Widerrufs entfällt gleichzeitig mit Wirkung für die Zukunft seine Berechtigung zu jedweder Privatnutzung betrieblicher E-Mail- und Internet-Accounts. Sofern keine berechtigten Interessen des jeweiligen Mitarbeiters entgegenstehen, ist ein Widerruf seiner Einwilligung allerdings insoweit ausgeschlossen, wie dadurch die Verarbeitung und Nutzung von Informationen in Zusammenhang mit der Nutzung betrieblicher E-Mail- und Internet-Accounts aus dem Zeitraum vor dem Widerruf eingeschränkt würde. Damit bleibt der Arbeitgeber auch im Falle eines Widerrufs der Einwilligung für Informationen in Zusammenhang mit der Nutzung betrieblicher E-Mail- und Internet-Accounts für diejenigen Zeiträume von den Beschränkungen des Fernmeldegeheimnisses befreit, in denen die Privatnutzung gestattet war.

4.1.5 Der Arbeitgeber gewährt dem Mitarbeiter keine Mindestverfügbarkeit und/oder Fehlerfreiheit der betrieblichen E-Mail- und Internet-Accounts und damit zusammenhängender technischer Einrichtungen. Der Mitarbeiter ist für eine etwaige Sicherung privater Inhalte selbst verantwortlich. Der Arbeitgeber ist gegenüber dem Mitarbeiter weder für etwaige Fehler und/oder Ausfälle der betrieblichen E-Mail- und Internet-Accounts und damit im Zusammenhang stehender technischer Einrichtungen verantwortlich, noch für etwaige daraus folgende Schäden und andere Nachteile, insbesondere Datenverluste.

4.2 Umfang der Privatnutzung

4.2.1 Die Mitarbeiter haben eine Privatnutzung betrieblicher E-Mail- und Internet-Accounts in Art und Umfang eigenverantwortlich so zu beschränken, dass Interessen des Arbeitgebers hierdurch nicht beeinträchtigt werden.

4.2.2 Die Privatnutzung ist auf gelegentliche Fälle zu beschränken, so dass insbesondere die ordnungsgemäße Erfüllung der geschuldeten Arbeitsleistung und sonstiger dem jeweiligen Mitarbeiter obliegender Pflichten sichergestellt ist und nicht beeinträchtigt wird. Eine solche Beeinträchtigung ist grundsätzlich nicht anzunehmen, wenn die Privatnutzung auf Pausenzeiten oder die Freizeit des jeweiligen Mitarbeiters beschränkt ist oder einen Umfang von insgesamt … Minuten/Stunden pro Tag/Woche [Regelungen zum Zeitraum noch anzupassen/zu ergänzen] nicht überschreitet.

4.3 E-Mails und Daten zur Internetnutzung von ausgeschiedenen oder verstorbenen Mitarbeitern

4.3.1 Bei Ausscheiden oder Versterben des Mitarbeiters unterliegen die betriebliche E-Mail-Korrespondenz des Mitarbeiters und die im Zusammenhang mit dessen Internetnutzung gespeicherten Daten weiterhin der ausschließlichen Verfügungsbefugnis des Arbeitgebers.

4.3.2 Bei Ausscheiden des Mitarbeiters trägt dieser die alleinige Verantwortung für die vorherige Sicherung und Löschung seiner privaten E-Mail-Korrespondenz. Mit Wirksamwerden des Ausscheidens des Mitarbeiters wird die private E-Mail-Korrespondenz des Mitarbeiters nur insoweit gelöscht, als sie sich in einem Privatordner befindet. Eine isolierte Löschung der in die Langzeitarchivierung überführten privaten E-Mails erfolgt nicht.

4.3.3 Nach dem Ausscheiden des Mitarbeiters werden auf seinem betrieblichen E-Mail-Account eingehende E-Mails für einen Zeitraum von drei weiteren Monaten auf einen vom Arbeitgeber zu benennenden anderen Mitarbeiter umgeleitet, um die Bearbeitung eingehender betrieblicher Korrespondenz sicherzustellen. Etwaige eingehende private E-Mails werden von dem vom Arbeitgeber zu benennenden zuständigen Mitarbeiter auf Wunsch des ausgeschiedenen Mitarbeiters auf einen von ihm zu benennenden privaten E-Mail-Account weitergeleitet. Der Mitarbeiter verpflichtet sich, den jeweiligen Absendern seine private E-Mail-Adresse umgehend mitzuteilen und diese darauf hinzuweisen, die betriebliche E-Mail-Adresse zukünftig nicht mehr für private Korrespondenz zu nutzen.

4.3.4 Bei Versterben des Mitarbeiters informiert der Arbeitgeber dessen Erben auf entsprechende Anfrage der Erben über das Vorhandensein privater E-Mail-Korrespondenz des verstorbenen Mitarbeiters. Auf Wunsch der Erben sichert der Arbeitgeber die in einem Privatordner befindliche private E-Mail-Korrespondenz des verstorbenen Mitarbeiters und übergibt diese den Erben. Sofern innerhalb … [Zeitraum noch zu ergänzen] nach Versterben des Mitarbeiters keine entsprechende Anfrage der Erben beim Arbeitgeber eingegangen ist, löscht der Arbeitgeber die in dem Privatordner befindliche private E-Mail-Korrespondenz des verstorbenen Mitarbeiters.

4.3.5 Bei Versterben des Mitarbeiters gilt Ziffer 4.3.3 entsprechend mit der Maßgabe, dass etwaige E-Mails privater Natur von dem vom Arbeitgeber zu benennenden zuständigen Mitarbeiter auf einen vom Erben des verstorbenen Mitarbeiters zu benennenden privaten E-Mail-Account weitergeleitet werden.

a) Einheitlichkeit des IT-Systems (Ziff. 4.1.1)

23.61 Insbesondere in sicherheitsrelevanten Bereichen (z.B. Berufsgeheimnisträger, spionagegefährdete Industrie u.Ä.) kann es angebracht sein, die Privatnutzung auf den Rechnern und sonstigen dienstlichen Geräten der Mitarbeiter vollständig zu untersagen. Soll eine Privatnutzung jedoch generell ermöglicht werden, empfiehlt es sich, diese an sog. **Standalone-PCs** zu gestatten. So könnte etwa in jeder Abteilung ein separater, komplett von der übrigen IT-Landschaft des Betriebes abgekapselter Internet-PC zur Verfügung gestellt werden. Dies führt einerseits dazu, dass Viren etc., die über besuchte Websites eingeschleust werden, im Betrieb keinen Schaden anrichten können. Andererseits ist hier auch keine Überwachung in dem hier beschriebenen Ausmaß erforderlich, da berufliche und private Nutzung von vornherein komplett getrennt sind.

b) Freiwilligkeitsvorbehalt (Ziff. 4.1.2)

23.62 Im Interesse des Arbeitgebers sollte die Privatnutzung nur auf freiwilliger Basis gestattet werden. Ist der Arbeitgeber also etwa der Meinung, dass die Privatnutzung trotz aller hier vereinbarter Maßnahmen/Einschränkungen die betrieblichen Abläufe beeinträchtigt, muss eine weitere Einschränkung bzw. ein Verbot möglich sein.

23.63 Auch ein Verbot der privaten E-Mail- und Internetnutzung gegenüber einzelnen Mitarbeitern muss möglich sein, sofern Mitarbeiter gegen die ihnen im Zusammenhang mit der Nutzung betrieblicher E-Mail- und Internet-Accounts obliegenden Pflichten verstoßen.

c) Notwendigkeit eines Verzichts auf das Fernmeldegeheimnis (Ziff. 4.1.3 und 4.1.4)

23.64 Um den Arbeitgeber insbesondere vor den von einer Anwendung des Fernmeldegeheimnisses (§ 88 TKG) ausgehenden Einschränkungen zu schützen, ist es essentiell wichtig, dass die Mitarbeiter den Arbeitgeber von den Beschränkungen des Fernmeldegeheimnisses befreien. Eine Betriebsvereinbarung ist wie ausgeführt nicht geeignet, auch Eingriffe in das Fernmeldegeheimnis zu rechtfertigen. Deshalb ist auch in der Praxis sicherzustellen, dass keine Privatnutzung ohne die per Zusatzvereinbarung eingeholten Einwilligungen der jeweiligen Mitarbeiter erfolgt. Die Anforderungen an eine wirksame Einwilligung sowie die Wirkungen eines Widerrufs der Einwilligung werden in Zusammenhang mit der Zusatzvereinbarung erläutert. Bereits an dieser Stelle ist aber darauf hinzuweisen, dass eine freiwillige Einwilligung voraussetzt, dass die Verweigerung nicht mit Nachteilen verbunden ist. Deshalb ist unbedingt sicherzustellen, dass sich die Privatnutzung von Internet und E-Mail nicht im Wege einer betrieblichen Übung etabliert hat, bevor diese Betriebsvereinbarung beziehungsweise Zusatzvereinbarung geschlossen wird. Ansonsten hätte der Beschäftigte bereits eine Rechtsposition erlangt, die nicht nachträglich einseitig ohne weiteres unter Vorbehalt gestellt werde kann[40] (s. hierzu im Einzelnen Rz. 23.127 ff.).

d) Haftungs- und Leistungsausschluss des Arbeitgebers (Ziff. 4.1.5)

Diese Klausel verdeutlicht nochmals, dass der Arbeitgeber die private Nutzung zwar im Interesse seiner Mitarbeiter zulassen möchte, jedoch nicht in der Weise als Telekommunikations-Provider auftreten will, dass er für die Verfügbarkeit und ordnungsgemäße Funktion seiner IT-Systeme zur Ermöglichung einer Privatnutzung einzustehen hat, etwa unter Aspekten wie Mindestverfügbarkeit, Datensicherung und dergleichen. Insbesondere soll der Arbeitgeber dem Mitarbeiter gegenüber nicht für Nachteile, Beeinträchtigungen und Schäden verantwortlich sein, die sich aus Fehlern der mit E-Mail- und Internet-Accounts in Zusammenhang stehenden Systeme ergeben. Für Schäden, die dem Mitarbeiter dadurch entstehen, dass z.B. der Internetanschluss unterbrochen ist – etwa, wenn er hierdurch eine Online-Auktion verpasst – haftet der Arbeitgeber dem Mitarbeiter demnach nicht. 23.65

e) Umfang der Privatnutzung (Ziff. 4.2)

Soweit eine Privatnutzung ihrem Umfang nach begrenzt werden soll, stellt sich jeweils die Frage, wie der maximal zulässige Umfang im Einzelfall definiert werden soll. Neben einer rein zeitlichen Begrenzung kommt etwa eine Begrenzung auf Pausenzeiten in Betracht. 23.66

Wenngleich eine klare und trennscharfe Definition in der Praxis oft schwierig sein mag, sollte der zulässige Rahmen schon aus Transparenzgründen möglichst klar definiert werden. Fehlt eine solche klare Definition, wird gerade im Fall exzessiver Privatnutzung eine Grenzziehung zwischen erlaubtem Verhalten und Pflichtverletzung erschwert. Bei der Ausgestaltung des konkret zulässigen Umfangs der Privatnutzung sind unterschiedliche Ansätze denkbar. Die hier vorgeschlagene Regelung gibt einen klaren Rahmen vor, innerhalb dessen der Mitarbeiter sicher sein kann, dass er den zulässigen zeitlichen Rahmen nicht überschreitet. 23.67

f) Rechtsfragen bei Ausscheiden von Mitarbeitern aus dem Betrieb (Ziff. 4.3.1 und 4.3.2)

In der Praxis stellt sich bei Gestattung der Privatnutzung häufig die Frage, wie beim Ausscheiden eines Mitarbeiters mit privaten E-Mails und Daten zur Internetnutzung umzugehen ist. 23.68

Dabei stellt sich zunächst die Frage, inwieweit private und geschäftliche E-Mails überhaupt technisch trennbar sind, so dass private E-Mails ausgesondert werden können. Soweit der Arbeitgeber dem Mitarbeiter für private Korrespondenz einen Privatordner zur Verfügung stellt, hat der Mitarbeiter die Möglichkeit, **private Korrespondenz in den Privatordner zu verschieben** und sie so von geschäftlicher Korrespondenz zu trennen. Soweit jedoch vor oder unabhängig vom Verschieben privater Korrespondenz eine einheitliche elektronische Archivierung aller eingegangenen E-Mails stattfindet, mag eine Aussonderung privater E-Mails nicht ohne weiteres möglich sein.

Eine Differenzierung zwischen privaten und geschäftlichen Daten zur Internetnutzung und isolierte Löschung oder Herausgabe privater Daten dürfte in der Regel technisch nicht möglich sein. Deshalb sollten sich die Regelungen zur Löschung und Herausgabe von Daten beim Ausscheiden eines Mitarbeiters auf private E-Mails beschränken und nicht auch auf Daten zur Internetnutzung. 23.69

---

40 *Brink*, ZD 2015, 295 (297).

23.70 Bei der Ausgestaltung des konkreten Verfahrens zum Umgang mit privaten E-Mails sowie Daten zur Internetnutzung sind die im jeweiligen Betrieb vorzufindenden technischen und organisatorischen Gegebenheiten zu berücksichtigen, die im Detail von Betrieb zu Betrieb variieren.

g) Verfahren bei Ausscheiden von Mitarbeitern aus dem Betrieb (Ziff. 4.3.3)

23.71 Bei der konkreten Ausgestaltung der Verfahren zum Umgang mit privaten E-Mails nach Ausscheiden des Mitarbeiters sind ebenfalls die im jeweiligen Betrieb vorzufindenden technischen und organisatorischen Maßnahmen zu berücksichtigen, so dass die hier vorgeschlagenen Regelungen nur einen von verschiedenen denkbaren Wegen aufzeigen.

23.72 Der Umgang mit neu eingehenden E-Mails, die einen bereits ausgeschiedenen Mitarbeiter betreffen, greift vergleichsweise stark in die **informationelle Selbstbestimmung des jeweiligen Mitarbeiters** sowie das Fernmeldegeheimnis ein. Schließlich hat der (ehemalige) Mitarbeiter in den genannten Konstellationen überhaupt keinen Zugriff mehr auf einen auch nach seinem Ausscheiden für einen Übergangszeitraum noch aktiven personalisierten E-Mail-Anschluss und kann neu eingehende private E-Mails weder aussortieren noch löschen. Gleichzeitig kann der mit der Betreuung seines E-Mail-Anschlusses betraute verbleibende Mitarbeiter auch private E-Mails zur Kenntnis nehmen.

23.73 Vor diesem Hintergrund ist es besonders wichtig, dass die Bedingungen, unter denen eine Privatnutzung gestattet wird, jedem Mitarbeiter schon vor Beginn der Privatnutzung bekannt sind und dass er damit einverstanden ist und sein **Einverständnis** nach Möglichkeit auch im Rahmen einer Einwilligung dokumentiert.

h) Umgang mit Daten verstorbener Mitarbeiter (Ziff. 4.3.4 und 4.3.5)

23.74 Auch beim Umgang mit privater Korrespondenz eines verstorbenen Mitarbeiters kommen noch andere Lösungsansätze in Betracht, etwa eine Löschung privater Korrespondenz ohne Herausgabe an die Angehörigen[41]. Aber auch dies ist mit rechtlichen Risiken verbunden, wie ein Beschluss des OLG Dresden zeigt, aus dem gefolgert werden kann, dass eine vom Arbeitnehmer nicht autorisierte Löschung privater Korrespondenz des Arbeitnehmers auf dem betrieblichen E-Mail-Account Schadensersatzansprüche des Arbeitnehmers auslösen kann[42]. Auch können laut Rechtsprechung des BGH die Erben des Verstorbenen einen Anspruch auf Zugang zu dessen Account, insbesondere auch zu seiner privaten Kommunikation haben. Dem steht weder das postmortale Persönlichkeitsrecht des Verstorbenen noch datenschutzrechtliche Regelungen oder § 88 III TKG entgegen[43]. Auch insoweit sollten diese **Modalitäten** aber schon in der Betriebsvereinbarung und nach Möglichkeit **vor Beginn der Privatnutzung klargestellt** und es sollte das Einverständnis des jeweiligen Mitarbeiters sichergestellt werden.

6. Spezielle Regeln für E-Mail-Accounts (Ziff. 5)

23.75 **M 23.1.5 Spezielle Regeln für E-Mail-Accounts**

5. Spezielle Regeln für E-Mail-Accounts

5.1 Betriebliche E-Mails

    5.1.1 Betriebliche E-Mail-Korrespondenz unterliegt, ebenso wie sonstige über andere Kommunikationswege geführte betriebliche Korrespondenz, etwa Briefe oder Telefaxe, der ausschließlichen Verfügungsbefugnis des Arbeitgebers.

---

41 Vgl. hierzu KG v. 31.5.2017 – 21 U 9/16, ZD 2017, 386 ff.
42 OLG Dresden v. 5.9.2012 – 4 W 961/12, ZD 2013, 232 (233 f.).
43 BGH v. 12.7.2018 – III ZR 183/17, Rz. 52 ff.

5.1.2 *Vor diesem Hintergrund können der Vorgesetzte des jeweiligen Mitarbeiters und von ihm bestimmte andere Mitarbeiter des Arbeitgebers jederzeit lesenden Zugriff auf die betriebliche E-Mail-Korrespondenz anderer Mitarbeiter nehmen, soweit dies betrieblichen Zwecken dient.*

5.1.3 *Unabhängig von den nach sonstigen in dieser BV gewährten Zugriffsrechten, insbesondere nach Ziffer 5.1.2, haben die Mitarbeiter die Möglichkeit, anderen Mitarbeitern durch die Vornahme entsprechender Einstellungen selektive Zugriffsmöglichkeiten auf ihre E-Mail-Accounts zu gewähren, wobei für die Reichweite dieser Zugriffe unterschiedliche Berechtigungsstufen unterschieden werden.*

5.1.4 *Der Arbeitgeber ist jederzeit berechtigt, in Zusammenhang mit etwaigen Vorlagepflichten gegenüber Gerichten und/oder Behörden im In- und Ausland sowie im Rahmen interner Untersuchungen, etwa zu Compliance-Themen, auf betriebliche E-Mails und betriebliche Ordner der Mitarbeiter zuzugreifen, deren Inhalte auszuwerten und an im In- oder Ausland belegene Stellen zu übermitteln.*

5.2 *Private E-Mail und Privatordner*

5.2.1 *Die betrieblichen E-Mail-Accounts verfügen über unterschiedliche elektronische Ordner, die der strukturierten Ablage von E-Mail-Korrespondenz dienen. Soweit Mitarbeitern die Privatnutzung gestattet ist, ist systemseitig auch ein ausschließlich für die Ablage von Privatkorrespondenz bestimmter Ordner (im Folgenden „**Privatordner**") vorhanden oder es ist ein solcher Ordner durch den Nutzer anzulegen.*

5.2.2 *Die Mitarbeiter sind verpflichtet, private Korrespondenz von betrieblicher Korrespondenz bestmöglich zu trennen. Hierzu sind ein- und ausgehende private E-Mails stets unverzüglich entweder zu löschen oder in den Privatordner zu verschieben.*

5.2.3 *Mitarbeiter sind nicht berechtigt, Korrespondenz, die nicht ausschließlich privater Natur und damit zumindest auch betrieblicher Natur ist, in den Privatordner zu verschieben. Die Inhalte der Privatordner sind jeweils schnellstmöglich zu löschen oder auf privaten Speichermedien zu sichern.*

5.2.4 *E-Mails, die nicht ausschließlich private Inhalte sondern zumindest auch geschäftliche Inhalte zum Gegenstand haben, sind als betriebliche E-Mails anzusehen.*

5.2.5 *Über den betrieblichen E-Mail-Anschluss versendete private E-Mails sind am Anfang der Betreffzeile durch den Begriff „Privat:" zu kennzeichnen. Soweit die ausschließlich private Natur nicht eindeutig durch Kennzeichnung als „Privat:" aus der Betreffzeile erkennbar ist, wird vermutet, dass alle außerhalb des Privatordners und damit in betrieblichen Ordnern gespeicherten E-Mails geschäftlicher Natur sind.*

5.3 *Einsichtnahme in den Privatordner*

5.3.1 *Da der Privatordner ausschließlich der Ablage privater E-Mail-Korrespondenz dient, sind die Zugriffsmöglichkeiten des Arbeitgebers insoweit eingeschränkt. Deshalb darf ein Zugriff durch den Arbeitgeber auf Privatordner grundsätzlich nur im Rahmen der Missbrauchskontrolle und innerhalb der hierfür vorgesehenen Grenzen erfolgen (hierzu Ziffer 7).*

5.3.2 *Soweit dies zur Sicherstellung eines ordnungsgemäßen Betriebes der betrieblichen E-Mail-Accounts erforderlich ist, ist der Arbeitgeber berechtigt, auch auf Privatordner der Mitarbeiter zuzugreifen (insbesondere zur Fehleranalyse und Fehlerkorrektur, Systemoptimierung und Kapazitätsplanung). Hierüber ist der jeweilige Mitarbeiter zu informieren.*

5.3.3 *Zudem ist der Arbeitgeber berechtigt, in Zusammenhang mit etwaigen Vorlagepflichten gegenüber Gerichten und/oder Behörden im In- und Ausland sowie im Rahmen interner Untersuchungen, etwa zu Compliance-Themen, auf die Privatordner der Mitarbeiter zuzugreifen, deren Inhalte auszuwerten und soweit erforderlich auch an im In- oder Ausland belegene Stellen zu übermitteln.*

a) Ausschließliche Verfügungsbefugnis des Arbeitgebers (Ziff. 5.1.1 und 5.1.2)

23.76 Der imWesentlichen ungehinderte Zugriff auf betriebliche Korrespondenz sollte als Kernpunkt dem Grunde nach unbedingt erhalten bleiben. Dies entspringt dem Gedanken, dass betriebliche E-Mail-Accounts zwar meistens personalisiert sind, dass eingehende **betriebliche Korrespondenz** aber ebenso wie etwa eingehende Briefe und Telefaxe ausschließlich das Unternehmen betreffen und deshalb grundsätzlich auch der **freien Verfügungsbefugnis des Arbeitgebers** unterfallen.

23.77 Andererseits vertritt insbesondere die Arbeitnehmervertretung oft die Auffassung, dass auch die rein betriebliche Korrespondenz schon angesichts der Personalisierung des E-Mail-Accounts jedenfalls aus Gründen des kollegialen Umgangs keinem bedingungslosen Zugriff Dritter ausgesetzt werden sollte. Dafür spricht, dass ein solcher ungehinderter Zugriff auf betriebliche E-Mails auch Raum für Willkür und eine sehr weit reichende, möglicherweise sogar **unzulässige dauerhafte Überwachung** des jeweiligen Mitarbeiters zulässt. Hinzu kommt, dass jede neue, ungelesene E-Mail im Posteingang potentiell auch privat sein kann und dass der Mitarbeiter grundsätzlich erst Gelegenheit haben soll, diese privaten E-Mails in den Privatordner zu verschieben.

23.78 Als Kompromisslösung denkbar ist, dass ein direkter Zugriff Dritter auf das Postfach des jeweiligen Mitarbeiters nur unter einschränkenden Voraussetzungen gestattet ist, insbesondere dann, wenn der Mitarbeiter bestimmte Korrespondenz auf Anfrage nicht unverzüglich herausgibt oder, etwa infolge Abwesenheit, nicht unverzüglich herausgeben kann. Denkbar wäre auch, dass die Mitarbeiter im Falle solcher Zugriffe stets, grundsätzlich vor einem Zugriff, nur in Ausnahmefällen unverzüglich im Anschluss daran, zu informieren sind.

b) Zugriff anderer Mitarbeiter auf betriebliche E-Mails (Ziff. 5.1.3)

23.79 In der Praxis besteht oft die Notwendigkeit oder es ist zumindest nützlich, anderen Mitarbeitern Zugriff auf die eigenen E-Mail-Accounts zu gewähren. Diese Zugriffsmöglichkeiten lassen sich über die eingesetzte E-Mail-Software in aller Regel selektiv mit unterschiedlichen Berechtigungsstufen versehen.

23.80 Soweit im jeweiligen Betrieb feste Regeln für den Zugriff Dritter auf E-Mail-Accounts anderer Mitarbeiter bestehen oder soweit diese eingeführt werden sollen, können auch diese **Vertretungs- und Zugriffsregeln** in dieser Betriebsvereinbarung geregelt werden.

23.81 Denkbar wäre etwa eine Pflicht zur Einrichtung konkreter Vertretungsregelungen für geplante/ungeplante Abwesenheiten durch Benennung eines insbesondere auch für Fälle ungeplanter Abwesenheiten zuständigen Vertreters. Denkbar wäre auch, nur dem Grunde nach zu regeln, dass Mitarbeiter für Fälle geplanter und ungeplanter Abwesenheiten stets dafür zu sorgen haben, dass ein Vertreter einen bestimmten Zugriff auf ihre E-Mail-Accounts hat, ohne die Details dieser Vertretungsregelungen hier weiter zu beschreiben.

c) Einsichtsrechte in betriebliche E-Mails (Ziff. 5.1.4)

23.82 Soweit **rechtliche Vorlagepflichten im Inland** bestehen und soweit diese etwaige Eingriffe in das Datenschutzrecht und das Fernmeldegeheimnis legitimieren, hat diese Regelung nur deklaratorische Wirkung.

23.83 Etwaige aus Vorschriften anderer Rechtsordnungen resultierende Vorlagepflichten sowie bloß interne Ermittlungen vermögen hingegen die im Falle einer Gestattung der Privatnutzung gegebenen Eingriffe in das Datenschutzrecht sowie in das Fernmeldegeheimnis nicht ohne weiteres zu rechtfertigen. Typische Beispiele für aus ausländischen Rechtsordnungen resultierende Pflichten zur Einsichtnahme in E-Mail-Korrespondenz und zu deren **Vorlage im Ausland** sind ausländische Gerichtsverfahren (z.B. E-Discovery-Verfahren in den USA) oder Ermittlungen ausländischer Behörden (z.B. kartellrechtliche

Untersuchungen). Schon unter **Transparenzgesichtspunkten** problematisch ist, dass die Details solcher Auswertungen von E-Mails und deren Übermittlung und Verwendung im Ausland jeweils vom Einzelfall abhängen, damit im Vorhinein zwangsläufig noch nicht bekannt sind und dementsprechend auch noch nicht genau beschrieben werden können.

Dennoch sollte versucht werden, dieses Thema bereits in der Betriebsvereinbarung sowie in der damit korrespondierenden Einwilligung bestmöglich zu adressieren, wenngleich Restrisiken verbleiben, dass diese Regelungen aus Transparenzgründen als nicht ausreichend angesehen werden können, um etwaige Eingriffe in Datenschutzrecht und Fernmeldegeheimnis zu rechtfertigen. Soweit konkrete Eingriffe unter Transparenzgesichtspunkten im Einzelfall als gerechtfertigt erscheinen, bleiben im Einzelfall nur die Einholung ergänzender Einwilligungen sowie der Abschluss ergänzender Betriebsvereinbarungen (wobei Betriebsvereinbarungen allein Eingriffe in das Fernmeldegeheimnis nicht rechtfertigen können, vgl. hierzu Rz. 23.40 f.). 23.84

d) Notwendigkeit privater E-Mail-Ordner (Ziff. 5.2.1)

Schon angesichts des Umstandes, dass der Arbeitgeber ein Bedürfnis hat, die betriebliche E-Mail-Korrespondenz einzusehen und die private Korrespondenz gleichzeitig gestattet ist, sollte der Mitarbeiter die Möglichkeit haben, etwaige **Privatkorrespondenz von betrieblicher Korrespondenz zu trennen**. Hierzu ist zu empfehlen, dass die E-Mail-Systeme in Fällen gestatteter Privatnutzung schon durch die IT-Administration so konfiguriert sind, dass sie Privatordner vorsehen. Soweit dies nicht der Fall ist, sollte der Mitarbeiter selbst die Möglichkeit haben, einen Privatordner anzulegen. 23.85

e) Trennung privater und beruflicher Kommunikation (Ziff. 5.2.2 und 5.2.3)

Diese Regelung weist den Mitarbeiter an, auch in der Praxis stets für eine saubere Trennung zwischen betrieblicher und privater Korrespondenz zu sorgen. Eine solche Trennung **reduziert** wiederum die **Eingriffsintensität** im Falle etwaiger Durchsuchungen der für die betriebliche Korrespondenz bestimmten Ordner. 23.86

Inwieweit eine Sicherung privater Ordner auf anderen Speichermedien im jeweiligen Betrieb insbesondere angesichts der getroffenen und zu treffenden Sicherheitseinstellungen möglich ist, muss im Einzelfall geklärt werden. 23.87

f) Abgrenzung privater und betrieblicher Kommunikation (Ziff. 5.2.4 und 5.2.5)

Diese Regelung befasst sich mit der im Einzelfall zu treffenden Abgrenzung zwischen betrieblichen und privaten E-Mails. Diese Abgrenzung mag nicht immer leicht fallen, wenn E-Mails betriebliche und private Inhalte haben, etwa im Falle auch freundschaftlicher Beziehungen zu Geschäftspartnern. Hier ist sicherzustellen, dass solche auch privaten E-Mails mit Blick auf die betrieblich relevanten Inhalte dem Zugriff des Arbeitgebers nicht entzogen werden. 23.88

Weiter ist es denkbar, die Mitarbeiter zu verpflichten, private Korrespondenz in der **Betreffzeile als privat zu kennzeichnen**. Dies kann aber unmittelbar nur für ausgehende Korrespondenz gelten und nicht für von den jeweiligen Kommunikationspartnern der Mitarbeiter eingehende Korrespondenz. 23.89

In Betracht kommt ferner eine Vermutung zugunsten des Arbeitgebers, dass alle außerhalb des Privatordners gespeicherten E-Mails als geschäftliche E-Mails anzusehen sind, soweit dies nicht schon aus der Betreffzeile der E-Mail widerlegt wird. Diese Regelung ist eine konsequente Folge der ohnehin bestehenden Pflicht des Mitarbeiters, private Korrespondenz unverzüglich in den Privatordner zu verschieben (hierzu Rz. 23.86 f.). Allerdings berücksichtigt diese Regelung nicht den Umstand, dass es dem Mitarbeiter ggf. noch gar nicht möglich gewesen sein kann, während seiner Abwesenheit eingegangene E-Mails in den Privatordner zu verschieben. 23.90

g) Zugriff auf private Kommunikation im Rahmen der Missbrauchskontrolle (Ziff. 5.3.1)

23.91 Diese Regelungen stellen klar, dass der Arbeitgeber auf die Privatordner der Mitarbeiter grundsätzlich nicht zugreifen darf. Eine Ausnahme hierzu müssen die **Regelungen zur Missbrauchskontrolle** sein, weil der Arbeitgeber in der Lage sein muss, etwaige Missbrauchsfälle aufzudecken und weil die Privatordner keine geschützte Zone sein dürfen dergestalt, dass sie dem Mitarbeiter auch Immunität gegen die Aufdeckung von Missbrauchsfällen gewähren. Hierbei ist insbesondere zu bedenken, dass es dem Mitarbeiter auch nicht möglich sein darf, etwaige rechtswidrige geschäftliche Korrespondenz durch Verschieben in den Privatordner dem Zugriff des Arbeitgebers oder durch den Arbeitgeber vorgenommenen Untersuchungen zu entziehen.

h) Technisch notwendiger Zugriff (Ziff. 5.3.2)

23.92 Diese Regelung dient insbesondere der Erhaltung der Funktionsfähigkeit sowie der technischen Optimierung und stellt klar, dass zu diesen Zwecken auch **Zugriffe auf Privatordner** in Betracht kommen. § 88 Abs. 3 TKG stellt dabei ohnehin klar, dass jedenfalls solche Eingriffe erlaubt sind, die der technischen Ermöglichung und Aufrechterhaltung des Dienstes sowie dem Schutz der technischen Systeme des Anbieters (z.B. Virenschutz) dienen[44].

i) Einsichtsrechte in private E-Mails (Ziff. 5.3.3)

23.93 Diese Legitimation der Zugriffe auf Privatordner geht vergleichsweise weit. Andererseits muss der Arbeitgeber dem vorbeugen, dass der Mitarbeiter etwaige betriebliche Korrespondenz in den Privatordner verschieben und so dem Zugriff des Arbeitgebers entziehen kann. Auch hier kommt wieder die aus Sicht des Arbeitgebers einzunehmende Grundprämisse zum Tragen, dass eine Gestattung der Privatnutzung den Mitarbeitern zwar sonst nicht vorhandene Freiräume bei der Nutzung betrieblicher Arbeitsmittel verschaffen soll, unternehmerische Interessen aber nicht beeinträchtigen darf.

23.94 Weil diese Eingriffsbefugnis vergleichsweise weit formuliert ist, bestehen rechtliche Risiken, dass diese Regelung insbesondere aus datenschutzrechtlicher Sicht als nicht hinreichend transparent angesehen werden könnte und deshalb keine legitimierende Wirkung entfalten kann. Dies gilt entsprechend, soweit derartige Eingriffsbefugnisse über die Zusatzvereinbarung zu dieser Betriebsvereinbarung im Wege einer Einwilligungslösung legitimiert werden sollen. Vor diesem Hintergrund mag es in bestimmten Fällen, etwa bei ausländischen E-Discovery-Verfahren oder Untersuchungen auch ausländischer Behörden sinnvoll sein, diese Fälle im Einzelfall im Rahmen gesonderter Betriebsvereinbarungen und korrespondierender Einwilligungen zu legitimieren, sobald nähere Details über die Auswertung und erforderliche Nutzung dieser Daten bekannt sind. Allerdings besteht auch hier immer ein Restrisiko, dass sich der Betriebsrat und/oder die Betroffenen im Einzelfall solcher ergänzender Regelungen verweigern.

7. Spezielle Regeln für Internet-Accounts (Ziff. 6)

23.95 **M 23.1.6 Spezielle Regeln für Internet-Accounts**

6. Spezielle Regeln für Internet-Accounts

6.1 Filtersysteme

6.1.1 Der Arbeitgeber ist jederzeit berechtigt, zur auch faktischen Verhinderung und weiteren Reduzierung von Risiken eines Missbrauchs betrieblicher Internet-Accounts technische Vorkehrungen zu treffen, die insbesondere dafür sorgen, dass etwaige verbotene Internetseiten und/oder Inhalte

---

44 KG v. 31.5.2017 – 21 U 9/16, ZD 2017, 386 (389); *Brink/Wirtz*, ArbRAktuell 2016, 255 (257).

blockiert werden und gar nicht abrufbar sind. Hierzu zählen insbesondere softwaregestützte Filtersysteme, die den Zugriff auf bestimmte Websites/URLs schon faktisch unterbinden.

6.1.2 Der Arbeitgeber kann solche Filter nach seinem ausschließlichen Ermessen konfigurieren, wobei hierbei Aspekte der betrieblichen Nutzung überwiegen.

6.2 Protokollierung der Nutzung betrieblicher Internet-Accounts

Bei der Nutzung betrieblicher Internet-Accounts werden Informationen protokolliert und gespeichert, die in der technischen Infrastruktur anfallen. Insbesondere werden folgende Informationen für jedes aufgerufene Objekt protokolliert und gespeichert: Datum/Uhrzeit; Zieladresse; IP-Adresse [Art und Umfang der gespeicherten Informationen sind betriebsspezifisch zu ändern/ergänzen].

Eine Unterscheidung zwischen dienstlicher und privater Nutzung ist insoweit nicht möglich, weil beide Nutzungsarten über dieselbe technische Infrastruktur erfolgen. Diese Informationen können auch personenbezogene Daten des Nutzers enthalten, insbesondere Informationen über besuchte Websites und dort vorgenommene Aktivitäten des Nutzers.

a) Sperrung bestimmter Websites und Inhalte (Ziff. 6.1)

Um etwaige aus einer missbräuchlichen Nutzung speziell betrieblicher Internet-Accounts resultierende Risiken und Nachteile für den Arbeitgeber auch rein faktisch bestmöglich zu vermeiden, empfiehlt sich der Einsatz von Software, die schon den Zugriff auf bestimmte Kategorien von Websites und Inhalten verhindert. Derartige Software ist in der Regel je nach den Wünschen des Arbeitgebers konfigurierbar. **23.96**

Der Einsatz solcher Systeme empfiehlt sich schon aus **Sicherheitsgründen**, da so etwa bedrohliche oder rechtswidrige Websites komplett gesperrt werden können. Die rein faktische Verhinderung etwaiger durch die Mitarbeiter begangener Rechtsverletzungen ist aber auch unter Aspekten einer möglichen Mitverantwortlichkeit des Arbeitgebers wichtig. So können Risiken einer Mitverantwortlichkeit des Arbeitgebers nach den Grundsätzen der Störer- oder Teilnehmerhaftung für die Nutzung rechtswidriger Filesharing-Dienste und damit einhergehende **Risiken von Abmahnungen** stark reduziert werden, indem entsprechende rechtswidrige Angebote von vornherein geblockt werden. **23.97**

b) Speicherung technischer Nutzungsinformationen (Ziff. 6.2)

Schon aus technischen Gründen fallen bei der Nutzung von Internet-Accounts diverse Informationen teilweise unvermeidlich an. In einem bestimmten Rahmen sind diese Informationen auch erforderlich oder zumindest hilfreich, um die ordnungsgemäße Funktionsfähigkeit der Internet-Accounts aufrecht zu erhalten und Störungen möglichst leicht zu erkennen und zu beheben. **23.98**

Soweit die gespeicherten Informationen Rückschlüsse auf bestimmte oder bestimmbare Personen ermöglichen und damit personenbezogene Daten enthalten, unterliegen die Erhebung, Verarbeitung und Nutzung dieser Informationen den **Beschränkungen des Datenschutzrechts**. **23.99**

Inwieweit die private Nutzung betrieblicher Internet-Accounts als dem Fernmeldegeheimnis nach § 88 TKG unterfallende Individualkommunikation anzusehen ist, ist umstritten. Schließlich sind Internetseiten regelmäßig nur einseitig abrufbare Inhalte (z.B. Spiegel-Online), also **Telemedien i.S.d. TMG**[45]. Gegen diese Differenzierung spricht allerdings, dass die im Rahmen der Kommunikation zwischen dem Arbeitnehmer und dem Server des Telemedienangebots anfallenden Verkehrsdaten im Ergebnis auch Teil eines individuellen technischen Kommunikationsvorgangs zwischen Telemedienanbieter **23.100**

---

45 I. Erg. so *Härting*, ITRB 2008, 88 (89); hierzu auch *Mengel*, BB 2004, 2014 (2019).

und surfendem Arbeitnehmer zum Zeitpunkt des jeweiligen Seitenaufrufes sind[46]. Der Streit kann allerdings insoweit dahinstehen, als außerhalb der Kommunikation über betriebliche E-Mail-Accounts auch über das Internet unterschiedliche Arten eindeutiger Individualkommunikation möglich sind, etwa Chats, IP-Telefonie, SMS und MMS. Damit ist zumindest nicht auszuschließen, dass auch die private Nutzung betrieblicher Internet-Accounts grundsätzlich dem Schutz des Fernmeldegeheimnisses unterfällt[47]. Das BVerfG hat Verkehrsdaten in einem Urteil zur Vorratsdatenspeicherung dem Fernmeldegeheimnis nach Art. 10 GG und damit auch dem einfachrechtlichen Äquivalent § 88 TKG unterstellt. Das BVerfG führte aus, das es nicht möglich ist, zwischen Individual- und Massenkommunikation zu unterscheiden, ohne an den Inhalt der jeweils übermittelten Information anzuknüpfen und dabei die Schutzfunktion des Fernmeldegeheimnisses zu unterlaufen[48].

23.101 Vor diesem Hintergrund besteht auch bei der privaten Nutzung betrieblicher Internet-Accounts ein starker Bedarf, etwaige Eingriffe in das Fernmeldegeheimnis sowie ins Datenschutzrecht durch eine Betriebsvereinbarung in Verbindung mit einer Einwilligung zu rechtfertigen (zu den Grenzen der Rechtfertigung durch Betriebsvereinbarung und Einwilligung Rz. 23.38 ff.). Angesichts der möglichen Rechtsunsicherheiten über Anwendbarkeit und Reichweite des Fernmeldegeheimnisses in Zusammenhang mit der privaten Nutzung betrieblicher Internet-Accounts sollten die jeweils in Betracht kommenden Eingriffe in der Betriebsvereinbarung und insbesondere auch in der diese ergänzenden Einwilligungserklärung gestattet und damit bestmöglich legitimiert werden.

23.102 Der reine Verweis auf die Speicherung/Protokollierung von Informationen wäre wenig transparent und könnte deshalb als nicht ausreichend angesehen werden, um die mit der Sichtung der tatsächlich betroffenen Informationen einhergehenden Eingriffe zu rechtfertigen. Der Formulierungsvorschlag nennt deshalb eine konkretisierende und im Einzelfall zu ergänzende Liste an protokollierten und gespeicherten Daten[49]. Um rechtliche Risiken weiter zu reduzieren, sind die unter der vom Arbeitgeber eingesetzten Systemkonfiguration konkret gespeicherten Informationen in der Betriebsvereinbarung und der korrespondierenden Einwilligung so genau wie möglich zu benennen. In diesem Fall ist auch auf den Passus „insbesondere" zu verzichten. Der Arbeitgeber sollte aber stets in der Lage bleiben, die technische Detailkonfiguration in dem durch die Betriebsvereinbarung vorgegebenen Rahmen anzupassen und insbesondere auf dem aktuellen technischen Stand zu halten.

8. Missbrauchskontrolle (Ziff. 7)

23.103 **M 23.1.7 Missbrauchskontrolle**

7. Missbrauchskontrolle

7.1 Keine generelle Überwachung

> *Eine generelle Überwachung der Nutzung betrieblicher E-Mail- und Internet-Accounts findet nicht statt.*

7.2 Einsichtnahme und Auswertung

> *7.2.1 Soweit ein Verdacht besteht, dass der Mitarbeiter betriebliche E-Mail- und/oder Internet-Accounts rechtswidrig oder unter Verstoß gegen diese BV nutzt oder soweit entsprechende Rechtsverstöße*

---

46 S. auch OLG Hamburg, ZUM-RD 2016, 183 (196); i. Erg. ebenso für die Anwendung von § 88 TKG *Munz* in Taeger/Gabel, 2. Aufl., § 88 TKG Rz. 25; *Hegewald* in Leupold/Glossner, Münchener Anwaltshandbuch IT-Recht, Teil 8 Rz. 94.

47 So wohl i. Erg. auch *Weißnicht*, MMR 2003, 448 (449).

48 BVerfG v. 2.3.2010 – 1 BvR 256/08 u.a., NJW 2010, 833 (836).

49 Dies entspricht der Linie der Aufsichtsbehörden, vgl. Datenschutzkonferenz, Orientierungshilfe der Aufsichtsbehörden zur datenschutzgerechten Nutzung von E-Mail und anderen Internetdiensten am Arbeitsplatz, Stand: Januar 2016, die sich so wohl auch auf die Rechtslage nach der DSGVO und dem BDSG übertragen lässt; ähnlich *Wybitul/Böhm*, CCZ 2015, 113 (138).

des Mitarbeiters feststehen, ist der Arbeitgeber berechtigt, die gespeicherten Daten zur Internet-nutzung und/oder die Privatordner des betroffenen Mitarbeiters einzusehen und auszuwerten und Mitarbeiter von der Privatnutzung vorübergehend oder dauerhaft auszuschließen. Ein Verdacht besteht insbesondere bei Kommunikationsverhalten, das deutlich vom üblichen Nutzungsverhalten abweicht und/oder einem deutlichen Anstieg von Übertragungsvolumina und/oder besonders hohen Übertragungsvolumina.

7.2.2 Der Zugriff auf die Protokolldaten erfolgt durch den Systemverantwortlichen und den Daten-schutzbeauftragten.

7.2.3 Über die Einsichtnahme und Auswertung wird ein Protokoll erstellt, von dem der Mitarbeiter eine Abschrift erhält.

7.3 Arbeitsrechtliche Konsequenzen bei Verstößen gegen diese BV

Zuwiderhandlungen des Mitarbeiters gegen diese BV können zu Ermahnungen und/oder Abmahnungen bis hin zu Kündigungen sowie zu Schadensersatzansprüchen des Arbeitgebers gegen den Mitarbeiter führen.

a) Verbot genereller Überwachung (Ziff. 7.1)

Der Hinweis darauf, dass eine generelle Überwachung des Mitarbeiters in Zusammenhang mit des-sen Nutzung betrieblicher E-Mail- und Internet-Accounts nicht stattfindet, dient lediglich der Klarstellung, weil eine solche **generelle Überwachung** in der Regel ohnehin einen unverhältnismäßigen Eingriff in das Persönlichkeitsrecht des Mitarbeiters darstellen würde und damit **unzulässig** wäre[50]. Gleichwohl sind die im Folgenden behandelten Fragen, unter welchen genauen Voraussetzungen der Arbeitgeber welche konkreten Daten einsehen und auswerten darf, sicherlich eine der Fragen, über die zwischen dem Arbeitgeber und dem Betriebsrat am intensivsten verhandelt wird.

23.104

b) Verdachtsabhängiger Zugriff und Auswertung gespeicherter Informationen (Ziff. 7.2.1)

Eine Einsichtnahme des Arbeitgebers in die betriebliche E-Mail-Korrespondenz ist nach der Regelung dieser Betriebsvereinbarung grundsätzlich möglich, weil sie von der Prämisse ausgeht, dass die betriebliche E-Mail-Korrespondenz ebenso wie sonstige über andere Kommunikationswege geführte betriebliche Korrespondenz, etwa Briefe oder Telefaxe, der ausschließlichen Verfügungsbefugnis des Arbeitgebers unterliegt (vgl. Rz. 23.76 ff.). Vor diesem Hintergrund können der Vorgesetzte des jeweiligen Mitarbeiters und von ihm bestimmte andere Mitarbeiter des Arbeitgebers jederzeit lesenden Zugriff auf die betriebliche E-Mail-Korrespondenz anderer Mitarbeiter nehmen soweit dies betrieblichen Zwecken dient (vgl. Rz. 23.76 ff.). Die Einsichtnahme darf nach Auffassung des BAG allerdings zumindest grundsätzlich erst nach vorheriger Information des Arbeitnehmers erfolgen (vgl. Rz. 23.109).

23.105

Bei den Daten zur Nutzung betrieblicher Internet-Accounts ist eine solche Trennung regelmäßig nicht möglich oder wird zumindest nicht vorgenommen, wobei auch hier die Prämisse gelten soll, dass die Nutzung betrieblicher Internet-Accounts vornehmlich zu betrieblichen Zwecken erfolgen und dass eine daneben gestattete Privatnutzung zumindest die betrieblichen Interessen nicht einschränken soll. Dies ist auch bei der konkreten Ausgestaltung der dem Arbeitgeber möglichen Kontrollrechte zu berücksichtigen.

23.106

Hier stellt sich die Frage, unter welchen einschränkenden Voraussetzungen der Arbeitgeber auf die Privatordner einzelner Mitarbeiter sowie die zur Nutzung der Internet-Accounts gespeicherten Daten zugreifen darf. Sicherlich bedarf es hierbei einer gewissen Schwelle. Diese Schwelle sollte eine willkürliche Einsichtnahme verhindern, aber ebenso verhindern, dass der Mitarbeiter betriebliche Informationen durch ein bloßes Verschieben in den Privatordner dem Zugriff des Arbeitgebers entziehen kann.

23.107

---

50 Vgl. etwa BAG v. 27.7.2017 – 2 AZR 681/16 zum Einsatz von Keyloggern.

Die Details dieser Schwelle, insbesondere die Anforderungen an einen Anfangsverdacht, mögen im Einzelfall variieren und sind in der Regel Gegenstand der Abstimmung zwischen der Arbeitgeberseite und dem Betriebsrat. Jedenfalls bei erkennbaren Auffälligkeiten im Kommunikationsverhalten oder einem messbaren Anstieg von Übertragungsvolumen kann aber aus Sicht der Aufsichtsbehörden ein solcher Anfangsverdacht vorliegen[51]. Eine verbindliche Klärung bleibt freilich den Gerichten vorbehalten[52].

c) Zugriffsberechtigte (Ziff. 7.2.2)

23.108   Da der Arbeitgeber bei einem Zugriff auf auch private Daten des Mitarbeiters in das Fernmeldegeheimnis sowie in Datenschutzrecht eingreift, sollte der Kreis der solche Eingriffe ausführenden Kräfte möglichst klein gehalten werden. Aus technischer Sicht wird hierfür in der Regel der Systemverantwortliche benötigt. Als weitere im Rahmen eines Mehr-Augen-Prinzips hinzuzuziehende Person kommt insbesondere der Datenschutzbeauftragte in Betracht.

d) Information der Mitarbeiter über Zugriffe (Ziff. 7.2.3)

23.109   Bei Verdacht einer nur minder schweren Verletzung vertraglicher Pflichten durch den Mitarbeiter ist der betroffene Mitarbeiter wohl grundsätzlich im Vorfeld über den Zugriff zu informieren und muss die Möglichkeit erhalten, private Inhalte als solche zu kennzeichnen. Auf als privat gekennzeichnete oder als privat erkennbare Daten darf in diesem Fall nicht zugegriffen werden[53].

Anders kann bei Verdacht einer schweren Pflichtverletzung oder einer Straftat des Mitarbeiters eine vorherige Information über etwaige beabsichtigte Prüfungen seines E-Mail- und/oder Internet-Accounts ausnahmsweise entbehrlich sein. Das BAG lässt offen, ob das in solchen Fällen immer gilt, oder nur dann, wenn durch eine vorherige Information für den Arbeitgeber Nachteile drohen, insbesondere wenn dadurch die Sicherung von Beweisen erschwert würde. Wird von einer vorherigen Information abgesehen, muss diese nachträglich erfolgen, regelmäßig unmittelbar nach Sicherung der betroffenen Beweise.

e) Arbeitsrechtliche Folgen bei Verstößen gegen die Vereinbarung (Ziff. 7.3)

23.110   Dieser Hinweis auf mögliche Konsequenzen im Falle von Verstößen des Mitarbeiters ist nur deklaratorisch und soll den betroffenen Mitarbeitern nochmals die mögliche Tragweite etwaiger Verstöße bewusst machen.

23.111   Für den umgekehrten Fall, dass der Arbeitgeber gegen diese Betriebsvereinbarung verstößt, insbesondere entgegen den Beschränkungen der Betriebsvereinbarung Einsicht in E-Mail-Accounts und Daten zu Internetverbindungen nimmt, fordern die Betriebsräte häufig, dass der Arbeitgeber solche unter Verstoß gegen diese Betriebsvereinbarung erlangten Informationen und Erkenntnisse nicht zu Lasten des Mitarbeiters verwenden darf. Die Tragweite solcher Beweisverwertungsverbote ist umso höher, je stärker die Betriebsvereinbarung den Arbeitgeber bei der Einsichtnahme in die betroffenen Informationen einschränkt. Die Rechtsprechung neigt allerdings in der Regel bei der Prüfung von Beweisverwertungsverboten zu einem eher arbeitgeberfreundlichen Vorgehen[54].

---

51 Vgl. Datenschutzkonferenz, Orientierungshilfe der Aufsichtsbehörden zur datenschutzgerechten Nutzung von E-Mail und anderen Internetdiensten am Arbeitsplatz, Stand: Januar 2016, was sich so wohl auch auf die Rechtslage nach der DSGVO übertragen lässt.

52 Im Rahmen der Aufklärung von Straftaten nach § 32 Abs. 1 Satz 2 BDSG a.F., jetzt § 26 Abs. 1 Satz 2 BDSG, reicht beispielsweise bereits ein einfacher Verdacht, der über vage Vermutungen und bloße Mutmaßungen hinausgeht, BAG v. 20.10.2016 – 2 AZR 395/15, NJW 2017, 1193 ff.

53 BAG v. 31.1.2019 – 2 AZR 426/18, NZA 2019, 893 Rz. 53 f.

54 Vgl. exemplarisch LAG Hamm v. 10.7.2012 – 14 Sa 1711/10; LAG Niedersachsen v. 31.5.2010 – 12 Sa 875/09, MMR 2010, 639 (640).

9. Schlussbestimmungen (Ziff. 8)

M 23.1.8 Schlussbestimmungen 23.112

8. Schlussbestimmungen

8.1 Verschwiegenheitspflicht

Der Betriebsrat und jedes einzelne seiner Mitglieder haben über die ihnen in Ausübung ihres Amtes bekannt gewordenen vertraulichen Informationen Stillschweigen zu bewahren und dürfen diese Informationen Dritten nicht zur Kenntnis bringen. Vertrauliche Informationen in diesem Sinne sind neben ausdrücklich als „vertraulich" gekennzeichneten Informationen auch aus den Umständen erkennbar als vertraulich zu behandelnde Informationen, personenbezogene Daten der betroffenen Arbeitnehmer und insbesondere in Zusammenhang mit der Einsichtnahme in E-Mail-Accounts und Daten zur Nutzung von Internet-Accounts erlangte Informationen. Die gesetzlichen Pflichten des Betriebsrates und seiner Mitglieder nach § 79 BetrVG bleiben unberührt.

8.2 Ablösung von Betriebsvereinbarungen

Die BV löst folgende BV ab:

– [Bezeichnung und Datum der abzulösenden Betriebsvereinbarung sind hier zu ergänzen]

– [Bezeichnung und Datum der abzulösenden Betriebsvereinbarung sind hier zu ergänzen]

8.3 Inkrafttreten, Kündigung und Nachwirkung

8.3.1 Diese BV tritt mit Unterzeichnung in Kraft.

8.3.2 Sie kann mit einer Frist von ... [Kündigungsfrist noch zu ergänzen] Monaten zum Ende eines Kalenderjahres gekündigt werden, erstmals jedoch zum ... [Datum für Mindestlaufzeit zu ergänzen, falls eine solche gewünscht ist].

8.3.3 Ab Wirksamwerden einer Kündigung dieser BV ist allen Mitarbeitern die private Nutzung betrieblicher E-Mail- und Internet-Accounts untersagt. Im Falle der Beendigung dieser BV entfaltet diese nur noch insoweit Nachwirkung, als sie etwaige Eingriffe in Datenschutzrecht und das Fernmeldegeheimnis regelt, insbesondere mit Blick auf solche Daten und Informationen, die während einer gestatteten Privatnutzung betrieblicher E-Mail- und Internet-Accounts angefallen sind.

a) Verschwiegenheitspflicht (Ziff. 8.1)

Diese Regelung ist nur **deklaratorisch** und neben den ohnehin nach § 79 BetrVG bestehenden Geheimhaltungspflichten nicht zwingend erforderlich. 23.113

b) Zeitliche Rangfolge kollidierender Vereinbarungen (Ziff. 8.2)

Hier ist insbesondere das **Verhältnis zu** etwaigen bestehenden, durch diese Betriebsvereinbarung **abgelösten Betriebsvereinbarungen** klarzustellen (zum Verhältnis zu etwaigen anderen fortbestehenden Betriebsvereinbarungen auch Rz. 23.53). Die durch diese Betriebsvereinbarung abgelösten Betriebsvereinbarungen sind hier konkret zu benennen. 23.114

c) Kündigung und Kündigungsfrist (Ziff. 8.3.1 und 8.3.2)

Die Regelung in den Ziff. 8.3.1 und 8.3.2 sieht neben einer zu vereinbarenden Kündigungsfrist auch eine **Kündigung zu einem bestimmten Termin**, hier zum Ende eines Kalenderjahres, sowie eine Mindestlaufzeit vor. Sie weicht damit von der in § 77 Abs. 5 BetrVG geregelten dreimonatigen Kündigungsfrist ab, die zudem auch keinen bestimmten Kündigungstermin vorsieht. 23.115

d) Nachwirkungen nach § 242 BGB (Ziff. 8.3.3)

23.116 Sobald diese Betriebsvereinbarung und ihre zumindest einschränkend legitimierende Wirkung entfällt, entfällt auch die Berechtigung der Mitarbeiter, betriebliche E-Mail- und Internet-Accounts zu privaten Zwecken zu nutzen. Höchstvorsorglich soll diese Betriebsvereinbarung jedoch insoweit **Nachwirkung** entfalten, als es um die Sichtung und Auswertung solcher Informationen geht, die in Zeiträumen angefallen sind, in denen die Privatnutzung gestattet war. Auch ein Widerruf der diese Betriebsvereinbarung ergänzenden Einwilligung ist dahin einzuschränken, dass die legitimierende Wirkung der Einwilligung nicht für solche Daten entfallen kann, die während einer gestatteten Privatnutzung angefallen sind.

10. Schriftformerfordernis

23.117 **M 23.1.9 Schriftformerfordernis**

... [Ort], ... [Datum]

[Name und Gesellschaftsform des Arbeitgebers]:

...	*...*
(Vertreter [Arbeitgeber])	*i.V. (Vertreter [Arbeitgeber])*

Betriebsrat der [Name und Gesellschaftsform des Arbeitgebers]:

...	*...*
(Vertreter Betriebsrat)	*(Vertreter Betriebsrat)*

23.118 Nach § 77 Abs. 2 Satz 1 und 2 BetrVG sind Betriebsvereinbarungen **schriftlich niederzulegen** und von beiden Seiten zu unterzeichnen[55].

11. Erläuterungen zur Anlage (Zusatzvereinbarung und Einwilligungserklärung)

23.119 **M 23.1.10 Anlage**

Anlage: Zusatzvereinbarung zur privaten Nutzung betrieblicher Kommunikationsmittel und Einwilligungserklärung

1. *Die ... [Name und Gesellschaftsform des Arbeitgebers zu ergänzen] (im Folgenden „**Unternehmen**") stellt Ihnen einen E-Mail-Account sowie einen Internet-Account zur Verfügung, die als Arbeitsmittel grundsätzlich nur der betrieblichen Aufgabenerfüllung dienen. Wenngleich die betriebliche Nutzung stets Vorrang hat, gestattet das Unternehmen Ihnen in gewissen Grenzen auch eine private Nutzung dieser Arbeitsmittel. Der genaue Umfang der gestatteten und damit zulässigen Privatnutzung sowie die dem Unternehmen zustehenden Zugriffsrechte in Zusammenhang mit der Nutzung betrieblicher E-Mail- und Internet-Accounts sind in der hierzu abgeschlossenen Betriebsvereinbarung „Betriebsvereinbarung zur Internet- und E-Mail-Nutzung" vom ... [Datum der Betriebsvereinbarung zu ergänzen] (nachfolgend auch „**BV**") im Einzelnen beschrieben. Für Mitarbeiter, die dem Anwendungsbereich der BV nicht direkt unterfallen, werden die Regelungen der BV zur Internet- und E-Mail-Nutzung durch diese Zusatzvereinbarung rechtsverbindlich vereinbart.*

2. *Wir möchten besonders hervorheben, dass Sie nach Ziffer 5.2.2 der BV verpflichtet sind, ein- und ausgehende private E-Mails stets unverzüglich in einen hierfür gesondert eingerichteten „Privatordner" zu*

---

55 Zur genauen Ausgestaltung des Schriftformerfordernisses vgl. *Kania* in ErfK, § 77 BetrVG Rz. 19 ff. m.w.N.

verschieben und damit von betrieblicher Korrespondenz streng zu trennen. Es ist Ihnen ausdrücklich nicht gestattet, Korrespondenz, die nicht ausschließlich privater Natur und damit zumindest auch betrieblicher Natur ist, in den Privatordner zu verschieben (vgl. Ziffer 5.2.3 der BV).

3. *Wir behalten uns das Recht vor, betriebliche E-Mail-Postfächer sowie die in Ziffer 6.2 der BV genannten Informationen zur Internetnutzung zu protokollieren, einzusehen und auszuwerten. Zweck einer solchen Verarbeitung ist es, die Einhaltung rechtlicher Vorschriften sicherzustellen sowie die Rechte und Pflichten aus dem Arbeitsvertrag und der BV im Interesse des Unternehmens zu wahren. Insbesondere kann eine solche Verarbeitung im Zusammenhang mit Gerichtsverfahren, behördlichen Untersuchungen, betrieblicher Compliance, internen Ermittlungen sowie der Missbrauchskontrolle nach Ziffer 7 der BV notwendig werden. Die Voraussetzungen, Grenzen und der Umfang dieser Verarbeitung sind im Einzelnen in der BV sowie in etwaigen diese ergänzenden BV beschrieben.*

4. *Einige Gerichtsentscheidungen sprechen dafür, dass das Unternehmen bei einer Gestattung der Privatnutzung betrieblicher E-Mail- und Internet-Accounts nicht an das Fernmeldegeheimnis nach § 88 des Telekommunikationsgesetzes (im Folgenden „TKG") gebunden ist. Für den Fall, dass diese Entscheidungen keinen Bestand haben sollten oder sich die Rechtslage ändern sollte, steht die Gestattung der privaten Nutzung betrieblicher E-Mail- und Internet-Accounts stets unter dem Vorbehalt, dass Sie das Unternehmen durch Ihre Einwilligung von den Beschränkungen des Fernmeldegeheimnisses nach § 88 TKG befreien.*

5. *Ihre Einwilligung ist jeweils freiwillig. Sie können Ihre Einwilligung jederzeit mit Wirkung für die Zukunft widerrufen. Durch den Widerruf wird die Rechtmäßigkeit der aufgrund der Einwilligung bis zum Widerruf erfolgten Datenverarbeitung nicht berührt. Ab Zugang Ihres Widerrufs entfällt Ihre Berechtigung zu jedweder privater Nutzung betrieblicher E-Mail- und Internet-Accounts ebenfalls mit Wirkung für die Zukunft.*

6. *Ein Widerruf Ihrer Einwilligung ist allerdings jeweils ausgeschlossen, soweit dadurch die Verarbeitung solcher Informationen eingeschränkt würde, die sich auf die Nutzung betrieblicher E-Mail- und/oder Internet-Accounts aus dem Zeitraum vor dem Widerruf beziehen. Insoweit bleibt das Unternehmen auch im Falle eines Widerrufs Ihrer Einwilligung für diejenigen Zeiträume von den Beschränkungen des Fernmeldegeheimnisses befreit und zur Verarbeitung ermächtigt, in denen Ihnen die Privatnutzung gestattet war. Dieser Ausschluss des Widerrufsrechts gilt nur, sofern Ihre berechtigten Interessen dem nicht entgegenstehen.*

Mit meiner Unterschrift erkläre ich mich einverstanden mit den Regeln für die private Nutzung betrieblicher E-Mail- und Internet-Accounts, die in dieser Zusatzvereinbarung beschrieben sind.

Ich willige ein, dass die in Ziffer 6.2. der BV genannten protokollierten Daten sowie meine im betrieblichen E-Mail-Postfach gespeicherte private wie berufliche E-Mail-Kommunikation nach Maßgabe der Ziffer 3 dieser Anlage verarbeitet werden.

Ich befreie das Unternehmen höchstvorsorglich von der Einhaltung des Fernmeldegeheimnisses nach § 88 TKG und von etwaigen davon ausgehenden Beschränkungen, soweit es um die private Nutzung betrieblicher E-Mail- und Internet-Accounts geht.

Ich bestätige mit meiner Unterschrift zugleich, dass mir eine Kopie der BV ausgehändigt wurde.

a) Allgemeines

Die Zusatzvereinbarung zur privaten Nutzung betrieblicher Kommunikationsmittel und die Einwilligungserklärung sollten sämtliche Mitarbeiter unterzeichnen, unabhängig davon, ob sie dem Anwendungsbereich der Betriebsvereinbarung unterfallen oder nicht (vgl. oben unter Rz. 23.9 ff., Rz. 23.51 f.). Denn die Betriebsvereinbarung alleine kann Eingriffe in das Fernmeldegeheimnis nicht rechtfertigen (vgl. Rz. 23.40 f.). 23.120

b) Inbezugnahme der Betriebsvereinbarung (Abs. 1)

23.121 Die Inbezugnahme der Betriebsvereinbarung und des in dieser geregelten Rahmens der Nutzung betrieblicher E-Mail- und Internet-Accounts erweitert den Anwendungsbereich der in der Betriebsvereinbarung getroffenen Regelungen zur E-Mail- und Internetnutzung **auch auf der betrieblichen Mitbestimmung nicht unterfallende Mitarbeiter**, insbesondere leitende Angestellte, Leiharbeiter oder externe Dienstleister (zum persönlichen Anwendungsbereich der Betriebsvereinbarung auch Rz. 23.51 f.).

c) Erläuterungen zur Betriebsvereinbarung (Abs. 2)

23.122 Gemäß § 77 Abs. 4 Satz 1 BetrVG **wirken Betriebsvereinbarungen unmittelbar und zwingend**. Der Betriebsvereinbarung unterfallende Arbeitnehmer sind also auch ohne gesonderte Hervorhebung der genannten Pflichten dazu angehalten, diese zu erfüllen. Gleichwohl empfiehlt es sich zum effektiven Schutz der privaten personenbezogenen Daten des Arbeitnehmers, diesen über die Zusatzvereinbarung nochmals individuell insbesondere darauf hinzuweisen, seine private Korrespondenz in einen „Privatordner" zu verschieben. Nur dort sind die entsprechenden Inhalte besonders vor dem Zugriff durch den Arbeitgeber geschützt (hierzu auch die Kommentierung zu Ziff. 5.2 der Betriebsvereinbarung, Rz. 23.85 ff.). Für Mitarbeiter, für die die Betriebsvereinbarung keine unmittelbare Anwendung findet, werden die Regelungen der Betriebsvereinbarung nur über diese Zusatzvereinbarung rechtsverbindlich.

d) Datenschutz- und telekommunikationsrechtliche Einwilligung (Abs. 3 und Abs. 4)

23.123 In Abs. 3 der Anlage werden Zweck sowie – mittels Verweis auf die Betriebsvereinbarung – Art und Umfang der Verarbeitung der Internet-Account- und E-Mail-Account-Nutzung erläutert. Insoweit erteilen die unterzeichnenden Beschäftigten eine eigenständige datenschutzrechtliche Einwilligung in die Verarbeitung.

Im Rahmen der DSGVO steht diese Einwilligung neben sonstigen Rechtsgrundlagen i.S.d. Art. 6 DSGVO. Auch für den Fall der Unwirksamkeit der Einwilligung kommt damit für die Arbeitnehmer im Anwendungsbereich der Betriebsvereinbarung im Einzelfall eine Rechtfertigung nach § 26 Abs. 4 BDSG sowie § 26 Abs. 1 BDSG in Betracht[56].

Für Beschäftigte außerhalb des Anwendungsbereichs der Betriebsvereinbarung sind § 26 Abs. 1 BDSG sowie Art. 6 Abs. 1 lit. f DSGVO mögliche Rechtsgrundlagen der Datenverarbeitung, deren Voraussetzungen im Einzelfall vorliegen müssen.

23.124 Weil die Eingriffsbefugnisse in der Betriebsvereinbarung vergleichsweise weit formuliert sind, bestehen rechtliche Restrisiken, dass diese Regelung insbesondere aus datenschutzrechtlicher Sicht als nicht hinreichend transparent angesehen werden könnte und deshalb keine legitimierende Wirkung entfalten kann. Dies gilt entsprechend, wenn derartige Eingriffsbefugnisse wie hier über die Zusatzvereinbarung zu dieser Betriebsvereinbarung im Wege einer Einwilligungslösung legitimiert werden sollen. Um diese Risiken bestmöglich zu reduzieren, erscheint es sinnvoll, Art und Umfang der protokollierten Daten in der Betriebsvereinbarung, soweit im jeweiligen Betrieb möglich, zu präzisieren (s. Rz. 23.102). Auch sind nach der DSGVO im Rahmen jedweder Einwilligung die Zwecke möglichst präzise anzugeben (Art. 6 Abs. 1 lit. a DSGVO).

Vorliegend wurde mit der Formulierung des Verarbeitungszweckes (Abs. 3 der Anlage) eine Kompromisslösung gewählt. Die Sicherstellung interner wie externer Compliance ist regelmäßig Grundzweck der hier relevanten Datenverarbeitung (Protokollierung/Zugriff/Auswertung). Mit Blick auf die Anga-

---

56 So die herrschende Meinung, s. *Schulz* in Gola, Art. 7 DSGVO Rz. 52; *Albers/Veit* in BeckOK DatenschutzR, Art. 6 DSGVO Rz. 24; *Plath* in Plath, Art. 6 DSGVO Rz. 5 unter Verweis auf den Wortlaut von Art. 6 DSGVO und Art. 17 Abs. 1 lit. b letzter Hs. DSGVO.

be konkreter Beispiele für Compliancefälle lässt sich argumentieren, dass keinesfalls ein (unzulässiges) Blankett vorliegt[57]. Für den betroffenen Beschäftigten ist nach den Ausführungen der Betriebsvereinbarung jedenfalls erkennbar, dass eine Verarbeitung der im Rahmen seiner privaten Internet- und E-Mail-Nutzung anfallenden Daten samt Zugriff und Auswertung der Wahrung von Rechtskonformität und der Verhinderung von Missbrauch dient. Er kann so in Kenntnis der Sachlage einwilligen und die grundsätzlichen Risiken für seine informationelle Selbstbestimmung einschätzen. Eine Pflicht zu einem noch höheren Detailgrad würde die Frage aufwerfen, ob damit im Ergebnis die Transparenzpflicht noch praktikabel handhabbar wäre; auch stünde sie im Widerspruch zu der in Art. 12 Abs. 1 DSGVO geforderten einfachen und klaren Darstellung[58].

Zur Abwehr rechtlicher Risiken mag es weiterhin in bestimmten Fällen, etwa bei ausländischen E-Discovery-Verfahren[59] oder Untersuchungen auch ausländischer Behörden, sinnvoll sein, diese Fälle im Einzelfall im Rahmen gesonderter detaillierterer Betriebsvereinbarungen und korrespondierender Einwilligungen nochmals zu legitimieren, sobald nähere Details über die Auswertung und erforderliche Nutzung dieser Daten bekannt sind. Allerdings besteht auch hier immer ein Restrisiko, dass sich der Betriebsrat und/oder die Betroffenen im Einzelfall solcher ergänzender Regelungen verweigern.

Wie schon oben zu Ziff. 5.3.3 der Betriebsvereinbarung (Rz. 23.93 f.) ausgeführt, sollte der Arbeitgeber zumindest vorsorglich für den jeweiligen Einzelfall eine weitere Einwilligung der zur Privatnutzung berechtigten Arbeitnehmer hinsichtlich möglicher Eingriffe in das Fernmeldegeheimnis einholen. Diese eigenständige Einwilligung in den Eingriff in das Fernmeldegeheimnis wehrt eine mögliche Strafbarkeit nach § 206 StGB ab. Sie wäre wegen ihrer Eigenständigkeit nicht notwendigerweise von einer etwaigen Unwirksamkeit der datenschutzrechtlichen Einwilligung betroffen, sofern sie selbst hinreichend transparent ist. 23.125

Insofern ist den Mitarbeitern zu vermitteln, dass Inhalt und Umstände der privaten Kommunikation (s. Rz. 23.22) unter den in den Betriebsvereinbarung niedergelegten Voraussetzungen dem Zugriff des Arbeitgebers unterliegen[60]. Diese Angaben ermöglichen es dem Betroffenen zu erkennen, dass kein Vertrauen dahingegen bestehen kann, dass seine Fernkommunikation nicht von Dritten zur Kenntnis genommen wird[61]. Aus Transparenzgründen sollte dabei eine Kopie des § 88 TKG auf dem Dokument abgedruckt sein. 23.126

Unabhängig von der hier formulierten Einwilligung ist der Arbeitgeber – selbst beim Verbot privater Internet- bzw. E-Mail-Nutzung – datenschutzrechtlich Verantwortlicher im Sinne der DSGVO. Er ist also ohnehin verpflichtet, im Wege eines betriebsinternen Datenschutz-Managements umfangreiche Informationspflichten nach Art. 13 ff. DSGVO zu erfüllen. Solche von der Betriebsvereinbarung samt Anlage unabhängigen Datenschutzhinweise müssen umfangreiche Angaben zu Datenverarbeitung und insbesondere Verarbeitungszwecken enthalten. In dieses Informationsblatt sollten neben den allgemeinen Informationen zur Datenverarbeitung im Arbeitsverhältnis auch die Informationen zum Thema privater Internet- und E-Mail-Nutzung im von Art. 13 und 14 DSGVO geforderten Umfang aufgenommen werden. Dieses Informationsblatt sollte auch mit dieser Betriebsvereinbarung bzw. Anlage an den Beschäftigten ausgegeben werden. Insoweit wird ergänzend notwendige Transparenz gewährleistet.

---

57 Vgl. *Schulz* in Gola, Art. 6 DSGVO Rz. 24, der von „so konkret wie möglich" spricht.
58 S. dazu *Plath* in Plath Art. 5 DSGVO Rz. 6.
59 Dazu weiterführend *Spies* in Forgó/Helfrich/Schneider, Kap. 2, Rz. 33 f.
60 Auch ein Vorschlag der Aufsichtsbehörden belässt es speziell für § 88 TKG bei der Erklärung, sich des Verzichts auf das Fernmeldegeheimnis bewusst zu sein, vgl. Datenschutzkonferenz, Orientierungshilfe der Aufsichtsbehörden zur datenschutzgerechten Nutzung von E-Mail und anderen Internetdiensten am Arbeitsplatz, Stand: Januar 2016, S. 31.
61 BVerfGE 120, 74, Rz. 290 zum Schutzgut des Art. 10 GG.

e) Erläuterungen zur Einwilligung

aa) Freiwilligkeit der Einwilligung

23.127 Der Verzicht auf das Fernmeldegeheimnis wie auch die datenschutzrechtliche Einwilligung müssen freiwillig erfolgen. Für die datenschutzrechtliche Einwilligung ist dies in Art. 4 Nr. 11 DSGVO niedergelegt. Nicht freiwillig erklärte Einwilligungen sind unwirksam. Zwar gelten die Modalitäten der datenschutzrechtlichen Einwilligung nicht direkt für die Einwilligung in das Fernmeldegeheimnis, doch ist auch sie Ausprägung der Dispositionsfreiheit des Einzelnen. Auch hier ist die Freiwilligkeit daher zwingend geboten. Im Ergebnis spricht viel dafür, einheitlich Rechtsprechung und Literatur zu Art. 7 DSGVO heranzuziehen.

Gerade im Arbeitsverhältnis stellt sich regelmäßig die Frage, inwieweit ein Arbeitnehmer vor dem Hintergrund seiner **wirtschaftlichen Abhängigkeit vom Arbeitgeber** überhaupt in seiner Entscheidung frei ist und nicht aus Angst vor Nachteilen entgegen seinem eigentlichen Willen eine Einwilligung erklärt[62].

23.128 Soweit sich die Einwilligung des Arbeitnehmers lediglich auf eine freiwillig gewährte Leistung bezieht, hat der Mitarbeiter bei Verweigerung seiner Einwilligung keine Nachteile zu befürchten, die ihn zur Erklärung einer Einwilligung veranlassen könnten. Vielmehr kann er bei Verweigerung seiner Einwilligung lediglich die **vom Arbeitgeber freiwillig gewährte zusätzliche Leistung** der auch privaten Nutzung betrieblicher Kommunikationsmittel nicht in Anspruch nehmen. Deshalb spricht in diesem Fall vieles dafür, keine Beeinträchtigungen der Freiwilligkeit anzunehmen[63]. Auch nach der bisherigen höchstrichterlichen Rechtsprechung ist im Arbeitsverhältnis die Einwilligung nicht per se unfreiwillig. Das grundsätzliche Abhängigkeitsverhältnis zwischen Arbeitgeber und Arbeitnehmer schließt eine freiwillige Einwilligung nicht aus[64].

Auch die Art. 29-Datenschutzgruppe erkennt mögliche „außergewöhnliche Umstände" an, unter denen eine Einwilligung im Arbeitsverhältnis freiwillig ist. Solche setzen voraus, dass aus der Verweigerung keinerlei Konsequenzen folgen[65]. Im rechtlichen Sinne bleibt die Verweigerung tatsächlich ohne Konsequenzen, da – wie ausgeführt – lediglich ein rein freiwilliges Zusatzangebot unterbleibt.

Im Übrigen können an das Gebot der Freiwilligkeit auch keine überspannten Anforderungen gestellt werden. Der Vorschlag des Kommissionsentwurfs zur DSGVO, die Freiwilligkeit im Beschäftigtenkontext stets zu verneinen, wurde gerade nicht in die finale Fassung der DSGVO übernommen. Zudem wird die (freiwillige) Einwilligung in Erwägungsgrund 155 und nicht zuletzt in § 26 Abs. 2 BDSG als Verarbeitungsgrundlage angeführt[66]. Bei zu restriktiver Auslegung von Freiwilligkeit über die Vorgaben des § 26 Abs. 2 BDSG hinaus wäre dieser gegenstandslos[67].

23.129 Eine nicht ausreichende Freiwilligkeit wäre aber insbesondere in Betrieben denkbar, in denen die Privatnutzung bisher schon ohne weitere Einschränkungen gestattet oder geduldet war und in denen die Privatnutzung jetzt unter Vorbehalte gestellt werden soll (s. dazu Rz. 23.64). Insoweit bestehen auch mit Blick auf die Freiwilligkeit einer Einwilligung und deren Wirksamkeit Risiken.

---

62 Zur Freiwilligkeit allgemein s. etwa *Schulz* in Gola, Art. 7 DSGVO Rz. 21 ff.; zur Freiwilligkeit im Beschäftigungskontext s. *Pötters* in Gola, Art. 88 DSGVO Rz. 85 ff.; sofern umsetzbar, sollte die Einwilligungserklärung nicht unmittelbar zusammen mit dem Arbeitsvertrag vorgelegt werden, um jeden Zwangscharakter zu vermeiden, s. *Wybitul*, CCZ 2015, 133 (136).

63 So etwa auch das LDI NRW, „E-Mail und Internet am Arbeitsplatz" (Stand: 9/2007), S. 5, Ziff. III.1.e.; *Datenschutzkonferenz*, Kurzpapier Nr. 14, Stand 24.9.2020, S. 2.

64 BAG v. 11.12.2014 – 8 AZR 1010/13.

65 *Art. 29-Datenschutzgruppe*, WP 249, S. 23.

66 Vgl. *Gola*, BB 2017, 1462 (1467); *Gola*, EuZW 2012, 332 (335).

67 Zu den Vorteilen einer Einwilligung auch *Kühling*, NJW 2017, 1985 (1988).

bb) Informierte Einwilligung

Nach Art. 4 Nr. 11 DSGVO muss eine Einwilligung stets als **informierte Entscheidung des Betroffenen** erfolgen. Deshalb ist der Betroffene vor Erteilung der Einwilligung umfassend über die geplante Verwendung personenbezogener Daten aufzuklären. Er muss die Umstände der Datenverarbeitung und die Tragweite ihrer Erklärung erkennen können. Nur so kann der Betroffene abwägen, ob die geplanten Eingriffe in das Recht auf informationelle Selbstbestimmung aus seiner Sicht hinnehmbar sind[68]. Mit dem Verweis auf den Inhalt der Betriebsvereinbarung sowie deren Aushändigung zusammen mit der Zusatzvereinbarung (was auch in den betriebsinternen Prozessablauf zu implementieren ist) wird diese vollumfängliche Information ermöglicht. Es ist gleichwohl nicht auszuschließen, dass ein ergänzender Verweis auf die in der Betriebsvereinbarung enthaltenen weiteren Details als nicht hinreichend transparent angesehen werden könnte und damit keine hinreichend informierte Basis für die Einwilligung darstellen könnte. Da Transparenz und Information aber nur dann ihren Schutzzweck erfüllen, wenn gerade kein überwältigendes undurchsichtiges Maß an Informationen präsentiert wird, erscheint die Trennung von Einwilligung in der Anlage und sie ergänzender Information in der Betriebsvereinbarung als sachgerecht[69]. Auch in diesem Zusammenhang ist auf die generellen und von der Betriebsvereinbarung samt Anlage unabhängigen Informationspflichten des Arbeitgebers nach Art. 13, 14 DSGVO als datenschutzrechtlich Verantwortlichem zu verweisen (s. hierzu Rz. 23.126). | 23.130

cc) Widerruflichkeit der Einwilligung

Zu Lasten des Arbeitgebers problematisch ist die jederzeitige Widerruflichkeit der Einwilligung. Widerruft ein Mitarbeiter seine Einwilligung in die Sichtung bei privater Nutzung betrieblicher Kommunikationsmittel angefallener Informationen, so **entfällt** für den Arbeitgeber die durch die Einwilligung bewirkte **Legitimation von Eingriffen in Datenschutzrecht und Fernmeldegeheimnis**. Dann treffen den Arbeitgeber wieder die eingangs skizzierten Beschränkungen (vgl. Rz. 23.6 ff.), insbesondere bei der Sichtung von E-Mail-Accounts und Internetprotokolldaten. | 23.131

Mit dem Widerruf der Einwilligung entfällt zwar nicht die Legitimation für in der Vergangenheit vorgenommene Eingriffe, wohl aber die Berechtigung zur Auswertung solcher Daten, die in Zeiträumen vor dem Widerruf der Einwilligung angefallen sind[70]. In diesem Fall müsste der Arbeitgeber auch bei etwaigen Kontrollen differenzieren, bei welchem Mitarbeiter er welche Kontrollmaßnahmen durchführen darf. Hinzu kommt, dass Mitarbeiter von ihnen erklärte Einwilligungen immer dann widerrufen könnten, wenn sie Auswertungen ihrer E-Mail-Accounts verhindern möchten, um weiteren Kontrollmaßnahmen die Grundlage zu entziehen. | 23.132

dd) Einschränkungen des jederzeitigen Widerrufsrechts

Wenngleich der Einwilligende grundsätzlich jederzeit berechtigt ist, eine von ihm freiwillig erklärte Einwilligung zu widerrufen, kann dieses Widerrufsrecht im Einzelfall eingeschränkt sein. | 23.133

In der Literatur wird unter Verweis auf die alte Rechtslage unter der Datenschutzrichtlinie vertreten, dass ein Widerruf ausnahmsweise gegen **Treu und Glauben (§ 242 BGB)** verstoßen kann und damit unwirksam wäre[71]. Insbesondere im Arbeitsverhältnis sind die wechselseitigen Rücksichtnahmepflichten als Nebenpflichten des Beschäftigungsverhältnisses zu berücksichtigen und im Rahmen einer Einzelfallabwägung zu würdigen[72]. Gerade bei willkürlicher Ausübung des Widerrufsrechts ohne Ände- | 23.134

---

68 Ausf. *Buchner* in Kühling/Buchner, Art. 7 DSGVO Rz. 59.
69 Ähnlich *Schulz* in Gola, Art. 7 DSGVO Rz. 31.
70 Statt vieler zur alten Rechtslage: *Simitis* in Simitis, 8. Aufl. 2014, § 4a BDSG Rz. 102 f.; diese dürfte mit Blick auf die Natur des Widerrufes fortgelten, vgl. weiterführend *Buchner* in Kühling/Buchner, Art. 7 DSGVO Rz. 36 f.
71 Vgl. *Schulz* in Gola, Art. 7 DSGVO Rz. 57; vgl. auch *Buchner* in Kühling/Buchner, Art. 7 DSGVO Rz. 38.
72 *Schulz* in Gola, Art. 7 DSGVO Rz. 57.

rung der seinerzeit maßgeblichen Umstände und ohne besondere schutzwürdige Interessen des Betroffen dürfte diese Einzelfallabwägung zugunsten des Arbeitgebers ausfallen[73].

23.135 Im hier erfassten Fall erscheint konkret die Situation unbillig, dass der Arbeitgeber infolge des Widerrufs einer Einwilligung nicht mehr berechtigt wäre, solche Daten zu sichten, die in Zeiträumen vor dem Widerruf der Einwilligung angefallen sind, in denen dem Mitarbeiter die Privatnutzung gestattet war. Für eine Treuwidrigkeit des Widerrufs spricht, dass die Erteilung der Einwilligung mit der Gewährung einer Leistung, nämlich der Gestattung der Privatnutzung, in Verbindung stand. Schließlich gewährt der Arbeitgeber zunächst die Privatnutzung freiwillig und vermeidet daraus resultierende Nachteile für den Arbeitgeber durch eine Einwilligung, die der Mitarbeiter gleichsam als Gegenleistung für die Gestattung der Privatnutzung erteilt. Deshalb erscheint es unbillig, wenn der Mitarbeiter in der Lage wäre, ihm diesen Schutz und gleichsam die Gegenleistung durch einen Widerruf der Einwilligung einseitig wieder zu entziehen[74].

Die DSGVO selbst schweigt zur Möglichkeit eines eingeschränkten Widerrufsrechts. Somit ist nicht auszuschließen, dass sich seitens der Aufsichtsbehörden oder Rechtsprechung eine strengere Ansicht durchsetzt. Allerdings ist der Grundsatz von Treu und Glauben als allgemeiner Grundsatz auch im Europarecht und insbesondere im Datenschutzrecht verankert und anerkannt[75]. Es spricht daher vieles dafür, diese Billigkeitserwägungen auch im Rahmen der DSGVO heranzuziehen.

23.136 Ob und inwieweit auch ein **vertraglicher Verzicht** auf das jederzeitige Widerrufsrecht möglich ist, ist unter der DSGVO noch nicht geklärt. Art. 7 Abs. 3 Satz 1 DSGVO, der die Möglichkeit des jederzeitigen Widerrufs regelt, spricht zunächst dagegen, das Widerrufsrecht vertraglich einzuschränken. Akzeptiert man jedoch die grundsätzliche Einschränkbarkeit über § 242 BGB, muss in diesen Grenzen auch eine vertragliche Regelung über die Einschränkung des Widerrufsrechts möglich sein.

23.137 Da im Anwendungsfall vieles dafür spricht, dass ein Widerruf bereits nach § 242 BGB unwirksam wäre, erscheint es angemessen, eine solche partielle Einschränkung des Widerrufsrechts mit dem Mitarbeiter auch vertraglich abzusichern. Wenngleich sicherlich nicht auszuschließen ist, dass eine mit dieser Frage befasste Behörde oder ein Gericht hier zu einem anderen Ergebnis gelangen mag, lässt sich diese Auffassung vertreten und ist eine entsprechende Ausgestaltung der vertraglichen Vereinbarungen mit dem Mitarbeiter zu empfehlen.

ee) Administrative Absicherung durch Einwilligungsmanagement

23.138 Da die Erteilung der Einwilligung freiwillig ist und die Einwilligung auch mit Wirkung für die Zukunft jederzeit widerruflich ist, hat der Arbeitgeber bei einer Einwilligungslösung administrativ ein lückenloses Einwilligungsmanagement sicherzustellen. Dabei ist im Einzelnen zu dokumentieren, welcher Mitarbeiter wann eine Einwilligung erklärt und widerrufen hat. Mitarbeitern, von denen keine Einwilligung vorliegt, ist die Privatnutzung komplett verboten, wobei die Einhaltung dieses Verbots auch regelmäßig zu kontrollieren ist[76].

---

73 Vgl. BAG v. 19.2.2015 – 8 AZR 1011/13 und noch zur alten Rechtslage: *Gola/Schomerus*, 12. Aufl. 2015, § 4a BDSG Rz. 38 ff.

74 Ähnlich noch zum alten Recht auch *Gola/Schomerus*, 12. Aufl. 2015, § 4a BDSG Rz. 38 ff. m.w.N.

75 S. nur Art. 5 Abs. 1 lit. a DSGVO; speziell die Datenschutzrichtlinie übernahm mit „Treu und Glauben" bereits den in Deutschland gefestigten Rechtsbegriff, s. *Brühann* in Grabitz/Hilf, Art. 6 DSRL Rz. 8.

76 Andernfalls besteht zumindest ein Risiko, dass eine betriebliche Übung entstehen könnte, die eine freie, nicht weiter reglementierte Privatnutzung ermöglicht. Inwieweit eine betriebliche Übung auch für den Fall entstehen kann, dass das zugrunde liegende Verhalten verboten ist, ist rechtsunsicher.

ff) Restrisiken bei der Rechtfertigung von Eingriffen in das Fernmeldegeheimnis durch eine Einwilligung – fehlende Einwilligung des Kommunikationspartners

Soweit es darum geht, mit einer Einwilligung auch Eingriffe in das Fernmeldegeheimnis zu rechtfertigen, greift eine Einwilligungslösung auch mit Blick auf den am Kommunikationsvorgang beteiligten außenstehenden Dritten zu kurz. So schützt das Fernmeldegeheimnis nicht nur den betroffenen Mitarbeiter, sondern alle am Telekommunikationsvorgang beteiligten Personen, also auch die außerhalb des Betriebes stehenden Dritten, mit denen der Mitarbeiter kommuniziert[77]. Damit wäre konsequenterweise auch die Einwilligung des Dritten einzuholen, was nicht praktikabel ist. Dem einwilligenden Mitarbeiter allein fehlt die Verfügungsbefugnis, um in Eingriffe in das Fernmeldegeheimnis einzuwilligen, soweit auch der Schutz seines Kommunikationspartners betroffen ist.

23.139

Dagegen lässt sich bereits argumentieren, dass Art. 10 GG das Vertrauen des Einzelnen in die Sicherheit seiner (Fern-) Kommunikation schützt, nicht aber das Vertrauen der Kommunikationspartner zueinander[78]. Es nicht erkennbar, weshalb sich ein außerhalb des Betriebes stehender Empfänger einer von einem geschäftlichen E-Mail-Account stammenden Nachricht zeitlich über den reinen Übermittlungsvorgang hinaus auf das Fernmeldegeheimnis berufen können sollte. Schließlich hindert das Fernmeldegeheimnis keinen der Kommunikationspartner daran, die mit dem außenstehenden Dritten geführte Korrespondenz im Nachhinein in Kopie auch an beliebige Dritte zu versenden. Kann und darf also der Mitarbeiter selbst solche Korrespondenz mit Dritten einem beliebigen Personenkreis zugänglich machen, so ist kein Grund ersichtlich, weshalb der Mitarbeiter nicht auch seinem Arbeitgeber gestatten können soll, Einblick in seine private E-Mail-Korrespondenz mit außenstehenden Dritten zu nehmen[79].

23.140

Damit lässt sich zumindest mit guten Gründen argumentieren, dass jedenfalls die Inhalte der Korrespondenz mit außerhalb des Betriebes stehenden Dritten nach Abschluss des Übermittlungsvorgangs nicht mehr vom Schutzbereich des Fernmeldegeheimnisses umfasst sein können und dass damit auch die Einwilligung des jeweiligen Kommunikationspartners nicht erforderlich ist. Inwieweit sich ein Gericht oder eine Behörde dieser Argumentation anschließen würde, ist aber unsicher[80].

23.141

---

77 So etwa: *Lenckner* in Schönke/Schröder, § 206 StGB Rz. 12; *Altenhain* in MüKo StGB, § 206 Rz. 42; KG v. 31.5.2017 – 21 U 9/16, ZD 2017, 386 (388); *Brink/Wirtz*, ArbRAktuell 2016, 255 (257); *Härting*, CR 2007, 311 (313); vgl. ausführlich zum Hintergrund *Durner* in Maunz/Dürig, Art. 10 GG Rz. 126 ff.

78 So zutreffend *Klages*, ZD 2017, 386 (391), auch unter Verweis auf die völlig praxisfernen praktischen Konsequenzen der anderen Ansicht.

79 So i. Erg. auch *Kempermann*, ZD 2012, 12 (14) und *Jenny* in Plath, § 88 TKG Rz. 11, der die relevanten Abgrenzungsschwierigkeiten aufzeigt und die Möglichkeit einer solchen einseitigen Einwilligung über den hier besprochenen Fall der betrieblichen E-Mail-Adressen hinaus verallgemeinert.

80 Für die Notwendigkeit der Einwilligung des Dritten KG v. 31.5.2017 – 21 U 9/16, ZD 2017, 386 (388), allerdings in einer zivilrechtlichen und zum Bearbeitungsstand nicht rechtskräftigen Entscheidung. Mit begründeter Kritik daran *Klages*, ZD 2017, 390 ff.

§ 24
Betriebsvereinbarung zu Bring Your Own Device (BYOD)

Literatur: *Arning/Moos/Becker*, Vertragliche Absicherung von Bring Your Own Device, CR 2012, 592; *Art. 29-Datenschutzgruppe*, Leitlinien für die Meldung von Verletzungen des Schutzes personenbezogener Daten gemäß der Verordnung (EU) 2016/679, WP 250 rev.01, Stand: 6.2.2018; *Bauer*, MyCPS: Neues Forschungsprojekt zur Umsetzung von Industrie 4.0 auf dem betrieblichen Hallenboden, ZD-Aktuell 2016, 05369; *Berliner Beauftragter für Datenschutz und Informationsfreiheit*, Tätigkeitsbericht 2012; *Bissels/Domke/Wisskirchen*, BlackBerry & Co.: Was ist heute Arbeitszeit?, DB 2010, 2052; *BITKOM* Bundesverband Informationswirtschaft, Telekommunikation und neue Medien e.V., Leitfaden Bring Your Own Device, Berlin 2013; *Bundesamt für Sicherheit in der Informationstechnik* (BSI), Überblickspapier Consumerisation und BYOD, Version 1.2, 31.7.2013; *Bundesbeauftragter für den Datenschutz und die Informationsfreiheit*, Leitfaden Internet am Arbeitsplatz – Datenschutzrechtliche Grundsätze bei der dienstlichen/privaten Internet- und E-Mail-Nutzung am Arbeitsplatz, 2008; *Conrad/Schneider*, Einsatz von „privater IT" im Unternehmen – Kein privater USB-Stick, aber „Bring your own device" (BYOD)?, ZD 2011, 153; *Datenschutzkonferenz*, Orientierungshilfe der Datenschutzaufsichtsbehörden zur datenschutzgerechten Nutzung von E-Mail und anderen Internetdiensten am Arbeitsplatz (Stand: 1/2016); *Die Landesbeauftragte für den Datenschutz Niedersachsen*, 22. Tätigkeitsbericht 2013–2014; *Dölling/Duttge/Rössner*, Gesamtes Strafrecht, 4. Aufl. 2017; *Europäischer Datenschutzausschuss*, Guidelines 05/2020 on consent under Regulation 2016/679, Version 1.1, Stand: 4.5.2020; *Europäischer Datenschutzausschuss*, Guidelines 07/2020 on the concepts of controller and processor in the GDPR, Version 1.0, Stand: 2.9.2020; *Fitting/Engels/Schmidt/Trebinger/Linsenmaier*, BetrVG, 30. Aufl. 2020; *Fülbier/Splittgerber*, Keine (Fernmelde-)Geheimnisse vor dem Arbeitgeber?, NJW 2012, 1995; *Göpfert/Wilke*, Nutzung privater Smartphones für dienstliche Zwecke, NZA 2012, 765; *Grobys/Panzer-Heemeier*, StichwortKommentar Arbeitsrecht, 3. Aufl. 2017; *Hauschka/Moosmayer/Lösler*, Corporate Compliance, 3. Aufl. 2016; *Henssler/Willemsen/Kalb*, Arbeitsrecht Kommentar, 9. Aufl. 2020; *Herrnleben*, BYOD – die rechtlichen Fallstricke der Software-Lizenzierung für Unternehmen, MMR 2012, 205; *Imping/Pohle*, BYOD – Rechtliche Herausforderungen der dienstlichen Nutzung privater Informationstechnologie, K&R 2012, 470; *Joecks/Miebach*, Münchener Kommentar zum StGB, Band 4, 3. Aufl. 2017; *Jung/Hansch*, Die Verantwortlichkeit in der DS-GVO und ihre praktischen Auswirkungen, ZD 2019, 143; *Kilian/Heussen*, Computerrechts-Handbuch, 35. Ergänzungslieferung 2020; *Kongehl/Greß* Datenschutz-Management, Freiburg, Stand: November 2014; *Kramer*, IT-Arbeitsrecht, 2. Aufl. 2019; *Lackner/Kühl*, StGB, 29. Aufl. 2018; *Landesbeauftragter für Datenschutz Brandenburg*, Tätigkeitsbericht 2012/2013; *Oberthür/Seitz*, Betriebsvereinbarungen, 2. Aufl 2016; *Säcker/Rixecker/Oetker/Limperg*, Münchener Kommentar zum BGB, Band 2, 8. Aufl. 2019; *Schaub*, Arbeitsrechts-Handbuch, 18. Aufl. 2019; *Schönke/Schröder*, StGB, 30. Aufl. 2019; *Thüsing*, Beschäftigtendatenschutz und Compliance, 2. Aufl. 2014; *v. Heintschel-Heinegg*, Beck'scher Online-Kommentar StGB, 46. Edition 2020; *Walter/Dorschel*, Mobile Device Management, WuM 2012, 22; *Weth/Herberger/Wächter/Sorge*, Daten- und Persönlichkeitsschutz im Arbeitsverhältnis, 2. Aufl. 2019; *Wiese/Kreutz/Oetker/Raab/Weber/Franzen/Gutzeit/Jacobs*, Gemeinschaftskommentar zum Betriebsverfassungsgesetz, 11. Aufl. 2018; *Wybitul/Schultze-Melling*, Handbuch Datenschutz im Unternehmen, 2. Aufl. 2014.

A. Einleitung

24.1 Bring Your Own Device oder kurz BYOD bezeichnet den Einsatz privater IT der Mitarbeiter, z.B. eines **Smartphones** oder eines **Tablet PCs**, im Unternehmen. Aus Gründen der Mitarbeiterzufriedenheit wollen viele Unternehmen BYOD zulassen, da ihre Mitarbeiter auf diese Weise ihre „gewohnte" IT auch im Unternehmen einsetzen können, die oftmals sogar aktueller als die Unternehmens-IT ist. Teilweise blieb Unternehmen aber auch fast keine andere Wahl. So wurde aus Gründen des Schutzes vor einer Covid-19-Infektion die Arbeit aus dem **Home Office** exponentiell ausgeweitet. Ohne die Zulassung privater IT-Geräte für die Erbringung von Arbeitsleistungen hätte die Arbeitsfähigkeit oftmals nicht aufrechterhalten werden können. Allerdings haben viele Unternehmen vor allem wegen der Datensicherheit, Unklarheiten bei der Software-Lizenzierung und des Kontrollverlustes auch berechtigterweise **Bedenken gegenüber einer unkontrollierten Zulassung von BYOD**. Falls sich ein Unternehmen dazu entschließt, BYOD zuzulassen, stellen sich darüber hinaus auch ganz praktische Fragen, die einer Klärung bedürfen, z.B. die Kostentragung.

Für die meisten der bereits dargestellten Bedenken und Fragen gibt es eine Lösung, die Unternehmen die Vorteile des BYOD nutzen lässt und ihnen gleichzeitig die erforderliche Datensicherheit und Kontrolle gewährt: Hierfür müssten die Unternehmen, die BYOD zulassen wollen, eine **Vereinbarung über den Einsatz der privaten Endgeräte für berufliche Zwecke mit dem jeweiligen Mitarbeiter** schließen[1]. Eine solche Vereinbarung verschafft dem Arbeitgeber die nötige (Rechts-)Sicherheit. Regelungsnotwendigkeiten bestehen zu einer Vielzahl von Bereichen[2]: Neben der Gewährleistung von Datenschutz und Datensicherheit sowie arbeitsrechtlichen Fragen der Arbeitszeit, Vergütung und Haftung ergeben sich beim Einsatz von BYOD auch Auswirkungen im Bereich des Lizenzrechts und sogar im Bereich Strafrecht und Steuerrecht. Sofern bei dem Unternehmen ein Betriebsrat besteht, können und müssen zumindest einige dieser Fragen im Rahmen einer Betriebsvereinbarung geregelt werden[3]. Allerdings sind nicht alle dieser Rechtsfragen einer Regelung durch Betriebsvereinbarung zugänglich, so dass es regelmäßig zusätzlich zu einer Betriebsvereinbarung noch Individualvereinbarungen mit den betroffenen Mitarbeitern bedarf. | 24.2

Im Folgenden werden Vertragsmuster für eine **Betriebsvereinbarung über den Einsatz von BYOD** in einem Unternehmen sowie für eine **individualvertragliche Vereinbarung**, die in weiten Teilen auf die Betriebsvereinbarung Bezug nimmt, erläutert. Die Aufteilung der Regelungen in eine Betriebsvereinbarung und in einen Individualvertrag mit den Mitarbeitern empfiehlt sich aus Transparenzgründen sowie aus Gründen der Bürokratievermeidung. Die Regelungen der Betriebsvereinbarung können aber auch komplett mit in die individuelle Vereinbarung mit den Mitarbeitern aufgenommen werden, wenn etwa kein Betriebsrat besteht und eine ausschließlich einzelvertragliche Regelung erfolgen soll. Schließlich ist es auch denkbar, die Einführung von BYOD und die dafür geltenden Bedingungen mittels einer **Unternehmensrichtlinie** zu regeln, die zur Grundlage des Einsatzes von Privatgeräten der Mitarbeiter gemacht wird. Auch hierfür kann das nachfolgende Muster einer Betriebsvereinbarung als Vorlage dienen. | 24.3

Manche Unternehmen entscheiden sich allerdings – zumeist aus **Sicherheitsaspekten** – auch dafür, BYOD nicht in Reinform einzuführen. Vor allem Sicherheitsmaßnahmen sind bei BYOD – abhängig vom Endgeräte- und Betriebssystemtyp – deutlich schwieriger umzusetzen, da viele Benutzer erfahrungsgemäß nicht bereit sind, für ihre eigenen Geräte Einschränkungen hinzunehmen oder Zugriffe auf das Gerät durch den Arbeitgeber zu erlauben[4]. So können Sicherheitsmaßnahmen u.U. Eingriffe erforderlich machen, die die Mängelgewährleistung oder Herstellergarantie für das Gerät erlöschen lassen. Im Rahmen der strategischen Vorüberlegungen zu einem BYOD-Projekt muss das Unternehmen deshalb klären, (1) ob BYOD angesichts der Sicherheitsanforderungen des Unternehmens überhaupt | 24.4

---

1 So *auch Berliner Beauftragter für Datenschutz und Informationsfreiheit*, Tätigkeitsbericht 2012, S. 33; *Brandt* in Hauschka/Moosmayer/Lösler, § 29 Rz. 158; *Helfrich* in Forgó/Helfrich/Schneider, Teil V Kapitel 2 Rz. 17–21; *Hoppe* in Kramer, Kap. B Rz. 683 ff.; *Landesbeauftragter für Datenschutz Brandenburg*, Tätigkeitsbericht 2012/2013, S. 26.

2 S. hierzu *Arning/Moos/Becker*, CR 2012, 592 (592); *Conrad/Schneider*, ZD 2011, 153 ff.; *Conrad* in Auer-Reinsdorff/Conrad, § 37 Rz. 346.

3 *Conrad* in Auer-Reinsdorff/Conrad, Teil F § 37 Rz. 345; *Hoppe* in Kramer, Kap. B Rz. 686; *Bauer*, ZD-Aktuell 2016, 05369; *Imping* in Kilian/Heussen/, 70.11 Rz. 70; *Landesbeauftragte für den Datenschutz Niedersachsen*, 22. Tätigkeitsbericht 2013-2014, S. 175; *Panzer-Heemeier* in Oberthür/Seitz, V. Rz. 122.

4 *BSI*, Überblickspapier Consumerisation und BYOD, S. 8.

möglich ist, (2) welche Rahmenbedingungen dabei eingehalten werden müssten und (3) ob unter diesen Rahmenbedingungen BYOD für die Mitarbeiter überhaupt noch akzeptabel ist[5]. Wenn eine **BYOD-Strategie** nicht mit den Sicherheitsanforderungen des Unternehmens vereinbar ist, bzw. die nötigen Rahmenbedingungen für die Mitarbeiter inakzeptabel sind, muss ggf. auf **Gestaltungsalternativen** zurückgegriffen werden, die zumindest einige der Vorteile von BYOD bieten, dabei aber gleichzeitig ein geringeres Risikoprofil aufweisen. Eine denkbare Alternative ist das sog. „**Corporate Owned, Personally Enabled**"-Modell („COPE"). Im Unterschied zu BYOD stellt das Unternehmen dem Mitarbeiter hier ein dienstliches Endgerät zur Verfügung, welches er auch für private Zwecke nutzen darf. Im Hinblick auf die Internet- und E-Mail-Nutzung von dienstlichen Computern ist dieses Modell bereits in vielen Firmen verbreitet. Der Vorteil besteht hierbei darin, dass das Unternehmen keine Eigentumsrechte des Mitarbeiters am Endgerät beachten muss, was insbesondere dessen Kontrolle und den Zugriff hierauf erleichtern kann. Allerdings muss das Unternehmen in diesem Fall auch die Anschaffungskosten für die Geräte tragen und der Mitarbeiter kann in vielen Fällen nicht sein „gewohntes" Endgerät nutzen, wodurch die Steigerung der Mitarbeiterzufriedenheit, die durch BYOD erreicht werden soll, nicht im größtmöglichen Umfang erreicht werden kann. Wird es dem Mitarbeiter ermöglicht, sich aus einer Liste verschiedener unternehmenseigener Endgerätemodelle eines auszusuchen, wird dies auch als „**Choose Your Own Device**" oder kurz „CYOD" bezeichnet. Dieses Modell bewirkt einen höheren Aufwand, um die verschiedenen Geräte zu beschaffen, zu verwalten, zu sichern, zu kontrollieren etc., als wenn unternehmensweit nur ein Endgerät verwendet werden darf. Beabsichtigt ein Unternehmen, kein „klassisches" BYOD einzuführen, sondern im Sinne der dargestellten Alternativen des COPE oder CYOD private Endgeräte für die dienstliche Nutzung mit unternehmenseigenen SIM-Karten auszustatten oder möchte ein Unternehmen die private Nutzung von unternehmenseigenen Endgeräten regeln, können die folgenden Vertragsmuster ebenfalls als Vorlage dienen. Allerdings besteht insoweit ein erhöhter Anpassungsbedarf, insbesondere weil das Unternehmen in diesen Fällen ggf. auch das Fernmeldegeheimnis zu beachten haben könnte.

B. Betriebsvereinbarung zu Bring Your Own Device

I. Muster

24.5 **M 24.1 Betriebsvereinbarung zu Bring Your Own Device**

Betriebsvereinbarung zu Bring Your Own Device

zwischen

der … [Firma (inkl. Rechtsformzusatz) des Betriebs],

vertreten durch … [Vorname und Name], … [Adresse]

*– nachfolgend: „**Arbeitgeber**" –*

und

dem Betriebsrat der … [Firma (inkl. Rechtsformzusatz) des Betriebs],

vertreten durch den/die Betriebsratsvorsitzende(n) Herrn/Frau … [Vorname und Name], … [Adresse]

*– nachfolgend: „**Betriebsrat**" –*

*nachfolgend gemeinsam auch als „**Betriebsparteien**" bezeichnet.*

---

5 *BSI*, Überblickspapier Consumerisation und BYOD, S. 8.

1. Präambel[6]

Der Arbeitgeber beabsichtigt, den Mitarbeitern den Zugriff auf dienstliche E-Mails und den dienstlichen Kalender über ein privates mobiles Gerät des Mitarbeiters (z.B. Smartphone, Tablet PC etc.) zu ermöglichen ("Bring Your Own Device"). Die Nutzung eines privaten mobilen Gerätes zu dienstlichen Zwecken steht den Mitarbeitern frei. Es besteht keine Verpflichtung und keine betriebliche Notwendigkeit zur Nutzung privater mobiler Geräte. Mitarbeiter, bei denen eine solche betriebliche Notwendigkeit besteht, erhalten vom Arbeitgeber unternehmenseigene Geräte. Die Nutzung der unternehmenseigenen Geräte ist nicht Gegenstand dieser Betriebsvereinbarung. Für die Nutzung privater mobiler Geräte vereinbaren die Betriebsparteien was folgt:

2. Geltungsbereich[7]

Die Betriebsvereinbarung gilt für alle Mitarbeiter des Betriebes mit Ausnahme der leitenden Angestellten i.S.d. § 5 Abs. 3, 4 BetrVG.

3. Nutzung privater mobiler Geräte[8]

3.1 Die Mitarbeiter sind berechtigt, ihre privaten mobilen Geräte auch zu dienstlichen Zwecken zu nutzen. Ob und in welchem Umfang dies erlaubt und möglich ist, wird vom Arbeitgeber bestimmt; insbesondere kann der Arbeitgeber die für eine Nutzung zu dienstlichen Zwecken zugelassenen Gerätetypen festlegen. Derzeit ist es erlaubt, mit Hilfe der vom Arbeitgeber zugelassenen privaten mobilen Geräte die dienstlichen E-Mails abzurufen und auf den dienstlichen Kalender zuzugreifen. Voraussetzung für die Nutzung eines privaten mobilen Geräts zu dienstlichen Zwecken ist die Einwilligung des Mitarbeiters in die in dieser Betriebsvereinbarung niedergelegten Nutzungsbedingungen und Datenverarbeitungen gemäß der **Anlage zu** *dieser Betriebsvereinbarung, die der Mitarbeiter vor der Nutzung eines privaten mobilen Geräts erteilen muss.*

3.2 Die Mitarbeiter haben dafür Sorge zu tragen, dass das private mobile Gerät zu dienstlichen Zwecken verwendet werden darf und insbesondere der von dem Mitarbeiter hierfür geschlossene Mobilfunkvertrag eine solche Nutzung gestattet.

3.3 Sofern der Arbeitgeber dem Mitarbeiter keine anderslautenden Anweisungen erteilt, ist der Mitarbeiter verpflichtet, das Betriebssystem des privaten mobilen Gerätes auf dem jeweils aktuellen Stand zu halten und zu diesem Zweck alle vom Hersteller verfügbaren Sicherheits-Patches, Updates und Upgrades unverzüglich zu installieren.

3.4 Dem Mitarbeiter ist es untersagt, das Betriebssystem oder die auf dem privaten mobilen Gerät installierte Software zu verändern. Insbesondere ist es dem Mitarbeiter nicht gestattet, sog. „Jailbreaks" oder „Roots" durchzuführen, d.h. von dem Hersteller implementierte technische Nutzungsbeschränkungen zu umgehen oder zu beseitigen. Ebenso ist es dem Mitarbeiter untersagt, die auf dem privaten mobilen Gerät installierte Sicherheitssoftware sowie die implementierten Funktionen des Mobile Device Managements zu verändern oder wirkungslos zu machen.

4. Sicherheitsmaßnahmen[9]

4.1 Voraussetzung für die Nutzung von privaten mobilen Geräten für dienstliche Zwecke ist, dass eine spezielle Sicherheitssoftware – derzeit die Sicherheitssoftware … – auf den privaten mobilen Geräten installiert sein muss.

4.2 Der Arbeitgeber ist berechtigt, die Sicherheitseinstellungen des privaten mobilen Gerätes des Mitarbeiters jederzeit – auch im Wege des Fernzugriffs – zu ändern. Außerdem ist der Arbeitgeber berechtigt, automatisierte Scans der privaten mobilen Geräte im Rahmen von Netzzugangskontrollen durchzuführen, um überprüfen zu können, dass das jeweilige Gerät die Sicherheitsvorgaben einhält. Auf Verlangen des

---

6 Zu den Erläuterungen siehe Rz. 24.15 f.
7 Zu den Erläuterungen siehe Rz. 24.18 f.
8 Zu den Erläuterungen siehe Rz. 24.21 ff.
9 Zu den Erläuterungen siehe Rz. 24.31 ff.

Arbeitgebers hat der Mitarbeiter sein privates mobiles Gerät zur Durchführung einer Sicherheitsprüfung dem Arbeitgeber auszuhändigen.

4.3 *Der Mitarbeiter ist verpflichtet, das Passwort und die Zugangsdaten des privaten mobilen Gerätes und der Sicherheitssoftware vertraulich zu behandeln und an einem sicheren Ort aufzubewahren. Das private mobile Gerät darf ausschließlich durch den Mitarbeiter persönlich verwendet werden. Die Gestattung der Benutzung durch eine dritte Person ist untersagt.*

4.4 *Der Mitarbeiter hat darüber hinaus alle erforderlichen Maßnahmen zu treffen, um das private mobile Gerät und die darauf (einschließlich der SIM-Karte) gespeicherten oder darüber zugänglichen dienstlichen Daten vor Missbrauch und unberechtigter Kenntnisnahme durch Dritte zu schützen. Insbesondere ist der Mitarbeiter verpflichtet, das private mobile Gerät mit einem persönlichen Zahlencode und/oder einem Passwort zu sichern. Um das private mobile Gerät vor Verlust, Diebstahl und Beschädigung zu schützen, ist der Mitarbeiter verpflichtet, es stets geschützt (z.B. in dem entsprechenden Case) und an einem sicheren Ort aufzubewahren. Der Mitarbeiter hat auf dem privaten mobilen Gerät ein aktuelles Virenschutz-Programm einzusetzen, sofern und sobald ein solches am Markt verfügbar ist. Dem Mitarbeiter ist es untersagt, die vom Arbeitgeber vorgenommenen Sicherheitseinstellungen zu ändern. Der Arbeitgeber wird die Mitarbeiter regelmäßig über aktuelle Gefährdungen durch mobile Geräte und notwendige Sicherheitsmaßnahmen informieren.*

5. Datenspeicherung und Zugang zu Daten[10]

5.1 *Alle Daten, die im Rahmen der dienstlichen Nutzung auf das private mobile Gerät des Mitarbeiters übertragen werden (z.B. dienstliche E-Mails oder Kalendereinträge), werden auf dem privaten mobilen Gerät des Mitarbeiters in einem gesonderten Bereich gespeichert (sog. „Container") und von den privaten Daten des Mitarbeiters separiert.*

5.2 *Der Arbeitgeber ist berechtigt, jederzeit über alle Inhalte und Daten zu verfügen, die in dem „Container" gespeichert sind. Insbesondere ist der Arbeitgeber berechtigt, auf diese Inhalte und Daten – auch im Wege des Fernzugriffs – zuzugreifen, sie zu ändern oder zu löschen oder sonst mit ihnen in der gleichen Art und Weise und in dem gleichen Umfang umzugehen, als wären die Daten auf dem unternehmenseigenen System oder auf unternehmenseigenen Geräten des Arbeitgebers gespeichert. Dies gilt auch, wenn und soweit in dem „Container" private Daten des Mitarbeiters gespeichert sein sollten. Der Arbeitgeber wird den Mitarbeiter nach Möglichkeit vorher über eine Löschung von Daten informieren. Der Arbeitgeber ist zudem jederzeit berechtigt, die auf dem privaten mobilen Gerät des Mitarbeiters installierte Sicherheitssoftware zu ändern, zu ersetzen oder zu löschen.*

5.3 *Dem Mitarbeiter ist bekannt, dass durch eine Löschung von Daten, die in dem Container gespeichert sind, oder der Sicherheitssoftware auch seine privaten Daten und Softwareapplikationen („Apps"), die außerhalb des Containers auf dem privaten mobilen Gerät gespeichert sind, beschädigt oder gelöscht werden können. Es liegt in der Verantwortung des Mitarbeiters, Sicherheitskopien seiner auf dem privaten mobilen Gerät gespeicherten privaten Daten vorzunehmen. Der Mitarbeiter hat keinen Anspruch gegen den Arbeitgeber auf Wiederherstellung von Daten oder auf dem privaten mobilen Gerät installierten Apps.*

5.4 *Der Mitarbeiter ist verpflichtet, sämtliche Regelungen und Richtlinien des Arbeitgebers sowie sämtliche geltenden Gesetze und Rechtsvorschriften in Bezug auf den Umgang mit den Daten des Arbeitgebers, die auf das private mobile Gerät übertragen worden oder darüber zugänglich sind, zu beachten. Der Mitarbeiter ist nicht berechtigt, dienstliche E-Mails, Dokumente, Kalendereinträge oder sonstige dienstliche Daten außerhalb des „Containers" oder außerhalb des privaten mobilen Gerätes (z.B. bei einem Cloud-Dienst) zu speichern.*

5.5 *Der Arbeitgeber wird unbeschadet der in dieser Vereinbarung enthaltenen Bestimmungen grundsätzlich keinen Zugriff auf die privaten Daten des Mitarbeiters nehmen, die auf dem privaten mobilen Gerät außerhalb des Containers gespeichert sind. Dem Mitarbeiter ist jedoch bewusst und bekannt, dass im Rahmen des technischen Supports oder bei Sicherheitsvorfällen i.S.v. Ziffer 6 möglicherweise private Daten, die auf dem privaten mobilen Gerät gespeichert sind, an den Anbieter … übertragen werden können und auf diese Daten durch den Arbeitgeber und den Anbieter … zugegriffen werden kann.*

---

10 Zu den Erläuterungen siehe Rz. 24.40 ff.

5.6 Gemäß der als Anlage dieser Betriebsvereinbarung beigefügten Einwilligungserklärung willigt der Mitarbeiter in die zur Wahrnehmung der Rechte des Arbeitgebers nach dieser Vereinbarung sowie zur Kontrolle der Einhaltung der in dieser Vereinbarung enthaltenen Bestimmungen durch den Mitarbeiter erforderlichen Zugriffe auf sein mobiles privates Gerät, seine privaten Daten sowie in die hiermit verbundene Verarbeitung seiner personenbezogenen Daten ein.

6. Informationspflicht[11]

Im Falle des Verlusts, der Beschädigung, der Zerstörung, der unbeabsichtigten oder unrechtmäßigen Veränderung oder der Gefährdung des privaten mobilen Geräts bzw. der darauf gespeicherten oder darüber zugänglichen dienstlichen Daten, z.B. durch Späh- oder Schadsoftware oder unbefugte Kenntnisnahme durch Offenlegung dienstlicher Daten gegenüber unbefugten Personen, einschließlich anderer Mitarbeiter, bzw. Zugang zu dienstlichen Daten durch solche Personen („Sicherheitsvorfall") hat der Mitarbeiter den Arbeitgeber unverzüglich, spätestens jedoch innerhalb von 24 Stunden, entweder telefonisch unter … oder per E-Mail an … zu informieren. Eine solche Information hat auch zu erfolgen, wenn der Mitarbeiter den begründeten Verdacht hat, dass ein solcher Sicherheitsvorfall stattgefunden haben könnte oder er das private mobile Gerät nur für eine gewisse Zeitspanne (mindestens 24 Stunden) nicht auffinden kann. Der Mitarbeiter wird den Arbeitgeber im Rahmen des Zumutbaren unterstützen, um in einem solchen Fall etwaige negative Folgen für die Vertraulichkeit, Integrität und Verfügbarkeit der dienstlichen Daten aus einem solchen Datensicherheitsvorfall zu vermeiden oder deren Auswirkungen zu begrenzen sowie dem Arbeitgeber die Erfüllung etwaiger Informationspflichten, insb. solche nach Art. 33 und Art. 34 DSGVO, zu ermöglichen.

7. Nutzung von Kommunikationsdiensten[12]

Der Mitarbeiter hat neben den Regelungen dieser Betriebsvereinbarung gleichzeitig alle Richtlinien und Handlungsanweisungen des Arbeitgebers sowie alle anderen Betriebsvereinbarungen zu beachten, welche die Nutzung von betrieblichen Kommunikationssystemen (wie z.B. Internet, E-Mail, Telefon etc.) betreffen. Diese Richtlinien, Handlungsanweisungen und Betriebsvereinbarungen finden in ihrer jeweils gültigen Fassung auch auf die dienstliche Nutzung des privaten mobilen Gerätes Anwendung, sofern diese Betriebsvereinbarung nicht ausdrücklich etwas anderes bestimmt.

8. Installation von Apps durch den Mitarbeiter[13]

8.1 Dem Mitarbeiter ist es gestattet, auf dem privaten mobilen Gerät Apps von Dritten zu installieren. Der Arbeitgeber ist aber berechtigt, eine sog. Blacklist aufzustellen und von Zeit zu Zeit zu aktualisieren, welche Apps benennt, deren Installation und Nutzung auf dem privaten mobilen Gerät untersagt ist. Der Arbeitgeber wird nur solche Apps in die Blacklist aufnehmen, von denen Gefährdungen für die Vertraulichkeit, Integrität oder Verfügbarkeit der dienstlichen Daten ausgehen. Falls der Mitarbeiter eine App, die auf der Blacklist enthalten ist, bereits auf dem privaten mobilen Gerät installiert hat, so ist er verpflichtet, diese App unverzüglich nach Bekanntmachung der Blacklist von dem privaten mobilen Gerät zu löschen. Der Arbeitgeber ist berechtigt, jederzeit – auch im Wege des Fernzugriffs – zu überprüfen, ob Apps auf dem privaten mobilen Gerät installiert sind, die in der Blacklist enthalten sind. Der Arbeitgeber ist jederzeit berechtigt, auf dem privaten mobilen Gerät installierte Apps – auch im Wege des Fernzugriffs – zu löschen, die in der Blacklist enthalten sind.

8.2 Installiert der Mitarbeiter eine App auf seinem privaten mobilen Gerät, ist der Mitarbeiter selbst dafür verantwortlich, dass er über eine entsprechende ordnungsgemäße Lizenz zur Installation und Nutzung dieser App auf dem privaten mobilen Gerät verfügt. Der Mitarbeiter wird den Arbeitgeber von jeglicher Haftung freistellen, die durch die Installation und Verwendung nicht ordnungsgemäß lizenzierter Apps, für die er nach vorstehendem Satz 1 selbst verantwortlich ist, verursacht wird.

8.3 Der Mitarbeiter ist für die Erhebung und Verwendung personenbezogener Daten durch eine von ihm installierte App selbst verantwortlich. Der Mitarbeiter erkennt an, dass der Arbeitgeber für die Erhebung, Verarbeitung und Nutzung dieser Daten insoweit nicht verantwortlich ist.

---

11 Zu den Erläuterungen siehe Rz. 24.64 ff.
12 Zu den Erläuterungen siehe Rz. 24.70 f.
13 Zu den Erläuterungen siehe Rz. 24.73 ff.

9. Kosten[14]

Der Mitarbeiter erhält für das Zurverfügungstellen seines privaten mobilen Geräts sowie seiner Nutzungsrechte aus seinem privaten Mobilfunkvertrag eine monatliche Pauschale in Höhe von … Euro. Hiermit sind sämtliche Ansprüche des Mitarbeiters, die aus der Nutzung des privaten mobilen Geräts zu dienstlichen Zwecken resultieren, gegenüber dem Arbeitgeber abgegolten.

10. Haftung[15]

10.1 Der Arbeitgeber haftet nicht für Schäden oder Folgeschäden an dem privaten mobilen Gerät oder den privaten Daten, welche im Zusammenhang mit dem vom Arbeitgeber oder einem Dritten zur Verfügung gestellten technischen Support entstehen, der auf Aufforderung des Mitarbeiters geleistet wurde. Dasselbe gilt für den Fall einer durch den Arbeitgeber veranlassten Löschung oder Änderung von dienstlichen Daten, welche zu einem Verlust, Schäden oder Folgeschäden an privaten Daten führt. Dieser Haftungsausschluss gilt nicht bei vorsätzlichem oder grob fahrlässigem Verhalten des Arbeitgebers.

10.2 Es besteht auch keine Ersatzpflicht des Arbeitgebers für den Fall, dass der Mitarbeiter das private mobile Gerät bei privater oder dienstlicher Nutzung verliert oder das Gerät gestohlen oder beschädigt wird; es sei denn, dies beruht auf Vorsatz oder grober Fahrlässigkeit des Arbeitgebers.

11. Arbeitszeit[16]

Der Mitarbeiter ist nicht verpflichtet, außerhalb der vertraglich vereinbarten Arbeitszeit das private mobile Gerät zu dienstlichen Zwecken zu nutzen. Er ist insbesondere nicht verpflichtet, außerhalb der Arbeitszeit erreichbar zu sein oder auf E-Mails zu antworten. Nutzt er sein privates mobiles Gerät außerhalb der Arbeitszeit dennoch zu dienstlichen Zwecken, so erfolgt dies freiwillig und gilt nicht als Arbeitszeit, es sei denn, der Arbeitgeber hat die Tätigkeit ausdrücklich angeordnet.

12. Beendigung der dienstlichen Nutzung[17]

Der Arbeitgeber hat das Recht, jederzeit die dienstliche Nutzung des privaten mobilen Gerätes vollständig oder teilweise zu beenden und den Zugriff auf betriebliche E-Mails und den dienstlichen Kalender über das private mobile Gerät nach freiem Ermessen einzuschränken oder einzustellen.

13. Herausgabepflicht[18]

In begründeten Fällen ist der Mitarbeiter auf Aufforderung des Arbeitgebers dazu verpflichtet, das private mobile Gerät dem Arbeitgeber kurzzeitig herauszugeben. Ein begründeter Fall liegt z.B. vor, wenn das Anstellungsverhältnis oder die dienstliche Nutzung endet, wenn der Verdacht einer Straftat oder Ordnungswidrigkeit oder eine Gefährdung für die Vertraulichkeit, Integrität oder Verfügbarkeit der auf dem privaten mobilen Gerät gespeicherten dienstlichen Daten besteht oder wenn der Arbeitgeber Installationen von Software oder Sicherheitseinstellungen vornehmen will, seine Rechte aus dieser Vereinbarung wahrnehmen oder die Einhaltung der in dieser Vereinbarung enthaltenen Bestimmungen durch den Mitarbeiter kontrollieren will. Der Mitarbeiter ist auch vor der endgültigen, dauerhaften Entäußerung des privaten mobilen Gerätes zur Herausgabe an den Arbeitgeber verpflichtet, z.B. bevor er es weiterveräußert. Ist die Rückgabe des privaten mobilen Gerätes nicht innerhalb von 24 Stunden möglich, erhält der Mitarbeiter vom Arbeitgeber ein Ersatzgerät zur Verfügung gestellt.

14. Datenschutzrechtliche Erlaubnisnorm[19]

Diese Betriebsvereinbarung stellt gemäß Art. 6 Abs. 1 lit. c i.V.m. Abs. 3 lit. b DSGVO, § 26 Abs. 4 BDSG einen datenschutzrechtlichen Erlaubnistatbestand für die in dieser Betriebsvereinbarung beschriebene Ver-

---

14 Zu den Erläuterungen siehe Rz. 24.79 ff.
15 Zu den Erläuterungen siehe Rz. 24.85 ff.
16 Zu den Erläuterungen siehe Rz. 24.92 ff.
17 Zu den Erläuterungen siehe Rz. 24.96 f.
18 Zu den Erläuterungen siehe Rz. 24.99 ff.
19 Zu den Erläuterungen siehe Rz. 24.104 ff.

arbeitung personenbezogener Daten der Mitarbeiter im Zusammenhang mit der dienstlichen Nutzung ihrer privaten mobilen Geräte dar. Dem Arbeitgeber bleibt es aber vorbehalten, diese Daten auch auf der Grundlage anderer anwendbarer gesetzlicher Bestimmungen, Einwilligungen oder Betriebsvereinbarungen zu verarbeiten, insb. auf Basis der Einwilligungserklärung des Mitarbeiters zur Betriebsvereinbarung zu Bring Your Own Device.

15. Speicherdauer[20]

Die vom Mitarbeiter zu den in dieser Betriebsvereinbarung genannten Zwecken verarbeiteten Daten werden so lange gespeichert, wie es für die jeweiligen Zwecke bzw. zur Erfüllung von Aufbewahrungspflichten erforderlich ist. Im Einzelnen:

– Im Container gespeicherte Daten: für die Dauer der dienstlichen Nutzung des privaten mobilen Geräts nach Maßgabe dieser Betriebsvereinbarung

– Daten im Rahmen von Sicherheitsmaßnahmen: für die Dauer der Sicherheitsmaßnahme

– Daten im Rahmen von Sicherheitsprüfungen/Kontrollen: für die Dauer der Prüfung/Kontrolle; das protokollierte Ergebnis der Kontrolle für die Dauer der dienstlichen Nutzung des privaten mobilen Geräts nach Maßgabe dieser Betriebsvereinbarung; im Fall, dass Verstöße festgestellt werden, richtet sich die Dauer der Speicherung nach den arbeitsrechtlichen Erfordernissen, z.B. um arbeitsrechtliche Maßnahmen durchführen zu können

– Daten im Rahmen des technischen Supports: für die Dauer des technischen Supports

– Daten im Rahmen von Sicherheitsvorfällen i.S.d. Ziffer 6: für die Dauer der Behebung und Nachverfolgung des Sicherheitsvorfalls sowie ggf. für die Dauer arbeitsrechtlicher Maßnahmen und die Erfüllung gesetzlicher Pflichten, insb. im Fall von Melde- und Benachrichtigungspflichten gemäß Art. 33, 34 DSGVO

– Protokollierungsdaten: für die Dauer der Sicherstellung der ordnungsgemäßen Erbringung des Bring Your Own Device-Dienstes, einschließlich Fehlerbehebung

16. Betroffenenrechte[21]

Dem Mitarbeiter stehen gegen den Arbeitgeber im Hinblick auf die ihn betreffenden dienstlichen Daten, die der Arbeitgeber als Verantwortlicher verarbeitet, die in Art. 12-22 DSGVO näher bezeichneten Betroffenenrechte zu, insb. die Rechte auf Auskunft (Art. 15 DSGVO), Berichtigung (Art. 16 DSGVO), Löschung (Art. 17 DSGVO), Einschränkung der Verarbeitung (Art. 18 DSGVO), Widerspruch gegen die Verarbeitung (Art. 21 DSGVO) und Datenübertragbarkeit (Art. 20 DSGVO). Hierzu kann sich der Mitarbeiter an … wenden. Zudem besteht ein Beschwerderecht der Mitarbeiter bei der zuständigen Aufsichtsbehörde.

17. Salvatorische Klausel[22]

Sollten Teile dieser Betriebsvereinbarung ganz oder teilweise nichtig sein oder unwirksam werden, so wird hierdurch die Wirksamkeit dieser Betriebsvereinbarung im Übrigen nicht berührt. Die Betriebsparteien verpflichten sich, die nichtigen oder unwirksam gewordenen Regelungen durch solche zu ersetzen, die der ursprünglichen Regelung unter Berücksichtigung der Zielsetzung dieser Betriebsvereinbarung am nächsten kommen. Dasselbe gilt für den Fall, dass diese Betriebsvereinbarung eine Regelungslücke enthält.

18. Inkrafttreten und Geltungsdauer[23]

Diese Betriebsvereinbarung tritt mit ihrer Unterzeichnung in Kraft. Sie kann mit einer Frist von drei Monaten zum Quartalsende gekündigt werden und wirkt bis zum Abschluss einer neuen Betriebsvereinbarung nach.

---

20 Zu den Erläuterungen siehe Rz. 24.110 ff.
21 Zu den Erläuterungen siehe Rz. 24.118 ff.
22 Zu den Erläuterungen siehe Rz. 24.122.
23 Zu den Erläuterungen siehe Rz. 24.124.

[Ort], [Datum]

...   ...
Arbeitgeber   *Betriebsrat*

Einwilligungserklärung zur Betriebsvereinbarung zu Bring Your Own Device[24]

Hiermit erkläre ich, ... [Vorname, Name], Personalnummer ... [Personalnummer] mein Einverständnis mit der Geltung der in der Betriebsvereinbarung zu Bring Your Own Device getroffenen Regelungen im Hinblick auf den Einsatz meines folgenden privaten mobilen Gerätes:

Marke: ...

Modell: ...

Gerätenummer: ....

Die genannte Betriebsvereinbarung enthält u.a. Regelungen zu Sicherheitseinstellungen und einem etwaigen Zugriff auf die auf dem privaten mobilen Gerät gespeicherten dienstlichen und privaten Daten sowie eine mögliche Löschung derselben. Mir ist bekannt, dass mir die Nutzung meines privaten mobilen Gerätes zu dienstlichen Zwecken untersagt ist, wenn ich die nachfolgende Einwilligungserklärung nicht innerhalb von 14 Tagen nach ihrem Erhalt abgegeben habe.

Ich erkläre hiermit ausdrücklich meine Einwilligung, dass

1. *der Arbeitgeber jederzeit Sicherheitseinstellungen am Betriebssystem meines privaten mobilen Geräts und an der Sicherheitssoftware vornehmen, ändern und diese kontrollieren darf, wie im Einzelnen in der Betriebsvereinbarung geregelt, auch wenn das zu einer Löschung, Unterdrückung, Unbrauchbarmachung oder Veränderung von Daten auf dem Gerät führt;*

2. *der Arbeitgeber nach Maßgabe der Betriebsvereinbarung kontrollieren darf, ob auf dem privaten Gerät nicht zugelassene Apps installiert sind;*

3. *der Arbeitgeber jederzeit auf alle in dem Container des privaten mobilen Gerätes gespeicherten Inhalte und Daten zugreifen, sie ändern oder sie löschen oder sonst mit ihnen umgehen darf, wie im Einzelnen in der Betriebsvereinbarung geregelt;*

4. *der Arbeitgeber in begründeten Ausnahmefällen auch meine privaten Daten und Softwareapplikationen („Apps") löschen darf, die auf meinem privaten mobilen Gerät gespeichert sind, z.B. bei einer Bedrohung für die Sicherheit, Vertraulichkeit oder Integrität der dienstlichen Daten des Arbeitgebers;*

5. *im Rahmen des technischen Supports oder bei Sicherheitsvorfällen i.S.v. Ziffer 6 der Betriebsvereinbarung meine privaten Daten, die auf dem privaten mobilen Gerät gespeichert sind, an den Anbieter ... übertragen werden können und auf diese Daten durch den Arbeitgeber oder den Anbieter ... zugegriffen werden kann.*

Soweit die vorgenannten Maßnahmen zu einer Einschränkung des Fernmeldegeheimnisses führen sollten, stimme ich dem hiermit ausdrücklich zu.

Die Einwilligung in die Verarbeitung der mich betreffenden Daten basiert auf Art. 6 Abs. 1 lit. a, Art. 7 DSGVO, § 26 Abs. 2 BDSG und gilt bis auf Widerruf. Mir ist bekannt, dass ich meine Einwilligung jederzeit formlos gegenüber der Personalabteilung (z.B. per E-Mail an: ..., über die Hauspost oder per Brief an ...) mit Wirkung für die Zukunft widerrufen kann. In diesem Fall endet meine Befugnis zur Nutzung meines privaten mobilen Gerätes zu dienstlichen Zwecken im Zeitpunkt des Widerrufs.

...

[Ort], [Datum]

...

[Vorname, Name]

---

24 Zu den Erläuterungen siehe Rz. 24.126 ff.

Empfangsbekenntnis

Hiermit bestätige ich, dass ich ein Exemplar der Betriebsvereinbarung zu Bring Your Own Device erhalten habe.

…

[Ort], [Datum]

…

[Vorname, Name]

II. Erläuterungen

1. Allgemeine Vorbemerkungen

a) Mitbestimmungsrechte des Betriebsrats nach § 87 Abs. 1 Nr. 1 und Nr. 6 BetrVG

Bei der Einführung von BYOD und der Ausgestaltung der Nutzung hat der Betriebsrat regelmäßig ein **Mitbestimmungsrecht** nach § 87 Abs. 1 Nr. 6 BetrVG[25], da mit BYOD und den hiermit einhergehenden technischen Möglichkeiten zumeist eine Überwachung des Verhaltens oder der Leistung des Arbeitnehmers möglich wird. Die Überwachungsmöglichkeit ergibt sich i.d.R. daraus, dass der Arbeitgeber Zugriff auf Nutzungsdaten erhält, über die er z.B. eine Verknüpfung von Uhrzeit und dem Zugriff auf betriebliche Daten oder der Verwendung bestimmter Apps über das private Smartphone des Arbeitnehmers vornehmen kann[26]. Der Wortlaut der Norm verlangt zwar, dass die technische Einrichtung zur Überwachung bestimmt ist, nach der Rechtsprechung des BAG ist indes bereits die Eignung hierzu – unabhängig von einer entsprechenden Verwendungsabsicht des Arbeitgebers – ausreichend, um das Mitbestimmungsrecht des Betriebsrats zu begründen[27]. Gegenstand des Mitbestimmungsrechts sind u.a. **der Zeitpunkt der Einführung von BYOD, der Zeitraum der Nutzung** (zu denken ist etwa an den Einsatz auf Probe) **und die überbetriebliche Vernetzung**[28].

24.6

Die Art, wie der Arbeitnehmer das Smartphone dienstlich zu nutzen hat, ist wiederum von dem Mitbestimmungsrecht nach § 87 Abs. 1 Nr. 1 BetrVG erfasst[29]. So ist etwa eine Aufforderung, im Ausland kein Datenroaming zu dienstlichen Zwecken zuzulassen, um zusätzliche Kosten zu vermeiden, nach § 87 Abs. 1 Nr. 1 BetrVG mitbestimmungspflichtig. Als weitere, eine Mitbestimmung auslösende Regelungsgegenstände kommen die Anweisung, das Smartphone mit einem Passwort zu schützen[30] oder etwa die Anordnung einer bestimmten Abruffrequenz des dienstlichen E-Mail-Accounts auf Dienstreisen in Betracht[31].

24.7

b) Verwendung eines „Mobile Device Management"-Tools

Die Absicherung von BYOD erfordert nicht nur organisatorische Maßnahmen, wie etwa eine Vereinbarung, die dem Mitarbeiter bestimmte Verpflichtungen auferlegt. Mindestens genauso wichtig ist die technische Absicherung. Als **datenschutzrechtlich** für die Verarbeitung der dienstlichen Daten auf

24.8

---

25 *Fitting/Engels/Schmidt/Trebinger/Linsenmaier*, § 87 BetrVG Rz. 245 ff.

26 *Arning/Moos/Becker*, CR 2012, 592 (593).

27 *Fitting/Engels/Schmidt/Trebinger/Linsenmaier*, § 87 BetrVG Rz. 226 ff.; *Wiese* in Wiese/Kreutz/Oetker/Raab/Weber/Franzen/Gutzeit/Jacobs, § 87 BetrVG Rz. 568.

28 *Fitting/Engels/Schmidt/Trebinger/Linsenmaier*, § 87 BetrVG Rz. 248 ff.; *Wiese* in Wiese/Kreutz/Oetker/Raab/Weber/Franzen/Gutzeit/Jacobs, § 87 BetrVG Rz. 568.

29 *Göpfert/Wilke*, NZA 2012, 765 (770).

30 *Göpfert/Wilke*, NZA 2012, 765 (770).

31 *Arning/Moos/Becker*, CR 2012, 592 (593).

dem Endgerät des Mitarbeiters **Verantwortlicher** muss das Unternehmen vor allem nach Art. 32 Abs. 1 DSGVO unter Berücksichtigung des Stands der Technik, der Implementierungskosten und der Art, des Umfangs, der Umstände und der Zwecke der Verarbeitung sowie der unterschiedlichen Eintrittswahrscheinlichkeit und Schwere des Risikos für die Rechte und Freiheiten natürlicher Personen geeignete **technische und organisatorische Maßnahmen** treffen, um ein dem Risiko angemessenes Schutzniveau zu gewährleisten. Bei der Beurteilung des angemessenen Schutzniveaus sind nach Art. 32 Abs. 2 DSGVO insbesondere die Risiken zu berücksichtigen, die mit der Verarbeitung verbunden sind, insbesondere durch – ob unbeabsichtigt oder unrechtmäßig – Vernichtung, Verlust, Veränderung oder unbefugte Offenlegung von beziehungsweise unbefugten Zugang zu personenbezogenen Daten, die übermittelt, gespeichert oder auf andere Weise verarbeitet wurden. In welchem Umfang das Unternehmen Maßnahmen zur Datensicherheit zu treffen hat, hängt daher insbesondere auch davon ab, welche personenbezogenen Daten das Unternehmen (z.B. besonders sensible oder schützenswerte Daten) in welchem Umfang verarbeitet.

24.9 Die Einhaltung der Vorgaben aus Art. 32 Abs. 1 DSGVO ist in der Praxis regelmäßig nur durch den Einsatz sog. **Mobile Device Management Tools** zu gewährleisten. Bei Mobile Device Management Tools handelt es sich um Software, die auf dem Endgerät des Mitarbeiters installiert wird und die es ermöglicht, das Endgerät zentral zu steuern und technisch abzusichern.

24.10 Derartige Tools dienen jedoch nicht nur der Einhaltung der Vorgaben aus Art. 32 DSGVO, sondern auch dem eigenen Interesse des Unternehmens, **Informationen, z.B. Geschäftsgeheimnisse, geheim zu halten**, ohne hierzu gesetzlich verpflichtet zu sein. Eine Verpflichtung, Informationen Dritter geheim zu halten, kann sich aber aus Verträgen des Unternehmens mit Dritten, wie z.B. Geschäftspartnern, ergeben.

24.11 Des Weiteren ist der Einsatz derartiger Tools vor dem Hintergrund zu empfehlen, dass das Unternehmen i.d.R. auf das private Endgerät des Mitarbeiters zugreifen können möchte, sei es um Daten auf dem Endgerät zu speichern, zu lesen, zu verändern oder zu löschen. Da auf dem privaten Endgerät des Mitarbeiters aber auch **private Daten des Mitarbeiters** gespeichert sein werden, kann der Zugriff – vergleichbar dem Zugriff auf dienstliche Daten bei erlaubter privater Internet- und E-Mail-Nutzung – datenschutzrechtliche Implikationen mit sich bringen. Mobile Device Management Tools sorgen i.d.R. dafür, dass die dienstlichen Daten und Anwendungen von den privaten Daten und Anwendungen auf dem privaten Endgerät des Mitarbeiters getrennt werden (z.B. durch die Speicherung der dienstlichen Daten in einem sog. „Container"). Das Unternehmen wird hierdurch in die Lage versetzt, ausschließlich auf die dienstlichen Daten auf dem privaten Endgerät des Mitarbeiters zugreifen zu können, ohne zugleich die privaten Daten auf dem privaten Endgerät des Mitarbeiters einsehen zu müssen. Des Weiteren ermöglichen derartige Tools auch die Löschung der dienstlichen Daten im Wege eines sog. **Remote Wipe**, so dass das Unternehmen die dienstlichen Daten z.B. im Fall des Verlusts des privaten Endgeräts ferngesteuert löschen kann. Eine solche Möglichkeit der ferngesteuerten Löschung kann dem Unternehmen auch dazu dienen, **Informationspflichten** nach Art. 33 und 34 DSGVO zu vermeiden.[32]

c) Keine Auftragsverarbeitung durch den Mitarbeiter

24.12 Die Zulassung von BYOD bewirkt in der Regel, dass der Mitarbeiter auf seinem privaten Gerät Zugang auch zu personenbezogenen Daten erhält, die das Unternehmen für eigene Zwecke verwendet. Der schlichte Umstand, dass der Mitarbeiter ein Privatgerät für den Zugriff auf und die Verarbeitung solche(r) Daten verwendet, macht ihn freilich noch nicht zu einem eigenen Verantwortlichen, Mitverantwortlichen oder Auftragsverarbeiter im datenschutzrechtlichen Sinn. Deshalb muss das Unternehmen

---

32 Siehe zur Ausnahme von der Informationspflicht im Fall der Unzugänglichkeit von Daten für Unbefugte bei der Verschlüsselung von Daten auch *Art. 29-Datenschutzgruppe*, Leitlinien für die Meldung von Verletzungen des Schutzes personenbezogener Daten gemäß der Verordnung (EU) 2016/679, S. 21 ff.

z.B. auch keinen **Auftragsverarbeitungsvertrag nach Art. 28 Abs. 3 DSGVO oder einen Vertrag über die gemeinsame Verantwortlichkeit nach Art. 26 Abs. 1 Satz 2 DSGVO mit dem Mitarbeiter** schließen, nur weil dieser Eigentümer des Endgerätes ist[33]. Das Datenschutzrecht trifft insoweit eine funktionsbezogene Abgrenzung. Soweit die beschäftigten Personen im Unternehmen Daten in ihrer dienstlichen Funktion erhalten[34], was bei BYOD der Fall ist, sind sie Teil des Verantwortlichen[35]. Nur wenn die Person außerhalb dieser Funktion (z.B. als Privatperson) Daten erhält, ist sie nicht mehr Teil des Verantwortlichen[36]. Der Mitarbeiter ist und bleibt bei der dienstlichen Nutzung seines (privaten) Geräts deshalb per se dem Unternehmen als Verantwortlichem zuzurechnen, so dass es eines gesonderten Vertrags nach Art. 26 oder Art. 28 DSGVO nicht bedarf. Dessen ungeachtet ist es sinnvoll und empfehlenswert, sich bei der Ausgestaltung der Vereinbarung mit dem Mitarbeiter an die Inhalte eines Auftragsdatenverarbeitungsvertrags anzulehnen, z.B. was die Verpflichtung auf die Ergreifung bestimmter technischer und organisatorischer Maßnahmen, Verhaltenspflichten bei Datenpannen oder die Ermöglichung von Kontrollen angeht.

2. Vorbemerkungen zum Muster der Betriebsvereinbarung

Mit einer **BYOD-Strategie** wird den Mitarbeitern eine sehr große Verantwortung nicht nur für die Sicherheit der Endgeräte, sondern auch für die gesamte **IT-Sicherheit** des Unternehmens übertragen. Diesem Kontrollverlust muss ein valides Vertrauen der Institution in das Verantwortungsbewusstsein der Mitarbeiter entgegengesetzt werden[37]. Technische Vorkehrungen – wie sie etwa Mobile Device Management Systeme bieten – sind bei BYOD dabei eine notwendige, aber keine hinreichende Maßnahme. Aufgrund der Eigentümerstellung des Mitarbeiters und der daraus folgenden Einwirkungs- und Dispositionsbefugnis ist es zudem erforderlich, dass das Unternehmen – als organisatorische Maßnahme i.S.v. Art. 24 und Art. 32 DSGVO – auch (nachweislich) vertragliche Festlegungen trifft, die die jeweils betroffenen Mitarbeiter binden und die das Unternehmen berechtigen, Einstellungen auf dem Gerät des Mitarbeiters vorzunehmen und umgekehrt den Mitarbeiter auf bestimmte Sicherheitsmaßnahmen im Umgang mit dem Gerät und dessen Nutzung zu dienstlichen Zwecken verpflichtet[38]. Datenschutzrechtlich ergibt sich die Notwendigkeit der Vereinbarung verbindlicher Regelungen aus der Verpflichtung auf die Umsetzung technischer und organisatorischer Maßnahmen zur Einhaltung der DSGVO gem. Art. 24 Abs. 1 DSGVO und zur **Gewährleistung hinreichender Datensicherheit** gem. Art. 32 DSGVO[39]. Darin besteht der Hauptzweck des Musters. Entsprechende Einwirkungs- und Kontrollrechte des Unternehmens, die mit der Verwendung personenbezogener Daten der jeweiligen Mitarbeiters einhergehen, sind freilich ihrerseits wiederum datenschutzrechtlich abzusichern. Auch dies soll das nachfolgend erläuterte Muster gewährleisten. Zugleich dienen die Muster als ein Baustein, um auch im Bereich des BYOD – dem Accountability-Prinzip gem. Art. 5 Abs. 2 DSGVO folgend – nachweisen zu können, dass das Unternehmen – soweit seine datenschutzrechtliche Verantwortlichkeit reicht – die Datenschutzgrundsätze nach Art. 5 Abs. 1 DSGVO sowie der datenschutzrechtlichen Anforderungen insgesamt einhält.

24.13

---

33 A.A. *Koch* in Kongehl/Greß, Gruppe 2.17, S. 28.
34 *Hartung* in Kühling/Buchner, Art. 4 Nr. 7 DSGVO Rz. 9 f.
35 Vgl. auch *Europäischer Datenschutzausschuss*, Guidelines 07/2020 on the concepts of controller and processor in the GDPR, S. 10.
36 *Arning/Rothkegel* in Taeger/Gabel, Art. 4 DSGVO Rz. 165.
37 *BSI*, Überblickspapier Consumerisation und BYOD, S. 8.
38 Siehe hierzu die nachfolgenden Ausführungen unter Ziff. 6 sowie die ausführliche Darstellung der im Rahmen der Vereinbarung mit den Mitarbeitern zu treffenden Regelungen von *Arning/Moos/Becker*, CR 2012, 592 ff.
39 Siehe noch zu § 9 BDSG a.F.: *Imping/Pohle*, K&R 2012, 470 (473).

3. Präambel (Ziff. 1)

24.14 **M 24.1.1 Präambel**

1. Präambel

Der Arbeitgeber beabsichtigt, den Mitarbeitern den Zugriff auf dienstliche E-Mails und den dienstlichen Ka-lender über ein privates mobiles Gerät des Mitarbeiters (z.B. Smartphone, Tablet PC etc.) zu ermöglichen („Bring Your Own Device"). Die Nutzung eines privaten mobilen Gerätes zu dienstlichen Zwecken steht den Mitarbeitern frei. Es besteht keine Verpflichtung und keine betriebliche Notwendigkeit zur Nutzung privater mobiler Geräte. Mitarbeiter, bei denen eine solche betriebliche Notwendigkeit besteht, erhalten vom Arbeit-geber unternehmenseigene Geräte. Die Nutzung der unternehmenseigenen Geräte ist nicht Gegenstand dieser Betriebsvereinbarung. Für die Nutzung privater mobiler Geräte vereinbaren die Betriebsparteien was folgt:

a) Ratio

24.15 Die Regelung legt den Regelungsgegenstand der Betriebsvereinbarung und die Zielsetzungen der Par-teien fest.

b) Erläuterungen

24.16 Im Rahmen einer solchen Betriebsvereinbarung sollte zunächst klargestellt werden, dass es sich bei BYOD um eine **freiwillige Leistung des Unternehmens** handelt. Eine Verpflichtung der Mitarbeiter zur Einbringung oder Nutzung privater Geräte zu dienstlichen Zwecken könnte arbeitsrechtlich pro-blematisch sein. Besteht deshalb eine dienstliche Notwendigkeit zur Nutzung eines mobilen Geräts und erklärt sich der Mitarbeiter nicht zur Nutzung seines privaten Geräts bereit, wäre ihm ein Dienst-gerät zur Verfügung zu stellen.

4. Geltungsbereich (Ziff. 2)

24.17 **M 24.1.2 Geltungsbereich**

2. Geltungsbereich

Die Betriebsvereinbarung gilt für alle Mitarbeiter des Betriebes mit Ausnahme der leitenden Angestellten i.S.d. § 5 Abs. 3, 4 BetrVG.

a) Ratio

24.18 Die Ziff. 2 regelt den **personellen Anwendungsbereich** der Betriebsvereinbarung.

b) Erläuterungen

24.19 Eine Betriebsvereinbarung kann nur im Rahmen der **Zuständigkeit des Betriebsrats** geschlossen wer-den. Im Hinblick auf leitende Angestellte und Mitarbeiter anderer Betriebe fehlt es dem Betriebsrat an einer entsprechenden Regelungsbefugnis[40]. Vor diesem Hintergrund empfiehlt es sich, zur Klarstellung eine entsprechende Regelung mit in die Betriebsvereinbarung aufzunehmen.

---

40 *Schaub/Ahrendt*, § 231 Rz. 14 f.

5. Nutzungsregelungen (Ziff. 3)

M 24.1.3 Nutzung privater mobiler Geräte

3. Nutzung privater mobiler Geräte

*3.1 Die Mitarbeiter sind berechtigt, ihre privaten mobilen Geräte auch zu dienstlichen Zwecken zu nutzen. Ob und in welchem Umfang dies erlaubt und möglich ist, wird vom Arbeitgeber bestimmt; insbesondere kann der Arbeitgeber die für eine Nutzung zu dienstlichen Zwecken zugelassenen Gerätetypen festlegen. Derzeit ist es erlaubt, mit Hilfe der vom Arbeitgeber zugelassenen privaten mobilen Geräte die dienstlichen E-Mails abzurufen und auf den dienstlichen Kalender zuzugreifen. Voraussetzung für die Nutzung eines privaten mobilen Geräts zu dienstlichen Zwecken ist die Einwilligung des Mitarbeiters in die in dieser Betriebsvereinbarung niedergelegten Nutzungsbedingungen und Datenverarbeitungen gemäß der **Anlage** zu dieser Betriebsvereinbarung, die der Mitarbeiter vor der Nutzung eines privaten mobilen Geräts erteilen muss.*

3.2 Die Mitarbeiter haben dafür Sorge zu tragen, dass das private mobile Gerät zu dienstlichen Zwecken verwendet werden darf und insbesondere der von dem Mitarbeiter hierfür geschlossene Mobilfunkvertrag eine solche Nutzung gestattet.

3.3 Sofern der Arbeitgeber dem Mitarbeiter keine anderslautenden Anweisungen erteilt, ist der Mitarbeiter verpflichtet, das Betriebssystem des privaten mobilen Gerätes auf dem jeweils aktuellen Stand zu halten und zu diesem Zweck alle vom Hersteller verfügbaren Sicherheits-Patches, Updates und Upgrades unverzüglich zu installieren.

3.4 Dem Mitarbeiter ist es untersagt, das Betriebssystem oder die auf dem privaten mobilen Gerät installierte Software zu verändern. Insbesondere ist es dem Mitarbeiter nicht gestattet, sog. „Jailbreaks" oder „Roots" durchzuführen, d.h. von dem Hersteller implementierte technische Nutzungsbeschränkungen zu umgehen oder zu beseitigen. Ebenso ist es dem Mitarbeiter untersagt, die auf dem privaten mobilen Gerät installierte Sicherheitssoftware sowie die implementierten Funktionen des Mobile Device Managements zu verändern oder wirkungslos zu machen.

a) Ratio

Die Regelung statuiert die **generellen Voraussetzungen** dafür, dass der Mitarbeiter sein privates Gerät im Sinne **des BYOD** für dienstliche Aufgaben einsetzen darf.

b) Nutzungsvoraussetzungen (Ziff. 3.1)

aa) Zugelassene Nutzungen

Insbesondere um die sich aus dem BYOD ergebenden Befugnisse des Mitarbeiters genau festzulegen, ist es sinnvoll, die für **BYOD zugelassenen Anwendungen und Datenverarbeitungen** positiv zu regeln. Dies folgt einerseits aus dem Interesse des Unternehmens, dass auf dem privaten mobilen Endgerät des Mitarbeiters möglichst keine für das Unternehmen sensiblen Daten gespeichert werden sollen, da Daten auf den privaten Endgeräten der Mitarbeiter nicht so umfassend geschützt werden können wie im Fall von deren Verarbeitung auf unternehmenseigenen IT-Systemen, die sich besser zentral absichern lassen. Dies gilt regelmäßig trotz des Umstandes, dass Mobile Device Management Tools eingesetzt werden. Doch folgt eine solche Beschränkung des BYOD auf bestimmte Anwendungen oder Daten auch aus rechtlichen Vorgaben. Nach Art. 32 Abs. 1 DSGVO sind technische und organisatorische Maßnahmen in angemessenem Verhältnis zu dem Risiko für die Rechte und Freiheiten natürlicher Personen zu treffen. Je sensibler und je mehr personenbezogene Daten im Rahmen einer für BYOD zugelassenen Applikation verwendet werden, desto umfassendere Maßnahmen sind demzufolge zu treffen. Auch im Fall des Einsatzes von **Mobile Device Management Tools** muss sich das Unternehmen stets die Frage stellen, ob die Verarbeitung (sensibler) Daten hinreichend abgesichert werden kann, damit das Unternehmen die Vorgaben aus Art. 32 Abs. 1 DSGVO erfüllt. Vor diesem Hintergrund kann es auch rechtlich erforderlich sein, die Anwendungen und damit auch die im Rahmen von BYOD zu verwendenden Daten zu beschränken.

24.23 Das Muster sieht eine Beschränkung auf die Verwendung des dienstlichen **E-Mail-Systems** und des dienstlichen **Kalenders** vor. In vielen Fällen wird dies ausreichend sein; im Zuge der weiteren Verbreitung von **Unified Communications**-Lösungen auch im betrieblichen Umfeld mögen weitere Kommunikationstools hinzukommen, wie z.B. **Instant Messaging**, aber auch **Video-Chatsysteme**. Grundsätzlich ist auch die Zulassung weiterer Anwendungen denkbar; etwa auch ein Zugriff auf **CRM-Systeme, Office-Suites** oder andere Unternehmensanwendungen, sofern hierfür eine **App** bereitsteht. Es ist auch denkbar, insofern unterschiedliche Benutzerrollen zu definieren, die – je nach Bedarf – unterschiedliche Nutzungsmöglichkeiten haben. Viele Mitarbeiter wollen meistens nur unterwegs Termine einsehen, E-Mails bearbeiten und Zugang zum Internet haben können. Hierfür lassen sich meist einfach sicherheitskonforme Lösungen finden. Sollen bestimmten Mitarbeitern aber z.B. auch administrative Zugriffe auf Unternehmenssysteme aus der Ferne über ein Smartphone ermöglicht werden, sind aus Sicherheitssicht strengere Vorkehrungen erforderlich[41], die dann eine Anpassung des Musters notwendig machen können.

bb) Einwilligung als Voraussetzung für BYOD

24.24 Das Muster bestimmt, dass der Mitarbeiter nur dann zur Nutzung seines privaten Endgerätes für betriebliche Zwecke berechtigt ist, wenn er die zur Betriebsvereinbarung gehörende **Einwilligung** unterzeichnet hat. Das Einverständnis mit den Vorgaben der Betriebsvereinbarung ist also zwingende Voraussetzung dafür, dass die Nutzung des Privatgeräts zulässig ist. Das Muster folgt dabei einer auch im Bereich der privaten Internet- und E-Mail-Nutzung etablierten Gestaltungsvariante[42]. Eine solche **Koppelung** begründet auch auf Basis von Art. 7 Abs. 4 DSGVO und § 26 Abs. 2 BDSG keine Bedenken im Hinblick auf die in datenschutzrechtlicher Hinsicht erforderliche Freiwilligkeit der Einwilligung. Sie wird ohne Zwang abgegeben, weil die Inanspruchnahme des BYOD freiwillig ist und der Arbeitnehmer deshalb eine echte Wahlfreiheit besitzt. Da sich die Einwilligung des Arbeitnehmers lediglich auf eine freiwillig gewährte Leistung bezieht, hat der Mitarbeiter bei Verweigerung seiner Einwilligung auch keine Nachteile zu befürchten[43]. Das setzt freilich voraus, dass er im Falle einer dienstlichen Notwendigkeit ein unternehmenseigenes Gerät zur Verfügung gestellt bekommt.

24.25 Zu warnen ist in diesem Zusammenhang auch vor einer **unkontrollierten Zulassung von BYOD**: Würde das Unternehmen die Nutzung privater IT im Unternehmen in ungeregeltem Zustand dulden, käme insoweit evtl. die Begründung einer sog. **betrieblichen Übung** in Betracht[44], wonach die Mitarbeiter dann zur Nutzung privater Endgeräte befugt wären, ohne dass diese Nutzung einer Vereinbarung mit dem Unternehmen unterläge, was mit größeren Haftungsrisiken für das Unternehmen verbunden sein könnte[45].

c) Mobilfunkverträge (Ziff. 3.2)

24.26 Verträge der Mitarbeiter mit **Mobilfunkunternehmen** beinhalten teilweise eine Regelung, dass der Mobilfunknutzer, in diesem Fall also der Mitarbeiter, Mobilfunkdienste auf Grundlage eines bestimm-

---

41 *BSI*, Überblickspapier Consumerisation und BYOD, S. 8.
42 *Datenschutzkonferenz*, Orientierungshilfe der Datenschutzaufsichtsbehörden zur datenschutzgerechten Nutzung von E-Mail und anderen Internetdiensten am Arbeitsplatz (Stand: 1/2016), S. 22 ff.
43 Ebenso Teil 4, Rz. 23.128. Vgl. auch *Datenschutzkonferenz*, Orientierungshilfe der Datenschutzaufsichtsbehörden zur datenschutzgerechten Nutzung von E-Mail und anderen Internetdiensten am Arbeitsplatz (Stand: 1/2016), S. 8 f. und *Europäischer Datenschutzausschuss*, Guidelines 05/2020 on consent under Regulation 2016/679, S. 9.
44 So *Berliner Beauftragter für Datenschutz und Informationsfreiheit*, Tätigkeitsbericht 2012, S. 34.
45 Siehe z.B. *Walter/Dorschel*, WuM 2012, 22 (23).

ten Vertrags nur zu privaten Zwecken in Anspruch nehmen darf[46]. Eine solche Einschränkung wird vielen Mitarbeitern nicht bewusst sein, so dass eine solche Klausel zunächst eine Hinweisfunktion erfüllt, damit der Mitarbeiter sich vergewissern kann, ob die beabsichtigte **dienstliche Nutzung** seines privaten Endgeräts auf Grundlage seines Vertrags mit dem Mobilfunkanbieter überhaupt **vertraglich zugelassen** ist. Außerdem wird durch diese Regelung auch klargestellt, dass das Unternehmen nicht dafür haftet, wenn eine vertragswidrige Nutzung des Mobilfunkvertrags im Rahmen von BYOD erfolgt.

d) Updates und Upgrades (Ziff. 3.3)

Eine Verpflichtung der Mitarbeiter zur Einspielung von **Patches, Updates und Upgrades** des Betriebssystems ist zur Gewährleistung der Datensicherheit erforderlich[47]. Vor allem veraltete **Betriebssysteme** können (bekannte) Lücken enthalten, die Angreifer ausnutzen können, um auf ein mobiles Endgerät zuzugreifen und ggf. dort gespeicherte Daten zu lesen, zu verändern oder zu löschen. Bekannte Lücken werden von den Herstellern i.d.R. im Rahmen von Patches, Updates und Upgrades behoben. Für unternehmenseigene Geräte sorgt die IT-Abteilung des Unternehmens zentral dafür, dass derartige Verbesserungen der Software installiert werden. Im Rahmen von BYOD ist dies nicht in gleichem Maße gewährleistet, so dass der Mitarbeiter hier vertraglich in die Pflicht genommen wird, derartige Verbesserungen zu installieren. Außerdem kann auch nur so sichergestellt werden, dass Mobile Device Management Tools ordnungsgemäß funktionieren, da sie regelmäßig einen bestimmten Releasestand des Betriebssystems voraussetzen. Ungeachtet der entsprechenden Verpflichtung der Mitarbeiter sollte das Unternehmen selbst einen Überblick über die Verfügbarkeit von Patches, Updates und Upgrades behalten und die Mitarbeiter ggf. aktiv darauf hinweisen. 24.27

e) Integrität des Endgeräts (Ziff. 3.4)

Das Unternehmen, welches BYOD zulässt, ist für die Verarbeitung dienstlicher Daten auf dem mobilen Endgerät des Mitarbeiters datenschutzrechtlich verantwortlich[48]. Die Veränderung des Betriebssystems durch den Mitarbeiter kann dazu führen, dass Dritte einfacher auf das private Endgerät zugreifen können. Gleiches kann auch infolge von Änderungen am Mobile Device Management Tool der Fall sein. Da das Unternehmen die Berechtigungen zur Änderung von Betriebssystemen und Anwendungen nicht wie bei Unternehmens-IT zentral vorgeben und kontrollieren kann, sind die Mitarbeiter vertraglich zu verpflichten, derartige Handlungen, vor allem die Vornahme von „**Roots**" und „**Jailbreaks**", zu unterlassen[49]. Eine solche Regelung dient somit einerseits dem Interesse des Unternehmens an der Datensicherheit, andererseits aber zugleich auch der Einhaltung rechtlicher Vorgaben zur **Datensicherheit aus Art. 32 DSGVO** sowie der Vermeidung einer etwaigen Haftung für Datenschutzrechtsverstöße, da das Unternehmen für die Verarbeitung der dienstlichen Daten auf dem privaten Endgerät des Mitarbeiters im Rahmen von BYOD grundsätzlich als Verantwortlicher i.S.d. Art. 4 Nr. 7 DSGVO zu qualifizieren ist und grundsätzlich für einen unberechtigten Zugriff Dritter auf dienstliche Daten auf dem privaten Endgerät des Mitarbeiters datenschutzrechtlich einzustehen hat. 24.28

Außerdem dient diese Regelung auch zur Erfüllung der Vorgaben aus Art. 32 Abs. 1 lit. b DSGVO, wonach der Verantwortliche u.a. die Integrität und Verfügbarkeit der Systeme und Dienste im Zusammenhang mit der Verarbeitung auf Dauer sicherzustellen hat. 24.29

---

46 Vgl. *Imping/Pohle*, K&R 2012, 470 (474).
47 *BSI*, Überblickspapier Consumerisation und BYOD, S. 8.
48 *Jung/Hansch*, ZD 2019, 143 (146); *Walter/Dorschel*, WuM 2012, 22 (26); *Conrad/Schneider*, ZD 2011, 153 (155).
49 So auch *BSI*, Überblickspapier Consumerisation und BYOD, S. 9.

6. Sicherheitsmaßnahmen (Ziff. 4)

24.30 **M 24.1.4 Sicherheitsmaßnahmen**

4. Sicherheitsmaßnahmen

4.1 Voraussetzung für die Nutzung von privaten mobilen Geräten für dienstliche Zwecke ist, dass eine spezielle Sicherheitssoftware – derzeit die Sicherheitssoftware ... – auf den privaten mobilen Geräten installiert sein muss.

4.2 Der Arbeitgeber ist berechtigt, die Sicherheitseinstellungen des privaten mobilen Gerätes des Mitarbeiters jederzeit – auch im Wege des Fernzugriffs – zu ändern. Außerdem ist der Arbeitgeber berechtigt, automatisierte Scans der privaten mobilen Geräte im Rahmen von Netzzugangskontrollen durchzuführen, um überprüfen zu können, dass das jeweilige Gerät die Sicherheitsvorgaben einhält. Auf Verlangen des Arbeitgebers hat der Mitarbeiter sein privates mobiles Gerät zur Durchführung einer Sicherheitsprüfung dem Arbeitgeber auszuhändigen.

4.3 Der Mitarbeiter ist verpflichtet, das Passwort und die Zugangsdaten des privaten mobilen Gerätes und der Sicherheitssoftware vertraulich zu behandeln und an einem sicheren Ort aufzubewahren. Das private mobile Gerät darf ausschließlich durch den Mitarbeiter persönlich verwendet werden. Die Gestattung der Benutzung durch eine dritte Person ist untersagt.

4.4 Der Mitarbeiter hat darüber hinaus alle erforderlichen Maßnahmen zu treffen, um das private mobile Gerät und die darauf (einschließlich der SIM-Karte) gespeicherten oder darüber zugänglichen dienstlichen Daten vor Missbrauch und unberechtigter Kenntnisnahme durch Dritte zu schützen. Insbesondere ist der Mitarbeiter verpflichtet, das private mobile Gerät mit einem persönlichen Zahlencode und/oder einem Passwort zu sichern. Um das private mobile Gerät vor Verlust, Diebstahl und Beschädigung zu schützen, ist der Mitarbeiter verpflichtet, es stets geschützt (z.B. in dem entsprechenden Case) und an einem sicheren Ort aufzubewahren. Der Mitarbeiter hat auf dem privaten mobilen Gerät ein aktuelles Virenschutz-Programm einzusetzen, sofern und sobald ein solches am Markt verfügbar ist. Dem Mitarbeiter ist es untersagt, die vom Arbeitgeber vorgenommenen Sicherheitseinstellungen zu ändern. Der Arbeitgeber wird die Mitarbeiter regelmäßig über aktuelle Gefährdungen durch mobile Geräte und notwendige Sicherheitsmaßnahmen informieren.

a) Ratio

24.31 Die Vorschrift dient der Gewährleistung der **Datensicherheit** bei der Verarbeitung personenbezogener Daten auf dem privaten Endgerät des Mitarbeiters.

b) MDM-Systeme (Ziff. 4.1)

24.32 Das Unternehmen kann sich im Rahmen der Zulassung von BYOD zudem – wie unter Rz. 24.8 ff. bereits erläutert – spezieller Softwaretools (wie z.B. sog. Mobile Device Management/MDM-Systemen) bedienen, mit denen es möglich ist, Unternehmensdaten auf den privaten Endgeräten besonders zu sichern, indem diese z.B. ausschließlich in speziell gesicherten **Containern** gespeichert, verschlüsselt und gegen unbefugten Zugriff geschützt werden und die ggf. auch einen **Remote-Zugriff** des Unternehmens bis hin zur Löschung der in diesem speziellen Container enthaltenen Daten ermöglichen. Beabsichtigt ein Unternehmen derartige Softwaretools zu nutzen, so sollte deren verpflichtende **Verwendung als Vertragsbedingung** in der Nutzungsvereinbarung festgeschrieben werden[50].

---

50 *Koch* in Kongehl/Greß, Gruppe 2.17, S. 15.

c) Sicherheitseinstellungen (Ziff. 4.2)

Als Maßnahme der Sicherstellung der Vertraulichkeit der Systeme und Dienste im Zusammenhang mit der Datenverarbeitung nach Art. 32 Abs. 1 lit. b DSGVO ist es dem Unternehmen zu empfehlen, eine zentrale Einstellung der Konfiguration des Endgerätes vorzugeben bzw. im Bedarfsfall vornehmen zu dürfen und die Mitarbeiter im Rahmen der Vereinbarung über die Nutzung von BYOD zu verpflichten, diese Konfiguration zu verwenden und nicht zu verändern[51]. Einstellungen, die das Endgerät vor Zugriffen Dritter schützen, können dazu beitragen, dass personenbezogene Daten bei der Verarbeitung, Nutzung und nach der Speicherung nicht unbefugt gelesen, kopiert, verändert oder entfernt werden können. Ggf. kann mit dem Mitarbeiter auch vereinbart werden, dass dieser sein Endgerät vorübergehend dem Unternehmen aushändigt, damit es die Konfigurationseinstellungen selbst vornehmen kann.

24.33

Nach einer Empfehlung des BSI sollte sich das Unternehmen auch die Erlaubnis einholen, automatisierte **Scans der Endgeräte im Rahmen von Netzzugangskontrollen** durchzuführen, um überprüfen zu können, dass die Endgeräte die Sicherheitsvorgaben einhalten[52]. Diese Empfehlung setzt das Muster in Ziff. 4.2 um. Diese Netzzugangskontrolle umfasst in der Regel einen Serverdienst, der überprüft, ob das Endgerät die Sicherheitsvorgaben erfüllt und der im Bedarfsfall auf Verstöße reagieren kann, indem z.B. ein ungepatchtes Endgerät in ein besonderes Quarantäne-Netzsegment „eingesperrt" und so die Gefahr für andere Endgeräte im Netz des Unternehmens gering gehalten wird[53]. Dieser Sicherheits-Scan kann entweder von außen unmittelbar auf dem Endgerät erfolgen, oder das Endgerät kann mit einem sog. Agenten ausgestattet werden, der das Gerät lokal überprüft und die Informationen dem Server zur Verfügung stellt. Dieser Agent ist entweder ein Bestandteil des MDM-Systems oder Teil des Betriebssystems und kann bei Abweichungen das Endgerät so konfigurieren, dass es wieder alle Sicherheitsvorgaben erfüllt. Solchen Scans privater Endgeräte bringen Nutzer und Betriebsräte erfahrungsgemäß eine gewisse Skepsis entgegen; eine genaue Definition der Häufigkeit solcher Scans und der hierbei erhobenen Daten sowie eine strenge Zweckbindung der Datenverwendung kann helfen, solche Bedenken zu zerstreuen.

24.34

d) Geheimhaltung (Ziff. 4.3)

Als weitere Maßnahme der Sicherstellung der Vertraulichkeit der Systeme und Dienste im Zusammenhang mit der Datenverarbeitung nach Art. 32 Abs. 1 lit. b DSGVO sollte das private Endgerät des Mitarbeiters insbesondere so konfiguriert werden, dass ein Zugriff auf dieses Gerät nur nach Eingabe eines **Passworts** erfolgen kann. Die verbindliche Vorgabe der Nutzung von (sicheren) Passwörtern ist zudem vor dem Hintergrund sinnvoll, dass auf dem Endgerät auch Geschäftsgeheimnisse des Unternehmens gespeichert sein können, die regelmäßig gesetzlichen oder vertraglichen Geheimhaltungspflichten unterliegen, so dass die Verwendung eines Passworts dazu beitragen kann, diese gesetzlichen/vertraglichen Pflichten einzuhalten.

24.35

Gegebenenfalls kann das Vorhandensein derartiger Sicherheitsmaßnahmen und die vertragliche Verpflichtung der Mitarbeiter zu ihrer Ergreifung sogar Voraussetzung dafür sein, dass eine Information als Geschäftsgeheimnis durch das GeschGehG geschützt wird[54]. Nach der Rechtsprechung sind hier besondere inhaltliche Anforderungen an vertragliche Vereinbarungen als Mittel des Geheimnisschutzes zu stellen: Geheimhaltungsregelungen, die schlicht alle Angelegenheiten und Vorgänge, die im Rahmen der Tätigkeit bekannt werden, einer pauschalen Geheimhaltungspflicht unterwerfen, sind ungenügend[55].

---

51 So auch *Berliner Beauftragter für Datenschutz und Informationsfreiheit*, Tätigkeitsbericht 2012, S. 34.
52 *BSI*, Überblickspapier Consumerisation und BYOD, S. 9.
53 Hierzu im Einzelnen *BSI*, Überblickspapier Consumerisation und BYOD, S. 7.
54 Vgl. LAG Düsseldorf v. 3.6.2020 – 12 SaGa 4/20, GRUR-RS 2020, 23408, Rz. 80 f.
55 LAG Düsseldorf v. 3.6.2020 – 12 SaGa 4/20, GRUR-RS 2020, 23408, Rz. 80 f.

In diesem Sinne ist der Mitarbeiter hier konkret dazu verpflichtet, dass er das Passwort gegenüber Dritten geheim hält und sicher vor dem Zugriff durch unbefugte Dritte aufbewahrt[56].

24.36 Der Mitarbeiter ist in der Nutzungsvereinbarung auch darauf zu verpflichten, das Endgerät nur **höchstpersönlich** im Rahmen des BYOD zu nutzen[57], da ansonsten Dritte Zugriff auf dienstliche Daten erhalten könnten. Diese Regelung ist notwendig, da ansonsten **eine unzulässige Übermittlung personenbezogener Daten** vorliegen könnte, die ggf. sogar eine Benachrichtigungspflicht nach Art. 33 und Art. 34 DSGVO auslösen könnte[58]. Zudem wäre es denkbar, dass von dem Zugriff auch Geschäftsgeheimnisse betroffen sind, zu deren Geheimhaltung sich das Unternehmen gegenüber Dritten vertraglich verpflichtet hat bzw. zu deren Geheimhaltung es gesetzlich verpflichtet ist. Auch aus diesem Grund muss ein Zugriff durch Dritte ausgeschlossen werden.

24.37 Außerdem dient die Verpflichtung zur ausschließlichen Nutzung durch den Mitarbeiter selbst auch der Sicherstellung der Vertraulichkeit der Systeme und Dienste im Zusammenhang mit der Datenverarbeitung nach Art. 32 Abs. 1 lit. b DSGVO.

e) Passwortschutz (Ziff. 4.4)

24.38 Auch die Regelung in Ziff. 4.4 des Musters dient der Gewährleistung der Datensicherheit, insbesondere der Erfüllung der Sicherstellung der **Vertraulichkeit der Systeme und Dienste** gem. Art. 32 Abs. 1 lit. b DSGVO, so z.B. die Verpflichtung zur Verwendung eines Zahlencodes oder eines Passworts. Des Weiteren dient die Regelung der Erfüllung der Vorgaben aus Art. 32 Abs. 1 lit. b DSGVO zur Sicherstellung der Verfügbarkeit der Systeme und Dienste, indem der Mitarbeiter verpflichtet wird, das Gerät stets geschützt an einem sicheren Ort, wie z.B. in einem Case, aufzubewahren. Im Rahmen von BYOD müssen die Consumer-Endgeräte grundsätzlich einen aktuellen **Virenschutz** aufweisen[59]. Sollte für ein bestimmtes Betriebssystem mobiler Geräte (ausnahmsweise) kein Virenschutz-Programm verfügbar sein, muss das Unternehmen im Einzelfall entscheiden, ob entsprechende Geräte überhaupt für BYOD verwendet werden dürfen und – wenn ja – welche alternativen Sicherheitsmaßnahmen ergriffen werden können, um dieses Defizit auszugleichen. Die Verpflichtung zum Einsatz eines solchen Programms dient ebenfalls der Erfüllung der Vorgaben aus Art. 32 Abs. 1 lit. b DSGVO (**Sicherstellung der Verfügbarkeit**).

7. Datenspeicherung und Datenzugang (Ziff. 5)

24.39 **M 24.1.5 Datenspeicherung und Zugang zu Daten**

5. Datenspeicherung und Zugang zu Daten

5.1 Alle Daten, die im Rahmen der dienstlichen Nutzung auf das private mobile Gerät des Mitarbeiters übertragen werden (z.B. dienstliche E-Mails oder Kalendereinträge), werden auf dem privaten mobilen Gerät des Mitarbeiters in einem gesonderten Bereich gespeichert (sog. „Container") und von den privaten Daten des Mitarbeiters separiert.

5.2 Der Arbeitgeber ist berechtigt, jederzeit über alle Inhalte und Daten zu verfügen, die in dem „Container" gespeichert sind. Insbesondere ist der Arbeitgeber berechtigt, auf diese Inhalte und Daten – auch im Wege des Fernzugriffs – zuzugreifen, sie zu ändern oder zu löschen oder sonst mit ihnen in der gleichen Art und Weise und in dem gleichen Umfang umzugehen, als wären die Daten auf dem unternehmenseigenen System oder auf unternehmenseigenen Geräten des Arbeitgebers gespeichert. Dies gilt auch, wenn

---

56 So auch *BSI*, Überblickspapier Consumerisation und BYOD, S. 8.
57 So auch *Arning/Moos/Becker*, CR 2012, 592 (592); *BSI*, Überblickspapier Consumerisation und BYOD, S. 8.
58 Siehe noch zu § 42a BDSG a.F. *Arning/Moos/Becker*, CR 2012, 592 (592).
59 *BSI*, Überblickspapier Consumerisation und BYOD, S. 7.

und soweit in dem „Container" private Daten des Mitarbeiters gespeichert sein sollten. Der Arbeitgeber wird den Mitarbeiter nach Möglichkeit vorher über eine Löschung von Daten informieren. Der Arbeitgeber ist zudem jederzeit berechtigt, die auf dem privaten mobilen Gerät des Mitarbeiters installierte Sicherheitssoftware zu ändern, zu ersetzen oder zu löschen.

5.3 Dem Mitarbeiter ist bekannt, dass durch eine Löschung von Daten, die in dem Container gespeichert sind, oder der Sicherheitssoftware auch seine privaten Daten und Softwareapplikationen („Apps"), die außerhalb des Containers auf dem privaten mobilen Gerät gespeichert sind, beschädigt oder gelöscht werden können. Es liegt in der Verantwortung des Mitarbeiters, Sicherheitskopien seiner auf dem privaten mobilen Gerät gespeicherten privaten Daten vorzunehmen. Der Mitarbeiter hat keinen Anspruch gegen den Arbeitgeber auf Wiederherstellung von Daten oder auf dem privaten mobilen Gerät installierten Apps.

5.4 Der Mitarbeiter ist verpflichtet, sämtliche Regelungen und Richtlinien des Arbeitgebers sowie sämtliche geltenden Gesetze und Rechtsvorschriften in Bezug auf den Umgang mit den Daten des Arbeitgebers, die auf das private mobile Gerät übertragen worden oder darüber zugänglich sind, zu beachten. Der Mitarbeiter ist nicht berechtigt, dienstliche E-Mails, Dokumente, Kalendereinträge oder sonstige dienstliche Daten außerhalb des „Containers" oder außerhalb des privaten mobilen Gerätes (z.B. bei einem Cloud-Dienst) zu speichern.

5.5 Der Arbeitgeber wird unbeschadet der in dieser Vereinbarung enthaltenen Bestimmungen grundsätzlich keinen Zugriff auf die privaten Daten des Mitarbeiters nehmen, die auf dem privaten mobilen Gerät außerhalb des Containers gespeichert sind. Dem Mitarbeiter ist jedoch bewusst und bekannt, dass im Rahmen des technischen Supports oder bei Sicherheitsvorfällen i.S.v. Ziffer 6 möglicherweise private Daten, die auf dem privaten mobilen Gerät gespeichert sind, an den Anbieter … übertragen werden können und auf diese Daten durch den Arbeitgeber und den Anbieter … zugegriffen werden kann.

5.6 Gemäß der als Anlage dieser Betriebsvereinbarung beigefügten Einwilligungserklärung willigt der Mitarbeiter in die zur Wahrnehmung der Rechte des Arbeitgebers nach dieser Vereinbarung sowie zur Kontrolle der Einhaltung der in dieser Vereinbarung enthaltenen Bestimmungen durch den Mitarbeiter erforderlichen Zugriffe auf sein mobiles privates Gerät, seine privaten Daten sowie in die hiermit verbundene Verarbeitung seiner personenbezogenen Daten ein.

a) Ratio

Die Ziff. 5 des Musters dient der Regelung der **Zugriffs- und Verfügungsbefugnisse** bezüglich der auf dem Endgerät gespeicherten Unternehmensdaten, da das Unternehmen über diese Daten regelmäßig genauso verfügen können möchte, als wenn diese auf unternehmenseigenen IT-Geräten gespeichert wären. Die Regelung adressiert damit die Besonderheiten, die sich daraus ergeben können, dass das mobile Gerät im Eigentum des Mitarbeiters steht.   24.40

b) Datentrennung (Ziff. 5.1)

In Ziff. 5.1 erfolgt eine generelle Festlegung, dass und wie dienstliche Daten auf den privaten Endgeräten der Mitarbeiter gespeichert werden. Bei diesen Daten kann es sich insbesondere um **Dokumente, E-Mails**, aber auch um **Anwendungsdaten** aus der Nutzung besonderer Softwareprogramme (Apps) handeln, die bspw. den Zugriff auf physisch im Unternehmen installierte Programme oder vorgehaltene Datenbanken ermöglichen. Beabsichtigt das Unternehmen, spezielle Sicherheits-Tools einzusetzen, muss hierfür ebenfalls eine App auf dem Endgerät des Mitarbeiters installiert werden, die ggf. Unternehmensdaten auf dem Gerät ablegt.   24.41

Die Notwendigkeit, von den Mitarbeitern eine Zustimmung zur Speicherung von Daten auf ihren privaten Endgeräten und den Einsatz derartiger Apps einzuholen, folgt aus dem Eigentumsrecht bzw. dem **Besitzrecht** des jeweiligen Mitarbeiters an dem jeweiligen mobilen Endgerät. Aus § 903 bzw. §§ 854, 858 BGB folgt, dass grundsätzlich niemand ohne Einwilligung des Berechtigten, in diesem Fall also des jeweiligen Mitarbeiters als Eigentümer bzw. Besitzer des mobilen Endgeräts, auf dieses zugrei-   24.42

fen und Daten dort speichern darf. Falls ein Unternehmen also Dokumente, Daten oder gar Apps auf dem mobilen Endgerät speichern will, ist in die Vereinbarung mit dem Mitarbeiter eine solche Regelung mit aufzunehmen[60].

24.43 Aus **strafrechtlicher Sicht** ist eine solche Regelung hingegen nicht zwingend notwendig. Zwar kann eine entsprechende Zustimmung der betroffenen Person grundsätzlich eine etwaige Strafbarkeit nach § 303a StGB ausschließen. Doch kommt eine Strafbarkeit nach § 303a StGB vorliegend schon grundsätzlich wohl nicht in Betracht. Das bloße Speichern von Daten auf einem Datenträger stellt regelmäßig keine Veränderung von Daten i.S.d. § 303a Abs. 1 StGB dar, da keine Veränderung des Informationsgehalts erfolgt[61]. Nur wenn durch die Speicherung der Daten bereits auf dem mobilen Endgerät gespeicherte Daten verändert würden (z.B. weil bisher schon belegter Speicherplatz überschrieben wird), wäre auch aus strafrechtlicher Sicht eine entsprechende Zustimmung des betroffenen Mitarbeiters erforderlich. Ggf. kann die Einholung einer solchen Zustimmung auch im Hinblick auf § 303b Abs. 1 StGB erforderlich sein, wenn durch die Speicherung von Daten oder Apps auf dem mobilen Endgerät eine für den betroffenen Mitarbeiter wesentliche Datenverarbeitung zumindest konkret gefährdet wird. Auch insoweit schließt eine entsprechende Zustimmung der betroffenen Person die Rechtswidrigkeit einer solchen Tat aus.

24.44 Die **Trennung der dienstlichen und der privaten Daten**, z.B. durch die Speicherung der dienstlichen Daten in einem sog. „**Container**" eines Mobile Device Management Tools, ist Marktstandard[62]. Zu den rechtlichen Folgen einer Vermischung dienstlicher und privater Daten in einer Applikation oder Datenbank gelten die Grundsätze für die erlaubte private E-Mail-Nutzung mittels dienstlicher Geräte durch einen Mitarbeiter entsprechend. Durch die getrennte Speicherung wird sichergestellt, dass das Unternehmen nicht automatisch auch auf private Daten des Mitarbeiters zugreift, wofür regelmäßig eine Einwilligung des Mitarbeiters erforderlich wäre (siehe hierzu die ausführlichen Erläuterungen in Rz. 24.45 ff.).

c) Befugnisse des Arbeitgebers (Ziff. 5.2)

aa) Zugriff auf dienstliche und private Daten

24.45 Der Zugriff von Unternehmen auf die in den privaten Endgeräten ihrer Mitarbeiter gespeicherten Daten hat sowohl datenschutzrechtliche als auch strafrechtliche Implikationen. Ganz generell ist es aber möglich, diese Klippen auf Basis einer vertraglichen Vereinbarung mit dem Mitarbeiter zu umschiffen: Entschließt sich der Arbeitgeber dazu, BYOD auf freiwilliger Basis zuzulassen, ist es grundsätzlich auch zulässig, diese Erlaubnis an **einschränkende Voraussetzungen** zu knüpfen (z.B. eine angemessene Art der **Kontrolle** und des Daten- und Device Managements vorzunehmen).

24.46 Soweit Unternehmen bestimmte auf den privaten Endgeräten ihrer Mitarbeiter gespeicherte Daten lesen wollen, ist zunächst zu unterscheiden, ob die dienstlichen Daten, auf die das Unternehmen lesenden Zugriff nehmen will, in einem speziellen **Container** bzw. Ordner gespeichert sind. Ist ein solcher Container bzw. Ordner vorhanden, wovon das Muster ausgeht, gleicht der Zugriff auf diesen Container bzw. Ordner dem lesenden Zugriff eines Unternehmens auf dienstliche Daten, die auf der Festplatte des Arbeitsplatzrechners oder dem Netzlaufwerk eines Mitarbeiters im Unternehmen gespeichert sind. Soweit es sich bei den im speziellen Ordner gespeicherten Daten um personenbezogene Daten i.S.d. Art. 4 Nr. 1 DSGVO handelt, gelten hinsichtlich der materiellen datenschutzrechtlichen Zulässigkeit der Verarbeitung keine Besonderheiten gegenüber der Verarbeitung dieser Daten innerhalb eines Unternehmens (hiervon zu unterscheiden sind die nach Art. 32 DSGVO zu treffenden organisatorischen und technischen Maßnahmen, die sich im Fall des BYOD von den im Unternehmen selbst zu

---

60 *Arning/Moos/Becker*, CR 2012, 592 (594).
61 Siehe z.B. *Wieck-Noodt* in Joecks/Miebach, § 303a StGB Rz. 15; *Hecker* in Schönke/Schröder § 303a StGB Rz. 8; *Kühl* in Lackner/Kühl, § 303a StGB Rz. 3.
62 Zu den Vorteilen einer solchen Container-Lösung ausf. *Arning/Moos/Becker*, CR 2012, 592 (594).

treffenden Maßnahmen unterscheiden). Der **Zugriff eines Unternehmens** auf die in diesem Container bzw. Ordner gespeicherten Daten ist damit i.d.R. nach § 26 Abs. 1 BDSG datenschutzrechtlich zulässig. Eine gesonderte datenschutzrechtliche Einwilligung des Mitarbeiters ist hinsichtlich des Zugriffs auf diese im Container gespeicherten personenbezogenen Daten somit regelmäßig entbehrlich.

Sollten die Daten hingegen nicht in einem speziellen Container bzw. Ordner gespeichert sein, müssen Unternehmen zum Auffinden der dienstlichen Daten ggf. auf **private in dem Endgerät gespeicherte Daten** des Mitarbeiters zugreifen, um feststellen zu können, um welche Art von Daten es sich handelt. Bei den auf dem jeweiligen mobilen Endgerät gespeicherten privaten Daten des Mitarbeiters ist davon auszugehen, dass es sich regelmäßig um personenbezogene Daten handelt, für deren Verarbeitung der jeweilige Mitarbeiter selbst verantwortlich ist, bzw. die sich sogar auf ihn selbst beziehen. Ob Zugriffe auf solche privaten Daten noch nach § 26 Abs. 1 BDSG bzw. Art. 6 Abs. 1 lit. f DSGVO zulässig sind, erscheint fraglich. Allenfalls mag eine Erlaubnis allein für den Zweck bestehen, die privaten von den dienstlichen Daten unterscheiden und sie aussondern zu können[63]. Die Einholung einer Einwilligung wäre zwar denkbar, aber nicht, soweit sich die Daten auf andere Personen beziehen. Möchte das Unternehmen also ohne einen Rest an Rechtsunsicherheit auf dienstliche Daten zugreifen, die auf dem privaten Endgerät des Mitarbeiters gespeichert sind, ist eine **getrennte Speicherung von Daten** auf dem Endgerät des Mitarbeiters erforderlich[64]. 24.47

Diese Ausführungen gelten für den **Zugriff auf E-Mails** entsprechend. Nach § 26 Abs. 1 BDSG darf ein Unternehmen regelmäßig auf dienstliche E-Mails zugreifen, die auf dem jeweiligen privaten Endgerät des Mitarbeiters gespeichert sind, wohingegen ein Zugriff auf private E-Mails des Mitarbeiters nach Art. 6 Abs. 1 lit. f DSGVO durchaus problematisch ist, da das Unternehmen nicht davon ausgehen kann, dass seine Interessen an der Datenverarbeitung den Interessen der betroffenen Personen in solchen Fällen vorgehen[65]. Es wäre insoweit wiederum eine Einwilligung in Betracht zu ziehen. Die von § 26 Abs. 2 BDSG geforderte Freiwilligkeit der Einwilligung ist dabei grundsätzlich gewährleistet, solange der Einsatz des privaten Geräts durch den Mitarbeiter insgesamt freiwillig ist[66]. 24.48

Die Frage einer **Verletzung des Fernmeldegeheimnisses** nach § 88 Abs. 1 TKG stellt sich bei der Standard-BYOD-Konstellation nicht[67], weil der Mitarbeiter i.d.R. nicht nur seine private Hardware stellt, sondern – im Falle eines Kommunikationsgeräts wie z.B. eines Smartphones – selbst auch Vertragspartner des Telekommunikationsdienstleisters ist: Stellt das Unternehmen seinen Mitarbeitern also keine dienstlichen SIM-Karten zur Verfügung, ist das Unternehmen mangels nachhaltiger Erbringung von Telekommunikationsdienstleistungen für Dritte i.S.d. § 3 Nr. 24 TKG nicht als Telekommunikationsdienstanbieter zu qualifizieren[68]. Stellt das Unternehmen dem Mitarbeiter allerdings eine **dienstliche SIM-Karte** zur Verfügung (und erlaubt es die private Nutzung des dienstlichen E-Mail-Accounts, was im Falle der Nutzung des privaten Geräts des Mitarbeiters kaum zu untersagen ist), ist das Unternehmen zwar evtl. als Telekommunikationsdienstanbieter zu qualifizieren[69], doch findet das 24.49

---

63 *Berliner Beauftragter für Datenschutz und Informationsfreiheit*, Tätigkeitsbericht 2012, S. 34.

64 So auch *Göpfert/Wilke*, NZA 2012, 765 (766) unter Berufung auf das Urteil des LAG Berlin-Brandenburg v. 16.2.2011 – 4 Sa 2132/10, DB 2011, 1281.

65 Großzügiger *Fülbier/Splittgerber*, NJW 2012, 1995 (2000) unter Berufung auf das Urteil des LAG Berlin-Brandenburg v. 16.2.2011 – 4 Sa 2132/10, DB 2011, 1281.

66 Siehe zur Rechtslage nach dem BDSG (bis 2018): *Datenschutzkonferenz*, Orientierungshilfe der Datenschutzaufsichtsbehörden zur datenschutzgerechten Nutzung von E-Mail und anderen Internetdiensten am Arbeitsplatz (Stand: 1/2016), S. 8 f. für den vergleichbaren Fall des Zugriffs auf private Mails im Dienstaccount.

67 A.A. wohl *Imping/Pohle*, K&R 2012, 470 (472).

68 So auch *Koch* in Kongehl/Greß, Gruppe 2.17, S. 6.

69 Gegen eine solche Qualifizierung hat sich mittlerweile jedoch eine recht substantielle Position formiert, z.B. LAG Berlin-Brandenburg v. 16.2.2011 – 4 Sa 2132/10, DB 2011, 1281 (1281); *Stamer/Kuhnke* in Plath, § 32 BDSG Rz. 98 ff.; *Baumgartner* in Weth/Herberger/Wächter/Sorge, Daten- und Persönlich-

Fernmeldegeheimnis keine Anwendung mehr auf die im Endgerät gespeicherten E-Mails, zumindest wenn sie sich gelesen in der Inbox befinden[70].

24.50 Aufgrund der verbleibenden Rechtsunsicherheit ist es deshalb auch in dem Fall, dass eine SIM-Karte des Unternehmens genutzt wird, zu empfehlen, private und dienstliche E-Mails voneinander zu trennen und sie in separaten Ordnern oder Containern zu speichern. Sofern private und dienstliche E-Mails getrennt voneinander gespeichert werden, ist der Zugriff auf dienstliche E-Mails durch das Unternehmen nach § 26 Abs. 1 BDSG datenschutzrechtlich zulässig.

bb) Löschung von Daten

24.51 Nach Ziff. 5.2 soll das Unternehmen generell berechtigt sein, alle in dem Container enthaltenen Daten zu löschen. Nach Art. 17 Abs. 1 DSGVO ist das Unternehmen verpflichtet, personenbezogene Daten insbesondere dann zu löschen, sobald sie für die Zwecke, für die sie erhoben oder auf sonstige Weise verarbeitet wurden, nicht mehr notwendig sind (Art. 17 Abs. 1 lit. a DSGVO), die betroffene Person ihre Einwilligung widerrufen hat, auf die sich die Verarbeitung stützt (Art. 17 Abs. 1 lit. b DSGVO) oder die Daten (sonst wie) unrechtmäßig verarbeitet wurden (Art. 17 Abs. 1 lit. d DSGVO). Eine solche Löschpflicht erstreckt sich auf alle Speichermedien und umfasst deshalb auch das für BYOD genutzte private Endgerät des Mitarbeiters. Eine Verpflichtung zur Löschung von Daten auf dem privaten Endgerät des Mitarbeiters kann sich zudem auch aus Art. 32 Abs. 1 lit. b DSGVO sowie indirekt aus Art. 33 und Art. 34 DSGVO ergeben. So kann es im Rahmen der Sicherstellung der Vertraulichkeit von Systemen und Diensten im Zusammenhang mit der Verarbeitung der Daten erforderlich sein, diese auf dem mobilen Endgerät des Mitarbeiters zu löschen, um dort gespeicherte personenbezogene Daten zu schützen, z.B. vor **Schadsoftware** wie **Viren, Trojanern** oder sog. **„Schnüffel-Apps"**.

24.52 Die Löschung kann auch helfen, eine Meldepflicht nach **Art. 33 und Art. 34 DSGVO** zu vermeiden. Danach ist ein Verantwortlicher grundsätzlich verpflichtet, die Aufsichtsbehörden und unter bestimmten Umständen auch die betroffenen Personen über Verletzungen des Schutzes personenbezogener Daten i.S.d. Art. 4 Nr. 12 DSGVO zu informieren. Dies sind nach der Legaldefinition Verletzungen der Sicherheit, die, ob unbeabsichtigt oder unrechtmäßig, zur Vernichtung, zum Verlust, zur Veränderung oder zur unbefugten Offenlegung von bzw. zum unbefugten Zugang zu personenbezogenen Daten führen, die übermittelt, gespeichert oder auf sonstige Weise verarbeitet wurden. Die Informationspflicht wird wohl bereits dann ausgelöst, wenn Anhaltspunkte für eine solche Verletzung vorliegen, absolute Gewissheit ist wohl nicht erforderlich[71]. Informationspflichten nach Art. 33 und Art. 34 DSGVO kommen deshalb z.B. schon dann in Betracht, wenn das Smartphone, auf dem dienstliche Daten gespeichert sind, verloren oder gestohlen wurde oder ggf. auch nur länger unbeaufsichtigt dem Zugriff unberechtigter Dritter ausgesetzt ist. Um Informationspflichten in solchen Situationen zu entgehen, bietet sich eine **Remote-Löschung** der Daten an, so dass eine Verletzung des Schutzes personenbezogener Daten i.S.d. Art. 4 Nr. 12 DSGVO ggf. voraussichtlich nicht zu einem Risiko für die Rechte und Freiheiten natürlicher Personen führt (Art. 33 Abs. 1 DSGVO) bzw. voraussichtlich kein hohes Risiko für die persönlichen Rechte und Freiheiten natürlicher Personen zur Folge hat (Art. 34 Abs. 1 DSGVO). In diesen Fällen besteht (ausnahmsweise) keine Informationspflicht nach Art. 33 Abs. 1 bzw. Art. 34 Abs. 1 DSGVO[72].

24.53 **Technisch** kann das Löschen von Daten durch das Unternehmen entweder dadurch erfolgen, dass das Unternehmen sich das Gerät vom jeweiligen Mitarbeiter aushändigen lässt, untersucht und un-

---

keitsschutz im Arbeitsverhältnis, Teil IX Rz. 78 ff.; mit weiterführender Argumentation *Thüsing*, Beschäftigtendatenschutz und Compliance, § 3 Rz. 75 ff.

70 Siehe z.B. *Schultze-Melling* in Wybitul, Rz. 197 f.

71 *Art. 29-Datenschutzgruppe*, Leitlinien für die Meldung von Verletzungen des Schutzes personenbezogener Daten gemäß der Verordnung (EU) 2016/679, S. 12 ff.; *Reif* in Gola, Art. 33 DSGVO Rz. 31 ff., Art. 34 DSGVO Rz. 4.

72 Vgl. auch *Reif* in Gola, Art. 33 DSGVO Rz. 29.

erwünschte Daten löscht oder aber mittels eines Remote-Zugriffs des Unternehmens auf das private Endgerät des Mitarbeiters, während sich das Gerät beim Nutzer befindet. Für einen solchen Remote-Zugriff ist es jedoch regelmäßig erforderlich, dass ein spezielles Softwaretool auf dem Endgerät installiert wird und bestimmte Einstellungen in diesem Endgerät vorgenommen werden, wie es standardmäßig Mobile Device Management-Systeme erlauben. Möchte sich das Unternehmen das mobile Endgerät eines Mitarbeiters aushändigen lassen, ist eine entsprechende vertragliche Verpflichtung des Mitarbeiters ratsam.

Eine **vertragliche Regelung zur Datenlöschung** – wie in Ziff. 5.2 des Musters vorgesehen – ist dabei aus Rechtsgründen notwendig: Nach § 303a StGB macht sich strafbar, wer rechtswidrig Daten i.S.d. § 202a Abs. 2 StGB löscht, unterdrückt, unbrauchbar macht oder verändert. Hiervon sind nur Daten erfasst, hinsichtlich derer der Täter nicht verfügungsberechtigt ist. Das Unternehmen ist hinsichtlich der auf dem privaten Endgerät gespeicherten privaten Daten des Mitarbeiters nicht verfügungsbefugt. Insoweit ist der Mitarbeiter als Eigentümer bzw. Besitzer des Endgeräts Rechteinhaber[73]. Hinsichtlich der dienstlichen Daten, die auf dem Endgerät des Mitarbeiters – wenn auch in einem speziellen Container oder Ordner – gespeichert werden, ist die Zuordnung der Verfügungsbefugnis nicht so klar, da der Mitarbeiter zwar Eigentümer bzw. Besitzer des Endgeräts ist, auf dem die Daten gespeichert sind, andererseits aber das Unternehmen dem Mitarbeiter diese Daten zur Erfüllung seiner dienstlichen Pflichten überlassen hat[74]. Rechtssicherheit schafft auch in diesem Fall eine eindeutige Regelung mit dem Mitarbeiter über die **Verfügungsbefugnis**[75]. Da in der Literatur durchaus vertreten wird, dass ein schuldrechtlich Verfügungsbefugter lediglich neben den dinglich am Datenträger Berechtigten tritt und insoweit trotz der Regelung über die Verfügungsbefugnis ein tauglicher Täter i.S.d. § 303a StGB sein kann[76], ist es empfehlenswert, in die Vereinbarung zugleich auch eine Einwilligung des Mitarbeiters aufzunehmen, in der er der Löschung dienstlicher (und ggf. auch privater Daten, soweit diese die Sicherheit, Vertraulichkeit oder Integrität des privaten Endgeräts gefährden) auf seinem mobilen Endgerät durch das Unternehmen zustimmt, so dass die Datenlöschung i.S.d. § 303a StGB zumindest nicht rechtswidrig wäre. Ohne entsprechende Vereinbarung käme zudem auch noch ein Schadensersatzanspruch des Mitarbeiters gegen das Unternehmen nach § 280 Abs. 1, § 241 Abs. 2 BGB oder § 823 Abs. 1 BGB in Betracht[77]. Aus praktischen Erwägungen ist es ratsam, eine solche Löschung auch privater Daten nur für Notfälle vorzusehen. Vorzugswürdig ist eine selektive Löschung nur beruflicher Daten; einige gängige Mobile Device Management Tools ermöglichen dies, soweit eine entsprechende Datentrennung auf dem Endgerät umgesetzt ist.

24.54

cc) Ändern von Daten

Hinsichtlich des **Änderns von Daten** gelten die vorstehenden Erläuterungen zur Löschung von Daten entsprechend. Auch das Ändern von Daten kann eine taugliche Tathandlung i.S.v. § 303a StGB darstellen. Daten werden verändert, wenn ein neuer Inhalt hergestellt wird[78]. Das kann durch Änderung des Informationsgehalts, Teillöschung oder neue Verknüpfung mit anderen Daten geschehen[79]. Eine Änderung von Daten liegt demzufolge auch dann vor, wenn das Unternehmen zentrale Einstellungen in der Konfiguration des mobilen Endgeräts ändern möchte, da sich insoweit zumindest Einträge in der „Registry"-Datei (bzw. der entsprechenden Datei im jeweiligen Betriebssystem) ändern[80]. Möchte das Unternehmen also auf dem privaten Endgerät gespeicherte Daten in diesem Sinne ändern, so ist hierfür ebenfalls eine entsprechende Vereinbarung erforderlich, jedenfalls sofern private Daten des Mitarbeiters betroffen sind.

24.55

---

73 *Hecker* in Schönke/Schröder, § 303a StGB Rz. 3; *Wieck-Noodt* in Joecks/Miebach, § 303a StGB Rz. 9 f.
74 *Weidemann* in v. Heintschel-Heinegg, § 303a StGB Rz. 5.
75 *Hecker* in Schönke/Schröder, § 303a StGB Rz. 3.
76 *Wieck-Noodt* in Joecks/Miebach, § 303a StGB Rz. 9 f.
77 *Göpfert/Wilke*, NZA 2012, 765 (767).
78 BT-Drucks. 10/5058, 35.
79 *Weilers* in Dölling/Duttge/Rössner, § 303a StGB Rz. 8.
80 *Weidemann* in v. Heintschel-Heinegg, § 303a StGB Rz. 14.

24.56 Soweit der Betriebsrat über bestimmte Gegenstände keine Regelungen treffen kann, da z.B. Eigentumsrechte der Mitarbeiter betroffen sind, dient die Regelung zudem der **Information der Mitarbeiter**, damit diese in den entsprechenden Datenumgang bzw. die entsprechenden Handlungen des Unternehmens einwilligen können.

d) Löschung privater Daten (Ziff. 5.3)

24.57 Selbst wenn dienstliche Daten getrennt von den privaten Daten eines Mitarbeiters auf dessen privatem Endgerät gespeichert werden und das Unternehmen nur die dienstlichen Daten löschen möchte (z.B. im Fall der Beendigung des Arbeitsverhältnisses), ist es technisch nicht ausgeschlossen, dass bei diesem Löschvorgang (evtl. unbeabsichtigt) auch **private Daten des Mitarbeiters** gelöscht werden. Vor diesem Hintergrund ist in Ziff. 5.3 eine Regelung in das Muster aufgenommen worden, durch die der Mitarbeiter entsprechend informiert wird, so dass der Mitarbeiter informiert seine Einwilligung hierzu erteilen kann. Des Weiteren dient diese Regelung auch dazu, abzusichern, dass das Unternehmen im Fall eines Datenverlusts als Folge einer solchen Datenlöschung keine Haftung trifft.

e) Ergänzende Regelungen (Ziff. 5.4)

24.58 Auch diese Regelung dient zuvorderst der Gewährleistung der **Datensicherheit** allgemein sowie rechtlicher Verpflichtungen des Unternehmens nach Art. 32 DSGVO. Insbesondere wird durch diese Regelung klargestellt, dass die Betriebsvereinbarung über BYOD nicht abschließend ist, sondern der Mitarbeiter bei der Nutzung von Daten im Rahmen von BYOD auch die **weiteren Unternehmensrichtlinien** im Hinblick auf den Umgang mit Daten des Unternehmens beachten muss, die auch gelten, wenn er Daten des Unternehmens auf unternehmenseigener IT im Unternehmen nutzt. Oft sind solche Regelungen z.B. in **IT-Sicherheitsrichtlinien** enthalten. Entsprechende Regelwerke können auch explizit referenziert werden.

24.59 Die Verpflichtung, dienstliche Daten nur innerhalb des sog. „Containers" zu speichern, ist erforderlich, da das Unternehmen diese Daten bei einer zulässigen Speicherung der **Daten außerhalb des Containers** nicht mehr kontrollieren und sichern könnte, wodurch es zu einem Datenverlust und ggf. sogar zu einer Haftung des datenschutzrechtlich verantwortlichen Unternehmens kommen könnte. So würde das Unternehmen im Fall einer Speicherung personenbezogener Daten außerhalb des „Containers" i.d.R. auch gegen die Verpflichtungen aus Art. 32 DSGVO verstoßen, da das Endgerät ohne ein Mobile Device Management Tool regelmäßig nicht entsprechend den Vorgaben aus Art. 32 DSGVO gesichert sein dürfte.

24.60 Die **Nutzung von Cloud Services** durch den Mitarbeiter im Hinblick auf dienstliche Daten sollte untersagt werden, da einerseits Cloud-Diensteanbieter ansonsten ggf. auf die dienstlichen Daten zugreifen könnten und andererseits der Zugriff auf die Daten dem Unternehmen als Verantwortlichem entzogen sein könnte[81]. Die Untersagung der Nutzung von Cloud-Diensten ist zudem vor dem Hintergrund empfehlenswert, dass die Einstellung von personenbezogenen Daten in eine Cloud ein Auftragsverarbeitungsverhältnis oder im Ausnahmefall sogar eine Übermittlung personenbezogener Daten darstellen kann, für die das Unternehmen einzustehen hat, ohne jedoch wirksam kontrollieren zu können, ob die Bedingungen an eine rechtmäßige Datenverarbeitung bei der Einstellung von Daten in die Cloud erfüllt sind[82]. Es ist freilich zu konstatieren, dass mittlerweile auch bereits das Konzept „**Bring Your Own Cloud**" (BYOC) als Alternative oder Ergänzung zu BYOD diskutiert wird. Hierbei geht es gerade um die Zulassung von Cloud-Anwendungen, die der Arbeitnehmer (privat)

---

81 *Göpfert/Wilke*, NZA 2012, 765 (767); *Koch* in Kongehl/Greß, Gruppe 2.17, S. 12; krit. zum Datenabgleich mit einem zentralen cloud-basierten Datenspeicher auch *Landesbeauftragter für Datenschutz und Informationsfreiheit Mecklenburg-Vorpommern*, 10. Tätigkeitsbericht, LT-Drucks. 6/712 v. 2.5.2012, 53.

82 Vgl. hierzu *Conrad/Schneider*, ZD 2011, 153 (154).

nutzt. Wenn dies von dem Unternehmen tatsächlich in Erwägung gezogen werden sollte, sind jedenfalls eigenständige, dezidierte Regelungen hierzu notwendig.

f) Möglicher Zugriff auf private Daten (Ziff. 5.5)

Erbringt das Unternehmen für das private Gerät des Mitarbeiters auch **technischen Support**, z.B. Reparaturleistungen (ggf. auch durch einen vom Unternehmen beauftragten Dienstleister), kann nicht ausgeschlossen werden, dass das Unternehmen auch auf private Daten des Mitarbeiters zugreift oder diese zumindest einsehen kann, um die Supportdienstleistungen erbringen zu können. Die Regelung dient insbesondere der Information des Mitarbeiters, damit dieser wirksam in den Zugriff auf seine privaten Daten zu diesem Zweck einwilligen kann, bzw. damit die Befugnis hierzu eine vertragliche Grundlage hat.

24.61

g) Hinweis auf die Einwilligungserklärung (Ziff. 5.6)

Wie bereits erläutert, sind nicht sämtliche der im Rahmen dieser Betriebsvereinbarung beschriebenen Handlungen des Unternehmens bzw. Datenverarbeitungen der Regelung durch eine Betriebsvereinbarung zugänglich, wie z.B. Verfügungen über Eigentumsrechte des Mitarbeiters oder ggf. auch der Umgang mit privaten Daten des Mitarbeiters. Vor diesem Hintergrund ist neben der Betriebsvereinbarung, die zumindest im Hinblick auf den Umgang mit dienstlichen Daten nach § 26 Abs. 1 Satz 1 BDSG als Erlaubnisvorschrift dienen kann[83], eine **individuelle Vereinbarung mit dem jeweiligen Mitarbeiter** zu schließen, in der dieser in die Handlungen des Unternehmens und den Umgang mit seinen privaten Daten durch das Unternehmen (strafrechtlich, sachenrechtlich, schuldrechtlich und datenschutzrechtlich) einwilligt (siehe hierzu die Erläuterungen unter Rz. 24.126 ff.). Das Unternehmen kann in diesem Fall die für eine wirksame Einwilligung des Mitarbeiters erforderlichen Informationen bereits im Rahmen der Betriebsvereinbarung geben. Dies hat u.a. auch den Vorteil, dass ein solches Vorgehen als vertrauensbildende Maßnahme dienen kann. So werden Mitarbeiter i.d.R. eine Einwilligung eher erteilen, wenn das Vorgehen des Unternehmens im Hinblick auf BYOD mit dem Betriebsrat abgestimmt wurde und dieser dem Vorgehen des Unternehmens durch den Abschluss der Betriebsvereinbarung zugestimmt hat.

24.62

8. Informationspflicht (Ziff. 6)

M 24.1.6 Informationspflicht

24.63

6. Informationspflicht

Im Falle des Verlusts, der Beschädigung, der Zerstörung, der unbeabsichtigten oder unrechtmäßigen Veränderung oder der Gefährdung des privaten mobilen Geräts bzw. der darauf gespeicherten oder darüber zugänglichen dienstlichen Daten, z.B. durch Späh- oder Schadsoftware oder unbefugte Kenntnisnahme durch Offenlegung dienstlicher Daten gegenüber unbefugten Personen, einschließlich anderer Mitarbeiter, bzw. Zugang zu dienstlichen Daten durch solche Personen („Sicherheitsvorfall") hat der Mitarbeiter den Arbeitgeber unverzüglich, spätestens jedoch innerhalb von 24 Stunden, entweder telefonisch unter … oder per E-Mail an … zu informieren. Eine solche Information hat auch zu erfolgen, wenn der Mitarbeiter den begründeten Verdacht hat, dass ein solcher Sicherheitsvorfall stattgefunden haben könnte oder er das private mobile Gerät nur für eine gewisse Zeitspanne (mindestens 24 Stunden) nicht auffinden kann. Der Mitarbeiter wird den Arbeitgeber im Rahmen des Zumutbaren unterstützen, um in einem solchen Fall etwaige negative Folgen für die Vertraulichkeit, Integrität und Verfügbarkeit der dienstlichen Daten aus einem solchen Datensicherheitsvorfall zu vermeiden oder deren Auswirkungen zu begrenzen sowie dem Arbeitgeber die Erfüllung etwaiger Informationspflichten, insb. solche nach Art. 33 und Art. 34 DSGVO, zu ermöglichen.

---

83 *Baumgartner/Gausling* in Moos/Schefzig/Arning, Kap. 15 Rz. 59; *Wybitul*, ZD 2016, 203 (206 f.).

a) Ratio

24.64 Die in dieser Ziffer enthaltenen Regelungen sollen sicherstellen, dass das Unternehmen möglichst frühzeitig über sicherheitsrelevante Vorfälle informiert ist, nicht zuletzt um seinen eigenen etwa **nach Art. 33 und Art. 34 DSGVO** bestehenden Verpflichtungen bei **Verlust** personenbezogener Daten nachkommen zu können.

b) Benachrichtigungspflichten

24.65 Ziff. 6 verpflichtet den Mitarbeiter, das Unternehmen **unverzüglich zu benachrichtigen**, wenn das private Endgerät, auf dem Daten des Unternehmens gespeichert sind, beschädigt, zerstört, gestohlen oder verloren wurde, sonst abhandengekommen oder dem Zugriff Dritter ausgesetzt ist. Dies gilt auch, wenn die darauf gespeicherten oder über dieses Endgerät zugänglichen dienstlichen Daten unbefugt oder unrechtmäßig verändert wurden. Die Mitarbeiter müssen sofort melden, wenn Endgeräte, die auch für berufliche Belange genutzt wurden, verloren gegangen sind. Es entspricht wiederum einer Empfehlung des *BSI*, eine solche Meldepflicht auch vorzusehen, wenn ein Endgerät nur für eine gewisse Zeitspanne nicht auffindbar ist[84]. Um die Befolgung dieser Verpflichtung sicher zu stellen, sollte das Unternehmen prüfen, ob es feste Meldewege einrichtet, über die die Mitarbeiter die Meldungen absetzen und so eine Löschung, Sperrung und Lokalisation der Endgeräte vornehmen können.

24.66 Diese Verpflichtung korrespondiert ganz maßgeblich mit der Informationspflicht des Unternehmens gegenüber Aufsichtsbehörden und betroffenen Personen im Falle einer Verletzung des Schutzes personenbezogener Daten i.S.d. Art. 4 Nr. 12 DSGVO[85]. Nach Art. 33 und Art. 34 DSGVO ist das Unternehmen als Verantwortlicher im Sinne des Datenschutzrechts grundsätzlich verpflichtet, die Aufsichtsbehörden und unter bestimmten Voraussetzungen auch die betroffenen Personen zu informieren, falls eine solche Verletzung stattgefunden hat. Eine unverzügliche Unterrichtung durch den Mitarbeiter ist deshalb erforderlich, damit das Unternehmen seine bußgeldbewehrte Pflicht nach Art. 33 und Art. 34 DSGVO seinerseits erfüllen kann. Nur eine solche Information ermöglicht es dem Unternehmen auch, die auf dem mobilen Endgerät gespeicherten Daten ggf. über den Remote-Zugriff zu löschen (**Remote Wipe**) und so ggf. einer Benachrichtigungspflicht nach Art. 33 und Art. 34 DSGVO zu entgehen.

24.67 Die Benachrichtigungspflicht des Mitarbeiters ist hier recht umfassend angelegt und greift z.B. auch schon bei einem Verdacht unrechtmäßiger Kenntniserlangung, dem schlichten Verlust oder einer sonstigen „Gefährdung" des Gerätes, da bereits in einem solchen Fall die Sicherheit der auf den mobilen Endgeräten gespeicherten Daten gefährdet sein könnte, woraufhin das Unternehmen unverzüglich geeignete Maßnahmen ergreifen müsste. Eine solch frühe Informationspflicht ist rechtlich ratsam. Zwar besteht eine Informationspflicht nach Art. 33 und Art. 34 DSGVO wohl erst dann, wenn ein bestimmter Grad an Wahrscheinlichkeit besteht, dass eine Verletzung des Schutzes personenbezogener Daten erfolgt ist – ein bloßer Verdacht löst diese Pflicht demgegenüber noch nicht aus[86]. Allerdings trifft den Verantwortlichen eine Ermittlungspflicht bei Datenschutzverletzungen, die potentiell

---

84 *BSI*, Überblickspapier Consumerisation und BYOD, S. 9.

85 Eine „Verletzung des Schutzes personenbezogener Daten" ist gem. Art. 4 Nr. 12 DSGVO eine Verletzung der Sicherheit, die, ob unbeabsichtigt oder unrechtmäßig, zur Vernichtung, zum Verlust, zur Veränderung, oder zur unbefugten Offenlegung von beziehungsweise zum unbefugten Zugang zu personenbezogenen Daten führt, die übermittelt, gespeichert oder auf sonstige Weise verarbeitet wurden. Siehe zu den Meldepflichten nach Art. 33 und Art. 34 DSGVO auch *Art. 29-Datenschutzgruppe*, Leitlinien für die Meldung von Verletzungen des Schutzes personenbezogener Daten gemäß der Verordnung (EU) 2016/679.

86 *Reif* in Gola, Art. 33 DSGVO Rz. 31 ff., Art. 34 DSGVO Rz. 4. Siehe auch *Art. 29-Datenschutzgruppe*, Leitlinien für die Meldung von Verletzungen des Schutzes personenbezogener Daten gemäß der Verordnung (EU) 2016/679, S. 12 ff.

meldepflichtig sein könnten[87]. Kommt ein Verantwortlicher dieser nicht (ausreichend) nach und stellt sich später heraus, dass eine meldepflichtige Verletzung stattgefunden hat, kann dies ggf. als eine verspätete Meldung gewertet werden[88].

Die **Reaktionszeit von 24 Stunden** ist hier recht kurz gehalten. Sie orientiert sich an den Vorgaben der am 25.8.2013 in Kraft getretenen Verordnung Nr. 611/2013[89] der EU-Kommission vom 24.6.2013 über die Maßnahmen für die Benachrichtigung von Verletzungen des Schutzes personenbezogener Daten gemäß Richtlinie 2002/58/EG (Datenschutzrichtlinie für elektronische Kommunikation), wonach das von einer Datenpanne betroffene Unternehmen die zuständige Behörde ebenfalls binnen 24 Stunden nach Kenntniserlangung von der Datensicherheitsverletzung informieren muss. Es empfiehlt sich, diese kurze Frist auch unter der DSGVO beizubehalten. Zwar verlangt Art. 33 Abs. 1 Satz 1 DSGVO insoweit „nur", dass die Aufsichtsbehörde „unverzüglich und möglichst binnen 72 Stunden, nachdem die Verletzung bekannt wurde", zu informieren ist (spätere Meldungen bedürfen nach Art. 33 Abs. 1 Satz 2 DSGVO einer Begründung für die Verzögerung). Art. 34 DSGVO sieht sogar keine Regelfrist vor (die Information muss nach Art. 34 Abs. 1 DSGVO „unverzüglich" erfolgen). Doch ermöglicht es die kurz gehaltene 24-Stunden-Frist dem Unternehmen, innerhalb der Frist von 72 Stunden, in der das Unternehmen nach Maßgabe von Art. 33 Abs. 1 DSGVO die Aufsichtsbehörde informieren muss, ggf. noch Gegenmaßnahmen zu treffen, die eine Informationspflicht nach Art. 33, 34 DSGVO ausschließen, notwendige Sachverhaltsaufklärung zu betreiben oder den Sachverhalt noch gründlich rechtlich zu prüfen, bevor eine Meldung erfolgen muss.

9. Nutzung von Kommunikationsdiensten (Ziff. 7)

M 24.1.7 Nutzung von Kommunikationsdiensten

7. Nutzung von Kommunikationsdiensten

Der Mitarbeiter hat neben den Regelungen dieser Betriebsvereinbarung gleichzeitig alle Richtlinien und Handlungsanweisungen des Arbeitgebers sowie alle anderen Betriebsvereinbarungen zu beachten, welche die Nutzung von betrieblichen Kommunikationssystemen (wie z.B. Internet, E-Mail, Telefon etc.) betreffen. Diese Richtlinien, Handlungsanweisungen und Betriebsvereinbarungen finden in ihrer jeweils gültigen Fassung auch auf die dienstliche Nutzung des privaten mobilen Gerätes Anwendung, sofern diese Betriebsvereinbarung nicht ausdrücklich etwas anderes bestimmt.

a) Ratio

Der Zweck dieser Regelung besteht darin, sicherzustellen, dass der Mitarbeiter auch die weiteren **Richtlinien, Handlungsanweisungen** und Betriebsvereinbarungen im Unternehmen bzgl. der Nutzung von Kommunikationsdiensten beachtet und diese neben der BYOD-Regelung anwendbar bleiben.

b) Ergänzende Regelungen

In Ziff. 7 wird klargestellt, dass die Betriebsvereinbarung zu BYOD nicht abschließend ist und der Mitarbeiter (nachrangig) auch sämtliche übrigen Richtlinien, Handlungsanweisungen und Betriebsvereinbarungen des Unternehmens zur Nutzung betrieblicher Kommunikationssysteme genau so beachten muss, wie wenn er unternehmenseigene IT benutzt. In der Praxis ist hier insbesondere an **Regelungen**

24.68

24.69

24.70

24.71

---

87 *Reif* in Gola, Art. 33 DSGVO Rz. 34. So auch *Art. 29-Datenschutzgruppe*, Leitlinien für die Meldung von Verletzungen des Schutzes personenbezogener Daten gemäß der Verordnung (EU) 2016/679, S. 14 f.

88 *Art. 29-Datenschutzgruppe*, Leitlinien für die Meldung von Verletzungen des Schutzes personenbezogener Daten gemäß der Verordnung (EU) 2016/679, S. 14 f.

89 ABl. Nr. L 173/2 v. 26.6.2013.

zur privaten Nutzung dienstlicher Kommunikationssysteme wie E-Mail und Internet, aber auch an private Telefonie zu denken. Relevant sein können ferner allgemeine **IT-Sicherheitsrichtlinien**, Regelungen zur Nutzung von Softwareprogrammen oder auch **Social Media Guidelines**. Letztlich bestehen – gerade in mitbestimmten Betrieben – häufig spezielle Regelungen zu bestimmten **Anwendungssystemen** (z.B. Zeiterfassung). Sofern solche Anwendungen auch über das private mobile Gerät des Mitarbeiters nutzbar sind, stellt die Regelung klar, dass auch insoweit die bestehenden Regelungen weiterhin anwendbar bleiben.

10. Installation von Apps (Ziff. 8)

24.72 **M 24.1.8 Installation von Apps**

8. Installation von Apps durch den Mitarbeiter

8.1 Dem Mitarbeiter ist es gestattet, auf dem privaten mobilen Gerät Apps von Dritten zu installieren. Der Arbeitgeber ist aber berechtigt, eine sog. Blacklist aufzustellen und von Zeit zu Zeit zu aktualisieren, welche Apps benennt, deren Installation und Nutzung auf dem privaten mobilen Gerät untersagt ist. Der Arbeitgeber wird nur solche Apps in die Blacklist aufnehmen, von denen Gefährdungen für die Vertraulichkeit, Integrität oder Verfügbarkeit der dienstlichen Daten ausgehen. Falls der Mitarbeiter eine App, die auf der Blacklist enthalten ist, bereits auf dem privaten mobilen Gerät installiert hat, so ist er verpflichtet, diese App unverzüglich nach Bekanntmachung der Blacklist von dem privaten mobilen Gerät zu löschen. Der Arbeitgeber ist berechtigt, jederzeit – auch im Wege des Fernzugriffs – zu überprüfen, ob Apps auf dem privaten mobilen Gerät installiert sind, die in der Blacklist enthalten sind. Der Arbeitgeber ist jederzeit berechtigt, auf dem privaten mobilen Gerät installierte Apps – auch im Wege des Fernzugriffs – zu löschen, die in der Blacklist enthalten sind.

8.2 Installiert der Mitarbeiter eine App auf seinem privaten mobilen Gerät, ist der Mitarbeiter selbst dafür verantwortlich, dass er über eine entsprechende ordnungsgemäße Lizenz zur Installation und Nutzung dieser App auf dem privaten mobilen Gerät verfügt. Der Mitarbeiter wird den Arbeitgeber von jeglicher Haftung freistellen, die durch die Installation und Verwendung nicht ordnungsgemäß lizenzierter Apps, für die er nach vorstehendem Satz 1 selbst verantwortlich ist, verursacht wird.

8.3 Der Mitarbeiter ist für die Erhebung und Verwendung personenbezogener Daten durch eine von ihm installierte App selbst verantwortlich. Der Mitarbeiter erkennt an, dass der Arbeitgeber für die Erhebung, Verarbeitung und Nutzung dieser Daten insoweit nicht verantwortlich ist.

a) Ratio

24.73 Durch die in Ziff. 8 enthaltenen Regelungen soll sichergestellt werden, dass durch **vom Mitarbeiter installierte Apps** keine Gefahren für die im Rahmen von BYOD verarbeiteten Unternehmensdaten ausgehen und dass das Unternehmen für hierdurch verursachte **Lizenz- oder Datenschutzrechtsverletzungen** nicht haftet.

b) Einsatz privater Apps (Ziff. 8.1)

24.74 Es ergibt sich aus der Natur der Sache, dass der Mitarbeiter auch private Apps auf dem Gerät nutzen möchte, das er auch für BYOD einsetzt. Eine Regelung, die ihm diese Möglichkeit generell abschneidet, ist von vornherein sinnlos. Im Rahmen der Sicherstellung der Verfügbarkeit von Systemen und Diensten nach Art. 32 Abs. 1 lit. b DSGVO empfiehlt es sich für das Unternehmen aber zumindest, die Freiheit des Mitarbeiters bei der Auswahl der von ihm genutzten Apps in sinnvollem Maße zu begrenzen, weil manche Software-Apps ein nicht unbeträchtliches Risiko für das Unternehmen mit sich bringen können[90]. So können **Viren** oder „**Schnüffel-Apps**" unbemerkt Daten aus dem Endgerät auslesen oder das Endgerät sogar unbrauchbar machen. Es ist deshalb sachgerecht, dass das Unternehmen dem Mitarbeiter einen Rahmen setzt und Anforderungen definiert, welche Apps ausnahmsweise nicht zugelassen sind. Durch eine solche Maßnahme kann das Unternehmen die auf dem Endgerät gespeicherten Daten gegen zufällige Zerstörung oder Verlust schützen. In diesem Sinne wird in Ziff. 8 geregelt, dass der Mitarbeiter bestimmte Apps auf seinem Smartphone nicht installieren darf, dass das Unternehmen die Einhaltung dieser Regelung kontrollieren und ggf. schädliche bzw. unzulässige Software von dem Gerät entfernen darf.

Es sollte dem Mitarbeiter transparent sein, welche Apps auf seinem privaten mobilen Gerät ausgeführt werden dürfen und welche explizit ausgeschlossen sind. Das Muster wählt hierbei den Weg einer sog. **Blacklist**. Das bedeutet, das Unternehmen ist berechtigt, bestimmte, von ihm als sicherheitsbedrohend erkannte Apps positiv zu benennen, die der Mitarbeiter dann nicht installieren darf. Die Liste könnte das Unternehmen bspw. im Intranet bekannt geben. Die Durchsetzung der Blacklist kann wiederum mithilfe von MDM-Software erfolgen, die zumeist Funktionen anbietet, um spezielle Apps zuzulassen bzw. auszuschließen. Das Unternehmen sollte zusätzlich einen Prozess definieren, wie Anwendungen in diese Blacklist aufgenommen und wieder von ihr entfernt werden. Noch weitergehend wäre die Vorgabe einer sog. Whitelist. Hierbei dürfen von dem Mitarbeiter generell nur solche Apps auf seinem privaten Gerät installiert werden, die explizit in der Liste aufgeführt sind. Ein solcher Ansatz hat freilich wieder Akzeptanzprobleme, vor allem wenn er restriktiv gehandhabt wird. | 24.75

c) Lizenzkonformität (Ziff. 8.2)

Ziff. 8.2 trifft Festlegungen zur Lizenzkonformität der Apps und zur entsprechenden Einstandspflicht des Mitarbeiters. Eine solche Regelung ist vor dem Hintergrund des § 99 UrhG empfehlenswert, wonach ein Unternehmen für **Urheberrechtsverletzungen** seiner Mitarbeiter haftet, sofern diese im Rahmen ihrer Tätigkeit für das Unternehmen erfolgen. Hieraus folgt, dass das Unternehmen im Falle des Einsatzes von Apps auf dem Endgerät des Mitarbeiters zu dienstlichen Zwecken für eine ordnungsgemäße Lizenzierung einzustehen hat[91]. Das Unternehmen muss im Rahmen von BYOD deshalb grundsätzlich selbst prüfen, ob und unter welchen Bedingungen die Verwendung einer App zu dienstlichen Zwecken zulässig ist. Die für die dienstliche Nutzung erforderlichen Apps sollte das Unternehmen deshalb selbst bereitstellen oder jedenfalls verbindlich vorgeben, um so eine ordnungsgemäße Lizenzierung sicherzustellen. Im Übrigen ist zur Vermeidung etwaiger Haftungsrisiken eine Vereinbarung mit dem Mitarbeiter ratsam, in der dieser verpflichtet wird, ausschließlich ordnungsgemäß lizenzierte Apps einzusetzen und im Fall der Verletzung dieser Verpflichtung das Unternehmen von einer ggf. hieraus resultierenden Haftung freizustellen bzw. diese zu übernehmen. Somit ist zumindest sichergestellt, dass dem Unternehmen durch eine etwaige Urheberrechtsverletzung des Mitarbeiters aufgrund der Nutzung einer nicht ordnungsgemäß lizenzierten App kein Schaden entsteht. Zudem sollte das Unternehmen überlegen, die Einhaltung dieser Verpflichtung zumindest stichprobenartig zu kontrollieren und hierzu ggf. entsprechende Herausgabepflichten des Mitarbeiters festzulegen. | 24.76

d) Datenschutzrechtliche Verantwortlichkeit (Ziff. 8.3)

Ziff. 8.3 dient der Klärung und Abgrenzung der **datenschutzrechtlichen Verantwortlichkeitssphären**. Das Unternehmen ist datenschutzrechtlich nur im Hinblick auf die dienstliche Datenverarbeitung als Verantwortlicher i.S.d. Art. 4 Nr. 7 DSGVO zu qualifizieren[92]. Im Hinblick auf die Datenverarbeitung zu privaten Zwecken durch den Mitarbeiter ist dieser regelmäßig selbst als Verantwortlicher i.S.d. Art. 4 Nr. 1 DSGVO anzusehen (zumindest sofern diese Daten andere Personen als den Mitarbeiter selbst betreffen). Jedenfalls ist das Unternehmen nicht für eine solche Datenverarbeitung verantwort- | 24.77

---

90 *Koch* in Kongehl/Greß, Gruppe 2.17, S. 15.
91 *Herrnleben*, MMR 2012, 205 (205 f.); *Göpfert/Wilke*, NZA 2012, 765 (767 f.).
92 *Jung/Hansch*, ZD 2019, 143 (146).

lich. Eine Datenverarbeitung zu privaten Zwecken liegt auch dann vor, wenn diese mittels einer App erfolgt, die der Mitarbeiter privat auf seinem Endgerät installiert hat. Die Eigenschaft als **Verantwortlicher i.S.d. Art. 4 Nr. 7 DSGVO** ist regelmäßig einer vertraglichen Vereinbarung nicht zugänglich – zumindest sofern diese nicht den tatsächlichen und rechtlichen Einflussmöglichkeiten der Beteiligten entspricht[93]. Durch diese Regelung soll der Mitarbeiter deshalb vor allem darüber informiert werden, dass er für den privaten Umgang mit seinen Daten selbst verantwortlich ist und so sein Bewusstsein für einen verantwortungsvollen Umgang mit diesen Daten geschärft werden. Eine entsprechende Sensibilität des Mitarbeiters kommt dem Unternehmen auch unmittelbar selbst zugute.

11. Kostentragung (Ziff. 9)

24.78 **M 24.1.9 Kosten**

9. Kosten

Der Mitarbeiter erhält für das Zurverfügungstellen seines privaten mobilen Geräts sowie seiner Nutzungsrechte aus seinem privaten Mobilfunkvertrag eine monatliche Pauschale in Höhe von ... Euro. Hiermit sind sämtliche Ansprüche des Mitarbeiters, die aus der Nutzung privater mobiler Geräte zu dienstlichen Zwecken resultieren, gegenüber dem Arbeitgeber abgegolten.

a) Ratio

24.79 Die Ziffer regelt die Verteilung der durch die Nutzung des privaten Endgeräts anfallenden **Kosten**.

b) Kostenersatz

24.80 Stellt ein Mitarbeiter sein privat erworbenes Smartphone einschließlich seiner Nutzungsrechte aus seinem privaten Mobilfunkvertrag zu dienstlichen Zwecken zur Verfügung, so ist der Arbeitgeber gem. §§ 675, 670 BGB grundsätzlich verpflichtet, seinem Arbeitnehmer die **Kosten** für dienstliche Telefongespräche und für zu dienstlichen Zwecken übertragene Datenvolumina zu **ersetzen**[94]. Denn sobald ein Arbeitnehmer eigenes Vermögen im Interesse des Arbeitgebers einsetzt und die erbrachten Aufwendungen nicht bereits durch das Gehalt abgegolten sind, hat der Arbeitnehmer nach diesen Vorschriften einen Anspruch auf Aufwendungsersatz gegen seinen Arbeitgeber[95]. Für ein Unternehmen kann es deshalb sinnvoll sein, die Vereinbarung von BYOD davon abhängig zu machen, ob der Mobilfunkvertrag des einzelnen Arbeitnehmers **Flatrate-Tarife** enthält, die dann kostenmäßig auch die im Rahmen der Nutzungsvereinbarung vorgesehene dienstliche Nutzung abdecken[96]. Dadurch bleibt das Kostenrisiko des Unternehmens durch BYOD überschaubar.

24.81 Zwei unterschiedliche Regelungsmöglichkeiten kommen zur Frage der Kostentragung/Kostenübernahme in Betracht. Zum einen ist es möglich, dass der Arbeitgeber die Kosten der einzelnen Telefongespräche und Datenübertragungen gegen **Einzelnachweis** erstattet. Dies ist jedoch zumeist mit einem recht hohen Aufwand verbunden, soweit es denn bei Datenübertragungen überhaupt praktikabel wäre. Vorzugswürdig ist deshalb eine **Pauschalierung** des Aufwendungsersatzanspruchs. Dies kann durch entsprechende Regelung kollektivvertraglich oder auch in der Individualvereinbarung erfolgen. Ein völliger Ausschluss des Anspruchs auf Aufwendungsersatz stellt ebenso wie ein zu niedrig angesetzter Pauschalbetrag jedoch eine unangemessene Benachteiligung des Arbeitnehmers i.S.d. § 307 Abs. 1

---

93 Vgl. z.B. *Arning/Rothkegel* in Taeger/Gabel, Art. 4 DSGVO Rz. 170 ff.
94 *Göpfert/Wilke*, NZA 2012, 765 (768).
95 *Preis* in ErfK, § 611a BGB Rz. 553.
96 *Arning/Moos/Becker*, CR 2012, 592 (593).

BGB dar und wäre unwirksam. Es ist deshalb sicherzustellen, dass der von dem Unternehmen erstattete Kostenanteil auch angemessen ist.

Die Vereinbarung über eine Pauschalierung des Aufwendungsersatzes könnte zusätzlich noch **befristet** **oder bedingt** werden oder unter einen **Änderungs- bzw. Widerrufsvorbehalt** gestellt werden. Solche Vorbehalte müssen aber hinreichend transparent sein. Eine Klausel, mit der sich der Arbeitgeber den jederzeitigen unbeschränkten Widerruf von Leistungen vorbehält, verstößt gegen § 307 Abs. 1 Satz 2 und § 308 Nr. 4 BGB und wäre unwirksam[97]. Weiterhin ist im Hinblick auf das Transparenzgebot die möglichst konkrete Benennung der Änderungs- bzw. Widerrufsgründe erforderlich[98]. 24.82

Schließlich darf die vertragliche Regelung den Arbeitnehmer auch im Einzelfall **nicht unangemessen** **benachteiligen**, d.h. die Interessen des Arbeitnehmers müssen hinreichend berücksichtigt werden. Vor diesem Hintergrund wäre es bei der zusätzlichen Vereinbarung eines Widerrufs- oder Änderungsvorbehalts ratsam, dessen Ausübung an die Beachtung einer Auslauffrist zu binden. Dies dürfte rechtlich erforderlich sein, da der Arbeitnehmer möglicherweise Dispositionen gegenüber seinem Mobilfunkanbieter getroffen hat in der Erwartung, dass er für die dienstliche Nutzung seines mobilen Endgeräts von seinem Arbeitgeber weiterhin eine entsprechende **Pauschale** erhält[99]. 24.83

12. Haftung (Ziff. 10)

M 24.1.10 Haftung
24.84

10. Haftung

10.1 Der Arbeitgeber haftet nicht für Schäden oder Folgeschäden an dem privaten mobilen Gerät oder den privaten Daten, welche im Zusammenhang mit dem vom Arbeitgeber oder einem Dritten zur Verfügung gestellten technischen Support entstehen, der auf Aufforderung des Mitarbeiters geleistet wurde. Dasselbe gilt für den Fall einer durch den Arbeitgeber veranlassten Löschung oder Änderung von dienstlichen Daten, welche zu einem Verlust, Schäden oder Folgeschäden an privaten Daten führt. Dieser Haftungsausschluss gilt nicht bei vorsätzlichem oder grob fahrlässigem Verhalten des Arbeitgebers.

10.2 Es besteht auch keine Ersatzpflicht des Arbeitgebers für den Fall, dass der Mitarbeiter das private mobile Gerät bei privater oder dienstlicher Nutzung verliert oder das Gerät gestohlen oder beschädigt wird; es sei denn, dies beruht auf Vorsatz oder grober Fahrlässigkeit des Arbeitgebers.

a) Ratio

Durch die in dieser Ziff. 10 enthaltenen Regelungen soll die **Haftung** geregelt und für das Unternehmen möglichst begrenzt werden. 24.85

b) Haftungsbegrenzung (Ziff. 10.1)

Im Zusammenhang mit BYOD stellen sich auch Haftungsfragen, etwa im Fall des Verlusts des privaten mobilen Geräts des Mitarbeiters. Sofern der Verlust oder die Beschädigung des privaten mobilen Geräts durch eine Einwirkung des Arbeitgebers eingetreten ist, haftet der Arbeitgeber nach §§ 280, 241 BGB **verschuldensabhängig**. Hierbei dürfte es sich allerdings um Ausnahmefälle handeln. Denkbar wäre eine Haftung nach § 280 BGB in dem Fall, dass ein Arbeitskollege in Ausübung seiner Tätigkeit – also betrieblich veranlasst – schuldhaft einen Brand verursacht hat, bei dem das mobile Gerät zerstört 24.86

---

97 BAG v. 12.1.2005 – 5 AZR 364/04, NZA 2005, 465.
98 BAG v. 11.10.2006 – 5 AZR 721/05, NZA 2007, 87 (89).
99 *Arning/Moos/Becker*, CR 2012, 592 (594).

wird. Hier ist der Arbeitskollege Erfüllungsgehilfe des Arbeitgebers und sein Verhalten wird dem Arbeitgeber über § 278 BGB zugerechnet.

c) Ersatzpflicht (Ziff. 10.2)

24.87 Praxisrelevanter ist ein Verlust des privaten mobilen Geräts oder seine Beschädigung ohne Einwirkung des Arbeitgebers. Sofern sich dieser Vorfall im Rahmen einer betrieblichen Veranlassung ereignet, handelt es sich um einen sog. **arbeitsbedingten Eigenschaden des Arbeitnehmers**, für den der Arbeitgeber gleichwohl verschuldensunabhängig haftet[100]. Die Ersatzpflicht ergibt sich aus § 675 i.V.m. § 670 BGB analog[101]. Derartige Eigenschäden sind vom Unternehmen als unfreiwillige Vermögenseinbußen zu ersetzen, sofern sie dem Betätigungsbereich des Arbeitgebers zuzurechnen sind und der Arbeitnehmer hierfür keine gesonderte Vergütung zum Ausgleich etwaiger Schäden erhält[102].

24.88 Ob die Grundsätze der verschuldensunabhängigen Arbeitgeberhaftung bei **arbeitsbedingten Eigenschäden des Arbeitnehmers vertraglich abdingbar** sind, hat das BAG bislang nicht entschieden. Die vergleichbare Fallgestaltung der privilegierten Arbeitnehmerhaftung erachtet das BAG als zwingendes Arbeitnehmerschutzrecht, von dem weder einzel- noch kollektivvertraglich zu Lasten des Arbeitnehmers abgewichen werden könne[103]. Jedenfalls bei Zahlung einer entsprechenden Risikovergütung kann der Anspruch ausgeschlossen werden und dies – anders als in den Fällen der Mankohaftung – auch dann, wenn diese Risikovergütung den entstandenen Schaden im Einzelfall nicht zu decken vermag. Einzige Voraussetzung ist, dass es dem Arbeitnehmer möglich ist, das übernommene Verlust- und Beschädigungsrisiko mit der Risikovergütung zu versichern. Zu Recht wird also auch in der Literatur die Abdingbarkeit der verschuldensunabhängigen Arbeitgeberhaftung bejaht. Als Voraussetzung wird auch hier für erforderlich erachtet, dass der Arbeitnehmer für die Gefahrtragung eine entsprechende Abgeltung erhält[104]. Sollte das Unternehmen deshalb erwägen, entgegen dem Regelungsvorschlag in Ziff. 10.1 die verschuldensunabhängige Arbeitgeberhaftung insgesamt auszuschließen, müsste bei der Formulierung der entsprechenden Klausel darauf geachtet werden, dass der Zweck der Risikozulage benannt wird[105].

24.89 Ausgeschlossen ist die Arbeitgeberhaftung demgegenüber, wenn der Schaden oder der Verlust vom **Arbeitnehmer grob fahrlässig oder vorsätzlich** herbeigeführt wurde[106].

24.90 Der Arbeitgeber haftet auch nicht, wenn sich in dem Schaden lediglich das **allgemeine Lebensrisiko des Arbeitnehmers** realisiert hat. Für die Abgrenzung kommt es nicht darauf an, ob der Schaden während oder außerhalb der Arbeitszeit eingetreten ist. In seiner Rechtsprechung zur dienstlichen Nutzung eines privaten Pkw hat das BAG vielmehr dazu festgestellt, dass eine Zurechnung zum Betätigungsbereich des Arbeitgebers auch dann erfolgt, wenn der Arbeitgeber ein eigenes Fahrzeug hätte einsetzen müssen, sofern der Arbeitnehmer nicht seinen privaten Pkw eingesetzt hätte oder wenn er den Arbeitnehmer zur Nutzung seines privaten Pkw aufgefordert hatte[107]. Auch wenn das Unfallrisiko eines Pkw und das **Verlustrisiko eines Smartphones** möglicherweise nicht gleichzusetzen sind, können die von der Rechtsprechung zur Nutzung privater Pkw entwickelten Grundsätze zur Trennung der Risikobereiche in dieser Frage gleichwohl herangezogen werden[108]. Von dieser Rechtsprechung ausgehend haftet der Arbeitgeber regelmäßig für den Verlust des Smartphones und für Schäden an dem Gerät,

---

100 *Preis* in ErfK, § 619a BGB Rz. 76.
101 BAG v. 22.6.2011 – 8 AZR 102/10, NZA 2012, 91 (92).
102 BAG v. 28.10.2010 – 8 AZR 647/09, NZA 2011, 406; BAG v. 17.7.1997 – 8 AZR 480/95, NZA 1997, 1346.
103 BAG v. 5.2.2004 – 8 AZR 91/03, NZA 2004, 649.
104 *Preis* in ErfK, § 619a BGB Rz. 94.
105 *Krause* in Henssler/Willemsen/Kalb, § 619a BGB Rz. 51 ff.
106 *Schwab* in Grobys/Panzer-Heemeier, § 14 Rz. 10.
107 BAG v. 22.6.2011 – 8 AZR 102/10, NZA 2012, 93.
108 *Arning/Moos/Becker*, CR 2012, 592 (597).

sofern die Vereinbarung von BYOD den Einsatz von Firmengeräten ersetzen soll und der Einsatz privater Smartphones gerade gewünscht ist. Entsprechendes dürfte gelten, wenn der Arbeitgeber künftig die Arbeit so zuteilt, dass dem Arbeitnehmer nichts anderes übrig bleibt, als an BYOD teilzunehmen. Von einer solchen Konstellation wird bei dem hiesigen Muster nicht ausgegangen. Wie sich aus den Festlegungen in der Präambel ergibt, soll die Teilnahme am BYOD-Programm völlig freiwillig sein und den Mitarbeitern im Falle einer dienstlichen Notwendigkeit grundsätzlich dienstliche Geräte zur Verfügung stehen. Konsequenterweise ist deshalb in Ziff. 10.2 auch bestimmt, dass das Unternehmen **keine Ersatzpflicht** trifft, wenn der Mitarbeiter das private mobile Gerät verliert oder das Gerät gestohlen oder beschädigt wird, sofern der Arbeitgeber dies nicht vorsätzlich oder grob fahrlässig (mit-)verursacht hat. Die Wirksamkeit eines solchen Haftungsausschlusses ist gerichtlich derzeit jedoch noch nicht geklärt.

13. Arbeitszeit (Ziff. 11)

M 24.1.11 Arbeitszeit 24.91

11. Arbeitszeit

Der Mitarbeiter ist nicht verpflichtet, außerhalb der vertraglich vereinbarten Arbeitszeit das private mobile Gerät zu dienstlichen Zwecken zu nutzen. Er ist insbesondere nicht verpflichtet, außerhalb der Arbeitszeit erreichbar zu sein oder auf E-Mails zu antworten. Nutzt er sein privates mobiles Gerät außerhalb der Arbeitszeit dennoch zu dienstlichen Zwecken, so erfolgt dies freiwillig und gilt nicht als Arbeitszeit, es sei denn, der Arbeitgeber hat die Tätigkeit ausdrücklich angeordnet.

a) Ratio

Vor dem Hintergrund, dass BYOD dem Mitarbeiter dienstliche Applikationen über sein privates mobiles Gerät quasi permanent zur Verfügung stellt, trifft Ziff. 11 eine Festlegung bzgl. der Nutzung des Endgeräts außerhalb der regelmäßigen **Arbeitszeiten**. 24.92

b) Arbeitszeitregelungen

Probleme im Zusammenhang mit BYOD können sich daraus ergeben, dass der Arbeitnehmer sein eigenes mobiles Gerät (insbesondere ein Smartphone) – anders als das Firmenhandy – im Grunde **immer einsatzbereit** bei sich führen dürfte. Damit steigt auch die Wahrscheinlichkeit, dass der Arbeitnehmer außerhalb der Arbeitszeiten über sein mobiles Gerät dienstliche Aufgaben wahrnimmt. Die Regelung in Ziff. 11 soll zum Ausdruck bringen, dass die Ermöglichung von BYOD grundsätzlich „arbeitszeitneutral" erfolgen soll; die reine Verfügbarkeit dienstlicher Applikationen auf dem Privatgerät des Mitarbeiters also nicht implizit als Anordnung des Arbeitgebers verstanden werden soll, dienstliche Tätigkeiten auch außerhalb der üblichen Arbeitszeiten zu verrichten (also z.B. E-Mails zu lesen und zu schreiben). Es verbleibt gleichwohl eine Unsicherheit, ob ein Gericht dem im Zweifelsfall folgen wird. Hier wird es nicht nur auf die vertragliche Festlegung, sondern auch auf die weiteren konkreten Umstände ankommen. Im Hinblick auf die gesetzliche Regelung zur Arbeitszeit in § 3 ArbZG (regelmäßig acht Stunden pro Werktag, sofern es sich nicht um leitende Angestellte handelt), kann es in Zeiten hohen Arbeitsaufkommens deshalb angezeigt sein, dass der Arbeitgeber die Arbeitnehmer dazu auffordert, keine dienstlichen Tätigkeiten über das Smartphone auszuführen, um eine Überschreitung der Arbeitszeitgrenzen zu vermeiden[109]. 24.93

---

109 *Göpfert/Wilke*, NZA 2012, 765 (770); *Arning/Moos/Becker*, CR 2012, 592 (593).

24.94 Der Arbeitnehmer hat **keinen Anspruch auf zusätzliche Vergütung**, wenn er außerhalb der vertragli-chen Arbeitszeiten über sein privates Smartphone dienstlich tätig wird, es sei denn, der Arbeitgeber hat die Tätigkeit angeordnet oder bewusst geduldet[110]. Diese sich bereits aus dem Gesetz ergebende Folge ist deklaratorisch noch einmal in Ziff. 11 festgehalten. Erfolgt eine solche Anordnung im Einzelfall, so gelten die vertraglich ggf. vereinbarten Regelungen zur Überstundenvergütung auch für diese Tätigkei-ten.

14. Nutzungsbeendigung (Ziff. 12)

24.95 **M 24.1.12 Beendigung der dienstlichen Nutzung**

12. Beendigung der dienstlichen Nutzung

Der Arbeitgeber hat das Recht, jederzeit die dienstliche Nutzung des privaten mobilen Gerätes vollständig oder teilweise zu beenden und den Zugriff auf betriebliche E-Mails und den dienstlichen Kalender über das private mobile Gerät nach freiem Ermessen einzuschränken oder einzustellen.

a) Ratio

24.96 Ziff. 12 schreibt die Berechtigung des Arbeitgebers fest, die Inanspruchnahme von BYOD-Diensten jederzeit zu beenden.

b) Beendigungstatbestände

24.97 Zur Vermeidung von Unklarheiten sind auch die **Beendigungstatbestände von BYOD** zu regeln. Das stellt die Beendigung der BYOD-Dienste in das freie Ermessen des Arbeitgebers. Alternative Gestaltun-gen sind denkbar. Vorgesehen werden kann z.B. auch eine **Befristungsregelung**. Das kann etwa für eine **Erprobungsphase** sinnvoll sein, in der das Unternehmen erst Erfahrungen mit BYOD sammeln will. Möglich ist aber auch ein **Widerrufs- oder ein Kündigungsrecht**. Fasst man die Regelung zur Beendi-gung strenger und stellt sie nicht in das freie Ermessen des Arbeitgebers, so sollte zugunsten des Unter-nehmens jedenfalls aber ein Kündigungsrecht für den Fall vorgesehen werden, dass der Mitarbeiter die vertragliche Vereinbarung zur Nutzung von BYOD nicht einhält, da ansonsten für das Unternehmen die Gefahr bestünde, dass verpflichtende rechtliche Vorgaben – insbesondere aus dem Datenschutz-recht – nicht eingehalten würden, wofür zuvorderst das Unternehmen als Verantwortlicher i.S.d. Art. 4 Nr. 7 DSGVO einstehen müsste.

15. Herausgabepflicht (Ziff. 13)

24.98 **M 24.1.13 Herausgabepflicht**

13. Herausgabepflicht

In begründeten Fällen ist der Mitarbeiter auf Aufforderung des Arbeitgebers dazu verpflichtet, das private mobile Gerät dem Arbeitgeber kurzzeitig herauszugeben. Ein begründeter Fall liegt z.B. vor, wenn das Anstel-lungsverhältnis oder die dienstliche Nutzung endet, wenn der **Verdacht einer Straftat** *oder Ordnungswidrig-keit oder eine* **Gefährdung für die Vertraulichkeit, Integrität oder Verfügbarkeit** *der auf dem privaten mobi-len Gerät gespeicherten dienstlichen Daten besteht oder wenn der Arbeitgeber Installationen von Software oder* **Sicherheitseinstellungen** *vornehmen will, seine Rechte aus dieser Vereinbarung wahrnehmen oder die*

---

110 *Bissels/Domke/Wisskirchen*, DB 2010, 2052 (2054).

Einhaltung der in dieser Vereinbarung enthaltenen Bestimmungen durch den Mitarbeiter kontrollieren will. Der Mitarbeiter ist auch vor der endgültigen, dauerhaften Entäußerung des privaten mobilen Gerätes zur Herausgabe an den Arbeitgeber verpflichtet, z.B. bevor er es weiterveräußert. Ist die Rückgabe des privaten mobilen Gerätes nicht innerhalb von 24 Stunden möglich, erhält der Mitarbeiter vom Arbeitgeber ein Ersatzgerät zur Verfügung gestellt.

a) Ratio

Ziff. 13 regelt die **Voraussetzungen**, unter denen ein Mitarbeiter sein Endgerät an das Unternehmen **herausgeben** muss, damit dieses z.B. Kontrollen der Einhaltung der Betriebsvereinbarung vornehmen kann.   24.99

b) Herausgabe durch den Mitarbeiter

Es kann zahlreiche Situationen geben, in denen sich das Unternehmen das mobile **Endgerät vom Mitarbeiter aushändigen lassen will**. Denkbare Gründe sind z.B. die Durchführung von Wartungsarbeiten, die Installation von Programmen oder Updates, das Speichern oder Löschen von Daten oder auch die Durchführung von Kontrollen. Auch wenn viele dieser Arbeiten „remote" erledigt werden können, ist eine entsprechende Verpflichtung des Mitarbeiters zur Aushändigung des Gerätes sinnvoll. Ebenso ist eine Herausgabepflicht zu statuieren, wenn das Unternehmen die Einhaltung der Pflichten aus der Betriebsvereinbarung sowie der individuellen Vereinbarung mit dem Mitarbeiter (stichprobenartig) kontrollieren möchte, was insbesondere sinnvoll ist, um die Sicherheit der auf dem privaten Endgerät gespeicherten Daten kontrollieren und verbessern oder um eine vollständige Datenlöschung z.B. im Fall der Beendigung der BYOD-Nutzung sicherstellen zu können. Das Muster sieht nur eine beispielhafte Aufzählung solcher Gründe vor und stellt allgemein auf das Vorliegen eines begründeten Falles ab. Bei Bedarf kann dies auch enger gefasst werden.   24.100

Wegen eines ansonsten möglichen Verstoßes der Klausel gegen § 307 BGB kann es jedoch bei längerfristigen Arbeiten erforderlich sein, dem Mitarbeiter für die Zeit der Herausgabe an das Unternehmen ein gleichartiges und eingerichtetes Ersatzgerät zur Verfügung zu stellen[111]. Dies ist in Ziff. 13 so vorgesehen, wenn eine Dauer von 24 Stunden überschritten ist.   24.101

Nach **Beendigung des Arbeitsverhältnisses** ist der Mitarbeiter nach § 667 BGB schon von Gesetzes wegen verpflichtet, dienstlich erlangte **Daten an das Unternehmen herauszugeben**. Gleichwohl ist es empfehlenswert, eine entsprechende klarstellende Regelung und Einzelheiten zu Art und Zeitpunkt der Aushändigung in der Nutzungsvereinbarung zu regeln[112].   24.102

16. Datenschutzregelung (Ziff. 14)

M 24.1.14 Datenschutzrechtliche Erlaubnisnorm   24.103

14. Datenschutzrechtliche Erlaubnisnorm

Diese Betriebsvereinbarung stellt gemäß Art. 6 Abs. 1 lit. c i.V.m. Abs. 3 lit. b DSGVO, § 26 Abs. 4 BDSG einen datenschutzrechtlichen Erlaubnistatbestand für die in dieser Betriebsvereinbarung beschriebene Verarbeitung personenbezogener Daten der Mitarbeiter im Zusammenhang mit der dienstlichen Nutzung ihrer privaten mobilen Geräte dar. Dem Arbeitgeber bleibt es aber vorbehalten, diese Daten auch auf der Grundlage anderer anwendbarer gesetzlicher Bestimmungen, Einwilligungen oder Betriebsvereinbarungen zu verarbei-

---

111 So *Göpfert/Wilke*, NZA 2012, 765 (769).
112 *Göpfert/Wilke*, NZA 2012, 765 (769).

ten, insb. auf Basis der Einwilligungserklärung des Mitarbeiters zur Betriebsvereinbarung zu Bring Your Own Device.

a) Ratio

24.104 Ziff. 14 legt fest, dass die Betriebsvereinbarung als **Erlaubnistatbestand** für die Verarbeitung der Daten des Mitarbeiters dienen soll.

b) Datenschutzrechtliche Erlaubnis

24.105 Nach Art. 88 Abs. 1 DSGVO und § 26 Abs. 4 BDSG kann die Verarbeitung von Beschäftigtendaten für Zwecke der Einstellung, der Durchführung und der Beendigung von Arbeitsverhältnissen auch unter DSGVO und BDSG auf eine Betriebsvereinbarung gestützt werden[113]. Hierbei müssen allerdings die Vorgaben des Art. 88 Abs. 2 DSGVO beachtet werden. Demzufolge muss eine Betriebsvereinbarung, damit sie die Verarbeitung von Beschäftigtendaten rechtfertigen kann, angemessene und besondere Maßnahmen zur Wahrung der menschlichen Würde, der berechtigten Interessen und der Grundrechte der betroffenen Person, insbesondere im Hinblick auf die Transparenz der Verarbeitung, die Übermittlung personenbezogener Daten innerhalb einer Unternehmensgruppe oder einer Gruppe von Unternehmen, die eine gemeinsame Wirtschaftstätigkeit ausüben, und die Überwachungssysteme am Arbeitsplatz umfassen. Regelungen im Hinblick auf Übermittlungen von Daten zwischen Unternehmen oder Überwachungssysteme sind dabei aber nur dann aufzunehmen, soweit dies in dem von der Betriebsvereinbarung zu regelnden Fall relevant ist[114].

24.106 Art. 88 Abs. 2 DSGVO verlangt mithin, dass die **Persönlichkeitsrechte** der Beschäftigten angemessen berücksichtigt werden[115]. Hierbei muss das Schutzniveau der Betriebsvereinbarung wohl dem Schutzniveau der DSGVO entsprechen[116].

24.107 Welche Regelungen eine Betriebsvereinbarung beinhalten sollte, um die **Transparenzanforderungen des Art. 88 Abs. 2 DSGVO** zu wahren, ist derzeit mangels Rechtsprechung und einheitlicher Vorgaben der Datenschutzaufsichtsbehörden noch nicht abschließend geklärt.[117] Deshalb sollten die Betriebsparteien vor dem Abschluss einer Betriebsvereinbarung, die als Erlaubnistatbestand für die Verarbeitung von Beschäftigtendaten dienen soll, noch einmal prüfen, ob in der Zwischenzeit relevante Hinweise der Datenschutzaufsichtsbehörden oder gerichtliche Entscheidungen hierzu ergangen sind. Jedenfalls sollte die Betriebsvereinbarung bis dahin Ausführungen zu den Betroffenenrechten gem. Art. 15 ff. DSGVO enthalten und die betroffenen Beschäftigten entsprechend Art. 13 bzw. Art. 14 DSGVO über die Verarbeitung ihrer Daten informieren. Es ist aber wohl nicht zwingend erforderlich, diese Informationen direkt mit in die Betriebsvereinbarung aufzunehmen – ein Verweis auf die entsprechenden Dokumente, die diese Informationen enthalten, wäre ebenfalls ausreichend[118].

24.108 Wenn die Betriebsvereinbarung gem. Art. 6 Abs. 1 lit. c i.V.m. Abs. 3 lit. b DSGVO, § 26 Abs. 4 BDSG – wie im vorliegenden Fall – als Erlaubnistatbestand zur Verarbeitung personenbezogener Beschäftigtendaten dienen soll, empfiehlt es sich, auch dies aus **Transparenzgründen** in der Betriebsverein-

---

113 Siehe z.B. *Wybitul*, ZD 2016, 203 (206 f.).
114 Siehe zur durchaus umstrittenen Auslegung von Art. 88 Abs. 2 DSGVO z.B. *Zöll* in Taeger/Gabel, Art. 88 DSGVO Rz. 32 ff.
115 *Wybitul*, ZD 2016, 203 (207).
116 *Wybitul*, ZD 2016, 203 (207).
117 *Zöll* in Taeger/Gabel, Art. 88 DSGVO Rz. 32 ff.
118 *Wybitul*, ZD 2016, 203 (207 f.); *Baumgartner/Gausling* in Moos/Schefzig/Arning, Kap. 15 Rz. 60. Die Autoren führen dort auch weitere Regelungen auf, die aus datenschutzrechtlicher Sicht mit in eine Betriebsvereinbarung, die als Erlaubnistatbestand dienen soll, aufgenommen werden sollten bzw. müssen.

barung ausdrücklich festzuhalten – auch wenn Art. 88 DSGVO und § 26 BDSG hierzu keine ausdrücklichen Vorgaben enthalten[119]. Allerdings dient die Betriebsvereinbarung im vorliegenden Fall nicht als alleinige Erlaubnisvorschrift. Auch die vom Mitarbeiter für den Fall, dass er BYOD nutzen möchte, zu erteilende Einwilligung dient gem. Art. 6 Abs. 1 lit. a DSGVO, § 26 Abs. 2 BDSG als Erlaubnistatbestand. Außerdem sollte es sich der Arbeitgeber auch ausdrücklich vorbehalten, dass er die Verarbeitung von Beschäftigtendaten ggf. auch auf andere gesetzliche Erlaubnisnormen stützen wird, z.B. im Fall von arbeitsrechtlichen Maßnahmen. **Aus Gründen der Rechtssicherheit sowie aus Transparenzgründen** sollten auch diese Umstände ausdrücklich in der Betriebsvereinbarung klargestellt werden[120].

17. Speicherdauer (Ziff. 15)

M 24.1.15 Speicherdauer   24.109

15. Speicherdauer

Die vom Mitarbeiter zu den in dieser Betriebsvereinbarung genannten Zwecken verarbeiteten Daten werden so lange gespeichert, wie es für die jeweiligen Zwecke bzw. zur Erfüllung von Aufbewahrungspflichten erforderlich ist. Im Einzelnen:

- *Im Container gespeicherte Daten: für die Dauer der dienstlichen Nutzung des privaten mobilen Geräts nach Maßgabe dieser Betriebsvereinbarung*

- *Daten im Rahmen von Sicherheitsmaßnahmen: für die Dauer der Sicherheitsmaßnahme*

- *Daten im Rahmen von Sicherheitsprüfungen/Kontrollen: für die Dauer der Prüfung/Kontrolle; das protokollierte Ergebnis der Kontrolle für die Dauer der dienstlichen Nutzung des privaten mobilen Geräts nach Maßgabe dieser Betriebsvereinbarung; im Fall, dass Verstöße festgestellt werden, richtet sich die Dauer der Speicherung nach den arbeitsrechtlichen Erfordernissen, z.B. um arbeitsrechtliche Maßnahmen durchführen zu können*

- *Daten im Rahmen des technischen Supports: für die Dauer des technischen Supports*

- *Daten im Rahmen von Sicherheitsvorfällen i.S.d. Ziffer 6: für die Dauer der Behebung und Nachverfolgung des Sicherheitsvorfalls sowie ggf. für die Dauer arbeitsrechtlicher Maßnahmen und die Erfüllung gesetzlicher Pflichten, insb. im Fall von Melde- und Benachrichtigungspflichten gemäß Art. 33, 34 DSGVO*

- *Protokollierungsdaten: für die Dauer der Sicherstellung der ordnungsgemäßen Erbringung des Bring Your Own Device-Dienstes, einschließlich Fehlerbehebung*

a) Ratio

Ziff. 15 dient der Erfüllung der **Transparenzpflichten gem. Art. 88 Abs. 2 DSGVO** und der **Information der betroffenen Beschäftigten** nach Art. 13 Abs. 2 lit. a bzw. Art. 14 Abs. 2 lit. a DSGVO.   24.110

b) Spezifizierung der Speicherdauer

Nach Art. 88 Abs. 2 DSGVO muss die Datenverarbeitung in der Betriebsvereinbarung **transparent** beschrieben werden (siehe hierzu Rz. 24.105 ff.). Vor diesem Hintergrund empfiehlt es sich, in die Betriebsvereinbarung auch Regelungen zur Speicherdauer bzw. zu den Kriterien für die Dauer der Speicherung mit aufzunehmen[121]. Zudem besteht insoweit nach Art. 13 Abs. 2 lit. a bzw. Art. 14 Abs. 2 lit. a DSGVO auch eine **Informationspflicht** seitens des Arbeitgebers als Verantwortlichem gegenüber   24.111

---

119 Siehe *Wybitul*, ZD 2016, 203 (208); *Baumgartner/Gausling* in Moos/Schefzig/Arning, Kap. 15 Rz. 59.
120 Siehe *Wybitul*, ZD 2016, 203 (208); *Baumgartner/Gausling* in Moos/Schefzig/Arning, Kap. 15 Rz. 59.
121 *Wybitul*, ZD 2016, 203 (208); *Baumgartner/Gausling* in Moos/Schefzig/Arning, Kap. 15 Rz. 60.

den betroffenen Mitarbeitern, die im Rahmen der Betriebsvereinbarung erfüllt werden kann, um den Transparenzanforderungen des Art. 88 Abs. 2 DSGVO gerecht zu werden (siehe hierzu Rz. 24.107.).

24.112 Nach Art. 13 Abs. 2 lit. a bzw. Art. 14 Abs. 2 lit. a DSGVO muss der verantwortliche Arbeitgeber grundsätzlich über die **konkrete Speicherdauer** der jeweiligen Daten unterrichten, wobei es i.d.R. ausreichen sollte, die Speicherdauer in Monaten anzugeben[122]. Ist allerdings eine solch konkrete Angabe **objektiv aus Sicht des Verantwortlichen nicht möglich**, darf er die Kriterien für die Festlegung der Dauer benennen, z.B. weil die Daten so lange gespeichert werden, wie es für den mit der Datenverarbeitung verfolgten Zweck erforderlich ist und dieser Zeitraum sich zum Zeitpunkt der Erhebung objektiv noch nicht benennen lässt, z.B. weil die Dauer des Vertrages, für dessen Durchführung Daten verarbeitet werden, unbestimmt ist[123].

24.113 Die in Ziff. 16 genannten Speicherfristen entsprechen diesen Anforderungen nach hier vertretener Ansicht noch. Rechtssicherer wäre es aber, die Speicherdauer der jeweiligen Daten **konkret zu beziffern**.

24.114 Je nachdem, welche Daten ein Verantwortlicher im Zusammenhang mit der Nutzung von BYOD (noch) verarbeitet, kann es erforderlich sein, die aufgeführten Datenarten noch **zu ergänzen bzw. anzupassen**. Erforderlich sind im Rahmen dieser Betriebsvereinbarung aber grundsätzlich nur Angaben zu den **(speziell) im Rahmen der hier geregelten Nutzung von BYOD verarbeiteten Daten**. Im Hinblick auf die Verarbeitung von Beschäftigtendaten, die in den Diensten enthalten sind, auf die mittels BYOD zugegriffen werden kann, z.B. E-Mail- und Kalenderdienste, muss der Beschäftigte grundsätzlich bereits bei seiner Einstellung und Beginn der (regulären) Nutzung der dienstlichen E-Mail-Systeme und des dienstlichen Kalenders außerhalb von BYOD informiert werden.

24.115 Im Übrigen erhöht die Regelung der Speicherdauer in der Betriebsvereinbarung die **Rechtssicherheit**, dass die Speicherung der Beschäftigtendaten für diese Dauer auch datenschutzrechtlich zulässig ist.

24.116 Zusätzlich empfiehlt sich die Angabe der Speicherdauer auch vor dem Hintergrund, dass die für die Erteilung der Einwilligungserklärung des Mitarbeiters zur Nutzung von BYOD erforderliche Information hier maßgeblich durch die Betriebsvereinbarung selbst erfolgt (siehe Rz. 24.128). Um die **Anforderungen des Art. 4 Nr. 11 DSGVO, Art. 7 DSGVO und § 26 Abs. 2 BDSG an eine informierte und transparente Datenverarbeitung** zu erfüllen, sollte die betroffene Person u.a. auch über die Verarbeitungsdauer ihrer Daten informiert werden[124].

18. Betroffenenrechte (Ziff. 16)

24.117 M 24.1.16 Betroffenenrechte

16. Betroffenenrechte

Dem Mitarbeiter stehen gegen den Arbeitgeber im Hinblick auf die ihn betreffenden dienstlichen Daten, die der Arbeitgeber als Verantwortlicher verarbeitet, die in Art. 12–22 DSGVO näher bezeichneten Betroffenenrechte zu, insb. die Rechte auf Auskunft (Art. 15 DSGVO), Berichtigung (Art. 16 DSGVO), Löschung (Art. 17 DSGVO), Einschränkung der Verarbeitung (Art. 18 DSGVO), Widerspruch gegen die Verarbeitung (Art. 21

---

122 So wohl auch *Paal/Hennemann* in Paal/Pauly, Art. 13 DSGVO Rz. 25, die eine taggenaue Angabe nur optional zu verlangen scheinen.

123 *Arning* in Moos/Schefzig/Arning, Kap. 6 Rz. 36 und 70; s. zum Erfordernis der Angabe der Speicherdauer auch *Art. 29-Datenschutzgruppe*, Leitlinien für Transparenz gemäß der Verordnung 2016/679, S. 48 f.

124 *Rohwedder* in Moos/Schefzig/Arning Kap. 5 Rz. 152.

DSGVO) und Datenübertragbarkeit (Art. 20 DSGVO). Hierzu kann sich der Mitarbeiter an … wenden. Zudem besteht ein Beschwerderecht der Mitarbeiter bei der zuständigen Aufsichtsbehörde.

a) Ratio

Ziff. 16 dient der Erfüllung der **Transparenzpflichten gem. Art. 88 Abs. 2 DSGVO** und der **Information der betroffenen Beschäftigten** nach Art. 13 Abs. 2 lit. b und lit. d bzw. Art. 14 Abs. 2 lit. c und lit. e DSGVO.   24.118

b) Information über die Betroffenenrechte

Nach Art. 88 Abs. 2 DSGVO muss die Datenverarbeitung in der Betriebsvereinbarung **transparent** beschrieben werden (siehe hierzu Rz. 24.107). Vor diesem Hintergrund empfiehlt es sich, in die Betriebsvereinbarung auch Regelungen zu den Betroffenenrechten mit aufzunehmen[125].   24.119

Zudem besteht im Hinblick auf die Betroffenenrechte sowie auf das Bestehen eines Beschwerderechts bei einer Aufsichtsbehörde nach Art. 13 Abs. 2 lit. b und lit. d bzw. Art. 14 lit. c und lit. e DSGVO auch eine **Informationspflicht** seitens des Arbeitgebers als Verantwortlichem gegenüber den betroffen Mitarbeitern, die auch direkt in der Betriebsvereinbarung erfüllt werden kann, um den Transparenzanforderungen des Art. 88 Abs. 2 DSGVO gerecht zu werden (siehe hierzu Rz. 24.107).   24.120

19. Salvatorische Klausel (Ziff. 17)

M 24.1.17 Salvatorische Klausel   24.121

17. Salvatorische Klausel

Sollten Teile dieser Betriebsvereinbarung ganz oder teilweise nichtig sein oder unwirksam werden, so wird hierdurch die Wirksamkeit dieser Betriebsvereinbarung im Übrigen nicht berührt. Die Betriebsparteien verpflichten sich, die nichtigen oder unwirksam gewordenen Regelungen durch solche zu ersetzen, die der ursprünglichen Regelung unter Berücksichtigung der Zielsetzung dieser Betriebsvereinbarung am nächsten kommen. Dasselbe gilt für den Fall, dass diese Betriebsvereinbarung eine Regelungslücke enthält.

Die salvatorische Klausel in Ziff. 17 sollte auch im Rahmen einer Betriebsvereinbarung aufgenommen werden, um die Fortgeltung der übrigen Regelungen der Betriebsvereinbarung in dem Fall sicherzustellen, dass eine in der Betriebsvereinbarung enthaltene Regelung unwirksam sein sollte. Angesichts des Umstandes, dass es zu Fragen des BYOD bisher soweit ersichtlich keine relevante Judikatur gibt und deshalb einzelne Regelungen noch nicht auf einem verlässlichen Fundament stehen, ist das für den hiesigen Regelungskomplex allemal angezeigt.   24.122

---

125 *Wybitul*, ZD 2016, 203 (208); *Baumgartner/Gausling* in Moos/Schefzig/Arning, Kap. 15 Rz. 60.

20. Inkrafttreten und Geltungsdauer (Ziff. 18)

24.123 **M 24.1.18 Inkrafttreten und Geltungsdauer**

18. Inkrafttreten und Geltungsdauer

Diese Betriebsvereinbarung tritt mit ihrer Unterzeichnung in Kraft. Sie kann mit einer Frist von drei Monaten zum Quartalsende gekündigt werden und wirkt bis zum Abschluss einer neuen Betriebsvereinbarung nach.

24.124 Im Übrigen empfiehlt es sich allgemein, eine Regelung zum Inkrafttreten, der Geltungsdauer sowie zur Beendigung der Betriebsvereinbarung zu treffen. Das Muster sieht eine unbegrenzte Laufzeit mit einer Kündigungsfrist von drei Monaten vor. Im Falle des BYOD kann es sich evtl. auch anbieten, zunächst eine Erprobungsphase mit einer festen Laufzeit vorzusehen.

21. Muster der Einwilligungserklärung

24.125 **M 24.1.19 Einwilligungserklärung**

Einwilligungserklärung zur Betriebsvereinbarung zu Bring Your Own Device

Hiermit erkläre ich, … [Vorname, Name], Personalnummer … [Personalnummer] mein Einverständnis mit der Geltung der in der Betriebsvereinbarung zu Bring Your Own Device getroffenen Regelungen im Hinblick auf den Einsatz meines folgenden privaten mobilen Gerätes:

Marke: …

Modell: …

Gerätenummer: ….

Die genannte Betriebsvereinbarung enthält u.a. Regelungen zu Sicherheitseinstellungen und einem etwaigen Zugriff auf die auf dem privaten mobilen Gerät gespeicherten dienstlichen und privaten Daten sowie eine mögliche Löschung derselben. Mir ist bekannt, dass mir die Nutzung meines privaten mobilen Gerätes zu dienstlichen Zwecken untersagt ist, wenn ich die nachfolgende Einwilligungserklärung nicht innerhalb von 14 Tagen nach ihrem Erhalt abgegeben habe.

Ich erkläre hiermit ausdrücklich meine Einwilligung, dass

1. der Arbeitgeber jederzeit Sicherheitseinstellungen am Betriebssystem meines privaten mobilen Geräts und an der Sicherheitssoftware vornehmen, ändern und diese kontrollieren darf, wie im Einzelnen in der Betriebsvereinbarung geregelt, auch wenn das zu einer Löschung, Unterdrückung, Unbrauchbarmachung oder Veränderung von Daten auf dem Gerät führt;

2. der Arbeitgeber nach Maßgabe der Betriebsvereinbarung kontrollieren darf, ob auf dem privaten Gerät nicht zugelassene Apps installiert sind;

3. der Arbeitgeber jederzeit auf alle in dem Container des privaten mobilen Gerätes gespeicherten Inhalte und Daten zugreifen, sie ändern oder sie löschen oder sonst mit ihnen umgehen darf, wie im Einzelnen in der Betriebsvereinbarung geregelt;

4. der Arbeitgeber in begründeten Ausnahmefällen auch meine privaten Daten und Softwareapplikationen („Apps") löschen darf, die auf meinem privaten mobilen Gerät gespeichert sind, z.B. bei einer Bedrohung für die Sicherheit, Vertraulichkeit oder Integrität der dienstlichen Daten des Arbeitgebers;

5. im Rahmen des technischen Supports oder bei Sicherheitsvorfällen i.S.v. Ziffer 6 der Betriebsvereinbarung meine privaten Daten, die auf dem privaten mobilen Gerät gespeichert sind, an den Anbieter … übertragen werden können und auf diese Daten durch den Arbeitgeber oder den Anbieter … zugegriffen werden kann.

Soweit die vorgenannten Maßnahmen zu einer Einschränkung des Fernmeldegeheimnisses führen sollten, stimme ich dem hiermit ausdrücklich zu.

Die Einwilligung in die Verarbeitung der mich betreffenden Daten basiert auf Art. 6 Abs. 1 lit. a, Art. 7 DSGVO, § 26 Abs. 2 BDSG und gilt bis auf Widerruf. Mir ist bekannt, dass ich meine Einwilligung jederzeit formlos mit Wirkung für die Zukunft gegenüber der Personalabteilung (z.B. per E-Mail an: …, über die Hauspost oder per Brief an …) widerrufen kann. In diesem Fall endet meine Befugnis zur Nutzung meines privaten mobilen Gerätes zu dienstlichen Zwecken im Zeitpunkt des Widerrufs.

…

[Ort], [Datum]

…

[Vorname, Name]

Empfangsbekenntnis

Hiermit bestätige ich, dass ich ein Exemplar der Betriebsvereinbarung zu Bring Your Own Device erhalten habe.

…

[Ort], [Datum]

…

[Vorname, Name]

---

a) Ratio

Das Muster sieht vor, dass der Mitarbeiter nur dann zur Nutzung seines privaten Endgerätes für betriebliche Zwecke berechtigt ist, wenn er die zur Betriebsvereinbarung gehörende **Einwilligung** unterzeichnet hat. Das Einverständnis mit den Vorgaben der Betriebsvereinbarung ist also zwingende Voraussetzung dafür, dass die Nutzung des Privatgeräts zulässig ist. Die Einwilligung dient vor allem dazu, die Vereinbarkeit des Umgangs des Unternehmens mit dem Endgerät und mit personenbezogenen Daten des Mitarbeiters, der mit der Durchführung der BYOD-Betriebsvereinbarung einhergeht, rechtlich (vor allem datenschutz- und telekommunikationsrechtlich sowie straf- und zivilrechtlich) weiter abzusichern. | 24.126

b) Erläuterungen

Zunächst einmal erfolgt über das Formular die **Konkretisierung des zugelassenen Gerätes**, zu dem Marke, Modell und Gerätenummer angegeben werden sollen. Aus Gründen der Rechtssicherheit ist es empfehlenswert, das konkrete Modell, welches für die BYOD-Nutzung zugelassen wird, in der Erklärung zu benennen. Ganz generell sollte das Unternehmen dabei vorab prüfen und entscheiden, welche Endgeräte- (und Betriebssystem-) typen überhaupt zugelassen werden sollen. Die wenigsten Unternehmen werden in der Lage sein, eine unbeschränkte Menge von verschiedenen Endgeräte-Typen, Betriebssystemen und Applikationen zu administrieren und deren Sicherheit zu gewährleisten. Vielfach werden hierfür die fachlichen Kenntnisse und auch die Ressourcen fehlen. Daher sollte bereits im Rahmen der Festlegung der BYOD-Strategie die Art der zugelassenen Endgeräte – abhängig von den Ressourcen des IT-Betriebs – abschließend festgelegt werden[126]. | 24.127

Der Betriebsrat kann mit dem Unternehmen nicht sämtliche Handlungen und Datenverarbeitungen abschließend regeln, da er insbesondere im Hinblick auf die Verfügung über **Eigentumsrechte des** | 24.128

---

126 So auch *BSI*, Überblickspapier Consumerisation und BYOD, S. 8.

Mitarbeiters, aber auch im Hinblick auf den Umgang mit privaten **Daten des Mitarbeiters** keine Regelungskompetenz besitzt. Aus diesem Grunde muss das Unternehmen **zusätzlich zu der Betriebsvereinbarung noch eine individuelle Vereinbarung** mit dem jeweiligen Mitarbeiter schließen[127], in der dieser seine Zustimmung zu den bereits in der Betriebsvereinbarung beschriebenen Handlungen des Unternehmens bzw. Datenverwendungen durch das Unternehmen erteilt. Die Einwilligung nimmt in weiten Teilen Bezug auf die Betriebsvereinbarung. Insbesondere sind in ihr sämtliche Informationen enthalten, über die der Mitarbeiter verfügen können muss, um eine wirksame Einwilligung erteilen zu können[128].

24.129   Auch unter der DSGVO kann die **Verarbeitung von Mitarbeiterdaten auf deren Einwilligung gestützt werden**. Dies ergibt sich aus Art. 88 DSGVO, Erwägungsgrund 155 i.V.m. § 26 Abs. 2 BDSG. Allerdings werden in diesem Zusammenhang durchaus strenge Anforderungen an die **Freiwilligkeit der Einwilligung** gestellt. So besagt Erwägungsgrund 43, dass eine Einwilligung in besonderen Fällen, wenn zwischen der betroffenen Person und dem Verantwortlichen ein klares Ungleichgewicht besteht und es deshalb in Anbetracht aller Umstände in dem speziellen Fall unwahrscheinlich ist, dass die Einwilligung freiwillig gegeben wurde, diese keine gültige Rechtsgrundlage liefern sollte. Diese Vorgaben werden in § 26 Abs. 2 BDSG für den Beschäftigungskontext weiter präzisiert.

24.130   Ein solches **Ungleichgewicht**, das die Freiwilligkeit der Einwilligung des Arbeitnehmers beeinträchtigen könnte, besteht im vorliegenden Fall nach hier vertretener Ansicht jedoch nicht. BYOD stellt ein freiwilliges Angebot des Arbeitgebers dar, das der Arbeitnehmer annehmen kann oder nicht. Ihm drohen keinerlei mit dem Beschäftigungsverhältnis zusammenhängende Nachteile, wenn er das Angebot ablehnt. Er kann auch im Fall der Nichtnutzung von BYOD auf sämtliche Informationen und Daten zugreifen und diese nutzen, nur eben nicht mittels seines privaten Endgeräts, sondern – sofern eine betriebliche Notwendigkeit besteht – mit einem unternehmenseigenen Gerät. Mithin kann der Arbeitnehmer frei darüber entscheiden, ob er BYOD nutzen und die hierfür erforderliche Einwilligungserklärung abgeben möchte oder nicht. Entscheidet er sich dafür, BYOD zu nutzen und die Einwilligung bzgl. der vom Unternehmen in diesem Rahmen vorzunehmenden Handlungen und der Verwendung seiner Daten zu erteilen, erfolgt diese Einwilligung freiwillig i.S.d. § 26 Abs. 2 BDSG[129].

24.131   Die **Angabe der Rechtsgrundlage** (Art. 6 Abs. 1 lit. a, Art. 7 DSGVO, § 26 Abs. 2 BDSG) erfolgt vor dem Hintergrund der Pflicht des Verantwortlichen aus Art. 13 Abs. 1 lit. c bzw. Art. 14 Abs. 1 lit. c DSGVO, die Rechtsgrundlage der Verarbeitung anzugeben.

24.132   Gemäß Art. 7 Abs. 3 DSGVO hat der betroffene Mitarbeiter das Recht, seine Einwilligungserklärung jederzeit zu **widerrufen**. Hierüber ist er nach Art. 7 Abs. 3 Satz 3 DSGVO, Art. 13 Abs. 2 lit. c bzw. Art. 14 Abs. 2 lit. d DSGVO und § 26 Abs. 2 Satz 4 BDSG mindestens in Textform zu informieren. Dies gilt ebenso für den Umstand, dass der Widerruf der Einwilligung die Rechtmäßigkeit der Datenverarbeitung bis zum Zeitpunkt der Widerrufserklärung nicht berührt, sondern nur **mit Wirkung für die Zukunft** gilt[130].

24.133   Nicht ausdrücklich in der DSGVO und im BDSG geregelt ist der Aspekt der „**Gültigkeitsdauer**" der Einwilligung oder mit anderen Worten, ob die Einwilligungserklärung ein „Verfallsdatum" hat, ab dem

---

127   *Koch* in Kongehl/Greß, Gruppe 2.17, S. 26.

128   Siehe im Hinblick auf datenschutzrechtliche Einwilligungen z.B. Art. 4 Nr. 11, Art. 7 DSGVO und die Erläuterungen durch *Rohwedder* in Moos/Schefzig/Arning, Kap. 5 Rz. 126; *Schulz* in Gola, Art. 7 DSGVO Rz. 34 ff.

129   So auch der *Datenschutzkonferenz*, Orientierungshilfe der Datenschutzaufsichtsbehörden zur datenschutzgerechten Nutzung von E-Mail und anderen Internetdiensten am Arbeitsplatz (Stand: 1/2016), S. 8 f. für den vergleichbaren Fall des Zugriffs auf private Mails im Dienstaccount im Internet; vgl. auch *Europäischer Datenschutzausschuss*, Guidelines 05/2020 on consent under Regulation 2016/679, S. 9.

130   Siehe Teil 7, Rz. 45.12.

sie keine Datenverarbeitung mehr rechtfertigen kann. Um diesem zumindest unter dem bisherigen Datenschutzrecht umstrittenen Aspekt vorzubeugen, empfiehlt es sich, in die Einwilligung auch eine Vereinbarung über die Gültigkeitsdauer der Einwilligung mit aufzunehmen; im vorliegenden Fall wurde deshalb die Gültigkeitsdauer „bis auf Widerruf" mit aufgenommen[131].

Zur besseren Kontrolle der Widerrufe empfiehlt es sich zudem, beispielhaft eine Adresse mit anzugeben, an die die Widerrufe gerichtet werden können[132]. Hierbei muss der Widerruf der Einwilligung nach Art. 7 Abs. 3 Satz 4 DSGVO genauso einfach sein wie deren Erteilung, darf z.B. also keiner strengeren Form unterliegen. In diesem Zusammenhang sollte auch über die Folgen des Widerrufs informiert werden – in diesem Fall die Beendigung der Befugnis zur Nutzung des privaten mobilen Gerätes zu dienstlichen Zwecken.

Im Hinblick auf die einzelnen Regelungsgegenstände der Einwilligung wird auf die **Erläuterungen zur**   24.134
Betriebsvereinbarung verwiesen, da die Information des Mitarbeiters, damit dieser eine wirksame Einwilligung erteilen kann, nach dem hier vorgestellten Muster in der Betriebsvereinbarung erfolgt. Der Hintergrund der Regelungen wurde deshalb schon im Rahmen der Erläuterungen zur Betriebsvereinbarung dargestellt.

Zur Sicherheit wurde in die Einwilligungserklärung auch eine **Einwilligung zur Beschränkung des**   24.135
Fernmeldegeheimnisses mit aufgenommen, obwohl nach hier vertretener Ansicht ein solcher Eingriff des Unternehmens in das Fernmeldegeheimnis bei BYOD regelmäßig nicht vorliegt. Da ein solcher Eingriff aber auf Grundlage einer entsprechenden Einwilligung der betroffenen Person rechtmäßig ist, spricht nichts dagegen, vorsorglich eine entsprechende Einwilligung einzuholen.

Zusätzlich wurde im Anschluss an die Einwilligungserklärung noch ein Empfangsbekenntnis auf-   24.136
genommen, durch das der Arbeitnehmer bestätigt, ein Exemplar der Betriebsvereinbarung zu Bring Your Own Device erhalten zu haben. Das Empfangsbekenntnis bewirkt insoweit eine Beweislastumkehr, nach der der Arbeitnehmer nun beweisen muss, dass er kein Exemplar der Betriebsvereinbarung erhalten hat[133]. Hieraus ergibt sich für den Arbeitgeber als Konsequenz der Vorteil, dass er einfacher beweisen kann, den Arbeitnehmer ordnungsgemäß informiert zu haben. So ist die ordnungsgemäße Information des Arbeitnehmers Voraussetzung für die Wirksamkeit seiner Einwilligungserklärung. Da die Einwilligungserklärung in diesem Zusammenhang zum großen Teil auf die Betriebsvereinbarung zu Bring Your Own Device verweist, ist es für die Wirksamkeit der Einwilligung des Arbeitnehmers erforderlich, dass dieser die Betriebsvereinbarung erhalten hat (und diese entsprechend lesen konnte). Vor diesem Hintergrund ist ein solches Empfangsbekenntnis empfehlenswert. Hierbei sind allerdings die Anforderungen des § 309 Nr. 12 Halbs. 2 BGB zu beachten, da es sich insoweit um AGB handelt[134]. Zudem ist darauf zu achten, dass der Arbeitnehmer sowohl die Einwilligung als auch das Empfangsbekenntnis unterschreibt. Fehlt z.B. die Unterschrift unter dem Empfangsbekenntnis, könnte dies ggf. als Indiz gewertet werden, dass er kein Exemplar der Betriebsvereinbarung erhalten hat. Weitergehende Bestätigungen des Arbeitnehmers werden i.d.R. nicht mit § 309 Nr. 12 lit. b BGB vereinbar sein.

---

131 Siehe Teil 7, Rz. 45.12.
132 Siehe Teil 7, Rz. 45.12.
133 *Wurmnest* in MüKo BGB, § 309 Nr. 12 BGB Rz. 19.
134 Siehe z.B. *Wurmnest* in MüKo BGB, § 309 Nr. 12 BGB Rz. 19 ff.

§ 25
Social Media-Richtlinie

Literatur: *Benedikt/Kranig*, DS-GVO und KUG – ein gespanntes Verhältnis, ZD 2019, 4; *Bertram*, Offline – Verbot privater Internetnutzung am Arbeitsplatz jederzeit möglich?, GWR 2012, 336986; *Bissels/Lützeler/Wisskirchen*, Facebook, Twitter & Co.: Das Web 2.0 als arbeitsrechtliches Problem, BB 2010, 2433; *Braun*, Social Media-Nutzung – Eine Herausforderung (auch) für Unternehmen, NJ 2013, 104; *Burr*, Kündigung wegen unternehmensschädlichen Facebook-Postings, NZA-Beilage 2015, 114; *Byers/Mößner*, Die Nutzung des Web 2.0 am Arbeitsplatz: Fluch und Segen für den Arbeitgeber, BB 2012, 1665; *Düwell/Brink*, Die EU-Datenschutz-Grundverordnung und der Beschäftigtendatenschutz, NZA 2016, 665; *Ernst*, Social Networks und Arbeitnehmer-Datenschutz, NJOZ 2011, 953; *Ernst*, Social Networks und Arbeitnehmer-Datenschutz, NJW 2011, 1712; *Eufinger*, Mitbestimmung des Betriebsrats bei der Nutzung sozialer Netzwerke, ArbRAktuell 2015, 340; *Forst*, Bewerberauswahl über soziale Netzwerke im Internet?, NZA 2010, 427; *Forst*, Social Media Guidelines – Regelung durch Betriebsvereinbarung?, ZD 2012, 251; *Fuhlrott/Oltmanns*, Social Media im Arbeitsverhältnis – Der schmale Grat zwischen Meinungsfreiheit und Pflichtverletzung, NZA 2016, 785; *Gabriel/Cornels*, Direktionsrecht und Soziale Netzwerke – Rechte und Pflichten der Arbeitgeber und Beschäftigten bei XING & Co., MMR-Aktuell 2011, 316759; *Gola*, DSGVO, 1. Aufl. 2017; *Göpfert/Wilke*, Recherchen des Arbeitgebers in Sozialen Netzwerken nach dem geplanten Beschäftigtendatenschutzgesetz, NZA 2010, 1329; *Göpfert/Wilke*, Facebook-Aktivitäten als Kündigungsgrund, ArbRAktuell 2011, 315865; *Günther/Lenz*, Liken, Posten, Teilen – Kündigungsrechtliche Einordnung Social Media-spezifischer Ausdrucksformen, ArbRAktuell 2020, 405; *Günther*, Unternehmensschädliche Äußerungen von Arbeitnehmern in sozialen Medien – Social Media Guidelines als Mittel der Prävention, ArbRAktuell 2013, 223; *Hartung/Hexel/Lecheler*, Compliance-Anforderungen bei Social Media im Unternehmen, Newsdienst Compliance 2014, 72010; *Jandt/Rossnagel*, Datenschutz in Social Networks – Kollektive Verantwortlichkeit für die Datenverarbeitung, ZD 2011, 160; *Kania/Sansone*, Möglichkeiten und Grenzen des Pre-Employment-Screenings, NZA 2012, 360; *Kort*, Arbeitnehmerdatenschutz gem. der EU-Datenschutz-Grundverordnung, DB 2016, 711; *Kort*, Kündigungsrechtliche Fragen bei Äußerungen des Arbeitnehmers im Internet, NZA 2012, 1321; *Krüger/Wiencke*, Bitte recht freundlich – Verhältnis zwischen KUG und DS-GVO, MMR 2019, 76; *Lauber-Rönsberg/Hartlaub*, Personenbildnisse im Spannungsfeld zwischen Äußerungs- und Datenschutzrecht, NJW 2017, 1057; *Lelley/Fuchs*, My Space is not Your Space – Einige arbeitsrechtliche Überlegungen zu Social Media Guidelines, CCZ 2010, 147; *Lützeler/Bissels*, Social Media-Leitfaden für Arbeitgeber: Rechte und Pflichten im Arbeitsverhältnis, ArbRAktuell 2011, 322670; *Oberwetter*, Soziale Netzwerke im Fadenkreuz des Arbeitsrechts, NJW 2011, 417; *Polenz*, Die Datenverarbeitung durch und via Facebook auf dem Prüfstand, VuR 2012, 207; *Reuter/*

Schwarz, Der Umgang mit Personenbildnissen nach Inkrafttreten der DSGVO, ZUM 2020, 31; *Wiese*, Internet und Meinungsfreiheit des Arbeitgebers, Arbeitnehmers und Betriebsrats, NZA 2012, 1.

A. Einleitung

I. Social Media-Richtlinien in der Praxis

25.1 Soziale Medien sind aus dem Alltag nicht mehr wegzudenken. Dasselbe gilt für die daraus resultierenden Probleme. So werden Vorgesetzte in Internet-Foren beleidigt, Facebook-Freundschaften während der Arbeitszeit gepflegt oder vertrauliche Unternehmensinformationen getwittert. Die wirtschaftlichen Auswirkungen sind erheblich. Dies alles hat bei Arbeitgebern in der Praxis zu einem starken Bedürfnis geführt, Spielregeln für den Umgang mit sozialen Medien aufzustellen.

25.2 Social Media-Richtlinien beschränken sich dabei vielfach darauf, **Handlungsempfehlungen** für die private Nutzung sozialer Medien zu geben. Es handelt sich weniger um ein strenges Regelwerk, als um eine Hilfestellung für die Arbeitnehmer. Dies erscheint auf den ersten Blick zwar erstaunlich, die Gründe hierfür liegen aber auf der Hand: Zwar werden soziale Medien auch dienstlich genutzt, etwa als Marketinginstrument. Weit überwiegend dienen sie den Arbeitnehmern aber nach wie vor für private Zwecke. Im Privatbereich sind verbindliche **Verhaltensregelungen** durch den Arbeitgeber aber nahezu ausgeschlossen. Sinnvoller ist es daher, Mitarbeiter für das Thema soziale Medien und die damit verbundenen Risiken zu sensibilisieren.

II. Rechtlicher Rahmen

1. Möglichkeiten zur Einführung von Social Media-Richtlinien

25.3 Social Media-Richtlinien können zunächst einseitig durch den Arbeitgeber im Rahmen seines **Direktionsrechts** eingeführt werden. Der Arbeitgeber kann gem. § 106 Satz 1 GewO Inhalt, Ort und Zeit der Arbeitsleistung des Arbeitnehmers näher festlegen. Hierzu gehören gem. § 106 Satz 2 GewO auch Regelungen hinsichtlich der Ordnung und des Verhaltens der Arbeitnehmer im Betrieb. Die Weisung muss sich dabei insbesondere im Rahmen billigen Ermessens halten. Dies erfordert eine Abwägung der beiderseitigen Interessen des Arbeitgebers und des Arbeitnehmers[1].

25.4 Die Einführung von Social Media-Richtlinien ist darüber hinaus im Einvernehmen mit dem Arbeitnehmer auf arbeitsvertraglicher Grundlage denkbar. Da es sich bei Social Media-Richtlinien um formularmäßig verwendete Bestimmungen handelt, sind die §§ 305 ff. BGB zu beachten. Insbesondere darf der Arbeitnehmer gem. § 307 Abs. 1 BGB nicht unangemessen benachteiligt werden. Auch insoweit sind die beiderseitigen Interessen des Arbeitgebers und des Arbeitnehmers gegeneinander abzuwägen[2].

25.5 Existiert ein Betriebsrat, können Social Media-Richtlinien auch durch **Betriebsvereinbarung**[3] eingeführt bzw. kann eine entsprechende Betriebsvereinbarung durch den Arbeitgeber oder den Betriebsrat ggf. sogar erzwungen werden.

Im Rahmen der zwingenden Mitbestimmung können Betriebsrat und Arbeitgeber regelmäßig den Abschluss einer Betriebsvereinbarung verlangen[4]. Als zwingende Mitbestimmungsrechte kommen im Zu-

---

1 *Preis* in ErfK, § 106 GewO Rz. 10.
2 *Preis* in ErfK, § 310 BGB Rz. 45; *Gabriel/Cornels*, MMR-Aktuell 2011, 316759; *Göpfert/Wilke*, NZA 2010, 1329 (1333).
3 Vgl. hierzu ausführlich *Forst*, ZD 2012, 251.
4 BAG v. 8.8.1989 – 1 ABR 62/88, NZA 1990, 322 (324).

sammenhang mit Social Media-Richtlinien insbesondere § 87 Abs. 1 Nr. 1 BetrVG (Ordnungsverhalten) oder § 87 Abs. 1 Nr. 6 BetrVG (technische Überwachungseinrichtung) in Betracht.

Das Bestehen von Mitbestimmungsrechten ist grundsätzlich mit Blick auf jede einzelne Regelung der Social Media-Richtlinie gesondert zu beurteilen[5]. Sofern die einzelnen Regelungen nicht unauflösbar miteinander verknüpft sind, führt ein Mitbestimmungsrecht hinsichtlich einer einzelnen Regelung nicht zu einem Mitbestimmungsrecht in Bezug auf die gesamte Richtlinie[6].

Social Media-Richtlinien werden in weiten Teilen lediglich die von den Arbeitnehmern zu erbringende Arbeitsleistung näher konkretisieren und im Übrigen auf bestehende Rechtspflichten hinweisen bzw. unverbindliche Handlungsempfehlungen aussprechen. Insoweit besteht grundsätzlich kein Mitbestimmungsrecht des Betriebsrats gem. § 87 Abs. 1 Nr. 1 BetrVG[7]. Sollen die Arbeitnehmer aber etwa dazu verpflichtet werden, dem Arbeitgeber Verstöße gegen die Richtlinie zu melden, bestünde ein Mitbestimmungsrecht gem. § 87 Abs. 1 Nr. 1 BetrVG[8]. 25.6

Darüber hinaus werden Social Media-Richtlinien ggf. Regelungen zu einer möglicherweise erlaubten **Privatnutzung** betrieblicher IT- bzw. Telekommunikations-Ressourcen enthalten. Dies begründet grundsätzlich ebenfalls ein Mitbestimmungsrecht gem. § 87 Abs. 1 Nr. 1 BetrVG[9]. Dagegen wäre ein vollständiges Verbot der privaten Nutzung betrieblicher IT- bzw. Telekommunikations-Ressourcen nicht mitbestimmungspflichtig[10]. Zudem beruhen die betreffenden Regelungen in vielen Fällen auf bereits bestehenden Regelungen in anderen Betriebsvereinbarungen, etwa zur Internet- und E-Mail-Nutzung. Soweit es sich nur um einen Verweis auf bestehende Regelungen handelt, bestünde insoweit in Bezug auf die Social Media-Richtlinie kein erneutes Mitbestimmungsrecht des Betriebsrats. 25.7

Die für die Nutzung von sozialen Medien ggf. benutzten betrieblichen IT- bzw. Telekommunikations-Ressourcen stellen im Übrigen zwar in aller Regel technische Überwachungseinrichtungen i.S.d. § 87 Abs. 1 Nr. 6 BetrVG dar[11]. Hierfür genügt, dass die technische Einrichtung zur Erhebung oder Verarbeitung personenbezogener Verhaltens- bzw. Leistungsdaten der Arbeitnehmer geeignet ist. Einer Absicht des Arbeitgebers, die Einrichtung zur Verhaltens- oder Leistungskontrolle zu nutzen, bedarf es nicht[12]. Allerdings sind auch die Einrichtung und der Betrieb dieser Ressourcen regelmäßig bereits in einer anderen Betriebsvereinbarung geregelt. Ein erneutes Mitbestimmungsrecht gem. § 87 Abs. 1 Nr. 6 BetrVG wird daher auch insoweit in Bezug auf die Social Media-Richtlinie häufig nicht bestehen. 25.8

Das BAG[13] nahm ein Mitbestimmungsrecht des Betriebsrates gem. § 87 Abs. 1 Nr. 6 BetrVG sogar im Hinblick auf den bloßen Betrieb einer Unternehmens-Facebook-Seite durch den Arbeitgeber an, wenn dort die Kommentarfunktion für Besucher aktiviert ist. Besucher könnten, so das BAG, auch Kommentare über die Leistung oder das Verhalten identifizierter oder identifizierbarer Mitarbeiter hinterlassen. Daher handele es sich insoweit um eine technische Überwachungseinrichtung. Diese Wertung lässt sich auf Arbeitgeber-Accounts in anderen Sozialen Medien übertragen, wenn diese eine Interaktion mit den Besuchern ermöglichen, was in aller Regel der Fall ist. So wandte zwischenzeitlich das LAG Hamburg die vorgenannte BAG-Rechtsprechung entsprechend auf einen Arbeitgeber-Account bei

---

5 BAG v. 22.7.2008 – 1 ABR 40/07, NZA 2008, 1248 (1252 f.).
6 BAG v. 22.7.2008 – 1 ABR 40/07, NZA 2008, 1248 (1252 f.).
7 BAG v. 22.7.2008 – 1 ABR 40/07, NZA 2008, 1248 (1253); *Günther*, ArbRAktuell 2013, 223 (225).
8 BAG v. 22.7.2008 – 1 ABR 40/07, NZA 2008, 1248 (1253); *Günther*, ArbRAktuell 2013, 223 (225); *Byers/ Mößner*, BB 2012, 1665 (1666); *Lützeler/Bissels*, ArbRAktuell 2011, 322670.
9 *Kania* in ErfK, § 87 BetrVG Rz. 19; *Günther*, ArbRAktuell 2013, 223 (225); *Oberwetter*, NJW 2011, 417 (421); jeweils m.w.N.
10 *Kania* in ErfK, § 87 BetrVG Rz. 19; *Oberwetter*, NJW 2011, 417 (421); jeweils m.w.N.
11 *Günther*, ArbRAktuell 2013, 223 (225).
12 BAG v. 13.12.2016 – 1 ABR 7/15, NZA 2017, 657 ff.; BAG v. 14.11.2006 – 1 ABR 4/06, AP BetrVG 1972 § 87 Überwachung Nr. 43.
13 BAG v. 13.12.2016 – 1 ABR 7/15, NZA 2017, 657 ff.

Twitter im Hinblick auf die Antwortfunktion an[14]. In der Revision musste das BAG[15] über diese Frage nicht entscheiden, so dass eine weitere Klärung dieser höchstrichterlichen Rechtsprechung leider ausgeblieben ist.

25.9 Die Regelungskompetenz der Betriebsparteien wird insbesondere durch höherrangiges Recht begrenzt. Hierzu gehören auch Grundrechtspositionen des Arbeitnehmers und das Verhältnismäßigkeitsprinzip[16]. Erfolgt die Einführung einer Social Media-Richtlinie durch Betriebsvereinbarung, sind daher ebenfalls die Interessen von Arbeitnehmer und Arbeitgeber in Ausgleich zu bringen.

2. Grenzen der Regelungsbefugnisse

25.10 Die bei der Einführung zu berücksichtigenden Arbeitnehmerinteressen begrenzen die möglichen Regelungsinhalte von Social Media-Richtlinien. Dabei sollten die verbleibenden Regelungsmöglichkeiten im Rahmen aller Regelungsformen im Wesentlichen dieselben sein.

a) Verbot der Nutzung sozialer Medien

25.11 Der Arbeitgeber kann die Nutzung sozialer Medien durch den Arbeitnehmer für dienstliche Zwecke untersagen. Auch kann er die private Nutzung sozialer Medien durch den Arbeitnehmer während der Arbeitszeit oder über betriebliche IT- und Telekommunikations-Ressourcen verbieten[17]. Ein vollständiges Verbot wäre dagegen unzulässig[18]. Die private Nutzung sozialer Medien in der Freizeit über eigene Geräte steht dem Arbeitnehmer immer frei.

b) Pflicht zur Nutzung sozialer Medien

25.12 Folgt man der vor allem von den Datenschutzaufsichtsbehörden[19] vertretenen Auffassung, dass der **datenschutzrechtskonforme Betrieb von Unternehmensseiten** in bestimmten sozialen Medien (z.B. Facebook-Fanpages) nicht möglich sei, steht die Verpflichtung eines Arbeitnehmers zur Anmeldung, Nutzung und Pflege eines Benutzerkontos in den betreffenden Medien generell in Frage. Zum einen wird der Arbeitgeber von seinem Arbeitnehmer nur schwerlich verlangen können, eigene personenbezogene Daten zu offenbaren, die von dem Betreiber des fraglichen sozialen Mediums dann aus datenschutzrechtlicher Sicht unrechtmäßig weiterverarbeitet werden. Zum anderen wird der Arbeitnehmer, selbst wenn dieser keine eigenen personenbezogenen Daten offenbaren muss, nicht dazu verpflichtet werden können, sich an dem rechtswidrigen Betrieb der Unternehmensseite seines Arbeitgebers zu beteiligen.

25.13 Unabhängig von der vorstehenden Problematik (vgl. Rz. 25.12) besteht jedenfalls kein generelles Recht des Arbeitgebers, alle Arbeitnehmer zur Anmeldung, Nutzung und Pflege von persönlichen Benutzerkonten in sozialen Medien zu verpflichten[20]. Eine derartige Verpflichtung kann nur ausnahmsweise be-

---

14 LAG Hamburg v. 13.9.2018 – 2 TaBV 5/18, NZA-RR 2018, 655 ff.
15 BAG v. 25.2.2020 – 1 ABR 40/18, NZA 2020, 881 ff.
16 *Kania* in ErfK, § 77 BetrVG Rz. 38.
17 *Lützeler/Bissels*, ArbRAktuell 2011, 322670; *Oberwetter*, NJW 2011, 417 (418).
18 *Kort*, NZA 2012, 1321 (1322).
19 Vgl. etwa *Konferenz der unabhängigen Datenschutzaufsichtsbehörden des Bundes und der Länder (DSK)*, „Positionierung zur Verantwortlichkeit und Rechenschaftspflicht bei FacebookFanpages sowie der aufsichtsbehördlichen Zuständigkeit" v. 1.4.2019, https://www.datenschutzzentrum.de/uploads/facebook/2019-04-01-Positionierung_Facebook_Fanpages.pdf, abgerufen am 30.11.2020; vgl. hierzu auch die Webseite des *Unabhängigen Landeszentrums für Datenschutz Schleswig-Holstein*, abrufbar unter: https://www.datenschutzzentrum.de/facebook/; vgl. auch *Polenz*, VuR 2012, 207; *Jandt/Rossnagel*, ZD 2011, 160; *Unabhängiges Landeszentrum für Datenschutz Schleswig-Holstein*, ZD-Aktuell 2012, 03040.
20 *Lützeler/Bissels*, ArbRAktuell 2011, 322670.

gründet werden[21]. In jedem Fall ist erforderlich, dass gerade die Anmeldung, Nutzung und Pflege des persönlichen Benutzerkontos zur Erfüllung der Arbeitsaufgaben des Arbeitnehmers erforderlich ist[22]. Zudem dürfen einer solchen Verpflichtung keine vorrangigen Arbeitnehmerinteressen entgegenstehen[23]. Bei der insoweit vorzunehmenden Interessenabwägung ist insbesondere zu berücksichtigen, dass der Arbeitnehmer durch die Anmeldung in einem sozialen Medium regelmäßig auch gewisse persönliche Daten (z.B. seinen Namen) im Internet publik machen muss[24].

Zulässig könnte hiernach ggf. die Verpflichtung eines Mitarbeiters einer Headhunting-Agentur zur Nutzung eines **persönlichen Benutzerkontos** bei Xing oder LinkedIn sein, soweit dies zur Suche geeigneter Bewerber erforderlich ist. Teils[25] wird die Auffassung vertreten, eine Nutzungspflicht käme ausschließlich für derartige „berufsorientierte" soziale Medien in Betracht, keinesfalls aber für überwiegend privat genutzte soziale Medien (z.B. Facebook, Instagram, TikTok). Diese Abgrenzung nach Zweckbestimmung des Mediums ist aber wohl letztlich weder durchführbar noch zweckmäßig. Auch vermeintlich private soziale Medien werden dienstlich, etwa zu Marketingzwecken, genutzt. In Bezug auf diese Medien ist somit ebenfalls danach zu fragen, ob die Nutzung für die Erfüllung der Arbeitsaufgaben erforderlich ist und eine Interessenabwägung vorzunehmen. Auch insoweit kommt ggf. eine Nutzungsverpflichtung in Betracht. Allerdings sind für eine zulässige Nutzungsverpflichtung erheblich weniger Anwendungsfälle denkbar als bei berufsorientierten sozialen Medien. | 25.14

Eine Verpflichtung des Arbeitnehmers zur Anmeldung, Nutzung und Pflege eines **Unternehmens-Kontos** ist, die eingangs beschriebene datenschutzrechtliche Problematik (vgl. Rz. 25.12) außen vor gelassen, dagegen regelmäßig unproblematisch. Jedenfalls wenn hierbei keine personenbezogenen Daten des Arbeitnehmers verarbeitet werden, fällt die vorzunehmende Interessenabwägung in aller Regel zugunsten des Arbeitgebers aus. Anders kann dies in Ausnahmefällen sein, wenn die Anmeldung, Nutzung oder Pflege des Unternehmens-Kontos auch die Verarbeitung von personenbezogenen Arbeitnehmerdaten erfordert. Insoweit sind im Rahmen der vorzunehmenden Abwägung der Interessen für und gegen die Datenverarbeitung insbesondere die bereits genannten Gesichtspunkte (Rz. 25.14 f.) zu berücksichtigen. | 25.15

c) Vorgaben für die Nutzung sozialer Medien

Im Rahmen der dienstlichen Nutzung sozialer Medien durch den Arbeitnehmer hat der Arbeitgeber weitgehende Regelungsbefugnisse. Insbesondere in Bezug auf die **Eigendarstellung des Arbeitnehmers** in einem sozialen Medium bestehen aber auch hier Grenzen. Zunächst gelten wieder die bereits angesprochenen allgemeinen datenschutzrechtlichen Vorbehalte (vgl. Rz. 25.12). Eine Veröffentlichung des Bildes des Arbeitnehmers ist zudem gem. § 22 KUG, dessen verbleibender Anwendungsbereich nach Inkrafttreten der DSGVO allerdings aktuell ungeklärt ist[26], nur mit dessen Einwilligung zulässig[27]. Im Übrigen dürfte bei der Regelungskompetenz des Arbeitgebers die Rechtsprechung des | 25.16

---

21 *Byers/Mößner*, BB 2012, 1665 (1669); weitergehend wohl *Oberwetter*, NJW 2011, 417 (419), der eine Pflicht für Beschäftigte mit Kundenberührung in der Regel für zulässig hält; a.A. wohl *Göpfert/Wilke*, NZA 2010, 1329 (1333), die eine Anmeldepflicht grundsätzlich für unzulässig halten.

22 *Byers/Mößner*, BB 2012, 1665 (1669); *Gabriel/Cornels*, MMR-Aktuell 2011, 316759; *Oberwetter*, NJW 2011, 417 (418 f.); *Göpfert/Wilke*, NZA 2010, 1329 (1332 f.).

23 *Byers/Mößner*, BB 2012, 1665 (1669); *Gabriel/Cornels*, MMR-Aktuell 2011, 316759; *Oberwetter*, NJW 2011, 417 (418 f.); *Göpfert/Wilke*, NZA 2010, 1329 (1332 f.).

24 *Byers/Mößner*, BB 2012, 1665 (1669); *Gabriel/Cornels*, MMR-Aktuell 2011, 316759; *Oberwetter*, NJW 2011, 417 (418 f.); *Göpfert/Wilke*, NZA 2010, 1329 (1332 f.).

25 *Gabriel/Cornels*, MMR-Aktuell 2011, 316759; *Oberwetter*, NJW 2011, 417 (418).

26 *Reuter/Schwarz*, ZUM 2020, 31; *Krüger/Wiencke*, MMR 2019, 76; *Benedikt/Kranig*, ZD 2019, 4; *Lauber-Rönsberg/Hartlaub*, NJW 2017, 1057 (1062); für eine vorrangige Fortgeltung des KUG im journalistischen Bereich: OLG Köln v. 18.6.2018 – 15 W 27/18, ZD 2018, 434.

27 *Oberwetter*, NJW 2011, 417 (418 f.).

BAG[28] zur Berufskleidung entsprechend heranzuziehen sein[29]. Hiernach wäre bei Anordnungen bzgl. des äußeren Erscheinungsbilds des Arbeitnehmers insbesondere mit Blick auf die durch Art. 2 Abs. 1 GG geschützte allgemeine Handlungsfreiheit eine Interessenabwägung vorzunehmen.

25.17 Die **private Nutzung sozialer Medien** durch den Arbeitnehmer ist dagegen der Regelungskompetenz des Arbeitgebers grundsätzlich entzogen. Außerdienstliches Verhalten des Arbeitnehmers kann der Arbeitgeber grundsätzlich weder regeln noch arbeitsrechtlich sanktionieren[30]. Lediglich in Ausnahmefällen kann ein **außerdienstliches Verhalten** des Arbeitnehmers dem Rücksichtnahmegebot des § 241 Abs. 2 BGB unterliegen und insoweit einer Regelung durch den Arbeitgeber zugänglich sein. Erforderlich ist aber, dass durch das fragliche Verhalten ein berechtigtes Interesse des Arbeitgebers überhaupt beeinträchtigt sein kann, was grundsätzlich einen Bezug des außerdienstlichen Verhaltens zur dienstlichen Tätigkeit voraussetzt[31]. Hiernach könnten ggf. einem Arbeitnehmer mit besonders herausgehobener Stellung rufschädigende Verhaltensweisen in der Freizeit untersagt werden[32].

Für Angestellte im öffentlichen Dienst galt früher gem. § 8 Abs. 1 Satz 1 BAT die besondere Verpflichtung, das gesamte private Verhalten so einzurichten, dass das Ansehen des öffentlichen Arbeitgebers nicht beeinträchtigt wird. Die seit dem 1.10.2005 geltenden Tarifverträge für den öffentlichen Dienst haben diese Regelung jedoch nicht übernommen, so dass es auch für Angestellte im öffentlichen Dienst grundsätzlich bei den allgemeinen Regelungen bleibt[33].

25.18 Dies bedeutet natürlich nicht, dass der Arbeitnehmer bei der privaten Nutzung sozialer Medien völlig frei wäre. Insbesondere dürfen **Betriebs- und Geschäftsgeheimnisse** auch in der Freizeit nicht verraten werden. Auch vorsätzlich geschäfts- oder **rufschädigende Äußerungen**, Drohungen, Beleidigungen oder falsche Tatsachenbehauptungen sind zu unterlassen. Rechte Dritter, etwa Persönlichkeitsrechte oder Urheber-, Marken- und andere Schutzrechte, sind zu beachten. Über die Außendarstellung des Unternehmens entscheidet wiederum allein der Arbeitgeber. Zudem sind strafrechtliche Grenzen einzuhalten.

d) „Herausgabe" von Benutzerkonten

25.19 Die „Herausgabe" von Benutzerkonten, d.h. die Herausgabe der **Zugangsdaten**, kann der Arbeitgeber unproblematisch nur im Falle von Unternehmens-Konten verlangen. Die Herausgabe eines persönlichen Benutzerkontos kommt dagegen allenfalls dann in Betracht, wenn es der Arbeitgeber zur Verfügung gestellt hat[34]. Dies kann man ggf. dann annehmen, wenn die hierfür anfallenden Kosten vom Arbeitgeber übernommen wurden[35]. Vor der Herausgabe ist dem Arbeitnehmer allerdings in jedem Fall Gelegenheit zu geben, etwaige private Daten zu löschen[36]. Im Übrigen kann der Arbeitnehmer allenfalls verpflichtet werden, dem Arbeitgeber dienstliche Daten (z.B. Geschäftskorrespondenz, Kundendaten) herauszugeben[37].

---

28 Vgl. bspw. BAG v. 13.2.2007 – 1 ABR 18/06, NZA 2007, 640.
29 *Gabriel/Cornels*, MMR-Aktuell 2011, 316759.
30 *Lützeler/Bissels*, ArbRAktuell 2011, 322670; *Gabriel/Cornels*, MMR-Aktuell 2011, 316759; *Göpfert/Wilke*, ArbRAktuell 2011, 315865.
31 BAG v. 28.10.2010 – 2 AZR 293/09, NZA 2011, 112 (113).
32 *Lützeler/Bissels*, ArbRAktuell 2011, 322670; *Gabriel/Cornels*, MMR-Aktuell 2011, 316759; *Göpfert/Wilke*, ArbRAktuell 2011, 315865.
33 BAG v. 28.10.2010 – 2 AZR 293/09, NZA 2011, 112 (113).
34 *Byers/Mößner*, BB 2012, 1665 (1670); *Oberwetter*, NJW 2011, 417 (420).
35 *Oberwetter*, NJW 2011, 417 (420).
36 *Oberwetter*, NJW 2011, 417 (420).
37 *Oberwetter*, NJW 2011, 417 (420).

3. Kontrolle der Social Media-Nutzung

Eng verbunden mit den Regelungsbefugnissen bei der Social Media-Nutzung durch den Arbeitnehmer 25.20
ist die Frage, inwieweit dem Arbeitgeber eine Kontrolle der Einhaltung der betreffenden Regelungen,
d.h. im Wesentlichen der Veröffentlichungen des Arbeitnehmers in sozialen Medien, gestattet ist. Datenschutzrechtlich ist dies bzw. die Verarbeitung der betreffenden personenbezogenen Arbeitnehmerdaten grundsätzlich an den Vorgaben der DSGVO und des BDSG zu messen. Eine Verarbeitung personenbezogener Daten ist gem. Art. 6 DSGVO nur dann zulässig, soweit eine Einwilligung oder ein
anderer Erlaubnistatbestand vorliegt.

Als Erlaubnis für die Verarbeitung personenbezogener Daten bei der arbeitgeberseitigen **Kontrolle der** 25.21
Social Media-Nutzung des Arbeitnehmers kommen insbesondere Art. 88 DSGVO i.V.m. § 26 BDSG
sowie ergänzend Art. 6 Abs. 1 lit. f DSGVO in Betracht.

§ 26 Abs. 1 Satz 1 BDSG erlaubt die Verarbeitung personenbezogener Daten von Arbeitnehmern, soweit dies für die Begründung, Durchführung oder Beendigung des Arbeitsverhältnisses erforderlich ist.
Auch die Kontrolle der Erfüllung der arbeitsvertraglichen Pflichten durch den Arbeitnehmer oder präventive Kontrollmaßnahmen zur Verhinderung von Pflichtverstößen können von dieser Erlaubnisvorschrift gedeckt sein[38]. Im Rahmen der Erforderlichkeitsprüfung ist eine Abwägung der gegenläufigen
Interessen von Arbeitgeber und Arbeitnehmer hinsichtlich der Datenverarbeitung vorzunehmen[39].

Darüber hinaus dürfen gem. § 26 Abs. 1 Satz 2 BDSG personenbezogene Daten von Arbeitnehmern 25.22
zur **Aufdeckung von Straftaten** – wie z.B. einem gem. § 23 GeschGehG strafbaren Verrat von Geschäftsgeheimnissen – verarbeitet werden. Voraussetzung ist, dass zu dokumentierende tatsächliche
Anhaltspunkte den Verdacht begründen, dass der Arbeitnehmer im Arbeitsverhältnis eine Straftat begangen hat, die Datenverarbeitung zur Aufdeckung der Straftat erforderlich ist und das schutzwürdige
Interesse des Arbeitnehmers an dem Ausschluss der Datenverarbeitung nicht überwiegt. Insbesondere
dürfen Art und Ausmaß der Datenverarbeitung im Hinblick auf den Anlass nicht unverhältnismäßig
sein.

Daneben ist zur Rechtfertigung der Datenverarbeitung wohl auch ein Rückgriff auf Art. 6 Abs. 1 lit. f 25.23
DSGVO denkbar. Dessen Vorgängervorschrift (§ 28 Abs. 1 Nr. 2 BDSG a.F.) blieb jedenfalls nach herr-
schender Ansicht neben der Vorgängervorschrift des § 26 Abs. 1 BDSG (§ 32 BDSG a.F.) anwendbar[40].
Hieran dürfte sich auch nach der neuen Rechtslage nichts ändern, da § 26 BDSG nach dem Willen des
Gesetzgebers die bisherige Regelung des § 32 BDSG a.F. fortschreiben soll[41]. Gemäß Art. 6 Abs. 1 lit. f
DSGVO ist die Verarbeitung personenbezogener Daten zulässig, wenn sie zur Wahrung der **berechtig-
ten Interessen des Verantwortlichen oder eines Dritten** erforderlich ist und nicht die Interessen oder
Grundrechte und Grundfreiheiten der betroffenen Person, die den Schutz personenbezogener Daten
erfordern, überwiegen.

Eine Zulässigkeit der Datenverarbeitung aufgrund berechtigter Interessen des Arbeitgebers dürfte ins- 25.24
besondere dann in Betracht kommen, wenn der Arbeitnehmer seine Daten selbst **der Allgemeinheit
zugänglich** gemacht hat. Für Daten aus sozialen Medien, die auch über eine **Internet-Suchmaschine**
aufgefunden werden können, wurde dies vor Inkrafttreten der DSGVO überwiegend ohne weiteres bejaht[42]. Für sonstige Daten aus sozialen Netzen war die allgemeine Zugänglichkeit dagegen vor Inkraft-

---

38 Vgl. etwa *Riesenhuber* in BeckOK DatenschutzR, § 26 BDSG Rz. 118.
39 *Riesenhuber* in BeckOK DatenschutzR, § 26 BDSG Rz. 113.
40 Vgl. etwa *Ernst*, NJOZ 2011, 953 (954).
41 BT-Drucks. 18/11325, 96/97.
42 Vgl. etwa zu § 28 Abs. 1 Satz 1 Nr. 3 BDSG a.F.: *Braun*, NJ 2013, 104 (109); *Kania/Sansone*, NZA 2012,
   360 (363); *Ernst*, NJOZ 2011, 953 (954); *Ernst*, NJW 2011, 1712; *Bissels/Lützeler/Wisskirchen*, BB 2010,
   2433 (2437).

treten der DSGVO umstritten. Teils wurde dies bejaht, teils wurde nach dem Charakter des sozialen Mediums (privat/beruflich) differenziert, teils wurde auf die Nutzungsbedingungen abgestellt[43].

25.25 Nach der hier vertretenen Ansicht sind neben den in Suchmaschinen auffindbaren Daten auch solche Informationen aus sozialen Medien allgemein zugänglich, zu denen letztlich jeder Zugang erlangt, der sich bei dem betreffenden sozialen Medium anmeldet. Eine Differenzierung nach dem Charakter des sozialen Mediums lässt sich in der Realität kaum trennscharf vornehmen, Privates und Geschäftliches wird insoweit mehr und mehr vermischt (vgl. hierzu auch Rz. 25.14). Die Nutzungsbedingungen des sozialen Mediums sind insoweit ebenso kein taugliches Abgrenzungskriterium, da sie faktisch meist nicht „gelebt" bzw. durchgesetzt werden. Auch angesichts der jeweils hohen Zahl von Mitgliedern, die für den Arbeitnehmer letztlich nicht individuell bestimmbar sind, muss im Übrigen davon ausgegangen werden, dass der Arbeitnehmer sich bewusst ist, dass er die betreffenden Informationen der Allgemeinheit zugänglich macht.

25.26 Etwas anderes sollte aber dann gelten, wenn der Arbeitnehmer den Zugriff auf Informationen auf einen für ihn tatsächlich überschaubaren Nutzerkreis beschränkt. In diesem Fall wird man nicht mehr von allgemein zugänglichen Daten sprechen können. Ob eine solche, die allgemeine Zugänglichkeit ausschließende Einschränkung vorliegt, wird allerdings in vielen Fällen zweifelhaft sein. So kann man dies z.B. bei einer **Zugriffsbeschränkung** auf einen zahlenmäßig begrenzten Kreis von „Freunden" des Arbeitnehmers noch annehmen. Bereits für eine Beschränkung auf einen weiteren „Freundeskreis", z.B. auf „Freunde von Freunden", erscheint dies aufgrund der dann dem Arbeitnehmer tatsächlich unbekannten Zugriffsberechtigten allerdings wiederum zweifelhaft.

25.27 Allein die allgemeine Zugänglichkeit der Daten bedeutet allerdings nicht, dass diese durch den Arbeitgeber frei verarbeitet werden dürften. Vielmehr ist im Rahmen des Art. 6 Abs. 1 lit. f DSGVO stets zu prüfen, ob der Verarbeitung ein überwiegendes schutzwürdiges Interesse des Arbeitnehmers entgegensteht. Bei der insoweit vorzunehmenden **Interessenabwägung** sind insbesondere auch der Charakter und die Nutzungsbedingungen des sozialen Mediums sowie etwaige Zugriffsbeschränkungen durch den Arbeitnehmer einzubeziehen.

25.28 Auch eine **Betriebsvereinbarung** kann gem. Art. 88 DSGVO i.V.m. § 26 Abs. 4 BDSG die arbeitgeberseitige Kontrolle der Social Media-Nutzung durch den Arbeitnehmer erlauben. Dies allerdings nur, soweit die dienstliche Nutzung von sozialen Medien in Frage steht. Die private Nutzung sozialer Medien ist der Regelung durch die Betriebspartner entzogen. Eine Unterschreitung des Schutzniveaus der DSGVO durch die Betriebsvereinbarung wird dabei u.a. unter Verweis auf den Wortlaut von Art. 88 Abs. 1 DSGVO („spezifischere Vorschriften") und einen Vergleich mit demjenigen der Öffnungsklausel des § 85 Abs. 2 DSGVO („Abweichungen oder Ausnahmen") überwiegend abgelehnt[44]; lediglich Konkretisierungen der gesetzlichen Regelung und Abweichungen zugunsten der Arbeitnehmer sind hiernach gestattet. Dies scheint auch dem Verständnis des deutschen Gesetzgebers zu entsprechen, der mit § 26 Abs. 4 BDSG den Parteien der Kollektivvereinbarung einen „Ermessensspielraum im Rahmen des geltenden Rechts einschließlich der Verordnung (EU) 2016/679" zubilligt[45]. Soweit bislang u.a. unter Hinweis auf eine Entscheidung des BAG[46] vertreten wurde[47], dass eine Be-

---

43 Vgl. etwa zu § 28 Abs. 1 Satz 1 Nr. 3 BDSG a.F.: *Braun*, NJ 2013, 104 (109); *Kania/Sansone*, NZA 2012, 360 (363); *Bissels/Lützeler/Wisskirchen*, BB 2010, 2433 (2437); *Forst*, NZA 2010, 427 (431).

44 *Pauly* in Paal/Pauly, Art. 88 DSGVO Rz. 4; *Pötters* in Gola, Art. 88 DSGVO Rz. 23 ff.; *Stamer/Kuhnke* in Plath, Art. 88 DSGVO Rz. 7; *Düwell/Brink*, NZA 2016, 665 (666); *Kort*, DB 2016, 711 (715); *Wybitul*, NZA 2017, 413 (413); a.A. wohl *Riesenhuber* in BeckOK DatenschutzR, Art. 88 DSGVO Rz. 66 ff.

45 BT-Drucks. 18/11325, 98.

46 BAG v. 27.5.1986 – 1 ABR 48/84, NZA 1986, 643 (646).

47 Vgl. etwa *Stamer/Kuhnke* in Plath, 1. Aufl. 2013, § 32 Rz. 85; *Kania* in ErfK, 13. Aufl. 2013, § 87 BetrVG Rz. 61.

triebsvereinbarung nicht an den gesetzlichen Datenschutzvorgaben zu messen ist, dürfte dem nach Inkrafttreten der DSGVO nicht mehr zu folgen sein. Die Betriebsvereinbarung hat gem. § 75 Abs. 2 Satz 1 BetrVG allerdings in jedem Fall insbesondere die **Persönlichkeitsrechte** der Arbeitnehmer zu wahren[48]. Insoweit ist das Interesse des Arbeitgebers an der Datenverarbeitung gegen die entgegenstehenden Interessen des Arbeitnehmers abzuwägen[49]. Letztlich würde eine nach der DSGVO unzulässige Datenverarbeitung daher regelmäßig auch auf Grundlage einer Betriebsvereinbarung nicht erlaubt sein, selbst wenn man eine Unterschreitung des Schutzniveaus der DSGVO durch die Betriebsvereinbarung grundsätzlich zuließe[50].

Mit einer **Einwilligung des Arbeitnehmers** gem. Art. 6 Abs. 1 lit. a DSGVO wird sich die arbeitgeberseitige Kontrolle der Social Media-Nutzung des Arbeitnehmers oftmals nicht sicher rechtfertigen lassen. Zunächst müsste die Einwilligung gem. Art. 4 Nr. 11 DSGVO auf einer freiwilligen Entscheidung des Arbeitnehmers beruhen. Nach Erwägungsgrund 43 der DSGVO soll daher eine Einwilligung insbesondere dann keine gültige Rechtsgrundlage für eine Datenverarbeitung liefern, wenn wegen eines klaren Ungleichgewichts zwischen Verantwortlichem und betroffener Person in Anbetracht aller Umstände die Freiwilligkeit unwahrscheinlich ist. Dies greift § 26 Abs. 2 Satz 1 BDSG für Einwilligungen in einem Beschäftigungsverhältnis auf und bestimmt, dass für die Beurteilung der Freiwilligkeit insbesondere die im Arbeitsverhältnis bestehende Abhängigkeit des Arbeitnehmers zu berücksichtigen ist. Die Freiwilligkeit der Einwilligung ist mithin zwar im Rahmen eines Arbeitsverhältnisses nicht allgemein ausgeschlossen, kann aber durchaus problematisch sein. Insbesondere gilt dies für eine vor bzw. mit Abschluss des Arbeitsvertrags eingeholte Einwilligung, da der Arbeitnehmer sich zu dieser Zeit in einer besonderen Drucksituation befindet[51]. Zudem muss es sich gem. Art. 4 Nr. 11 DSGVO und § 26 Abs. 2 Satz 4 BDSG um eine informierte Einwilligung des Arbeitnehmers handeln. Der Arbeitnehmer muss sich über die Tragweite seiner Einwilligung bewusst sein. Dies wird gerade in Bezug auf eine bei Abschluss des Arbeitsverhältnisses erteilte Pauschaleinwilligung häufig zweifelhaft sein. Soweit man in der Einwilligung eine rechtsgeschäftliche Erklärung sieht[52], ist sie zudem, sofern – wie in der Regel – vom Arbeitgeber formularmäßig vorgegeben, an den §§ 305 ff. BGB zu messen. Der Arbeitnehmer darf gem. § 307 Abs. 1 BGB insbesondere nicht unangemessen benachteiligt werden. Insoweit sind die beiderseitigen Interessen des Arbeitgebers und des Arbeitnehmers im Einzelfall gegeneinander abzuwägen.

25.29

B. Social Media-Richtlinie

I. Muster

M 25.1 Social Media-Richtlinie

25.30

Social Media-Richtlinie

der

…

Mit den folgenden Handlungsanweisungen und -empfehlungen wollen wir unseren Mitarbeitern eine Orientierungshilfe für den privaten Umgang mit sozialen Medien wie Facebook, Xing oder Twitter bieten.

---

48 *Kania* in ErfK, § 77 BetrVG Rz. 38 und § 87 BetrVG Rz. 61.
49 BAG v. 27.5.1986 – 1 ABR 48/84, NZA 1986, 643 (647).
50 *Kania* in ErfK, § 87 BetrVG Rz. 61.
51 BT-Drucks. 18/11325, 98.
52 Vgl. hierzu etwa KG v. 26.8.2010 – 23 U 34/10, NJW 2011, 466.

1. Handeln Sie verantwortungsvoll[53].

Handeln Sie bei Veröffentlichungen in sozialen Medien bitte in Ihrem eigenen Interesse besonnen und verantwortungsvoll.

Bitte informieren Sie sich über die Regeln der von Ihnen genutzten sozialen Medien und halten Sie diese ein. Bitte begegnen Sie anderen Personen mit Respekt.

Bedenken Sie: Für Ihre Veröffentlichungen sind Sie allein verantwortlich. Veröffentlichungen in sozialen Medien können schnell unkontrolliert einer breiten Öffentlichkeit zugänglich werden. Einmal veröffentlicht, können Inhalte in sozialen Medien häufig nicht oder nur sehr schwer wieder gelöscht werden.

2. Sprechen Sie für sich selbst[54].

Erwecken Sie bei der Nutzung sozialer Medien nicht den Anschein, für unser Unternehmen zu sprechen. Kommunizieren Sie bspw. nur in der ersten Person und hinterlegen Sie an geeigneter Stelle den Hinweis „Dies ist mein privates Benutzerkonto".

Erklärungen in unserem Namen sind in sozialen Medien ausschließlich durch besonders autorisierte Mitarbeiter und über unsere Unternehmens-Accounts zulässig. Andere Erklärungen in unserem Namen in sozialen Medien sind untersagt.

3. Trennen Sie Privates von Dienstlichem[55].

Nutzen Sie soziale Medien ausschließlich in Ihrer Freizeit und verwenden Sie hierfür ausschließlich Ihre eigenen Geräte.

Ihre Arbeitszeit dient allein der Erledigung Ihrer Arbeitsaufgaben. Das Gleiche gilt für unsere PCs, Laptops, Handys und sonstige IT- und Telekommunikations-Ressourcen. Die private (Mit-)Nutzung dieser Ressourcen ist verboten.

4. Behalten Sie Vertrauliches für sich[56].

Behandeln Sie vertrauliche Informationen auch bei der Nutzung sozialer Medien vertraulich.

Sie sind verpflichtet, über unsere vertraulichen Angelegenheiten – insbesondere über unsere Geschäftsgeheimnisse – Stillschweigen zu wahren. Zudem ist es Ihnen untersagt, personenbezogene Daten unbefugt zu verarbeiten. Diese Verpflichtungen gelten selbstverständlich auch im Internet.

5. Unterlassen Sie unternehmensschädigende Äußerungen[57].

Sagen Sie Ihre Meinung, gerne auch über unser Unternehmen.

Geschäfts- oder rufschädigende Äußerungen, Drohungen, Beleidigungen oder falsche Tatsachenbehauptungen sind allerdings zu unterlassen.

6. Respektieren Sie das geltende Recht[58].

Respektieren Sie bei der Nutzung sozialer Medien das geltende Recht. Beachten Sie insbesondere bestehende Rechte Dritter und holen Sie für Veröffentlichungen ggf. erforderliche Zustimmungen vorab ein.

Das Internet ist kein rechtsfreier Raum. Insbesondere Persönlichkeitsrechte sowie Urheber-, Marken- und sonstige Schutzrechte haben Sie auch hier zu beachten. Geltende strafrechtliche Grenzen müssen Sie auch im Internet einhalten.

---

53 Zu den Erläuterungen siehe Rz. 25.33.
54 Zu den Erläuterungen siehe Rz. 25.35 ff.
55 Zu den Erläuterungen siehe Rz. 25.41 ff.
56 Zu den Erläuterungen siehe Rz. 25.45 ff.
57 Zu den Erläuterungen siehe Rz. 25.49 ff.
58 Zu den Erläuterungen siehe Rz. 25.55.

7. Seien Sie sich der Konsequenzen von Rechtsverstößen bewusst[59].

Im Falle von Rechtsverstößen können Sie Unterlassungs- und Schadensersatzansprüchen sowie strafrechtlichen Konsequenzen ausgesetzt sein. Verstoßen Sie gegen Ihre arbeitsvertraglichen Pflichten, kann dies auch arbeitsrechtliche Folgen – bis hin zu einer fristlosen Kündigung – haben.

Rechtsverstöße können zudem auf uns zurückfallen und unseren Ruf – insbesondere bei Geschäftspartnern, Kunden und in der Öffentlichkeit – beschädigen. Dies kann zu einem erheblichen wirtschaftlichen Schaden führen.

8. Kontaktieren Sie uns bei Fragen[60].

Wir haben immer ein offenes Ohr für Ihre Fragen. Kontaktieren Sie uns einfach unter [E-Mail-Adresse]. Wir kommen schnellstmöglich auf Sie zurück.

Weitere Erläuterungen zu dieser Social Media-Richtlinie finden Sie in unserem Intranet unter http://[link].

II. Erläuterungen

1. Vorbemerkung

Das Muster stellt eine einseitig im Rahmen des **Weisungsrechts** des Arbeitgebers einzuführende **Social Media-Richtlinie** dar. Es geht davon aus, dass soziale Medien nur von bestimmten, gesondert autorisierten Mitarbeitern dienstlich genutzt werden dürfen. Ferner geht es davon aus, dass die Privatnutzung betrieblicher IT- und Telekommunikations-Ressourcen untersagt ist. Die Social Media-Richtlinie soll dies gegenüber den Mitarbeitern klarstellen und diesen Handlungsanweisungen und -empfehlungen für die private Nutzung sozialer Medien geben.   25.31

2. Eigenverantwortung des Arbeitnehmers (Ziff. 1)

M 25.1.1 Eigenverantwortung des Arbeitnehmers   25.32

1. Handeln Sie verantwortungsvoll.

Handeln Sie bei Veröffentlichungen in sozialen Medien bitte in Ihrem eigenen Interesse besonnen und verantwortungsvoll.

Bitte informieren Sie sich über die Regeln der von Ihnen genutzten sozialen Medien und halten Sie diese ein. Bitte begegnen Sie anderen Personen mit Respekt.

Bedenken Sie: Für Ihre Veröffentlichungen sind Sie allein verantwortlich. Veröffentlichungen in sozialen Medien können schnell unkontrolliert einer breiten Öffentlichkeit zugänglich werden. Einmal veröffentlicht, können Inhalte in sozialen Medien häufig nicht oder nur sehr schwer wieder gelöscht werden.

Ziff. 1 soll auf die **Eigenverantwortung** der Arbeitnehmer für ihr Handeln hinweisen. Ferner soll die Regelung die Arbeitnehmer dafür sensibilisieren, dass „das Internet nicht vergisst". Vor diesem Hintergrund werden die Mitarbeiter gebeten, bei Veröffentlichungen in sozialen Medien besonnen und verantwortungsvoll zu handeln.   25.33

---

59 Zu den Erläuterungen siehe Rz. 25.55.
60 Zu den Erläuterungen siehe Rz. 25.57 f.

3. Keine Erklärungen für den Arbeitgeber (Ziff. 2)

25.34 **M 25.1.2 Keine Erklärungen für den Arbeitgeber**

2. Sprechen Sie für sich selbst.

Erwecken Sie bei der Nutzung sozialer Medien nicht den Anschein, für unser Unternehmen zu sprechen. Kommunizieren Sie bspw. nur in der ersten Person und hinterlegen Sie an geeigneter Stelle den Hinweis „Dies ist mein privates Benutzerkonto".

Erklärungen in unserem Namen sind in sozialen Medien ausschließlich durch besonders autorisierte Mitarbeiter und über unsere Unternehmens-Accounts zulässig. Andere Erklärungen in unserem Namen in sozialen Medien sind untersagt.

25.35 Ziff. 2 stellt klar, dass in sozialen Medien **Erklärungen im Namen des Arbeitgebers** nur von diesem gesteuert über bestimmte Unternehmens-Accounts erfolgen. Ansonsten sind in sozialen Medien Erklärungen im Namen des Arbeitsgebers untersagt. Die Regelung ist mit der Kommunikationsstrategie des Unternehmens in Einklang zu bringen. Erfolgt offizielle Kommunikation hiernach gängigerweise auch über soziale Medien, wäre das vollständige Verbot in Ziff. 2 anzupassen.

25.36 Offizielle Kommunikation über soziale Medien kann durch den Arbeitgeber verboten werden. Eine dahingehende Weisung des Arbeitgebers ist ohne weiteres von § 106 GewO gedeckt. Der Arbeitgeber allein bestimmt, welche Arbeitnehmer in welcher Art und Weise Erklärungen für das Unternehmen abgeben dürfen. Dies muss allein deswegen der Fall sein, weil der Arbeitgeber andernfalls unübersehbaren Haftungsrisiken ausgesetzt wäre. So läge bei unkontrollierten Internetaktivitäten der Arbeitnehmer etwa die Gefahr von Verstößen gegen das UWG (bspw. durch getarnte oder sonst irreführende Werbung oder Nichtbeachtung der Impressumspflicht) nahe[61].

25.37 Im Falle einer unzulässigen Weitergabe personenbezogener Daten, etwa Mitarbeiter- oder Kundendaten, durch den Arbeitnehmer über soziale Medien wäre der Arbeitgeber ggf. auch Schadensersatzansprüchen der betroffenen Personen ausgesetzt (Art. 82 DSGVO, vgl. aber auch § 280 Abs. 1 i.V.m. § 241 Abs. 2 BGB, § 311 Abs. 2 BGB und §§ 823 ff. BGB). Eine unzulässige Datenweitergabe kann zudem gem. Art. 33 und 34 DSGVO Mitteilungspflichten gegenüber den Aufsichtsbehörden, den betroffenen Personen und sogar der Öffentlichkeit auslösen. Darüber hinaus kommt jedenfalls eine Bußgeldhaftung gem. Art. 83 DSGVO in Betracht. Letztlich können derartige „Datenlecks" dem Arbeitgeber auch gravierende Reputationsschäden zufügen und bei diesem auch deswegen erheblichen wirtschaftlichen Schaden verursachen.

25.38 Verbotswidrige Unternehmenskommunikation über soziale Medien kann ggf. eine **Abmahnung** oder **Kündigung** des Arbeitnehmers rechtfertigen.

25.39 Über ein solches Verbot hinaus kann der Arbeitgeber dem Arbeitnehmer bei der privaten Nutzung sozialer Medien aber grundsätzlich nicht vorschreiben, in einer bestimmten Weise klarzustellen, dass er nicht für das Unternehmen handelt[62]. Dies ist grundsätzlich Sache des Arbeitnehmers, größtenteils wird auch überhaupt keine Klarstellung erforderlich sein. Die Regelung beschränkt sich insoweit daher nur auf ein Beispiel.

---

61 *Hartung/Hexel/Lecheler*, Newsdienst Compliance 2014, 72010.
62 A.A. wohl *Byers/Mößner*, BB 2012, 1665 (1668).

4. Trennung von Privatem und Dienstlichem (Ziff. 3)

M 25.1.3 Trennung von Privatem und Dienstlichem

25.40

3. Trennen Sie Privates von Dienstlichem.

Nutzen Sie soziale Medien ausschließlich in Ihrer Freizeit und verwenden Sie hierfür ausschließlich Ihre eigenen Geräte.

Ihre Arbeitszeit dient allein der Erledigung Ihrer Arbeitsaufgaben. Das Gleiche gilt für unsere PCs, Laptops, Handys und sonstige IT- und Telekommunikations-Ressourcen. Die private (Mit-)Nutzung dieser Ressourcen ist verboten.

Ziff. 3 untersagt die private Nutzung sozialer Medien innerhalb der Arbeitszeit und von betrieblichen 25.41 Geräten aus. Insoweit ist die Richtlinie an etwaig bestehende betriebliche Regelungen anzupassen. Haben die Arbeitnehmer einen Anspruch auf die **private Nutzung** des betrieblichen Internetzugangs[63], wäre das Verbot unter Ziff. 3 bspw. unwirksam.

Arbeitnehmer haben grundsätzlich keinen Anspruch auf eine private Nutzung betrieblicher IT- und 25.42 Telekommunikations-Ressourcen[64]. Etwas anderes gilt bei ausdrücklicher Gestattung durch den Arbeitgeber[65]. Auch kann im Falle der Duldung der privaten Nutzung ggf. ein Anspruch aus **betrieblicher Übung** entstehen[66]. Um das Entstehen derartiger Ansprüche zu verhindern, sollte die verbotswidrige Privatnutzung durch den Arbeitgeber kontrolliert und auch sanktioniert werden.

Die verbotswidrige private Nutzung betrieblicher IT- und Telekommunikations-Ressourcen kann ggf. 25.43 eine Abmahnung oder Kündigung des Arbeitsverhältnisses rechtfertigen[67]. Der Arbeitnehmer verletzt durch sein Verhalten insbesondere seine Arbeitspflicht. Aber auch bei grundsätzlich erlaubter Privatnutzung können etwa in exzessiven Fällen oder bei drohender Rufschädigung für den Arbeitgeber (z.B. im Falle des Downloads pornografischer Inhalte) derartige arbeitsrechtliche Schritte gerechtfertigt sein[68].

5. Verpflichtung zur Vertraulichkeit (Ziff. 4)

M 25.1.4 Verpflichtung zur Vertraulichkeit

25.44

4. Behalten Sie Vertrauliches für sich.

Behandeln Sie vertrauliche Informationen auch bei der Nutzung sozialer Medien vertraulich.

Sie sind verpflichtet, über unsere vertraulichen Angelegenheiten – insbesondere über unsere Geschäftsgeheimnisse – Stillschweigen zu wahren. Zudem ist es Ihnen untersagt, personenbezogene Daten unbefugt zu verarbeiten. Diese Verpflichtungen gelten selbstverständlich auch im Internet.

---

63 S. hierzu das Muster einer Betriebsvereinbarung zur Internet- und E-Mail-Nutzung in Teil 4, Rz. 23.4.
64 *Bertram*, GWR 2012, 336986 m.w.N.
65 *Bertram*, GWR 2012, 336986.
66 Umstritten, vgl. *Bertram*, GWR 2012, 336986 m.w.N.
67 Vgl. bspw. BAG v. 31.5.2007 – 2 AZR 200/06, NZA 2007, 922; BAG v. 27.4.2006 – 2 AZR 386/05, NZA 2006, 977; BAG v. 12.1.2006 – 2 AZR 179/05, NZA 2006, 980; BAG v. 7.7.2005 – 2 AZR 581/04, NZA 2006, 98.
68 Vgl. nur BAG v. 7.7.2005 – 2 AZR 581/04, NZA 2006, 98 (100).

25.45 Ziff. 4 stellt klar, dass die Arbeitnehmer auch bei der Nutzung sozialer Medien **Geschäftsgeheimnisse** des Unternehmens zu wahren haben. Die Regelung zum einen klarstellender Natur. Die Verschwiegenheitspflicht des Arbeitnehmers gilt gem. § 241 Abs. 2 BGB auch ohne arbeitsvertragliche Vereinbarung während der gesamten Dauer und nach Beendigung des Arbeitsverhältnisses[69]. Der Hinweis fördert aber auch als eine organisatorische Maßnahme zur Gewährleistung der Vertraulichkeit den rechtlichen Schutz der betreffenden Informationen als Geschäftsgeheimnis im Sinne des GeschGehG. So ist nach § 2 Nr. 1 lit. b GeschGehG ein Geschäftsgeheimnis nur eine Information, welche *„Gegenstand von den Umständen nach angemessenen Geheimhaltungsmaßnahmen durch ihren rechtmäßigen Inhaber"* ist. Der Verrat von Geschäftsgeheimnissen während des Arbeitsverhältnisses ist gem. § 23 GeschGehG sogar strafrechtlich sanktioniert. Ob soziale Medien privat oder dienstlich genutzt werden, ist dabei irrelevant.

25.46 Darüber hinaus verweist Ziff. 4 klarstellend allgemein darauf, dass dem Arbeitnehmer jede unbefugte Verarbeitung personenbezogener Daten untersagt ist. Sie geht damit über die allgemeinen arbeitsvertraglichen Verschwiegenheitspflichten hinaus. Eine unbefugte Datenverarbeitung kann insbesondere den Bußgeldtatbestand des Art. 83 DSGVO erfüllen. Möglich ist in Einzelfällen insbesondere auch eine strafrechtliche Relevanz gem. § 42 BDSG und § 203 und § 206 StGB.

25.47 Verstöße gegen die vorstehenden Verpflichtungen können ggf. eine Abmahnung oder Kündigung des Arbeitnehmers rechtfertigen[70].

6. Verbot rufschädigender Äußerungen (Ziff. 5)

25.48 **M 25.1.5 Verbot rufschädigender Äußerungen**

5. Unterlassen Sie unternehmensschädigende Äußerungen.

Sagen Sie Ihre Meinung, gerne auch über unser Unternehmen.

Geschäfts- oder rufschädigende Äußerungen, Drohungen, Beleidigungen oder falsche Tatsachenbehauptungen sind allerdings zu unterlassen.

25.49 Ziff. 5 stellt die Pflichten des Arbeitnehmers betreffend unternehmensschädigende Äußerungen klar. Solche Äußerungen lassen sich rechtlich in weiten Teilen nicht verhindern[71]. Rein praktisch werden sie auch durch eine Social Media-Richtlinie nicht völlig ausgeschlossen werden. Die Regelung ist aber gleichwohl sinnvoll, da sie den Arbeitnehmern die Grenzen zwischen zulässiger und unzulässiger Kritik aufzeigt.

25.50 Der Arbeitgeber kann kritische Werturteile des Arbeitnehmers über das Unternehmen bei der Nutzung sozialer Medien grundsätzlich nicht unterbinden[72]. Dies gilt auch dann, wenn sie den Interessen des Arbeitgebers zuwiderlaufen. Derartige Äußerungen unterfallen dem Schutz der Meinungsäußerungsfreiheit gem. Art. 5 Abs. 1 GG. Dies gilt jedenfalls für die private Nutzung sozialer Medien außerhalb der Arbeitszeit über eigene Geräte des Arbeitnehmers.

25.51 Bei der dienstlichen Nutzung sozialer Medien sind kritische Äußerungen über das Unternehmen dagegen generell zu unterlassen[73]. Gleiches dürfte für die private Nutzung sozialer Medien während

---

69 *Preis* in ErfK, § 611a BGB Rz. 710 ff.; *Byers/Mößner*, BB 2012, 1665 (1667); *Lützeler/Bissels*, ArbRAktuell 2011, 322670.

70 *Niemann* in ErfK, § 626 BGB Rz. 154 ff.

71 Vgl. hierzu ausf. *Kort*, NZA 2012, 1321; *Wiese*, NZA 2012, 1.

72 *Oberwetter*, NJW 2011, 417 (419).

73 *Byers/Mößner*, BB 2012, 1665 (1669).

der Arbeitszeit oder über Geräte des Arbeitgebers gelten[74]. Ist die Privatnutzung allgemein untersagt, ist schon der Verstoß des Arbeitnehmers gegen das Verbot an sich pflichtwidrig[75]. Erst recht verhält sich der Arbeitnehmer daher pflichtwidrig, wenn er im Rahmen der verbotenen Privatnutzung darüber hinaus unternehmenskritische Äußerungen veröffentlicht. Aber auch im Falle einer erlaubten Privatnutzung ist die Erlaubnis des Arbeitgebers nicht dahingehend auszulegen, dass dem Arbeitnehmer jedwede Privatnutzung gestattet ist. Vielmehr kann man davon ausgehen, dass unternehmenskritische Äußerungen während der Arbeitszeit oder über Geräte des Arbeitgebers nicht von der Erlaubnis gedeckt sind. Der Arbeitgeber hat für den Arbeitnehmer erkennbar kein Interesse an einer Förderung und Finanzierung derartiger unternehmensschädlicher Äußerungen.

Vorsätzliche **geschäfts- oder rufschädigende Äußerungen**, **Drohungen**, **Beleidigungen** oder **falsche Tatsachenbehauptungen** muss der Arbeitgeber in keinem Fall hinnehmen[76]. Solche Äußerungen sind nicht durch Art. 5 Abs. 1 GG geschützt. Dabei ist gleichgültig, ob es sich um Äußerungen bei der privaten oder dienstlichen Nutzung sozialer Medien handelt. Die Grenzen zwischen zulässigen und unzulässigen Äußerungen sind insoweit fließend. Allgemein wird der Meinungsäußerungsfreiheit gem. Art. 5 Abs. 1 GG ein hoher Stellenwert eingeräumt. Allerdings wird man auch beachten müssen, dass gerade Äußerungen in sozialen Medien die Gefahr einer unkontrollierbaren Verbreitung an einen breiten Empfängerkreis in sich bergen[77].   25.52

Auch unerlaubte kritische Äußerungen des Arbeitnehmers über den Arbeitgeber können abhängig vom Einzelfall ggf. eine Abmahnung oder Kündigung rechtfertigen[78].   25.53

7. Folgen von Rechtsverstößen (Ziff. 6 und 7)

M 25.1.6 Folgen von Rechtsverstößen   25.54

6. Respektieren Sie das geltende Recht.

Respektieren Sie bei der Nutzung sozialer Medien das geltende Recht. Beachten Sie insbesondere bestehende Rechte Dritter und holen Sie für Veröffentlichungen ggf. erforderliche Zustimmungen vorab ein.

Das Internet ist kein rechtsfreier Raum. Insbesondere Persönlichkeitsrechte sowie Urheber-, Marken- und sonstige Schutzrechte haben Sie auch hier zu beachten. Geltende strafrechtliche Grenzen müssen Sie auch im Internet einhalten.

7. Seien Sie sich der Konsequenzen von Rechtsverstößen bewusst.

Im Falle von Rechtsverstößen können Sie Unterlassungs- und Schadensersatzansprüchen sowie strafrechtlichen Konsequenzen ausgesetzt sein. Verstoßen Sie gegen Ihre arbeitsvertraglichen Pflichten, kann dies auch arbeitsrechtliche Folgen – bis hin zu einer fristlosen Kündigung – haben.

---

74 *Byers/Mößner*, BB 2012, 1665 (1665 f.).
75 *Lützeler/Bissels*, ArbRAktuell 2011, 322670; *Göpfert/Wilke*, ArbRAktuell 2011, 315865.
76 *Fuhlrott/Oltmanns*, NZA 2016, 785 (789); *Eufinger*, ArbRAktuell 2015, 340 (343); *Burr*, NZA-Beilage 2015, 114 ff.; *Byers/Mößner*, BB 2012, 1665; *Lützeler/Bissels*, ArbRAktuell 2011, 322670; *Oberwetter*, NJW 2011, 417 (419); *Göpfert/Wilke*, NZA 2010, 1329 (1331).
77 *Günther/Lenz*, ArbRAktuell 2020, 405 (405); *Göpfert/Wilke*, ArbRAktuell 2011, 315865.
78 Vgl. hierzu bspw. VGH München v. 29.2.2012 – 12 C 12 264, NZA-RR 2012, 302; LAG Hamm v. 10.10.2012 – 3 Sa 644/12, BeckRS 2012, 74357; ArbG Duisburg v. 26.9.2012 – 5 Ca 949/12, BeckRS 2012, 74872; ArbG Bochum v. 29.3.2012 – 3 Ca 1283/11, ZD 2012, 343; ArbG Dessau-Roßlau v. 21.3.2012 – 1 Ca 148/11, ZD 2012, 344; *Kort*, NZA 2012, 1321.

Rechtsverstöße können zudem auf uns zurückfallen und unseren Ruf – insbesondere bei Geschäftspartnern, Kunden und in der Öffentlichkeit – beschädigen. Dies kann zu einem erheblichen wirtschaftlichen Schaden führen.

25.55 Ziff. 6 hält den Arbeitnehmer allgemein zu rechtstreuem Verhalten an. Ziff. 7 hält dem Arbeitnehmer die möglichen Konsequenzen von Rechtsverstößen vor Augen. Die Regelungen sollen den Arbeitnehmer sensibilisieren und dazu beitragen, dass der Arbeitnehmer sich bei der Nutzung sozialer Medien allgemein besonnen verhält.

8. Kontaktmöglichkeiten bei Fragen (Ziff. 8)

25.56 **M 25.1.7 Kontaktmöglichkeiten bei Fragen**

8. Kontaktieren Sie uns bei Fragen.

Wir haben immer ein offenes Ohr für Ihre Fragen. Kontaktieren Sie uns einfach unter [E-Mail-Adresse]. Wir kommen schnellstmöglich auf Sie zurück.

Weitere Erläuterungen zu dieser Social Media-Richtlinie finden Sie in unserem Intranet unter http://[link].

25.57 Seitens des Arbeitgebers sollte sinnvollerweise eine kompetente Anlaufstelle für Fragen der Arbeitnehmer zu der Richtlinie benannt werden.

25.58 Es bietet sich ebenfalls an, an geeigneter Stelle – etwa im Intranet des Unternehmens – weitere Erläuterungen zu der Richtlinie zu hinterlegen. Dort kann bspw. das nach den einzelnen Regelungen zulässige oder verbotene Verhalten anhand von Beispielen veranschaulicht werden. Die vorliegende Richtlinie soll den Arbeitnehmern ihre Rechte und Pflichten auf einen Blick verdeutlichen. Sie ist entsprechend diesem Zweck eher knapp gefasst.

Teil 5
Verträge über internationale Datentransfers

§ 26
EU-Standarddatenschutzklauseln für die Übermittlung personenbezogener Daten in Drittländer (Standardvertrag I)

Literatur: *Botta*, Zwischen Rechtsvereinheitlichung und Verantwortungsdiffusion: Die Prüfung grenzüberschreitender Datenübermittlungen nach „Schrems II", CR 2020, 505; *Dammann/Simitis*, EG-Datenschutzrichtlinie, 1997; *Duhr/Naujok/Peter/Seiffert*, Neues Datenschutzrecht für die Wirtschaft, Erläuterungen und praktische Hinweise zu § 1 bis § 11 BDSG, DuD 2002, 5; *Europäischer Datenschutzausschuss* (Hrsg.), Frequently Asked Questions on the judgment of the Court of Justice of the European Union in Case C-311/18 – Data Protection Commissioner v Facebook Ireland Ltd and Maximiliam Schrems, 23.7.2020; *Europäischer Datenschutzausschuss* (Hrsg.), Leitlinien 2/2018 zu den Ausnahmen nach Artikel 49 der Verordnung 2016/679, 2018; *Europäischer Datenschutzausschuss* (Hrsg.), Recommendations 01/2020 on measures that supplement transfer tools to ensure compliance with the EU level of protection of personal data, 10.11.2020 (version for public consultations); *Europäischer Datenschutzausschuss* (Hrsg.), Recommendations 02/2020 on the European Essential Guarantees for surveillance measures, 10.11.2020; *Gola/Schomerus*, BDSG, 12. Aufl. 2015; *Hillenbrand-Beck*, Aktuelle Fragestellungen des internationalen Datenverkehrs, RDV 2007, 231; *Hoeren*, EU-Standardvertragsklauseln, BCR und Safe Harbor Principles – Instrumente für ein angemessenes Datenschutzniveau, RDV 2012, 271; *Innenministerium des Landes Baden-Württemberg*, Hinweise des Innenministeriums zum Datenschutz für private Unternehmen und Organisationen (Nr. 40), Bekanntmachung v. 18.2.2002, Az. 2-0552.1/17; *Kuner/Hladjk*, Die alternativen Standardvertragsklauseln der EU für internationale Datenübermittlungen, RDV 2005, 193; *Landesbeauftragter für Datenschutz und Informationsfreiheit Baden-Württemberg* (Hrsg.), Orientierungshilfe: Was jetzt in Sachen internationaler Datentransfer?, 2. Aufl., 7.9.2020, unter https://www.baden-wuerttemberg.datenschutz.de/wp-content/uploads/2020/08/Orientierungshilfe-Was-jetzt-in-Sachen-internationaler-Datentransfer.pdf (zuletzt abgerufen am 30.12.2020); *Lejeune*, Die Angemessenheit drittstaatlichen Datenschutzniveaus nach dem BVerfG und die „unangemessenen" Vorgaben nach EuGH „Schrems II", CR 2020, 716; *Moos*, Die EU-Standardvertragsklauseln für Auftragsverarbeiter 2010, CR 2010, 281; *Räther/Seitz*, Ausnahmen bei Datentransfers in Drittstaaten, MMR 2002, 520; *Regierungspräsidium Darmstadt*, Arbeitsbericht der ad-hoc-Arbeitsgruppe „Konzerninterner Datentransfer", 2005; *Simitis*, Bundesdatenschutzgesetz, 8. Aufl. 2014; *Taeger/Gabel*, Kommentar zum BDSG, 2. Aufl. 2013; *Thieme/Wegmann*, Transatlantischer Datenstillstand nach Schrems II?, BB 2020, 1922; *Wybitul/Ströbel/Ruess*, Übermittlung personenbezogener Daten in Drittländer, ZD 2017, 503.

A. Einleitung

EU-Standarddatenschutzklauseln[1] bieten nicht-öffentlichen Stellen für die Übermittlung personenbezogener Daten in sog. **Drittländer**, also Länder außerhalb der **Europäischen Union (EU)** und keine Vertragsstaaten des Abkommens über den **Europäischen Wirtschaftsraum (EWR)**, eine relativ einfache und rechtssichere Möglichkeit, die datenschutzrechtlichen Anforderungen zu erfüllen. Die Standarddatenschutzklauseln enthalten eine rechtlich durchsetzbare Verpflichtung der Vertragsparteien, die in den Klauseln festgelegten Datenschutzgrundsätze einzuhalten.   26.1

I. Datenübermittlung in Drittländer

Die Übermittlung personenbezogener Daten aus Staaten der EU in Drittländer, zu denen seit dem Brexit auch Großbritannien gehört, unterliegt besonderen rechtlichen Vorgaben. Diese Anforderungen gem. Art. 44 ff. DSGVO[2] müssen zusätzlich zu den allgemeinen Voraussetzungen für eine rechtmäßige Datenverarbeitung erfüllt sein. Das folgt bereits aus dem eindeutigen Wortlaut von Art. 44 Satz 1 DSGVO („und auch die sonstigen Bestimmungen dieser Verordnung eingehalten werden")[3]. Die Zulässigkeit einer Datenübermittlung in Drittländer ist daher auch unter der DSGVO zweistufig zu prüfen[4].   26.2

Auf der **ersten Stufe** wird die Frage der **Zulässigkeit der Datenübermittlung** unabhängig von deren Bestimmungsort gestellt und anhand der allgemeinen Grundsätze gem. Art. 5 DSGVO und der Vorgaben gem. Art. 6 ff. DSGVO beantwortet. Nach Art. 6 Abs. 1 DSGVO bedarf es eines **Erlaubnistatbestands** in Form einer Einwilligung der betroffenen Person oder einer sonstigen zulässigen Rechtsgrundlage, die sich aus der DSGVO oder bei expliziter Bezugnahme in der DSGVO auch aus sonstigem EU-Recht oder dem Recht der Mitgliedstaaten[5] ergeben kann.   26.3

Auf der **zweiten Stufe** ist die Einhaltung der zusätzlichen Anforderungen für eine **Datenübermittlung in Drittländer** zu prüfen. Die entsprechenden Vorgaben sind in Kapitel V der DSGVO, also in Art. 44 ff. DSGVO geregelt. Auf diese Weise soll **das durch die DSGVO gewährleistete Datenschutzniveau** für die betroffenen Personen auch bei Datenübermittlungen in Drittländer sichergestellt werden (Art. 44 Satz 2 DSGVO und Erwägungsgrund 101 Satz 3 der DSGVO). Dieses Schutzniveau muss unabhängig davon gewährleistet werden, aufgrund welcher Bestimmung von Kapitel V der DSGVO (Art. 44 ff.) eine Übermittlung personenbezogener Daten in ein Drittland erfolgt[6].   26.4

---

1 Nachfolgend auch „Standarddatenschutzklauseln".

2 Verordnung (EU) 2016/679 des Europäischen Parlaments und des Rates vom 27.4.2016 zum Schutz natürlicher Personen bei der Verarbeitung personenbezogener Daten, zum freien Datenverkehr und zur Aufhebung der Richtlinie 95/46/EG (Datenschutz-Grundverordnung), ABl. EU Nr. L 119/1 v. 4.5.2016 (nachfolgend „DSGVO").

3 Siehe auch Erwägungsgrund 101 Satz 5 der DSGVO („vorbehaltlich der übrigen Bestimmungen dieser Verordnung").

4 Vgl. nur *Klug* in Gola, Art. 44 DSGVO Rz. 2; zur Rechtslage vor Geltung der DSGVO vgl. nur *Regierungspräsidium Darmstadt*, Arbeitsbericht der ad-hoc-Arbeitsgruppe „Konzerninterner Datentransfer", Abschn. 7 (S. 14).

5 Zum Beispiel § 26 BDSG i.V.m. Art. 88 DSGVO für die Übermittlung und sonstige Verarbeitung personenbezogener Daten von Beschäftigten für Zwecke des Beschäftigungsverhältnisses.

6 So explizit auch EuGH v. 16.7.2020 – C-311/18 – Data Protection Commissioner/Facebook Ireland Limited – Maximilian Schrems, Rz. 92. Zur Entscheidung siehe http://curia.europa.eu/juris/document/docu

26.5 Eine Datenübermittlung in ein Drittland ist gem. Art. 45 Abs. 1 DSGVO zulässig, wenn die EU-Kommission für dieses Drittland, für ein Gebiet dieses Drittlands oder für die in Frage stehenden Branchen bzw. Tätigkeitsfelder in diesem Drittland ein angemessenes Datenschutzniveau festgestellt hat. Die in der Vergangenheit auf Basis von Art. 25 Abs. 6 der Richtlinie 95/46/EG getroffenen **Entscheidungen der EU-Kommission über ein angemessenes Datenschutzniveau eines Drittlands**[7] bleiben gem. Art. 45 Abs. 9 DSGVO solange in Kraft, bis sie durch einen neuen Beschluss der EU-Kommission geändert, ersetzt oder aufgehoben werden. Eine etwaige Ungültigkeit von Unionsrechtsakten, wie die Entscheidungen der EU-Kommission über ein angemessenes Datenschutzniveau, kann ausschließlich der EuGH feststellen[8], wie es beispielsweise für die Regelungen des **EU-U.S.-Privacy Shield**[9] – dem „Nachfolger" von Safe Harbor[10] – für Datenübermittlungen in die USA erfolgt ist[11]. Diese exklusive Kompetenz des EuGH schließt ein Tätigwerden der Aufsichtsbehörden im Einzelfall aber nicht aus[12].

26.6 Liegt – wie beispielsweise zum Zeitpunkt des Brexits für Großbritannien – kein Angemessenheitsbeschluss der EU-Kommission gem. Art. 45 DSGVO vor, ist eine Datenübermittlung in Drittländer nach Art. 46 Abs. 1 DSGVO zulässig, wenn Verantwortliche oder Auftragsverarbeiter **geeignete Garantien hinsichtlich des auf die konkrete Datenübermittlung bezogenen Datenschutzniveaus** vorsehen und den betroffenen Personen durchsetzbare Rechte sowie effektive Rechtsmittel zur Verfügung stehen. Diese Garantien können gem. Art. 46 Abs. 2 DSGVO u.a. in folgenden Instrumenten bestehen: verbindliche interne Datenschutzvorschriften (Binding Corporate Rules), Standarddatenschutzklauseln oder genehmigte Verhaltensregeln nach Art. 40 DSGVO mit rechtsverbindlichen und durchsetzbaren Verpflichtungen zu deren Anwendung im Drittland. Darüber hinaus können die Garantien zur Sicherstellung eines angemessenen Datenschutzniveaus auch in individuellen vertraglichen Vereinbarungen über die Datenverarbeitung zwischen den Verantwortlichen bzw. dem Verantwortlichen und dem Auftragsverarbeiter bestehen, wenn diese von der zuständigen Datenschutzaufsichtsbehörde genehmigt wurden (Art. 46 Abs. 3 lit. a DSGVO).

26.7 Ohne Angemessenheitsbeschluss nach Art. 45 DSGVO oder geeignete Garantien nach Art. 46 DSGVO darf eine Übermittlung personenbezogener Daten in Drittländer ausnahmsweise nur dann erfolgen, wenn ein **Ausnahmetatbestand gem. Art. 49 Abs. 1 DSGVO** vorliegt. Zu den enumerativ aufgeführten Ausnahmetatbeständen zählen z.B. die Einwilligung der betroffenen Person (Abs. 1 Satz 1 lit. a), die Übermittlung für die Erfüllung eines Vertrags mit der betroffenen Person (Abs. 1 Satz 1 lit. b) und die Übermittlung zur Geltendmachung, Ausübung oder Verteidigung von Rechtsansprüchen (Abs. 1 Satz 1 lit. c).[13]

---

ment.jsf?text=&docid=228677&pageIndex=0&doclang=DE&mode=lst&dir=&occ=first&part=1& cid=22255310.

7 Eine Übersicht mit allen Drittländern, für die von der EU-Kommission ein angemessenes Datenschutzniveau festgestellt wurde, ist abrufbar unter https://ec.europa.eu/info/law/law-topic/data-protection/international-dimension-data-protection/adequacy-decisions_en (Stand 30.12.2020).

8 EuGH v. 6.10.2015 – C-362/14 Rz. 61; EuGH v. 16.7.2020 – C-311/18 – Data Protection Commissioner/Facebook Ireland Limited – Maximilian Schrems, Rz. 117 f.

9 Durchführungsbeschluss (EU) 2016/1250 der Kommission v. 12.7.2016 gemäß der Richtlinie 95/46/EG des Europäischen Parlaments und des Rates über die Angemessenheit des vom EU-US-Datenschutzschild gebotenen Schutzes, ABl. EU Nr. L 207 v. 1.8.2016, S. 1.

10 Die Entscheidung der EU-Kommission v. 26.7.2000, dass die nach den Grundsätzen von Safe Harbor zertifizierten Unternehmen in den USA ein angemessenes Datenschutzniveau gewährleisten (ABl. EG Nr. L 215 v. 25.8.2000, S. 7), wurde vom EuGH mit Urt. v. 6.10.2015 – C-362/14 für ungültig erklärt; dazu siehe *Gabel* in Taeger/Gabel, Art. 45 DSGVO Rz. 9 ff.

11 EuGH v. 16.7.2020 – C-311/18 – Data Protection Commissioner/Facebook Ireland Limited – Maximilian Schrems, Rz. 150 ff. Dazu siehe Rz. 26.15 f.

12 EuGH v. 16.7.2020 – C-311/18 – Data Protection Commissioner/Facebook Ireland Limited – Maximilian Schrems, Rz. 120/157; siehe auch *Gabel* in Taeger/Gabel, Art. 46 DSGVO Rz. 17.

13 Zu diesen Ausnahmen siehe auch *Europäischer Datenschutzausschuss* (Hrsg.), Leitlinien 2/2018 zu den Ausnahmen nach Art. 49 der Verordnung 2016/679, 2018, abrufbar unter: https://edpb.europa.eu/sites/edpb/files/files/file1/edpb_guidelines_2_2018_derogations_de.pdf (Stand 30.12.2020).

II. Vor- und Nachteile von EU-Standarddatenschutzklauseln

1. Grundsätzlich keine Genehmigungs- und Vorlage-/Informationspflichten

Im Gegensatz zu individuellen Vertragslösungen und verbindlichen internen Datenschutzvorschriften (Binding Corporate Rules) bieten die Standarddatenschutzklauseln eine relativ einfache, rechtssichere Möglichkeit, die zusätzlichen rechtlichen Anforderungen für die Übermittlung personenbezogener Daten in Drittländer zu erfüllen. Individuelle Vertragslösungen dürfen erst ein- und umgesetzt werden, wenn die zuständige Datenschutzaufsichtsbehörde sie zuvor genehmigt hat (Art. 46 Abs. 3 lit. a DSGVO). Verbindliche interne Datenschutzvorschriften (Binding Corporate Rules) bedürfen einer einmaligen **Genehmigung**, um als geeignete Garantien i.S.d. Art. 46 DSGVO zu gelten (Art. 46 Abs. 2 lit. b, Art. 47 Abs. 1 DSGVO). In beiden Genehmigungsverfahren haben die zuständigen Aufsichtsbehörden das relativ komplexe und zeitaufwendige Kohärenzverfahren anzuwenden (Art. 46 Abs. 4 bzw. Art. 47 Abs. 1 i.V.m. Art. 63 ff. DSGVO). Daher stehen dem Vorteil individueller, auf die speziellen Bedürfnisse abstimmbarer Vertragslösungen und Binding Corporate Rules die Nachteile des Genehmigungsvorbehalts und des insoweit erforderlichen Aufwands für die notwendige Abstimmung mit und zwischen den Aufsichtsbehörden gegenüber. 26.8

Standarddatenschutzklauseln können dagegen ohne weitere Einbeziehung oder Genehmigung einer Aufsichtsbehörde eingesetzt werden, da sie bereits nach einem festgelegten Verfahren zustande gekommen sind. Standarddatenschutzklauseln werden von der **EU-Kommission** im Prüfverfahren nach Art. 93 Abs. 2 DSGVO erlassen oder genehmigt, wenn die Standarddatenschutzklauseln von einer Aufsichtsbehörde zuvor angenommen wurden (Art. 46 Abs. 2 lit. c und lit. d DSGVO)[14]. 26.9

Kommen Standarddatenschutzklauseln vollständig und inhaltlich unverändert zum Einsatz, bedarf die **Datenübermittlung** gem. Art. 46 Abs. 2 lit. c und lit. d DSGVO **keiner Genehmigung durch eine Datenschutzaufsichtsbehörde**[15]. Die von der EU-Kommission ausdrücklich als grundsätzlich geeignete Garantien für die Datenübermittlung in Drittländer anerkannten Standarddatenschutzklauseln sind insoweit europarechtlich bindend. Aus diesem Grund kann für vollständige und unveränderte Standarddatenschutzklauseln auch keine allgemeine Vorlage- oder Informationspflicht bestehen[16]. Das würde eine überflüssige Förmlichkeit bedeuten, soweit sich die Aufsichtsbehörde die Verträge nicht im Einzelfall im Rahmen ihrer Aufsichtstätigkeit nach Art. 57 Abs. 1 lit. a, f, h und v DSGVO vorlegen lässt. Allerdings war die insoweit unter Geltung der Richtlinie 95/46/EG geübte **Praxis der Aufsichtsbehörden** nicht einheitlich[17]. Nach Feststellungen der EU-Kommission verlangten die Datenschutzaufsichtsbehörden unter der Richtlinie 95/46/EG zuweilen in der Hälfte der EU-Mitgliedstaaten eine Vorlage der unterzeichneten Standardverträge[18]. Der Vorteil eines einfachen und schnellen Einsatzes der Standarddatenschutzklauseln ohne weitere Genehmigung setzt daher grundsätzlich eine vollstän- 26.10

---

14 Zu den Verfahren bei Standarddatenschutzklauseln von der Kommission und von Aufsichtsbehörden vgl. nur *Lange/Filip* in BeckOK DatenschutzR, Art. 46 DSGVO Rz. 25 und Rz. 46 ff.

15 Zur Genehmigungsfreiheit bei Änderungen an den Standarddatenschutzklauseln siehe Rz. 26.18 ff.

16 So schon unter Geltung der Richtlinie 95/46/EG und des BDSG a.F. *Landesregierung Hessen*, Fünfzehnter Bericht der Landesregierung über die Tätigkeit der für den Datenschutz im nicht-öffentlichen Bereich in Hessen zuständigen Aufsichtsbehörden, LT-Drucks. 15/4659, Abschn. 7.2 (S. 15 f.); *Innenministerium des Landes Baden-Württemberg*, Abschn. B 2.8; *Gola/Schomerus*, § 4c BDSG Rz. 14; *Gabel* in Taeger/Gabel, 2. Aufl., § 4c BDSG Rz. 22 alle m.w.N.; zweifelnd hinsichtlich des Wegfalls der Genehmigungspflicht *Duhr/Naujok/Peter/Seiffert*, DuD 2002, 5 (18); für eine Information der Aufsichtsbehörde *Simitis* in Simitis, § 4c BDSG Rz. 51; zur Vorlagepflicht bei der Datenschutzaufsicht siehe auch Rz. 26.18 ff.

17 So auch *Moos*, CR 2010, 281 (286).

18 *EU-Kommission* (Hrsg.), Commission Staff Working Document on the implementation of the Commission decisions on standard contractual clauses for the transfer of personal data to third countries (2001/497/EC and 2002/16/EC), SEC (2006) 95 v. 20.1.2006, S. 6.

dige und unveränderte Anwendung der Klauseln voraus[19]. Damit wird zugleich ein Nachteil von Standarddatenschutzklauseln deutlich, nämlich die begrenzte Anpassungsmöglichkeit an spezielle oder geänderte Konstellationen.

2. Risikoprüfung und zusätzliche Maßnahmen

a) Verantwortlichkeit für ausreichende Garantien für ein angemessenes Datenschutzniveau

26.10a Der Einsatz von Standarddatenschutzklauseln entbindet nicht von der datenschutzrechtlichen **Verantwortlichkeit** für das Vorliegen **ausreichender Garantien** für den Schutz der personenbezogenen Daten in dem konkreten Drittland, in das die Daten übermittelt werden sollen. Die EU-Kommission legt mit den im Prüfverfahren nach Art. 93 Abs. 2 DSGVO erlassenen oder genehmigten Standarddatenschutzklauseln[20] lediglich fest, dass diese Klauseln bei der Übermittlung personenbezogener Daten aus EU-Staaten in Drittländer grundsätzlich ausreichende Garantien für den Schutz des Persönlichkeitsrechts und die damit verbundenen Rechte bieten können. Ob das tatsächlich der Fall ist, muss der in der EU ansässige Verantwortliche in Bezug auf das in Frage stehende Drittland selbst prüfen und entscheiden, sofern kein Angemessenheitsbeschluss der EU-Kommission gem. Art. 45 DSGVO vorliegt.

26.10b Standarddatenschutzklauseln enthalten nur eine rechtlich durchsetzbare Verpflichtung der Vertragsparteien auf eine Verarbeitung personenbezogener Daten nach Maßgabe bestimmter Datenschutzgrundsätze. Vor diesem Hintergrund hat der **EuGH** in seiner Entscheidung vom 16.7.2020 (Data Protection Commissioner/Facebook Ireland Limited, Maximilian Schrems; „**Schrems II**") deutlich gemacht, dass die von der EU-Kommission erlassenen Standarddatenschutzklauseln nur darauf abzielen, den in der Union ansässigen Verantwortlichen bzw. ihren dort ansässigen Auftragsverarbeitern vertragliche Garantien zur Verfügung zu stellen, die in allen Drittländern einheitlich gelten, d.h. unabhängig von dem in den Drittländern jeweils garantierten Schutzniveau[21].

26.10c Da die Standarddatenschutzklauseln keine Garantien bieten können, die über die vertragliche Verpflichtung hinausgehen, für die Einhaltung des angemessenen Schutzniveaus zu sorgen, kann es in Abhängigkeit von der konkreten Lage in einem Drittland erforderlich sein, dass der Verantwortliche **zusätzliche Maßnahmen** ergreift, um die **Einhaltung dieses Schutzniveaus** zu gewährleisten[22]. Das kann bei Drittländern der Fall sein, deren Recht dem Empfänger der personenbezogenen Daten Verpflichtungen auferlegt, die den Regelungen der Standarddatenschutzklauseln widersprechen und daher geeignet sind, die vertraglichen Garantien zu untergraben. Problematisch sind insbesondere hoheitliche Zugriffsrechte im Drittland und fehlende hinreichende Rechtsbehelfe für die betroffenen Personen mit der Folge, dass kein angemessener Schutz vor einem behördlichen Zugriff auf die Daten besteht (dazu siehe Rz. 26.10i, Rz. 26.12 f.).

---

19 Zu Möglichkeiten von Änderungen der Standarddatenschutzklauseln und zur Genehmigungsfreiheit siehe Rz. 26.18 ff.

20 Zu den genannten Verfahren siehe Rz. 26.9.

21 EuGH v. 16.7.2020 – C-311/18 – Data Protection Commissioner/Facebook Ireland Limited, Maximilian Schrems, Rz. 133 f. Gegenstand dieser Entscheidung waren zwar lediglich die „Standardvertragsklauseln für die Übermittlung personenbezogener Daten an Auftragsverarbeiter in Drittländern vom 5.2.2010", aber die Ausführungen des Gerichts können auch auf den Standardvertrag I und den Standardvertrag II übertragen werden und gelten daher entsprechend. Zum Hintergrund, Verfahrensgang und weiteren Kernaussagen dieser EuGH-Entscheidung siehe Teil 5, Rz. 28.22a ff. und *LfDI BW*, Orientierungshilfe: Was jetzt in Sachen internationaler Datentransfer, Abschn. I und II.

22 EuGH v. 16.7.2020 – C-311/18 – Data Protection Commissioner/Facebook Ireland Limited, Maximilian Schrems, Rz. 133 f.

b) Risikoprüfung

Es obliegt dem Verantwortlichen – gegebenenfalls in Zusammenarbeit mit dem Empfänger der Daten bzw. mit dessen Unterstützung – zu prüfen, ob das Recht des Drittlandes nach Maßgabe des EU-Rechts einen angemessenen Schutz der auf der Grundlage von Standarddatenschutzklauseln übermittelten personenbezogenen Daten gewährleistet[23]. Erst nach einer solchen **Risikoprüfung** unter Berücksichtigung der Rechtslage und der Praxis im Drittland können die Standarddatenschutzklauseln zum Einsatz kommen – entweder ohne oder erforderlichenfalls mit zusätzlichen Garantien. **26.10d**

Die Notwendigkeit einer Risikoprüfung und gegebenenfalls zusätzlicher Maßnahmen ist allerdings kein Nachteil, der ausschließlich Standarddatenschutzklauseln immanent ist. Er kommt auch bei anderen Instrumenten gem. Art. 46 Abs. 2 DSGVO zum Tragen, sofern kein Angemessenheitsbeschluss der EU-Kommission vorliegt, z.B. bei verbindlichen internen Datenschutzvorschriften (Binding Corporate Rules) und genehmigten Verhaltensregeln nach Art. 40 DSGVO mit rechtsverbindlichen und durchsetzbaren Verpflichtungen zu deren Anwendung im Drittland (zu diesen Instrumenten siehe Rz. 26.6). Diese Instrumente können ebenfalls keine Garantien bieten, die über eine vertragliche Verpflichtung bzw. Selbstbindung hinausgehen, für die Einhaltung eines angemessenen Schutzniveaus zu sorgen. Daher kann es auch in diesen Konstellationen in Abhängigkeit von der konkreten Lage in einem Drittland erforderlich sein, dass der Verantwortliche zusätzliche Maßnahmen ergreift, um die Einhaltung des Schutzniveaus zu gewährleisten[24]. **26.10e**

c) Zusätzliche Maßnahmen

Die zusätzlichen Garantien bzw. die entsprechenden Maßnahmen zur Einhaltung des erforderlichen Datenschutzniveaus können technischer, organisatorischer und vertraglicher Art sein[25]. Eine Kombination dieser **ergänzenden Sicherungsinstrumente** ist nicht nur möglich, sondern wird häufig erforderlich und sinnvoll sein[26]. Als **technische Maßnahmen** werden vom EDSA eine starke Verschlüsselung und begleitende organisatorische Maßnahmen empfohlen, um die Wirksamkeit der technischen **26.10f**

---

23 Vgl. hierzu *EDSA* (Hrsg.), Recommendations 01/2020 on measures that supplement transfer tools to ensure compliance with the EU level of protection of personal data, 10.11.2020 (version for public consultations), S. 12 ff. sowie die vom EDSA ausgearbeiteten – letztlich sehr abstrakten und wenig praktikablen – Empfehlungen zum Prüfungsmaßstab „The European Essential Guarantees", in: *EDSA* (Hrsg.), Recommendations 02/2020 on the European Essential Guarantees for surveillance measures, 10.11.2020, S. 8 ff. Zu den Schwierigkeiten und Diskrepanzen bei der Feststellung eines angemessenen Datenschutzniveaus vgl. nur *Lejeune*, CR 2020, 716 (720 ff.).

24 Ebenso *EDSA* (Hrsg.), Frequently Asked Questions on the judgment of the Court of Justice of the European Union in Case C-311/18 – Data Protection Commissioner v Facebook Ireland Ltd and Maximiliam Schrems, 23.7.2020, S. 3 ff.; *EDSA* (Hrsg.), Recommendations 02/2020 on the European Essential Guarantees for surveillance measures, 10.11.2020, S. 5, der zutreffend darauf abstellt, dass die Erwägungen des EuGH in Bezug auf die „Standardvertragsklauseln für die Übermittlung personenbezogener Daten an Auftragsverarbeiter in Drittländern vom 5.2.2010" für die genannten Fälle entsprechend gelten müssen; zustimmend *Botta*, CR 2020, 505 (511 f.).

25 *EDSA* (Hrsg.), Recommendations 01/2020 on measures that supplement transfer tools to ensure compliance with the EU level of protection of personal data, 10.11.2020 (version for public consultations), S. 15.

26 *EDSA* (Hrsg.), Recommendations 01/2020 on measures that supplement transfer tools to ensure compliance with the EU level of protection of personal data, 10.11.2020 (version for public consultations), S. 15.

Maßnahme sicherzustellen[27]. Ein anderer Vorschlag ist der Transfer pseudonymisierter Daten[28]. Ein solches Vorgehen wird in der Regel nicht mit den Geschäftsmodellen von Datenexporteur und Datenimporteur vereinbar sein, weil häufig ein Zugriff auf unverschlüsselte und nicht pseudonymisierte Daten oder eine sonstige Verarbeitung dieser Daten erforderlich ist[29]. Das gilt umso mehr, wenn eine Anonymisierung der Daten empfohlen bzw. als unabdingbare Voraussetzung gesehen wird, so z.B. von der baden-württembergischen Datenschutzaufsicht für einen Datentransfer in die USA[30]. In einigen dieser Konstellationen kann möglicherweise das Konzept des Datentreuhänders mit Datenservern in der EU oder einem Drittland mit angemessenem Datenschutzniveau eine – wenngleich aus Sicht des Datenexporteurs aufwendige – Lösungsmöglichkeit bieten[31].

26.10g Als zusätzliche **organisatorische Maßnahmen** empfiehlt der EDSA interne Vorgaben und Methoden, um Datenschutzkonformität zu gewährleisten, insbesondere in Bezug auf den Grundsatz der Datenminimierung, die Datentransfers, z.B. zu (Sub-) Unternehmern, sowie etwaige Herausgabeverlangen und Datenzugriffe von staatlichen Stellen[32]. Hoheitliche Zugriffe und Herausgabeverlangen sollten beispielsweise dokumentiert werden, einschließlich der rechtlichen Grundlage und der Maßnahmen des Datenimporteurs. Darüber hinaus sollte eine Information des Datenexporteurs vorgesehen werden[33]. Schließlich empfiehlt der EDSA als weitere organisatorische Maßnahme die Einhaltung bestimmter Standards wie z.B. ISO-Normen und Best Practices[34].

26.10h Gegenstand der vom EDSA als zusätzliche Maßnahme zur Gewährleistung eines angemessenen Datenschutzniveaus vorgeschlagenen **vertraglichen Regelungen** sind zum einen die als zusätzliche Garantien empfohlenen Maßnahmen technischer und organisatorischer Art, also die vertragliche Verpflichtung des Datenimporteurs, die entsprechenden Maßnahmen umzusetzen[35]. Zum anderen schlägt der EDSA weitere vertragliche Regelungen im Zusammenhang mit einem etwaigen Zugriff auf die Daten vor. Beispielsweise könnte der Datenexporteur dazu verpflichtet werden, den Datenimporteur über die rechtlichen und tatsächlichen Rahmenbedingungen eines hoheitlichen Datenzugriffs so-

---

27 *EDSA* (Hrsg.), Recommendations 01/2020 on measures that supplement transfer tools to ensure compliance with the EU level of protection of personal data, 10.11.2020 (version for public consultations), S. 22 f.

28 *EDSA* (Hrsg.), Recommendations 01/2020 on measures that supplement transfer tools to ensure compliance with the EU level of protection of personal data, 10.11.2020 (version for public consultations), S. 23 f.

29 Das sieht auch der EDSA, vgl. *EDSA* (Hrsg.), Recommendations 01/2020 on measures that supplement transfer tools to ensure compliance with the EU level of protection of personal data, 10.11.2020 (version for public consultations), S. 26 f.

30 *LfDI BW* (Hrsg.), Orientierungshilfe: Was jetzt in Sachen internationaler Datentransfer?, Abschn. III.1, der ebenfalls feststellt, dass eine Anonymisierung in den wenigsten Fällen eine Lösung bieten wird (Abschn. IV).

31 So auch *Botta*, CR 2020, 505 (510).

32 *EDSA* (Hrsg.), Recommendations 01/2020 on measures that supplement transfer tools to ensure compliance with the EU level of protection of personal data, 10.11.2020 (version for public consultations), S. 35 ff.

33 *EDSA* (Hrsg.), Recommendations 01/2020 on measures that supplement transfer tools to ensure compliance with the EU level of protection of personal data, 10.11.2020 (version for public consultations), S. 36.

34 *EDSA* (Hrsg.), Recommendations 01/2020 on measures that supplement transfer tools to ensure compliance with the EU level of protection of personal data, 10.11.2020 (version for public consultations), S. 37.

35 *EDSA* (Hrsg.), Recommendations 01/2020 on measures that supplement transfer tools to ensure compliance with the EU level of protection of personal data, 10.11.2020 (version for public consultations), S. 28 f.

wie etwaige Gegenmaßnahmen zu informieren[36]. Weitergehend könnte zusätzlich geregelt werden, dass und wie sich der Datenimporteur bei hoheitlichen Herausgabeverlangen und Zugriffen auf Daten verhalten soll, z.B. Maßnahmen im einstweiligen Rechtsschutzverfahren ergreifen und Daten nur im zwingend erforderlichen Umfang herausgeben[37]. Der Datenimporteur sollte nach Auffassung des ED-SA garantieren, keine Backdoors oder ähnliche Möglichkeiten implementiert und Prozesse nicht so gestaltet zu haben, dass Dritten ein Zugriff auf die Daten ermöglicht oder erleichtert wird. Außerdem soll der Datenimporteur garantieren, keiner rechtlichen oder sonstigen Verpflichtung zu unterliegen, vorgenannte Möglichkeiten für einen Datenzugriff durch Dritte zu schaffen[38]. Weitere vertragliche Regelungen könnten nach Auffassung des EDSA die (Selbst-) Verpflichtung von Datenexporteuer und Datenimporteur sein, die betroffenen Personen über einen hoheitlichen Zugriff auf deren Daten zu informieren und sie bei der Wahrnehmung ihrer Rechte im Drittland zu unterstützen, z.B. durch rechtliche Beratung[39].

Für einen Datentransfer in Drittländer auf Basis von Standarddatenschutzklauseln empfiehlt der LfDI BW zusätzlich zu den vorgenannten Regelungen noch weitere **Ergänzungen bzw. Anpassungen der Standarddatenschutzklauseln.** Hierzu zählen die Aufnahme einer verschuldensunabhängigen Freistellung der betroffenen Personen durch den Datenimporteur von allen Schäden, die durch einen hoheitlichen Zugriff auf die Daten der betroffenen Personen entstehen, sowie die verpflichtende Vereinbarung einer wechselseitigen Entschädigung von Datenimporteur und Datenexporteur, wie sie als „Veranschaulichende Geschäftsklausel" im Standardvertrag II lediglich fakultativ vorgesehen ist[40].

Allerdings kann ein Datenexporteur mit diesen vertraglichen Änderungen bei Datentransfers in die **USA** und vergleichbare Drittländer auch nach Ansicht des LfDI BW lediglich den Willen zu rechtskonformem Handeln demonstrieren und dokumentieren[41]. Zusätzliche vertragliche Regelungen zur Gewährleistung eines angemessenen Datenschutzniveaus können ebensowenig wie die Standarddatenschutzklauseln selbst Garantien bieten, die über eine vertragliche Verpflichtung der beiden Vertragsparteien hinausgehen, für die Einhaltung eines angemessenen Schutzniveaus zu sorgen. Eine Bindung von Behörden und anderen staatlichen Institutionen oder eine Beschränkung des Rechts des Drittlandes ist gerade nicht möglich. Daher scheiden ergänzende Regelungen zu den Standarddatenschutzklauseln zumindest als alleinige zusätzliche Garantien aus, wenn hoheitliche Zugriffe und Zugriffsrechte auf die übermittelten personenbezogenen Daten und insoweit nicht vorhandene hinreichende Rechtsschutzmöglichkeiten der betroffenen Personen zur Diskussion stehen[42].

26.10i

Bei zusätzlichen vertraglichen Regelungen als ergänzendes Sicherungsinstrument zur Gewährleistung eines angemessenen Datenschutzniveaus ist weiterhin zu beachten, dass eine **Änderung der Stan-**

26.10j

---

36 *EDSA* (Hrsg.), Recommendations 01/2020 on measures that supplement transfer tools to ensure compliance with the EU level of protection of personal data, 10.11.2020 (version for public consultations), S. 29.

37 *EDSA* (Hrsg.), Recommendations 01/2020 on measures that supplement transfer tools to ensure compliance with the EU level of protection of personal data, 10.11.2020 (version for public consultations), S. 32 f.

38 *EDSA* (Hrsg.), Recommendations 01/2020 on measures that supplement transfer tools to ensure compliance with the EU level of protection of personal data, 10.11.2020 (version for public consultations), S. 30.

39 *EDSA* (Hrsg.), Recommendations 01/2020 on mesures that supplement transfer tools to ensure compliance with the EU level of protection of personal data, 10.11.2020 (version for public consultations), S. 34.

40 *LfDI BW* (Hrsg.), Orientierungshilfe: Was jetzt in Sachen internationaler Datentransfer?, Abschn. IV. Zu dieser „veranschaulichenden Geschäftsklausel" siehe Teil 5, Rz. 27.103 ff.; zu den Arten von Standarddatenschutzklauseln einschließlich Standardvertrag II siehe Rz. 26.13 ff.

41 *LfDI BW* (Hrsg.), Orientierungshilfe: Was jetzt in Sachen internationaler Datentransfer?, Abschn. IV.

42 *EDSA* (Hrsg.), Recommendations 01/2020 on measures that supplement transfer tools to ensure compliance with the EU level of protection of personal data, 10.11.2020 (version for public consultations), S. 15/28/34.

darddatenschutzklauseln eine **Genehmigungspflicht** begründen kann. Die Genehmigungsfreiheit von Standarddatenschutzklauseln besteht nur, solange die geänderten oder zusätzlichen Regelungen weder unmittelbar noch mittelbar im Widerspruch zu den Standarddatenschutzklauseln stehen oder die Grundrechte und Grundfreiheiten der betroffenen Personen beschneiden (dazu siehe Rz. 26.18 ff.). Das ist für jede Änderung konkret zu prüfen.

26.10k Kann der in der Union ansässige Verantwortliche keine hinreichenden zusätzlichen Maßnahmen ergreifen, um einen solchen Schutz zu gewährleisten, ist die Datenübermittlung auf der Grundlage von Standarddatenschutzklauseln nicht möglich. Eine bereits laufende Datenübermittlung muss ausgesetzt oder beendet werden, wenn das Recht des Drittlandes aufgrund von Änderungen nach Verarbeitungsbeginn keinen angemessenen Schutz der übermittelten Daten mehr gewährleistet und keine hinreichenden zusätzlichen Maßnahmen ergriffen werden (können), um diesen Schutz wiederherzustellen[43].

d) Handlungsempfehlungen der Datenschutzaufsichtsbehörden

26.10l Der EuGH hat in seiner Schrems II-Entscheidung weder eine Übergangsfrist eingeräumt noch etwaige zusätzlich zu ergreifende Maßnahmen konkretisiert. Der EDSA empfiehlt[44], wie einige deutsche Datenschutzaufsichtsbehörden,[45] relevante Datentransfers zu identifizieren, anhand der vom EuGH im Schrems II-Urteil aufgezeigten DSGVO-Vorgaben zu evaluieren und die in Rz. 26.10d beschriebene Risikoprüfung durchzuführen. Je nach Ergebnis dieser **Risikoprüfung** sind in einem weiteren Schritt mögliche **zusätzliche Maßnahmen** festzulegen und umsetzen (siehe Rz. 26.10f ff.). Dabei sind etwaige Vorgaben, wie die Einbindung der zuständigen Datenschutzaufsichtsbehörde im Fall der Genehmigungspflicht von geänderten Standarddatenschutzklauseln, zu beachten (siehe Rz. 26.10j). Schließlich empfiehlt der EDSA, die Risikoprüfung unter Berücksichtigung etwaiger zusätzlicher Maßnahmen in angemessenen Zeitabständen zu wiederholen und die Entwicklung des Datenschutzniveaus im Drittland zu beobachten, um gegebenenfalls reagieren zu können und die Rechenschaftspflicht gem. Art. 5 Abs. 2 DGVO zu erfüllen[46].

26.10m Die Risikoprüfung und die Entscheidung, ob und welche Maßnahmen hinreichend sind, muss freilich der Verantwortliche selbst durchführen und treffen. Die Geeignetheit ergänzender Sicherungsinstrumente sollte gegebenenfalls im Einzelfall aus Gründen der Rechtssicherheit zuvor mit der Datenschutzaufsichtsbehörde geklärt werden.

Das Fehlen praxisnaher und rechtssicherer Lösungsmöglichkeiten sowie die berechtigten Zweifel, ob Datentransfers in die USA und Drittstaaten mit ähnlichen rechtlichen Rahmenbedingungen unter Berücksichtigung der EuGH-Rechtsprechung überhaupt noch datenschutzrechtskonform durchführbar sind, werden in der Literatur deutlich aufgezeigt[47]. Von den Datenschutzaufsichtsbehörden wurden solche klaren Stellungnahmen nur vereinzelt abgegeben[48]. Dabei bleibt Datenexporteuren ange-

---

43 EuGH v. 16.7.2020 – C-311/18 – Data Protection Commissioner/Facebook Ireland Limited, Maximilian Schrems, Rz. 135/142.

44 *EDSA* (Hrsg.), Recommendations 01/2020 on measures that supplement transfer tools to ensure compliance with the EU level of protection of personal data, 10.11.2020 (version for public consultations), S. 1 ff.

45 *LfDI BW* (Hrsg.), Orientierungshilfe: Was jetzt in Sachen internationaler Datentransfer?, Abschn. IV; ähnlich *Bundesbeauftragter für Datenschutz und Informationsfreiheit*, Prüfschema Drittstaatentransfers, unter https://www.bfdi.bund.de/SharedDocs/Downloads/DE/Datenschutz/Pr%C3%BCfschema-Schrems-II.pdf?__blob=publicationFile&v=1 (zuletzt abgerufen am 30.12.2020).

46 *EDSA* (Hrsg.), Recommendations 01/2020 on measures that supplement transfer tools to ensure compliance with the EU level of protection of personal data, 10.11.2020 (version for public consultations), S. 18 f.

47 *Botta*, CR 2020, 505 (510); *Lejeune*, CR 2020, 716 (725); *Thieme/Wegmann*, BB 2020, 1922 (1926).

48 Die *Berliner Beauftragte für Datenschutz und Informationsfreiheit* hat in ihrer Pressemitteilung v. 17.7.2020 dazu aufgefordert, in den USA gespeicherte Daten „umgehend" nach Europa zu verlagern und zu Dienstleistern in der EU bzw. Drittländern mit angemessenem Datenschutzniveau zu wechseln,

sichts der aufgezeigten Bestandsaufnahme letztlich nur, auf weitere Hinweise und Empfehlungen der Aufsicht zu warten. Ob die von der EU-Kommission im November 2020 veröffentlichten Entwürfe neuer Standarddatenschutzklauseln[49] Abhilfe schaffen können, ist fraglich. Zwar sollen diese neuen Klauseln laut EU-Kommission auch der EuGH-Rechtsprechung (Schrems II) Rechnung tragen. Allerdings bleibt es auch dabei, dass vertragliche Regelungen das Manko eines nicht hinreichenden Datenschutzniveaus im Drittland aufgrund hoheitlicher Zugriffe und Zugriffsrechte auf die übermittelten personenbezogenen Daten nicht allein ausgleichen können.

3. Eingriffsbefugnisse der Datenschutzaufsicht

Schließlich ist zu beachten, dass auch Datenübermittlungen in Drittländer **im Einzelfall** von der zuständigen Datenschutzaufsichtsbehörde ausgesetzt oder verboten werden können. Diese **Eingriffsbefugnisse der Datenschutzaufsichtsbehörden** regelt Art. 58 Abs. 2 lit. f und lit. j DSGVO, ohne konkrete Voraussetzungen für deren Inanspruchnahme zu nennen. Ausgehend vom Ziel der DSGVO kommen eine Aussetzung oder ein Verbot nur in Betracht, wenn sie erforderlich sind, um die Grundrechte und Grundfreiheiten der betroffenen Personen gem. Art. 1 Abs. 2 DSGVO zu schützen. Hierfür müssen im Einzelfall zunächst tatsächliche, hinreichend konkrete Anhaltspunkte dafür vorliegen, dass eine Verletzung dieser Rechte und Freiheiten droht.   26.11

Fallkonstellationen, in denen die Aufsichtsbehörden von der **Möglichkeit einer Aussetzung** Gebrauch machen können, finden sich in der alten Fassung von Art. 4 der Entscheidung der EU-Kommission zu den Standardverträgen I und II[50] unter der Richtlinie 95/46/EG. Zwar wurde diese Entscheidung zwischenzeitlich so geändert, dass die konkreten Fallkonstellationen nicht mehr Regelungsgegenstand sind[51]. Grund hierfür waren aber nicht die Fallkonstellationen als solche, sondern die mit ihrer – abschließenden – Aufzählung einhergehende Beschränkung der aufsichtsbehördlichen Befugnisse[52]. Vor diesem Hintergrund sind diese Fallkonstellationen zumindest noch ein guter Anhaltspunkt für die Voraussetzungen, unter denen Datenübermittlungen in Drittländer auf Basis von Standarddatenschutzklauseln im Einzelfall untersagt werden können: 26.12

– Der Datenexporteur weigert sich trotz Aufforderung, gegenüber dem Datenimporteur geeignete Maßnahmen zur Durchsetzung der Vertragspflichten zu ergreifen.

---

unter https://www.datenschutz-berlin.de/fileadmin/user_upload/pdf/pressemitteilungen/2020/2020 0717-PM-Nach_SchremsII_Digitale_Eigenstaendigkeit.pdf (zuletzt abgerufen am 30.12.2020).

49 Draft implementing decision on standard contractual clauses for the transfer of personal data to third countries pursuant to Regulation (EU) 2016/679 of the European Parliament and of the Council, Ref. Ares(2020)6654686 – 12/11/2020, unter https://ec.europa.eu/info/law/better-regulation/have-your-say/initiatives/12741-Commission-Implementing-Decision-on-standard-contractual-clauses-for-the-transfer-of-personal-data-to-third-countries (zuletzt abgerufen am 30.12.2020).

50 Zu den Arten und Bezeichnungen der Standarddatenschutzklauseln sowie zu den jeweiligen Entscheidungen der EU-Kommission siehe Rz. 26.13.

51 Durchführungsbeschluss (EU) 2016/2297 der Kommission v. 16.12.2016 zur Änderung der Entscheidung 2001/497/EG und des Beschlusses 2010/87/EU über Standardvertragsklauseln für die Übermittlung personenbezogener Daten in Drittländer sowie an Auftragsverarbeiter in Drittländern nach der Richtlinie 95/46/EG des Europäischen Parlaments und des Rates, ABl. EU Nr. L 344 v. 17.12.2016, S. 100 (nachfolgend „Durchführungsbeschluss (EU) 2016/2297"). Hintergrund für diesen Änderungsbeschluss waren Ausführungen des EuGH in seinem Urteil v. 6.10.2015 (C-362/14) zu den eingeschränkten Befugnissen der Aufsichtsbehörden, wie sie in der Safe Harbor-Entscheidung der EU-Kommission festgelegt waren (vgl. Erwägungsgründe 1 ff. des Durchführungsbeschlusses (EU) 2016/2297; vgl. auch EuGH v. 16.7.2020 – C-311/18 – Data Protection Commissioner/Facebook Ireland Limited, Maximilian Schrems, Rz. 115).

52 Vgl. auch EuGH v. 16.7.2020 – C-311/18 – Data Protection Commissioner/Facebook Ireland Limited, Maximilian Schrems, Rz. 115; ebenso *Schantz* in Simitis/Hornung/Spiecker, Art. 46 DSGVO Rz. 55.

–   Der Datenimporteur weigert sich, eindeutige Vertragspflichten zu erfüllen oder mit den Datenschutzaufsichtsbehörden „redlich" zusammenzuarbeiten (insbesondere bei einer Überprüfung und hinsichtlich der Befolgung von Empfehlungen).

–   Es wird ein Verstoß des Datenimporteurs gegen die Standarddatenschutzklauseln festgestellt oder es besteht eine hohe Wahrscheinlichkeit, dass die Vertragsklauseln nicht eingehalten werden und die Fortsetzung der Datenübermittlung würde den betroffenen Personen einen nicht wiedergutzumachenden Schaden zufüge.

–   Eine Datenübermittlung wirkt sich wahrscheinlich sehr nachteilig auf die Garantien aus, die den betroffenen Personen angemessenen (Daten-)Schutz bieten sollen. Es muss feststehen, dass der Datenimporteur nach den für ihn geltenden Rechtsvorschriften solchen Anforderungen unterliegt, die ihn zwingen, vom anwendbaren Datenschutzrecht in einem Maß abzuweichen, das über die Beschränkungen hinausgeht, die i.S.v. Art. 13 der Richtlinie 95/46/EG (vgl. nunmehr Art. 23 DSGVO) für eine demokratische Gesellschaft erforderlich sind, und dass sich diese Auswirkungen wahrscheinlich sehr nachteilig auf die Garantien auswirken würden, die das anwendbare Datenschutzrecht und die Standarddatenschutzklauseln bieten. Diese Fallkonstellation war bereits Gegenstand der Rechtsprechung und wurde vom EuGH in dem Verfahren „Data Protection Commissioner/ Facebook Ireland Limited, Maximilian Schrems" konkretisiert (siehe Rz. 26.12a)[53]. Unter Verweis auf die hoheitlichen Zugriffsmöglichkeiten und insoweit fehlende hinreichende Rechtsbehelfe wurden die Standarddatenschutzklauseln als Rechtsgrundlage für Datenübermittlungen in die **USA**[54], aber auch andere Drittländer wie z.B. **China**[55] bereits vor der Schrems II-Entscheidung des EuGH kritisch bewertet und in Frage gestellt.

26.12a   Sofern kein Angemessenheitsbeschluss der EU-Kommission nach Art. 45 DSGVO vorliegt, sieht der EuGH die Aufsichtsbehörden nach Art. 58 Abs. 2 lit. f und lit. j DSGVO verpflichtet, die Übermittlung in ein Drittland auszusetzen oder zu verbieten, wenn sie der Auffassung sind, dass die Standarddatenschutzklauseln in diesem Drittland nicht eingehalten werden oder nicht eingehalten werden können und der angemessene Schutz der übermittelten Daten nicht mit anderen zusätzlichen Mitteln gewährleistet werden kann[56]. In welchen Konstellationen diese Voraussetzungen für ein Verbot oder eine Aussetzung für Datenübermittlungen in die USA vorliegen, hat der EuGH in dem Verfahren „Data Protection Commissioner gegen Facebook Ireland Limited, Maximilian Schrems" allerdings nicht entschieden. Gegenstand dieser EuGH-Entscheidung vom 16.7.2020 waren die „Standardvertragsklauseln für die Übermittlung personenbezogener Daten an Auftragsverarbeiter in Drittländern vom 5.2.2010"[57] und das EU-U.S.-Privacy Shield[58] als Grundlage für eine Datenübermittlung in die USA. Das Gericht hat die Regelungen des **EU-U.S.-Privacy Shield** mit der Begründung für **ungültig** erklärt, dass ein angemessenes Schutzniveau dort nicht durchgängig gewährleistet ist. Bestimmte, nach US-Recht zulässige staatliche Zugriffe auf übermittelte personenbezogene Daten sind ohne die nach EU-Recht erforderlichen Einschränkungen und Garantien möglich. Vor solchen Eingriffen gibt es zudem

---

53   EuGH v. 16.7.2020 – C-311/18 – Data Protection Commissioner/Facebook Ireland Limited, Maximilian Schrems. Zu dieser Entscheidung siehe auch Rz. 26.10a ff.

54   *Taeger* in Taeger/Gabel, Art. 46 DSGVO Rz. 17; *Pauly* in Paal/Pauly, Art. 46 DSGVO Rz. 10, Art. 45 DSGVO Rz. 25; *Schantz* in Simitis/Hornung/Spiecker, Art. 46 DSGVO Rz. 54, alle m.w.N.

55   Vgl. *Moos*, CR 2010, 281 (286).

56   EuGH v. 16.7.2020 – C-311/18 – Data Protection Commissioner/Facebook Ireland Limited, Maximilian Schrems, Rz. 113/121. Zu der vom Datenexporteur durchzuführenden Risikoprüfung in Bezug auf ein angemessenes Datenschutzniveau für die in ein Drittland zu übermittelnden Daten auf der Grundlage von Standarddatenschutzklauseln siehe Rz. 26.10a f., Rz. 26.10d.

57   Zu den „Standardvertragsklauseln für die Übermittlung personenbezogener Daten an Auftragsverarbeiter in Drittländern vom 5.2.2010" siehe Rz. 26.16. Sie werden kommentiert in Teil 5, § 28.

58   Durchführungsbeschluss (EU) 2016/1250 der Kommission v. 12.7.2016 gemäß der Richtlinie 95/46/EG des Europäischen Parlaments und des Rates über die Angemessenheit des vom EU-US-Datenschutzschild gebotenen Schutzes, ABl. EU Nr. L 207 v. 1.8.2016, S. 1.

keinen effektiven gerichtlichen Rechtsschutz[59]. Zu dieser Einschätzung kommt der EuGH zwar im Rahmen seiner Prüfung des Angemessenheitsbeschlusses der EU-Kommission für Datenübermittlungen in die USA (EU-U.S.-Privacy Shield). Diese Bewertung des Schutzniveaus hinsichtlich staatlicher Zugriffsrechte und gerichtlichen Rechtsschutzes betroffener Personen kommt aber auch zum Tragen, wenn eine Datenübermittlung in die USA auf der Grundlage von Standarddatenschutzklauseln erfolgen soll. Die Bewertung des Schutzniveaus bleibt in Bezug auf die vom Gericht erörterten Aspekte (staatliche Zugriffsrechte und gerichtlicher Rechtsschutz) im Ausgangspunkt gleich[60]. Daher kommt es für einen Einsatz von Standarddatenschutzklauseln für Datenübermittlungen in die USA und Drittländer mit vergleichbaren staatlichen Zugriffsrechten und Einschränkungen des gerichtlichen Rechtsschutzes entscheidend darauf an, ob der **angemessene Schutz** der übermittelten Daten hinsichtlich dieser Aspekte mit **anderen zusätzlichen Maßnahmen** gewährleistet werden kann (dazu siehe Rz. 26.10f ff.).

III. Arten von EU-Standarddatenschutzklauseln

Es wurden drei Arten von Standardverträgen von der EU-Kommission gem. Art. 26 Abs. 4 der Richtlinie 95/46/EG verabschiedet[61]: 26.13

- „Standardvertragsklauseln für die Übermittlung personenbezogener Daten in Drittländer vom 15.6.2001" (**sog. Standardvertrag I**)[62]

- „Alternative Standardvertragsklauseln für die Übermittlung personenbezogener Daten in Drittländer vom 27.12.2004" (**sog. Standardvertrag II**)[63]

- „**Standardvertragsklauseln für** die Übermittlung personenbezogener Daten an **Auftragsverarbeiter** in Drittländern vom 5.2.2010"[64]

Diese **Standardverträge sind Standarddatenschutzklauseln i.S.d. DSGVO** und können als solche eingesetzt werden. Die Entscheidungen der EU-Kommission, dass diese Klauseln bei der Übermittlung personenbezogener Daten aus EU-Mitgliedstaaten in Drittländer grundsätzlich ausreichende Garantien für den Schutz des Persönlichkeitsrechts und der damit verbundenen Rechte bieten können[65], sind

---

59 EuGH v. 16.7.2020 – C-311/18 – Data Protection Commissioner/Facebook Ireland Limited, Maximilian Schrems, Rz. 150 ff.

60 *EDSA* (Hrsg.), Frequently Asked Questions on the judgment of the Court of Justice of the European Union in Case C-311/18 – Data Protection Commissioner v Facebook Ireland Ltd and Maximiliam Schrems, 23.7.2020, S. 2 f.

61 Zur Geschichte der Erarbeitung und Verhandlung dieser Standarddatenschutzklauseln *Kuner/Hladjk*, RDV 2005, 193 (193 f.).

62 Entscheidung 2001/497/EG der Kommission v. 15.6.2001 hinsichtlich Standardvertragsklauseln für die Übermittlung personenbezogener Daten in Drittländer nach der Richtlinie 95/46/EG, ABl. EG Nr. L 181 v. 4.7.2001, S. 19 (nachfolgend „Entscheidung 2001/497/EG").

63 Entscheidung 2004/915/EG der Kommission v. 27.12.2004 zur Änderung der Entscheidung 2001/497/EG bezüglich der Einführung alternativer Standardvertragsklauseln für die Übermittlung personenbezogener Daten in Drittländer, ABl. EU Nr. L 385 v. 29.12.2004, S. 74 (nachfolgend „Entscheidung 2004/915/EG").

64 Beschluss 2010/87/EU der Kommission v. 5.2.2010 über Standardvertragsklauseln für die Übermittlung personenbezogener Daten an Auftragsverarbeiter in Drittländern nach der Richtlinie 95/46/EG, ABl. EU Nr. L 39 v. 12.2.2010, S. 5.

65 Art. 1 Abs. 1 und Art. 2 Abs. 1 Satz 1 der Entscheidung 2001/497/EG geändert durch Art. 1 Ziff. 1 der Entscheidung 2004/915/EG; siehe auch Erwägungsgründe 5 Satz 1 und 7 Satz 1 der Entscheidung 2001/497/EG. Zur datenschutzrechtlichen Verantwortlichkeit, dass in dem konkreten Drittland, in das die personenbezogenen Daten übermittelt werden sollen, tatsächlich ausreichende Garantien für den Schutz der Daten bestehen, und zur etwaigen Notwendigkeit zusätzlicher Garantien siehe Rz. 26.10a ff. und Rz. 26.12a.

gem. Art. 46 Abs. 5 Satz 2 DSGVO solange bindend, bis sie mit einem Beschluss der EU-Kommission geändert, ersetzt oder aufgehoben werden. Die „Standardvertragsklauseln für die Übermittlung personenbezogener Daten an Auftragsverarbeiter in Drittländern vom 5.2.2010" hält auch der EuGH für gültig[66]. Es kann aber in Abhängigkeit von der konkreten Lage in einem Drittland erforderlich sein, dass der Datenexporteur zusätzliche Maßnahmen ergreift, um die Einhaltung des notwendigen Schutzniveaus zu gewährleisten[67].

26.13a Im November 2020 hat die EU-Kommission Entwürfe mit neuen Standarddatenschutzklauseln veröffentlicht[68]. Sobald die neuen Standarddatenschutzklauseln ihre finale Fassung haben und in Kraft treten, müssen die alten Klauseln innerhalb eines Jahres durch die neuen Klauseln ersetzt werden, sofern diese Regelung im laufenden Verfahren beibehalten wird.

26.14 Der in diesem Kapitel kommentierte Standardvertrag I („Standardvertragsklauseln für die Übermittlung personenbezogener Daten in Drittländer vom 15.6.2001") und der Standardvertrag II („Alternative Standardvertragsklauseln für die Übermittlung personenbezogener Daten in Drittländer vom 27.12.2004") sind für Datenübermittlungen von Verantwortlichen in der EU an Verantwortliche in einem Drittland vorgesehen (**Controller-Controller-Verhältnis**)[69].

26.15 Der Standardvertrag II, der von mehreren Wirtschaftsverbänden gemeinsam vorgeschlagen wurde[70], ist wahlweise neben dem Standardvertrag I anwendbar. Eine **Kombination der Klauseln** beider Standardverträge ist gem. Art. 1 Abs. 2 und Erwägungsgrund 3 Satz 2 der Entscheidung 2001/497/EG in der Fassung vom 27.12.2004 unzulässig[71]. Ziel der alternativen Regelungen des Standardvertrags II ist es, der zunehmenden Ausweitung von Datenverarbeitungstätigkeiten und neuen Geschäftsmodellen für die internationale Verarbeitung personenbezogener Daten Rechnung zu tragen[72].

26.16 Schließlich gibt es Standarddatenschutzklauseln für die Übermittlung personenbezogener Daten an Auftragsverarbeiter in Drittländern (**Controller-Processor-Verhältnis**). Diese Klauseln für eine Datenweitergabe zu Zwecken einer Auftragsverarbeitung in Drittländer tragen den Besonderheiten einer **Auftragsverarbeitung** Rechnung[73].

26.17 Die Entscheidung, welche Standarddatenschutzklauseln zum Einsatz kommen, hängt von der Rolle des Datenimporteurs und dem Charakter der beabsichtigten Datenverarbeitung ab. Die Standarddatenschutzklauseln für die Übermittlung an Auftragsverarbeiter sind einschlägig, wenn die Datenübermittlung zum Zweck einer Datenverarbeitung erfolgt, die dem Charakter einer Auftragsverarbeitung i.S.d. Art. 28 DSGVO entspricht (Controller-Processor-Verhältnis). Hat der Datenempfänger im Drittland dagegen die Befugnis, zumindest zum Teil eigenverantwortlich zu entscheiden oder mit-

---

66 EuGH v. 16.7.2020 – C-311/18 – Data Protection Commissioner/Facebook Ireland Limited, Maximilian Schrems, Rz. 122 ff.

67 EuGH v. 16.7.2020 – C-311/18 – Data Protection Commissioner/Facebook Ireland Limited, Maximilian Schrems, Rz. 133 f.; dazu siehe Rz. 26.10a f. und Rz. 26.12a.

68 Draft implementing decision on standard contractual clauses for the transfer of personal data to third countries pursuant to Regulation (EU) 2016/679 of the European Parliament and of the Council, Ref. Ares(2020)6654686 – 12/11/2020, unter https://ec.europa.eu/info/law/better-regulation/have-your-say/initiatives/12741-Commission-Implementing-Decision-on-standard-contractual-clauses-for-the-transfer-of-personal-data-to-third-countries (zuletzt abgerufen am 30.12.2020).

69 Siehe Art. 2 Abs. 2 und Erwägungsgrund 8 der Entscheidung 2001/497/EG.

70 Details bei *Kuner/Hladjk*, RDV 2005, 193 (193 f.).

71 Vgl. die Änderung durch Art. 1 Ziff. 1 Entscheidung 2004/915/EG.

72 Der Standardvertrag II („Standardvertragsklauseln für die Übermittlung personenbezogener Daten in Drittländer vom 27.12.2004") wird kommentiert in Teil 5, § 27.

73 Zu deren Wirksamkeit s. zuletzt EuGH v. 16.7.2020 – C-311/18 – Data Protection Commissioner/Facebook Ireland Limited, Maximilian Schrems, Rz. 122 ff. Die „Standardvertragsklauseln für die Übermittlung personenbezogener Daten an Auftragsverarbeiter in Drittländern vom 5.2.2010" werden kommentiert in Teil 5, § 28.

zuentscheiden, für welchen Zweck und wie die Daten verarbeitet werden, so ist er neben dem Exporteur selbst Verantwortlicher (Controller-Controller-Verhältnis) oder es besteht eine gemeinsame Verantwortlichkeit gem. Art. 26 DSGVO (Joint Control). Die Abgrenzung dieser Konstellationen kann schwierig sein und erfordert eine umfassende Berücksichtigung der konkreten Umstände im Einzelfall[74].

IV. Änderung von EU-Standarddatenschutzklauseln und Genehmigungsfreiheit

Ein Vorteil von Standarddatenschutzklauseln besteht darin, dass Datenübermittlungen auf dieser Basis gem. Art. 46 Abs. 2 lit. c und lit. d DSGVO grundsätzlich **ohne Genehmigung der Datenschutzaufsichtsbehörden** erfolgen können. Die Genehmigungsfreiheit gilt zumindest dann, wenn die Standarddatenschutzklauseln vollständig, mit den vorgesehenen Ergänzungen und inhaltlich unverändert zum Einsatz kommen. Die unter Geltung der Richtlinie 95/46/EG insoweit nicht einheitliche **Praxis der Aufsichtsbehörden**[75] sollte mit Blick auf den eindeutigen Wortlaut von Art. 46 Abs. 2 lit. c und lit. d DSGVO der Vergangenheit angehören.

Eine **Änderung von Standarddatenschutzklauseln** kann jedoch die Genehmigungsfreiheit entfallen lassen. Entscheidend ist die Art der Änderung. Nach Erwägungsgrund 109 DSGVO dürfen Standarddatenschutzklauseln auch in umfangreichere Vertragswerke eingebaut oder um zusätzliche Regelungen ergänzt werden, solange diese Regelungen weder unmittelbar noch mittelbar im Widerspruch zu den Standarddatenschutzklauseln stehen oder die Grundrechte und Grundfreiheiten der betroffenen Personen beschneiden. Diese Einschränkung ist auch in Bezug auf die Regelungen im Hauptvertrag zu beachten. Sie dürfen ebenfalls nicht im Widerspruch zu den Standarddatenschutzklauseln stehen und die als solche unveränderten Standarddatenschutzklauseln nicht zum Nachteil der betroffenen Personen ändern. Schließlich gilt diese Einschränkung auch für Ergänzungen der Standarddatenschutzklauseln, die erforderlich sind, weil die Klauseln im Einzelfall aufgrund des Rechts des Drittlandes ohne ergänzende Regelungen mit zusätzlichen Garantien keinen angemessenen Schutz der zu übermittelnden Daten und der Rechte der betroffenen Personen bieten können (dazu siehe Rz. 26.10a ff.).

Bereits die Entscheidung 2001/497/EG enthält für die Standardverträge I und II den ausdrücklichen Hinweis, dass es den Vertragsparteien freigestellt ist, zusätzliche Garantien oder Sicherheiten in die Verträge einzubeziehen. Danach können weitere **geschäftsbezogene** und als vertragsrelevant eingeschätzte **Klauseln** aufgenommen werden, sofern sie den Standarddatenschutzklauseln nicht widersprechen[76], z.B. Klauseln über eine gegenseitige Unterstützung bei Streitigkeiten mit einer betroffenen Person oder einer Datenschutzaufsichtsbehörde oder auch Regelungen über wechselseitige Entschädigung, Streitbeilegung, Kostenteilung und Vertragsbeendigung, wie sie für den Standardvertrag II in Form von „veranschaulichenden Geschäftsklauseln" fakultativer Art von der EU-Kommission explizit bestimmt worden sind[77]. Eine **Kombination der Standardverträge I und II** bzw. der entsprechenden Klauseln ist in jedem Fall unzulässig[78].

An den Rahmenbedingungen und den daraus abgeleiteten Beispielen genehmigungsfreier Änderungsmöglichkeiten hat sich unter der DSGVO nichts geändert. Die Standarddatenschutzklauseln

26.18

26.19

26.20

26.21

---

74 Vgl. zur Abgrenzung *Lang* in Taeger/Gabel, Art. 26 DSGVO Rz. 13 ff.; siehe auch Teil 2, § 8 und Teil 6, § 33, Rz. 33.10 f.

75 *Art. 29-Datenschutzgruppe* der EU-Kommission, Arbeitsunterlage zu einem Verfahren der Zusammenarbeit für die Abgabe gemeinsamer Stellungnahmen zu „Vertragsklauseln", die als konform mit Standardvertragsklauseln der Europäischen Kommission gelten v. 26.11.2014, Dok. 14/DE – WP 226, S. 2.

76 Erwägungsgrund 5 Satz 3 der Entscheidung 2001/497/EG.

77 Ebenso *Moos*, CR 2010, 281 (285) für die „Standardvertragsklauseln für die Übermittlung personenbezogener Daten an Auftragsverarbeiter in Drittländern vom 5.2.2010".

78 Art. 1 Abs. 2 Satz 2 und Erwägungsgrund 3 Satz 2 der Entscheidung 2001/497/EG in der Fassung v. 27.12.2004 (Änderung durch Art. 1 Ziff. 1 der Entscheidung 2004/915/EG).

bilden nach Ansicht der EU-Kommission ein ausgewogenes Regelungskonstrukt, dessen Nutzung als Grundlage einer Datenübermittlung in Drittländer grundsätzlich ausreichende Garantien hinsichtlich des auf die konkrete Datenübermittlung bezogenen Datenschutzniveaus gewährleisten kann[79]. Das setzt zwangsläufig voraus, dass das Regelungskonstrukt grundsätzlich unverändert zur Anwendung gelangt. Die Standarddatenschutzklauseln dürfen nicht dahingehend geändert werden, dass ein Regelungselement entfällt oder eine widersprüchliche oder mit Blick auf die vorgegebenen Regelungen im Standardvertrag auch nur missverständliche Regelung aufgenommen wird[80]. Rein redaktionelle Änderungen oder zusätzliche Regelungen mit materiellen Verbesserungen für die Rechte der betroffenen Personen können den Garantiecharakter nicht in Frage stellen, da sie allenfalls zu Verbesserungen hinsichtlich des Datenschutzniveaus führen[81]. Das gilt auch für die Konstellationen, in denen eine Ergänzung der Standarddatenschutzklauseln erfolgt, weil die Klauseln im Einzelfall aufgrund des Rechts des Drittlandes ohne zusätzliche Garantien keinen angemessenen Schutz der übermittelten personenbezogenen Daten gewährleisten und die Ergänzung der Klauseln als zusätzliche Maßnahme erfolgt, um das notwendige Schutzniveau herzustellen (dazu siehe Rz. 26.10a ff.).

Aus den vorgenannten Gründen sind auch rein **redaktionelle Anpassungen** bzw. Änderungen wie die Ergänzung der Bezeichnung der Vertragsparteien um die „Partei" und „Parteien" (dazu Rz. 26.28 ff.) oder die Beschränkung auf die Wiedergabe der von den Vertragsparteien gewählten Alternative in Klausel 5 lit. b des Standardvertrags I und insoweit angezeigte sprachliche Anpassungen (dazu Rz. 26.84) möglich, ohne dass die Genehmigungsfreiheit entfällt. Das gilt im Ergebnis auch für Änderungen im Rahmen von besonderen Konstellationen wie unselbständige Niederlassungen als Datenexporteur oder **Mehrparteienverhältnisse**, um die Vertragsklauseln in diesen Konstellationen entsprechend anwenden zu können, z.B. die Ausgestaltung als **einseitige Garantieerklärung** bei unselbständigen Niederlassungen (dazu Rz. 26.31 ff.). Schließlich müssen Änderungen der Standarddatenschutzklauseln auch dann genehmigungsfrei möglich sein, soweit es sich eindeutig um zusätzliche, die Betroffenenrechte nicht einschränkende Klauseln handelt[82].

26.22 Dagegen wurde von den deutschen Aufsichtsbehörden hinsichtlich der **Genehmigungsfreiheit bei Änderungen von Standarddatenschutzklauseln** unter der Geltung der Richtlinie 95/46/EG und des BDSG a.F. zuweilen und nicht immer einheitlich eine relativ restriktive Auffassung vertreten. Die Verwendung der seinerzeit sog. Standardvertragsklauseln machte eine Genehmigung der Datenschutzaufsichtsbehörden zwar grundsätzlich entbehrlich. Ansatzpunkt für eine Genehmigungsfreiheit waren vollständig ergänzte und im Übrigen unveränderte Standarddatenschutzklauseln, was im Zweifel nur bei einer wörtlichen Übernahme der Fall sei[83]. „Redaktionelle Änderungen" sollten die Genehmigungsfreiheit nur dann nicht berühren, wenn

– sie erforderlich sind, um besonderen Konstellationen wie unselbständigen Niederlassungen als Datenexporteur oder Mehrparteienverhältnissen gerecht zu werden,

– sie minimal sind und

---

79 Bestätigt vom EuGH in Bezug auf die „Standardvertragsklauseln für die Übermittlung personenbezogener Daten an Auftragsverarbeiter in Drittländern vom 5.2.2010", EuGH v. 16.7.2020 – C-311/18 – Data Protection Commissioner/Facebook Ireland Limited, Maximilian Schrems, Rz. 128 ff. (dazu und zu den Arten der Standarddatenschutzklauseln siehe Rz. 26.13 ff.).

80 Vgl. Erwägungsgrund 109 DSGVO.

81 Ebenso *Gabel* in Taeger/Gabel, Art. 46 DSGVO Rz. 16; *Schantz* in Simitis/Hornung/Spiecker, Art. 46 DSGVO Rz. 32; a.A. in Bezug auf Verbesserungen für die Rechte der betroffenen Personen *Pauly* in Paal/Pauly, Art. 46 DSGVO Rz. 21.

82 So auch für die insoweit vergleichbare Rechtslage unter der Richtlinie 95/46/EG und dem BDSG a.F. *Gabel* in Taeger/Gabel, 2. Aufl., § 4c BDSG Rz. 27 mit der Einschränkung, diese Frage ggf. vorab mit der Aufsichtsbehörde zu klären; a.A. *Simitis* in Simitis, § 4c BDSG Rz. 51; *Pauly* in Paal/Pauly, Art. 46 DSGVO Rz. 21.

83 *Innenministerium des Landes Baden-Württemberg*, Abschn. B 2.8.

– auf den ersten Blick erkennbar bleibt, dass die seinerzeit sog. Standardvertragsklauseln unverändert gelten. Sollte diese Feststellung aufgrund umfangreicher Änderungen eine eingehende Prüfung erfordern, bestand im Zweifel eine Genehmigungspflicht[84].

Bei Änderungen eines Standardvertrags, die eindeutig zugunsten der betroffenen Personen ausfielen, bestand „unter Umständen" keine Genehmigungspflicht, was durch **Rückfrage bei der** zuständigen **Aufsichtsbehörde** geklärt werden sollte[85].

Vor diesem Hintergrund ist weiterhin grundsätzlich eine wörtliche Übernahme des hier wörtlich wiedergegebenen Vertragstextes der Entscheidung 2001/497/EG zu empfehlen[86]. Das ist zwar hinsichtlich der Vertragsgestaltung und Vertragsanwendung durchaus unbefriedigend, führt aber im Ergebnis zu mehr Rechtssicherheit. Aus demselben Grund sollte die zuständige Datenschutzaufsichtsbehörde bei Änderungen, die über rein redaktionelle Anpassungen hinausgehen, zuvor konsultiert werden. Das gilt nicht zuletzt mit Blick darauf, dass eine rechtswidrige Datenübermittlung in Drittländer eine bußgeldbewehrte **Ordnungswidrigkeit** ist (Art. 83 Abs. 5 lit. c DSGVO, § 41 BDSG). Schließlich sollte beobachtet werden, wie sich die Aufsichtsbehörden in Zukunft in dieser Frage positionieren.

26.23

B. EU-Standarddatenschutzklauseln für die Übermittlung personenbezogener Daten in Drittländer (Standardvertrag I)

I. Muster – deutsch

M 26.1 EU-Standarddatenschutzklauseln für die Übermittlung personenbezogener Daten in Drittländer (Standardvertrag I) – deutsch

26.24

Standardvertragsklauseln im Sinne von Art. 26 Abs. 2 der Richtlinie 95/46/EG für die Übermittlung personenbezogener Daten in Drittländer, die kein angemessenes Schutzniveau gewährleisten (Standardvertrag I)

Bezeichnung[87] der Daten exportierenden Organisation: …

Adresse: …

Tel.: …, Fax: …, E-Mail: …

Weitere Angaben zur Identifizierung der Organisation: …

*(nachstehend: **Datenexporteur**)*

und

---

84 So ausdrücklich *Landesregierung Hessen*, Neunzehnter Bericht der Landesregierung über die Tätigkeit der für den Datenschutz im nicht-öffentlichen Bereich in Hessen zuständigen Aufsichtsbehörden, LT-Drucks. 16/5892, Abschn. 11.2 (S. 27); *Landesregierung Hessen*, Zwanzigster Bericht der Landesregierung über die Tätigkeit der für den Datenschutz im nicht-öffentlichen Bereich in Hessen zuständigen Aufsichtsbehörden, LT-Drucks. 16/7646, Abschn. 9.1 (S. 18); *Landesregierung Hessen*, Dreiundzwanzigster Bericht der Landesregierung über die Tätigkeit der für den Datenschutz im nicht-öffentlichen Bereich in Hessen zuständigen Aufsichtsbehörden, LT-Drucks. 18/2942, Abschn. 11.2 (S. 19).

85 Beschluss der obersten Aufsichtsbehörden für den Datenschutz im nicht-öffentlichen Bereich (Düsseldorfer Kreis) am 19./20.4.2007 (Internationaler Datenverkehr) i.V.m. Positionspapier der Aufsichtsbehörden in der AG „Internationaler Datenverkehr" am 12./13.2.2007 v. 28.3.2007, Abschn. II.2, für die Übermittlung von Beschäftigtendaten im Konzern.

86 Zu den Änderungen des hier wörtlich wiedergegebenen Vertragstextes, die aufgrund der DSGVO empfohlen werden, siehe Rz. 26.43 ff.

87 Zu den Erläuterungen siehe Rz. 26.29 ff.

Bezeichnung der Daten importierenden Organisation: …

Adresse: …

Tel.: …, Fax: …, E-Mail: …

Weitere Angaben zur Identifizierung der Organisation: …

*(nachstehend: **Datenimporteur**)*

vereinbaren folgende Vertragsklauseln (nachstehend: Klauseln), um ausreichende Garantien hinsichtlich des Schutzes der Privatsphäre, der Grundrechte und der Grundfreiheiten der Personen für die Übermittlung der in Anlage 1 zu diesen Vertragsklauseln spezifizierten personenbezogenen Daten vom Exporteur an den Importeur bereitzustellen.

1. Begriffsbestimmungen[88]

Im Rahmen der Vertragsklauseln gelten folgende Begriffsbestimmungen:

a) *„personenbezogene Daten", „besondere Kategorien personenbezogener Daten", „Verarbeitung", „für die Verarbeitung Verantwortlicher", „Auftragsverarbeiter", „betroffene Person" und „Kontrollstelle":* es gelten die Begriffsbestimmungen der Richtlinie 95/46/EG des Europäischen Parlaments und des Rates vom 24. Oktober 1995 zum Schutz natürlicher Personen bei der Verarbeitung personenbezogener Daten und zum freien Datenverkehr (nachstehend: Richtlinie);

b) *„Datenexporteur":* der für die Verarbeitung Verantwortliche, der die personenbezogenen Daten übermittelt;

c) *„Datenimporteur":* der für die Verarbeitung Verantwortliche, der sich bereit erklärt, vom Datenexporteur personenbezogene Daten für die Verarbeitung gemäß den Bestimmungen dieser Vertragsklauseln entgegenzunehmen und der nicht an ein System eines Drittlandes gebunden ist, das angemessenen Schutz gewährleistet.

2. Einzelheiten der Übermittlung[89]

Die Einzelheiten der Übermittlung, insbesondere die Kategorien personenbezogener Daten und ihre Übermittlungszwecke, sind in Anlage 1 aufgeführt, die Bestandteil der Klauseln ist.

3. Drittbegünstigtenklausel[90]

Die betroffenen Personen können diese Klausel und die Klausel 4 Buchstaben b), c) und d), Klausel 5 Buchstaben a), b), c) und e), Klausel 6 Absätze 1 und 2 sowie Klauseln 7, 9 und 11 als Drittbegünstigte geltend machen. Die Parteien haben keine Einwände dagegen, dass die betroffenen Personen, sofern sie dies wünschen und das nationale Recht dies zulässt, durch eine Vereinigung oder sonstige Einrichtungen vertreten werden.

4. Pflichten des Datenexporteurs[91]

Der Datenexporteur verpflichtet sich und garantiert:

a) *dass die Verarbeitung der personenbezogenen Daten, einschließlich der Übermittlung durch ihn, entsprechend den einschlägigen Vorschriften des Mitgliedstaates, in dem der Datenexporteur ansässig ist, erfolgt ist bzw. bis zum Zeitpunkt der Übermittlung erfolgen wird (ggf. einschließlich der Mitteilung an die zuständige Stelle dieses Mitgliedstaats) und dass sie nicht gegen die einschlägigen Vorschriften dieses Staates verstößt;*

b) *dass die betroffene Person, sofern die Übermittlung besondere Datenkategorien einbezieht, davon in Kenntnis gesetzt worden ist oder vor der Übermittlung wird, dass ihre Daten in ein Drittland übermittelt werden könnten, das kein angemessenes Schutzniveau bietet;*

---

88 Zu den Erläuterungen siehe Rz. 26.41 ff.
89 Zu den Erläuterungen siehe Rz. 26.53 ff.
90 Zu den Erläuterungen siehe Rz. 26.71 ff.
91 Zu den Erläuterungen siehe Rz. 26.75 ff.

c) *dass er den betroffenen Personen auf Anforderung eine Kopie dieser Klauseln, wie sie vereinbart wurden, zur Verfügung stellt und*

d) *Anfragen der Kontrollstelle bezüglich der Verarbeitung einschlägiger personenbezogener Daten durch den Datenimporteur sowie Anfragen betroffener Personen bezüglich der Verarbeitung ihrer personenbezogenen Daten durch den Datenimporteur innerhalb eines angemessenen Zeitraums und in zumutbarem Maße beantwortet.*

5. Pflichten des Datenimporteurs[92]

Der Datenimporteur verpflichtet sich und garantiert:

a) *dass er seines Wissens keinen nationalen Gesetzen unterliegt, die ihm die Erfüllung seiner Vertragsverpflichtungen unmöglich machen und dass er im Fall einer Gesetzesänderung, die sich voraussichtlich sehr nachteilig auf die Garantien auswirkt, die die Klauseln bieten, den Datenexporteur und die Kontrollstelle des Landes, in dem der Datenexporteur ansässig ist, hiervon informieren wird. In einem solchen Fall ist der Datenexporteur berechtigt, die Datenübermittlung auszusetzen und/oder vom Vertrag zurückzutreten;*

b) *dass er die personenbezogenen Daten verarbeitet in Übereinstimmung mit den verbindlichen Datenschutzgrundsätzen der Anlage 2 oder*

dass er, falls sich die Parteien durch Ankreuzen des entsprechenden Kästchens weiter unten ausdrücklich damit einverstanden erklärt haben und vorausgesetzt, dass die Verbindlichen Datenschutzgrundsätze der Anlage 3 beachtet werden, die Daten in jeder anderen Hinsicht verarbeitet in Übereinstimmung mit:

☐ *den einschlägigen nationalen Rechtsvorschriften (in der Anlage zu diesen Klauseln) zum Schutz der Grundrechte und -freiheiten natürlicher Personen, insbesondere des Rechts auf Schutz der Privatsphäre, im Hinblick auf die Verarbeitung personenbezogener Daten, die in dem Land, in dem der Datenexporteur ansässig ist, auf die für die Verarbeitung Verantwortlichen anzuwenden sind oder*

☐ *den einschlägigen Bestimmungen in Entscheidungen der Kommission nach Artikel 25 Absatz 6 der Richtlinie 95/46/EG, mit denen festgestellt wird, dass ein Drittland nur für bestimmte Tätigkeitsbereiche ein angemessenes Schutzniveau gewährleistet, vorausgesetzt, dass der Datenimporteur in diesem Drittland ansässig ist und nicht unter diese Bestimmungen fällt, sofern diese Bestimmungen dergestalt sind, dass sie auf die Übermittlung anwendbar sind;*

c) *dass er alle sachdienlichen Anfragen, die sich auf die von ihm durchgeführte Verarbeitung der personenbezogenen Daten, die Gegenstand der Übermittlung sind, beziehen und die der Datenexporteur oder die betroffenen Personen an ihn richten, unverzüglich und genau bearbeitet und bei allen Anfragen der zuständigen Kontrollstelle mit dieser kooperiert und die Feststellung der Kontrollstelle im Hinblick auf die Verarbeitung der übermittelten Daten respektiert;*

d) *dass er auf Verlangen des Datenexporteurs seine für die Verarbeitung erforderlichen Datenverarbeitungseinrichtungen zur Prüfung zur Verfügung stellt; die Prüfung wird vom Datenexporteur oder einem vom Datenexporteur gegebenenfalls in Absprache mit der Kontrollstelle ausgewählten Prüfgremium durchgeführt, dessen Mitglieder unabhängig sind und über die erforderlichen Qualifikationen verfügen;*

e) *dass er den betroffenen Personen auf Anfrage eine Kopie der Vertragsklauseln zur Verfügung stellt und die Stelle benennt, die für Beschwerden zuständig ist.*

6. Haftung[93]

1. *Die Parteien vereinbaren, dass betroffene Personen, die durch eine Verletzung der Bestimmungen in Klausel 3 Schaden erlitten haben, berechtigt sind, von den Parteien Schadensersatz für den erlittenen Schaden zu verlangen. Die Parteien vereinbaren, dass sie nur von der Haftung befreit werden können, wenn sie nachweisen, dass keine von ihnen für die Verletzung dieser Bestimmungen verantwortlich ist.*

---

92 Zu den Erläuterungen siehe Rz. 26.80 ff.
93 Zu den Erläuterungen siehe Rz. 26.124 ff.

2. Der Datenexporteur und der Datenimporteur vereinbaren, dass sie gesamtschuldnerisch für Schäden der betroffenen Personen haften, die durch eine Verletzung im Sinne von Absatz 1 entstehen. Im Falle einer Verletzung dieser Bestimmungen kann die betroffene Person gegen den Datenexporteur oder den Datenimporteur oder beide gerichtlich vorgehen.

3. Die Parteien vereinbaren, dass, wenn eine Partei haftbar gemacht wird für eine Verletzung im Sinne von Absatz 1 durch die andere Partei, die zweite Partei der ersten Partei alle Kosten, Schäden, Ausgaben und Verluste, die der ersten Partei entstanden sind, in dem Umfang ersetzt, in dem die zweite Partei haftbar ist.

7. Schlichtungsverfahren und Zuständigkeit[94]

1. Die Parteien vereinbaren, dass sie im Falle einer Streitigkeit zwischen einer betroffenen Person und einer der Vertragsparteien, die unter Berufung auf die Drittbegünstigung nach Klausel 3 nicht auf gütlichem Wege beigelegt wird, die Entscheidung der betroffenen Person akzeptieren entweder:

   a) an einem Schlichtungsverfahren durch eine unabhängige Person oder ggf. durch die Kontrollstelle teilzunehmen; oder;

   b) den Streitfall den Gerichten des Mitgliedstaates zu unterbreiten, in dem der Datenexporteur ansässig ist.

2. Die Parteien vereinbaren, dass nach Absprache zwischen der betroffenen Person und der relevanten Partei die Klärung eines bestimmten Streitfalls einem Schiedsgericht unterbreitet werden kann, vorausgesetzt, dass diese Partei in einem Land ansässig ist, das das New-Yorker-Übereinkommen über die Vollstreckung von Schiedssprüchen ratifiziert hat.

3. Die Parteien vereinbaren, dass die Absätze 1 und 2 unbeschadet der materiellen oder Verfahrensrechte der betroffenen Person gelten, nach anderen Bestimmungen des nationalen oder internationalen Rechts Rechtsbehelfe einzulegen.

8. Zusammenarbeit mit Kontrollstellen[95]

Die Parteien verpflichten sich, eine Kopie dieses Vertrags bei der Kontrollstelle zu hinterlegen, wenn diese es verlangt oder das nationale Recht es so vorsieht.

9. Kündigung der Klauseln[96]

Die Parteien vereinbaren, dass sie durch die Kündigung dieser Klauseln, wann, unter welchen Umständen und aus welchen Gründen auch immer sie erfolgt, nicht von den Verpflichtungen und/oder Bestimmungen dieser Klauseln in Bezug auf die Verarbeitung der übermittelten Daten befreit werden.

10. Anwendbares Recht[97]

Für diese Klauseln gilt das Recht des Mitgliedstaates, in dem der Datenexporteur ansässig ist: ...

11. Änderung des Vertrags[98]

Die Parteien verpflichten sich, den Wortlaut dieser Klauseln, wie sie vereinbart wurden, nicht zu ändern.

Für den Datenexporteur:

Name (ausgeschrieben): ...

Stellung: ...

---

94 Zu den Erläuterungen siehe Rz. 26.128 f.
95 Zu den Erläuterungen siehe Rz. 26.131 f.
96 Zu den Erläuterungen siehe Rz. 26.134.
97 Zu den Erläuterungen siehe Rz. 26.136.
98 Zu den Erläuterungen siehe Rz. 26.138 f.

Anschrift: …

Ggf. weitere Angaben, die für das Vorliegen eines verbindlichen Vertrags erforderlich sind: …

…

(Unterschrift)

Für den Datenimporteur:

Name (ausgeschrieben): …

Stellung: …

Anschrift: …

Ggf. weitere Angaben, die für das Vorliegen eines verbindlichen Vertrags erforderlich sind: …

…

(Unterschrift)

…

(Stempel der Organisation)

…

(Stempel der Organisation)

Anlage 1 zu den Standardvertragsklauseln[99]

Diese Anlage ist Bestandteil der Klauseln und muss von den Parteien ausgefüllt und unterzeichnet werden.

Datenexporteur

Der Datenexporteur ist (bitte erläutern Sie kurz Ihre Tätigkeiten, die für die Übermittlung von Belang sind):

…

…

Datenimporteur

Der Datenimporteur ist (bitte erläutern Sie kurz Ihre Tätigkeiten, die für die Übermittlung von Belang sind):

…

…

Betroffene Personen

Die übermittelten personenbezogenen Daten beziehen sich auf folgende Kategorien von betroffenen Personen (bitte erläutern):

…

…

Übermittlungszwecke

Die Übermittlung ist zu folgenden Zwecken erforderlich (bitte angeben):

…

…

Kategorie übermittelter Daten

Die übermittelten personenbezogenen Daten gehören zu folgenden Datenkategorien (bitte angeben):

…

…

Sensible Daten (ggf.)

---

99 Zu den Erläuterungen siehe Rz. 26.55 ff.

Die übermittelten personenbezogenen Daten gehören zu folgenden Kategorien sensibler Daten (bitte angeben):

…

…

Empfänger

Die übermittelten personenbezogenen Daten dürfen nur folgenden Empfängern oder Kategorien von Empfängern bekannt gemacht werden (bitte angeben):

…

…

Aufbewahrungszeitraum

Die übermittelten personenbezogenen Daten dürfen nur (bitte angeben) … (Monate/Jahre) aufbewahrt werden.

Datenexporteur	*Datenimporteur*
Name: …	*Name: …*
…	*…*
(Unterschrift des/der Bevollmächtigten)	*(Unterschrift des/der Bevollmächtigten)*

Anlage 2 zu den Standardvertragsklauseln[100]

Verbindliche Datenschutzgrundsätze im Sinne von Klausel 5 Buchstabe b) Absatz 1

Diese Datenschutzgrundsätze sind im Lichte der Bestimmungen (Grundsätze und entsprechende Ausnahmen) der Richtlinie 95/46/EG auszulegen.

Sie gelten vorbehaltlich der nach den nationalen Rechtsvorschriften für den Datenimporteur geltenden zwingenden Anforderungen, die nicht weitergehen, als es in einer demokratischen Gesellschaft unter Zugrundelegung der in Artikel 13 Absatz 1 der Richtlinie 95/46/EG aufgeführten Interessen erforderlich ist; d.h., die Anforderungen müssen notwendig sein für die Sicherheit des Staates, die Landesverteidigung, die öffentliche Sicherheit, die Verhütung, Ermittlung, Feststellung und Verfolgung von Straftaten oder Verstößen gegen die berufsständischen Regeln bei reglementierten Berufen oder den Schutz der betroffenen Person und der Rechte und Freiheiten anderer Personen.

1. *Zweckbindung: Die Daten sind für die spezifischen Zwecke in Anlage 1 der Klauseln zu verarbeiten und anschließend zu verwenden oder weiter zu übermitteln. Die Daten dürfen nicht länger aufbewahrt werden, als es für die Zwecke erforderlich ist, für die sie übermittelt werden.*

2. *Datenqualität und -verhältnismäßigkeit: Die Daten müssen sachlich richtig und, wenn nötig, auf dem neuesten Stand sein. Sie müssen angemessen, relevant und im Hinblick auf die Zweckbestimmung, für die sie übertragen oder weiterverarbeitet werden, nicht exzessiv sein.*

3. *Transparenz: Die betroffenen Personen müssen Informationen über die Zweckbestimmungen der Verarbeitung und die Identität des im Drittland für die Verarbeitung Verantwortlichen sowie andere Informationen erhalten, sofern dies erforderlich ist, um eine angemessene Verarbeitung sicherzustellen, und sofern diese Informationen nicht bereits vom Datenexporteur erteilt wurden.*

4. *Sicherheit und Vertraulichkeit: Der für die Verarbeitung Verantwortliche hat geeignete technische und organisatorische Sicherheitsvorkehrungen gegen die Risiken der Verarbeitung zu treffen, bspw. gegen den unzulässigen Zugriff auf Daten. Alle unter der Verantwortung des für die Verarbeitung Verantwortlichen tätigen Personen, darunter auch Auftragsverarbeiter, dürfen die Daten nur auf Anweisung des für die Verarbeitung Verantwortlichen verarbeiten.*

5. *Recht auf Zugriff, Berichtigung, Löschung und Widerspruch: Nach Artikel 12 der Richtlinie 95/46/EG muss die betroffene Person das Recht haben, auf alle sie betreffenden Daten, die verarbeitet werden, zuzugreifen sowie je nach Fall das Recht haben auf Berichtigung, Löschung oder Sperrung von Daten, deren*

---

100 Zu den Erläuterungen siehe Rz. 26.94 ff.

Verarbeitung gegen die in dieser Anlage aufgeführten Grundsätze verstößt, insbesondere wenn diese Daten unvollständig oder unrichtig sind. Die betreffende Person muss auch aus zwingenden berechtigten Gründen, die mit ihrer persönlichen Situation zusammenhängen, Widerspruch gegen die Verarbeitung der sie betreffenden Daten einlegen können.

6. *Beschränkung der Weiterübermittlung: Weiterübermittlungen personenbezogener Daten vom Datenimporteur an einen anderen für die Verarbeitung Verantwortlichen, der in einem Drittland ansässig ist, das weder angemessenen Schutz bietet noch unter eine von der Kommission gemäß Artikel 25 Absatz 6 der Richtlinie 95/46/EG erlassene Entscheidung fällt (nachstehend: Weiterübermittlung), dürfen nur stattfinden, wenn eine der folgenden Bedingungen erfüllt ist:*

   a) *Die betroffenen Personen haben der Weiterübermittlung eindeutig zugestimmt, falls bestimmte Datenkategorien betroffen sind, oder haben in anderen Fällen die Möglichkeit erhalten, sich dagegen auszusprechen.*

   Die betroffenen Personen müssen mindestens folgende Informationen erhalten und zwar in einer Sprache, die sie verstehen:

   – *die Zwecke der Weiterübermittlung,*

   – *die Identität des in der Gemeinschaft ansässigen Datenexporteurs,*

   – *die Kategorien weiterer Empfänger der Daten und Empfängerländer sowie*

   – *eine Erklärung darüber, dass die Daten nach der Weiterübermittlung von einem für die Verarbeitung Verantwortlichen verarbeitet werden können, der in einem Land ansässig ist, das kein angemessenes Schutzniveau für die Privatsphäre des Einzelnen gewährleistet; oder*

   b) *der Datenexporteur und der Datenimporteur stimmen dem Beitritt eines weiteren, für die Verarbeitung Verantwortlichen zu den Klauseln zu, der dadurch zu einer Partei dieser Klauseln wird und dieselben Verpflichtungen wie der Datenimporteur eingeht.*

7. *Besondere Datenkategorien: Werden Daten, aus denen die rassische und ethnische Herkunft, politische Meinungen, religiöse oder philosophische Überzeugungen oder die Gewerkschaftszugehörigkeit hervorgehen, sowie Daten über Gesundheit oder Sexualleben und Daten über Straftaten, strafrechtliche Verurteilungen oder Sicherheitsmaßnahmen verarbeitet, so sollten zusätzliche Garantien entsprechend der Richtlinie 95/46/EG vorliegen, insbesondere angemessene Sicherheitsmaßnahmen wie die strenge Verschlüsselung für Übermittlungszwecke oder Aufzeichnungen über Zugriffe auf sensible Daten.*

8. *Direktmarketing: Werden Daten zum Zwecke des Direktmarketings verarbeitet, müssen wirksame Verfahren vorgesehen sein, die der betroffenen Person jederzeit die Möglichkeit des „Opt-out" geben, so dass sie sich gegen die Verwendung ihrer Daten für derartige Zwecke entscheiden kann.*

9. *Automatisierte Einzelentscheidungen: Die betroffenen Personen haben das Recht, keiner Entscheidung unterworfen zu werden, die allein auf der automatisierten Datenverarbeitung beruht, wenn keine anderen Maßnahmen zur Wahrung der berechtigten Interessen der Person nach Artikel 15 Absatz 2 der Richtlinie 95/46/EG ergriffen werden. Erfolgt die Übermittlung mit dem Ziel, eine automatisierte Einzelentscheidung im Sinne von Artikel 15 Richtlinie 95/46/EG, d.h. eine Entscheidung, die rechtliche Folgen für die Person nach sich zieht oder sie erheblich beeinträchtigt und die ausschließlich aufgrund einer automatisierten Verarbeitung von Daten zum Zwecke der Bewertung einzelner Aspekte ihrer Person ergeht, wie bspw. ihrer beruflichen Leistungsfähigkeit, ihrer Kreditwürdigkeit, ihrer Zuverlässigkeit oder ihres Verhaltens usw., zu treffen, so muss die natürliche Person das Recht haben, die Gründe für diese Entscheidung zu erfahren.*

Anlage 3 zu den Standardvertragsklauseln[101]

Verbindliche Datenschutzgrundsätze im Sinne von Klausel 5 Buchstabe b) Absatz 2

1. *Zweckbindung: Die Daten sind für die spezifischen Zwecke in Anlage 1 der Klauseln zu verarbeiten und anschließend zu verwenden oder weiter zu übermitteln. Die Daten dürfen nicht länger aufbewahrt werden, als es für die Zwecke erforderlich ist, für die sie übermittelt werden.*

---

101 Zu den Erläuterungen siehe Rz. 26.121 f.

2. *Recht auf Zugriff, Berichtigung, Löschung und Widerspruch: Nach Artikel 12 der Richtlinie 95/46/EG muss die betreffende Person das Recht haben, auf alle sie betreffenden Daten, die verarbeitet werden, zuzugreifen sowie je nach Fall das Recht haben auf Berichtigung, Löschung oder Sperrung von Daten, deren Verarbeitung gegen die in dieser Anlage aufgeführten Grundsätze verstößt, insbesondere wenn diese Daten unvollständig oder unrichtig sind. Die betreffende Person muss auch aus zwingenden berechtigten Gründen, die mit ihrer persönlichen Situation zusammenhängen, Widerspruch gegen die Verarbeitung der sie betreffenden Daten einlegen können.*

3. *Beschränkung der Weiterübermittlung: Weiterübermittlungen personenbezogener Daten vom Datenimporteur an einen anderen für die Verarbeitung Verantwortlichen, der in einem Drittland ansässig ist, das weder angemessenen Schutz bietet noch unter eine von der Kommission gemäß Artikel 25 Absatz 6 der Richtlinie 95/46/EG erlassene Entscheidung fällt (nachstehend: Weiterübermittlungen), dürfen nur stattfinden, wenn eine der folgenden Bedingungen erfüllt ist:*

   a) *Die betroffenen Personen haben der Weiterübermittlung ausdrücklich zugestimmt, falls bestimmte Datenkategorien betroffen sind, oder haben in anderen Fällen die Möglichkeit erhalten, sich dagegen auszusprechen.*

   Die betroffenen Personen müssen mindestens folgende Informationen erhalten und zwar in einer Sprache, die sie verstehen:

   – *die Zwecke der Weiterübermittlung,*

   – *die Identität des in der Gemeinschaft ansässigen Datenexporteurs,*

   – *die Kategorien weiterer Empfänger der Daten und Empfängerländer sowie*

   – *eine Erklärung darüber, dass die Daten nach der Weiterübermittlung von einem für die Verarbeitung Verantwortlichen verarbeitet werden können, der in einem Land ansässig ist, das kein angemessenes Schutzniveau für die Privatsphäre des Einzelnen gewährleistet; oder*

   b) *der Datenexporteur und der Datenimporteur stimmen dem Beitritt eines weiteren, für die Verarbeitung Verantwortlichen zu den Klauseln zu, der dadurch zu einer Partei dieser Klauseln wird und dieselben Verpflichtungen wie der Datenimporteur eingeht.*

II. Muster – englisch

26.25 ## M 26.2 EU-Standarddatenschutzklauseln für die Übermittlung personenbezogener Daten in Drittländer (Standardvertrag I) – englisch

Standard contractual clauses for the purposes of Article 26(2) of Directive 95/46/EC for the transfer of personal data to third countries which do not ensure an adequate level of protection (Standard Contract I)

Name of the data exporting organisation: …

Address: …

Tel: …, fax: …, e-mail: …

Other information needed to identify the organisation: …

(hereinafter referred to as the 'data exporter')

and

Name of the data exporting organisation: …

Address: …

Tel: …, fax: …, e-mail: …

Other information needed to identify the organisation: …

*(hereinafter referred to as the '**data importer**')*

HAVE AGREED on the following contractual clauses ('the Clauses') in order to adduce adequate safeguards with respect to the protection of privacy and fundamental rights and freedoms of individuals for the transfer by the data exporter to the data importer of the personal data specified in Appendix 1:

1. Definitions

For the purposes of the Clauses:

a) *'**personal data**', '**special categories of data**', '**process/processing**', '**controller**', '**processor**', '**data subject**' and '**supervisory authority**' shall have the same meaning as in Directive 95/46/EC of the European Parliament and of the Council of 24 October 1995 on the protection of individuals with regard to the processing of personal data and on the free movement of such data ('hereinafter the Directive');*

b) *the '**data exporter**' shall mean the controller who transfers the personal data;*

c) *the '**data importer**' shall mean the controller who agrees to receive from the data exporter personal data for further processing in accordance with the terms of these clauses and who is not subject to a third country's system ensuring adequate protection.*

2. Details of the transfer

The details of the transfer, and in particular the categories of personal data and the purposes for which they are transferred, are specified in Appendix 1 which forms an integral part of the Clauses.

3. Third-party beneficiary clause

The data subjects can enforce this Clause, Clause 4(b), (c) and (d). Clause 5(a), (b), (c) and (e), Clause 6(1) and (2), and Clauses 7, 9 and 11 as third-party beneficiaries. The parties do not object to the data subjects being represented by an association or other bodies if they so wish and if permitted by national law.

4. Obligations of the data exporter

The data exporter agrees and warrants:

(a) *that the processing, including the transfer itself, of the personal data by him has been and, up to the moment of the transfer, will continue to be carried out in accordance with the relevant provisions of the Member State in which the data exporter is established (and where applicable has been notified to the relevant authorities of that State) and does not violate the relevant provisions of that State;*

(b) *that if the transfer involves special categories of data the data subject has been informed or will be informed before the transfer that this data could be transmitted to a third country not providing adequate protection;*

(c) *to make available to the data subjects upon request a copy of the Clauses; and*

(d) *to respond in a reasonable time and to the extent reasonably possible to enquiries from the supervisory authority on the processing of the relevant personal data by the data importer and to any enquiries from the data subject concerning the processing of this personal data by the data importer.*

5. Obligations of the data importer

The data importer agrees and warrants:

(a) *that he has no reason to believe that the legislation applicable to him prevents him from fulfilling his obligations under the contract and that in the event of a change in that legislation which is likely to have a substantial adverse effect on the guarantees provided by the Clauses, he will notify the change to the data exporter and to the supervisory authority where the data exporter is established, in which case the data exporter is entitled to suspend the transfer of data and/or terminate the contract;*

(b) to process the personal data in accordance with the mandatory data protection principles set out in Appendix 2;

or, if explicitly agreed by the parties by ticking below and subject to compliance with the mandatory data protection principles set out in Appendix 3, to process in all other respects the data in accordance with:

☐ the relevant provisions of national law (attached to these Clauses) protecting the fundamental rights and freedoms of natural persons, and in particular their right to privacy with respect to the processing of personal data applicable to a data controller in the country in which the data exporter is established, or

☐ the relevant provisions of any Commission Decision under Article 25(6) of Directive 95/46/EC finding that a third country provides adequate protection in certain sectors of activity only, if the data importer is based in that third country and is not covered by those provisions, in so far as those provisions are of a nature which makes them applicable in the sector of the transfer;

(c) to deal promptly and properly with all reasonable inquiries from the data exporter or the data subject relating to his processing of the personal data subject to the transfer and to cooperate with the competent supervisory authority in the course of all its enquiries and abide by the advice of the supervisory authority with regard to the processing of the data transferred;

(d) at the request of the data exporter to submit its data processing facilities for audit which shall be carried out by the data exporter or an inspection body composed of independent members and in possession of the required professional qualifications, selected by the data exporter, where applicable, in agreement with the supervisory authority;

(e) to make available to the data subject upon request a copy of the Clauses and indicate the office which handles complaints.

6. Liability

1. The parties agree that a data subject who has suffered damage as a result of any violation of the provisions referred to in Clause 3 is entitled to receive compensation from the parties for the damage suffered. The parties agree that they may be exempted from this liability only if they prove that neither of them is responsible for the violation of those provisions.

2. The data exporter and the data importer agree that they will be jointly and severally liable for damage to the data subject resulting from any violation referred to in paragraph 1. In the event of such a violation, the data exporter or the data importer or both.

3. The parties agree that if one party is held liable for a violation referred to in paragraph 1 by the other party, the latter will, to the extent to which it is liable, indemnify the first party for any cost, charge, damages, expenses or loss it has incurred.

7. Mediation and jurisdiction

1. The parties agree that if there is a dispute between a data subject and either party which is not amicably resolved and the data subject invokes the third-party beneficiary provision in clause 3, they accept the decision of the data subject:

   (a) to refer the dispute to mediation by an independent person or, where applicable, by the supervisory authority;

   (b) to refer the dispute to the courts in the Member State in which the data exporter is established.

2. The parties agree that by agreement between a data subject and the relevant party a dispute can be referred to an arbitration body, if that party is established in a country which has ratified the New York convention on enforcement of arbitration awards.

3. The parties agree that paragraphs 1 and 2 apply without prejudice to the data subject's substantive or procedural rights to seek remedies in accordance with other provisions of national or international law.

8. Cooperation with supervisory authorities

The parties agree to deposit a copy of this contract with the supervisory authority if it so requests or if such deposit is required under national law.

9. Termination of the Clauses

The parties agree that the termination of the Clauses at any time, in any circumstances and for whatever reason does not exempt them from the obligations and/or conditions under the Clauses as regards the processing of the data transferred.

10. Governing Law

The Clauses shall be governed by the law of the Member State in which the Data Exporter is established, namely ...

11. Variation of the contract

The parties undertake not to vary or modify the terms of the clauses.

On behalf of the data exporter:

Name (written out in full): ...

Position: ...

Address: ...

Other information necessary in order for the contract to be binding (if any): ...

...   ...

(signature)   (stamp of organisation)

On behalf of the data importer:

Name (written out in full): ...

Position: ...

Address: ...

Other information necessary in order for the contract to be binding (if any): ...

...   ...

(signature)   (stamp of organisation)

Appendix 1 to the standard contractual clauses

This Appendix forms part of the Clauses and must be completed and signed by the parties.

Data exporter

The data exporter is (please specify briefly your activities relevant to the transfer):

...

...

Data importer

The data importer is (please specify briefly your activities relevant to the transfer):

...

...

Data subjects

The personal data transferred concern the following categories of data subjects (please specify):

...

...

Purposes of the transfer

The transfer is necessary for the following purposes (please specify):

...

...

Categories of data

The personal data transferred fall within the following categories of data (please specify):

...

...

Sensitive data (if appropriate)

The personal data transferred fall within the following categories of sensitive data (please specify):

...

...

Recipients

The personal data transferred may be disclosed only to the following recipients or categories of recipients (please specify):

...

...

Storage limit

The personal data transferred may be stored for no more than (please indicate) ... (months/years)

Data exporter	*Data importer*
Name: ...	*Name: ...*
...	...
(Authorised signature)	*(Authorised signature)*

Appendix 2 to the standard contractual clauses

Mandatory data protection principles referred to in the first paragraph of Clause 5(b)

These data protection principles should be read and interpreted in the light of the provisions (principles and relevant exceptions) of Directive 95/46/EC.

They shall apply subject to the mandatory requirements of the national legislation applicable to the data importer which do not go beyond what is necessary in a democratic society on the basis of one of the interests listed in Article 13(1) of Directive 95/46/EC, that is, if they constitute a necessary measure to safeguard national security, defence, public security, the prevention, investigation, detection and prosecution of criminal offences or of breaches of ethics for the regulated professions, an important economic or financial interest of the State or the protection of the data subject or the rights and freedoms of others.

1. *Purpose limitation: data must be processed and subsequently used or further communicated only for the specific purposes in Appendix I to the Clauses. Data must not be kept longer than necessary for the purposes for which they are transferred.*

2. *Data quality and proportionality: data must be accurate and, where necessary, kept up to date. The data must be adequate, relevant and not excessive in relation to the purposes for which they are transferred and further processed.*

3. *Transparency: data subjects must be provided with information as to the purposes of the processing and the identity of the data controller in the third country, and other information insofar as this is necessary to ensure fair processing, unless such information has already been given by the data exporter.*

4. *Security and confidentiality: technical and organisational security measures must be taken by the data controller that are appropriate to the risks, such as unauthorised access, presented by the processing. Any person acting under the authority of the data controller, including a processor, must not process the data except on instructions from the controller.*

5. *Rights of access, rectification, erasure and blocking of data: as provided for in Article 12 of Directive 95/46/EC, the data subject must have a right of access to all data relating to him that are processed and, as appropriate, the right to the rectification, erasure or blocking of data the processing of which does not comply with the principles set out in this Appendix, in particular because the data are incomplete or inaccurate. He should also be able to object to the processing of the data relating to him on compelling legitimate grounds relating to his particular situation.*

6. *Restrictions on onwards transfers: further transfers of personal data from the data importer to another controller established in a third country not providing adequate protection or not covered by a decision adopted by the Commission pursuant to Article 25(6) of Directive 95/46/EC (onward transfer) may take place only if either:*

   (a) *data subjects have, in the case of special categories of data, given their unambiguous consent to the onward transfer or, in other cases, have been given the opportunity to object.*

      The minimum information to be provided to data subjects must contain in a language understandable to them:

      – *the purposes of the onward transfer,*

      – *the identification of the data exporter established in the Community,*

      – *the categories of further recipients of the data and the countries of destination, and*

      – *an explanation that, after the onward transfer, the data may be processed by a controller established in a country where there is not an adequate level of protection of the privacy of individuals; or*

   (b) *the data exporter and the data importer agree to the adherence to the Clauses of another controller which thereby becomes a party to the Clauses and assumes the same obligations as the data importer.*

7. *Special categories of data: where data revealing racial or ethnic origin, political opinions, religious or philosophical belief or trade union memberships and data concerning health or sex life and data relating to offences, criminal convictions or security measures are processed, additional safeguards should be in place within the meaning of Directive 95/46/EC, in particular, appropriate security measures such as strong encryption for transmission or such as keeping a record of access to sensitive data.*

8. *Direct marketing: where data are processed for the purposes of direct marketing, effective procedures should exist allowing the data subject at any time to 'opt-out' from having his data used for such purposes.*

9. *Automated individual decisions: data subjects are entitled not to be subject to a decision which is based solely on automated processing of data, unless other measures are taken to safeguard the individual's legitimate interests as provided for in Article 15(2) of Directive 95/46/EC. Where the purpose of the transfer is the taking of an automated decision as referred to in Article 15 of Directive 95/46/EC, which produces legal effects concerning the individual or significantly affects him and which is based solely on automated processing of data intended to evaluate certain personal aspects relating to him, such as his performance at work, creditworthiness, reliability, conduct, etc., the individual should have the right to know the reasoning for this decision.*

Appendix 3 to the standard contractual clauses

Mandatory data protection principles referred to in the second paragraph of Clause 5(b)

1. *Purpose limitation: data must be processed and subsequently used or further communicated only for the specific purposes in Appendix I to the Clauses. Data must not be kept longer than necessary for the purposes for which they are transferred.*

2. *Rights of access, rectification, erasure and blocking of data: as provided for in Article 12 of Directive 95/46/EC, the data subject must have a right of access to all data relating to him that are processed and, as appropriate, the right to the rectification, erasure or blocking of data the processing of which does not comply with the principles set out in this Appendix, in particular because the data is incomplete or inaccurate. He should also be able to object to the processing of the data relating to him on compelling legitimate grounds relating to his particular situation.*

3. *Restrictions on onward transfers: further transfers of personal data from the data importer to another controller established in a third country not providing adequate protection or not covered by a decision adopted by the Commission pursuant to Article 25(6) of Directive 95/46/EC (onward transfer) may take place only if either:*

    (a) *data subjects have, in the case of special categories of data, given their unambiguous consent to the onward transfer, or, in other cases, have been given the opportunity to object.*

    The minimum information to be provided to data subjects must contain in a language understandable to them:

    – *the purposes of the onward transfer,*

    – *the identification of the data exporter established in the Community,*

    – *the categories of further recipients of the data and the countries of destination, and*

    – *an explanation that, after the onward transfer, the data may be processed by a controller established in a country where there is not an adequate level of protection of the privacy of individuals; or*

    (b) *the data exporter and the data importer agree to the adherence to the Clauses of another controller which thereby becomes a party to the Clauses and assumes the same obligations as the data importer.*

III. Erläuterungen

1. Inhalt und Aufbau von Standardvertrag I

26.26   Die Standardverträge I und II sind im Wesentlichen gleichartig aufgebaut. Sie bestehen aus dem **Mustervertragstext** mit den Regelungen der Rechte und Pflichten der Vertragsparteien. Davon umfasst sind u.a. die Haftung von Datenexporteur und Datenimporteur, die Zusammenarbeit mit den Aufsichtsbehörden („Kontrollstellen"), die Rechte der betroffenen Personen in Form einer Drittbegünstigtenklausel und das anwendbare Recht. Die **verbindlichen Datenschutzgrundsätze** und die zu konkretisierenden **Informationen und Besonderheiten** der geplanten **Datenübermittlung** finden im Wesentlichen in den jeweiligen **Anlagen** Berücksichtigung.

26.27   Die Gliederung des Musters entspricht dem von der EU-Kommission verabschiedeten Standardvertrag I. Sie wurde unverändert beibehalten, um eine einfachere Orientierung und eine Nutzung des im Amtsblatt der EU veröffentlichten Dokuments[102] zu ermöglichen.

---

102 Entscheidung 2001/497/EG der Kommission v. 15.6.2001 hinsichtlich Standardvertragsklauseln für die Übermittlung personenbezogener Daten in Drittländer nach der Richtlinie 95/46/EG, ABl. EG Nr. L 181 v. 4.7.2001, S. 19.

2. Bezeichnung der Vertragsparteien und Präambel

M 26.1.1 Bezeichnung der Vertragsparteien und Präambel 26.28

Bezeichnung der Daten exportierenden Organisation: …

Adresse: …

Tel.: …, Fax: …, E-Mail: …

Weitere Angaben zur Identifizierung der Organisation: …

*(nachstehend: **Datenexporteur**)*

und

Bezeichnung der Daten importierenden Organisation: …

Adresse: …

Tel.: …, Fax: …, E-Mail: …

Weitere Angaben zur Identifizierung der Organisation: …

*(nachstehend: **Datenimporteur**)*

vereinbaren folgende Vertragsklauseln (nachstehend: Klauseln), um ausreichende Garantien hinsichtlich des Schutzes der Privatsphäre, der Grundrechte und der Grundfreiheiten der Personen für die Übermittlung der in Anlage 1 zu diesen Vertragsklauseln spezifizierten personenbezogenen Daten vom Exporteur an den Importeur bereitzustellen.

a) Bezeichnung der Vertragsparteien

Der Standardvertrag I beginnt mit der genauen **Bezeichnung der Vertragsparteien** und Angaben wie 26.29
Adresse, Telefonnummer, Faxnummer und E-Mail-Adresse, die zur näheren Bestimmung und Identifizierung der Vertragsparteien dienen sollen. Weitere Angaben zur Identifizierung der Vertragsparteien sollten ergänzt werden, soweit es zu diesem Zweck erforderlich und sinnvoll ist. Schließlich ist zu empfehlen, die Begriffe „Partei" und „Parteien" als Bezeichnung für den **Datenimporteur** oder den **Datenexporteur** bzw. für beide gemeinsam aufzunehmen, da diese Termini im Standardvertrag I mehrfach zu finden sind, z.B. in Klausel 6. Diese Ergänzung des Standardvertrags I begründet keine Genehmigungspflicht hinsichtlich der Datenübermittlung (siehe Rz. 26.20 f.).

Die Vertragsparteien werden je nach Stellung als Datenexporteur oder als Datenimporteur bezeichnet. 26.30
Der in der EU angesiedelte Datenexporteur übermittelt als der für die Datenverarbeitung Verantwortliche personenbezogene Daten an den ebenfalls für die Datenverarbeitung verantwortlichen Datenimporteur, der seinen Sitz in einem Drittland hat. Die Begriffe „Datenimporteur" und „Datenexporteur" sind in Klausel 1 lit. b und c des Standardvertrags I definiert (siehe Erläuterung Rz. 26.41).

b) Vertragsparteien bei der Datenweitergabe im Konzern

Bei weltweiten **Datenübermittlungen innerhalb eines Konzerns**, z.B. im Rahmen eines konzernweiten Datenverarbeitungssystems, kommt der Frage, welche innerhalb der EU befindlichen Stellen des 26.31
Konzerns Datenexporteur sind und damit Vertragsparteien werden müssen, eine besondere Bedeutung zu. Die deutschen Datenschutzaufsichtsbehörden haben unter Geltung der Richtlinie 95/46/EG und des BDSG a.F. auf die tatsächliche Entscheidungsbefugnis im Hinblick auf die Datenübermittlung in die Drittländer abgestellt. Es sei grundsätzlich davon auszugehen, dass die Entscheidungsbefugnis bei der jeweiligen datenverarbeitenden Stelle in der EU verbleibt, von der die Daten stammen. Kommen mehrere datenverarbeitende Stellen innerhalb der EU in Betracht, die personenbezogene Daten an eine

Stelle in ein Drittland übermitteln, sind diese **übermittelnden Stellen** als Datenexporteure zu qualifizieren und müssen als solche Vertragsparteien des Standardvertrags werden. Die Verwendung von Standarddatenschutzklauseln mit mehr als zwei Vertragsparteien ist grundsätzlich möglich[103]. Dabei sind jedoch einige Besonderheiten zu beachten, die in Abschnitt c (Rz. 26.38 ff.) erläutert werden.

26.32 Liegt die Verantwortung für die Entscheidung über den Datenexport in Drittländer dagegen bei der Konzernmutter oder einer bestimmten **Niederlassung**, ist nur die **Konzernmutter** bzw. die bestimmte Niederlassung übermittelnde Stelle und somit Datenexporteur im Sinne der Standarddatenschutzklauseln. Von den Unternehmen ist darzulegen, ob die vorstehend umschriebene Verantwortung bei einer Stelle liegt oder auf mehrere bzw. alle Niederlassungen verteilt ist[104].

26.33 Anhand dieser Kriterien haben die deutschen Datenschutzaufsichtsbehörden unter Geltung der Richtlinie 95/46/EG und des BDSG a.F. diverse **Einzelfälle** entschieden. Übermittelt bspw. eine zu einem US-Konzern gehörige GmbH mit Sitz in Deutschland personenbezogene Daten von Mitarbeitern ihrer Kunden an die Europazentrale des US-Konzerns in einem anderen EU-Mitgliedstaat, die sich für eine Datenverarbeitung in Drittländern entscheidet, ist die Europazentrale die datenexportierende Stelle. In einem weiteren von den deutschen Aufsichtsbehörden behandelten Fall wurde eine Konzernmutter in Deutschland als datenexportierende Stelle für den weltweiten konzerninternen Datentransfer angesehen, da sämtliche personenbezogenen Daten von den europäischen Tochtergesellschaften in eine zentrale Datenbank bei der Konzernmutter übermittelt wurden und die Konzernmutter anschließend über Inhalt und Umgang mit dieser Datenbank sowie über die Datenübermittlungen an die Tochtergesellschaften, insbesondere auch in Drittländer entschieden hat[105].

26.34 Es ist davon auszugehen, dass die in den vorgenannten Einzelfällen zugrunde liegende und unter Geltung der Richtlinie 95/46/EG und des BDSG a.F. gebildete Position der Aufsicht beibehalten wird[106]. Die insoweit relevanten Rahmenbedingungen haben sich inhaltlich nicht geändert. Dennoch sollte beobachtet werden, wie sich die Aufsichtsbehörden unter der DSGVO in dieser Frage weiter positionieren.

26.35 Eine weitere **Besonderheit** bei weltweiten Datenübermittlungen innerhalb eines Konzerns besteht in Fällen **rechtlich unselbständiger Niederlassungen**. Das können nach der unter Geltung der Richt-

---

103 Für die Rechtslage unter der Richtlinie 95/46/EG und dem BDSG a.F. vgl. nur *Landesregierung Hessen*, Dreiundzwanzigster Bericht der Landesregierung über die Tätigkeit der für den Datenschutz im nichtöffentlichen Bereich in Hessen zuständigen Aufsichtsbehörden, LT-Drucks. 18/2942, Abschn. 11.2 (S. 19); *Art. 29-Datenschutzgruppe* der EU-Kommission, Arbeitsdokument: Übermittlung personenbezogener Daten in Drittländer: Anwendung von Art. 26 Abs. 2 der EU-Datenschutzrichtlinie auf verbindliche unternehmensinterne Vorschriften für den internationalen Datentransfer v. 3.6.2003, Dok. 11639/02/DE – WP 74, Abschn. 2 (S. 6); abrufbar unter https://ec.europa.eu/justice/article-29/documentation/opinion-recommendation/files/2003/wp74_de.pdf (Stand 30.12.2020); *Gabel* in Taeger/Gabel, 2. Aufl., § 4c BDSG Rz. 25.

104 Für die Rechtslage unter Geltung der Richtlinie 95/46/EG und des BDSG a.F.: Beschluss der obersten Aufsichtsbehörden für den Datenschutz im nicht-öffentlichen Bereich (Düsseldorfer Kreis) am 19./20.4.2007 (Internationaler Datenverkehr) i.V.m. Positionspapier der Aufsichtsbehörden in der AG „Internationaler Datenverkehr" am 12./13.2.2007 v. 28.3.2007, Abschn. I.1 und 2; vgl. auch *Landesregierung Hessen*, Zwanzigster Bericht der Landesregierung über die Tätigkeit der für den Datenschutz im nicht-öffentlichen Bereich in Hessen zuständigen Aufsichtsbehörden, LT-Drucks. 16/7646, Abschn. 9.1 (S. 17 f.); *Hillenbrand-Beck*, RDV 2007, 231 (231 f.).

105 *Landesregierung Hessen*, Zwanzigster Bericht der Landesregierung über die Tätigkeit der für den Datenschutz im nicht-öffentlichen Bereich in Hessen zuständigen Aufsichtsbehörden, LT-Drucks. 16/7646, Abschn. 9.1 (S. 17 f.).

106 Vgl. auch die Ausführungen des *Europäischen Datenschutzausschusses* zur „Hauptniederlassung" in Endorsement 1/2018 v. 25.5.2018, S. 1 i.V.m. Working Paper der *Art. 29-Datenschutzgruppe* „Leitlinien für die Bestimmung der federführenden Aufsichtsbehörde eines Verantwortlichen oder Auftragsverarbeiters" v. 5.4.2017, Dok. 16/DE – WP 244 rev.01, Abschn. 2.1 (S. 5 ff.).

linie 95/46/EG und des BDSG a.F. vertretenen Auffassung der deutschen Aufsichtsbehörden entsprechend den oben in Rz. 26.31 f. dargestellten Kriterien auch datenexportierende Stellen sein. Das verlange eine richtlinienkonforme Auslegung ungeachtet des Umstands, dass es sich um keine Übermittlung handelt, wenn von der unselbständigen Niederlassung in Deutschland personenbezogene Daten an das in einem Drittland ansässige Unternehmen weitergegeben werden[107].

Allerdings scheidet eine vertragliche Lösung zur Schaffung angemessener Garantien hinsichtlich des Schutzes des Persönlichkeitsrechts und der Ausübung der damit verbundenen Rechte i.S.d. Art. 46 Abs. 1 DSGVO grundsätzlich aus. Der Abschluss von Standarddatenschutzklauseln ist als **Insichgeschäft** nicht möglich. Ungeachtet dessen können die Standardverträge I und II sowie deren Vorteile genutzt werden. Die von den deutschen Aufsichtsbehörden unter Geltung der Richtlinie 95/46/EG und des BDSG a.F. vorgeschlagene Lösung basiert auf Standarddatenschutzklauseln flankiert von weiteren Maßnahmen zur Herstellung der internen und externen Verbindlichkeit, wie sie für Binding Corporate Rules zum Drittlandtransfer aufgestellt worden sind[108]. Hierzu wird beispielsweise eine zugangs-, aber nicht annahmebedürftige **Garantieerklärung durch den Datenimporteur** gezählt, die je nach betroffenem Personenkreis z.B. im Internet oder Intranet veröffentlicht oder anderweitig zugänglich gemacht werden muss. Auf diese Weise soll im Wege eines Garantievertrags mit den von der Datenübermittlung betroffenen Personen vor allem zu deren Gunsten die rechtliche Verbindlichkeit geschaffen werden, die mit einem bloßen Abschluss des Standarddatenschutzvertrags wegen des Charakters als Insichgeschäft nicht hergestellt werden kann[109]. Schließlich war die Nutzung der Standardverträge I und II flankiert von weiteren Maßnahmen zur Herstellung der internen und externen Verbindlichkeit, wie sie für Binding Corporate Rules zum Drittlandtransfer aufgestellt worden sind, aus Sicht der deutschen Aufsichtsbehörden unter Geltung der Richtlinie 95/46/EG und des BDSG a.F. grundsätzlich weder genehmigungs- noch vorlagepflichtig[110].

26.36

---

107 Beschluss der obersten Aufsichtsbehörden für den Datenschutz im nicht-öffentlichen Bereich (Düsseldorfer Kreis) am 19./20.4.2007 (Internationaler Datenverkehr) i.V.m. Positionspapier der Aufsichtsbehörden in der AG „Internationaler Datenverkehr" am 12./13.2.2007 v. 28.3.2007, Abschn. I.3.

108 Beschluss der obersten Aufsichtsbehörden für den Datenschutz im nicht-öffentlichen Bereich (Düsseldorfer Kreis) am 19./20.4.2007 (Internationaler Datenverkehr) i.V.m. Positionspapier der Aufsichtsbehörden in der AG „Internationaler Datenverkehr" am 12./13.2.2007 v. 28.3.2007, Abschn. I.4. Zur Herstellung der Verbindlichkeit von Unternehmensregeln unter Geltung der Richtlinie 95/46/EG vgl. *Art. 29-Datenschutzgruppe* der EU-Kommission, Arbeitsdokument „Muster-Checkliste für Anträge auf Genehmigungen verbindlicher unternehmensinterner Datenschutzregelungen" v. 14.4.2005, Dok. 05/DE – WP 108, Abschn. 5 (S. 5 ff.); abrufbar unter https://ec.europa.eu/justice/article-29/documentation/opinion-recommendation/files/2005/wp108_en.pdf (Stand 30.12.2020); zur Herstellung der Verbindlichkeit von Unternehmensregeln unter Geltung der DSGVO vgl. *Europäischer Datenschutzausschuss*, Endorsement 1/2018 v. 25.5.2018, S. 1 i.V.m. Working Paper der *Art. 29-Datenschutzgruppe* „Arbeitsdokument mit einer Übersicht über die Bestandteile und Grundsätze verbindlicher interner Datenschutzvorschriften (BCR)" v. 6.2.2018, Dok. 18/DE – WP 256/rev.01, Abschn. 1.2 (S. 6 f.) sowie *Europäischer Datenschutzausschuss*, Endorsement 1/2018 v. 25.5.2018, S. 1 i.V.m. Working Paper der *Art. 29-Datenschutzgruppe* „Arbeitsdokument mit einer Übersicht über die Bestandteile und Grundsätze verbindlicher interner Datenschutzvorschriften (BCR) für Auftragsverarbeiter" v. 6.2.2018, Dok. 18/DE – WP 257/rev.01, Abschn. 1.2 (S. 5 f.).

109 Beschluss der obersten Aufsichtsbehörden für den Datenschutz im nicht-öffentlichen Bereich (Düsseldorfer Kreis) am 19./20.4.2007 (Internationaler Datenverkehr) i.V.m. Positionspapier der Aufsichtsbehörden in der AG „Internationaler Datenverkehr" am 12./13.2.2007 v. 28.3.2007, Abschn. I.4; *Hillenbrand-Beck*, RDV 2007, 231 (231 f.); *Landesregierung Hessen*, Neunzehnter Bericht der Landesregierung über die Tätigkeit der für den Datenschutz im nicht-öffentlichen Bereich in Hessen zuständigen Aufsichtsbehörden, LT-Drucks. 16/5892, Abschn. 11.2 (S. 26 f.); Zwanzigster Bericht der Landesregierung über die Tätigkeit der für den Datenschutz im nicht-öffentlichen Bereich in Hessen zuständigen Aufsichtsbehörden, LT-Drucks. 16/7646, Abschn. 9.1 (S. 18).

110 So ausdrücklich für die Rechtslage unter der Richtlinie 95/46/EG und dem BDSG a.F. *Landesregierung Hessen*, Neunzehnter Bericht der Landesregierung über die Tätigkeit der für den Datenschutz im nicht-öffentlichen Bereich in Hessen zuständigen Aufsichtsbehörden, LT-Drucks. 16/5892, Abschn. 11.2

26.37   Insgesamt kann davon ausgegangen werden, dass die deutschen Aufsichtsbehörden ihre unter Geltung der Richtlinie 95/46/EG und des BDSG a.F. gebildete Position zur weltweiten Datenübermittlung innerhalb eines Konzerns auch unter der DSGVO beibehalten haben, da die insoweit relevanten Rahmenbedingungen inhaltlich unverändert sind. Allerdings sollte die weitere Positionierung der Aufsicht beobachtet werden, da unter der DSGVO grundsätzlich eine einheitliche Meinungsbildung der Aufsichtsbehörden aller EU-Mitgliedstaaten erfolgen wird, die unter der Richtlinie 95/46/EG sowohl zur Bewertung und Handhabung der Standarddatenschutzklauseln als auch zu etwaigen zusätzlichen Konsultations- und Genehmigungspflichten im EU-Ausland nicht sicher war[111].

c) Mehrparteienverhältnis beim Standardvertrag I

26.38   Standarddatenschutzklauseln können grundsätzlich auch genutzt werden, wenn mehr als zwei Parteien an der Datenübermittlung beteiligt sind[112]. Dabei sind die aus dem **Mehrparteienverhältnis** folgenden Besonderheiten zu beachten und vertraglich abzubilden. Die im Rahmen der Standarddatenschutzklauseln vorzunehmende Konkretisierung ist für jede einzelne Vertragspartei entsprechend ihrer Rolle – entweder als Datenimporteur oder Datenexporteur oder ggf. beides – sorgfältig zu prüfen und umzusetzen. Das gilt nicht nur für die jeweilige Rolle der Vertragspartei, sondern insbesondere auch für die Art und den Umfang der Datenübermittlung sowie für den Zweck der Datenverarbeitung[113]. Die vertragliche Abbildung wird sich aufgrund des Mehrparteienverhältnisses regelmäßig nicht im Wege einfacher Vertragskonstruktionen, z.B. durch eine Auflistung der Vertragsparteien und ihrer Rollen, sondern nur durch komplexe Vertragskonstrukte lösen lassen. Es sind z.B. Verträge denkbar, bei denen Stellen sowohl als Verantwortliche (Controller) als auch als Auftragsverarbeiter (Processor) tätig sind. In diesem Fall bedarf es einer zweifelsfreien konkreten Zuordnung der einschlägigen Standarddatenschutzklauseln zu der jeweiligen Datenübermittlung[114].

Zudem kann es in dieser Konstellation zu einer – den jeweiligen Datenübermittlungen entsprechenden – Vielzahl von Anhängen zu den Standarddatenschutzklauseln kommen. Hier ist es angezeigt, den Standarddatenschutzklauseln einen **Haupt- bzw. Rahmenvertrag** mit Vorgaben zur praktischen Umsetzung voranzustellen, zu dem die jeweils einschlägigen Standarddatenschutzklauseln als Anlage genommen werden[115]. Diese Vorgehensweise haben auch die deutschen Aufsichtsbehörden unter Geltung der Richtlinie 95/46/EG und des BDSG a.F. für zulässig erachtet, ohne dass die Genehmi-

---

(S. 27), bestätigt in: *Landesregierung Hessen*, Zwanzigster Bericht der Landesregierung über die Tätigkeit der für den Datenschutz in nicht-öffentlichen Bereich in Hessen zuständigen Aufsichtsbehörden, LT-Drucks. 16/7646, Abschn. 9.1 (S. 18); kritisch *Schantz* in Simitis/Hornung/Spiecker, Art. 46 DSGVO Rz. 35, der aufgrund dieser Anpassungen von einer individuellen vertraglichen Vereinbarung gem. Art. 46 Abs. 3 lit. a DSGVO ausgeht, die von der Datenschutzaufsichtsbehörde zu genehmigen ist.

111   So für die Rechtslage unter der Richtlinie 95/46/EG und dem BDSG a.F. auch *Gabel* in Taeger/Gabel, 2. Aufl., § 4b BDSG Rz. 28.

112   Für die Rechtslage unter der Richtlinie 95/46/EG und dem BDSG a.F. vgl. nur *Landesregierung Hessen*, Dreiundzwanzigster Bericht der Landesregierung über die Tätigkeit der für den Datenschutz im nicht-öffentlichen Bereich in Hessen zuständigen Aufsichtsbehörden, LT-Drucks. 18/2942, Abschn. 11.2 (S. 19); *Art. 29-Datenschutzgruppe* der EU-Kommission, Arbeitsdokument: Übermittlung personenbezogener Daten in Drittländer: Anwendung von Art. 26 Abs. 2 der EU-Datenschutzrichtlinie auf verbindliche unternehmensinterne Vorschriften für den internationalen Datentransfer v. 3.6.2003, Dok. 11639/02/DE – WP 74, Abschn. 2 (S. 6); abrufbar unter https://ec.europa.eu/justice/article-29/documentation/opinion-recommendation/files/2003/wp74_de.pdf (Stand 30.12.2020); *Gabel* in Taeger/Gabel, 2. Aufl., § 4c BDSG Rz. 25.

113   Vgl. auch *EU-Kommission* (Hrsg.), Commission Staff Working Document on the implementation of the Commission decisions on standard contractual clauses for the transfer of personal data to third countries (2001/497/EC and 2002/16/EC), SEC(2006) 95 v. 20.1.2006, S. 8; abrufbar unter https://ec.europa.eu/transparency/regdoc/rep/2/2006/EN/SEC-2006-95-1-EN-MAIN-PART-1.PDF (Stand 30.12.2020).

114   Zu den verschiedenen Arten von Standarddatenschutzklauseln siehe Rz. 26.13 ff.

115   Das Muster eines solchen Rahmenvertrags wird kommentiert in Teil 5, § 29.

gungsfreiheit für die Datenübermittlung in Frage gestellt wurde[116]. Zwar sind die insoweit relevanten Rahmenbedingungen inhaltlich unverändert. Überdies dürfen Standarddatenschutzklauseln nach Erwägungsgrund 109 DSGVO auch in umfangreichere Vertragswerke eingebaut oder um zusätzliche Regelungen ergänzt werden, solange diese Regelungen weder unmittelbar noch mittelbar im Widerspruch zu den Standarddatenschutzklauseln stehen oder die Grundrechte und Grundfreiheiten der betroffenen Personen beschneiden. Dennoch sollte die Positionierung der Aufsicht insoweit sorgfältig beobachtet werden. Denn auch hier gilt, dass unter der DSGVO grundsätzlich eine einheitliche Meinungsbildung der Aufsichtsbehörden aller EU-Mitgliedstaaten zu erfolgen hat, die unter der Richtlinie 95/46/EG sowohl zur Bewertung und Handhabung der Standarddatenschutzklauseln als auch zu etwaigen zusätzlichen Konsultations- und Genehmigungspflichten im EU-Ausland nicht sicher war[117].

Kommen die Standarddatenschutzklauseln vollständig und inhaltlich unverändert zum Einsatz, ist die Datenübermittlung auch bei mehr als zwei Vertragsparteien genehmigungsfrei. Allerdings haben die deutschen Datenschutzaufsichtsbehörden unter der Richtlinie 95/46/EG und dem BDSG a.F. insoweit einen strengen Maßstab angelegt. Zwar werden die zwingend erforderlichen redaktionellen Änderungen akzeptiert, die dem Umstand Rechnung tragen, dass mehr als ein Datenimporteur und ein Datenexporteur Vertragsparteien sind. Handelt es sich allerdings um derart umfangreiche Änderungen, dass deren ausschließlich redaktioneller Charakter erst durch eine eingehende Prüfung festgestellt werden kann, sei im Zweifel von einer **Genehmigungspflicht** auszugehen. Entscheidend sei, ob auf den ersten Blick erkennbar bleibt, dass der Standardvertrag unverändert gilt[118]. Aus Gründen der Rechtssicherheit sollte in diesen Fällen die zuständige Datenschutzaufsichtsbehörde konsultiert werden[119]. Schließlich ist bei einer Vertragsgestaltung mit einem Haupt- bzw. Rahmenvertrag eine klarstellende Regelung angezeigt, wonach die Standarddatenschutzklauseln inhaltlich unberührt bleiben und die Interpretation der Standarddatenschutzklauseln maßgeblich ist[120].

26.39

3. Begriffsbestimmungen (Klausel 1)

M 26.1.2 Begriffsbestimmungen

26.40

1. Begriffsbestimmungen

Im Rahmen der Vertragsklauseln gelten folgende Begriffsbestimmungen:

a) *„personenbezogene Daten", „besondere Kategorien personenbezogener Daten", „Verarbeitung", „für die Verarbeitung Verantwortlicher", „Auftragsverarbeiter", „betroffene Person" und „Kontrollstelle": es gelten die Begriffsbestimmungen der Richtlinie 95/46/EG des Europäischen Parlaments und des Rates vom 24. Oktober 1995 zum Schutz natürlicher Personen bei der Verarbeitung personenbezogener Daten und zum freien Datenverkehr (nachstehend: Richtlinie);*

b) *„Datenexporteur": der für die Verarbeitung Verantwortliche, der die personenbezogenen Daten übermittelt;*

---

116 *Landesregierung Hessen*, Dreiundzwanzigster Bericht der Landesregierung über die Tätigkeit der für den Datenschutz im nicht-öffentlichen Bereich in Hessen zuständigen Aufsichtsbehörden, LT-Drucks. 18/2942, Abschn. 11.2 (S. 19).

117 So für die Rechtslage unter der Richtlinie 95/46/EG und dem BDSG a.F. auch *Gabel* in Taeger/Gabel, 2. Aufl., § 4b BDSG Rz. 28.

118 *Landesregierung Hessen*, Dreiundzwanzigster Bericht der Landesregierung über die Tätigkeit der für den Datenschutz im nicht-öffentlichen Bereich in Hessen zuständigen Aufsichtsbehörden, LT-Drucks. 18/2942, Abschn. 11.2 (S. 19) für die Rechtslage unter der Richtlinie 95/46/EG und dem BDSG a.F.; zur Genehmigungsfreiheit insgesamt siehe Rz. 26.18 ff.

119 Siehe Rz. 26.20 ff.; zur Frage der zuständigen Datenschutzaufsichtsbehörde (Kontrollstelle) siehe Rz. 26.131.

120 Für ein Beispiel einer entsprechenden Regelung siehe Teil 5, Rz. 29.38 ff.

c) *„Datenimporteur"*: *der für die Verarbeitung Verantwortliche, der sich bereit erklärt, vom Datenexporteur personenbezogene Daten für die Verarbeitung gemäß den Bestimmungen dieser Vertragsklauseln entgegenzunehmen und der nicht an ein System eines Drittlandes gebunden ist, das angemessenen Schutz gewährleistet.*

a) Definitionen

26.41 **Klausel 1** enthält die **Begriffsbestimmungen**, die im Rahmen des Standardvertrags I gelten. Während für eine Vielzahl von Termini lediglich ein Verweis auf die Legaldefinitionen der Richtlinie 95/46/EG erfolgt, werden die Begriffe des Datenexporteurs und des Datenimporteurs direkt in der Klausel inhaltlich bestimmt (lit. b und c). Der in der EU angesiedelte Datenexporteur übermittelt als für die Datenverarbeitung Verantwortlicher personenbezogene Daten an den für die Datenverarbeitung ebenfalls verantwortlichen Datenimporteur, der seinen Sitz in einem Drittland hat. Eine Mehrzahl von Datenexporteuren und Datenimporteuren ist möglich[121].

26.42 Für die Begriffe „personenbezogene Daten", „besondere Kategorien personenbezogener Daten", „Verarbeitung", „für die Verarbeitung Verantwortlicher", „Auftragsverarbeiter", „betroffene Person" und „Kontrollstelle" verweist Klausel 1 lit. a auf die Definitionen in der Richtlinie 95/46/EG.

b) Anpassungsbedarf aufgrund der DSGVO

26.43 Die Richtlinie 95/46/EG wird jedoch gem. Art. 94 Abs. 1 DSGVO mit Wirkung vom 25.5.2018 aufgehoben. Zwar ist die Entscheidung der EU-Kommission, dass der Standardvertrag I bei der Übermittlung personenbezogener Daten aus EU-Mitgliedstaaten in Drittländer grundsätzlich ausreichende Garantien für den Schutz des Persönlichkeitsrechts und der damit verbundenen Rechte bieten kann[122], gem. Art. 46 Abs. 5 Satz 2 DSGVO solange bindend, bis sie mit einem Beschluss der EU-Kommission geändert, ersetzt oder aufgehoben wird. Das gilt für die gesamte Entscheidung einschließlich des Inhalts des Standardvertrags. Allerdings gelten nach Art. 94 Abs. 2 Satz 1 DSGVO Verweise in Entscheidungen der EU-Kommission als Verweise auf die DSGVO. Das gilt nicht nur pauschal, sondern auch für Verweise auf einzelne Bestimmungen der Richtlinie 95/46/EG[123]. Soweit es keine DSGVO-Regelung gibt, die mit der referenzierten Regelung der aufgehobenen Richtlinie 95/46/EG (wörtlich) übereinstimmt, ist eine sinngemäß passende Regelung in der DSGVO zu ermitteln[124]. Der europäische Gesetzgeber hat sich dafür entschieden, dass Verweise auf die Richtlinie 95/46/EG und deren Regelungen – als nicht mehr existierendes Recht – als solche keinen Bestand haben sollen. Zu der Folgefrage, wie mit daraus resultierenden Änderungen von Standarddatenschutzklauseln umzugehen ist, die wie der Standardvertrag I unter der Richtlinie 95/46/EG verabschiedet wurden, enthält die DSGVO keine Aussage.

26.44 Die Begriffsbestimmungen, für die in Klausel 1 lit. a auf Richtlinie 95/46/EG verwiesen wird, und die Definitionen gemäß Richtlinie 95/46/EG stimmen zwar inhaltlich weitgehend mit denen in der DSGVO überein. Allerdings ist der Terminus „besondere Kategorien personenbezogener Daten" gem. Art. 9 Abs. 1 DSGVO weiter, als es die Begriffsbestimmung in Art. 8 Abs. 1 der Richtlinie 95/46/EG vorsieht. Er umfasst auch genetische Daten, biometrische Daten zur eindeutigen Identifizierung einer natürlichen Person und Daten zur sexuellen Orientierung. Für diese Daten gelten unter der DSGVO strengere Anforderungen als unter der Richtlinie 95/46/EG. Vor diesem Hintergrund besteht für die

---

121 Zu den Rollen des Datenexporteurs und des Datenimporteurs in Konzernen und Mehrparteienverhältnissen siehe Rz. 26.31 ff. und Rz. 26.38 ff.
122 Art. 1 Abs. 1 und Art. 2 Abs. 1 Satz 1 Entscheidung 2001/497/EG geändert durch Art. 1 Ziff. 1 Entscheidung 2004/915/EG; siehe auch Erwägungsgründe 5 Satz 1 und 7 Satz 1 der Entscheidung 2001/497/EG.
123 *Pauly* in Paal/Pauly, Art. 94 DSGVO Rz. 10; *Schild* in BeckOK DatenschutzR, Art. 94 DSGVO Rz. 12.
124 So auch *Ehmann* in Ehmann/Selmayr, Art. 94 DSGVO Rz. 5.

Klausel 1 Anpassungsbedarf. Es bietet sich ein differenziertes Vorgehen an, wobei in jedem Fall eine Abstimmung mit der zuständigen Datenschutzaufsichtsbehörde empfohlen wird.

aa) Ergänzungsvereinbarung zum Standardvertrag I

Für Standardverträge I, die vor dem 25.5.2018 geschlossen wurden, sollte eine separate Ergänzungsvereinbarung aufgesetzt werden, die die neuen Begriffsbestimmungen der DSGVO aufgreift und explizit auf Art. 94 Abs. 2 Satz 1 DSGVO verweist. Diese Ergänzungsvereinbarung kann wie folgt lauten. 26.45

(1) Muster der Ergänzungsvereinbarung – deutsch

M 26.1.3 Ergänzungsvereinbarung zum Standardvertrag I – deutsch 26.45a

Ergänzungsvereinbarung zum Standardvertrag I vom ...

Bezeichnung der Daten exportierenden Organisation: ...

Adresse: ...

Ggf. weitere Angaben, die für eine eindeutige Bestimmung des Vertragspartners erforderlich sind: ...

(nachstehend: Datenexporteur)

und

Bezeichnung der Daten importierenden Organisation: ...

Adresse: ...

Ggf. weitere Angaben, die für eine eindeutige Bestimmung des Vertragspartners erforderlich sind: ...

(nachstehend: Datenimporteur)

Präambel

Nach Art. 94 Abs. 2 Satz 1 der Verordnung (EU) 2016/679 des Europäischen Parlaments und des Rates vom 27. April 2016 zum Schutz natürlicher Personen bei der Verarbeitung personenbezogener Daten, zum freien Datenverkehr und zur Aufhebung der Richtlinie 95/46/EG (Datenschutz-Grundverordnung), gelten Verweise auf die aufgehobene Richtlinie 95/46/EG als Verweise auf die Datenschutz-Grundverordnung.

Nach Art. 46 Abs. 5 Satz 2 Datenschutz-Grundverordnung bleiben von der Kommission auf der Grundlage von Artikel 26 Absatz 4 der Richtlinie 95/46/EG erlassene Feststellungen so lange in Kraft, bis sie erforderlichenfalls mit einem nach Art. 46 Abs. 2 Datenschutz-Grundverordnung erlassenen Beschluss der Kommission geändert, ersetzt oder aufgehoben werden.

Dies vorausgeschickt und unter Berücksichtigung dieser Tatsachen, vereinbaren der Datenexporteur und der Datenimporteur Folgendes:

[1.] Klausel 1. Buchstabe a des Standardvertrags I vom ... wird mit Wirkung vom 25.5.2018 durch folgende Klausel ersetzt:

- *„personenbezogene Daten", „besondere Kategorien personenbezogener Daten", „Verarbeitung", „für die Verarbeitung Verantwortlicher", „Auftragsverarbeiter", „betroffene Person" und „Kontrollstelle": es gelten die Begriffsbestimmungen der Datenschutz-Grundverordnung, die nachfolgend wörtlich wiedergegeben werden:*

- *„personenbezogene Daten": alle Informationen, die sich auf eine identifizierte oder identifizierbare natürliche Person beziehen; als identifizierbar wird eine natürliche Person angesehen, die direkt oder indirekt, insbesondere mittels Zuordnung zu einer Kennung wie einem Namen, zu einer Kennnummer, zu Standortdaten, zu einer Online-Kennung oder zu einem oder mehreren besonderen Merkmalen identifiziert werden kann, die Ausdruck der physischen, physiologischen, genetischen, psychischen, wirtschaftlichen, kulturellen oder sozialen Identität dieser natürlichen Person sind (Art. 4 Nr. 1 Datenschutz-Grundverordnung)*

– *„besondere Kategorien personenbezogener Daten"*: personenbezogene Daten, aus denen die rassische und ethnische Herkunft, politische Meinungen, religiöse oder weltanschauliche Überzeugungen oder die Gewerkschaftszugehörigkeit hervorgehen, sowie genetische Daten, biometrische Daten zur eindeutigen Identifizierung einer natürlichen Person, Gesundheitsdaten oder Daten zum Sexualleben oder der sexuellen Orientierung einer natürlichen Person (Art. 9 Abs. 1 Datenschutz-Grundverordnung)

– *„Verarbeitung"*: jeder mit oder ohne Hilfe automatisierter Verfahren ausgeführte Vorgang oder jede solche Vorgangsreihe im Zusammenhang mit personenbezogenen Daten wie das Erheben, das Erfassen, die Organisation, das Ordnen, die Speicherung, die Anpassung oder Veränderung, das Auslesen, das Abfragen, die Verwendung, die Offenlegung durch Übermittlung, Verbreitung oder eine andere Form der Bereitstellung, den Abgleich oder die Verknüpfung, die Einschränkung, das Löschen oder die Vernichtung (Art. 4 Nr. 2 Datenschutz-Grundverordnung)

– *„für die Verarbeitung Verantwortlicher"*: die natürliche oder juristische Person, Behörde, Einrichtung oder andere Stelle, die allein oder gemeinsam mit anderen über die Zwecke und Mittel der Verarbeitung von personenbezogenen Daten entscheidet; sind die Zwecke und Mittel dieser Verarbeitung durch das Unionsrecht oder das Recht der Mitgliedstaaten vorgegeben, so können der Verantwortliche beziehungsweise die bestimmten Kriterien seiner Benennung nach dem Unionsrecht oder dem Recht der Mitgliedstaaten vorgesehen werden *(„Verantwortlicher"* gemäß Art. 4 Nr. 7 Datenschutz-Grundverordnung)

– *„Auftragsverarbeiter"*: eine natürliche oder juristische Person, Behörde, Einrichtung oder andere Stelle, die personenbezogene Daten im Auftrag des Verantwortlichen verarbeitet (Art. 4 Nr. 8 Datenschutz-Grundverordnung)

– *„betroffene Person"*: eine identifizierte oder identifizierbare natürliche Person (Art. 4 Nr. 1 Datenschutz-Grundverordnung)

– *„Kontrollstelle"*: eine von einem Mitgliedstaat gemäß Art. 51 Datenschutz-Grundverordnung eingerichtete unabhängige staatliche Stelle *(„Aufsichtsbehörde"* gemäß Art. 4 Nr. 21 Datenschutz-Grundverordnung)

[2. [Platzhalter für eine etwaige Ergänzung von Anlage 1 zum Standardvertrag I (siehe Rz. 26.66)]]

Für den Datenexporteur:

Name (ausgeschrieben): …

Stellung: …

… …
(Unterschrift) (Stempel der Organisation)

Für den Datenimporteur:

Name (ausgeschrieben): …

Stellung: …

… …
(Unterschrift) (Stempel der Organisation)

(2) Muster der Ergänzungsvereinbarung – englisch

26.46 In englischer Sprache kann diese Ergänzungsvereinbarung wie folgt lauten:

M 26.1.4 Ergänzungsvereinbarung zum Standardvertrag I – englisch

Amendment to the Standard Contract I of …

Name of the data exporting organisation: …

Address: …

Other information needed to identify the organisation: …

(hereinafter referred to as the 'data exporter')

and

Name of the data exporting organisation: …

Address: …

Other information needed to identify the organisation: …

(hereinafter referred to as the 'data importer')

Preamble

According to the first sentence of Article 94 (2) Regulation (EU) 2016/679 of the European Parliament and of the Council of 27 April 2016 on the protection of natural persons with regard to the processing of personal data and on the free movement of such data, and repealing Directive 95/46/EC (General Data Protection Regulation) references to the repealed Directive shall be construed as references to the General Data Protection Regulation.

According to the second sentence of Article 46 (5) General Data Protection Regulation decisions adopted by the Commission on the basis of Article 26 (4) of Directive 95/46/EC shall remain in force until amended, replaced or repealed, if necessary, by a Commission Decision adopted in accordance with the second sentence of Article 46 (2) General Data Protection Regulation.

Now therefore and in consideration of these facts, the data exporter and the data importer agree as follows:

[1.] Clause 1 lit. a of the Standard Contract I of … shall be replaced by the following clause with effect from 25 May 2018:

– *'personal data', 'special categories of data', 'process/processing', 'controller', 'processor', 'data subject' and 'supervisory authority' shall have the same meaning as in General Data Protection Regulation, as set out below literally:*

– *'personal data': any information relating to an identified or identifiable natural person; an identifiable natural person is one who can be identified, directly or indirectly, in particular by reference to an identifier such as a name, an identification number, location data, an online identifier or to one or more factors specific to the physical, physiological, genetic, mental, economic, cultural or social identity of that natural person (Article 4 (1) General Data Protection Regulation)*

– *'special categories of data': personal data revealing racial or ethnic origin, political opinions, religious or philosophical beliefs, or trade union membership, and genetic data, biometric data for the purpose of uniquely identifying a natural person, data concerning health or data concerning a natural person's sex life or sexual orientation (Article 9 (1) General Data Protection Regulation)*

– *'process/processing': any operation or set of operations which is performed on personal data or on sets of personal data, whether or not by automated means, such as collection, recording, organisation, structuring, storage, adaptation or alteration, retrieval, consultation, use, disclosure by transmission, dissemination or otherwise making available, alignment or combination, restriction, erasure or destruction ('processing' according to Article 4 (2) General Data Protection Regulation)*

– *'controller': the natural or legal person, public authority, agency or other body which, alone or jointly with others, determines the purposes and means of the processing of personal data; where the purposes and means of such processing are determined by Union or Member State law, the controller or the specific criteria for its nomination may be provided for by Union or Member State law (Article 4 (7) General Data Protection Regulation)*

– *'processor': a natural or legal person, public authority, agency or other body which processes personal data on behalf of the controller (Article 4 (8) General Data Protection Regulation)*

– *'data subject': an identified or identifiable natural person (Article 4 (1) General Data Protection Regulation)*

– *'supervisory authority': an independent public authority which is established by a Member State pursuant to Article 51 (Article 4 (21) General Data Protection Regulation)*

[2. [Placeholder in case of an amendment of Appendix 1 to the Standard Contract I (siehe Rz. 26.67)]]

On behalf of the data exporter:

Name (written out in full): …

Position: …

…
(signature)

…
(stamp of organisation)

On behalf of the data importer:

Name (written out in full): …

Position: …

…
(signature)

…
(stamp of organisation)

(3) Erläuterung der Ergänzungsvereinbarung

26.47 Die Ergänzungsvereinbarung ist an den vorgesehenen Stellen um das Datum zu ergänzen, an dem der Standardvertrag I geschlossen wurde, und von den Parteien zu unterzeichnen.

26.48 Neben der Ergänzung zu den Begriffsbestimmungen kann auch eine Aktualisierung der Anlage 1 des Standardvertrags I in Bezug auf die übermittelten „sensiblen Daten" erforderlich werden (siehe Rz. 26.64 ff.). Für diesen Fall enthält das vorstehende Muster der Ergänzungsvereinbarung einen Platzhalter und eine Nummerierung der Abschnitte zu den Begriffsbestimmungen und zu den übermittelten „sensiblen Daten". Bedarf es keiner Aktualisierung der Anlage 1 des Standardvertrags I in Bezug auf die übermittelten „sensiblen Daten", entfallen der Platzhalter und die Nummerierung.

26.49 Die Ergänzungsvereinbarung löst keine Genehmigungspflicht und keine Vorlagepflicht aus, da sie lediglich redaktioneller Art ist[125]. Die ab 25.5.2018 geltenden Definitionen der DSGVO werden ausschließlich aus Gründen der Rechtsklarheit, Rechtssicherheit und Praktikabilität direkt übernommen. Die Regelungen der Ergänzungsvereinbarungen stehen weder unmittelbar noch mittelbar im Widerspruch zu den Standarddatenschutzklauseln und beschneiden keine Grundrechte und Grundfreiheiten der betroffenen Personen, wie es zumindest Erwägungsgrund 109 der DSGVO für zulässige Änderungen von Standarddatenschutzklauseln vorsieht. Die hier empfohlene Ergänzungsvereinbarung stellt allenfalls eine Erweiterung zugunsten der betroffenen Personen dar. Die Verarbeitung von besonderen Kategorien personenbezogener Daten wird im Rahmen des Standardvertrags I strengeren Voraussetzungen unterworfen, als es unter der Richtlinie 95/46/EG der Fall war. Diese umfassenderen Vorgaben stehen in Einklang mit der DSGVO. Schließlich profitieren betroffene Personen auch von der erzielten Rechtsklarheit und Rechtssicherheit, wenn sie z.B. ihren Anspruch auf Aushändigung einer Kopie der Standarddatenschutzklauseln gem. Ziff. 4 lit. c und Ziff. 5 lit. e des Standardvertrags I geltend machen. Eine Vereinbarung, die auf nicht geltendes Recht in Form der Richtlinie 95/46/EG verweist, widerspricht dem Grundsatz der Transparenz und ist nicht im Sinne der betroffenen Personen, deren Rechte geschützt werden sollen. Allerdings ist die Frage der Genehmigungs- und Vorlagepflicht selbst für die Konstellationen umstritten, in denen Änderungen zu einem Mehr an Rechten der betroffenen Personen führen (dazu Rz. 26.22). Daher wird in jedem Fall eine Abstimmung mit der zuständigen Datenschutzaufsichtsbehörde empfohlen.

---

125 Siehe Rz. 26.10 (zur Vorlagepflicht) und Rz. 26.18 ff. (zur Genehmigungspflicht bzw. Genehmigungsfreiheit).

bb) Abwandlung von Klausel 1 lit. a für Vereinbarungen ab 25.5.2018

Für neue Vereinbarungen auf der Basis von Standardvertrag I ab dem 25.5.2018 ist aus praktischen Erwägungen keine Ergänzungsvereinbarung angezeigt. Es wird empfohlen, eine komplett neue Klausel 1 lit. a in den Standardvertrag I aufzunehmen, mit der unter Verweis auf Art. 94 Abs. 2 Satz 1 DSGVO die neuen Begriffsbestimmungen der DSGVO abgebildet werden. Diese Vorgehensweise löst zwar dem Grunde nach keine Genehmigungs- oder Vorlagepflicht aus. Es kommen dieselben Erwägungen zum Tragen wie für die Ergänzungsvereinbarung für Standardverträge I, die vor dem 25.5.2018 geschlossen wurden (dazu Rz. 26.49). Aufgrund der bestehenden Rechtsunsicherheit in der Frage der Genehmigungs- und Vorlagepflicht wird auch hier eine Abstimmung mit der zuständigen Datenschutzaufsichtsbehörde empfohlen. Die Passage für eine neue Klausel 1 lit. a kann wie folgt lauten:

26.50

(1) Muster der Abwandlung von Klausel 1 lit. a – deutsch

M 26.1.5 Abwandlung von Klausel 1 lit. a des Standardvertrags I – deutsch

26.50a

a) „personenbezogene Daten", „besondere Kategorien personenbezogener Daten", „Verarbeitung", „für die Verarbeitung Verantwortlicher", „Auftragsverarbeiter", „betroffene Person" und „Kontrollstelle": Gemäß Art. 94 Abs. 2 Satz 1 der Verordnung (EU) 2016/679 des Europäischen Parlaments und des Rates vom 27. April 2016 zum Schutz natürlicher Personen bei der Verarbeitung personenbezogener Daten, zum freien Datenverkehr und zur Aufhebung der Richtlinie 95/46/EG (Datenschutz-Grundverordnung), gelten Verweise auf die aufgehobene Richtlinie 95/46/EG als Verweise auf die Datenschutz-Grundverordnung. Daher gelten im Rahmen der Vertragsklauseln die Begriffsbestimmungen der Datenschutz-Grundverordnung, die nachfolgend wörtlich wiedergegeben werden:

– *„personenbezogene Daten": alle Informationen, die sich auf eine identifizierte oder identifizierbare natürliche Person beziehen; als identifizierbar wird eine natürliche Person angesehen, die direkt oder indirekt, insbesondere mittels Zuordnung zu einer Kennung wie einem Namen, zu einer Kennnummer, zu Standortdaten, zu einer Online-Kennung oder zu einem oder mehreren besonderen Merkmalen identifiziert werden kann, die Ausdruck der physischen, physiologischen, genetischen, psychischen, wirtschaftlichen, kulturellen oder sozialen Identität dieser natürlichen Person sind (Art. 4 Nr. 1 Datenschutz-Grundverordnung)*

– *„besondere Kategorien personenbezogener Daten": personenbezogene Daten aus denen die rassische und ethnische Herkunft, politische Meinungen, religiöse oder weltanschauliche Überzeugungen oder die Gewerkschaftszugehörigkeit hervorgehen, sowie genetische Daten, biometrische Daten zur eindeutigen Identifizierung einer natürlichen Person, Gesundheitsdaten oder Daten zum Sexualleben oder der sexuellen Orientierung einer natürlichen Person (Art. 9 Abs. 1 Datenschutz-Grundverordnung)*

– *„Verarbeitung": jeder mit oder ohne Hilfe automatisierter Verfahren ausgeführte Vorgang oder jede solche Vorgangsreihe im Zusammenhang mit personenbezogenen Daten wie das Erheben, das Erfassen, die Organisation, das Ordnen, die Speicherung, die Anpassung oder Veränderung, das Auslesen, das Abfragen, die Verwendung, die Offenlegung durch Übermittlung, Verbreitung oder eine andere Form der Bereitstellung, den Abgleich oder die Verknüpfung, die Einschränkung, das Löschen oder die Vernichtung (Art. 4 Nr. 2 Datenschutz-Grundverordnung)*

– *„für die Verarbeitung Verantwortlicher": die natürliche oder juristische Person, Behörde, Einrichtung oder andere Stelle, die allein oder gemeinsam mit anderen über die Zwecke und Mittel der Verarbeitung von personenbezogenen Daten entscheidet; sind die Zwecke und Mittel dieser Verarbeitung durch das Unionsrecht oder das Recht der Mitgliedstaaten vorgegeben, so können der Verantwortliche beziehungsweise die bestimmten Kriterien seiner Benennung nach dem Unionsrecht oder dem Recht der Mitgliedstaaten vorgesehen werden („Verantwortlicher" gemäß Art. 4 Nr. 7 Datenschutz-Grundverordnung)*

– *„Auftragsverarbeiter": eine natürliche oder juristische Person, Behörde, Einrichtung oder andere Stelle, die personenbezogene Daten im Auftrag des Verantwortlichen verarbeitet (Art. 4 Nr. 8 Datenschutz-Grundverordnung)*

- *„betroffene Person"*: eine identifizierte oder identifizierbare natürliche Person (Art. 4 Nr. 1 Datenschutz-Grundverordnung)

- *„Aufsichtsbehörde"*: eine von einem Mitgliedstaat gemäß Art. 51 DSGVO eingerichtete unabhängige staatliche Stelle (*„Kontrollstelle"* gemäß Art. 4 Nr. 21 Datenschutz-Grundverordnung)

(2) Muster der Abwandlung von Klausel 1 lit. a – englisch

26.51 In englischer Sprache kann diese Passage für eine neue Klausel 1 lit. a wie folgt lauten:

M 26.1.6 Abwandlung von Klausel 1 lit. a des Standardvertrags I – englisch

a) *'personal data', 'special categories of data', 'process/processing', 'controller', 'processor', 'data subject'* and *'supervisory authority'*: According to the first sentence of Article 94 (2) Regulation (EU) 2016/679 of the European Parliament and of the Council of 27 April 2016 on the protection of natural persons with regard to the processing of personal data and on the free movement of such data, and repealing Directive 95/46/EC (General Data Protection Regulation) references to the repealed Directive shall be construed as references to the General Data Protection Regulation. Therefore *'personal data', 'special categories of data', 'process/processing', 'controller', 'processor', 'data subject'* and *'supervisory authority'* shall have the same meaning as in the General Data Protection Regulation, as set out below literally:

  - *'personal data'*: any information relating to an identified or identifiable natural person; an identifiable natural person is one who can be identified, directly or indirectly, in particular by reference to an identifier such as a name, an identification number, location data, an online identifier or to one or more factors specific to the physical, physiological, genetic, mental, economic, cultural or social identity of that natural person (Article 4 (1) General Data Protection Regulation)

  - *'special categories of data'*: personal data revealing racial or ethnic origin, political opinions, religious or philosophical beliefs, or trade union membership, and genetic data, biometric data for the purpose of uniquely identifying a natural person, data concerning health or data concerning a natural person's sex life or sexual orientation (Article 9 (1) General Data Protection Regulation)

  - *'process/processing'*: any operation or set of operations which is performed on personal data or on sets of personal data, whether or not by automated means, such as collection, recording, organisation, structuring, storage, adaptation or alteration, retrieval, consultation, use, disclosure by transmission, dissemination or otherwise making available, alignment or combination, restriction, erasure or destruction (*'processing'* according to Article 4 (2) General Data Protection Regulation)

  - *'controller'*: the natural or legal person, public authority, agency or other body which, alone or jointly with others, determines the purposes and means of the processing of personal data; where the purposes and means of such processing are determined by Union or Member State law, the controller or the specific criteria for its nomination may be provided for by Union or Member State law (Article 4 (7) General Data Protection Regulation)

  - *'processor'*: a natural or legal person, public authority, agency or other body which processes personal data on behalf of the controller (Article 4 (8) General Data Protection Regulation)

  - *'data subject'*: an identified or identifiable natural person (Article 4 (1) General Data Protection Regulation)

  - *'supervisory authority'*: an independent public authority which is established by a Member State pursuant to Article 51 (Article 4 (21) General Data Protection Regulation)

4. Einzelheiten der Übermittlung (Klausel 2) und Anlage 1 zum Standardvertrag I

a) Einzelheiten der Übermittlung – Verweis auf Anlage 1 (Klausel 2)

M 26.1.7 Einzelheiten der Übermittlung

26.52

2. Einzelheiten der Übermittlung

Die Einzelheiten der Übermittlung, insbesondere die Kategorien personenbezogener Daten und ihre Übermittlungszwecke, sind in Anlage 1 aufgeführt, die Bestandteil der Klauseln ist.

Klausel 2 regelt die **Einzelheiten der Übermittlung** personenbezogener Daten im Wege eines Verweises auf Anlage 1 zum Standardvertrag I, die nachfolgend erläutert wird.

26.53

b) Anlage 1 zum Standardvertrag I

M 26.1.8 Anlage 1 zum Standardvertrag I

26.54

Anlage 1 zu den Standardvertragsklauseln

Diese Anlage ist Bestandteil der Klauseln und muss von den Parteien ausgefüllt und unterzeichnet werden.

Datenexporteur

Der Datenexporteur ist (bitte erläutern Sie kurz Ihre Tätigkeiten, die für die Übermittlung von Belang sind):

…

…

Datenimporteur

Der Datenimporteur ist (bitte erläutern Sie kurz Ihre Tätigkeiten, die für die Übermittlung von Belang sind):

…

…

Betroffene Personen

Die übermittelten personenbezogenen Daten beziehen sich auf folgende Kategorien von betroffenen Personen (bitte erläutern):

…

…

Übermittlungszwecke

Die Übermittlung ist zu folgenden Zwecken erforderlich (bitte angeben):

…

…

Kategorie übermittelter Daten

Die übermittelten personenbezogenen Daten gehören zu folgenden Datenkategorien (bitte angeben):

…

…

Sensible Daten (ggf.)

Die übermittelten personenbezogenen Daten gehören zu folgenden Kategorien sensibler Daten (bitte angeben):

…

…

Empfänger

Die übermittelten personenbezogenen Daten dürfen nur folgenden Empfängern oder Kategorien von Empfängern bekannt gemacht werden (bitte angeben):

…

…

Aufbewahrungszeitraum

Die übermittelten personenbezogenen Daten dürfen nur (bitte angeben) … (Monate/Jahre) aufbewahrt werden.

Datenexporteur	*Datenimporteur*
Name: …	*Name: …*
…	*…*
(Unterschrift des/der Bevollmächtigten)	*(Unterschrift des/der Bevollmächtigten)*

aa) Überblick und Hinweise zur Anwendung

26.55 **Anlage 1** zum Standardvertrag I ist Bestandteil dieser Standarddatenschutzklauseln. Sie muss von den Vertragsparteien den Vorgaben entsprechend ergänzt und – separat – unterschrieben werden.

26.56 Von der Möglichkeit der EU-Mitgliedstaaten, weitere Informationen als erforderlich zu bestimmen oder zu spezifizieren[126], hat Deutschland keinen Gebrauch gemacht.

26.57 Die in Anlage 1 zu **ergänzenden Informationen** sind so weit wie möglich zu präzisieren, um die erforderliche Bestimmtheit zu gewährleisten. Der zuweilen vertretenen Ansicht, etwas allgemeinere Ausführungen können bei zukünftigen Änderungen der tatsächlichen Umstände dazu dienen, eine Neufassung der Anlagen zu vermeiden[127], kann so nicht gefolgt werden. Das gilt nicht nur mit Blick darauf, dass die deutschen Aufsichtsbehörden unter Berufung auf den Grundsatz der Transparenz detaillierte Angaben verlangen[128]. Die Kategorien betroffener Personen und Daten, die Übermittlungszwecke und die Empfänger der Daten müssen so bestimmt gefasst werden, dass sie eine konkrete Umsetzung der vereinbarten Vorgaben gemäß den Standarddatenschutzklauseln ermöglichen. Das gilt insbesondere mit Blick auf den in Ziff. 1 der Anlage 2 und Ziff. 1 der Anlage 3 zum Standardvertrag I festgeschriebenen Grundsatz der Zweckbindung, der im Sinne der DSGVO auszulegen ist[129]. Art. 5 Abs. 1 lit. b DSGVO verlangt eine inhaltlich „eindeutige", also eine konkrete und keine vage Festlegung des Zwecks. Neben den Vertragsparteien müssen auch die zuständige Aufsichtsbehörde im Rahmen ihrer Kontrolltätigkeit und nicht zuletzt die betroffenen Personen erkennen können, ob ihre Daten und welche Kategorien von Daten von der Übermittlung erfasst sind, zu welchem Zweck der Datentransfer erfolgt und an welche Stelle die Daten übermittelt werden. Allgemeine Umschreibungen wie z.B. „Daten zur Personalverwaltung" oder „Daten zur Kundenbetreuung" für die Datenkategorien reichen nicht aus. Das bedeutet nicht, dass z.B. sämtliche Datenfelder einer eingesetzten IT-Anwendung wiedergegeben werden müssen. Vielmehr ist auf die Kategorien von Daten abzustellen, die durchaus – hinreichend konkret – zusammengefasst werden können. Zur Vermeidung späterer Vertragsergänzungen ist es außer-

---

126 Erwägungsgrund 9 Satz 2 der Entscheidung 2001/497/EG; vgl. auch Satz 2 in Klammern der Anlage 1 im Anhang der Entscheidung 2001/497/EG in ABl. EG Nr. L 181 v. 4.7.2001, S. 19, 28.

127 *Hoeren*, RDV 2012, 271 (277).

128 *Wybitul/Ströbel/Ruess*, ZD 2017, 503 (505).

129 Zur Heranziehung der Grundsätze gemäß DSGVO siehe Rz. 26.94 ff.

dem möglich, zeitlich absehbare Entwicklungen wie z.B. eine (konkrete) Erweiterung der Datenkategorien oder der Übermittlungszwecke bereits zum Zeitpunkt des Vertragsschlusses zu berücksichtigen.

Folgende Informationen zur Datenübermittlung sind von den Vertragsparteien zu konkretisieren.

bb) Datenexporteur und Datenimporteur

Der **Datenexporteur** und der **Datenimporteur** müssen jeweils ihre **Tätigkeiten** erläutern, die für die Datenübermittlung relevant sind. Diese Informationen können zwar kurz gehalten werden. Sie müssen jedoch die Tätigkeiten hinreichend erkennen lassen, mit denen die Übermittlung der Daten verbunden ist bzw. für die sie erfolgt.

26.58

cc) Betroffene Personen

Es sind die **Kategorien von Personen** anzugeben, auf die sich die personenbezogenen Daten beziehen, die übermittelt werden. Betroffene Personen können bspw. sein:

26.59

– Teilnehmer einer Meinungsumfrage, die sich hierfür registriert haben,

– Beschäftigte des Datenexporteurs oder eines anderen Unternehmens oder

– Bestandskunden oder zu werbende Neukunden (Interessenten) des Datenexporteurs oder eines anderen Unternehmens.

dd) Übermittlungszwecke

Es sind die **Zwecke** anzugeben, zu denen die Datenübermittlung erforderlich ist. Ein Verweis auf einen der Datenverarbeitung zugrunde liegenden Hauptvertrag ist nicht zu empfehlen. Ein solcher Verweis steht im Widerspruch zu Sinn und Zweck der Anlage 1, wenn nicht zugleich die entsprechenden Teile des Hauptvertrags beigefügt sind oder zumindest sichergestellt ist, dass sie bei Anforderung einer Kopie des Standardvertrags I von den betroffenen Personen oder Aufsichtsbehörden gemäß Klausel 4 lit. c, Klausel 5 lit. e und Klausel 8 des Standardvertrags I beigefügt werden[130]. Denn neben den Vertragsparteien müssen auch die betroffenen Personen und die Aufsichtsbehörden im Rahmen ihrer Kontrolltätigkeit anhand der Kopie des konkret vereinbarten Standardvertrags I erkennen können, zu welchem Zweck die Datenübermittlung erfolgt. Das setzt jedoch hinreichend konkrete Informationen voraus. Davon abgesehen dürfte es kaum im Interesse der Vertragsparteien sein, eine Kopie des Hauptvertrags bzw. eines Teils des Hauptvertrags den betroffenen Personen zur Verfügung zu stellen, weil diese Dokumente regelmäßig weitere betriebsinterne Informationen enthalten.

26.60

Da die Einzelheiten der Übermittlung personenbezogener Daten über den Verweis in Klausel 2 des Standardvertrags I in Anlage 1 abschließend geregelt werden, darf eine Datenübermittlung nach Vertragsschluss nur zu den in Anlage 1 vereinbarten Zwecken erfolgen. Vor diesem Hintergrund sollten die Vertragsparteien prüfen, ob alle in Betracht kommenden Zwecke berücksichtigt wurden. Anderenfalls wird eine nachträgliche Vertragsänderung erforderlich. Allerdings sollte dieser Aspekt nicht zur Beliebigkeit bei der Angabe der Zwecke führen. Vielmehr müssen die Zwecke tatsächlich relevant und einschlägig sein[131]. Schließlich darf es sich nur um Zwecke handeln, zu denen die Datenübermittlung erforderlich ist, also um Zwecke, die ohne die Übermittlung der personenbezogenen Daten nicht erreicht werden können.

26.61

ee) Kategorie übermittelter Daten

Es sind die **Kategorien der personenbezogenen Daten** aufzulisten, die übermittelt werden sollen. Gibt es mehrere Kategorien von Personen, auf die sich die zu übermittelnden personenbezogenen Daten be-

26.62

---

130 Zur Anforderung einer Kopie des Standardvertrags I gemäß Klausel 4 lit. c, Klausel 5 lit. e und Klausel 8 des Standardvertrags I siehe Rz. 26.77, Rz. 26.92 und Rz. 26.129 f.

131 Insoweit missverständlich *Räther/Seitz*, MMR 2002, 520 (523).

ziehen, ist schon aus Gründen der Transparenz eine entsprechende Zuordnung vorzunehmen. Eine konkrete Aufschlüsselung könnte bspw. wie folgt vorgenommen werden:

– Daten von Beschäftigten des Datenexporteurs oder eines anderen Unternehmens: Nachname, Vorname, Unternehmen, Bereich, Personalnummer etc.

– Daten von Teilnehmern einer Meinungsumfrage, die sich hierfür registriert haben: Nachname, Vorname, Stadt, Telefonnummer etc.

26.63 Sind auch **sensible Daten** betroffen, sind diese in dem hierfür vorgesehenen Feld in Anlage 1 zum Standardvertrag I separat aufzuführen (dazu nachstehend Rz. 26.64).

ff) Sensible Daten

26.64 Umfassen die personenbezogenen Daten, die übermittelt werden sollen, auch Angaben, aus denen die rassische und ethnische Herkunft, politische Meinungen, religiöse oder weltanschauliche Überzeugungen oder die Gewerkschaftszugehörigkeit hervorgehen, oder genetische Daten, biometrische Daten zur eindeutigen Identifizierung, Gesundheitsdaten oder Daten zum Sexualleben oder zur sexuellen Orientierung, handelt es sich um **besondere Kategorien personenbezogener Daten** i.S.v. Art. 9 Abs. 1 DSGVO[132]. Diese Daten bzw. Kategorien von Daten sind in Anlage 1 als „sensible Daten" gesondert auszuweisen.

Der Begriff „sensible Daten" dient hier lediglich als eine andere Bezeichnung bzw. Umschreibung für die „besonderen Kategorien personenbezogener Daten". Das folgte bereits unter der Richtlinie 95/46/EG aus Nr. 7 der Anlage 2 zum Standardvertrag I mit der Bezugnahme auf die Richtlinie 95/46/EG im Zusammenspiel mit Art. 3 lit. b der Entscheidung 2001/497/EG, wenngleich weder die Richtlinie 95/46/EG noch der Standardvertrag I eine Definition des Terminus „sensible Daten" enthalten. Dagegen wird in Satz 4 von Erwägungsgrund 10 der DSGVO ausdrücklich darauf hingewiesen, dass „besondere Kategorien personenbezogener Daten" in der DSGVO auch als „sensible Daten" bezeichnet werden.

26.65 Für vor dem 25.5.2018 geschlossene Standardverträge I ist zu prüfen, ob die personenbezogenen Daten, die übermittelt werden sollen, auch genetische Daten, biometrische Daten zur eindeutigen Identifizierung oder Daten zur sexuellen Orientierung umfassen. In diesem Fall muss die hier in Anlage 1 vorgenommene Konkretisierung aktualisiert werden. Denn der Begriff der besonderen Kategorien personenbezogener Daten ist gem. Art. 9 Abs. 1 DSGVO und damit auch gemäß der geänderten Klausel 1 lit. a des Standardvertrags I umfassender als es unter Geltung der Richtlinie 95/46/EG der Fall war (dazu Rz. 26.44). Er umfasst auch die vorgenannten Kategorien der genetischen Daten, der biometrischen Daten zur eindeutigen Identifizierung und der Daten zur sexuellen Orientierung.

26.66 Eine gegebenenfalls erforderliche Aktualisierung der Anlage 1 sollte unter explizitem Verweis auf Art. 94 Abs. 2 Satz 1 DSGVO und zusammen mit der in jedem Fall notwendigen Ergänzung zu den Begriffsbestimmungen in Klausel 1 des Standardvertrags I erfolgen[133]. Hierfür enthält das Muster der Ergänzungsvereinbarung unter Ziff. 2 einen Platzhalter (siehe Rz. 26.45). Die Passage, die um die konkreten Angaben zu den sensiblen Daten ergänzt werden muss, kann wie folgt lauten:

---

132 Zu den besonderen Kategorien personenbezogener Daten siehe nur *Schulz* in Gola, Art. 9 DSGVO Rz. 13 ff.

133 Zu der Ergänzungsvereinbarung in Bezug auf die Begriffsbestimmungen in Klausel 1 des Standardvertrags I siehe Rz. 26.45 ff.

M 26.1.9 Nummer 2 der Ergänzungsvereinbarung zum Standardvertrag I bei Aktualisierung der Anlage 1 zum Standardvertrag I – deutsch

2. Anlage 1 zum Standardvertrag I wird wie folgt ergänzt:

Die übermittelten personenbezogenen Daten gehören aufgrund der nach den Vorgaben der Datenschutz-Grundverordnung angepassten Begriffsbestimmungen in Klausel 1 des Standardvertrags I auch zu folgenden Kategorien sensibler Daten: ...

In englischer Sprache kann diese Passage wie folgt lauten: 26.67

M 26.1.10 Nummer 2 der Ergänzungsvereinbarung zum Standardvertrag I bei Aktualisierung der Anlage 1 zum Standardvertrag I – englisch

2. Appendix 1 to the Standard Contract I shall be amended as follows:

In accordance with the definitions in Clause 1 of the Standard Contract I, adapted in accordance with the General Data Protection Regulation, transmitted personal data also fall into the following categories of sensitive data: ...

gg) Empfänger

Es ist der **Kreis der Personen** bzw. der Kategorien der Personen zu bestimmen, denen die personenbezogenen Daten übermittelt werden sollen. Bei der Durchführung des Vertrags dürfen die Daten allein den an dieser Stelle des Standardvertrags I genannten Empfängern bzw. Kategorien von Empfängern bekannt gemacht werden. Eine spätere Erweiterung oder Verkleinerung des Empfängerkreises machen eine nachträgliche Vertragsänderung erforderlich. 26.68

hh) Aufbewahrungszeitraum

Es ist die Zeitspanne anzugeben, wie lange die übermittelten Daten vom Datenimporteur aufbewahrt werden dürfen. Mit dem in Monaten und Jahren zu bestimmenden **Aufbewahrungszeitraum** wird zugleich die Löschfrist für die zu übermittelnden Daten festgelegt. 26.69

5. Drittbegünstigtenklausel (Klausel 3)

M 26.1.11 Drittbegünstigtenklausel 26.70

3. Drittbegünstigtenklausel

Die betroffenen Personen können diese Klausel und die Klausel 4 Buchstaben b), c) und d), Klausel 5 Buchstaben a), b), c) und e), Klausel 6 Absätze 1 und 2 sowie Klauseln 7, 9 und 11 als Drittbegünstigte geltend machen. Die Parteien haben keine Einwände dagegen, dass die betroffenen Personen, sofern sie dies wünschen und das nationale Recht dies zulässt, durch eine Vereinigung oder sonstige Einrichtungen vertreten werden.

Klausel 3 Satz 1 des Standardvertrags I enthält die auch als solche bezeichnete Drittbegünstigtenklausel. Diese Regelung räumt den betroffenen Personen, die nicht Vertragspartei sind, eine Vielzahl von Rechten ein und macht sie damit zu Drittbegünstigten. Der Standardvertrag I ist insoweit als **Vertrag zugunsten Dritter** einzuordnen. Zu den durch die Bezugnahme auf die entsprechenden Regelungen 26.71

abschließend aufgeführten Rechten zählen bspw. die Information vor Übermittlung besonderer Datenkategorien, die Zurverfügungstellung einer Kopie des konkret geschlossenen Standardvertrags I, die Auskunft über die Datenverarbeitung des Datenimporteurs und Schadensersatz.

26.72 Die Drittbegünstigtenklausel ruft insbesondere bei amerikanischen Unternehmen Vorbehalte gegenüber den Standarddatenschutzklauseln hervor, da ein Vertrag zugunsten Dritter im angloamerikanischen Rechtsraum nicht gleichermaßen wie im kontinentaleuropäischen Rechtkreis anerkannt ist.

26.73 Satz 2 der Klausel 3 enthält schließlich eines der in Satz 1 abschließend aufgeführten Rechte, die die betroffenen Personen geltend machen können. Danach sind die Vertragsparteien einverstanden, dass sich betroffene Personen durch Vereinigungen oder Einrichtungen vertreten lassen, soweit sie es wünschen und es das jeweils anwendbare nationale Recht zulässt. Damit wird den betroffenen Personen das Recht gesichert, unter den vorstehend genannten Voraussetzungen sich bei der Geltendmachung ihrer Rechte z.B. von **Verbraucherschutzverbänden** vertreten lassen zu können. Das entspricht im Kern der Regelung in Art. 80 DSGVO.

6. Pflichten des Datenexporteurs (Klausel 4)

26.74 M 26.1.12 Pflichten des Datenexporteurs

4. Pflichten des Datenexporteurs

Der Datenexporteur verpflichtet sich und garantiert:

a) *dass die Verarbeitung der personenbezogenen Daten, einschließlich der Übermittlung durch ihn, entsprechend den einschlägigen Vorschriften des Mitgliedstaates, in dem der Datenexporteur ansässig ist, erfolgt ist bzw. bis zum Zeitpunkt der Übermittlung erfolgen wird (ggf. einschließlich der Mitteilung an die zuständige Stelle dieses Mitgliedstaats) und dass sie nicht gegen die einschlägigen Vorschriften dieses Staates verstößt;*

b) *dass die betroffene Person, sofern die Übermittlung besondere Datenkategorien einbezieht, davon in Kenntnis gesetzt worden ist oder vor der Übermittlung wird, dass ihre Daten in ein Drittland übermittelt werden könnten, das kein angemessenes Schutzniveau bietet;*

c) *dass er den betroffenen Personen auf Anforderung eine Kopie dieser Klauseln, wie sie vereinbart wurden, zur Verfügung stellt und*

d) *Anfragen der Kontrollstelle bezüglich der Verarbeitung einschlägiger personenbezogener Daten durch den Datenimporteur sowie Anfragen betroffener Personen bezüglich der Verarbeitung ihrer personenbezogenen Daten durch den Datenimporteur innerhalb eines angemessenen Zeitraums und in zumutbarem Maße beantwortet.*

26.75 **Klausel 4** des Standardvertrags I regelt die **Pflichten des Datenexporteurs**. Er muss sicherstellen, dass nicht nur die Übermittlung, sondern die gesamte Verarbeitung der personenbezogenen Daten den nationalen Regelungen des Landes entspricht, in dem der Datenexporteur ansässig ist (Klausel 4 lit. a). Das gilt auch für den Vorgang der Datenerhebung, der gem. Art. 4 Nr. 2 DSGVO vom Begriff der „Verarbeitung" umfasst ist, wie es bereits gem. Art. 2 lit. b Richtlinie 96/45/EG, aber nicht nach § 3 Abs. 3 und 4 BDSG a.F. der Fall war. Damit hat der Datenexporteur – neben der gesetzlichen – eine vertragliche Verpflichtung, Daten auch im Vorfeld der Übermittlung in Einklang mit den geltenden Gesetzen zu verarbeiten.

26.76 Weiter hat der Datenexporteur bei einer Übermittlung „besonderer Datenkategorien", also besonderer Kategorien personenbezogener Daten, zu garantieren, dass die betroffene Person vorab darüber informiert wird, dass ihre Daten in ein Land ohne angemessenes Schutzniveau übermittelt werden (Klausel 4 lit. b). Diese Information muss auch eine Konkretisierung der besonderen Kategorien personenbezogener Daten beinhalten.

Darüber hinaus ist den betroffenen Personen auf deren Anforderung eine **Kopie des vereinbarten** **Standardvertrags** zur Verfügung zu stellen (Klausel 4 lit. c). Diese Verpflichtung entspricht der Regelung in Klausel 5 lit. e, deren Adressat der Datenimporteur ist (dazu Rz. 26.92). Sie wird nur erfüllt, wenn eine Kopie der im Einzelfall konkretisierten Standarddatenschutzklauseln einschließlich vollständig ausgefüllter Anlagen ausgehändigt wird.   26.77

Schließlich enthält Klausel 4 lit. d die Verpflichtung, **Anfragen** sowohl **von Kontrollstellen**, also den zuständigen **Datenschutzaufsichtsbehörden** gem. Art. 4 Nr. 21 DSGVO[134], als auch **von betroffenen Personen** innerhalb eines angemessenen Zeitraums zu beantworten. Die Angemessenheit des Zeitraums lässt sich nicht pauschal bestimmen, da er von dem Umfang der Anfrage und der Komplexität der in Frage stehenden Datenverarbeitung abhängt. Entsprechend der Auffassung der deutschen Datenschutzaufsichtsbehörden zu Auskunftsersuchen unter Geltung der Richtlinie 95/46/EG und dem BDSG a.F. galt ein Zeitraum von ca. zwei Wochen als angemessen[135]. Die DSGVO sieht in Art. 12 Abs. 3 Satz 1 für die Bearbeitung von Auskunftsersuchen von betroffenen Personen grds. einen Monat vor. Unter der DSGVO ist eine Orientierung an diesem Zeitfenster schon aus Gründen der Rechtssicherheit und Einheitlichkeit angezeigt; der vorgenannte Zeitraum kann auch als angemessen gelten[136]. Allerdings sollte die Positionierung der Aufsicht beobachtet werden, zumal unter der DSGVO eine einheitliche Meinungsbildung der Aufsichtsbehörden aller EU-Mitgliedsaaten erfolgen wird. Schließlich kann im Einzelfall abhängig von dem Umfang oder der Art der Anfrage bzw. Auskunft eine längere Frist angezeigt sein. Ist eine längere Bearbeitungsdauer oder eine Verzögerung absehbar, sollte in jedem Fall eine Zwischeninformation ergehen. Diese Information sollte entsprechend Art. 12 Abs. 3 Satz 3 DSGVO innerhalb des Monats nach der Anfrage der betroffenen Person bzw. der Aufsicht erfolgen und eine entsprechende Begründung für die Verzögerung enthalten.   26.78

7. Pflichten des Datenimporteurs (Klausel 5) sowie Anlagen 2 und 3 zum Standardvertrag I

a) Pflichten des Datenimporteurs (Klausel 5)

M 26.1.13 Pflichten des Datenimporteurs   26.79

5. Pflichten des Datenimporteurs

Der Datenimporteur verpflichtet sich und garantiert:

a) *dass er seines Wissens keinen nationalen Gesetzen unterliegt, die ihm die Erfüllung seiner Vertragsverpflichtungen unmöglich machen und dass er im Fall einer Gesetzesänderung, die sich voraussichtlich sehr nachteilig auf die Garantien auswirkt, die die Klauseln bieten, den Datenexporteur und die Kontrollstelle des Landes, in dem der Datenexporteur ansässig ist, hiervon informieren wird. In einem solchen Fall ist der Datenexporteur berechtigt, die Datenübermittlung auszusetzen und/oder vom Vertrag zurückzutreten;*

b) *dass er die personenbezogenen Daten verarbeitet in Übereinstimmung mit den verbindlichen Datenschutzgrundsätzen der Anlage 2 oder*

dass er, falls sich die Parteien durch Ankreuzen des entsprechenden Kästchens weiter unten ausdrücklich damit einverstanden erklärt haben und vorausgesetzt, dass die Verbindlichen Datenschutzgrund-

---

134 Zum Begriff „Kontrollstelle" siehe Rz. 26.42 f.; zur Frage der zuständigen Datenschutzaufsichtsbehörde (Kontrollstelle) siehe Rz. 26.131.
135 Ähnlich *Räther/Seitz*, MMR 2002, 520 (523).
136 Wohl auch *Schantz* in Simitis/Hornung/Spiecker, Art. 46 DSGVO Rz. 47 (Fn. 89).

sätze der Anlage 3 beachtet werden, die Daten in jeder anderen Hinsicht verarbeitet in Übereinstimmung mit:

☐ den einschlägigen nationalen Rechtsvorschriften (in der Anlage zu diesen Klauseln) zum Schutz der Grundrechte und -freiheiten natürlicher Personen, insbesondere des Rechts auf Schutz der Privatsphäre, im Hinblick auf die Verarbeitung personenbezogener Daten, die in dem Land, in dem der Datenexporteur ansässig ist, auf die für die Verarbeitung Verantwortlichen anzuwenden sind oder

☐ den einschlägigen Bestimmungen in Entscheidungen der Kommission nach Artikel 25 Absatz 6 der Richtlinie 95/46/EG, mit denen festgestellt wird, dass ein Drittland nur für bestimmte Tätigkeitsbereiche ein angemessenes Schutzniveau gewährleistet, vorausgesetzt, dass der Datenimporteur in diesem Drittland ansässig ist und nicht unter diese Bestimmungen fällt, sofern diese Bestimmungen dergestalt sind, dass sie auf die Übermittlung anwendbar sind;

c) dass er alle sachdienlichen Anfragen, die sich auf die von ihm durchgeführte Verarbeitung der personenbezogenen Daten, die Gegenstand der Übermittlung sind, beziehen und die der Datenexporteur oder die betroffenen Personen an ihn richten, unverzüglich und genau bearbeitet und bei allen Anfragen der zuständigen Kontrollstelle mit dieser kooperiert und die Feststellung der Kontrollstelle im Hinblick auf die Verarbeitung der übermittelten Daten respektiert;

d) dass er auf Verlangen des Datenexporteurs seine für die Verarbeitung erforderlichen Datenverarbeitungseinrichtungen zur Prüfung zur Verfügung stellt; die Prüfung wird vom Datenexporteur oder einem vom Datenexporteur gegebenenfalls in Absprache mit der Kontrollstelle ausgewählten Prüfgremium durchgeführt, dessen Mitglieder unabhängig sind und über die erforderlichen Qualifikationen verfügen;

e) dass er den betroffenen Personen auf Anfrage eine Kopie der Vertragsklauseln zur Verfügung stellt und die Stelle benennt, die für Beschwerden zuständig ist.

26.80 **Klausel 5** des Standardvertrags I regelt die in den nachfolgenden Abschnitten (Rz. 26.81 ff.) erläuterten **Pflichten und Garantien des Datenimporteurs.**

aa) Garantie, dass keine Rechtsvorschriften entgegenstehen (Klausel 5 lit. a)

26.81 Der Datenimporteur garantiert, nach seiner Kenntnis keinen **nationalen Vorschriften** zu unterliegen, die ihm die Erfüllung seiner Vertragspflichten unmöglich machen. Der Datenexporteur ist bei einer sich entsprechend auswirkenden Gesetzesänderung hierüber zu informieren. In diesem Fall steht dem Datenexporteur nach Klausel 5 lit. a Satz 2 des Standardvertrags I das Recht zu, die Datenübermittlung auszusetzen und vom Vertrag zurückzutreten.

26.82 Diese Klausel begründet für den Datenimporteur faktisch eine umfassende **Überwachungspflicht** bezüglich gesetzlicher und sonstiger staatlicher Vorgaben für die gesamte Vertragsdauer, um sicherstellen zu können, dass ihm die staatlichen Vorgaben die Erfüllung seiner Vertragsverpflichtungen nicht unmöglich machen. Daher wurde die Klausel 5 lit. a stark kritisiert, was mit Blick auf die Haftungsrisiken nachvollziehbar ist. Diese Kritik führte zu einer flexibleren Regelung im Standardvertrag II, die eine für den Datenimporteur auf den Zeitpunkt des Vertragsschlusses begrenzte Verpflichtung enthält[137].

bb) Angemessenes Datenschutzniveau (Klausel 5 lit. b)

26.83 Klausel 5 lit. b regelt, wie der Datenimporteur bei der gesamten Verarbeitung der zu übermittelnden personenbezogenen Daten ein **angemessenes Datenschutzniveau** sicherstellt. Der Datenimporteur muss bei Abschluss des Standardvertrags I zwischen den in der Klausel 5 lit. b aufgeführten drei Alternativen wählen:

– Datenverarbeitung gemäß den **verbindlichen Datenschutzgrundsätzen** in Anlage 2 zum Standardvertrag I (Klausel 5 lit. b Abs. 1; „Alternative 1")

---

137 Dazu siehe Erläuterungen zu Klausel II lit. c des Standardvertrags II in Teil 5, Rz. 27.63.

– Datenverarbeitung gemäß den verbindlichen Datenschutzgrundsätzen der Anlage 3 zum Standardvertrag I und überdies gemäß den **nationalen Datenschutzvorschriften**, die **im Land des Datenexporteurs** gelten, also in Deutschland z.B. die Vorschriften des BDSG und etwaige spezialgesetzliche Regelungen; die einschlägigen nationalen Vorschriften sind als Anlage zum Standardvertrag I zu nehmen (Klausel 5 lit. b Abs. 2, erster Spiegelstrich; „Alternative 2")

– Datenverarbeitung gemäß den verbindlichen Datenschutzgrundsätzen der Anlage 3 zum Standardvertrag I und überdies gemäß den einschlägigen Bestimmungen in den **Entscheidungen der EU-Kommission** nach Art. 25 Abs. 6 der Richtlinie 95/46/EG oder Art. 45 Abs. 1 DSGVO, mit denen festgestellt wurde, dass ein Drittland nur für bestimmte Tätigkeitsbereiche ein angemessenes Datenschutzniveau gewährleistet (Klausel 5 lit. b Abs. 2, zweiter Spiegelstrich; „Alternative 3")

Im Rahmen der formalen Vertragsgestaltung bedarf es bei der Wahl von Alternative 1 keiner besonderen Kennzeichnung; bei einer Entscheidung für Alternative 2 oder 3 ist die entsprechende Alternative anzukreuzen. Bei der Wiedergabe des Klauseltextes kann sich jedoch auch auf den Inhalt der gewählten Alternative beschränkt werden. Eine Aufnahme der gesamten Klausel in den Vertrag ist nicht erforderlich und eine insoweit angezeigte sprachliche Anpassung zulässig, ohne dass die Genehmigungsfreiheit für die Datenübermittlung entfällt. Dabei ist darauf zu achten, dass keine inhaltliche Änderung der gewählten Variante erfolgt. Aus Gründen der Rechtssicherheit sollte im Zweifel die zuständige Datenschutzaufsichtsbehörde zuvor konsultiert werden[138]. 26.84

Von den vorstehenden drei Möglichkeiten ist lediglich die **Alternative 1 praxistauglich**. Der Datenimporteur garantiert und verpflichtet sich lediglich, dass die Datenverarbeitung gemäß den Datenschutzgrundsätzen der Anlage 2 zum Standardvertrag I erfolgt[139]. Die rechtlichen Vorgaben stehen fest. Formell sind keine weiteren Schritte zu unternehmen. Dagegen sind bei Alternative 2 und 3 neben der Einhaltung der Datenschutzgrundsätze gemäß Anlage 3 zum Standardvertrag I[140] weitere Voraussetzungen zu erfüllen, die den Datenexporteur regelmäßig vor erhebliche Schwierigkeiten stellen werden und Rechtsunsicherheit begründen können[141]. 26.85

Bei Alternative 2 sind neben den Datenschutzgrundsätzen gemäß Anlage 3 zum Standardvertrag I die nationalen Vorschriften zu beachten, die im Land des Datenexporteurs gelten. Die einschlägigen Vorschriften sind als Anlage zum Standardvertrag zu nehmen. Allerdings ist es ein relativ hohes **Risiko für den Datenexporteur**, die Einhaltung von Vorschriften eines anderen Staates zu garantieren, wenn der Datenimporteur mit diesen Vorgaben und der Rechtsordnung bzw. dem Rechtssystem nicht vertraut ist. Darauf wird und sollte sich ein Unternehmen regelmäßig nicht einlassen. 26.86

Alternative 3 kann nur zur Anwendung gelangen, wenn der Datenimporteur in einem Drittland ansässig ist, für das die EU-Kommission gem. Art. 25 Abs. 6 der Richtlinie 95/46/EG oder nach Art. 45 Abs. 1 DSGVO ein angemessenes Datenschutzniveau lediglich für bestimmte Tätigkeitsbereiche festgestellt hat und der Datenimporteur nicht in diesen Bereich fällt, aber die für angemessen erachteten Bestimmungen auf die in Frage stehende Datenübermittlung anwendbar sind. Die in der Vergangenheit auf Basis von Art. 25 Abs. 6 der Richtlinie 95/46/EG getroffenen Entscheidungen der EU-Kommission über ein angemessenes Datenschutzniveau eines Drittlandes haben gem. Art. 45 Abs. 9 DSGVO solange Bestandskraft, bis sie durch einen neuen Beschluss der EU-Kommission geändert, ersetzt oder aufgehoben werden. Es können aber auch neue gem. Art. 45 Abs. 1 DSGVO getroffene Feststellungen der EU-Kommission in Betracht kommen, da der Verweis auf Art. 25 Abs. 6 der Richtlinie 95/46/EG gem. Art. 94 Abs. 2 Satz 1 DSGVO als Verweis auf Art. 46 Abs. 1 DSGVO gilt. 26.87

---

138 Zur Genehmigungsfreiheit bei Änderung der Standarddatenschutzklauseln siehe Rz. 26.18 ff.
139 Erläuterung zur Anlage 2 zum Standardvertrag I (Verbindliche Datenschutzgrundsätze i.S.v. Klausel 5 lit. b Abs. 1) siehe Rz. 26.93 ff.
140 Erläuterung zur Anlage 3 zum Standardvertrag I (Verbindliche Datenschutzgrundsätze i.S.v. Klausel 5 lit. b Abs. 2) siehe Rz. 26.120 ff.
141 Ähnlich *Räther/Seitz*, MMR 2002, 520 (524).

26.88 Im vorgenannten Fall hat der Datenimporteur neben den Datenschutzgrundsätzen der Anlage 3 zum Standardvertrag I die einschlägigen Bestimmungen zu beachten, die nach der Entscheidung der EU-Kommission nach Art. 25 Abs. 6 der Richtlinie 95/46/EG oder nach Art. 45 Abs. 1 DSGVO ein angemessenes Datenschutzniveau gewährleisten. Die Vertragspartner müssen die einschlägigen Bestimmungen herausarbeiten und ebenfalls als Anlage zum Standardvertrag I nehmen. Abgesehen von dem insoweit relativ hohen Rechtsrisiko kommt diese Alternative praktisch nur für in Kanada ansässige Datenimporteure in Betracht. In allen anderen bis September 2020 entschiedenen Fällen des Art. 25 Abs. 6 der Richtlinie 95/46/EG und Art. 45 DSGVO hat die EU-Kommission die Angemessenheit des Datenschutzniveaus für die Drittländer vorbehaltlos anerkannt[142] oder Alternative 3 ist nicht anwendbar[143].

26.89 Einstweilen frei.

cc) Kooperationspflicht (Klausel 5 lit. c)

26.90 **Klausel 5** lit. c enthält eine **Kooperationspflicht des Datenimporteurs.** Er ist verpflichtet, sachdienliche Anfragen des Datenexporteurs oder der betroffenen Personen unverzüglich, also ohne schuldhaftes Zögern, und genau zu bearbeiten und zu beantworten. Zudem muss der Datenimporteur mit der zuständigen „Kontrollstelle", also der zuständigen **Datenschutzaufsichtsbehörde** gem. Art. 4 Nr. 21 DSGVO[144], kooperieren und deren Feststellungen hinsichtlich der Verarbeitung der übermittelten Daten respektieren.

dd) Prüfungsrecht des Datenexporteurs (Klausel 5 lit. d)

26.91 Der Datenimporteur garantiert, seine Datenverarbeitungseinrichtungen auf Verlangen des Datenexporteurs durch diesen oder einen unabhängigen qualifizierten Dritten prüfen zu lassen. Das damit einhergehende **Prüfungsrecht des Datenexporteurs** ist weder sachlich noch zeitlich beschränkt. Allerdings würde eine – durchaus sachgerechte und daher angezeigte – Einschränkung dieser Regelung dazu führen, dass der Standardvertrag I seinen entscheidenden Vorteil verliert. Die Nutzung entsprechend geänderter Standarddatenschutzklauseln bzw. eine darauf basierende Datenübermittlung dürfte nicht ohne vorherige Zustimmung der Datenschutzaufsichtsbehörden erfolgen, da mit der Regelung in Klausel 5 lit. d indirekt auch die Rechte der betroffenen Personen gesichert werden sollen[145]. Insoweit sind die alternativen Klauseln in Standardvertrag II mit der entsprechenden Klausel II lit. g zu bevorzugen[146].

ee) Herausgabe einer Kopie des Standardvertrags I (Klausel 5 lit. e)

26.92 Der Datenimporteur wird verpflichtet, den betroffenen Personen auf deren Anforderung eine **Kopie der vereinbarten Standarddatenschutzklauseln** zur Verfügung zu stellen. Diese Verpflichtung entspricht der Regelung in Klausel 4 lit. c, deren Adressat der Datenexporteur ist (dazu Rz. 26.77). Darüber hinaus ist den betroffenen Personen die für Beschwerden zuständige Stelle zu benennen.

---

142 Abgesehen von den praktisch kaum relevanten Einschränkungen, wenn die Übermittlung und die anschließende Verarbeitung der Daten in nicht automatisierter Form erfolgen, so z.B. für Israel. Ein Überblick über die EU-Kommission zur Angemessenheit in Drittländern ist zu finden unter https://ec.europa.eu/info/law/law-topic/data-protection/international-dimension-data-protection/adequacy-decisions_en (Stand: 30.12.2020).

143 Das gilt insbesondere für die Angemessenheitsentscheidungen im Zusammenhang mit den Abkommen zur Übermittlung von Flugpassagierdaten in verschiedene Drittländer.

144 Zum Begriff „Kontrollstelle" siehe Rz. 26.42 f.; zur Frage der zuständigen Datenschutzaufsichtsbehörde (Kontrollstelle) siehe Rz. 26.131.

145 In diese Richtung auch *Räther/Seitz*, MMR 2002, 520 (524).

146 Dazu siehe Erläuterung von Klausel II lit. g des Standardvertrags II in Teil 5, Rz. 27.68.

b) Anlage 2 zum Standardvertrag I

M 26.1.14 Anlage 2 zum Standardvertrag I

Anlage 2 zu den Standardvertragsklauseln

Verbindliche Datenschutzgrundsätze im Sinne von Klausel 5 Buchstabe b) Absatz 1

Diese Datenschutzgrundsätze sind im Lichte der Bestimmungen (Grundsätze und entsprechende Ausnahmen) der Richtlinie 95/46/EG auszulegen.

Sie gelten vorbehaltlich der nach den nationalen Rechtsvorschriften für den Datenimporteur geltenden zwingenden Anforderungen, die nicht weitergehen, als es in einer demokratischen Gesellschaft unter Zugrundelegung der in Artikel 13 Absatz 1 der Richtlinie 95/46/EG aufgeführten Interessen erforderlich ist; d.h., die Anforderungen müssen notwendig sein für die Sicherheit des Staates, die Landesverteidigung, die öffentliche Sicherheit, die Verhütung, Ermittlung, Feststellung und Verfolgung von Straftaten oder Verstößen gegen die berufsständischen Regeln bei reglementierten Berufen oder den Schutz der betroffenen Person und der Rechte und Freiheiten anderer Personen.

1. *Zweckbindung: Die Daten sind für die spezifischen Zwecke in Anlage 1 der Klauseln zu verarbeiten und anschließend zu verwenden oder weiter zu übermitteln. Die Daten dürfen nicht länger aufbewahrt werden, als es für die Zwecke erforderlich ist, für die sie übermittelt werden.*

2. *Datenqualität und -verhältnismäßigkeit: Die Daten müssen sachlich richtig und, wenn nötig, auf dem neuesten Stand sein. Sie müssen angemessen, relevant und im Hinblick auf die Zweckbestimmung, für die sie übertragen oder weiterverarbeitet werden, nicht excessiv sein.*

3. *Transparenz: Die betroffenen Personen müssen Informationen über die Zweckbestimmungen der Verarbeitung und die Identität des im Drittland für die Verarbeitung Verantwortlichen sowie andere Informationen erhalten, sofern dies erforderlich ist, um eine angemessene Verarbeitung sicherzustellen, und sofern diese Informationen nicht bereits vom Datenexporteur erteilt wurden.*

4. *Sicherheit und Vertraulichkeit: Der für die Verarbeitung Verantwortliche hat geeignete technische und organisatorische Sicherheitsvorkehrungen gegen die Risiken der Verarbeitung zu treffen, bspw. gegen den unzulässigen Zugriff auf Daten. Alle unter der Verantwortung des für die Verarbeitung Verantwortlichen tätigen Personen, darunter auch Auftragsverarbeiter, dürfen die Daten nur auf Anweisung des für die Verarbeitung Verantwortlichen verarbeiten.*

5. *Recht auf Zugriff, Berichtigung, Löschung und Widerspruch: Nach Artikel 12 der Richtlinie 95/46/EG muss die betroffene Person das Recht haben, auf alle sie betreffenden Daten, die verarbeitet werden, zuzugreifen sowie je nach Fall das Recht haben auf Berichtigung, Löschung oder Sperrung von Daten, deren Verarbeitung gegen die in dieser Anlage aufgeführten Grundsätze verstößt, insbesondere wenn diese Daten unvollständig oder unrichtig sind. Die betreffende Person muss auch aus zwingenden berechtigten Gründen, die mit ihrer persönlichen Situation zusammenhängen, Widerspruch gegen die Verarbeitung der sie betreffenden Daten einlegen können.*

6. *Beschränkung der Weiterübermittlung: Weiterübermittlungen personenbezogener Daten vom Datenimporteur an einen anderen für die Verarbeitung Verantwortlichen, der in einem Drittland ansässig ist, das weder angemessenen Schutz bietet noch unter eine von der Kommission gemäß Artikel 25 Absatz 6 der Richtlinie 95/46/EG erlassene Entscheidung fällt (nachstehend: Weiterübermittlung), dürfen nur stattfinden, wenn eine der folgenden Bedingungen erfüllt ist:*

   a) *Die betroffenen Personen haben der Weiterübermittlung eindeutig zugestimmt, falls bestimmte Datenkategorien betroffen sind, oder haben in anderen Fällen die Möglichkeit erhalten, sich dagegen auszusprechen.*

      Die betroffenen Personen müssen mindestens folgende Informationen erhalten und zwar in einer Sprache, die sie verstehen:

      – *die Zwecke der Weiterübermittlung,*

      – *die Identität des in der Gemeinschaft ansässigen Datenexporteurs,*

    – *die Kategorien weiterer Empfänger der Daten und Empfängerländer sowie*

    – *eine Erklärung darüber, dass die Daten, nach der Weiterübermittlung von einem für die Verarbeitung Verantwortlichen verarbeitet werden können, der in einem Land ansässig ist, das kein angemessenes Schutzniveau für die Privatsphäre des Einzelnen gewährleistet; oder*

  b) der Datenexporteur und der Datenimporteur stimmen dem Beitritt eines weiteren, für die Verarbeitung Verantwortlichen zu den Klauseln zu, der dadurch zu einer Partei dieser Klauseln wird und dieselben Verpflichtungen wie der Datenimporteur eingeht.

7. *Besondere Datenkategorien: Werden Daten, aus denen die rassische und ethnische Herkunft, politische Meinungen, religiöse oder philosophische Überzeugungen oder die Gewerkschaftszugehörigkeit hervorgehen, sowie Daten über Gesundheit oder Sexualleben und Daten über Straftaten, strafrechtliche Verurteilungen oder Sicherheitsmaßnahmen verarbeitet, so sollten zusätzliche Garantien entsprechend der Richtlinie 95/46/EG vorliegen, insbesondere angemessene Sicherheitsmaßnahmen wie die strenge Verschlüsselung für Übermittlungszwecke oder Aufzeichnungen über Zugriffe auf sensible Daten.*

8. *Direktmarketing: Werden Daten zum Zwecke des Direktmarketings verarbeitet, müssen wirksame Verfahren vorgesehen sein, die der betroffenen Person jederzeit die Möglichkeit des „Opt-out" geben, so dass sie sich gegen die Verwendung ihrer Daten für derartige Zwecke entscheiden kann.*

9. *Automatisierte Einzelentscheidungen: Die betroffenen Personen haben das Recht, keiner Entscheidung unterworfen zu werden, die allein auf der automatisierten Datenverarbeitung beruht, wenn keine anderen Maßnahmen zur Wahrung der berechtigten Interessen der Person nach Artikel 15 Absatz 2 der Richtlinie 95/46/EG ergriffen werden. Erfolgt die Übermittlung mit dem Ziel, eine automatisierte Einzelentscheidung im Sinne von Artikel 15 Richtlinie 95/46/EG, d.h. eine Entscheidung, die rechtliche Folgen für die Person nach sich zieht oder sie erheblich beeinträchtigt und die ausschließlich aufgrund einer automatisierten Verarbeitung von Daten zum Zwecke der Bewertung einzelner Aspekte ihrer Person ergeht, wie bspw. ihrer beruflichen Leistungsfähigkeit, ihrer Kreditwürdigkeit, ihrer Zuverlässigkeit oder ihres Verhaltens usw., zu treffen, so muss die natürliche Person das Recht haben, die Gründe für diese Entscheidung zu erfahren.*

aa) Überblick und Hinweise zur Anwendung

26.94 In **Anlage 2** zum Standardvertrag I sind die **verbindlichen Datenschutzgrundsätze** geregelt, die vom Datenimporteur einzuhalten sind, wenn er sich für die erste Alternative in Klausel 5 lit. b entscheidet[147]. Es handelt sich um: Zweckbindung, Datenqualität und -verhältnismäßigkeit, Transparenz, Sicherheit und Vertraulichkeit, Betroffenenrechte, Vorgaben für eine Weiterübermittlung der Daten durch den Datenimporteur in einem Drittland ohne angemessenes Datenschutzniveau, Anforderungen an eine Verarbeitung besonderer Datenkategorien, Vorgaben für Direktmarketing sowie Voraussetzungen für automatisierte Entscheidungen im Einzelfall.

26.95 Diese Datenschutzgrundsätze sind nach dem Wortlaut der Anlage 2 im Lichte der Bestimmungen der Richtlinie 95/46/EG auszulegen. Nach Art. 94 Abs. 2 Satz 1 DSGVO gilt dieser Verweis wie auch die weiteren **Verweise auf die Richtlinie 95/46/EG** in der Anlage 2 als Verweise auf die DSGVO (dazu Rz. 26.43). Das ist im Rahmen der Anwendung und Auslegung der Anlage 2 zu berücksichtigen. Eine Änderung des Textes der Anlage 2 ist für den Abschluss neuer Standarddatenschutzklauseln jedoch ebenso wenig erforderlich wie eine Ergänzung bereits geschlossener und eingesetzter Standardverträge I.

26.96 Die in Anlage 2 zum Standardvertrag I festgelegten Datenschutzgrundsätze gelten zudem vorbehaltlich der nach den nationalen Rechtsvorschriften für den Datenimporteur zwingenden Ausnahmen und

---

147 Zur ersten Alternative in Klausel 5 lit. b siehe Rz. 26.83, Rz. 26.85.

– Verfahren zur regelmäßigen Überprüfung, Bewertung und Evaluierung der Wirksamkeit der technischen und organisatorischen Maßnahmen zur Gewährleistung der Sicherheit der Verarbeitung.

Diese in Art. 32 Abs. 1 DSGVO lediglich beispielhaft genannten Aspekte sollten im Auswahlprozess **26.108** besonders berücksichtigt werden. Weiter konkretisierte Vorgaben wie in der Anlage zu § 9 Satz 1 BDSG a.F. sind der DSGVO jedoch nicht zu entnehmen. Insoweit kann sich zwar einstweilen an den erwähnten Vorgaben der Anlage zu § 9 Satz 1 BDSG a.F. sowie den einschlägigen Kommentierungen und Aussagen der Aufsichtsbehörden zu Art. 32 DSGVO orientiert werden[153]. Es sollte jedoch beobachtet werden, wie sich Aufsichtsbehörden zu Art. 32 DSGVO positionieren. Eine weitere Hilfestellung bietet schließlich die Auflistung in § 64 Abs. 3 BDSG. Dabei ist zu beachten, dass diese Vorschrift nicht direkt herangezogen werden kann, da mit ihr lediglich die Richtlinie 2016/680/EU[154] umgesetzt wird.

Die technischen und organisatorischen Maßnahmen müssen unter Berücksichtigung des Standes der **26.109** Technik und der bei ihrer Durchführung entstehenden Kosten ein Schutzniveau gewährleisten, das den von der Verarbeitung ausgehenden Risiken und der Art der zu schützenden Daten angemessen ist. Das folgt aus Art. 32 Abs. 1 DSGVO mit den Kriterien, die bei der Auswahl der Maßnahmen heranzuziehen sind, um ein **angemessenes Schutzniveau** zu gewährleisten[155]:

– Stand der Technik

– Implementierungskosten

– Art, Umfang, Umstände und Zweck der Verarbeitung

– Eintrittswahrscheinlichkeit und Schwere des Risikos für die Rechte und Freiheiten der betroffenen Personen.

Ziff. 4 Satz 2 der Anlage 2 war an die Regelung in Art. 16 der Richtlinie 95/46/EG angelehnt und entspricht der Regelung in Art. 29 DSGVO. Sie enthält den Grundsatz, dass Mitarbeiter des Datenimporteurs, aber auch Auftragsverarbeiter[156] Daten nur auf Weisung des Datenimporteurs verarbeiten dürfen. Das setzt eine entsprechende Verpflichtung der genannten Personenkreise voraus, die z.B. im Rahmen von Arbeitsverträgen oder Vereinbarungen zur Auftragsverarbeitung erfolgen kann. **26.110**

ff) Rechte auf Zugriff, Berichtigung, Löschung, Sperrung und Widerspruch (Ziff. 5)

Ziff. 5 enthält den Grundsatz der **Rechte auf Zugriff, Berichtigung und Löschung sowie Sperrung** **26.111** **und Widerspruch**. Insoweit verweist die Regelung explizit auf Art. 12 der Richtlinie 95/46/EG. Dieser Verweis gilt gem. Art. 94 Abs. 2 Satz 1 DSGVO als Verweis auf Art. 15 bis 21 DSGVO. Das **Recht auf Sperrung** entspricht nunmehr dem **Recht auf Einschränkung der Verarbeitung** gem. Art. 18 DSGVO. Das ist im Rahmen der Anwendung und Auslegung von Vereinbarungen auf Basis des Standardvertrags I zu berücksichtigen. Eine Änderung der Anlage 2 ist allerdings sowohl für neue als auch für bereits geschlossene und eingesetzte Standardverträge I nicht erforderlich. Zur Konkretisierung der Rechte der

---

153 Vgl. nur *Schultze-Melling* in Taeger/Gabel, 2. Aufl., § 9 BDSG Rz. 35 ff.; *Ernestus* in Simitis, § 9 BDSG Rz. 47 ff.

154 Richtlinie 2016/680/EU des Europäischen Parlaments und des Rates zum Schutz natürlicher Personen bei der Verarbeitung personenbezogener Daten durch die zuständigen Behörden zum Zwecke der Verhütung, Ermittlung, Aufdeckung oder Verfolgung von Straftaten oder der Strafvollstreckung sowie zum freien Datenverkehr und zur Aufhebung des Rahmenbeschlusses 2008/077/JI des Rates v. 27.4.2016, ABl. EU Nr. L 119/89 v. 4.5.2016 (nachfolgend „Richtlinie 2016/680/EU").

155 Vor Geltung der DSGVO ergab sich das aus Art. 17 Abs. 1 Satz 2 und Erwägungsgrund 46 Satz 3 der Richtlinie 95/46/EG.

156 Auftragsverarbeiter ist gemäß Legaldefinition in Art. 4 Nr. 8 DSGVO eine natürliche oder juristische Person, Behörde, Einrichtung oder andere Stelle, die personenbezogene Daten im Auftrag des Verantwortlichen verarbeitet. Der Rückgriff auf diese Legaldefinition ist auf Basis von Art. 3 lit. a der Entscheidung 2001/497/EG und Art. 94 Abs. 2 Satz 1 DSGVO möglich.

betroffenen Personen ist auf die vorgenannten Art. 15 bis 21 DSGVO sowie auf Art. 12 und Art. 13 DSGVO zurückzugreifen, wo die Modalitäten der Ausübung dieser Rechte geregelt sind.

26.112 Das in Ziff. 5 der Anlage 2 als Recht auf Zugriff bezeichnete **Auskunftsrecht** umfasst gem. Art. 15 Abs. 1 und 2 DSGVO

- die Information darüber, ob Daten der betroffenen Person verarbeitet werden,
- Informationen über die Kategorien der Daten, den Zweck ihrer Verarbeitung und deren Herkunft, wenn sie nicht bei der betroffenen Person erhoben wurden,
- Informationen über die Empfänger oder Kategorien von Empfängern, an die die Daten weitergegeben werden,
- Informationen über die geplante Speicherdauer,
- Informationen über die Logik, Tragweite und Auswirkungen einer Datenverarbeitung im Fall automatisierter Einzelentscheidungen i.S.v. Art. 22 DSGVO,
- Informationen zu den Rechten der betroffenen Personen einschließlich der Möglichkeit einer Beschwerde bei einer Aufsichtsbehörde sowie
- Informationen über die geeigneten Garantien gem. Art. 46 DSGVO im Fall einer Übermittlung in ein Drittland.

26.113 Die **Auskunft** muss unverzüglich und grundsätzlich innerhalb eines Monats (vgl. dazu Rz. 26.78) sowie in verständlicher Form erfolgen. Dabei kommt es auf die Verständlichkeit aus Sicht einer typischen betroffenen Person an[157]. Das Auskunftsrecht soll nur in angemessenen zeitlichen Abständen geltend gemacht werden dürfen. Eine rechtsmissbräuchliche Inanspruchnahme des Datenimporteurs ist entsprechend Art. 12 Abs. 5 Satz 2 DSGVO ausgeschlossen.

26.114 Soweit die Verarbeitung von personenbezogenen Daten gegen die in Anlage 2 zum Standardvertrag I enthaltenen Grundsätze verstößt, haben die betroffenen Personen das Recht auf **Berichtigung, Löschung oder Sperrung** dieser Daten, wobei die Sperrung nunmehr einer **Einschränkung der Verarbeitung** gem. Art. 18 DSGVO entspricht (Rz. 26.111). Das gilt insbesondere, wenn die Daten unvollständig oder unrichtig sind[158].

26.115 Die Grundsätze in Ziff. 5 der Anlage 2 werden in Satz 2 vervollständigt durch das Recht auf **Widerspruch**. Es kommt zum Tragen, wenn sich aus der besonderen Situation der betroffenen Person schutzwürdige Gründe ergeben, die das Interesse an der Datenverarbeitung überwiegen. Entsprechend der Regelung in Art. 21 Abs. 1 Satz 2 DSGVO führt ein berechtigter Widerspruch zu der Rechtsfolge, dass eine weitere Datenverarbeitung unterbleiben muss, weil sie nicht rechtmäßig wäre. Ein Widerspruchsrecht im Fall von Direktwerbung ist in Ziff. 8 der Anlage 2 verankert (dazu Rz. 26.118).

gg) Beschränkung der Weiterübermittlung (Ziff. 6)

26.116 Ziff. 6 enthält Beschränkungen der **Weiterübermittlung** personenbezogener Daten vom Datenimporteur an einen anderen für die Verarbeitung Verantwortlichen, der in einem Drittland ohne angemessenes Schutzniveau ansässig ist. Für diese Weiterübermittlungen sind ausschließlich zwei Alternativen mit bestimmten Voraussetzungen vorgesehen. Die nicht sehr präzise formulierte Regelung der Weiter-

---

157 Vgl. *Franck* in Gola, Art. 12 DSGVO Rz. 22 zu Art. 12 Abs. 1 DSGVO.
158 Zur Richtigkeit der Daten siehe Rz. 26.100 f.; zur Berichtigung, Löschung und Einschränkung der Verarbeitung vgl. nur *Paal* in Paal/Pauly, Art. 16 DSGVO Rz. 1 ff.; Art. 17 DSGVO Rz. 1 ff.; Art. 18 DSGVO Rz. 1 ff.; *Peuker* in Sydow, Art. 16 DSGVO Rz. 1 ff.; Art. 17 DSGVO Rz. 1 ff.; Art. 18 DSGVO Rz. 1 ff.

übermittlung nach Ziff. 6 lit. a hat folgenden Inhalt[159]: Eine Weiterübermittlung von besonderen Kategorien personenbezogener Daten[160] ist nur mit vorheriger Zustimmung der betroffenen Personen gestattet; bei sonstigen personenbezogenen Daten dürfen die betroffenen Personen nicht widersprochen haben, nachdem ihnen eine Möglichkeit zum Widerspruch eingeräumt worden ist. In jedem Fall sind die betroffenen Personen zuvor über die in Ziff. 6 lit. a genannten Punkte zu informieren. Alternativ ist eine Weiterübermittlung nach Ziff. 6 lit. b zulässig, wenn der weitere für die Verarbeitung Verantwortliche unter Zustimmung des Datenexporteurs und des Datenimporteurs dem Standardvertrag I beitritt und dadurch zu einer weiteren Vertragspartei wird und dieselben Verpflichtungen wie der Datenimporteur eingeht.

hh) Besondere Datenkategorien (Ziff. 7)

Eine **Verarbeitung besonderer Datenkategorien**[161] erfordert **zusätzliche Garantien** des Datenimporteurs, insbesondere angemessene technische und organisatorische Maßnahmen. Die Angemessenheit der Maßnahmen ist danach zu beurteilen, ob sie im Einzelfall dem besonderen Charakter der Daten im Hinblick auf den jeweiligen Verarbeitungszusammenhang und insoweit einem wirksamen Schutz der betroffenen Person Rechnung tragen. Da es sich um zusätzliche Garantien handelt, müssen die entsprechenden Maßnahmen über das hinausgehen, was bereits aus den anderen Grundsätzen der Anlage 2 folgt, insbesondere über die Maßnahmen zur Sicherheit und Vertraulichkeit gem. Ziff. 4. Beispielhaft genannt werden in Ziff. 7 der Anlage 2 eine starke Verschlüsselung und Aufzeichnung von Zugriffen auf die besonderen Datenkategorien. **26.117**

ii) Direktmarketing (Ziff. 8)

Der Grundsatz in Ziff. 8 sieht ein Widerspruchsrecht der betroffenen Personen vor, wenn Daten zum Zweck des **Direktmarketings** verarbeitet werden. Dieses Recht soll jederzeit und ohne Angabe von Gründen ausgeübt werden können; es ist an keine Voraussetzungen gebunden. Eine weitere Verarbeitung zu Zwecken des Direktmarketings trotz Widerspruchs ist entsprechend Art. 21 Abs. 2 und 3 DSGVO unzulässig. **26.118**

jj) Automatisierte Einzelentscheidungen (Ziff. 9)

Der Grundsatz in Ziff. 9 begrenzt die Zulässigkeit der Datenverarbeitung zum Zweck von **automatisierten Einzelentscheidungen**, die nunmehr entsprechend der Regelung in Art. 22 DSGVO als **automatisierte Entscheidungen im Einzelfall** bezeichnet werden. Die Verweise in Ziff. 9 der Anlage 2 auf Art. 15 der Richtlinie 95/46/EG gelten gem. Art. 94 Abs. 2 Satz 1 DSGVO als Verweise auf die entsprechenden Regelungen in Art. 22 DSGVO. Entscheidungen, die allein auf automatisierter Datenverarbeitung beruhen, sind nur unter den engen Voraussetzungen von Art. 22 Abs. 2 DSGVO zulässig[162]. Bei einer Datenübermittlung zum Zweck einer automatisierten Entscheidung im Einzelfall i.S.v. Art. 22 Abs. 1 DSGVO haben die betroffenen Personen das Recht, die Gründe für diese Entscheidung zu erfahren. **26.119**

---

159 Vgl. die insoweit bessere Formulierung in Klausel II lit. i (iii) und (iv) des Standardvertrags II.

160 Zu den Begriffen „besondere Datenkategorien", „besondere Kategorien personenbezogener Daten" und „sensible Daten" siehe Rz. 26.64, Rz. 26.76. Zu den zusätzlichen Vorgaben für die Verarbeitung dieser Daten siehe Rz. 26.117.

161 Zu den Begriffen „besondere Datenkategorien", „besondere Kategorien personenbezogener Daten" und „sensible Daten" siehe Rz. 26.64, Rz. 26.76. Zur Beschränkung der Weiterübermittlung dieser Daten siehe Rz. 26.116.

162 Zu Art. 22 DSGVO siehe nur *Schulz* in Gola, Art. 22 DSGVO Rz. 1 ff.; *Martini* in Paal/Pauly, Art. 22 DSGVO Rz. 1 ff.

c) Anlage 3 zum Standardvertrag I

26.120 **M 26.1.15 Anlage 3 zum Standardvertrag I**

Anlage 3 zu den Standardvertragsklauseln

Verbindliche Datenschutzgrundsätze im Sinne von Klausel 5 Buchstabe b) Absatz 2

1. *Zweckbindung: Die Daten sind für die spezifischen Zwecke in Anlage 1 der Klauseln zu verarbeiten und anschließend zu verwenden oder weiter zu übermitteln. Die Daten dürfen nicht länger aufbewahrt werden, als es für die Zwecke erforderlich ist, für die sie übermittelt werden.*

2. *Recht auf Zugriff, Berichtigung, Löschung und Widerspruch: Nach Artikel 12 der Richtlinie 95/46/EG muss die betroffene Person das Recht haben, auf alle sie betreffenden Daten, die verarbeitet werden, zuzugreifen sowie je nach Fall das Recht haben auf Berichtigung, Löschung oder Sperrung von Daten, deren Verarbeitung gegen die in dieser Anlage aufgeführten Grundsätze verstößt, insbesondere wenn diese Daten unvollständig oder unrichtig sind. Die betreffende Person muss auch aus zwingenden berechtigten Gründen, die mit ihrer persönlichen Situation zusammenhängen, Widerspruch gegen die Verarbeitung der sie betreffenden Daten einlegen können.*

3. *Beschränkung der Weiterübermittlung: Weiterübermittlungen personenbezogener Daten vom Datenimporteur an einen anderen für die Verarbeitung Verantwortlichen, der in einem Drittland ansässig ist, das weder angemessenen Schutz bietet noch unter eine von der Kommission gemäß Artikel 25 Absatz 6 der Richtlinie 95/46/EG erlassene Entscheidung fällt (nachstehend: Weiterübermittlungen), dürfen nur stattfinden, wenn eine der folgenden Bedingungen erfüllt ist:*

   a) *Die betroffenen Personen haben der Weiterübermittlung ausdrücklich zugestimmt, falls bestimmte Datenkategorien betroffen sind, oder haben in anderen Fällen die Möglichkeit erhalten, sich dagegen auszusprechen.*

   Die betroffenen Personen müssen mindestens folgende Informationen erhalten und zwar in einer Sprache, die sie verstehen:

   – *die Zwecke der Weiterübermittlung,*

   – *die Identität des in der Gemeinschaft ansässigen Datenexporteurs,*

   – *die Kategorien weiterer Empfänger der Daten und Empfängerländer sowie*

   – *eine Erklärung darüber, dass die Daten, nach der Weiterübermittlung von einem für die Verarbeitung Verantwortlichen verarbeitet werden können, der in einem Land ansässig ist, das kein angemessenes Schutzniveau für die Privatsphäre des Einzelnen gewährleistet; oder*

   b) *der Datenexporteur und der Datenimporteur stimmen dem Beitritt eines weiteren, für die Verarbeitung Verantwortlichen zu den Klauseln zu, der dadurch zu einer Partei dieser Klauseln wird und dieselben Verpflichtungen wie der Datenimporteur eingeht.*

26.121 In **Anlage 3** zum Standardvertrag I sind die **verbindlichen Datenschutzgrundsätze** geregelt, die vom Datenimporteur einzuhalten sind, wenn er sich für die zweite oder dritte Alternative in Klausel 5 lit. b entscheidet[163]. Es handelt sich um die Zweckbindung (Ziff. 1), die Betroffenenrechte (Recht auf Zugriff, Berichtigung, Löschung und Widerspruch; Ziff. 2) und die Vorgaben für eine Weiterübermittlung der Daten durch den Datenimporteur in ein Drittland ohne angemessenes Datenschutzniveau (Beschränkung der Weiterübermittlung; Ziff. 3). Insoweit kann auf die Kommentierung zu den entsprechenden Ziff. 1, 5 und 6 von Anlage 2 verwiesen werden (siehe Rz. 26.97, Rz. 26.110 ff. und Rz. 26.115).

26.122 Anlage 3 enthält im Gegensatz zu Anlage 2 zwar nicht die explizite Vorgabe, dass die Datenschutzgrundsätze im Lichte der Bestimmungen der Richtlinie 95/46/EG auszulegen sind (vgl. Rz. 26.93, Rz. 26.95). Dennoch war unter Geltung der Richtlinie 95/46/EG auf die Auslegung der entsprechenden

---

163 Zu den Alternativen gemäß Klausel 5 lit. b des Standardvertrags I siehe Rz. 26.83 ff.

Vorschriften der Richtlinie 95/46/EG zurückzugreifen. Das ergab sich nicht nur aus dem direkten Verweis auf Art. 12 der Richtlinie 95/46/EG in Ziff. 2 der Anlage 2 für die Betroffenenrechte. Vielmehr hat die EU-Kommission die Entscheidung 2001/497/EG insgesamt auf Grundlage und in Erwägung der Richtlinie 95/46/EG erlassen[164]. Für diese Gesamtschau kommt die DSGVO-Regelung zu Verweisen auf die Richtlinie 95/46/EG zum Tragen. Nach Art. 94 Abs. 2 Satz 1 DSGVO gelten diese Verweise – auch in Erwägungsgründen von Entscheidungen der EU-Kommission – als Verweise auf die DSGVO (dazu Rz. 26.43). Daher sind auch die **Datenschutzgrundsätze** in Anlage 3 **im Lichte der Bestimmungen der DSGVO** auszulegen. Das ist im Rahmen der Anwendung und Auslegung zu berücksichtigen. Eine Änderung des Textes der Anlage 3 ist sowohl für neue als auch bereits geschlossene und eingesetzte Standardverträge I jedoch nicht erforderlich.

8. Haftung (Klausel 6)

M 26.1.16 Haftung   26.123

6. Haftung

1. *Die Parteien vereinbaren, dass betroffene Personen, die durch eine Verletzung der Bestimmungen in Klausel 3 Schaden erlitten haben, berechtigt sind, von den Parteien Schadensersatz für den erlittenen Schaden zu verlangen. Die Parteien vereinbaren, dass sie nur von der Haftung befreit werden können, wenn sie nachweisen, dass keine von ihnen für die Verletzung dieser Bestimmungen verantwortlich ist.*

2. *Der Datenexporteur und der Datenimporteur vereinbaren, dass sie gesamtschuldnerisch für Schäden der betroffenen Personen haften, die durch eine Verletzung im Sinne von Absatz 1 entstehen. Im Falle einer Verletzung dieser Bestimmungen kann die betroffene Person gegen den Datenexporteur oder den Datenimporteur oder beide gerichtlich vorgehen.*

3. *Die Parteien vereinbaren, dass, wenn eine Partei haftbar gemacht wird für eine Verletzung im Sinne von Absatz 1 durch die andere Partei, die zweite Partei der ersten Partei alle Kosten, Schäden, Ausgaben und Verluste, die der ersten Partei entstanden sind, in dem Umfang ersetzt, in dem die zweite Partei haftbar ist.*

Klausel 6 regelt die **Haftung** für den Fall, dass eine der drittschützenden Bestimmungen in Klausel 3 verletzt wird. Betroffene Personen können im Schadensfall von den Vertragsparteien Schadensersatz verlangen. Allerdings besteht gemäß Klausel 6 Abs. 1 die Möglichkeit einer Haftungsbefreiung, wenn keine der Vertragsparteien, also weder Datenexporteur noch Datenimporteur, die Verletzung der drittschützenden Bestimmungen in Klausel 3 zu vertreten hat. Dieser Umstand ist von den Vertragsparteien nachzuweisen. Das entspricht der gesetzlichen Regelung in Art. 82 Abs. 3 DSGVO.   26.124

Datenexporteur und Datenimporteur haften gemäß Klausel 6 Abs. 2 gesamtschuldnerisch und es steht den betroffenen Personen frei, gegen eine der Vertragsparteien oder gegen beide gemeinsam vorzugehen[165].   26.125

Abs. 3 der Klausel 6 regelt den **Ausgleich im Innenverhältnis** der Vertragsparteien. Allerdings steht diese Regelung zur Disposition der Vertragsparteien, ohne dass die Sicherstellung eines angemessenen Datenschutzniveaus durch die Standarddatenschutzklauseln in Frage gestellt wird. Die Verwendung dieser Bestimmung ist den Vertragsparteien ausdrücklich freigestellt. Sie wurde im Interesse der Rechtsklarheit aufgenommen. Zudem soll sie dem Datenexporteur und dem Datenimporteur die Möglichkeit bieten, auf eine Verhandlung von Ausgleichsklauseln im Einzelfall verzichten zu können[166].   26.126

---

164 Vgl. nur Erwägungsgründe 12, 13 und 14 sowie Art. 3 lit. a der Entscheidung 2001/497/EG.
165 Zu den Gründen und Nachteilen dieser Regelung siehe Kommentierung zum Standardvertrag II in Teil 5, Rz. 27.11 f., Rz. 27.78.
166 Erwägungsgrund 20 Satz 2 und 3 der Entscheidung 2001/497/EG.

9. Schlichtungsverfahren und Zuständigkeit (Klausel 7)

26.127 **M 26.1.17 Schlichtungsverfahren und Zuständigkeit**

7. Schlichtungsverfahren und Zuständigkeit

1. *Die Parteien vereinbaren, dass sie im Falle einer Streitigkeit zwischen einer betroffenen Person und einer der Vertragsparteien, die unter Berufung auf die Drittbegünstigung nach Klausel 3 nicht auf gütlichem Wege beigelegt wird, die Entscheidung der betroffenen Person akzeptieren entweder:*

   a) *an einem Schlichtungsverfahren durch eine unabhängige Person oder ggf. durch die Kontrollstelle teilzunehmen; oder*

   b) *den Streitfall den Gerichten des Mitgliedstaates zu unterbreiten, in dem der Datenexporteur ansässig ist.*

2. *Die Parteien vereinbaren, dass nach Absprache zwischen der betroffenen Person und der relevanten Partei die Klärung eines bestimmten Streitfalls einem Schiedsgericht unterbreitet werden kann, vorausgesetzt, dass diese Partei in einem Land ansässig ist, das das New-Yorker-Übereinkommen über die Vollstreckung von Schiedssprüchen ratifiziert hat.*

3. *Die Parteien vereinbaren, dass die Absätze 1 und 2 unbeschadet der materiellen oder Verfahrensrechte der betroffenen Person gelten, nach anderen Bestimmungen des nationalen oder internationalen Rechts Rechtsbehelfe einzulegen.*

26.128 Klausel 7 enthält Regelungen über ein etwaiges **Schlichtungs- und Schiedsverfahren**. Die Vertragsparteien akzeptieren das Wahlrecht der betroffenen Person, dass ein Schlichtungsverfahren durch eine unabhängige Stelle durchgeführt wird oder der Streitfall den Gerichten des Staates unterbreitet wird, in dem der Datenexporteur ansässig ist (Abs. 1). Alternativ kann gemäß Absprache zwischen der betroffenen Person und der Vertragspartei, von der Schadensersatz verlangt wird, ein Schiedsgericht angerufen werden (Abs. 2). Die tatsächlichen Wahlmöglichkeiten hängen von dem Vorhandensein zuverlässiger und anerkannter Schlichtungs- und Schiedsgerichtssysteme ab[167].

26.129 Schließlich soll es den betroffenen Personen nach Klausel 7 Abs. 3 weiterhin offenstehen, Rechtsbehelfe nach anderen Rechtsvorschriften einzulegen. Diese Regelung ist zwar insoweit fraglich, als ein Schiedsgericht den gerichtlichen Rechtsweg ersetzen soll[168]. Allerdings können die Vertragsparteien auf diese Bestimmung aufgrund ihres drittbegünstigenden Charakters nicht verzichten, ohne dass die Genehmigungsfreiheit der Datenübermittlung entfallen würde[169].

10. Zusammenarbeit mit Kontrollstellen (Klausel 8)

26.130 **M 26.1.18 Zusammenarbeit mit Kontrollstellen**

8. Zusammenarbeit mit Kontrollstellen

Die Parteien verpflichten sich, eine Kopie dieses Vertrags bei der Kontrollstelle zu hinterlegen, wenn diese es verlangt oder das nationale Recht es so vorsieht.

---

167 Vgl. Erwägungsgrund 21 Satz 2 der Entscheidung 2001/497/EG.

168 So auch *Räther/Seitz*, MMR 2002, 520 (525).

169 So wohl auch *Räther/Seitz*, MMR 2002, 520 (524). Zur Genehmigungsfreiheit bei Änderungen an den Standarddatenschutzklauseln siehe Rz. 26.18 ff.

Nach **Klausel 8** sind sowohl der Datenexporteur als auch der Datenimporteur verpflichtet, auf Anfrage oder wenn eine entsprechende nationale Vorschrift es vorsieht, der „**Kontrollstelle**", also der zuständigen **Aufsichtsbehörde** gem. Art. 4 Nr. 21 DSGVO[170], eine Kopie des konkreten, d.h. des ausgefüllten und unterzeichneten Vertrags einschließlich seiner Anlagen zu übergeben. Die zuständige Aufsichtsbehörde ist die nationale Datenschutzaufsichtsbehörde, die für das Land zuständig ist, in dem der Datenexporteur seinen Sitz hat[171]. Bei mehreren nationalen Aufsichtsbehörden richtet sich deren Zuständigkeit nach den innerstaatlichen Vorschriften. 26.131

Das Bestehen einer Vorlagepflicht bzgl. einer Kopie der konkret vereinbarten und unterzeichneten Standarddatenschutzklauseln sollte im Einzelfall geprüft werden. Das gilt insbesondere vor dem Hintergrund der nicht einheitlichen **Praxis der Aufsichtsbehörden** zur Vorlagepflicht unter Geltung der Richtlinie 95/46/EG[172]. Die Positionierung der zuständigen Aufsicht sollte beobachtet werden, da unter der DSGVO grundsätzlich eine einheitliche Meinungsbildung der Datenschutzaufsichtsbehörden aller EU-Mitgliedsstaaten erfolgen wird, die auch etwaige Vorlagepflichten betreffen kann. 26.132

11. Kündigung (Klausel 9)

M 26.1.19 Kündigung

26.133

9. Kündigung der Klauseln

Die Parteien vereinbaren, dass sie durch die Kündigung dieser Klauseln, wann, unter welchen Umständen und aus welchen Gründen auch immer sie erfolgt, nicht von den Verpflichtungen und/oder Bestimmungen dieser Klauseln in Bezug auf die Verarbeitung der übermittelten Daten befreit werden.

Klausel 9 bestimmt, dass eine **Kündigung des Standardvertrags I** die Vertragsparteien nicht davon entbindet, die aus den Klauseln folgenden Verpflichtungen in Bezug auf die Verarbeitung der übermittelten Daten über das Vertragsende hinaus weiter zu beachten. Relevant sind in diesem Zusammenhang insbesondere die Zweckbindung, die Speicherdauer/Löschung, die Vertraulichkeit und Sicherheit, die Haftungsregelungen und nicht zuletzt die Rechte der betroffenen Personen. 26.134

12. Anwendbares Recht (Klausel 10)

M 26.1.20 Anwendbares Recht

26.135

10. Anwendbares Recht

Für diese Klauseln gilt das Recht des Mitgliedstaates, in dem der Datenexporteur ansässig ist: …

Klausel 10 bestimmt das **anwendbare Recht**, das nicht zur Disposition der Vertragsparteien steht. Es ist das Recht des Staates, in dem der Datenexporteur ansässig ist. Das entsprechende Land ist in dieser Klausel zu ergänzen. 26.136

---

170 Zum Begriff „Kontrollstelle" siehe Rz. 26.42 ff.
171 Vgl. lit. a der Klausel „Begriffsbestimmung" in Standardvertrag II (dazu siehe Kommentierung zum Standardvertrag II in Teil 5, Rz. 27.34 ff.).
172 Dazu und zur Vorlagepflicht siehe auch Rz. 26.10.

13. Änderung des Vertrags (Klausel 11) und Feld für die Unterschriften

26.137 **M 26.1.21 Änderung des Vertrags**

11. Änderung des Vertrags

Die Parteien verpflichten sich, den Wortlaut dieser Klauseln, wie sie vereinbart wurden, nicht zu ändern.

Für den Datenexporteur:

Name (ausgeschrieben): …

Stellung: …

Anschrift: …

Ggf. weitere Angaben, die für das Vorliegen eines verbindlichen Vertrags erforderlich sind: …

…	…
(Unterschrift)	*(Stempel der Organisation)*

Für den Datenimporteur:

Name (ausgeschrieben): …

Stellung: …

Anschrift: …

Ggf. weitere Angaben, die für das Vorliegen eines verbindlichen Vertrags erforderlich sind: …

…	…
(Unterschrift)	*(Stempel der Organisation)*

26.138 Klausel 11 ist eine „Unabänderbarkeitsklausel", d.h. der vereinbarte Standardvertrag I darf von den Vertragsparteien nach Vertragsschluss nicht geändert werden. Sollte eine inhaltliche Änderung erforderlich werden, ist ein neuer Vertrag abzuschließen. Es hängt von der Art der Änderung ab, ob dieser neue Vertrag von der grundsätzlichen Genehmigungsfreiheit der Standarddatenschutzklauseln bzw. der Datenübermittlung auf Basis von Standarddatenschutzklauseln profitieren kann. Das ist im Einzelfall zu prüfen[173].

26.139 Am Ende des Vertragsdokuments befinden sich die **Felder für die Unterzeichnung** (Name und Stellung der Unterzeichnenden sowie Anschrift der Vertragsparteien). Diese Felder sind auszufüllen und um weitere Angaben zu ergänzen, soweit dies für das Vorliegen eines verbindlichen Vertrags nach nationalem Recht erforderlich ist.

---

173 Zur Genehmigungsfreiheit bei Standarddatenschutzklauseln siehe Rz. 26.18 ff.

Literatur: *Duhr/Naujok/Peter/Seiffert*, Neues Datenschutzrecht für die Wirtschaft, Erläuterungen und praktische Hinweise zu § 1 bis § 11 BDSG, DuD 2002, 5; *Europäischer Datenschutzausschuss* (Hrsg.), Recommendations 01/2020 on measures that supplement transfer tools to ensure compliance with the EU level of
protection of personal data, 10.11.2020 (version for public consultations); *Gola/Schomerus*, BDSG, 12. Aufl.
2015; *Hillenbrand-Beck*, Aktuelle Fragestellungen des internationalen Datenverkehrs, RDV 2007, 231; *Innenministerium des Landes Baden-Württemberg*, Hinweise des Innenministeriums zum Datenschutz für private Unternehmen und Organisationen (Nr. 40), Bekanntmachung vom 18.2.2002, Az. 2-0552.1/17; *Kuner/
Hladjk*, Die alternativen Standardvertragsklauseln der EU für internationale Datenübermittlungen, RDV
2005, 193; *Lejeune*, Die Angemessenheit drittstaatlichen Datenschutzniveaus nach dem BVerfG und die „unangemessenen" Vorgaben nach EuGH „Schrems II", CR 2020, 716; *Moos*, Die EU-Standardvertragsklauseln
für Auftragsverarbeiter 2010, CR 2010, 281; *Räther/Seitz*, Ausnahmen bei Datentransfers in Drittstaaten,
MMR 2002, 520; *Schmidl*, Übermittlung von Arbeitnehmerdaten auf Grundlage des Standardvertrags Set II,
DuD 2008, 258; *Simitis*, Bundesdatenschutzgesetz, 8. Aufl. 2014; *Taeger/Gabel*, Kommentar zum BDSG,
2. Aufl. 2013; *Wybitul/Ströbel/Ruess*, Übermittlung personenbezogener Daten in Drittländer, ZD 2017, 503.

A. Einleitung

27.1 **EU-Standarddatenschutzklauseln**[1] gewinnen seit Jahren zunehmend an Bedeutung für die Übermittlung personenbezogener Daten an **Empfänger in sog. Drittländern**, also Länder außerhalb der
Europäischen Union (EU) und keine Vertragsstaaten des Abkommens über den Europäischen Wirtschaftsraum (EWR). Sie bieten eine relative leicht umsetzbare und rechtssichere Lösung auf vertraglicher Basis, um die datenschutzrechtlichen Vorgaben zu erfüllen und das erforderliche Datenschutzniveau zu gewährleisten.

---

1 Nachfolgend auch „Standarddatenschutzklauseln".

Für eine Übermittlung personenbezogener Daten an Stellen in Drittländer, zu denen seit dem Brexit   27.2
auch Großbritannien gehört, gelten neben den allgemeinen Zulässigkeitsvoraussetzungen nach Art. 5,
6 ff. DSGVO[2] die besonderen Anforderungen gem. Art. 44 ff. DSGVO. Daher ist die **Prüfung der Zulässigkeit** einer Datenübermittlung in Drittländer **in zwei Stufen** durchzuführen.

Auf der **ersten Stufe** ist die **Zulässigkeit der Datenübermittlung** – unabhängig von deren Bestim-   27.3
mungsort – nach den allgemeinen Grundsätzen gem. Art. 5 DSGVO und den Rechtmäßigkeitsvor-
gaben gem. Art. 6 ff. DSGVO zu beurteilen. Auf der **zweiten Stufe** kommen die zusätzlichen Anforderungen für eine Datenübermittlung in Drittländer zum Tragen, die in Art. 44 ff. DSGVO geregelt
sind[3].

Eine Datenübermittlung ist zulässig, wenn ein **angemessenes Datenschutzniveau** existiert. In wel-   27.4
chen Drittländern ein entsprechendes Datenschutzniveau vorliegt, kann die EU-Kommission durch
Beschluss festlegen (Art. 45 DSGVO)[4]. Ohne Angemessenheitsbeschluss der EU-Kommission – so
beispielsweise zum Zeitpunkt des Brexits auch bei Großbritannien – ist eine Datenübermittlung in
Drittländer zulässig, wenn **geeignete Garantien** hinsichtlich des auf die konkrete Datenübermittlung
bezogenen Datenschutzniveaus bestehen und den betroffenen Personen durchsetzbare Rechte sowie
effektive Rechtsmittel zur Verfügung stehen (Art. 46 Abs. 1 DSGVO). Die Garantien können gem.
Art. 46 Abs. 2 DSGVO u.a. **Standarddatenschutzklauseln**, **individuelle Vertragslösungen** oder **verbindliche interne Datenschutzvorschriften (Binding Corporate Rules)** sein. Besteht in einem Drittland kein angemessenes Datenschutzniveau, kann eine Datenübermittlung dennoch zulässig sein,
wenn einer der Ausnahmetatbestände gem. Art. 49 Abs. 1 DSGVO vorliegt[5].

I. Vor- und Nachteile von EU-Standarddatenschutzklauseln

Die Standarddatenschutzklauseln bieten, anders als individuelle Vertragslösungen und verbindliche   27.5
interne Datenschutzvorschriften (Binding Corporate Rules), eine relativ praktikable und rechtssichere
Möglichkeit, die zusätzlichen rechtlichen Anforderungen an die Übermittlung personenbezogener Daten in Drittländer zu erfüllen.

1. Grundsätzlich keine Genehmigungs- und Vorlage-/Informationspflichten

Eine **Datenübermittlung** in Drittländer auf Basis von Standarddatenschutzklauseln bedarf gem.   27.6
Art. 46 Abs. 2 lit. c und lit. d DSGVO **keiner Genehmigung** durch die zuständige Datenschutzauf-
sichtsbehörde, wenn die **Standarddatenschutzklauseln vollständig und inhaltlich unverändert** zum
Einsatz kommen[6].

Die in einem bestimmten Verfahren genehmigten oder beschlossenen Standarddatenschutzklauseln
können nach Ansicht der **EU-Kommission** bei der Übermittlung personenbezogener Daten aus EU-
Staaten in Drittländer grundsätzlich geeignete Garantien für den Schutz des Persönlichkeitsrechts und
der damit verbundenen Rechte bieten. Sie sind insoweit europarechtlich bindend[7]. Daher kann grundsätzlich auch keine allgemeine, also über die im Rahmen der Aufsichtstätigkeit im Einzelfall nach

---

2 Verordnung (EU) 2016/679 des Europäischen Parlaments und des Rates v. 27.4.2016 zum Schutz natürli-
    cher Personen bei der Verarbeitung personenbezogener Daten, zum freien Datenverkehr und zur Auf-
    hebung der Richtlinie 95/46/EG (Datenschutz-Grundverordnung), ABl. EU Nr. L 119/1 v. 4.5.2016
    (nachfolgend „DSGVO").
3 Zur zweistufigen Prüfung von Datenübermittlungen in Drittländer siehe auch Teil 5, Rz. 26.2 ff.
4 Zur Frage der Angemessenheit des Schutzniveaus in einem Drittland und dessen Beurteilung siehe Teil 5,
    Rz. 26.4 f.
5 Zu den geeigneten Garantien und den Ausnahmen siehe Teil 5, Rz. 26.6 f.
6 Zur Genehmigungsfreiheit bei Änderungen an den Standarddatenschutzklauseln siehe Rz. 27.16 ff.
7 Dazu siehe Teil 5, Rz. 26.9 f.

Art. 57 Abs. 1 lit. a, lit. f, lit. h und lit. v DSGVO hinausgehende **Vorlage- oder Informationspflicht** bestehen[8]. Allerdings war die insoweit bezogene Position und geübte **Praxis der Aufsichtsbehörden** unter Geltung der Richtlinie 95/46/EG[9] nicht einheitlich[10].

Der Vorteil eines einfachen und schnellen Einsatzes ohne weitere Genehmigung setzt daher grundsätzlich eine vollständige und unveränderte Anwendung der Standarddatenschutzklauseln voraus[11]. Diese – unter Beibehaltung der Genehmigungsfreiheit – begrenzte Anpassungsmöglichkeit an spezielle oder geänderte Konstellationen ist ein Nachteil von Standarddatenschutzklauseln.

2. Risikoprüfung und zusätzliche Maßnahmen

27.6a Der Einsatz von Standarddatenschutzklauseln entbindet nicht von der datenschutzrechtlichen **Verantwortlichkeit** für das Vorliegen ausreichender Garantien für den Schutz der personenbezogenen Daten in dem konkreten Drittland, in das die Daten übermittelt werden sollen. Das hat der **EuGH** in dem Verfahren „Data Protection Commissioner gegen Facebook Ireland Limited, Maximilian Schrems" deutlich gemacht[12]. Standarddatenschutzklauseln zielen nur darauf ab, den in der Union ansässigen Verantwortlichen bzw. ihren dort ansässigen Auftragsverarbeitern vertragliche Garantien zur Verfügung zu stellen, die in allen Drittländern einheitlich gelten, d.h. unabhängig von dem in den Drittländern jeweils garantierten Schutzniveau. Sie können keine Garantien bieten, die über die vertragliche Verpflichtung hinausgehen, für die Einhaltung des angemessenen Schutzniveaus zu sorgen. Daher kann es in Abhängigkeit von der konkreten Lage in einem Drittland erforderlich sein, dass der Verantwortliche zusätzliche Maßnahmen ergreift, um die Einhaltung dieses Schutzniveaus zu gewährleisten[13].

27.6b Standarddatenschutzklauseln können erst nach einer **Risikoprüfung** zum Einsatz kommen. Sofern für das in Frage stehende Drittland kein Angemessenheitsbeschluss der EU-Kommission gem. Art. 45 DSGVO vorliegt, muss der Verantwortliche unter Berücksichtigung der Rechtslage und der Praxis im Drittland selbst prüfen, ob das Recht des Drittlandes nach Maßgabe des EU-Rechts einen angemessenen Schutz der auf der Grundlage von Standarddatenschutzklauseln übermittelten personenbezogenen Daten gewährleistet[14]. Ist das nicht der Fall, bedarf es zusätzlicher Maßnahmen, um diesen Schutz her-

---

8 So schon unter Geltung der Richtlinie 95/46/EG und des BDSG a.F. *Landesregierung Hessen*, Fünfzehnter Bericht der Landesregierung über die Tätigkeit der für den Datenschutz im nicht-öffentlichen Bereich in Hessen zuständigen Aufsichtsbehörden, LT-Drucks. 15/4659, Abschn. 7.2 (S. 15 f.); Innenministerium des Landes Baden-Württemberg, Abschn. B 2.8; *Gola/Schomerus*, § 4c BDSG Rz. 14; *Gabel* in Taeger/Gabel, 2. Aufl., § 4c BDSG Rz. 22, alle m.w.N.; zweifelnd hinsichtlich des Wegfalls der Genehmigungspflicht *Duhr/Naujok/Peter/Seiffert*, DuD 2002, 5 (18); für eine Information der Aufsichtsbehörde *Simitis* in Simitis, § 4c BDSG Rz. 51; dazu auch die Erläuterungen zum Standardvertrag I in Teil 5, Rz. 26.10.

9 Richtlinie 95/46/EG des Europäischen Parlaments und des Rates zum Schutz natürlicher Personen bei der Verarbeitung personenbezogener Daten und zum freien Datenverkehr v. 24.10.1995, ABl. EG Nr. L 281/31 v. 23.11.1995 (nachfolgend „Richtlinie 95/46/EG").

10 So auch *Moos*, CR 2010, 281 (286).

11 Zu den Möglichkeiten von Änderungen der Standarddatenschutzklauseln und zur Genehmigungsfreiheit siehe Rz. 27.16 ff.

12 EuGH v. 16.7.2020 – C-311/18 – Data Protection Commissioner/Facebook Ireland Limited, Maximilian Schrems, Rz. 130 ff. Zur Entscheidung siehe http://curia.europa.eu/juris/document/document.jsf?text=&docid=228677&pageIndex=0&doclang=DE&mode=lst&dir=&occ=first&part=1&cid=22255310. Gegenstand dieser Entscheidung waren zwar lediglich die Standardvertragsklauseln für die Übermittlung personenbezogener Daten an Auftragsverarbeiter in Drittländern vom 5.2.2010, aber die Ausführungen des Gerichts können auch auf den Standardvertrag I und den Standardvertrag II übertragen werden und gelten daher entsprechend. Dazu Teil 5, Rz. 26.10a ff., Rz. 26.12a.

13 EuGH v. 16.7.2020 – C-311/18 – Data Protection Commissioner/Facebook Ireland Limited, Maximilian Schrems, Rz. 130 ff. Zum Ganzen siehe Teil 5, Rz. 26.10a ff., Rz. 26.12a.

14 Vgl. hierzu die vom *EDSA* ausgearbeiteten – letztlich sehr abstrakten und wenig praktikablen – Empfehlungen zum Prüfungsmaßstab „The European Essential Guarantees" in: *Europäischer Datenschutzausschuss* (Hrsg.), Recommendations 02/2020 on the European Essential Guarantees for surveillance

zustellen. Ohne entsprechende Maßnahmen ist die Datenübermittlung auf der Grundlage von Standarddatenschutzklauseln nicht möglich. Eine bereits laufende Datenübermittlung muss ausgesetzt oder beendet werden, wenn das Recht des Drittlandes aufgrund von Änderungen nach Verarbeitungsbeginn keinen angemessenen Schutz der übermittelten Daten mehr gewährleistet und keine hinreichenden zusätzlichen Maßnahmen ergriffen werden (können), um diesen Schutz wieder herzustellen[15].

Die zusätzlichen Garantien zur Einhaltung des erforderlichen Datenschutzniveaus bzw. die entsprechenden **ergänzenden Sicherungsinstrumente** können technischer, organisatorischer und vertraglicher Art sein[16]. Hierzu zählen z.B. besondere technische Sicherungen wie eine Datenverschlüsselung, aber auch ergänzende vertragliche Regelungen zu den Standarddatenschutzklauseln, wie es der EuGH in seiner Entscheidung in Bezug auf die „Standardvertragsklauseln für die Übermittlung personenbezogener Daten an Auftragsverarbeiter in Drittländern vom 5.2.2010" ausgeführt hat[17]. Allerdings scheiden ergänzende Regelungen zu den Standarddatenschutzklauseln als alleinige zusätzliche Garantien aus, wenn hoheitliche Zugriffe und Zugriffsrechte auf die übermittelten personenbezogenen Daten zur Diskussion stehen. Zusätzliche vertragliche Regelungen zwischen Datenexporteur und Datenimporteur können ebenso wenig wie die Standarddatenschutzklauseln Garantien bieten, die über eine vertragliche Verpflichtung der beiden Vertragsparteien hinausgehen, für die Einhaltung eines angemessenen Schutzniveaus zu sorgen. Eine Bindung von Behörden und anderen staatlichen Institutionen oder eine Beschränkung des Rechts des Drittlandes ist gerade nicht möglich (dazu siehe Teil 5, Rz. 26.10h f., Rz. 26.10m). Die Geeignetheit ergänzender Sicherungsinstrumente sollte gegebenenfalls im Einzelfall aus Gründen der Rechtssicherheit zuvor mit der Datenschutzaufsichtsbehörde geklärt werden. 27.6c

3. Eingriffsbefugnisse der Datenschutzaufsicht

Ungeachtet der grundsätzlichen Genehmigungs- und Vorlagefreiheit unveränderter Standarddatenschutzklauseln darf die zuständige Datenschutzaufsichtsbehörde **im Einzelfall** Datenübermittlungen auf Basis der Standardverträge I und II[18] unter bestimmten Voraussetzungen verbieten oder aussetzen. Diese **Eingriffsbefugnisse der Datenschutzaufsichtsbehörden** folgen aus Art. 58 Abs. 2 lit. f und lit. j DSGVO. Eine Aussetzung oder ein Verbot kommen in Betracht, wenn sie erforderlich sind, um die Grundrechte und Grundfreiheiten der betroffenen Personen gem. Art. 1 Abs. 2 DSGVO zu schützen. Hierfür müssen im Einzelfall tatsächliche, hinreichend konkrete Anhaltspunkte dafür vorliegen, dass eine Verletzung dieser Rechte und Freiheiten droht[19]. Ist eine Aufsichtsbehörde bei einer Datenübermittlung der Auffassung, dass die Standarddatenschutzklauseln im Drittland nicht eingehalten werden oder nicht eingehalten werden können und der angemessene Schutz der übermittelten Daten nicht mit anderen zusätzlichen Mitteln gewährleistet werden kann, muss sie die Übermittlung in das Drittland 27.7

---

messures, 10.11.2020, S. 8 ff. Zu den Schwierigkeiten und Diskrepanzen bei der Feststellung eines angemessenen Datenschutzniveaus vgl. nur *Lejeune*, CR 2020, 716, 720 ff.

15 EuGH v. 16.7.2020 – C-311/18 – Data Protection Commissioner/Facebook Ireland Limited, Maximilian Schrems, Rz. 135/142. Zu der Verantwortlichkeit für ausreichende Garantien für ein angemessenes Datenschutzniveau, der Risikoprüfung, den zusätzlichen Maßnahmen und den Handlungsempfehlungen der Datenschutzaufsichtsbehörden siehe Teil 5, Rz. 26.10a ff.

16 *EDSA* (Hrsg.), Recommendations 01/2020 on measures that supplement transfer tools to ensure compliance with the EU level of protection of personal data, 10.11.2020 (version for public consultations), S. 15.

17 EuGH v. 16.7.2020 – C-311/18 – Data Protection Commissioner/Facebook Ireland Limited, Maximilian Schrems, Rz. 133 f. Die „Standardvertragsklauseln für die Übermittlung personenbezogener Daten an Auftragsverarbeiter in Drittländern vom 5.2.2010" werden kommentiert in Teil 5, § 28.

18 Zu den Arten und Bezeichnungen der Standarddatenschutzklauseln siehe Rz. 27.8 ff.

19 Zu den Eingriffsvoraussetzungen sowie zu Art. 4 der Entscheidung 2001/497/EG in der Fassung vom 27.12.2004 als Eingriffsgrundlage bis zum 16.12.2016 siehe Teil 5, Rz. 26.11 f.

aussetzen oder verbieten, falls kein Angemessenheitsbeschluss der EU-Kommission nach Art. 45 DSGVO vorliegt[20].

II. Arten von EU-Standarddatenschutzklauseln

27.8 Es wurden **drei Arten von Standardverträgen** von der EU-Kommission gem. Art. 26 Abs. 4 der Richtlinie 95/46/EG verabschiedet[21]:

– „Standardvertragsklauseln für die Übermittlung personenbezogener Daten in Drittländer vom 15.6.2001" (sog. **Standardvertrag I**)[22]

– „Alternative Standardvertragsklauseln für die Übermittlung personenbezogener Daten in Drittländer vom 27.12.2004" (sog. **Standardvertrag II**)[23]

– „**Standardvertragsklauseln für** die Übermittlung personenbezogener Daten an **Auftragsverarbeiter** in Drittländern vom 5.2.2010"[24]

Diese **Standardverträge sind Standarddatenschutzklauseln i.S.d. DSGVO** und können als solche eingesetzt werden. Die Entscheidungen der EU-Kommission, dass diese Klauseln bei der Übermittlung personenbezogener Daten aus EU-Mitgliedstaaten in Drittländer grundsätzlich ausreichende Garantien für den Schutz des Persönlichkeitsrechts und der damit verbundenen Rechte bieten können[25], sind gem. Art. 46 Abs. 5 Satz 2 DSGVO solange bindend, bis sie mit einem Beschluss der EU-Kommission geändert, ersetzt oder aufgehoben werden. Die „Standardvertragsklauseln für die Übermittlung personenbezogener Daten an Auftragsverarbeiter in Drittländern vom 5.2.2010" hält auch der EuGH für gültig[26]. Es kann aber in Abhängigkeit von der konkreten Lage in einem Drittland erforderlich sein, dass der Datenexporteur zusätzliche Maßnahmen ergreift, um die Einhaltung des notwendigen Schutzniveaus zu gewährleisten[27].

---

20 EuGH v. 16.7.2020 – C-311/18 – Data Protection Commissioner/Facebook Ireland Limited, Maximilian Schrems, Rz. 113/121. Zu der vom Datenexporteur durchzuführenden Risikoprüfung in Bezug auf ein angemessenes Datenschutzniveau für die in ein Drittland zu übermittelnden Daten auf der Grundlage von Standarddatenschutzklauseln siehe Rz. 27.6a.

21 Zur Geschichte der Erarbeitung und Verhandlung dieser Standarddatenschutzklauseln *Kuner/Hladjk*, RDV 2005, 193 (193 f.).

22 Entscheidung 2001/497/EG der Kommission v. 15.6.2001 hinsichtlich Standardvertragsklauseln für die Übermittlung personenbezogener Daten in Drittländer nach der Richtlinie 95/46/EG, ABl. EG Nr. L 181 v. 4.7.2001, S. 19 (nachfolgend „Entscheidung 2001/497/EG").

23 Entscheidung 2004/915/EG der Kommission v. 27.12.2004 zur Änderung der Entscheidung 2001/497/EG bezüglich der Einführung alternativer Standardvertragsklauseln für die Übermittlung personenbezogener Daten in Drittländer, ABl. EU Nr. L 385 v. 29.12.2004, S. 74 (nachfolgend „Entscheidung 2004/915/EG").

24 Beschluss 2010/87/EU der Kommission v. 5.2.2010 über Standardvertragsklauseln für die Übermittlung personenbezogener Daten an Auftragsverarbeiter in Drittländern nach der Richtlinie 95/46/EG, ABl. EU Nr. L 39 v. 12.2.2010, S. 5. Die „Standardvertragsklauseln für die Übermittlung personenbezogener Daten an Auftragsverarbeiter in Drittländern v. 5.2.2010" werden kommentiert in Teil 5, § 28.

25 Art. 1 Abs. 1 und Art. 2 Abs. 1 Satz 1 Entscheidung 2001/497/EG geändert durch Art. 1 Ziff. 1 der Entscheidung 2004/915/EG; siehe auch Erwägungsgrund 5 Satz 1 und Erwägungsgrund 7 Satz 1 der Entscheidung 2001/497/EG. Zur datenschutzrechtlichen Verantwortlichkeit, dass in dem konkreten Drittland, in das die personenbezogenen Daten übermittelt werden sollen, tatsächlich ausreichende Garantien für den Schutz der Daten bestehen, und zur etwaigen Notwendigkeit zusätzlicher Garantien siehe Rz. 27.6a.

26 EuGH v. 16.7.2020 – C-311/18 – Data Protection Commissioner/Facebook Ireland Limited, Maximilian Schrems, Rz. 122 ff.

27 EuGH v. 16.7.2020 – C-311/18 – Data Protection Commissioner/Facebook Ireland Limited, Maximilian Schrems, Rz. 133 f.; dazu siehe Teil 5, Rz. 26.10a ff. und Rz. 26.12a.

Im November 2020 hat die EU-Kommission Entwürfe neuer Standarddatenschutzklauseln veröffent- 27.8a
licht[28]. Sobald die neuen Standarddatenschutzklauseln ihre finale Fassung haben und in Kraft treten,
müssen die alten Klauseln innerhalb eines Jahres durch die neuen Klauseln ersetzt werden, sofern
diese Regelung im laufenden Verfahren beibehalten wird.

Standardvertrag I und Standardvertrag II sind für Datenübermittlungen aus einem Land der EU an 27.9
verantwortliche Stellen in einem Drittland vorgesehen (**Controller-Controller-Verhältnis**)[29]. Dagegen
kommen die „Standardvertragsklauseln für die Übermittlung personenbezogener Daten an **Auftragsverarbeiter** in Drittländern vom 5.2.2010“ ausschließlich für eine Datenweitergabe zu Zwecken der
Auftragsverarbeitung in Drittländer zum Tragen (**Controller-Processor-Verhältnis**)[30]. Die Auswahl
der Standarddatenschutzklauseln muss grundsätzlich anhand der am Datentransfer beteiligten Stellen
und dem Charakter der geplanten Datenverarbeitung erfolgen[31].

Der in diesem Kapitel kommentierte **Standardvertrag II** („Alternative Standardvertragsklauseln für 27.10
die Übermittlung personenbezogener Daten in Drittländer vom 27.12.2004“) ist entsprechend seiner
Bezeichnung eine **Alternative zum Standardvertrag I**. Diese Klauseln gewährleisten ein Datenschutzniveau, das dem Niveau des Standardvertrags I vergleichbar ist[32]. Daher können die Vertragsparteien
zwischen diesen Standardverträgen wählen, wenn ein Controller-Controller-Verhältnis vorliegt.

Allerdings haben die **deutschen Datenschutzaufsichtsbehörden** unter Geltung der Richtlinie 95/46/ 27.11
EG und des BDSG a.F. den Standardvertrag II als nur **bedingt taugliche Grundlage für** eine Übermittlung von **Beschäftigtendaten** gesehen, da er die Rechte der betroffenen Arbeitnehmer nicht hinreichend sichere. Der alternative Standardvertrag II biete mit den Klauseln I lit. d und III lit. b (dazu
Rz. 27.51 ff. und Rz. 27.79 f.) – anders als Standardvertrag I – die Möglichkeit, das Auskunftsrecht der
betroffenen Personen gegenüber dem Datenexporteur einzuschränken und eine ausschließliche Haftung des Datenimporteurs zu vereinbaren. Insoweit wurde eine Unvereinbarkeit mit den Pflichten der
übermittelnden Stelle als Arbeitgeber konstatiert. Der Widerspruch zwischen den in Frage stehenden
Klauseln in Standardvertrag II auf der zweiten Stufe der Zulässigkeitsprüfung und den allgemeinen Anforderungen an die Verarbeitung personenbezogener Beschäftigtendaten auf der ersten Stufe der Zulässigkeitsprüfung sei zugunsten der Vorgaben auf der ersten Stufe aufzulösen. Der Standardvertrag II
könne nur dann eine zulässige Grundlage für die Übermittlung von Beschäftigtendaten in Drittländer
sein, wenn er entsprechend angepasst wird[33].

Die Frage der **Haftung** ist nach Auffassung der deutschen Datenschutzaufsichtsbehörden dahingehend 27.12
zu lösen, dass der Standardvertrag II um eine Garantieerklärung des Datenexporteurs für Direkt-
ansprüche der betroffenen Beschäftigten ergänzt wird. Diese Erklärung kann auch Element einer Be-

---

28 Draft implementing decision on standard contractual clauses for the transfer of personal data to third
     countries pursuant to Regulation (EU) 2016/679 of the European Parliament and of the Council, Ref.
     Ares(2020)6654686 – 12/11/2020, unter https://ec.europa.eu/info/law/better-regulation/have-your-say/
     initiatives/12741-Commission-Implementing-Decision-on-standard-contractual-clauses-for-the-trans
     fer-of-personal-data-to-third-countries (zuletzt abgerufen am 30.12.2020).
29 Siehe Art. 2 Abs. 2 und Erwägungsgrund 8 der Entscheidung 2001/497/EG.
30 Zu deren Wirksamkeit siehe zuletzt EuGH v. 16.7.2020 – C-311/18 – Data Protection Commissioner/
     Facebook Ireland Limited, Maximilian Schrems, Rz. 122 ff. Die „Standardvertragsklauseln für die Über-
     mittlung personenbezogener Daten an Auftragsverarbeiter in Drittländern v. 5.2.2010“ werden kom-
     mentiert in Teil 5, § 28.
31 Dazu Erläuterungen zum Standardvertrag I in Teil 5, Rz. 26.17.
32 Siehe Erwägungsgrund 2 und 9 der Entscheidung 2004/915/EG. Der Standardvertrag I wird kommen-
     tiert in Teil 5, § 26.
33 Beschluss der obersten Aufsichtsbehörden für den Datenschutz im nicht-öffentlichen Bereich (Düssel-
     dorfer Kreis) am 19./20.4.2007 (Internationaler Datenverkehr) i.V.m. Positionspapier der Aufsichts-
     behörden in der AG „Internationaler Datenverkehr“ am 12./13.2.2007 v. 28.3.2007, Abschn. II.2 und
     3; *Hillenbrand-Beck*, RDV 2007, 231 (234); ebenso *Simitis* in Simitis, § 4c BDSG Rz. 57; zum Ganzen
     ausf. *Schmidl*, DuD 2008, 258 (258 f.).

triebsvereinbarung sein. In diesem Fall bedarf es im Rahmen von Standardvertrag II keiner Unterwerfung des Datenimporteurs unter die Regelung der Betriebsvereinbarung, da der Datenexporteur für dieses Recht der betroffenen Beschäftigten allein einstehen muss[34].

27.13　Außerdem dürfen die Vertragsparteien von der möglichen **Begrenzung des direkten Auskunftsrechts** gegenüber dem Datenexporteur in Klausel I lit. d des Standardvertrags II keinen Gebrauch machen. Das ist in einer Fußnote zu Klausel I lit. d des Standardvertrags II kenntlich zu machen. Alternativ kann eine entsprechende Garantieerklärung abgegeben werden[35].

27.14　Es ist mangels anderslautender Äußerungen davon auszugehen, dass diese unter Geltung der Richtlinie 95/46/EG und des BDSG a.F. gebildete Auffassung von der Aufsicht auch unter Geltung der DSGVO beibehalten worden ist[36]. Allerdings sollte beobachtet werden, wie sich die Aufsichtsbehörden in dieser Frage positionieren. Hierzu sowie zur grundsätzlichen Bewertung und Handhabung der Standarddatenschutzklauseln wird eine einheitliche Meinungsbildung der Aufsichtsbehörden aller EU-Mitgliedssaaten erfolgen müssen. Die Zulässigkeit der Verarbeitung personenbezogener Daten auf der ersten und zweiten Stufe sowie deren Verhältnis zueinander sind Fragen der Anwendung der DSGVO, wenngleich sie im nationalen Kontext des Beschäftigtendatenschutzes gestellt werden müssen. Dabei ist die Reichweite des Beschäftigtendatenschutzes vor dem Hintergrund der Öffnungsklauseln wie Art. 88 DSGVO noch abschließend zu bestimmen[37].

27.15　Die mit mehreren Wirtschaftsverbänden ausgearbeitete Alternative zum Standardvertrag I wird überwiegend als flexibler und pragmatischer beurteilt[38]. Das ist darauf zurückzuführen, dass der Standardvertrag II u.a. flexiblere Prüfungspflichten, eine präzisiere Regelung des Auskunftsrechts und ein differenzierteres Haftungssystem enthält. Der Standardvertrag II soll der Ausweitung von Datenverarbeitungstätigkeiten und neuen Geschäftsmodellen für die internationale Verarbeitung personenbezogener Daten Rechnung tragen.

III. Änderung von EU-Standarddatenschutzklauseln und Genehmigungsfreiheit

27.16　Eine Datenübermittlung in Drittländer auf Basis von Standarddatenschutzklauseln bedarf keiner **Genehmigung der Aufsichtsbehörden**, wenn die Standarddatenschutzklauseln vollständig, mit den vorgesehenen Einträgen und inhaltlich unverändert zum Einsatz kommen. Die Klauseln der Standardverträge I und II dürfen nicht geändert oder miteinander kombiniert werden[39].

27.17　Das **Änderungsverbot** wird aber in Einzelfällen durchbrochen bzw. gelockert, ohne dass die Genehmigungspflicht für die Datenübermittlung wiederauflebt. Standarddatenschutzklauseln dürfen nicht nur in umfangreichere Vertragswerke eingebaut, sondern auch um zusätzliche Regelungen ergänzt werden, solange diese Regelungen weder unmittelbar noch mittelbar im Widerspruch zu den Standarddatenschutzklauseln stehen oder die Grundrechte und Grundfreiheiten der betroffenen Personen

---

34　*Landesregierung Hessen*, Zweiundzwanzigster Bericht der Landesregierung über die Tätigkeit der für den Datenschutz im nicht-öffentlichen Bereich in Hessen zuständigen Aufsichtsbehörden, LT-Drucks. 18/1015, Abschn. 11 (S. 32).

35　*Landesregierung Hessen*, Zweiundzwanzigster Bericht der Landesregierung über die Tätigkeit der für den Datenschutz im nicht-öffentlichen Bereich in Hessen zuständigen Aufsichtsbehörden, LT-Drucks. 18/1015, Abschn. 11 (S. 32).

36　So auch *Lange/Filip* in BeckOK DatenschutzR, Art. 46 DSGVO Rz. 38.

37　Nach *Lange/Filip* in BeckOK DatenschutzR, Art. 46 DSGVO Rz. 38, sind die von den deutschen Aufsichtsbehörden geforderten zusätzlichen Garantien von der Öffnungsklausel in Art. 88 DSGVO gedeckt; differenzierter *Schröder* in Kühling/Buchner, Art. 46 DSGVO Rz. 33 f.; a.A. *Schantz* in Simitis/Hornung/Spiecker, Art. 46 DSGVO Rz. 41.

38　*Kuner/Hladjk*, RDV 2005, 193 (194).

39　Art. 1 Abs. 2 und Erwägungsgrund 3 Satz 2 der Entscheidung 2001/497/EG in der Fassung v. 27.12.2004, geändert durch Art. 1 Ziff. 1 Entscheidung 2004/915/EG.

beschneiden[40]. Grundsätzlich möglich sind daher z.B. rein redaktionelle Änderungen, um besonderen Konstellationen wie **unselbständige Niederlassungen** als Datenexporteur oder **Mehrparteienverhältnisse** berücksichtigen zu können. Zusätzliche Regelungen mit materiellen Verbesserungen für die Rechte der betroffenen Personen sind ebenfalls zulässig[41]. Unzulässig sind dagegen inhaltliche Änderungen der Standarddatenschutzklauseln dahingehend, dass ein Regelungselement entfällt oder eine widersprüchliche oder missverständliche Regelung aufgenommen wird[42]. Das gilt auch für Ergänzungen, die im Einzelfall erforderlich sind, weil die Standarddatenschutzklauseln aufgrund des Rechts des Drittlandes ohne zusätzliche Garantien keinen angemessenen Schutz der zu übermittelnden personenbezogenen Daten gewährleisten können und die Ergänzung der Klauseln als zusätzliche Maßnahme erfolgt, um das notwendige Schutzniveau herzustellen (dazu Rz. 27.6a). Schließlich dürfen auch etwaige Regelungen im Hauptvertrag nicht im Widerspruch zu den Standarddatenschutzklauseln stehen und die an sich unveränderten Standarddatenschutzklauseln nicht zum Nachteil der betroffenen Personen ändern.

Aus Gründen der Rechtssicherheit sollte der hier wiedergegebene und der Entscheidung 2004/915/EG entnommene Vertragstext grundsätzlich wörtlich übernommen werden und bei Änderungen die zuständige Datenschutzaufsichtsbehörde konsultiert werden. Eine Änderung von Standarddatenschutzklauseln, die über die anerkannten Ausnahmen hinausgeht, führt dazu, dass diese Klauseln nicht mehr als Standarddatenschutzklauseln gelten. Die Vereinbarung ist vielmehr als (individueller) Vertrag i.S.d. Art. 46 Abs. 3 lit. a DSGVO einzuordnen, dessen Verwendung genehmigungspflichtig ist. Eine rechtswidrige, weil ohne Genehmigung erfolgte Datenübermittlung ist eine bußgeldbewehrte **Ordnungswidrigkeit** nach Art. 83 Abs. 5 lit. c DSGVO, § 41 BDSG. | 27.18

Die deutschen Aufsichtsbehörden haben hinsichtlich der Genehmigungsfreiheit von Standarddatenschutzklauseln unter der Geltung der Richtlinie 95/46/EG und des BDSG a.F. zuweilen und nicht immer einheitlich eine relativ restriktive Auffassung vertreten. Als genehmigungsfrei galten grundsätzlich nur vollständig ergänzte und im Übrigen unveränderte Standarddatenschutzklauseln, was im Zweifel nur bei einer wörtlichen Übernahme der Fall sein sollte[43]. Als solche bezeichnete redaktionelle Änderungen wurden im Hinblick auf die Genehmigungsfreiheit nur unter engen Voraussetzungen akzeptiert (siehe Erläuterungen in Rz. 26.21 f.). Eindeutig zugunsten der betroffenen Personen ausfallende Änderungen konnten „unter Umständen" die Genehmigungsfreiheit unberührt lassen, was aber zuvor durch Rückfrage bei der zuständigen Aufsichtsbehörde geklärt werden sollte. Das galt auch in den Fällen, in denen der Standardvertrag II als Grundlage für die Übermittlung von Beschäftigtendaten herangezogen wurde[44]. Allerdings sollte die weitere Positionierung der Aufsicht beobachtet werden. Unter der DSGVO wird grundsätzlich eine einheitliche Meinungsbildung der Aufsichtsbehörden aller EU-Mitgliedsaaten zu etwaigen zusätzlichen Konsultations- und Genehmigungspflichten bei Standarddatenschutzklauseln erfolgen, die unter der Richtlinie 95/46/EG nicht sicher war[45]. | 27.19

---

40 Erwägungsgrund 109 DSGVO; Erwägungsgrund 5 Satz 3 der Entscheidung 2001/497/EG.

41 Ebenso *Gabel* in Taeger/Gabel, Art. 46 DSGVO Rz. 16; *Schantz* in Simitis/Hornung/Spiecker, Art. 46 DSGVO Rz. 32; a.A. *Pauly* in Paal/Pauly, Art. 46 DSGVO Rz. 21.

42 Zum Ganzen ausführlich die Erläuterungen zum Standardvertrag I in Teil 5, Rz. 26.18 ff.

43 *Innenministerium des Landes Baden-Württemberg*, Abschn. B 2.8.

44 Beschluss der obersten Aufsichtsbehörden für den Datenschutz im nicht-öffentlichen Bereich (Düsseldorfer Kreis) am 19./20.4.2007 (Internationaler Datenverkehr) i.V.m. Positionspapier der Aufsichtsbehörden in der AG „Internationaler Datenverkehr" am 12./13.2.2007 v. 28.3.2007, Abschn. II.2.

45 So für die Rechtslage unter der Richtlinie 95/46/EG und dem BDSG a.F. auch *Gabel* in Taeger/Gabel, 2. Aufl., § 4b BDSG Rz. 28; zum Ganzen siehe Erläuterungen in Teil 5, Rz. 26.10, Rz. 26.18, Rz. 26.22 m.w.N.

B. Alternative EU-Standarddatenschutzklauseln für die Übermittlung personenbezogener Daten in Drittländer (Standardvertrag II)

I. Muster – deutsch

27.20 **M 27.1 Alternative EU-Standarddatenschutzklauseln für die Übermittlung personenbezogener Daten in Drittländer (Standardvertrag II) – deutsch**

Alternative Standardvertragsklauseln im Sinne von Art. 26 Abs. 2 der Richtlinie 95/46/EG für die Übermittlung personenbezogener Daten in Drittländer, die kein angemessenes Schutzniveau gewährleisten (Standardvertrag II)

Vereinbarung[46] über die Datenübermittlung

zwischen

… (Name)

… (Adresse und Sitzland)

*– nachstehend als „**Datenexporteur**" bezeichnet –*

und

… (Name)

… (Adresse und Sitzland)

*– nachstehend als „**Datenimporteur**" bezeichnet –*

*– beide nachstehend als „**Partei**", zusammen als „**Parteien**" bezeichnet –*

Begriffsbestimmungen[47]

Im Rahmen der Vertragsklauseln gelten folgende Begriffsbestimmungen:

a) *Die Begriffe „**personenbezogene Daten**", „**besondere Kategorien personenbezogener Daten/sensible Daten**", „**verarbeiten/Verarbeitung**", „**für die Verarbeitung Verantwortlicher**", „**Auftragsverarbeiter**", „**betroffene Person**" und „**Kontrollstelle**" werden entsprechend den Begriffsbestimmungen der Richtlinie 95/46/EG vom 24. Oktober 1995 verwendet (wobei mit „**Kontrollstelle**" die Datenschutzkontrollstelle gemeint ist, die für das Sitzland des Datenexporteurs zuständig ist).*

b) *„**Datenexporteur**" bezeichnet den für die Verarbeitung Verantwortlichen, der die personenbezogenen Daten übermittelt.*

c) *„**Datenimporteur**" bezeichnet den für die Verarbeitung Verantwortlichen, der sich bereit erklärt, vom Datenexporteur personenbezogene Daten für die Verarbeitung gemäß den Bestimmungen dieser Vertragsklauseln entgegenzunehmen, und der nicht an ein System eines Drittlandes gebunden ist, das angemessenen Schutz gewährleistet.*

d) *„**Klauseln**" bezeichnet diese Standardvertragsklauseln als eigenständiges Dokument, das keine Geschäftsbedingungen beinhaltet, die von den Parteien im Rahmen getrennter geschäftlicher Vereinbarungen getroffen wurden.*

Die Einzelheiten der Übermittlung (sowie die abgedeckten personenbezogenen Daten) sind in Anhang B aufgeführt, der integraler Bestandteil dieser Klauseln ist.

---

46 Zu den Erläuterungen siehe Rz. 27.25 ff.
47 Zu den Erläuterungen siehe Rz. 27.34 ff.

I. Pflichten des Datenexporteurs[48]

Der Datenexporteur gibt folgende Zusicherungen:

a) Die personenbezogenen Daten wurden nach den für den Datenexporteur geltenden Gesetzen gesammelt, verarbeitet und übermittelt.

b) Er hat sich im Rahmen des Zumutbaren davon überzeugt, dass der Datenimporteur seine Rechtspflichten aus diesen Klauseln zu erfüllen in der Lage ist.

c) Er stellt dem Datenimporteur auf Antrag Exemplare der einschlägigen Datenschutzgesetze oder entsprechende Fundstellennachweise seines Sitzlandes zur Verfügung, erteilt aber keine Rechtsberatung.

d) Er beantwortet Anfragen der betroffenen Personen und der Kontrollstelle bezüglich der Verarbeitung der personenbezogenen Daten durch den Datenimporteur, es sei denn, die Parteien haben vereinbart, dass der Datenimporteur die Beantwortung übernimmt; der Datenexporteur übernimmt die Beantwortung im Rahmen der Zumutbarkeit und aufgrund der ihm zugänglichen Informationen auch dann, wenn der Datenimporteur nicht antworten will oder kann. Sie erfolgt innerhalb einer angemessenen Frist.

e) Er stellt betroffenen Personen, die Drittbegünstigte im Sinne von Klausel III sind, auf Verlangen ein Exemplar der Klauseln zur Verfügung, es sei denn, die Klauseln enthalten vertrauliche Angaben; in diesem Fall hat er das Recht, diese Angaben zu entfernen. Werden Angaben entfernt, teilt der Datenexporteur den betroffenen Personen schriftlich die Gründe für die Entfernung mit und belehrt sie über ihr Recht, die Kontrollstelle auf die Entfernung aufmerksam zu machen. Der Datenexporteur leistet indessen der Entscheidung der Kontrollstelle Folge, den betroffenen Personen Zugang zum Volltext der Klauseln zu gewähren, wenn diese sich zur Geheimhaltung der entfernten vertraulichen Informationen verpflichten. Der Datenexporteur stellt ferner auch der Kontrollstelle auf Antrag ein Exemplar der Klauseln zur Verfügung.

II. Pflichten des Datenimporteurs[49]

Der Datenimporteur gibt folgende Zusicherungen:

a) Er verfügt über die technischen und organisatorischen Voraussetzungen zum Schutz der personenbezogenen Daten gegen die unbeabsichtigte oder rechtswidrige Zerstörung oder gegen den unbeabsichtigten Verlust oder die unbeabsichtigte Änderung, die unberechtigte Offenlegung oder den unberechtigten Zugriff; damit ist ein Sicherheitsniveau gewährleistet, das den von der Verarbeitung ausgehenden Risiken und der Art der zu schützenden Daten gerecht wird.

b) Seine Verfahrensregeln gewährleisten, dass von ihm zum Zugriff auf die personenbezogenen Daten befugte Dritte, einschließlich des Auftragsverarbeiters, die Geheimhaltung und Sicherheit der personenbezogenen Daten beachten und wahren. Die unter der Verantwortung des Datenimporteurs tätigen Personen, darunter auch Auftragsverarbeiter, dürfen die personenbezogenen Daten nur auf seine Anweisung verarbeiten. Diese Bestimmung gilt nicht für Personen, die von Rechts wegen zum Zugriff auf die personenbezogenen Daten befugt oder verpflichtet sind.

c) Zum Zeitpunkt des Vertragsabschlusses bestehen seines Wissens in seinem Land keine entgegenstehenden Rechtsvorschriften, die die Garantien aus diesen Klauseln in gravierender Weise beeinträchtigen; er benachrichtigt den Datenexporteur (der die Benachrichtigung erforderlichenfalls an die Kontrollstelle weiterleitet), wenn er Kenntnis von derartigen Rechtsvorschriften erlangt.

d) Er verarbeitet die personenbezogenen Daten zu den in Anhang B dargelegten Zwecken und ist ermächtigt, die Zusicherungen zu geben und die Verpflichtungen zu erfüllen, die sich aus diesem Vertrag ergeben.

e) Er nennt dem Datenexporteur eine Anlaufstelle innerhalb seiner Organisation, die befugt ist, Anfragen bezüglich der Verarbeitung der personenbezogenen Daten zu behandeln, und arbeitet redlich mit dem Datenexporteur, der betroffenen Person und der Kontrollstelle zusammen, damit derartige Anfragen innerhalb einer angemessenen Frist beantwortet werden. Wenn der Datenexporteur nicht mehr besteht

---

48 Zu den Erläuterungen siehe Rz. 27.48 ff.
49 Zu den Erläuterungen siehe Rz. 27.60 ff.

oder wenn die Parteien Entsprechendes vereinbaren, verpflichtet sich der Datenimporteur zur Einhaltung der Bestimmungen von Klausel I Buchstabe e).

f) Auf Antrag des Datenexporteurs weist er nach, dass er über ausreichende Finanzmittel verfügt, um die Verpflichtungen aus Klausel III zu erfüllen (wozu auch Versicherungsschutz zählen kann).

g) Auf Antrag des Datenexporteurs und sofern dies nicht willkürlich ist, überlässt er seine zur Verarbeitung benötigten Datenverarbeitungseinrichtungen, Dateien und Unterlagen der Überprüfung, dem Audit und/oder der Zertifizierung durch den Datenexporteur (oder von ihm ausgewählte unabhängige oder unparteiische Prüfer oder Auditoren, gegen die der Datenimporteur keine begründeten Einwände erhebt), um zu gewährleisten, dass die Zusicherungen in diesen Klauseln eingehalten werden, wobei die Überprüfung rechtzeitig anzukündigen und während der üblichen Geschäftszeiten durchzuführen ist. Sofern die Zustimmung oder Genehmigung durch eine Regulierungs- oder Kontrollstelle im Land des Datenimporteurs erforderlich ist, bemüht sich dieser, die Zustimmung oder Genehmigung zügig zu erhalten.

h) Er verarbeitet die personenbezogenen Daten gemäß

i) den Datenschutzbestimmungen des Landes, in dem der Datenexporteur ansässig ist, oder

ii) den einschlägigen Bestimmungen[1] etwaiger Kommissionsentscheidungen nach Artikel 25 Absatz 6 der Richtlinie 95/46/EG, sofern der Datenimporteur die einschlägigen Bestimmungen derartiger Genehmigungen bzw. Entscheidungen einhält und in einem Land ansässig ist, für das diese Genehmigungen oder Entscheidungen gelten, obwohl diese hinsichtlich der Übermittlung personenbezogener Daten auf ihn keine Anwendung finden[2], oder

> Fn. 1 „Einschlägige Bestimmungen" sind sämtliche unter diese Klauseln fallenden Genehmigungen oder Entscheidungen mit Ausnahme der Vollzugsbestimmungen.

> Fn. 2 Wird diese Möglichkeit gewählt, sind jedoch die Bestimmungen von Anhang A Ziffer 5 über das Recht auf Zugriff, Berichtigung, Löschung und Widerspruch anzuwenden, die dann vergleichbaren Bestimmungen der gewählten Kommissionsentscheidung vorgehen.

iii) den Grundsätzen für die Datenverarbeitung in Anhang A.

Der Datenimporteur wählt die Möglichkeit: …

Paraphe des Datenimporteurs: …

i) Er verzichtet auf die Offenlegung oder Übermittlung personenbezogener Daten an für die Verarbeitung Verantwortliche Dritte, die außerhalb des Europäischen Wirtschaftsraums (EWR) ansässig sind, es sei denn, er setzt den Datenexporteur von der Übermittlung in Kenntnis und

i) der für die Verarbeitung Verantwortliche Dritte verarbeitet die personenbezogenen Daten im Einklang mit einer Kommissionsentscheidung, in der die Kommission einem Drittland ein angemessenes Datenschutzniveau zuerkennt, oder

ii) der für die Verarbeitung Verantwortliche Dritte unterzeichnet diese Klauseln oder eine andere, von einer zuständigen Stelle in der EU genehmigte Datenübermittlungsvereinbarung oder

iii) die betroffenen Personen haben das Recht zum Widerspruch, nachdem sie über den Zweck der Übermittlung informiert wurden, ferner über die Empfängerkategorien und darüber, dass das Empfängerland der Daten möglicherweise andere Datenschutzstandards aufweist, oder

iv) die betroffenen Personen haben im Hinblick auf die Weiterübermittlung sensibler Daten zweifelsfrei ihre Zustimmung zu der Weiterübermittlung erteilt.

III. Haftung und Rechte Dritter[50]

a) Jede Partei haftet gegenüber der anderen Partei für Schäden, die sie durch einen Verstoß gegen diese Klauseln verursacht. Die gegenseitige Haftung der Parteien ist auf den tatsächlich erlittenen Schaden begrenzt. Strafschadenersatzansprüche (d.h. die Zahlung von Strafen für grobes Fehlverhalten einer Partei) sind ausdrücklich ausgeschlossen. Jede Partei haftet gegenüber der betroffenen Person für Schä-

---

50 Zu den Erläuterungen siehe Rz. 27.77 ff.

den, die sie durch die Verletzung von Rechten Dritter im Rahmen dieser Klauseln verursacht. Die Haftung des Datenexporteurs gemäß den für ihn maßgeblichen Datenschutzvorschriften bleibt davon unberührt.

b) Die Parteien räumen den betroffenen Personen das Recht ein, diese Klausel sowie Klausel I Buchstaben b), d) und e), Klausel II Buchstaben a), c), d), e), h), i), Klausel III Buchstabe a) sowie die Klauseln V, VI Buchstabe d) und VII als Drittbegünstigte gegenüber dem Datenimporteur oder dem Datenexporteur durchzusetzen, wenn diese im Hinblick auf die Daten der betroffenen Personen ihre Vertragspflichten verletzen; zu diesem Zweck erkennen sie die Zuständigkeit der Gerichte im Sitzland des Datenexporteurs an. Wirft die betroffene Person dem Datenimporteur Vertragsverletzung vor, muss sie den Datenexporteur zunächst auffordern, ihre Rechte gegenüber dem Datenimporteur durchzusetzen; wird der Datenexporteur nicht innerhalb einer angemessenen Frist tätig (im Regelfall innerhalb eines Monats), kann die betroffene Person ihre Rechte direkt gegenüber dem Datenimporteur durchsetzen. Eine betroffene Person kann direkt gegen einen Datenexporteur vorgehen, wenn dieser sich im Rahmen des Zumutbaren nicht davon überzeugt hat, dass der Datenimporteur seine rechtlichen Verpflichtungen aus diesen Klauseln zu erfüllen in der Lage ist (der Datenexporteur muss beweisen, dass er alle zumutbaren Anstrengungen unternommen hat).

IV. Anwendbares Recht[51]

Diese Klauseln unterliegen dem Recht des Landes, in dem der Datenexporteur ansässig ist; davon ausgenommen sind die Rechtsvorschriften über die Verarbeitung der personenbezogenen Daten durch den Datenimporteur gemäß Klausel II Buchstabe h), die nur gelten, wenn sich der Datenimporteur nach dieser Klausel dafür entschieden hat.

V. Beilegung von Streitigkeiten mit betroffenen Personen oder der Kontrollstelle[52]

a) Bei einer Streitigkeit oder einer Klage der betroffenen Person oder der Kontrollstelle gegen eine Partei oder beide Parteien bezüglich der Verarbeitung personenbezogener Daten setzen die Parteien einander davon in Kenntnis und bemühen sich gemeinsam um eine zügige, gütliche Beilegung.

b) Die Parteien erklären sich bereit, sich jedem allgemein zugänglichen, nicht bindenden Schlichtungsverfahren zu unterwerfen, das von einer betroffenen Person oder der Kontrollstelle angestrengt wird. Beteiligen sie sich an dem Verfahren, können sie dies auf dem Weg der Telekommunikation tun (z.B. per Telefon oder anderer elektronischer Mittel). Die Parteien erklären sich ferner bereit, eine Beteiligung an anderen Vermittlungsverfahren, Schiedsverfahren oder sonstigen Verfahren der Streitbeilegung zu erwägen, die für die Zwecke des Datenschutzes entwickelt werden.

c) Die Parteien unterwerfen sich den rechtskräftigen Endentscheidungen des zuständigen Gerichts im Sitzland des Datenexporteurs oder der Kontrollstelle.

VI. Beendigung des Vertrags[53]

a) Verstößt der Datenimporteur gegen seine Verpflichtungen aus diesen Klauseln, kann der Datenexporteur die Übermittlung personenbezogener Daten an den Datenimporteur vorläufig aussetzen, bis der Verstoß beseitigt oder der Vertrag beendet ist.

b) Tritt einer der folgenden Fälle ein:

   i) die Übermittlung personenbezogener Daten an den Datenimporteur wird vom Datenexporteur gemäß Buchstabe a) länger als einen Monat ausgesetzt;

   ii) die Einhaltung dieser Klauseln durch den Datenimporteur verstößt gegen Rechtsvorschriften des Importlandes;

   iii) der Datenimporteur missachtet Zusicherungen, die er im Rahmen dieser Klauseln gegeben hat, in erheblichem Umfang oder fortdauernd;

---

51 Zu den Erläuterungen siehe Rz. 27.82.
52 Zu den Erläuterungen siehe Rz. 27.84.
53 Zu den Erläuterungen siehe Rz. 27.86 ff.

iv) das zuständige Gericht im Sitzland des Datenexporteurs oder der Kontrollstelle stellt rechtskräftig fest, dass der Datenimporteur oder der Datenexporteur gegen die Klauseln verstoßen haben, oder

v) es wird ein Antrag auf Insolvenzverwaltung oder Abwicklung des Datenimporteurs in dessen privater oder geschäftlicher Eigenschaft gestellt, der nicht innerhalb der nach geltendem Recht vorgesehenen Frist abgewiesen wird; die Abwicklung wird gerichtlich angeordnet; für einen beliebigen Teil seines Vermögens wird ein Zwangsverwalter bestellt; ein Treuhänder wird bestellt, falls es sich bei dem Datenimporteur um eine Privatperson handelt; dieser leitet einen außergerichtlichen Vergleich ein, oder es kommt zu einem je nach Rechtsordnung gleichwertigen Verfahren,

so ist der Datenexporteur berechtigt, unbeschadet etwaiger sonstiger Ansprüche gegen den Datenimporteur, diesen Vertrag zu kündigen, wovon er gegebenenfalls die Kontrollstelle in Kenntnis setzt. Tritt einer der in Ziffer i), ii) oder iv) genannten Fälle ein, kann der Datenimporteur seinerseits den Vertrag kündigen.

c) Jede Partei kann den Vertrag kündigen, wenn i) die Kommission eine positive Angemessenheitsfeststellung gemäß Artikel 25 Absatz 6 der Richtlinie 95/46/EG (oder einer Vorschrift, die diese Vorschrift ersetzt) in Bezug auf das Land (oder einen Bereich davon) trifft, in das die Daten übermittelt und in dem sie vom Datenimporteur verarbeitet werden, oder ii) die Richtlinie 95/46/EG (oder eine Vorschrift, die diese Vorschrift ersetzt) in dem betreffenden Land unmittelbar zur Anwendung gelangt.

d) Die Parteien vereinbaren, dass sie auch nach der Beendigung dieses Vertrags, ungeachtet des Zeitpunkts, der Umstände oder der Gründe (ausgenommen die Kündigung gemäß Klausel VI Buchstabe c), weiterhin an die Verpflichtungen und/oder Bestimmungen dieser Klauseln in Bezug auf die Verarbeitung der übermittelten Daten gebunden sind.

VII. Änderung der Klauseln[54]

Die Parteien dürfen diese Klauseln nur zum Zwecke der Aktualisierung von Anhang B ändern; gegebenenfalls müssen sie die Kontrollstelle davon in Kenntnis setzen. Es steht den Parteien allerdings frei, erforderlichenfalls weitere Geschäftsklauseln hinzuzufügen.

VIII. Beschreibung der Übermittlung[55]

Die Einzelheiten zur Übermittlung und zu den personenbezogenen Daten sind in Anhang B aufgeführt. Die Parteien vereinbaren, dass sie gegebenenfalls in Anhang B enthaltene vertrauliche Informationen nicht gegenüber Dritten offen legen, es sei denn, sie sind gesetzlich dazu verpflichtet oder handeln auf Aufforderung einer zuständigen Regulierungsstelle oder staatlichen Einrichtung oder gemäß Klausel I Buchstabe e). Die Parteien können weitere Anhänge vereinbaren, die zusätzliche Übermittlungen betreffen; diese sind gegebenenfalls der Kontrollstelle zu unterbreiten. Ersatzweise kann Anhang B so formuliert werden, dass er eine Vielzahl von Übermittlungen abdeckt.

Datum: …

Für den Datenimporteur

…

Für den Datenexporteur

…

Anhang A[56]

Grundsätze für die Datenverarbeitung

1. Zweckbindung: Personenbezogene Daten dürfen nur für die in Anhang B festgelegten oder anschließend von der betroffenen Person genehmigten Zwecke verarbeitet und danach verwendet oder weiter übermittelt werden.

2. Datenqualität und Verhältnismäßigkeit: Personenbezogene Daten müssen sachlich richtig sein und nötigenfalls auf dem neuesten Stand gehalten werden. Sie müssen den Übermittlungs- und Verarbeitungs-

---

54 Zu den Erläuterungen siehe Rz. 27.90.
55 Zu den Erläuterungen siehe Rz. 27.92 ff.
56 Zu den Erläuterungen siehe Rz. 27.74 f.

zwecken angemessen und dafür erheblich sein und dürfen nicht über das erforderliche Maß hinausgehen.

3. *Transparenz:* Die betroffenen Personen müssen Informationen erhalten, die eine Verarbeitung nach Treu und Glauben gewährleisten (beispielsweise Angaben zum Verarbeitungszweck und zur Übermittlung), sofern diese Informationen nicht bereits vom Datenexporteur erteilt wurden.

4. *Sicherheit und Geheimhaltung:* Der für die Verarbeitung Verantwortliche muss geeignete technische und organisatorische Sicherheitsvorkehrungen gegen die Risiken der Verarbeitung treffen, beispielsweise gegen die unbeabsichtigte oder rechtswidrige Zerstörung oder gegen den unbeabsichtigten Verlust oder die unbeabsichtigte Änderung, die unberechtigte Offenlegung oder den unberechtigten Zugriff. Alle unter der Verantwortung des für die Verarbeitung Verantwortlichen tätigen Personen, darunter auch Auftragsverarbeiter, dürfen die Daten nur auf Anweisung des für die Verarbeitung Verantwortlichen verarbeiten.

5. *Recht auf Auskunft, Berichtigung, Löschung und Widerspruch:* Nach Artikel 12 der Richtlinie 95/46/EG hat die betroffene Person das Recht, entweder direkt oder durch Dritte, Auskunft über alle ihre personenbezogenen Daten zu erhalten, die von einer Organisation vorgehalten werden; dies gilt nicht für Auskunftsersuchen, die aufgrund ihrer unzumutbaren Periodizität oder ihrer Zahl, Wiederholung oder Systematik offensichtlich übertrieben sind, oder für Daten, über die nach dem für den Datenexporteur geltenden Recht keine Auskunft erteilt werden muss. Vorbehaltlich der vorherigen Genehmigung durch die Kontrollstelle muss auch dann keine Auskunft erteilt werden, wenn die Interessen des Datenimporteurs oder anderer Organisationen, die mit dem Datenimporteur in Geschäftsverkehr stehen, dadurch ernsthaft geschädigt würden und die Grundrechte und Grundfreiheiten der betroffenen Personen hierdurch nicht beeinträchtigt werden. Die Quellen der personenbezogenen Daten müssen nicht angegeben werden, wenn dazu unzumutbare Anstrengungen erforderlich wären oder die Rechte Dritter dadurch verletzt würden. Die betroffene Person muss das Recht haben, ihre personenbezogenen Daten berichtigen, ändern oder löschen zu lassen, wenn diese unzutreffend sind oder entgegen den vorliegenden Grundsätzen verarbeitet wurden. Bei begründeten Zweifeln an der Rechtmäßigkeit des Ersuchens kann die Organisation weitere Belege verlangen, bevor die Berichtigung, Änderung oder Löschung erfolgt. Dritte, gegenüber denen die Daten offen gelegt wurden, müssen von der Berichtigung, Änderung oder Löschung nicht in Kenntnis gesetzt werden, wenn dies mit einem unverhältnismäßigen Aufwand verbunden wäre. Die betroffene Person muss auch aus zwingenden legitimen Gründen, die mit ihrer persönlichen Situation zusammenhängen, Widerspruch gegen die Verarbeitung ihrer personenbezogenen Daten einlegen können. Die Beweislast liegt im Fall einer Ablehnung beim Datenimporteur; die betroffene Person kann eine Ablehnung jederzeit vor der Kontrollstelle anfechten.

6. *Sensible Daten:* Der Datenimporteur trifft die zusätzlichen Vorkehrungen (bspw. sicherheitsbezogener Art), die entsprechend seinen Verpflichtungen nach Klausel II zum Schutz sensibler Daten erforderlich sind.

7. *Direktmarketing:* Werden Daten zum Zwecke des Direktmarketings verarbeitet, sind wirksame Verfahren vorzusehen, damit die betroffene Person sich jederzeit gegen die Verwendung ihrer Daten für derartige Zwecke entscheiden kann („Opt-out").

8. *Automatisierte Entscheidungen:* „Automatisierte Entscheidungen" im Sinne dieser Klauseln sind mit Rechtsfolgen behaftete Entscheidungen des Datenexporteurs oder des Datenimporteurs bezüglich einer betroffenen Person, die allein auf der automatisierten Verarbeitung personenbezogener Daten zum Zwecke der Bewertung einzelner Aspekte ihrer Person beruhen, beispielsweise ihrer beruflichen Leistungsfähigkeit, ihrer Kreditwürdigkeit, ihrer Zuverlässigkeit oder ihres Verhaltens. Der Datenimporteur darf keine automatisierten Entscheidungen über eine betroffene Person fällen, es sei denn:

   a) i) Der Datenimporteur fällt die Entscheidungen im Rahmen eines Vertragsabschlusses oder der Ausführung eines Vertrags mit der betroffenen Person, und

      ii) die betroffene Person erhält die Möglichkeit, die Ergebnisse einer einschlägigen automatisierten Entscheidung mit einem Vertreter der entscheidungtreffenden Partei zu erörtern, oder aber Erklärungen gegenüber dieser Partei abzugeben,

   oder

   b) die für den Datenexporteur geltenden Rechtsvorschriften sehen etwas anderes vor.

Anhang B[57]

Beschreibung der Übermittlung

(von den Parteien auszufüllen)

Betroffene Personen

Die übermittelten personenbezogenen Daten betreffen folgende Kategorien betroffener Personen:

…

…

Übermittlungszwecke

Die Übermittlung ist zu folgenden Zwecken erforderlich:

…

…

Kategorien übermittelter Daten

Die übermittelten personenbezogenen Daten betreffen folgende Datenkategorien:

…

…

Empfänger

Die übermittelten personenbezogenen Daten dürfen nur folgenden Empfängern oder Kategorien von Empfängern offen gelegt werden:

…

…

Sensible Daten (falls zutreffend)

Die übermittelten personenbezogenen Daten betreffen folgende Kategorien sensibler Daten:

…

…

Datenschutzmelderegister-Angaben des Datenexporteurs (falls zutreffend)

…

…

Sonstige nützliche Informationen (Aufbewahrungszeitraum und sonstige einschlägige Angaben)

…

…

Anlaufstelle für Datenschutzauskünfte

Datenimporteur	*Datenexporteur*
…	…
…	…

---

57 Zu den Erläuterungen siehe Rz. 27.95 ff.

Veranschaulichende Geschäftsklauseln (Fakultativ)[58]

Wechselseitige Entschädigung von Datenexporteur und Datenimporteur:

Die Parteien entschädigen sich wechselseitig oder halten sich wechselseitig schadlos für alle Kosten, Ausgaben, Schäden, Auslagen oder Verluste, die die andere Partei durch Verletzung einer dieser Vertragsklauseln verursacht. Der Entschädigungsanspruch setzt voraus, dass a) die zu entschädigenden Parteien die entschädigenden Parteien unverzüglich von dem Bestehen einer Forderung in Kenntnis setzen und b) die entschädigenden Parteien allein dazu berechtigt sind, sich gegen einen solchen Anspruch zu verteidigen oder den Streit beizulegen und c) die zu entschädigenden Parteien bei der Abwehr derartiger Rechtsansprüche redlich mit den entschädigenden Parteien zusammenarbeiten und diese unterstützen.

Streitbeilegung zwischen Datenexporteur und Datenimporteur (die Parteien können selbstverständlich eine andere alternative Streitbeilegung oder die Zuständigkeit eines Gerichts vereinbaren):

Alle Rechtsstreitigkeiten zwischen dem Datenimporteur und dem Datenexporteur aus dem vorliegenden Vertrag werden gemäß dem Schlichtungs- und Schiedsreglement der Internationalen Handelskammer endgültig durch einen oder mehrere Schiedsrichter entschieden, die in Übereinstimmung mit diesem Reglement ernannt werden. Ort des Schiedsverfahrens ist …. Die Zahl der Schiedsrichter beträgt ….

Kostenteilung:

Jede Partei trägt die Kosten für die Erfüllung ihrer Vertragspflichten.

Zusätzliche Beendigungsklausel:

Bei Beendigung dieses Vertrags gibt der Datenimporteur alle personenbezogenen Daten sowie alle Kopien der personenbezogenen Daten, die Gegenstand dieser Klauseln sind, unverzüglich an den Datenexporteur zurück, oder aber der Datenimporteur vernichtet auf Antrag des Datenexporteurs alle Exemplare derselben und bescheinigt dem Datenexporteur die Vernichtung, es sei denn, der nationale Gesetzgeber oder die nationale Regulierungsbehörde verbietet die vollständige oder teilweise Rückübermittlung oder Zerstörung dieser Daten; in diesem Fall werden die Daten geheim gehalten und zu keinem weiteren Zweck aktiv verarbeitet. Auf Verlangen des Datenexporteurs erlaubt der Datenimporteur dem Datenexporteur oder einem vom Datenexporteur ausgewählten Prüfer, gegen den der Datenimporteur keine begründeten Einwände erhebt, den Zugang zu seinen Räumlichkeiten, damit die Ausführung dieser Bestimmungen überprüft werden kann; die Überprüfung ist rechtzeitig anzukündigen und während der üblichen Geschäftszeiten durchzuführen.

II. Muster – englisch

M 27.2 Alternative EU-Standarddatenschutzklauseln für die Übermittlung personenbezogener Daten in Drittländer (Standardvertrag II) – englisch
27.21

Standard contractual clauses for the transfer of personal data from the Community to third countries (Standard Contract II)

Data transfer agreement

between

… (name)

… (address and country of establishment)

– hereinafter "**data exporter**" –

---

58 Zu den Erläuterungen siehe Rz. 27.104 ff.

and

… (name)

… (address and country of establishment)

– hereinafter **'data importer'** *–*

– each a **'party'***; together* **'the parties'***–*

Definitions

For the purposes of the Clauses:

a) *'**personal data', 'special categories of data/sensitive data', 'process/processing', 'controller', 'processor', 'data subject'** and **'supervisory authority/authority'** shall have the same meaning as in Directive 95/46/EC of the European Parliament and of the Council of 24 October 1995 (whereby **'the authority'** shall mean the competent data protection authority in the territory in which the data exporter is established);*

b) *the **'data exporter'** shall mean the controller who transfers the personal data;*

c) *the **'data importer'** shall mean the controller who agrees to receive from the data exporter personal data for further processing in accordance with the terms of these clauses and who is not subject to a third country's system ensuring adequate protection.*

d) *'**clauses'** shall mean these contractual clauses, which are a free-standing document that does not incorporate commercial business terms established by the parties under separate commercial arrangements.*

The details of the transfer (as well as the personal data covered) are specified in Annex B, which forms an integral part of the clauses.

I. Obligations of the data exporter

The data exporter warrants and undertakes that:

(a) *The personal data have been collected, processed and transferred in accordance with the laws applicable to the data exporter.*

(b) *It has used reasonable efforts to determine that the data importer is able to satisfy its legal obligations under these clauses.*

(c) *It will provide the data importer, when so requested, with copies of relevant data protection laws or references to them (where relevant, and not including legal advice) of the country in which the data exporter is established.*

(d) *It will respond to enquiries from data subjects and the authority concerning processing of the personal data by the data importer, unless the parties have agreed that the data importer will so respond, in which case the data exporter will still respond to the extent reasonably possible and with the information reasonably available to it if the data importer is unwilling or unable to respond. Responses will be made within a reasonable time.*

(e) *It will make available, upon request, a copy of the clauses to data subjects who are third party beneficiaries under clause III, unless the clauses contain confidential information, in which case it may remove such information. Where information is removed, the data exporter shall inform data subjects in writing of the reason for removal and of their right to draw the removal to the attention of the authority. However, the data exporter shall abide by a decision of the authority regarding access to the full text of the clauses by data subjects, as long as data subjects have agreed to respect the confidentiality of the confidential information removed. The data exporter shall also provide a copy of the clauses to the authority where required.*

II. Obligations of the data importer

The data importer warrants and undertakes that:

(a) *It will have in place appropriate technical and organisational measures to protect the personal data against accidental or unlawful destruction or accidental loss, alteration, unauthorised disclosure or access, and which provide a level of security appropriate to the risk represented by the processing and the nature of the data to be protected.*

(b) *It will have in place procedures so that any third party it authorises to have access to the personal data, including processors, will respect and maintain the confidentiality and security of the personal data. Any person acting under the authority of the data importer, including a data processor, shall be obligated to process the personal data only on instructions from the data importer. This provision does not apply to persons authorised or required by law or regulation to have access to the personal data.*

(c) *It has no reason to believe, at the time of entering into these clauses, in the existence of any local laws that would have a substantial adverse effect on the guarantees provided for under these clauses, and it will inform the data exporter (which will pass such notification on to the authority where required) if it becomes aware of any such laws.*

(d) *It will process the personal data for purposes described in Annex B, and has the legal authority to give the warranties and fulfil the undertakings set out in these clauses.*

(e) *It will identify to the data exporter a contact point within its organisation authorised to respond to enquiries concerning processing of the personal data, and will cooperate in good faith with the data exporter, the data subject and the authority concerning all such enquiries within a reasonable time. In case of legal dissolution of the data exporter, or if the parties have so agreed, the data importer will assume responsibility for compliance with the provisions of clause I(e).*

(f) *At the request of the data exporter, it will provide the data exporter with evidence of financial resources sufficient to fulfil its responsibilities under clause III (which may include insurance coverage).*

(g) *Upon reasonable request of the data exporter, it will submit its data processing facilities, data files and documentation needed for processing to reviewing, auditing and/or certifying by the data exporter (or any independent or impartial inspection agents or auditors, selected by the data exporter and not reasonably objected to by the data importer) to ascertain compliance with the warranties and undertakings in these clauses, with reasonable notice and during regular business hours. The request will be subject to any necessary consent or approval from a regulatory or supervisory authority within the country of the data importer, which consent or approval the data importer will attempt to obtain in a timely fashion.*

(h) *It will process the personal data, at its option, in accordance with:*

  (i) *the data protection laws of the country in which the data exporter is established, or*

  (ii) *the relevant provisions[1] of any Commission decision pursuant to Article 25(6) of Directive 95/46/EC, where the data importer complies with the relevant provisions of such an authorisation or decision and is based in a country to which such an authorisation or decision pertains, but is not covered by such authorisation or decision for the purposes of the transfer(s) of the personal data[2] or*

  [1] *"Relevant provisions" means those provisions of any authorisation or decision except for the enforcement provisions of any authorisation or decision (which shall be governed by these clauses).*

  [2] *However, the provisions of Annex A.5 concerning rights of access, rectification, deletion and objection must be applied when this option is chosen and take precedence over any comparable provisions of the Commission Decision selected.*

  (iii) *the data processing principles set forth in Annex A.*

Data importer to indicate which option it selects: …

Initials of data importer: …

(i) It will not disclose or transfer the personal data to a third party data controller located outside the European Economic Area (EEA) unless it notifies the data exporter about the transfer and

    (i) the third party data controller processes the personal data in accordance with a Commission decision finding that a third country provides adequate protection, or

    (ii) the third party data controller becomes a signatory to these clauses or another data transfer agreement approved by a competent authority in the EU, or

    (iii) data subjects have been given the opportunity to object, after having been informed of the purposes of the transfer, the categories of recipients and the fact that the countries to which data is exported may have different data protection standards, or

    (iv) with regard to onward transfers of sensitive data, data subjects have given their unambiguous consent to the onward transfer

III. Liability and third party rights

(a) Each party shall be liable to the other parties for damages it causes by any breach of these clauses. Liability as between the parties is limited to actual damage suffered. Punitive damages (i.e. damages intended to punish a party for its outrageous conduct) are specifically excluded. Each party shall be liable to data subjects for damages it causes by any breach of third party rights under these clauses. This does not affect the liability of the data exporter under its data protection law.

(b) The parties agree that a data subject shall have the right to enforce as a third party beneficiary this clause and clauses I(b), I(d), I(e), II(a), II(c), II(d), II(e), II(h), II(i), III(a), V, VI(d) and VII against the data importer or the data exporter, for their respective breach of their contractual obligations, with regard to his personal data, and accept jurisdiction for this purpose in the data exporter's country of establishment. In cases involving allegations of breach by the data importer, the data subject must first request the data exporter to take appropriate action to enforce his rights against the data importer; if the data exporter does not take such action within a reasonable period (which under normal circumstances would be one month), the data subject may then enforce his rights against the data importer directly. A data subject is entitled to proceed directly against a data exporter that has failed to use reasonable efforts to determine that the data importer is able to satisfy its legal obligations under these clauses (the data exporter shall have the burden to prove that it took reasonable efforts).

IV. Law applicable to the clauses

These clauses shall be governed by the law of the country in which the data exporter is established, with the exception of the laws and regulations relating to processing of the personal data by the data importer under clause II(h), which shall apply only if so selected by the data importer under that clause.

V. Resolution of disputes with data subjects or the authority

(a) In the event of a dispute or claim brought by a data subject or the authority concerning the processing of the personal data against either or both of the parties, the parties will inform each other about any such disputes or claims, and will cooperate with a view to settling them amicably in a timely fashion.

(b) The parties agree to respond to any generally available non-binding mediation procedure initiated by a data subject or by the authority. If they do participate in the proceedings, the parties may elect to do so remotely (such as by telephone or other electronic means). The parties also agree to consider participating in any other arbitration, mediation or other dispute resolution proceedings developed for data protection disputes.

(c) Each party shall abide by a decision of a competent court of the data exporter's country of establishment or of the authority which is final and against which no further appeal is possible.

VI. Termination

(a) In the event that the data importer is in breach of its obligations under these clauses, then the data exporter may temporarily suspend the transfer of personal data to the data importer until the breach is repaired or the contract is terminated.

(b) In the event that:

(i) the transfer of personal data to the data importer has been temporarily suspended by the data exporter for longer than one month pursuant to paragraph (a);

(ii) compliance by the data importer with these clauses would put it in breach of its legal or regulatory obligations in the country of import;

(iii) the data importer is in substantial or persistent breach of any warranties or undertakings given by it under these clauses;

(iv) a final decision against which no further appeal is possible of a competent court of the data exporter's country of establishment or of the authority rules that there has been a breach of the clauses by the data importer or the data exporter; or

(v) a petition is presented for the administration or winding up of the data importer, whether in its personal or business capacity, which petition is not dismissed within the applicable period for such dismissal under applicable law; a winding up order is made; a receiver is appointed over any of its assets; a trustee in bankruptcy is appointed, if the data importer is an individual; a company voluntary arrangement is commenced by it; or any equivalent event in any jurisdiction occurs

then the data exporter, without prejudice to any other rights which it may have against the data importer, shall be entitled to terminate these clauses, in which case the authority shall be informed where required. In cases covered by (i), (ii), or (iv) above the data importer may also terminate these clauses.

(c) Either party may terminate these clauses if (i) any Commission positive adequacy decision under Article 25(6) of Directive 95/46/EC (or any superseding text) is issued in relation to the country (or a sector thereof) to which the data is transferred and processed by the data importer, or (ii) Directive 95/46/EC (or any superseding text) becomes directly applicable in such country.

(d) The parties agree that the termination of these clauses at any time, in any circumstances and for whatever reason (except for termination under clause VI(c)) does not exempt them from the obligations and/or conditions under the clauses as regards the processing of the personal data transferred.

VII. Variation of these clauses

The parties may not modify these clauses except to update any information in Annex B, in which case they will inform the authority where required. This does not preclude the parties from adding additional commercial clauses where required.

VIII. Description of the transfer

The details of the transfer and of the personal data are specified in Annex B. The parties agree that Annex B may contain confidential business information which they will not disclose to third parties, except as required by law or in response to a competent regulatory or government agency, or as required under clause I(e). The parties may execute additional annexes to cover additional transfers, which will be submitted to the authority where required. Annex B may, in the alternative, be drafted to cover multiple transfers.

Dated: …

For data importer   *For data exporter*

…   *…*

Annex A

Data Processing Principles

1. *Purpose limitation: Personal data may be processed and subsequently used or further communicated only for purposes described in Annex B or subsequently authorised by the data subject.*

2. *Data quality and proportionality: Personal data must be accurate and, where necessary, kept up to date. The personal data must be adequate, relevant and not excessive in relation to the purposes for which they are transferred and further processed.*

3. *Transparency: Data subjects must be provided with information necessary to ensure fair processing (such as information about the purposes of processing and about the transfer), unless such information has already been given by the data exporter.*

4. *Security and confidentiality: Technical and organisational security measures must be taken by the data controller that are appropriate to the risks, such as against accidental or unlawful destruction or accidental loss, alteration, unauthorised disclosure or access, presented by the processing. Any person acting under the authority of the data controller, including a processor, must not process the data except on instructions from the data controller.*

5. *Rights of access, rectification, deletion and objection: As provided in Article 12 of Directive 95/46/EC, data subjects must, whether directly or via a third party, be provided with the personal information about them that an organisation holds, except for requests which are manifestly abusive, based on unreasonable intervals or their number or repetitive or systematic nature, or for which access need not be granted under the law of the country of the data exporter. Provided that the authority has given its prior approval, access need also not be granted when doing so would be likely to seriously harm the interests of the data importer or other organisations dealing with the data importer and such interests are not overridden by the interests for fundamental rights and freedoms of the data subject. The sources of the personal data need not be identified when this is not possible by reasonable efforts, or where the rights of persons other than the individual would be violated. Data subjects must be able to have the personal information about them rectified, amended, or deleted where it is inaccurate or processed against these principles. If there are compelling grounds to doubt the legitimacy of the request, the organisation may require further justifications before proceeding to rectification, amendment or deletion. Notification of any rectification, amendment or deletion to third parties to whom the data have been disclosed need not be made when this involves a disproportionate effort. A data subject must also be able to object to the processing of the personal data relating to him if there are compelling legitimate grounds relating to his particular situation. The burden of proof for any refusal rests on the data importer, and the data subject may always challenge a refusal before the authority.*

6. *Sensitive data: The data importer shall take such additional measures (e.g. relating to security) as are necessary to protect such sensitive data in accordance with its obligations under clause II.*

7. *Data used for marketing purposes: Where data are processed for the purposes of direct marketing, effective procedures should exist allowing the data subject at any time to "opt-out" from having his data used for such purposes.*

8. *Automated decisions: For purposes hereof "automated decision" shall mean a decision by the data exporter or the data importer which produces legal effects concerning a data subject or significantly affects a data subject and which is based solely on automated processing of personal data intended to evaluate certain personal aspects relating to him, such as his performance at work, creditworthiness, reliability, conduct, etc. The data importer shall not make any automated decisions concerning data subjects, except when:*

   (a) (i) *such decisions are made by the data importer in entering into or performing a contract with the data subject, and*

   (ii) *the data subject is given an opportunity to discuss the results of a relevant automated decision with a representative of the parties making such decision or otherwise to make representations to that parties.*

or

(b)   *where otherwise provided by the law of the data exporter.*

Annex B

Description of the transfers

(To be completed by the parties)

Data subjects

The personal data transferred concern the following categories of data subjects:

…

…

Purposes of the transfer(s)

The transfer is made for the following purposes:

…

…

Categories of data

The personal data transferred concern the following categories of data:

…

…

Recipients

The personal data transferred may be disclosed only to the following recipients or categories of recipients:

…

…

Sensitive data (if appropriate)

The personal data transferred concern the following categories of sensitive data:

…

…

Data protection registration information of data exporter (where applicable)

…

…

Additional useful information (storage limits and other relevant information)

…

…

Contact points for data protection enquiries

Data importer   *Data exporter*

…   …

…   …

Illustrative commercial clauses (optional)

Indemnification between the data exporter and data importer:

The parties will indemnify each other and hold each other harmless from any cost, charge, damages, expense or loss which they cause each other as a result of their breach of any of the provisions of these clauses. Indemnification hereunder is contingent upon (a) the party(ies) to be indemnified (the 'indemnified party(ies)') promptly notifying the other party(ies) (the 'indemnifying party(ies)') of a claim, (b) the indemnifying party(ies) having sole control of the defence and settlement of any such claim, and (c) the indemnified party(ies) providing reasonable cooperation and assistance to the indemnifying party(ies) in defence of such claim.

Dispute resolution between the data exporter and data importer (the parties may of course substitute any other alternative dispute resolution or jurisdictional clause):

In the event of a dispute between the data importer and the data exporter concerning any alleged breach of any provision of these clauses, such dispute shall be finally settled under the rules of arbitration of the International Chamber of Commerce by one or more arbitrators appointed in accordance with the said rules. The place of arbitration shall be …. The number of arbitrators shall be ….

Allocation of costs:

Each party shall perform its obligations under these clauses at its own cost.

Extra termination clause:

In the event of termination of these clauses, the data importer must return all personal data and all copies of the personal data subject to these clauses to the data exporter forthwith or, at the data exporter's choice, will destroy all copies of the same and certify to the data exporter that it has done so, unless the data importer is prevented by its national law or local regulator from destroying or returning all or part of such data, in which event the data will be kept confidential and will not be actively processed for any purpose. The data importer agrees that, if so requested by the data exporter, it will allow the data exporter, or an inspection agent selected by the data exporter and not reasonably objected to by the data importer, access to its establishment to verify that this has been done, with reasonable notice and during business hours.

III. Erläuterungen

1. Inhalt und Aufbau von Standardvertrag II

27.22 Der Standardvertrag II ist im Wesentlichen wie der Standardvertrag I aufgebaut (Teil 5, Rz. 26.26). Er besteht aus dem **Mustervertragstext** mit den Regelungen der Rechte und Pflichten der Vertragsparteien. Die **Informationen und Besonderheiten der geplanten Datenübermittlung** sind im Wesentlichen in **Anhang B** des Standardvertrags II zu konkretisieren.

27.23 Das Muster entspricht dem von der EU-Kommission verabschiedeten Standardvertrag II. Die Gliederung wurde unverändert beibehalten, um eine einfachere Orientierung und eine Nutzung des im Amtsblatt der EU veröffentlichten Dokuments[59] zu ermöglichen.

---

59 Entscheidung 2004/915/EG der Kommission v. 27.12.2004 zur Änderung der Entscheidung 2001/497/EG bezüglich der Einführung alternativer Standardvertragsklauseln für die Übermittlung personenbezogener Daten in Drittländer, ABl. EU Nr. L 385 v. 29.12.2004, S. 74 (nachfolgend „Entscheidung 2004/915/EG").

2. Bezeichnung der Vertragsparteien und Präambel

M 27.1.1 Bezeichnung der Vertragsparteien und Präambel

27.24

Vereinbarung über die Datenübermittlung

zwischen

… (Name)

… (Adresse und Sitzland)

*– nachstehend als „**Datenexporteur**" bezeichnet –*

und

… (Name)

… (Adresse und Sitzland)

*– nachstehend als „**Datenimporteur**" bezeichnet –*

*– beide nachstehend als „**Partei**", zusammen als „**Parteien**" bezeichnet –*

a) Bezeichnung der Vertragsparteien

Der Standardvertrag II beginnt mit der exakten **Bezeichnung der Vertragsparteien**. Die Vorlage der EU-Kommission beschränkt sich im Gegensatz zum Standardvertrag I auf die Angabe des Namens, der Adresse und des Landes, in dem die jeweilige Vertragspartei ihren Sitz hat. Es bleibt den Vertragsparteien unbenommen, weitere Informationen wie z.B. Telefonnummern, Faxnummern und E-Mail-Adressen zu ergänzen. Das ist zu empfehlen, soweit es für die Identifizierung der Vertragsparteien und für die Durchführung des Standardvertrags erforderlich und sinnvoll ist.

27.25

Die Bezeichnung der Vertragsparteien als **Datenexporteur und Datenimporteur** muss ihrer jeweiligen Stellung entsprechen. Der Datenexporteur mit Sitz in der EU übermittelt als für die Datenverarbeitung Verantwortlicher personenbezogene Daten an den ebenfalls für die Datenverarbeitung verantwortlichen Datenimporteur in einem Drittland. Die Termini „Datenexporteur" und „Datenimporteur" sind in der Klausel mit den Begriffsbestimmungen definiert (Begriffsbestimmungen lit. b und c; siehe Rz. 27.33 f.).

27.26

b) Vertragsparteien bei der Datenweitergabe im Konzern

Die Frage, welche Stelle bei einer weltweiten **Datenübermittlung im Konzern** als **Datenexporteur** zu qualifizieren ist und in dieser Eigenschaft Vertragspartei des Standardvertrags II werden muss, ist anhand der tatsächlichen **Entscheidungsbefugnis** im Hinblick auf die Datenübermittlung in die Drittländer zu beantworten. Die deutschen Aufsichtsbehörden haben unter Geltung der Richtlinie 95/46/EG und des BDSG a.F. darauf abgestellt, dass die Entscheidungsbefugnis grundsätzlich bei der jeweiligen Daten verarbeitenden Stelle in der EU verbleibt, von der die zu übermittelnden Daten stammen. Es ist von den Unternehmen darzulegen, bei welcher Stelle bzw. welchen Stellen die vorstehend umschriebene Verantwortung liegt[60].

27.27

---

60 Für die Rechtslage unter der Richtlinie 95/46/EG und dem BDSG a.F. vgl. nur Beschluss der obersten Aufsichtsbehörden für den Datenschutz im nicht-öffentlichen Bereich (Düsseldorfer Kreis) am 19./20.4.2007 (Internationaler Datenverkehr) i.V.m. Positionspapier der Aufsichtsbehörden in der AG „Internationaler Datenverkehr" am 12./13.2.2007 v. 28.3.2007, Abschn. I.1 und 2; *Landesregierung Hessen*, Zwanzigster Bericht der Landesregierung über die Tätigkeit der für den Datenschutz im

27.28 **Rechtlich unselbständige Niederlassungen** können ebenfalls als Datenexporteure qualifiziert werden. Allerdings lassen sich die Standarddatenschutzklauseln für rechtlich unselbständige Niederlassungen nur unter bestimmten Bedingungen nutzen. Die Standardverträge müssen flankiert werden von weiteren Maßnahmen zur Herstellung der internen und externen Verbindlichkeit, wie sie für Unternehmensregeln zum Datentransfer in Drittländer aufgestellt worden sind[61]. Eine flankierende Maßnahme ist z.B. eine zugangs-, aber nicht annahmebedürftige **Garantieerklärung** durch den Datenimporteur, die je nach betroffenem Personenkreis im Internet oder Intranet veröffentlicht oder anderweitig zugänglich gemacht werden muss[62].

27.29 Es kann davon ausgegangen werden, dass die deutschen Aufsichtsbehörden ihre unter Geltung der Richtlinie 95/46/EG und des BDSG a.F. gebildete und oben dargestellte Position zur weltweiten Datenübermittlung innerhalb eines Konzerns auch unter der DSGVO beibehalten werden. Allerdings sollte die Positionierung der Aufsicht beobachtet werden, da unter der DSGVO grundsätzlich eine einheitliche Meinungsbildung der Aufsichtsbehörden aller EU-Mitgliedssaaten erfolgen wird.

c) Mehrparteienverhältnis beim Standardvertrag II

27.30 Standarddatenschutzklauseln können grundsätzlich mit zwei oder mehr Vertragsparteien verwendet werden[63]. Die aus dem **Mehrparteienverhältnis** folgenden Besonderheiten müssen vertraglich abgebildet werden. Dabei können komplexe Vertragskonstruktionen entstehen, bei denen Stellen sowohl als verantwortliche Stelle (Controller) als auch als Auftragsverarbeiter (Processor) tätig sind. In diesem Fall müssen die einschlägigen Standarddatenschutzklauseln der jeweiligen Datenübermittlung sorgfältig zugeordnet werden[64]. Schließlich können den Standarddatenschutzklauseln **Haupt- bzw. Rahmenverträge** vorangestellt werden[65].

---

nicht-öffentlichen Bereich in Hessen zuständigen Aufsichtsbehörden, LT-Drucks. 16/7646, Abschn. 9.1 (S. 17 f.); *Gabel* in Taeger/Gabel, 2. Aufl., § 4c BDSG Rz. 25.

61 Für die Rechtslage unter der Richtlinie 95/46/EG und dem BDSG a.F. vgl. nur Beschluss der obersten Aufsichtsbehörden für den Datenschutz im nicht-öffentlichen Bereich (Düsseldorfer Kreis) am 19./20.4.2007 (Internationaler Datenverkehr) i.V.m. Positionspapier der Aufsichtsbehörden in der AG „Internationaler Datenverkehr" am 12./13.2.2007 v. 28.3.2007, Abschn. I.4. Zur Herstellung der Verbindlichkeit von Unternehmensregeln vgl. *Europäischer Datenschutzausschuss*, Endorsement 1/2018 v. 25.5.2018, S. 1 i.V.m. Working Paper der *Art. 29-Datenschutzgruppe* „Arbeitsdokument mit einer Übersicht über die Bestandteile und Grundsätze verbindlicher interner Datenschutzvorschriften (BCR)" v. 6.2.2018, Dok. 18/DE – WP 256/rev.01, Abschn. 1.2 (S. 6 f.) sowie *Europäischer Datenschutzausschuss*, Endorsement 1/2018 v. 25.5.2018, S. 1 i.V.m. Working Paper der *Art. 29-Datenschutzgruppe* „Arbeitsdokument mit einer Übersicht über die Bestandteile und Grundsätze verbindlicher interner Datenschutzvorschriften (BCR) für Auftragsverarbeiter" v. 6.2.2018, Dok. 18/DE – WP 257/rev.01, Abschn. 1.2 (S. 5 f.).

62 Weitere Details zu Vertragsparteien bei weltweiter Datenübermittlung im Konzern einschließlich der flankierenden Maßnahmen bei unselbständigen Niederlassungen und zu Einzelfällen, die von Datenschutzaufsichtsbehörden unter der Richtlinie 95/46/EG und dem BDSG a.F. entschieden worden sind, in Teil 5, Rz. 26.31 ff.

63 Für die Rechtslage unter der Richtlinie 95/46/EG und dem BDSG a.F. vgl. nur *Landesregierung Hessen*, Dreiundzwanzigster Bericht der Landesregierung über die Tätigkeit der für den Datenschutz im nicht-öffentlichen Bereich in Hessen zuständigen Aufsichtsbehörden, LT-Drucks. 18/2942, Abschn. 11.2 (S. 19); Working Paper der *Art. 29-Datenschutzgruppe* der EU-Kommission, Arbeitsdokument: Übermittlung personenbezogener Daten in Drittländer: Anwendung von Art. 26 Abs. 2 der EU-Datenschutzrichtlinie auf verbindliche unternehmensinterne Vorschriften für den internationalen Datentransfer v. 3.6.2003, Dok. 11639/02/DE – WP 74, Abschn. 2 (S. 6), abrufbar unter http://ec.europa.eu/justice/policies/privacy/docs/wpdocs/2003/wp74_de.pdf (Stand 30.9.2017); *Gabel* in Taeger/Gabel, 2. Aufl., § 4c BDSG Rz. 25.

64 Zu den verschiedenen Arten von Standarddatenschutzklauseln siehe Rz. 27.8 ff.

65 Das Muster eines solchen Rahmenvertrages wird kommentiert in Teil 5, § 29.

Diese Vorgehensweise haben auch die deutschen Aufsichtsbehörden unter Geltung der Richtlinie 95/46/EG und des BDSG a.F. als zulässig erachtet, ohne dass die Genehmigungsfreiheit für die Datenübermittlung grundsätzlich in Frage gestellt wurde[66]. Zwar sind die insoweit relevanten Rahmenbedingungen inhaltlich unverändert. Überdies dürfen Standarddatenschutzklauseln nach Erwägungsgrund 109 DSGVO auch in umfangreichere Vertragswerke eingebaut oder um zusätzliche Regelungen ergänzt werden, solange diese Regelungen weder unmittelbar noch mittelbar im Widerspruch zu den Standarddatenschutzklauseln stehen oder die Grundrechte und Grundfreiheiten der betroffenen Personen beschneiden. Dennoch sollte die Positionierung der Aufsicht insoweit sorgfältig beobachtet werden, zumal die deutschen Datenschutzaufsichtsbehörden unter der Richtlinie 95/46/EG und dem BDSG a.F. einen strengen Maßstab angelegt haben. Allerdings gilt auch hier, dass unter der DSGVO grundsätzlich eine einheitliche Meinungsbildung der Aufsichtsbehörden aller EU-Mitgliedsaaten erfolgt, die unter der Richtlinie 95/46/EG sowohl zur Bewertung und Handhabung der Standarddatenschutzklauseln als auch zu etwaigen zusätzlichen Konsultations- und Genehmigungspflichten innerhalb der EU nicht sicher war[67]. | 27.31

Die Datenübermittlung bleibt genehmigungsfrei, wenn die Standarddatenschutzklauseln vollständig und inhaltlich unverändert zum Einsatz kommen[68]. Bei der Nutzung eines Haupt- bzw. Rahmenvertrags muss hinsichtlich der Genehmigungsfreiheit gewährleistet werden, dass in jedem Fall die Standarddatenschutzklauseln inhaltlich unberührt bleiben und bei einem Rechtsstreit die Interpretation der Standarddatenschutzklauseln maßgeblich ist. Hierzu ist eine entsprechende klarstellende Regelung zu empfehlen[69]. Im Zweifel sollte aus Gründen der Rechtssicherheit die zuständige Datenschutzaufsichtsbehörde konsultiert werden[70]. | 27.32

3. Begriffsbestimmungen

M 27.1.2 Begriffsbestimmungen | 27.33

Begriffsbestimmungen

Im Rahmen der Vertragsklauseln gelten folgende Begriffsbestimmungen:

a) *Die Begriffe „personenbezogene Daten", „besondere Kategorien personenbezogener Daten/sensible Daten", „verarbeiten/Verarbeitung", „für die Verarbeitung Verantwortlicher", „Auftragsverarbeiter", „betroffene Person" und „Kontrollstelle" werden entsprechend den Begriffsbestimmungen der Richtlinie 95/46/EG vom 24. Oktober 1995 verwendet (wobei mit „Kontrollstelle" die Datenschutzkontrollstelle gemeint ist, die für das Sitzland des Datenexporteurs zuständig ist).*

b) *„Datenexporteur" bezeichnet den für die Verarbeitung Verantwortlichen, der die personenbezogenen Daten übermittelt.*

c) *„Datenimporteur" bezeichnet den für die Verarbeitung Verantwortlichen, der sich bereit erklärt, vom Datenexporteur personenbezogene Daten für die Verarbeitung gemäß den Bestimmungen dieser Vertrags-*

---

66 *Landesregierung Hessen*, Dreiundzwanzigster Bericht der Landesregierung über die Tätigkeit der für den Datenschutz im nicht-öffentlichen Bereich in Hessen zuständigen Aufsichtsbehörden, LT-Drucks. 18/2942, Abschn. 11.2 (S. 19).

67 So für die Rechtslage unter der Richtlinie 95/46/EG und dem BDSG a.F. auch *Gabel* in Taeger/Gabel, 2. Aufl., § 4b BDSG Rz. 28.

68 Für die Rechtslage unter der Richtlinie 95/46/EG und dem BDSG a.F. vgl. nur *Landesregierung Hessen*, Dreiundzwanzigster Bericht der Landesregierung über die Tätigkeit der für den Datenschutz im nicht-öffentlichen Bereich in Hessen zuständigen Aufsichtsbehörden, LT-Drucks. 18/2942, Abschn. 11.2 (S. 19).

69 Für ein Beispiel einer entsprechenden Regelung siehe Teil 5, Rz. 29.38 ff.

70 Siehe Erläuterungen unter Rz. 27.18 f. Zu weiteren Details und Besonderheiten beim Mehrparteienverhältnis siehe Rz. 26.38 ff.

klauseln entgegenzunehmen, und der nicht an ein System eines Drittlandes gebunden ist, das angemessenen Schutz gewährleistet.

d) „Klauseln" bezeichnet diese Standardvertragsklauseln als eigenständiges Dokument, das keine Geschäftsbedingungen beinhaltet, die von den Parteien im Rahmen getrennter geschäftlicher Vereinbarungen getroffen wurden.

Die Einzelheiten der Übermittlung (sowie die abgedeckten personenbezogenen Daten) sind in Anhang B aufgeführt, der integraler Bestandteil dieser Klauseln ist.

a) Definitionen

27.34 Die **Begriffsbestimmungen** sind gegenüber dem Standardvertrag I ergänzt und präzisiert worden. Es werden – wie im Standardvertrag I – die Begriffe des Datenexporteurs und des Datenimporteurs definiert. Für die um sprachliche Varianten erweiterten Termini „personenbezogene Daten", „besondere Kategorien personenbezogener Daten/sensible Daten", „verarbeiten/Verarbeitung", „für die Verarbeitung Verantwortlicher", „Auftragsverarbeiter", „betroffene Person" und „Kontrollstelle" erfolgt ein Verweis auf die Definitionen der Richtlinie 95/46/EG (dazu sogleich Rz. 27.37 ff.). Darüber hinaus wird der Begriff „Kontrollstelle" dahingehend präzisiert, dass er die für das Land zuständige Kontrollstelle bezeichnet, in dem der Datenexporteur seinen Sitz hat.

27.35 Neu aufgenommen wurde eine **Definition des Begriffs „Klauseln"**, der ausschließlich den Standardvertrag II als ein abgeschlossenes Regelwerk bezeichnet und insoweit etwaige Allgemeine Geschäftsbedingungen der Vertragsparteien explizit nicht erfasst (lit. d).

27.36 Schließlich wird – systematisch fraglich – am Ende der Begriffsbestimmungen ebenso wie in Klausel VIII Satz 1 darauf hingewiesen, dass die Einzelheiten der Datenübermittlung in Anhang B des Standardvertrags II aufgeführt sind (zu Klausel VIII siehe Rz. 27.92 ff.). Zudem wird vereinbart, dass der Anhang B Bestandteil der Klauseln ist.

b) Anpassungsbedarf aufgrund der DSGVO

27.37 Soweit in lit. a der Klausel „Begriffsbestimmungen" auf die Definitionen der Richtlinie 95/46/EG verwiesen wird, ist zu beachten, dass diese Richtlinie gem. Art. 94 Abs. 1 DSGVO mit Wirkung vom 25.5.2018 aufgehoben wird. Zwar ist die Entscheidung der EU-Kommission, dass der Standardvertrag II bei der Übermittlung personenbezogener Daten aus EU-Mitgliedstaaten in Drittländer ausreichende Garantien für den Schutz des Persönlichkeitsrechts und der damit verbundenen Rechte bieten kann[71], gem. Art. 46 Abs. 5 Satz 2 DSGVO solange bindend, bis sie mit einem Beschluss der EU-Kommission geändert, ersetzt oder aufgehoben wird. Das gilt für die gesamte Entscheidung einschließlich des Textes bzw. der Regelungen des Standardvertrags. Allerdings gelten nach Art. 94 Abs. 2 Satz 1 DSGVO Verweise in Entscheidungen der EU-Kommission als Verweise auf die DSGVO. Das gilt nicht nur pauschal, sondern auch für Verweise auf einzelne Bestimmungen der Richtlinie 95/46/EG[72]. Soweit es keine DSGVO-Regelung gibt, die mit der referenzierten Regelung der aufgehobenen Richtlinie 95/46/EG (wörtlich) übereinstimmt, ist eine sinngemäß passende Regelung in der DSGVO zu ermitteln[73]. Der europäische Gesetzgeber hat sich dafür entschieden, dass Verweise auf die Richtlinie 95/46/EG und die entsprechenden Regelungen – als nicht mehr existierendes Recht – als solche keinen Bestand haben sollen. Zu der durchaus relevanten Folgefrage, wie mit daraus resultierenden Änderungen von Standarddatenschutzklauseln umzugehen ist, die wie der Standardvertrag II unter der Richtlinie 95/46/EG verabschiedet wurden, enthält die DSGVO keine Aussage.

---

71 Art. 1 Abs. 1 und Art. 2 Abs. 1 Satz 1 der Entscheidung 2001/497/EG geändert durch Art. 1 Ziff. 1 der Entscheidung 2004/915/EG.

72 *Pauly* in Paal/Pauly, Art. 94 DSGVO Rz. 10; *Schild* in BeckOK DatenschutzR, Art. 94 DSGVO Rz. 12.

73 So auch *Ehmann* in Ehmann/Selmayr, Art. 94 DSGVO Rz. 5.

Die Begriffsbestimmungen, für die auf Richtlinie 95/46/EG verwiesen wird, und die Definitionen **27.38**
gemäß Richtlinie 95/46/EG stimmen zwar inhaltlich weitgehend mit denen in der DSGVO überein.
Allerdings ist der Terminus „besondere Kategorien personenbezogener Daten" gem. Art. 9 Abs. 1
DSGVO weiter als es die Begriffsbestimmung in Art. 8 Abs. 1 der Richtlinie 95/46/EG vorsieht. Er umfasst auch genetische Daten, biometrische Daten zur eindeutigen Identifizierung einer natürlichen Person und Daten zur sexuellen Orientierung. Für diese Daten gelten unter der DSGVO weitergehende
Anforderungen als unter der Richtlinie 95/46/EG.

Vor diesem Hintergrund bietet sich ein differenziertes Vorgehen an, wobei eine Abstimmung mit der **27.39**
zuständigen Datenschutzaufsichtsbehörde empfohlen wird.

aa) Ergänzungsvereinbarung zum Standardvertrag II

Für Standardverträge II, die vor dem 25.5.2018 geschlossen wurden, sollte eine separate Ergänzungs- **27.40**
vereinbarung aufgesetzt werden, die die neuen Begriffsbestimmungen der DSGVO aufgreift und explizit auf Art. 94 Abs. 2 Satz 1 DSGVO verweist. Diese Ergänzungsvereinbarung kann wie folgt lauten:

(1) Muster der Ergänzungsvereinbarung – deutsch

M 27.1.3 Ergänzungsvereinbarung zum Standardvertrag II – deutsch   27.41

Ergänzungsvereinbarung zum Standardvertrag II vom …

Bezeichnung der Daten exportierenden Organisation: …

Adresse: …

Ggf. weitere Angaben, die für das Vorliegen eines verbindlichen Vertrags erforderlich sind: …

*(nachstehend: **Datenexporteur**)*

und

Bezeichnung der Daten importierenden Organisation: …

Adresse: …

Ggf. weitere Angaben, die für das Vorliegen eines verbindlichen Vertrags erforderlich sind: …

*(nachstehend: **Datenimporteur**)*

Präambel

*Nach Art. 94 Abs. 2 Satz 1 der Verordnung (EU) 2016/679 des Europäischen Parlaments und des Rates vom
27. April 2016 zum Schutz natürlicher Personen bei der Verarbeitung personenbezogener Daten, zum freien
Datenverkehr und zur Aufhebung der Richtlinie 95/46/EG (Datenschutz-Grundverordnung), gelten Verweise
auf die aufgehobene Richtlinie 95/46/EG als Verweise auf die Datenschutz-Grundverordnung.*

*Nach Art. 46 Abs. 5 Satz 2 Datenschutz-Grundverordnung bleiben von der Kommission auf der Grundlage
von Artikel 26 Absatz 4 der Richtlinie 95/46/EG erlassene Feststellungen so lange in Kraft, bis sie erforderlichenfalls mit einem nach Art. 46 Abs. 2 Datenschutz-Grundverordnung erlassenen Beschluss der Kommission geändert, ersetzt oder aufgehoben werden.*

*Dies vorausgeschickt und unter Berücksichtigung dieser Tatsachen, vereinbaren der Datenexporteur und
der Datenimporteur Folgendes:*

*[1.] Die Klausel „Begriffsbestimmungen" Buchstabe a des Standardvertrags II vom … wird mit Wirkung
vom 25.5.2018 durch folgende Klausel ersetzt:*

*Die Begriffe „personenbezogene Daten", „besondere Kategorien personenbezogener Daten/sensible Daten",
„verarbeiten/Verarbeitung", „für die Verarbeitung Verantwortlicher", „Auftragsverarbeiter", „betroffene Person" und „Kontrollstelle" werden entsprechend den Begriffsbestimmungen der Datenschutz-Grundverord-*

nung verwendet (wobei mit „Kontrollstelle" die Datenschutzkontrollstelle gemeint ist, die für das Sitzland des Datenexporteurs zuständig ist). Die einschlägigen Begriffsbestimmungen der Datenschutz-Grundverordnung werden nachfolgend wörtlich wiedergegeben:

– „*personenbezogene Daten*": alle Informationen, die sich auf eine identifizierte oder identifizierbare natürliche Person beziehen; als identifizierbar wird eine natürliche Person angesehen, die direkt oder indirekt, insbesondere mittels Zuordnung zu einer Kennung wie einem Namen, zu einer Kennnummer, zu Standortdaten, zu einer Online-Kennung oder zu einem oder mehreren besonderen Merkmalen identifiziert werden kann, die Ausdruck der physischen, physiologischen, genetischen, psychischen, wirtschaftlichen, kulturellen oder sozialen Identität dieser natürlichen Person sind (Art. 4 Nr. 1 Datenschutz-Grundverordnung)

– „*besondere Kategorien personenbezogener Daten/sensible Daten*": personenbezogene Daten, aus denen die rassische und ethnische Herkunft, politische Meinungen, religiöse oder weltanschauliche Überzeugungen oder die Gewerkschaftszugehörigkeit hervorgehen, sowie genetische Daten, biometrische Daten zur eindeutigen Identifizierung einer natürlichen Person, Gesundheitsdaten oder Daten zum Sexualleben oder der sexuellen Orientierung einer natürlichen Person („**besondere Kategorien personenbezogener Daten**" gemäß Art. 9 Abs. 1 Datenschutz-Grundverordnung)

– „*verarbeiten/Verarbeitung*": jeder mit oder ohne Hilfe automatisierter Verfahren ausgeführte Vorgang oder jede solche Vorgangsreihe im Zusammenhang mit personenbezogenen Daten wie das Erheben, das Erfassen, die Organisation, das Ordnen, die Speicherung, die Anpassung oder Veränderung, das Auslesen, das Abfragen, die Verwendung, die Offenlegung durch Übermittlung, Verbreitung oder eine andere Form der Bereitstellung, den Abgleich oder die Verknüpfung, die Einschränkung, das Löschen oder die Vernichtung („*Verarbeitung*" gemäß Art. 4 Nr. 2 Datenschutz-Grundverordnung)

– „*für die Verarbeitung Verantwortlicher*": die natürliche oder juristische Person, Behörde, Einrichtung oder andere Stelle, die allein oder gemeinsam mit anderen über die Zwecke und Mittel der Verarbeitung von personenbezogenen Daten entscheidet; sind die Zwecke und Mittel dieser Verarbeitung durch das Unionsrecht oder das Recht der Mitgliedstaaten vorgegeben, so können der Verantwortliche beziehungsweise die bestimmten Kriterien seiner Benennung nach dem Unionsrecht oder dem Recht der Mitgliedstaaten vorgesehen werden („**Verantwortlicher**" gemäß Art. 4 Nr. 7 Datenschutz-Grundverordnung)

– „*Auftragsverarbeiter*": eine natürliche oder juristische Person, Behörde, Einrichtung oder andere Stelle, die personenbezogene Daten im Auftrag des Verantwortlichen verarbeitet (Art. 4 Nr. 8 Datenschutz-Grundverordnung)

– „*betroffene Person*": eine identifizierte oder identifizierbare natürliche Person (Art. 4 Nr. 1 Datenschutz-Grundverordnung)

– „*Kontrollstelle*": eine von einem Mitgliedstaat gemäß Art. 51 Datenschutz-Grundverordnung eingerichtete unabhängige staatliche Stelle („**Aufsichtsbehörde**" gemäß Art. 4 Nr. 21 Datenschutz-Grundverordnung).

[2. [Platzhalter für eine etwaige Ergänzung von Anhang B zum Standardvertrag II] (siehe Rz. 27.99)]

Für den Datenexporteur:

Name: …

Stellung: …

…   …
(Unterschrift)   *(Stempel der Organisation)*

Für den Datenimporteur:

Name: …

Stellung: …

…   …
(Unterschrift)   *(Stempel der Organisation)*

(2) Muster der Ergänzungsvereinbarung – englisch

In englischer Sprache kann diese Ergänzungsvereinbarung wie folgt lauten: 27.42

M 27.1.4 Ergänzungsvereinbarung zum Standardvertrag II – englisch

Amendment to Standard Contract II of …

Name of the data exporting organisation: …

Address: …

Other information needed to identify the organisation: …

(hereinafter referred to as the 'data exporter')

and

Name of the data exporting organisation: …

Address: …

Other information needed to identify the organisation: …

(hereinafter referred to as the 'data importer')

Preamble

According to the first sentence of Article 94 (2) Regulation (EU) 2016/679 of the European Parliament and of the Council of 27 April 2016 on the protection of natural persons with regard to the processing of personal data and on the free movement of such data, and repealing Directive 95/46/EC (General Data Protection Regulation) references to the repealed Directive shall be construed as references to this Regulation.

According to the second sentence of Article 46 (5) General Data Protection Regulation decisions adopted by the Commission on the basis of Article 26 (4) of Directive 95/46/EC shall remain in force until amended, replaced or repealed, if necessary, by a Commission Decision adopted in accordance with the second sentence of Article 46 (2) General Data Protection Regulation.

Now therefore and in consideration of these facts, the data exporter and the data importer agree as follows:

[1.] Clause 'Definitions' lit. a of Standard Contract II of … shall be replaced by the following clause with effect from 25 May 2018:

- *'personal data', 'special categories of data/sensitive data', 'process/processing', 'controller', 'processor', 'data subject' and 'supervisory authority/authority' shall have the same meaning as in General Data Protection Regulation (whereby 'the authority' shall mean the competent data protection authority in the territory in which the data exporter is established). The relevant provisions are set out below literally:*

- *'personal data': any information relating to an identified or identifiable natural person; an identifiable natural person is one who can be identified, directly or indirectly, in particular by reference to an identifier such as a name, an identification number, location data, an online identifier or to one or more factors specific to the physical, physiological, genetic, mental, economic, cultural or social identity of that natural person (Article 4 (1) General Data Protection Regulation)*

- *'special categories of data/sensitive data': personal data revealing racial or ethnic origin, political opinions, religious or philosophical beliefs, or trade union membership, and genetic data, biometric data for the purpose of uniquely identifying a natural person, data concerning health or data concerning a natural person's sex life or sexual orientation ('special categories of data' according to Article 9 (1) General Data Protection Regulation)*

- *'process/processing': any operation or set of operations which is performed on personal data or on sets of personal data, whether or not by automated means, such as collection, recording, organisation, structuring, storage, adaptation or alteration, retrieval, consultation, use, disclosure by transmission, dissemi-*

*nation or otherwise making available, alignment or combination, restriction, erasure or destruction ('**processing**' according to Article 4 (2) General Data Protection Regulation)*

– *'**controller**': the natural or legal person, public authority, agency or other body which, alone or jointly with others, determines the purposes and means of the processing of personal data; where the purposes and means of such processing are determined by Union or Member State law, the controller or the specific criteria for its nomination may be provided for by Union or Member State law (Article 4 (7) General Data Protection Regulation)*

– *'**processor**': a natural or legal person, public authority, agency or other body which processes personal data on behalf of the controller (Article 4 (8) General Data Protection Regulation)*

– *'**data subject**': an identified or identifiable natural person (Article 4 (1) General Data Protection Regulation)*

– *'**supervisory authority/authority**': an independent public authority which is established by a Member State pursuant to Article 51 ('**supervisory authority**' according to Article 4 (21) General Data Protection Regulation)*

[2. [Placeholder in case of an amendment of Annex B to the Standard Contract II] (siehe Rz. 27.100)]

On behalf of the data exporter:

Name: …

Position: …

…
(signature)   *…*
                                                      (stamp of organisation)

On behalf of the data importer:

Name: …

Position: …

…
(signature)   *…*
                                                      (stamp of organisation)

(3) Erläuterung der Ergänzungsvereinbarung

27.43   Die Ergänzungsvereinbarung ist an den vorgesehenen Stellen um das Datum zu ergänzen, an dem der bislang genutzte Standardvertrag II geschlossen wurde, und von den Parteien zu unterzeichnen.

Über die Ergänzung zu den Begriffsbestimmungen hinaus kann in Bezug auf die übermittelten „sensiblen Daten" auch eine Aktualisierung des Anhangs B zum Standardvertrag II erforderlich werden (dazu Rz. 27.98 f.). Für diesen Fall enthält das vorstehende Muster einen Platzhalter. Die Passagen zu den Begriffsbestimmungen und zu den übermittelten „sensiblen Daten" sind zu nummerieren. Bedarf es keiner Aktualisierung von Anhang B des Standardvertrags II in Bezug auf die übermittelten „sensiblen Daten", entfallen der Platzhalter und die Nummerierung.

27.44   Die Ergänzungsvereinbarung löst keine Pflicht zur Genehmigung oder Vorlage aus, da sie lediglich redaktioneller Art ist[74]. Allerdings ist die Frage der Genehmigungs- und Vorlagepflicht selbst für die Konstellationen umstritten, in denen Änderungen zu einem Mehr an Rechten der betroffenen Personen führen. Daher wird eine Abstimmung mit der zuständigen Datenschutzaufsichtsbehörde empfohlen.

---

74 Zur Begründung vgl. Erläuterungen in Teil 5, Rz. 26.49.

bb) Abwandlung der Klausel „Begriffsbestimmungen" ab 25.5.2018

Für neue Vereinbarungen auf der Basis von Standardvertrag II ab dem 25.5.2018 ist aus praktischen **27.45** Erwägungen keine Ergänzungsvereinbarung angezeigt. Es wird empfohlen, eine komplett neue Klausel „Begriffsbestimmungen" lit. a in den Standardvertrag II aufzunehmen, mit der unter Verweis auf Art. 94 Abs. 2 Satz 1 DSGVO die neuen Begriffsbestimmungen der DSGVO abgebildet werden. Diese Vorgehensweise löst zwar dem Grunde nach keine Pflicht zur Genehmigung oder Vorlage aus[75]. Vor dem Hintergrund der bestehenden Rechtsunsicherheit in der Frage der Genehmigungs- und Vorlagepflicht wird jedoch auch hier eine Abstimmung mit der zuständigen Datenschutzaufsichtsbehörde empfohlen. Die Passage für eine neue Klausel „Begriffsbestimmungen" lit. a kann wie folgt lauten:

(1) Muster der Abwandlung der Klausel „Begriffsbestimmungen" – deutsch

M 27.1.5 Abwandlung der Klausel „Begriffsbestimmungen" des Standardvertrags II ab **27.46** 25.5.2018 – deutsch

a) *„personenbezogene Daten", „besondere Kategorien personenbezogener Daten/sensible Daten", „verarbeiten/Verarbeitung", „für die Verarbeitung Verantwortlicher", „Auftragsverarbeiter", „betroffene Person" und „Kontrollstelle": Gemäß Art. 94 Abs. 2 Satz 1 der Verordnung (EU) 2016/679 des Europäischen Parlaments und des Rates vom 27. April 2016 zum Schutz natürlicher Personen bei der Verarbeitung personenbezogener Daten, zum freien Datenverkehr und zur Aufhebung der Richtlinie 95/46/EG (Datenschutz-Grundverordnung), gelten Verweise auf die aufgehobene Richtlinie 95/46/EG als Verweise auf die Datenschutz-Grundverordnung. Daher gelten im Rahmen der Vertragsklauseln die einschlägigen Begriffsbestimmungen der Datenschutz-Grundverordnung, die nachfolgend wörtlich wiedergegeben werden (wobei mit „Kontrollstelle" die Aufsichtsbehörde gemeint ist, die für das Sitzland des Datenexporteurs zuständig ist):*

– „personenbezogene Daten": alle Informationen, die sich auf eine identifizierte oder identifizierbare natürliche Person beziehen; als identifizierbar wird eine natürliche Person angesehen, die direkt oder indirekt, insbesondere mittels Zuordnung zu einer Kennung wie einem Namen, zu einer Kennnummer, zu Standortdaten, zu einer Online-Kennung oder zu einem oder mehreren besonderen Merkmalen identifiziert werden kann, die Ausdruck der physischen, physiologischen, genetischen, psychischen, wirtschaftlichen, kulturellen oder sozialen Identität dieser natürlichen Person sind (Art. 4 Nr. 1 Datenschutz-Grundverordnung)

– „besondere Kategorien personenbezogener Daten/sensible Daten": personenbezogene Daten, aus denen die rassische und ethnische Herkunft, politische Meinungen, religiöse oder weltanschauliche Überzeugungen oder die Gewerkschaftszugehörigkeit hervorgehen, sowie genetische Daten, biometrische Daten zur eindeutigen Identifizierung einer natürlichen Person, Gesundheitsdaten oder Daten zum Sexualleben oder der sexuellen Orientierung einer natürlichen Person („besondere Kategorien personenbezogener Daten" gemäß Art. 9 Abs. 1 Datenschutz-Grundverordnung)

– „verarbeiten/Verarbeitung": jeder mit oder ohne Hilfe automatisierter Verfahren ausgeführte Vorgang oder jede solche Vorgangsreihe im Zusammenhang mit personenbezogenen Daten wie das Erheben, das Erfassen, die Organisation, das Ordnen, die Speicherung, die Anpassung oder Veränderung, das Auslesen, das Abfragen, die Verwendung, die Offenlegung durch Übermittlung, Verbreitung oder eine andere Form der Bereitstellung, den Abgleich oder die Verknüpfung, die Einschränkung, das Löschen oder die Vernichtung („Verarbeitung" gemäß Art. 4 Nr. 2 Datenschutz-Grundverordnung)

– „für die Verarbeitung Verantwortlicher": die natürliche oder juristische Person, Behörde, Einrichtung oder andere Stelle, die allein oder gemeinsam mit anderen über die Zwecke und Mittel der Verarbeitung von personenbezogenen Daten entscheidet; sind die Zwecke und Mittel dieser Verarbeitung durch das Unionsrecht oder das Recht der Mitgliedstaaten vorgegeben, so können der Verantwortliche beziehungsweise die bestimmten Kriterien seiner Benennung nach dem Unionsrecht oder dem

---

75 Es gelten dieselben Erwägungen und Argumente wie bei der Ergänzungsvereinbarung; vgl. Erläuterungen in Teil 5, Rz. 26.49.

*Recht der Mitgliedstaaten vorgesehen werden („**Verantwortlicher**" gemäß Art. 4 Nr. 7 Datenschutz-Grundverordnung)*

– *„**Auftragsverarbeiter**": eine natürliche oder juristische Person, Behörde, Einrichtung oder andere Stelle, die personenbezogene Daten im Auftrag des Verantwortlichen verarbeitet (Art. 4 Nr. 8 Datenschutz-Grundverordnung)*

– *„**betroffene Person**": eine identifizierte oder identifizierbare natürliche Person (Art. 4 Nr. 1 Datenschutz-Grundverordnung)*

– *„**Kontrollstelle**": eine von einem Mitgliedstaat gemäß Art. 51 Datenschutz-Grundverordnung eingerichtete unabhängige staatliche Stelle („**Aufsichtsbehörde**" gemäß Art. 4 Nr. 21 Datenschutz-Grundverordnung).*

(2) Muster der Abwandlung der Klausel „Begriffsbestimmungen" – englisch

27.47 In englischer Sprache kann diese Passage für eine neue Klausel „Begriffsbestimmungen" lit. a wie folgt lauten:

M 27.1.6 Abwandlung der Klausel „Begriffsbestimmungen" des Standardvertrags II ab 25.5.2018 – englisch

*a) 'personal data', 'special categories of data/sensitive data', 'process/processing', 'controller', 'processor', 'data subject' and 'supervisory authority/authority': According to the first sentence of Article 94 (2) Regulation (EU) 2016/679 of the European Parliament and of the Council of 27 April 2016 on the protection of natural persons with regard to the processing of personal data and on the free movement of such data, and repealing Directive 95/46/EC (General Data Protection Regulation) references to the repealed Directive shall be construed as references to this Regulation. Therefore '**personal data**', '**special categories of data/sensitive data**', '**process/processing**', '**controller**', '**processor**', '**data subject**' and '**supervisory authority/authority**' shall have the same meaning as in General Data Protection Regulation, as set out below literally (whereby '**the authority**' shall mean the competent data protection authority in the territory in which the data exporter is established):*

– *'**personal data**': any information relating to an identified or identifiable natural person; an identifiable natural person is one who can be identified, directly or indirectly, in particular by reference to an identifier such as a name, an identification number, location data, an online identifier or to one or more factors specific to the physical, physiological, genetic, mental, economic, cultural or social identity of that natural person (Article 4 (1) General Data Protection Regulation)*

– *'**special categories of data/sensitive data**': personal data revealing racial or ethnic origin, political opinions, religious or philosophical beliefs, or trade union membership, and genetic data, biometric data for the purpose of uniquely identifying a natural person, data concerning health or data concerning a natural person's sex life or sexual orientation ('**special categories of data**' according to Article 9 (1) General Data Protection Regulation)*

– *'**process/processing**': any operation or set of operations which is performed on personal data or on sets of personal data, whether or not by automated means, such as collection, recording, organisation, structuring, storage, adaptation or alteration, retrieval, consultation, use, disclosure by transmission, dissemination or otherwise making available, alignment or combination, restriction, erasure or destruction ('**processing**' according to Article 4 (2) General Data Protection Regulation)*

– *'**controller**': the natural or legal person, public authority, agency or other body which, alone or jointly with others, determines the purposes and means of the processing of personal data; where the purposes and means of such processing are determined by Union or Member State law, the controller or the specific criteria for its nomination may be provided for by Union or Member State law (Article 4 (7) General Data Protection Regulation)*

- *'processor'*: *a natural or legal person, public authority, agency or other body which processes perso-nal data on behalf of the controller (Article 4 (8) General Data Protection Regulation)*
- *'data subject'*: *an identified or identifiable natural person (Article 4 (1) General Data Protection Reg-ulation)*
- *'supervisory authority/authority'*: *an independent public authority which is established by a Mem-ber State pursuant to Article 51 ('supervisory authority' according to Article 4 (21) General Data Protection Regulation).*

4. Pflichten des Datenexporteurs (Klausel I)

M 27.1.7 Pflichten des Datenexporteurs

27.48

I. Pflichten des Datenexporteurs

Der Datenexporteur gibt folgende Zusicherungen:

a) *Die personenbezogenen Daten wurden nach den für den Datenexporteur geltenden Gesetzen gesam-melt, verarbeitet und übermittelt.*

b) *Er hat sich im Rahmen des Zumutbaren davon überzeugt, dass der Datenimporteur seine Rechtspflich-ten aus diesen Klauseln zu erfüllen in der Lage ist.*

c) *Er stellt dem Datenimporteur auf Antrag Exemplare der einschlägigen Datenschutzgesetze oder entspre-chende Fundstellennachweise seines Sitzlandes zur Verfügung, erteilt aber keine Rechtsberatung.*

d) *Er beantwortet Anfragen der betroffenen Personen und der Kontrollstelle bezüglich der Verarbeitung der personenbezogenen Daten durch den Datenimporteur, es sei denn, die Parteien haben vereinbart, dass der Datenimporteur die Beantwortung übernimmt; der Datenexporteur übernimmt die Beantwortung im Rahmen der Zumutbarkeit und aufgrund der ihm zugänglichen Informationen auch dann, wenn der Datenimporteur nicht antworten will oder kann. Sie erfolgt innerhalb einer angemessenen Frist.*

e) *Er stellt betroffenen Personen, die Drittbegünstigte im Sinne von Klausel III sind, auf Verlangen ein Exem-plar der Klauseln zur Verfügung, es sei denn, die Klauseln enthalten vertrauliche Angaben; in diesem Fall hat er das Recht, diese Angaben zu entfernen. Werden Angaben entfernt, teilt der Datenexporteur den be-troffenen Personen schriftlich die Gründe für die Entfernung mit und belehrt sie über ihr Recht, die Kon-trollstelle auf die Entfernung aufmerksam zu machen. Der Datenexporteur leistet indessen der Entschei-dung der Kontrollstelle Folge, den betroffenen Personen Zugang zum Volltext der Klauseln zu gewähren, wenn diese sich zur Geheimhaltung der entfernten vertraulichen Informationen verpflichten. Der Daten-exporteur stellt ferner auch der Kontrollstelle auf Antrag ein Exemplar der Klauseln zur Verfügung.*

a) Rechtskonforme Datenverarbeitung

Klausel I regelt die **Pflichten des Datenexporteurs.** Klausel I lit. a entspricht der Regelung in Klausel 4 lit. a des Standardvertrags I (dazu Teil 5, Rz. 26.75). Danach muss nicht nur die Datenerhebung, son-dern der gesamte Umgang mit den personenbezogenen Daten in Einklang mit den nationalen Rechts-vorschriften des Landes stehen, in dem der Datenexporteur ansässig ist. 27.49

Der Datenexporteur hat sich im Rahmen des Zumutbaren davon zu überzeugen, dass der Daten-importeur in der Lage ist, seine Rechtspflichten aus dem konkret geschlossenen Standardvertrag zu er-füllen (Klausel I lit. b). Diese Verpflichtung kann – aber weder ausschließlich noch überwiegend – durch wirtschaftliche Erwägungen begrenzt werden. Die Formulierung „ökonomisch zumutbar" wur-de von der EU-Kommission abgelehnt[76].

---

76 Vgl. *Kuner/Hladjk*, RDV 2005, 193 (195).

27.50   Die Regelung in Klausel I lit. c sichert dem Datenimporteur die Möglichkeit, die relevanten Informationen zu den einschlägigen Rechtsvorschriften im Land des Datenexporteurs zu erhalten. Das kann vor allem relevant werden, wenn sich der Datenimporteur gemäß Klausel II lit. h (i) des Standardvertrags II für die Variante entscheidet, die übermittelten Daten nach dem Recht des Landes zu verarbeiten, in dem der Datenexporteur seinen Sitz hat. Der Ausschluss von etwaiger Rechtsberatung dient der Klarstellung, dass jede Vertragspartei rechtlich eigenverantwortlich handelt.

b) Auskunftspflicht

27.51   Die Verpflichtung, **Anfragen von Datenschutzaufsichtsbehörden und betroffenen Personen** innerhalb eines angemessenen Zeitraums zu beantworten (Klausel I lit. d) ist im Vergleich zu der entsprechenden Regelung in Klausel 4 lit. d des Standardvertrags I flexibler gestaltet[77]. Die Vertragsparteien können vereinbaren, dass der Datenimporteur die Beantwortung der Anfragen übernimmt. Eine **Verlagerung der Auskunftspflicht auf den Datenimporteur** wird regelmäßig aus Gründen der Praktikabilität und Sachnähe angezeigt sein, da die Datenverarbeitung durch den Datenimporteur im Mittelpunkt steht. Allerdings bleibt der Datenexporteuer subsidiär in der Pflicht, wenn der Datenimporteur nicht antwortet bzw. nicht antworten kann. Das folgt aus der expliziten Regelung in Klausel I lit. d Satz 1.

aa) Musterklausel zur Verlagerung der Auskunftspflicht in der Klausel I – deutsch

27.52   Zur Verlagerung der Auskunftspflicht muss eine entsprechende Vereinbarung im Standardvertrag aufgenommen werden. Dazu kann folgende beispielhafte Regelung direkt in Klausel I lit. d als neuer Satz 3 integriert werden:

M 27.1.8 Standardvertrag II: Verlagerung der Auskunftspflicht auf den Datenimporteur in der Klausel I – deutsch

Die Parteien vereinbaren gemäß Satz 1 Halbsatz 1 dieser Klausel, dass der Datenimporteur Anfragen der betroffenen Personen und der Kontrollstelle bezüglich der Verarbeitung der personenbezogenen Daten durch den Datenimporteur beantwortet.

bb) Musterklausel zur Verlagerung der Auskunftspflicht in der Klausel I – englisch

27.53   In englischer Sprache kann diese Vereinbarung wie folgt lauten:

M 27.1.9 Standardvertrag II: Verlagerung der Auskunftspflicht auf den Datenimporteur in der Klausel I – englisch

In accordance with the beginning of the first sentence in this clause, the parties agree that the data importer will respond to enquiries from data subjects and the authority concerning processing of the personal data by the data importer.

---

77   Zu der Frage, was ein angemessener Zeitraum ist, siehe Erläuterung zu Klausel 4 lit. d des Standardvertrags I in Teil 5, Rz. 26.78.

cc) Musterklausel zur Verlagerung der Auskunftspflicht durch Verweis auf Anhang B – deutsch

Alternativ kann für eine **Verlagerung der Auskunftspflicht auf den Datenimporteur** in Klausel I lit. d   27.54
auf Anhang B des Standardvertrags II verwiesen werden, wo unter Bezugnahme auf Klausel I lit. d eine
entsprechende Vereinbarung im Zusammenhang mit der Benennung der Anlaufstellen für Datenschutzauskünfte aufzunehmen ist. Diese Alternative kann z.B. wie folgt umgesetzt werden (Ergänzungen des Textes sind hervorgehoben [gerade statt kursiv]):

M 27.1.10 Standardvertrag II: Verlagerung der Auskunftspflicht auf den Datenimporteur durch Verweis auf Anhang B – deutsch

Klausel I (Verpflichtungen des Datenexporteurs)

*d) Er beantwortet Anfragen der betroffenen Personen und der Kontrollstelle bezüglich der Verarbeitung der
personenbezogenen Daten durch den Datenimporteur, es sei denn, die Parteien haben in Anhang B vereinbart, dass der Datenimporteur die Beantwortung übernimmt; der Datenexporteur übernimmt die Beantwortung im Rahmen der Zumutbarkeit und aufgrund der ihm zugänglichen Informationen auch
dann, wenn der Datenimporteur nicht antworten will oder kann. Sie erfolgt innerhalb einer angemessenen Frist.*

Anhang B

…

Anlaufstelle für Datenschutzauskünfte

Datenimporteur	*Datenexporteur*
…	…
…	…

Die Parteien vereinbaren gemäß Klausel I Buchst. d Satz 1 Halbsatz 1, dass der Datenimporteur Anfragen der betroffenen Personen und der Kontrollstelle bezüglich der Verarbeitung der personenbezogenen Daten durch den Datenimporteur beantwortet.

dd) Musterklausel zur Verlagerung der Auskunftspflicht durch Verweis auf Anhang B – englisch

In englischer Sprache kann diese Alternative beispielsweise wie folgt umgesetzt werden (Ergänzungen   27.55
des Textes sind hervorgehoben [gerade statt kursiv]):

M 27.1.11 Standardvertrag II: Verlagerung der Auskunftspflicht auf den Datenimporteur durch Verweis auf Anhang B – englisch

Clause I (Obligations of the data exporter)

*(d) It will respond to enquiries from data subjects and the authority concerning processing of the personal
data by the data importer, unless the parties have agreed in Annex B that the data importer will so respond, in which case the data exporter will still respond to the extent reasonably possible and with the
information reasonably available to it if the data importer is unwilling or unable to respond. Responses
will be made within a reasonable time.*

Annex B

...

Contact points for data protection enquiries

Data importer	*Data exporter*
...	...
...	...

In accordance with the beginning of the first sentence in Clause I lit. d, the parties agree that the data importer will respond to enquiries from data subjects and the authority concerning processing of the personal data by the data importer.

27.56 Ungeachtet einer Vereinbarung zwischen den Vertragsparteien über die Auskunftspflicht bleibt der Datenexporteur gegenüber den betroffenen Personen und der Kontrollstelle in der Verantwortung, wenn der Datenimporteur seiner vertraglichen Pflicht zur Beantwortung der Anfragen nicht nachkommt oder nicht nachkommen kann. Die Pflicht des Datenexporteurs ist aber begrenzt durch die Kriterien der Zumutbarkeit und Zugänglichkeit der relevanten Informationen (Klausel I lit. d Satz 1 Halbs. 2).

c) Herausgabe einer Kopie des Standardvertrags II

27.57 Klausel I lit. e enthält schließlich die Pflicht des Datenexporteurs, betroffenen Personen und der zuständigen Datenschutzbehörde auf Anforderung eine **Kopie der vereinbarten Standarddatenschutzklauseln** zur Verfügung zu stellen. Allerdings können die Vertragsparteien auch insoweit vereinbaren, dass der Datenimporteur die Pflicht des Datenexporteurs übernimmt, was sich aus Klausel II lit. e ergibt[78].

27.58 Die Klausel I lit. e enthält anders als die entsprechende Regelung in Klausel 4 lit. c des Standardvertrags I eine gestufte Regelung in Bezug auf die **Offenlegung etwaiger vertraulicher Angaben in den Standarddatenschutzklauseln**. Verlangen betroffene Personen als Drittbegünstigte ein Exemplar des vereinbarten Standardvertrags II, können etwaige vertrauliche Angaben grundsätzlich entfernt werden. Die betroffenen Personen sind jedoch über die Gründe und ihr Recht, die Datenschutzaufsichtsbehörde einzuschalten, schriftlich zu informieren. Die Aufsichtsbehörde kann entscheiden, dass den betroffenen Personen Zugang zum vollständigen Vertragstext einschließlich der vertraulichen Informationen zu gewähren ist, wenn sich die betroffenen Personen zur Geheimhaltung verpflichten.

5. Pflichten des Datenimporteurs (Klausel II) und Anhang A zum Standardvertrag II

a) Pflichten des Datenimporteurs (Klausel II)

27.59 **M 27.1.12 Pflichten des Datenimporteurs**

II. Pflichten des Datenimporteurs

Der Datenimporteur gibt folgende Zusicherungen:

a) Er verfügt über die technischen und organisatorischen Voraussetzungen zum Schutz der personenbezogenen Daten gegen die unbeabsichtigte oder rechtswidrige Zerstörung oder gegen den unbeabsichtigten Verlust oder die unbeabsichtigte Änderung, die unberechtigte Offenlegung oder den unberechtigten Zugriff; damit ist ein Sicherheitsniveau gewährleistet, das den von der Verarbeitung ausgehenden Risiken und der Art der zu schützenden Daten gerecht wird.

---

78 Dazu siehe Erläuterungen zu Klausel II lit. e, Rz. 27.65 f.

b) Seine Verfahrensregeln gewährleisten, dass von ihm zum Zugriff auf die personenbezogenen Daten befugte Dritte, einschließlich des Auftragsverarbeiters, die Geheimhaltung und Sicherheit der personenbezogenen Daten beachten und wahren. Die unter der Verantwortung des Datenimporteurs tätigen Personen, darunter auch Auftragsverarbeiter, dürfen die personenbezogenen Daten nur auf seine Anweisung verarbeiten. Diese Bestimmung gilt nicht für Personen, die von Rechts wegen zum Zugriff auf die personenbezogenen Daten befugt oder verpflichtet sind.

c) Zum Zeitpunkt des Vertragsabschlusses bestehen seines Wissens in seinem Land keine entgegenstehenden Rechtsvorschriften, die die Garantien aus diesen Klauseln in gravierender Weise beeinträchtigen; er benachrichtigt den Datenexporteur (der die Benachrichtigung erforderlichenfalls an die Kontrollstelle weiterleitet), wenn er Kenntnis von derartigen Rechtsvorschriften erlangt.

d) Er verarbeitet die personenbezogenen Daten zu den in Anhang B dargelegten Zwecken und ist ermächtigt, die Zusicherungen zu geben und die Verpflichtungen zu erfüllen, die sich aus diesem Vertrag ergeben.

e) Er nennt dem Datenexporteur eine Anlaufstelle innerhalb seiner Organisation, die befugt ist, Anfragen bezüglich der Verarbeitung der personenbezogenen Daten zu behandeln, und arbeitet redlich mit dem Datenexporteur, der betroffenen Person und der Kontrollstelle zusammen, damit derartige Anfragen innerhalb einer angemessenen Frist beantwortet werden. Wenn der Datenexporteur nicht mehr besteht oder wenn die Parteien Entsprechendes vereinbaren, verpflichtet sich der Datenimporteur zur Einhaltung der Bestimmungen von Klausel I Buchstabe e).

f) Auf Antrag des Datenexporteurs weist er nach, dass er über ausreichende Finanzmittel verfügt, um die Verpflichtungen aus Klausel III zu erfüllen (wozu auch Versicherungsschutz zählen kann).

g) Auf Antrag des Datenexporteurs und sofern dies nicht willkürlich ist, überlässt er seine zur Verarbeitung benötigten Datenverarbeitungseinrichtungen, Dateien und Unterlagen der Überprüfung, dem Audit und/oder der Zertifizierung durch den Datenexporteur (oder von ihm ausgewählte unabhängige oder unparteiische Prüfer oder Auditoren, gegen die der Datenimporteur keine begründeten Einwände erhebt), um zu gewährleisten, dass die Zusicherungen in diesen Klauseln eingehalten werden, wobei die Überprüfung rechtzeitig anzukündigen und während der üblichen Geschäftszeiten durchzuführen ist. Sofern die Zustimmung oder Genehmigung durch eine Regulierungs- oder Kontrollstelle im Land des Datenimporteurs erforderlich ist, bemüht sich dieser, die Zustimmung oder Genehmigung zügig zu erhalten.

h) Er verarbeitet die personenbezogenen Daten gemäß

   i) den Datenschutzbestimmungen des Landes, in dem der Datenexporteur ansässig ist, oder

   ii) den einschlägigen Bestimmungen[1] etwaiger Kommissionsentscheidungen nach Artikel 25 Absatz 6 der Richtlinie 95/46/EG, sofern der Datenimporteur die einschlägigen Bestimmungen derartiger Genehmigungen bzw. Entscheidungen einhält und in einem Land ansässig ist, für das diese Genehmigungen oder Entscheidungen gelten, obwohl diese hinsichtlich der Übermittlung personenbezogener Daten auf ihn keine Anwendung finden[2], oder

     [Fn. 1] „Einschlägige Bestimmungen" sind sämtliche unter diese Klauseln fallende Genehmigungen oder Entscheidungen mit Ausnahme der Vollzugsbestimmungen.

     [Fn. 2] Wird diese Möglichkeit gewählt, sind jedoch die Bestimmungen von Anhang A Ziffer 5 über das Recht auf Zugriff, Berichtigung, Löschung und Widerspruch anzuwenden, die dann vergleichbaren Bestimmungen der gewählten Kommissionsentscheidung vorgehen.

   iii) den Grundsätzen für die Datenverarbeitung in Anhang A.

Der Datenimporteur wählt die Möglichkeit: …

Paraphe des Datenimporteurs: …

i) Er verzichtet auf die Offenlegung oder Übermittlung personenbezogener Daten an für die Verarbeitung Verantwortliche Dritte, die außerhalb des Europäischen Wirtschaftsraums (EWR) ansässig sind, es sei denn, er setzt den Datenexporteur von der Übermittlung in Kenntnis und

i) *der für die Verarbeitung Verantwortliche Dritte verarbeitet die personenbezogenen Daten im Einklang mit einer Kommissionsentscheidung, in der die Kommission einem Drittland ein angemessenes Datenschutzniveau zuerkennt, oder*

ii) *der für die Verarbeitung Verantwortliche Dritte unterzeichnet diese Klauseln oder eine andere, von einer zuständigen Stelle in der EU genehmigte Datenübermittlungsvereinbarung oder*

iii) *die betroffenen Personen haben das Recht zum Widerspruch, nachdem sie über den Zweck der Übermittlung informiert wurden, ferner über die Empfängerkategorien und darüber, dass das Empfängerland der Daten möglicherweise andere Datenschutzstandards aufweist, oder*

iv) *die betroffenen Personen haben im Hinblick auf die Weiterübermittlung sensibler Daten zweifelsfrei ihre Zustimmung zu der Weiterübermittlung erteilt.*

27.60　Klausel II regelt die Pflichten des Datenimporteurs.

aa) Technische und organisatorische Maßnahmen (Klausel II lit. a)

27.61　**Klausel II** lit. a enthält die Verpflichtung zu geeigneten und angemessenen **technischen und organisatorischen Maßnahmen**. Es soll ein Sicherheitsniveau gewährleistet werden, das den von der Verarbeitung ausgehenden Risiken und der Art der zu schützenden Daten gerecht wird. Das entspricht im Kern Art. 32 DSGVO. Abgesehen von den in Art. 32 Abs. 1 DSGVO lediglich beispielhaft genannten Aspekten sind der DSGVO keine weiter konkretisierten Vorgaben wie in der Anlage zu § 9 Satz 1 BDSG a.F. zu entnehmen. Insoweit kann sich – neben den Vorgaben gem. Art. 32 DSGVO – einstweilen auch an den einschlägigen Kommentierungen und Aussagen der Aufsichtsbehörden zu Anlage zu § 9 Satz 1 BDSG a.F. orientiert werden[79]. Es sollte jedoch beobachtet werden, wie sich Aufsichtsbehörden zu Art. 32 DSGVO positionieren. Schließlich bietet die Auflistung in § 64 Abs. 3 BDSG eine weitere Hilfestellung. Dabei ist jedoch zu beachten, dass diese Vorschrift nicht direkt herangezogen werden kann, da mit ihr lediglich die Richtlinie 2016/680/EU[80] umgesetzt wird[81].

bb) Geheimhaltung und Datensicherheit (Klausel II lit. b)

27.62　In Klausel II lit. b verpflichtet sich der Datenimporteur, dass die **Geheimhaltung und Sicherheit** der personenbezogenen Daten durch seine Verfahrensregeln gewährleistet sind und die Daten nur nach seinen Weisungen verarbeitet werden. Diese Vorgaben gelten insbesondere auch im Falle einer etwaigen Auftragsverarbeitung für den Datenimporteur, nicht aber bei einem Datenzugriff auf gesetzlicher Grundlage[82].

cc) Zusicherung, dass keine Rechtsvorschriften entgegenstehen (Klausel II lit. c)

27.63　Nach Klausel II lit. c sichert der Datenimporteur zu, dass in seinem Land seiner Kenntnis nach **keine entgegenstehenden Rechtsvorschriften** bestehen, die die Garantien aus dem Standardvertrag II in „gravierender Weise" beeinträchtigen. Diese Klausel ist für den Datenimporteur deutlich vorteilhafter und insgesamt praktikabler als die entsprechende Klausel 5 lit. a des Standardvertrags I[83]. Es kommt le-

---

79　Vgl. nur *Schultze-Melling* in Taeger/Gabel, 2. Aufl., § 9 BDSG Rz. 35 ff.; *Ernestus* in Simitis, § 9 BDSG Rz. 47 ff.; zu Art. 32 DSGVO siehe nur *Schultze-Melling* in Taeger/Gabel, Art. 32 DSGVO Rz. 32 ff.

80　Richtlinie 2016/680/EU des Europäischen Parlaments und des Rates zum Schutz natürlicher Personen bei der Verarbeitung personenbezogener Daten durch die zuständigen Behörden zum Zwecke der Verhütung, Ermittlung, Aufdeckung oder Verfolgung von Straftaten oder der Strafvollstreckung sowie zum freien Datenverkehr und zur Aufhebung des Rahmenbeschlusses 2008/077/JI des Rates v. 27.4.2016, ABl. EU Nr. L 119/89 v. 4.5.2016 (nachfolgend „Richtlinie 2016/680/EU").

81　Zur Frage der technischen und organisatorischen Maßnahmen vgl. auch die Erläuterungen zu Ziff. 4 der Anlage 2 zum Standardvertrag I in Teil 5, Rz. 26.107 ff.

82　Vgl. auch Erläuterungen zu Ziff. 4 Satz 2 der Anlage 2 zum Standardvertrag I in Teil 5, Rz. 26.110.

83　Zu Klausel 5 lit. a des Standardvertrags I siehe Erläuterungen in Teil 5, Rz. 26.81 f.

diglich auf den Zeitpunkt des Vertragsschlusses an; eine darüberhinausgehende Überwachungspflicht wird – anders als in Klausel 5 lit. a des Standardvertrags I – nicht begründet. Schließlich ist nur eine nicht unerhebliche Beeinträchtigung durch etwaige entgegenstehende Rechtsvorschriften relevant.

dd) Zweckbindung (Klausel II lit. d)

In Klausel II lit. d wird der **Zweckbindungsgrundsatz** für den Datenimporteur unter Verweis auf die in Anhang B des Standardvertrags II dargelegten Verarbeitungszwecke explizit festgeschrieben. Diese Verpflichtung enthält auch der Standardvertrag I[84].

27.64

ee) Kooperationspflicht (Klausel II lit. e)

Der Datenimporteur ist im Rahmen von Anfragen bezüglich der Datenverarbeitung zur **Zusammenarbeit mit dem Datenexporteur**, der **Datenschutzbehörde** und den **betroffenen Personen** verpflichtet. Diese Verpflichtung kann im Einzelfall auch über eine Kooperationspflicht hinausgehen, wenn die Vertragsparteien entsprechend Klausel I lit. d vereinbaren, dass der Datenimporteur die Beantwortung der Anfragen übernimmt[85]. Der Datenimporteur hat in jedem Fall eine Anlaufstelle innerhalb seiner Organisation für Anfragen bezüglich der Datenverarbeitung zu benennen. Diese ist wie auch eine entsprechende Anlaufstelle auf Seiten des Datenexporteurs in Anhang B einzutragen. Insoweit sollte ein Funktionsbezug gewählt werden, da Personen regelmäßig nur für begrenzte Dauer in derselben Funktion tätig sind.

27.65

Schließlich muss der Datenimporteur die in Klausel I lit. e festgeschriebene Pflicht des Datenexporteurs übernehmen und betroffenen Personen sowie der zuständigen Datenschutzbehörde auf Anforderung eine **Kopie der vereinbarten Standarddatenschutzklauseln** zur Verfügung stellen, wenn der Datenexporteur nicht mehr existiert oder die Vertragsparteien eine entsprechende Vereinbarung getroffen haben. Eine solche Regelung kann als neuer Satz 3 direkt in Klausel II lit. e integriert werden. Alternativ kann in Klausel II lit. e auf Anhang B verwiesen werden, wo unter Bezugnahme auf Klausel II lit. e eine entsprechende Vereinbarung im Zusammenhang mit der Benennung der Anlaufstellen für Datenschutzauskünfte aufzunehmen wäre[86].

27.66

ff) Finanzmittel (Klausel II lit. f)

Der Datenimporteur hat auf Anfrage des Datenexporteurs nachzuweisen, dass er über hinreichend **Finanzmittel** verfügt, um seine Verpflichtungen aus Klausel III (Haftung) erfüllen zu können. Die Art und Form des Nachweises werden nicht vorgegeben. Ein Nachweis über einen entsprechenden **Versicherungsschutz** durch Vorlage des Versicherungsscheins kann ausreichen.

27.67

gg) Prüfung und Zertifizierung (Klausel II lit. g)

Der Datenimporteur räumt dem Datenexporteur ein **Prüfungs- und Zertifizierungsrecht** ein. Im Gegensatz zur Regelung in Klausel 5 lit. d des Standardvertrags I unterliegt dieses Recht mehreren Schranken. Es steht explizit unter dem Verbot der Willkür. Der Datenimporteur kann gegen die vom Datenexporteur ausgewählten Dritten begründete Einwände erheben. Die Überprüfung muss rechtzeitig angekündigt und darf nur während der üblichen Geschäftszeiten durchgeführt werden. Schließlich

27.68

---

84 Klausel 5 lit. b Abs. 1 (Alt. 1) i.V.m. Anlage 2 Abs. 1 des Standardvertrags I bzw. Klausel 5 lit. b Abs. 2 (Alt. 2 und 3) i.V.m. Anlage 3 Abs. 1 des Standardvertrags I. Zu Anhang B von Standardvertrag II siehe Rz. 27.94 ff.

85 Dazu siehe Rz. 27.51 ff. Zu der Frage, was eine angemessene Frist ist, siehe Erläuterungen zu Klausel 4 lit. d des Standardvertrags I in Teil 5, Rz. 26.78.

86 Zu dem vergleichbaren Formulierungsbeispiel einer abweichenden Vereinbarung über die Auskunftspflicht gemäß Klausel I lit. d siehe Rz. 27.51 ff. Zur Pflicht nach Klausel I lit. e, eine Kopie des Standardvertrags II zur Verfügung zu stellen, Rz. 27.57 f.

darf eine Überprüfung nur mit Zustimmung oder Genehmigung der staatlichen Stellen im Land des Datenimporteurs erfolgen, soweit diese vorgesehen sind.

hh) Anzuwendendes Recht (Klausel II lit. h)

27.69 In Klausel II lit. h wird bestimmt, welches Recht auf die gesamte Verarbeitung der übermittelten personenbezogenen Daten durch den Datenimporteur zur Anwendung kommt. Während sich die Formulierungen und die Reihenfolge der Alternativen von denen in Standardvertrag I unterscheiden, enthalten die möglichen Optionen im Vergleich zum Standardvertrag I bis auf eine Ausnahme keine inhaltliche Abweichung.[87] Das gilt auch mit Blick auf den Inhalt der Anhänge, auf die verwiesen wird. Die Regelungen der Zweckbindung und Weiterübermittlung in Ziff. 1 und 6 der Anlage 2 sowie Ziff. 1 und 3 der Anlage 3 zum Standardvertrag I sind in Klausel II lit. d und lit. i des Standardvertrags II zusätzlich aufgenommen worden bzw. aufgegangen. Die Regelung der Rechte der betroffenen Personen in Ziff. 5 der Anlage 2 und Ziff. 2 der Anlage 3 zum Standardvertrag I werden im Standardvertrag II gemäß Klausel II lit. h (ii) über die dort eingefügte Fußnote 2 integriert. Bei der Variante „Datenverarbeitung gemäß den nationalen Rechtsvorschriften, die im Land des Datenexporteurs gelten" (Klausel II lit. h (i)) waren die Bestimmungen über die Rechte der betroffenen Personen nach Art. 12 der Richtlinie 95/46/EG unter Geltung dieser Richtlinie bereits aufgrund der nationalen Vorschriften anzuwenden, mit denen die Richtlinie 95/46/EG umgesetzt wurde; unter Geltung der DSGVO folgt das direkt aus der DSGVO, wo diese Rechte in Art. 12 ff. DSGVO geregelt sind.

27.70 Der Datenimporteur muss bei Abschluss des Standardvertrags II zwischen den in der Klausel II lit. h aufgeführten **drei Möglichkeiten** wählen:

– Datenverarbeitung gemäß den **nationalen Datenschutzvorschriften**, die im **Land des Datenexporteurs** gelten, also in Deutschland neben der DSGVO die Vorschriften des BDSG und etwaige spezialgesetzliche Regelungen (i)[88];

– Datenverarbeitung gemäß den unter die Standarddatenschutzklauseln fallenden **Genehmigungen und Entscheidungen** mit Ausnahme von Vollzugsbestimmungen in den Entscheidungen der EU-Kommission nach Art. 25 Abs. 6 der Richtlinie 95/46/EG oder Art. 45 Abs. 1 DSGVO, mit denen festgestellt wurde, dass ein Drittland nur für bestimmte Tätigkeitsbereiche ein angemessenes Datenschutzniveau gewährleistet; allerdings sind gemäß Fußnote 2 in Klausel II lit. h die Bestimmungen über die Rechte der betroffenen Personen gem. Ziff. 5 des Anhangs A zum Standardvertrag II vorrangig anzuwenden (ii)[89]; oder

– Datenverarbeitung gemäß den **verbindlichen Datenschutzgrundsätzen in Anhang A** zum Standardvertrag II (iii)[90]

Von den vorstehenden drei Möglichkeiten ist lediglich die Alternative (iii) praxistauglich[91].

27.71 Im Rahmen der Vertragsgestaltung sieht die Vorlage des Standardvertrags II vor, dass die Wahl explizit in der Klausel getroffen und an dieser Stelle vom Datenimporteur unterzeichnet wird. Zwar spricht grundsätzlich nichts dagegen, sich bei der formalen Vertragsgestaltung auf den Inhalt der gewählten Alternative zu beschränken. Bei dieser Vorgehensweise sollte aus Gründen der Rechtssicherheit jedoch die zuständige Datenschutzaufsichtsbehörde konsultiert werden[92].

---

87 Vgl. Klausel 5 lit. b Abs. 2 des Standardvertrags I; siehe Teil 5, Rz. 26.83 ff.

88 Vgl. Klausel 5 lit. b Abs. 2, erster Spiegelstrich (Alt. 2) des Standardvertrags I; siehe Teil 5, Rz. 26.83 ff.

89 Vgl. Klausel 5 lit. b Abs. 2, zweiter Spiegelstrich (Alt. 3) des Standardvertrags I; siehe Teil 5, Rz. 26.83, Rz. 26.87 ff.; zu Ziff. 5 des Anhangs A von Standardvertrag II siehe Rz. 27.75.

90 Vgl. Klausel 5 lit. b Abs. 1 (Alt. 1) des Standardvertrags I; siehe Teil 5, Rz. 26.83 ff.

91 Vgl. zur Praxistauglichkeit der Alternativen von Klausel 5 lit. b des Standardvertrags I Erläuterungen in Teil 5, Rz. 26.85 ff.

92 Zur Genehmigungsfreiheit bei Änderung der Standarddatenschutzklauseln siehe Rz. 27.16 ff.

ii) Weiterübermittlung (Klausel II lit. i)

Die Klausel II lit. i regelt die **Weiterübermittlung der Daten durch den Datenimporteur in ein** 27.72
Drittland. Diese Regelung ist im Gegensatz zur entsprechenden Regelung in Ziff. 6 der Anlage 2 und
Ziff. 3 der Anlage 3 des Standardvertrags I systematischer und inhaltlich flexibler. Eine Weiterübermittlung ist nur zulässig, wenn der Datenexporteur zuvor informiert wird und eine der vier enumerativ aufgeführten Alternativen vorliegt. Allerdings ist die Alternative (iii) sehr weitgehend und wird
hinsichtlich der Vereinbarkeit mit den Vorgaben der DSGVO zuweilen kritisch gesehen[93]. Klausel II
lit. i (iii) erlaubt die Weiterübermittlung von Daten, die nicht besonderer Art sind, an andere Empfänger in ein Drittland ohne angemessenes Schutzniveau, wenn die betroffenen Personen informiert
wurden und nicht widersprochen haben. Es bedarf weder einer Angemessenheitsentscheidung der EU-
Kommission für das in Frage stehende Drittland noch muss sich der Dritte den Standarddatenschutzklauseln unterwerfen, wie es die Alternativen (i) bzw. (ii) der Klausel II lit. i vorsehen. Das steht
durchaus im Widerspruch zu Art. 49 Abs. 1 Satz 1 lit. a DSGVO, der in diesen Fällen eine Einwilligung
vorsieht und als allgemeiner Grundsatz für die Datenübermittlung nach Art. 44 Satz 1, Halbs. 2
DSGVO auch für Weiterübermittlungen gilt. Daher sollte von der Alternative in Klausel II lit. i (iii) zurückhaltend Gebrauch gemacht werden.

b) Anhang A zum Standardvertrag II

M 27.1.13 Anhang A zum Standardvertrag II 27.73

Anhang A

Grundsätze für die Datenverarbeitung

1. *Zweckbindung: Personenbezogene Daten dürfen nur für die in Anhang B festgelegten oder anschließend
   von der betroffenen Person genehmigten Zwecke verarbeitet und danach verwendet oder weiter übermittelt werden.*

2. *Datenqualität und Verhältnismäßigkeit: Personenbezogene Daten müssen sachlich richtig sein und nötigenfalls auf dem neuesten Stand gehalten werden. Sie müssen den Übermittlungs- und Verarbeitungszwecken angemessen und dafür erheblich sein und dürfen nicht über das erforderliche Maß hinausgehen.*

3. *Transparenz: Die betroffenen Personen müssen Informationen erhalten, die eine Verarbeitung nach Treu
   und Glauben gewährleisten (beispielsweise Angaben zum Verarbeitungszweck und zur Übermittlung),
   sofern diese Informationen nicht bereits vom Datenexporteur erteilt wurden.*

4. *Sicherheit und Geheimhaltung: Der für die Verarbeitung Verantwortliche muss geeignete technische und
   organisatorische Sicherheitsvorkehrungen gegen die Risiken der Verarbeitung treffen, beispielsweise gegen die unbeabsichtigte oder rechtswidrige Zerstörung oder gegen den unbeabsichtigten Verlust oder die
   unbeabsichtigte Änderung, die unberechtigte Offenlegung oder den unberechtigten Zugriff. Alle unter
   der Verantwortung des für die Verarbeitung Verantwortlichen tätigen Personen, darunter auch Auftragsverarbeiter, dürfen die Daten nur auf Anweisung des für die Verarbeitung Verantwortlichen verarbeiten.*

5. *Recht auf Auskunft, Berichtigung, Löschung und Widerspruch: Nach Artikel 12 der Richtlinie 95/46/EG
   hat die betroffene Person das Recht, entweder direkt oder durch Dritte, Auskunft über alle ihre personenbezogenen Daten zu erhalten, die von einer Organisation vorgehalten werden; dies gilt nicht für
   Auskunftsersuchen, die aufgrund ihrer unzumutbaren Periodizität oder ihrer Zahl, Wiederholung oder
   Systematik offensichtlich übertrieben sind, oder für Daten, über die nach dem für den Datenexporteur
   geltenden Recht keine Auskunft erteilt werden muss. Vorbehaltlich der vorherigen Genehmigung durch
   die Kontrollstelle muss auch dann keine Auskunft erteilt werden, wenn die Interessen des Datenimporteurs oder anderer Organisationen, die mit dem Datenimporteur in Geschäftsverkehr stehen, dadurch
   ernsthaft geschädigt würden und die Grundrechte und Grundfreiheiten der betroffenen Personen hier-*

---

93 *Schantz* in Simitis/Hornung/Spiecker, Art. 46 DSGVO Rz. 44.

durch nicht beeinträchtigt werden. Die Quellen der personenbezogenen Daten müssen nicht angegeben werden, wenn dazu unzumutbare Anstrengungen erforderlich wären oder die Rechte Dritter dadurch verletzt würden. Die betroffene Person muss das Recht haben, ihre personenbezogenen Daten berichtigen, ändern oder löschen zu lassen, wenn diese unzutreffend sind oder entgegen den vorliegenden Grundsätzen verarbeitet wurden. Bei begründeten Zweifeln an der Rechtmäßigkeit des Ersuchens kann die Organisation weitere Belege verlangen, bevor die Berichtigung, Änderung oder Löschung erfolgt. Dritte, gegenüber denen die Daten offen gelegt wurden, müssen von der Berichtigung, Änderung oder Löschung nicht in Kenntnis gesetzt werden, wenn dies mit einem unverhältnismäßigen Aufwand verbunden wäre. Die betroffene Person muss auch aus zwingenden legitimen Gründen, die mit ihrer persönlichen Situation zusammenhängen, Widerspruch gegen die Verarbeitung ihrer personenbezogenen Daten einlegen können. Die Beweislast liegt im Fall einer Ablehnung beim Datenimporteur; die betroffene Person kann eine Ablehnung jederzeit vor der Kontrollstelle anfechten.

6. *Sensible Daten: Der Datenimporteur trifft die zusätzlichen Vorkehrungen (bspw. sicherheitsbezogener Art), die entsprechend seinen Verpflichtungen nach Klausel II zum Schutz sensibler Daten erforderlich sind.*

7. *Direktmarketing: Werden Daten zum Zwecke des Direktmarketings verarbeitet, sind wirksame Verfahren vorzusehen, damit die betroffene Person sich jederzeit gegen die Verwendung ihrer Daten für derartige Zwecke entscheiden kann ("Opt-out").*

8. *Automatisierte Entscheidungen: "Automatisierte Entscheidungen" im Sinne dieser Klauseln sind mit Rechtsfolgen behaftete Entscheidungen des Datenexporteurs oder des Datenimporteurs bezüglich einer betroffenen Person, die allein auf der automatisierten Verarbeitung personenbezogener Daten zum Zwecke der Bewertung einzelner Aspekte ihrer Person beruhen, beispielsweise ihrer beruflichen Leistungsfähigkeit, ihrer Kreditwürdigkeit, ihrer Zuverlässigkeit oder ihres Verhaltens. Der Datenimporteur darf keine automatisierten Entscheidungen über eine betroffene Person fällen, es sei denn:*

    a) i)   *Der Datenimporteur fällt die Entscheidungen im Rahmen eines Vertragsabschlusses oder der Ausführung eines Vertrags mit der betroffenen Person, und*

       ii) *die betroffene Person erhält die Möglichkeit, die Ergebnisse einer einschlägigen automatisierten Entscheidung mit einem Vertreter der entscheidungstreffenden Partei zu erörtern, oder aber Erklärungen gegenüber dieser Partei abzugeben,*

    oder

    b) *die für den Datenexporteur geltenden Rechtsvorschriften sehen etwas anderes vor.*

27.74   **Anhang A** enthält die **Datenschutzgrundsätze**, die zum Tragen kommen, wenn sich der Datenimporteur für die Alternative nach Klausel II lit. h (iii) entscheidet (dazu Rz. 27.69 ff.). Diese Grundsätze bilden die Basis für die Datenverarbeitung. Sie entsprechen im Wesentlichen den Vorgaben der Anlage 2 zum Standardvertrag I, so dass die Erläuterungen zu Anlage 2 des Standardvertrags I entsprechend gelten[94].

27.75   Der Grundsatz der Beschränkung der Weiterübermittlung gem. Ziff. 6 der Anlage 2 zum Standardvertrag I ist in Klausel II lit. d des Standardvertrags II aufgegangen. Kleinere inhaltliche Abweichungen enthält insbesondere der Grundsatz in Ziff. 4 (Sicherheit und Geheimhaltung). Diese Regelung wurde im Vergleich zu Anlage 2 zum Standardvertrag I geschärft durch eine stärkere Anlehnung an den Wortlaut von Art. 17 Abs. 1 der Richtlinie 95/46/EG und die beispielhafte Nennung von weiteren Risiken[95]. Der Grundsatz in Ziff. 5 (Recht auf Auskunft, Berichtigung, Löschung und Widerspruch) wurde ebenfalls präzisiert. Er enthält im Gegensatz zu der entsprechenden Regelung in Ziff. 5 der Anlage 2 zum Standardvertrag I den ausdrücklichen Vorbehalt, dass eine Auskunft bei missbräuchlicher Anfrage aufgrund unzumutbarer Periodizität, Zahl, Wiederholung oder Systematik verweigert werden darf. Zu-

---

94 Erläuterungen zu Anlage 2 zum Standardvertrag I in Teil 5, Rz. 26.94 ff.
95 Zu den Vorgaben zu technischen und organisatorischen Maßnahmen siehe Erläuterungen zu Klausel II lit. a in Rz. 27.61.

dem muss der Datenimporteur vorbehaltlich einer vorherigen Zustimmung der Datenschutzaufsichtsbehörde keine Auskunft erteilen, wenn die Interessen des Datenimporteurs oder seiner Geschäftspartner ernsthaft geschädigt würden und die Grundrechte und Grundfreiheiten der betroffenen Personen dadurch nicht beeinträchtigt werden. Außerdem muss über die Quellen der Daten keine Auskunft gegeben werden, soweit „unzumutbare Anstrengungen" erforderlich sind oder Rechte Dritter dadurch verletzt würden. Schließlich sind die Voraussetzungen in Ziff. 8 (Grundsatz zu automatisierten Entscheidungen) im Vergleich zu der entsprechenden Regelung in Ziff. 9 der Anlage 2 zum Standardvertrag I konkretisiert worden.

6. Haftung und Rechte Dritter (Klausel III)

M 27.1.14 Haftung und Rechte Dritter 27.76

III. Haftung und Rechte Dritter

a) *Jede Partei haftet gegenüber der anderen Partei für Schäden, die sie durch einen Verstoß gegen diese Klauseln verursacht. Die gegenseitige Haftung der Parteien ist auf den tatsächlich erlittenen Schaden begrenzt. Strafschadenersatzansprüche (d.h. die Zahlung von Strafen für grobes Fehlverhalten einer Partei) sind ausdrücklich ausgeschlossen. Jede Partei haftet gegenüber der betroffenen Person für Schäden, die sie durch die Verletzung von Rechten Dritter im Rahmen dieser Klauseln verursacht. Die Haftung des Datenexporteurs gemäß den für ihn maßgeblichen Datenschutzvorschriften bleibt davon unberührt.*

b) *Die Parteien räumen den betroffenen Personen das Recht ein, diese Klausel sowie Klausel I Buchstaben b), d) und e), Klausel II Buchstaben a), c), d), e), h), i), Klausel III Buchstabe a) sowie die Klauseln V, VI Buchstabe d) und VII als Drittbegünstigte gegenüber dem Datenimporteur oder dem Datenexporteur durchzusetzen, wenn diese im Hinblick auf die Daten der betroffenen Personen ihre Vertragspflichten verletzen; zu diesem Zweck erkennen sie die Zuständigkeit der Gerichte im Sitzland des Datenexporteurs an. Wirft die betroffene Person dem Datenimporteur Vertragsverletzung vor, muss sie den Datenexporteur zunächst auffordern, ihre Rechte gegenüber dem Datenimporteur durchzusetzen; wird der Datenexporteur nicht innerhalb einer angemessenen Frist tätig (im Regelfall innerhalb eines Monats), kann die betroffene Person ihre Rechte direkt gegenüber dem Datenimporteur durchsetzen. Eine betroffene Person kann direkt gegen einen Datenexporteur vorgehen, wenn dieser sich im Rahmen des Zumutbaren nicht davon überzeugt hat, dass der Datenimporteur seine rechtlichen Verpflichtungen aus diesen Klauseln zu erfüllen in der Lage ist (der Datenexporteur muss beweisen, dass er alle zumutbaren Anstrengungen unternommen hat).*

a) Haftung (Klausel III lit. a)

Klausel III lit. a enthält im Gegensatz zu der entsprechenden Regelung im Standardvertrag I **keine gesamtschuldnerische Haftung**, bei der die betroffenen Personen nach ihrer Wahl eine der Vertragsparteien in Anspruch nehmen können. Datenexporteur und Datenimporteur haften gegenüber der jeweils anderen Vertragspartei und gegenüber den betroffenen Personen für tatsächlich eingetretene Schäden, die sie verursacht haben. Die Haftung des Datenexporteurs nach den geltenden nationalen Vorschriften bleibt unberührt. **Vertragsstrafen** sind unzulässig. 27.77

Die Haftungsklausel ist der gravierendste Unterschied zwischen den Standardverträgen I und II. Die Abkehr von der gesamtschuldnerischen Haftung steht in Widerspruch zu Erwägungsgrund 18 der Entscheidung 2001/497/EG, wonach für den Standardvertrag I die gesamtschuldnerische Haftung zum Tragen kommt. Die Art. 29-Datenschutzgruppe der EU-Kommission ist sogar der Ansicht gewesen, dass jegliche Einschränkung dieser Bestimmung zu einem Wegfall des angemessenen Schutzniveaus 27.78

führen würde[96]. Dieser Auffassung hat sich die EU-Kommission zu Recht nicht angeschlossen. Eine gesamtschuldnerische Haftung von Datenexporteur und Datenimporteur, wie sie der Standardvertrag I enthält, ist zwar für die betroffene Person von Vorteil. Zum einen ist es für sie äußerst schwierig, den für eine Rechtsverletzung Verantwortlichen festzustellen. Zum anderen ist die Durchsetzung von Schadensersatzansprüchen im Ausland häufig problematisch. Allerdings wurde im Entscheidungsprozess über die alternativen Standarddatenschutzklauseln die Kritik der beteiligten Unternehmensverbände berücksichtigt und eine Haftungsregelung geschaffen, die sich an den jeweils auferlegten Sorgfaltspflichten der Vertragsparteien und deren tatsächlichem Verhalten orientiert[97]. Zugleich wurde mit den Regelungen in Klausel III lit. b ein Verfahren festgelegt, das die vorgenannten Risiken für die betroffenen Personen verringert.

b) Drittbegünstigtenklausel (Klausel III lit. b)

27.79 Klausel III lit. b Satz 1 räumt den betroffenen Personen, die nicht Vertragspartei sind, eine Vielzahl von Rechten ein und macht sie damit zu Drittbegünstigten. Der in einem Drittland ansässige Datenimporteur kann von den betroffenen Personen in der EU, nämlich im Land des Datenexporteurs, verklagt werden. Das stellt eine Neuerung gegenüber dem Standardvertrag I dar. Die Parteien erkennen zu diesem Zweck die **Zuständigkeit der Gerichte** im Sitzland des Datenexporteurs an.

27.80 Klausel III lit. b Satz 2 und 3 regeln das Verfahren im Fall einer **Vertragsverletzung**. Zunächst muss die betroffene Person den Datenexporteur auffordern, ihre Rechte durchzusetzen. Hierzu sind die nach Lage des Einzelfalls angezeigten und angemessenen Maßnahmen zu ergreifen[98]. Nach fruchtlosem Verstreichen einer angemessenen Frist, die hier regelmäßig einen Monat beträgt, kann die betroffene Person ihre Rechte gegenüber dem Datenimporteur geltend machen (Satz 2). Zudem kann sich die betroffene Person direkt an den Datenexporteur wenden, wenn dieser nicht nachweisen kann, im Rahmen des Zumutbaren überprüft zu haben, dass der Datenimporteur seine rechtlichen Verpflichtungen aus den Klauseln erfüllen kann (Satz 3). Zu diesen Verpflichtungen zählt auch eine ausreichende finanzielle Ausstattung (Klausel II lit. f).

7. Anwendbares Recht (Klausel IV)

27.81 **M 27.1.15 Anwendbares Recht**

IV. Anwendbares Recht

Diese Klauseln unterliegen dem Recht des Landes, in dem der Datenexporteur ansässig ist; davon ausgenommen sind die Rechtsvorschriften über die Verarbeitung der personenbezogenen Daten durch den Datenimporteur gemäß Klausel II Buchstabe h, die nur gelten, wenn sich der Datenimporteur nach dieser Klausel dafür entschieden hat.

27.82 Nach **Klausel IV** unterliegt der Standardvertrag II dem Recht des Staates, in dem der Datenexporteur ansässig ist. Das entspricht insoweit der Regelung in Standardvertrag I. Klausel IV stellt aber klar, dass für die Datenverarbeitung durch den Datenimporteur die Regelung in Klausel II lit. h zum Tragen

---

96 Working Paper der *Art. 29-Datenschutzgruppe* der EU-Kommission, Stellungnahme 1/2001 zum Entwurf einer Entscheidung der Kommission betreffend die Standardvertragsklauseln für die Übermittlung personenbezogener Daten in Drittländer nach Art. 26 Abs. 4 der Richtlinie 95/46, v. 26.1.2001, Dok. 5006/02/DE – WP 38, S. 6; abrufbar unter http://ec.europa.eu/justice/policies/privacy/docs/wpdocs/2001/wp38de.pdf (Stand 30.12.2017).

97 Zur Kritik an der Regelung einer gesamtschuldnerischen Haftung vgl. *Räther/Seitz*, MMR 2002, 520 (524); *Kuner/Hladjk*, RDV 2005, 193 (197).

98 Vgl. *Kuner/Hladjk*, RDV 2005, 193 (197).

kommt, wenn sich der Datenimporteur für eine entsprechende Alternative entschieden hat. Daher muss sich ein Datenimporteur auch bei mehreren Datenexporteuren aus verschiedenen EU-Staaten nur nach den Datenschutzvorschriften eines Landes richten. Die **Regelung über das anwendbare Recht** steht nicht zur Disposition der Vertragsparteien.

8. Streitbeilegung (Klausel V)

M 27.1.16 Streitbeilegung   27.83

V. Beilegung von Streitigkeiten mit betroffenen Personen oder der Kontrollstelle

a) *Bei einer Streitigkeit oder einer Klage der betroffenen Person oder der Kontrollstelle gegen eine Partei oder beide Parteien bezüglich der Verarbeitung personenbezogener Daten setzen die Parteien einander davon in Kenntnis und bemühen sich gemeinsam um eine zügige, gütliche Beilegung.*

b) *Die Parteien erklären sich bereit, sich jedem allgemein zugänglichen, nicht bindenden Schlichtungsverfahren zu unterwerfen, das von einer betroffenen Person oder der Kontrollstelle angestrengt wird. Beteiligen sie sich an dem Verfahren, können sie dies auf dem Weg der Telekommunikation tun (z.B. per Telefon oder anderer elektronischer Mittel). Die Parteien erklären sich ferner bereit, eine Beteiligung an anderen Vermittlungsverfahren, Schiedsverfahren oder sonstigen Verfahren der Streitbeilegung zu erwägen, die für die Zwecke des Datenschutzes entwickelt werden.*

c) *Die Parteien unterwerfen sich den rechtskräftigen Endentscheidungen des zuständigen Gerichts im Sitzland des Datenexporteurs oder der Kontrollstelle.*

Klausel V regelt die **Zusammenarbeit und Unterstützung** zwischen den Vertragsparteien bei Streitigkeiten mit betroffenen Personen oder der zuständigen Datenschutzaufsichtsbehörde (lit. a). Außerdem enthält Klausel V die Regelung, dass sich Datenexporteur und Datenimporteur jedem nicht bindenden Schlichtungsverfahren unterwerfen (lit. b). Schließlich sind die Vertragsparteien verpflichtet, rechtskräftige Entscheidungen eines Gerichts oder der zuständigen Datenschutzaufsichtsbehörde im Sitzland des Datenexporteurs zu akzeptieren (lit. c). Diese Pflicht korrespondiert mit der Regelung in Klausel III lit. b, wonach die Vertragsparteien die Zuständigkeit der Gerichte im Sitzland des Datenexporteurs anerkennen (Rz. 27.79).   27.84

9. Beendigung des Vertrags (Klausel VI)

M 27.1.17 Beendigung des Vertrags   27.85

VI. Beendigung des Vertrags

a) *Verstößt der Datenimporteur gegen seine Verpflichtungen aus diesen Klauseln, kann der Datenexporteur die Übermittlung personenbezogener Daten an den Datenimporteur vorläufig aussetzen, bis der Verstoß beseitigt oder der Vertrag beendet ist.*

b) *Tritt einer der folgenden Fälle ein:*

   i) *die Übermittlung personenbezogener Daten an den Datenimporteur wird vom Datenexporteur gemäß Buchstabe a) länger als einen Monat ausgesetzt;*

   ii) *die Einhaltung dieser Klauseln durch den Datenimporteur verstößt gegen Rechtsvorschriften des Importlandes;*

   iii) *der Datenimporteur missachtet Zusicherungen, die er im Rahmen dieser Klauseln gegeben hat, in erheblichem Umfang oder fortdauernd;*

iv) das zuständige Gericht im Sitzland des Datenexporteurs oder der Kontrollstelle stellt rechtskräftig fest, dass der Datenimporteur oder der Datenexporteur gegen die Klauseln verstoßen haben, oder

v) es wird ein Antrag auf Insolvenzverwaltung oder Abwicklung des Datenimporteurs in dessen privater oder geschäftlicher Eigenschaft gestellt, der nicht innerhalb der nach geltendem Recht vorgesehenen Frist abgewiesen wird; die Abwicklung wird gerichtlich angeordnet; für einen beliebigen Teil seines Vermögens wird ein Zwangsverwalter bestellt; ein Treuhänder wird bestellt, falls es sich bei dem Datenimporteur um eine Privatperson handelt; dieser leitet einen außergerichtlichen Vergleich ein, oder es kommt zu einem je nach Rechtsordnung gleichwertigen Verfahren,

so ist der Datenexporteur berechtigt, unbeschadet etwaiger sonstiger Ansprüche gegen den Datenimporteur, diesen Vertrag zu kündigen, wovon er gegebenenfalls die Kontrollstelle in Kenntnis setzt. Tritt einer der in Ziffer i), ii) oder iv) genannten Fälle ein, kann der Datenimporteur seinerseits den Vertrag kündigen.

c) Jede Partei kann den Vertrag kündigen, wenn i) die Kommission eine positive Angemessenheitsfeststellung gemäß Artikel 25 Absatz 6 der Richtlinie 95/46/EG (oder einer Vorschrift, die diese Vorschrift ersetzt) in Bezug auf das Land (oder einen Bereich davon) trifft, in das die Daten übermittelt und in dem sie vom Datenimporteur verarbeitet werden, oder ii) die Richtlinie 95/46/EG (oder eine Vorschrift, die diese Vorschrift ersetzt) in dem betreffenden Land unmittelbar zur Anwendung gelangt.

d) Die Parteien vereinbaren, dass sie auch nach der Beendigung dieses Vertrags, ungeachtet des Zeitpunkts, der Umstände oder der Gründe (ausgenommen die Kündigung gemäß Klausel VI Buchstabe c), weiterhin an die Verpflichtungen und/oder Bestimmungen dieser Klauseln in Bezug auf die Verarbeitung der übermittelten Daten gebunden sind.

27.86 **Klausel VI** regelt wesentliche Fälle der **Beendigung des Vertrags**. Die Bestimmungen sind detailliert und enthalten auch Aussagen zu den Rechten und Pflichten der Vertragsparteien in diesen Konstellationen (lit. b und c). Allerdings berechtigt allein ein Verstoß des Datenimporteurs gegen seine Vertragspflichten den Datenexporteur noch nicht zur Kündigung, sondern zunächst lediglich dazu, die Datenübermittlung auszusetzen (lit. a).

27.87 Die Verweise auf die Richtlinie 95/46/EG in Klausel VI lit. c gelten gem. Art. 94 Abs. 2 Satz 1 DSGVO als Verweise auf die DSGVO. Klausel VI lit. c (i) setzt unter Geltung der DSGVO eine Angemessenheitsentscheidung gem. Art. 45 Abs. 1 DSGVO voraus. Klausel VI lit. c (ii) verlangt die (unmittelbare) Anwendung der DSGVO im Land des Datenimporteurs oder einem Bereich davon, wobei bereits in der Klausel selbst die Möglichkeit einer – zwischenzeitlich erfolgten – Ablösung der Richtlinie 95/46/EG berücksichtigt und entsprechend geregelt ist („oder eine Vorschrift, die diese Vorschrift ersetzt").

27.88 Die Regelungen in Klausel VI können und sollten ergänzt werden durch die zusätzliche Beendigungsklausel, die insbesondere den Umgang mit den personenbezogenen Daten und den Datenträgern im Beendigungsfall regelt (Rz. 27.108).

10. Änderung der Klauseln (Klausel VII)

27.89 **M 27.1.18 Änderung der Klauseln**

VII. Änderung der Klauseln

Die Parteien dürfen diese Klauseln nur zum Zwecke der Aktualisierung von Anhang B ändern; gegebenenfalls müssen sie die Kontrollstelle davon in Kenntnis setzen. Es steht den Parteien allerdings frei, erforderlichenfalls weitere Geschäftsklauseln hinzuzufügen.

Klausel VII gestattet explizit eine **Änderung des Standardvertrags II**. Diese Änderungsmöglichkeit 27.90
ist aber exklusiv auf Anhang B beschränkt und darf nur zum Zweck der Aktualisierung in Anspruch
genommen werden. Ändern sich die Bedingungen der Datenverarbeitung, z.B. neuer Zweck oder weitere betroffene Personengruppen, dürfen diese Änderungen direkt in Anhang B übertragen werden.
Ein neuer Vertragsschluss ist nicht erforderlich. Schließlich können die Vertragsparteien zusätzliche
Klauseln zur Durchführung des Geschäfts aufnehmen, die keine datenschutzrechtlichen Aspekte regeln
und den Standarddatenschutzklauseln nicht widersprechen.

11. Beschreibung der Übermittlung (Klausel VIII) und Anhang B zum Standardvertrag II

a) Einzelheiten der Übermittlung – Verweis auf Anhang B (Klausel VIII)

M 27.1.19 Beschreibung der Übermittlung 27.91

VIII. Beschreibung der Übermittlung

*Die Einzelheiten zur Übermittlung und zu den personenbezogenen Daten sind in Anhang B aufgeführt. Die
Parteien vereinbaren, dass sie gegebenenfalls in Anhang B enthaltene vertrauliche Informationen nicht gegenüber Dritten offen legen, es sei denn, sie sind gesetzlich dazu verpflichtet oder handeln auf Aufforderung
einer zuständigen Regulierungsstelle oder staatlichen Einrichtung oder gemäß Klausel I Buchstabe e). Die
Parteien können weitere Anhänge vereinbaren, die zusätzliche Übermittlungen betreffen; diese sind gegebenenfalls der Kontrollstelle zu unterbreiten. Ersatzweise kann Anhang B so formuliert werden, dass er eine
Vielzahl von Übermittlungen abdeckt.*

Datum: …

Für den Datenimporteur　　　　　　　　　　*Für den Datenexporteur*

…　　　　　　　　　　　　　　　　　　　　*…*

Klausel VIII verweist für die **Einzelheiten der Datenübermittlung** auf **Anhang B**, wie es bereits im 27.92
letzten Satz der Klausel mit den Begriffsbestimmungen erfolgt. Die Regelung in Satz 2 verpflichtet die
Vertragsparteien, vertrauliche Informationen, die in Anhang B enthalten sind, gegenüber Dritten nicht
offen zu legen. Ausnahmen sind gesetzliche Verpflichtungen, hoheitliche Anordnungen und die Vorlagepflicht des Datenexporteurs gemäß Klausel I lit. e des Standardvertrags II. Verlangen betroffene
Personen als Drittbegünstigte ein Exemplar des vereinbarten Standardvertrags II, kommt ein gestuftes
Verfahren zum Tragen[99].

Klausel VIII ermöglicht den Vertragsparteien, zu Zwecken der Aktualisierung weitere Anhänge zu ver- 27.93
einbaren, um zusätzliche Datenübermittlungen abzudecken (Satz 3). Darüber hinaus kann Anhang B
so formuliert werden, dass er eine Vielzahl von Übermittlungen abdeckt (Satz 4). Das darf aber nicht
zu ganz allgemeinen Beschreibungen z.B. der Zwecke der Datenübermittlung führen[100]. Vielmehr soll
Klausel VIII Satz 4 dahingehend Rechtssicherheit schaffen, dass ein Standardvertrag mit mehreren Anhängen abgeschlossen werden kann. Ein Hauptanwendungsfall sind Haupt- bzw. Rahmenverträge mit
mehreren Anhängen im Mehrparteienverhältnis (dazu Rz. 27.30 ff.). Die Frage der Vorlage- oder Informationspflicht gegenüber der zuständigen Datenschutzaufsichtsbehörde wird nicht beantwortet,
sondern den Mitgliedstaaten bzw. deren Aufsichtsbehörden überlassen. Die damit verbundene und in
Bezug auf Änderungen der Standarddatenschutzklauseln grundsätzlich bestehende Rechtsunsicherheit

---

99 Zu dem gestuften Verfahren gemäß Klausel I lit. e siehe Rz. 27.58.
100 Zur erforderlichen Konkretisierung und Bestimmtheit siehe Rz. 27.96.

besteht auch hier[101]. Vor diesem Hintergrund wird eine Abstimmung mit der zuständigen Aufsichtsbehörde empfohlen.

b) Anhang B zum Standardvertrag II

27.94   **M 27.1.20 Anhang B zum Standardvertrag II**

Anhang B

Beschreibung der Übermittlung

(von den Parteien auszufüllen)

Betroffene Personen

Die übermittelten personenbezogenen Daten betreffen folgende Kategorien betroffener Personen:

…

…

Übermittlungszwecke

Die Übermittlung ist zu folgenden Zwecken erforderlich:

…

…

Kategorien übermittelter Daten

Die übermittelten personenbezogenen Daten betreffen folgende Datenkategorien:

…

…

Empfänger

Die übermittelten personenbezogenen Daten dürfen nur folgenden Empfängern oder Kategorien von Empfängern offen gelegt werden:

…

…

Sensible Daten (falls zutreffend)

Die übermittelten personenbezogenen Daten betreffen folgende Kategorien sensibler Daten:

…

…

Datenschutzmelderegister-Angaben des Datenexporteurs (falls zutreffend)

…

…

Sonstige nützliche Informationen (Aufbewahrungszeitraum und sonstige einschlägige Angaben)

…

…

Anlaufstelle für Datenschutzauskünfte

---

101 Dazu Teil 5, Rz. 26.18 ff. Zur Genehmigungs- und Vorlagepflicht siehe auch Rz. 27.16 ff.

Datenimporteur	Datenexporteur
…	…
…	…

aa) Überblick und Hinweise zur Anwendung

Anhang B ist ebenso wie Anhang A Bestandteil des Standardvertrags II. Er ist von den Vertragsparteien um die Einzelheiten zur Datenübermittlung zu ergänzen. Eine separate Unterschrift ist anders als bei der entsprechenden Anlage 1 zum Standardvertrag I nicht vorgesehen.

27.95

Die erforderlichen Informationen sind soweit wie möglich zu präzisieren, um die **erforderliche Bestimmtheit** zu gewährleisten. Eine in diesem Zusammenhang in der Literatur erwähnte „informelle Zusage" der EU-Kommission, dass die Zwecke der Verarbeitung in Anhang B sehr allgemein beschrieben werden können[102], steht im Widerspruch zum Sinn des Zweckbindungsgrundsatzes, der ohne eine hinreichende Konkretisierung der Zwecke nicht wirksam umgesetzt werden kann. Das gilt umso mehr, als die deutschen Aufsichtsbehörden auch unter Berufung auf den Grundsatz der Transparenz detaillierte Angaben verlangen[103]. Zu dem erforderlichen Grad der Bestimmtheit, der in der Praxis regelmäßig Probleme bereitet[104], kann auf die Erläuterungen zu Anlage 1 zum Standardvertrag I verwiesen werden[105]. Auf einen – abzulehnenden – Versuch, die Ausführungen etwas allgemeiner zu halten, kann beim Standardvertrag auch deshalb verzichtet werden, weil gemäß Klausel VII eine Änderung von Anhang B zu Zwecken der Aktualisierung zulässig ist[106].

27.96

Der Inhalt von Anhang B entspricht Anlage 1 des Standardvertrags I, soweit Informationen über betroffene Personen, Übermittlungszwecke, Kategorien übermittelter Daten, Empfänger und sensible Daten erfragt werden. Insoweit wird auf die Kommentierung von Anlage 1 zum Standardvertrag I verwiesen[107].

27.97

bb) Sensible Daten

Für vor dem 25.5.2018 geschlossene Standardverträge II ist zu prüfen, ob die personenbezogenen Daten, die übermittelt werden sollen, auch genetische Daten, biometrische Daten zur eindeutigen Identifizierung oder Daten zur sexuellen Orientierung umfassen. In diesem Fall muss die in Anhang B vorgenommene Konkretisierung der „**sensiblen Daten**" aktualisiert werden. Denn der Begriff der **besonderen Kategorien personenbezogener Daten** ist gem. Art. 9 Abs. 1 DSGVO und damit auch gemäß der geänderten Klausel „Begriffsbestimmungen" lit. a des Standardvertrags II umfassender als es unter Geltung der Richtlinie 95/46/EG der Fall war. Er umfasst auch die vorgenannten Kategorien der genetischen Daten, der biometrische Daten zur eindeutigen Identifizierung und der Daten zur sexuellen Orientierung[108]. Der Begriff „sensible Daten" dient in Anhang B lediglich als eine andere Bezeichnung bzw. Umschreibung für die „besonderen Kategorien personenbezogener Daten".

27.98

Eine gegebenenfalls erforderliche Aktualisierung von Anhang B sollte unter explizitem Verweis auf Art. 94 Abs. 2 Satz 1 DSGVO und zusammen mit der in jedem Fall notwendigen Ergänzung zu den Definitionen in der Klausel „Begriffsbestimmungen" des Standardvertrags II erfolgen (dazu Rz. 27.39 ff.). Hierfür enthält das Muster der Ergänzungsvereinbarung unter Ziff. 2 einen Platzhalter (Rz. 27.40 f,

27.99

---

102 So *Kuner/Hladjk*, RDV 2005, 193 (196).
103 *Wybitul/Ströbel/Ruess*, ZD 2017, 503 (505).
104 So auch *Wybitul/Ströbel/Ruess*, ZD 2017, 503 (505).
105 Erläuterungen in Teil 5, Rz. 26.57.
106 Zur Klausel VII siehe Rz. 27.89 f.
107 Erläuterungen in Teil 5, Rz. 26.58 ff.
108 Erläuterungen in Rz. 27.37 ff.; zu den besonderen Kategorien personenbezogener Daten gem. Art. 9 Abs. 1 DSGVO siehe nur *Schulz* in Gola, Art. 9 DSGVO Rz. 13 ff.

Rz. 27.43). Die Passage, die um die konkreten Angaben zu den „sensiblen Daten" ergänzt werden muss, kann wie folgt lauten:

M 27.1.21 Aktualisierung von Anhang B zum Standardvertrag II – deutsch

2. Anhang B zum Standardvertrag II wird wie folgt ergänzt:

Die übermittelten personenbezogenen Daten gehören aufgrund der gemäß Datenschutz-Grundverordnung angepassten Begriffsbestimmungen in der Klausel „Begriffsbestimmungen" des Standardvertrags II auch zu folgenden Kategorien sensibler Daten: …

27.100   In englischer Sprache kann diese Passage wie folgt lauten:

M 27.1.22 Aktualisierung von Anhang B zum Standardvertrag II – englisch

2. Annex B to the Standard Contract II shall be amended as follows:

In accordance with the definitions in Clause 'Definitions' of the Standard Contract II, adapted in accordance with the General Data Protection Regulation, transmitted personal data also fall into the following categories of sensitive data: …

cc) Datenschutzmelderegister und weitere Informationen

27.101   Darüber hinaus enthält Anhang B zum Standardvertrag II Textfelder, die nicht in Anlage 1 des Standardvertrags I vorhanden sind. Hierzu zählen Angaben des Datenexporteurs zum **Datenschutzmelderegister**, soweit eine entsprechende Meldepflicht für den Datenexporteur existiert[109]. Dieses Feld hat seit dem 25.5.2018 keine praktische Relevanz mehr, da die DSGVO anders als die Richtlinie 95/46/EG keine generelle Meldepflicht vorsieht[110].

27.102   Weiterhin sind in Anhang B zum Standardvertrag II dort sog. „sonstige nützliche Informationen" zu ergänzen. Dazu zählt insbesondere der **Aufbewahrungszeitraum**, der hier anders als in Anlage 1 zum Standardvertrag I nicht explizit als separates Textfeld ausgewiesen ist. Es ist die Zeitspanne anzugeben, wie lange die übermittelten Daten vom Datenimporteur aufbewahrt werden dürfen. Schließlich ist eine konkrete Stelle für Datenschutzauskünfte beim Datenimporteur und Datenexporteur zu bestimmen.

12. Erläuterungen zu den veranschaulichenden Geschäftsklauseln

27.103   **M 27.1.23 Veranschaulichende Geschäftsklauseln**

Veranschaulichende Geschäftsklauseln (Fakultativ)

Wechselseitige Entschädigung von Datenexporteur und Datenimporteur:

Die Parteien entschädigen sich wechselseitig oder halten sich wechselseitig schadlos für alle Kosten, Ausgaben, Schäden, Auslagen oder Verluste, die die andere Partei durch Verletzung einer dieser Vertragsklauseln verursacht. Der Entschädigungsanspruch setzt voraus, dass a) die zu entschädigenden Parteien die entschädigenden Parteien unverzüglich von dem Bestehen einer Forderung in Kenntnis setzen und b) die entschädi-

---

109 Zur Meldepflicht in Deutschland unter der Richtlinie 95/46/EG und dem BDSG a.F. siehe § 4d BDSG a.F.
110 Vgl. auch Erwägungsgrund 89 DSGVO.

genden Parteien allein dazu berechtigt sind, sich gegen einen solchen Anspruch zu verteidigen oder den Streit beizulegen und c) die zu entschädigenden Parteien bei der Abwehr derartiger Rechtsansprüche redlich mit den entschädigenden Parteien zusammenarbeiten und diese unterstützen.

Streitbeilegung zwischen Datenexporteur und Datenimporteur (die Parteien können selbstverständlich eine andere alternative Streitbeilegung oder die Zuständigkeit eines Gerichts vereinbaren):

Alle Rechtsstreitigkeiten zwischen dem Datenimporteur und dem Datenexporteur aus dem vorliegenden Vertrag werden gemäß dem Schlichtungs- und Schiedsreglement der Internationalen Handelskammer endgültig durch einen oder mehrere Schiedsrichter entschieden, die in Übereinstimmung mit diesem Reglement ernannt werden. Ort des Schiedsverfahrens ist …. Die Zahl der Schiedsrichter beträgt ….

Kostenteilung:

Jede Partei trägt die Kosten für die Erfüllung ihrer Vertragspflichten.

Zusätzliche Beendigungsklausel:

Bei Beendigung dieses Vertrags gibt der Datenimporteur alle personenbezogenen Daten sowie alle Kopien der personenbezogenen Daten, die Gegenstand dieser Klauseln sind, unverzüglich an den Datenexporteur zurück, oder aber der Datenimporteur vernichtet auf Antrag des Datenexporteurs alle Exemplare derselben und bescheinigt dem Datenexporteur die Vernichtung, es sei denn, der nationale Gesetzgeber oder die nationale Regulierungsbehörde verbietet die vollständige oder teilweise Rückübermittlung oder Zerstörung dieser Daten; in diesem Fall werden die Daten geheim gehalten und zu keinem weiteren Zweck aktiv verarbeitet. Auf Verlangen des Datenexporteurs erlaubt der Datenimporteur dem Datenexporteur oder einem vom Datenexporteur ausgewählten Prüfer, gegen den der Datenimporteur keine begründeten Einwände erhebt, den Zugang zu seinen Räumlichkeiten, damit die Ausführung dieser Bestimmungen überprüft werden kann; die Überprüfung ist rechtzeitig anzukündigen und während der üblichen Geschäftszeiten durchzuführen.

Die **veranschaulichenden Geschäftsklauseln** sind beispielhaft formulierte Vereinbarungen kaufmännischer Art. Ihre Verwendung in der vorliegenden oder einer geänderten Form steht den Vertragsparteien frei. Die fakultativen Klauseln können geändert oder durch andere Regelungen ersetzt werden, soweit sie keine datenschutzrechtlichen Aspekte regeln und den Standarddatenschutzklauseln nicht widersprechen. Das folgt aus Klausel VII (Rz. 27.89 f.). Es gelten die allgemeinen Hinweise zur Änderung der Standarddatenschutzklauseln im Zusammenhang mit der **Genehmigungsfreiheit der Datenübermittlung** (Rz. 27.16 ff.). 27.104

a) Klausel „Wechselseitige Entschädigung von Datenexporteur und Datenimporteur"

Die Klausel enthält eine Regelung, dass sich die Vertragsparteien wechselseitig entschädigen bzw. schadlos halten. 27.105

b) Klausel „Streitbeilegung zwischen Datenexporteur und Datenimporteur"

Die Klausel enthält einen Regelungsvorschlag für die **Streitbeilegung** und ergänzt die umfangreiche Klausel V. Den Vertragsparteien steht es frei, statt der fakultativen Klausel zur Streitbeilegung lediglich einen Gerichtsstand zu vereinbaren. 27.106

c) Klausel „Kostenteilung"

Die Klausel zur **Kostenteilung** bestimmt, dass jede Partei die Kosten für die Erfüllung ihrer Vertragspflichten selbst trägt. 27.107

d) Klausel „Zusätzliche Beendigungsklausel"

27.108 Die zusätzliche **Beendigungsklausel** regelt den Umgang mit personenbezogenen Daten, die Gegenstand des Standardvertrags II sind, und den Umgang mit den entsprechenden Datenträgern bei Vertragsbeendigung. Grundsätzlich hat der Datenimporteur alle Daten und Datenträger unverzüglich an den Datenexporteur zurückzugeben oder zu vernichten, wenn es der Datenexporteur wünscht. Überdies wird dem Datenimporteur ein besonderes Recht zur Überprüfung dieser Vorgaben eingeräumt.

§ 28
EU-Standardvertragsklauseln für die Übermittlung personenbezogener Daten an Auftragsverarbeiter in Drittländern

Literatur: *Albrecht/Jotzo*, Das neue Datenschutzrecht der EU, 2016; *Bierekoven*, Aktuelle Entwicklungen zur Auftragsdatenverarbeitung – Präzisierte Anforderungen der Datenschutzaufsichtsbehörden, ITRB 2012, 280; *Botta*, Zwischen Rechtsvereinheitlichung und Verantwortungsdiffusion: Die Prüfung grenzüberschreitender Datenübermittlungen nach „Schrems II", CR 2020, 505; *Däubler/Klebe/Wedde/Weichert*, Bundesdatenschutzgesetz, 5. Aufl. 2016; *Fischer/Steidle*, Brauchen wir neue EG-Standardvertragsklauseln für das „Global Outsourcing"?, CR 2009, 632; *Freise*, Erfahrungen mit der Umsetzung des neuen § 11 BDSG nach einem Jahr, DSRI-Tagungsband 2010, 161; *Gosche*, 1 Jahr Praxiserfahrung mit dem novellierten § 11 Abs. 2 BDSG, DSRI-Tagungsband 2010, 73; *Härting*, Auftragsverarbeitung nach der DSGVO, ITRB 2016, 137; *Hillenbrandt-Beck*, Aktuelle Fragestellungen des internationalen Datenverkehrs, RDV 2007, 231; *Koós/Englisch*, Eine „neue" Auftragsdatenverarbeitung, ZD 2014, 276; *Kuner/Hladjk*, Die alternativen Standardvertragsklauseln der EU für internationale Datenübermittlungen, RDV 2005, 193; *Lensdorf*, Auftragsdatenverarbeitung in der EU/EWR und Unterauftragsverarbeitung in Drittländern – Besonderheiten der neuen EU-Standardvertragsklauseln, CR 2010, 735; *Moos*, Die EU-Standardvertragsklauseln für Auftragsverarbeiter 2010 – Die wesentlichen Neuerungen und Kritikpunkte im Überblick, CR 2010, 281; *Müthlein*, ADV 5.0 – Neugestaltung der Auftragsverarbeitung in Deutschland, RDV 2016, 74; *Niemann/Hennrich*, Kontrolle in den Wolken? Auftragsdatenverarbeitung in Zeiten des Cloud Computing, CR 2010, 686; *Piltz*, Die Datenschutz-Grundverordnung, K&R 2016, 777; *Räther/Seitz*, Ausnahmen bei Datentransfer in Drittstaaten – Die beiden Ausnahmen nach § 4c Abs. 2 BDSG: Vertragslösung und Code of Conduct, MMR 2002, 520; *Redeker*, Handbuch der IT-Verträge, Loseblattwerk, Stand 40. Ergänzungslieferung 2020; *Roßnagel/Kroschwald*, Was wird aus der Datenschutzgrundverordnung? Die Entschließung des Europäischen Parlaments über ein Verhandlungsdokument, ZD 2014, 495; *Schmidl/Krone*, Standardvertragsklauseln als Basis intra-europäischer Auftragsdatenverarbeitung, DuD 2010, 838; *Schmidt/Freund*, Perspektiven der Auftragsverarbeitung – Wegfall der Privilegierung mit der DSGVO?, ZD 2017, 14; *Schneider*, Handbuch des EDV-Rechts, 5. Aufl. 2017; *Schreibauer/Moritz*, Neue EU-Standardvertragsklauseln für die Auftragsdatenverarbeitung, ITRB 2010, 73; *Schröder/Haag*, Internationale Anforderungen an Cloud Computing, ZD 2012, 362; *Schröder/Haag*, Stellungnahme der Art. 29-Datenschutzgruppe zum Cloud Computing, ZD 2012, 495; *Schröder/Haag*, Neue Anforderungen an Cloud Computing für die Praxis – Zusammenfassung und erste Bewertung der „Orientierungshilfe – Cloud Computing", ZD 2011, 147; *Simitis*, Bundesdatenschutzgesetz, 8. Aufl. 2014; *Thieme/Wegmann*, Transatlantischer Datenstillstand nach Schrems II?, BB 2020, 1922; *v. Holleben/Knaut*, Die Zukunft der Auftragsverarbeitung – Privilegierung, Haftung, Sanktionen und Datenübermittlung mit Auslandsbezug unter der DSGVO, CR 2017, 299; *Wagner/Blaufuß*, Datenexport als juristische Herausforderung: Cloud Computing, BB 2012, 1751.

A. Einleitung

28.1 Für ein besseres Verständnis des Anwenders der hier behandelten EU-Standardvertragsklauseln (in der DSGVO nun: „Standarddatenschutzklauseln"[1]) für Auftragsverarbeitungen in Drittländern ist es empfehlenswert, sich einleitend mit den rechtlichen Anforderungen sowohl der Datenübermittlung in sog. Drittländer als auch der Auftragsverarbeitung zu befassen.

---

1 Der Einheitlichkeit halber wird im Folgenden der Begriff Standardvertragsklauseln weiterverwendet, da die entsprechenden alten Kommissionsentscheidungen als auch der Entwurf für neue Standardvertragsklauseln v. 12.11.2020 weiterhin diese Bezeichnung tragen, vgl. *EU-Kommission*, Durchführungsbeschl. (EU) 2016/2297 v. 17.12.2016 zur Anpassung der Beschlüsse 2001/497/EG und 2010/87/EG hinsichtlich Standardvertragsklauseln für die Übermittlung personenbezogener Daten an Auftragsverarbeiter in Drittländern nach der Richtlinie 95/46/EG, bekanntgegeben unter Az. C(2016)8471; *Europäische Kommission*, Draft Commission Implementing Decision on standard contractual clauses for the transfer of personal data to third countries pursuant to Regulation (EU) 2016/679 of the European Parliament and of the Council, v. 12.11.2020, abrufbar unter https://ec.europa.eu/info/law/better-regulation/have-your-say/initiatives/12741-Commission-Implementing-Decision-on-standard-contractual-clauses-for-the-transfer-of-personal-data-to-third-countries (letzter Aufruf: 8.12.2020).

I. Die Übermittlung personenbezogener Daten in Drittländer

Sollen personenbezogene Daten in Drittländer, also in Staaten außerhalb der Europäischen Union (EU), übermittelt werden, so bedarf dies einer besonderen gesetzlichen Rechtfertigung, Art. 44 DSGVO[2]. Nach Ablauf der Übergangsfrist zum Brexit am 31.12.2020[3], wird auch das Vereinigte Königreich ein Drittland im Sinne des Datenschutzrechts. Das heißt, künftig wird es auch für Datenübermittlungen in das Vereinigte Königreich einer gesonderten Rechtfertigung der DSGVO bedürfen – ein Angemessenheitsbeschluss (hierzu siehe sogleich unter Rz. 28.5 ff.), welcher ursprünglich bis zum Ablauf der Übergangsfrist vorgesehen war und Datenexporteuren die Übermittlung erleichtern würde, ist bislang nicht ergangen. Personenbezogene Daten sind gem. Art. 4 Nr. 1 DSGVO Einzelangaben über persönliche oder sachliche Verhältnisse einer identifizierbaren oder identifizierten natürlichen Person.

28.2

Die Zulässigkeit der **Übermittlung personenbezogener Daten in Drittländer** ist nach einer **zweistufigen Prüfung** zu beurteilen. Dies ergibt sich aus Art. 44 Satz 1 DSGVO, der vorschreibt, dass neben den Vorschriften aus Kapitel V über den Datentransfer an Drittländer „auch die sonstigen Vorschriften dieser Verordnung eingehalten werden" müssen.

28.3

In einem ersten Schritt ist zu prüfen, ob die Übermittlung **nach den allgemeinen Bestimmungen der DSGVO und des BDSG zulässig** ist – **Prüfung erste Stufe**. Das ist gem. Art. 6 Abs. 1 DSGVO der Fall, wenn entweder eine gesetzliche Rechtfertigung vorliegt (Art. 6, 9 DSGVO, §§ 22, 24, 26, 27, 28 BDSG) oder der Betroffene einwilligt (Art. 6 Abs. 1 lit. a, Art. 9 Abs. 2 lit. a i.V.m. Art. 7 DSGVO)[4].

28.4

In einem zweiten Schritt – **Prüfung zweite Stufe** – ist gem. Art. 44 DSGVO sicherzustellen, dass durch die Übermittlung ins Drittland das durch die DSGVO gewährleistete Schutzniveau für natürliche Personen nicht unterboten wird. Das ist der Fall, wenn **im Drittland ein angemessenes Schutzniveau** herrscht. Gemäß Art. 45 DSGVO kann die EU-Kommission durch Angemessenheitsbeschluss feststellen, dass das betreffende Drittland, ein Gebiet oder ein oder mehrere spezifische Sektoren dieses Drittlands oder eine betreffende internationale Organisation ein angemessenes Schutzniveau bieten. Hierunter wird im Einklang mit der Rechtsprechung des EuGH[5] ein Niveau verstanden, das dem europäischen Datenschutzniveau gleichwertig ist (zu alledem auch unter Rz. 26.2 ff.).

28.5

Nach welchen Kriterien sich die Angemessenheit des Schutzniveaus beurteilt, normiert Art. 45 Abs. 2 DSGVO. Hiernach wird die **Angemessenheit des Schutzniveaus**, das ein Drittland bietet, unter Berücksichtigung aller Umstände beurteilt, die bei einer Datenübermittlung eine Rolle spielen. In erster Linie sind jedoch die im Drittland einschlägigen datenschutzrelevanten gesetzlichen Vorschriften maßgeblich sowie die Rechtsstaatlichkeit und Achtung der Menschenrechte und Grundfreiheiten (Art. 45 Abs. 2 lit. a DSGVO), die Existenz und Funktionsfähigkeit unabhängiger Datenschutzaufsichtsbehörden (Art. 45 Abs. 2 lit. b DSGVO) sowie die vom Drittland bzw. der betreffenden internationalen Organisationen eingegangenen internationalen Verpflichtungen zum Schutz personenbezogener Daten (Art. 45 Abs. 2 lit. c DSGVO).

28.6

Sofern die EU-Kommission einem Drittland, einem Gebiet oder einem oder mehreren spezifischen Sektoren dieses Drittlands oder einer betreffenden internationalen Organisation ein **angemessenes Schutzniveau** attestiert, kann sich ein Datenexporteur darauf berufen. Gemäß Art. 45 Abs. 2 DSGVO bedarf eine Datenübermittlung in diesem Fall keiner besonderen Genehmigung. Alte Angemessen-

28.7

---

2 *Piltz*, K&R 2016, 777 (777); *v. d. Bussche* in Plath, Art. 44 DSGVO Rz. 4.

3 Das Austrittsabkommen zum Brexit enthält zwar die Möglichkeit, die Übergangsfrist einmalig zu verlängern, allerdings hätte der Beschluss hierzu von EU und dem Vereinigten Königreich bereits am 1.7.2020 gefasst werden müssen. Da dies ausgeblieben ist, ist eine Verlängerung über den 31.12.2020 hinaus nicht möglich.

4 Vgl. zur Einwilligung als Rechtfertigungstatbestand *Plath* in Plath, Art. 7 DSGVO Rz. 1.

5 EuGH v. 6.10.2015 – C-362/14 Rz. 73, NJW 2015, 3151.

heitsbeschlüsse[6], die auf Grundlage des Art. 25 Abs. 6 der RL 95/46/EG getroffen wurden, bleiben gem. Art. 45 Abs. 9 DSGVO wirksam.

28.8 Nach Art. 45 Abs. 3 Satz 2 DSGVO muss der Kommissionsbeschluss einen Mechanismus für eine regelmäßige Überprüfung der Angemessenheit des Schutzniveaus enthalten, mindestens alle vier Jahre soll eine **Evaluation des Schutzniveaus** erfolgen. Darüber hinaus soll die Kommission gem. Art. 45 Abs. 4 DSGVO die Entwicklungen im Drittland ständig beobachten.

28.9 Soweit ein Drittland kein angemessenes Schutzniveau bietet, bestimmt sich die Rechtmäßigkeit der Übermittlung von personenbezogenen Daten in dieses Drittland nach Art. 46 und 49 DSGVO.

28.10 Gemäß Art. 46 DSGVO ist eine Übermittlung an ein Drittland oder an eine internationale Organisation auch bei fehlendem Angemessenheitsbeschluss möglich, wenn der Datenexporteur **geeignete Garantien** vorgesehen hat. Diese Garantien können nach Art. 46 Abs. 2 lit. a DSGVO rechtlich bindende und durchsetzbare Dokumente zwischen Behörden oder öffentlichen Stellen, (lit. b) verbindliche interne Datenschutzvorschriften (sog. „binding corporate rules", siehe hierzu unter Rz. 31.14), (lit. c und lit. d) Standardvertragsklauseln, (lit. e) genehmigte Verhaltensregeln oder (lit. f) genehmigte Zertifizierungsmechanismen sein. In diesen Fällen ist keine besondere Genehmigung durch die Aufsichtsbehörden mehr erforderlich.

28.11 Falls weder ein Angemessenheitsbeschluss nach Art. 45 Abs. 3 DSGVO, noch geeignete Garantien nach Art. 46 DSGVO vorliegen, ist eine Datenübermittlung nur nach Art. 49 DSGVO möglich. Hiernach ist eine Übermittlung zulässig, sofern einer der in Art. 49 Abs. 1 DSGVO abschließend aufgezählten **Ausnahmetatbestände** vorliegt. Dies ist dann der Fall, wenn (lit. a) der informierte Betroffene seine ausdrückliche Einwilligung gegeben hat, (lit. b) die Übermittlung für die Erfüllung eines Vertrags zwischen dem Betroffenen und dem Verantwortlichen bzw. für vorvertragliche Maßnahmen auf Antrag des Betroffenen notwendig ist, (lit. c) die Übermittlung für den Abschluss oder die Erfüllung eines im Interesse des Betroffenen liegenden Vertrags erforderlich ist, (lit. d) die Übermittlung aus wichtigen Gründen des öffentlichen Interesses notwendig ist, (lit. e) die Übermittlung zur Geltendmachung, Ausübung oder Verteidigung von Rechtsansprüchen oder (lit. f) zur Wahrung lebenswichtiger Interessen des Betroffenen notwendig ist, sowie (lit. g) bei Übermittlung von Daten aus öffentlichen Registern.

28.12 Zuletzt kann eine Datenübermittlung subsidiär auf die Ausnahme des Art. 49 Abs. 1 a.E. DSGVO gestützt werden. Hiernach ist eine Übermittlung zulässig, wenn die Übermittlung nicht wiederholt erfolgt, nur eine begrenzte Zahl von betroffenen Personen betrifft, für die Wahrung der zwingenden berechtigten Interessen des Verantwortlichen erforderlich ist, sofern die Interessen oder die Rechte und Freiheiten der betroffenen Person nicht überwiegen, und der Verantwortliche alle Umstände der Datenübermittlung beurteilt und auf der Grundlage dieser Beurteilung geeignete Garantien in Bezug auf den Schutz personenbezogener Daten vorgesehen hat. Aufgrund dieser sehr engen Voraussetzungen, wird dieser Ausnahmetatbestand nur in ungewöhnlichen Fällen in Betracht kommen[7]. Falls Daten auf Grundlage dieser Ausnahme übermittelt wurden, hat der Verantwortliche sowohl die Aufsichtsbehörde als auch den Betroffenen darüber in Kenntnis zu setzen.

---

6 Liste mit den Ländern, für die ein Angemessenheitsbeschluss vorliegt: https://ec.europa.eu/info/law/law-topic/data-protection/international-dimension-data-protection/adequacy-decisions_en#documents (letzter Aufruf: 7.12.2020).

7 *v. d. Bussche* in Plath, Art. 49 DSGVO Rz. 9.

II. Die Auftragsverarbeitung in Drittländern mithilfe der EU-Standardvertragsklauseln zur Auftragsverarbeitung

1. Die Auftragsverarbeitung

Im Umgang mit personenbezogenen Daten und auch bei deren Übermittlung in Drittländer spielt die sog. Auftragsverarbeitung eine große Rolle. Bei der Auftragsverarbeitung weist der Auftraggeber den Auftragnehmer an „im Auftrag" personenbezogene Daten zu verarbeiten (Art. 4 Nr. 8 DSGVO). Der **Auftragnehmer** agiert **weisungsgebunden** und gewissermaßen als **„verlängerter Arm" des Auftraggebers**[8], ohne eigene Entscheidungskompetenz in Bezug auf die Datenverwendung (Art. 29 DSGVO). Der **Auftraggeber bleibt** für die im Auftrag verarbeiteten Daten der **Verantwortliche**, auch wenn sie physisch beim Auftragnehmer verarbeitet werden. Durch die Einschaltung des Auftragnehmers kann sich der Auftraggeber seiner datenschutzrechtlichen Verpflichtungen folglich nicht entledigen, insbesondere ist selbstverständlich auch der ausgelagerte Datenverarbeitungsvorgang gem. Art. 6 Abs. 1 DSGVO durch den Auftraggeber zu rechtfertigen[9]. Die bloße Auslagerung an den Dritten hingegen bedarf nach der hier vertretenen Ansicht keiner gesonderten Rechtfertigung (Rz. 28.15) und ist insofern „privilegiert". Jedoch hat das Privileg des Verzichts auf eine Rechtfertigung bei der Auslagerung eine Kehrseite, denn die datenexportierende verantwortliche Stelle hat gewissermaßen als Ausgleich diverse Vorkehrungsmaßnahmen zu treffen. So dürfen personenbezogene Daten nur auf Grundlage von Verträgen, die den Anforderungen des Art. 28 Abs. 3 DSGVO entsprechen, an Auftragnehmer weitergegeben werden[10]; ferner treffen den Auftraggeber zahlreiche Pflichten bei der Auswahl und Überwachung des Auftragnehmers[11]. Im zivilrechtlichen Sinn ist der Begriff des **Auftrags** hierbei weit auszulegen. Er umfasst nicht nur Auftragsverhältnisse i.S.d. § 662 BGB; ein Auftrag i.S.d. Datenschutzrechts kann auch in Form eines Dienst- oder Werkvertrags bestehen[12]. 28.13

Die **Auftragsverarbeitung** gem. Art. 28 DSGVO nimmt eine **Sonderrolle** bei der Verarbeitung personenbezogener Daten ein. Bei der Auftragsverarbeitung findet eine Übermittlung der Daten vom Verantwortlichen an den Auftragsverarbeiter statt. Aus der Tatsache, dass der Auftragsverarbeiter kein Dritter i.S.d. Art. 4 Nr. 10 DSGVO ist, kann allerdings noch nicht geschlossen werden, dass es sich daher bei der Übermittlung von Daten an den Auftragsverarbeiter nicht um eine Verarbeitung i.S.d. Art. 4 Nr. 2 DSGVO handelt[13]. Daher unterfällt eine solche Übermittlung an den Auftragsverarbeiter grundsätzlich dem Erlaubnisvorbehalt des Art. 6 Abs. 1 DSGVO. Fraglich ist, ob bei einer zulässigen Datenverarbeitung die Auslagerung an einen Auftragsverarbeiter stets privilegiert und damit keiner zusätzlichen Rechtfertigung bedarf (sog. Privilegierungstheorie[14]) oder ob ein Rechtfertigungstatbestand erfüllt sein muss für die Übermittlung der Daten (sog. Rechtfertigungstheorie[15]). 28.14

Nach hier vertretener Ansicht ist **keine zusätzliche Rechtfertigung notwendig**. Fraglich ist allerdings, auf welcher dogmatischen Grundlage diese Privilegierung basiert. In der Literatur wird dies zum Teil damit begründet, dass Art. 28 DSGVO als lex specialis einen eigenen Erlaubnistatbestand darstellt[16]. Dies ist allerdings im Hinblick auf die Normenklarheit fraglich, denn die Formulierungen aller anderen Erlaubnistatbestände sind sprachlich eindeutig. Auch eine Lösung mit Rückgriff auf den Erlaubnistatbestand des Art. 6 Abs. 1 lit. f DSGVO mit dem Argument, dass ein legitimes Interesse des Verantwort- 28.15

---

8 *Plath* in Plath, Art. 28 DSGVO Rz. 2.
9 *Gola* in Gola, Art. 4 DSGVO Rz. 75.
10 *Plath* in Plath, Art. 28 DSGVO Rz. 6.
11 *Plath* in Plath, Art. 28 DSGVO Rz. 12; *Klug* in Gola, Art. 28 DSGVO Rz. 6.
12 *Hartung* in Kühling/Buchner, Art. 28 DSGVO Rz. 27.
13 *Schneider*, A., Rz. 628 ff.; *Roßnagel/Kroschwald*, ZD 2014, 495 (497); *Spoerr* in BeckOK DatenschutzR, Art. 28 DSGVO Rz. 30 ff.
14 *Albrecht/Jotzo*, Art. 28 DSGVO Rz. 22; *Plath* in Plath, Art. 28 DSGVO Rz. 6; *Laue/Kremer*, § 5 Auftragsverarbeitung und Verarbeitung im Drittland, Rz. 12; *Härting*, ITRB 2016, 137 (139).
15 *Roßnagel/Kroschwald*, ZD 2014, 495 (498); *Koós/Englisch*, ZD 2014, 276 (284).
16 *von Holleben/Knaut*, CR 2017, 299 (301); *Martini* in Paal/Pauly, Art. 28 DSGVO Rz. 10.

lichen an einer Auftragsverarbeitung besteht, das den Übermittlungsvorgang stets rechtfertigt, überzeugt nicht[17]. Denn bei der Übermittlung **besonderer personenbezogener Daten** wäre eine aufgrund von Art. 9 DSGVO erforderliche Einwilligung zum einen unpraktikabel und zum anderen wegen der jederzeitigen Widerrufbarkeit auch nicht rechtssicher[18]. Vorzugswürdig ist daher eine Lösung über die Systematik der DSGVO. Die DSGVO geht davon aus, dass die Übermittlung an den Auftragsverarbeiter keinen eigenen Verarbeitungsschritt darstellt, sondern die **Verarbeitung inklusive der Übermittlung** an den Auftragsverarbeiter einen **einheitlichen Vorgang** darstellt, der nach den jeweils für die Verarbeitung einschlägigen Erlaubnistatbeständen gerechtfertigt werden kann[19]. Dies entspricht auch dem Sinn und Zweck der Auftragsverarbeitung, nämlich der einfachen Einschaltung von Auftragsverarbeitern ohne zusätzliche Anforderungen, wobei im Gegenzug die strengen Anforderungen an den Verarbeitungsvertrag nach Art. 28 Abs. 3 DSGVO erfüllt werden müssen[20].

Dies hat zur Konsequenz, dass die Einschaltung eines Auftragsverarbeiters bei der Verarbeitung personenbezogener Daten und besonderer personenbezogener Daten keiner zusätzlichen Rechtfertigung bedarf.

28.16　Diese Privilegierung gilt auch bei Auftragsverarbeitern in Drittländern. Damit können Auftragsverarbeiter in Drittländern unter den gleichen Voraussetzungen wie Auftragsverarbeiter innerhalb der EU eingesetzt werden, solange die Voraussetzungen des Kapitel V für Drittstaatentransfers eingehalten werden[21]. Das unter dem BDSG a.F. diskutierte deutsche Problem, ob auch eine Auftragsverarbeitung im Drittland möglich ist, verliert damit seine Relevanz.

2. Die EU-Standardvertragsklauseln zur Auftragsverarbeitung

28.17　Die Verwendung der EU-Standardvertragsklauseln ist nur notwendig, soweit eine Weitergabe personenbezogener Daten in Drittländer erfolgen soll und diese Übermittlung der personenbezogenen Daten weder durch ein angemessenes Datenschutzniveau im Drittland gem. Art. 45 DSGVO (siehe Rz. 28.7) noch durch einen der sonstigen in Art. 49 DSGVO aufgezählten Ausnahmetatbestände (siehe Rz. 28.11) gerechtfertigt ist. Sodann richtet sich die Rechtmäßigkeit der Übermittlung nach Art. 46 DSGVO und erfordert den Abschluss von EU-Standardvertragsklauseln (oder anderen geeigneten Garantien i.S.d. Art. 46 Abs. 2 DSGVO) zur Übermittlung.

28.18　Die EU-Kommission hat für die Auftragsverarbeitung **EU-Standardvertragsklauseln zur Auftragsverarbeitung** (**Controller-to-Processor**) veröffentlicht, welche die Weitergabe personenbezogener Daten in unsichere Drittländer ermöglichen sollen.

28.19　Diese Standarddatenschutzklauseln sind auch unter Geltung der DSGVO weiterhin wirksam, bis sie von der Kommission geändert, ersetzt oder aufgehoben werden, Art. 46 Abs. 5 DSGVO (zu den Auswirkungen dieser Übergangsvorschrift vgl. Rz. 28.31 f.). Im Nachgang zur *Schrems II*-Entscheidung des EuGH aus Juli 2020 (hierzu sogleich unter Rz. 28.22 ff.) hat die Kommission am 12.11.2020 einen Entwurf für neue Standardvertragsklauseln veröffentlicht, welcher sich den Anforderungen aus der EuGH-Rechtsprechung annähert und auch sämtliche mögliche Übermittlungssituationen erfasst[22].

---

17 *Spoerr* in BeckOK DatenschutzR, Art. 28 DSGVO Rz. 31 ff.
18 *Schmidt/Freund*, ZD 2017, 14 (15).
19 *Härting*, ITRB 2016, 137 (139); *Schmidt/Freund*, ZD 2017, 14 (15); *Spoerr* in BeckOK DatenschutzR, Art. 28 DSGVO Rz. 32 ff.
20 *Plath* in Plath, Art. 28 DSGVO Rz. 6.
21 *Müthlein*, RDV 2016, 74 (83).
22 *Europäische Kommission*, Draft Commission Implementing Decision on standard contractual clauses for the transfer of personal data to third countries pursuant to Regulation (EU) 2016/679 of the European Parliament and of the Council, v. 12.11.2020, abrufbar unter https://ec.europa.eu/info/law/better-regulation/have-your-say/initiatives/12741-Commission-Implementing-Decision-on-standard-contractual-clauses-for-the-transfer-of-personal-data-to-third-countries (letzter Aufruf: 8.12.2020).

Neben der Auftragsverarbeitung werden ausgehend von dem Entwurf künftig wohl auch Übermittlungen zwischen Verantwortlichen (Controller-to-Controller; „Module One" im Entwurf), zwischen (Unter-) Auftragsverarbeitern (Processor-to-Processor, „Module Three" im Entwurf) und von Auftragsverarbeitern zu Verantwortlichen (Processor-to-Controller, „Module Four" im Entwurf) erfasst.

Die aktuelle Version der EU-Standarddatenschutzklauseln zur Auftragsverarbeitung vom 5.2.2010[23] **ersetzt die vorherige Fassung der Standardvertragsklauseln zur Auftragsverarbeitung** vom 27.12.2001[24]. Die Neufassung sollte der rasch expandierenden Datenverarbeitungstätigkeit weltweit Rechnung tragen und Aspekte erfassen, die in den vorherigen Fassungen der Standardvertragsklauseln zur Auftragsverarbeitung bisher nicht geregelt worden sind[25].

Obwohl die **alten EU-Standardvertragsklauseln** aus dem Jahr 2001 zur Auftragsverarbeitung formal nicht mehr verwendet werden dürfen, müssen bestehende Verträge **nicht gekündigt** werden. Sie bleiben solange in Kraft, wie die **Datenübermittlungen unverändert** weiterlaufen und von dem jeweils geschlossenen Vertrag erfasste personenbezogene Daten weiterhin und unverändert zwischen den Parteien übermittelt werden. Eine Veränderung der Datenübermittlungen liegt dann vor, wenn Angaben in Anhang 1 des Standardvertrags angepasst werden müssen (Änderung einer Vertragspartei, einer betroffenen Person, der Datenkategorie oder der Verarbeitung usw.). Soweit die alten EU-Standardvertragsklauseln oder deren **Anhang geändert** werden, ist es erforderlich, einen **neuen Vertrag** auf Basis der EU-Standardvertragsklauseln zur Auftragsverarbeitung gemäß EU-Kommissions-Beschluss 2010/87/EU zu schließen.

28.20

Zwar besteht auch die Möglichkeit, den alten Vertrag beizubehalten. Jedoch wird dieser dann nach Ansicht der Art. 29-Datenschutzgruppe zu einem individuell verhandelten „**Ad-hoc-Vertrag**", also einem Vertrag, der die Grundsätze und Garantien der EU-Standardvertragsklauseln zur Auftragsverarbeitung beinhaltet, aber nicht die EU-Standardvertragsklauseln zur Auftragsverarbeitung selbst darstellt[26]. Dies führt dazu, dass ein solcher Vertrag wieder dem Genehmigungsvorbehalt des Art. 46 Abs. 3 lit. a DSGVO unterliegt[27].

28.21

III. Verwendung von EU-Standardvertragsklauseln für Datenübermittlungen in die USA nach den *Schrems*-Entscheidungen

Zuletzt wurde am 16.12.2016 eine Änderung am Begleittext der Standardvertragsklauseln vorgenommen[28]. Diese Änderung war eine Reaktion auf das **Schrems I-Urteil**[29], in dem der EuGH klarstellt, dass die nationalen Aufsichtsbehörden weiterhin für die Kontrolle der Übermittlung personenbezogener Daten an ein Drittland, das Gegenstand einer Angemessenheitsentscheidung der EU-Kommission ist, zuständig sind und die Kommission nicht befugt ist, die Befugnisse dieser Behörden zu beschneiden[30]. Dieser Kritikpunkt des EuGH am Angemessenheitsbeschluss ließ sich auch direkt auf die Standardver-

28.22

---

23 Erwägungsgrund 25 und Art. 7 zu den EU-Standardverträgen zur Auftragsverarbeitung v. 5.2.2010.
24 EU-Kommission, Beschl. 2002/16/EG v. 27.12.2001 hinsichtlich Standardvertragsklauseln für die Übermittlung personenbezogener Daten an Auftragsverarbeiter in Drittländern nach der Richtlinie 95/46/EG, Az. K(2001) 4540, ABl. Nr. 6 v. 10.1.2002, S. 52 ff.
25 Erwägungsgrund 7 der EU-Standardvertragsklauseln zur Auftragsverarbeitung.
26 Zu alledem *Art. 29-Datenschutzgruppe*, WP 176 v. 12.7.2010, S. 7, https://ec.europa.eu/justice/article-29/documentation/opinion-recommendation/files/2010/wp176_en.pdf (letzter Aufruf: 8.12.2020).
27 *Lange/Filip* in BeckOK DatenschutzR, Art. 46 DSGVO Rz. 62.
28 Durchführungsbeschluss 2016/2297 der Kommission v. 16.12.2016.
29 EuGH v. 6.10.2015 – C-362/14, NJW 2015, 3151.
30 Als Reaktion auf das Schrems II-Urteil werden voraussichtlich neue Standardvertragsklauseln der Kommission folgen, ein entsprechender Entwurf wurde am 12.11.2020 veröffentlicht (siehe auch oben unter Rz. 28.19), *Europäische Kommission*, Draft Commission Implementing Decision on standard contractual clauses for the transfer of personal data to third countries pursuant to Regulation (EU) 2016/679 of the European Parliament and of the Council v. 12.11.2020, abrufbar unter https://ec.europa.eu/info/law/bet

tragsklauseln übertragen, da auch hier die **Kontrollbefugnisse der nationalen Aufsichtsbehörden** eingeschränkt wurden. Folglich hat die Kommission Art. 4 des Begleittextes der Standardvertragsklauseln dahingehend geändert, dass Aufsichtsbehörden nunmehr jeden Transfer an Drittstaaten auf Grundlage der Standardvertragsklauseln aussetzen oder endgültig verbieten können, ohne dass hierfür bestimmte Voraussetzungen erfüllt sein müssen. Seine Linie aus Schrems I hat der EuGH in der nachfolgenden Entscheidung zu **Schrems II**[31] fortgesetzt und die umfassenden Kontroll- und Abhilfebefugnisse der zuständigen Datenschutzbehörden bestätigt.

28.22a Im Juli 2020 hatte der EuGH im **Schrems II-Vorabentscheidungsverfahren** zu entscheiden. Gegenstand des Verfahrens war u.a. die Rechtmäßigkeit des Durchführungsbeschlusses der Kommission zu den Standardvertragsklauseln. Das durch die irische Datenschutzbehörde initiierte Vorlageersuchen betraf vor allem die Frage, ob die von der Kommission angenommenen Standardvertragsklauseln geeignet sind, um einen gem. Art. 44, 46 DSGVO angemessenen Datenschutzstandard für Drittlandtransfers (im vorliegenden Fall in die USA) zu sichern, der vergleichbar mit dem Schutzstandard der DSGVO ist[32]. Obgleich der EuGH nicht entschieden hat, dass die Standardvertragsklauseln der Kommission als Grundlage für Datentransfers in die USA *per se* ungeeignet sind, müssen Verwender dieser Entscheidung besondere Aufmerksamkeit schenken. Das Gericht hat diverse zu beachtende Besonderheiten identifiziert, die bei Datentransfers in die USA zu berücksichtigen sind. Im Folgenden sollen daher die Kernaussagen der Entscheidung und ihre Folgen für die Verwendung von Standardvertragsklauseln zusammengefasst werden.

1. Hintergründe und Verfahrensgang

28.22b In dem eigentlichen Ausgangsverfahren, welches vor dem irischen High Court geführt wurde, ging es um eine Beschwerde des Österreichers Maximilian Schrems an die irische Datenschutzbehörde gegen das Unternehmen Facebook. In Europa wird Facebook von der *Facebook Ireland Ltd.* betrieben, die sämtliche Nutzerdaten an die US-Muttergesellschaft *Facebook Inc.* übermittelt. Bis zum Urteil im oben erwähnten Schrems I-Verfahren geschah dies auf Grundlage eines Angemessenheitsbeschlusses der Kommission zum sog. *Safe-Harbor* Abkommen zwischen der EU und den USA. Schrems bemängelte, dass aufgrund der Rechtslage in den USA auch durch dieses Abkommen kein angemessener und mit der DSGVO vergleichbarer Datenschutzstandard in den USA hergestellt werden könnte. Er verwies dabei insbesondere auf die Enthüllungen von *Edward Snowden* hinsichtlich der weitreichenden Zugriffsbefugnisse der US-Sicherheitsbehörden im Rahmen ihrer Massenüberwachungsprogramme, namentlich PRISM[33]. Dieser Umstand würde auch durch die Schutzmechanismen des *Safe-Harbor* Abkommens nicht aufgelöst – und der EuGH gab ihm Recht. Das *Safe-Harbor* Abkommen wurde für nicht angemessen und der entsprechende Beschluss der Kommission damit für unwirksam erklärt[34]. Infolgedessen stellten *Facebook Ireland Ltd.* und *Facebook Inc.* sowie etliche weitere Unternehmen die bis zu dem Urteil auf das *Safe-Harbor* Abkommen gesetzt hatten, fortan auf Standardvertragsklauseln als Grundlage für die Datenübermittlung in die USA um.

28.22c Parallel zu dieser Entwicklung handelten die EU und die USA in kürzester Zeit das *EU-U.S.-Privacy Shield*, als Nachfolgemechanismus für *Safe Harbor* aus, welches wiederum mittels Angemessenheitsbeschluss durch die Kommission als ausreichender Datenschutzstandard anerkannt wurde[35]. Schrems dagegen adaptierte in der Zwischenzeit seine Beschwerde gegen Facebooks transatlantische Datentransfers: Auch die mittlerweile implementierten Standardvertragsklauseln könnten die datenschutz-

---

ter-regulation/have-your-say/initiatives/12741-Commission-Implementing-Decision-on-standard-contrac tual-clauses-for-the-transfer-of-personal-data-to-third-countries (letzter Aufruf: 8.12.2020).

31 EuGH v. 16.7.2020 – C-311/18, GRUR-RS 2020, 16082.
32 Siehe EuGH v. 16.7.2020 – C-311/18, insb. Rz. 122 ff., GRUR-RS 2020, 16082.
33 Vgl. EuGH, Pressemitteilung Nr. 117/15 v. 6.10.2015.
34 EuGH, Pressemitteilung Nr. 117/15 v. 6.10.2015.
35 *Kommission der Europäischen Union*, Beschluss 2016/1250 v. 12.7.2016.

rechtlichen Missstände in den USA nicht effektiv ausgleichen. Ein angemessener Schutzstandard würde auch auf diesem Wege nicht hergestellt. Daher müssten die zuständigen Behörden, hier namentlich die irische *DPC*, entsprechende Datenübermittlungen auf dieser Grundlage untersagen. Der befasste irische High Court legte daraufhin dem EuGH erneut eine Vorlagefrage in dieser Sache vor, diesmal konkret gerichtet auf die Angemessenheit der nun streitgegenständlichen Standardvertragsklauseln für Datentransfers in die USA.

2. Kernaussagen der *Schrems II*-Entscheidung

Im Kern hat der EuGH mit Schrems II zwei wesentliche Entscheidungen getroffen: (1) Das EU-U.S.-Privacy Shield stellt keinen angemessenen Datenschutzstandard in den USA her, insbesondere da es an den hierfür erforderlichen Rechtsschutzmechanismen und effektiven Rechtsbehelfen für Betroffene fehlt. Dies hat zur Folge, dass der Angemessenheitsbeschluss der Kommission für Datentransfers in die USA, welcher auf das Abkommen gestützt ist, unwirksam ist. (2) Ferner sind die aktuellen Standardvertragsklauseln der Kommission grundsätzlich geeignet zur Herstellung eines angemessenen Datenschutzstandards in Drittstaaten, einschließlich der USA, und daher ist auch der ihnen zugrunde liegende Durchführungsbeschluss wirksam[36]. Ausdrücklich wurde transatlantischen Datentransfers damit keine Absage erteilt, denn diese dürfen – in der Theorie zumindest – weiterhin auf die von der Kommission beschlossenen Standardvertragsklauseln gestützt werden. Der EuGH identifizierte allerdings eine Reihe von Pflichten für die Verwender dieser Klauseln, die in der Praxis wohl nur mit allergrößten Mühen umsetzbar sein dürften (hierzu auch unter Rz. 26.10d ff.). 28.22d

Um die Wirksamkeit des Durchführungsbeschlusses der Kommission zu den Standardvertragsklauseln feststellen zu können, hatte der EuGH sich im Detail mit dem durch die Klauseln hergestellten Datenschutzniveau auseinanderzusetzen. Kernfrage war, ob durch die Verwendung der Klauseln ein mit der DSGVO vergleichbarer Datenschutzstandard in dem Zielland hergestellt werden kann. Im Rahmen der näheren Prüfung der Angemessenheit des durch die Standardvertragsklauseln hergestellten Schutzniveaus stellt das Gericht zunächst fest, dass durch den Abschluss der Standardvertragsklauseln lediglich ihre Verwender, also Datenexporteur und Datenimporteur, wirksam verpflichtet werden. Außenstehende Dritte, insbesondere die Behörden eines Drittstaates, können dadurch aber nicht zur Herstellung oder Einhaltung eines angemessenen Datenschutzniveaus verpflichtet werden[37]. Und hierin liegt grundsätzlich auch der Ursprung des Problems der Datentransfers in die USA (und in Drittstaaten mit vergleichbar weitreichenden Befugnissen von Sicherheitsbehörden, etwa Russland oder China). 28.22e

Dass die Standardvertragsklauseln nur *inter partes* wirken, steht ihrer Wirksamkeit nicht *per se* entgegen. Aus dieser relativen Wirkung folgt aber, dass die Verwendung der Standardvertragsklauseln allein keinen Automatismus rechtmäßiger Datentransfers in Drittstaaten garantiert. Vielmehr sind nach Ansicht des EuGH in einer Gesamtschau sowohl die vertraglichen Verpflichtungen der Verwender als auch die drittstaatliche Rechtsordnung zu prüfen[38]. Bei der Bewertung des durch die Klauseln hergestellten Datenschutzstandards in dem konkreten Drittland spielen daher auch etwaige Zugriffsrechte drittstaatlicher Behörden durchaus eine Rolle[39]. Denn selbst wenn sich ein drittstaatlicher Datenimporteur mit bestem Willen und in gutem Glauben den Standardvertragsklauseln der Kommission unterwirft und sich zur Einhaltung umfassender Schutzmaßnahmen verpflichtet, kann die Durchsetzung dieser Klauseln *de facto* unmöglich sein. In den USA beispielsweise sind Unternehmen aufgrund der weitreichenden, gesetzlich eingeräumten Befugnisse der Sicherheitsbehörden verpflichtet, diesen ihre gesammelten personenbezogenen Daten Betroffener zur Verfügung zu stellen und es gibt keine wirksame rechtliche Möglichkeit, sich dieser Pflicht zu entziehen. Im Ergebnis sind Unternehmen in 28.22f

---

36 EuGH v. 16.7.2020 – C-311/18 Rz. 203, GRUR-RS, 16082.
37 Siehe EuGH v. 16.7.2020 – C-311/18 Rz. 125, GRUR-RS, 16082.
38 *Botta*, CR 2020, 505 (508).
39 EuGH v. 16.7.2020 – C-311/18 Rz. 104, GRUR-RS 2020, 16082.

den USA, die sich Standardvertragsklauseln unterworfen haben, im Zweifel gesetzlich daran gehindert, diese auch effektiv umzusetzen.

28.22g Der EuGH hätte auf der Grundlage dieser Schlussfolgerungen alternativ zu zwei Ergebnissen kommen können: Entweder die Standardvertragsklauseln sind *per se* ungeeignet, ein angemessenes Datenschutzniveau in den USA herzustellen, da sie es nicht vermögen, die exportierten personenbezogenen Daten auch vor äußeren Zugriffen und Beeinträchtigungen durch US-Behörden zu schützen. Oder man erklärt die Standardvertragsklauseln dem Grunde nach für geeignet und überträgt die Verantwortung für die Umsetzung und Einhaltung der Schutzmechanismen der Klauseln auf ihre Verwender und sanktioniert ihre Nichteinhaltung entsprechend. Der EuGH entschied sich für den zweiten Weg und schloss sich damit dem Generalanwalt und dem Beschwerdeführer Schrems an. Allein der Umstand, dass in einem Drittstaat behördliche Zugriffsbefugnisse auf personenbezogene Daten bestehen, macht die Standardvertragsklauseln damit nicht zu einem grundsätzlich unzulässigen Transfermechanismus für Datentransfers in diesen Staat.[40]

28.22h Die Verwender von Standardvertragsklauseln seien selbst dafür verantwortlich, zu prüfen, ob das Datenschutzniveau in einem Drittstaat angemessen genug ist, um sich allein auf die Standardvertragsklauseln für einen Datentransfer zu stützen (hierzu auch unter Rz. 26.10a ff.)[41]. Im Ergebnis haben die Verwender von Standardvertragsklauseln damit eine umfassende Prüfung der Rechtslage in dem Zielland vorzunehmen, die im Zweifel eine Untersuchung des Überwachungsrechts des Drittstaates und der entsprechenden Behördenpraxis umfasst[42]. Fällt das Ergebnis dieser Prüfung negativ aus, obliege es ferner den Betroffenen, angemessene zusätzliche Schutzmaßnahmen zu vereinbaren und umzusetzen, die ergänzend zu den Standardvertragsklauseln die tatsächliche Einhaltung des Schutzniveaus in dem Zielland sicherstellen[43]. Der EuGH konkretisierte nicht, wie solche Maßnahmen aussehen sollten[44]. Im Sinne des Art. 46 Abs. 1 DSGVO müssen den Betroffenen aber zumindest durchsetzbare Rechte und effektive Rechtsbehelfsmöglichkeiten gewährt werden[45]. Zu denken wäre hier an eine vertragliche Zusicherung des Datenimporteurs, sich gegen Beschlagnahmeanordnungen von Sicherheitsbehörden in jedem Fall zu wehren[46]. Dies hätte im Falle der USA jedenfalls eine mittelbare rechtliche Überprüfung des Zugriffs durch die Behörde zur Folge, ist allerdings mit einem tatsächlichen Rechtsbehelf für die Betroffenen nicht gleichzusetzen. Es dürfte jedoch Einigkeit bestehen, dass kaum vertragliche Maßnahmen denkbar sind, die die in den USA bestehenden Datenschutz-Defizite im Zusammenhang mit der gesetzlich tolerierten Massenüberwachung der Sicherheitsbehörden kompensieren könnten[47]. Hiervon geht wohl auch die Berliner Beauftragte für Datenschutz und Informationsfreiheit aus, wenn sie sämtliche Unternehmen in einer ersten Stellungnahme dazu auffordert, etwaige in den USA zu verantwortende Datenverarbeitungen *umgehend* nach Europa zu verlagern[48]. Ferner könnten die Verwender eine umfangreiche Verschlüsselung der zu übertragenden Daten erwägen, die die Behörden im Zweifel an einem tatsächlichen Zugriff hindern könnte. Diese Maßnahme ist

---

40 EuGH v. 16.7.2020 – C-311/18 Rz. 136, GRUR-RS 2020, 16082; *Botta*, CR 2020, 505 (510).

41 EuGH v. 16.7.2020 – C-311/18 Rz. 140 ff., GRUR-RS 2020, 16082.

42 Unter Verweis darauf, dass der irische High Court für die Untersuchung des Datenschutzstandards in den USA fünf Rechtgutachter beauftragte: *Thieme/Wegmann*, BB 2020, 1922 (1924).

43 EuGH v. 16.7.2020 – C-311/18 Rz. 133 f, GRUR-RS 2020, 16082; siehe auch *Botta*, CR 2020, 505 (510).

44 *Botta*, CR 2020, 505 (510).

45 Vgl. EuGH v. 16.7.2020 – C-311/18 Rz. 103, GRUR-RS 2020, 16082.

46 *Thieme/Wegmann*, BB 2020, 1922 (1926).

47 Vgl. *Thieme/Wegmann*, BB 2020, 1922 (1926).

48 *Berliner Beauftragte für Datenschutz und Informationsfreiheit*, Stellungnahme v. 17.7.2020, *Nach „Schrems II": Europa braucht digitale Eigenständigkeit*, abrufbar unter: https://www.datenschutz-berlin. de/fileadmin/user_upload/pdf/pressemitteilungen/2020/20200717-PM-Nach_SchremsII_Digitale_Eigen staendigkeit.pdf (letzter Aufruf: 7.12.2020).

aber wenig praktikabel und wird mit dem Geschäftsmodell einer Vielzahl datenverarbeitender Unternehmen kaum vereinbar sein[49].

Ist es aufgrund der Rechtslage in dem Drittstaat den Verwendern der Klauseln nicht möglich, die effektive Durchsetzung der Klauseln und ihrer Schutzmechanismen zu sichern, ist der Datenexporteur verpflichtet, den Datentransfer unverzüglich einzustellen[50]. Der Datenimporteur ist aufgrund seiner mit den Standardvertragsklauseln übernommenen Pflichten grundsätzlich dazu verpflichtet, den Exporteur über etwaige, auch erst im Nachhinein auftretende Hindernisse bei der Vertragserfüllung zu unterrichten[51]. Stellt der Datenexporteur den Transfer nicht ein, ist es an der zuständigen Datenschutzbehörde des Exportstaates, die weitere Übermittlung zu unterbinden[52]. Die Behörden sind auch dann zur Prüfung einzelner Übermittlungsvorgänge und ihrer anschließenden Untersagung befugt, wenn ein allgemeiner Durchführungsbeschluss der Kommission in Bezug auf die Angemessenheit der Vertragsklauseln vorliegt[53]. Nur ein Angemessenheitsbeschluss der Kommission i.S.v. Art. 45 DSGVO schränke die umfassende Untersuchungsbefugnis der Behörden ein. Liegt ein solcher vor, müssen und können die Behörden Drittlandtransfers nicht eigenständig untersagen, so lange kein Urteil des EuGH zur Unwirksamkeit des fraglichen Angemessenheitsbeschlusses ergangen ist[54]. | 28.22i

3. Praktische Auswirkungen und Hilfestellungen

Die Entscheidung des EuGH lässt Zweifel aufkommen, ob Datentransfers in weniger demokratische Staaten faktisch überhaupt noch auf der Grundlage von Standardvertragsklauseln gerechtfertigt werden können[55]. Für die praktische und rechtskonforme Ausgestaltung solcher Transfers hat das Gericht den Ball letztlich wieder den Datenschutz-Behörden zugespielt und der Praxis bleibt kaum eine andere Wahl, als auf deren weitere Weisungen und Handhabe zu warten. Die zuständigen Behörden haben sich in Anbetracht dieser undankbaren Aufgabe – mit Ausnahme der Berliner Datenschutzbeauftragten – hierzu bislang jedoch nur mit wenig Willen zum Aktionismus geäußert[56]. Nicht zuletzt wohl auch deswegen, weil angesichts der hohen, durch das Gericht aufgestellten Maßstäbe schlicht Ratlosigkeit hinsichtlich des weiteren Umgangs mit dem Sachverhalt im Wirtschaftsverkehr besteht. | 28.23

Die erste konkrete Orientierungshilfe einer deutschen Behörde im Zusammenhang mit dem praktischen Umgang mit der EuGH-Entscheidung kam aus Baden-Württemberg. In einer begleitenden Stellungnahme stellt der Landesbeauftragte für Datenschutz und Informationsfreiheit (LfDI) vorab fest, dass durch das EuGH-Urteil eine nur schwer aufzulösende Situation für Unternehmen entstanden ist, die Handelsbeziehungen in die USA unterhalten[57]. Eine echte Lösung könnte wohl nur durch eine Wende in der US-Sicherheitspolitik erreicht werden, mit der man in nächster Zeit allerdings nicht in Baden-Württemberg rechnet. Die Behörde kündigt allerdings auch an, dass das Urteil unverzüglich umzusetzen ist und auch umgesetzt wird – allerdings mit Augenmaß. Nach Ansicht der Behörde kommt es darauf an, ob der fragliche Datentransfer in die USA alternativlos ist oder nicht. Hiermit soll | 28.23a

---

49 *Botta*, CR 2020, 505 (510).
50 EuGH v. 16.7.2020 – C-311/18 Rz. 135, GRUR-RS 2020, 16082.
51 EuGH v. 16.7.2020 – C-311/18 Rz. 142 ff., GRUR-RS 2020, 16082.
52 EuGH v. 16.7.2020 – C-311/18 Rz. 121, GRUR-RS 2020, 16082.
53 EuGH v. 16.7.2020 – C-311/18 Rz. 119 f., 121, GRUR-RS 2020, 16082; dies wurde von der irischen Datenschutzbehörde (Data Protection Commissioner) in Zweifel gezogen und gab wohl vor allem Anlass dazu, auf eine weitere Vorabentscheidung des EuGH in Sachen *Schrems* zu drängen.
54 EuGH v. 16.7.2020 – C-311/18 Rz. 119, GRUR-RS 2020, 16082; siehe auch *Thieme/Wegmann*, BB 2020, 1922 (1925).
55 *Botta*, CR 2020, 505 (510).
56 Vgl. *Thieme/Wegmann*, BB 2020, 1922, 1925.
57 Siehe zu alledem die vollständige Stellungnahme des *LfDI Baden-Württemberg* v. 24.8.2020, *Verunsicherung durch Schrems II-Urteil: LfDI Baden-Württemberg bietet Hilfestellung an*, abrufbar unter: https://www.baden-wuerttemberg.datenschutz.de/verunsicherung-nach-schrems-ii-urteil-lfdi-baden-wuerttemberg-bietet-hilfestellung-an/ (letzter Aufruf: 7.12.2020).

der Verhältnismäßigkeitsgrundsatz in Anbetracht des durch die Entscheidung ausgelösten Paukenschlags gewahrt werden. Bei der Beurteilung der Rechtmäßigkeit eines Datentransfers ist der DSGVO das Kriterium der Alternativlosigkeit eines entsprechenden Transfers allerdings grundsätzlich fremd. Dies gilt insbesondere auch bei der Bemessung der Höhe von Bußgeldern gem. Art. 83 DSGVO. Verantwortliche Datenverarbeiter sollten sich daher nicht auf einen derartigen Bewertungsmaßstab durch die Aufsichtsbehörden verlassen.

28.23b   Die eigentliche Orientierungshilfe des LfDI enthält eine Checkliste für die Anwendung von Standardvertragsklauseln, mit der die vom EuGH aufgestellten Anforderungen an eine rechtmäßige Datenübermittlung auf Grundlage der Standardvertragsklauseln sichergestellt werden soll[58]. Der LfDI muss dabei selbst zugeben, dass diese in der Theorie gerichtlich aufgestellten Anforderungen in der Praxis nur in den allerwenigsten Ausnahmefällen erfüllbar sein werden[59]. Es wird ferner ausdrücklich unterstrichen, dass obwohl das *Schrems II*-Urteil allein Datentransfers in die USA zum Gegenstand hatte, durchaus auch allgemeine Ausführungen zur Anwendung von Standardvertragsklauseln durch das Gericht getroffen worden sind und die Entscheidung daher *von grundsätzlicher Relevanz für sämtliche Datentransfers in Drittländer* ohne Angemessenheitsbeschluss der Kommission ist[60]. Jedenfalls mittelfristig beschränkt sich der durch die Entscheidung begründete Prüf- und Handlungsbedarf daher nicht allein auf Unternehmen, die Daten in die USA übermitteln.

28.23c   Folgende Schritte sind in der Checkliste des LfDI Baden-Württemberg u.a. vorgesehen:[61]

– Durchführen einer **Bestandsaufnahme** zur Feststellung der in Drittländer exportierten Daten;

– Austausch mit in Drittländern sitzenden Dienstleistern hinsichtlich der Entscheidungsauswirkungen;

– Anweisung sämtlicher Auftragsverarbeiter, auf der Grundlage des EU-U.S.-Privacy Shields durchgeführte Datenexports an **Sub-Unternehmer in den USA** mit sofortiger Wirkung einzustellen und ggf. auf Standardvertragsklauseln und zusätzliche Garantien umzusteigen;

– entsprechende **Anpassung von Datenschutzerklärungen und Verarbeitungsverzeichnissen**, die allein auf das nunmehr unzulässige EU-U.S.-Privacy Shield als Transfermechanismus in die USA abstellen;

– Information hinsichtlich der im Zielland geltenden datenschutzrechtlichen Rechtslage und anhand dessen Prüfung, ob *rechtmäßig* auf Standardvertragsklauseln ausgewichen werden kann. Für die USA wurde dies ausdrücklich verneint, wenn nicht **zusätzliche Schutzgarantien, wie Verschlüsselung und Anonymisierung**[62], implementiert werden;

– Überprüfung, ob auf andere DSGVO-Transfermechanismen ausgewichen werden kann, wie verbindliche interne Datenschutzvorschriften (Binding Corporate Rules) gem. Art. 46 Abs. 2 lit. b, Art. 47 DSGVO oder die Ausnahmevorschrift des Art. 49 DSGVO (welche als Ausnahme grundsätzlich sehr restriktiv auszulegen ist und nur in Ausnahme-Fällen greift);

---

58 *LfDI Baden-Württemberg*, Orientierungshilfe: Was jetzt in Sachen internationaler Datentransfer?, 7.9.2020 (2. Aufl.), S. 7 (IV.).

59 *LfDI Baden-Württemberg*, Orientierungshilfe: Was jetzt in Sachen internationaler Datentransfer?, 7.9.2020 (2. Aufl.), S. 5 (III.).

60 *LfDI Baden-Württemberg*, Orientierungshilfe: Was jetzt in Sachen internationaler Datentransfer?, 7.9.2020 (2. Aufl.), S. 4 (II.).

61 Die nachstehenden Punkte wurden zusammengefasst und anhand ihrer praktischen Relevanz als auch ihrer Bedeutung für den Umgang mit Standardvertragsklauseln selektiert. Die vollständige Checkliste des *LfDI* ist wesentlich umfangreicher, vgl. *LfDI Baden-Württemberg*, Orientierungshilfe: Was jetzt in Sachen internationaler Datentransfer?, 7.9.2020 (2. Aufl.), S. 7 ff. (IV.).

62 Wobei der *LfDI* ausdrücklich feststellt und anerkennt, dass dies mit den Geschäftsmodellen der Mehrzahl betroffener Unternehmen nicht vereinbar sein wird, vgl. *ibid*, S. 9.

– sofern keine wirksamen zusätzlichen Garantien oder alternativen Transfermechanismen verfügbar sind, wenigstens den **Willen zum rechtskonformen Handeln demonstrieren**, indem die bestehenden Standardvertragsklauseln mit Datenimporteuren um entsprechende **Zusatzklauseln ergänzt** werden;

– in jedem Fall: **Dokumentation der eigenen Anstrengungen** zur Herstellung eines angemessenen Datenschutzniveaus beim Transfer.

Die vom LfDI vorgeschlagenen Zusatzklauseln, die den guten Willen der Datenexporteure demonstrieren sollen, fokussieren sich insbesondere auf die Information der Betroffenen. Letztere sollen möglichst vor Drittlandtransfers, jedenfalls aber unmittelbar danach darüber informiert werden, dass ihre personenbezogenen Daten in ein Drittland übermittelt worden sind, in dem kein der DSGVO entsprechendes Schutzniveau besteht. Der Datenimporteur soll verpflichtet werden, sowohl den europäischen Datenexporteur als auch, soweit bekannt, Betroffene selbst über etwaige behördliche Anordnungen zu bevorstehenden Datenzugriffen zu informieren und sich darüber hinaus gegen solche Anordnungen grundsätzlich rechtlich zur Wehr zu setzen. Vertraglich festgehalten werden soll ferner eine verschuldensunabhängige Freistellungsklausel zugunsten der Betroffenen, die ihre Entschädigung für im Zusammenhang mit behördlichen Datenzugriffen entstandene Schäden durch den drittstaatlichen Datenimporteur gewährleisten soll. Es wird deutlich, dass durch diese Zusatzklauseln die Rechtsposition des Betroffenen gestärkt werden soll, insbesondere die ihm zur Verfügung stehenden Verteidigungsmöglichkeiten. Der Schwerpunkt liegt auf der transparenten Information und Entschädigung der Betroffenen. Dies ist in Anbetracht der Ausführungen des EuGH konsequent – damit wird nämlich offensichtlich ein Versuch unternommen, das in den USA (aber auch anderen Drittländern) bestehende *datenschutzrechtliche Rechtsbehelfsdefizit* im Wege vertraglicher Drittbegünstigung auszugleichen. Denn gerade das Fehlen hinreichender Rechtsbehelfsmöglichkeiten war einer der entscheidenden Gründe für die Unwirksamkeit des EU-U.S.-Privacy Shield und begründet auch erst die Notwendigkeit der Vereinbarung über die Standardvertragsklauseln hinausgehender Schutzgarantien bzw. Zusatzmaßnahmen[63].

28.23d

Als konkretes Beispiel für eine geänderte Zusatzklausel nennt die Orientierungshilfe des LfDI Baden-Württemberg unter anderem eine Änderung der Klausel 4f der Standardvertragsklauseln dahingehend, dass Betroffene nunmehr nicht allein im Falle besonderer Datenkategorien, sondern bei jeglicher Datenübermittlung darüber informiert werden sollen, dass ihre Daten in ein Drittland übermittelt werden, das kein angemessenes Schutzniveau i.S.d. DSGVO bietet[64]. Weiteres Beispiel ist auch die Ergänzung der Klausel 5d i der Standardvertragsklauseln um die zusätzliche Pflicht des Datenimporteurs, im Falle rechtlich bindender Aufforderungen der drittstaatlichen Behörden zur Weitergabe personenbezogener Daten nicht nur den Datenexporteur, sondern auch unmittelbar die Betroffenen hierüber zu informieren[65].

28.23e

Am 10.11.2020 hat der Europäische Datenschutzausschuss (EDSA) Empfehlungen zu den im EuGH-Urteil erwähnten notwendigen Zusatzmaßnahmen (*„supplementary measures"*) veröffentlicht[66]. Die Empfehlungen beinhalten einen 6-Stufen-Plan für Datenexporteure, anhand dessen sie ihre relevanten Datentransfers identifizieren und evaluieren können. Schritt Nr. 3 der EDSA-Empfehlungen betrifft die Überprüfung der Rechtslage im Drittland und definiert Garantien, die bei der Überprüfung der Rechtslage im Drittland zu berücksichtigen sind, namentlich das Bestehen präziser Rechtsgrundlagen für die Datenverarbeitung im Drittland, Darlegung von Erforderlichkeit und Verhältnismäßigkeit hin-

28.23f

---

63 Vgl. EuGH v. 16.7.2020 – C-311/18 Rz. 193 ff., GRUR-RS 2020, 16082.

64 *LfDI Baden-Württemberg*, Orientierungshilfe: Was jetzt in Sachen internationaler Datentransfer?, 7.9.2020 (2. Aufl.), S. 8 (IV.).

65 *LfDI Baden-Württemberg*, Orientierungshilfe: Was jetzt in Sachen internationaler Datentransfer?, 7.9.2020 (2. Aufl.), S. 8 (IV.).

66 *EDSA*, Recommendations 01/2020 on measures that supplement transfer tools to ensure compliance with the EU level of protection of personal data, adopted on 10 November 2020.

sichtlich verfolgter Ziele, Bestehen unabhängiger Kontrollmechanismen, Verfügbarkeit von Rechtsmitteln für Betroffene[67]. Darüber hinaus enthalten die Empfehlungen auch konkrete Beispiele für zu ergreifende technische und vertragliche Zusatzmaßnahmen, wobei der EDSA betont, dass in aller Regel nur durch die Implementierung (auch) technischer Schutzmaßnahmen tatsächlich ein hinreichendes Datenschutzniveau im Drittland herstellbar sein wird, etwa um Behördenzugriffe zu verhindern (und damit, im Umkehrschluss, allein vertragliche Maßnahmen, wie bspw. die vom LfDI Baden-Württemberg vorgeschlagenen Zusatzklauseln, in aller Regel nicht ausreichend sein werden, um datenschutzrechtliche Defizite im Zielland auszugleichen)[68]. Die Empfehlungen gelangen aber zu dem Schluss, dass selbst technische Maßnahmen, die ein angemessenes Schutzniveau im Drittland herstellen könnten, nicht für sämtliche Übermittlungssituationen verfügbar sind, nämlich bei Übermittlungen an Dienstleister, die einen Zugriff auf Klardaten benötigen und bei Datentransfers innerhalb einer Unternehmensgruppe[69]. Gerade diese Übermittlungssituationen sind aber praktisch besonders relevante Anwendungsfälle von Drittlandtransfers. Damit bieten auch die EDSA-Empfehlungen, gleichwohl sie der gegenwärtige Maßstab sein dürften, an welchem die Rechtmäßigkeit sämtlicher Drittlandtransfers ohne Angemessenheitsbeschluss zu messen ist, Verantwortlichen keine absolute Sicherheit. Nichtsdestotrotz sollte diesen Empfehlungen bei der Vertragsgestaltung hinreichende Aufmerksamkeit geschenkt werden, denn so werden jedenfalls die Bemühungen Verantwortlicher um ein datenschutzkonformes Verhalten unterstrichen und damit das Haftungsrisiko für Verstöße abstrakt gesenkt. Auch deutsche Aufsichtsbehörden haben die EDSA-Empfehlungen bereits ausdrücklich begrüßt und werden sich in Zukunft bei der Rechtsdurchsetzung der DSGVO wohl an diesen orientieren[70].

28.23g   Bereits einen Monat vor dem EDSA veröffentlichte auch der BfDI eine Hilfestellung zum Umgang mit Drittlandtransfers nach der EuGH-Entscheidung[71]. Auch hierbei handelt es sich um ein Prüfschema zur Evaluierung der eigenen Datenübermittlungen und zur Identifizierung erforderlicher zusätzlicher Schutzgarantien und Maßnahmen – ähnlich dem 6-Stufen-Plan des EDSA, allerdings wesentlich weniger detailliert als Letzterer und ohne ausführliche Erläuterungen zu den jeweiligen Prüfungsschritten, die bei den EDSA-Empfehlungen zur Verfügung stehen.

IV. Anwendungsbereich der EU-Standardvertragsklauseln zur Auftragsverarbeitung in Drittländern

28.24   Die EU-Standardvertragsklauseln zur Auftragsverarbeitung in Drittländern sind stets anwendbar, wenn sich der **Auftraggeber innerhalb der EU** befindet und der **Auftragnehmer** (und ggf. **Unterauftragsverarbeiter**) in einem **Drittland** niedergelassen ist[72].

---

67 *EDSA*, Recommendations 01/2020 on measures that supplement transfer tools to ensure compliance with the EU level of protection of personal data, adopted on 10 November 2020, S. 12 ff.

68 *EDSA*, Recommendations 01/2020 on measures that supplement transfer tools to ensure compliance with the EU level of protection of personal data, adopted on 10 November 2020, S. 15 f.

69 *EDSA*, Recommendations 01/2020 on measures that supplement transfer tools to ensure compliance with the EU level of protection of personal data, adopted on 10 November 2020, S. 26 f.

70 Siehe Statement des *BayLDA* zu den EDSA-Empfehlungen, *Europäischer Datenschutzausschuss veröffentlicht ein Papier mit Empfehlungen zu „zusätzlichen Maßnahmen" für Datenübermittlungen in Drittländer*, abrufbar unter https://www.lda.bayern.de/de/thema_supplementary_measures.html (letzter Aufruf: 8.12.2020).

71 *BfDI*, Prüfschema Drittländertransfer, v. 8.10.2020.

72 *Art. 29-Datenschutzgruppe*, WP 176 v. 12.7.2010, S. 6 ff., https://ec.europa.eu/justice/article-29/documentation/opinion-recommendation/files/2010/wp176_en.pdf (letzter Aufruf: 8.12.2020); *Düsseldorfer Kreis*, Fallgruppen zur internationalen Auftragsdatenverarbeitung, Handreichung des Düsseldorfer Kreises zur rechtlichen Bewertung v. 28.3.2007, S. 3 f., https://www.bfdi.bund.de/SharedDocs/Publikationen/Entschliessungssammlung/ErgaenzendeDokumente/HandreichungApril2007.html (letzter Aufruf: 8.12.2020).

Befindet sich der **Auftraggeber** in einem **Drittland**, finden die EU-Standardvertragsklauseln zur Auftragsverarbeitung keine Anwendung. Dies liegt daran, dass die EU-Standardvertragsklauseln zur Auftragsverarbeitung lediglich für den **Datenexport** anwendbar sind, welcher sich auf den Datenstrom aus der EU in das Drittland bezieht[73]. Für den Import von Daten in die EU ist keine Genehmigung erforderlich.

Sitzen **Auftraggeber und Unterauftragnehmer im Geltungsbereich der EU** und der **Auftragnehmer**   28.25
in einem **Drittland**, sind die EU-Standardvertragsklauseln zur Auftragsvereinbarung **nur** zwischen Auftraggeber und Auftragnehmer zu vereinbaren. **Zwischen Auftragnehmer und Unterauftragsverarbeiter** ist ein normaler Auftragsverarbeitungsvertrag zu schließen[74]. In vertraglicher Hinsicht ist der Auftragsverarbeiter hier erstens Auftragnehmer bezogen auf den datenexportierenden Auftraggeber und zweitens Auftraggeber (ohne aber Verantwortlicher im datenschutzrechtlichen Sinne zu sein) bezogen auf den Unterauftragsverarbeiter[75]. Nach Ansicht der Aufsichtsbehörden handelt es sich bei der Übermittlung vom Auftragnehmer an den Unterauftragsverarbeiter wohl um einen Daten(ruck)import personenbezogener Daten in den Geltungsbereich der EU[76].

Nicht direkt **anwendbar** sind die EU-Standardvertragsklauseln zur Auftragsverarbeitung auf den pra-   28.26
xisrelevanten Fall, dass der **Auftragnehmer innerhalb der EU**, der **Unterauftragsverarbeiter aber in einem Drittland** niedergelassen ist[77]. Da nicht der Erstbeauftragte, sondern nur der Auftraggeber „Verantwortlicher" i.S.d. DSGVO[78] ist, sei der Abschluss eines EU-Standardvertrags zwischen dem Auftragnehmer in der EU und dem Unterauftragnehmer im Drittland nicht vorgesehen und demnach nicht möglich[79]. Ein EU-Standardvertrag kann nur zwischen einem Verantwortlichem (Datenexporteur) und einem außerhalb der EU ansässigen Auftragsverarbeiter (Datenimporteur)[80] geschlossen werden[81]. Der Auftraggeber ist in dieser Konstellation zumindest nach Ansicht der Datenschutzaufsichtsbehörden gezwungen, einen gesonderten EU-Standardvertrag mit dem Unterauftragnehmer abzuschließen; hierbei kann er allerdings vom ursprünglich beauftragten Datenverarbeiter vertreten werden, sofern dieser **bevollmächtigt** wird[82]. Die Kommission hat bereits Anfang 2017 mitgeteilt, dass der Erlass von Standardvertragsklauseln für den Datentransfer durch in der EU ansässige Auftragsverarbeiter an in Drittstaaten ansässige Unterauftragsverarbeiter in Betracht gezogen wird[83] und hat diese

---

73 Erwägungsgrund 13, 23, Art. 2 Abs. 2 zu den EU-Standardvertragsklauseln zur Auftragsverarbeitung.

74 *Fischer/Steidle*, CR 2009, 632 (635 f.).

75 Zur Problematik des Auftragsverarbeiters als verantwortliche Stelle siehe *Fischer/Steidle*, CR 2009, 632 (636).

76 *Düsseldorfer Kreis*, Fallgruppen zur internationalen Auftragsdatenverarbeitung Handreichung des Düsseldorfer Kreises zur rechtlichen Bewertung v. 28.3.2007, https://www.bfdi.bund.de/SharedDocs/Publika tionen/Entschliessungssammlung/ErgaenzendeDokumente/HandreichungApril2007.html (letzter Aufruf: 8.12.2020).

77 *EU-Kommission*, Beschl. 2010/87/EU v. 5.2.2010, Art. 3 Buchst. d; *Art. 29-Datenschutzgruppe*, WP 176 v. 12.7.2010, S. 3 ff., https://ec.europa.eu/justice/article-29/documentation/opinion-recommendation/ files/2010/wp176_en.pdf (letzter Aufruf: 8.12.2020); *Moos*, CR 2010, 281 (285); ausf. *Lensdorf*, CR 2010, 735 (736 ff.); *Lange/Filip* in BeckOK DatenschutzR, Art. 46 DSGVO Rz. 41; a.A. *Schmidl/Krone*, DuD 2010, 838 ff.

78 Erwägungsgrund 23 zu EU-Standardvertragsklauseln zur Auftragsverarbeitung; Zwanzigster Bericht der Hessischen Landesregierung über die Tätigkeit der für den Datenschutz im nicht-öffentlichen Bereich in Hessen zuständigen Aufsichtsbehörden, LT-Drucks. 16/7646, 24; *Hillenbrandt-Beck*, RDV 2007, 231 (234).

79 *Lensdorf*, CR 2010, 735 (736).

80 Art. 3 Buchst. d der EU-Standardvertragsklauseln zur Auftragsverarbeitung.

81 *Lensdorf*, CR 2010, 735 (736 f.).

82 *Art. 29-Datenschutzgruppe*, WP 176 v. 12.7.2010, S. 4; https://ec.europa.eu/justice/article-29/documenta tion/opinion-recommendation/files/2010/wp176_en.pdf (letzter Aufruf: 8.12.2020); siehe hierzu die Musterregelung in Teil 2, § 9.

83 Kommissionsmitteilung COM(2017) 7 final v. 10.1.2017, Nr. 3.2, http://ec.europa.eu/newsroom/docu ment.cfm?doc_id=41157 (letzter Aufruf: 8.12.2020).

Übermittlungskonstellation nunmehr auch in ihren **Entwurf für neue Standardvertragsklauseln** vom 12.11.2020 aufgenommen (dort: „Module Three")[84].

B. Standardvertragsklauseln (Auftragsverarbeiter)

I. Muster – deutsch

28.27   **M 28.1 Standardvertragsklausel (Auftragsverarbeiter) – deutsch**

Standardvertragsklausel (Auftragsverarbeiter)

für die Übermittlung personenbezogener Daten an Auftragsverarbeiter, die in Drittländern niedergelassen sind, in denen kein angemessenes Schutzniveau gewährleistet ist.

Bezeichnung der Organisation (Datenexporteur): …

Anschrift: …

Tel.: … Fax: … E-Mail: …

Weitere Angaben zur Identifizierung der Organisation:…

(„Datenexporteur")

und

Bezeichnung der Organisation (Datenimporteur): …

Anschrift: …

Tel.: … Fax: … E-Mail: …

Weitere Angaben zur Identifizierung der Organisation: …

(„Datenimporteur")

(die „Partei", wenn eine dieser Organisationen gemeint ist, die „Parteien", wenn beide gemeint sind)

vereinbaren folgende Vertragsklauseln („Klauseln"), um angemessene Garantien hinsichtlich des Schutzes der Privatsphäre, der Grundrechte und der Grundfreiheiten von Personen bei der Übermittlung der in Anhang 1 zu diesen Vertragsklauseln spezifizierten personenbezogenen Daten vom Datenexporteur an den Datenimporteur zu bieten.

1. Begriffsbestimmungen[85]

Im Rahmen der Vertragsklauseln gelten folgende Begriffsbestimmungen:

a) „personenbezogene Daten" sind alle Informationen über eine bestimmte oder bestimmbare natürliche Person („betroffene Person"); als bestimmbar wird eine Person angesehen, die direkt oder indirekt identifiziert werden kann, insbesondere durch Zuordnung zu einer Kennnummer oder zu einem oder mehreren spezifischen Elementen, die Ausdruck ihrer physischen, physiologischen, psychischen, wirtschaftlichen, kulturellen oder sozialen Identität sind;

---

84 *Europäische Kommission*, Draft Commission Implementing Decision on standard contractual clauses for the transfer of personal data to third countries pursuant to Regulation (EU) 2016/679 of the European Parliament and of the Council v. 12.11.2020, abrufbar unter https://ec.europa.eu/info/law/better-regulation/have-your-say/initiatives/12741-Commission-Implementing-Decision-on-standard-contractual-clauses-for-the-transfer-of-personal-data-to-third-countries (letzter Aufruf: 8.12.2020).

85 Zu den Erläuterungen siehe Rz. 28.37 ff.

b) „besondere Kategorien personenbezogener Daten" sind personenbezogene Daten, aus denen die rassische und ethnische Herkunft, politische Meinungen, religiöse oder philosophische Überzeugungen oder die Gewerkschaftszugehörigkeit hervorgehen, sowie Daten über Gesundheit oder Sexualleben;

c) „Verarbeitung" beinhaltet jeden mit oder ohne Hilfe automatisierter Verfahren ausgeführten Vorgang oder jede Vorgangs-reihe im Zusammenhang mit personenbezogenen Daten wie das Erheben, das Speichern, die Organisation, die Aufbewahrung, die Anpassung oder Veränderung, das Auslesen, das Abfragen, die Benutzung, die Weitergabe durch Übermittlung, Verbreitung oder jede andere Form der Bereitstellung, die Kombination oder die Verknüpfung sowie das Sperren, Löschen oder Vernichten;

d) „für die Verarbeitung Verantwortlicher" ist die natürliche oder juristische Person, Behörde, Einrichtung oder jede andere Stelle, die allein oder gemeinsam mit anderen über die Zwecke und Mittel der Verarbeitung von personenbezogenen Daten entscheidet. Sind die Zwecke und Mittel der Verarbeitung von personenbezogenen Daten in einzelstaatlichen oder gemeinschaftlichen Rechts- und Verwaltungsvorschriften festgelegt, so können der für die Verarbeitung Verantwortliche bzw. die spezifischen Kriterien für seine Benennung durch einzelstaatliche oder gemeinschaftliche Rechtsvorschriften bestimmt werden;

e) „Auftragsverarbeiter" ist die natürliche oder juristische Person, Behörde, Einrichtung oder jede andere Stelle, die personenbezogene Daten im Auftrag des für die Verarbeitung Verantwortlichen verarbeitet;

f) „betroffene Person" ist jede bestimmte oder bestimmbare natürliche Person;

g) „Kontrollstelle" sind eine oder mehrere öffentliche Stellen, die beauftragt sind, die Anwendung der von den Mitgliedstaaten zur Umsetzung dieser Richtlinie erlassenen einzelstaatlichen Vorschriften in ihrem Hoheitsgebiet zu überwachen.

2. Einzelheiten der Übermittlung[86]

Die Einzelheiten der Übermittlung, insbesondere die besonderen Kategorien personenbezogener Daten, sofern vorhanden, werden in **Anhang 1** erläutert, der Bestandteil dieser Klauseln ist.

3. Drittbegünstigtenklausel[87]

(1) Die betroffenen Personen können diese Klausel sowie Klausel 4 Buchst. b–i, Klausel 5 Buchst. a–e und g–j, Klausel 6 Abs. 1 und 2, Klausel 7, Klausel 8 Abs. 2 sowie die Klauseln 9–12 gegenüber dem Datenexporteur als Drittbegünstigte geltend machen.

(2) Die betroffene Person kann diese Klausel, Klausel 5 Buchst. a–e und g, die Klauseln 6 und 7, Klausel 8 Abs. 2 sowie die Klauseln 9–12 gegenüber dem Datenimporteur geltend machen, wenn das Unternehmen des Datenexporteurs faktisch oder rechtlich nicht mehr besteht, es sei denn, ein Rechtsnachfolger hat durch einen Vertrag oder kraft Gesetzes sämtliche rechtlichen Pflichten des Datenexporteurs übernommen; in letzterem Fall kann die betroffene Person die Klauseln gegenüber dem Rechtsnachfolger als Träger sämtlicher Rechte und Pflichten des Datenexporteurs geltend machen.

(3) Die betroffene Person kann diese Klausel, Klausel 5 Buchst. a–e und g, die Klauseln 6 und 7, Klausel 8 Abs. 2 sowie die Klauseln 9–12 gegenüber dem Unterauftragsverarbeiter geltend machen, wenn sowohl das Unternehmen des Datenexporteurs als auch das des Datenimporteurs faktisch oder rechtlich nicht mehr bestehen oder zahlungsunfähig sind, es sei denn, ein Rechtsnachfolger hat durch einen Vertrag oder kraft Gesetzes sämtliche rechtlichen Pflichten des Datenexporteurs übernommen; in letzterem Fall kann die betroffene Person die Klauseln gegenüber dem Rechtsnachfolger als Träger sämtlicher Rechte und Pflichten des Datenexporteurs geltend machen. Eine solche Haftpflicht des Unterauftragsverarbeiters ist auf dessen Verarbeitungstätigkeiten nach den Klauseln beschränkt.

(4) Die Parteien haben keine Einwände dagegen, dass die betroffene Person, sofern sie dies ausdrücklich wünscht und das nationale Recht dies zulässt, durch eine Vereinigung oder sonstige Einrichtung vertreten wird.

---

86 Zu den Erläuterungen siehe Rz. 28.43.
87 Zu den Erläuterungen siehe Rz. 28.45 ff.

4. Pflichten des Datenexporteurs[88]

Der Datenexporteur erklärt sich bereit und garantiert, dass:

a) die Verarbeitung der personenbezogenen Daten einschließlich der Übermittlung entsprechend den einschlägigen Bestimmungen des anwendbaren Datenschutzrechts durchgeführt wurde und auch weiterhin so durchgeführt wird (und ggf. den zuständigen Behörden des Mitgliedstaats mitgeteilt wurde, in dem der Datenexporteur niedergelassen ist) und nicht gegen die einschlägigen Vorschriften dieses Staates verstößt;

b) er den Datenimporteur angewiesen hat und während der gesamten Dauer der Datenverarbeitungsdienste anweisen wird, die übermittelten personenbezogenen Daten nur im Auftrag des Datenexporteurs und in Übereinstimmung mit dem anwendbaren Datenschutzrecht und den Klauseln zu verarbeiten;

c) der Datenimporteur hinreichende Garantien bietet in Bezug auf die in **Anhang 2** zu diesem Vertrag beschriebenen technischen und organisatorischen Sicherheitsmaßnahmen;

d) die Sicherheitsmaßnahmen unter Berücksichtigung der Anforderungen des anwendbaren Datenschutzrechts, des Standes der Technik, der bei ihrer Durchführung entstehenden Kosten, der von der Verarbeitung ausgehenden Risiken und der Art der zu schützenden Daten hinreichend gewährleisten, dass personenbezogene Daten vor der zufälligen oder unrechtmäßigen Zerstörung, dem zufälligen Verlust, der Änderung, der unberechtigten Weitergabe oder dem unberechtigten Zugang, insbesondere wenn die Verarbeitung die Übermittlung der Daten über ein Netzwerk umfasst, und vor jeder anderen Form der unrechtmäßigen Verarbeitung geschützt sind;

e) er für die Einhaltung dieser Sicherheitsmaßnahmen sorgt;

f) die betroffene Person bei der Übermittlung besonderer Datenkategorien vor oder sobald wie möglich nach der Übermittlung davon in Kenntnis gesetzt worden ist oder gesetzt wird, dass ihre Daten in ein Drittland übermittelt werden könnten, das kein angemessenes Schutzniveau i.S.d. Richtlinie 95/46/EG bietet;

g) er die gemäß Klausel 5 Buchst. b sowie Klausel 8 Abs. 3 vom Datenimporteur oder von einem Unterauftragsverarbeiter erhaltene Mitteilung an die Kontrollstelle weiterleitet, wenn der Datenexporteur beschließt, die Übermittlung fortzusetzen oder die Aussetzung aufzuheben;

h) er den betroffenen Personen auf Anfrage eine Kopie der Klauseln mit Ausnahme von **Anhang 2** sowie eine allgemeine Beschreibung der Sicherheitsmaßnahmen zur Verfügung stellt; außerdem stellt er ihnen ggf. die Kopie des Vertrags über Datenverarbeitungsdienste zur Verfügung, der gemäß den Klauseln an einen Unterauftragsverarbeiter vergeben wurde, es sei denn, die Klauseln oder der Vertrag enthalten Geschäftsinformationen; in diesem Fall können solche Geschäftsinformationen herausgenommen werden;

i) bei der Vergabe eines Verarbeitungsauftrags an einen Unterauftragsverarbeiter die Verarbeitung gemäß Klausel 11 erfolgt und die personenbezogenen Daten und die Rechte der betroffenen Person mindestens ebenso geschützt sind, wie vom Datenimporteur nach diesen Klauseln verlangt; und

j) er für die Einhaltung der Klausel 4 Buchst. a–i sorgt.

5. Pflichten des Datenimporteurs[89]

Der Datenimporteur erklärt sich bereit und garantiert, dass:

a) er die personenbezogenen Daten nur im Auftrag des Datenexporteurs und in Übereinstimmung mit dessen Anweisungen und den vorliegenden Klauseln verarbeitet; dass er sich, falls er dies aus irgendwelchen Gründen nicht einhalten kann, bereit erklärt, den Datenexporteur unverzüglich davon in Kenntnis zu setzen, der unter diesen Umständen berechtigt ist, die Datenübermittlung auszusetzen und/oder vom Vertrag zurückzutreten;

b) er seines Wissens keinen Gesetzen unterliegt, die ihm die Befolgung der Anweisungen des Datenexporteurs und die Einhaltung seiner vertraglichen Pflichten unmöglich machen, und eine Gesetzesänderung,

---

88 Zu den Erläuterungen siehe Rz. 28.53 ff.
89 Zu den Erläuterungen siehe Rz. 28.65 ff.

die sich voraussichtlich sehr nachteilig auf die Garantien und Pflichten auswirkt, die die Klauseln bieten sollen, dem Datenexporteur mitteilen wird, sobald er von einer solchen Änderung Kenntnis erhält; unter diesen Umständen ist der Datenexporteur berechtigt, die Datenübermittlung auszusetzen und/oder vom Vertrag zurückzutreten;

c) er vor der Verarbeitung der übermittelten personenbezogenen Daten die in **Anhang 2** beschriebenen technischen und organisatorischen Sicherheitsmaßnahmen ergriffen hat;

d) er den Datenexporteur unverzüglich informiert über

   i) alle rechtlich bindenden Aufforderungen einer Vollstreckungsbehörde zur Weitergabe der personenbezogenen Daten, es sei denn, dies wäre anderweitig untersagt, bspw. durch ein strafrechtliches Verbot zur Wahrung des Untersuchungsgeheimnisses bei strafrechtlichen Ermittlungen;

   ii) jeden zufälligen oder unberechtigten Zugang und

   iii) alle Anfragen, die direkt von den betroffenen Personen an ihn gerichtet werden, ohne diese zu beantworten, es sei denn, er wäre anderweitig dazu berechtigt;

e) er alle Anfragen des Datenexporteurs im Zusammenhang mit der Verarbeitung der übermittelten personenbezogenen Daten durch den Datenexporteur unverzüglich und ordnungsgemäß bearbeitet und die Ratschläge der Kontrollstelle im Hinblick auf die Verarbeitung der übermittelten Daten befolgt;

f) er auf Verlangen des Datenexporteurs seine für die Verarbeitung erforderlichen Datenverarbeitungseinrichtungen zur Prüfung der unter die Klauseln fallenden Verarbeitungstätigkeiten zur Verfügung stellt. Die Prüfung kann vom Datenexporteur oder einem vom Datenexporteur ggf. in Absprache mit der Kontrollstelle ausgewählten Prüfgremium durchgeführt werden, dessen Mitglieder unabhängig sind, über die erforderlichen Qualifikationen verfügen und zur Vertraulichkeit verpflichtet sind;

g) er den betroffenen Personen auf Anfrage eine Kopie der Klauseln und ggf. einen bestehenden Vertrag über die Vergabe eines Verarbeitungsauftrags an einen Unterauftragsverarbeiter zur Verfügung stellt, es sei denn, die Klauseln oder der Vertrag enthalten Geschäftsinformationen; in diesem Fall können solche Geschäftsinformationen herausgenommen werden; **Anhang 2** wird durch eine allgemeine Beschreibung der Sicherheitsmaßnahmen ersetzt, wenn die betroffene Person vom Datenexporteur keine solche Kopie erhalten kann;

h) er bei der Vergabe eines Verarbeitungsauftrags an einen Unterauftragsverarbeiter den Datenexporteur vorher benachrichtigt und seine vorherige schriftliche Einwilligung eingeholt hat;

i) der Unterauftragsverarbeiter die Datenverarbeitungsdienste in Übereinstimmung mit Klausel 11 erbringt;

j) er dem Datenexporteur unverzüglich eine Kopie des Unterauftrags über die Datenverarbeitung zuschickt, den er nach den Klauseln geschlossen hat.

6. Haftung[90]

(1) Die Parteien vereinbaren, dass jede betroffene Person, die durch eine Verletzung der in Klausel 3 oder 11 genannten Pflichten durch eine Partei oder den Unterauftragsverarbeiter Schaden erlitten hat, berechtigt ist, vom Datenexporteur Schadensersatz für den erlittenen Schaden zu erlangen.

(2) Ist die betroffene Person nicht in der Lage, gemäß Absatz 1 gegenüber dem Datenexporteur wegen Verstoßes des Datenimporteurs oder seines Unterauftragsverarbeiters gegen in den Klauseln 3 und 11 genannte Pflichten Schadensersatzansprüche geltend zu machen, weil das Unternehmen des Datenexporteurs faktisch oder rechtlich nicht mehr besteht oder zahlungsunfähig ist, ist der Datenimporteur damit einverstanden, dass die betroffene Person Ansprüche gegenüber ihm statt gegenüber dem Datenexporteur geltend macht, es sei denn, ein Rechtsnachfolger hat durch Vertrag oder kraft Gesetzes sämtliche rechtlichen Pflichten des Datenexporteurs übernommen; in diesem Fall kann die betroffene Person ihre Ansprüche gegenüber dem Rechtsnachfolger geltend machen. Der Datenimporteur kann sich seiner Haftung nicht entziehen, indem er sich auf die Verantwortung des Unterauftragsverarbeiters für einen Verstoß beruft.

---

90 Zu den Erläuterungen siehe Rz. 28.76 ff.

(3) Ist die betroffene Person nicht in der Lage, gemäß den Absätzen 1 und 2 gegenüber dem Datenexporteur oder dem Datenimporteur wegen Verstoßes des Unterauftragsverarbeiters gegen in den Klauseln 3 und 11 aufgeführte Pflichten Ansprüche geltend zu machen, weil sowohl das Unternehmen des Datenexporteurs als auch das des Datenimporteurs faktisch oder rechtlich nicht mehr bestehen oder zahlungsunfähig sind, ist der Unterauftragsverarbeiter damit einverstanden, dass die betroffene Person im Zusammenhang mit seinen Datenverarbeitungstätigkeiten aufgrund der Klauseln gegenüber ihm statt gegenüber dem Datenexporteur oder dem Datenimporteur einen Anspruch geltend machen kann, es sei denn, ein Rechtsnachfolger hat durch Vertrag oder kraft Gesetzes sämtliche rechtlichen Pflichten des Datenexporteurs oder des Datenimporteurs übernommen; in diesem Fall kann die betroffene Person ihre Ansprüche gegenüber dem Rechtsnachfolger geltend machen. Eine solche Haftung des Unterauftragsverarbeiters ist auf dessen Verarbeitungstätigkeiten nach diesen Klauseln beschränkt.

7. Schlichtungsverfahren und Gerichtsstand[91]

(1) Für den Fall, dass eine betroffene Person gegenüber dem Datenimporteur Rechte als Drittbegünstigte und/oder Schadensersatzansprüche aufgrund der Vertragsklauseln geltend macht, erklärt sich der Datenimporteur bereit, die Entscheidung der betroffenen Person zu akzeptieren, und zwar entweder:

a) die Angelegenheit in einem Schlichtungsverfahren durch eine unabhängige Person oder ggf. durch die Kontrollstelle beizulegen oder

b) die Gerichte des Mitgliedstaats, in dem der Datenexporteur niedergelassen ist, mit dem Streitfall zu befassen.

(2) Die Parteien vereinbaren, dass die Entscheidung der betroffenen Person nicht die materiellen Rechte oder Verfahrensrechte dieser Person, nach anderen Bestimmungen des nationalen oder internationalen Rechts Rechtsbehelfe einzulegen, berührt.

8. Zusammenarbeit mit Kontrollstellen[92]

(1) Der Datenexporteur erklärt sich bereit, eine Kopie dieses Vertrags bei der Kontrollstelle zu hinterlegen, wenn diese es verlangt oder das anwendbare Datenschutzrecht es so vorsieht.

(2) Die Parteien vereinbaren, dass die Kontrollstelle befugt ist, den Datenimporteur und etwaige Unterauftragsverarbeiter im gleichen Maße und unter denselben Bedingungen einer Prüfung zu unterziehen, unter denen die Kontrollstelle gemäß dem anwendbaren Datenschutzrecht auch den Datenexporteur prüfen müsste.

(3) Der Datenimporteur setzt den Datenexporteur unverzüglich über Rechtsvorschriften in Kenntnis, die für ihn oder etwaige Unterauftragsverarbeiter gelten und eine Prüfung des Datenimporteurs oder von Unterauftragsverarbeitern gemäß Absatz 2 verhindern. In diesem Fall ist der Datenexporteur berechtigt, die in Klausel 5 Buchst. b vorgesehenen Maßnahmen zu ergreifen.

9. Anwendbares Recht[93]

Für diese Klauseln gilt das Recht des Mitgliedstaats, in dem der Datenexporteur niedergelassen ist, nämlich: [Deutschland].

10. Änderung des Vertrags[94]

Die Parteien verpflichten sich, die Klauseln nicht zu verändern. Es steht den Parteien allerdings frei, erforderlichenfalls weitere, geschäftsbezogene Klauseln aufzunehmen, sofern diese nicht im Widerspruch zu der Klausel stehen.

---

91 Zu den Erläuterungen siehe Rz. 28.83 ff.
92 Zu den Erläuterungen siehe Rz. 28.89 f.
93 Zu den Erläuterungen siehe Rz. 28.91 f.
94 Zu den Erläuterungen siehe Rz. 28.93 ff.

11. *Vergabe eines Unterauftrags*[95]

(1) Der Datenimporteur darf ohne die vorherige schriftliche Einwilligung des Datenexporteurs keinen nach den Klauseln auszuführenden Verarbeitungsauftrag dieses Datenexporteurs an einen Unterauftragnehmer vergeben. Vergibt der Datenimporteur mit Einwilligung des Datenexporteurs Unteraufträge, die den Pflichten der Klauseln unterliegen, ist dies nur im Wege einer schriftlichen Vereinbarung mit dem Unterauftragsverarbeiter möglich, die diesem die gleichen Pflichten auferlegt, die auch der Datenimporteur nach den Klauseln erfüllen muss. Sollte der Unterauftragsverarbeiter seinen Datenschutzpflichten nach der schriftlichen Vereinbarung nicht nachkommen, bleibt der Datenimporteur gegenüber dem Datenexporteur für die Erfüllung der Pflichten des Unterauftragsverarbeiters nach der Vereinbarung uneingeschränkt verantwortlich.

(2) Die vorherige schriftliche Vereinbarung zwischen dem Datenimporteur und dem Unterauftragsverarbeiter muss gemäß Klausel 3 auch eine Drittbegünstigtenklausel für Fälle enthalten, in denen die betroffene Person nicht in der Lage ist, einen Schadensersatzanspruch gemäß Klausel 6 Abs. 1 gegenüber dem Datenexporteur oder dem Datenimporteur geltend zu machen, weil diese faktisch oder rechtlich nicht mehr bestehen oder zahlungsunfähig sind und kein Rechtsnachfolger durch Vertrag oder kraft Gesetzes sämtliche rechtlichen Pflichten des Datenexporteurs oder des Datenimporteurs übernommen hat. Eine solche Haftpflicht des Unterauftragsverarbeiters ist auf dessen Verarbeitungstätigkeiten nach den Klauseln beschränkt.

(3) Für Datenschutzbestimmungen im Zusammenhang mit der Vergabe von Unteraufträgen über die Datenverarbeitung gemäß Absatz 1 gilt das Recht des Mitgliedstaats, in dem der Datenexporteur niedergelassen ist, nämlich: [Deutschland].

(4) Der Datenexporteur führt ein mindestens einmal jährlich zu aktualisierendes Verzeichnis der mit Unterauftragsverarbeitern nach den Klauseln geschlossenen Vereinbarungen, die vom Datenimporteur nach Klausel 5 Buchst. j übermittelt wurden. Das Verzeichnis wird der Kontrollstelle des Datenexporteurs bereitgestellt.

12. *Pflichten nach Beendigung der Datenverarbeitungsdienste*[96]

(1) Die Parteien vereinbaren, dass der Datenimporteur und der Unterauftragsverarbeiter bei Beendigung der Datenverarbeitungsdienste je nach Wunsch des Datenexporteurs alle übermittelten personenbezogenen Daten und deren Kopien an den Datenexporteur zurückschicken oder alle personenbezogenen Daten zerstören und dem Datenexporteur bescheinigen, dass dies erfolgt ist, sofern die Gesetzgebung, der der Datenimporteur unterliegt, diesem die Rückübermittlung oder Zerstörung sämtlicher oder Teile der übermittelten personenbezogenen Daten nicht untersagt. In diesem Fall garantiert der Datenimporteur, dass er die Vertraulichkeit der übermittelten personenbezogenen Daten gewährleistet und diese Daten nicht mehr aktiv weiterverarbeitet.

(2) Der Datenimporteur und der Unterauftragsverarbeiter garantieren, dass sie auf Verlangen des Datenexporteurs und/oder der Kontrollstelle ihre Datenverarbeitungseinrichtungen zur Prüfung der in Absatz 1 genannten Maßnahmen zur Verfügung stellen.

Für den Datenexporteur:

Name (ausgeschrieben): …

Funktion: …

Anschrift: …

Ggf. weitere Angaben, die den Vertrag verbindlich machen: …

Unterschrift …

(Stempel der Organisation)

---

95 Zu den Erläuterungen siehe Rz. 28.96 ff.
96 Zu den Erläuterungen siehe Rz. 28.104 ff.

Für den Datenimporteur:

Name (ausgeschrieben): …

Funktion: …

Anschrift: …

Ggf. weitere Angaben, die den Vertrag verbindlich machen: …

Unterschrift …

(Stempel der Organisation)

Anhang 1 zu den Standardvertragsklauseln[97]

Dieser Anhang ist Bestandteil der Klauseln und muss von den Parteien ausgefüllt und unterzeichnet werden. Die Mitgliedstaaten können entsprechend den nationalen Verfahren Zusatzangaben, die in diesem Anhang enthalten sein müssen, ergänzen.

Datenexporteur

Der Datenexporteur ist (bitte erläutern Sie kurz Ihre Tätigkeiten, die für die Übermittlung von Belang sind): … [bitte ausfüllen].

Datenimporteur

Der Datenimporteur ist (bitte erläutern Sie kurz Ihre Tätigkeiten, die für die Übermittlung von Belang sind): … [bitte ausfüllen].

Betroffene Personen

Die übermittelten personenbezogenen Daten betreffen folgende Kategorien betroffener Personen … (bitte genau angeben):

Der Kreis von Personen, die von der Erhebung, Verarbeitung oder Nutzung personenbezogener Daten betroffen sind bestimmt sich nach Ziffer … [bitte ausfüllen] des Hauptvertrags … [Name/Datum].

Kategorien von Daten

Die übermittelten personenbezogenen Daten gehören zu folgenden Datenkategorien … (bitte genau angeben):

Die Kategorien übermittelter personenbezogener Daten entsprechen den in Ziffer … [bitte ausfüllen] des Hauptvertrags … [Name/Datum] bestimmten Kategorien.

Besondere Kategorien von Daten (falls zutreffend)

Die übermittelten personenbezogenen Daten umfassen folgende besondere Datenkategorien … (bitte genau angeben):

Die Kategorien besonderer personenbezogener Daten ergeben sich aus Ziffer … [bitte ausfüllen] des … [Name/Datum] Hauptvertrags.

Verarbeitung

Die übermittelten personenbezogenen Daten werden folgenden grundlegenden Verarbeitungsmaßnahmen unterzogen (bitte genau angeben):

---

97 Zu den Erläuterungen siehe Rz. 28.108 ff.

1. Gegenstand

Der Gegenstand des Auftrags ergibt sich aus Ziffer … [bitte ausfüllen] des Hauptvertrags … [Name/Datum].

2. Dauer

Diese Vereinbarung gilt, solange der Hauptvertrag … [Name/Datum] zwischen den Parteien besteht.

3. Umfang, Art und Zweck

Umfang, Art und Zweck der Erhebung, Verarbeitung oder Nutzung personenbezogener Daten ergibt sich aus Ziffer … [bitte ausfüllen] des Hauptvertrags … [Name/Datum].

4. Unteraufträge

Der Datenexporteur gibt seine generelle Einwilligung zur Erteilung von Unteraufträgen durch den Datenimporteur.

5. Weisungsbefugnisse

a) Der Umgang mit den Daten erfolgt ausschließlich im Rahmen der getroffenen Vereinbarungen und nach Weisung des Datenexporteurs. Insbesondere dürfen die erhobenen, verarbeiteten oder genutzten personenbezogenen Daten nur auf Anweisung des Datenexporteurs berichtigt, gelöscht oder gesperrt werden.

Auskünfte an Dritte oder den Betroffenen darf der Datenimporteur nur nach vorheriger schriftlicher Zustimmung durch den Datenexporteur erteilen.

b) Kopien und Duplikate werden ohne Wissen des Datenexporteurs nicht erstellt. Hiervon ausgenommen sind Sicherheitskopien, soweit sie zur Gewährleistung einer ordnungsgemäßen Datenverarbeitung erforderlich sind, sowie Daten, die im Hinblick auf die Einhaltung gesetzlicher Aufbewahrungspflichten erforderlich sind.

c) Alle Weisungen sind schriftlich zu erteilen. Sollte dies im Einzelfall nicht möglich sein, wird der Datenexporteur den Datenimporteur mündlich anweisen und die Anweisung unverzüglich schriftlich oder in Textform bestätigen.

d) Weisungsberechtigte Personen beim Datenexporteur sind:

… [Bitte eintragen: Name, Organisationseinheit, Funktion, Telefon]

Weisungsempfänger beim Datenimporteur sind:

… [Bitte eintragen: Name, Organisationseinheit, Funktion, Telefon]

Bei einem Wechsel oder einer längerfristigen Verhinderung des Ansprechpartners ist dem Vertragspartner unverzüglich schriftlich der Nachfolger bzw. der Vertreter mitzuteilen.

6. Unterstützungspflichten

Der Datenimporteur verpflichtet sich den Datenexporteur soweit möglich bei Pflichten gemäß der Art. 32 bis 36 DSGVO zu unterstützen.

7. Rückgabe überlassener Datenträger und die Löschung von Daten

Ergänzend zu Klausel 12 dieses Vertrags gilt, dass beim Datenimporteur nach Beendigung dieses Vertrags keine personenbezogenen Daten zurückbleiben dürfen, die zur Vertragserfüllung überlassen wurden. Die Löschung von Daten und die ggf. durchzuführende Vernichtung der Datenträger sind datenschutzgerecht nach dem aktuellen Stand der Technik durchzuführen. Die Löschung und die ggf. durchgeführte Vernichtung sind dem Datenexporteur schriftlich zu bestätigen. Ausgeschlossen von der Löschungspflicht sind solche personenbezogenen Daten, die von einer gesetzlichen Speicherpflicht des Datenimporteurs erfasst sind. Die He-

rausgabe- und Löschungspflicht des Datenimporteurs umfasst ebenfalls sämtliche vom Datenimporteur im Rahmen der Ausführung des Auftrags erstellten personenbezogenen Daten.

Datenexporteur:

Name: …

Unterschrift des/der Bevollmächtigten: …

Datenimporteur:

Name: …

Unterschrift des/der Bevollmächtigten: …

Anhang 2 zu den Standardvertragsklauseln[98]

Dieser Anhang ist Bestandteil der Klauseln und muss von den Parteien ausgefüllt und unterzeichnet werden.

Beschreibung der technischen oder organisatorischen Sicherheitsmaßnahmen, die der Datenimporteur gemäß Klausel 4 Buchst. d und Klausel 5 Buchst. c eingeführt hat (oder Dokument/Rechtsvorschrift beigefügt):

1. Zutrittskontrolle

Maßnahmen, damit Unbefugten der Zutritt zu den Datenverarbeitungsanlagen verwehrt wird, mit denen personenbezogene Daten verarbeitet werden: … [bitte ausfüllen].

2. Zugangskontrolle

Maßnahmen, die verhindern, dass Unbefugte die Datenverarbeitungsanlagen und -verfahren benutzen: … [bitte ausfüllen].

3. Zugriffskontrolle

Maßnahmen, die gewährleisten, dass die zur Benutzung der Datenverarbeitungsverfahren Befugten ausschließlich auf die ihrer Zugriffsberechtigung unterliegenden personenbezogenen Daten zugreifen können, und dass personenbezogene Daten bei der Verarbeitung, Nutzung und nach der Speicherung nicht unbefugt gelesen, kopiert, verändert oder entfernt werden können: … [bitte ausfüllen].

4. Weitergabekontrolle

Maßnahmen, die gewährleisten, dass personenbezogene Daten bei der elektronischen Übertragung oder während ihres Transports oder ihrer Speicherung auf Datenträger nicht unbefugt gelesen, kopiert, verändert oder entfernt werden können, und dass überprüft und festgestellt werden kann, an welche Stellen eine Übermittlung personenbezogener Daten durch Einrichtungen zur Datenübertragung vorgesehen ist: … [bitte ausfüllen].

5. Eingabekontrolle

Maßnahmen, die gewährleisten, dass nachträglich überprüft und festgestellt werden kann, ob und von wem personenbezogene Daten in Datenverarbeitungs-Systeme eingegeben, verändert oder entfernt worden sind: [bitte ausfüllen].

6. Auftragskontrolle

Maßnahmen, die gewährleisten, dass personenbezogene Daten, die im Auftrag verarbeitet werden, nur entsprechend den Weisungen des Auftraggebers verarbeitet werden können: … [bitte ausfüllen].

---

98 Zu den Erläuterungen siehe Rz. 28.131 ff.

7. Verfügbarkeitskontrolle

Maßnahmen, die gewährleisten, dass personenbezogene Daten gegen zufällige Zerstörung oder Verlust geschützt sind: … [bitte ausfüllen].

8. Trennungskontrolle

Maßnahmen, die gewährleisten, dass zu unterschiedlichen Zwecken erhobene Daten getrennt verarbeitet werden können: … [bitte ausfüllen].

9. Sonstige Maßnahmen

Sonstige Maßnahmen, die geeignet sind, die innerbetriebliche Organisation so zu gestalten, dass sie den besonderen Anforderungen des Datenschutzes gerecht wird: … [bitte ausfüllen].

Beispiel für eine Entschädigungsklausel (Fakultativ)[99]

Haftung

Die Parteien erklären sich damit einverstanden, dass, wenn eine Partei für einen Verstoß gegen die Klauseln haftbar gemacht wird, den die andere Partei begangen hat, die zweite Partei der ersten Partei alle Kosten, Schäden, Ausgaben und Verluste, die der ersten Partei entstanden sind, in dem Umfang ersetzt, in dem die zweite Partei haftbar ist. Die Entschädigung ist abhängig davon, dass

a) *der Datenexporteur den Datenimporteur unverzüglich von einem Schadensersatzanspruch in Kenntnis setzt und*

b) *der Datenimporteur die Möglichkeit hat, mit dem Datenexporteur bei der Verteidigung in der Schadensersatzsache bzw. der Einigung über die Höhe des Schadensersatzes zusammenzuarbeiten.*

II. Muster – englisch

M 28.2 Standardvertragsklausel (Auftragsverarbeiter) – englisch   28.27a

Standard Contractual Clauses (processors)

for the transfer of personal data to processors established in third countries which do not ensure an adequate level of data protection

Name of the data exporting organisation: …

Address: …Tel.: …; fax: …; e-mail: …

Other information needed to identify the organisation: …

(the data "exporter")

and

Name of the data importing organisation: …

Address: …Tel.: …; fax: …; e-mail: …

Other information needed to identify the organisation: …

(the data "importer")

(each a "party"; together "the parties"),

---

99 Zu den Erläuterungen siehe Rz. 28.145 f.

*HAVE AGREED on the following Contractual Clauses (**the Clauses**) in order to adduce adequate safeguards with respect to the protection of privacy and fundamental rights and freedoms of individuals for the transfer by the data exporter to the data importer of the personal data specified in **Appendix 1**.*

1. Definitions

For the purposes of the Clauses:

a) *'personal data' means any information relating to an identified or identifiable natural person ('data subject'); an identifiable person is one who can be identified, directly or indirectly, in particular by reference to an identification number or to one or more factors specific to its physical, physiological, mental, economic, cultural or social identity;*

b) *'special categories of personal data' means personal data revealing racial or ethnic origin, political opinions, religious or philosophical beliefs, trade union membership, and data concerning health or sex life;*

c) *'processing' means any operation or set of operations which is carried out with regard to personal data, whether or not by automatic means, such as collection, recording, organisation, storage, adaptation or alteration, retrieval, consultation, use, disclosure by transmission, dissemination or otherwise making available, alignment or combination, blocking, erasure or destruction;*

d) *'controller' shall mean the natural or legal person, public authority, agency or any other body which alone or jointly with others determines the purposes and means of the processing of personal data. Where the purposes and means of processing of personal data are laid down in national or Community laws, regulations or administrative provisions, the controller or the specific criteria for his identification may be determined by national or Community legislation;*

e) *'processor' means the natural or legal person, public authority, agency or any other body which processes personal data on behalf of the controller;*

f) *'data subject' shall mean any identified or identifiable natural person*

g) *'supervisory authority' means one or more public authorities responsible for monitoring the application in their territory of the national provisions adopted by the Member States pursuant to this Directive*

2. Details of the transfer

*The details of the transfer and in particular the special categories of personal data where applicable are specified in **Appendix 1** which forms an integral part of the Clauses.*

3. Third-party beneficiary clause

(1) *The data subject can enforce against the data exporter this Clause, Clause 4(b) to (i), Clause 5(a) to (e), and (g) to (j), Clause 6(1) and (2), Clause 7, Clause 8(2), and Clauses 9 to 12 as third-party beneficiary.*

(2) *The data subject can enforce against the data importer this Clause, Clause 5(a) to (e) and (g), Clause 6, Clause 7, Clause 8(2), and Clauses 9 to 12, in cases where the data exporter has factually disappeared or has ceased to exist in law unless any successor entity has assumed the entire legal obligations of the data exporter by contract or by operation of law, as a result of which it takes on the rights and obligations of the data exporter, in which case the data subject can enforce them against such entity.*

(3) *The data subject can enforce against the subprocessor this Clause, Clause 5(a) to (e) and (g), Clause 6, Clause 7, Clause 8(2), and Clauses 9 to 12, in cases where both the data exporter and the data importer have factually disappeared or ceased to exist in law or have become insolvent, unless any successor entity has assumed the entire legal obligations of the data exporter by contract or by operation of law as a result of which it takes on the rights and obligations of the data exporter, in which case the data subject can enforce them against such entity. Such third-party liability of the subprocessor shall be limited to its own processing operations under the Clauses.*

(4) *The parties do not object to a data subject being represented by an association or other body if the data subject so expressly wishes and if permitted by national law.*

4. Obligations of the data exporter

The data exporter agrees and warrants:

a) that the processing, including the transfer itself, of the personal data has been and will continue to be carried out in accordance with the relevant provisions of the applicable data protection law (and, where applicable, has been notified to the relevant authorities of the Member State where the data exporter is established) and does not violate the relevant provisions of that State;

b) that it has instructed and throughout the duration of the personal data processing services will instruct the data importer to process the personal data transferred only on the data exporter's behalf and in accordance with the applicable data protection law and the Clauses;

c) that the data importer will provide sufficient guarantees in respect of the technical and organisational security measures specified in Appendix 2 to this contract;

d) that after assessment of the requirements of the applicable data protection law, the security measures are appropriate to protect personal data against accidental or unlawful destruction or accidental loss, alteration, unauthorised disclosure or access, in particular where the processing involves the transmission of data over a network, and against all other unlawful forms of processing, and that these measures ensure a level of security appropriate to the risks presented by the processing and the nature of the data to be protected having regard to the state of the art and the cost of their implementation;

e) that it will ensure compliance with the security measures;

f) that, if the transfer involves special categories of data, the data subject has been informed or will be informed before, or as soon as possible after, the transfer that its data could be transmitted to a third country not providing adequate protection within the meaning of Directive 95/46/EC;

g) to forward any notification received from the data importer or any subprocessor pursuant to Clause 5(b) and Clause 8(3) to the data protection supervisory authority if the data exporter decides to continue the transfer or to lift the suspension;

h) to make available to the data subjects upon request a copy of the Clauses, with the exception of Appendix 2, and a summary description of the security measures, as well as a copy of any contract for subprocessing services which has to be made in accordance with the Clauses, unless the Clauses or the contract contain commercial information, in which case it may remove such commercial information;

i) that, in the event of subprocessing, the processing activity is carried out in accordance with Clause 11 by a subprocessor providing at least the same level of protection for the personal data and the rights of data subject as the data importer under the Clauses; and

j) that it will ensure compliance with Clause 4(a) to (i).

5. Obligations of the data importer

The data importer agrees and warrants:

a) to process the personal data only on behalf of the data exporter and in compliance with its instructions and the Clauses; if it cannot provide such compliance for whatever reasons, it agrees to inform promptly the data exporter of its inability to comply, in which case the data exporter is entitled to suspend the transfer of data and/or terminate the contract;

b) that it has no reason to believe that the legislation applicable to it prevents it from fulfilling the instructions received from the data exporter and its obligations under the contract and that in the event of a change in this legislation which is likely to have a substantial adverse effect on the warranties and obligations provided by the Clauses, it will promptly notify the change to the data exporter as soon as it is aware, in which case the data exporter is entitled to suspend the transfer of data and/or terminate the contract;

c) that it has implemented the technical and organisational security measures specified in Appendix 2 before processing the personal data transferred;

d) that it will promptly notify the data exporter about:

   (i) any legally binding request for disclosure of the personal data by a law enforcement authority unless otherwise prohibited, such as a prohibition under criminal law to preserve the confidentiality of a law enforcement investigation,

   (ii) any accidental or unauthorised access, and

   (iii) any request received directly from the data subjects without responding to that request, unless it has been otherwise authorised to do so;

e) to deal promptly and properly with all inquiries from the data exporter relating to its processing of the personal data subject to the transfer and to abide by the advice of the supervisory authority with regard to the processing of the data transferred;

f) at the request of the data exporter to submit its data processing facilities for audit of the processing activities covered by the Clauses which shall be carried out by the data exporter or an inspection body composed of independent members and in possession of the required professional qualifications bound by a duty of confidentiality, selected by the data exporter, where applicable, in agreement with the supervisory authority;

g) to make available to the data subject upon request a copy of the Clauses, or any existing contract for subprocessing, unless the Clauses or contract contain commercial information, in which case it may remove such commercial information, with the exception of Appendix 2 which shall be replaced by a summary description of the security measures in those cases where the data subject is unable to obtain a copy from the data exporter;

h) that, in the event of subprocessing, it has previously informed the data exporter and obtained its prior written consent;

i) that the processing services by the subprocessor will be carried out in accordance with Clause 11;

j) to send promptly a copy of any subprocessor agreement it concludes under the Clauses to the data exporter.

6. Liability

(1) The parties agree that any data subject, who has suffered damage as a result of any breach of the obligations referred to in Clause 3 or in Clause 11 by any party or subprocessor is entitled to receive compensation from the data exporter for the damage suffered.

(2) If a data subject is not able to bring a claim for compensation in accordance with paragraph 1 against the data exporter, arising out of a breach by the data importer or his subprocessor of any of their obligations referred to in Clause 3 or in Clause 11, because the data exporter has factually disappeared or ceased to exist in law or has become insolvent, the data importer agrees that the data subject may issue a claim against the data importer as if it were the data exporter, unless any successor entity has assumed the entire legal obligations of the data exporter by contract of by operation of law, in which case the data subject can enforce its rights against such entity.

The data importer may not rely on a breach by a subprocessor of its obligations in order to avoid its own liabilities.

(3) If a data subject is not able to bring a claim against the data exporter or the data importer referred to in paragraphs 1 and 2, arising out of a breach by the subprocessor of any of their obligations referred to in Clause 3 or in Clause 11 because both the data exporter and the data importer have factually disappeared or ceased to exist in law or have become insolvent, the subprocessor agrees that the data subject may issue a claim against the data subprocessor with regard to its own processing operations under the Clauses as if it were the data exporter or the data importer, unless any successor entity has assumed the entire legal obligations of the data exporter or data importer by contract or by operation of law, in which case the data subject can enforce its rights against such entity. The liability of the subprocessor shall be limited to its own processing operations under the Clauses.

7. Mediation and jurisdiction

(1) The data importer agrees that if the data subject invokes against it third-party beneficiary rights and/ or claims compensation for damages under the Clauses, the data importer will accept the decision of the data subject:

    (a) to refer the dispute to mediation, by an independent person or, where applicable, by the supervisory authority;

    (b) to refer the dispute to the courts in the Member State in which the data exporter is established.

(2) The parties agree that the choice made by the data subject will not prejudice its substantive or procedural rights to seek remedies in accordance with other provisions of national or international law.

8. Cooperation with supervisory authorities

(1) The data exporter agrees to deposit a copy of this contract with the supervisory authority if it so requests or if such deposit is required under the applicable data protection law.

(2) The parties agree that the supervisory authority has the right to conduct an audit of the data importer, and of any subprocessor, which has the same scope and is subject to the same conditions as would apply to an audit of the data exporter under the applicable data protection law.

(3) The data importer shall promptly inform the data exporter about the existence of legislation applicable to it or any subprocessor preventing the conduct of an audit of the data importer, or any subprocessor, pursuant to paragraph 2. In such a case the data exporter shall be entitled to take the measures foreseen in Clause 5 (b).

9. Governing Law

The Clauses shall be governed by the law of the Member State in which the data exporter is established.

10. Variation of the contract

The parties undertake not to vary or modify the Clauses. This does not preclude the parties from adding clauses on business related issues where required as long as they do not contradict the Clause.

11. Subprocessing

(1) The data importer shall not subcontract any of its processing operations performed on behalf of the data exporter under the Clauses without the prior written consent of the data exporter. Where the data importer subcontracts its obligations under the Clauses, with the consent of the data exporter, it shall do so only by way of a written agreement with the subprocessor which imposes the same obligations on the subprocessor as are imposed on the data importer under the Clauses. Where the subprocessor fails to fulfil its data protection obligations under such written agreement the data importer shall remain fully liable to the data exporter for the performance of the subprocessor's obligations under such agreement.

(2) The prior written contract between the data importer and the subprocessor shall also provide for a third-party beneficiary clause as laid down in Clause 3 for cases where the data subject is not able to bring the claim for compensation referred to in paragraph 1 of Clause 6 against the data exporter or the data importer because they have factually disappeared or have ceased to exist in law or have become insolvent and no successor entity has assumed the entire legal obligations of the data exporter or data importer by contract or by operation of law. Such third-party liability of the subprocessor shall be limited to its own processing operations under the Clauses.

(3) The provisions relating to data protection aspects for subprocessing of the contract referred to in paragraph 1 shall be governed by the law of the Member State in which the data exporter is established.

(4) The data exporter shall keep a list of subprocessing agreements concluded under the Clauses and notified by the data importer pursuant to Clause 5 (j), which shall be updated at least once a year. The list shall be available to the data exporter's data protection supervisory authority.

12. Obligation after the termination of personal data processing services

(1) The parties agree that on the termination of the provision of data processing services, the data importer and the subprocessor shall, at the choice of the data exporter, return all the personal data transferred and the copies thereof to the data exporter or shall destroy all the personal data and certify to the data exporter that it has done so, unless legislation imposed upon the data importer prevents it from returning or destroying all or part of the personal data transferred. In that case, the data importer warrants that it will guarantee the confidentiality of the personal data transferred and will not actively process the personal data transferred anymore.

(2) The data importer and the subprocessor warrant that upon request of the data exporter and/or of the supervisory authority, it will submit its data processing facilities for an audit of the measures referred to in paragraph 1.

On behalf of the data exporter:

Name (written out in full): …

Position: …

Address: …

Other information necessary in order for the contract to be binding (if any): …

Signature …

(stamp of organisation)

On behalf of the data importer:

Name (written out in full): …

Position: …

Address: …

Other information necessary in order for the contract to be binding (if any): …

Signature …

(stamp of organisation)

Appendix 1 to the Standard Contractual Clauses

This Appendix forms part of the Clauses and must be completed and signed by the parties.

The Member States may complete or specify, according to their national procedures, any additional necessary information to be contained in this Appendix.

Data exporter

The data exporter is (please specify briefly your activities relevant to the transfer): …

Data importer

The data importer is (please specify briefly activities relevant to the transfer): …

Data subjects

The personal data transferred concern the following categories of data subjects (please specify): …

The group of persons who are affected by the collection, processing or use of personal data is determined according to clause … (please fill in) of the main contract … (name/date).

Categories of data

The personal data transferred concern the following categories of data (please specify): ...

The categories of personal data transferred correspond to the categories specified in clause ... (please fill in) of the main contract ... (name/date).

Special categories of data (if appropriate)

The personal data transferred concern the following special categories of data (please specify): ...

The categories of special personal data are specified in clause ... (please fill in) of the ... (name/date) main contract.

Processing operations

The personal data transferred will be subject to the following basic processing activities (please specify):

1. Subject of the processing

The subject of the processing is defined in clause ... (please fill in) of the main contract ... (name/date).

2. Duration

This contract shall apply for as long as the main contract ... (name/date) exists between the parties.

3. Scope, nature and purpose

The scope, type and purpose of the collection, processing or use of personal data is defined in clause ... (please fill in) of the main contract ... (name/date).

4. Sub-Processors

The data exporter gives its general consent to subcontracting by the data importer.

5. Power to give instructions

a) *The data is processed exclusively within the scope of the agreements made and according to the instructions of the data exporter. In particular, the personal data collected, processed or used may only be corrected, deleted or blocked on the instructions of the data exporter.*

   The data importer may provide information to third parties or the data subject only with the prior written consent of the data exporter.

b) *Copies and duplicates are not created without the knowledge of the data exporter. This excludes back-up copies insofar as they are required to ensure proper data processing, as well as data required in order to comply with statutory storage obligations.*

c) *All instructions must be given in writing. Should this not be possible in partciular cases, the data exporter will instruct the data importer and immediately confirm the instruction in writing or text form.*

d) *The following persons of the data exporter are authorized to give instructions: ... (please enter name, organizational unit, function, telephone)*

6. Duties of support

The data importer undertakes to assist the data exporter as far as possible with its obligations under Articles 32 to 36 GDPR.

7. Return of provided data carriers and deletion of data

In addition to Clause 12 of this contract, no personal data provided for the performance of this Agreement may be retained by the data importer after termination of this contract. The deletion of data and the de-

struction of the data carriers, if necessary, must be carried out in accordance with the current state of the art in data protection. The data exporter shall be provided with written confirmation of the deletion and, if necessary, destruction of the data carriers. Excluded from the deletion obligation are those personal data which are covered by a legal storage obligation of the data importer. The data importer's obligation to return and delete also includes all personal data created by the data importer in the course of executing the order.

DATA EXPORTER

Name: …

Authorised Signature …

DATA IMPORTER

Name: …

Authorised Signature …

Appendix 2 to the Standard Contractual Clauses

This Appendix forms part of the Clauses and must be completed and signed by the parties.

Description of the technical and organisational security measures implemented by the data importer in accordance with Clauses 4(d) and 5(c) (or document/legislation attached):

1. Entrance control

Measures to prevent unauthorised persons from gaining access to the data processing systems for processing personal data: … (please fill in).

2. Use control

Measures to prevent data processing systems and processes from being used without authorization: … (please fill in)

3. Access control

Measures to ensure that persons authorised to use the data processing procedures have access only to the personal data covered by their access authorisation and that personal data cannot be read, copied, altered or removed without authorisation during processing, use and after storage: … (please fill in)

4. Transfer control

Measures to ensure that personal data cannot be read, copied, altered or removed by unauthorised persons during electronic transmission or during their transport or storage on data carriers, and that it is possible to verify and establish to which bodies personal data are to be transmitted by data transmission equipment: … (please fill in)

5. Input control

Measures to ensure that it is possible to subsequently verify and establish whether and by whom personal data have been entered, modified or removed from data processing systems: … (please fill in)

6. Job control

Measures to ensure that personal data processed on behalf of others are processed in compliance with the controller's instructions: … (please fill in)

7. Availability control

Measures to ensure that personal data are protected against accidental destruction or loss: ... (please fill in)

8. Separation control

Measures to ensure that data collected for different purposes can be processed separately: ... (please fill in)

9. Other measues

Other measures that are suitable for designing the internal organisation in such a way that it meets the special requirements of data protection: ... (please fill in)

Example of a compensation clause (optional)

Liability

The parties agree that if one party is held liable for a breach of the clauses committed by the other party, the second party will compensate the first party for all costs, damages, expenses and losses incurred by the first party to the extent that the second party is liable. The compensation shall be subject to

(a) the data exporter immediately notifies the data importer of any claim for compensation; and

(b) the data importer has the opportunity to cooperate with the data exporter in defending the claim for damages or agreeing on the amount of damages.

III. Erläuterungen

1. Vorbemerkung

Dieses **Vertragsmuster** zu den EU-Standardvertragsklauseln zur Auftragsverarbeitung setzt sich aus **zwei Komponenten** zusammen: (1) den von der Kommission beschlossenen Standardklauseln und (2) den Anhängen, in deren Rahmen die zusätzlichen Anforderungen des Art. 28 Abs. 3 DSGVO vertraglich abgebildet werden können. 28.28

Bei dem hier vorgeschlagenen Vertragsmuster handelt es sich um den unveränderten Wortlaut der EU-Standardvertragsklauseln für Auftragsverarbeitung, wie sie von der EU-Kommission beschlossen worden sind. An erforderlicher Stelle (Anhang 1) wurde der Wortlaut ergänzt, um die Anforderungen an eine Auftragsverarbeitung gem. Art. 28 Abs. 3 DSGVO vertraglich abzubilden (zur fraglichen Notwendigkeit dieses Anhangs siehe Rz. 28.30 f.). Darüber hinaus wurde Anlage 2 um die gem. Art. 28 Abs. 3 lit. c i.V.m. Art. 32 DSGVO zu ergreifenden technischen und organisatorischen Maßnahmen erweitert. Sämtliche von den EU-Standardvertragsklauseln **abweichende Ergänzungen** sind als Musterformulierungen gekennzeichnet. 28.29

Es ist allerdings nicht klar, ob die Anhänge in dieser Form überhaupt notwendig sind, um die Voraussetzungen der DSGVO zu erfüllen. Unter dem BDSG a.F. auf Grundlage der Datenschutzrichtlinie hat der deutsche Gesetzgeber mit § 11 BDSG a.F. Voraussetzungen für die Auftragsverarbeitung aufgestellt, die über den europäisch vorgegebenen Rahmen der DSRL hinausgingen. Dementsprechend mussten auch die Auftragsverarbeitungsverträge diese über die Standardvertragsklauseln hinausgehenden Voraussetzungen erfüllen, um den Vorgaben des deutschen Rechts zu genügen. 28.30

Im Vergleich zur Datenschutzrichtlinie hat der europäische Gesetzgeber mit Art. 28 DSGVO strengere Voraussetzungen geschaffen, die denen des § 9 BDSG a.F. ähnlich sind. Damit ist festzuhalten, dass die bestehenden Standardvertragsklauseln der Kommission aus dem Jahr 2010 die Voraussetzungen des 28.31

Art. 28 Abs. 3 der im Mai 2018 in Kraft getretenen DSGVO nicht vollständig erfüllen, so dass es weiterhin notwendig wäre, die Standardvertragsklauseln durch einen Anhang 1 zu ergänzen. Allerdings enthält die DSGVO gleichzeitig die Anordnung, dass die bisherigen Standardvertragsklauseln der Kommission fortgelten, Art. 46 Abs. 5 Satz 2 DSGVO. Damit stellt sich die Frage, ob die Standardvertragsklauseln wegen dieser Übergangsvorschrift den Vorgaben der DSGVO genügen oder ob Art. 28 DSGVO die Übergangsvorschrift überlagert, so dass Anhang 1 weiterhin notwendig ist.

28.32 Aufgrund der klaren gesetzgeberischen Anordnung, dass die erlassenen Standardvertragsklauseln fortgelten, ist davon auszugehen, dass die nicht ergänzten Standardvertragsklauseln bis auf Weiteres grundsätzlich genügen, um die Voraussetzungen der DSGVO zu erfüllen[100]. Ansonsten würde zudem das damit vom Gesetzgeber verfolgte Ziel der Rechtssicherheit konterkariert. Die Aufsichtsbehörden haben zu dieser Frage allerdings noch keine Stellung bezogen. Aufgrund dieser unklaren Rechtslage und vor dem Hintergrund der bisherigen Positionen der deutschen Aufsichtsbehörden ist zu empfehlen, die zusätzlichen Voraussetzungen des Art. 28 Abs. 3 DSGVO weiterhin in der Anlage 1 abzubilden. Für den Datenexporteur ist das dadurch vermittelte erhöhte Schutzniveau zwar begrüßenswert, im internationalen Kontext jedoch ist der deutsche Sonderweg aufgrund der Fortgeltungsregelung in Art. 46 Abs. 5 DSGVO schwer zu begründen. Es wird insofern empfohlen, das hier vorgesehene Vertragsmuster mit den zusätzlichen Regelungen zu verwenden, gegebenenfalls kann auf die zusätzlichen Regelungen aber auch, wie erläutert, verzichtet werden.

28.33 Diese zusätzlichen Voraussetzungen führen nicht dazu, dass es sich um einen Ad-Hoc-Vertrag handelt. Der Text der Standardvertragsklauseln ist gemäß deren Klausel 10 zwar grundsätzlich nicht veränderbar, wenn von der Befreiung der Genehmigungspflicht seitens der Aufsichtsbehörden Gebrauch gemacht werden soll. Es ist jedoch möglich, weitere Ergänzungen hinzuzufügen, solange diese weder mittelbar noch unmittelbar im Widerspruch zu den Standarddatenschutzklauseln stehen oder die Grundrechte und Grundfreiheiten der Betroffenen beschneiden (siehe Rz. 28.95)[101].

28.34 Die **EU-Standardvertragsklauseln zur Auftragsverarbeitung** sind als Spezialfall einer Auftragsverarbeitungsvereinbarung gem. Art. 28 Abs. 9 DSGVO **schriftlich** abzufassen, was auch in einem elektronischen Format erfolgen kann. Zum Teil wird für die elektronische Form eine einfache E-Mail als ausreichend erachtet[102]. Es ist allerdings zu berücksichtigen, dass der Verordnungsgeber in Art. 28 Abs. 3 Satz 2 lit. a DSGVO lediglich „dokumentierte" Weisungen, in Abs. 9 ausdrücklich eine bestimmte Form fordert. Hieraus kann gefolgert werden, dass es dem Verordnungsgeber nicht nur um Dokumentations- und Beweiszwecke, sondern auch um die Authentizitätssicherung geht[103]. Folglich kann eine einfache E-Mail nach hier vertretener Auffassung nicht genügen, sondern es ist im E-Mail-Verkehr eine **einfache elektronische Signatur notwendig**, die die Echtheit des Dokuments belegen können muss[104].

Umstritten ist, ob die Schriftform bzw. elektronische Form konstitutiv wirkt, mit der Konsequenz, dass deren Nichteinhaltung zur Nichtigkeit des Vertrags gem. §§ 126, 125 Satz 1 BGB führt oder ob das nicht der Fall ist. Aufgrund des Interesses des Gesetzgebers an der Authentizitätssicherung ist von einer konstitutiven Wirkung der Schriftform bzw. elektronischen Form auszugehen[105].

In praktischer Hinsicht wird sich dieses Problem jedoch regelmäßig nicht stellen, da zumindest die Standardvertragsklauseln kaum mündlich in ihrer vollständigen und unveränderten (und somit nicht anzeigepflichtigen) Version vereinbart werden können.

---

100 *Zerdick* in Ehmann/Selmayr, Art. 46 DSGVO Rz. 18; a.A. *Lange/Filip* in BeckOK DatenschutzR, Art. 46 DSGVO Rz. 43.
101 Erwägungsgrund 109 der DSGVO; *v. d. Bussche* in Plath, Art. 46 DSGVO Rz. 29 ff.
102 *Plath* in Plath Art. 28 DSGVO Rz. 31.
103 *Spoerr* in BeckOK DatenschutzR, Art. 28 DSGVO Rz. 102 f.
104 *Spoerr* in BeckOK DatenschutzR, Art. 28 DSGVO Rz. 103; *Martini* in Paal/Pauly, Art. 28 DSGVO Rz. 75; *Müthlein*, RDV 2016, 74 (76).
105 *Spoerr* in BeckOK DatenschutzR, Art. 28 DSGVO Rz. 102.

Eine (zumindest in praktischer Hinsicht) erforderliche Schriftform ergibt sich mittelbar darüber hi- 28.35
naus aus einzelnen Regelungen innerhalb des Standardklauselwerkes. So sollen insbesondere sowohl
die Unterauftragsvergabe (Klausel 11 Abs. 1 Satz 2) als auch die entsprechende Einwilligung in die Unterauftragsvergabe seitens des Datenexporteurs (Klausel 5 lit. j und Klausel 11 Abs. 1 Satz 1) schriftlich
erfolgen; Letzteres ist in Anhang 1 dieses Vertragsentwurfs bereits berücksichtigt. Auf diese schriftliche
Erteilung der Erlaubnis sollte der Auftragnehmer aus Beweisgründen unbedingt bestehen, um einem
etwaigen Haftungsrisiko für den Fall zu entgehen, dass der Auftraggeber die Erteilung seiner Einwilligung im Nachhinein bestreitet. Ferner spricht für das zwingende Einhalten der Schriftform beim Abschluss der Standardvertragsklauseln, dass ggf. eine Vertragskopie gemäß Klausel 8 Abs. 1 auf Anfrage
bei der Aufsichtsbehörde zu hinterlegen sowie gemäß Klausel 4 lit. h einem Betroffenen zur Verfügung
zu stellen ist. Gemäß Art. 25 Abs. 2 VO 910/2014 kann die Schriftform allerdings in jedem Fall durch
eine qualifizierte elektronische Signatur ersetzt werden.

Die EU-Standardvertragsklauseln zur Auftragsverarbeitung können sowohl als **eigenständiger Ver-** 28.36
trag, Anlage oder **Nebenvereinbarung** zu einem Hauptvertrag vereinbart werden[106].

2. Begriffsbestimmungen (Klausel 1)

M 28.1.1 Begriffsbestimmungen 28.37

1. Begriffsbestimmungen

Im Rahmen der Vertragsklauseln gelten folgende Begriffsbestimmungen:

a) *„personenbezogene Daten" sind alle Informationen über eine bestimmte oder bestimmbare natürliche*
   Person („betroffene Person"); als bestimmbar wird eine Person angesehen, die direkt oder indirekt identifi-
   ziert werden kann, insbesondere durch Zuordnung zu einer Kennnummer oder zu einem oder mehreren
   spezifischen Elementen, die Ausdruck ihrer physischen, physiologischen, psychischen, wirtschaftlichen,
   kulturellen oder sozialen Identität sind;

b) *„besondere Kategorien personenbezogener Daten" sind personenbezogene Daten, aus denen die ras-*
   sische und ethnische Herkunft, politische Meinungen, religiöse oder philosophische Überzeugungen oder
   die Gewerkschaftszugehörigkeit hervorgehen, sowie Daten über Gesundheit oder Sexualleben;

c) *„Verarbeitung" beinhaltet jeden mit oder ohne Hilfe automatisierter Verfahren ausgeführten Vorgang*
   oder jede Vorgangsreihe im Zusammenhang mit personenbezogenen Daten wie das Erheben, das Spei-
   chern, die Organisation, die Aufbewahrung, die Anpassung oder Veränderung, das Auslesen, das Abfra-
   gen, die Benutzung, die Weitergabe durch Übermittlung, Verbreitung oder jede andere Form der Bereit-
   stellung, die Kombination oder die Verknüpfung sowie das Sperren, Löschen oder Vernichten;

d) *„für die Verarbeitung Verantwortlicher" ist die natürliche oder juristische Person, Behörde, Einrichtung*
   oder jede andere Stelle, die allein oder gemeinsam mit anderen über die Zwecke und Mittel der Verarbei-
   tung von personenbezogenen Daten entscheidet. Sind die Zwecke und Mittel der Verarbeitung von per-
   sonenbezogenen Daten in einzelstaatlichen oder gemeinschaftlichen Rechts- und Verwaltungsvorschrif-
   ten festgelegt, so können der für die Verarbeitung Verantwortliche bzw. die spezifischen Kriterien für
   seine Benennung durch einzelstaatliche oder gemeinschaftliche Rechtsvorschriften bestimmt werden;

e) *„Auftragsverarbeiter" ist die natürliche oder juristische Person, Behörde, Einrichtung oder jede andere*
   Stelle, die personenbezogene Daten im Auftrag des für die Verarbeitung Verantwortlichen verarbeitet;

f) *„betroffene Person" ist jede bestimmte oder bestimmbare natürliche Person;*

---

106 Vgl. *Bierekoven* in Redeker, Kap. 7.2 Rz. 22; vgl. ferner Fn. 1 zu Klausel 1 der EU-Standardvertrags-
    klauseln zur Auftragsverarbeitung, *Europäische Kommission*, Beschl. v. 5.2.2010, 2010/87/EU.

g) „Kontrollstelle" sind eine oder mehrere öffentliche Stellen, die beauftragt sind, die Anwendung der von den Mitgliedstaaten zur Umsetzung dieser Richtlinie erlassenen einzelstaatlichen Vorschriften in ihrem Hoheitsgebiet zu überwachen.

a) Ratio

28.38 Die erste Klausel des EU-Standardvertrags zur Auftragsverarbeitung dient der **Begriffsbestimmung**, um etwaigen Auslegungsschwierigkeiten und/oder -ungenauigkeiten vorzubeugen.

b) Definitionskatalog

28.39 Der **Datenexporteur** i.S.d. EU-Standardvertragsklauseln ist, wer personenbezogene Daten in Drittländer weitergibt und die Entscheidungsbefugnis über die Datenverarbeitung hat[107]; die Datenweitergabe innerhalb der EU führt dementsprechend nicht zu einer Datenexporteureigenschaft. Datenimporteur ist der im Drittland datenempfangende Auftragnehmer.

28.40 In dem unveränderten Muster der Standardvertragsklauseln der Europäischen Kommission wird auf die **Begriffsbestimmungen der EU-Datenschutzrichtlinie** verwiesen. Insofern wirkt die EU-Datenschutzrichtlinie aufgrund der Verweise aus den EU-Standardvertragsklauseln in deren Definitionskatalog fort. Das mag für den Verwender irritierend wirken, insbesondere nach Ablösung der EU-Datenschutzrichtlinie ab dem 25.5.2018 durch die DSGVO. Insofern bietet es sich an, wie hier geschehen, statt der Verweise in die EU-Datenschutzrichtlinie besser deren entsprechenden Regelungen als eigenen Definitionskatalog aufzunehmen. Diese Möglichkeit sehen die Standardvertragsklauseln selbst vor[108].

28.41 Diese Definitionen entsprechen überwiegend denen der DSGVO. Die etwas ausführlichere, aber inhaltsgleiche Definition der personenbezogenen Daten findet sich nun in Art. 4 Nr. 1 DSGVO. Die Definitionen der Verarbeitung (Art. 4 Nr. 2 DSGVO), des für die Verarbeitung Verantwortlichen (nun „Verantwortlicher", Art. 4 Nr. 7 DSGVO), des Auftragsverarbeiters (Art. 4 Nr. 8 DSGVO), der betroffenen Person (nun „Betroffener", Art. 4 Nr. 1 DSGVO) und der Kontrollstelle (nun „Aufsichtsbehörde", Art. 4 Nr. 21 DSGVO) haben zum Teil andere Formulierungen, sind allerdings inhaltlich im Wesentlichen identisch mit denen der Datenschutzrichtlinie. Leichte Änderungen ergeben sich bei den besonderen Kategorien personenbezogener Daten (Art. 9 Abs. 1 DSGVO), die nunmehr auch genetische und biometrische Daten umfassen.

28.42 Genetische Daten gelten also im Rahmen der DSGVO als sensible Daten, während sie in den Standardvertragsklauseln als normale personenbezogene Daten aufgefasst werden mit der Konsequenz, dass bestimmte Pflichten für sensible Daten (bspw. Klausel 4 lit. f) in den Standardvertragsklauseln nicht greifen. Die Aufsichtsbehörden haben zu diesem Problem noch keine Stellung bezogen. Der Entwurf der Kommission für neue Standardsvertragsklauseln vom 12.11.2020 jedenfalls schließt genetische Daten nunmehr auch ausdrücklich in die Kategorie besonderer personenbezogener Daten ein[109]. Folglich ist Verantwortlichen und Auftragsverarbeitern (aufgrund der ohnehin bestehenden Unsicherheiten auch schon vor Verabschiedung neuer Standardvertragsklauseln der Kommission) zu raten, genetische Da-

---

107 Hess. LT-Drucks. 16/7646, 17 ff.

108 Fn. 1 zu Klausel 1 der EU-Standardverträge zur Auftragsverarbeitung, *Europäische Kommission*, Beschl. v. 5.2.2010, 2010/87/EU.

109 *Europäische Kommission*, Draft Annex to the Commission Implementing Decision on standard contractual clauses for the transfer of personal data to third countries pursuant to Regulation (EU) 2016/679 of the European Parliament and of the Council v. 12.11.2020, abrufbar unter https://ec.euro pa.eu/info/law/better-regulation/have-your-say/initiatives/12741-Commission-Implementing-Deci sion-on-standard-contractual-clauses-for-the-transfer-of-personal-data-to-third-countries (letzter Aufruf: 8.12.2020), unter S. 6 (Klausel 1.6).

ten im Rahmen der Standardvertragsklauseln als besondere Kategorie von Daten aufzufassen (vgl. Rz. 28.114). Weiterhin ist zu empfehlen, die Definitionen in den Standardvertragsklauseln nicht auf den Stand der DSGVO anzupassen, da die Aufsichtsbehörden sonst formaljuristisch einen „Ad-hoc"-Vertrag annehmen könnten, so dass die Standardvertragsklauseln einer Genehmigung nach Art. 46 Abs. 3 lit. a DSGVO bedürften und ein Transfer in ein Drittland ohne vorherige Genehmigung rechtswidrig wäre.

3. Einzelheiten der Übermittlung (Klausel 2)

M 28.1.2 Einzelheiten der Übermittlung 28.43

2. Einzelheiten der Übermittlung

*Die Einzelheiten der Übermittlung, insbesondere die besonderen Kategorien personenbezogener Daten, sofern vorhanden, werden in **Anhang 1** erläutert, der Bestandteil dieser Klauseln ist.*

Für eine Kommentierung zu den Einzelheiten der Übermittlung wird auf die Kommentierung zu 28.44 **Anhang 1** verwiesen (siehe Rz. 28.108 ff.).

4. Drittbegünstigtenklausel (Klausel 3)

M 28.1.3 Drittbegünstigtenklausel 28.45

3. Drittbegünstigtenklausel

(1) Die betroffenen Personen können diese Klausel sowie Klausel 4 Buchst. b–i, Klausel 5 Buchst. a–e und g–j, Klausel 6 Abs. 1 und 2, Klausel 7, Klausel 8 Abs. 2 sowie die Klauseln 9–12 gegenüber dem Datenexporteur als Drittbegünstigte geltend machen.

(2) Die betroffene Person kann diese Klausel, Klausel 5 Buchst. a–e und g, die Klauseln 6 und 7, Klausel 8 Abs. 2 sowie die Klauseln 9–12 gegenüber dem Datenimporteur geltend machen, wenn das Unternehmen des Datenexporteurs faktisch oder rechtlich nicht mehr besteht, es sei denn, ein Rechtsnachfolger hat durch einen Vertrag oder kraft Gesetzes sämtliche rechtlichen Pflichten des Datenexporteurs übernommen; in letzterem Fall kann die betroffene Person die Klauseln gegenüber dem Rechtsnachfolger als Träger sämtlicher Rechte und Pflichten des Datenexporteurs geltend machen.

(3) Die betroffene Person kann diese Klausel, Klausel 5 Buchst. a–e und g, die Klauseln 6 und 7, Klausel 8 Abs. 2 sowie die Klauseln 9–12 gegenüber dem Unterauftragsverarbeiter geltend machen, wenn sowohl das Unternehmen des Datenexporteurs als auch das des Datenimporteurs faktisch oder rechtlich nicht mehr bestehen oder zahlungsunfähig sind, es sei denn, ein Rechtsnachfolger hat durch einen Vertrag oder kraft Gesetzes sämtliche rechtlichen Pflichten des Datenexporteurs übernommen; in letzterem Fall kann die betroffene Person die Klauseln gegenüber dem Rechtsnachfolger als Träger sämtlicher Rechte und Pflichten des Datenexporteurs geltend machen. Eine solche Haftpflicht des Unterauftragsverarbeiters ist auf dessen Verarbeitungstätigkeiten nach den Klauseln beschränkt.

(4) Die Parteien haben keine Einwände dagegen, dass die betroffene Person, sofern sie dies ausdrücklich wünscht und das nationale Recht dies zulässt, durch eine Vereinigung oder sonstige Einrichtung vertreten wird.

a) Ratio

28.46 Klausel 3 bezieht die von der Datenverarbeitung im Drittland betroffenen Personen als **Drittbegünstigte** in den Vertrag zwischen Datenexporteur und Datenimporteur mit ein. Dadurch soll den Betroffenen ermöglicht werden – ohne selbst Vertragspartei zu sein – bestimmte Klauseln des Vertrags gegenüber dem Datenexporteur unmittelbar geltend zu machen. Bei dem EU-Standardvertrag handelt es sich somit um einen **Vertrag zugunsten Dritter**[110]. Die Drittbegünstigtenklausel findet sich in allen Fassungen der EU-Standardvertragsklauseln wieder und ist in der Vergangenheit von Stimmen aus der Wirtschaft kritisiert worden, da dem BDSG a.F. eine direkte Haftung von Datenimporteur und Unterauftragsverarbeiter gegenüber den Betroffenen grundsätzlich fremd war. Unter der DSGVO gilt nunmehr der **Grundsatz, dass auch der Auftragsverarbeiter dem Betroffenen gegenüber unmittelbar haftet**[111]. Allerdings haftet der Auftragsverarbeiter nur dann, wenn er ihm als Auftragsverarbeiter obliegende Pflichten verletzt oder gegen rechtmäßige Weisungen des Verantwortlichen handelt, Art. 82 Abs. 2 DSGVO. Sinn und Zweck der Drittbegünstigtenklausel (Klausel 3) ist es hingegen, einen möglichst **umfassenden Schutz der betroffenen Personen** zu erreichen. Die Klausel trägt dem Umstand Rechnung, dass die Rechte der Betroffenen durch die Drittlandsverarbeitung tangiert werden, ohne dass die Betroffenen selbst im Vertragsgeflecht involviert sind und folglich ohne entsprechende Legitimation durch die Drittbegünstigungsklausel die ordnungsgemäße Vertragsdurchführung nicht beeinflussen könnten.

28.47 In der Praxis kommt eine entsprechende Geltendmachung dieser Rechte durch einen Betroffenen (bislang) kaum vor; die Ausgestaltung der EU-Standardvertragsklauseln zur Auftragsverarbeitung als Vertrag zugunsten Dritter kann aber zu Problemen bei ausländischen Vertragsparteien führen, wenn deren Rechtsordnung eine solche Vertragskonstruktion fremd ist[112].

b) Rechte der betroffenen Person gegenüber Datenimporteur, Datenexporteur und Unterauftragsverarbeiter

28.48 Die ersten drei Absätze der Klausel 3 regeln die Drittbegünstigtenrechte der betroffenen Personen gegenüber dem Datenexporteur (**Abs. 1**), dem Datenimporteur (**Abs. 2**) und dem Unterauftragsverarbeiter (**Abs. 3**).

28.49 Nach **Abs. 1** kann eine betroffene Person die Pflichten des Datenexporteurs (Klausel 4 lit. b-i), des Datenimporteurs (Klausel 5 lit. a-e und g-j), sowie die Pflichten des Unterauftragsverarbeiters (Klausel 11) **gegenüber dem Datenexporteur** als eigene Rechte geltend machen.

28.50 Der Drittbegünstigte kann zudem nach **Abs. 2** bestimmte Rechte **gegenüber dem Datenimporteur** und nach **Abs. 3 gegenüber dem Unterauftragsverarbeiter** geltend machen. Darüber hinaus berechtigt Klausel 3 die betroffenen Personen indirekt dazu, Schadensersatzansprüche aus dem Innenverhältnis der Vertragsparteien im eigenen Namen geltend zu machen; die Anspruchsgrundlage ist jedoch Klausel 6.

28.51 Die betroffenen Personen können sich nur **subsidiär** auf ihre Rechte gegenüber Datenimporteur und Unterauftragsverarbeiter berufen, soweit die jeweils näher am Betroffenen stehende Partei **rechtlich oder faktisch aufhört zu existieren oder zahlungsunfähig** ist und es **keinen Rechtsnachfolger** gibt. Die Zahlungsunfähigkeit findet sich als Fallgruppe zur Geltendmachung von Ansprüchen zwar nicht im Wortlaut der Klausel 3 Abs. 2 wieder. Zumindest in Bezug auf Schadensersatzansprüche gilt aufgrund von Klausel 6 Abs. 2 jedoch Entsprechendes auch für Klausel 3 Abs. 2 (zu Schadensersatzansprüchen siehe Rz. 28.76).

---

110 *Räther/Seitz*, MMR 2002, 520 (523).
111 *Becker* in Plath, Art. 82 DSGVO Rz. 6.
112 Zu alledem *Räther/Seitz*, MMR 2002, 520 (523).

Abs. 4 bestimmt, dass sich Drittbegünstigte auch durch eine Vereinigung oder sonstige Einrichtun- 28.52
gen vertreten lassen können. Hiermit sind z.B. **Verbraucherschutzverbände** gemeint[113].

5. Pflichten des Datenexporteurs (Klausel 4)

M 28.1.4 Pflichten des Datenexporteurs 28.53

4. Pflichten des Datenexporteurs

Der Datenexporteur erklärt sich bereit und garantiert, dass:

a) *die Verarbeitung der personenbezogenen Daten einschließlich der Übermittlung entsprechend den einschlägigen Bestimmungen des anwendbaren Datenschutzrechts durchgeführt wurde und auch weiterhin so durchgeführt wird (und ggf. den zuständigen Behörden des Mitgliedstaats mitgeteilt wurde, in dem der Datenexporteur niedergelassen ist) und nicht gegen die einschlägigen Vorschriften dieses Staates verstößt;*

b) *er den Datenimporteur angewiesen hat und während der gesamten Dauer der Datenverarbeitungsdienste anweisen wird, die übermittelten personenbezogenen Daten nur im Auftrag des Datenexporteurs und in Übereinstimmung mit dem anwendbaren Datenschutzrecht und den Klauseln zu verarbeiten;*

c) *der Datenimporteur hinreichende Garantien bietet in Bezug auf die in **Anhang 2** zu diesem Vertrag beschriebenen technischen und organisatorischen Sicherheitsmaßnahmen;*

d) *die Sicherheitsmaßnahmen unter Berücksichtigung der Anforderungen des anwendbaren Datenschutzrechts, des Standes der Technik, der bei ihrer Durchführung entstehenden Kosten, der von der Verarbeitung ausgehenden Risiken und der Art der zu schützenden Daten hinreichend gewährleisten, dass personenbezogene Daten vor der zufälligen oder unrechtmäßigen Zerstörung, dem zufälligen Verlust, der Änderung, der unberechtigten Weitergabe oder dem unberechtigten Zugang, insbesondere wenn die Verarbeitung die Übermittlung der Daten über ein Netzwerk umfasst, und vor jeder anderen Form der unrechtmäßigen Verarbeitung geschützt sind;*

e) *er für die Einhaltung dieser Sicherheitsmaßnahmen sorgt;*

f) *die betroffene Person bei der Übermittlung besonderer Datenkategorien vor oder sobald wie möglich nach der Übermittlung davon in Kenntnis gesetzt worden ist oder gesetzt wird, dass ihre Daten in ein Drittland übermittelt werden könnten, das kein angemessenes Schutzniveau i.S.d. Richtlinie 95/46/EG bietet;*

g) *er die gemäß Klausel 5 Buchst. b sowie Klausel 8 Abs. 3 vom Datenimporteur oder von einem Unterauftragsverarbeiter erhaltene Mitteilung an die Kontrollstelle weiterleitet, wenn der Datenexporteur beschließt, die Übermittlung fortzusetzen oder die Aussetzung aufzuheben;*

h) *er den betroffenen Personen auf Anfrage eine Kopie der Klauseln mit Ausnahme von **Anhang 2** sowie eine allgemeine Beschreibung der Sicherheitsmaßnahmen zur Verfügung stellt; außerdem stellt er ihnen ggf. die Kopie des Vertrags über Datenverarbeitungsdienste zur Verfügung, der gemäß den Klauseln an einen Unterauftragsverarbeiter vergeben wurde, es sei denn, die Klauseln oder der Vertrag enthalten Geschäftsinformationen; in diesem Fall können solche Geschäftsinformationen herausgenommen werden;*

i) *bei der Vergabe eines Verarbeitungsauftrags an einen Unterauftragsverarbeiter die Verarbeitung gemäß Klausel 11 erfolgt und die personenbezogenen Daten und die Rechte der betroffenen Person mindestens ebenso geschützt sind, wie vom Datenimporteur nach diesen Klauseln verlangt; und*

j) *er für die Einhaltung der Klausel 4 Buchst. a–i sorgt.*

---

113 *Räther/Seitz*, MMR 2002, 520 (523).

a) Ratio

28.54 Klausel 4 regelt die **Pflichten des Datenexporteurs** und stellt gleichzeitig i.V.m. Klauseln 6 und 3 (genauso wie die nachfolgende Klausel 5, vgl. Rz. 28.65) eine **Garantiehaftung** dar. Im Gegensatz zur Klausel 5 wird dem Datenimporteur **kein Rücktrittsrecht vom Vertrag** bei Verstößen gegen Klausel 4 eingeräumt, da er als Auftragsverarbeiter in Bezug auf den Umgang mit den personenbezogenen Daten weniger schutzwürdig ist als der Datenexporteur in seiner Rolle als verantwortliche Stelle. Dem Datenimporteur bleibt in diesem Fall nur die Möglichkeit, nach den allgemeinen gesetzlichen Vorschriften vom Vertrag zurückzutreten (§ 346 BGB). Verstößt der Datenexporteur gegen Klausel 4, so wird er schadensersatzpflichtig (Rz. 28.77 ff.) gegenüber der betroffenen Person.

28.55 Klausel 4 legt eine Reihe von **Kontrollpflichten** für den Datenexporteur fest. So garantiert der Datenexporteur die Einhaltung einer datenschutzrechtlich rechtmäßigen Verarbeitung, Erhebung oder Nutzung personenbezogener Daten.

b) Zusicherungen/Kontrollpflichten

28.56 Mit **Klausel 4 lit. a** garantiert der Datenexporteur, die Übermittlung entsprechend den Bestimmungen des einschlägigen Datenschutzrechts und sonstigen einschlägigen Vorschriften durchzuführen und den zuständigen Behörden des Mitgliedsstaats, in welchem der Datenexporteur niedergelassen ist, die Verarbeitung personenbezogener Daten – soweit notwendig – mitzuteilen.

28.57 **Klausel 4 lit. b** ist eine Garantieerklärung dahingehend, dass der Datenexporteur den Datenimporteur während der gesamten Vertragslaufzeit anweisen wird, die personenbezogenen Daten nur im Auftrag und in Übereinstimmung mit dem anwendbaren Datenschutzrecht (zum anwendbaren Datenschutzrecht Klausel 9, Rz. 28.91 f.) zu verarbeiten.

28.58 **Klausel 4 lit. c-e** verpflichtet den Datenexporteur, zu garantieren, vom Datenimporteur in Bezug auf die im Anhang 2 beschriebenen Sicherheitsmaßnahmen hinreichende Garantien zu verlangen (Klausel 4 lit. c). Außerdem garantiert der Datenexporteur, dass die gewährleisteten Sicherheitsmaßnahmen eingehalten werden (Klausel 4 lit. d und lit. e). Diese Verpflichtung entspricht im Wesentlichen der Regelung des Art. 28 Abs. 1 DSGVO, die bestimmt, dass der Datenexporteur nur mit Datenimporteuren zusammenarbeitet, die hinreichende Garantien dafür bieten, dass geeignete technische und organisatorische Maßnahmen so durchgeführt werden, dass die Verarbeitung im Einklang mit den Anforderungen der DSGVO erfolgt und den Schutz der Rechte der betroffenen Person gewährleistet (sog. Pflicht zur sorgfältigen Auswahl und Überwachung)[114]. Maßstäbe für die Auswahl des Auftragsverarbeiters sind insbesondere Fachwissen, Zuverlässigkeit und Ressourcen[115]. Kleinere und mittelständische Unternehmen kann diese umfassende Kontrollpflicht regelmäßig überfordern. Diesen wird empfohlen, unabhängige **Auditoren** einzusetzen[116]. Auditoren sind unabhängige und zugelassene Gutachter, die sicherstellen, dass die technischen und organisatorischen Maßnahmen tatsächlich eingehalten werden. Dies kann gerade beim Einschalten von Unterauftragsverarbeitern relevant werden – hier befinden sich die Daten im Zweifel an vielen verschiedenen Orten zugleich, was ein Einhalten der Kontrollpflicht erheblich erschwert[117]. Beim **Cloud Computing** tritt dieses Problem besonders

---

114 *Plath* in Plath, Art. 28 DSGVO Rz. 12; *Spoerr* in BeckOK DatenschutzR, Art. 28 DSGVO Rz. 35 ff.
115 Erwägungsgrund 81 der DSGVO.
116 BT-Drucks. 16/13 657, 29.
117 *Schröder/Haag*, ZD 2012, 495 (500); *Art. 29-Datenschutzgruppe*, WP 196 v. 1.7.2012, S. 22, https://ec. europa.eu/justice/article-29/documentation/opinion-recommendation/files/2012/wp196_en.pdf (letzter Aufruf: 8.12.2020); *Düsseldorfer Kreis*, Orientierungshilfe – Cloud Computing v. 30.8.2011, S. 9, S. 20 f. (Transparenz), https://www.baden-wuerttemberg.datenschutz.de/wp-content/uploads/2013/04/Orientie rungshilfe_Cloud-Computing_AK_Technik_AK_Medien_.pdf (letzter Aufruf: 8.12.2020); *Berlin Group*, Working Paper on Cloud Computing – Privacy and data protection issues – „Sopot Memorandum", S. 5, https://www.datenschutz-berlin.de/fileadmin/user_upload/pdf/publikationen/working-paper/ 2012/2012-WP-Sopot_Memorandum-en.pdf (letzter Aufruf: 8.12.2020).

prominent auf, da dem Datenexporteur oftmals weder Identität noch Standort etwaiger Unterauftragsverarbeiter bekannt sind (in diesem Zusammenhang siehe ferner Rz. 28.60)[118].

Mit der **Klausel 4 lit. f** verpflichtet sich der Datenexporteur, die vom Datentransfer betroffenen Personen vor oder sobald wie möglich nach der Übermittlung von besonderen Arten personenbezogener Daten in ein Drittland in Kenntnis zu setzen. Klausel 4 lit. f findet sich nicht in der DSGVO wieder, ist also streng genommen für die Umsetzung eines angemessenen Datenschutzniveaus i.S.d. DSGVO nicht erforderlich. Dennoch kann die Klausel nicht gestrichen werden, ohne dass die Standardvertragsklauseln dem Genehmigungsvorbehalt der Aufsichtsbehörden unterfallen würden. 28.59

Unabhängig davon, ob besondere Arten personenbezogener Daten verarbeitet werden ist die Art. 29-Datenschutzgruppe der Ansicht, dass beim **Cloud Computing** die betroffene Person nicht nur über die Identität der für die Verarbeitung verantwortlichen Stelle, sondern auch über den Clouddienstanbieter sowie sämtliche Unterauftragsverarbeiter informiert werden muss[119]. Folglich sollten sich die Parteien auf eine abschließende Auflistung etwaiger Unterauftragsverarbeiter einigen und diese vertraglich festhalten (vgl. Rz. 28.97 ff.). 28.60

In **Klausel 4 lit. g** garantiert der Datenexporteur, sämtliche Mitteilungen über ein zu Ungunsten des Betroffenen **verändertes Datenschutzniveau**, die ihn auf Grundlage der Klausel 5 lit. b (siehe Rz. 28.69) und Klausel 8 Abs. 3 (siehe Rz. 28.90) durch den Datenimporteur erreichen, an die für den Datenexporteur zuständige Kontrollstelle weiterzuleiten (vgl. Rz. 28.86), vorausgesetzt, dass er sich entschließt die Übermittlung trotz des verschlechterten Datenschutzniveaus fortzusetzen oder eine ausgesetzte Übermittlung wieder aufzunehmen. 28.61

In **Klausel 4 lit. h** garantiert der Datenexporteur, den betroffenen Personen auf Anfrage eine **Kopie der** abgeschlossenen **Standardvertragsklauseln** mit Ausnahme von Anhang 2 sowie eine Beschreibung der allgemeinen Sicherheitsmaßnahmen zur Verfügung zu stellen. Anhang 2 darf nicht an die betroffenen Personen weitergeleitet werden, da ansonsten das durch die technischen und organisatorischen Maßnahmen geschaffene Sicherheitsniveau gefährdet wäre. Geschäftsinformationen sind vor einer Weitergabe unkenntlich zu machen (Klausel 4 lit. h, Halbs. 1). 28.62

Der Datenexporteur kann selbst Unteraufträge vergeben (ausführlich zur Unterauftragsvergabe siehe Rz. 28.96 ff.). Er verpflichtet sich bei der Unterauftragsvergabe, dasselbe Schutzniveau einzuhalten, das in den EU-Standardvertragsklauseln zur Auftragsverarbeitung vorgesehen ist (**Klausel 4 lit. i**). 28.63

Klausel 4 lit. j verpflichtet den Datenexporteur dazu, die Klauseln 4 lit. a–i einzuhalten. Sie ist rein deklaratorischer Natur und soll die Wichtigkeit der Klausel 4 unterstreichen. 28.64

---

118 Siehe hierzu mit weiteren Ausführungen *Bierekoven*, ITRB 2012, 280 ff.; *Schröder/Haag*, ZD 2012, 495 ff.; *Schröder/Haag*, ZD 2012, 362; *Schröder/Haag*, ZD 2011, 147 ff.; *Niemann/Hennrich*, CR 2010, 686 (688 ff.); *Art. 29-Datenschutzgruppe*, WP 196 v. 1.7.2012, S. 10, https://ec.europa.eu/justice/arti cle-29/documentation/opinion-recommendation/files/2012/wp196_en.pdf (letzter Aufruf: 8.12.2020); *Berlin Group*, Working Paper on Cloud Computing – Privacy and data protection issues – „Sopot Memorandum", S. 8, https://www.datenschutz-berlin.de/fileadmin/user_upload/pdf/publikationen/wor king-paper/2012/2012-WP-Sopot_Memorandum-en.pdf (letzter Aufruf: 8.12.2020); *Düsseldorfer Kreis*, Orientierungshilfe – Cloud Computing v. 30.8.2011, S. 13 ff., https://www.baden-wuerttemberg.daten schutz.de/wp-content/uploads/2013/04/Orientierungshilfe_Cloud-Computing_AK_Technik_AK_Me dien_.pdf (letzter Aufruf 8.12.2020).

119 *Art. 29-Datenschutzgruppe*, WP 196 v. 1.7.2012, S. 5 f., https://ec.europa.eu/justice/article-29/documen tation/opinion-recommendation/files/2012/wp196_en.pdf (letzter Aufruf: 8.12.2020).

6. Pflichten des Datenimporteurs (Klausel 5)

28.65 **M 28.1.5 Pflichten des Datenimporteurs**

5. Pflichten des Datenimporteurs

Der Datenimporteur erklärt sich bereit und garantiert, dass:

a) *er die personenbezogenen Daten nur im Auftrag des Datenexporteurs und in Übereinstimmung mit dessen Anweisungen und den vorliegenden Klauseln verarbeitet; dass er sich, falls er dies aus irgendwelchen Gründen nicht einhalten kann, bereit erklärt, den Datenexporteur unverzüglich davon in Kenntnis zu setzen, der unter diesen Umständen berechtigt ist, die Datenübermittlung auszusetzen und/oder vom Vertrag zurückzutreten;*

b) *er seines Wissens keinen Gesetzen unterliegt, die ihm die Befolgung der Anweisungen des Datenexporteurs und die Einhaltung seiner vertraglichen Pflichten unmöglich machen, und eine Gesetzesänderung, die sich voraussichtlich sehr nachteilig auf die Garantien und Pflichten auswirkt, die die Klauseln bieten sollen, dem Datenexporteur mitteilen wird, sobald er von einer solchen Änderung Kenntnis erhält; unter diesen Umständen ist der Datenexporteur berechtigt, die Datenübermittlung auszusetzen und/oder vom Vertrag zurückzutreten;*

c) *er vor der Verarbeitung der übermittelten personenbezogenen Daten die in **Anhang 2** beschriebenen technischen und organisatorischen Sicherheitsmaßnahmen ergriffen hat;*

d) *er den Datenexporteur unverzüglich informiert über*

i) *alle rechtlich bindenden Aufforderungen einer Vollstreckungsbehörde zur Weitergabe der personenbezogenen Daten, es sei denn, dies wäre anderweitig untersagt, bspw. durch ein strafrechtliches Verbot zur Wahrung des Untersuchungsgeheimnisses bei strafrechtlichen Ermittlungen;*

ii) *jeden zufälligen oder unberechtigten Zugang und*

iii) *alle Anfragen, die direkt von den betroffenen Personen an ihn gerichtet werden, ohne diese zu beantworten, es sei denn, er wäre anderweitig dazu berechtigt;*

e) *er alle Anfragen des Datenexporteurs im Zusammenhang mit der Verarbeitung der übermittelten personenbezogenen Daten durch den Datenexporteur unverzüglich und ordnungsgemäß bearbeitet und die Ratschläge der Kontrollstelle im Hinblick auf die Verarbeitung der übermittelten Daten befolgt;*

f) *er auf Verlangen des Datenexporteurs seine für die Verarbeitung erforderlichen Datenverarbeitungseinrichtungen zur Prüfung der unter die Klauseln fallenden Verarbeitungstätigkeiten zur Verfügung stellt. Die Prüfung kann vom Datenexporteur oder einem vom Datenexporteur ggf. in Absprache mit der Kontrollstelle ausgewählten Prüfgremium durchgeführt werden, dessen Mitglieder unabhängig sind, über die erforderlichen Qualifikationen verfügen und zur Vertraulichkeit verpflichtet sind;*

g) *er den betroffenen Personen auf Anfrage eine Kopie der Klauseln und ggf. einen bestehenden Vertrag über die Vergabe eines Verarbeitungsauftrags an einen Unterauftragsverarbeiter zur Verfügung stellt, es sei denn, die Klauseln oder der Vertrag enthalten Geschäftsinformationen; in diesem Fall können solche Geschäftsinformationen herausgenommen werden; **Anhang 2** wird durch eine allgemeine Beschreibung der Sicherheitsmaßnahmen ersetzt, wenn die betroffene Person vom Datenexporteur keine solche Kopie erhalten kann;*

h) *er bei der Vergabe eines Verarbeitungsauftrags an einen Unterauftragsverarbeiter den Datenexporteur vorher benachrichtigt und seine vorherige schriftliche Einwilligung eingeholt hat;*

i) *der Unterauftragsverarbeiter die Datenverarbeitungsdienste in Übereinstimmung mit Klausel 11 erbringt;*

j) *er dem Datenexporteur unverzüglich eine Kopie des Unterauftrags über die Datenverarbeitung zuschickt, den er nach den Klauseln geschlossen hat.*

a) Ratio

Klausel 5 entspricht im Wesentlichen den Vorgaben des Art. 28 Abs. 2, 3 Satz 2 lit. a, c, d, h DSGVO[120]. Sie korrespondiert mit Klausel 4 und ist ebenfalls als **Garantieerklärung** zu verstehen (siehe Rz. 28.54). Bei Nichteinhaltung der Klausel 5 lit. a und b kann der Datenexporteur von dem **Vertrag zurücktreten** und/oder die **Datenübermittlung aussetzen**. Sinn und Zweck der Klausel ist es, den Vorgaben dieser Standardvertragsklauseln entsprechende Datenverarbeitungen im Drittland sicherzustellen. Ein Rücktritt ist allerdings nur bei schwerwiegenden Datenschutzverfehlungen des Datenimporteurs gerechtfertigt. Schwerwiegende Verstöße ohne Datenschutzbezug sind nicht erfasst. Es wird davon abgeraten, die Regelung zum Rücktritt in einer geschäftsbezogenen Klausel (siehe Rz. 28.94) weiter auszugestalten[121], da die veränderten EU-Standardvertragsklauseln dann möglicherweise den Aufsichtsbehörden vorzulegen wären. 28.66

Verstößt der Datenimporteur gegen die ihm in Klausel 5 auferlegten Pflichten, so ist er gegenüber der betroffenen Person direkt **schadensersatzpflichtig**, vorausgesetzt, dass der Datenexporteur nicht mehr besteht oder zahlungsunfähig ist (siehe Rz. 28.51). 28.67

b) Zusicherungen/Kontrollpflichten

Mit **Klausel 5 lit. a** verpflichtet sich der Datenimporteur, weisungsgebunden und nur im Auftrag des Datenexporteurs die personenbezogenen Daten zu verarbeiten sowie – sollte er die Bestimmungen der Klauseln oder die Anweisungen des Datenexporteurs nicht einhalten können – diesem diesbezüglich unverzüglich[122] Bescheid zu geben. 28.68

Zudem garantiert er in **Klausel 5 lit. b**, dass er seines Wissens keinen Gesetzen unterliegt, die das Einhalten der vertraglichen Pflichten unmöglich machen und, dass er, sobald er von einer Gesetzesänderung erfährt, die sich nachteilig auf die Garantien und Pflichten auswirkt, dies dem Datenexporteur mitteilen wird. Hieraus folgt, dass der Datenimporteur praktisch ständig auf eine Änderung der Gesetzeslage achten muss, was eine kostspielige Angelegenheit sein kann[123]. 28.69

In **Klausel 5 lit. c** verpflichtet sich der Datenimporteur, die vom Datenexporteur in Klausel 4 auferlegten technischen und organisatorischen Sicherheitsmaßnahmen aus Anhang 2 (siehe Rz. 28.131 ff.) einzuhalten. 28.70

Klausel 5 lit. d verpflichtet den Datenexporteur gegenüber dem Datenimporteur zur Information über rechtlich bindende Aufforderungen einer Vollstreckungsbehörde zur Weitergabe personenbezogener Daten, jeden zufälligen oder unberechtigten Zugang und alle Anfragen, die direkt von dem Betroffenen an den Datenimporteur gerichtet werden. 28.71

Laut **Klausel 5 lit. e und f** garantiert der Datenimporteur, alle Anfragen des Datenexporteurs im Zusammenhang mit der Datenverarbeitung unverzüglich und ordnungsgemäß zu bearbeiten und die Ratschläge der Kontrollstelle hinsichtlich der Bearbeitung zu befolgen (**Klausel 5 lit. e**). Er garantiert, auf Verlangen des Datenexporteurs seine für die Verarbeitung erforderlichen Datenverarbeitungseinrichtungen für eine Prüfung der Verarbeitungstätigkeiten zur Verfügung zu stellen (**Klausel 5 lit. f**). 28.72

Die EU-Standardvertragsklauseln zur Auftragsverarbeitung stellen es dem Datenexporteur frei (Klausel 5 lit. f), in Absprache mit der zuständigen Aufsichtsbehörde einen **unabhängigen Auditor** zu beauftragen, der die Kontrollpflichten des Datenexporteurs übernimmt. Dies ist insbesondere in Fällen der „**Kettenauslagerung**", bei der mindestens ein Unterauftragsverarbeiter am Verarbeitungsvorgang beteiligt ist, zu empfehlen. Hierbei befinden sich die personenbezogenen Daten typischerweise gleich- 28.73

---

120 *Plath* in Plath, Art. 28 DSGVO Rz. 12 f.
121 A.A. *Räther/Seitz*, MMR 2002, 520 (526).
122 I.S.d. § 121 BGB „ohne schuldhaftes Zögern".
123 *Räther/Seitz*, MMR 2002, 520 (526).

zeitig an verschiedenen Orten, beim **Cloud Computing** sogar möglicherweise in verschiedenen Ländern. Regelmäßige Kontrollen wären für den Auftraggeber mit hohen Kosten und einem großen Zeitaufwand verbunden, der vor allem für mittelständische und kleine Unternehmen schwer tragbar wäre[124].

28.74　**Klausel 5 lit. g** entspricht der Verpflichtung des Datenexporteurs aus Klausel 4 lit. h und regelt die Auskunftspflicht des Datenimporteurs gegenüber betroffenen Personen.

28.75　**Klausel 5 lit. i–j** regeln die Pflichten des Datenimporteurs bei der Unterauftragsverarbeitung (vgl. hierzu Rz. 28.96 ff.).

7. Haftung (Klausel 6)

28.76　**M 28.1.6 Haftung**

6. Haftung

(1) Die Parteien vereinbaren, dass jede betroffene Person, die durch eine Verletzung der in Klausel 3 oder 11 genannten Pflichten durch eine Partei oder den Unterauftragsverarbeiter Schaden erlitten hat, berechtigt ist, vom Datenexporteur Schadensersatz für den erlittenen Schaden zu erlangen.

(2) Ist die betroffene Person nicht in der Lage, gemäß Absatz 1 gegenüber dem Datenexporteur wegen Verstoßes des Datenimporteurs oder seines Unterauftragsverarbeiters gegen in den Klauseln 3 und 11 genannte Pflichten Schadensersatzansprüche geltend zu machen, weil das Unternehmen des Datenexporteurs faktisch oder rechtlich nicht mehr besteht oder zahlungsunfähig ist, ist der Datenimporteur damit einverstanden, dass die betroffene Person Ansprüche gegenüber ihm statt gegenüber dem Datenexporteur geltend macht, es sei denn, ein Rechtsnachfolger hat durch Vertrag oder kraft Gesetzes sämtliche rechtlichen Pflichten des Datenexporteurs übernommen; in diesem Fall kann die betroffene Person ihre Ansprüche gegenüber dem Rechtsnachfolger geltend machen. Der Datenimporteur kann sich seiner Haftung nicht entziehen, indem er sich auf die Verantwortung des Unterauftragsverarbeiters für einen Verstoß beruft.

(3) Ist die betroffene Person nicht in der Lage, gemäß den Absätzen 1 und 2 gegenüber dem Datenexporteur oder dem Datenimporteur wegen Verstoßes des Unterauftragsverarbeiters gegen in den Klauseln 3 und 11 aufgeführte Pflichten Ansprüche geltend zu machen, weil sowohl das Unternehmen des Datenexporteurs als auch das des Datenimporteurs faktisch oder rechtlich nicht mehr bestehen oder zahlungsunfähig sind, ist der Unterauftragsverarbeiter damit einverstanden, dass die betroffene Person im Zusammenhang mit seinen Datenverarbeitungstätigkeiten aufgrund der Klauseln gegenüber ihm statt gegenüber dem Datenexporteur oder dem Datenimporteur einen Anspruch geltend machen kann, es sei denn, ein Rechtsnachfolger hat durch Vertrag oder kraft Gesetzes sämtliche rechtlichen Pflichten des Datenexporteurs oder des Datenimporteurs übernommen; in diesem Fall kann die betroffene Person ihre Ansprüche gegenüber dem Rechtsnachfolger geltend machen. Eine solche Haftung des Unterauftragsverarbeiters ist auf dessen Verarbeitungstätigkeiten nach diesen Klauseln beschränkt.

a) Ratio

28.77　Klausel 6 ist eine **Anspruchsgrundlage** für betroffene Personen, um Verletzungen der Drittbegünstigtenklausel und Verletzungen der die Anforderungen an die Vergabe von Unteraufträgen enthaltende Klausel 11 im Wege eines Schadensersatzanspruchs geltend zu machen. Der Schadensersatzanspruch aus Klausel 6 steht neben dem Schadensersatzanspruch des Art. 82 DSGVO. Die Haftung richtet sich verschuldensunabhängig im Wege einer **abgestuften Garantiehaftung**[125] gegen den Datenexporteur

---

124　*Schröder/Haag*, ZD 2012, 362 (367); *Schröder/Haag*, ZD 2012, 495 (499).
125　Vgl. *Räther/Seitz*, MMR 2002, 520 (526).

(Abs. 1), subsidiär gegen den Datenimporteur (Abs. 2) und an letzter Stelle subsidiär gegen den Unterauftragsverarbeiter (Abs. 3).

Die Vertragsparteien selbst können sich nicht auf Klausel 6 berufen; eine analoge Anwendung der 28.78 Klausel 6 ist mangels vergleichbarer Interessenlage nicht möglich.

Den Anspruch aus Klausel 6 können auch Vereinigungen in Vertretung der betroffenen Personen 28.79 geltend machen (Rz. 28.52).

b) Anspruchsgrundlage für betroffene Personen

Klausel 6 Abs. 1 ist die **Anspruchsgrundlage** der betroffenen Personen für Schadensersatzansprüche 28.80 **gegen den Datenexporteur.** Tatbestandlich muss eine Pflichtverletzung der Klauseln 3 Abs. 1 oder Abs. 11 vorliegen, die kausal auf ein Verhalten einer der Vertragsparteien oder des Unterauftragsverarbeiters zurückzuführen ist. Außerdem muss die betroffene Person einen Schaden erlitten haben. Auf ein Verschulden kommt es nicht an (Rz. 28.77).

Klausel 6 Abs. 2 ist die **Anspruchsgrundlage** der betroffenen Personen für Schadensersatzansprüche 28.81 **gegen den Datenimporteur** und setzt ergänzend zu dem Tatbestand des Abs. 1 voraus, dass der Datenexporteur **faktisch** oder **rechtlich nicht mehr besteht** oder **zahlungsunfähig** ist und **kein Rechtsnachfolger** des Datenexporteurs existiert, der an seiner statt haftet. Die Pflichtverletzung muss sich aus den Klauseln 3 Abs. 2 oder 11 ergeben. Klausel 6 Abs. 2 Satz 2 stellt klar, dass sich der Datenimporteur nicht darauf berufen kann, dass der Unterauftragsverarbeiter für die Pflichtverletzung verantwortlich sei.

Abs. 3 regelt die **Ansprüche** der betroffenen Person gegen den **Unterauftragsverarbeiter.** Dieser haftet 28.82 nur, wenn weder Datenexporteur noch Datenimporteur rechtlich oder faktisch noch existieren oder aber beide zahlungsunfähig sind. Haftungsbeschränkend muss der Unterauftragsverarbeiter nur für Pflichtverletzungen einstehen, die im Rahmen seiner Verarbeitungstätigkeiten unter diesen Standardvertragsklauseln begangen wurden (Klausel 3 Abs. 3 Satz 2, Klausel 6 Abs. 3 Satz 2).

8. Schlichtungsverfahren und Gerichtsstand (Klausel 7)

M 28.1.7 Schlichtungsverfahren und Gerichtsstand   28.83

7. Schlichtungsverfahren und Gerichtsstand

(1) Für den Fall, dass eine betroffene Person gegenüber dem Datenimporteur Rechte als Drittbegünstigte und/oder Schadensersatzansprüche aufgrund der Vertragsklauseln geltend macht, erklärt sich der Datenimporteur bereit, die Entscheidung der betroffenen Person zu akzeptieren, und zwar entweder:

a) die Angelegenheit in einem Schlichtungsverfahren durch eine unabhängige Person oder ggf. durch die Kontrollstelle beizulegen oder

b) die Gerichte des Mitgliedstaats, in dem der Datenexporteur niedergelassen ist, mit dem Streitfall zu befassen.

(2) Die Parteien vereinbaren, dass die Entscheidung der betroffenen Person nicht die materiellen Rechte oder Verfahrensrechte dieser Person, nach anderen Bestimmungen des nationalen oder internationalen Rechts Rechtsbehelfe einzulegen, berührt.

a) Ratio

28.84 Eine **Klausel zum Schlichtungsverfahren** und **Gerichtsstand** findet sich in allen Fassungen der Standardvertragsklauseln wieder. Mit dem Schlichtungsverfahren und dem Vereinbaren des Gerichtsstandes soll ein **effektives und zeitnahes Durchsetzen von Ansprüchen** ermöglicht werden[126].

b) Durchsetzung von Ansprüchen

28.85 Bei der Geltendmachung ihrer Rechte gegenüber dem Datenimporteur steht es demnach im Ermessen der betroffenen Personen, ob sie zu diesem Zweck gem. **lit. a** ein Schlichtungsverfahren initiieren oder aber gem. **lit. b** ein Gericht des Mitgliedstaats, in welchem der Datenexporteur niedergelassen ist, damit befassen wollen.

Gemäß **Abs. 2** wird außerdem vereinbart, dass die Inanspruchnahme des Wahlrechts im Rahmen des Abs. 1 die materiellen Rechte oder Verfahrensrechte der betroffenen Person, die es ihr ermöglichen, nach anderen nationalen oder internationalen Bestimmungen Rechtsbehelfe einzulegen, nicht berührt. Dies kann unter Umständen eine **mehrfache Inanspruchnahme** zur Folge haben, was für eine Schlichtungsverfahrens-Klausel ungewöhnlich ist[127]. Bei der Durchführung eines Schlichtungsverfahrens verzichten die Parteien normalerweise auf den ordentlichen Rechtsweg. Vorteil des Schlichtungsverfahrens sind die potentiell schnellere Durchführung des Verfahrens sowie dass Sprache und Ort der Verhandlung flexibel gewählt werden können, wobei diese nach dem Telos der Klausel die betroffene Person festlegen darf. Ein Schlichtungsverfahren ist nicht öffentlich, so dass sensible Daten weiterhin vertraulich behandelt und nicht in einem öffentlichen Gerichtsverfahren preisgegeben werden.

28.86 Ein Schlichtungsverfahren kann unter Leitung einer unabhängigen Person oder durch die Kontrollstelle durchgeführt werden. Unter „Kontrollstelle" sind zunächst gemäß Klausel 1 lit. a i.V.m. Art. 28 Abs. 1 der EG-Datenschutzrichtlinie die nationalen **Aufsichtsbehörden** (vgl. Art. 4 Nr. 21 DSGVO) zu verstehen. Der Wortlaut der Klausel ist jedoch dahingehend uneindeutig, ob durch die Formulierung „die Kontrollstelle" eine Festlegung auf eine bestimmte Aufsichtsbehörde erfolgen soll oder ob der Betroffene eine Kontrollstelle seiner Wahl mit der Durchführung des Schlichtungsverfahrens betrauen kann. Sowohl die Bezugnahme auf den Ort der Niederlassung des Datenexporteurs in lit. b, sowie auf die für ihn zuständige Aufsichtsbehörde in Klausel 8 Abs. 1[128], als auch die ausdrückliche Bezugnahme der EU-Kommission auf ein etwaiges Schlichtungsverfahren bei der für den Datenexporteur zuständigen Kontrollstelle[129] sprechen hingegen dafür, dass sich der Betroffene an die für den Datenexporteur zuständige Kontrollstelle zu wenden hat, sofern er beabsichtigt, ein Schlichtungsverfahren einzuleiten. Zu beachten ist ferner, dass ein Schlichtungsverfahren bei der zuständigen Aufsichtsbehörde nur möglich ist, sofern diese ein solches auch vorsieht[130]. Ungeachtet dessen kann der Betroffene stets eine „unabhängige Person" mit dem Schlichtungsverfahren betrauen, ohne geografisch auf die für den Datenexporteur zuständigen Einrichtungen beschränkt zu sein; hierunter werden wohl auch andere Aufsichtsbehörden, als lediglich die für den Datenexporteur zuständige, zu fassen sein.

28.87 Vor einer etwaigen Erschwerung oder sogar Abschneidung der Durchsetzung der Betroffenenrechte schützt die Möglichkeit der mehrfachen Inanspruchnahme gem. Abs. 2.

28.88 Klausel 7 gilt nur zugunsten der Betroffenen, nicht der Vertragsparteien.

---

126 *Wagner/Blaufuß*, BB 2012, 1751 (1755).
127 *Räther/Seitz*, MMR 2002, 520 (525).
128 Vgl. *Räther/Seitz*, MMR 2002, 520 (525).
129 Erwägungsgrund 21 zu den EU-Standardvertragsklauseln zur Auftragsverarbeitung.
130 Erwägungsgrund 21 zu den EU-Standardvertragsklauseln zur Auftragsverarbeitung.

9. Zusammenarbeit mit Kontrollstellen (Klausel 8)

M 28.1.8 Zusammenarbeit mit Kontrollstellen 28.89

8. Zusammenarbeit mit Kontrollstellen

(1) Der Datenexporteur erklärt sich bereit, eine Kopie dieses Vertrags bei der Kontrollstelle zu hinterlegen, wenn diese es verlangt oder das anwendbare Datenschutzrecht es so vorsieht.

(2) Die Parteien vereinbaren, dass die Kontrollstelle befugt ist, den Datenimporteur und etwaige Unterauftragsverarbeiter im gleichen Maße und unter denselben Bedingungen einer Prüfung zu unterziehen, unter denen die Kontrollstelle gemäß dem anwendbaren Datenschutzrecht auch den Datenexporteur prüfen müsste.

(3) Der Datenimporteur setzt den Datenexporteur unverzüglich über Rechtsvorschriften in Kenntnis, die für ihn oder etwaige Unterauftragsverarbeiter gelten und eine Prüfung des Datenimporteurs oder von Unterauftragsverarbeitern gemäß Absatz 2 verhindern. In diesem Fall ist der Datenexporteur berechtigt, die in Klausel 5 Buchst. b vorgesehenen Maßnahmen zu ergreifen.

Da für die Untersuchung, ob Betroffenenrechte durch eine Auftragsverarbeitung verletzt sind, in der 28.90 Regel die Kenntnis des Vertragstexts notwendig ist[131], sieht **Klausel 8 Abs. 1** vor, dass eine **Kopie des Vertrags** bei der Kontrollstelle zu hinterlegen ist, soweit diese danach verlangt. Außerdem wird die Kontrollstelle mit **Prüfungsrechten** ausgestattet (**Klausel 8 Abs. 2**). **Klausel 8 Abs. 3** gewährt dem Datenexporteur ein Rücktrittsrecht, soweit Rechtsvorschriften eine Prüfung von Datenimporteur und Unterauftragsverarbeiter durch die Kontrollstellen verhindern; ferner verpflichtet die Regelung den Datenimporteur, ein solches Hindernis dem Datenexporteur mitzuteilen. Dieses soll die Daten vor einem Missbrauch schützen.

10. Anwendbares Recht (Klausel 9)

M 28.1.9 Anwendbares Recht 28.91

9. Anwendbares Recht

Für diese Klauseln gilt das Recht des Mitgliedstaats, in dem der Datenexporteur niedergelassen ist, nämlich: [Deutschland].

Klausel 9 legt fest, welches Recht auf die EU-Standardvertragsklauseln anzuwenden ist. Ist der Daten- 28.92 exporteur in einem anderen Mitgliedstaat der EU als Deutschland niedergelassen, muss dieser Mitgliedstaat entsprechend eingetragen werden. Klausel 9 schränkt die den Parteien grundsätzlich gem. Art. 3 Abs. 1 Rom-I VO zustehende freie Wahl des auf den Vertrag anwendbaren Rechts ein. Der Grund hierfür ist, dass die in EU-Standardvertragsklauseln zur Auftragsverarbeitung enthaltenen Regelungskomplexe primär ein angemessenes Datenschutzniveau bei der datenempfangenden Stelle i.S.d. Art. 46 Abs. 1 DSGVO herstellen sollen; das Vertragsverhältnis ist demnach vornehmlich als öffentlich-rechtlich, hingegen weniger als privatrechtliche Vereinbarung zu begreifen. So sollen die EU-Standardvertragsklauseln in erster Linie die Zulässigkeit der Datenweitergabe an Auftragsverarbeiter in Drittländern und erst nachgelagert zwischenparteiliche Abreden regeln. Wie sich aus dem Wortlaut von Klausel 9 ergibt, gilt das festzulegende Recht lediglich „für diese Klauseln". Dies bedeutet, dass für einen möglichen Hauptvertrag ein anderes Recht vereinbart werden kann. Zu beachten ist ferner, dass

---

131 Vgl. Erwägungsgrund 11 zu den EU-Standardvertragsklauseln zur Auftragsverarbeitung.

auch der Anhang zu diesen Standardvertragsklauseln als „Klausel" zu verstehen ist, so dass auch dort die Vereinbarung eines abweichenden Rechts nach Klausel 9 unzulässig ist.

11. Vertragsänderung (Klausel 10)

28.93 **M 28.1.10 Änderung des Vertrags**

10. Änderung des Vertrags

Die Parteien verpflichten sich, die Klauseln nicht zu verändern. Es steht den Parteien allerdings frei, erforderlichenfalls weitere, geschäftsbezogene Klauseln aufzunehmen, sofern diese nicht im Widerspruch zu der Klausel stehen.

28.94 Grundsätzlich sind die EU-Standardvertragsklauseln zur Auftragsverarbeitung nicht veränderbar (Klausel 10), sofern von der Befreiung von dem grundsätzlichen **Genehmigungsvorbehalt** seitens der Aufsichtsbehörden profitiert werden soll (Ausnahme Rz. 28.33). Soweit sich die Vertragsparteien entscheiden, die Klauseln zu verändern, handelt es sich vor diesem Hintergrund nicht mehr um EU-Standardvertragsklauseln, sondern um individuell verhandelte „Ad-hoc-Verträge"[132]; dies bedeutet, dass diese Klauseln dann genehmigungsbedürftig sind (Art. 46 Abs. 3 lit. a DSGVO).

28.95 Die Parteien können aber weitere **Klauseln** vereinbaren, „sofern diese nicht im Widerspruch zu der Klausel stehen". Möglich sind Klauseln über die **Dauer** und den **Gegenstand** des Auftrags, sowie die **Unterauftragsverarbeitung** (siehe Rz. 28.96 ff.). Die DSGVO ermutigt Verantwortliche und Auftragsverarbeiter sogar dazu, zusätzliche Klauseln zu vereinbaren, die zusätzliche Garantien bieten[133]. Weitere geschäftsbezogene Klauseln könnten solche über **Streitbeilegung zwischen den Vertragsparteien, Kostenteilung** und **Vertragsbeendigung** sein[134].

12. Unteraufträge (Klausel 11)

28.96 **M 28.1.11 Vergabe eines Unterauftrags**

11. Vergabe eines Unterauftrags

(1) Der Datenimporteur darf ohne die vorherige schriftliche Einwilligung des Datenexporteurs keinen nach den Klauseln auszuführenden Verarbeitungsauftrag dieses Datenexporteurs an einen Unterauftragnehmer vergeben. Vergibt der Datenimporteur mit Einwilligung des Datenexporteurs Unteraufträge, die den Pflichten der Klauseln unterliegen, ist dies nur im Wege einer schriftlichen Vereinbarung mit dem Unterauftragsverarbeiter möglich, die diesem die gleichen Pflichten auferlegt, die auch der Datenimporteur nach den Klauseln erfüllen muss. Sollte der Unterauftragsverarbeiter seinen Datenschutzpflichten nach der schriftlichen Vereinbarung nicht nachkommen, bleibt der Datenimporteur gegenüber dem Datenexporteur für die Erfüllung der Pflichten des Unterauftragsverarbeiters nach der Vereinbarung uneingeschränkt verantwortlich.

(2) Die vorherige schriftliche Vereinbarung zwischen dem Datenimporteur und dem Unterauftragsverarbeiter muss gemäß Klausel 3 auch eine Drittbegünstigtenklausel für Fälle enthalten, in denen die betroffene Person nicht in der Lage ist, einen Schadensersatzanspruch gemäß Klausel 6 Abs. 1 gegenüber dem Datenexporteur oder dem Datenimporteur geltend zu machen, weil diese faktisch oder rechtlich nicht mehr bestehen oder zahlungsunfähig sind und kein Rechtsnachfolger durch Vertrag oder kraft Gesetzes sämtliche

---

132 *Art. 29-Datenschutzgruppe*, WP 176 v. 12.7.2010, S. 5, https://ec.europa.eu/justice/article-29/documentation/opinion-recommendation/files/2010/wp176_en.pdf (letzter Aufruf: 8.12.2020).
133 Erwägungsgrund 109 der DSGVO; *Schröder* in Kühling/Buchner, Art. 46 DSGVO Rz. 32.
134 *Moos*, CR 2010, 281 (285); *Kuner/Hladjk*, RDV 2005, 193 (200).

rechtlichen Pflichten des Datenexporteurs oder des Datenimporteurs übernommen hat. Eine solche Haftpflicht des Unterauftragsverarbeiters ist auf dessen Verarbeitungstätigkeiten nach den Klauseln beschränkt.

(3) Für Datenschutzbestimmungen im Zusammenhang mit der Vergabe von Unteraufträgen über die Datenverarbeitung gemäß Absatz 1 gilt das Recht des Mitgliedstaats, in dem der Datenexporteur niedergelassen ist, nämlich: [Deutschland].

(4) Der Datenexporteur führt ein mindestens einmal jährlich zu aktualisierendes Verzeichnis der mit Unterauftragsverarbeitern nach den Klauseln geschlossenen Vereinbarungen, die vom Datenimporteur nach Klausel 5 Buchst. j übermittelt wurden. Das Verzeichnis wird der Kontrollstelle des Datenexporteurs bereitgestellt.

a) Ratio

Die in dieser Version der EU-Standardvertragsklauseln neu aufgenommene Klausel 11 umfasst erstmals die **„Kettenauslagerung"**, also eine Unterauftragsverarbeitung durch Unterauftragsverarbeiter[135]. Eine Unterauftragsverarbeitung war zwar bereits in der **Vergangenheit** möglich. Der Datenexporteur musste jedoch die Standardvertragsklauseln selbst mit dem Unterauftragsverarbeiter abschließen, wenngleich er sich hierbei vom Datenimporteur vertreten lassen konnte. Der Datenimporteur konnte diesem Vertragsverhältnis alternativ beitreten[136]. Diese Art der Unterauftragsverarbeitung wird auch „unechte" Unterauftragsverarbeitung genannt. Eine solche unmittelbare Vereinbarung zwischen Datenexporteur und Unterauftragsverarbeiter ist weiterhin möglich, wie aus Klausel 4 lit. i geschlossen werden kann.

28.97

Auch wenn der Auftraggeber als **Datenexporteur von dem Auftragnehmer vertreten** und die Kontrollpflichten des Auftraggebers an den Auftragnehmer delegiert werden konnten, verblieb früher ein erheblicher administrativer Aufwand, alle Unterauftragsverarbeiter zu überblicken[137]. Zudem hatte nicht jeder Auftraggeber ein Interesse daran, eine Generalvollmacht zum Abschluss von Unterauftragsverarbeitungsverträgen zu erklären[138]. Wollten die Parteien den **„echten Unterauftrag"**, also einen Vertrag zwischen Auftragnehmer und Unterauftragsverarbeiter, früher vertraglich im Auftragsverarbeitungsvertrag zum Datenexport vereinbaren, hätte dies aufgrund der notwendigen Änderung des Vertragstexts eine **Genehmigung** der Aufsichtsbehörde erfordert, vgl. Art. 46 Abs. 3 lit. a DSGVO[139]. Gegenwärtig ist eine solch unpraktikable Vertragskonstellation noch stets erforderlich (siehe Rz. 28.26), sofern der **Datenimporteur innerhalb der EU** ansässig ist und ein **Unterauftragsverarbeiter in einem Drittland** eingeschaltet werden soll.

28.98

Für den Regelfall der Standardvertragsklauseln (Datenimporteur **und** Unterauftragsverarbeiter im Drittland ansässig) ist die Weitergabe personenbezogener Daten an den Unterauftragsverarbeiter gemäß Klausel 11 Abs. 1 Satz 2 nur auf Grundlage der EU-Standardvertragsklauseln zur Auftragsverarbeitung möglich[140]. Unerheblich ist daher, ob auf der zweiten Prüfungsstufe (Rz. 28.5, siehe hierzu auch unter Rz. 26.4) zwischen Datenimporteur und Unterauftragsverarbeiter bereits Binding-Corporate-Rules etabliert worden sind (insbesondere im Rahmen von Konzernstrukturen), oder ob der Unterauftragsverarbeiter über eine relevante Zertifizierung (wie etwa früher nach dem EU-U.S.-Privacy Shield, vgl. hierzu oben Rz. 28.22) verfügt[141]. Für verbundene Unternehmen stellt dies einen enorm

28.99

---

135 *Moos*, CR 2010, 281 (282 f.); *Schreibauer/Moritz*, ITRB 2010, 73.

136 *Hillenbrandt-Beck*, RDV 2007, 231 (234); Hess. LT-Drucks. 18/1015, 30 ff.; *v. d. Bussche* in Plath, Art. 46 DSGVO Rz. 38 f.; *Lensdorf*, CR 2010, 735 (736); *Moos*, CR 2010, 281 (283); siehe hierzu die Beispielsregelung im Muster in Teil 2, Rz. 8.5 (Ziff. 7.4) und die dortige Erläuterung in Rz. 8.72 ff.

137 *v. d. Bussche* in Plath, Art. 46 DSGVO Rz. 38; *Lensdorf*, CR 2010, 735 (736); *Moos*, CR 2010, 281 (283).

138 *Moos*, CR 2010, 281 (283).

139 *Moos*, CR 2010, 281 (283).

140 Krit. auch *Moos*, CR 2010, 281 (284).

141 *Moos*, CR 2010, 281 (285).

gesteigerten, aus datenschutzrechtlicher Sicht zuweilen unnötigen bürokratischen Aufwand dar, zumal nicht ersichtlich ist, warum EU-Standardvertragsklauseln pauschal ein höheres Datenschutzniveau zu attestieren sei als Binding-Corporate-Rules[142]. So ist zu beachten, dass Binding-Corporate-Rules schließlich ebenfalls von der zuständigen Aufsichtsbehörde überprüft und genehmigt worden sind[143].

28.100 Auch eine Weitergabe der Daten an Unterauftragsverarbeiter in „sicheren" Drittstaaten kann nur nach Maßgabe der EU-Standardvertragsklauseln durchgeführt werden, obwohl es sich insofern um einen Datenrückimport – zwar nicht in den Geltungsbereich der EG-Datenschutzrichtlinie, jedoch in einen Drittstaat, dem die EU-Kommission ein angemessenes Datenschutzniveau attestiert hat – handelt (vgl. bereits Rz. 28.7). So muss nach Ansicht der deutschen Aufsichtsbehörden eine Übermittlung personenbezogener Daten an einen deutschen Unterauftragsverarbeiter letztlich auch nicht den Anforderungen der Art. 45 ff. DSGVO entsprechen (vgl. bereits Rz. 28.25 f.).

b) Voraussetzungen der Vergabe von Unteraufträgen

28.101 Die strengen Voraussetzungen der Klausel 11 sollen sicherstellen, dass die personenbezogenen Daten auch bei der Verarbeitung durch Unterauftragsverarbeiter geschützt sind. Sie entsprechen den Vorgaben der Art. 28 Abs. 2, Abs. 3 Satz 2 lit. d, Abs. 4 DSGVO. Der Datenexporteur muss der Vergabe von Unteraufträgen schriftlich zustimmen (**Klausel 11 Abs. 1 Satz 1**). Eine generelle Zustimmung in die Unterauftragsvergabe ist möglich[144]. In diesem Fall ist allerdings zu berücksichtigen, dass der Datenimporteur den Datenexporteur unverzüglich über jede beabsichtigte Änderung in Bezug auf die Hinzuziehung oder die Ersetzung anderer Auftragsverarbeiter informieren muss (siehe Rz. 28.124), woraufhin eine Einspruchsmöglichkeit des Verantwortlichen entsteht[145]. Alternativ können sich die Parteien auch auf eine im Vorfeld festgelegte Auflistung von potentiellen Unterauftragsverarbeitern einigen. Der Unterauftrag muss schriftlich erteilt werden und dem Unterauftraggeber die gleichen Pflichten wie dem Datenimporteur auferlegen (**Klausel 11 Abs. 1 Satz 2**). Der Datenimporteur haftet gegenüber dem Datenexporteur für jegliche Schlecht- und Nichtleistungen des Unterauftragsverarbeiters im Zusammenhang mit der Datenverarbeitung (**Klausel 11 Abs. 1 Satz 3**).

28.102 Der Unterauftragsvertrag muss eine Drittbegünstigtenklausel (Rz. 28.44 ff.) enthalten (**Klausel 11 Abs. 2**).

28.103 Des Weiteren hat der Datenexporteur ein Verzeichnis über sämtliche Unteraufträge zu führen, welches einmal im Jahr aktualisiert wird (**Klausel 11 Abs. 4**).

13. Vertragsbeendigung (Klausel 12)

28.104 **M 28.1.12 Pflichten nach Beendigung der Datenverarbeitungsdienste**

12. Pflichten nach Beendigung der Datenverarbeitungsdienste

(1) Die Parteien vereinbaren, dass der Datenimporteur und der Unterauftragsverarbeiter bei Beendigung der Datenverarbeitungsdienste je nach Wunsch des Datenexporteurs alle übermittelten personenbezogenen Daten und deren Kopien an den Datenexporteur zurückschicken oder alle personenbezogenen Daten zerstören und dem Datenexporteur bescheinigen, dass dies erfolgt ist, sofern die Gesetzgebung, der der Datenimporteur unterliegt, diesem die Rückübermittlung oder Zerstörung sämtlicher oder Teile der übermittelten personenbezogenen Daten nicht untersagt. In diesem Fall garantiert der Datenimporteur, dass er die Vertrau-

---

142 Vgl. *Moos*, CR 2010, 281 (285).
143 Siehe hierzu im Detail die Erläuterungen in Teil 5, Rz. 31.14.
144 *Art. 29-Datenschutzgruppe*, WP 176 v. 12.7.2010, S. 5, https://ec.europa.eu/justice/article-29/documentation/opinion-recommendation/files/2010/wp176_en.pdf (letzter Aufruf: 8.12.2020).
145 *Hartung* in Kühling/Buchner, Art. 28 DSGVO Rz. 88.

lichkeit der übermittelten personenbezogenen Daten gewährleistet und diese Daten nicht mehr aktiv weiterverarbeitet.

(2) Der Datenimporteur und der Unterauftragsverarbeiter garantieren, dass sie auf Verlangen des Datenexporteurs und/oder der Kontrollstelle ihre Datenverarbeitungseinrichtungen zur Prüfung der in Absatz 1 genannten Maßnahmen zur Verfügung stellen.

Klausel 12 entspricht den Anforderungen des **Art. 28 Abs. 3 Satz 2 lit. g DSGVO**. Es bedarf allerdings zusätzlich einer weiteren Präzisierung im Anhang (hierzu Rz. 28.130). 28.105

Klausel 12 Abs. 1 verpflichtet den Datenimporteur und den Unterauftragsverarbeiter, nach Beendigung der Datenverarbeitungsdienste – je nach Wunsch des Datenexporteurs – alle übermittelten personenbezogenen Daten und alle Kopien hiervon zurückzuschicken oder diese zu zerstören und dem Datenexporteur die Zerstörung zu bescheinigen. Unterliegt der Datenimporteur einer Gesetzgebung, die die Rückübermittlung oder Zerstörung untersagt, garantiert der Datenimporteur, die Vertraulichkeit der Daten zu gewährleisten und die Daten nicht mehr aktiv weiterzuverarbeiten (**Klausel 12 Abs. 1 Satz 2**). 28.106

Klausel 12 Abs. 2 verpflichtet den Datenimporteur, dem Datenexporteur und den Kontrollstellen zur Kontrolle der Maßnahmen nach Klausel 12 Abs. 1 Zugriff auf seine Datenverarbeitungseinrichtungen zu gewähren, wenn diese dies verlangen. 28.107

IV. Anhang 1 zu den Standardvertragsklauseln

M 28.1.13 Anhang 1 zu den Standardvertragsklauseln 28.108

Anhang 1 zu den Standardvertragsklauseln

Dieser Anhang ist Bestandteil der Klauseln und muss von den Parteien ausgefüllt und unterzeichnet werden. Die Mitgliedstaaten können entsprechend den nationalen Verfahren Zusatzangaben, die in diesem Anhang enthalten sein müssen, ergänzen.

Datenexporteur

Der Datenexporteur ist (bitte erläutern Sie kurz Ihre Tätigkeiten, die für die Übermittlung von Belang sind): [bitte ausfüllen].

Datenimporteur

Der Datenimporteur ist (bitte erläutern Sie kurz Ihre Tätigkeiten, die für die Übermittlung von Belang sind): ... [bitte ausfüllen].

Betroffene Personen

Die übermittelten personenbezogenen Daten betreffen folgende Kategorien betroffener Personen (bitte genau angeben):

Der Kreis von Personen, die von der Erhebung, Verarbeitung oder Nutzung personenbezogener Daten betroffen sind bestimmt sich nach Ziffer [bitte ausfüllen] des Hauptvertrags ... [Name/Datum].

Kategorien von Daten

Die übermittelten personenbezogenen Daten gehören zu folgenden Datenkategorien (bitte genau angeben):

Die Kategorien übermittelter personenbezogener Daten entsprechen den in Ziffer ... [bitte ausfüllen] des Hauptvertrags ... [Name/Datum] bestimmten Kategorien.

Besondere Kategorien von Daten (falls zutreffend)

Die übermittelten personenbezogenen Daten umfassen folgende besondere Datenkategorien (bitte genau angeben):

Die Kategorien besonderer personenbezogener Daten ergeben sich aus Ziffer ... [bitte ausfüllen] des ... [Name/Datum] Hauptvertrags.

Verarbeitung

Die übermittelten personenbezogenen Daten werden folgenden grundlegenden Verarbeitungsmaßnahmen unterzogen ... (bitte genau angeben):

1. Gegenstand

Der Gegenstand des Auftrags ergibt sich aus Ziffer ... [bitte ausfüllen] des Hauptvertrags ... [Name/Datum].

2. Dauer

Diese Vereinbarung gilt, solange der Hauptvertrag ... [Name/Datum] zwischen den Parteien besteht.

3. Umfang, Art und Zweck

Umfang, Art und Zweck der Erhebung, Verarbeitung oder Nutzung personenbezogener Daten ergibt sich aus Ziffer [bitte ausfüllen] des Hauptvertrags ... [Name/Datum].

4. Unteraufträge

Der Datenexporteur gibt seine generelle Einwilligung zur Erteilung von Unteraufträgen durch den Datenimporteur. Der Datenimporteur informiert den Datenexporteur unverzüglich über jede beabsichtigte Änderung in Bezug auf die Hinzuziehung oder die Ersetzung anderer Auftragsverarbeiter, wodurch der Datenexporteur die Möglichkeit erhält, derartige Änderungen zu untersagen.

5. Weisungsbefugnisse

a) *Der Umgang mit den Daten erfolgt ausschließlich im Rahmen der getroffenen Vereinbarungen und nach Weisung des Datenexporteurs. Insbesondere dürfen die erhobenen, verarbeiteten oder genutzten personenbezogenen Daten nur auf Anweisung des Datenexporteurs berichtigt, gelöscht oder gesperrt werden.*

   Auskünfte an Dritte oder den Betroffenen darf der Datenimporteur nur nach vorheriger schriftlicher Zustimmung durch den Datenexporteur erteilen.

b) *Kopien und Duplikate werden ohne Wissen des Datenexporteurs nicht erstellt. Hiervon ausgenommen sind Sicherheitskopien, soweit sie zur Gewährleistung einer ordnungsgemäßen Datenverarbeitung erforderlich sind, sowie Daten, die im Hinblick auf die Einhaltung gesetzlicher Aufbewahrungspflichten erforderlich sind.*

c) *Alle Weisungen sind schriftlich zu erteilen. Sollte dies im Einzelfall nicht möglich sein, wird der Datenexporteur den Datenimporteur mündlich anweisen und die Anweisung unverzüglich schriftlich oder in Textform bestätigen.*

d) *Weisungsberechtigte Personen beim Datenexporteur sind:*

   ... [Bitte eintragen: Name, Organisationseinheit, Funktion, Telefon]

   Weisungsempfänger beim Datenimporteur sind:

   ... [Bitte eintragen: Name, Organisationseinheit, Funktion, Telefon]

   Bei einem Wechsel oder einer längerfristigen Verhinderung des Ansprechpartners ist dem Vertragspartner unverzüglich schriftlich der Nachfolger bzw. der Vertreter mitzuteilen.

6. Unterstützungspflichten

Der Datenimporteur verpflichtet sich den Datenexporteur soweit möglich bei Pflichten gemäß der Art. 32 bis 36 DSGVO zu unterstützen.

7. Rückgabe überlassener Datenträger und die Löschung von Daten

Ergänzend zu Klausel 12 dieses Vertrags gilt, dass beim Datenimporteur nach Beendigung dieses Vertrags keine personenbezogenen Daten zurückbleiben dürfen, die zur Vertragserfüllung überlassen wurden. Die Löschung von Daten und die ggf. durchzuführende Vernichtung der Datenträger sind datenschutzgerecht nach dem aktuellen Stand der Technik durchzuführen. Die Löschung und die ggf. durchgeführte Vernichtung sind dem Datenexporteur schriftlich zu bestätigen. Ausgeschlossen von der Löschungspflicht sind solche personenbezogenen Daten, die von einer gesetzlichen Speicherpflicht des Datenimporteurs erfasst sind. Die Herausgabe- und Löschungspflicht des Datenimporteurs umfasst ebenfalls sämtliche vom Datenimporteur im Rahmen der Ausführung des Auftrags erstellten personenbezogenen Daten.

1. Ratio

Anhang 1 ist der **zentrale Verknüpfungspunkt** zwischen dem unveränderbaren Text der EU-Standardvertragsklauseln zur Auftragsverarbeitung in Drittländern und den individuellen vertraglichen Regelungen sowie den zusätzlichen Vorschriften zur Auftragsverarbeitung aus Art. 28 DSGVO (zur Frage der Notwendigkeit dieses Anhangs siehe Rz. 28.31 f.). Bei dem hier vorgeschlagenen Vertragsmuster handelt es sich um den unveränderten Wortlaut des Anhang 1 zu den EU-Standardvertragsklauseln für Auftragsverarbeitung, wie er von der EU-Kommission beschlossen worden ist. An erforderlicher Stelle wurde der Wortlaut entsprechend ergänzt, um die Anforderungen an eine Auftragsverarbeitung gem. Art. 28 Abs. 3 DSGVO vertraglich abzubilden. 28.109

Alternativ zur Ausgestaltung des Anhangs ist es auch möglich, entweder eine **ergänzende Auftragsverarbeitungsvereinbarung** oder **vereinzelte zusätzliche geschäftsbezogene Klauseln** abzuschließen. 28.110

2. Datenexporteur und Datenimporteur

Einzutragen sind der Name des Datenexporteurs, des Datenimporteurs i.S.d. Klausel 1 lit. b und c, sowie die entsprechende **übermittlungsrelevante Tätigkeit**. Diesbezüglich sollte eine Kurzbeschreibung der Unternehmenstätigkeit von Datenexporteur und -importeur aufgenommen werden, wobei eine zu allgemein gehaltene Beschreibung zu vermeiden und stattdessen ein Schwerpunkt auf für die zu übermittelnden personenbezogenen Daten relevanten Tätigkeitsbereiche zu legen ist. 28.111

3. Betroffene Personen

Entsprechend der Definition von betroffenen Personen (Rz. 28.41) sind alle von der Verarbeitung, Erhebung oder Nutzung personenbezogener Daten **betroffenen Personen** zu benennen. Leitet sich der Kreis der Betroffenen unmittelbar aus der Art der Datenverarbeitung bzw. der Art der zu verarbeitenden Daten ab, genügt ein Verweis im Rahmen dieses Anhangs darauf[146]. Eine gewisse **Kategorisierung und Abstrahierung** des betroffenen Personenkreises ist zulässig und bestimmt sich jeweils nach den konkret betroffenen Daten im Einzelfall; der Kreis der betroffenen Personen muss hingegen stets vertragsspezifisch abgrenzbar bleiben[147]. Werden die Daten zu **unterschiedlichen Zwecken** erhoben, ist 28.112

---

146 So schon zur alten Rechtslage *Wedde* in Däubler/Klebe/Wedde/Weichert, § 11 BDSG Rz. 40a.
147 *Gosche*, DSRI-Tagungsband 2010, 73 (76); vgl. auch *Gabel/Lutz* in Taeger/Gabel, Art. 28 DSGVO Rz. 40; einschr. *Petri* in Simitis/Hornung/Spiecker, Art. 28 DSGVO Rz. 55.

der jeweilige Personenkreis **gesondert** darzustellen[148]. Soweit der Vertrag für sich selbst stehen soll, sind anstelle des vorgeschlagenen Verweises auf einen Hauptvertrag die Kategorien der betroffenen Personen konkret zu benennen.

4. Kategorien von Daten und besondere Datenkategorien

28.113 Unter **Kategorien von Daten** sind die Arten personenbezogener Daten aufzuzählen, die von der Übermittlung betroffen sind. Hierunter fallen alle personenbezogenen Daten gem. Art. 4 Nr. 1 DSGVO, die nicht unter den Begriff der besonderen Kategorien von Daten fallen (siehe sogleich Rz. 28.114). Wie sich aus dem Wortlaut ergibt, ist eine kategorisierte Angabe ausreichend. Mögliche Datenkategorien sind Adressdaten, Beschäftigtendaten, Kundendaten usw.

28.114 Unter **Besondere Datenkategorien** sind alle besonderen Arten personenbezogener Daten i.S.d. Art. 9 Abs. 1 DSGVO zu verstehen. Zur Problematik der Weitergabe besonderer Arten personenbezogener Daten im Rahmen einer Auftragsverarbeitung im Drittland wurde bereits Stellung genommen (siehe Rz. 28.15). Soweit eine genaue Zuordnung der Daten nicht erfolgen kann (vgl. Rz. 28.42), können hier auch solche Datenkategorien eingetragen werden, die sowohl Bezug zu normalen als auch zu besonderen Arten personenbezogener Daten haben.

5. Verarbeitung

28.115 Der Gegenstand der konkreten Datenverarbeitung sowie der Umfang, die Art und der Zweck der Datenverarbeitung, -erhebung oder -nutzung sind darzustellen. Kategorisierungen und Abstrahierungen sind je nach Einzelfall bis zu einem Grad zulässig, der eine kursorische Überprüfung der relevanten Verarbeitung ermöglicht[149]. Soweit ein „Hauptvertrag" neben diesen Standardvertragsklauseln besteht, in dem die wirtschaftlichen Grundlagen der Verarbeitung niedergelegt sind und diese geforderten Angaben dort hinreichend konkret bestimmt sind, ist es ausreichend, an dieser Stelle auf die dortigen Regelungen zu verweisen. Im Einzelnen:

a) Gegenstand

28.116 Zunächst ist der **Gegenstand der konkreten Verarbeitung** darzustellen[150]. Die legitimierende Wirkung der Standardvertragsklauseln bezieht sich nur auf konkret beschriebene Übermittlungen (z.B. von Kundendaten, Daten zum Versand, Arbeitnehmerdaten); eine Generalerlaubnis wird nicht erteilt[151]. Soweit kein Hauptvertrag geschlossen wird, lautet die hier aufzunehmende Formulierung:

Der Gegenstand des Auftrags ist: [bitte ausfüllen]

b) Dauer

28.117 Der in diesem Vertragsmuster vorgeschlagene Formulierungsvorschlag ist nur anwendbar, soweit zwischen Auftraggeber und Auftragnehmer eine Hauptvereinbarung existiert. Mangelt es an einem Hauptvertrag, ist eine der folgenden Formulierungsalternativen zu wählen. Zudem kann bei fehlendem Hauptvertrag eine Regelung zur **Kündigung** aufgenommen werden.

---

148 So schon zur alten Rechtslage: *Petri* in Simitis, § 11 BDSG Rz. 72.
149 *Hartung* in Kühling/Buchner, Art. 28 DSGVO Rz. 65; *Gabel/Lutz* in Taeger/Gabel, Art. 28 DSGVO Rz. 38; *v. d. Bussche* in Plath, Art. 28 DSGVO Rz. 21.
150 *BayLDA*, RDV 2011, 154 (155).
151 So schon zur alten Rechtslage *Simitis* in Simitis, § 4c BDSG Rz. 56.

(1) Bei einem **befristeten** Auftragsverhältnis: 28.118

Der Vertrag tritt zum [Zeitpunkt des Vertragsschlusses] in Kraft und endet am [festgelegter Endzeitpunkt]. Das Recht zur Kündigung aus wichtigem Grund bleibt unberührt.

(2) Bei **unbefristetem** Auftragsverhältnis: 28.119

Der Vertrag tritt am [Zeitpunkt des Vertragsschlusses] in Kraft und wird auf unbestimmte Zeit geschlossen.

Der Vertrag ist kündbar mit einer Frist von [bitte Zahl eintragen] [Monaten/Wochen/Tagen] zum Ende des jeweiligen Kalenderjahres. Das Recht zur Kündigung aus wichtigem Grund bleibt unberührt.

Ein Recht zur Kündigung aus wichtigem Grund besteht insbesondere bei besonders schweren Vertrags- 28.120 verletzungen, bspw. wenn dem Datenexporteur vertragswidrig das Kontrollrecht i.S.d. Klauseln 5 oder 11 verweigert wird.

c) Umfang, Art, Zweck

Auch bezüglich Umfang, Art und Zweck der Datenverarbeitung kann auf einen Hauptvertrag ver- 28.121 wiesen werden. Soweit dieser nicht existiert, sind **Umfang, die Art und der Zweck in wesentlichen Grundzügen** im Anhang festzuhalten[152]. So sollte angegeben werden, welche Art personenbezogener Daten der Betroffenen (z.B. Adressdaten, Vertragsstammdaten, Abrechnungsdaten usw.) verwendet werden, sowie in welchem Umfang und zu welchem Zweck (z.B. Personalverwaltungssystem, Kundendatenbank, Lohnkostenabrechnung bzw. Entgeltabrechnung usw.) die Verarbeitung erfolgen soll.

Soweit kein Hauptvertrag besteht, auf den verwiesen wird, ist folgende alternative Formulierung zu 28.122 verwenden:

Umfang, Art und Zweck der Verarbeitung, Erhebung und Nutzung personenbezogener Daten werden wie folgt beschrieben: [bitte ausfüllen].

d) Unteraufträge

Eine Ergänzung des Anhangs um einen Punkt zu Unteraufträgen ist **empfehlenswert im Hinblick auf** 28.123 **Art. 28 Abs. 2 Satz 2 DSGVO** (vgl. Rz. 28.96 ff.). Daneben ist es unter Umständen sinnvoll, im Anhang festzuhalten, ob Unteraufträge von vornherein gewollt und in welchem Ausmaß sie beabsichtigt sind.

Die hier vorgeschlagene Fassung zur Vergabe von Unteraufträgen in Anhang 1 ist vor allem für den 28.124 **Auftragnehmer günstig**. Bei einer Erteilung einer generellen Genehmigung ist der Datenimporteur verpflichtet, den Datenexporteur unverzüglich über jede beabsichtigte Änderung in Bezug auf die Hinzuziehung oder die Ersetzung anderer Auftragsverarbeiter zu informieren, wodurch der Datenexporteur die Möglichkeit erhält, derartige Änderungen zu untersagen (Art. 28 Abs. 2 Satz 2 DSGVO)[153].

Alternativ ist es auch durch Beibehaltung der Regelung in Klausel 11 des EU-Standardvertrags für Auf- 28.125 tragsverarbeitung ohne entsprechende Ergänzung im Anhang möglich, die Gestattung von Unterauftragsverhältnissen **auftraggeberfreundlich** auf den Einzelfall zu begrenzen. Alternativ kann hier auch eine Liste seitens des Datenexporteurs „genehmigter" Unterauftragsverarbeiter aufgenommen werden.

e) Weisungsbefugnisse

Zusätzlich zu Klausel 5 bedarf es gem. Art. 28 Abs. 3 Satz 2 lit. e i.V.m. Art. 16 ff. DSGVO einer Kon- 28.126 kretisierung der Regelung über die Berichtigung, Löschung, Sperrung und Portierung von Daten. Außerdem wird durch diese Klausel die **Weisungsgebundenheit** des Auftragnehmers aus Art. 28 Abs. 1, Art. 29 DSGVO bestätigt und es wird die Auftragsverarbeitung weiter zur **Funktionsübertragung ab-**

---

152 *Plath* in Plath, Art. 28 DSGVO Rz. 21.
153 *Hartung* in Kühling/Buchner, Art. 28 DSGVO Rz. 73, 87 f.

gegrenzt. Es empfiehlt sich, für die Erteilung und Entgegennahme von Weisungen **feste Ansprechpartner** festzulegen, um widersprüchliche Weisungen zu vermeiden; zwingend ist dies jedoch nicht.

28.127 Mit der **Weisungsform unter lit. c** wird Art. 28 Abs. 3 Satz 2 lit. a DSGVO berücksichtigt, der „dokumentierte" Weisungen verlangt.

f) Unterstützungspflichten

28.128 Klausel 6 legt zusätzliche Anforderungen des Datenimporteurs hinsichtlich der **Unterstützung des Datenexporteurs** fest. Demnach muss der Datenimporteur den Datenexporteur soweit möglich bei der Einhaltung der Pflichten gem. Art. 32-36 DSGVO unterstützen. Mit dieser Klausel wird die **Anforderung des Art. 28 Abs. 3 Satz 2 lit. f DSGVO** erfüllt[154].

28.129 Diese Pflicht umfasst insbesondere die Unterstützung bei Datenschutz-Folgenabschätzungen, vorherigen Konsultationen von Datenschutzbehörden, Meldungen von Verstößen an Datenschutzbehörden und Benachrichtigungen des Betroffenen bei Datenschutzverstößen[155].

g) Rückgabe überlassener Datenträger und die Löschung gespeicherter Daten bei Beendigung des Auftrags

28.130 Der letzte Ergänzungspunkt des Anhang 1 präzisiert die Abwicklung des Auftragsverhältnisses bei **Vertragsbeendigung.** In der Praxis tritt immer wieder das Problem auf, dass der Datenexporteur die übermittelten personenbezogenen Daten zurückhaben möchte, bzw. sicherstellen will, dass keine weiteren Daten beim Datenimporteur verbleiben[156]. Gemäß **Art. 28 Abs. 3 Satz 2 lit. g DSGVO** müssen Rückgabe- und Löschungspflichten des Datenimporteurs nach Beendigung der Auftragsverarbeitung vertraglich festgehalten werden. Diese beziehen sich einerseits auf den Umfang der zurück zu gewährenden Daten. So wird der Datenexporteur regelmäßig ebenfalls ein Interesse an der Herausgabe der durch die Auftragsverarbeitung geschaffenen Daten, mithin der Verarbeitungsergebnisse haben; die Rückgabepflicht ist entsprechend weit zu formulieren[157]. Auch etwaig bestehende **Aufbewahrungspflichten** bzw. ein legitimes Aufbewahrungsinteresse des Datenimporteurs zu bspw. Abrechnungszwecken sind jedoch zu berücksichtigen[158].

V. Anhang 2 zu den Standardvertragsklauseln

28.131 **M 28.1.14 Anhang 2 zu den Standardvertragsklauseln**

Anhang 2 zu den Standardvertragsklauseln

Dieser Anhang ist Bestandteil der Klauseln und muss von den Parteien ausgefüllt und unterzeichnet werden.

Beschreibung der technischen oder organisatorischen Sicherheitsmaßnahmen, die der Datenimporteur gemäß Klausel 4 Buchst. d und Klausel 5 Buchst. c eingeführt hat (oder Dokument/Rechtsvorschrift beigefügt):

1. Zutrittskontrolle

Maßnahmen, damit Unbefugten der Zutritt zu den Datenverarbeitungsanlagen verwehrt wird, mit denen personenbezogene Daten verarbeitet werden: … [bitte ausfüllen].

---

154 *Hartung* in Kühling/Buchner, Art. 28 DSGVO Rz. 75.
155 *Hartung* in Kühling/Buchner, Art. 28 DSGVO Rz. 75 f.
156 *Bierekoven* in Redeker, Kap. 7.2 Rz. 104.
157 *Bierekoven* in Redeker, Kap. 7.2 Rz. 105a.
158 *Bierekoven* in Redeker, Kap. 7.2 Rz. 109f.

2. Zugangskontrolle

Maßnahmen, die verhindern, dass Unbefugte die Datenverarbeitungsanlagen und -verfahren benutzen: …
[bitte ausfüllen].

3. Zugriffskontrolle

Maßnahmen, die gewährleisten, dass die zur Benutzung der Datenverarbeitungsverfahren Befugten ausschließlich auf die ihrer Zugriffsberechtigung unterliegenden personenbezogenen Daten zugreifen können, und dass personenbezogene Daten bei der Verarbeitung, Nutzung und nach der Speicherung nicht unbefugt gelesen, kopiert, verändert oder entfernt werden können: … [bitte ausfüllen].

4. Weitergabekontrolle

Maßnahmen, die gewährleisten, dass personenbezogene Daten bei der elektronischen Übertragung oder während ihres Transports oder ihrer Speicherung auf Datenträger nicht unbefugt gelesen, kopiert, verändert oder entfernt werden können, und dass überprüft und festgestellt werden kann, an welche Stellen eine Übermittlung personenbezogener Daten durch Einrichtungen zur Datenübertragung vorgesehen ist: … [bitte ausfüllen].

5. Eingabekontrolle

Maßnahmen, die gewährleisten, dass nachträglich überprüft und festgestellt werden kann, ob und von wem personenbezogene Daten in Datenverarbeitungs-Systeme eingegeben, verändert oder entfernt worden sind: … [bitte ausfüllen].

6. Auftragskontrolle

Maßnahmen, die gewährleisten, dass personenbezogene Daten, die im Auftrag verarbeitet werden, nur entsprechend den Weisungen des Auftraggebers verarbeitet werden können: … [bitte ausfüllen].

7. Verfügbarkeitskontrolle

Maßnahmen, die gewährleisten, dass personenbezogene Daten gegen zufällige oder mutwillige Zerstörung oder Verlust geschützt sind: … [bitte ausfüllen].

8. Trennungskontrolle

Maßnahmen, die gewährleisten, dass zu unterschiedlichen Zwecken erhobene Daten getrennt verarbeitet werden können: … [bitte ausfüllen].

9. Sonstige Maßnahmen

Sonstige Maßnahmen, die geeignet sind, die innerbetriebliche Organisation so zu gestalten, dass sie den besonderen Anforderungen des Datenschutzes gerecht wird: … [bitte ausfüllen].

1. Ratio

Im Rahmen des hier vorgeschlagenen Vertragsmusters wurde die Anlage 2 der EU-Standardvertragsklauseln für Auftragsverarbeitung durch Angaben bezüglich der zu ergreifenden technischen und organisatorischen Maßnahmen gem. Art. **28 Abs. 3 Satz 2 lit. c i.V.m. Art. 32 DSGVO** konkretisiert bzw. ergänzt. 28.132

2. Technische und organisatorische Sicherheitsmaßnahmen

28.133 Die im Anhang 2 aufgelisteten Nr. 1–9 decken die gem. Art. **28 Abs. 3 Satz 2 lit. c i.V.m. Art. 32 DSGVO** zu ergreifenden technischen und organisatorischen Maßnahmen ab. Sie orientieren sich an der Anlage zu § 9 Satz 1 BDSG a.F., auf die als Leitlinie weiterhin zurückgegriffen werden kann[159].

28.134 Gemäß Art. 28 Abs. 1 DSGVO sowie Klausel 4 der EU-Standardvertragsklauseln für Auftragsverarbeitung muss der Auftraggeber regelmäßig sicherstellen, dass die technischen und organisatorischen Maßnahmen vom Auftragnehmer eingehalten werden (ausf. siehe Rz. 28.58)[160]. Pauschale Angaben zum Einhalten der Schutzziele des Art. 32 DSGVO genügen genauso wenig wie ein schlichtes Einbeziehen der Schutzziele von Art. 32 DSGVO[161]. Soweit bereits ein **vorhandenes Sicherheitskonzept des Datenimporteurs** entsprechend den Anforderungen des Art. 32 DSGVO besteht, kann auch auf dieses in einer weiteren Anlage verwiesen werden[162].

28.135 Unter **Zutrittskontrolle** sind Maßnahmen zu verstehen, die gewährleisten, dass Unbefugten der Zutritt zu den Datenverarbeitungsanlagen verwehrt wird, mit denen personenbezogene Daten verarbeitet werden. Dieses kann z.B. ein Ausweisleser, eine kontrollierte Schlüsselvergabe, ein Pförtner oder eine Alarmanlage sein.

28.136 **Zugangskontrolle** umfasst die technischen und organisatorischen Maßnahmen, die verhindern, dass Unbefugte die Datenverarbeitungsanlagen und -verfahren benutzen. In **technischer Hinsicht** fallen hierunter bspw. ein Kennwort- bzw. Passwortschutz, sei es durch einen Zahlencode oder ein individuell gestaltetes Nutzerkennwort[163]. Sicherer als Passwörter sind Hardware-Tokens, also digitale Schlüssel in Form von Transpondern, USB-Sticks oder anderweitigen Dongles[164]. Als **organisatorische Maßnahmen** sind bspw. das Festlegen eines Benutzerstammsatzes mit fest zugeordneten Benutzerkonten möglich[165].

28.137 Außerdem fallen unter die Zugangskontrolle automatische Maßnahmen zur Sperrung des Zugangs zu den personenbezogenen Daten und die **Verschlüsselung** von Datenträgern. Durch ein fragmentiertes Speichern der Daten bei verschiedenen Unterauftragnehmern kann außerdem verhindert werden, dass Insider-Angriffe durch Mitarbeiter des Auftragnehmers bzw. Unterauftragnehmers durchgeführt werden, da ein Zugang erschwert wird. Außerdem ist Teil der Zugangskontrolle die regelmäßige Systempflege, da durch mangelndes „Patching" bestehende Sicherheitslücken ausgenutzt werden können. Eine weitere wichtige Maßnahme für die Zugangskontrolle ist das **Schlüsselmanagement**, d.h. die Zuordnung von Schlüsseln und der Schutz dieser vor unberechtigtem Zugriff.

28.138 **Zugriffskontrolle** ist die bedarfsorientierte Ausgestaltung des **Berechtigungskonzepts** und der Zugriffsrechte sowie die Überwachung und Protokollierung der Zugriffsrechte, so dass gewährleistet ist, dass die zur Benutzung der Datenverarbeitungsverfahren Befugten ausschließlich auf die ihrer Zugriffsberechtigung unterliegenden personenbezogenen Daten zugreifen können. Dies kann bspw. durch differenzierte Zugriffsberechtigungen, aber auch durch Auswertungen des Zugriffsverhaltens,

---

159 *Grages* in Plath, Art. 32 DSGVO Rz. 4.
160 *Plath* in Plath, Art. 28 DSGVO Rz. 7; *Spoerr* in BeckOK DatenschutzR, Art. 28 DSGVO Rz. 35.
161 *Spoerr* in BeckOK DatenschutzR, Art. 28 DSGVO Rz. 71; *Gosche*, DSRI-Tagungsband 2010, 73 (76); *Freise*, DSRI-Tagungsband 2010, 161 (169).
162 *Gosche*, DSRI-Tagungsband 2010, 73 (76).
163 GDD, Muster: Auftrag gem. § 11 BDSG, https://www.gdd.de/downloads/Mustervereinbarung_a7_11_BDSG.doc (letzter Aufruf: 8.12.2020).
164 *Schröder/Haag*, ZD 2012, 495 (498).
165 GDD, Muster: Auftrag gem. § 11 BDSG, https://www.gdd.de/downloads/Mustervereinbarung_a7_11_BDSG.doc (letzter Aufruf: 8.12.2020).

Registrieren von Veränderungen im Zugriff und bei Bedarf Löschungen von Zugriffsberechtigungen erfolgen[166].

Die **Weitergabekontrolle** regelt die Vorkehrungen bei der Weitergabe personenbezogener Daten. Hier   28.139
sind Maßnahmen bei Transport, Übertragung und Übermittlung oder Speicherung auf Datenträgern
(manuell oder elektronisch) zu nennen. Wie schon bei der Zugangs- und Zugriffskontrolle ist auch bei
Maßnahmen der Weitergabekontrolle auf eine zeitgemäße Verschlüsselung zu achten[167]. Neben der
Verschlüsselung kann bei der Weitergabe von Daten auch eine Tunnelverbindung (bspw. ein **Virtual
Private Network, VPN**) oder eine **elektronische Signatur** benutzt werden.

Die **Eingabekontrolle** beinhaltet die Nachvollziehbarkeit und Dokumentation bei der Datenverwal-   28.140
tung und Datenpflege. Dies beinhaltet Maßnahmen zur nachträglichen Überprüfung, ob und von
wem Daten eingegeben, verändert oder gelöscht worden sind. Nach Ansicht der deutschen Aufsichtsbehörden sind die Hauptgründe für Verletzungen des Datenschutzrechts fehlende Kontrolle und man-
gelnde Transparenz[168]. Durch automatisch generierte Systemprotokolle lässt sich diese Hauptursache
von Datenschutzverletzungen verringern[169]. Das Regierungspräsidium Darmstadt schlägt vor, solche
Systemprotokolle drei Jahre lang beim Datenimporteur aufbewahren zu lassen[170]. Für eine ausreichende Kontrolle gem. Art. 28 Abs. 1 DSGVO sind stichprobenartige Einsichtnahmen der Protokolle
zu empfehlen, welche aufgrund des Aufwands wiederum durch unabhängige Auditoren durchgeführt
werden können[171].

Unter **Auftragskontrolle** fallen Maßnahmen, durch die gewährleistet wird, dass Daten nur entspre-   28.141
chend den Weisungen des Auftraggebers verwendet werden. Dieses sind z.B. formalisierte Auftrags-
erteilungen, Kriterien zur Auswahl des Auftragnehmers und zur Kontrolle der Vertragsausführung[172].

Unter **Verfügbarkeitskontrolle** fallen Maßnahmen zur Datensicherung zum Schutz vor mutwilliger   28.142
oder zufälliger Zerstörung. Hierzu zählen Backup-**Verfahren**, das Spiegeln von Festplatten durch z.B.
das RAID-Verfahren, Vorkehrungen für eine unterbrechungsfreie Stromversorgung (USV) und weitere
Maßnahmen, die notwendig sind, um die Verfügbarkeit der personenbezogenen Daten und den Zugang zu ihnen bei einem physischen oder technischen Zwischenfall rasch wiederherzustellen. Außerdem fallen hierunter der **Virenschutz**, die **Firewall** sowie ein **Notfallplan**, in dem die bei einem Notfall
einzuleitenden Schritte festgelegt sind, insbesondere welche Personen – auch auf Seite des Datenexporteurs – zu unterrichten sind[173]. Speziell für Online-Anwendungen sind praktikable Hinweise zur Verfügbarkeitskontrolle in den frei verfügbaren OWASP TOP 10 zu finden[174].

---

166 GDD, Muster: Auftrag gem. § 11 BDSG, https://www.gdd.de/downloads/Mustervereinbarung_a7_11_
   BDSG.doc (letzter Aufruf: 8.12.2020).
167 *Schröder/Haag*, ZD 2012, 495 (499).
168 *Düsseldorfer Kreis*, Orientierungshilfe – Cloud Computing v. 30.8.2011, S. 11, 13 ff., https://www.ba
   den-wuerttemberg.datenschutz.de/wp-content/uploads/2013/04/Orientierungshilfe_Cloud-Compu
   ting_AK_Technik_AK_Medien_.pdf (letzter Aufruf: 8.12.2020).
169 *Schröder/Haag*, ZD 2012, 495 (499).
170 Regierungspräsidium Darmstadt, Mustervereinbarung zum Datenschutz und zur Datensicherheit in
   Auftragsverhältnissen nach § 11 BDSG, Beschreibungen der technischen oder organisatorischen Sicherheitsmaßnahmen zu IV Datensicherungsmaßnahmen (Stand 28.9.2010), https://www.lfd.nieder
   sachsen.de/download/32351/Mustervereinbarung_fuer_Auftragsdatenverhaeltnisse_nach_11_BDSG.
   pdf (letzter Aufruf: 8.12.2020).
171 *Schröder/Haag*, ZD 2012, 495 (499); *Schröder/Haag*, ZD 2012, 362 (364).
172 GDD, Muster: Auftrag gem. § 11 BDSG, https://www.gdd.de/downloads/Mustervereinbarung_a7_11_
   BDSG.doc (letzter Aufruf: 8.12.2020).
173 GDD, Muster: Auftrag gem. § 11 BDSG, https://www.gdd.de/downloads/Mustervereinbarung_a7_11_
   BDSG.doc (letzter Aufruf: 8.12.2020).
174 *Schröder/Haag*, ZD 2012, 495 (499); Open Web Application Security Project (OWASP) TOP 10 –
   2010, https://www.owasp.org/index.php/Top_10_2010-Main (letzter Aufruf: 8.12.2020), hierbei handelt

28.143 Die **Trennungskontrolle** folgt dem Grundsatz, dass personenbezogene Daten, die zu unterschiedlichen Zwecken erhoben wurden, auch getrennt zu verarbeiten sind. Eine solche Trennung kann auch logisch erfolgen. Bei Infrastrukturdiensten sollte in der Regel eine Trennung durch virtuelle Server mit eigenen Adressbereichen vereinbart werden[175].

28.144 Sonstige Maßnahmen der **innerbetrieblichen Organisation** umfassen beispielsweise datenschutzfreundliche Voreinstellungen (Art. 25 Abs. 2 DSGVO), ein Incident-Response- und Datenschutzmanagement sowie ein Verfahren zur **regelmäßigen Überprüfung, Bewertung und Evaluierung** der Wirksamkeit der technischen und organisatorischen Maßnahmen zur Gewährleistung der Sicherheit der Verarbeitung.

VI. Fakultative Entschädigungsklausel

28.145 **M 28.1.15 Beispiel für eine fakultative Entschädigungsklausel**

Beispiel für eine Entschädigungsklausel (Fakultativ)

Haftung

Die Parteien erklären sich damit einverstanden, dass, wenn eine Partei für einen Verstoß gegen die Klauseln haftbar gemacht wird, den die andere Partei begangen hat, die zweite Partei der ersten Partei alle Kosten, Schäden, Ausgaben und Verluste, die der ersten Partei entstanden sind, in dem Umfang ersetzt, in dem die zweite Partei haftbar ist. Die Entschädigung ist abhängig davon, dass

a) der Datenexporteur den Datenimporteur unverzüglich von einem Schadensersatzanspruch in Kenntnis setzt und

b) der Datenimporteur die Möglichkeit hat, mit dem Datenexporteur bei der Verteidigung in der Schadensersatzsache bzw. der Einigung über die Höhe des Schadensersatzes zusammenzuarbeiten.

28.146 Nach den EU-Standardvertragsklauseln zur Auftragsverarbeitung haftet der Auftraggeber als Datenexporteur **verschuldensunabhängig** für seine eigenen Pflichtverletzungen und für die der anderen beteiligten Parteien gegenüber der betroffenen Person. Die EU-Kommission hat deshalb eine **Rückgriffsmöglichkeit** in Form einer fakultativen Klausel vorgesehen, welche zwischen den Vertragsparteien vereinbart werden kann. Der Auftragnehmer als Datenimporteur haftet nach dem Wortlaut der Klausel verschuldensunabhängig, so dass es lediglich auf ein kausales Handeln des Datenimporteurs ankommt. Die **lit. a und b** beschränken die Haftung des Datenimporteurs und verpflichten Datenimporteur und -exporteur zur Zusammenarbeit. Soweit keine fakultative Entschädigungsklausel vereinbart wird, bleiben dem Auftraggeber immer noch die ein Verschulden voraussetzenden **zivilrechtlichen Anspruchsgrundlagen** gem. §§ 280 ff. BGB, sowie in eher seltenen Fällen deliktsrechtliche Ansprüche nach §§ 823 ff. BGB.

---

es sich um eine US-amerikanische Non-Profit Organisation, die sich für gesteigerte Softwaresicherheit einsetzt.

175 *Schröder/Haag*, ZD 2012, 495 (499).

§ 29
Rahmenvertrag für EU-Standarddatenschutzklauseln

Literatur: *Art. 29-Datenschutzgruppe*, Arbeitsdokument: Übermittlung personenbezogener Daten in Drittländer: Anwendung von Artikel 26 Absatz 2 der EU-Datenschutzrichtlinie auf verbindliche unternehmensinterne Vorschriften für den internationalen Datenverkehr, 3. Juni 2013, WP 74; *Determann/Weigl*, EU-US-Datenschutzschild und Alternativen für internationale Datentransfers, EuZW 2016, 811; *Drechsler*, Data Transfers Within Europe: Contractual Data Protection Clauses in Practice, CRi 2011, 161; *EU-Kommission*, Standardvertragsklauseln für die Übermittlung personenbezogener Daten an Verarbeiter in Drittländern – Häufig Gestellte Fragen (FAQ), 18. Juni 2011, MEMO/01/228; *EU-Kommission*, Commission Staff Working Document on the implementation of the Commission decisions on standard contractual clauses for the transfer of personal data to third countries (2001/497/EC and 2002/16/EC), vom 20.1.2006, SEC(2006) 95; *Filip*, Binding Corporate Rules (BCR) aus der Sicht einer Datenschutzaufsichtsbehörde – Praxiserfahrungen mit der europaweiten Anerkennung von BCR, ZD 2013, 51; *Schmidl*, Datenschutzrechtliche Anforderungen an innereuropäische Personaldatenübermittlungen in Matrixorganisationen, DuD 2009, 364; *Schmidl/Krone*, Standardvertragsklauseln als Basis intra-europäischer Auftragsdatenverarbeitung, DuD 2010, 838; *Scholz/Lutz*, Standardvertragsklauseln für Auftragsverarbeiter und § 11 BDSG, CR 2011, 424; *Taeger/Wiebe*, Inside the Cloud – Neue Herausforderungen für das Informationsrecht, 2009.

A. Einleitung

I. Kontext des Vertragsmusters

29.1 Die Etablierung „**geeigneter Garantien**" i.S.v. Art. 46 Abs. 1 DSGVO über eine Rahmenvertragskonstruktion unter Einbeziehung der **EU-Standarddatenschutzklauseln** (ehemals „Standardvertragsklauseln") ist eine in der Vertragspraxis bei international agierenden Unternehmensgruppen nach wie vor sehr beliebte Gestaltungsvariante. Sie ist aus dem Bedürfnis nach einer praktikablen, unbürokratischen und in angemessener Zeit zu realisierenden Lösung zum datenschutzkonformen Austausch personenbezogener Daten mit Gruppenunternehmen außerhalb der EU bzw. des EWR entstanden.

29.2 Nach dem Willen des Verordnungsgebers ist hierfür eigentlich das Instrument der **verbindlichen internen Datenschutzvorschriften** (Binding Corporate Rules – **BCR**)[1] maßgeschneidert. Solche BCR sollen sich von ihrer Konzeption her an die etablierten Verfahrensweisen der jeweiligen Unternehmensgruppe im Hinblick auf den Umgang mit personenbezogenen Daten und vor allem das in der Gruppe etablierte Datenschutzmanagement anpassen und deshalb für jede Unternehmensgruppe eine „maßgeschneiderte Lösung" ermöglichen (vgl. Teil 5, Rz. 31.14).

---

1 Siehe hierzu die Muster nebst Erläuterungen in Teil 5, §§ 31 und 32.

Die Einführung von BCR hatte sich jedoch zunächst unter Geltung der DSRL bei den allermeisten Unternehmen, die ein entsprechendes Projekt begonnen hatten, als sehr schwierig, aufwendig und kostspielig herausgestellt. Gerade wenn das Projekt mehrere EU-Mitgliedstaaten umfassen sollte (weil dort jeweils Konzernunternehmen ansässig waren), zog sich das **Genehmigungsverfahren** zum Teil über einige Jahre hin und verschlang üblicherweise 7-stellige Beraterhonorare. Die Ursachen hierfür waren vielschichtig. Vor allem fehlte es zu Beginn an einer koordinierten Vorgehensweise der nationalen Datenschutzaufsichtsbehörden bei der Bearbeitung der Genehmigungsanträge[2]. Zudem bestand oftmals keine Einigkeit darüber, welche Regelungen mit welchem Verpflichtungsgehalt in solchen BCR überhaupt enthalten sein mussten, damit sie genehmigungsfähig sind[3].

In den vergangenen Jahren sind hier allerdings erhebliche Fortschritte erzielt worden. Nachdem bereits noch unter der DSRL zwischenzeitlich von den meisten EU-Mitgliedstaaten ein Verfahren der **gegenseitigen Anerkennung**[4] von BCR-Genehmigungsentscheidungen praktiziert wurde, ist hier durch die DSGVO sogar eine einheitliche Genehmigung für die gesamte EU im Rahmen des Kohärenzverfahrens festgeschrieben worden. Parallel hat die Konzentration des Verfahrens bei einer „**Lead Authority**" – flankiert durch die Verabschiedung zahlreicher Arbeitspapiere des EDSA – eine sehr weitgehende Harmonisierung der inhaltlichen und prozeduralen Anforderungen bewirkt, die eine erhebliche Beschleunigung und Vereinfachung des Genehmigungsverfahrens mit sich gebracht haben[5], so dass zuletzt eine Verfahrensdauer von ca. zwölf Monaten realistisch war und BCR wieder verstärktes Interesse gefunden haben. Weil die BCR-Lösung aber der Natur der Sache nach aufwendig bleibt, besteht weiterhin der Bedarf nach einer Alternative zur Absicherung internationaler Datentransfers in einer Unternehmensgruppe.

Die Verordnung erwähnt in Art. 46 Abs. 2 lit. c und lit. d DSGVO die Standarddatenschutzklauseln **29.3** und in Art. 46 Abs. 3 lit. a DSGVO anderweitige „Vertragsklauseln" als weitere Möglichkeit, personenbezogene Daten rechtskonform in ansonsten unsichere Drittstaaten (also solche, für die ein angemessenes Datenschutzniveau nicht ausdrücklich durch die Kommission anerkannt worden ist) zu übermitteln. Dem Verordnungsgeber schwebten dabei grundsätzlich zweiseitige Verträge vor, die jeweils für eine konkrete Datenübermittlung zwischen einem Verantwortlichen und einem anderen Verantwortlichen oder einem Auftragsverarbeiter abgeschlossen werden sollen, wie es am Beispiel der EU-Standarddatenschutzklauseln deutlich wird. Der Abschluss diverser **bilateraler Einzelverträge** zwischen diversen Gruppenunternehmen ist aber ab einem gewissen Maß und einer gewissen Regelmäßigkeit internationaler Datentransfers unpraktikabel, weil ein schier unüberschaubares Netz von Einzelverträgen die Folge wäre[6]; erbringt z.B. ein gruppeneigener IT-Dienstleister mit Sitz in Indien Dienstleistungen für 100 in der EU ansässige Konzernunternehmen, müssten hierfür allein 100 einzelne Verträge geschlossen werden; dasselbe gälte für alle Datentransfers an die in einem Drittstaat ansässige Konzernmutter, etc.

Deshalb wurde das Konstrukt eines **multilateralen Vertrags** als Alternative zu den BCR[7] ersonnen, der **29.4** zwischen allen in Betracht kommenden Gruppenunternehmen abgeschlossen werden kann und der für alle relevanten Datenübermittlungen an Empfänger in Drittstaaten die notwendigen datenschutzrechtlichen Regelungen vorsieht. Einen echten Mehrwert gegenüber BCRs bietet ein solcher multilateraler Vertrag aber nur dann, wenn er nicht ebenfalls nach Art. 46 Abs. 3 lit. a DSGVO einer Genehmigung durch die nationalen Datenschutzaufsichtsbehörden bedarf.

Der große Vorteil der Verwendung der EU-Standarddatenschutzklauseln besteht gerade darin, dass für deren Verwendung nach Art. 46 Abs. 2 DSGVO keine besondere Genehmigung einer Aufsichtsbehörde

---

2 *Moos/Zeiter* in Moos/Schefzig/Arning, Kap. 9 Rz. 70.
3 Vgl. *Scheja/Haag* in Leupold/Glossner, Teil 5, § 31 Rz. 222.
4 Hierzu *Filip*, ZD 2013, 51 (54).
5 *Grapentin* in Taeger/Wiebe, S. 457 (466).
6 *Pauly* in Paal/Pauly, Art. 47 DSGVO Rz. 1.
7 *Lange/Filip* in BeckOK DatenschutzR, Art. 47 DSGVO Rz. 7.

notwendig ist. Diesen Umstand macht sich deshalb auch die **Rahmenvertragslösung** zunutze: Sie bettet die EU-Standarddatenschutzklauseln in das multilaterale Vertragskonstrukt ein, um auf diese Weise bei den konzernangehörigen Unternehmen „geeignete Garantien" zu etablieren, ohne ein langwieriges Genehmigungsverfahren vor nationalen Datenschutzbehörden durchlaufen zu müssen. Aus Erwägungsgrund 109 ergibt sich, dass redaktionelle Anpassungen zum Zwecke der Integration der Standarddatenschutzklauseln in umfangreichere Verträge, wie z.B. Rahmenverträge, ohne Auslösen eines Genehmigungserfordernisses nach Art. 46 Abs. 3 DSGVO möglich sind[8].

II. Verwendung des Vertragsmusters

29.5   Das Vertragsmuster ist für die Verwendung durch mehrere Unternehmen einer **Unternehmensgruppe** oder eines **Konzerns** gedacht, von denen mindestens ein Gruppenunternehmen, welches personenbezogene Daten aus der EU erhält, seinen Sitz in einem Drittland hat. Es ist möglich, aber nicht notwendig, dass alle europäischen und außereuropäischen Unternehmen des jeweiligen Konzerns Partei des Vertrags werden[9]. Die Rahmenvertragslösung kann innerhalb eines Konzerns mit allen anderen Instrumenten zur Gewährleistung geeigneter Garantien i.S.v. Art. 46 DSGVO **kombiniert** werden[10]. So wäre es denkbar, dass nur einzelne Konzernunternehmen den Rahmenvertrag für (alle oder einzelne) jeweils zwischen ihnen erfolgende Datenübermittlungen abschließen; andere Konzernunternehmen aber z.B. bilaterale Verträge auf Basis der EU-Standarddatenschutzklauseln schließen[11] oder sogar verbindliche unternehmensinterne Vorschriften einführen[12].

B. Rahmenvertrag für EU-Standarddatenschutzklauseln

I. Muster – deutsch

29.6   M 29.1 Rahmenvertrag für EU-Standarddatenschutzklauseln

Rahmenvertrag für EU-Standarddatenschutzklauseln

zwischen

*den in **Anlage 1** aufgeführten Vertragsparteien.*

Präambel[13]

(A)   Die Vertragsparteien sind Mitgliedsunternehmen der international tätigen XY-Unternehmensgruppe, die im Rahmen ihrer Geschäftstätigkeit regelmäßig personenbezogene Daten zwischen ihren zahlreichen Niederlassungen und Geschäftsbetrieben austauschen müssen.

---

8   Zum Einsatzszenario einer Rahmenvertragslösung für Daten exportierende Cloud Provider: *Barnitzke* in Forgó/Helfrich/Schneider, Teil VII Kap. 4 Rz. 124.

9   *Hessische Landesregierung*, 22. Bericht über die Tätigkeit der für den Datenschutz im nicht-öffentlichen Bereich in Hessen zuständigen Aufsichtsbehörde, LT-Drucks. 18/1015, 10.

10   *Art. 29-Datenschutzgruppe*, Arbeitsdokument: Übermittlung personenbezogener Daten in Drittländer: Anwendung von Art. 26 Abs. 2 der EU-Datenschutzrichtlinie auf verbindliche unternehmensinterne Vorschriften für den internationalen Datenverkehr, 3.6.2013, WP 74, S. 6.

11   Das kann etwa notwendig sein für die – wenigen – EU-Mitgliedstaaten, die bisher eine Rahmenvertragslösung nicht zugelassen haben.

12   *Art. 29-Datenschutzgruppe*, Arbeitsdokument: Übermittlung personenbezogener Daten in Drittländer: Anwendung von Art. 26 Abs. 2 der EU-Datenschutzrichtlinie auf verbindliche unternehmensinterne Vorschriften für den internationalen Datenverkehr, 3.6.2013, WP 74, S. 6; *Wieczorek* in Specht/Mantz, § 7 Rz. 49.

13   Zu den Erläuterungen siehe Rz. 29.11 ff.

(B) Gesetze zum Schutz personenbezogener Daten finden in manchen Staaten, in denen die Vertragsparteien niedergelassen sind oder Geschäftsbetriebe unterhalten, Anwendung und regeln die grenzüberschreitende Weitergabe personenbezogener Daten, insbesondere in den EWR-Vertragsstaaten.

(C) Die Vertragsparteien beabsichtigen, mit diesem Rahmenvertrag für bestimmte Datenübermittlungen innerhalb der XY-Unternehmensgruppe geeignete Garantien hinsichtlich des Schutzes der Privatsphäre und des Persönlichkeitsrechts und der Ausübung der damit verbundenen Rechte der Betroffenen gemäß Art. 46 Abs. 1 DSGVO zu etablieren.

(D) Um zu vermeiden, dass die Vertragsparteien untereinander jeweils eine Vielzahl einzelner Verträge unter Einbeziehung der EU-Standarddatenschutzklauseln abschließen müssen – namentlich für jede Datenübermittlung an einen Empfänger in einem Drittstaat – ist es das Ziel der Vertragsparteien, kraft dieses Rahmenvertrags entsprechende Vertragsbeziehungen zwischen allen Vertragsparteien unter Einbeziehung der jeweils relevanten EU-Standarddatenschutzklauseln herzustellen.

Vor diesem Hintergrund vereinbaren die Vertragsparteien das Folgende:

1. Begriffe und Definitionen[14]

1.1 Den folgenden Begriffen wird für die Zwecke dieses Rahmenvertrags jeweils die folgende Bedeutung zugewiesen:

*1.1.1 **Anwendbares Datenschutzrecht:** Sämtliche in einem Staat, in dem eine Relevante XY-Unternehmenseinheit niedergelassen ist, in Kraft befindlichen Rechtsvorschriften zum Schutz Personenbezogener Daten einschließlich der DSGVO;*

*1.1.2 **Datenexporteur:** Jede XY-EU-Unternehmenseinheit, die nach Maßgabe der Matrix Personenbezogene Daten an einen Datenimporteur übermittelt;*

*1.1.3 **Datenimporteur:** Jede XY-Drittstaat-Unternehmenseinheit, die nach Maßgabe der Matrix Personenbezogene Daten von einem Datenexporteur erhält;*

*1.1.4 **Drittstaat:** Jeder Staat, der nicht Vertragsstaat des EWR und nicht Whitelist-Staat ist;*

*1.1.5 **DSGVO:** Die Verordnung (EU) 2017/679 des Europäischen Parlaments und des Rates vom 27.4.2016 zum Schutz natürlicher Personen bei der Verarbeitung personenbezogener Daten, zum freien Datenverkehr und zur Aufhebung der Richtlinie 95/46/EG (Datenschutz-Grundverordnung);*

*1.1.6 **EU-Standarddatenschutzklauseln:** von der EU-Kommission gemäß Art. 26 Abs. 4 EU-Datenschutzrichtlinie in dem Ausschussverfahren nach Art. 31 Abs. 2 EU-Datenschutzrichtlinie angenomme Standardvertragsklauseln für die Übermittlung personenbezogener Daten an verantwortliche Stellen oder Auftragsverarbeiter in Drittländer, die kein angemessenes Datenschutzniveau gewährleisten sowie etwaige von der EU-Kommission gemäß Art. 46 Abs. 2 lit. c DSGVO erlassene oder von ihr gemäß Art. 46 Abs. 2 lit. d DSGVO genehmigte Standarddatenschutzklauseln;*

*1.1.7 **Controller-to-Controller-Klauseln:** die alternativen Standarddatenschutzklauseln für die Übermittlung personenbezogener Daten in Drittländer gemäß Entscheidung 2004/915/EG der EU-Kommission vom 27.12.2004;*

*1.1.8 **Controller-to-Processor-Klauseln:** die Standarddatenschutzklauseln für die Übermittlung personenbezogener Daten an Auftragsverarbeiter in Drittländern gemäß Beschluss K(2010) 593 der EU-Kommission vom 5.2.2010;*

*1.1.9 **Matrix:** Die Matrix mit Einzelheiten zu den Übermittlungen Personenbezogener Daten gemäß Anlage 2;*

*1.1.10 **Personenbezogene Daten:** alle Informationen, die sich auf eine identifizierte oder identifizierbare natürliche Person beziehen, die von einer XY-Unternehmenseinheit verarbeitet werden;*

*1.1.11 **Rahmenvertrag:** Dieser Rahmenvertrag einschließlich seiner Anlagen und Anhänge;*

---

14 Zu den Erläuterungen siehe Rz. 29.15 ff.

1.1.12 **Relevante Datenübermittlung:** *jede Übermittlung Personenbezogener Daten von einem Daten-exporteur an einen Datenimporteur, die nicht anderweitig gemäß Art. 44 ff. DSGVO zugelassen ist;*

1.1.13 **Relevante XY-Unternehmenseinheit:** *Jede in* **Anlage 1** *(in ihrer jeweils aktuellen Fassung) zu diesem Rahmenvertrag aufgelistete Niederlassung (unabhängig von ihrer rechtlichen Verfasstheit z.B. als natürliche oder juristische Person);*

1.1.14 **Sonstige XY-Unternehmenseinheit:** *Jede Niederlassung der XY-Unternehmensgruppe, die mit Personenbezogenen Daten umgeht einschließlich aller mit der … [XY-Muttergesellschaft] i.S.v. § 15 AktG verbundenen Unternehmen, mit Ausnahme der Relevanten XY-Unternehmenseinheiten;*

1.1.15 **Verarbeiten:** *Jeder mit oder ohne Hilfe automatisierter Verfahren ausgeführte Vorgang oder jede solche Vorgangsreihe im Zusammenhang mit Personenbezogenen Daten wie das Erheben, das Erfassen, die Organisation, das Ordnen, die Speicherung, die Anpassung oder Veränderung, das Auslesen, das Abfragen, die Verwendung, die Offenlegung durch Übermittlung, Verbreitung oder eine andere Form der Bereitstellung, der Abgleich oder die Verknüpfung, die Einschränkung, das Löschen oder die Vernichtung;*

1.1.16 **Whitelist-Staat:** *jeder Nicht-EU-Mitgliedstaat, der gemäß Entscheidung der EU-Kommission über ein angemessenes Datenschutzniveau i.S.v. Art. 45 Abs. 1 DSGVO verfügt;*

1.1.17 **XY-Drittstaat-Unternehmenseinheit:** *Jede Relevante XY-Unternehmenseinheit, die in einem Drittstaat belegen ist;*

1.1.18 **XY-EWR-Unternehmenseinheit:** *Jede Relevante XY-Unternehmenseinheit, die in einem Vertragsstaat des EWR belegen ist;*

1.1.19 **XY-Unternehmensgruppe:** *die Gesamtheit der Relevanten XY-Unternehmenseinheiten und der Sonstigen XY-Unternehmenseinheiten;*

1.2 *Soweit vorstehend nicht abweichend festgelegt, gelten die Begriffsbestimmungen gemäß dem jeweils anwendbaren Datenschutzrecht einschließlich der Bestimmungen der DSGVO und der EU-Standarddatenschutzklauseln.*

2. Anwendungsbereich und Vertragsgegenstand[15]

2.1 *Dieser Rahmenvertrag findet Anwendung auf die Übermittlungen Personenbezogener Daten zwischen Relevanten XY-Unternehmenseinheiten, wie sie in der Matrix gemäß* **Anlage 2** *im Einzelnen beschrieben sind.*

2.2 *Dieser Rahmenvertrag bewirkt, dass Übermittlungen Personenbezogener Daten von einer XY-EWR-Unternehmenseinheit an eine XY-Drittstaat-Unternehmenseinheit entsprechend den Bestimmungen dieses Rahmenvertrags erfolgen und den jeweils anwendbaren EU-Standarddatenschutzklauseln gemäß* **Anlage 3** *unterfallen.*

3. Rangfolge und Widersprüche[16]

3.1 *Die Vereinbarungen zwischen den Vertragsparteien stehen in folgender Rangfolge, wobei Bestimmungen der zuerst genannten Vereinbarungen bei Widersprüchen Vorrang vor den danach genannten besitzen:*

   a) *die Matrix gemäß* **Anlage 2** *und die Beschreibung technischer und organisatorischer Maßnahmen gemäß* **Anlage 4**;

   b) *die EU-Standarddatenschutzklauseln gemäß* **Anlage 3**;

   c) *die Bestimmungen dieses Rahmenvertrags;*

   d) *die sonstigen Anlagen zu diesem Rahmenvertrag;*

---

15 Zu den Erläuterungen siehe Rz. 29.33 ff.
16 Zu den Erläuterungen siehe Rz. 29.39 ff.

*3.2 Zur Vermeidung von Unklarheiten bekräftigen die Vertragsparteien hiermit, dass der Wortlaut der EU-Standarddatenschutzklauseln gemäß **Anlage 3** durch diesen Rahmenvertrag oder die weiteren Anlagen in keiner Weise geändert oder abbedungen werden soll. Der Vorrang der **Anlage 2** und der **Anlage 4** vor den EU-Standarddatenschutzklauseln gilt nur, soweit diese Anlagen die notwendigen Spezifizierungen der EU-Standarddatenschutzklauseln enthalten.*

4. *Datenübermittlungen zwischen Relevanten XY-Unternehmenseinheiten*[17]

4.1 Kraft dieser Ziffer 4 werden zwischen jedem Datenexporteur und jedem Datenimporteur jeweils separate, bilaterale Verträge unter Einbeziehung der jeweiligen EU-Standarddatenschutzklauseln bezüglich jeder einzelnen, Relevanten Datenübermittlung geschlossen.

*4.2 Im Hinblick auf die Relevanten Datenübermittlungen gemäß **Anlage 2** fungiert der Datenexporteur als Verantwortlicher und fungiert der Datenimporteur entweder als Verantwortlicher oder als Auftragsverarbeiter, wie im Einzelnen in der Matrix verbindlich angegeben.*

*4.3 Soweit sich aus der Matrix ergibt, dass ein Datenexporteur Personenbezogene Daten an einen Datenimporteur in dessen Eigenschaft als Verantwortlicher übermittelt, wird hiermit zwischen den beteiligten XY-Unternehmenseinheiten ein Vertrag unter Einbeziehung der Controller-to-Controller-Klauseln gemäß **Anlage 3**, Ziffer 1 im Hinblick auf die jeweilige Relevante Datenübermittlung geschlossen.*

Die notwendige Spezifizierung der Controller-to-Controller-Klauseln je Relevanter Datenübermittlung erfolgt gemäß nachstehender Tabelle:

Abschnitt der Controller-to-Controller-Klauseln	Spezifizierung durch folgende Informationen
Name, Adresse und Sitzland des Datenexporteurs auf Seite 1	*Die Angaben zu der jeweiligen Vertragspartei gemäß Anlage 1 i.V.m. der Qualifizierung als Datenexporteur gemäß Anlage 2*
Name, Adresse und Sitzland des Datenimporteurs auf Seite 1	*Die Angaben zu der jeweiligen Vertragspartei gemäß Anlage 1 i.V.m. der Qualifizierung als Datenimporteur gemäß Anlage 2*
Auswahl gemäß Klausel II. (h)	*Option … [Auswahl] wird gewählt.*
Datum auf Seite 5	*Das Datum des Inkrafttretens gemäß Ziffer 7.2 des Rahmenvertrags*
Angaben zur Unterzeichnung für den Datenexporteur und den Datenimporteur auf Seite 5	*Die Angaben gemäß den Unterschriftenzeilen des Rahmenvertrags*
Anhang B, Betroffene Personen	*Die Angaben gemäß Spalte 6 der Matrix*
Anhang B, Übermittlungszwecke	*Die Angaben gemäß Spalte 2 der Matrix*
Anhang B, Kategorien übermittelter Daten	*Die Angaben gemäß Spalte 7 der Matrix*
Anhang B, Empfänger	*Die Angaben gemäß Spalte 9 der Matrix*
Anhang B, Sensible Daten	*Die Angaben gemäß Spalte 8 der Matrix*
Anhang B, Datenschutzmelderegisterangaben des Datenexporteurs (sofern zutreffend)	*Die Angaben zu der jeweiligen Vertragspartei gemäß Anlage 1 i.V.m. der Qualifizierung als Datenexporteur gemäß Anlage 2*
Anhang B, sonstige nützliche Informationen	*Die Angaben gemäß Spalte 10 der Matrix*
Anhang B, Anlaufstelle für Datenschutzauskünfte beim Datenimporteur und Datenexporteur	*Die Angaben zu der jeweiligen Vertragspartei gemäß Anlage 1 i.V.m. der Qualifizierung als Datenexporteur oder Datenimporteur gemäß Anlage 2*

---

17 Zu den Erläuterungen siehe Rz. 29.43 ff.

4.4 Soweit sich aus der Matrix ergibt, dass ein Datenexporteur Personenbezogene Daten an einen Datenimporteur in dessen Eigenschaft als Auftragsverarbeiter übermittelt, wird hiermit zwischen den beteiligten XY-Unternehmenseinheiten ein Vertrag unter Einbeziehung der Controller-to-Processor-Klauseln
gemäß **Anlage 3**, Ziffer 2 im Hinblick auf die jeweilige Relevante Datenübermittlung geschlossen.

Die notwendige Spezifizierung der Controller-to-Processor-Klauseln je Relevanter Datenübermittlung
erfolgt gemäß nachstehender Tabelle:

Abschnitt der Controller-to-Processor-Klauseln	Spezifizierung durch folgende Informationen
Bezeichnung der Organisation des Datenexpor-teurs nebst Anschrift, Kontaktangaben und weiteren Angaben zur Identifizierung der Organisation auf Seite 1	Die Angaben zu der jeweiligen Vertragspartei gemäß Anlage 1 i.V.m. der Qualifizierung als Datenexporteur gemäß Anlage 2
Bezeichnung der Organisation des Datenimpor-teurs nebst Anschrift, Kontaktangaben und weiteren Angaben zur Identifizierung der Organisation auf Seite 1	Die Angaben zu der jeweiligen Vertragspartei gemäß Anlage 1 i.V.m. der Qualifizierung als Datenimporteur gemäß Anlage 2
Klausel 9, Bestimmung des anwendbaren Rechts	Die Angaben zu dem Sitzland der jeweiligen Ver-tragspartei gemäß Anlage 1 i.V.m. der Qualifizie-rung als Datenexporteur gemäß Anlage 2
Klausel 11 (3), Bestimmung des anwendbaren Rechts bei Unterbeauftragungen	Die Angaben zu dem Sitzland der jeweiligen Ver-tragspartei gemäß Anlage 1 i.V.m. der Qualifizie-rung als Datenexporteur gemäß Anlage 2
Datum auf Seite 4	Das Datum des Inkrafttretens gemäß Ziffer 7.2 des Rahmenvertrags
Angaben zur Unterzeichnung für den Daten-exporteur und den Datenimporteur auf Seite 4	Die Angaben gemäß den Unterschriftenzeilen des Rahmenvertrags ergänzt um die Angaben zu der jeweiligen Vertragspartei gemäß Anlage 1
Anhang 1, Datenexporteur	Die Angaben zu der jeweiligen Vertragspartei gemäß Anlage 1 i.V.m. der Qualifizierung als Datenexporteur gemäß Anlage 2
Anhang 1, Datenimporteur	Die Angaben zu der jeweiligen Vertragspartei gemäß Anlage 1 i.V.m. der Qualifizierung als Datenimporteur gemäß Anlage 2
Anhang 1, Betroffene Personen	Die Angaben gemäß Spalte 6 der Matrix
Anhang 1, Kategorien übermittelter Daten	Die Angaben gemäß Spalte 7 der Matrix
Anhang 1, Besondere Datenkategorien (falls zutreffend)	Die Angaben gemäß Spalte 8 der Matrix
Anhang 1, Verarbeitung	Die Angaben gemäß Spalten 1, 2 und 10 der Matrix
Anhang 1, Angaben zu und Unterschriften der Bevollmächtigten des Datenexporteurs und des Datenimporteurs	Die Angaben gemäß den Unterschriftenzeilen des Rahmenvertrags
Anhang 2, Beschreibung der technischen und organisatorischen Sicherheitsmaßnahmen, die der Datenimporteur gemäß Klausel 4 Buchsta-be d und Klausel 5 Buchstabe c eingeführt hat	Die Angaben in Anlage 4 zum Rahmenvertrag

4.5 Soweit sich aus der Matrix ergibt, dass ein Datenimporteur Personenbezogene Daten in seiner Eigenschaft als Auftragsverarbeiter erhält, ist der Datenimporteur verpflichtet, vor der Verarbeitung der übermittelten Personenbezogenen Daten die in **Anlage 4** beschriebenen technischen und organisatorischen Sicherheitsmaßnahmen zu ergreifen.

4.6 Weiterübermittlungen Personenbezogener Daten von einem Datenimporteur in dessen Eigenschaft als Verantwortlichem an eine andere XY-Drittstaat-Unternehmenseinheit erfolgen in entsprechender Anwendung der Bestimmungen, die für die Übermittlung zwischen dem Datenexporteur und dem Datenimporteur gelten.

4.7 Soweit ein Datenimporteur Personenbezogene Daten, die er in seiner Eigenschaft als Verantwortlicher von einem Datenexporteur erhalten hat, an einen in einem Drittstaat ansässigen Dritten weiterübermitteln möchte, bei dem es sich nicht um eine Relevante XY-Unternehmenseinheit handelt, verpflichtet er sich hiermit, den Dritten bezüglich dieser Weiterübermittlung auf die Einhaltung der einschlägigen EU-Standarddatenschutzklauseln zu verpflichten.

5. Rechte Dritter[18]

Die Vertragsparteien stellen klar, dass Dritte, die nicht Vertragspartei sind, keine Rechte aus diesem Rahmenvertrag herleiten oder solche Rechte gegenüber einer der Vertragsparteien geltend machen können. Das gilt vor allem für von den Relevanten Datenübermittlungen betroffene Personen. Die Rechte solcher Personen gemäß den EU-Standarddatenschutzklauseln, insbesondere gemäß den entsprechenden Drittbegünstigungsklauseln, bleiben unberührt.

6. Zusammenarbeit mit Aufsichtsbehörden[19]

Die Vertragsparteien erklären sich hiermit damit einverstanden, dass jede Vertragspartei der für sie zuständigen Aufsichtsbehörde eine Kopie dieses Rahmenvertrags zur Verfügung stellen darf, sofern die jeweilige Aufsichtsbehörde dies im Einklang mit dem Anwendbaren Datenschutzrecht verlangt oder es das Anwendbare Datenschutzrecht vorschreibt.

7. Vertragsschluss, Inkrafttreten[20]

7.1 Dieser Rahmenvertrag kann in beliebig vielen Kopien ausgefertigt werden und von den Vertragsparteien auf verschiedenen Kopien unterzeichnet werden, wobei jede Kopie als Original gilt und alle Kopien zusammen als derselbe Vertrag angesehen werden.

7.2 Dieser Rahmenvertrag tritt mit Unterzeichnung durch mindestens einen Datenexporteur und mindestens einen Datenimporteur in Kraft und gilt für und gegen eine Vertragspartei, sobald die jeweilige Vertragspartei eine Kopie dieses Rahmenvertrags gemäß Ziffer 7.1 unterzeichnet hat und die Voraussetzung gemäß dem 1. Halbsatz erfüllt ist.

7.3 Mit Inkrafttreten dieses Rahmenvertrags treten die in **Anlage 5** genannten Verträge zwischen Relevanten XY-Unternehmenseinheiten über die Übermittlung Personenbezogener Daten außer Kraft.

7.4 Sonstige XY-Unternehmenseinheiten können diesem Rahmenvertrag nachträglich beitreten, ohne dass die Vertragsparteien eine weitere Ausfertigung dieses Rahmenvertrags unterzeichnen müssen.

8. Vertragsbeitritt, Änderungen und Beendigung[21]

8.1 Die Vertragsparteien bevollmächtigen hiermit die … [XY-Muttergesellschaft] dazu, in ihrem Namen folgende Vereinbarungen rechtswirksam abzuschließen:

a) Beitrittsvereinbarungen, die in Form und Inhalt im Wesentlichen dem Muster gemäß **Anlage 6** entsprechen, kraft derer eine Sonstige XY-Unternehmenseinheit in diesen Rahmenvertrag als Datenexporteur oder Datenimporteur mit der Wirkung einbezogen wird, dass sie zu einer Relevanten XY-

---

18 Zu den Erläuterungen siehe Rz. 29.55 f.
19 Zu den Erläuterungen siehe Rz. 29.58 f.
20 Zu den Erläuterungen siehe Rz. 29.61 ff.
21 Zu den Erläuterungen siehe Rz. 29.67 ff.

Unternehmenseinheit wird, die an die Bestimmungen dieses Rahmenvertrags einschließlich seiner Anlagen gebunden ist;

b) *jede Änderung oder Ergänzung dieses Rahmenvertrags, die aufgrund einer Änderung des Anwendbaren Datenschutzrechts notwendig wird;*

c) *jede Vereinbarung, durch die die Rechte oder Pflichten einer Vertragspartei unter diesem Rahmenvertrag beendet werden; vorausgesetzt, der jeweiligen Vertragspartei wird eine solche Beendigung rechtzeitig (im Regelfall zwei Monate) vorher angezeigt.*

8.2 *Die Vertragsparteien stellen klar, dass jeder bilaterale Vertrag unter Einbeziehung der EU-Standarddatenschutzklauseln gemäß Ziffer 4.1 von den Parteien des jeweiligen Vertrags in Übereinstimmung mit dessen Bestimmungen beendet werden kann, ohne dass es irgendeiner Art von Mitwirkung oder Beteiligung der anderen Vertragsparteien dieses Rahmenvertrags bedarf. Der Rahmenvertrag gilt im Falle einer wirksamen Beendigung eines solchen Vertrags als entsprechend geändert.*

9. Anwendbares Recht, Gerichtsstand[22]

9.1 *Vorbehaltlich der Regelung in Ziffer 9.2 unterliegt dieser Rahmenvertrag dem Recht der Bundesrepublik Deutschland und ist Erfüllungsort und ausschließlicher Gerichtsstand für alle Streitigkeiten aus und im Zusammenhang mit diesem Rahmenvertrag ... [Sitz der XY-Muttergesellschaft].*

9.2 *Für die nach Maßgabe von Ziffer 4 dieses Rahmenvertrags bezüglich Relevanter Datenübermittlungen geschlossenen bilateralen Verträge zwischen einem Datenexporteur und einem Datenimporteur unter Einbeziehung der jeweiligen EU-Standarddatenschutzklauseln gilt das Recht des Mitgliedstaates, in dem der jeweilige Datenexporteur niedergelassen ist.*

Vertragspartei 1

...
(Ort, Datum)

...   ...
Unterschrift   *Name, Stellung/Funktion*
...   ...
Unterschrift   *Name, Stellung/Funktion*

Vertragspartei 2

...
(Ort, Datum)

...   ...
Unterschrift   *Name, Stellung/Funktion*
...   ...
Unterschrift   *Name, Stellung/Funktion*

... *((usw.))*

Anlagen:

Anlage 1: Vertragsparteien

Anlage 2: Matrix mit Einzelheiten zu den Übermittlungen Personenbezogener Daten

Anlage 3: EU-Standarddatenschutzklauseln

Anlage 4: Beschreibung technischer und organisatorischer Sicherheitsmaßnahmen

Anlage 5: Außerkraft tretende Verträge zwischen XY-Unternehmenseinheiten

Anlage 6: Muster einer Beitrittsvereinbarung

---

22 Zu den Erläuterungen siehe Rz. 29.71 f.

Anlage 1: Vertragsparteien

Bezeichnung/Firma	Adresse und Sitzland	Weitere Angaben zur Identifizierung und zur Anlaufstelle für Datenschutzauskünfte
...	...	...
...	...	...

Anlage 2: Matrix mit Einzelheiten zu den Übermittlungen personenbezogener Daten

Beschreibung der Datenüber-mittlungen	Übermittlungs-zwecke	Datenexporteur	Datenimporteur	Qualifizierung des Datenimporteurs als verantwortliche Stelle oder Auf-tragsverarbeiter
...	...	...	...	...

Betroffene Personen	Kategorien personen-bezogener Daten	Sensible Daten/ besondere Daten-kategorien	Empfänger von Weiterüber-mittlungen	Sonstige Informationen
...	...	...	...	...

Anlage 3: EU-Standarddatenschutzklauseln

1. Controller-to-Controller-Klauseln

...

2. Controller-to-Processor-Klauseln

...

Anlage 4: Beschreibung technischer und organisatorischer Sicherheitsmaßnahmen

...

Anlage 5: Außerkraft tretende Verträge zwischen XY-Unternehmenseinheiten

...

Anlage 6: Muster einer Beitrittsvereinbarung

...

II. Muster – englisch

29.7 M 29.2 Framework Agreement for EU Standard Data Protection Clauses

Framework Agreement for EU Standard Data Protection Clauses

between

*the parties listed in **Annex 1***

Preamble

(A) *The Parties are member companies of the internationally active XY Group of Companies, which in the course of their business activities must regularly exchange personal data between their numerous branches and business operations.*

(B) *Laws on the protection of personal data are applicable in some countries in which the Parties are established or maintain business operations and govern the cross-border transfer of personal data, in particular in the EEA Contracting States.*

(C) *By virtue of this Framework Agreement, the Parties intend to establish appropriate safeguards for certain data transfers within the XY Group of Companies with regard to the protection of privacy and personal rights and the exercise of the associated rights of the data subjects pursuant to Art. 46 para. 1 GDPR.*

(D) *In order to avoid that the Parties have to conclude a large number of individual contracts among themselves, each of which must include the EU Standard Data Protection Clauses – namely for each data transfer to a recipient in a Third Country – it is the aim of the Parties to establish corresponding contractual relationships between all contracting parties by virtue of this Framework Agreement, including the relevant EU Standard Data Protection Clauses.*

Against this background, the Parties agree to the following:

1. Terms and Definitions

1.1 The following terms shall have the following meanings for the purposes of this Framework Agreement:

*1.1.1 **Applicable Data Protection Law:** Any and all legal provisions in force in a country in which a Relevant XY Business Unit is established for the protection of Personal Data, including the GDPR;*

*1.1.2 **Data Exporter:** Any XY-EU business entity that transfers Personal Data to a data importer in accordance with the Matrix;*

*1.1.3 **Data Importer:** any XY-Third Country entity that receives Personal Data from a data exporter in accordance with the Matrix;*

*1.1.4 **Third Country:** Any country that is not a Contracting State of the EEA and not a Whitelist Country;*

*1.1.5 **GDPR:** Regulation (EU) 2016/679 of the European Parliament and the Council of 27 April 2016 on the protection of natural persons with regard to the processing of personal data and on the free movement of such data, and repealing Directive 95/46/EC (General Data Protection Regulation);*

*1.1.6 **EU Standard Data Protection Clauses:** Standard Contractual Clauses adopted by the EU Commission pursuant to Art. 26 (4) EU Data Protection Directive in the committee procedure under Art. 31 (2) EU Data Protection Directive for the transfer of personal data to controllers or processors in third countries which do not guarantee an adequate level of data protection, as well as any standard data protection clauses adopted by the EU Commission pursuant to Art. 46 (2) c) GDPR or approved by it pursuant to Art. 46 (2) d) GDPR;*

1.1.7 **Controller-to-Controller Clauses**: *The alternative standard contractual clauses for the transfer of personal data to third countries in accordance with Decision 2004/915/EC of the European Commission of 27 December 2004;*

1.1.8 **Controller-to-Processor Clauses**: *The standard contractual clauses for the transfer of personal data to processors in third countries pursuant to Decision C(2010) 593 of the EU Commission of 5 February 2010;*

1.1.9 **Matrix**: *The Matrix with details on the transfers of personal data according to **Annex 2**;*

1.1.10 **Personal Data**: *All information relating to an identified or identifiable natural person processed by an XY entity;*

1.1.11 **Framework Agreement**: *This Framework Agreement including its Annexes and Appendices;*

1.1.12 **Relevant Data Transfer**: *Any transfer of Personal Data from a Data Exporter to a Data Importer that is not otherwise allowed under Art. 44 et seq. GDPR;*

1.1.13 **Relevant XY Company Unit**: *Any establishment listed in **Annex 1** (in its current version) to this Framework Agreement (irrespective of its legal constitution, e.g. as a natural or legal person);*

1.1.14 **Other XY Company Unit**: *Any establishment of the XY Group of Companies that handles Personal Data, including all companies affiliated with … [XY parent company] within the meaning of Section 15 German Stock Corporations Act, with the exception of the Relevant XY Company Units;*

1.1.15 **Processing**: *any operation or set of operations which is performed on personal data or on sets of personal data, whether or not by automated means, such as collection, recording, organisation, structuring, storage, adaptation or alteration, retrieval, consultation, use, disclosure by transmission, dissemination or otherwise making available, alignment or combination, restriction, erasure or destruction;*

1.1.16 **Whitelist Country**: *any non-EU Member State which, according to a decision of the EU Commission, has an adequate level of data protection within the meaning of Art. 45 para. 1 GDPR;*

1.1.17 **XY-Third Country Company Unit**: *any Relevant XY Company Unit located in a Third Country;*

1.1.18 **XY-EEA Company Unit**: *Any relevant XY Company Unit located in an EEA Contracting State;*

1.1.19 **XY Group of Companies**: *the total of Relevant XY Business Units and Other XY Business Units*

1.2 *Unless otherwise specified above, the definitions shall apply in accordance with the applicable data protection law, including the provisions of the GDPR and the EU Standard Data Protection Clauses.*

2. Scope of Application and Subject Matter of the Framework Agreement

2.1 *This Framework Agreement applies to the transfers of Personal Data between Relevant XY Copmany Units as described in detail in the Matrix in **Annex 2**.*

2.2 *The effect of this Framework Agreement is that Transfers of Personal Data from an XY EEA Company Unit to an XY Third Country Company Unit shall be made in accordance with the provisions of this Framework Agreement and shall be subject to the respectively applicable EU Standard Data Protection Clauses as set forth in **Annex 3**.*

3. Order of Precedence and Contradictions

3.1 *The agreements between the Parties shall be in the following order of precedence, whereby provisions of the first-mentioned agreements shall take precedence over those mentioned thereafter in the event of contradictions:*

a) *the Matrix in accordance with **Annex 2** and the description of technical and organisational measures in accordance with **Annex 4**;*

b) *the EU Standard Data Protection Clauses in accordance with **Annex 3**;*

c) *the provisions of this Framework Agreement;*

d) *the other Annexes to this Framework Agreement.*

*3.2 For the avoidance of doubt, the Parties hereby confirm that the wording of the EU Standard Data Protection Clauses pursuant to **Annex 3** shall not be changed or waived in any way by this Framework Agreement or the other Annexes. The priority of **Annex 2** and **Annex 4** over the EU Standard Data Protection Clauses shall only apply insofar as these Annexes contain the necessary specifications of the EU Standard Data Protection Clauses.*

4. Data Transfers between Relevant XY Company Units

4.1 Pursuant to this Section 4, separate bilateral agreements shall be concluded between each Data Exporter and each Data Importer, including the respective EU Standard Data Protection Clauses, with regard to each individual, Relevant Data Transfer.

*4.2 With regard to the Relevant Data Transfers in accordance with **Annex 2**, the Data Exporter shall act as the controller and the Data Importer shall act either as a controller or as a processor, as specified in detail in the Matrix in a binding manner.*

*4.3 To the extent that the Matrix shows that a Data Exporter transfers Personal Data to a Data Importer in the latter's capacity as controller, a contract is hereby concluded between the XY Company Units involved, including the Controller-to-Controller Clauses pursuant to **Annex 3**, item 1, with regard to the Relevant Data Transfers.*

The necessary specification of the Controller-to-Controller Clauses for each Relevant Data Transfer is made according to the following table:

Section of the Controller-to-Controller Clauses	Specification by the following Informationen
Name, address and country of establishment of the Data Exporter on page 1	*The information on the relevant Party in Annex 1 in connection with the qualification as Data Exporter in accordance with Annex 2*
Name, address and country of establishment of the Data Importer on page 1	*The information on the relevant Party in Annex 1 in connection with the qualification as Data Importer in Annex 2*
Selection according to Clause II. (h)	*Option … [Selection] is chosen.*
Date on page 5	*The date of coming into force as per Sec. 7.2 of the Framework Agreement*
Information on signatories for Data Exporter and Data Importer on page 5	*The information as per the signature rows of the Framework Agreement*
Annex B, Data subjects	*The information in column 6 of the Matrix*
Annex B, Purposes of the transfer(s)	*The information in column 2 of the Matrix*
Annex B, Categories of data	*The information in column 7 of the Matrix*
Annex B, Recipients	*The information in column 9 of the Matrix*
Annex B, Sensitive data	*The information in column 8 of the Matrix*
Annex B, Data protection registration informatiuon of Data Exporter (where applicable)	*The Information on the relevant Party in Annex 1 in connection with the qualification as Data Exporter in Annex 2*
Annex B, Additional useful information	*The information in column 10 of the Matrix*
Annex B, Contact points for data protection enquiries for Data Importer and Data Exporter	*The information on the relevant Party in Annex 1 in connection with the qualification as Data Exporter or Data Importer in Annex 2*

4.4 *To the extent that the Matrix shows that a Data Exporter transfers Personal Data to a Data Importer in the latter's capacity as processor, a contract is hereby concluded between the XY Company Units involved, including the Controller-to-Processor Clauses pursuant to **Annex 3**, item 2, with regard to the Relevant Data Transfers.*

The necessary specification of the Controller-to-Processor Clauses for each Relevant Data Transfer is made according to the following table:

Section of the Controller-to-Processor Clauses	Specification by the following Informationen
Name of the data exporting organisation and address contact data and other information to identify the organisation on page 1	The information on the relevant Party in Annex 1 in connection with the qualification as Data Exporter in Annex 2
Name of the data importing organisation and address contact data and other information to identify the organisation on page 1	The information on the relevant Party in Annex 1 in connection with the qualification as Data Importer in Annex 2
Clause 9, determination of governing law	The information on the country of establishment of the respective Party as per Annex 1 in connection with the qualification as Data Exporter pursuant to Annex 2
Clause 11 (3), determination of applicable law in the case of sub-processing	The information on the country of establishment of the respective Party as per Annex 1 in connection with the qualification as Data Exporter pursuant to Annex 2
Date on page 4	The date of coming into force as per Sec. 7.2 of the Framework Agreement
Information on signatories for Data Exporter and Data Importer on page 4	The information as per the signature rows of the Framework Agreement; supplemented by the information on the respective Party in Annex 1
Annex 1, Data Exporter	The information on the relevant Party in Annex 1 in connection with the qualification as Data Exporter in Annex 2
Annex 1, Data Importer	The information on the relevant Party in Annex 1 in connection with the qualification as Data Importer in Annex 2
Annex 1, Data subjects	The information in column 6 of the Matrix
Annex 1, Categories of data	The information in column 7 of the Matrix
Annex 1, Special categories of data (if appropriate)	The information in column 8 of the Matrix
Annex 1, Processing operations	The information in columns 1, 2 and 10 of the Matrix
Annex 1, Information on signatories for and signatures of Data Exporter and Data Importer	The information as per the signature rows of the Framework Agreement
Annex 2, description of the technical and organisational security measures implemented by the data importer in accordance with Clauses 4(d) and 5(c)	The information in Annex 4 to the Framework Agreement

4.5 If the Matrix shows that a Data Importer receives Personal Data in its capacity as a processor, the Data Importer shall be obliged to take the technical and organizational security measures described in **Annex 4** before processing the transferred Personal Data.

4.6 Onward transfers of Personal Data from a Data Importer in its capacity as controller to another XY Third Country Company Unit shall be made in accordance with the provisions applicable to the transfer between the Data Exporter and the Data Importer.

4.7 To the extent that a Data Importer wishes to transfer Personal Data received from a Data Exporter in its capacity as Controller to a third party located in a Third Country which is not a Relevant XY Third Country Company Unit, it hereby undertakes to oblige the third party to comply with the relevant EU Standard Data Protection Clauses with respect to such onward transfer.

5. Rights of Third Parties

The Parties make it clear that third parties who are not Parties may not derive any rights from this Framework Agreement or assert such rights against one of the Parties. This applies in particular to individuals affected by the Relevant Data Transfers. The rights of such persons under the EU Standard Data Protection Clauses, in particular under the corresponding third-party beneficiary clauses, shall remain unaffected.

6. Co-operation with Supervisory Authorities

The Parties hereby agree that each Party may provide a copy of this Framework Agreement to its competent supervisory authority if required to do so by that supervisory authority in accordance with or as required by Applicable Data Protection Law.

7. Conclusion of Contract, Coming into Force

7.1 This Framework Agreement may be executed in any number of copies and signed by the Parties on different copies, each copy being considered the original and all copies together being considered the same agreement.

7.2 This Framework Agreement shall enter into force upon signature by at least one Data Exporter and at least one Data Importer and shall apply for and against a Party to this Framework Agreement as soon as the respective Party to this Framework Agreement has signed a copy of this Framework Agreement in accordance with Section 7.1 and the condition in the first half sentence has been fulfilled.

7.3 Upon entry into force of this Framework Agreement, the agreements between Relevant XY Company Units regarding the transfer of Personal Data as set forth in **Annex 5** shall cease to be effective.

7.4 Other XY Company Units may subsequently join this Framework Agreement without the Parties to the Agreement having to sign a further copy of this Framework Agreement.

8. Accession to Contract, Changes and Termination

8.1 The Parties hereby authorize the … [XY parent company] to conclude the following agreements in their name with legal effect:

   a) Accession Agreements that substantially conform in form and content to the model set forth in **Annex 6**, by virtue of which an Other XY Company Unit is included in this Framework Agreement as a Data Exporter or Data Importer with the effect of becoming a Relevant XY Company Unit bound by the provisions of this Framework Agreement including its Annexes;

   b) any amendment or addition to this Framework Agreement that becomes necessary due to a change in the Applicable Data Protection Law;

   c) any agreement that terminates the rights or obligations of either Party under this Framework Agreement, provided that the respective Party is given timely notice (usually two months) of such termination.

8.2 The Parties hereby clarify that any bilateral agreement incorporating the EU Standard Data Protection Clauses pursuant to Section 4.1 may be terminated by the Parties to the respective agreement in ac-

cordance with its provisions, without requiring any kind of cooperation or involvement of the other Parties to this Framework Agreement. In the event of a valid termination of such an agreement, the Framework Agreement shall be deemed amended accordingly.

9. Applicable Law, Venue

9.1 Subject to the provision in Sec. 9.2, this Framework Agreement is subject to the law of the Federal Republic of Germany and the place of performance and exclusive place of jurisdiction for all disputes arising from and in connection with this Framework Agreement shall be ... [registered office of the XY parent company].

9.2 The bilateral agreements concluded between a Data Exporter and a Data Importer in accordance with Sec. 4 of this Framework Agreement with regard to Relevant Data Transfers, including the respective EU Standard Data Protection Clauses, shall be governed by the law of the Member State in which the respective Data Exporter is established.

Party 1

...
(location, date)

...   ...
signature   *name, position/function*

...   ...
signature   *name, oposition/function*

Party 2

...
(location, date)

...   ...
signature   *name, position/function*

...   ...
signature   *name, oposition/function*

... ((etc.))

Annexes:

Annex 1: Parties

Annex 2: Matrix with details to the Transfers of Personal Data

Annex 3: EU Standard Data Protection Clauses

Annex 4: Description of technical and organisational security measures

Annex 5: Terminated agreements between XY Company Units

Annex 6: Model accession agreement

Annex 1: Parties

Name/description	Adress and country of establishment	Other information to identify the organisation and contact point for data protection enquiries
...	...	...
...	...	...

Annex 2: Matrix with details to the Transfers of Personal Data

Description of the data transfer	Transfer purposes	Data exporter	Data importer	Qualification of data importer as controller or processor
...	...	...	...	...

Data subjects	Categories of personal data	Sensitive data/ special categories of personal data	Recipients of onward transfers	Other information
...	...	...	...	...

Annex 3: EU Standard Data Protection Clauses

1. Controller-to-Controller Clauses

...

2. Controller-to-Processor Clauses

...

Annex 4: Description of technical and organisational security measures

...

Annex 5: Terminated agreements between XY Company Units

...

Anlage 6: Model accession agreement

...

III. Erläuterungen

1. Vorbemerkungen

29.8 Wie bereits oben erwähnt, ist das Vertragsmuster als **Rahmenvertrag** ausgestaltet, der als **multilateraler Vertrag** eine Vielzahl von Vertragsbeziehungen zwischen einzelnen Vertragsparteien jeweils unter Einbeziehung der **EU-Standarddatenschutzklauseln** kreiert.

a) Ausgestaltung als Mehrparteienvertrag

29.8a Auch wenn die Standarddatenschutzklauseln originär für Zweiparteienverhältnisse entworfen worden sind, können sie auch als **Mehrparteienverträge** ausgestaltet werden[23]. Erwägungsgrund 109 DSGVO gestattet ausdrücklich die Aufnahme der Standarddatenschutzklauseln in „umfangreichere Verträge". Das gilt auch für Verträge, die sowohl Übermittlungen an Verantwortliche als auch an Auftragsver-

---

23 *Gabel* in Taeger/Gabel, Art. 46 DSGVO Rz. 14; *Wieczorek* in Specht/Mantz, § 7 Rz. 46; hierzu auch Teil 5, Rz. 26.38.

arbeiter in Drittländern abdecken, wenn hierbei die Rolle des jeweiligen Datenimporteurs konkret benannt wird[24].

Für den Fall, dass ein solcher Mehrparteienvertrag die Regelungen der EU-Standarddatenschutzklauseln aber nicht 1:1 übernimmt, besteht nach Art. 46 Abs. 3 DSGVO ein **Genehmigungserfordernis** durch die nationale Aufsichtsbehörde, auch wenn die Regelungen des Mehrparteienvertrags an die EU-Standarddatenschutzklauseln angelehnt sind oder Regelungen verschiedener Standarddatenschutz-klauselwerke kombinieren[25].

b) Ausgestaltung als Rahmenvertrag unter Einbeziehung der EU-Standarddatenschutzklauseln

Auch wenn die EU-Standarddatenschutzklauseln grundsätzlich für ein **Zweiparteienverhältnis** entworfen wurden, halten sowohl die EU-Kommission als Autorin der EU-Standarddatenschutzklauseln als auch die Datenschutzaufsichtsbehörden der allermeisten EU-Mitgliedstaaten auch eine **Einbettung** der EU-Standarddatenschutzklauseln in einen **multilateralen Rahmenvertrag** grundsätzlich für möglich[26], ohne dass allein dadurch die **Genehmigungsfreiheit** entfiele. 29.9

Die Datenschutzaufsichtsbehörden legen insoweit jedoch einen strengen Maßstab an, indem sie nur die zwingend erforderlichen **redaktionellen Änderungen** akzeptieren, die dem Umstand Rechnung tragen, dass mehrere Vertragsparteien beteiligt sind. Außerdem legen sie großen Wert darauf, dass trotz der Erstreckung des Rahmenvertrags auf diverse unterschiedliche Datenübermittlungen die notwendige Bestimmtheit gewahrt bleibt und klar geregelt ist, wer an wen welche Daten zu welchem Zweck übermittelt[27]. Das Muster setzt diese Anforderungen dadurch um, dass es entsprechende **Spezifizierungen** in Anlagen, vor allem einer sog. Matrix zur Darstellung aller einzelnen Datenübermittlungen, verlangt. Werden Änderungen an dem Muster vorgenommen oder vorgesehene Spezifizierungen ausgespart, sollte im Zweifel die zuständige Datenschutzaufsichtsbehörde konsultiert werden, um abzuklären, ob es sich noch um eine zulässige, genehmigungsfreie Gestaltung handelt[28].

2. Präambel

M 29.1.1 Präambel 29.10

Präambel

(A) *Die Vertragsparteien sind Mitgliedsunternehmen der international tätigen XY-Unternehmensgruppe, die im Rahmen ihrer Geschäftstätigkeit regelmäßig personenbezogene Daten zwischen ihren zahlreichen Niederlassungen und Geschäftsbetrieben austauschen müssen.*

(B) *Gesetze zum Schutz personenbezogener Daten finden in manchen Staaten, in denen die Vertragsparteien niedergelassen sind oder Geschäftsbetriebe unterhalten, Anwendung und regeln die grenzüberschreitende Weitergabe personenbezogener Daten, insbesondere in den EWR-Vertragsstaaten.*

(C) *Die Vertragsparteien beabsichtigen, mit diesem Rahmenvertrag für bestimmte Datenübermittlungen innerhalb der XY-Unternehmensgruppe geeignete Garantien hinsichtlich des Schutzes der Privatsphäre*

---

24 *Lange/Filip* in BeckOK DatenschutzR, Art. 46 DSGVO Rz. 31.
25 *Lange/Filip* in BeckOK DatenschutzR, Art. 46 DSGVO Rz. 32; *Wieczorek* in Specht/Mantz, § 7 Rz. 46.
26 *EU-Kommission*, Commission Staff Working Document on the implementation of the Commission decisions on standard contractual clauses for the transfer of personal data to third countries (2001/497/EC and 2002/16/EC) v. 20.1.2006, SEC(2006) 95, S. 8; *Lange/Filip* in BeckOK DatenschutzR, Art. 46 DSGVO Rz. 31.
27 *Gabel* in Taeger/Gabel, Art. 46 DSGVO Rz. 14; *Moos/Zeiter* in Moos/Schefzig/Arning, Kap. 9 Rz. 86.
28 *Lange/Filip* in BeckOK DatenschutzR, Art. 46 DSGVO Rz. 32.

und des Persönlichkeitsrechts und der Ausübung der damit verbundenen Rechte der Betroffenen gemäß Art. 46 Abs. 1 DSGVO zu etablieren.

(D) Um zu vermeiden, dass die Vertragsparteien untereinander jeweils eine Vielzahl einzelner Verträge unter Einziehung der EU-Standarddatenschutzklauseln abschließen müssen – namentlich für jede Datenübermittlung an einen Empfänger in einem Drittstaat – ist es das Ziel der Vertragsparteien, kraft dieses Rahmenvertrags entsprechende Vertragsbeziehungen zwischen allen Vertragsparteien unter Einziehung der jeweils relevanten EU-Standarddatenschutzklauseln herzustellen.

Vor diesem Hintergrund vereinbaren die Vertragsparteien das Folgende:

a) Ratio

29.11 Die Präambel stellt die **Vertragsparteien** näher vor und beschreibt die **Ziele**, die diese mit dem Abschluss des Rahmenvertrags verbinden.

b) Parteien des Rahmenvertrags

29.12 Nach Buchstabe (A) der Präambel handelt es sich bei den Vertragsparteien um Mitgliedsunternehmen einer fiktiven XY-**Unternehmensgruppe**. Insoweit ist es möglich, dass sämtliche europäischen und außereuropäischen **Konzernunternehmen** Vertragspartei werden[29]. Das ist aber nicht erforderlich; eine einheitliche Regelung im Konzern ist nicht notwendig. Vielmehr ist es auch möglich, dass nur einzelne Konzernunternehmen den Rahmenvertrag für (alle oder einzelne) jeweils zwischen ihnen erfolgende Datenübermittlungen schließen. Andere Konzernunternehmen können dem Rahmenvertrag später beitreten oder auch alternative Gestaltungen zur Erfüllung der Anforderungen der 2. Stufe wählen, also z.B. auch bilaterale Verträge auf Basis der EU-Standarddatenschutzklauseln schließen.

Konkrete **Angaben zu den Vertragsparteien** sind in die Anlage 1 zu dem Vertragsmuster ausgelagert. Um den Spezifizierungsvorgaben der EU-Standarddatenschutzklauseln zu genügen, sind zu den Vertragsparteien in Anlage 1 – entsprechend der Bezeichnung der Tabellenspalten – folgende Informationen aufzunehmen:

– Bezeichnung/Firma

– Adresse und Sitzland

– Weitere Angaben zur Identifizierung und zur Anlaufstelle für Datenschutzauskünfte.

c) Zielsetzung des Rahmenvertrags

29.13 Die in einer Präambel zum Ausdruck kommenden Ziele und Vorstellungen der Vertragsparteien sind bei der Auslegung, Anwendung und Lückenfüllung des Vertrags zu beachten; teilweise können sie sogar als Geschäftsgrundlage des Vertrags angesehen werden. Vor diesem Hintergrund ist es sinnvoll, die Zielsetzung der Vertragsparteien bei der Eingehung des Rahmenvertrags in der Präambel festzuschreiben.

Das von den Vertragsparteien verfolgte Ziel besteht vor dem Hintergrund der obigen Erläuterungen (Rz. 29.4) vor allem darin, die Anforderungen des Art. 46 Abs. 1, 2 DSGVO zu erfüllen, indem mit dem Rahmenvertrag „**geeignete Garantien**" vorgesehen werden, die eine Übermittlung personenbezogener Daten an Gruppenunternehmen in Drittstaaten außerhalb der EU ohne angemessenes Datenschutzniveau auf 2. Stufe zulassen, **ohne** dabei freilich ein **Genehmigungserfordernis** durch die zuständige Datenschutzaufsichtsbehörde auszulösen. Diese Zielsetzungen sind in Buchstabe (C) und (D) der Präambel niedergelegt.

---

29 *Hessische Landesregierung*, 22. Bericht über die Tätigkeit der für den Datenschutz im nicht-öffentlichen Bereich in Hessen zuständigen Aufsichtsbehörde, LT-Drucks. 18/1015, 10.

3. Begriffe und Definitionen (Ziff. 1)

M 29.1.2 Begriffe und Definitionen

1. Begriffe und Definitionen

1.1 Den folgenden Begriffen wird für die Zwecke dieses Rahmenvertrags jeweils die folgende Bedeutung zugewiesen:

*1.1.1 **Anwendbares Datenschutzrecht**: Sämtliche in einem Staat, in dem eine Relevante XY-Unternehmenseinheit niedergelassen ist, in Kraft befindlichen Rechtsvorschriften zum Schutz Personenbezogener Daten einschließlich der DSGVO;*

*1.1.2 **Datenexporteur**: Jede XY-EU-Unternehmenseinheit, die nach Maßgabe der Matrix Personenbezogene Daten an einen Datenimporteur übermittelt;*

*1.1.3 **Datenimporteur**: Jede XY-Drittstaat-Unternehmenseinheit, die nach Maßgabe der Matrix Personenbezogene Daten von einem Datenexporteur erhält;*

*1.1.4 **Drittstaat**: Jeder Staat, der nicht Vertragsstaat des EWR und nicht Whitelist-Staat ist;*

*1.1.5 **DSGVO**: Die Verordnung (EU) 2017/679 des Europäischen Parlaments und des Rates vom 27.4.2016 zum Schutz natürlicher Personen bei der Verarbeitung personenbezogener Daten, zum freien Datenverkehr und zur Aufhebung der Richtlinie 95/46/EG (Datenschutz-Grundverordnung);*

*1.1.6 **EU-Standarddatenschutzklauseln**: von der EU-Kommission gemäß Art. 26 Abs. 4 EU-Datenschutzrichtlinie in dem Ausschussverfahren nach Art. 31 Abs. 2 EU-Datenschutzrichtlinie angenommene Standarddatenschutzklauseln für die Übermittlung personenbezogener Daten an verantwortliche Stellen oder Auftragsverarbeiter in Drittländer, die kein angemessenes Datenschutzniveau gewährleisten sowie etwaige von der EU-Kommission gemäß Art. 46 Abs. 2 lit. c DSGVO erlassene oder von ihr gemäß Art. 46 Abs. 2 lit. d DSGVO genehmigte Standarddatenschutzklauseln;*

*1.1.7 **Controller-to-Controller-Klauseln**: die alternativen Standarddatenschutzklauseln für die Übermittlung personenbezogener Daten in Drittländer gemäß Entscheidung 2004/915/EG der EU-Kommission vom 27.12.2004;*

*1.1.8 **Controller-to-Processor-Klauseln**: die Standarddatenschutzklauseln für die Übermittlung personenbezogener Daten an Auftragsverarbeiter in Drittländern gemäß Beschluss K(2010) 593 der EU-Kommission vom 5.2.2010;*

*1.1.9 **Matrix**: Die Matrix mit Einzelheiten zu den Übermittlungen Personenbezogener Daten gemäß **Anlage 2**;*

*1.1.10 **Personenbezogene Daten**: alle Informationen, die sich auf eine identifizierte oder identifizierbare natürliche Person beziehen, die von einer XY-Unternehmenseinheit verarbeitet werden;*

*1.1.11 **Rahmenvertrag**: Dieser Rahmenvertrag einschließlich seiner Anlagen und Anhänge;*

*1.1.12 **Relevante Datenübermittlung**: jede Übermittlung Personenbezogener Daten von einem Datenexporteur an einen Datenimporteur, die nicht anderweitig gemäß Art. 44 ff. DSGVO zugelassen ist;*

*1.1.13 **Relevante XY-Unternehmenseinheit**: Jede in **Anlage 1** (in ihrer jeweils aktuellen Fassung) zu diesem Rahmenvertrag aufgelistete Niederlassung (unabhängig von ihrer rechtlichen Verfasstheit z.B. als natürliche oder juristische Person);*

*1.1.14 **Sonstige XY-Unternehmenseinheit**: Jede Niederlassung der XY-Unternehmensgruppe, die mit Personenbezogenen Daten umgeht einschließlich aller mit der … [XY-Muttergesellschaft] i.S.v. § 15 AktG verbundenen Unternehmen, mit Ausnahme der Relevanten XY-Unternehmenseinheiten;*

*1.1.15 **Verarbeiten:** Jeder mit oder ohne Hilfe automatisierter Verfahren ausgeführte Vorgang oder jede solche Vorgangsreihe im Zusammenhang mit Personenbezogenen Daten wie das Erheben, das Erfassen, die Organisation, das Ordnen, die Speicherung, die Anpassung oder Veränderung, das Auslesen, das Abfragen, die Verwendung, die Offenlegung durch Übermittlung, Verbreitung oder eine andere Form der Bereitstellung, der Abgleich oder die Verknüpfung, die Einschränkung, das Löschen oder die Vernichtung;*

*1.1.16 **Whitelist-Staat:** jeder Nicht-EU-Mitgliedstaat, der gemäß Entscheidung der EU-Kommission über ein angemessenes Datenschutzniveau i.S.v. Art. 45 Abs. 1 DSGVO verfügt;*

*1.1.17 **XY-Drittstaat-Unternehmenseinheit:** Jede Relevante XY-Unternehmenseinheit, die in einem Drittstaat belegen ist;*

*1.1.18 **XY-EWR-Unternehmenseinheit:** Jede Relevante XY-Unternehmenseinheit, die in einem EWR-Vertragsstaat belegen ist;*

*1.1.19 **XY-Unternehmensgruppe:** die Gesamtheit der Relevanten XY-Unternehmenseinheiten und der Sonstigen XY-Unternehmenseinheiten;*

1.2 Soweit vorstehend nicht abweichend festgelegt, gelten die Begriffsbestimmungen gemäß dem jeweils anwendbaren Datenschutzrecht einschließlich der Bestimmungen der DSGVO und der EU-Standarddatenschutzklauseln.

a) Ratio

29.15 In Ziff. 1 des Vertragsmusters werden **Begriffsdefinitionen** vorgenommen, die für den Rahmenvertrag verbindlich gelten sollen und deren Verhältnis zu anderweitigen Legaldefinitionen klargestellt wird.

b) Eigenständige Begriffsdefinitionen (Ziff. 1.1)

29.16 Die verbindliche Definition von Begriffen, die in dem Rahmenvertrag verwendet werden, ist kein Muss. Sie erleichtert jedoch die Lesbarkeit des Vertrags, gerade wenn es sich um Begriffe handelt, die ansonsten jeweils aufwendig beschrieben werden müssten.

Die Voranstellung solcher Definitionen in Rahmen- und Mehrparteienverträgen, die die EU-Standarddatenschutzklauseln einbeziehen, ist nach Meinung der Datenschutzaufsichtsbehörden möglich[30]; es müsse allerdings klargestellt werden, dass die EU-Standarddatenschutzklauseln inhaltlich unberührt bleiben. Um **inhaltliche Abweichungen** von den **EU-Standarddatenschutzklauseln** handelt es sich nicht, soweit die Unterschiede in den Begriffsbestimmungen lediglich die konkrete Situation im jeweiligen Konzern widerspiegeln[31]. In einem solchen Fall handele es sich nur um Vorgaben zur praktischen Umsetzung der EU-Standarddatenschutzklauseln im Konzern, die nicht zur **Genehmigungspflichtigkeit** des Vertrags führen[32].

Das Vertragsmuster ist für eine Anwendung durch Mitgliedsunternehmen der fiktiven XY-Unternehmensgruppe vorgesehen. Viele der Begriffsdefinitionen dienen der Festlegung, auf welche Arten von Datenübermittlungen zwischen welchen Unternehmen der XY-Unternehmensgruppe die Rahmenvertragsregelungen – und damit auch die EU-Standarddatenschutzklauseln – in welcher Form Anwendung finden sollen. Sie legen deshalb im Wesentlichen die praktische Umsetzung innerhalb der XY-Un-

---

30 *Hessische Landesregierung*, 23. Bericht über die Tätigkeit der für den Datenschutz im nicht-öffentlichen Bereich in Hessen zuständigen Aufsichtsbehörde, LT-Drucks. 18/2942, 19.

31 *Hessische Landesregierung*, 19. Bericht über die Tätigkeit der für den Datenschutz im nicht-öffentlichen Bereich in Hessen zuständigen Aufsichtsbehörde, LT-Drucks. 16/5892, 11; *Moos* in v. d. Bussche/Voigt, Kap. 3.4 Rz. 66.

32 *Hessische Landesregierung*, 19. Bericht über die Tätigkeit der für den Datenschutz im nicht-öffentlichen Bereich in Hessen zuständigen Aufsichtsbehörde, LT-Drucks. 16/5892, 11.

ternehmensgruppe fest und dürften die Genehmigungsfreiheit unberührt lassen. Einige besonders relevante Begriffsdefinitionen werden nachfolgend kurz erläutert:

aa) Anwendbares Datenschutzrecht (Ziff. 1.1.1)

In Ziff. 1.1.1 wird der Begriff „**Anwendbares Datenschutzrecht**" definiert. Er dient im Wesentlichen der Festlegung, an welche Datenschutzvorschriften sich die Vertragsparteien zu halten haben. Die Definition ist umfassend und bezieht alle in den jeweiligen Staaten in Kraft befindlichen Rechtsvorschriften zum Schutz personenbezogener Daten einschließlich der DSGVO ein.   29.17

bb) Definitionen zur Festlegung des persönlichen Anwendungsbereichs

In Ziff. 1.1 ist eine Reihe von Definitionen enthalten, die mit dazu beitragen, den **persönlichen Anwendungsbereich** des Vertragsmusters insgesamt und der einzelnen Vertragsregelungen festzulegen. Ausgehend davon, dass das Muster für die fiktive XY-Unternehmensgruppe gelten soll, sind hierfür vor allem folgende Definitionen relevant: 29.18

(1) Datenexporteur und Datenimporteur (Ziff. 1.1.2 und 1.1.3)

In Ziff. 1.1.2 wird der „**Datenexporteur**" in Anlehnung an die Begriffsdefinitionen in den EU-Standarddatenschutzklauseln[33] als jede XY-EU-Unternehmenseinheit[34] bezeichnet, die nach Maßgabe der Matrix[35] Personenbezogene Daten[36] an einen Datenimporteur[37] übermittelt.   29.19

In Ziff. 1.1.3 wird der „**Datenimporteur**" ebenfalls in Anlehnung an die Begriffsdefinitionen in den EU-Standarddatenschutzklauseln[38] als jede XY-Drittstaat-Unternehmenseinheit[39] bezeichnet, die nach Maßgabe der Matrix[40] Personenbezogene Daten[41] von einem Datenexporteur erhält.

(2) Relevante XY-Unternehmenseinheit (Ziff. 1.1.13)

Als „Relevante XY-Unternehmenseinheit" wird in Ziff. 1.1.13 des Vertragsmusters jede in Anlage 1 (in ihrer jeweils aktuellen Fassung) zu dem Rahmenvertrag aufgelistete Niederlassung (unabhängig von ihrer rechtlichen Verfasstheit z.B. als natürliche oder juristische Person) bestimmt. Der Begriff dient in Ziff. 2.1 des Vertragsmusters der Festlegung derjenigen Vertragsparteien, zu denen Datenübermittlungen in der Matrix enthalten sind.   29.20

(3) Sonstige XY-Unternehmenseinheit (Ziff. 1.1.14)

Das Vertragsmuster sieht auch Regelungen zum **Beitritt weiterer Unternehmen** der XY-Unternehmensgruppe vor, die noch nicht Vertragsparteien sind; solche Beitritte werden in Ziff. 7.4 des Vertragsmusters explizit den „Sonstigen XY-Unternehmenseinheiten" gestattet, welche in Ziff. 1.1.14 definiert werden als jede Niederlassung der XY-Unternehmensgruppe, die mit Personenbezogenen Daten umgeht einschließlich aller mit der XY-Muttergesellschaft i.S.v. § 15 AktG **verbundenen Unternehmen**, mit Ausnahme der Relevanten XY-Unternehmenseinheiten[42] (die ja bereits Vertragsparteien sind).   29.21

---

33 Z.B. in den Begriffsbestimmungen, lit. b des Standardvertrags II.
34 Definiert in Ziff. 1.1.18 des Musters.
35 Definiert in Ziff. 1.1.9 des Musters.
36 Definiert in Ziff. 1.1.10 des Musters.
37 Definiert in Ziff. 1.1.3 des Musters.
38 Z.B. in den Begriffsbestimmungen, lit. c des Standardvertrags II.
39 Definiert in Ziff. 1.1.17 des Musters.
40 Definiert in Ziff. 1.1.9 des Musters.
41 Definiert in Ziff. 1.1.10 des Musters.
42 Definiert in Ziff. 1.1.13 des Musters.

(4) XY-Drittstaat-Unternehmenseinheit und XY-EWR-Unternehmenseinheit (Ziff. 1.1.17 und 1.1.18)

29.22 Für die Zwecke der Zuweisung der Rollen der Vertragsparteien als Datenimporteure bzw. Datenexporteure werden in den Ziff. 1.1.17 und 1.1.18 zur Vereinfachung bestimmte Bezeichnungen eingeführt, die an die **örtliche Belegenheit** der jeweiligen XY-Unternehmenseinheit anknüpfen; namentlich „XY-Drittstaat-Unternehmenseinheiten" (also nach Ziff. 1.1.17 jede Relevante XY-Unternehmenseinheit, die in einem Drittstaat belegen ist) und „XY- EWR-Unternehmenseinheiten" (also nach Ziff. 1.1.18 jede relevante XY-Unternehmenseinheit, die in einem EWR-Vertragsstaat belegen ist).

(5) XY-Unternehmensgruppe (Ziff. 1.1.19)

29.23 In Ziff. 1.1.19 wird schließlich der Begriff der XY-Unternehmensgruppe bestimmt als die Gesamtheit der Relevanten XY-Unternehmenseinheiten[43] und der Sonstigen XY-Unternehmenseinheiten[44].

cc) Drittstaat (Ziff. 1.1.4)

29.24 In Ziff. 1.1.4 ist eine Definition des Begriffs „**Drittstaat**" enthalten. Der Begriff wird in dem Rahmenvertrag insbesondere dazu verwendet, festzulegen, auf welche Datenübermittlungen der Rahmenvertrag Anwendung finden soll; nämlich nur solche an Empfänger in Staaten, die nicht Vertragsstaat des EWR und nicht sog. Whitelist-Staat[45] sind.

Seit dem 20.7.2018 gilt die DSGVO auch in den EWR-Staaten Norwegen, Liechtenstein und Island. Der gemeinsame EWR-Ausschuss hat am 6.7.2018 die Übernahme der DSGVO in das EWR-Abkommen beschlossen. Die EWR-Staaten gelten somit nicht als „Drittstaaten"[46].

29.24a Mit dem Ende der Übergangszeit nach dem Austritt des **Vereinigten Königreichs** aus der EU zum 31.12.2020 (sog. **Brexit**), gilt dieses prinzipiell ebenfalls als Drittstaat. Das in letzter Minute geschlossene Handels- und Zusammenarbeitsabkommen zwischen der EU und dem Vereinigten Königreich trifft aber eine Übergangsregelung, wonach Übermittlungen personenbezogener Daten von der EU in das Vereinigte Königreich und Nordirland für eine **Übergangsperiode** nicht als Übermittlungen in einen Drittstaat angesehen werden. Diese Periode beginnt mit dem Inkrafttreten des Abkommens und endet, wenn die EU-Kommission eine das Vereinigte Königreich betreffende **Adäquanzentscheidung** nach Art. 45 Abs. 3 DSGVO getroffen hat, spätestens jedoch nach **vier Monaten**. Dieses Enddatum kann um zwei Monate verlängert werden, falls keine der beteiligten Parteien widerspricht[47]. Es ist deshalb realistisch von einem Moratorium bis Mitte 2021 auszugehen.

dd) EU-Datenschutzinstrumente (Ziff. 1.1.5–1.1.8)

29.25 Die Definitionen in den Ziff. 1.1.5–1.1.8 dienen der eindeutigen Bestimmung der in dem Vertragsmuster verwendeten Kurzbezeichnungen bestimmter EU-Datenschutzinstrumente, namentlich der **DSGVO**, den „**EU-Standarddatenschutzklauseln**", den „**Controller-to-Controller-Klauseln**" und den „**Controller-to-Processor-Klauseln**".

ee) Matrix (Ziff. 1.1.9)

29.26 Eine wichtige Rolle im Zusammenhang mit der Ausgestaltung als Rahmenvertrag spielt die in Ziff. 1.1.9 begrifflich als „**Matrix**" definierte Tabelle gemäß Anlage 2, die die Einzelheiten zu den dem Vertragsmuster unterfallenden Datenübermittlungen enthält.

---

43 Definiert in Ziff. 1.1.13 des Musters.
44 Definiert in Ziff. 1.1.14 des Musters.
45 Definiert in Ziff. 1.1.16 des Musters.
46 *Moos/Zeiter* in Moos/Schefzig/Arning, Kap. 9 Rz. 6.
47 Siehe *DSK*, Pressemitteilung v. 28.12.2020.

ff) Personenbezogene Daten (Ziff. 1.1.10)

Ziff. 1.1.10 enthält eine an Art. 4 Nr. 1 DSGVO angelehnte Bestimmung des Begriffs „**Personenbezoge-** **ne Daten**", die nur insofern gegenüber den Legaldefinitionen eine Konkretisierung zum Zweck der Festlegung des Anwendungsbereichs des Rahmenvertrags vornimmt, dass es sich im Kontext des Vertragsmusters um solche Daten handeln muss, die von einer XY-Unternehmenseinheit verarbeitet werden. **29.27**

gg) Relevante Datenübermittlung (Ziff. 1.1.12)

Die Begriffsdefinition in Ziff. 1.1.12 steht in Zusammenhang mit Ziff. 4.2 des Musters, wonach in der Matrix alle „**Relevanten Datenübermittlungen**" abgebildet sind und dem Regime der EU-Standarddatenschutzklauseln gemäß Anlage 3 unterworfen werden sollen; also alle Übermittlungen personenbezogener Daten von einem Datenexporteur an einen Datenimporteur, die nicht anderweitig gem. Art. 44 ff. DSGVO zugelassen sind. **29.28**

Durch diese Definition wird also klargestellt, dass das durch den Rahmenvertrag etablierte EU-**Standardvertragsregime** nur „lückenfüllenden" Charakter hat und deshalb z.B. kein EU-Standardvertrag abgeschlossen wird, wenn und soweit eine Datenübermittlung z.B. schon nach Art. 49 DSGVO zulässig ist.

hh) Verarbeiten (Ziff. 1.1.15)

Der Begriff des **Verarbeitens** ist in Ziff. 1.1.15 angelehnt an Art. 4 Nr. 2 DSGVO bestimmt. **29.29**

ii) Whitelist-Staat (Ziff. 1.1.16)

Einer Etablierung „geeigneter Garantien" i.S.v. Art. 46 DSGVO bedarf es nicht, soweit Datenübermittlungen an Empfänger in Staaten erfolgen, die gemäß einem Beschluss nach Art. 45 Abs. 3 DSGVO über ein angemessenes Datenschutzniveau i.S.v. Art. 45 Abs. 1 DSGVO verfügen[48]. Ziff. 1.1.16 definiert solche Staaten mit angemessenem Datenschutzniveau als „**Whitelist-Staaten**". **29.30**

c) Sonstige Begriffsbestimmungen (Ziff. 1.2)

In Ziff. 1.2 wird ergänzend auf die sonstigen Begriffsbestimmungen gemäß den jeweils anwendbaren Datenschutzvorschriften einschließlich der DSGVO und der EU-Standarddatenschutzklauseln verwiesen. Hinsichtlich der EU-Standarddatenschutzklauseln ist – wie gesagt – dringend darauf zu achten, dass sie inhaltlich nicht geändert werden, auch nicht durch etwa abweichende Begriffsbestimmungen; deshalb ist in Ziff. 3.2 des Vertragsmusters noch eine spezielle **Kollisions- und Vorrangregelung** enthalten. **29.31**

4. Anwendungsbereich und Vertragsgegenstand (Ziff. 2)

M 29.1.3 Anwendungsbereich und Vertragsgegenstand **29.32**

2. Anwendungsbereich und Vertragsgegenstand

*2.1 Dieser Rahmenvertrag findet Anwendung auf die Übermittlungen Personenbezogener Daten zwischen Relevanten XY-Unternehmenseinheiten, wie sie in der Matrix gemäß **Anlage 2** im Einzelnen beschrieben sind.*

---

48 Eine Auflistung aller noch unter Geltung der DSRL ergangenen Entscheidungen der EU-Kommission und der in diesem Sinne anerkannten Drittländer mit angemessenem Datenschutzniveau ist abrufbar unter: https://ec.europa.eu/info/law/law-topic/data-protection/international-dimension-data-protec tion/adequacy-decisions_en; hierzu auch *Moos/Zeiter* in Moos/Schefzig/Arning, Kap. 9 Rz. 26.

*2.2 Dieser Rahmenvertrag bewirkt, dass Übermittlungen Personenbezogener Daten von einer XY-EWR-Unternehmenseinheit an eine XY-Drittstaat-Unternehmenseinheit entsprechend den Bestimmungen dieses Rahmenvertrags erfolgen und den jeweils anwendbaren EU-Standarddatenschutzklauseln gemäß **Anlage 3** unterfallen.*

a) Ratio

29.33 Ziff. 2 dient dazu, den **Anwendungsbereich** und den **Vertragsgegenstand** des Vertragsmusters festzulegen.

b) Anwendung auf Datenübermittlungen gemäß der Matrix (Ziff. 2.1)

29.34 Zur Bestimmung des Anwendungsbereichs verweist das Vertragsmuster in Ziff. 2.1 im Wesentlichen auf die als Anlage 2 beizufügende Tabelle (Matrix), in die sämtliche **Übermittlungen personenbezogener Daten** zwischen denjenigen XY-Unternehmenseinheiten aufgenommen werden sollen, die von dem Rahmenvertrag (und damit auch den EU-Standarddatenschutzklauseln) erfasst werden sollen. Die Matrix selbst wird eingehend unter Ziff. 4 erläutert.

c) Erfassung durch den Rahmenvertrag (Ziff. 2.2)

29.35 Ziff. 2.2 legt die Rechtsfolge der Erfassung einer in die Matrix aufgenommenen Datenübermittlung fest; nämlich, dass diese Datenübermittlungen entsprechend den Bestimmungen dieses Rahmenvertrags erfolgen und den jeweils anwendbaren EU-Standarddatenschutzklauseln, wie sie in Anlage 3 zu dem Vertragsmuster aufzunehmen sind, unterfallen sollen.

29.36 Insoweit ist zu konstatieren, dass sich das Vertragsmuster weitgehend auf die **Umsetzung der EU-Standarddatenschutzklauseln** beschränkt. In der Praxis ist durchaus auch eine – teilweise sogar recht weitgehende – Anreicherung um zusätzliche, **unternehmensspezifische Datenschutzregelungen** möglich. Das geschieht etwa in der Weise, dass der Rahmenvertrag als globales „**Data Transfer Agreement**" ausgestaltet wird, dessen Anwendungsbereich explizit nicht auf Datentransfers beschränkt wird, die nach Art. 46 DSGVO rechtfertigungsbedürftig sind, und welches unternehmensweit – z.B. im Sinne eines „**Code of Conduct**"[49] – weitergehende materielle Datenschutzvorschriften für die Unternehmensgruppe verbindlich vorgibt, als diese sich etwa aus den verbindlichen Datenschutzgrundsätzen gemäß den Anlagen zu den EU-Standarddatenschutzklauseln ergeben.

Denkbar und in der Praxis vor allem im Falle von **Auftragsverarbeitungen** – aber auch **Controller-Controller-Übermittlungen** – innerhalb von Konzernen üblich ist es auch, die notwendigen Regelungen auf 1. und 2. Stufe in ein Vertragskonvolut zu integrieren[50]. Teilweise wird dann auch eine Ausweitung des Anwendungsbereichs dergestalt vorgenommen, dass auch innereuropäische Datenübermittlungen von dem Vertrag erfasst werden, die dann zwar nicht direkt den EU-Standarddatenschutzklauseln unterworfen werden, aber ggf. daran angelehnten Regelungen, um die Übermittlungsvoraussetzungen der **1. Stufe** zu erfüllen[51]. Eine entsprechende Erweiterung des Vertragsmusters ist unproblematisch möglich. Ferner könnten z.B. in weiteren Anlagen über die in den Controller-to-Processor-Klauseln enthaltenen Regelungen hinausgehende Vorgaben an Auftragsverarbeiter integriert werden, die nach den Vorgaben auf 1. Stufe notwendig oder empfehlenswert sind[52].

---

49 Zur Abgrenzung gegenüber BCR siehe Teil 5, Rz. 31.8.

50 *Moos* in v.d.Bussche/Voigt, Kap. 3.4 Rz. 61.

51 Zu dem Beispiel der vertraglichen Absicherung einer innereuropäischen Personaldatenübermittlung *Schmidl*, DuD 2009, 364 (369 f.).

52 Vgl. zu den sich dann ggf. ergebenden Schwierigkeiten einer Verwendung der EU-Standarddatenschutzklauseln zur Erfassung rein intra-europäischer Datenübermittlungen *Schmidl/Krone*, DuD 2010, 838 f.

So wäre es z.B. denkbar, die Rechtfertigung von Datenübermittlungen innerhalb von Konzernunter-   29.37
nehmen über eine Interessenabwägung nach Art. 6 Abs. 1 lit. f DSGVO i.V.m. Erwägungsgrund 48
DSGVO auf erster Stufe durch flankierende vertragliche Regelungen abzusichern, die hier ergänzt werden können.

Zumindest für eine Übergangsphase, bis die EU-Kommission die noch auf Basis der DSRL erstellten
Standarddatenschutzklauseln gem. Art. 46 Abs. 5 DSGVO angepasst hat, um den **zusätzlichen Anforderungen der DSGVO** Rechnung zu tragen, könnten zu diesem Zweck ebenfalls ergänzende Regelungen in den Rahmenvertrag aufgenommen werden; z.B. im Hinblick auf die abweichenden Begriffsdefinitionen (vgl. hierzu Teil 5, Rz. 27.45) oder auch die neuen/zusätzlichen Pflichten bzgl. der
Betroffenenrechte (z.B. das Recht auf Datenübertragbarkeit), etc. (vgl. hierzu auch § 27).

Ebenfalls möglich ist es, in einen solchen Rahmenvertrag Regelungen nach Art. 26 Abs. 1 Satz 2   29.37a
DSGVO zur Datenverarbeitung zwischen **gemeinsam Verantwortlichen** zu integrieren. Dies ist vor allem dann angezeigt, wenn eine gemeinsame Verantwortlichkeit zwischen einem Datenexporteur innerhalb des EWR und einem Datenempfänger in einem Drittland besteht. Für den hier relevanten Kontext
einer Verarbeitung in Konzernstrukturen kann dies häufiger der Fall sein[53]; z.B. wenn Kunden- oder
Mitarbeiterdaten in gemeinsamen, zentralen Datenbanksystemen verwaltet werden[54].

5. Rangfolge und Widersprüche (Ziff. 3)

M 29.1.4 Rangfolge und Widersprüche   29.38

3. Rangfolge und Widersprüche

*3.1 Die Vereinbarungen zwischen den Vertragsparteien stehen in folgender Rangfolge, wobei Bestimmun-
gen der zuerst genannten Vereinbarungen bei Widersprüchen Vorrang vor den danach genannten besitzen:*

    *a) die Matrix gemäß **Anlage 2** und die Beschreibung technischer und organisatorischer Maßnahmen
       gemäß **Anlage 4**;*

    *b) die EU-Standarddatenschutzklauseln gemäß **Anlage 3**;*

    c) die Bestimmungen dieses Rahmenvertrags;

    d) die sonstigen Anlagen zu diesem Rahmenvertrag;

*3.2 Zur Vermeidung von Unklarheiten bekräftigen die Vertragsparteien hiermit, dass der Wortlaut der EU-
Standarddatenschutzklauseln gemäß **Anlage 3** durch diesen Rahmenvertrag oder die weiteren Anlagen
in keiner Weise geändert oder abbedungen werden soll. Der Vorrang der **Anlage 2** und der **Anlage 4** vor
den EU-Standarddatenschutzklauseln gilt nur, soweit diese Anlagen die notwendigen Spezifizierungen
der EU-Standarddatenschutzklauseln enthalten.*

a) Ratio

Ziff. 3 des Vertragsmusters dient dazu, die **Rangfolge** der einzelnen Vertragsbestandteile festzulegen   29.39
und eine **Kollisionsregel** für den Fall sich widersprechender Regelungen zu treffen.

---

53 *Petri* in Simitis/Hornung/Spiecker, Art. 26 DSGVO Rz. 3; *Martini* in Paal/Pauly, Art. 26 DSGVO
   Rz. 2.
54 *Hartung* in Kühling/Buchner, Art. 26 DSGVO Rz. 24.

b) Rangfolge und Widerspruchsregelung (Ziff. 3.1)

29.40 In Ziff. 3.1 wird die Rangfolge der Vertragsdokumente grundsätzlich so festgelegt, dass die **EU-Stan-darddatenschutzklauseln vorrangig** vor dem Rahmenvertrag und den sonstigen Anlagen gelten, da-mit insofern keine (ungewollten) Änderungen erfolgen, die die Genehmigungspflicht nach Art. 46 Abs. 3 DSGVO wieder aufleben lassen. Höherrangig als die EU-Standarddatenschutzklauseln müssen allerdings diejenigen Bestimmungen sein, die gerade dazu dienen, die Lücken der EU-Standarddaten-schutzklauseln auszufüllen. Solche Präzisierungen führen nicht zu einer Genehmigungsbedürftigkeit, wenn sie bereits in den EU-Standarddatenschutzklauseln angelegt sind[55], was für die Matrix gemäß Anlage 2 und – im Falle von Datenübermittlungen an Auftragsverarbeiter – die Beschreibung der tech-nischen und organisatorischen Maßnahmen gemäß Anlage 4 der Fall ist. Diesen beiden Vertragsdoku-menten wird deshalb in Ziff. 3.1 Vorrang auch vor den „Muster"-EU-Standarddatenschutzklauseln ge-mäß Anlage 3 eingeräumt. Vertragstechnisch sind die Anlagen 2 und 4 freilich Teil der separaten Verträge unter Einbeziehung der EU-Standarddatenschutzklauseln (hierzu Ziff. 4.1).

c) Keine Änderung der EU-Standarddatenschutzklauseln (Ziff. 3.2)

29.41 Wie bereits erläutert, besteht die **Genehmigungsfreiheit** nur, wenn die EU-Standarddatenschutzklau-seln unverändert verwendet werden. Zur Erhaltung der Genehmigungsfreiheit sollte deshalb mit der erforderlichen Bestimmtheit gewährleistet werden, dass in jedem Fall die EU-Standarddatenschutz-klauseln inhaltlich unberührt bleiben und bei einem Rechtsstreit die Interpretation der Standarddaten-schutzklauseln maßgeblich ist. Deshalb wird im Falle der Verwendung eines Rahmen- bzw. Mehrpar-teienvertrags auch von den Aufsichtsbehörden empfohlen, in einen solchen Vertrag eine Regelung aufzunehmen, wonach im Falle von **Unstimmigkeiten** oder **Widersprüchen** zwischen den konkreten Umsetzungsvorgaben im Rahmenvertrag einerseits und den als Anhang beigefügten **EU-Standard-datenschutzklauseln** andererseits auf jeden Fall die Letztgenannten **Vorrang** haben[56]. Diese Empfeh-lung setzt Ziff. 3.2 des Vertragsmusters ergänzend zu der Vorrangregelung in Ziff. 3.1 in der Weise um, dass auch der Vorrang der Anlagen 2 und 4 nur hinsichtlich der ausfüllungsbedürftigen „Lücken" der EU-Standarddatenschutzklauseln besteht und sie inhaltlich in keiner Weise geändert oder abbedungen werden sollen.

29.41a Das Vertragsmuster ließe sich naturgemäß analog den EU-Standarddatenschutzklauseln selbst um solche **zusätzlichen Garantien** ergänzen, die in der Folge des **Schrems II-Urteils** des EuGH notwen-dig sind, um ein angemessenes Schutzniveau beim Datenempfänger herzustellen.

Die Verwendung der EU-Standarddatenschutzklauseln sichert nach der Feststellung des EuGH allei-ne nicht, dass jeglicher auf dieser Grundlage durchgeführte Drittstaatentransfer auch ein entsprechen-des Schutzniveau i.S.v. Art. 44 ff. DSGVO aufweist. Auch bei einem Datentransfer auf Grundlage der EU-Standarddatenschutzklauseln muss deshalb zusätzlich von dem jeweiligen Datenexporteur geprüft werden, ob das Drittland, in dem der Datenimporteur die Daten erhält, ein **angemessenes Schutz-niveau** bietet[57]. Falls die Angemessenheitsprüfung negativ ausfallen sollte, bleibt es dem Unternehmen möglich, **zusätzliche Maßnahmen** zu ergreifen, die ein gleichwertiges Datenschutzniveau sicherstel-len. Hierzu können auch zusätzliche Vertragsregelungen zählen, die dem Datenimporteur ergänzende Pflichten auferlegen[58].

---

55 *Lange/Filip* in BeckOK DatenschutzR, Art. 46 DSGVO Rz. 31.
56 *Hessische Landesregierung*, 19. Bericht über die Tätigkeit der für den Datenschutz im nicht-öffentlichen Bereich in Hessen zuständigen Aufsichtsbehörde, LT-Drucks. 16/5892, 11.
57 EuGH v. 16.7.2020 – C-311/18 – Schrems II, ZD 2020, 511 (516).
58 *Moos/Zeiter* in Moos/Schefzig/Arning, Kap. 9 Rz. 76; vgl. dazu auch Rz. 27.6a ff. und Rz. 28.23d.

6. Datenübermittlungen zwischen Relevanten XY-Unternehmenseinheiten (Ziff. 4)

M 29.1.5 Datenübermittlungen zwischen Relevanten XY-Unternehmenseinheiten   29.42

4. Datenübermittlungen zwischen Relevanten XY-Unternehmenseinheiten

4.1 Kraft dieser Ziffer 4 werden zwischen jedem Datenexporteur und jedem Datenimporteur jeweils separate, bilaterale Verträge unter Einbeziehung der jeweiligen EU-Standarddatenschutzklauseln bezüglich jeder einzelnen, Relevanten Datenübermittlung geschlossen.

4.2 Im Hinblick auf die Relevanten Datenübermittlungen gemäß **Anlage 2** fungiert der Datenexporteur als Verantwortlicher und fungiert der Datenimporteur entweder als Verantwortlicher oder als Auftragsverarbeiter, wie im Einzelnen in der Matrix verbindlich angegeben.

4.3 Soweit sich aus der Matrix ergibt, dass ein Datenexporteur Personenbezogene Daten an einen Datenimporteur in dessen Eigenschaft als Verantwortlicher übermittelt, wird hiermit zwischen den beteiligten XY-Unternehmenseinheiten ein Vertrag unter Einbeziehung der Controller-to-Controller-Klauseln gemäß **Anlage 3**, Ziffer 1 im Hinblick auf die jeweilige Relevante Datenübermittlung geschlossen.

Die notwendige Spezifizierung der Controller-to-Controller-Klauseln je Relevanter Datenübermittlung erfolgt gemäß nachstehender Tabelle:

Abschnitt der Controller-to-Controller-Klauseln	Spezifizierung durch folgende Informationen
Name, Adresse und Sitzland des Datenexporteurs auf Seite 1	Die Angaben zu der jeweiligen Vertragspartei gemäß Anlage 1 i.V.m. der Qualifizierung als Datenexporteur gemäß Anlage 2
Name, Adresse und Sitzland des Datenimporteurs auf Seite 1	Die Angaben zu der jeweiligen Vertragspartei gemäß Anlage 1 i.V.m. der Qualifizierung als Datenimporteur gemäß Anlage 2
Auswahl gemäß Klausel II. (h)	Option … [Auswahl] wird gewählt.
Datum auf Seite 5	Das Datum des Inkrafttretens gemäß Ziffer 7.2 des Rahmenvertrags
Angaben zur Unterzeichnung für den Datenexporteur und den Datenimporteur auf Seite 5	Die Angaben gemäß den Unterschriftenzeilen des Rahmenvertrags
Anhang B, Betroffene Personen	Die Angaben gemäß Spalte 6 der Matrix
Anhang B, Übermittlungszwecke	Die Angaben gemäß Spalte 2 der Matrix
Anhang B, Kategorien übermittelter Daten	Die Angaben gemäß Spalte 7 der Matrix
Anhang B, Empfänger	Die Angaben gemäß Spalte 9 der Matrix
Anhang B, Sensible Daten	Die Angaben gemäß Spalte 8 der Matrix
Anhang B, Datenschutzmelderegisterangaben des Datenexporteurs (sofern zutreffend)	Die Angaben zu der jeweiligen Vertragspartei gemäß Anlage 1 i.V.m. der Qualifizierung als Datenexporteur gemäß Anlage 2
Anhang B, sonstige nützliche Informationen	Die Angaben gemäß Spalte 10 der Matrix
Anhang B, Anlaufstelle für Datenschutzauskünfte beim Datenimporteur und Datenexporteur	Die Angaben zu der jeweiligen Vertragspartei gemäß Anlage 1 i.V.m. der Qualifizierung als Datenexporteur oder Datenimporteur gemäß Anlage 2

4.4 Soweit sich aus der Matrix ergibt, dass ein Datenexporteur Personenbezogene Daten an einen Datenimporteur in dessen Eigenschaft als Auftragsverarbeiter übermittelt, wird hiermit zwischen den beteiligten XY-Unternehmenseinheiten ein Vertrag unter Einbeziehung der Controller-to-Processor-Klauseln gemäß **Anlage 3**, Ziffer 2 im Hinblick auf die jeweilige Relevante Datenübermittlung geschlossen.

Die notwendige Spezifizierung der Controller-to-Processor-Klauseln je Relevanter Datenübermittlung erfolgt gemäß nachstehender Tabelle:

Abschnitt der Controller-to-Processor-Klauseln	Spezifizierung durch folgende Informationen
Bezeichnung der Organisation des Datenexporteurs nebst Anschrift, Kontaktangaben und weiteren Angaben zur Identifizierung der Organisation auf Seite 1	Die Angaben zu der jeweiligen Vertragspartei gemäß Anlage 1 i.V.m. der Qualifizierung als Datenexporteur gemäß Anlage 2
Bezeichnung der Organisation des Datenimporteurs nebst Anschrift, Kontaktangaben und weiteren Angaben zur Identifizierung der Organisation auf Seite 1	Die Angaben zu der jeweiligen Vertragspartei gemäß Anlage 1 i.V.m. der Qualifizierung als Datenimporteur gemäß Anlage 2
Klausel 9, Bestimmung des anwendbaren Rechts	Die Angaben zu dem Sitzland der jeweiligen Vertragspartei gemäß Anlage 1 i.V.m. der Qualifizierung als Datenexporteur gemäß Anlage 2
Klausel 11 (3), Bestimmung des anwendbaren Rechts bei Unterbeauftragungen	Die Angaben zu dem Sitzland der jeweiligen Vertragspartei gemäß Anlage 1 i.V.m. der Qualifizierung als Datenexporteur gemäß Anlage 2
Datum auf Seite 4	Das Datum des Inkrafttretens gemäß Ziffer 7.2 des Rahmenvertrags
Angaben zur Unterzeichnung für den Datenexporteur und den Datenimporteur auf Seite 4	Die Angaben gemäß den Unterschriftenzeilen des Rahmenvertrags ergänzt um die Angaben zu der jeweiligen Vertragspartei gemäß Anlage 1
Anhang 1, Datenexporteur	Die Angaben zu der jeweiligen Vertragspartei gemäß Anlage 1 i.V.m. der Qualifizierung als Datenexporteur gemäß Anlage 2
Anhang 1, Datenimporteur	Die Angaben zu der jeweiligen Vertragspartei gemäß Anlage 1 i.V.m. der Qualifizierung als Datenimporteur gemäß Anlage 2
Anhang 1, Betroffene Personen	Die Angaben gemäß Spalte 6 der Matrix
Anhang 1, Kategorien übermittelter Daten	Die Angaben gemäß Spalte 7 der Matrix
Anhang 1, Besondere Datenkategorien (falls zutreffend)	Die Angaben gemäß Spalte 8 der Matrix
Anhang 1, Verarbeitung	Die Angaben gemäß Spalten 1, 2 und 10 der Matrix
Anhang 1, Angaben zu und Unterschriften der Bevollmächtigten des Datenexporteurs und des Datenimporteurs	Die Angaben gemäß den Unterschriftenzeilen des Rahmenvertrags
Anhang 2, Beschreibung der technischen und organisatorischen Sicherheitsmaßnahmen, die der Datenimporteur gemäß Klausel 4 Buchstabe d und Klausel 5 Buchstabe c eingeführt hat	Die Angaben in Anlage 4 zum Rahmenvertrag

4.5 Soweit sich aus der Matrix ergibt, dass ein Datenimporteur Personenbezogene Daten in seiner Eigenschaft als Auftragsverarbeiter erhält, ist der Datenimporteur verpflichtet, vor der Verarbeitung der übermittelten Personenbezogenen Daten die in **Anlage 4** beschriebenen technischen und organisatorischen Sicherheitsmaßnahmen zu ergreifen.

4.6 Weiterübermittlungen Personenbezogener Daten von einem Datenimporteur in dessen Eigenschaft als Verantwortlichem an eine andere XY-Drittstaat-Unternehmenseinheit erfolgen in entsprechender Anwendung der Bestimmungen, die für die Übermittlung zwischen dem Datenexporteur und dem Datenimporteur gelten.

4.7 Soweit ein Datenimporteur Personenbezogene Daten, die er in seiner Eigenschaft als Verantwortlicher von einem Datenexporteur erhalten hat, an einen in einem Drittstaat ansässigen Dritten weiterübermitteln möchte, bei dem es sich nicht um eine Relevante XY-Unternehmenseinheit handelt, verpflichtet er sich hiermit, den Dritten bezüglich dieser Weiterübermittlung auf die Einhaltung der einschlägigen EU-Standarddatenschutzklauseln zu verpflichten.

a) Ratio

Ziff. 4 ist das eigentliche „Kernstück" des Vertragsmusters. In dieser Regelung finden sich die Festlegungen, wie die EU-Standarddatenschutzklauseln zwischen den jeweiligen Unternehmen der XY-Unternehmensgruppe für welche Übermittlungen geschlossen werden. — 29.43

b) Regelungssystematik (Ziff. 4.1)

In Ziff. 4.1 wird die grundsätzliche **Regelungssystematik des Rahmenvertrags** festgelegt. Danach werden zwischen jedem Datenexporteur und jedem Datenimporteur jeweils separate, bilaterale Verträge unter Einbeziehung der jeweiligen EU-Standarddatenschutzklauseln bezüglich jeder einzelnen Datenübermittlung geschlossen, die in der Matrix gemäß Anlage 2 angegeben ist. — 29.44

c) Einbeziehung mehrerer EU-Standarddatenschutzklauselwerke (Ziff. 4.2)

Das Vertragsmuster sieht vor, dass ihm sowohl Übermittlungen an verantwortliche Stellen als auch solche an Auftragsverarbeiter unterfallen. Es ist deshalb notwendig, **zwei verschiedene EU-Standarddatenschutzklauselwerke** in den Rahmenvertrag zu integrieren. Eine solche Gestaltung lassen die Datenschutzaufsichtsbehörden zu, sofern das Bestimmtheitserfordernis in dem Sinne gewahrt wird, dass bei einem solchen Mehrparteienvertrag klar geregelt wird, wer an wen welche Daten zu welchem Zweck übermittelt[59]. Hieraus leiten die Datenschutzaufsichtsbehörden u.a. folgende Gestaltungsanforderungen ab: — 29.45

– Es muss ersichtlich sein, welche Unternehmen (Niederlassungen) Datenexporteure und welche Unternehmen Datenimporteure sind.

– Ferner muss eindeutig festgelegt sein, welche Rolle der Importeur einnehmen soll, ob er also als eigenständiger Verantwortlicher („Controller") fungieren soll oder nur als Auftragsverarbeiter („Processor").

Letztgenannte Festlegung ist vor allem dann von Bedeutung, wenn einem Rahmenvertrag sowohl die Controller-Processor-Standarddatenschutzklauseln als auch die Controller-Controller-Standarddatenschutzklauseln als separate Anhänge angefügt werden. Hier müsse unzweifelhaft festgelegt werden, auf welche Übermittlung welche Standarddatenschutzklauseln anwendbar sind. Abstrakte Vorgaben etwa

---

59 *Hessische Landesregierung*, 23. Bericht über die Tätigkeit der für den Datenschutz im nicht-öffentlichen Bereich in Hessen zuständigen Aufsichtsbehörde, LT-Drucks. 18/2942, 19.

in der Art, dass bei Datentransfers an einen Datenverarbeitungsdienstleister die Controller-Processor-Klauseln gelten würden, reichen nicht[60].

Das Vertragsmuster setzt diese Vorgaben über die Matrix gemäß Anlage 2 um, auf die Ziff. 4.2 verweist. Danach wird in der Matrix für jede Datenübermittlung u.a. verbindlich angegeben, welche Partei **Datenexporteur** und welche **Datenimporteur** ist (dies ist jeweils in den Spalten 3 und 4 der Matrix einzutragen) und ob der Datenimporteur jeweils als Verantwortlicher oder als Auftragsverarbeiter fungiert (dies ist jeweils in Spalte 5 der Matrix einzutragen).

d) Spezifizierung der EU-Standarddatenschutzklauseln (Ziff. 4.3 und 4.4)

29.46 Die Aufsichtsbehörden fordern im Falle der Verwendung eines Mehrparteien-Rahmenvertrags weiterhin, dass die in den Anlagen zu den jeweiligen EU-Standarddatenschutzklauseln geforderten Angaben in der Weise gemacht werden, dass sie bezüglich des jeweiligen Datentransfers zwischen jedem Exporteur und jedem Importeur dokumentiert sind[61]. Auch die EU-Kommission verlangt, dass im Falle der Eingehung eines Mehrparteienvertrags die in den Anlagen zu den EU-Standarddatenschutzklauseln zu machenden Angaben mit demselben Maß an **Klarheit und Genauigkeit** angegeben werden, wie es beim Abschluss von Einzelverträgen erfolgt[62]. Diesen Anforderungen würde es nicht genügen, wenn in dem Anhang 1 zu einem solchen **Mehrparteienvertrag** einfach alle Datentransfers aufgelistet werden[63]. Hierzu schlagen die Aufsichtsbehörden vor, dass idealerweise so viele **Anlagen** (pro EU-Standardvertrag) ausgefüllt werden, wie es unterschiedliche Datentransfers gibt, also eine Anlage je Datentransfer, ggf. unterschiedlich je nach Verwendungszweck von einem Exporteur an einen Importeur[64].

Diese Spezifizierungsanforderungen setzt das Vertragsmuster um, allerdings aus Vereinfachungsgründen nicht dadurch, dass pro Übermittlung jeweils eine gesonderte Anlage erstellt wird. Vielmehr wird versucht, um unnötige Dopplungen zu vermeiden und das Vertragswerk insgesamt handhabbar zu halten, so viele Informationen wie möglich „vor die Klammer zu ziehen", so dass Spezifizierungen, die für mehrere oder alle Datenübermittlungen identisch sind, nicht zigfach wiederholt werden müssen. Im Übrigen erfolgt die Spezifizierung der notwendigen Informationen im Wesentlichen in Gestalt der Matrix gemäß Anlage 2.

aa) Verwendung und Befüllung der Matrix gemäß Anlage 2

29.47 Die Matrix gemäß Anlage 2 hat insgesamt zehn Spalten, in die – entsprechend den jeweiligen Spaltenüberschriften – für jeden Datentransfer Folgendes einzutragen ist, wobei nach den Ausfüllhinweisen in den EU-Standarddatenschutzklauseln jeweils „genaue Angaben" erforderlich sind[65]:

– **Beschreibung der Datenübermittlungen:** In diese Spalte ist eine Beschreibung aufzunehmen, um welche Datenübermittlung es geht und welchen grundlegenden Verarbeitungsmaßnahmen die übermittelten personenbezogenen Daten beim Datenempfänger unterzogen werden.

---

60 *Hessische Landesregierung*, 23. Bericht über die Tätigkeit der für den Datenschutz im nicht-öffentlichen Bereich in Hessen zuständigen Aufsichtsbehörde, LT-Drucks. 18/2942, 19.

61 *Hessische Landesregierung*, 23. Bericht über die Tätigkeit der für den Datenschutz im nicht-öffentlichen Bereich in Hessen zuständigen Aufsichtsbehörde, LT-Drucks. 18/2942, 19.

62 *EU-Kommission*, Commission Staff Working Document on the implementation of the Commission decisions on standard contractual clauses for the transfer of personal data to third countries (2001/497/EC and 2002/16/EC), v. 20.1.2006, SEC(2006) 95, S. 8.

63 *EU-Kommission*, Commission Staff Working Document on the implementation of the Commission decisions on standard contractual clauses for the transfer of personal data to third countries (2001/497/EC and 2002/16/EC), v. 20.1.2006, SEC(2006) 95, S. 8; *Moos* in v. d. Bussche/Voigt, Kap. 3.4 Rz. 64.

64 *Hessische Landesregierung*, 23. Bericht über die Tätigkeit der für den Datenschutz im nicht-öffentlichen Bereich in Hessen zuständigen Aufsichtsbehörde, LT-Drucks. 18/2942, 19.

65 Vgl. zur Spezifizierung generell *Determann/Weigl*, EuZW 2016, 811 (814); soweit in die Matrix Informationen nach Anlage 1 zum Standardvertrag I bzw. nach Anlage B zum Standardvertrag II einzutragen sind, vgl. hierzu auch die Hinweise in Teil 5, Rz. 26.52 ff. und Teil 5, Rz. 27.94 f.

- **Übermittlungszwecke:** In dieser Spalte ist der jeweilige Zweck zu benennen, zu deren Erfüllung die Daten übermittelt werden; werden mehrere Zwecke verfolgt, sind alle anzugeben.

- **Datenexporteur:** In dieser Spalte sind alle Niederlassungen zu benennen, die die vorn beschriebenen Datenübermittlungen vornehmen; in der Tabelle reicht die Aufnahme einer eindeutigen Firmierung, so dass über die ausführliche Liste der Vertragsparteien gemäß Anlage 1 die weiteren Informationen wie z.B. die Adresse oder die Datenschutzmelderegisterangaben oder die Angaben zur Anlaufstelle für Datenschutzauskünfte[66] etc. zugeordnet werden können. Soweit die EU-Standarddatenschutzklauseln zusätzlich noch eine kurze Erläuterung der für die Übermittlung relevanten Tätigkeit verlangen[67], und sich diese nicht bereits aus den Angaben im Rahmenvertrag oder den sonstigen Anlagen (vor allem Anlage 1 ergibt), kann auch diese Erläuterung hier erfolgen.

- **Datenimporteur:** Diese Spalte ist analog derjenigen zum Datenexporteur auszufüllen.

- **Qualifizierung des Datenimporteurs als Verantwortlicher oder Auftragsverarbeiter:** Durch die Angabe in dieser Spalte wird entschieden, welchem der beiden EU-Standarddatenschutzklauselwerke in Anhang 3 die jeweilige Datenübermittlung unterworfen wird; wird hier „Verantwortlicher" angegeben, erfolgt gem. Ziffer 4.3 des Vertragsmusters eine Zuordnung zu den Controller-to-Controller-Klauseln; wird hier „Auftragsverarbeiter" angegeben, wird ein Vertrag unter Einbeziehung der Controller-to-Processor-Klauseln geschlossen.

- **Betroffene Personen:** In diese Spalte ist eine Beschreibung der Kategorien der von der jeweiligen Übermittlung betroffenen Personen aufzunehmen.

- **Kategorien personenbezogener Daten:** In dieser Spalte ist anzugeben, zu welchen Kategorien personenbezogener Daten die übermittelten Daten gehören.

- **Sensible Daten/besondere Datenkategorien:** Wenn und soweit auch sensible Daten[68] bzw. besondere Datenkategorien[69] übermittelt werden, sind hier Angaben dazu zu machen, welcher Art diese Daten sind. Der Sache nach sind in dieser Spalte Angaben angezeigt, wenn es sich um besondere Kategorien personenbezogener Daten i.S.v. Art. 9 Abs. 1 DSGVO handelt.

- **Empfänger von Weiterübermittlungen:** In dieser Spalte sind alle Empfänger abschließend zu benennen, an die der Datenimporteur die Daten weiterübermitteln darf.

- **Sonstige Informationen:** In diese Spalte können alle sonstigen Informationen eingetragen werden, z.B. der maximale Aufbewahrungszeitraum der Daten[70], oder Angaben, die nur für eine bestimmte Übermittlung (z.B. besondere Sicherheitsmaßnahmen) oder nur nach den Datenschutzvorschriften eines bestimmten EWR-Vertragsstaates notwendig sind.

Die **Datenverarbeitungspraxis in Konzernen** ist oftmals nicht vollständig homogen und zudem einem stetigen Wandel unterworfen. Die Verarbeitungsszenarien können z.B. zwischen verschiedenen Gruppenunternehmen stark variieren, z.B. weil ein Roll-Out bestimmter Verarbeitungssysteme sukzessive erfolgt oder weil bestimmte Funktionen bei manchen Unternehmen bestehen, bei anderen nicht (etwa eigenständige Personalabteilungen oder andere Zentralfunktionen). Hieraus ergibt sich in der Praxis oftmals ein Bedürfnis, die Festlegungen in dem Rahmenvertrag – und vor allem bezüglich der erfassten Datenübermittlungen – möglichst weit zu fassen, damit das **Maximum an Übermittlungen** erfasst wird, auch wenn solche Übermittlungen für manche Gruppenunternehmen gar nicht relevant sind. 29.48

Die Datenschutzaufsichtsbehörden lassen es zu, wenn zunächst quasi als Rahmen das Maximum der Übermittlungen je Standardvertrag festgelegt wird, also die Gesamtheit aller Datenübermittlungen,

---

66 Vgl. Anlage B zum Standardvertrag II.
67 Vgl. Anlage 1 zum Standardvertrag I.
68 So die Wortwahl in den Standardverträgen I und II.
69 So die Wortwahl in den Controller-to-Processor-Klauseln.
70 Erforderlich nach Anlage 1 zum Standardvertrag I.

die in der Summe von den Datenexporteuren zu den Datenimporteuren erfolgen und **Spezifizierungen** dann separat vorgenommen werden[71]. Nach Vorstellung der Aufsichtsbehörden könnte etwa in einem Länderzusatz für Deutschland festgelegt werden, was für die Datentransfers aus Deutschland gilt. Weitere Präzisierungen entsprechend den obigen Anforderungen können auch in anderer Weise dokumentiert werden; etwa indem die Befugnis zur Spezifizierung an eine der Vertragsparteien delegiert wird, die diese Präzisierung dann aber spätestens vornehmen muss, bevor die konkrete Übermittlung erfolgt[72].

Das Vertragsmuster und die Matrix sind grundsätzlich so gestaltet, dass bereits mit Vertragsschluss bezüglich der erfassten Datenübermittlungen alle erforderlichen Spezifizierungen erfolgen. Soll ein anderer Weg gewählt und das Maximum der Datenverarbeitungen zunächst in abstrakterer Weise erfasst werden, wären die Regelungen entsprechend anzupassen und vor allem Bestimmungen dazu vorzusehen, wie später notwendige Spezifizierungen erfolgen. Ergänzt werden könnte dann auch die Bevollmächtigung in Ziff. 8.1 des Vertragsmusters, um explizit die dann im Einzelfall notwendigen Spezifizierungen abzudecken.

29.49 Eine konkrete Zuordnung, welche von den jeweiligen EU-Standarddatenschutzklauseln geforderte Spezifizierung dabei durch welche konkrete Angabe bzw. Vertragsregelung erfolgt, ist den in Ziffern 4.3 bzw. 4.4 jeweils enthaltenen Tabellen zu entnehmen.

bb) Spezifizierung der Controller-to-Controller-Klauseln (Ziff. 4.3)

29.50 Ziff. 4.3 des Musters regelt den Abschluss von Verträgen unter Einbeziehung der **Controller-to-Controller-Klauseln**. In welchen Fällen dies tatsächlich erfolgt, ergibt sich aus der Matrix gemäß Anlage 2. Wenn für eine Datenübermittlung dort angegeben ist, dass der Datenimporteur als Verantwortlicher fungiert, wird im Hinblick auf die jeweilige Datenübermittlung zwischen den beteiligten Stellen ein Vertrag unter Einbeziehung der Controller-to-Controller-Klauseln geschlossen, die dem Vertrag als Anlage 3 unter Ziff. 1 vollständig und im Originalwortlaut einschließlich Anlagen beizufügen wären.

Das Muster geht davon aus, dass dem Rahmenvertrag **die alternativen Standarddatenschutzklauseln** für die Übermittlung personenbezogener Daten in Drittländer vom 27.12.2004 (sog. Standardvertrag II)[73] beigefügt werden. Alternativ wäre natürlich auch eine Verwendung des Standardvertrags I[74] möglich[75].

Um vor allem gegenüber Aufsichtsbehörden und Gerichten zweifelsfrei belegen zu können, dass alle von den EU-Standarddatenschutzklauseln geforderten Spezifizierungen für alle relevanten Datenübermittlungen durch den Rahmenvertrag einschließlich seiner Anlagen vorgenommen worden sind, wird in Ziff. 4.3 in Tabellenform jeweils die zu spezifizierende Angabe gemäß EU-Standardvertrag (linke Spalte) und die der Ausfüllung dienende Angabe gemäß Rahmenvertrag (rechte Spalte) aufgelistet.

---

71 *Hessische Landesregierung*, 23. Bericht über die Tätigkeit der für den Datenschutz im nicht-öffentlichen Bereich in Hessen zuständigen Aufsichtsbehörde, LT-Drucks. 18/2942, 19.

72 *Hessische Landesregierung*, 23. Bericht über die Tätigkeit der für den Datenschutz im nicht-öffentlichen Bereich in Hessen zuständigen Aufsichtsbehörde, LT-Drucks. 18/2942, 19.

73 Entscheidung 2004/915/EG der Kommission v. 27.12.2004 zur Änderung der Entscheidung 2001/497/EG bezüglich der Einführung alternativer Standardvertragsklauseln für die Übermittlung personenbezogener Daten in Drittländer, ABl. Nr. L 385 v. 29.12.2004, S. 74.

74 Entscheidung 2001/497/EG der Kommission v. 15.6.2001 hinsichtlich Standardvertragsklauseln für die Übermittlung personenbezogener Daten in Drittländer nach der Richtlinie 95/46/EG, ABl. Nr. L 181 v. 4.7.2001, S. 19.

75 Hierzu und zu Entscheidungskriterien für die Wahl zwischen den beiden Standardverträgen Teil 5, Rz. 27.8 ff.

cc) Spezifizierung der Controller-to-Processor-Klauseln (Ziff. 4.4)

Ziff. 4.4 des Musters regelt den Abschluss von Verträgen unter Einbeziehung der **Controller-to-Processor-Klauseln**. In welchen Fällen dies tatsächlich erfolgt, ergibt sich wiederum aus der Matrix gemäß Anlage 2. Wenn für eine Datenübermittlung dort angegeben ist, dass der Datenimporteur als Auftragsverarbeiter fungiert, wird im Hinblick auf die jeweilige Datenübermittlung zwischen den beteiligten Stellen ein Vertrag unter Einbeziehung der Controller-to-Processor-Klauseln geschlossen, die dem Vertrag als Anlage 3 unter Ziff. 2 vollständig und im Originalwortlaut einschließlich Anlagen beizufügen wären.

Auch in Ziff. 4.4 ist wiederum eine Tabelle enthalten, die den Ergänzungsbedarf gemäß dem EU-Standardvertrag (linke Spalte) und die der Ausfüllung dienende Angabe gemäß Rahmenvertrag (rechte Spalte) gegenüberstellt.

e) Beschreibung der technischen und organisatorischen Maßnahmen (Ziff. 4.5)

Im Unterschied zu den Übermittlungen an verantwortliche Stellen ist hier zusätzlich gemäß Klausel 4 Buchst. d und Klausel 5 Buchst. e des EU-Standardvertrags für Auftragsverarbeiter eine Beschreibung der **technischen und organisatorischen Sicherheitsmaßnahmen**, die der Datenimporteur eingeführt hat, vorzunehmen. Das Vertragsmuster sieht insoweit vor, diese Maßnahmen mit Verbindlichkeit für alle Übermittlungen an Auftragsverarbeiter in Anlage 4 zum Rahmenvertrag zu beschreiben und verweist in Ziff. 4.5 folglich wegen der Spezifizierung dieser Maßnahmen auf Anlage 4.

Eine derartige übergreifende Festlegung der technischen und organisatorischen Maßnahmen für alle relevanten Datenübermittlungen ist grundsätzlich möglich. Im Hinblick auf die zusammenfassende Regelung mehrerer Unterauftragsverhältnisse nach den EU-Standarddatenschutzklauseln für Übermittlungen an Auftragsverarbeiter in einem Vertrag lassen es die Aufsichtsbehörden ausreichen, wenn bezüglich des Anhangs 2 zu technischen und organisatorischen Maßnahmen auf eine allgemeine Vereinbarung Bezug genommen wird; vorausgesetzt allerdings, die Maßnahmen sind auch für alle Verträge identisch und erfüllen die Anforderungen des Datenexporteurs[76]. Das Gleiche muss auch für einen Mehrparteien-Rahmenvertrag gelten. Für den Fall allerdings, dass einzelne Übermittlungen spezifische Maßnahmen erfordern, wären diese zusätzlich zu vereinbaren. Dies kann dann z.B. durch Beschreibung der Maßnahmen in Spalte 10 der Matrix erfolgen.

f) Regelungen zu Weiterübermittlungen (Ziff. 4.6 und 4.7)

Ziff. 4.6 und 4.7 des Musters enthalten spezielle inhaltliche Regelungen bezüglich der Zulässigkeit von **Weiterübermittlungen** personenbezogener Daten von einem Datenimporteur an einen Dritten. Zwar enthalten auch die EU-Standarddatenschutzklauseln selbst Regelungen dazu, unter welchen Voraussetzungen Weiterübermittlungen zulässig sind; z.B. Ziff. II Buchst. i des Standardvertrags II, der dem Datenimporteur verschiedene Rechtfertigungsmöglichkeiten bietet. Bei konzerninternen Datentransfers ist dieser flexible Handlungsrahmen jedoch meistens nicht passend, sondern will der Datenexporteur verbindlichere Vorgaben machen, wobei freilich darauf zu achten ist, dass keine Änderungen an den EU-Standarddatenschutzklauseln erfolgen, die eine behördliche Genehmigungspflicht erzeugen[77].

In diesem Sinne sieht Ziff. 4.6 bezüglich Weiterübermittlungen an andere Parteien des Rahmenvertrags außerhalb des EWR vor, dass diese in entsprechender Anwendung der Bestimmungen zu erfolgen haben, die für die Übermittlung zwischen dem Datenexporteur und dem Datenimporteur gelten

29.51

29.52

29.53

---

76 *Art. 29-Datenschutzgruppe*, Häufig gestellte Fragen zu bestimmten Aspekten im Zusammenhang mit dem Inkrafttreten des Beschlusses 2010/87/EU der Kommission v. 5.2.2010 über Standardvertragsklauseln für die Übermittlung personenbezogener Daten an Auftragsverarbeiter in Drittländern nach der Richtlinie 95/46/EG, 12.7.2010, WP 176, S. 8.

77 In Deutschland wird das jedenfalls abgelehnt für solche Änderungen, die für die Betroffenen ausschließlich vorteilhaft sind; vgl. Teil 5, Rz. 26.21.

(also den Rahmenvertragsvorschriften einschließlich der EU-Standarddatenschutzklauseln). Für Weiterübermittlungen an einen in einem Drittstaat ansässigen Dritten, der nicht Vertragspartei ist, muss der Dritte auf die Einhaltung der einschlägigen EU-Standarddatenschutzklauseln verpflichtet werden.

7. Rechte Dritter (Ziff. 5)

29.54 **M 29.1.6 Rechte Dritter**

5. Rechte Dritter

Die Vertragsparteien stellen klar, dass Dritte, die nicht Vertragspartei sind, keine Rechte aus diesem Rahmenvertrag herleiten oder solche Rechte gegenüber einer der Vertragsparteien geltend machen können. Das gilt vor allem für von den Relevanten Datenübermittlungen betroffene Personen. Die Rechte solcher Personen gemäß den EU-Standarddatenschutzklauseln, insbesondere gemäß den entsprechenden Drittbegünstigungsklauseln, bleiben unberührt.

a) Ratio

29.55 Ziff. 5 dient der Klarstellung, dass es sich bei dem Rahmenvertrag selbst nicht um einen echten **Vertrag zugunsten Dritter** handelt.

b) Kein Vertrag zugunsten Dritter

29.56 Gemäß § 328 Abs. 1 BGB kann durch Vertrag eine Leistung an einen Dritten mit der Wirkung bedungen werden, dass der Dritte unmittelbar das Recht erwirbt, die Leistung zu fordern (sog. echter Vertrag zugunsten Dritter). Die EU-Standarddatenschutzklauseln enthalten entsprechende **Drittbegünstigtenklauseln:** Gemäß Klausel III lit. b des Standardvertrags II bzw. Klausel 3 des Standardvertrags für Auftragsverarbeiter sind die Vertragsparteien verpflichtet, den betroffenen Personen das Recht einzuräumen, bestimmte Rechte aus den jeweiligen EU-Standarddatenschutzklauseln als Drittbegünstigte selbst unmittelbar gegenüber den Vertragsparteien durchzusetzen. Insoweit sind die **EU-Standarddatenschutzklauseln** folglich als Vertrag zugunsten Dritter einzustufen (Teil 5, Rz. 26.71).

Vor diesem Hintergrund dient die Regelung in Ziff. 5 der Klarstellung, dass sich die Drittbegünstigung zugunsten der Betroffenen auf die explizit in den EU-Standarddatenschutzklauseln vorgesehenen Fälle beschränkt. Eine solche Klarstellung erscheint vor allem wegen § 328 Abs. 2 BGB sinnvoll. Nach dieser gesetzlichen Auslegungsregel wäre in Ermangelung einer besonderen Bestimmung aus den Umständen, insbesondere aus dem Zwecke des Vertrags, zu entnehmen, ob ein Dritter ein Recht erwerben, unter welchen Voraussetzungen es entstehen und ob den Vertragsschließenden die Befugnis vorbehalten sein soll, das Recht des Dritten ohne dessen Zustimmung aufzuheben oder zu ändern. Gerade der Umstand, dass die EU-Standarddatenschutzklauseln entsprechende Drittbegünstigungsregelungen enthalten, könnte im Rahmen der Vertragsauslegung als Indiz dafür herangezogen werden, dass auch (bestimmte) Regelungen des Rahmenvertrags eine solche Wirkung entfalten sollen. Zwar soll sich nach einer Stellungnahme der EU-Kommission die Drittbegünstigung gemäß den Standarddatenschutzklauseln nicht auf ergänzende Klauseln beziehen, die die Vertragsparteien zusätzlich vereinbaren[78]. Ob sich eine Aufsichtsbehörde oder ein Gericht dieser Sichtweise aber im Falle der Einbettung in einen Rahmenvertrag anschließen würde, ist offen. Durch den expliziten Ausschluss der Drittbegünstigung bezüglich der Rahmenvertragsregelungen in Ziff. 5 wird eine solche ungewollte Konsequenz vermieden.

---

78 *EU-Kommission*, Standardvertragsklauseln für die Übermittlung personenbezogener Daten an Verarbeiter in Drittländern – Häufig Gestellte Fragen (FAQ), 18.6.2011, MEMO/01/228, S. 3; abrufbar unter https://ec.europa.eu/commission/presscorner/detail/de/MEMO_01_228.

8. Zusammenarbeit mit Aufsichtsbehörden (Ziff. 6)

M 29.1.7 Zusammenarbeit mit Aufsichtsbehörden 29.57

6. Zusammenarbeit mit Aufsichtsbehörden

Die Vertragsparteien erklären sich hiermit damit einverstanden, dass jede Vertragspartei der für sie zuständigen Aufsichtsbehörde eine Kopie dieses Rahmenvertrags zur Verfügung stellen darf, sofern die jeweilige Aufsichtsbehörde dies im Einklang mit dem Anwendbaren Datenschutzrecht verlangt oder es das Anwendbare Datenschutzrecht vorschreibt.

a) Ratio

Ziff. 6 gestattet den Vertragsparteien, im Rahmen des gesetzlich Notwendigen den Rahmenvertrag bei   29.58
der zuständigen Datenschutzaufsichtsbehörde vorzulegen.

b) Befugnis zur Vorlage des Rahmenvertrags

Die Regelung dient dazu, sicherzustellen, dass die Pflichten der Vertragsparteien nach den EU-Stan-   29.59
darddatenschutzklauseln nicht beschränkt werden. Die EU-Standarddatenschutzklauseln enthalten
selbst Verpflichtungen der Parteien, eine Kopie des jeweiligen Standardvertrags bei der Aufsichtsbehörde zu hinterlegen, wenn die Aufsichtsbehörde es verlangt oder das nationale Recht es so vorsieht[79]. Diese Befugnis der Aufsichtsbehörden darf nach Meinung der EU-Kommission durch die Verwendung eines Mehrparteienvertrags nicht eingeschränkt sein[80]. Da aufgrund der Rahmenvertragskonstruktion
aber eine separate Vorlage nur der jeweiligen Verträge auf Basis der EU-Standarddatenschutzklauseln
ausscheidet, stellt Ziff. 6 vor diesem Hintergrund klar, dass alle Vertragsparteien zu einer entsprechenden Vorlage des gesamten Rahmenvertrags berechtigt sind.

9. Vertragsschluss, Inkrafttreten (Ziff. 7)

M 29.1.8 Vertragsschluss, Inkrafttreten 29.60

7. Vertragsschluss, Inkrafttreten

*7.1 Dieser Rahmenvertrag kann in beliebig vielen Kopien ausgefertigt werden und von den Vertragspartei-
en auf verschiedenen Kopien unterzeichnet werden, wobei jede Kopie als Original gilt und alle Kopien
zusammen als derselbe Vertrag angesehen werden.*

*7.2 Dieser Rahmenvertrag tritt mit Unterzeichnung durch mindestens einen Datenexporteur und mindes-
tens einen Datenimporteur in Kraft und gilt für und gegen eine Vertragspartei, sobald die jeweilige Vertragspartei eine Kopie dieses Rahmenvertrags gemäß Ziffer 7.1 unterzeichnet hat und die Voraussetzung gemäß dem 1. Halbsatz erfüllt ist.*

*7.3 Mit Inkrafttreten dieses Rahmenvertrags treten die in **Anlage 5** genannten Verträge zwischen Relevanten XY-Unternehmenseinheiten über die Übermittlung Personenbezogener Daten außer Kraft.*

*7.4 Sonstige XY-Unternehmenseinheiten können diesem Rahmenvertrag nachträglich beitreten, ohne dass
die Vertragsparteien eine weitere Ausfertigung dieses Rahmenvertrags unterzeichnen müssen.*

---

79 Vgl. z.B. Klausel 8 des Standardvertrags II sowie Klausel 8 der Controller-to-Processor-Klauseln.
80 *EU-Kommission*, Commission Staff Working Document on the implementation of the Commission decisions on standard contractual clauses for the transfer of personal data to third countries (2001/497/EC
and 2002/16/EC) v. 20.1.2006, SEC(2006) 95, S. 8.

a) Ratio

29.61 Ziff. 7 regelt die **Modalitäten** des **Vertragsschlusses** und des **Inkrafttretens** unter Berücksichtigung der Besonderheiten, die sich daraus ergeben, dass es sich um einen **Mehrparteienvertrag** handelt.

b) Mehrere Ausfertigungen (Ziff. 7.1)

29.62 Je nach der Größe der Unternehmensgruppe kann es sein, dass es eine zwei- oder sogar dreistellige Anzahl an Vertragsparteien gibt. Es ist deshalb logistisch kaum zu bewerkstelligen, dass alle Vertragsparteien auf derselben **Vertragsurkunde** unterschreiben. Ziff. 7.1 lässt es deshalb in Anlehnung an § 126 Abs. 2 BGB (der hier mangels gesetzlich angeordneter Schriftform nicht greift) ausdrücklich zu, dass der Rahmenvertrag in beliebig vielen Kopien ausgefertigt wird und jede der Vertragsparteien auf nur jeweils einer solchen **Ausfertigung** unterzeichnet.

c) Inkrafttreten (Ziff. 7.2)

29.63 Wegen der vermutlich großen Anzahl an Vertragsparteien kann es – trotz der Möglichkeit zur Unterzeichnung separater Ausfertigungen – einige Zeit in Anspruch nehmen, bis alle Vertragsparteien den Vertrag tatsächlich unterzeichnet haben. Sofern für die Datenübermittlungen auf 2. Stufe kein anderer Erlaubnistatbestand greift, dürfen sie nicht vor Inkrafttreten des Vertrags erfolgen. Damit die Datenübermittlungen aber nicht so lange aufgeschoben werden müssen, bis die letzte Vertragspartei unterzeichnet hat, soll der Vertrag nach Ziff. 7.2 bereits dann – für die unterzeichnenden Vertragsparteien – in Kraft treten, sobald mindestens ein Datenexporteur und ein Datenimporteur den Vertrag angenommen haben.

d) Außerkrafttreten von Altverträgen (Ziff. 7.3)

29.64 Oft ist es in der Unternehmenspraxis so, dass eine solche Rahmenvertragslösung nicht „auf der grünen Wiese" entsteht. Vielmehr existiert typischerweise schon eine Vielzahl von **Einzelverträgen**; zumeist ebenfalls auf Basis der EU-Standarddatenschutzklauseln. Um eine Parallelität solcher Vertragsverhältnisse zu vermeiden, ist es ratsam, die bestehenden Einzelverträge aufzuheben. Hierzu dient die Regelung in Ziff. 7.3. Die Spezifizierung der aufzuhebenden Verträge erfolgt über eine Anlage.

e) Beitritt (Ziff. 7.4)

29.65 Wie bereits oben erläutert, müssen von dem Rahmenvertrag nicht zwangsläufig alle **konzernangehörigen Unternehmen** als Vertragspartei erfasst sein (Rz. 29.5). Es kann aber der Wunsch bestehen, dass Konzernunternehmen dem Rahmenvertrag nachträglich beitreten, z.B. wenn sich Datenverarbeitungsrealitäten ändern, neue Unternehmen gekauft oder gegründet werden, etc. Ziff. 7.4 regelt den **Beitritt** in vertragstechnischer Sicht so, dass ein Beitritt schlicht durch Unterzeichnung einer weiteren Ausfertigung durch das beitretende Unternehmen erfolgen kann, ohne dass die bisherigen Vertragsparteien selbst eine weitere Ausfertigung des Rahmenvertrags unterzeichnen müssen. Die Vertragsparteien geben hiermit somit vorab ihre Zustimmung zum Beitritt anderer XY-Konzernunternehmen.

10. Vertragsbeitritt, Änderungen und Beendigung (Ziff. 8)

29.66 **M 29.1.9 Vertragsbeitritt, Änderungen und Beendigung**

8. Vertragsbeitritt, Änderungen und Beendigung

8.1 Die Vertragsparteien bevollmächtigen hiermit die … [XY-Muttergesellschaft] dazu, in ihrem Namen folgende Vereinbarungen rechtswirksam abzuschließen:

a) *Beitrittsvereinbarungen, die in Form und Inhalt im Wesentlichen dem Muster gemäß **Anlage 6** entsprechen, kraft derer eine Sonstige XY-Unternehmenseinheit in diesen Rahmenvertrag als Datenexporteur oder Datenimporteur mit der Wirkung einbezogen wird, dass sie zu einer Relevanten XY-Unternehmenseinheit wird, die an die Bestimmungen dieses Rahmenvertrags einschließlich seiner Anlagen gebunden ist;*

b) *jede Änderung oder Ergänzung dieses Rahmenvertrags, die aufgrund einer Änderung des Anwendbaren Datenschutzrechts notwendig wird;*

c) *jede Vereinbarung, durch die die Rechte oder Pflichten einer Vertragspartei unter diesem Rahmenvertrag beendet werden; vorausgesetzt, der jeweiligen Vertragspartei wird eine solche Beendigung rechtzeitig (im Regelfall zwei Monate) vorher angezeigt.*

8.2 Die Vertragsparteien stellen klar, dass jeder bilaterale Vertrag unter Einbeziehung der EU-Standarddatenschutzklauseln gemäß Ziffer 4.1 von den Parteien des jeweiligen Vertrags in Übereinstimmung mit dessen Bestimmungen beendet werden kann, ohne dass es irgendeiner Art von Mitwirkung oder Beteiligung der anderen Vertragsparteien dieses Rahmenvertrags bedarf. Der Rahmenvertrag gilt im Falle einer wirksamen Beendigung eines solchen Vertrags als entsprechend geändert.

a) Ratio

Ziff. 8 dient dazu, **Verfahrensregelungen** zu einem möglichen **Vertragsbeitritt** sowie zu **Vertragsänderungen** und -**beendigungen** festzulegen.   29.67

b) Bevollmächtigung der Konzernmuttergesellschaft (Ziff. 8.1)

Einen Vorteil, den die Rahmenvertragsvariante bringen soll, ist die gegenüber einer Vielzahl von Einzelverträgen leichtere Administrierbarkeit. Angesichts einer eventuell sehr großen Anzahl an Vertragsparteien kann das nur erreicht werden, wenn eine Vertragspartei bevollmächtigt wird, künftige Anpassungen des Vertrags – jedenfalls in einem gewissen, die üblichen Entwicklungen in einem Konzernverbund abdeckenden Rahmen – stellvertretend für alle Parteien vorzunehmen.   29.68

Eine solche Regelung ist in Ziff. 8.1 enthalten. Die Klausel sieht eine entsprechende **Bevollmächtigung der Konzernmuttergesellschaft** vor. Inhaltlich umfasst die Bevollmächtigung den **Abschluss von Beitrittsvereinbarungen** mit weiteren Konzernunternehmen, die **Anpassung des Rahmenvertrags** an Änderung des Datenschutzrechts sowie den Abschluss von **Aufhebungsvereinbarungen** mit einzelnen Konzernunternehmen.

Damit für die Vollmachtgeber der Umfang der jeweiligen Befugnisse hinreichend klar umrissen und nicht uferlos ist, sieht das Muster die Beifügung einer Standardbeitrittsvereinbarung als Anlage vor, die von der Konzernmutter zu verwenden ist. Außerdem soll zum Schutz der Vertragsparteien vor dem Abschluss einer Aufhebungsvereinbarung eine rechtzeitige **Information** der betroffenen Vertragspartei erfolgen.

c) Beendigung der Standardverträge (Ziff. 8.2)

Ziff. 8.2 dient im Wesentlichen wieder dazu, Kollisionen mit den Bestimmungen der EU-Standarddatenschutzklauseln zu vermeiden, damit das Genehmigungserfordernis wegen einer vermeintlichen Änderung der Klauseln nicht wieder auflebt. Da die EU-Standarddatenschutzklauseln teilweise selbst Regelungen zur Vertragsbeendigung enthalten[81], wird in Ziff. 8.2 klargestellt, dass die **Beendigungsregelungen** der **EU-Standarddatenschutzklauseln** unberührt bleiben und insbesondere keinerlei Mitwirkung oder Beteiligung der anderen Vertragsparteien des Rahmenvertrags hierfür notwendig ist. Das ergibt sich zwar streng genommen schon aus dem Umstand, dass es sich nur bei dem Rahmenvertrag   29.69

---

81 Vgl. Ziff. VI des Standardvertrags II.

um einen Mehrparteienvertrag handelt, nicht aber bei den auf seiner Basis erzeugten Verträgen unter Einbeziehung der EU-Standarddatenschutzklauseln[82]; die Klarstellung hier schadet aber jedenfalls nicht.

11. Anwendbares Recht, Gerichtsstand (Ziff. 9)

29.70 **M 29.1.10 Anwendbares Recht, Gerichtsstand**

9. Anwendbares Recht, Gerichtsstand

9.1 Vorbehaltlich der Regelung in Ziffer 9.2 unterliegt dieser Rahmenvertrag dem Recht der Bundesrepublik Deutschland und ist Erfüllungsort und ausschließlicher Gerichtsstand für alle Streitigkeiten aus und im Zusammenhang mit diesem Rahmenvertrag … [Sitz der XY-Muttergesellschaft].

9.2 Für die nach Maßgabe von Ziffer 4 dieses Rahmenvertrags bezüglich Relevanter Datenübermittlungen geschlossenen bilateralen Verträge zwischen einem Datenexporteur und einem Datenimporteur unter Einbeziehung der jeweiligen EU-Standarddatenschutzklauseln gilt das Recht des Mitgliedstaates, in dem der jeweilige Datenexporteur niedergelassen ist.

a) Ratio

29.71 Ziff. 9 regelt das auf den Rahmenvertrag anwendbare Recht und den Gerichtsstand.

b) Anwendbares Recht und Gerichtsstand (Ziff. 9.1 und 9.2)

29.72 Ziff. 9.1 unterwirft den Rahmenvertrag dem Recht der Bundesrepublik Deutschland. Eine solche Gestaltung ist grundsätzlich zulässig. Insbesondere ergeben sich insoweit aus dem Datenschutzrecht keine Beschränkungen bzgl. der **Rechtswahlfreiheit**[83]. Hat die Konzernmutter allerdings ihren Sitz nicht in Deutschland, wird sie vermutlich eine Rechtswahl zugunsten ihres Sitzstaates bevorzugen.

Auch im Hinblick auf die Rechtswahlklausel ist eine Kollision mit den Bestimmungen der EU-Standarddatenschutzklauseln zu vermeiden, um das Genehmigungserfordernis zu vermeiden. Deshalb wird in Ziff. 9.1 i.V.m. 9.2 klargestellt, dass die Regelungen der EU-Standarddatenschutzklauseln zum auf sie anwendbaren Recht[84] unberührt bleiben. Die Rechtswahl bezieht sich deshalb nur auf die Rahmenvertragsvorschriften, nicht aber die inkorporierten EU-Standarddatenschutzklauseln.

---

82 Vgl. Ziff. 4.1 des Musters.
83 *Drechsler*, CRi 2011, 161 (164).
84 Ziff. IV des Standardvertrags II und Klausel 9 der Controller-to-Processor-Klauseln.

§ 30
Vertrag zur Durchführung einer grenzüberschreitenden e-discovery

Literatur: *Becker*, EU-Datenschutz-Grundverordnung, ITRB 2016, 107; *Brand*, Grenzen zivilprozessualer Wahrheit und Gerechtigkeit – Disclosure- und Discovery-Elemente im deutschen Zivilverfahrensrecht, NJW 2017, 3558; *Brisch/Laue*, E-Discovery und Datenschutz, RDV 2010, 1; *Buchner*, Grundsätze und Rechtmäßigkeit der Datenverarbeitung unter der DS-GVO, DuD 2016, 155; *Burianski/Reindl*, Truth or Dare? The Conflict Between E-discovery in International Arbitration and German Data Protection Rules, SchiedsVZ 2010, 187; *Deutlmoser/Filip*, Europäischer Datenschutz und US-amerikanische (e-)Discovery-Pflichten, ZD-Beilage 6/2012; *Flägel/v. Georg*, E-Discovery nach US-Zivilverfahrensrecht und deutsches Datenschutzrecht, RIW 2013, 439; *Fuchs*, Personenbezogene Daten zwischen der EU und den USA, BB 2015, 3074; *Hanloser*, e-discovery, DuD 2008, 785; *Härting*, Auftragsverarbeitung nach der DSGVO, ITRB 2016, 137; *Hartmann*, Internationale E-Discovery und Information Governance, 2011; *Hoeren*, EU-Standard-vertragsklauseln, BCR und Safe Harbor Principles – Instrumente für ein angemessenes Datenschutzniveau, RDV 2012, 271; *Junker*, Electronic Discovery gegen deutsche Unternehmen – rechtliche Grenzen und Abwehrstrategien, 2008; *Kotthoff/Wieczorek*, Rechtsrahmen von Softwarelizenzaudits, MMR 2014, 3; *Lux/Glien-ke*, US-Discovery versus deutsches Datenschutzrecht, RIW 2010, 603; *Patzack/Hilgard/Wybitul*, Cross Border Data Transfer in E-Discoveries in the U.S. and the European and German Privacy Laws, CRi 2011, 13; *Posdziech*, US-amerikanische Discovery und deutsches Datenschutzrecht, 2016; *Rath/Klug*, e-Discovery in Germany?, K&R 2008, 596; *Roßnagel/Kroschwald*, Was wird aus der Datenschutzgrundverordnung?, ZD 2014, 495; *Schantz*, Die Datenschutz-Grundverordnung – Beginn einer neuen Zeitrechnung im Datenschutz-recht, NJW 2016, 1841; *Schröder/Spies*, US District Court Utah: Deutsches Datenschutzrecht blockiert nicht die US-Beweiserhebung (E-Discovery), MMR 2010, 275; *Schwartz/Peifer*, Datentreuhändermodelle – Sicherheit vor Herausgabeverlangen US-amerikanischer Behörden und Gerichte?, CR 2017, 165; *Spies/Schröder*, Auswirkungen der elektronischen Beweiserhebung (eDiscovery) in den USA auf deutsche Unternehmen, MMR 2008, 275; *Taeger*, Internet der Dinge – Digitalisierung von Wirtschaft und Gesellschaft, 2015; *Thole/Gnauck*, Electronic Discovery – neue Herausforderungen für grenzüberschreitende Rechtsstreitigkeiten, RIW 2012, 417; *Wieczorek*, Der räumliche Anwendungsbereich der EU-Datenschutz-Grundverordnung, DuD 2013, 644; *Wybitul*, EU-Datenschutz-Grundverordnung in der Praxis – was ändert sich durch das neue Datenschutzrecht?, BB 2016, 1077.

A. Einleitung

30.1 Die Übermittlung von personenbezogenen Daten in Drittländer im Rahmen einer sog. e-discovery[1] gehört zu den größten datenschutzrechtlichen Herausforderungen schlechthin. Dabei ist die e-discovery einerseits ein elementarer Bestandteil **case-/common-law** geprägter Jurisdiktionen (insbesondere den USA) und widerspricht andererseits fundamentalen Grundsätzen **civil-law** geprägter Jurisdiktionen (bspw. den kontinentaleuropäischen) und dabei insbesondere Grundsätzen des Datenschutzes (hierzu Punkt I und II)[2]. Es liegt auf der Hand, dass dieser Konflikt gelöst werden muss (hierzu Punkt II). Hierzu werden dies- und jenseits des Atlantiks verschiedene, die widerstreitenden Interessen unterschiedlich stark berücksichtigende Lösungswege beschritten (hierzu Punkt III). Aus datenschutzrechtlicher Sicht, wozu dieses Muster einen Beitrag leisten soll, ist eine Vertragslösung der vorzugswürdige, wenn auch nicht nachteilsfreie (s. Rz. 30.24) Lösungsansatz.

30.2 Aus deutscher Sicht zählen zu den **Prozessbeteiligten** meist verbundene Unternehmen mit Niederlassungen in den USA und Europa. Die in den USA klagende Prozesspartei oder deren Anwälte fordern die Informationen dabei entweder bei der US-Prozessgegnerin (z.B. der dortigen Niederlassung der deutschen Muttergesellschaft), deren Anwälten oder direkt bei der deutschen Gesellschaft an. In der Sache geht es dann um einen Transfer vermeintlich für den Rechtsstreit relevanter (elektronischer) Dokumente von der deutschen Gesellschaft an die an dem US-Rechtsstreit beteiligten Parteien (zu den Konstellationen s. Rz. 30.30 ff.). Dabei kann der Rechtsstreit im Zeitpunkt der Anfrage bereits unter-

---

1 Für „electronic discovery" (auch „eDiscovery" oder „e-Discovery"), d.h. eine wie nachstehend definierte Unter- bzw. Sonderform der „discovery" oder „pre-trial discovery", in der (auch) elektronisch gespeicherte Informationen vorzulegen sind.
2 Die nachfolgenden Ausführungen (inklusive das Muster unter Punkt B) betreffen das Verhältnis USA-Deutschland.

schiedlich weit fortgeschritten sein; idealerweise verständigen sich die Parteien deshalb zeitig auf einen Interessenausgleich (mehr dazu unter Rz. 30.8 ff.).

I. e-discovery vs. Ausforschungsverbot

Das Konzept der e-discovery beschreibt ein (vorprozessuales) **Beweisbeschaffungsverfahren** im US-amerikanischen Zivilprozess[3]. Rechtsgrundlage für erstinstanzliche Verfahren vor den Bundesgerichten (Federal Courts)[4] sind die Vorschriften aus Title V, Disclosures and Discovery, der Federal Rules of Civil Procedure (FRCP). Zentrale Vorschrift für die e-discovery ist FRCP 34. Gemäß FRCP 26(b)(1) – (3) soll sichergestellt werden, dass die Parteien frühzeitig und vollumfänglich Zugang zu allen für den Rechtsstreit relevanten Informationen erhalten[5]. Nach FRCP 26(f) hat die Offenlegung bereits zu/vor Beginn des Prozesses in Absprache und nach Planung der Parteien zu geschehen (durch Erstellung eines sog. „discovery plan"). Der e-discovery request kann sich auch gegen nicht am Prozess beteiligte Dritte richten. Die Parteien und/oder Dritten können zudem verpflichtet sein, (potentiell) relevante Informationen zu Zwecken der e-discovery aufzubewahren (sog. **„litigation hold"** oder **„legal hold"**)[6]. Es ist insgesamt die Aufgabe der vorlagepflichtigen Partei, etwaige Bedenken und entgegenstehende Rechte zu benennen (hierzu Rz. 30.8 ff.)[7]. 30.3

Dem deutschen Recht ist eine allgemeine Aufklärungspflicht hingegen fremd (sog. **Ausforschungsverbot**)[8]. Hierzulande muss die klagende Partei die anspruchsbegründenden Tatsachen zunächst einmal hinreichend konkret, schlüssig und nachvollziehbar darstellen[9]. Gelingt die Darstellung, nicht aber der Beweis der streitgegenständlichen Tatsachen mit den Beweismitteln der Zivilprozessordnung (ZPO)[10], entscheidet die Beweislast über den Ausgang des Rechtsstreits. Dies schließt auch mit ein, dass eine Partei beweisfällig bleiben und nur deswegen den Prozess verlieren kann. Dort, wo die vorgezeichnete Konsequenz des Prozessverlustes unbillig erschien, sind – in engen Grenzen – z.B. Beweiserleichterungen in gesetzlicher Form (§§ 142, 144, 421 ff., 448 ZPO) oder materiell-rechtliche Auskunftsansprüche geschaffen worden[11]. Für eine e-discovery trägt dies indes nicht. 30.4

---

3 Allgemein hierzu: *Artikel-29-Datenschutzgruppe*, WP 158 v. 11.2.2009, S. 3 ff.; *Burianski/Reindl*, SchiedsVZ 2010, 187 (188); *Deutlmoser/Filip*, ZD-Beilage 6/2012, 1 (3); *Schwartz/Peifer*, CR 2017, 165 (169); vgl. The Sedona Conference, The Sedona Principles (3rd Ed., March 2017), S. 19 f.; *Junker*, Discovery, S. 18 m.w.N.; *Nink* in Taeger, Internet der Dinge, S. 283 (284).

4 Für die Gerichte der Bundesstaaten (State Courts) gelten eigene Prozessvorschriften (sog. „Local Rules" bzw. „Standing Orders"), die der FRCP ähnliche Verfahrensvorschriften für die e-discovery enthalten, s. *Posdziech*, Discovery, S. 35 ff.; *Junker*, Discovery, S. 17 f.; *Banaschik* in Hartmann, Discovery, S. 81 (83).

5 Stellv. Hickman *v.* Taylor, 329 U.S. Supreme Court (1947), 495 (501, 507 f.): „ascertaining the facts, or information as to the existence or whereabouts of facts, relative to those issues".

6 Näher hierzu: *Deutlmoser/Filip*, ZD-Beilage 6/2012, 1 (3); *Nink* in Taeger, Internet der Dinge, S. 283 (284 f.); *Rath/Klug*, K&R 2008, 596 (596).

7 Stellv. The Sedona Conference, The Sedona Principles (3rd Ed., March 2017), S. 26 f.

8 Stellv. BT-Drucks. 14/6036, 120; BGH v. 12.11.1991 – KZR 18/90, Rz. 28; *Posdziech*, Discovery, S. 25 f.; *BlnBDI*, Tb. 2007, LT-Drucks. 16/1629, 178; vgl. *Artikel-29-Datenschutzgruppe*, WP 158 v. 11.2.2009, S. 4 f.

9 Vgl. *Greger* in Zöller, Vorbemerkung zu § 284 ZPO Rz. 2.

10 In der Reihenfolge ihrer Nennung im Gesetz: Beweis durch Augenschein (§§ 371 ff. ZPO), Zeugenbeweis (§§ 373 ff. ZPO), Beweis durch Sachverständige (§§ 402 ff. ZPO), Beweis durch Urkunden (§§ 415 ff. ZPO) und Beweis durch Parteivernehmung (§§ 445 ff. ZPO).

11 Näher hierzu: *Greger* in Zöller, Vorbemerkung zu § 284 ZPO Rz. 25 ff.; s. auch *Kotthoff/Wieczorek*, MMR 2014, 3 (3 ff. m.w.N.); *Posdziech*, Discovery, S. 25 f.; *Brand*, NJW 2017, 3558 (3561 f.).

II. Konflikt mit dem Datenschutz

30.5 Die Unterschiede in den Zivilprozessordnungen sind aber nicht das entscheidende Problem; es gelten ohnehin die Verfahrensbestimmungen des Landes, in dem der Prozess stattfindet. Problematisch ist, dass die unbeschränkte Übermittlung (personenbezogener) Daten **fundamentalen Prinzipien europäischen Datenschutzrechts widerspricht**[12]. Danach gilt für jede Verarbeitung personenbezogener Daten ein präventives Verbot mit Erlaubnisvorbehalt. Selbst wenn die Verarbeitung im Einzelfall gerechtfertigt ist, sind allgemeine und spezielle Datenschutzvorschriften zu beachten (z.B. die Zweckbindung, der Grundsatz der Datenminimierung und -sparsamkeit, der Verhältnismäßigkeitsgrundsatz etc.)[13]. Eine umfassende Übermittlung im Rahmen einer e-discovery steht hierzu in Widerspruch.

30.6 Es liegt aber auf der Hand, dass es US-Gerichten nicht möglich ist, unter Verweis auf europäische Datenschutzvorschriften von einer e-discovery in Europa befindlicher Daten gänzlich abzusehen[14]. Ein über sektorspezifische Regelungen und Landesgesetze hinausgehendes, (bundes-) einheitliches Datenschutzrecht ist den USA zudem fremd[15]. Der Verweis auf in Gänze der Rechtsdurchsetzung entgegenstehende Vorschriften anderer Länder (sog. „**blocking statutes**"[16]) ist auch grundsätzlich unbeachtlich[17]. Darüber hinaus handelt es sich bei der e-discovery um ein Verfahren, das die Parteien untereinander abwickeln (s. Rz. 30.3). Auf Antrag einer Prozesspartei können datenschutzrechtliche Interessen („right to privacy") indes berücksichtigt werden; ggf. kann das Gericht Schutzmaßnahmen anordnen (mehr dazu unter Punkt III).

30.7 Damit steckt der europäische Datenexporteur in dem **Dilemma**, „Diener zweier Herrn"[18] (dem europäischen Datenschutzrecht und dem US-amerikanischen Zivilprozessrecht) zu sein. Missachtet er die Regeln der e-discovery, drohen **Sanktionen** wie Geldstrafen, Schadensersatzansprüche („spoliation of evidence") oder Nachteile im Prozess bis hin zum sofortigen Unterliegen[19]. Übermittelt er unter Verstoß gegen europäisches Datenschutzrecht personenbezogene Daten in die USA, drohen u.a. Bußgelder bis zu EUR 20.000.000 oder 4 % des gesamten weltweit erzielten Jahresumsatzes, Art. 83 Abs. 5 DSGVO[20]. Vor diesem Hintergrund ist allen Beteiligten, auch den Gerichten in den USA (s. Rz. 30.12 ff. mit Beispielen), daran gelegen, einen Ausgleich der widerstreitenden Interessen herbeizuführen.

III. Interessenabwägung

30.8 Zur Berücksichtigung der widerstreitenden Interessen werden unterschiedliche Lösungsansätze verfolgt. Ihnen ist gemeinsam, dass eine **Interessenabwägung im e-discovery-Verfahrensverlauf** statt-

---

12 Stellv. *Artikel-29-Datenschutzgruppe*, WP 158 v. 11.2.2009, S. 2.
13 S. hierzu im Einzelnen die Ausführungen unter III. in Teil B (Rz. 30.17 ff.). Die Muster unter I. und II. in Teil B (Rz. 30.16, Rz. 30.16a) dienen gerade dazu, diese Datenschutzgrundsätze unter gleichzeitiger Beachtung des US-Verfahrensrechts zu berücksichtigen.
14 Dies wird auch diesseits des Atlantiks nicht verlangt, s. Artikel-29-Datenschutzgruppe, WP 158 v. 11.2.2009, S. 2.
15 Stellv. *Wieczorek* in Taeger, Internet der Dinge, S. 299 (313 f.); *Posdziech*, Discovery, S. 1, 14 ff.
16 Gegenüber sog. „content-based restrictions", s. *Junker*, Discovery, S. 69.
17 Stellv. *Sociéte Nationale Industrielle Aérospatiale v. U.S. District Court for the Southern District of Iowa*, 482 U.S. Supreme Court (1987), 522 (543 ff., 565); s. auch *Columbia Pictures Industries v. Bunnell*, U.S. District Court, Central District of California (2007), LEXIS 46364, 1 (49); *Pershing Pacific West LLC v. MarineMax Inc.*, U.S. District Court, Southern District of California (2013), LEXIS 33474.
18 *Deutlmoser/Filip*, ZD-Beilage 6/2012, 1 (2).
19 *BlnBDI*, Tb. 2007, LT-Drucks. 16/1629, 179; *Deutlmoser/Filip*, ZD-Beilage 6/2012, 1 (1); *Posdziech*, Discovery, S. 62 f., 153 m.w.N.; *Spies*, MMR 2007, Heft 7, V (V); *Rath/Klug*, K&R 2008, 596 (597); *Burianski/Reindl*, SchiedsVZ 2010, 187 (190 f.).
20 Vgl. *Volkswagen A.G. v. Valdez*, 897 S.W.2d (Corpus Christi Court of Appeals) (1995), 458 (460); s. auch *Artikel-29-Datenschutzgruppe*, WP 158 v. 11.2.2009, S. 6.

finden soll[21]. Die deutschen Aufsichtsbehörden präferieren ein zumindest zweistufiges Vorgehen (s. Rz. 30.11), während die US-amerikanische Verhältnismäßigkeitsprüfung bzw. Comity-Analyse fünf berücksichtigungsfähige Kategorien kennt (s. Rz. 30.12 f.). Dabei soll jeweils eine **Reduktion/Filterung** der im e-discovery request angefragten Dokumente erreicht werden. Der discovery plan der Parteien sollte dies von Anfang an berücksichtigen[22].

Im Ergebnis führt dies idealerweise dazu, dass so wenige personenbezogene Daten wie möglich, aber alle für den Rechtsstreit notwendigen (d.h. relevanten) Informationen übermittelt werden können. Damit handelt es sich letztlich um nichts anderes als eine **wechselseitige Verhältnismäßigkeitsprüfung**. Diese hat auch unmittelbaren Einfluss auf die Legitimität der Datenübermittlung. Mit Reduktion/Filterung der Dokumente reduziert sich auch die Menge der konkret zu übermittelnden Daten, für die sodann hinreichende Datenschutzgarantien zu diskutieren sind (hierzu Rz. 30.17 ff.). 30.9

Das amerikanische Recht sieht dabei bereits einige **Ausnahmen** vor. So sind Dokumente von der Vorlagepflicht ausgenommen, die in keinem Zusammenhang zum Verfahren stehen („relevant to any party's claim or defense", FRCP 26(b)(1)) und/oder die besonderen Schutz („privileged matter") genießen, d.h. dem Mandatsgeheimnis („attorney-client privilege") unterliegen, FRCP 26(b)(1). Solche Dokumente können bei e-discovery requests also grundsätzlich außer Acht gelassen werden. 30.10

Die deutschen/europäischen Aufsichtsbehörden bevorzugen schließlich ein **mehrstufiges Vorgehen**, bei dem zunächst eine Übermittlung in **anonymisierter/pseudonymisierter Form** und erst im Bedarfsfall eine offene, jedoch auf das für das Verfahren notwendige Maß beschränkte Datenübermittlung erfolgen soll[23]. Bei dieser **EU-Verhältnismäßigkeitsprüfung** („Export-Abwägung"[24]) sollen jedenfalls die folgenden Punkte berücksichtigt werden können (nicht abschließende Übersicht): 30.11

– Verfahrenszusammenhang der offenzulegenden Dokumente[25];

– Relevanz für den Rechtsstreit[26];

– Bindung an/Bedeutung für den Beweisantrag[27];

– Zumutbarkeit der Versagung einer weitergehenden Offenlegung[28];

– Filterung (z.B. Herausfiltern von Privatkorrespondenz)[29];

– Einwilligung der Betroffenen (ggf. über „Treuhandmodell")[30];

---

21 Stellv. – auch zum Verfahren – *Rosenthal/Zeunert* in Hartmann, Discovery, S. 23 (26, 39, 61 ff.).

22 Zur praktischen Umsetzung s. *Rosenthal/Zeunert* in Hartmann, Discovery, S. 23 (44 ff.).

23 Stellv. *EDSA*, Leitlinien 2/2018 zu den Ausnahmen nach Art. 49 der Verordnung 2016/679, angenommen am 25.5.2018, S. 14 a.E.; *Schröder* in Kühling/Buchner, Art. 49 DS-GVO Rz. 29; vgl. bereits *Artikel-29-Datenschutzgruppe*, WP 158 v. 11.2.2009, S. 11.

24 *Deutlmoser/Filip*, ZD-Beilage 6/2012, 1 (11); s. auch *Rosenthal/Zeunert* in Hartmann, Discovery, S. 23 (38 ff.).

25 *BayLfD*, Tb. 2009/2010 (NÖB), 70: „zur Klärung der mit der Klage behaupteten Ansprüche beitragen"; vgl. *Gabel* in Taeger/Gabel, Art. 49 DS-GVO Rz. 16; *Deutlmoser/Filip*, ZD-Beilage 6/2012, 1 (8) und *Rosenthal/Zeunert* in Hartmann, Discovery, S. 23 (39).

26 *Artikel-29-Datenschutzgruppe*, WP 158 v. 11.2.2009, S. 3, 11 f.; *BayLfD*, Tb. 2009/2010 (NÖB), 70 f.; *Gabel* in Taeger/Gabel, Art. 49 DS-GVO Rz. 16; vgl. *Deutlmoser/Filip*, ZD-Beilage 6/2012, 1 (8) und *Rosenthal/Zeunert* in Hartmann, Discovery, S. 23 (39 f.).

27 *BayLfD*, Tb. 2009/2010 (NÖB), 70: „Kriterien des Beweisantrags erfüllen".

28 *BayLfD*, Tb. 2009/2010 (NÖB), 71.

29 *BlnBDI*, Tb. 2006, LT-Drucks. 16/0772, 157; *Gabel* in Taeger/Gabel, Art. 49 DS-GVO Rz. 16; es ist allerdings höchst fraglich, ob ein US-Gericht das Herausfiltern jedweder Privatkorrespondenz akzeptieren würde, denn gerade dort kann sich die streitentscheidende „smoking gun" verbergen (z.B. bei Korruptionsverdacht; s.a. *BlnBDI*, Tb. 2007, LT-Drucks. 16/1629, 178).

30 *Artikel-29-Datenschutzgruppe*, WP 158 v. 11.2.2009, S. 10; *BlnBDI*, Tb. 2006, LT-Drucks. 16/0772, 157.

- mögliche Sanktionen/Konsequenzen für die Betroffenen[31];

- alternative Informationsquellen (z.B. Zeugenbeweis)[32]; und

- Vorhandensein angemessener Datenschutzgarantien[33].

Laut den Aufsichtsbehörden wurden diese Punkte auch von amerikanischen Gerichten bereits mehrfach berücksichtigt[34].

30.12 Die US-Gerichte sind nach FRCP 26(b) und § 442(1)(c) Restatement Third of Foreign Relations Law (REST 3rd FOREL) zur Durchführung einer Verhältnismäßigkeitsprüfung (auch „**Comity-Analyse**") verpflichtet[35]. Bisweilen greifen sie auch auf die (allgemeinere) Vorschrift des § 40 Restatement Second of Foreign Relations Law (REST 2nd FOREL) zurück[36]. In dem jeweils fünfstufigen Test kommt es auf folgende Aspekte an[37]:

	REST 3rd FOREL (lex specialis)	REST 2nd FOREL (lex generalis)
1.	Bedeutung der Informationen für den Rechtsstreit	Vitale nationale Interessen beider Staaten
2.	Bestimmtheit des Offenlegungsverlangens	Art und Umfang der Belastung für die Person bei Durchsetzung der jeweiligen Vorschriften
3.	Ursprungsort der Informationen	Umfang der im Ausland offenzulegenden Informationen
4.	Alternative Mittel zur Informationserlangung	Staatsangehörigkeit der betroffenen Person(en)
5.	Folgenabschätzung: Ausmaß der Beeinträchtigung der Interessen der USA bei Nichtbefolgen des Offenlegungsverlangens vs. Ausmaß der Beeinträchtigung der Interessen des Drittstaates bei Befolgen des Offenlegungsverlangens	Inwieweit beide Staaten vernünftigerweise auf die Durchsetzung ihrer Vorschriften angewiesen sind, um deren Einhaltung zu gewährleisten

30.13 Bei der **US-Verhältnismäßigkeitsprüfung** berücksichtigen die dortigen Gerichte – bei ausreichender Darlegung durch die auskunftspflichtige Partei (hierzu Rz. 30.14) – üblicherweise die Datenschutzvorschriften im Belegenheitsstaat im Allgemeinen[38] und folgende Punkte im Speziellen (nicht abschließende Übersicht):

---

31 *Artikel-29-Datenschutzgruppe*, WP 158 v. 11.2.2009, S. 11, 12 f.
32 *Artikel-29-Datenschutzgruppe*, WP 158 v. 11.2.2009, S. 12.
33 *Artikel-29-Datenschutzgruppe*, WP 158 v. 11.2.2009, S. 11.
34 *BlnBDI*, Tb. 2006, LT-Drucks. 16/0772, 157; *BlnBDI*, Tb. 2007, LT-Drucks. 16/1629, 178; *BayLfD*, Tb. 2009/2010 (NÖB), 70 f.
35 Stellv. The Sedona Conference, Commentary on Proportionality in Electronic Discovery (May 2017), S. 154 ff. m.w.N.; *Volkswagen A.G. v. Valdez*, 897 S.W.2d (Corpus Christi Court of Appeals) (1995), 458 (460 ff.); *Volkswagen A.G. v. Valdez*, 909 S.W.2d (Supreme Court of Texas) (1995), 900 (902 f.); *En-Quip Techs Group Inc. v. Tycon Technoglass*, Ohio Court of Appeals (2010), LEXIS 21; in re *Chase Manhattan Bank*, 297 F.2d (U.S. Court of Appeals 2nd Circuit) (1962), 611 (613); *Cochran Consulting v. Uwatec USA*, 102 F.3d (U.S. Court of Appeals Federal Circuit) (1996), 1224 (1227 f.); vgl. bereits *Hilton v. Guyot*, 159 U.S. Supreme Court (1895), 113 (163 f.); in re *Vitamin Antitrust Litig.*, U.S. District Court, District of Colombia (2001), LEXIS 11536, 1 (66 ff.); s. auch *Junker*, Discovery, S. 56 f., 72 ff.
36 *Posdziech*, Discovery, S. 149.
37 *Schwartz/Peifer*, CR 2017, 165 (168, 169); *Posdziech*, Discovery, S. 148 ff.; s. auch *Artikel-29-Datenschutzgruppe*, WP 158 v. 11.2.2009, S. 6 f.
38 The Sedona Conference, The Sedona Principles (3rd Ed., March 2017), S. 16 (Nr. 10); *Volkswagen A.G. v. Valdez*, 897 S.W.2d (Corpus Christi Court of Appeals) (1995), 458 (461 f.); *Schwartz/Peifer*, CR 2017,

– Bestimmtheit des Beweisantrags i.S.v. FRCP 34(b)(1) und REST 2nd/3rd FOREL[39];

– zeitliche Relevanz (z.B. Filterung nach Zeiträumen)[40];

– personelle und räumliche/örtliche Relevanz (z.B. Filterung nach Standorten oder Mitarbeitern)[41];

– inhaltliche Relevanz i.S.d. Bedeutung für die Lösung des Rechtsstreits[42];

– Einwilligungen der Betroffenen bzw. Versuch der Einholung[43];

– Nutzung anderer Informationsquellen (z.B. depositions, interrogatories), insbesondere solche ohne personenbezogene Daten[44];

– Anonymisierung/Pseudonymisierung[45];

– Vorlageformat[46];

– Ausmaß der drohenden (Datenschutz-)Sanktionen[47];

– Bedeutung des Datenschutzes in Deutschland und Europa[48];

---

165 (168); vgl. in re *Chase Manhattan Bank*, 297 F.2d (U.S. Court of Appeals 2nd Circuit) (1962), 611 (613); a.A. bspw. *Columbia Pictures Industries* v. *Bunnell*, U.S. District Court, Central District of California (2007), LEXIS 46364, 1 (49): „foreign blocking statutes"; *Pershing Pacific West LLC* v. *MarineMax Inc.*, U.S. District Court, Southern District of California (2013), LEXIS 33474: „the BDSG is a ‚blocking statute‚"; s. auch *Junker*, Discovery, S. 73 m.w.N.

39 The Sedona Conference, The Sedona Principles (3rd Ed., March 2017), S. 15 (Nr. 4), 38 ff. m.w.N.; *Volkswagen A.G.* v. *Valdez*, 909 S.W.2d (Supreme Court of Texas) (1995), 900 (902 f.); in re *Baycol Products Litigation*, U.S. District Court, District of Minnesota (2003), Westlaw 22023449.

40 *Accessdata Corp.* v. *Alste Techs GmbH*, U.S. District Court, District of Utah (2010), LEXIS 4566, 1 (4 ff.); *Posdziech*, Discovery, S. 111, 113, 149 f.: „realistische Aussicht, dass die Gerichte das Relevanzkriterium […] restriktiv auslegen"; *Rosenthal/Zeunert* in Hartmann, Discovery, S. 23 (31); vgl. in re *Baycol Products Litigation*, U.S. District Court, District of Minnesota (2003), Westlaw 22023449.

41 *Pershing Pacific West LLC* v. *MarineMax Inc.*, U.S. District Court, Southern District of California (2013), LEXIS 33474; *Columbia Pictures Industries* v. *Bunnell*, U.S. District Court, Central District of California (2007), LEXIS 46364; in re *Baycol Products Litigation*, U.S. District Court, District of Minnesota (2003), Westlaw 22023449; *Posdziech*, Discovery, S. 111, 113, 149 f.: „realistische Aussicht, dass die Gerichte das Relevanzkriterium … restriktiv auslegen".

42 The Sedona Conference, The Sedona Principles (3rd Ed., March 2017), S. 25, 42 ff., 72 f. m.w.N.

43 *Pershing Pacific West LLC* v. *MarineMax Inc.*, U.S. District Court, Southern District of California (2013), LEXIS 33474.

44 *Posdziech*, Discovery, S. 111 m.w.N.; *Volkswagen A.G.* v. *Valdez*, 897 S.W.2d (Corpus Christi Court of Appeals) (1995), 458 (461 ff.) und *Volkswagen A.G.* v. *Valdez*, 909 S.W.2d (Supreme Court of Texas) (1995), 900 (902 f.) zur Frage des Rückgriffs auf vorhandene (veraltete) Unterlagen; s.a. The Sedona Conference, Commentary on Proportionality in Electronic Discovery (May 2017), S. 155 f.

45 *Pershing Pacific West LLC* v. *MarineMax Inc.*, U.S. District Court, Southern District of California (2013), LEXIS 33474; *Posdziech*, Discovery, S. 112 f. m.w.N., 153.

46 *Posdziech*, Discovery, S. 112 m.w.N.

47 *Volkswagen A.G.* v. *Valdez*, 897 S.W.2d (Corpus Christi Court of Appeals) (1995), 458 (461 ff.); vgl. *Posdziech*, Discovery, S. 149 f. m.w.N.; es ist anzunehmen, dass das Argument geringer EU-Sanktionen vor dem Hintergrund des deutlich erweiterten Bußgeldrahmens des Art. 83 Abs. 5 DSGVO hinfällig geworden ist; ohnehin wurde bislang die strafrechtliche Dimension häufig außer Acht gelassen, vgl. demgegenüber in re *Vitamin Antitrust Litig.*, U.S. District Court, District of Columbia (2001), LEXIS 11536, 1 (53 f.); hierzu Rz. 30.94.

48 *Volkswagen A.G.* v. *Valdez*, 909 S.W.2d (Supreme Court of Texas) (1995), 900 (902 f.); in re *Vitamin Antitrust Litig.*, U.S. District Court, District of Columbia (2001), LEXIS 11536, 1 (68 f.); vgl. auch *Junker*, Discovery, S. 58; hierzu Rz. 30.94.

– andere Verfahren (z.B. parallel laufende Strafverfahren)[49]; und

– schutzwürdige Geheimhaltungsinteressen o.Ä.[50]

Grundsätzlich wird dabei auch in den USA eine **Offenlegung in mehreren Phasen** befürwortet[51]; dabei werden zunächst die Dokumente mit originärem US-Bezug offengelegt[52]. Die vorlageersuchende Partei muss dabei grundsätzlich darlegen, dass die bislang offengelegten Dokumente unzureichend waren[53].

30.14 Sofern es den Parteien nicht gelingt, die e-discovery einvernehmlich sowohl dem Umfang angemessen als auch datenschutzgerecht auszugestalten, kann das US-Gericht dies regelnde Maßnahmen treffen (sog. „**protective order**", s. FRCP 26(c)). Dabei ist es aus Sicht der die protective order beantragenden Partei von großer Bedeutung (wie auch davor), die aus der DSGVO abgeleiteten Kriterien zur Einschränkung des Auskunftsbegehrens mit Blick auf die Kriterien des REST 3rd FOREL **so konkret wie möglich zu benennen**[54] (hierzu auch Rz. 30.93 ff.).

30.15 Nach Durchführung des vorstehenden Verfahrens ist datenschutzrechtlich nur noch die **Restmenge der personenbezogenen Daten** relevant, die tatsächlich im Rahmen der e-discovery aus Deutschland in die USA transferiert und im dortigen Gerichtsverfahren verarbeitet werden soll. Bei dieser Übermittlung ist sicherzustellen, dass diese Daten weiterhin angemessen geschützt sind. Das nun folgende Muster stellt eine Möglichkeit dar, auf die Herstellung eines angemessenen Schutzes bei der Übermittlung hinzuwirken (zu den Einzelheiten hierzu s. Rz. 30.17 ff.).

B. Vertrag zur Durchführung einer grenzüberschreitenden e-discovery

I. Muster – deutsch

30.16 M 30.1 Vertrag zur Durchführung einer grenzüberschreitenden e-discovery

Vertrag zur Durchführung einer grenzüberschreitenden e-discovery

*Dieser Vertrag zur Durchführung einer e-discovery (inklusive seiner Anlagen der „**Vertrag**") wird zwischen folgenden Parteien geschlossen[55]:*

... [Name, Adresse, Kontaktdaten usw. des Datenexporteurs einfügen]

– der „Datenexporteur" –

und

---

49 In re *Vitamin Antitrust Litig.*, U.S. District Court, District of Colombia (2001), LEXIS 11536, 1 (58 ff.).

50 In re *Vitamin Antitrust Litig.*, U.S. District Court, District of Colombia (2001), LEXIS 11536, 1 (52 f.); *Rosenthal/Zeunert* in Hartmann, Discovery, S. 23 (32).

51 Stellv. The Sedona Conference, The Sedona Principles (3rd Ed., March 2017), S. 66 ff.; Commentary on Proportionality in Electronic Discovery (*May* 2017), S. 157 f. m.w.N.

52 *Posdziech*, Discovery, S. 114 m.w.N.; *Rosenthal/Zeunert* in Hartmann, Discovery, S. 23 (48 f.).

53 Vgl. The Sedona Conference, The Sedona Principles (3rd Ed., March 2017), S. 15 (Nr. 7), 64 ff.

54 Ausreichend: *Volkswagen A.G. v. Valdez*, 897 S.W.2d (Corpus Christi Court of Appeals) (1995), 458 (459 ff.); unzureichend: *Accessdata Corp. v. Alste Techs GmbH*, U.S. District Court, District of Utah (2010), LEXIS 4566, 1 (4 ff.). Vgl. *EnQuip Techs Group Inc. v. Tycon Technoglass*, Ohio Court of Appeals (2010), LEXIS 21; in re *Baycol Products Litigation*, U.S. District Court, District of Minnesota (2003), Westlaw 22023449; *Pershing Pacific West LLC v. MarineMax Inc.*, U.S. District Court, Southern District of California (2013), LEXIS 33474.

55 Zu den Erläuterungen siehe Rz. 30.29 ff.

*der/den in **Anlage A (Liste der Datenimporteure)** aufgeführten Partei(en)*

– der bzw. die „Datenimporteur(e)" –

Präambel[56]

Zweck des Vertrags ist die Schaffung ausreichender Garantien zum Schutz der Privatsphäre, der Grundrechte und Grundfreiheiten der betroffenen Personen bei der Übermittlung ihrer personenbezogenen Daten durch den Datenexporteur an den (jeweiligen) Datenimporteur in den USA zur Durchführung einer e-discovery (Vertrag zwischen Verantwortlichen).

1. Definitionen[57]

*Die in diesem Vertrag verwendeten Definitionen sind in **Anlage B (Definitionen)** aufgeführt.*

2. Details der Verarbeitung[58]

*2.1 Die Einzelheiten der Verarbeitung (vor allem der Übermittlung in die USA) sind in **Anlage C (Details der Verarbeitung)** konkretisiert.*

*2.2 **Anlage C (Details der Verarbeitung)** enthält auch eine umfassende Liste der Maßnahmen, die die Parteien durchgeführt haben, um die personenbezogenen Daten auf das für die relevante e-discovery absolut notwendige Maß zu beschränken/filtern.*

3. Drittbegünstigungsklausel[59]

3.1 Die betroffenen Personen können diese Ziffer, Ziffer 4 lit. b–c, Ziffer 5 lit. a–c, Ziffer 7.1–7.2, Ziffer 8, Ziffer 9 und Ziffer 11 als Drittbegünstigte geltend machen.

3.2 Die Parteien haben keine Einwände, dass betroffene Personen, wenn sie dies wünschen und nationales Recht es zulässt, sich durch eine Vereinigung oder sonstige Einrichtungen vertreten lassen.

4. Pflichten des Datenexporteurs[60]

Der Datenexporteur garantiert:

(a) dass die Verarbeitung der personenbezogenen Daten, einschließlich deren Übermittlung, in Einklang mit der DSGVO erfolgt ist und erfolgen wird;

(b) dass die betroffene Person davon in Kenntnis gesetzt worden ist oder vor der Übermittlung wird (sofern keine Ausnahme bspw. nach Art. 13 Abs. 4, Art. 14 Abs. 5 DSGVO eingreift), dass ihre Daten in ein Drittland übermittelt werden sollen, das über kein angemessenes Schutzniveau verfügt; und

(c) Anfragen der Aufsichtsbehörden sowie betroffener Personen bezüglich der Verarbeitung der personenbezogenen Daten unverzüglich angemessen zu beantworten (inklusive Zurverfügungstellung einer Kopie dieses Vertrags, sofern gewünscht).

5. Pflichten des Datenimporteurs[61]

Der (jeweilige) Datenimporteur garantiert:

(a) dass zum Zeitpunkt des Vertragsschlusses seines Wissens in seinem Land keine Rechtsvorschiften bestehen, die die Garantien aus diesem Vertrag gravierend beeinträchtigen; er wird den Datenexporteur benachrichtigen – der die Benachrichtigung ggf. an die Aufsichtsbehörden weiterleitet –, wenn er Kenntnis von derartigen Rechtsvorschriften erlangt;

---

56 Zu den Erläuterungen siehe Rz. 30.34 f.
57 Zu den Erläuterungen siehe Rz. 30.37 f.
58 Zu den Erläuterungen siehe Rz. 30.40 ff.
59 Zu den Erläuterungen siehe Rz. 30.59 ff.
60 Zu den Erläuterungen siehe Rz. 30.64 ff.
61 Zu den Erläuterungen siehe Rz. 30.73 ff.

(b) dass er die personenbezogenen Daten in Übereinstimmung mit den verbindlichen Datenschutzgrundsätzen der **Anlage D (Datenschutzgrundsätze)** verarbeiten wird;

(c) dass er alle Anfragen, die sich auf die von ihm durchgeführte Verarbeitung der personenbezogenen Daten, die Gegenstand der Übermittlung sind, beziehen und die der Datenexporteur oder die betroffenen
Personen an ihn richten (inklusive Zurverfügungstellung einer Kopie dieses Vertrags, sofern angefragt,
und Benennung eines internen Ansprechpartners), unverzüglich und genau bearbeitet und bei allen Anfragen der zuständigen Aufsichtsbehörde mit dieser kooperiert und deren Feststellungen in Hinblick auf
die Verarbeitung der übermittelten Daten befolgt; und

(d) dass er dem Datenexporteur unaufgefordert alle zum Nachweis der Einhaltung seiner vertraglichen und
datenschutzrechtlichen Pflichten erforderlichen Informationen zur Verfügung stellen und auf Verlangen
im darüber hinaus noch erforderlichen Umfang Auskunft erteilen, geeignete Nachweise vorlegen und eine Inspektion seiner Datenverarbeitungsanlagen und -verfahren (wenn erforderlich vor Ort nach Vereinbarung) ermöglichen wird.

6. Protective Order[62]

6.1 Die Parteien werden gemeinsam eine protective order mit dem Inhalt der **Anlage G (Protective Order)**
vor dem Gericht beantragen, wo die e-discovery anhängig ist.

6.2 Die Parteien sind sich einig, dass der Zweck des Vertrags, insbesondere der Schutz der Privatsphäre und
der Grundrechte und Grundfreiheiten der betroffenen Personen, ein wichtiger Grund für die Parteien ist.
Die Parteien werden diese Bedeutung, insbesondere mögliche Strafen nach Art. 83 DSGVO und die Notwendigkeit adäquater Schutzmaßnahmen nach den Art. 44 ff. DSGVO, ggf. dem Gericht erläutern.

6.3 Die Parteien werden keine den Regelungen in **Anlage G (Protective Order)** widersprechenden oder diese
ändernden Vereinbarungen treffen. Alle Änderungen der protective order werden der betroffenen Aufsichtsbehörde mitgeteilt.

7. Haftung[63]

7.1 Die Parteien sind sich einig, dass betroffene Personen, die durch eine Verletzung der in Ziffer 3 genannten Regelungen Schaden erlitten haben, berechtigt sind, von den Parteien Schadensersatz zu verlangen.
Die Parteien können nur dann von der Haftung befreit werden, wenn sie nachweisen, dass keine von ihnen für die Verletzung dieser Ziffern verantwortlich ist.

7.2 Die Parteien sind sich einig, dass sie gesamtschuldnerisch für Schäden der betroffenen Personen haften,
die durch eine Verletzung i.S.v. Ziffer 7.1 entstehen. Im Falle einer Verletzung dieser Regelungen kann die
betroffene Person gegen den Datenexporteur, den Datenimporteur oder beide vorgehen.

7.3 Die Parteien sind sich einig, dass, wenn eine Partei haftbar gemacht wird für eine Verletzung i.S.v. Ziffer 7.1 durch die andere Partei, die zweite Partei der ersten alle Kosten, Schäden, Ausgaben und Verluste,
die der ersten Partei entstanden sind, in vollem Umfang ersetzt, in dem die zweite Partei haftbar ist.

8. Rechtsbehelfe[64]

8.1 Die Parteien sind sich einig, dass sie im Falle einer Streitigkeit zwischen einer betroffenen Person und einer der Parteien, die unter Berufung auf die Drittbegünstigung nach Ziffer 3 nicht gütlich beigelegt werden kann, die Entscheidung der betroffenen Person akzeptieren werden:

(a) an einem Schlichtungsverfahren durch eine unabhängige Person oder ggf. die Aufsichtsbehörde
teilzunehmen;

(b) den Streitfall zur Klärung an ein Schiedsgericht zu verweisen; oder

(c) den Streitfall an die Gerichte des EU-Mitgliedstaats zu verweisen, in dem der Datenexporteur ansässig ist.

---

62 Zu den Erläuterungen siehe Rz. 30.93 ff.
63 Zu den Erläuterungen siehe Rz. 30.98 ff.
64 Zu den Erläuterungen siehe Rz. 30.102 ff.

8.2 Die Parteien sind sich einig, dass Ziffer 8.1 unbeschadet der materiellen oder prozessualen Rechte der betroffenen Person gilt, nach anderen Bestimmungen des nationalen oder internationalen Rechts Rechtsmittel einzulegen.

9. Kündigung des Vertrags[65]

Die Parteien sind sich einig, dass sie durch die Kündigung dieses Vertrags, wann, unter welchen Umständen und aus welchen Gründen auch immer, sie nicht von den Verpflichtungen und/oder Bestimmungen dieses Vertrags in Bezug auf die Verarbeitung der übermittelten Daten befreit werden.

10. Anwendbares Recht[66]

Der Vertrag unterliegt dem Recht des EU-Mitgliedstaats in dem der Datenexporteur seinen Sitz hat.

11. Änderungen des Vertrags[67]

Die Parteien verpflichten sich, den Wortlaut dieses Vertrags nicht zu verändern.

…

(Datum, Ort)

…

(Unterschrift Datenexporteur)

…

(Datum, Ort)

…

(Unterschrift Datenimporteur)

… [für etwaige weitere Datenimporteure vervielfältigen]

Anlagen:

Anlage A: Liste der Datenimporteure

Anlage B: Definitionen

Anlage C: Details der Verarbeitung

Anlage D: Datenschutzgrundsätze

Anlage E: Discovery Plan

Anlage F: Technische und organisatorische Maßnahmen

Anlage G: Protective Order

Anlage A (Liste der Datenimporteure)

1. … [Name, Adresse, Kontaktdaten usw. des ersten Datenimporteurs einfügen];

2. … [Name, Adresse, Kontaktdaten usw. des zweiten Datenimporteurs einfügen];

… [Liste für etwaige weitere Datenimporteure fortsetzen]

---

65 Zu den Erläuterungen siehe Rz. 30.106 f.
66 Zu den Erläuterungen siehe Rz. 30.109.
67 Zu den Erläuterungen siehe Rz. 30.111.

Anlage B (Definitionen)

Sofern sich aus dem Zusammenhang nichts anderes ergibt haben die in diesem Vertrag wie folgt definierten Begriffe die folgende Bedeutung:

„Aufsichtsbehörde"

hat die gleiche Bedeutung wie in der DSGVO (Art. 4 Nr. 21 DSGVO).

„Auftragsverarbeiter"

hat die gleiche Bedeutung wie in der DSGVO (Art. 4 Nr. 8 DSGVO).

„Besondere Kategorien personenbezogener Daten"

hat die gleiche Bedeutung wie in der DSGVO (vgl. Art. 9 Abs. 1, 4 Nr. 13-15 DSGVO).

„Betroffene Person"

hat die gleiche Bedeutung wie in der DSGVO (Art. 4 Nr. 1 DSGVO).

„Datenexporteur"

ist im Vertragsrubrum definiert.

„Datenimporteur"

ist im Vertragsrubrum definiert.

„Discovery Plan"

*bezeichnet den als **Anlage E (Discovery Plan)** beigefügten Plan zur Durchführung der maßgeblichen e-discovery.*

„DSGVO"

bezeichnet die Verordnung (EU) 2016/679 des Europäischen Parlaments und des Rates vom 27. April zum Schutz natürlicher Personen bei der Verarbeitung personenbezogener Daten, zum freien Datenverkehr und zur Aufhebung der Richtlinie 95/46/EG (Datenschutz- Grundverordnung).

„Empfänger"

hat die gleiche Bedeutung wie in der DSGVO (Art. 4 Nr. 9 DSGVO).

„Partei" oder „Parteien"

bezeichnet – je nach Kontext – den Datenexporteur oder Datenimporteur.

„Personenbezogene Daten"

hat die gleiche Bedeutung wie in der DSGVO (Art. 4 Nr. 1 DSGVO).

„Verantwortlicher"

hat die gleiche Bedeutung wie in der DSGVO (Art. 4 Nr. 7 DSGVO).

„Verarbeiten"

hat die gleiche Bedeutung wie in der DSGVO (Art. 4 Nr. 2 DSGVO).

„Vertrag"

ist im Vertragsrubrum definiert.

Anlage C (Details der Verarbeitung)[68]

1. Datenexporteur

Der Datenexporteur ist ... [mit kurzer Erläuterung der übermittlungsrelevanten Verarbeitungstätigkeiten vervollständigen].

---

68 Zu den Erläuterungen siehe Rz. 30.40 ff.

2. Datenimporteur

Der [erste] Datenimporteur gemäß **Anlage A (Liste der Datenimporteure)** ist … [mit kurzer Erläuterung der übermittlungsrelevanten Verarbeitungstätigkeiten vervollständigen].

[für weitere Datenimporteure fortsetzen]

3. Betroffene Personen

Die verarbeiteten (insbesondere übermittelten) personenbezogenen Daten umfassen die folgenden Kategorien von betroffenen Personen:

… [Beschreibung einfügen]

4. Zwecke der Verarbeitung

Die Verarbeitung (insbesondere die Übermittlung in die USA) der personenbezogenen Daten ist zu den in der Präambel des Vertrags niedergelegten sowie folgenden Zwecken erforderlich:

– Durchführung einer e-discovery im Verfahren vor dem … [Gericht] (Az. … [Aktenzeichen]), an dem beteiligt sind: … [Beteiligte]

– Verarbeitung/Übermittlung personenbezogener Daten auf Basis des als **Anlage E (Discovery Plan)** beigefügten Plans. Der discovery plan geht zurück auf den e-discovery request des (jeweiligen) Datenimporteurs vom … [Datum und sonstige relevante Informationen einfügen].

– … [weitere Informationen ergänzen, sofern notwendig]

5. Kategorien personenbezogener Daten

Die verarbeiteten (insbesondere übermittelten) personenbezogenen Daten gehören zu folgenden Datenkategorien:

… [Beschreibung einfügen]

6. Sensible Daten

Die verarbeiteten (insbesondere übermittelten) personenbezogenen Daten gehören zu folgenden Kategorien sensibler Daten (soweit einschlägig):

… [Beschreibung oder „Nicht Anwendbar" einfügen]

7. Empfänger

Die verarbeiteten (insbesondere übermittelten) personenbezogenen Daten dürfen nur folgenden Empfängern oder Kategorien von Empfängern offengelegt werden:

… [(Kategorien der) Empfänger einfügen]

8. Aufbewahrungszeitraum

Die verarbeiteten (insbesondere übermittelten) personenbezogenen Daten dürfen nur … [Aufbewahrungszeit in Monaten/Jahren einfügen] aufbewahrt werden.

9. Technische und organisatorische Maßnahmen

Der (jeweilige) Datenimporteur wird in Einklang mit der DSGVO technische und organisatorische Maßnahmen zum Schutz der verarbeiteten (insbesondere übermittelten) personenbezogenen Daten ergreifen, so wie in **Anlage F (Technische und organisatorische Maßnahmen)** näher konkretisiert.

10. Aufsichtsbehörde

Die betroffene Aufsichtsbehörde ist … [betroffene Aufsichtsbehörde einfügen].

11. Reduktion/Filterung

Als Teil ihrer Verhältnismäßigkeitsüberlegungen haben die Parteien die zur Verarbeitung während des Prozesses/der e-discovery bestimmten personenbezogenen Daten wie folgt reduziert/gefiltert:

– … [Maßnahmen beschreiben]

Anlage D (Datenschutzgrundsätze)[69]

Die Grundsätze dieser Anlage gelten vorbehaltlich der für den (jeweiligen) Datenimporteur geltenden zwingenden nationalen Rechtsvorschriften, die jedoch nicht über das hinausgehen dürfen, was für eine demokratische Gesellschaft nach den in Art. 23 DSGVO aufgeführten Interessen erforderlich ist. Die Grundsätze sind der DSGVO entsprechend auszulegen.

1. Zweckbindung

*1.1 Personenbezogene Daten werden ausschließlich für die in **Anlage C (Details der Verarbeitung)** genannten Zwecke verarbeitet. Sie dürfen nicht länger aufbewahrt werden, als für diese Zwecke erforderlich und in **Anlage C (Details der Verarbeitung)** konkretisiert.*

1.2 Der Datenimporteur darf die personenbezogenen Daten insbesondere nicht für eigene Zwecke (z.B. Werbung o.ä.), andere Gerichtsverfahren oder zur Weiterleitung an die Öffentlichkeit oder Dritte verwenden, außer zwingende nationale Rechtsvorschriften wie in der Einleitung zu dieser Anlage konkretisiert erfordern dies.

2. Datenqualität und Verhältnismäßigkeit

2.1 Personenbezogene Daten müssen sachlich richtig und, wenn nötig, auf dem neuesten Stand sein. Personenbezogene Daten müssen angemessen, relevant und in Hinblick auf den Zweck der Verarbeitung nicht exzessiv sein.

2.2 Sind personenbezogene Daten falsch, so berichtigt der (jeweilige) Datenimporteur diese. Stehen dem Beweissicherungsrechte entgegen, fügt der (jeweilige) Datenimporteur den personenbezogenen Daten stattdessen eine Gegendarstellung oder einen Hinweis auf die Unrichtigkeit bei.

3. Transparenz

Die betroffenen Personen erhalten alle für die Identität des (jeweiligen) Datenimporteurs (inklusive Name, Ansprechpartner, Kontaktdaten), den Verarbeitungszweck und sonst wie notwendigen Informationen (z.B. zu Empfängern, den Daten etc.), sofern dies zur Sicherstellung einer angemessenen Verarbeitung erforderlich ist und sofern sie diese Informationen nicht bereits vom Datenexporteur erhalten haben.

4. Vertraulichkeit und Weisungsrecht

4.1 Der Datenimporteur wird bei Durchführung der e-discovery nur Mitarbeiter einsetzen, die durch geeignete Maßnahmen mit den gesetzlichen Vorschriften über den Datenschutz und den speziellen datenschutzrechtlichen Anforderungen dieses Vertrags vertraut gemacht und, soweit sie nicht bereits angemessenen gesetzlichen Verschwiegenheitspflichten unterliegen, umfassend zur Vertraulichkeit verpflichtet wurden.

4.2 Alle für den Verantwortlichen tätigen Personen, darunter auch Auftragsverarbeiter, dürfen die Daten nur auf Weisung des Verantwortlichen verarbeiten.

5. Betroffenenrechte

Der Datenimporteur erkennt an, dass der betroffenen Person gemäß den Art. 12 ff. DSGVO diverse Rechte in Hinblick auf ihre personenbezogenen Daten zustehen (z.B. Zugang, Berichtigung, Löschung, Einschränkung usw.). Insbesondere hat die betroffene Person das Recht, aus berechtigten und situationsabhängigen Gründen der Verarbeitung der personenbezogenen Daten zu widersprechen.

6. Beschränkung der Weiterübermittlung

Weiterverlagerungen personenbezogener Daten von einem Datenimporteur an einen anderen Verantwortlichen in einem Drittland, das über keinen angemessenen Schutz und keine Angemessenheitsentscheidung nach Art. 45 DSGVO verfügt, dürfen nur stattfinden, wenn die Parteien dem Beitritt eines weiteren Verantwortlichen zu diesem Vertrag zustimmen, der damit zur Vertragspartei mit denselben Pflichten wie ein Datenimporteur wird.

---

69 Zu den Erläuterungen siehe Rz. 30.73 ff.

7. Besondere Kategorien personenbezogener Daten

Werden personenbezogene Daten verarbeitet, die die in Art. 9 Abs. 1, 4 Nr. 13-15 DSGVO aufgeführten Informationen beinhalten, sind zusätzliche Garantien nach der DSGVO zu ergreifen, insbesondere angemessene Sicherheitsmaßnahmen wie eine starke Verschlüsselung für die Übermittlung oder die Aufzeichnung von Zugriffen auf diese Daten.

Anlage E (Discovery Plan)

...

Anlage F (Technische und organisatorische Maßnahmen)

...

Anlage G (Protective Order)

In Einklang mit Ziffer 6 des Vertrags werden die Parteien eine protective order beantragen, die folgende Inhalte aufweist (sinngemäß):

(a) *Die Parteien werden zu jedem Zeitpunkt des Prozesses den Umfang der offengelegten Dokumente, die personenbezogene Daten i.S.d. Verordnung (EU) 2016/679 des Europäischen Parlaments und des Rates vom 27. April zum Schutz natürlicher Personen bei der Verarbeitung personenbezogener Daten, zum freien Datenverkehr und zur Aufhebung der Richtlinie 95/46/EG (Datenschutz-Grundverordnung – DSGVO) enthalten, auf diejenigen Dokumente beschränken, die für den Prozess absolut notwendig sind.*

(b) *Insbesondere werden die Parteien:*

– *kooperieren, um den e-discovery request so bestimmt zu formulieren wie möglich;*

– *Stichproben durchführen, um sicherzustellen, dass für die e-discovery identifizierte Dokumente tatsächlich prozessual relevant sind (z.B., indem sie zunächst anonymisiert eingesehen werden);*

– *vorranging andere Informationsquellen nutzen, die keine personenbezogenen Daten aus der EU enthalten;*

– *Dokumente anonymisieren (z.B. schwärzen), die personenbezogene Daten enthalten, wenn diese persönlichen Informationen für den Rechtsstreit nicht relevant sind;*

– *ein Dokumentenformat wählen, das möglichst wenige personenbezogene Daten offenlegt;*

– *sich auf einen Prozess verständigen, nach dem Dokumente in verschiedenen Stufen offengelegt werden, dabei stets zunächst anonymisierte Dokumente und erst dann – wenn dies absolut notwendig ist – solche, die personenbezogene Daten enthalten; und*

– *alle Dokumente, die personenbezogene Daten aus der EU enthalten, als vertraulich markieren.*

(c) *Die Dokumente, die während der e-discovery offengelegt werden, dürfen nur zu Prozesszwecken und keinen anderen Zwecken verwendet werden. Die allgemeine Öffentlichkeit soll keinen Zugang zu diesen Dokumenten haben.*

(d) *Die Parteien werden technische und organisatorische Maßnahmen zum Schutz der Dokumente ergreifen (z.B. Verschlüsselung).*

(e) *Jede Person, die mit den offengelegten Dokumenten arbeitet, soll zur Verschwiegenheit verpflichtet sein.*

(f) *Soweit möglich werden die Parteien Dokumente, die personenbezogene Daten enthalten, so verwenden, dass die darin enthaltenen persönlichen Informationen nicht offengelegt werden.*

(g) *Sobald Dokumente, die personenbezogene Daten enthalten, nicht mehr gebraucht werden, werden diese zerstört (z.B. gelöscht) oder zurückgeführt.*

II. Muster – englisch

M 30.2 Contract Regarding the Conduction of Cross-Border E-Discovery Measures

Contract Regarding the Conduction of Cross-Border E-Discovery Measures

*This contract regarding the conduction of cross-border e-discovery measures (including its Schedules, the "**Contract**") is entered into between:*

… [insert name, address, contact details etc. of data exporter]

*– the "**Data Exporter**" –*

and

*the party/parties listed in **Schedule A (List of Data Importers)***

*– each a and collectively the "**Data Importer(s)**" –*

Preamble

Purpose of this Contract is to adduce adequate safeguards with respect to the protection of privacy and fundamental rights and freedoms of individuals for the transfer of Personal Data by the Data Exporter to the (relevant) Data Importer (Controller to Controller transfer) with regard to the conduction of e-discovery measures in the USA.

1. Definitions

*The definitions for this Contract are set out in **Schedule B (Definitions)**.*

2. Details of Processing

*2.1 The details of the Processing (particularly the transfer to the USA) are specified in **Schedule C (Details of Processing)**.*

*2.2 **Schedule C (Details of Processing)** also includes a comprehensive list of measures taken by the Parties to reduce/filter the Personal Data to the amount absolutely necessary for the relevant e-discovery.*

3. Third-Party Beneficiary Clause

3.1 The Data Subjects can enforce this Clause, Clause 4(b)–(c), Clause 5(a)–(c), Clause 7.1–7.2, Clause 8, Clause 9 and Clause 11 as third-party beneficiaries.

3.2 The Parties do not object to the Data Subjects being represented by an association or other bodies if they so wish and if permitted by national law.

4. Obligations of the Data Exporter

The Data Exporter warrants:

(a) that the Processing of the Personal Data, including the transfer itself, has been and will continue to be carried out in accordance with the GDPR;

(b) that the Data Subject has been informed or will be informed before the transfer, except as otherwise provided for, e.g. in Art. 13(4), 14(5) GDPR, that its data shall be transmitted to a third country not providing adequate protection; and

(c) to respond as soon as reasonably practicable and to the extent reasonably possible to any enquires from the Supervisory Authorities or the Data Subjects on the Processing of the Personal Data (including, if requested, making available a copy of this Contract).

5. Obligations of the Data Importer

The (relevant) Data Importer warrants:

(a) that he has no reason to believe, at the time of entering into this Contract, in the existence of any local laws that would have a substantial adverse effect on the guarantees provided for under this Contract, and it will inform the Data Exporter (which will pass such notification on to the Supervisory Authorities where required) if it becomes aware of any such laws;

(b) to Process the Personal Data in accordance with the mandatory data protection principles set out in **Schedule D (Data Protection Principles);**

(c) to deal promptly with all reasonable inquiries from the Data Exporter or the Data Subject (including, if requested, making available a copy of this Contract and indicating the office which handles complaints) relating to his Processing of the Personal Data subject to the transfer and to cooperate with the competent Supervisory Authority in the course of all its inquiries and abide by the advice of the Supervisory Authority with regard to the Processing of the data transferred; and

(d) to provide verification about its compliance regarding this Contract and any privacy related obligations and, upon request, as and to the extent additionally required, to provide any information and verification required and to submit its data processing facilities for audit (if necessary on-site; in this case as further coordinated between the Parties).

6. Protective Order

6.1 The Parties will, as further detailed in **Schedule G (Protective Order),** mutually move for a protective order at the court where the e-discovery is pending.

6.2 The Parties agree that the purpose of this Contract, in particular the protection of privacy and fundamental rights and freedoms of the Data Subjects, is an important interest to the Parties. The Parties will further detail this importance to the court, in particular potential sanctions pursuant to Art. 83 GDPR and the necessity to adduce adequate safeguards pursuant to the Art. 44 et seqq. GDPR, if necessary.

6.3 The Parties will not agree upon conflicting or change the requirements set forth in **Schedule G (Protective Order).** Any changes to the protective order will be notified to the relevant Supervisory Authority.

7. Liability

7.1 The Parties agree that a Data Subject who has suffered damage as a result of any violation of the provisions referred to in Clause 3 is entitled to receive compensation from the Parties for the damage suffered. The Parties agree that they may be exempted from this liability only if they prove that neither of them is responsible for the violation of those provisions.

7.2 The Parties agree that they will be jointly and severally liable for damage to the Data Subject resulting from any violation referred to in Clause 7.1. In the event of such a violation, the Data Exporter or the Data Importer or both.

7.3 The Parties agree that if one Party is held liable for a violation referred to in Clause 7.1 by the other Party, the latter will, to the extent to which it is liable, indemnify the first Party for any cost, charge, damages, expenses or loss it has incurred.

8. Remedies

8.1 The Parties agree that if there is a dispute between a Data Subject and either Party which is not amicably resolved and the Data Subject invokes the third-party beneficiary Clause 3, they accept the decision of the Data Subject:

(a) to refer the dispute to mediation by an independent person or, where applicable, by the Supervisory Authority;

(b) to refer the dispute to an arbitration body; or

(c) to refer the dispute to the courts of the EU Member State in which the Data Exporter is established.

*8.2 The Parties agree that Clause 8.1 applies without prejudice to the Data Subject's substantive or proce-
dural rights to seek remedies in accordance with other provisions of national or international law.*

9. Termination of the Contract

*The Parties agree that the termination of the Contract at any time, in any circumstances and for whatever
reason does not exempt them from the obligations and/or conditions under the Contract as regards the
Processing of the data transferred.*

10. Governing Law

*The Contract shall be governed by the laws of the EU Member State in which the Data Exporter is estab-
lished.*

11. Variation of the Contract

The Parties undertake not to vary or modify the terms of this Contract.

…

(Date, Place)

…

(Signature Data Exporter)

…

(Date, Place)

…

(Signature Data Importer)

… [copy for further Data Importer, as applicable]

Schedules:

Schedule A: List of Data Importers

Schedule B: Definitions

Schedule C: Details of Processing

Schedule D: Data Protection Principles

Schedule E: Discovery Plan

Schedule F: Technical and Organisational Measures

Schedule G: Protective Order

Schedule A (List of Data Importers)

1. … [insert name, address, contact details etc. of first Data Importer];

2. … [insert name, address, contact details etc. of second Data Importer];

… [continue list for further Data Importers, as applicable]

Schedule B (Definitions)

*In this Contract the following words will, unless the context requires otherwise, have the following mean-
ings:*

"Contract"

is defined in the Parties section of the Contract.

"Controller"

shall have the same meaning as in the GDPR (Art. 4(7) GDPR).

"Data Exporter"

is defined in the Parties section of the Contract.

"Data Importer"

is defined in the Parties section of the Contract.

"Data Subject"

shall have the same meaning as in the GDPR (Art. 4(1) GDPR).

"Discovery Plan"

means the plan attached hereto as **Schedule E (Discovery Plan)** for the conduction of the relevant e-discovery.

"GDPR"

means the Regulation (EU) 2016/679 of the European Parliament and of the Council of 27 April 2016 on the protection of natural persons with regard to the processing of personal data and on the free movement of such data, and repealing Directive 95/46/EC (General Data Protection Regulation).

"Party" or "Parties"

means the Data Exporter and/or Data Importer, as required by the context.

"Personal Data"

shall have the same meaning as in the GDPR (Art. 4(1) GDPR).

"Processing"

shall have the same meaning as in the GDPR (Art. 4(2) GDPR).

"Processor"

shall have the same meaning as in the GDPR (Art. 4(8) GDPR).

"Recipients"

shall have the same meaning as in the GDPR (Art. 4(9) GDPR).

"Special Categories of Personal Data"

shall have the same meaning as in the GDPR (Art. 9(1), 4(13) – (15) GDPR).

"Supervisory Authority"

shall have the same meaning as in the GDPR (Art. 4(21) GDPR).

Schedule C (Details of Processing)

1. Data Exporter

The Data Exporter is … [complete with brief specification of activities relevant to transfer].

2. Data Importer

The [first] Data Importer as specified in **Schedule A (List of Data Importers)** is … [complete with brief specification of activities relevant to transfer].

[continue for further Data Importers, as applicable].

3. Data Subjects

The Personal Data Processed (in particular transferred) concern the following categories of Data Subjects:

… [insert specification]

4. Purposes of Processing

The Processing (in particular the transfer to the USA) of Personal Data is necessary for the purposes set forth in the Preamble of the Contract and in particular the following:

– Conduction of e-discovery measures at … [insert court, trial, file no., parties involved etc.]

– Process/transfer of Personal Data due to the Discovery Plan attached as **Schedule E (Discovery Plan)**. The Discovery Plan is based on the (relevant) Data Importer's e-discovery request of … [insert date and further information on request, as applicable].

– … [insert further information, as applicable]

5. Categories of Personal Data

The Personal Data Processed (in particular transferred) fall within the following categories of data:

… [insert specification]

6. Sensitive Data

The Personal Data Processed (in particular transferred) fall within the following categories of sensitive data (if appropriate):

… [insert specification; otherwise indicate N/A]

7. Recipients

The Personal Data Processed (in particular transferred) may be disclosed only to the following Recipients or categories of Recipients:

… [insert (categories of) Recipients]

8. Storage Limit

The Personal Data Processed (in particular transferred) may be stored for no more than … [insert storage limit in months/years].

9. Technical and Organisational Measures

The (relevant) Data Importer shall implement technical and organisational measures as required by the GDPR and as further detailed in **Schedule F (Technical and Organisational Measures)** to protect the Personal Data Processed (in particular transferred).

10. Supervisory Authority

The competent Supervisory Authority is … [insert relevant supervisory authority].

11. Reduction/Filtering

As part of their comity considerations the Parties limited the amount of Personal Data necessary for the (relevant) Data Importer to Process during the trial/e-discovery in question as follows:

… [describe steps taken]

Schedule D (Data Protection Principles)

The principles set forth in this Schedule shall apply subject to mandatory requirements of the national legislation applicable to the (relevant) Data Importer which do not go beyond what is necessary in a democratic society on the basis of one of the interests listed in Art. 23 GDPR. The principles shall be read and interpreted in the light of the GDPR.

1. Purpose Limitation

1.1 Personal Data shall be Processed only for the purposes set forth in **Schedule C (Details of Processing)**. It shall not be kept longer than necessary for such purposes and as further specified in **Schedule C (Details of Processing)**.

1.2 The Data Importer may in particular not use the Personal Data for own purposes (e.g. advertisement etc.), other trials or to pass it to the public or other third parties, unless otherwise stated by mandatory national legislation as stated in the introduction to this Schedule.

2. Data Quality and Proportionality

2.1 Personal Data must be accurate and, where necessary, kept up to date. Personal Data must be adequate, relevant and not excessive in relation to the purpose for which it is Processed.

2.2 The (relevant) Data Importer will correct Personal Data if it is inaccurate. If this conflicts with the preservation of evidence, the (relevant) Data Importer will add a counterstatement or a notice indicating the inaccuracy to such Personal Data.

3. Transparency

Data Subjects shall be provided with the identity of the (relevant) Data Importer (including name, contact person and contact details), information as to the purposes of the Processing and any other information insofar as this is necessary to ensure fair Processing (e.g. on the Recipients, further information on the data, etc.), unless such information has already been given by the Data Exporter.

4. Confidentiality and Instruction Rights

4.1 The Data Importer shall only deploy personnel to the conduction of e-discovery measures that is, by appropriate means, made familiar with the applicable laws on privacy and data protection and the specific data protection requirements set forth in this Contract and, if such personnel is not bound by appropriate confidentiality obligations by law, is bound to confidentiality separately.

4.2 Any person acting under the authority of the Controller, including a Processor, must not Process the data except on instructions from the Controller.

5. Data Subject's Rights

The Data Importer acknowledges that the Data Subject does have various rights regarding its Personal Data pursuant to Art. 12 et seqq. GDPR (e.g. access, rectification, erasure, restriction etc.). The relevant Data Subject shall have in particular the right to object to the Processing of its Personal Data on compelling legitimate grounds relating to its particular situation.

6. Restrictions on Onwards Transfers

Further transfers of Personal Data from the relevant Data Importer to another Controller established in a third country not providing adequate protection or not covered by a decision adopted by the Commission pursuant to Art. 45 GDPR may take place only if the Parties agree to the adherence to the Contract of another Controller which thereby becomes a Party to the Contract and assumes the same obligations as a Data Importer.

7. Special Categories of Personal Data

Where Personal Data containing the information listed in Art. 9(1), 4(13)–(15) GDPR are processed, additional safeguards shall be put in place within the meaning of the GDPR, in particular, appropriate security measures such as strong encryption for transmission or keeping a record of access to such data.

Schedule E (Discovery Plan)

...

Schedule F (Technical and Organisational Measures)

...

Schedule G (Protective Order)

In accordance with Clause 6 of the Contract the Parties will strive for a protective order that shall include the following (correspondingly):

(a) *The parties shall, at any time during this trial, reduce the scope of documents that include personal data as defined by the Regulation (EU) 2016/679 of the European Parliament and of the Council of 27 April 2016 on the protection of natural persons with regard to the processing of personal data and on the free movement of such data, and repealing Directive 95/46/EC (General Data Protection Regulation – GDPR), to those documents absolutely necessary for such trial.*

(b) *In particular the parties will:*

  – *cooperate to draft the e-discovery request as precise as possible;*

  – *run spot checks to verify if documents identified for e-discovery are actually relevant for the trial (e.g., by anonymously accessing them first);*

  – *primarily use other sources before requesting documents containing personal data from the EU;*

  – *anonymise (e.g. redact) documents including personal data if such personal information is not relevant for the trial;*

  – *chose a document format disclosing as few personal data as possible;*

  – *agree upon a multiple step approach for disclosing documents, ensuring to first disclose documents not including personal data and only disclosing documents including personal data if this is thereafter absolutely necessary; and*

  – *mark any disclosed documents containing personal data from the EU as confidential.*

(c) *Any documents disclosed during this e-discovery shall only be used for this trial and no other purposes. The general public shall not have access to such documents.*

(d) *The parties shall implement technical and organisational measures to ensure adequate protection for such documents (e.g. encryption).*

(e) *Any person dealing with disclosed documents shall be bound by confidentiality.*

(f) *As far as reasonably practicable the parties will use documents containing personal data in a way to not disclose the personal information contained therein.*

(g) *As soon as documents that include personal data are no longer required they will be destroyed (e.g. securely erased) or returned.*

III. Erläuterungen

1. Vorbemerkung

30.17 Bei dem vorliegenden Vertragsmuster handelt es sich um **individuelle Vertragsklauseln** zur Übermittlung personenbezogener Daten in ein Drittland gem. Art. 46 Abs. 3 lit. a DSGVO (sog. „**Ad-hoc-Vertragsklauseln**"). Ad-hoc-Vertragsklauseln sind genehmigungspflichtige Garantievereinbarungen zur Legitimierung eines Auslandsdatentransfers in ein Drittland ohne angemessenes Datenschutzniveau (wie die USA) (zur praktischen Realisierbarkeit s. Rz. 30.23 ff.).

30.18 Die Übermittlung personenbezogener Daten in ein Drittland ist nur unter den besonderen Voraussetzungen der Art. 44 ff. DSGVO zulässig. Ad-hoc-Vertragsklauseln sind dabei nicht die einzige **Rechtfertigungsgrundlage**, die für eine Datenübermittlung im Rahmen einer e-discovery infrage kommt. In Betracht kommt auch[70]:

---

70 Binding Corporate Rules (BCR) kommen allenfalls zur Datenübermittlung innerhalb des Konzernverbunds (s. Rz. 30.31) infrage, nicht jedoch für die Übermittlung an die Prozessparteien und -vertreter, s. stellv. *Nink* in Taeger, Internet der Dinge, S. 283 (291 f.); *Deutlmoser/Filip*, ZD-Beilage 6/2012, 1 (10); *Schwartz/Peifer*, CR 2017, 165 (171).

– die Beseitigung des Personenbezugs durch vorherige Anonymisierung i.S.v. Art. 4 Nr. 1 DSGVO;

– die Einholung der Einwilligung der Betroffenen i.S.v. Art. 49 Abs. 1 Satz 1 lit. a, Abs. 3 DSGVO;

– das Vorliegen eines angemessenen Datenschutzniveaus im Zielland i.S.v. Art. 45 DSGVO;

– die Bezugnahme auf eine internationale Übereinkunft und/oder ein Rechtshilfeabkommen i.S.v. Art. 48 DSGVO; oder

– die Erforderlichkeit der Übermittlung zur Geltendmachung, Ausübung oder Verteidigung von Rechtsansprüchen i.S.v. Art. 49 Abs. 1 Satz 1 lit. e DSGVO.

Die DSGVO ist nicht auf **anonyme Daten** anwendbar[71]. Dokumente, die im Rahmen der e-discovery anonymisiert übermittelt werden, bedürfen folglich keiner gesonderten datenschutzrechtlichen Rechtfertigung. Auch ist es möglich, die **Einwilligung** derjenigen einzuholen, deren personenbezogene Daten übermittelt werden sollen, Art. 49 Abs. 1 Satz 1 lit. a, Abs. 3 DSGVO. Letzteres ist als Rechtfertigung in der für eine e-discovery notwendigen Breite aber vermutlich nicht darstellbar[72]. Da es aber zugleich der Interessenabwägung dient, kann die Einholung für Einzelfälle dennoch empfehlenswert sein[73]. Zu bedenken ist aber auch, dass die Einwilligung grundsätzlich jederzeit widerrufen werden kann. 30.19

Über ein mit Europa **vergleichbares (angemessenes) Datenschutzniveau** i.S.v. Art. 45 DSGVO verfügen die USA nicht (vgl. bereits Rz. 30.6). Eine positive Angemessenheitsentscheidung für die USA gibt es nicht, wenngleich Art. 45 Abs. 9 DSGVO klarstellt, dass die nach Art. 25 Abs. 6 DSRL getroffenen Entscheidungen zunächst fortgelten. Dies betraf zunächst grundsätzlich auch den sog. **EU-U.S.-Privacy Shield**[74]. Dieser regelte ähnlich dem abgelösten Safe-Harbor-Regime[75] eine Zertifizierung US-amerikanischer Unternehmen auf Grundprinzipien des europäischen Datenschutzes[76]. Ohne näher auf die Details des EU-U.S.-Privacy Shields einzugehen, war dessen Tauglichkeit als Rechtfertigungsgrundlage für eine Datenübermittlung im Rahmen einer e-discovery schon deshalb fraglich, weil die infrage kommenden Datenimporteure (s. Rz. 30.32), insbesondere die Organe der Rechtspflege, nicht (alle) danach zertifiziert waren[77]. Nunmehr ist der **EU-U.S.-Privacy Shield** als Rechtfertigungsgrundlage gänzlich entfallen[78]. 30.20

Die Datenübermittlung auf Basis anerkannter internationaler Übereinkünfte und/oder **Rechtshilfeabkommen** i.S.v. Art. 48 DSGVO scheidet als Rechtfertigungsgrundlage für eine e-discovery ebenfalls aus. In Betracht kommt nur das **Haager Übereinkommen über die Beweisaufnahme im Ausland in Zivil- oder Handelssachen** v. 18.3.1970 („HBÜ")[79]. Allerdings würde dies einen hoheitlichen Akt des 30.21

---

71 Erwägungsgrund 26 DSGVO, S. 5 und 6.

72 *Artikel-29-Datenschutzgruppe*, WP 158 v. 11.2.2009, S. 10; *Deutlmoser/Filip*, ZD-Beilage 6/2012, 1 (6); *Spies*, MMR 2007, Heft 7, V (V); *Nink* in Taeger, Internet der Dinge, S. 283 (290); *Rosenthal/Zeunert* in Hartmann, Discovery, S. 23 (42); vgl. *Junker*, Discovery, S. 79.

73 Vgl. *Artikel-29-Datenschutzgruppe*, WP 158 v. 11.2.2009, S. 10.

74 Hierzu stellv. *Wieczorek* in Specht/Mantz, § 7 Rz. 15 ff.; Rz. 28.22 ff.

75 Hierzu EuGH v. 6.10.2015 – C-362/14 (*Schrems* v. *Data Protection Commissioner*); *Wieczorek* in Specht/Mantz, § 7 Rz. 15 ff.

76 Näher hierzu: *Schröder* in Kühling/Buchner, Art. 45 DS-GVO Rz. 40 ff.; *Wieczorek* in Specht/Mantz, § 7 Rz. 15 ff.; Rz. 28.22 ff.

77 *Schwartz/Peifer*, CR 2017, 165 (171); vgl. zu Safe Harbor *Artikel-29-Datenschutzgruppe*, WP 158 v. 11.2.2009, S. 15; *Deutlmoser/Filip*, ZD-Beilage 6/2012, 1 (9); *Spies*, MMR 2007, Heft 7, V (V); *Brisch/Laue*, RDV 2010, 1 (6); *Hanloser*, DuD 2008, 785 (788); *Junker*, Discovery, S. 78 f.; *Nink* in Taeger, Internet der Dinge, S. 283 (291).

78 Hierzu EuGH v. 16.7.2020 – C-311/18 (*Data Protection Commissioner* v. *Facebook Ireland Ltd. & Schrems*); *Wieczorek* in Specht/Mantz, § 7 Rz. 15 ff.; Rz. 28.22 ff.

79 Grundlegend: *Junker*, Discovery, S. 25 ff.

Gerichts und nicht schon das private Herausgabeverlangen im Rahmen der e-discovery/auf Basis des parteilich ausgehandelten discovery plan voraussetzen[80]. Deutschland hat nach Art. 23 HBÜ zudem erklärt, Rechtshilfeersuchen im Rahmen der (e-)discovery nicht zu erledigen[81].

30.22 Bleibt die Erforderlichkeit der Datenübermittlung zur **Geltendmachung, Ausübung oder Verteidigung von Rechtsansprüchen** i.S.v. Art. 49 Abs. 1 Satz 1 lit. e DSGVO. Während Art. 26 Abs. 1 lit. d DSRL und § 4c Abs. 1 Satz 1 Nr. 4 BDSG a.F. das Tatbestandsmerkmal „vor Gericht" enthielten, das streckenweise so ausgelegt wurde, dass eine Übermittlung personenbezogener Daten im Pre-trial-Stadium des US-Prozesses unmittelbar an die andere Prozesspartei bzw. deren Anwälte nicht möglich sein sollte[82], trägt diese Argumentation jedenfalls in Hinblick auf Art. 49 Abs. 1 Satz 1 lit. e DSGVO nicht, der die (vermeintliche) Einschränkung nicht enthält[83]. Deshalb kommt eine Datenübermittlung in die USA auf Basis von Art. 49 Abs. 1 Satz 1 lit. e DSGVO jedenfalls dann in Betracht, wenn (I) diese im fraglichen Verfahren nicht aus freien Stücken erfolgt (vgl. Rz. 30.7), (II) die übermittelte Datenmasse reduziert/gefiltert wird (vgl. Rz. 30.11) und (III) sämtliche zur Gewährleistung des Schutzes der übermittelten personenbezogenen Daten notwendigen Maßnahmen (s.u.) ergriffen werden[84].

30.23 Damit verbleibt die Pflicht, für **hinreichende Garantien zum Schutz der übermittelten Daten** zu sorgen[85]. Insbesondere dann, wenn es sich – z.B. aufgrund des vorstehend beschriebenen, stufenweisen Vorgehens – nicht nur um eine einzige Übermittlung aller relevanten Daten handelt[86]. Die zu leistenden Garantien schließen vor allem die Verarbeitungsgrundsätze des Art. 5 DSGVO (insbesondere Zweckbindung und Datenminimierung) sowie die Wahrung der Betroffenenrechte ein[87]. Die im Vorfeld vorzunehmende Reduktion/Filterung gewährleistet damit im Kern den der DSGVO innewohnenden Grundsatz der Verhältnismäßigkeit bei der Verarbeitung personenbezogener Daten[88].

30.24 Ad-hoc-Vertragsklauseln nach Art. 46 Abs. 3 lit. a DSGVO sind gerade für die Durchführung einer e-discovery geeignet, die dabei notwendigen Garantien zum Schutz der personenbezogenen Daten zu erbringen[89]. Sie bringen jedoch auch **Nachteile** mit sich. Allen voran sind sie genehmigungsbedürftig und müssen das Kohärenzverfahren nach Art. 63 DSGVO durchlaufen, was mit einem nicht unerhebli-

---

80 *Pauly* in Paal/Pauly, Art. 48 DS-GVO Rz. 5 ff.; *Schröder* in Kühling/Buchner, Art. 48 DS-GVO Rz. 13.

81 *Schröder* in Kühling/Buchner, Art. 48 DS-GVO Rz. 4, 13; Art. 49 DS-GVO Rz. 28; *Pauly* in Paal/Pauly, Art. 48 DS-GVO Rz. 5 ff.; *BlnBDI*, Tb. 2007, LT-Drucks. 16/1629, 181; *Artikel-29-Datenschutzgruppe*, WP 158 v. 11.2.2009, S. 15; *Junker*, Discovery, S. 25, 48 f.

82 Vgl. *BlnBDI*, Tb. 2007, LT-Drucks. 16/1629, 180 f.; *Schantz* in BeckOK DatenschutzR, § 4c BDSG Rz. 25.

83 Stellv. *EDSA*, Leitlinien 2/2018 zu den Ausnahmen nach Art. 49 der Verordnung 2016/679, angenommen am 25.5.2018, S. 13 f.; *Schröder* in Kühling/Buchner, Art. 49 DS-GVO Rz. 28 ff.; s. bereits *Artikel-29-Datenschutzgruppe*, WP 158 v. 11.2.2009, S. 15.

84 *EDSA*, Leitlinien 2/2018 zu den Ausnahmen nach Art. 49 der Verordnung 2016/679, angenommen am 25.5.2018, S. 13 f.; *Schröder* in Kühling/Buchner, Art. 49 DS-GVO Rz. 31; s. auch *Artikel-29-Datenschutzgruppe*, WP 158 v. 11.2.2009, S. 15; *Deutlmoser/Filip*, ZD-Beilage 6/2012, 1 (11): „Ausnahme eng auszulegen und in einer Weise anzuwenden, die das Fehlen eines angemessenen Schutzniveaus kompensiert".

85 Vgl. *Lange/Filip* in BeckOK DatenschutzR, Art. 49 DS-GVO Rz. 33 ff.; *Nink* in Taeger, Internet der Dinge, S. 283 (293); *Deutlmoser/Filip*, ZD-Beilage 6/2012, 1 (12, 16): „Export generell missbilligt", „Ausnahme restriktiv anzuwenden"; *Artikel-29-Datenschutzgruppe*, WP 158 v. 11.2.2009, S. 8: „Bestimmte Datenschutzerfordernisse müssen … erfüllt sein"; *Laue* in Hartmann, Discovery, S. 109 (119).

86 Vgl. *Artikel-29-Datenschutzgruppe*, WP 158 v. 11.2.2009, S. 15; *Lange/Filip* in BeckOK DatenschutzR, Art. 49 DS-GVO Rz. 36.

87 Vgl. *Spies*, MMR 2007, Heft 7, V (V); *Rath/Klug*, K&R 2008, 596 (598).

88 S. auch *Nink* in Taeger, Internet der Dinge, S. 283 (293).

89 *Posdziech*, Discovery, S. 169 ff.; *Rosenthal/Zeunert* in Hartmann, Discovery, S. 23 (42); vgl. *Deutlmoser/Filip*, ZD-Beilage 6/2012, 1 (10); *Brisch/Laue*, RDV 2010, 1 (6); *Spies/Schröder*, MMR 2008, 275 (279).

chen Zeit- und Prüfungsaufwand verbunden ist[90]. Darüber hinaus ist fraglich, ob die infrage kommenden Datenimporteure überhaupt bereit sind, die vorliegenden Ad-hoc-Vertragsklauseln oder auch Standardverträge (s.u.) zu unterzeichnen[91]. Insbesondere dann, wenn das Genehmigungsverfahren zu lange dauert. In Vertragsverhandlungen sollte deshalb so früh wie möglich eingestiegen werden.

Das vorgeschlagene Muster orientiert sich dabei an den von der Kommission gemäß den Art. 26 **30.25** Abs. 4, Art. 31 Abs. 2 DSRL vorgeschlagenen **Standardvertragsklauseln**[92]. Auch diese gelten gem. Art. 46 Abs. 5 Satz 2 DSGVO bis auf Weiteres fort. Bei der e-discovery handelt es sich dabei um ein sog. **Controller-Controller-Verhältnis**, da der (jeweilige) Datenimporteur die personenbezogenen Daten nicht lediglich im Auftrag des Datenexporteurs verarbeitet[93]. Die Ad-hoc-Vertragsklauseln basieren deshalb schwerpunktmäßig auf den Standardvertragsklauseln aus dem Jahr 2001 („**Standardvertrag I**")[94]; bisweilen nutzen sie Formulierungen aus den Standardvertragsklauseln aus dem Jahr 2004 („**Standardvertrag II**")[95] oder regeln individualvertragliche, d.h. e-discovery-spezifische Inhalte[96]. Standardverträge sind dabei grundsätzlich unverändert und damit auch unkombiniert zu nutzen[97]; der vorliegende Individualvertrag ist als solcher jedoch ohnehin genehmigungspflichtig. Die Kommission plant zeitnah eine **Aktualisierung/Neufassung der Standarddatenschutzklauseln** nach Art. 46 Abs. 2 lit. c DSGVO. Anschließend sollten auch diese Ad-hoc-Vertragsklauseln entsprechend angepasst werden.

Die Orientierung an den fortgeltenden Standardvertragsklauseln (bzw. zukünftig aktuelleren Stan- **30.26** darddatenschutzklauseln nach Art. 46 Abs. 2 lit. c DSGVO) bringt wiederum einige **Vorteile** mit sich. So erheben die Aufsichtsbehörden in Bezug auf durch die Standardverträge etablierten Vertragsinhalt und -wortlaut nur selten Einwände oder identifizieren Anpassungsbedarf[98]. Es beschleunigt und erleichtert also das Genehmigungsverfahren, auf diesen aufzusetzen[99]. Zugleich sind die vorgeschlagenen Ad-hoc-Vertragsklauseln **speziell auf die DSGVO und die e-discovery zugeschnitten**. Dies ist sowohl (datenschutz)rechtlich – d.h. für die Betroffenen – vorteilhaft als auch für die Rechtsanwender weniger belastend und damit leichter verhandelbar. Dennoch wäre es zur Durchführung der e-discovery auch möglich, gänzlich **auf Standardvertrags- bzw. -datenschutzklauseln zurückzugreifen**. Die Vor- und Nachteile eines nicht-genehmigungspflichtigen Standardvertrags sind vom Anwender deshalb letztlich mit denjenigen genehmigungspflichtiger, individueller Vertragsklauseln abzuwägen.

Der Versuch, mit dem (jeweiligen) Datenimporteur die vorgeschlagenen Ad-hoc-Vertragsklauseln ab- **30.27** zuschließen, sollte aus den vorstehenden Gründen möglichst früh unternommen werden. Scheitert der **Vertragsabschluss** dennoch an der Zustimmung des (jeweiligen) Datenimporteurs oder der **Genehmigung** der Aufsichtsbehörde, hat der Verwender jedenfalls das Gericht und die Beteiligten hinsichtlich der datenschutzrechtlichen Interessen sensibilisiert und höhere Chancen auf den Erlass einer protective

---

90 *Posdziech*, Discovery, S. 172; *Schröder* in Kühling/Buchner, Art. 46 DS-GVO Rz. 41; s. zum Verfahren auch *Artikel-29-Datenschutzgruppe*, WP 226 v. 26.11.2014, S. 3: Einreichen einer Kopie des Vertrags mit Referenznummer des zugrunde liegenden Standardvertrags und Synopse der Vorschriften.

91 Krit. *Nink* in Taeger, Internet der Dinge, S. 283 (292 m.w.N.); *Deutlmoser/Filip*, ZD-Beilage 6/2012, 1 (10); *Brisch/Laue*, RDV 2010, 1 (6); *Schwartz/Peifer*, CR 2017, 165 (171); *Burianski/Reindl*, SchiedsVZ 2010, 187 (193 f.).

92 S. hierzu die Muster und Erläuterungen in Teil 5, § 26 und § 27.

93 Vgl. *Nink* in Taeger, Internet der Dinge, S. 283 (292); *Artikel-29-Datenschutzgruppe*, WP 169 v. 16.2.2010, S. 39: „Die Entscheidung über den ‚Zweck' der Verarbeitung bedingt die Einstufung als (de facto) für die Verarbeitung Verantwortlicher" (nun „Verantwortlicher" bzw. „Controller" i.S.v. Art. 4 Abs. 7 DSGVO).

94 Entscheidung 2001/497/EG der EU-Kommission v. 15.6.2001, ABl. Nr. L 181 v. 4.7.2001, S. 19.

95 Entscheidung 2004/915/EG der EU-Kommission v. 27.12.2004, ABl. Nr. L 385 v. 29.12.2004, S. 74.

96 Vgl. 22. Tb. NÖB Hessen 2008, LT-Drucks. 18/1015, 10 f.

97 *Gabel* in Taeger/Gabel, Art. 46 DS-GVO Rz. 16 m.w.N.

98 Vgl. zum BDSG a.F. *Simitis* in Simitis, § 4c BDSG a.F. Rz. 31; *Artikel-29-Datenschutzgruppe*, WP 226 v. 26.11.2014, S. 3, 5.

99 So bspw. auch 22. Tb. NÖB Hessen 2008, LT-Drucks. 18/1015, 10 f.

order (s. Rz. 30.94 ff.). Um die Chancen einer datenexporteurseitigen Interessenberücksichtigung in all diesen Bereichen weiter zu fördern, empfiehlt es sich auch, die Ad-hoc-Vertragsklauseln gleich **bilingual** auszugestalten.

2. Vertragsstruktur und Parteien

30.28 **M 30.1.1 Vertragsrubrum**

Vertragsrubrum

*Dieser Vertrag zur Durchführung einer e-discovery (inklusive seiner Anlagen der „**Vertrag**") wird zwischen folgenden Parteien geschlossen:*

… [Name, Adresse, Kontaktdaten usw. des Datenexporteurs einfügen]

– der „Datenexporteur" –

und

der/den in Anlage A (Liste der Datenimporteure) aufgeführten Partei(en)

– der bzw. die „Datenimporteur(e)" –

[Anlage nicht erneut abgedruckt.]

a) Ratio

30.29 Das Vertragsrubrum enthält die **Angaben zu den Vertragsparteien,** die es zugleich für die weitere Verwendung im Vertrag definiert, und dabei aus Flexibilitätsgründen auf die Liste der Datenimporteure in Anlage A Bezug nimmt.

b) Datenexporteur und Datenimporteur(e)

30.30 Die Ad-hoc-Vertragsklauseln beginnen wie der Standardvertrag I mit einer Kurzbezeichnung des Vertragszwecks sowie der **Bezeichnung der Parteien.** Wie im Standardvertrag I sollten dabei jedenfalls folgende Angaben gemacht werden: Name, Anschrift, Kontaktdaten (jedenfalls Telefon, Fax und E-Mail) und sonstige zur zweifelsfreien Unterscheidbarkeit notwendige Informationen (z.B. Gesellschaftsform, wenn Verwechslungsgefahr aufgrund des Namens und der Anschrift im Konzernverbund besteht, Handelsregisternummer o.Ä.).

30.31 Bei **Datenübermittlungen innerhalb eines Konzerns** kommen auch **mehrere Datenexporteure** in Betracht. Dies ist von der Frage abhängig, ob die im Rahmen der e-discovery angefragten Dokumente ausschließlich von einem verbundenen Unternehmen (z.B. der Konzernmutter) übermittelt werden können. Ggf. wären die Ad-hoc-Vertragsklauseln mehrfach abzuschließen oder vergleichbare Maßnahmen zu ergreifen[100]. Ein **Konzernprivileg** ist der DSGVO jedenfalls fremd, wenngleich der konzerninterne Datenaustausch grundsätzlich als berechtigtes Interesse anerkannt wird[101]. Je sorgfältiger die Daten vor Übermittlung bereits gefiltert/reduziert wurden (hierzu bereits Rz. 30.8 ff.), desto weniger wahrscheinlich ist auch die Notwendigkeit, dass der e-discovery request von mehreren Datenexporteu-

---

100 S. auch *Posdziech*, Discovery, S. 172.
101 *Schulz* in Gola, Art. 6 DS-GVO Rz. 195 f.; *Buchner/Petri* in Kühling/Buchner, Art. 6 DS-GVO Rz. 168; *Pauly* in Paal/Pauly, Art. 47 DS-GVO Rz. 1; jeweils m.w.N.; s. Erwägungsgrund 48: „Verantwortliche, die Teil einer Unternehmensgruppe sind […] können ein berechtigtes Interesse haben, personenbezogene Daten innerhalb der Unternehmensgruppe für interne Verwaltungszwecke […] zu übermitteln".

ren im Konzernverbund beantwortet werden muss. Die Ad-hoc-Vertragsklauseln gehen deshalb von einem Exporteur aus.

In der e-discovery stellt sich zudem die Frage, an wen die fraglichen Dokumente offengelegt werden 30.32 sollen. Als **mögliche Datenimporteure** kommen u.a. in Betracht: Die eigenen US-amerikanischen Rechtsanwälte und diejenigen der Gegenseite, die gegnerische Prozesspartei, die eigene Prozesspartei und/oder das Gericht[102]. Aus diesem Grund sieht das vorliegende Muster vor, dass die jeweiligen Datenimporteure in Anlage A hinterlegt werden. Dies ermöglicht die Entstehung eines **Mehrparteienverhältnisses**[103]. Dabei ist zu bedenken, dass die e-discovery unter dem Gesichtspunkt der Verhältnismäßigkeit auch personell auf das notwendige Maß zu beschränken ist[104]. Auch sind die Datenimporteure für die Genehmigung konkret zu benennen[105].

3. Präambel

M 30.1.2 Präambel

30.33

Präambel

Zweck des Vertrags ist die Schaffung ausreichender Garantien zum Schutz der Privatsphäre, der Grundrechte und Grundfreiheiten der betroffenen Personen bei der Übermittlung ihrer personenbezogenen Daten durch den Datenexporteur an den (jeweiligen) Datenimporteur in den USA zur Durchführung einer e-discovery (Vertrag zwischen Verantwortlichen).

a) Ratio

Die Präambel dient dazu, ergänzend zum Vertragsrubrum in den Vertrag einzuführen. Sie dient zu- 30.34 gleich der näheren Bestimmung des **Vertragszwecks** (Durchführung einer e-discovery). Ziel ist die Schaffung **geeigneter Garantien** i.S.v. Art. 46 DSGVO durch Abschluss dieser Ad-hoc-Vertragsklauseln.

b) Vertragszweck

Der übergeordnete Zweck des Vertrags ist die Schaffung ausreichender **Garantien zum Schutz der** 30.35 **Privatsphäre, der Grundrechte und Grundfreiheiten** der betroffenen Personen bei Durchführung der e-discovery[106]. Dabei bedient sich das Muster der einleitenden Formulierung von Standardvertrag I. Gleichzeitig wird deutlich gemacht, dass in einer die Genehmigungspflicht des Art. 46 Abs. 3 lit. a DSGVO auslösenden Art und Weise eine Konkretisierung auf die datenschutzrechtlichen Besonderheiten einer e-discovery stattfinden wird. Auf diesen Vertragszweck wird im Nachgang weitere Male Bezug genommen (z.B. in Ziff. 6.2). Damit sollen u.a. Verständnisschwierigkeiten auf US-Seite (vgl. Rz. 30.6 f., 30.93 ff.) überbrückt werden. US-Gerichte sind nämlich durchaus bereit, die Bedeutung des Datenschutzes im Herkunftsland der offenzulegenden Dokumente zu berücksichtigen, wenn dies ausreichend dargelegt wird (s. Rz. 30.13 f. m.w.N.).

---

102 *Lange/Filip* in BeckOK DatenschutzR, Art. 49 DS-GVO Rz. 31; *Nink* in Taeger, Internet der Dinge, S. 283 (290); vgl. *Posdziech*, Discovery, S. 169 (Fn. 1035); *Laue* in Hartmann, Discovery, S. 109 (110 f.).
103 S. auch 23. Tb. NÖB Hessen 2009, LT-Drucks. 18/2942, 19; 22. Tb. NÖB Hessen 2008, LT-Drucks. 18/1015, 10 f.
104 *Gabel* in Taeger/Gabel, Art. 49 DS-GVO Rz. 16.
105 Stellv. 22. Tb. NÖB Hessen 2008, LT-Drucks. 18/1015, 10 f.
106 Vgl. *Posdziech*, Discovery, S. 175 f., 205 (Ziff. I Nr. 2).

4. Definitionen (Ziff. 1 und Anlage B)

30.36 **M 30.1.3 Definitionen**

1. Definitionen

*Die in diesem Vertrag verwendeten Definitionen sind in **Anlage B (Definitionen)** aufgeführt.*

[Anlage nicht erneut abgedruckt.]

a) Ratio

30.37 In Ziff. 1 des Vertrags werden die **Begriffsbestimmungen** eingeführt. Der weit überwiegende Teil ist durch Verweis auf die Legaldefinitionen des Art. 4 DSGVO inkorporiert.

b) Begriffsbestimmungen

30.38 Die Aufnahme verbindlicher Definitionen ist nicht zwingend. Sie erleichtert jedoch die Lesbarkeit und verringert die Gefahr von Missverständnissen. Dabei bietet sich an, die Begriffe an die **Legaldefinitionen des Art. 4 DSGVO** anzugleichen[107]. In ähnlicher Weise verfahren auch die Standardvertragsklauseln[108]. Das steigert zudem die Akzeptanz auf Seiten der Aufsichtsbehörden und Vertragsparteien, da letztlich mit der Terminologie anwendbaren Rechts gearbeitet wird[109]. Aus Gründen der Übersichtlichkeit sind die Definitionen in eine Anlage ausgelagert.

5. Details der Verarbeitung (Ziff. 2 und Anlage C)

30.39 **M 30.1.4 Details der Verarbeitung**

2. Details der Verarbeitung

*2.1 Die Einzelheiten der Verarbeitung (vor allem der Übermittlung in die USA) sind in **Anlage C (Details der Verarbeitung)** konkretisiert.*

*2.2 **Anlage C (Details der Verarbeitung)** enthält auch eine umfassende Liste der Maßnahmen, die die Parteien durchgeführt haben, um die personenbezogenen Daten auf das für die relevante e-discovery absolut notwendige Maß zu beschränken/filtern.*

Anlage C (Details der Verarbeitung)

1. Datenexporteur

Der Datenexporteur ist ... [mit kurzer Erläuterung der übermittlungsrelevanten Verarbeitungstätigkeiten vervollständigen].

2. Datenimporteur

*Der [erste] Datenimporteur gemäß **Anlage A (Liste der Datenimporteure)** ist ... [mit kurzer Erläuterung der übermittlungsrelevanten Verarbeitungstätigkeiten vervollständigen].*

[für weitere Datenimporteure fortsetzen]

---

107 Vgl. *Posdziech*, Discovery, S. 174 f., 205 (Ziff. I Nr. 1).
108 Vgl. den Abschnitt „Definitions" des Standardvertrags II sowie Ziff. 1 Standardvertrag II.
109 Vgl. 22. Tb. NÖB Hessen 2008, LT-Drucks. 18/1015, 10 f.

3. Betroffene Personen

Die verarbeiteten (insbesondere übermittelten) personenbezogenen Daten umfassen die folgenden Kategorien von betroffenen Personen:

... [Beschreibung einfügen]

4. Zwecke der Verarbeitung

Die Verarbeitung (insbesondere die Übermittlung in die USA) der personenbezogenen Daten ist zu den in der Präambel des Vertrags niedergelegten sowie folgenden Zwecken erforderlich:

- *Durchführung einer e-discovery im Verfahren vor dem ... [Gericht] (Az. ... [Aktenzeichen]), an dem beteiligt sind: ... [Beteiligte]*

- *Verarbeitung/Übermittlung personenbezogener Daten auf Basis des als **Anlage E (Discovery Plan)** beigefügten Plans. Der discovery plan geht zurück auf den e-discovery request des (jeweiligen) Datenimporteurs vom ... [Datum und sonstige relevante Informationen einfügen].*

- *... [weitere Informationen ergänzen, sofern notwendig]*

5. Kategorien personenbezogener Daten

Die verarbeiteten (insbesondere übermittelten) personenbezogenen Daten gehören zu folgenden Datenkategorien:

... [Beschreibung einfügen]

6. Sensible Daten

Die verarbeiteten (insbesondere übermittelten) personenbezogenen Daten gehören zu folgenden Kategorien sensibler Daten (soweit einschlägig):

... [Beschreibung oder „Nicht Anwendbar" einfügen]

7. Empfänger

Die verarbeiteten (insbesondere übermittelten) personenbezogenen Daten dürfen nur folgenden Empfängern oder Kategorien von Empfängern offengelegt werden:

... [(Kategorien der) Empfänger einfügen]

8. Aufbewahrungszeitraum

Die verarbeiteten (insbesondere übermittelten) personenbezogenen Daten dürfen nur ... [Aufbewahrungszeit in Monaten/Jahren einfügen] aufbewahrt werden.

9. Technische und organisatorische Maßnahmen

Der (jeweilige) Datenimporteur wird in Einklang mit der DSGVO technische und organisatorische Maßnahmen zum Schutz der verarbeiteten (insbesondere übermittelten) personenbezogenen Daten ergreifen, so wie in Anlage F (Technische und organisatorische Maßnahmen) näher konkretisiert.

10. Aufsichtsbehörde

Die betroffene Aufsichtsbehörde ist ... [betroffene Aufsichtsbehörde einfügen].

11. Reduktion/Filterung

Als Teil ihrer Verhältnismäßigkeitsüberlegungen haben die Parteien die zur Verarbeitung während des Prozesses/der e-discovery bestimmten personenbezogenen Daten wie folgt reduziert/gefiltert:

... [Maßnahmen beschreiben]

a) Ratio

30.40 Ziff. 2 des Vertrags i.V.m. Anlage C regelt die **Einzelheiten der Verarbeitung** – insbesondere der **Übermittlung in die USA** als Drittland – unter besonderer Berücksichtigung der e-discovery als Vertragszweck.

b) Öffnungsklausel und Filterung/Reduktion (Ziff. 2)

30.41 Ziff. 2.1 des Vertrags regelt wie Ziff. 2 Standardvertrag I den Verweis auf eine die **Einzelheiten der Verarbeitung** konkretisierende Anlage. Statt des Begriffes der Übermittlung als Unterfall des in Art. 4 Nr. 2 DSGVO verwendeten Begriffs der Offenlegung, der wiederum einen Unterfall des Oberbegriffs der Verarbeitung ist[110], greifen die Ad-hoc-Vertragsklauseln jedoch gleich auf letzteren zurück. Dies soll Missverständnisse auf der mit der DSGVO nicht gleichermaßen vertrauten US-Seite vorbeugen und ist datenschutzrechtlich unschädlich, wenn nicht förderlich (weil umfassender).

30.42 Ziff. 2.2 des Vertrags enthält die e-discovery-spezifische Verpflichtung der Parteien, in der Anlage auch die konkreten, durchgeführten **Maßnahmen zur Filterung/Reduktion** der offenzulegenden Dokumente detailliert zu beschreiben. Während die Einzelheiten in Ziff. 11 der Anlage aufzunehmen sind, dient Ziff. 2.2 des Vertrags dazu, sowohl die Parteien selbst zur Vornahme dieser bedeutsamen Handlungen und deren Dokumentation anzuhalten, als auch diese den europäischen Aufsichtsbehörden und dem US-Gericht nachprüfbar aufzuzeigen.

c) Einzelheiten (Anlage C [Details der Verarbeitung])

30.43 Anlage C enthält zusätzlich zu den Inhalten von **Appendix 1 Standardvertrag I** Angaben zu den technischen und organisatorischen Maßnahmen, der zuständigen Aufsichtsbehörde und – schwerpunktmäßig – den im Vorfeld des Drittlandtransfers aus Verhältnismäßigkeits- und Interessenabwägungsgründen vorgenommenen Maßnahmen zur Filterung/Reduktion der offengelegten Dokumente. Die **Beschreibung der Verarbeitungsdetails** hat insgesamt möglichst konkret, verbindlich, vollständig und abschließend zu sein[111]. Übersteigerte Anforderungen sind jedoch nicht zu erfüllen; es reicht aus, wenn die Detailtiefe „angemessen ausführlich" ist[112].

30.44 Andersals Appendix 1 Standardvertrag I sieht das hiesige Muster nicht vor, dass die Anlage noch einmal separat zu unterzeichnen ist. Sie ist ohnehin – was redundant ist und damit nicht erwähnt werden muss – **integraler Bestandteil des Vertrags**. Im Gegensatz zu den Standardverträgen muss sie auch nicht lediglich i.S.e. Lückentextes befüllt, sondern zielgerichtet mit den spezifischen, die Datenverarbeitung bei der e-discovery ausmachenden Inhalten individuell ausgestaltet werden. Insofern ist hier Sorgfalt geboten; Allgemeinplätze und Auslassungen können zur Versagung der Genehmigung führen.

aa) Datenexporteur und Datenimporteur

30.45 Zu Beginn der Anlage müssen sowohl die Tätigkeiten des **Datenexporteurs** (Ziff. 1) als auch diejenigen des **(jeweiligen) Datenimporteurs** (Ziff. 2) erläutert werden, sofern sie für die hiesige Datenverarbeitung relevant sind. Dies bedeutet, dass die Rolle des Datenexporteurs als desjenigen zu detaillieren ist, der dem Vorlageersuchen im Rahmen der e-discovery nachkommt; bei den Datenimporteuren ist je nach Stellung im US-Prozess ggf. zu differenzieren[113]. Unter den Datenimporteuren wird jedenfalls die vorlageersuchende Partei bzw. deren Rechtsbeistand sein. Die Vorschrift dient schließlich auch der Umsetzung von Art. 30 Abs. 1 lit. a DSGVO.

---

110 Hierzu stellv. *Herbst* in Kühling/Buchner, Art. 4 Nr. 2 DS-GVO Rz. 29 ff.
111 Vgl. zur Auftragsdatenverarbeitung nach BDSG a.F. *Petri* in Simitis, § 11 BDSG a.F. Rz. 68; weniger streng *Hoeren*, RDV 2012, 271 (277).
112 Vgl. zur Auftragsverarbeitung *Artikel-29-Datenschutzgruppe*, WP 169 v. 16.2.2010, S. 32.
113 Vgl. 22. Tb. NÖB Hessen 2008, LT-Drucks. 18/1015, 10 f.

bb) Betroffene

In Ziff. 3 sind die **betroffenen Personen** aufzulisten. Dabei sind Kategorisierungen und Abstrahierungen zulässig[114]. So reichen Schlagworte wie „Mitarbeiter", „Kunden", „Lieferanten" etc.; die Ausführungen können also stichpunktartig erfolgen[115]. Die Vorschrift dient auch der Umsetzung von Art. 30 Abs. 1 lit. c DSGVO. | 30.46

cc) Verarbeitungszweck

Der **Zweck der Verarbeitung** (insbesondere die Übermittlung in die USA) ist unter Ziff. 4 detailliert anzugeben. Vor dem Hintergrund des **Zweckbindungsgrundsatzes** (hierzu Rz. 30.78) ist eine Verwendung zu anderen als den hier angegebenen Zwecken ausgeschlossen. Insofern schränken die vorgeschlagenen Ad-hoc-Vertragsklauseln den Verwendungsspielraum hier bewusst erheblich ein und reduzieren ihn auf das für die e-discovery notwendige Maß[116]. Dementsprechend sind hier konkrete Angaben zum relevanten Rechtsstreit zu machen. Das Muster enthält bereits Vorformulierungen für die wesentlichen Angaben (Verfahren, Gericht etc.). Zur weiteren Konkretisierung wird der zwischen den Parteien verhandelte **discovery plan** zum Gegenstand des Vertrags gemacht (Anlage E; ggf. aktuelle Version). Dies soll auch die Vertragsverhandlungen erleichtern. | 30.47

Die hier enthaltenen Informationen zum Verarbeitungszweck dienen nicht zuletzt auch der Herstellung der datenschutzrechtlich gebotenen **Transparenz** (s. Rz. 30.82 f.)[117]. Zudem ist bei mehreren Datenimporteuren mit voneinander abweichenden Verarbeitungszwecken ggf. zu differenzieren[118]. Dies erscheint i.v.F. allerdings nicht notwendig, da der Verarbeitungszweck in der Mitwirkung an dem Gerichtsverfahren alle Importeure eint und allzu kleinteilige Beschreibungen nicht erwartet werden (s. Rz. 30.43). Die Vorschrift dient auch der Umsetzung der Art. 15 Abs. 1 lit. a, Art. 30 Abs. 1 lit. b DSGVO (s. auch Rz. 30.67 ff.). | 30.48

dd) Personenbezogene Daten

Gemäß den Ziff. 5 und 6 der Anlage sind weitere Angaben zu den **personenbezogenen Daten** (ggf. inklusive besonderer Kategorien) zu machen. Auch hier gilt, dass die Angaben so konkret wie möglich sein sollen, ohne übersteigerten Anforderungen gerecht werden zu müssen (s. Rz. 30.43). Zudem darf auch hier kategorisiert und abstrahiert werden; es genügen Schlagworte wie „Personaldaten", „Gesundheitsdaten", „Nutzungsdaten" etc.[119] Da **besondere Kategorien personenbezogener Daten** nach der DSGVO besonderen Schutz genießen (s. hierzu Rz. 30.89), sind diese ggf. gesondert aufzuführen[120]. Dies ermöglicht den Parteien letztlich auch abzuschätzen, inwieweit sich die Vorschriften zum Schutz dieser Daten tatsächlich realisieren (z.B., ob zusätzliche Schutzmaßnahmen zu ergreifen sind). Die Vorschrift dient auch der Umsetzung der Art. 15 Abs. 1 lit. b, Art. 30 Abs. 1 lit. c DSGVO (s. auch Rz. 30.67 ff.). | 30.49

---

114 Vgl. *Artikel-29-Datenschutzgruppe*, WP 169 v. 16.2.2010, S. 32; *Gabel* in Taeger/Gabel, Art. 28 DS-GVO Rz. 40.

115 Vgl. *BayLfD*, Auftragsverarbeitung – Orientierungshilfe, Version 2.0 (1.4.2019), S. 16.

116 *Artikel-29-Datenschutzgruppe*, WP 158 v. 11.2.2009, S. 12: „festgelegte eindeutige und rechtmäßige Zwecke"; vgl. *Posdziech*, Discovery, S. 175, 205 f. (Ziff. I Nr. 2); *Rath/Klug*, K&R 2008, 596 (598).

117 Vgl. *Posdziech*, Discovery, S. 176, 206 (Ziff. I Nr. 3).

118 22. Tb. NÖB Hessen 2008, LT-Drucks. 18/1015, 10 f.

119 Vgl. *Artikel-29-Datenschutzgruppe*, WP 169 v. 16.2.2010, S. 32; *Gabel* in Taeger/Gabel, Art. 28 DS-GVO Rz. 40; *BayLfD*, Auftragsverarbeitung – Orientierungshilfe, Version 2.0 (1.4.2019), S. 16.

120 *Rosenthal/Zeunert* in Hartmann, Discovery, S. 23 (41) betonen zu Recht, dass der Grundsatz der Verhältnismäßigkeit im Datenschutz auch bedeutet, dass für weniger sensible Daten auch weniger strenge Schutzanforderungen bestehen.

ee) Empfänger

30.50 In Ziff. 7 der Anlage sind die **Empfänger** i.S.v. Art. 4 Nr. 9 DSGVO aufzulisten. Dies muss alle natürlichen oder juristischen Personen oder andere Stellen umfassen (inklusive Behörden, dem Gericht o.Ä.), denen die personenbezogenen Daten im Rahmen der e-discovery offengelegt werden sollen. Die Empfänger sind u.a. nicht gleichzusetzen mit den Datenimporteuren; der Empfänger-Begriff ist als **neutraler Oberbegriff** zu verwenden[121]. Bei der e-discovery spricht bspw. vieles dafür, dass das US-Gericht Empfänger und nicht Datenimporteur bzw. Verantwortlicher ist, da in einem zivilrechtlichen Parteienprozess der Gegenseite die Daten zur Verarbeitung übermittelt werden (vgl. Rz. 30.32). Die Aufnahme der Empfänger dient also insbesondere der Eingrenzung der Verbreitung und Herstellung der datenschutzrechtlich gebotenen **Transparenz** (s. Rz. 30.82 f.)[122]. Die Vorschrift dient auch der Umsetzung der Art. 15 Abs. 1 lit. c, Art. 30 Abs. 1 lit. d DSGVO (s. auch Rz. 30.67 ff.).

30.51 Eine besondere Rolle bei der e-discovery spielt die **Öffentlichkeit in den USA**. Dort gilt, dass Akten der Öffentlichkeit grundsätzlich allgemein zugänglich sind[123]. Dies ist mit dem hierzulande nur beschränkt geltenden **Akteneinsichtsrecht** für nicht am Prozess beteiligte Dritte gem. § 299 Abs. 2 ZPO nur bedingt vergleichbar (vgl. jedoch Art. 86 DSGVO). Nur wenn die Parteien einwilligen oder der Dritte nach § 294 ZPO ein rechtliches, nicht rein wirtschaftliches oder gesellschaftliches Interesse mit Bezug zum Streitgegenstand nachweisen kann, kann das Gericht in seinem Ermessen die Einsichtnahme gestatten[124]. Obwohl hier kein unauflösbares Konfliktpotential zutage tritt, empfiehlt sich eine ausdrückliche Regelung (s. Ziff. 1.2 Anlage D und Rz. 30.79).

ff) Aufbewahrungszeitraum

30.52 In Ziff. 8 der Anlage ist der **Aufbewahrungszeitraum** zu konkretisieren. Dabei ist vorzugsweise ein klarer Zeitraum zu bestimmen. Entweder i.S.d. Ablaufs nach Wochen/Monaten oder i.S.e. festen Enddatums. Möglich erscheint für die e-discovery aber auch, dass der rechtskräftige Abschluss des Verfahrens als Ende des Aufbewahrungszeitraums festgehalten wird (ggf. plus angemessenem Zeitraum danach)[125]. Dies gewährt zusätzliche Flexibilität, wenn unklar ist, wie lange das Verfahren dauern wird. Durch den Gleichlauf der Aufbewahrungszeit und der sich anschließenden **Löschpflicht**[126] (s. Rz. 30.87) wird auch ein Konflikt mit dem litigation hold (s. Rz. 30.3) vermieden, der jedenfalls dann nicht mehr besteht, wenn die Daten für das Verfahren nicht mehr benötigt werden[127]. Die Vorschrift dient auch der Umsetzung der Art. 15 Abs. 1 lit. d, Art. 30 Abs. 1 lit. f DSGVO (s. auch Rz. 30.67 ff.).

gg) Technische und organisatorische Maßnahmen

30.53 In Ziff. 9 der Anlage wird der (jeweilige) Datenimporteur auf die **Einhaltung technischer und organisatorischer Maßnahmen** zum Schutz der verarbeiteten Daten verpflichtet, die den Anforderungen der DSGVO entsprechen müssen. Die eigentliche Detaillierung soll in Anlage F erfolgen. Geeignete Maßnahmen müssen die Anforderungen der Art. 32, 5, 24 f. DSGVO für den konkreten Einzelfall der e-discovery erfüllen[128]. Die bloße Wiedergabe dieser Vorschriften ist nicht ausreichend; erforderlich sind Angaben, wie die gesetzlichen Vorgaben im Einzelnen umgesetzt werden[129]. Dabei ist dem (je-

---

121 *Hartung* in Kühling/Buchner, Art. 4 Nr. 9 DS-GVO Rz. 5.

122 Vgl. *Posdziech*, Discovery, S. 176, 206 (Ziff. I Nr. 3).

123 *Deutlmoser/Filip*, ZD-Beilage 6/2012, 1 (11).

124 Stellv. *Greger* in Zöller, § 299 ZPO Rz. 6a m.w.N.

125 *Artikel-29-Datenschutzgruppe*, WP 158 v. 11.2.2009, S. 9.

126 Hierzu stellv. *Deutlmoser/Filip*, ZD-Beilage 6/2012, 1 (5, 14); *Brisch/Laue*, RDV 2010, 1 (3); *Spies/Schröder*, MMR 2008, 275 (278).

127 *Nink* in Taeger, Internet der Dinge, S. 283 (288 f.).

128 Vgl. *Deutlmoser/Filip*, ZD-Beilage 6/2012, 1 (13); *Artikel-29-Datenschutzgruppe*, WP 158 v. 11.2.2009, S. 14.

129 Vgl. zum BDSG a.F. *Petri* in Simitis, § 11 BDSG a.F. Rz. 73.

weiligen) Datenimporteur eine gewisse Flexibilität einzuräumen[130]. Für den vorliegenden Fall der e-discovery drängen sich insbesondere geeignete Verschlüsselungstechniken auf. Die Pflicht, im Rahmen der e-discovery offengelegte Dokumente angemessen zu schützen, ist auch im US-Recht anerkannt[131].

Grundsätzlich erscheint die Aufnahme der konkreten technischen und organisatorischen Maßnahmen in den Vertrag nicht zwingend. Die Standardverträge verweisen lediglich auf die **allgemeine Pflicht** des Datenimporteurs zur Einhaltung dieser Maßnahmen. Anders als bei der Auftragsverarbeitung besteht im hiesigen Controller-Controller-Verhältnis auch nicht die Pflicht des Datenexporteurs, die Maßnahmen des Datenimporteurs zu dokumentieren (vgl. aber Art. 30 Abs. 1 lit. g DSGVO)[132]. Die Dokumentation erhöht indes das Datenschutzniveau und fördert somit auch die Genehmigungswahrscheinlichkeit[133]. Letztlich bedient sie Art. 5 Abs. 1 lit. f DSGVO, der andernfalls über Ziff. 5 lit. b des Vertrags und Anlage D abgebildet werden müsste (vgl. Rz. 30.76 ff.). 30.54

hh) Aufsichtsbehörden

In Ziff. 10 der Anlage sind die betroffenen Aufsichtsbehörden aufzunehmen, um insbesondere dem (jeweiligen) Datenimporteur die Erfüllung seiner (Kooperations-)Pflichten ggü. diesen Stellen zu ermöglichen. Nehmen Betroffene Einblick in diesen Vertrag wird zugleich die Anlaufstelle für die Beschwerde nach Art. 15 Abs. 1 lit. f DSGVO benannt. 30.55

ii) Interessenabwägung/Verhältnismäßigkeit

Ziff. 11 der Anlage ist für die Beschreibung der hiesigen Datenverarbeitung im Rahmen der e-discovery von wesentlicher Bedeutung. Die – insbesondere aufsichtsbehördliche – Akzeptanz der Übermittlung personenbezogener Daten in die USA hängt wesentlich von den **tatsächlich durchgeführten Maßnahmen zur Reduktion/Filterung** auf das für die e-discovery absolut notwendige Maß ab (die „Restmenge", s. hierzu detailliert die Rz. 30.8 ff.)[134]. Die Vorschrift ist aus Sicht des Datenexporteurs aber auch hinsichtlich seiner Pflichten zur **rechtmäßigen Datenverarbeitung** gem. Art. 6 Abs. 1 lit. f DSGVO auf der ersten Stufe der Rechtmäßigkeitsprüfung (s. Rz. 30.65) und damit zugleich zur Einhaltung seiner Pflichten aus Ziff. 4 lit. a dieses Vertrags relevant. 30.56

Die Vorschrift ist anhand der tatsächlich durchgeführten Maßnahmen **einzelfallabhängig zu befüllen**. Ein Hauptaugenmerk sollte darauf liegen, für den Rechtsstreit nicht relevante Dokumente ausgesondert zu haben[135]. Zudem sollte bereits eine Übermittlung anonymisierter Dokumente stattgefunden haben, so dass in Ziff. 11 die Notwendigkeit dargelegt werden kann, einen Bruchteil davon in nicht-anonymisierter Form übermitteln zu müssen, da der Personenbezug für den fraglichen Rechtsstreit unabdingbar ist[136]. Dabei sind stets Angaben zu machen, die so konkret wie möglich sind (s. Rz. 30.43). 30.57

---

130 Vgl. *Hartung* in Kühling/Buchner, Art. 28 DS-GVO Rz. 71; s. auch *Artikel-29-Datenschutzgruppe*, WP 169 v. 16.2.2010, S. 16 f.

131 *The Sedona Conference*, The Sedona Principles (3rd Ed., March 2017), S. 16 (Nr. 10), 74 ff.

132 Vgl. dazu *Hartung* in Kühling/Buchner, Art. 28 DS-GVO Rz. 71.

133 So auch 22. Tb. NÖB Hessen 2008, LT-Drucks. 18/1015, 11.

134 So auch *Artikel-29-Datenschutzgruppe*, WP 158 v. 11.2.2009, S. 12 f.

135 Vgl. *Posdziech*, Discovery, S. 186 f., 209 f. (Ziff. IV Nr. 1).

136 Vgl. *Schröder* in Kühling/Buchner, Art. 49 DS-GVO Rz. 29; *Artikel-29-Datenschutzgruppe*, WP 158 v. 11.2.2009, S. 11; *Gabel* in Taeger/Gabel, Art. 49 DS-GVO Rz. 16; *BlnBDI*, Tb. 2006, LT-Drucks. 16/0772, 157; *BlnBDI*, Tb. 2009, LT-Drucks. 16/3377, 139; *BayLfD*, Tb. 2009/2010 (NÖB), 71.

6. Drittbegünstigungsklausel (Ziff. 3)

30.58 **M 30.1.5 Drittbegünstigungsklausel**

3. Drittbegünstigungsklausel

3.1 Die betroffenen Personen können diese Ziffer, Ziffer 4 lit. b–c, Ziffer 5 lit. a–c, Ziffer 7.1–7.2, Ziffer 8, Ziffer 9 und Ziffer 11 als Drittbegünstigte geltend machen.

3.2 Die Parteien haben keine Einwände, dass betroffene Personen, wenn sie dies wünschen und nationales Recht es zulässt, sich durch eine Vereinigung oder sonstige Einrichtungen vertreten lassen.

a) Ratio

30.59 Ziff. 3 des Vertrags gestaltet diesen (teilweise) als **Vertrag zugunsten Dritter** aus. Damit soll gewährleistet werden, dass die Betroffenen ihre Rechte trotz der Übermittlung in ein Drittland, das über kein den europäischen Standards entsprechendes Datenschutzniveau verfügt, effektiv ausüben können.

b) Drittbegünstigung

30.60 Ziff. 3.1 des Vertrags regelt – ähnlich den Standardverträgen – die **Drittbegünstigung der Betroffenen** hinsichtlich der Rechte in den Ziff. 4 lit. b–c (Mitteilungs-, Informations- und Kooperationspflichten), 5 lit. a–c (Datenschutzpflichten des Datenimporteurs), 7.1–7.2 (Haftung), 8 (Rechtsbehelfe), 9 (Kündigung) und 11 (Änderungen) des Vertrags. Diesbezüglich sind die Ad-hoc-Vertragsklauseln als Vertrag zugunsten Dritter ausgestaltet. Ziff. 3.2 des Vertrags regelt zudem, dass sich die Betroffenen durch Vereinigungen wie bspw. Verbraucherschutzverbände vertreten lassen können (Art. 80 DSGVO).

30.61 Die Vorschrift ruft regelmäßig **Vorbehalte auf Seiten des Datenimporteurs** hervor. Demgegenüber führt an ihr jedoch kein Weg vorbei. Der europäische Datenschutz ist im Wesenskern geprägt durch die Rechte der Betroffenen. Die hiesigen Parteien können diese naturgemäß nicht abbedingen. Auch wenn der Inhalt von Ziff. 3 damit in der Sache mehr klarstellende Natur hat, ist er dennoch zwingend. Denn andernfalls wären die Rechte bei einer Übermittlung gerade nicht (mehr) hinreichend geschützt.

30.62 Dies muss dem (jeweiligen) Datenimporteur also **argumentativ vermittelt** werden. In Bezug auf Ziff. 4 des Vertrags kann dabei angeführt werden, dass sich die Vorschrift ohnehin auf Pflichten des Exporteurs bezieht. Ziff. 5 lit. b) des Vertrags bezieht sich gerade auf die vorgenannten Kernbestandteile europäischen Datenschutzes, die schlechterdings nicht abdingbar sind (dem Importeur im Anhang jedoch transparent gemacht werden). Nach einer einmal erfolgten Genehmigung ist in Hinblick auf Ziff. 5 lit. c des Vertrags allenfalls mit geringen tatsächlichen Kooperationspflichten zu rechnen. Ferner wird das in den Ziff. 7 und 8 liegende Risiko durch Abschluss der Ad-hoc-Vertragsklauseln gerade mitigiert.

7. Pflichten des Datenexporteurs (Ziff. 4)

M 30.1.6 Pflichten des Datenexporteurs 30.63

4. Pflichten des Datenexporteurs

Der Datenexporteur garantiert:

(a) dass die Verarbeitung der personenbezogenen Daten, einschließlich deren Übermittlung, in Einklang mit der DSGVO erfolgt ist und erfolgen wird;

(b) dass die betroffene Person davon in Kenntnis gesetzt worden ist oder vor der Übermittlung wird (sofern keine Ausnahme bspw. nach Art. 13 Abs. 4, Art. 14 Abs. 5 DSGVO eingreift), dass ihre Daten in ein Drittland übermittelt werden sollen, das über kein angemessenes Schutzniveau verfügt; und

(c) Anfragen der Aufsichtsbehörden sowie betroffener Personen bezüglich der Verarbeitung der personenbezogenen Daten unverzüglich angemessen zu beantworten (inklusive Zurverfügungstellung einer Kopie dieses Vertrags, sofern gewünscht).

a) Ratio

Ziff. 4 des Vertrags regelt die **Pflichten des Datenexporteurs** in Zusammenhang mit der Übermittlung 30.64 der personenbezogenen Daten in die USA zur Durchführung einer e-discovery. Dabei ist von besonderer Bedeutung, dass der Datenexporteur die Rechtmäßigkeit der Datenverarbeitung als solche gewährleistet (Ziff. 4 lit. a). Im Übrigen dient die Vorschrift der **Sicherung der Betroffenenrechte** und Wahrung der **Informations- und Kontrollrechte der zuständigen Aufsichtsbehörden**, damit diese beim Drittstaatentransfer nicht unterlaufen werden (s. „Programmsatz" in Art. 44 Satz 2 DSGVO).

b) Verantwortlichkeit des Datenexporteurs (Ziff. 4 lit. a)

Die Vorschrift entspricht im Wesentlichen Ziff. 4 lit. a Standardvertrag I. Der Datenexporteur ist und 30.65 bleibt Verantwortlicher i.S.v. Art. 4 Abs. 7 DSGVO[137]. Die Ad-hoc-Vertragsklauseln regeln nur den **Drittstaatentransfer**. Bei einem solchen ist gem. Art. 44 Satz 1 DSGVO eine **zweistufige Zulässigkeitsprüfung** zur Rechtmäßigkeit, insbesondere derjenigen der Übermittlung, durchzuführen[138]. Insofern ist und bleibt der Datenexporteur sowohl dafür verantwortlich, dass die Verarbeitung der in der e-discovery offengelegten personenbezogenen Daten im Übrigen („sonstigen Bestimmungen der Verordnung") rechtmäßig ist, d.h. sämtlichen an die Übermittlung nach den Art. 1 ff. DSGVO zu stellenden Anforderungen gerecht wird, als auch gemäß den Art. 44 ff. DSGVO zulässig ist, sofern ihn danach weitere Anforderungen treffen[139].

Die Vorschrift stellt die umfassende Verantwortlichkeit des Datenexporteurs insbesondere für die 30.66 erste Stufe der Datenverarbeitung noch einmal ausdrücklich klar. Sie ist auch als Ausdruck der umfassenden **Rechenschaftspflicht** des Datenexporteurs als Verantwortlichem gemäß den Art. 5 Abs. 2, Art. 24 DSGVO anzusehen. Auch wenn die Einhaltung seiner gesamten datenschutzrechtlichen Pflichten natürlich nicht allein in diesem Vertrag erfolgt, soll er ihn bei der Umsetzung einiger Pflichten unterstützen (bspw. in Hinblick auf die Pflicht zur Führung eines Verfahrensverzeichnisses durch die An-

---

137 Hierzu *Artikel-29-Datenschutzgruppe*, WP 169 v. 16.2.2010, S. 6.

138 *Wieczorek* in Specht/Mantz, § 7 Rz. 3; *Klug* in Gola, Art. 44 DS-GVO Rz. 2; *Schröder* in Kühling/Buchner, Art. 44 DS-GVO Rz. 20; *Pauly* in Paal/Pauly, Art. 44 DS-GVO Rz. 2.

139 Vgl. *Schröder* in Kühling/Buchner, Art. 44 DS-GVO Rz. 20; s. auch *Posdziech*, Discovery, S. 176 f., 206 (Ziff. II Nr. 1); *Nink* in Taeger, Internet der Dinge, S. 283 (285 ff.); *Deutlmoser/Filip*, ZD-Beilage 6/2012, 1 (6); *Artikel-29-Datenschutzgruppe*, WP 158 v. 11.2.2009, S. 8 f.; *Laue* in Hartmann, Discovery, S. 109 (111 ff.).

gaben in Anlage C; s. Rz. 30.43 ff.). Ziff. 4 lit. a des Vertrags ist aber nicht zuletzt auch für das Verständnis der **Haftungsregelung** in Ziff. 7 (s. Rz. 30.99 f.) erforderlich.

c) Mitteilungspflichten (Ziff. 4 lit. b)

30.67 Die Vorschrift entspricht im Wesentlichen Ziff. 4 lit. b Standardvertrag I. Danach hat der Datenexporteur die nach Art. 4 Nr. 1 DSGVO **betroffenen Personen zu informieren**, wenn im Rahmen der e-discovery **personenbezogene Daten jedweder Art übermittelt** werden sollen[140]. Sie enthält in Einklang mit Art. 13 Abs. 1 lit. f, Abs. 2 und 3 DSGVO und Art. 14 Abs. 1 lit. f, Abs. 2–4 DSGVO keine Einschränkung auf besondere Kategorien personenbezogener Daten (vgl. Art. 9 Abs. 1, 4 Nr. 13–15 DSGVO). Die Vorschrift ist für die Genehmigungswahrscheinlichkeit von entscheidender Bedeutung und auch positiv in der Interessenabwägung zu berücksichtigen[141]. Von einer Mitteilung kann bspw. in den in Art. 13 Abs. 4, Art. 14 Abs. 5 DSGVO genannten Fällen abgesehen werden; die Berücksichtigung dieser Vorschriften sollte einer Genehmigung nicht entgegenstehen[142].

30.68 Bei der Mitteilung selbst sind die allgemeinen **Anforderungen** des Art. 12 DSGVO zu beachten (u.a. Unterrichtung „in präziser, transparenter, verständlicher und leicht zugänglicher Form in einer klaren und einfachen Sprache"). Darüber hinaus sind die speziellen Anforderungen der Art. 13 Abs. 1 lit. f, Art. 14 Abs. 1 lit. f DSGVO zu berücksichtigen. Diese sollen dem Betroffenen insbesondere ermöglichen, das mit dem Drittstaatentransfer verbundene **Übermittlungsrisiko** einzuschätzen[143]. Dies schließt für die hier gegenständliche e-discovery mit ein, über das nicht angemessene Datenschutzniveau in den USA (s. Rz. 30.20), die Gewährleistung ausreichender Garantien durch diese Ad-hoc-Vertragsklauseln sowie Art und Umfang des Verfahrens selbst zu unterrichten[144]. Die weitergehenden Informationspflichten der Art. 13 und 14 DSGVO hat der Datenexporteur nach Ziff. 4 lit. a des Vertrags zu gewährleisten („erste Stufe").

d) Kooperationspflichten (Ziff. 4 lit. c)

30.69 Die Vorschrift vereint im Wesentlichen Ziff. 4 lit. c und d Standardvertrag I. Die vorliegenden Ad-hoc-Vertragsklauseln sind ohnehin genehmigungspflichtig; Ziff. 4 lit. c Standardvertrag I ist deshalb als Unterfall einer **weitreichenden Kooperationspflicht** des Datenexporteurs sowohl gegenüber den Aufsichtsbehörden als auch den Betroffenen ausgestaltet[145]. Das Auskunftsrecht der Betroffenen ergibt sich für den e-discovery-relevanten Bereich des Drittstaatentransfers insbesondere aus Art. 15 Abs. 1 lit. c, Abs. 2 DSGVO. Die Pflicht zur Zurverfügungstellung der Ad-hoc-Vertragsklauseln ergibt sich dabei auch bereits aus den Art. 13 Abs. 1 lit. f, Art. 14 Abs. 1 lit. f DSGVO[146]. Die Pflicht zur angemessenen Kooperation mit den Aufsichtsbehörden ergibt sich aus den Art. 31, 51 ff. DSGVO.

30.70 Der Datenexporteur ist als Verantwortlicher für die **Wahrung der Betroffenenrechte** nach den Art. 12 ff. DSGVO zuständig und gemäß den Art. 31, 51 ff. DSGVO gegenüber den **Aufsichtsbehörden** verantwortlich. Dies ergibt sich letztlich bereits unmittelbar aus dem Gesetz sowie Ziff. 4 lit. a des Vertrags (s.o.). Aufgrund der bei einem Drittstaatentransfer geminderten Transparenz während der Übermittlung werden die umfassenden Auskunfts- und Kooperationspflichten jedoch ausdrücklich hervorgehoben. Diese sowie die Möglichkeit für die Betroffenen, die Einhaltung der vertraglichen

---

140 Vgl. *Posdziech*, Discovery, S. 177 f., 206 f. (Ziff. II Nr. 2); *Deutlmoser/Filip*, ZD-Beilage 6/2012, 1 (17).

141 Vgl. *Artikel-29-Datenschutzgruppe*, WP 158 v. 11.2.2009, S. 13; vgl. *Rosenthal/Zeunert* in Hartmann, Discovery, S. 23 (36 f.).

142 Vgl. *Posdziech*, Discovery, S. 178, 206 f. (Ziff. II Nr. 2).

143 Stellv. *Bäcker* in Kühling/Buchner, Art. 13 DS-GVO Rz. 34, Art. 14 DS-GVO Rz. 16.

144 Vgl. *Bäcker* in Kühling/Buchner, Art. 13 DS-GVO Rz. 34, Art. 14 DS-GVO Rz. 16.

145 Dementsprechend braucht die Kooperation mit Ausnahme von Ziff. 5 lit. c des Vertrags nicht noch an anderer Stelle geregelt werden, so dass Ziff. 8 Standardvertrag I entfallen kann.

146 Vgl. *Bäcker* in Kühling/Buchner, Art. 13 DS-GVO Rz. 34, Art. 14 DS-GVO Rz. 16.

Schutzbestimmungen rechtlich und tatsächlich durchsetzen zu können, ist als Grundprinzip geltenden Datenschutzrechts unmittelbar aus Art. 46 Abs. 3 DSGVO herzuleiten und zwingend vertraglich zu regeln.

Die Kooperationspflichten sind **unverzüglich**, d.h. ohne schuldhaftes Zögern, und in **angemessenem Umfang** zu erfüllen. Während Ziff. 4 lit. d Standardvertrag I ein Tätigwerden innerhalb eines angemessenen Zeitraums genügen lässt, erscheint bei der e-discovery mit ihrem klar abgesteckten Rahmen eine unverzügliche Reaktion möglich. Auch befördert diese Anpassung die Genehmigungsfähigkeit der Ad-hoc-Vertragsklauseln. In vielen Fällen dürfte sich die Anfrage der Betroffenen mit Vorlage der Klauseln selbst erübrigen; da gegenüber den Aufsichtsbehörden das Genehmigungs- und Kohärenzverfahren durchlaufen wurde, ist von deren Seite nach Abschluss nicht mit größeren Anfragen zu rechnen.   30.71

8. Pflichten des Datenimporteurs (Ziff. 5, Anlage D)

M 30.1.7 Pflichten des Datenimporteurs   30.72

5. Pflichten des Datenimporteurs

Der (jeweilige) Datenimporteur garantiert:

(a) *dass zum Zeitpunkt des Vertragsschlusses seines Wissens in seinem Land keine Rechtsvorschiften bestehen, die die Garantien aus diesem Vertrag gravierend beeinträchtigen; er wird den Datenexporteur benachrichtigen – der die Benachrichtigung ggf. an die Aufsichtsbehörden weiterleitet –, wenn er Kenntnis von derartigen Rechtsvorschriften erlangt;*

(b) *dass er die personenbezogenen Daten in Übereinstimmung mit den verbindlichen Datenschutzgrundsätzen der Anlage D (Datenschutzgrundsätze) verarbeiten wird;*

(c) *dass er alle Anfragen, die sich auf die von ihm durchgeführte Verarbeitung der personenbezogenen Daten, die Gegenstand der Übermittlung sind, beziehen und die der Datenexporteur oder die betroffenen Personen an ihn richten (inklusive Zurverfügungstellung einer Kopie dieses Vertrags, sofern angefragt, und Benennung eines internen Ansprechpartners), unverzüglich und genau bearbeitet und bei allen Anfragen der zuständigen Aufsichtsbehörde mit dieser kooperiert und deren Feststellungen in Hinblick auf die Verarbeitung der übermittelten Daten befolgt; und*

(d) *dass er dem Datenexporteur unaufgefordert alle zum Nachweis der Einhaltung seiner vertraglichen und datenschutzrechtlichen Pflichten erforderlichen Informationen zur Verfügung stellen und auf Verlangen im darüber hinaus noch erforderlichen Umfang Auskunft erteilen, geeignete Nachweise vorlegen und eine Inspektion seiner Datenverarbeitungsanlagen und -verfahren (wenn erforderlich vor Ort nach Vereinbarung) ermöglichen wird.*

Anlage D (Datenschutzgrundsätze)

Die Grundsätze dieser Anlage gelten vorbehaltlich der für den (jeweiligen) Datenimporteur geltenden zwingenden nationalen Rechtsvorschriften, die jedoch nicht über das hinausgehen dürfen, was für eine demokratische Gesellschaft nach den in Art. 23 DSGVO aufgeführten Interessen erforderlich ist. Die Grundsätze sind der DSGVO entsprechend auszulegen.

1. Zweckbindung

1.1 Personenbezogene Daten werden ausschließlich für die in Anlage C (Details der Verarbeitung) genannten Zwecke verarbeitet. Sie dürfen nicht länger aufbewahrt werden, als für diese Zwecke erforderlich und in Anlage C (Details der Verarbeitung) konkretisiert.

1.2 Der Datenimporteur darf die personenbezogenen Daten insbesondere nicht für eigene Zwecke (z.B. Werbung o.ä.), andere Gerichtsverfahren oder zur Weiterleitung an die Öffentlichkeit oder Dritte verwenden, außer zwingende nationale Rechtsvorschriften wie in der Einleitung zu dieser Anlage konkretisiert erfordern dies.

2. Datenqualität und Verhältnismäßigkeit

2.1 Personenbezogene Daten müssen sachlich richtig und, wenn nötig, auf dem neuesten Stand sein. Personenbezogene Daten müssen angemessen, relevant und in Hinblick auf den Zweck der Verarbeitung nicht exzessiv sein.

2.2 Sind personenbezogene Daten falsch, so berichtigt der (jeweilige) Datenimporteur diese. Stehen dem Beweissicherungsrechte entgegen, fügt der (jeweilige) Datenimporteur den personenbezogenen Daten stattdessen eine Gegendarstellung oder einen Hinweis auf die Unrichtigkeit bei.

3. Transparenz

Die betroffenen Personen erhalten alle für die Identität des (jeweiligen) Datenimporteurs (inklusive Name, Ansprechpartner, Kontaktdaten), den Verarbeitungszweck und sonst wie notwendigen Informationen (z.B. zu Empfängern, den Daten etc.), sofern dies zur Sicherstellung einer angemessenen Verarbeitung erforderlich ist und sofern sie diese Informationen nicht bereits vom Datenexporteur erhalten haben.

4. Vertraulichkeit und Weisungsrecht

4.1 Der Datenimporteur wird bei Durchführung der e-discovery nur Mitarbeiter einsetzen, die durch geeignete Maßnahmen mit den gesetzlichen Vorschriften über den Datenschutz und den speziellen datenschutzrechtlichen Anforderungen dieses Vertrags vertraut gemacht und, soweit sie nicht bereits angemessenen gesetzlichen Verschwiegenheitspflichten unterliegen, umfassend zur Vertraulichkeit verpflichtet wurden.

4.2 Alle für den Verantwortlichen tätigen Personen, darunter auch Auftragsverarbeiter, dürfen die Daten nur auf Weisung des Verantwortlichen verarbeiten.

5. Betroffenenrechte

Der Datenimporteur erkennt an, dass der betroffenen Person gemäß den Art. 12 ff. DSGVO diverse Rechte in Hinblick auf ihre personenbezogenen Daten zustehen (z.B. Zugang, Berichtigung, Löschung, Einschränkung usw.). Insbesondere hat die betroffene Person das Recht, aus berechtigten und situationsabhängigen Gründen der Verarbeitung der personenbezogenen Daten zu widersprechen.

6. Beschränkung der Weiterübermittlung

Weiterverlagerungen personenbezogener Daten von einem Datenimporteur an einen anderen Verantwortlichen in einem Drittland, das über keinen angemessenen Schutz und keine Angemessenheitsentscheidung nach Art. 45 DSGVO verfügt, dürfen nur stattfinden, wenn die Parteien dem Beitritt eines weiteren Verantwortlichen zu diesem Vertrag zustimmen, der damit zur Vertragspartei mit denselben Pflichten wie ein Datenimporteur wird.

7. Besondere Kategorien personenbezogener Daten

Werden personenbezogene Daten verarbeitet, die die in Art. 9 Abs. 1, 4 Nr. 13–15 DSGVO aufgeführten Informationen beinhalten, sind zusätzliche Garantien nach der DSGVO zu ergreifen, insbesondere angemessene Sicherheitsmaßnahmen wie eine starke Verschlüsselung für die Übermittlung oder die Aufzeichnung von Zugriffen auf diese Daten.

a) Ratio

30.73 Ziff. 5 des Vertrags regelt die **Pflichten des Datenimporteurs** in Zusammenhang mit dem Erhalt der personenbezogenen Daten im Rahmen der e-discovery. Zugleich bindet Ziff. 5 die Anlage D ein, in der wesentliche Grundlagen der DSGVO abgebildet sind. Dies dient sowohl der Gewährleistung dieser Vorschriften durch den mit der DSGVO inhaltlich nicht gleichermaßen vertrauten (jeweiligen) Datenimporteur, als auch der Verdeutlichung des Stellenwertes des Gesetzes aus Sicht des Datenexporteurs (s. Rz. 30.94).

b) Entgegenstehende Rechtsvorschriften (Ziff. 5 lit. a)

Die Vorschrift entspricht im Wesentlichen Ziff. II lit. c Standardvertrag II. Danach garantiert der Datenimporteur, zu Vertragsschluss seines Wissens an keine **nationalen Rechtsvorschriften** gebunden zu sein, die die in diesem Vertrag niedergelegten Garantien gravierend beeinträchtigten. Die Klausel ruft häufig größte Bedenken bei den Datenimporteuren hervor, sollte i.v.F. indes akzeptabel sein. Denn US-amerikanische Prozessvertreter und Gerichte beteiligen sich – soweit ersichtlich – nicht an den staatlichen Überwachungsprogrammen[147]. Der Datenexporteur ist über etwaige Gesetzesänderungen zu informieren. Im Rahmen seiner Pflicht nach Art. 31 DSGVO hat er die zuständigen Aufsichtsbehörden über derartige Vorschriften zu unterrichten.

30.74

Ziff. II lit. c Standardvertrag II ist für den Datenimporteur vorteilhafter als Ziff. 5 lit. a Standardvertrag I. Während ein Austausch innerhalb der Standardverträge zur **Genehmigungsbedürftigkeit** führen würde und deshalb nicht empfehlenswert ist (s. Rz. 30.25), spricht bei den ohnehin genehmigungspflichtigen Ad-hoc-Vertragsklauseln nichts dagegen, auf die Formulierung von Ziff. II lit. c Standardvertrag II zurückzugreifen. Eine über den Zeitpunkt des Vertragsschlusses hinausgehende Überwachungspflicht besteht somit nicht.

30.75

c) Datenschutzgrundsätze (Ziff. 5 lit. b und Anlage D)

Die Vorschrift entspricht im Wesentlichen Ziff. 5 lit. b Standardvertrag I i.V.m. Appendix 2. Dabei basieren Ziff. 5 lit. b und Anlage D auf der **ersten in Standardvertrag I hinterlegten Alternative**, während die anderen beiden Alternativen (inklusive Appendix 3) nicht übernommen wurden. Dies hat seinen Grund darin, dass die o.g. Alternative bereits nach altem Recht die praxistauglichste darstellte und aufgrund der feststehenden rechtlichen Vorgaben zudem für eine Anpassung an die DSGVO und die Besonderheiten einer e-discovery am besten geeignet erschien[148]. Nicht berücksichtigt wurden die Ziff. 4 (Teil zur Sicherheit), 8 (Direktmarketing) und 9 (automatisierte Einzelentscheidungen) von Appendix 2 Standardvertrag I, da die Pflicht zur Ergreifung technischer und organisatorischer Maßnahmen bereits in Ziff. 9 Anlage C abgebildet ist und die übrigen Bestandteile für den Anwendungsfall einer e-discovery nicht relevant sind.

30.76

Die in der Anlage enthaltenen Grundsätze gelten vorbehaltlich der für den (jeweiligen) Datenimporteur geltenden **nationalen Rechtsvorschriften**, sofern diese gemessen an Art. 23 DSGVO **für eine demokratische Gesellschaft notwendige und verhältnismäßige Maßnahmen** verfolgen. Die Einleitung der Anlage verzichtet dabei auf die (redundante) Wiedergabe dieser Interessen. Für die e-discovery sind insbesondere Art. 23 Abs. 1 lit. f, lit. i und lit. j DSGVO relevant. Gemäß Art. 23 Abs. 1 lit. f DSGVO können Beschränkungen der Betroffenenrechte dazu dienen, die Chancengleichheit der Prozessbeteiligten, d.h. deren individuelle Belange zu wahren[149]. Nach Art. 23 Abs. 1 lit. i und lit. j DSGVO sind zudem die allgemeinen Belange der demokratischen Gesellschaft in Hinblick auf die Durchführung eines Zivilprozesses zu berücksichtigen, die den individuellen Rechten des Betroffenen ebenfalls bisweilen entgegenstehen können. Dies betrifft bspw. Belange der Beweissicherung und -vereitelung (s. Rz. 30.81). Dies kann und muss auch dem US-Prozess zugestanden werden; die Datenschutzgrundsätze der Anlage sind vor diesem Hintergrund anzupassen und im Übrigen im Lichte der DSGVO auszulegen.

30.77

aa) Zweckbindung

Ziff. 1.1 der Anlage regelt das zentrale gesetzliche Leitbild der **Zweckbindung** gem. Art. 5 Abs. 1 lit. b DSGVO (s. hierzu bereits Rz. 30.47 f.)[150]. Diese ist als Grundprinzip des Datenschutzrechts zwin-

30.78

---

147 Vgl. *Posdziech*, Discovery, S. 173.
148 Vgl. *Posdziech*, Discovery, S. 179.
149 *Bäcker* in Kühling/Buchner, Art. 23 DS-GVO Rz. 24.
150 S. allgemein zum Zweckbindungsgrundsatz *Herbst* in Kühling/Buchner, Art. 5 DS-GVO Rz. 20 ff.

gend nach Art. 46 Abs. 3 DSGVO vertraglich abzubilden. Durch den Hinweis auf die strenge Zweckbindung kommt der Datenexporteur zugleich seiner Pflicht nach den Art. 13 Abs. 3, Art. 14 Abs. 3 DSGVO nach[151]. Ziff. 1.1 Satz 2 der Anlage knüpft an die sich nach Zweckerreichung anschließende Löschpflicht an (s. bereits Ziff. 8 Anlage C und hierzu Rz. 30.52).

30.79   Ziff. 1.2 der Anlage untersagt dem Datenimporteur ausdrücklich jede über die vereinbarten Zwecke hinausgehende Verwendung der übermittelten personenbezogenen Daten[152], im Besonderen eine **Verwendung zu verfahrensfremden Zwecken**. Um dabei Missverständnisse zu vermeiden, was noch Gegenstand des Verarbeitungszwecks bei einer e-discovery ist, definiert die Vorschrift u.a. **andere Gerichtsverfahren** und auch das **allgemeine Akteneinsichtsrecht der Öffentlichkeit** (hierzu Rz. 30.51) als verfahrensfremd. Dabei bestehen gem. Art. 23 Abs. 1 lit. i und lit. j, Art. 86 DSGVO hiergegen eigentlich keine grundsätzlichen Bedenken (s. Rz. 30.77)[153]. Da es im US-Prozess jedoch möglich ist, auf eine diese Weiterverbreitung einschränkende gerichtliche Anordnung hinzuwirken[154], sieht Ziff. 1.2 dieser Anlage i.V.m. Ziffer c Anlage G vor, dass die Parteien dies tun werden. Vor dem Hintergrund von Art. 23 Abs. 1 lit. i und lit. j, Art. 86 DSGVO erscheint es jedoch vertretbar, hier ggf. Vertragsanpassungen vorzunehmen.

bb) Richtigkeit der Daten

30.80   Ziff. 2 der Anlage regelt u.a. die Verarbeitungsgrundsätze der **Datenminimierung** und **Richtigkeit** gem. Art. 5 Abs. 1 lit. c und d DSGVO. Zudem sichert die Vorschrift das **Betroffenenrecht auf Berichtigung** des Art. 16 DSGVO. Nach Ziff. 2.1 der Anlage müssen die personenbezogenen Daten stets sachlich richtig sein[155]. Wenn dies nicht der Fall ist („wenn nötig"), müssen sie aktualisiert werden. Die **Richtigkeit personenbezogener Daten** ist objektiv zu beurteilen und abhängig von ihrem zeitlichen Kontext[156]. Dies ist insbesondere für Gerichtsverfahren und die e-discovery relevant, da Daten auch nur in ihrem Erhebungszeitpunkt richtig gewesen sein können, aber genau dies verfahrensrelevant sein kann.

30.81   Ziff. 2.2 der Anlage sieht zur Berücksichtigung der speziellen Belange der e-discovery vor, dass eine Berichtigung dann nicht angezeigt ist, wenn **Beweissicherungsinteressen** entgegenstehen[157]. Dies steht in Einklang mit Art. 23 Abs. 1 lit. i und lit. j DSGVO (s. Rz. 30.77)[158]; es dient den legitimen und berücksichtigungsfähigen Interessen der zivilprozessualen Sachverhaltsaufklärung im US-Gerichtsverfahren[159]. Dies ist auch deutschem/europäischen Zivilprozessrecht nicht fremd (vgl. das zu diesem Zweck existente selbstständige Beweisverfahren gemäß den §§ 485 ff. ZPO).

cc) Transparenz

30.82   Ziff. 3 der Anlage bildet die in Art. 5 Abs. 1 lit. a, Art. 12, 13 Abs. 1 und 2, Art. 14 Abs. 1–3 DSGVO geregelten **Transparenzpflichten** ab, **sofern für den Drittstaatentransfer relevant** (vgl. Art. 26 Abs. 1 DSGVO). Die in Art. 13 und 14 DSGVO enthaltenen Kataloge wurden gegenüber den in Art. 10 und

---

151 S. auch Erwägungsgrund 50 S. 8: „In jeden Fall sollte gewährleistet sein, dass […] die betroffene Person über diese anderen Zwecke und über ihre Rechte einschließlich des Widerspruchsrechts unterrichtet wird"; s. auch *Härting*, DS-GVO, Rz. 525 ff.

152 *Artikel-29-Datenschutzgruppe*, WP 158 v. 11.2.2009, S. 12; *Rath/Klug*, K&R 2008, 596 (598).

153 Wohl a.A. *Posdziech*, Discovery, S. 141, 207 (Ziff. III Nr. 1 lit. b); krit. auch *Rath/Klug*, K&R 2008, 596 (598).

154 *Deutlmoser/Filip*, ZD-Beilage 6/2012, 1 (11, 18).

155 Vgl. *Posdziech*, Discovery, S. 182, 208 (Ziff. III Nr. 4).

156 Allgemein hierzu *Herbst* in Kühling/Buchner, Art. 16 DS-GVO Rz. 8 ff., Art. 5 DS-GVO Rz. 60 ff.

157 Vgl. *Posdziech*, Discovery, S. 182, 208 (Ziff. III Nr. 4); *Deutlmoser/Filip*, ZD-Beilage 6/2012, 1 (13); *Artikel-29-Datenschutzgruppe*, WP 158 v. 11.2.2009, S. 13.

158 *Bäcker* in Kühling/Buchner, Art. 23 DS-GVO Rz. 24.

159 *Deutlmoser/Filip*, ZD-Beilage 6/2012, 1 (13); *Artikel-29-Datenschutzgruppe*, WP 158 v. 11.2.2009, S. 13.

11 DSRL enthaltenen Katalogen angepasst. Dementsprechend wurde die vertragliche Regelung gegenüber Ziff. 3 Appendix 2 Standardvertrag I modifiziert. Die Pflichten treffen den Datenimporteur nur, wenn nicht bereits der Datenexporteur ihnen nachgekommen ist, wie bspw. Art. 13 Abs. 1 lit. f DSGVO bzw. Art. 14 Abs. 1 lit. f DSGVO gem. Ziff. 4 lit. b des Vertrags (s. Rz. 30.67) oder Art. 13 Abs. 1 lit. c und lit. d DSGVO, Art. 14 Abs. 1 lit. c und lit. f DSGVO i.V.m. Art. 6 Abs. 1 lit. f DSGVO gem. Ziff. 4 lit. a des Vertrags (für die Rechtmäßigkeit der Datenverarbeitung auf der ersten Stufe; s. Rz. 30.65).

Die betroffenen Personen sind über **alle relevanten Aspekte der Datenübermittlung im Rahmen der e-discovery** aus Sicht des (jeweiligen) Datenimporteurs zu informieren (zur Art und Weise s. bereits Rz. 30.68)[160]. Die Pflicht sollte dem (jeweiligen) Datenimporteur leicht zu vermitteln sein, ähnelt sie doch dem allgemeinen Auskunftsanspruch im US-Gerichtsverfahren (s. Rz. 30.51, Rz. 30.79), bleibt jedoch vom Umfang her dahinter zurück und ist spezieller. Ziff. 3 der Anlage dient insbesondere dazu, den Betroffenen zu ermöglichen, ihre Rechte geltend machen zu können.   30.83

dd) Vertraulichkeit und Weisungen

Ziff. 4.1 der Anlage regelt, dass der Datenimporteur die von ihm eingesetzten Mitarbeiter (Rechtsanwälte, paralegals, sonstiges im Rahmen der e-discovery eingesetztes Personal) zur **Vertraulichkeit** verpflichtet, sofern diese nicht bereits einer angemessenen **gesetzlichen Verschwiegenheitspflicht** unterliegen. Dies dürfte insbesondere für die Rechtsanwälte zutreffen. Da zur Auswertung größerer Datenmengen jedoch häufig weiteres Personal eingesetzt wird, soll die Vorschrift vor den damit einhergehenden Vertraulichkeitsrisiken schützen. Erforderlich ist eine möglichst spezifische **Belehrung** über die datenschutzrechtlichen Pflichten. Art und Inhalt der Verschwiegenheitsverpflichtung sind nicht gesetzlich vorgegeben[161]; dem (jeweiligen) Datenimporteur können hier weitreichende Freiräume verbleiben. Da die Verpflichtung auf Geheimhaltungsinteressen im Rahmen der e-discovery weithin anerkannt ist[162], sollte die Zustimmung des (jeweiligen) Datenimporteurs zu Ziff. 4.1 der Anlage keine große Hürde darstellen.   30.84

Ziff. 4.2 der Anlage regelt ein **umfassendes Weisungsrecht des (jeweiligen) Verantwortlichen**. Es umfasst alle allgemein sowie für den Einzelfall festgelegten Weisungen[163]. Somit definiert das Muster die Weisungsbefugnisse des Verantwortlichen dem gesetzlichen Leitbild entsprechend weit. Einzelweisungen können schriftlich, elektronisch oder mündlich erteilt werden. Mündlich erteilte Weisungen sollten anschließend dokumentiert werden[164]. Auch dies betrifft – aus Sicht des Datenimporteurs – vor allem mögliche Dienstleister, die im Rahmen des Dokumentenmanagements einer e-discovery eingesetzt werden.   30.85

ee) Betroffenenrechte

Ziff. 5 der Anlage bildet die in Art. 12 ff. DSGVO geregelten **Betroffenenrechte** ab. Die Gewährleistung wirksamer Betroffenenrechte (inklusive der Möglichkeit für die Betroffenen, die Einhaltung der datenschutzrechtlichen Bestimmungen rechtlich und tatsächlich durchsetzen zu können) ist als Grundprinzip geltenden Datenschutzrechts gem. Art. 46 Abs. 3 DSGVO zwingend vertraglich ab-   30.86

---

160 *Artikel-29-Datenschutzgruppe*, WP 158 v. 11.2.2009, S. 13; *Deutlmoser/Filip*, ZD-Beilage 6/2012, 1 (13).

161 Der Verwendung bisher üblicher Muster steht indes nichts entgegen, s. auch *Hartung* in Kühling/Buchner, Art. 28 DS-GVO Rz. 70.

162 Stellv. *Schwartz/Peifer*, CR 2017, 165 (173) und *Rosenthal/Zeunert* in Hartmann, Discovery, S. 23 (70), jeweils m.w.N.

163 Vgl. zum BDSG a.F. *Petri* in Simitis, § 11 BDSG a.F. Rz. 85 f.

164 Vgl. *Spoerr* in BeckOK DatenschutzR, Art. 28 DS-GVO Rz. 58; *Martini* in Paal/Pauly, Art. 28 DS-GVO Rz. 39; *Hartung* in Kühling/Buchner, Art. 28 DS-GVO Rz. 69.

zubilden[165]. Bei der e-discovery gilt es zu bedenken, dass der Betroffene selbst typischerweise nichts dazu beigetragen hat, überhaupt in den US-amerikanischen Rechtsstreit hineingezogen zu werden[166]. Deshalb sind die Betroffenenrechte leitbildhaft und schwerpunktmäßig zu schützen. Durch Ziff. 5 der Anlage soll dabei auch der strukturelle Nachteil ausgeglichen werden, dass die Betroffenen nicht selbst Vertragsparteien, aber Inhaber zahlreicher Rechte sind[167].

30.87 Während die Art. 12–15 DSGVO (**Informations- und Auskunftsrechte**) bereits durch die Ziff. 4 lit. c und 5 lit. c des Vertrags sowie die übrigen Ziffern dieser Anlage geschützt werden, soll Ziff. 5 der Anlage die Betroffenenrechte in ihrer Gesamtheit schützen. Dabei insbesondere die Rechte der Betroffenen auf **Berichtigung, Löschung, Einschränkung und Widerspruch** gemäß den Art. 16 ff. DSGVO. Auch bei ihnen handelt es sich um Grundprinzipien des Datenschutzrechts, die zwingend nach Art. 46 Abs. 3 DSGVO vertraglich abzubilden sind. Die weitreichende Formulierung dient auch dazu, den Betroffenen das Bestehen der Rechte transparent zu machen (vgl. Art. 15 Abs. 1 lit. e DSGVO). Die Rechte schließen mit ein, dass personenbezogene Daten unaufgefordert zu löschen sind, wenn der (jeweilige) Datenimporteur sie nicht mehr zur Verwendung benötigt (s. bereits Rz. 30.52)[168].

ff) Weiterverlagerungen

30.88 Ziff. 6 der Anlage schränkt **Weiterverlagerungen** ein, Art. 44 Satz 1 Halbs. 2 DSGVO[169]. Naturgemäß würde der Schutz der Ad-hoc-Vertragsklauseln unterlaufen, wenn der Datenimporteur bspw. einen in einem Drittland ohne hinreichendes Datenschutzniveau belegenen Dienstleister mit der Durchführung der e-discovery beauftragen würde, der sich seinerseits nicht an die hier statuierten Grundsätze halten müsste[170]. Allerdings ist es unwahrscheinlich, dass es bei Durchführung einer e-discovery überhaupt zur Notwendigkeit einer solchen Weiterverlagerung kommen wird. Zweck der Verarbeitung und involvierte Parteien sind klar umrissen (s.o.); die zulässigen Verarbeitungstätigkeiten, für die die Datenimporteure verantwortlich sind, sollten abschließend auf dem Gebiet der USA durchgeführt werden können. Insofern besteht eigentlich keine Notwendigkeit, die Zulässigkeit einer Weiterverlagerung überhaupt zu eröffnen[171]. Die Vorschrift bildet dennoch der Ziff. 6 lit. b Appendix 2 Standardvertrag I entsprechend eine praktikable und sichere Möglichkeit zur Weiterverlagerung ab.

gg) Besondere Kategorien personenbezogener Daten

30.89 Ziff. 7 der Anlage hält fest, dass für den Fall, dass **besondere Kategorien personenbezogener Daten** verarbeitet werden, zusätzliche Garantien des (jeweiligen) Datenimporteurs erforderlich sind. Solche Daten stehen unter besonderem Schutz der DSGVO (vgl. Art. 9 DSGVO) und dürfen nur unter erhöhten Anforderungen überhaupt verarbeitet werden (vgl. bereits Rz. 30.49)[172]. Die Angemessenheit der Garantien ist einzelfallabhängig zu beurteilen. Dazu zählen bei der e-discovery vor allem besondere Verschlüsselungstechniken. Die Maßnahmen müssen jedenfalls über das Maß hinausgehen, was

---

165 *Deutlmoser/Filip*, ZD-Beilage 6/2012, 1 (12, 13); *Artikel-29-Datenschutzgruppe*, WP 158 v. 11.2.2009, S. 14; s. auch *Schröder* in Kühling/Buchner, Art. 46 DS-GVO Rz. 39 f. und *Rosenthal/Zeunert* in Hartmann, Discovery, S. 23 (41).

166 *Deutlmoser/Filip*, ZD-Beilage 6/2012, 1 (16).

167 Vgl. *Posdziech*, Discovery, S. 190 ff., 210 f. (Ziffer V).

168 *Deutlmoser/Filip*, ZD-Beilage 6/2012, 1 (5); *Brisch/Laue*, RDV 2010, 1 (3); *Spies/Schröder*, MMR 2008, 275 (278).

169 Vgl. *Posdziech*, Discovery, S. 184, 209 (Ziff. III Nr. 6).

170 S. auch *Artikel-29-Datenschutzgruppe*, WP 158 v. 11.2.2009, S. 14 f.; *Posdziech*, Discovery, S. 184; *Schröder* in Kühling/Buchner, Art. 44 DS-GVO Rz. 21.

171 Teilweise krit. hierzu *Posdziech*, Discovery, S. 184.

172 Vgl. *Deutlmoser/Filip*, ZD-Beilage 6/2012, 1 (12); *Artikel-29-Datenschutzgruppe*, WP 158 v. 11.2.2009, S. 11.

unter normalen Umständen im Rahmen der technischen und organisatorischen Maßnahmen notwendig wäre. Dabei ist auch zu berücksichtigen, ob die betroffenen Personen ihre Einwilligung erteilt haben[173].

d) Kooperationspflichten (Ziff. 5 lit. c)

Die Vorschrift entspricht Ziff. 5 lit. c und lit. e Standardvertrag I und im Wesentlichen Ziff. 4 lit. c des Vertrags, so dass auf die dortigen Ausführungen Bezug genommen werden kann (s. Rz. 30.69 ff.). Die Gewährleistung einer Kontrolle der Datenverarbeitung durch unabhängige Stellen sowie die Möglichkeit für die Betroffenen, die Einhaltung der vertraglichen Schutzbestimmungen rechtlich und tatsächlich durchsetzen zu können, ist als datenschutzrechtliches Grundprinzip nach Art. 46 Abs. 3 DSGVO zwingend im Vertrag zu regeln[174]. Der (jeweilige) Datenimporteur unterliegt im hiesigen Kontext der e-discovery indes **reduzierten Kooperationspflichten**, die lediglich die Beantwortung sachdienlicher Anfragen erfordern. Dies bezieht sich auf solche Anfragen, die in konkretem Zusammenhang mit seiner Rolle beim Drittstaatentransfer zusammenhängen. 30.90

e) Prüfungs- und Kontrollpflichten (Ziff. 5 lit. d)

Die Vorschrift greift Ziff. 5 lit. d Standardvertrag I auf und modifiziert diese der DSGVO entsprechend. Danach genügt es zunächst, wenn der Datenimporteur dem Datenexporteur alle zur Einhaltung der vertraglichen und/oder datenschutzrechtlichen Pflichten erforderlichen **Informationen unaufgefordert zukommen lässt** und darüber hinaus, also nachrangig, auf Anforderung weitere Auskünfte gibt, Nachweise vorlegt etc. Dies muss letztlich aber auch das Recht des Datenexporteurs zur Durchführung von **Inspektionen** (sog. Audits) einschließen, die aber nicht zwingend vor Ort durchgeführt werden müssen (in Betracht kommt bspw. auch die Vorlage eines Datensicherungskonzepts oder die Einschaltung eines sachverständigen Dritten)[175]. Letzteres ist insbesondere im hiesigen Kontext (e-discovery im Ausland, Organe der Rechtspflege) schwer vertraglich durchzusetzen. Die **Subsidiarität** tatsächlicher Inspektionen – insbesondere Vor-Ort-Prüfungen – steht jedoch in Einklang mit der DSGVO und sollte sowohl genehmigungsfähig als auch für den Datenimporteur akzeptabel sein. 30.91

9. Protective Order (Ziff. 6 und Anlage G)

M 30.1.8 Protective Order 30.92

6. Protective Order

*6.1 Die Parteien werden gemeinsam eine protective order mit dem Inhalt der **Anlage G (Protective Order)** vor dem Gericht beantragen, wo die e-discovery anhängig ist.*

6.2 Die Parteien sind sich einig, dass der Zweck des Vertrags, insbesondere der Schutz der Privatsphäre und der Grundrechte und Grundfreiheiten der betroffenen Personen, ein wichtiger Grund für die Parteien ist. Die Parteien werden diese Bedeutung, insbesondere mögliche Strafen nach Art. 83 DSGVO und die Notwendigkeit adäquater Schutzmaßnahmen nach den Art. 44 ff. DSGVO, ggf. dem Gericht erläutern.

---

173 *Artikel-29-Datenschutzgruppe*, WP 158 v. 11.2.2009, S. 11.
174 *Deutlmoser/Filip*, ZD-Beilage 6/2012, 1 (12); s. auch *Schröder* in Kühling/Buchner, Art. 46 DS-GVO Rz. 39 f.
175 Vgl. *Klug* in Gola, Art. 28 DS-GVO Rz. 11; *Hartung* in Kühling/Buchner, Art. 28 DS-GVO Rz. 78 m.w.N.; *Deutlmoser/Filip*, ZD-Beilage 6/2012, 1 (13).

6.3 *Die Parteien werden keine den Regelungen in **Anlage G (Protective Order)** widersprechenden oder diese ändernden Vereinbarungen treffen. Alle Änderungen der protective order werden der betroffenen Aufsichtsbehörde mitgeteilt.*

[Anlage nicht erneut abgedruckt.]

a) Ratio

30.93 Ziff. 6 des Vertrags dient dazu, eine Rückanbindung der Ad-hoc-Vertragsklauseln mit dem Prozess vor dem US-Gericht herzustellen. Hierfür ist der **Erlass einer protective order** notwendig. Die Vorschrift dient dazu, dass die Parteien gemeinschaftlich eine solche mit dem in der Anlage näher konkretisierten Inhalt beantragen. Zudem soll sie die Bedeutung des Datenschutzes für das US-Gericht aufzeigen.

b) Beantragung und Inhalt einer Protective Order

30.94 Ziff. 6.2 des Vertrags sieht vor, dass die Parteien dem Gericht die **Bedeutung des Datenschutzes** aufzeigen[176]. US-Gerichte sind im Rahmen der eigenen Erwägungen nämlich grundsätzlich bereit, europäisches Datenschutzrecht zu berücksichtigen (s. Rz. 30.13)[177]. Da US-Gerichte in der Vergangenheit aber bspw. häufig Fehleinschätzungen bezüglich der **Rechtsfolgen von Datenschutzverstößen** (Bußgelder u.Ä.) unterlagen[178], weist die Vorschrift ausdrücklich auf die Stellung des Datenschutzes als Grundrecht, die Notwendigkeit der Schaffung ausreichender Übermittlungsgarantien i.S.d. Art. 44 ff. DSGVO und etwaige Sanktionen nach Art. 83 f. DSGVO hin[179]. Dadurch sollte sich der Datenexporteur insbesondere vor dem Hintergrund des nach Art. 83 Abs. 5 DSGVO deutlich ausgeweiteten Bußgeldrahmens leichter Gehör verschaffen können.

30.95 Die Ziff. 6.1 und 6.3 des Vertrags sehen vor, dass die Parteien ergänzend zu den Ad-hoc-Vertragsklauseln deren **wesentliche Inhalte in einer protective order regeln**[180]. Dazu zählt auch, dass sie nicht rückwirkend wieder beseitigt werden können[181]. Die Vorschriften erhöhen so die Werthaltigkeit der datenschutzrechtlichen Garantien und steigern die Genehmigungswahrscheinlichkeit des Vertrags[182]. Die Vorschriften sind sprachlich an FRCP 26(c)(1) angelehnt und verweisen für die **Einzelheiten der protective order** auf Anlage G[183]. Diese gibt im Wesentlichen die auch vertraglich geregelten Inhalte wieder, so dass auf Ausführungen hierzu verzichtet werden soll.

30.96 Alleine würde eine protective order indes nicht ausreichen, um ein angemessenes Schutzniveau in den USA herzustellen[184]. Doch selbst dann, wenn die Gegenseite nicht zur Beantragung derselben oder zum Abschluss des Vertrags bereit ist, oder dieser an einer Genehmigung der Aufsichtsbehörden scheitert, trägt die Vorschrift dazu bei, dem Gericht den Stellenwert des Datenschutzes aufzuzeigen und ebnet so ggf. den Weg („good cause"), nach FRCP 26(c)(1) **einseitig den Erlass einer protective order zu beantragen**[185].

---

176 Vgl. *Posdziech*, Discovery, S. 187 f., 210 (Ziff. IV Nr. 2); *Schwartz/Peifer*, CR 2017, 165 (169).
177 Vgl. *Posdziech*, Discovery, S. 170.
178 S. *Volkswagen A.G. v. Valdez*, 897 S.W.2d (Corpus Christi Court of Appeals) (1995), 458 (461 ff.); in re *Vitamin Antitrust Litig.*, U.S. District Court, District of Colombia (2001), LEXIS 11536, 1 (53 f.); vgl. *Schwartz/Peifer*, CR 2017, 165 (169); *Rosenthal/Zeunert* in Hartmann, Discovery, S. 23 (47).
179 Grundlegend EuGH v. 6.10.2015 – C-362/14 (*Schrems v. Data Protection Commissioner*); s. auch *Posdziech*, Discovery, S. 171; vgl. *Junker*, Discovery, S. 77.
180 Vgl. *Posdziech*, Discovery, S. 187 f., 210 (Ziff. IV Nr. 2); *Schwartz/Peifer*, CR 2017, 165 (169); *Rosenthal/Zeunert* in Hartmann, Discovery, S. 23 (69 f.).
181 Vgl. *Posdziech*, Discovery, S. 187 f., 210 (Ziff. IV Nr. 2).
182 *Posdziech*, Discovery, S. 170.
183 Nach *Posdziech*, Discovery, S. 210 (Ziff. IV Nr. 2 lit. b).
184 *Posdziech*, Discovery, S. 169.
185 S. auch *Rath/Klug*, K&R 2008, 596 (600).

10. Haftung (Ziff. 7)

M 30.1.9 Haftung 30.97

7. Haftung

7.1 Die Parteien sind sich einig, dass betroffene Personen, die durch eine Verletzung der in Ziffer 3 genannten Regelungen Schaden erlitten haben, berechtigt sind, von den Parteien Schadensersatz zu verlangen. Die Parteien können nur dann von der Haftung befreit werden, wenn sie nachweisen, dass keine von ihnen für die Verletzung dieser Ziffern verantwortlich ist.

7.2 Die Parteien sind sich einig, dass sie gesamtschuldnerisch für Schäden der betroffenen Personen haften, die durch eine Verletzung i.S.v. Ziffer 7.1 entstehen. Im Falle einer Verletzung dieser Regelungen kann die betroffene Person gegen den Datenexporteur, den Datenimporteur oder beide vorgehen.

7.3 Die Parteien sind sich einig, dass, wenn eine Partei haftbar gemacht wird für eine Verletzung i.S.v. Ziffer 7.1 durch die andere Partei, die zweite Partei der ersten alle Kosten, Schäden, Ausgaben und Verluste, die der ersten Partei entstanden sind, in vollem Umfang ersetzt, in dem die zweite Partei haftbar ist.

a) Ratio

Ziff. 7 des Vertrags enthält **Regelungen zur Haftung** der Parteien gegenüber den von Verarbeitung und Transfer betroffenen Personen sowie untereinander. Die Klausel nimmt deshalb einen nicht unerheblichen Stellenwert bei den Verhandlungen ein, wobei lediglich für die Haftung im Innenverhältnis tatsächlich Verhandlungsspielraum besteht. 30.98

b) Haftung, Exkulpation, Innenregress

Ziff. 7 des Vertrags entspricht Ziff. 6 Standardvertrag I und regelt die **Haftung der Vertragsparteien**. Ziff. 7.1 Satz 1 des Vertrags nimmt dabei Bezug auf die Drittbegünstigungsklausel in Ziff. 3 des Vertrags. Danach können (jedenfalls)[186] die Betroffenen gem. Art. 82 Abs. 1 DSGVO Schadensersatz verlangen. Ziff. 7.1 Satz 2 des Vertrags befreit die Parteien in Einklang mit Art. 82 Abs. 3 DSGVO auch nur dann von ihrer Haftung, wenn sie die Verletzung der in Ziff. 3 des Vertrags genannten Vorschriften **nicht zu vertreten** haben. In Ergänzung hierzu regelt Ziff. 7.2, dass die Parteien grundsätzlich **gesamtschuldnerisch** haften (Art. 82 Abs. 4 DSGVO). Die Ziff. 3 und 6 des Vertrags stehen insoweit in Einklang mit Art. 82 DSGVO; die Schadensersatzpflicht der Parteien ist nach Art. 46 Abs. 3 DSGVO zwingend vertraglich festzulegen. Die Vorschriften bieten bis hierhin keinen Verhandlungsspielraum. 30.99

Ziff. 7.3 des Vertrags regelt in Einklang mit Art. 82 Abs. 5 DSGVO den **Innenregress** der Vertragsparteien. Nach Ziff. 6.3 Standardvertrag I steht die dortige Regelung grundsätzlich zur Disposition der Vertragsparteien – dennoch empfiehlt sich die Aufnahme. Art. 82 Abs. 5 DSGVO dient dem gerechten Ausgleich der Parteien anhand ihrer Verschuldensanteile[187]. Vorliegend trifft den (jeweiligen) Datenimporteur „nur" die Verantwortung bezüglich des Imports und der vertragsgemäßen Verwendung der Daten im Rahmen der durchzuführenden e-discovery. Über Ziff. 7.3 des Vertrags könnte er sich für Schadensersatzforderungen, die im Verantwortungsbereich des Exporteurs liegen, bei diesem schadlos halten. Dies sollte erheblich zur Bereitschaft beitragen, den Vertrag zu unterzeichnen. 30.100

---

186 Zum Kreis der nach Gesetz möglichen Anspruchsberechtigten *Bergt* in Kühling/Buchner, Art. 82 DSGVO Rz. 13 ff.

187 *Bergt* in Kühling/Buchner, Art. 82 DS-GVO Rz. 60.

11. Rechtsbehelfe (Ziff. 8)

30.101 **M 30.1.10 Rechtsbehelfe**

8. Rechtsbehelfe

8.1 Die Parteien sind sich einig, dass sie im Falle einer Streitigkeit zwischen einer betroffenen Person und einer der Parteien, die unter Berufung auf die Drittbegünstigung nach Ziffer 3 nicht gütlich beigelegt werden kann, die Entscheidung der betroffenen Person akzeptieren werden:

(a) an einem Schlichtungsverfahren durch eine unabhängige Person oder ggf. die Aufsichtsbehörde teilzunehmen;

(b) den Streitfall zur Klärung an ein Schiedsgericht zu verweisen; oder

(c) den Streitfall an die Gerichte des EU-Mitgliedstaats zu verweisen, in dem der Datenexporteur ansässig ist.

8.2 Die Parteien sind sich einig, dass Ziffer 8.1 unbeschadet der materiellen oder prozessualen Rechte der betroffenen Person gilt, nach anderen Bestimmungen des nationalen oder internationalen Rechts Rechtsmittel einzulegen.

a) Ratio

30.102 Ziff. 8 i.V.m. Ziff. 3 des Vertrags regelt den **Rechtsschutz der betroffenen Person** sowohl über ein Schlichtungs- und Schiedsverfahren als auch auf dem ordentlichen Rechtsweg.

b) Schlichtungs- und Schiedsverfahren, Rechtsweg

30.103 Die Vorschrift entspricht im Wesentlichen Ziff. 7 Standardvertrag I. Die Gewährleistung einer Kontrolle der Datenverarbeitung durch unabhängige Stellen sowie die Möglichkeit für die Betroffenen, die Einhaltung der vertraglichen Schutzbestimmungen rechtlich und tatsächlich durchsetzen zu können, sind gemäß den Art. 77 ff. DSGVO als **Grundprinzipien geltenden Datenschutzrechts** nach Art. 46 Abs. 3 DSGVO zwingend vertraglich festzulegen.

30.104 Gemäß Ziff. 8.1 des Vertrags wird dem Betroffenen ein **Wahlrecht** eingeräumt, ob er die Streitigkeit einem Schlichtungsverfahren zuführen, in einem Schiedsverfahren behandeln oder sie an die ordentlichen Gerichte des Mitgliedstaates verweisen lassen will, in dem der Datenexporteur ansässig ist. Dieses **Recht auf unmittelbaren Rechtsschutz** resultiert aus Art. 79 DSGVO. Ziff. 8.1 lit. b des Vertrags greift dabei direkt die Möglichkeit der Schiedsgerichtsbarkeit auf, da sowohl Deutschland als auch die USA Vertragsparteien des UN-Übereinkommens über die Anerkennung und Vollstreckung ausländischer Schiedssprüche vom 10.6.1958 sind (Ziff. 7.2 Standardvertrag I ist hier offen formuliert)[188]. Ziff. 8.2 des Vertrags stellt klar, dass die vorgenannten Rechte unbeschadet etwaiger verfahrens- oder materiell-rechtlicher Rechte gelten, die dem Betroffenen anderweitig zustehen.

---

188 Vgl. *Posdziech*, Discovery, S. 196.

12. Kündigung des Vertrags (Ziff. 9)

M 30.1.11 Kündigung des Vertrags

30.105

9. Kündigung des Vertrags

Die Parteien sind sich einig, dass sie durch die Kündigung dieses Vertrags, wann, unter welchen Umständen und aus welchen Gründen auch immer, sie nicht von den Verpflichtungen und/oder Bestimmungen dieses Vertrags in Bezug auf die Verarbeitung der übermittelten Daten befreit werden.

a) Ratio

Ziff. 9 des Vertrags regelt die **Folgen der Kündigung** der Ad-hoc-Vertragsklauseln, bei denen es sich um eine Laufzeitvereinbarung handelt (s. Rz. 30.52). Diese soll nicht dazu führen, dass der durch den Vertrag begründete Schutz aufgehoben wird.

30.106

b) Kündigung der Ad-hoc-Vertragsklauseln

Die Vorschrift entspricht Ziff. 9 Standardvertrag I. Danach entbindet die Kündigung der Ad-hoc-Vertragsklauseln die Parteien nicht davon, über das Vertragsende hinaus die darin getroffenen Regelungen hinsichtlich des Datenumgangs zu beachten. Denn die Ad-hoc-Vertragsklauseln müssen nach Abschluss der **Disposition der Parteien entzogen** sein. Dies betrifft insbesondere den vorliegend auf die Durchführung einer e-discovery konkretisierten Vertragszweck, die Regelungen zu den Betroffenenrechten und die Vorschriften zum Aufbewahrungszeitraum und der Löschung/Vernichtung der Daten.

30.107

13. Anwendbares Recht (Ziff. 10)

M 30.1.12 Anwendbares Recht

30.108

10. Anwendbares Recht

Der Vertrag unterliegt dem Recht des EU-Mitgliedstaats in dem der Datenexporteur seinen Sitz hat.

Die Vorschrift entspricht Ziff. 10 Standardvertrag I und bestimmt das **anwendbare Recht**. Danach gilt das Recht des EU-Mitgliedstaates, in dem der Datenexporteur ansässig ist, vorliegend also deutsches Recht.

30.109

14. Änderungen des Vertrags (Ziff. 11)

M 30.1.13 Änderung des Vertrags

30.110

11. Änderung des Vertrags

Die Parteien verpflichten sich, den Wortlaut dieses Vertrags nicht zu verändern.

30.111 Die Vorschrift entspricht Ziff. 11 Standardvertrag I und regelt, dass die Ad-hoc-Vertragsklauseln **unveränderbar** sind. Denn diese müssen nach Abschluss der Disposition der Parteien entzogen sein (s. Rz. 30.107). Es besteht also nach Abschluss des Genehmigungsverfahrens keine Möglichkeit der inhaltlichen Änderung durch die Parteien. Dies betont noch einmal die Notwendigkeit, in einem frühen Verfahrensstadium über Datenschutzgarantien wie die vorliegenden Ad-hoc-Vertragsklauseln zu sprechen. Sobald sich die Parteien über deren Umfang verständigt haben, ist die Unabänderbarkeit nicht weiter hinderlich.

§ 31
Verbindliche interne Datenschutzvorschriften für Verantwortliche

Literatur: *Abel*, Umsetzung der Selbstregulierung, Probleme und Lösungen, RDV 2003, 11; *Art. 29-Datenschutzgruppe*, Arbeitsdokumente WP 12, 74, 108, 133, 153, 154, 155, 195/195a, 204; *Auer-Reinsdorff/Conrad*, Handbuch IT- und Datenschutzrecht, § 35 Grenzüberschreitende Datenverarbeitung, 3. Aufl. 2019; *Bergt*, Verhaltensregeln als Mittel zur Beseitigung der Rechtsunsicherheit in der Datenschutz-Grundverordnung, CR 2016, 670; *Conrad/Hausen*, Datenschutzgerechte Löschung personenbezogener Daten, ITRB 2011, 35; *Czeszak*, ZD-Aktuell 2020, 07250; *Europäischer Datenschutzausschuss (EDSA)*, Arbeitsdokumente WP 254, 256 rev.01, 257 rev.01, 263 rev.01, 264, 265; *Filip*, Binding Corporate Rules (BCR) aus der Sicht einer Datenschutzaufsichtsbehörde, ZD 2013, 51; *Gola*, Handbuch Beschäftigtendatenschutz, 8. Aufl 2019; *Gola/ Schomerus*, BDSG, 12. Aufl. 2015; *Gola/Pötters/Wronka*, Handbuch Arbeitnehmerdatenschutz, 7. Aufl. 2016; *Golland*, Datenschutzrechtliche Anforderungen an internationale Datentransfers, NJW 2020, 2593; *Grapentin*, Haftung und anwendbares Recht im internationalen Datenverkehr, EU-Standardvertragsklauseln und Binding Corporate Rules, CR 2011, 102; *Grapentin*, Datenschutz und Globalisierung – Binding Corporate Rules als Lösung?, CR 2009, 693; *Heil*, Privacy Policies, Binding Corporate Rules und verbindliche Unternehmensregelungen, DuD 2009, 228; *Herfurth/Engel*, Codes of Conduct im Konzern?, ZD 2017, 367; *Hladijk*, Checkliste Binding Corporate Rules: Vereinfachung des Datenaustauschs in euro-pazifischen Konzernen, Datenschutzpraxis 2014, 85; *Jotzo*, Der Schutz personenbezogener Daten in der Cloud, 2. Aufl. 2020; *Kort*, Verhaltensstandardisierung durch Corporate Compliance, NZG 2008, 81; *Kranig/Peintinger*, Selbstregulierung im Datenschutzrecht, ZD 2014, 3; *Krieger/Rudnik*, Arbeitsrechtliche Fragen nach dem Brexit, EuZW-Sonderausgabe 1/2020, S. 20; *Krings/Mammen*, Zertifizierungen und Verhaltensregeln – Bausteine eines modernen Datenschutzes für die Industrie 4.0, RDV 2015, 231; *Lachenmann*, Internationale Datentransfers: Die Entwürfe der EU-Kommission für neue Standardvertragsklauseln, ZD-Aktuell 2020, 07417; *Schröder*, Die Haftung für Verstöße gegen Privacy Policies und Codes of Conduct nach US-amerikanischem und deutschem Recht, 2007; *Schwartmann/Weiß*, Co-Regulierung vor einer neuen Blüte – Verhaltensregeln und Zertifizierungsverfahren nach der Datenschutzgrundverordnung, RDV 2016, 240; *Spindler*, Selbstregulierung und Zertifizierungsverfahren nach der DS-GVO, ZD 2016, 407; *Taeger/Gabel*, Kommentar zum BDSG, 2. Aufl. 2013; *Tinnefeld/Rauhofer*, DuD 2008, 717 (721); *Voskamp*, Transnationaler Datenschutz – globale Datenschutzstandards durch Selbstregulierung, 2015; *Wisskirchen*, Grenzüberschreitender Transfer von Arbeitnehmerdaten, CR 2004, 862; *Wybitul/Ströbel/Rueß*, Übermittlung personenbezogener Daten in Drittländer, ZD 2017, 503.

A. Einleitung

I. Verbindliche Unternehmensregelungen als rechtssicherer Rahmen

1. Sinn und Zweck von BCR

Weltweit operierende Konzerne sind aufgrund der fortschreitenden Globalisierung und der zunehmenden Vernetzung der unternehmensinternen Strukturen auf Datenübertragungen an Empfänger außerhalb der EU/EWR-Mitgliedstaaten angewiesen. Daten von Kunden, Mitarbeitern oder Vertragspartnern verbleiben meist nicht mehr bei dem ursprünglichen Unternehmen oder Unternehmensteil, von dem die Daten erhoben wurden, sondern werden an andere Unternehmen des Konzerns, etwa zur Einrichtung einer zentralen Kundendatenbank, übermittelt oder, vor allem in Clouds, bereitgestellt. Dabei ist der Datentransfer in Länder außerhalb der EU/des EWR aufgrund der strengen europäischen und nationalen Anforderungen an den Datenschutz mit hohen Risiken verbunden, denn jeder Datenaustausch, auch wenn er innerhalb einer Unternehmensgruppe vorgenommen wird, stellt aufgrund des in der DSGVO fehlenden Konzernprivilegs eine Datenübermittlung i.S.d. Art. 44 ff. bzw. eine Verarbeitung i.S.d. Art. 4 Nr. 2 DSGVO dar, die die einschlägigen datenschutzrechtlichen Anforderungen erfüllen muss. Als ergänzendes Instrument zur Sicherstellung der datenschutzrechtlichen Anforderun-

31.1

gen bei konzerninternen und insbesondere bei weltweiten Datentransfers ermöglicht und fördert die DSGVO eine erhebliche Ausweitung der freiwilligen **Selbstregulierung** im Rahmen von verbindlichen Unternehmensregelungen (Binding Corporate Rules, BCR). Voraussetzung ist, dass die verbundenen Rechtseinheiten einer gemeinsamen Wirtschaftstätigkeit nachgehen. Es müssen nicht zwingend Gesellschaften eines zusammengehörenden Konzerns gegeben sein; es können auch Gruppen mehrerer Unternehmen im Rahmen eines Joint Venture oder Arbeitsgemeinschaften (ARGE) sein[1]. BCR bieten damit vor allem multinationalen Konzernen Vorteile.

31.1a Werden die verbindlichen internen Datenschutzvorschriften (BCR) von der federführenden Aufsichtsbehörde genehmigt[2], stellen sie eine zulässige Grundlage für eine Datenübermittlung in Drittländer i.S.d. Art. 46 Abs. 2 lit. b i.V.m. Art. 47 DSGVO dar. Vor allem hinsichtlich der Flexibilität bei komplexen Datenübermittlungen bieten sich BCRs an; sie gelten für eine Vielzahl an komplexen Verarbeitungen und müssen nicht wie Standardvertragsklauseln einzeln für bestimmte Verarbeitungen abgeschlossen werden[3]. Damit gewinnen die verbindlichen Unternehmensregelungen zunehmend an Bedeutung, zumal sich die Auswahl an praktikablen Rechtsinstrumenten für einen weltweiten, konzerninternen Datentransfer durch das Schrems II-Urteil des EuGH, das die Zulässigkeit der Datenübermittlung auf Grundlage des EU-U.S. Privacy Shield aufhob (Rz. 28.22, Rz. 31.12c ff.), signifikant verringert hat.

31.2 Die DSGVO unterscheidet zwischen Verhaltensregeln und BCR.

Verhaltensregeln (Art. 40 ff. DSGVO) wie auch verbindliche Unternehmensregelungen (Art. 47 DSGVO) sind Instrumente der (kontrollierten) Selbstregulierung[4], dienen aber unterschiedlichen Zwecken. Verhaltensregeln dienen der Präzisierung der vielfach generischen Rechtsvorschriften der DSGVO. Normadressaten sind Institutionen, insbesondere Wirtschaftsverbände, nicht aber einzelne Unternehmen. Unternehmensgruppen und Konzerne fallen hingegen nicht unter Art. 40 DSGVO, so dass sie sich keine Verhaltensregeln geben können[5].

Verhaltensregeln stellen vor allem keine Garantie i.S.d. Art. 46 Abs. 2 DSGVO dar, bei BCR hingegen steht genau dies im Vordergrund.

Im Unterschied zu den Verhaltensregeln sind BCR als Mittel der Selbstregulierung ausdrücklich für Unternehmen und Konzerne oder einer Gruppe von Unternehmen wie Joint Ventures o.Ä. vorgesehen[6]. Sie betreffen im Wesentlichen den **Drittlandtransfer** in Staaten ohne angemessenes datenschutzrechtliches Schutzniveau. Diese BCR sind Gegenstand des vorliegenden Kapitels.

Das Vorhandensein von BCR hat Rechtsfolgen: Macht ein Unternehmen Angaben über Vorhandensein, behördliche Anerkennung und/oder Befolgung von Verhaltenskodizes bzw. BCR, müssen diese den Tatsachen entsprechen. Diesbezüglich falsche Behauptungen gelten als Irreführung und unlauteres Verhalten im Geschäftsverkehr (§ 5 Abs. 1 Satz 1 Nr. 6 UWG), werden dementsprechend sanktioniert bzw. führen zur Unzulässigkeit der BCR[7]. Art. 41 DSGVO sieht zudem einen Überwachungsmechanismus für die Einhaltung der genehmigten BCR vor.

---

1 *Ziebarth* in Sydow, Art. 4 DSGVO Rz. 225, 226; *Jotzo*, „Der Schutz personenbezogener Daten in der Cloud", S. 192 Rz. 320.

2 *EDSA*, Empfehlungen zu Beantragung von BCR für Verantwortliche (WP 264; Empfehlungen zu Beantragung von BCR für Auftragsverarbeiter (WP 265); abrufbar unter https://ec.europa.eu/info/law/law-topic/data-protection/international-dimension-data-protection/binding-corporate-rules-bcr_en.

3 *DSK*-Kurzpapier Nr. 4, „Datenübermittlung in Drittländer", Stand: 22.7.2019, Ziff. 2 a), S. 2, abrufbar unter https://www.datenschutzkonferenz-online.de/media/kp/dsk_kpnr_4.pdf.

4 *Kranig/Peintinger*, ZD 2014, 3.

5 *Bergt/Pesch* in Kühling/Buchner, Art. 40 DSGVO Rz. 11 ff.; *Herfurth/Engel*, ZD 2017, 367; *Lepperhoff* in Gola, Art. 40 DSGVO Rz. 8.

6 *Ziebarth* in Sydow, Art. 4 DSGVO Rz. 226; *Wieczorek* in Specht/Mantz, § 7 Internationaler Datentransfer, Rz. 25.

7 *Gola/Schomerus*, § 38a BDSG a.F. Rz. 3a.

2. Rechtliche Entwicklung der BCR

a) Rechtslage bis 24.5.2018

Die Richtlinie 95/46/EG erwähnte die BCR nicht ausdrücklich. **Art. 26 Abs. 2 Richtlinie 95/46/EG** 31.3
sah aber vor, dass für den Datentransfer in ein Drittland ohne angemessenes Schutzniveau eine Ausnahme von dem Erfordernis eines solchen Schutzniveaus gemacht werden konnte, wenn ein Unternehmen Vertragsklauseln verwendete, die ausreichende Garantien hinsichtlich des Schutzes der Privatsphäre, der Grundrechte und der Grundfreiheiten betroffener Personen sowie hinsichtlich der
Ausübung der damit verbundenen Rechte herstellten.

Im deutschen Recht galten lediglich zwei Regelungen: § 38a BDSG a.F. regelte die Anerkennung all- 31.4
gemeiner Verhaltensregelungen, meist als **Code of Conduct** bezeichnet, durch Berufs- und Dachver-
bände für deren Mitglieder. Dabei handelte es sich nicht um BCR im engeren Sinne. § 4c Abs. 2
BDSG a.F., der für grenzüberschreitende Datentransfers Anwendung fand, ließ **verbindliche Unternehmensregelungen** als ausreichende Garantien im Sinne dieser Vorschrift für eine Genehmigungsfähigkeit dieser Transfers zu. Diese Bestimmungen finden unter der DSGVO keine Anwendung mehr.

b) Rechtslage ab Geltung der DSGVO

Grundsätzlich geht die DSGVO dem einzelstaatlichen oder Vertragsrecht vor, sofern nicht eine Öff- 31.5
nungsklausel der DSGVO einen entsprechenden Gestaltungsspielraum zulässt[8]. Bei Datentransfers
können lediglich Beschränkungen bei der Übermittlung bestimmter Datenkategorien an Drittländer
vorgenommen werden (Art. 49 Abs. 5 DSGVO). Das an die Anforderungen der DSGVO angepasste
BDSG enthält demzufolge mangels Öffnungsklauseln keine einschlägigen Bestimmungen. Der bisherige § 4c Abs. 2 BDSG a.F. wird durch die Art. 46, 47 DSGVO ersetzt.

Die maßgeblichen Rechtsgrundlagen für das hier vorgestellte Vertragsmuster sind folgende:

Art. 4 Nr. 20 DSGVO enthält eine Legaldefinition von BCR. Danach handelt es sich um Maßnahmen
zum Schutz personenbezogener Daten, zu deren Einhaltung sich ein im Hoheitsgebiet eines Mitgliedstaats niedergelassener Verantwortlicher oder Auftragsverarbeiter verpflichtet im Hinblick auf Datenübermittlungen oder eine Kategorie von Datenübermittlungen personenbezogener Daten an einen
Verantwortlichen oder Auftragsverarbeiter derselben Unternehmensgruppe oder derselben Gruppe
von Unternehmen, die eine gemeinsame Wirtschaftstätigkeit ausüben, in einem oder mehreren Drittländern.

Die Einzelheiten und Voraussetzungen von BCR regelt Art. 47 DSGVO.

3. Inhaltliche Vorgaben für BCR

a) Rechtslage vor Geltung der DSGVO

In der Praxis hatten sich bei der Gestaltung von BCR erhebliche Schwierigkeiten ergeben, da sich kon- 31.6
krete inhaltliche Vorgaben weder in Art. 26 Abs. 2 Richtlinie 95/46/EG noch in § 4c Abs. 2 BDSG a.F.[9]
fanden. Die **Art. 29-Datenschutzgruppe** hat daher eine Reihe von **Arbeitspapieren** (Working Papers
– WP) erarbeitet, die zwar nicht verbindlich sind, aber eine – gelegentlich idealtypische – Hilfestellung
zur Formulierung von BCR aus Sicht der Datenschutzbehörden darstellen[10]. Dabei bietet insbesondere das Arbeitsdokument „Rahmen für verbindliche unternehmensinterne Datenschutzregelungen
(BCR)" **(WP 154)** einen Überblick darüber, wie eine verbindliche Unternehmensregelung struktu-

---

8 *Laue/Kremer*, § 1 Einführung Rz. 115 f.
9 Nicht mehr gültig, § 4 BDSG a.F. entfällt.
10 Alle Dokumente sind abrufbar unter: https://ec.europa.eu/justice/article-29/documentation/opinion-re
   commendation/index_en.htm.

riert werden sollte und wie sie inhaltlich aussehen könnte. Dieses Arbeitspapier wird flankiert von dem „Arbeitsdokument mit einer Übersicht über die Bestandteile und Grundsätze verbindlicher unternehmensinterner Datenschutzregelungen (BCR)" (**WP 153**) und dem Arbeitsdokument zu „Häufig gestellten Fragen über verbindliche unternehmensinterne Datenschutzregelungen (BCR)" (**WP 155**). Weitere wichtige Dokumente sind das Arbeitsdokument „Festlegung eines Kooperationsverfahrens zwecks Abgabe gemeinsamer Stellungnahmen zur Angemessenheit der verbindlich festgelegten unternehmensinternen Datenschutzgarantien" (**WP 107**), das Arbeitsdokument „Muster-Checkliste für Anträge auf Genehmigung verbindlicher unternehmensinterner Datenschutzregelungen" (**WP 108**) und die „Recommendation 1/2007 on the Standard Application for Approval of Binding Corporate Rules for the Transfer of Personal Data" (**WP 133**).

31.7 Diese Arbeitspapiere bildeten die Grundlage für die inhaltlichen Voraussetzungen an BCR. Die für die Erstellung und Beantragung von verbindlichen Unternehmensregelungen für Verantwortliche oder Auftragsverarbeiter erforderlichen Inhalte wurden von der Art. 29-Datenschutzgruppe in fünf Dokumenten konsolidiert[11]. Aus den Arbeitspapieren ging letztlich Art. 47 DSGVO hervor[12]. Sie können daher nach wie vor als grundlegende Gesichtspunkte für die Ausgestaltung (auch) von BCR herangezogen werden.

Weitere Anhaltspunkte für die inhaltliche Ausgestaltung der BCR geben drei Entscheidungen der EU-Kommission über die Standardvertragsklauseln[13]. Zu beachten sind allerdings die ergänzenden Anforderungen des EuGH im Urteil Schrems II (s. Teil 5 § 28 – EU-Standarddatenschutzklauseln für die Übermittlung personenbezogener Daten an Auftragsverarbeiter in Drittländer).

31.8 In Deutschland gaben zwei anerkannte Unternehmensrichtlinien aus bedeutenden Branchen, die unter dem früheren Recht entstanden waren, Hinweise darauf, wie BCR im Ergebnis aussehen konnten. Der „Code of Conduct für Kunden/Lieferanten" der Daimler AG und die „Leitlinien (Code of Conduct) zum Schutz der Persönlichkeitsrechte im Umgang mit personenbezogenen Daten in der Deutschen Telekom Gruppe"[14] stellten unternehmensbezogene BCR dar, die von den deutschen Datenschutzbehörden anerkannt und damit die auf dieser Grundlage durchgeführten grenzüberschreitenden Datentransfers i.S.v. § 4c Abs. 2 BDSG a.F. genehmigt worden waren[15]. Sie werden unter der DSGVO nicht mehr in dieser Form eingesetzt oder in eine Verhaltensrichtlinie in einem Compliance-Zusammenhang zusammengeführt.

---

11 Abrufbar unter: https://ec.europa.eu/info/law/law-topic/data-protection/international-dimension-data-protection/binding-corporate-rules-bcr_en#howistheleadauthoritychosen.

12 WP 256 rev.01, S. 3.

13 Entscheidung der Kommission 2001/497/EG v. 15.6.2001 hinsichtlich Standardvertragsklauseln für die Übermittlung personenbezogener Daten in Drittländer nach der Richtlinie 95/46/EG, ABl. EG Nr. L 181 v. 4.7.2001, 19; Entscheidung der Kommission 2004/915/EG v. 27.12.2004 hinsichtlich der Einführung alternativer Standardvertragsklauseln für die Übermittlung personenbezogener Daten in Drittländer, ABl. EG Nr. L 385 v. 29.12.2004, 74; Entscheidung der Kommission 2002/16/EG v. 27.12.2001 hinsichtlich Standardvertragsklauseln für die Übermittlung personenbezogener Daten an Auftragsverarbeiter in Drittländern nach der Richtlinie 95/46/EG, ABl. EG Nr. L 6 v. 10.1.2002, 52.

14 In veränderter Version abrufbar über www.telekom.com/code-of-conduct.

15 Die „Verhaltensregeln für den Umgang mit personenbezogenen Daten durch die deutsche Versicherungswirtschaft" des Gesamtverbandes der Deutschen Versicherungswirtschaft e.V. sind hingegen anerkannte Verhaltensregeln eines Verbandes i.S.d. § 38a BDSG a.F.; sie unterscheiden sich von BCR dadurch, dass sie auf einer anderen Rechtsgrundlage beruhen, keine unternehmensspezifischen, sondern nur generalisierende Regelungen enthalten, nicht als Grundlage der Zulässigkeit bzw. Genehmigung unternehmensinterner grenzüberschreitender Datentransfers taugen und keine automatische Rechtsverbindlichkeit für sämtliche Verbandsmitglieder besitzen. Vielmehr müssen sich die einzelnen Unternehmen ausdrücklich unterwerfen.

b) Rechtslage seit Geltung der DSGVO

Die DSGVO legt, anders als die Richtlinie 95/46/EG, in Art. 47 wesentliche Merkmale i.S. inhalt- **31.9**
licher Mindestanforderungen für die Ausgestaltung von BCR fest und schreibt auch das Genehmigungsverfahren nach Art. 63 DSGVO vor. Die inhaltlichen Vorgaben orientieren sich stark an den bisherigen Empfehlungen der Aufsichtsbehörden und der Art. 29-Datenschutzgruppe (s. Rz. 31.6), so dass die dort niedergelegten Gesichtspunkte nach wie vor zur Ausfüllung und Interpretation der Erfordernisse des Art. 47 DSGVO herangezogen werden können. Art. 70 Abs. 1 lit. i DSGVO enthält den Auftrag an den europäischen Datenschutzausschuss, zur näheren inhaltlichen Konkretisierung der Kriterien und Anforderungen an BCR Leitlinien, Empfehlungen und Best-Practice-Beispiele zu veröffentlichen. In seinen ersten Arbeitspapieren (die die Nummerierung der Arbeitspapiere der Art. 29-Datenschutzgruppe fortsetzen und z.T. konsolidierend aufgreifen) hat der EDSA erste Hinweise auch zur Anwendung der vom EuGH aufgestellten Anforderungen an Drittstaatentransfers gegeben[16].

Art. 47 DSGVO stellt neue und präzisierte inhaltliche Anforderungen an BCR. Es besteht nun ein **31.9a**
Beschwerderecht für Betroffene. Zudem werden höhere Anforderungen an die Transparenz der BCR gestellt, um Betroffene über ihre Rechte, die in den BCR enthaltenen Haftungsregelungen bei Datenschutzverstößen und Angaben zu den geltenden Datenschutzgrundsätzen zu informieren. Der Anwendungsbereich der BCR ist zu spezifizieren, und die einzelnen Bestimmungen sollen Angaben zur Struktur, den Mitgliedern, den Datenübermittlungen mit konkreter Benennung der Arten personenbezogener Daten, Art und Zweck der Datenverarbeitung sowie Kategorien betroffener Personen und der Drittländer enthalten. Außerdem sind die Datenschutzgrundsätze des Art. 5 DSGVO sowie zusätzliche Prinzipien des Art. 47 Abs. 2 DSGVO, wie Maßnahmen zur Datensicherheit oder Garantien für die Verarbeitung personenbezogener Daten, in die BCR aufzunehmen. Zudem hat jedes als Verantwortlicher handelnde Mitglied angemessen Rechenschaft darüber abzulegen, dass es die BCR einhält[17]. Die BCR sollen nun ein Meldeverfahren über rechtliche Bestimmungen der Drittländer vorsehen. Mit Auftragsverarbeitern sind Processor-BCR abzuschließen, die die Verpflichtungen des Art. 28 DSGVO angemessen berücksichtigen[18]. Siehe auch Teil 5 § 32, Rz. 32.1 ff.

Seit Geltungsbeginn der DSGVO haben sechs Unternehmensgruppen das Genehmigungsverfahren[19] durchlaufen, davon ein Konzern mit Controller-BCR und Processor-BCR. Drei davon haben bisher ihre BCR öffentlich gemacht, Equinix Inc.[20], Fujikira Automotive Europe Group (FAE Group)[21] und Jotun[22]. Schwierig erscheint bei Equinix Inc. der Umstand, dass die britische Aufsichtsbehörde die Federführung innehat. Bis Ende des Jahres 2020 ist aufgrund des Brexit eine andere Lead Authority einzusetzen und der Genehmigungsprozess innerhalb dieser Frist erneut zu starten.

---

16 Z.B. *EDSA*, FAQ on the judgement of the ECJ in Case C-311/18.
17 WP 256 rev.01, Ziff. 1.1, S. 4.
18 WP 256 rev.01, Ziff. 1.1, S. 3 f.
19 Übersicht und Stellungnahmen der EDSA genehmigter BCR abrufbar unter https://edpb.europa.eu/our-work-tools/accountability-tools/bcr_de.
20 Veröffentlichte BCR abrufbar unter https://www.equinix.com/company/legal/privacy/global-privacy-policy/.
21 Veröffentlichte BCR abrufbar unter http://www.fujikura-automotive.com/sites/default/files/documents/BCR.pdf.
22 Veröffentlichte BCR abrufbar unter: https://www.jotun.com/co/en/corporate/career/the-recruitment-process/recruitment-privacy-statement.aspx.

II. Rechtliche Zulässigkeit von Datentransfers in Drittländer

1. Rechtlicher Rahmen

a) Europäische Union

31.10 Innerhalb der EU/des EWR stellt die DSGVO an grenzüberschreitende Datentransfers aufgrund der von ihr geschaffenen rechtlichen Vereinheitlichung keine besonderen Anforderungen. Da innerhalb der EU/EWR-Mitgliedstaaten ein vergleichbar hohes Datenschutzniveau existiert, sind konzerninterne Datenübermittlungen innerhalb der EU/des EWR bei Vorliegen der allgemeinen Übermittlungsvoraussetzungen stets zulässig.

b) Drittstaaten

31.10a Für den grenzüberschreitenden Datentransfer an Empfänger in **Staaten außerhalb der EU/des EWR**, sog. Drittstaaten, wurden die bisher bereits bestehenden Sonderregelungen im Grundsatz beibehalten, wurden jedoch im Einzelnen präzisiert und verschärft. Unverändert besteht bleibt die bisherige Vorgehensweise der 2-stufigen Prüfung (Art. 46, 49 DSGVO). Danach sind **zunächst die allgemeinen Rechtmäßigkeitsvoraussetzungen** für eine Verarbeitung, insbesondere des Art. 6 DSGVO, und, soweit erforderlich, sonstige Bedingungen wie beispielsweise bei der Auftragsverarbeitung nach Art. 28 DSGVO zu erfüllen[23]. In einem **zweiten Schritt** wird sodann geprüft, ob bei dem Datenempfänger ein **angemessenes Datenschutzniveau** i.S.d. Art. 45 ff. DSGVO sichergestellt ist.

aa) Angemessenheitsbeschluss

31.11 Zur individuellen Sicherung eines angemessenen Datenschutzniveaus stehen folgende Instrumente zur Verfügung:

Datentransfers sind zulässig, wenn im Empfängerstaat generell ein **angemessenes Datenschutzniveau** besteht, das dem der EU gleichwertig ist[24]. Die Angemessenheit des vom Drittstaat gebotenen Schutzniveaus wird gem. Art. 45 DSGVO von der Europäischen Kommission beurteilt und festgestellt. Bisher hat die Europäische Kommission nur für einige wenige Länder[25] ein angemessenes Datenschutzniveau bestätigt.

Befindet sich das konzerninterne Unternehmen, dem Daten übermittelt werden sollen, in einem Drittstaat ohne angemessenes Schutzniveau[26], so ist die Datenübermittlung grundsätzlich unzulässig, wenn nicht einer der gesetzlichen Ausnahmetatbestände der Art. 46, 49 DSGVO erfüllt ist. Weiteres zu Angemessenheitsbeschlüssen siehe Teil 6, § 37.

bb) Kein Angemessenheitsbeschluss

31.11a Liegt kein Angemessenheitsbeschluss nach Art. 45 DSGVO vor, ist eine Datenübermittlung bei Sicherstellung geeigneter Garantien nach Art. 46 DSGVO möglich. Ein Hauptanwendungsfall ist neben Zertifizierungen und Standardvertragsklauseln (s. dazu im Einzelnen § 28) die Vereinbarung verbindlicher interner Datenschutzvorschriften (BCR) i.S.d. Art. 47 DSGVO (s. dazu unten Rz. 31.14).

cc) Ausnahme

31.11b Art. 49 DSGVO gestattet den Drittlandtransfer nur für einige enumerativ aufgeführte Sondersituationen, z.B. für Zwecke der Rechtsverfolgung oder für die Erfüllung von Verträgen, etwa bei Finanz-

---

23 Vgl. ausführlich *Laue/Kremer*, § 5 Rz. 33 ff.
24 *Golland*, NJW 2020, 2593 Rz. 2; EuGH v. 16.7.2020 – C-311/18, Rz. 96 und Rz. 105.
25 Eine aktuelle Liste der Entscheidungen der EU-Kommission ist abrufbar unter: https://ec.europa.eu/in fo/law/law-topic/data-protection/international-dimension-data-protection/adequacy-decisions_en.
26 Dazu gehören viele wichtige Handelspartner wie USA, China, Japan oder Indien.

dienstleistungen (z.B. der Nutzung von Kreditkarten), Einkäufen im Versandhandel oder Flug- und Hotelbuchungen. Outsourcing in Drittländer und konzerninterne Datenflüsse fallen nach überwiegender Auffassung jedoch nicht unter Art. 49 DSGVO[27].

c) Nicht mehr anwendbar: Swiss-US Privacy Shield

In den USA wird nach Auffassung der EU-Kommission und des deutschen Gesetzgebers kein für europäische Verhältnisse angemessenes Datenschutzniveau garantiert. Um den Datentransfer zu einem der wichtigsten Handelspartner nicht zum Erliegen zu bringen, vereinbarten die EU und USA zunächst die Grundsätze des „Sicheren Hafens" (Safe Harbor). Nach dessen Verwerfung durch den EuGH vereinbarten die EU und die USA den **Privacy Shield**[28] als neues Rahmenwerk für den gegenseitigen Datenaustausch, für den die europäische Kommission einen Angemessenheitsbeschluss erlassen hat. Dessen Anwendungsbereich war begrenzt auf solche Übermittlungen aus der EU an US-Organisationen, die in der vom US-Handelsministerium veröffentlichten „Datenschutzschild-Liste"[29] aufgeführt waren. Mehr zum EuGH-Urteil C-311/2018 v. 16.7.2020 unter Rz. 28.25 ff. 31.12

Das „Swiss-US Privacy Shield" wird zwar von dem Urteil des EuGH nicht unmittelbar berührt, da dieses in der Schweiz keine Auswirkungen hat. Nach Ansicht des Eidgenössischen Datenschutzbeauftragten (EDÖB) dient das CH-US Privacy Shield dennoch nicht mehr als Garantie i.S.v. Art. 6 Abs. 2 des schweizerischen Datenschutzgesetzes[30], so dass Datenübermittlungen aus der Schweiz faktisch ebenfalls nicht mehr auf dieses Abkommen gestützt werden können.

d) Konsequenzen für BCR durch Brexit

Zum 31.1.2020 ist Großbritannien aus der EU ausgetreten. Die Übergangsfrist endete am 31.12.2020[31]. Datenschutzrechtlich bedeutet dies, dass das Vereinigte Königreich und Nordirland („VK") nach dem 1.1.2021 als Drittland nach Art. 44 DSGVO einzustufen ist, solange die Europäische Kommission keinen Angemessenheitsbeschluss[32] (vgl. Rz. 31.11 f.) erlässt. Ob und zu welchem Zeitpunkt dies geschieht, ist derzeit ungewiss. Das hat auch Konsequenzen für bereits bestehende BCR: 31.12a

Anpassungsbedarf für bestehende BCR entsteht, wenn sich die federführende Aufsichtsbehörde („Lead Authority") in Großbritannien befindet oder Datenübermittlungen nach Großbritannien erfolgen[33]. Letzteres bedeutet in praktischer Hinsicht, dass die gesamten BCR, einschließlich der Dokumentation, der Realisierung der Datenschutzgrundsätze, der erforderlichen Maßnahmen und der Umsetzung der Betroffenenrechte, an den Drittlandstatus anzupassen wären. Eine britische Aufsichtsbehörde kann nach dem Brexit nicht mehr Lead Authority für BCR sein, insofern können in dieser Hinsicht keine weiteren Regelungen zwischen der EU und Großbritannien geschlossen werden.

Damit die BCR auch nach dem Austritt Großbritanniens aus der EU ihre Gültigkeit behalten, ist eine andere Aufsichtsbehörde im EWR zu ermitteln, die die federführende Aufgabe als „Lead Authority" wahrnehmen wird. Daraufhin ist in Abstimmung mit der britischen Aufsichtsbehörde (Information Commissioner's Office, „ICO") und vor Ablauf der Übergangsfrist ein neues Genehmigungsverfahren 31.12b

---

27 *Golland*, NJW 2020, 2593 Rz. 14 m.w.N.
28 Durchführungsbeschluss (EU) 2016/1250 v. 12.7.2016.
29 Abrufbar unter: https://www.privacyshield.gov/list.
30 *EDÖB*, Stellungnahme v. 8.9.2020, S. 5 f., abrufbar unter: https://www.edoeb.admin.ch/edoeb/de/home/datenschutz/handel-und-wirtschaft/uebermittlung-ins-ausland/datenuebermittlung-in-die-usa.html.
31 Art. 126 AustrittsAbk (2019/C 384 I/01), S. 61.
32 Die derzeitigen Angemessenheitsbeschlüsse der EU-Kommission sind abrufbar unter: https://ec.europa.eu/info/law/law-topic/data-protection/international-dimension-data-protection/adequacy-decisions_en.
33 *EDSA*, Informationsvermerk v. 12.2.2019, abrufbar unter: https://edpb.europa.eu/sites/edpb/files/files/file1/edpb-2019-02-12-infonote-bcrs-brexit_en.pdf.

anzustoßen. Der Europäische Datenschutzausschuss („EDSA") verfasst anschließend eine Stellungnahme[34]. Welche Schritte Unternehmen zur Änderung der BCR in diesem Rahmen einleiten müssen, ist im Anhang des Informationsvermerks des EDSA in einer Checkliste dargestellt[35].

e) Konsequenzen für BCR durch Ungültigkeit des EU-U.S.-Privacy Shield

31.12c   In den USA besteht nach Auffassung der EU-Kommission und des deutschen Gesetzgebers kein für europäische Verhältnisse angemessenes Datenschutzniveau. Um den Datentransfer zu einem der wichtigsten Handelspartner nicht zum Erliegen zu bringen, vereinbarten EU und USA zunächst die Grundsätze des „Sicheren Hafens" (Safe Harbor)[36] auf Grundlage eines Handelsabkommens[37]. Nach dessen Verwerfung durch den EuGH[38] entwickelten die EU und die USA den **Privacy Shield**[39] als neues Rahmenwerk für den gegenseitigen Datenaustausch, für den die europäische Kommission einen Durchführungsbeschluss erlassen hatte[40], die Schweiz verhandelte separat den Swiss-EU Privacy Shield. Dessen Anwendungsbereich war begrenzt auf Übermittlungen aus der EU bzw. der Schweiz an solche US-Organisationen, die in der vom US-Handelsministerium veröffentlichten „Datenschutzschild-Liste"[41] aufgeführt waren, ebenso galt die Zertifizierung im Rahmen der Privacy-Shield-Liste für den EU-U.S.-Privacy Shield. Der von der EU-Kommission erlassene Durchführungsbeschluss wurde aufgrund einer Nichtigkeitsklage gem. Art. 263 AEUV vom EuGH überprüft und mit Urteil vom 16.7.2020 für ungültig erklärt[42]. Eine Übergangsfrist ist nicht vorgesehen, die Rechtswirkung, nämlich die Unanwendbarkeit des Privacy Shield als Grundlage für Datenübermittlungen in die USA, trat sofort nach Urteilsverkündung ein[43].

31.12d   Die Entscheidung wird vor allem mit den hohen Risiken für die Rechte und Freiheiten Betroffener durch zu weitgehende Zugriffsmöglichkeiten von US-Behörden begründet. Bemängelt wurde ein fehlendes Schutzniveau aufgrund der zu weit gehenden Zugriffe der US-Behörden und von Überwachungsprogrammen[44] und dass der Rechtsschutz für Betroffene aus der EU zudem nicht hinreichend garantiert würde[45]. Der Gerichtshof stellte dazu eine Unverhältnismäßigkeit hinsichtlich der Unabhängigkeit des von der US-Regierung eingesetzten Ombudsmanns fest.

Sollten keine anderen Garantien für den Schutz personenbezogener Daten gefunden werden, hat ein Verantwortlicher Datenübermittlungen in die USA laut Empfehlungen des EuGH nunmehr auszusetzen[46]. Als Ausweg können sog. „SCC+" (Standard Contractual Clauses + zusätzliche Garantien), d.h. Standardvertragsklauseln mit zusätzlichen Maßnahmen hinsichtlich der Datenübermitt-

---

34 *EDSA*, Pressemitteilung 13/2020, S. 6-9, abrufbar unter: https://edpb.europa.eu/news/news/2020/european-data-protection-board-thirty-fifth-plenary-session-information-note-binding_de.

35 *EDSA*, Informationsvermerk v. 22.7.2020, abrufbar unter: https://edpb.europa.eu/sites/edpb/files/files/file1/edpb_informationnoteforgroupswithicoasbcrleadsa_20200722.pdf.

36 Entscheidung 2000/520/EG der Kommission v. 26.7.2000 gemäß der Richtlinie 95/46/EG des Europäischen Parlaments und des Rates über die Angemessenheit des von den Grundsätzen des „sicheren Hafens" und der diesbezüglichen „Häufig gestellten Fragen" (FAQ) gewährleisteten Schutzes, vorgelegt vom Handelsministerium der USA, ABl. Nr. L 215 v. 25.8.2000.

37 Es bestand zwischen dem 6.7.2000 und 6.10.2015 zwischen der EU und dem US-Handelsministerium (Department of Commerce, DoC) zu den Grundsätzen des sog. „sicheren Hafens" (Safe Harbor, Kommissionsentscheidung 2000/520/EG).

38 EuGH v. 6.10.2015 – C-362/14 – Safe Harbor.

39 Abrufbar unter: https://ec.europa.eu/info/sites/info/files/celex_32016d1250_en_txt.pdf.

40 Durchführungsbeschluss der Kommission (EU) 2016/1250, ABl. 2016 L 207, 1.

41 Abrufbar unter https://www.privacyshield.gov/list.

42 EuGH v. 16.7.2020 – C-311/18 – Schrems II, Rz. 200 f.

43 *Czeszak*, ZD-Aktuell 2020, 07250.

44 Sec. 702 des Foreign Intelligence Surveillance Act, Executive Order 12333, Presidential Policy Directive 28.

45 *Golland*, NJW 2020, 2593 Rz. 4.

46 EuGH v. 16.7.2020 – C-311/18 – Schrems II, Rz. 134.

lung, eingesetzt werden, die ein angemessenes Datenschutzniveau herstellen sollen[47], solange die von der Europäischen Kommission vorgeschlagenen neuen Standardvertragsklauseln noch nicht abschließend ratifiziert wurden[48] Der Europäische Datenschutzausschuss hat Empfehlungen zum Umgang mit Transfers in Drittländer herausgegeben, die bis zur Geltung neuer SCC heranzuziehen sind[49] (siehe Rz. 31.13 zur Veröffentlichung neuer Standarddatenschutzklauseln).

Der Bundesbeauftragte für Datenschutz hat hierzu ein Prüfschema[50] vorgelegt sowie weitere Handlungsempfehlungen im Umgang mit Drittlandtransfers[51] veröffentlicht. Auch weitere Aufsichtsbehörden haben sich zum Umgang mit Drittlandtransfers geäußert. Als neueste Veröffentlichung hat die Aufsichtsbehörde von Rheinland-Pfalz eine Zwei-Stufen-Prüfung[52] und ein Prüfschema[53] herausgegeben. Weitere Empfehlungen von Aufsichtsbehörden liegen vor, allerdings stammen die meisten aus dem Monat des EuGH-Urteils zu Schrems II und spiegeln deswegen nur bedingt den aktuellen Stand wider.

Es wird daher empfohlen, die Entwicklungen hinsichtlich der neuen Standarddatenschutzklauseln und Äußerungen des EDSA sowie der deutschen Aufsichtsbehörden auf Bundes- und Länderebene hinsichtlich Drittlandtransfers im Blick zu behalten. Eine detaillierte Darstellung zu den Gründen des Schrems II-Urteils und damit verbundenen Konsequenzen enthält Kapitel § 28.

Das Urteil hat in zweierlei Hinsicht Auswirkungen auch auf BCR. Zum einen betrifft das Urteil nicht nur Datenübermittlungen in die USA, sondern hat Auswirkungen auf den Datentransfer in alle Drittländer. Zum anderen wirkt es sich nicht nur auf die zukünftige Gestaltung der Standardvertragsklauseln aus, sondern auch auf den Inhalt der BCR hinsichtlich zusätzlicher Maßnahmen, die bei Drittlandsübermittlung getroffen werden sollten (Rz. 31.76 hinsichtlich TOMs bzw. DSFA). **31.12e**

2. Datenübermittlung vorbehaltlich geeigneter Garantien (Art. 46 DSGVO)

Art. 46 DSGVO regelt Datenübermittlungen in Drittländer vorbehaltlich geeigneter Garantien, die Betroffenen durchsetzbare Rechte und entsprechende Rechtsbehelfe ermöglichen und somit ein hinreichendes Schutzniveau schaffen[54]. **31.12f**

Durch den Einsatz der in Art. 46 Abs. 2 DSGVO genannten Garantien ist es möglich, ein geeignetes Datenschutzniveau im Drittland zu erreichen, ohne eine gesonderte Genehmigung der Aufsichtsbehörden für die Datenübermittlung einholen zu müssen. Erreicht wird dies einerseits durch die mate-

---

47 Abrufbar unter: https://www.baden-wuerttemberg.datenschutz.de/orientierungshilfe-des-lfdi-bw-was-jetzt-in-sachen-internationaler-datentransfer/.

48 *Lachenmann*, ZD-Aktuell 2020, 07417.

49 *EDSA*, „Recommendations 02/2020 on the European Essential Guarantees for surveillance measures" sowie die „Recommendations 01/2020 on measures that supplement transfer tools to ensure compliance with the EU level of protection of personal data" (Adopted on 10 November 2020).

50 *BfDI*, „Prüfschema Drittstaatentransfers", November 2020, https://www.bfdi.bund.de/SharedDocs/Downloads/DE/Datenschutz/Pr%C3%BCfschema-Schrems-II.pdf?__blob=publicationFile&v=1.

51 *BfDI*, „Praktische Auswirkungen der Rechtsprechung des EuGH auf den internationalen Datentransfer (Rechtssache C-311/18 „Schrems II")", https://www.bfdi.bund.de/SiteGlobals/Modules/Buehne/DE/Startseite/Kurzmeldung_Link/HP_Text_Kurzmeldung.html.

52 *LDI Rheinland-Pfalz*, „Datenschutzbeauftragter startet Informationsoffensive – Veranstaltung zu „Schrems II" mit 200 Teilnehmern – Kugelmann: Umsetzung des EuGH-Urteils ist Mammutaufgabe" v. 10.11.2020, https://www.datenschutz.rlp.de/de/themenfelder-themen/datenuebermittlung-in-drittlaender/.

53 *LDI Rheinland-Pfalz*, „Datenübermittlungen in Drittländer DS-GVO-konform gestalten", https://www.datenschutz.rlp.de/fileadmin/lfdi/Dokumente/Pruefschritte_Datenuebermittlung_in_Drittlaender_nach_Schrems_II.pdf.

54 *Golland*, NJW 2020, 2594 Rz. 6; *Grapentin*, CR 2009, 693.

riellen Anforderungen und andererseits durch eine an den Kontext anzupassende Angemessenheit im datenschutzrechtlichen Sinne[55]. In Frage kommen als Garantien i.S.d. Art. 46 Abs. 2 DSGVO:

- ein rechtlich bindendes und durchsetzbares Dokument zwischen Behörden oder öffentlichen Stellen,

- verbindliche interne Datenschutzvorschriften gem. Art. 47 DSGVO,

- Einsatz von Standarddatenschutzklauseln für Verantwortliche oder Auftragsverarbeiter unter Beachtung bestimmter Bedingungen zur Kompensation von staatliche Eingriffen und mangelnden Rechtsbehelfe für Betroffene („SCC+"),

- genehmigte Verhaltensregeln nach Art. Art. 40 und 41 DSGVO. Sie betreffen in erster Linie Institutionen und Verbände (siehe Rz. 31.2) und sind nicht Gegenstand des nachfolgenden Vertragsmusters,

- ein genehmigter Zertifizierungsmechanismus nach Art. 42 DSGVO, der noch nicht etabliert wurde.

Für die grenzüberschreitende Unternehmenspraxis bieten sich aus diesem Ausnahmekatalog im wesentlichen entweder Standarddatenschutzklauseln oder Binding Corporate Rules an.

3. Standarddatenschutzklauseln

31.13   Standarddatenschutzklauseln wurden von der EU-Kommission auf der Grundlage der Richtlinie 95/46/EG entwickelt[56]. Es bestehen zwei Standardvertragsklauseln für die Übermittlung von Daten an verantwortliche Stellen[57] und eine Standardvertragsklausel für die Übermittlung von Daten an Auftragsverarbeiter[58]. Die beiden Standardvertragsklauseln für die Übermittlung von Daten an verantwortliche Stellen unterscheiden sich insbesondere durch unterschiedliche haftungsrechtliche Konsequenzen[59]. Da die von der EU-Kommission zur Verfügung gestellten Standardvertragsklauseln unverändert übernommen werden müssen und nur einige wenige Bereiche modifizierbar sind, können sie recht einfach umgesetzt werden. Hierin liegt aber deren großer Nachteil: Aufgrund der Verbindlichkeit ist dem Unternehmen eine Anpassung auf die eigenen, möglicherweise sehr komplexen Strukturen nicht möglich. Ein weiterer Nachteil liegt darin, dass bei einer großen Unternehmensgruppe mit zahlreichen am Datentransfer beteiligten Mitgliedern etliche Verträge geschlossen werden müssen[60]. Außerdem wird die schnelle unternehmensinterne Umsetzung dadurch wieder aufgehoben, dass einige EU-Mitgliedstaaten zusätzliche formale Veränderungen verlangen – so müssen teilweise behördliche Zustimmungen eingeholt oder notarielle Beurkundungen durchgeführt werden.

Zu beachten ist zudem die Kontrollpflicht zur tatsächlichen Einhaltung der Standarddatenschutzklauseln. Der rein formale Abschluss, ohne dass die Umsetzung auch sichergestellt wird, reicht nicht

---

55 *Spies* in Simitis/Hornung/Spiecker, Art. 46 DSGVO Rz. 6.

56 Siehe hierzu ausf. Kapitel §§ 26–28.

57 Entscheidung der Kommission 2001/497/EG v. 15.6.2001 hinsichtlich Standardvertragsklauseln für die Übermittlung personenbezogener Daten in Drittländer nach der Richtlinie 95/46/EG, ABl. EG Nr. L 181 v. 4.7.2001, 19 (Standardvertragsklauseln I) und Entscheidung der Kommission 2004/915/EG v. 27.12.2004 hinsichtlich der Einführung alternativer Standardvertragsklauseln für die Übermittlung personenbezogener Daten in Drittländer, ABl. EG Nr. L 385 v. 29.12.2004, 74 (Standardvertragsklauseln II); siehe hierzu die Muster in Teil 5, Rz. 26.24 und Rz. 27.20.

58 Entscheidung der Kommission v. 5.2.2010 über Standardvertragsklauseln für die Übermittlung personenbezogener Daten an Auftragsverarbeiter in Drittländern nach der Richtlinie 95/46/EG des Europäischen Parlaments und des Rates, ABl. EU Nr. L 39 v. 12.2.2010, 5; siehe hierzu das Muster in Teil 5, Rz. 28.27.

59 Vgl. hierzu *Grapentin*, CR 2011, 102 (103 ff.).

60 Zu der sich daraus ergebenden Problemstellung und der Lösung über einen Rahmenvertrag vgl. Teil 5, § 29.

aus. Zwar hat der EuGH in seinem Urteil zum EU-U.S.-Privacy Shield („Schrems II") Standarddatenschutzklauseln grundsätzlich für anwendbar erklärt, jedoch entsprechende Anpassungen zur Einhaltung der tatsächlichen Durchsetzbarkeit der enthaltenen Garantien gefordert.

Zudem ist zu beachten, dass die Europäische Kommission neue Standarddatenschutzklauseln zur öffentlichen Konsultation vorgestellt hat[61]. Einige Empfehlungen des EDSA sowie Erkenntnisse aus dem Schrems-II-Urteil des EuGH sind hier eingeflossen. Eine Übergangsfrist zur Umstellung der bisherigen auf die neuen Standarddatenschutzklauseln ist ebenso vorgesehen. Es wird demnach in 2021 mit einem aktualisierten Instrument zu rechnen sein. Weitere Ausführungen zu Standarddatenschutzklauseln siehe §§ 26–29.   31.13a

4. BCR – Vorteile, Nachteile und Wirksamkeit

Eine weitere Möglichkeit für weltweit tätige Unternehmen, oder enge Kooperationen mehrerer Unternehmen im Rahmen einer gemeinsamen Wirtschaftstätigkeit, zur Herstellung eines angemessenen Datenschutzniveaus besteht schließlich in der Erstellung **konzernweiter verbindlicher Unternehmensregelungen**. Diese BCR stellen rechtsverbindliche Regelungen für sämtliche Mitglieder der Unternehmensgruppe oder einer Gruppe mehrere Unternehmen in Bezug auf den Umgang mit personenbezogenen Daten auf und stellen somit ein angemessenes Datenschutzniveau für sämtliche Datentransfers innerhalb der Unternehmensgruppe sicher. Vorteilhaft sind die BCR insbesondere für weltweit operierende Unternehmen, die auf eine Vielzahl von gruppeninternen internationalen Datentransfers angewiesen sind und unabhängig von Änderungen der Geschäftsstruktur einen **einheitlichen und hohen Datenschutzstandard** gewährleisten wollen. Im Zuge der rapide ansteigenden digitalen Vernetzung und Zusammenarbeit werden die Vorteile von BCR immer sichtbarer[62]. Verbindliche Unternehmensregelungen können im Rahmen der Selbstregulierung global der bestehenden Rechtszersplitterung zwischen den verschiedenen Jurisdiktionen entgegenwirken[63].   31.14

Für die Verwendung von BCR war es nach der früheren Rechtslage unvorteilhaft, dass grundsätzlich die Datenschutzbehörden aller EU-Mitgliedstaaten, in denen Mitglieder der Unternehmensgruppe ihren Sitz haben, ihre Zustimmung geben mussten, was in der Regel ein aufwendiges und langwieriges Verfahren erforderte, bevor die BCR in Kraft treten konnten. Dieses Verfahren war in einigen EU-Mitgliedstaaten durch ein **System der gegenseitigen Anerkennung** (*mutual recognition system*[64]) erleichtert worden. Die Bestimmungen der DSGVO führen nunmehr durch das Prinzip des one-stop-shop zu einer wesentlich verbesserten Handhabbarkeit bei der Erstellung und Verbindlichmachung von BCR.

Art. 47 DSGVO hat erstmals BCR ausdrücklich in einem EU-Rechtsinstrument verankert und als angemessene Garantien für eine Drittstaatsübermittlung rechtsverbindlich anerkannt. Dies führt zu deren Gültigkeit auch in den Mitgliedstaaten, in denen verbindliche interne Datenschutzvorschriften bislang keine anerkannte Garantie für den Drittlandtransfer darstellten[65]. Einheitliche Begriffsbestimmungen dienen zur weiteren Vereinfachung und Beschleunigung des Verfahrens und zur Reduzierung des Verwaltungsaufwands für die Antragsteller. Vorteilhaft sind ferner die Festlegung einer einzigen Aufsichtsbehörde als alleinigen Ansprechpartner (*„Lead Authority"*), ein rascheres Abstimmungsverfahren mit anderen Aufsichtsbehörden, ein in der DSGVO selbst vorgeschriebener Anforderungskatalog und der ausdrückliche Wegfall weiterer Genehmigungen. Dies führt zu Transparenz und damit zu   31.14a

---

61 https://ec.europa.eu/info/law/better-regulation/have-your-say/initiatives/12741-Commission-Implementing-Decision-on-standard-contractual-clauses-for-the-transfer-of-personal-data-to-third-countries.

62 *Spies* in Forgó/Helfrich/Schneider, Teil VI, Kap. 1 Konzerndatenschutz, Rz. 25.

63 *Voskamp*, Transnationaler Datenschutz – globale Datenschutzstandards durch Selbstregulierung, 2015, S. 22-32.

64 *Filip*, ZD 2013, 51 (55).

65 *Schantz/Peter* in Simitis/Hornung/Spiecker, Art. 47 DSGVO Rz. 2.

größerer Rechtssicherheit für Unternehmen. Die Regelung sieht weiterhin vor, dass die jeweils zuständige Aufsichtsbehörde BCR im Rahmen eines **Kohärenzverfahrens** nach Art. 63 DSGVO mit Wirkung für sämtliche EU-Mitgliedstaaten dann genehmigen kann, wenn diese rechtsverbindlich sind, für alle Mitglieder der Unternehmensgruppe des Verantwortlichen oder des Auftragsverarbeiters sowie für deren Beschäftigte gelten und den Betroffenen ausdrücklich durchsetzbare Rechte übertragen. Der **eindeutige Vorteil der BCR** im Vergleich zu den Standardvertragsklauseln liegt in der Möglichkeit, den internationalen konzernweiten Datentransfer flexibel zu gestalten. Zwar gibt es zahlreiche inhaltliche Vorgaben in Art. 47 Abs. 2 DSGVO und Empfehlungen seitens der Art. 29-Datenschutzgruppe, doch können und müssen diese auf die Bedürfnisse des jeweiligen Unternehmens angepasst werden. Darüber hinaus helfen BCR, das Datenschutzbewusstsein im ganzen Konzern weiterzuentwickeln und stärken das Vertrauen der Öffentlichkeit in die Geschäftspraxis des Unternehmens im Umgang mit personenbezogenen Daten. Für weltweit tätige und stark vernetzte Unternehmensgruppen stellen BCR als langfristige Strategie folglich die wirkungsvollste Maßnahme dar, um das konzerninterne Datenschutzniveau zu vereinheitlichen und damit personenbezogene Daten gruppenweit verfügbar zu machen.

31.14b Die Ausführungen des EuGH zur Anwendbarkeit von Standardvertragsklauseln im Rahmen der Ungültigkeitserklärung des EU-U.S.-Privacy Shield („Schrems II") hat auch für BCR signifikante Auswirkungen. Sie betreffen nicht nur Datenübermittlungen in die USA, sondern entfalten faktisch Wirkung für alle Drittstaaten. Alle Anwender sind gezwungen, weitere Garantien zu vereinbaren, um eine Verletzung von Betroffenenrechten durch offene oder geheime Zugriffsmöglichkeiten staatlicher Stellen auszuschließen. Wie und mit welchen Mitteln dies in rechtssicherer Form möglich ist, ist zur Zeit Gegenstand einer breiten Debatte, deren Ergebnis noch nicht im Einzelnen abzusehen ist. Teilweise wird infrage gestellt, ob derartige Garantien überhaupt wirksam vereinbart werden können[66].

III. Hinweis für die Verwendung des Musters

31.15 Das nachfolgende Muster ist wie eine Checkliste zu verstehen. Bei seiner Verwendung ist daher in jedem Fall eine **Anpassung der Klauseln** an die konkreten Gegebenheiten des jeweiligen Konzerns/der jeweiligen Unternehmensgruppe vorzunehmen. Die BCR müssen auf die Unternehmensstruktur, das Datenschutzverfahren und die jeweiligen Datenverarbeitungsprozesse und -zwecke des Unternehmens zugeschnitten sein und angepasst werden, da sie Ausdruck der konkreten Ausgestaltung der Datenschutzpolitik im jeweiligen Unternehmen sind. Unter dem Regime der DSGVO werden die einzelnen Klauseln wesentlich ausführlicher sein und die vorgesehenen Verfahren und Garantien weitaus detaillierter und konkreter beschreiben müssen, als dies bei dem hier vorgestellten Muster möglich ist. Im Interesse einer besseren Übersichtlichkeit und Lesbarkeit der BCR bietet es sich aber an, derartige Einzelregelungen und Verfahrensbeschreibungen in Anlagen zu verlagern.

31.16 Das Muster orientiert sich an Art. 47 DSGVO unter Berücksichtigung der ursprünglich von der Art. 29-Datenschutzgruppe vorgenommenen und vom Europäischen Datenschutzausschuss bestätigten und konsolidierten Konkretisierungen[67]. Es ist daher weder in Aufbau, noch in den Begrifflichkeiten verbindlich – vielmehr kann es **nur** als **Grundgerüst** für die konkrete Ausgestaltung der BCR im Konzern verstanden werden. So wie bei einem standardisierten IT-Produkt ist „Customization" unerlässlich. So können Begriffe wie „betroffene Person" bei einem konkret angesprochenen Kundenkreis in „unsere Kunden und Vertragspartner" geändert, Ziffern gegen Paragraphen ausgetauscht oder es kann der Stil des Regelwerks in eine unpersönlichere Form gebracht werden. Auch ist zu beachten, dass z.B. Begriffe wie „Unternehmen" oder „Unternehmensteil" ggf. angepasst werden müssen, da eine einheitliche international über den Anwendungsbereich der DSGVO hinaus geltende gesellschaftsrechtliche Definition nicht existiert. Unternehmen können multinationale und hierarchisch strukturierte Unternehmen oder lose Zusammenschlüsse sein oder Unternehmen mit ähnlichen Geschäftsfeldern

---

66 *Golland*, NJW 2020, 2593 Rz. 11.
67 Es handelt sich um die Arbeitsdokumente WP 254, 256 rev.01, 257 rev.01, 263 rev.01, 264, 265.

oder unterschiedlichen Tätigkeitsbereichen. Diese Unterschiede in Struktur und Tätigkeit müssen die Unternehmen bei der Erstellung der eigenen BCR aufgrund des vorliegenden Musters beachten, klar herausstellen und das Muster entsprechend anpassen. Eine schematische Übernahme des Mustertextes würde von den zuständigen Datenschutzbehörden wohl kaum akzeptiert (vgl. Art. 47 Abs. 1 DSGVO: Genehmigung im Kohärenzverfahren).

Im Muster und in den Erläuterungen ist zumeist von „Unternehmen" die Rede, obwohl Unternehmensgruppe, Konzern oder einer Gruppe verschiedener Unternehmen mit einer gemeinsamen Wirtschaftstätigkeit gemeint ist. Dies dient der besseren Lesbarkeit. Das Muster ist daher auch insoweit dem Einzelfall und Kontext anzupassen.

Das Unternehmen hat dem **Antrag auf Genehmigung der BCR** in der Regel zahlreiche Unterlagen beizufügen. So müssen bspw. ausführliche Beschreibungen des **Datenschutzauditplans**, des **Schulungskonzeptes** für Beschäftigte und des internen **Beschwerdemanagements** vorgelegt werden, wenn diese Informationen nicht ohnehin in die BCR integriert wurden[68]. Darüber hinaus werden auch die Vorlage weitaus sensiblerer Informationen wie Nachweise über ausreichende Mittel zum Ersatz von Schäden, die aus einer Verletzung der BCR entstanden sind, Listen mit allen Unternehmensteilen, die an die BCR gebunden sind oder eine Darstellung der IT-Sicherheitspolitik verlangt. Umfangreiche Listen mit den je nach den konkreten Gegebenheiten beizufügenden Unterlagen sind im WP 154 sowie im WP 108 zu finden[69]. 31.17

Neben den hier dargestellten BCR für Verantwortliche gewinnen **BCR für Auftragsverarbeiter** i.S.v. Art. 4 Nr. 8 DSGVO (processors) immer mehr an praktischer Bedeutung, insbesondere für Fallgestaltungen im Rahmen von Cloud Computing[70]. Diese „Processor Binding Corporate Rules (PBCR)" oder „BCR for processors" sollen Auftragsverarbeitern die Möglichkeit eröffnen, innerhalb ihrer Organisation auch über verschiedene juristische Personen hinweg ein angemessenes Datenschutzniveau zu etablieren. Der Unterschied zu den hier behandelten BCR besteht darin, dass die Auftragsverarbeiter, die sich an PBCR binden, gerade nicht verantwortliche Stellen im datenschutzrechtlichen Sinne sind. Der Sinn der Bindung liegt darin, die Zusammenarbeit zwischen Auftraggeber (controller) und Dienstleister (processor) auf eine sichere Basis zu stellen. Bei der Umsetzung ist zu beachten, dass die datenschutzrechtliche Verantwortlichkeit des Verantwortlichen auch im Falle der Verwendung von PBCR stets in vollem Umfang und mit voller praktischer Wirksamkeit gewährleistet bleiben muss[71]. 31.18

Mit ihrem WP 256[72] hat die Art. 29-Datenschutzgruppe ein Arbeitspapier für die Erstellung von PBCR für Auftragsverarbeiter zur Verfügung gestellt, das aufzeigt, welche Grundsätze für verbindliche unternehmensinterne Datenschutzregelungen für Auftragsverarbeiter gelten und welche Bedingungen für deren Wirksamkeit erfüllt sein müssen. Flankiert wird WP 195 von WP 204[73], das weitere Informationen zu Inhalt und Ausgestaltung der PBCR und dem Anerkennungsverfahren liefert. Seit dem 1.1.2013 können PBCR grundsätzlich in einem vergleichbaren Verfahren wie herkömmliche BCR den europäischen Datenschutzbehörden zur Abstimmung vorgelegt werden.

Art. 47 DSGVO gilt gleichermaßen für Verantwortliche wie für Auftragsverarbeiter, so dass die bisherige Unterscheidung zukünftig entfällt.

Zu verbindlichen Unternehmensregelungen für Auftragsverarbeiter siehe Kapitel § 32.

---

68 WP 256 rev.01, Ziff. 2.3.
69 WP 154, S. 11 f.; WP 108, Ziff. 4, S. 4 f.
70 *Jotzo*, Der Schutz personenbezogener Daten in der Cloud, S. 195 Rz. 327.
71 Weitere Hinweise bei *Filip*, ZD 2013, 51 (58).
72 WP 256, abrufbar unter: https://ec.europa.eu/info/files/recommendation-approval-processor-binding-corporate-rules-form-wp265_en.
73 WP 204 rev.01 v. 22.5.2015.

B. Verbindliche interne Datenschutzvorschriften für Verantwortliche

I. Muster – deutsch

31.19 **M 31.1 Verbindliche interne Datenschutzvorschriften**

*Verbindliche Unternehmensregelungen der [**Firma**] zum Schutz von personenbezogenen Daten [im internationalen konzerninternen Datentransfer][74]*

1. Zielsetzung[75]

1.1 *Der Schutz der personenbezogenen Daten unserer [**alternativ oder kumulativ**: Kunden, Beschäftigten, Lieferanten, Vertragspartner, Aktionäre, usw.] und die konsequente Umsetzung europäischer und nationaler Datenschutzstandards spielt eine zentrale Rolle in unserem Unternehmen. Wir verfolgen das Ziel, einheitliche, angemessene und globale Datenschutzstandards für sämtliche Mitglieder unserer Unternehmensgruppe und alle unsere Beschäftigten aufzustellen, um den geltenden Datenschutzbestimmungen gerecht zu werden.*

1.2 *Die vorliegenden verbindlichen Unternehmensregelungen sollen den angemessenen Schutz der personenbezogenen Daten gewährleisten, die von unserer Unternehmensgruppe übermittelt und verarbeitet werden und sicherstellen, dass ausreichende Garantien hinsichtlich des Schutzes des Persönlichkeitsrechts und der Ausübung der damit verbundenen Rechte bestehen, ungeachtet ihres Herkunftslandes, sofern sie von einer Konzerneinheit an die andere übermittelt werden.*

1.3 *Wir verarbeiten personenbezogene Daten ausschließlich gemäß den Datenschutzprinzipen nach Art. 5 DSGVO, insbesondere hinsichtlich Rechtmäßigkeit, Treu und Glauben sowie transparent für die Betroffenen. Wir halten uns an die Grundsätze der Zweckbindung, Datenminimierung und Richtigkeit der Verarbeitung unter Beachtung begrenzter Speicherfristen.*

Wir halten uns dabei an die Vorgaben zur Sicherheit der Verarbeitung und treffen angemessene technische und organisatorische Maßnahmen zum Schutz der Rechte und Freiheiten der von der Verarbeitung Betroffenen, einschließlich Schutz vor unbefugter oder unrechtmäßiger Verarbeitung und vor unbeabsichtigtem Verlust, unbeabsichtigter Zerstörung oder unbeabsichtigter Schädigung durch geeignete technische und organisatorische Maßnahmen im Rahmen der Integrität und Vertraulichkeit. Zusätzlich verpflichten wir alle internen Dienstleister bzw. Auftragsverarbeiter zur Einhaltung der Anforderungen gemäß Art. 28 Abs. 3 DSGVO. Zusätzlich finden Datenübermittlungen nur nach den strengen Vorgaben der Art. 45 ff. DSGVO statt.

Außerdem beachten wir die Prinzipien des Datenschutzes durch Technikgestaltung und datenschutzfreundliche Voreinstellungen bei der Verarbeitung personenbezogener Daten.

Jedes Mitglied ist für die Einhaltung dieser Grundsätze verpflichtet und muss dies im Rahmen der Rechenschaftspflicht nach Art. 5 DSGVO nachweisen können.

1.4 *Alle Mitglieder unserer Unternehmensgruppe sowie sämtliche unserer Mitarbeiter werden ausdrücklich auf die Einhaltung der unternehmensinternen Datenschutzregelungen verpflichtet. Die Unternehmensleitung jeder einzelnen Partei verpflichtet sich zudem, für die Einhaltung der Datenschutzregelungen zu sorgen und die Datenschutzbestimmungen verbindlich umzusetzen. Im Falle der Beauftragung von Unterauftragnehmern werden diese durch [eigenständige Verträge, entsprechende Vertragsklauseln, zusätzlichen Maßnahmen usw.] auf die Einhaltung unserer unternehmensinternen Richtlinien verpflichtet.*

1.5 *Details zur Unternehmens- bzw. Geschäftsstruktur einschließlich einer Benennung der beteiligten Parteien, die gemeinsam o.g. Wirtschaftstätigkeit ausüben, einschließlich entsprechender Kontaktadressen[76].*

1.6 *Fakultativ: Verweis auf die geltenden Datenschutzbestimmungen*

---

74 Zu den Erläuterungen siehe Rz. 31.20.
75 Zu den Erläuterungen siehe Rz. 31.22 ff.
76 Gemäß Art. 47 Abs. 2 lit. a DSGVO verbindlich.

2. Begriffsbestimmungen[77]

2.1 **Alternative 1:** *Die in unserer verbindlichen Unternehmensregelung verwendeten Ausdrücke und Begriffe werden entsprechend den Begriffsbestimmungen der Datenschutz-Grundverordnung verwendet.*

2.2 **Alternative 2:** *Ein umfangreiches Glossar mit Erläuterungen zu den in unserer verbindlichen Unternehmensregelung verwendeten Ausdrücken und Begriffen findet sich in der Anlage dieser Vereinbarung.*

2.3 **Alternative 3:** *Im Rahmen unserer verbindlichen Unternehmensregelungen gelten folgende Begriffsbestimmungen[78]:*

2.3.1 *Personenbezogene Daten sind alle Informationen, die sich auf eine identifizierte oder identifizierbare natürliche Person („betroffene Person") beziehen [ggf. besondere Arten personenbezogener Daten sind Angaben über die rassische und ethnische Herkunft, politische Meinungen, religiöse oder philosophische Überzeugungen, Gewerkschaftszugehörigkeit, Gesundheit oder Sexualleben].*

2.3.2 *Die Verarbeitung personenbezogener Daten ist jeder mit oder ohne Hilfe automatisierter Verfahren ausgeführte Vorgang oder jede solche Vorgangsreihe im Zusammenhang mit personenbezogenen Daten wie das Erheben, das Erfassen, die Organisation, das Ordnen, die Speicherung, die Anpassung oder Veränderung, das Auslesen, das abfragen, die Verwendung, die Offenlegung durch Übermittlung, Verbreitung oder eine andere Form der Bereitstellung, den Abgleich oder die Verknüpfung, die Einschränkung, das Löschen oder die Vernichtung.*

2.3.3 *„Einschränkung der Verarbeitung" ist die Markierung gespeicherter personenbezogener Daten mit dem Ziel, ihre künftige Verarbeitung einzuschränken.*

2.3.4 *„Verantwortlicher" ist die natürliche oder juristische Person, Behörde, Einrichtung oder andere Stelle, die allein oder gemeinsam mit anderen über die Zwecke und Mittel der Verarbeitung von personenbezogenen Daten entscheidet.*

2.3.5 *„Auftragsverarbeiter" ist eine natürliche oder juristische Person, Behörde, Einrichtung oder andere Stelle, die personenbezogene Daten im Auftrag des Verantwortlichen verarbeitet.*

2.3.6 *Dritter ist eine natürliche oder juristische Person, Behörde, Einrichtung oder andere Stelle außer der betroffenen Person, dem Verantwortlichen, dem Auftragsverarbeiter und den Personen, die unter der unmittelbaren Verantwortung des Verantwortlichen oder des Auftragsverarbeiters befugt sind, die personenbezogenen Daten zu verarbeiten.*

2.3.7 *Eine Einwilligung ist eine ist jede freiwillig für den bestimmten Fall, in informierter Weise und unmissverständlich abgegebene Willensbekundung in Form einer Erklärung oder einer sonstigen eindeutigen bestätigenden Handlung, mit der die betroffene Person zu verstehen gibt, dass sie mit der Verarbeitung der sie betreffenden personenbezogenen Daten einverstanden ist.*

2.3.8 *[Weitere Begriffsbestimmungen sind je nach Unternehmensstruktur und Anwendungsbereich der BCR aufzuführen: Kunden, Lieferanten, Vertragspartner, usw.].*

2.4 *Diese Aufzählung bestimmter wichtige Begriffe unserer Unternehmensregelung und wird ggf. durch die geltenden europäischen Bestimmungen ergänzt und ausgelegt.*

2.5 *Unter „Unternehmen" bzw. „unser Unternehmen" werden innerhalb dieser Regelung sämtliche Teile unserer Unternehmensgruppe unabhängig von ihrer Rechtsform und ihrem Standort einschließlich aller Mitarbeiter verstanden.*

3. Anwendungs- und Geltungsbereich[79]

3.1 *Diese verbindlichen Unternehmensregelungen stellen eine weltweit geltende Konzernrichtlinie dar, die auf sämtliche Verarbeitungsvorgänge in allen Unternehmen des Konzerns [Firma] bzw. der Unternehmensgruppe [Firma] bzw. der Gruppe von Unternehmen zur [Bezeichnung der gemeinsam verfolgten Wirtschaftstätigkeit] verbindlich anwendbar sind.*

---

77 Zu den Erläuterungen siehe Rz. 31.31 ff.
78 Verwendet werden die Legaldefinitionen in Art. 4 DSGVO.
79 Zu den Erläuterungen siehe Rz. 31.37 ff.

3.2 **Alternative 1:** *Diese verbindlichen Unternehmensregelungen gelten für sämtliche Verarbeitungsvorgänge innerhalb der EU/EWR-Mitgliedstaaten und Datenübermittlungen aus den EU/EWR-Mitgliedstaaten in Drittstaaten bzw. für Verarbeitungstätigkeiten unserer Unternehmensgruppe einschließlich für uns tätiger Auftragsverarbeiter innerhalb des Konzerns.*

Alternative 2: *Diese verbindlichen Unternehmensregelungen gelten für sämtliche Verarbeitungsvorgänge und Datenübermittlungen innerhalb unserer in Ziffer [xx] dieser Regelung beschriebenen Unternehmensgruppe [Firma] bzw. des Konzerns [Firma] einschließlich für uns tätiger Auftragsverarbeiter innerhalb des Konzerns.*

3.3 Wir verarbeiten und übermitteln im Rahmen unserer gemeinsamen Wirtschaftstätigkeit personenbezogene Daten unserer [Kunden, Mitarbeiter, Lieferanten, Vertragspartner, usw.]. Gegenstand der Verarbeitung und Übermittlung sind [Personenstammdaten, Kommunikationsdaten, Vertragsstammdaten, usw.].

3.4 Einordnung der BCR in das Datenschutzregime des Konzerns

4. Grundsatz der Zweckbestimmung und Zweckbindung[80]

4.1 Unser Unternehmen verarbeitet und übermittelt personenbezogene Daten nur zu festgelegten, eindeutigen und rechtmäßigen Zwecken und nicht in einer mit der jeweiligen Zweckbestimmung nicht zu vereinbarenden Weise.

4.2 Wir verarbeiten personenbezogene Daten, indem wir sie zum Zwecke der weiteren Verarbeitung oder Nutzung [speichern, verändern, übermitteln, sperren, löschen oder auf andere Weise nutzen].

4.3 Unser Unternehmen verarbeitet die personenbezogen Daten zum Zwecke der [Vertragsabwicklung, zur Anbahnung von Verträgen, zur Verbesserung unserer Dienstleistungen, zur Erfüllung unserer rechtlichen Verpflichtung oder unseres berechtigten Interesses etc. usw.].

4.4 Die Verarbeitung der Daten ist auf diese Zwecke beschränkt, insbesondere findet keine weitere Verarbeitung statt, die nicht mit diesen Zwecken vereinbar ist. Zweckänderungen sind nur mit Einwilligung der betroffenen Person zulässig oder wenn eine Rechtsvorschrift dies zulässt.

5. Rechtsgrundlagen für die Verarbeitung personenbezogener Daten[81]

5.1 Die Verarbeitung personenbezogener Daten erfolgt nur dann, wenn die Verarbeitung für die Erfüllung eines Vertrags, dessen Vertragspartei die betroffene Person ist, oder für die Durchführung vorvertraglicher Maßnahmen, die auf Antrag der betroffenen Person erfolgt, erforderlich ist. Ferner verwenden wir personenbezogene Daten zur Wahrung unseres berechtigten Interesses unter Beachtung der Risiken für die Freiheiten und Rechte Betroffener. Unsere berechtigten Interessen liegen in Zwecken des internen Controllings sowie ... [z.B. des Marketings]. Ebenso unterliegen wir rechtlichen Verpflichtungen, auf deren Grundlage wir personenbezogene Daten verarbeiten. Ebenso ist eine Verarbeitung möglich, wenn diese erforderlich ist, um lebenswichtige Interessen der betroffenen Person oder einer anderen natürlichen Person zu schützen.

[Fakultativ: Wir haben darüber hinaus die Vorschriften bezüglich Geldwäsche und Korruptionsbekämpfung zu beachten].

Sollte über vorgenannte Zwecke hinaus eine Verarbeitung personenbezogener Daten erfolgen, werden wir hierfür vorab die eindeutige und informierte Einwilligung des Betroffenen einholen.

5.2 Personenbezogene Daten besonderer Art verarbeiten wir nur dann, wenn der Betroffene ohne jeden Zweifel seine ausdrückliche Einwilligung gegeben hat, sofern dabei v.a. das Prinzip der Freiwilligkeit und die weiteren Vorgaben des Art. 7 DSGVO gewahrt werden.

Fakultativ: Personenbezogene Daten besonderer Art verarbeiten wir nur dann, wenn eine Ausnahme des Art. 9 DSGVO vorliegt und zusätzliche Maßnahmen zum Schutz der Daten getroffen wurden [z.B. im Rahmen eines Arbeitsverhältnisses].

---

80 Zu den Erläuterungen siehe Rz. 31.42 ff.
81 Zu den Erläuterungen siehe Rz. 31.48 ff.

5.3 [Angabe der verarbeiteten Datenarten, der Betroffenengruppen, Nennung der Drittstaaten, an die die personenbezogenen Daten übermittelt werden, ggf. als Anlage im Anhang]

6. Datenqualität und Datenverhältnismäßigkeit[82]

6.1 Jeder unserer Mitarbeiter ist dazu verpflichtet, auf die sachliche Richtigkeit der erhobenen Daten oder Datensätze zu achten und diese ggf. auf den neuesten Stand zu bringen.

*6.2 Wir stellen sicher, dass die Verwendung der personenbezogenen Daten für den jeweiligen Zweck geeignet, notwendig und angemessen ist [**fakultativ:** und nicht zu stark in die Persönlichkeitsrechte der Betroffenen eingreift.]*

6.3 Wir verarbeiten die personenbezogenen Daten nicht über einen längeren Zeitraum, als es für die Realisierung der Zwecke, für die sie erhoben oder verarbeitet werden, erforderlich ist.

7. Transparenz und Recht auf Information[83]

7.1 Auf unserer Internet-/Intranetseite [Nennung der Internet-/Intranetseite] steht die aktuellste Version unserer verbindlichen Unternehmensregelungen zum Abruf zur Verfügung. Hier informieren wir unsere [Mitglieder, Kunden, Vertragspartner, Mitarbeiter, usw.] auch über die aktuellsten datenschutzrechtlichen Entwicklungen in unserem Unternehmen.

7.2 Auf schriftliche Anfrage erhalten die betroffenen Personen ausführliche Informationen i.S.d. Art. 15 DSGVO, z.B. über die Verarbeitungszwecke, die jeweiligen Empfänger der Daten und die Empfängerländer, sofern nicht unser Interesse an der Geheimhaltung überwiegt. Bei geplanten Zweckänderungen informiert das diese Verarbeitung planende Mitglied die Betroffenen über diesen anderen Zweck und stellt alle anderen maßgeblichen Informationen zur Verfügung.

7.3 Alle Mitglieder verpflichten sich zur Bereitstellung der Datenschutzhinweise nach Art. 13, 14 DSGVO.

8. Rechte der betroffenen Personen[84]

8.1 Wir gewähren unseren [Kunden, Vertragspartnern, Mitarbeitern, usw.] ein unabdingbares Recht auf Auskunft, Berichtigung, Löschung oder Sperrung und auf Widerspruch gegen die Verarbeitung der sie betreffenden personenbezogenen Daten, sowie ein Recht auf Datenübertragbarkeit. Bitte wenden Sie sich für die Durchsetzung Ihrer Rechte an [Ansprechpartner oder Abteilung, Adresse, E-Mail-Adresse].

8.2 Zur schnelleren Bearbeitung Ihres Anliegens bitten wir Sie, die Art der personenbezogenen Daten und das Recht, das Sie ausüben möchten, näher zu bezeichnen. Wir bitten Sie ferner um schriftliche Kontaktaufnahme, da uns bei einer telefonischen Kontaktaufnahme eine Identifizierung Ihrer Person nicht immer möglich ist.

*8.3 Jeder betroffenen Person wird auf Antrag Auskunft über die zu ihrer Person gespeicherten Daten, auch soweit sie sich auf die Herkunft dieser Daten beziehen, den Empfänger oder die Kategorien der Empfänger, an die Daten weitergegeben werden und den Zweck der Speicherung erteilt. [ggf. Nennung weiterer umfassender Auskunftspflichten nach Art. 15 DSGVO]. **Alternativ:** Die Auskunft erfolgt kostenlos und kann in angemessen Abständen angefordert werden.*

8.4 Jede betroffene Person hat ein Recht auf Berichtigung ihrer personenbezogenen Daten, wenn sich herausstellt, dass diese unrichtig oder unvollständig sind.

8.5 Ferner besteht ein Anspruch auf Löschung der personenbezogenen Daten, wenn deren Speicherung unzulässig ist oder die Daten für den Zweck der Datenverarbeitung nicht mehr erforderlich sind.

8.6 Es besteht ein Anspruch auf Einschränkung der Verarbeitung der personenbezogenen Daten, wenn sich weder ihre Richtigkeit noch ihre Unrichtigkeit feststellen lässt.

---

82 Zu den Erläuterungen siehe Rz. 31.52 ff.
83 Zu den Erläuterungen siehe Rz. 31.57 ff.
84 Zu den Erläuterungen siehe Rz. 31.62 ff.

8.7 *Die betroffene Person hat ein Recht auf Widerspruch, wenn ihre Daten zu Zwecken der Werbung und der Markt- oder Meinungsforschung genutzt werden. Ferner steht ihr ein Widerspruchsrecht gegen die Verarbeitung und Nutzung der Daten zu, wenn eine Prüfung ergibt, dass ein schutzwürdiges Interesse der betroffenen Person wegen ihrer besonderen persönlichen Situation das Interesse unseres Unternehmens überwiegt. Ferner kann die betroffene Person ihre erteilte Einwilligung in die Verarbeitung und Nutzung der Daten mit Wirkung für die Zukunft widerrufen. [**Ggf. ergänzend:** Wir weisen darauf hin, dass wir durch Rechtsvorschriften gezwungen sein können, ihre Daten trotz Widerspruchs aufzubewahren.]*

8.8 *Die betroffene Person hat ein Recht auf Benachrichtigung über eine Verarbeitung ihrer Daten, wenn diese erfolgt, ohne dass sie von dieser Verarbeitung Kenntnis hat oder durch die äußeren Umstände, durch Dritte oder im Wege der Transparenz (Ziffer 7) haben könnte.*

8.9 ***Alternative 1:** Wir treffen keine rechtlich nachteiligen oder die betroffene Person in vergleichbarer Weise beeinträchtigenden Entscheidungen aufgrund ausschließlich automatisierter Verfahren.*

***Alternative 2:** Grundsätzlich stützen wir unsere Entscheidungen nicht ausschließlich auf eine automatisierte Verarbeitung personenbezogener Daten, die der Bewertung einzelner Persönlichkeitsmerkmale dient, wenn diese für die betroffene Person eine rechtliche Folge nach sich ziehen können oder sie erheblich beeinträchtigen. Dies gilt nicht, wenn die Entscheidung im Rahmen des Abschlusses oder der Erfüllung eines Rechtsverhältnisses ergeht und dem Begehren der betroffenen Person auf Abschluss oder Erfüllung des Vertrages stattgegeben wurde. Wir garantieren, geeignete Maßnahmen zu ergreifen, die die Wahrung der berechtigten Interessen der betroffenen Person gewährleisten. Die betroffenen Personen erhalten die Möglichkeit, uns ihren Standpunkt mitzuteilen, was dazu führt, dass wir unsere Entscheidung vollumfänglich überprüfen und im Falle berechtigter Einwände ggf. abändern.*

8.10 *Die Betroffenen haben zudem das Recht, bei Vorlage der in Art. 20 DSGVO genannten Bedingungen und bei automatisierter Verarbeitung ihrer personenbezogenen Daten Datenübertragbarkeit zu verlangen.*

8.11 *Zudem kann sich ein Betroffener bei der zuständigen Aufsichtsbehörde beschweren, falls dieser zu der Ansicht gelangt, dass die Verarbeitung der ihn betreffenden personenbezogenen Daten gegen geltende Datenschutzbestimmungen verstößt.*

9. Sicherheit und Vertraulichkeit[85]

9.1 *Unser Unternehmen wendet geeignete technische und organisatorische Sicherheitsmaßnahmen zum Schutz der personenbezogenen Daten gegen die zufällige oder rechtswidrige Zerstörung, den zufälligen Verlust, die zufällige Änderung, die unberechtigte Offenlegung, den unberechtigten Zugriff und jede andere Form der unrechtmäßigen Verarbeitung an. [**Fakultativ:** Bei der Verarbeitung von sensiblen Daten sieht unser Unternehmen erhöhte Sicherheitsvorkehrungen vor.]*

9.2 *Diese Sicherheitsmaßnahmen gewährleisten unter Berücksichtigung des Standes der Technik und der bei ihrer Durchführung entstehenden Kosten ein Schutzniveau, das den von der Verarbeitung ausgehenden Risiken und der Art der zu schützenden Daten gerecht ist.*

9.3 *Unser Sicherheitskonzept ist konzernweit für alle Mitglieder, Unternehmensteile und Mitarbeiter verbindlich. [**Fakultativ:** Vorsätzliche oder grob fahrlässige Verstöße hiergegen können zu arbeitsrechtlichen Maßnahmen führen.]*

10. Beschränkung der Weiterübermittlung[86]

10.1 *Außerhalb unserer Unternehmensgruppe haben wir den Datentransfer und die Weiterübermittlung von Daten an unternehmensfremde Auftragsverarbeiter auf das unbedingt Notwendige eingeschränkt. Dennoch kann es [**Fakultativ:** in Einzelfällen] notwendig werden, Externe mit der Verarbeitung personenbezogener Daten zu beauftragen. Die Daten werden ausschließlich zu [Zweck der Weiterübermittlung] übermittelt.*

---

85 Zu den Erläuterungen siehe Rz. 31.76 ff.
86 Zu den Erläuterungen siehe Rz. 31.81 ff.

10.2 Bei Datentransfers innerhalb der EU/EWR-Mitgliedstaaten oder in einen Staat mit anerkanntem Datenschutzniveau an externe Datenverarbeiter schließen wir zum Schutz der personenbezogenen Daten eine schriftliche Vereinbarung, die beinhaltet, dass die externen Datenverarbeiter nur auf unsere Weisung handeln dürfen und für die Durchführung geeigneter Maßnahmen zur Gewährleistung der Sicherheit und Vertraulichkeit verantwortlich sind.

10.3 Bei Datentransfers an externe Datenverarbeiter nach außerhalb der EU/EWR-Mitgliedstaaten oder an einen Staat ohne anerkanntes Datenschutzniveau an beachten wir die strengen europäischen Vorschriften für den grenzüberschreitenden Datenverkehr und verwenden insbesondere die von der EU-Kommission gebilligten Standardvertragsklauseln oder andere geeignete vertragliche Vereinbarungen, wo erforderlich. Auch hier gewährleisten wir, dass die Datenverarbeiter nur auf Weisung handeln und für die Durchführung geeigneter Sicherheitsmaßnahmen verantwortlich sind.

11. Schulungsprogramm[87]

Innerhalb unserer gesamten Unternehmensgruppe stellen wir unseren Mitarbeitern, die regelmäßig personenbezogene Daten verarbeiten, geeignete datenschutzrechtliche Schulungsmaßnahmen zur Verfügung. Die Schulungen erfolgen in geeigneten Zeitabständen zielgruppenbezogen und sind dabei auf die Verarbeitungen und Unternehmensspezifika angepasst. Zusätzlich weisen wir in diesem Rahmen auf mögliche Sanktionen bei Nichtbeachtung der internen wie externen Datenschutzbestimmungen hin.

Um das Bewusstsein für den Datenschutz in unserem Unternehmen noch weiter zu stärken und die konsequente Durchführung unserer Unternehmensregelungen sicherzustellen, stehen daneben allen unseren Mitarbeitern [datenschutzrechtlich relevante Informationen, Merkblätter und Richtlinien] zur Verfügung. Unsere Mitarbeiter können sich mit ihren datenschutzrechtlichen Fragestellungen oder Hinweisen jederzeit an unseren Datenschutzbeauftragten wenden.

12. Datenschutzaudit[88]

12.1 Zur Verbesserung des Datenschutzes und der Datensicherheit lassen wir in regelmäßigen Abständen unser gesamtes Datenschutzkonzept durch Audits prüfen und bewerten, einschließlich der vorliegenden BCR.

12.2 Die Ergebnisse der Audits werden der Unternehmensleitung und dem bzw. den[89] Datenschutzbeauftragte/n mitgeteilt. Die zuständigen Datenschutzbehörden erhalten eine Kopie der Ergebnisse auf Antrag oder wenn eine Aktualisierung unserer Unternehmensregelungen notwendig wird.

12.3 Bei Bedarf und auf Antrag können die zuständigen Datenschutzbehörden ein eigenes Audit durchführen. Entsprechende Audits werden unter Beachtung der Vertraulichkeit und der Geschäftsgeheimnisse durchgeführt und strikt begrenzt auf die Feststellung der Einhaltung der unternehmensinternen Vorschriften. Die Prüfungsdaten, die personenbezogene Daten beinhalten, werden dabei unkenntlich gemacht, um die Vertraulichkeit der Daten der betroffenen Personen oder vertraulicher Unternehmensinformationen zu gewährleisten.

12.4 [Festlegungen zum Umfang der Audits]

13. Einhaltung der BCR und Überwachung[90]

*13.1 Sämtliche Gesellschaften unserer Unternehmensgruppe sind verpflichtet, den betroffenen Personen gegenüber sicherzustellen, dass die Anforderungen des Datenschutzes und insbesondere dieser Regelung eingehalten werden. [**Alternative 1:** Die Datenschutzbeauftragten der verschiedenen Unternehmen unseres Konzerns stehen in engem Kontakt zueinander, überwachen und gewährleisten die Einhaltung unserer verbindlichen Unternehmensregelungen und werden hierbei direkt von der Unternehmensleitung unterstützt.[91] **Alternative 2:** Wir haben einen Mitarbeiterstab gebildet, der die Einhaltung unserer*

---

87 Zu den Erläuterungen siehe Rz. 31.86.
88 Zu den Erläuterungen siehe Rz. 31.88 ff.
89 Bei mehreren Verantwortlichen i.S.d. Art. 4 Nr. 7 DSGVO in der Unternehmensgruppe.
90 Zu den Erläuterungen siehe Rz. 31.93 ff.
91 Art. 47 Abs. 2 lit. h i.V.m. Art. 38 Abs. 3 DSGVO; WP 256 rev.01, S. 13.

verbindlichen Unternehmensregelungen überwacht und gewährleistet und hierbei direkt von der Unternehmensleitung unterstützt wird.]

13.2 *[Beschreibung der Struktur, des Datenschutz-Netzwerks im Unternehmen, dedizierten Aufgaben des/der Datenschutzbeauftragten der Unternehmen wie z.B. die Meldung von Datenschutzverletzungen, Berichterstellung, und Zuständigkeiten des Konzerndatenschutzbeauftragten bzw. des Mitarbeiterstabs, z.B. hinsichtlich der Kooperation mit der Aufsichtsbehörde, insbesondere eines Prozesses zur Überwachung und Einhaltung der BCR].*

13.3 *[Beschreibung etwaiger Sanktionsmöglichkeiten].*

14. Abweichende einzelstaatliche Vorschriften[92]

Hat eine Gesellschaft unserer Unternehmensgruppe Anlass zu der Annahme, dass nationale Vorschriften der Einhaltung dieser Unternehmensregelung entgegenstehen und deren Garantien beeinträchtigen könnten, wird unverzüglich das für die EU/EWR zuständige Unternehmen und der Datenschutzbeauftragte informiert und das weitere Vorgehen abgesprochen. Im Zweifelsfall werden die zuständigen Datenschutzbehörden zu Rate gezogen.

15. Beschwerdemöglichkeiten[93]

15.1 *Unser Unternehmen hat eine interne Beschwerdestelle eingerichtet, an die sich die betroffenen Personen wenden können, wenn sie der Auffassung sind, dass ein Mitglied unserer Unternehmensgruppe gegen unsere Unternehmensrichtlinien verstößt. In diesem Fall bitten wir um unverzügliche Kontaktaufnahme zu [unserem Datenschutzbeauftragten/Mitarbeiterstab – erneut Adresse aufführen oder Verweis auf die oben genannte Adresse].*

15.2 *Die betroffene Person hat zudem das Recht, bei den zuständigen Datenschutzbehörden Beschwerde zu erheben, wenn sie der Auffassung ist, dass ein Mitglied unserer Unternehmensgruppe gegen unsere Unternehmensrichtlinien verstößt.*

16. Drittbegünstigung[94]

16.1 *Die betroffenen Personen können sämtliche ihnen durch unsere verbindlichen Unternehmensregelungen eingeräumten Rechte als Drittbegünstigte geltend machen. Hierzu gehören insbesondere die in [Ziffer 4-7 und 9, Ziffer Datenschutzgrundsätze, in Ziffer Transparenz, Ziffer Betroffenenrechte, usw.] eingeräumten Rechte, d.h. die Rechte der betroffenen Personen in Bezug auf die Verarbeitung und die diesen offenstehenden Mittel zur Wahrnehmung dieser Rechte einschließlich des Rechts, nicht einer ausschließlich auf einer automatisierten Verarbeitung – einschließlich Profiling – beruhenden Entscheidung nach Art. 22 DSGVO unterworfen zu werden sowie des in Art. 77 ff. DSGVO niedergelegten Rechts auf Beschwerde bei der zuständigen Aufsichtsbehörde beziehungsweise auf Einlegung eines Rechtsbehelfs bei den zuständigen Gerichten der Mitgliedstaaten und im Falle einer Verletzung der verbindlichen internen Datenschutzvorschriften Wiedergutmachung und gegebenenfalls Schadenersatz zu erhalten.*

16.2 *Wir haben keine Einwände dagegen, dass die betroffene Person, sofern sie dies ausdrücklich wünscht oder das nationale Recht dies zulässt, durch eine Vereinigung oder sonstige Einrichtung vertreten wird.*

17. Haftung[95]

17.1 *Fügt eines unserer [Konzernmitglieder/Unternehmen] der betroffenen Person durch eine rechtswidrige Verarbeitung ihrer personenbezogenen Daten oder eine andere mit unseren verbindlichen Unternehmensregelungen nicht zu vereinbarende widerrechtliche Handlung einen Schaden zu, so kann sie Ersatz für die ihr entstandenen materiellen und immateriellen Schäden verlangen. Die Ersatzpflicht entfällt, wenn der in der EU ansässige Verantwortliche bzw. Auftragsverarbeiter nachweist, dass er in*

---

92 Zu den Erläuterungen siehe Rz. 31.97.
93 Zu den Erläuterungen siehe Rz. 31.99 ff.
94 Zu den Erläuterungen siehe Rz. 31.103 ff.
95 Zu den Erläuterungen siehe Rz. 31.107 ff.

keinerlei Hinsicht für den Umstand, durch den der Schaden eingetreten ist, verantwortlich ist. Das ist beispielsweise dann der Fall, wenn die nach den Umständen des Einzelfalls gebotene Sorgfalt beachtet wurde.

17.2 *Für rechtswidrige Handlungen von Gruppenmitgliedern außerhalb der EU/EWR haftet [Benennung der EU/EWR-Hauptniederlassung/des die Haftung übernehmenden Unternehmens].*

17.3 *Kann die betroffene Person nachweisen, dass sie einen Schaden erlitten hat, und dieser prima facie durch einen Verstoß gegen unsere verbindlichen Unternehmensregelungen verursacht wurde, so obliegt es uns, nachzuweisen, dass wir nicht für den Verstoß verantwortlich sind, durch den der Schaden entstanden ist oder dass kein Verstoß vorlag.*

18. Gegenseitige Unterstützung und Zusammenarbeit mit den Datenschutzbehörden[96]

18.1 *Alle Mitglieder unserer Unternehmensgruppe verpflichten sich, bei Anfragen oder Beschwerden einer betroffenen Person oder bei Anfragen und Untersuchungen der Datenschutzbehörden zusammenzuarbeiten und sich gegenseitig zu unterstützen, um ihren Pflichten aus dieser Regelung nachzukommen.*

18.2 *Alle sachdienlichen Anfragen von Datenschutzbehörden [und den betroffenen Personen] werden unverzüglich und mit größtmöglicher Sorgfalt bearbeitet. Die Stellungnahmen und Empfehlungen der Datenschutzbehörde werden respektiert und ggf. umgesetzt.*

19. Aktualisierung der Vorschriften und Veränderungen im Unternehmen[97]

19.1 *Aktualisierungen unserer datenschutzrechtlichen Unternehmensrichtlinien und Veränderungen unserer Unternehmensstruktur werden allen Mitgliedern unserer Unternehmensgruppe unverzüglich und den für die Genehmigung zuständigen Datenschutzbehörden jährlich gemeldet und ggf. auf unserer Internetseite veröffentlicht. Auf Anfrage erteilt der zuständige Datenschutzbeauftragte den betroffenen Personen und den Datenschutzbehörden Auskunft über jegliche Änderung dieser Unternehmensrichtlinie oder der Unternehmensstruktur.*

19.2 *An einen neuen Unternehmensteil erfolgt keine Übermittlung personenbezogener Daten, solange nicht sichergestellt ist, dass dieser an diese Unternehmensregelung gebunden ist und ein angemessenes Schutzniveau i.S.d. Ziffer [Verweis zu der Ziffer mit technischen und organisatorischen Vorkehrungen] gewährleisten kann.*

19.3 *Vor der Durchsetzung signifikanter Änderungen an dieser Unternehmensregelung nehmen wir Kontakt zu der zuständigen Datenschutzbehörde auf, um festzustellen, ob ein neuer Genehmigungsantrag erforderlich ist.*

20. Verhältnis zwischen einzelstaatlichem Recht und BCR[98]

Soweit andere nationale oder europäische Rechtsvorschriften ein höheres Schutzniveau für personenbezogene Daten vorschreiben, gehen diese unseren Unternehmensrichtlinien vor. Die Datenverarbeitung erfolgt in jedem Fall stets nach Maßgabe des anwendbaren Rechts und der jeweils anwendbaren einzelstaatlichen Vorschriften.

21. Gerichtsstand[99]

21.1 *Die betroffene Person hat ein Wahlrecht, ob sie die ihr aus diesen Unternehmensregelungen eingeräumten Rechte am Gerichtsstand der [EU-/EWR-Hauptniederlassung/-zentrale], am Gerichtsstand [des Unternehmensteils, von dem die Übermittlung stammt] oder am Gerichtsstand [des mit dem Datenschutz beauftragten, in der EU ansässigen Unternehmensteils] geltend macht.*

21.2 *Es gelten die in den nationalen Rechtsvorschriften enthaltenen Grundsätze über den Gerichtsstand.*

---

96 Zu den Erläuterungen siehe Rz. 31.114 ff.
97 Zu den Erläuterungen siehe Rz. 31.118 ff.
98 Zu den Erläuterungen siehe Rz. 31.123.
99 Zu den Erläuterungen siehe Rz. 31.125 ff.

22. [Fakultativ:] Schlussbestimmungen[100]

22.1 *Diese verbindlichen Unternehmensregelungen unterliegen dem Recht [der EU/EWR-Hauptzentrale/des die Haftung übernehmenden Unternehmensteils/des Unternehmensteils, der für den Datenschutz verantwortlich ist].*

22.2 *Weitere Konkretisierungen der in diesen verbindlichen Unternehmensregelungen genannten Regelungen sind den beigefügten Anlagen zu entnehmen.*

22.3 *Diese verbindlichen Unternehmensrichtlinien treten am [XX.XX.XXXX] in Kraft.*

II. Muster – englisch

31.19a   M 31.2 Controller Binding Corporate Rules

Binding Corporate Rules of [Corporation] on the protection of personal data [in international intra-group data transfers]

1. Objective

1.1 *The protection of the personal data of our [alternatively or cumulatively: customers, employees, suppliers, contractual partners, shareholders, etc.] and the consistent implementation of European and national data protection standards plays a central role in our company. We aim to establish uniform, appropriate and global data protection standards for all members of our group and all our employees in order to comply with the applicable data protection regime.*

1.2 *The purpose of these binding corporate rules is to ensure an adequate level of protection of personal data transmitted and processed by our group of companies and to ensure that there are sufficient safeguards regarding the protection of personal rights and the exercise of related rights when they are transmitted from one group unit to another, regardless of their country of origin.*

1.3 *We only process personal data in accordance with the data protection principles as stated in Art. 5 GDPR, in particular with regard to lawfulness, fairness and transparency of the processing. We adhere to the principles of purpose limitation, data minimisation and accuracy of processing, taking into account limited storage periods.*

We also adhere to the requirements in§ terms of the security of processing and undertake appropriate technical and organisational measures to protect the data subjects' rights and freedoms, including protection against unauthorised or unlawful processing and against accidental loss, accidental destruction or accidental harm through appropriate technical and organisational measures within the framework of integrity and confidentiality. In addition, we oblige all internal service providers or contract processors to comply with the requirements of Art. 28 para. 3 GDPR. In addition, data transfers are solely executed in accordance with the strict requirements of Art. 45 ff. GDPR.

Additionally, we adhere to data privacy by design and default principles when processing personal data.

Each member is obliged to comply with these principles and must be able to demonstrate this in terms of accountability as in Art. 5 GDPR.

1.4 *All members of our group and all our employees are explicitly obliged to comply with the company's internal data protection regime. The management of each entity of the company also undertakes to ensure compliance with the binding corporate rules and to implement provisions in a binding manner. If a member of the group commissions subcontractors, the latter are obliged to comply with our internal company guidelines, by means of [independent contracts, appropriate contractual clauses, additional measures etc.].*

---

100 Zu den Erläuterungen siehe Rz. 31.129 ff.

1.5 Details of the company/business structure, including a list of the parties involved in the joint economic activity mentioned above, including contact details

1.6 Optional: Reference to the applicable data protection regime

2. Definitions

*2.1 **Option 1:** We use the expressions and terms used in our binding corporate rules in accordance with the definitions [of GDPR/in conjunction with the German Data Protection Act.*

*2.2 **Option 2:** A comprehensive glossary with explanations of the terms and expressions used in our binding corporate rules is attached to this as annexes d at the end of this contract.*

*2.3 **Option 3:** Within the framework of our binding corporate rules, the following definitions apply:*

2.3.1 "Personal data" means any information relating to an identified or identifiable natural person ("data subject") [or special categories of personal data revealing racial or ethnic origin, political opinions, religious or philosophical beliefs, or trade union membership, and the processing of genetic data, biometric data for the purpose of uniquely identifying a natural person, data concerning health or data concerning a natural person's sex life or sexual orientation, if applicable.]

2.3.2 "Processing of personal data" means any operation or set of operations which is performed on personal data or on sets of personal data, whether or not by automated means, such as collection, recording, organisation, structuring, storage, adaptation or alteration, retrieval, consultation, use, disclosure by transmission, dissemination or otherwise making available, alignment or combination, restriction, erasure or destruction.

2.3.3 "Restriction of processing" means the marking of stored personal data with the aim of limiting their processing in the future.

2.3.4 "Controller" means the natural or legal person, public authority, agency or other body which, alone or jointly with others, determines the purposes and means of the processing of personal data.

2.3.5 "Processor" means a natural or legal person, public authority, agency or other body which processes personal data on behalf of the controller

2.3.6 "Third party" means a natural or legal person, public authority, agency or body other than the data subject, controller, processor and persons who, under the direct authority of the controller or processor, are authorised to process personal data.

2.3.7 "Consent" of the data subject means any freely given, specific, informed and unambiguous indication of the data subject's wishes by which he or she, by a statement or by a clear affirmative action, signifies agreement to the processing of personal data relating to him or her.

2.3.8 [Further definitions depending on the corporate structure and the scope of application of the BCRs are to be added accordingly: "employees" or "staff", customers, suppliers, contract partners, etc.].

2.4 This list defines important terms of our corporate regulations and is to be interpreted or amended in the light of current European legislation.

2.5 By "company" or "our company" mentioned in this binding regulation, we mean all parts/entities of our corporate group …, irrespective of their legal form or location, including all employees.

3. Scope of application

3.1 These binding corporate rules represent a globally binding corporate policy which is applicable to all processing operations in all companies of the Group [company] or to the group of companies for [joint economic activity].

*3.2 **Option 1:** The present Binding Corporate Rules apply to all processing activities with EU/EEA relevance as well as data transfers from EU/EEA member states to third countries, including all processors.*

Option 2: *These Binding Corporate Rules apply to all processing operations and data transmissions within our group of companies described in clause [xx] of this regulation.*

3.3 *We process and transfer personal data of our [customers, employees, suppliers, contract partners, etc.] as part of our joint economic activity/ies. The data categories of processing and transmission is [personal master data, communication data, contract master data, etc.].*

3.4 *Classification of BCRs within the data protection regime of the company*

4. Principle of purpose limitation

4.1 *Our company processes and transfers personal data only for specified, explicit and legitimate purposes and not further processed in a manner that is incompatible with those purposes;*

4.2 *We process personal data by [storing, changing, transmitting, blocking, deleting or otherwise using] it for the purpose of further processing or use.*

4.3 *Our company processes personal data for the purpose of [contract processing, initiating contracts, improving our services, etc].*

4.4 *The processing of data is limited to these purposes; in particular, it is not allowed to further process any personal data in a manner that is incompatible with the stated purposes. Changes of purpose are only lawful if the data subject gives his or her consent or where a legal provision allows for processing.*

5. Legal basis for the processing of personal data

5.1 *Personal data will be processed only where processing is necessary for the performance of a contract to which the data subject to or for the implementation of pre-contractual measures taken at the request of the data subject. We may also use personal data where it is necessary for the purposes of the legitimate interests pursued by the controller or by a third party, taking into account the risks to the freedoms and rights of data subjects. Our legitimate interests are internal controlling and … [e.g. marketing]. We are also subject to legal obligations, based on which we may process personal data. Processing is also possible if it is necessary to protect a data subject's vital interests or another natural person.*

Optional: We also have to comply with money laundering and anti-corruption laws.

Should we require processing of any personal data beyond the above-mentioned purposes, we will obtain the unambiguous and informed consent of the data subject in advance.

5.2 *We process special categories of personal data solely based on the explicit and freely given consent while further requirements of Art. 7 GDPR are included.*

Optional: We process special categories of personal data only in case a derogation of Art. 9 GDPR applies and if we implemented additional measures for the protection of data [e.g. in the context of an employment contract].

5.3 *[Indication of the categories of data that are processed, the categories of data subjects, list of the third countries to which personal data are transferred, potentially added in the Annex].*

6. Data quality and data necessity

6.1 *Each of our employees is obliged to ensure that the data or data sets collected are correct and rectify them, if required.*

6.2 *We ensure that the use of the personal data is appropriate, necessary and adequate for the purpose of processing [optional: and does not show a high risk for the data subjects' personal rights].*

6.3 *We process personal data only as long as it is necessary for the purposes for which they are collected or processed.*

7. Transparency and Right to Information

7.1 The latest version of our binding corporate rules s is available on our website/intranet at [https://the website]. Here, we also inform our [customers, contractual partners, employees, etc.] about the latest developments in our company in terms of data protection.

7.2 Upon written request, the data subjects will receive further information within the meaning of Art. 15 GDPR, e.g. on the purposes of processing, the respective recipients of the data and the recipient countries, unless our interest in confidentiality outweighs this. In the event of planned changes of purpose, the member planning such processing activities informs the data subjects of the changed purpose and provides all other relevant information.

7.3 All members commit to provide data protection information according to Art. 13, 14 GDPR.

8. Rights of the data subject

8.1 We grant our [customers, contractual partners, employees, etc.] an indispensable right to information, rectification, erasure or restriction of processing and to object to the processing of personal data on their behalf, as well as the right to To enforce your rights, please contact [contact person or department, address, e-mail address].

8.2 In order to speed up the processing of your request, we kindly ask you to specify the categories of personal data in question and the right you wish to exercise. We also ask you to contact us in writing, as we may not always able to identify you when you contact us by phone.

8.3 On request, every data subject will be informed about the data processed about him or her, including information on the origin of the data, the recipient or the categories of recipient to whom it may be disclosed and the purpose for the storage. Where applicable, it may be required to mention further, more comprehensive obligations to provide information pursuant to Art. 15 GDPR].

Optional: The information is provided free of charge and can be requested at reasonable intervals.

8.4 Every data subject has the right to have his or her personal data rectified if it turns out to be incorrect or incomplete.

8.5 Furthermore, there is a right to the deletion of personal data if its storage is not permitted or the data is no longer necessary for the purpose of data processing.

8.6 There is a right to limit the processing of personal data if neither their accuracy nor their inaccuracy is to be established.

8.7 The data subject has the right to object if his or her data is used for advertising and market or opinion research purposes. Furthermore, he/she has the right to object to the processing and use of the data if an examination shows that an interest worthy of protection of the data subject outweighs the interest of our company due to his/her particular personal situation. Furthermore, the data subject may revoke his or her consent to the processing and use of the data with effect for the future. If necessary, in addition: We would like to point out that we may be forced by law to retain your data despite your objection].

8.8 The data subject has the right to be informed of any processing of his or her data where such processing is carried out without his or her being aware of it or is likely to be aware of it owing to external circumstances, by third parties or by way of transparency (ref. 7).

*8.9 **Option 1:** We do not make any legally disadvantageous decisions or decisions that affect the data subject in a comparable way based on solely automated processing*

***Option 2:** As a matter of principle, we do not base our decisions solely on automated processing of personal data that serves the purpose to evaluate individual personality traits, if these may have a legal consequence for the data subject or significantly impair him or her. This does not apply if the decision is taken in the context of the conclusion or performance of a legal relationship and the data subject specifically requested the conclusion or performance of the contract. We guarantee to act appropriately to ensure that the legitimate interests of the data subject are safeguarded. The data subjects will be given the opportunity to inform us about their position, which will result in our decision being fully reviewed and, if necessary, amended in the event of justified objections.*

8.10 Data subjects also shall have the right to claim their right to data portability regarding their personal data if the conditions of Art. 20 GDPR are met and if the processing is automated.

8.11 Moreover, a data subject has the right to lodge a complaint with a supervisory authority if he or she suspects that his or her personal data is not processed in accordance with the current data protection regime.

9. Security and Confidentiality

9.1 Our company applies adequate technical and organisational security measures to protect personal data against accidental or unlawful destruction, accidental loss, accidental alteration, unauthorised disclosure, unauthorised access and any other form of unlawful processing. [Optional: When processing sensitive data, our company provides for increased security measures].

9.2 These security measures shall ensure a level of protection appropriate to the risks represented by the processing and the nature of the data to be protected, taking into account the state of the art and the cost of their implementation.

9.3 Our security concept is binding for all members, business units and its staff throughout the group/corporation. [**Optional**: Deliberate or grossly negligent infringements of this may lead to measures under labour law.]

10. Restriction on onward transfers

10.1 Outside our group of companies, we have limited the transfer of data and the further transmission of data to external processors to the absolute necessary. Nevertheless, it may become necessary [**Optional**: in individual cases] to commission external parties to process personal data. The data will be transferred exclusively for [the purpose of further transfer].

10.2 In case of data transfers within EU/EEA member states or to a state with a recognised level of data protection to external data processors, we conclude a written agreement to protect the personal data, which states that the external data processors may only act according to our instructions and are responsible for implementing appropriate measures to ensure security and confidentiality.

10.3 In case of data transfers to external data processors outside the EU/EEA member states or in a state without a recognised level of data protection, we adhere to the strict European regulations of the GDPR for cross-border data transfer and use in particular the standard contractual clauses approved by the EU Commission or other appropriate contractual agreements, if applicable. Here too, we guarantee that data processors only act according to our instructions and are responsible for implementing appropriate security measures.

11. Training

11.1 Within our entire group of companies, we provide our employees who regularly process personal data with suitable training measures in accordance with data protection law. The training courses take place at suitable intervals and are adapted to the processing and company specifics. In this context, we also draw attention to possible sanctions in the event of non-compliance with internal and external data protection regulations.

11.2 In order to further increase awareness of data protection in our company and to ensure the consistent implementation of our company regulations, [information relevant to data protection, leaflets and guidelines] are also available to all our employees. Our employees can contact our data protection officer at any time with their questions or comments relating to data protection law.

12. Data Protection Audit

12.1 In order to improve data protection and data security, we have our entire data protection concept audited and evaluated at regular intervals.

12.2 We communicate the results of the audits to the management and the Data Protection Officer/s. The competent data protection authorities will receive a copy of the results upon request or if it becomes necessary to update our binding corporate rules.

12.3 If necessary and on request, the competent data protection authorities may carry out their own audit. Such audits are executed out with due regard for confidentiality and business secrets and are strictly limited to establishing compliance with internal company regulations. Audit data containing personal data will be rendered unrecognisable in order to ensure the confidentiality of the data subjects' data or confidential corporate information.

12.4 [Specifications on the scope of the audits].

13. BCR Compliance and Monitoring

*13.1 All companies in our group of companies are obliged to ensure on behalf of the data subjects that they comply with data protection requirements, particularly in terms of this regulation. [**Option 1:** The data protection officers of the various companies in our group maintain close contact, monitor and ensure compliance with our binding corporate rules. The management will provide direct support. **Option 2:** We set up staff to monitor and ensure compliance with our binding corporate rules. The management will provide direct support.]*

13.2 Description of the structure, the data protection network within the company, dedicated tasks of the entities' Data Protection Officer(s), e.g. reporting of data breaches, preparing reports, and responsibilities of the group data protection officer or the staff, e.g. with regard to cooperation with the supervisory authority, in particular a process for BCR compliance and monitoring].

13.3 [Description of possible sanctions].

14. Divergent national law

If an entity of our group has reason to believe that national law may interfere with compliance of the BCRs and could affect their guarantees, the company responsible for EU/EEA and its Data Protection Officer have to be informed without any undue delay in order to discuss further action. In case of doubt, the competent data protection authorities have to be consulted.

15. Redress mechanisms

15.1 Our corporation has set up an internal complaints body by which the data subjects can seek redress if they believe that a member of our group has violated our binding corporate rules. In this case, please immediately contact [our Data Protection Officer/Employees – please repeat the address or refer to the above address].

15.2 The data subject also has the right to complain to the relevant data protection authorities if he or she believes that a member of our group is in breach of our binding corporate rules.

16. Third Party Beneficiary Rights

16.1 Data subjects can exercise all the rights granted to them by our binding company regulations as third-party beneficiaries. In particular, this includes the rights referred to in [ref 4, 7, 9 on data processing principles, in ref. 7 transparency, ref. 8 data subject's rights, etc.], namely the rights of data subjects in regard to the processing and the means to exercise those rights, including the right not to be subject to decisions based solely on automated processing, including profiling in accordance with Art. 22, the right to lodge a complaint with the competent supervisory authority and before the competent courts of the Member States in accordance with Art. 77 ff., and to obtain redress and, where appropriate, compensation for a breach of the binding corporate rules;

16.2 We have no objection to the data subject being represented by an association or other body if he or she expressly so wishes or if national law so permits.

17. Liability

17.1 If one of our [group members/companies] causes damage to the data subject as a result of unlawful processing of his or her personal data or any other unlawful act incompatible with our binding corporate rules, he may claim compensation for the material and non-material damage he has suffered. The obligation to pay compensation does not apply if the Controller proves that he is in no way responsible for the circumstance which caused the damage. This is the case, for example, when due care required by the circumstances of the individual case has been exercised.

17.2 Liability for illegal activities of group members outside the EU/EEA [Designation of the EU/EEA head office/company assuming liability].

17.3 If the data subject can prove that he/she has suffered damage and that this damage was caused prima facie by a breach of our binding corporate rules, it is up to us to prove that we are not responsible for the breach which caused the damage or that there was no breach.

18. Mutual assistance and cooperation with Supervisory Authorities

18.1 All members of our group commit to cooperate and assist each other in the event of requests or complaints from a data subject or requests and investigations by supervisory authorities in order to fulfil their obligations under this regulation.

18.2 All relevant requests from Supervisory Authorities [and data subjects] will be dealt with promptly and with the utmost care. The opinions and recommendations by the Supervisory Authority will be respected and implemented, where appropriate.

19. Update of policies and changes within the company

19.1 Updates to our corporate data protection policies or regulations and changes to our corporate structure have to be reported to all members of our group without undue delay, and on an annual basis to the supervisory authority responsible for approval and, if necessary, published on our website. Upon request, the responsible data protection officer will provide the data subjects and the data protection authorities with information on any changes to this corporate policy or corporate structure.

19.2 No personal data is transferred to a new part of the company unless it is ensured that it is bound by these company regulations and can guarantee an appropriate level of protection within the meaning of section [reference to the section with technical and organisational precautions].

19.3 Before enforcing any significant change to this corporate policy, we will contact the relevant data protection authority to determine whether a new authorisation application procedure is required.

20. Relationship between national law and BCR OR primacy of national or other law over BCR

Insofar as other national or European legal regulations prescribe a higher level of protection for personal data, these take precedence over our company guidelines. In any case, data processing is carried out in accordance with applicable law and applicable national regulations.

21. Place of jurisdiction

21.1 The data subject has the right to choose whether to exercise the rights conferred on him or her by these binding corporate rules in the jurisdiction of [EU/EEA headquarters], in the jurisdiction of [the part of the company from which the transfer originates] or in the jurisdiction of [the part of the company responsible for data protection established in the EU].

21.2 The principles on jurisdiction contained in national legislation will apply.

22. [Optional:] Final provisions

22.1 These Binding Corporate Rules are governed by the law [of the EU/EEA head office/the liable party/ the party responsible for data protection].

22.2 Further details of the regulations mentioned in these binding corporate rules can be found in the attached annexes.

22.3 These Binding Corporate Rules come into force on [XX.XX.XXXX].

III. Erläuterungen

1. Überschrift der BCR

Art. 4 Nr. 20 DSGVO schafft mit der Bezeichnung „verbindliche interne Datenschutzvorschriften" erstmalig eine einheitliche Legaldefinition **für BCR.** Noch Art. 26 Abs. 2 Richtlinie 95/46/EG sprach unklar von „Vertragsklauseln" und der damalige § 4c Abs. 2 BDSG a.F. von „Vertragsklauseln oder verbindlichen Unternehmensregelungen". Der mittlerweile anwendbare Art. 47 DSGVO bezieht sich auf die Legaldefinition in Art. 4 Nr. 20 DSGVO. Im europäischen Datenschutzrecht hat sich der Begriff der Binding Corporate Rules eingebürgert. Nach der Empfehlung der Art. 29-Datenschutzgruppe sollte zur Abgrenzung der BCR von den Verhaltensregeln in Art. 27 Richtlinie 95/46/EG/Art. 40 ff. DSGVO darauf verzichtet werden, Bezeichnungen zu verwenden, die vermuten lassen könnten, dass die BCR nicht verbindlich seien. So stellen bloße Wohlverhaltensregelungen die rechtliche Verbindlichkeit ebenso wenig her wie die ausschließliche Bezeichnung als „Code of Conduct" oder „Verhaltenskodex"[101]. Entscheidend ist danach, dass aus der Bezeichnung der BCR hervorgeht, dass die Regelungen verbindlich und rechtlich durchsetzbar sind, da dies die Grundvoraussetzung dafür ist, dass „ausreichende Garantien" i.S.d. Art. 46 Abs. 2 DSGVO vorliegen, die für internationale unternehmensinterne Datentransfers gelten[102]. Es wird insoweit empfohlen, in der Überschrift sowohl die Bezeichnung der Regelungen, die Firma des Unternehmens als auch den Hauptgrund der Regelungen, nämlich den Schutz von personenbezogenen Daten im internationalen konzerninternen Datentransfer, aufzunehmen.

31.20

2. Zielsetzung (Ziff. 1)

M 31.1.1 Zielsetzung

31.21

1. Zielsetzung

*1.1 Der Schutz der personenbezogenen Daten unserer [**alternativ oder kumulativ:** Kunden, Beschäftigten, Lieferanten, Vertragspartner, Aktionäre, usw.] und die konsequente Umsetzung europäischer und nationaler Datenschutzstandards spielt eine zentrale Rolle in unserem Unternehmen. Wir verfolgen das Ziel, einheitliche, angemessene und globale Datenschutzstandards für sämtliche Mitglieder unserer Unternehmensgruppe und alle unsere Beschäftigten aufzustellen, um den geltenden Datenschutzbestimmungen gerecht zu werden.*

1.2 Die vorliegenden verbindlichen Unternehmensregelungen sollen den angemessenen Schutz der personenbezogenen Daten gewährleisten, die von unserer Unternehmensgruppe übermittelt und verarbeitet werden und sicherstellen, dass ausreichende Garantien hinsichtlich des Schutzes des Persönlichkeitsrechts und der Ausübung der damit verbundenen Rechte bestehen, ungeachtet ihres Herkunftslandes, sofern sie von einer Konzerneinheit an die andere übermittelt werden.

1.3 Wir verarbeiten personenbezogene Daten ausschließlich gemäß den Datenschutzprinzipen nach Art. 5 DSGVO, insbesondere hinsichtlich Rechtmäßigkeit, Treu und Glauben sowie transparent für die Betroffenen. Wir halten uns an die Grundsätze der Zweckbindung, Datenminimierung und Richtigkeit der Verarbeitung unter Beachtung begrenzter Speicherfristen.

---

101 *Tinnefeld/Rauhofer*, DuD 2008, 717 (721); *Wisskirchen*, CR 2004, 862 (866); WP 74, Ziff. 3.1, S. 8.
102 WP 74, Ziff. 3.1, S. 8.

Wir halten uns dabei an die Vorgaben zur Sicherheit der Verarbeitung und treffen angemessene technische und organisatorische Maßnahmen zum Schutz der Rechte und Freiheiten der von der Verarbeitung Betroffenen, einschließlich Schutz vor unbefugter oder unrechtmäßiger Verarbeitung und vor unbeabsichtigtem Verlust, unbeabsichtigter Zerstörung oder unbeabsichtigter Schädigung durch geeignete technische und organisatorische Maßnahmen im Rahmen der Integrität und Vertraulichkeit. Zusätzlich verpflichten wir alle internen Dienstleister bzw. Auftragsverarbeiter zur Einhaltung der Anforderungen gemäß Art. 28 Abs. 3 DSGVO. Zusätzlich finden Datenübermittlungen nur nach den strengen Vorgaben der Art. 45 ff. DSGVO statt.

Außerdem beachten wir die Prinzipien des Datenschutzes durch Technikgestaltung und datenschutzfreundliche Voreinstellungen bei der Verarbeitung personenbezogener Daten.

Jedes Mitglied ist für die Einhaltung dieser Grundsätze verpflichtet und muss dies im Rahmen der Rechenschaftspflicht nach Art. 5 DSGVO nachweisen können.

1.4 Alle Mitglieder unserer Unternehmensgruppe sowie sämtliche unserer Mitarbeiter werden ausdrücklich auf die Einhaltung der unternehmensinternen Datenschutzregelungen verpflichtet. Die Unternehmensleitung jeder einzelnen Partei verpflichtet sich zudem, für die Einhaltung der Datenschutzregelungen zu sorgen und die Datenschutzbestimmungen verbindlich umzusetzen. Im Falle der Beauftragung von Unterauftragnehmern werden diese durch [eigenständige Verträge, entsprechende Vertragsklauseln, zusätzlichen Maßnahmen usw.] auf die Einhaltung unserer unternehmensinternen Richtlinien verpflichtet.

1.5 Details zur Unternehmens- bzw. Geschäftsstruktur einschließlich einer Benennung der beteiligten Parteien, die gemeinsam o.g. Wirtschaftstätigkeit ausüben, einschließlich entsprechender Kontaktadressen[103].

1.6 Fakultativ: Verweis auf die geltenden Datenschutzbestimmungen

a) Ratio

31.22 Inhaltlich muss die Ziff. 1 die zentralen **Ziele**, die das Unternehmen mit den BCR bezweckt, verdeutlichen und den Willen des Unternehmens zu einer einheitlichen und gewissenhaften Datenschutzpolitik betonen. Voraussetzung dafür ist, dass herausgestellt wird, dass sich alle Mitglieder der Unternehmensgruppe und alle Mitarbeiter ausdrücklich auf die **Einhaltung der BCR** verpflichten und die Unternehmensleitung sich verpflichtet, für die Einhaltung der BCR zu sorgen[104]. Ferner sollen die Ziele der BCR, nämlich der angemessene Schutz der personenbezogenen Daten, die innerhalb der Unternehmensgruppe übermittelt und verarbeitet werden, dargestellt und ggf. auf die aktuellen europäischen Datenschutzbestimmungen verwiesen werden[105]. Es ist dem jeweiligen Unternehmen überlassen, ob es seine Zielsetzung ausführlich[106] oder übersichtlich, gefühlsbetont oder sachlich gestalten möchte. Es ist durchaus möglich, in der Zielsetzung der BCR etwaige charakteristische Aussagen und Leitsprüche des Unternehmens darzustellen. Der Begriff „Zielsetzung", der manchem Unternehmen zu sachlich wirken mag, kann durch andere Überschriften ersetzt werden. So empfehlen sich insbesondere auch der feierliche Begriff „Präambel" oder andere Begriffe wie „Ziele" oder „Ziel unserer Unternehmensrichtlinie".

b) Sinn, Zweck, Adressaten (Ziff. 1.1)

31.23 In Ziff. 1.1 legt das Unternehmen seine **Grundmotive** für die BCR in einer konzentrierten Aussage über deren Sinn und Zweck, Anlass und Zielsetzung nieder. Dabei sollte insbesondere konkretisiert

---

103 Gemäß Art. 47 Abs. 2 lit. a DSGVO verbindlich.

104 WP 154, Einleitung, S. 3; WP 256 rev01, 1.2, S. 5.

105 WP 154, Einleitung, S. 3.

106 Beispielhaft „Verhaltensregeln für den Umgang mit personenbezogenen Daten durch die deutsche Versicherungswirtschaft" des Gesamtverbandes der Deutschen Versicherungswirtschaft e.V", abrufbar unter: https://www.gdv.de/resource/blob/23938/c391b1dd04b41448fdb99918ce6d03bf/download-code-of-conduct-data.pdf.

werden, für welchen Personenkreis die BCR Anwendung finden. Die Ziff. 1.1 kann den BCR auch als Vorwort vorangestellt werden.

Die Aussagen, wie schon die Überschrift der BCR, sollten dabei nicht verallgemeinernd ausfallen, sondern konkret den Zweck und Informationen zur zugrunde liegenden Wirtschaftstätigkeit bezeichnen bzw. die Art des Zusammenschlusses (z.B., ob es sich um einen Konzern, Teile einer Unternehmensgruppe oder einen Zusammenschluss handelt) sowie die verschiedenen Gruppen von Mitgliedern einschließlich deren Beschäftigte. Bei Gruppen von Unternehmen, die nicht allein zu einer Unternehmensgruppe gehören, bildet die „gemeinsame Wirtschaftstätigkeit" das Bindeglied und die Nähe der Unternehmen[107].

c) Garantien (Ziff. 1.2)

Ziff. 1.2 beinhaltet die verbindliche Aussage, dass das Ziel der BCR ist, den Schutz der personenbezogenen Daten zu gewährleisten und sicherzustellen, dass ausreichende Garantien i.S.d. Art. 46 Abs. 2, Art. 47 DSGVO hinsichtlich des Schutzes des Persönlichkeitsrechts und der Ausübung der damit verbundenen Betroffenenrechte bestehen.

31.24

d) Datenschutzgrundsätze (Ziff. 1.3)

In Ziff. 1.3 werden, gewissermaßen vor der Klammer, die besonderen Grundsätze des Art. 5 DSGVO benannt. Das ist gesetzlich in Art. 42 Abs. 2 lit. d DSGVO gefordert, dient der Transparenz für die Betroffenen und der Information der Aufsichtsbehörde im Genehmigungsverfahren bei der Prüfung[108]. Deren jeweilige Umsetzung erfolgt dann in den einzelnen Klauseln der BCR bzw. den Anlagen dazu.

31.24a

e) Verbindlichkeit (Ziff. 1.4)

Ziff. 1.4 soll klarstellen, dass die BCR **Verbindlichkeit** i.S.d. Art. 47 Abs. 1 lit. c DSGVO besitzen, und zwar für jedes einzelne Mitglied weltweit. BCR sind verbindlich, wenn sowohl die rechtliche Durchsetzbarkeit in Bezug auf die Außenwelt als auch die praktische Einhaltung der BCR innerhalb des Unternehmens garantiert ist[109]. Die rechtliche Durchsetzbarkeit wird durch die Einräumung von **Drittbegünstigungsrechten** garantiert (s. Rz. 31.65, Rz. 31.66 ff.) vor allem durch die Betroffenenrechte[110]. Die in Ziff. 1.3 zu garantierende praktische Einhaltung oder interne Verbindlichkeit bedeutet, dass sich sowohl die rechtlichen Einheiten der Mitglieder, wie die kooperierenden Gesellschaften, bei Unternehmensgruppen die Unternehmensteile als auch die Mitarbeiter des Unternehmens gezwungen fühlen müssen und auch konkret gezwungen werden können, die BCR einzuhalten. Daher muss die vorliegende Klausel zum einen die Garantie beinhalten, dass die BCR für die Mitarbeiter des Unternehmens verbindlich sind und zum anderen die Selbstverpflichtung der Unternehmensleitung, für die Einhaltung der BCR zu sorgen und die geltenden Datenschutzbestimmungen umzusetzen[111]. Eine ausdrückliche Empfehlung, wie die Verbindlichkeit der BCR innerhalb des Unternehmens durchzusetzen und zu garantieren ist, kann nicht ausgesprochen werden, denn die genaue interne Ausgestaltung hängt von der Größe und Struktur des Unternehmens und den einzelstaatlichen Rechtsvorschriften der Mitgliedstaaten ab, in denen sich das Unternehmen befindet[112]. So schaffen z.B. nach den Rechtsvorschriften einiger EU/EWR-Mitgliedstaaten einseitige Verpflichtungen keine rechtsverbindlichen Rech-

31.25

---

107 *Schantz* in Simitis/Hornung/Spiecker, Art. 47 DSGVO Rz. 4.

108 *Pauly* in Paal/Pauly, Art. 47 DSGVO Rz. 18a–32.

109 WP 74, Ziff. 3.3.1, S. 10; WP 108, Ziff. 5, S. 5.

110 Art. 47 Abs. 1 lit. b DSGVO.

111 WP 154, Einleitung; WP 256 rev.01, S. 5 (1.2).

112 WP 108, Ziff. 5.5, S. 5; Informationen zur Sicherstellung der Verbindlichkeit bei *Filip*, ZD 2013, 51 (57 f.).

te und Pflichten[113]. Zur Herstellung der unternehmensinternen Verbindlichkeit der BCR schlägt die Art. 29-Datenschutzgruppe vier Möglichkeiten vor, die jedoch nicht als abschließend zu betrachten sind[114]. So wird zum einen empfohlen, verbindliche unternehmensinterne oder vertragliche Regelungen mit den anderen Unternehmensteilen zu vereinbaren. Dies setzt voraus, dass direkte Vereinbarungen oder Verträge mit jedem Unternehmensteil geschlossen werden müssten. Weiter wird vorgeschlagen, einseitige Erklärungen oder Verpflichtungen seitens der Muttergesellschaft aufzustellen, die für die übrigen Unternehmensteile verbindlich sind[115], was wiederum voraussetzt, dass der Unternehmenszentrale gesellschaftsrechtlich ein direktes Direktions- oder Weisungsrecht gegenüber den Unternehmensteilen zusteht. Eine weitere Möglichkeit zur Herstellung der internen Verbindlichkeit besteht nach Auffassung der Art. 29-Datenschutzgruppe darin, Kontrollmaßnahmen innerhalb des Unternehmens durchzuführen. Schließlich wird empfohlen, Regelungen in die allgemeinen Unternehmensgrundsätze mit entsprechenden Verhaltensregeln, Angaben zu den Audits und Sanktionen zur ihrer Durchsetzung aufzunehmen.

31.26 Es muss ferner garantiert sein, dass sämtliche Mitarbeiter, Führungskräfte und sonstige Personen, die mit personenbezogenen Daten in Berührung kommen könnten[116], vertraglich auf die Einhaltung der Datenschutzbestimmungen verpflichtet werden. Dies geschieht in der Praxis z.B. durch die Aufnahme von entsprechenden Klauseln in den Arbeitsvertrag, durch den Abschluss von Verpflichtungen zur Wahrung des Datengeheimnisses oder die individuelle Vereinbarung von Nutzungsbedingungen zur Überlassung von mobilen Geräten, Computern oder auch Internetnutzung[117]. Ferner sollten interne Unternehmensgrundsätze erstellt werden, die jedem Mitarbeiter einmalig zur Kenntnis gereicht werden und für jeden Mitarbeiter stets in der aktuellsten Version schnell und einfach abzurufen sind.

31.27 Auch wenn die BCR als selbstregulierende Maßnahme zumeist lediglich unternehmensintern für die eigene Unternehmensgruppe Verbindlichkeit besitzen sollen und können, empfiehlt die Art. 29-Datenschutzgruppe, eine konkrete Regelung in Bezug auf etwaige Unterauftragnehmer aufzunehmen, aus der hervorgeht, dass die BCR auch für konzernfremde Unterauftragnehmer verbindlich sind[118]. Unternehmensintern muss in Abstimmung mit Ziff. 11 entschieden werden, ob Unterauftragnehmer vertraglich auf die Einhaltung der BCR verpflichtet werden sollen und ggf. welche Konsequenzen bei Verstößen gegen die BCR drohen.

f) Verweise auf Rechtsnormen (Ziff. 1.6)

31.28 Da im vorliegenden Muster i.S. einer leichteren Verständlichkeit nicht jede einzelne Passage mit Verweisen auf einschlägige Bestimmungen versehen ist, macht es Sinn, an dieser Stelle auf die DSGVO und ggf. zusätzliche Spezialgesetze hinzuweisen.

g) Unternehmensstruktur (Ziff. 1.5)

31.29 In Ziff. 1.5 wird dem Unternehmen die Möglichkeit gegeben, die **Unternehmensstruktur** darzulegen, Angaben zu Standorten, Gründungsjahr, zu der Geschäftstätigkeit und den Geschäftsfeldern oder auch zur Beschäftigten- oder Kundenanzahl zu machen. Nicht alle diese Angaben sind zwingend vorgeschrieben. Art. 47 Abs. 2 lit. a DSGVO verlangt allerdings mindestens die Mitteilung der Struktur- und

---

113 WP 74, Ziff. 1, S. 2.

114 WP 108, Ziff. 5.7, S. 6.

115 WP 108, Ziff. 5.6.2, S. 5.

116 Hierzu zählt nach *Gola/Schomerus*, § 5 BDSG Rz. 9, auch der Reinigungsdienst, wenn er durch Leerung der Papierkörbe personenbezogene Daten entsorgt; a.A. *Walz* in Simitis, § 5 BDSG Rz. 16, allerdings nach BDSG a.F.: § 5 BDSG enthält Regelungen zum DSB. Geheimhaltung gibt es zwar in § 29 BDSG, aber mit anderen Inhalten als im BDSG a.F.

117 Beispiele bei *Gola/Pötters/Wronka*, Handbuch Arbeitnehmerdatenschutz, S. 29.

118 WP 108, Ziff. 5.11, S. 6.

Kontaktdaten der Mitglieder der Unternehmensgruppe[119]. Der Vorteil einer noch genaueren Darstellung der Unternehmensstruktur liegt darin, dass die durch die Verwendung von BCR bezweckte Transparenz hergestellt und damit das Vertrauen in das Unternehmen gestärkt wird.

3. Begriffsbestimmungen (Ziff. 2)

M 31.1.2 Begriffsbestimmungen

31.30

2. Begriffsbestimmungen

2.1 **Alternative 1:** *Die in unserer verbindlichen Unternehmensregelung verwendeten Ausdrücke und Begriffe werden entsprechend den Begriffsbestimmungen der Datenschutz-Grundverordnung verwendet.*

2.2 **Alternative 2:** *Ein umfangreiches Glossar mit Erläuterungen zu den in unserer verbindlichen Unternehmensregelung verwendeten Ausdrücken und Begriffen findet sich in der Anlage dieser Vereinbarung.*

2.3 **Alternative 3:** *Im Rahmen unserer verbindlichen Unternehmensregelungen gelten folgende Begriffsbestimmungen[120]:*

2.3.1 *Personenbezogene Daten sind alle Informationen, die sich auf eine identifizierte oder identifizierbare natürliche Person („betroffene Person") beziehen [ggf. besondere Arten personenbezogener Daten sind Angaben über die rassische und ethnische Herkunft, politische Meinungen, religiöse oder philosophische Überzeugungen, Gewerkschaftszugehörigkeit, Gesundheit oder Sexualleben].*

2.3.2 *Die Verarbeitung personenbezogener Daten ist jeder mit oder ohne Hilfe automatisierter Verfahren ausgeführte Vorgang oder jede solche Vorgangsreihe im Zusammenhang mit personenbezogenen Daten wie das Erheben, das Erfassen, die Organisation, das Ordnen, die Speicherung, die Anpassung oder Veränderung, das Auslesen, das abfragen, die Verwendung, die Offenlegung durch Übermittlung, Verbreitung oder eine andere Form der Bereitstellung, den Abgleich oder die Verknüpfung, die Einschränkung, das Löschen oder die Vernichtung.*

2.3.3 *„Einschränkung der Verarbeitung" ist die Markierung gespeicherter personenbezogener Daten mit dem Ziel, ihre künftige Verarbeitung einzuschränken.*

2.3.4 *„Verantwortlicher" ist die natürliche oder juristische Person, Behörde, Einrichtung oder andere Stelle, die allein oder gemeinsam mit anderen über die Zwecke und Mittel der Verarbeitung von personenbezogenen Daten entscheidet.*

2.3.5 *„Auftragsverarbeiter" ist eine natürliche oder juristische Person, Behörde, Einrichtung oder andere Stelle, die personenbezogene Daten im Auftrag des Verantwortlichen verarbeitet.*

2.3.6 *Dritter ist eine natürliche oder juristische Person, Behörde, Einrichtung oder andere Stelle außer der betroffenen Person, dem Verantwortlichen, dem Auftragsverarbeiter und den Personen, die unter der unmittelbaren Verantwortung des Verantwortlichen oder des Auftragsverarbeiters befugt sind, die personenbezogenen Daten zu verarbeiten.*

2.3.7 *Eine Einwilligung ist eine ist jede freiwillig für den bestimmten Fall, in informierter Weise und unmissverständlich abgegebene Willensbekundung in Form einer Erklärung oder einer sonstigen eindeutigen bestätigenden Handlung, mit der die betroffene Person zu verstehen gibt, dass sie mit der Verarbeitung der sie betreffenden personenbezogenen Daten einverstanden ist.*

2.3.8 *[Weitere Begriffsbestimmungen sind je nach Unternehmensstruktur und Anwendungsbereich der BCR aufzuführen: Kunden, Lieferanten, Vertragspartner, usw.].*

---

119 Vgl. im Einzelnen *Pauly* in Paal/Pauly, Art. 47 DSGVO Rz. 19; *Schröder* in Kühling/Buchner, Art. 47 DSGVO Rz. 26.

120 Verwendet werden die Legaldefinitionen in Art. 4 DSGVO.

2.4 Diese Aufzählung bestimmter wichtiger Begriffe unserer Unternehmensregelung und wird ggf. durch die geltenden europäischen Bestimmungen ergänzt und ausgelegt.

2.5 Unter „Unternehmen" bzw. „unser Unternehmen" werden innerhalb dieser Regelung sämtliche Teile unserer Unternehmensgruppe unabhängig von ihrer Rechtsform und ihrem Standort einschließlich aller Mitarbeiter verstanden.

a) Ratio

31.31 In Ziff. 2 sind aus Gründen der Transparenz und der Schaffung von Rechtssicherheit bei der Anwendung der BCR mit den gesetzgeberischen Begriffsbestimmungen in der DSGVO übereinstimmende wesentliche Definitionen wiedergegeben. Zur Ausgestaltung bieten sich folgende drei Möglichkeiten an.

b) Verweis auf Legaldefinitionen (Ziff. 2.1)

31.32 Es ist möglich, einen direkten Verweis auf die Begriffsbestimmungen der geltenden Datenschutzvorschriften einzufügen. Vorteilhaft hieran ist, dass die Aktualität der Begriffsbestimmungen und die Übersichtlichkeit der BCR gewahrt sind. Zwar müssen die BCR bei gesetzgeberischen Änderungen ggf. aktualisiert und terminologisch angepasst werden. Damit ist jedoch in Bezug auf die wesentlichen Inhalte der Definitionen in absehbarer Zeit nicht zu rechnen, so dass sich im Interesse der Lesbarkeit und Überschaubarkeit der BCR der Verweis auf Legaldefinitionen der DSGVO empfiehlt.

c) Glossar (Ziff. 2.2)

31.33 Den BCR kann ein **Glossar** mit den wichtigsten Begriffsbestimmungen beigefügt werden. Dies hat den Vorteil, dass die Einheitlichkeit der BCR nicht unterbrochen wird – die Einführung von juristischen Begriffserläuterungen zieht die Unternehmensregelungen in die Länge und erschwert für juristisch nicht vorgebildete Leser die Lesbarkeit und Verständlichkeit des Textes. Wenn diese Variante gewählt wird, muss das Glossar den BCR bei jeder Veröffentlichung unmittelbar beigefügt werden, um zu vermeiden, dass das Dokument übersehen wird. Ein Glossar lässt sich alternativ auch in Form einer Anlage beifügen.

d) Integration in den Text der BCR (Ziff. 2.3)

31.34 Die Begriffsbestimmungen können auch direkt in den Vertragstext integriert werden[121]. Dies hat den Vorteil, dass insbesondere juristische Laien die Begrifflichkeiten schnell auffinden und verstehen können, was der Transparenz der BCR dient. Ein Nachteil liegt allerdings unstreitig darin, dass das Vertragswerk unübersichtlicher und in die Länge gezogen wird. Die hier gewählten Begriffsbestimmungen zu Ziff. 2.3.1 bis 2.3.7 enthalten besonders wichtige der zu erläuternden Definitionen, zum besseren Verständnis in verkürzter Form. Sie müssen ggf. vom Unternehmen an die konkreten Verhältnisse angepasst und ergänzt werden.

e) Auslegungsregel (Ziff. 2.4)

31.35 Die Ziff. 2.4 ist zum einen deswegen sinnvoll, weil die Aktualität der BCR gewährleistet ist und zum anderen erneut der Wille des Unternehmens herausgehoben wird, sich auf die Einhaltung und Auslegung der BCR i.S.d. europäischen und ggf. nationalen Datenschutzbestimmungen einschließlich einschlägiger Rechtsprechung zu verpflichten. Dies gilt insbesondere für die Auslegung der zahlreichen

---

121 Beispielhaft „Verhaltensregeln für den Umgang mit personenbezogenen Daten durch die deutsche Versicherungswirtschaft" des Gesamtverbandes der Deutschen Versicherungswirtschaft e.V.

unbestimmten Rechtsbegriffe in der DSGVO, die auch Auswirkungen auf den materiellen Gehalt und die Anwendbarkeit der BCR haben kann.

4. Anwendungs- und Geltungsbereich (Ziff. 3)

M 31.1.3 Anwendungs- und Geltungsbereich

31.36

3. Anwendungs- und Geltungsbereich

3.1 Diese verbindlichen Unternehmensregelungen stellen eine weltweit geltende Konzernrichtlinie dar, die auf sämtliche Verarbeitungsvorgänge in allen Unternehmen des Konzerns [Firma] bzw. der Unternehmensgruppe [Firma] bzw. der Gruppe von Unternehmen zur [Bezeichnung der gemeinsam verfolgten Wirtschaftstätigkeit] verbindlich anwendbar sind.

3.2 **Alternative 1:** *Diese verbindlichen Unternehmensregelungen gelten für sämtliche Verarbeitungsvorgänge innerhalb der EU/EWR-Mitgliedstaaten und Datenübermittlungen aus den EU/EWR-Mitgliedstaaten in Drittstaaten bzw. für Verarbeitungstätigkeiten unserer Unternehmensgruppe einschließlich für uns tätiger Auftragsverarbeiter innerhalb des Konzerns.*

Alternative 2: Diese verbindlichen Unternehmensregelungen gelten für sämtliche Verarbeitungsvorgänge und Datenübermittlungen innerhalb unserer in Ziffer [xx] dieser Regelung beschriebenen Unternehmensgruppe [Firma] bzw. des Konzerns [Firma] einschließlich für uns tätiger Auftragsverarbeiter innerhalb des Konzerns.

3.3 Wir verarbeiten und übermitteln im Rahmen unserer gemeinsamen Wirtschaftstätigkeit personenbezogene Daten unserer [Kunden, Mitarbeiter, Lieferanten, Vertragspartner, usw.]. Gegenstand der Verarbeitung und Übermittlung sind [Personenstammdaten, Kommunikationsdaten, Vertragsstammdaten, usw.].

3.4 Einordnung der BCR in das Datenschutzregime des Konzerns

Ziff. 3 regelt den Anwendungs- und Geltungsbereich der Regelungen der BCR.

31.37

a) Adressaten (Ziff. 3.1)

Aus Ziff. 3.1 muss hervorgehen, auf welche **Übermittlungs- und Verarbeitungsvorgänge** die BCR innerhalb des Unternehmens anwendbar sind, d.h., welche Unternehmen innerhalb des Konzerns an die BCR gebunden sind. Dies richtet sich nach der konkreten Struktur des Unternehmens, weswegen die Klausel an die konkreten Verhältnisse anzupassen ist[122]. Grundsätzlich kann davon ausgegangen werden, dass sämtliche Unternehmen eines Konzerns/einer Unternehmensgruppe erfasst werden sollen. Im Zweifel empfiehlt sich daher die Einbeziehung sämtlicher Übermittlungs- und Verarbeitungsvorgänge im Unternehmen. Die DSGVO schreibt eine umfangreiche Dokumentation der Übermittlungsvorgänge vor (Art. 47 Abs. 2 lit. b DSGVO). Darunter fallen die Arten der personenbezogenen Daten, Art und Zweck der Datenverarbeitung, hat der betroffen Personen und die betreffenden Drittstaaten. Im Interesse einer besseren Übersichtlichkeit der BCR können detaillierte Aufzählungen in Anhänge ausgelagert werden.

31.38

Der Anwendungsbereich der verbindlichen internen Datenschutzvorschriften beschreibt die Struktur und die Kontaktdaten der Einheiten der Unternehmensgruppe oder Gruppe von Unternehmen, die eine gemeinsame Wirtschaftstätigkeit ausüben, und jedes ihrer Mitglieder[123].

---

122 *Filip*, ZD 2013, 51 (56); WP 256 rev.01, 1. S. 6.
123 Art. 47 Abs. 2 lit. a DSGVO; WP 256 rev.01, 1. S. 4.

Ebenso ist der sachliche Anwendungsbereich der BCR zu bestimmen hinsichtlich der betreffenden Datenübermittlungen oder Reihen von Datenübermittlungen, der Datenkategorien, Art und Zweck der Verarbeitung, der Betroffenen sowie die Drittländer, an die die personenbezogenen Daten übermittelt werden (Art. 47 Abs. 2 lit. b DSGVO). Es können im Einzelfall, z.B. wegen der Struktur des Unternehmens oder der Art der Datenübermittlung, weitere Angaben zum Geltungsbereich erforderlich sein[124].

Art. 47 Abs. 2 lit. j DSGVO fordert eine Darstellung der bestehenden Verfahren zur Überprüfung der Einhaltung der verbindlichen internen Datenschutzvorschriften. Hierbei ist es hilfreich, die BCR entsprechend in die bestehende Datenschutzorganisation einzuordnen, um so eine angemessene Überprüfbarkeit der tatsächlichen Situation den Aufsichtsbehörden geben zu können.

b) Räumlicher Geltungsbereich (Ziff. 3.2)

31.39   Ziff. 3.2 legt den räumlichen Geltungsbereich der BCR fest, der sich ebenfalls nach der Struktur und dem Umfang der Übermittlungs- und Verarbeitungsvorgänge des jeweiligen Unternehmens und nach dessen internationalen Standorten richtet. Die BCR können zum einen auf sämtliche Verarbeitungsvorgänge innerhalb der EU/EWR-Mitgliedstaaten und Datenübermittlungen aus den EU/EWR-Mitgliedstaaten in Drittstaaten (Alternative 1) oder auf sämtliche Verarbeitungs- oder Übermittlungsvorgänge innerhalb der Unternehmensgruppe (Alternative 2) anwendbar sein, was in der Regel die wirtschaftlich und organisatorisch günstigste Lösung sein wird. Für Unternehmens-Gruppen ohne EU-Niederlassung scheiden BCR aus, da die Betroffenenrechte nicht angemessen durchgesetzt werden könnten[125].

An dieser Stelle kann erforderlichenfalls auf nationales Recht eingegangen werden.

c) Materieller Anwendungsbereich (Ziff. 3.3)

31.40   In Ziff. 3.3 ist der **materielle Anwendungsbereich der BCR** darzustellen. Je nach Struktur und Tätigkeitsfeld des Unternehmens ist hier zunächst der Kreis der durch die Verarbeitung und Übermittlung der Daten betroffenen Personen zu konkretisieren. Dazu können z.B. Kunden, Mitarbeiter, Lieferanten oder Vertragspartner gehören. Ferner sind diejenigen personenbezogenen Daten vollständig und abschließend aufzuzählen, die Gegenstand der Verarbeitungs- oder Übermittlungsvorgänge sind, z.B. Personenstammdaten, Kommunikationsdaten, Vertragsstammdaten, die Kundenhistorie, Vertragsabrechnungs- oder Zahlungsdaten, Planungs- oder Steuerungsdaten oder Unternehmensstammdaten. Auch diese Klausel muss entsprechend der Unternehmenstätigkeit angepasst werden. Hinsichtlich der Art der Beschreibung ist zu beachten, dass für den Betroffenen erkennbar sein soll, aus welchen konkreten Lebensbereichen die über ihn gespeicherten personenbezogenen Daten stammen[126]. Es sollte auf eine umfassende und abschließende Aufzählung geachtet werden, allerdings muss die Beschreibung nicht so detailliert sein, dass diese ein Auskunftsersuchen der betroffenen Person vorwegnimmt[127].

---

124 *Zerdick* in Ehmann/Selmayr, Art. 47 DSGVO Rz. 13.
125 *Jotzo*, Teil 5, S. 192, Rz. 322.
126 *Pauly* in Paal/Pauly, Art. 47 DSGVO Rz. 20; so schon für das frühere Recht *Gola/Schomerus*, § 33 BDSG Rz. 21.
127 I.E. ebenso *Schröder* in Kühling/Buchner, Art. 47 DSGVO Rz. 31 f.

5. Grundsatz der Zweckbestimmung und Zweckbindung (Ziff. 4)

M 31.1.4 Grundsatz der Zweckbestimmung und Zweckbindung 31.41

4. Grundsatz der Zweckbestimmung und Zweckbindung

4.1 Unser Unternehmen verarbeitet und übermittelt personenbezogene Daten nur zu festgelegten, eindeutigen und rechtmäßigen Zwecken und nicht in einer mit der jeweiligen Zweckbestimmung nicht zu vereinbarenden Weise.

4.2 Wir verarbeiten personenbezogene Daten, indem wir sie zum Zwecke der weiteren Verarbeitung oder Nutzung [speichern, verändern, übermitteln, sperren, löschen oder auf andere Weise nutzen].

4.3 Unser Unternehmen verarbeitet die personenbezogen Daten zum Zwecke der [Vertragsabwicklung, zur Anbahnung von Verträgen, zur Verbesserung unserer Dienstleistungen, zur Erfüllung unserer rechtlichen Verpflichtung oder unseres berechtigten Interesses usw.].

4.4 Die Verarbeitung der Daten ist auf diese Zwecke beschränkt, insbesondere findet keine weitere Verarbeitung statt, die nicht mit diesen Zwecken vereinbar ist. Zweckänderungen sind nur mit Einwilligung der betroffenen Person zulässig oder wenn eine Rechtsvorschrift dies zulässt.

a) Ratio

Die Zulässigkeit einer Erhebung, Verarbeitung oder Nutzung personenbezogener Daten ist maßgeblich von der Beachtung des Grundsatzes der Zweckbindung abhängig. Der Zweckbindungsgrundsatz besagt, dass personenbezogene Daten nur für festgelegte, eindeutige und rechtmäßige Zwecke erhoben und nur für diese Zwecke verarbeitet oder übermittelt werden dürfen[128]. Aus diesem Grund müssen die BCR eine allgemeine Beschreibung der wichtigsten Verarbeitungszwecke und Arten der Datenübermittlungen enthalten. Einige Datenschutzaufsichtsbehörden verlangen in den BCR oder jedenfalls in den dem Antrag beizufügenden Unterlagen eine ausführlichere **Beschreibung des Datenverkehrs**. 31.42

b) Zweckbindung (Ziff. 4.1)

Aus Klarstellungsgründen sollte in Ziff. 4.1 der in der DSGVO besonders wichtige Grundsatz der Zweckbindung und die Verpflichtung des Unternehmens, diesen einzuhalten, hervorgehoben werden (Art. 5 Abs. 1 lit. b i.V.m. Art. 47 Abs. 2 lit. d DSGVO). 31.43

c) Art der Verarbeitung (Ziff. 4.2)

In Ziff. 4.2 ist die genaue Art der Verarbeitung darzustellen (zur umfassenden Definition siehe Art. 4 Nr. 2 DSGVO). In den BCR reicht die Beschreibung der einzelnen Phasen der Verarbeitung[129], jedoch ist darauf hinzuweisen, dass manche Datenschutzbehörden in eine ausführliche Beschreibung der Verarbeitungs- und Übermittlungsvorgänge einschließlich zugehöriger Dokumentation, wie Verzeichnissen zu Verarbeitungstätigkeiten, Datenschutzfolgenabschätzungen o.Ä., verlangen. Diese können aus Gründen der besseren Lesbarkeit in einen Anhang verlagert werden. 31.44

d) Verarbeitungszwecke (Ziff. 4.3)

In Ziff. 4.3 sind die verschiedenen Zwecke zu erläutern, zu denen das Unternehmen die personenbezogenen Daten verarbeitet und insbesondere übermittelt. Zulässig sind grundsätzlich alle legitimen 31.45

---

128 *Pötters* in Gola, Art. 5 DSGVO Rz. 12 ff.
129 Näheres zu den einzelnen Phasen schon nach früherem Recht z.B. in *Gola/Schomerus*, § 3 BDSG a.F. Rz. 25 ff.

Zwecke. Sie werden vom Unternehmen festgelegt und richten sich nach dessen jeweiligem Tätigkeitsfeld. Eine allgemeingültige Klausel kann folglich nicht zur Verfügung gestellt werden, vielmehr muss das Unternehmen die einzelnen Zwecke in den BCR abschließend und ausführlich darstellen. Die Datenverarbeitung erfolgt in der Regel zu Geschäftszwecken, d.h. zur Begründung, Durchführung oder Beendigung rechtsgeschäftlicher oder rechtsgeschäftsähnlicher Schuldverhältnisse oder für Zwecke des Beschäftigungsverhältnisses[130], kann aber weit darüber hinausgehen, beispielsweise bei Auswertungen und Nutzungen vorhandener Datenbestände (beispielsweise Skill-Datenbanken, Big Data Anwendungen oder Kundenbindungssysteme). Die Zweckbestimmung steht am Anfang, darf jedoch nicht verwechselt werden mit der materiellen Rechtmäßigkeit einzelner Verarbeitungen[131].

e) Zweckänderung (Ziff. 4.4)

31.46 Die betroffenen Personen sind darauf hinzuweisen, dass die Verarbeitung personenbezogener Daten bei Zweckänderungen nur unter engen Voraussetzungen erlaubt ist (Art. 6 Abs. 4 DSGVO, § 24 BDSG). Ein umfassender Verweis auf die Ausnahmetatbestände ist nicht notwendig.

6. Rechtsgrundlagen für die Verarbeitung personenbezogener Daten (Ziff. 5)

31.47 **M 31.1.5 Rechtsgrundlagen für die Verarbeitung personenbezogener Daten**

5. Rechtsgrundlagen für die Verarbeitung personenbezogener Daten

5.1 Die Verarbeitung personenbezogener Daten erfolgt nur dann, wenn die Verarbeitung für die Erfüllung eines Vertrags, dessen Vertragspartei die betroffene Person ist, oder für die Durchführung vorvertraglicher Maßnahmen, die auf Antrag der betroffenen Person erfolgt, erforderlich ist. Ferner verwenden wir personenbezogene Daten zur Wahrung unseres berechtigten Interesses unter Beachtung der Risiken für die Freiheiten und Rechte Betroffener. Unsere berechtigten Interessen liegen in Zwecken des internen Controllings sowie … [z.B. des Marketings]. Ebenso unterliegen wir rechtlichen Verpflichtungen, auf deren Grundlage wir personenbezogene Daten verarbeiten. Ebenso ist eine Verarbeitung möglich, wenn diese erforderlich ist, um lebenswichtige Interessen der betroffenen Person oder einer anderen natürlichen Person zu schützen.

[Fakultativ: Wir haben darüber hinaus die Vorschriften bezüglich Geldwäsche und Korruptionsbekämpfung zu beachten].

Sollte über vorgenannte Zwecke hinaus eine Verarbeitung personenbezogener Daten erfolgen, werden wir hierfür vorab die eindeutige und informierte Einwilligung des Betroffenen einholen.

5.2 Personenbezogene Daten besonderer Art verarbeiten wir nur dann, wenn der Betroffene ohne jeden Zweifel seine ausdrückliche Einwilligung gegeben hat, sofern dabei v.a. das Prinzip der Freiwilligkeit und die weiteren Vorgaben des Art. 7 DSGVO gewahrt werden.

Fakultativ: Personenbezogene Daten besonderer Art verarbeiten wir nur dann, wenn eine Ausnahme des Art. 9 DSGVO vorliegt und zusätzliche Maßnahmen zum Schutz der Daten getroffen wurden [z.B. im Rahmen eines Arbeitsverhältnisses].

5.3 [Angabe der verarbeiteten Datenarten, der Betroffenengruppen, Nennung der Drittstaaten, an die die personenbezogenen Daten übermittelt werden, ggf. als Anlage im Anhang]

---

130 Vertiefend *Gola/Schomerus*, § 28 BDSG a.F. Rz. 4 ff.
131 *Heberlein* in Ehmann/Selmayr, Art. 5 DSGVO Rz. 13; *Plath* in Plath, Art. 5 DSGVO Rz. 6; vertiefend in Bezug auf Lösch- und Sperrfristen *Abel*, PinG 2017, 177.

a) Ratio

Das Unternehmen muss in den BCR die **Rechtsgrundlagen** für die Verarbeitung personenbezogener 31.48
Daten darstellen[132]. Diese ergeben sich insbesondere aus Art. 6 und ggf. anderen Vorschriften der
DSGVO sowie ggf. bereichsspezifischen Normen des nationalen Rechts.

Die Angaben aus Ziff. 5 können teilweise konkret sein, etwa im Hinblick auf die Zwecke, die Art der
betroffenen Personen und die in Betracht kommenden Drittländer. Im Übrigen bietet sich die Verwendung tendenziell generischer Bezeichnungen an, um unnötig häufige Änderungen der BCR zu vermeiden und der gebotenen Flexibilität und Überschaubarkeit von Datenverarbeitungen innerhalb von
größeren Unternehmensgruppen Rechnung tragen zu können[133].

b) Zugrunde liegende Erlaubnisnormen (Ziff. 5.1)

In Ziff. 5.1 können die Rechtsgrundlagen für die Verarbeitung und Übermittlung personenbezogener 31.49
Daten eingefügt und ggf. erläutert werden (Art. 47 Abs. 2 lit. d DSGVO). Diese Rechtsgrundlagen können allerdings sehr verschieden sein. Auch da, wo eine Einwilligung vorliegt, kann gleichzeitig eine weitere gesetzliche Rechtsgrundlage die Datenverarbeitung rechtfertigen, etwa bei einer Verarbeitung im
Vertragsinteresse. Vielfach werden jedoch Daten über dieses ursprüngliche Interesse weiter gespeichert und verarbeitet, z.B. bei Kundenbindungssystemen oder für Auswertungen[134]. Dies kann
nicht pauschal beschrieben werden, sondern muss unternehmensspezifisch dargestellt werden. Die hier
vorgestellten Varianten sind nur Beispiele, wobei sehr sorgfältig überlegt werden muss, ob sich die Verarbeitung konzernweit tatsächlich ausschließlich auf diese Rechtsgrundlagen stützt. Dies wird in der
Regel nicht (nur) der Fall sein. I.d.R. bietet sich zu der unternehmensspezifischen Ausgestaltung eine
Darstellung in der Anlage zu den BCR an.

c) Besondere Kategorien personenbezogener Daten (Ziff. 5.2)

Die Ziff. 5.2 ist nur dann einzufügen, wenn das Unternehmen personenbezogene Daten besonderer 31.50
Art verarbeitet und andernfalls ersatzlos zu streichen. Die Verarbeitung besonderer Kategorien personenbezogener Daten ist nur zulässig, wenn die betroffene Person in die Verarbeitung eingewilligt hat
oder wenn einer der Ausnahmetatbestände des Art. 9 DSGVO gegeben ist. Falls einer der Ausnahmetatbestände für das Unternehmen Anwendung findet, muss die Klausel entsprechend ergänzt werden.

7. Datenqualität und Datenverhältnismäßigkeit (Ziff. 6)

M 31.1.6 Datenqualität und Datenverhältnismäßigkeit   31.51

6. Datenqualität und Datenverhältnismäßigkeit

*6.1 Jeder unserer Mitarbeiter ist dazu verpflichtet, auf die sachliche Richtigkeit der erhobenen Daten oder
Datensätze zu achten und diese ggf. auf den neuesten Stand zu bringen.*

*6.2 Wir stellen sicher, dass die Verwendung der personenbezogenen Daten für den jeweiligen Zweck geeig-
net, notwendig und angemessen ist [**fakultativ:** und nicht zu stark in die Persönlichkeitsrechte der Betroffenen eingreift].*

*6.3 Wir verarbeiten die personenbezogenen Daten nicht über einen längeren Zeitraum, als es für die Reali-
sierung der Zwecke, für die sie erhoben oder verarbeitet werden, erforderlich ist.*

---

132 WP 154, Ziff. 5 und 6, S. 4 f.
133 *Schantz* in Simitis/Hornung/Spiecker, Art. 47 DSGVO Rz. 22; *Schröder* in Kühling/Buchner, Art. 47
    DSGVO Rz. 31.
134 Vertiefend *Abel*, PinG 2017, 177.

31.52 Die BCR müssen die Selbstverpflichtung zur Datenqualität und Datenverhältnismäßigkeit enthalten.

a) Richtigkeit der Daten (Ziff. 6.1)

31.53 Ziff. 6.1 ist Ausdruck des Grundsatzes der **Informations- bzw. Datenqualität**, der letztlich auch im Interesse des Unternehmens liegt. Personenbezogene Daten müssen sachlich richtig sein und ggf. auf den neuesten Stand gebracht werden. Zudem hat der Betroffene nach Art. 16 DSGVO ein Recht auf Berichtigung seiner unrichtigen personenbezogenen Daten.

b) Datenminimierung (Ziff. 6.2)

31.54 Ziff. 6.2 beinhaltet den allgemeinen Grundsatz der **Datenminimierung** (Art. 5 Abs. 1 lit. c DSGVO): Personenbezogene Daten müssen den Zwecken entsprechen, für die sie verarbeitet werden, für diese Zwecke erheblich sein und nicht über diese Zwecke hinausgehen. Es ist dem Unternehmen überlassen, ob es die Verpflichtung, das Persönlichkeitsrecht der betroffenen Person zu beachten (Art. 6 Abs. 1 lit. f DSGVO), in die Klausel aufnimmt.

c) Speicherdauer (Ziff. 6.3)

31.55 Personenbezogene Daten dürfen nicht über einen längeren Zeitraum verarbeitet werden, als es für die Realisierung der Zwecke, für die sie erhoben oder weiterverarbeitet werden, erforderlich ist. Grundsätzlich sind die für eigene Zwecke gespeicherten Daten zu löschen, wenn ihre Kenntnis für den Speicherungszweck nicht mehr erforderlich ist[135]. Wenn ein genauer Zeitraum wegen der jeweiligen Geschäftspraxis des Unternehmens nicht pauschal festgelegt werden kann, kann in Ziff. 6.3 eine allgemeinere Angabe genügen[136].

8. Transparenz und Recht auf Information (Ziff. 7)

31.56 **M 31.1.7 Transparenz und Recht auf Information**

7. Transparenz und Recht auf Information

7.1 *Auf unserer Internet-/Intranetseite [Nennung der Internet-/Intranetseite] steht die aktuellste Version unserer verbindlichen Unternehmensregelungen zum Abruf zur Verfügung. Hier informieren wir unsere [Mitglieder, Kunden, Vertragspartner, Mitarbeiter, usw.] auch über die aktuellsten datenschutzrechtlichen Entwicklungen in unserem Unternehmen.*

7.2 *Auf schriftliche Anfrage erhalten die betroffenen Personen ausführliche Informationen i.S.d. Art. 15 DSGVO, z.B. über die Verarbeitungszwecke, die jeweiligen Empfänger der Daten und die Empfängerländer, sofern nicht unser Interesse an der Geheimhaltung[137] überwiegt. Bei geplanten Zweckänderungen informiert das diese Verarbeitung planende Mitglied die Betroffenen über diesen anderen Zweck und stellt alle anderen maßgeblichen Informationen zur Verfügung.*

7.3 *Alle Mitglieder verpflichten sich zur Bereitstellung der Datenschutzhinweise nach Art. 13, 14 DSGVO.*

---

135 *Gola/Schomerus*, § 35 BDSG a.F. Rz. 13 f.
136 Vertiefend zur DSGVO: *Abel*, PinG 2017, 177.
137 Siehe auch Teil 1, Verträge zur Datenschutzorganisation, § 4 ff.

a) Ratio

Das Gebot der **Transparenz der Datenverarbeitung** gehört zu den verfassungsrechtlich gewährleisteten Grundrechten der betroffenen Person[138] – hiernach hat die betroffene Person ein Recht auf Offenlegung ihrer Daten, damit sie ggf. ihre weiteren Rechte auf Korrektur, Löschung oder auch Schadensersatz geltend machen kann[139]. An BCR werden hohe Transparenzanforderungen gestellt, damit Betroffene über ihre Rechte als Drittbegünstigte informiert sind. Es sind die Informationspflichten nach Art. 13, 14 DSGVO zwingend umzusetzen. Eine reine Aufzählung der Anforderungen an Transparenz reicht nicht aus; es bedarf einer weiteren Konkretisierung der vorliegenden Situation und Spezifika, z.B. der Verarbeitungsvorgänge[140], einschließlich Weiterübermittlungen und insgesamt einen klaren Bezug zum Konzern[141]. So erhält auch die Aufsichtsbehörde die erforderlichen Informationen für ihre Genehmigungsentscheidung[142].

Das in den BCR angewendete Maß der Transparenz und die für BCR erforderlichen Datenschutzinformationen nach Art. 13, 14 DSGVO sind an den Anforderungen des Art. 47 Abs. 2 lit. g DSGVO auszurichten. Die Transparenz wird vor allem durch das umfassende Informationsrecht der betroffenen Person gegenüber dem Unternehmen durchgesetzt. Die im Unternehmen mit dieser Aufgabe betraute Person, in der Regel der Datenschutzbeauftragte, hat jedem Interessierten die BCR und jedenfalls die Informationen Art. 12–15 DSGVO zur Verfügung zu stellen. Ob weitere, den BCR zugrunde liegende Dokumente unter die Transparenzpflicht fallen, ist nicht abschließend geklärt; fest steht nur, dass geheimhaltungsbedürftige Informationen, wie z.B. die Beurteilung der Sicherheitsmaßnahmen, der Öffentlichkeit nicht zugänglich gemacht werden müssen. Die DSGVO verlangt weiter, dass Unternehmen in der Lage sein müssen, nachzuweisen, dass der Einzelne einfachen Zugang zu den wesentlichen Datenschutzvorschriften des Unternehmens hat, sowie zu den aktuellen Angaben über die Unternehmensteile, die an die Vorschrift gebunden sind. Ferner müssen die betroffenen Personen darüber in Kenntnis gesetzt werden, wie sie an diese Informationen gelangen (Grundsatz: Art. 12 Abs. 1 DSGVO).

b) Allgemeine Information (Ziff. 7.1)

In Ziff. 7.1 wird garantiert, dass die aktuellste Version der BCR auf der Internetseite des Unternehmens abrufbar ist. Es wird empfohlen, die BCR ähnlich wie das Impressum, die Allgemeinen Geschäftsbedingungen oder Datenschutzerklärungen leicht zugänglich zur Verfügung zu stellen, d.h., die BCR sollten schnell und einfach auffindbar sein und ggf. als einheitliches Dokument abgespeichert werden können[143]. Mit verbindlichen Unternehmensregelungen ist ein erheblicher Informationsaufwand verbunden[144]. Zusätzlich zu den reinen Anforderungen der Art. 13, 14 DSGVO ist im Rahmen der BCR besonders auf die Datenschutzgrundsätze, Betroffenenrechte, Informationen zu Rechtsbehelf, Wiedergutmachung, Schadenersatz im Rahmen der Drittbegünstigung und Haftung hinzuweisen[145].

Bei den seit Anwendung der DSGVO genehmigten verbindlichen Datenschutzvorschriften i.S.d. Art. 47 DSGVO hat bisher nur eines[146] von sechs Unternehmen[147] die genehmigten BCR auf ihrer

138 BVerfG v. 15.12.1983 – 1 BvR 209/83, 1 BvR 269/83, 1 BvR362/83, 1 BvR 420/83, 1 BvR 440/83, 1 BvR 484/83, BVerfGE 65, 1 = NJW 1984, 419, sog. „Volkszählungsurteil".
139 *Pötters* in Gola, Art. 5 DSGVO Rz. 10 f.
140 *Schantz* in Simitis/Hornung/Spiecker, Art. 47 DSGVO Rz. 24, 25; *Traut* in Schwartmann u.a., Art. 47 DSGVO Rz. 43 ff.
141 WP 256 rev.01, S. 3; *Kamp* in v.d.Bussche/Voigt, Kap. 5 Rz. 69 ff.
142 *Pauly* in Paal/Pauly, Art. 47 DSGVO Rz. 18a-19.
143 WP 256 rev.01, S. 6, sowie Art. 12 Abs. 1 DSGVO.
144 *Peter/Schantz* in Forgó/Helfrich/Schneider, Teil III, Informationspflichten Rz. 17.
145 WP 256 rev.01, Ziff. 1.7 und 6.1; Art. 47 Abs. 2 lit. g DSGVO.
146 BCR abrufbar unter: https://www.equinix.com/company/legal/privacy/global-privacy-policy/.
147 Die Übersicht des Europäischen Datenschutzausschusses betr. genehmigte BCR ist abrufbar unter: https://edpb.europa.eu/our-work-tools/accountability-tools/bcr_de.

Website zur Ansicht zur Verfügung gestellt. Die anderen Unternehmen erwähnen die BCR lediglich in den Datenschutzhinweisen auf der ihrer Website oder lassen diese Angabe gänzlich weg. Allerdings ist zu beachten, dass für zumindest den Teil verbindlicher Unternehmensregelungen, der für Betroffene von Bedeutung ist, eine Veröffentlichungspflicht besteht[148].

c) Individuelle Information (Ziff. 7.2)

31.60 In den BCR muss darüber hinaus weiter beschrieben werden, dass und wie die betroffenen Personen über die jeweiligen Empfänger der Daten und die Empfängerländer informiert werden, sofern die Mitteilung dieser weiteren Aspekte unter Berücksichtigung der spezifischen Umstände, unter denen die Daten erhoben werden, notwendig ist, um gegenüber der betroffenen Person eine Verarbeitung nach Treu und Glauben zu gewährleisten[149]. Eine entsprechende Offenbarungspflicht schon in den BCR ist aber dann abzulehnen, wenn das Interesse des Unternehmens an der Geheimhaltung überwiegt oder sich als unverhältnismäßig darstellt (Art. 14 Abs. 5 lit. d DSGVO).

9. Rechte der betroffenen Personen (Ziff. 8)

31.61 **M 31.1.8 Rechte der betroffenen Personen**

8. Rechte der betroffenen Personen

8.1 Wir gewähren unseren [Kunden, Vertragspartnern, Mitarbeitern, usw.] ein unabdingbares Recht auf Auskunft, Berichtigung, Löschung oder Sperrung und auf Widerspruch gegen die Verarbeitung der sie betreffenden personenbezogenen Daten, sowie ein Recht auf Datenübertragbarkeit. Bitte wenden Sie sich für die Durchsetzung Ihrer Rechte an [Ansprechpartner oder Abteilung, Adresse, E-Mail-Adresse].

8.2 Zur schnelleren Bearbeitung Ihres Anliegens bitten wir Sie, die Art der personenbezogenen Daten und das Recht, das Sie ausüben möchten, näher zu bezeichnen. Wir bitten Sie ferner um schriftliche Kontaktaufnahme, da uns bei einer telefonischen Kontaktaufnahme eine Identifizierung Ihrer Person nicht immer möglich ist.

8.3 Jeder betroffenen Person wird auf Antrag Auskunft über die zu ihrer Person gespeicherten Daten, auch soweit sie sich auf die Herkunft dieser Daten beziehen, den Empfänger oder die Kategorien der Empfänger, an die Daten weitergegeben werden und den Zweck der Speicherung erteilt. [ggf. Nennung weiterer umfassenderer Auskunftspflichten nach Art. 15 DSGVO]. Alternativ: Die Auskunft erfolgt kostenlos und kann in angemessen Abständen angefordert werden.

8.4 Jede betroffene Person hat ein Recht auf Berichtigung ihrer personenbezogenen Daten, wenn sich herausstellt, dass diese unrichtig oder unvollständig sind.

8.5 Ferner besteht ein Anspruch auf Löschung der personenbezogenen Daten, wenn deren Speicherung unzulässig ist oder die Daten für den Zweck der Datenverarbeitung nicht mehr erforderlich sind.

8.6 Es besteht ein Anspruch auf Einschränkung der Verarbeitung der personenbezogenen Daten, wenn sich weder ihre Richtigkeit noch ihre Unrichtigkeit feststellen lässt.

8.7 Die betroffene Person hat ein Recht auf Widerspruch, wenn ihre Daten zu Zwecken der Werbung und der Markt- oder Meinungsforschung genutzt werden. Ferner steht ihr ein Widerspruchsrecht gegen die Verarbeitung und Nutzung der Daten zu, wenn eine Prüfung ergibt, dass ein schutzwürdiges Interesse der betroffenen Person wegen ihrer besonderen persönlichen Situation das Interesse unseres Unternehmens überwiegt. Ferner kann die betroffene Person ihre erteilte Einwilligung in die Verarbeitung und Nutzung der Daten mit Wirkung für die Zukunft widerrufen. [Ggf. ergänzend: Wir weisen darauf hin, dass wir durch Rechtsvorschriften gezwungen sein können, ihre Daten trotz Widerspruchs aufzubewahren.]

---

148 WP 256 rev.01, Ziff. 1.7, S. 12.
149 WP 154, Ziff. 7, S. 6.6; WP 256 rev.01 S. 3, 6-8, 10-11.

8.8 Die betroffene Person hat ein Recht auf Benachrichtigung über eine Verarbeitung ihrer Daten, wenn diese erfolgt, ohne dass sie von dieser Verarbeitung Kenntnis hat oder durch die äußeren Umstände, durch Dritte oder im Wege der Transparenz (Ziffer 7) haben könnte.

8.9 **Alternative 1:** *Wir treffen keine rechtlich nachteiligen oder die betroffene Person in vergleichbarer Weise beeinträchtigenden Entscheidungen aufgrund ausschließlich automatisierter Verfahren.*

> **Alternative 2:** *Grundsätzlich stützen wir unsere Entscheidungen nicht ausschließlich auf eine automatisierte Verarbeitung personenbezogener Daten, die der Bewertung einzelner Persönlichkeitsmerkmale dient, wenn diese für die betroffene Person eine rechtliche Folge nach sich ziehen können oder sie erheblich beeinträchtigen. Dies gilt nicht, wenn die Entscheidung im Rahmen des Abschlusses oder der Erfüllung eines Rechtsverhältnisses ergeht und dem Begehren der betroffenen Person auf Abschluss oder Erfüllung des Vertrages stattgegeben wurde. Wir garantieren, geeignete Maßnahmen zu ergreifen, die die Wahrung der berechtigten Interessen der betroffenen Person gewährleisten. Die betroffenen Personen erhalten die Möglichkeit, uns ihren Standpunkt mitzuteilen, was dazu führt, dass wir unsere Entscheidung vollumfänglich überprüfen und im Falle berechtigter Einwände ggf. abändern.*

8.10 Die Betroffenen haben zudem das Recht, bei Vorlage der in Art. 20 DSGVO genannten Bedingungen und bei automatisierter Verarbeitung ihrer personenbezogenen Daten, Datenübertragbarkeit zu verlangen.

8.11 Zudem kann sich ein Betroffener bei der zuständigen Aufsichtsbehörde beschweren, falls dieser zu der Ansicht gelangt, dass der Ansicht ist, dass die Verarbeitung der sie betreffenden personenbezogenen Daten gegen geltende Datenschutzbestimmungen verstößt.

a) Ratio

Die Darstellung der umfassenden **Auskunfts-, Berichtigung-, Löschungs- und Sperrungsrechte** und des **Widerspruchsrechts** ist ein wesentlicher Teil der BCR, denn sie sind Ausdruck des Rechts der betroffenen Person auf informationelle Selbstbestimmung und des Drittbegünstigungsgebots. Diese Rechte sind in ihrem Kern vielfach unabdingbar und können insoweit durch Vereinbarung weder ausgeschlossen noch eingeschränkt werden[150]. Die Einzelheiten der Betroffenenrechte sind in Art. 12-22 DSGVO festgelegt. Art. 47 Abs. 1 lit. b DSGVO fordert eine ausdrückliche Einräumung durchsetzbarer Rechte der Betroffenen in Bezug auf die Verarbeitung ihrer personenbezogenen Daten, dem in den BCR ausdrücklich Rechnung getragen werden sollte.

31.62

b) Ansprechpartner (Ziff. 8.1)

In Ziff. 8.1 werden die der betroffenen Person zustehenden Rechte nach Art. 13-15 DSGVO zur besseren Übersichtlichkeit der nachfolgenden Ziffern dargestellt. Da die einzelnen Rechte den betroffenen Personen grundsätzlich alternativ und ggf. kumulativ zur Verfügung stehen und für sämtliche Ansprüche eine Kontaktperson benannt werden sollte, sollten die Rechte in gesonderten Absätzen, aber unter einer Ziffer dargestellt werden[151]. Auf die Darstellung der konkreten Ausgestaltung der Ansprüche kann in den BCR verzichtet werden, um die Übersichtlichkeit zu wahren. Ziff. 8.1 muss zwingend einen Ansprechpartner oder die zuständige Abteilung, bei kleineren Unternehmen kann dies auch die Geschäftsleitung des Unternehmens sein, mit den vollständigen Kontaktdaten benennen. In der Regel ist der Datenschutzbeauftragte des Unternehmens Ansprechpartner für alle Anfragen der betroffenen Personen.

31.63

---

150 So bereits *Gola/Schomerus*, § 6 BDSG a.F. Rz. 4.
151 *Dix* in Simitis, § 35 BDSG a.F. Rz. 25.

c) Art der Kontaktaufnahme (Ziff. 8.2)

31.64 Da die betroffenen Personen ihre Rechte grundsätzlich nicht nur schriftlich, sondern auch mündlich durchsetzen können, ist fraglich, ob man die telefonische Kontaktaufnahme durch Angabe einer Telefonnummer ermöglichen sollte. Es darf nicht verkannt werden, dass hier je nach Größe des Unternehmens eine erhebliche Anzahl telefonischer Auskunftsersuchen zu erwarten ist und ggf. eine kostspielige Auskunftsorganisation gestaltet werden muss. Ferner kann eine betroffene Person sich über das Telefon nicht hinreichend identifizieren, was aber aufgrund der Höchstpersönlichkeit der Rechte zwingend notwendig ist (vgl. Art. 12 Abs. 6 DSGVO). Wird die Auskunft einem anderen erteilt, so handelt es sich hierbei ggf. um eine unzulässige und damit als Ordnungswidrigkeit zu ahndende Datenübermittlung. Besondere Anforderungen an die **Identitätsprüfung** stellt der Gesetzgeber nicht, insofern bestimmt die verantwortliche Stelle das konkrete Verfahren und die Form der Identitätsprüfung[152]. Es wird empfohlen, die betroffenen Personen aufzufordern, einen schriftlichen Antrag bzw. einen Antrag in Textform zu stellen, da hier zumindest durch den Abgleich der Adressdaten eine Identitätsprüfung vorgenommen werden kann. Allerdings muss zwingend gewährleistet werden, dass das Widerspruchsrecht gegenüber dem Unternehmen in Bezug auf die Verarbeitung der personenbezogenen Daten zu Zwecken der Werbung und Markt- oder Meinungsforschung mündlich ausgeübt und konkludent geäußert werden kann, dies gilt insbesondere in den Fällen des Direktmarketings, in denen das Unternehmen die betroffene Person telefonisch kontaktiert. Die Mitarbeiter müssen in entsprechenden Arbeitsanweisungen darüber informiert werden, dass im Falle eines mündlichen Widerspruchs unverzüglich ein Hinweis in die Datenbank aufzunehmen und spätestens bei der Kundenstammbehandlung ein Sperrvermerk anzubringen ist[153]. Um das Auskunftsverfahren zu beschleunigen und zu vereinfachen, sollte die betroffene Person in den BCR gebeten werden, zur schnelleren Bearbeitung des Auskunftsersuchens die Art der Daten, über die das Unternehmen Auskunft erteilen soll, zu bezeichnen.

d) Auskunftsanspruch (Ziff. 8.3)

31.65 Ziff. 8.3 gibt die wesentlichen Grundsätze des in Art. 15 DSGVO verankerten **Auskunftsrechts** der betroffenen Person wieder[154]. Voraussetzung für die Erteilung der Auskunft ist zunächst ein Auskunftsersuchen der betroffenen Person, was trotz der Selbstverständlichkeit in den BCR herausgestellt werden sollte. Der betroffenen Person sind in jedem Falle die zu ihrer Person gespeicherten Daten sowie ggf. – sofern gespeichert – Angaben zur Herkunft der Daten mitzuteilen. Die Auskunft über die Empfänger oder Kategorien von Empfängern ist hier nicht schon wegen der bereits bei der Erhebung entstehenden Informationspflicht nach Art. 13, 14 DSGVO überflüssig, da das Auskunftsrecht sich diesbezüglich auch auf konzernfremde Datenempfänger bezieht. Es sind ferner der Zweck der Speicherung sowie etwaige spätere Zweckänderungen mitzuteilen sowie die sonstigen in Art. 15 Abs. 1, 2 DSGVO genannten Umstände. Es sollte ferner darauf hingewiesen werden, dass die Auskunft kostenlos und auf Antrag in angemessen Abständen angefordert werden kann, da dies das Kundenvertrauen stärkt. Da die BCR aber vor allem auch bezwecken sollen, den ausdrücklichen Wunsch des Unternehmens, den Datenschutz und die Rechte des Betroffenen zu gewährleisten, herauszustellen, ist die Alternative aus Gründen der Außenwirkung nur bedingt zu empfehlen.

e) Anspruch auf Berichtigung (Ziff. 8.4)

31.66 Der betroffenen Person steht bei Unrichtigkeit oder Unvollständigkeit der gespeicherten personenbezogenen Daten gem. Art. 16 DSGVO ein unabdingbares Berichtigungsrecht zu.

---

152 *Franck* in Gola, Art. 12 DSGVO Rz. 42; *Bäcker* in Kühling/Buchner, Art. 12 DSGVO Rz. 28 ff.
153 *Gola/Schomerus*, § 28 BDSG a.F. Rz. 68.
154 Zu den Einzelheiten vgl. bereits *Breidenbach*, DuD 2005, 510; *Franck*, RDV 2016, 111 (117).

f) Anspruch auf Löschung (Ziff. 8.5)

Die betroffene Person hat nach Art. 17 DSGVO ein Recht auf Löschung der personenbezogenen Daten, wenn eine der dort genannten Alternativen vorliegt. Löschen i.S.v. Art. 4 Nr. 2 DSGVO bedeutet wie schon im BDSG das Unkenntlichmachen der gespeicherten personenbezogenen Daten. Diese dürfen – abhängig von ihrer Risikonähe – mit üblichen technischen Mitteln nicht rekonstruierbar sein[155].

31.67

g) Anspruch auf Einschränkung der Verarbeitung (Ziff. 8.6)

Nach Art. 18 DSGVO hat die betroffene Person u.a. einen Anspruch auf Einschränkung der Verarbeitung (im BDSG: Sperrung der Daten), sofern ihre Richtigkeit vom Betroffenen bestritten wird und sich weder die Richtigkeit noch die Unrichtigkeit feststellen lässt (sog. non liquet)[156] und/oder der Betroffene keine Löschung verlangt bzw. die Daten für die Geltendmachung, Ausübung oder Verteidigung von Rechtsansprüchen benötigt.

31.68

h) Widerspruch gegen die Verarbeitung (Ziff. 8.7)

Den betroffenen Personen werden in der DSGVO verschiedene **Widerspruchsrechte** eingeräumt: Art. 21 DSGVO regelt das allgemeine Widerspruchsrecht, wonach der betroffenen Person das Recht eingeräumt wird, Widerspruch gegen die Verarbeitung der personenbezogenen Daten einzulegen, wenn hinreichende, sich aus der persönlichen Situation ergebende Gründe vorgetragen werden und das Interesse des Unternehmens an einer Verarbeitung nicht vorrangig ist oder eine Rechtsvorschrift zur Erhebung, Verarbeitung oder Nutzung verpflichtet. Nutzt das Unternehmen Daten zum Direktmarketing oder zu Markt- und Meinungsforschungszwecken, so ist in den BCR auf das nach Art. 21 Abs. 2 DSGVO eingeräumte uneingeschränkte Widerspruchsrecht gegenüber dem Unternehmen in Bezug auf die entsprechende Verarbeitung und Nutzung hinzuweisen. Schließlich kann die betroffene Person ihre Einwilligung in die Verarbeitung und Nutzung ihrer personenbezogenen Daten jederzeit mit Wirkung für die Zukunft widerrufen. Da die Ausgestaltung der Widerspruchsrechte und der Ausnahmevorschriften sehr vielgestaltig ist und eine Darstellung in den BCR nur zur Unübersichtlichkeit und damit Intransparenz führen würde, sollte auf eine konkrete Bezeichnung der einzelnen Möglichkeiten in den BCR verzichtet werden.

31.69

i) Benachrichtigung des Betroffenen (Ziff. 8.8)

Bei BCR ist zu beachten, dass auch die BCR selbst den Betroffenen zugänglich zu machen sind; zumindest in den Teilen, die ihre Rechte und Freiheiten betreffen[157].

31.70

Die betroffene Person sollte nach den Empfehlungen der Art. 29-Datenschutzgruppe schließlich über das ihr gem. Art. 14 DSGVO zustehende **Benachrichtigungsrecht** informiert werden, das entsteht, wenn ein Unternehmen erstmals personenbezogene Daten für eigene Zwecke ohne Kenntnis des Betroffenen speichert. Wegen des Umfangs der Norm dürfte ein kurzer Hinweis auf das Benachrichtigungsrecht mit Hinweis auf den allgemeinen Grundsatz der Transparenz genügen.

j) Automatisierte Einzelentscheidung (Ziff. 8.9)

Eine **automatisierte Einzelentscheidung** i.S.d. Art. 22 DSGVO liegt vor, wenn keine inhaltliche Bewertung der personenbezogenen Daten und die darauf gestützte Entscheidung durch eine natürliche Person stattgefunden hat, sondern die Erkenntnisse ausschließlich mit Hilfe eines Computers ge-

31.71

---

155 *Herbst* in Kühling/Buchner, Art. 4 Nr. 2 DSGVO Rz. 36; vgl. zu den technischen Löschverfahren in der Praxis *Conrad/Hausen*, ITRB 2001, 35 (38 f.).

156 *Meents/Hinzpeter* in Taeger/Gabel, Art. 18 DSGVO Rz. 15; a.A. *Kamlah* in Plath, Art. 18 DSGVO Rz. 8.

157 WP 256 rev.01, Ziff. 1.3, S. 7 f.

wonnen wurden. Es soll vermieden werden, dass Entscheidungen aufgrund von Persönlichkeitsprofilen ergehen, ohne dass der Betroffene die Möglichkeit hat, die zugrunde liegenden Angaben und Bewertungsmaßstäbe zu erfahren[158].

31.72 Zu einer derartigen Verarbeitung zählt auch das „Profiling", das in jeder Art der automatisierten Verarbeitung personenbezogener Daten zur Bewertung persönlicher Aspekte in Bezug auf eine natürliche Person besteht, insbesondere zur Analyse oder Prognose von Aspekten bezüglich Arbeitsleistung, wirtschaftlicher Lage, Gesundheit, persönlicher Vorlieben oder Interessen, Zuverlässigkeit oder Verhalten, Aufenthaltsort oder Ortswechsel der betroffenen Person. Ein Beispiel für Profiling sind sog. Scoringverfahren, bei denen vorhandene personenbezogene Daten sowie ergänzende Informationen einer automatischen Auswertung und Bewertung unterliegen und ohne menschliche Mitwirkung Risikoprofile in Bezug auf bestimmte Sachverhalte erstellt werden. Diese werden insbesondere zur Beurteilung der Bonität von Neukunden eingesetzt.

Automatisierte Einzelentscheidungen sind nach Art. 22 DSGVO nur verboten, wenn sie für die betroffene Person eine rechtliche Folge nach sich ziehen oder sie in ähnlicher Weise erheblich beeinträchtigen, was z.B. dann der Fall ist, wenn ein gewünschter Vertrag abgelehnt oder ein Kredit nicht oder nur zu schlechten Konditionen angeboten wird[159]. Das Verbot gilt nicht, wenn die Entscheidung aufgrund des automatisierten Verfahrens für die betroffene Person positiv ausfällt oder die Wahrung der Interessen der Betroffenen durch geeignete Maßnahmen gewährleistet ist, was insbesondere dann der Fall ist, wenn der betroffenen Person die Möglichkeit gegeben wird, ihren Standpunkt gegenüber dem Unternehmen geltend zu machen und das Unternehmen die Entscheidung daraufhin erneut prüft.

k) Recht auf Datenübertragung (Ziff. 8.10)

31.73 Jeder Betroffene hat das Recht, ihn betreffende personenbezogenen Daten, die er einem Verantwortlichen bereitgestellt hat, in einem strukturierten, gängigen und maschinenlesbaren Format zu erhalten. Die Reichweite dieser gesetzlichen Vorgabe ist bisher wenig geklärt. Vorrangige Zielrichtung der Norm sind z.B. Accounts in sozialen Netzwerken oder Transaktionsdaten im Onlinebanking; vielfach werden auch Daten, die durch Fitness-Tracker oder die Nutzung von vernetzten Fahrzeugen gewonnen wurden, darunter gezählt[160]. Soweit diese Rechte für die unternehmensinterne Verarbeitungspraxis von Relevanz sind, ist daher im jeweiligen Einzelfall zu überlegen, ob die BCR entweder präzise Bestimmungen enthalten sollten oder ob die allgemeinen, am Gesetz orientierten Formulierungen wegen ihrer größeren Flexibilität vorteilhafter sind. Dabei ist auch im Auge zu behalten, dass ein Betroffener unter Einhaltung der in Art. 20 DSGVO genannten Bedingungen verlangen kann, diese Daten einem anderen Verantwortlichen, dem die personenbezogenen Daten bereitgestellt wurden, zu übermitteln, soweit dies technisch möglich ist.

l) Recht auf Beschwerde (Ziff. 8.11)

31.74 Jeder Betroffene erhält nach Art. 77 DSGVO das Recht, sich bei einer Aufsichtsbehörde oder bei dem zuständigen Gericht zu beschweren, wenn dieser begründeten Anlass zu der Annahme hat, dass eine Verarbeitung nicht im zulässigen Rahmen erfolgt, er sich in seinen Rechten gemäß dieser Verordnung verletzt sieht oder wenn die Aufsichtsbehörde auf eine Beschwerde hin nicht tätig wird[161].

---

158 So bereits BT-Drucks. 14/4329, 37; *Buchner* in Kühling/Buchner, Art. 22 DSGVO Rz. 11 ff.

159 *Hladjk* in Ehmann/Selmayr, Art. 22 DSGVO Rz. 9.

160 *Dix* in Simitis/Hornung/Spiecker, Art. 20 DSGVO Rz. 7 f.; *Herbst* in Kühling/Buchner, Art. 20 DSGVO Rz. 11; für eine weitere Anwendung Art. 29-Datenschutzgruppe, WP 242 rev.01, S. 9; ausf. zum Meinungsstand *Munz* in Taeger/Gabel, Art. 20 DSGVO Rz. 26 ff.

161 WP 256 rev.01, S. 3.

10. Sicherheit und Vertraulichkeit (Ziff. 9)

M 31.1.9 Sicherheit und Vertraulichkeit

31.75

9. Sicherheit und Vertraulichkeit

*9.1 Unser Unternehmen wendet geeignete technische und organisatorische Sicherheitsmaßnahmen zum Schutz der personenbezogenen Daten gegen die zufällige oder rechtswidrige Zerstörung, den zufälligen Verlust, die zufällige Änderung, die unberechtigte Offenlegung, den unberechtigten Zugriff und jede andere Form der unrechtmäßigen Verarbeitung an. [**Fakultativ**: Bei der Verarbeitung von sensiblen Daten sieht unser Unternehmen erhöhte Sicherheitsvorkehrungen vor.]*

9.2 Diese Sicherheitsmaßnahmen gewährleisten unter Berücksichtigung des Standes der Technik und der bei ihrer Durchführung entstehenden Kosten ein Schutzniveau, das den von der Verarbeitung ausgehenden Risiken und der Art der zu schützenden Daten gerecht ist.

*9.3 Unser Sicherheitskonzept ist konzernweit für alle Mitglieder, Unternehmensteile und Mitarbeiter verbindlich. [**Fakultativ**: Vorsätzliche oder grob fahrlässige Verstöße hiergegen können zu arbeitsrechtlichen Maßnahmen führen.]*

a) Ratio

Nach Art. 5 Abs. 1 lit. f DSGVO haben Unternehmen, die personenbezogene Daten erheben, verarbeiten oder nutzen, die **technischen und organisatorischen Maßnahmen** zu treffen, die erforderlich sind, um die Integrität und Vertraulichkeit der verarbeiteten Daten zu gewährleisten. Erforderlich sind solche Maßnahmen nur, wenn ihr Aufwand in einem angemessenen Verhältnis zu dem angestrebten Schutzzweck steht. Die Vorschrift dient nicht nur dem Interesse der betroffenen Person am Schutz ihrer Daten, sondern auch den eigenen Datensicherheits- und Datensicherungsinteressen des Unternehmens. Die technischen und organisatorischen Anforderungen an die Sicherheit der Verarbeitung sind in Art. 32 Abs. 1 lit. a–d DSGVO im Einzelnen festgelegt. Art. 32 Abs. 2 und Abs. 4 sowie Art. 28 Abs. 3 Satz 2 lit. b und Art. 29 DSGVO konkretisieren den Grundsatz der Vertraulichkeit insbesondere durch die Verpflichtung, die unbefugte Offenlegung, den unbefugten Zugang und die unbefugte Verarbeitung personenbezogener Daten zu verhindern. Um die Maßnahmen zu finden, deren Schutzwirkung in einem angemessenen Verhältnis zu dem Aufwand steht, mit dem sie verbunden sind, wird grundsätzlich eine umfassende Risikoanalyse innerhalb des Unternehmens durchzuführen sein. Das fertiggestellte Konzept ist dem Antrag auf Anerkennung der BCR beizufügen und im Unternehmen, in der Regel beim Datenschutzbeauftragten, stets in aktualisierter Form zur Einsicht bereit zu halten (siehe auch Art. 35 DSGVO, Datenschutz-Folgenabschätzung).

31.76

b) Datensicherheit (Ziff. 9.1)

Ziff. 9.1 beinhaltet die Verpflichtung des Unternehmens zur Anwendung geeigneter technischer und organisatorischer Maßnahmen[162]. Das Sicherheitskonzept muss wegen der berechtigten Geheimhaltungsinteressen des Unternehmens in den veröffentlichten BCR nicht näher dargestellt werden. Selbstredend kann das Unternehmen einzelne ausgewählte Sicherheits- und Kontrollmaßnahmen offenbaren und in dieser Klausel aufzählen. Der als fakultativ bezeichnete Zusatz muss nur dann aufgenommen werden, wenn das Unternehmen besondere Arten personenbezogener Daten verarbeitet. Konkretere Angaben zum Datensicherheitskonzept sollten in einer Anlage ausformuliert werden.

31.77

---

162 Vgl. vertiefend zu den einzelnen Maßnahmen *Münch*, S. 323 ff.

c) Verhältnismäßigkeit der Maßnahmen (Ziff. 9.2)

31.78 Der Umfang der zu treffenden Sicherheitsvorkehrungen wird nach Ziff. 9.2 unter den Grundsatz der Verhältnismäßigkeit gestellt. Dies entspricht dem risikobasierten Ansatz in Art. 32 Abs. 1 DSGVO.

d) Verbindlichkeit des Sicherheitskonzepts (Ziff. 9.3)

31.79 Wegen der besonderen Bedeutung der Selbstverpflichtung des Unternehmens auf den Datenschutz muss wie in Ziff. 9.3 ausdrücklich erwähnt werden, dass auch das **Sicherheitskonzept** für alle Unternehmensteile und Mitarbeiter verbindlich ist. Nach Auffassung der Art. 29-Datenschutzgruppe sollen die entsprechenden Regelungen auch Disziplinarmaßnahmen bei Verstößen gegen die Regelungen oder andere Sanktionen vorsehen[163]. Die konkrete Ausgestaltung bleibt dem Unternehmen überlassen. Ein Hinweis in den BCR ist grundsätzlich nicht zu empfehlen, da dies auf die Kunden abschreckend wirken kann und nach den Vorgaben der Art. 29-Datenschutzgruppe auch nicht zwingend vorausgesetzt wird[164]. Die genaue Beschreibung der internen Durchsetzbarkeit und Verbindlichkeit mit ggf. aufgeführten arbeitsrechtlichen Maßnahmen sind jedoch Grundlage für eine Anerkennung und daher spätestens dem Anerkennungsantrag beizufügen.

11. Beschränkung der Weiterübermittlung (Ziff. 10)

31.80 **M 31.1.10 Beschränkung der Weiterübermittlung**

10. Beschränkung der Weiterübermittlung

10.1 Außerhalb unserer Unternehmensgruppe haben wir den Datentransfer und die Weiterübermittlung von Daten an unternehmensfremde Auftragsverarbeiter auf das unbedingt Notwendige eingeschränkt. Dennoch kann es [Fakultativ: in Einzelfällen] notwendig werden, Externe mit der Verarbeitung personenbezogener Daten zu beauftragen. Die Daten werden ausschließlich zu [Zweck der Weiterübermittlung] übermittelt.

10.2 Bei Datentransfers innerhalb der EU/EWR-Mitgliedstaaten oder in einen Staat mit anerkanntem Datenschutzniveau an externe Datenverarbeiter schließen wir zum Schutz der personenbezogenen Daten eine schriftliche Vereinbarung, die beinhaltet, dass die externen Datenverarbeiter nur auf unsere Weisung handeln dürfen und für die Durchführung geeigneter Maßnahmen zur Gewährleistung der Sicherheit und Vertraulichkeit verantwortlich sind.

10.3 Bei Datentransfers nach außerhalb der EU/EWR-Mitgliedstaaten oder an einen Staat ohne anerkanntes Datenschutzniveau an externe Datenverarbeiter beachten wir die strengen europäischen Vorschriften für den grenzüberschreitenden Datenverkehr und verwenden insbesondere die von der EU-Kommission gebilligten Standardvertragsklauseln oder andere geeignete vertragliche Vereinbarungen, wo erforderlich. Auch hier gewährleisten wir, dass die Datenverarbeiter nur auf Weisung handeln und für die Durchführung geeigneter Sicherheitsmaßnahmen verantwortlich sind.

a) Ratio

31.81 Datenübermittlungen von Unternehmensteilen innerhalb des Konzerns an fremde, externe Unternehmen, von der Art. 29-Datenschutzgruppe **„Weiterübermittlungen"**[165] genannt, sind in Art. 47

---

163 WP 108, Ziff. 5.9, S. 6.
164 WP 153, Ziff. 1.3, S. 3.; vgl. allerdings Art. 47 Abs. 1 lit. a DSGVO, der von einer Durchsetzung der rechtlichen Bindung spricht.
165 WP 74, Ziff. 3.2, S. 9; in der DSGVO fällt die Übermittlung unter dem Begriff der Verarbeitung.

Abs. 2 lit. d DSGVO geregelt und unterliegen strengen Zulässigkeitsvoraussetzungen. Sie sind grundsätzlich nur möglich, wenn zwischen dem Unternehmen, das dem Konzern angehört, und dem externen Unternehmen in einem Drittstaat ein von der EU-Kommission gebilligter Standardvertrag geschlossen wird (vgl. hierzu Rz. 31.13). Auch wenn BCR nur auf unternehmensinterne Verarbeitungs- und Übermittlungsvorgänge anwendbar sind, sollte dargestellt werden, wie das Unternehmen die personenbezogenen Daten in Fällen der Übermittlung an Verarbeiter schützt, die nicht der Unternehmensgruppe angehören[166].

b) Grundsatz (Ziff. 10.1)

Ziff. 10.1 beinhaltet die allgemeine Garantie, Weiterübermittlungen von Daten an Stellen außerhalb der Unternehmensgruppe weitestgehend gering zu halten und eine allgemeine, ggf. anzupassende Beschreibung, wann eine Übermittlung zu welchen Zwecken erfolgt. Es handelt sich dabei um einen Unterfall des Grundsatzes der Datenminimierung (Art. 5 Abs. 1 lit. c DSGVO). Die Klausel ist auf die jeweiligen Verhältnisse in der Unternehmensgruppe anzupassen.

31.82

c) Schutzniveau innerhalb der EU/des EWR (Ziff. 10.2)

Ziff. 10.2 beinhaltet die Aussage, dass bei **Datentransfers an externe Verarbeiter** innerhalb der EU/EWR-Mitgliedstaaten oder Drittstaaten mit angemessenem Schutzniveau schriftliche Vereinbarungen mit dem Inhalt geschlossen werden, dass die externen Datenverarbeiter nur auf Weisung des Unternehmens handeln dürfen und technische und organisatorische Schutzvorkehrungen zu treffen haben. Hier kommt einerseits die Auftragsverarbeitung in Betracht (Art. 28 DSGVO), aber auch eine Übermittlung im Rahmen von Art. 6 Abs. 1 DSGVO oder eine Zusammenarbeit mit Dritten in Form gemeinsamer Verantwortlichkeit („Joint Controllers", Art. 26 DSGVO). Von der Art der Zusammenarbeit hängt die konkrete Vertragsgestaltung ab. Die entsprechenden Vereinbarungen bzw. die von dem Unternehmen verwendete Mustervereinbarung müssen dem Antrag auf Anerkennung beigefügt werden.

31.83

d) Schutzniveau in Drittstaaten (Ziff. 10.3)

Bei Datentransfers an Empfänger außerhalb der EU/EWR-Mitgliedstaaten oder in Drittstaaten ohne angemessenes Schutzniveau müssen strenge Voraussetzungen erfüllt und bestenfalls mit jedem externen Verarbeiter gesonderte Vereinbarungen geschlossen werden. Derzeit ist die Verwendung der von der EU-Kommission gebilligten **Standardvertragsklauseln** der rechtssicherste Weg (s. jedoch Rz. 31.13; sowie Teil 5 §§ 26–28)[167].

31.84

12. Schulungsprogramm (Ziff. 11)

M 31.1.11 Schulungsprogramm

31.85

11. Schulungsprogramm

Innerhalb unserer gesamten Unternehmensgruppe stellen wir unseren Mitarbeitern, die regelmäßig personenbezogene Daten verarbeiten, geeignete datenschutzrechtliche Schulungsmaßnahmen zur Verfügung. Die Schulungen erfolgen in geeigneten Zeitabständen zielgruppenbezogen und sind dabei auf die Verarbeitungen und Unternehmensspezifika angepasst. Zusätzlich weisen wir in diesem Rahmen auf mögliche Sanktionen bei Nichtbeachtung der internen wie externen Datenschutzbestimmungen hin.

---

166 WP 154, Ziff. 11 und 12, S. 7 f.
167 S. die Muster in Teil 5, Rz. 26.24, Rz. 27.20 und Rz. 28.27.

Um das Bewusstsein für den Datenschutz in unserem Unternehmen noch weiter zu stärken und die konsequente Durchführung unserer Unternehmensregelungen sicherzustellen, stehen daneben allen unseren Mitarbeitern [datenschutzrechtlich relevante Informationen, Merkblätter und Richtlinien] zur Verfügung. Unsere Mitarbeiter können sich mit ihren datenschutzrechtlichen Fragestellungen oder Hinweisen jederzeit an unseren Datenschutzbeauftragten wenden.

31.86 Nach den Empfehlungen der Art. 29-Datenschutzgruppe, die vom Verordnungsgeber in Art. 47 Abs. 2 lit. n DSGVO als gesetzliche Bestimmung übernommen worden sind, ist unternehmensintern ein System (Rz. 31.92 ff.) zu errichten, das im gesamten Unternehmen das Bewusstsein und die Durchführung der unternehmensinternen Vorschriften innerhalb und außerhalb der EU/EWR-Mitgliedstaaten garantiert[168]. Dies wird zum einen durch die Organisation der Mitglieder und ihrer Datenschutzbeauftragten, ggf. einer Compliance- Abteilung, mit dem Einsatz von arbeitsvertraglichen Klauseln oder Merkblättern, Informationsveranstaltungen und internen Richtlinien zum Datenschutz gewährt, setzt aber zum anderen auch regelmäßige Schulungen der Mitarbeiter voraus, die regelmäßig mit der Verarbeitung personenbezogener Daten befasst sind. Es gilt, das nötige Bewusstsein für Bedeutung und Notwendigkeit des Datenschutzes zu fördern und zu aktualisieren. Das Unternehmen muss nachweisen können, dass die datenschutzrechtlichen Grundsätze konzernweit bekannt sind, verstanden und im ganzen Unternehmen von den Mitarbeitern angewandt werden. Dafür sollten den Mitarbeitern regelmäßig **Schulungen** angeboten werden und stets aktuelle Vorschriften zu den datenschutzrechtlichen Grundsätzen des Unternehmens zur Verfügung stehen[169]. Innerhalb des Unternehmens kann grundsätzlich der Datenschutzbeauftragte dafür zuständig sein, die bei der Verarbeitung personenbezogener Daten tätigen Personen durch geeignete Maßnahmen mit den relevanten Vorschriften über den Datenschutz und mit den jeweiligen besonderen Erfordernissen des Datenschutzes vertraut zu machen. Im Rahmen seiner Weisungsfreiheit ist der Datenschutzbeauftragte berechtigt, unter Berücksichtigung der Erfordernisse und Möglichkeiten des Betriebes selbst zu bestimmen, welches die geeigneten Maßnahmen zur Schulung der Mitarbeiter sind[170]. Um ihren Pflichten in Bezug auf die hinreichende Schulung der Mitarbeiter nachzukommen, muss die Unternehmensleitung zumindest die erforderlichen Räume, Mittel und Materialien zur Verfügung stellen und ggf. die Teilnahme an der Schulungsveranstaltung für die in Betracht kommenden Mitarbeiter anordnen.

13. Datenschutzaudit (Ziff. 12)

31.87 **M 31.1.12 Datenschutzaudit**

12. Datenschutzaudit

12.1 Zur Verbesserung des Datenschutzes und der Datensicherheit lassen wir in regelmäßigen Abständen unser gesamtes Datenschutzkonzept durch Audits prüfen und bewerten, einschließlich der vorliegenden BCR.

12.2 Die Ergebnisse der Audits werden der Unternehmensleitung und dem bzw. den[171] Datenschutzbeauftragte/n mitgeteilt. Die zuständigen Datenschutzbehörden erhalten eine Kopie der Ergebnisse auf Antrag oder wenn eine Aktualisierung unserer Unternehmensregelungen notwendig wird.

12.3 Bei Bedarf und auf Antrag können die zuständigen Datenschutzbehörden ein eigenes Audit durchführen. Entsprechende Audits werden unter Beachtung der Vertraulichkeit und der Geschäftsgeheimnisse durchgeführt und strikt begrenzt auf die Feststellung der Einhaltung der unternehmensinternen Vorschriften. Die Prüfungsdaten, die personenbezogene Daten beinhalten, werden dabei unkenntlich ge-

---

168 *Dovas/Grapentin* in Auer-Reinsdorff/Conrad, § 35 Grenzüberschreitende Datenverarbeitung, Rz. 73.
169 WP 74, Ziff. 5.1, S. 16.
170 *Gola/Schomerus*, § 4g BDSG a.F. Rz. 20.
171 Bei mehreren Verantwortlichen i.S.d. Art. 4 Nr. 7 DSGVO in der Unternehmensgruppe.

macht, um die Vertraulichkeit der Daten der betroffenen Personen oder vertraulicher Unternehmens-
informationen zu gewährleisten.

12.4 [Festlegungen zum Umfang der Audits]

a) Ratio

Die Einhaltung der verbindlichen Unternehmensregelungen muss regelmäßig überprüft werden, Art. 47 Abs. 2 lit. j und lit. l DSGVO. Nach den Empfehlungen der Art. 29-Datenschutzgruppe kann dies beispielsweise durch **Audits** im Rahmen des eingerichteten Systems zur Überprüfung der BCR erfolgen[172].   31.88

b) Verfahren (Ziff. 12.1)

Es ist dem Unternehmen überlassen, ob es eigene Audits durch angestellte Auditoren, z.B. durch den Datenschutzbeauftragten, oder die Überwachung und Überprüfung durch externe Auditoren durchführen lässt[173]. Schon aus Gründen der Transparenz und Glaubwürdigkeit sowie mit Blick auf mögliche und sinnvolle Zertifizierungen ist die Beauftragung anerkannter und leistungsfähiger externer Auditoren in jedem Falle zu bevorzugen. In einem Auditplan zu den BCR ist die Verpflichtung aller Mitglieder zur regelmäßigen Durchführung von Datenschutzaudits in Abstimmung mit dem Datenschutzbeauftragten verbindlich aufzunehmen. Es muss aus dem Plan hervorgehen, dass alle Bereiche der verbindlichen Unternehmensregelungen vom Auditumfang umfasst sind und erforderlichenfalls Korrekturmaßnahmen ergriffen werden[174].   31.89

c) Ergebnisse (Ziff. 12.2)

Die Ergebnisse der Audits müssen der Unternehmensleitung und dem bzw. den Datenschutzbeauftragten mitgeteilt werden. Ist eine Compliance-Stelle oder eine andere mit der Überwachung der BCR beauftragte Stelle eingerichtet, macht es Sinn, auch diesen Beteiligten die Ergebnisse zur Verfügung zu stellen[175]. Ferner empfiehlt die Art. 29-Datenschutzgruppe, der zuständigen Datenschutzbehörde auf Antrag eine Kopie der Ergebnisse zuzustellen oder dann, wenn zu erwarten ist, dass eine Aktualisierung der Unternehmensregelungen notwendig sein wird[176].   31.90

d) Audits durch Aufsichtsbehörden (Ziff. 12.3)

Nach den Empfehlungen der Art. 29-Datenschutzgruppe muss wegen der Verpflichtung zur Zusammenarbeit mit den Datenschutzbehörden angegeben werden, dass in besonderen Ausnahmefällen Audits erforderlich sein können, die von Prüfern der Kontrollstelle selbst oder von unabhängigen Auditoren im Auftrag der Kontrollstelle durchgeführt werden[177]. Ob und unter welchen Voraussetzungen Datenschutzbehörden eigenständige Datenschutzüberprüfungen in den Unternehmen gegen den Willen des Unternehmens anordnen und durchführen können und inwieweit solche Eingriffe rechtmäßig sind, hängt von der Auslegung der Eingriffsermächtigung (Art. 58 Abs. 1 lit. b DSGVO) ab – es handelt sich um einen repressiven staatlichen Eingriff, der der strikten Bindung an den Verhältnismäßigkeitsgrundsatz unterliegt. Obwohl scheinbar entbehrlich, kann ein entsprechender Hinweis dennoch im Interesse der Akzeptanz der BCR durch die Aufsichtsbehörden zweckmäßig sein. Ebenso kann es sinnvoll sein, Genaueres zum Umfang des Audits festzulegen, um für alle Beteiligten Klarheit über die dafür er-   31.91

---

172 WP 154, Ziff. 14, S. 8; WP 74, Ziff. 5.2, S. 16.
173 WP 74, Ziff. 5.2., S. 16; zum externen Audit siehe das Muster in Teil 1, Rz. 6.12.
174 WP 256 rev.01, Ziff. 2, S. 14 ff.; im Einzelnen vgl. *Kamp* in v.d.Bussche/Voigt, Kap. 5 Rz. 115 ff.
175 *Klug* in Gola, Art. 47 DSGVO Rz. 5.
176 WP 74, Ziff. 5.2., S. 16 f.
177 WP 74, Ziff. 5.2, S. 17; WP 108, Ziff. 6, S. 8.

forderlichen Ressourcen zu schaffen und spätere Differenzen im Hinblick auf die Anforderungen an ein solches Audit mit der Aufsichtsbehörde zu vermeiden.

14. Einhaltung der BCR und Überwachung (Ziff. 13)

31.92   **M 31.1.13 Einhaltung der BCR und Überwachung**

13. Einhaltung der BCR und Überwachung

*13.1 Sämtliche Gesellschaften unserer Unternehmensgruppe sind verpflichtet, den betroffenen Personen gegenüber sicherzustellen, dass die Anforderungen des Datenschutzes und insbesondere dieser Regelung eingehalten werden. [**Alternative 1:** Die Datenschutzbeauftragten der verschiedenen Unternehmen unseres Konzerns stehen in engem Kontakt zueinander, überwachen und gewährleisten die Einhaltung unserer verbindlichen Unternehmensregelungen und werden hierbei direkt von der Unternehmensleitung unterstützt[178]. **Alternative 2:** Wir haben einen Mitarbeiterstab gebildet, der die Einhaltung unserer verbindlichen Unternehmensregelungen überwacht und gewährleistet und hierbei direkt von der Unternehmensleitung unterstützt wird.]*

13.2 [Beschreibung der Struktur, des Datenschutz-Netzwerks im Unternehmen, der dedizierten Aufgaben des/der Datenschutzbeauftragten der Unternehmen wie z.B. die Meldung von Datenschutzverletzungen, Berichterstellung, und Zuständigkeiten des Konzerndatenschutzbeauftragten bzw. des Mitarbeiterstabs, z.B. hinsichtlich der Kooperation mit der Aufsichtsbehörde, insbesondere eines Prozesses zur Überwachung und Einhaltung der BCR].

13.3 [Beschreibung etwaiger Sanktionsmöglichkeiten].

a) Ratio

31.93   Das Unternehmen muss sich nach den Empfehlungen der Art. 29-Datenschutzgruppe dazu verpflichten, einen Mitarbeiterstab im Unternehmen zu errichten, der die konzernweite Einhaltung der BCR überwacht, und diesen Mitarbeiterstab bei seiner Arbeit angemessen unterstützen[179].

Gemäß Art. 47 Abs. 1 lit. a DSGVO müssen die BCR auch innerhalb der Unternehmensgruppe oder Gruppe von Unternehmen durchgesetzt werden. Hierzu gehört die Einrichtung von Stellen innerhalb der Gruppe, welche die Einhaltung der BCR überwachen. Zuständig hierfür kann der Datenschutzbeauftragte gem. Art. 37 DSGVO sein; viele Unternehmen beauftragen aber auch externe Stellen oder die Compliance-Abteilung mit dieser Aufgabe. Diese Stellen und ihre Aufgaben müssen in den BCR nach Art. 47 Abs. 2 lit. h DSGVO beschrieben werden.

b) Personelle Ressourcen (Ziff. 13.1)

31.94   In Ziff. 13.1 ist der Grundsatz der **Einhaltung** und der **Überwachung der BCR** darzustellen. Ferner ist darüber aufzuklären, von wem der Schutz der personenbezogenen Daten im Einzelfall sichergestellt wird. Es besteht die Möglichkeit, die Datenschutzbeauftragten der einzelnen Unternehmensteile miteinander zu vernetzen (Alternative 1) oder einen weiteren Mitarbeiterstab zu bilden, der die Einhaltung der BCR zusätzlich zu den Datenschutzbeauftragten überwacht (Alternative 2)[180]. Die konkrete unternehmensinterne Ausgestaltung bleibt dem Konzern überlassen und richtet sich nach Größe und Struktur der Unternehmen.

---

178 Art. 47 Abs. 2 lit. h i.V.m. Art. 38 Abs. 3 DSGVO; WP 256 rev.01, S. 13.

179 WP 154, Ziff. 15, S. 9; *Dovas/Grapentin* in Auer-Reinsdorff/Conrad, § 35 Grenzüberschreitende Datenverarbeitung, Rz. 73.

180 *Grapentin*, CR 2009, 696.

c) Aufgabenbereiche und Zuständigkeiten (Ziff. 13.2)

In Ziff. 13.2 sollen die Struktur, die Aufgabenbereiche und die Zuständigkeiten des Mitarbeiterstabs   31.95
beschrieben werden, der die Einhaltung der BCR überwacht. Die Art. 29-Datenschutzgruppe gibt
dazu folgendes allgemeines Beispiel: „Der oberste Datenschutzbeauftragte berät die Unternehmensleitung, ist zuständig bei Untersuchungen der Datenschutzbehörden, berichtet jährlich über die Anwendung der BCR, sorgt auf Unternehmensebene für die Einhaltung der BCR. Die Datenschutzbeauftragten bearbeiten die Beschwerden der Betroffenen in ihrem Zuständigkeitsbereich, berichten dem
obersten Datenschutzbeauftragten über größere Probleme beim Datenschutz und sorgen für die Einhaltung der Vorschriften auf lokaler Ebene."[181]. Es sollte dem Unternehmen überlassen sein, wie sehr
es bei der Beschreibung ins Detail gehen möchte – in jedem Fall muss eine kurze Beschreibung der konkreten unternehmensinternen Abläufe aufgenommen werden, vor allem hinsichtlich der Kooperation
mit der Aufsichtsbehörde, insbesondere eines Prozesses zur Überwachung und Einhaltung der BCR
und der Umsetzung der Betroffenenrechte. Wird eine Compliance-Abteilung mit der Überwachung
betraut, können sogar nebeneinander die Anforderungen an BCR und APEC-CBPR überwacht werden
– sie behindern einander nicht in der Durchsetzung und eine Doppelzertifizierung ist möglich[182].

In Ziff. 13.3 können etwaige Sanktionsmöglichkeiten bei Verstößen gegen die BCR genannt werden,
um die Verbindlichkeit der BCR zu verdeutlichen.

15. Abweichende einzelstaatliche Vorschriften (Ziff. 14)

M 31.1.14 Abweichende einzelstaatliche Vorschriften   31.96

14. Abweichende einzelstaatliche Vorschriften

*Hat eine Gesellschaft unserer Unternehmensgruppe Anlass zu der Annahme, dass nationale Vorschriften der
Einhaltung dieser Unternehmensregelung entgegenstehen und deren Garantien beeinträchtigen könnten,
wird unverzüglich das für die EU/EWR zuständige Unternehmen und der Datenschutzbeauftragte informiert
und das weitere Vorgehen abgesprochen. Im Zweifelsfall werden die zuständigen Datenschutzbehörden zu
Rate gezogen.*

Die BCR sollen nach den Empfehlungen der Art. 29-Datenschutzgruppe die Selbstverpflichtung ent-   31.97
halten, dass jeder Unternehmensteil, der Zweifel daran hat, dass die an seinem Sitz geltenden einzelstaatlichen Vorschriften mit den unternehmensinternen BCR in Einklang stehen, verpflichtet ist, unverzüglich Kontakt zu den anderen Unternehmensteilen aufzunehmen. Besteht Anlass zur Sorge, dass
einzelstaatliche Rechtsvorschriften die vollumfängliche Ausführung und Beachtung der BCR behindern, so sollte entweder die EU/EWR-Unternehmenszentrale oder der mit dem Datenschutz beauftragte, in der EU/dem EWR ansässige Unternehmensteil informiert werden. Dieser wiederum muss nach
den Vorstellungen der Art. 29-Datenschutzgruppe eine Entscheidung treffen und die zuständige Datenschutzbehörde konsultieren[183].

---

181 WP 154, Ziff. 15, S. 9.
182 *Hladjk*, Datenschutzpraxis 2014; 85; *Kamp* in v.d.Bussche/Voigt, Kap. 5 Rz. 122 f.
183 WP 74, Ziff. 3.3.3, S. 13 f.; Art. 47 Abs. 3 DSGVO sieht nähere Ausführungsbestimmungen (Durchfüh-
     rungsrechtsakte) für den Informationsaustausch über BCR zwischen Verantwortlichen, Auftragsver-
     arbeitern und Aufsichtsbehörden vor, die abzuwarten sind.

16. Beschwerdemöglichkeiten (Ziff. 15)

31.98 **M 31.1.15 Beschwerdemöglichkeiten**

15. Beschwerdemöglichkeiten

15.1 Unser Unternehmen hat eine interne Beschwerdestelle eingerichtet, an die sich die betroffenen Personen wenden können, wenn sie der Auffassung sind, dass ein Mitglied unserer Unternehmensgruppe gegen unsere Unternehmensrichtlinien verstößt. In diesem Fall bitten wir um unverzügliche Kontaktaufnahme zu [unserem Datenschutzbeauftragten/Mitarbeiterstab – erneut Adresse aufführen oder Verweis auf die oben genannte Adresse].

15.2 Die betroffene Person hat zudem das Recht, bei den zuständigen Datenschutzbehörden Beschwerde zu erheben, wenn sie der Auffassung ist, dass ein Mitglied unserer Unternehmensgruppe gegen unsere Unternehmensrichtlinien verstößt.

a) Ratio

31.99 Die BCR müssen gem. Art. 47 Abs. 2 lit. e und lit. i DSGVO ein System vorsehen, in dem Beschwerden Einzelner von einer klar bezeichneten unternehmensinternen Beschwerdeabteilung behandelt und beantwortet werden und die betroffenen Personen darauf hinweisen, dass sie Beschwerde bei den Datenschutzbehörden einreichen können[184].

b) Interne Beschwerdestelle (Ziff. 15.1)

31.100 In Ziff. 15.1 werden das Recht zur Beschwerde und die einzurichtende Beschwerdestelle nebst Kontaktdaten benannt. Diese Aufgabe sollte zur Bündelung der datenschutzrechtlichen Fragestellungen grundsätzlich vom Datenschutzbeauftragten des jeweiligen Unternehmens übernommen werden. Das vom Unternehmen diesbezüglich einzurichtende Beschwerdemanagement wird von den Beteiligten der Einhaltung und Überwachung (Rz. 31.92) betreut und aktualisiert.

c) Beschwerde bei der Aufsichtsbehörde (Ziff. 15.2)

31.101 In Ziff. 15.2 wird die betroffene Person darüber informiert, dass sie das Recht hat, bei den zuständigen Datenschutzbehörden Beschwerde gegen das Unternehmen gem. Art. 77 DSGVO zu erheben. Auch wenn eine entsprechende Regelung wegen der bereits eingeräumten Drittbegünstigungsrechte und der damit ermöglichten Beschwerde nach innerstaatlichem Recht grundsätzlich überflüssig ist, empfiehlt die Art. 29-Datenschutzgruppe die Aufnahme einer ausdrücklichen Regelung[185].

17. Drittbegünstigung (Ziff. 16)

31.102 **M 31.1.16 Drittbegünstigung**

16. Drittbegünstigung

16.1 Die betroffenen Personen können sämtliche ihnen durch unsere verbindlichen Unternehmensregelungen eingeräumten Rechte als Drittbegünstigte geltend machen. Hierzu gehören insbesondere die in [Ziffer 4–7 und 9, Ziffer Datenschutzgrundsätze, in Ziffer Transparenz, Ziffer Betroffenenrechte, usw.] eingeräumten Rechte, d.h. die Rechte der betroffenen Personen in Bezug auf die Verarbeitung und die

---

184 Vertiefend WP 154, Ziff. 17, S. 9; WP 256 rev.01.
185 WP 155, Ziff. 4, S. 5.

diesen offenstehenden Mittel zur Wahrnehmung dieser Rechte einschließlich des Rechts, nicht einer ausschließlich auf einer automatisierten Verarbeitung – einschließlich Profiling – beruhenden Entscheidung nach Art. 22 DSGVO unterworfen zu werden sowie des in Art. 79 DSGVO niedergelegten Rechts auf Beschwerde bei der zuständigen Aufsichtsbehörde beziehungsweise auf Einlegung eines Rechtsbehelfs bei den zuständigen Gerichten der Mitgliedstaaten und im Falle einer Verletzung der verbindlichen internen Datenschutzvorschriften Wiedergutmachung und gegebenenfalls Schadenersatz zu erhalten.

16.2 Wir haben keine Einwände dagegen, dass die betroffene Person, sofern sie dies ausdrücklich wünscht oder das nationale Recht dies zulässt, durch eine Vereinigung oder sonstige Einrichtung vertreten wird.

a) Ratio

Der betroffenen Person werden mit den BCR **weitreichende Drittbegünstigtenrechte**[186] eingeräumt. Hintergrund ist, dass einseitige Vereinbarungen wie BCR grundsätzlich nur Innenwirkung im Unternehmen entfalten können, was zur Folge hätte, dass sich die betroffenen Personen nicht auf die Durchsetzung der BCR zu ihren Gunsten berufen könnten. Durch die ausdrückliche Einräumung von Drittbegünstigtenrechten soll auch bei abweichenden einzelstaatlichen Regelungen gewährleistet werden, dass die BCR rechtlich vorteilhafte Wirkungen für die betroffenen Personen entfalten und diese das Recht haben, sich auf die nur intern wirkenden Bestimmungen zu berufen. Die betroffenen Personen müssen als Drittbegünstigte vollumfänglich berechtigt sein, die Einhaltung der Vorschriften durchzusetzen, sowohl durch Einreichen einer Beschwerde bei der zuständigen Datenschutzbehörde als auch bei dem jeweils zuständigen Gericht.

31.103

b) Drittbegünstigung im Einzelnen (Ziff. 16.1)

In Ziff. 16.1 ist festzuhalten, dass sich die betroffenen Personen auf sämtliche ihnen durch die BCR eingeräumten Rechte als Drittbegünstigte berufen können. Dabei ist ein allgemeiner Hinweis auf die Drittbegünstigung nach Auffassung der Art. 29-Datenschutzgruppe nicht ausreichend – vielmehr soll das Unternehmen alle Rechte ausdrücklich aufführen und auf die jeweiligen Ziffern verweisen[187]. Die Klausel ist folglich nach der endgültigen Fassung der BCR des Unternehmens zu ergänzen. Gegebenenfalls können sämtliche drittbegünstigende Grundsätze entweder durch Verweis auf insbesondere Art. 5 DSGVO oder auch ausdrücklich in dieser Klausel Erwähnung finden: Grundsatz der Zweckbindung, Datenqualität und -verhältnismäßigkeit, Rechtsgrundlage für die Datenverarbeitung, Transparenz und einfacher Zugang zu den BCR, Recht auf Auskunft, Berichtigung, Löschung oder Sperrung von Daten und Recht auf Widerspruch gegen die Verarbeitung, Rechte bei automatisierten Einzelentscheidungen, Grundsatz der Sicherheit und Vertraulichkeit, der beschränkten Weiterübermittlung, einzelstaatliche Vorschriften, die der Einhaltung der BCR entgegenstehen, interne Beschwerdeverfahren, Pflicht zur Zusammenarbeit mit der Datenschutzbehörde sowie Haftung und Rechtsbehelfe. Keine Drittbegünstigungsrechte ergeben sich z.B. aus den Schulungsprogrammen, Auditverfahren oder Regelungen, die den Datenschutzbeauftragten oder die Aktualisierung der BCR betreffen[188].

31.104

c) Institutionelle Vertretung (Ziff. 16.2)

Zwar ist Ziff. 16.2 an sich überflüssig, aber der Hinweis, dass das Unternehmen keine Einwände dagegen hat, dass sich die betroffene Person durch Vereinigungen oder sonstige Einrichtungen vertreten lässt, wird aus Klarstellungsgründen bereits von der Art. 29-Datenschutzgruppe empfohlen. Als Vereinigungen oder sonstige Einrichtungen in diesem Sinne sind Datenschutzbehörden, Verbraucherschutzbehörden, Vereinigungen von Arbeitnehmern und sonstige Interessensvertreter gemeint.

31.105

---

186 WP 256 rev.01, Ziff. 1.3, S. 6.
187 WP 155, Ziff. 9, S. 7; WP 256 rev.01, 1.3, S. 7, 8.
188 WP 155, Ziff. 9, S. 7; WP 256 rev.01, 1.3, S. 7, 8.

18. Haftung (Ziff. 17)

31.106   **M 31.1.17 Haftung**

17. Haftung

17.1 Fügt eines unserer [Konzernmitglieder/Unternehmen] der betroffenen Person durch eine rechtswidrige Verarbeitung ihrer personenbezogenen Daten oder eine andere mit unseren verbindlichen Unternehmensregelungen nicht zu vereinbarende widerrechtliche Handlung einen Schaden zu, so kann sie Ersatz für die ihr entstandenen materiellen und immateriellen Schäden verlangen. Die Ersatzpflicht entfällt, wenn der in der EU ansässige Verantwortliche bzw. Auftragsverarbeiter nachweist, dass er in keinerlei Hinsicht für den Umstand, durch den der Schaden eingetreten ist, verantwortlich ist. Das ist beispielsweise dann der Fall, wenn die nach den Umständen des Einzelfalls gebotene Sorgfalt beachtet wurde.

17.2 Für rechtswidrige Handlungen von Gruppenmitgliedern außerhalb der EU/EWR haftet [Benennung der EU/EWR-Hauptniederlassung/des die Haftung übernehmenden Unternehmens].

17.3 Kann die betroffene Person nachweisen, dass sie einen Schaden erlitten hat, und dieser prima facie durch einen Verstoß gegen unsere verbindlichen Unternehmensregelungen verursacht wurde, so obliegt es uns, nachzuweisen, dass wir nicht für den Verstoß verantwortlich sind, durch den der Schaden entstanden ist oder dass kein Verstoß vorlag.

a) Ratio

31.107   Um die Rechte der betroffenen Personen umfassend zu gewährleisten, ist in den BCR klarzustellen, dass die betroffenen Personen die gleichen Rechtsbehelfe in Anspruch nehmen können, die ihnen zustünden, wenn die rechtswidrigen Verstöße unter nationales bzw. europäisches Recht fallen würden[189]. Mit anderen Worten muss die betroffene Person bei einem rechtswidrigen Verstoß gegen die ihr eingeräumten Rechte die gleichen Ansprüche geltend machen können, die ihr in der EU/dem EWR zustehen würden – die betroffene Person ist so zu stellen, als hätten ihre personenbezogenen Daten die EU/EWR-Mitgliedsstaaten nicht verlassen. Hierfür sind umfassende **Haftungsregelungen** und ein Wahlrecht in Bezug auf den Gerichtsstand einzuräumen (zum Gerichtsstand siehe Rz. 31.125 ff.).

31.108   Sonstige nationale Haftungsregelungen bleiben unberührt[190]. In Bezug auf die konkrete Ausgestaltung der Haftung, des Gerichtsstands und der Rechtswahl (siehe Rz. 31.125 ff., Rz. 31.129 f.) ist daher unbedingt zu empfehlen, die internationalen und nach dem einzelstaatlichen Recht anwendbaren Haftungsregelungen gegenüberzustellen und insbesondere die Möglichkeit etwaiger Haftungsbeschränkungen und Rechtswahlklauseln (siehe hierzu Rz. 31.110 f.) zu berücksichtigen, um z.B. Strafschäden nach anglo-amerikanischem Recht auszuschließen[191].

31.109   Die Datenschutz-Grundverordnung enthält europaweit strenge und spezielle Haftungsregelungen. Art. 82 Abs. 4 DSGVO sieht vor, dass, wenn mehr als ein für die Verarbeitung Verantwortlicher an der Verarbeitung beteiligt ist, jeder für die Verarbeitung Verantwortliche gesamtschuldnerisch für den *gesamten* Schaden haftet, den eine betroffene Person erlitten hat, sofern er nicht nachweist, dass ihm der Umstand, durch den der Schaden eingetreten ist, nicht zur Last gelegt werden kann.

---

189 WP 74, Ziff. 5.5.1; WP 256 rev.01, Ziff. 1.4 S. 10 f., Ziff. 16, S. 11.
190 Erwägungsgrund 146 Satz 4 DSGVO.
191 Ausf. zur Haftung *Grapentin*, CR 2011, 102 ff.

b) Anspruch auf Schadensersatz (Ziff. 17.1)

Klausel 17.1 beinhaltet die grundsätzliche Aussage, dass jeder betroffenen Person ein Schadensersatz- 31.110
anspruch zustehen kann, wenn ihre personenbezogenen Daten rechtswidrig verarbeitet wurden oder
ein sonstiger Verstoß gegen die BCR durch einen an die Vorschriften gebundenen Unternehmensteil
vorliegt. Zu ersetzen sind sowohl materielle als auch immaterielle Schäden. Diese Regelung tritt neben
die allgemeinen vertraglichen oder deliktsrechtlichen Ansprüche nach dem jeweiligen einzelstaatlichen
Recht. Die Rechtswidrigkeit der Handlung ergibt sich aus dem Verstoß gegen die durch die BCR eingeräumten Rechte oder gegen die gesetzlichen Vorschriften. Der Verstoß muss zu einem Schaden bei
der betroffenen Person geführt haben, d.h., dass die Datenverarbeitung für den Schaden ursächlich geworden sein muss. Nach der Konzeption der DSGVO handelt es sich zwar nicht um eine verschuldensunabhängige Haftung, aber je nach Blickwinkel um eine Verschuldenshaftung mit vermutetem Verschulden oder um eine Gefährdungshaftung mit Exkulpationsmöglichkeit[192]. Die Haftung in den BCR
kann unter gewissen Umständen unterschiedlich ausgestaltet werden[193].

c) Haftungsadressat (Ziff. 17.2)

Nach Art. 47 Abs. 2 lit. f DSGVO soll die Hauptniederlassung des Unternehmens oder, sofern sich 31.111
diese außerhalb der EU/des EWR befindet, ein von der Unternehmensgruppe benanntes Unternehmen mit Sitz in der EU/dem EWR grundsätzlich für alle Verstöße der Unternehmensgruppe, die außerhalb der EU/des EWR begangen wurden, einstehen[194]. Diese **Haftungskonzentration** soll die
gruppeninterne Verantwortung für die Ergreifung von Maßnahmen zur Durchsetzung der BCR gewährleisten und sicherstellen, dass die Drittbegünstigungsrechte effektiv durchsetzbar sind. Die erstmalig von der DSGVO statuierte gesamtschuldnerische Haftung aller an der Verarbeitung Beteiligter
minimiert zudem das Zahlungsausfallrisiko[195]. Die Exkulpationsmöglichkeit ergibt sich unmittelbar
aus dem Gesetz, Art. 82 Abs. 3 DSGVO.

d) Beweislast (Ziff. 17.3)

Diese Klausel ist angesichts der obigen Regelungen an sich nicht zwingend erforderlich, klärt jedoch 31.112
die Beweislast beim Anscheinsbeweis und unterstreicht die Drittbegünstigung bei Verstößen gegen die
BCR.

19. Gegenseitige Unterstützung und Zusammenarbeit mit den Datenschutzbehörden (Ziff. 18)

M 31.1.18 Gegenseitige Unterstützung und Zusammenarbeit mit den Datenschutzbehörden   31.113

18. Gegenseitige Unterstützung und Zusammenarbeit mit den Datenschutzbehörden

*18.1 Alle Mitglieder unserer Unternehmensgruppe verpflichten sich, bei Anfragen oder Beschwerden einer
betroffenen Person oder bei Anfragen und Untersuchungen der Datenschutzbehörden zusammenzuarbeiten und sich gegenseitig zu unterstützen, um ihren Pflichten aus dieser Regelung nachzukommen.*

---

192 *Bergt* in Kühling/Buchner, Art. 82 DSGVO Rz. 12.
193 *Schantz* in Simitis/Hornung/Spiecker, Art. 47 DSGVO Rz. 28; *Gabel* in Taeger/Gabel, Art. 47 DSGVO
Rz. 9; ausf. *Grapentin*, CR 2011, 102 ff.; *Filip*, ZD 2013, 51 (57 f.).
194 WP 74, Ziff. 5.5.2, S. 19; WP 155, Ziff. 3, S. 4, WP 256, Ziff. 1.4, S. 10; *Kamp* in v.d.Bussche/Voigt,
Kap. 5 Rz. 97.
195 *Filip*, ZD 2013, 51 (58).

18.2 Alle sachdienlichen Anfragen von Datenschutzbehörden [und den betroffenen Personen] werden unverzüglich und mit größtmöglicher Sorgfalt bearbeitet. Die Stellungnahmen und Empfehlungen der Datenschutzbehörde werden respektiert und ggf. umgesetzt.

a) Ratio

31.114 Die Mitglieder der Unternehmensgruppe müssen sich gem. Art. 47 Abs. 2 lit. l DSGVO in den BCR verpflichten, sich bei Beschwerden oder Anfragen von betroffenen Personen und bei Untersuchungen und Nachforschungen von Datenschutzbehörden gegenseitig zu unterstützen und zusammenzuarbeiten[196]. So soll innerhalb eines Konzerns gewährleistet werden, dass alle Unternehmensteile den besonderen Informationspflichten aus den BCR nachkommen, selbst wenn ein Unternehmen die datenschutzrechtliche Federführung übernommen hat.

b) Zusammenarbeit (Ziff. 18.1)

31.115 Ziff. 18.1 stellt ein Beispiel für die die gesetzliche Regelung in Art. 47 Abs. 2 lit. l DSGVO präzisierende Selbstverpflichtung zur gegenseitigen Unterstützung und Zusammenarbeit dar.

c) Umgang mit Anfragen und Stellungnahmen (Ziff. 18.2)

31.116 Ziff. 18.2 ist nicht zwingend erforderlich und hat lediglich deklaratorischen Charakter. Sie stellt die gesetzlich gebotene Verpflichtung des Unternehmens dar, die Anfragen der Datenschutzbehörden unverzüglich und mit größtmöglicher Sorgfalt zu bearbeiten. Dass dies auch für die Anfragen der betroffenen Personen gilt, ergibt sich bereits aus der Ziffer zu den Auskunfts- und Korrekturrechten, kann aber hier erneut mit aufgeführt werden. Die Bearbeitung der Anfragen muss nicht sofort erfolgen, aber ohne schuldhaftes Zögern, d.h. innerhalb einer angemessenen Frist, die sich nach den Umständen des Einzelfalls richtet. Ebenfalls deklaratorisch ist der Hinweis auf die Selbstverständlichkeit, dass die Empfehlungen der Datenschutzbehörde respektiert und ggf. umgesetzt werden.

20. Aktualisierung der Vorschriften und Veränderungen im Unternehmen (Ziff. 19)

31.117 **M 31.1.19 Aktualisierung der Vorschriften und Veränderungen im Unternehmen**

19. Aktualisierung der Vorschriften und Veränderungen im Unternehmen

19.1 Aktualisierungen unserer datenschutzrechtlichen Unternehmensrichtlinien und Veränderungen unserer Unternehmensstruktur werden allen Mitgliedern unserer Unternehmensgruppe unverzüglich und den für die Genehmigung zuständigen Datenschutzbehörden jährlich gemeldet und ggf. auf unserer Internetseite veröffentlicht. Auf Anfrage erteilt der zuständige Datenschutzbeauftragte den betroffenen Personen und den Datenschutzbehörden Auskunft über jegliche Änderung dieser Unternehmensrichtlinie oder der Unternehmensstruktur.

19.2 An einen neuen Unternehmensteil erfolgt keine Übermittlung personenbezogener Daten, solange nicht sichergestellt ist, dass dieser an diese Unternehmensregelung gebunden ist und ein angemessenes Schutzniveau i.S.d. Ziffer [Verweis zu der Ziffer mit technischen und organisatorischen Vorkehrungen] gewährleisten kann.

19.3 Vor der Durchsetzung signifikanter Änderungen an dieser Unternehmensregelung nehmen wir Kontakt zu der zuständigen Datenschutzbehörde auf, um festzustellen, ob ein neuer Genehmigungsantrag erforderlich ist.

---

196 So bereits WP 154, Ziff. 20, S. 10; WP 256, Ziff. 3.1 S. 17; WP 257, Ziff. 3.1, S. 13.

a) Ratio

Die Größe, Struktur und die Organisation von Unternehmen kann und wird sich verändern und weiterentwickeln. Um zu verhindern, dass bei jeder unternehmensinternen Änderung eine neue Genehmigung der BCR beantragt werden muss, stellt Ziff. 20 beispielhaft dar, unter welchen Voraussetzungen Aktualisierungen möglich sind, ohne dass ein neuer Genehmigungsantrag gestellt werden muss[197]. Gleiches gilt für die Veränderungen der BCR. Art. 47 Abs. 2 lit. k DSGVO verlangt die Darstellung des Verfahrens für Meldung und Erfassung von Änderungen der Vorschriften und deren Meldung an die Aufsichtsbehörden. Innerhalb der Unternehmensgruppe empfiehlt es sich, dies im Rahmen einer Übersicht an einer zentralen Stelle zu sammeln und damit die BCR stetig zu aktualisieren, um bei Feststellen bedeutender Änderungen ein neues Genehmigungsverfahren anstoßen zu können[198].

31.118

b) Vornahme und Meldung (Ziff. 19.1)

Einfache **Aktualisierungen der BCR**, z.B. die Änderung der Kontaktadressen der Auskunfts- oder Beschwerdestellen, und Veränderungen in der Unternehmensstruktur, z.B. die Zusammenlegung oder Trennung von Geschäftsbereichen oder die Änderung von internen Arbeitsverfahren, bedürfen grundsätzlich keines neuen Genehmigungsantrags[199]. Dies gilt aber nur unter der Voraussetzung, dass die Änderungen, sofern sie alle Unternehmensteile betreffen, unverzüglich allen Unternehmensteilen bekannt gegeben werden. Ferner müssen die Änderungen den für die Genehmigung zuständigen Datenschutzbehörden gemeldet werden. Weiterhin müssen die Änderungen, sofern sie auch für die betroffenen Personen von Bedeutung sein können – insbesondere bei der Änderung der Kontaktdaten der Beschwerdestellen – auf der Internetseite des Unternehmens bekannt gegeben werden. Auskünfte über Änderungen sind der zuständigen Datenschutzbehörde auf Anfrage umfassend zu erteilen.

31.119

c) Neue Unternehmensteile (Ziff. 19.2)

Von einem **neuen Genehmigungsantrag** bei Änderungen, die die Unternehmensstruktur betreffen, also insbesondere bei Unternehmenskäufen oder Gründung neuer Unternehmensteile, kann ferner nur dann abgesehen werden, wenn sichergestellt ist, dass eine Übermittlung personenbezogener Daten an einen neuen Unternehmensteil erst dann erfolgt, wenn sich der neue Unternehmensteil zur Einhaltung der BCR verpflichtet hat und ein angemessenes Schutzniveau gewährleisten kann.

31.120

d) Maßgebliche Änderungen (Ziff. 19.3)

Signifikante Änderungen wie die Änderung der Datenschutzgrundsätze im Allgemeinen, die Änderung des Verwendungszwecks, der verarbeiteten Datenkategorien oder des Personenkreises machen möglicherweise eine Abwandlung oder eine Erneuerung der Genehmigung erforderlich. Art. 47 Abs. 2 lit. k DSGVO verlangt daher die Etablierung eines Verfahrens zur Erfassung und Meldung von Änderungen. Hier ist es richtig und zweckmäßig, beabsichtigte Änderungen und deren Begründung im Vorfeld mit der genehmigenden Aufsichtsbehörde zu erörtern und abzustimmen, um Rechtssicherheit zu erhalten.

31.121

---

197 WP 74, Ziff. 4.2, S. 15 f.
198 WP 204, Ziff. 3.2; WP 256 rev.01, Ziff. 1.3; *Schröder* in Kühling/Buchner, Art. 47 DSGVO Rz. 51.
199 WP 74, Ziff. 4.2, S. 16.

21. Verhältnis zwischen einzelstaatlichem Recht und BCR (Ziff. 20)

31.122 **M 31.1.20 Verhältnis zwischen einzelstaatlichem Recht und BCR**

20. Verhältnis zwischen einzelstaatlichem Recht und BCR

Soweit andere nationale oder europäische Rechtsvorschriften ein höheres Schutzniveau für personenbezo-gene Daten vorschreiben, gehen diese unseren Unternehmensrichtlinien vor. Die Datenverarbeitung erfolgt in jedem Fall stets nach Maßgabe des anwendbaren Rechts und der jeweils anwendbaren einzelstaatlichen Vorschriften.

31.123 **Ziff. 20** dient der Klarstellung, dass die einzelstaatlichen oder europäischen Vorschriften den BCR vor-rangig sind, sofern sie ein höheres Schutzniveau verlangen. Ferner beinhaltet die Ziffer (erneut) die (deklaratorische) Selbstverpflichtung zur Beachtung und Einhaltung der anwendbaren Rechtsvor-schriften.

22. Gerichtsstand (Ziff. 21)

31.124 **M 31.1.21 Gerichtsstand**

21. Gerichtsstand

21.1 Die betroffene Person hat ein Wahlrecht, ob sie die ihr aus diesen Unternehmensregelungen ein-geräumten Rechte am Gerichtsstand der [EU-/EWR-Hauptniederlassung/-zentrale], am Gerichtsstand [des Unternehmensteils, von dem die Übermittlung stammt] oder am Gerichtsstand [des mit dem Da-tenschutz beauftragten, in der EU ansässigen Unternehmensteils] geltend macht.

21.2 Es gelten die in den nationalen Rechtsvorschriften enthaltenen Grundsätze über den Gerichtsstand.

a) Ratio

31.125 Um den betroffenen Personen die wirksame und einfache Durchsetzung ihrer durch die BCR ein-geräumten Drittbegünstigungsrechte vollumfassend garantieren zu können, muss ihnen das Recht ein-geräumt werden, die europäische Gerichtsbarkeit anzurufen[200]. Die Durchführung eines obligatori-schen Schlichtungsverfahrens oder eines schiedsgerichtlichen Verfahrens vor der Einleitung eines gerichtlichen Verfahrens kann von der betroffenen Person nicht verlangt werden, da es für die Wirk-samkeit grundsätzlich einer wirksamen schriftlichen Vereinbarung bedarf und diese wegen der einseiti-gen Verbindlichkeit der BCR durch diese nicht zwingend festgelegt werden kann. Ob eine Streitschlich-tung durchzuführen ist, richtet sich nach den jeweils geltenden nationalen Vorschriften.

b) Wahlrecht (Ziff. 21.1)

31.126 Ziff. 21.1 ist Ausdruck des Rechts der betroffenen Person, den Gerichtsstand nach freiem Ermessen zu wählen. Nach den Empfehlungen des EDSA soll der betroffenen Person mindestens das Recht ein-geräumt werden, am Gerichtsstand des Unternehmensteils, von dem die Übermittlung stammt oder am Gerichtsstand der europäischen Zentrale des Unternehmens oder des mit dem Datenschutz beauf-tragten, in der EU/dem EWR ansässigen Unternehmensteils zu klagen. Letztere Alternative kommt nur dann in Betracht, wenn tatsächlich ein Unternehmensteil für sämtliche datenschutzrechtliche Themen beauftragt und dies auch nach außen kommuniziert wurde. Ergänzend dazu bestimmt Art. 79 Abs. 2

---

200 WP 256, Ziff. 1.3, S. 9.

DSGVO, dass die betroffene Person wahlweise auch Klage bei den Gerichten des Mitgliedstaats erheben kann, indem sie ihren Aufenthaltsort hat. Innerhalb der Bundesrepublik Deutschland gilt § 44 BDSG, wonach der Betroffene ein Wahlrecht zwischen dem Unternehmenssitz und seinem gewöhnlichen Aufenthaltsort hat.

c) Anwendbarkeit nationalen Prozessrechts (Ziff. 21.2)

Ziff. 21.2 dient der von der Art. 29-Datenschutzgruppe/dem EDSA für sinnvoll gehaltenen Klarstellung, dass bei der Einleitung eines gerichtlichen Verfahrens die jeweiligen prozessualen Vorschriften des Mitgliedstaates anzuwenden sind. Dies ergibt sich auch mittelbar aus Art. 79 Abs. 2 DSGVO[201].   31.127

23. Schlussbestimmungen (Ziff. 22)

M 31.1.22 Schlussbestimmungen   31.128

22. [Fakultativ:] Schlussbestimmungen

22.1 Diese verbindlichen Unternehmensregelungen unterliegen dem Recht [der EU/EWR-Hauptzentrale/des die Haftung übernehmenden Unternehmensteils/des Unternehmensteils, der für den Datenschutz verantwortlich ist].

22.2 Weitere Konkretisierungen der in diesen verbindlichen Unternehmensregelungen genannten Regelungen sind den beigefügten Anlagen zu entnehmen.

22.3 Diese verbindlichen Unternehmensrichtlinien treten am [XX.XX.XXXX] in Kraft.

a) Ratio

Ziff. 22 enthält Schlussbestimmungen, die nicht zwingend in die BCR aufzunehmen sind, sich je nach Unternehmensstruktur aber empfehlen.   31.129

b) Rechtswahl (Ziff. 22.1)

Mit Ziff. 22.1 soll dem Unternehmen die Möglichkeit der Rechtswahl eröffnet werden[202]. Dabei ist zwingend zu beachten, dass – wie unter Ziff. 21 erläutert – der betroffenen Person aufgrund des Drittbegünstigungsgrundsatzes die Möglichkeit eröffnet werden muss, sowohl am Gerichtsstand des Unternehmensteils, von dem die Übermittlung stammt, oder am Gerichtsstand der europäischen Zentrale des Unternehmens oder des mit dem Datenschutz beauftragten, in der EU/dem EWR ansässigen Unternehmensteils zu klagen. Im Zusammenspiel mit Ziff. 17 bedarf es für den Fall der Benennung eines die Haftung übernehmenden Unternehmens der taktischen Überlegung, welches Vertragsstatut zu wählen ist, wenn mehrere Unternehmensteile ihren Sitz innerhalb der EU/des EWR haben[203].   31.130

c) Inkrafttreten (Ziff. 22.2)

Es kann eine Klausel mit dem Zeitpunkt des Inkrafttretens der BCR aufgenommen werden, um zu verdeutlichen, ab wann die Regeln Außenwirksamkeit erlangen. Da die BCR konzerninterne Vereinbarungen darstellen und die hierdurch eingeräumten Drittbegünstigungsrechte auch für vor dem Inkrafttreten verarbeitete und übermittelte personenbezogene Daten Anwendung finden dürften, hat die   31.131

---

201 Vgl. WP 256, Ziff. 1.4, S. 10.
202 Zum Vertragsstatut ausf. *Grapentin*, CR 2011, 102 (105 f.).
203 *Grapentin*, CR 2011, 102 (106).

Regelung aber nur deklaratorische Wirkung, es sei denn, die Rechtswirkung der BCR ist erst ab Inkrafttreten gewollt. Dies muss dann ausdrücklich kenntlich gemacht werden.

IV. Weiteres Vorgehen nach Erstellung der BCR

31.132 Nach Erstellen der BCR sind diese nach Art. 47 Abs. 1 DSGVO von der zuständigen Aufsichtsbehörde zu genehmigen. Die Genehmigung erfolgt im Kohärenzverfahren gem. Art. 63 ff. DSGVO. Derzeit existiert nur ein von Aufsichtsbehörden veröffentlichtes Antragsformular; vorliegend vom ICO[204]. Gemäß Art. 56 Abs. 6 DSGVO übernimmt die am europäischen Hauptsitz der Unternehmensgruppe zuständige Behörde als einzig zuständige Behörde die Federführung für das Verfahren. Sie beteiligt die nationalen Aufsichtsbehörden am Ort der jeweiligen Unternehmensgruppenmitglieder. Die auf die jeweiligen Verhältnisse und Strukturen des Unternehmens angepassten BCR werden der zuständigen Datenschutzbehörde zusammen mit dem Antragsformular WP 256[205] zur Anerkennung der BCR übersandt. Das Arbeitsdokument „Festlegung eines Kooperationsverfahrens zwecks Abgabe gemeinsamer Stellungnahmen zur Angemessenheit der verbindlich festgelegten unternehmensinternen Datenschutzgarantien" (WP 107) informiert über das weitere Verfahren[206]. In manchen **EU/EWR-Mitgliedstaaten** bzw. **Bundesländern** sind nach der Anerkennung der BCR derzeit noch **weitere behördliche Genehmigungen** einzuholen. Dem Antrag sind alle notwendigen Unterlagen beizufügen, die Aufschluss über die Einhaltung der BCR geben können. Es muss damit gerechnet werden, dass auch zukünftig ab Antragstellung längere Zeiträume vergehen können, bevor die BCR europaweit genehmigt worden sind. Die federführende Aufsichtsbehörde prüft die BCR und erstellt eine Stellungnahme zum Beschlussentwurf. Letztere wird über das Register der genehmigten verbindlichen Datenschutzvorschriften vom EDSA veröffentlicht[207]. Der EDSA veröffentlicht gem. Art. 64 Abs. 1 lit. f DSGVO anschließend die Genehmigung von verbindlichen internen Datenschutzvorschriften[208].

Genehmigte BCR müssen bei wesentlichen Änderungen erneut das Genehmigungsverfahren der Aufsichtsbehörden nach Art. 63 DSGVO durchlaufen (siehe Rz. 31.12a). Die Änderung des Datenschutzregimes von der Datenschutzrichtlinie 95/46/EG zur DSGVO erforderte dies nicht. Nichtsdestotrotz sollten vor Wirksamwerden der DSGVO genehmigte BCRs an die Erfordernisse des Art. 47 DSGVO angepasst werden[209].

31.133 Sollte sich im Nachhinein herausstellen, dass einzelne Genehmigungsvoraussetzungen nicht vorlagen und daher **BCR zu Unrecht genehmigt** worden sind, kommt wegen der Legalisierungswirkung der Genehmigung als „Sanktion" nur die Rücknahme der Genehmigung in Betracht[210]. Eine solche Rechtsfolge mag hinnehmbar erscheinen, aber wegen der damit verbundenen Folgen für die unternehmensinterne Kommunikation bzw. Datenverarbeitung – diese kann in einem derartigen Fall wegen dann fehlender Rechtsgrundlagen auch kurzfristig untersagt werden – ist es für die Gestaltungspraxis dringend zu empfehlen, die Regelungen der BCR und die gelebte Realität in Übereinstimmung zu halten.

---

204 Information Comissioner's Office (Aufsichtsbehörde von Großbritannien).

205 Abrufbar unter: https://ec.europa.eu/info/law/law-topic/data-protection/international-dimension-data-protection/binding-corporate-rules-bcr_en.

206 Im Einzelnen zum Genehmigungsverfahren *Kamp* in v.d.Bussche/Voigt, Kap. 5 Rz. 131 ff.

207 Beispielhaft für Equinix v. 8.10.2019, abrufbar unter: https://edpb.europa.eu/our-work-tools/our-documents/opinion-board-art-64/opinion-152019-draft-decision-competent_en sowie von ExxonMobil v. 12.11.2019, abrufbar unter: https://edpb.europa.eu/sites/edpb/files/files/file1/edpbopinionexxonmobilebcr_adopted_de_2.pdf.

208 Abrufbar unter: https://edpb.europa.eu/our-work-tools/consistency-findings/register-for-decisions.

209 WP 256 rev.01, S. 4.

210 *Traut* in Schwartmann/Jaspers/Thüsing/Kugelmann, Art. 47 DSGVO Rz. 76.

§ 32
Verbindliche interne Datenschutzvorschriften für Auftragsverarbeiter

Literatur: *Borges/Meents*, Cloud Computing, 1. Aufl. 2016; *Filip*, Binding Corporate Rules (BCR) aus der Sicht einer Datenschutzaufsichtsbehörde – Praxiserfahrungen mit der europaweiten Anerkennung von BCR, ZD 2013, 51; *Golland*, Datenschutzrechtliche Anforderungen an internationale Datentransfers, NJW 2020, 2593; *Heinzke*, Schrems II: Neue Anforderungen an den Transfer personenbezogener Daten in Drittländer, GRUR-Prax 2020, 436; *Jotzo*, Der Schutz personenbezogener Daten in der Cloud, 2. Aufl. 2020; *Rothkegel*, Grenzüberschreitender Datenaustausch nach Schrems II – Was Unternehmen jetzt tun sollten, Kanzleimonitor 2020/2021; *Thieme/Wegmann*, Transatlantischer Datenstillstand nach Schrems II?, BB 2020, 1922.

A. Einleitung

32.1 Die DSGVO stellt an die Übermittlung personenbezogener Daten in Drittländer erweiterte Anforderungen. Insbesondere wenn unter die DSGVO fallende Informationen an Länder übermittelt werden sollen, die nicht von der Kommission als angemessen anerkannt worden sind, bedarf es geeigneter Garantien. Diese können in verbindlichen internen Datenschutzvorschriften bzw. Binding Corporate

Rules (BCR) i.S.d. Art. 47 DSGVO bestehen, deren inhaltlicher Mindeststandard in Art. 47 Abs. 2 DSGVO festgeschrieben wird[1].

Die DSGVO selbst trifft hierbei keine Unterscheidung zwischen Datenübermittlungen, die zwischen Verantwortlichen erfolgen und solchen, die zwischen als Auftragsverarbeiter agierenden Stellen durchgeführt werden. Um dieser Rollenunterscheidung (und der damit einhergehenden datenschutzrechtlichen Pflichtenverteilung) Rechnung zu tragen, haben die Europäischen Datenschutzaufsichtsbehörden (damals noch als Art. 29-Datenschutzgruppe) die **Unterscheidung zwischen BCR für Verantwortliche (sog. Controller-BCR) und BCR für Auftragsverarbeiter (sog. Processor-BCR)** etabliert und dort rollenspezifische Anforderungen an diese jeweiligen Kodizes formuliert[2]. Der EDSA hat diese Vorgaben – in an die Rechtslage nach der DSGVO angepasster (und erweiterter) Form – übernommen[3].

Processor-BCR sind zugeschnitten auf Konstellationen, in denen **international agierende Dienstleister** für andere Unternehmen (mithin für ihre Kunden) als Auftragsverarbeiter tätig werden; und zwar vor allem im Wege einer Vergabe von (Unter-) Aufträgen zur Verarbeitung personenbezogener Daten, die häufig – aber nicht nur – i.R.v. Cloud Computing eine Rolle spielen[4]. Bedient sich beispielsweise ein Unternehmen einer Cloudlösung, beinhaltet dies typischerweise die Übermittlung personenbezogener Daten in das EU-Ausland, etwa da bereits der (Erst-) Beauftragte dort seinen Sitz hat oder mit ihm verbundene und ebenfalls nicht in der EU ansässige Gesellschaften unterbeauftragt werden sollen. Processor-BCR sind konzipiert, um gerade für diese Drittlandübermittlungsszenarien als Transfermechanismus i.S.v. Art. 44 ff. DSGVO zu fungieren. **32.2**

Processor-BCR sind daher insbesondere für international tätige und so bei der Leistungserbringung agierende Unternehmensgruppen interessant, die mit Kunden, aber auch gruppenintern, nicht auf den (massenhaften) Abschluss von EU-Standarddatenschutzklauseln angewiesen sein wollen sowie die mit den Processor-BCR einhergehende, gruppenweit harmonisierte Behandlung von personenbezogenen Daten als Wettbewerbsvorteil nutzen wollen. **32.3**

Die Aufnahme eines separaten Musters für Processor-BCR in das vorliegenden Werk trägt dem Umstand Rechnung, dass trotz des einheitlichen Wortlauts des Art. 47 Abs. 2 DSGVO für Processor-BCR andere Anforderungen als für ihr Gegenstück, die Controller-BCR, gelten.

I. Anwendungsbereich und Funktionsweise von Processor-BCR

Während Controller-BCR die gruppeninterne Datenübermittlung von einem innerhalb der EU ansässigen Verantwortlichen an einen außerhalb der EU befindlichen, jedoch zur gleichen Unternehmensgruppe gehörenden (und an den jeweiligen Controller-BCR teilnehmenden), Verantwortlichen (oder auch Auftragsverarbeiter) abdecken, beziehen sich **Processor-BCR** auf die Konstellation, dass ein **Auftragsverarbeiter** von einem gruppenexternen, in der EU ansässigen Verantwortlichen personenbezogene Daten erhält und diese nun **innerhalb der Gruppe an einen außerhalb der EU ansässigen (Unter-) Auftragsverarbeiter** übermittelt[5]. Processor-BCR dienen dabei auch als geeignete Garantie für **32.4**

---

1 Vgl. grundsätzlich zum Transfermechanismus der Binding Corporate Rules sowie insbesondere zu den diesbezüglichen rechtlichen Implikationen des „Schrems II"-Urteils des EuGH (v. 16.7.2020 – C-311/18, MMR 2020, 597) in der Praxis § 31, Rz. 31.10 ff.; *Artikel-29-Datenschutzgruppe*, WP 257 rev.01 S. 2 ff.

2 Siehe zu den Anforderungen an Verantwortliche *Artikel-29-Datenschutzgruppe*, WP 256 rev.01 S. 5 ff.; sowie zu den Anforderungen an Auftragsverarbeiter *Artikel-29-Datenschutzgruppe*, WP 257 rev.01 S. 5 ff.

3 Siehe dazu die von dem *EDSA* gebilligten Dokumente der *Artikel-29-Datenschutzgruppe*, abrufbar unter https://ec.europa.eu/info/law/law-topic/data-protection/international-dimension-data-protection/binding-corporate-rules-bcr_en.

4 *Filip*, ZD 2013, 51 (58); für einen Überblick über genehmigte BCR s. https://edpb.europa.eu/our-work-tools/accountability-tools/bcr_en.

5 *Artikel-29-Datenschutzgruppe*, WP 257 rev.01 S. 2; *Filip*, ZD 2013, 51 (59).

die Übermittlung zwischen dem Verantwortlichen und dem (Erst-) Beauftragten, falls dieser außerhalb der EU ansässig ist[6]. Zu beachten ist, dass hingegen Controller-BCR Anwendung finden, sofern es sich um eine „gruppeninterne" Auftragsverarbeitung handelt, mithin zwei verbundene und an denselben Controller-BCR teilnehmende Gesellschaften personenbezogenen Daten austauschen, wobei die eine als Auftragsverarbeiter für die andere tätig wird (etwa bei der Zentralisierung von gewissen Unternehmensfunktionen)[7].

32.5 BCR müssen für die an ihnen teilnehmenden Unternehmen und ihre jeweiligen Angestellten verbindlich sein[8]. Im Falle von Processor-BCR ist dabei zu beachten, dass diese insbesondere von den Verantwortlichen, mithin den Auftraggebern, durchgesetzt werden können müssen[9]. Zu diesem Zweck sind die Processor-BCR zum Vertragsinhalt der entlang der Verarbeitungskette abzuschließenden **Auftragsverarbeitungsverträgen** zu machen. Denklogisch können Processor-BCR daher nicht den Abschluss der erforderlichen Auftragsverarbeitungsverträge im Einklang mit Art. 28 DSGVO ersetzen[10]. Vermieden wird hingegen der ansonsten in der Praxis zumeist gewählte Weg des massenhaften Abschlusses von EU-Standarddatenschutzklauseln.

II. Besonderheiten von Processor-BCR

32.6 Anders als Controller-BCR zeichnen sich Processor-BCR dadurch aus, dass die unmittelbar an der konzerninternen Datenübermittlung beteiligten Akteure nicht verantwortlich für den zugrunde liegenden Datenverarbeitungsvorgang sind. Diese rollenspezifischen Besonderheiten spiegeln sich in den (Pflicht-) Inhalten von Processor-BCR und den damit einhergehenden Abweichungen zu Controller-BCR wieder[11].

32.7 Um die Funktion (und damit einhergehenden datenschutzrechtlichen Pflichten insbesondere gegenüber dem Verantwortlichen) der BCR-Teilnehmer als Auftragsverarbeiter gerecht zu werden, sind die größten **Unterschiede** zwischen Controller- und Processor-BCR bei den grundsätzlichen von den teilnehmenden Unternehmen einzuhaltenden **Prinzipien und Standards bei der Verarbeitung von personenbezogenen Daten** zu finden. Beispielsweise sehen Processor-BCR die Pflicht vor, personenbezogene Daten nur nach Weisung des Verantwortlichen (und nicht wie bei Controller-BCR diese nur bei Vorlage eines Erlaubnistatbestands i.S.v. Art. 6 DSGVO) zu verarbeiten[12].

32.8 Ein weiterer wesentlicher Unterschied findet sich bei dem Umfang der **Drittbegünstigungswirkung**: So müssen in den Processor-BCR festgeschriebene Pflichten des Unternehmens von betroffenen Personen gegenüber den an den Processor-BCR teilnehmenden Unternehmen nur insoweit durchsetzbar sein, wie sie originäre eigene Verpflichtungen von Auftragsverarbeitern nach der DSGVO nachbilden, etwa sich an die Weisungen des Verantwortlichen zu halten oder angemessene technische und organisatorische Maßnahmen zu implementieren[13]. Darüber hinaus müssen die anderen, in den Processor-BCR enthaltenen drittbegünstigenden Pflichten nur durchgesetzt werden können, wenn sie nicht gegen den (gruppenfremden) Verantwortlichen durchsetzbar sind, etwa weil dieser insolvent ist oder nicht mehr existiert[14].

---

6 *Gabel* in Taeger/Gabel, Art. 47 DSGVO Rz. 3.
7 *Artikel-29-Datenschutzgruppe*, WP 256 rev.01 S. 2.
8 *Artikel-29-Datenschutzgruppe*, WP 257 rev.01 S. 2, 5.
9 *Artikel-29-Datenschutzgruppe*, WP 257 rev.01 S. 6, 26.
10 *Gabel* in Taeger/Gabel, Art. 47 DSGVO Rz. 3.
11 *Artikel-29-Datenschutzgruppe*, WP 257 rev.01 S. 6 ff.; *Filip*, ZD 2013, 51 (59).
12 *Artikel-29-Datenschutzgruppe*, WP 257 rev.01 S. 5, 18.
13 *Artikel-29-Datenschutzgruppe*, WP 257 rev.01 S. 6-8.
14 *Lange/Filip* in BeckOK DatenschutzR, Art. 47 DSGVO Rz. 40a; *Artikel-29-Datenschutzgruppe*, WP 257 rev.01 S. 8.

Gewisse Abweichungen ergeben sich ferner im Falle von Beschwerden oder sonstigen Meldepflich-   32.9
ten, wonach etwaige Vorkommnisse in erster Linie gegenüber dem (gruppenexternen) Verantwortlichen anzuzeigen sind[15].

III. Hinweise für die Verwendung des Musters

Inhaltlich spiegeln sich diese im Ergebnis gar nicht so zahlreichen Konstruktionsunterschiede aller-   32.10
dings an vielerlei Stellen der BCR wider. Nichtsdestoweniger ist es möglich und sinnvoll, dass Proces-
sor- und Controller-BCR einem einheitlichen Aufbau folgen und diverse identische Regelungen enthalten. Das vorliegende Muster setzt daher auf dem im vorigen Kapitel dieses Buches dargestellten
Muster für Controller-BCR (Rz. 31.19) auf und behandelt lediglich die für Processor-BCR spezifischen
Anpassungen. Gliederungspunkte der Controller-BCR, die nachfolgend keine Erwähnung finden,
können demnach unverändert in die Processor-BCR übertragen werden. Sie sind durch den Hinweis
„(unverändert)" gekennzeichnet. Im Übrigen sind die Pendants der behandelten Gliederungspunkte
in Gänze durch die hiesigen Ausführungen zu ersetzen.

Das Muster konzentriert sich dabei insbesondere auf eine Darstellung und Umsetzung der Vorgaben   32.11
aus Art. 47 DSGVO und WP 257 rev 01, in dessen Rahmen der *EDSA* Anforderungen an Processor-
BCR in Konkretisierung von Art. 47 DSGVO statuiert hat. Wie auch das Muster zu den Controller-
BCR im vorigen Kapitel ist das nachfolgende Muster in erster Linie als Aufzählung der in Processor-
BCR zwingend zu enthaltenen Regelungen konzipiert. Auch wenn die Inhalte von BCR streng durch
die DSGVO bzw. die Datenschutzaufsichtsbehörden vorgegeben werden, ist ein individueller Zuschnitt
auf die jeweilige Unternehmensgruppe sowie die dort bereits vorhandenen Strukturen, Prozesse usw.
elementar.

B. Verbindliche interne Datenschutzvorschriften für Auftragsverarbeiter

I. Muster – deutsch

M 32.1 Verbindliche interne Datenschutzvorschriften für Auftragsverarbeiter   32.12

Verbindliche interne Datenschutzvorschriften[16]

1. Zielsetzung[17]

1.1 (unverändert)[18]

*1.2 Die vorliegenden verbindlichen internen Datenschutzvorschriften sollen den angemessenen Schutz der
personenbezogenen Daten gewährleisten, die von unserer Unternehmensgruppe als Auftragsverarbeiter
im Auftrag eines gruppenexternen Verantwortlichen übermittelt und verarbeitet werden und sicherstellen, dass ausreichende Garantien hinsichtlich des Schutzes des Persönlichkeitsrechts und der Ausübung
der damit verbundenen Rechte bestehen, ungeachtet ihres Herkunftslandes, sofern sie von einer Konzerneinheit an die andere übermittelt werden.*

1.3 (löschen)

---

15 *Artikel-29-Datenschutzgruppe*, WP 257 rev.01 S. 12 f.
16 Verbindliche interne Datenschutzvorschriften für Verantwortliche: Muster s. Rz. 31.19.
17 Zu den Erläuterungen siehe Rz. 32.16 ff. und Rz. 31.21 ff.
18 Zu den Erläuterungen siehe Rz. 31.23.

1.4 (unverändert)[19]

1.5 (unverändert)[20]

1.6 (unverändert)[21]

1.7 Gegenüber gruppenexternen Verantwortlichen, in deren Auftrag personenbezogene Daten von den Mitgliedern unserer Unternehmensgruppe verarbeitet werden, sind die internen Datenschutzvorschriften vertraglich als verbindlich und von den Verantwortlichen durchsetzbar zu vereinbaren.

1.8 [Modalitäten zur Veröffentlichung der Processor-BCR].

2. Begriffsbestimmungen[22]

(unverändert)

3. Anwendungs- und Geltungsbereich[23]

3.1 Diese verbindlichen internen Datenschutzvorschriften stellen eine weltweit geltende Konzernrichtlinie dar, die auf sämtliche Verarbeitungsvorgänge in allen Unternehmen des Konzerns [Firma] bzw. der Unternehmensgruppe [Firma] bzw. der Gruppe von Unternehmen zur [Bezeichnung der gemeinsam verfolgten Wirtschaftstätigkeit] verbindlich anwendbar ist, in denen personenbezogene Daten als Auftragsverarbeiter im Auftrag eines gruppenexternen Verantwortlichen verarbeitet werden.

3.2 (unverändert)[24]

3.3 (unverändert)[25]

3.4 (unverändert)

4. Grundsatz der Zweckbindung[26]

4.1 Unser Unternehmen verarbeitet und übermittelt personenbezogene Daten nur nach Maßgabe von dokumentierten Weisungen derjenigen Verantwortlichen, in deren Auftrag personenbezogene Daten verarbeitet werden. Dies schließt insbesondere die Übermittlung von personenbezogenen Daten an ein Drittland oder eine internationale Organisation ein, sofern keine entsprechende Verpflichtung nach dem Recht der Union oder der Mitgliedstaaten besteht; in einem solchen Fall sind dem Verantwortlichen diese rechtlichen Anforderungen vor der Verarbeitung mitzuteilen, sofern das betreffende Recht eine solche Mitteilung nicht wegen eines wichtigen öffentlichen Interesses verbietet.

4.2 Falls aus irgendeinem Grund es nicht möglich sein sollte, Ziffer 4.1 einzuhalten, ist der Verantwortliche unverzüglich über diesen Umstand in Kenntnis zu setzen; in dem Fall ist der Verantwortliche berechtigt, die Übermittlung der Daten auszusetzen und/oder den Vertrag über die Verarbeitung der personenbezogenen Daten im Auftrag zu beenden.

4.3 Bei Beendigung der Leistungserbringung im Zusammenhang mit der Datenverarbeitung sind alle vom Verantwortlichen übermittelten personenbezogenen Daten zu löschen oder zurückzugeben, je nachdem, wofür sich der Verantwortliche entscheidet. Jegliche Kopien davon sind zu löschen und es ist dem Verantwortlichen gegenüber zu bestätigen, dass dies erfolgt ist, es sei denn, es finden Rechtsvorschriften Anwendung, die die Speicherung der übermittelten personenbezogenen Daten erfordern. In diesem Fall ist der Verantwortliche entsprechend zu informieren. Die betroffenen personenbezogenen Daten sind vertraulich zu behandeln und nicht länger aktiv zu verarbeiten.

4.4 (löschen)

---

19 Zu den Erläuterungen siehe Rz. 31.28.
20 Zu den Erläuterungen siehe Rz. 31.29.
21 Zu den Erläuterungen siehe Rz. 31.28.
22 Zu den Erläuterungen siehe Rz. 32.20 und Rz. 31.30 ff.
23 Zu den Erläuterungen siehe Rz. 32.22 und Rz. 31.36 ff.
24 Zu den Erläuterungen siehe Rz. 31.39.
25 Zu den Erläuterungen siehe Rz. 31.40.
26 Zu den Erläuterungen siehe Rz. 32.25 ff. und Rz. 31.41 ff.

5. Transparenz, Verarbeitung nach Treu und Glauben, Rechtmäßigkeit[27]

5.1 Der Verantwortliche ist bei der Einhaltung der ihm obliegenden datenschutzrechtlichen Verpflichtungen im Hinblick auf die Verarbeitung von personenbezogenen Daten in seinem Auftrag zu unterstützen. Insbesondere ist der Verantwortliche über die Einschaltung von Unterauftragsverarbeitern transparent zu informieren.

5.2 (löschen)

5.3 (unverändert)

6. Datenqualität[28]

6.1 Auf Antrag des Verantwortlichen sind alle erforderlichen Maßnahmen zu ergreifen, um die in dessen Auftrag verarbeiteten Daten zu aktualisieren, zu berichtigen oder zu löschen. Mitglieder der Unternehmensgruppe, denen gegenüber solche Daten offengelegt wurden, sind über jegliche Berichtigung oder Löschung zu informieren.

6.2 Auf Antrag des Verantwortlichen sind alle erforderlichen Maßnahmen zu ergreifen, um die in dessen Auftrag verarbeiteten Daten zu löschen oder zu anonymisieren, sobald sie nicht mehr in identifizierender Form vorliegen müssen. Die Stellen, denen gegenüber diese Daten offengelegt wurden, sind über jegliche Löschung oder Anonymisierung zu informieren.

6.3 (löschen)

7. Unterauftragsverarbeitung[29]

7.1 Andere Mitglieder der Unternehmensgruppe dürfen im Auftrag des Verantwortlichen verarbeitete Daten nur dann unterverarbeiten, wenn der Verantwortliche vorher eine spezifische oder allgemeine schriftliche Genehmigung in Kenntnis der Sachlage dazu erteilt hat. Dabei ist vertraglich mit dem Verantwortlichen zu bestimmen, ob eine allgemeine vorherige Genehmigung zu Beginn der Dienstleistung ausreichend ist oder ob für jeden neuen Unterauftragsverarbeiter eine spezifische Genehmigung erforderlich ist.

7.2 Wird eine allgemeine Genehmigung erteilt, ist der Verantwortliche rechtzeitig über beabsichtigte Änderungen in Bezug auf die Hinzunahme oder den Ersatz eines Unterauftragsverarbeiters zu benachrichtigen, sodass der Verantwortliche die Möglichkeit hat, der Änderung zu widersprechen oder den Vertrag zu beenden, bevor die Daten an den neuen Unterauftraggeber kommuniziert werden.

7.3 (löschen)

8. Rechte der betroffenen Personen[30]

8.1 Auf Anfrage des Verantwortlichen sind nach Möglichkeit alle geeigneten technischen und organisatorischen Maßnahmen zu ergreifen, um die Pflichten des Verantwortlichen zur Beantwortung von Anfragen zur Ausübung der Rechte betroffener Personen gemäß Kapitel III der DSGVO zu erfüllen – auch durch Kommunikation aller sachdienlichen Informationen –, um dem Verantwortlichen dabei zu helfen, seiner Verpflichtung zur Achtung der Rechte der betroffenen Personen nachzukommen.

8.2 Alle Anfragen betroffener Personen sind an den Verantwortlichen weiterzuleiten, und zwar ohne diese zu beantworten, es sei denn, die Mitglieder der Unternehmensgruppe sind zu deren Beantwortung berechtigt.

8.3–8.11 (löschen)

---

27 Zu den Erläuterungen siehe Rz. 32.30 ff. und Rz. 31.52 ff. und Rz. 31.56 ff.
28 Zu den Erläuterungen siehe Rz. 32.34 ff. und Rz. 31.47 ff.
29 Zu den Erläuterungen siehe Rz. 32.38 ff.
30 Zu den Erläuterungen siehe Rz. 32.42 ff. und Rz. 31.61 ff.

9. Sicherheit und Vertraulichkeit[31]

9.1 Es sind alle geeigneten technischen und organisatorischen Maßnahmen zu ergreifen, um ein Schutzniveau zu gewährleisten, das dem mit der Verarbeitung einhergehenden Risiko angemessen ist, wie in Art. 32 DSGVO dargelegt. Es sind alle technischen und organisatorischen Maßnahmen zu ergreifen, die mindestens den Anforderungen der Rechtsvorschriften entsprechen, die auf den Verantwortlichen anwendbar sind, sowie alle etwaigen besonderen Maßnahmen, die vertraglich mit dem Verantwortlichen vereinbart sind.

9.2 Unter Berücksichtigung der Art der Verarbeitung und der den Mitgliedern der Unternehmensgruppe zur Verfügung stehenden Informationen ist der Verantwortliche ferner bei der Sicherstellung der Einhaltung der in Art. 32 bis 36 DSGVO genannten Pflichten zu unterstützen.

9.3 Der Verantwortliche ist außerdem bei der Durchführung der geeigneten technischen und organisatorischen Maßnahmen zu unterstützen, die dazu bestimmt sind, Datenschutzgrundsätze einzuhalten und die Erfüllung der durch diese verbindlichen internen Datenschutzvorschriften festgelegten Anforderungen in der Praxis – wie etwa den Datenschutz durch Technikgestaltung und durch datenschutzfreundliche Voreinstellungen – zu erleichtern.

9.4 Wenn eine Verletzung des Schutzes der im Auftrag des Verantwortlichen verarbeiteten personenbezogenen Daten bekannt wird, ist diese dem Verantwortlichen unverzüglich zu melden. Darüber hinaus sind als Unterauftragsverarbeiter eingeschaltete Mitglieder der Unternehmensgruppe verpflichtet, sowohl das erstbeauftragte Gruppenmitglied als auch den Verantwortlichen unverzüglich darüber zu benachrichtigen, wenn ihm eine Verletzung des Schutzes im Auftrag des Verantwortlichen verarbeiteter personenbezogener Daten bekannt wird.

10. Weiterübermittlung an externe Unterauftragsverarbeiter[32]

10.1 Außerhalb der Unternehmensgruppe dürfen Daten nur dann unterverarbeitet werden, wenn der Verantwortliche vorher eine spezifische oder allgemeine schriftliche Genehmigung in Kenntnis der Sachlage dazu erteilt hat. Wird eine allgemeine Genehmigung erteilt, ist der Verantwortliche rechtzeitig über beabsichtigte Änderungen in Bezug auf die Hinzunahme oder den Ersatz eines Unterauftragsverarbeiters zu benachrichtigen, sodass der Verantwortliche die Möglichkeit hat, der Änderung zu widersprechen oder den Vertrag zu beenden, bevor die Daten an den neuen Unterauftraggeber kommuniziert werden.

10.2 Gruppenexterne Unterauftragsverarbeiter sind im Wege eines Vertrags oder eines anderen Rechtsinstruments nach dem Unionsrecht oder dem Recht eines Mitgliedstaats einzuschalten, mit dem ein angemessenes Schutzniveau gemäß Artikel 28, 29 und 32 DSGVO geboten wird und mit dem sichergestellt wird, dass dem Unterauftragsverarbeiter dieselben Datenschutzpflichten auferlegt werden, die in der Vereinbarung zwischen dem Verantwortlichen und dem Erstbeauftragten sowie in den Abschnitten 4 bis 10 sowie 13, 14, 16, 18 und 20 dieser verbindlichen internen Datenschutzvorschriften festgelegt sind, wobei insbesondere hinreichende Garantien dafür geboten werden müssen, dass die geeigneten technischen und organisatorischen Maßnahmen so durchgeführt werden, dass die Verarbeitung entsprechend den Anforderungen der DSGVO erfolgt.

10.3 Bei Datentransfers an externe Unterauftragsverarbeiter nach außerhalb der EU/EWR-Mitgliedstaaten oder an einen Staat ohne anerkannt angemessenes Datenschutzniveau beachten wir zusätzlich die strengen europäischen Vorschriften für den grenzüberschreitenden Datenverkehr und verwenden insbesondere die von der EU-Kommission gebilligten Standarddatenschutzklauseln oder andere geeignete vertragliche Vereinbarungen, wo erforderlich.

11. Schulungsprogramm[33]

(unverändert)

---

31 Zu den Erläuterungen siehe Rz. 32.46 ff. und Rz. 31.75 ff.
32 Zu den Erläuterungen siehe Rz. 32.52 ff. und Rz. 31.80 ff.
33 Zu den Erläuterungen siehe Rz. 32.56 und Rz. 31.85 f.

12. Datenschutzaudit[34]

12.1 (unverändert)[35]

12.2 Die Ergebnisse der Audits werden der Unternehmensleitung und dem bzw. den[36] Datenschutzbeauftragte/n mitgeteilt. Die für die Mitglieder der Unternehmensgruppe sowie des jeweiligen Verantwortlichen zuständigen Datenschutzbehörden erhalten eine Kopie der Ergebnisse auf Antrag oder wenn eine Aktualisierung unserer Unternehmensregelungen notwendig wird.

12.3 Bei Bedarf und auf Antrag können die für die Mitglieder der Unternehmensgruppe sowie des jeweiligen Verantwortlichen zuständigen Datenschutzbehörden ein eigenes Audit durchführen. Entsprechende Audits werden unter Beachtung der Vertraulichkeit und der Geschäftsgeheimnisse durchgeführt und strikt begrenzt auf die Feststellung der Einhaltung der unternehmensinternen Vorschriften. Die Prüfungsdaten, die personenbezogene Daten beinhalten, werden dabei unkenntlich gemacht, um die Vertraulichkeit der Daten der betroffenen Personen oder vertraulicher Unternehmensinformationen zu gewährleisten.

12.4 (unverändert)

12.5 Jedes Mitglied der Unternehmensgruppe, das im Auftrag eines bestimmten Verantwortlichen personenbezogene Daten verarbeitet, muss sich auf Antrag dieses Verantwortlichen damit einverstanden erklären, seine Datenverarbeitungseinrichtungen einer Überprüfung zu unterziehen, und zwar in Bezug auf die Verarbeitungstätigkeiten in Bezug auf diesen Verantwortlichen, wobei diese Überprüfung von dem Verantwortlichen oder einer Überprüfungsstelle durchgeführt werden muss, die aus unabhängigen Mitgliedern besteht und über die erforderlichen beruflichen Qualifikationen verfügt, zur Geheimhaltung verpflichtet ist und gegebenenfalls von dem Verantwortlichen in Übereinstimmung mit der Aufsichtsbehörde ausgewählt wird.

13. Einhaltung der BCR und Überwachung[37]

13.1 (unverändert)[38]

13.2 (unverändert)[39]

13.3 (unverändert)[40]

13.4 Gruppenexternen Verantwortlichen sind alle erforderlichen Informationen zum Nachweis der Einhaltung der in diesen verbindlichen Unternehmensregelungen niedergelegten Pflichten zur Verfügung zu stellen und Überprüfungen – einschließlich Inspektionen –, die vom Verantwortlichen oder einem anderen von diesem beauftragten Prüfer durchgeführt werden, zu ermöglichen und dazu beizutragen. Darüber hinaus sind gruppenexterne Verantwortliche unverzüglich zu informieren, falls ein Mitglied unserer Unternehmensgruppe der Auffassung ist, dass eine Weisung gegen die DSGVO oder gegen andere Datenschutzbestimmungen der Union oder der Mitgliedstaaten verstößt.

13.5 Die Mitglieder unserer Unternehmensgruppe müssen ein Verzeichnis aller Kategorien der von ihnen im Namen der einzelnen Verantwortlichen ausgeübten Verarbeitungstätigkeiten (insbesondere einschließlich etwaiger Übermittlungen außerhalb der EU/des EWR) in schriftlicher Form, einschließlich in elektronischer Form, führen und Datenschutzbehörden auf Anfrage zur Verfügung stellen.

14. Abweichende einzelstaatliche Vorschriften[41]

14.1 Hat eine Gesellschaft unserer Unternehmensgruppe Anlass zu der Annahme, dass nationale Vorschriften der Einhaltung dieser verbindlichen internen Datenschutzvorschriften, Weisungen eines Verant

---

34 Zu den Erläuterungen siehe Rz. 32.58 ff. und Rz. 31.87 ff.
35 Zu den Erläuterungen siehe Rz. 31.89.
36 Bei mehreren Verantwortlichen i.S.d. Art. 4 Nr. 7 DSGVO in der Unternehmensgruppe.
37 Zu den Erläuterungen siehe Rz. 32.62 ff. und Rz. 31.92 ff.
38 Zu den Erläuterungen siehe Rz. 31.94.
39 Zu den Erläuterungen siehe Rz. 31.95.
40 Zu den Erläuterungen siehe Rz. 31.95.
41 Zu den Erläuterungen siehe Rz. 32.66 ff. und Rz. 31.96 f.

wortlichen oder Pflichten aus einem Vertrag mit einem Verantwortlichen entgegenstehen und deren Garantien beeinträchtigen könnten, wird unverzüglich der Verantwortliche, das für die EU/EWR zuständige Unternehmen, der Datenschutzbeauftragte sowie die für den Verantwortlichen und das jeweilige Mitglied der Unternehmensgruppe zuständige Datenschutzbehörde informiert und das weitere Vorgehen abgesprochen. Im Zweifelsfall werden die zuständigen Datenschutzbehörden zu Rate gezogen.

14.2 Der Verantwortliche ist über jegliches rechtlich verbindliche Ersuchen um Offenlegung der personenbezogenen Daten durch eine Strafverfolgungsbehörde oder eine staatliche Sicherheitsbehörde in Kenntnis zu setzen, es sei denn, dies ist aus anderen Gründen untersagt (beispielsweise durch ein strafrechtliches Verbot, um bei strafrechtlichen Ermittlungen das Untersuchungsgeheimnis zu wahren). In jedem Fall sollte das Ersuchen um Offenlegung ausgesetzt werden und die für den Verantwortlichen sowie die für jeweilige Mitglied der Unternehmensgruppe zuständige Datenschutzbehörde sollten unmissverständlich über das Ersuchen informiert werden, unter anderem unter Angabe der angeforderten Daten, der anfordernden Behörde und der Rechtsgrundlage für die Offenlegung (sofern nicht anderweitig untersagt).

14.3 Für den Fall, dass die Aussetzung und/oder Meldung im Einzelfall untersagt sind, muss sich nach Kräften bemüht werden, eine Freistellung von diesem Verbot zu erwirken, damit so schnell wie möglich möglichst viele Informationen kommuniziert werden können. Entsprechende Nachweise sind zu dokumentieren.

14.4 Sofern es in den oben dargelegten Fällen nicht möglich ist, die zuständige Datenschutzbehörde zu benachrichtigen, sind der zuständigen Datenschutzbehörde allgemeine Informationen über die erhaltenen Anfragen zur Verfügung zu stellen (zum Beispiel Anzahl der Anträge um Offenlegung, Art der angefragten Daten, soweit möglich ersuchende Stelle usw.).

14.5 In jedem Fall sind Übermittlungen personenbezogener Daten an eine Behörde nur dann zulässig, wenn sie nicht massenhaft, unverhältnismäßig oder undifferenziert sind und in diesem Zusammenhang die Grenzen dessen, was in einer demokratischen Gesellschaft als erforderlich gilt, nicht übersteigen.

15. Beschwerdemöglichkeiten[42]

15.1 (unverändert)[43]

15.2 Alle Beschwerden betroffener Personen sind an den Verantwortlichen weiterzuleiten, und zwar ohne diese zu beantworten, es sei denn, die Mitglieder der Unternehmensgruppe sind zu deren Beantwortung berechtigt, entweder wenn der Verantwortliche dies entsprechend angewiesen hat oder der Verantwortliche faktisch oder rechtlich nicht mehr besteht oder zahlungsunfähig ist.

15.3 Werden die Beschwerden von einem Mitglied der Unternehmensgruppe bearbeitet, sind diese ohne ungerechtfertigte Verzögerung und in jedem Fall binnen eines Monats zu bearbeiten. Bei hoher Komplexität und Anzahl von Anträgen kann diese Frist um höchstens zwei weitere Monate verlängert werden, wobei die betroffene Person entsprechend informiert werden sollte.

16. Drittbegünstigung[44]

16.1 Betroffene Personen können gegenüber den Mitgliedern der Unternehmensgruppe die folgenden Pflichten dieser verbindlichen internen Datenschutzvorschriften durchsetzen: Ziffern 1.8, 4, 7, 8, 9, 10, 14, 15, 17, 18 und 21.

16.2 Falls betroffene Personen außerstande sind, Ansprüche gegen den Verantwortlichen geltend zu machen, weil der Verantwortliche faktisch oder rechtlich nicht mehr existiert oder zahlungsunfähig ist, es sei denn, ein Rechtsnachfolger hat sämtliche rechtlichen Verpflichtungen des Verantwortlichen vertraglich oder kraft Gesetzes übernommen, können diese betroffenen Personen über Ziffer 16.1 hinausgehend die weiteren, ihnen nach diesen verbindlichen internen Datenschutzvorschriften zustehenden Rechte gegenüber den Mitgliedern der Unternehmensgruppe durchsetzen.

---

42 Zu den Erläuterungen siehe Rz. 32.73 ff. und Rz. 31.98 ff.
43 Zu den Erläuterungen siehe Rz. 31.100.
44 Zu den Erläuterungen siehe Rz. 32.77 ff. und Rz. 31.102 ff.

17. Haftung[45]

17.1 Fügt eines der Mitglieder unserer Unternehmensgruppe oder ein eingeschalteter gruppenexterner Unterauftragsverarbeiter der betroffenen Person durch eine rechtswidrige Verarbeitung ihrer personenbezogenen Daten oder eine andere, mit unseren verbindlichen internen Datenschutzvorschriften nicht zu vereinbarende widerrechtliche Handlung einen Schaden zu, so kann sie Ersatz für die ihr entstandenen materiellen und immateriellen Schäden verlangen. Die Ersatzpflicht entfällt, wenn das in der EU ansässige Mitglied unserer Unternehmensgruppe nachweist, dass er in keinerlei Hinsicht für den Umstand, durch den der Schaden eingetreten ist, verantwortlich ist.

17.2 (unverändert)[46]

*[**Alternativ:** Jedes Mitglied unserer Unternehmensgruppe, das im Auftrag eines gruppenexternen Verantwortlichen personenbezogene Daten aus der EU exportiert, haftet für Verletzungen dieser verbindlichen internen Datenschutzvorschriften, die von Unterauftragsverarbeitern (innerhalb oder außerhalb unserer Unternehmensgruppe) außerhalb der EU begangen werden, welche die Daten von dem in der EU ansässigen Mitglied erhalten haben.]*

17.3 (unverändert)[47]

17.4 Sind sowohl der Verantwortliche als auch ein Mitglied unserer Unternehmensgruppe an derselben Verarbeitung beteiligt und sind sie für einen durch die Verarbeitung verursachten Schaden verantwortlich, so ist die betroffene Person berechtigt, unmittelbar vom Mitglied unserer Unternehmensgruppe Schadenersatz für den gesamten Schaden zu fordern.

17.5 Ferner sind gruppenexterne Verantwortliche berechtigt, im Falle von jeglichen Verletzungen dieser verbindlichen internen Datenschutzvorschriften, diese verbindlichen internen Datenschutzvorschriften gegenüber den Mitgliedern unserer Unternehmensgruppe durchzusetzen. Im Falle von Verletzungen durch außerhalb der EU/des EWR ansässige Mitglieder unter Unternehmensgruppe oder gruppenexterne Unterauftragsverarbeiter findet Ziffer 17.2 Anwendung. Im Falle von gruppenexternen Unterauftragsverarbeitern gilt dies entsprechend, sofern diese gegen die nach Ziffer 10.2 abgeschlossene Vereinbarung verstoßen.

17.6 Falls der Verantwortliche nachweisen kann, dass er einen Schaden erlitten hat und Tatsachen anführen kann, aus denen hervorgeht, dass der Schaden wahrscheinlich durch eine Verletzung der internen Datenschutzvorschriften verursacht wurde, so obliegt es uns, nachzuweisen, dass wir nicht für den Verstoß verantwortlich sind, durch den der Schaden entstanden ist oder dass kein Verstoß vorlag.

18. Gegenseitige Unterstützung und Zusammenarbeit mit den Datenschutzbehörden und den Verantwortlichen[48]

18.1 (unverändert)[49]

18.2 (unverändert)[50]

18.3 Die Mitglieder der Unternehmensgruppe sind ferner verpflichtet, mit gruppenexternen Verantwortlichen zusammenzuarbeiten und sie dabei zu unterstützen, das Datenschutzrecht einzuhalten (etwa seine Verpflichtung, die Rechte betroffener Personen zu achten oder deren Beschwerden zu bearbeiten oder auf Untersuchungen oder Anfragen der Aufsichtsbehörden zu reagieren). Dies hat innerhalb einer angemessenen Zeit und in dem Umfang zu erfolgen, in dem dies vernünftigerweise möglich ist.

---

45 Zu den Erläuterungen siehe Rz. 32.81 ff. und Rz. 31.106 ff.
46 Zu den Erläuterungen siehe Rz. 31.111.
47 Zu den Erläuterungen siehe Rz. 31.112.
48 Zu den Erläuterungen siehe Rz. 32.88 f. und Rz. 31.113 ff.
49 Zu den Erläuterungen siehe Rz. 31.115.
50 Zu den Erläuterungen siehe Rz. 31.116.

19. Aktualisierung der Vorschriften und Veränderungen im Unternehmen[51]

19.1 (unverändert)[52]

19.2 (unverändert)[53]

19.3 (unverändert)[54]

19.4 Änderungen sind dem Verantwortlichen anzuzeigen. Betrifft eine Änderung die Bedingungen der Verarbeitung, sollte der Verantwortliche rechtzeitig benachrichtigt werden, damit der Verantwortliche die Möglichkeit hat, der Änderung zu widersprechen oder den jeweiligen Vertrag über die Verarbeitung von personenbezogenen Daten in seinem Auftrag zu beenden, bevor die Änderung vollzogen wird.

20. Verhältnis zwischen einzelstaatlichem Recht und BCR[55]

(unverändert)

21. Gerichtsstand, Datenschutzbehörden[56]

21.1 Die betroffene Person hat ein Wahlrecht, ob sie die ihr nach diesen verbindlichen internen Datenschutzvorschriften zustehenden Rechte am Gerichtsstand einer Niederlassung des Verantwortlichen oder eines Mitglieds unserer Unternehmensgruppe in der EU bzw. im EWR oder ihres gewöhnlichen Aufenthaltsorts geltend macht.

21.2 Unabhängig davon hat die betroffene Person ein Wahlrecht, sich an eine Datenschutzbehörde ihres gewöhnlichen Aufenthaltsorts, ihres Arbeitsplatzes oder des Orts des mutmaßlichen Verstoßes zu wenden, wenn sie der Ansicht ist, dass die Verarbeitung der sie betreffenden personenbezogenen Daten gegen diese verbindlichen internen Datenschutzvorschriften verstößt.

22. [Fakultativ:] Schlussbestimmungen[57]

(unverändert)

II. Muster – englisch

32.13 **M 32.2 Processor Binding Corporate Rules**

Binding Corporate Rules of [Corporation] on the protection of personal data [in international intra-group data transfers][58]

1. Objective

1.1 (unchanged)

1.2 The purpose of these binding corporate rules is to ensure an adequate level of protection of personal data transmitted and processed by our group of enterprises as processor on behalf of an external controller outside of the group, and to ensure that there are sufficient safeguards regarding the protection of personal rights and the exercise of related rights when they are transmitted from one group unit to another, regardless of their country of origin.

---

51 Zu den Erläuterungen siehe Rz. 32.91 f. und Rz. 31.117 ff.
52 Zu den Erläuterungen siehe Rz. 31.119.
53 Zu den Erläuterungen siehe Rz. 31.120.
54 Zu den Erläuterungen siehe Rz. 31.121.
55 Zu den Erläuterungen siehe Rz. 32.93 und Rz. 31.122 f.
56 Zu den Erläuterungen siehe Rz. 32.95 f. und Rz. 31.124 ff.
57 Zu den Erläuterungen siehe Rz. 32.98 ff. und Rz. 31.128 ff.
58 Verbindliche interne Datenschutzvorschriften für Verantwortliche: englisches Muster s. Rz. 31.19a.

1.3 (delete)

1.4 (unchanged)

1.5 (unchanged)

1.6 (unchanged)

1.7 In relation to external controllers outside the group on whose behalf personal data are processed by the entities of our group, the data protection regulations shall be contractually agreed as legally binding and enforceable by the controllers.

1.8 [Modalities of publishing the Processor-BCR].

2. Definitions

(unchanged)

3. Scope of application

3.1 These binding corporate rules represent a globally binding corporate policy which is bindingly applicable to all processing operations in all undertakings of the company [company] or the group of undertakings [company] or the group of enterprises [name of the joint economic activity] in which personal data are processed as processors on behalf of an external controller outside the group.

3.2 (unchanged)

3.3 (unchanged)

3.4 (unchanged)

4. Principle of purpose limitation

4.1 Our company processes and transmits personal data only in accordance with documented instructions of the controller on whose behalf personal data are processed. This includes, in particular, the transfer of personal data to a third country or international organization, unless there is a corresponding obligation under Union or national law; in such a case, the controller must be informed about these legal requirements prior to processing, unless the law in question prohibits such notification on important grounds of public interest.

4.2 If for any reason it is not possible to comply with section 4.1, the data controller must be immediately informed about this circumstance; in this case the data controller is entitled to suspend the transfer of the data and/or terminate the contract on the processing of personal data on behalf.

4.3 On the termination of the provision of services related to the data processing, all the personal data provided by the controller must be deleted or returned, at choice of the data controller. Any copies thereof must be deleted and it has to be certified to the controller that it has been done, unless legislation imposed upon them requires storage of the personal data transferred. In that case, the controller must be informed accordingly. The personal data concerned must be treated confidentially and will not be actively transferred anymore.

4.4 (delete)

5. Transparency, fairness and lawfulness

5.1 The controller must be assisted in complying with the data protection obligations applying to him/her with regard to the processing of personal data on his/her behalf. In particular, the data controller shall be informed transparently about the involvement of sub-processors.

5.2 (delete)

5.3 (delete)

6. Data quality

6.1 At the request of the controller, any necessary measures must be executed to update, correct or delete the data processed on his behalf. BCR Members to whom such data has been disclosed must be informed of any rectification or deletion.

6.2 At the request of the controller, all necessary measures shall be executed to have the data deleted or anonymised on his behalf from the moment the identification form is not necessary anymore. The entities to whom such data has been disclosed shall be informed of any deletion or anonymization of such data.

6.3 (delete)

7. Sub-Processing

7.1 Other BCR members bound by the BCRs may only sub-process data processed on behalf of the controller if the controller has given prior informed specific or general written authorization. It must be determined by contract with the controller whether a general prior authorization at the beginning of the service is sufficient or whether specific authorization is required for each new sub-processor.

7.2 If a general authorization is given, the controller should be informed in such a timely fashion that the controller has the possibility to object to the change or to terminate the contract before the data are communicated to the new sub-processor.

7.3 (delete)

8. Rights of the data subject

8.1 At the request of the controller, any appropriate technical and organisational measures must be executed, insofar as this is possible, to fulfil the obligations of the controller to respond to requests for exercising data subjects right's as set out in Chapter III of the GDPR – including by communicating any useful information – in order to help the data controller to comply with the duty to respect the rights of data subjects.

8.2 Any data subject requests must be transmitted to the controller, without answering them, unless the BCR members are authorized to answer them.

8.3–8.11 (delete)

9. Security and Confidentiality

9.1 All appropriate technical and organizational measures must be implemented to ensure a level of security appropriate to the risks presented by the processing, as provided by Article 32 GDPR. Any technical and organizational measures must be implemented which at least meet the requirements of the data controller's applicable law and any existing particular measures which may be contractually agreed with the controller.

9.2 Taking into account the nature of the processing and the information available to the BCR members, the controller must also be assisted in ensuring compliance with the obligations set out in Articles 32 to 36 GDPR.

9.3 The controller has to be assisted in implementing the appropriate technical and organizational measures to comply with data protection principles and to facilitate compliance with the requirements set up by these BCRs in practice – such as data protection by design and data protection by default.

9.4 Becoming aware of any breach of the protection of personal data processed on behalf of the data controller, the data controller must be informed immediately. In addition, BCR members acting as sub-processors are obliged to inform both the processor and the controller without undue delay if they become aware of a breach of the protection of personal data processed on behalf of the controller.

10. Onward transfers to external sub-processors

10.1 Data may only be sub-processed by non-members of the BCRs if the data controller has given prior informed specific or general written authorization. If a general authorization is given, the data controller must be informed of any intended changes concerning the addition or replacement of a sub-processor in such a timely fashion that the controller has the possibility to object to the change or terminate the contract before the data is communicated to the new sub-processor.

10.2 External sub-processors must be involved by way of contract or other legal act under Union law or Member State law which provides for an adequate level of protection in accordance with Articles 28, 29 and 32 of the GDPR and which ensures that the same data protection obligations are imposed on the sub-processor, which are laid down in the agreement between the controller and the processor as well as in Sections 4 to 10 as well as 13, 14, 16, 18 and 20 of these binding corporate regulations. In particular sufficient guarantees must be provided to implement appropriate technical and organizational measures are in such a manner that the processing will meet the requirements of the GDPR.

10.3 In the case of data transfers to external sub-processors outside the EU/EEA member states or to a state without an adequate level of data protection, we additionally observe the strict European regulations for cross-border data transfers and in particular use the standard contractual clauses (SCCs) approved by the EU Commission or other suitable contractual agreements where necessary.

11. Training

(unchanged)

12. Data Protection Audit

12.1 (unchanged)

12.2 The results of the audits must be communicated to the company management and the data protection officer(s). The data protection authorities responsible for the members of the Group and the respective data controller will receive a copy of the results upon request or if it becomes necessary to update our corporate regulations.

12.3 If necessary and upon request, the competent data protection authorities for the BCR members as well as for the respective data controller may carry out their own audit. Such audits are executed with due regard for confidentiality and business secrets and are strictly limited to establishing compliance with internal company regulations. Audit data containing personal data must be made unidentifiable in order to ensure the confidentiality of the data of the persons affected or confidential information of the company.

12.4 [Specifications on the scope of the audits].

12.5 Any BCR member processing personal data on behalf of a particular controller must, at the request of that controller, agree to submit its data processing facilities to an audit, in relation to the processing activities carried out on behalf of that controller. Such audit must be carried out by the controller or by an inspection body composed of independent members and in possession of the required professional qualifications, bound by a duty of confidentiality, where applicable, selected by the controller in agreement with the supervisory authority.

13. BCR Compliance and Monitoring

13.1 (unchanged)

13.2 (unchanged)

13.3 (unchanged)

13.4 All information necessary to demonstrate compliance with the obligations laid down in these binding corporate regulations must be made available to external controllers and allow for and contribute to audits – including inspections – conducted by the controller or another auditor mandated by the controller. In addition, external controllers must be informed immediately if a BCR member is of the opinion that an instruction infringes the GDPR or other Union or Member State data protection provisions.

13.5 The BCR members need to maintain a record of all categories of processing activities carried out on behalf of each controller (including, in particular, any transfers outside the EU/EEA) in writing, including in electronic form, and to make it available to supervisory authorities on request.

14. Divergent national law

14.1 If an entity of our group has reason to believe that national law may interfere with compliance of these BCRs, the instructions of a controller or obligations arising from a contract with a controller and could impair their guarantees, the controller, the company responsible for the EU/EEA, the data protection officer and the competent supervisory authority must be informed immediately and the further procedure must be discussed. In case of doubt, the competent data protection authorities will be consulted.

14.2 The controller must be informed of any legally binding request for disclosure of personal data by a law enforcement authority or a state security body, unless this is prohibited for other reasons (such as a prohibition under criminal law to preserve the confidentiality of a law enforcement investigation). In any case, the request for disclosure should be put on hold and the supervisory authority competent for the controller and the competent supervisory authority for the respective BCR member should be clearly informed about the request, including information about the data requested, the requesting body and the legal basis for the disclosure (unless otherwise prohibited).

14.3 If in specific cases the suspension and/or notification are prohibited, the BCRs shall provide that the requested BCR member will use its best efforts to obtain the right to waive this prohibition in order to communicate as much information as it can and as soon as possible. Appropriate evidence must be documented.

14.4 If, in the above cases, despite having used its best efforts, the requested BCR member is not in a position to notify the competent supervisory authorities, it must commit in the BCR's to annually provide general information on the requests it received to the competent supervisory authorities (e.g. number of applications for disclosure, type of data requested, requester if possible, etc.).

14.5 In any case, the BCRs must state the transfers of personal data by a BCR member of the group to any public authority cannot be massive, disproportionate and indiscriminate in a manner that would go beyond what is necessary in a democratic society.

15. Redress mechanisms

15.1 Our corporation has set up an internal complaints body by which the data subjects can seek redress if they believe that a member of our group has violated our binding corporate rules. In this case, please immediately contact [our Data Protection Officer/Employees – please repeat the address or refer to the above address].

15.2 All complaints from data subjects must be forwarded to the data controller, without answering them, unless the BCR members of the group are entitled to answer them, either if the data controller has instructed to do so or if the data controller no longer exists in fact or in law or is insolvent.

15.3 If the complaints are handled by a BCR member of the group, they must be handled without undue delay and in any case within one month. In case of high complexity and number of complaints, this period may be extended by a maximum of two additional months, in which case the data subject should be informed accordingly.

16. Third Party Beneficiary Rights

16.1 Data subjects may exercise the following rights granted to them by our binding company regulations against the BCR members of the group: Sections 1.8, 4, 7, 8, 9, 10, 14, 15, 17, 18 and 21.

16.2 If data subjects are unable to bring a claim against the data controller, because the controller has factually disappeared or ceased to exist in law or has become insolvent, unless any successor entity has assumed the entire legal obligations of the data controller by contract or by operation of law, these data

subjects may, in addition to Section 16.1, enforce their further rights enshrined in these Binding Corpo-
rate Rules against the members of the Group.

17. Liability

17.1 If one of our BCR members of the group or an external sub-processor outside the group causes damage
to the data subject as a result of unlawful processing of his or her personal data or any other unlawful
act incompatible with our binding corporate rules, he may claim compensation for the material and
non-material damage he has suffered. The obligation to pay compensation does not apply if the EU
based BCR member proves that he is in no way responsible for the circumstance which caused the da-
mage.

17.2 (unchanged)

[Alternative: Any member of our BCR members of the group that exports personal data from the EU on
behalf of an external controller is liable for violations of these Binding Corporate Rules committed by
sub-processors (inside or outside our group of companies) outside the EU who received the data from
the EU-based member.]

17.3 (unchanged)

17.4 Where both the controller and a BCR member are involved in the same processing operation and are
responsible for any damage caused by the processing operation, the data subject shall be entitled to
claim for compensation directly from the BCR member for any damage suffered.

17.5 In addition, in the case of any violation of these Binding Corporate Rules, external controllers are en-
titled to enforce these Binding Corporate Rules against BCR members of our group. In the case of in-
fringements by members of the group or external sub-processors located outside the EU/EEA, Sec-
tion 17.2 shall apply. This shall apply mutatis mutandis in the case of external sub-processors if they
violate the agreement pursuant to Section 10.2.

17.6 If the controller can prove that he has suffered damage and can establish facts which show it is likely
that the damage has occurred because of the breach of the BCRs, it is up to us to prove that we are not
responsible for the breach which caused the damage or that there was no breach.

18. Mutual assistance and cooperation with Supervisory Authorities and Controllers

18.1 (unchanged)

18.2 (unchanged)

18.3 The entities of the group are further obliged to cooperate with and assist external controllers outside
the group to comply with data protection law (such as its duty to respect the rights of data subjects or
to handle their complaints or to be in a position to reply to investigations or inquiry from supervisory
authorities). This must be done within a reasonable time and to the extent reasonably possible.

19. Update of policies and changes within the company

19.1 (unchanged)

19.2 (unchanged)

19.3 (unchanged)

19.4 Updates to our corporate data protection policies or regulations and changes to our corporate struc-
ture have to be reported to all members of our group without undue delay, and on an annual basis to
the supervisory authority responsible for approval and, if necessary, published on our website. Upon re-
quest, the responsible data protection officer will provide the data subjects and the data protection
authorities with information on any changes to this corporate policy or corporate structure.

19.5 Changes must be reported to the controller. Where a change affects the processing conditions, the in-
formation must be given to the controller in such a timely fashion that the controller has the possibility

to object to the change or to terminate the relevant contract for the processing of personal data on his behalf before the modification is implemented.

20. Relationship between national law and BCR OR primacy of national or other law over BCR

(unchanged)

21. Place of jurisdiction, Supervisory Authorities

21.1 The data subject has the right to choose whether to exercise the rights granted to him or her under these BCRs at the place of jurisdiction of an establishment of the controller or an entity of our group of companies in the EU or EEA or his or her habitual residence.

21.2 Notwithstanding the above, the data subject shall have the right to choose to lodge a complaint before the competent supervisory authority of his or her habitual residence, place of work or place of the alleged infringement if he or she considers that the processing of personal data relating to him or her is incompatible with these binding corporate rules.

22. [Optional:] Final provisions

22.1 These Binding Corporate Rules are governed by the law [of the EU/EEA head office/the liable party/ the party responsible for data protection].

22.2 These Binding Corporate Rules come into force on [XX.XX.XXXX] [date].

III. Erläuterungen

1. Vorbemerkung

32.14 Das vorliegende Muster setzt auf dem im vorigen § 31 dieses Buches dargestellten Muster für Controller-BCR (Rz. 31.19) auf und behandelt lediglich die spezifischen Anpassungen, die notwendig werden, wenn das Muster in Processor-BCR umgestaltet werden soll. Demgemäß sollen im Folgenden auch nur diese Abweichungen erläutert werden.

2. Zielsetzung (Ziff. 1)

32.15 **M 32.1.1 Zielsetzung**

1. Zielsetzung

1.1 (unverändert)

1.2 Die vorliegenden verbindlichen internen Datenschutzvorschriften sollen den angemessenen Schutz der personenbezogenen Daten gewährleisten, die von unserer Unternehmensgruppe als Auftragsverarbeiter im Auftrag eines gruppenexternen Verantwortlichen übermittelt und verarbeitet werden und sicherstellen, dass ausreichende Garantien hinsichtlich des Schutzes des Persönlichkeitsrechts und der Ausübung der damit verbundenen Rechte bestehen, ungeachtet ihres Herkunftslandes, sofern sie von einer Konzerneinheit an die andere übermittelt werden.

1.3 (löschen)

1.4 (unverändert)

1.5 (unverändert)

1.6 (unverändert)

1.7 Gegenüber gruppenexternen Verantwortlichen, in deren Auftrag personenbezogene Daten von den Mitgliedern unserer Unternehmensgruppe verarbeitet werden, sind die internen Datenschutzvorschriften vertraglich als verbindlich und von den Verantwortlichen durchsetzbar zu vereinbaren.

1.8 [Modalitäten zur Veröffentlichung der Processor-BCR].

a) Ratio

In Abweichung zu den entsprechenden Ausführungen zum Muster der Controller-BCR sind bei der Formulierung der Zielsetzung im Rahmen der Processor-BCR die Besonderheiten der Processor-BCR im Hinblick auf Anwendungsbereich und deren Verbindlichkeit klarzustellen. 32.16

b) Klarstellung des Anwendungsbereichs (Ziff. 1.2)

Die in Ziff. 1.2 eingefügte Ergänzung dient zur Klarstellung, dass die Processor-BCR für Datenverarbeitungen Anwendung finden, welche die jeweiligen Teilnehmer an den Processor-BCR als Auftragsverarbeiter für gruppenexterne Verantwortliche durchführen. 32.17

Klarstellend sei erwähnt, dass Processor-BCR keine Anwendung finden, wenn Teilnehmer untereinander als Auftragsverarbeiter für einen anderen Teilnehmer tätig werden. Zur Abbildung solcher Verarbeitungsvorgänge werden – auch wenn dies sprachlich kontraintuitiv ist – die Controller-BCR verwendet.

c) Verbindlichkeit gegenüber Verantwortlichen (Ziff. 1.7)

Diese Regelung stellt klar, dass die Processor-BCR auch im Verhältnis zu den gruppenexternen Verantwortlichen (in deren Auftrag personenbezogene Daten durch die teilnehmenden Unternehmen an den Processor-BCR verarbeitet werden) verbindlich sind. 32.18

Dies ist durch eine Einbindung der Processor-BCR in die vertragliche Beziehung zwischen den Verantwortlichen einerseits und den an den Processor-BCR teilnehmenden Unternehmen andererseits sicherzustellen (in der Regel als verbindlicher Anhang zum abzuschließenden Auftragsverarbeitungsvertrag[59]).

Die Regelung dient der Umsetzung der Vorgaben aus Ziff. 1.1 von WP 257 rev01.

d) Veröffentlichung der Processor-BCR (Ziff. 1.8)

Die Regelung dient der Umsetzung der Vorgaben aus Ziff. 1.8 von WP 257 rev01. 32.19

Die Processor-BCR müssen Angaben darüber enthalten, wie Verantwortliche und betroffene Personen Zugang zu den Processor-BCR erhalten. Bei Verantwortlichen werden die Processor-BCR regelmäßig als Anlage zum Auftragsverarbeitungsvertrag aufgenommen. Hinsichtlich der betroffenen Personen sind jedenfalls bestimmte Teile der Processor-BCR – insbesondere die für die Durchsetzung der Processor-BCR durch die betroffenen Personen relevant sind – im Regelfall auf der Unternehmenswebseite zu veröffentlichen.

3. Begriffsbestimmungen (Ziff. 2)

Vgl. entsprechende Ausführungen zum Muster der Controller-BCR; § 31, Rz. 31.30 f. 32.20

---

59 *Borges* in Borges/Meents, Rz. 203.

4. Anwendungs- und Geltungsbereich (Ziff. 3)

32.21 **M 32.1.2 Anwendungs- und Geltungsbereich**

3. Anwendungs- und Geltungsbereich

3.1 Diese verbindlichen internen Datenschutzvorschriften stellen eine weltweit geltende Konzernrichtlinie dar, die auf sämtliche Verarbeitungsvorgänge in allen Unternehmen des Konzerns [Firma] bzw. der Unternehmensgruppe [Firma] bzw. der Gruppe von Unternehmen zur [Bezeichnung der gemeinsam verfolgten Wirtschaftstätigkeit] verbindlich anwendbar ist, in denen personenbezogene Daten als Auftragsverarbeiter im Auftrag eines gruppenexternen Verantwortlichen verarbeitet werden.

3.2 (unverändert)

3.3 (unverändert)

3.4 (unverändert)

a) Ratio

32.22 Durch die Regelung wird der sachliche Anwendungsbereich der Processor-BCR konkretisiert. Die Regelung dient der Umsetzung der Vorgaben aus Ziff. 4.1 von WP 257 rev01.

b) Sachlicher Anwendungsbereich (Ziff. 3.1)

32.23 Die in Ziff. 1.2 eingefügte Ergänzung dient zur Klarstellung, dass die Processor-BCR für Datenverarbeitungen Anwendung finden, welche die jeweiligen Teilnehmer an den Processor-BCR als Auftragsverarbeiter für gruppenexterne Verantwortliche durchführen.

5. Grundsatz der Zweckbestimmung und Zweckbindung (Ziff. 4)

32.24 **M 32.1.3 Grundsatz der Zweckbestimmung und Zweckbindung**

4. Grundsatz der Zweckbestimmung und Zweckbindung

4.1 Unser Unternehmen verarbeitet und übermittelt personenbezogene Daten nur nach Maßgabe von dokumentierten Weisungen derjenigen Verantwortlichen, in deren Auftrag personenbezogene Daten verarbeitet werden. Dies schließt insbesondere die Übermittlung von personenbezogenen Daten an ein Drittland oder eine internationale Organisation ein, sofern keine entsprechende Verpflichtung nach dem Recht der Union oder der Mitgliedstaaten besteht; in einem solchen Fall sind dem Verantwortlichen diese rechtlichen Anforderungen vor der Verarbeitung mitzuteilen, sofern das betreffende Recht eine solche Mitteilung nicht wegen eines wichtigen öffentlichen Interesses verbietet.

4.2 Falls aus irgendeinem Grund es nicht möglich sein sollte, Ziff. 4.1 einzuhalten, ist der Verantwortliche unverzüglich über diesen Umstand in Kenntnis zu setzen; in dem Fall ist der Verantwortliche berechtigt, die Übermittlung der Daten auszusetzen und/oder den Vertrag über die Verarbeitung der personenbezogenen Daten im Auftrag zu beenden.

4.3 Bei Beendigung der Leistungserbringung im Zusammenhang mit der Datenverarbeitung sind alle vom Verantwortlichen übermittelten personenbezogenen Daten zu löschen oder zurückzugeben, je nachdem, wofür sich der Verantwortliche entscheidet. Jegliche Kopien davon sind zu löschen und es ist dem Verantwortlichen gegenüber zu bestätigen, dass dies erfolgt ist, es sei denn, es finden Rechtsvorschriften Anwendung, die die Speicherung der übermittelten personenbezogenen Daten erfordern. In diesem Fall

ist der Verantwortliche entsprechend zu informieren. Die betroffenen personenbezogenen Daten sind
vertraulich zu behandeln und nicht länger aktiv zu verarbeiten.

4.4 (löschen)

a) Ratio

Bei der Festlegung der Pflichten zur Erfüllung der Zweckbindung ist die Rolle der Teilnehmer der Pro-   32.25
cessor-BCR als Auftragsverarbeiter entsprechend abzubilden. Die Regelung dient hierbei der Umsetzung der Vorgaben aus Ziff. 6.1 (ii) von WP 257 rev01.

b) Weisungsgebundenheit (Ziff. 4.1)

Die Teilnehmer sind verpflichtet, personenbezogene Daten grundsätzlich nur nach dokumentierter   32.26
Weisung des Verantwortlichen zu verarbeiten, es sei denn sie unterliegen einer Verpflichtung nach dem
Recht der Union oder der Mitgliedstaaten. Im letzteren Fall sind derartige Verpflichtungen dem Ver-
antwortlichen anzuzeigen.

Die Regelung entspricht weitestgehend Art. 28 Abs. 3 Satz 2 lit. a DSGVO.

c) Meldepflicht (Ziff. 4.2)

Sofern ein Teilnehmer sich nicht an die Weisungen des Verantwortlichen halten kann (etwa da er be-   32.27
hördlich oder gerichtlich zur Offenlegung von personenbezogenen Daten verpflichtet ist), ist der Verantwortliche hierüber zu informieren. In einem solchen Fall ist der Verantwortliche berechtigt, den
Datentransfer zu unterbinden und/oder das zugrunde liegende Vertragsverhältnis zu beenden.

Diese Regelung steht im engen Zusammenhang mit Ziff. 14 des Musters, welche das Verhältnis zwischen den Verpflichtungen nach den Processor-BCR und etwaig entgegenstehenden nationalrecht-
lichen Vorschriften regelt.

d) Rückgabe/Löschung (Ziff. 4.3)

Ziff. 4.3 stellt klar, dass im Auftrag verarbeitete personenbezogene Daten nach Beendigung des jewei-   32.28
ligen Auftragsverhältnisses nach Wahl des Verantwortlichen umfassend zu löschen oder zurückzugeben sind, es sei denn der Auftragsverarbeiter ist gesetzlich zur fortgesetzten Speicherung verpflichtet.
In einem solchen Fall ist der Verantwortliche entsprechend zu informieren und die betroffenen personenbezogenen Daten sind vertraulich zu behandeln und für die weitere Verarbeitung zu sperren.

Die Regelung entspricht weitestgehend Art. 28 Abs. 3 Satz 2 lit. g DSGVO.

6. Transparenz, Verarbeitung nach Treu und Glauben, Rechtmäßigkeit (Ziff. 5)

M 32.1.4 Transparenz, Verarbeitung nach Treu und Glauben, Rechtmäßigkeit   32.29

5. Transparenz, Verarbeitung nach Treu und Glauben, Rechtmäßigkeit

5.1 Der Verantwortliche ist bei der Einhaltung der ihm obliegenden datenschutzrechtlichen Verpflichtungen
im Hinblick auf die Verarbeitung von personenbezogenen Daten in seinem Auftrag zu unterstützen. Ins-
besondere ist der Verantwortliche über die Einschaltung von Unterauftragsverarbeitern transparent zu
informieren.

5.2 (löschen)

5.3 (unverändert)

a) Ratio

32.30   Um die Rolle der an die Processor-BCR gebundenen Unternehmen als Auftragsverarbeiter im Hinblick auf die Rechtmäßigkeit der Datenverarbeitung zutreffend abzubilden, war dieser Abschnitt im Vergleich zum Muster der Controller-BCR inhaltlich entsprechend zuzuschneiden und umzubenennen.

Die Regelung dient dabei der Umsetzung der Vorgaben aus Ziff. 6.1 (i) von WP 257 rev01.

b) Unterstützung des Verantwortlichen (Ziff. 5.1)

32.31   Da ein Auftragsverarbeiter bei der Verarbeitung von personenbezogenen Daten im Auftrag eines Verantwortlichen keines Erlaubnistatbestands i.S.v. Art. 6 DSGVO bedarf, besteht seine Pflicht nach Maßgabe der Processor-BCR in erster Linie darin, den Verantwortlichen dabei zu unterstützen, sich datenschutzkonform zu verhalten.

c) Allgemeine Beschreibung der zu verarbeitenden Daten (Ziff. 5.3)

32.32   Processor-BCR sollen allgemeine Angaben über deren sachlichen Anwendungsbereich enthalten (voraussichtliche Art der übermittelten Daten, Kategorien personenbezogener Daten, Arten der Datensubjekte, die von den Übermittlungen betroffen sind, voraussichtliche Arten der Verarbeitung und deren Zwecke). Eine entsprechende allgemeine Beschreibung ist daher hier vorzusehen.

Zwingend ist die Aufnahme dieser Verpflichtung in die Processor-BCR jedoch nicht. Alternativ können diese Angaben auch nur in den jeweiligen Antragsformularen bei der Vorlage der Processor-BCR bei der jeweils zuständigen Datenschutzaufsichtsbehörde genannt werden[60].

7. Datenqualität (Ziff. 6)

32.33   **M 32.1.5 Datenqualität**

6. Datenqualität

6.1   Auf Antrag des Verantwortlichen sind alle erforderlichen Maßnahmen zu ergreifen, um die in dessen Auftrag verarbeiteten Daten zu aktualisieren, zu berichtigen oder zu löschen. Mitglieder der Unternehmensgruppe, denen gegenüber solche Daten offengelegt wurden, sind über jegliche Berichtigung oder Löschung zu informieren.

6.2   Auf Antrag des Verantwortlichen sind alle erforderlichen Maßnahmen zu ergreifen, um die in dessen Auftrag verarbeiteten Daten zu löschen oder zu anonymisieren, sobald sie nicht mehr in identifizierender Form vorliegen müssen. Die Stellen, denen gegenüber diese Daten offengelegt wurden, sind über jegliche Löschung oder Anonymisierung zu informieren.

6.3 (löschen)

---

60 Vgl. *Artikel-29-Datenschutzgruppe*, WP 257 rev.01, S. 16.

a) Ratio

Auch im Hinblick auf den Grundsatz der Datenqualität und Datenverhältnismäßigkeit ist im Rahmen der Processor-BCR auf die Rolle der Teilnehmer als Auftragsverarbeiter einzugehen. Die Regelung dient der Umsetzung der Vorgaben aus Ziff. 6.1 (iii) von WP 257 rev01. **32.34**

b) Aktualisierung, Berichtigung und Löschung von Daten (Ziff. 6.1)

Diese Regelung soll sicherstellen, dass die Teilnehmer an den Processor-BCR verpflichtet sind, im Auftrag verarbeitete Daten auf Weisung des Verantwortlichen zu aktualisieren, zu berichtigen und zu löschen und dies auch etwaigen Datenempfängern anzuzeigen, etwa sofern sich Betroffenen mit entsprechenden Ansprüchen an den Verantwortlichen gewandt haben. **32.35**

Die Regelung steht insoweit im inhaltlichen Zusammenhang mit der Unterstützungspflicht bei Betroffenenanfragen gem. Ziff. 8 des Musters.

c) Löschung oder Anonymisierung nicht mehr erforderlichen Daten (Ziff. 6.2)

Um den Verantwortlichen bei der Einhaltung seiner Pflicht zur Speicherbegrenzung nach Art. 5 Abs. 1 lit. e DSGVO zu unterstützen, sieht diese Regelung vor, dass im Auftrag verarbeitete Daten auf Weisung des Verantwortlichen anonymisiert (bzw. gelöscht) werden müssen. **32.36**

8. Unterauftragsverarbeitung (Ziff. 7)

M 32.1.6 Unterauftragsverarbeitung **32.37**

7. Unterauftragsverarbeitung

7.1 Andere Mitglieder der Unternehmensgruppe dürfen im Auftrag des Verantwortlichen verarbeitete Daten nur dann unterverarbeiten, wenn der Verantwortliche vorher eine spezifische oder allgemeine schriftliche Genehmigung in Kenntnis der Sachlage dazu erteilt hat. Dabei ist vertraglich mit dem Verantwortlichen zu bestimmen, ob eine allgemeine vorherige Genehmigung zu Beginn der Dienstleistung ausreichend ist oder ob für jeden neuen Unterauftragsverarbeiter eine spezifische Genehmigung erforderlich ist.

7.2 Wird eine allgemeine Genehmigung erteilt, ist der Verantwortliche rechtzeitig über beabsichtigte Änderungen in Bezug auf die Hinzunahme oder den Ersatz eines Unterauftragsverarbeiters zu benachrichtigen, sodass der Verantwortliche die Möglichkeit hat, der Änderung zu widersprechen oder den Vertrag zu beenden, bevor die Daten an den neuen Unterauftraggeber kommuniziert werden.

7.3 (löschen)

a) Ratio

Da Auftragsverarbeiter bei der Einschaltung (weiterer) Auftragsverarbeiter an die Weisungen des Auftraggebers gebunden sind, war dieser Gliederungspunkt aus dem Muster der Controller-BCR durch die vorliegende Regelung über die Grundsätze bei der gruppeninternen Unterauftragsvergabe (an andere Teilnehmer der Processor-BCR) zu ersetzen. **32.38**

Die Regelung dient dabei der Umsetzung der Vorgaben aus Ziff. 6.1 (vi) von WP 257 rev01.

b) Einwilligungsvorbehalt (Ziff. 7.1)

32.39 Ziff. 7.1 schreibt fest, dass eine Unterauftragsvergabe (auch unter den weiteren Teilnehmern der Processor-BCR) nur stattfinden darf, wenn der jeweilige Verantwortliche dies allgemein oder im spezifischen Fall genehmigt.

Die Regelung entspricht weitgehend der Vorgabe in Art. 28 Abs. 2 DSGVO.

c) Benachrichtigungspflicht und Widerspruchsrecht (Ziff. 7.2)

32.40 Im Falle einer allgemein erteilten Genehmigung in die Unterauftragsvergabe ist der Verantwortliche in jedem Fall der beabsichtigten Hinzuziehung oder Ersetzung eines Unterauftragsverarbeiters entsprechend zu informieren. Für den Fall, dass der Verantwortliche hiermit nicht einverstanden ist, kann er der Hinzuziehung bzw. Ersetzung widersprechen oder den jeweils zugrunde liegenden Vertrag über die Verarbeitung im Auftrag beenden.

9. Rechte der betroffenen Personen (Ziff. 8)

32.41 **M 32.1.7 Rechte der betroffenen Personen**

8. Rechte der betroffenen Personen

8.1 Auf Anfrage des Verantwortlichen sind nach Möglichkeit alle geeigneten technischen und organisatorischen Maßnahmen zu ergreifen, um die Pflichten des Verantwortlichen zur Beantwortung von Anfragen zur Ausübung der Rechte betroffener Personen gemäß Kapitel III der DSGVO zu erfüllen – auch durch Kommunikation aller sachdienlichen Informationen –, um dem Verantwortlichen dabei zu helfen, seiner Verpflichtung zur Achtung der Rechte der betroffenen Personen nachzukommen.

8.2 Alle Anfragen betroffener Personen sind an den Verantwortlichen weiterzuleiten, und zwar ohne diese zu beantworten, es sei denn, die Mitglieder der Unternehmensgruppe sind zu deren Beantwortung berechtigt.

8.3–8.11 (löschen)

a) Ratio

32.42 Da Auftragsverarbeiter im Hinblick auf die im Auftrag verarbeiteten Daten nicht verpflichtet sind, die in Art. 12 ff. DSGVO verankerten Betroffenenrechte zu erfüllen, sehen Processor-BCR für deren Teilnehmer diesbezüglich auch nur entsprechende Pflichten zur Unterstützung des Verantwortlichen bei der Beantwortung von Betroffenenanfragen vor.

Die Regelung dient der Umsetzung der Vorgaben aus Ziff. 6.1 (v) von WP 257 rev01.

b) Unterstützungspflicht (Ziff. 8.1)

32.43 Ziff. 8.1 verpflichtet die Processor-BCR-Teilnehmer, auf Anfrage des Verantwortlichen nach Möglichkeit alle geeigneten technischen und organisatorischen Maßnahmen zu ergreifen, um den Verantwortlichen bei der Beantwortung von Betroffenenanfragen zu unterstützen.

Die Regelung entspricht weitgehend der Vorschrift von Art. 28 Abs. 3 Satz 2 lit. e DSGVO.

c) Grundsätzliche Weiterleitungspflicht (Ziff. 8.2)

Etwaige bei den Teilnehmern eingehende Betroffenenanfragen im Hinblick auf im Auftrag verarbeitete personenbezogene Daten sind den jeweiligen Verantwortlichen weiterzuleiten und im Regelfall nicht zu beantworten. Letzteres gilt nicht, sofern der Teilnehmer entsprechend vom Verantwortlichen instruiert ist, Betroffenenanfragen zu bearbeiten. 32.44

10. Sicherheit und Vertraulichkeit (Ziff. 9)

M 32.1.8 Sicherheit und Vertraulichkeit 32.45

9. Sicherheit und Vertraulichkeit

9.1 Es sind alle geeigneten technischen und organisatorischen Maßnahmen zu ergreifen, um ein Schutzniveau zu gewährleisten, das dem mit der Verarbeitung einhergehenden Risiko angemessen ist, wie in Art. 32 DSGVO dargelegt. Es sind alle technischen und organisatorischen Maßnahmen zu ergreifen, die mindestens den Anforderungen der Rechtsvorschriften entsprechen, die auf den Verantwortlichen anwendbar sind, sowie alle etwaigen besonderen Maßnahmen, die vertraglich mit dem Verantwortlichen vereinbart sind.

9.2 Unter Berücksichtigung der Art der Verarbeitung und der den Mitgliedern der Unternehmensgruppe zur Verfügung stehenden Informationen ist der Verantwortliche ferner bei der Sicherstellung der Einhaltung der in Art. 32 bis 36 DSGVO genannten Pflichten zu unterstützen.

9.3 Der Verantwortliche ist außerdem bei der Durchführung der geeigneten technischen und organisatorischen Maßnahmen zu unterstützen, die dazu bestimmt sind, Datenschutzgrundsätze einzuhalten und die Erfüllung der durch diese verbindlichen internen Datenschutzvorschriften festgelegten Anforderungen in der Praxis – wie etwa den Datenschutz durch Technikgestaltung und durch datenschutzfreundliche Voreinstellungen – zu erleichtern.

9.4 Wenn eine Verletzung des Schutzes der im Auftrag des Verantwortlichen verarbeiteten personenbezogenen Daten bekannt wird, ist diese dem Verantwortlichen unverzüglich zu melden. Darüber hinaus sind als Unterauftragsverarbeiter eingeschaltete Mitglieder der Unternehmensgruppe verpflichtet, sowohl das erstbeauftragte Gruppenmitglied als auch dem Verantwortlichen unverzüglich darüber zu benachrichtigen, wenn ihm eine Verletzung des Schutzes im Auftrag des Verantwortlichen verarbeiteten personenbezogener Daten bekannt wird.

a) Ratio

Die Regelung verpflichtet Teilnehmer der Processor-BCR zur Implementierung von technischen und organisatorischen Datensicherheitsmaßnahmen i.S.v. Art. 32 DSGVO. Da Art. 32 DSGVO unmittelbar auch Auftragsverarbeiter verpflichtet, für eine angemessene Sicherheit der (im Auftrag) verarbeiteten personenbezogenen Daten zu sorgen, statuieren auch die Processor-BCR eine solche genuine, über eine bloße Unterstützung des Verantwortlichen hinausgehende Pflicht für die Teilnehmer der Processor-BCR. 32.46

Als „artverwandte" Pflichten wurden in dieser Klausel zudem Unterstützungspflichten des Verantwortlichen bei der Einhaltung der Anforderungen nach Art. 25 DSGVO sowie eine entsprechende Melde- und Unterstützungspflicht im Falle von Verletzungen des Schutzes personenbezogener Daten statuiert.

Die Regelung dient der Umsetzung der Vorgaben aus Ziff. 6.1 (iv) und 6.1.2 von WP 257 rev01.

b) Eigenständige Pflicht (Ziff. 9.1)

32.47 Ziff. 9.1 statuiert eine genuine Pflicht für die Teilnehmer der Processor-BCR zur Implementierung von geeigneten technischen und organisatorischen Sicherheitsmaßnahmen im Hinblick auf die im Auftrag der Verantwortlichen verarbeiteten personenbezogenen Daten. Als Maßstab ist dabei vorgesehen, dass der Auftragsverarbeiter mindestens einen solchen Sicherheitsstandard erreichen soll, der für den jeweiligen Verantwortlichen im Hinblick auf die verarbeiteten Daten ebenfalls gilt.

Die Regelung entspricht daher der Vorschrift von Art. 28 Abs. 3 Satz 2 lit. c DSGVO.

c) Unterstützung des Verantwortlichen (Ziff. 9.2)

32.48 Ziff. 9.2 statuiert eine Unterstützungspflicht des Verantwortlichen bei der Einhaltung seiner Verpflichtungen auf Grundlage von Art. 32 bis 36 DSGVO.

Die Regelung entspricht daher der Vorschrift von Art. 28 Abs. 3 Satz 2 lit. f DSGVO.

d) Datenschutz durch Technikgestaltung und durch datenschutzfreundliche Voreinstellungen (Ziff. 9.3)

32.49 Ziff. 9.3 statuiert eine Unterstützungspflicht gegenüber dem Verantwortlichen bei der Einhaltung seiner Verpflichtungen auf Grundlage von Art. 25 DSGVO.

e) Meldepflicht bei Verletzungen des Schutzes personenbezogener Daten (Ziff. 9.4)

32.50 Ziff. 9.4 sieht die Pflicht vor, etwaige Verletzungen des Schutzes personenbezogener Daten, die im Auftrag des Verantwortlichen verarbeitete personenbezogene Daten betreffen, dem Verantwortlichen gegenüber unverzüglich anzuzeigen. Diese Pflicht ist an etwaige Unterauftragsverarbeiter weiterzugeben.

Die Regelung greift die gesetzliche Pflicht aus Art. 33 Abs. 2 DSGVO auf.

11. Beschränkung der Weiterübermittlung an externe Unterauftragsverarbeiter (Ziff. 10)

32.51 M 32.1.9 Weiterübermittlung an externe Unterauftragsverarbeiter

10. Weiterübermittlung an externe Unterauftragsverarbeiter

10.1 Außerhalb der Unternehmensgruppe dürfen Daten nur dann unterverarbeitet werden, wenn der Verantwortliche vorher eine spezifische oder allgemeine schriftliche Genehmigung in Kenntnis der Sachlage dazu erteilt hat. Wird eine allgemeine Genehmigung erteilt, ist der Verantwortliche rechtzeitig über beabsichtigte Änderungen in Bezug auf die Hinzunahme oder den Ersatz eines Unterauftragsverarbeiters zu benachrichtigen, sodass der Verantwortliche die Möglichkeit hat, der Änderung zu widersprechen oder den Vertrag zu beenden, bevor die Daten an den neuen Unterauftraggeber kommuniziert werden.

10.2 Gruppenexterne Unterauftragsverarbeiter sind im Wege eines Vertrags oder eines anderen Rechtsinstruments nach dem Unionsrecht oder dem Recht eines Mitgliedstaats einzuschalten, mit dem ein angemessenes Schutzniveau gemäß Artikel 28, 29 und 32 DSGVO geboten wird und mit dem sichergestellt wird, dass dem Unterauftragsverarbeiter dieselben Datenschutzpflichten auferlegt werden, die in der Vereinbarung zwischen dem Verantwortlichen und dem Erstbeauftragten sowie in den Abschnitten 4 bis 10 sowie 13, 14, 16, 18 und 20 dieser verbindlichen internen Datenschutzvorschriften festgelegt sind, wobei insbesondere hinreichende Garantien dafür geboten werden müssen, dass die geeigneten technischen und organisatorischen Maßnahmen so durchgeführt werden, dass die Verarbeitung entsprechend den Anforderungen der DSGVO erfolgt.

10.3 Bei Datentransfers an externe Unterauftragsverarbeiter nach außerhalb der EU/EWR-Mitgliedstaaten oder an einen Staat ohne anerkannt angemessenes Datenschutzniveau beachten wir zusätzlich die strengen europäischen Vorschriften für den grenzüberschreitenden Datenverkehr und verwenden insbesondere die von der EU-Kommission gebilligten Standarddatenschutzklauseln oder andere geeignete vertragliche Vereinbarungen, wo erforderlich.

a) Ratio

Processor-BCR erlauben es grundsätzlich, auch gruppenexterne Dienstleister als Unterauftragsverarbeiter einzuschalten, formulieren diesbezüglich jedoch strenge Voraussetzungen. Diese sind in dieser Ziff. 10 festgehalten.

32.52

Die Regelung dient dabei der Umsetzung der Vorgaben aus Ziff. 6.1 (vii) von WP 257 rev01.

b) Grundsätzliches (Ziff. 10.1)

Im Gleichklang zu gruppeninternen Unterauftragsverarbeitern sieht Ziff. 10.1 vor, dass auch eine gruppenexterne Unterauftragsvergabe nur stattfinden darf, wenn der jeweilige Verantwortliche dies allgemein oder im spezifischen Fall genehmigt.

32.53

Im Falle einer allgemein erteilten Genehmigung der Unterauftragsvergabe ist der Verantwortliche in jedem Fall der beabsichtigten Hinzuziehung oder Ersetzung eines Unterauftragsverarbeiters entsprechend zu informieren. Für den Fall, dass der Verantwortliche hiermit nicht einverstanden ist, kann er der Hinzuziehung bzw. Ersetzung widersprechen oder den jeweils zugrunde liegenden Vertrag über die Verarbeitung im Auftrag beenden.

c) Voraussetzungen (Ziff. 10.2)

Auch die Processor-BCR gelten unmittelbar denklogisch nur für Übermittlungen innerhalb der Gruppe[61]. Um das Schutzniveau jedoch auch bei Weiterverlagerungen an Dienstleister außerhalb der Gruppe aufrecht zu erhalten, bedarf es gewisser Sicherungen.

32.54

Zum einen müssen gruppenexterne Unterauftragsverarbeiter im Wege eines Vertrags oder eines anderen Rechtsinstruments nach dem Unionsrecht oder dem Recht eines Mitgliedstaats eingeschaltet werden, durch den bzw. das dem Unterauftragsverarbeiter dieselben Datenschutzpflichten auferlegt werden wie dem Erstbeauftragten. Zudem ist ein angemessenes Schutzniveau gem. Art. 28, 29 und 32 DSGVO einzuhalten.

Dieser Teil der Regelung entspricht den in Art. 28 Abs. 4 DSGVO festgeschriebenen Anforderungen.

Darüber hinaus sind auch die gruppenexternen Unterauftragsverarbeiter jedenfalls auf Teile der Processor-BCR zu verpflichten. Dies umfasst die Ziff. 4 bis 10 sowie 13, 14, 16, 18 und 20.

d) Erweiterte Voraussetzungen bei Unterauftragsverarbeitern außerhalb der EU/des EWR (Ziff. 10.3)

Für den Fall, dass die Unterauftragsvergabe an außerhalb der EU/des EWR ansässige Stellen erfolgt, sind zudem die Voraussetzungen von Art. 44 ff. DSGVO einzuhalten. Insbesondere Standarddatenschutzklauseln werden somit nötig, wenn etwa ein Cloud Provider die Verarbeitungsprozesse an gruppenexterne Subdienstleister weiterreichen möchte[62].

32.55

---

61 *Jotzo*, Rz. 326.
62 *Jotzo*, Rz. 326.

12. Schulungsprogramm (Ziff. 11)

32.56 Vgl. entsprechende Ausführungen zum Muster der Controller-BCR; § 31, Rz. 31.85 f.

13. Datenschutzaudit (Ziff. 12)

32.57 **M 32.1.10 Datenschutzaudit**

12. Datenschutzaudit

12.1 (unverändert)

12.2 Die Ergebnisse der Audits werden der Unternehmensleitung und dem bzw. den[63] Datenschutzbeauftragte/n mitgeteilt. Die für die Mitglieder der Unternehmensgruppe sowie des jeweiligen Verantwortlichen zuständigen Datenschutzbehörden erhalten eine Kopie der Ergebnisse auf Antrag oder wenn eine Aktualisierung unserer Unternehmensregelungen notwendig wird.

12.3 Bei Bedarf und auf Antrag können die für die Mitglieder der Unternehmensgruppe sowie des jeweiligen Verantwortlichen zuständigen Datenschutzbehörden ein eigenes Audit durchführen. Entsprechende Audits werden unter Beachtung der Vertraulichkeit und der Geschäftsgeheimnisse durchgeführt und strikt begrenzt auf die Feststellung der Einhaltung der unternehmensinternen Vorschriften. Die Prüfungsdaten, die personenbezogene Daten beinhalten, werden dabei unkenntlich gemacht, um die Vertraulichkeit der Daten der betroffenen Personen oder vertraulicher Unternehmensinformationen zu gewährleisten.

12.4 (unverändert)

12.5 Jedes Mitglied der Unternehmensgruppe, das im Auftrag eines bestimmten Verantwortlichen personenbezogene Daten verarbeitet, muss sich auf Antrag dieses Verantwortlichen damit einverstanden erklären, seine Datenverarbeitungseinrichtungen einer Überprüfung zu unterziehen, und zwar in Bezug auf die Verarbeitungstätigkeiten in Bezug auf diesen Verantwortlichen, wobei diese Überprüfung von dem Verantwortlichen oder einer Überprüfungsstelle durchgeführt werden muss, die aus unabhängigen Mitgliedern besteht und über die erforderlichen beruflichen Qualifikationen verfügt, zur Geheimhaltung verpflichtet ist und gegebenenfalls von dem Verantwortlichen in Übereinstimmung mit der Aufsichtsbehörde ausgewählt wird.

a) Ratio

32.58 Auch Teilnehmer an Processor-BCR sind zur Implementierung eines Auditsystems im Hinblick auf ihre BCR-Compliance verpflichtet. Aufgrund ihres Tätigwerdens als Auftragsverarbeiter ergeben sich jedoch gewisse Abweichungen zu Controller-BCR.

Die Regelung dient der Umsetzung der Vorgaben aus Ziff. 2.3 von WP 257 rev01.

b) Zuständigkeit der Datenschutzaufsichtsbehörden des Verantwortlichen (Ziff. 12.2 und 12.3)

32.59 Bei Processor-BCR ist zu beachten, dass sich deren Teilnehmer auch der Zuständigkeit der für den Verantwortlichen zuständigen Datenschutzaufsichtsbehörde unterwerfen müssen. Demgemäß müssen Audit-Reports auch mit solchen Behörden geteilt sowie Inspektionen durch diese akzeptiert werden.

---

63 Bei mehreren Verantwortlichen i.S.d. Art. 4 Nr. 7 DSGVO in der Unternehmensgruppe.

c) Auditrechte des Verantwortlichen (Ziff. 12.5)

Weiter als Controller-BCR gehen Processor-BCR insoweit, als sie nicht nur den Aufsichtsbehörden, sondern auch den Verantwortlichen entsprechende Auditrechte einräumen. **32.60**

Die Regelung greift insoweit die Vorschrift von Art. 28 Abs. 3 Satz 2 lit. h DSGVO auf (geht über den dortigen Regelungsgehalt jedoch hinaus).

14. Einhaltung der BCR und Überwachung (Ziff. 13)

M 32.1.11 Einhaltung der BCR und Überwachung 32.61

13. Einhaltung der BCR und Überwachung

13.1 (unverändert)

13.2 (unverändert)

13.3 (unverändert)

13.4 Gruppenexternen Verantwortlichen sind alle erforderlichen Informationen zum Nachweis der Einhaltung der in diesen verbindlichen internen Datenschutzvorschriften niedergelegten Pflichten zur Verfügung zu stellen und Überprüfungen – einschließlich Inspektionen –, die vom Verantwortlichen oder einem anderen von diesem beauftragten Prüfer durchgeführt werden, zu ermöglichen und dazu beizutragen. Darüber hinaus sind gruppenexterne Verantwortliche unverzüglich zu informieren, falls ein Mitglied unserer Unternehmensgruppe der Auffassung ist, dass eine Weisung gegen die DSGVO oder gegen andere Datenschutzbestimmungen der Union oder der Mitgliedstaaten verstößt.

13.5 Die Mitglieder unserer Unternehmensgruppe müssen ein Verzeichnis aller Kategorien der von ihnen im Namen der einzelnen Verantwortlichen ausgeübten Verarbeitungstätigkeiten (insbesondere einschließlich etwaiger Übermittlungen außerhalb der EU/des EWR) in schriftlicher Form, einschließlich in elektronischer Form, führen und Datenschutzbehörden auf Anfrage zur Verfügung stellen.

a) Ratio

Im Zusammenhang mit der Einhaltung der BCR sowie deren Überwachung schreiben die Processor-BCR erweiterte Pflichten für deren Teilnehmer vor, um eine Überwachung durch den Verantwortlichen zu ermöglichen bzw. zu erleichtern. **32.62**

Die Regelung dient dabei der Umsetzung der Vorgaben aus Ziff. 2.4 und 6.1.2 von WP 257 rev01.

b) Informationspflicht gegenüber dem Verantwortlichen (Ziff. 13.4)

Die Teilnehmer der Processor-BCR sind verpflichtet, dem Verantwortlichen alle Informationen zum Nachweis der Einhaltung der Processor-BCR zur Verfügung stellen und entsprechende Inspektionen akzeptieren. **32.63**

Die Regelung steht damit im engen inhaltlichen Zusammenhang mit Ziff. 12.5 und greift die Vorschrift von Art. 28 Abs. 3 Satz 2 lit. h DSGVO auf.

c) Verzeichnis von Verarbeitungstätigkeiten (Ziff. 13.5)

Processor-BCR verpflichten deren Teilnehmer zur Führung eines Verzeichnisses über die im Auftrag durchgeführten Verarbeitungstätigkeiten. **32.64**

Die Pflicht entspricht daher der Regelung von Art. 30 Abs. 2 DSGVO.

15. Abweichende einzelstaatliche Vorschriften (Ziff. 14)

32.65 **M 32.1.12 Abweichende einzelstaatliche Vorschriften**

14. Abweichende einzelstaatliche Vorschriften

14.1 Hat eine Gesellschaft unserer Unternehmensgruppe Anlass zu der Annahme, dass nationale Vorschriften der Einhaltung dieser internen Datenschutzvorschriften, der Weisungen eines Verantwortlichen oder Pflichten aus einem Vertrag mit einem Verantwortlichen entgegenstehen und deren Garantien beeinträchtigen könnten, wird unverzüglich der Verantwortliche, das für die EU/EWR zuständige Unternehmen, der Datenschutzbeauftragte sowie die für den Verantwortlichen und das jeweilige Mitglied der Unternehmensgruppe zuständige Datenschutzbehörde informiert und das weitere Vorgehen abgesprochen. Im Zweifelsfall werden die zuständigen Datenschutzbehörden zu Rate gezogen.

14.2 Der Verantwortliche ist über jegliches rechtlich verbindliche Ersuchen um Offenlegung der personenbezogenen Daten durch eine Strafverfolgungsbehörde oder eine staatliche Sicherheitsbehörde in Kenntnis zu setzen, dies sei denn, dies ist aus anderen Gründen untersagt (beispielsweise durch ein strafrechtliches Verbot, um bei strafrechtlichen Ermittlungen das Untersuchungsgeheimnis zu wahren). In jedem Fall sollte das Ersuchen um Offenlegung ausgesetzt werden und die für den Verantwortlichen sowie die für jeweilige Mitglied der Unternehmensgruppe zuständige Datenschutzbehörde sollten unmissverständlich über das Ersuchen informiert werden, unter anderem unter Angabe der angeforderten Daten, der anfordernden Behörde und der Rechtsgrundlage für die Offenlegung (sofern nicht anderweitig untersagt).

14.3 Für den Fall, dass die Aussetzung und/oder Meldung im Einzelfall untersagt sind, muss sich nach Kräften bemüht werden, eine Freistellung von diesem Verbot zu erwirken, damit so schnell wie möglich möglichst viele Informationen kommuniziert werden können. Entsprechende Nachweise sind zu dokumentieren.

14.4 Sofern es in den oben dargelegten Fällen nicht möglich ist, die zuständige Datenschutzbehörde zu benachrichtigen, sind der zuständigen Datenschutzbehörde allgemeine Informationen über die erhaltenen Anfragen zur Verfügung zu stellen (zum Beispiel Anzahl der Anträge um Offenlegung, Art der angefragten Daten, soweit möglich ersuchende Stelle usw.).

14.5 In jedem Fall sind Übermittlungen personenbezogener Daten an eine Behörde nur dann zulässig, wenn sie nicht massenhaft, unverhältnismäßig oder undifferenziert sind und in diesem Zusammenhang die Grenzen dessen, was in einer demokratischen Gesellschaft als erforderlich gilt, nicht übersteigen.

a) Ratio

32.66 Wie auch Controller-BCR enthalten Processor-BCR Regelungen zum Umgang mit Konstellationen, in denen nationales Recht, dem ein Teilnehmer der Processor-BCR unterliegt, diesen (möglicherweise) daran hindert, sich an die Processor-BCR sowie Verträge mit dem bzw. Weisungen des Verantwortlichen einzuhalten. Im Nachgang zum „Schrems II"-Urteil des EuGH[64] hat sich die Relevanz dieses Spannungsverhältnisses erheblich verschärft; auch im Zusammenhang mit BCR (hierzu ausf. § 31, Rz. 31.10 f.).

Die Regelung dient dabei der Umsetzung der Vorgaben aus Ziff. 6.3 von WP 257 rev01.

b) Anzeige auch gegenüber dem Verantwortlichen (Ziff. 14.1)

32.67 Im Falle von etwaigen Konflikten mit nationalem Recht sind nicht nur die Unternehmensgruppe und die hierfür zuständigen Datenschutzaufsichtsbehörden, sondern auch der Verantwortliche sowie die für ihn zuständige Datenschutzaufsichtsbehörde entsprechend zu informieren.

---

64 EuGH v. 16.7.2020 – C-311/18, MMR 2020, 597.

c) Anzeige von Offenlegungsersuchen (Ziff. 14.2)

Anzuzeigen sind gem. Ziff. 14.2 insbesondere Vorfälle, in denen ein Teilnehmer der Processor-BCR durch eine Strafverfolgungsbehörde oder eine staatliche Sicherheitsbehörde zur Offenlegung von im Auftrag verarbeiteter Daten verpflichtet wird, es sei denn, dies ist verboten (sog. *Gag Orders*). Wenn möglich ist die Offenlegung auszusetzen.   32.68

d) Bemühungen gegen Schweigepflichten (Ziff. 14.3)

Im Falle einer Gag Order müssen sich die Teilnehmer der Processor-BCR mit allen Kräften bemühen, eine entsprechende Freistellung davon zu erhalten und möglichst viele Information so früh wie möglich kommunizieren. Entsprechende Nachweise sind zu dokumentieren.   32.69

e) Meldung von statistischen Angaben (Ziff. 14.4)

Falls keine solche Freistellung erreicht werden kann, sind der zuständigen Datenschutzbehörde allgemeine Informationen über die erhaltenen Anfragen zur Verfügung zu stellen (z.B. Anzahl der Anträge um Offenlegung, Art der angefragten Daten, soweit möglich ersuchende Stelle usw.).   32.70

f) Umfang von Offenlegungen (Ziff. 14.5)

In jedem Fall dürfen Offenlegungen nicht massenhaft, unverhältnismäßig oder undifferenziert erfolgen und in diesem Zusammenhang die Grenzen dessen, was in einer demokratischen Gesellschaft als erforderlich gilt, überschreiten.   32.71

Diese Regelung orientiert sich an der Klarstellung in den EU-Standarddatenschutzklauseln, dass derartige Offenlegungen eben keinen Verstoß gegen die darin verbrieften Pflichten des Datenimporteurs darstellen, sofern es sich um zwingende rechtliche Erfordernisse handelt, die nicht über das hinausgehen, was in einer demokratischen Gesellschaft zur Gewährleistung u.a. der Sicherheit des Staats, der Landesverteidigung und der öffentlichen Sicherheit erforderlich ist[65].

16. Beschwerdemöglichkeiten (Ziff. 15)

M 32.1.13 Beschwerdemöglichkeiten   32.72

15. Beschwerdemöglichkeiten

15.1 (unverändert)

15.2 Alle Beschwerden betroffener Personen sind an den Verantwortlichen weiterzuleiten, und zwar ohne diese zu beantworten, es sei denn, die Mitglieder der Unternehmensgruppe sind zu deren Beantwortung berechtigt, entweder wenn der Verantwortliche dies entsprechend angewiesen hat oder der Verantwortliche faktisch oder rechtlich nicht mehr besteht oder zahlungsunfähig ist.

15.3 Werden die Beschwerden von einem Mitglied der Unternehmensgruppe bearbeitet, sind diese ohne ungerechtfertigte Verzögerung und in jedem Fall binnen eines Monats zu bearbeiten. Bei hoher Komplexität und Anzahl von Anträgen kann diese Frist um höchstens zwei weitere Monate verlängert werden, wobei die betroffene Person entsprechend informiert werden sollte.

---

65 Vgl. Fußnote zu Klausel 5 der Standardvertragsklauseln für die Übermittlung personenbezogener Daten an Auftragsverarbeiter in Drittländern nach der Richtlinie 95/46/EG des Europäischen Parlaments und des Rates (Beschluss 2010/87).

a) Ratio

32.73 Processor-BCR sehen ebenfalls eine Verpflichtung vor, eine Beschwerdemöglichkeit für betroffene Personen einzurichten. Um der Rolle als Auftragsverarbeiter gerecht zu werden, sind die Teilnehmer der Processor-BCR jedoch – wie auch bei Betroffenenanfragen nach den Art. 15 ff. DSGVO – zur Weiterleitung der Beschwerden an den Verantwortlichen verpflichtet.

Die Regelung dient dabei der Umsetzung der Vorgaben aus Ziff. 2.2 von WP 257 rev01.

b) Weiterleitung an Verantwortlichen (Ziff. 15.2)

32.74 Im Regelfall sind Teilnehmer von Processor-BCR verpflichtet, etwaige Beschwerden an den Verantwortlichen weiterzuleiten und diese nicht zu bearbeiten, es sei denn der Verantwortliche hat den jeweiligen Teilnehmer entsprechend angewiesen oder der Verantwortliche existiert faktisch oder rechtlich nicht mehr oder ist zahlungsunfähig.

c) Bearbeitungsmodalitäten (Ziff. 15.3)

32.75 Für den Fall, dass Beschwerden von den Teilnehmern der Processor-BCR bearbeitet werden, sind diese – in Anlehnung an Art. 12 Abs. 3 DSGVO – im Regelfall binnen eines Monats zu beantworten, wobei diese Frist im Ausnahmefall um weitere zwei Monate verlängert werden kann.

17. Drittbegünstigung (Ziff. 16)

32.76 **M 32.1.14 Drittbegünstigung**

16. Drittbegünstigung

16.1 Betroffene Personen können gegenüber den Mitgliedern der Unternehmensgruppe die folgenden Pflichten dieser verbindlichen internen Datenschutzvorschriften durchsetzen: Ziffern 1.8, 4, 7, 8, 9, 10, 14, 15, 17, 18 und 21.

16.2 Falls betroffene Personen außerstande sind, Ansprüche gegen den Verantwortlichen geltend zu machen, weil der Verantwortliche faktisch oder rechtlich nicht mehr existiert oder zahlungsunfähig ist, es sei denn, ein Rechtsnachfolger hat sämtliche rechtlichen Verpflichtungen des Verantwortlichen vertraglich oder kraft Gesetzes übernommen, können diese betroffenen Personen über Ziffer 16.1 hinausgehend die weiteren, ihnen nach diesen verbindlichen internen Datenschutzvorschriften zustehenden Rechte gegenüber den Mitgliedern der Unternehmensgruppe durchsetzen.

a) Ratio

32.77 Auch Processor-BCR sehen Drittbegünstigungsrechte zugunsten der betroffenen Personen vor. Diese sind jedoch aufgrund der Rolle der Teilnehmer als Auftragsverarbeiter im Vergleich zu Controller-BCR entsprechend eingeschränkt.

Die Regelung dient der Umsetzung der Vorgaben aus Ziff. 1.3 von WP 257 rev01.

b) Gegenüber Teilnehmern unmittelbar durchsetzbare Pflichten (Ziff. 16.1)

32.78 Unmittelbar gegenüber den Teilnehmern der Processor-BCR durchsetzbare Pflichten aus den Processor-BCR sind nur solche, die Anforderungen aus der DSGVO aufgreifen, die genuin auch Auftragsverarbeiter treffen.

Demgemäß sind folgende Regelungen der Processor-BCR von betroffenen Personen unmittelbar gegenüber den Teilnehmern durchsetzbar:

– Pflicht zur Einhaltung der Anweisungen des Verantwortlichen in Bezug auf die Datenverarbeitung – auch in Bezug auf Datenübermittlungen an Drittländer;

– Pflicht zur Umsetzung geeigneter technischer und organisatorischer Maßnahmen und Pflicht zur Meldung von Verletzungen des Schutzes personenbezogener Daten an den Verantwortlichen;

– Pflicht zur Einhaltung der Bedingungen bei Beauftragung eines Unterauftragsverarbeiters innerhalb oder außerhalb der Unternehmensgruppe;

– Pflicht zur Zusammenarbeit mit und Unterstützung des Verantwortlichen bei der Einhaltung und beim Nachweis der Einhaltung der Processor-BCR;

– leichter Zugang zu den BCR;

– Recht auf Beschwerde über das interne Beschwerdeverfahren;

– Pflicht zur Zusammenarbeit mit der Aufsichtsbehörde;

– Bestimmungen hinsichtlich Haftung, Schadenersatz und Gerichtsbarkeit;

– einzelstaatliche Rechtsvorschriften, die die Einhaltung der BCR verhindern.

c) Subsidiär gegenüber Teilnehmern durchsetzbare Pflichten (Ziff. 16.2)

Weitergehende Vorschriften der Processor-BCR können nur dann gegenüber den Teilnehmern durchgesetzt werden, wenn die betroffene Person außerstande ist, Ansprüche gegenüber dem Verantwortlichen durchzusetzen, weil der Verantwortliche faktisch oder rechtlich nicht mehr existiert oder zahlungsunfähig ist, es sei denn, ein Rechtsnachfolger hat sämtliche rechtlichen Verpflichtungen des Verantwortlichen vertraglich oder kraft Gesetzes übernommen und die betroffene Person kann ihre Rechte deshalb gegen dieses Unternehmen durchsetzen. 32.79

18. Haftung (Ziff. 17)

M 32.1.15 Haftung 32.80

17. Haftung

17.1 Fügt eines der Mitglieder unserer Unternehmensgruppe oder ein eingeschalteter gruppenexterner Unterauftragsverarbeiter der betroffenen Person durch eine rechtswidrige Verarbeitung ihrer personenbezogenen Daten oder eine andere, mit unseren verbindlichen internen Datenschutzvorschriften nicht zu vereinbarende widerrechtliche Handlung einen Schaden zu, so kann sie Ersatz für die ihr entstandenen materiellen und immateriellen Schäden verlangen. Die Ersatzpflicht entfällt, wenn das in der EU ansässige Mitglied unserer Unternehmensgruppe nachweist, dass er in keinerlei Hinsicht für den Umstand, durch den der Schaden eingetreten ist, verantwortlich ist.

17.2 (unverändert)

[Alternativ: Jedes Mitglied unserer Unternehmensgruppe, das im Auftrag eines gruppenexternen Verantwortlichen personenbezogene Daten aus der EU exportiert, haftet für Verletzungen dieser verbindlichen internen Datenschutzvorschriften, die von Unterauftragsverarbeitern (innerhalb oder außerhalb unserer Unternehmensgruppe) außerhalb der EU begangen werden, welche die Daten von dem in der EU ansässigen Mitglied erhalten haben.]

17.3 (unverändert)

17.4 Sind sowohl der Verantwortliche als auch ein Mitglied unserer Unternehmensgruppe an derselben Verarbeitung beteiligt und sind sie für einen durch die Verarbeitung verursachten Schaden verantwortlich, so ist die betroffene Person berechtigt, unmittelbar vom Mitglied unserer Unternehmensgruppe Schadenersatz für den gesamten Schaden zu fordern.

17.5 Ferner sind gruppenexterne Verantwortliche berechtigt, im Falle von jeglichen Verletzungen dieser verbindlichen Unternehmensregelungen diese verbindlichen internen Datenschutzvorschriften gegenüber den Mitgliedern unserer Unternehmensgruppe durchzusetzen. Im Falle von Verletzungen durch außerhalb der EU/des EWR ansässige Mitglieder unter Unternehmensgruppe oder gruppenexterne Unterauftragsverarbeiter findet Ziffer 17.2 Anwendung. Im Falle von gruppenexternen Unterauftragsverarbeitern gilt dies entsprechend, sofern diese gegen die nach Ziffer 10.2 abgeschlossene Vereinbarung verstoßen.

17.6 Falls der Verantwortliche nachweisen kann, dass er einen Schaden erlitten hat und Tatsachen anführen kann, aus denen hervorgeht, dass der Schaden wahrscheinlich durch eine Verletzung der internen Datenschutzvorschriften verursacht wurde, so obliegt es uns, nachzuweisen, dass wir nicht für den Verstoß verantwortlich sind, durch den der Schaden entstanden ist oder dass kein Verstoß vorlag.

a) Ratio

32.81 Die Haftungsregelung der Processor-BCR trägt in Abweichung zu Controller-BCR den Umständen Rechnung, dass (i) in der Regel primär der Verantwortliche gegenüber den betroffenen Personen haftet, jedoch (ii) dass die Teilnehmer der Processor-BCR als Auftragsverarbeiter für die Verletzungen etwaig eingeschalteter Unterauftragsverarbeiter haften.

Die Regelung dient der Umsetzung der Vorgaben aus Ziff. 1.4, 1.5 und 1.7 von WP 257 rev01.

b) Grundsatz (Ziff. 17.1)

32.82 Ziff. 17.1 regelt die grundsätzliche Schadensersatzpflicht für Teilnehmer an Processor-BCR, sofern einer betroffenen Person ein materieller oder immaterieller Schaden infolge eines Verstoßes gegen die Processor-BCR entsteht, es sei denn dem Teilnehmer (oder dem in der EU/dem EWR ansässigen Teilnehmer, der die Haftung für außerhalb der EU/des EWR begangene Verletzungen übernommen hat) gelingt der Entlastungsbeweis.

Die Haftung erstreckt sich auf Verletzungen durch Unterauftragsverarbeiter.

c) Haftungsübernahme durch Teilnehmer in der EU/dem EWR (Ziff. 17.2)

32.83 Wie auch bei Controller-BCR muss ein Teilnehmer in der EU/dem EWR die Haftung für Verletzungen übernehmen, die ein außerhalb der EU/des EWR ansässiger Teilnehmer begangen hat.

Im Rahmen von Processor-BCR ist alternativ anerkannt, dass jeder in der EU/dem EWR ansässige Teilnehmer für die Verletzungen derjenigen Teilnehmer außerhalb der EU/dem EWR haftet, denen er im Auftrag des Verantwortlichen verarbeitete Daten übermittelt hat. Diese Haftungsregelung ist im Antragsprozess gesondert gegenüber den Aufsichtsbehörden auf Grundlage der „besonderen Unternehmensstruktur" zu begründen.

d) Gesamtschuldnerische Haftung (Ziff. 17.4)

32.84 Ziff. 17.4 statuiert eine gesamtschuldnerische Haftung zwischen den Verantwortlichen sowie Teilnehmern der Processor-BCR, sofern sie an der schadensverursachenden Verarbeitung beteiligt waren. Die Regelung entspricht somit Art. 82 Abs. 4 Satz 1 DSGVO. Eine Exkulpationsmöglichkeit steht über Ziff. 17.1 offen.

e) Haftung gegenüber dem Verantwortlichen (Ziff. 17.5)

Gemäß Ziff. 17.5 sind Verantwortliche berechtigt, die Processor-BCR gegenüber den Teilnehmern sowie etwaig eingeschalteten Unterauftragsverarbeitern im Falle von Verletzungen durchzusetzen. Im Falle von außerhalb der EU/dem EWR ansässigen Teilnehmern bzw. Unterauftragsverarbeitern findet Ziff. 17.2 Anwendung. Gegenüber Unterauftragsverarbeitern kann ebenfalls der Unterauftragsverarbeitungsvertrag vom Verantwortlichen durchgesetzt werden.

32.85

f) Beweislasterleichterung zugunsten des Verantwortlichen (Ziff. 17.6)

Zugunsten des Verantwortlichen findet die gleiche Beweiserleichterung Anwendung wie für betroffene Personen nach Ziff. 17.3.

32.86

19. Gegenseitige Unterstützung und Zusammenarbeit mit den Datenschutzbehörden und den Verantwortlichen (Ziff. 18)

M 32.1.16 Gegenseitige Unterstützung und Zusammenarbeit mit den Datenschutzbehörden und den Verantwortlichen

32.87

18. Gegenseitige Unterstützung und Zusammenarbeit mit den Datenschutzbehörden und den Verantwortlichen

18.1 (unverändert)

18.2 (unverändert)

18.3 Die Mitglieder der Unternehmensgruppe sind ferner verpflichtet, mit gruppenexternen Verantwortlichen zusammenzuarbeiten und sie dabei zu unterstützen, das Datenschutzrecht einzuhalten (etwa seine Verpflichtung, die Rechte betroffener Personen zu achten oder deren Beschwerden zu bearbeiten oder auf Untersuchungen oder Anfragen der Aufsichtsbehörden zu reagieren). Dies hat innerhalb einer angemessenen Zeit und in dem Umfang zu erfolgen, in dem dies vernünftigerweise möglich ist.

a) Ratio

In Ergänzung zu Controller-BCR statuieren Processor-BCR nicht nur Kooperationspflichten mit Datenschutzaufsichtsbehörden, sondern ebenfalls – der Rolle als Auftragsverarbeiter geschuldet – mit den Verantwortlichen.

32.88

Die Regelung dient hierbei der Umsetzung der Vorgaben aus Ziff. 3.1 und 3.2 von WP 257 rev01.

b) Unterstützung des Verantwortlichen (Ziff. 18.3)

Ziff. 18.3 statuiert eine allgemeine Unterstützungspflicht zugunsten des Verantwortlichen bei der Einhaltung ihn treffender datenschutzrechtlicher Pflichten im angemessenen Umfang.

32.89

20. Aktualisierung der Vorschriften und Veränderungen im Unternehmen (Ziff. 19)

32.90 **M 32.1.17 Aktualisierung der Vorschriften und Veränderungen im Unternehmen**

19. Aktualisierung der Vorschriften und Veränderungen im Unternehmen

19.1 (unverändert)

19.2 (unverändert)

19.3 (unverändert)

19.4 Änderungen sind dem Verantwortlichen anzuzeigen. Betrifft eine Änderung die Bedingungen der Verarbeitung, sollte der Verantwortliche rechtzeitig benachrichtigt werden, damit der Verantwortliche die Möglichkeit hat, der Änderung zu widersprechen oder den jeweiligen Vertrag über die Verarbeitung von personenbezogenen Daten in seinem Auftrag zu beenden, bevor die Änderung vollzogen wird.

a) Ratio

32.91 Da Änderungen von Processor-BCR insbesondere auch den Verantwortlichen betreffen können, statuieren die Processor-BCR entsprechende Benachrichtigungspflichten zugunsten des Verantwortlichen, sofern die Processor-BCR geändert werden sollen.

Die Regelung dient dabei der Umsetzung der Vorgaben aus Ziff. 5.1 von WP 257 rev01.

b) Benachrichtigung des Verantwortlichen (Ziff. 19.4)

32.92 Sofern eine Änderung der Processor-BCR die Bedingungen der Verarbeitung der im Auftrag des Verantwortlichen verarbeiteten Daten betrifft, ist der Verantwortliche rechtzeitig zu benachrichtigen, damit der Verantwortliche die Möglichkeit hat, der Änderung zu widersprechen oder den jeweiligen Vertrag über die Verarbeitung von personenbezogenen Daten in seinem Auftrag zu beenden.

21. Verhältnis zwischen einzelstaatlichem Recht und BCR (Ziff. 20)

32.93 Vgl. die entsprechenden Ausführungen zum Muster der Controller-BCR; § 31, Rz. 31.122 f.

22. Gerichtsstand (Ziff. 21)

32.94 **M 32.1.18 Gerichtsstand**

21. Gerichtsstand/Datenschutzbehörden[66]

21.1 Die betroffene Person hat ein Wahlrecht, ob sie die ihr in diesen verbindlichen internen Datenschutzvorschriften eingeräumten Rechte am Gerichtsstand einer Niederlassung des Verantwortlichen oder eines Mitglieds unserer Unternehmensgruppe in der EU bzw. im EWR oder ihres gewöhnlichen Aufenthaltsorts geltend macht.

21.2 Unabhängig davon hat die betroffene Person ein Wahlrecht, sich an eine Datenschutzbehörde ihres gewöhnlichen Aufenthaltsorts, ihres Arbeitsplatzes oder des Orts des mutmaßlichen Verstoßes zu wenden, wenn sie der Ansicht ist, dass die Verarbeitung der sie betreffenden personenbezogenen Daten gegen diese verbindlichen internen Datenschutzvorschriften verstößt.

---

66 Zu den Erläuterungen siehe Rz. 31.124 ff.

a) Ratio

Ziff. 21 der Processor-BCR legt fest, welchen Gerichtsbarkeiten und Datenschutzaufsichtsbehörden sich die Teilnehmer der Processor-BCR unterwerfen. Sinn und Zweck der Regelung ist, dass den betroffenen Personen die erleichterte Erreichbarkeit aufsichtsbehördlicher bzw. gerichtlicher Rechtsbehelfe der DSGVO auch im Falle von Drittlandübermittlungen erhalten bleibt.   32.95

Die Regelung dient dabei der Umsetzung der Vorgaben aus Ziff. 1.3 von WP 257 rev01.

b) Gerichtsstand (Ziff. 21.1)

Bei der Durchsetzung der ihr aus den Processor-BCR zustehenden Rechte hat die betroffene Person die Wahl, diese am Gerichtsstand einer Niederlassung des Verantwortlichen oder eines Teilnehmers der Processor-BCR in der EU bzw. im EWR (auch wenn die Verletzung außerhalb der EU/des EWR begangen wurde) oder ihres gewöhnlichen Aufenthaltsorts geltend zu machen.   32.96

Die Regelung entspricht somit weitgehend der Vorschrift von Art. 79 Abs. 2 DSGVO.

c) Zuständigkeit von Datenschutzaufsichtsbehörden (Ziff. 21.2)

Zudem hat die betroffene Person das Recht, sich an eine Datenschutzbehörde ihres gewöhnlichen Aufenthaltsorts, ihres Arbeitsplatzes oder des Orts des mutmaßlichen Verstoßes zu wenden, wenn sie der Ansicht ist, dass die Verarbeitung der sie betreffenden personenbezogenen Daten gegen die Processor-BCR verstößt.   32.97

Die Regelung entspricht somit weitgehend der Vorschrift von Art. 77 Abs. 1 DSGVO.

23. Schlussbestimmungen (Ziff. 22)

Vgl. die entsprechenden Ausführungen zum Muster der Controller-BCR; § 31, Rz. 31.128 f.   32.98

Teil 6
Datenschutzklauseln

§ 33
Datenschutzklausel Aufgabenverlagerung (ehem. Funktionsübertragung)

Literatur: *Becker*, EU-Datenschutz-Grundverordnung, ITRB 2016, 107; *Benecke/Wagner*, Öffnungsklauseln in der Datenschutz-Grundverordnung und das deutsche BDSG – Grenzen und Gestaltungsspielräume für ein nationales Datenschutzrecht, DVBl 2016, 600; *Buchner*, Grundsätze und Rechtmäßigkeit der Datenverarbeitung unter der DS-GVO, DuD 2016, 155; *Cebulla*, Auftragsdatenverarbeitung oder Funktionsübertragung, PinG 2015, 259; *Conrad*, Transfer von Mitarbeiterdaten zwischen verbundenen Unternehmen, ITRB 2005, 164; *Evers/Kiene*, Datenschutzrechtliche Folgen der Ausgliederung von Dienstleistungen, DuD 2003, 431; *Gabel*, Informationspflicht bei unrechtmäßiger Kenntniserlangung von Daten, BB 2009, 2045; *Gliss*, Outsourcing und Auftragsdatenverarbeitung: BDSG-Novelle zwingt zum Umdenken, DSB 2009, 16; *Grütz-macher*, Vertragliche Ansprüche auf Herausgabe von Daten gegenüber dem Outsourcing-Anbieter, ITRB 2004, 260; *Grützmacher*, Außervertragliche Ansprüche auf Herausgabe von Daten gegenüber dem Outsour-cing-Anbieter, ITRB 2004, 282; *Grützmacher*, Datenschutz und Outsourcing, ITRB 2007, 183; *Härting*, Auftragsverarbeitung nach der DSGVO, ITRB 2016, 137; *Hilber/Knorr/Müller*, Serververlagerungen im Konzern, CR 2011, 417; *Hladjk*, Artikel 29-Gruppe: „Verantwortlicher der Datenverarbeitung" und „Auftragsdatenver-arbeiter", DSB 2010, 12; *Hoeren*, Das neue BDSG und die Auftragsdatenverarbeitung, DuD 2010, 688; *Kilian/Scheja*, Freier Datenfluss im Allfinanzkonzern?, BB 2002, Supplement Banken & Versicherungen, 19; *Kort*, Arbeitnehmerdatenschutz gemäß der EU-Datenschutz-Grundverordnung, DB 2016, 711; *Kotthoff/Gabel*, Outsourcing, 2008; *Kramer*, Datenschutzverträge und ihre Erlaubniswirkung, DSB 2018, 169; *Kramer/Herr-mann*, Auftragsdatenverarbeitung, CR 2003, 938; *Kremer*, Gemeinsame Verantwortlichkeit: Die neue Auf-tragsverarbeitung?, CR 2019, 225; *Müthlein*, ADV 5.0 – Neugestaltung der Auftragsdatenverarbeitung in Deutschland, RDV 2016, 74; *Nink/Müller*, Beschäftigtendaten im Konzern – Wie die Mutter so die Tochter? Arbeits- und datenschutzrechtliche Aspekte einer zentralen Personalverwaltung, ZD 2012, 505; *Petri*, Auf-tragsverarbeitung – heute und morgen, ZD 2015, 305; *Räther*, Datenschutz und Outsourcing, DuD 2005, 461; *Redeker*, Handbuch der IT-Verträge, Loseblattsammlung, Stand 40. Ergänzungslieferung 2020; *Roß-nagel/Kroschwald*, Was wird aus der Datenschutzgrundverordnung?, ZD 2014, 495; *Schantz*, Die Daten-schutz-Grundverordnung – Beginn einer neuen Zeitrechnung im Datenschutzrecht, NJW 2016, 1841; *Schneider*, Schließt Art. 9 DS-GVO die Zulässigkeit der Verarbeitung bei Big Data aus?, ZD 2017, 303; *Schulz*, Die (Un-) Zulässigkeit von Datenübertragungen innerhalb verbundener Unternehmen, BB 2011, 2552; *Steding/Meyer*, Outsourcing von Bankdienstleistungen: Bank- und datenschutzrechtliche Probleme der Auf-gabenverlagerung von Kreditinstituten auf Tochtergesellschaften und sonstige Dritte, BB 2001, 1693; *Sut-*

schet, Auftragsdatenverarbeitung und Funktionsübertragung, RDV 2004, 97; *Weichert*, Cloud Computing und Datenschutz, DuD 2010, 679; *Wieczorek*, Der räumliche Anwendungsbereich der EU-Datenschutz-Grundverordnung, DuD 2013, 644; *Wybitul*, Der neue Beschäftigtendatenschutz nach § 26 BDSG und Art. 88 DSGVO, NZA 2017, 413; *Wybitul*, EU-Datenschutz-Grundverordnung in der Praxis – was ändert sich durch das neue Datenschutzrecht?, BB 2016, 1077.

A. Einleitung

33.1 Die meist wirtschaftlich motivierte Verlagerung von Aufgaben zwischen Unternehmen (z.B. in Form von **Outsourcing** oder **Shared Service Centern**) erfordert häufig die Weitergabe von personenbezogenen Daten durch das beauftragende Unternehmen (Kunde) an das beauftragte Unternehmen (Dienstleister). Hierbei sind seit dem 25.5.2018 die Vorgaben der DSGVO zu beachten. Dies gilt auch dann, wenn es sich bei Kunde und Dienstleister um miteinander verbundene Unternehmen handelt. Ein generelles **Konzernprivileg** ist der DSGVO[1] fremd; der konzerninterne Datenaustausch ist jedoch ausdrücklich als berechtigtes Interesse der beteiligten Stellen anerkannt[2] und damit leichter zu rechtfertigen, als dies unter dem BDSG a.F. der Fall war[3].

33.2 Eine Weitergabe von personenbezogenen Daten durch den Kunden an den Dienstleister ist grundsätzlich nur zulässig, wenn eine Vereinbarung über die **Auftragsverarbeitung** nach Art. 28 DSGVO (ehem. § 11 BDSG a.F.) geschlossen wird oder die Verarbeitung von einer anderen Erlaubnisvorschrift gedeckt ist (z.B. Art. 6 DSGVO). Im Rahmen der Auftragsdatenverarbeitung nach dem BDSG a.F. war in der Regel nur die praktisch-technische Durchführung der Aufgabe an den Dienstleister übertragen worden, während die maßgeblichen Entscheidungen über den Umgang mit den betroffenen Daten beim Kunden verblieben sind. Die Auftragsdatenverarbeitung war deshalb vom BDSG a.F. privilegiert, indem die Datenweitergabe nicht durch eine Einwilligung der Betroffenen oder eine Rechtsvorschrift gerechtfertigt sein musste[4]. Eine über die Auftragsdatenverarbeitung nach dem BDSG a.F. hinausgehende und als solche rechtlich besonders zu rechtfertigende **Datenübermittlung** sollte nach tradierter Sichtweise der deutschen Aufsichtsbehörden und überwiegender Meinung im Schrifttum hingegen vorliegen, wenn der Kunde dem Dienstleister die Aufgabe zur eigenverantwortlichen Erledigung übertrug (sog. **Funktionsübertragung**)[5].

33.3 Im Rahmen der DSGVO kann an dieser Abgrenzung nicht mehr festgehalten werden; die Rechtsfigur der Funktionsübertragung ist in der DSGVO nicht vorgesehen und wurde inzwischen auch von den

---

1 Stellv. *Schulz* in Gola, Art. 6 DSGVO Rz. 195; *Buchner/Petri* in Kühling/Buchner, Art. 6 DSGVO Rz. 168; *Pauly* in Paal/Pauly, Art. 47 DSGVO Rz. 1; jeweils m.w.N.; (wohl) a.A. *Kort*, DB 2016, 711 (714), welcher zumindest von einem beschränkten Konzernprivileg innerhalb der DSGVO spricht.

2 Erwägungsgrund 48 DSGVO: „Verantwortliche, die Teil einer Unternehmensgruppe sind […], können ein berechtigtes Interesse haben, personenbezogene Daten innerhalb der Unternehmensgruppe für interne Verwaltungszwecke […] zu übermitteln"; *Schulz* in Gola, Art. 6 DSGVO Rz. 195; *Buchner/Petri* in Kühling/Buchner, Art. 6 DSGVO Rz. 168.

3 Zum BDSG a.F. stellv. *Conrad* in Auer-Reinsdorff/Conrad, 2. Aufl. 2016, § 34 Rz. 271; *Kilian/Scheja*, BB 2002, Supplement Banken & Versicherungen, 19 (21 f.); *Plath* in Plath, 2. Aufl. 2016, § 11 BDSG Rz. 42; *Simitis* in Simitis, § 2 BDSG Rz. 142; *Taeger* in Taeger/Gabel, 2. Aufl. 2013, § 4 BDSG Rz. 40, § 28 BDSG Rz. 128; jeweils m.w.N.

4 Zur Frage, inwieweit dies unter der DSGVO fortgilt, siehe stellv. *Hartung* in Kühling/Buchner, Art. 28 DSGVO Rz. 15 ff. m.w.N. und *Plath* in Plath, Art. 28 DSGVO Rz. 5, die sich (nachvollziehbarerweise) für eine Fortgeltung der Privilegierung aussprechen.

5 Ausf. zu dieser Abgrenzung mit verschiedenen Beispielen Tätigkeitsbericht 2009/2010 des Bayerischen Landesamts für Datenschutzaufsicht (nicht-öffentlicher Bereich), S. 35 ff.; siehe auch *Gabel* in Taeger/Gabel, 2. Aufl. 2013, § 11 BDSG Rz. 12 ff. und *Hartung* in Kühling/Buchner, Art. 28 DSGVO Rz. 25, jeweils m.w.N. zum Meinungsstand.

deutschen Aufsichtsbehörden ausdrücklich aufgegeben[6]. Die Auslegung des Begriffs der Auftragsverarbeitung hat sich vielmehr an den Vorgaben der DSGVO zu orientieren. Eine **Auftragsverarbeitung** kommt nach der DSGVO immer dann in Betracht, wenn die tatsächliche Entscheidungsbefugnis über Zweck und Mittel der Datenverarbeitung i.S.v. Art. 4 Nr. 7 DSGVO grundsätzlich beim Kunden verbleibt und der Dienstleister personenbezogene Daten lediglich i.S.v. Art. 4 Nr. 8 DSGVO im Auftrag des Kunden verarbeitet[7]. **Andere Fälle der Aufgabenverlagerung** wären dann als eine Datenübermittlung zwischen zwei eigenständig Verantwortlichen und damit als eine Form der **Verarbeitung** i.S.v. Art. 4 Nr. 2 DSGVO anzusehen, welche die Voraussetzungen einer Erlaubnisnorm (z.B. Art. 6 Abs. 1 UAbs. 1 lit. f DSGVO) erfüllen muss[8].

Hiervon abzugrenzen ist wiederum das Institut der **„Gemeinsam für die Verarbeitung Verantwortlichen"** nach Art. 26 DSGVO. In diesem Fall legen zwei oder mehr Verantwortliche gemeinsam die Zwecke der und die Mittel zur Verarbeitung fest. Hier liegt weder eine Auftragsverarbeitung noch eine Datenübermittlung zwischen zwei voneinander unabhängigen Verantwortlichen vor. Die Beteiligten handeln vielmehr gemeinsam als Verantwortliche und treffen abhängig von ihrer jeweiligen Funktion und der Beziehung zueinander Entscheidungen über die Zwecke oder wesentlichen Mittel der Verarbeitung[9]. Art. 26 DSGVO stellt hierbei auch keine eigenständige Rechtsgrundlage für eine Verarbeitung durch mehrere Verantwortliche dar, so dass jeder Verantwortliche einer eigenen Rechtsgrundlage bedarf[10]. | 33.4

Anders als im Falle der Auftragsverarbeitung sieht das Gesetz für sonstige Formen der **Aufgabenverlagerung** keine vertraglichen Vereinbarungen zwischen Kunde und Dienstleister über datenschutzrechtliche Belange vor[11]. Nach früherer Rechtslage wurden solche vertraglichen Vereinbarungen jedoch zur Sicherstellung einer datenschutzkonformen Aufgabenerfüllung von den Aufsichtsbehörden für erforderlich gehalten[12] und waren in der Praxis auch verbreitet anzutreffen[13]. Das nachfolgende Vertragsmuster enthält einen auf Basis der einschlägigen aufsichtsbehördlichen Anforderungen generisch formulierten und an die Vorschriften der DSGVO angepassten Vorschlag für eine entsprechende Vertragsklausel, die zur Aufnahme in ein größeres Vertragswerk (z.B. einen Geschäftsbesorgungsvertrag) konzipiert und an etwaige Besonderheiten des Einzelfalles anzupassen ist. Die Anpassungen an die DSGVO berücksichtigen vor allem die Verschiebungen im Verantwortlichkeitsgefüge zwischen Auftragnehmer und Auftraggeber im Rahmen der Auftragsverarbeitung, welche im Rahmen einer Aufgabenverlagerung, die als Verarbeitung i.S.d. Art. 4 Nr. 2 DSGVO anzusehen ist, erst recht Geltung beanspruchen. Der Auftragnehmer hat nun weitreichende eigene Pflichten zu erfüllen, für die er selbst verantwortlich ist. | 33.5

---

6 *Datenschutzkonferenz*, Kurzpapier Nr. 13 Auftragsverarbeitung, Art. 28 DS-GVO, Stand: 17.12.2018, S. 1.

7 Siehe zur Abgrenzung der Begriffe „Verantwortlicher" und „Auftragsverarbeiter" im Einzelnen die Ausführungen des Europäischen Datenschutzausschusses, Leitlinien 7/2020 v. 2.7.2020, S. 9 ff. und 24 ff.

8 Vgl. *Hartung* in Kühling/Buchner, Art. 28 DSGVO Rz. 43 f.; siehe auch *Datenschutzkonferenz*, Kurzpapier Nr. 16, Gemeinsam für die Verarbeitung Verantwortliche, Art. 26 DS-GVO, Stand: 19.3.2018, S. 2.

9 Siehe im Einzelnen die Ausführungen des Europäischen Datenschutzausschusses, Leitlinien 7/2020 v. 2.7.2020, S. 16 ff.; ferner auch *Hartung* in Kühling/Buchner, Art. 26 DSGVO Rz. 11 f.

10 *Datenschutzkonferenz*, Kurzpapier Nr. 16, Gemeinsam für die Verarbeitung Verantwortliche, Art. 26 DS-GVO, Stand: 19.3.2018, S. 1.

11 Krit. *Hoeren*, DuD 2010, 688, der schon hinsichtlich der alten Rechtslage bemängelte, dass die Funktionsübertragung letztlich in einem liberaleren datenschutzrechtlichen Umfeld stattfinden konnte, als die durch § 11 BDSG a.F. stark reglementierte Auftragsdatenverarbeitung; ähnlich *Gliss*, DSB 2009, 16.

12 Tätigkeitsbericht 2009/2010 des *Bayerischen Landesamts für Datenschutzaufsicht* (nicht-öffentlicher Bereich), S. 39; 30. Tätigkeitsbericht des *Landesbeauftragten für den Datenschutz Baden-Württemberg* 2010/2011, LT-Drucks. 15/955, 156; siehe auch *Weichert*, DuD 2010, 679 (683).

13 *Conrad* in Auer-Reinsdorff/Conrad, 2. Aufl. 2016, § 34 Rz. 289 ff.

33.6 Unter der DSGVO scheint sich eine ähnliche Praxis für die nicht durch die Auftragsverarbeitung umfassten Fälle einer Aufgabenverlagerung zwischen Unternehmen zu etablieren[14]. Die **Notwendigkeit vertraglicher Regelungen** war zwar insbesondere auf die Sichtweise der deutschen Aufsichtsbehörden zurückzuführen und maßgeblich davon geprägt, dass die Daten beim Dienstleister nicht zu anderen als den vereinbarten Zwecken verarbeitet werden. Es erscheint jedoch sachgerecht, eine ähnliche Sichtweise auch für andere Fälle der Aufgabenverlagerung einzunehmen. Hierfür spricht insbesondere die Möglichkeit, durch umfängliche vertragliche Regelungen der Rechenschaftspflicht aus Art. 5 Abs. 2 DSGVO Rechnung zu tragen. Danach ist der Verantwortliche für die Einhaltung der Verarbeitungsgrundsätze aus Art. 5 Abs. 1 DSGVO verantwortlich und muss dessen Einhaltung auch nachweisen können. Im Rahmen der Aufgabenverlagerung könnten die geschlossenen Verträge entsprechend als Gesichtspunkt herangezogen werden, um die Erfüllung der Pflichten des Verantwortlichen nachzuweisen.

33.7 Einstweilen frei.

B. Datenschutzklausel Aufgabenverlagerung

I. Muster

33.8 **M 33.1 Datenschutzklausel Aufgabenverlagerung**

Datenschutzklausel Aufgabenverlagerung

1. Datenschutz und Datensicherheit

1.1 Verantwortlichkeit im Rahmen der Aufgabenverlagerung[15]

Der Dienstleister verpflichtet sich, bei der Erbringung der vertragsgegenständlichen Leistungen als Verantwortlicher die einschlägigen Datenschutzvorschriften, insbesondere die Vorschriften der Datenschutz-Grundverordnung (DSGVO) und des Bundesdatenschutzgesetzes (BDSG), einzuhalten. Er ist unbeschadet der weiteren Regelungen dieser Ziffer [1] für den rechtmäßigen Umgang mit den personenbezogenen Daten, die ihm vom Kunden zur Erbringung der vertragsgegenständlichen Leistungen zur Verfügung gestellt werden, sowie für die Wahrung der Rechte der Betroffenen (z.B. auf Auskunft, Berichtigung, Löschung, Einschränkung der Verarbeitung) verantwortlich. Der Dienstleister ist auch für die Einhaltung der formalen Datenschutzvorschriften (z.B. Benennung eines Datenschutzbeauftragten, Durchführung einer Datenschutz-Folgenabschätzung, Führen von Verarbeitungsverzeichnissen) verantwortlich.

1.2 Verarbeitungsgrundsätze[16]

Der Dienstleister verpflichtet sich, die ihm vom Kunden zur Verfügung gestellten personenbezogenen Daten ausschließlich auf rechtmäßige und transparente Weise, nach Treu und Glauben sowie ausschließlich für die Erbringung der vertragsgegenständlichen Leistungen zu verarbeiten. Eine weitergehende Verwendung der Daten, insbesondere eine solche zu eigenen Zwecken des Dienstleisters oder zu Zwecken Dritter, ist unzulässig. Ferner wird der Dienstleister die Verarbeitung in inhaltlicher und zeitlicher Hinsicht auf das absolut notwendige Maß beschränken sowie für die Richtigkeit der Daten und deren Integrität und Vertraulichkeit Sorge tragen.

---

14 Siehe *Kramer*, DSB 2018, 169 („Übermittlungsvertrag").
15 Zu den Erläuterungen siehe Rz. 33.14 ff.
16 Zu den Erläuterungen siehe Rz. 33.18.

1.3 Technische und organisatorische Schutzmaßnahmen[17]

Der Dienstleister verpflichtet sich, zur Wahrung der Vertraulichkeit, Verfügbarkeit, Integrität und Authentizität der ihm vom Kunden zur Verfügung gestellten personenbezogenen Daten technische und organisatorische Maßnahmen in dem durch die einschlägigen Datenschutzvorschriften vorgesehenen Umfang zu ergreifen. Diese Verpflichtung umfasst auch Maßnahmen zur Gewährleistung des Datenschutzes durch Technik (privacy by design) und datenschutzfreundliche Voreinstellungen (privacy by default). Die bei Vertragsabschluss geltenden technischen und organisatorischen Maßnahmen sind in Anlage [1] zu diesem Vertrag beschrieben und vom Dienstleister in Abstimmung mit dem Kunden während der Vertragslaufzeit kontinuierlich weiterzuentwickeln und an veränderte Gegebenheiten anzupassen. Wesentliche Änderungen sind zu dokumentieren.

1.4 Vertraulichkeit[18]

Der Dienstleister verpflichtet sich, zur Erbringung der vertragsgegenständlichen Leistungen nur Mitarbeiter einzusetzen, die durch geeignete Maßnahmen mit den gesetzlichen Vorschriften über den Datenschutz und den speziellen datenschutzrechtlichen Anforderungen dieses Vertrags vertraut gemacht sowie, soweit sie nicht bereits angemessenen gesetzlichen Verschwiegenheitspflichten unterliegen, umfassend schriftlich zur Vertraulichkeit verpflichtet wurden.

1.5 Prüfungs- und Kontrollhandlungen[19]

Der Kunde hat das Recht, die Einhaltung der Bestimmungen dieser Ziffer [1] durch den Dienstleister zu überprüfen. Zu diesem Zweck wird der Dienstleister dem Kunden auf Verlangen alle zum Nachweis der Einhaltung seiner datenschutzrechtlichen Pflichten erforderlichen Informationen zur Verfügung stellen und dem Kunden bzw. einem von diesem beauftragten Prüfer – in der Regel nach vorheriger Terminvereinbarung und während der üblichen Geschäftszeiten – Prüfungen (einschließlich Vor-Ort-Inspektionen) seiner Datenverarbeitungsanlagen und -verfahren gestatten und in angemessenem Umfang unterstützen. Das Ergebnis der Prüfungen ist zu dokumentieren. Der Dienstleister verpflichtet sich ferner, mittels regelmäßiger eigener Prüfungen oder genehmigter Verhaltensregeln oder genehmigter Zertifizierungsverfahren die Einhaltung der Bestimmungen dieser Ziffer [1] zu gewährleisten.

1.6 Unterauftragsverhältnisse[20]

Die Einschaltung von Unterauftragnehmern durch den Dienstleister bei der Verarbeitung der ihm vom Kunden zur Verfügung gestellten personenbezogenen Daten bedarf der vorherigen schriftlichen Zustimmung des Kunden. Der Dienstleister verpflichtet sich, den Unterauftragnehmer unter besonderer Berücksichtigung der Eignung der von diesem getroffenen technischen und organisatorischen Maßnahmen zum Schutz der personenbezogenen Daten sorgfältig auszuwählen und entsprechend den Vorgaben dieses Vertrags auf die Einhaltung der einschlägigen Datenschutzvorschriften zu verpflichten. Die Verpflichtung muss auch das Recht des Kunden umfassen, umfassend über die Einhaltung der Datenschutzvorschriften informiert zu werden und diese gegebenenfalls direkt und im gleichen Umfang beim Unterauftragnehmer überprüfen zu können, wie ihm dies nach Ziffer [1.5] beim Dienstleister gestattet ist. Der Dienstleister haftet gegenüber dem Kunden für die Einhaltung der Pflichten des Unterauftragnehmers.

1.7 Informations- und Unterstützungspflichten[21]

Der Dienstleister wird den Kunden sowie in den gesetzlich vorgesehenen Fällen auch die zuständigen Aufsichtsbehörden und die Betroffenen bei jeder Verletzung des Schutzes personenbezogener Daten oder anderen Unregelmäßigkeiten bei der Verarbeitung der ihm vom Kunden zur Verfügung gestellten personenbezogenen Daten unverzüglich unterrichten. Der Dienstleister wird den Kunden zudem unverzüglich über alle Kontrollhandlungen, Ermittlungen, Verfahren und andere Maßnahmen der Aufsichtsbehörden unterrichten, soweit diese die vertragsgegenständlichen Leistungen betreffen. Ferner wird der Dienstleister den Kunden bei der Einhaltung seiner eigenen datenschutzrechtlichen Verpflich-

---

17 Zu den Erläuterungen siehe Rz. 33.20 ff.
18 Zu den Erläuterungen siehe Rz. 33.24.
19 Zu den Erläuterungen siehe Rz. 33.26 ff.
20 Zu den Erläuterungen siehe Rz. 33.30 ff.
21 Zu den Erläuterungen siehe Rz. 33.34.

tungen im Zusammenhang mit der Erbringung der vertragsgegenständlichen Leistungen, insbesondere der Wahrung der Rechte der Betroffenen, der Ergreifung geeigneter technischer und organisatorischer Maßnahmen, der Durchführung von Datenschutz-Folgenabschätzungen oder der Konsultation von Aufsichtsbehörden, angemessen unterstützen.

1.8 Datenrückgabe und -löschung[22]

Der Dienstleister hat nach Abschluss der vertragsgegenständlichen Leistungen oder früher auf Verlangen des Kunden diesem die Daten, die ihm vom Kunden zur Erbringung der vertragsgegenständlichen Leistungen zur Verfügung gestellt wurden, in einem mit dem Kunden abzustimmenden Format auszuhändigen und nach der vorherigen schriftlichen Freigabe durch den Kunden datenschutzgerecht zu löschen, soweit keine gesetzlichen Aufbewahrungspflichten entgegenstehen. Auf Verlangen hat der Dienstleister dem Kunden das Löschungsprotokoll vorzulegen.

1.9 Drittstaatentransfer[23]

Der Dienstleister verpflichtet sich, die Verarbeitung der ihm vom Kunden zur Verfügung gestellten personenbezogenen Daten ausschließlich auf dem Gebiet der Bundesrepublik Deutschland, in einem anderen Mitgliedstaat der Europäischen Union oder in einem anderen Vertragsstaat des Abkommens über den Europäischen Wirtschaftsraum durchzuführen. Eine Übermittlung der Daten in Drittstaaten bedarf der vorherigen schriftlichen Zustimmung des Kunden und unterliegt den besonderen gesetzlichen Anforderungen an solche Übermittlungen.

1.10 Entsprechensklausel[24]

Die Bestimmungen dieser Ziffer [1] gelten entsprechend für Verarbeitungsergebnisse in Bezug auf personenbezogene Daten, die der Dienstleister für den Kunden bei der Erbringung der vertragsgegenständlichen Leistungen erzielt.

II. Erläuterungen

1. Vorbemerkung

33.9 Nach Meinung der Aufsichtsbehörden musste nach früherem Recht bei einer **Funktionsübertragung** der Verarbeitungszweck ähnlich wie bei einer Auftragsdatenverarbeitung in einer vertraglichen Vereinbarung zwischen den beteiligten Unternehmen festgelegt werden, um zu gewährleisten, dass die personenbezogenen Daten beim Dienstleister zu keinem anderen Zweck verwendet werden als zu dem Zweck, zu dem der Kunde diese selbst verwenden dürfte. Auch musste sichergestellt sein, dass beim Dienstleister eine **datenschutzgerechte Organisation** der Datenverarbeitung vorhanden ist[25].

33.10 Was zunächst nach einer Erschwernis klang, barg auch Vorteile. Denn durch eine entsprechend gestaltete vertragliche Vereinbarung bestand die Möglichkeit, die Anforderungen einer Rechtsvorschrift zu erfüllen, die die mit der Funktionsübertragung verbundene Datenübermittlung rechtfertigte. Dies betraf vor allem die „Abwägungsvorschrift" des § 28 Abs. 1 Satz 1 Nr. 2 BDSG a.F., die grundsätzlich als taugliche Rechtsgrundlage für Aufgabenverlagerungen galt, die nicht in den Anwendungsbereich von § 11 BDSG a.F. fielen[26]. Für den Ausgang der **Interessenabwägung** war dabei nicht zuletzt eine an

---

22 Zu den Erläuterungen siehe Rz. 33.36.
23 Zu den Erläuterungen siehe Rz. 33.38 f.
24 Zu den Erläuterungen siehe Rz. 33.41.
25 30. Tätigkeitsbericht des *Landesbeauftragten für den Datenschutz Baden-Württemberg* 2010/2011, LT-Drucks. 15/955, 156.
26 Vgl. Tätigkeitsbericht 2009/2010 des *Bayerischen Landesamts für Datenschutzaufsicht* (nicht-öffentlicher Bereich), S. 39; siehe auch *Simitis* in Simitis, § 28 BDSG Rz. 101; *Grützmacher*, ITRB 2007, 183 (186); *Kotthoff/Gabel*, Outsourcing, S. 137 f.; a.A. *Steding/Meyer*, BB 2001, 1693 (1699 ff.).

den Anforderungen des § 11 Abs. 2 BDSG a.F. orientierte Vertragsgestaltung entscheidend[27]. Aus Sicht des Kunden empfahl sich eine solche Vertragsgestaltung häufig auch aus operativen, haftungsrechtlichen und – soweit einschlägig – aufsichtsrechtlichen Gründen[28]. Aus datenschutzrechtlicher Sicht war jedoch zu berücksichtigen, dass der Dienstleister bei der Funktionsübertragung selbst zur verantwortlichen Stelle i.S.v. § 3 Abs. 7 BDSG a.F. wurde, so dass die Anforderungen des § 11 Abs. 2 BDSG a.F. jedenfalls nicht eins zu eins übertragbar waren. So erschien insbesondere die Vereinbarung eines **Weisungsrechts** des Kunden gegenüber dem Dienstleister in entsprechender Anwendung von § 11 Abs. 2 Satz 2 Nr. 9 BDSG a.F. nicht zwingend[29].

Es liegt nahe, diesen Ansatz zur Rechtfertigung einer die Grenzen der Auftragsverarbeitung überschreitenden Aufgabenverlagerung auch im Rahmen der DSGVO nutzbar zu machen. Voraussetzung hierfür ist, dass Art. 6 Abs. 1 UAbs. 1 lit. f DSGVO, der § 28 Abs. 1 Satz 1 Nr. 2 BDSG a.F. im Wesentlichen entspricht, im konkreten Fall angewendet werden kann. Soweit **besondere Kategorien** personenbezogener Daten i.S.v. Art. 9 Abs. 1 DSGVO i.V.m. Art. 4 Nr. 13-15 DSGVO (besondere Arten personenbezogener Daten i.S.v. § 3 Abs. 9 BDSG a.F.) betroffen sind, ist dies aufgrund der spezielleren Erlaubnistatbestände in Art. 9 Abs. 2 und Art. 10 DSGVO (§ 28 Abs. 6-9 BDSG a.F.) problematisch[30]. Noch nicht abschließend geklärt ist auch, inwieweit Art. 88 DSGVO i.V.m. § 26 BDSG eine Anwendung von Art. 6 Abs. 1 UAbs. 1 lit. f DSGVO ausschließt, wenn es um die Verarbeitung personenbezogener Beschäftigtendaten im Beschäftigungskontext geht[31]. Die Rechtmäßigkeit der Verarbeitung von Beschäftigtendaten außerhalb des Beschäftigungskontextes, d.h. zu einem anderen Zweck als der Begründung, Durchführung und Beendigung des Beschäftigungsverhältnisses, richtet sich gemäß dem Prinzip der Vollharmonisierung jedenfalls nach den allgemeinen Erlaubnistatbeständen der DSGVO, einschließlich Art. 6 Abs. 1 UAbs. 1 lit. f DSGVO[32]. Weitergehende Anforderungen und Restriktionen, auf die an dieser Stelle nicht näher eingegangen werden kann, können sich nach § 1 Abs. 2 BDSG aus bereichsspezifischen Vorschriften zum Datenschutz oder besonderen Geheimhaltungspflichten (z.B. § 203 StGB) ergeben. Dies macht es insgesamt erforderlich, die Zulässigkeit der **Aufgabenverlagerung** anhand des jeweiligen Einzelfalles näher zu prüfen.

33.11

Aus Gründen der Rechtssicherheit orientiert sich die Vertragsklausel eng an den vorstehend skizzierten, insbesondere von Seiten der deutschen Aufsichtsbehörden zum BDSG a.F. (übertragen auf die DSGVO) aufgestellten Anforderungen. Aufgrund der thematischen Nähe zur Auftragsverarbeitung ergeben sich teilweise alternative Gestaltungsmöglichkeiten aus den in den in Teil 2 §§ 7–11 enthaltenen Vertragsmustern zur Auftragsverarbeitung.

33.12

---

27 Tätigkeitsbericht 2009/2010 des *Bayerischen Landesamts für Datenschutzaufsicht* (nicht-öffentlicher Bereich), S. 39; 30. Tätigkeitsbericht des *Landesbeauftragten für den Datenschutz Baden-Württemberg* 2010/2011, LT-Drucks. 15/955, 156; Arbeitsbericht der ad-hoc-Arbeitsgruppe „Konzerninterner Datentransfer" des *Düsseldorfer Kreises*, S. 7 ff.; *Weichert*, DuD 2010, 679 (683); *Hilber/Knorr/Müller*, CR 2011, 417 (421).

28 *Kotthoff/Gabel*, Outsourcing, S. 139 m.w.N.

29 S. zum BDSG 30. Tätigkeitsbericht des *Landesbeauftragten für den Datenschutz Baden-Württemberg* 2010/2011, LT-Drucks. 15/955, 156, in dem darüber hinaus auch Festlegungen i.S.d. § 11 Abs. 2 Satz 2 Nr. 7 und 8 BDSG a.F. als entbehrlich angesehen werden (s. hierzu aber die Erläuterungen zu den Ziff. 1.5, Rz. 33.26 ff. und Ziff. 1.7, Rz. 33.34).

30 Vgl. zum BDSG a.F. Orientierungshilfe – Cloud Computing der Arbeitskreise Technik und Medien der Konferenz der Datenschutzbeauftragten des Bundes und der Länder, Stand 26.9.2011, S. 11; siehe zum Problemkreis auch *Schneider*, ZD 2017, 303 (305 ff.).

31 Vgl. *Zöll* in Taeger/Gabel, Art. 88 DSGVO Rz. 8 f. m.w.N.

32 Vgl. *Maschmann* in Kühling/Buchner, Art. 88 DSGVO Rz. 21, 68; *Wybitul*, NZA 2017, S. 413 (415).

2. Verantwortlichkeit im Rahmen der Aufgabenverlagerung (Ziff. 1.1)

33.13   **M 33.1.1 Verantwortlichkeit**

1.1 Verantwortlichkeit im Rahmen der Aufgabenverlagerung

Der Dienstleister verpflichtet sich, bei der Erbringung der vertragsgegenständlichen Leistungen als Verantwortlicher die einschlägigen Datenschutzvorschriften, insbesondere die Vorschriften der Datenschutz-Grundverordnung (DSGVO) und des Bundesdatenschutzgesetzes (BDSG), einzuhalten. Er ist unbeschadet der weiteren Regelungen dieser Ziffer [1] für den rechtmäßigen Umgang mit den personenbezogenen Daten, die ihm vom Kunden zur Erbringung der vertragsgegenständlichen Leistungen zur Verfügung gestellt werden, sowie für die Wahrung der Rechte der Betroffenen (z.B. auf Auskunft, Berichtigung, Löschung, Einschränkung der Verarbeitung) verantwortlich. Der Dienstleister ist auch für die Einhaltung der formalen Datenschutzvorschriften (z.B. Benennung eines Datenschutzbeauftragten, Durchführung einer Datenschutz-Folgenabschätzung, Führen von Verarbeitungsverzeichnissen) verantwortlich.

33.14   In der Praxis war in der Vergangenheit häufig festzustellen, dass Aufgabenverlagerungen, die der Sache nach eine Funktionsübertragung darstellten, von den beteiligten Unternehmen fälschlich als Auftragsdatenverarbeitung qualifiziert wurden[33]. Um insofern mögliche Beanstandungen zu vermeiden, enthält die Vertragsklausel zunächst eine eindeutige Festlegung in Bezug auf die Verantwortlichkeit der Beteiligten im Rahmen der Aufgabenverlagerung.

33.15   Bei einer als Verarbeitung gem. Art. 4 Nr. 2 DSGVO zu qualifizierenden Aufgabenverlagerung ist der Dienstleister selbst Verantwortlicher i.S.v. Art. 4 Nr. 7 DSGVO (vgl. Rz. 33.10 ff.). Entsprechend weist ihm die Vertragsklausel sowohl in materieller als auch in formaler Hinsicht die **Verantwortung für den rechtmäßigen Umgang mit den personenbezogenen Daten** zu, die ihm zur Erbringung der vertragsgegenständlichen Leistungen vom Kunden zur Verfügung gestellt werden. Dies umfasst zunächst die Einhaltung der Datenschutzvorschriften, die in Bezug auf die jeweiligen Verarbeitungstatbestände einschlägig sind, sowie die Wahrung der Rechte der Betroffenen, erstreckt sich aber auch auf alle sonstigen Regelungen, deren Adressat der Verantwortliche ist (z.B. die Pflicht gem. Art. 30 DSGVO, ein Verfahrensverzeichnis zu führen, die Pflicht gem. Art. 35 DSGVO, Datenschutz-Folgenabschätzungen durchzuführen, oder die Pflicht gem. Art. 37 DSGVO, einen Datenschutzbeauftragten zu benennen). Die Klausel adressiert umfassend die sich aus Art. 4 Nr. 7 DSGVO sowie die sich in entsprechender Anwendung von Art. 28 DSGVO ergebenden Anforderungen, soweit letztere in sinnvoller Weise auf andere Formen der Aufgabenverlagerung übertragen werden können.

33.16   Hinsichtlich der näheren **Einzelheiten in Bezug auf Art und Umfang der Aufgabenverlagerung** knüpft die Klausel an die vertragsgegenständlichen Leistungen an. Angaben zu Gegenstand und Dauer einer Aufgabenverlagerung analog Art. 28 Abs. 3 Satz 1 DSGVO (§ 11 Abs. 2 Satz 2 Nr. 1 BDSG a.F.) sind in der Regel bereits in den allgemeinen Vertragsbestimmungen enthalten, in die die Klausel eingebettet werden soll[34]. Die in entsprechender Anwendung von Art. 28 Abs. 3 Satz 1 DSGVO (§ 11 Abs. 2 Satz 2 Nr. 2 BDSG a.F.) fernerhin erforderlichen Angaben zu Umfang, Art und Zweck der Verarbeitung (einschließlich der Art der personenbezogenen Daten und der Kategorien betroffener Personen) sind in der Leistungsbeschreibung abzubilden, die im Vertrag enthalten oder diesem beigefügt ist. Erforderlich ist insoweit eine möglichst präzise Beschreibung des dem Dienstleister erlaubten Datenumgangs[35]. Die Vertragsklausel setzt voraus, dass diese Angaben jeweils an anderer Stelle im Vertrag enthalten sind.

---

33   Tätigkeitsbericht 2009/2010 des *Bayerischen Landesamts für Datenschutzaufsicht* (nicht-öffentlicher Bereich), S. 39.

34   *Gabel/Lutz* in Taeger/Gabel, Art. 28 DSGVO Rz. 38.

35   *Gabel/Lutz* in Taeger/Gabel, Art. 28 DSGVO Rz. 39.

3. Verarbeitungsgrundsätze (insbesondere Zweckbindung) (Ziff. 1.2)

M 33.1.2 Verarbeitungsgrundsätze   33.17

1.2 Verarbeitungsgrundsätze

Der Dienstleister verpflichtet sich, die ihm vom Kunden zur Verfügung gestellten personenbezogenen Daten ausschließlich auf rechtmäßige und transparente Weise, nach Treu und Glauben sowie ausschließlich für die Erbringung der vertragsgegenständlichen Leistungen zu verarbeiten. Eine weitergehende Verwendung der Daten, insbesondere eine solche zu eigenen Zwecken des Dienstleisters oder zu Zwecken Dritter, ist unzulässig. Ferner wird der Dienstleister die Verarbeitung in inhaltlicher und zeitlicher Hinsicht auf das absolut notwendige Maß beschränken sowie für die Richtigkeit der Daten und deren Integrität und Vertraulichkeit Sorge tragen.

Die Klausel bildet in Konkretisierung von Ziff. 1.1 die vom Dienstleister gem. Art. 5 Abs. 1 DSGVO zu   33.18
beachtenden **Verarbeitungsgrundsätze** ab. Die **Zweckbindung**[36] gehört dabei zu den zentralen Anforderungen an eine vertragliche Vereinbarung zur Aufgabenverlagerung (s. Rz. 33.9). Dementsprechend verpflichtet die Vertragsklausel den Dienstleister, die ihm vom Kunden zur Verfügung gestellten personenbezogenen Daten ausschließlich zur Erbringung der vertragsgegenständlichen Leistungen zu verwenden. Ohne eine solche Verpflichtung stünde es dem Dienstleister in dem durch Art. 5 Abs. 1 lit. b, Art. 6 Abs. 4 DSGVO (§ 28 Abs. 5 BDSG a.F.) definierten Rahmen frei, die ihm vom Kunden übermittelten Daten auch für andere Zwecke zu verwenden, sofern diese mit den ursprünglichen Zwecken vereinbar sind[37].

4. Technische und organisatorische Schutzmaßnahmen (Ziff. 1.3)

M 33.1.3 Technische und organisatorische Schutzmaßnahmen   33.19

1.3 Technische und organisatorische Schutzmaßnahmen

Der Dienstleister verpflichtet sich, zur Wahrung der Vertraulichkeit, Verfügbarkeit, Integrität und Authentizität der ihm vom Kunden zur Verfügung gestellten personenbezogenen Daten technische und organisatorische Maßnahmen in dem durch die einschlägigen Datenschutzvorschriften vorgesehenen Umfang zu ergreifen. Diese Verpflichtung umfasst auch Maßnahmen zur Gewährleistung des Datenschutzes durch Technik (privacy by design) und datenschutzfreundliche Voreinstellungen (privacy by default). Die bei Vertragsabschluss geltenden technischen und organisatorischen Maßnahmen sind in Anlage [1] zu diesem Vertrag beschrieben und vom Dienstleister in Abstimmung mit dem Kunden während der Vertragslaufzeit kontinuierlich weiterzuentwickeln und an veränderte Gegebenheiten anzupassen. Wesentliche Änderungen sind zu dokumentieren.

Bei der Auftragsverarbeitung ist zu vereinbaren, dass die nach Art. 32 DSGVO erforderlichen **techni-**   33.20
schen und organisatorischen Maßnahmen ergriffen werden, Art. 28 Abs. 3 Satz 2 lit. c DSGVO. Darüber hinaus empfiehlt es sich, das Konzept des Datenschutzes durch Technik (privacy by design) und datenschutzfreundliche Voreinstellungen (privacy by default) im Sinne eines ganzheitlichen Ansatzes auf diese Verpflichtung zu erstrecken.

---

36 S. allgemein zum Zweckbindungsgrundsatz *Herbst* in Kühling/Buchner, Art. 5 DSGVO Rz. 20 ff.; *Plath* in Plath, Art. 5 DSGVO Rz. 6 f.; *Voigt* in Taeger/Gabel, Art. 5 DSGVO Rz. 22 ff.
37 S. stellv. Erwägungsgrund 50 DSGVO; *Härting*, DSGVO, Rz. 509 ff.; ausf. *Taeger* in Taeger/Gabel, Art. 6 DSGVO Rz. 137 ff.

33.21 Die technischen und organisatorischen Maßnahmen sind im Gegensatz zu § 11 Abs. 2 Satz 2 Nr. 3 BDSG a.F. nach Art. 28 Abs. 3 Satz 2 lit. c DSGVO eigentlich nicht zwingend detailliert im Auftrag festzulegen[38]. Die Norm verlangt nur die Verpflichtung des Auftragnehmers, sie (eigenverantwortlich) zu ergreifen. Andererseits besteht eine **Pflicht des Verantwortlichen, die Maßnahmen zu dokumentieren und ggf. nachzuweisen**, der auch im Rahmen des Vertrages zwischen Auftraggeber und Auftragnehmer nachgekommen werden kann[39]. Die Festlegung ist zudem eine wesentliche Voraussetzung dafür, dass der Auftraggeber seinen Auswahl- und Kontrollpflichten nach Art. 28 Abs. 1, Abs. 3 Satz 2 lit. h DSGVO (§ 11 Abs. 2 Satz 1 und 4 BDSG a.F.) effektiv nachkommen kann. Hinsichtlich der konkreten Maßnahmen kann dem Auftragnehmer im Rahmen der Angemessenheit eine gewisse Flexibilität eingeräumt werden[40].

33.22 Diese Anforderungen gelten im Rahmen der Aufgabenverlagerung entsprechend; die Interessenlagen unterscheiden sich insoweit offenkundig nicht (vgl. auch Art. 5 Abs. 1 lit. c und lit. f, Art. 35 DSGVO)[41]. Die Vertragsklausel verpflichtet den Dienstleister daher, die notwendigen technischen und organisatorischen Maßnahmen zu ergreifen, und verweist zur näheren Ausgestaltung auf eine dem Vertrag beizufügende Anlage. Zugleich wird eine gewisse Dynamisierung der betreffenden Maßnahmen im Sinne einer kontinuierlichen Weiterentwicklung und Anpassung an veränderte Gegebenheiten (z.B. System- oder Prozessänderungen) vorgesehen, wobei dies aus Gründen der Risikokontrolle stets in Abstimmung mit dem Kunden zu erfolgen hat und entsprechend zu dokumentieren ist. Bei Dienstleistern, die für mehrere Kunden tätig sind, schließen die vom Dienstleister zu ergreifenden Maßnahmen auch ohne ausdrückliche Erwähnung im Vertrag eine wirksame **Mandantentrennung** ein[42].

5. Vertraulichkeit (Ziff. 1.4)

33.23 M 33.1.4 Vertraulichkeit

1.4 Vertraulichkeit

Der Dienstleister verpflichtet sich, zur Erbringung der vertragsgegenständlichen Leistungen nur Mitarbeiter einzusetzen, die durch geeignete Maßnahmen mit den gesetzlichen Vorschriften über den Datenschutz und den speziellen datenschutzrechtlichen Anforderungen dieses Vertrags vertraut gemacht sowie, soweit sie nicht bereits angemessenen gesetzlichen Verschwiegenheitspflichten unterliegen, umfassend schriftlich zur Vertraulichkeit verpflichtet wurden.

33.24 Die Vertragsklausel sieht in entsprechender Anwendung von Art. 28 Abs. 3 Satz 2 lit. b DSGVO (§ 11 Abs. 2 Satz 2 Nr. 5, Abs. 4 i.V.m. § 5 BDSG a.F.) vor, dass der Dienstleister die von ihm zur Erbringung der vertragsgegenständlichen Leistungen eingesetzten Mitarbeiter zur **Vertraulichkeit** verpflichtet, sofern diese nicht bereits einer angemessenen **gesetzlichen Verschwiegenheitspflicht** unterliegen. Art und Inhalt der Verschwiegenheitsverpflichtung sind, anders als in § 5 BDSG a.F., nicht mehr gesetzlich

---

38 Stellv. *Hartung* in Kühling/Buchner, Art. 28 DSGVO Rz. 71; *Martini* in Paal/Pauly, Art. 28 DSGVO Rz. 44 f.

39 S. auch *Hartung* in Kühling/Buchner, Art. 28 DSGVO Rz. 71; *Gabel/Lutz* in Taeger/Gabel, Art. 28 DSGVO Rz. 51.

40 Siehe auch die Ausführungen des *Europäischen Datenschutzausschusses*, Leitlinien 7/2020 v. 2.7.2020, S. 14.

41 Zur Funktionsübertragung 30. Tätigkeitsbericht des *Landesbeauftragten für den Datenschutz Baden-Württemberg* 2010/2011, LT-Drucks. 15/955, 156.

42 So schon zur früheren Rechtslage *Schultze-Melling* in Taeger/Gabel, 2. Aufl. 2013, § 9 BDSG Rz. 84 ff.

vorgegeben; der Verwendung bisher üblicher – ggf. modifizierter – Vertragsmuster steht indes nichts entgegen[43]. Aus Beweisgründen empfiehlt es sich, die Verpflichtungserklärung zu dokumentieren[44].

6. Prüfungs- und Kontrollhandlungen (Ziff. 1.5)

M 33.1.5 Prüfungs- und Kontrollhandlungen

33.25

1.5 Prüfungs- und Kontrollhandlungen

Der Kunde hat das Recht, die Einhaltung der Bestimmungen dieser Ziffer [1] durch den Dienstleister zu überprüfen. Zu diesem Zweck wird der Dienstleister dem Kunden auf Verlangen alle zum Nachweis der Einhaltung seiner datenschutzrechtlichen Pflichten erforderlichen Informationen zur Verfügung stellen und dem Kunden bzw. einem von diesem beauftragten Prüfer – in der Regel nach vorheriger Terminvereinbarung und während der üblichen Geschäftszeiten – Prüfungen (einschließlich Vor-Ort-Inspektionen) seiner Datenverarbeitungsanlagen und -verfahren gestatten und in angemessenem Umfang unterstützen. Das Ergebnis der Prüfungen ist zu dokumentieren. Der Dienstleister verpflichtet sich ferner, mittels regelmäßiger eigener Prüfungen oder genehmigter Verhaltensregeln oder genehmigter Zertifizierungsverfahren die Einhaltung der Bestimmungen dieser Ziffer [1] zu gewährleisten.

Vertrauen ist gut, Kontrolle ist besser. In diesem Sinne ordnet das Gesetz bei der Auftragsverarbeitung an, dass der Auftragsverarbeiter dem Verantwortlichen unaufgefordert und umfassend alle erforderlichen Informationen zum **Nachweis der Einhaltung der in Art. 28 DSGVO niedergelegten Pflichten** zur Verfügung stellt sowie Überprüfungen (einschließlich Inspektionen) ermöglicht und unterstützt, Art. 28 Abs. 3 Satz 2 lit. h DSGVO (§ 11 Abs. 2 Satz 4 BDSG a.F.). Die **Prüfungen** müssen nicht zwingend vor Ort durchgeführt werden (in Betracht kommt auch die Vorlage eines schlüssigen Datensicherungskonzepts, die Anforderung von Prüfergebnissen oder die Einschaltung eines sachverständigen Dritten)[45]. Das Ergebnis der vorgenommenen Kontrollen sollte jedenfalls zu Beweiszwecken dokumentiert werden (vgl. § 11 Abs. 2 Satz 5 BDSG a.F.).

33.26

Zur **Häufigkeit** der vom Verantwortlichen durchzuführenden Kontrollen enthält die DSGVO keine Vorgaben. Nach § 11 Abs. 2 Satz 4 BDSG a.F. musste sich der Auftraggeber zunächst vor Beginn der Datenverarbeitung von der Einhaltung der beim Auftragnehmer getroffenen technischen und organisatorischen Maßnahmen überzeugen und nach Beginn der Datenverarbeitung in regelmäßigen Abständen. Den zeitlichen Abstand der regelmäßigen Überprüfungen durch den Auftraggeber hatte das BDSG a.F. aufgrund der in der Praxis vorkommenden Bandbreite an Auftragsverhältnissen bewusst nicht festgelegt. Es war daher im Einzelfall auf Faktoren wie den Umfang der Datenverarbeitung, das Gefährdungspotential für die Betroffenen, die Sensibilität der verarbeiteten Daten etc. abzustellen[46]. Für den Prüfungsturnus in laufenden Auftragsverhältnissen wurden von aufsichtsbehördlicher Seite in der Regel Fristen zwischen einem Jahr und drei Jahren als angemessen angesehen, wobei Umstände wie die öffentliche Berichterstattung zu Datenschutzverletzungen oder Negativerfahrungen mit dem Auftragnehmer auch zu vorgezogenen Prüfungen Anlass geben konnten[47]. Die Beibehaltung dieser Krite-

33.27

---

43 *Hartung* in Kühling/Buchner, Art. 28 DSGVO Rz. 70.
44 *Klug* in Gola, Art. 28 DSGVO Rz. 10.
45 *Klug* in Gola, Art. 28 DSGVO Rz. 11; *Hartung* in Kühling/Buchner, Art. 28 DSGVO Rz. 78 m.w.N.; vgl. auch *Härting*, DSGVO, Rz. 584: „Kontrollrechte […], aber keine Kontroll- oder Dokumentationspflichten".
46 Tätigkeitsbericht 2009 und 2010 des Bundesbeauftragten für den Datenschutz und die Informationsfreiheit, BT-Drucks. 17/5200, 34.
47 Tätigkeitsbericht 2009/2010 des *Bayerischen Landesamts für Datenschutzaufsicht* (nicht-öffentlicher Bereich), S. 37.

rien erscheint sinnvoll, wobei die aufsichtsrechtliche Entwicklung abzuwarten bleibt[48]. Bei der Vertragsgestaltung empfiehlt sich auch für die DSGVO im Zweifel die Vereinbarung eines jederzeitigen Kontrollrechts des Auftraggebers[49].

33.28 Da die Sicherstellung einer datenschutzgerechten Organisation der Datenverarbeitung beim Dienstleister auch bei einer **Aufgabenverlagerung**, die als Verarbeitung gem. Art. 4 Nr. 2 DSGVO zu qualifizieren ist, eine wesentliche Rolle spielt (s. Rz. 33.6, Rz. 33.9), sieht die Vertragsklausel – unter angemessener Berücksichtigung der Belange des Dienstleisters – umfassende Prüfungs- und Kontrollmöglichkeiten des Kunden vor, welche den zuvor beschriebenen, für die Auftragsverarbeitung geltenden Leitlinien entsprechen. Sie stellt zudem sicher, dass der Dienstleister durch regelmäßig durchgeführte Prüfungen selbst die Einhaltung aller für ihn geltenden Datenschutzanforderungen kontrolliert und eröffnet auch die Möglichkeit, dies beispielsweise durch die Einführung von Verhaltensregeln und/oder Zertifizierungsverfahren zu befördern.

7. Unterauftragsverhältnisse (Ziff. 1.6)

33.29 **M 33.1.6 Unterauftragsverhältnisse**

1.6 Unterauftragsverhältnisse

Die Einschaltung von Unterauftragnehmern durch den Dienstleister bei der Verarbeitung der ihm vom Kunden zur Verfügung gestellten personenbezogenen Daten bedarf der vorherigen schriftlichen Zustimmung des Kunden. Der Dienstleister verpflichtet sich, den Unterauftragnehmer unter besonderer Berücksichtigung der Eignung der von diesem getroffenen technischen und organisatorischen Maßnahmen zum Schutz der personenbezogenen Daten sorgfältig auszuwählen und entsprechend den Vorgaben dieses Vertrags auf die Einhaltung der einschlägigen Datenschutzvorschriften zu verpflichten. Die Verpflichtung muss auch das Recht des Kunden umfassen, umfassend über die Einhaltung der Datenschutzvorschriften informiert zu werden und diese gegebenenfalls direkt und im gleichen Umfang beim Unterauftragnehmer überprüfen zu können, wie ihm dies nach Ziffer [1.5] beim Dienstleister gestattet ist. Der Dienstleister haftet gegenüber dem Kunden für die Einhaltung der Pflichten des Unterauftragnehmers.

33.30 Bei der Einschaltung von Unterauftragnehmern durch den Dienstleister besteht naturgemäß die Gefahr, dass das im Verhältnis zwischen Kunde und Dienstleister begründete **Datenschutzniveau unterlaufen** wird[50]. Das Gesetz verlangt daher im Falle der Auftragsverarbeitung eine vertragliche Regelung über die Berechtigung des Auftragsverarbeiters zur Begründung von Unterauftragsverhältnissen, Art. 28 Abs. 2, Abs. 3 Satz 2 lit. d, Abs. 4 DSGVO (§ 11 Abs. 2 Satz 2 Nr. 6 BDSG a.F.).

33.31 In der vorliegenden Klausel wurde die Möglichkeit gewählt, für jeden Unterauftrag die vorherige schriftliche Zustimmung zu verlangen. Dabei ist derzeit unklar, ob die Zustimmung, wie in Art. 28 Abs. 2 Satz 1 DSGVO geregelt, wirklich schriftlich erfolgen muss, oder, wie in Art. 28 Abs. 9 DSGVO vorgesehen, auch elektronisch erfolgen kann[51]. Ein systematischer Vergleich innerhalb der DSGVO sowie ein Vergleich mit anderen Richtlinien spricht aber dafür, eine einfache elektronische Unterschrift genügen zu lassen[52]. Um Rechtsunsicherheiten zu vermeiden, fordert das Muster die Schriftform. Alternativ bestünde die Möglichkeit, eine vorherige allgemeine Zustimmung zu erteilen. Hierbei sollte

---

48 *Gabel/Lutz* in Taeger/Gabel, Art. 28 DSGVO Rz. 32.
49 *Gabel/Lutz* in Taeger/Gabel, Art. 28 DSGVO Rz. 57.
50 *Martini* in Paal/Pauly, Art. 28 DSGVO Rz. 64; *Gabel/Lutz* in Taeger/Gabel, Art. 28 DSGVO Rz. 62.
51 Für die Zulässigkeit der elektronischen Form: *Klug* in Gola, Art. 28 DSGVO Rz. 12, 15; *Plath* in Plath, Art. 28 DSGVO Rz. 31 („Redaktionsversehen"); dagegen: *Martini* in Paal/Pauly, Art. 28 DSGVO Rz. 62 („bes. Sicherheitsvorkehrungen an die Dokumentationsform" bei der allgemeinen Genehmigung).
52 *Gabel/Lutz* in Taeger/Gabel, Art. 28 DSGVO Rz. 74 m.w.N. zum Meinungsstand.

dann aber die Bedingung gesetzt werden, dass der Dienstleister den Kunden rechtzeitig über jede be-absichtigte Änderung oder Hinzuziehung von Unterauftragnehmern informiert. Zusätzlich sollte ver-traglich festgehalten werden, dass dem Kunden ein Veto-Recht gegen die entsprechende Änderung oder Hinzuziehung zusteht.

Der Kunde hat in jedem Fall dafür Sorge zu tragen, dass der Dienstleister bei der **Auswahl eines Unter-auftragnehmers** die gebotene Sorgfalt analog Art. 28 Abs. 1 DSGVO anwendet[53]. Demnach muss der Unterauftragnehmer insbesondere über ausreichende(s) Fachwissen, Zuverlässigkeit und Ressourcen verfügen[54]. Um ein mögliches Absinken des Datenschutzniveaus zu verhindern, hat der Kunde ferner dafür Sorge zu tragen, dass der Dienstleister die von ihm übernommenen **Verpflichtungen auch an den Unterauftragnehmer weitergibt** (vgl. Art. 28 Abs. 4 Satz 1 DSGVO)[55]. Zudem sollte sichergestellt werden, dass der Dienstleister gegenüber dem Kunden für die Einhaltung der Pflichten des Unter-auftragnehmers **vollumfänglich haftet** (vgl. Art. 28 Abs. 4 Satz 2 DSGVO)[56]. Ein Durchgriffsprüf-recht, wie es nach früherer Rechtslage sowohl im Rahmen der Auftragsdatenverarbeitung als auch der Funktionsübertragung speziell von aufsichtsbehördlicher Seite gefordert wurde, ist daneben nicht mehr zwingend notwendig[57]. Dennoch ist ein solches in der Praxis durchaus empfehlenswert und wur-de aus diesem Grund in die Musterklausel mit aufgenommen. 33.32

8. Informations- und Unterstützungspflichten (Ziff. 1.7)

M 33.1.7 Informations- und Unterstützungspflichten 33.33

1.7 Informations- und Unterstützungspflichten

Der Dienstleister wird den Kunden sowie in den gesetzlich vorgesehenen Fällen auch die zuständigen Auf-sichtsbehörden und die Betroffenen bei jeder Verletzung des Schutzes personenbezogener Daten oder an-deren Unregelmäßigkeiten bei der Verarbeitung der ihm vom Kunden zur Verfügung gestellten personenbe-zogenen Daten unverzüglich unterrichten. Der Dienstleister wird den Kunden zudem unverzüglich über alle Kontrollhandlungen, Ermittlungen, Verfahren und andere Maßnahmen der Aufsichtsbehörden unterrichten, soweit diese die vertragsgegenständlichen Leistungen betreffen. Ferner wird der Dienstleister den Kunden bei der Einhaltung seiner eigenen datenschutzrechtlichen Verpflichtungen im Zusammenhang mit der Erbrin-gung der vertragsgegenständlichen Leistungen, insbesondere der Wahrung der Rechte der Betroffenen, der Ergreifung geeigneter technischer und organisatorischer Maßnahmen, der Durchführung von Datenschutz-Folgenabschätzungen oder der Konsultation von Aufsichtsbehörden, angemessen unterstützen.

Die Vertragsklausel begründet verschiedene **Informations- und Unterstützungspflichten** des Dienst-leisters entsprechend Art. 28 Abs. 3 Satz 2 lit. e und lit. f DSGVO (§ 11 Abs. 2 Satz 2 Nr. 5, Abs. 4 BDSG a.F.). Zunächst verpflichtet sie den Dienstleister, bei **Verletzungen des Schutzes personenbezo-gener Daten** i.S.v. Art. 4 Nr. 12 DSGVO oder anderen Unregelmäßigkeiten bei der Datenverarbeitung, den Kunden sowie in den gesetzlich vorgesehenen Fällen (z.B. Art. 33 f. DSGVO) auch die zuständigen Aufsichtsbehörden und die Betroffenen zu unterrichten. Hinsichtlich der gesetzlichen Informations- und Handlungspflichten ist dabei zu berücksichtigen, dass diese bei einer die Grenzen der Auftragsver-arbeitung übersteigenden Aufgabenverlagerung nicht den Kunden, sondern den Dienstleister in seiner Eigenschaft als Verantwortlicher i.S.d. Art. 4 Abs. 7 DSGVO treffen (s. auch Ziff. 1.1). Die Verpflich- 33.34

---

53 *Klug* in Gola, Art. 28 DSGVO Rz. 6; zum BDSG *Petri* in Simitis, § 11 BDSG Rz. 76.
54 Erwägungsgrund 81 Satz 1 DSGVO.
55 *Klug* in Gola, Art. 28 DSGVO Rz. 14.
56 Davon unberührt bleibt dessen Möglichkeit zum Innenregresses, siehe auch *Plath* in Plath, Art. 28 DSGVO Rz. 28.
57 *Hartung* in Kühling/Buchner, Art. 28 DSGVO Rz. 73, 86; *Müthlein*, RDV 2016, 74 (82); *Gabel/Lutz* in Taeger/Gabel, Art. 28 DSGVO Rz. 67.

tung, im Falle von Unregelmäßigkeiten bei der Datenverarbeitung stets auch den Kunden zu unterrichten, ergibt sich in entsprechender Anwendung des Art. 33 Abs. 2 DSGVO und rechtfertigt sich zudem dadurch, dass die Datenverarbeitung letztlich im Interesse des Kunden erfolgt und dieser in der Regel vertraglich mit den Betroffenen verbunden bleibt und diesen ggf. zivilrechtlich haftet. Die Pflicht des Dienstleisters, den Kunden über Kontrollhandlungen und Maßnahmen nach Art. 58 DSGVO (§ 38 BDSG a.F.) und Ermittlungen nach Art. 83 f. DSGVO (§§ 43, 44 BDSG a.F.) zu unterrichten, ist zwar gesetzlich nicht vorgeschrieben, jedoch wird dadurch eine umfangreiche Information des Kunden über mögliche Verstöße im Rahmen der vertragsgegenständlichen Verarbeitung durch den Dienstleister bezweckt. Gemäß Art. 28 Abs. 3 Satz 2 lit. f DSGVO hätte der Dienstleister den Kunden bei unmittelbarer Anwendbarkeit der Vorschrift zudem bei seinen Pflichten nach den Art. 32–36 DSGVO zu unterstützen. Diese Unterstützungspflicht bei der Durchführung von Maßnahmen, welche die Sicherheit der personenbezogenen Daten gewährleisten, ist auch im Rahmen anderer Formen der Aufgabenverlagerung sinnvoll.

9. Datenrückgabe und -löschung (Ziff. 1.8)

33.35   **M 33.1.8 Datenrückgabe und -löschung**

1.8 Datenrückgabe und -löschung

Der Dienstleister hat nach Abschluss der vertragsgegenständlichen Leistungen oder früher auf Verlangen des Kunden diesem die Daten, die ihm vom Kunden zur Erbringung der vertragsgegenständlichen Leistungen zur Verfügung gestellt wurden, in einem mit dem Kunden abzustimmenden Format auszuhändigen und nach der vorherigen schriftlichen Freigabe durch den Kunden datenschutzgerecht zu löschen, soweit keine gesetzlichen Aufbewahrungspflichten entgegenstehen. Auf Verlangen hat der Dienstleister dem Kunden das Löschungsprotokoll vorzulegen.

33.36   Vorbehaltlich etwaiger gesetzlicher **Aufbewahrungspflichten** gilt bei der Auftragsverarbeitung nach Art. 28 Abs. 3 Satz 2 lit. g DSGVO (§ 11 Abs. 2 Satz 2 Nr. 10 BDSG a.F.) der Grundsatz, dass nach Auftragsende keine personenbezogenen Daten beim Auftragnehmer zurückbleiben dürfen, die ihm vom Auftraggeber zur Leistungserbringung zur Verfügung gestellt worden sind[58]. Dies verhält sich bei einer sonstigen Form der Aufgabenverlagerung, bei der es sich typischerweise auch nur um eine Beauftragung „auf Zeit" handelt, nicht anders. Die Vertragsklausel sieht daher entsprechende **Rückgabe- und Löschungspflichten des Dienstleisters** vor. Sie begründet darüber hinaus einen Anspruch des Kunden, auch schon vor Vertragsende jederzeit eine **Datenherausgabe** verlangen zu können[59]. Aus praktischen Gründen empfiehlt sich zudem eine Regelung zur Art der Datenherausgabe (z.B. Formate), wenn diese nicht bereits an anderer Stelle im Vertrag getroffen ist[60]. Zusätzlich können etwaige Zurückbehaltungsrechte des Dienstleisters an den Daten ausgeschlossen werden[61]. Dabei sind aus deutscher Sicht jedoch mögliche AGB-rechtliche Einschränkungen zu beachten.

---

58 *Klug* in Gola, Art. 28 DSGVO Rz. 10.
59 Eingehend zu vertraglichen und außervertraglichen Ansprüchen auf Herausgabe von Daten gegenüber Outsourcing-Anbietern *Grützmacher*, ITRB 2004, 260 ff. und 282 ff.; zum Anspruch auf Herausgabe von Daten gem. § 242 BGB siehe OLG München v. 22.4.1999 – 6 U 1657/99, CR 1999, 484.
60 *Gabel/Lutz* in Taeger/Gabel, Art. 28 DSGVO Rz. 55.
61 S. *Bierekoven* in Redeker, Kap. 7.2 Rz. 107.

10. Drittstaatentransfer (Ziff. 1.9)

M 33.1.9 Drittstaatentransfer   33.37

1.9 Drittstaatentransfer

Der Dienstleister verpflichtet sich, die Verarbeitung der ihm vom Kunden zur Verfügung gestellten personen-
bezogenen Daten ausschließlich auf dem Gebiet der Bundesrepublik Deutschland, in einem anderen Mit-
gliedstaat der Europäischen Union oder in einem anderen Vertragsstaat des Abkommens über den Europäi-
schen Wirtschaftsraum durchzuführen. Eine Übermittlung der Daten in Drittstaaten bedarf der vorherigen
schriftlichen Zustimmung des Kunden und unterliegt den besonderen gesetzlichen Anforderungen an solche
Übermittlungen.

Bei **Datenübermittlungen ins Ausland** sind zusätzlich zu den allgemeinen Verarbeitungsvorschrif- 33.38
ten der Art. 5 und Art. 6 DSGVO die spezifischen Anforderungen der Art. 44 ff. DSGVO (§§ 4b, 4c
BDSG a.F.) einzuhalten. Eine Datenübermittlung ins Ausland ist grundsätzlich zulässig, wenn es sich
bei dem betreffenden Land um einen Mitgliedstaat der EU oder einen Vertragsstaat des Abkommens
über den EWR handelt. Bei einer Datenübermittlung in Drittstaaten hängt die Zulässigkeit nach
Art. 45 DSGVO davon ab, ob in dem betreffenden Land ein **angemessenes Datenschutzniveau** besteht[62]. Ist das nicht der Fall und liegt keiner der Ausnahmetatbestände der Art. 44 ff. DSGVO vor,
bedarf es nach Art. 46 DSGVO (§ 4c Abs. 2 BDSG a.F.) zusätzlicher Garantien für die Rechte der Betroffenen wie **Vertragsklauseln**[63] oder **verbindlicher Unternehmensregelungen**[64], um die Datenübermittlung zu legitimieren[65]. Das trifft auch auf das Vereinigte Königreich zu, bei dem es sich aufgrund des „**Brexit**" nach Ablauf der vereinbarten Übergangsregelungen ebenfalls um einen Drittstaat
handeln wird[66].

Die Vertragsklausel beschränkt die Datenverarbeitung vor diesem Hintergrund zunächst auf die Bun- 33.39
desrepublik Deutschland und andere EU- bzw. EWR-Staaten. Durch den Zustimmungsvorbehalt
zugunsten des Kunden soll zudem sichergestellt werden, dass vor einer Datenübermittlung in Drittstaaten die Zulässigkeitsvoraussetzungen geprüft und ggf. die notwendigen Garantien für einen datenschutzkonformen Datenumgang geschaffen werden.

11. Entsprechensklausel (Ziff. 1.10)

M 33.1.10 Entsprechensklausel   33.40

1.10 Entsprechensklausel

Die Bestimmungen dieser Ziffer [1] gelten entsprechend für Verarbeitungsergebnisse in Bezug auf per-
sonenbezogene Daten, die der Dienstleister für den Kunden bei der Erbringung der vertragsgegenständli-
chen Leistungen erzielt.

---

62 Ausf. hierzu *Wieczorek* in Specht/Mantz, § 7 Rz. 6 ff.
63 S. hierzu die Muster der EU-Standardvertragsklauseln, §§ 26–29.
64 S. hierzu die Muster der verbindlichen Unternehmensregelungen, §§ 31–32.
65 *Gabel* in Taeger/Gabel, Art. 44 DSGVO Rz. 15; *Wieczorek* in Specht/Mantz, § 7 Rz. 19 ff.
66 *Gabel* in Taeger/Gabel, Art. 44 DSGVO Rz. 7; *Wieczorek* in Specht/Mantz, § 7 Rz. 102.

33.41 Die Vertragsklausel knüpft in Ziff. 1.1 bis 1.9 zur sprachlichen Vereinfachung an die personenbezogenen Daten an, die der Kunde dem Dienstleister zur Erbringung der vertragsgegenständlichen Leistungen zur Verfügung stellt. Regelungsbedürftig ist, je nach Gegenstand der Aufgabenverlagerung, aber
auch der Umgang mit Verarbeitungsergebnissen, die der Dienstleister für den Kunden bei der Erbringung der vertragsgegenständlichen Leistungen erzielt. Die Vertragsklausel erklärt die Ziff. 1.1 bis 1.9
insoweit für entsprechend anwendbar.

§ 34
Datenschutzklausel Kaufvertrag

Literatur: *Dammann*, Erfolge und Defizite der EU-Datenschutzgrundverordnung – Erwarteter Fortschritt, Schwächen und überraschende Innovationen, ZD 2016, 307; *Schantz*, Die Datenschutzgrundverordnung – Beginn einer neuen Zeitrechnung im Datenschutzrecht, NJW 2016, 1841; *Weidert/Klar*, Datenschutz und Werbung – gegenwärtige Rechtslage und Änderungen durch die Datenschutz-Grundverordnung, BB 2017, 1858.

A. Einleitung

Im Rahmen eines Kaufvertrags ist in vielen Fällen keine besonders umfassende Regelung zum Datenschutz erforderlich. Aufgrund des kritischen Datenschutzbewusstseins der Öffentlichkeit bietet es sich aber an, Kunden darauf hinzuweisen, dass man sich der bestehenden Regelungen bewusst ist und die maßgeblichen Rechtsvorschriften beachtet. Das vorliegende Muster ist im Wesentlichen klarstellender Natur bzw. dient der Erfüllung gesetzlicher Unterrichtungspflichten nach Art. 12, 13 und 21 DSGVO sowie des § 7 Abs. 3 Nr. 4 UWG (s. hierzu auch Rz. 34.27 und 34.30). Der Vorschlag enthält nur ein Beispiel, wie die gesetzlichen Anforderungen erfüllt werden könnten; entsprechend dem jeweiligen Einzelfall ist das Muster ggf. jedoch jeweils zu konkretisieren und anzupassen.   34.1

B. Datenschutzklausel Kaufvertrag

I. Muster

M 34.1 Datenschutzklausel Kaufvertrag   34.2

Datenschutz

1. Der Verkäufer wird im Hinblick auf personenbezogene Daten des Käufers die maßgeblichen gesetzlichen Bestimmungen, insbesondere die Datenschutz-Grundverordnung (DSGVO), wahren.[1]

2. Personenbezogene Daten des Käufers werden vom Verkäufer erhoben, gespeichert, verarbeitet und genutzt, wenn, soweit und solange dies für die Begründung, die Durchführung oder die Beendigung dieses Vertrags erforderlich ist.[2]

---

1 Zu den Erläuterungen siehe Rz. 34.4 f.

2 Zu den Erläuterungen siehe Rz. 34.7 ff.

Eine weitergehende Erhebung, Speicherung, Verarbeitung und Nutzung personenbezogener Daten des Käufers erfolgt nur, soweit eine Rechtsvorschrift dies erfordert oder erlaubt oder der Käufer eingewilligt hat.

3. *Dem Käufer ist bekannt, dass zur Durchführung vorvertraglicher Maßnahmen und Erfüllung dieses Vertrages die Erhebung, Verarbeitung und Nutzung auf Basis von Art. 6 Abs. 1 lit. b DSGVO unter anderem von dessen Name, Verbraucher- bzw. Unternehmereigenschaft, Adresse, Geburtsdatum und Bankverbindung erforderlich sind.[3]*

4. *Der Verkäufer ist berechtigt, – im Rahmen des gesetzlich Zulässigen – zum Zweck der Entscheidung über die Begründung, Durchführung oder Beendigung des Kaufvertrags das Risiko von Zahlungsausfällen auf Käuferseite zu prüfen.[4]*

    Insoweit werden Wahrscheinlichkeitswerte für das künftige Verhalten des Käufers erhoben und verarbeitet. Zur Berechnung dieser Wahrscheinlichkeitswerte werden auch Anschriftendaten des Käufers verwendet.

    Für die Prüfung wird der Verkäufer Leistungen von Auskunfteien, wie z.B. der SCHUFA Holding AG (Wiesbaden), oder anderer Dritter in Anspruch nehmen und zu diesem Zweck Daten des Käufers an diese übermitteln bzw. bei diesen anfragen.

    Die Erhebung, Verarbeitung und Nutzung von Daten zu diesem Zweck erfolgt auf Basis von Art. 6 Abs. 1 lit. b DSGVO.

5. *Der Verkäufer ist insbesondere berechtigt, die Daten des Käufers an Dritte zu übermitteln, wenn und soweit dies zur Durchführung vorvertraglicher Maßnahmen und Erfüllung dieses Vertrages (z.B. für Versand, Rechnungsstellung oder Kundenbetreuung) gemäß Art. 6 Abs. 1 lit. b DSGVO oder Erfüllung einer rechtlichen Verpflichtung im Sinne des Art. 6 Abs. 1 lit. c DSGVO erforderlich ist. Der Verkäufer wird diese Daten – im Rahmen des gesetzlich Zulässigen – unter Umständen auch zum Zwecke der Forderungsdurchsetzung im Einklang mit Art. 6 Abs. 1 lit. b und/oder lit. f DSGVO an Dritte (z.B. Inkasso-Unternehmen) weiterleiten.[5]*

6. *Der Verkäufer wird dem Käufer unter den gesetzlichen Voraussetzungen auf Verlangen unentgeltlich Auskunft über die den Käufer betreffenden, gespeicherten personenbezogenen Daten erteilen. Der Käufer hat unter den gesetzlichen Voraussetzungen das Recht, die Berichtigung, Löschung, Einschränkung der Verarbeitung oder Übermittlung seiner Daten an einen Dritten zu verlangen. Außerdem steht dem Käufer das Recht zu, sich bei einer Aufsichtsbehörde zu beschweren.[6]*

7. *Der Käufer kann einer etwaigen Verwendung seiner personenbezogenen Daten (I) für die erforderliche Wahrnehmung einer Aufgabe, die im öffentlichen Interesse oder in Ausübung öffentlicher Gewalt, die dem Verkäufer übertragen wurde oder (II) zur erforderlichen Wahrung der berechtigten Interessen des Verkäufers oder eines Dritten – wie ggf. nach der vorstehenden Ziffer 5 – nach Art. 21 Abs. 1 DSGVO jederzeit durch eine formlose Mitteilung gegenüber dem Verkäufer widersprechen. Wenn der Verkäufer keine überwiegenden zwingenden schutzwürdigen Gründe für die Verwendung nachweisen kann, wird der Verkäufer die betroffenen Daten nach Erhalt des Widerspruchs nicht mehr für diese Zwecke verwenden.[7]*

    Der Käufer kann gleichfalls einer etwaigen Verwendung seiner personenbezogenen Daten zu Zwecken der Direktwerbung nach Art. 21 Abs. 2 DSGVO jederzeit unentgeltlich durch eine formlose Mitteilung gegenüber dem Verkäufer widersprechen. Nach Erhalt des Widerspruchs wird der Verkäufer die betroffenen Daten nicht mehr für diese Zwecke verwenden.

8. *Verantwortliche Stelle für sämtliche datenschutzbezogenen Fragen sowie für die Ausübung der unter Ziffern 6 und 7 beschriebenen Rechte ist[8]:*

---

3 Zu den Erläuterungen siehe Rz. 34.13.
4 Zu den Erläuterungen siehe Rz. 34.15 ff.
5 Zu den Erläuterungen siehe Rz. 34.21 f.
6 Zu den Erläuterungen siehe Rz. 34.24.
7 Zu den Erläuterungen siehe Rz. 34.26 ff.
8 Zu den Erläuterungen siehe Rz. 34.30.

[Name, Rechtsform, Anschrift und weitere Kontaktdaten des Unternehmens sowie gegebenenfalls des Datenschutzbeauftragten.]

Die primär für den Verkäufer zuständige Aufsichtsbehörde ist:

[Name, Anschrift und weitere Kontaktdaten der zuständigen Aufsichtsbehörde.]

II. Erläuterungen

1. Verpflichtung zum Datenschutz (Ziff. 1)

M 34.1.1 Verpflichtung zum Datenschutz   34.3

1. Der Verkäufer wird im Hinblick auf personenbezogene Daten des Käufers die maßgeblichen gesetzlichen Bestimmungen, insbesondere die Datenschutz-Grundverordnung (DSGVO), wahren.

Ziff. 1 ist klarstellender Natur. Soweit personenbezogene Daten erhoben, gespeichert, verarbeitet oder   34.4
genutzt werden, sind die maßgeblichen gesetzlichen Bestimmungen unabhängig von einer entsprechenden Vereinbarung einzuhalten. Der Begriff der personenbezogenen Daten ist in Art. 4 Nr. 1 DSGVO legal definiert. Es handelt sich um *alle Informationen, die sich auf eine identifizierte oder identifizierbare natürliche Person beziehen.* Auch Angaben über Unternehmen können zugleich personenbezogene Daten darstellen (z.B. Informationen bzgl. der Firma eines Einzelkaufmanns); bloße Angaben über juristische Personen sind keine personenbezogenen Daten[9]. Allerdings können auch Daten über juristische Personen, insbesondere bei kleinen Einheiten, Angaben über einzelne natürliche Personen enthalten[10]. Im Zusammenhang mit der Begründung und Durchführung eines Kaufvertrags können insbesondere Name, Adresse, Geburtsdatum, Bankverbindung und sonstige Zahlungsdaten des Käufers, Informationen über den Kaufgegenstand, Kaufdatum sowie Angaben über die Geltendmachung von Mängelrechten relevant sein.

Die Verwendung personenbezogener Daten im Zusammenhang mit der Begründung und Durchführung von Kaufverträgen richtet sich in der Regel maßgeblich nach der DSGVO. Daneben können im Bereich des **E-Commerce** besondere datenschutzrechtliche Bestimmungen zu beachten sein. Die ursprünglich zeitgleich geplante Einführung einer E-Privacy-Verordnung[11], die die DSGVO im Bereich des Online- und Direktmarketings präzisieren und ergänzen sollte[12], verzögert sich aufgrund politischer Differenzen im Gesetzgebungsprozess. Da die DSGVO keine spezifischen Regelungen für „Telemediensachverhalte" enthält, birgt dies erhebliche Unsicherheit im Hinblick auf z.B. das allgemeine Kopplungsverbot (Art. 7 Abs. 4 DSGVO) oder die Widerruflichkeit der Einwilligung (Art. 7 Abs. 3 DSGVO) und stellt die Anbieter vor praktische Probleme[13]. Umstritten ist, ob trotz des **Anwendungsvorrangs** der DSGVO auf bestehende Regelungen des TMG, insbesondere die §§ 11–15a TMG, zurückgegriffen werden kann. Nach Ansicht der Aufsichtsbehörden ist die Kollisionsregel des Art. 95 DSGVO nicht auf den vierten Abschnitt des TMG anwendbar, so dass auch die datenschutzrechtlichen

---

9 *Ernst* in Paal/Pauly, Art. 4 DSGVO Rz. 5 m.w.N.; *Schreiber* in Plath, Art. 4 DSGVO Rz. 5; *Ziebarth* in Sydow, Art. 4 DSGVO Rz. 13 m.w.N.

10 *Ernst* in Paal/Pauly, Art. 4 DSGVO Rz. 5 m.w.N.; *Ziebarth* in Sydow, Art. 4 DSGVO Rz. 13 m.w.N.

11 *Europäische Kommission*, Vorschlag für eine Verordnung über Privatsphäre und elektronische Kommunikation, Brüssel, 10.1.2017, COM(2017) 10 final (abrufbar unter http://eur-lex.europa.eu/legal-content/DE/TXT/PDF/?uri=CELEX:52017PC0010, abgerufen am 6.10.2020).

12 *Europäische Kommission*, Vorschlag für eine Verordnung über Privatsphäre und elektronische Kommunikation, a.a.O., Art. 27 Abs. 1.

13 *Hullen/Roggenkamp* in Plath, TMG Einleitung, Rz. 13.

Regelungen der §§ 12, 13 und 15 TMG nicht mehr anwendbar sind[14]. Insbesondere entfällt dann auch die bisher nach § 15 Abs. 3 TMG (als Widerspruchs- bzw. Opt-out-Lösung) bestehende Rechtsgrundlage zur Erstellung von Nutzerprofilen zu Werbezwecken[15]. Nach anderer Ansicht soll das TMG – als Umsetzung der E-Privacy Richtlinie – unter Verweis auf Art. 95 DSGVO bis zum Inkrafttreten der E-Privacy Verordnung neben der DSGVO fortgelten[16]. Allerdings ist umstritten, ob das TMG in seiner aktuellen Fassung tatsächlich als Umsetzung der E-Privacy Richtlinie angesehen werden kann[17]. Nach der BGH-Entscheidung „Cookie Einwilligung II"[18] steht der Wortlaut des § 15 Abs. 3 Satz 1 TMG einer richtlinienkonformen Auslegung i.S.d. E-Privacy Richtlinie (2002/58/EG) nicht entgegen. Danach müssen die Nutzer einer Verwendung von „nicht unbedingt erforderlichen" Cookies, z.B. für Marketing oder Marktforschungszwecke, aktiv und informiert zustimmen, unabhängig davon, ob dabei personenbezogene Daten erhoben werden oder nicht[19].

2. Anlass und Zeitraum (Ziff. 2)

34.6 M 34.1.2 Anlass und Zeitraum

2. Personenbezogene Daten des Käufers werden vom Verkäufer erhoben, gespeichert, verarbeitet und genutzt, wenn, soweit und solange dies für die Begründung, die Durchführung oder die Beendigung dieses Vertrags erforderlich ist.

Eine weitergehende Erhebung, Speicherung, Verarbeitung und Nutzung personenbezogener Daten des Käufers erfolgt nur, soweit eine Rechtsvorschrift dies erfordert oder erlaubt oder der Käufer eingewilligt hat.

34.7 Auch Ziff. 2 hat nur klarstellende Bedeutung. Die Erhebung, Speicherung, Verarbeitung und Nutzung personenbezogener Daten ist gem. Art. 5 Abs. 1 lit. a, Art. 6 Abs. 1, 2, 3 DSGVO nur dann zulässig, wenn der Betroffene eingewilligt hat oder die DSGVO oder eine andere Rechtsvorschrift dies erlaubt. Zur Rechtfertigung von Datenverwendungen im Zusammenhang mit Kaufverträgen kommen als Erlaubnisvorschrift innerhalb der DSGVO insbesondere Art. 6 Abs. 1 lit. a–c DSGVO in Betracht. Die unmittelbar für die Begründung und **Durchführung von Kaufverträgen** erforderlichen Datenverwendungen lassen sich grundsätzlich auf Art. 6 Abs. 1 lit. b DSGVO stützen. Hiernach ist die Verarbeitung personenbezogener Daten rechtmäßig, soweit diese für die Erfüllung eines Vertrages, dessen Vertragspartei die betroffene Person ist, oder zur Durchführung vorvertraglicher Maßnahmen erforderlich ist, die auf Anfrage der betroffenen Person erfolgen. Vertrag im Sinne der Vorschrift kann insoweit jedes Schuldverhältnis sein[20]. Gleichfalls fallen nach dem Wortlaut auch vorvertragliche Schuldverhältnisse, die etwa im Rahmen der Anbahnung eines Vertrages entstehen, unter den Tatbestand und ist auch die Abwicklung und Durchführung des Vertrages erfasst[21].

---

14 *Datenschutzkonferenz*, Zur Anwendbarkeit des TMG für nicht-öffentliche Stellen ab dem 25.5.2018, S. 2 (abrufbar unter https://www.datenschutzkonferenz-online.de/media/ah/201804_ah_positionsbestimmung_tmg.pdf, abgerufen am 6.10.2020).
15 *Hullen/Roggenkamp* in Plath, TMG Einleitung, Rz. 13.
16 *Datenschutzkonferenz*, Orientierungshilfe der Aufsichtsbehörden für Anbieter von Telemedien, S. 3 (abrufbar unter https://www.datenschutzkonferenz-online.de/media/oh/20190405_oh_tmg.pdf, abgerufen am 6.10.2020).
17 *Hausen* in Auer-Reinsdorff/Conrad, § 36 Rz. 12.
18 BGH v. 28.5.2020 – I ZR 7/16, NJW 2020, 2540.
19 EuGH v. 1.10.2019 – C-673/17 Rz. 71, MMR 2019, 732.
20 *Plath* in Plath, Art. 6 DSGVO Rz. 9; *Albers* in BeckOK DatenschutzR, Art. 6 DSGVO Rz. 30.
21 *Frenzel* in Paal/Pauly, Art. 6 DSGVO Rz. 14 f.; *Plath* in Plath, Art. 6 DSGVO Rz. 9.

Erforderlichkeit im Sinne der Vorschrift wird man jedenfalls dann annehmen können, wenn die Da- 34.8
ten dem Zweck angemessen und erheblich sind sowie auf das für den Zweck der Verarbeitung notwendige Maß beschränkt werden (Art. 5 Abs. 1 lit. c DSGVO – Datenminimierung). Das ist sicherlich der
Fall, wenn die Erreichung des Geschäftszwecks ohne die betreffende Datenverwendung unmöglich
ist[22]. Andererseits wird man eine Erforderlichkeit nicht nur in diesen engen Grenzen anerkennen können. Vielmehr wird man eine Zulässigkeit auch dann bejahen können, wenn die Datenverwendung für
die Erfüllung des Geschäftszwecks sinnvoll bzw. förderlich ist, etwa weil dadurch bspw. in zeitlicher
oder kostenmäßiger Hinsicht Effizienzen erzielt werden können[23]. Darüber hinausgehend kann eine
Datenverwendung im Zusammenhang mit Kaufverträgen innerhalb der DSGVO insbesondere auf
Art. 6 Abs. 1 lit. f DSGVO gestützt werden (vgl. hierzu auch noch im Folgenden). Der Zweck der beabsichtigten Verwendung der Daten ist gem. Art. 13 Abs. 1 lit. c DSGVO bereits bei der Erhebung der
Daten konkret festzulegen und sollte im Vertrag daher auch dokumentiert werden[24].

Im Übrigen ist grundsätzlich die **Einwilligung des Betroffenen** i.S.v. Art. 6 Abs. 1 lit. a, Art. 7 DSGVO   34.9
in die Verwendung seiner Daten erforderlich. Eine solche Einwilligung unterliegt besonderen Anforderungen. So muss sie gem. Art. 4 Nr. 11, Art. 7 Abs. 4 DSGVO auf einer freien Entscheidung des über
Art, Umfang und Zweck der Datenverwendung hinreichend informierten Betroffenen beruhen. Gegenüber der früheren Rechtslage bedarf die Einwilligung zu ihrer Wirksamkeit nicht mehr grundsätzlich der Schriftform. Allerdings regelt Art. 7 Abs. 2 DSGVO für den Fall, dass die Einwilligung schriftlich erteilt wird und noch andere Sachverhalte betrifft, dass sie getrennt von der weiteren Zustimmung
(sog. Trennungsgebot) und in verständlicher Sprache formuliert wird (sog. Transparenzgebot)[25]. Soll
die Einwilligung daher zusammen mit anderen Erklärungen schriftlich erteilt werden, empfiehlt es sich
weiterhin, sie ausdrücklich als Einwilligung zu bezeichnen und besonders hervorzuheben (z.B. durch
Fettdruck)[26] sowie auf das Widerrufsrecht aufmerksam zu machen.

Eine bloß mutmaßliche Einwilligung wird auch in Zukunft nicht in Betracht kommen. Nach dem   34.10
Konzept der DSGVO muss die Einwilligung zwar nicht explizit, gleichwohl aber *freiwillig, für den bestimmten Fall, in informierter Weise* und *unmissverständlich* abgegeben werden[27]. Besondere Relevanz
kommt hierbei dem Erfordernis der **Freiwilligkeit** zu. In Art. 7 Abs. 4 DSGVO wurde in diesem Zusammenhang ein **Kopplungsverbot** vorgesehen, dessen Inhalt und Reichweite in der deutschen Literatur bisher stark umstritten ist. Einige Stimmen vertreten eine einschränkende Auslegung des Kopp-
lungsverbots und erachten es weiterhin für zulässig, dass Vertragsschlüsse unter gewissen Umständen
von einer datenschutzrechtlichen Einwilligung zur Verarbeitung personenbezogener Daten, welche für
die Erfüllung des Vertrages **nicht erforderlich** ist, abhängig gemacht werden können[28]. Diese Rechts-
ansicht wird insbesondere darauf gestützt, dass der Wortlaut von Art. 7 Abs. 4 DSGVO („… *in größtmöglichem Umfang* …") keine kategorische Geltung in allen Fällen vorsähe und Satz 1 des Erwägungsgrundes 43 ein „*klares Ungleichgewicht*" fordere, um eine Freiwilligkeit entfallen zu lassen[29]. Die
Gegenansicht sieht in Art. 7 Abs. 4 DSGVO demgegenüber ein weitreichendes Kopplungsverbot, welches das Abhängigmachen eines Vertragsschlusses von einer datenschutzrechtlichen Einwilligung nur
noch in Ausnahmefällen zulässt[30]. Begründet wird dies vor allem damit, dass der Wortlaut von Art. 7
Abs. 4 DSGVO („… *in größtmöglichem Umfang Rechnung tragen*…") auf die Intention einer weitrei-

---

22 *Frenzel* in Paal/Pauly, Art. 6 DSGVO Rz. 14; *Plath* in Plath, Art. 6 DSGVO Rz. 12, § 28 BDSG Rz. 23.
23 *Frenzel* in Paal/Pauly, Art. 6 DSGVO Rz. 14; *Plath* in Plath, Art. 6 DSGVO Rz. 12, § 28 BDSG Rz. 25;
   vgl. zur vorherigen Rechtslage: *Gola/Schomerus*, 12. Aufl. 2015, § 28 BDSG Rz. 15.
24 *Kamlah* in Plath, Art. 13 DSGVO Rz. 8 und 11.
25 *Frenzel* in Paal/Pauly, Art. 7 DSGVO Rz. 10 ff.; *Plath* in Plath, Art. 7 DSGVO Rz. 5 ff.
26 *Plath* in Plath, Art. 7 DSGVO Rz. 8.
27 *Plath* in Plath, Art. 4 DSGVO Rz. 37.
28 *Plath* in Plath, Art. 7 DSGVO Rz. 14 f.
29 *Plath* in Plath, Art. 7 DSGVO Rz. 14 f.
30 *Dammann*, ZD 2016, 307 (311); *Golland*, MMR 2018, 130 (132); *Schantz*, NJW 2016, 1841 (1845); *Wei-
   dert/Klar*, BB 2017, 1858 (1860); *Stemmer* in BeckOK DatenschutzR, Art. 7 DSGVO Rz. 40 ff. m.w.N.

chenden Anwendung hindeute[31]. Darüber hinaus ließe die Formulierung von Satz 2 des Erwägungsgrundes 43 (Alt. 2) auf eine uneingeschränkte Geltung des Kopplungsverbotes schließen[32]. Zusätzlich zeige die Zusammenschau mit Alt. 1 Satz 2 des Erwägungsgrundes 43, welcher – sofern dies nicht „*im Einzelfall angebracht ist*" – gesonderte Einwilligungen für „*verschiedene Verarbeitungsvorgänge*" fordert, dass es durchaus Intention des Normengebers sein dürfte, (bisher nicht unübliche) Generaleinwilligungen zu verhindern[33]. Die tatsächliche Reichweite und den Inhalt des Kopplungsverbotes in Art. 7 Abs. 4 DSGVO werden vor dem Hintergrund komplexer werdender Vertragsmodelle im Zuge der Digitalisierung letztlich nur die europäischen Aufsichtsbehörden[34] und Gerichte bestimmen können[35]. Die überzeugenderen Argumente sprechen für eine weitreichende Geltung des Kopplungsverbotes. Da selbst bei einer eingeschränkten Auslegung immer zu berücksichtigen ist, ob die Daten für den individuellen Vertragszweck erforderlich sind, hat der Autor bewusst davon abgesehen, Einwilligungserklärungen in die Muster-Datenschutzklausel aufzunehmen.

34.11 Zudem hat der Verantwortliche nach Art. 7 Abs. 1 DSGVO nachzuweisen, dass die betroffene Person der Verarbeitung zugestimmt hat und obliegt diesem insoweit eine *Rechenschaftspflicht* (Art. 5 Abs. 2 DSGVO). Der Verantwortliche wird daher gut beraten sein, eine Einwilligung zu dokumentieren[36]. Die Einwilligung kann grundsätzlich auch vorformuliert im Rahmen von AGB erteilt werden[37]. Allerdings hat der Verantwortliche auch dann uneingeschränkt die vorstehend beschriebenen Voraussetzungen der Art. 4 Nr. 11, Art. 7 DSGVO zu wahren. Darüber hinaus wird die Wirksamkeit der Einwilligung mit Blick auf Erwägungsgrund 42 weiterhin der **AGB-Kontrolle** (§§ 305 ff. BGB) unterliegen[38]. Der Betroffene kann seine Einwilligung grundsätzlich jederzeit mit Wirkung für die Zukunft frei widerrufen (Art. 7 Abs. 3 DSGVO).

3. Umfang der Datenerhebung (Ziff. 3)

34.12 M 34.1.3 Umfang der Datenerhebung

3. Dem Käufer ist bekannt, dass zur Durchführung vorvertraglicher Maßnahmen und Erfüllung dieses Vertrages die Erhebung, Verarbeitung und Nutzung auf Basis von Art. 6 Abs. 1 lit. b DSGVO unter anderem von dessen Name, Verbraucher- bzw. Unternehmereigenschaft, Adresse, Geburtsdatum und Bankverbindung erforderlich sind.

34.13 Ziff. 3 benennt die zur Durchführung vorvertraglicher Maßnahmen und Erfüllung dieses Vertrages erforderlichen Daten des Käufers und hat insoweit lediglich informatorischen Charakter. Das Muster geht insoweit davon aus, dass der finale Kaufvertragsschluss noch vom Verkäufer bestätigt werden muss. Welche Daten erforderlich sind, ist einzelfallabhängig. Bei **Bargeschäften des täglichen Lebens** dürfte häufig überhaupt keine Verwendung personenbezogener Daten gerechtfertigt sein[39]. Insbesondere im **Versandhandel** und bei bargeldlosen Geschäften können regelmäßig jedenfalls grundlegende Angaben, wie Name, Verbraucher- bzw. Unternehmereigenschaft, Adresse, Bankverbindung etc. ver-

---

31 *Dammann*, ZD 2016, 307 (311); *Weidert/Klar*, BB 2017, 1858 (1860); *Stemmer* in BeckOK DatenschutzR, Art. 7 DSGVO Rz. 44.
32 *Dammann*, ZD 2016, 307 (311); *Plath* in Plath, Art. 7 DSGVO Rz. 14; *Schantz*, NJW 2016, 1841 (1845).
33 *Schantz*, NJW 2016, 1841 (1845); *Stemmer* in BeckOK DatenschutzR, Art. 7 DSGVO Rz. 47.
34 Vgl. *European Data Protection Board*, Guidelines 05/2020 on consent under Regulation 2016/679, Version 1.1 v. 4.5.2020, S. 10.
35 *Engeler*, ZD 2018, 55 (60); *Taeger/Schweda*, ZD 2020, 124 (129); *Weidert/Klar*, BB 2017, 1858 (1860).
36 *Plath* in Plath, Art. 7 DSGVO Rz. 3; *Stemmer* in BeckOK DatenschutzR, Art. 7 DSGVO Rz. 80.
37 *Stemmer* in BeckOK DatenschutzR, Art. 7 DSGVO Rz. 65.
38 *Ingold* in Sydow, Art. 7 DSGVO Rz. 41.
39 *Plath* in Plath, Art. 6 DSGVO Rz. 12; § 28 BDSG Rz. 30.

wendet werden[40]. Das Geburtsdatum kann z.B. zur Prüfung der Geschäftsfähigkeit des Käufers erforderlich sein[41]. Aus Art. 6 Abs. 1 lit. b DSGVO ergibt sich die Zulässigkeit von Datenverwendungen, welche für die Erfüllung eines Vertrages, dessen Vertragspartei die betroffene Person ist, oder zur Durchführung vorvertraglicher Maßnahmen erforderlich sind. Die Nennung der Rechtsgrundlage ist nach Art. 13 Abs. 1 lit. c Halbs. 2 DSGVO erforderlich. Zu den Transparenzanforderungen der DSGVO und damit auch den Informationspflichten nach Art. 13 und Art. 14 DSGVO wurden von der europäischen Arbeitsgruppe der Datenschutzbehörden der Mitgliedstaaten (Art. 29-Datenschutzgruppe) und des Europäischen Datenschutzausschusses bereits Guidelines veröffentlicht[42].

4. Bonitätsprüfung (Ziff. 4)

M 34.1.4 Bonitätsprüfung 34.14

4. Der Verkäufer ist berechtigt, – im Rahmen des gesetzlich Zulässigen – zum Zweck der Entscheidung über die Begründung, Durchführung oder Beendigung des Kaufvertrags das Risiko von Zahlungsausfällen auf Käuferseite zu prüfen.

Insoweit werden Wahrscheinlichkeitswerte für das künftige Verhalten des Käufers erhoben und verarbeitet. Zur Berechnung dieser Wahrscheinlichkeitswerte werden auch Anschriftendaten des Käufers verwendet.

Für die Prüfung wird der Verkäufer Leistungen von Auskunfteien, wie z.B. der SCHUFA Holding AG (Wiesbaden), oder anderer Dritter in Anspruch nehmen und zu diesem Zweck Daten des Käufers an diese übermitteln bzw. bei diesen anfragen.

Die Erhebung, Verarbeitung und Nutzung von Daten zu diesem Zweck erfolgt auf Basis von Art. 6 Abs. 1 lit. b) DSGVO.

Ziff. 4 verweist auf die Möglichkeit des Verkäufers, die **Bonität des Käufers** zu prüfen. Die Regelung ist prinzipiell auf das gesetzlich Zulässige beschränkt. 34.15

Die Verwendung von Käuferdaten zur **Bonitätsprüfung** richtet sich auf Verkäuferseite im Grundsatz nach Art. 6 Abs. 1 lit. b DSGVO. Hiernach ist eine Datenverwendung zulässig, wenn dies zur Durchführung vorvertraglicher Maßnahmen erforderlich ist, die auf Anfrage der betroffenen Person erfolgen. Zu diesen Maßnahmen können grundsätzlich auch solche zählen, die zur Bonitätsprüfung erforderlich sind[43]. Zur Frage, wann derartige Maßnahmen erforderlich sind, vergleiche oben unter Rz. 34.8. In den Anwendungsbereich des Art. 6 Abs. 1 lit. b DSGVO fällt damit typischerweise die Übermittlung von Daten der betroffenen Person an eine Auskunftei (sog. Anfragedaten)[44]. Art. 6 Abs. 1 lit. b DSGVO erfasst die Tätigkeit des Verantwortlichen im Hinblick auf einen Vertrag mit der betroffenen Person[45]. Die Regelung betrifft indes keine Verwendung von Daten des Betroffenen auf Grundlage eines Vertrags zwischen dem Verantwortlichen und einem Dritten[46]. 34.16

40 *Plath* in Plath, Art. 6 DSGVO Rz. 12; § 28 BDSG Rz. 30 m.w.N.
41 *Plath* in Plath, Art. 6 DSGVO Rz. 12; § 28 BDSG Rz. 30 m.w.N.
42 *Artikel-29-Datenschutzgruppe*, 17/EN WP 260 rev. 01, Fassung v. 11.4.2018 (abrufbar unter https://ec.eu ropa.eu/newsroom/article29/document.cfm?action=display&doc_id=51025, abgerufen am 6.10.2020); *European Data Protection Board*, Guidelines 2/2019 on the processing of personal data under Article 6(1)(b) GDPR in the context of the provision of online services to data subjects, Ziff. 5, Version 2.0 v. 8.10.2019 (abrufbar unter https://edpb.europa.eu/sites/edpb/files/files/file1/edpb_guidelines-art_6-1-b-adopted_after_public_consultation_en.pdf, abgerufen am 6.10.2020).
43 *Plath* in Plath, Art. 6 DSGVO Rz. 10; *Albers/Veit* in BeckOK DatenschutzR, Art. 6 DSGVO Rz. 33.
44 *Plath* in Plath, Art. 6 DSGVO Rz. 10; *Albers/Veit* in BeckOK DatenschutzR, Art. 6 DSGVO Rz. 33.
45 *Plath* in Plath, Art. 6 DSGVO Rz. 11; *Albers/Veit* in BeckOK DatenschutzR, Art. 6 DSGVO Rz. 30.
46 *Plath* in Plath, Art. 6 DSGVO Rz. 11; *Albers/Veit* in BeckOK DatenschutzR, Art. 6 DSGVO Rz. 30.

34.17 Hinsichtlich der Bonitätsprüfung zum Zweck der Entscheidung über die Begründung, Durchführung oder Beendigung eines Vertrags enthält die DSGVO keine besonderen Regelungen, was die Erhebung und Verarbeitung von Wahrscheinlichkeitswerten für das künftige Verhalten des Käufers (sog. Scoring) betrifft. Allerdings bestimmt § 31 BDSG hierfür besondere Anforderungen, welche § 28b BDSG a.F. entsprechen. So müssen die Vorschriften des Datenschutzrechts eingehalten werden (§ 31 Abs. 1 Nr. 1 BDSG) und die für die Berechnung der Wahrscheinlichkeit verwendeten Daten anhand eines wissenschaftlich anerkannten, mathematisch-statistischen Verfahrens nachweisbar für die Berechnung der Wahrscheinlichkeit erheblich sein (§ 31 Abs. 1 Nr. 2 BDSG).

34.18 Zudem dürfen für die Berechnung nicht ausschließlich Anschriftendaten genutzt werden (sog. **Geo-Scoring**) (§ 31 Abs. 1 Nr. 3 BDSG). Die Verwendung von Anschriftendaten im Übrigen bleibt im Rahmen des Scoring jedoch erlaubt. Der Betroffene ist hierüber allerdings vor Berechnung des Score-Werts zu unterrichten und die Unterrichtung ist zu dokumentieren (§ 31 Abs. 1 Nr. 4 BDSG). Eine bestimmte Form für die Unterrichtung ist nicht einzuhalten. Wird ein Score-Wert vor Vertragsschluss berechnet, muss dies dem Käufer allerdings auch vorher zur Kenntnis gebracht werden. Soweit sich die Auskunft auf einen Wahrscheinlichkeitswert hinsichtlich der Zahlungsfähig- und -willigkeit bezieht, steht deren Verwendung im Falle der Einbeziehung von Informationen über Forderungsausfälle zudem unter den besonderen Voraussetzungen des § 31 Abs. 2 BDSG.

34.19 Dem Wortlaut nach gilt § 31 BDSG bei der Berechnung des Score-Werts durch eine Auskunftei auf Verkäuferseite erst ab Kenntnisnahme des von der Auskunftei übermittelten Werts. Entsprechend der Vorgängerregelung § 28b BDSG a.F. ist § 31 BDSG aber wohl auch schon bei der Datenverwendung zur Anfrage der Bonitätsauskunft einzuhalten. Diese richtet sich zwar im Grunde nach Art. 6 Abs. 1 lit. b DSGVO. Ist aber bereits bei der Anfrage ersichtlich, dass die Voraussetzungen des § 31 BDSG für die Erhebung bzw. Verwendung des angefragten Score-Werts nicht erfüllt sind, kann auch die Verwendung personenbezogener Daten für die Anfrage eines solchen Werts nicht erforderlich sein.

5. Datenübermittlung an Dritte (Ziff. 5)

34.20 **M 34.1.5 Datenübermittlung an Dritte**

> 5. Der Verkäufer ist insbesondere berechtigt, die Daten des Käufers an Dritte zu übermitteln, wenn und soweit dies zur Durchführung vorvertraglicher Maßnahmen und Erfüllung dieses Vertrags (z.B. für Versand, Rechnungsstellung oder Kundenbetreuung) gemäß Art. 6 Abs. 1 lit. b DSGVO oder Erfüllung einer rechtlichen Verpflichtung im Sinne des Art. 6 Abs. 1 lit. c DSGVO erforderlich ist. Der Verkäufer wird diese Daten – im Rahmen des gesetzlich Zulässigen – unter Umständen auch zum Zwecke der Forderungsdurchsetzung im Einklang mit Art. 6 Abs. 1 lit. b und/oder lit. f DSGVO an Dritte (z.B. Inkasso-Unternehmen) weiterleiten.

34.21 Ziff. 5 spricht klarstellend mögliche **Datenübermittlungen an Dritte** an; die Regelung beruht auf der Informationspflicht des Art. 13 Abs. 1 lit. e DSGVO. Allerdings geht aus dem Wortlaut dieser Vorschrift („*gegebenenfalls die Empfänger oder Kategorien von Empfängern*") nicht klar hervor, ob und ggf. wann eine konkrete Benennung von individuellen Empfängern erforderlich wäre[47]. Der Wortlaut an sich spricht grundsätzlich für ein Alternativverhältnis und damit dafür, dass die Nennung von Kategorien von Empfängern ausreicht[48]. Demgegenüber deutet Erwägungsgrund 63 darauf hin, dass eine konkrete Aufzählung von Empfängern erforderlich ist[49]. Vor dem Hintergrund einer transparenten Vereinbarung und mit Blick auf das Prinzip von Treu und Glauben sind konkrete Empfänger, die zum

---

47 *Schmidt-Wudy* in BeckOK DatenschutzR, Art. 15 DSGVO Rz. 58.
48 *Schmidt-Wudy* in BeckOK DatenschutzR, Art. 15 DSGVO Rz. 58.
49 *Schmidt-Wudy* in BeckOK DatenschutzR, Art. 15 DSGVO Rz. 58.

Zeitpunkt des Vertragsschlusses bekannt sind und an die eine Datenübermittlung beabsichtigt ist, namentlich in die vorstehende Klausel aufzunehmen[50]. Im Falle der Übermittlung von Kategorien von (künftigen) Empfängern ist die Information möglichst spezifisch zu formulieren, bspw. durch Angaben über den Empfängertyp, die Branche oder den Sitz der Empfänger[51], damit die betroffene Person das mit der Übermittlung verbundene Risiko abschätzen kann[52]. Hierbei ist zu berücksichtigen, dass auch Auftragsverarbeiter unter den Empfängerbegriff nach Art. 4 Nr. 9 DSGVO fallen[53]. Für den Fall von Übermittlungen an Drittländer müssten nach Art. 13 Abs. 1 lit. f DSGVO zudem weitere Informationen zu den verwendeten Datenexportmethoden nach der DSGVO ergänzt werden.

Die Übermittlung personenbezogener Daten des Käufers an Dritte kann gem. Art. 6 Abs. 1 lit. b DSGVO gerechtfertigt sein, soweit dies zur Begründung, Durchführung oder Beendigung des Vertrags erforderlich ist. Dies kommt insbesondere für die Übermittlung von Käuferdaten an Vertragspartner des Verkäufers in Betracht, deren Dienstleistungen er zur Erfüllung des Kaufvertrags benötigt (z.B. Paketdienstleister im Rahmen des Versandhandels). Darüber hinausgehend kann eine Übermittlung insbesondere gem. Art. 6 Abs. 1 lit. f DSGVO zur Wahrung berechtigter Interessen des Verkäufers zulässig sein. Erforderlich ist, dass keine Anhaltspunkte bestehen, dass schutzwürdige Interessen des Käufers am Ausschluss der Übermittlung überwiegen. Die Zulässigkeit einer Übermittlung der Käuferdaten an Dritte muss aber letztlich jeweils im Einzelfall bewertet werden. Aufgrund der regelmäßigen Einschaltung von Dritten hinsichtlich der Forderungsdurchsetzung im Rechtsverkehr wurde dieser spezifische Fall explizit in Satz 2 aufgenommen. Soweit im Einzelfall weitere Übermittlungen an Dritte vor dem Vertragsschluss bekannt sind, sollten sie hier ergänzt werden.

34.22

6. Rechte des Betroffenen (Ziff. 6)

M 34.1.6 Rechte des Betroffenen

34.23

6. Der Verkäufer wird dem Käufer unter den gesetzlichen Voraussetzungen auf Verlangen unentgeltlich Auskunft über die den Käufer betreffenden gespeicherten personenbezogenen Daten erteilen. Der Käufer hat unter den gesetzlichen Voraussetzungen das Recht, die Berichtigung, Löschung, Einschränkung der Verarbeitung oder Übermittlung seiner Daten an einen Dritten zu verlangen. Außerdem steht dem Käufer das Recht zu, sich bei einer Aufsichtsbehörde zu beschweren.

Ziff. 6 verweist klarstellend auf die **Rechte des Betroffenen auf Auskunft, Berichtigung-, Löschung, Einschränkung der Verarbeitung, und Datenübertragbarkeit** in Art. 15, 16, 17, 18, 20 DSGVO. Art. 13 Abs. 2 lit. b DSGVO sieht eine diesbezügliche Informationspflicht vor[54]. Diese sollen dem Betroffenen die Durchsetzung seines Rechts auf informationelle Selbstbestimmung ermöglichen. Soweit die Daten an Dritte weitergegeben wurden, sind diese von dem Berichtigungs-, Löschungs- oder Verlangen nach Einschränkung der Verarbeitung in Kenntnis zu setzen (Art. 19 DSGVO). Es ist dringend anzuraten, datenschutzbezogene Anfragen und Auskunftsbegehren der Betroffenen ernst zu nehmen und zeitnah zu beantworten. Dies insbesondere, weil sich der Betroffene andernfalls ggf. zur Durchsetzung seiner Rechte an die zuständige Aufsichtsbehörde wendet. Die Informationspflicht hinsichtlich des Rechts zur Beschwerde bei einer Aufsichtsbehörde folgt aus Art. 13 Abs. 2 lit. d DSGVO. Dies kann zu behördlichen Prüfungen oder Bußgeldverfahren führen. Eine Verletzung der genannten Betroffenenrechte kann ggf. als Ordnungswidrigkeit mit einer empfindlichen Geldbuße seitens der Aufsichts-

34.24

---

50 *Ingold* in Sydow, Art. 13 DSGVO Rz. 19; *Schmidt-Wudy* in BeckOK DatenschutzR, Art. 15 DSGVO Rz. 58.

51 Vgl. *Art.-29-Datenschutzgruppe*, 17/EN WP 260 rev. 01, a.a.O., S. 37.

52 *Mester* in Taeger/Gabel, Art. 13 DSGVO Rz. 14.

53 *Ingold* in Sydow, Art. 13 DSGVO Rz. 19.

54 Vgl. hierzu auch *Art.-29-Datenschutzgruppe*, 17/EN WP 260 rev. 01, a.a.O., S. 39.

behörde geahndet werden (vgl. z.B. Art. 83 Abs. 5 lit. b DSGVO, § 41 BDSG). Die insoweit möglichen Bußgeldgrenzen wurden drastisch erhöht.

7. Widerspruchsrecht (Ziff. 7)

34.25 **M 34.1.7 Widerspruchsrecht**

> 7. *Der Käufer kann einer etwaigen Verwendung seiner personenbezogenen Daten (I) für die erforderliche Wahrnehmung einer Aufgabe, die im öffentlichen Interesse oder in Ausübung öffentlicher Gewalt, die dem Verkäufer übertragen wurde oder (II) zur erforderlichen Wahrung der berechtigten Interessen des Verkäufers oder eines Dritten – wie ggf. nach der vorstehenden Ziffer 5 – nach Art. 21 Abs. 1 DSGVO jederzeit durch eine formlose Mitteilung gegenüber dem Verkäufer widersprechen. Wenn der Verkäufer keine überwiegenden zwingenden schutzwürdigen Gründe für die Verwendung nachweisen kann, wird der Verkäufer die betroffenen Daten nach Erhalt des Widerspruchs nicht mehr für diese Zwecke verwenden.*
>
> *Der Käufer kann gleichfalls einer etwaigen Verwendung seiner personenbezogenen Daten zu Zwecken der Direktwerbung nach Art. 21 Abs. 2 DSGVO jederzeit unentgeltlich durch eine formlose Mitteilung gegenüber dem Verkäufer widersprechen. Nach Erhalt des Widerspruchs wird der Verkäufer die betroffenen Daten nicht mehr für diese Zwecke verwenden.*

34.26 Art. 21 Abs. 1 DSGVO räumt Betroffenen bei Datenverarbeitungen aufgrund von Art. 6 Abs. 1 lit. e und lit. f DSGVO ein Widerspruchsrecht ein. Im Falle der Geltendmachung hat der Verantwortliche die personenbezogenen Daten nicht mehr zu verarbeiten, es sei denn, er kann zwingende schutzwürdige Gründe für die Verarbeitung nachweisen, die die Interessen, Rechte und Freiheiten der betroffenen Person überwiegen, oder die Verarbeitung dient der Geltendmachung, Ausübung oder Verteidigung von Rechtsansprüchen (Art. 21 Abs. 1 Satz 2 DSGVO).

34.27 Darüber hinaus kann der Betroffene – auch soweit seine Einwilligung nicht erforderlich ist – der Verarbeitung oder Nutzung seiner personenbezogenen Daten zu Zwecken der Direktwerbung jederzeit widersprechen (Art. 21 Abs. 2 DSGVO). Infolge dessen wird die weitere Verarbeitung bzw. Nutzung seiner Daten zu diesem Zweck für die Zukunft unzulässig. Eine Verpflichtung der verantwortlichen Stelle zur Unterrichtung des Betroffenen über das Widerspruchsrecht enthalten die Vorschriften des Art. 21 Abs. 4 DSGVO sowie des § 7 Abs. 3 Nr. 4 UWG. Diesen Informationspflichten tragen die Ziff. 7 und 8 Rechnung. Aus dem Erwägungsgrund 70 ergibt sich, dass der Widerspruch gegen die Datenverwendung zu Zwecken der Direktwerbung unentgeltlich sein muss[55]. Ergänzend würde sich das Widerspruchsrecht bereits aus Art. 7 Abs. 3 DSGVO ergeben, falls die Verarbeitung zu Werbezwecken auf einer Einwilligung beruhen sollte. Anschließend an einen entsprechenden Widerruf sind die Daten vom Verantwortlichen auf Verlangen gem. Art. 17 Abs. 1 lit. b DSGVO zu löschen.

34.28 Auf die vorstehend angesprochenen Widerspruchsrechte nach Art. 21 Abs. 1 und 2 DSGVO ist laut Art. 21 Abs. 4 DSGVO *„spätestens zum Zeitpunkt der ersten Kommunikation"* hinzuweisen, so dass sich ein möglichst frühzeitiger Hinweis empfiehlt[56]. Zur Erfüllung dieser Voraussetzungen erscheint eine explizite Benennung der Rechtsvorschriften sinnvoll[57]. Außerdem erfordert Art. 21 Abs. 4 DSGVO eine Trennung des Hinweises von anderen Informationen, ohne diesbezüglich spezifische Anforderungen zu definieren[58]. Nachdem diese Vorgabe wohl in erster Linie darauf abzielt, eine Vermischung des Hinweises mit anderen Angaben zu verhindern[59], sollte die vorliegend gewählte Platzierung des Hin-

---

55 *Kamlah* in Plath, Art. 21 DSGVO Rz. 14.
56 *Forgó* in BeckOK DatenschutzR, Art. 21 DSGVO Rz. 24 m.w.N.
57 *Martini* in Paal/Pauly, Art. 21 DSGVO Rz. 68; *Helfrich* in Sydow, Art. 21 DSGVO Rz. 112.
58 *Helfrich* in Sydow, Art. 21 DSGVO Rz. 115.
59 *Martini* in Paal/Pauly, Art. 21 DSGVO Rz. 71; *Helfrich* in Sydow, Art. 21 DSGVO Rz. 115.

weises in einer separaten Klausel, welche nach dem Hinweis auf die weiteren Betroffenenrechte folgt, ausreichen. Zusätzlich könnte man beispielsweise noch über einen Fettdruck oder ein Unterstreichen der Klausel nachdenken[60].

8. Verantwortliche Stelle; Aufsichtsbehörde (Ziff. 8)

M 34.1.8 Verantwortliche Stelle; Aufsichtsbehörde 34.29

8. Verantwortliche Stelle für sämtliche datenschutzbezogenen Fragen sowie für die Ausübung der unter Ziffern 6 und 7 beschriebenen Rechte ist:

[Name, Rechtsform, Anschrift und weitere Kontaktdaten des Unternehmens sowie gegebenenfalls des Datenschutzbeauftragten.]

Die primär für den Verkäufer zuständige Aufsichtsbehörde ist:

[Name, Anschrift und weitere Kontaktdaten der zuständigen Aufsichtsbehörde.]

Ziff. 8 dient im Wesentlichen der Erfüllung der Informationspflichten gem. Art. 13 Abs. 1 lit. a und lit. b DSGVO sowie § 7 Abs. 3 Nr. 4 UWG. Hiernach ist der Betroffene über die Identität der datenschutzrechtlich verantwortlichen Stelle und eines dort ggf. tätigen Datenschutzbeauftragten zu unterrichten. Auch wenn grundsätzlich keine Pflicht besteht, die Kontaktdaten der am Sitz des Verantwortlichen zuständigen Aufsichtsbehörde zu nennen[61], erscheint dies zweckdienlich[62]. Die aufgeführten Informationen sollen dem Betroffenen die effektive Wahrnehmung seiner Rechte (vgl. insbesondere auch Rz. 34.23 ff. und Rz. 34.25 ff.) ermöglichen. Auch an dieser Stelle sei auf die Guidelines zu den Transparenzanforderungen der DSGVO[63], welche von der europäischen Arbeitsgruppe der Datenschutzbehörden der Mitgliedstaaten (Art. 29-Datenschutzgruppe) bzw. dem Europäischen Datenschutzausschuss als deren Nachfolgebehörde veröffentlicht wurden, hingewiesen[64]. 34.30

---

60 *Martini* in Paal/Pauly, Art. 21 DSGVO Rz. 71; *Kamlah* in Plath, Art. 21 DSGVO Rz. 13.
61 *Schmidt-Wudy* in BeckOK DatenschutzR, Art. 15 DSGVO Rz. 71 m.w.N.
62 *Kamlah* in Plath, Art. 13 DSGVO Rz. 21.
63 *Art.-29-Datenschutzgruppe*, 17/EN WP 260 rev. 01, a.a.O.
64 Zur DSGVO siehe https://edpb.europa.eu/our-work-tools/general-guidance/gdpr-guidelines-recommendations-best-practices_en (abgerufen am 6.10.2020).

§ 35
Datenübertragungsklausel Asset Deal

Literatur: *Artikel 29-Datenschutzgruppe*, WP 203, 2.4.2013; *Ashkar/Ziegler*, Datenschutzrechtliche Aspekte bei der Forderungsveräußerung, ZD 2016, 58; *Bamberger/Roth/Hau/Poseck*, Beck'scher Online-Kommentar BGB, 53. Edition 2020; *Beisel/Andreas*, Beck'sches Mandats Handbuch Due Diligence, 3. Auflage 2017; *Berberich/Kanschik*, Daten in der Insolvenz, NZI 2017, 1; *Beyer/Beyer*, Verkauf von Kundendaten in der Insolvenz – Verstoß gegen datenschutzrechtliche Bestimmungen?, NZI 2016, 241; *Datenschutzkonferenz*, Asset Deal – Katalog von Fallgruppen, 24.5.2019; *Eckhardt/Menz*, Datenschutz bei der Übertragung von Kundendaten in der Insolvenz, ZInsO 2016, 1917; *Ernst*, Kundendaten und der „Asset Deal" – Ein Datenschutzproblem, DuD 2016, 792; *Geuer*, Das Fernmeldegeheimnis als gesetzliches Verbot – Rechtsprobleme bei Forderungsabtretungen aus TK-Verträgen, ZD 2012, 515; *Göpfert/Meyer*, Datenschutz bei Unternehmenskauf: Due Diligence und Betriebsübergang, NZA 2011, 486; *Hansen-Oest*, Weitergabe von Kundendaten beim Asset Deal – Einwilligung erforderlich?, DSB 2020, 60; *Häublein/Hoffmann-Theinert*, Beck'scher Online-Kommentar HGB, 27. Edition 2020; *Köhler/Bornkamm/Feddersen*, Gesetz gegen den unlauteren Wettbewerb (UWG), 38. Aufl. 2020; *Lehmann/Wancke*, Abtretung von Darlehensforderungen und Datenschutz – Neues zu einer problematischen Beziehung – Teil I, WM 2019, 613; *Moos*, „Geht nicht" gibt es nicht: Datennutzung als rechtliche Gestaltungsaufgabe, K&R Beihefter 3/2015 zu Heft 9, 12; *Nebel*, Die Zulässigkeit der Übermittlung personenbezogener Kundenstammdaten zum Vollzug eines Asset Deals, CR 2016, 417; *Plath/Struck/ter Hazeborg*, Verkauf von Kundendaten im Asset Deal, CR 2020, 9; *Säcker/Rixecker/Oetker/Limperg*, Münchener Kommentar zum BGB, 8. Aufl. 2018; *Sander/Schumacher/Kühne*, Weitergabe von Arbeitnehmerdaten in Unternehmenstransaktionen, ZD 2017, 105; *Schimansky/Bunte/Lwowski*, Bankrechts-Handbuch, 5. Aufl. 2017; *Schulze*, BGB Handkommentar, 10. Aufl. 2019; *Spindler/Schuster*, Recht der elektronischen Medien, 4. Aufl. 2019; *Strassemeyer*, Die Transparenzvorgaben der DSGVO für algorithmische Verarbeitungen, K&R 2020, 176; *Wehmeyer*, Datenschutz-Grundverordnung und Unternehmenstransaktionen – Was gilt zukünftig für den Umgang mit Kundendaten?, PinG 2016, 215; *Willemsen/Hohenstatt/Schweibert/Seibt*, Umstrukturierung und Übertragung von Unternehmen, 5. Aufl. 2016; *Ziekesch/Kramer*, Die DSGVO und das Berufsrecht der Rechtsanwälte, Steuerberater und Wirtschaftsprüfer – Datenschutz bei freien Berufen, ZD 2015, 565.

A. Einleitung/Rechtlicher Rahmen

35.1 Unternehmenstransaktionen gehen nahezu in jedem Fall mit der Übertragung personenbezogener Daten einher. Hiervon können Mitarbeiter, Kunden oder auch Geschäftskontakte des Zielunternehmens betroffen sein[1]. So sollen regelmäßig sämtliche Forderungen, Verbindlichkeiten sowie Arbeitsverhältnisse des Zielunternehmens auf den Erwerber übergehen. Zur Geltendmachung bzw. Erfüllung dieser Schuldverhältnisse sind Informationen über den jeweiligen Vertragspartner erforderlich, deren Verarbeitung – soweit es sich dabei um natürliche Personen handelt – **datenschutzrechtlichen Limitierungen** unterliegt.

Ferner ist verstärkt zu beobachten, dass die Akquirierung von Datenbeständen oftmals das eigentliche Ziel, zumindest jedoch ein wichtiger Treiber von Transaktionen ist oder Datenbestände gänzlich isoliert erworben werden.

Eine Übertragung dieser Daten kann datenschutzrechtlich dabei – je nach Ausgestaltung der Transaktion – mit erheblichem Aufwand verbunden sein und – je nach betroffener Datenkategorie – **zahlreiche Fallstricke** aufweisen. Dies gilt insbesondere in Fällen, in denen sich die Transaktionsparteien – etwa aus steuerlichen Gründen – für eine **Übertragung im Wege eines Asset Deals** entscheiden.

Dieser Beitrag[2] soll auf die wesentlichen, von den Transaktionsparteien zu beachtenden datenschutzrechtlichen Aspekte hinweisen und dabei insbesondere die **kategorische Unterscheidung** zwischen einerseits Share Deals, Verschmelzungen und Abspaltungen sowie andererseits Asset Deals aufzeigen.

I. Grundsätzliche Unterscheidung zwischen Share Deal und Asset Deal

35.2 Bei einem **Share Deal** geht es um den Erwerb einer gesellschaftlichen Beteiligung an einem Unternehmen. Das erwerbende Unternehmen erwirbt dabei Unternehmensanteile (engl. shares), wodurch sich der Anteilsinhaber ändert[3]. Die **Rechtspersönlichkeit des Zielunternehmens** sowie die Rechtsbeziehung zu deren Kunden, Arbeitnehmern und Geschäftspersonen bleiben hingegen trotz der Änderung der Gesellschafterposition unverändert bestehen[4]. Dementsprechend ändert sich auch nicht der **für die Datenverarbeitung Verantwortliche**[5].

---

1 *Schröder* in Forgó/Helfrich/Schneider, Teil VI, Kap. 4 Rz. 1.
2 Der Autor dankt der wissenschaftlichen Mitarbeiterin *Laura Dyck* für ihre wertvollen Vorarbeiten für dieses Kapitel.
3 *Moos*, K&R Beihefter 3/2015, Heft 9, 12 (13).
4 *Plath* in v.d.Bussche/Voigt, Teil 6 Rz. 58; *Hansen-Oest*, DSB 2020, 60 (60); *Plath/Struck/ter Hazeborg*, CR 2020, 9 (9).
5 So auch *Schröder* in Forgó/Helfrich/Schneider, Teil VI, Kap. 4 Rz. 37; vgl. zur alten Rechtslage *Göpfert/Meyer*, NZA 2011, 486 (490).

Insofern erfolgt auch kein Übergang personenbezogener Daten auf den Erwerber des Unternehmens; rechtlich handelt es sich daher **nicht um eine Verarbeitung i.S.d. Art. 4 Nr. 2 DSGVO**[6]. Demgemäß bedarf es für den (bloßen) Inhaberwechsel auch keines Rechtfertigungstatbestands; der Vorgang weist insoweit keine datenschutzrechtliche Relevanz auf[7]. Rechtsfolge ist ferner, dass die personenbezogenen Daten durch das (erworbene) Unternehmen weitergenutzt werden dürfen[8]. Im Ergebnis gilt dies auch für eine Übernahme in Form der **Verschmelzung** oder **Abspaltung**. Aufgrund der nach § 20 bzw. § 131 UmwG eintretenden (partiellen) Gesamtrechtsnachfolge auf das den Unternehmensteil erhaltene bzw. neu geschaffene Unternehmen fehlt es insofern an einer datenschutzrechtlich relevanten Übermittlung personenbezogener Daten an einen Dritten[9].

Die **fortgesetzte Nutzung** unterliegt freilich datenschutzrechtlichen Beschränkungen[10]. Zu beachten ist etwa, dass die **Grenzen der Zweckbindung einzuhalten** sind. Insbesondere im Falle von Verschmelzungen und Abspaltungen ist folglich darauf zu achten, dass die personenbezogenen Daten nur in dem Rahmen verarbeitet werden dürfen, in dem es auch dem veräußerten Unternehmen gestattet war[11]. Eine darüberhinausgehende Datenverarbeitung stellt eine Zweckänderung dar und muss sich an den Voraussetzungen von Art. 6 Abs. 1, Abs. 4 DSGVO messen lassen[12].

Bei einem **Asset Deal** werden hingegen einzelne materielle und immaterielle Wirtschaftsgüter (engl. assets) veräußert und im Wege der Einzelrechtsnachfolge **auf einen anderen Rechtsträger** (entweder an den Erwerber selbst oder eine zu diesem Zweck gegründete Gesellschaft) **übertragen**[13]. Sofern personenbezogene Daten veräußert oder jedenfalls mit übertragen werden sollen, findet dementsprechend eine **Datenübertragung an einen Dritten**, den Erwerber, statt, was zu einem **Wechsel der verantwortlichen Stelle** führt. Bei diesem Übertragungsvorgang handelt es sich daher um eine Verarbeitung nach Art. 4 Nr. 2 DSGVO, die nach Art. 6 Abs. 1 DSGVO **erlaubnispflichtig** ist[14]. | 35.3

II. Datenschutzrechtliche Zulässigkeit der Übermittlung im Rahmen von Asset Deals

Vor datenschutzrechtlichem Hintergrund bedarf die Übertragung personenbezogener Daten im Wege eines Asset Deals verstärkten Augenmerks. Insofern muss eine solche Datenübertragung stets **auf Grundlage eines Erlaubnistatbestands** erfolgen[15]. Hierbei kommen neben den gesetzlichen Erlaubnistatbeständen auch dahingehende Einwilligungen der Betroffenen in Betracht[16]. | 35.4

In der Praxis wird die Einholung der **Einwilligungen** sämtlicher Betroffener in aller Regel unmöglich oder jedenfalls mit unverhältnismäßigem Aufwand verbunden sein[17]. Daher wird in den allermeisten Fällen auf die **gesetzlichen Erlaubnistatbestände** zurückgegriffen werden müssen. Ob und wenn ja, welcher Erlaubnistatbestand einschlägig ist, bestimmt sich dabei sowohl nach der betroffenen Datenkategorie als auch nach dem Zweck der Übertragung bzw. fortgesetzten Nutzung durch den Erwerber. Eine Prüfung der datenschutzrechtlichen Zulässigkeit einer Übertragung muss stets auf Grund- | 35.5

---

6 *Berberich/Kanschik*, NZI 2017, 1 (7); *Schulz* in Gola, Art. 6 DSGVO Rz. 264.
7 *Sander/Schumacher/Kühne*, ZD 2017, 105, 109; *Schröder* in Forgó/Helfrich/Schneider, Teil VI, Kap. 4 Rz. 37 m.w.N; vgl. zur alten Rechtslage *Nebel*, CR 2016, 417 (418).
8 *Berberich/Kanschik*, NZI 2017, 1 (8).
9 *Schulz* in Gola, Art. 6 DSGVO Rz. 264; *Schröder* in Forgó/Helfrich/Schneider, Teil VI, Kap. 4 Rz. 43 m.w.N; vgl. zur alten Rechtslage *Hessischer Datenschutzbeauftragter*, LT-Drucks. 15/1539, S. 10 f.
10 *Nebel*, CR 2016, 417 (418).
11 Vgl. *Herbst* in Kühling/Buchner, Art. 5 DSGVO Rz. 22 f.
12 *Plath/Struck/ter Hazeborg*, CR 2020, 9 (15).
13 *Schröder* in Forgó/Helfrich/Schneider, Teil VI, Kap. 4 Rz. 38; *Plath* in v. d.Bussche/Voigt, Teil 6 Rz. 60.
14 *Schröder* in Forgó/Helfrich/Schneider, Teil VI, Kap. 4 Rz. 38; *Plath* in v. d.Bussche/Voigt, Teil 6 Rz. 61 ff.
15 Vgl. *Schulz* in Gola, Art. 6 DSGVO Rz. 18.
16 *Moos*, K&R Beihefter 3/2015, Heft 9, 12 (13); *Plath/Struck/ter Hazeborg*, CR 2020, 9 (10).
17 Vgl. *Hansen-Oest*, DSB 2020, 60 (61); *Beyer/Beyer*, NZI 2016, 241 (242).

lage der **konkreten Umstände des Einzelfalls** erfolgen. Gleichermaßen lassen sich jedoch **regelmäßig auftretende Fallgruppen** bilden und datenschutzrechtlich betrachten sowie in Grundzügen bewerten. Die relevanten Normen sind dabei Art. 6 Abs. 1 lit. b und f DSGVO[18].

Gemäß **Art. 6 Abs. 1 lit. b, Alt. 1 DSGVO** ist die Verarbeitung, mithin auch die Übermittlung, personenbezogener Daten zulässig, wenn sie für die **Erfüllung eines Vertrags**, dessen Vertragspartei die betroffene Person ist, erforderlich ist.

Gemäß **Art. 6 Abs. 1 lit. f DSGVO** ist eine Verarbeitung zulässig, wenn sie zur Wahrung der **berechtigten Interessen des Verantwortlichen oder eines Dritten** erforderlich ist und nicht die Interessen der Betroffenen am Ausschluss dieser Verarbeitung überwiegen. Berechtigt im datenschutzrechtlichen Sinne ist jedes rechtliche, wirtschaftliche oder ideelle Interesse, das von der Rechtsordnung nicht missbilligt wird[19]. Erforderlich ist eine Datenverarbeitung dann, wenn sie notwendig für die Erreichung der berechtigten Interessen ist bzw. die Erreichung oder Realisierung der Interessen deutlich verbessern kann[20].

1. Übertragung im Rahmen bestehender Vertragsverhältnisse

35.6 Die Zulässigkeit der Übertragung personenbezogener Daten von Vertragspartnern des Zielunternehmens kann sich zunächst aus **Art. 6 Abs. 1 lit. b, Alt. 1 DSGVO** ergeben. Hierbei ist zwischen dem Übergang von **Forderungen und Verbindlichkeiten zu differenzieren**.

a) Abtretung von Forderungen

35.7 Dies gilt zunächst für **abgetretene Forderungen**. So können Forderungen grundsätzlich gem. § 398 Satz 1 BGB ohne Zustimmung des jeweiligen Schuldners auf einen neuen Gläubiger übertragen werden[21]. Gemäß § 402 BGB ist der alte Gläubiger dabei verpflichtet, dem Erwerber der Forderungen die **zur Geltendmachung erforderlichen Auskünfte** zu erteilen. Regelmäßig gehören dazu Angaben zur Person des jeweiligen Schuldners. Soweit es sich bei den Schuldnern um natürliche Person handelt, dürfen deren zur Geltendmachung der jeweils abgetretenen Forderung erforderlichen personenbezogenen Daten an den Erwerber übertragen werden[22]. Insofern schlägt die in **§ 398 Satz 1 BGB verankerte gesetzgeberische Wertung** sowie das damit bekundete Interesse an der Verkehrsfähigkeit von Forderungen auf die datenschutzrechtliche Ebene durch[23].

35.8 Hilfsweise sollte eine solche Übermittlung auf Grundlage der obengenannten Erwägungen in der Regel auf eine Interessenabwägung nach **Art. 6 Abs. 1 lit. f DSGVO** gestützt werden können[24]. Insbesondere bei der **isolierten Übertragung von Forderungen** (mithin abseits eines Unternehmensübergangs)

---

18 Vgl. *Plath/Struck/ter Hazeborg*, CR 2020, 9 (10 ff.); *Schröder* in Forgó/Helfrich/Schneider, Teil VI, Kap. 4 Rz. 38.
19 *Petri* in Kühling/Buchner, Art. 6 DSGVO Rz. 146; *Heberlein* in Ehmann/Selmayr, Art. 6 DSGVO Rz. 25.
20 *Schantz/Wolff*, Kap. D Rz. 646; vgl. *Lehmann/Wancke*, WM 2019, 613 (618 f.).
21 *Schulze*, § 398 BGB Rz. 2.
22 *Roth/Kieninger* in MüKo BGB, § 402 BGB Rz. 5.
23 VG Mainz v. 20.2.2020 – 1 K 467/19.MZ, ZD 2020, 376; vgl. mit treffender Differenzierung *Lehmann/Wancke*, WM 2019, 613 (617 f.); BGH v. 27.2.2007 – XI ZR 195/05, NJW 2007, 2106 (2109) Rz. 33; a.A. *DSK*, Asset Deal – Katalog von Fallgruppen, Ziff. 4, die eine Zulässigkeit jedoch auf Grundlage von Art. 6 Abs. 1 lit. f DSGVO annehmen.
24 Vgl. *DSK*, a.a.O.; *Frenzel* in Paal/Pauly, Art. 6 DSGVO Rz. 28; hiervon im Ergebnis wohl auch ausgehend BGH v. 27.2.2007 – XI ZR 195/05, NJW 2007, 2106 (2109) Rz. 33; OLG Köln v. 15.9.2005 – 8 U 21/05, NJW-RR 2006, 263 (265).

wird eine Erforderlichkeit i.S.d. Art. 6 Abs. 1 lit. b, Alt. 1 DSGVO selten gegeben sein, so dass in der Regel auf eine Übermittlung auf Grundlage des Art. 6 Abs. 1 lit. f DSGVO zu rekurrieren sein wird[25].

Hiervon sind jedoch personenbezogene Daten ausgenommen, die einer **beruflichen Schweigepflicht**   35.9
unterliegen (etwa bei der Abtretung von anwaltlichen oder ärztlichen Honorarforderungen); in solchen Fällen ist stets eine Einwilligungs- und Verschwiegenheitsentbindungserklärung[26] der jeweiligen Schuldner einzuholen[27]. Dies ist auch der Fall, sofern die Abtretung vertraglich ausgeschlossen war (§ 399, Alt. 2 BGB) oder es sich um einen höchstpersönlichen Anspruch handelt (§ 399, Alt. 1 BGB)[28]. Für Daten, die dem **Fernmeldegeheimnis** nach § 88 TKG bzw. § 206 StGB unterfallen, gelten zusätzliche Anforderungen[29]. Teilweise wird vertreten, dass Einschränkungen sich auch bei der Abtretung von Forderungen durch an das Bankengeheimnis gebundene Kreditinstitute ergeben können[30].

b) Abtretung von Verbindlichkeiten

Auf Grundlage von Art. 6 Abs. 1 lit. b DSGVO kann zudem die Verarbeitung von personenbezoge-   35.10
nen Daten im Zusammenhang mit **Verbindlichkeiten** oder gesamten **Vertragsverhältnissen** gerechtfertigt werden, die im Zuge oder auch im Nachgang der Transaktion **wirksam auf den Erwerber übergegangen** sind. Dies kann etwa für zum Zeitpunkt des Übergangs nicht erfüllte Warenbestellungen der Fall sein[31]. So bedarf es für den (schuldbefreienden) Übergang von Verbindlichkeiten bzw. eines gesamten Vertragsverhältnisses auf einen neuen Schuldner nach §§ 414, 415 BGB grundsätzlich der **Zustimmung des jeweiligen Gläubigers**[32]. Eine Pflicht zur Erfüllung dieser Verbindlichkeiten kann sich jedoch auch aufgrund eines **gesetzlichen Übergangs** ergeben, etwa infolge einer Firmenfortführung gem. § 25 Abs. 1 Satz 1 HGB[33]. Da der ursprüngliche Schuldner nach dem Übergang der Assets zur Erfüllung dieser Verbindlichkeiten in aller Regel weder rechtlich noch rein tatsächlich im Stande ist, ist die Übermittlung der Daten an den Erwerber auch **zur Durchführung dieser Schuldverhältnisse** er-

---

25 Vgl. *Ashkar/Ziegler*, ZD 2016, 58 (61).
26 S. hierzu die Muster in Teil 7, Rz. 47.14 und Rz. 47.15.
27 BGH v. 27.2.2007 – XI ZR 195/05, NJW 2007, 2106 (2107) Rz. 17 ff.; vgl. *Ganter* in Schimansky/Bunte/Lwowski, § 96 Rz. 137; *Ernst*, DuD 2016, 792 (795 f.); vgl. insoweit jedoch die Möglichkeit zur Einrichtung einer Datentreuhand durch den Geheimnisträger (Muster in Teil 2, § 12).
28 Vgl. *DSK*, Asset Deal – Katalog von Fallgruppen, Ziff. 4 im Falle von Abtretungsausschlüssen.
29 EuGH v. 22.11.2012 – C-119/12, ZD 2013, 77 (78); BGH v. 7.2.2013 – III ZR 200/11, NJW 2013, 1092 (Ls.); *Geuer*, ZD 2012, 515 (518 f.).
30 Nach einer hinterfragender Ansicht des OLG Frankfurt liegt bei der Offenlegung der Identität eines Schuldners ein Verstoß gegen das Bankgeheimnis vor, welcher zur Unwirksamkeit der Abtretung führe, da es sich beim Bankengeheimnis um ein vereinbartes Abtretungsverbot i.S.d. § 399, Alt. 2 BGB handele (NJW 2004, 3266, 3266). Nach Ansicht des BGH ist ein Verstoß zwar grundsätzlich möglich, führe jedoch nicht zur Unwirksamkeit der Abtretung, sondern könne lediglich schuldrechtliche Konsequenzen nach sich ziehen (BGH NJW 2007, 2106, 2107); vgl. dazu *Lehmann/Wancke*, WM 2019, 613 (618 f.); *Ganter* in Schimansky/Bunte/Lwowski, § 96 Rz. 140b; a.A. *Kremer/Heukamp* in Willemsen/Hohenstatt/Schweibert/Seibt, Kap. I.I.5.1.c); vgl. insoweit jedoch die Möglichkeit zur Einrichtung einer Datentreuhand durch das Kreditinstitut (Muster in Teil 2, § 12).
31 *Heberlein* in Ehmann/Selmayr, Art. 6 DSGVO Rz. 13; *Petri* in Kühling/Buchner, Art. 6 DSGVO Rz. 39.
32 Vgl. *Schulze*, § 414 BGB Rz. 2; vgl. *DSK*, Asset Deal – Katalog von Fallgruppen, Ziff. 1 die hierin als „Minus" auch die datenschutzrechtliche Zustimmung zum Übergang der erforderlichen Daten sieht.
33 Vgl. *Schroer* in Beisel/Andreas, § 17 Rz. 40 ff.; im Rahmen der Haftung nach § 25 Abs. 1 Satz 1 HGB ist insoweit umstritten, ob hiermit ein gesetzlicher Haftungsübergang einhergeht oder der Erwerber der bestehenden Schuld lediglich beitritt. Für den letzteren Fall sollte sich die datenschutzrechtliche Zulässigkeit der Übermittlung der Gläubigerdaten hilfsweise aus Art. 6 Abs. 1 lit. f DSGVO ergeben. Insofern gelten die nachfolgenden Ausführungen zum Schuldbeitritt entsprechend (ausf. zum Streitstand *Bömeke* in BeckOK HGB, § 25 Rz. 46, 47).

forderlich, also nach Art. 6 Abs. 1 lit. b DSGVO gerechtfertigt[34]. Dies gilt auch für die Erfüllung potentieller Sekundäransprüche, etwa aus Gewährleistungsrechten[35].

35.11 Bilateral können sich Veräußerer und Erwerber lediglich darauf einigen, sich nach dem Übergang der Assets um die Zustimmung der Gläubiger zu bemühen. **Bis zur Erteilung einer solchen Zustimmung** wirkt ein gleichwohl vereinbarter Übergang – etwa im Rahmen des Asset-Kaufvertrags oder konkludent durch die rein faktische Übernahme der weiteren Leistungserbringung – schuldrechtlich **lediglich als Schuldbeitritt**[36]. In strenger Auslegung des Gesetzes ist eine Übermittlung der jeweiligen Gläubigerdaten an den Erwerber zur Durchführung des Vertrags bzw. zur Erfüllung der Verbindlichkeit nicht erforderlich, da dem Gläubiger noch stets ein Anspruch auf Erfüllung der jeweiligen Verbindlichkeit **gegen den ursprünglichen Schuldner** zusteht. Die DSGVO liefert dabei keine Antwort darauf, anhand welchen Maßstabs zu bestimmen ist, ob und wann eine Datenverarbeitung zur Erreichung einer bestimmten Zweckbestimmung erforderlich ist. Nach alter Rechtslage bestand insoweit jedenfalls weitestgehend Konsens darüber, dass das **Kriterium nicht absolut zu verstehen** ist. Demnach ist nicht erforderlich, dass die jeweils in Frage stehende Datenverarbeitung schlechthin unverzichtbar sein muss. Vielmehr ist im Rahmen einer **wertenden Betrachtung** zu evaluieren, ob ein Verzicht auf die konkrete Datenverarbeitung für den Verantwortlichen (hier den Erwerber) wirtschaftlich oder aus anderen Gründen nicht sinnvoll oder sogar unzumutbar wäre, wobei die Interessen der Betroffenen zwingend zu berücksichtigen sind[37].

35.12 Wie bei der wirksamen Übertragung der Verbindlichkeit ist dabei zu beachten, dass der ursprüngliche Schuldner aufgrund der Übertragung der Assets (wenn er überhaupt noch existiert) regelmäßig nicht in der Lage sein wird, die Verbindlichkeit zu erfüllen. Auch wenn der **Gläubiger** in einem solchen Fall unter Umständen den ursprünglichen Schuldner in Haftung nehmen kann, wird er jedoch regelmäßig ein **größeres Interesse an der Erbringung der vereinbarten Leistung** haben[38]. Demgemäß sprechen auch im Falle eines bloßen Schuldbeitritts Gründe dafür, von einer **Erforderlichkeit zur Erfüllung des (ursprünglichen) Vertrags** zwischen Veräußerer und Gläubiger, mithin von einer datenschutzrechtlichen Zulässigkeit der Übermittlung der Gläubigerdaten nach Art. 6 Abs. 1 lit. b, Alt. 1 DSGVO auszugehen. Insoweit ist auch die **Wertung des § 267 BGB** zu berücksichtigen: Der Gläubiger ist abseits höchstpersönlicher Leistungspflichten verpflichtet, die vereinbarte Leistung auch von einem Dritten anzunehmen, es sei denn, der (ursprüngliche) Schuldner widerspricht der Erbringung durch den Dritten[39]. Der Dritte (vorliegend der Erwerber) benötigt zur Erbringung dieser Leistung in aller Regel jedoch (personenbezogene) Angaben zum Gläubiger.

35.13 Entsprechendes gilt, wenn die Transaktionsparteien sich darauf einigen, dass der Erwerber sich nach Übertragung der Assets um Erteilung der Zustimmung der Gläubiger zu dem Übergang der Verbindlichkeiten auf ihn bemühen soll. In einem solchen Fall wird eine Übermittlung aufgrund Art. 6 Abs. 1 lit. b, Alt. 2 DSGVO zur „… *Durchführung vorvertraglicher Maßnahmen* …“ (vorliegend der Versuch der Zustimmungseinholung) dagegen regelmäßig ausscheiden, da diese nicht „… *auf Anfrage der betroffenen Person* …“ (hier der Gläubiger) erfolgen.

35.14 Wie auch bei der Forderungsabtretung wird eine solche Übermittlung hilfsweise auf Grundlage der obengenannten Erwägungen in der Regel auf eine Interessenabwägung nach **Art. 6 Abs. 1 lit. f DSGVO** gestützt werden können. Gleichermaßen sind etwaige Beschränkungen aus einer bestehenden Geheimnispflicht oder gesetzlichen Verboten zu beachten.

---

34 Vgl. VG Mainz v. 20.2.2020 – 1 K 467/19.MZ, ZD 2020, 376; so auch schon zur alten Rechtslage *Nebel*, CR 2016, 417 (420).
35 Vgl. *Bömeke* in BeckOK HGB, § 25 Rz. 48.
36 *Bömeke* in BeckOK HGB, § 25 Rz. 47.
37 *Plath* in Plath, Art. 6 DSGVO Rz. 19 ff.; *Albers* in BeckOK DatenschutzR, Art. 6 DSGVO Rz. 32; dahingehend wohl auch VG Mainz v. 20.2.2020 – 1 K 467/19.MZ, ZD 2020, 376.
38 Vgl. *Nebel*, CR 2016, 417 (423, 420).
39 *Krüger* in MüKo BGB, § 267 BGB Rz. 1.

2. Übertragung abseits bestehender Schuldverhältnisse

Darüber hinaus werden personenbezogene Daten im Rahmen von Unternehmenstransaktion oftmals auch **abseits bestehender Forderungen und Verbindlichkeiten** an den Erwerber übertragen, etwa in Form von Kundendatenbanken oder Geschäftskontakten des übernommenen Geschäftsbetriebs[40]. 35.15

In solchen Fällen scheidet eine Übermittlung dieser Daten auf Grundlage von Art. 6 Abs. 1 lit. b DSGVO aus. Eine Übertragung kann daher allenfalls auf eine **Interessenabwägung** nach Art. 6 Abs. 1 lit. f DSGVO gestützt werden[41]. Gleiches gilt im Übrigen, sofern der Erwerber die Daten über die Erfüllung einer Verbindlichkeit oder Geltendmachung einer Forderung hinaus, etwa im Rahmen eines **CRM-Systems**, nutzen möchte. Auch eine solche, über den Zweck der Vertragsabwicklung hinausgehende Verarbeitung kann regelmäßig lediglich auf Grundlage von Art. 6 Abs. 1 lit. f DSGVO gerechtfertigt werden[42]. 35.16

Bei der Abwägung muss dabei zwischen der Übertragung im Rahmen der **Gesamtveräußerung eines Geschäftsbetriebs** sowie zwischen der **Übertragung eines Teilbereichs** (etwa einer bestimmten Produktsparte) oder der **isolierten Übertragung von Daten**, etwa einer Kundendatenbank, differenziert werden[43]; im Einzelnen: 35.17

a) Gesamtübertragung eines Geschäftsbetriebs

Sofern ein **Geschäftsbetrieb** (insbesondere zu dessen Fortsetzung) **insgesamt** auf den Erwerber übertragen werden soll, stellt sich die Interessenlage wie folgt dar: 35.18

aa) Berechtigte Interessen der Transaktionsparteien

Die an der Transaktion beteiligten Parteien haben in erster Linie ein berechtigtes Interesse am Vollzug des vereinbarten Kaufs sowie der Abwicklung bestehender Forderungen und Verbindlichkeiten (vgl. oben unter Rz. 35.6). **Weitere berechtigte Interessen** können sein: die Fortführung des Betriebs[44] sowie bestehender (Dauer-) Verträge, die Auslagerung des Vertriebs, Erwirkung eines verbesserten Zugangs zu Beschaffungs- und Absatzmärkten sowie auch Werbezwecke. Insofern weist Erwägungsgrund 47 zur DSGVO Direktwerbung als ein mögliches „berechtigtes Interesse" im Rahmen von Art. 6 Abs. 1 lit. f DSGVO aus. 35.19

bb) Abwägung mit Betroffeneninteressen/Regel- und Sonderfälle bei Gesamtübertragungen

Im Rahmen **üblicher Geschehensabläufe** sollten die berechtigten **Interessen der Transaktionsparteien in aller Regel auch überwiegen**. So ist in Bezug auf möglicherweise entgegenstehende Interessen der Betroffenen jedenfalls bei einer Gesamtveräußerung eines Geschäftsbetriebs zu berücksichtigen, dass es für die Betroffenen **regelmäßig unerheblich** sein wird, **ob ein Unternehmen im Wege eines Share Deals, einer Umwandlung oder eben eines Asset Deals als Ganzes** übertragen wird. Ziel der Transaktion ist in sämtlichen Fällen nämlich in aller Regel die Fortführung des erworbenen Geschäftsbetriebs. Die Gesamtübertragung im Wege des Asset Deals weist dabei im Vergleich zum Share Deal oder der Umwandlung – jedenfalls ohne das Hinzutreten besonderer Umstände – kein erhöhtes Gefährdungspotential auf, da insbesondere auch **nicht das Risiko einer Verdoppelung des Datenbestands** besteht[45] (wie unter Umständen bei einer Teilübertragung; s. nachfolgend unter Rz. 35.27 f.). In sämtlichen Konstellationen ist durch den zukünftigen Verwender der betroffenen Daten zudem 35.20

---

40 Vgl. *Nebel*, CR 2016, 417 (421).
41 *Schröder* in Forgó/Helfrich/Schneider, Teil VI, Kap. 4 Rz. 39 f.
42 *Schulz* in Gola, Art. 6 DSGVO Rz. 65.
43 *Nebel*, CR 2016, 417 (420).
44 *Schröder* in Forgó/Helfrich/Schneider, Teil VI, Kap. 4 Rz. 39 f.
45 Vgl. *Plath/Struck/ter Hazeborg*, CR 2020, 9 (13); vgl. zum Rechtsgedanken: *Eckhardt/Menz*, ZInsO 2016, 1917 (1922).

auch deren Zweckbindung einzuhalten. Vor diesem Hintergrund erschiene es widersprüchlich, wenn die Daten problemlos im Nachgang eines Share Deals bzw. einer Umwandlung, jedoch nicht eines Asset Deals weiter genutzt werden dürften (da sie nicht als Asset im Rahmen des Betriebsübergangs auf den Erwerber übermittelt werden dürften)[46].

35.21 Zudem kann nicht ausgeschlossen werden, dass Kunden ein Interesse an einer unterbrechungsfreien Pflege ihrer Kundenbeziehung haben. Dies gilt insbesondere vor dem Hintergrund, dass der alte Inhaber entweder nicht mehr existiert oder jedenfalls die für eine mögliche Fortsetzung der betroffenen Geschäftsbereiche relevanten Assets auch an den Erwerber übertragen worden sind und demnach die bestehenden Kunden nicht mehr durch den alten Inhaber versorgt werden (können)[47].

35.22 Eine **abweichende Beurteilung** könnte sich etwa dann ergeben, wenn zwischen den Betroffenen und dem abtretenden Unternehmen ein **besonderes Vertrauensverhältnis** besteht, etwa wenn das Unternehmen über dezidierte Informationen hinsichtlich des Gesundheitszustands der Betroffenen (ohne einer entsprechenden Verschwiegenheitspflicht zu unterliegen) oder andere, besonders sensible, dem Privatleben der Betroffenen zuzuordnende Informationen verfügt[48].

35.23 Sobald Informationen unter eine **berufliche Verschwiegenheitspflicht** fallen (etwa bei der Veräußerung von Arztpraxen), bedarf es in jedem Fall einer **Einwilligungs- sowie Verschwiegenheitsentbindungserklärung** der Betroffenen, bevor die Daten an den Erwerber übertragen werden dürfen[49].

cc) Unterstützung der Betroffeneninteressen durch vertragliche Regelungen zwischen den Transaktionsparteien

35.24 Um den Interessen der Betroffenen im Rahmen einer Transaktion weiter Rechnung tragen zu können, sollten – soweit es der Gegenstand der Transaktion sowie die Interessen der Transaktionsparteien erlauben – weitere vertragliche Regelungen hinsichtlich der zu übertragenden Daten getroffen werden. Diesen Zweck erfüllt das nachstehende Muster einer Datenübertragungsklausel. Insofern können solche vertraglichen, die **Betroffeneninteressen unterstützenden Abreden zwischen den Parteien** im Rahmen der Interessenabwägung grundsätzlich zu berücksichtigen sein. Demgemäß kann durch eine datenschutzfreundliche Ausgestaltung der Transaktion die datenschutzrechtliche Zulässigkeit der Übertragung weiter abgesichert werden.

35.25 Soweit es der Transaktionsgegenstand zulässt, sollten die Parteien daher etwa vertraglich festhalten, dass der **Veräußerer verpflichtet ist, die Daten nach deren Übertragung zu löschen**. Ferner sollte vertraglich festgehalten werden, dass die Betroffenen über die Übertragung ihrer Daten – sei es vom Veräußerer oder vom Erwerber – informiert werden müssen. Letztlich können Regelungen aufgenommen werden, welche es dem Erwerber untersagen, die Daten für andere als die ursprünglichen Erhebungszwecke zu verarbeiten.

35.26 Insbesondere für Fälle der Gesamtübertragung eines Geschäftsbetriebs kann in Anlehnung an die EU-Standardvertragsklauseln darüber nachgedacht werden, den Betroffenen die (vertragliche) Durchsetzung der zwischen den Transaktionsparteien vereinbarten Pflichten im Wege einer **Drittbegünstigungsklausel** zu ermöglichen[50].

---

46 So auch *Plath* in v. d.Bussche/Voigt, Teil 6 Rz. 60 f.; zur alten Rechtslage auch *Wehmeyer*, PinG 2016, 215 (218); *Nebel*, CR 2016, 417 (421).
47 *Plath/Struck/ter Hazeborg*, CR 2020, 9 (13).
48 *Eckhardt/Menz*, ZInsO 2016, 1917 (1922).
49 *Plath* in Plath, Art. 6 DSGVO Rz. 123; *Zikesch/Kramer*, ZD 2015, 565 (567).
50 Vgl. Klausel 3 der EU-Standardvertragsklauseln für Datentransfers zwischen einem Verantwortlichen und einem Auftragsverarbeiter.

b) Teilübertragung eines Geschäftsbetriebs/isolierte Übertragung von Daten

Eine solch abstrahierte datenschutzrechtliche Betrachtung verbietet sich hingegen in Fällen, in denen 35.27 nur ein **Teil eines Geschäftsbetriebs** (etwa eine bestimmte Produktsparte) oder Kundendaten isoliert abgetreten werden.

Zum einen besteht im Gegensatz zur Gesamtübertragung stets die Gefahr, dass der Verkäufer die Daten zwar verkaufen, jedoch auch für sein verbleibendes Geschäft selbst weiternutzen will. Eine solche 35.28 **potentielle Verdopplung des Datenbestands** lässt sich daher wertungsmäßig nicht mit einem Share Deal bzw. einer Umwandlung vergleichen. Die datenschutzrechtliche Zulässigkeit ist daher stets auf Grundlage der Umstände des konkreten Einzelfalls zu evaluieren[51]. Um eine solche Übertragung datenschutzrechtlich abzusichern, sollte vertraglich daher (soweit von den Parteien auch beabsichtigt) insbesondere festgehalten werden, dass sich der Verkäufer zur Löschung der Daten nach deren Übertragung verpflichtet.

Beim gezielten **Erwerb von Kundendaten für Marketingzwecke** können zudem die **Wertungen des** 35.29 **§ 7 UWG** zu berücksichtigen sein[52]. § 7 UWG regelt dabei die wettbewerbsrechtliche Zulässigkeit von Werbemaßnahmen[53]. Von Relevanz ist dies insbesondere beim Erwerb von E-Mail-Adressen. Gegen die Zulässigkeit der Übermittlung könnte demnach sprechen, wenn der Erwerber die Kundendaten in erster Linie für E-Mail-Marketingmaßnahmen zu verwenden beabsichtigt, dies jedoch aus wettbewerbsrechtlichen Gründen nicht dürfte[54].

Diesbezüglich schreibt § 7 Abs. 2 Nr. 3 UWG grundsätzlich vor, dass solche Maßnahmen unzulässig 35.30 sind, sofern der jeweilige Adressat der **E-Mail-Werbung** nicht vorher eine **ausdrückliche Einwilligung** in deren Erhalt erteilt hat[55]. Etwaig vorhandene Einwilligungen werden jedoch gegenüber dem Veräußerer und nicht dem Erwerber erteilt worden sein. Demgemäß ist zu prüfen, **ob etwaige Einwilligungen auch den Erwerber begünstigen**. Insofern ist die inhaltliche und personelle Reichweite von Einwilligungserklärungen durch Auslegung (auch über den Wortlaut der Erklärung hinaus) anhand der Umstände des Einzelfalls zu ermitteln[56]. Unerheblich ist insoweit, gegenüber welcher Stelle die Einwilligung erteilt wird[57]. Im Hinblick auf die durch die Einwilligung Begünstigten ist danach entscheidend, ob dem **Vorstellungsbild des Einwilligenden eine strenge Beschränkung auf ein bestimmtes Unternehmen** bzw. eine bestimmte (juristische) Person innewohnt. Dies kann etwa dann der Fall sein, sofern ein Unternehmen beim jeweiligen Betroffenen besonderes Vertrauen genießt. Im Gegensatz können Einwilligungen jedoch auch **produkt- bzw. geschäftsbezogen erteilt** werden[58]. In solchen Fällen ist daher nicht ausgeschlossen, dass sich auch der Erwerber auf eine solche Einwilligung berufen kann, dies jedenfalls, soweit er die zu bewerbende Produktsparte erworben hat und nunmehr am Markt anbietet.

---

51 *Schröder* in Forgó/Helfrich/Schneider, Teil VI, Kap. 4 Rz. 39 f.
52 Vgl. zur Rechtslage unter dem BDSG: *Eckhardt/Menz*, ZInsO 2016, 1917 (1923).
53 Vgl. *Micklitz/Schirmbacher* in Spindler/Schuster, § 7 UWG Rz. 6.
54 So geht etwa das OLG Frankfurt (v. 24.1.2018 – 13 U 165/16) von einer Unwirksamkeit einer solch isolierten Übertragung von Adressdaten zum Zwecke der E-Mail-Werbung aus.
55 Im Rahmen bestehender Kundenbeziehungen sieht § 7 Abs. 3 UWG insoweit eine sehr restriktive Privilegierung für Werbe-E-Mails vor. Ob sich ein Erwerber eines Geschäftsbetriebs darauf berufen kann, ist sehr umstritten, dagegen etwa *Plath/Struck/ter Hazeborg*, CR 2020, 9 (15 f.).
56 *Köhler/Bornkamm*, § 7 UWG Rz. 147.
57 Vgl. EuGH v. 5.5.2011 – C-543/09, ZD 2011, 79 Rz. 65 – Deutsche Telekom; *Art. 29-Datenschutzgruppe*, WP 12, S. 38.
58 *Plath/Struck/ter Hazeborg*, CR 2020, 9 (15 f.), die zutreffend zwischen einer „geschäfts-" und „personenbezogen" erteilten Einwilligung differenzieren; zweifelnd dagegen *Hansen-Oest*, DSB 2020, 60 (64).

3. Von Aufsichtsbehörden gefordertes Widerspruchsrecht

35.31 Zu beachten ist, dass die deutschen Datenschutzaufsichtsbehörden davon ausgehen, dass es zur Wahrung der Interessen der Betroffenen im Rahmen der Übermittlung von Kundendaten erforderlich sei, dass die **Betroffenen vor der Übermittlung hierüber informiert** würden und ihnen zusätzlich ein **bedingungsloses Widerspruchsrecht (gegen die Übermittlung) eingeräumt** würde[59]. Sie bestätigen damit ihre bereits unter der alten Rechtslage bestehende Rechtsauffassung[60].

35.32 Bereits auf alter Rechtslage fand dieses Erfordernis jedenfalls in dieser Generalität **keine Stütze im Gesetz**. Auch unter der DSGVO erscheint es sachgerecht, **das Widerspruchsrecht auf die Fälle des Art. 21 DSGVO** zu begrenzen. Das Widerspruchsrecht nach Art. 21 Abs. 1 DSGVO findet zunächst nur dann Anwendung, wenn der Verantwortliche eine Verarbeitung auf Grundlage eines berechtigten oder öffentlichen Interesses durchführt (Art. 6 Abs. 1 lit. e und lit. f DSGVO)[61]. Demgemäß steht den Betroffenen kein Widerspruchsrecht zu, sofern die Übertragung ihrer Daten etwa auf Grundlage von Art. 6 Abs. 1 lit. b DSGVO erfolgt. Wenn der Anwendungsbereich des Widerspruchsrechts eröffnet ist, müssen überdies Gründe gegen die jeweilige Datenverarbeitung vorgetragen werden, die aus der **besonderen Situation des jeweils Betroffenen** resultieren und so zu einer atypischen Sachverhaltskonstellation führen, welche eine Verarbeitung der Daten gerade dieses Betroffenen ausschließt[62]. Die Hürde ist dabei äußerst hoch anzusetzen, da durch die Ausübung des Widerspruchsrechts (dem Grunde nach) zulässige Datenverarbeitungen verhindert werden können[63]. Ein grundloser, unbegründeter Widerspruch genügt jedenfalls nicht. Ein solcher Widerspruch würde gem. Art. 21 Abs. 2 DSGVO nur durchgreifen, wenn die Daten **ausschließlich zu Werbezwecken** übertragen werden würden (vgl. oben unter Rz. 35.29)[64].

35.33 Als möglicher Faktor ist die Ansicht der Datenschutzaufsichtsbehörden gleichwohl von den Parteien in die Risikoanalyse einer Transaktion einzubeziehen. In Fällen, in denen der **Erwerber auf die fortgesetzte Nutzbarkeit der Daten zwingend angewiesen** ist, kann es sich demnach aus **Risikovermeidungsgründen** anbieten, bereits vor der Übermittlung der Informationen an die jeweiligen Betroffenen heranzutreten. Liegt in der Übermittlung selbst eine Zweckänderung, muss der Veräußerer ohnehin im Vorfeld eine Informationserteilung gem. Art. 13 Abs. 3 DSGVO hierüber vornehmen. Ein pauschales Widerspruchsrecht besteht dagegen nicht (vgl. nachfolgend unter Rz. 35.35 f. und Rz. 35.40)[65].

4. Zweckändernde Datenverarbeitung

35.34 Neben der Vorlage eines entsprechenden Rechtfertigungstatbestands muss zudem darauf geachtet werden, ob mit der Übermittlung personenbezogener Daten eine **zweckverändernde Verarbeitung** einhergeht. So dürfen personenbezogene Daten gem. Art. 5 Abs. 1 lit. b DSGVO lediglich „[...] *für festgelegte, eindeutige und legitime Zwecke erhoben werden und dürfen nicht in einer mit diesen Zwecken nicht zu vereinbarenden Weise weiterverarbeitet werden* [...]". Zweckänderungen unterliegen den **weiteren Anforderungen von Art. 6 Abs. 4 DSGVO**: Die Zweckänderung muss auf einer Einwilligung der betroffenen Person beruhen, aufgrund einer entsprechenden Rechtsvorschrift gerechtfertigt sein oder

---

59 *DSK*, Asset Deal – Katalog von Fallgruppen, Ziff. 3.
60 Vgl. *BayLDA*, Pressemitteilung v. 30.7.2015, abrufbar unter: https://www.lda.bayern.de/media/pm 2015_10.pdf (Stand 11/2020).
61 *Herbst* in Kühling/Buchner, Art. 21 DSGVO Rz. 10 f.
62 Vgl. *Martini* in Paal/Pauly, Art. 21 DSGVO Rz. 29 f.; *Kamann/Braun* in Ehmann/Selmayr, Art. 21 DSGVO Rz. 19 f.
63 Vgl. *Martini* in Paal/Pauly, Art. 21 DSGVO Rz. 31; *Kamlah* in Plath, Art. 21 DSGVO Rz. 5; *Munz* in Taeger/Gabel, Art. 21 DSGVO Rz. 14; a.A. *Forgó* in BeckOK DatenschutzR, Art. 21 DSGVO Rz. 8.
64 *Schulz* in Gola, Art. 21 DSGVO Rz. 17 f.
65 Kritisch auch *Plath/Struck/ter Hazeborg*, CR 2020, 9 (13).

mit dem ursprünglichen Zweck, zu dem die personenbezogenen Daten erhoben wurden, **vereinbar** sein.

Demgemäß ist zu prüfen, ob die Übermittlung an den Erwerber der Daten sich noch im Rahmen der Zwecke bewegt, für welche die Daten ursprünglich vom Veräußerer erhoben worden sind. Im Falle einer Überschreitung dieses Rahmens ist weiter zu evaluieren, ob die Übertragung an den Erwerber mit dem ursprünglichen Erhebungszweck vereinbar ist[66]; in aller Regel werden weder entsprechende Einwilligungen noch gesetzliche Pflichten im Rahmen von Geschäftsübertragungen vorliegen. Ob die **Übermittlung** personenbezogener Daten im Rahmen eines Asset Deals **als eigenständiger (neuer) Zweck anzusehen** ist oder noch vom **ursprünglichen Erhebungszweck** (etwa zur Vertragserfüllung) **umfasst** sein kann, wird auf Grundlage der konkreten Umstände einer Transaktion zu bewerten sein[67].

Rechtssicherer sind insoweit Konstellationen, in denen der Veräußerer bereits **bei der Erhebung der Daten eine (mögliche) Übermittlung an einen Erwerber als Verarbeitungszweck festgelegt** hat[68]. Eine entsprechende Zweckbestimmung kann in Form der Belehrung nach Art. 13 DSGVO erfolgen; etwa durch eine entsprechende Aufnahme in eine Datenschutzerklärung[69]. Demgemäß sollte darauf geachtet werden, dass die Betroffenen bei der Erhebung ihrer Daten darüber informiert worden sind, dass es im Rahmen der Geschäftsentwicklungen dazu kommen kann, dass Tochtergesellschaften, Unternehmensteile oder Bestandteile gegründet, gekauft oder verkauft werden und die **Daten zur Durchführungen solcher Transaktionen weitergegeben werden** können. Eine solch allgemein gehaltene Belehrung sollte auch hinreichend spezifisch sein, da es gem. Art. 13 Abs. 1 lit. e DSGVO insoweit auch genügt, lediglich über **Kategorien von Empfängern** zu informieren[70]; die Nennung eines bestimmten Empfängers der Daten ist daher nicht erforderlich. Demgemäß spricht vieles dafür, dass dieser Grad an Spezifizität auch für die Festlegung eines Verarbeitungszwecks genügen sollte.

In Abwesenheit einer entsprechenden Festlegung spricht jedenfalls im Falle der **Gesamtübertragungen eines Geschäftsbetriebs** vieles dafür, dass die Übertragung der Daten an den Erwerber **mit den ursprünglichen Erhebungszwecken** i.S.d. Art. 6 Abs. 4 DSGVO **vereinbar** sein wird. Insofern wird der Erwerber die Daten bei Fortführung des erworbenen Geschäftsbetriebs zukünftig in aller Regel zu den gleichen Zwecken verarbeiten, für die sie ursprünglich vom Veräußerer erhoben worden sind[71]; wie zuvor ausgeführt, ist auch kein gesteigertes Gefährdungspotential für die Betroffenen ersichtlich (vgl. Rz. 35.20). Hiervon abgesehen ist auch nicht gänzlich auszuschließen, dass im Rahmen einer Gesamtübertragung eine Übertragung an den Erwerber **unter die ursprünglichen Zweckfestlegungen zu fassen** sein kann. So etwa, wenn personenbezogene Daten zur Abwicklung von Warenbestellungen verarbeitet werden und die entsprechenden Vertragspflichten nunmehr vom Erwerber zu erfüllen sind, da der Veräußerer hierzu nicht mehr in der Lage ist (vgl. unter Rz. 35.10).

Soweit das Zielunternehmen jedoch **nicht zur Fortführung des Geschäftsbetriebs** erworben wird oder der Erwerber bereits einen anderen Verarbeitungszweck intendiert, kann die Vereinbarkeitsprüfung auch im Falle einer Gesamtübertragung durchaus anders ausfallen[72]. Gleiches gilt, wenn **Betriebe nur teilweise** oder **Kundendaten isoliert** erworben werden sollen.

35.35

35.36

35.37

35.38

66 *Petri* in Kühling/Buchner, Art. 6 DSGVO Rz. 183.
67 *Sander/Schumacher/Kühne*, ZD 2017, 105 (109).
68 Vgl. *Moos*, K&R Beihefter 3/2015, Heft 9, 12 (14).
69 Vgl. *Art. 29-Datenschutzgruppe*, WP 203, S. 18 zur alten Rechtslage unter der DSRL; dies auch herausstellend *Herbst* in Kühling/Buchner, Art. 5 DSGVO Rz. 33.
70 *Bäcker* in Kühling/Buchner, Art. 13 DSGVO Rz. 30; *Strassemeyer*, K&R 2020, 176 (178 f.).
71 Vgl. *Wehmeyer*, PinG 2016, 215 (218).
72 *Schulz* in Gola, Art. 6 DSGVO Rz. 261.

35.39 Vor diesem Hintergrund ist stets im konkreten Einzelfall unter Berücksichtigung aller Umstände zu prüfen, ob zum einen eine zweckändernde Verarbeitung vorliegt, und wenn ja, ob diese mit den ursprünglichen Erhebungszwecken vereinbar ist[73].

5. Benachrichtigung der Betroffenen

35.40 Die besseren Argumente sprechen dafür, dass die Betroffenen **vor der Übermittlung an den Erwerber** nicht gesondert über die avisierte Übertragung ihrer Daten sowie über das etwaige Bestehen eines Widerspruchsrechts informiert werden müssen. Insofern statuiert **Art. 13 Abs. 1 DSGVO**, dass dem Betroffenen die dort spezifizierten Informationen „[…] *zum Zeitpunkt der Erhebung* […]" seiner Daten zur Verfügung zu stellen sind; nicht hingegen im Zeitpunkt einer Übermittlung seiner Daten[74]. Dies setzt jedoch voraus, dass die Betroffenen durch das veräußernde Unternehmen im Zeitpunkt der Erhebung ihrer Daten entsprechend nach obiger Maßgabe informiert worden sind[75]. Sobald **mit der Übermittlung eine Zweckänderung** einhergeht, werden die Betroffenen gem. Art. 13 Abs. 3 DSGVO vor der Übertragung der Daten entsprechend informiert werden müssen[76].

35.41 **Gemäß Art. 14 DSGVO trifft den Erwerber** in aller Regel eine entsprechende **Informationspflicht**, nachdem er die erworbenen Daten erhalten hat. Dies gilt insbesondere dann, wenn er beabsichtigt, die Daten für andere als die ursprünglichen Erhebungszwecke zu verarbeiten[77].

6. Sonderfall: Übertragung von Mitarbeiterdaten

35.42 Erfolgt ein Unternehmenskauf in Form eines Asset Deals, findet in der Regel ein Betriebsübergang statt[78]. Gemäß § 613a Abs. 1 Satz 1 BGB gehen die **Arbeitsverhältnisse** in diesem Fall **kraft Gesetzes** eins zu eins auf den neuen Inhaber über[79]. Die Zulässigkeit der **Übermittlung dieser Beschäftigtendaten** folgt sodann aus Art. 88 Abs. 1 DSGVO i.V.m. § 26 Abs. 1 und Abs. 3 BDSG, da diese Daten für die Fortführung der übergegangenen Beschäftigungsverhältnisse erforderlich sind[80]. Gemäß § 613a Abs. 6 Satz 1 BGB hat der Arbeitnehmer jedoch das Recht, dem Übergang des Arbeitsverhältnisses zu widersprechen, womit eine Übermittlung unzulässig wird[81].

---

73 Vgl. *Plath/Struck/ter Hazeborg*, CR 2020, 9 (13).

74 Vgl. *Bäcker* in Kühling/Buchner, Art. 13 DSGVO Rz. 12; *Strassemeyer*, K&R 2020, 176 (178).

75 Vgl. *Knyrim* in Ehmann/Selmayr, Art. 13 DSGVO Rz. 11.

76 *Schmidt-Wudy* in BeckOK DatenschutzR, Art. 13 DSGVO Rz. 88; *Sander/Schumacher/Kühne*, ZD 2017, 105 (109).

77 Vgl. *Schmidt-Wudy* in BeckOK DatenschutzR, Art. 14 DSGVO Rz. 88; *Bäcker* in Kühling/Buchner, Art. 14 DSGVO Rz. 1.

78 *Willemsen* in Willemsen/Hohenstatt/Scheibert/Seibt, Kap. B Rz. 119.

79 *Baumgärtner* in BeckOK/BGB, § 613a Rz. 29.

80 Vgl. zur alten Rechtslage *Sander/Schumacher/Kühne*, ZD 2017, 105 (109).

81 *Müller-Glöge* in MüKo BGB, § 613a Rz. 115; *Schröder* in Forgó/Helfrich/Schneider, Teil VI, Kap. 4 Rz. 41.

B. Datenübertragungsklausel Asset Deal

I. Muster

M 35.1 Datenübertragungsklausel Asset Deal 35.43

Datenübertragungsklausel – Asset Deal

1. Vertragsgegenstand[82]

1.1 Die Verkäuferin verkauft und überträgt der Erwerberin mit Wirkung zum Stichtag sämtliche nach Maßgabe dieses Vertrags zum Unternehmen gehörenden Vermögensgegenstände. Im Einzelnen gehören zu den verkauften und übertragenen Gegenständen bzw. Rechtspositionen:

– …

– Sämtliche im Unternehmen entstandene und zum Stichtag bestehende, übertragbare Ansprüche, Forderungen und Rechte, einschließlich der Ansprüche aus den unter Ziffer 2 dieses Vertrags genannten Vertrags- und Geschäftsbeziehungen, sowie sich auf die Wirtschaftsgüter beziehende Rechte, wie Ansprüche aus Gewährleistungen oder Produktgarantien und Versicherungsansprüche;

– Die zum Unternehmen gehörenden Bücher und Geschäftsunterlagen (unabhängig vom Medium, auf dem sie gespeichert sind), einschließlich technischer Zeichnungen, Handbücher, Verkaufsunterlagen, Geschäftskorrespondenz sowie Lieferanten- und Kundenlisten bzw. -datenbanken;

– Sämtliche Informationen einschließlich personenbezogener Daten, die zur Geltendmachung bzw. Einziehung der übertragenen Rechtspositionen erforderlich sind.

1.2 Die nach 1.1 zu übertragenden Gegenstände und Rechtspositionen sind zumindest bestimmbar in **Anlage 1** bezeichnet.

2. Übernahme von Verträgen, Verbindlichkeiten und Geschäftsbeziehungen[83]

2.1 Die Erwerberin tritt mit Wirkung zum Stichtag im Wege der Vertragsübernahme mit schuldbefreiender Wirkung für die Verkäuferin in die folgenden Verträge mit allen Rechten und Pflichten der Verkäuferin ein:

– gemäß § 613a Abs. 1 Satz 1 BGB in sämtliche Arbeitsverträge mit den in **Anlage 2** aufgeführten Arbeitnehmern;

– in alle Dauerschuldverhältnisse und sonstige zum Geschäftsbetrieb gehörenden Verträge, einschließlich aller Miet-, Pacht- und Leasingverträge, Verträge mit Lieferanten, Kunden oder Vertriebspartnern, Dienstleistungs- und Wartungsverträge; hierzu gehören insbesondere die in **Anlage 2** aufgeführten Verträge;

– darüber hinaus werden auch die sonstigen Verbindlichkeiten und Pflichten der Verkäuferin Dritten gegenüber, einschließlich aller ausstehenden Kauf- und Lieferverträge, von der Erwerberin übernommen; hierzu gehören insbesondere die in **Anlage 2** aufgeführten Verbindlichkeiten und Pflichten.

2.2 Soweit zum Übergang dieser Verträge bzw. Verbindlichkeiten die Zustimmung der jeweiligen dritten Vertragspartner erforderlich ist, werden sich die Vertragsparteien nach dem Stichtag unverzüglich nach besten Kräften darum bemühen, dass die jeweiligen dritten Vertragspartner der Übernahme zustimmen.

2.3 Soweit der Eintritt in Verträge bzw. die Übernahme von Verbindlichkeiten und Pflichten etwa aufgrund von fehlender Zustimmung der jeweiligen Vertragspartner nicht möglich ist, erklärt die Erwerberin ihren Schuldbeitritt. Die Erwerberin stellt die Verkäuferin im Innenverhältnis von allen Verpflichtungen frei und wird die weitere Erfüllung dieser Verbindlichkeiten, Pflichten und Verträge gegenüber den jeweiligen dritten Vertragspartnern bzw. Gläubigern soweit wie möglich ungefragt übernehmen.

---

82 Zu den Erläuterungen siehe Rz. 35.47 f.
83 Zu den Erläuterungen siehe Rz. 35.50 f.

2.4 Die Verkäuferin hat der Erwerberin die zur Erfüllung und zum Zweck dieser Verträge erforderlichen Informationen einschließlich personenbezogener Daten zu übermitteln (nachfolgend gemeinsam mit den unter Ziffer 1 genannten Informationen als „Daten" bezeichnet).

3. Form und Zeitpunkt der Datenübertragung[84]

…

4. Datenschutzrechtliche Pflichten der Verkäuferin[85]

[Die folgenden Regelungen können je nach Fallkonstellation und Willen der Transaktionsparteien selektiv verwendet werden:]

4.1 Die Verkäuferin ist zu einer Übermittlung der Daten, die einer beruflichen Verschwiegenheitspflicht oder einem anderen gesetzlichen Verbot unterfallen, nur befugt, soweit sie von den Betroffenen eine Einwilligungs- sowie Verschwiegenheitsentbindungserklärung eingeholt hat; darüber hinaus wird sie eine Übermittlung an die Erwerberin unterlassen.

4.2 Die Verkäuferin wird die im datenschutzrechtlichen Sinn in Bezug auf die Daten betroffenen Personen (nachfolgend als die „Betroffenen" bezeichnet) vor der Übermittlung der Daten an die Erwerberin hierüber informieren. Die Verkäuferin wird den Text dieser Information mit der Erwerberin abstimmen. [Optional: Die Verkäuferin wird den Betroffenen zudem ein bedingungsloses Widerspruchsrecht gegen die Übermittlung an die Erwerberin einräumen. Soweit die Betroffenen der Übermittlung widersprechen, wird die Verkäufern diese Daten nicht an die Erwerberin übermitteln.]

4.3 Die Verkäuferin ist nicht befugt, Daten von Arbeitnehmern, die dem Übergang ihres Arbeitsverhältnisses auf die Erwerberin gemäß § 613a Abs. 6 BGB widersprochen haben, an die Erwerberin zu übermitteln.

4.4 Die Verkäuferin ist nicht befugt, die Daten an die Erwerberin zu übermitteln, wenn die Betroffenen einer Datenübermittlung wirksam gemäß Art. 21 Abs. 1 oder Abs. 2 DSGVO widersprochen haben.

4.5 Die Verkäuferin erklärt, dass sie die Betroffenen bei der Erhebung ihrer personenbezogenen Daten über die Möglichkeit der Übertragung ihrer Daten im Falle der Veräußerung ihres Geschäftsbetriebs informiert hat.

4.6 Die Verkäuferin hat die Daten nach deren Übertragung unverzüglich zu löschen. Auf Verlangen der Erwerberin wird die Verkäuferin ihr die Löschung bestätigen.

4.7 Die Verkäuferin wird die Daten nicht an eine außerhalb der EU ansässige Gesellschaft der Erwerberin übermitteln. [Alternative: Eine Übermittlung der Daten an eine Stelle außerhalb der EU ist nur zulässig, wenn die Voraussetzungen der Art. 44 bis 49 DSGVO erfüllt sind.]

5. Datenschutzrechtliche Pflichten der Erwerberin[86]

[Die folgenden Regelungen können je nach Fallkonstellation und Willen der Transaktionsparteien selektiv verwendet werden:]

5.1 Die Erwerberin hat die Betroffenen, nachdem sie die Daten erhalten hat, gemäß Art. 14 DSGVO zu informieren.

5.2 Die Erwerberin darf die Daten nur für ihre ursprünglichen Erhebungszwecke verarbeiten; die ursprünglichen Erhebungszwecke sind in Anlage 1 und Anlage 2 spezifiziert. [Optional: Eine Zweckänderung ist nur unter den Voraussetzungen des Art. 6 Abs. 4 DSGVO zulässig. In solchen Fällen wird die Erwerberin die Betroffenen hierüber informieren.]

[Alternative: Die Erwerberin hat die Daten, sobald sie für die Erfüllung der übernommenen bzw. beigetretenen Verbindlichkeiten oder Geltendmachung der abgetretenen Rechtspositionen nicht mehr erforderlich sind, unverzüglich zu löschen oder jedenfalls zu sperren, soweit und sofern eine gesetzliche Aufbewahrungspflicht den Vorhalt der Daten fordert.]

---

84 Zu den Erläuterungen siehe Rz. 35.53.
85 Zu den Erläuterungen siehe Rz. 35.55 f.
86 Zu den Erläuterungen siehe Rz. 35.58 f.

5.3. *Die Erwerberin wird begründeten Anfragen Betroffener zur Geltendmachung ihrer Betroffenenrechte nach Art. 12 ff. DSGVO Folge leisten.*

5.4 *Die Erwerberin erklärt, über angemessene technische und organisatorische Maßnahmen gemäß Art. 24 und Art. 32 DSGVO zu verfügen bzw. verpflichtet sich, diese nach dem Stichtag unverzüglich zu implementieren. [**Optional:** Die zu treffenden Maßnahmen sind in **Anlage 3** spezifiziert].*

5.5 *Die Erwerberin wird die Daten nicht an Stellen außerhalb der EU übermitteln. [**Alternative:** Eine Übermittlung der Daten an Stellen außerhalb der EU ist nur zulässig, wenn die Voraussetzungen der Art. 44 bis 49 DSGVO erfüllt sind.]*

6. Drittbegünstigungsklausel[87]

[Die folgende Regelung kann je nach Fallkonstellation und Willen der Transaktionsparteien optional verwendet werden:]

6.1 *Die Betroffenen können die in Ziffer 5 statuierten Pflichten unmittelbar gegenüber der Erwerberin durchsetzen.*

6.2 *Die Erwerberin wird die Betroffenen gemeinsam mit der Belehrung nach Ziffer 5.1 über dieses Recht informieren.*

II. Erläuterungen

1. Vorbemerkung

Das vorliegende Muster beinhaltet Klauseln zur Datenübertragung im Rahmen eines Asset Deals. Die Klauseln sollen zum einen sicherstellen, dass sämtliche relevanten Daten vertraglich umfasst sind, zum anderen die Übermittlung dieser Daten an die Erwerberin – sofern und soweit möglich – datenschutzrechtlich absichern. Es handelt sich dabei ersichtlich **um keinen vollständigen Asset-Kaufvertrag**. Das Muster enthält insoweit ausschließlich Regelungen, welche für die Übertragung personenbezogener Daten im Rahmen eines Asset Deals relevant sind. Demgemäß werden die Klauseln in einen (Haupt-) Vertrag eingebettet werden müssen.

35.44

Um etwaigen Missverständnissen vorzubeugen: Der **Asset-Kaufvertrag** an sich kann dabei **keinen datenschutzrechtlichen Erlaubnistatbestand** für die Übertragung der jeweils betroffenen personenbezogenen Daten an die Erwerberin begründen. Durch die bilateralen Regelungen zwischen den Transaktionsparteien lässt sich jedoch der Grundstein für eine mögliche, zulässige Datenübermittlung auf Grundlage der gesetzlichen Erlaubnistatbestände von Art. 6 Abs. 1 lit. b und lit. f DSGVO legen. Die Zulässigkeit der Übermittlung muss dabei stets anhand der konkreten Umstände des Einzelfalls bestimmt werden; dies gilt insbesondere für Teilübertragungen eines Geschäftsbetriebs oder die isolierte Übertragung von personenbezogenen Daten.

35.45

2. Vertragsgegenstand (Ziff. 1)

M 35.1.1 Vertragsgegenstand

35.46

1. Vertragsgegenstand

1.1 *Die Verkäuferin verkauft und überträgt der Erwerberin mit Wirkung zum Stichtag sämtliche nach Maßgabe dieses Vertrags zum Unternehmen gehörende Vermögensgegenstände. Im Einzelnen gehören zu den verkauften und übertragenen Gegenständen bzw. Rechtspositionen:*

---

87 Zu den Erläuterungen siehe Rz. 35.61 f.

- …

- *Sämtliche im Unternehmen entstandene und zum Stichtag bestehende, übertragbare Ansprüche, Forderungen und Rechte, einschließlich der Ansprüche aus den unter Ziffer 2 dieses Vertrags genannten Vertrags- und Geschäftsbeziehungen, sowie sich auf die Wirtschaftsgüter beziehende Rechte, wie Ansprüche aus Gewährleistungen oder Produktgarantien und Versicherungsansprüche;*

- *Die zum Unternehmen gehörenden Bücher und Geschäftsunterlagen (unabhängig vom Medium, auf dem sie gespeichert sind), einschließlich technischer Zeichnungen, Handbücher, Verkaufsunterlagen, Geschäftskorrespondenz sowie Lieferanten- und Kundenlisten bzw. -datenbanken;*

- *Sämtliche Informationen einschließlich personenbezogener Daten, die zur Geltendmachung bzw. Einziehung der übertragenen Rechtspositionen erforderlich sind.*

*1.2 Die nach 1.1 zu übertragenden Gegenstände und Rechtspositionen sind zumindest bestimmbar in **Anlage 1** bezeichnet.*

a) Ratio

35.47   In Asset-Kaufverträgen gilt es in erster Linie, die Reichweite der Übertragung, mithin die veräußerten Gegenstände und Rechtspositionen, zu definieren.

b) Bestimmung der zu übertragenden Rechtspositionen

35.48   Aus datenschutzrechtlicher Sicht sollten die Parteien dabei zwingend festhalten, dass sämtliche im Zielunternehmen bis zum Stichtag bestehenden Forderungen sowie andere Rechtspositionen auf die Erwerberin übergehen, **um die Übermittlung** der zur jeweiligen Geltendmachung der übertragenen Rechtspositionen erforderlichen **personenbezogenen Daten begründen zu können** (vgl. unter Rz. 35.6 f.).

Die Aufnahme von Geschäftsunterlagen, Büchern und Kundendaten sowie der für die Geltendmachung der übertragenen Rechtspositionen erforderlichen Informationen dient hingegen lediglich der Festlegung des Transaktionsgegenstands und hat **keine Relevanz für die datenschutzrechtliche Zulässigkeit** der Übermittlung dieser Daten an die Erwerberin.

Die Parteien sollten die zu übertragenden Rechtspositionen sowie die damit korrespondierenden Daten kategorisch in einer Anlage zum Asset-Kaufvertrag bestimmen; dort sollten auch die ursprünglichen Erhebungszwecke je Datenkategorie festgehalten werden.

3. Vertragsübernahme (Ziff. 2)

35.49   **M 35.1.2 Übernahme von Verträgen, Verbindlichkeiten und Geschäftsbeziehungen**

2. Übernahme von Verträgen, Verbindlichkeiten und Geschäftsbeziehungen

2.1 Die Erwerberin tritt mit Wirkung zum Stichtag im Wege der Vertragsübernahme mit schuldbefreiender Wirkung für die Verkäuferin in die folgenden Verträge mit allen Rechten und Pflichten der Verkäuferin ein:

- *gemäß § 613a Abs. 1 Satz 1 BGB in sämtliche Arbeitsverträge mit den in **Anlage 2** aufgeführten Arbeitnehmern;*

- *in alle Dauerschuldverhältnisse und sonstige zum Geschäftsbetrieb gehörenden Verträge, einschließlich aller Miet-, Pacht- und Leasingverträge, Verträge mit Lieferanten, Kunden oder Vertriebspartnern, Dienstleistungs- und Wartungsverträge; hierzu gehören insbesondere die in **Anlage 2** aufgeführten Verträge;*

– darüber hinaus werden auch die sonstigen Verbindlichkeiten und Pflichten der Verkäuferin Dritten gegenüber, einschließlich aller ausstehenden Kauf- und Lieferverträge, von der Erwerberin übernommen; hierzu gehören insbesondere die in **Anlage 2** aufgeführten Verbindlichkeiten und Pflichten.

2.2 Soweit zum Übergang dieser Verträge bzw. Verbindlichkeiten die Zustimmung der jeweiligen dritten Vertragspartner erforderlich ist, werden sich die Vertragsparteien nach dem Stichtag unverzüglich nach besten Kräften darum bemühen, dass die jeweiligen dritten Vertragspartner der Übernahme zustimmen.

2.3 Soweit der Eintritt in Verträge bzw. die Übernahme von Verbindlichkeiten und Pflichten etwa aufgrund von fehlender Zustimmung der jeweiligen Vertragspartner nicht möglich ist, erklärt die Erwerberin ihren Schuldbeitritt. Die Erwerberin stellt die Verkäuferin im Innenverhältnis von allen Verpflichtungen frei und wird die weitere Erfüllung dieser Verbindlichkeiten, Pflichten und Verträge gegenüber den jeweiligen dritten Vertragspartnern bzw. Gläubigern soweit wie möglich ungefragt übernehmen.

2.4 Die Verkäuferin hat der Erwerberin die zur Erfüllung und zum Zweck dieser Verträge erforderlichen Informationen einschließlich personenbezogener Daten zu übermitteln (nachfolgend gemeinsam mit den unter Ziffer 1 genannten Informationen als „**Daten**" bezeichnet).

a) Ratio

Ziff. 2 des Musters bestimmt die Übernahme der bestehenden Verbindlichkeiten, Verträge und Geschäftsbeziehungen durch die Erwerberin. Soweit hierfür die Zustimmung der jeweiligen dritten Vertragspartner erforderlich ist, verpflichten sich die Parteien, auf eine entsprechende Zustimmungserteilung hinzuwirken. Für den Fall, dass eine (schuldbefreiende) Übernahme nicht möglich sein sollte, erklärt die Erwerberin hilfsweise ihren Schuldbeitritt und verpflichtet sich zur (proaktiven) Erfüllung dieser Verbindlichkeiten. 35.50

b) Datenübermittlung im Rahmen der Übernahme von Verbindlichkeiten und Verträgen

Die Parteien sollten sich zunächst hinsichtlich der (zustimmungsfreien) Übernahme bestehender Verträge und Verbindlichkeiten verständigen, um **die Übermittlung** der zur Erfüllung der erfassten Verbindlichkeiten oder Verträge **erforderlichen personenbezogenen Daten begründen zu können** (vgl. unter Rz. 35.6 f.). Dies gilt insbesondere für die gem. § 613a Abs. 1 Satz 1 BGB auf den Erwerber übergehenden Arbeitsverträge. 35.51

Um eine **über diese Fälle hinausgehende Übermittlung personenbezogener Daten** (je nach den Umständen des Einzelfalls) rechtfertigen zu können (mithin für Fälle, in denen es für die Übernahme einer Zustimmung der jeweiligen dritten Vertragspartner bedarf), sollte zwingend vertraglich vereinbart werden, dass sich die Parteien um die Erteilung der Zustimmung bemühen werden sowie, dass die Erwerberin ungeachtet der Zustimmungserteilung diesen Verbindlichkeiten beitritt. Darüber hinaus sollten sich die Parteien dahingehend einigen, dass die Erwerberin die Veräußerin (im Innenverhältnis) von diesen Verbindlichkeiten freistellt und deren weitere Erfüllung gegenüber den jeweiligen Vertragspartnern (proaktiv) übernehmen wird.

Die Aufnahme der Übertragung der für die Geltendmachung der übertragenen Rechtspositionen erforderlichen Informationen dient insoweit lediglich der Festlegung des Transaktionsgegenstands und hat **keine Relevanz für die datenschutzrechtliche Zulässigkeit** der Übermittlung dieser Daten an die Erwerberin.

Die Parteien sollten die zu übernehmenden Verbindlichkeiten und Verträge sowie die damit korrespondierenden Daten kategorisch in einer Anlage zum Asset-Kaufvertrag bestimmen; dort sollten auch die ursprünglichen Erhebungszwecke je Datenkategorie festgehalten werden.

4. Datenübertragung (Ziff. 3)

35.52 **M 35.1.3 Form und Zeitpunkt der Datenübertragung**

3. Form und Zeitpunkt der Datenübertragung

…

35.53 Die Parteien sollten sich über die Form und den Zeitpunkt der Übertragung der unter Ziff. 1 und Ziff. 2 angeführten Daten einigen. Die Informationen können zum einen in Papierform oder online übertragen werden. Ferner können die Daten zum definierten Stichtag des Übergangs sämtlicher Assets oder zu einem späteren Zeitpunkt übermittelt werden.

5. Datenschutzpflichten der Verkäuferin (Ziff. 4)

35.54 **M 35.1.4 Datenschutzrechtliche Pflichten der Verkäuferin**

4. Datenschutzrechtliche Pflichten der Verkäuferin

[Die folgenden Regelungen können je nach Fallkonstellation und Willen der Transaktionsparteien selektiv verwendet werden:]

4.1 Die Verkäuferin ist zu einer Übermittlung der Daten, die einer beruflichen Verschwiegenheitspflicht oder einem anderen gesetzlichen Verbot unterfallen, nur befugt, soweit sie von den Betroffenen eine Einwilligungs- sowie Verschwiegenheitsentbindungserklärung eingeholt hat; darüber hinaus wird sie eine Übermittlung an die Erwerberin unterlassen.

*4.2 Die Verkäuferin wird die im datenschutzrechtlichen Sinn in Bezug auf die Daten betroffenen Personen (nachfolgend als die „**Betroffenen**" bezeichnet) vor der Übermittlung der Daten an die Erwerberin entsprechend informieren. [**Optional:** Die Verkäuferin wird den Betroffenen zudem ein bedingungsloses Widerspruchsrecht gegen die Übermittlung an die Erwerberin einräumen. Soweit die Betroffenen der Übermittlung widersprechen, wird die Verkäufern diese Daten nicht an die Erwerberin übermitteln.]*

4.3 Die Verkäuferin ist nicht befugt, Daten von Arbeitnehmern, die dem Übergang ihres Arbeitsverhältnisses auf die Erwerberin gemäß § 613a Abs. 6 BGB widersprochen haben, an die Erwerberin zu übermitteln.

4.4 Die Verkäuferin ist nicht befugt, die Daten an den Erwerber zu übermitteln, wenn die Betroffenen einer Datenübermittlung wirksam gemäß Art. 21 Abs. 1 oder Abs. 2 DSGVO widersprochen haben.

4.5 Die Verkäuferin erklärt, dass sie die Betroffenen bei der Erhebung ihrer personenbezogenen Daten über die Möglichkeit der Übertragung ihrer Daten im Falle der Veräußerung ihres Geschäftsbetriebs informiert hat.

4.6 Die Verkäuferin hat die Daten nach deren Übertragung unverzüglich zu löschen.

*4.7 Die Verkäuferin wird die Daten nicht an eine außerhalb der EU ansässige Gesellschaft der Erwerberin übermitteln. [**Alternative:** Eine Übermittlung der Daten an eine Stelle außerhalb der EU ist nur zulässig, wenn die Voraussetzungen der Art. 44 bis 49 DSGVO erfüllt sind.]*

a) Ratio

Ziff. 4 des Musters sieht datenschutzrelevante Pflichten der Verkäuferin vor.

35.55

b) Regelungsmöglichkeiten bezüglich der datenschutzrechtlichen Pflichten der Verkäuferin

Durch die Statuierung der unter Ziff. 4 genannten Pflichten der Verkäuferin soll in erster Linie sichergestellt werden, dass keine personenbezogenen Daten an die Erwerberin übertragen werden, die einer beruflichen Verschwiegenheitspflicht oder einem anderen gesetzlichen Verbotstatbestand unterfallen und daher nur im Falle einer entsprechenden Einwilligung und gegebenenfalls Verschwiegenheitsentbindung übermittelt werden dürfen. Entsprechendes gilt für die personenbezogenen Daten von Arbeitnehmern, die einem Übergang ihres Arbeitsverhältnisses nach § 613a Abs. 6 BGB widersprochen haben.

35.56

Im Übrigen haben sich die Verpflichtungen am Willen der Transaktionsparteien sowie am Transaktionsgegenstand auszurichten:

Empfehlenswert ist dabei insbesondere festzuhalten, dass die Verkäuferin die **personenbezogenen Daten unverzüglich zu löschen** hat, sobald sie an die Erwerberin übertragen worden sind.

Ergänzend kann darüber hinaus aufgenommen werden, dass keine personenbezogenen Daten an außerhalb der EU belegene Gesellschaften oder Niederlassungen der Erwerberin transferiert werden bzw. dies nur unter Einhaltung der Voraussetzungen der Art. 44–49 DSGVO vorgenommen werden darf.

Soweit sich die Transaktionsparteien darauf einigen sollten, die Betroffenen über die Übertragung ihrer Daten an die Erwerberin zu informieren und ihnen gegebenenfalls ein **bedingungsloses Widerspruchsrecht** einzugestehen, ist eine entsprechende Verpflichtung der Verkäuferin zu statuieren. In Konsequenz wäre ferner festzuhalten, dass die Daten widersprechender Betroffener nicht übertragen werden dürfen; dies gilt auch für Fälle, in denen Betroffene einer Übermittlung ihrer Daten wirksam gem. Art. 21 Abs. 1 oder Abs. 2 DSGVO widersprechen.

Die Verkäuferin kann ferner erklären, die Betroffenen bei der Erhebung ihrer personenbezogenen Daten gem. Art. 13 DSGVO ordnungsgemäß, insbesondere auch im Hinblick auf die Möglichkeit der Übertragung ihrer Daten an einen anderen Rechtsträger, belehrt zu haben. Darüber hinaus können sich die Parteien auch dahingehend einigen, dass die Verkäuferin die **Verantwortlichkeit für die datenschutzkonforme Übermittlung** der betroffenen personenbezogenen Daten tragen soll. Solche Regelungen hätten dabei lediglich etwaige **haftungsrechtliche Konsequenzen** im Innenverhältnis zwischen den Transaktionsparteien; für die **datenschutzrechtliche Zulässigkeit** der Übermittlung wären sie freilich **ohne Belang**.

Für den Fall, dass die Erwerberin die zu übertragenden personenbezogenen Daten im Nachgang an die Transaktion zwingend rechtskonform verarbeiten können muss bzw. die Informationen für einen bestimmten Zweck verarbeiten will, kann es unter Umständen sinnvoll sein, eine entsprechende dahingehende **Beschaffenheitsvereinbarung** (oder Garantie) aufzunehmen. Die Verkäuferin muss dann freilich bereit sein, eine entsprechende Beschaffenheit zu gewährleisten oder sogar zu garantieren, etwa wenn die Daten zur Durchführung bestimmter Analysen oder für Forschungszwecke verwendet werden sollen.

6. Datenschutzpflichten der Erwerberin (Ziff. 5)

35.57 **M 35.1.5 Datenschutzrechtliche Pflichten der Erwerberin**

5. Datenschutzrechtliche Pflichten der Erwerberin

[Die folgenden Regelungen können je nach Fallkonstellation und Willen der Transaktionsparteien selektiv verwendet werden:]

5.1 Die Erwerberin hat die Betroffenen, nachdem sie die Daten erhalten hat, gemäß Art. 14 DSGVO zu informieren.

*5.2 Die Erwerberin darf die Daten nur für ihre ursprünglichen Erhebungszwecke verarbeiten; die ursprünglichen Erhebungszwecke sind in **Anlage 1** und **Anlage 2** spezifiziert. [**Optional**: Eine Zweckänderung ist nur unter den Voraussetzungen des Art. 6 Abs. 4 DSGVO zulässig. In solchen Fällen wird die Erwerberin die Betroffenen hierüber informieren.]*

*[**Alternative**: Die Erwerberin hat die Daten, sobald sie für die Erfüllung der übernommenen bzw. beigetretenen Verbindlichkeiten oder Geltendmachung der abgetretenen Rechtspositionen nicht mehr erforderlich sind, unverzüglich zu löschen oder jedenfalls zu sperren, soweit und sofern eine gesetzliche Aufbewahrungspflicht den Vorhalt der Daten fordert.]*

5.3. Die Erwerberin wird begründeten Anfragen Betroffener zur Geltendmachung ihrer Betroffenenrechte nach Art. 12 ff. DSGVO Folge leisten.

*5.4 Die Erwerberin erklärt, über angemessene technische und organisatorische Maßnahmen gemäß Art. 24 DSGVO zu verfügen bzw. verpflichtet sich, diese nach dem Stichtag unverzüglich zu implementieren. [**Optional**: Die zu treffenden Maßnahmen sind in **Anlage 3** spezifiziert].*

*5.5 Die Erwerberin wird die Daten nicht an Stellen außerhalb der EU übermitteln. [**Alternative**: Eine Übermittlung der Daten an Stellen außerhalb der EU ist nur zulässig, wenn die Voraussetzungen der Art. 44 bis 49 DSGVO erfüllt sind.]*

a) Ratio

35.58 Entsprechend der voranstehenden Regelung sollten auch der Erwerberin entsprechende datenschutzrechtliche Pflichten auferlegt werden.

b) Regelungsmöglichkeiten bezüglich der datenschutzrechtlichen Pflichten der Erwerberin

35.59 Diese Pflichten werden sich in den meisten Fällen zwar bereits aus dem Gesetz ergeben. Durch eine **zusätzliche Aufnahme als vertragliche Pflicht** der Erwerberin wird jedoch abgesichert, dass die Erwerberin sich über diese Pflichten im Klaren ist und auch vertraglich zu deren Einhaltung angehalten werden kann. Ferner können die Transaktionsparteien so darlegen, dass sie die datenschutzrechtlichen Implikationen beachtet und vertraglich berücksichtigt haben. Um eine Übermittlung datenschutzrechtlich weiter abzusichern, können der Erwerberin auch **strengere Beschränkungen** bei der Verarbeitung der übertragenen Daten auferlegt werden, als sich alleinig aus dem Gesetz ergeben würde.

Zwingend sollte hierbei festgelegt werden, dass die Erwerberin die Betroffenen gem. Art. 14 DSGVO zu belehren hat sowie verpflichtet ist, über angemessene technische und organisatorische Datenschutzmaßnahmen i.S.d. Art. 24 sowie Datensicherheitsmaßnahmen i.S.d. Art. 32 DSGVO zu verfügen bzw. diese zu implementieren; konkrete Maßnahmen können dabei in einer Anlage spezifiziert werden. Zudem sollte aufgenommen werden, dass die Erwerberin verpflichtet ist, sämtlichen Betroffenenanfragen nach den Art. 12 ff. DSGVO Folge zu leisten.

Sofern es der Parteiwille zulässt, kann zudem eine **strenge Zweckbindung** vereinbart werden. Hierbei sind verschiedene Abstufungen möglich. Die Erwerberin kann sich etwa verpflichten, die übertragenen

Daten ausschließlich für die ursprünglichen Erhebungszwecke zu verarbeiten (ohne dass eine an sich zulässige Zweckänderung nach Art. 6 Abs. 4 DSGVO möglich wäre). Noch strenger könnte statuiert werden, dass personenbezogene Daten zu löschen sind, soweit und sofern sie für die Geltendmachung der abgetretenen Forderungen bzw. die Erfüllung der übernommenen Verbindlichkeiten nicht mehr erforderlich sind.

Letztlich kann bestimmt werden, dass die Erwerberin die Daten nicht an Stellen außerhalb der EU bzw. nur unter Einhaltung der Voraussetzungen der Art. 44-49 DSGVO übermitteln wird.

7. Drittbegünstigungsklausel (Ziff. 6)

M 35.1.6 Drittbegünstigungsklausel

35.60

6. Drittbegünstigungsklausel

[Die folgende Regelung kann je nach Fallkonstellation und Willen der Transaktionsparteien optional verwendet werden:]

6.1 Die Betroffenen können die in Ziffer 5 statuierten Pflichten unmittelbar gegenüber der Erwerberin durchsetzen.

6.2 Die Erwerberin wird die Betroffenen gemeinsam mit der Belehrung nach Ziffer 5.1 über dieses Recht informieren.

a) Ratio

Diese Klausel sieht das Recht der von der Übertragung personenbezogener Daten an die Erwerberin betroffenen Personen vor, die zwischen den Transaktionsparteien vereinbarten datenschutzrechtlich relevanten, vertraglichen Pflichten der Erwerberin unmittelbar gegenüber Letzterer durchzusetzen.

35.61

b) Unmittelbare Inanspruchnahme der Erwerberin durch Betroffene

Die Regelung ist an Klausel 3 der **EU-Standarddatenschutzklauseln** für Übermittlungen personenbezogener Daten an einen außerhalb der EU ansässigen Verantwortlichen (Set I) angelehnt. Auch die EU-Standarddatenschutzklauseln[88] sehen insoweit vor, dass die von einer Übermittlung betroffenen Personen gewisse zwischen Datenexporteur und Datenimporteur vereinbarte vertragliche Regelungen unmittelbar gegenüber dem Datenimporteur durchsetzen können.

35.62

Die Aufnahme einer entsprechenden Regelung in einen Asset-Kaufvertrag kann sich insbesondere dann anbieten, sofern der **Erwerberin vertraglich strengere Verpflichtungen** auferlegt werden, als sich aus dem Gesetz ergeben, etwa um so ein höheres Datenschutzniveau der Übermittlung zu erreichen. Ferner kann sich ein solches Vorgehen in Fällen einer Gesamtübertragung anbieten, in denen das **Zielunternehmen anschließend liquidiert** wird. Insofern existiert in einer solchen Konstellation kein unmittelbarer Vertragspartner, welcher die strengen vertraglichen Pflichten gegenüber der Erwerberin durchsetzen könnte.

---

88 S. hierzu die Muster in Teil 5, Rz. 26.24 ff. und Rz. 27.20 ff.

§ 36
Klauseln zur datenschutzfreundlichen Technikgestaltung

Literatur: *Baumgartner/Gausling*, Datenschutz durch Technikgestaltung und datenschutzfreundliche Voreinstellungen, ZD 2017, 308; *Bäumler/v. Mutius*, Anonymität im Internet: Grundlagen, Methoden und Tools zur Realisierung eines Grundrechts, 2003; *Dix*, EAID: Technologischer Datenschutz – Vorgaben der Datenschutzgrundverordnung, ZD-Aktuell 2017, 04254; *Europäischer Datenschutzausschuss* (EDSA), Guidelines 4/2019 on Article 25 Data Protection by Design and by Default (2019), Version 2.0; *European Data Protection Supervisor*, Preliminary Opinion 05/2018 on privacy by design (2018); *European Data Protection Supervisor*, Stellungnahme 07/2015: Bewältigung der Herausforderungen in Verbindung mit Big Data (2015); *Gerhardt*, Zur Analogiefähigkeit verbraucherschützender Widerrufsrechte, 2015; *Kühn/Weaver*, DSGVO vs. AGILE? – Prozess- und Produktgestaltung in agilen Projekten unter datenschutzrechtlichen Aspekten, BB 2019, 2485; *Ochs/Richter/Uhlmann*, Technikgestaltung demokratisieren – Partizipatives Privacy by Design, ZD-Aktuell 2016, 05424; *Richter*, Zertifizierung unter der DS-GVO, ZD 2020, 84; *Rose*, „Smart Cams" im öffentlichen Raum, ZD 2017, 64; *Roßnagel/Pfitzmann/Garstka*, Modernisierung des Datenschutzrechts, 2001; *Ulmer/Brandner/Hensen*, AGB-Recht, 12. Aufl. 2016; *Vasquez/Kroschwald*, MMR 2020, 217.

A. Einleitung

36.1 Verantwortliche, die sich bei der Verarbeitung personenbezogener Daten einer Software bedienen möchten, sind darauf angewiesen, dass die Hersteller ihnen Lösungen zur Verfügung stellen, die mit den Anforderungen der DSGVO und der gestiegenen Sensibilität für datenschutzrelevante Belange in der Bevölkerung vereinbar sind.

Eine Möglichkeit, Datenschutz effektiv durchzusetzen, besteht in der möglichst umfassenden **Information der betroffenen Person**. Dieses Konzept wird auch unter dem Regime der DSGVO weiterverfolgt, etwa durch die Ausweitung der Informationspflichten, wie sie in Art. 13 f. DSGVO niedergelegt sind oder durch die weiterhin wichtige Rolle einer informiert abgegebenen **Einwilligung** (Art. 6 Abs. 1 lit. a, Art. 7 DSGVO) als Rechtfertigung einer Datenverarbeitung. Die Fokussierung auf eine umfassende Beschreibung der beabsichtigten Datenverarbeitungen impliziert freilich das Risiko, dass die betroffene Person durch die Fülle an Informationen gleichsam „kapituliert" und letztlich eher desinformiert wird[1].

36.2 Eine Alternative zu der reinen Information besteht im sog. „**eingebauten Datenschutz**" als Ausprägung des Systemdatenschutzes[2]. Dieser Grundsatz datenschutzfördernder Technikgestaltung stellt aufgrund technischer und organisatorischer Maßnahmen sicher, dass angebotene (IT-)Lösungen über eine datenschutzfreundliche und hinreichend sichere Architektur verfügen[3]. Dies betrifft sowohl die hinter dem Schlagwort „**Privacy by design**"[4] (genauer, und auch im Einklang mit Erwägungsgrund 78 der englischen Sprachfassung der DSGVO, ist die Bezeichnung „**Data protection by design**"[5]) verborgene Idee, datenschutzfreundliche Techniken einzusetzen als auch den Gedanken, Produkte und Dienstleistungen mit datenschutzfreundlichen Voreinstellungen anzubieten („**Data Protection by default**").[6]

36.3 Der Begriff der „technischen Maßnahmen" stellt dabei auf Vorgänge ab, welche die physische Sicherheit von Daten betreffen (etwa durch physische Zugangskontrollen in Gebäuden sowie den Einsatz von hinreichend sicheren und in regelmäßigen Abständen wechselnden Passwörtern), wohingegen „organisatorische Maßnahmen" insbesondere äußere Rahmenbedingungen zur Gestaltung technischer Verarbeitungsprozesse betreffen[7]. Letztere könnten etwa durch stichprobenartige Kontrollen, Erstellung und Durchsetzen von Checklisten etc. umgesetzt werden.

36.4 Die Anforderungen an die technischen und organisatorischen Maßnahmen ergeben sich dabei teils aus dem nationalen und teils aus dem supranationalen Recht. Relevante Normen sind dabei insbesondere die Art. 25 und 32 DSGVO, §§ 71, 64 BDSG sowie für den besonderen Bereich der Telemedien § 13 Abs. 7 TMG.

Wertvolle Hinweise bei der praktischen Umsetzung der Anforderungen an eine datenschutzfreundliche Technikgestaltung können die zugehörigen Richtlinien des Europäischen Datenschutzausschusses

---

1 *Gerhardt*, Zur Analogiefähigkeit verbraucherschützender Widerrufsrechte (2015), S. 118 f. m.w.N; zur Informationsflut und Einwilligungsbedarf in automatisiert-vernetzten Systemen *Vasquez/Kroschwald*, MMR 2020, 217.

2 *Bäumler/v. Mutius*, S. 199; *Roßnagel/Pfitzmann/Garstka*, S. 39 f.

3 *European Data Protection Supervisor*, Stellungnahme 7/2015, S. 17; *Hackenberg* in Hoeren/Sieber/Holznagel, Teil 15.2, Rz. 44 f.

4 Hierzu allgemein und unter Rekurs auf ein „partizipatives Privacy by design": *Ochs/Richter/Uhlmann*, ZD-Aktuell 2016, 05424.

5 So auch der Stellvertreter des Landesbeauftragten für Datenschutz und Informationsfreiheit Mecklenburg-Vorpommern und Vorsitzender des Arbeitskreises Technik der Konferenz der Datenschutzbehörden des Bundes und der Länder, Gabriel Schulz in Dix, ZD-Aktuell 2017, 04254.

6 *Baumgartner* in Ehmann/Selmayr, Art. 25 DSGVO Rz. 3; *Martini* in Paal/Pauly, Art. 25 DSGVO Rz. 8.

7 *Martini* in Paal/Pauly, Art. 25 DSGVO Rz. 28.

(„EDSA") liefern („*Guidelines 4/2019 on Article 25 Data Protection by Design and by Default*")[8]. Diese beinhalten eine allgemeine Anleitung zur Auslegung der Verpflichtungen im Hinblick auf Data Protection by design and default. Zudem adressieren die Richtlinien (wenn auch nur knapp) Zertifizierungsmechanismen zum Nachweis der Einhaltung von Verpflichtungen aus Art. 25 DSGVO sowie die Durchsetzung der Verpflichtungen nach Art. 25 DSGVO durch die Aufsichtsbehörden.

Unmittelbar sind die rechtlichen Anforderungen durch die Verantwortlichen umzusetzen[9]. Allerdings sollten diese Anforderungen (idealerweise einschließlich ihrer Interpretation durch den EDSA) auch von weiteren (indirekt) an der Verarbeitung Beteiligten berücksichtigt werden, da diese bspw. auch für Auftragsverarbeiter oder Technologieanbieter „nützlich" bzw. relevant sein könnten[10]. Falls ein Dienstleister nämlich datenschutzrechtswidrige Techniken anbietet, wären diese im europäischen Markt im Grunde unverkäuflich.

B. Klauseln zur datenschutzfreundlichen Technikgestaltung

I. Muster

M 36.1 Klauseln zur datenschutzfreundlichen Technikgestaltung   36.5

I. Berücksichtigung des Datenschutzes bei der technischen Ausgestaltung der Software

1. Allgemeine Pflichten des Auftragnehmers[11]

1.1 Der Auftragnehmer hat bei der Erstellung und späteren Wartung der Software geeignete technische und organisatorische Maßnahmen zu ergreifen, um ein dem Risiko für die Sicherheit der betreffenden Daten angemessenes Schutzniveau zu gewährleisten.

1.2 Sofern es die Funktionsweise der Software im definierten Umfang zulässt, ohne dass die mit der Software verfolgten Zwecke beeinträchtigt werden, sind zum frühestmöglichen Zeitpunkt Maßnahmen der Anonymisierung oder, falls dies im Hinblick auf die Funktionsweise und Zwecke der Software keinen sachgerechten Umgang darstellt, der Pseudonymisierung vorzusehen.

2. Sicherheitsniveau/Stand der Technik[12]

2.1 Der Auftragnehmer informiert sich selbstständig und fortlaufend über die jeweils aktuell besten verfügbaren Techniken zur Gewährleistung der Datensicherheit. Dabei hat er die jeweils aktuellen Empfehlungen der European Union Agency for Network and Information Security (ENISA) zu berücksichtigen, sofern insbesondere deren Report zu „Privacy and Data Protection by Design" das jeweils relevante Problem bzw. die jeweils relevante Technologie behandeln.

2.2 Diese Techniken wird er auch bei durchzuführenden Updates der Software verwenden, sobald dies zeitlich möglich und sofern dies angemessen ist. Für die Beurteilung der Angemessenheit kommt es insbesondere auf den Nutzen der Technik, die Implementierungskosten, die Art, den Umfang, die Umstände und die Zwecke der Verarbeitung, die Eintrittswahrscheinlichkeit sowie die Höhe des Risikos für die Rechte und Freiheiten der potentiell betroffenen Personen an.

---

8 *EDSA*, Guidelines 4/2019.

9 *EDSA*, Guidelines 4/2019 Rz. 1.

10 So erläutert der *EDSA*: „*Other actors, such as processors and producers of products, services and applications (henceforth „producers"), who are not directly addressed in Article 25, may also find these Guidelines useful in creating GDPR compliant products and services that enable controllers to fulfil their data protection obligations*", Guidelines 4/2019 Rz. 1.

11 Zu den Erläuterungen siehe Rz. 36.13 ff.

12 Zu den Erläuterungen siehe Rz. 36.17 ff.

3. Ziele der Datenschutzmaßnahmen[13]

3.1 Die durch den Auftragnehmer bei der Erstellung seines Werks vorzusehenden Maßnahmen zur Gewähr-leistung der Datensicherheit und Datenminimierung sollen insbesondere sicherstellen, dass kein un-erlaubter Zugriff auf technische Einrichtungen möglich ist und der Schutz der betreffenden Daten nicht durch äußere Angriffe oder andere Beeinträchtigungen verletzt wird.

3.2 Überdies sollen bei der Erstellung des Werks die Ziele hinreichend Berücksichtigung finden, dass die Ver-traulichkeit, Integrität, Verfügbarkeit und Belastbarkeit der Systeme und Dienste im Zusammenhang mit der Verarbeitung auf Dauer sichergestellt werden und die Verfügbarkeit der personenbezogenen Daten und der Zugang zu ihnen bei einem physischen oder technischen Zwischenfall sobald wie möglich wie-derhergestellt werden können.

4. Zu ergreifende Maßnahmen[14]

4.1 Die durch den Auftragnehmer zu erstellende und zu wartende Software soll in Absprache mit dem Auf-traggeber Funktionen beinhalten, mit denen automatisiert Daten pseudonymisiert und verschlüsselt werden können.

4.2 Die Software ist derart zu gestalten, dass es dem Nutzer ermöglicht wird, leicht und übersichtlich nach-zuvollziehen, welche seiner Daten auf welche Weise zu welchen Zwecken verarbeitet werden, insbeson-dere durch die Möglichkeit, von jeder Seite der App innerhalb von zwei Klicks auf die Datenschutzerklä-rung zuzugreifen.

4.3 Bei automatisierten Verarbeitungen hat die Software Funktionen vorzusehen, die je nach vorliegendem Risiko die Sicherheit der betreffenden Daten unter anderem dadurch erhöht, dass beispielsweise eine ge-eignete Methode der Authentifizierung verwendet wird, über einen Zeitraum von bis zu … Datenein-gaben nachvollzogen werden können, im Falle von Störungen Fehler gemeldet werden und die Wieder-herstellung von Dateien ermöglicht wird und personenbezogene Daten gegen Zerstörung und Verlust geschützt werden. Beispielsweise sollten zum Zwecke der Authentifizierung lediglich geeignete Passwör-ter akzeptiert werden, deren Änderung in regelmäßigen Abständen erzwungen wird.

4.4 Daneben hat die Software regelmäßige Updatemöglichkeiten vorzusehen, die wiederum dem jeweils angemessenen Stand der Technik folgen.

4.5 Der Auftragnehmer wird bei der Erstellung der Software die Möglichkeit vorsehen, durch die Nutzer be-reitgestellte personenbezogene Daten, soweit wie es technisch durchführbar ist, in einem strukturierten, gängigen und maschinenlesbaren Format zu speichern, das es zulässt, diese Daten an Dritte zu übermit-teln.

4.6 Der Auftragnehmer wird im Übrigen die Wahrung der datenschutzrechtlichen Anforderungen durch physische und digitale Zutritts- und Zugangskontrollen, regelmäßige Mitarbeiterschulungen, geeignete vertragliche Gestaltungen und interne Richtlinien für den Fall des Ausscheidens von Mitarbeitern, regel-mäßige und geeignete Tests der Belastbarkeit der vorgesehenen IT-Sicherheitsmaßnahmen sowie ein geeignetes internes Incident-Response-Verfahren und vergleichbare Maßnahmen sicherstellen.

4.7 Für die Angemessenheit der zu ergreifenden Maßnahmen kommt es insbesondere auch darauf an, wel-che Risiken mit der Datenverarbeitung verbunden sind, insbesondere durch – ob unbeabsichtigt oder unrechtmäßig – Vernichtung, Verlust, Veränderung oder unbefugte Offenlegung von beziehungsweise unbefugten Zugang zu personenbezogenen Daten, die übermittelt, gespeichert oder auf andere Weise verarbeitet wurden.

5. Informationspflichten und Haftungsfreistellung[15]

5.1 Der Auftragnehmer dokumentiert die getroffenen Maßnahmen in nachvollziehbarer Art und Weise und stellt diese Dokumentation dem Auftraggeber auf dessen Anforderung binnen einer angemesse-nen Frist zur Verfügung.

---

13 Zu den Erläuterungen siehe Rz. 36.26 f.
14 Zu den Erläuterungen siehe Rz. 36.29 ff.
15 Zu den Erläuterungen siehe Rz. 36.36 ff.

5.2 Der Auftragnehmer informiert den Auftraggeber unverzüglich, sobald ihm ein datensicherheitsrelevanter Vorfall einschließlich des begründeten Verdachts auf einen solchen Vorfall bekannt wird.

5.3 Für den Fall, dass der Auftraggeber aufgrund einer festgestellten Beeinträchtigung der Sicherheit der gegenständlichen Software Sanktionen oder Ersatzansprüchen ausgesetzt ist, stellt der Auftragnehmer den Auftraggeber von der Pflicht zur Leistung bereits jetzt frei. Dies gilt nicht, sofern der Auftragnehmer beweisen kann, dass ihn an dem Vorfall kein Verschulden trifft.

II. Datenschutzfreundliche Voreinstellungen

1. Pflicht zur Vornahme datenschutzfreundlicher Voreinstellungen[16]

1.1 Der Auftragnehmer hat bei der Erstellung und Wartung der in diesem Vertrag gegenständlichen Software durch geeignete technische Maßnahmen sicherzustellen, dass grundsätzlich nur personenbezogene Daten, deren Verarbeitung für den jeweiligen bestimmten Verarbeitungszweck erforderlich ist, verarbeitet werden. Die Voreinstellungen der Software sind dahingehend zu gestalten, dass die Menge, der Umfang, die Speicherfrist und die Zugänglichkeit der zu erhebenden personenbezogenen Daten dem Grundsatz der Datenminimierung entsprechen und nicht über das für die beabsichtigte Funktionsweise der Software notwendige Maß hinausgehen.

1.2 Dabei ist besonderer Wert darauf zu legen, dass die Gestaltung der Software keine Voreinstellungen beinhaltet, die personenbezogene Daten einer unbestimmten Anzahl von Personen zugänglich macht.

2. Zu ergreifende Maßnahmen[17]

2.1 Die Voreinstellungen der Software sind so vorzunehmen, dass vor einer anderweitigen aktiven Einstellung durch den Nutzer der Software grundsätzlich nur Daten an den Betreiber der Software oder an Dritte weitergegeben werden, wenn und soweit diese Übermittlung erforderlich für das Funktionieren der Software ist. Nicht erforderlich in diesem Sinne ist beispielsweise eine regelmäßige Standortübermittlung für die nicht in derselben Regelmäßigkeit genutzte Lokalisierungsfunktion einer Software bzw. einer App.

2.2 Sofern für eine Auswahl der Datenweitergabe oder eine andere Form der Datenverarbeitung das Anklicken bzw. das Setzen von Häkchen notwendig ist, sind die dafür vorgesehenen Felder so zu gestalten, dass sie nicht bereits ohne aktives Zutun des Nutzers vorangekreuzt sind.

3. Zertifizierung[18]

Der Auftragnehmer wird, soweit ihm dies faktisch möglich ist, durch geeignete Bemühungen ggf. jedenfalls unterstützend sicherstellen, dass sein Umgang mit personenbezogenen Daten bei der zu erstellenden bzw. zu wartenden Software durch eine berechtigte Stelle nach Art. 42 f. der Verordnung (EU) 2016/679 des Europäischen Parlaments und des Rates vom 27. April 2016 zum Schutz natürlicher Personen bei der Verarbeitung personenbezogener Daten, zum freien Datenverkehr und zur Aufhebung der Richtlinie 95/46/EG (Datenschutz-Grundverordnung) zertifiziert wird.

II. Erläuterungen

1. Vorbemerkung

Das Vertragsmuster ist nach den Anforderungen des Art. 25 DSGVO zweigeteilt nach **Data Protec-** 36.6 **tion by Design** und **Data Protection by Default** aufgebaut.

---

16 Zu den Erläuterungen siehe Rz. 36.41 f.
17 Zu den Erläuterungen siehe Rz. 36.48 ff.
18 Zu den Erläuterungen siehe Rz. 36.52 ff.

Nach Art. 25 Abs. 1 DSGVO muss der Verantwortliche geeignete **technische und organisatorische Maßnahmen** ergreifen, um den Anforderungen der DSGVO zu genügen und um die Rechte der betroffenen Personen zu schützen. Die Maßnahmen müssen dafür ausgelegt sein, die Datenschutzgrundsätze wie etwa Datenminimierung wirksam umzusetzen und die **notwendigen Garantien** in die Verarbeitung aufzunehmen. Die DSGVO nennt die Pseudonymisierung als Beispiel einer geeigneten technischen und organisatorischen Maßnahme. Die Maßnahmen müssen sowohl für den Zeitpunkt der Festlegung der Mittel für die Verarbeitung als auch zum Zeitpunkt der eigentlichen Verarbeitung vorgesehen werden.

36.7 Im Kern verpflichtet Art. 25 Abs. 1 DSGVO den Verantwortlichen bei der Gestaltung von Produkten und Dienstleistungen zu zweierlei: Die Verantwortlichen sollen (1) geeignete technische und organisatorische Maßnahmen ergreifen, die der Umsetzung der Datenschutzgrundsätze i.S.v. Art. 5 DSGVO dienen und (2) die notwendigen Garantien in die jeweilige Verarbeitung integrieren, um die Anforderungen der DSGVO zu erfüllen und insbesondere die Betroffenenrechte aus Art. 12–22 DSGVO zu wahren.

Diese Verpflichtungen müssen sowohl zum Zeitpunkt der Festlegung der Art und Weise der Verarbeitung, also hinsichtlich Architektur, Verfahren, Protokolle, Layout und Erscheinungsbild, als auch zum Zeitpunkt der Verarbeitung selbst, d.h. einschließlich im Verlauf der Verarbeitungstätigkeiten, berücksichtigt werden.

a) Geeignete technische und organisatorische Maßnahmen

36.8 Nach Auffassung des EDSA fällt unter geeignete technisch organisatorische Maßnahmen „[…] *alles, vom Einsatz fortgeschrittener technischer Lösungen bis hin zur Grundausbildung des Personals.*"[19] Entsprechend ist es nicht notwendig, zwingend die neuesten und kostspieligsten Technologien einzusetzen, sondern es kann auch auf nahe liegende Techniken wie bspw. Pseudonymisierung zurückgegriffen werden[20]. Weiterhin weist der EDSA darauf hin, dass die Maßnahmen in effektiver Weise umgesetzt werden müssen und dementsprechend generische Maßnahmen möglicherweise nicht ausreichend sind. Die Maßnahmen müssen zielgerichtet sein, eine tatsächliche Wirkung entfalten und der Verantwortliche sollte im Stande sein, nachweisen zu können, dass er geeignete Maßnahmen getroffen hat.[21]

In diesem Zusammenhang wird nahegelegt, dass „*key performance indicators*", also bestimmte Leistungsindikatoren sowie quantitative und qualitative Metriken, beim Nachweis der Einhaltung hilfreich sein können[22].

b) Notwendige Garantien

36.9 Generell verfolgen geeignete Maßnahmen und notwendige Garantien die gleichen Ziele. Dabei sollten die Garantien so gestaltet werden, dass sie die Wirksamkeit der Maßnahmen zur Umsetzung der o.g. Grundsätze während des gesamten Lebenszyklus der Datenverarbeitungen gewährleisten können[23]. In den Richtlinien werden für die Realisierung dieser Garantien folgende Beispiele genannt[24]:

– die Möglichkeit für Betroffene, in die Verarbeitung einzugreifen;

– die automatische und wiederholte Bereitstellung von Informationen darüber, welche personenbezogenen Daten gespeichert werden;

---

19 *EDSA*, Guidelines 4/2019 Rz. 9: „*A technical or organisational measure can be anything from the use of advanced technical solutions to the basic training of personnel*".
20 *EDSA*, Guidelines 4/2019 Rz. 9–10.
21 *EDSA*, Guidelines 4/2019 Rz. 14–16.
22 *EDSA*, Guidelines 4/2019 Rz. 16.
23 *EDSA*, Guidelines 4/2019 Rz. 2.
24 *EDSA*, Guidelines 4/2019 Rz. 9.

- die Erinnerung an die Aufbewahrungsdauer in einem Datenspeicher;

- ein System zur Erkennung von Schadsoftware in einem Computernetzwerk oder Speichersystem;

- die Schulung der Mitarbeiter über Phishing und grundlegende „Cyber-Hygiene".

Der Verantwortliche sollte jedenfalls irgendein Datenschutzkonzept („Data Strategy") vorweisen können, das sich in der Ausgestaltung des Produkts niederschlägt[25].

c) Umsetzung der Datenschutzgrundsätze

Der EDSA gibt in seinen Richtlinien zudem weitere detaillierte Hinweise, anhand derer die einzelnen Datenschutzgrundsätze aus Art. 5 Abs. 1 DSGVO wirksam umgesetzt werden können[26]. **36.10**

Im Folgenden wird eine Klausel dargestellt und erläutert, die als solche beispielsweise in einem Vertrag über den Kauf/die Erstellung einer Software oder einer in ähnlicher Weise hiermit in Zusammenhang stehenden Dienstleistung (etwa regelmäßiger Wartung oder der Erstellung von Updates/Upgrades) einschließlich einer Auftragsverarbeitung stehen könnte. Die Vertragspartner sind dabei je nach Gegenstand des Vertrags zu bezeichnen. Hier sind die für einige Anwendungsfälle passenden Begriffe des „**Auftragnehmers**" einerseits und des „**Auftraggebers**" andererseits gewählt, die ggf. auszutauschen sind. **36.11**

2. Erläuterungen der Klauseln zum Datenschutz bei Technikgestaltung (I.)

a) Allgemeine Pflichten des Auftragnehmers (Ziff. 1)

M 36.1.1 Allgemeine Pflichten des Auftragnehmers **36.12**

1. Allgemeine Pflichten des Auftragnehmers

1.1 Der Auftragnehmer hat bei der Erstellung und späteren Wartung der Software geeignete technische und organisatorische Maßnahmen zu ergreifen, um ein dem Risiko für die Sicherheit der betreffenden Daten angemessenes Schutzniveau zu gewährleisten.

1.2 Sofern es die Funktionsweise der Software im definierten Umfang zulässt, ohne dass die mit der Software verfolgten Zwecke beeinträchtigt werden, sind zum frühestmöglichen Zeitpunkt Maßnahmen der Anonymisierung oder, falls dies im Hinblick auf die Funktionsweise und Zwecke der Software keinen sachgerechten Umgang darstellt, der Pseudonymisierung vorzusehen.

aa) Ratio

Ziff. 1 implementiert einleitend grundlegende Pflichten des Auftragnehmers, die sich aus Art. 25 DSGVO ergebenden Anforderungen umzusetzen. **36.13**

bb) Ausgestaltung der Software

Der Verantwortliche ist selbst (neben dem ggf. eingeschalteten Auftragsverarbeiter) verpflichtet, die Sicherheit der Verarbeitung zu gewährleisten[27]. Die sichere Ausgestaltung einer Software obliegt damit zunächst nicht demjenigen, der die Software herstellt oder anbietet[28]. Eine Verpflichtung ergibt sich lediglich indirekt bzw. de facto, indem Verantwortliche sich künftig nur auf IT-Lösungen stützen wer- **36.14**

---

25 *Nolte/Werkmeister* in Gola, Art. 25 DSGVO Rz. 18–20.
26 *EDSA*, Guidelines 4/2019 Rz. 60 ff.
27 *Hartung* in Kühling/Buchner, Art. 25 DSGVO Rz. 12.
28 *Plath* in Plath, Art. 25 DSGVO Rz. 7.

den, welche den Anforderungen der DSGVO gerecht werden[29]. Es steht dem Verantwortlichen in jedem Fall frei, im Innenverhältnis zum Auftragnehmer diesen wiederum im Wege der vertraglichen Gestaltung zu verpflichten, die gebotene Sicherheit der Datenverarbeitung durch den Einbau technischer Vorkehrungen in sachgerechter Art und Weise zu berücksichtigen[30].

36.15 Maßnahmen zur Anonymisierung und Pseudonymisierung werden dann dem Gebot der Datenminimierung gerecht, wenn sie nicht an irgendeinem Punkt der Software, sondern so früh wie möglich eingesetzt werden[31]. Dabei ist freilich zu beachten, dass die Software gleichzeitig funktionsfähig im Sinne ihres eigentlich verfolgten Zwecks bleiben sollte.

b) Sicherheitsniveau (Ziff. 2)

36.16 **M 36.1.2 Sicherheitsniveau/Stand der Technik**

2. Sicherheitsniveau/Stand der Technik

2.1 Der Auftragnehmer informiert sich selbstständig und fortlaufend über die jeweils aktuell besten verfügbaren Techniken zur Gewährleistung der Datensicherheit. Dabei hat er die jeweils aktuellen Empfehlungen der European Union Agency for Network and Information Security (ENISA) zu berücksichtigen, sofern insbesondere deren Report zu „Privacy and Data Protection by Design" das jeweils relevante Problem bzw. die jeweils relevante Technologie behandeln.

2.2 Diese Techniken wird er auch bei durchzuführenden Updates der Software verwenden, sobald dies zeitlich möglich und sofern dies angemessen ist. Für die Beurteilung der Angemessenheit kommt es insbesondere auf den Nutzen der Technik, die Implementierungskosten, die Art, den Umfang, die Umstände und die Zwecke der Verarbeitung, die Eintrittswahrscheinlichkeit sowie die Höhe des Risikos für die Rechte und Freiheiten der potentiell betroffenen Personen an.

aa) Ratio

36.17 Ziff. 2 enthält Regelungen zu Anforderungen an die Technik, die erforderlich zur Gewährleistung des Schutzniveaus der DSGVO sind.

bb) Stand der Technik

36.18 Allgemein gesprochen muss bei der Erstellung und Wartung einer Software grundsätzlich die jeweils aktuellste verfügbare Sicherheitstechnik eingesetzt werden. Dieses Gebot gilt freilich nicht absolut; stattdessen ist die Notwendigkeit des jeweiligen Technikeinsatzes anhand der insbesondere in Art. 32

---

29 *Baumgartner/Gausling*, ZD 2017, 308 (311). Die Hersteller sollen laut Erwägungsgrund 87 Satz 4 DSGVO lediglich „ermutigt werden, das Recht auf Datenschutz bei der Entwicklung und Gestaltung der Produkte, Dienste und Anwendungen zu berücksichtigen und unter gebührender Berücksichtigung des Stands der Technik sicherzustellen, dass die Verantwortlichen und die Verarbeiter in der Lage sind, ihren Datenschutzpflichten nachzukommen"; Datenschutz als Aufgabe der Hersteller im Rahmen der Entwicklung bei agilen Prozess- und Produktgestaltungen befürwortend: *Kühn/Weaver*, BB 2019, 2485; zu design projects: *European Data Protection Supervisor*, Preliminary Opinion 05/2018 on privacy by design (2018), S. 6–7, 15; ebenfalls sollte die Entwicklung im Hinblick auf einen neuen ISO-Standard (ISO/AWI 31700) im Zusammenhang mit „Verbraucherschutz: Privacy by Design für Verbraucherwaren und -dienstleistungen" berücksichtigt werden. Dieser könnte insbesondere für Hersteller digital vernetzter Verbraucherprodukte, wie etwa Smart-Home Devices, Wearables, Mobile Apps und Online-Services Auswirkungen haben.

30 Vgl. *Martini* in Paal/Pauly, Art. 28 DSGVO Rz. 36.

31 *Schantz/Wolff*, Rz. 836; *Schwartzmann/Weiß* (Hrsg.)/Bundesministerium des Innern, Whitepaper zur Pseudonymisierung der Fokusgruppe Datenschutz im Rahmen des Digital Gipfels 2017, S. 23, https://www.gdd.de/downloads/whitepaper-zur-pseudonymisierung.

Abs. 1 DSGVO niedergelegten Kriterien zu beurteilen. Gerade die Einschätzung der Höhe (die DSGVO formuliert „Schwere") des jeweiligen Risikos ist dabei naturgemäß mit einem nicht unerheblichen Maß an Ungewissheit verbunden[32].

Der Begriff der „**Eintrittswahrscheinlichkeit**" mag für sich genommen etwas isoliert stehend wahrgenommen werden, da streng genommen ein Bezugspunkt für ihn fehlt (hinsichtlich des Risikos würde man eher nicht von einem „Eintreten", sondern von einer „Realisierung" sprechen; gemeint ist wohl die Wahrscheinlichkeit des Eintritts einer Beeinträchtigung). Man könnte der Klausel insofern eine intransparente Formulierung vorwerfen. Gleichwohl handelt es sich lediglich um eine Wiedergabe des Gesetzestexts, was auch ein Gericht bei einer Beurteilung der Transparenz der Klausel zu berücksichtigen haben wird. 36.19

Es besteht zwar keine Verpflichtung, High-End-Technologie einzusetzen, doch sollte der Stand der Technik bei der Implementierung der Maßnahmen stets berücksichtigt werden. So sollte der Verantwortliche stets einen aktuellen Überblick über die eingesetzten Maßnahmen haben und sich über den technischen Fortschritt informieren. Um dies zu gewährleisten, sieht der EDSA etwa vor, dass beispielsweise soweit gewisse Normen und Zertifizierungen existieren, diese auch beachtet werden.[33] Ansonsten droht womöglich die Gefahr, dass etwa durch die (weitere) Verwendung von veralteter Software oder solcher mit bekannten Sicherheitslücken Maßnahmen ergriffen werden, die den Anforderungen des Stands der Technik nicht gerecht werden. 36.20

cc) Implementierungskosten

Grundsätzlich können nach Art. 25 Abs. 1 DSGVO die Kosten für die Umsetzung bei der Bestimmung der Angemessenheit der zu verwendenden Maßnahmen berücksichtigt werden. Zum Umfang dieser Kosten stellt der EDSA klar, dass diese in einem weiteren Sinne zu betrachten sind und auch Zeit- und Personalkosten einschließen[34]. Relevante Aspekte für die Implementierungskosten der Maßnahmen können auch die Implementierung und Aufrechterhaltung des Standes der Technik sein[35]. 36.21

Insgesamt obliegt es dem Verantwortlichen aber, die für die effektive Umsetzung aller Grundsätze der DSGVO notwendigen Kosten zu planen und aufzuwenden. Die reine Unfähigkeit, entsprechende Kosten zu tragen, wird nicht als Entschuldigung für die Nichteinhaltung der DSGVO gewertet. Die Maßnahmen müssen in jedem Fall wirksam bleiben[36].

Dies bedeutet freilich nicht, dass nur, weil die eingesetzte Technologie teuer ist, sie zwangsläufig auch zu einer wirksamen Umsetzung der Datenschutzgrundsätze führt. Denkbar sind auch „low-cost" Lösungen, die für die jeweilige Verarbeitung eine geeignetere Maßnahme darstellen[37] – dies bedarf einer Einzelfallbetrachtung und Überprüfung, um Kosten sparen zu können. Sofern der wirtschaftliche Nutzen einer Maßnahme im Vordergrund steht, können auch kostenintensivere Maßnahmen gefordert werden[38]. 36.22

---

32 *BayLDA*, Kurzpapier zur DSGVO, Veröffentlichung zu Art. 32 DS-GVO – Sicherheit der Verarbeitung, Stand: 9.6.2016; in diesem Zusammenhang sollten ebenfalls die Entwicklungen um einen neuen ISO-Standard (ISO/AWI 31700) im Zusammenhang mit „Konsumentenschutz: Privacy by Design für Konsumentenwaren und -dienstleistungen" berücksichtigt werden, vgl. *Kühn/Weaver*, BB 2019, 2485.
33 *EDSA*, Guidelines 4/2019 Rz. 19–22.
34 *EDSA*, Guidelines 4/2019 Rz. 23.
35 *EDSA*, Guidelines 4/2019 Rz. 23.
36 *Hartung* in Kühling/Buchner, Art. 25 DSGVO Rz. 22.
37 *EDSA*, Guidelines 4/2019 Rz. 24.
38 *Mantz* in Sydow, Art. 25 DSGVO Rz. 45 f.

dd) Umstände der Datenverarbeitung

36.23 Weiterhin müssen die Verantwortlichen gem. Art. 25 Abs. 1 DSGVO bei ihrer Entscheidungsfindung

– die **Art**, also die inhärenten Merkmale der Verarbeitung;

– die **Umstände**, d.h. die Umstände der Verarbeitung, die die Erwartung der Betroffenen beeinflussen können;

– den **Umfang**, also die Reichweite der Verarbeitung

– und den **Zweck**, also die Ziele der Verarbeitung,

mit einbeziehen[39].

Zudem müssen die Risiken, die die Datenverarbeitung für die Rechte und Freiheiten der Betroffenen haben wird, berücksichtigt werden.

36.24 Hinsichtlich der Frage, welche Technologien dem aktuellen Stand entsprechen, können die Hinweise der **European Union Agency for Network and Information Security** (ENISA) wertvolle Indizien bieten[40]. Im Falle der Einhaltung der dort empfohlenen Standards wird den Verantwortlichen beispielsweise für den Fall eines drohenden Bußgelds ein starkes Argument an die Hand gegeben, die erforderlichen Sicherheitsmaßnahmen durchgeführt zu haben. Dies gilt umso mehr, als Verstöße gegen Sicherheitsstandards oftmals mit weiteren Datenschutzverstößen einhergehen, die wiederum eigene Bußgeldrisiken mit sich bringen[41].

c) Ziele der Datenschutzmaßnahmen (Ziff. 3)

36.25 **M 36.1.3 Ziele der Datenschutzmaßnahmen**

3. Ziele der Datenschutzmaßnahmen

3.1 Die durch den Auftragnehmer bei der Erstellung seines Werks vorzusehenden Maßnahmen zur Gewährleistung der Datensicherheit und Datenminimierung sollen insbesondere sicherstellen, dass kein unerlaubter Zugriff auf technische Einrichtungen möglich ist und der Schutz der betreffenden Daten nicht durch äußere Angriffe oder andere Beeinträchtigungen verletzt wird.

3.2 Überdies sollen bei der Erstellung des Werks die Ziele hinreichend Berücksichtigung finden, dass die Vertraulichkeit, Integrität, Verfügbarkeit und Belastbarkeit der Systeme und Dienste im Zusammenhang mit der Verarbeitung auf Dauer sichergestellt werden und die Verfügbarkeit der personenbezogenen Daten und der Zugang zu ihnen bei einem physischen oder technischen Zwischenfall sobald wie möglich wiederhergestellt werden können.

aa) Ratio

36.26 Die Ziff. 3 regelt den Umfang der zu ergreifenden technischen und organisatorischen Maßnahmen.

bb) Schutz gegen unerlaubte Zugriffe

36.27 Die Verpflichtung auf die Durchführung von Maßnahmen gegen **unerlaubte Zugriffe** auf technische Einrichtungen sowie auf Sicherungsmaßnahmen gegen Datenschutzverletzungen sowie gegen Störungen durch äußere Angriffe folgt den Anforderungen des zumindest vorläufig weiterhin geltenden § 13 Abs. 7 TMG. Die hierbei dargestellten Ziele ähneln freilich sehr den Anforderungen der DSGVO.

---

39 *EDSA*, Guidelines 4/2019 Rz. 26.
40 *Baumgartner/Gausling*, ZD 2017, 308 (312).
41 *Baumgartner* in Ehmann/Selmayr, Art. 25 DSGVO Rz. 20.

d) Zu ergreifende Maßnahmen (Ziff. 4)

M 36.1.4 Zu ergreifende Maßnahmen 36.28

4. Zu ergreifende Maßnahmen

4.1 Die durch den Auftragnehmer zu erstellende und zu wartende Software soll in Absprache mit dem Auftraggeber Funktionen beinhalten, mit denen automatisiert Daten pseudonymisiert und verschlüsselt werden können.

4.2 Die Software ist derart zu gestalten, dass es dem Nutzer ermöglicht wird, leicht und übersichtlich nachzuvollziehen, welche seiner Daten auf welche Weise zu welchen Zwecken verarbeitet werden, insbesondere durch die Möglichkeit, von jeder Seite der App innerhalb von zwei Klicks auf die Datenschutzerklärung zuzugreifen.

4.3 Bei automatisierten Verarbeitungen hat die Software Funktionen vorzusehen, die je nach vorliegendem Risiko die Sicherheit der betreffenden Daten unter anderem dadurch erhöht, dass beispielsweise eine geeignete Methode der Authentifizierung verwendet wird, über einen Zeitraum von bis zu … Dateneingaben nachvollzogen werden können, im Falle von Störungen Fehler gemeldet werden und die Wiederherstellung von Dateien ermöglicht wird und personenbezogene Daten gegen Zerstörung und Verlust geschützt werden. Beispielsweise sollten zum Zwecke der Authentifizierung lediglich geeignete Passwörter akzeptiert werden, deren Änderung in regelmäßigen Abständen erzwungen wird.

4.4 Daneben hat die Software regelmäßige Updatemöglichkeiten vorzusehen, die wiederum dem jeweils angemessenen Stand der Technik folgen.

4.5 Der Auftragnehmer wird bei der Erstellung der Software die Möglichkeit vorsehen, durch die Nutzer bereitgestellte personenbezogene Daten, soweit wie es technisch durchführbar ist, in einem strukturierten, gängigen und maschinenlesbaren Format zu speichern, das es zulässt, diese Daten an Dritte zu übermitteln.

4.6 Der Auftragnehmer wird im Übrigen die Wahrung der datenschutzrechtlichen Anforderungen durch physische und digitale Zutritts- und Zugangskontrollen, regelmäßige Mitarbeiterschulungen, geeignete vertragliche Gestaltungen und interne Richtlinien für den Fall des Ausscheidens von Mitarbeitern, regelmäßige und geeignete Tests der Belastbarkeit der vorgesehenen IT-Sicherheitsmaßnahmen sowie ein geeignetes internes Incident-Response-Verfahren und vergleichbare Maßnahmen sicherstellen.

4.7 Für die Angemessenheit der zu ergreifenden Maßnahmen kommt es insbesondere auch darauf an, welche Risiken mit der Datenverarbeitung verbunden sind, insbesondere durch – ob unbeabsichtigt oder unrechtmäßig – Vernichtung, Verlust, Veränderung oder unbefugte Offenlegung von beziehungsweise unbefugten Zugang zu personenbezogenen Daten, die übermittelt, gespeichert oder auf andere Weise verarbeitet wurden.

aa) Ratio

Ziff. 4 regelt die technischen Anforderungen der eingesetzten Software. 36.29

bb) Technische Anforderungen

Die Maßnahmen der Pseudonymisierung und der Verschlüsselung sind in den anwendbaren Gesetzestexten explizit erwähnt, z.B. in Erwägungsgrund 78 DSGVO sowie § 13 Abs. 7 Satz 3 TMG. Im hier vorliegenden Vertragsentwurf sind bewusst keine konkreten Maßnahmen zur Pseudonymisierung (wie z.B. Verhashung o.Ä.) oder Authentifizierung (z.B. die Nutzung eines Zugangstokens) genannt, da diese Techniken naturgemäß stetiger Änderung unterworfen sind und im Interesse beider Vertragsparteien die Software auch längerfristig den aktuellen Anforderungen des Datenschutzes gerecht werden sol- 36.30

len[42]. Die Notwendigkeit, die Datenschutzerklärung innerhalb von **maximal zwei Klicks** aufrufen zu können, dient ihrer leichten Auffindbarkeit und damit letztlich der Transparenz der Datenverarbeitungen i.S.d. Art. 12 Abs. 1 DSGVO[43].

36.31 Die Musterklausel führt lediglich mutmaßlich eher „zeitlose" Maßnahmen wie die Verwendung geeigneter **Passwörter** beispielhaft auf. Dadurch sollen auch die Datenminimierung sowie die Transparenz der Funktionen und der Datenverarbeitungen gefördert werden. Daneben werden solche Maßnahmen einbezogen, durch die der betroffenen Person ermöglicht wird, die Verarbeitung personenbezogener Daten zu überwachen, und der Verantwortliche in die Lage versetzt wird, Sicherheitsfunktionen zu schaffen und zu verbessern (Erwägungsgrund 78 Satz 3 DSGVO). Die relativ „weiche" Formulierung, wonach der Auftragnehmer bestimmte Maßnahmen ergreifen „soll", tragen dem Umstand Rechnung, dass bestimmte Funktionen (etwa zur Pseudonymisierung[44]) nicht für jeden durch eine Software abgedeckten Lebenssachverhalt geeignet erscheinen werden. Sie kann freilich bei Bedarf im konkreten Fall strenger formuliert werden.

36.32 Für den Fall, dass der Anwendungsbereich des Rechts auf **Datenportabilität** eröffnet ist (Art. 20 Abs. 1 DSGVO), sollte der Verantwortliche sinnvollerweise Vorkehrungen treffen, die es ihm ermöglichen, den dahinter stehenden potentiellen Anspruch der betroffenen Person zu erfüllen. Hierfür wird er lebensnah zumeist auf die technische Ausgestaltung der Software durch den jeweiligen Hersteller angewiesen sein. Entsprechend sollte eine vertragliche Gestaltung, wie hier in Ziff. 4.5 vorgesehen, diesen Aspekt berücksichtigen.

36.33 Die für den Bereich der automatisierten Datenverarbeitungen in § 64 BDSG aufgeführten Ziele und Vorgehensweisen sollten in jedem Fall in eine vertragliche Gestaltung eingebunden werden, wenn der zugrunde liegende Lebenssachverhalt unter das BDSG fällt. Dies ist ausweislich des § 1 Abs. 4 BDSG insbesondere der Fall, wenn die Verarbeitung der personenbezogenen Daten in der Bundesrepublik Deutschland oder im Rahmen der Tätigkeiten einer Niederlassung des Verantwortlichen oder Auftragsverarbeiters in Deutschland erfolgt oder dessen Tätigkeit aus anderem Grund in den Anwendungsbereich der Datenschutzgrundverordnung fällt. Auch jenseits dieses Anwendungsbereichs werden die aufgeführten Maßnahmen, je nach beabsichtigter Gestaltung der Software, jedoch oftmals dem Ziel der Datensicherheit förderlich sein. Je nach konkret in Rede stehender Software mag es eine sachgerechte Lösung darstellen, weitere Maßnahmen aus dem Katalog des § 64 Abs. 3 BDSG in den abzuschließenden Vertrag zu implementieren.

36.34 Der abschließende, in Ziff. 4.7 aufgenommene Verweis auf die Bedeutung des Risikos der betroffenen Daten für die Frage, welche Sicherungsmaßnahmen angemessen sind, folgt dem Wortlaut des Art. 32 Abs. 2 DSGVO. Der Hinweis soll dem Auftragnehmer eine wichtige, wenngleich notwendigerweise von einer gewissen Abstraktion getragene Richtschnur hinsichtlich seiner Beurteilung zu ergreifender Maßnahmen bieten.

---

42 Vgl. zu der Dynamik des Stands der Technik: *Nolte/Werkmeister* in Gola, Art. 25 DSGVO Rz. 22; ferner *Hladjk* in Ehmann/Selmayr, Art. 32 DSGVO Rz. 5; *Jandt* in Kühling/Buchner, Art. 32 DSGVO Rz. 18, 20 f.

43 *Art. 29-Datenschutzgruppe*, WP 260 rev.01, Rz. 11, angenommen durch das Endorsement des *EDSA* 1/2018.

44 Vgl. zu der Ermöglichungs- und Erleichterungsfunktion *Schwartzmann/Weiß* (Hrsg.)/Bundesministerium des Innern, Whitepaper zur Pseudonymisierung der Fokusgruppe Datenschutz im Rahmen des Digital Gipfels 2017, S. 17, https://www.gdd.de/downloads/whitepaper-zur-pseudonymisierung.

e) Informationspflichten und Haftungsfreistellung (Ziff. 5)

M 36.1.5 Informationspflichten und Haftungsfreistellung 36.35

5. Informationspflichten und Haftungsfreistellung

5.1 Der Auftragnehmer dokumentiert die getroffenen Maßnahmen in nachvollziehbarer Art und Weise und stellt diese Dokumentation dem Auftraggeber auf dessen Anforderung binnen einer angemessenen Frist zur Verfügung.

5.2 Der Auftragnehmer informiert den Auftraggeber unverzüglich, sobald ihm ein datensicherheitsrelevanter Vorfall einschließlich des begründeten Verdachts auf einen solchen Vorfall bekannt wird.

5.3 Für den Fall, dass der Auftraggeber aufgrund einer festgestellten Beeinträchtigung der Sicherheit der gegenständlichen Software Sanktionen oder Ersatzansprüchen ausgesetzt ist, stellt der Auftragnehmer den Auftraggeber von der Pflicht zur Leistung bereits jetzt frei. Dies gilt nicht, sofern der Auftragnehmer beweisen kann, dass ihn an dem Vorfall kein Verschulden trifft.

aa) Ratio

Die Regelung statuiert besondere Pflichten des Auftragnehmers gegenüber dem Auftraggeber im Fal- 36.36
le eines Datenschutzverstoßes.

bb) Pflichten des Auftragnehmers bei Datenschutzverstößen

Da der Verantwortliche bei einem Datenschutzverstoß gegenüber Dritten haftet und er zudem Adres- 36.37
sat aufsichtsbehördlicher Sanktionsmaßnahmen ist, kommt ihm ein evidentes Interesse zu, Vorfälle zu
vermeiden, welche die Datensicherheit beeinträchtigen können. Gleichzeitig wird in zahlreichen Fällen
der Erstellung oder Wartung einer Software ein Informationsgefälle zwischen dem Auftraggeber und
dem Auftragnehmer bestehen, da letzterer das Produkt naturgemäß detaillierter kennt und ihm ggf.
auch aus anderen Projekten Probleme mit der Datensicherheit eher bekannt sein werden[45].

Dabei kommen dem Auftragnehmer in bestimmten Konstellationen, etwa wenn er bei der Entwick- 36.38
lung oder Wartung einer Software bereits personenbezogene Daten erhält, selbst die Pflichten des Verantwortlichen als originäre, eigene Pflichten zu[46].

Der Verantwortliche sollte sich sinnvollerweise vor dem Eingehen derartiger Risiken schützen, indem
er dem Auftragnehmer die Pflicht auferlegt, ihn bei Bekanntwerden entsprechender Vorfälle zu informieren (Ziff. 5.1). Auch sollte der Verantwortliche für den Fall einer **behördlichen Überprüfung** in
der Lage sein, getroffene Maßnahmen zum Schutz personenbezogener Daten darlegen zu können[47].
Hierfür bedarf es einer Dokumentation der Maßnahmen, die der Auftragnehmer dem Auftraggeber
zur Verfügung stellen sollte (Ziff. 5.2).

Überdies liegt es im nachvollziehbaren Interesse des Verantwortlichen, seine nach außen bestehende 36.39
Haftung für Verstöße gegen die gebotene Datensicherheit im Innenverhältnis auf den Ersteller der Software abzuwälzen, sofern dieser für den Fehler die Verantwortung trägt. Die Musterklausel modifiziert
die in Art. 82 Abs. 5 DSGVO getroffene Regelung im Hinblick auf die **Freistellung** und die **Beweislastumkehr**. Dadurch wird der Verantwortliche im Vergleich zur gesetzlich angeordneten Regelung besser
gestellt.

---

45 Vgl. *Jandt* in Kühling/Buchner, Art. 33 DSGVO Rz. 18.
46 Beschluss des *Düsseldorfer Kreises* v. 16.6.2014: Orientierungshilfe zu den Datenschutzanforderungen
an App-Entwickler und App-Anbieter, S. 3.
47 *Pötters* in Gola, Art. 5 DSGVO Rz. 32 f.; *Herbst* in Kühling/Buchner, Art. 5 DSGVO Rz. 79 f.

Die im Musterformular in Ziff. 5.3 vorgesehene Beweislastumkehr zu Lasten des Auftragnehmers trägt dem Umstand Rechnung, dass diesem das Auffinden der Ursache des Vorfalls aufgrund seiner sachlichen Nähe zum Produkt oder Dienst im Regelfall leichter als dem Auftraggeber fallen wird und er zumeist hierfür aufgrund seines Verursachungsbeitrags die Verantwortung tragen wird. Vor diesem Hintergrund dürfte die Klausel auch im Hinblick auf eine **AGB-rechtliche Beurteilung** (§ 307 Abs. 1, § 309 Nr. 12 BGB) gerade im hier gegenständlichen B2B-Bereich standhalten[48].

3. Erläuterungen der Klauseln zu datenschutzfreundlichen Voreinstellungen (II.)

a) Pflicht zur Vornahme datenschutzfreundlicher Voreinstellungen (Ziff. 1)

36.40 **M 36.1.6 Pflicht zur Vornahme datenschutzfreundlicher Voreinstellungen**

1. Pflicht zur Vornahme datenschutzfreundlicher Voreinstellungen

1.1 Der Auftragnehmer hat bei der Erstellung und Wartung der in diesem Vertrag gegenständlichen Software durch geeignete technische Maßnahmen sicherzustellen, dass grundsätzlich nur personenbezogene Daten, deren Verarbeitung für den jeweiligen bestimmten Verarbeitungszweck erforderlich ist, verarbeitet werden. Die Voreinstellungen der Software sind dahingehend zu gestalten, dass die Menge, der Umfang, die Speicherfrist und die Zugänglichkeit der zu erhebenden personenbezogenen Daten dem Grundsatz der Datenminimierung entsprechen und nicht über das für die beabsichtigte Funktionsweise der Software notwendige Maß hinausgehen.

1.2 Dabei ist besonderer Wert darauf zu legen, dass die Gestaltung der Software keine Voreinstellungen beinhaltet, die personenbezogene Daten einer unbestimmten Anzahl von Personen zugänglich macht.

aa) Ratio

36.41 Die Vorschrift stellt die Einhaltung der Anforderungen des Art. 25 Abs. 2 DSGVO an die Technikgestaltung sicher.

Sofern Verantwortliche Entscheidungen über die Voreinstellungen treffen, müssen sie den Datenschutz als rechtliche Anforderung gleichsam „mitdenken". Nach dem EDSA bezieht sich der *„standardmäßige Datenschutz"* auf die von einem Verantwortlichen getroffenen Entscheidungen in Bezug auf einen bereits bestehenden Konfigurationswert oder eine Verarbeitungsoption, die einer App, einem Computerprogramm oder einem Endgerät zugewiesen wird und die eine Anpassung insbesondere, aber nicht ausschließlich, der *Menge der erhobenen personenbezogenen Daten*, des *Umfangs ihrer Verarbeitung*, des *Zeitraums ihrer Speicherung* und ihrer *Zugänglichkeit* bewirkt[49].

36.42 Die Grundeinstellungen bei Produkten und Software sollten dabei so festgelegt sein, dass sie standardmäßig einer datenschutzfreundlichen Variante entsprechen und jegliche Änderung dieser Einstellungen die Mitwirkung des Betroffenen erfordert[50]. Gleiches soll auch für die organisatorischen Maßnahmen zur Unterstützung von Datenverarbeitungen gelten, die insbesondere so voreingestellt sein sollen, dass nur die minimal erforderliche Menge an personenbezogenen Daten verarbeitet wird. Es sollte also sichergestellt sein, dass standardmäßig nur personenbezogene Daten verarbeitet werden, die für jeden spezifischen Zweck der Verarbeitung erforderlich sind[51].

---

48 *Habersack* in Ulmer/Brandner/Hensen, § 309 Nr. 12 BGB Rz. 15, betont den Telos des § 309 Nr. 12 BGB, wonach es im üblichen B2C-Bereich gerade darum gehe, dem Kunden keine Beweislast aufzuerlegen für einen Bereich, den er rein faktisch kaum einsehen kann. Die hier vorliegende Konstellation behandelt gerade die gegenteilige Ausgangssituation, so dass ein Verstoß nicht angenommen werden dürfte.
49 *EDSA*, Guidelines 4/2019 Rz. 41.
50 *Hansen* in Simitis/Hornung/Spiecker, Art. 25 DSGVO Rz. 39 f.
51 *EDSA*, Guidelines 4/2019 Rz. 43 ff.

Im Hinblick auf die **Menge der erhobenen personenbezogenen Daten** sollten nur die personenbezogenen Daten erhoben werden, die für die Datenverarbeitung *notwendig* sind[52]. In diesem Zusammenhang sollte der Verantwortliche sowohl *qualitative* als auch *quantitative* Erwägungen vornehmen[53]: Neben der Anzahl der Datensätze müssen demnach auch die Kategorien und der Detailgrad der erhobenen Daten als Teil der Datenminimierung betrachtet werden.

36.43

Bezüglich der **Dauer der Speicherung** sollten Verantwortliche darauf achten, dass personenbezogene Daten standardmäßig gelöscht oder anonymisiert werden, soweit sie nicht mehr benötigt werden[54].

36.44

Für die Zugänglichkeit zu personenbezogenen Daten sollten die Verantwortlichen auch Zugangskontrollen einführen, damit nur diejenigen Parteien Zugang zu den personenbezogenen Daten eingeräumt wird, für welche dies erforderlich ist. Personenbezogene Daten sollten nicht einer unbestimmten Anzahl von (natürlichen) Personen ohne deren Mitwirkung zugänglich gemacht werden. Dementsprechend sollte der Verantwortliche, wie hier in Ziff. 1.2 vorgesehen, standardmäßig die Zugänglichkeit einschränken. In jedem Fall sollten die betroffenen Personen benachrichtigt werden, bevor personenbezogene Daten über diese veröffentlicht oder auf andere Weise einer unbestimmten Anzahl von (natürlichen) Personen zugänglich gemacht werden[55].

36.45

bb) Prinzip der Datenminimierung

Die im Klauseltext verwendete Formulierung folgt zunächst dem ausdrücklich in Art. 25 Abs. 2 DSGVO niedergeschriebenen Gesetzestext. Die Anforderungen an datenschutzfreundliche Voreinstellungen richten sich unmittelbar nur an den Verantwortlichen. Eine mittelbare Wirkung für Auftragnehmer wird auch diesbezüglich lediglich insofern anzunehmen sein, als Verantwortliche, um ihren Pflichten nachkommen zu können, künftig bei der Auswahl ihrer IT-Dienstleister und Hersteller von Software in besonderem Maß berücksichtigen werden, ob diese neben den Anforderungen an die Datensicherheit auch Lösungen anbieten, deren Voreinstellungen dahingehend gestaltet sind, dass sie dem Prinzip der Datenminimierung entsprechen.

36.46

b) Zu ergreifende Maßnahmen (Ziff. 2)

M 36.1.7 Zu ergreifende Maßnahmen

36.47

2. Zu ergreifende Maßnahmen

2.1 Die Voreinstellungen der Software sind so vorzunehmen, dass vor einer anderweitigen aktiven Einstellung durch den Nutzer der Software grundsätzlich nur Daten an den Betreiber der Software oder an Dritte weitergegeben werden, wenn und soweit diese Übermittlung erforderlich für das Funktionieren der Software ist. Nicht erforderlich in diesem Sinne ist beispielsweise eine regelmäßige Standortübermittlung für die nicht in derselben Regelmäßigkeit genutzte Lokalisierungsfunktion einer Software bzw. einer App.

2.2 Sofern für eine Auswahl der Datenweitergabe oder eine andere Form der Datenverarbeitung das Anklicken bzw. das Setzen von Häkchen notwendig ist, sind die dafür vorgesehenen Felder so zu gestalten, dass sie nicht bereits ohne aktives Zutun des Nutzers vorangekreuzt sind.

52 *Hartung* in Kühling/Buchner, Art. 25 DSGVO Rz. 27.
53 *EDSA*, Guidelines 4/2019 Rz. 49; *Lang* in Taeger/Gabel, Art. 25 DSGVO Rz. 67.
54 *Lang* in Taeger/Gabel, Art. 25 DSGVO Rz. 68.
55 *EDSA*, Guidelines 4/2019 Rz. 56.

aa) Ratio

36.48   Diese Ziffer regelt die Gewährleistung des erforderlichen Datenschutzniveaus durch datenschutzfreundliche Voreinstellungen und Gestaltung der Software unter Nennung von Beispielen.

bb) Konkrete Anforderungen

36.49   Die im Bereich der konkret zu ergreifenden Maßnahmen angesprochenen Felder, welche nicht im Vorhinein bereits angekreuzt sein sollten, folgen u.a. dem jedenfalls für den Bereich der Einwilligung in Erwägungsgrund 32 DSGVO erwähnten **Verbot einer Opt-Out-Lösung** konventionellen Zuschnitts. Die Voreinstellungen der Software sind so zu gestalten, dass beispielsweise durch den Nutzer eingestellte Inhalte nicht automatisch mit anderen Nutzern oder sonstigen Dritten geteilt werden. Vielmehr soll es dem Nutzer ermöglicht werden, die Veröffentlichung seiner persönlichen Daten aktiv steuern zu können[56].

36.50   Die Tatsache, dass das Funktionieren einiger Dienste aufgrund ihrer Zweckbestimmung auch im Sinne des Nutzers eine Standortabfrage mit sich bringt (beispielsweise die Suche nach bestimmten Dienstleistungen und Geschäften wie Geldautomaten, Briefkästen, Restaurants etc.), darf wegen des Prinzips der Datenminimierung grundsätzlich nicht dazu führen, dass auch ohne konkrete Anfrage des Nutzers in bestimmten Intervallen der Standort an den App-Betreiber oder einen Dritten übermittelt wird[57]. Entsprechend sollte wie hier im Formular durch vertragliche Gestaltung eine Klarstellung herbeigeführt werden.

c) Zertifizierung (Ziff. 3)

36.51   **M 35.1.8 Zertifizierung**

3. Zertifizierung

Der Auftragnehmer wird, soweit ihm dies faktisch möglich ist, durch geeignete Bemühungen ggf. jedenfalls unterstützend sicherstellen, dass sein Umgang mit personenbezogenen Daten bei der zu erstellenden bzw. zu wartenden Software durch eine berechtigte Stelle nach Art. 42 f. der Verordnung (EU) 2016/679 des Europäischen Parlaments und des Rates vom 27. April 2016 zum Schutz natürlicher Personen bei der Verarbeitung personenbezogener Daten, zum freien Datenverkehr und zur Aufhebung der Richtlinie 95/46/EG (Datenschutz-Grundverordnung) zertifiziert wird.

aa) Ratio

36.52   Ziff. 3 stellt sicher, dass der der Auftragnehmer bei einem etwaigen Zertifizierungsverfahren nach Art. 42 DSGVO unterstützend tätig wird.

bb) Zertifizierungsmöglichkeit für Verantwortliche und Auftragsverarbeiter

36.53   Als Indiz für die Einhaltung der Anforderungen an eine datenschutzfreundliche Technikgestaltung wird in Art. 25 Abs. 3 DSGVO explizit die Möglichkeit einer Zertifizierung nach Art. 42 f. DSGVO erwähnt; dies wird künftig voraussichtlich von hoher Bedeutung für die Praxis sein[58]. Auch Datenschutz-Aufsichtsbehörden haben angekündigt, derartige Zertifizierungen bei der Beurteilung der Daten-

---

56 *Baumgartner* in Ehmann/Selmayr, Art. 25 DSGVO Rz. 16.
57 *Düsseldorfer Kreis*, Orientierungshilfe – Datenschutzanforderungen an App-Entwickler und App-Anbieter v. 16.6.2014, S. 26.
58 *Baumgartner/Gausling*, ZD 2017, 308 (313); zum Erfordernis einer Zertifizierung für sog. Smart Cams, s. *Rose*, ZD 2017, 64 (68).

schutz-Compliance in ihre Gesamtwürdigung einzubeziehen[59]. Art. 42 Abs. 1 Satz 1 DSGVO sieht diese Möglichkeit gleichwohl lediglich für den Verantwortlichen selbst sowie für Auftragsverarbeiter vor.

Die Zertifizierung kann für die Verantwortlichen insofern einen Mehrwert haben, als die Datenschutzaufsichtsbehörden die Zertifizierung bei der Überprüfung der Datenschutzkonformität berücksichtigen. Überdies kann auch ein Datenschutzsiegel für die Betroffenen eine Orientierungshilfe bei der Wahl zwischen verschiedenen Produkten und Dienstleistungen bieten[60].

Entsprechend ist die Klausel so ausgestaltet, dass der Auftragnehmer die Zertifizierung lediglich einholt, wenn er selbst Verantwortlicher oder Auftragsverarbeiter ist, andernfalls er den Verantwortlichen jedoch im Rahmen seiner Möglichkeiten unterstützt, das Zertifikat zu erlangen[61]. Dass es dabei auch um die Zertifizierung konkreter Produkte gehen kann, stellt Erwägungsgrund 100 DSGVO hinreichend heraus, so dass gerade auch für den Bereich der datenschutzfreundlichen Ausgestaltung einer Software eine entsprechende Zertifizierung von großem Wert für die datenschutzrechtliche Beurteilung sein kann[62].

36.54

---

59 *EDSA*, Guidelines 4/2019 Rz. 89.
60 *Hansen* in Simitis/Hornung/Spiecker, Art. 25 DSGVO Rz. 57 f.
61 Vgl. *Lepperhoff* in Gola, Art. 42 DSGVO Rz. 16.
62 *Bergt/Pesch* in Kühling/Buchner, Art. 42 DSGVO Rz. 4; *Richter*, ZD 2020, 84 ff.

§ 37
Datenschutzklausel zu EU-Angemessenheitsbeschlüssen

Literatur: *Gola/Klug,* Die Entwicklung des Datenschutzrechts im ersten Halbjahr 2017, NJW 2017, 2593; *Golland,* Datenschutzrechtliche Anforderungen an internationale Datentransfers, NJW 2020, 2593; *Grau/ Granetzny,* EU-US-Privacy Shield – Wie sieht die Zukunft des transatlantischen Datenverkehrs aus?, NZA 2016, 405; *v.d. Groeben/Schwarze/Hatje,* Europäisches Unionsrecht, 7. Aufl. 2015; *Heinzke,* Schrems II: Neue Anforderungen an den Transfer personenbezogener Daten in Drittländer, GRUR-Prax 2020, 436; *v. Lewinski,* Privacy Shield – Notdeich nach dem Pearl Harbor für den transatlantischen Datentransfer, EuR 2016, 405; *Moos/Schefzig,* „Safe Harbor" hat Schiffbruch erlitten, CR 2015, 625; *Schaar,* America First: Datenschutz nur noch für (US-)Inländer, Europäische Akademie für Informationsfreiheit und Datenschutz e. V („EAID"), 2017; *Rothkegel,* Grenzüberschreitender Datenaustausch nach Schrems II – Was Unternehmen jetzt tun sollten, Kanzleimonitor 2020/2021; *Thieme/Wegmann,* Transatlantischer Datenstillstand nach Schrems II?, BB 2020, 1922; *Weiß,* Nach dem Ende von Safe Harbor: Das EU-U.S.-Privacy Shield, RDV 2016, 135; *Wendt,* Das EU-US-Privacy-Shield-Abkommen und die „Executive Order" zur Verbesserung der öffentlichen Sicherheit in den USA, ZD-Aktuell 2017, 05505; *Wybitul/Ströbel/Ruess,* Übermittlung personenbezogener Daten in Drittländer, ZD 2017, 503.

A. Einleitung

Wenn Daten aus dem Europäischen Wirtschaftraum („EWR") in einen Staat außerhalb des EWR   **37.1** transferiert werden, muss der Verantwortliche neben den Voraussetzungen des Art. 6 Abs. 1 DSGVO zusätzlich diejenigen des Kapitels V DSGVO erfüllen.

Eine Möglichkeit, diese sog. **„zweite Stufe"**[1] der Rechtmäßigkeitsprüfung erfolgreich zu erklimmen, besteht darin, Daten nur dann aus dem EWR in einen Drittstaat zu übermitteln, wenn diesem sog. „Drittland" von der Kommission ein „angemessenes Schutzniveau" i.S.d. Art. 45 DSGVO attestiert wurde. Derartige **Angemessenheitsbeschlüsse** bestehen aktuell zu Andorra, Argentinien, Kanada („commercial organisations"), den Färöer Inseln, Guernsey, Israel, Isle of Man, Japan, Jersey, Neuseeland, Schweiz und Uruguay. Die Beschlüsse wurden mit Ausnahme des Beschlusses zu Japan sämtlich

---

1 *Pauly* in Paal/Pauly, Art. 44 DSGVO Rz. 9.

noch unter der alten Rechtsordnung (der „Datenschutz-Richtlinie" RL 95/46/EG) gefasst; diese bleiben jedoch nach Art. 45 Abs. 9 DSGVO auch unter der DSGVO erhalten.

37.2 Auf einen solchen Angemessenheitsbeschluss konnten sich Verantwortliche und Auftragsverarbeiter bis in jüngster Vergangenheit auch im Hinblick auf einige Datentransfers in die USA berufen. Das in Folge der **„Safe Harbor"-Entscheidung** des EuGH[2] zwischen der EU und den USA abgestimmte „EU-U.S.-Privacy Shield"[3] (im Folgenden: **„Privacy Shield"**) diente dazu, Datenflüsse aus der EU in die USA durch ein **Zertifizierungsverfahren** im Hinblick auf die Einhaltung eines bestimmten datenschutzrechtlichen Mindestschutzniveaus abzusichern[4]. Rechtsgrundlage solcher Datenübermittlungen in die USA war ebenfalls ein Angemessenheitsbeschluss der EU-Kommission nach Art. 45 Abs. 1 DSGVO, wonach bei Einhaltung der Vorgaben des Privacy Shields beim Datenempfänger in den USA ein angemessenes Datenschutzniveau existierte, so dass die Drittstaatenübermittlung keiner gesonderten Genehmigung bedurfte.

37.3 Auf Grundlage von Zertifizierungen des Empfängers unter dem EU-U.S.-Privacy Shield können personenbezogene Daten jedoch nicht mehr rechtskonform in die USA übermittelt werden. Der EuGH hat im Zuge des Urteils „Schrems II" (auch in Folge der **Snowden-Enthüllungen**[5] und der sich daran anschließenden politischen Diskussion) insoweit entschieden, dass in den USA insbesondere aufgrund zu weitgehender nachrichtendienstlicher Befugnisse und fehlender wirksamer Rechtsbehelfe kein „angemessenes Schutzniveau" i.S.d. Art. 45 Abs. 1, 2 DSGVO vorliege und den zugrunde liegenden Angemessenheitsbeschluss der Kommission zum EU-U.S.-Privacy Shield für ungültig erklärt[6].

37.4 Neben anderen Rechtsinstrumenten wie den Standarddatenschutzklauseln nach Art. 46 Abs. 2 lit. c DSGVO (deren Anwendung gleichwohl besonderen Anforderungen untersteht)[7], den verbindlichen internen Datenschutzvorschriften nach Art. 47 DSGVO, einer Ausnahme wie einer Einwilligung nach Art. 49 Abs. 1 lit. a DSGVO etc. sind Datentransfers nach wie vor auf Grundlage eines Angemessenheitsbeschlusses möglich[8]. Insofern entfällt diese Grundlage aktuell „lediglich" für die USA als Daten importierendes Land.

37.5 Die Möglichkeit der Datenübermittlung auf Grundlage eines Angemessenheitsbeschlusses kann indes nach wie vor für die o.g. (Rz. 37.1) Staaten genutzt werden. Falls die Kommission (wie etwa künftig für Südkorea erwartet wird) weitere Angemessenheitsbeschlüsse trifft, werden Datentransfers in diese Staaten deutlich unkomplizierter möglich sein. Es erscheint nicht unwahrscheinlich, dass diese Staaten etwa im Hinblick auf ihre IT-Industrie gewisse wirtschaftliche Vorteile erfahren werden.

37.6 Die Berücksichtigung eines Angemessenheitsbeschlusses erscheint jedenfalls zunächst als vergleichsweise rechtssicheres Instrument, um einen Drittlandtransfer abzusichern. Gleichwohl kann es – wie

---

2 EuGH v. 6.10.2015 – C-362/14 – Schrems, ZD 2015, 549.

3 Zum Text des Abkommens: https://www.privacyshield.gov/servlet/servlet.FileDownload?file= 015t000 00004qAg.

4 *Weiß*, RDV 2016, 135 (136).

5 Vgl. *Heumann*, PinG 03.16, 106 f.

6 EuGH v. 16.7.2020 – C-311/19, ECLI:EU:C:2020:559 – Schrems II; zu den Auswirkungen siehe z.B. *Heinzke*, GRUR-Prax. 2020, 436; *Thieme/Wegmann*, BB 2020, 1922; Urteilsanmerkung von *Moos/Rothkegel*, ZD 2020, 511; *Europäischer Datenschutzausschuss*, Häufig gestellte Fragen (FAQ) zum Urteil des Gerichtshofs der Europäischen Union in der Rechtssache C-311/18 – Data Protection Commissioner gegen Facebook Ireland Ltd und Maximillian Schrems, 24.7.2020.

7 Der EuGH hat hinsichtlich der Standarddatenschutzklauseln verlautbart, dass der Datenexporteur sich des Datenschutzniveaus stets vergewissern muss, vgl. EuGH v. 16.7.2020 – C-311/19, ECLI:EU:C:2020: 559 – Schrems II, Rz. 134. Der Europäische Datenschutzausschuss verweist dabei auf die Notwendigkeit einer Einzelfallprüfung (EDSA, FAQ v. 24.7.2020, Frage 5).

8 *Europäischer Datenschutzausschuss*, Recommendations 01/2020 on measures that supplement transfer tools to ensure compliance with the EU level of protection of personal data, Version for public consultation, 10.11.2020, S. 2.

nicht zuletzt der besondere Fall des EU-U.S.-Privacy Shields gezeigt hat – auch dazu kommen, dass entweder die Kommission selbst einen Angemessenheitsbeschluss nach Art. 45 Abs. 5 DSGVO widerruft, ändert oder aussetzt oder der Gerichtshof der Europäischen Union einen solchen Beschluss für ungültig erklärt. Die Kommission ist durch die DSGVO selbst mit einer ständigen Überprüfung des jeweiligen Datenschutzniveaus im Zielland beauftragt (Art. 45 Abs. 4 DSGVO). Der EuGH demgegenüber kann einen solchen Beschluss insbesondere im Rahmen einer Nichtigkeitsklage nach Art. 263 Abs. 2, Art. 264 Abs. 1 AEUV oder eines Vorabentscheidungsverfahrens nach Art. 267 AEUV für unwirksam erklären.

Faktisch scheint es zwar (eventuell jenseits wechselnder politischer Mehrheiten, die sich auf die Zusammensetzung der Kommission auswirken) wenig wahrscheinlich, dass die Kommission von sich aus eigene Angemessenheitsbeschlüsse hinterfragt. Auch dies ist jedoch denkbar, wenn sich die Umstände im Drittland signifikant ändern. Möglich ist es zudem weiterhin, dass beispielsweise politische Aktivisten sich gegen bestimmte Datentransfers zur Wehr setzen. Als besonders „anfällig" für eine insbesondere gerichtliche Überprüfung sind dabei aufgrund ihrer Kooperation im Rahmen der sog. „Five Eyes"-Geheimdienstallianz mit den USA, dem Vereinigten Königreich und Australien die Datenschutzniveaus in Kanada und Neuseeland anzusehen[9].   37.7

Um einen solchen Fall abzudecken, ist es sachgerecht, die Folgen eines Unwirksamkeitsbeschlusses durch die Kommission oder eine entsprechende Entscheidung des EuGH vertraglich abzusichern. In diesen Konstellationen kann es nämlich geschehen, dass – wie es etwa im Fall des Urteils „**Schrems II**" der Fall war – der **Angemessenheitsbeschluss mit sofortiger Wirkung für unwirksam** erklärt wird. Dadurch müssen streng genommen Datenflüsse mit sofortiger Wirkung abgeschnitten werden, sobald das rechtliche Fundament des Datentransfers auf zweiter Stufe entfällt. Ohne eine längere Vorlaufzeit zu beendende Datenübermittlungen können jedoch evident zu großen betriebswirtschaftlichen Herausforderungen führen. Denkbar wären auch **Schadensersatzansprüche** eines Dienstleisters im Drittland, wenn dessen Dienste durch den Datenexporteur plötzlich nicht mehr beansprucht werden können.   37.8

Unternehmen sollten sich für ein solches Szenario durch das Ergreifen zusätzlicher Maßnahmen wappnen, um ein adäquates Datenschutzniveau sicherstellen bzw. die jeweilige Datenverarbeitung schnellstmöglich unterbinden zu können. Dafür eignen sich zum einen technische oder organisatorische Maßnahmen, die etwa den zugreifenden Behörden im Empfängerland den Personenbezug entziehen (z.B. Verschlüsselungen, Pseudonymisierungstechniken etc.)[10]. Ebenso denkbar und empfehlenswert wäre aber auch eine strenge vertragliche Bindung (d.h. mit höheren Anforderungen, als sie die EU-Standarddatenschutzklauseln vorsehen) des Datenempfängers[11]. Zudem sollten Unternehmen darauf achten, sich in haftungsrechtlicher Hinsicht ausreichend abzusichern.   37.9

Die folgende Musterklausel sieht eine Regelung für das Szenario des Wegfalls eines Angemessenheitsbeschlusses als Grundlage eines Drittlandtransfers vor. Üblicherweise wird diese Klausel ihre Heimstatt innerhalb eines umfangreicheren Vertragswerks (etwa eines Auftragsverarbeitungsvertrags)[12] finden. Auf dessen Spezifika wird im Folgenden jedoch nicht eingegangen.   37.10

---

9 *Thieme/Wegmann*, BB 2020, 1922 (1926).

10 *Rothkegel*, Kanzleimonitor 2020/2021, S. 91-92.

11 In diesem Zusammenhang ist es besonders empfehlenswert, den Datenempfänger dahingehend zu binden „[...] *(1) behördliche Anfragen bis zur Rechtsmittelerschöpfung zu bekämpfen; (2) die Verarbeitung unmittelbar durch Rückgabe der konkreten personenbezogenen Daten zu beenden und (3) für entgegenstehendes Handeln eine Vertragsstrafe zu vereinbaren*", vgl. *Rothkegel*, Kanzleimonitor 2020/2021, S. 92.

12 Siehe hierzu die Muster in Teil 2, §§ 7–9.

B. Datenschutzklausel zu EU-Angemessenheitsbeschlüssen

I. Muster

37.11 **M 37.1 Datenschutzklausel zu EU-Angemessenheitsbeschlüssen**

Datenschutzklausel zu EU-Angemessenheitsbeschlüssen

1. Grundlage des Datentransfers aus dem EWR[13]

1.1 Die Parteien handeln im übereinstimmenden Verständnis, dass im Rahmen des Anwendungsbereichs der Verordnung 2016/679 („DSGVO") sämtliche Übermittlungen personenbezogener Daten aus dem Europäischen Wirtschaftsraum („EWR") in einen Staat außerhalb des EWR neben den Anforderungen an die Rechtmäßigkeit der Datenverarbeitung auch die rechtlichen Anforderungen an einen solchen Datentransfer in ein Drittland nach Kapitel V DSGVO erfüllen müssen.

1.2 Beide Parteien sind bestrebt, im Geiste der wechselseitigen Kooperation und nach den Grundsätzen von Treu und Glauben mit angemessenen Mitteln darauf hinzuwirken, Datenübermittlungen nach den Anforderungen des Kapitels V DSGVO rechtssicher durchzuführen. Aktuell basieren diese auf dem Angemessenheitsbeschluss der Kommission vom ....

1.3 Die folgenden Regelungen zu den Folgen einer Unwirksamkeit des Angemessenheitsbeschlusses gelten jeweils soweit, wie die hier unter dem Vertrag ... relevanten Datentransfers von dieser Aufhebung des Angemessenheitsbeschlusses betroffen sind.

2. Folgen einer Unwirksamkeit des Angemessenheitsbeschlusses[14]

2.1 Für den Fall, dass der Angemessenheitsbeschluss als Rechtsgrundlage des hier relevanten Drittlandtransfers entfällt, beispielsweise weil die Kommission den Angemessenheitsbeschluss widerruft, ändert oder aussetzt, verpflichten sich beide Parteien, an einer Lösung mitzuwirken, welche den sodann geltenden datenschutzrechtlichen Voraussetzungen an eine Datenübermittlung nach ... gerecht wird. Gleiches gilt für den Fall, dass der Gerichtshof der Europäischen Union den Angemessenheitsbeschluss aufhebt.

2.2 Dies schließt ein Bemühen um eine Zertifizierung oder eine Mitwirkung in einem ähnlichen Verfahren für den Fall ein, dass die Kommission einen Angemessenheitsbeschluss erlässt, welcher ein Zertifizierungsverfahren oder einen ähnlichen Mechanismus vorsieht.

2.3 Falls durch den Gerichtshof der Europäischen Union oder die Kommission darüber hinaus Anforderungen für rechtssichere Datenübermittlungen in Drittländer aufgestellt werden, verpflichten sich beide Parteien, angemessene Bemühungen anzustellen, um diesen Anforderungen zu genügen.

2.4 Dies schließt zudem ein beidseitiges Bemühen um einen alternativen Sicherungsmechanismus nach dem Kapitel V DSGVO ein, beispielsweise den Abschluss einer Standarddatenschutzklausel, die von der Kommission erlassen wurde (Art. 46 Abs. 2 lit. c DSGVO), sofern eine solche Vereinbarung ein hinreichendes Maß an Rechtssicherheit mit sich bringt.

2.5 Dem Auftraggeber steht überdies für den Fall der Aufhebung des Angemessenheitsbeschlusses ein fristloses Sonderkündigungsrecht des Vertrags ... zu. Der Auftragnehmer kann aus diesem Umstand keinen Schadensersatzanspruch geltend machen.

---

13 Zu den Erläuterungen siehe Rz. 37.14 ff.
14 Zu den Erläuterungen siehe Rz. 37.19 ff.

II. Erläuterungen

1. Vorbemerkung

Das vorliegende Muster beinhaltet eine Klausel allein für den Fall der Unwirksamkeit eines EU-Angemessenheitsbeschlusses i.S.d. Art. 45 DSGVO. Eine solche Klausel könnte etwa in den Rahmen eines Auftragsverarbeitungsvertrages[15] i.S.v. Art. 28 Abs. 3 DSGVO oder eines Vertrags über die gemeinsame Verantwortlichkeit nach Art. 26 DSGVO (oder im Fall separater Verantwortlichkeit) als „Datenschutzklausel" innerhalb eines kommerziellen Vertrags eingekleidet sein.

37.12

Die folgenden Klauseln sollen das „Schrems II"-Szenario vertragsrechtlich für den Fall absichern, dass die Kommission oder der EuGH eine ähnliche Entscheidung für die Angemessenheit eines Datentransfers in einen anderen Staat (oder die USA für den Fall eines neuerlichen Angemessenheitsbeschlusses) trifft. Im Falle des Wegfalls der „zweiten Stufe" verfügt der Datenexporteur dann über ein rechtliches Instrumentarium, um den drohenden **Konflikt zwischen vertragsrechtlichen und öffentlich-rechtlichen Verpflichtungen** zu lösen.

2. Grundlage des Datentransfers aus dem EWR (Ziff. 1)

M 37.1.1 Grundlage des Datentransfers aus dem EWR

37.13

1. Grundlage des Datentransfers aus dem EWR

1.1 Die Parteien handeln im übereinstimmenden Verständnis, dass im Rahmen des Anwendungsbereichs der Verordnung 2016/679 („DSGVO") sämtliche Übermittlungen personenbezogener Daten aus dem Europäischen Wirtschaftsraum („EWR") in einen Staat außerhalb des EWR neben den Anforderungen an die Rechtmäßigkeit der Datenverarbeitung auch die rechtlichen Anforderungen an einen solchen Datentransfer in ein Drittland nach Kapitel V DSGVO erfüllen müssen.

1.2 Beide Parteien sind bestrebt, im Geiste der wechselseitigen Kooperation und nach den Grundsätzen von Treu und Glauben mit angemessenen Mitteln darauf hinzuwirken, Datenübermittlungen nach den Anforderungen des Kapitels V DSGVO rechtssicher durchzuführen. Aktuell basieren diese auf dem Angemessenheitsbeschluss der Kommission vom ….

1.3 Die folgenden Regelungen zu den Folgen einer Unwirksamkeit des Angemessenheitsbeschlusses gelten jeweils soweit, wie die hier unter dem Vertrag … relevanten Datentransfers von dieser Aufhebung des Angemessenheitsbeschlusses betroffen sind.

a) Ratio

Die Regelung stellt den gesetzlichen Hintergrund der vertraglichen Bestimmung und die grundsätzliche Bereitschaft zur Kooperation fest.

37.14

b) Feststellung des gesetzlichen Hintergrunds (Ziff. 1.1)

Ziff. 1.1 stellt das gesetzliche „Setting" fest, in dem die Parteien agieren. Hierbei handelt es sich um keine Regelung im eigentlichen Sinne. Die Beschreibung des gegenseitigen Verständnisses dient jedoch zum einen dazu, rechtliche Unklarheiten hinsichtlich des legislatorischen Hintergrundes auszuschließen. Gerade bei nicht-europäischen Dienstleistern oder Verantwortlichen ist es naheliegend, dass die Kenntnisse der europäischen Rechtslage nicht gleichermaßen wie (idealiter) bei rein europäischen Be-

37.15

---

15 Siehe hierzu die Muster in Teil 2, §§ 7–9.

teiligten vorliegen. Zum anderen soll mit der Klarstellung der Sinn und Zweck der nachfolgenden Regelungen verdeutlicht werden.

c) Klausel zur Kooperation (Ziff. 1.2)

37.16 Ziff. 1.2 legt ergänzend zu Ziff. 1.1 die allgemeinen Grundsätze, auf denen die Datenübermittlung außerhalb des EWR-Raumes stattfinden soll, fest. Der Grundsatz von „Treu und Glauben" stellt ein in Europa fest verankertes Rechtsprinzip dar[16], welches die nötige Sorgfalt beider Parteien im Hinblick auf die Zusammenarbeit untermauert. Die Wahl „angemessener Mittel" legt die grundsätzlichen Anforderungen und den Entscheidungsspielraum hinsichtlich der einzusetzenden Mittel fest. Sachgerecht ist sodann die wechselseitige Kooperation und **Pflicht zur Mitwirkung** hinsichtlich der festgeschriebenen Prinzipien. Schließlich stellt der Hinweis auf die „aktuelle" Grundlage der Datenübermittlung (Angemessenheitsbeschluss) klar, dass diese zwar gegenwärtig die maßgebliche Rechtsgrundlage für die Drittlandübermittlung ist, verdeutlicht allerdings im gleichen Zug den austauschbaren Charakter.

d) Eingrenzung auf betroffene Datenverarbeitungen (Ziff. 1.3)

37.17 Ziff. 1.3 begrenzt die Regelungen zu den Folgen einer Unwirksamkeit des Angemessenheitsbeschlusses auf die betroffenen Datenverarbeitungen. Dies stellt sicher, dass die übrigen Datenverarbeitungen, die nicht betroffen sind, weiterhin problemlos durchgeführt werden können.

3. Unwirksamkeit des Angemessenheitsbeschlusses (Ziff. 2)

37.18 **M 37.1.2 Unwirksamkeit des Angemessenheitsbeschlusses**

2. Folgen einer Unwirksamkeit des Angemessenheitsbeschlusses

2.1 *Für den Fall, dass der Angemessenheitsbeschluss als Rechtsgrundlage des hier relevanten Drittlandtransfers entfällt, beispielsweise weil die Kommission den Angemessenheitsbeschluss widerruft, ändert oder aussetzt, verpflichten sich beide Parteien, an einer Lösung mitzuwirken, welche den sodann geltenden datenschutzrechtlichen Voraussetzungen an eine Datenübermittlung nach … gerecht wird. Gleiches gilt für den Fall, dass der Gerichtshof der Europäischen Union den Angemessenheitsbeschluss aufhebt.*

2.2 *Dies schließt ein Bemühen um eine Zertifizierung oder eine Mitwirkung in einem ähnlichen Verfahren für den Fall ein, dass die Kommission einen Angemessenheitsbeschluss erlässt, welcher ein Zertifizierungsverfahren oder einen ähnlichen Mechanismus vorsieht.*

2.3 *Falls durch den Gerichtshof der Europäischen Union oder die Kommission darüber hinaus Anforderungen für rechtssichere Datenübermittlungen in Drittländer aufgestellt werden, verpflichten sich beide Parteien, angemessene Bemühungen anzustellen, um diesen Anforderungen zu genügen.*

2.4 *Dies schließt zudem ein beidseitiges Bemühen um einen alternativen Sicherungsmechanismus nach dem Kapitel V DSGVO ein, beispielsweise den Abschluss einer Standarddatenschutzklausel, die von der Kommission erlassen wurde (Art. 46 Abs. 2 lit. c DSGVO), sofern eine solche Vereinbarung ein hinreichendes Maß an Rechtssicherheit mit sich bringt.*

2.5 *Dem Auftraggeber steht überdies für den Fall der Aufhebung des Angemessenheitsbeschlusses ein fristloses Sonderkündigungsrecht des Vertrags … zu. Der Auftragnehmer kann aus diesem Umstand keinen Schadensersatzanspruch geltend machen.*

---

16 *Brühann* in von der Groeben/Schwarze/Hatje, Europäisches Unionsrecht, Rz. 52.

a) Ratio

Die Regelung betrifft die Folgen einer Unwirksamkeit des Angemessenheitsbeschlusses und statuiert **Rechte des Auftraggebers** für diesen Fall.   37.19

b) Dynamische Klausel (Ziff. 2.1)

Um die vertragliche Beziehung einer längerfristigen Zusammenarbeit zugänglich zu machen, ist es sachgerecht, etwaigen Änderungen in der datenschutzrechtlichen Ausgestaltung von Datentransfers aus der Europäischen Union in den Drittstaat mit einer **dynamischen Klausel** zu begegnen. Der Wegfall des EU-U.S.-Privacy Shield verdeutlicht, dass es keineswegs sicher ist, dass ein Angemessenheitsbeschluss einer gerichtlichen Kontrolle des EuGH dauerhaft standhält. Die Parteien sollten diese Ungewissheit in den Klauseln abbilden.   37.20

Diesbezüglich normiert Ziff. 2.1 eine zweiseitige Verpflichtung der Parteien, an einer Lösung mitzuwirken, die eine Datenübermittlung an den Empfänger im Drittstaat weiterhin legitimieren kann. In der Praxis wäre hier insbesondere an den Abschluss eines Vertrages auf Basis der EU-Standarddatenschutzklauseln[17] („SCC") zu denken. Der EuGH hat die Wirksamkeit des Beschlusses 2010/87 der Kommission, auf dem die SCC basieren, bestätigt. Zeitgleich betont er jedoch auch, dass es stets erforderlich sei, das Datenschutzniveau in der Praxis zu wahren[18]. In bestimmten Fällen müssten sodann ergänzende, über die SCC hinausgehende Maßnahmen, also gewissermaßen „SCC+", implementiert werden[19]. Die Kommission hat hierfür bereits einen Entwurf neuer SCC[20] vorgelegt, dessen finale Version abgewartet werden muss.   37.21

c) Einbindung von Zertifizierungs- oder ähnlichen Verfahren (Ziff. 2.2)

Ziff. 2.2 stellt sicher, dass die Mitwirkungspflicht der Partei des Empfängerlandes auch solche Verfahren und Mechanismen umfasst, die in Zukunft von der Kommission für die jeweilige Datenverarbeitung zur Anforderung erhoben werden könnten. Im Hinblick auf den dynamischen Charakter des Europäischen Datenschutzrechts ist es angebracht, dass flexibel auf etwaige Neuerungen im Zusammenhang mit Zertifizierungs- oder ähnlichen Verfahren reagiert werden kann. Die Verpflichtung beider Parteien gewährleistet es, dass solche Mechanismen hinreichend berücksichtigt werden können.   37.22

Der Verweis auf eine ggf. auch unter einem Folgemechanismus bestehende Zertifizierungsobliegenheit sollte unter dem Gesichtspunkt aufgenommen werden, dass die Erforderlichkeit einer Mitwirkung des betroffenen Unternehmens im Drittland auch unter einem eventuell **anderen oder überarbeiteten (Zertifizierungs)-Verfahren** nicht unwahrscheinlich ist. In diesem Fall müssten die Parteien zwar ohnehin ihre Klausel im Hinblick auf die Datenübermittlung ersetzen; sachgerecht ist es dabei jedoch, eine **Pflicht zur Mitwirkung** an dem dann festgelegten Verfahren bereits jetzt festzuschreiben. Letztlich sollen die Datenverarbeitungen möglichst ohne Unterbrechungen juristisch abgesichert bleiben.   37.23

---

17 Siehe hierzu die Muster in Teil 5, §§ 26–28.

18 EuGH v. 16.7.2020 – C-311/19, ECLI:EU:C:2020:559 – Schrems II, Rz. 125, 149; *Golland*, NJW 2020, 2593 (2594 ff.).

19 *Golland*, NJW 2020, 2593 (2594 ff.); *Europäischer Datenschutzausschuss*, Recommendations 01/2020 on measures that supplement transfer tools to ensure compliance with the EU level of protection of personal data, Version for public consultation, 10.11.2020; s. auch der Kommissionsvorentwurf der *EU-Kommission* v. 12.11.2020 für neue Standarddatenschutzklauseln.

20 https://ec.europa.eu/info/law/better-regulation/have-your-say/initiatives/12741-Commission-Implementing-Decision-on-standard-contractual-clauses-for-the-transfer-of-personal-data-to-third-countries?utm_source=POLITICO.EU&utm_campaign=d6b8dea5d7-EMAIL_CAMPAIGN_2020_11_12_05_42&utm_medium=email&utm_term=0_10959edeb5-d6b8dea5d7-189979113.

d) Hinzutretende Anforderungen an rechtssichere Datenübermittlungen (Ziff. 2.3)

37.24 Gerade in jüngerer Vergangenheit wurde deutlich, dass sowohl der EuGH als auch die Kommission durchaus geneigt sind, die bestehenden Voraussetzungen für rechtssichere Datenübermittlungen in Drittländer zu überprüfen. Das Europäische Datenschutzrecht ist geprägt von einigen Auslegungsspielräumen, die oftmals erst durch den EuGH und/oder die Kommission enger konturiert werden. Entsprechend müssen solche (verbindlichen) neuen Anforderungen Eingang auch in laufende Datenübermittlungen finden können. Nur so kann sichergestellt werden, dass weiterhin den unionsrechtlichen Voraussetzungen für rechtssichere Datenübermittlungen in Drittländer ausreichend Rechnung getragen wird. Dies gewährleistet Ziff. 2.3, indem beide Parteien dazu verpflichtet werden, etwaig hinzutretenden Anforderungen zu genügen.

e) Erweiterung durch alternative Sicherungsmechanismen (Ziff. 2.4)

37.25 Eine Konkretisierung der von den Parteien zu ergreifenden Maßnahmen findet sich in Ziff. 2.4: Für Datenübertragungen, die sich ausschließlich innerhalb einer Unternehmensgruppe abspielen, können beispielsweise verbindliche interne Datenschutzvorschriften i.S.v. Art. 47 DSGVO einen geeigneten alternativen Sicherungsmechanismus darstellen – bedürfen aber gleichwohl einer Genehmigung durch die Datenschutzaufsichtsbehörden[21].

37.26 Für viele Verantwortliche (insbesondere jenseits von Konzernstrukturen) praxistauglicher erscheint der Rückgriff auf Standarddatenschutzklauseln (Art. 46 Abs. 2 lit. c DSGVO)[22]. Wie bereits angedeutet, ist es durchaus denkbar, dass die reine Übernahme der von der Kommission herausgegebenen SCC für sich genommen nicht mehr ausreicht, um ein angemessenes Schutzniveau herzustellen bzw. aufrechtzuerhalten. Dies ist abhängig vom Einzelfall und bedarf einer genauen Überprüfung.

37.27 Sollte die Prüfung ergeben, dass die von der Kommission herausgegebenen Standarddatenschutzklauseln kein ausreichendes Mittel darstellen, um die Datenübermittlung in das jeweilige Drittland abzusichern, müssen Unternehmen sodann, unter Berücksichtigung der Gleichwertigkeit der vertraglichen Regelungen und der Rechtsordnung des Empfängerlandes gem. Art. 45 Abs. 2 DSGVO, selbst ein angemessenes Schutzniveau herstellen. Dies kann beispielsweise notwendig sein, soweit für betroffene Personen kein ausreichender Schutz vor staatlichen Eingriffen besteht oder es an Rechtsbehelfen mangelt (s.o., Rz. 37.3).

37.28 In Einzelfällen können auch die Ausnahmeregelungen gem. Art. 49 DSGVO, also eine Einwilligung gem. Art. 49 Abs. 1 lit. a DSGVO, oder die alternativen Grundlagen aus Art. 49 Abs. 1 lit. b und lit. c DSGVO für einen Drittlandtransfer in Betracht kommen. Allerdings ist der sachlich eng umgrenzte Anwendungsbereich der Ausnahmeregelungen wenig praxistauglich und spielt daher eine eher untergeordnete Rolle[23].

37.29 Die Einbeziehung des gesamten Kapitels V DSGVO (Art. 44 ff.) sorgt dafür, dass die Parteien auf die dargestellten Sicherungsmechanismen zurückgreifen können, soweit es die Unwirksamkeit des Angemessenheitsbeschlusses erforderlich macht. Welcher Sicherungsmechanismus im Detail für ein hinreichendes Maß an Rechtssicherheit sorgt, muss dabei im Einzelfall festgestellt werden. Die Klausel bietet den notwendigen Rahmen, um auf möglicherweise veränderte Umstände reagieren zu können.

---

21 Siehe zu Binding Corporate Rules Teil 5, § 31 und § 32.

22 Siehe zu Standarddatenschutzklauseln Teil 5, §§ 26–28; *Golland*, NJW 2020, 2593 (2594 ff.).

23 Im Falle der Einwilligung gem. Art. 49 Abs. 1 lit. a DSGVO besteht freilich die Gefahr der initialen Nichterteilung oder eines Widerrufs. Auch die Ausnahmeregelungen in Art. 49 Abs. 1 lit. b und lit. c DSGVO kommen lediglich für bestimmte Verträge in Betracht. Dazu gehören etwa Datenübermittlungen durch Reisebüros an Hotels oder Fluggesellschaften in Drittländern oder Verträge zugunsten Dritter, die sich etwa im internationalen Zahlungsverkehr oder Versandhandel abspielen, s. dazu *Golland*, NJW 2020, 2593 (2594).

f) Außerordentliches, fristloses Kündigungsrecht und Schadensersatz (Ziff. 2.5)

Für den Fall, dass ein Angemessenheitsbeschluss für unwirksam erklärt wird, ist es interessengerecht, dass dem Datenexporteur ein **außerordentliches, fristloses Kündigungsrecht** vertraglich zugestanden wird.

37.30

Zwar sind Situationen denkbar, bei denen kurzfristig eine andere Rechtfertigungsmöglichkeit für die Datenübermittlung in das betreffende Drittland gewählt werden kann, vor allem durch Verwendung von Standarddatenschutzklauseln der EU-Kommission. Es erscheint jedoch keineswegs unrealistisch (wie auch das „Schrems II"-Szenario gezeigt hat), dass Datentransfers im Prinzip mit sofortiger Wirkung abgeschnitten werden müssen. Sofern dann nicht sofort ein Ersatzmechanismus bereit steht, ist es insbesondere für den Datenexporteur relevant, sich ohne weitere juristische Konsequenzen vom Vertrag lösen zu können. Jedenfalls insofern können die wirtschaftlichen Folgen für den Auftraggeber durch ein Sonderkündigungsrecht abgefangen werden.

In diesem Zusammenhang liegt es zudem nahe, dass ein Datenimporteur im Drittland für sich beschließt, Schadensersatzforderungen aufgrund des (ggf. zeitweise) beendeten Geschäfts geltend zu machen. Um dieses Risiko für den Datenexporteur abzudecken, empfiehlt es sich, vertraglich festzuhalten, dass der Auftragnehmer aus dem Umstand der Unwirksamkeit des Angemessenheitsbeschlusses **keinen Schadensersatzanspruch** geltend machen kann.

37.31

§ 38
Klausel zur Übernahme der Datenschutzinformation

Literatur: *Beck/Kirschhöfer*, Datenschutz im Vertragshändlerrecht – Ausgleichsanspruch und Verarbeitung von Kundendaten unter der DSGVO, ZVertriebsR 2019, 3; *Europäischer Datenschutzausschuss*, WP 260 rev.01 – Leitlinien für Transparenz gemäß der Verordnung 2016/679, angenommen am 29.11.2017, zuletzt überarbeitet und angenommen am 11.4.2018; *Lohbeck*, Die Informationspflichten der DSGVO im Geschäftskundenumfeld der Kredit- und Finanzdienstleistungsinstitute, WM 2019, 2050.

A. Einleitung

In den Fällen, in denen ein Unternehmen **Daten nicht direkt bei der betroffenen Person** erhebt – und deshalb der Informationspflicht nach Art. 14 DSGVO unterliegt –, stellt sich manchmal das Problem, dass der Verantwortliche gar nicht in direktem **Kontakt mit den betroffenen Personen** steht. Diese Fallkonstellation hat der Verordnungsgeber nicht wirklich bedacht: Er hat es dem Verantwortlichen auch in sämtlichen Fällen einer Dritterhebung zur Pflicht gemacht, die betroffenen Personen selbst zu informieren – und sei es auch erst mit einer gewissen Verzögerung (Art. 14 Abs. 3 DSGVO).   38.1

Dies ist nicht immer praktikabel. Häufig ergeben sich Konstellationen, in welchen zwei Unternehmen in einer B2B-Geschäftsbeziehung Daten über betroffenen Personen austauschen[1], oder sie von einer Partei an die andere übermittelt werden, wo aber nur eine der Parteien tatsächlich einen Kontakt zu den betroffenen Personen hat (und haben soll). Eines unter vielen Beispielen ist die Einschaltung einer Auskunftei, an die ein Unternehmen ggf. personenbezogene Daten von Kunden weiterleitet, um bestimmte Auskünfte zu erhalten. Die Auskunftei selbst bleibt hier regelmäßig im Hintergrund und tritt ihrerseits selbst nicht proaktiv in Kontakt mit den betroffenen Personen[2].   38.2

In der Praxis versuchen sich die nach Art. 14 DSGVO verpflichteten Verantwortlichen in einer solchen Situation häufig dadurch zu behelfen, dass sie dem **Vertragspartner** die **Datenschutzerklärung übermitteln** und ihn **vertraglich dazu verpflichten**, diese Informationen an seine betroffenen Kunden oder Mitarbeiter weiterzugeben[3]. Das nachfolgende Muster stellt ein Beispiel für eine solche Vertragsregelung dar.

Eine solche Regelung erscheint durchaus sachgerecht, da der Geschäftskunde in unmittelbarem Kontakt mit seinen Mitarbeitern und Kunden steht und er über die Weitergabe der Daten an den Ge-   38.3

---

1 Siehe hierzu das Muster in § 40, Rz. 40.2.

2 *Plath* spricht sich in diesem Sinne für eine „Miterledigung" der Informationspflichten des Erwerbers/ Kaufinteressenten durch den Verkäufer bei Datenweitergaben im Rahmen von Unternehmenstransaktionen aus, *Plath* in Plath, Art. 6 DSGVO Rz. 116.

3 Für das Vertragshändlerrecht: *Beck/Kirschhöfer*, ZVertriebsR 2019, 3 (6).

schäftspartner seinerseits ohnehin nach Art. 13 DSGVO informieren müsste[4]. Es bestehen deshalb auch unter **AGB-rechtlichen Gesichtspunkten** keine durchgreifenden Bedenken gegen eine standard-vertragliche Inpflichtnahme eines Vertragspartners zur Datenschutzinformation[5].

B. Klausel zur Übernahme der Datenschutzinformation

I. Muster

38.4 **M 38.1 Klausel zur Übernahme der Datenschutzinformation**

Verpflichtung zur Datenschutzinformation

1. Der Geschäftspartner verpflichtet sich hiermit, den betroffenen Personen, über die er personenbezogene Daten an den Empfänger übermittelt, die Datenschutzinformationen des Empfängers gemäß <u>Anhang 1</u> zu diesem Vertrag in einer Weise zur Kenntnis zu bringen, dass die Voraussetzungen nach Art. 12, 14 DSGVO erfüllt sind. Der Geschäftspartner soll hierbei insbesondere dafür sorgen, dass die Datenschutz-informationen den betroffenen Personen rechtzeitig und in einer leicht zugänglichen Form mitgeteilt werden.

2. Die Information der betroffenen Personen erfolgt schriftlich oder elektronisch.

3. Der Geschäftspartner ist verpflichtet, die Information der betroffenen Personen gemäß Abs. 1 in jedem Einzelfall zu dokumentieren und dem Empfänger die Information auf erstes Anfordern nachzuweisen.

4. Sofern der Empfänger dem Geschäftspartner eine aktualisierte Fassung seiner Datenschutzinformatio-nen gemäß <u>Anhang 1</u> zur Verfügung stellt, wird der Geschäftspartner in allen Fällen nachfolgender Da-tenübermittlungen diese aktualisierte Fassung verwenden. Über eine etwa durchzuführende Nachinfor-mation solcher Personen, denen eine frühere Fassung der Datenschutzinformationen bekannt gegeben wurde, stimmen sich die Parteien im Einzelfall ab, wobei auch die Kostenbeteiligung des Empfängers zu regeln ist.

II. Erläuterungen

1. Ratio

38.5 Die Klausel dient dazu, die eigene, nach Art. 14 DSGVO bestehende Pflicht zur Information betroffener Personen auf den Vertragspartner abzuwälzen. Diese Pflicht geht über die eigene gesetzliche In-formationspflicht desjenigen, der die Daten an einen Dritten übermittelt (im Muster der Geschäfts-partner), hinaus. Dieser hat aus Art. 13 Abs. 1 lit. e DSGVO lediglich die Pflicht, über Kategorien von Empfängern aufzuklären; er unterliegt hierbei aber keiner gesetzlichen Pflicht, weitere Informationen über die Verarbeitung durch den Empfänger zu geben.

38.6 Die Klausel kann grundsätzlich in jede Art von Vertrag zwischen zwei Unternehmen integriert werden, sofern diese als **separat oder ggf. sogar gemeinsam Verantwortliche**[6] agieren. Unpassend wäre die Re-gelung in Konstellationen, in denen es sich bei dem Geschäftspartner um einen Auftragsverarbeiter handelt, weil es dann typischerweise nicht zu einer Übermittlung von Daten an den Verantwortlichen kommt. Es ist aber freilich denkbar, dass ein **Auftragsverarbeiter** (weisungsgebunden) die Informati-onspflicht des Auftraggebers gegenüber den betroffenen Personen erfüllt[7]. Ein Beispiel wäre ein **Call-**

---

4 *Lohbeck*, WM 2019, 2050 (2054).
5 Zur AGB-rechtlichen Wirksamkeit einer solchen Regelung: *Lohbeck*, WM 2019, 2050 (2054).
6 Siehe hierzu Teil 1 § 5, Rz. 5.33.
7 Siehe hierzu Teil 2 § 8, Rz. 8.90 ff.

Center, das im Namen des Auftraggebers den Erstkontakt zu den betroffenen Personen hat und dementsprechend die notwendigen Informationen – dann jedoch typischerweise nach Art. 13 DSGVO – für den Auftraggeber geben muss. Mit gewissen Anpassungen ließe sich eine solche Regelung somit auch in einen Auftragsverarbeitungsvertrag integrieren.

Selbstredend kann sich der Verantwortliche durch eine Inpflichtnahme eines Vertragspartners seiner datenschutzrechtlichen Pflichten nach Art. 13, 14 DSGVO nicht entledigen, weil die Informationspflicht nicht zur **Disposition** steht. Der Verantwortliche muss somit gegenüber den betroffenen Personen nach wie vor selbst für die ordnungsgemäße Erfüllung der Pflichten nach Art. 14 DSGVO einstehen. | 38.7

2. Pflicht zur Information (Ziff. 1)

Ziff. 1 des Musters normiert die Pflicht des Vertragspartners, die betroffenen Personen durch Übergabe der vertraglich vorgegebenen (und dem Vertrag als Anhang beigefügten) Datenschutzerklärung des Verantwortlichen zu informieren. Um insoweit die Risiken einer Falschinformation für beide Seiten – vor allem aber für den Verantwortlichen – zu minimieren, sieht das Muster die Beifügung der konkret zu verwendenden **Datenschutzerklärung als Anhang** vor. So ist klar geregelt, welche Informationen wie zu geben sind. | 38.8

3. Vorgaben zur Art der Information

In die Risikosphäre des Geschäftspartners fällt nach dem Muster die **Art der Informationserteilung**. Die Klausel macht hierzu nur abstrakte Vorgaben, die sich an den Anforderungen des Art. 12 Abs. 1 und Art. 14 Abs. 3 DSGVO orientieren. Danach sind die Informationen „leicht zugänglich" (Art. 13 Abs. 1 Satz 1 DSGVO) und spätestens innerhalb eines Monats nach Datenerhebung durch den Verantwortlichen (Art. 14 Abs. 3 lit. a DSGVO) zu erteilen. Denkbar wäre es, die Art der Erteilung noch konkreter festzulegen, z.B. bei welcher spezifischen Gelegenheit die Datenschutzerklärung wie bekannt zu geben ist (etwa durch die Einbindung eines separaten **Hyperlinks** auf die Erklärung auf einer bestimmten Webseite). | 38.9

Vorgaben zu den inhaltlichen oder formalen Anforderungen der Informationserteilung werden dem Vertragspartner nicht gemacht. Die ist nicht notwendig, weil eine konkret zu verwendende Datenschutzerklärung beigefügt ist. Deshalb erwähnt die Vertragsregelung nicht die inhaltsbezogenen Anforderungen des Art. 12 Abs. 1 DSGVO („präzise", „transparent", „verständlich", „in einer klaren und einfachen Sprache", etc.). | 38.10

4. Vorgaben zur Form der Information (Ziff. 2)

In Ziff. 2 des Musters wird dem Geschäftspartner aufgetragen, die Information „schriftlich oder elektronisch" zu geben, wie es Art. 12 Abs. 1 Satz 2 DSGVO ermöglicht. Dem Geschäftspartner wird insoweit also ein eigener Entscheidungsspielraum eröffnet. Das kann natürlich auch strenger gehandhabt und dem Geschäftspartner eine konkrete Form der Information vorgegeben werden (z.B. die Beifügung einer schriftlichen Fassung zu einem bestimmten postalischen Schreiben). | 38.11

5. Dokumentationspflicht (Ziff. 3)

In Ziff. 3 des Musters wird der Geschäftspartner verpflichtet, die Informationserteilung zu dokumentieren. Grund für diese Regelung ist die beim Verantwortlichen originär verbleibende Haftung für die ordnungsgemäße Erfüllung der Informationspflicht. Der Verantwortliche bleibt deshalb auch selbst nachweispflichtig dafür, dass er die betroffenen Personen im Einklang mit Art. 14 DSGVO informiert | 38.12

hat. Unterließe der Geschäftspartner also vertragswidrig die Information der betroffenen Personen, so bliebe datenschutzrechtlich der Verantwortliche für das Unterlassen haftbar[8]. Durch diese Vertragsregelung kann der Verantwortliche deshalb sicherstellen, dass er selbst seiner eigenen **Rechenschaftspflicht** nach Art. 5 Abs. 2, Art. 24 Abs. 1 DSGVO in Bezug auf die Information der betroffenen Personen nachkommen kann.

Auch hier macht das Muster wieder keine konkreten Vorgaben, sondern überlässt es prinzipiell dem Geschäftspartner, festzulegen, wie er die Informationserteilung angemessen dokumentiert. Auch hier wäre es freilich denkbar, konkretere Vorgaben zu vereinbaren; z.B. die Speicherung einer (elektronischen) Kopie jedes Schreibens an eine betroffene Person, dem ein Hinweis auf die Datenschutzerklärung beigefügt war.

6. Aktualisierung und Nachinformation (Ziff. 4)

38.13 In Ziff. 4 des Musters wird geregelt, wie die Vertragsparteien mit etwaigen **Aktualisierungen** der Datenschutzerklärung des Verantwortlichen umgehen.

Die DSGVO enthält keine konkreten Vorgaben dazu, wie mit Aktualisierungen der Datenschutzinformationen nach Art. 13, 14 DSGVO umzugehen ist. Art. 13 Abs. 3 DSGVO ist nur die Vorgabe zu entnehmen, dass eine erneute Information zu erfolgen habe, bevor der Verantwortliche die erhobenen Daten für einen anderen Zweck verarbeiten möchte. Hieraus ließe sich der Schluss ziehen, dass über andere Änderungen der Verarbeitung, die eine Aktualisierung der Datenschutzerklärung zur Folge haben, nicht zwingend erneut zu informieren wäre.

38.14 Der EDSA geht gleichwohl von einer eher breit angelegten Pflicht zur **Information über Änderungen** aus und verlangt, dass die betroffenen Personen bei jeder nachfolgenden „wesentlichen oder sachlichen Änderung der Datenschutzerklärung erneut zu informieren sei"[9]. Bei der Bewertung, was eine wesentliche oder sachliche Änderung darstellt, solle nach Ansicht des EDSA die Wirkung auf die betroffenen Personen und der Umstand, wie unerwartet oder überraschend die Änderung ist, berücksichtigt werden. Änderungen, die nach Ansicht des EDSA immer mitgeteilt werden müssten, sind solche, die sich auf den Verarbeitungszweck, die Änderung der Identität des Verantwortlichen oder die Änderung der Vorgehensweise, wie die betroffenen Personen ihre Rechte bezüglich der Verarbeitung ausüben können, beziehen[10].

38.15 Vor diesem Hintergrund regelt das Muster nur, dass die aktualisierte Version der Datenschutzerklärung jedenfalls in allen künftigen Fällen zu verwenden ist, trifft aber keine abstrakt-generelle Regelung für eine **Nachinformation** der betroffenen Personen, die zu einem früheren Zeitpunkt bereits eine Vorversion erhalten hatten. Dies ist deshalb so geregelt, weil die Notwendigkeit einer Nachinformation sehr stark von der Art der Aktualisierung abhängt, die nur sehr schwer für alle denkbaren Konstellationen in einer solchen Regelung abgebildet werden kann.

38.16 Wichtig aus Sicht des Geschäftspartners ist hierbei natürlich die Kostenfrage, denn vor allem eine postalische Nachinformation kann durch das Porto sehr schnell erhebliche Kosten verursachen. Das Muster sieht hierzu deshalb vor, dass im Falle einer Nachinformation auch die **Kostenbeteiligung** des Verantwortlichen festzulegen ist.

---

8 *Lohbeck*, WM 2019, 2050 (2054).
9 *EDSA*, WP 260 rev.01, S. 20.
10 *EDSA*, WP 260 rev.01, S. 20.

Teil 7
Datenschutzerklärungen und Einwilligungen

§ 39
Datenschutzerklärung für Beschäftigte

Literatur: *Datenschutzkonferenz*, Kurzpapier Nr. 10, Informationspflichten bei Dritt- und Direkterhebung, Stand: 16.1.2018; *Europäischer Datenschutzausschuss*, WP 260 rev.01 – Leitlinien für Transparenz gemäß der Verordnung 2016/679, angenommen am 29.11.2017, zuletzt überarbeitet und angenommen am 11.4.2018; *Grobys* (Hrsg.), StichwortKommentar Arbeitsrecht, 3. Aufl. 2020; *König*, Beschäftigtendatenschutz, 1. Aufl. 2020; *Landesbeauftragter für Datenschutz und Informationsfreiheit Baden-Württemberg* (zit.: LfDI BW), Ratgeber Beschäftigtendatenschutz, 4. Aufl. 2020; *Schwarz*, Datenschutzrechtliche Zulässigkeit des Pre-Employment Screening, ZD 2018, 353.

A. Einleitung

39.1 Die in den Art. 12–14 DSGVO verankerten Informationspflichten des Verantwortlichen gelten auch für die Verarbeitung von personenbezogenen Daten Beschäftigter durch den Arbeitgeber[1]. Spezifische, nach Art. 23 DSGVO grundsätzlich mögliche Beschränkungen der Informationspflichten hat der deutsche Gesetzgeber für den Bereich der Beschäftigungsverhältnisse nicht vorgesehen[2].

39.2 In den meisten Fallkonstellationen im Bereich der Beschäftigtendatenverarbeitung richtet sich die Informationspflicht dabei nach Art. 13 DSGVO, weil die Daten üblicherweise direkt beim Beschäftigten (bzw. schon beim Bewerber) erhoben werden[3]. Vereinzelt kommt es aber auch zu **Erhebungen aus Drittquellen**, die sich nach Art. 14 DSGVO beurteilen; so z.B. im Rahmen eines **Pre-Employment Screenings**, bei dem Daten nicht bei der betroffenen Person selbst erhoben werden, sondern über Internetsuchen, aus sozialen Netzwerken oder von spezialisierten Recherchediensten[4]. Ein anderes Beispiel stellen unternehmensinterne **Whistleblowing-Systeme** dar, über die Mitarbeiter Meldungen machen können und in denen z.B. ein bestimmtes Fehlverhalten eines Kollegen mitgeteilt werden kann.

39.3 Solche Informationen waren – jedenfalls in dem nunmehr von der DSGVO verlangten Umfang – vor Inkrafttreten der DSGVO im Beschäftigungskontext eher unüblich[5]. Zumeist wurde das Thema durch einen eher kurzen Datenschutzanhang zum Arbeitsvertrag abgehandelt, der oftmals auch nicht klar zwischen Information, Einwilligung und Verpflichtung des Mitarbeiters differenzierte. Weil die Informationen nach Art. 13 DSGVO grundsätzlich zum Zeitpunkt der erstmaligen Datenerhebung bei dem Beschäftigten erfolgen müssen, bietet sich die Aushändigung einer Datenschutzerklärung vor Beginn des Beschäftigungsverhältnisses an, weil regelmäßig die **Daten erfolgreicher Bewerber** (z.B. Lebensläufe, Zeugnisse, etc.) weiter **gespeichert** werden. Informationen mit Relevanz für Stellenbewerber sollten deshalb z.B. auf der **Unternehmenswebseite** zum Abruf zur Verfügung stehen[6]. Außerdem ist es empfehlenswert, die Informationen innerhalb des Unternehmens dauerhaft abrufbar zu halten; beispielsweise im **Intranet des Unternehmens**[7] ggf. auch ergänzend durch Aushang am „schwarzen Brett"[8].

B. Datenschutzerklärung für Beschäftigte

I. Muster

39.4 **M 39.1 Datenschutzerklärung für Beschäftigte**

Datenschutzerklärung für Beschäftigte[9]

Mit den folgenden Informationen möchten wir Ihnen einen Überblick über die Verarbeitung Ihrer personenbezogenen Daten als Mitarbeiter durch uns und Ihre Rechte aus der Datenschutzgrundverordnung (Verordnung (EU) 2016/679 – „DSGVO") sowie dem Bundesdatenschutzgesetz („BDSG") geben.

---

1 *Baumgartner/Gausling* in Moos/Schefzig/Arning, Kap. 15 Rz. 67.
2 *Panzer-Heemeier* in Grobys, Datenschutz allgemein, Rz. 54.
3 *LfDI BW*, Ratgeber Beschäftigtendatenschutz, S. 14.
4 *Schwarz*, ZD 2018, 353 (356).
5 So auch *LfDI BW*, Ratgeber Beschäftigtendatenschutz, S. 13.
6 *König*, Beschäftigtendatenschutz, § 3 Rz. 18; *Schwarz*, ZD 2018, 353 (356).
7 *König*, Beschäftigtendatenschutz, § 3 Rz. 18; *LfDI BW*, Ratgeber Beschäftigtendatenschutz, S. 15.
8 *LfDI BW*, Ratgeber Beschäftigtendatenschutz, S. 15.
9 Zu den Erläuterungen siehe Rz. 39.6 f.

Diese Datenschutzinformation beschreibt alle regelmäßigen Datenverarbeitungsprozesse. Darüber hinaus können wir Ihnen unter Umständen, z.B. für besondere IT-Systeme oder Verarbeitungsprozesse, die nur eine bestimmte Nutzeranzahl betreffen, separate Datenschutzinformationen zur Verfügung stellen.

1. Verantwortliche und Datenschutzbeauftragter[10]

Aufgrund der Struktur unserer Unternehmensgruppe werden einige Unternehmensfunktionen, die die Verarbeitung von Beschäftigtendaten mit sich bringen, zentral durch die Hauptniederlassung für das Beschäftigungsunternehmen und die weiteren verbundenen Unternehmen erbracht. Vor diesem Hintergrund wird auch ein Großteil der Sie betreffenden Datenverarbeitungsprozesse zentral durch die Hauptniederlassung durchgeführt (im Einzelnen siehe Ziffer 3.1.2).

Verantwortlicher für diese zentralisierten Datenverarbeitungstätigkeiten im Sinne der DSGVO ist alleinig die

… [Name und Anschrift]

Telefon: …

E-Mail: …

(nachfolgend „Hauptniederlassung").

Einzelne Verarbeitungsverfahren werden intern durch Ihren Arbeitgeber erbracht (im Einzelnen siehe Ziffer 3.1.1). Verantwortlicher für diese internen Datenverarbeitungstätigkeiten im Sinne der DSGVO ist alleinig die

… [Name und Anschrift]

Telefon: …

E-Mail: …

(im Folgenden: „Arbeitgeber"; gemeinsam mit der Hauptniederlassung „wir" oder „uns").

Den Datenschutzbeauftragten der Hauptniederlassung und des Arbeitgebers erreichen Sie unter:

… [Name und Anschrift]

Telefon: …

E-Mail: …

2. Quellen und Arten personenbezogener Daten[11]

2.1 Wir erhalten Ihre personenbezogenen Daten auf drei unterschiedlichen Wegen:

- *von Ihnen selbst bereitgestellte Daten, zum Beispiel, wenn Sie einen Arbeitsvertrag unterzeichnen, während Sie ihre Arbeitsleistung erbringen oder wenn uns bitten, Ihre Auslagen zu erstatten;*
- *Daten, die erhoben werden, wenn Sie sich an einem unserer Systeme oder einer Anwendung anmelden,*
- *von anderen verbundenen Gesellschaften erhaltene Daten, z.B. wenn Sie an Projekten arbeiten, an denen verschiedene, verbundene Gesellschaften beteiligt sind, oder wenn Sie innerhalb der Unternehmensgruppe Ihre Arbeitsstelle wechseln.*

2.2 Welche Daten verarbeiten wir?

Für jeden einzelnen Prozess und Zweck verarbeiten wir unterschiedliche Arten von personenbezogenen Daten von Ihnen. Diese können insbesondere umfassen:

---

10 Zu den Erläuterungen siehe Rz. 39.9 ff.
11 Zu den Erläuterungen siehe Rz. 39.17 ff.

- *Personalstammdaten, wie Namen (z.B. Vornamen, Nachname, Geburtsname, Titel), Identifikationskennung (z.B. Personalnummer, Kundennummer), persönliche Angaben (z.B. Geburtsdatum und Geburtsort, Familienstand, Geschlecht), Adress- und Kontaktdaten (z.B. Straße, Hausnummer, Postleitzahl, Wohnort, Emailadresse);*

- *gegebenenfalls Angaben zu Ihren Familienangehörigen oder Lebenspartnern;*

- *Bankdaten (z.B. IBAN, BIC, Depotnummer, Name der Bank);*

- *Daten zu Versicherungen, die Sie als Mitarbeiter abgeschlossen haben und für die das Unternehmen einen Zuschuss gewährt oder einen Direktabzug durchführt (z.B. Krankenversicherung, Rentenversicherung und jeweils Höhe des Beitrags);*

- *Daten zu Spar-, Versicherungs- oder Leistungsprogrammen, die vom Unternehmen für Mitarbeiter zur Verfügung gestellt werden;*

- *Daten zu Anstellungsverträgen (z.B. Eintritts-/Austrittsdatum, Befristung, Urlaub, Beschäftigungsbedingungen und Arbeitsvertragsbedingungen, Pensionsberechtigung);*

- *Lohnsteuerklassifizierung, Religionsgruppenzugehörigkeit;*

- *Vergütungsangaben (z.B. Entgeltabrechnung, Höhe des Grundgehalts und der variablen Vergütung, Art der Entgeltzahlung, Aktienoptionen und Zuschüsse, die von uns gewährt werden);*

- *Informationen über Arbeitsleistung (z.B. Bewertung durch den Vorgesetzten sowie eigene Einschätzung im Rahmen des Performance Management Prozesses und/oder Mitarbeitergespräch, Mitarbeiterentwicklungsmaßnahmen);*

- *Qualifikationen (z.B. Bewerbungsunterlagen, Zeugnisse, Arbeitszeugnisse, Referenzen, Patentinhaber-Informationen);*

- *organisatorische Angaben (z.B. Abteilung, Kostenstelle, Beschreibung der Position, Titel der Position (intern/extern), Managementkategorie, Berufsgruppe und Stufe, Verantwortlichkeiten und Tätigkeiten, Informationen zum (zu den) Vorgesetzten);*

- *Daten aus der Durchführung des Beschäftigungsverhältnisses einschließlich Arbeitszeit, IT-Anwendungs- und Nutzungsdaten (z.B. System- und Gerätepasswörter), System- und Geräteprotokolle und von Ihnen mittels unserer Unternehmenssysteme und Geräte generierte elektronische Inhalte (E-Mails, Dokumente, etc.), Reiseinformationen, Kundenbeziehungsmanagement und Vertriebsinformationen (wie z.B. Kundenkontakte, Besuchsberichte);*

- *Videoaufnahmen im Zusammenhang mit der betrieblichen Videoüberwachung.*

3. Verarbeitungszwecke und Rechtsgrundlagen[12]

3.1 Verarbeitungszwecke/Verarbeitungsverfahren

3.1.1 Alleinige Verantwortlichkeit des Arbeitgebers

Der Arbeitgeber verarbeitet Ihre personenbezogenen Daten für folgende Zwecke:

- *Personalplanung und Personalmanagement (einschließlich Versetzung und Beförderung, Abrechnung und Zahlung Ihres Entgelts und Ihrer Vergütung, Organisation Ihrer (Dienst-) Reise und Erstattung Ihrer (Reise-)Kosten sowie sonstiger betrieblich veranlasster Auslagen, Verwaltung Ihres krankheitsbedingten Arbeitsausfalls und Urlaubs, Verwaltung der Arbeitnehmerabgaben und Sozialversicherungsbeiträge, Durchführung der Arbeitsverträge (Zeiterfassung, Messung, Bewertung und Honorierung von Arbeitsleistung, Betriebliches Pflege- und Vorsorgemanagement, Organisation und Durchführung von (Mitarbeiter-)Veranstaltungen.*

- *Gesundheitsschutz und Arbeitssicherheit (einschließlich Kontaktaufnahme zu Ihren Angehörigen in Notfällen, Überprüfung von Arbeitsplätzen oder Arbeitsstätten bezüglich Gesundheit und Sicherheit am Arbeitsplatz zur Erfüllung von Gesundheitsanforderungen).*

---

12 Zu den Erläuterungen siehe Rz. 39.21 ff.

3.1.2 Alleinige Verantwortlichkeit der Hauptniederlassung

Die Hauptniederlassung verarbeitet Ihre personenbezogenen Daten für die folgenden Zwecke:

– *Steuerung von allgemeinen Geschäftsprozessen (einschließlich Qualitäts- und Regulierungs-management, Finanzmanagement einschließlich der Einhaltung kapitalmarktrechtlicher An-forderungen, Risiko- und Schadensmanagement, Dienstwagenmanagement, Durchführung von internen Audits und Untersuchungen, Außendarstellung des Unternehmens/Pressearbeit);*

– *Bereitstellen von Kreditkarten zur Abwicklung von betrieblich veranlassten Zahlungen;*

– *Verwaltung der Ihnen bereitgestellten Arbeitsmittel wie z.B. Telefon, Computer, Mobiltelefone, sonstige IT-Geräte, Führen von internen Kontaktverzeichnissen, Verwaltung von Zugangsbe-rechtigungen zu Systemen und Anwendungen und Authentifizierung, z.B. beim Betreten eines Gebäudes oder eines Parkhauses mittels einer Zugangskarte, Administration von Benutzerkon-ten sowie Berechtigungsvergabe;*

– *Durchführen von Mitarbeiterumfragen;*

– *Videoüberwachung zwecks Zugangskontrolle zu Bürogebäuden;*

– *IT-Sicherheit (einschließlich Protokollierung von IT-Nutzungen und Abwehr von Cyberangriffen).*

3.2 Rechtsgrundlagen für die Verarbeitung

Wir verarbeiten Ihre personenbezogenen Daten aufgrund der Bestimmungen der DSGVO, des Bundes-datenschutzgesetzes (BDSG) sowie aller weiteren maßgeblichen Gesetze (z.B. ArbZG, usw.).

In erster Linie dient die Datenverarbeitung der Begründung, Durchführung und Beendigung des Beschäf-tigungsverhältnisses. Die Rechtsgrundlage hierfür ist Art. 6 Abs. 1 lit. b DSGVO i.V.m. § 26 Abs. 1 BDSG.

Ihre Daten verarbeiten wir auch, um unsere rechtlichen Pflichten als Arbeitgeber insbesondere im Be-reich des Steuer- und Sozialversicherungsrechts erfüllen zu können. Dies erfolgt auf Grundlage von Art. 6 Abs. 1 lit. c DSGVO i.V.m. § 26 Abs. 1 BDSG.

Ferner verarbeiten wir Ihre Daten, um berechtigte Interessen von uns oder von Dritten (z.B. Behörden) zu wahren. Ein solches berechtigtes Interesse besteht insbesondere, wenn die Verarbeitung Ihrer Daten für die Aufklärung von Straftaten (Rechtsgrundlage Art. 6 Abs. 1 lit. f DSGVO i.V.m. § 26 Abs. 1 Satz 2 BDSG), für einen unternehmensgruppeninternen Datenaustausch zu Verwaltungszwecken bzw. im Falle von zentralisierten Unternehmensfunktion (wie vorliegend der Datenaustausch zwischen dem Arbeit-geber und der Hauptniederlassung zu den unter Ziffer 3.1.2 genannten Zwecken) oder zur Aufrechterhal-tung der Betriebssicherheit und -ordnung, der Vorbeugung von Rechtsverstößen oder der Rechtsdurch-setzung erforderlich ist (Rechtsgrundlage Art. 6 Abs. 1 lit. f DSGVO).

Soweit besondere Kategorien personenbezogener Daten gemäß Art. 9 Abs. 1 DSGVO verarbeitet wer-den, dient dies im Rahmen des Beschäftigungsverhältnisses der Ausübung von Rechten oder der Erfüllung von rechtlichen Pflichten aus dem Arbeitsrecht, dem Recht der sozialen Sicherheit und dem Sozialschutz (z.B. Angabe von Gesundheitsdaten gegenüber der Krankenkasse, Erfassung der Schwer-behinderung wegen Zusatzurlaub und Ermittlung der Schwerbehindertenabgabe). Dies erfolgt auf Grundlage von Art. 9 Abs. 2 lit. b DSGVO i.V.m. § 26 Abs. 3 BDSG. Zudem kann die Verarbeitung von Gesundheitsdaten für die Beurteilung Ihrer Arbeitsfähigkeit gem. Art. 9 Abs. 2 lit. h DSGVO i.V.m. § 22 Abs. 1 lit. b BDSG erforderlich sein. Daneben kann die Verarbeitung besonderer Kategorien personen-bezogener Daten auf einer Einwilligung nach Art. 9 Abs. 2 lit. a DSGVO i.V.m. § 26 Abs. 3 Satz 2, Abs. 2 BDSG beruhen (z.B. betriebliches Gesundheitsmanagement).

4. Empfänger personenbezogener Daten[13]

Eine Weitergabe Ihrer personenbezogenen Daten erfolgt an folgende Empfänger:

4.1 an Träger öffentlicher Leistungen, wie zum Beispiel Krankenkassen und Sozialversicherungsträger;

4.2 wenn es zur Aufklärung oder Verfolgung rechtswidriger bzw. missbräuchlicher Vorfälle erforderlich ist, an unsere rechtlichen Berater, die Strafverfolgungsbehörden sowie gegebenenfalls an geschädigte Drit-

---

13 Zu den Erläuterungen siehe Rz. 39.28 ff.

*te – dies geschieht jedoch nur dann, wenn konkrete Anhaltspunkte für ein gesetzwidriges beziehungs-
weise missbräuchliches Verhalten vorliegen;*

*4.3 auf Anfrage an bestimmte öffentliche Stellen, denen gegenüber wir auskunftspflichtig sind, wie z.B.
Strafverfolgungsbehörden, Behörden, die bußgeldbewährte Ordnungswidrigkeiten verfolgen und die Finanzbehörden;*

*4.4 Gelegentlich sind wir für die Erfüllung der in dieser Datenschutzerklärung beschriebenen Zwecke auf
vertraglich verbundene Fremdunternehmen und externe Dienstleister angewiesen, beispielsweise Logistikunternehmen, IT-Dienstleister, Wirtschaftsberater, Versicherer, Personaldienstleister, Weiterbildungsinstitute, Reisebüros, Kreditkartenunternehmen und Finanzinstitute. In solchen Fällen werden Informationen an diese Unternehmen bzw. Einzelpersonen weitergegeben, um diesen die weitere Bearbeitung
zu ermöglichen. Diese externen Dienstleister werden von uns sorgfältig ausgewählt und regelmäßig
überprüft, um sicherzugehen, dass Ihre Daten ausschließlich zu den von uns vorgegebenen Zwecken
und im Einklang mit anwendbaren Datenschutzgesetzen verwendet werden.*

*4.5 Im Rahmen der Weiterentwicklung unseres Geschäfts kann es dazu kommen, dass sich die Struktur
unseres Unternehmens wandelt, indem die Rechtsform geändert wird, Tochtergesellschaften, Unternehmensteile oder Bestandteile gegründet, gekauft oder verkauft werden. Bei solchen Transaktionen
werden die relevanten Mitarbeiterinformationen zusammen mit dem zu übertragenden Teil des Unternehmens weitergegeben. Bei jeder Weitergabe von personenbezogenen Daten an Dritte in dem vorbeschriebenen Umfang tragen wir dafür Sorge, dass dies in Übereinstimmung mit dieser Datenschutzerklärung und den einschlägigen Datenschutzgesetzen erfolgt.*

5. Verarbeitungsdauer[14]

*Wir bzw. die Hauptniederlassung verarbeiten Ihre personenbezogenen Daten während der Dauer Ihrer Be-
schäftigung bei uns und löschen sie, sobald sie für die oben genannten Zwecke nicht mehr erforderlich sind.
Nach Beendigung des Beschäftigungsverhältnisses werden Ihre personenbezogenen Daten gespeichert, solange wir dazu gesetzlich verpflichtet sind. Dies ergibt sich regelmäßig durch rechtliche Nachweis- und Aufbewahrungspflichten, die unter anderem im Handelsgesetzbuch und der Abgabenordnung geregelt sind
und eine Aufbewahrung für 6 bzw. 10 Jahre erfordern. Außerdem kann es vorkommen, dass personenbezogene Daten für die Zeit aufbewahrt werden, in der Ansprüche gegen uns geltend gemacht werden können
(gesetzliche Verjährungsfrist). Näheres können Sie der bei uns geltenden Aufbewahrungs- und Löschrichtlinie
entnehmen.*

6. Warum wir Ihre personenbezogenen Daten benötigen[15]

*Soweit wir, wie vorstehend beschrieben, Ihre Daten zu Zwecken der Begründung, Durchführung und Beendi-
gung Ihres Beschäftigungsverhältnisses verarbeiten, sind Sie vertraglich verpflichtet, uns diese Daten zur Verfügung zu stellen. Gleiches gilt, soweit wir Ihre Daten verarbeiten, um unsere rechtlichen Pflichten als Arbeitgeber insbesondere im Bereich des Steuer- und Sozialversicherungsrechts sowie aus dem Arbeitsrecht, dem
Recht der sozialen Sicherheit und dem Sozialschutz erfüllen zu können. Ohne Ihre Daten sind wir nicht in der
Lage, das Beschäftigungsverhältnis mit Ihnen zu begründen, durchzuführen oder zu beenden.*

7. Betroffenenrechte[16]

*7.1 Sie haben das Recht, jederzeit Auskunft über die zu Ihrer Person gespeicherten Daten zu erhalten. Bei
Vorlage der jeweiligen Voraussetzungen stehen Ihnen ebenso die folgenden Rechte zu:*

- *Recht auf Berichtigung: Ihnen steht ein Recht auf Berichtigung von falschen, Sie betreffenden personenbezogenen Daten zu.*

- *Recht auf Löschung: Zudem können Sie die Löschung von Ihren personenbezogenen Daten verlangen, etwa wenn Ihre Daten für die Zwecke, für die sie erhoben oder auf sonstige Weise verarbeitet
  wurden, nicht mehr erforderlich sind.*

---

14 Zu den Erläuterungen siehe Rz. 39.33 ff.
15 Zu den Erläuterungen siehe Rz. 39.38 f.
16 Zu den Erläuterungen siehe Rz. 39.42 ff.

- *Recht auf Einschränkung der Verarbeitung: Sie haben ferner das Recht, die Einschränkung der Verarbeitung von Ihren personenbezogenen Daten zu verlangen; in einem solchen Fall werden die Daten für jegliche Verarbeitung gesperrt. Dieses Recht besteht insbesondere, wenn die Richtigkeit der personenbezogenen Daten zwischen Ihnen und uns umstritten ist.*

- *Recht auf Datenübertragbarkeit: Sofern wir Ihre personenbezogenen Daten zur Erfüllung eines Vertrags mit Ihnen oder auf Grundlage Ihrer Einwilligung verarbeiten, steht Ihnen zudem das Recht zu, Ihre personenbezogenen Daten in einem strukturierten, gängigen und maschinenlesbaren Format zu erhalten, sofern und soweit Sie uns die Daten zur Verfügung gestellt haben.*

- *Recht auf Widerruf einer Einwilligung: Sofern Sie uns eine Einwilligung zur Verarbeitung Ihrer personenbezogenen Daten erteilt haben, können Sie diese jederzeit widerrufen. Durch den Widerruf der Einwilligung wird die Rechtmäßigkeit der aufgrund der Einwilligung bis zum Widerruf erfolgten Verarbeitung nicht berührt.*

> *Darüber hinaus können Sie einer Datenverarbeitung aus Gründen, die sich aus Ihrer besonderen Situation ergeben, widersprechen. Dies gilt jedoch lediglich in solchen Fällen, in denen wir eine Datenverarbeitung zur Erfüllung eines berechtigten Interesses vornehmen. Falls Sie einen solchen Grund vortragen können und wir kein zwingendes, schutzwürdiges Interesse an der weiteren Verarbeitung geltend machen können, werden wir diese Daten für den jeweiligen Zweck nicht weiter verarbeiten.*

7.2 *Sollten Sie Auskunft über die zu Ihrer Person gespeicherten Daten wünschen, Ihre anderweitigen Rechte geltend machen wollen oder Fragen zum Datenschutz bei uns haben, können Sie sich unter den oben genannten Kontaktdaten mit uns in Verbindung setzen.*

7.3 *Sie haben ferner das Recht, jederzeit Beschwerde bei einer Aufsichtsbehörde einzulegen, insbesondere bei einer Aufsichtsbehörde in dem EU-Mitgliedstaat Ihres Aufenthaltsorts, Ihres Arbeitsplatzes oder des Orts des mutmaßlichen Verstoßes, wenn Sie der Ansicht sind, dass die Verarbeitung der Sie betreffenden personenbezogenen Daten gegen datenschutzrechtliche Bestimmungen verstößt.*

8. Stand und Änderung dieser Datenschutzerklärung[17]

Stand dieser Datenschutzerklärung ist … [DATUM].

Die Weiterentwicklung unseres Unternehmens kann sich auch auf den Umgang mit personenbezogenen Daten auswirken. Wir behalten uns deshalb vor, diese Datenschutzerklärung künftig im Rahmen der geltenden Datenschutzgesetze zu ändern und gegebenenfalls an geänderte Datenverarbeitungsrealitäten anzupassen. Auf wesentliche, inhaltliche Änderungen werden wir Sie gesondert hinweisen.

II. Erläuterungen

1. Präambel

M 39.1.1 Präambel   39.5

Datenschutzerklärung für Beschäftigte

Mit den folgenden Informationen möchten wir Ihnen einen Überblick über die Verarbeitung Ihrer personenbezogenen Daten als Mitarbeiter durch uns und Ihre Rechte aus der Datenschutzgrundverordnung (Verordnung (EU) 2016/679 – „DSGVO") sowie dem Bundesdatenschutzgesetz („BDSG") geben.

---

17 Zu den Erläuterungen siehe Rz. 39.48 ff.

Diese Datenschutzinformation beschreibt alle regelmäßigen Datenverarbeitungsprozesse. Darüber hinaus können wir Ihnen unter Umständen, z.B. für besondere IT-Systeme oder Verarbeitungsprozesse, die nur eine bestimmte Nutzeranzahl betreffen, separate Datenschutzinformationen zur Verfügung stellen.

a) Ratio

39.6 Diese Absätze in der Präambel beschreiben in Kurzform Inhalt und Funktion des Dokuments.

b) Erläuterungen

39.7 Weil Art. 12 Abs. 1 DSGVO verlangt, dass die Informationen u.a. in verständlicher Form und in einer klaren und einfachen Sprache bereitgestellt werden, werden die Gesetzesabkürzungen definiert.

In Abs. 2 der Präambel wird darauf hingewiesen, dass diese allgemeine Datenschutzerklärung für Beschäftigte ggf. durch zusätzliche spezifische Datenschutzinformationen ergänzt werden kann. Insoweit ist zu konstatieren, dass gerade im Rahmen von Beschäftigungsverhältnissen, welche häufig lange andauern und auch vielgestaltig sind, Verarbeitungen erfolgen, die bei Begründung des Beschäftigungsverhältnisses noch nicht absehbar waren, oder die sehr situativ sind. In solchen Fällen ist es sachgerecht, die allgemeine Datenschutzerklärung nicht zu überfrachten, sondern ergänzende Datenschutzerklärungen für solche abgrenzbaren Verarbeitungen vorzusehen. Dies könnte z.B. für den Fall einer zugelassenen Privatnutzung von E-Mail- oder Internetsystemen oder bei der Gestattung von Bring Your Own Device[18] angezeigt sein. Andere Beispiele sind zusätzliche Datenschutzhinweise im Fall von Videoüberwachungssystemen (da ggf. als Aushänge) oder z.B. auch bei Teilnahme an einem Mitarbeiterbeteiligungsprogramm, etc.

2. Verantwortliche und Datenschutzbeauftragter

39.8 M 39.1.2 Verantwortliche und Datenschutzbeauftragter

1. Verantwortliche und Datenschutzbeauftragter

Aufgrund der Struktur unserer Unternehmensgruppe werden einige Unternehmensfunktionen, die die Verarbeitung von Beschäftigtendaten mit sich bringen, zentral durch die Hauptniederlassung für die verbundenen Unternehmen erbracht. Vor diesem Hintergrund wird auch ein Großteil der Sie betreffenden Datenverarbeitungsprozesse zentral durch die Hauptniederlassung durchgeführt (im Einzelnen siehe Ziffer 3.1.2).

Verantwortlicher für diese zentralisierten Datenverarbeitungstätigkeiten im Sinne der DSGVO ist alleinig die

… [Name und Anschrift]

Telefon: …

E-Mail: …

(nachfolgend „Hauptniederlassung").

Einzelne Verarbeitungsverfahren werden intern durch Ihren Arbeitgeber durchgeführt (im Einzelnen siehe Ziffer 3.1.1). Verantwortlicher für diese internen Datenverarbeitungstätigkeiten im Sinne der DSGVO ist alleinig die

---

18 Siehe hierzu das Muster einer entsprechenden Betriebsvereinbarung in § 24, Rz. 24.5.

… [Name und Anschrift]

Telefon: …

E-Mail: …

(im Folgenden: „Arbeitgeber"; gemeinsam mit der Hauptniederlassung „wir" oder „uns").

Den Datenschutzbeauftragten der Hauptniederlassung und des Arbeitgebers erreichen Sie unter:

… [Name und Anschrift]

Telefon: …

E-Mail: …

a) Ratio

Dieser Abschnitt enthält die Informationen nach Art. 13 Abs. 1 lit. a und lit. b DSGVO.　39.9

b) Verantwortliche

Dem Muster liegt eine spezielle Konstellation der datenschutzrechtlichen Verantwortlichkeit zugrunde, die in der Praxis gerade bei größeren **Unternehmensgruppen** häufig gegeben ist. Und zwar ist es hier beispielhaft so, dass der Arbeitgeber nicht der einzige Verantwortliche für die Verarbeitung der Beschäftigtendaten ist, sondern originär bestimmte **Funktionen**, die mit der Verarbeitung von Beschäftigtendaten einhergehen, an die **Muttergesellschaft ausgelagert** sind, die deshalb insoweit als eigenständige (separate) Verantwortliche agiert.　39.10

Zwar ist mit dem EDSA davon auszugehen, dass die Rolle als Arbeitgeber traditionell eine gewisse Verantwortung für die Verarbeitung von Beschäftigtendaten mit sich bringt, die ihn als Verantwortlichen charakterisiert[19]. Das bedeutet auf der anderen Seite aber nicht, dass der Arbeitgeber zwingend der alleinig Verantwortliche für sämtliche Verarbeitungen von Beschäftigtendaten ist. So erkennt der EDSA an anderer Stelle ausdrücklich an, dass eine Gruppenobergesellschaft z.B. für die Anfertigung unternehmensübergreifender Auswertungen als eigenständige Verantwortliche agieren kann[20]. Dies ergibt sich im Übrigen schon aus den Regelungen der DSGVO selbst: Das **„kleine Konzernprivileg"** gemäß Erwägungsgrund 48 DSGVO setzt voraus, dass Beschäftigtendaten auf Basis einer Interessenabwägung an andere Konzerngesellschaften weitergegeben werden können (die dann naturgemäß selbst als Verantwortliche agieren). Auch die Definition der „Hauptniederlassung" in Art. 4 Nr. 16 DSGVO setzt voraus, dass durch die Hauptverwaltung Entscheidungen hinsichtlich der Zwecke und Mittel der Verarbeitung personenbezogener Daten getroffen werden – was sie eben nicht nur zur Hauptverwaltung, sondern auch zum Verantwortlichen machen würde[21].　39.11

Mit dieser Datenschutzerklärung erfüllen deshalb beide Unternehmen – das Beschäftigungsunternehmen und die Muttergesellschaft – ihre jeweiligen Informationspflichten nach Art. 13 DSGVO. Das Beschäftigungsunternehmen kommt zudem seiner Pflicht zur Mitteilung nach Art. 14 Abs. 3 lit. c DSGVO nach[22], die sich daraus ergibt, dass es die Daten gegenüber der Muttergesellschaft als Empfänger offenbaren möchte.　39.12

Nicht in dem Muster abgebildet ist eine **gemeinsame Verantwortlichkeit** zwischen dem Arbeitgeber und einem anderen Gruppenunternehmen. Auch eine solche Konstellation kommt freilich in der　39.13

19　*EDSA*, WP 260 rev.01, Rz. 25.
20　*EDSA*, Guidelines 07/2020 on the concepts of controller and processor in the GDPR, Version 1.0, angenommen am 2.9.2020, Rz. 87.
21　*Moos* in Moos/Schefzig/Arning, Kap. 8 Rz. 56 ff.
22　*DSK*, Kurzpapier Nr. 10, S. 1.

Unternehmenspraxis regelmäßig vor (hierzu weitergehend Rz. 5.39); z.B. wenn aufgrund einer **Matrix-Organisation**[23] oder anderweitig innerhalb einer Konzernstruktur[24] verteilter Zuständigkeiten verschiedene Gruppenunternehmen gemeinsam Zwecke und Mittel der Verarbeitung bestimmen.

Besteht für bestimmte Verarbeitungen eine gemeinsame Verantwortlichkeit, müsste auf diesen Umstand ausdrücklich hingewiesen werden. Zudem müsste den Beschäftigten „das Wesentliche" der zwischen den Verantwortlichen geschlossenen Vereinbarung über die gemeinsame Verantwortlichkeit nach Art. 26 Abs. 2 Satz 2 DSGVO zur Verfügung gestellt werden. Das könnte z.B. in einem Annex zu der Datenschutzerklärung erfolgen.

39.14 Zu den Verantwortlichen ist mindestens die postalische Anschrift anzugeben; wenn die Informationen online zur Verfügung gestellt werden, sollte auch eine Online-Kontaktmöglichkeit (hier die E-Mail-Adresse) angegeben werden[25]. Die Telefonnummer ist optional.

c) Kontaktdaten des Datenschutzbeauftragten

39.15 Das Muster geht davon aus, dass es einen **Konzerndatenschutzbeauftragten** gibt, der sowohl für den Arbeitgeber als auch für die Muttergesellschaft bestellt ist, was nach Art. 37 Abs. 2 DSGVO – unter Beachtung bestimmter Voraussetzungen[26] – ausdrücklich zugelassen ist.

Inhaltlich reicht es auch hier, die Anschrift anzugeben, also die Postadresse bei dem Verantwortlichen, und seine Mailadresse[27]. Eine namentliche Benennung des Datenschutzbeauftragten ist nicht notwendig[28].

3. Quellen und Arten personenbezogener Daten

39.16 **M 39.1.3 Quellen und Arten personenbezogener Daten**

2. Quellen und Arten personenbezogener Daten

2.1 Wir erhalten Ihre personenbezogenen Daten auf drei unterschiedlichen Wegen:

- *von Ihnen selbst bereitgestellte Daten, zum Beispiel, wenn Sie einen Arbeitsvertrag unterzeichnen, während Sie ihre Arbeitsleistung erbringen oder wenn uns bitten, Ihre Auslagen zu erstatten;*
- *Daten, die erhoben werden, wenn Sie sich an einem unserer Systeme oder einer Anwendung anmelden,*
- *von anderen verbundenen Gesellschaften erhaltene Daten, z.B. wenn Sie an Projekten arbeiten, an denen verschiedene, verbundene Gesellschaften beteiligt sind, oder wenn Sie innerhalb der Unternehmensgruppe Ihre Arbeitsstelle wechseln.*

2.2 Welche Daten verarbeiten wir?

Für jeden einzelnen Prozess und Zweck verarbeiten wir unterschiedliche Arten von personenbezogenen Daten von Ihnen. Diese können insbesondere umfassen:

- *Personalstammdaten, wie Namen (z.B. Vornamen, Nachname, Geburtsname, Titel), Identifikationskennung (z.B. Personalnummer, Kundennummer), persönlichen Angaben (z.B. Geburtsdatum und Geburtsort, Familienstand, Geschlecht), Adress- und Kontaktdaten (z.B. Straße, Hausnummer, Postleitzahl, Wohnort, Emailadresse);*

---

23 *Baumgartner/Gausling* in Moos/Schefzig/Arning, Kap. 15 Rz. 66.
24 *Petri* in Simitis/Hornung/Spiecker, Art. 26 DSGVO Rz. 3.
25 *Knyrim* in Ehmann/Selmayr, Art. 13 DSGVO Rz. 34; *Arning* in Moos/Schefzig/Arning, Kap. 6 Rz. 32.
26 Hierzu: *Moos* in BeckOK DatenschutzR, Art. 37 DSGVO Rz. 42 ff.
27 *Arning* in Moos/Schefzig/Arning, Kap. 6 Rz. 34.
28 *Knyrim* in Ehmann/Selmayr, Art. 13 DSGVO Rz. 36.

- *gegebenenfalls Angaben zu Ihren Familienangehörigen oder Lebenspartnern;*
- *Bankdaten (z.B. IBAN, BIC, Depotnummer, Name der Bank);*
- *Daten zu Versicherungen, die Sie als Mitarbeiter abgeschlossen haben und für die das Unternehmen einen Zuschuss gewährt oder einen Direktabzug durchführt (z.B. Krankenversicherung, Rentenversicherung und jeweils Höhe des Beitrags);*
- *Daten zu Spar-, Versicherungs- oder Leistungsprogrammen, die vom Unternehmen für Mitarbeiter zur Verfügung gestellt werden;*
- *Daten zu Anstellungsverträgen (z.B. Eintritts-/Austrittsdatum, Befristung, Urlaub, Beschäftigungsbedingungen und Arbeitsvertragsbedingungen, Pensionsberechtigung);*
- *Lohnsteuerklassifizierung, Religionsgruppenzugehörigkeit;*
- *Vergütungsangaben (z.B. Entgeltabrechnung, Höhe des Grundgehalts und der variablen Vergütung, Art der Entgeltzahlung, Aktienoptionen und Zuschüsse, die von uns gewährt werden);*
- *Informationen über Arbeitsleistung (z.B. Bewertung durch den Vorgesetzten sowie eigene Einschätzung im Rahmen des Performance Management Prozesses und/oder Mitarbeitergespräch, Mitarbeiterentwicklungsmaßnahmen);*
- *Qualifikationen (z.B. Bewerbungsunterlagen, Zeugnisse, Arbeitszeugnisse, Referenzen, Patentinhaber-Informationen);*
- *Organisatorische Angaben (z.B. Abteilung, Kostenstelle, Beschreibung der Position, Titel der Position (intern/extern), Managementkategorie, Berufsgruppe und Stufe, Verantwortlichkeiten und Tätigkeiten, Informationen zum (zu den) Vorgesetzten);*
- *Daten aus der Durchführung des Beschäftigungsverhältnisses einschließlich Arbeitszeit, IT-Anwendungs- und Nutzungsdaten (z.B. System- und Gerätepasswörter), System- und Geräteprotokolle und von Ihnen mittels unserer Unternehmenssysteme und Geräte generierte elektronische Inhalte (E-Mails, Dokumente, etc.), Reiseinformationen, Kundenbeziehungsmanagement und Vertriebsinformationen (wie z.B. Kundenkontakte, Besuchsberichte);*
- *Videoaufnahmen im Zusammenhang mit der betrieblichen Videoüberwachung.*

a) Ratio

Dieser Abschnitt enthält die nach Art. 14 Abs. 1 lit. d und Art. 14 Abs. 2 lit. f DSGVO verlangten Angaben, die streng genommen nur im Falle einer Datenerhebung bei einem Dritten notwendig sind. Gerade die Angabe der **Art der Daten** hat sich in der Praxis aber auch in Situationen eingebürgert, bei denen Daten zwar bei der betroffenen Person erhoben werden, dies aber nicht durchgehend in einer für ihn vollständig transparenten Weise erfolgt[29]. So liegt es teilweise im Beschäftigungsverhältnis. Der Beschäftigte wird regelmäßig wissen, welche Daten er selbst proaktiv, z.B. durch die Vorlage bestimmter Unterlagen, übergibt. Weniger transparent sind aber ggf. Datenerhebungen bei der Bedienung bestimmter Softwareprogramme. Das Muster gibt deshalb hier – in gewisser Weise überobligatorisch – recht detaillierte Informationen über Art und Quelle der Daten, um eine umfassende Transparenz herzustellen.

39.17

---

29 Teilweise wird in einer solchen Situation bereits dann eine Erhebung bei der betroffenen Person verneint, wenn sie nicht erkennbar oder die Person nur passiv beteiligt war; vgl. *Dix* in Simitis/Hornung/Spiecker, Art. 14 DSGVO Rz. 3.

b) Informationen über Datenquellen

39.18 Im ersten Absatz werden die Beschäftigten darüber informiert, woher die Daten stammen. Als Quelle kann hierbei zum einen die Stelle angegeben werden, von der die Daten stammen, aber auch die Methode, auf welche Weise die Daten gewonnen werden[30]. Das Muster folgt letzterem Ansatz.

Die Offenlegung der Quelle soll bei den hier in Rede stehenden indirekten Datenerhebungen die Transparenz für den Beschäftigten erhöhen. Die gesetzlichen Anforderungen an die Spezifizierung der Quelle im Rahmen der Information nach Art. 14 DSGVO sind nicht zu überspannen. So lässt es Erwägungsgrund 61 DSGVO ausdrücklich ausreichen, wenn die Unterrichtung der betroffenen Personen hierüber „allgemein gehalten" wird[31].

Die konkret anzugebenden Quellen sind sehr unternehmensspezifisch; die hier im Muster enthaltenen Angaben sind somit nur Beispiele.

c) Informationen über Datenarten

39.19 Die Datenarten werden hier zwar der Kategorie nach, aber gleichwohl mit einer Reihe von Beispielen für „Unterkategorien" bezeichnet. Eine derartige Spezifizierung dürfte allemal ausreichend sein. Verlangt ist nur eine abstrakte Beschreibung der Datenarten, die die betroffene Person in die Lage versetzt, weitergehende Informationen z.B. über eine Auskunft nach Art. 15 DSGVO zu verlangen[32].

Naturgemäß ist auch hier bei der Verwendung des Musters ein sorgsamer Realitäts-Check notwendig: Die hier benannten Datenkategorien können und sollen nur als Anhaltspunkt dienen; das Unternehmen muss jeweils im Einzelfall selbst ermitteln, welche Verarbeitungen jeweils erfolgen und welche Datenarten davon jeweils betroffen sind.

4. Verarbeitungszwecke und Rechtsgrundlagen

39.20 **M 39.1.4 Verarbeitungszwecke und Rechtsgrundlagen**

3. Verarbeitungszwecke und Rechtsgrundlagen

3.1 Verarbeitungszwecke/Verarbeitungsverfahren

3.1.1 Alleinige Verantwortlichkeit des Arbeitgebers

Der Arbeitgeber verarbeitet Ihre personenbezogenen Daten für folgende Zwecke:

- *Personalplanung und Personalmanagement (einschließlich Versetzung und Beförderung, Abrechnung und Zahlung Ihres Entgelts und Ihrer Vergütung, Organisation Ihrer (Dienst-) Reise und Erstattung Ihrer (Reise-)Kosten sowie sonstiger betrieblich veranlasster Auslagen, Verwaltung Ihres krankheitsbedingten Arbeitsausfalls und Urlaubs, Verwaltung der Arbeitnehmerabgaben und Sozialversicherungsbeiträge, Durchführung der Arbeitsverträge (Zeiterfassung, Messung, Bewertung und Honorierung von Arbeitsleistung, Betriebliches Pflege- und Vorsorgemanagement, Organisation und Durchführung von (Mitarbeiter-)Veranstaltungen.*

- *Gesundheitsschutz und Arbeitssicherheit (einschließlich Kontaktaufnahme zu Ihren Angehörigen in Notfälle, Überprüfung von Arbeitsplätzen oder Arbeitsstätten bezüglich Gesundheit und Sicherheit am Arbeitsplatz zur Erfüllung von Gesundheitsanforderungen).*

---

30 *Dix* in Simitis/Hornung/Spiecker, Art. 14 DSGVO Rz. 11.
31 So auch *DSK*, Kurzpapier Nr. 10, S. 2.
32 *Dix* in Simitis/Hornung/Spiecker, Art. 14 DSGVO Rz. 5.

3.1.2 Alleinige Verantwortlichkeit der Hauptniederlassung

Die Hauptniederlassung verarbeitet Ihre personenbezogenen Daten für die folgenden Zwecke:

– *Steuerung von allgemeinen Geschäftsprozessen (einschließlich Qualitäts- und Regulierungsmanagement, Finanzmanagement einschließlich der Einhaltung kapitalmarktrechtlicher Anforderungen, Risiko- und Schadensmanagement, Dienstwagenmanagement, Durchführung von internen Audits und Untersuchungen, Außendarstellung des Unternehmens/Pressearbeit);*

– *Bereitstellen von Kreditkarten zur Abwicklung von betrieblich veranlassten Zahlungen;*

– *Verwaltung der Ihnen bereitgestellten Arbeitsmittel wie z.B. Telefon, Computer, Mobiltelefone, sonstige IT-Geräte, Führen von internen Kontaktverzeichnissen, Verwaltung von Zugangsberechtigungen zu Systemen und Anwendungen und Authentifizierung, z.B. beim Betreten eines Gebäudes oder eines Parkhauses mittels einer Zugangskarte, Administration von Benutzerkonten sowie Berechtigungsvergabe;*

– *Durchführen von Mitarbeiterumfragen;*

– *Videoüberwachung zwecks Zugangskontrolle zu Bürogebäuden;*

– *IT-Sicherheit (einschließlich Protokollierung von IT-Nutzungen und Abwehr von Cyberangriffen).*

3.2 Rechtsgrundlagen für die Verarbeitung

Wir verarbeiten Ihre personenbezogenen Daten aufgrund der Bestimmungen der DSGVO, des Bundesdatenschutzgesetzes (BDSG) sowie aller weiterer maßgeblichen Gesetze (z.B. ArbZG, usw.).

In erster Linie dient die Datenverarbeitung der Begründung, Durchführung und Beendigung des Beschäftigungsverhältnisses. Die Rechtsgrundlage hierfür ist Art. 6 Abs. 1 lit. b DSGVO i.V.m. § 26 Abs. 1 BDSG.

Ihre Daten verarbeiten wir auch, um unsere rechtlichen Pflichten als Arbeitgeber insbesondere im Bereich des Steuer- und Sozialversicherungsrechts erfüllen zu können. Dies erfolgt auf Grundlage von Art. 6 Abs. 1 lit. c DSGVO i.V.m. § 26 Abs. 1 BDSG.

Ferner verarbeiten wir Ihre Daten, um berechtigte Interessen von uns oder von Dritten (z.B. Behörden) zu wahren. Ein solches berechtigtes Interesse besteht insbesondere, wenn die Verarbeitung Ihrer Daten für die Aufklärung von Straftaten (Rechtsgrundlage Art. 6 Abs. 1 lit. f DSGVO i.V.m. § 26 Abs. 1 Satz 2 BDSG), für einen unternehmensgruppeninternen Datenaustausch zu Verwaltungszwecken bzw. im Falle von zentralisierten Unternehmensfunktion (wie vorliegend der Datenaustausch zwischen dem Arbeitgeber und der Hauptniederlassung zu den unter Ziffer 3.1.2 genannten Zwecken) oder zur Aufrechterhaltung der Betriebssicherheit und -ordnung, der Vorbeugung von Rechtsverstößen oder der Rechtsdurchsetzung erforderlich ist (Rechtsgrundlage Art. 6 Abs. 1 lit. f DSGVO).

Soweit besondere Kategorien personenbezogener Daten gemäß Art. 9 Abs. 1 DSGVO verarbeitet werden, dient dies im Rahmen des Beschäftigungsverhältnisses der Ausübung von Rechten oder der Erfüllung von rechtlichen Pflichten aus dem Arbeitsrecht, dem Recht der sozialen Sicherheit und dem Sozialschutz (z.B. Angabe von Gesundheitsdaten gegenüber der Krankenkasse, Erfassung der Schwerbehinderung wegen Zusatzurlaub und Ermittlung der Schwerbehindertenabgabe). Dies erfolgt auf Grundlage von Art. 9 Abs. 2 lit. b DSGVO i.V.m. § 26 Abs. 3 BDSG. Zudem kann die Verarbeitung von Gesundheitsdaten für die Beurteilung Ihrer Arbeitsfähigkeit gem. Art. 9 Abs. 2 lit. h DSGVO i.V.m. § 22 Abs. 1 lit. b BDSG erforderlich sein.

a) Ratio

Dieser Abschnitt enthält die nach Art. 13 Abs. 1 lit. c und lit. d DSGVO erforderlichen Angaben.   39.21

b) Zwecke der Datenverarbeitung

39.22 Entsprechend der hier angenommenen Verteilung der datenschutzrechtlichen Verantwortlichkeit auf den Arbeitgeber einerseits und die Muttergesellschaft andererseits sind auch die jeweils verfolgten **Verarbeitungszwecke** unter Ziff. 3.1 separat aufgeführt.

In dem Muster sind die jeweiligen Verarbeitungszwecke zur Erhöhung der Rechtssicherheit durchaus detailliert beschrieben. Es sind beispielhaft Zwecksetzungen benannt, die im Beschäftigungskontext üblich, freilich aber nicht abschließend sind. Generell ist ein Granularitätslevel in Gestalt von Begriffen wie „Vertragsabwicklung", „Lohnabrechnung", „Werbung", „Qualitätssicherung", „Statistik" etc. ausreichend[33]. Eine gewisse Trennschärfe ist aber notwendig, so dass allzu pauschale Schlagworte, wie z.B. „Big Data", keine zulässige Zweckbestimmung darstellen[34].

39.23 Zu beachten ist, dass die Zwecke – wenn auch in einer gewissen Pauschalität – möglichst vollständig beschrieben werden sollten, denn wie sich aus Art. 13 Abs. 3 DSGVO ergibt, bewirkt die Information eine Festlegung, so dass eine Verarbeitung zu anderen Zwecken regelmäßig nur noch unter den Voraussetzungen des Art. 6 Abs. 4 DSGVO zulässig ist[35].

c) Rechtsgrundlagen der Datenverarbeitung

39.24 Ziff. 3.2 enthält die Informationen über die Rechtsgrundlagen der Datenverarbeitung. Nach dem Wortlaut der Vorschrift reicht es hierfür aus, den einschlägigen **Erlaubnistatbestand** zu zitieren oder wörtlich zu wiederholen[36]. Teilweise wird zwar eine weitergehende Erläuterungspflicht[37] angenommen, für die sich aber keine Stütze im Gesetz findet und die deshalb abzulehnen ist. Das gilt in besonderem Maße für den Bereich der Verarbeitung von Beschäftigtendaten, weil es hier zahlreiche **Spezialvorschriften** gibt, die als Rechtsgrundlage für bestimmte Verarbeitungen dienen. Es erscheint deshalb nicht geboten, alle diese Vorschriften im Detail anzugeben[38]. Das Muster verzichtet deshalb darauf und belässt es bei einem beispielhaften Verweis auf weitere maßgebliche Gesetze, wie z.B. das ArbZG. Je nach der konkreten Unternehmenssituation und nach dem Bedarf an Rechtssicherheit sind deshalb ggf. weitere oder andere Rechtsgrundlagen anzugeben.

39.25 Insbesondere ist hier nicht eine etwaige **Einwilligung** des Beschäftigten als Rechtsgrundlage angegeben. Dies kann in der Praxis freilich relevant sein, z.B. im Zusammenhang mit der Verwendung eines Mitarbeiterfotos oder auch bei der Verarbeitung besonderer Kategorien personenbezogener Daten nach Art. 9 Abs. 2 lit. a DSGVO i.V.m. § 26 Abs. 3 Satz 2, Abs. 2 BDSG (z.B. betriebliches Gesundheitsmanagement).

d) Berechtigte Interessen

39.26 Soweit Art. 6 Abs. 1 lit. f DSGVO als Rechtsgrundlage fungiert, spezifiziert das Muster auch die jeweils von dem Verantwortlichen verfolgten berechtigten Interessen, wie z.B. die zentralisierte Verarbeitung bei der Hauptniederlassung zu internen Verwaltungszwecken, die Aufrechterhaltung der Betriebssicherheit und -ordnung und die Vorbeugung von Rechtsverstößen.

---

33 *Franck* in Gola, Art. 13 DSGVO Rz. 12.

34 *Franck* in Gola, Art. 13 DSGVO Rz. 12.

35 *Dix* in Simitis/Hornung/Spiecker, Art. 13 DSGVO Rz. 8; *Bäcker* in Kühling/Buchner, Art. 13 DSGVO Rz. 25.

36 *Knyrim* in Ehmann/Selmayr, Art. 13 DSGVO Rz. 38; *Paal* in Paal/Pauly, Art. 13 DSGVO Rz. 16.

37 *Bäcker* in Kühling/Buchner, Art. 13 DSGVO Rz. 26.

38 Der *LfDI BW* verweist beispielhaft auf § 39 Abs. 8 und 9 EStG, der die Verarbeitung von auf der Lohnsteuerkarte enthaltenen Merkmalen durch den Arbeitgeber regelt; *LfDI BW*, Ratgeber Beschäftigtendatenschutz, S. 14.

Nicht aufgenommen in das Muster sind weitere Informationen zu der vorgenommenen **Interessen-abwägung** (z.B. die Faktoren oder Gründe, die zu einem Überwiegen der Interessen geführt haben). Dies ist nach der hier vertretenen Auffassung nicht notwendig[39].

5. Empfänger personenbezogener Daten

M 39.1.5 Empfänger personenbezogener Daten 39.27

4. Empfänger personenbezogener Daten

Eine Weitergabe Ihrer personenbezogenen Daten erfolgt an folgende Empfänger:

4.1 an Träger öffentlicher Leistungen, wie zum Beispiel Krankenkassen und Sozialversicherungsträger;

4.2 wenn es zur Aufklärung oder Verfolgung rechtswidriger bzw. missbräuchlicher Vorfälle erforderlich ist, an unsere rechtlichen Berater, die Strafverfolgungsbehörden sowie gegebenenfalls an geschädigte Dritte – dies geschieht jedoch nur dann, wenn konkrete Anhaltspunkte für ein gesetzwidriges beziehungsweise missbräuchliches Verhalten vorliegen;

4.3 auf Anfrage an bestimmte öffentliche Stellen, denen gegenüber wir auskunftspflichtig sind, wie z.B. Strafverfolgungsbehörden, Behörden, die bußgeldbewährte Ordnungswidrigkeiten verfolgen und die Finanzbehörden;

4.4 Gelegentlich sind wir für die Erfüllung der in dieser Datenschutzerklärung beschriebenen Zwecke auf vertraglich verbundene Fremdunternehmen und externe Dienstleister angewiesen, beispielsweise Logistikunternehmen, IT-Dienstleister, Wirtschaftsberater, Versicherer, Personaldienstleister, Weiterbildungsinstitute, Reisebüros, Kreditkartenunternehmen und Finanzinstitute. In solchen Fällen werden Informationen an diese Unternehmen bzw. Einzelpersonen weitergegeben, um diesen die weitere Bearbeitung zu ermöglichen. Diese externen Dienstleister werden von uns sorgfältig ausgewählt und regelmäßig überprüft, um sicherzugehen, dass Ihre Daten ausschließlich zu den von uns vorgegebenen Zwecken und im Einklang mit anwendbaren Datenschutzgesetzen verwendet werden.

4.5 Im Rahmen der Weiterentwicklung unseres Geschäfts kann es dazu kommen, dass sich die Struktur unseres Unternehmens wandelt, indem die Rechtsform geändert wird, Tochtergesellschaften, Unternehmensteile oder Bestandteile gegründet, gekauft oder verkauft werden. Bei solchen Transaktionen werden die relevanten Mitarbeiterinformationen zusammen mit dem zu übertragenden Teil des Unternehmens weitergegeben. Bei jeder Weitergabe von personenbezogenen Daten an Dritte in dem vorbeschriebenen Umfang tragen wir dafür Sorge, dass dies in Übereinstimmung mit dieser Datenschutzerklärung und den einschlägigen Datenschutzgesetzen erfolgt.

a) Ratio

Dieser Abschnitt enthält die nach Art. 13 Abs. 1 lit. e DSGVO erforderlichen Angaben. 39.28

b) Empfängerkategorien

Das Muster benennt die Empfänger nur ihrer Art nach. Aufgrund der im Gesetzeswortlaut klar angelegten Alternativität zur Benennung der konkreten Empfänger wird dies für ausreichend erachtet[40]. Es werden übliche Empfängerkategorien angegeben, wie sie im Beschäftigungskontext häufig vorkommen. Hierbei ist zu beachten, dass es sich auch bei Auftragsverarbeitern und gemeinsam Verantwort- 39.29

---

39 So auch *Paal/Hennemann* in Paal/Pauly, Art. 13 DSGVO Rz. 17; *Arning* in Moos/Schefzig/Arning, Kap. 6 Rz. 40; a.A. *Mester* in Taeger/Gabel, Art. 13 DSGVO Rz. 13.

40 So auch *Paal/Hennemann* in Paal/Pauly, Art. 13 DSGVO Rz. 18; a.A. *Bäcker* in Kühling/Buchner, Art. 13 DSGVO Rz. 30.

lichen um Empfänger i.S.d. Art. 4 Nr. 9 DSGVO handelt[41]. Auch hier ist aber wieder eine Einzelfallprüfung notwendig. Weitere Empfänger sind denkbar, z.B. auch Empfänger in Drittländern außerhalb des EWR, was im Übrigen die zusätzliche Informationspflicht nach Art. 13 Abs. 1 lit. f DSGVO auslösen würde.

39.30 In dem Muster sind auch bestimmte **Behörden** als mögliche Empfänger angegeben. Streng genommen ist dies nicht notwendig, weil Behörden, die im Rahmen eines bestimmten Untersuchungsauftrags nach dem Unionsrecht oder dem Recht der Mitgliedstaaten möglicherweise personenbezogene Daten erhalten, nach der Legaldefinition des Empfängers in Art. 4 Ziff. 9 Satz 2 DSGVO ausdrücklich nicht als Empfänger gelten und deshalb in der Information nach Art. 13 Abs. 1 lit. e DSGVO nicht anzugeben sind[42].

39.31 Nicht benannt sind in dem Muster **interne Empfänger** innerhalb der Organisation des jeweiligen Verantwortlichen (z.B. die **Personalabteilung** oder die Rechtsabteilung). Dies ist nach der hier vertretenen Auffassung nicht notwendig[43].

6. Verarbeitungsdauer

39.32 **M 39.1.6 Verarbeitungsdauer**

5. Verarbeitungsdauer

Wir bzw. die Hauptniederlassung verarbeiten Ihre personenbezogenen Daten während der Dauer Ihrer Beschäftigung bei uns und löschen sie, sobald sie für die oben genannten Zwecke nicht mehr erforderlich sind. Nach Beendigung des Beschäftigungsverhältnisses werden Ihre personenbezogenen Daten gespeichert, solange wir dazu gesetzlich verpflichtet sind. Dies ergibt sich regelmäßig durch rechtliche Nachweis- und Aufbewahrungspflichten, die unter anderem im Handelsgesetzbuch und der Abgabenordnung geregelt sind und eine Aufbewahrung für 6 bzw. 10 Jahre erfordern. Außerdem kann es vorkommen, dass personenbezogene Daten für die Zeit aufbewahrt werden, in der Ansprüche gegen uns geltend gemacht werden können (gesetzliche Verjährungsfrist). Näheres können Sie der bei uns geltenden Aufbewahrungs- und Löschrichtlinie entnehmen.

a) Ratio

39.33 Dieser Abschnitt enthält die nach Art. 13 Abs. 2 lit. a DSGVO erforderlichen Angaben. Aus Gründen der Rechtssicherheit sollten die in Art. 13 Abs. 2 DSGVO aufgelisteten Informationen unter denselben Voraussetzungen wie die nach Art. 13 Abs. 1 DSGVO erforderlichen Informationen erteilt werden[44]. Zwar wird teilweise vertreten, dass dem Kriterium der „fairen und transparenten Verarbeitung" ein eigenständiger Bedeutungsgehalt zukomme, und es deshalb eine Frage des Einzelfalls sei, ob diese Informationen in die Datenschutzerklärung aufgenommen werden müssten[45]. Nach wohl überwiegender Auffassung sei dieses zusätzliche Merkmal jedoch redundant und eher deklaratorischer Natur[46].

---

41 *Arning* in Moos/Schefzig/Arning, Kap. 6 Rz. 41.
42 *Knyrim* in Ehmann/Selmayr, Art. 13 DSGVO Rz. 46.
43 So auch *Knyrim* in Ehmann/Selmayr, Art. 13 DSGVO Rz. 32; *Arning* in Moos/Schefzig/Arning, Kap. 6 Rz. 42; *Schaffland/Wiltfang*, Art. 13 DSGVO Rz. 12.
44 *Arning* in Moos/Schefzig/Arning, Kap. 6 Rz. 26.
45 *Paal/Hennemann* in Paal/Pauly, Art. 13 DSGVO Rz. 22.
46 *Schmidt-Wudy* in BeckOK DatenschutzR, Art. 13 DSGVO Rz. 59.

b) Speicherdauer

Die Spezifizierung der Speicherdauer der Daten ist in der Praxis mit den größten Herausforderungen verbunden. Das liegt zum einen daran, dass die konkrete Speicherdauer häufig nicht pauschal feststeht, sondern von bestimmten Umständen abhängt (z.B. hier der Laufzeit des Beschäftigungsverhältnisses); zum anderen daran, dass es ein sehr komplexes Zusammenspiel von gesetzlich nicht konkretisierten **Löschpflichten** und einer Vielzahl gesetzlich verankerter **Aufbewahrungspflichten** gibt. Es bedarf deshalb in der Regel der Anwendung eines komplexen **Löschkonzepts**, um die Speicherdauer zu ermitteln. Das gilt gerade im Bereich des Beschäftigtendatenschutzes, in dem viele bereichsspezifische gesetzliche Aufbewahrungspflichten existieren. 39.34

Die DSGVO lässt es deshalb ausreichen, dass die konkret geplante Speicherdauer nur dort angegeben wird, wo dies „möglich ist", und lässt im Übrigen eine Angabe der Kriterien für die Festlegung der Dauer genügen. Hierfür genügt nicht schon eine allgemeine Mitteilung, die Daten würden solange gespeichert, wie dies für bestimmte Zwecke erforderlich ist[47]. Andererseits reichen Angaben aus, die es der betroffenen Person ermöglichen, die Speicherdauer zumindest annäherungsweise zu bestimmen[48]. 39.35

Das Muster verfolgt hier einen Mittelweg: Zum einen werden die Kriterien spezifiziert, die für die Speicherdauer relevant sind (hier maßgeblich die Dauer der Beschäftigung und die wichtigsten gesetzlichen Aufbewahrungspflichten nach Handels- und Steuerrecht). Zum anderen wird jedoch zur Konkretisierung auf eine separate Aufbewahrungs- und Löschrichtlinie verwiesen, der weitergehende Informationen entnommen werden können. Besteht eine solche für die Beschäftigten zugängliche Aufbewahrungs- und Löschrichtlinie nicht, sollten die Angaben zu Speicherdauer in der Datenschutzerklärung möglichst weiter spezifiziert werden. Dies kann z.B. durch die Angabe der geltenden Standardlöschfristen erfolgen; also z.B. „4 Jahre für alle Daten, die keinen weiteren gesetzlichen Aufbewahrungspflichten unterliegen"; „7 Jahre für alle Beschäftigtendaten, die Teil von Handels- und Geschäftsbriefen sind", etc. 39.36

7. Notwendigkeit der Datenverarbeitung

M 39.1.7 Notwendigkeit der Datenverarbeitung 39.37

6. Warum wir Ihre personenbezogenen Daten benötigen

Soweit wir, wie vorstehend beschrieben, Ihre Daten zu Zwecken der Begründung, Durchführung und Beendigung Ihres Beschäftigungsverhältnisses verarbeiten, sind Sie vertraglich verpflichtet, uns diese Daten zur Verfügung zu stellen. Gleiches gilt, soweit wir Ihre Daten verarbeiten, um unsere rechtlichen Pflichten als Arbeitgeber, insbesondere im Bereich des Steuer- und Sozialversicherungsrechts sowie aus dem Arbeitsrecht, dem Recht der sozialen Sicherheit und dem Sozialschutz, erfüllen zu können. Ohne Ihre Daten sind wir nicht in der Lage, das Beschäftigungsverhältnis mit Ihnen zu begründen, durchzuführen oder zu beenden.

a) Ratio

Dieser Abschnitt enthält die nach Art. 13 Abs. 2 lit. e DSGVO erforderlichen Angaben. 39.38

b) Erforderlichkeit der Datenbereitstellung

Im Beschäftigungsverhältnis bestehen mehrere Gründe dafür, dass die Bereitstellung der Daten notwendig ist. Diese sind in diesem Abschnitt in der gebotenen Kürze dargestellt. Ganz grundsätzlich besteht hier eine Verpflichtung der Beschäftigten zur Datenbereitstellung, die sich aus dem Anstellungs- 39.39

---

47 *Dix* in Simitis/Hornung/Spiecker, Art. 13 DSGVO Rz. 15.
48 *Mester* in Taeger/Gabel, Art. 13 DSGVO Rz. 18.

vertrag ergibt, der den Arbeitgeber zur Datenerhebung nach Art. 6 Abs. 1 lit. b DSGVO i.V.m. § 26 Abs. 1 BDSG berechtigt[49]. Daneben bestehen diverse weitere gesetzliche Verpflichtungen des Arbeitgebers, bestimmte Daten über den Beschäftigten zu erheben und zu speichern, die in dem Muster nur in generalisierter Form angegeben sind. Ein größerer Detailgrad erscheint hier nicht notwendig; andernfalls wären hier eine Reihe sondergesetzlicher Vorschriften aufzuzählen, wie z.B. die Verpflichtung, über die werktägliche Arbeitszeit (§ 3 Satz 1 ArbZG) hinausgehende Arbeitszeit der Arbeitnehmer aufzuzeichnen und ein Verzeichnis der Arbeitnehmer zu führen, die in eine Verlängerung der Arbeitszeit eingewilligt haben (§ 7 Abs. 7 ArbZG); oder auch die Verpflichtung, Unterlagen über werdende und stillende Mütter zur Vorlage bei der Aufsichtsbehörde zu führen, die u.a. Angaben zu Namen, Beschäftigungsart, Beschäftigungszeiten und Lohn- und Gehaltszahlungen enthalten müssen (§ 19 Abs. 2 MuSchG).

39.40　Grundsätzlich ist es so, dass ohne die Verarbeitung personenbezogener Beschäftigtendaten der Arbeitsvertrag regelmäßig nicht durchgeführt werden kann, worüber die Beschäftigten in diesem Abschnitt ebenfalls informiert werden.

8. Betroffenenrechte

39.41　**M 39.1.8 Betroffenenrechte**

7. Betroffenenrechte

7.1 Sie haben das Recht, jederzeit Auskunft über die zu Ihrer Person gespeicherten Daten zu erhalten. Bei Vorlage der jeweiligen Voraussetzungen stehen Ihnen ebenso die folgenden Rechte zu:

- *Recht auf Berichtigung: Ihnen steht ein Recht auf Berichtigung von falschen, Sie betreffenden personenbezogenen Daten zu.*

- *Recht auf Löschung: Zudem können Sie die Löschung von Ihren personenbezogenen Daten verlangen, etwa wenn Ihre Daten für die Zwecke, für die sie erhoben oder auf sonstige Weise verarbeitet wurden, nicht mehr erforderlich sind.*

- *Recht auf Einschränkung der Verarbeitung: Sie haben ferner das Recht, die Einschränkung der Verarbeitung von Ihren personenbezogenen Daten zu verlangen; in einem solchen Fall werden die Daten für jegliche Verarbeitung gesperrt. Dieses Recht besteht insbesondere, wenn die Richtigkeit der personenbezogenen Daten zwischen Ihnen und uns umstritten ist.*

- *Recht auf Datenübertragbarkeit: Sofern wir Ihre personenbezogenen Daten zur Erfüllung eines Vertrags mit Ihnen oder auf Grundlage Ihrer Einwilligung verarbeiten, steht Ihnen zudem das Recht zu, Ihre personenbezogenen Daten in einem strukturierten, gängigen und maschinenlesbaren Format zu erhalten, sofern und soweit Sie uns die Daten zur Verfügung gestellt haben.*

- *Recht auf Widerruf einer Einwilligung: Sofern Sie uns eine Einwilligung zur Verarbeitung Ihrer personenbezogenen Daten erteilt haben, können Sie diese jederzeit widerrufen. Durch den Widerruf der Einwilligung wird die Rechtmäßigkeit der aufgrund der Einwilligung bis zum Widerruf erfolgten Verarbeitung nicht berührt.*

> *Darüber hinaus können Sie einer Datenverarbeitung aus Gründen, die sich aus Ihrer besonderen Situation ergeben, widersprechen. Dies gilt jedoch lediglich in solchen Fällen, in denen wir eine Datenverarbeitung zur Erfüllung eines berechtigten Interesses vornehmen. Falls Sie einen solchen Grund vortragen können und wir kein zwingendes, schutzwürdiges Interesse an der weiteren Verarbeitung geltend machen können, werden wir diese Daten für den jeweiligen Zweck nicht weiter verarbeiten.*

---

49 So ausdrücklich *EDSA*, WP 260 rev.01, S. 51; vgl. allgemein auch *Mester* in Taeger/Gabel, Art. 13 DSGVO Rz. 23.

7.2 Sollten Sie Auskunft über die zu Ihrer Person gespeicherten Daten wünschen, Ihre anderweitigen Rechte geltend machen wollen oder Fragen zum Datenschutz bei uns haben, können Sie sich unter den obengenannten Kontaktdaten mit uns in Verbindung setzen.

7.3 Sie haben ferner das Recht, jederzeit Beschwerde bei einer Aufsichtsbehörde einzulegen, insbesondere bei einer Aufsichtsbehörde in dem EU-Mitgliedstaat Ihres Aufenthaltsorts, Ihres Arbeitsplatzes oder des Orts des mutmaßlichen Verstoßes, wenn Sie der Ansicht sind, dass die Verarbeitung der Sie betreffenden personenbezogenen Daten gegen datenschutzrechtliche Bestimmungen verstößt.

a) Ratio

Dieser Abschnitt enthält die nach Art. 13 Abs. 2 lit. b und lit. d DSGVO erforderlichen Angaben.   39.42

b) Rechte der betroffenen Personen

Das Muster listet sämtliche denkbaren Rechte der betroffenen Personen, wie sie in Kapitel III der DSGVO verankert sind, auf und erläutert jeweils kurz den Gegenstand (und ggf. die Voraussetzungen für die Geltendmachung) des Rechts. Eine solche Mitteilung und Erläuterung der verschiedenen Betroffenenrechte in allgemeiner Form ist ausreichend[50]. Zwar ist eine Mitteilung über ein einzelnes Recht umgekehrt auch nicht notwendig, wenn es überhaupt nicht in Betracht kommen kann, so dass über die Rechte auch selektiv informiert werden kann[51]. Dies birgt freilich das Risiko einer Fehleinschätzung und einer dann unvollständigen Information.   39.43

Zusätzlich zu dem in Kapitel III der DSGVO verankerten Rechtekanon findet sich in dem Muster eine Information über das Recht zum Widerruf einer etwa erteilten Einwilligung. Zwar ist die Einwilligung in Ziff. 3 des Musters nicht als Rechtsgrundlage angegeben, es ist aber denkbar und in der Praxis auch nicht unüblich, dass solche Einwilligungen eingeholt werden und über die von ihr erfassten Verarbeitungen separat informiert wird (was nach Art. 7 DSGVO i.V.m. Art. 4 Nr. 11 DSGVO ohnehin notwendig ist).   39.44

c) Hervorhebung des Hinweises auf das Widerspruchsrecht

Die Information über das Recht, einer Verarbeitung aufgrund einer Interessenabwägung zu widersprechen, ist in dem Muster durch eine **Umrandung** optisch hervorgehoben. Das hat seinen Grund in Art. 21 Abs. 4 Halbs. 2 DSGVO, wonach der Hinweis auf das Widerspruchsrecht in einer „von anderen Informationen getrennten Form" zu erfolgen hat. Zwar wird hierzu vertreten, dass es keiner Trennung innerhalb einer Datenschutzerklärung – also z.B. einer Absonderung von den Informationen über andere Betroffenenrechte – bedürfe[52]. Aus Gründen der Rechtssicherheit ist hier aber gleichwohl eine gewisse Abtrennung durch die Umrandung[53] erfolgt, die der betroffenen Person eine leichte Erkennbarkeit des Widerspruchsrechts ermöglicht.   39.45

d) Beschwerderecht bei der Aufsichtsbehörde

Welche Aufsichtsbehörde genau örtlich und sachlich zuständig ist, ist nicht Teil der Informationspflicht[54]. Um den betroffenen Personen die Ausübung des Beschwerderechts zu erleichtern, sind in   39.46

---

50 *Bäcker* in Kühling/Buchner, Art. 13 DSGVO Rz. 37; *Arning* in Moos/Schefzig/Arning, Kap. 6 Rz. 53.

51 *Paal/Hennemann* in Paal/Pauly, Art. 13 DSGVO Rz. 27.

52 *Forgó* in BeckOK DatenschutzR, Art. 21 DSGVO Rz. 25.

53 So z.B. vorgeschlagen von *Schulz* in Gola, Art. 21 DSGVO Rz. 30.

54 *Franck* in Gola, Art. 13 DSGVO Rz. 24.

dem Muster aber ergänzende Hinweise auf mögliche zuständige Behörden aufgenommen. Bei der Formulierung ist hier freilich Vorsicht geboten. Wegen der breitgefächerten Zuständigkeitsregelung des Art. 77 Abs. 1 DSGVO für Beschwerden betroffener Personen würde die Angabe nur einer konkreten Behörde ggf. eine unrichtige Information darstellen[55]. In dem Muster ist deshalb durch das Wort „insbesondere" klargestellt, dass es sich nicht um eine abschließende Aufzählung der möglicherweise zuständigen Aufsichtsbehörden handelt.

9. Stand und Änderung dieser Datenschutzerklärung

39.47 **M 39.1.9 Stand und Änderung dieser Datenschutzerklärung**

8. Stand und Änderung dieser Datenschutzerklärung

Stand dieser Datenschutzerklärung ist … [DATUM].

Die Weiterentwicklung unseres Unternehmens kann sich auch auf den Umgang mit personenbezogenen Daten auswirken. Wir behalten uns deshalb vor, diese Datenschutzerklärung künftig im Rahmen der geltenden Datenschutzgesetze zu ändern und gegebenenfalls an geänderte Datenverarbeitungsrealitäten anzupassen. Auf wesentliche inhaltliche Änderungen werden wir Sie gesondert hinweisen.

a) Ratio

39.48 Die Angaben in Ziff. 8 des Musters sind gesetzlich nicht zwingend vorgesehen; sie helfen aber Transparenz zu schaffen, sofern im Laufe der Zeit Aktualisierungen der Datenschutzerklärung erfolgen (sollen).

b) Erläuterungen

39.49 Die DSGVO enthält keine konkreten Vorgaben dazu, wie mit **Aktualisierungen** der Datenschutzinformationen nach Art. 13, 14 DSGVO umzugehen ist. Art. 13 Abs. 3 DSGVO ist nur die Vorgabe zu entnehmen, dass eine erneute Information zu erfolgen habe, bevor der Verantwortliche die erhobenen Daten für einen anderen Zweck verarbeiten möchte. Hieraus ließe sich der Schluss ziehen, dass über andere Änderungen der Verarbeitung, die eine Aktualisierung der Datenschutzerklärung zur Folge haben, nicht zwingend erneut zu informieren wäre.

39.50 Der EDSA geht gleichwohl von einer eher breit angelegten Pflicht zur Information über Änderungen aus und verlangt, dass die betroffenen Personen bei jeder nachfolgenden „wesentlichen oder sachlichen Änderung der Datenschutzerklärung" erneut zu informieren seien[56]. Bei der Bewertung, was eine wesentliche oder sachliche Änderung darstellt, solle nach Ansicht des EDSA die Wirkung auf die betroffenen Personen und der Umstand, wie unerwartet oder überraschend die Änderung sei, berücksichtigt werden. Änderungen, die nach Ansicht des EDSA immer mitgeteilt werden müssten, sind solche, die sich auf den Verarbeitungszweck, die Änderung der Identität des Verantwortlichen oder die Änderung der Vorgehensweise, wie die betroffenen Personen ihre Rechte bezüglich der Verarbeitung ausüben können, beziehen[57].

---

55 *Franck* in Gola, Art. 13 DSGVO Rz. 24.
56 *EDSA*, WP 260 rev.01, S. 20.
57 *EDSA*, WP 260 rev.01, S. 20.

Vor diesem Hintergrund klärt dieser Abschnitt des Musters darüber auf, dass künftige Änderungen 39.51
möglich sind, um den Überraschungsmoment für die Beschäftigten zu verringern. Ungeachtet dessen
muss dann jeweils im Einzelfall – je nach Art der Änderung – entschieden werden, ob und auf welche
Weise den betroffenen Beschäftigten eine Neufassung der Datenschutzerklärung bekannt gemacht
wird. Handelt es sich um eine so gravierende Änderung, dass sämtliche Beschäftigte informiert werden
müssen, könnte die aktualisierte Erklärung z.B. an alle Beschäftigte per E-Mail versandt werden. Sofern
die Datenschutzerklärung in einem Unternehmens-Intranet abrufbar gehalten wird, bietet sich eine
Versionierung an, so dass dort auch die historischen Datenschutzerklärungen – ggf. in einem Archiv –
weiter vorgehalten werden.

Literatur: *Art. 29-Datenschutzgruppe*, Leitlinien in Bezug auf Datenschutzbeauftragte („DSB"), WP 243 rev. 01, zuletzt überarbeitet und angenommen am 5.4.2017; *Beck/Kirschhöfer*, Datenschutz im Vertragshändlerrecht – Ausgleichsanspruch und Verarbeitung von Kundendaten unter der DSGVO, ZVertriebsR 2019, 3; *Datenschutzkonferenz*, Kurzpapier Nr. 10, Informationspflichten bei Dritt- und Direkterhebung, Stand: 16.1.2018; *Europäischer Datenschutzausschuss*, WP 260 rev.01 – Leitlinien für Transparenz gemäß der Verordnung 2016/679, angenommen am 29.11.2017, zuletzt überarbeitet und angenommen am 11.4.2018; *LfDI Niedersachsen*, FAQs Informationspflichten, Stand: 9.11.2018, *Lohbeck*, Die Informationspflichten der DSGVO im Geschäftskundenumfeld der Kredit- und Finanzdienstleistungsinstitute, WM 2019, 2050; *Rohrlich*, Praxisfalle Datenschutz: Erste Erfahrungen nach der Datenschutzgrundverordnung, ZAP 2018, 1125.

A. Einleitung

Die in den Art. 12–14 DSGVO verankerten **Informationspflichten** des Verantwortlichen gelten auch für die Verarbeitung von personenbezogenen Daten im Zusammenhang mit **B2B-Geschäftsbeziehungen**, also in Konstellationen, wo es sich bei Kunden und Lieferanten um juristische Personen handelt[1]. Denn die Begründung, Durchführung und Abwicklung auch solcher Geschäftsbeziehungen erfordert zumeist die Verarbeitung gewisser personenbezogener Daten über die jeweiligen Kontakte bei den Geschäftspartnern, also z.B. den Key Account Manager, die Mitarbeiter in den Einkaufs- oder Vertriebsabteilungen, etc.

40.1

---

1 *Lohbeck*, WM 2019, 2050 (2050).

40.2 In vielen Fallkonstellationen richtet sich die Informationspflicht dabei nach Art. 13 DSGVO, weil die Daten üblicherweise direkt bei den Kontaktpersonen erhoben werden. Es wird häufig aber auch der Fall sein, dass die Informationen von anderen Beschäftigten bei dem jeweiligen Kunden oder Lieferanten stammen, z.B., weil er an Kollegen in einer anderen Abteilung verweist und hierfür die Kontaktdaten mitteilt. In solchen Fällen liegt eine **Erhebung aus Drittquellen** vor, die sich nach Art. 14 DSGVO richtet.

40.3 Solche Informationen waren – jedenfalls in dem nunmehr von der DSGVO verlangten Umfang – vor Inkrafttreten der DSGVO in B2B-Geschäftsbeziehungen unüblich. Zumeist erfolgten in solchen Geschäftsbeziehungen gar keine Datenschutzinformationen. Nach der DSGVO müssen aber nun prinzipiell auch bei jedem geschäftlichen Erstkontakt mit Interessenten, Kunden, Lieferanten oder Dienstleistern diese allgemeinen Datenschutzhinweise erteilt werden – die DSGVO macht hier keine Unterschiede zwischen einem Erstkontakt auf einer Messe (ggf. mit **Visitenkartenaustausch**), einem Telefonat oder der Korrespondenz via E-Mail, Fax oder Brief[2].

40.4 In vielen solcher Situationen erscheint es lebensfremd, dass der betroffenen Person jeweils ad hoc eine vollständige Datenschutzinformation ausgehändigt wird[3]. Die Datenschutz-Aufsichtsbehörden sind sich der Problematik sehr wohl bewusst und lassen daher in solchen Situationen ein in gewisser Weise **abgestuftes Vorgehen** zu, u.U. auch mit **Medienbruch**[4]. So bestätigt die LfDI Niedersachsen in ihren diesbezüglichen FAQ zwar, dass z.B. auf Messen, wenn Visitenkarten übergeben werden, um Angebote/Informationen zu erhalten (sog. **Messeleads**), die Informationspflicht bereits bei Übergabe der Visitenkarte entsteht. Die Pflicht könne dann z.B. aber durch Informationsschilder oder -flyer auf dem Messestand erfüllt werden, die einen Link oder QR-Code enthalten, um die Informationen dauerhaft zur Verfügung zu stellen[5].

40.5 In diesem Sinne wird bei dem Erstkontakt zumeist nur ein kurzer Hinweis auf die anderweitig vollständig verfügbaren Datenschutzinformationen gegeben. So hat sich z.B. eingebürgert, in die **Fußzeile von Geschäftsbriefen und E-Mails** einen **Link/Verweis auf die Website** einzufügen, wo die Datenschutzerklärung abrufbar ist[6]. Teilweise finden sich auf Visitenkarten z.B. auch schon **QR-Codes**, die einen direkten Aufruf der Datenschutzerklärung ermöglichen. Das hat zur Folge, dass mit jedem Schreiben, mit jeder E-Mail oder auch mit jeder übergebenen Visitenkarte automatisch der Hinweis auf die eigenen Datenschutzhinweise erfolgt. Ein Argument dafür, dass die Schaffung einer Abrufmöglichkeit über die Angabe eines Hyperlinks eine rechtskonforme Lösung zur Information nach Art. 13, 14 DSGVO darstellt, folgt aus Erwägungsgrund 58 DSGVO. Danach können die Informationen auch in elektronischer Form bereitgestellt werden, beispielsweise auf einer Website, wenn sie für die Öffentlichkeit bestimmt ist. Diese Voraussetzungen dürften häufig gegeben sein. Der Adressatenkreis der notwendigen Informationen ist im unternehmerischen Geschäftsverkehr zumeist unbestimmt, weil der Verantwortliche nicht absehen kann, welche konkrete Person auf Seiten seines Geschäftspartners letztlich in die Geschäftsbeziehung einbezogen und damit Betroffener einer Datenverarbeitung werden kann. Ob diese jedenfalls von den Aufsichtsbehörden favorisierte und auch praxisgerechte Lösung von den Gerichten als zulässig erachtet wird, muss sich freilich noch zeigen[7].

40.6 Eine weitere Problematik ergibt sich daraus, dass der Verantwortliche häufig gar nicht in direktem **Kontakt mit den betroffenen Personen** steht – z.B., weil Daten über Kollegen durch den Geschäftskundenkontakt weitergegeben werden oder weil der Kundenbetreuer einen Kontakt zur Buchhaltungsabteilung unter namentlicher Benennung eines zuständigen Mitarbeiters herstellt.

---

2 *Rohrlich*, ZAP 2018, 1125 (1134).
3 *Rohrlich*, ZAP 2018, 1125 (1134).
4 So ausdrücklich: *EDSA*, WP 260 rev.01, Rz. 38.
5 *LfDI Niedersachsen*, FAQs Informationspflichten, Stand: 9.11.2018, S. 5.
6 Dies empfiehlt auch *Lohbeck*, WM 2019, 2050 (2056).
7 *Rohrlich*, ZAP 2018, 1125 (1134).

In der Praxis behelfen sich Verantwortliche häufig dadurch, dass sie dem **Geschäftspartner** zentral die **Datenschutzerklärung mitteilen** und ihn **vertraglich verpflichten**, die Informationen an seine jeweils betroffenen Mitarbeiter weiterzugeben (siehe auch Kapitel § 38, Rz. 38.1 ff.)[8]. Eine solche Regelung erscheint durchaus sachgerecht, da der Geschäftskunde in unmittelbarem Kontakt mit seinen Mitarbeitern und Kunden steht und er über die Weitergabe der Daten an den Geschäftspartner seinerseits ohnehin nach Art. 13 DSGVO informieren müsste[9].

Es ist aber zu beachten, dass der Verantwortliche natürlich selbst **nachweispflichtig** dafür bleibt, dass er die betroffenen Personen im Einklang mit Art. 13, 14 DSGVO informiert hat. Unterlässt der Geschäftskunde also vertragswidrig die Information der betroffenen Personen, so bleibt datenschutzrechtlich der Verantwortliche für das Unterlassen haftbar[10].

B. Datenschutzerklärung für Geschäftskunden und Lieferanten

I. Muster

M 40.1 Datenschutzerklärung für Geschäftskunden und Lieferanten

40.7

Datenschutzerklärung für Geschäftskunden und Lieferanten[11]

Mit den folgenden Informationen möchten wir Ihnen einen Überblick über die Verarbeitung Ihrer personenbezogenen Daten als Mitarbeiter durch uns und Ihre Rechte aus der Datenschutzgrundverordnung (Verordnung (EU) 2016/679 – „DSGVO") sowie dem Bundesdatenschutzgesetz („BDSG") geben.

Diese Datenschutzerklärung gilt für personenbezogene Daten von Personen, mit denen wir Vertrags- oder Geschäftsbeziehungen eingehen, sowie von Organen, Geschäftsführern, Key Account Managern oder andere Mitarbeitern unserer Vertrags- oder Geschäftspartner, die wir im Rahmen von bestehenden oder sich anbahnenden Vertrags- und Geschäftsbeziehungen verarbeiten. Hierzu gehören u.a. bestehende oder potentielle Zulieferer, Dienstleister, Kunden oder Berater sowie bestehende oder potentielle Kooperationspartner oder anderweitige Partnerunternehmen.

1. Verantwortlicher und Datenschutzbeauftragter[12]

Für die in dieser Datenschutzerklärung dargestellten Datenverarbeitungen Verantwortlicher im Sinne der DSGVO ist die

… [Name und Anschrift]

Telefon: …

E-Mail: …

Unseren Datenschutzbeauftragten erreichen Sie unter:

… [Name und Anschrift]

Telefon: …

E-Mail: …

---

8 Für das Vertragshändlerrecht: *Beck/Kirschhöfer*, ZVertriebsR 2019, 3 (6); zur AGB-rechtlichen Wirksamkeit einer solchen Regelung: *Lohbeck*, WM 2019, 2050 (2054).
9 *Lohbeck*, WM 2019, 2050 (2054).
10 *Lohbeck*, WM 2019, 2050 (2054).
11 Zu den Erläuterungen siehe Rz. 40.9 ff.
12 Zu den Erläuterungen siehe Rz. 40.13 ff.

2. Quellen und Arten personenbezogener Daten[13]

Wir verarbeiten in erster Linie solche personenbezogenen Daten, die uns die betroffenen Personen im Rahmen von Vertrags- und Geschäftsbeziehungen selbst zur Verfügung stellen oder die wir von den jeweiligen Vertrags- und Geschäftspartnern erhalten (z.B. von Ihren Kollegen, mit denen wir bereits in Kontakt stehen), etwa im Rahmen der Bearbeitung einer Anfrage oder eines Auftrags. Zudem verarbeiten wir personenbezogene Daten, die wir aus öffentlich zugänglichen Quellen (wie z.B. Handelsregister, Presse, Internet) erheben oder von Dritten (z.B. Kreditauskunfteien, Geschäftspartner) erhalten. Auf eine Erhebung von personenbezogenen Daten aus Drittquellen werden wir gesondert hinweisen.

Relevante personenbezogene Daten sind insbesondere Personalien (wie z.B. Name, Vorname, Anschrift, Bankverbindung, Rechnungsanschrift, Steuernummer/USt-Id.) und andere Kontaktdaten (wie z.B. Telefonnummer, E-Mailadresse). Darüber hinaus können dies auch Vertrags- oder Auftragsdaten (z.B. Umsatzdaten, Volumen, Planmengen), Daten aus der Erfüllung unserer vertraglichen Verpflichtungen, Informationen über Ihre finanzielle Situation (z.B. Bonitätsdaten), Daten zu Ihrer Person (z.B. Geschäftsinteressen, Beruf, Branche, Position, Aufgaben und Befugnisse) sowie andere mit den genannten Kategorien vergleichbare Daten sein.

Der Umfang der zu einer Person verarbeiteten Daten variiert dabei je nachdem, in welcher Funktion die Person uns gegenüber auftritt, etwa welche Position sie bei dem jeweiligen Geschäftspartner bekleidet.

3. Verarbeitungszwecke und Rechtsgrundlagen[14]

Wir verarbeiten personenbezogene Daten zu folgenden Zwecken auf Basis folgender Rechtsgrundlagen:

3.1 In Einzelfällen verarbeiten wir Daten, weil Sie hierin ausdrücklich eingewilligt haben (Art. 6 Abs. 1 lit. a DSGVO), etwa in den Erhalt von Werbung per elektronischer Post und/oder Telefon;

3.2 Die Datenverarbeitung erfolgt zur Durchführung von mit Ihnen oder Ihrem Beschäftigungsunternehmen abgeschlossenen Verträgen oder zur Durchführung vorvertraglicher Maßnahmen (Art. 6 Abs. 1 lit. b DSGVO); hierzu gehören insbesondere:

   – Kauf- und Lieferverträge (z.B. Bearbeitung von An- und Verkaufsanfragen, Authentifizierung von Vertragspartnern, Vorbereitung und Unterzeichnung von Vertragsdokumenten, Durchführung von An- und Verkäufen, Abrechnung und Abwicklung von Kaufpreiszahlungen;

   – Dienstleistungs- und Werkverträge sowie anderweitige Auftragsverhältnisse (z.B. Bearbeitung und Sichtung von entsprechenden Angeboten und Anfragen; Authentifizierung von Vertragspartnern, Vorbereitung und Unterzeichnung von Vertragsdokumenten, Abwicklung von Zahlungen; Versendung von Informationsschreiben);

3.3 Weitere Datenverarbeitungen erfolgen aufgrund gesetzlicher Vorgaben (Art. 6 Abs. 1 lit. c DSGVO): beispielsweise zur Erfüllung steuerrechtlicher und anderer gesetzlicher Kontroll- und Meldepflichten, sowie der Prüfung durch Steuer- oder andere Behörden und zur Einhaltung von gesetzlichen Aufbewahrungsfristen;

3.4 Außerdem verarbeiten wir Ihre Daten zur Wahrung unserer berechtigten Interessen (Art. 6 Abs. 1 lit. f DSGVO); namentlich zu folgenden Zwecken:

   – optimale Kontaktbetreuung/-beziehung, auch bezüglich der Mitarbeiter unserer Geschäftspartner;

   – Optimierung unserer Geschäftsprozesse, wie z.B. durch Führen einer Lieferanten- oder Interessenten-Datenbank, auch im Rahmen eines „Customer Relationship Managements";

   – Zentralisierung bzw. Auslagerung von Unternehmensfunktionen;

   – Minderung von Ausfallrisiken in unseren Geschäftsprozessen durch Konsultation von Auskunfteien (wie z.B. Creditreform, Bürgel) sowie Ermittlung von Scorewerten (Profiling), die uns dabei unterstützen, die Wahrscheinlichkeit auf Grundlage eines anerkannten mathematisch-statistischen Verfahrens zu bewerten, inwiefern Vertragspartner ihren Zahlungsverpflichtungen vertragsgemäß nachkommen werden;

---

13 Zu den Erläuterungen siehe Rz. 40.17 ff.
14 Zu den Erläuterungen siehe Rz. 40.21 ff.

– Geltendmachung und Verteidigung rechtlicher Ansprüche;

– Marktforschungszwecke.

4. Empfänger personenbezogener Daten[15]

Unter Umständen erfolgt (über die bereits zuvor genannten Fälle hinaus) eine Weitergabe Ihrer personenbezogenen Daten zu den oben genannten Zwecken; im Einzelnen:

4.1 Wenn es zur Aufklärung oder Verfolgung rechtswidriger bzw. missbräuchlicher Vorfälle erforderlich ist, werden personenbezogene Daten an unsere rechtlichen Berater, die Strafverfolgungsbehörden sowie gegebenenfalls an geschädigte Dritte weitergeleitet. Dies geschieht jedoch nur dann, wenn konkrete Anhaltspunkte für ein gesetzwidriges bzw. missbräuchliches Verhalten vorliegen. Eine Weitergabe kann auch dann stattfinden, wenn dies der Durchsetzung von vertraglichen Regelungen zwischen uns und unseren Vertrags- und Geschäftspartnern dient.

4.2 Wir sind zudem gesetzlich verpflichtet, auf Anfrage bestimmten öffentlichen Stellen Auskunft zu erteilen. Dies sind vor allem Strafverfolgungsbehörden, Behörden, die bußgeldbewährte Ordnungswidrigkeiten verfolgen und die Finanzbehörden.

4.3 Sofern es für Bearbeitung Ihrer Anfrage oder den Abschluss bzw. die Durchführung eines Vertrags- oder Geschäftsverhältnisses mit Ihnen erforderlich ist, sowie im Falle zentralisierter bzw. ausgelagerter Unternehmensfunktionen können Ihre Daten für die Erfüllung der obengenannten Zwecke an mit uns verbundene Unternehmen weitergegeben werden.

4.4 Gelegentlich sind wir für die Erfüllung der in dieser Datenschutzerklärung beschriebenen Zwecke bzw. zur Erbringung unserer Leistungen auf unter Umständen außerhalb der EU bzw. des EWR ansässige, vertraglich verbundene Fremdunternehmen oder anderweitige Kooperationspartner sowie externe Dienstleister angewiesen, beispielsweise Makler, Logistikunternehmen, IT-Dienstleister, Wirtschaftsberater und Finanzinstitute. In solchen Fällen werden Informationen an diese Unternehmen bzw. Einzelpersonen weitergegeben, um diesen die weitere Bearbeitung zu ermöglichen. Soweit es sich dabei um Stellen außerhalb der EU bzw. des EWR handelt, stellen wir ein angemessenes Datenschutzniveau etwa durch den Abschluss entsprechender Verträge mit dem Datenempfänger sicher.

4.5 Im Rahmen der Weiterentwicklung unseres Geschäfts kann es dazu kommen, dass sich die Struktur unseres Unternehmens wandelt, indem die Rechtsform geändert wird, Tochtergesellschaften, Unternehmensteile oder Bestandteile gegründet, gekauft oder verkauft werden. Bei solchen Transaktionen werden die Kundeninformationen zusammen mit dem zu übertragenden Teil des Unternehmens weitergegeben. Bei jeder Weitergabe von personenbezogenen Daten an Dritte in dem vorbeschriebenen Umfang tragen wir dafür Sorge, dass dies in Übereinstimmung mit dieser Datenschutzerklärung und den einschlägigen Datenschutzgesetzen erfolgt.

5. Verarbeitungsdauer[16]

Wir verarbeiten Ihre personenbezogenen Daten während der Dauer Ihrer Beschäftigung bei einem unserer Geschäftspartner, jedoch nicht länger als bis zur endgültigen Beendigung der jeweiligen Geschäftsbeziehung zwischen uns und Ihrem Beschäftigungsunternehmen. Vorgangsbezogene Informationen (etwa bezüglich eines konkreten Vertrags- oder Auftragsverhältnisses) löschen wir nach Beendigung des jeweiligen Vorgangs, z.B. Erfüllung eines Liefervertrages, mit einer Frist von drei Jahren nach Ablauf des jeweiligen Kalenderjahres, es sei denn diese unterliegen längeren gesetzlichen Aufbewahrungspflichten (etwa der sechs- bzw. zehnjährigen Aufbewahrung gemäß § 257 des Handelsgesetzbuchs); in einem solchen Fall werden die betroffenen Daten für jegliche weitere Verarbeitung gesperrt.

---

15 Zu den Erläuterungen siehe Rz. 40.26 f.
16 Zu den Erläuterungen siehe Rz. 40.29 f.

6. Betroffenenrechte[17]

6.1 Sie haben das Recht, jederzeit Auskunft über die zu Ihrer Person gespeicherten Daten zu erhalten. Bei Vorliegen der jeweiligen Voraussetzungen stehen Ihnen ebenso die folgenden Rechte zu:

- *Recht auf Berichtigung: Ihnen steht ein Recht auf Berichtigung von falschen, Sie betreffenden personenbezogenen Daten zu.*

- *Recht auf Löschung: Zudem können Sie die Löschung von Ihren personenbezogenen Daten verlangen, etwa wenn Ihre Daten für die Zwecke, für die sie erhoben oder auf sonstige Weise verarbeitet wurden, nicht mehr erforderlich sind.*

- *Recht auf Einschränkung der Verarbeitung: Sie haben ferner das Recht, die Einschränkung der Verarbeitung von Ihren personenbezogenen Daten zu verlangen; in einem solchen Fall werden die Daten für jegliche Verarbeitung gesperrt. Dieses Recht besteht insbesondere, wenn die Richtigkeit der personenbezogenen Daten zwischen Ihnen und uns umstritten ist.*

- *Recht auf Datenübertragbarkeit: Sofern wir Ihre personenbezogenen Daten zur Erfüllung eines Vertrags mit Ihnen oder auf Grundlage Ihrer Einwilligung verarbeiten, steht Ihnen zudem das Recht zu, Ihre personenbezogenen Daten in einem strukturierten, gängigen und maschinenlesbaren Format zu erhalten, sofern und soweit Sie uns die Daten zur Verfügung gestellt haben.*

- *Recht auf Widerruf einer Einwilligung: Sofern Sie uns eine Einwilligung zur Verarbeitung Ihrer personenbezogenen Daten erteilt haben, können Sie diese jederzeit widerrufen. Durch den Widerruf der Einwilligung wird die Rechtmäßigkeit der aufgrund der Einwilligung bis zum Widerruf erfolgten Verarbeitung nicht berührt.*

> *Darüber hinaus können Sie einer Datenverarbeitung aus Gründen, die sich aus Ihrer besonderen Situation ergeben, widersprechen. Dies gilt jedoch lediglich in solchen Fällen, in denen wir eine Datenverarbeitung zur Erfüllung eines berechtigten Interesses vornehmen. Falls Sie einen solchen Grund vortragen können und wir kein zwingendes, schutzwürdiges Interesse an der weiteren Verarbeitung geltend machen können, werden wir diese Daten für den jeweiligen Zweck nicht weiter verarbeiten.*

6.2 Sollten Sie Auskunft über die zu Ihrer Person gespeicherten Daten wünschen, Ihre anderweitigen Rechte geltend machen wollen oder Fragen zum Datenschutz bei uns haben, können Sie sich unter den obengenannten Kontaktdaten mit uns in Verbindung setzen.

6.3 Sie haben ferner das Recht, jederzeit Beschwerde bei einer Aufsichtsbehörde einzulegen, insbesondere bei einer Aufsichtsbehörde in dem Mitgliedstaat Ihres Aufenthaltsorts, Ihres Arbeitsplatzes oder des Orts des mutmaßlichen Verstoßes, wenn Sie der Ansicht sind, dass die Verarbeitung der Sie betreffenden personenbezogenen Daten gegen datenschutzrechtliche Bestimmungen verstößt.

7. Stand und Änderung dieser Datenschutzerklärung[18]

Stand dieser Datenschutzerklärung ist … [DATUM].

Die Weiterentwicklung unseres Unternehmens kann sich auch auf den Umgang mit personenbezogenen Daten auswirken. Wir behalten uns deshalb vor, diese Datenschutzerklärung künftig im Rahmen der geltenden Datenschutzgesetze zu ändern und gegebenenfalls an geänderte Datenverarbeitungsrealitäten anzupassen. Auf wesentliche, inhaltliche Änderungen werden wir Sie gesondert hinweisen.

---

17 Zu den Erläuterungen siehe Rz. 40.32 ff.
18 Zu den Erläuterungen siehe Rz. 40.37 ff.

II. Erläuterungen

1. Einleitung

M 40.1.1 Einleitung

Datenschutzerklärung für Geschäftskunden und Lieferanten

Mit den folgenden Informationen möchten wir Ihnen einen Überblick über die Verarbeitung Ihrer personen-
bezogenen Daten als Mitarbeiter durch uns und Ihre Rechte aus der Datenschutzgrundverordnung (Verord-
nung (EU) 2016/679 – „DSGVO") sowie dem Bundesdatenschutzgesetz („BDSG") geben.

Diese Datenschutzerklärung gilt für personenbezogene Daten von Personen, mit denen wir Vertrags- oder
Geschäftsbeziehungen eingehen, sowie von Organen, Geschäftsführern, Key Account Managern oder andere
Mitarbeitern unserer Vertrags- oder Geschäftspartner, die wir im Rahmen von bestehenden oder sich anbah-
nenden Vertrags- und Geschäftsbeziehungen verarbeiten. Hierzu gehören u.a. bestehende oder potentielle
Zulieferer, Dienstleister, Kunden oder Berater sowie bestehende oder potentielle Kooperationspartner oder
anderweitige Partnerunternehmen.

40.8

a) Ratio

Diese Absätze beschreiben in Kurzform Inhalt und Funktion des Dokuments.

40.9

b) Erläuterungen

Weil Art. 12 Abs. 1 DSGVO verlangt, dass die Informationen u.a. in verständlicher Form und in einer
klaren und einfachen Sprache bereitgestellt werden, werden die Gesetzesabkürzungen definiert.

40.10

In Abs. 2 wird der **Geltungsbereich** der Datenschutzerklärung definiert. Es werden diejenigen B2B-
Geschäftsbeziehungen spezifiziert, die für das jeweilige Unternehmen einschlägig sind. Diese mögen
für andere Unternehmen – je nach Tätigkeit und Branche – variieren. Der Verwender sollte hier die
Beispiele deshalb so anpassen, dass sie für den konkreten Anwendungsfall passen.

Hierbei ist auch auf eine klare **Abgrenzung** zu anderen vom Verantwortlichen ggf. verwendeten Datenschutzerklärungen zu achten. Um der Transparenzpflicht hinreichend Rechnung zu tragen, müssen
die betroffenen Personen leicht erkennen können, wie sich die Anwendungsbereiche verschiedener Datenschutzerklärungen voneinander unterscheiden.

40.11

2. Verantwortlicher und Datenschutzbeauftragter

M 40.1.2 Verantwortlicher und Datenschutzbeauftragter

1. Verantwortlicher und Datenschutzbeauftragter

Für die in dieser Datenschutzerklärung dargestellten Datenverarbeitungen Verantwortlicher im Sinne
der DSGVO ist die

… [Name und Anschrift]

Telefon: …

E-Mail: …

40.12

Unseren Datenschutzbeauftragten erreichen Sie unter:

… [Name und Anschrift]

Telefon: …

E-Mail: …

a) Ratio

40.13 Dieser Abschnitt enthält die Informationen nach Art. 13 Abs. 1 lit. a und lit. b DSGVO und dient gleichzeitig auch der Erfüllung der Verpflichtung nach Art. 37 Abs. 7 DSGVO, soweit es um die Veröffentlichung der Kontaktdaten geht.

b) Verantwortlicher

40.14 Die Informationen zu dem Verantwortlichen sollten eine mühelose **Identifizierung** des Verantwortlichen und vorzugsweise verschiedene **Kommunikationsformen** mit dem Verantwortlichen ermöglichen[19]. Zu dem Verantwortlichen ist mindestens die postalische Anschrift anzugeben; wenn die Informationen online zur Verfügung gestellt werden, sollte auch eine Online-Kontaktmöglichkeit (hier die E-Mail-Adresse) angegeben werden[20]. Die Telefonnummer ist optional.

c) Kontaktdaten des Datenschutzbeauftragten

40.15 Das Muster geht davon aus, dass es einen Datenschutzbeauftragten gibt; andernfalls könnten diese Informationen entfallen. Die Information über die Kontaktdaten soll sicherstellen, dass sich betroffene Personen (sowohl innerhalb als auch außerhalb der Stelle) und die Aufsichtsbehörden ohne weiteres auf direktem Wege an den Datenschutzbeauftragten wenden können, ohne hierbei den „Umweg" über den Verantwortlichen selbst gehen zu müssen[21]. Inhaltlich reicht es auch hier, die Anschrift anzugeben, also die Postadresse bei dem Verantwortlichen und seine Mailadresse[22]. Eine **namentliche Benennung** des Datenschutzbeauftragten ist nicht notwendig[23].

3. Quellen und Arten personenbezogener Daten

40.16 **M 40.1.3 Quellen und Arten personenbezogener Daten**

2. Quellen und Arten personenbezogener Daten

Wir verarbeiten in erster Linie solche personenbezogenen Daten, die uns die betroffenen Personen im Rahmen von Vertrags- und Geschäftsbeziehungen selbst zur Verfügung stellen oder die wir von den jeweiligen Vertrags- und Geschäftspartnern erhalten (z.B. von Ihren Kollegen, mit denen wir bereits in Kontakt stehen), etwa im Rahmen der Bearbeitung einer Anfrage oder eines Auftrags. Zudem verarbeiten wir personenbezogene Daten, die wir aus öffentlich zugänglichen Quellen (wie z.B. Handelsregister, Presse, Internet) erheben oder von Dritten (z.B. Kreditauskunfteien, Geschäftspartner) erhalten. Auf eine Erhebung von personenbezogenen Daten aus Drittquellen werden wir gesondert hinweisen.

Relevante personenbezogene Daten sind insbesondere Personalien (wie z.B. Name, Vorname, Anschrift, Bankverbindung, Rechnungsanschrift, Steuernummer/USt-Id.) und andere Kontaktdaten (wie z.B. Telefon-

---

19 *EDSA*, WP 260 rev.01, S. 43.

20 *Knyrim* in Ehmann/Selmayr, Art. 13 DSGVO Rz. 34; *Arning* in Moos/Schefzig/Arning, Kap. 6 Rz. 32.

21 *Art. 29-Datenschutzgruppe*, WP 243 rev.01, S. 15.

22 *Arning* in Moos/Schefzig/Arning, Kap. 6 Rz. 34.

23 *Art. 29-Datenschutzgruppe*, WP 243 rev.01, S. 15; *Knyrim* in Ehmann/Selmayr, Art. 13 DSGVO Rz. 36.

nummer, E-Mailadresse). Darüber hinaus können dies auch Vertrags- oder Auftragsdaten (z.B. Umsatzdaten, Volumen, Planmengen), Daten aus der Erfüllung unserer vertraglichen Verpflichtungen, Informationen über Ihre finanzielle Situation (z.B. Bonitätsdaten), Daten zu Ihrer Person (z.B. Geschäftsinteressen, Beruf, Branche, Position, Aufgaben und Befugnisse) sowie andere mit den genannten Kategorien vergleichbare Daten sein.

Der Umfang der zu einer Person verarbeiteten Daten variiert dabei je nachdem, in welcher Funktion die Person uns gegenüber auftritt, etwa welche Position sie bei dem jeweiligen Geschäftspartner bekleidet.

a) Ratio

Dieser Abschnitt enthält die nach Art. 14 Abs. 1 lit. d und Art. 14 Abs. 2 lit. f DSGVO verlangten Angaben, die streng genommen nur im Falle einer Erhebung bei einem Dritten notwendig sind[24]. Im hiesigen Verwendungskontext wird es häufiger vorkommen, dass bestimmte Ansprechpartner bei den Geschäftskunden oder Lieferanten Daten über Kollegen an den Verantwortlichen weitergeben – z.B. von Mitarbeitern in anderen Abteilungen, die ebenfalls in die Abwicklung der Geschäftsbeziehung einbezogen werden; etwa Logistikmitarbeiter zur Koordinierung von Lieferungen, Buchhaltungsmitarbeiter zur Klärung von Zahlungen oder auch Mitarbeiter der Rechtsabteilung zwecks Vertragsverhandlungen. 40.17

b) Informationen über Datenquellen

Im ersten Absatz werden die betroffenen Personen darüber informiert, woher die Daten stammen. Die **Offenlegung der Quelle** soll bei den hier in Rede stehenden indirekten Datenerhebungen (häufig über Kollegen bei demselben Unternehmen oder auch über andere Geschäftspartner) die Transparenz für die Ansprechpartner erhöhen. Die gesetzlichen Anforderungen an die Spezifizierung der Quelle im Rahmen der Information nach Art. 14 DSGVO sind gerade in diesem Erhebungskontext nicht zu überspannen. Weil die DSGVO bezüglich der Direkterhebung allein auf die betroffene Person als Individuum abstellt, sind auch solche Fälle als „Dritterhebungen" zu klassifizieren, so dass Informationen über die Quellen aus Gründen der Rechtssicherheit angegeben werden sollten. Erwägungsgrund 61 DSGVO lässt es aber ausdrücklich ausreichen, wenn die Unterrichtung der betroffenen Personen hierüber „allgemein gehalten" wird[25]. Das erscheint hier ausreichend, weil im Geschäftsverkehr sämtliche Mitarbeiter mit einer nach außen gerichteten Funktion natürlich ohnehin damit rechnen (müssen), dass ihre Daten vom Unternehmen an Dritte weitergegeben werden. 40.18

Die konkret anzugebenden Quellen sind sehr **unternehmensspezifisch**; die hier im Muster enthaltenen Angaben sind somit nur Beispiele.

c) Informationen über Datenarten

Die Datenarten werden hier zwar nur der **Kategorie** nach bezeichnet, aber dennoch mit einigen Beispielen veranschaulicht. Eine derartige Spezifizierung dürfte allemal ausreichend sein. Verlangt ist nur eine abstrakte Beschreibung der Datenarten, die die betroffene Person in die Lage versetzt, weitergehende Informationen, z.B. über eine Auskunft nach Art. 15 DSGVO, zu verlangen[26]. 40.19

Naturgemäß ist auch hier bei der Verwendung des Musters ein sorgsamer Realitäts-Check notwendig: Die hier benannten Datenkategorien können und sollen nur als Anhaltspunkt dienen; das Unternehmen muss jeweils im Einzelfall selbst ermitteln, welche Datenarten verarbeitet werden. Als Beispiele sollten diejenigen Datenarten angeführt werden, die typischerweise erhoben und verarbeitet werden. Auch sollten solche Informationen explizit genannt werden, mit deren Verarbeitung die betroffene Person nicht unbedingt rechnen muss.

---

24 Siehe hierzu im Detail die Erläuterungen in § 39, Rz. 39.17.
25 So auch *DSK*, Kurzpapier Nr. 10, S. 2.
26 *Dix* in Simitis/Hornung/Spiecker, Art. 14 DSGVO Rz. 5.

4. Verarbeitungszwecke und Rechtsgrundlagen

40.20 **M 40.1.4 Verarbeitungszwecke und Rechtsgrundlagen**

3. Verarbeitungszwecke und Rechtsgrundlagen

Wir verarbeiten personenbezogene Daten zu folgenden Zwecken auf Basis folgender Rechtsgrundlagen:

3.1 In Einzelfällen verarbeiten wir Daten, weil Sie hierin ausdrücklich eingewilligt haben (Art. 6 Abs. 1 lit. a DSGVO), etwa in den Erhalt von Werbung per elektronischer Post und/oder Telefon;

3.2 Die Datenverarbeitung erfolgt zur Durchführung von mit Ihnen oder Ihrem Beschäftigungsunternehmen abgeschlossenen Verträgen oder zur Durchführung vorvertraglicher Maßnahmen (Art. 6 Abs. 1 lit. b DSGVO); hierzu gehören insbesondere:

— *Kauf- und Lieferverträge (z.B. Bearbeitung von An- und Verkaufsanfragen, Authentifizierung von Vertragspartnern, Vorbereitung und Unterzeichnung von Vertragsdokumenten, Durchführung von An- und Verkäufen, Abrechnung und Abwicklung von Kaufpreiszahlungen;*

— *Dienstleistungs- und Werkverträge sowie anderweitige Auftragsverhältnisse (z.B. Bearbeitung und Sichtung von entsprechenden Angeboten und Anfragen; Authentifizierung von Vertragspartnern, Vorbereitung und Unterzeichnung von Vertragsdokumenten, Abwicklung von Zahlungen; Versendung von Informationsschreiben).*

3.3 Weitere Verarbeitungen erfolgen aufgrund gesetzlicher Vorgaben (Art. 6 Abs. 1 lit. c DSGVO): beispielsweise zur Erfüllung steuerrechtlicher und anderer gesetzlicher Kontroll- und Meldepflichten, sowie der Prüfung durch Steuer- oder andere Behörden und zur Einhaltung von gesetzlichen Aufbewahrungsfristen;

3.4 Außerdem verarbeiten wir Ihre Daten zur Wahrung unserer berechtigten Interessen (Art. 6 Abs. 1 lit. f DSGVO); namentlich zu folgenden Zwecken:

— *optimale Kontaktbetreuung und –beziehung, auch bezüglich der Mitarbeiter unserer Geschäftspartner;*

— *Optimierung unserer Geschäftsprozesse, wie z.B. durch Führen einer Lieferanten- oder Interessenten-Datenbank, auch im Rahmen eines „Customer Relationship Managements";*

— *Zentralisierung bzw. Auslagerung von Unternehmensfunktionen;*

— *Minderung von Ausfallrisiken in unseren Geschäftsprozessen durch Konsultation von Auskunfteien (wie z.B. Creditreform, Bürgel) sowie Ermittlung von Scorewerten (Profiling), die uns dabei unterstützen, die Wahrscheinlichkeit auf Grundlage eines anerkannten mathematisch-statistischen Verfahrens zu bewerten, inwiefern Vertragspartner ihren Zahlungsverpflichtungen vertragsgemäß nachkommen werden;*

— *Geltendmachung und Verteidigung rechtlicher Ansprüche;*

— *Marktforschungszwecke.*

a) Ratio

40.21 Dieser Abschnitt enthält die nach Art. 13 Abs. 1 lit. c und lit. d DSGVO bzw. nach Art. 14 Abs. 1 lit. c und Abs. 2 lit. b DSGVO erforderlichen Angaben.

b) Zwecke der Verarbeitung

40.22 In der Datenschutzerklärung sind die **Zwecke der Datenverarbeitung** im Einzelnen anzugeben; siehe hierzu die Erläuterungen zu § 39, Rz. 39.22.

Auch hier müsste im Übrigen eine Anpassung an die spezifischen Verarbeitungssituationen erfolgen; das Muster enthält insoweit nur Beispiele für eine übliche Zwecksetzung.

c) Rechtsgrundlagen der Verarbeitung

Das Muster führt in diesem Abschnitt außerdem die **Rechtsgrundlagen der Datenverarbeitung** auf, indem die einschlägigen Erlaubnistatbestände benannt werden. Siehe hierzu die Erläuterungen zu § 39, Rz. 39.24.   40.23

Ergänzend ist hier zu beachten, dass bestimmte Verarbeitungen hier explizit auf einer **Einwilligung** der betroffenen Person beruhen sollen. Hierbei wird unterstellt, dass der Einwilligende jeweils im Rahmen der Einholung der Einwilligung konkret und hinreichend über die Verarbeitungen informiert wird und diese Informationen hier deshalb nicht vollständig wiederholt werden müssen. Ungeachtet dessen ist es im Sinne einer transparenten Vorgehensweise möglich, den gesamten **Einwilligungstext** auch in der Datenschutzerklärung wiederzugeben. Der nach Art. 13 Abs. 2 lit. c und Art. 14 Abs. 2 lit. d DSGVO erforderliche Hinweis auf das Recht, die Einwilligung zu widerrufen, findet sich in Abschnitt 6 der Datenschutzerklärung (siehe Rz. 40.32 ff.).

d) Berechtigte Interessen

Soweit die Datenverarbeitung auf Art. 6 Abs. 1 lit. f DSGVO beruht, sind in der Datenschutzerklärung auch die jeweils vom Verantwortlichen verfolgten, **berechtigten Interessen** zu benennen, was hier in Ziff. 3.4 erfolgt. Siehe hierzu die Erläuterungen zu § 39, Rz. 39.26.   40.24

5. Empfänger personenbezogener Daten

M 40.1.5 Empfänger personenbezogener Daten   40.25

4. Empfänger personenbezogener Daten

Unter Umständen erfolgt (über die bereits zuvor genannten Fälle hinaus) eine Weitergabe Ihrer personenbezogenen Daten zu den oben genannten Zwecken; im Einzelnen:

4.1 Wenn es zur Aufklärung oder Verfolgung rechtswidriger bzw. missbräuchlicher Vorfälle erforderlich ist, werden personenbezogene Daten an unsere rechtlichen Berater, die Strafverfolgungsbehörden sowie gegebenenfalls an geschädigte Dritte weitergeleitet. Dies geschieht jedoch nur dann, wenn konkrete Anhaltspunkte für ein gesetzwidriges beziehungsweise missbräuchliches Verhalten vorliegen. Eine Weitergabe kann auch dann stattfinden, wenn dies der Durchsetzung von vertraglichen Regelungen zwischen uns und unseren Vertrags- und Geschäftspartnern dient.

4.2 Wir sind zudem gesetzlich verpflichtet, auf Anfrage bestimmten öffentlichen Stellen Auskunft zu erteilen. Dies sind vor allem Strafverfolgungsbehörden, Behörden, die bußgeldbewährte Ordnungswidrigkeiten verfolgen und die Finanzbehörden.

4.3 Sofern es für Bearbeitung Ihrer Anfrage oder den Abschluss bzw. die Durchführung eines Vertrags- oder Geschäftsverhältnisses mit Ihnen erforderlich ist, sowie im Falle zentralisierter bzw. ausgelagerter Unternehmensfunktionen können Ihre Daten für die Erfüllung der obengenannten Zwecke an mit uns verbundene Unternehmen weitergegeben werden.

4.4 Gelegentlich sind wir für die Erfüllung der in dieser Datenschutzerklärung beschriebenen Zwecke bzw. zur Erbringung unserer Leistungen auf unter Umständen außerhalb der EU bzw. des EWR ansässige, vertraglich verbundene Fremdunternehmen oder anderweitige Kooperationspartner sowie externe Dienstleister angewiesen, beispielsweise Makler, Logistikunternehmen, IT-Dienstleister, Wirtschaftsberater und Finanzinstitute. In solchen Fällen werden Informationen an diese Unternehmen bzw. Einzelpersonen weitergegeben, um diesen die weitere Bearbeitung zu ermöglichen. Soweit es sich dabei um Stellen au-

ßerhalb der EU bzw. des EWR handelt, stellen wir ein angemessenes Datenschutzniveau etwa durch den Abschluss entsprechender Verträge mit dem Datenempfänger sicher.

4.5 Im Rahmen der Weiterentwicklung unseres Geschäfts kann es dazu kommen, dass sich die Struktur unseres Unternehmens wandelt, indem die Rechtsform geändert wird, Tochtergesellschaften, Unternehmensteile oder Bestandteile gegründet, gekauft oder verkauft werden. Bei solchen Transaktionen werden die Kundeninformationen zusammen mit dem zu übertragenden Teil des Unternehmens weitergegeben. Bei jeder Weitergabe von personenbezogenen Daten an Dritte in dem vorbeschriebenen Umfang tragen wir dafür Sorge, dass dies in Übereinstimmung mit dieser Datenschutzerklärung und den einschlägigen Datenschutzgesetzen erfolgt.

a) Ratio

40.26 Dieser Abschnitt enthält die nach Art. 13 Abs. 1 lit. e DSGVO bzw. nach Art. 14 Abs. 1 lit. e DSGVO erforderlichen Angaben. Danach sind in einer Datenschutzerklärung die „Empfänger oder Kategorien von Empfängern" der personenbezogenen Daten anzugeben.

b) Erläuterungen

40.27 Siehe hierzu die Erläuterungen zu § 39, Rz. 39.28.

6. Verarbeitungsdauer

40.28 **M 40.1.6 Verarbeitungsdauer**

5. Verarbeitungsdauer

Wir verarbeiten Ihre personenbezogenen Daten während der Dauer Ihrer Beschäftigung bei einem unserer Geschäftspartner, jedoch nicht länger als bis zur endgültigen Beendigung der jeweiligen Geschäftsbeziehung zwischen uns und ihrem Beschäftigungsunternehmen. Vorgangsbezogene Informationen (etwa bezüglich eines konkreten Vertrags- oder Auftragsverhältnisses) löschen wir nach Beendigung des jeweiligen Vorgangs, z.B. Erfüllung eines Liefervertrages, mit einer Frist von drei Jahren nach Ablauf des jeweiligen Kalenderjahres, es sei denn diese unterliegen längeren gesetzlichen Aufbewahrungspflichten (etwa der sechs- bzw. zehnjährigen Aufbewahrung gemäß § 257 des Handelsgesetzbuchs); in einem solchen Fall werden die betroffenen Daten für jegliche weitere Verarbeitung gesperrt.

a) Ratio

40.29 Dieser Abschnitt enthält die nach Art. 13 Abs. 2 lit. a bzw. Art. 14 Abs. 2 lit. a DSGVO erforderlichen Angaben. Danach muss die Datenschutzerklärung Informationen über die Dauer der Datenspeicherung bzw. über die Kriterien für die Festlegung der Dauer enthalten.

b) Speicherdauer

40.30 Siehe hierzu die Erläuterungen zu § 39, Rz. 39.33 f.

Auch die Aufbewahrungs- und Löschfristen sind hier entsprechend dem jeweils bei dem Verantwortlichen etablierten Konzept zu bestimmen und anzugeben. Hinsichtlich der Ansprechpartner bei den Geschäftspartnern folgt das Muster dem Ansatz, die Daten prinzipiell zu löschen, wenn der betreffende Mitarbeiter aus dem Unternehmen des Geschäftspartners ausscheidet. Eine Ausnahme gilt dann, wenn er zu einem anderen Geschäftspartner wechselt, was je nach Branche eine übliche Vorgehensweise darstellen kann; etwa, wenn der Key Account Manager eines Unternehmens in gleicher Funktion zu einem

Mitbewerber wechselt. Pflegt der Verantwortliche auch zu dem neuen Beschäftigungsunternehmen des Betroffenen eine Geschäftsbeziehung, erscheint es zulässig und sachgerecht, die auf ihn bezogenen Daten weiter vorzuhalten.

7. Betroffenenrechte

M 40.1.7 Betroffenenrechte 40.31

6. Betroffenenrechte

6.1 Sie haben das Recht, jederzeit Auskunft über die zu Ihrer Person gespeicherten Daten zu erhalten. Bei Vorliegen der jeweiligen Voraussetzungen stehen Ihnen ebenso die folgenden Rechte zu:

– *Recht auf Berichtigung: Ihnen steht ein Recht auf Berichtigung von falschen, Sie betreffenden personenbezogenen Daten zu.*

– *Recht auf Löschung: Zudem können Sie die Löschung von Ihren personenbezogenen Daten verlangen, etwa wenn Ihre Daten für die Zwecke, für die sie erhoben oder auf sonstige Weise verarbeitet wurden, nicht mehr erforderlich sind.*

– *Recht auf Einschränkung der Verarbeitung: Sie haben ferner das Recht, die Einschränkung der Verarbeitung von Ihren personenbezogenen Daten zu verlangen; in einem solchen Fall werden die Daten für jegliche Verarbeitung gesperrt. Dieses Recht besteht insbesondere, wenn die Richtigkeit der personenbezogenen Daten zwischen Ihnen und uns umstritten ist.*

– *Recht auf Datenübertragbarkeit: Sofern wir Ihre personenbezogenen Daten zur Erfüllung eines Vertrags mit Ihnen oder auf Grundlage Ihrer Einwilligung verarbeiten, steht Ihnen zudem das Recht zu, Ihre personenbezogenen Daten in einem strukturierten, gängigen und maschinenlesbaren Format zu erhalten, sofern und soweit Sie uns die Daten zur Verfügung gestellt haben.*

– *Recht auf Widerruf einer Einwilligung: Sofern Sie uns eine Einwilligung zur Verarbeitung Ihrer personenbezogenen Daten erteilt haben, können Sie diese jederzeit widerrufen. Durch den Widerruf der Einwilligung wird die Rechtmäßigkeit der aufgrund der Einwilligung bis zum Widerruf erfolgten Verarbeitung nicht berührt.*

> *Darüber hinaus können Sie einer Datenverarbeitung aus Gründen, die sich aus Ihrer besonderen Situation ergeben, widersprechen. Dies gilt jedoch lediglich in solchen Fällen, in denen wir eine Datenverarbeitung zur Erfüllung eines berechtigten Interesses vornehmen. Falls Sie einen solchen Grund vortragen können und wir kein zwingendes, schutzwürdiges Interesse an der weiteren Verarbeitung geltend machen können, werden wir diese Daten für den jeweiligen Zweck nicht weiter verarbeiten.*

6.2 Sollten Sie Auskunft über die zu Ihrer Person gespeicherten Daten wünschen, Ihre anderweitigen Rechte geltend machen wollen oder Fragen zum Datenschutz bei uns haben, können Sie sich unter den obengenannten Kontaktdaten mit uns in Verbindung setzen.

6.3 Sie haben ferner das Recht, jederzeit Beschwerde bei einer Aufsichtsbehörde einzulegen, insbesondere bei einer Aufsichtsbehörde in dem Mitgliedstaat Ihres Aufenthaltsorts, Ihres Arbeitsplatzes oder des Orts des mutmaßlichen Verstoßes, wenn Sie der Ansicht sind, dass die Verarbeitung der Sie betreffenden personenbezogenen Daten gegen datenschutzrechtliche Bestimmungen verstößt.

a) Ratio

Dieser Abschnitt enthält die nach Art. 13 Abs. 2 lit. b und lit. d DSGVO bzw. nach Art. 14 Abs. 2 40.32 lit. c und lit. e DSGVO erforderlichen Angaben.

b) Rechte der betroffenen Personen

40.33 In Ziff. 6 sind die den betroffenen Personen zustehenden Rechte benannt und kurz beschrieben. Siehe hierzu die Erläuterungen zu § 39, Rz. 39.43.

c) Hervorhebung des Hinweises auf das Widerspruchsrecht

40.34 Der Hinweis auf das **Widerspruchsrecht** ist hier durch **Umrandung** hervorgehoben. Siehe hierzu die Erläuterungen zu § 39, Rz. 39.45.

d) Beschwerderecht bei der Aufsichtsbehörde

40.35 Ziff. 6.3 informiert über das Recht der betroffenen Person, sich bei einer Aufsichtsbehörde zu beschweren. Siehe hierzu die Erläuterungen zu § 39, Rz. 39.46.

8. Stand und Änderung dieser Datenschutzerklärung

40.36 **M 40.1.8 Stand und Änderung dieser Datenschutzerklärung**

7. Stand und Änderung dieser Datenschutzerklärung

Stand dieser Datenschutzerklärung ist … [DATUM].

Die Weiterentwicklung unseres Unternehmens kann sich auch auf den Umgang mit personenbezogenen Daten auswirken. Wir behalten uns deshalb vor, diese Datenschutzerklärung künftig im Rahmen der geltenden Datenschutzgesetze zu ändern und gegebenenfalls an geänderte Datenverarbeitungsrealitäten anzupassen. Auf wesentliche, inhaltliche Änderungen werden wir Sie gesondert hinweisen.

a) Ratio

40.37 Die Angaben in Abschnitt 7 des Musters sind gesetzlich nicht zwingend vorgesehen; sie helfen aber, Transparenz zu schaffen, sofern im Laufe der Zeit Aktualisierungen der Datenschutzerklärung erfolgen (sollen).

b) Erläuterungen

40.38 Siehe hierzu die Erläuterungen zu § 39, Rz. 39.49 f.

Ein Hinweis auf die **Aktualisierung** kann im hiesigen Verwendungskontext z.B. durch die Aufnahme eines Hinweises in die **Fußzeile der Geschäfts-E-Mails** erfolgen (in der ohnehin ein Link zu der Datenschutzerklärung enthalten sein sollte, siehe Rz. 40.3). Dieser Hinweis könnte dann z.B. für eine gewisse Zeit mit einem Aktualisierungshinweis wie folgt versehen werden: *„Wir haben unsere hier abrufbare Datenschutzerklärung am [Datum] aktualisiert".*

§ 41
Internet-Datenschutzerklärung

Literatur: *Alich/Voigt*, Mitteilsame Browser, CR 2012, 344; *Bilenko/Richardson/Tsai*, Targeted, Not Tracked: Client-side Solutions for Privacy-Friendly Behavioral Advertising, veröffentlicht im Rahmen des 11th Privacy Enhancing Technologies Symposium, abrufbar unter http://petsymposium.org/2011/papers/hotpets11-final3Bilenko.pdf (Stand 2/2013); *Calliess/Ruffert*, EUV/AEUV, 5. Aufl. 2016; *Heidrich*, Anm. zu OLG München v. 27.9.2012 – 29 U 1682/12, MMR 2013, 39; *Köhntopp/Köhntopp*, Datenspuren im Internet, CR 2000, 248; *Kühling*, Rechtliche Rahmenbedingungen für Zulässigkeitstatbestände in einer künftigen ePrivacy-VO, CR 2020, 199; *Lerch/Krause/Hotho/Roßnagel/Stumme*, Social Bookmarking-Systeme, MMR 2010, 454; *Marosi*, One (smart) size fits it all? – Das (Datenschutz-)TMG heute – und morgen?, DSRITB 2016, 435; *Menke/Witte*, Aktuelle Rechtsprobleme beim Email-Marketing, K&R 2013, 25; *Meyerdierks*, Sind IP-Adressen personenbezogene Daten?, MMR 2009, 8; *Moos*, Unmittelbare Anwendbarkeit der Cookie-Richtlinie, K&R 2012, 635; *Ohly*, UWG-Rechtsschutz bei Verstößen gegen die Datenschutz-Grundverordnung?, GRUR 2019, 686; *Roßnagel*, Konflikte zwischen Informationsfreiheit und Datenschutz, MMR 2007, 16; *v. Schenck/Mueller-Stöfen*, Die Datenschutz – Grundverordnung: Auswirkungen in der Praxis, GWR 2017, 171; *Schmidl*, IT-Recht von A-Z, 2. Aufl. 2014; *Simitis*, Bundesdatenschutzgesetz, 8. Aufl. 2014; *Taeger/Gabel*, Kommentar zum BDSG, 2. Aufl. 2013; *Wintermeier*, Rechtskonforme Erstellung einer Datenschutzerklärung, ZD 2013, 21; *Woitke*, Web-Bugs, MMR 2003, 310.

A. Einleitung

I. DSGVO und ePrivacy-VO

1. Rückschau auf die ersten Jahre DSGVO

41.1 Die DSGVO ist am 25.5.2016 in Kraft getreten und gilt nach zweijährigem Umsetzungszeitraum seit Mai 2018 unionsweit. Die Aufsichtsbehörden sorgen seitdem für eine konsequente Durchsetzung des Datenschutzrechts. Dies zeigen insbesondere die Bußgelder, die die Aufsichtsbehörden seit Ablauf der Umsetzungsfrist verhängt haben. Allein in Deutschland wurden in den Jahren 2019 und 2020 auf Grundlage der DSGVO mehr als 200 Bußgelder verhängt, darunter Bußgelder i.H.v. 9,6 Mio. EUR gegen 1&1 Drillisch[1] und 14,5 Mio. EUR gegen die Deutsche Wohnen SE[2]. Die französische Datenschutzbehörde hat im Januar 2019 gegen Google ein Rekordbußgeld i.H.v. 50 Mio. EUR verhängt[3]. Im November 2020 hat die italienische Datenschutzbehörde ein Bußgeld i.H.v. 12 Mio. EUR gegen Vodafone erlassen[4]. Die britische Aufsichtsbehörde hat im Oktober 2020 gegen die Hotelkette Marriott ein Bußgeld in Höhe von 20,3 Mio. EUR verhängt; aufgrund der Corona-Pandemie und der schwierigen wirtschaftlichen Lage der Hotelkette hat die Behörde von den ursprünglich geplanten 110 Mio. EUR als Bußgeld abgesehen[5]. Es zeigt sich, dass der Strafrahmen, den die DSGVO vorsieht, auch ausgeschöpft wird (Rz. 41.17).

Im Mai 2020 ist erstmals eine Evaluation der DSGVO erfolgt, die grundsätzlich alle 4 Jahre (seit Inkrafttreten der DSGVO im Mai 2016) durchgeführt wird[6]. Nach Art. 97 Abs. 2 DSGVO soll die EU-Kommission Anwendung und Wirkungsweise der Kapitel V und VII der DSGVO, die sich mit der Übermittlung in Drittländer sowie Zusammenarbeit und Kohärenz befassen, überprüfen. Ziel dieser Überprüfung ist es, nach Abs. 5 Vorschläge zur Änderung der DSGVO vorzulegen, die „die Entwicklungen in der Informationstechnologie und die Fortschritte in der Informationsgesellschaft" berücksichtigen. Im Rahmen dieser Evaluation hat die EU-Kommission die DSGVO überwiegend positiv bewertet. Die DSGVO stärke die Transparenz und verleihe den Einzelnen durchsetzbare Rechte, bspw. die Rechte auf Auskunft, Berichtigung, Löschung, Widerspruch und Datenübertragbarkeit. Die Unternehmen würden ihre datenschutzrelevanten Praktiken anpassen, die Datensicherheit erhöhen und den Datenschutz als Wettbewerbsvorteil entwickeln. Schließlich gebe die DSGVO den nationalen Datenschutzbehörden von Verwarnungen über Verweise bis hin zu Bußgeldern die richtigen Instrumente zur Durchsetzung des Datenschutzrechts an die Hand. Als ein zentraler Aspekt datenschutzrechtlichen Bewusstseins habe sich das Bußgeldverfahren bewährt. Die Ausstattung der nationalen Datenschutzbehörden mit den erforderlichen personellen, technischen und finanziellen Mitteln müsse jedoch weiter ausgebaut und diese Mittel auf nationaler Ebene besser verteilt werden. Die Kommission engagiert sich darüber hinaus für eine freie und sichere Datenübermittlung an Drittstaaten und internationale Organisationen. Dafür sollen spezielle Leitlinien für die Zertifizierung und Verhaltenskodizes für die

---

1 *Anger/Neuerer*, Datenschutz-Verstöße: Zahl der Bußgelder drastisch gestiegen, 1.1.2020, abrufbar unter: https://www.handelsblatt.com/politik/deutschland/dsgvo-datenschutz-verstoesse-zahl-der-bussgelder-ist-drastisch-gestiegen/25364576.html?ticket=ST-2262303-pW2NPU1hmf2OgQJV4zEY-ap6 (Stand: 23.11.2020).
2 Benutzte Software nicht DSGVO-konform = 14,5 Mio. EUR Bußgeld, 5.11.2019, abrufbar unter https://www.datenschutzbeauftragter-info.de/benutzte-software-nicht-dsgvo-konform-145-mio-euro-bussgeld/ (Stand 23.11.2020).
3 *Rebiger/Dachwitz*, 50-Millionen Strafe gegen Google verhängt, 21.1.2019, abrufbar unter https://netzpolitik.org/2019/die-dsgvo-zeigt-erste-zaehne-50-millionen-strafe-gegen-google-verhaengt/ (Stand 6.5.2020).
4 *Heise*, DSGVO-Strafe: Vodafone Italien soll über 12 Millionen Euro zahlen, 23.11.2020, abrufbar unter https://www.heise.de/news/DSGVO-Strafe-Vodafone-Italien-soll-ueber-12-Millionen-Euro-zahlen-4969037.html (Stand 25.11.2020).
5 *Morgan*, The ICO strikes again: Marriott fined for GDPR breaches, 2.11.2020, abrufbar unter https://www.lexology.com/library/detail.aspx?g=b7444202-6ee7-41e7-99ff-c67ab1a650cf (Stand 25.11.2020).
6 Abrufbar unter https://ec.europa.eu/commission/presscorner/detail/de/ip_20_1163 (Stand 24.8.2020).

Datenübermittlung durch den Europäischen Datenschutzausschuss formuliert werden. Die Ziele des verbesserten Grundrechtsschutzes und der Schaffung eines einheitlichen digitalen Binnenmarktes würden mithilfe der DSGVO daher grundsätzlich vorangebracht und überwiegend erreicht.

Das 2007 in Kraft getretene Telemediengesetz (TMG) gilt nach § 1 Abs. 1 TMG für alle elektronischen Informations- und Kommunikationsdienste, soweit diese nicht dem Telekommunikationsgesetz oder dem Rundfunkstaatsvertrag unterstehen. Als Unionsrecht genießt die DSGVO allerdings gegenüber dem TMG Anwendungsvorrang, es sei denn, die DSGVO sieht Öffnungsklauseln vor, durch die die Mitgliedstaaten die DSGVO durch eigene Gesetzgebung konkretisieren können. Andernfalls darf das nationale Recht nicht angewendet werden, unabhängig davon, ob es vor oder nach Inkrafttreten der DSGVO erlassen worden ist. Allerdings enthält die DSGVO keine besonderen Erlaubnistatbestände für Internetdienste. Spezielle Regelungen sollen sich in der Verordnung über Privatsphäre und elektronische Kommunikation, der ePrivacy-VO, wiederfinden. Wann diese Verordnung in Kraft treten wird, ist jedoch seit langem ungewiss. Es stellt sich daher die Frage, ob die Regelungen des TMG weiterhin beachtet werden müssen. Das ist nur dann möglich, wenn es sich bei den entsprechenden Regelungen des TMG um Umsetzungen der ePrivacy-Richtlinie (2002/58/EG) handelt und diese Regelungen der Kollisionsregel des Art. 95 DSGVO unterfallen. Art. 95 DSGVO i.V.m. Erwägungsgrund 173 normiert einen Anwendungsvorrang der ePrivacy-Richtlinie, sofern den Adressaten besonderer Pflichten der ePrivacy-Richtlinie (2002/58/EG) zusätzliche Pflichten durch die DSGVO auferlegt werden. Von der Kollisionsregel sind auch die nationalen Regelungen der Mitgliedstaaten umfasst, die in Umsetzung der Richtlinie erlassen wurden. 41.2

Die Konferenz der unabhängigen Datenschutzaufsichtsbehörden des Bundes und der Länder (DSK) vertritt die Auffassung, dass die datenschutzrechtlichen Vorschriften des TMG (§§ 11 ff. TMG) neben der DSGVO nicht mehr anwendbar seien, da diese Vorschriften vorrangig eine Umsetzung der durch die DSGVO aufgehobenen Datenschutzrichtlinie (95/46/EG) darstellten. Nach Einschätzung der DSK finden die auf dieser Richtlinie beruhenden Telemediendatenschutzvorschriften wegen Art. 94 DSGVO keine Anwendung mehr. 41.3

Dem hat der BGH widersprochen und entschieden, dass es sich bei § 15 Abs. 3 Satz 1 TMG um eine Umsetzung der Richtlinie 2002/58/EG handelt. Der richtlinienkonformen Auslegung des § 15 Abs. 3 Satz 1 TMG steht nicht entgegen, dass der deutsche Gesetzgeber bisher keinen Umsetzungsakt vorgenommen hat. Denn es ist anzunehmen, dass der Gesetzgeber die bestehende Rechtslage in Deutschland für richtlinienkonform erachtete[7]. § 15 Abs. 3 TMG genießt somit Anwendungsvorrang vor den Regeln der DSGVO und ist weiterhin bestehendes und anzuwendendes Recht.

2. Aktueller Stand zur ePrivacy-Verordnung („ePrivacy-VO")

Gleichzeitig mit der DSGVO sollte am 25.5.2018 auch die ePrivacy-VO eingeführt werden. Die ePrivacy-VO soll zukünftig die Bereitstellung und Nutzung elektronischer Kommunikationsdienste regeln und die bisherige ePrivacy-Richtlinie ersetzen. Im Verhältnis zur DSGVO sollen zukünftig die Spezialvorschriften der ePrivacy-VO vorrangig zur Anwendung kommen. 41.4

Allerdings ist die ePrivacy-VO nach mehreren gescheiterten Einigungsversuchen bis Redaktionsschluss nicht zustande gekommen.

Die Mitgliedstaaten müssen sich erst über einen Entwurf einigen und die Trilog-Verhandlungen durchführen, so dass mit einem Inkrafttreten der ePrivacy-VO nicht vor 2023 zu rechnen ist. Geht man zusätzlich von einem zweijährigen Umsetzungszeitraum wie bei der DSGVO aus, würde die ePrivacy-VO frühestens im Jahr 2025 Geltung erlangen. Wie die ePrivacy-VO aussehen wird, war bei Redaktionsschluss nicht absehbar. Für den Übergangszeitraum gilt gem. Art. 95 DSGVO i.V.m. Erwägungsgrund 173 DSGVO, dass die ePrivacy-Richtlinie (2002/58/EG) bis zum Geltungsbeginn der

---

7 BGH v. 28.5.2020 – I ZR 7/16, openJur 2020, 31665.

ePrivacy-VO gelten und anwendbar sein soll. Dies gilt vorbehaltlich der Ausführungen in Rz. 41.2 auch für die nationale Umsetzung der Richtlinie, das TMG.

II. Grundlagen der Informationspflicht bei Internet-Angeboten

41.5 Personenbezogene Daten stehen in einem besonderen Spannungsverhältnis: Einerseits schreibt das Grundrecht auf Schutz personenbezogener Daten, das sich aus Art. 8 der Europäischen Grundrechtecharta („GRC") ergibt, vor, dass Daten nur nach Treu und Glauben für festgelegte Zwecke und mit Einwilligung der betroffenen Person oder auf einer gesetzlich geregelten legitimen Grundlage verarbeitet werden dürfen. Dem gegenüber steht die aus Art. 11 Abs. 1 GRC hergeleitete Informationsfreiheit, die allerdings durch das Gebot der Datenminimierung gem. Art. 5 Abs. 1 lit. c DSGVO beschränkt wird.

41.6 Dieses Spannungsverhältnis ist bei einer Datennutzung und -verarbeitung im Internet besonders schwierig aufzulösen: Jede Interaktion hängt dort von einem möglichst unbeschränkten Datenfluss ab. Da Daten über das Internet prinzipiell allzugänglich sind und theoretisch unbeschränkt gespeichert werden können, ist das Recht auf den Schutz personenbezogener Daten im Internet in besonderer Weise gefährdet.

41.7 Um dieser Gefährdung Rechnung zu tragen, normiert der europäische Gesetzgeber in Art. 6 DSGVO strenge Anforderungen an die Rechtmäßigkeit der Datenverarbeitung. Grundkonzept ist ein generelles Verbot der Datenverarbeitung mit Erlaubnisvorbehalt[8]. Während in Art. 6 Abs. 1 Satz 1 DSGVO die einzelnen Rechtmäßigkeitsvoraussetzungen – Einwilligung und gesetzliche Erlaubnistatbestände – normiert sind, regelt Abs. 2 die Konkretisierungsermächtigung der Mitgliedstaaten zum Erlass spezifischer Regelungen, Abs. 3 die hierfür erforderlichen Voraussetzungen und Abs. 4 die Rechtmäßigkeit der Zweckänderung.

41.8 Hohe praktische Relevanz hat der Erlaubnistatbestand des Art. 6 Abs. 1 lit. f DSGVO[9]. Danach ist die Verarbeitung personenbezogener Daten rechtmäßig, wenn die Verarbeitung zur Wahrung der berechtigten Interessen des Verantwortlichen oder eines Dritten erforderlich ist und die Interessen oder Grundrechte und Grundfreiheiten der betroffenen Person, die den Schutz personenbezogener Daten erfordern, nicht überwiegen. Der Begriff der „berechtigten Interessen" umfasst jedes von der Rechtsordnung anerkannte Interesse[10].

41.9 Wie auch nach „alter" Rechtslage, also vor Inkrafttreten der DSGVO, müssen Betreiber von Websites Endnutzer über ein etwa bestehendes, besonderes Risiko für die Sicherheit elektronischer Kommunikationsdienste und -netze informieren. Das Gesetz unterscheidet dabei zwischen zwei Fällen. Zum einen können personenbezogene Daten direkt bei dem Betroffenen (Art. 13 DSGVO) oder indirekt (Art. 14 DSGVO) erhoben werden. Die Unterscheidung ist für den Zeitpunkt entscheidend, in dem der Verantwortliche verpflichtet ist, entsprechende Informationen zu erteilen. Während die betroffene Person bei der Direkterhebung unverzüglich zu informieren ist, muss die Information im zweiten Fall innerhalb einer angemessenen Frist, spätestens aber einen Monat nach Erhebung der Daten, erfolgen (Art. 14 Abs. 3 lit. a DSGVO). Werden die Daten zur Kommunikation mit der betroffenen Person verwendet, besteht die Informationspflicht jedoch direkt bei Kontaktaufnahme (Art. 14 Abs. 3 lit. c DSGVO). Inhaltlich treffen den Verantwortlichen bei beiden Arten der Erhebung die gleichen Informationspflichten. Beispielsweise muss der Verantwortliche seine Identität, die Kontaktdaten des Datenschutzbeauftragen (sofern vorhanden), die Verarbeitungszwecke und die Rechtsgrundlage offenlegen. Die Unterscheidung ergibt sich schlicht daraus, dass der Verantwortliche, der Daten nicht bei der betroffenen Person selbst erhebt, nicht selbst über die Bereitstellung entscheiden kann. Ihn treffen in einem solchen Fall keine Informationspflichten. Zusätzlich trifft ihn aber die Pflicht, darüber zu infor-

---

8 *Heberlein* in Ehmann/Selmayr, Art. 6 DSGVO Rz. 4.
9 *Pötters/Rauer* in Wybitul, Art. 6 DSGVO Rz. 30.
10 *Plath* in Plath, Art. 6 DSGVO Rz. 54.

mieren, aus welcher Quelle die personenbezogenen Daten stammen und gegebenenfalls, ob dies öffentlich zugängliche Quellen sind.

Gemäß Art. 12 DSGVO sind die Informationen „in präziser, transparenter, verständlicher und leicht zugänglicher Form in einer klaren und einfachen Sprache" zu übermitteln. Die Übermittlung der Informationen ist dabei in schriftlicher sowie in elektronischer Form zulässig, Art. 12 Abs. 1 Satz 2 DSGVO. Auf Verlangen der betroffenen Person kann die Information auch mündlich erteilt werden, sofern die Identität der betroffenen Person in anderer Form nachgewiesen wurde (Art. 12 Abs. 1 DSGVO).

Art. 13 Abs. 1 DSGVO enthält zwingende Vorgaben in Bezug auf Informationen, die der Verantwortliche dem Betroffenen bei Erhebung personenbezogener Daten bereitstellen muss. Nach Abs. 2 ist der Verantwortliche zusätzlich verpflichtet, Informationen bereit zu stellen, die notwendig sind, um eine transparente und faire Verarbeitung zu gewährleisten. Der Verantwortliche hat die Informationspflichten aus Abs. 1 und aus Abs. 2 gleichermaßen vollständig zu erfüllen, da zwischen den jeweiligen Tatbestandsvoraussetzungen keine Unterschiede bestehen[11]. Das wird vor allem damit begründet, dass die faire und transparente Verarbeitung einen allgemeinen Grundsatz der DSGVO darstellt, Art. 5 Abs. 1 lit. a DSGVO. Bei Annahme unterschiedlicher Informationspflichten bestünde zudem Rechtsunsicherheit darüber, in welchen Fällen Informationen mitgeteilt werden müssen, um den Anforderungen an eine faire und transparente Verarbeitung gerecht zu werden.

Um die o.g. Informationspflichten zu erfüllen, greifen insb. Website-Anbieter oft auf eine auf ihre speziellen Anforderungen abgestimmte Internet Privacy Policy zurück. Wird die Internet Privacy Policy auf einer Website bereitgestellt, hat der Verantwortliche dafür Sorge zu tragen, dass der Nutzer zum Zeitpunkt der Erhebung der Daten Kenntnis von diesen Regelungen nehmen kann. Dafür eignet sich insbesondere ein Link[12], der auch am unteren Ende der Website platziert werden kann, da Nutzer es regelmäßig gewohnt sind, nach unten zu scrollen. Es kann mittlerweile von einer Erwartungshaltung ausgegangen werden, dass sich derartige Links an dieser Stelle befinden. 41.10

III. Einwilligungserklärungen

Für jede Datenverarbeitung, die nicht unter einen gesetzlichen Erlaubnistatbestand subsumiert werden kann, muss die Einwilligung der betroffenen Person eingeholt werden. Die diesbezüglichen Anforderungen richten sich nach Art. 7, Art. 4 Nr. 11 DSGVO. 41.11

Art. 4 Nr. 11 DSGVO definiert die Einwilligung als jede freiwillig für den bestimmten Fall, in informierter Weise und unmissverständlich abgegebene Willensbekundung der betroffenen Person in der Form einer Erklärung oder sonstigen eindeutigen bestätigenden Handlung, mit der die betroffene Person zu verstehen gibt, dass sie mit der Verarbeitung ihrer personenbezogenen Daten einverstanden ist. Die Einwilligung kann sowohl schriftlich, elektronisch als auch mündlich erklärt werden. Dies kann beispielsweise durch Anklicken eines Kästchens auf einer Internetseite erfolgen. Maßgeblich ist, dass die betroffene Person durch eine aktive Erklärung oder Verhaltensweise eindeutig ihr Einverständnis mit der beabsichtigten Verarbeitung ihrer personenbezogenen Daten zum Ausdruck bringt[13]. 41.12

Art. 7 DSGVO statuiert die Anforderungen an eine Einwilligung. So muss der Verantwortliche nachweisen können, dass die betroffene Person tatsächlich in die Verarbeitung ihrer personenbezogenen Daten eingewilligt hat (Abs. 1). Wird die Einwilligung auch für andere Sachverhalte erteilt, muss die datenschutzrechtliche Einwilligung in leicht verständlicher und leicht zugänglicher Form in einer klaren und einfachen Sprache erfolgen, um von den anderen Sachverhalten unterschieden werden zu können (Abs. 2). Die betroffene Person hat das Recht, ihre Einwilligung jederzeit zu widerrufen, Art. 7 41.13

---

11 *Bäcker* in Kühling/Buchner, Art. 13 DSGVO Rz. 20.
12 *v. Schenck/Mueller-Stöfen*, GWR 2017, 171 (178).
13 Erwägungsgrund 32 der Verordnung (EU) 2016/679 (DSGVO).

Abs. 3 Satz 1 DSGVO. Dabei muss der Widerruf so einfach sein wie die Erteilung der Einwilligung, Art. 7 Abs. 3 Satz 3 DSGVO.

41.14 Eine verordnungskonforme Einwilligung erfordert eine Opt-in-Lösung, ein Opt-out ist insoweit nicht ausreichend[14]. Es empfiehlt sich, die Opt-in-Lösung so auszugestalten, dass der Nutzer gezwungen ist, den vollständigen Inhalt der Einwilligung zu erfassen, beispielsweise indem die anzuklickende **Checkbox** am Seitenende platziert wird.

Der Nachweis, den der Verantwortliche nach Art. 7 Abs. 1 DSGVO erbringen muss, kann am besten mit Hilfe des sog. **Double-Opt-in**-Verfahrens erbracht werden: Nachdem die betroffene Person durch Auswahl eines Bestätigungskästchens und Angabe ihrer E-Mail-Adresse in die Datenverarbeitung eingewilligt hat, wird ihr per E-Mail ein Bestätigungslink zugeschickt. Erst wenn die betroffene Person diesen Bestätigungslink aktiviert hat, ist der Prozess der Einwilligungserteilung abgeschlossen[15].

41.15 Die österreichische Datenschutzbehörde (DSB) ist der Auffassung, dass im Rahmen einer Registrierung für die Nutzung einer Dating-Plattform ein Double-Opt-in-Verfahren zwingend erforderlich ist und eine Missachtung dieses Erfordernisses einen Verstoß gegen Art. 32 DSGVO (Sicherheit der Verarbeitung) darstellt[16]. In dem konkreten Sachverhalt waren dem Beschwerdeführer Kontaktvorschläge und Benachrichtigungen der Betreiberin der Dating-Plattform zugesandt worden, obwohl sich dieser selbst nie auf diesem Portal registriert hatte. Da die Betreiberin der Dating-Plattform im Rahmen der Registrierung auf eine Aktivierung des Accounts per Aktivierungslink verzichtet hat, war es Dritten möglich, unter Verwendung beliebiger E-Mail-Adressen für den Inhaber des jeweiligen E-Mail Accounts ein Profil auf der Dating-Plattform zu erstellen. Die DSB begründet den Verstoß gegen Art. 32 DSGVO damit, dass keine geeigneten technischen und organisatorischen Maßnahmen getroffen wurden, um die unrechtmäßige Verarbeitung der E-Mail-Adresse des Betroffenen, die unzweifelhaft ein personenbezogenes Datum darstellt, zu verhindern.

41.16 Hinsichtlich der wettbewerbsrechtlichen Zulässigkeit dieses Verfahrens besteht in der Rechtsprechung Uneinigkeit: Das OLG München vertritt die (Minder-) Meinung, dass die erste E-Mail mit dem Bestätigungslink für die Einwilligungserteilung als unzulässige Werbung und demnach als unzumutbare Belästigung nach § 7 Abs. 2 Nr. 3 UWG zu qualifizieren ist[17]. Demgegenüber stellte das OLG Celle in einem Leitsatz vom 15.5.2014 klar[18], dass die Übersendung einer Aufforderung zur Bestätigung im Rahmen des Double-Opt-In Verfahrens nicht als unzulässige Werbung i.S.v. § 7 Abs. 2 Nr. 3 UWG anzusehen sei. Diese Ansicht teilte das OLG Düsseldorf und führt an, dass kein schuldhafter Verstoß in der Versendung einer Bestätigungs-E-Mail liegen kann, da es – zumindest im Fall zahlreicher täglicher Anfragen – keine zumutbare Alternative gibt, um die tatsächliche Herkunft einer Anfrage zu kontrollieren und zu verifizieren[19]. Die Entscheidung des OLG München stößt in der Literatur zu Recht auf massive Kritik[20], während die Urteilsbegründungen des OLG Celle und des OLG Düsseldorf nachvollziehbar erscheinen. Dennoch bleibt die Rechtsunsicherheit mangels obergerichtlicher Rechtsprechung bestehen.

---

14 BGH v. 28.5.2020 – I ZR 7/16, openJur 2020, 31665.
15 *Heckmann/Paschke* in Ehmann/Selmayr, Art. 7 DSGVO Rz. 69 f.
16 *DSB*, Bescheid v. 9.10.2019, abrufbar unter: https://www.ris.bka.gv.at/Dokumente/Dsk/DSBT_2019 1009_DSB_D130_073_0008_DSB_2019_00/DSBT_20191009_DSB_D130_073_0008_DSB_2019_00.pdf (Stand 6.5.2020).
17 OLG München v. 27.9.2012 – 29 U 1682/12, openJur 2012, 130663.
18 OLG Celle v. 15.5.2014 – 13 U 15/14.
19 OLG Düsseldorf v. 17.3.2016 – 15 U 64/15, openJur 2019, 22381.
20 *Menke/Witte*, K&R 2013, 25 (28).

IV. Verstöße und Sanktionen

In Deutschland existierte bereits vor Inkrafttreten der DSGVO ein hohes Datenschutzniveau, allerdings gab es in der Praxis ein erhebliches Vollzugsdefizit[21]. Dies hat sich seit Inkrafttreten der DSGVO geändert: **Verstöße** gegen die Vorschriften der DSGVO können für die Betreiber von Online-Angeboten nunmehr erhebliche, insb. finanzielle Konsequenzen haben (vgl. Rz. 41.1). So sieht die DSGVO Geldbußen von bis zu EUR 20.000.000 oder bis zu 4 % des gesamten weltweit erzielten Jahresumsatzes (Art. 83 Abs. 6 DSGVO, Art. 23 Abs. 3 ePrivacy-VO) vor. Darüber hinaus ist ein Verantwortlicher oder ein Auftragsverarbeiter demjenigen, dem wegen eines Verstoßes gegen die DSGVO ein materieller oder immaterieller Schaden entstanden ist, zum Schadensersatz verpflichtet.

Verhängt werden Bußgelder von der zuständigen Aufsichtsbehörde, die im Falle eines Verstoßes allerdings auch Ermessen ausüben kann. Bei geringfügigen Verstößen kann auch lediglich eine Verwarnung erteilt werden, Art. 58 Abs. 2 lit. b DSGVO[22]. Bisher waren Sanktionen nur bei wiederholten und schwerwiegenden Verstößen zu befürchten, da die Datenschutzbehörden sich eher in einer beratenden und aufklärenden Rolle sahen. Wirksame Bußgelder stellen allerdings eine Kernforderung der Datenschutzreform dar und sollen in jedem Einzelfall wirksam, verhältnismäßig und abschreckend sein[23]. Das Erfordernis der Verhältnismäßigkeit hat das LG Bonn in seinem Urteil vom 11.11.2020 herausgestellt. Im Jahr 2019 hat der Bundesdatenschutzbeauftragte ein Bußgeld in Höhe von 9,55 Mio. EUR gegen den Telekommunikationskonzern 1&1 verhängt. Hintergrund war ein unsicheres Authentifizierungsverfahren. Die Höhe des Bußgeldes hat das LG Bonn im Nachgang deutlich, nämlich auf 900.000 EUR, herabgesetzt. Nach Auffassung des Gerichts war zugunsten des Unternehmens zu berücksichtigen, dass es sich – auch nach der Ansicht des Datenschutzbeauftragten – nur um einen einmaligen, geringfügigen Datenschutzverstoß gehandelt habe. Dieser habe nicht zur massenhaften Herausgabe von Daten an Nichtberechtigte führen können[24].

Die Berliner Beauftragte für Datenschutz und Informationsfreiheit hat im Oktober 2019 ein Bußgeld i.H.v. 14,5 Mio. EUR gegen die Immobiliengesellschaft Deutsche Wohnen SE verhängt. Grund dafür waren mehrere Verstöße gegen die DSGVO: Das Unternehmen hatte personenbezogene Daten von Mietern in einem Archivsystem gespeichert, das keine Möglichkeit vorsah, nicht mehr erforderliche Daten zu löschen. Gemäß Art. 5 DSGVO dürfen personenbezogene Daten aber nur so lange gespeichert und verarbeitet werden, wie sie für den Zweck, für den sie erhoben wurden, erforderlich sind. Zudem müssen Unternehmen, die personenbezogene Daten verarbeiten, laut Art. 25 DSGVO durch Technikgestaltung und datenschutzfreundliche Voreinstellungen dafür sorgen, dass Datenschutzgrundsätze wirksam umgesetzt werden. Dies war bei den Systemen der Deutsche Wohnen SE nicht gewährleistet.

Nach dem von den deutschen Datenschutzbehörden im Jahr 2020 entwickelten Modell zur Berechnung von Bußgeldern[25] erfolgt die Bemessung des Bußgeldes grundsätzlich in fünf Schritten. In einem ersten Schritt wird das Unternehmen[26] einer Größenklasse (A bis D) zugeordnet, wobei die Größenklassen jeweils in Untergruppen unterteilt sind. Maßgeblich für diese Zuordnung ist der gesamte welt-

41.17

41.18

41.19

---

21 *Neuerer*, Smartphone-Apps haben laut Studie des Justizministeriums gravierende Datenschutz-Mängel, abrufbar unter https://www.handelsblatt.com/politik/deutschland/dsgvo-smartphone-apps-haben-laut-studie-des-justizministeriums-gravierende-datenschutz-maengel/23872820.html (Stand 23.11.2020).

22 *Becker* in Plath, Art. 83 DSGVO Rz. 2.

23 *Nemitz* in Ehmann/Selmayr, Art. 83 DSGVO Rz. 7.

24 LG Bonn v. 11.11.2020 – 29 OWi 1/20 LG; *LTO*, LG Bonn zum Verstoß gegen die DSGVO, abrufbar unter https://www.lto.de/recht/nachrichten/n/lg-bonn-29owi120lg-bussgeld-1und1-datenschutzverstoss-dsgvo-millionen-herabgesetzt/ (Stand 23.11.2020).

25 *DSK*, Konzept der unabhängigen Datenschutzaufsichtsbehörden des Bundes und der Länder zur Bußgeldzumessung in Verfahren gegen Unternehmen, abrufbar unter https://www.datenschutzkonferenz-online.de/media/ah/20191016_bußgeldkonzept.pdf (Stand 23.11.2020).

26 Nicht adressiert werden Vereine oder natürliche Personen außerhalb ihrer wirtschaftlichen Tätigkeit.

weit erzielte Vorjahresumsatz des Unternehmens. In einem zweiten Schritt wird der mittlere Jahresumsatz der Untergruppe, der das Unternehmen zugeordnet wurde, ermittelt. In einem dritten Schritt wird ein wirtschaftlicher Grundwert festgesetzt. Dazu wird der zuvor ermittelte mittlere Jahresumsatz durch 360 dividiert und dadurch ein Tagessatz errechnet. In einem vierten Schritt wird die Schwere des Datenschutzverstoßes bestimmt, wobei eine Unterteilung in leichte, mittlere, schwere und sehr schwere Verstöße vorgenommen wird. Aus dem ermittelten Schweregrad ergibt sich ein Faktor, mit dem der wirtschaftliche Grundwert multipliziert wird. Im fünften Schritt sind sonstige Umstände des Einzelfalls begünstigend und/oder erschwerend zu berücksichtigen, bspw. eine lange Verfahrensdauer oder eine drohende Zahlungsunfähigkeit des Unternehmens[27].

Durch eine DSGVO-konforme Internet Privacy Policy kann das Vertrauen der Nutzer in eine rechtskonforme Datenverarbeitung gestärkt und das Bußgeldrisiko deutlich reduziert werden[28].

B. Internet-Datenschutzerklärung

I. Muster

41.20 **M 41.1 Internet-Datenschutzerklärung**

Internet Privacy Policy

Einleitung[29]

[Name und Kontaktdaten des Verantwortlichen, ggf. des Vertreters sowie ggf. die Kontaktdaten des Datenschutzbeauftragten] (im Folgenden: „Wir") ist als Betreiber der Website … [Name der Website] Verantwortlicher für die personenbezogenen Daten der Nutzer (im Folgenden: „Sie") der Website im Sinne der Datenschutzgrundverordnung („DSGVO").

Wir schützen Ihre Privatsphäre und Ihre privaten Daten. Wir erheben, verarbeiten und nutzen Ihre personenbezogenen Daten in Übereinstimmung mit dem Inhalt dieser Datenschutzbestimmungen sowie den anwendbaren Datenschutzvorschriften, insbesondere der DSGVO. In diesen Datenschutzbestimmungen wird geregelt, welche personenbezogenen Daten wir über Sie erheben, verarbeiten und nutzen. Wir bitten Sie daher, die nachfolgenden Ausführungen sorgfältig durchzulesen.

1. Erheben personenbezogener Daten[30]

1.1 Personenbezogene Daten im Sinne dieser Datenschutzbestimmungen sind alle Informationen, die sich auf eine identifizierte oder identifizierbare natürliche Person (im Folgenden „betroffene Person") beziehen. Hierzu zählen insbesondere Ihr Name, Ihre E-Mail-Adresse [und ggf. Ihre Adresse, Ihre Telefonnummer sowie Ihre Kreditkarten- und Kontodaten und Ihre Umsatzsteuerangaben, wenn Sie ein registrierter Händler sind].

1.2 Zu den personenbezogenen Daten zählen auch Informationen über Ihre Nutzung unserer Website. In diesem Zusammenhang erheben wir personenbezogene Daten wie folgt von Ihnen: Informationen über Ihre Besuche unserer Website wie bspw. Umfang des Datentransfers, den Ort, von dem aus Sie Daten von unserer Website abrufen sowie andere Verbindungsdaten und Quellen, die Sie abrufen. Dies geschieht in der Regel durch die Verwendung von Logfiles und Cookies. Nähere Informationen zu Logfiles und Cookies erhalten Sie weiter unten.

---

27 *DSK*, Konzept der unabhängigen Datenschutzaufsichtsbehörden des Bundes und der Länder zur Bußgeldzumessung in Verfahren gegen Unternehmen, abrufbar unter https://www.datenschutzkonferenz-online.de/media/ah/20191016_bußgeldkonzept.pdf (Stand 23.11.2020).
28 *Wintermeier*, ZD 2013, 21 (22).
29 Zu den Erläuterungen siehe Rz. 41.22.
30 Zu den Erläuterungen siehe Rz. 41.24 ff.

1.3 Grundsätzlich werden Ihre personenbezogenen Daten für die Dauer von … gespeichert. Sofern wir Ihre IP-Adresse erheben, wird diese nur für die Zeit Ihrer Nutzung der Website gespeichert und im Anschluss daran unverzüglich gelöscht oder durch Kürzung anonymisiert. Die übrigen Daten werden für eine begrenzte Zeitdauer gespeichert, die sich nach den folgenden Kriterien richtet ….

2. Verwendungszweck und Rechtsgrundlage[31]

2.1 Verwendungszwecke

Wir verwenden Ihre personenbezogenen Daten zu folgenden Zwecken:

2.1.1 Um die von Ihnen gewünschten Dienste [ggf. näher spezifizieren, z.B. Warenkorb-Funktionen] zu erbringen;

2.1.2 Um sicherzustellen, dass unsere Website in möglichst effektiver und interessanter Weise Ihnen gegenüber präsentiert wird [ggf. näher spezifizieren, z.B. Speicherung von Anzeigepräferenzen];

2.1.3 Um unseren Verpflichtungen aus etwaigen zwischen Ihnen und uns geschlossenen Verträgen nachzukommen [ggf. näher spezifizieren oder löschen];

2.1.4 Um Ihnen die Teilnahme an interaktiven Angeboten zu ermöglichen, sofern Sie dies wünschen;

2.1.5 Um Sie über Änderungen unserer Leistungen zu informieren.

2.2 Rechtsgrundlagen

Die Verarbeitung Ihrer personenbezogenen Daten erfolgt auf Grundlage folgender Rechtsgrundlagen:

2.2.1 Die Erhebung der in Ziffer 1.2 aufgeführten Daten (der Informationen über Ihre Besuche der Website, bspw. Umfang des Datentransfers, den Ort, von dem aus Sie Daten unserer Website abrufen sowie andere Verbindungsdaten) stützt sich auf ….

2.2.2 Die Erhebung der Informationen über Ihren Computer wie in Ziffer 1.2 und 3.1 beschrieben (IP-Adresse, Status und Datenmenge der Anfrage) stützt sich auf ….

*2.2.3 Die Bereitstellung der personenbezogenen Daten durch Sie ist gesetzlich vorgeschrieben durch … (**alternativ:** ist vertraglich vorgeschrieben durch …).*

2.2.4 Sollte die Einwilligung Rechtsgrundlage für die Datenerhebung/Datenverarbeitung gewesen sein, können Sie diese jederzeit widerrufen. Die Rechtmäßigkeit der Verarbeitungen, die bis zum Widerruf auf Grundlage der Einwilligung erfolgten, bleibt davon unberührt. Zur Ausübung Ihres Widerrufsrechts kontaktieren Sie uns bitte unter ….

3. Informationen über Ihren Computer, Cookies und Targeting[32]

3.1 Bei jedem Zugriff auf unsere Website erheben wir folgende Informationen über Ihren Computer: Die IP-Adresse Ihres Computers, die Anfrage Ihres Browsers sowie die Zeit dieser Anfrage. Außerdem werden der Status und die übertragene Datenmenge im Rahmen dieser Anfrage erfasst. [Wir erheben auch Produkt- und Versionsinformationen über den verwendeten Browser und das Betriebssystem ihres Computers. Wir erfassen außerdem, von welcher Website aus der Zugriff auf unsere Website erfolgte.] Die IP-Adresse Ihres Computers wird dabei nur für die Zeit Ihrer Nutzung der Website gespeichert und im Anschluss daran unverzüglich gelöscht oder durch Kürzung anonymisiert. Wir verwenden diese Daten für den Betrieb unserer Website, insbesondere um Fehler der Website festzustellen und zu beseitigen, um die Auslastung der Website festzustellen und um Anpassungen oder Verbesserungen vorzunehmen.

3.2 Unter Umständen erheben wir außerdem Informationen über Ihre Nutzung unserer Website durch die Verwendung sog. Browser-Cookies. Dies sind kleine Textdateien, die auf Ihrem Datenträger gespeichert werden und die bestimmte Einstellungen und Daten zum Austausch mit unserem System über Ihren

---

31 Zu den Erläuterungen siehe Rz. 41.30 ff.
32 Zu den Erläuterungen siehe Rz. 41.36 ff.

Browser speichern. Ein Cookie enthält in der Regel den Namen der Domain, von der die Cookie-Daten gesendet wurden sowie Informationen über das Alter des Cookies und ein alphanumerisches Identifizierungszeichen. Cookies ermöglichen unseren Systemen, das Gerät des Nutzers zu erkennen und eventuelle Voreinstellungen sofort verfügbar zu machen. Sobald ein Nutzer auf die Plattform zugreift, wird ein Cookie auf die Festplatte des Computers des jeweiligen Nutzers übermittelt. Cookies helfen uns, unsere Website zu verbessern und Ihnen einen besseren, auf Sie zugeschnittenen Service anbieten zu können. Sie ermöglichen uns, Ihren Computer wiederzuerkennen, wenn Sie auf unsere Website zurückkehren und dadurch:

– *Informationen über Ihre bevorzugten Aktivitäten auf der Website zu speichern und so unsere Website an Ihren individuellen Interessen auszurichten. Dies beinhaltet bspw. Werbung, die Ihren persönlichen Interessen entspricht.*

– *die Geschwindigkeit der Abwicklung Ihrer Anfragen zu beschleunigen.*

3.3 *In den von uns verwendeten Cookies werden lediglich die oben erläuterten Daten über Ihre Nutzung der Website gespeichert. Dies erfolgt nicht durch eine Zuordnung zu Ihnen persönlich, sondern durch Zuweisung einer Identifikationsnummer zu dem Cookie („Cookie-ID"). Eine Zusammenführung der Cookie-ID mit Ihrem Namen, Ihrer IP-Adresse oder mit ähnlichen Daten, die eine Zuordnung des Cookies zu Ihnen ermöglichen würden, erfolgt nicht. Wie Sie den Einsatz von Browser-Cookies unterbinden können, erfahren Sie unter Ziffer 3.6.*

3.4 *Unsere Website verwendet sog. Tracking-Technologien. Wir nutzen diese Technologien, um für Sie das Internetangebot interessanter zu gestalten. Diese Technik ermöglicht es, Internetnutzern, die sich bereits für unsere Website interessiert haben, auf den Websites unserer Partner mit Werbung anzusprechen. Die Einblendung dieser Werbemittel auf den Websites unserer Partner erfolgt auf Basis einer Cookie-Technologie und einer Analyse des vorherigen Nutzungsverhaltens. Dieser Technologie bedienen wir uns nur, wenn Sie darin eingewilligt haben, der Einsatz für den Abschluss oder die Erfüllung eines Vertrages mit Ihnen erforderlich ist oder andere Rechtsvorschriften dies erlauben.*

3.5 *Wir arbeiten mit Geschäftspartnern zusammen, die uns dabei unterstützen, das Internetangebot und die Website für Sie interessanter zu gestalten. Daher werden bei einem Besuch der Website auch Cookies von diesen Partnerunternehmen auf Ihrer Festplatte gespeichert. Hierbei handelt es sich um Cookies, die sich automatisch nach der vorgegebenen Zeit löschen. Auch durch die Cookies unserer Partnerunternehmen werden lediglich unter einer Cookie-ID Daten erhoben, die es unseren Werbepartnern ermöglichen, Sie mit Werbung anzusprechen, die Sie auch tatsächlich interessieren könnte. Die Parteien, die Cookies auf dieser Website nutzen, werden unten aufgelistet. Wo dies möglich ist, können Sie auswählen, ob Sie bestimmte Cookies auf dieser Website erlauben möchten. Wie Sie den Einsatz solcher Cookies unterbinden können, erfahren Sie unter Ziffer 3.6.*

3.6 *Wir nutzen das Analysetool …, das es uns ermöglicht, Nutzungsprofile zu erstellen und unseren Internetauftritt zu optimieren. Zu diesem Zweck verarbeitet der Diensteanbieter Cookies, die auf Ihrem Endgerät gespeichert werden, wobei eine Verknüpfung mit anderen öffentlichen Quellen hergestellt werden kann. Mithilfe entsprechender Vorkehrungen wird die IP-Adresse so gekürzt, dass der Personenbezug zu Ihrer IP-Adresse entfällt. Sofern personenbezogene Daten an externe Server in einem Drittland gesendet werden, haben wir mit dem jeweiligen Auftragsverarbeiter Vereinbarungen über die Auftragsverarbeitung geschlossen, die Garantien dafür bieten, dass die Vorgaben des Datenschutzrechts eingehalten werden. Als Rechtsgrundlage dient Art. 6 Abs. 1 lit. a oder lit. f DSGVO. Der Erhebung von Daten durch Analysetools können Sie jederzeit widersprechen. Im Einzelnen werden im Rahmen dieser Website folgende Cookie-basierte Tools eingesetzt: ….*

3.7 *Jede Verarbeitung personenbezogener Daten, die nicht zwingend erforderlich ist, setzt eine Einwilligung Ihrerseits voraus. Darunter fallen insbesondere Cookies zu Analyse-, Tracking- oder Werbezwecken. Entsprechende Daten werden nur mit Ihrem ausdrücklichen Einverständnis verarbeitet. Dies gilt auch im Falle einer Weitergabe personenbezogener Daten an Geschäftspartner oder Dritte, Art. 6 Abs. 1 Satz 1 lit. a DSGVO. Die Einwilligung kann jederzeit mit der Wirkung für die Zukunft widerrufen werden.*

4. Datensicherheit[33]

Alle Informationen, die Sie an uns übermitteln, werden auf Servern innerhalb der Europäischen Union gespeichert. Leider ist die Übertragung von Informationen über das Internet nicht vollständig sicher, weshalb wir die Sicherheit der über das Internet an unsere Website übermittelten Daten nicht garantieren können. Wir sichern unsere Website und sonstigen Systeme jedoch durch technische und organisatorische Maßnahmen gegen Verlust, Zerstörung, Zugriff, Veränderung oder Verbreitung Ihrer Daten durch unbefugte Personen ab. Insbesondere werden Ihre persönlichen Daten bei uns verschlüsselt übertragen. Wir bedienen uns dabei des Codierungssystems SSL (Secure Socket Layer) [bzw. TLS (Transport Layer Security)].

5. Keine Weitergabe Ihrer personenbezogenen Daten[34]

Wir geben Ihre personenbezogenen Daten nicht an Dritte weiter, es sei denn, Sie haben in die Datenweitergabe eingewilligt oder wir sind aufgrund gesetzlicher Bestimmungen und/oder behördlicher oder gerichtlicher Anordnungen zu einer Datenweitergabe berechtigt oder verpflichtet. Dabei kann es sich insbesondere um die Auskunftserteilung für Zwecke der Strafverfolgung, zur Gefahrenabwehr oder zur Durchsetzung geistiger Eigentumsrechte handeln.

6. Datenschutz und Websites Dritter[35]

Die Website kann Hyperlinks zu und von Websites Dritter enthalten. Wenn Sie einem Hyperlink zu einer dieser Websites folgen, beachten Sie bitte, dass wir keine Verantwortung oder Gewähr für fremde Inhalte oder Datenschutzbedingungen übernehmen können. Bitte vergewissern Sie sich der jeweils geltenden Datenschutzbedingungen, bevor Sie personenbezogene Daten an diese Websites übermitteln.

7. Änderungen dieser Datenschutzbestimmungen[36]

Wir behalten uns das Recht vor, diese Datenschutzbestimmungen jederzeit mit Wirkung für die Zukunft zu ändern. Eine jeweils aktuelle Version ist auf der Website verfügbar. Bitte suchen Sie die Website regelmäßig auf und informieren Sie sich über die geltenden Datenschutzbestimmungen.

8. Ihre Rechte und Kontakt[37]

Bezüglich der Verarbeitung Ihrer personenbezogenen Daten stehen Ihnen umfangreiche Rechte zu. Zunächst haben Sie ein umfangreiches Auskunftsrecht und können ggf. die Berichtigung und/oder Löschung und/oder Sperrung Ihrer personenbezogenen Daten verlangen. Sie können auch eine Einschränkung der Verarbeitung verlangen und haben ein Widerspruchsrecht sowie ein Recht auf Datenübertragbarkeit. Falls Sie eines Ihrer Rechte geltend machen und/oder nähere Informationen hierüber erhalten möchten, wenden Sie sich an uns über [Support-E-Mail-Adresse].

Darüber hinaus steht Ihnen ein Beschwerderecht bei einer Aufsichtsbehörde zu. Sollten Sie Fragen, Kommentare oder Anfragen bezüglich der Erhebung, Verarbeitung und Nutzung Ihrer personenbezogenen Daten durch uns haben, wenden Sie sich bitte ebenfalls an uns unter den angegebenen Kontaktdaten.

---

33 Zu den Erläuterungen siehe Rz. 41.45 ff.
34 Zu den Erläuterungen siehe Rz. 41.53.
35 Zu den Erläuterungen siehe Rz. 41.55.
36 Zu den Erläuterungen siehe Rz. 41.57.
37 Zu den Erläuterungen siehe Rz. 41.59 ff.

II. Erläuterungen

1. Kontaktangaben des Verantwortlichen und Einleitung

41.21   **M 41.1.1 Einleitung**

Einleitung

[Name und Kontaktdaten des Verantwortlichen, sowie ggf. des Vertreters, ggf. die Kontaktdaten des Daten-schutzbeauftragten] (Im Folgenden: „Wir") sind als Betreiber der Website [Name der Website] Verantwort-licher für die personenbezogenen Daten der Nutzer (Im Folgenden: „Sie") der Website im Sinne der Daten-schutzgrundverordnung („DSGVO").

Wir schützen Ihre Privatsphäre und Ihre privaten Daten. Wir erheben, verarbeiten und nutzen Ihre personen-bezogenen Daten in Übereinstimmung mit den anwendbaren Datenschutzvorschriften, insbesondere der DSGVO. In diesen Datenschutzbestimmungen wird geregelt, welche personenbezogenen Daten wir über Sie erheben, verarbeiten und nutzen. Wir bitten Sie daher, die nachfolgenden Ausführungen sorgfältig durchzu-lesen.

41.22   Art. 13 DSGVO regelt, welche Informationen der Verantwortliche der betroffenen Person im Rah-men seiner Informationspflicht mitteilen muss. Hierzu gehören der Name und die Kontaktdaten des Verantwortlichen, ggf. auch die seines Vertreters, Art. 13 Abs. 1 lit. a DSGVO. Der Name ist vollstän-dig (bei juristischen Personen mit Firmierung) unter Angabe einer zustellungsfähigen Anschrift an-zugeben, damit der Betroffene ohne Schwierigkeiten mit der verantwortlichen Stelle in Kontakt tre-ten kann. Vielfach wird in der Literatur gefordert, dass eine Kontaktaufnahme ohne Medienbruch möglich sein muss, so dass bei Websites eine E-Mail-Adresse oder ein einfach zu nutzendes Kontakt-formular bereitgestellt werden sollte[38]. Vertreter im Sinne der Norm ist hierbei der in Art. 4 Nr. 17 DSGVO legaldefinierte Vertreter, nicht der gesetzliche Vertreter[39]. Dieser kann eine in der EU nieder-gelassene natürliche oder juristische Person sein, die von dem Verantwortlichen oder Auftragsver-arbeiter schriftlich gem. Art. 27 DSGVO bestellt wurde und den Verantwortlichen oder Auftragsver-arbeiter in Bezug auf die ihnen jeweils nach der DSGVO obliegenden Pflichten vertritt. Wenn und soweit der Verantwortliche einen Datenschutzbeauftragten bestellt hat, müssen auch dessen Kontakt-daten angegeben werden, Art. 13 Abs. 1 lit. b DSGVO. All diese Informationen müssen der betroffenen Person zum Zeitpunkt der Erhebung zur Verfügung gestellt werden[40], insoweit ist es ausreichend, wenn die Informationen mittels AGB mitgeteilt werden, sofern diese zum Zeitpunkt der Datenerhe-bung eingesehen werden können[41].

2. Personenbezogene Daten, Speicherdauer (Ziff. 1)

41.23   **M 41.1.2 Erheben personenbezogener Daten**

1. Erheben personenbezogener Daten

1.1 Personenbezogene Daten im Sinne dieser Datenschutzbestimmungen sind alle Informationen, die sich auf eine identifizierte oder identifizierbare natürliche Person (im Folgenden „betroffene Person") bezie-hen. Hierzu zählen insbesondere Ihr Name, Ihre E-Mail-Adresse [und ggf. Ihre Adresse, Ihre Telefonnum-

---

38 *Bäcker* in Kühling/Buchner, Art. 13 DSGVO Rz. 22.
39 *Knyrim* in Ehmann/Selmayr, Art. 13 DSGVO Rz. 35.
40 Erwägungsgrund 61 der Verordnung (EU) 2016/679 (DSGVO).
41 *Kamlah* in Plath, Art. 13 DSGVO Rz. 8.

mer sowie Ihre Kreditkarten- und Kontodaten und Ihre Umsatzsteuerangaben, wenn Sie ein registrierter Händler sind].

1.2 Zu den personenbezogenen Daten zählen auch Informationen über Ihre Nutzung unserer Website. In diesem Zusammenhang erheben wir personenbezogene Daten wie folgt von Ihnen: Informationen über Ihre Besuche unserer Website wie bspw. Umfang des Datentransfers, den Ort, von dem aus Sie Daten von unserer Website abrufen sowie andere Verbindungsdaten und Quellen, die Sie abrufen. Dies geschieht in der Regel durch die Verwendung von Logfiles und Cookies. Nähere Informationen zu Logfiles und Cookies erhalten Sie weiter unten.

1.3 Grundsätzlich werden Ihre personenbezogenen Daten für die Dauer von ... gespeichert. Sofern wir Ihre IP-Adresse erheben, wird diese nur für die Zeit Ihrer Nutzung der Website gespeichert und im Anschluss daran unverzüglich gelöscht oder durch Kürzung anonymisiert. Die übrigen Daten werden für eine begrenzte Zeitdauer gespeichert, die sich nach den folgenden Kriterien richtet: ...

a) Personenbezogene Daten

Eine Datenschutzerklärung ist nur erforderlich, wenn personenbezogene Daten verarbeitet werden. 41.24
Nach Art. 4 Nr. 1 DSGVO sind personenbezogene Daten alle Informationen, die sich auf eine identifizierte oder identifizierbare natürliche Person beziehen. Als identifizierbar wird eine natürliche Person angesehen, die direkt oder indirekt, insbesondere mittels Zuordnung zu einer Kennung wie einem Namen, zu einer Kennnummer, zu Standortdaten, zu einer Online-Kennung oder zu einem oder mehreren besonderen Merkmalen identifiziert werden kann, die Ausdruck der physischen, physiologischen, genetischen, psychischen, wirtschaftlichen, kulturellen oder sozialen Identität dieser natürlichen Person sind.

b) Personenbezug, Anonymisierung und Pseudonymisierung

Lange Zeit war in der Literatur umstritten, ob IP-Adressen als personenbezogene Daten zu qualifizie- 41.25
ren sind. Statische **IP-Adressen** sind einem bestimmten Anschluss dauerhaft zugeordnet[42] und daher in jedem Fall als personenbezogene Daten zu klassifizieren[43]. Die wenigsten Internetnutzer haben allerdings statische IP-Adressen. Aufgrund der Begrenztheit der gegenwärtigen IPv4-Adressen werden normalen Internetnutzern üblicherweise IP-Adressen für jede Sitzung neu zugeteilt. Die Frage, ob diese sog. dynamischen IP-Adressen als personenbezogene Daten einzuordnen sind, war lange Zeit umstritten, bis der EuGH diese am 19.10.2016 (berichtigt durch Beschluss vom 6.12.2016) auf ein Vorabentscheidungsersuchen des BGH klärte: Eine dynamische IP-Adresse, die von einem Anbieter von Online-Mediendiensten beim Zugriff einer Person auf eine Website, die dieser Anbieter allgemein zugänglich macht, gespeichert wird, stellt für den Anbieter ein personenbezogenes Datum i.S.d. Art. 2 lit. a Richtlinie 95/46/EG dar, wenn er über rechtliche Mittel verfügt, die es ihm erlauben, die betreffende Person anhand der Zusatzinformationen, über die der Internetzugangsanbieter dieser Person verfügt, bestimmen zu lassen. Zwar ist es grundsätzlich nicht zulässig, dass Internetzugangsanbieter Zusatzinformationen, die die Herstellung eines Personenbezugs ermöglichen, an Anbieter von Online-Mediendiensten übermitteln. Allerdings gibt es vorbehaltlich der hierfür erforderlichen Voraussetzungen rechtliche Möglichkeiten, sich insbesondere im Fall von Cyberattacken an die zuständige Behörde zu wenden, die Maßnahmen einleiten kann, um die Zusatzinformationen von den Internetzugangsanbietern zu bekommen[44]. Sofern solche rechtlichen Möglichkeiten bestehen, stellt auch eine dynamische IP-Adresse ein personenbezogenes Datum dar.

---

42 *Köhntopp/Köhntopp*, CR 2000, 248.
43 Für die Region Europa können die Anschlussinhaber z.B. mithilfe der Adressdatenbank der RIPE NCC (http://ripe.net/) festgestellt werden.
44 EuGH v. 19.10.2016 – C-582/14 Rz. 49, lexetius.com/2011,5580.

Nach alledem müssen sowohl bei statischen als auch bei dynamischen IP-Adressen die datenschutz-rechtlichen Vorschriften berücksichtigt werden.

41.26 Häufig können Daten auch sinnvoll genutzt werden, ohne dass ein direkter Bezug zu einer Person her-gestellt werden muss. Die Anonymisierung von personenbezogenen Daten kann eine geeignete Metho-de sein, um das Machtverhältnis zwischen Datennutzern und Betroffenen bestmöglich auszugleichen. Im Gegensatz zu personenbezogenen Daten können anonymisierte Daten – jedenfalls unter daten-schutzrechtlichen Gesichtspunkten – unbeschränkt gespeichert, verarbeitet oder weitergegeben wer-den. Zwar fehlt eine entsprechende Definition in der DSGVO, Erwägungsgrund 26 DSGVO gibt aber Aufschluss darüber, was unter anonymen Daten zu verstehen ist. Demnach sind anonyme Informatio-nen solche, die sich nicht auf eine identifizierte oder identifizierbare natürliche Person beziehen, oder personenbezogene Daten, die in einer Weise anonymisiert worden sind, dass die betroffene Person nicht oder nicht mehr identifiziert werden kann.

Bei der Beurteilung, ob eine Person identifiziert werden kann, sind alle Mittel zu berücksichtigen, die von dem Verantwortlichen oder einer anderen Person nach allgemeinem Ermessen genutzt werden können, um die natürliche Person direkt oder indirekt zu identifizieren[45]. Direkt identifizierbar ist eine natürliche Person etwa durch ihren Namen oder ihre Sozialversicherungsnummer, indirekt durch Daten wie Autokennzeichen, Telefonnummer, aber auch Online-Kennungen wie beispielsweise IP-Ad-ressen. Im Rahmen der Beurteilung, ob eine Identifizierung möglich ist, müssen sämtliche objektiven Faktoren herangezogen werden, darunter ebenso Kosten und Zeitaufwand der Identifizierung[46]. Ins-gesamt gilt: Daten gelten nur dann nicht als personenbezogen und somit anonym, wenn ein Per-sonenbezug nicht oder nur mit unverhältnismäßigem Aufwand hergestellt werden kann. Um jeden Personenbezug zu vermeiden, müssen die Daten entweder in anonymer Form erhoben oder im Nach-hinein anonymisiert werden. Eine Anonymisierung wird dadurch erreicht, dass Identifikationsmerk-male mit Personenbezug gelöscht oder bestimmte Merkmale aggregiert werden[47]. Aggregation von Merkmalen heißt, dass exakte Angaben durch allgemeinere ersetzt und die Daten dann zusammen-gefasst werden. Beispielsweise kann eine Gruppenbildung anhand des Geburtsjahres anstelle des ge-nauen Geburtsdatums oder anhand einer weiträumigen Gebietsangabe anstelle der Adressangabe er-folgen. Auch IP-Adressen können anonymisiert werden, indem beispielsweise eine Streichung des letzten Oktetts, also der letzten drei Ziffern der IP-Adresse, vorgenommen wird[48]. Bei der Übermitt-lung anonymisierter Datenbestände ist aber immer zu berücksichtigen, dass diese im Verhältnis zu an-deren Datenbeständen Zusatzwissen enthalten könnten, die eine Wiederherstellung des Personenbe-zugs ermöglichen[49]. Da der Personenbezug und damit auch die Anonymität von Daten aus Sicht der datenverarbeitenden Stelle zu beurteilen ist[50], können auf diese Weise anonymisierte Daten wieder zu personenbezogenen Daten werden („Re-Anonymisierung").

41.27 Anders als die Anonymisierung schließt die **Pseudonymisierung** zwar die Anwendbarkeit der daten-schutzrechtlichen Bestimmungen nicht aus, kann aber in bestimmten Fällen den Umgang mit Daten erleichtern. Pseudonymisierung ist gem. Art. 4 Nr. 5 DSGVO die Verarbeitung personenbezogener Da-ten in einer Weise, dass die personenbezogenen Daten ohne Hinzuziehung zusätzlicher Informationen nicht mehr einer spezifischen betroffenen Person zugeordnet werden können, sofern diese zusätzlichen Informationen gesondert aufbewahrt werden und technischen und organisatorischen Maßnahmen unterliegen, die gewährleisten, dass die personenbezogenen Daten nicht einer identifizierten oder identifizierbaren natürlichen Person zugewiesen werden.

---

45 Erwägungsgrund 26 der Verordnung (EU) 2016/679 (DSGVO).
46 *Schild* in BeckOK DatenschutzR, Art. 4 DSGVO Rz. 15 ff.
47 *Ziebarth* in Sydow, Art. 4 DSGVO Rz. 27.
48 *Kaufmann*, ZD-Aktuell, 02945.
49 *Dammann* in Simitis, § 3 BDSG Rz. 211.
50 *Schreiber* in Plath, § 3 BDSG Rz. 14.

Bei der Pseudonymisierung gibt es grundsätzlich zwei Verfahrensarten: Erstens die Erzeugung von Zufallswerten und deren Zuordnung zum Betroffenen mittels einer Referenzliste[51] und zweitens die Erstellung von Pseudonymen durch Hash-Verfahren mit geheimen Parametern[52]. Für denjenigen, der die Zuordnungsregel bzw. die Parameter kennt, bleiben die Daten allerdings personenbezogen[53].

Es bleibt festzuhalten, dass Betreiber von Websites Daten also nur dann unbeschränkt und ohne Einwilligung für Marktforschung oder ähnliche Zwecke verwenden können, wenn sie anonym erhoben oder anonymisiert wurden und zudem sichergestellt ist, dass sie nicht mit Hilfe anderer Datenbestände re-anonymisiert werden.

c) Speicherdauer

Gemäß Art. 13 Abs. 2 lit. a DSGVO ist der Verantwortliche u.a. verpflichtet, der betroffenen Person die Dauer, für welche die personenbezogenen Daten gespeichert werden oder, falls dies nicht möglich ist, die Kriterien für die Festlegung der Speicherdauer mitzuteilen. Die DSGVO fordert keine genaue Angabe zur Speicherdauer, gem. Art. 17 DSGVO dürfen Daten allerdings grundsätzlich nur so lange gespeichert werden, wie dies zu Erreichung des ursprünglichen Erhebungszwecks erforderlich ist.   41.28

3. Zweckbindungsgrundsatz, Verwendungszwecke und Rechtsgrundlage (Ziff. 2)

M 41.1.3 Verwendungszwecke und Rechtsgrundlage   41.29

2. Verwendungszwecke und Rechtsgrundlage

2.1 Verwendungszwecke

Wir verwenden Ihre personenbezogenen Daten zu folgenden Zwecken:

2.1.1 Um die von Ihnen gewünschten Dienste [ggf. näher spezifizieren, z.B. Warenkorb-Funktionen] zu erbringen;

2.1.2 Um sicherzustellen, dass unsere Website in möglichst effektiver und interessanter Weise Ihnen gegenüber präsentiert wird [ggf. näher spezifizieren, z.B. Speicherung von Anzeigepräferenzen];

2.1.3 Um unseren Verpflichtungen aus etwaigen zwischen Ihnen und uns geschlossenen Verträgen nachzukommen [ggf. näher spezifizieren oder löschen];

2.1.4 Um Ihnen die Teilnahme an interaktiven Angeboten zu ermöglichen, sofern Sie dies wünschen;

2.1.5 Um Sie über Änderungen unserer Leistungen zu informieren.

2.2 Rechtsgrundlagen

Die Verarbeitung Ihrer personenbezogenen Daten erfolgt auf Grundlage folgender Rechtsgrundlagen:

2.2.1 Die Erhebung der in Ziffer 1.2 aufgeführten Daten (der Informationen über Ihre Besuche der Website, bspw. Umfang des Datentransfers, den Ort, von dem aus Sie Daten unserer Website abrufen sowie andere Verbindungsdaten) stützt sich auf ...

2.2.2 Die Erhebung der Informationen über Ihren Computer wie in Ziffer 1.2 und 3.1 beschrieben (IP-Adresse, Status und Datenmenge der Anfrage) stützt sich auf ...

*2.2.3 Die Bereitstellung der personenbezogenen Daten durch Sie ist gesetzlich vorgeschrieben durch ... (**alternativ:** ist vertraglich vorgeschrieben durch ...)*

---

51 *Dammann* in Simitis, § 3 BDSG Rz. 221.
52 *Dammann* in Simitis, § 3 BDSG Rz. 222.
53 *Schreiber* in Plath, § 3 BDSG Rz. 62 ff.

> *2.2.4 Sollte die Einwilligung Rechtsgrundlage für die Datenerhebung/Datenverarbeitung gewesen sein, kön-*
> *nen Sie diese jederzeit widerrufen. Die Rechtmäßigkeit der Verarbeitungen, die bis zum Widerruf auf*
> *Grundlage der Einwilligung erfolgten, bleibt davon unberührt. Zur Ausübung Ihres Widerrufsrechts*
> *kontaktieren Sie uns bitte unter ….*

a) Zweckbindungsgrundsatz

41.30   Diese Ziffer gibt einen Überblick über die Zwecke der Datenverwendung und trägt damit dem wichtigen **Zweckbindungsgrundsatz** des Art. 5 Abs. 1 lit. b DSGVO Rechnung. Nach dem Zweckbindungsgrundsatz dürfen Daten ausschließlich für diejenigen Zwecke verwendet werden, für die sie erhoben
wurden, was insbesondere eine Speicherung auf Vorrat verbietet[54]. Ohne eine solche Zweckbindung
bestünde die Gefahr, dass Daten verschiedener datenerhebender Stellen ohne Einwilligung der betroffenen Personen zusammengeführt werden und auf diese Art ein umfassendes Persönlichkeitsprofil erstellt werden könnte. Das Recht der betroffenen Person auf informationelle Selbstbestimmung kann
auch dadurch beeinträchtigt werden, dass Daten in einem anderen als dem Erhebungskontext verwendet werden, ohne dass die betroffene Person davon Kenntnis oder darin eingewilligt hat. Der Betreiber
einer Website muss dem Zweckbindungsgrundsatz Rechnung tragen und den Verwendungszweck/die
Verwendungszwecke genau und verständlich formulieren und sich an diese Zweckbindung halten. Im
Falle einer eventuellen Zweckänderung muss der Verantwortliche prüfen, ob die Datenverarbeitung
für einen anderen als dem ursprünglichen Zweck zulässig ist. Aufgrund des Zweckbindungsgrundsatzes wird es in der Regel erforderlich sein, eine erneute Einwilligung unter Angabe des neuen bzw. geänderten Verwendungszwecks einzuholen.

b) Verwendungszwecke

41.31   Gemäß Art. 13 Abs. 2 lit. c DSGVO ist der Verantwortliche u.a. verpflichtet, die betroffene Person über
die Zwecke, für welche die personenbezogenen Daten verarbeitet werden sollen, zu informieren. Die in
Ziff. 2 der Privacy Policy aufgeführten Zwecke sind aufgrund der Vielfalt und der fortlaufenden Entwicklung von Online-Angeboten allgemein gehalten und nicht abschließend. Ziff. 2.1.1 muss unbedingt auf den konkreten Fall angepasst werden, indem die Verwendungszwecke möglichst detailliert
aufgezählt werden. Ziff. 2.1.2 ist für Websites gedacht, die dem Nutzer Möglichkeiten der **Personalisierung** bieten, wie etwa spezielle Arten der Seitendarstellung. Diese können insbesondere mithilfe
von **Cookies** beim nächsten Besuch wieder abgerufen werden. Wenn im Rahmen dieser Dienste Verträge geschlossen werden, dann müssen je nach Art des Vertrages Kontakt- oder Zahlungsdaten gem.
Ziff. 2.1.3 gespeichert werden. Diese Passage muss ggf. auf das jeweilige Angebot abgestimmt, andernfalls gelöscht werden. Die Ziff. 2.1.4 und 2.1.5 weisen auf die Möglichkeit hin, dass der Website-
Betreiber den Nutzer zu Informationszwecken kontaktieren kann. Wenn dies zu Zwecken der Werbung
erfolgen soll, muss hierfür allerdings eine gesonderte Einwilligung eingeholt werden, damit dies keinen
Verstoß gegen wettbewerbsrechtliche Vorschriften darstellt.

c) Rechtsgrundlagen

41.32   Bei einer Datenerhebung bei der betroffenen Person muss gem. Art. 13 Abs. 1 lit. c DSGVO die Rechtsgrundlage für die Verarbeitung angegeben werden. Die Verarbeitung personenbezogener Daten ist
grundsätzlich nur rechtmäßig, wenn die betroffene Person in die Verarbeitung eingewilligt hat oder ein
gesetzlicher Erlaubnistatbestand greift. Allgemeindatenschutzrechtliche Rechtsgrundlagen finden sich
in Art. 6 Abs. 1 Satz 1 DSGVO.

---

54 *Heberlein* in Ehmann/Selmayr, Art. 5 DSGVO Rz. 13.

Als erste Rechtsgrundlage für eine rechtmäßige Datenverarbeitung führt der europäische Gesetzgeber in Art. 6 Abs. 1 lit. a DSGVO die Einwilligung an, die die in Art. 4 Nr. 11 und Art. 7 DSGVO aufgeführten Bedingungen erfüllen muss (siehe Rz. 41.11).

Alternativ zur Einwilligung durch die betroffene Person kann die Datenverarbeitung auch auf einen Vertrag gestützt werden, sofern die betroffene Person Vertragspartei ist und die Verarbeitung für die Vertragserfüllung erforderlich ist. Vertrag im Sinne der Norm ist jedes Schuldverhältnis. Der Begriff der Erfüllung ist in diesem Kontext weit auszulegen und umfasst sowohl Vorbereitung, Anbahnung und Durchführung, insbesondere in Bezug auf Gewährleistungs- und sekundäre Leistungspflichten. Auch die Durchführung vorvertraglicher Maßnahmen kann zur Verarbeitung personenbezogener Daten berechtigen, Art. 6 Abs. 1 lit. b Halbs. 2 DSGVO. Als typische Konstellation ist beispielsweise die Übermittlung personenbezogener Daten an eine Auskunftei zum Zwecke der Bonitätsprüfung zu sehen[55].

Die Datenverarbeitung zur Erfüllung einer rechtlichen Verpflichtung stellt gem. Art. 6 Abs. 1 lit. c DSGVO eine weitere Rechtsgrundlage dar. In Abgrenzung zu Art. 6 Abs. 1 lit. b DSGVO muss die rechtliche Verpflichtung kraft objektiven Rechts bestehen, eine rechtsgeschäftliche Verpflichtung genügt nicht. Beispiele für rechtliche Verpflichtungen sind etwa Aufbewahrungs- und Speicherpflichten wie § 257 HGB oder § 147 AO[56]. In der Praxis wenig relevant ist Art. 6 Abs. 1 lit. d DSGVO, wonach personenbezogene Daten auch dann rechtmäßig verarbeitet werden, wenn die Verarbeitung erforderlich ist, um lebenswichtige Interessen der betroffenen Person oder einer anderen natürlichen Person zu schützen. Lit. d soll nach dem Willen des Gesetzgebers nur herangezogen werden, wenn die Datenverarbeitung auf keine andere Grundlage gestützt werden kann (vgl. Erwägungsgrund 46 Satz 2 DSGVO). 41.33

Darüber hinaus ist die Verarbeitung nach Art. 6 Abs. 1 lit. f DSGVO rechtmäßig, wenn die Verarbeitung zur Wahrung der berechtigten Interessen des Verantwortlichen oder eines Dritten erforderlich ist, sofern nicht die Interessen oder Grundrechte und Grundfreiheiten der betroffenen Person, die den Schutz personenbezogener Daten erfordern, überwiegen. Diese Interessen können rechtlicher, wirtschaftlicher oder ideeller Natur sein, solange sie erforderlich sind, um das betreffende Ziel zu erreichen[57]. Für die Abwägung sind u.a. die Schwere des Eingriffs, die Sensibilität sowie die Menge der verarbeiteten Daten entscheidend. Ein solches berechtigtes Interesse kann beispielsweise vorliegen, wenn eine entsprechende Beziehung zwischen der betroffenen Person und dem Verantwortlichen besteht. Dies kann der Fall sein, wenn die betroffene Person ein Kunde oder Arbeitnehmer des Verantwortlichen ist[58]. Beispielsweise können Verantwortliche, die Teil einer Unternehmensgruppe sind, ein berechtigtes Interesse haben, personenbezogene Daten innerhalb der Unternehmensgruppe für interne Verwaltungszwecke, einschließlich der Verarbeitung personenbezogener Daten von Kunden und Beschäftigten, zu übermitteln[59]. Behörden, Computer-Notdienste, Betreiber von elektronischen Kommunikationsnetzen und -diensten sowie Anbieter von Sicherheitstechnologien können ein berechtigtes Interesse an der Verarbeitung personenbezogener Daten haben, wenn diese für die Gewährleistung der Netz- und Informationssicherheit erforderlich und verhältnismäßig ist[60]. Das gilt auch, wenn die Verarbeitung zur Erfüllung einer rechtlichen Verpflichtung erforderlich ist, welcher der Verantwortliche unterliegt. 41.34

---

55 *Plath* in Plath, Art. 6 DSGVO Rz. 9 ff.
56 *Schulz* in Gola, Art. 6 DSGVO Rz. 43 f.
57 *Spindler/Dalby* in Spindler/Schuster, Recht der elektronischen Medien, Art. 6 DSGVO Rz. 13-19.
58 Erwägungsgrund 47 der Verordnung (EU) 2016/679 (DSGVO).
59 Erwägungsgrund 48 der Verordnung (EU) 2016/679 (DSGVO).
60 Erwägungsgrund 49 der Verordnung (EU) 2016/679 (DSGVO).

4. Cookies, Tracking (Ziff. 3)

41.35 **M 41.1.4 Informationen über Ihren Computer, Cookies und Targeting**

3. Informationen über Ihren Computer, Cookies und Targeting

3.1 Bei jedem Zugriff auf unsere Website erheben wir folgende Informationen über Ihren Computer: Die IP-Adresse Ihres Computers, die Anfrage Ihres Browsers sowie die Zeit dieser Anfrage. Außerdem werden der Status und die übertragene Datenmenge im Rahmen dieser Anfrage erfasst. [Wir erheben auch Produkt- und Versionsinformationen über den verwendeten Browser und das Betriebssystem ihres Computers. Wir erfassen außerdem, von welcher Website aus der Zugriff auf unsere Website erfolgte.] Die IP-Adresse Ihres Computers wird dabei nur für die Zeit Ihrer Nutzung der Website gespeichert und im Anschluss daran unverzüglich gelöscht oder durch Kürzung anonymisiert. Wir verwenden diese Daten für den Betrieb unserer Website, insbesondere um Fehler der Website aufzuspüren und zu beseitigen, um die Auslastung der Website festzustellen und um Anpassungen oder Verbesserungen vorzunehmen.

3.2 Unter Umständen erheben wir außerdem Informationen über Ihre Nutzung unserer Website durch die Verwendung sog. Browser-Cookies. Dies sind kleine Textdateien, die auf Ihrem Computer gespeichert werden und die bestimmte Einstellungen und Daten zum Austausch mit unserem System über Ihren Browser speichern. Ein Cookie enthält in der Regel den Namen der Domain, von der die Cookie-Daten gesendet wurden, sowie Informationen über das Alter des Cookies und ein alphanumerisches Identifizierungszeichen. Cookies ermöglichen unseren Systemen, das Gerät des Nutzers zu erkennen und eventuelle Voreinstellungen sofort verfügbar zu machen. Sobald ein Nutzer auf die Plattform zugreift, wird ein Cookie auf die Festplatte des Computers des jeweiligen Nutzers übermittelt. Cookies helfen uns, unsere Website zu verbessern und Ihnen einen besseren, auf Sie zugeschnittenen Service anbieten zu können. Sie ermöglichen uns, Ihren Computer wiederzuerkennen, wenn Sie auf unsere Website zurückkehren und dadurch:

– Informationen über Ihre bevorzugten Aktivitäten auf der Website zu speichern und so unsere Website an Ihren individuellen Interessen auszurichten. Dies beinhaltet bspw. Werbung, die Ihren persönlichen Interessen entspricht.

– die Geschwindigkeit der Abwicklung Ihrer Anfragen zu beschleunigen.

3.3 In den von uns verwendeten Cookies werden lediglich die oben erläuterten Daten über Ihre Nutzung der Website gespeichert. Dies erfolgt nicht durch eine Zuordnung zu Ihnen persönlich, sondern durch Zuweisung einer Identifikationsnummer zu dem Cookie („Cookie-ID"). Eine Zusammenführung der Cookie-ID mit Ihrem Namen, Ihrer IP-Adresse oder mit ähnlichen Daten, die eine Zuordnung des Cookies zu Ihnen ermöglichen würden, erfolgt nicht. Wie Sie den Einsatz von Browser-Cookies unterbinden können, erfahren Sie unter Ziffer 3.6.

3.4 Unsere Website verwendet sog. Tracking-Technologien. Wir nutzen diese Technologien, um für Sie das Internetangebot interessanter zu gestalten. Diese Technik ermöglicht es, Internetnutzer, die sich bereits für unsere Website interessiert haben, auf den Websites unserer Partner mit Werbung anzusprechen. Die Einblendung dieser Werbemittel auf den Websites unserer Partner erfolgt auf Basis einer Cookie-Technologie und einer Analyse des vorherigen Nutzungsverhaltens. Dieser Technologie bedienen wir uns nur, wenn Sie darin eingewilligt haben, der Einsatz für den Abschluss oder die Erfüllung eines Vertrages mit Ihnen erforderlich ist oder andere Rechtsvorschriften dies erlauben.

3.5 Wir arbeiten mit Geschäftspartnern zusammen, die uns dabei unterstützen, das Internetangebot und die Website für Sie interessanter zu gestalten. Daher werden bei einem Besuch der Website auch Cookies von diesen Partnerunternehmen auf Ihrer Festplatte gespeichert. Hierbei handelt es sich um Cookies, die sich automatisch nach der vorgegebenen Zeit löschen. Auch durch die Cookies unserer Partnerunternehmen werden lediglich unter einer Cookie-ID Daten erhoben, die es unseren Werbepartnern ermöglichen, Sie mit Werbung anzusprechen, die Sie auch tatsächlich interessieren könnte. Die Parteien, die Cookies auf dieser Website nutzen, werden unten aufgelistet. Wo dies möglich ist, können Sie auswählen, ob Sie bestimmte Cookies auf dieser Site erlauben möchten. Wie Sie den Einsatz solcher Cookies unterbinden können, erfahren Sie unter Ziffer 3.6.

3.6 Wir nutzen das Analysetool ..., das es uns ermöglicht, Nutzungsprofile zu erstellen und unseren Internetauftritt zu optimieren. Zu diesem Zweck verarbeitet der Dienstanbieter Cookies, die auf Ihrem Endgerät gespeichert werden, wobei eine Verknüpfung mit anderen öffentlichen Quellen hergestellt werden kann. Mithilfe entsprechender Vorkehrungen wird die IP-Adresse so gekürzt, dass der Personenbezug zu Ihrer IP-Adresse entfällt. Sofern personenbezogene Daten an externe Server in einem Drittland gesendet werden, haben wir mit dem jeweiligen Auftragsverarbeiter Vereinbarungen über die Auftragsverarbeitung geschlossen, die Garantien dafür bieten, dass die Vorgaben des Datenschutzrechts eingehalten werden. Als Rechtsgrundlage dient Art. 6 Abs. 1 lit. a oder lit. f DSGVO. Der Erhebung von Daten durch Analysetools können Sie jederzeit widersprechen. Im Einzelnen werden im Rahmen dieser Website folgende Cookie-basierte Tools eingesetzt: ...

3.7 Jede Verarbeitung personenbezogener Daten, die nicht zwingend erforderlich ist, setzt eine Einwilligung Ihrerseits voraus. Darunter fallen insbesondere Cookies zu Analyse-, Tracking- oder Werbezwecken. Entsprechende Daten werden nur mit Ihrem ausdrücklichen Einverständnis verarbeitet. Dies gilt auch im Falle einer Weitergabe personenbezogener Daten an Geschäftspartner oder Dritte, Art. 6 Abs. 1 Satz 1 lit. a DSGVO. Die Einwilligung kann jederzeit mit der Wirkung für die Zukunft widerrufen werden.

a) Cookies und Targeting-Technologie

Ziff. 3 behandelt die Datenverarbeitung mittels **Cookies** sowie **Targeting-Technologien**[61] und anderer Arten automatisierter Verarbeitung einschließlich **Profiling**. **41.36**

b) Daten in Logfiles

Ziff. 3.1 informiert über Daten, die in den sog. **Logfiles** der Webserver gespeichert werden. Die IP-Adresse ist dabei erforderlich, um die Datenpakete an das richtige Endgerät zu senden; auch die Informationen über den Status der Anfrage sind technisch notwendig[62]. Häufig werden aber erweiterte Logfiles verwendet, um genauere Konfigurationsdaten über den Rechner zu erhalten, wie etwa Bildschirmauflösung, Sprache oder das verwendete Betriebssystem[63]. Wenn der Zugriff auf die Website über einen Link erfolgt, kann auch dieser sog. Referrer erfasst werden[64]. Durch eine Analyse dieser Informationen kann bspw. das Angebot der tatsächlichen Auslastung angepasst werden oder auch die Unterstützung für nicht mehr verwendete Browser eingestellt werden. Da IP-Adressen regelmäßig als personenbezogene Daten anzusehen sind, bedarf es für die Datenerhebung mittels Logfiles entweder eines gesetzlichen Erlaubnistatbestandes oder einer Einwilligung der betroffenen Personen. Regelmäßig dürfte Art. 6 Abs. 1 lit. f DSGVO taugliche Rechtsgrundlage sein, da der Websitebetreiber ein berechtigtes Interesse an der Verarbeitung der IP-Adresse zur technischen Bereitstellung seines Dienstes hat und überwiegende schutzwürdige Interessen der betroffenen Person zumindest nicht offensichtlich entgegensehen. Entscheidend ist aber, dass stets eine Abwägung im Einzelfall erfolgen muss, ein pauschales Abstellen auf Art. 6 Abs. 1 lit. f DSGVO verbietet sich hingegen. **41.37**

c) Cookies

aa) Einsatz und Funktionsweise von Cookies

Ziff. 3.2 hat die Datenerhebung und -speicherung mithilfe von **Cookies** zum Gegenstand. Cookies sind kleine Dateien oder kurze Texte, die von einem Web-Server an den Browser des Anwenders über- **41.38**

---

61 Targeting meint das Benutzen von Daten zu Zwecken der Personalisierung in einem bestimmten Aufgabenkontext. Targeting oder Re-Targeting setzt das sog. Tracking voraus, also das Sammeln und Aufzeichnen von Daten, siehe *Bilenko/Richardson/Tsai*, S. 3. Bspw. kann damit aufgezeichnet werden, welche Websites der Nutzer besucht und welche Artikel er kauft.
62 *Meyerdierks*, MMR 2009, 8 (9).
63 *Köhntopp/Köhntopp*, CR 2000, 248 (251).
64 *Köhntopp/Köhntopp*, CR 2000, 248 (251).

tragen, dort (je nach Sicherheitseinrichtungen des Clients) auch zeitweise oder dauerhaft gespeichert werden, bei jedem folgenden Zugriff auf den gleichen Server wieder zurückgegeben werden und damit den Computer (und damit möglicherweise seinen Nutzer) wiedererkennbar machen[65]. Mit diesen Dateien werden insbesondere Funktionalitäten wie das **Online-Shopping** mittels **Warenkorb** oder die **Wiedererkennung zu Werbezwecken** ermöglicht.

bb) Zulässigkeit von Cookies

41.39 Die DSGVO enthält keine ausdrücklichen Regelungen zur Zulässigkeit der Nutzung von Cookies. Abzustellen ist daher auf die allgemeinen Anforderungen zur Rechtmäßigkeit der Datenverarbeitung. Personenbezogene Daten dürfen folglich durch Cookies nur dann erhoben werden, wenn die betroffene Person eingewilligt hat oder ein gesetzlicher Erlaubnistatbestand erfüllt ist. Zu beachten ist, dass die Nutzung von Cookies nicht zwingend einwilligungsbedürftig ist. Eine Einwilligung sollte daher nur eingeholt werden, wenn eine solche tatsächlich notwendig ist. Als Erlaubnistatbestand kommt in Bezug auf Cookies Art. 6 Abs. 1 lit. f DSGVO in Betracht.

Zu unterscheiden ist zwischen zwingend erforderlichen Cookies, funktionalen Cookies und Marketingcookies. Zwingend erforderliche Cookies sind für das Ausführen der spezifischen Funktionen einer Website notwendig und werden ausschließlich vom jeweiligen Website-Betreiber eingesetzt (First-Party-Cookies). Mit diesen Dateien werden insbesondere Funktionalitäten wie das Online-Shopping mittels Warenkorb ermöglicht.

Funktionale Cookies sind für die Nutzung der Website nicht unbedingt notwendig, erhöhen aber die „Usability" einer Website. Auf diese Weise können bereits getätigte Angaben (wie z.B. Benutzername, Sprachauswahl oder der Ort, an dem Sie sich befinden) gespeichert und dem Nutzer verbesserte, persönlichere Funktionen angeboten werden. Marketingcookies sind in der Regel Third Party Cookies und dienen dazu, Nutzer über verschiedene Websites hinweg zu identifizieren, mit dem Ziel relevante Werbung auszuliefern. Darunter fallen auch Analyse-Tools wie Google Analytics, die das Nutzerverhalten auf Websites auswerten und Reports über die Websiteaktivitäten zusammenstellen.

41.39a In Bezug auf Marketing- und Analysecookies erfordert die Einwilligung gem. Art. 6 Abs. 1 lit. a DSGVO eine aktive Handlung des Nutzers. Der BGH hatte sich im Jahr 2020 mit der Frage zu befassen, ob eine Opt-out-Lösung eine freiwillige, in Kenntnis der Sachlage erteilte Einwilligung darstellt[66]. Im konkreten Fall hatte Planet49 im Rahmen eines Online-Gewinnspiels Einwilligungen der Teilnehmer zu Werbezwecken eingeholt und die hierfür erforderlichen Ankreuzkästchen bereits vorausgefüllt. Hierzu hatte der EuGH im Oktober 2019 entschieden, dass voreingestellte Schaltflächen keine wirksame Einwilligung in Cookies darstellen, da unklar bliebe, ob der Nutzer die Einwilligung in Kenntnis der Sachlage erteilt habe[67]. Dies begründet der EuGH mit einer richtlinienkonformen Auslegung des § 15 Abs. 3 TMG mit Blick auf Art. 5 Abs. 3 Satz 1 der ePrivacy-RL. Auf dieser Grundlage sind auch sog. Cookie-Banner unzulässig, die von einer konkludenten Einwilligung des Websitebesuchers ausgehen, wenn dieser weitersurft.

Im Rahmen der Einwilligung muss es möglich sein, für einzelne Cookies gesonderte Einwilligungen zu erteilen. Zulässig ist aber auch, sofern individuelle Einstellungen möglich sind, eine Schaltfläche für die Zustimmung zu allen Cookies[68].

Vor der Zustimmung dürfen keine Cookies gesetzt werden und sämtliche Skripte, welche potenziell Nutzungsdaten erfassen, müssen blockiert werden[69].

---

65 *Munz* in v. Westphalen/Thüsing, Vertragsrecht und AGB-Klauselwerke, Datenschutzklauseln, Rz. 108.
66 BGH v. 28.5.2020 – I ZR 7/16, openJur 2020, 31665.
67 EuGH v. 1.10.2019 – C-673/17, openJur 2019, 31381.
68 *DSK*, Orientierungshilfe der Aufsichtsbehörden für Anbieter von Telemedien, S. 9, abrufbar unter: https://www.datenschutzkonferenz-online.de/media/oh/20190405_oh_tmg.pdf (Stand 21.12.2020).
69 *DSK*, Orientierungshilfe der Aufsichtsbehörden für Anbieter von Telemedien, S. 9, abrufbar unter: https://www.datenschutzkonferenz-online.de/media/oh/20190405_oh_tmg.pdf (Stand 21.12.2020).

Viele Websites erschweren mittlerweile die Ablehnung von Cookies durch Schaffung eines Zwischenschritts, der die individuelle Auswahl von einzelnen Cookies erst in einem Untermenü erlaubt. Zu dieser Praxis gibt es noch keine behördlichen Empfehlungen und auch der EDSA hat die Zulässigkeit dieser Vorgehensweise in den Leitlinien aus Mai 2020 nicht beurteilt.

Websitebetreiber, die Analysetools wie Google Analytics einsetzen, müssen eine ausdrückliche Einwilligung ihrer Nutzer für eine Datenverarbeitung durch diese Analysetools einholen, sofern die personenbezogenen Daten nicht automatisch anonymisiert werden. Bei der Erstellung pseudonymer Nutzungsprofile für Zwecke der Werbung, der Marktforschung oder zur bedarfsgerechten Gestaltung von Telemedien, kann die Verarbeitung nach Art. 6 Abs. 1 lit. f DSGVO gerechtfertigt sein[70]. Der Nutzer muss darüber informiert werden, welche personenbezogenen Daten verarbeitet werden und ob die Daten mit Informationen aus anderen Quellen verknüpft werden können. Weiterhin ist darüber zu informieren, dass die Verarbeitung im Wesentlichen durch das Analysetool erfolgt und zu eigenen Zwecken, wie Profilbildung, eingesetzt wird. Um allen Informationspflichten gerecht zu werden, empfiehlt es sich, die Datenschutzbedingungen des Dienstleisters mit den eigenen Regelungen abzugleichen. Ausweislich der Nutzungsbedingungen für Google Analytics gehören zu den von Google verwendeten Daten beispielsweise eindeutige Kennungen, der Typ und die Einstellung des Browsers, der Typ und die Einstellung des Geräts, das Betriebssystem, Informationen zum Mobilfunknetz wie der Name des Mobilfunkanbieters und die Telefonnummer sowie die Versionsnummer der App. Diese Daten können dann in der eigenen Datenschutzerklärung aufgelistet werden. | 41.40

cc) Automatisierte Verarbeitungen einschließlich Profiling

Profiling im Sinne der DSGVO ist jede Art der automatisierten Verarbeitung personenbezogener Daten, die darin besteht, dass diese personenbezogenen Daten verwendet werden, um bestimmte persönliche Aspekte, die sich auf eine natürliche Person beziehen, zu bewerten. Dadurch sollen insbesondere Aspekte bezüglich Arbeitsleistung, wirtschaftlicher Lage, Gesundheit, persönliche Vorlieben, Interessen, Zuverlässigkeit, Verhalten, Aufenthaltsort oder Ortswechsel dieser natürlichen Person analysiert oder vorhergesagt werden können, Art. 4 Nr. 4 DSGVO. Allerdings hat die betroffene Person nach Art. 22 Abs. 1 DSGVO das Recht, nicht einer ausschließlich auf einer automatisierten Verarbeitung, einschließlich Profiling, beruhenden Entscheidung unterworfen zu werden, die ihr gegenüber rechtliche Wirkung entfaltet oder sie in ähnlicher Weise erheblich beeinträchtigt. Obwohl diese Norm der betroffenen Person ein Recht zugesteht, ist dem Wortlaut nicht zu entnehmen, um welches Recht es sich konkret dabei handelt; nach herrschender Auffassung soll es sich um einen Unterlassungsanspruch handeln[71]. | 41.41

Eine ausdrückliche Regelung, unter welchen Voraussetzungen Profiling zulässig ist, fehlt in der DSGVO[72]. Stattdessen wird hinsichtlich des Profilings auf die allgemeinen Vorschriften für die Verarbeitung personenbezogener Daten verwiesen[73]. Danach hat die betroffene Person keinen Unterlassungsanspruch, wenn die automatisierte Entscheidung für den Abschluss oder die Erfüllung eines Vertrags zwischen betroffener Person und Verantwortlichem erforderlich ist, eine Einwilligung der betroffenen Person vorliegt oder dies nach Rechtsvorschriften der Union oder der Mitgliedsstaaten, denen der Verantwortliche unterliegt, zulässig ist und diese Rechtsvorschriften angemessene Maßnahmen zur Wahrung der Rechte und Freiheiten sowie der berechtigten Interessen der betroffenen Person enthalten.

Eine weitere Möglichkeit, einen bestimmten Nutzer im Internet zu identifizieren und diese Informationen für Werbezwecke zu verwenden, ist das Tracking mittels **Browser-Fingerprints**. Dabei werden die von einem Browser übermittelten Daten wie Art und Version des Browsers, Betriebssystem, in- | 41.42

---

70 *Nink* in Spindler/Schuster, Recht der elektronischen Medien, Art. 28 DSGVO Rz. 11.
71 *Kamlah* in Plath, Art. 22 DSGVO Rz. 4.
72 *Kamlah* in Plath, Art. 22 DSGVO Rz. 2b.
73 Erwägungsgrund 72 der Verordnung (EU) 2016/679 (DSGVO).

stallierte Plug-Ins, Sprachen, Header-Einstellungen, Bildschirmauflösung und Cookie-Einstellungen ausgewertet[74]. Je nach Art und Menge der übermittelten Informationen kann so ein Datensatz entstehen, der die zweifelsfreie Identifizierung des Browsers ermöglicht[75]. In der Regel wird bei dieser Datenübermittlung auch die IP-Adresse erfasst. Da die IP-Adresse regelmäßig als personenbezogenes Datum anzusehen ist, gelten auch bezüglich dieses Verfahrens die allgemeinen Anforderungen an eine rechtmäßige Datenverarbeitung.

41.43 Eine weitere Alternative zu Cookies ist der Einsatz sog. **Web-Bugs**[76]. Dies sind kleine, unsichtbare Grafiken, die sich nicht auf dem Server der aufgerufenen Website befinden, sondern von einem externen Server geladen werden und auf diesem Server in einer Logdatei gespeichert werden[77]. So kann der Website-Betreiber diese Informationen erhalten, ohne auf den eigenen Webserver zuzugreifen und ohne Cookies zu verwenden. Der Nutzer merkt dabei in der Regel nicht, ob solche Techniken eingesetzt werden. Diese müssen daher offengelegt und erläutert werden, um dem Transparenzgrundsatz zu genügen. Problematisch an Web-Bugs ist jedoch, dass diese nur mit einigem technischen Aufwand unterbunden werden können und ein Widerspruch des Nutzers immer nur gegenüber dem jeweiligen Website-Anbieter wirksam wäre[78]. Aus datenschutzrechtlicher Sicht ist daher vom Einsatz dieser Instrumente abzuraten[79].

5. Datensicherheit (Ziff. 4)

41.44 **M 41.1.5 Datensicherheit**

4. Datensicherheit

Alle Informationen, die Sie an uns übermitteln, werden auf Servern innerhalb der Europäischen Union gespeichert. Leider ist die Übertragung von Informationen über das Internet nicht vollständig sicher, weshalb wir die Sicherheit der Daten, die über das Internet an unsere Website übermittelt werden, nicht garantieren können. Wir sichern unsere Website und sonstigen Systeme jedoch durch technische und organisatorische Maßnahmen gegen Verlust, Zerstörung, Zugriff, Veränderung oder Verbreitung Ihrer Daten durch unbefugte Personen ab. Insbesondere werden Ihre persönlichen Daten bei uns verschlüsselt übertragen. Wir bedienen uns dabei des Codierungssystems SSL (Secure Socket Layer) [bzw. TLS (Transport Layer Security)].

a) Grenzüberschreitender Datentransfer

41.45 In Bezug auf die **grenzüberschreitende Übermittlung** personenbezogener Daten gilt folgendes: Datenübermittlungen innerhalb des EWR sind inländischen Übermittlungen praktisch gleichgestellt[80]. Dies ergibt sich daraus, dass nur bei der Übermittlung personenbezogener Daten an Drittländer (oder andere internationale Organisationen) eine Rechtsgrundlage nach den Art. 44 ff. DSGVO vorliegen muss.

41.46 Gemäß Art. 45 DSGVO können personenbezogene Daten in ein Drittland übermittelt werden, wenn die Kommission beschlossen hat, dass in dem betreffenden Drittland, einem Gebiet oder einem oder

---

74 *Alich/Voigt*, CR 2012, 344 (345).
75 Ein Test, ob der eigene Browser-Datensatz eine Wiedererkennung ermöglichen würde, ist unter http://panopticlick.eff.org/ verfügbar (Stand 6.5.2020).
76 Synonyme sind bspw. Clear-Gif, 1-Pixel-Bild, Pixel-Tag, Zählpixel, Netzboje.
77 *Woitke*, MMR 2003, 310.
78 *Woitke*, MMR 2003, 310 (313 f.).
79 Vgl. *Woitke*, MMR 2003, 310 (314), der in Web-Bugs eine „ernstzunehmende Gefahr" sieht.
80 *Gabel* in Taeger/Gabel, Art. 44 DSGVO Rz. 7.

mehreren spezifischen Sektoren in diesem Drittland ein angemessenes Datenschutzniveau herrscht. Eine Einwilligung der betroffenen Person ist dann nicht erforderlich.

Hat die Europäische Kommission einem Drittland nicht mittels Beschluss ein angemessenes Datenschutzniveau zuerkannt, darf ein Verantwortlicher oder Auftragsverarbeiter personenbezogene Daten an ein Drittland nur übermitteln, wenn der Verantwortliche oder Auftragsverarbeiter geeignete Garantien vorgesehen hat und sofern den betroffenen Personen durchsetzbare Rechte und wirksame Rechtsbehelfe zur Verfügung stehen. Diese Garantien können sich u.a. aus Binding Corporate Rules (verbindlichen internen Datenschutzvorschriften) oder EU-Standarddatenschutzklauseln ergeben, Art. 46 Abs. 2 lit. b, lit. c DSGVO. **41.47**

Der EuGH hat im Juli 2020 das sog. EU-U.S.-Privacy Shield, eine Grundlage für Datenübermittlungen in die USA, für unwirksam erklärt[81]. Das Privacy Shield stellte nach Auffassung des EuGH kein angemessenes Datenschutzniveau sicher und bot deshalb keine wirksame Grundlage für Datenübermittlungen in die USA, da die US-amerikanischen Sicherheitsgesetze den zuständigen Behörden weitreichende Zugriffsbefugnisse auf personenbezogene Daten einräumen, ohne dass die betroffenen europäischen Staatsbürger eine gerichtliche Kontrolle erreichen konnten. In der selben Entscheidung hat der EuGH die Wirksamkeit der Standardvertragsklauseln im Grundsatz bestätigt. Die Standardvertragsklauseln gewährleisten nach Auffassung des Gerichts grundsätzlich ein angemessenes Datenschutzniveau. Entscheidend war nach Auffassung des Gerichts, dass die Klauseln wirksame Schutzmechanismen vorsehen, die ein angemessenes Schutzniveau und im Falle eines Verstoßes gegen die Klauseln das Aussetzen der Datenübermittlung sicherstellen. Insbesondere hob das Gericht als wichtige Schutzmechanismen hervor, dass der Empfänger verpflichtet ist, den Datenexporteur zu informieren, falls er die Bestimmungen der Standardvertragsklauseln nicht (mehr) einhalten kann, mit der Folge, dass der Datenexporteur die Datenübermittlung aussetzen muss. Wenn im Einzelfall feststeht, dass ein angemessenes Schutzniveau aufgrund der Überwachungspraxis von Regierungsbehörden im betreffenden Land nicht gegeben ist, können die EU-Standardvertragsklauseln allerdings nur unter Aufnahme zusätzlicher, ergänzender Garantien als taugliche Rechtsgrundlage für die Datenübermittlung in Drittländer dienen[82]. **41.48**

Erfolgt die Datenübermittlung nicht in ein Drittland, dessen Datenschutzniveau von der EU-Kommission als angemessen anerkannt wurde, und es bestehen keine Garantien für eine derartige Übermittlung, kann die Übermittlung in Ausnahmenfällen dennoch zulässig sein. Als praktisch relevanteste Ausnahme ist Art. 49 Abs. 1 lit. c DSGVO zu sehen, nach welcher die Übermittlung zulässig ist, wenn diese zum Abschluss oder zur Erfüllung eines im Interesse der betroffenen Person von dem Verantwortlichen mit einer anderen natürlichen oder juristischen Person geschlossenen Vertrags erforderlich ist. **41.49**

In jedem Fall ist die betroffene Person gem. Art. 13 Abs. 1 lit. f DSGVO unter Angabe der Rechtsgrundlage[83] zu informieren, wenn der Verantwortliche beabsichtigt, personenbezogene Daten der betroffenen Person in ein Drittland zu übermitteln. Wenn im Empfängerland kein dem EWR entsprechendes Datenschutzniveau herrscht, muss der Betroffene auch ausdrücklich auf die dort geltenden Verarbeitungsvoraussetzungen und die damit verbundenen Risiken hingewiesen werden, um auf dieser Grundlage eine wirksame gesonderte Einwilligung erteilen zu können. **41.50**

---

81 EuGH v. 16.7.2020 – C-311/18, NJW 2020, 2613.
82 *LfDI Baden-Württemberg*, Verunsicherung nach Schrems II-Urteil: LfDI Baden-Württemberg bietet Hilfestellung an, abrufbar unter: https://www.baden-wuerttemberg.datenschutz.de/verunsicherung-nach-schrems-ii-urteil-lfdi-baden-wuerttemberg-bietet-hilfestellung-an/ (Stand: 21.12.2020).
83 *Kamlah* in Plath, Art. 13 DSGVO Rz. 15.

b) Technische und organisatorische Maßnahmen

41.51 Gemäß Art. 25 Abs. 1 DSGVO muss der Verantwortliche unter Berücksichtigung des Stands der Technik, der Implementierungskosten und der Art, des Umfangs, der Umstände und der Zwecke der Verarbeitung sowie der unterschiedlichen Eintrittswahrscheinlichkeit und Schwere der mit der Verarbeitung verbundenen Risiken für die Rechte und Freiheiten natürlicher Personen Maßnahmen treffen. Diese technischen und organisatorischen Maßnahmen müssen darauf ausgelegt sein, die Datenschutzgrundsätze wie Datenminimierung wirksam umzusetzen und die notwendigen Garantien aufzunehmen, um den Anforderungen der DSGVO gerecht zu werden und die Rechte der betroffenen Personen zu wahren. Dies bedeutet insbesondere die Einrichtung einer Zugangs- und Zugriffskontrolle nach aktuellem Stand der Technik. Weitere Maßnahmen können u.a. die Minimierung von Datenverarbeitung oder besonders schnelle Pseudonymisierung von personenbezogenen Daten sein[84].

Kommt es dennoch zu einer Verletzung des Schutzes personenbezogener Daten – beispielsweise durch Datenverlust oder Datendiebstahl – hat der Verantwortliche diese Verletzung grundsätzlich unverzüglich und möglichst binnen 72 Stunden nach Kenntnisnahme der zuständigen Aufsichtsbehörde zu melden. Dies gilt nicht, wenn die Verletzung voraussichtlich nicht zu einem Risiko für die Rechte und Freiheiten der betroffenen Personen führt[85].

In einem solchen Fall ist auch eine Benachrichtigung der betroffenen Personen selbst entbehrlich. Die betroffenen Personen müssen bei einer Verletzung des Schutzes personenbezogener Daten nur benachrichtigt werden, wenn die Verletzung voraussichtlich ein hohes Risiko für die persönlichen Rechte und Freiheiten der betroffenen Personen zur Folge hat, Art. 34 Abs. 1 DSGVO. Ausnahmen dieser Benachrichtigungspflicht sind in Art. 34 Abs. 3 DSGVO normiert.

6. Weitergabe personenbezogener Daten (Ziff. 5)

41.52 **M 41.1.6 Keine Weitergabe personenbezogener Daten**

5. Keine Weitergabe Ihrer personenbezogenen Daten

Wir geben Ihre personenbezogenen Daten nicht an Dritte weiter, es sei denn, Sie haben in die Datenweitergabe eingewilligt oder wir sind aufgrund gesetzlicher Bestimmungen und/oder behördlicher oder gerichtlicher Anordnungen zu einer Datenweitergabe berechtigt oder verpflichtet. Dabei kann es sich insbesondere um die Auskunftserteilung für Zwecke der Strafverfolgung, zur Gefahrenabwehr oder zur Durchsetzung geistiger Eigentumsrechte handeln.

41.53 Bei der Weitergabe personenbezogener Daten gilt wie bei der Erhebung: Grundsätzlich ist diese verboten und nur bei Vorliegen einer wirksamen Einwilligung der betroffenen Person oder eines gesetzlichen Erlaubnistatbestandes erlaubt. Im Einzelfall kann für Zwecke der Strafverfolgung oder zur Gefahrenabwehr eine **Auskunftserteilung** insbesondere gegenüber den Polizei- und Verfassungsschutzbehörden erforderlich und zulässig sein. Gemäß § 24 BDSG ist die Verarbeitung personenbezogener Daten zu einem anderen Zweck als zu demjenigen, zu dem die Daten erhoben wurden, durch nichtöffentliche Stellen zulässig, wenn sie zur Abwehr von Gefahren für die staatliche oder öffentliche Sicherheit oder zur Verfolgung von Straftaten erforderlich ist (lit. a) oder sie zur Geltendmachung, Ausübung oder Verteidigung zivilrechtlicher Ansprüche erforderlich ist (lit. b), sofern nicht die Interessen der betroffenen Person an dem Ausschluss der Verarbeitung überwiegen.

---

84 Erwägungsgrund 78 der Verordnung (EU) 2016/679 (DSGVO).
85 Erwägungsgrund 85 der Verordnung (EU) 2016/679 (DSGVO).

7. Datenschutz und Websites Dritter (Ziff. 6)

M 41.1.7 Datenschutz und Websites Dritter 41.54

6. Datenschutz und Websites Dritter

Die Website kann Hyperlinks zu und von Websites Dritter enthalten. Wenn Sie einem Hyperlink zu einer dieser Websites folgen, beachten Sie bitte, dass wir keine Verantwortung oder Gewähr für fremde Inhalte oder Datenschutzbedingungen übernehmen können. Bitte vergewissern Sie sich der jeweils geltenden Datenschutzbedingungen, bevor Sie personenbezogene Daten an diese Websites übermitteln.

Die datenschutzrechtliche Verantwortlichkeit im Bereich der Telemedien richtet sich danach, wer objektiv über die Daten und über Zweck und Mittel der Datenverarbeitung bestimmen kann. Maßgebliche Normen sind die §§ 7 ff. TMG. Da diese nicht dem datenschutzrechtlichen Teil des TMG angehören, bleibt in dieser Hinsicht die Rechtslage bestehen. Somit sind Anbieter von Telemedien für die von ihnen bereitgehaltenen Inhalte verantwortlich. Grundsätzlich ist der Betreiber einer Website nicht verpflichtet, verlinkte Websites zu kontrollieren; nur wenn im Einzelfall begründete Anhaltspunkte dafür bestehen, dass die verlinkte Website rechtswidrige Inhalte enthält oder auf andere Weise Rechtsverstöße gefördert werden, ist der Betreiber zu einer Kontrolle verpflichtet[86]. Der Hinweis auf die Eigenverantwortung der Nutzer ist damit klarstellender Natur. 41.55

8. Änderungen dieser Datenschutzbestimmungen (Ziff. 7)

M 41.1.8 Änderungen dieser Datenschutzbestimmungen 41.56

7. Änderungen dieser Datenschutzbestimmungen

Wir behalten uns das Recht vor, diese Datenschutzbestimmungen jederzeit mit Wirkung für die Zukunft zu ändern. Eine jeweils aktuelle Version ist auf der Website verfügbar. Bitte suchen Sie die Website regelmäßig auf und informieren Sie sich über die geltenden Datenschutzbestimmungen.

Wenn Nutzer sich mit einer E-Mail-Adresse registriert haben, sollten sie bei inhaltlichen Änderungen der Datenschutzbestimmungen per E-Mail benachrichtigt werden. Wenn keine E-Mail-Adressen erhoben wurden, reicht der Hinweis aus, eigenverantwortlich die Datenschutzbestimmungen auf Änderungen zu überprüfen. Bei maßgeblichen Änderungen ist gleichwohl ein Hinweis an prominenter Stelle der Website empfehlenswert. Rechtliche Grundlage für diese Maßnahmen ist der Zweckbindungsgrundsatz des Art. 5 Abs. 1 lit. b DSGVO, demzufolge personenbezogene Daten für festgelegte, eindeutige und legitime Zwecke erhoben werden müssen und nicht für andere Zwecke weiterverarbeitet werden dürfen. Daraus folgt, dass personenbezogene Daten, die rechtmäßig und gemäß der Privacy Policy erhoben wurden, nicht durch die bloße Änderung der Datenschutzbestimmungen für darin festgelegte, neue Zwecke verwendet werden dürfen. Dies ergibt sich auch aus Art. 6 Abs. 4 DSGVO (vgl. oben). 41.57

---

86 BGH v. 1.4.2004 – I ZR 317/01, NJW 2004, 2158 (2160).

9. Ihre Rechte und Kontakt (Ziff. 8)

41.58 **M 41.1.9 Ihre Rechte und Kontakt**

8. Ihre Rechte und Kontakt

Bezüglich der Verarbeitung Ihrer personenbezogenen Daten stehen Ihnen umfangreiche Rechte zu. Zunächst haben Sie ein umfangreiches Auskunftsrecht und können ggf. die Berichtigung und/oder Löschung und/oder Sperrung Ihrer personenbezogenen Daten verlangen. Sie können auch eine Einschränkung der Verarbeitung verlangen und haben ein Widerspruchsrecht sowie ein Recht auf Datenübertragbarkeit. Falls Sie eines Ihrer Rechte geltend machen und/oder nähere Informationen hierüber erhalten möchten, wenden Sie sich an uns über [Support-E-Mail-Adresse].

Darüber hinaus steht Ihnen ein Beschwerderecht bei einer Aufsichtsbehörde zu. Sollten Sie Fragen, Kommentare oder Anfragen bezüglich der Erhebung, Verarbeitung und Nutzung Ihrer personenbezogenen Daten durch uns haben, wenden Sie sich bitte ebenfalls an uns unter den angegebenen Kontaktdaten.

a) Recht auf Auskunft

41.59 Im Gegensatz zu den Informationspflichten, denen der Verantwortliche proaktiv nachzukommen hat, besteht die Auskunftspflicht nur auf Antrag[87]. Die betroffene Person hat gem. Art. 15 Abs. 1 Satz 1 DSGVO das Recht, von dem Verantwortlichen eine Bestätigung darüber zu verlangen, ob sie betreffende personenbezogene Daten verarbeitet werden. Hierbei handelt es sich um eine sog. Verarbeitungsbestätigung, die nur die Information enthalten muss, ob überhaupt eine Verarbeitung personenbezogener Daten stattfindet. Ist dies der Fall, hat die betroffene Person ein Auskunftsrecht auf nähere Informationen, die in Art. 15 Abs. 1 Satz 2 DSGVO aufgelistet sind. Das Recht auf eine Verarbeitungsbestätigung und das Recht auf weitergehende Auskünfte bei positiver Verarbeitungsbestätigung können hierbei auch zeitgleich geltend gemacht werden[88]. Dazu zählen die Zwecke der Datenverarbeitung und die Kategorien personenbezogener Daten, die verarbeitet werden, sowie die Empfänger oder Kategorien von Empfängern, gegenüber denen die personenbezogenen Daten offengelegt worden sind oder noch offengelegt werden. Dies gilt insbesondere, wenn personenbezogene Daten an Empfänger in Drittländer oder an internationale Organisationen übermittelt werden. Wie die zusätzliche Informationspflicht, auch die Dauer der Verarbeitung oder die Kriterien für die Festlegung dieser Dauer mitzuteilen schon indiziert, haben betroffene Personen hinsichtlich der Dauer der Verarbeitung auch ein Auskunftsrecht. Ferner umfasst die Auskunftspflicht des Verantwortlichen auch Rechtsbelehrungspflichten, die den Informationspflichten gem. Art. 13 DSGVO entsprechen.

Gemäß Art. 15 Abs. 3 Satz 1 DSGVO kann die betroffene Person von dem Verantwortlichen auch eine kostenlose Kopie der personenbezogenen Daten, die Gegenstand der Verarbeitung sind oder waren, verlangen.

b) Recht auf Berichtigung und Löschung

41.60 Das Recht auf Berichtigung personenbezogener Daten ist in Art. 16 DSGVO geregelt. Während Satz 1 die Voraussetzungen für die Berichtigung unrichtiger Daten festlegt, ist in Satz 2 der Anspruch auf die Vervollständigung unvollständiger personenbezogener Daten normiert. Entsprechend kann die betroffene Person die Berichtigung unrichtiger und die Vervollständigung unvollständiger personenbezogener Daten unter Berücksichtigung der Verarbeitungszwecke verlangen.

Art. 17 Abs. 1 DSGVO führt bestimmte Gründe an, aufgrund derer die betroffene Person grundsätzlich verlangen kann, dass sie betreffende personenbezogene Daten gelöscht werden. Dazu zählt, dass

---

87 *Kamlah* in Plath, Art. 13 DSGVO Rz. 3.
88 *Kamlah* in Plath, Art. 15 DSGVO Rz. 3.

die Daten für die Zwecke, für die sie erhoben wurden, nicht mehr notwendig sind oder die Einwilligung, sofern sie als Rechtsgrundlage für die Verarbeitung gedient hat, widerrufen wurde. Auch liegt ein Grund für die Löschung vor, wenn die betroffene Person Widerspruch gegen die Datenverarbeitung eingelegt hat und keine vorrangigen Gründe für die Verarbeitung vorliegen oder die Datenverarbeitung unrechtmäßig erfolgte.

Der Anspruch auf Löschung besteht nach Art. 17 Abs. 3 DSGVO nicht, wenn die Verarbeitung der Daten zur Erfüllung gesetzlicher Pflichten oder zur Geltendmachung, Ausübung oder Verteidigung von Rechtsansprüchen erforderlich ist. Entsprechende Aufbewahrungspflichten ergeben sich beispielsweise aus §§ 139, 257 HGB sowie aus § 147 Abs. 3 AO.

c) Weitere Rechte der betroffenen Personen

41.61 Zu den umfangreichen Rechten, die die DSGVO den betroffenen Personen einräumt, gehört neben den vorgenannten Rechten das Recht auf Einschränkung der Verarbeitung und das Recht auf Datenübertragbarkeit.

Das Recht auf Einschränkung der Verarbeitung ist in Art. 18 DSGVO normiert und stellt gegenüber der Löschung ein milderes Mittel dar, weshalb die Voraussetzungen eng an die der Löschung angelehnt sind. Das in Art. 20 DSGVO statuierte Recht auf Datenübertragbarkeit dient dazu, den betroffenen Personen mehr Kontrolle über ihre Daten zu geben[89]. Daher sind Verantwortliche auf Anfrage verpflichtet, die personenbezogenen Daten in einem strukturierten, gängigen und maschinenlesbaren Format bereitzustellen. Die betroffene Person ist gem. Art. 20 Abs. 1 DSGVO zudem berechtigt, diese Daten einem anderen Verantwortlichen zu übermitteln. Darüber hinaus steht den betroffenen Personen in Einzelfällen gem. Art. 21 DSGVO ein Widerspruchsrecht zu.

Zuletzt ergibt sich aus Art. 77 Abs. 1 DSGVO ein Beschwerderecht der betroffenen Person bei einer Aufsichtsbehörde, wenn diese der Ansicht ist, dass die Verarbeitung ihrer personenbezogenen Daten gegen die DSGVO verstößt.

---

89 *Fladung* in Wybitul, Art. 20 DSGVO Rz. 1.

§ 42
Datenschutzerklärung für Apps

Literatur: *Artikel-29-Datenschutzgruppe*, Guidelines on transparency under Regulation 2016/679, WP 260; *Baumgartner/Ewald*, Apps und Recht, 2. Aufl. 2016; *Düsseldorfer Kreis*, Orientierungshilfe zu den Datenschutzanforderungen an App-Entwickler und App-Anbieter, Stand: 16.6.2014; *Schuhmacher*, Apps als Kreditsicherheit, BKR 2016, 53; *von Frentz/Masch*, Apps: Rechts- und Vertragsbeziehungen zwischen App-Store-Betreiber, App-Anbieter, App-Nutzer und Dritten, insbesondere Zahlungsdienste-Anbietern – Ein Überblick, ZUM 2020, 939; *Walter*, Die datenschutzrechtlichen Transparenzpflichten nach der Europäischen Datenschutz-Grundverordnung, DSRITB 2016, 367.

A. Einleitung

Mobile Apps sind aus dem heutigen alltäglichen Gebrauch nicht mehr wegzudenken. Gerade auch im   42.1
geschäftlichen Kontext gewinnen Apps immer mehr an Bedeutung, da durch ihre Verwendung Geschäftsprozesse orts- und zeitunabhängig optimiert gar erst ermöglicht werden können. Unter **Apps** sind **Anwendungen auf mobilen Endgeräten** wie Smartphones oder Tablets zu verstehen[1]. Sobald eine App elektronische Inhalte bzw. Kommunikationsdienste bereitstellt und über Telekommunikationseinrichtungen an Dritte weitergibt, ist diese als Telemediendienst einzustufen und unterliegt damit den Anforderungen der DSGVO sowie den besonderen Anforderungen des Telemediengesetzes[2].

---

1 *Schuhmacher*, BKR 2016, 53.
2 *Ewald* in Baumgartner/Ewald, Rz. 148 ff.; BGH v. 28.5.2020 – I ZR 7/16 – Cookie-Einwilligung II, Rz. 54.

42.2 Die Gestaltung einer Datenschutzerklärung für Apps ist im Vergleich zu solchen für Websites **speziellen Herausforderungen** ausgesetzt. Zum einen ist die Datenverarbeitung und -nutzung im Regelfall anders als bei einer Website. Zum anderen ist die Unterrichtung auf dem kleineren Display mobiler Endgeräte schwieriger. Denn es gilt, die Datenschutzerklärung in **lesbarer Form** darzustellen. Ferner sind die **App-spezifischen Verarbeitungsvorgänge** besonders zu berücksichtigen. Anders als beim Aufruf einer Website werden etwa bei der **Installation der App** auf dem mobilen Endgerät je nach Ausgestaltung Informationen verarbeitet und über **Schnittstellen auf allgemeine Funktionen** des **Endgeräts zugegriffen**. Regelmäßig wird die App etwa berechtigt, die Kamera, das Mikrofon, das Adressbuch, die Telefonie- und SMS-Funktionen sowie diverse weitere Funktionen des Endgeräts zu verwenden. Das Erteilen solcher Berechtigungen ermöglicht das Erheben von personenbezogenen Daten ohne Kenntnis des Betroffenen[3]. Eine weitere Besonderheit im Zusammenhang mit datenschutzrechtlichen Anforderungen ist der Umstand, dass bei den üblichen **Internetbrowsern Einstellungen zum Schutz der Privatsphäre und zum Datenschutz möglich** sind (hier insbesondere das Löschen von Tracking-Cookies)[4]. Bei Apps kann der Nutzer solche Einstellungen im Allgemeinen nicht oder nur sehr begrenzt und abhängig vom Endgerät vornehmen. Daher sind App-Entwickler und Anbieter gehalten, **besondere Maßnahmen in der App umzusetzen**, die eine transparente und datenschutzkonforme Nutzung der App ermöglichen. Insbesondere die Implementierung von Widerspruchslösungen oder Zustimmungen des Nutzers bei **Tracking-Technologien in der App** sind vor diesem Hintergrund erfahrungsgemäß mit einem gewissen Aufwand und Kosten verbunden.

42.3 Für die Gestaltung der Datenschutzerklärung einer App gelten die generellen datenschutzrechtlichen Anforderungen. Gemäß Art. 12 Abs. 1 DSGVO hat der Verantwortliche u.a. geeignete Maßnahmen zu treffen, um der Person alle Informationen gem. Art. 13, 14 DSGVO in präziser, transparenter, verständlicher und leicht zugänglicher Form in einer klaren und einfachen Sprache zu übermitteln. Bei Informationen, die sich insbesondere an Kinder richten, sind spezielle Anforderungen zu berücksichtigen[5]. Die Informationsvorgaben des Art. 13 Abs. 1 und 2 DSGVO beinhalten die **Verpflichtung des Verantwortlichen, über zahlreiche Umstände der Datenverarbeitung zum Zeitpunkt der Erhebung der Daten zu unterrichten.** Die konkreten Informationserfordernisse unterscheiden sich entsprechend der Intention des europäischen Gesetzgebers danach, ob zusätzliche Angaben zu den Informationen nach Art. 13 Abs. 1 DSGVO im konkreten Einzelfall erforderlich sind. Das soll dann der Fall sein, wenn weitere Informationen notwendig sind, „**um eine faire und transparente Verarbeitung zu gewährleisten**". Zu den genauen Umständen, wann diese weiteren Informationen notwendig sind, schweigt die DSGVO[6]. Nach Ansicht der Artikel-29-Datenschutzgruppe sollen jedoch standardmäßig alle Informationen nach Art. 13 Abs. 1 und Abs. 2 DSGVO zu nennen sein – es sei denn, diese sind im Einzelfall nicht erforderlich[7]. Auch zur Vermeidung von **Haftungsrisiken** sollten regelmäßig die Informationen nach Art. 13 Abs. 2 DSGVO gegeben werden[8].

42.4 Im generellen Vergleich zum bisherigen Recht sind die Informationspflichten im Rahmen einer Datenschutzerklärung **nicht unwesentlich erweitert worden**[9]. Neu hinzugekommen ist i.S.d. Art. 13 Abs. 1 DSGVO etwa die generelle Pflicht des Verantwortlichen, über die Rechtsgrundlage sowie die berechtigten Interessen zu informieren, die datenschutzrechtliche Absicherungen bzw. das Vorhandensein von Garantien im Fall von Drittstaatentransfers, gar Kopien oder den Ort ihrer Verfügbarkeit zu nennen, oder etwa die Kontaktdaten des Datenschutzbeauftragten anzugeben.

---

3 Vgl. *Düsseldorfer Kreis*, Orientierungshilfe zu den Datenschutzanforderungen an App-Entwickler und App-Anbieter, S. 19.

4 *Düsseldorfer Kreis*, Orientierungshilfe zu den Datenschutzanforderungen an App-Entwickler und App-Anbieter, S. 20.

5 Im vorliegenden Muster sind jene Bedürfnisse an eine kindgerechte Darstellung/Unterrichtung nicht berücksichtigt.

6 *Kamlah* in Plath, Art. 13 DSGVO Rz. 16.

7 *Artikel-29-Datenschutzgruppe*, WP 260, S. 21.

8 *Arning* in Moos/Schefzig/Arning, Kap. 6 Rz. 32.

9 Vgl. Überblick bei *Laue/Kremer*, § 3 Rz. 6.

Im Folgenden wird ein Muster für eine Datenschutzerklärung einer **App**, die nur über **Basisfunktio-** 42.5
nen verfügt, ab **Geltung der DSGVO** bereitgestellt. Die mit der App verbundenen Datenverarbeitungsvorgänge werden daher nur sehr generisch beschrieben. Insbesondere sind im Muster keine
Trackingfunktionen, Funktionen zur Geodatenlokalisierung (Standortdaten), Werbefunktionen ggf.
unter Verwendung des Advertising Identifiers oder etwa der Gebrauch weiterer Funktionen des mobilen Endgeräts berücksichtigt worden, da deren Anforderungen sehr individuell vom jeweiligen Anwendungsfall abhängen. Auch beinhaltet das Muster keine Informationen nach Art. 13 Abs. 2 lit. e und
lit. f DSGVO.

B. Datenschutzerklärung für Apps

I. Muster

M 42.1 Datenschutzerklärung für Apps 42.6

Datenschutzerklärung für die [...] [Name der App] App

Präambel[10]

Dieser Dienst (nachfolgend „App") wird von der [konkrete Firmierung, Rechtsform, Adresse, weitere Kontakt-
daten des Verantwortlichen] (nachfolgend „wir" oder „uns") als Verantwortlicher im Sinne des jeweils gelten-
den Datenschutzrechts zur Verfügung gestellt.

Im Rahmen der App ermöglichen wir Ihnen den Abruf und Darstellungen folgender Informationen: [Leis-
tungsbeschreibung der App]. Bei der Nutzung der App werden von uns personenbezogene Daten über Sie
verarbeitet. Unter personenbezogenen Daten sind sämtliche Informationen zu verstehen, die sich auf eine
identifizierte oder identifizierbare natürliche Person beziehen. Weil uns der Schutz Ihrer Privatsphäre bei der
Nutzung der App wichtig ist, möchten wir Sie mit den nachfolgenden Angaben darüber informieren, welche
personenbezogenen Daten wir verarbeiten, wenn Sie die App nutzen und wie wir mit diesen Daten umgehen.
Darüber hinaus unterrichten wir Sie über die Rechtsgrundlage für die Verarbeitung Ihrer Daten und, soweit
die Verarbeitung zur Wahrung unserer berechtigten Interessen erforderlich ist, auch über unsere berechtigten
Interessen.

Sie können diese Datenschutzerklärung jederzeit unter dem Menüeintrag „[Bezeichnung]" innerhalb der
App aufrufen.

1. Informationen zur Verarbeitung Ihrer Daten[11]

Bestimmte Informationen werden bereits automatisch verarbeitet, sobald Sie die App verwenden. Welche
personenbezogenen Daten genau verarbeitet werden, haben wir im Folgenden für Sie aufgeführt:

1.1 Informationen, die beim Download erhoben werden

Beim Download der App werden bestimmte erforderliche Informationen an den von Ihnen ausgewähl-
ten App Store (z.B. Google Play oder Apple App Store) übermittelt, insbesondere können dabei der Nut-
zername, die E-Mail-Adresse, die Kundennummer Ihres Accounts, der Zeitpunkt des Downloads, Zah-
lungsinformationen sowie die individuelle Gerätekennziffer verarbeitet werden[12]. Die Verarbeitung
dieser Daten erfolgt ausschließlich durch den jeweiligen App Store und liegt außerhalb unseres Einfluss-
bereiches.

---

10 Zu den Erläuterungen siehe Rz. 42.8 ff.
11 Zu den Erläuterungen siehe Rz. 42.12 ff.
12 *Lachenmann* in Koreng/Lachenmann, F.I.2.

1.2 Informationen, die automatisch erhoben werden

Im Rahmen Ihrer Nutzung der App erheben wir bestimmte Daten automatisch, die für die Nutzung der App erforderlich sind. Hierzu gehören: [interne Geräte-ID, Version Ihres Betriebssystems, Zeitpunkt des Zugriffs]

Diese Daten werden automatisch an uns übermittelt, aber nicht gespeichert, (1) um Ihnen den Dienst und die damit verbundenen Funktionen zur Verfügung zu stellen; (2) die Funktionen und Leistungsmerkmale der App zu verbessern und (3) Missbrauch sowie Fehlfunktionen vorzubeugen und zu beseitigen. Diese Datenverarbeitung ist dadurch gerechtfertigt, dass (1) die Verarbeitung für die Erfüllung des Vertrags zwischen Ihnen als Betroffener und uns gemäß Art. 6 Abs. 1 lit. b DSGVO zur Nutzung der App erforderlich ist, oder (2) wir ein berechtigtes Interesse daran haben, die Funktionsfähigkeit und den fehlerfreien Betrieb der App zu gewährleisten und einen markt- und interessengerechten Dienst anbieten zu können, das hier Ihre Rechte und Interessen am Schutz Ihrer personenbezogenen Daten im Sinne von Art. 6 Abs. 1 lit. f DSGVO überwiegt.

1.3 Erstellung eines Nutzeraccounts (Registrierung) und Anmeldung

*Wenn Sie einen Nutzeraccount erstellen oder sich anmelden, verwenden wir Ihre Zugangsdaten ([E-Mail-Adresse und Passwort]), um Ihnen den Zugang zu Ihrem Nutzeraccount zu gewähren und diesen zu verwalten ("**Pflichtangaben**"). Pflichtangaben im Rahmen der Registrierung sind mit einem Sternchen gekennzeichnet und sind für den Abschluss des Nutzungsvertrages erforderlich. Wenn Sie diese Daten nicht angeben, können Sie keinen Nutzeraccount erstellen.*

Darüber hinaus können Sie folgende freiwillige Angaben im Rahmen der Registrierung machen: [Beispiel: Internet-Adresse, Nickname, etc.].

Die Pflichtangaben verwenden wir, um Sie beim Login zu authentifizieren und Anfragen zur Rücksetzung Ihres Passwortes nachzugehen. Die von Ihnen im Rahmen der Registrierung oder einer Anmeldung eingegebenen Daten werden von uns verarbeitet und verwendet, (1) um Ihre Berechtigung zur Verwaltung des Nutzeraccounts zu verifizieren; (2) die Nutzungsbedingungen der App sowie alle damit verbundenen Rechte und Pflichten durchzusetzen und (3) mit Ihnen in Kontakt zu treten, um Ihnen technische oder rechtliche Hinweise, Updates, Sicherheitsmeldungen oder andere Nachrichten, die etwa die Verwaltung des Nutzeraccounts betreffen, senden zu können.

Freiwillige Angaben verwenden wir, um [diese entsprechend Ihrer vorgenommenen Einstellungen im Rahmen der App anzuzeigen und auf Ihren Wunsch hin anderen Nutzern der App zugänglich zu machen].

Diese Datenverarbeitung ist dadurch gerechtfertigt, dass (1) die Verarbeitung für die Erfüllung des Vertrags zwischen Ihnen als Betroffener und uns gemäß Art. 6 Abs. 1 lit. b DSGVO zur Nutzung der App erforderlich ist, oder (2) wir ein berechtigtes Interesse daran haben, die Funktionsfähigkeit und den fehlerfreien Betrieb der App zu gewährleisten, das hier Ihre Rechte und Interessen am Schutz Ihrer personenbezogenen Daten im Sinne von Art. 6 Abs. 1 lit. f DSGVO überwiegt.

1.4 Nutzung der App

Im Rahmen der App können Sie diverse Informationen, Aufgaben und Aktivitäten eingeben, verwalten und bearbeiten. Diese Informationen umfassen insbesondere Daten über die … [Leistungsbeschreibung der App].

Die App erfordert darüber hinaus folgende Berechtigungen:

– Internetzugriff: Dieser wird benötigt, um [Ihre Eingaben auf unseren Servern zu speichern].

– Kamerazugriff: Dieser wird benötigt, damit [Sie Fotos Ihrer Dokumente anfertigen und in der App sowie auf unseren Servern speichern können].

– …

Die Verarbeitung und Verwendung von Nutzungsdaten erfolgt zur Bereitstellung des Dienstes. Diese Datenverarbeitung ist dadurch gerechtfertigt, dass die Verarbeitung für die Erfüllung des Vertrags zwischen Ihnen als Betroffener und uns gemäß Art. 6 Abs. 1 lit. b DSGVO zur Nutzung der App erforderlich ist.

2. Weitergabe und Übertragung von Daten[13]

Eine Weitergabe Ihrer personenbezogenen Daten ohne Ihre ausdrückliche vorherige Einwilligung erfolgt neben den explizit in dieser Datenschutzerklärung genannten Fällen lediglich dann, wenn es gesetzlich zulässig bzw. erforderlich ist.

2.1 Die Daten, die Sie bei der Registrierung angeben, werden innerhalb unserer Unternehmensgruppe … [Name] für interne Verwaltungszwecke einschließlich der gemeinsamen Kundenbetreuung im Rahmen des Erforderlichen weitergeben.

Eine etwaige Weitergabe der personenbezogenen Daten ist dadurch gerechtfertigt, dass wir ein berechtigtes Interesse daran haben, die Daten für administrative Zwecke innerhalb unserer Unternehmensgruppe weiterzugeben und Ihre Rechte und Interessen am Schutz Ihrer personenbezogenen Daten im Sinne von Art. 6 Abs. 1 lit. f DSGVO nicht überwiegen.

2.2 Wenn es zur Aufklärung einer rechtswidrigen bzw. missbräuchlichen Nutzung der App oder für die Rechtsverfolgung erforderlich ist, werden personenbezogene Daten an die Strafverfolgungsbehörden oder andere Behörden sowie ggf. an geschädigte Dritte oder Rechtsberater weitergeleitet. Dies geschieht jedoch nur, wenn Anhaltspunkte für ein gesetzwidriges bzw. missbräuchliches Verhalten vorliegen. Eine Weitergabe kann auch stattfinden, wenn dies der Durchsetzung von Nutzungsbedingungen oder anderen Rechtsansprüchen dient. Wir sind zudem gesetzlich verpflichtet, auf Anfrage bestimmten öffentlichen Stellen Auskunft zu erteilen. Dies sind Strafverfolgungsbehörden, Behörden, die bußgeldbewährte Ordnungswidrigkeiten verfolgen, und die Finanzbehörden.

Eine etwaige Weitergabe der personenbezogenen Daten ist dadurch gerechtfertigt, dass (1) die Verarbeitung zur Erfüllung einer rechtlichen Verpflichtung erforderlich ist, der wir gemäß Art. 6 Abs. 1 lit. f DSGVO i.V.m. nationalen rechtlichen Vorgaben zur Weitergabe von Daten an Strafverfolgungsbehörden unterliegen, oder (2) wir ein berechtigtes Interesse daran haben, die Daten bei Vorliegen von Anhaltspunkten für missbräuchliches Verhalten oder zur Durchsetzung unserer Nutzungsbedingungen, anderer Bedingungen oder von Rechtsansprüchen an die genannten Dritten weiterzugeben und Ihre Rechte und Interessen am Schutz Ihrer personenbezogenen Daten im Sinne von Art. 6 Abs. 1 lit. f DSGVO nicht überwiegen.

2.3 Wir sind für die Erbringung unseres Dienstes auf vertraglich verbundene Gesellschaften der … [Name]- Unternehmensgruppe sowie folgende Fremdunternehmen und externe Dienstleister angewiesen:

… [Name oder Kategorie der Empfänger]

Eine etwaige Weitergabe der personenbezogenen Daten ist dadurch gerechtfertigt, dass (1) wir ein berechtigtes Interesse daran haben, die Daten für administrative Zwecke innerhalb unserer Unternehmensgruppe weiterzugeben und Ihre Rechte und Interessen am Schutz Ihrer personenbezogenen Daten im Sinne von Art. 6 Abs. 1 lit. f DSGVO nicht überwiegen und (2) wir unsere Fremdunternehmen und externen Dienstleister im Rahmen von Art. 28 Abs. 1 DSGVO als Auftragsverarbeiter sorgfältig ausgewählt, regelmäßig überprüft und vertraglich verpflichtet haben, sämtliche personenbezogenen Daten ausschließlich entsprechend unserer Weisungen zu verarbeiten.

2.4 Im Rahmen der Weiterentwicklung unseres Geschäfts kann es dazu kommen, dass sich die Struktur unseres Unternehmens wandelt, indem die Rechtsform geändert wird, Tochtergesellschaften, Unternehmensteile oder Bestandteile gegründet, gekauft oder verkauft werden. Bei solchen Transaktionen werden die Kundeninformationen gegebenenfalls zusammen mit dem zu übertragenden Teil des Unternehmens weitergegeben. Bei jeder Weitergabe von personenbezogenen Daten an Dritte in dem vorbeschriebenen Umfang tragen wir dafür Sorge, dass dies in Übereinstimmung mit dieser Datenschutzerklärung und dem anwendbaren Datenschutzrecht erfolgt.

Eine etwaige Weitergabe der personenbezogenen Daten ist dadurch gerechtfertigt, dass wir ein berechtigtes Interesse daran haben, unsere Unternehmensform den wirtschaftlichen und rechtlichen Gegebenheiten entsprechend bei Bedarf anzupassen und Ihre Rechte und Interessen am Schutz Ihrer personenbezogenen Daten im Sinne von Art. 6 Abs. 1 lit. f DSGVO nicht überwiegen.

---

13 Zu den Erläuterungen siehe Rz. 42.21 ff.

3. Datenübermittlungen in Drittländer[14]

*Wir verarbeiten Daten auch in Staaten außerhalb des Europäischen Wirtschaftsraumes („**EWR**"). Dies betrifft im Einzelnen:*

[Name und Sitzland der Dienstleister]

Um den Schutz der Persönlichkeitsrechte der Nutzer auch im Rahmen dieser Datenübertragungen zu gewährleisten, bedienen wir uns bei der Ausgestaltung der Vertragsverhältnisse mit den Empfängern [Dienstleister] in Drittländern der Standardvertragsklauseln der EU-Kommission gemäß Art. 46 Abs. 2 lit. c DSGVO. Diese sind unter [Internetadresse] jederzeit abrufbar, alternativ können Sie diese Dokumente auch bei uns unter den unten angegebenen Kontaktmöglichkeiten erfragen.

4. Zweckänderungen[15]

Verarbeitungen Ihrer personenbezogenen Daten zu anderen als den beschriebenen Zwecken erfolgen nur, soweit eine Rechtsvorschrift dies erlaubt oder Sie in den geänderten Zweck der Datenverarbeitung eingewilligt haben. Im Falle einer Weiterverarbeitung zu anderen Zwecken als denen, für den die Daten ursprünglich erhoben worden sind, informieren wir Sie vor der Weiterverarbeitung über diese anderen Zwecke und stellen Ihnen sämtliche weitere hierfür maßgeblichen Informationen zur Verfügung.

5. Zeitraum der Datenspeicherung[16]

Wir löschen oder anonymisieren Ihre personenbezogenen Daten, sobald sie für die Zwecke, für die wir sie nach den vorstehenden Ziffern erhoben oder verwendet haben, nicht mehr erforderlich sind. Soweit nicht abweichend angegeben speichern wir Ihre personenbezogenen Daten für die Dauer des Nutzungs- bzw. des Vertragsverhältnisses über die App zzgl. eines Zeitraumes von [7] Tagen, während welchem wir nach der Löschung Sicherungskopien aufbewahren, soweit diese Daten nicht für die strafrechtliche Verfolgung oder zur Sicherung, Geltendmachung oder Durchsetzung von Rechtsansprüchen länger benötigt werden.

Spezifische Angaben in dieser Datenschutzerklärung oder rechtliche Vorgaben zur Aufbewahrung und Löschung personenbezogener Daten, insbesondere solcher, die wir aus steuerrechtlichen Gründen aufbewahren müssen, bleiben unberührt.

6. Ihre Rechte als Betroffener[17]

6.1 Auskunftsrecht

Sie haben das Recht, von uns jederzeit auf Antrag eine Auskunft über die von uns verarbeiteten, Sie betreffenden personenbezogenen Daten im Umfang des Art. 15 DSGVO zu erhalten. Hierzu können Sie einen Antrag postalisch oder per E-Mail an die unten angegebene Adresse stellen.

6.2 Recht zur Berichtigung unrichtiger Daten

Sie haben das Recht, von uns die unverzügliche Berichtigung der Sie betreffenden personenbezogenen Daten zu verlangen, sofern diese unrichtig sein sollten. Wenden Sie sich hierfür bitte an die unten angegebenen Kontaktadressen.

6.3 Recht auf Löschung

Sie haben das Recht, unter den in Art. 17 DSGVO beschriebenen Voraussetzungen von uns die Löschung der Sie betreffenden personenbezogenen Daten zu verlangen. Diese Voraussetzungen sehen insbesondere ein Löschungsrecht vor, wenn die personenbezogenen Daten für die Zwecke, für die sie erhoben oder auf sonstige Weise verarbeitet wurden, nicht mehr notwendig sind, sowie in Fällen der unrechtmäßigen Verarbeitung, des Vorliegens eines Widerspruchs oder des Bestehens einer Löschungspflicht nach Unionsrecht oder dem Recht des Mitgliedstaates, dem wir unterliegen. Zum Zeitraum der Datenspeicherung siehe im Übrigen Ziffer 5 dieser Datenschutzerklärung. Um Ihr Recht auf Löschung geltend zu machen, wenden Sie sich bitte an die unten angegebenen Kontaktadressen.

---

14 Zu den Erläuterungen siehe Rz. 42.27 ff.
15 Zu den Erläuterungen siehe Rz. 42.32 ff.
16 Zu den Erläuterungen siehe Rz. 42.36 f.
17 Zu den Erläuterungen siehe Rz. 42.39 f.

6.4 Recht auf Einschränkung der Verarbeitung

Sie haben das Recht, von uns die Einschränkung der Verarbeitung nach Maßgabe des Art. 18 DSGVO zu verlangen. Dieses Recht besteht insbesondere, wenn die Richtigkeit der personenbezogenen Daten zwischen dem Nutzer und uns umstritten ist, für die Dauer, welche die Überprüfung der Richtigkeit erfordert, sowie im Fall, dass der Nutzer bei einem bestehenden Recht auf Löschung anstelle der Löschung eine eingeschränkte Verarbeitung verlangt; ferner für den Fall, dass die Daten für die von uns verfolgten Zwecke nicht länger erforderlich sind, der Nutzer sie jedoch zur Geltendmachung, Ausübung oder Verteidigung von Rechtsansprüchen benötigt sowie, wenn die erfolgreiche Ausübung eines Widerspruchs zwischen uns und dem Nutzer noch umstritten ist. Um Ihr Recht auf Einschränkung der Verarbeitung geltend zu machen, wenden Sie sich bitte an die unten angegebenen Kontaktadressen.

6.5 Recht auf Datenübertragbarkeit

Sie haben das Recht, von uns die Sie betreffenden personenbezogenen Daten, die Sie uns bereitgestellt haben, in einem strukturierten, gängigen, maschinenlesbaren Format nach Maßgabe des Art. 20 DSGVO zu erhalten. Um Ihr Recht auf Datenübertragbarkeit geltend zu machen, wenden Sie sich bitte an die unten angegebenen Kontaktadressen.

7. Widerspruchsrecht[18]

Sie haben das Recht, aus Gründen, die sich aus Ihrer besonderen Situation ergeben, jederzeit gegen die Verarbeitung Sie betreffender personenbezogener Daten, die u.a. aufgrund von Art. 6 Abs. 1 lit. e oder lit. f DSGVO erfolgt, Widerspruch nach Art. 21 DSGVO einzulegen. Wir werden die Verarbeitung Ihrer personenbezogenen Daten einstellen, es sei denn, wir können zwingende schutzwürdige Gründe für die Verarbeitung nachweisen, die Ihre Interessen, Rechte und Freiheiten überwiegen, oder wenn die Verarbeitung der Geltendmachung, Ausübung oder Verteidigung von Rechtsansprüchen dient.

8. Beschwerderecht[19]

Sie haben ferner das Recht, sich bei Beschwerden an die eine Aufsichtsbehörde zu wenden.

9. Kontakt[20]

Sollten Sie Fragen oder Anmerkungen zu unserem Umgang mit Ihren personenbezogenen Daten haben oder möchten Sie die unter Ziffer 6 und 7 genannten Rechte als betroffene Person ausüben, wenden Sie sich bitte an … [Name] unter folgenden Kontaktdaten: [Kontaktdaten].

Unser Datenschutzbeauftragter ist unter folgenden Kontaktdaten zu erreichen: [Kontaktdaten des Datenschutzbeauftragten].

*[**Bei Verantwortlichen mit Sitz außerhalb des EWR:** Unseren Vertreter innerhalb der Europäischen Union nach Art. 27 DSGVO erreichen Sie unter: [Kontaktdaten]]*

*[**Optional:** Bei Fragen oder Anmerkungen zum praktischen Umgang und der Bedienung der App oder bei Supportanfragen wenden Sie sich bitte [montags bis freitags von 9.00–17.00 h (außer an gesetzlichen Feiertagen)] an [Name des Anbieters des jeweiligen technischen Supports samt Kontaktdaten].]*

10. Änderungen dieser Datenschutzerklärung[21]

Wir halten diese Datenschutzerklärung immer auf dem neuesten Stand. Die aktuelle Fassung der Datenschutzerklärung ist stets unter „[Bezeichnung]" innerhalb der App abrufbar.

Stand: *… [Datum]*

---

18 Zu den Erläuterungen siehe Rz. 42.42 ff.
19 Zu den Erläuterungen siehe Rz. 42.47 f.
20 Zu den Erläuterungen siehe Rz. 42.50 ff.
21 Zu den Erläuterungen siehe Rz. 42.56 ff.

II. Erläuterungen

1. Einleitung/Über die App

42.7   **M 42.1.1 Präambel**

Präambel

*Dieser Dienst (nachfolgend „**App**") wird von der [konkrete Firmierung, Rechtsform, Adresse, weitere Kontaktdaten des Verantwortlichen] (nachfolgend „**wir**" oder „**uns**") als Verantwortlicher im Sinne des jeweils geltenden Datenschutzrechts zur Verfügung gestellt.*

Im Rahmen der App ermöglichen wir Ihnen den Abruf und Darstellungen folgender Informationen: [Leistungsbeschreibung der App]. Bei der Nutzung der App werden von uns personenbezogene Daten über Sie verarbeitet. Unter personenbezogenen Daten sind sämtliche Informationen zu verstehen, die sich auf eine identifizierte oder identifizierbare natürliche Person beziehen. Weil uns der Schutz Ihrer Privatsphäre bei der Nutzung der App wichtig ist, möchten wir Sie mit den nachfolgenden Angaben darüber informieren, welche personenbezogenen Daten wir verarbeiten, wenn Sie die App nutzen und wie wir mit diesen Daten umgehen. Darüber hinaus unterrichten wir Sie über die Rechtsgrundlage für die Verarbeitung Ihrer Daten und, soweit die Verarbeitung zur Wahrung unserer berechtigten Interessen erforderlich ist, auch über unsere berechtigten Interessen.

Sie können diese Datenschutzerklärung jederzeit unter dem Menüeintrag „[Bezeichnung]" innerhalb der App aufrufen.

a) Ratio

42.8   Die Präambel legt den **Gegenstand der Datenschutzerklärung** fest und gibt dem Nutzer allgemeine Informationen über die App und über den Verantwortlichen.

b) Allgemeine Angaben

42.9   Art. 13 Abs. 1 lit. a DSGVO verlangt, dass über den Verantwortlichen namentlich unter Angabe seiner Kontaktdaten zu informieren ist. Es empfiehlt sich hier, **eher mehr Angaben zu machen** als zu wenige[22]. Neben der **exakten Firmierung unter Angabe der konkreten Rechtsform bzw. des Vor- und Nachnamens** sind dem Betroffenen zumindest eine **ladungsfähige Anschrift**, eine **E-Mail-Adresse**[23], **sowie – optional – eine Telefonnummer** zu nennen. In den Fällen des Art. 3 Abs. 2 DSGVO sind entsprechende Angaben über den Vertreter des Verantwortlichen in der EU i.S.d. Art. 27 DSGVO erforderlich[24].

42.10   In dem Muster ist vorgesehen, dass die Datenschutzerklärung innerhalb der App abrufbar ist. Dies empfiehlt sich aus Gründen der Transparenz und zur Gewährleistung der leichten Zugänglichkeit der Informationen, wie es Art. 12 DSGVO fordert. Der Menüpunkt sollte daher auch entsprechend beschriftet sein – hierfür bieten sich etwa die **Bezeichnungen „Datenschutz", „Datenschutzerklärung"** oder **„Datenschutzhinweis"** an[25]. Es darf zudem nicht mehr als zwei „Klicks" bedürfen, um die Datenschutzerklärung abzurufen[26]. Jedenfalls dann, wenn die App auch ohne aktive Internetverbindung Daten erheben und verarbeiten kann, sollte die Datenschutzerklärung auch offline innerhalb der App ab-

---

22 *Arning* in Moos/Schefzig/Arning, Kap. 6 Rz. 21.
23 *Laue/Kremer*, § 3 Rz. 7.
24 *Bäcker* in Kühling/Buchner, Art. 13 DSGVO Rz. 23.
25 *Artikel-29-Datenschutzgruppe*, WP 260, S. 8; kritisch zum Begriff der „Datenschutzerklärung" *Heckmann/Paschke* in Ehmann/Selmayr, Art. 12 DSGVO Rz. 14.
26 *Artikel-29-Datenschutzgruppe*, WP 260, S. 8.

rufbar sein (z.B. durch entsprechendes „Caching")[27]. Darüber hinaus empfehlen sowohl die App Stores als auch die Aufsichtsbehörden, die Datenschutzerklärung auch im jeweiligen App Store zu hinterlegen und für den Nutzer bereitzuhalten[28].

2. Kategorien der verarbeiteten Daten (Ziff. 1)

M 42.1.2 Kategorien der verarbeiteten Daten

42.11

1. Informationen zur Verarbeitung Ihrer Daten

Bestimmte Informationen werden bereits automatisch verarbeitet, sobald Sie die App verwenden. Welche personenbezogenen Daten genau verarbeitet werden, haben wir im Folgenden für Sie aufgeführt:

1.1 Informationen, die beim Download erhoben werden

Beim Download der App werden bestimmte erforderliche Informationen an den von Ihnen ausgewählten App Store (z.B. Google Play oder Apple App Store) übermittelt, insbesondere können dabei der Nutzername, die E-Mail-Adresse, die Kundennummer Ihres Accounts, der Zeitpunkt des Downloads, Zahlungsinformationen sowie die individuelle Gerätekennziffer verarbeitet werden[29]. Die Verarbeitung dieser Daten erfolgt ausschließlich durch den jeweiligen App Store und liegt außerhalb unseres Einflussbereiches.

1.2 Informationen, die automatisch erhoben werden

Im Rahmen Ihrer Nutzung der App erheben wir bestimmte Daten automatisch, die für die Nutzung der App erforderlich sind. Hierzu gehören: [interne Geräte-ID, Version Ihres Betriebssystems, Zeitpunkt des Zugriffs]

Diese Daten werden automatisch an uns übermittelt, aber nicht gespeichert, (1) um Ihnen den Dienst und die damit verbundenen Funktionen zur Verfügung zu stellen; (2) die Funktionen und Leistungsmerkmale der App zu verbessern und (3) Missbrauch sowie Fehlfunktionen vorzubeugen und zu beseitigen. Diese Datenverarbeitung ist dadurch gerechtfertigt, dass (1) die Verarbeitung für die Erfüllung des Vertrags zwischen Ihnen als Betroffener und uns gemäß Art. 6 Abs. 1 lit. b DSGVO zur Nutzung der App erforderlich ist, oder (2) wir ein berechtigtes Interesse daran haben, die Funktionsfähigkeit und den fehlerfreien Betrieb der App zu gewährleisten und einen markt- und interessengerechten Dienst anbieten zu können, das hier Ihre Rechte und Interessen am Schutz Ihrer personenbezogenen Daten im Sinne von Art. 6 Abs. 1 lit. f DSGVO überwiegt.

1.3 Erstellung eines Nutzeraccounts (Registrierung) und Anmeldung

*Wenn Sie einen Nutzeraccount erstellen oder sich anmelden, verwenden wir Ihre Zugangsdaten ([E-Mail-Adresse und Passwort]), um Ihnen den Zugang zu Ihrem Nutzeraccount zu gewähren und diesen zu verwalten („**Pflichtangaben**"). Pflichtangaben im Rahmen der Registrierung sind mit einem Sternchen gekennzeichnet und sind für den Abschluss des Nutzungsvertrages erforderlich. Wenn Sie diese Daten nicht angeben, können Sie keinen Nutzeraccount erstellen.*

Darüber hinaus können Sie folgende freiwillige Angaben im Rahmen der Registrierung machen: [Beispiel: Internet-Adresse, Nickname, etc.].

Die Pflichtangaben verwenden wir, um Sie beim Login zu authentifizieren und Anfragen zur Rücksetzung Ihres Passwortes nachzugehen. Die von Ihnen im Rahmen der Registrierung oder einer Anmeldung eingegebenen Daten werden von uns verarbeitet und verwendet, (1) um Ihre Berechtigung zur Verwal-

---

27 *Düsseldorfer Kreis*, Orientierungshilfe zu den Datenschutzanforderungen an App-Entwickler und App-Anbieter, S. 19.

28 *Düsseldorfer Kreis*, Orientierungshilfe zu den Datenschutzanforderungen an App-Entwickler und App-Anbieter, S. 18, der alternativ ein Anzeigen der Datenschutzerklärung direkt beim Start der App vorsieht, was in der Praxis regelmäßig nicht gewollt sein dürfte.

29 *Lachenmann* in Koreng/Lachenmann, F.I.2.

tung des Nutzeraccounts zu verifizieren; (2) die Nutzungsbedingungen der App sowie alle damit verbundenen Rechte und Pflichten durchzusetzen und (3) mit Ihnen in Kontakt zu treten, um Ihnen technische oder rechtliche Hinweise, Updates, Sicherheitsmeldungen oder andere Nachrichten, die etwa die Verwaltung des Nutzeraccounts betreffen, senden zu können.

Freiwillige Angaben verwenden wir, um [diese entsprechend Ihrer vorgenommenen Einstellungen im Rahmen der App anzuzeigen und auf Ihren Wunsch hin anderen Nutzern der App zugänglich zu machen].

Diese Datenverarbeitung ist dadurch gerechtfertigt, dass (1) die Verarbeitung für die Erfüllung des Vertrags zwischen Ihnen als Betroffener und uns gemäß Art. 6 Abs. 1 lit. b DSGVO zur Nutzung der App erforderlich ist, oder (2) wir ein berechtigtes Interesse daran haben, die Funktionsfähigkeit und den fehlerfreien Betrieb der App zu gewährleisten, das hier Ihre Rechte und Interessen am Schutz Ihrer personenbezogenen Daten im Sinne von Art. 6 Abs. 1 lit. f DSGVO überwiegt.

1.4 Nutzung der App

Im Rahmen der App können Sie diverse Informationen, Aufgaben und Aktivitäten eingeben, verwalten und bearbeiten. Diese Informationen umfassen insbesondere Daten über die [Leistungsbeschreibung der App].

Die App erfordert darüber hinaus folgende Berechtigungen:

– Internetzugriff: Dieser wird benötigt, um [Ihre Eingaben auf unseren Servern zu speichern.

– Kamerazugriff: Dieser wird benötigt, damit [Sie Fotos Ihrer Dokumente anfertigen und in der App sowie auf unseren Servern speichern können].

– …

Die Verarbeitung und Verwendung von Nutzungsdaten erfolgt zur Bereitstellung des Dienstes. Diese Datenverarbeitung ist dadurch gerechtfertigt, dass die Verarbeitung für die Erfüllung des Vertrags zwischen Ihnen als Betroffener und uns gemäß Art. 6 Abs. 1 lit. b DSGVO zur Nutzung der App erforderlich ist.

a) Ratio

42.12 In Ziff. 1 werden die verschiedenen verarbeiteten Datenkategorien i.S.d. Art. 13 Abs. 1 lit. d DSGVO nach Verarbeitungsstadium untergliedert genannt. In dem Muster wurden dabei nur beispielhafte Gruppen für verschiedene Daten gebildet, die erfasst werden. Unterschieden wird hier im Wesentlichen zwischen dem Download sowie der eigentlichen Nutzung der App und der Möglichkeit einer Registrierung, wobei eine solche nicht bei jeder App erforderlich sein wird.

b) Datenkategorien und Verarbeitungsstadien

42.13 Für die Daten nach Ziff. 1.1, die beim Download aus dem App-Store verarbeitet werden, ist der App-Store-Betreiber datenschutzrechtlich verantwortlich[30]. Um in der nicht einfach zu überschauenden Verarbeitungssituation durch den App Store und den Anbieter Transparenz zu schaffen, empfiehlt sich jedoch ein entsprechender Hinweis, welche Datenverarbeitung typischerweise damit verbunden ist. Dies dient auch der Abgrenzung zwischen den Verarbeitungsvorgängen, für die der App Store verantwortlich ist und solchen, für die der App-Anbieter verantwortliche Stelle ist. Dementsprechend ist hervorzuheben, dass der Anbieter der App auf diesen ersten Verarbeitungsschritt keinen Einfluss hat, um die Verantwortlichkeiten der Beteiligten klar zu trennen.

42.14 Die **beispielhafte Aufzählung von Daten** unter Ziff. 1.2, die **automatisch** bei Nutzung der App verarbeitet werden, ist vergleichbar mit der Auflistung von solchen Daten, die automatisch bei der Nutzung einer Website anfallen. Die exemplarische Darstellung von Daten muss entsprechend um solche

---

30 *Lachenmann* in Koreng/Lachenmann, F. I. 2.2. m.w.N.

Daten ergänzt werden, die im konkreten Einzelfall je nach App verarbeitet werden, wenn die App eine Verbindung mit dem Internet aufbaut und Daten übermittelt. Für die Rechtfertigung der Datenerhebung wird es dabei regelmäßig darauf ankommen, dass die Daten für die Erbringung des Dienstes erforderlich sind. Daher wurde hier von der Rechtsgrundlage des Art. 6 Abs. 1 lit. b DSGVO ausgegangen. Denn wenn die personenbezogenen Daten für die Leistungserbringung erforderlich sind, dienen sie zugleich auch der Erfüllung des Vertrages zwischen dem Anbieter und dem Endnutzer (bspw. eines mietähnlichen Vertrages bei kostenpflichtigen Dauerschuldverhältnissen oder eines leihähnlichen Vertrages bei kostenlosen Dauerschuldverhältnissen)[31]. Im Einzelfall können jedoch durchaus auch andere Rechtsgrundlagen in Betracht kommen, bspw. Art. 6 Abs. 1 lit. f DSGVO.

Ziff. 1.3 erfasst solche Daten, die vom Nutzer **im Rahmen der Registrierung** anzugeben sind. Da es sich bei der Bereitstellung eines Nutzeraccounts in der Regel um einen kostenlosen Vertrag über dessen Bereitstellung handeln wird, wird auch die Angabe solcher Daten meist durch Art. 6 Abs. 1 lit. b DSGVO zu rechtfertigen sein. Dabei ist zwischen Pflichtangaben und freiwilligen Angaben zu differenzieren, erstens, weil ggf. unterschiedliche Rechtfertigungsgrundlagen für die verschiedenen Datenkategorien heranzuziehen sind und zweitens, weil die betroffenen Personen nach Art. 13 Abs. 2 lit. e DSGVO auch darüber zu informieren sind, ob es sich um Pflichtangaben handelt und welche Konsequenzen die Nichtbereitstellung der Angaben hat. | 42.15

Jedenfalls für Pflichtangaben ergibt sich die Rechtsgrundlage aus Art. 6 Abs. 1 lit. b DSGVO, weil diese per definitionem für die Vertragserfüllung im Hinblick auf die Bereitstellung des Nutzeraccounts erforderlich sind. Auch für freiwillige Daten lässt sich zugunsten von Art. 6 Abs. 1 lit. b DSGVO als Rechtsgrundlage argumentieren, wenn diese Daten durch den Anbieter der App entsprechend der Einstellungen des Nutzers und der vertraglichen Abreden verarbeitet werden. Hierbei kommt es jedoch auf den konkreten Umfang der Verarbeitung und die vertraglichen Vereinbarungen mit den betroffenen Personen an. Daher kann im Einzelfall auch eine andere Rechtfertigung, bspw. nach Art. 6 Abs. 1 lit. f DSGVO, erforderlich sein. | 42.16

Unter Ziff. 1.4 sind jene Daten anzuführen, die, je nach Bedienart der App, **durch den Nutzer** eingegeben oder hochgeladen werden können. Art und Umfang der Datenverarbeitung sind abhängig von der konkreten Funktionalität der App. Sie können bspw. Kommunikation des Nutzers mit anderen Nutzern umfassen oder Inhaltsdaten, die für sich genommen keinen Personenbezug aufweisen, aber mit dem Nutzeraccount verknüpft sind (bspw. Notizen, die der Nutzer im Rahmen der App speichert und die seinem Account zugeordnet sind). Zwar sieht Art. 13 DSGVO keine Pflicht vor, die Daten im Einzelnen zu benennen. Im Hinblick auf den Grundsatz der Datenverarbeitung nach Treu und Glauben und der Transparenz der Datenverarbeitung (Art. 5 Abs. 1 lit. a DSGVO) ist eine konkrete Beschreibung der jeweiligen Daten und der genauen Verarbeitungsvorgänge jedoch empfehlenswert. Um eine leichte Verständlichkeit der Information sicherzustellen, kann es insbesondere bei größeren Datenmengen sinnvoll sein, geeignete Kategorien an Daten zu bilden und die Verarbeitung dieser Kategorien zu beschreiben. Falls erforderlich kann auch auf weiterführende Dokumente verwiesen werden, in denen die Daten im Einzelnen aufgelistet sind (bspw. unter der Rubrik „Frequently Asked Questions"). | 42.17

Darüber hinaus erläutert Ziff. 1.4 beispielhaft die **Zugriffsberechtigungen**, die von der App gefordert werden. Dies ist nach Ansicht der Aufsichtsbehörden erforderlich, um keinen Eindruck der Unvollständigkeit zu vermitteln und damit der Nutzer prüfen kann, ob die App im Hintergrund und ohne sein Wissen Daten erheben und übermitteln kann[32]. Der Grundsatz des Datenschutzes durch Technikgestaltung gebietet nach Art. 25 Abs. 2 Satz 2 DSGVO, dass nur solche Berechtigungen vom Nutzer eingeholt werden, die für den Betrieb der App tatsächlich erforderlich sind[33]. Soweit Inhalte mit anderen Nutzern geteilt werden können, gebietet der Grundsatz der datenschutzfreundlichen Voreinstel- | 42.18

---

31 *Ewald* in Baumgartner/Ewald, Rz. 29 ff.; *von Frentz/Masch*, ZUM 2020, 939 (941).
32 *Düsseldorfer Kreis*, Orientierungshilfe zu den Datenschutzanforderungen an App-Entwickler und App-Anbieter, S. 20.
33 *Baumgartner* in Ehmann/Selmayr, Art. 25 DSGVO Rz. 17.

lungen zudem, dass Inhalte standardmäßig nur restriktiv Dritten zur Verfügung gestellt werden können und dem Nutzer die Einstellung vorbehalten bleibt, Inhalte nicht mit Dritten zu teilen.

42.19 Die **Rechtfertigung** erfolgt regelmäßig auf Grundlage von Art. 6 Abs. 1 lit. b DSGVO, wenn die vom Nutzer bereitzustellenden Angaben für die bestimmungs- und vertragsgemäße Nutzung erforderlich sind. Abhängig von Art und Zweck der bereitzustellenden Daten kommen jedoch auch andere Rechtsgrundlagen in Betracht.

3. Weitergabe und Übertragungen von Daten (Ziff. 2)

42.20 **M 42.1.3 Weitergabe und Übertragung von Daten**

2. Weitergabe und Übertragung von Daten

Eine Weitergabe Ihrer personenbezogenen Daten ohne Ihre ausdrückliche vorherige Einwilligung erfolgt neben den explizit in dieser Datenschutzerklärung genannten Fällen lediglich dann, wenn es gesetzlich zulässig bzw. erforderlich ist.

2.1 Die Daten, die bei der Registrierung von Ihnen angegeben werden, werden innerhalb unserer Unternehmensgruppe … [Name] für interne Verwaltungszwecke einschließlich der gemeinsamen Kundenbetreuung im Rahmen des Erforderlichen weitergeben.

Eine etwaige Weitergabe der personenbezogenen Daten ist dadurch gerechtfertigt, dass wir ein berechtigtes Interesse daran haben, die Daten für administrative Zwecke innerhalb unserer Unternehmensgruppe weiterzugeben und Ihre Rechte und Interessen am Schutz Ihrer personenbezogenen Daten im Sinne von Art. 6 Abs. 1 lit. f DSGVO nicht überwiegen.

2.2 Wenn es zur Aufklärung einer rechtswidrigen bzw. missbräuchlichen Nutzung der App oder für die Rechtsverfolgung erforderlich ist, werden personenbezogene Daten an die Strafverfolgungsbehörden oder andere Behörden, sowie ggf. an geschädigte Dritte oder Rechtsberater weitergeleitet. Dies geschieht jedoch nur, wenn Anhaltspunkte für ein gesetzwidriges bzw. missbräuchliches Verhalten vorliegen. Eine Weitergabe kann auch stattfinden, wenn dies der Durchsetzung von Nutzungsbedingungen oder anderen Rechtsansprüchen dient. Wir sind zudem gesetzlich verpflichtet, auf Anfrage bestimmten öffentlichen Stellen Auskunft zu erteilen. Dies sind Strafverfolgungsbehörden, Behörden, die bußgeldbewährte Ordnungswidrigkeiten verfolgen, und die Finanzbehörden.

Eine etwaige Weitergabe der personenbezogenen Daten ist dadurch gerechtfertigt, dass (1) die Verarbeitung zur Erfüllung einer rechtlichen Verpflichtung erforderlich ist, der wir gemäß Art. 6 Abs. 1 lit. f DSGVO i.V.m. nationalen rechtlichen Vorgaben zur Weitergabe von Daten an Strafverfolgungsbehörden unterliegen, oder (2) wir ein berechtigtes Interesse daran haben, die Daten bei Vorliegen von Anhaltspunkten für missbräuchliches Verhalten oder zur Durchsetzung unserer Nutzungsbedingungen, anderer Bedingungen oder von Rechtsansprüchen an die genannten Dritten weiterzugeben und Ihre Rechte und Interessen am Schutz Ihrer personenbezogenen Daten im Sinne von Art. 6 Abs. 1 lit. f DSGVO nicht überwiegen.

2.3 Wir sind für die Erbringung unseres Dienstes auf vertraglich verbundene Gesellschaften der [Name]-Unternehmensgruppe sowie folgende Fremdunternehmen und externe Dienstleister angewiesen:

… [Name oder Kategorie der Empfänger]

Eine etwaige Weitergabe der personenbezogenen Daten ist dadurch gerechtfertigt, dass (1) wir ein berechtigtes Interesse daran haben, die Daten für administrative Zwecke innerhalb unserer Unternehmensgruppe weiterzugeben und Ihre Rechte und Interessen am Schutz Ihrer personenbezogenen Daten im Sinne von Art. 6 Abs. 1 lit. f DSGVO nicht überwiegen und (2) wir unsere Fremdunternehmen und externen Dienstleister im Rahmen von Art. 28 Abs. 1 DSGVO als Auftragsverarbeiter sorgfältig ausgewählt, regelmäßig überprüft und vertraglich verpflichtet haben, sämtliche personenbezogenen Daten ausschließlich entsprechend unserer Weisungen zu verarbeiten.

2.4 Im Rahmen der Weiterentwicklung unseres Geschäfts kann es dazu kommen, dass sich die Struktur unseres Unternehmens wandelt, indem die Rechtsform geändert wird, Tochtergesellschaften, Unternehmensteile oder Bestandteile gegründet, gekauft oder verkauft werden. Bei solchen Transaktionen werden die Kundeninformationen gegebenenfalls zusammen mit dem zu übertragenden Teil des Unternehmens weitergegeben. Bei jeder Weitergabe von personenbezogenen Daten an Dritte in dem vorbeschriebenen Umfang tragen wir dafür Sorge, dass dies in Übereinstimmung mit dieser Datenschutzerklärung und dem anwendbaren Datenschutzrecht erfolgt.

Eine etwaige Weitergabe der personenbezogenen Daten ist dadurch gerechtfertigt, dass wir ein berechtigtes Interesse daran haben, unsere Unternehmensform den wirtschaftlichen und rechtlichen Gegebenheiten entsprechend bei Bedarf anzupassen und Ihre Rechte und Interessen am Schutz Ihrer personenbezogenen Daten im Sinne von Art. 6 Abs. 1 lit. f DSGVO nicht überwiegen.

a) Ratio

Die Regelung gibt einen Überblick über mögliche weitere Verarbeitungskonstellationen in Form einer Übermittlung unter Nennung von Empfängern oder Kategorien von Empfängern der personenbezogenen Daten i.S.v. Art. 13 Abs. 1 lit. e DSGVO.   42.21

b) Übermittlungen und Empfänger

Die DSGVO verlangt die Nennung der Empfänger bzw. der Kategorien von Empfängern. Umstritten ist, ob es der Bezeichnung eines konkreten Empfängers bedarf, wenn dieser dem Verantwortlichen bereits bekannt ist[34]. Da die DSGVO insoweit keine klaren Vorgaben macht, wird hier davon ausgegangen, dass diesbezüglich dem Verantwortlichen ein Gestaltungsspielraum zukommt, im Sinne der Verständlichkeit der Information eine im konkreten Fall sachgerechte Darstellungsform zu wählen[35].   42.22

Als „Empfänger" gelten auch Unternehmen einer Unternehmensgruppe, so dass – falls dies im konkreten Fall notwendig ist – ein konzerninterner Datenaustausch ebenfalls zu nennen sein wird. Dieser kann, wie im Muster exemplarisch dargestellt, abhängig von der Art der Daten und dem Zweck der Verarbeitung, auf Art. 6 Abs. 1 lit. f DSGVO gestützt werden. Je nach konzerninterner Ausgestaltung kommt aber auch eine Auftragsverarbeitung in Betracht. Unter den Begriff der „Empfänger" fallen zudem auch Auftragsverarbeiter, so dass diese unter der DSGVO nun auch offenzulegen sind und zumindest generische Angaben zur Weisungsgebundenheit von solchen Dienstleistern geboten sind.   42.23

Ferner sollte der Hinweis erfolgen, dass in bestimmten Situationen, etwa zur Rechtsverfolgung oder bei Änderungen der Unternehmensstruktur, die Weitergabe der Daten an weitere Dritte möglich ist, sofern dies rechtlich zulässig bzw. erforderlich ist.   42.24

Die Rechtfertigung ergibt sich – je nach konkretem Fall – entweder aus Art. 6 Abs. 1 lit. c DSGVO, wenn der Verantwortliche zur Herausgabe der personenbezogenen Daten bspw. nach nationalem Recht verpflichtet ist, oder aus Art. 6 Abs. 1 lit. f DSGVO, wenn die Weitergabe der personenbezogenen Daten aus einem eigenen Interesse des Verantwortlichen heraus erfolgt, etwa zur Sicherung oder Geltendmachung eigener Ansprüche gegen die betroffene Person.   42.25

---

34 So etwa *Bäcker* in Kühling/Buchner, Art. 13 DSGVO Rz. 30; *Knyrim* in Ehmann/Selmayr, Art. 13 DSGVO Rz. 40; Beispiele bei *Härting*, Rz. 59.
35 So auch *Walter*, DSRITB 2016, S. 367 (371).

4. Datenübermittlungen in Drittländer (Ziff. 3)

42.26 ### M 42.1.4 Datenübermittlungen in Drittländer

3. Datenübermittlungen in Drittländer

Wir verarbeiten Daten auch in Staaten außerhalb des Europäischen Wirtschaftsraumes („EWR"). Dies betrifft im Einzelnen:

… [Name und Sitzland der Dienstleister]

Um den Schutz der Persönlichkeitsrechte der Nutzer auch im Rahmen dieser Datenübertragungen zu gewährleisten, bedienen wir uns bei der Ausgestaltung der Vertragsverhältnisse mit den Empfängern [Dienstleister] in Drittländern der Standardvertragsklauseln der EU-Kommission gemäß Art. 46 Abs. 2 lit. c DSGVO. Diese sind unter [Internetadresse] jederzeit abrufbar, alternativ können Sie diese Dokumente auch bei uns unter den unten angegebenen Kontaktmöglichkeiten erfragen.

a) Ratio

42.27 Ziff. 3 beinhaltet die Informationen zu einer geplanten internationalen Datenübermittlung. Art. 13 Abs. 1 lit. f DSGVO fordert in diesem Zusammenhang die Angabe der Absicht des Verantwortlichen, die personenbezogenen Daten in ein Drittland oder eine internationale Organisation zu übermitteln. Zusätzlich wird verlangt, dass der Betroffene über das Vorhandensein bzw. das Fehlen eines Angemessenheitsbeschlusses informiert wird oder im Falle von Übermittlungen nach Art. 46, 47 oder Art. 49 Abs. 1 DSGVO einen Verweis auf die geeigneten und angemessenen Garantien und die Möglichkeit darauf, wie eine Kopie von ihnen zu erhalten ist bzw. wo diese verfügbar sind.

b) Internationale Datenübermittlungen

42.28 Das Muster behandelt in Ziff. 3 das Beispiel der Datenweitergabe an Dienstleister. Im konkreten Einzelfall sind dann die gesetzlich verlangten Angaben je betroffenem Drittland zu machen und die entsprechenden datenschutzrechtlichen Absicherungen zu nennen. Die Nennung der konkreten Dienstleister ist nach dem Wortlaut von Art. 13 Abs. 1 lit. f DSGVO nicht zwingend erforderlich. Jedenfalls eine Nennung der Dienstleisterkategorien analog zu Art. 13 Abs. 1 lit. e DSGVO bietet sich jedoch an, um einerseits dem Transparenzgrundsatz aus Art. 5 Abs. 1 lit. a DSGVO gerecht zu werden und andererseits, um spezifisch über das Vorhandensein von Angemessenheitsbeschlüssen bzw. der geeigneten Garantien informieren zu können. Denkbar wäre an dieser Stelle auch, sachgerechte Gruppen von Empfängern zu bilden und über diese im Einzelnen zu informieren.

42.29 Die Anforderungen an internationale Datentransfers sind zum Zeitpunkt des Redaktionsschlusses dieser Auflage ungewiss. Mit der Entscheidung „Schrems II" hat der EuGH das EU-U.S.-Privacy Shield für unzureichend erklärt[36], so dass sich Datentransfers in die USA nicht mehr auf das Privacy Shield stützen lassen.

42.30 Es verbleiben somit allein die EU-Standarddatenschutzklauseln als Mittel für den Verantwortlichen, um bei Datenübermittlungen in Drittstaaten ein angemessenes Datenschutzniveau zu gewährleisten. Allerdings hat der EuGH ebenfalls klargestellt, dass es einer individuellen Prüfung durch den Verantwortlichen bedarf, ob die EU-Standardvertragsklauseln ausreichend sind, um ein angemessenes Schutzniveau im jeweiligen Drittstaat sicherzustellen und insbesondere, ob der Datenexporteur aufgrund der nationalen Rechtslage in dem Drittstaat überhaupt in der Lage ist, sich an die Regelungen der EU-Standarddatenschutzklauseln zu halten.

---

36 EuGH v. 16.7.2020 – C-311/18 Rz. 201.

Für Zwecke dieses Musters wurde ein entsprechender pauschaler Verweis auf die EU-Standardvertragsklauseln als Garantie für ein angemessenes Datenschutzniveau vorgesehen. Dieser ersetzt eine individuelle Prüfung des Datenschutzniveaus im konkreten Fall freilich nicht.

Zudem hat der Verantwortliche anzugeben, **wie und wo diese Garantien** (aber auch etwa Binding Corporate Rules) für den Betroffenen **abrufbar sind bzw. dieser eine Kopie von den Garantien erhalten** kann. Es ist nicht hinreichend klar, ob die jeweils für den konkreten Einzelfall abgeschlossenen EU-Standardvertragsklauseln für den Betroffenen bereitgehalten werden müssen[37]. Sofern die konkreten Standardvertragsklauseln zur Verfügung gestellt werden sollen, kann damit folglich auch eine Offenlegung von Betriebs- und Geschäftsgeheimnissen verbunden sein. Vor diesem Hintergrund bietet es sich an, dem Betroffenen nur Zugang zu bestimmten Teilen der Garantien unter Schwärzung ihn nicht tangierender Informationen zu gewähren[38] oder diese Informationen jedenfalls nicht zum Abruf über das Internet bereitzustellen, sondern nur auf individuelle Anfrage des Betroffenen herauszugeben. Will man sich trotz bestehender Rechtsunsicherheit mit der Zuverfügungstellung der generischen EU-Standardvertragsklauseln begnügen, kann z.B. ein Hyperlink auf die entsprechende Website der Kommission, auf welcher die Muster abrufbar sind (https://ec.europa.eu/info/law/law-topic/data-protection/international-dimension-data-protection/standard-contractual-clauses-scc_de), in die Datenschutzerklärung aufgenommen werden (vgl. Teil 5, §§ 26–28).

Stellt ein Verantwortlicher fest, dass sich allein auf Grundlage der EU-Standarddatenschutzklauseln kein angemessenes Datenschutzniveau im jeweiligen Drittland erreichen lässt und trifft er stattdessen zusätzliche Maßnahmen, um dies zu erreichen, ist unklar, ob der Verantwortliche auch diese zusätzlichen Maßnahmen in der Datenschutzerklärung offenlegen muss. Da Art. 13 Abs. 1 lit. f DSGVO lediglich einen „Verweis" auf die geeigneten oder angemessenen Garantien sowie die Möglichkeit, eine Kopie von ihnen zu erhalten, fordert, scheint lediglich gefordert zu sein, die formellen Dokumente (wie bspw. die EU-Standarddatenschutzklauseln), nicht aber eventuelle zusätzliche technische Konzepte zu ihrer Flankierung offenzulegen. Da die Rechtslage diesbezüglich jedoch noch gänzlich offen ist, sollte zur Vermeidung von Rechtsrisiken erwogen werden, zusätzliche Angaben zu machen, wenn der Verantwortliche über die EU-Standarddatenschutzklauseln hinaus weitere Maßnahmen getroffen hat – auch um nach außen zu signalisieren, dass er die Anforderungen des EuGH erkannt und umgesetzt hat.

42.30a

5. Zweckänderungen (Ziff. 4)

M 42.1.5 Zweckänderungen

42.31

4. Zweckänderungen

Verarbeitungen Ihrer personenbezogenen Daten zu anderen als den beschriebenen Zwecken erfolgen nur, soweit eine Rechtsvorschrift dies erlaubt oder Sie in den geänderten Zweck der Datenverarbeitung eingewilligt haben. Im Falle einer Weiterverarbeitung zu anderen Zwecken als denen, für den die Daten ursprünglich erhoben worden sind, informieren wir Sie vor der Weiterverarbeitung über diese anderen Zwecke und stellen Ihnen sämtliche weitere hierfür maßgeblichen Informationen zur Verfügung.

a) Ratio

Die DSGVO sieht in Ergänzung zu den bisherigen Anforderungen an Datenschutzerklärungen die explizite Benennung der einschlägigen Rechtsgrundlage neben der Darlegung der **verfolgten Zwecke** vor, Art. 13 Abs. 1 lit. c DSGVO. Sollen personenbezogene Daten zu einem anderen Zweck verarbeitet wer-

42.32

---

37 Dies befürwortend *Arning* in Moos/Schefzig/Arning, Kap. 6 Rz. 31.
38 *Schmidt-Wudy* in BeckOK DatenschutzR, Art. 14 DSGVO Rz. 56.

den, bedarf dies nach Art. 6 Abs. 4 DSGVO einer gesonderten Rechtfertigung und nach Art. 13 Abs. 3 DSGVO einer Information der betroffenen Personen.

b) Allgemeine Information über mögliche Zweckänderungen

42.33 Im Falle von **Zweckänderungen** sind dem Nutzer nach Maßgabe des Art. 13 Abs. 3 DSGVO die relevanten Informationen über diesen Zweck sowie die Informationen nach Art. 13 Abs. 2 DSGVO zur Verfügung zu stellen. Dabei müssen dem Betroffenen jedoch nicht sämtliche Informationen erneut zur Verfügung gestellt werden. Vielmehr genügt es, die Informationen hinsichtlich des neuen Zwecks sowie die Informationen nach Art. 13 Abs. 2 DSGVO zur Verfügung zu stellen, soweit dies im konkreten Fall erforderlich ist. Die Informationen nach Art. 13 Abs. 1 DSGVO sind nicht erneut zu erteilen[39] – diese liegen der betroffenen Person ja bereits vor, soweit sie sich nicht spezifisch auf den neuen Zweck beziehen.

42.34 Die Information muss vor der zweckändernden Nutzung erfolgen. Dabei sollte zwischen Information und Beginn der Verarbeitung ein angemessener Zeitraum liegen, der den betroffenen Personen Gelegenheit für eine informierte Entscheidung lässt, ob sie die App auch nach erfolgter Zweckänderung weiter nutzen möchten[40]. Für die Art und Weise der Information im Falle einer Zweckänderung macht die DSGVO keine konkreten Vorgaben. Ob eine aktive Ansprache der betroffenen Personen notwendig ist (bspw. per Push-Benachrichtigung) oder ein passiver Hinweis (bspw. Bereitstellen der Informationen zum Abruf) ausreicht, ist daher nicht gänzlich eindeutig. Nach Auffassung der Artikel-29-Datenschutzgruppe genügt die passive Bereitstellung nicht – die Aufforderung an den Nutzer, die Datenschutzerklärung regelmäßig auf Änderungen zu prüfen, wäre demnach unzureichend[41]. Bei der Art und Weise der Benachrichtigung lässt die Artikel-29-Datenschutzgruppe dem Verantwortlichen jedoch einen gewissen Spielraum[42]. Denkbar wäre etwa neben einer Benachrichtigung über die Änderungen per E-Mail oder Push-Benachrichtigung auch ein Pop-up bei der nächsten Nutzung der App oder ein prominenter Banner auf dem Startbildschirm.

6. Speicherdauer (Ziff. 5)

42.35 **M 42.1.6 Zeitraum der Datenspeicherung**

5. Zeitraum der Datenspeicherung

Wir löschen oder anonymisieren Ihre personenbezogenen Daten, sobald sie für die Zwecke, für die wir sie nach den vorstehenden Ziffern erhoben oder verwendet haben, nicht mehr erforderlich sind. Soweit nicht abweichend angegeben speichern wir Ihre personenbezogenen Daten für die Dauer des Nutzungs- bzw. des Vertragsverhältnisses über die App zzgl. eines Zeitraumes von [7] Tagen, während welchem wir nach der Löschung Sicherungskopien aufbewahren, soweit diese Daten nicht für die strafrechtliche Verfolgung oder zur Sicherung, Geltendmachung oder Durchsetzung von Rechtsansprüchen länger benötigt werden.

Spezifische Angaben in dieser Datenschutzerklärung oder rechtliche Vorgaben zur Aufbewahrung und Löschung personenbezogener Daten, insbesondere solcher, die wir aus steuerrechtlichen Gründen aufbewahren müssen, bleiben unberührt.

---

39 *Franck* in Gola, Art. 13 DSGVO Rz. 34; a.A. *Schmidt-Wudy* in BeckOK DatenschutzR, Art. 13 DSGVO Rz. 88.1 f.
40 *Artikel-29-Datenschutzgruppe*, WP 260, S. 21.
41 *Artikel-29-Datenschutzgruppe*, WP 260, S. 13.
42 *Artikel-29-Datenschutzgruppe*, WP 260, S. 13.

a) Ratio

Art. 13 Abs. 2 lit. a DSGVO fordert die Angabe der Dauer der Speicherung.   42.36

b) Angabe der Speicherdauer

Grundsätzlich ist die **genaue Dauer** – zumindest in Monaten[43] – der Datenspeicherung anzugeben.   42.37
Häufig wird dies jedoch dem Verantwortlichen nicht möglich sein, da schlichtweg die Dauer von weiteren Umständen abhängt, wie etwa dem Zeitraum des konkreten Vertrages über die App. Wenn eine Angabe **objektiv bei Erhebung der Daten unmöglich** ist, sollten zumindest die Kriterien für die Bestimmung der Dauer angegeben werden[44]. Ziff. 5 stellt daher im Wesentlichen für die Festlegung der Speicherdauer auf die Vertragsdauer über die App ab zzgl. eines Zeitraumes, innerhalb dessen auch nach der Vertragsbeendigung noch Sicherungskopien von Daten vorgehalten werden. Zudem ist eine besondere Regelung für die Vorhaltung bestimmter Daten zur Missbrauchserkennung und -verfolgung vorgesehen. Unberührt davon bleiben Vorgaben zur Aufbewahrung und Löschung der Daten, die eine längere Speicherung erfordern, wie bspw. § 14b Abs. 1 UStG. Da der Verantwortliche ohnehin ein Speicher- und Löschkonzept vorsehen muss, in dem festgelegt wird, welche personenbezogenen Daten für welchen Zeitraum vorgehalten werden sollen (Art. 5 Abs. 1 lit. e DSGVO), bietet es sich an, hier die konkreten für den Verantwortlichen anwendbaren Speicherfristen noch zu ergänzen. Zum Zwecke des Musters wurde hier lediglich eine allgemeine Formulierung vorgesehen.

7. Betroffenenrechte (Ziff. 6)

M 42.1.7 Betroffenenrechte   42.38

6. Ihre Rechte als Betroffener

6.1 Auskunftsrecht

Sie haben das Recht, von uns jederzeit auf Antrag eine Auskunft über die von uns verarbeiteten, Sie betreffenden personenbezogenen Daten im Umfang des Art. 15 DSGVO zu erhalten. Hierzu können Sie einen Antrag postalisch oder per E-Mail an die unten angegebene Adresse stellen.

6.2 Recht zur Berichtigung unrichtiger Daten

Sie haben das Recht, von uns die unverzügliche Berichtigung der Sie betreffenden personenbezogenen Daten zu verlangen, sofern diese unrichtig sein sollten. Wenden Sie sich hierfür bitte an die unten angegebenen Kontaktadressen.

6.3 Recht auf Löschung

Sie haben das Recht, unter den in Art. 17 DSGVO beschriebenen Voraussetzungen von uns die Löschung der Sie betreffenden personenbezogenen Daten zu verlangen. Diese Voraussetzungen sehen insbesondere ein Löschungsrecht vor, wenn die personenbezogenen Daten für die Zwecke, für die sie erhoben oder auf sonstige Weise verarbeitet wurden, nicht mehr notwendig sind sowie in Fällen der unrechtmäßigen Verarbeitung, des Vorliegens eines Widerspruchs oder des Bestehens einer Löschungspflicht nach Unionsrecht oder dem Recht des Mitgliedstaates, dem wir unterliegen. Zum Zeitraum der Datenspeicherung siehe im Übrigen Ziffer 5 dieser Datenschutzerklärung. Um Ihr Recht auf Löschung geltend zu machen, wenden Sie sich bitte an die unten angegebenen Kontaktadressen.

6.4 Recht auf Einschränkung der Verarbeitung

Sie haben das Recht, von uns die Einschränkung der Verarbeitung nach Maßgabe des Art. 18 DSGVO zu verlangen. Dieses Recht besteht insbesondere, wenn die Richtigkeit der personenbezogenen Daten zwi-

---

43 *Arning* in Moos/Schefzig/Arning, Kap. 6 Rz. 35.
44 *Bäcker* in Kühling/Buchner, Art. 13 DSGVO Rz. 36.

schen dem Nutzer und uns umstritten ist, für die Dauer, welche die Überprüfung der Richtigkeit erfordert sowie im Fall, dass der Nutzer bei einem bestehenden Recht auf Löschung anstelle der Löschung eine eingeschränkte Verarbeitung verlangt; ferner für den Fall, dass die Daten für die von uns verfolgten Zwecke nicht länger erforderlich sind, der Nutzer sie jedoch zur Geltendmachung, Ausübung oder Verteidigung von Rechtsansprüchen benötigt sowie wenn die erfolgreiche Ausübung eines Widerspruchs zwischen uns und dem Nutzer noch umstritten ist. Um Ihr Recht auf Einschränkung der Verarbeitung geltend zu machen, wenden Sie sich bitte an die unten angegebenen Kontaktadressen.

6.5 Recht auf Datenübertragbarkeit

Sie haben das Recht, von uns die Sie betreffenden personenbezogenen Daten, die Sie uns bereitgestellt haben, in einem strukturierten, gängigen, maschinenlesbaren Format nach Maßgabe des Art. 20 DSGVO zu erhalten. Um Ihr Recht auf Datenübertragbarkeit geltend zu machen, wenden Sie sich bitte an die unten angegebenen Kontaktadressen.

a) Ratio

42.39   Gemäß Art. 13 Abs. 2 lit. b DSGVO muss der Verantwortliche über die Betroffenenrechte informieren. Zuvorderst ist hierbei auf das Recht auf Auskunft nach Art. 14 DSGVO einzugehen. Zudem bedarf es der Aufklärung über das Recht auf Berichtigung gem. Art. 16 DSGVO, Löschung gem. Art. 17 DSGVO, Beschränkung gem. Art. 18 DSGVO und Datenportabilität gem. Art. 20 DSGVO (für das Widerspruchsrecht s. Rz. 42.41).

b) Erläuterung der Betroffenenrechte

42.40   Das Muster geht an dieser Stelle auf die Betroffenenrechte ein, über die auch im Rahmen der Datenverarbeitung einer App zu unterrichten ist. Von der Unterrichtung über ein Betroffenenrecht sollte nur dann abgesehen werden, wenn es ohne Zweifel nicht einschlägig ist, was etwa der Fall beim Recht auf Datenübertragbarkeit sein kann, bspw. wenn vom Nutzer keine Daten bereitgestellt werden[45]. Im Übrigen empfiehlt es sich, in einer allgemeinen Form über die Betroffenenrechte zu informieren und diese kurz zu erläutern.

8. Widerspruchsrecht (Ziff. 7)

42.41   **M 42.1.8 Widerspruchsrecht**

7. Widerspruchsrecht

Sie haben das Recht, aus Gründen, die sich aus Ihrer besonderen Situation ergeben, jederzeit gegen die Verarbeitung Sie betreffender personenbezogener Daten, die u.a. aufgrund von Art. 6 Abs. 1 lit. e oder lit. f DSGVO erfolgt, Widerspruch nach Art. 21 DSGVO einzulegen. Wir werden die Verarbeitung Ihrer personenbezogenen Daten einstellen, es sei denn, wir können zwingende schutzwürdige Gründe für die Verarbeitung nachweisen, die Ihre Interessen, Rechte und Freiheiten überwiegen, oder wenn die Verarbeitung der Geltendmachung, Ausübung oder Verteidigung von Rechtsansprüchen dient.

a) Ratio

42.42   Die Ziff. 7 informiert über die Möglichkeit der Ausübung des Widerspruchsrechts nach Maßgabe des Art. 21 DSGVO. Die Information über dieses Recht sollte nur dann erfolgen, wenn es nicht ausge-

---

45 *Paal* in Paal/Pauly, Art. 13 DSGVO Rz. 27.

schlossen ist, dass dem Betroffenen das Recht auf Widerspruch zusteht, d.h. wenn sich eine Verarbeitung auf Art. 6 Abs. 1 lit. e oder lit. f DSGVO stützt.

b) Gesonderter Hinweis auf Widerspruchsrecht

Die Information über das Widerspruchsrecht nimmt im Rahmen der Betroffenenrechte eine besondere   42.43
Rolle ein, da Art. 21 Abs. 4 DSGVO ausdrücklich verlangt, dass die betroffene Person spätestens im
Zeitpunkt der ersten Kommunikation auf das in Art. 20 Abs. 1 und 2 DSGVO genannte Recht hingewiesen wird und dieser Hinweis in einer **verständlichen** und von anderen Informationen **getrennten
Form** zu erfolgen hat. Das Widerspruchsrecht sollte im Verhältnis zu den übrigen Informationen innerhalb einer Datenschutzerklärung deshalb deutlich hervorgehoben werden. Die Unterscheidungskraft ist im Muster durch das **hervorgehobene Schriftbild** gewährleistet.

Das Widerspruchsrecht im Muster bezieht sich nicht auf das **Widerspruchsrecht**, welches dem Be-   42.44
troffenen ggf. gegen **Direktwerbung** zustünde. Die Klausel informiert vielmehr nur pauschal über das
Widerspruchsrecht in Bezug auf Art. 6 Abs. 1 lit. e oder lit. f DSGVO, so dass auch hier Anpassungen
im Einzelfall erforderlich sein können. Nicht zu verwechseln ist das Widerspruchsrecht nach Art. 21
DSGVO außerdem mit dem Widerruf der Einwilligung nach Art. 7 Abs. 3 DSGVO. Erfolgt eine Datenverarbeitung auf Grundlage einer Einwilligung, ist nach Art. 7 Abs. 3 Satz 2 DSGVO über das Widerrufsrecht im Rahmen der Einwilligung gesondert zu informieren.

Im Zusammenhang mit der Nutzung von **Diensten der Informationsgesellschaft**[46] ist es zudem der   42.45
betroffenen Person zu ermöglichen, ihr Widerspruchsrecht **mittels automatisierter Verfahren** gem.
Art. 21 Abs. 5 DSGVO auszuüben. In diesem Fall bietet es sich an, an dieser Stelle eine entsprechende
Verlinkung vorzunehmen oder die relevanten Opt-Out-Möglichkeiten direkt in der Datenschutzerklärung an dieser Stelle vorzusehen.

9. Information über das Beschwerderecht (Ziff. 8)

M 42.1.9 Beschwerderecht   42.46

8. Beschwerderecht

Sie haben ferner das Recht, sich bei Beschwerden an eine Aufsichtsbehörde zu wenden.

a) Ratio

Vor dem Hintergrund, dass ebenfalls eine Unterrichtung über das Bestehen eines Beschwerderechts   42.47
gem. Art. 13 Abs. 2 lit. d DSGVO zu erfolgen hat, werden diese Informationen im Rahmen von Ziff. 8
bereitgehalten.

b) Gesonderter Hinweis auf Beschwerderecht

Es ist den Anforderungen der DSGVO nicht klar zu entnehmen, dass neben der reinen Information,   42.48
dass ein solches Beschwerderecht dem Betroffenen zusteht, auch über die konkrete bzw. zuständige
Aufsichtsbehörde sowie deren Kontaktdaten zu informieren ist[47]. Aus Gründen der Transparenz kann
die für den Verantwortlichen zuständige Behörde entsprechend angeführt werden. Da dem Betroffenen
aber ein Beschwerderecht gerade nicht nur gegenüber der zuständigen, sondern gegenüber jeder Be-

---

46 „Dienst der Informationsgesellschaft" i.S.d. Art. 1 Nr. 1 lit. b der RL (EU) 2015/1535.
47 So etwa *Bäcker* in Kühling/Buchner, Art. 13 DSGVO Rz. 39.

hörde offensteht, kann ein zu strikter Verweis auf die zuständige Aufsichtsbehörde auch als irreführend angesehen werden. Im Muster wurde – abweichend zur Vorauflage – daher auf eine Angabe der zuständigen Aufsichtsbehörde verzichtet.

10. Kontakt (Ziff. 9)

42.49 **M 42.1.10 Kontakt**

9. Kontakt

Sollten Sie Fragen oder Anmerkungen zu unserem Umgang mit Ihren personenbezogenen Daten haben oder möchten Sie die unter Ziffer 6 und 7 genannten Rechte als betroffene Person ausüben, wenden Sie sich bitte an [Name] unter folgenden Kontaktdaten: [Kontaktdaten].

Unser Datenschutzbeauftragter ist unter folgenden Kontaktdaten zu erreichen: [Kontaktdaten des Datenschutzbeauftragten].

[Optional: Bei Fragen oder Anmerkungen zum praktischen Umgang und der Bedienung der App oder bei Supportanfragen wenden Sie sich bitte [montags bis freitags von 9.00–17.00 h (außer an gesetzlichen Feiertagen)] an [Name des Anbieters des jeweiligen technischen Supports samt Kontaktdaten].]

a) Ratio

42.50 Durch die in dieser Ziff. 9 enthaltene Regelung soll die betroffene Person in die Lage versetzt werden, mit dem Verantwortlichen und ggf. mit dem Datenschutzbeauftragten, dessen Kontaktdaten nach Art. 13 Abs. 1 lit. b DSGVO ggf. zu nennen sind, in Kontakt zu treten.

b) Verpflichtende und optionale Kontaktangaben

42.51 Nach Art. 13 Abs. 1 lit. a DSGVO sind der Name und die Kontaktdaten des Verantwortlichen anzugeben. Dabei muss es sich nicht um den Namen einer natürlichen Person handeln, sondern vielmehr den Namen der verantwortlichen Stelle.

42.52 Darüber hinaus müssen nach Art. 13 Abs. 1 lit. b DSGVO die Kontaktdaten des Datenschutzbeauftragten – sofern vorhanden – angegeben werden. Die Angabe des Namens ist hingegen nicht erforderlich. Auch die Angabe einer personalisierten E-Mail-Adresse ist nicht erforderlich. Ein Role-Account, wie bspw. datenschutz@example.com, ist ausreichend.

42.53 Es empfiehlt sich, dass insbesondere Kontaktdaten zur Verfügung gestellt werden, die dem verwendeten elektronischen Medium entsprechen. Bei Apps empfiehlt sich daher die Angabe einer **E-Mailadresse**, um einen „**Medienbruch**" zu **vermeiden**[48]. Die Angabe von elektronischen Kontaktmöglichkeiten, die die Registrierung bei einem Drittanbieter erfordern – wie etwa WhatsApp oder Snapchat – ist hingegen nur dann zu empfehlen, wenn alternativ auch eine E-Mail-Adresse oder Telefonnummer angegeben ist.

42.54 Ohne datenschutzrechtliche Relevanz, aber von praktischem Nutzen kann weiterhin die Angabe eines allgemeinen Support-Kontaktes sein, um zu vermeiden, dass die für datenschutzrechtliche Fragen angegebenen Kontaktadressen für allgemeine Produktanfragen zweckentfremdet werden.

---

48 *Bäcker* in Kühling/Buchner, Art. 13 DSGVO Rz. 22.

11. Aktualisierung der Datenschutzerklärung (Ziff. 10)

M 42.1.11 Änderungen der Datenschutzerklärung

42.55

10. Änderungen dieser Datenschutzerklärung

Wir halten diese Datenschutzerklärung immer auf dem neuesten Stand. Die aktuelle Fassung der Daten-schutzerklärung ist stets unter „[Bezeichnung]" innerhalb der App abrufbar.

Stand: … [Datum]

Ziff. 10 weist die betroffene Person darauf hin, dass die Datenschutzerklärung gewissen Änderungen unterliegen kann. Ferner empfiehlt sich auch der erneute Hinweis, dass die Datenschutzerklärung stets in der App unter dem entsprechend zu bezeichnenden Menüpunkt abrufbar ist.

42.56

Ein Hinweis, dass die Datenschutzerklärung regelmäßig durch den Nutzer auf Änderungen zu prüfen ist, wird jedoch nicht zulässig sein. Denn es obliegt nach Auffassung der Artikel-29-Datenschutzgruppe dem Verantwortlichen, die Betroffenen über Änderungen auf geeignetem Wege zu informieren[49].

42.57

Da der Verantwortliche für die Rechtmäßigkeit der Verarbeitung beweisbelastet ist, ist die Angabe des Bearbeitungsstandes empfehlenswert, um nötigenfalls nachweisen zu können, wann welche Information zur Datenschutzerklärung hinzugefügt wurde.

42.58

---

49 *Artikel-29-Datenschutzgruppe*, WP 260, S. 16.

§ 43
Die SCHUFA-Hinweislösung nach DSGVO

Literatur: *Beckhusen*, Der Datenumgang innerhalb des Kreditinformationssystems der SCHUFA, 2004; *Härting/Gössling/Dimov*, Berechtigte Interessen nach der DS-GVO, ITRB 7/2017; *Kamlah*, Das SCHUFA-Verfahren und seine datenschutzrechtliche Zulässigkeit, MMR 1999, 395; *Kremer*, Wer braucht warum das neue BDSG?, CR 2017, 367; *Kühling*, Neues Bundesdatenschutzgesetz – Anpassungsbedarf bei Unternehmen, NJW 2017, 1985 (1988); *v. Lewinski/Pohl*, Auskunfteiverfahren nach der europäischen Datenschutzreform, ZD 1/2018, 17 ff.

A. Einleitung

Aufgrund des Wirksamwerdens der Verordnung (EU) 2016/679 des Europäischen Parlaments und des Rates vom 27.4.2016 zum Schutz natürlicher Personen bei der Verarbeitung personenbezogener Daten, zum freien Datenverkehr und zur Aufhebung der Richtlinie 95/46/EG (DSGVO) am 25.5.2018 wurden weitreichende Anpassungen an dem Inhalt und Verfahren der seit Jahrzehnten etablierten[1] und zuletzt aufgrund der BDSG-Novelle im Jahre 2010[2] neu gefassten SCHUFA-Klausel erforderlich. Die SCHUFA-Klausel kam als datenschutzrechtliche Einwilligung nach § 4a BDSG a.F. bisher regelmäßig beim Abschluss von Verträgen mit wirtschaftlichen Risiken zum Einsatz, um bestimmte Daten aus der Geschäftsverbindung mit natürlichen Personen zu übermitteln.   43.1

Gegenüber der Regelung des § 4a BDSG a.F. richten sich die Anforderungen an Einwilligungen von betroffenen Personen unter der DSGVO nach Art. 7, Art. 4 Nr. 11 DSGVO unter Berücksichtigung der Erwägungsgründe 42 und 43. Zu nennen sind hier insbesondere die in der DSGVO formulierten Anforderungen an die Freiwilligkeit der Einwilligung. Um etwaigen hiermit verbundenen Rechtsunsicherheiten beim Einsatz der als Einwilligung ausgestalteten SCHUFA-Klausel höchst vorsorglich zu begegnen, wurde für die DSGVO eine aus zwei Komponenten bestehende Hinweislösung geschaffen, die sich einerseits aus einem SCHUFA-Hinweis und andererseits aus einem diesen Hinweis ergänzenden und vervollständigenden SCHUFA-Informationsblatt zusammensetzt. Einwilligungen, die unter dem BDSG a.F. wirksam erteilt wurden, können grundsätzlich unter der DSGVO fortgelten[3].   43.2

Der Einsatz beider Informationsbestandteile vor Datenübermittlungen an die SCHUFA schafft gegenüber der betroffenen Person durch eine Verknüpfung der Informationspflichten des datenerhe-   43.3

---

1 Zur gesamten Historie der damals quasi völlig neu geschaffenen SCHUFA-Klausel s. *Kamlah*, Das SCHUFA-Verfahren und seine datenschutzrechtliche Zulässigkeit, MMR 1999, 395.

2 Gesetz v. 29.7.2009, BGBl. I 2009, 2254.

3 Beschluss des Düsseldorfer Kreises vom 13./14.9.2016, Fortgeltung bisher erteilter Einwilligungen unter der Datenschutz-Grundverordnung; zur bisherigen SCHUFA-Klausel s. auch *Lang/Kamlah* in Moos (Hrsg.), Datennutzungs- und Datenschutzverträge, 1. Aufl. 2014.

benden und an die Auskunftei übermittelnden Unternehmens nach Art. 13 DSGVO und einer diese Unterrichtung ergänzenden und vertiefenden Information über das SCHUFA-Verfahren insgesamt umfassende Transparenz hinsichtlich der damit einhergehenden Datenverarbeitung (vgl. hierzu die Ausführungen zu Rz. 43.9 ff.).

43.4 Bei dem SCHUFA-Hinweis handelt es sich – wie die Bezeichnung bereits impliziert – um einen reinen Hinweis und insoweit nicht länger um eine datenschutzrechtliche Einwilligung. Das nachfolgend beschriebene Informationskonzept wurde in enger Abstimmung zwischen der Interessenvertretung der fünf Spitzenverbände der Kreditwirtschaft (DIE DEUTSCHE KREDITWIRTSCHAFT) und der SCHUFA völlig neu erarbeitet[4].

43.5 Neben dem im Vergleich zur SCHUFA-Klausel inhaltlich umgestalteten SCHUFA-Hinweis trägt das neu konzeptionierte SCHUFA-Informationsblatt dafür Sorge, dass die betroffene Person die sich einer Datenübermittlung des erhebenden Unternehmens an die SCHUFA anschließende Datenverarbeitung in ihrer Gesamtheit überblicken und beurteilen kann.

43.6 Das gefundene Konzept wurde maßgeblich auch von der Absicht getragen, dem in der DSGVO an zahlreichen Stellen hervortretenden Transparenzgedanken[5] sowie den damit einhergehenden erweiterten Transparenzanforderungen umfassend Rechnung zu tragen. Der betroffenen Person soll möglichst frühzeitig ein vollständiges Bild über die mit der Datenerhebung durch den Vertragspartner und -übermittlung an die SCHUFA verbundene Datenverarbeitung gegeben werden.

B. SCHUFA-Hinweis

I. Muster

43.7 **M 43.1 SCHUFA-Hinweis**

(Beispiel Bankenbereich)

SCHUFA-Hinweis

Datenübermittlung an die SCHUFA und Befreiung vom Bankgeheimnis

Die Bank/Sparkasse übermittelt im Rahmen dieses Vertragsverhältnisses erhobene personenbezogene Daten über die Beantragung, die Durchführung und Beendigung dieser Geschäftsbeziehung sowie Daten über nicht vertragsgemäßes Verhalten oder betrügerisches Verhalten an die SCHUFA Holding AG, Kormoranweg 5, 65201 Wiesbaden[6].

Rechtsgrundlagen dieser Übermittlungen sind Art. 6 Abs. 1 lit. b und Art. 6 Abs. 1 lit. f der Datenschutz-Grundverordnung (DSGVO). Übermittlungen auf der Grundlage von Art. 6 Abs. 1 lit. f DSGVO dürfen nur erfolgen, soweit dies zur Wahrung berechtigter Interessen der Bank/Sparkasse oder Dritter erforderlich ist und nicht die Interessen oder Grundrechte und Grundfreiheiten der betroffenen Person, die den Schutz personenbezogener Daten erfordern, überwiegen. Der Datenaustausch mit der SCHUFA dient auch der Erfüllung gesetzlicher Pflichten zur Durchführung von Kreditwürdigkeitsprüfungen von Kunden (§ 505a des Bürgerlichen Gesetzbuches, § 18a des Kreditwesengesetzes)[7].

Der Kunde befreit die Bank/Sparkasse insoweit auch vom Bankgeheimnis[8].

---

4 Im Hinblick auf die zuständigen Datenschutzaufsichtsbehörden wurde die Hinweis-Lösung innerhalb der AG Kreditwirtschaft des Düsseldorfer Kreises erörtert.
5 *Pötters* in Gola, Art. 5 DS-GVO Rz. 10.
6 Zu den Erläuterungen siehe Rz. 43.17 ff.
7 Zu den Erläuterungen siehe Rz. 43.23 ff.
8 Zu den Erläuterungen siehe Rz. 43.41 ff.

Die SCHUFA verarbeitet die erhaltenen Daten und verwendet sie auch zum Zwecke der Profilbildung (Scoring), um ihren Vertragspartnern im Europäischen Wirtschaftsraum und in der Schweiz sowie ggf. weiteren Drittländern (sofern zu diesen ein Angemessenheitsbeschluss der Europäischen Kommission besteht oder Standardvertragsklauseln vereinbart wurden, die unter www.schufa.de eingesehen werden können) Informationen unter anderem zur Beurteilung der Kreditwürdigkeit von natürlichen Personen zu geben. Nähere Informationen zur Tätigkeit der SCHUFA können dem SCHUFA-Informationsblatt entnommen oder online unter www.schufa.de/datenschutz eingesehen werden[9].

[Bei separater Verwendung des Hinweises: Unterschrift des Kunden]

M 43.2 SCHUFA-Informationsblatt

43.8

SCHUFA-Informationsblatt

SCHUFA-Information

1. *Name und Kontaktdaten der verantwortlichen Stelle sowie des betrieblichen Datenschutzbeauftragten*

SCHUFA Holding AG, Kormoranweg 5, 65201 Wiesbaden, Tel.: +49 (0) 6 11-92 78 0

Der betriebliche Datenschutzbeauftragte der SCHUFA ist unter der o.g. Anschrift, zu Hd. Abteilung Datenschutz oder per E-Mail unter datenschutz@schufa.de erreichbar.

2. *Datenverarbeitung durch die SCHUFA*

   2.1. *Zwecke der Datenverarbeitung und berechtigte Interessen, die von der SCHUFA oder einem Dritten verfolgt werden*

   Die SCHUFA verarbeitet personenbezogene Daten, um berechtigten Empfängern Informationen zur Beurteilung der Kreditwürdigkeit von natürlichen und juristischen Personen zu geben. Hierzu werden auch Scorewerte errechnet und übermittelt. Sie stellt die Informationen nur dann zur Verfügung, wenn ein berechtigtes Interesse hieran im Einzelfall glaubhaft dargelegt wurde und eine Verarbeitung nach Abwägung aller Interessen zulässig ist. Das berechtigte Interesse ist insbesondere vor Eingehung von Geschäften mit finanziellem Ausfallrisiko gegeben. Die Kreditwürdigkeitsprüfung dient der Bewahrung der Empfänger vor Verlusten im Kreditgeschäft und eröffnet gleichzeitig die Möglichkeit, Kreditnehmer durch Beratung vor einer übermäßigen Verschuldung zu bewahren. Die Verarbeitung der Daten erfolgt darüber hinaus zur Betrugsprävention, Seriositätsprüfung, Geldwäscheprävention, Identitäts- und Altersprüfung, Anschriftenermittlung, Kundenbetreuung oder Risikosteuerung sowie der Tarifierung oder Konditionierung. Neben den vorgenannten Zwecken verarbeitet die SCHUFA personenbezogene Daten auch zu internen Zwecken (z.B. Geltendmachung rechtlicher Ansprüche und Verteidigung bei rechtlichen Streitigkeiten, Weiterentwicklung von Dienstleistungen und Produkten, Forschung und Entwicklung insbesondere zur Durchführung interner Forschungsprojekte (z.B. SCHUFA-Kreditkompass) oder zur Teilnahme an nationalen und internationalen externen Forschungsprojekten im Bereich der genannten Verarbeitungszwecke sowie Gewährleistung der IT-Sicherheit und des IT-Betriebs). Das berechtigte Interesse hieran ergibt sich aus den jeweiligen Zwecken und ist im Übrigen wirtschaftlicher Natur (effiziente Aufgabenerfüllung, Vermeidung von Rechtsrisiken). Es können auch anonymisierte Daten verarbeitet werden. Über etwaige Änderungen der Zwecke der Datenverarbeitung wird die SCHUFA gemäß Art. 14 Abs. 4 DSGVO informieren.

   2.2 *Rechtsgrundlagen für die Datenverarbeitung*

   Die SCHUFA verarbeitet personenbezogene Daten auf Grundlage der Bestimmungen der Datenschutz-Grundverordnung. Die Verarbeitung erfolgt auf Basis von Einwilligungen (Art. 6 Abs. 1 lit. a DSGVO) sowie auf Grundlage des Art. 6 Abs. 1 lit. f DSGVO, soweit die Verarbeitung zur Wahrung der berechtigten Interessen des Verantwortlichen oder eines Dritten erforderlich ist und nicht die

---

9 Zu den Erläuterungen siehe Rz. 43.44 ff.

Interessen oder Grundrechte und Grundfreiheiten der betroffenen Person, die den Schutz personenbezogener Daten erfordern, überwiegen. Einwilligungen können jederzeit gegenüber dem betreffenden Vertragspartner widerrufen werden. Dies gilt auch für Einwilligungen, die bereits vor Inkrafttreten der DSGVO erteilt wurden. Der Widerruf der Einwilligung berührt nicht die Rechtmäßigkeit der bis zum Widerruf verarbeiteten personenbezogenen Daten.

2.3 Herkunft der Daten

Die SCHUFA erhält ihre Daten einerseits von ihren Vertragspartnern. Dies sind im europäischen Wirtschaftsraum und in der Schweiz sowie ggf. weiteren Drittländern (sofern zu diesen ein entsprechender Angemessenheitsbeschluss der Europäischen Kommission existiert) ansässige Institute, Finanzunternehmen und Zahlungsdienstleister, die ein finanzielles Ausfallrisiko tragen (z.B. Banken, Sparkassen, Genossenschaftsbanken, Kreditkarten-, Factoring- und Leasingunternehmen) sowie weitere Vertragspartner, die zu den unter Ziffer 2.1 genannten Zwecken Produkte der SCHUFA nutzen, insbesondere aus dem (Versand-)Handels-, eCommerce-, Dienstleistungs-, Vermietungs-, Energieversorgungs-, Telekommunikations-, Versicherungs-, oder Inkassobereich. Darüber hinaus verarbeitet die SCHUFA Informationen aus allgemein zugänglichen Quellen wie etwa öffentlichen Verzeichnissen und amtlichen Bekanntmachungen (Schuldnerverzeichnisse, Insolvenzbekanntmachungen) oder von Compliance-Listen (z.B. Listen über politisch exponierte Personen und Sanktionslisten) sowie von Datenlieferanten. Die SCHUFA speichert ggf. auch Eigenangaben der betroffenen Personen nach entsprechender Mitteilung und Prüfung.

2.4 Kategorien personenbezogener Daten, die verarbeitet werden (Personendaten, Zahlungsverhalten und Vertragstreue)

Personendaten, z.B. Name (ggf. auch vorherige Namen, die auf gesonderten Antrag beauskunftet werden), Vorname, Geburtsdatum, Geburtsort, Anschrift, frühere Anschriften | Informationen über die Aufnahme und vertragsgemäße Durchführung eines Geschäftes (z.B. Girokonten, Ratenkredite, Kreditkarten, Pfändungsschutzkonten, Basiskonten) | Informationen über nicht erfüllte Zahlungsverpflichtungen wie z.B. unbestrittene, fällige und mehrfach angemahnte oder titulierte Forderungen sowie deren Erledigung | Informationen zu missbräuchlichem oder sonstigem betrügerischen Verhalten wie z.B. Identitäts- oder Bonitätstäuschungen | Informationen aus allgemein zugänglichen Quellen (z.B. Schuldnerverzeichnisse, Insolvenzbekanntmachungen) | Daten aus Compliance-Listen | Informationen, ob und in welcher Funktion in allgemein zugänglichen Quellen ein Eintrag zu einer Person des öffentlichen Lebens mit übereinstimmenden Personendaten existiert | Anschriftendaten | Scorewerte

2.5 Kategorien von Empfängern der personenbezogenen Daten

Empfänger sind im europäischen Wirtschaftsraum, in der Schweiz sowie ggf. weiteren Drittländern (sofern zu diesen ein entsprechender Angemessenheitsbeschluss der Europäischen Kommission existiert oder Standardvertragsklauseln vereinbart wurden, die unter www.schufa.de eingesehen werden können) ansässige Vertragspartner gemäß Ziffer 2.3. Weitere Empfänger können externe Auftragnehmer der SCHUFA nach Art. 28 DSGVO sowie externe und interne SCHUFA-Stellen sein. Die SCHUFA unterliegt zudem den gesetzlichen Eingriffsbefugnissen staatlicher Stellen.

2.6 Dauer der Datenspeicherung

Die SCHUFA speichert Informationen über Personen nur für eine bestimmte Dauer. Maßgebliches Kriterium für die Festlegung dieser Dauer ist die Erforderlichkeit der Verarbeitung zu den o.g. Zwecken. Im Einzelnen sind die Speicherfristen in einem Code of Conduct des Verbandes „Die Wirtschaftsauskunfteien e.V." festgelegt (einsehbar unter www.schufa.de/loeschfristen). Angaben über Anfragen werden nach 12 Monaten taggenau gelöscht.

3. Betroffenenrechte

Jede betroffene Person hat gegenüber der SCHUFA das Recht auf Auskunft nach Art. 15 DSGVO, das Recht auf Berichtigung nach Art. 16 DSGVO, das Recht auf Löschung nach Art. 17 DSGVO und das Recht auf Einschränkung der Verarbeitung nach Art. 18 DSGVO. Die SCHUFA hat für Anliegen von betroffenen Personen ein Privatkunden ServiceCenter eingerichtet, das schriftlich unter SCHUFA Holding AG, Privatkunden ServiceCenter, Postfach 10 34 41, 50474 Köln, telefonisch unter +49 (0) 6 11-92 78 0 und über ein Rückfrageformular unter www.schufa.de/rueckfragefomular

erreichbar ist. Darüber hinaus besteht die Möglichkeit, sich an die für die SCHUFA zuständige Auf-
sichtsbehörde, den Hessischen Beauftragten für Datenschutz und Informationsfreiheit, zu wenden.
Einwilligungen können jederzeit gegenüber dem betreffenden Vertragspartner widerrufen werden.

Nach Art. 21 Abs. 1 DSGVO kann der Datenverarbeitung aus Gründen,

die sich aus der besonderen Situation der betroffenen Person ergeben, widersprochen werden.
Der Widerspruch kann formfrei erfolgen und ist zu richten an SCHUFA Holding AG, Privatkun-
den ServiceCenter, Postfach 10 34 41, 50474 Köln.

4. *Profilbildung (Scoring)*

Neben der Erteilung von Auskünften über die zu einer Person gespeicherten Informationen unter-
stützt die SCHUFA ihre Vertragspartner bei deren Entscheidungsfindung durch Profilbildungen, ins-
besondere mittels sogenannter Scorewerte. Dies hilft z. B. dabei, alltägliche Kreditgeschäfte rasch
abwickeln zu können.

Unter dem Oberbegriff der Profilbildung wird die Verarbeitung personenbezogener Daten unter Ana-
lyse bestimmter Aspekte zu einer Person verstanden. Besondere Bedeutung nimmt dabei das so-
genannte Scoring im Rahmen der Bonitätsprüfung und Betrugsprävention ein. Scoring kann aber
darüber hinaus der Erfüllung weiterer in Ziffer 2.1 dieser SCHUFA-Information genannter Zwecke
dienen. Beim Scoring wird anhand von gesammelten Informationen und Erfahrungen aus der Ver-
gangenheit eine Prognose über zukünftige Ereignisse oder Verhaltensweisen erstellt. Anhand der zu
einer Person bei der SCHUFA gespeicherten Informationen erfolgt eine Zuordnung zu statistischen
Personengruppen, die in der Vergangenheit eine ähnliche Datenbasis aufwiesen.

Zusätzlich zu dem bereits seit vielen Jahren im Bereich des Bonitätsscorings etablierten Verfahren
der Logistischen Regression können bei der SCHUFA auch Scoringverfahren aus den Bereichen so-
genannter Komplexer, nicht linearer Verfahren oder Expertenbasierter Verfahren zum Einsatz kom-
men. Dabei ist es für die SCHUFA stets von besonderer Bedeutung, dass die eingesetzten Verfahren
mathematisch-statistisch anerkannt und wissenschaftlich fundiert sind. Unabhängige externe Gut-
achter bestätigen uns die Wissenschaftlichkeit dieser Verfahren. Darüber hinaus werden die an-
gewandten Verfahren der zuständigen Aufsichtsbehörde offengelegt. Für die SCHUFA ist es selbst-
verständlich, die Qualität und Aktualität der eingesetzten Verfahren regelmäßig zu prüfen und
entsprechende Aktualisierungen vorzunehmen.

Die Ermittlung von Scorewerten zur Bonität erfolgt bei der SCHUFA auf Grundlage der zu einer Per-
son bei der SCHUFA gespeicherten Daten, die auch in der Datenkopie nach Art. 15 DS-GVO aus-
gewiesen werden. Anhand dieser bei der SCHUFA gespeicherten Informationen erfolgt dann eine Zu-
ordnung zu statistischen Personengruppen, die in der Vergangenheit eine ähnliche Datenbasis
aufwiesen. Für die Ermittlung von Scorewerten zur Bonität werden die gespeicherten Daten in so-
genannte Datenarten zusammengefasst, die unter www.schufa.de/scoring-faq eingesehen werden
können. Bei der Ermittlung von Scorewerten zu anderen Zwecken können auch weitere Daten(arten)
einfließen. Angaben zur Staatsangehörigkeit oder besonders sensible Daten nach Art. 9 DSGVO (z.B.
ethnische Herkunft oder Angaben zu politischen oder religiösen Einstellungen) werden bei der
SCHUFA nicht gespeichert und stehen daher für die Profilbildung nicht zur Verfügung. Auch die Gel-
tendmachung der Rechte der betroffenen Person nach der DSGVO, wie z.B. die Einsichtnahme in die
zur eigenen Person bei der SCHUFA gespeicherten Daten nach Art. 15 DSGVO, hat keinen Einfluss
auf die Profilbildung. Darüber hinaus berücksichtigt die SCHUFA beim Scoring die Bestimmungen
des § 31 BDSG.

Mit welcher Wahrscheinlichkeit eine Person bspw. einen Baufinanzierungskredit zurückzahlen wird,
muss nicht der Wahrscheinlichkeit entsprechen, mit der sie eine Rechnung beim Versandhandel ter-
mingerecht bezahlt. Aus diesem Grund bietet die SCHUFA ihren Vertragspartnern unterschiedliche
branchen- oder sogar kundenspezifische Scoremodelle an. Scorewerte verändern sich stetig, da sich
auch die Daten, die bei der SCHUFA gespeichert sind, kontinuierlich verändern. So kommen neue Da-
ten hinzu, während andere aufgrund von Speicherfristen gelöscht werden. Außerdem ändern sich
auch die Daten selbst im Zeitverlauf (z.B. die Dauer des Bestehens einer Geschäftsbeziehung), sodass
auch ohne neue Daten Veränderungen auftreten können.

> *Wichtig zu wissen: Die SCHUFA selbst trifft keine Entscheidungen. Sie unterstützt die angeschlossenen Vertragspartner lediglich mit ihren Auskünften und Profilbildungen bei der Entscheidungsfindung. Die Entscheidung für oder gegen ein Geschäft trifft hingegen allein der direkte Geschäftspartner. Dies gilt selbst dann, wenn er sich einzig auf die von der SCHUFA gelieferten Informationen verlässt. Weitere Informationen zu Profilbildungen und Scoring bei der SCHUFA (z.B. über die derzeit im Einsatz befindlichen Verfahren) können unter www.schufa.de/scoring-faq eingesehen werden.*

II. Inhalt und Aufbau der SCHUFA-Hinweislösung

43.9 Die aus zwei Komponenten bestehende SCHUFA-Hinweislösung schafft durch den gleichzeitigen Einsatz des SCHUFA-Hinweises und des diesen Hinweis vervollständigenden SCHUFA-Informationsblattes seitens der datenerhebenden Stelle umfassende Transparenz für die betroffene Person im Hinblick auf die Verarbeitung ihrer personenbezogenen Daten. Der Informationsgehalt der SCHUFA-Hinweislösung ist so gewählt, dass die betroffene Person bereits zum Zeitpunkt der Datenerhebung und Unterrichtung nach Art. 13 DSGVO über alle relevanten Informationen zum SCHUFA-Verfahren verfügt.

43.10 Der SCHUFA-Hinweis wird in aller Regel direkt in die Vertragsunterlagen der datenerhebenden Stelle eingebunden und informiert die betroffene Person in Erfüllung der Informationspflichten gem. Art. 13 Abs. 1 DSGVO transparent und leicht zugänglich[10] über die Zwecke, für die die personenbezogenen Daten an die SCHUFA übermittelt und Auskünfte bezogen werden sollen, die berechtigten Interessen die von dem Verantwortlichen oder einem Dritten verfolgt werden sowie über die SCHUFA als Empfänger der personenbezogenen Daten.

43.11 In Abgrenzung zur bisherigen SCHUFA-Klausel, die in erster Linie eine Einwilligungserklärung zur Datenübermittlung darstellte, erfolgt die Datenübermittlung nunmehr aufgrund der in Art. 6 Abs. 1 lit. b und lit. f DSGVO genannten gesetzlichen Erlaubnistatbestände, sofern die Verarbeitung für die Erfüllung eines Vertrages, zur Durchführung vorvertraglicher Maßnahmen oder zur Wahrung berechtigter Interessen des Verantwortlichen oder eines Dritten erforderlich ist und die Interessen oder Grundrechte und Grundfreiheiten der betroffenen Person, die den Schutz personenbezogener Daten erfordern, nicht überwiegen.

43.12 Im Hinblick auf die nunmehr aufgrund einer Interessenabwägung stattfindende Datenverarbeitung gem. Art. 6 Abs. 1 lit. f DSGVO wird die Zulässigkeit der hierauf gestützten Datenverarbeitung auch maßgeblich durch die weitreichende Transparenz der SCHUFA-Hinweislösung beeinflusst. Das umfassende Informationskonzept schärft in Anlehnung an Erwägungsgrund 47 die vernünftigen Erwartungen der betroffenen Personen, die bei der Abwägung der berechtigten Interessen eine zentrale Rolle spielen[11].

43.13 Der SCHUFA-Hinweis enthält – wie die bisherige SCHUFA-Klausel zuvor – darüber hinaus **Informationen über die Verarbeitung** der personenbezogenen Daten. Im Hinblick auf die Informationspflichten der SCHUFA hat der vollständige Einsatz der SCHUFA-Hinweislösung zudem den Effekt, dass die betroffene Person zugleich auch über die Tätigkeit der SCHUFA nach Art. 14 DSGVO vollständig informiert wird.

43.14 Im Gegensatz zur bisherigen SCHUFA-Klausel muss jedenfalls der in die ohnehin zu unterzeichnenden Vertragsunterlagen eingebettete SCHUFA-Hinweis nach DSGVO vom Kunden nicht mehr gesondert unterschrieben werden. Dies ist insoweit konsequent, als dass es sich nur noch um einen reinen Hinweis und keine Einwilligung der betroffenen Person mehr handelt. Sofern der SCHUFA-Hinweis in

---

10 Vgl. hierzu auch Erwägungsgrund 39.
11 Vgl. hierzu *Härting/Gössling/Dimov*, ITRB 7/2017; *v. Lewinski/Pohl*, ZD 1/2018, 17 ff.

andere Erklärungen eingebunden wird, ist er – wie es schon bei der SCHUFA-Klausel der Fall war – zumindest in seinem äußeren Erscheinungsbild drucktechnisch hervorzuheben.

Der SCHUFA-Hinweis enthält im Einzelnen 43.15

- **Hinweise** bezüglich der Weitergabe bestimmter Arten von Kundendaten an die SCHUFA (sog. Positivdaten) sowie auf die Möglichkeit, weitere Datenarten, nämlich Daten über nicht-vertragsgemäßes (sog. Negativdaten) sowie betrügerisches Verhalten (sog. Seriositätsdaten), zu übermitteln (Abs. 1),

- eine **Information** über die Rechtsgrundlagen/gesetzlichen Erlaubnistatbestände der Übermittlung und die mit der Übermittlung verfolgten Zwecke (Abs. 2),

- im Fall von Kreditinstituten eine **Befreiung vom Bankgeheimnis** (Abs. 3),

- **Informationen** über die Datenverarbeitung und -nutzung durch die SCHUFA einschließlich **Profiling/Scoring** (Abs. 4) und

- einen **Hinweis** auf das SCHUFA-Informationsblatt, das vervollständigende und ergänzende Informationen zum SCHUFA-Verfahren enthält (Abs. 4).

III. Erläuterungen

1. Umfang der Datenübermittlung (Abs. 1 des Hinweises)

M 43.1.1 Umfang der Datenübermittlung 43.16

Die Bank/Sparkasse übermittelt im Rahmen dieses Vertragsverhältnisses erhobene personenbezogene Daten über die Beantragung, die Durchführung und Beendigung dieser Geschäftsbeziehung sowie Daten über nicht vertragsgemäßes Verhalten oder betrügerisches Verhalten an die SCHUFA Holding AG, Kormoranweg 5, 65201 Wiesbaden.

Bereits durch die Eingangsformulierung wird deutlich, dass es sich entgegen der bisherigen SCHUFA-Klausel nicht mehr um eine Einwilligung der betroffenen Person handelt. Die gefundene Formulierung des Hinweises „Die Bank/Sparkasse übermittelt" stellt klar, dass es auf eine etwaige Einwilligung durch die betroffene Person nicht (mehr) ankommt. 43.17

Der Hinweis informiert zunächst über die **Weitergabe von Kundendaten durch das Unternehmen an die SCHUFA**. Hintergrund hierfür ist, dass mit einer **Anfrage** an die SCHUFA zwingend die Übermittlung von (personenbezogenen) **Antragsdaten des Kunden** einhergeht. Nach Art. 13 Abs. 1 lit. e DSGVO hat der Verantwortliche der betroffenen Person zum Zeitpunkt der Datenerhebung die Empfänger oder Kategorien von Empfängern mitzuteilen. Da bei einer Anfrage an die SCHUFA die personenbezogenen Antragsdaten übermittelt werden müssen, damit die SCHUFA überhaupt eine Zuordnung zu einem Datensatz in ihrem Datenbestand prüfen und eine Auskunftserteilung vornehmen kann, ist sie als Empfänger der Daten zu nennen. 43.18

Als Empfänger wird die SCHUFA mit Firmierung und kompletter Anschrift genannt. Mit der an sie erfolgten Datenübermittlung wird die SCHUFA Verantwortlicher i.S.d. DSGVO und die betroffene Person soll sogleich erfahren, wo sie ihre insoweit bestehenden Betroffenenrechte gem. Art. 15 ff. DSGVO geltend machen kann. Weitere relevante Kontaktdaten der SCHUFA kann die betroffene Person dem SCHUFA-Informationsblatt unter den Ziff. 1 (Name und Kontaktdaten des Verantwortlichen sowie des betrieblichen Datenschutzbeauftragten) und 3 (Betroffenenrechte) entnehmen. Neben dem Postweg stehen ein telefonischer Kanal, ein E-Mail-Kontakt sowie eine Internetpräsenz/Online-Kontaktformular zur Verfügung. 43.19

43.20 Es folgt eine **Aufzählung der Daten bzw. Datenkategorien**, die seitens des Unternehmens an die SCHUFA übermittelt werden.

Diese Datenkategorien betreffen die Begründung, Durchführung und Beendigung des Vertragsverhältnisses (sog. **Positivdaten**), Informationen zu nicht vertragsgemäßem Verhalten (sog. **Negativdaten**) sowie Informationen zu sonstigem betrügerischem Verhalten (sog. **Seriositätsdaten**), deren Übermittlung auf Grundlage einer Interessenabwägung nach Art. 6 Abs. 1 lit. f DSGVO erfolgen kann (s. ausführliche Erläuterungen in Ziff. 2)[12].

43.21 Auch wenn der SCHUFA-Hinweis nicht mehr (wie die SCHUFA-Klausel zuvor) in jedem Fall geschäftsbezogen anzupassen ist („diese Kontoverbindung", „dieses Kredits" etc.), sollte die Hinweislösung bestehend aus dem SCHUFA-Hinweis und dem SCHUFA-Informationsblatt gleichwohl bei jedem Geschäftsabschluss erneut eingesetzt werden. Eine einmalige Unterrichtung würde zwar den Ausnahmetatbestand der „Kenntnis auf andere Weise" gem. Art. 13 Abs. 4 sowie Art. 14 Abs. 5 lit. a DSGVO erfüllen und die betroffene Person bei weiteren Geschäften mit dem Verantwortlichen bereits über die Informationen verfügen. Der stetige Einsatz der beiden Informationen trägt jedoch dem sich aus Art. 5 Abs. 1 lit. a DSGVO ergebenden Transparenzgedanken Rechnung und stellt sicher, dass die betroffene Person jeweils geschäftsbezogen (erneut) über die Datenübermittlung an und -verarbeitung durch die SCHUFA unterrichtet wird. Darüber hinaus eröffnet diese Vorgehensweise die Möglichkeit, dass der sich aus Art. 5 Abs. 2 DSGVO ergebenden Rechenschaftspflicht leichter nachgekommen werden kann, in dem die Erfüllung der Informationspflichten geschäftsbezogen dokumentiert werden kann.

2. Rechtsgrundlagen der Datenverarbeitung (Abs. 2 des Hinweises)

43.22 **M 43.1.2 Rechtsgrundlagen der Datenverarbeitung**

Rechtsgrundlagen dieser Übermittlungen sind Art. 6 Abs. 1 lit. b und Art. 6 Abs. 1 lit. f der Datenschutz-Grundverordnung (DSGVO). Übermittlungen auf der Grundlage von Art. 6 Abs. 1 lit. f DSGVO dürfen nur erfolgen, soweit dies zur Wahrung berechtigter Interessen der Bank/Sparkasse oder Dritter erforderlich ist und nicht die Interessen oder Grundrechte und Grundfreiheiten der betroffenen Person, die den Schutz personenbezogener Daten erfordern, überwiegen. Der Datenaustausch mit der SCHUFA dient auch der Erfüllung gesetzlicher Pflichten zur Durchführung von Kreditwürdigkeitsprüfungen von Kunden (§ 505a des Bürgerlichen Gesetzbuches, § 18a des Kreditwesengesetzes).

43.23 Abs. 2 des SCHUFA-Hinweises informiert die betroffene Person darüber, auf welchen **Rechtsgrundlagen und zu welchen Zwecken** die Datenverarbeitung erfolgt. Der Verantwortliche ist gem. Art. 13 Abs. 1 lit. c DSGVO verpflichtet, die betroffene Person im Zeitpunkt der Datenerhebung über die Zwecke und Rechtsgrundlage(n) der Datenverarbeitung zu unterrichten.

43.24 Genannt sind im SCHUFA-Hinweis als Rechtsgrundlagen die Erlaubnistatbestände des Art. 6 Abs. 1 lit. b DSGVO sowie des Art. 6 Abs. 1 lit. f DSGVO. Damit stützt sich die Datenerhebung durch das Unternehmen, die Übermittlung der Antragsdaten im Rahmen der Anfrage sowie der Positiv- und Negativdaten an die SCHUFA gleichermaßen auf die genannten gesetzlichen Erlaubnisnormen. Soweit sog. Alteinwilligungen bestehen, die vor dem 25.5.2018 erteilt wurden, kann die Verarbeitung auch weiterhin auf diese Einwilligungen gestützt werden[13].

---

12 Vgl. auch BT-Drucks. 18/11325, 101 f.

13 Beschluss des Düsseldorfer Kreises vom 13./14.9.2016, Fortgeltung bisher erteilter Einwilligungen unter der Datenschutz-Grundverordnung; zur bisherigen SCHUFA-Klausel s. auch *Lang/Kamlah* in Moos (Hrsg.), Datennutzungs- und Datenschutzverträge, 1. Aufl. 2014.

Nach **Art. 6 Abs. 1 lit. b DSGVO** ist eine Verarbeitung zulässig, wenn diese zur Durchführung vor- 43.25
vertraglicher Maßnahmen erforderlich ist. Eine Kreditwürdigkeitsprüfung ist bei Eingehung von Geschäften mit finanziellen Ausfallrisiken zulässig. Um eine Auskunft überhaupt erhalten zu können,
ist daher die vorherige Erhebung und Übermittlung der Stammdaten an die SCHUFA zur Durchführung vorvertraglicher Maßnahmen erforderlich. Dem steht auch nicht entgegen, dass es sich um eine
Übermittlung an einen Dritten handelt, der zu dem zu begründenden Vertragsverhältnis keinen unmittelbaren Bezug hat[14].

Sowohl für die einer Anfrage bei der SCHUFA nachfolgende Übermittlung von Positiv- und Negativ- 43.26
daten sowie die Auskunftserteilung durch die SCHUFA selbst kann **Art. 6 Abs. 1 lit. f DSGVO** als
Rechtsgrundlage dienen. Ferner kann Art. 6 Abs. 1 lit. f neben Art. 6 Abs. 1 lit. b DSGVO auch für die
Datenerhebung im Rahmen der Anfrage herangezogen werden. Voraussetzung hierfür ist eine Interessenabwägung, wonach die Interessen der betroffenen Person nicht überwiegen dürfen.

Dass die Kreditwürdigkeitsprüfung ein berechtigtes Interesse darstellt, ist in Übereinstimmung mit der 43.27
bisherigen Rechtslage unstreitig[15]. Die von der Kreditwürdigkeitsprüfung umfasste Betrugsprävention
ist in Erwägungsgrund 47 nunmehr ausdrücklich als berechtigtes Interesse genannt. Darüber hinaus
sehen § 18a KWG und §§ 505a bzw. 506 BGB eine Kreditwürdigkeitsprüfung bei der Vergabe von
Verbraucherdarlehensverträgen ausdrücklich vor. Gesetzliche oder regulatorische Anforderungen zur
Vornahme einer Kreditwürdigkeitsprüfung können ebenfalls Einfluss auf die nach Art. 6 Abs. 1 lit. f
DSGVO vorzunehmende Interessenabwägung haben.

Soweit das beabsichtigte Geschäft eine Vorleistung (z.B. Kredit oder Kauf auf Rechnung), die ein finan- 43.28
zielles Ausfallrisiko für den Verantwortlichen birgt, beinhaltet, kann ein berechtigtes Interesse an der
Kreditwürdigkeitsprüfung und **einer damit verbundenen Anfrage** bei der SCHUFA regelmäßig angenommen werden. Insoweit überwiegen auch nicht die Interessen oder Grundrechte und Grundfreiheiten der betroffenen Person, die den Schutz personenbezogener Daten erfordern. Dementsprechend
ist die mit einer Anfrage bei einer Auskunftei einhergehende Datenübermittlung interessengerecht[16].

Neben der Übermittlung der Antragsdaten und der Einholung von Auskünften durch das Unterneh- 43.29
men kann darüber hinaus die **Übermittlung von Positivdaten** auf Grundlage des Art. 6 Abs. 1 lit. f
DSGVO erfolgen.

Die Verarbeitung solcher Daten ist erforderlich, wenn sie zum Zwecke der Kreditwürdigkeitsprüfung 43.30
geeignet sind. Geeignet sind solche Daten, die einen potentiellen Kreditgeber zu einer sorgfältigen Kreditwürdigkeitsprüfung veranlassen[17]. Hierzu gehören nach allgemeinem Verständnis sämtliche kredit-
relevante Sachverhalte und somit auch Informationen über laufende (nicht notleidend gewordene)
Verbindlichkeiten einer betroffenen Person.

Die Auskunftei ist nur dann in der Lage, ein umfassendes Bild der Kreditwürdigkeit einer betroffenen 43.31
Person zu bieten, wenn Positivdaten an sie übermittelt und von ihr verarbeitet werden können[18]. Hier-
von profitiert neben der betroffenen Person ebenfalls das einmeldende Unternehmen selbst, da es im
Rahmen der Auskunftseinholung auf dieses umfassende Bild der Kreditwürdigkeit des potentiellen Ge-

---

14 Vgl. *Plath* in Plath, Art. 6 DSGVO Rz. 12 f.; *Schulz* in Gola, Art. 6 DS-GVO Rz. 28.
15 BGH v. 20.6.1978 – VI ZR 66/77, NJW 1978, 2151 ff.; EuGH v. 23.11.2006 – C-238/05, WM 2007, 157;
EuGH v. 27.3.2014 – C-565/12, NJW 2014, 1941; EuGH v. 18.12.2014 – C-449/13, EuZW 2015, 189;
BT-Drucks. 18/5922, 62 (97).
16 So auch *Plath* in Plath, Art. 6 DSGVO Rz. 10, Rz. 87; *Schulz* in Gola, Art. 6 DS-GVO Rz. 119; zur bisherigen Rechtslage *Ehmann* in Simitis, § 29 BDSG Rz. 214 f. m.w.N.
17 BGH v. 24.6.2003 – VI ZR 3/03, WM 2003, 1668; BGH v. 17.12.1985 – VI ZR 244/84, MDR 1986,
489.
18 Vgl. hierzu bereits BGH v. 19.9.1985 – III ZR 213/83, MDR 1986, 128.

schäftspartners (der betroffenen Person) angewiesen ist. Die Vertragspartner der SCHUFA haben daher ein hohes Eigeninteresse, auch positive Vertragsdaten an die SCHUFA zu übermitteln.

43.32　Darüber hinaus ist die Übermittlung von Positivdaten gleichzeitig zur Wahrung berechtigter Interessen eines Dritten erforderlich. In Frage kommende Dritte sind hier neben der Auskunftei selbst die am Auskunfteisystem teilnehmenden weiteren Vertragspartner.

43.33　Die Auskunftei selbst hat an der Verarbeitung von für das Zahlungsverhalten einer betroffenen Person erheblichen Positivdaten in ihrem Datenbestand ein berechtigtes Interesse, um ihrer Auskunfteitätigkeit auf Basis möglichst aktueller und vollständiger Informationen nachkommen zu können[19]. Schon nach der Rechtsprechung des BGH mussten Kreditwürdigkeitssysteme so organisiert sein, dass sie ein möglichst vollständiges und aktuelles Bild der Kreditwürdigkeit des Betroffenen bieten können[20]. Die SCHUFA bildet diese Anforderung durch die Regelung entsprechender Meldepflichten in ihren Verträgen ab. Im Hinblick auf die am Auskunfteiverfahren teilnehmenden Vertragspartner erfüllen die seitens der SCHUFA erteilten Auskünfte den beabsichtigten Zweck dann am besten, wenn die zur Beurteilung der Kreditwürdigkeit erheblichen Informationen – wozu neben Negativdaten und Informationen aus allgemein zugänglichen Quellen ebenfalls Vertragsdaten (Positivdaten) gehören – Bestandteil der Auskünfte sein und zulässigerweise verarbeitet werden können. Diese Positivdaten ermöglichen einen Überblick über bestehende Verbindlichkeiten und somit das frei verfügbare (Haushalts-)Einkommen und stellen daher eine krediterhebliche Information dar[21]. Daher ist die Übermittlung von Positivdaten auch der betroffenen Person gegenüber interessengerecht, da bei der Bonitätsbeurteilung das Zusammenspiel von Positivinformationen und etwaigen Negativinformationen äußerst relevant ist[22].

43.34　Dementsprechend stellt auch § 31 Abs. 2 Satz 2 BDSG klar, dass die Vorschriften des allgemeinen Datenschutzrechts über die Zulässigkeit der Verarbeitung von personenbezogenen Daten unberührt bleiben. Dies umfasst ausweislich der Gesetzesbegründung auch die Verarbeitung von personenbezogenen Daten über die Begründung, ordnungsgemäße Durchführung und Beendigung eines Vertragsverhältnisses mit finanziellem Ausfallrisiko (Positivdaten) für die Ermittlung von Wahrscheinlichkeitswerten. Scoringverfahren und Kreditinformationssysteme bleiben daher mit der Übermittlung von Positivdaten, wie sie ausweislich der Gesetzesbegründung z.B. durch Kreditinstitute, Finanzdienstleistungsunternehmen, Zahlungsinstitute, Telekommunikations-, Handels-, Energieversorgungs- und Versicherungsunternehmen oder Leasinggesellschaften erfolgen kann, weiter zulässig. Sie werden nach wie vor als wichtige Voraussetzung für das Wirtschaftsleben angesehen. Die Erteilung von Bonitätsauskünften bildet entsprechend der Gesetzesbegründung nach wie vor das Fundament des deutschen Kreditwesens und damit der Funktionsfähigkeit der Wirtschaft[23].

43.35　Die Übermittlung **forderungsbezogener Daten zu Zahlungsstörungen** (sog. Negativdaten) an Auskunfteien und deren Verarbeitung durch die Auskunftei ist nach wie vor ebenso zulässig. § 28a Abs. 1 BDSG a.F. hatte hier im Zuge der BDSG-Novelle in 2010 Voraussetzungen formuliert, die vor einer Übermittlung von Negativdaten sicherstellen sollten, dass die Zahlungsunwilligkeit oder Zahlungsunfähigkeit der betroffenen Person als gesichert festgestellt gelten konnte. Obwohl die Vorschrift des § 28a BDSG a.F. mit Wirksamwerden der DSGVO weggefallen ist, bleiben doch dessen Grundsätze in § 31 Abs. 2 Satz 1 BDSG bestehen. Diese dem wirtschaftlichen Verbraucherschutz zuzuordnende Regelung überträgt die bisher für eine Übermittlung von Negativdaten erforderlichen Voraussetzungen auf die Zulässigkeit der Verwendung von Wahrscheinlichkeitswerten. Die Regelung strahlt insoweit auf die

---

19　So auch KG v. 23.8.2011 – 4 W 43/11.

20　BGH v. 19.9.1985 – III ZR 213/83, MDR 1986, 128.

21　*V. Lewinski/Pohl*, ZD 1/2018, 17 ff.

22　Vgl. *Buchner/Petri* in Kühling/Buchner, Art. 6 DS-GVO Rz. 164; vgl. auch EuGH v. 23.11.2006 – C-238/05, WM 2007, 157; EuGH v. 27.3.2014 – C-565/12, NJW 2014, 1941; EuGH v. 18.12.2014 – C-449/13, EuZW 2015, 189.

23　S. BT-Drucks. 18/11325, 101 f.

Zulässigkeit der Übermittlung forderungsbezogener Daten aus, als dass diese bei Vorliegen der in § 31 Abs. 2 Satz 1 BDSG genannten Kriterien jedenfalls nach Art. 6 Abs. 1 lit. f DSGVO interessengerecht ist. § 31 Abs. 2 Satz 1 BDSG konkretisiert die Interessenabwägung nach Art. 6 Abs. 1 lit. f DSGVO, wonach bei Berücksichtigung der dort genannten Voraussetzungen die Übermittlung solcher Daten an und deren Verwendung durch Auskunfteien zur Bildung von Wahrscheinlichkeitswerten unter der DSGVO weiterhin zulässig bleiben[24].

Informationen zu sonstigem **betrügerischem Verhalten (sog. Seriositätsdaten)** können insbesondere in Anlehnung an Erwägungsgrund 47 ebenfalls auf Basis der Interessenabwägung nach Art. 6 Abs. 1 lit. f DSGVO verarbeitet werden.   43.36

Mit der Benennung des Zwecks „Kreditwürdigkeitsprüfung" und dem Hinweis auf die gesetzlichen Vorschriften der § 505a BGB und § 18 KWG wird die betroffene Person auch darüber in Kenntnis gesetzt, welche Zwecke das Unternehmen mit dem Datenaustausch mit der SCHUFA verfolgt. Durch die Formulierung „dient auch" wird deutlich, dass neben der Kreditwürdigkeitsprüfung weitere Zwecke denkbar und möglich sind. Die mit der Tätigkeit der SCHUFA einhergehenden Zwecke der Datenverarbeitung werden im SCHUFA-Informationsblatt in Ziff. 2.1 konkret benannt. Für die betroffene Person ist so transparent und nachvollziehbar, zu welchen Zwecken Unternehmen bei der SCHUFA anfragen, Daten übermitteln und Auskünfte einholen können.   43.37

Die Interessenabwägung kann hinsichtlich der potentiellen Empfänger zu unterschiedlichen Ergebnissen führen. Das bedeutet aber nicht, dass im Zweifel eine Übermittlung von personenbezogenen Daten durch die SCHUFA gänzlich unterbleiben muss. Vielmehr kann die Interessenabwägung ergeben, dass eine unterschiedliche Auskunftsintensität geboten ist. Die SCHUFA stellt daher verschiedene Verfahren zur Verfügung, um diesem Umstand Rechnung zu tragen[25].   43.38

So ist es z.B. insbesondere für die Seriosität von Internetmarktplätzen und Portalen wesentlich, dass die Teilnehmer nicht mit Scheinidentitäten agieren. Teilweise besteht die Pflicht, bestimmte Angebote nur an Volljährige zu richten. In diesen Fällen kann es – quasi als Minus zur Kreditwürdigkeitsprüfung – ausreichend sein, lediglich die Identität oder das Alter des Betroffenen zu verifizieren. Die Übermittlung der Informationen wie bei einer vollen Kreditwürdigkeitsauskunft ist in diesem Zusammenhang nicht erforderlich. Diese eingeschränkte SCHUFA-Verifizierung ermöglicht es, bestimmte Angebote im Internet zu realisieren. In diesem Sinne sind z.B. die Identitäts- und Altersprüfung als berechtigtes Interesse und gleichzeitig Zweck der Datenverarbeitung in Ziff. 2.1 des SCHUFA-Informationsblattes ausdrücklich genannt.   43.39

3. Befreiung vom Bankgeheimnis (Abs. 3 des Hinweises)

M 43.1.3 Befreiung vom Bankgeheimnis   43.40

Der Kunde befreit die Bank/Sparkasse insoweit auch vom Bankgeheimnis.

Der dritte Absatz des SCHUFA-Hinweises trägt dem Umstand Rechnung, dass es im Falle von Kreditinstituten als Nutzer des SCHUFA-Hinweises neben den neuen datenschutzrechtlichen Vorgaben nach wie vor die vertragliche **Verpflichtung zur Wahrung des Bankgeheimnisses** gibt[26]. Wie in den bisherigen SCHUFA-Klauseln bei Kreditinstituten, ist dieser Satz in den neuen SCHUFA-Hinweisen im Bankenbereich immer enthalten.   43.41

---

24 Zur Einordnung auch *Kühling*, NJW 2017, 1985 (1988); *Kremer*, CR 2017, 367 (374).
25 Die verschiedenen Verfahren der SCHUFA beschreibend *Beckhusen*, S. 46 ff.
26 Hierzu *Suhren* in Vahldiek, Datenschutz in der Bankpraxis, S. 40 f.

43.42 Der dritte Absatz ist so formuliert, dass er sich auf die vorangehenden Abs. 1 und 2 des SCHUFA-Hinweises bezieht. Die Befreiung vom Bankgeheimnis reicht daher genausoweit wie die Datenübermittlung an die SCHUFA nach datenschutzrechtlichen Vorgaben zulässig ist[27]. Aufgrund des nunmehr entfallenen Einwilligungscharakters des SCHUFA-Hinweises und des damit verbundenen Wegfalls des Unterschriftserfordernisses, stellte sich die Frage, wie eine wirksame Befreiung vom Bankgeheimnis gleichwohl eingeholt werden kann. Sofern der SCHUFA-Hinweis in die Vertragsunterlagen des Instituts eingebunden ist, unterzeichnet die betroffene Person die Befreiung vom Bankgeheimnis mit Unterzeichnung des Vertrages insgesamt. Bei separater Verwendung des SCHUFA-Hinweises sollte der SCHUFA-Hinweis im Hinblick auf die Befreiung vom Bankgeheimnis nach wie vor gesondert unterschrieben werden. Dabei bezieht sich die Unterschrift lediglich auf die Kenntnisnahme der Befreiung vom Bankgeheimnis und stellt keine datenschutzrechtliche Einwilligung dar.

4. Profilbildung und Hinweis auf weitere Informationsquellen (Abs. 4 des Hinweises)

43.43 **M 43.1.4 Profilbildung und Hinweis auf weitere Informationsquellen**

Die SCHUFA verarbeitet die erhaltenen Daten und verwendet sie auch zum Zwecke der Profilbildung (Scoring), um ihren Vertragspartnern im Europäischen Wirtschaftsraum und in der Schweiz sowie ggf. weiteren Drittländern (sofern zu diesen ein Angemessenheitsbeschluss der Europäischen Kommission besteht) Informationen unter anderem zur Beurteilung der Kreditwürdigkeit von natürlichen Personen zu geben. Nähere Informationen zur Tätigkeit der SCHUFA können dem SCHUFA-Informationsblatt entnommen oder online unter www.schufa.de/datenschutz eingesehen werden.

43.44 Mit Abs. 4 des SCHUFA-Hinweises werden kurz und prägnant die wesentlichen Aufgaben und die Tätigkeiten der SCHUFA beschrieben. Die Formulierung hat einen hohen Wiedererkennungswert zur bisherigen SCHUFA-Klausel und stellt gleichzeitig eine direkte Verknüpfung zu dem SCHUFA-Informationsblatt als vertiefende Informationsquelle her. Daher erfüllt dieser Absatz maßgeblich die Funktion eines „Scharniers", indem er eine Brücke zum SCHUFA-Informationsblatt schlägt, das der betroffenen Person die im SCHUFA-Hinweis beschriebenen Verarbeitungstätigkeiten näher erläutert.

43.45 Entsprechend den unterschiedlichen Phasen einer Datenverarbeitung wird in Satz 1 darauf hingewiesen, dass die (zuvor) übermittelten Daten zunächst bei der SCHUFA verarbeitet werden und die Verarbeitung auch Profilingmaßnahmen (Scoring) umfasst[28]. Ausführliche Erläuterungen zur Datenverarbeitung insgesamt bei der SCHUFA, u.a. die Kategorien personenbezogener Daten die verarbeitet werden, sowie umfangreiche Erläuterungen zum Profiling/Scoring finden sich sodann im SCHUFA-Informationsblatt unter den Ziff. 2 und 4.

43.46 Ferner wird die betroffene Person im zweiten Halbsatz darüber aufgeklärt, an wen, in welche Länder und zu welchem Zweck die SCHUFA (auf Anfrage) Daten übermittelt. Der Betroffene wird darüber informiert, dass „Vertragspartner" Daten erhalten. Empfänger von Daten kann mithin nicht jeder werden, sondern nur wer mit der SCHUFA einen entsprechenden Vertrag geschlossen hat.

---

27 Nach einigen Gerichtsentscheidungen kam es für eine Übermittlung von sog. Negativdaten nicht auf das Vorliegen der SCHUFA-Klausel an, wenn die Datenübermittlung aufgrund eines gesetzlichen Erlaubnistatbestands datenschutzrechtlich zulässig war, zusammenfassend *Freise*, ITRB 2012, 54 f. Aus den jeweiligen Entscheidungsgründen ergibt sich allerdings nicht, ob der datenschutzgesetzliche Erlaubnistatbestand auch auf die Ebene des vertraglich verpflichtenden Bankgeheimnisses „durchschlägt" und ob es damit in jedem Fall nicht mehr auf eine gesonderte Befreiung vom Bankgeheimnis ankommt.
28 Mit der Speicherung wird die SCHUFA Verantwortlicher i.S.v. Art. Art. 4 Nr. 7 DSGVO.

Während in der bisherigen SCHUFA-Klausel noch ausdrücklich die am SCHUFA-Verfahren teil-   43.47
nehmenden Branchen genannt wurden, erfolgt diese Information nunmehr in Ziff. 2.5 (Kategorien
von Empfängern der personenbezogenen Daten) in Verbindung mit Ziff. 2.3 (Herkunft der Daten)
des SCHUFA-Informationsblattes. So ist sichergestellt, dass sich die betroffene Person ein umfassendes Bild über den am SCHUFA-Verfahren teilnehmenden Vertragspartnerkreis machen kann. Das
SCHUFA-Informationsblatt konkretisiert den Empfängerkreis in Ziff. 2.5 noch weiter, wonach neben
Vertragspartnern auch externe Auftragnehmer der SCHUFA nach Art. 28 DSGVO sowie externe und
interne SCHUFA-Stellen Empfänger sein können. Darüber hinaus wird die betroffene Person darüber in Kenntnis gesetzt, dass die SCHUFA den Eingriffsbefugnissen staatlicher Stellen unterliegt und
die SCHUFA mithin verpflichtet ist, Auskunftsverlangen von (Ermittlungs-)Behörden nach Prüfung
der zugrunde liegenden Rechtsgrundlage zu beantworten.

Gleichzeitig wird in dieser Passage des SCHUFA-Hinweises mitgeteilt, wo diese Vertragspartner gele-   43.48
gen sind – nämlich im EWR und in der Schweiz sowie ggf. weiteren Drittländern (sofern zu diesen ein
Angemessenheitsbeschluss der Europäischen Kommission besteht). Gegenüber der Formulierung in
der bisherigen SCHUFA-Klausel wurde die Übermittlung in Drittländer, sofern die Europäische Kommission diesen gem. Art. 45 DSGVO ein angemessenes Datenschutzniveau attestiert hat, neu aufgenommen. Gemäß Art. 45 Abs. 2 DSGVO bedürfen Datenübermittlungen dann keiner besonderen Genehmigung. Der betroffenen Person wird damit verdeutlicht, dass die SCHUFA personenbezogene
Daten nur in solche Länder übermittelt, die ein der DSGVO entsprechendes Datenschutzniveau bieten.

Die betroffene Person wird in Abs. 4 des SCHUFA-Hinweises ferner darüber unterrichtet, dass die   43.49
SCHUFA die erhaltenen Daten verarbeitet und auch zum Zwecke der Profilbildung nutzt, um ihren
Vertragspartnern u.a. „Informationen zur Beurteilung der Kreditwürdigkeit" zu geben.

In Bezug auf die mit der Formulierung „unter anderem" eröffnete Weite hinsichtlich der Zwecke und   43.50
berechtigten Interessen der Datenverarbeitung, konkretisiert das SCHUFA-Informationsblatt diese offene Formulierung. In Ziff. 2.1 des SCHUFA-Informationsblattes wird die betroffene Person neben
den berechtigten Interessen, die von der SCHUFA oder einem Dritten verfolgt werden, gleichzeitig umfassend über die Zwecke der Datenverarbeitung unterrichtet und damit in Anlehnung an Erwägungsgrund 47 die „vernünftigen Erwartungen" der betroffenen Person an die mit der Datenübermittlung
verbundene Weiterverarbeitung durch die SCHUFA geschärft. Mit der abschließenden Aufzählung in
Ziff. 2.1 des SCHUFA-Informationsblattes wird gleichzeitig die Informationspflicht der SCHUFA gem.
Art. 14 Abs. 1 lit. c DSGVO abgedeckt.

Daneben definiert das SCHUFA-Informationsblatt in Ziff. 2.1 genauer, auf wen sich die Datenver-   43.51
arbeitung erstreckt. Erfasst sind neben den in Ziff. 4 des SCHUFA-Hinweises genannten natürlichen
Personen zusätzlich juristische Personen. Dies ist dem Umstand geschuldet, dass die SCHUFA auch
Wirtschaftsauskünfte zu juristischen Personen erteilt. Neben dem Haftungssubjekt der natürlichen
Person als Ganzes und damit jeder Form der persönlichen Haftung – wie die von wirtschaftlich tätigen
Freiberuflern oder Kleingewerbetreibenden – sind somit ebenfalls juristische Personen Gegenstand der
Datenverarbeitung und Auskunftserteilung.

Der **letzte Satz des SCHUFA-Hinweises** stellt die direkte Verbindung zum SCHUFA-Informations-   43.52
blatt her und verweist auf zusätzliche Informationsquellen im Internet[29].

Innerhalb des SCHUFA-Informationsblattes erhält die betroffene Person die erforderlichen Informa-   43.53
tionen, wo sie weitergehende Informationen erhalten und insbesondere ihr Recht auf Auskunft nach
Art. 15 DSGVO geltend machen kann. Für den Fall, dass die betroffene Person nach bzw. unabhängig

---

29 Nach der GDD-Praxishilfe DSGVO VII: ‚Transparenzpflichten bei der Datenverarbeitung' sind Medien-
    brüche bei der Erfüllung der Informationspflichten durchaus denkbar und setzen sich in der Praxis zu-
    nehmend durch. Dies ist auch im Bereich der öffentlichen Stellen zu beobachten.

von einer Auskunftserteilung gem. Art. 15 DSGVO weitergehende Fragen hat oder etwaige Rechte auf Löschung, Berichtigung oder Sperrung nach Art. 16 ff. DSGVO geltend machen möchte, wird sie in Ziff. 3 vollständig über die ihr zustehenden Betroffenenrechte sowie über das ihr nach Art. 21 Abs. 1 DSGVO zustehende Widerspruchsrecht gegen die Datenverarbeitung unterrichtet.

43.54 Aufgrund der Anforderung in Art. 21 Abs. 4 DSGVO, die betroffene Person spätestens zum Zeitpunkt der ersten Kommunikation mit ihr ausdrücklich und in einer verständlichen und von anderen Informationen getrennten Form auf das ihr zustehende Widerspruchsrecht gem. Art. 21 Abs. 1 und Abs. 2 DSGVO hinzuweisen, wurde der entsprechende Hinweis im SCHUFA-Informationsblatt von den weiteren Informationen in Ziff. 3 abgesetzt und fett gedruckt.

43.55 Neben den Betroffenenrechten auf Auskunft, Berichtigung, Löschung und Einschränkung der Verarbeitung sind in Ziff. 3 des SCHUFA-Informationsblattes explizit die Kontaktdaten derjenigen Einheit der SCHUFA bekanntgegeben, die diese Eingaben auf der Primärebene bearbeitet. Darüber hinaus wird die betroffene Person über das Beschwerderecht bei der für die SCHUFA zuständigen Aufsichtsbehörde, dem Hessischen Beauftragten für Datenschutz und Informationsfreiheit, informiert. Diese Informationen dienen in Würdigung der in Art. 12 Abs. 1 und Abs. 2 Satz 1 DSGVO definierten Grundsätze dazu, der betroffenen Person leicht zugänglich und transparent die Kontaktmöglichkeiten offenzulegen und etwaige Eingaben zu kanalisieren, um eine reibungslose Bearbeitung sicherzustellen.

43.56 Davon unberührt bleibt selbstverständlich die Möglichkeit, unter der in Ziff. 1 genannten Anschrift des Sitzes der SCHUFA Holding AG sowie unmittelbar gegenüber dem betrieblichen Datenschutzbeauftragten weitergehende Rechte auszuüben.

43.57 Der **Aufbau des SCHUFA-Informationsblattes** ist so gewählt, dass er der Struktur des Art. 14 DSGVO nachgebildet ist und der betroffenen Person die erforderlichen Informationen der Logik des Art. 14 DSGVO folgend systematisch vermittelt.

43.58 Neben den zuvor erläuterten Passagen der Ziff. 1 (Name und Kontaktdaten des Verantwortlichen sowie des betrieblichen Datenschutzbeauftragten), 2.1 (Zwecke der Datenverarbeitung und berechtigte Interessen, die von der SCHUFA oder einem Dritten verfolgt werden), 2.2 (Rechtsgrundlagen für die Datenverarbeitung), 2.3 (Herkunft der Daten), 2.5 (Kategorien von Empfängern der personenbezogenen Daten) und 3 (Betroffenenrechte) des SCHUFA-Informationsblattes, die den SCHUFA-Hinweis vervollständigen und konkretisieren, enthalten die Ziff. 2.4 (Kategorien personenbezogener Daten, die verarbeitet werden), 2.6 (Dauer der Datenspeicherung) und 4 (Profilbildung (Scoring)) weitere Informationen, die der betroffenen Person die bei der SCHUFA stattfindende Datenverarbeitung umfassend erläutern.

43.59 Unter Ziff. 2.4 erhält die betroffene Person einen Überblick über den Datenkranz der bei der SCHUFA verarbeiteten Daten. Damit wird der betroffenen Person ermöglicht, den Umfang der potentiell zu ihrer Person gespeicherten Daten nachzuvollziehen. Die zu Ihrer Person konkret bei der SCHUFA gespeicherten Daten kann die betroffene Person im Rahmen einer Auskunft nach Art. 15 DSGVO in Erfahrung bringen. Das SCHUFA-Informationsblatt kann insoweit als generische Information auch nur einen allgemeinen Hinweis auf die generell für eine Verarbeitung in Frage kommenden personenbezogenen Daten geben.

43.60 In Ziff. 2.6 werden die Kriterien für die Festlegung der Speicherdauer (Erforderlichkeit) benannt und zusätzlich wird für Detailinformationen zu den praktizierten Speicherfristen auf die seitens des Verbandes „Die Wirtschaftsauskunfteien" entwickelten und von der LDI NRW nach Abstimmung mit den übrigen Datenschutzaufsichtsbehörden der Bundesländer genehmigten Verhaltensregeln, den sog. „Code of Conduct Löschfristen", hingewiesen.

Auch wenn die SCHUFA selbst keine automatisierte Entscheidungsfindung nach Art. 22 DSGVO vornimmt und losgelöst von der Fragestellung nach einer etwaigen allgemeinen Transparenzpflicht beim Profiling enthält Ziff. 4 des SCHUFA-Informationsblattes detaillierte Informationen hierüber.   43.61

Neben Informationen über Profiling und Scoring allgemein sowie Erläuterungen zum Bonitäts- oder Betrugspräventionsscoring enthält Ziff. 4 auch einen Hinweis auf § 31 BDSG, wonach die SCHUFA diesen beim Scoring berücksichtigt. Damit kann sich die betroffene Person dessen vergewissern, dass die vom nationalen Gesetzgeber geschaffenen Bestimmungen des wirtschaftlichen Verbraucherschutzes nach § 31 BDSG beim Scoring der SCHUFA berücksichtigt werden.   43.62

Abschließend wird in Ziff. 4 darauf hingewiesen, dass weitergehende Informationen zum Scoring auch im Internet unter www.schufa.de/scoring-faq.de zu finden sind. Dort sind u.a. detaillierte Informationen zu den aktuell seitens der SCHUFA eingesetzten Profilingverfahren oder auch die für das Bonitätsscoring genutzten Datenarten einsehbar. Die dahingehend interessierte betroffene Person hat somit die Möglichkeit, sich vertieft über das Scoring der SCHUFA zu informieren.   43.63

Literatur: *Bräutigam,* Das Nutzungsverhältnis bei sozialen Netzwerken, MMR 2012, 635; *Breyer,* Datenschutz im Internet; Zwangsidentifizierung und Surfprotokollierung bleiben verboten, ZD 2018, 302; *Ernst,* Die Einwilligung nach der Datenschutzgrundverordnung, ZD 2017, 110; *Härting,* Datenschutz zwischen Transparenz und Einwilligung, CR 2011, 169; *Holtz,* Datenschutzkonformes Social Networking: Clique und Scramble!, DuD 2010, 439; *Jandt/Roßnagel,* Social Networks für Kinder und Jugendliche, MMR 2011, 637; *Karg/Fahl,* Rechtsgrundlagen für den Datenschutz in sozialen Netzwerken, K&R 2011, 453; *Keppeler,* Was bleibt vom TMG-Datenschutz nach der DS-GVO? – Lösung und Schaffung von Abgrenzungsproblemen im Multimedia-Datenschutz, MMR 2015, 779; *Moos,* Unmittelbare Anwendbarkeit der Cookie-Richtlinie – Mythos oder Wirklichkeit?, K&R 2012, 635; *Schulz/Skistims/Zirfas/Atzmüller/Scholz,* Rechtliche Ausgestaltung sozialer Konferenzplattformen, ZD 2013, 60; *Schwenke,* Nutzungsbedingungen sozialer Netzwerke und Onlineplattformen, WRP 2013, 37; *Simitis,* Bundesdatenschutzgesetz, 8. Aufl. 2014; *Spiecker gen. Döhmann,* Die Durchsetzung datenschutzrechtlicher Mindestanforderungen bei Facebook und anderen sozialen Netzwerken, K&R 2012, 717; *Wintermeier,* Inanspruchnahme sozialer Netzwerke durch Minderjährige, ZD 2012, 210.

A. Einleitung

44.1 Das **Paradebeispiel schlechthin** für ein soziales Netzwerk ist **Facebook**[1], die nicht nur in Deutschland, sondern nahezu weltweit mit Abstand erfolgreichste Plattform dieser Art. Aufgrund des überragenden Erfolgs von Facebook und nicht zuletzt auch wegen des Niedergangs der in Deutschland einst mit Abstand marktführenden VZ-Netzwerke[2] ließe **sich der Eindruck gewinnen, dass keine anderen sozialen Netzwerke auf Dauer neben Facebook bestehen können** – abgesehen vielleicht von Spartenangeboten wie bspw. die auf eine berufliche Nutzung ausgerichteten Plattformen Xing[3] und LinkedIn[4]. Zwar zählt TikTok zu den am häufigsten installierten Smartphone-Apps auf der Welt, doch mit 2,9 Milliarden aktiven Nutzern im Monat bleibt Facebook zusammen mit seinen sozialen Netzwerken Whatsapp und Instagram an der Spitze der sozialen Netzwerke[5].

44.2 Tatsächlich aber agiert durchaus eine ganze Anzahl weiterer Anbieter mit Erfolg am Markt. Zudem integriert auch eine Vielzahl von **Plattformen mit anderer primärer Ausrichtung** wie etwa Fotosharing-, Microblogging-, Blogging- und Musik-Plattformen Funktionen, die für soziale Netzwerke typisch sind (und in datenschutzrechtlicher Hinsicht Herausforderungen bereithalten)[6]. Und **selbst klassische Angebote des „Web 1.0"** wie bspw. Diskussionsforen weisen für soziale Netzwerke typi-

---

1 S. www.facebook.com.
2 S. *Flemming,* „Der Aufstieg und Fall sozialer Netzwerke", abrufbar unter https://www.onlinehaendler-news.de/e-commerce-trends/marketing/31404-aufstieg-fall-soziale-netzwerke (Stand 10/2020).
3 S. www.xing.de.
4 S. www.linkedin.com.
5 S. *Daum/Drösser/Faigle/Kopatzki/Kühl/Laaff/Thai/Lu,* „Das mächtige Netzwerk", abrufbar unter https://www.zeit.de/digital/2020-08/tiktok-verbot-donald-trump-china-usa-generation-greta-soziale-netzwerke/komplettansicht?utm_referrer=https%3A%2F%2Fwww.google.com%2F (Stand 10/2020).
6 S. auch *Schulz/Skistims/Zirfas/Atzmüller/Scholz,* ZD 2013, 60 ff. mit Hinweisen auf soziale Konferenzplattformen.

sche Merkmale auf: Auch bei ihnen können Nutzer häufig u.a. Profilseiten einrichten, Inhalte veröffentlichen oder Direktnachrichten an andere Nutzer verschicken.

Daher sind die Möglichkeiten zur Verwendung der hier vorliegenden „Datenschutzbestimmungen und Einwilligungserklärungen für soziale Netzwerke" weiter, als ihre Bezeichnung es auf den ersten Blick vielleicht vermuten lässt. Auf Basis des hier bereitgestellten Musters können Anbieter entsprechender Plattformen ihren **datenschutzrechtlichen Informationspflichten** gegenüber Nutzern nachkommen und, soweit die entsprechende Datenverarbeitung dies erforderlich macht, **Einwilligungen des jeweiligen Nutzers einholen**. Je nach Ausgestaltung der jeweiligen Plattform ist das Muster natürlich entsprechend anzupassen.

44.3

Die potentielle **Bedeutung** einer in datenschutzrechtlicher Hinsicht rechtskonformen, transparenten und von Nutzern als fair empfundenen Gestaltung sozialer Netzwerke **sollte daher nicht unterschätzt werden**. Zwar ist mit Facebook gerade der Plattformbetreiber besonders erfolgreich, dem in dieser Hinsicht eher eine „laissez faire"-Haltung vorgeworfen wird[7]. Auf der anderen Seite haben aber andere Anbieter, wie bspw. die mittlerweile zu Facebook gehörende Fotosharing-Plattform Instagram[8], aufgrund datenschutzrechtlicher Mängel und Intransparenz massive **Wettbewerbsnachteile** erlitten.

44.4

Spätestens seit Geltung der EU-Datenschutzgrundverordnung („DSGVO") seit dem 25.5.2018 sollten Betreiber sozialer Netzwerke der Einhaltung datenschutzrechtlicher Vorgaben die nötige Beachtung schenken. Denn anders als zuvor werden Verstöße mittlerweile konsequent durch die Aufsichtsbehörden geahndet.

Hinzu kommt, dass sich Anbieter vermehrt Abmahnungen durch Wettbewerbsverbände wegen rechtswidriger Datenschutzbestimmungen im Internet ausgesetzt sehen. Erschwerend kommt hinzu, dass durch die DSGVO die maximalen Bußgelder erheblich erhöht wurden. So normiert sie Bußgelder bis zu EUR 20.000.000 oder bis zu 4 % des Gesamtumsatzes des vorangegangenen Geschäftsjahres, die durch die Aufsichtsbehörden verhängt werden können. Dies gilt z.B. für Verstöße gegen die Grundsätze der Verarbeitung, gegen die Rechte der betroffenen Person oder gegen die Informationspflichten der DSGVO, so dass unrichtige Datenschutzbestimmungen erhebliche Konsequenzen nach sich ziehen können, Art. 83 Abs. 5 DSGVO.

Beispielsweise musste das Chatportal „Knuddels" ein Bußgeld i.H.v. EUR 20.000 zahlen[9]. Es wurde festgestellt, dass durch einen Hackerangriff im Juli 2018 personenbezogene Daten von ca. 330.000 Nutzern, darunter Passwörter und E-Mail-Adressen, entwendet und veröffentlicht wurden. Das Portal hatte gegen Art. 32 DSGVO verstoßen, indem es Passwörter unverschlüsselt und unverfremdet im Klartext gespeichert hat.

44.5

Die konkrete Bemessung des Bußgeldes nach dem Verfahren der DSK erfolgt in 5 Schritten. Zunächst wir das betroffene Unternehmen anhand seines weltweit erzielten Jahresumsatzes einer von 4 Größenklassen zugeordnet. Für jede der Größenklassen hat die DSK einen mittleren Jahresumsatz erstellt. Für die Festsetzung dieses Grundwertes wird der mittlere Jahresumsatz der Gruppe, in die das Unternehmen eingeordnet wurde, durch 360 (Tage) geteilt, um so einen durchschnittlichen Tagessatz zu errechnen. In einem nächsten Schritt wird zunächst der Schweregrad des Verstoßes ermittelt; hierfür wird ein

---

7 S. in diesem Kontext auch *Ulbricht*, „Facebook & Recht – Marktvorteil durch Datenschutzverstöße?", abrufbar unter www.rechtzweinull.de/archives/174-Facebook-Recht-Marktvorteile-durch-Datenschutzverstoesse.html (Stand 05/2020); s. *Reuters*, Facebook wegen Datenmissbrauchs verklagt, abrufbar unter https://www.zeit.de/wirtschaft/unternehmen/2018-12/facebook-klage-washington-dc-cambridge-analytica-datenmissbrauch (Stand 10/2020).

8 S. hierzu bspw. „Instagram-Gründer verlassen Facebook", online abrufbar unter https://www.zeit.de/digital/internet/2018-09/soziale-netzwerke-instagram-gruender-kevin-systrom-mike-krieger-facebook (Stand 10/2020).

9 „LfDI Baden-Württemberg verhängt sein erstes Bußgeld in Deutschland nach der DS-GVO", online abrufbar unter https://www.baden-wuerttemberg.datenschutz.de/lfdi-baden-wuerttemberg-verhaengt-sein-erstes-bussgeld-in-deutschland-nach-der-ds-gvo/ (Stand 09/2020).

Punktesystem verwendet, das die in Art. 83 DSGVO genannten Faktoren (u.a. Art, Dauer und Umfang des Verstoßes, Verschulden des Verantwortlichen und getroffene Minderungsmaßnahmen) berücksichtigt. Anhand der Punkte erfolgt die Einordnung in die Schweregradklassen leicht, mittel, schwer oder sehr schwer. Je nach Schweregrad und nach Art des Verstoßes (Art. 83 Abs. 4 oder Art. 83 Abs. 5 und 6 DSGVO) wird dann der vorher ermittelte Tagessatz mit einem Faktor zwischen 1 und 12 multipliziert. Letztlich kann die Behörde das Bußgeld aufgrund von noch nicht berücksichtigten erschwerenden oder mildernden Umständen individuell anpassen. nachfolgende Muster ist auf ein soziales Netzwerk mit **typischen Basisfunktionalitäten** zugeschnitten, in dem die Nutzer im Wesentlichen Profile anlegen, Kontakte bestätigen oder „Freundschaften" eingehen, Inhalte veröffentlichen und die Inhalte und Profile anderer Nutzer kommentieren können. Als Betreiber der Plattform, die „Network XYZ" genannt wird, tritt die „Network XYZ GmbH" auf.

B. Datenschutzbestimmungen und Einwilligungserklärungen für soziale Netzwerke

I. Muster

44.6   M 44.1 Datenschutzbestimmungen und Einwilligungserklärungen für soziale Netzwerke

Datenschutzbestimmungen und Einwilligungserklärungen für soziale Netzwerke

Datenschutzbestimmungen[10]

Dies sind die Datenschutzbestimmungen für Network XYZ, das von der Network XYZ GmbH betriebene soziale Netzwerk im Internet. Mit diesen Datenschutzbestimmungen möchten wir – die Network XYZ GmbH – Sie darüber informieren, welche personenbezogenen Daten wir von Ihnen erheben und wie wir diese verarbeiten, wenn Sie Network XYZ besuchen und nutzen.

Mit Ihrer für die Anmeldung auf Network XYZ erforderlichen Zustimmung zu diesen Datenschutzbestimmungen willigen Sie uns gegenüber in die nachfolgend beschriebene Erhebung, Verarbeitung und Nutzung Ihrer personenbezogenen Daten ein, die im Kontext der Begründung, der Durchführung und der Abwicklung Ihres Nutzungsverhältnisses mit Network XYZ erfolgt.

„Personenbezogene Daten" sind nach der Datenschutzgrundverordnung (DSGVO) alle Informationen, die sich auf eine identifizierte oder identifizierbare natürliche Person (im Folgenden „betroffene Person") beziehen; als identifizierbar wird eine natürliche Person angesehen, die direkt oder indirekt, insbesondere mittels Zuordnung zu einer Kennung wie einem Namen, zu einer Kennungsnummer, zu Standortdaten, zu einer Online-Kennung oder zu einem oder mehreren besonderen Merkmalen, die Ausdruck der physischen, physiologischen, genetischen, psychischen, wirtschaftlichen, kulturellen oder sozialen Identität dieser natürlichen Person sind, identifiziert werden kann. Etwas anders ausgedrückt sind personenbezogene Daten über Sie also Informationen, die sich auf Sie beziehen oder etwas über Sie persönlich aussagen und mit Ihnen in Verbindung gebracht werden können, entweder für sich alleine genommen oder in Kombination mit anderen Informationen. Der Einfachheit halber und zur besseren Verständlichkeit sprechen wir in diesen Datenschutzbestimmungen auch kurz von „Ihren Daten", wenn von personenbezogenen Daten über Sie die Rede ist.

Der Schutz Ihrer Daten ist uns wichtig. Und dieser Schutz lässt sich nur sicherstellen, wenn Sie wissen, was mit Ihren Daten auf Network XYZ geschieht. Daher möchten wir Sie bitten, sich die Zeit zu nehmen, um diese Datenschutzbestimmungen sorgfältig zu lesen. Wir halten uns strikt an die geltenden datenschutzrechtlichen Bestimmungen und wir setzen technische wie auch organisatorische Maßnahmen ein, um Ihre Daten zu schützen.

---

10 Zu den Erläuterungen siehe Rz. 44.15 ff.

1. Mindestalter für die Anmeldung bei Network XYZ[11]

Die Anmeldung bei und die Nutzung von Network XYZ ist ausschließlich volljährigen Personen erlaubt. Minderjährigen ist die Anmeldung und die Nutzung nicht gestattet.

2. Ihre von uns erhobenen Daten sowie Art, Zweck und Rechtsgrundlage der Verarbeitung und Nutzung[12]

2.1 Bei der Anmeldung von Ihnen anzugebende Daten

Bei der Anmeldung auf Network XYZ müssen Sie zunächst einen

– *Nutzernamen und ein*

– *Passwort*

wählen und eine

– *E-Mail-Adresse*

angeben.

Ihr Passwort und Ihre E-Mail-Adresse sind für andere Personen nicht einsehbar und wir werden sie auch nicht an Dritte weitergeben. Ihre E-Mail-Adresse verwenden wir, um mit Ihnen in Kontakt treten zu können.

Ihr Passwort und Ihre E-Mail-Adresse können Sie jederzeit ändern, Ihren Nutzernamen nicht.

Diese Daten werden benötigt, damit Sie die Dienste von Network XYZ nutzen können. Die Erhebung und Verarbeitung dieser Daten stützt sich daher auf Art. 6 Abs. 1 Satz 1 lit. b DSGVO. Diese Daten werden für die Zeitdauer gespeichert, für die Sie einen Account bei Network XYZ haben. Sobald Sie Ihren Account löschen, wird auch Ihre E-Mail-Adresse nicht weiter gespeichert.

2.2 Weitere Daten, die Sie freiwillig angeben können

Sie können bei der Anmeldung – aber auch später noch – freiwillig weitere Angaben machen (nachfolgend „freiwillige Angaben" genannt). Dies können bspw. Angaben zu Ihren Hobbies, Ihren privaten Interessen, Ihrem Beziehungsstatus oder zu Ihren Mitgliedschaften bei anderen Internet-Plattformen sein. Sie können auch ein Profilfoto von sich hochladen.

Ihre freiwilligen Angaben können Sie jederzeit ändern oder wieder löschen. Rechtsgrundlage für die Erhebung und Verarbeitung Ihrer freiwillig angegebenen Daten ist Ihre Einwilligung (Art. 6 Abs. 1 Satz 1 lit. a DSGVO).

2.3 Ihre Profilseite

Sie willigen darin ein, dass mit Abschluss Ihrer Anmeldung unter Ihrem Nutzernamen eine Profilseite für Sie angelegt wird, auf der auch von Ihnen eventuell gemachte freiwillige Angaben aufgeführt sind und das von Ihnen möglicherweise hochgeladene Profilbild angezeigt wird.

Sie willigen ferner darin ein, dass Sie unter Ihrem Nutzernamen über die Suchfunktion von Network XYZ auffindbar sind und Ihre Profilseite entsprechend den von Ihnen festgelegten Einstellungen zur Privatsphäre Ihres Accounts (nachfolgend „Privatsphäreneinstellungen" genannt) von anderen Personen eingesehen werden kann. Die anfängliche Standardeinstellung nach Abschluss Ihrer Anmeldung ist, dass Ihre Profilseite für niemanden außer für durch Sie bestätigte Kontakte auf Network XYZ einsehbar ist. Sie können Ihre Privatsphäreneinstellungen bspw. so ändern, dass Ihre Profilseite für alle anderen Nutzer von Network XYZ einsehbar ist, oder dass Ihre Profilseite auch von jedermann außerhalb des Nutzerkreises von Network XYZ eingesehen und auch über Suchmaschinen im Internet aufgefunden werden kann. Rechtsgrundlage für die Erhebung und Verarbeitung Ihrer personenbezogenen Daten im Zusammenhang mit der Profilseite ist Ihre Einwilligung (Art. 6 Abs. 1 Satz 1 lit. a DSGVO).

---

11 Zu den Erläuterungen siehe Rz. 44.26 ff.
12 Zu den Erläuterungen siehe Rz. 44.34 ff.

2.4 Ihre Inhalte und Kommentare

Nach Abschluss der Anmeldung können Sie auf Network XYZ Inhalte wie bspw. Statusmeldungen oder Bilder veröffentlichen. Die von Ihnen veröffentlichten Inhalte werden in chronologischer Reihenfolge mit Datums- und Zeitangabe auf Ihrer Profilseite angezeigt. Personen, denen Sie den Zugang zu Ihrer Profilseite gestatten, können also auch Ihre Inhalte einsehen.

Sie willigen darin ein, dass die von Ihnen veröffentlichten Inhalte auf Ihrer Profilseite für die von Ihnen in Ihren Privatsphäreneinstellungen gewählten Personenkreise einsehbar sind.

Sie können auch Kommentare auf Profilseiten oder zu Inhalten anderer Nutzer veröffentlichen, die dann dort unter Ihrem Nutzernamen angezeigt werden. Datum und Zeit Ihrer Kommentierung werden auch hier mit angegeben.

Sie willigen ein, dass Kommentare, die Sie auf Profilseiten oder zu Inhalten anderer Nutzer veröffentlichen, dort unter Ihrem Nutzernamen entsprechend den von den jeweiligen anderen Nutzern gewählten Privatsphäreneinstellungen einsehbar sind. Die von diesen anderen Nutzern gewählten Privatsphäreneinstellungen können weniger restriktiv sein als die von Ihnen gewählten. Wenn Sie Kommentare auf Profilseiten oder zu Inhalten anderer Nutzer veröffentlichen, dann können diese daher zusammen mit Ihrem Nutzernamen unter Umständen auch für Personenkreise einsehbar sein, die Ihre Profilseite und Ihre Inhalte ansonsten nicht einsehen können.

Rechtsgrundlage für die Erhebung und Verarbeitung Ihrer personenbezogenen Daten im Zusammenhang mit Inhalten und Kommentaren ist Ihre Einwilligung (Art. 6 Abs. 1 Satz 1 lit. a DSGVO). Die Einwilligung können Sie jederzeit mit Wirkung für die Zukunft widerrufen. Die von Ihnen auf Network XYZ veröffentlichten Inhalte wie bspw. Statusmeldungen oder Bilder und Ihre Kommentare auf Profilseiten oder zu Inhalten anderer Nutzer werden dann gelöscht.

2.5 Weitere Privatsphäreneinstellungen

Sie können in Ihren Privatsphäreneinstellungen noch weitere Einstellungen vornehmen. So können Sie bspw. bestimmen, ob – und wenn ja, für wen – einsehbar ist, welche anderen Nutzer Sie als Kontakt bestätigt haben.

Sie willigen ein, dass Ihre Daten für andere Personen im Allgemeinen gemäß den von Ihnen gewählten Privatsphäreneinstellungen einsehbar sind.

2.6 Logfiles (Protokolldatei)

Jedes Mal, wenn Sie auf unser Netzwerk zugreifen, werden von Ihrem Browser automatisch bestimmte Informationen an den Server unseres Netzwerkes gesendet und von diesem dann in einem so genannten Logfile gespeichert. Dies sind bspw. Informationen über:

- *den Typ und die Version des von Ihnen verwendeten Browsers,*
- *das von Ihnen verwendete Betriebssystem,*
- *die Internetseite, von der aus Sie zur aktuellen Seite gekommen sind,*
- *den Hostnamen (IP-Adresse) Ihres Rechners sowie*
- *das Datum und die Uhrzeit, zu der der Aufruf erfolgt ist.*

Vorbehaltlich etwaiger gesetzlicher Aufbewahrungspflichten löschen oder anonymisieren wir Ihre IP-Adresse nach Ihrem Verlassen der Internetseiten von Network XYZ.

Im Übrigen nutzen wir die durch Ihren Browser an unsere Server übermittelten Informationen in anonymisierter Form – also ohne dass Rückschlüsse auf Sie möglich wären – zur Analyse und Verbesserung unserer Dienste. Auf diese Weise können wir bspw. mögliche Fehler entdecken oder ermitteln, an welchen Tagen und zu welchen Uhrzeiten Network XYZ besonders stark genutzt wird. Bei anonymisierten Daten handelt es sich nicht mehr um personenbezogene Daten.

Rechtsgrundlage für die Verarbeitung der IP-Adresse ist Art. 6 Abs. 1 Satz 1 lit. f DSGVO.

Unser berechtigtes Interesse liegt in der Gewährleistung eines reibungslosen Verbindungsaufbaus, Gewährleistung einer komfortablen Nutzung unseres Netzwerkes bzw. in der Auswertung und Sicherstellung der Systemsicherheit und -stabilität.

Wir ziehen dabei keinen unmittelbaren Rückschluss auf Ihre Identität. Dies ist anhand dieser Informationen nicht möglich. Die Daten werden gespeichert und nach Erreichung der vorgenannten Zwecke gelöscht, spätestens nach sieben Tagen. Eine darüberhinausgehende Speicherung erfolgt nur, wenn vorher die IP-Adresse des Nutzers gelöscht oder verfremdet wird, sodass eine Zuordnung zu einer Person nicht mehr möglich ist.

2.7 Cookies

Cookies sind sehr kleine, von Internetseiten verwendete Textdateien, die Ihr Browser auf Ihrem Computer speichert. Sog. „Session Cookies" werden temporär im Arbeitsspeicher abgelegt und beim Schließen des Browsers automatisch gelöscht. Sog. „permanente Cookies" werden über eine festgelegte längere Zeitspanne auf der Festplatte gespeichert; sie werden nach Ablauf der jeweils festgelegten Zeitspanne automatisch gelöscht.

Cookies dienen vor allem dazu, die Benutzung einer Internetseite einfacher, effektiver und sicherer zu machen. Wir setzen Cookies ein, um Sie nach dem Einloggen auf Network XYZ während Ihrer Sitzung durchgängig identifizieren zu können. Nach dem Ende Ihrer Sitzung verfällt der entsprechende Session Cookie automatisch.

Wir setzen technisch erforderliche, funktionale sowie Analyse-Cookies ein. Rechtsgrundlage für den Einsatz technisch erforderlicher Cookes ist Art. 6 Abs. 1 Satz 1 lit. f DSGVO, wobei unser berechtigtes Interesse darin liegt, eine gut funktionierende Website zur Verfügung zu stellen. Jeder Einsatz von Cookies, der nicht zwingend technisch erforderlich ist, stellt eine Datenverarbeitung dar, die nur mit einer ausdrücklichen und aktiven Einwilligung Ihrerseits gem. Art. 6 Abs. 1 Satz 1 lit. a DSGVO erlaubt ist. Dies gilt insbesondere für die Verwendung von Advertising, Targeting oder Sharing Cookies. Darüber hinaus geben wir Ihre durch Cookies verarbeiteten personenbezogenen Daten nur an Dritte weiter, wenn Sie nach Art. 6 Abs. 1 Satz 1 lit. a DSGVO eine ausdrückliche Einwilligung dazu erteilt haben. Die Einwilligung in die Nutzung von Cookies kann, sofern diese nicht unbedingt erforderlich sind, jederzeit mit Wirkung für die Zukunft widerrufen werden. Über das auf der Webseite angezeigte Cookie-Banner haben Sie die Möglichkeit, Ihre Präferenzen in Bezug auf Cookies anzugeben.

3. Übermittlung oder Weitergabe Ihrer Daten an Dritte[13]

Wir übermitteln Ihre Daten grundsätzlich nicht ohne Ihre Einwilligung an Dritte.

Eine technische Weitergabe kann allerdings erfolgen, wenn und soweit dies für den Betrieb von Network XYZ oder aus anderen Gründen für die Begründung, die Durchführung oder die Abwicklung Ihres Nutzungsverhältnisses mit uns erforderlich ist. Dies kann z.B. der Fall sein, wenn Network XYZ bei einem externen Dienstleister gehostet wird, also ein externer Dienstleister die Server für Networks XYZ betreibt. Sofern es sich hierbei nicht um eine Auftragsverarbeitung (Art. 28 DSGVO) handelt, stützt sich die Weitergabe auf Art. 6 Abs. 1 Satz 1 lit. b DSGVO.

Daneben können wir gesetzlich verpflichtet sein, Daten im Einzelfall auf Anordnung einer zuständigen Stelle weiterzugeben (Art. 6 Abs. 1 Satz 1 lit. c DSGVO), beispielsweise wenn und soweit dies für Zwecke der Strafverfolgung, zur Gefahrenabwehr durch die Polizeibehörden der Länder, zur Erfüllung der gesetzlichen Aufgaben der Verfassungsschutzbehörden des Bundes und der Länder, des Bundesnachrichtendienstes oder des Militärischen Abschirmdienstes oder des Bundeskriminalamtes im Rahmen seiner Aufgabe zur Abwehr von Gefahren des internationalen Terrorismus oder zur Durchsetzung der Rechte am geistigen Eigentum erforderlich ist.

---

13 Zu den Erläuterungen siehe Rz. 44.53 ff.

4. Schutz Ihrer Daten[14]

Um Ihre Daten bspw. vor Manipulationen, Verlust und unbefugtem Zugriff durch Dritte zu schützen und ein angemessenes Schutzniveau Ihrer personenbezogenen Daten zu gewährleisten, treffen wir geeignete technische und organisatorische Maßnahmen. Zu diesen Maßnahmen gehören u.a. der Einsatz von Firewalls und von Antivirus-Programmen sowie manuelle Sicherheitsvorkehrungen. Unsere Sicherheitsmaßnahmen überprüfen und verbessern wir fortlaufend entsprechend dem aktuellen Stand der Technik. Zudem sind in Einklang mit dem Grundsatz „Datenschutz durch Voreinstellungen" bei Ihrer Erstanmeldung bereits die strengsten Privatsphäre-Einstellungen voreingestellt.

5. Aktuelle Version und Änderung dieser Datenschutzbestimmungen[15]

Dies ist die Version 1.0 der Datenschutzbestimmungen für Network XYZ.

Wir entwickeln Network XYZ laufend weiter, um Ihnen einen immer besser werdenden Dienst zur Verfügung stellen zu können. Diese Datenschutzbestimmungen werden wir stets aktuell halten und entsprechend anpassen, wenn und soweit dies erforderlich werden sollte.

Über eventuelle Änderungen dieser Datenschutzbestimmungen werden wir Sie natürlich informieren. Dies werden wir sowohl mittels einer E-Mail an die uns von Ihnen mitgeteilte E-Mail-Adresse tun, als auch durch einen automatischen Hinweis bei Ihrem ersten Einloggen auf Network XYZ nach einer erfolgten Aktualisierung dieser Datenschutzbestimmungen. Insofern darüber hinaus eine weitere Einwilligung von Ihnen zu unserem Umgang mit Ihren Daten erforderlich werden sollte, werden wir diese selbstverständlich von Ihnen einholen, bevor entsprechende Änderungen wirksam werden.

Sie können die aktuelle Version der Datenschutzbestimmungen für Network XYZ jederzeit im Internet unter [URL einzufügen] abrufen. Auch eventuelle ältere Versionen dieser Datenschutzbestimmungen halten wir unter dieser Adresse für Sie bereit.

6. Ihre Rechte[16]

Sie können von uns zunächst Auskunft darüber verlangen, ob Sie betreffende personenbezogene Daten verarbeitet werden. Ist dies der Fall, haben Sie ein Recht auf Auskunft über diese personenbezogenen Daten und weitergehende Informationen. Zu diesen Informationen zählen die Verarbeitungszwecke, die Kategorien personenbezogener Daten, die Empfänger oder Kategorien von Empfängern, falls möglich, die geplante Dauer der Verarbeitung oder anderenfalls zumindest die Kriterien für die Festlegung dieser Dauer.

Falls wir personenbezogene Informationen nicht bei Ihnen direkt erheben, haben Sie ein Recht auf alle verfügbaren Informationen über die Herkunft der Daten.

Eine Kopie Ihrer personenbezogenen Daten, die wir verarbeiten, stellen wir Ihnen gerne kostenfrei zur Verfügung. Sollten Sie weitere Kopien beantragen, fällt für jede weitere Kopie ein angemessenes Entgelt in Höhe der Verwaltungskosten an.

Einwilligungen in die Erhebung, Verarbeitung und Nutzung Ihrer personenbezogenen Daten, die Sie uns gegenüber mit der Zustimmung zu diesen Datenschutzbestimmungen abgegeben haben, können Sie mit Wirkung für die Zukunft ganz oder teilweise widerrufen. Gleiches gilt für eventuelle spätere, weitergehende Einwilligungen in die Erhebung, Verarbeitung oder Nutzung Ihrer personenbezogenen Daten. Die Folge eines solchen Widerrufs kann sein, dass Sie Network XYZ nicht mehr oder nur noch eingeschränkt nutzen können.

Sie können darüber hinaus auch jederzeit die Berichtigung unrichtiger Daten verlangen, die unter Berücksichtigung der Verarbeitungszwecke auch die Vervollständigung unvollständiger Daten beinhaltet. Sie können auch Ihr Recht auf Löschung geltend machen oder die Einschränkung der Verarbeitung verlangen. Die Löschung Ihrer Daten können Sie durch das Löschen Ihres Accounts auf Network XYZ jederzeit auch selbst vornehmen: Bitte gehen Sie hierfür in Ihren Account, klicken auf den Link „Profil löschen" und folgen den dortigen Anweisungen. Ihr Account – d.h. Ihre Profilseite und Ihre bei uns vorliegenden Daten – werden in diesem Fall automatisch gelöscht. Ihre Inhalte und Kommentare können Sie auch jederzeit selbst manuell lö-

---

14 Zu den Erläuterungen siehe Rz. 44.61 ff.
15 Zu den Erläuterungen siehe Rz. 44.65.
16 Zu den Erläuterungen siehe Rz. 44.67 ff.

schen. Falls und insoweit allerdings gesetzliche Aufbewahrungsrechte oder -pflichten bestehen, werden wir die entsprechenden Daten für eine weitere Verwendung sperren. Sollten Sie Inhalte anderer Nutzer kommentiert haben, dann werden wir bei der Löschung Ihres Accounts Ihren Nutzernamen von diesen Kommentaren entfernen. Die Kommentare als solche werden nicht gelöscht. Vor Löschung Ihres Accounts haben Sie jedoch jederzeit die Möglichkeit, Ihre Kommentare selbst manuell zu löschen.

Des Weiteren haben Sie ein Recht auf Datenübertragbarkeit. Das bedeutet, dass Sie auf Anfrage die personenbezogenen Daten, die Sie uns zur Verfügung gestellt haben, in einem strukturierten, gängigen und maschinenablesbaren Format von uns erhalten. Sie haben das Recht, diese Daten einem anderen Verantwortlichen ohne Behinderung durch uns zu übermitteln.

Ihnen steht ein Recht auf Widerspruch gegen die Datenverarbeitung und ein Beschwerderecht bei der zuständigen Aufsichtsbehörde zu.

Zur Durchsetzung dieser Rechte kontaktieren Sie uns gerne per E-Mail unter [E-Mail-Adresse einzufügen], per Fax unter [Faxnummer einzufügen] oder postalisch unter [postalische Adresse einzufügen]. Ggf. verlangen wir einen Nachweis Ihrer Identität, bevor wir Ihr Anliegen umsetzen. Dies dient dem Schutz Ihrer Daten vor Manipulation oder Löschung durch Dritte.

7. Verantwortliche Stelle, Datenschutzbeauftragter und Kontakt[17]

Der hier im datenschutzrechtlichen Sinn „Verantwortliche" ist die Network XYZ GmbH [Kontaktdaten ergänzen] vertreten durch [Angaben ergänzen].

Sollten Sie Fragen zu diesen Datenschutzbestimmungen oder zur Erhebung, Verarbeitung oder Nutzung Ihrer Daten durch uns haben, dann kontaktieren Sie uns. Unseren Datenschutzbeauftragten erreichen Sie per E-Mail unter [E-Mail-Adresse einzufügen], per Fax unter [Faxnummer einzufügen] oder postalisch unter [postalische Adresse einzufügen].

II. Erläuterungen

1. Vorbemerkungen

Mit dem vorliegenden Muster für „Datenschutzbestimmungen und Einwilligungserklärungen für soziale Netzwerke" kann ein Dienstanbieter grundsätzlich sowohl seinen datenschutzrechtlichen **Informationspflichten** gegenüber sich registrierenden Nutzern nachkommen, als auch – soweit seine Erhebung, Verarbeitung und/oder Nutzung der Nutzerdaten nicht bereits gesetzlich erlaubt ist – **erforderliche Einwilligungen der Nutzer einholen.** 44.7

a) Soziale Netzwerke als Telemediendienste – Anwendung des TMG

Soziale Netzwerke im Internet stellen **Telemediendienste** i.S.v. § 1 Abs. 1 Satz 1 TMG dar[18]. Nur einzelne ihrer üblichen Funktionalitäten, wie bspw. die Möglichkeit zum Versand von Direktnachrichten zwischen Nutzern, welche sich als **Telekommunikationsdienst** nach § 3 Nr. 24 TKG einordnen lässt[19], sind anders zu qualifizieren. 44.8

Entsprechend fanden für soziale Netzwerke in datenschutzrechtlicher Hinsicht gem. § 1 Abs. 3 Satz 1 BDSG a.F. im Wesentlichen die **§§ 11 ff. TMG vorrangig** vor den Regelungen des BDSG Anwendung. Durch das Inkrafttreten der DSGVO hat sich die Rechtslage diesbezüglich allerdings geändert.

Grundsätzlich verdrängt die DSGVO nationales Datenschutzrecht aufgrund ihres Anwendungsvorranges, außer die DSGVO sieht Öffnungsklauseln vor, durch die die Mitgliedstaaten die Vorgaben der

---

17 Zu den Erläuterungen siehe Rz. 44.71 ff.
18 *Karg/Fahl*, K&R 2011, 453 (456, 457).
19 *Karg/Fahl*, K&R 2011, 453 (456, 457).

DSGVO spezifizieren können, wie bspw. Art. 85 Abs. 1 DSGVO. Die §§ 11 ff. TMG setzen die Regelungen der Datenschutzrichtlinie 95/46/EG in nationales Recht um[20]. Da die DSGVO die Datenschutzrichtlinie mit Wirkung vom 25.5.2018 aufgehoben hat (Art. 94 Abs. 1 DSGVO), werden grundsätzlich auch die datenschutzrechtlichen Regelungen des TMG, basierend auf dieser Richtlinie, durch die DSGVO verdrängt[21]. Ein Fortgelten des speziellen Telemediendatenschutzes käme nur dann in Betracht, wenn die DSGVO für diese speziellen Regelungen eine Öffnungsklausel für die Mitgliedstaaten vorsieht. Eine solche ist in der DSGVO allerdings nicht enthalten.

Etwas anderes gilt für den 4. Abschnitt des TMG. Der BGH stellte – entgegen der gängigen Ansicht der deutschen Datenschutzaufsichtsbehörden des Bundes und der Länder – fest, dass § 15 Abs. 3 TMG weiterhin gilt und nicht von der DSGVO verdrängt wird[22]. Hintergrund ist Art. 95 DSGVO. Dieser sieht vor, dass die DSGVO dem Verantwortlichen in Bezug auf die Verarbeitung personenbezogener Daten keine zusätzlichen Pflichten auferlegen soll, soweit vergleichbare Pflichten bereits in der ePrivacy-RL (Richtlinie 2002/58/EG) enthalten sind. Die Konferenz der unabhängigen Datenschutzaufsichtsbehörden des Bundes und der Länderargumentiert dagegen, dass die Vorschrift des Art. 95 DSGVO keine Anwendung auf die Regelungen im 4. Abschnitt des TMG finde, da diese Vorschriften vorrangig eine Umsetzung der durch die DSGVO aufgehobene Datenschutzrichtlinie 95/46/EG darstellten[23].

Die Einschätzung des BGH ist im Hinblick auf den Schutz der Privatsphäre bei der Internetnutzung und auch zur Gewährleistung der Rechtssicherheit angemessen[24]. Sämtliche Umsetzungen der ePrivacy-Richtlinie gehen daher gem. Art. 95 DSGVO den Regeln der DSGVO vor. § 15 Abs. 3 TMG genießt somit Anwendungsvorrang vor den Regeln der DSGVO und ist damit weiterhin bestehendes und anzuwendendes Recht.

b) Allgemeine Rechtsgrundlagen

44.9 Nach der DSGVO gilt ein allgemeines Verbot mit Erlaubnisvorbehalt, personenbezogene Daten zu erheben, zu verarbeiten und zu nutzen. Dies ergibt sich aus dem in Art. 5 Abs. 1 lit. a DSGVO verankerten Rechtmäßigkeitsgrundsatz. Demzufolge ist jede Erhebung, Verarbeitung und Nutzung personenbezogener Daten verboten, es sei denn, sie ist im Einzelfall erlaubt. Mit anderen Worten muss sich jede Erhebung, Verarbeitung oder Nutzung auf eine Rechtsgrundlage stützen.

44.10 Allgemeine gesetzliche Rechtsgrundlagen sind in Art. 6 Abs. 1 DSGVO statuiert. Beispielsweise ist die Datenverarbeitung rechtmäßig, wenn sie für die Erfüllung eines Vertrages mit dem Betroffenen oder zur Durchführung vorvertraglicher Maßnahmen erforderlich ist, Art. 6 Abs. 1 Satz 1 lit. b DSGVO. Diese Rechtsgrundlage kommt für alle personenbezogenen Daten in Betracht, die für die Durchführung des Nutzungsvertrages des sozialen Netzwerkes erforderlich sind. Dazu zählt insbesondere die E-Mail-Adresse, die für die Erstellung eines Nutzerkontos erforderlich ist. Als weitere praxisrelevante Rechtsgrundlage normiert der europäische Gesetzgeber Art. 6 Abs. 1 Satz 1 lit. f DSGVO, dem zufolge die Verarbeitung zur Wahrung der berechtigten Interessen des Verantwortlichen rechtmäßig ist, sofern nicht die Interessen oder Grundrechte und Grundfreiheiten der betroffenen Person, die den Schutz personenbezogener Daten erfordern, überwiegen. Ob ein solches berechtigtes Interesse gegeben ist, ist stets im Einzelfall zu ermitteln. Allerdings führt die DSGVO in den Erwägungsgründen Anhaltspunkte dafür an, wann ein berechtigtes Interesse des Verantwortlichen vorliegen kann. So kann ein solches In-

---

20 *Keppeler*, MMR 2015, 779 (781); *Sydow* in Sydow, Einleitung Rz. 43; *Piltz* in Gola, Art. 95 DSGVO Rz. 18, 19; *Hullen/Roggenkamp* in Plath, § 12 TMG Rz. 1, § 13 TMG Rz. 2, § 14 TMG Rz. 1.

21 Begründung zu § 14 Abs. 2 NetzDG, BT-Drucks. 18/12356, 28.

22 BGH v. 28.5.2020 – I ZR 7/16 – Cookie-Einwilligung II, MMR 2020, 609.

23 Positionsbestimmung der Konferenz der unabhängigen Datenschutzbehörden des Bundes und der Länder, 26.4.2018, zur Anwendbarkeit des TMG für nicht-öffentliche Stellen ab dem 25.5.2018, S. 2, Ziff. 3; vgl. hierzu auch *Gierschmann*, ZD 2018, 297.

24 *Breyer*, Datenschutz im Internet; Zwangsidentifizierung und Surfprotokollierung bleiben verboten, ZD 2018, 302.

teresse insbesondere dann vorliegen, wenn eine maßgebliche und angemessene Beziehung zwischen der betroffenen Person und dem Verantwortlichen besteht, z.B. wenn die betroffene Person ein Kunde des Verantwortlichen ist oder in seinen Diensten steht[25]. Ein Nutzer eines sozialen Netzwerkes ist jedenfalls als Kunde des Dienstes zu sehen, weswegen eine solche Beziehung hier bejaht werden kann und ein berechtigtes Interesse und damit eine Rechtsgrundlage für die Verarbeitung solcher personenbezogenen Daten, die nicht für die Vertragserfüllung erforderlich sind, regelmäßig gegeben sein kann. Dieses Indiz entbindet allerdings nicht von der Verpflichtung, die gebotene Interessenabwägung im Einzelfall vorzunehmen.

c) Einwilligung

Ist eine andere gesetzliche Rechtsgrundlage nicht gegeben, muss die Einwilligung der betroffenen Person eingeholt werden. Andernfalls ist die Datenverarbeitung rechtswidrig. Hierbei ist es theoretisch denkbar, dass ein Dienstanbieter Klauseln zur Einholung von Einwilligungserklärungen statt in gesonderten Datenschutzbestimmungen **in seinen allgemeinen Geschäftsbedingungen** aufnimmt. Zu berücksichtigen ist hierbei allerdings, dass das datenschutzrechtliche Einwilligungsersuchen klar von den anderen Sachverhalten zu unterscheiden sein muss. Zu empfehlen ist eine optische Hervorhebung, wie Umrandung oder Fettdruck. Die Einwilligungserklärung darf nicht „versteckt werden". Der Einwilligungswortlaut muss darüber hinaus in verständlicher und leicht zugänglicher Form in einer klaren und einfachen Sprache abgefasst sein, Art. 7 Abs. 2 Satz 1 DSGVO. Allgemein müssen die Verantwortlichen die Voraussetzungen dafür schaffen, dass **freiwillige, bewusst und eindeutig erfolgende Einwilligungen der Betroffenen** eingeholt werden. Entscheidend ist die **Transparenz der Datenerhebung und -verarbeitung für den Nutzer**. Ist keine Transparenz gegeben, kann keine freiwillige, bewusste und eindeutige Einwilligung erfolgen[26]. Das Risiko der Unwirksamkeit trägt der Dienstanbieter. Die Einwilligung bedarf zwar grundsätzlich keiner Form, allerdings muss der Verantwortliche nachweisen können, dass die betroffene Person in die Datenverarbeitung eingewilligt hat, Art. 7 Abs. 1 DSGVO. Insofern empfiehlt sich in der Regel eine Opt-In Lösung (Aktivieren einer Checkbox).

44.11

Es ist zu beachten, dass auch Datenschutzbestimmungen und entsprechende Klauseln zum Einholen von Einwilligungserklärungen Gegenstand einer **AGB-rechtlichen Kontrolle** nach §§ 305 ff. BGB sein können[27]. Eine solche Kontrolle scheitert wegen Art. 7 Abs. 2 DSGVO nicht etwa daran, dass die Einwilligungserklärung nicht mit anderen Erklärungen abgegeben werden kann. In dem Fall muss das Ersuchen um Einwilligung in verständlicher und leicht zugänglicher Form in einer klaren und einfachen Sprache so erfolgen, dass es von den anderen Sachverhalten klar zu unterscheiden ist, Art. 7 Abs. 2 DSGVO (Rz. 44.22). Für die Kontrollfähigkeit ist dabei entscheidend, dass der Kunde keinen Einfluss auf den Inhalt der Erklärung hat, sondern nur darauf, ob er sie abgeben will[28]. Vor allem das Transparenzgebot aus § 307 Abs. 1 Satz 2 BGB kommt hier zum Tragen[29].

44.12

d) ePrivacy-Verordnung

Derzeit wird auf europäischer Ebene über den Erlass einer ePrivacy-Verordnung, die als unmittelbar geltendes Recht die aktuelle ePrivacy-Richtlinie und die zu ihrer Umsetzung ergangenen mitgliedstaatlichen Regelungen ablösen soll, diskutiert. Diese sollte zusammen mit der DSGVO gelten. Seit 2017 gelang es allerdings keiner Ratspräsidentschaft, eine Einigung der EU-Mitgliedstaaten hierüber im Rat herbeizuführen. Bis zur Verabschiedung und Gültigkeit der ePrivacy-Verordnung gelten daher weiterhin die ePrivacy-Richtlinie und die zu ihrer Umsetzung erlassenen nationalen Vorschriften. Diese ver-

44.13

25 Erwägungsgrund 47 der Verordnung (EU) 2016/679.
26 *Schwenke*, WRP 2013, 37 (39, 40), im Übrigen auch zur möglichen AGB-rechtlichen Kontrolle von Datenschutzbestimmungen; *Albers/Veit* in BeckOK DatenschutzR, Art. 6 DSGVO Rz. 27.
27 *Brinkmann* in PWW, § 307 BGB Rz. 34.
28 BGH v. 1.2.2018 – III ZR 196/17 Rz. 10; BGH v. 14.3.2017 – VI ZR 721/15, K&R 2017, 403.
29 LG Berlin v. 30.4.2013 – 15 O 92/12, K&R 2013, 411 (412); *Plath* in Plath, 2. Aufl., § 4a BDSG Rz. 40 ff.

drängen die Regelungen der DSGVO, soweit sie vergleichbare Regelungsziele verfolgen. Hinsichtlich der Unstimmigkeiten und der Übergangszeit von 24 Monaten ist mit einem Geltungsbeginn nicht vor 2025 zu rechnen. Die ePrivacy-Verordnung wird die Regelungen der DSGVO für den Bereich der elektronischen Kommunikationsdienste ergänzen und präzisieren. Dies gilt insbesondere vor dem Hintergrund, dass seit Einführung der DSGVO kein einheitlicher Rechtsrahmen für den Einsatz von Cookies in der EU besteht. Denn die ePrivacy-Richtlinie bietet gewisse Umsetzungsspielräume und wurde in den Mitgliedstaaten nicht einheitlich umgesetzt. Neben der Verwendung von Cookies werden Regelungen zu Fingerprinting und anderen Tracking-Methoden sowie zur Auswertung von Standortdaten, Verantwortlichkeit von Browserherstellern, etc. erwartet[30]. Auch soll die Verordnung den Anwendungsbereich über die klassischen Formen wie Telefon, Fax und Mail auf internetbasierte Kommunikationsdienste, wie Bildtelefon, Messenger und Sozial Networks ausweiten.

2. Einleitung

44.14   **M 44.1.1 Einleitung**

Datenschutzbestimmungen

Dies sind die Datenschutzbestimmungen für Network XYZ, das von der Network XYZ GmbH betriebene soziale Netzwerk im Internet. Mit diesen Datenschutzbestimmungen möchten wir – die Network XYZ GmbH – Sie darüber informieren, welche personenbezogenen Daten wir von Ihnen erheben und wie wir diese verarbeiten, wenn Sie Network XYZ besuchen und nutzen.

Mit Ihrer für die Anmeldung auf Network XYZ erforderlichen Zustimmung zu diesen Datenschutzbestimmungen willigen Sie uns gegenüber in die nachfolgend beschriebene Erhebung, Verarbeitung und Nutzung Ihrer personenbezogenen Daten ein, die im Kontext der Begründung, der Durchführung und der Abwicklung Ihres Nutzungsverhältnisses mit Network XYZ erfolgt.

„Personenbezogene Daten" sind nach der Datenschutzgrundverordnung (DSGVO) alle Informationen, die sich auf eine identifizierte oder identifizierbare natürliche Person (im Folgenden „betroffene Person") beziehen; als identifizierbar wird eine natürliche Person angesehen, die direkt oder indirekt, insbesondere mittels Zuordnung zu einer Kennung wie einem Namen, zu einer Kennungsnummer, zu Standortdaten, zu einer Online-Kennung oder zu einem oder mehreren besonderen Merkmalen, die Ausdruck der physischen, physiologischen, genetischen, psychischen, wirtschaftlichen, kulturellen oder sozialen Identität dieser natürlichen Person sind, identifiziert werden kann. Etwas anders ausgedrückt sind personenbezogene Daten über Sie also Informationen, die sich auf Sie beziehen oder etwas über Sie persönlich aussagen und mit Ihnen in Verbindung gebracht werden können, entweder für sich alleine genommen oder in Kombination mit anderen Informationen. Der Einfachheit halber und zur besseren Verständlichkeit sprechen wir in diesen Datenschutzbestimmungen auch kurz von „Ihren Daten", wenn von personenbezogenen Daten über Sie die Rede ist.

Der Schutz Ihrer Daten ist uns wichtig. Und dieser Schutz lässt sich nur sicherstellen, wenn Sie wissen, was mit Ihren Daten auf Network XYZ geschieht. Daher möchten wir Sie bitten, sich die Zeit zu nehmen, um diese Datenschutzbestimmungen sorgfältig zu lesen. Wir halten uns strikt an die geltenden datenschutzrechtlichen Bestimmungen, und wir setzen technische wie auch organisatorische Maßnahmen ein, um Ihre Daten zu schützen.

a) Ratio

44.15   Diesem einleitenden Teil der Datenschutzbestimmungen kommt **noch kein eigentlicher Regelungsgehalt** zu. Vielmehr dient er dazu, mit möglichst nicht übertrieben rechtstechnischen Formulierungen – die sich aus Gründen der Verständlichkeit in Datenschutzbestimmungen ohnehin verbieten[31] – in

---

30 *Weiden*, Aktuelle Berichte – September 2020, GRUR 2020, 958.
31 *Heckmann/Paschke* in Ehmann/Selmayr, Art. 12 DSGVO Rz. 17.

die hier adressierten Themen Datenschutz, datenschutzrechtlich relevante Informationen und angestrebte Einwilligungen einzuführen.

Es kann sinnvoll sein, zusätzlich **über das rechtlich Erforderliche hinausgehende Erläuterungen** an anderer Stelle zur Verfügung zu stellen, um die Datenschutzbestimmungen selbst nicht zu überfrachten. So ist es z.B. denkbar, auf zusätzlichen Hilfeseiten themenbezogene Informationstexte zu veröffentlichen, die in ihrem Umfang deutlich über den der eigentlichen Datenschutzbestimmungen hinausgehen oder mit Aufklapptexten zu arbeiten, wobei die Basisinformationen auf den ersten Blick sichtbar sind und nähere Informationen von dem Nutzer aktiv „aufgeklappt" werden müssen.

b) Bezeichnung des Textes

Für Texte, mit denen Anbieter von Telemediendiensten sowohl ihren datenschutzrechtlichen Informationspflichten nachkommen, als ggf. auch erforderliche Einwilligungen einholen möchten, hat sich bislang **keine einheitliche Bezeichnung** durchgesetzt. „**Datenschutzbestimmungen**", „**Datenschutzerklärung**", „**Datenschutzhinweise**", „**Datenschutzrichtlinie**" und „**Datenschutzinformation**" dürften die wohl am weitesten verbreiteten Begriffe sein.

44.16

Keine dieser Bezeichnungen deutet ihrem Wortlaut nach ausdrücklich darauf hin, dass der entsprechende Text auch dem Einholen von Einwilligungen der Nutzer dienen soll[32]. In der Rechtsprechung wird ein ausdrücklicher Hinweis auf das Einwilligungsersuchen gefordert, der vom Nutzer während des Anmeldeprozesses auch ohne das Lesen der Datenschutzbestimmungen wahrgenommen werden kann. Dieser Hinweis lässt sich leicht dadurch geben, dass er neben der Checkbox, durch deren Anklicken ein Nutzer den Datenschutzbestimmungen zustimmt, platziert wird. Es ist zu vermeiden, sich mit dem Begleittext der Checkbox lediglich bestätigen zu lassen, dass der Nutzer „die Datenschutzbestimmungen gelesen habe und diese bestätige", da hiermit kein Hinweis auf die angestrebten Einwilligungen erfolgt[33]. Bspw. die Formulierung „Hiermit willige ich in die in den Datenschutzbestimmungen näher beschriebene Erhebung, Verarbeitung und Nutzung meiner Daten ein." bietet sich an, wobei idealerweise auch noch der Zweck der Datenerhebung und Verwendung überschlägig erwähnt werden und die Datenschutzbestimmungen an dieser Stelle entsprechend verlinkt werden sollten.

c) Grundsätzliche Anforderungen an Hinweise zum Datenschutz und an vorformulierte Einwilligungserklärungen

aa) Informationspflichten

Voranzustellen ist zunächst eine Information über den für die Datenverarbeitung **Verantwortlichen** nach der DSGVO. Der Begriff ersetzt den der verantwortlichen Stelle nach dem alten BDSG. Verantwortlicher ist die natürliche oder juristische Person, Behörde, Einrichtung oder andere Stelle, die allein oder gemeinsam mit anderen über die Zwecke und Mittel der Verarbeitung personenbezogener Daten entscheidet, Art. 4 Nr. 7 Halbs. 1 DSGVO. Im Rahmen von sozialen Netzwerken ist grundsätzlich der Betreiber des Netzwerkes als Verantwortlicher in diesem Sinne anzusehen.

44.17

Grundsätzlich differenziert die DSGVO bei den Informationspflichten des Verantwortlichen danach, ob die personenbezogenen Daten **bei der betroffenen Person erhoben** wurden oder aus einer **anderen Quelle** stammen. Da im Zusammenhang mit Datenschutzbestimmungen und Einwilligungserklärungen für soziale Netzwerke in der Mehrzahl der Fälle von einer Erhebung bei der betroffenen Person auszugehen ist, beziehen sich die Ausführungen zu den Informationspflichten schwerpunktmäßig auf die, die der Verantwortliche zu erfüllen hat, wenn die Datenerhebung bei der betroffenen Person direkt erfolgt. Diese Informationspflichten ergeben sich aus Art. 13 DSGVO, wobei sie auf zwei Absätze auf-

---

32 *Härting*, CR 2011, 169 (170) sieht den Begriff der „Datenschutzbestimmungen" in der Praxis regelmäßig eher für Texte verwendet, mit denen lediglich Informationspflichten nachgekommen wird, aber keine Einwilligungen eingeholt werden.

33 LG Berlin v. 6.3.2012 – 16 O 551/10, CR 2012, 270.

geteilt sind. Nach Abs. 1 muss der Verantwortliche der betroffenen Person zum Zeitpunkt der Erhebung bestimmte Informationen (zwingend) bereitstellen. Nach Abs. 2 ist der Verantwortliche darüber hinaus verpflichtet, der betroffenen Person zusätzlich zu diesen Informationen weitere Informationen zur Verfügung zu stellen, die notwendig sind, um eine faire und transparente Verarbeitung zu gewährleisten.

44.17a Ob die Informationspflichten nach Art. 13 Abs. 2 auch zwingend sind, ist fraglich. Für eine zwingende Informationspflicht spricht, dass grundsätzlich eine faire und transparente Verarbeitung gewährleistet sein muss, und daher die Informationen nach Art. 13 Abs. 2 DSGVO auch immer zur Verfügung gestellt werden müssten. Dafür spricht auch Erwägungsgrund 60 der DSGVO, demzufolge die Grundsätze einer fairen und transparenten Verarbeitung es erforderlich machen, dass die betroffene Person über die Existenz des Verarbeitungsvorgangs und seine Zwecke unterrichtet wird. Dass Existenz des Verarbeitungsvorgangs und die Verarbeitungszwecke schon Bestandteil von Art. 13 Abs. 1 DSGVO sind, die Unterrichtung darüber nach dem zugehörigen Erwägungsgrund aber auch durch die Grundsätze einer fairen und transparenten Verarbeitung geboten ist, lässt darauf schließen, dass sowohl die Informationspflichten nach Art. 13 Abs. 1 als auch Abs. 2 DSGVO zwingend sind. Dagegen spricht, dass der europäische Gesetzgeber eine Unterteilung in zwei Absätze vorgenommen und dadurch eine Differenzierung zwischen den jeweiligen Pflichten geschaffen hat. Diese Systematik lässt darauf schließen, dass nur die Informationen nach Abs. 1 zwingend sind und die Informationen nach Abs. 2 nur im gebotenen Einzelfall bereitgestellt werden müssen. Die überwiegende Rechtsliteratur sowie die Artikel-29-Datenschutzgruppe gehen davon aus, dass auch die Angaben nach Abs. 2 gleichermaßen als Pflichtangaben bereitgestellt werden müssen[34]. Um rechtliche Risiken zu vermeiden, empfiehlt es sich daher in jedem Fall, den Informationspflichten des Art. 13 DSGVO vollumfänglich nachzukommen.

Der Verantwortliche hat die betroffene Person nach Art. 13 Abs. 1 DSGVO bereits zum Zeitpunkt der Datenerhebung entsprechend zu informieren. Zudem muss der Verantwortliche geeignete Maßnahmen treffen, um die Informationen in präziser, transparenter, verständlicher und leicht zugänglicher Form in einer klaren und einfachen Sprache zu übermitteln. Dementsprechend sollten unnötige juristische oder technische Fachbegriffe in Datenschutzbestimmungen entweder vermieden oder in für juristische und technische Laien verständlicher Weise erläutert und ein verschachtelter Aufbau vermieden werden[35].

44.17b Art. 14 DSGVO regelt Art und Umfang der Informationspflichten des Verantwortlichen, wenn und soweit die personenbezogenen Daten nicht bei der betroffenen Person erhoben werden. Entsprechend der Informationspflichten aus Art. 13 DSGVO muss der Verantwortliche einen gewissen Grundkanon an Informationen mitteilen. Aus Art. 14 Abs. 2 DSGVO ergeben sich weiterhin Informationspflichten, die Ausdruck einer fairen und transparenten Verarbeitung von personenbezogenen Daten sind. Die Pflicht, die betroffene Person über die Quelle der erhobenen Daten zu informieren (Abs. 2 lit. f), bietet der betroffenen Person eine zusätzliche Möglichkeit, den Ursprung und die Rechtmäßigkeit der Datenerhebung und/oder Datenverarbeitung zu überprüfen[36]. Eine allgemeine Regelung zum Zeitpunkt der Information der betroffenen Person findet sich in Art. 14 Abs. 3 DSGVO. Demnach muss die Information ausdrücklich erst nach Erlangung der Daten, spätestens aber einen Monat nach Erlangung der Daten erfolgen. Art. 14 DSGVO ist Grundvoraussetzung dafür, dass der Betroffene von der Datenergebung und/oder Datenverarbeitung Kenntnis erlangt und gewisse Betroffenenrechte überhaupt wahrnehmen kann. Dazu gehören beispielsweise das Recht auf Auskunft (Art. 15 DSGVO), das Recht auf Berichtigung (Art. 16 DSGVO), das Recht auf Löschung (Art. 17 DSGVO)[37].

---

34 *Knyrim* in Ehmann/Selmayr, Art. 13 DSGVO Rz. 30; *Franck* in Gola, Art. 13 DSGVO Rz. 6; *Bäcker* in Kühling/Buchner, Art. 13 DSGVO Rz. 20.

35 *Heckmann/Paschke* in Ehmann/Selmayr, Art. 12 DSGVO Rz. 17.

36 *Mester* in Taeger/Gabel, Art. 14 DSGVO Rz. 9.

37 *Knyrim* in Ehmann/Selmayr, Art. 13 DSGVO Rz. 1.

Gemäß Art. 13 Abs. 1 lit. a DSGVO und Art. 14 Abs. 1 lit. a DSGVO sind der betroffen Person der   44.18
Name und die Kontaktdaten des Verantwortlichen sowie ggf. seines Vertreters (Art. 4 Nr. 17 DSGVO)
mitzuteilen. Im Unterschied zu Art. 13 Abs. 1 lit. b DSGVO („gegebenenfalls") sieht Art. 14 Abs. 1
lit. b DSGVO vor, dass „zusätzlich" über die Kontaktdaten des Datenschutzbeauftragten informiert
wird. Ein Vergleich zur englischen Fassung zeigt aber, dass in beiden Fällen ein aktives Handeln des
Betroffenen gemeint ist[38]. Fraglich ist, ob neben der Angabe einer ladungsfähigen Anschrift auch die
Angabe einer Telefonnummer und/oder einer E-Mailadresse erforderlich sind. Teilweise wird vertreten,
dass die Bereitstellung des Namens und einer ladungsfähigen Anschrift ausreiche[39]. Die Angaben
müssten nur so detailliert sein, dass der Betroffene ohne Schwierigkeiten mit dem Verantwortlichen
Kontakt aufnehmen kann, um seine Rechte geltend zu machen[40]. Erforderlich seien demnach eine vollständige Bezeichnung des Namens und/oder der Firma sowie eine zustellungsfähige Anschrift des Verantwortlichen[41]. Eine netzbasierte Kontaktmöglichkeit wird gefordert, wenn die Datenerhebung über
das Internet erfolge[42]. Weiterhin wird auch vertreten, dass die mitzuteilenden Kontaktdaten eine (ladungsfähige) Anschrift sowie die elektronische und/oder telefonische Erreichbarkeit des Verantwortlichen umfassen[43]. Ein solches Wahlrecht scheint mit Blick auf den Gesetzeswortlaut und Sinn und
Zweck der Norm angemessen.

Zusätzlich müssen die Kontaktdaten des Datenschutzbeauftragten angegeben werden, sofern ein solcher bestellt wurde, sowie die Zwecke der Datenverarbeitung. Hinsichtlich der Kontaktdaten eines/ei-
ner vom Verantwortlichen bestellten Datenschutzbeauftragten ist der Name nicht anzugeben, aber die
Erreichbarkeit, z.B. über eine Telefonnummer oder Funktions-E-Mail-Adresse.

Zudem muss auch die Rechtsgrundlage der Datenverarbeitung angegeben werden. Sofern sich die Verarbeitung auf Art. 6 Abs. 1 Satz 1 lit. f DSGVO stützt, sind die berechtigten Interessen des Verantwortlichen oder ggf. eines Dritten zu benennen. Werden die personenbezogenen Daten Dritten offengelegt,
muss der Verantwortliche zudem über die Empfänger oder zumindest die Kategorien der Empfänger
informieren. Beabsichtigt der Verantwortliche, die personenbezogenen Daten in ein Land außerhalb
des Europäischen Wirtschaftsraumes (also ein sog. Drittland im datenschutzrechtlichen Sinne) oder
eine internationale Organisation zu übermitteln, muss auch darüber informiert werden sowie über die
Grundlage, die ein angemessenes Datenschutzniveau gewährleistet, Art. 13 Abs. 1 lit. f DSGVO.

Weitere Informationspflichten ergeben sich aus **Art. 13 (Abs. 2) DSGVO.** Gemäß Art. 13 Abs. 2 lit. a   44.18a
DSGVO muss der Verantwortliche der betroffenen Person die konkrete Speicherdauer mitteilen, sofern
ihm diese bekannt ist. Ist eine feste Frist zum Zeitpunkt der Datenerhebung nicht auszumachen, sind
jedenfalls die Kriterien für die Festlegung dieser Dauer mitzuteilen. Nach Ablauf der zulässigen Speicherfrist müssen die Daten gem. Art. 17 Abs. 1 lit. a DSGVO gelöscht werden. Die Angabe der Dauer
ist folglich nur möglich, wenn beim Verantwortlichen ein Löschkonzept vorhanden ist[44]. Dem Betroffenen sind weiterhin seine Betroffenenrechte mitzuteilen. Diese ergeben sich aus den Art. 15 ff.
DSGVO. Entscheidend ist, dass die allgemeine Information über die Betroffenenrechte nicht konstitutiv wirkt[45]. Werden also fälschlicherweise Rechte zugunsten des Betroffenen mitgeteilt, führt dies nicht
zu einer Bindung des Verantwortlichen an die Einhaltung dieses Betroffenenrechts[46]. Art. 13 Abs. 2
lit. c DSGVO greift im Falle einer Verarbeitung auf Grundlage einer Einwilligung gem. Art. 6 Abs. 1
Satz 1 lit. a bzw. Art. 9 Abs. 2 lit. a DSGVO. Die geforderte Information umfasst das Recht, die Einwilligung jederzeit gem. Art. 7 Abs. 3 DSGVO ex nunc zu widerrufen. Aus Art. 13 Abs. 2 lit. d DSGVO ist

---

38 So auch *Artikel-29-Datenschutzgruppe*, WP 260, S. 18.
39 *Knyrim* in Ehmann/Selmayr, Art. 12 DSGVO Rz. 34.
40 *Bäcker* in Kühling/Buchner, Art. 13 DSGVO Rz. 22.
41 *Eßer* in Auernhammer, Art. 13 DSGVO Rz. 18.
42 *Walter*, DSRITB 2016, S. 367, 370; *Knyrim* in Ehmann/Selmayr, Art. 13 DSGVO Rz. 23.
43 *Schmidt-Wudy* in BeckOK DatenschutzR, Art. 14 DSGVO Rz. 40.
44 *Franck* in Gola, Art. 13 DSGVO Rz. 20.
45 *Franck* in Gola, Art. 13 DSGVO Rz. 23.
46 *Franck* in Gola, Art. 13 DSGVO Rz. 23.

der Betroffene weiterhin über die Möglichkeit der Beschwerde bei einer Aufsichtsbehörde zu informieren. Die im Einzelfall sachlich und örtlich zuständige Aufsichtsbehörde ist dagegen nicht zu nennen, da der Verantwortliche regelmäßig nicht wissen kann, welche Aufsichtsbehörde für einen konkreten Betroffenen zuständig ist[47]. Gemäß Art. 13 Abs. 2 lit. e DSGVO muss darüber informiert werden, ob die Bereitstellung der personenbezogenen Daten gesetzlich oder vertraglich vorgeschrieben oder für einen Vertragsabschluss erforderlich ist, ob die betroffene Person verpflichtet ist, die personenbezogenen Daten bereitzustellen, und welche möglichen Folgen die Nichtbereitstellung hätte. Der mögliche Empfänger (Art. 4 Nr. 9 Satz 1 DSGVO) sowie die möglichen Folgen müssen der betroffenen Person mitgeteilt werden. Letztlich muss der Verantwortliche die betroffene Person darüber informieren, dass personenbezogene Daten über sie automatisiert verarbeitet werden sollen, um eine für die betroffene Person rechtlich relevante oder sonst nachteilige Entscheidung zu fällen oder vorzubereiten. Dies ist besonders in Fällen der automatisierten Entscheidungsfindung (Art. 22 Abs. 1 oder Abs. 4 DSGVO) sowie bei Profiling-Maßnahmen (Art. 4 Nr. 4 DSGVO) relevant.

bb) Einwilligungserklärungen

44.19 Einwilligungserklärungen bedürfen nach der DSGVO keiner besonderen Form, d.h. grundsätzlich sind auch mündliche Einwilligungen wirksam. Erforderlich ist jedoch eine eindeutige bestätigende Handlung, mit der die betroffene Person freiwillig, für den konkreten Fall, in informierter Weise und unmissverständlich bestätigt, mit der Datenverarbeitung einverstanden zu sein. Diese Erklärung kann schriftlich, elektronisch oder eben mündlich erfolgen. Als Beispiel nennt die DSGVO das Anklicken eines Kästchens auf einer Internetseite. Hingegen ist Schweigen oder ein bereits angekreuztes Kästchen nicht als Einwilligung zu bewerten, da dadurch nicht eine eindeutige Einwilligungserklärung des Nutzers nachgewiesen werden kann[48]. Der Verantwortliche muss nachweisen können, dass die betroffene Person in die Verarbeitung ihrer personenbezogenen Daten eingewilligt hat. Aus diesem Grund ist in der Praxis eine mündliche Einwilligung in der Regel nicht zu empfehlen.

(1) Allgemeines Transparenzgebot

44.20 Grundsätzliche Voraussetzung für die bewusste und eindeutige Einwilligung eines Nutzers ist zunächst, dass die Einwilligungsklausel **allgemein verständlich** abgefasst ist. Der Nutzer muss erkennen können, in was er einwilligen soll, also welche seiner Daten zu welchen Zwecken erhoben und verwendet werden sollen[49]. Mitunter wird bezweifelt, ob es bei sozialen Netzwerken mit extrem vielfältigen Verarbeitungs- und Übermittlungstatbeständen überhaupt noch möglich sei, allgemein verständliche Einwilligungsklauseln zu verwenden, oder ob nicht eine Unüberschaubarkeit von Tatbeständen und zwangsläufig auch der korrespondierenden Texte der geforderten Verständlichkeit entgegenstehe[50]. In Extremfällen mag dies zu diskutieren sein – in der Regel wohl eher nicht.

(2) Freiwilligkeit der Einwilligung

44.21 Wie sich aus Art. 7 Abs. 4 DSGVO ergibt, muss die Einwilligung der betroffenen Person freiwillig erfolgen. Von einer freiwilligen Einwilligung soll nur ausgegangen werden, wenn die betroffene Person eine echte oder freie Wahl hat und selbst darüber entscheiden kann, ob sie die Einwilligung erteilen oder verweigern möchte, ohne nachteilige Konsequenzen tragen zu müssen[51]. Negative Abgrenzungsmerkmale finden sich diesbezüglich in Art. 7 Abs. 4 DSGVO und Erwägungsgrund 43 DSGVO. Eine Besonderheit gilt, wenn die Einwilligung als Rechtsgrundlage für die Verarbeitung von Beschäftigtendaten dient. Dann sind insbesondere die im Beschäftigungsverhältnis bestehende Abhängigkeit der be-

---

47 *Franck* in Gola, Art. 13 DSGVO Rz. 24.
48 Erwägungsgrund 32 der Verordnung (EU) 2016/679.
49 *Heckmann/Paschke* in Ehmann/Selmayr, Art. 7 DSGVO Rz. 57 ff.
50 *Brönneke* in Tamm/Tonner, Verbraucherrecht, § 4a Allgemeiner Datenschutz nach BDSG und DS-GVO, Rz. 26.
51 Erwägungsgrund 42 a.E. der Verordnung (EU) 2016/679.

schäftigten Person sowie die Umstände, unter denen die Einwilligung erteilt worden ist, zu berücksichtigen. Freiwilligkeit kann im Beschäftigungsverhältnis insbesondere vorliegen, wenn für die beschäftigte Person ein rechtlicher oder wirtschaftlicher Vorteil erreicht wird oder Arbeitgeber und beschäftigte Person gleichgelagerte Interessen verfolgen, § 26 Abs. 2 BDSG. Weist ein Arbeitgeber einen Arbeitnehmer an, bestimmte Social Media Plattformen zu beruflichen Zwecken zu nutzen[52], so lässt sich durchaus diskutieren, ob diese Anweisung nicht der erforderlichen **Freiwilligkeit** der Einwilligungserklärungen entgegensteht, die in diesem Kontext durch den Arbeitnehmer gegenüber dem Plattformbetreiber abzugeben wären[53]. *Spiecker gen. Döhmann* sieht darüber hinaus die Freiwilligkeit auch dann in Gefahr, wenn im privaten Bereich aufgrund eines sozialen Drucks gleichsam ein faktischer Zwang zur Nutzung einer bestimmten Plattform besteht. Ein solcher Druck bestünde vor allem, wenn ein Anbieter auf seinem Feld quasi ein monopolistisches Angebot bereitstelle. Nähme man das Kriterium der Freiwilligkeit ernst, so *Spiecker gen. Döhmann*, dann sei die (freiwillige) Einwilligung ab einer bestimmten Größe und Bedeutung der jeweiligen Plattform gar nicht mehr möglich[54]. Im Zweifel wäre dies wohl eher ein Problem, dem sich nur die wenigsten Anbieter ausgesetzt sehen. Aber ohnehin ist dieser Ansicht mit Skepsis zu begegnen, da ein solcher Druck – wenn man nicht zu seichte Anforderungen stellt – wohl nur in seltenen Fällen überhaupt ein Maß erreichen kann, in dem dieser Ansatz diskutiert werden könnte.

Im Hinblick auf das Kopplungsverbot (Art. 7 Abs. 4 DSGVO i.V.m. Erwägungsgrund 43) stellt sich die Frage, ob die Freiwilligkeit bei Verknüpfung der Einwilligung mit einem Vorteil als Anreiz für den Kunden datenschutzkonform möglich ist. Nach dem Kopplungsverbot gilt, dass eine Einwilligung dann nicht mehr als freiwillig anzusehen ist, wenn sie für den Abschluss eines Vertrags gefordert wird, sie für dessen Durchführung aber nicht nötig wäre[55]. Das OLG Frankfurt hatte diese Frage für den Fall zu beantworten, dass die Teilnahme an einem Gewinnspiel von der Einwilligung in den Erhalt künftiger E-Mail-Werbung abhängig gemacht wurde[56]. Eine Einwilligung des Nutzers ist hier zwingend erforderlich, da die Datenerhebung für den Zugang zur Leistung nicht erforderlich ist. Im konkreten Fall hat das OLG Frankfurt festgestellt, dass die Teilnahme an einem Gewinnspiel von der Einwilligung in den Erhalt künftiger E-Mail-Werbung abhängig gemacht werden kann, wenn der Verbraucher der Werbung durch das konkret bezeichnete Unternehmen zugestimmt hat und der Geschäftsbereich des werbenden Unternehmens hinreichend klar beschrieben worden ist. Die Entscheidung ist grundsätzlich nachvollziehbar. Eine Drucksituation ist im Fall der Herausgabe von Geschenken oder der Teilnahme an Gewinnspielen nicht ersichtlich, denn es gebietet der Grundsatz der Vertragsfreiheit, dass es jedem freisteht, über die eigenen Daten zu verfügen. Daher sollte ein entsprechendes Geschäft auch in datenschutzrechtlicher Hinsicht als zulässig erachtet werden. — **44.21a**

(3) Einwilligung für mehrere Sachverhalte

Soll eine datenschutzrechtliche Einwilligung durch schriftliche Erklärung zusammen mit Erklärungen für andere Sachverhalte vom Nutzer eingeholt werden, so müssen die Einwilligungsklauseln klar von den anderen Sachverhalten zu unterscheiden sein. Dafür muss der Einwilligungswortlaut in verständlicher und leicht zugänglicher Form in einer klaren und einfachen Sprache gehalten sein, Art. 7 Abs. 2 DSGVO. Nach dem Wortlaut gilt dieses Transparenzgebot allerdings nur, wenn die Einwilligung durch schriftliche Erklärung erfolgt. Es stellt sich daher die Frage, ob damit die Schriftform nach § 126 BGB gemeint ist. Wäre dies der Fall, würde das Transparenzgebot für den Hauptanwendungsfall der Einwilligung mittels Setzen eines Häkchens in Online-Formularen nicht gelten. Eine derart strenge Auslegung würde jedoch dem Schutzgedanken der Norm widersprechen. Dementsprechend ist davon aus- — **44.22**

---

52 S. zu dieser Problematik auch das kommentierte Muster einer Social Media-Richtlinie in Teil 4, Rz. 25.30 ff.
53 S. bspw. *Stamer/Kuhnke* in Plath, § 26 BDSG Rz. 11 zur Freiwilligkeit der Einwilligung im Beschäftigungsverhältnis.
54 *Spiecker gen. Döhmann*, K&R 2012, 717 (719, 720).
55 *Albers/Veit* in BeckOK DatenschutzR, Art. 6 DSGVO Rz. 23.
56 OLG Frankfurt v. 27.6.2019 – 6 U 6/19, ZD 2019, 507.

zugehen, dass auch die Textform nach § 126a BGB von dem Merkmal der Schriftlichkeit i.S.v. Art. 7 Abs. 2 DSGVO umfasst ist[57]. Im Rahmen der Anmeldung bei einem sozialen Netzwerk stimmt ein sich anmeldender Nutzer nicht nur den Datenschutzbestimmungen, sondern auch den allgemeinen Geschäftsbedingungen zu. Aber auch wenn Datenschutzbestimmungen und AGB in voneinander getrennten Texten vorliegen, so finden sich in den Datenschutzbestimmungen regelmäßig neben den Einwilligungsklauseln auch auf eine bloße Unterrichtung des Nutzers gerichtete, informative Regelungen. Daher sollten in jedem Fall die Einwilligungsklauseln grafisch hervorgehoben werden – wie dies in diesem Muster bspw. durch Fettdruck geschieht.

(4) Opt-in

44.23 Bei der Ausgestaltung des **Anmeldeprozesses** muss der Anbieter dafür Sorge tragen, dass ein sich registrierender Nutzer die Einbeziehung der Datenschutzbestimmungen z.B. durch das **Anklicken eines Kästchens ("Checkbox")** aktiv bestätigt, in dessen Kontext die Datenschutzbestimmungen durch eine Verlinkung verfügbar gemacht werden. Der Checkbox kann bspw. der folgende Text vorangehen: „Hiermit willige ich in die in den Datenschutzbestimmungen näher beschriebene Erhebung, Verarbeitung und Nutzung meiner Daten ein."

44.24 Es soll eine **eindeutige und bewusste Handlung des Nutzers** zur Erteilung der Einwilligung erfolgen. Entsprechend ist es **nicht ausreichend**, wenn ein Nutzer in Umkehrung des oben geschilderten Prinzips eine Checkbox anklicken muss, um seine **Ablehnung** der Datenschutzbestimmungen und die **Verweigerung seiner Einwilligungen** zum Ausdruck zu bringen[58]. Daher darf eine **Checkbox nicht bereits voraktiviert** sein, so dass der Nutzer ein Opt-out vornehmen müsste.

3. Mindestalter für die Anmeldung bei Network XYZ (Ziff. 1)

44.25 M 44.1.2 Mindestalter für die Anmeldung bei Network XYZ

1. Mindestalter für die Anmeldung bei Network XYZ

Die Anmeldung bei und die Nutzung von Network XYZ ist ausschließlich volljährigen Personen erlaubt. Minderjährigen ist die Anmeldung und die Nutzung nicht gestattet.

a) Ratio

44.26 Die Festlegung des für eine Anmeldung auf der Plattform erforderlichen **Mindestalters** ist eine Regelung, die thematisch auch – oder sogar eher – in die Allgemeinen Geschäftsbedingungen passen würde. Sie sollte daher auch in den AGB nicht fehlen. Hier ist sie in den Datenschutzbestimmungen aufgenommen, um möglichst umfassend möglichen Schwierigkeiten im Zusammenhang mit der Anmeldung nicht erwünschter, weil aufgrund ihres Alters nicht einwilligungsfähiger, (potentieller) Nutzer zu begegnen – auch wenn sich Minderjährige durch ein entsprechendes Verbot in der Praxis wohl eher selten von einer Anmeldung abschrecken lassen werden.

b) Grundsätzliches zur Einwilligungs- und Einsichtsfähigkeit

44.27 Anders als bei der unbeschränkten Geschäftsfähigkeit, die nach §§ 104, 106, 2 BGB regelmäßig mit Erreichen der Volljährigkeit im Alter von 18 Jahren vorliegt, ist die **Altersgrenze fließend**, mit deren Überschreiten die **datenschutzrechtliche Einwilligungsfähigkeit** erreicht wird. Obwohl vereinzelt

---

57 *Plath* in Plath, Art. 7 DSGVO Rz. 11.
58 Erwägungsgrund 32 Satz 2 der Verordnung (EU) 2016/679.

offenbar vertreten wurde, dass Minderjährige hinsichtlich automatisierter Verfahren grundsätzlich nicht einwilligungsfähig wären[59], konnten nach herrschender Ansicht durchaus **auch Minderjährige bereits einwilligungsfähig** sein – wenn sie denn die **Bedeutung und Tragweite ihrer jeweiligen Einwilligungserklärung verstehen**[60].

Dieser Streit ist mit Einführung der DSGVO obsolet. Die DSGVO schafft mit Art. 8 erstmals eine eigene Norm für die Einwilligung Minderjähriger in Bezug auf Dienste der Informationsgesellschaft. Die Verarbeitung der personenbezogenen Daten eines Kindes (so der Wortlaut der Norm) ist rechtmäßig, sofern eine Einwilligung eines Kindes gegenüber einem Anbieter eines Dienstes der Informationsgesellschaft gegeben wird, wobei das Angebot eines Dienstes der Informationsgesellschaft sich direkt an das Kind wenden muss. Die Verarbeitung muss für die Anwendbarkeit des Art. 8 DSGVO auf Grundlage einer Einwilligung erfolgen, die durch oder im Namen des Kindes gegeben werden muss. Wird die Verarbeitung auf eine andere Rechtsgrundlage gestützt, ist ein Rückgriff auf Art. 8 DSGVO nicht möglich[61]. Hat das Kind noch nicht das sechzehnte Lebensjahr vollendet, so ist die Verarbeitung nur rechtmäßig, sofern und soweit diese Einwilligung durch den Träger der elterlichen Verantwortung für das Kind oder mit dessen Zustimmung erteilt wird, Art. 8 Abs. 1 Satz 2 DSGVO. Allerdings können Mitgliedstaaten eine niedrigere Altersgrenze festlegen, die jedoch nicht unter dem vollendeten dreizehnten Lebensjahr liegen darf, Art. 8 Abs. 1 Satz 3 DSGVO. Während Deutschland von dieser Möglichkeit keinen Gebrauch gemacht hat, hat bspw. Österreich eine niedrigere Altersgrenze von 14 Jahren festgelegt[62].

44.28

Der Anwendungsbereich der Norm ist nur eröffnet, wenn sich die Einwilligung des Kindes auf ein Angebot von Diensten der Informationsgesellschaft bezieht. Dies ist bei Sozialen Netzwerken in der Regel der Fall. Dazu im Einzelnen:

44.29

Ein Dienst der Informationsgesellschaft ist eine in der Regel gegen Entgelt elektronisch im Fernabsatz und auf individuellen Abruf eines Empfängers erbrachte Dienstleistung, Art. 4 Nr. 25 DSGVO i.V.m. Art. 1 Nr. 1 lit. b der Richtlinie (EU) 2015/1535. Eine Dienstleistung ist im Fernabsatz erbracht, wenn sie ohne gleichzeitige physische Anwesenheit der Vertragsparteien erbracht wird. Elektronisch erbracht ist eine Dienstleistung, die mittels Geräten für die elektronische Verarbeitung (einschließlich digitaler Kompression) und Speicherung von Daten am Ausgangspunkt gesendet und am Endpunkt empfangen wird und die vollständig über Draht, über Funk, auf optischem oder anderem elektromagnetischem Wege gesendet, weitergeleitet und empfangen wird[63]. Suchmaschinen, Nachrichtenportale und auch Social Media Dienste fallen unter diese Definition[64]. Die Norm findet für Offline-Dienste keine Anwendung[65]. Auf individuellen Abruf eines Empfängers wird eine Dienstleistung erbracht, die in der Übertragung von Daten besteht[66]. Eine Erbringung der Dienstleistung gegen Entgelt ist bereits gegeben, wenn die Dienstleistung werbefinanziert ist und die Nutzung für die Nutzer kostenlos ist[67]. Die Leistungen eines sozialen Netzwerkes werden ohne gleichzeitige physische Anwesenheit beider Parteien, auf elektronischem Weg und auf individuelle Anforderung des Nutzers erbracht. Zwar sind soziale Netzwerke meist kostenlos, finanzieren sich jedoch durch Werbung, wodurch Art. 8 Abs. 1 DSGVO im Ergebnis auf soziale Netzwerke anwendbar ist.

---

59 *Wintermeier*, ZD 2012, 210 (212).
60 *Jandt/Roßnagel*, MMR 2011, 637 (638); *Ernst*, ZD 2017, 110 Rz. 111.
61 *Plath* in Plath, Art. 8 DSGVO Rz. 2.
62 https://computerwelt.at/news/kindersicherung-minderjaehrigenschutz-nach-der-datenschutz-grundver ordnung/ (Stand 10/2020).
63 *Kampert* in Sydow, Art. 4 DSGVO Rz. 267.
64 *Kampert* in Sydow, Art. 4 DSGVO Rz. 269.
65 *Heckmann/Paschke* in Ehmann/Selmayr, Art. 8 DSGVO Rz. 19.
66 *Kampert* in Sydow, Art. 4 DSGVO Rz. 267.
67 *Buchner/Kühling* in Kühling/Buchner, Art. 4 Nr. 25 DSGVO Rz. 6.

44.30 Das Angebot der Leistungen des sozialen Netzwerks muss nach Art. 8 Abs. 1 Satz 1 DSGVO direkt dem Kind gegenüber gemacht werden. Diese Formulierung kann einerseits so verstanden werden, dass die Norm für alle Angebote gilt, die dem Kind über das Internet unmittelbar zugänglich sind[68]. Dagegen spricht allerdings, dass bei sämtlichen derart zugänglichen Online-Formularen, mittels derer eine datenschutzrechtliche Einwilligung erklärt werden kann, eine Pflicht zur Altersverifikation eingerichtet werden müsste. Dies wiederum wäre mit dem Grundsatz der Datenminimierung nach Art. 5 Abs. 1 lit. c DSGVO wohl nicht zu vereinbaren.

Auf der anderen Seite kann Art. 8 Abs. 1 Satz 1 DSGVO auch so verstanden werden, dass der Anwendungsbereich nur Angebote erfasst, die unmittelbar an Kinder adressiert sind. Da dadurch der Anwendungsbereich allerdings erheblich reduziert werden würde, was wiederum im Widerspruch zum Schutzzweck der Norm stehen würde, ist von dieser strengen Wortlautauslegung abzusehen. Stattdessen ist auf eine vermittelnde Auslegung abzustellen. Soll ein Dienst vorwiegend Kinder ansprechen, insbesondere durch leichte Sprache und graphische kinderfreundliche Gestaltung des Dienstes, ist von einem direkten Angebot an Kinder auszugehen. Kann eine Zielgruppe nicht eindeutig festgestellt werden, wie es bei sozialen Netzwerken wie Facebook & Co. der Fall ist, ist eine Anwendung der Norm aus Kinderschutzgesichtspunkten ebenfalls zu bejahen[69]. Diese besondere Schutzbedürftigkeit hat der europäische Gesetzgeber auch in Erwägungsgrund 38 der DSGVO verankert. Danach verdienen Kinder bei ihren personenbezogenen Daten besonderen Schutz, da sie sich der betreffenden Risiken, Folgen und Garantien und ihrer Rechte bei der Verarbeitung personenbezogener Daten möglicherweise weniger bewusst sind. Dabei sollte ein solcher Schutz insbesondere die Verwendung personenbezogener Daten von Kindern für Werbezwecke oder für die Erstellung von **Persönlichkeits- oder Nutzungsprofilen** (und die Erhebung von personenbezogenen Daten von Kindern bei der Nutzung von Diensten, die Kindern direkt angeboten werden) betreffen. Konsequent muss Art. 8 Abs. 1 DSGVO auch für soziale Netzwerke gelten.

c) (Keine) gesetzliche Erlaubnis bei Minderjährigen

44.31 Unabhängig von der Typisierung eines Nutzungsvertrags für ein Social Network – *Schwenke*[70] sowie *Jandt/Roßnagel*[71] sehen hierin einen Dienstvertrag und *Wintermeier*[72] eine Mischung aus werk- und dienstvertraglichen Elementen – stellt ein solcher Nutzungsvertrag nach überwiegender Ansicht keine für den Nutzer rechtlich lediglich vorteilhafte Vereinbarung i.S.v. § 107 BGB dar. Denn zwar kann eine Nutzung von Social Networks durch den Nutzer meist unentgeltlich erfolgen, jedoch sollen mit dem Nutzungsvertrag auch Pflichten für den Nutzer begründet werden[73]. Damit bedarf ein von einem Minderjährigen angestrebter Nutzungsvertrag zu seiner zivilrechtlichen Wirksamkeit regelmäßig der Zustimmung der Erziehungsberechtigten. Da für den Betreiber eines sozialen Netzwerks jedoch nicht ersichtlich ist, ob ein minderjähriger Nutzer die Zustimmung seiner gesetzlichen Vertreter hat, wird empfohlen, eine Altersgrenze von 18 Jahren festzulegen. Nur so kann gewährleistet werden, dass ein Nutzungsvertrag wirksam zustande kommt.

d) Alternative Lösungsansätze

44.32 Einige Anbieter von speziell auf Minderjährige ausgerichteten Social Networks und Communities verfolgen verschiedene Lösungsansätze, um den oben geschilderten datenschutzrechtlichen Herausforde-

---

68 *Heckmann/Paschke* in Ehmann/Selmayr, Art. 8 DSGVO Rz. 20.
69 *Heckmann/Paschke* in Ehmann/Selmayr, Art. 8 DSGVO Rz. 21 f.
70 *Schwenke*, WRP 2013, 37 (40).
71 *Jandt/Roßnagel*, MMR 2011, 637 (639).
72 *Wintermeier*, ZD 2012, 210 (211); s. zum Ganzen auch *Redeker* in Hoeren/Sieber/Holznagel, Teil 12 Rz. 419 ff.
73 *Bräutigam*, MMR 2012, 635 (639); *Jandt/Roßnagel*, MMR 2011, 637 (639); *Wintermeier*, ZD 2012, 210 (212).

rungen zu begegnen. Bei der vom ZDF für Kinder betriebenen Community „MeinZDFtivi" können Kinder beispielsweise nur von ihren Eltern angemeldet werden[74].

4. Datenerhebung, Art, Zweck und Rechtsgrundlage (Ziff. 2)

M 44.1.3 Datenerhebung, Art, Zweck und Rechtsgrundlage 44.33

2. Ihre von uns erhobenen Daten sowie Art, Zweck und Rechtsgrundlage der Verarbeitung und Nutzung

2.1 Bei der Anmeldung von Ihnen anzugebende Daten

Bei der Anmeldung auf Network XYZ müssen Sie zunächst einen

– Nutzernamen und ein

– Passwort

wählen und eine

– E-Mail-Adresse

angeben.

Ihr Passwort und Ihre E-Mail-Adresse sind für andere Personen nicht einsehbar, und wir werden sie auch nicht an Dritte weitergeben. Ihre E-Mail-Adresse verwenden wir, um mit Ihnen in Kontakt zu treten.

Ihr Passwort und Ihre E-Mail-Adresse können Sie jederzeit ändern, Ihren Nutzernamen nicht.

Diese Daten werden benötigt, damit Sie die Dienste von Network XYZ nutzen können. Die Erhebung dieser Daten stützt sich daher auf Art. 6 Abs. 1 Satz 1 lit. b DSGVO. Diese Daten werden für die Zeitdauer gespeichert, für die Sie einen Account bei Network XYZ haben. Sobald Sie Ihren Account löschen, wird auch Ihre E-Mail-Adresse nicht weiter gespeichert.

2.2 Weitere Daten, die Sie freiwillig angeben können

Sie können bei der Anmeldung – aber auch später noch – freiwillig weitere Angaben machen (nachfolgend „freiwillige Angaben" genannt). Dies können bspw. Angaben zu Ihren Hobbies, Ihren privaten Interessen, Ihrem Beziehungsstatus oder zu Ihren Mitgliedschaften bei anderen Internet-Plattformen sein. Sie können auch ein Profilfoto von sich hochladen.

Ihre freiwilligen Angaben können Sie jederzeit ändern oder wieder löschen. Rechtsgrundlage für die Erhebung und Verarbeitung Ihrer Daten ist Ihre Einwilligung (Art. 6 Abs. 1 Satz 1 lit. a DSGVO).

2.3 Ihre Profilseite

Sie willigen darin ein, dass mit Abschluss Ihrer Anmeldung unter Ihrem Nutzernamen eine Profilseite für Sie angelegt wird, auf der auch von Ihnen eventuell gemachte freiwillige Angaben aufgeführt sind und das von Ihnen möglicherweise hochgeladene Profilbild angezeigt wird.

Sie willigen ferner darin ein, dass Sie unter Ihrem Nutzernamen über die Suchfunktion von Network XYZ auffindbar sind und Ihre Profilseite entsprechend den von Ihnen festgelegten Einstellungen zur Privatsphäre Ihres Accounts (nachfolgend „Privatsphäreneinstellungen" genannt) von anderen Personen eingesehen werden kann. Die anfängliche Standardeinstellung nach Abschluss Ihrer Anmeldung ist, dass Ihre Profilseite für niemanden außer für durch Sie bestätigte Kontakte auf Network XYZ einsehbar ist. Sie können Ihre Privatsphäreneinstellungen bspw. so ändern, dass Ihre Profilseite für alle anderen Nutzer von Network XYZ einsehbar ist, oder dass Ihre Profilseite auch von jedermann außerhalb des Nutzerkreises von Network XYZ eingesehen und auch über Suchmaschinen im Internet aufgefunden werden kann.

---

74 S. https://www.zdf.de/kinder/mein-zdftivi (Stand 10/2020).

Rechtsgrundlage für die Erhebung und Verarbeitung Ihrer personenbezogenen Daten im Zusammenhang mit der Profilseite ist Ihre Einwilligung (Art. 6 Abs. 1 Satz 1 lit. a DSGVO).

2.4 Ihre Inhalte und Kommentare

Nach Abschluss der Anmeldung können Sie auf Network XYZ Inhalte wie bspw. Statusmeldungen oder Bilder veröffentlichen. Die von Ihnen veröffentlichten Inhalte werden in chronologischer Reihenfolge mit Datums- und Zeitangabe auf Ihrer Profilseite angezeigt. Personen, denen Sie den Zugang zu Ihrer Profilseite gestatten, können also auch Ihre Inhalte einsehen.

Sie willigen darin ein, dass die von Ihnen veröffentlichten Inhalte auf Ihrer Profilseite für die von Ihnen in Ihren Privatsphäreneinstellungen gewählten Personenkreise einsehbar sind.

Sie können auch Kommentare auf Profilseiten oder zu Inhalten anderer Nutzer veröffentlichen, die dann dort unter Ihrem Nutzernamen angezeigt werden. Datum und Zeit Ihrer Kommentierung werden auch hier mit angegeben.

Sie willigen ein, dass Kommentare, die Sie auf Profilseiten oder zu Inhalten anderer Nutzer veröffentlichen, dort unter Ihrem Nutzernamen entsprechend den von den jeweiligen anderen Nutzern gewählten Privatsphäreneinstellungen einsehbar sind. Die von diesen anderen Nutzern gewählten Privatsphäreneinstellungen können weniger restriktiv sein als die von Ihnen gewählten. Wenn Sie Kommentare auf Profilseiten oder zu Inhalten anderer Nutzer veröffentlichen, dann können diese daher zusammen mit Ihrem Nutzernamen unter Umständen auch für Personenkreise einsehbar sein, die Ihre Profilseite und Ihre Inhalte ansonsten nicht einsehen können.

Rechtsgrundlage für die Erhebung und Verarbeitung Ihrer personenbezogenen Daten im Zusammenhang mit Inhalten und Kommentaren ist Ihre Einwilligung (Art. 6 Abs. 1 Satz 1 lit. a DSGVO). Die Einwilligung können Sie jederzeit mit Wirkung für die Zukunft widerrufen. Die von Ihnen auf Network XYZ veröffentlichten Inhalte wie bspw. Statusmeldungen oder Bilder und Ihre Kommentare auf Profilseiten oder zu Inhalten anderer Nutzer werden dann gelöscht.

2.5 Weitere Privatsphäreneinstellungen

Sie können in Ihren Privatsphäreneinstellungen noch weitere Einstellungen vornehmen. So können Sie bspw. bestimmen, ob – und wenn ja, für wen – einsehbar ist, welche anderen Nutzer Sie als Kontakt bestätigt haben.

Sie willigen darin ein, dass Ihre Daten für andere Personen im Allgemeinen gemäß den von Ihnen gewählten Privatsphäreneinstellungen einsehbar sind.

2.6 Logfiles (Protokolldatei)

Jedes Mal, wenn Sie eine Internetseite aufrufen, werden von Ihrem Browser automatisch bestimmte Informationen an den Server der Internetseite gesendet und von diesem dann in einem so genannten Logfile gespeichert. Dies sind beispielsweise Informationen über:

- *den Typ und die Version des von Ihnen verwendeten Browsers,*
- *das von Ihnen verwendete Betriebssystem,*
- *die Internetseite, von der aus Sie zur aktuellen Seite gekommen sind,*
- *den Hostnamen (IP-Adresse) Ihres Rechners sowie*
- *die Uhrzeit, zu der der Aufruf erfolgt ist.*

Vorbehaltlich etwaiger gesetzlicher Aufbewahrungspflichten löschen oder anonymisieren wir Ihre IP-Adresse nach Ihrem Verlassen der Internetseiten von Network XYZ.

Im Übrigen nutzen wir die durch Ihren Browser an unsere Server übermittelten Informationen in anonymisierter Form – also ohne dass Rückschlüsse auf Sie möglich wären – zur Analyse und Verbesserung unserer Dienste. Auf diese Weise können wir bspw. mögliche Fehler entdecken oder ermitteln, an welchen Tagen und zu welchen Uhrzeiten Network XYZ besonders stark genutzt wird. Bei anonymisierten Daten handelt es sich nicht mehr um personenbezogene Daten.

Rechtsgrundlage für die Erhebung und Verarbeitung der in einem Logfile gespeicherten Informationen ist Art. 6 Abs. 1 Satz 1 lit. f DSGVO.

Unser berechtigtes Interesse liegt in der Gewährleistung eines reibungslosen Verbindungsaufbaus, Gewährleistung einer komfortablen Nutzung unseres Netzwerkes bzw. in der Auswertung und Sicherstellung der Systemsicherheit und -stabilität.

Wir ziehen dabei keinen unmittelbaren Rückschluss auf Ihre Identität. Dies ist anhand dieser Informationen nicht möglich. Die Daten werden gespeichert und nach Erreichung der vorgenannten Zwecke gelöscht, spätestens nach sieben Tagen. Eine darüberhinausgehende Speicherung erfolgt nur, wenn vorher die IP-Adresse des Nutzers gelöscht oder verfremdet wird, sodass eine Zuordnung zu einer Person nicht mehr möglich ist.

2.7 Cookies

Cookies sind sehr kleine, von Internetseiten verwendete Textdateien, die Ihr Browser auf Ihrem Computer speichert. Sog. „Session Cookies" werden temporär im Arbeitsspeicher abgelegt und beim Schließen des Browsers automatisch gelöscht. Sog. „permanente Cookies" werden über eine festgelegte längere Zeitspanne auf der Festplatte gespeichert; sie werden nach Ablauf der jeweils festgelegten Zeitspanne automatisch gelöscht.

Cookies dienen vor allem dazu, die Benutzung einer Internetseite einfacher, effektiver und sicherer zu machen. Wir setzen Cookies ein, um Sie nach dem Einloggen auf Network XYZ während Ihrer Sitzung durchgängig identifizieren zu können. Nach dem Ende Ihrer Sitzung verfällt der entsprechende Session Cookie automatisch.

Wir setzen technisch erforderliche, funktionale sowie Analyse-Cookies ein. Rechtsgrundlage für den Einsatz technisch erforderlicher Cookies ist Art. 6 Abs. 1 Satz 1 lit. f DSGVO, wobei unser berechtigtes Interesse darin liegt, eine gut funktionierende Webseite zur Verfügung zu stellen. Jeder Einsatz von Cookies, der nicht zwingend technisch erforderlich ist, stellt eine Datenverarbeitung dar, die nur mit einer ausdrücklichen und aktiven Einwilligung Ihrerseits gem. Art. 6 Abs. 1 Satz 1 lit. a DSGVO erlaubt ist. Dies gilt insbesondere für die Verwendung von Advertising, Targeting oder Sharing Cookies. Darüber hinaus geben wir Ihre durch Cookies verarbeiteten personenbezogenen Daten nur an Dritte weiter, wenn Sie nach Art. 6 Abs. 1 Satz 1 lit. a DSGVO eine ausdrückliche Einwilligung dazu erteilt haben. Die Einwilligung in die Nutzung von Cookies kann, sofern diese nicht unbedingt erforderlich sind, jederzeit mit Wirkung für die Zukunft widerrufen werden. Über das auf der Webseite angezeigte Cookie-Banner haben Sie die Möglichkeit, Ihre Präferenzen in Bezug auf Cookies anzugeben.

In Ziff. 2 des Musters sind die der erforderlichen Unterrichtung der Nutzer und der Einholung von Einwilligungen von den sich anmeldenden Nutzern dienenden Klauseln zusammengefasst. 44.34

a) Pflichtangaben bei der Anmeldung (Ziff. 2.1)

aa) Ratio

Ziff. 2.1 dient der **Unterrichtung** darüber, welche **Pflichtangaben** von einem Nutzer bei der Anmeldung gemacht werden müssen. Der Umfang der Pflichtangaben ist in diesem Muster bewusst auf ein Minimum beschränkt. 44.35

bb) Anonyme Nutzung vs. pseudonyme Nutzung vs. Klarnamenzwang

Lange war es umstritten, ob es dem Anbieter eines sozialen Netzwerkes gestattet ist, einen sog. „**Klarnamenzwang**" zu etablieren und die Nutzer zu verpflichten, auf der Plattform unter ihrem **realen Namen** und nicht unter einem **Pseudonym** aufzutreten. Mit Beschluss vom 29.6.2016 hat das OVG Hamburg diesen Streit entschieden. Das Gericht hat eine Entscheidung des VG Hamburg bestätigt, der zufolge Facebook seine Nutzer weiterhin zur Verwendung ihres Klarnamens verpflichten und die Nutzung von Pseudonymen untersagen darf. 44.36

b) Freiwillige Angaben (Ziff. 2.2)

44.37 Soziale Netzwerke leben wie jede „Mitmachplattform" im Internet insbesondere von den Inhalten, die die Nutzer generieren. Darüber hinaus haben ihre Betreiber regelmäßig ein besonderes Interesse daran, dass die Nutzer auch über sich selbst weitere, sogar möglichst viele Informationen preisgeben. Kontrovers diskutiert wurde, wie solche freiwilligen zusätzlichen Angaben der Nutzer über sich selbst zu qualifizieren sind – ob als Bestands-, als Nutzungs- oder als Inhaltsdaten nach dem TMG. Je nach Einordnung galten unterschiedliche Erlaubnistatbestände. Eine Differenzierung nach Bestands-, Nutzungs- oder Inhaltsdaten ist aufgrund der grundsätzlichen Subsidiarität des TMG gegenüber der DSGVO jedoch grundsätzlich nicht mehr entscheidend. In dem Muster wird an dieser Stelle eine Einwilligung eingeholt, da für freiwillige inhaltliche Angaben regelmäßig keine andere Rechtsgrundlage gegeben ist.

c) Profilseite (Ziff. 2.3)

aa) Ratio

44.38 Ziff. 2.3 ist ein zentraler Teil dieser Datenschutzbestimmungen – sie beinhaltet die Einwilligungserklärung des Nutzers hinsichtlich der Einsehbarkeit seiner Profilseite, auf der auch seine freiwilligen Angaben aufgeführt sind.

bb) Erforderlichkeit der Einwilligung

44.39 Mit Einblick in das Profil eines Nutzers erfolgt hier u.a. auch Einsicht in die vom jeweiligen Nutzer gemachten freiwilligen Angaben. Diese freiwilligen Angaben ermöglichen es beispielsweise anderen Nutzern, Personen in dem Netzwerk besser zu finden und erleichtern die Kontaktaufnahme. Zu den freiwilligen Angaben zählen privaten Interessen, privaten Kontaktmöglichkeiten, ehemalige oder derzeitige Tätigkeiten bei einem Unternehmen, etc. Hier wird grundsätzlich eine Einwilligung der betroffenen Person erforderlich sein (Art. 6 Abs. 1 Satz 1 lit. a DSGVO). Eine andere Rechtsgrundlage, beispielsweise Art. 6 Abs. 1 Satz 1 lit. f DSGVO, kommt insbesondere dann nicht in Betracht, wenn der Zweck der Datenverarbeitung die Erstellung eines Persönlichkeitsprofils ist. Eine Interessenabwägung muss hier mit Blick auf den erheblichen Eingriff in die Persönlichkeitssphäre des Betroffenen regelmäßig zugunsten des Letzteren ausfallen. Etwas anderes kann aber dann gelten, wenn freiwillige Angaben verarbeitet werden, um die Funktionsweise der Website zu verbessern. Soziale Netzwerke sind auf einen nutzerinternen Kontaktaustausch angelegt und können mit entsprechender Datenverarbeitung ihre Systeme verbessern. Einer zwingenden Einwilligung unterliegen aber Daten über religiösen Ansichten, politische Einstellungen oder Gesundheit. Die Verarbeitung dieser und anderer Informationen (wie etwa Nationalität oder ethnische Herkunft, weltanschauliche Überzeugungen oder eine Gewerkschaftszugehörigkeit) sind gem. Art. 9 Abs. 1 DSGVO grundsätzlich untersagt.

d) Inhalte und Kommentare (Ziff. 2.4)

aa) Ratio

44.40 Ziff. 2.4 des Musters ist nach Ziff. 2.3 der nächste zentrale Teil dieser Datenschutzbestimmungen – sie beinhaltet die Einwilligungserklärung des Nutzers hinsichtlich der von ihm veröffentlichten Inhalte und Kommentare.

bb) Erforderlichkeit der Einwilligung

44.41 Gesetzliche Erlaubnistatbestände für die Erhebung und Verarbeitung von Daten, die durch die Kommentierung eigener oder fremder Beiträge auf der Website entstehen, kommen jedenfalls nicht pauschal in Betracht. Aus diesem Grund erscheint eine Regelung entsprechend Ziff. 2.4 dieses Musters (inkl. Einholen der Einwilligung der betroffenen Person) in den Datenschutzbestimmungen eines jeden sozialen Netzwerks sinnvoll.

e) Weitere Privatsphäreneinstellungen (Ziff. 2.5)

Regelmäßig stellen die Anbieter sozialer Netzwerke den Nutzern ein Instrumentarium an Möglich- **44.42**
keiten zur Justierung ihrer **Privatsphäreneinstellungen** zur Verfügung. Und fast ebenso regelmäßig
könnten die Anbieter Gefahr laufen, dass ihre Datenschutzbestimmungen aufgrund extremer Länge
unüberschaubar, damit intransparent und angestrebte Einwilligungen somit unwirksam werden, wenn
sie alle denkbaren Privatsphäreneinstellungen in den Datenschutzbestimmungen selbst erläutern würden.

Zudem passiert es nicht selten, dass den Nutzern im Laufe der Zeit **neue Optionen für ihre Privat-** **44.43**
sphäreneinstellungen bereitgestellt werden. Würden die Möglichkeiten zur Privatsphäreneinstellung
in den Datenschutzbestimmungen enumerativ aufgelistet und erklärt, so müssten die Datenschutzbestimmungen bei jeder Veränderung oder Erweiterung der Einstellungsmöglichkeiten **aktualisiert**
werden. Schon allein aufgrund des erforderlichen **administrativen Aufwands** sollten Datenschutzbestimmungen aber möglichst selten ohne zwingenden oder zumindest dringenden Grund aktualisiert
werden. Hinzu kommt, dass eine Änderung von Datenschutzbestimmungen – selbst wenn sie (auch)
mit Verbesserungen für die Nutzer einhergehen – zur **Verunsicherung** der Nutzer führen kann.

Aus diesem Grund bietet es sich an, die Möglichkeiten zur Privatsphäreneinstellung in den Daten- **44.44**
schutzbestimmungen nicht enumerativ aufzulisten und zu erklären. Falls und insoweit (neue) Einstellungsmöglichkeiten bereitgestellt werden, deren Aktivierung eine (weitere) datenschutzrechtliche Information und/oder Einwilligung des betroffenen Nutzers erfordert, so sollten diese auch anlässlich
der Ausübung der jeweiligen Wahlmöglichkeit durch den Nutzer im Rahmen der Änderung seiner Privatsphäreneinstellung vorgenommen und eingeholt werden. Hier ist dann allerdings darauf zu achten,
dass die für eine wirksame Einwilligungserklärung erforderlichen Voraussetzungen auch in diesem
Kontext erfüllt werden (s. Rz. 44.19 ff.).

f) Logfiles (Ziff. 2.6)

aa) Ratio

Mit Blick auf Logfiles steht vor allem die Verwendung von **IP-Adressen** im Mittelpunkt der daten- **44.45**
schutzrechtlichen Diskussion. Die hier verwendete Klausel ist vor dem Hintergrund dieser Diskussion
auf eine Minimalerhebung von Daten in Logfiles ausgerichtet.

bb) IP-Adressen als personenbezogene Daten

Der Streit, ob IP-Adressen personenbezogene Daten darstellen oder nicht, wurde lang und ausführ- **44.46**
lich geführt. Während zumindest hinsichtlich **statischer IP-Adressen** bereits früh davon ausgegangen werden konnte, dass diese von der h.M. sowie natürlich auch von den Aufsichtsbehörden als personenbezogene Daten angesehen werden[75], hat der BGH bestätigt, dass es sich auch bei **dynamischen**
IP-Adressen um personenbezogene Daten handelt[76]. Daher bedarf es auch für die Erhebung und Verarbeitung der dynamischen IP-Adresse einer Rechtsgrundlage im datenschutzrechtlichen Sinne.

cc) Rechtliche Gestattung zur Verwendung von IP-Adressen

Unabhängig von der Erlaubnis auf Basis entsprechender Einwilligungen kann – und muss – ein Netz- **44.47**
werkbetreiber IP-Adressen **während der Nutzung** seiner Plattform durch einen Nutzer schlicht für deren grundsätzliche Bereitstellung verwenden. Sofern die IP-Adresse auch tatsächlich für die Durchführung des Dienstes erforderlich ist, kann die Erhebung/Verarbeitung auf Art. 6 Abs. 1 Satz 1 lit. b
DSGVO gestützt werden. Eine Verwendung zu **Abrechnungszwecken** kann gem. Art. 6 Abs. 1 Satz 1

---

75 *Klabunde* in Ehmann/Selmayr, Art. 4 DSGVO Rz. 18; EuGH, Schlussantrag v. 12.5.2016 – C-582/14,
BeckRS 2016, 81027.
76 BGH v. 16.5.2017 – VI ZR 135/13, WM 2017, 1320 (1324).

lit. b DSGVO zulässig sein. Je nach Zweck der Datenverarbeitung kommt auch eine Rechtfertigung gem. Art. 6 Abs. 1 Satz 1 lit. f in Betracht. Die Verwendung von IP-Adressen für weitere Zwecke bedarf grundsätzlich der Einwilligung.

g) Cookies (Ziff. 2.7)

aa) Ratio

44.48 Je nach Art von **Cookies** können diese personenbezogene Daten enthalten, müssen dies jedoch nicht zwingend.

Zu unterscheiden sind insbesondere „Session Cookies" von „permanenten Cookies". Diese können jeweils in unterschiedlicher Form erscheinen – beispielsweise als technisch notwendige, funktionale oder Marketing Cookies. Funktionale Cookies speichern Angaben wie Benutzernamen und Sprachauswahl, um verbesserte und personalisierte Funktionen anzubieten. So können z.B. einmal eingegebene Formulardaten, die Größe der Schrift, besondere Schriftarten oder ähnliches gespeichert und bei einem erneuten Aufruf der Website ohne Zwischenschritte aufgerufen werden. Zwingend erforderlich sind Cookies, die für den Betrieb einer Website und deren Funktionen erforderlich sind. Derartige Cookies speichern bestimmte Einstellungen des Nutzers (z.B. Spracheinstellungen oder Log-In-Daten).

bb) Rechtsgrundlage

44.48a Erforderliche Cookies dürfen von Anfang an gesetzt werden, also auch ohne vorherige Zustimmung durch den Nutzer, Art. 5 Abs. 3 Satz 2 ePrivacy-RL. Das gilt dagegen nicht für Analyse-, Social-Media- und Werbecookies. Solche Cookies werden eingesetzt, um interessengerechte Werbung anzuzeigen. Ausweislich der BGH-Rechtsprechung ist § 15 Abs. 3 Satz 1 TMG mit Blick auf Art. 5 Abs. 3 RL 2002/58/EG in der durch Art. 2 Nr. 5 RL 2009/136/EG geänderten Fassung dahin richtlinienkonform auszulegen, dass für den Einsatz von Cookies zur Erstellung von Nutzerprofilen für Zwecke der Werbung oder Marktforschung die Einwilligung des Nutzers erforderlich ist[77] (Rz. 44.8).

44.49 Neben Marketing Cookies durch Frist-Party-Cookies kommt sog. Third-Party-Cookies eine entscheidende Bedeutung zu. Third-Party-Cookies sind diejenigen Cookies, die nicht vom Webseitenbetreiber selbst stammen, sondern von Dritten, die über ihre Werbeschaltungen auf anderen Seiten mit den Cookies Nutzerinformationen sammeln. Im Gegensatz zu First-Party-Cookies erlauben sie eine standortübergreifende Datenverfolgung, wodurch Besucher einer Website markiert werden, um sie später wiedererkennen zu können. Auch hier bedarf es einer ausdrücklichen Einwilligung des Nutzers, da es sich nicht um zwingend erforderliche Cookies handelt.

cc) Cookie Banner

44.50 In der Praxis hat sich durchgesetzt, die Einwilligung in das Setzen von Cookies über ein vorgeschaltetes Cookie-Banner einzuholen. Banner dienen dazu, den Nutzer darüber zu informieren, dass notwendige Cookies gesetzt werden und räumen ihm die Möglichkeit ein, weitere, nicht notwendige Cookies, z.B. zu Performance- oder Analysezwecken, zuzulassen. Diese Hinweise müssen detailliert und umfangreich sein, beispielsweise Aufzählungen der einzelnen Cookies enthalten. Cookie-Banner erscheinen beim ersten Besuch der Website als erstes Element und blockieren alle weiteren Skripte so lange, bis der Nutzer selbst gewählt hat, ob und welche Dienste er erlauben möchte. Der weitere Besuch der Website darf nicht davon abhängig gemacht werden, dass der Website-Besucher in das Setzen aller Cookies einwilligt. Auch dann, wenn lediglich eine Einwilligung zum Setzen der technisch notwendigen Cookies erteilt wird, muss der Besuch der Website möglich sein[78]. Zu beachten ist, dass seit der „Cookie-Entscheidung" des BGH die aktive, d.h. nicht voreingestellte, Zustimmung des Nutzers ein-

---

77 BGH v. 28.5.2020 – I ZR 7/16 – Cookie-Einwilligung II, MMR 2020, 609.
78 EuGH v. 1.10.2019 – C-673/17, MMR 2019, 732.

geholt werden muss[79]. Damit sind sog. Cookie-Banner, die dem Website-Besucher die Einwilligung bei Weitersurfen unterstellen, nicht mehr zulässig[80].

Eine Vielzahl von Drittanbietern setzt die Analyse des Nutzerverhaltens zu eigenen Zwecken (z.B. Verbesserung des Service) und für fremde Werbezwecke ein. Je nachdem, wie die Drittanbieter vorgehen, haben die Anbieter die Texte der Drittanbieter zu ergänzen. Dabei muss konkret angegeben werden, zu welchem Zweck das Nutzerprofil analysiert wird, um das Erfordernis der Einwilligung herauszuarbeiten.

Letztlich stellt sich die Frage, ob die farblich unterlegten „alle Cookies akzeptieren"-Felder zulässig sind. Indem Website-Betreiber solche Felder hervorheben, geben sie dem schnellen Leser vor, es handele sich um einen offensichtlichen „Standardbutton", was durchaus als irreführend angesehen werden kann. Die aktuelle Rechtsprechung gibt dem Betreiber allerdings nur vor, dass er dem Nutzer eine Wahlmöglichkeit einräumen muss, während eine konkrete Anleitung zur Ausgestaltung der Banner nicht gegeben wird. Die Opt-In Lösung kann grundsätzlich über Häkchen, Schieberegler, Schaltflächen oder viele weitere Varianten realisiert werden. Maßgeblich ist nur eine aktive Einwilligung des Nutzers[81].   44.50a

dd) Unterrichtungspflichten nach Art. 13 DSGVO

Sofern durch Cookies personenbezogene Daten erhoben werden, richten sich die Unterrichtungspflichten auch nach Art. 13 DSGVO. Daher wird auf die Ausführungen in Rz. 44.17 f. verwiesen.   44.51

5. Übermittlung oder Weitergabe Ihrer Daten an Dritte (Ziff. 3)

M 44.1.4 Übermittlung oder Weitergabe der Daten an Dritte   44.52

3. Übermittlung Ihrer Daten

Wir übermitteln Ihre Daten grundsätzlich nicht ohne Ihre Einwilligung an Dritte.

Eine technische Weitergabe kann allerdings erfolgen, wenn und soweit dies für den Betrieb von Network XYZ oder aus anderen Gründen für die Begründung, die Durchführung oder die Abwicklung Ihres Nutzungsverhältnisses mit uns erforderlich ist. Dies kann z.B. der Fall sein, wenn Network XYZ bei einem externen Dienstleister gehostet wird, also ein externer Dienstleister die Server für Networks XYZ betreibt. Sofern es sich hierbei nicht um eine Auftragsverarbeitung (Art. 28 DSGVO) handelt, stützt sich die Weitergabe auf Art. 6 Abs. 1 Satz 1 lit. b DSGVO.

Daneben können wir gesetzlich verpflichtet sein, Daten im Einzelfall auf Anordnung einer zuständigen Stelle weiterzugeben (Art. 6 Abs. 1 Satz 1 lit. c DSGVO), beispielsweise wenn und soweit dies für Zwecke der Strafverfolgung, zur Gefahrenabwehr durch die Polizeibehörden der Länder, zur Erfüllung der gesetzlichen Aufgaben der Verfassungsschutzbehörden des Bundes und der Länder, des Bundesnachrichtendienstes oder des Militärischen Abschirmdienstes oder des Bundeskriminalamtes im Rahmen seiner Aufgabe zur Abwehr von Gefahren des internationalen Terrorismus oder zur Durchsetzung der Rechte am geistigen Eigentum erforderlich ist.

a) Ratio

Ziff. 3 dieser Muster-Datenschutzbedingungen befasst sich mit der **Übermittlung personenbezogener Daten** an Dritte.   44.53

---

79 BGH v. 28.5.2020 – I ZR 7/16 – Cookie-Einwilligung II, NJW 2020, 2540.
80 BGH v. 28.5.2020 – I ZR 7/16 – Cookie-Einwilligung II, NJW 2020, 2540.
81 BGH v. 28.5.2020 – I ZR 7/16 – Cookie-Einwilligung II, NJW 2020, 2540.

b) Übermittlung personenbezogener Daten

aa) Begriff der Übermittlung

44.54 Die Übermittlung ist in der DSGVO nicht definiert, fällt aber unter den weiten Verarbeitungsbegriff. Als eine Form der Datenverarbeitung steht auch die Datenübermittlung unter dem datenschutzrechtlichen **Verbot mit Erlaubnisvorbehalt**: Die Übermittlung ist nur dann erlaubt, wenn das Gesetz dies ausdrücklich gestattet oder der Betroffene in die Übermittlung einwilligt. Ist die technische Weitergabe der Daten für das Nutzungsverhältnis erforderlich, greift Art. 6 Abs. 1 Satz 1 lit. b DSGVO als gesetzliche Rechtsgrundlage.

Neben der Definition der Verarbeitung in Art. 4 DSGVO findet sich der Begriff der Übermittlung erst in Kapitel V der DSGVO wieder. Dieses behandelt die Übermittlungen personenbezogener Daten an Drittländer oder an internationale Organisationen. Auch wenn die Vorschriften sich sowohl auf die Übermittlung in Drittländer als auch an internationale Organisationen beziehen, wird im Folgenden der Einfachheit halber zusammenfassend nur von der Übermittlung in Drittländer gesprochen.

bb) Datenübermittlung in ein Drittland

44.55 Soll eine Datenübermittlung in ein Drittland erfolgen, muss neben der Rechtsgrundlage für die Übermittlung auch sichergestellt werden, dass im Empfängerland ein angemessenes Datenschutzniveau besteht. Dieses kann zunächst durch die EU-Kommission mittels Angemessenheitsbeschluss bestätigt werden, so dass eine Datenübermittlung auf Grundlage dieses Angemessenheitsbeschlusses erfolgen kann, Art. 45 Abs. 1 DSGVO. Bislang hat die EU-Kommission Andorra, Argentinien, Kanada, Schweiz, den Färöer Inseln, Guernsey, Israel, Isle of Man, Japan, Jersey, Neuseeland, Schweiz und Uruguay ein angemessenes Datenschutzniveau bestätigt.

Auch das EU-U.S. Privacy Shield, das nach dem Safe Harbor Urteil den Schutz personenbezogener Daten bei einer Übermittlung in die USA gewährleisten soll, wurde von der EU-Kommission zunächst dahingehend bestätigt, dass es ein angemessenes Datenschutzniveau sicherstellt.

44.55a Der Europäische Gerichtshof hat nun in einem wegweisenden Urteil über das EU-U.S.-Privacy Shield entschieden[82]. Demnach biete das durch den EuGH bewertete US-Recht kein Schutzniveau, das dem in der EU im Wesentlichen gleichwertig ist. Beanstandet wurde insbesondere der schrankenlose Zugriff der US-Nachrichtendienste wie z.B. NSA auf personenbezogene Daten nach Section 702 FISA und Executive Order 12 333. Außerdem gibt die Presidential Policy Directive 28 (PPD-28) den Betroffenen keine wirksamen Rechtsbehelfe gegen Maßnahmen der US-Behörden an die Hand und sieht keine Schranke für die Sicherstellung verhältnismäßiger Maßnahmen vor. Im Gegensatz zum Privacy Shield hält der EuGH allerdings die sog. Standarddatenschutzklauseln, die ebenfalls Gegenstand des Verfahrens waren, weiterhin für grundsätzlich gültig. Allerdings müssen Unternehmen beim Einsatz der Standarddatenschutzklauseln künftig im Einzelfall prüfen, ob die Gesetze im Empfängerland den darin enthaltenen Vertragspflichten entgegenstehen. Damit bleibt die Überprüfung den übermittelnden Unternehmen überlassen, ob im Drittland das geforderte Schutzniveau für die auf Basis der Standarddatenschutzklauseln übermittelten Daten tatsächlich eingehalten wird. Nach dem Urteil des EuGH reichen bei Datenübermittlungen in die USA Standarddatenschutzklauseln ohne zusätzliche Maßnahmen nicht aus.[83]

44.55b Am 24.8.2020 veröffentlichte die Landesdatenschutzbehörde in Baden-Württemberg (LfDI) eine Empfehlung zur Umsetzung der neuen EuGH-Vorgaben[84]. Der LfDI empfiehlt Unternehmen und Behörden, sich umfassend mit der Rechtslage im Drittland auseinanderzusetzen und im Rahmen ei-

---

82 EuGH v. 16.7.2020 – C-311/18 – Schrems II, MMR 2020, 597.
83 S. Teil 5, § 26, Rz. 26.12a f.; § 27, Rz. 27.6a; § 28, Rz. 28.22.
84 Orientierungshilfe: Was jetzt in Sachen internationaler Datentransfer?, online abrufbar unter: https://www.baden-wuerttemberg.datenschutz.de/wp-content/uploads/2020/08/LfDI-BW-Orientierungshilfe-zu-Schrems-II.pdf (Stand 09/2020).

ner Bestandsaufnahme herauszuarbeiten, ob im Einzelfall ein Angemessenheitsbeschluss i.S.d. Art. 45 DSGVO vorliegt. Andernfalls müsse der Verarbeiter auf andere Weise sicherstellen, dass die personenbezogenen Daten beim Empfänger ausreichend geschützt werden. Neben Standarddatenschutzklauseln sollten zusätzliche Garantien vereinbart werden, um die Zulässigkeit der Datenübermittlung zu gewährleisten. Als zusätzlicher Schutzmechanismus kommt ausweislich der Auswertung des LfDI der Einsatz von Verschlüsselungstechnologien in Betracht, bei welchen nur der Datenexporteur über den Schlüssel verfügt. Auch eine Vereinbarung mit den US-Providern, dass die Daten ausschließlich auf EU-Territorium gespeichert und verarbeitet werden ("EU-Option"), stelle eine zulässige zusätzliche Garantie dar. Auf Anfrage sollten die Behörden außerdem davon überzeugt werden, dass der vom Datenübermittler genutzte Dienstleister/Vertragspartner mit Transportproblematik kurz- und mittelfristig unersetzlich ist und beispielsweise nicht durch deutsche Provider ersetzt werden kann.

Liegt für das Empfängerland kein Angemessenheitsbeschluss der EU-Kommission vor, können der Verantwortliche und der Auftragsverarbeiter neben Standarddatenschutzklauseln ("EU-Model Clauses") auch geeignete Garantien vorsehen, sofern den betroffenen Personen durchsetzbare Rechte und wirksame Rechtsbehelfe zur Verfügung stehen, Art. 46 Abs. 1 DSGVO. Diese Garantien können beispielsweise in verbindlichen Datenschutzvorschriften innerhalb eines Konzernes ("Binding Corporate Rules") bestehen, Art. 46 Abs. 2 lit. b und lit. c DSGVO. Im Hinblick auf das Urteil vom 16.7.2020 müssen auch in Bezug auf andere Garantien ergänzende Maßnahmen getroffen werden, sofern die Rechte der betroffenen Personen im Drittland nicht ein gleichwertiges Schutzniveau wie in der Union erfahren (Rz. 44.55). Art. 49 DSGVO bestimmt schließlich Ausnahmefälle, in welchen eine Übermittlung trotz fehlendem Angemessenheitsbeschluss und fehlender Garantien dennoch rechtmäßig sein kann. | 44.55c

Für den Fall, dass ein Betreiber eines sozialen Netzwerks beabsichtigt, die personenbezogenen Daten an ein Drittland zu übermitteln, muss dies der betroffenen Person mitgeteilt werden. Die Grundlage, die ein angemessenes Datenschutzniveau gewährleistet, ist in diesem Fall ebenfalls zu nennen, Art. 13 Abs. 1 lit. f DSGVO.

cc) Datenübermittlung im Konzern

Gerade in Bezug auf soziale Netzwerke ist die Übermittlung von Nutzerdaten innerhalb eines Konzerns von hoher Bedeutung. Wie bisher gibt es weiterhin kein sog. "Konzernprivileg", es bedarf also auch nach der DSGVO für die konzerninterne Weitergabe personenbezogener Daten einer Rechtsgrundlage. Allerdings kann für eine konzerninterne Datenübermittlung grundsätzlich Art. 6 Abs. 1 Satz 1 lit. f DSGVO als Rechtsgrundlage in Betracht kommen. Denn wie der Verordnungsgeber in Erwägungsgrund 48 ausführt, können Verantwortliche, die Teil einer Unternehmensgruppe sind, ein berechtigtes Interesse haben, personenbezogene Daten innerhalb der Unternehmensgruppe für interne Verwaltungszwecke, die auch die Verarbeitung personenbezogener Daten von Kunden und Beschäftigten umfassen können, zu übermitteln. Zwar ist stets eine Abwägung der Interessen des Verantwortlichen und der betroffenen Person im Einzelfall erforderlich, jedoch indiziert die explizite Nennung der Unternehmensinteressen durch den Verordnungsgeber, dass Art. 6 Abs. 1 Satz 1 lit. f DSGVO als Rechtsgrundlage für die rechtmäßige konzerninterne Übermittlung einschlägig sein kann. | 44.56

dd) Auftragsverarbeiter und andere Dienstleister

Aufgrund der fehlenden Definition des Begriffs der Übermittlung in der DSGVO ist es umstritten, ob die Bekanntgabe personenbezogener Daten im Rahmen einer Auftragsverarbeitung eine "Übermittlung" darstellt. Fest steht jedoch, dass ein Auftragsverarbeiter kein "Dritter" ist und somit bei der Auftragsverarbeitung zumindest keine Bekanntgabe an einen Dritten erfolgt. Dies folgt aus der Definition des Dritten in Art. 4 Nr. 10 DSGVO: "Dritter" ist eine natürliche oder juristische Person, Behörde, Einrichtung oder andere Stelle außer der betroffenen Person, dem Verantwortlichen, dem Auftragsverarbeiter [...]. Diese Argumentation deckt sich mit der aktuell überwiegenden Meinung in der Rechts- | 44.57

literatur, der zufolge es auch nach der DSGVO eine Privilegierung der Auftragsverarbeitung gibt[85]. Das datenschutzrechtliche Verbot mit Erlaubnisvorbehalt greift bei der Auftragsdatenverarbeitung daher nicht. Bezüglich eventueller Auftragsdatenverarbeitungen bestehen auch keine Unterrichtungspflichten der verantwortlichen Stelle gegenüber dem Betroffenen. Hintergrund ist, dass dem Verantwortlichen die Entscheidungsbefugnis über Zweck und Mittel der Verarbeitung weiterhin zusteht.

Sofern die Daten an andere Stellen übermittelt werden, müssen diese entweder namentlich aufgelistet werden oder zumindest die Kategorien von Empfängern, zu denen diese Stellen gehören, genannt werden. Dies schließt auch Auftragsverarbeiter ein. Zunächst ist zu beachten, dass sich das Auskunftsrecht gem. Art. 15 Abs. 1 lit. c DSGVO auf die Empfänger oder Kategorien von Empfängern der Daten erweitert. Der Verantwortliche muss der betroffenen Person offenlegen, an wen er welche Daten weitergegeben hat oder noch weiterzugeben plant. Wie die Offenlegung konkret ausgestaltet sein muss, ist Art. 15 DSGVO nicht zu entnehmen. Sofern die Empfänger aber feststehen, sollte im Interesse umfassender Transparenz stets eine genaue Angabe erfolgen. Denn nur so erhält die betroffene Person die Möglichkeit, sich direkt an den Empfänger zu richten und Rechte geltend zu machen[86].

c) Zusätzlicher Klauseltext bei Angebot auch kostenpflichtiger Dienste

44.58 Sollten auch kostenpflichtige Leistungen angeboten werden, dann bietet es sich an, in die Klausel folgenden zusätzlichen Hinweis aufzunehmen:

Sollten Sie kostenpflichtige Angebote von uns nutzen, müssen wir Ihre Zahlungsdaten im erforderlichen Umfang an einen Dienstleister wie beispielsweise eine Bank oder ein Kreditkarteninstitut übermitteln, damit die entsprechende Transaktion stattfinden kann. Dies erfolgt im Rahmen einer Auftragsverarbeitung nach Art. 28 DSGVO auf Grundlage eines entsprechenden Vertrages, wobei wir Verantwortlicher für Ihre Daten bleiben.

Bei der Übermittlung an Auftragsverarbeiter in Drittländern, d.h. außerhalb der EU bzw. des EWR, stellen wir sicher, dass diese Stellen Ihre personenbezogenen Daten mit der gleichen Sorgfalt behandeln wie innerhalb der EU bzw. des EWR. Wir übermitteln personenbezogene Daten nur in Drittländer, bei denen die EU-Kommission ein angemessenes Schutzniveau bestätigt hat oder wenn wir den sorgfältigen Umgang mit den personenbezogenen Daten durch vertragliche Vereinbarungen oder andere geeignete Garantien sicherstellen können.

d) Weiterführende Vertragsgestaltungen

44.59 Erfahrungsgemäß besorgen die Betreiber insbesondere kleinerer sozialer Netzwerke regelmäßig nicht sämtliche Vorgänge selbst, in deren Rahmen personenbezogene Daten von Nutzern verarbeitet werden. Wird hierfür auf externe Dienstleister zurückgegriffen, dann erfolgt regelmäßig eine Verarbeitung der Daten durch den Dienstleister im Auftrag des Betreibers. Die Vorschriften für die Auftragsverarbeitung sind in Art. 28 DSGVO normiert. Der Verantwortliche als Auftraggeber darf nur solche Auftragsverarbeiter beauftragen, die hinreichende Garantien dafür bieten, dass die Verarbeitung in Einklang mit den Anforderungen der DSGVO erfolgt, Art. 28 Abs. 1 DSGVO. Die Auftragsverarbeitung erfolgt auf Grundlage eines Vertrags, in dem Gegenstand und Dauer der Verarbeitung, Art und Zweck der Verarbeitung, die Art der personenbezogenen Daten, die Kategorien betroffener Personen und die Pflichten und Rechte des Verantwortlichen festzulegen sind. Alternativ kann die Auftragsverarbeitung auch auf ein anderes Rechtsinstrument nach dem Unionsrecht oder dem Recht der Mitgliedstaaten gestützt werden, das den Auftragsverarbeiter in Bezug auf den Verantwortlichen bindet, Art. 28 Abs. 3 DSGVO.

---

85 *Gabel/Lutz* in Taeger/Gabel, Art. 28 DSGVO Rz. 11; *Hartung* in Kühling/Buchner, Art. 28 DSGVO Rz. 15.

86 Vgl. *Ehmann* in Ehmann/Selmayr, Art. 15 DSGVO Rz. 17; *Dix* in Simitis/Hornung/Spiecker, Art. 15 DSGVO Rz. 20.

6. Schutz von Nutzerdaten (Ziff. 4)

M 44.1.5 Schutz von Nutzerdaten 44.60

4. Schutz Ihrer Daten

Um Ihre Daten bspw. vor Manipulationen, Verlust und unbefugtem Zugriff durch Dritte zu schützen und ein angemessenes Schutzniveau Ihrer personenbezogenen Daten zu gewährleisten, treffen wir geeignete technische und organisatorische Maßnahmen. Zu diesen Maßnahmen gehören u.a. der Einsatz von Firewalls und von Antivirus-Programmen sowie manuelle Sicherheitsvorkehrungen. Unsere Sicherheitsmaßnahmen überprüfen und verbessern wir fortlaufend entsprechend dem aktuellen Stand der Technik. Zudem sind in Einklang mit dem Grundsatz „Datenschutz durch Voreinstellungen" bei Ihrer Erstanmeldung bereits die strengsten Privatsphäre-Einstellungen voreingestellt.

Die DSGVO sieht keine Pflicht eines Verantwortlichen vor, betroffene Personen über Art oder Umfang 44.61 der von ihm zum Schutz ihrer personenbezogenen Daten ergriffenen technischen und organisatorischen Maßnahmen zu informieren. Dieser ist noch nicht einmal gehalten, darüber zu informieren, dass er solche Maßnahmen überhaupt ergreift[87].

Insofern dient die vorliegende Ziff. 4 der Datenschutzbestimmungen nicht dazu, gesetzlichen Ver- 44.62 pflichtungen nachzukommen und könnte daher auch weggelassen werden. Sie ist als **vertrauensbildende Maßnahme** gegenüber den Nutzern gedacht. Fast notwendigerweise erschöpft sie sich inhaltlich allerdings auf Allgemeinplätze. Eine zu detaillierte Darstellung der ergriffenen Sicherheitsmaßnahmen könnte zwangsläufig zu einer größeren Verwundbarkeit der Systeme führen[88].

Dennoch gilt es im Rahmen der Erläuterung zu Ziff. 4 immerhin überblicksweise auf die erhöhten Schutzanforderungen der DSGVO einzugehen. Seit Geltung der DSGVO sind die Grundsätze „Datenschutz durch Technikgestaltung (Privacy by Design)" und „Datenschutz durch datenschutzfreundliche Voreinstellungen (Privacy by Default)" zu beachten. Diese sind in Art. 25 DSGVO gesetzlich normiert. Daraus resultiert die Pflicht für den Verantwortlichen, bereits im Entwicklungs- und Konzeptionsstadium die Anforderungen der DSGVO, insbesondere die Datenschutzgrundsätze gem. Art. 5 DSGVO, zu berücksichtigen. Diese Regelung ist darauf zurückzuführen, dass die Grundbedingungen einer Datenverarbeitung durch Hard-und Software vorgegeben sind[89]. Während Datenschutz durch Technikgestaltung wohl eher den Bereitsteller der Hardware betrifft, müssen Betreiber sozialer Netzwerke zum Zwecke der Konformität mit der DSGVO datenschutzfreundliche Standardeinstellungen vornehmen. Dies kann beispielsweise dadurch erfolgen, dass bei der Erstellung eines Accounts bei dem sozialen Netzwerk bereits die strengsten Privatsphäre-Einstellungen aktiv sind.

Während Art. 25 DSGVO sich auf Privacy by Design/Default beschränkt, regeln die Art. 32 ff. DSGVO 44.63 im Allgemeinen die Sicherheit personenbezogener Daten. Art. 32 Abs. 1 DSGVO normiert, dass der Verantwortliche und der Auftragsverarbeiter geeignete technische und organisatorische Maßnahmen treffen müssen, um ein dem Risiko angemessenes Schutzniveau zu gewährleisten. Bei der Auswahl der Maßnahmen sind der Stand der Technik, die Implementierungskosten, Art, Umfang, Umstände und Zwecke der Verarbeitung sowie unterschiedliche Eintrittswahrscheinlichkeit und Schwere des Risikos für die Rechte und Freiheiten natürlicher Personen zu berücksichtigen. Als Beispielmaßnahmen führt der europäische Gesetzgeber die Pseudonymisierung und Verschlüsselung personenbezogener Daten an, Art. 32 Abs. 1 lit. a DSGVO. Als weitere Maßnahme wird die Fähigkeit genannt, die klassischen Schutzziele der IT-Sicherheit wie Vertraulichkeit, Integrität, Verfügbarkeit sowie Belastbarkeit der Sys-

---

87 *Härting*, CR 2011, 169 (170).
88 S. bspw. *Holtz*, DuD 2010, 439 ff. für ein Konzept der Einführung eines erhöhten datensicherheitstechnischen Niveaus in einem sozialen Netzwerk.
89 *Baumgartner* in Ehmann/Selmayr, Art. 25 DSGVO Rz. 1.

teme und Dienste im Zusammenhang mit der dauerhaften Verarbeitung sicherzustellen. Konkrete Maßnahmen zur Gewährleistung der Vertraulichkeit der personenbezogenen Daten können neben der Zugangskontrolle (z.B. durch sichere Kennwörter, Zwei-Faktor-Authentifizierung) auch Zugriffskontrolle (z.B. durch Berechtigungskonzepte und Protokollierung) und Trennungskontrolle (Trennung von Daten, die zu unterschiedlichen Zwecken erhoben wurden) sein. Integrität kann beispielsweise durch Weitergabekontrollen (z.B. durch Verschlüsselung, VPN) sichergestellt werden, Verfügbarkeit und Belastbarkeit u.a. durch eine Back-up Strategie, eine unterbrechungsfreie Stromversorgung, durch Firewall und Antivirenprogramme oder durch Notfallpläne[90].

7. Änderung der Datenschutzbestimmungen (Ziff. 5)

44.64 **M 44.1.6 Änderung der Datenschutzbestimmungen**

5. Aktuelle Version und Änderung dieser Datenschutzbestimmungen

Dies ist die Version 1.0 der Datenschutzbestimmungen für Network XYZ.

Wir entwickeln Network XYZ laufend weiter, um Ihnen einen immer besser werdenden Dienst zur Verfügung stellen zu können. Diese Datenschutzbestimmungen werden wir stets aktuell halten und entsprechend anpassen, wenn und soweit dies erforderlich werden sollte.

Über eventuelle Änderungen dieser Datenschutzbestimmungen werden wir Sie natürlich informieren. Dies werden wir sowohl mittels einer E-Mail an die uns von Ihnen mitgeteilte E-Mail-Adresse tun, als auch durch einen automatischen Hinweis bei Ihrem ersten Einloggen auf Network XYZ nach einer erfolgten Aktualisierung dieser Datenschutzbestimmungen. Insofern darüber hinaus eine weitere Einwilligung von Ihnen zu unserem Umgang mit Ihren Daten erforderlich werden sollte, werden wir diese selbstverständlich von Ihnen einholen, bevor entsprechende Änderungen wirksam werden.

Sie können die aktuelle Version der Datenschutzbestimmungen für Network XYZ jederzeit im Internet unter [URL einzufügen] abrufen. Auch eventuelle ältere Versionen dieser Datenschutzbestimmungen halten wir unter dieser Adresse für Sie bereit.

44.65 Die Klausel dient dazu, den Nutzer bereits jetzt über das Verfahren bei eventuellen Änderungen der Datenschutzbestimmungen aufzuklären.

8. Rechte der betroffenen Person (Ziff. 6)

44.66 **M 44.1.7 Rechte der betroffenen Person**

6. Ihre Rechte

Sie können von uns zunächst Auskunft darüber verlangen, ob Sie betreffende personenbezogene Daten verarbeitet werden. Ist dies der Fall, haben Sie ein Recht auf Auskunft über diese personenbezogenen Daten und weitergehende Informationen. Zu diesen Informationen zählen die Verarbeitungszwecke, die Kategorien personenbezogener Daten, die Empfänger oder Kategorien von Empfängern, falls möglich, die geplante Dauer der Verarbeitung oder anderenfalls zumindest die Kriterien für die Festlegung dieser Dauer.

Falls wir personenbezogene Informationen nicht bei Ihnen direkt erheben, haben Sie ein Recht auf alle verfügbaren Informationen über die Herkunft der Daten.

---

90 https://www.gdd.de/downloads/praxishilfen/GDD-Praxishilfe_DS-GVO_4.pdf, ab S. 21 (Stand 10/2020).

Eine Kopie Ihrer personenbezogenen Daten, die wir verarbeiten, stellen wir Ihnen gerne kostenfrei zur Verfügung. Sollten Sie weitere Kopien beantragen, fällt für jede weitere Kopie ein angemessenes Entgelt in Höhe des Verwaltungsaufwandes an.

Einwilligungen in die Erhebung, Verarbeitung und Nutzung Ihrer personenbezogenen Daten, die Sie uns gegenüber mit der Zustimmung zu diesen Datenschutzbestimmungen abgegeben haben, können Sie mit Wirkung für die Zukunft jederzeit ganz oder teilweise widerrufen. Gleiches gilt für eventuelle spätere, weitergehende Einwilligungen in die Erhebung, Verarbeitung oder Nutzung Ihrer personenbezogenen Daten. Die Folge eines solchen Widerrufs kann sein, dass Sie Network XYZ nicht mehr oder nur noch eingeschränkt nutzen können.

Sie können darüber hinaus auch jederzeit die Berichtigung unrichtiger Daten verlangen, die unter Berücksichtigung der Verarbeitungszwecke auch die Vervollständigung unvollständiger Daten beinhaltet. Sie können auch Ihr Recht auf Löschung geltend machen oder die Einschränkung der Verarbeitung verlangen. Die Löschung Ihrer Daten können Sie durch das Loschen Ihres Accounts auf Network XYZ jederzeit auch selbst vornehmen: Bitte gehen Sie hierfür in Ihren Account, klicken auf den Link „Profil löschen" und folgen den dortigen Anweisungen. Ihr Account – d.h. Ihre Profilseite und Ihre bei uns vorliegenden Daten – werden in diesem Fall automatisch gelöscht. Ihre Inhalte und Kommentare können Sie auch jederzeit selbst manuell löschen. Falls und insoweit allerdings gesetzliche Aufbewahrungsrechte oder -pflichten bestehen, werden wir die entsprechenden Daten für eine weitere Verwendung sperren. Sollten Sie Inhalte anderer Nutzer kommentiert haben, dann werden wir bei der Löschung Ihres Accounts Ihren Nutzernahmen von diesen Kommentaren entfernen. Die Kommentare als solche werden nicht gelöscht. Vor Löschung Ihres Accounts haben Sie jedoch jederzeit die Möglichkeit, Ihre Kommentare selbst manuell vollständig zu löschen.

Des Weiteren haben Sie ein Recht auf Datenübertragbarkeit. Das bedeutet, dass Sie auf Anfrage die personenbezogenen Daten, die Sie uns zur Verfügung gestellt haben, in einem strukturierten, gängigen und maschinenablesbaren Format von uns erhalten. Sie haben das Recht, diese Daten einem anderen Verantwortlichen ohne Behinderung durch uns zu übermitteln.

Ihnen steht ein Recht auf Widerspruch gegen die Datenverarbeitung und ein Beschwerderecht bei der zuständigen Aufsichtsbehörde zu.

Zur Durchsetzung dieser Rechte kontaktieren Sie uns gerne per E-Mail unter [E-Mail-Adresse einzufügen], per Fax unter [Faxnummer einzufügen] oder postalisch unter [postalische Adresse einzufügen]. Ggf. verlangen wir einen Nachweis Ihrer Identität, bevor wir Ihr Anliegen umsetzen. Dies dient dem Schutz Ihrer Daten vor Manipulation oder Löschung durch Dritte.

a) Ratio

Mit Ziff. 6 dieser Muster-Datenschutzbestimmungen wird der Nutzer über die ihm zustehenden Rechte informiert – so seine Rechte auf Auskunft nach Art. 15 DSGVO, auf Berichtigung nach Art. 16 DSGVO, auf Löschung (Recht auf Vergessenwerden) nach Art. 17 DSGVO, auf Einschränkung der Verarbeitung nach Art. 18 DSGVO, auf Datenübertragbarkeit nach Art. 20 DSGVO, auf Widerspruch nach Art. 21 DSGVO und auf Beschwerde bei einer Aufsichtsbehörde, Art. 77 DSGVO. 44.67

Hinsichtlich des Rechts auf Auskunft nach Art. 15 DSGVO informiert Ziff. 6 nahezu vollumfänglich, welche Informationen die betroffene Person bei dem Verantwortlichen verlangen kann. Ergänzend ist noch anzumerken, dass für den Fall, dass personenbezogene Daten nicht bei der betroffenen Person direkt erhoben wurden, diese ein Recht darauf hat, alle verfügbaren Informationen über die Herkunft der Daten zu verlangen, Art. 15 Abs. 1 lit. g DSGVO. Dies kommt bspw. in Betracht, wenn ein Nutzer ein Foto hoch lädt, auf dem auch andere Nutzer namentlich markiert sind. In Art. 15 Abs. 3 Satz 1 DSGVO ist festgelegt, dass der Verantwortliche der betroffenen Person eine Kopie der personenbezogenen Daten, die Gegenstand der Verarbeitung sind, zur Verfügung stellen muss. Diese Pflicht besteht bereits, wenn die betroffene Person ihr Auskunftsrecht geltend macht und bedarf keiner gesonderten Aufforderung der betroffenen Person[91]. Gemäß Satz 2 der Norm kann der Verantwortliche für alle weiteren Kopien ein angemessenes Entgelt auf der Grundlage der Verwaltungskosten verlangen.

44.68 Zudem kommt der Verantwortliche mit dieser Ziff. 6 seiner Verpflichtung aus Art. 7 Abs. 3 Satz 3 DSGVO nach, demgemäß er den Betroffenen vor Erklärung der Einwilligung auf sein Recht hinzuweisen hat, die Einwilligung jederzeit mit Wirkung für die Zukunft zu widerrufen.

b) Praxisnahe Handhabung

44.69 Die genannten Rechte können vom Betroffenen grundsätzlich **formlos** geltend gemacht werden. Daher sollte eine Festlegung auf einen bestimmten Kommunikationskanal vermieden werden, welche bei einem Nutzer den Eindruck erwecken kann, dass er nur auf diesem Wege seine Rechte geltend machen kann. Allerdings kann durchaus auf eine möglichst **effiziente administrative Abwicklung entsprechender Nutzeranfragen und -verlangen** hingewirkt werden, indem die Nutzer darauf hingewiesen werden, dass sie ihre Inhalte, Kommentare und durch eine Löschung des Accounts auch sämtliche ihrer Daten selbst löschen können, und indem zumindest auf bestimmte dedizierte Kontaktmöglichkeiten hingewiesen wird.

c) Handhabung von Nutzerkommentaren bei Account-Löschung

44.70 Im letzten Absatz von Ziff. 6 dieses Musters ist vorgesehen, dass bei Löschung eines Nutzer-Accounts zwar der Nutzername von den jeweiligen von dem Nutzer abgegebenen Kommentaren entfernt, die Kommentare als solche aber nicht gelöscht werden. Unter Umständen besteht die Gefahr, dass auch in den Kommentaren an sich noch Daten enthalten sind, die Rückschlüsse auf die Identität des Nutzers zulassen. Das datenschutzrechtliche Risiko erscheint in diesem Zusammenhang jedoch als gering und hinnehmbar. Zudem könnte eine auch inhaltliche Löschung der Kommentare dazu führen, dass Gesprächsverläufe (Threads) nicht mehr nachvollziehbar werden, was letztlich die Diensterbringung gegenüber den anderen Nutzern beeinträchtigen könnte. Anbieter, die datenschutzrechtlich absolut sicher gehen wollen, sollten gleichwohl nicht nur den Nutzernamen von den Kommentaren, sondern auch die Kommentare selbst löschen.

9. Verantwortliche Stelle, Datenschutzbeauftragter und Kontakt (Ziff. 7)

44.71 **M 44.1.8 Verantwortliche Stelle, Datenschutzbeauftragter und Kontakt**

7. Verantwortliche Stelle, Datenschutzbeauftragter und Kontakt

Der hier im datenschutzrechtlichen Sinn „Verantwortliche" ist die Network XYZ GmbH [Kontaktdaten ergänzen] vertreten durch [Angaben ergänzen].

Sollten Sie Fragen zu diesen Datenschutzbestimmungen oder zur Erhebung, Verarbeitung oder Nutzung Ihrer Daten durch uns haben, dann kontaktieren Sie uns. Unseren Datenschutzbeauftragten erreichen Sie per E-Mail unter [E-Mail-Adresse einzufügen], per Fax unter [Faxnummer einzufügen] oder postalisch unter [postalische Adresse einzufügen].

a) Ratio

44.72 Die Datenschutzbestimmungen schließen schlicht mit der Benennung der verantwortlichen Stelle ab. An dieser Stelle sind Name und Kontaktdaten des Verantwortlichen anzugeben, sowie die Kontakt-

---

91 *Ehmann* in Ehmann/Selmayr, Art. 15 DSGVO Rz. 21.

daten seines Vertreters. Zu den Kontaktdaten gehört neben der postalischen Anschrift bei einem On-linedienst naturgemäß auch eine Online-Kontaktmöglichkeit[92].

b) Zusätzlicher möglicher Klauseltext

Sofern ein Datenschutzbeauftragter bestellt ist, müssen auch dessen Kontaktdaten angegeben werden, Art. 13 Abs. 1 lit. b DSGVO. In welchen Fällen ein Datenschutzbeauftragter bestellt werden muss, ergibt sich zunächst aus Art. 37 Abs. 1 DSGVO. Dies ist zum einen der Fall, wenn die Verarbeitung von einer Behörde oder öffentlichen Stelle durchgeführt wird, zum anderen, wenn die Kerntätigkeit des Verantwortlichen in der Durchführung von Verarbeitungsvorgängen besteht, welche aufgrund ihrer Art, ihres Umfangs und/oder ihrer Zwecke eine umfangreiche regelmäßige und systematische Überwachung von betroffenen Personen erforderlich machen. Zudem ist die Bestellung eines Datenschutzbeauftragten erforderlich, wenn die Kerntätigkeit des Verantwortlichen in der umfangreichen Verarbeitung besonderer Kategorien von personenbezogenen Daten oder von personenbezogenen Daten über strafrechtliche Verurteilungen und Straftaten besteht. Eine Pflicht zur Bestellung eines Datenschutzbeauftragten für Betreiber sozialer Netzwerke ist aus Art. 37 DSGVO nicht herauszulesen. Allerdings kommt eine Pflicht zur Bestellung insbesondere aus § 38 Abs. 1 Satz 1 BDSG in Betracht. 44.73

Zusätzlich zu Art. 37 DSGVO normiert auch § 38 Abs. 1 BDSG zwei weitere Fälle, in welchen ein Datenschutzbeauftragter bestellt werden muss[93]. 44.73a

Nach § 38 Abs. 1 Satz 1 BDSG besteht eine Benennungspflicht, soweit in der Regel mindestens 20 Personen ständig mit der automatisierten Verarbeitung personenbezogener Daten beschäftigt werden. Zu Beschäftigten zählen nicht nur Arbeitnehmer, sondern auch Praktikanten, freie Mitarbeiter, Leih-arbeitnehmer, Volontäre und Auszubildende, unabhängig davon, ob eine Voll- oder Teilzeitbeschäftigung vereinbart ist[94]. Eine „ständige" Beschäftigung einer Person ist schon dann gegeben, wenn diese ihre datenverarbeitende Tätigkeit nicht als Kernaufgabe wahrnimmt[95]. Ob eine lediglich gelegentliche, über den bloßen Einzelfall hinausgehende Tätigkeit genügt, ist umstritten[96]. Mit der automatisierten Verarbeitung personenbezogener Daten ist jegliche IT-gestützte Datenverarbeitung gemeint, beispielsweise auch der Zugang zu E-Mail Systemen[97]. Ein solcher Zugang ist bei Mitarbeitern sozialer Netzwerke regelmäßig zuzusprechen. Nach § 38 Abs. 1 Satz 2 BDSG besteht zudem unabhängig von einer bestimmten Mindestanzahl von Beschäftigten die Pflicht zur Bestellung eines Datenschutzbeauftragten, wenn Verarbeitungen vorgenommen werden, die einer Datenschutz-Folgenabschätzung nach Art. 35 DSGVO unterliegen oder personenbezogene Daten geschäftsmäßig zum Zweck der Übermittlung, der anonymisierten Übermittlung oder für Zwecke der Markt- oder Meinungsforschung verarbeitet werden.

Die Pflicht zur Bestellung eines Datenschutzbeauftragten in einer der vorgenannten Fallgruppen besteht auch für Auftragsverarbeiter. Kumulativ muss ein Datenschutzbeauftragter allerdings nur bestellt werden, wenn die Verarbeitung sowohl von dem Verantwortlichen als auch dem Auftragsverarbeiter die Anforderungen einer der genannten Fallgruppen erfüllt[98]. 44.73b

Bei Angabe einer E-Mail-Adresse, unter der der Datenschutzbeauftragte erreicht werden kann, darf und sollte ggf. statt einer personalisierten E-Mail-Adresse (vorname.nachname@domain) eine the- 44.74

---

92 *Knyrim* in Ehmann/Selmayr, Art. 13 DSGVO Rz. 34.

93 S. hierzu § 1, Rz. 1.1.

94 *Rücker/Dienst* in Gola/Heckmann, § 38 BDSG Rz. 19.

95 *Pauly* in Paal/Pauly, § 38 BDSG Rz. 9; a.A. *Schaffland/Wiltfang*, § 4f BDSG a.F. Rz. 12, die die Datenverarbeitung als Hauptaufgabe fordern.

96 Zust. *Gola/Schomerus*, § 4f BDSG a.F. Rz. 12; a.A. *Simitis* in Simitis, § 4f BDSG a.F. Rz. 19.

97 *Rücker/Dienst* in Gola/Heckmann, § 38 BDSG Rz. 25.

98 *Heberlein* in Ehmann/Selmayr, Art. 37 DSGVO Rz. 16.

menbezogene E-Mail-Adresse (datenschutz@domain) verwendet werden. Tritt ein Wechsel in der Person des Datenschutzbeauftragten ein, dann muss die Angabe an dieser Stelle nicht aktualisiert werden.

III. Weitere Anmerkungen

1. Abrechnungsdaten bei Anbieten kostenpflichtiger Funktionalitäten

44.75 Bietet der Betreiber eines sozialen Netzwerks auch **kostenpflichtige Funktionalitäten** an, so bedarf er zu deren Abrechnung zusätzlicher Daten des Nutzers. Um diese Daten rechtmäßig verarbeiten zu können, bedarf es wiederum einer Rechtsgrundlage. Abhängig von der Art der Daten, die für die Abrechnung benötigt werden, kann die Datenverarbeitung möglicherweise auf Art. 6 Abs. 1 Satz 1 lit. b DSGVO gestützt werden. Nach dieser Norm ist die Verarbeitung rechtmäßig, wenn die Verarbeitung für die Erfüllung eines Vertrages, dessen Vertragspartei die betroffene Person ist, oder zur Durchführung vorvertraglicher Maßnahmen, die auf Anfrage der betroffenen Personen erfolgen, erforderlich ist. Will der Nutzer kostenpflichtige Angebote nutzen, muss der Betreiber die Möglichkeit haben, entsprechend der Nutzung Abrechnungen zu erstellen. Demzufolge zählen Kreditkarteninformationen oder sonstige abrechnungsrelevanten Kontodaten zu solchen Daten, die für die Erfüllung eines Vertrages regelmäßig erforderlich sind[99].

44.76 Zu Informationszwecken kann in diesem Zusammenhang folgende Klausel unter einer zusätzlichen Unterziffer zu Ziff. 2 hinzugefügt werden[100]:

44.77 **M 44.1.9 Abrechnungsdaten (soziale Netzwerke)**

2.X Abrechnungsdaten

Für die Anmeldung auf und die Nutzung von Network XYZ erheben wir grundsätzlich kein Entgelt von Ihnen. Bestimmte zusätzliche Funktionalitäten von Network XYZ können jedoch kostenpflichtig sein. In diesem Fall weisen wir Sie vor einer Inanspruchnahme ausdrücklich darauf hin. Ohne Ihre Zustimmung fällt kein Entgelt an, jedoch können Sie dann die entsprechende kostenpflichtige Funktionalität natürlich auch nicht nutzen.

Falls Sie kostenpflichtige Funktionalitäten nutzen möchten, sind von Ihnen Abrechnungsdaten wie bspw. Ihr Name, Ihre Adresse, Kreditkarteninformationen und/oder Bankdaten anzugeben. Wir verwenden Ihre Abrechnungsdaten ausschließlich zur Abrechnung kostenpflichtiger Funktionalitäten entsprechend des Umfangs ihrer Nutzung durch Sie.

Je nach Art der für die Abrechnung relevanten Daten stützt sich die Verarbeitung auf unterschiedliche Rechtsgrundlagen. Verarbeiten wir Daten wie Ihren Namen, Ihre Adresse, Kreditkarteninformationen und/oder Bankdaten, stützt sich die Verarbeitung auf Art. 6 Abs. 1 lit. b DSGVO.

2. Dritt-Applikationen

44.78 Viele soziale Netzwerke implementieren **Dienste oder** Applikation**en von Drittanbietern** oder halten zumindest Schnittstellen zu diesen bereit. Bei der Nutzung dieser Dritt-Dienste oder -Applikationen werden häufig personenbezogene Daten der Nutzer an den jeweiligen Drittanbieter weitergegeben.

Aufgrund der in Art. 5 Abs. 1 lit. b DSGVO statuierten **Zweckbindung** bedarf es für diese Weitergabe einer gesonderten gesetzlichen Erlaubnis oder der Einwilligung des Betroffenen. Regelmäßig wird in

---

99 *Heberlein* in Ehmann/Selmayr, Art. 6 DSGVO Rz. 13.
100 S. in diesem Zusammenhang auch das Muster der Schufa-Klausel in Teil 7, § 43 zur Verwendung im Falle einer eventuellen Überprüfung der Kreditwürdigkeit eines Nutzers.

diesem Kontext eine Einwilligung des jeweiligen Nutzers erforderlich sein. Der Anbieter eines sozialen Netzwerkes sollte also auch in dieser Hinsicht die Datenströme analysieren und die erforderlichen Maßnahmen für eine datenschutzkonforme Gestaltung ergreifen. Es bietet sich am ehesten an, erforderliche Einwilligungen mit dem Zugriff auf und der Nutzung der jeweiligen Dritt-Dienste und -Applikationen zu verbinden. Eine vorweggenommene Einholung von Einwilligungen mit den Datenschutzbestimmungen wird regelmäßig schon deshalb nicht in Frage kommen, weil die Formulierung des konkreten Einwilligungstextes Schwierigkeiten bereiten dürfte (Pauschaleinwilligungen sind nicht wirksam) und in der Zukunft neue Dritt-Dienste und -Applikationen hinzukommen könnten.

Zumindest kann der Betreiber eines sozialen Netzwerks in seinen Datenschutzbestimmungen aber auf die grundsätzliche Thematik hinweisen und diese erläutern.

Wie wichtig die Einhaltung der datenschutzrechtlichen Regelungen auch bei Dritt-Anwendungen ist, **44.79** zeigt ein Urteil des KG vom 22.9.2017[101]. Dieses hat nach einem langwierigen Verfahren als Berufungsgericht bestätigt, dass eine Datenschutzeinwilligung von Facebook den gesetzlichen Anforderungen nicht gerecht wurde. In dem zugrundeliegenden Sachverhalt bot Facebook auf der damaligen Website (2012) unter dem Reiter „App-Zentrum" kostenlose Spiele von Drittanbietern an. Durch Klicken auf einen Button mit der Bezeichnung „Sofort spielen" konnten Nutzer das Spiel starten. Unter dem Button waren Hinweise eingeblendet, die den Nutzer darauf hinwiesen, dass durch das Betätigen des Spielstart-Buttons die Anwendung die allgemeinen Informationen des Nutzers erhält, dessen E-Mail-Adresse, Informationen aus der Kategorie „Über dich" sowie die Statusmeldungen des Nutzers. Ergänzt wurde dieser Hinweis um den Satz „Diese Anwendung darf in deinem Namen posten, einschließlich Punktestand und mehr", alternativ: „Diese Anwendung darf Statusmeldungen, Fotos und mehr in deinem Namen posten". Es folgte ein weiterer Hinweis „Wenn du fortfährst, stimmst du den AGB und Datenschutzrichtlinien des Spieleanbieters zu". In seiner Entscheidung verweist das Berufungsgericht auf die Ausführungen des LG Berlin[102] und führt an, dass es an einer einheitlichen Information des Verbrauchers im Zusammenhang mit dessen Einwilligungsentscheidung gemangelt hat. Darüber hinaus ist die Einwilligung des Verbrauchers in die Datenverarbeitung auch hinsichtlich der Ermächtigung der Spieleanbieter zu der Veröffentlichung von Posts im Namen des Spielers nicht ausreichend. Es ist für den Nutzer nämlich nicht abzusehen, wie viele Posts und welchen Inhalts durch den Spieleanbieter im Namen des Nutzers gepostet werden. Die Datenverwendung war daher auch nicht ausreichend auf konkrete Verwendungen eingeschränkt. Damit ist Facebook weder den gesetzlichen Einwilligungsnoch Unterrichtungsanforderungen nachgekommen. Gerade mit Blick auf die gravierenden Bußgelder der DSGVO sollte die Einhaltung der datenschutzrechtlichen Vorgaben hier unbedingt sichergestellt werden.

Hinsichtlich der Datenschutzbestimmungen für Dritt-Applikationen kann die folgende Klausel als Unterziffer zu Ziff. 2 des Musters hinzugefügt werden:

M 44.1.10 Applikationen (soziale Netzwerke)   44.80

2.X Applikationen

Auf Network XYZ können Sie unter Umständen auch auf zusätzliche Applikationen zugreifen. Hierbei kann es sich um von uns oder um von Dritten angebotene Applikationen handeln, welche über eine Schnittstelle mit Network XYZ verbunden sind.

Ggf. bestehen für die Nutzung dieser Applikationen zusätzliche, spezifische Datenschutzbestimmungen (nachfolgend „App-Bestimmungen" genannt), auf die vor einer Nutzung der jeweiligen Applikation durch Sie hingewiesen wird und auf Basis derer auch eventuell erforderliche gesonderte Einwilligungen von Ihnen eingeholt werden.

---

101 KG v. 22.9.2017 – 5 U 155/14, GRUR-Prax. 2018, 32.
102 LG Berlin v. 28.10.2014 – 16 O 60/13.

3. Personalisierte Werbung

44.81   Ein wesentlicher Teil des Erlösmodells insbesondere von grundsätzlich entgeltfrei angebotenen sozialen Netzwerken ist die **Einblendung von Werbung**. Je zielgerichteter diese Werbung eingebunden werden kann, desto größer die Erlöschancen.

Als Rechtsgrundlage für personalisierte Werbung kommt erneut Art. 6 Abs. 1 Satz 1 lit. f DSGVO in Betracht, demzufolge die Verarbeitung personenbezogener Daten rechtmäßig ist, wenn sie zur Wahrung der berechtigten Interessen des Verantwortlichen oder eines Dritten erforderlich ist, sofern nicht die Interessen oder Grundrechte und Grundfreiheiten der betroffenen Person, die den Schutz personenbezogener Daten erfordern, überwiegen. Wie bereits angeführt, hat der Verordnungsgeber in den Erwägungsgründen Beispiele aufgeführt, wann ein berechtigtes Interesse des Verantwortlichen gegeben sein kann. Dies kann u.a. vorliegen, wenn die Verarbeitung der Daten zum Zwecke der Direktwerbung, also für Werbung durch den Anbieter gegenüber dem Nutzer, erfolgt[103]. Eine Interessenabwägung im Einzelfall ist trotzdem immer vorzunehmen. Handelt es sich im Einzelfall nicht um Direktwerbung, sondern um Third-Party-Tracking für die Zwecke der personalisierten Werbung, wird auf den Abschnitt über Cookies verwiesen, Rz. 44.34. Als Rechtsgrundlage kommt dann nur Art. 6 Abs. 1 Satz 1 lit. a DSGVO in Betracht.

---

103 Erwägungsgrund 47 der Verordnung (EU) 2016/679.

§ 45
Werbe-Einwilligungserklärung für E-Mail- und Telefon-Werbung

Literatur: *Dammann*, Erfolge und Defizite der EU-Datenschutzgrundverordnung – Erwarteter Fortschritt, Schwächen und überraschende Innovationen, ZD 2016, 307; *Hanloser*, „opt-in" im Datenschutzrecht und Wettbewerbsrecht, CR 2008, 713; *Isele*, Telefonwerbung: Was ist noch erlaubt?; *Köhler/Bornkamm/Feddersen*, Gesetz gegen den unlauteren Wettbewerb, 38. Aufl. 2020; *v. Nussbaum/Krienke*, Telefonwerbung gegenüber Verbrauchern nach dem Payback-Urteil, MMR 2009, 372.

A. Einleitung

Die nachfolgend dargestellten Muster sind für Situationen gestaltet, in denen sich für Unternehmer in   45.1
der Praxis typischerweise die Gelegenheit bietet, Einwilligungen von Verbrauchern für Direktwerbung einzuholen. Zum einen ist dies der Fall, wenn personenbezogene Daten originär aus einem anderen Anlass, nämlich zum Zweck der Begründung und Durchführung eines Vertragsverhältnisses, erhoben werden und der Neukunde gleichzeitig um seine Werbe-Einwilligung in einem Offline- oder Online-Auftragsformular gebeten wird (s. dazu die zwei Muster M 45.1 und M 45.2 unter Rz. 45.2 bzw. Rz. 45.14). Zum zweiten werden Möglichkeiten aufgezeigt, wie man Interessenten durch die Gewährung von Vorteilen für eine Werbe-Einwilligung gewinnen kann, konkret in Gestalt des Bietens von Gewinnchancen bei der Teilnahme an einem Offline- oder Online-Gewinnspiel, in dessen Rahmen der Verbraucher Werbungsadressat mehrerer Unternehmen, die als Gewinnspiel-Sponsoren auftreten, werden soll (s. dazu die zwei Muster M 45.3 und M 45.4 unter Rz. 45.21 bzw. Rz. 45.26).

B. Einwilligungserklärung bei Abschluss eines Vertrages: Offline-Variante

I. Muster

45.2 **M 45.1 Werbe-Einwilligungserklärung bei Abschluss eines Vertrages: Offline-Variante für E-Mail- und Telefon-Werbung**

Ich bin einverstanden, dass die X-GmbH meine oben für die Vertragserfüllung angegebenen Daten auch verarbeitet[1], um mich per

☐ *E-Mail und/oder*

☐ *Telefon*

über Produkte aus dem Sortiment der X-GmbH (Elektronikwaren, Blu-rays, DVDs und CDs) zu informieren. Meine Einwilligung ist für den Vertragsschluss nicht erforderlich und gilt bis auf Widerruf, den ich jederzeit mit Wirkung für die Zukunft erklären kann, z.B. per E-Mail an mailto: widerruf@x-gmbh.de.

Weitere Hinweise zur Verarbeitung meiner personenbezogenen Daten und zu meinen Rechten als betroffene Person finde ich unter … [Verweis auf beigefügte oder wenigstens den Link auf Datenschutzerklärung].

Ort, den …   Unterschrift: …

Fn. 1 *Jeder Vorgang im Zusammenhang mit personenbezogenen Daten, wie z.B. das Erheben, Speichern und Verwenden, nicht jedoch die Übermittlung. Die X-GmbH wird meine Daten nicht ohne meine gesonderte oder eine gesetzliche Erlaubnis an Dritte übermitteln.*

II. Erläuterungen

1. Vorbemerkung

45.3 Die Verarbeitung personenbezogener Daten für Zwecke der Direktwerbung über elektronische Kommunikationsdienste erfordert grundsätzlich eine **vorherige Einwilligung** des Betroffenen[1]. Eine entsprechende Einwilligung ist nur wirksam, wenn die Willensbekundung unmissverständlich abgegeben wird und auf der **freien informierten Entscheidung** des Werbungsadressaten beruht; dieser muss eine echte Wahl haben und in Kenntnis der Sachlage akzeptieren, dass seine personenbezogenen Daten verarbeitet werden[2].

45.4 An der **Freiwilligkeit** der Einwilligung kann es insbesondere fehlen, wenn sie in einer Situation wirtschaftlicher oder sozialer Schwäche oder Unterordnung erteilt wird oder wenn der Betroffene durch übermäßige Anreize finanzieller oder sonstiger Natur zur Preisgabe seiner Daten verleitet wird[3]. Darüber hinaus zieht das sog. **Koppelungsverbot** gem. Art. 7 Abs. 4 DSGVO der Freiwilligkeit eine Grenze. Danach kann eine Einwilligung zu einer Verarbeitung personenbezogener Daten als unfreiwillig angesehen werden, wenn die Erfüllung eines Vertrages von der Erteilung abhängig gemacht wird, obwohl

---

1 Vgl. § 7 Abs. 2 Nr. 2 Alt. 1 und Nr. 3 UWG; gesetzliche Ausnahmen bestehen für Telefonwerbung gegenüber sonstigen Marktteilnehmern, die nicht Verbraucher sind, gem. § 7 Abs. 2 Nr. 2 Alt. 2 und für elektronische Folgewerbung gegenüber Bestandskunden gem. § 7 Abs. 3 UWG.
2 Vgl. Art. 4 Nr. 11 i.V.m. Erwägungsgrund 42 Satz 4 f. DSGVO.
3 Vgl. BGH v. 16.7.2008 – VIII ZR 348/06, GRUR 2008, 1010 – Payback zum früheren Recht sowie nunmehr Erwägungsgründe 42, 43 DSGVO.

die Datenverarbeitung **für die Vertragserfüllung nicht erforderlich** ist. Bei grundrechtskonformer Auslegung des Normappells, dem Umstand einer solchen Koppelung bei der Beurteilung der Freiwilligkeit *„in größtmöglichem Umfang"* Rechnung zu tragen, ist das Verbot nach hier vertretener Auffassung nicht absolut, sondern **eingeschränkt** zu verstehen. In diesem Sinne wird die Ablehnung vertraglicher oder vertragsähnlicher Angebote wegen Verweigerung einer hierfür nicht erforderlichen Einwilligung für die Freiwilligkeit erst schädlich, wenn damit **beträchtliche negative Folgen**[4] verbunden wären, etwa weil dem Betroffenen ein anderer Zugang zu gleichwertigen vertraglichen Leistungen ohne die Einwilligung nicht oder nicht in zumutbarer Weise möglich ist[5].

Handelt es sich wie in den vorgeschlagenen Mustern um einseitig vorformulierte Werbe-Einwilligungserklärungen, so unterliegen solche Klauseln darüber hinaus der **AGB-Inhaltskontrolle** gemäß den §§ 305 ff. BGB[6]. Der BGH hat seine ältere Rechtsprechung, nach der Einwilligungen in Telefonwerbung generell nicht wirksam in Allgemeinen Geschäftsbedingungen erteilt werden können[7], im Jahre 2012 ausdrücklich aufgegeben[8]. Vorformulierte Werbe-Einwilligungen müssen insbesondere dem **Transparenzgebot** des § 307 Abs. 1 Satz 2 BGB genügen und noch mit den wesentlichen Grundgedanken der gesetzlichen Regelung, von der abgewichen wird, zu vereinbaren sein, § 307 Abs. 2 Nr. 1 BGB. Prüfungsmaßstab sind dabei einerseits die grundlegenden Datenschutz-Bestimmungen der DSGVO (bzw. die aufgrund von Öffnungsklauseln der DSGVO verbliebenen bereichsspezifischen Datenverarbeitungsverbote mit Erlaubnisvorbehalt, z.B. in der ePrivacy-VO[9]), andererseits aber zugleich auch die **wettbewerbsrechtlichen Regelungen** in § 7 UWG[10], mit denen der deutsche Gesetzgeber die Vorgaben der ePrivacy-Richtlinie[11] in nationales Recht transformiert hat. Die Anforderungen an die hinreichende **Klarheit und Verständlichkeit** einer Werbe-Einwilligungsklausel sind hoch: Der Werbungsadressat muss leicht zugänglich in einfacher Sprache so konkret wie möglich darüber aufgeklärt werden, wer ihm unter Verwendung welcher Datenkategorien über welches Kommunikationsmedi-

45.5

---

4 Vgl. *Europäischer Datenschutzausschuss*, Leitlinien 05/2020 zur Einwilligung gemäß Verordnung 2016/679, V.1.1 Rz. 47, der im Widerspruch zur eigenen Definition allerdings jeglichen Nachteil als Indiz für Unfreiwilligkeit anzusehen scheint.

5 Wie hier *Schulz* in Gola, Art. 7 DS-GVO Rz. 24 ff.; *Heckmann/Paschke* in Ehmann/Selmayr, Art. 7 DS-GVO Rz. 94 ff.; *Plath* in Plath, Art. 7 DSGVO Rz. 14; *Frenzel* in Paal/Pauly, Art. 7 DSGVO Rz. 18. Für ein absolutes Koppelungsverbot: *Europäischer Datenschutzausschuss*, Leitlinien 05/2020 zur Einwilligung gemäß Verordnung 2016/679, V.1.1 Rz. 38; *Stemmer* in BeckOK DatenschutzR, Art. 7 DSGVO Rz. 40 ff.; *Härting*, Teil B III. Rz. 395; *Dammann*, ZD 2016, 307; *Datenschutzkonferenz*, Kurzpapier Nr. 3 v. 29.6.2017, S. 2, abrufbar unter https://www.lda.bayern.de/media/dsk_kpnr_3_werbung.pdf.

6 BGH v. 16.7.2008 – VIII ZR 348/06, GRUR 2008, 1010 – Payback; BGH v. 25.10.2012 – I ZR 169/10, GRUR 2013, 531 – Einwilligung in Werbeanrufe II; vgl. auch Erwägungsgrund 42 Satz 3 DSGVO.

7 BGH v. 27.1.2000 – I ZR 241/97, GRUR 2000, 818 – Telefonwerbung VI; BGH v. 2.11.2000 – I ZR 154/98, VersR 2001, 315.

8 BGH v. 25.10.2012 – I ZR 169/10, GRUR 2013, 531 – Einwilligung in Werbeanrufe II.

9 Das Verordnungsgebungsverfahren zur Ablösung der ePrivacy-Richtlinie 2002/58/EG bzw. der entsprechend in nationales Recht transformierten Bestimmungen durch die ePrivacy-VO war bei Verfassen dieses Kapitels noch nicht abgeschlossen. Ein (gescheiterter) Entwurf der deutschen EU-Ratspräsidentschaft v. 4.11.2020 ist abrufbar unter https://data.consilium.europa.eu/doc/document/ST-9931-2020-INIT/en/pdf.

10 BGH v. 16.7.2008 – VIII ZR 348/06, GRUR 2008, 1010 – Payback. Soweit der Gesetzgeber es versäumt hat, § 7 Abs. 2 Nr. 2 und Nr. 3 UWG an die DSGVO anzupassen und statt einer „einfachen" Einwilligung entgegen Art. 2 S. 2 f. und Erwägungsgrund 17 der ePrivacy-Richtlinie i.V.m. Art. 94 Abs. 2, Art. 4 Nr. 11 DSGVO immer noch eine „ausdrückliche" Einwilligung verlangt, sind diese nationalen ePrivacy-Bestimmungen richtlinienkonform entsprechend zu reduzieren bzw. auszulegen, vgl. *Köhler* in Köhler/Bornkamm/Feddersen, § 7 UWG Rz. 149, 149e und BGH v. 28.5.2020 – I ZR 7/16, NJW 2020, 2540 – Cookie-Einwilligung II.

11 Richtlinie 2002/58/EG über die Verarbeitung personenbezogener Daten und den Schutz der Privatsphäre in der elektronischen Kommunikation v. 12.7.2002, die der DSGVO gem. Art. 95 DSGVO vorgeht.

um wie lange welche Werbeinhalte präsentiert wird[12]. Führt insoweit auch nur eine von mehreren Auslegungsmöglichkeiten zu einem vagen Ergebnis, ist die Klausel unwirksam[13].

2. Gegenstand und Adressat der Klausel

45.6 Die Klausel ist für ein **Offline-Auftragsformular** konzipiert, in dem ein Unternehmer personenbezogene Daten gem. Art. 6 Abs. 1 lit. b DSGVO zum Zweck der Erfüllung eines Vertrages erhebt und bei dieser Gelegenheit gleichzeitig eine Einwilligung des Betroffenen für E-Mail- und Telefon-Werbung einholt. Insofern kann zu Beginn des Klauseltextes zwecks eindeutiger Zuordnung auf die vom Betroffenen „oben" im Auftrags- oder Bestellformular zu Vertragszwecken bereits eingetragenen Daten (Vorname, Name, E-Mail-Adresse, Telefonnummer) Bezug genommen werden. Es ist ratsam, das Einwilligungsersuchen nur an **volljährige Personen** zu richten, da die Ansprache von Kindern zu diesen Zwecken als wettbewerbswidrig angesehen werden kann[14]. Nach Art. 8 Abs. 1 DSGVO liegt die **Altersgrenze**, ab der personenbezogene Daten von Minderjährigen bei direkt an sie gerichteten Angeboten von Diensten der Informationsgesellschaft[15] mit eigener Einwilligung ohne Zustimmung der Erziehungsberechtigten verarbeitet werden dürfen, bei 16 Jahren.

45.7 Im Muster wird der auch in der DSGVO zentrale Begriff des „**Verarbeitens**" von Daten verwendet. Er umfasst über die ehemalige BDSG-Definition hinaus jeden Vorgang im Zusammenhang mit personenbezogenen Daten, vgl. Art. 4 Nr. 2 DSGVO. Um vom Verarbeitungsbegriff eigentlich umfasste Datenübermittlungen auszuschließen, empfiehlt sich eine entsprechende Klarstellung im Rahmen einer Erläuterung. Hierfür kann man sich offline eines Klammerzusatzes oder eines am Blickfang teilnehmenden Hinweises bedienen. Wenn auch Datenübermittlungen beabsichtigt wären, bedürfte es der Angabe der Datenempfänger.

3. Keine Einwilligung für Briefwerbung erforderlich

45.8 Das Formular enthält anders als in der ersten Auflage keine **Briefwerbung**, nachdem hierfür mit Geltungsbeginn der DSGVO eine Einwilligung nicht zwingend erforderlich ist. Als Grundlage genügt gem. Art. 6 Abs. 1 lit. f DSGVO ein **berechtigtes Interesse**, sofern nicht die Interessen oder Grundrechte und Grundfreiheiten der betroffenen Person überwiegen. Dies ist in der vorliegenden Muster-Konstellation naheliegend, zumal sowohl **Direktwerbung** nach Erwägungsgrund 47 Satz 7 DSGVO als auch die **Kundenbeziehung** gemäß Erwägungsgrund 47 Satz 2 DSGVO als Beispiele für eine einem berechtigten Interesse dienende Verarbeitung anerkannt sind. Da Art. 6 Abs. 1 lit. f DSGVO nicht nur das eigene, sondern darüber hinaus das berechtigte Interesse eines Dritten genügen lässt, wäre auf dieser Grundlage im Prinzip auch Briefwerbung für Fremdprodukte denkbar[16]. Erforderlich ist nach Art. 13 Abs. 1 lit. c und lit. d DSGVO allerdings ein **Hinweis** bei Datenerhebung auf die Verarbeitung für Briefwerbung, deren Rechtsgrundlage sowie die verfolgten berechtigten Interessen. Mit diesen Informationen kann bei der betroffenen Person gleichzeitig eine entsprechende **Erwartungshaltung** begründet werden, die sich für den Verantwortlichen gemäß Erwägungsgrund 47 Satz 3 DSGVO im Ein-

---

12 Vgl. Erwägungsgrund 42 Satz 3 und 4 DSGVO. Zu den inhaltlichen Mindestanforderungen an eine informierte Einwilligung vgl. *Europäischer Datenschutzausschuss*, Leitlinien 05/2020 zur Einwilligung gemäß Verordnung 2016/679, V.1.1 Rz. 64; EuGH v. 11.11.2020 – C-61/19, BeckRS 2020, 30027 – Orange România.

13 BGH v. 18.7.2012 – VIII ZR 337/11, NJW 2013, 291.

14 Vgl. BGH v. 22.1.2014 – I ZR 218/12, GRUR 2014, 682 – Nordjob-Messe.

15 In der Regel gegen Entgelt elektronisch im Fernabsatz und auf individuellen Abruf erbrachte Dienstleistungen, vgl. Art. 1 Nr. 1 b) der RL (EU) 2015/1535.

16 So auch die *Datenschutzkonferenz*, Orientierungshilfe der Aufsichtsbehörden zur Verarbeitung von personenbezogenen Daten für Zwecke der Direktwerbung unter Geltung der Datenschutz-Grundverordnung (DS-GVO), S. 11, abrufbar unter https://www.datenschutzkonferenz-online.de/media/oh/2018 1107_oh_werbung.pdf.

zelfall positiv auf die Interessenabwägung auswirkt[17]. Zusätzlich ist nach Art. 21 Abs. 4 DSGVO spätestens zum Zeitpunkt der ersten Kommunikation und getrennt von anderen Informationen in verständlicher Form über das **Widerspruchsrecht** der betroffenen Person zu belehren. Wer vorsorglich dennoch eine Einwilligung für Briefwerbung einholen möchte, muss beachten, dass die nach früherem Recht hierfür noch anerkannten **Opt-out-Formulare** mit bereits angekreuzten Kästchen (Checkboxen)[18] nach Erwägungsgrund 32 DSGVO als taugliche Einwilligungen praktisch **ausgedient** haben.

4. Einwilligungserklärung in Bezug auf Telefon- und E-Mail-Werbung; Form

Für **E-Mail- und Telefonwerbung** ist im Grundsatz nach wie vor eine Einwilligung erforderlich[19]. 45.9
Anders als die DSGVO im Bereich der nichtelektronischen Direktwerbung sieht die für Direktwerbung über elektronische Kommunikationsdienste **speziellere ePrivacy-Richtlinie** eine Datenverarbeitung auf der Grundlage einer Interessenabwägung zu solchen Zwecken nicht vor[20]. Die vor Geltungsbeginn der DSGVO höchstrichterliche Rechtsprechung forderte auf der Grundlage von § 7 Abs. 2 UWG eine **gesonderte Einwilligung** in Gestalt einer ausdrücklichen, nur auf die Einwilligung in die Zusendung von E-Mail-Werbung[21] bzw. nur auf die Werbung per Telefonanruf[22] bezogenen Zustimmungserklärung („**Opt-in**"). Die Zusammenfassung mehrerer Kommunikationswege in einer Einwilligungserklärung ohne gesonderte Auswahlmöglichkeit sah der BGH allerdings als unschädlich an[23]. Eine – für Briefwerbung seinerzeit noch als zulässig erachtete – Opt-out-Gestaltung oder die Hervorhebung einer in Textpassagen mit auch anderen Erklärungen oder Hinweisen enthaltene Einwilligung genügte laut BGH hingegen nicht den Anforderungen des im Lichte der e-Privacy-Richtlinie auszulegenden § 7 Abs. 2 Nr. 2 Fall 1 bzw. Nr. 3 UWG[24]. Die seit dem 25.5.2018 in Bezug auf die Voraussetzungen der Einwilligung allein maßgebliche DSGVO verlangt insoweit zwar keine ausdrückliche Erklärung, aber wenigstens eine **eindeutige bestätigende Handlung**, so dass auch hiernach Untätigkeit, Stillschweigen und bereits angekreuzte Kästchen keine Einwilligung darstellen[25]. Schließlich gilt eine Einwilligung gemäß Erwägungsgrund 43 Satz 2 DSGVO nicht als freiwillig erteilt, wenn zu verschiedenen Verarbeitungsvorgängen von personenbezogenen Daten nicht **gesondert** eine Einwilligung erteilt werden kann, obwohl dies im Einzelfall angebracht ist[26]. Vor diesem Hintergrund werden im Muster vorsichtshalber je Kommunikationsmedium gesonderte **Checkboxen** verwendet, die vom Betroffenen **aktiv durch Ankreuzen auszuwählen** sind[27]. In einem Auftragsformular mit weiteren Informationen und Erklärungen zum Vertrag muss die Werbe-Einwilligung gemäß Art. 7 Abs. 2 Satz 1 DSGVO von diesen anderen Sachverhalten klar zu unterscheiden sein. Denkbar sind etwa eine optische Abgrenzung

---

17 A.A. *Datenschutzkonferenz*, Orientierungshilfe der Aufsichtsbehörden für Anbieter von Telemedien, S. 14, 16, abrufbar unter https://www.datenschutzkonferenz-online.de/media/oh/20190405_oh_tmg. pdf.

18 Vgl. BGH v. 11.11.2009 – VIII ZR 12/08, K&R 2010, 116 – Happy Digits; BGH v. 16.7.2008 – VIII ZR 348/06, GRUR 2008, 1010 – Payback.

19 So auch die *Datenschutzkonferenz*, Kurzpapier Nr. 3 v. 29.6.2017, S. 2, abrufbar unter https://www.lda. bayern.de/media/dsk_kpnr_3_werbung.pdf. Ausnahme siehe § 7 Abs. 3 und § 7 Abs. 2 Alt. 2 UWG.

20 Entsprechendes gilt für die bei Verfassen dieses Kapitels noch nicht verabschiedete ePrivacy-VO, letzter Entwurf abrufbar unter: https://data.consilium.europa.eu/doc/document/ST-9931-2020-INIT/en/pdf.

21 BGH v. 16.7.2008 – VIII ZR 348/06, GRUR 2008, 1010 – Payback.

22 BGH v. 14.4.2011 – I ZR 38/10, MMR 2011, 458.

23 BGH v. 1.2.2018 – III ZR 196/17, GRUR 2018, 545.

24 Ebenso OLG München v. 21.7.2011 – 6 U 4039/10, ZD 4/2011, 180; krit. zu diesem Auslegungsergebnis *Hanloser*, CR 2008, 713.

25 Vgl. Art. 4 Nr. 11 u. Erwägungsgrund 32 DSGVO sowie EuGH v. 1.10.2019 – C 673/17 – Planet 49; BGH v. 28.5.2020 – I ZR 7/16, NJW 2020, 2540 – Cookie-Einwilligung II.

26 Erwägungsgrund 32 Satz 5 DSGVO legt nahe, dass in der Regel gesonderte Einwilligungen pro Verarbeitungszweck angebracht sind.

27 Vor Geltungsbeginn der DSGVO waren gesonderte Erklärungen je Werbekanal nach höchstrichterlicher Rechtsprechung zu § 7 Abs. 2 UWG nicht zwingend erforderlich, vgl. BGH v. 1.2.2018 – III ZR 196/17, GRUR 2018, 545.

durch Einrahmung oder Fettschrift sowie die separate Abfrage in einem Anhang[28]. Aus verhaltenswissenschaftlicher Perspektive empfiehlt sich eine hervorgehobene Platzierung ganz am Ende des Bestellprozesses[29].

5. Begünstigter der Erklärung

45.10 Um dem **Transparenzgebot** hinreichend Rechnung zu tragen, muss aus dem Formular eindeutig hervorgehen, **welcher Verantwortliche** aus der Werbe-Einwilligung **begünstigt** wird[30]. Die Erklärung der betroffenen Person erfolgt nur dann in der gebotenen Kenntnis der Sachlage, wenn sie unzweifelhaft erkennen kann, **wer** sie über das von ihr ausgewählte Kommunikationsmedium werblich kontaktieren und ob es sich ausschließlich um **Eigenwerbung** des Verantwortlichen oder (auch) um Werbung für **Angebote von Drittunternehmen** handeln wird[31]. Lässt die Einwilligungsklausel dagegen Spielraum für die Auslegung, dass auch namentlich nicht benannte Dritte aus der Werbe-Einwilligung begünstigt werden, so ist die vorformulierte Erklärung intransparent und damit unwirksam[32]. Soweit im Auftragsformular an anderer Stelle die ladungsfähige Anschrift des Werbenden bereits angegeben wurde, muss diese nach der hier vertretenen Ansicht nicht nochmals im Einwilligungstext wiederholt werden, es reicht insofern die Angabe des vollständigen Namens bzw. der Firma.

6. Werbungsinhalt

45.11 Darüber hinaus ist zu empfehlen, in der vorformulierten Einwilligungserklärung von vornherein den **Werbungsinhalt einzugrenzen**. Ohne entsprechende Präzisierung könnte die Einwilligungsklausel als unwirksam angesehen werden, was insbesondere für Generaleinwilligungen gilt[33]. Die betroffene Person muss ihre Willensbekundung **für den bestimmten**[34] bzw. **konkreten**[35] **Fall** abgeben und dabei **wissen**, dass ihre Erklärung ein Einverständnis darstellt und **worauf sie sich bezieht**, weil ihr klar wird, **welche Waren oder Dienstleistungen welcher Unternehmen** die Einwilligung konkret erfasst[36]. Insofern zählt in vorformulierten Einwilligungserklärungen neben der Nennung des Verantwortlichen nach der Rechtsprechung grundsätzlich auch die **Angabe der Produktart**, die künftig beworben werden soll, zum Pflichtprogramm[37]. Eine nähere Konkretisierung soll aber dann nicht erforderlich sein, wenn der von der Einwilligung begünstigte Verantwortliche und dessen Produktpalette allgemein oder zumindest situationsbedingt bekannt sind, etwa weil die Einwilligung im Rahmen einer Bestellung von Waren oder Dienstleistungen des Verantwortlichen erteilt wird[38]. Soweit die Nennung der Produkte weder der Art nach noch vom Umfang her Probleme bereitet, ist sie vor dem Hintergrund der insoweit nicht

---

28 Vgl. *Europäischer Datenschutzausschuss*, Leitlinien 05/2020 zur Einwilligung gemäß Verordnung 2016/679, V.1.1 Rz. 71.
29 Vgl. *Kettner/Thorun/Spindler*, Innovatives Datenschutz-Einwilligungsmanagement, S. 48, abrufbar unter: https://www.bmjv.de/SharedDocs/Downloads/DE/Service/Fachpublikationen/090620_Datenschutz_Einwilligung.pdf?__blob=publicationFile&v=3.
30 Vgl. Erwägungsgrund 42 Satz 4 DSGVO.
31 Vgl. BGH v. 18.7.2012 – VIII ZR 337/11, NJW 2013, 291; *v. Nussbaum/Krienke*, MMR 2009, 372.
32 Vgl. BGH v. 18.7.2012 – VIII ZR 337/11, NJW 2013, 291; *Köhler* in Köhler/Bornkamm/Feddersen, § 7 UWG Rz. 153d m.w.N.; *Isele*, GRUR-Prax. 2011, 463.
33 Vgl. *Köhler* in Köhler/Bornkamm/Feddersen, § 7 UWG Rz. 149d.
34 Art. 4 Nr. 11 DSGVO.
35 Erwägungsgrund 32 Satz 1 DSGVO.
36 BGH v. 25.10.2012 – I ZR 169/10, GRUR 2013, 531 – Einwilligung in Werbeanrufe II; BGH v. 28.5.2020 – I ZR 7/16, NJW 2020, 2540 – Cookie-Einwilligung II.
37 BGH v. 14.3.2017 – VI ZR 721/15, ZD 2017, 327; KG v. 29.10.2012 – 5 W 107/12, MMR 2013, 245.
38 Vgl. BGH v. 1.2.2018 – III ZR 196/17, GRUR 2018, 545.

ganz einheitlichen Rechtsprechung der BGH-Zivilsenate im Zweifel auch bei Einwilligungen in Auf-tragsformularen ratsam[39].

7. Widerrufsbelehrung

Gemäß Art. 7 Abs. 3 Satz 1 DSGVO hat die betroffene Person das Recht, ihre Einwilligung jederzeit **45.12** zu **widerrufen**. Hiervon ist die betroffene Person nach Art. 7 Abs. 3 Satz 3 DSGVO vor Abgabe der Einwilligung **in Kenntnis zu setzen**. Entsprechendes gilt für die Rechtsfolge, dass die Rechtmäßigkeit der aufgrund der Einwilligung bis zum Zeitpunkt des Widerrufs erfolgten Verarbeitung unberührt bleibt (Hinweis auf *„Wirkung für die Zukunft“*)[40]. Eine einmal erteilte Einwilligung endet nur durch Widerruf bzw. Widerspruch gem. Art. 21 Abs. 2 DSGVO. Ein anderer Beendigungsgrund ist gesetz-lich – auch in der DSGVO – nicht vorgesehen[41]. Dennoch gab es in der Vergangenheit vereinzelt die Tendenz in der Instanz-Rechtsprechung und behördlichen Aufsichtspraxis, das Erlöschen einer Ein-willigung durch bloßen **Zeitablauf** zu konstruieren[42]. Dem lässt sich vorbeugend begegnen, indem man den Pflichthinweis auf das Widerrufsrecht mit der **Vereinbarung einer Geltungsdauer** der Ein-willigung (*„bis auf Widerruf“*) verbindet. Nach der Rechtsprechung des EuGH stellt ein Hinweis auf die Dauer der Datenverarbeitung zudem ein wesentliches Element einer informierten Einwilligung dar[43]. Die **Ausübung** des Widerrufsrechts darf nach Art. 7 Abs. 3 Satz 4 DSGVO im Vergleich zur Er-teilung der Einwilligung **nicht erschwert** werden, so dass z.B. das Verlangen der strengen Schriftform für den Widerruf einer elektronisch erteilten Einwilligung unzulässig wäre. Zu informieren ist über die Art und Weise, wie das Widerrufsrecht geltend gemacht werden kann[44]. Zwecks besserer Steuerung und optimierter Überwachung eingehender Widerrufe/Widersprüche empfiehlt es sich, – wie im Mus-ter vorgesehen – **beispielhaft eine konkrete Adresse** anzugeben. Die in die Widerrufsbelehrung inte-grierte Information, dass die Einwilligung für den Vertragsschluss nicht erforderlich ist, kann etwaigen Zweifeln an der Freiwilligkeit der Erteilung in Konstellationen wie diesen von vornherein vorbeugen[45]. Am Ende des Musters ist ein Hinweis auf die weiteren datenschutzrechtlichen Pflichtinformationen ratsam, die bei den Betroffenenrechten das neben dem im Muster selbst erwähnten Widerrufsrecht in diesem Zusammenhang besonders bedeutsame Widerspruchsrecht bei Direktwerbung gem. Art. 21 Abs. 2 DSGVO enthalten müssen.

---

39 BGH v. 1.2.2018 – III ZR 196/17 weicht von der Auffassung des VI. BGH-Zivilsenats ab, der in der Ent-scheidung v. 14.3.2017 – VI ZR 721/15 – generell die Angabe der zu bewerbenden Produkte fordert, weil sich die Zusammensetzung und der Umfang einer Produktpalette ändern und erweitern könne, so dass der künftige Werbeinhalt ohne entsprechende Eingrenzung unübersehbar werde. Wenn man diese An-nahme für relevant hielte, müsste sie konsequenterweise auch für Werbung bekannter Unternehmen gel-ten. Nach hier vertretener Ansicht ist die Rechtsprechung des III. BGH-Zivilsenats überzeugender. Die sklavische Angabe der Produktgattungen wäre insbesondere für Vollsortimenter überfordernd oder zur Vermeidung von Überinformation so weit zu abstrahieren, dass kein Erkenntnisgewinn im Vergleich zur schlichten Angabe *„Produkte aus unserem Sortiment“* ersichtlich wäre.
40 Art. 13 Abs. 2 lit. c DSGVO bzw. Art. 14 Abs. 2 lit. d DSGVO.
41 Vgl. BGH v. 1.2.2018 – III ZR 196/17, GRUR 2018, 545; *Europäischer Datenschutzausschuss*, Leitlinien 05/2020 zur Einwilligung gemäß Verordnung 2016/679, V.1.1 Rz. 110.
42 Vgl. LG München I v. 8.4.2010 – 17 HK O 138/10, BeckRS 2011, 14109; LG Stuttgart v. 13.8.2006 – 38 O 17/06, BeckRS 2007, 3921; *Datenschutzkonferenz*, Orientierungshilfe der Aufsichtsbehörden zur Ver-arbeitung von personenbezogenen Daten für Zwecke der Direktwerbung unter Geltung der Daten-schutz-Grundverordnung (DS-GVO), S. 10, abrufbar unter https://www.datenschutzkonferenz-online. de/media/oh/20181107_oh_werbung.pdf.
43 EuGH v. 11.11.2020 – C-61/19, BeckRS 2020, 30027 – Orange România; vgl. auch Art. 6 Abs. 2a DSGVO.
44 *Europäischer Datenschutzausschuss*, Leitlinien 05/2020 zur Einwilligung gemäß Verordnung 2016/679, V.1.1 Rz. 116.
45 Vgl. EuGH v. 11.11.2020 – C-61/19, BeckRS 2020, 30027 – Orange România.

8. Beweis der Einwilligung

45.13 Die Nachweisanforderungen an eine aktive und unzweifelhaft in Kenntnis der Sachlage erteilte Einwilligung sind hoch. Selbst eine unterschriebene Vertragsurkunde, deren Vollständigkeit und Richtigkeit nach herkömmlichem Rechtsverständnis zu vermuten ist, soll nach Auffassung des EuGH zumindest dann nicht genügen, wenn die enthaltene Klausel einer Datenverarbeitungseinwilligung vom Verkaufspersonal des Verantwortlichen abgefragt und für den Betroffenen angekreuzt wurde anstatt von diesem selbst. Auch vor diesem Hintergrund sollte eine in einem Vertrag vorformulierte Werbe-Einwilligung entweder ins Auge fallend unmittelbar vor der Unterschriftenzeile platziert oder besser noch gesondert abgefragt und unterzeichnet werden (vgl. oben Rz. 45.9). Der Verantwortliche ist gut beraten, sein Verkaufspersonal anzuweisen, das Formular vom Betroffenen stets eigenhändig ausfüllen zu lassen.

C. Einwilligungserklärung bei Abschluss eines Vertrages: Online-Variante

I. Muster

45.14 **M 45.2 Werbe-Einwilligungserklärung bei Abschluss eines Vertrages: Online-Variante für E-Mail- und Telefon-Werbung**

*Ich bin einverstanden, dass die X-GmbH meine oben für die Vertragserfüllung angegebenen Daten auch verarbeitet [der unterstrichene Begriff „**verarbeitet**" ist mit einem ersichtlich klickbaren Layer mit folgender Information zu unterlegen: „jeder Vorgang im Zusammenhang mit personenbezogenen Daten, wie z.B. das Erheben, Speichern und Verwenden, nicht jedoch die Übermittlung. Die X-GmbH wird meine Daten nicht ohne meine gesonderte oder eine gesetzliche Erlaubnis an Dritte übermitteln."], um mich per*

☐ *E-Mail und/oder*

☐ *Telefon*

über Produkte aus dem Sortiment der X-GmbH (Elektronikwaren, Blu-rays, DVDs und CDs) zu informieren. Meine Einwilligung ist für den Vertragsschluss nicht erforderlich und gilt bis auf Widerruf, den ich jederzeit mit Wirkung für die Zukunft erklären kann, z.B. per E-Mail an widerruf@x-gmbh.de.

Weitere Hinweise zur Verarbeitung meiner personenbezogenen Daten und zu meinen Rechten als betroffene Person finde ich hier [Link auf Datenschutzerklärung].

*[Schaltfläche:] **Kostenpflichtig bestellen***

II. Erläuterungen

1. Allgemeine Anforderungen

45.15 Hinsichtlich der allgemeinen Anforderungen an die Wirksamkeit einer vorformulierten Werbe-Einwilligungserklärung siehe die Erläuterungen zu Rz. 45.3 ff. Bei **elektronischen** vorformulierten Werbe-Einwilligungen sind zusätzlich folgende Aspekte zu beachten:

2. Formerfordernisse

45.16 Nach der DSGVO gibt es für Werbe-Einwilligungen im Grundsatz **keine besonderen Formerfordernisse**. In Erwägungsgrund 32 DSGVO ist u.a. die **elektronische Erklärung** z.B. durch Anklicken eines Kästchens beim Besuch einer Internetseite erwähnt, ohne dass diese Form an weitere besondere

Bedingungen geknüpft wird. Die nach früherem Recht noch erforderliche Protokollierung und Abrufmöglichkeit des Inhalts der elektronisch gegebenen Einwilligung stellen somit keine Wirksamkeitsvoraussetzungen mehr da. Allerdings muss die Aufforderung zur Erteilung einer elektronischen Einwilligung gemäß Erwägungsgrund 32 Satz 6 DSGVO in **klarer und knapper Form und ohne unnötige Unterbrechung des Dienstes**, für den die Einwilligung gegeben wird, erfolgen. Die Aufforderung sollte daher weder ausufern noch die Nutzung eines Dienstes unnötig stören, etwa in Gestalt des übermäßigen Einsatzes von Pop-up-Fenstern oder Cookie-Bannern auf einer Website[46]. Der Einsatz von **Layern** für Erläuterungen auf einer zweiten Ebene erscheint aber als probates Mittel, um die einerseits geforderte Informationstiefe mit dem andererseits bestehenden Knappheitsgebot in praktische Übereinstimmung zu bringen[47]. Für in der Regel gegen Entgelt elektronisch im Fernabsatz und auf individuellen Abruf erbrachte Dienstleistungen kann die Einwilligung alternativ auch durch **Auswahl technischer Einstellungen** gegeben werden, soweit die betroffene Person aktiv eine Auswahl trifft[48].

3. Unmissverständliche Willensbekundung

Eine bewusste und eindeutige Einwilligung setzt neben den oben bereits erläuterten Anforderungen an eine informierte Entscheidung eine Willensbekundung voraus, die **unmissverständlich bestätigend** zum Ausdruck bringt, dass die betroffene Person mit der Verarbeitung der sie betreffenden personenbezogenen Daten **für den konkret genannten Werbezweck** einverstanden ist[49]. Diese Voraussetzungen werden im Muster durch **Checkboxen** erfüllt, die vom Nutzer/Betroffenen für E-Mail- und Telefonwerbung **aktiv angekreuzt** werden müssen[50].   45.17

4. Protokollierung

Zwar ist eine **Protokollierung** der elektronischen Einwilligungserklärung für deren Wirksamkeit nicht mehr erforderlich, vor dem Hintergrund der Anforderungen der DSGVO an die Nachweisbarkeit[51] der Einwilligung sowie der hohen Bußgeldandrohung[52] aber weiterhin zu empfehlen. Dafür muss mittels geeigneter Trackingmethoden/Logfiles[53] aufgezeichnet werden, **dass**, **wann** (Tag und Uhrzeit) und **wie** (Eingabe welcher personenbezogenen Daten, Setzen/Entfernen welcher Häkchen in den Einwilligungs-   45.18

---

46 Vgl. *Härting*, Teil B III. Rz. 362 f.; *Schulz* in Gola, Art. 7 DS-GVO Rz. 47. Siehe aber auch *Europäischer Datenschutzausschuss*, Leitlinien 05/2020 zur Einwilligung gemäß Verordnung 2016/679, V.1.1 Rz. 82, wonach eine Dienstunterbrechung hinzunehmen sei, wenn ein weniger störendes Einwilligungsersuchen zu Zweifeln an der Wirksamkeit führen könnte.

47 Mehrschichtige Einwilligungstexte werden als geeignetes Mittel zur Bewältigung der Gratwanderung zwischen Vollständigkeits- und Verständlichkeitsverpflichtung auch von den Aufsichtsbehörden genannt, vgl. *Europäischer Datenschutzausschuss*, Leitlinien 05/2020 zur Einwilligung gemäß Verordnung 2016/679, V.1.1 Rz. 69.

48 Vgl. Erwägungsgrund 32 Satz 6 DSGVO.

49 Vgl. Erwägungsgrund 32 Satz 1 DSGVO u. EuGH v. 1.10.2019 – C 673/17, MMR 2019, 732 – Planet 49; EuGH v. 11.11.2020 – C-61/19, BeckRS 2020, 30027 – Orange România.

50 Als Online-Gestaltungsvariante vertretbar erscheint auch eine benutzerfreundliche „One-Click-for-all"-Option, mit der die betroffene Person auf erster Ebene mit dem Ankreuzen nur einer Checkbox gleichzeitig in E-Mail- und Telefonwerbung einwilligt, solange über einen deutlichen Link auf eine zweite Ebene die Einzelauswahl möglich bleibt.

51 Der Verantwortliche muss technisch-organisatorische Maßnahmen treffen, um seine Rechenschaftspflicht gem. Art. 5 Abs. 2 und Art. 7 Abs. 1 DSGVO erfüllen zu können.

52 Verstöße gegen die Bedingungen der Einwilligung können gem. Art. 83 Abs. 5 lit. a DSGVO mit Geldbußen von bis zu 20 Millionen EUR oder im Fall eines Unternehmens von bis zu 4 % des gesamten weltweit erzielten Jahresumsatzes des vorangegangenen Geschäftsjahres, je nachdem, welcher Betrag höher ist, geahndet werden.

53 Über das zum Einsatz kommende Verfahren ist in der Datenschutzerklärung der Website aufzuklären.

Checkboxen, Klick der Bestell-Schaltfläche) der Nutzer/Betroffene in **welchen Inhalt** (Zweck und Umfang der Datenverwendung) **eingewilligt** hat[54].

5. Beweis der Einwilligung

45.19   Zu beachten ist, dass die Protokollierung der unter Rz. 45.18 genannten Eingaben einer bei Datenerhebung regelmäßig nur als **Nutzer mit einer bestimmten IP-Adresse** (un)bekannten Person als **Beweis** für die Erteilung der Einwilligung durch eine **bestimmte Person** allein **nicht geeignet** ist[55]. Für die **Verifizierung** einer elektronisch erteilten **Einwilligung in E-Mail-Werbung** hat sich in der Praxis daher das sog. **Double-Opt-in-Verfahren** etabliert, d.h. eine online eingegebene E-Mail-Adresse wird erst dann in den E-Mail-Werbungsverteiler aufgenommen, wenn der Betroffene diese Einwilligung z.B. über einen Link in einer per E-Mail an die zu verifizierende E-Mail-Adresse verschickten Bestätigungsaufforderung des Werbenden **nochmals bestätigt** hat. Das Verfahren wird als Erleichterung des Beweises für die elektronische Erteilung einer Einwilligung in E-Mail-Werbung vom BGH als solches anerkannt[56]. Die an die betroffene Person versandte bloße Bestätigungsaufforderung stellt nach herrschender Meinung in der oberlandesgerichtlichen Rechtsprechung auch keine E-Mail-Kommunikation dar, die ihrerseits bereits einer Einwilligung bedarf[57]. Die Datenschutzaufsichtsbehörden sehen das Double-Opt-in-Verfahren sogar als **geboten** an[58]. Da es aber lediglich Beweiserleichterungen für E-Mail-Werbung, nicht jedoch für die Einwilligung in werbliche Telefonanrufe an eine online eingegebene Telefonnummer mit sich bringt[59], käme als geeignete Dokumentationsmethode für eine elektronisch erteilte **Einwilligung in Telefonwerbung** ein sog. **Verification Call** in Betracht, der **allein der Feststellung** dient, ob der Inhaber der online eingegebenen Telefonnummer tatsächlich eine entsprechende Einwilligung erteilt hat. Zwecks Beweissicherung sollte das ggf. positive Ergebnis dieses Bestätigungsanrufs, der nach der hier vertretenen Auffassung keinen Werbeanruf darstellt[60], mit Einverständnis des Betroffenen als Audiofile aufgezeichnet werden[61]. Bei Mobilfunknummern ließe sich der Nachweis alternativ über eine **SMS-Bestätigung** führen.

6. Widerruf

45.20   Hinsichtlich des Hinweises auf das Widerrufsrecht gelten im Übrigen die Erläuterungen zu Rz. 45.12 entsprechend.

---

54 Entsprechende Protokollierung wird als Nachweismethode auch vom *Europäischen Datenschutzausschuss*, Leitlinien 05/2020 zur Einwilligung gemäß Verordnung 2016/679, V.1.1 Rz. 108, anerkannt.
55 Vgl. BGH v. 10.2.2011 – I ZR 164/09, K&R 2011, 587 – Double-opt-in-Verfahren.
56 BGH v. 10.2.2011 – I ZR 164/09, K&R 2011, 587 – Double-opt-in-Verfahren.
57 OLG Düsseldorf v. 17.3.2016 – 15 U 64/15, MMR 2016, 754; OLG Celle v. 15.5.2014 – 13 U 15/14, MMR 2014, 611; wohl auch OLG Frankfurt v. 30.9.2013 – 1 U 314/12, MMR 2014, 115; a.A. OLG München v. 27.9.2012 – 29 U 1682/12, ZD 2013, 89 – Bestätigungsaufforderung.
58 *Datenschutzkonferenz*, Orientierungshilfe der Aufsichtsbehörden zur Verarbeitung von personenbezogenen Daten für Zwecke der Direktwerbung unter Geltung der Datenschutz-Grundverordnung (DS-GVO), S. 9, abrufbar unter https://www.datenschutzkonferenz-online.de/media/oh/20181107_oh_werbung.pdf.
59 BGH v. 10.2.2011 – I ZR 164/09, K&R 2011, 587 – Double-opt-in-Verfahren.
60 Wie hier *Köhler* in Köhler/Bornkamm/Feddersen, § 7 UWG Rz. 154a.
61 Vgl. *Köhler* in Köhler/Bornkamm/Feddersen, § 7 UWG Rz. 154a.

D. Einwilligungserklärung im Rahmen eines Gewinnspiels: Offline-Variante für mehrere Werber

I. Muster

M 45.3 Werbe-Einwilligungserklärung im Rahmen eines Gewinnspiels: 45.21
Offline-Variante für E-Mail- und Telefon-Werbung für mehrere Werber

Ich bin einverstanden, dass meine oben für die Teilnahme am Gewinnspiel erhobenen Kontaktdaten vom Veranstalter X-GmbH

☐ *an die Y-GmbH, ABC-Straße 1, 20000 Musterstadt, info@y-gmbh.de, übermittelt werden, damit diese mich über deren Produkte (Bücher, Schreibwaren, Spielzeug) informiert und zwar per*

☐ *E-Mail*

und/oder

☐ *Telefon*

und/oder

☐ *an die Z-GmbH, Industrieweg 1, 30000 Nordstadt, info@z-gmbh.de, übermittelt werden, damit diese mich über deren Produkte (Telekommunikationsdienstleistungen) informiert und zwar per*

☐ *E-Mail*

und/oder

☐ *Telefon.*

Meine Einwilligung ist für die Gewinnspielteilnahme nicht erforderlich und gilt bis auf Widerruf, den ich jederzeit mit Wirkung für die Zukunft erklären kann, z.B. per E-Mail an den Veranstalter widerruf@x-gmbh.de oder direkt an die angegebenen E-Mail-Adressen der Y-GmbH bzw. der Z-GmbH.

Weitere Hinweise zur Verarbeitung meiner personenbezogenen Daten und zu meinen Rechten als betroffene Person finde ich hier [Link auf Datenschutzerklärung].

Ort, den …   *Unterschrift: …*

II. Erläuterungen

1. AGB-Kontrolle

Werbe-Einwilligungserklärungen, die im Zusammenhang mit einem **Gewinnspiel** vom Veranstalter   45.22 vorgegeben werden, unterliegen der **AGB-rechtlichen Inhaltskontrolle** nach den §§ 305 ff. BGB. Dies gilt seit Geltungsbeginn der DSGVO am 25.5.2018 unabhängig von der früher relevanten Frage, ob die Einwilligungen im Zusammenhang mit einer Sonderverbindung stehen[62]. Denn nach Erwägungsgrund 42 Satz 3 DSGVO sind vorformulierte Einwilligungserklärungen generell darauf zu kontrollieren, dass sie gemäß der Richtlinie 93/13/EWG des Rates – im nationalen Recht umgesetzt in den §§ 305 ff. BGB – in verständlicher und leicht zugänglicher Form in einer klaren und einfachen Sprache zur Verfügung gestellt werden und keine missbräuchlichen Klauseln beinhalten. Hinsichtlich der oben unter Rz. 45.4 diskutierten Frage, ob bestimmte Anreize – in der vorliegenden Fall in Gestalt von Gewinnchancen – bzw. die Koppelung der Teilnahmemöglichkeit an die Erteilung der Einwilligung deren

---

62 Vgl. zum früheren Recht BGH v. 25.10.2012 – I ZR 169/10 – Einwilligung in Werbeanrufe II – und nunmehr BGH v. 28.5.2020 – I ZR 7/16, NJW 2020, 2540 – Cookie-Einwilligung II.

Freiwilligkeit entfallen lässt, scheint sich in der Rechtsprechungsentwicklung eine Tendenz zur Unschädlichkeit der Koppelung herauszubilden, da die betroffene Person zwanglos entscheiden könne und müsse, ob sie ihre personenbezogenen Daten als Gegenleistung zur Verfügung zu stellen möchte[63]. Wer sich hierauf verlassen möchte, könnte die Einwilligungserteilung alternativ als Voraussetzung für die Teilnahme am Gewinnspiel ausgestalten. Auf diese Abhängigkeit sollte dann aber von vornherein deutlich hingewiesen werden. Zudem müsste die Widerrufsbelehrung im Muster wie folgt geändert werden: „Meine Einwilligung ist für die Gewinnspielteilnahme erforderlich und gilt bis auf Widerruf, den ich jederzeit mit Wirkung für die Zukunft erklären kann, z.B. per E-Mail an den Veranstalter widerruf@x-gmbh.de oder direkt an die angegebenen E-Mail-Adressen der Y-GmbH bzw. der Z-GmbH. Die weitere Teilnahme am Gewinnspiel ist in diesem Fall jedoch nicht mehr möglich."

2. Transparenz

45.23 Das Offline-Formular einer im Rahmen der Veranstaltung eines Gewinnspiels eingeholten Werbe-Einwilligung folgt der Systematik der im Zuge eines Vertragsschlusses eingeholten Einwilligung (vgl. die insoweit entsprechend geltenden Erläuterungen zu Rz. 45.3 ff.). Zur Herstellung der erforderlichen **Transparenz** müssen die begünstigten **Sponsoren** sowie die jeweils zu bewerbenden **Produkte** im Einwilligungstext **einzeln und konkret benannt** werden[64]. Soweit im Muster Einwilligungen für E-Mail- und Telefonwerbung eingeholt werden, ist deren **Trennung von weiteren Erklärungen** zu beachten. Nach Art. 7 Abs. 2 Satz 1 DSGVO kann um eine schriftliche[65] Einwilligungserklärung für Telefon- und E-Mail-Werbung nun auch zusammen mit Erklärungen, die noch andere Sachverhalte betreffen, gebeten werden[66]. Dafür muss das Ersuchen um Einwilligung aber in verständlicher und leicht zugänglicher Form in einer klaren und einfachen Sprache so erfolgen, dass es von anderen Sachverhalten klar zu unterscheiden ist, etwa durch **grafische Abgrenzung** oder **Hervorhebung** (z.B. Fettdruck oder Umrahmung).

3. Gestaltung der Erklärung

45.24 Damit die Einwilligungserklärung knapp, klar und einfach bleibt, sollte sie insbesondere mit Blick auf die **Anzahl der begünstigen Sponsoren überschaubar** gestaltet werden und demjenigen, der grundsätzlich zu einer sachlichen Befassung mit dem Inhalt und Umfang der vorformulierten Einwilligung bereit ist, die Möglichkeit einer realistischen Prüfung eröffnen, ohne die Gefahr einer vorschnellen Einwilligung zu begründen[67]. Insofern könnte z.B. eine Liste mit mehr als 50 Sponsoren allein deshalb zur Unwirksamkeit der Einwilligung führen, weil der Informationsaufwand außer Verhältnis zur erstrebten Teilnahme an einem Gewinnspiel steht[68].

---

63 Vgl. OLG Frankfurt v. 27.6.2019 – 6 U 6/19 u. die Schlussanträge des Generalanwalts beim EuGH *Szpunar* in der Rechtssache C-673/17 – Planet49 (vom EuGH mangels Erheblichkeit offengelassen).

64 Vgl. BGH v. 28.5.2020 – I ZR 7/16, NJW 2020, 2540 – Cookie-Einwilligung II. Weitere Anforderungen stellen die Qualitätsstandards E-Mail-Marketing des DDV, Stand März 2017, abrufbar unter: https://www.ddv.de/fileadmin/user_upload/pdf/Verband/Kompetenz-Center/Digitaler_Dialog/Qualitaetsstandard_EMM/Qualitaetsstandard_E-Mail_Marketing.pdf.

65 Schriftliche Erklärungen können auch elektronisch erfolgen, vgl. Erwägungsgrund 32 DSGVO.

66 Das wurde vom BGH vor Geltungsbeginn der DSGVO noch verneint, vgl. BGH v. 14.4.2011 – I ZR 38/10, MMR 2011, 458.

67 Vgl. BGH v. 28.5.2020 – I ZR 7/16, NJW 2020, 2540 – Cookie-Einwilligung II.

68 Vgl. BGH v. 28.5.2020 – I ZR 7/16, NJW 2020, 2540 – Cookie-Einwilligung II; die eco-Richtlinie für zulässiges E-Mail-Marketing, 6. Aufl. 2016, abrufbar unter: https://certified-senders.org/wp-content/uploads/2017/05/Marketing-Richtlinie.pdf, empfiehlt insoweit eine Beschränkung auf maximal zehn Sponsoren. Laut OLG Frankfurt v. 27.6.2019 – 6 U 6/19, ZD 2019, 507 – ist jedenfalls eine Liste mit acht Sponsoren unschädlich.

4. Widerruf

Der Widerruf der Einwilligung(en) kann nach dem Muster sowohl gegenüber dem Gewinnspielver- 45.25
anstalter als verantwortlicher Stelle als auch gegenüber den benannten Sponsoren als Empfänger der
übermittelten Daten gerichtet werden. Insofern ist zwischen allen Beteiligten ein entsprechender Infor-
mationsfluss – ggf. über Auftragsverarbeitungsvereinbarungen – sicherzustellen. Im Übrigen gelten die
Erläuterungen zu Rz. 45.12 entsprechend.

E. Einwilligungserklärung im Rahmen eines Gewinnspiels: Online-Variante für mehrere Werber

I. Muster

M 45.4 Werbe-Einwilligungserklärung im Rahmen eines Gewinnspiels: 45.26
Online-Variante für E-Mail-Werbung für mehrere Werber

☐ *Ich bin einverstanden, dass meine oben für die Teilnahme am Gewinnspiel erhobenen Kontaktdaten
vom Veranstalter X-GmbH an die Gewinnspiel-Sponsoren [Link auf Informationsseite mit Liste der Spon-
soren-Firmen] übermittelt werden, damit diese mich per E-Mail an meine oben angegebene Adresse über
deren jeweiligen Produktsortimente [Link auf Informationsseite mit Liste der Sponsoren-Firmen und deren jeweils beworbene Produktgattung] informieren. Meine Einwilligung ist für die Gewinnspielteilnahme
nicht erforderlich und gilt bis auf Widerruf, den ich jederzeit mit Wirkung für die Zukunft erkläre [Link
auf Information, dass Widerruf z.B. per E-Mail an den Veranstalter mailto: widerruf@x-gmbh.de oder direkt an die angegebenen E-Mail-Adressen der Gewinnspiel-Sponsoren erfolgen kann] kann.*

[Schaltfläche:] **Teilnehmen**

*Weitere Hinweise zur Verarbeitung meiner personenbezogenen Daten und zu meinen Rechten als betroffe-
ne Person finde ich* hier *[Link auf Datenschutzerklärung].*

II. Erläuterungen

Das Online-Formular zur Einholung einer E-Mail-Werbe-Einwilligung im Rahmen der Veranstal- 45.27
tung eines Gewinnspiels hat im Vergleich zur Offline-Variante den Vorzug, sich übersichtlicher gestalten zu lassen, da die zur Herstellung von Transparenz erforderlichen Angaben über die einzelnen
werbenden Unternehmen (Gewinnspiel-Sponsoren) einschließlich der jeweils zu bewerbenden Pro-
duktgattung sowie die konkreten Widerrufsmöglichkeiten über elektronische Verweise (**Layer** oder
Links) bereitgestellt werden können. Die Link-Technik ist vom BGH als für den Verbraucher **leicht erkennbare** Variante der Information im Internet anerkannt[69]. Im Übrigen kann auf die entsprechend
geltenden Erläuterungen zu Rz. 45.22 ff. verwiesen werden.

---

69 Vgl. BGH v. 7.4.2005 – I ZR 314/02, GRUR 2005, 690; BGH v. 20.7.2006 – I ZR 228/03, GRUR 2007,
159.

§ 46
Einwilligung in den Einsatz nicht-essentieller Cookies

Literatur: AEPD, A Guide on the use of cookies, Stand November 2019; *European Data Protection Board*, Guidelines 04/2019: on Article 25 Data Protection by Design and by Default (2019); *Gerhardt*, Zur Analogiefähigkeit verbraucherschützender Widerrufsrechte, 2015; *Hanloser*, Umsetzungslücken bei der ePrivacy-RL – Planet49, ZD 2019, 264; *Lang*, K&R-Kommentar zu BGH, Urteil vom 28.5.2020, I ZR 7/16, K&R 2020, 615; *Moos/Strassemeyer*, Der gestalterische Spielraum für Einwilligungserklärungen nach BGH Cookie-Einwilligung II, DSB 2020, 207; *Moos/Rothkegel*, Setzen von Cookies erfordert aktive Einwilligung des Internetnutzers – Planet49, MMR 2019, 732; *Ochs/Richter/Uhlmann*, Technikgestaltung demokratisieren – Partizipatives Privacy by Design, ZD-Aktuell 2016, 05424; *Richter*, Zertifizierung unter der DS-GVO, ZD 2020, 84; *Rose*, „Smart Cams" im öffentlichen Raum, ZD 2017, 64; *Roßnagel/Pfitzmann/Garstka*, Modernisierung des Datenschutzrechts, 2001; *Schantz/Wolff*, Das neue Datenschutzrecht, 2017; *Spindler*, Klarheit für Cookies, NJW 2020, 2513; *Strassemeyer*, Die richtlinienkonforme Rechtsfortbildung des § 15 Abs. 3 TMG, DSB 2020, 109; *Taeger/Schweda*, Die gemeinsam mit anderen Erklärungen erteilte Einwilligung, ZD 2020, 124; *Ulmer/Brandner/Hensen*, AGB-Recht, 12. Aufl. 2016; *Utz/Degeling/Fahl/Schaub/Holz*, (Un)informed Consent: Studying GDPR Consent Notices in the Field, https://www.syssec.ruhr-uni-bochum.de/media/emma/veroeffentlichun gen/2019/10/22/uninformedconsent.pdf (zuletzt überprüft am 7.12.2020); *Vasquez/Kroschwald*, Produktdatenschutz: Verantwortung zwischen Herstellern und Anbietern, MMR 2020, 217.

A. Einleitung

Die Frage, auf welche Weise nicht lediglich technisch erforderliche Cookies rechtssicher eingesetzt   46.1
werden können, beantworten Webseiten praktisch auf unzählige Arten und Weisen. Ein klar erkenn-

barer Marktstandard für die Gestaltung eines „**Cookie-Consent-Banners**" („CCB") hat sich immer noch nicht etabliert, wenngleich einige besonders deutlich rechtswidrige Versionen zunehmend im Aussterben befindlich zu sein scheinen und sich jüngst die Einwilligung gemäß dem Standard **TCF 2.0** des IAB – trotz rechtlicher Bedenken – auf dem Vormarsch befindet. *Stark* unterscheiden sich derartige Cookie-Banner etwa insofern, als sie teilweise lediglich informatorisch wirken (und sich hinsichtlich der Rechtsgrundlage weiterhin auf die Interessenabwägung verlassen, was spätestens nach dem Urteil des BGH in Sachen Planet49[1] kaum noch vertretbar sein dürfte), wiederum teilweise aber auch auf völlig unterschiedliche Gestaltungserklärungen setzen. Häufig zu sehen sind auch Buttons, deren Bedeutungsgehalt unklar ist (etwa „Verstanden" oder „Ok", wenn die eigentliche Gestaltungserklärung nach dem Text des Cookie-Banners jedoch in der „Weiternutzung der Webseite" liegen soll und eben nicht in der Abgabe einer ausdrücklichen Bestätigungserklärung).

46.2 Bei der Frage, wie ein rechtskonformer Einsatz eines Cookie-Banners auszusehen hat, gilt es zunächst einmal, sich bewusst zu machen, dass es keine spezifischen rechtlichen Anforderungen an „Cookie-Banner" gibt, sondern lediglich bestimmte rechtliche Anforderungen an die einschlägige Rechtsgrundlage von Datenverarbeitungen und die Mitteilung von Informationen über diese Datenverarbeitungen. Diese unterschiedlichen rechtlichen Anforderungen werden indes oftmals in ein solches Pop-Up-Banner gegossen. Bevor ein Cookie-Banner entworfen oder die Rechtskonformität eines bestehenden Banners beurteilt wird, muss mithin die Frage geklärt werden, was genau, rechtlich betrachtet, damit eigentlich erreicht werden soll.

46.3 In dem hier dargestellten Formular soll es um die Darstellung eines Cookie-Banners gehen, das den Anspruch hat, die datenschutzrechtlichen Anforderungen an eine **Einwilligungserklärung** in einer nutzerfreundlichen und gleichzeitig die „conversion rate" (Verhältnis der Anzahl der Besucher einer Webseite zur Anzahl der Abschlüsse) schonenden Weise zu erfüllen. Die Einwilligung ist jenseits der Beschränkung auf lediglich technisch notwendige Cookies derzeit die rechtssicherste Möglichkeit, Cookies einzusetzen.

46.4 Im Folgenden wird der sprachlichen Einfachheit halber stets von „Cookies" gesprochen. Die Ausführungen gelten jedoch entsprechend für jegliche **Tracking-Technologie**, im Zuge derer Informationen auf dem Endgerät der Nutzer gespeichert oder aus diesem ausgelesen werden. In diesen (sehr weit gefassten) Fällen greift nämlich das Einwilligungserfordernis aus Art. 5 Abs. 3 Satz 1 der „ePrivacy-Richtlinie" (RL 2002/58/EG), das nach der weiten Interpretation durch den BGH in dessen Urteil in Sachen Planet49 (Rz. 46.1) trotz des eigentlich entgegenstehenden Wortlauts[2] in Deutschland nunmehr als durch § 15 Abs. 3 TMG umgesetzt angesehen wird. Eine Einwilligung über ein Pop-Up-Banner ließe sich auch jenseits von Cookies für andere Tracking-Technologien einholen.

---

1 BGH v. 28.5.2020 – I ZR 7/16, NJW 2020, 2540; ausf. dazu *Moos/Strassemeyer*, DSB 2020, 207 ff.; *Spindler*, NJW 2020, 2513 ff.; *Lang*, K&R 2020, 615 ff.

2 Der Wortlaut des § 15 Abs. 3 TMG deutet für sich betrachtet auf die Zulässigkeit einer „Opt-Out-Lösung" hin. Der BGH hat die fehlende Einwilligung nun als „Widerspruch" im Sinne der Norm interpretiert und damit einen richtlinienwidrigen Zustand in Deutschland vermieden; ausf. bereits zu EuGH v. 1.10.2019 – C-673/17, ECLI:EU:C:2019:801 – Planet49 *Moos/Rothkegel*, MMR 2019, 732 (740); sowie zur teleologischen Reduktion des § 15 Abs. 3 TMG durch den BGH *Moos/Strassemeyer*, DSB 2020, 207 (209 f.); *Lang*, K&R 2020, 615 (616).

B. Einwilligung in den Einsatz nicht-essentieller Cookies

I. Muster

M 46.1 Cookie-Einwilligung

46.5

Cookie-Einwilligung

I. Erste Ebene:

Einwilligung in den Einsatz von Cookies[3]: [X][4]

Wir[5] nutzen Cookies, um diese Website optimieren und Ihnen anzeigen zu können. Außerdem möchten wir Ihnen gerne möglichst relevante Inhalte anzeigen. Sie können unter „weitere Einstellungen" die Cookies ablehnen oder dort festlegen, welche Cookies wir setzen dürfen. Wenn Sie zu einem späteren Zeitpunkt Ihre Meinung ändern, können Sie diese Einstellungen jederzeit für die Zukunft ändern.

Wenn Sie mindestens 16 Jahre alt sind[6], können Sie mit der Betätigung des Buttons „Zustimmen" in die Nutzung sämtlicher Cookies einwilligen.

Zustimmen[7]

Weitere Einstellungen[8]

Beachten Sie bitte auch unsere Datenschutzhinweise[9].

II. Zweite Ebene: „Weitere Einstellungen"[10]

Optimierung unserer Website[11]

Durch unsere Analysedienste können wir besser verstehen, wie Sie und Andere unsere Webseite nutzen. Diese Informationen werden in anonyme Statistiken überführt, die uns helfen, unsere Webseite nutzerfreundlicher zu gestalten.

Präferenzen[12]

Mit Hilfe dieser Cookies können wir Ihre Nutzung unserer Webseite so analysieren, dass wir Ihnen unser Angebot für Sie möglichst passend darstellen können, etwa hinsichtlich angebotener Spracheinstellungen oder des konkreten Angebots an Waren und Dienstleistungen.

Personalisierte Werbung[13]

Indem wir Ihre Nutzung unserer Webseite analysieren, können wir Ihnen für Sie potenziell relevante Inhalte als Werbung anzeigen. Wenn Sie diese Einwilligung nicht erteilen, wird Ihnen weniger relevante Werbung angezeigt.

---

3 Zu den Erläuterungen siehe Rz. 46.13 f.
4 Zu den Erläuterungen siehe Rz. 46.15 ff.
5 Zu den Erläuterungen siehe Rz. 46.19 f.
6 Zu den Erläuterungen siehe Rz. 46.21 ff.
7 Zu den Erläuterungen siehe Rz. 46.25 ff.
8 Zu den Erläuterungen siehe Rz. 46.31 ff.
9 Zu den Erläuterungen siehe Rz. 46.40 ff.
10 Zu den Erläuterungen siehe Rz. 46.31 ff.
11 Zu den Erläuterungen siehe Rz. 46.36.
12 Zu den Erläuterungen siehe Rz. 46.37.
13 Zu den Erläuterungen siehe Rz. 46.38.

Auswahl so treffen[14]

Weiterführende Informationen zum Umfang dieser Datenverarbeitungen finden Sie in unseren Daten-schutzhinweisen.[15]

II. Erläuterungen

1. Vorbemerkung

46.6 Die Einwilligung in den Einsatz von Cookies orientiert sich an den Anforderungen der DSGVO, d.h. wesentlich an den Art. 4 Nr. 11, Art. 6 Abs. 1 lit. a, Art. 7, 8 DSGVO sowie den Erwägungsgründen 32 und 43 DSGVO. Art. 5 Abs. 3 der ePrivacy-Richtlinie, auf dem das Einwilligungserfordernis im Wesentlichen gründet, verweist für die Voraussetzungen einer Einwilligung auf die „Datenschutz-Richtlinie" 95/46/EG, wobei die Verweise auf diese nach Art. 94 Abs. 2 Satz 1 DSGVO nunmehr als solche auf die DSGVO zu verstehen sind. Entsprechend muss die Einwilligung insbesondere freiwillig und in informierter Weise, für den bestimmten Fall und unmissverständlich erteilt sein.

46.7 Hinsichtlich der Verarbeitung **besonderer Kategorien personenbezogener Daten** ist gem. Art. 9 Abs. 1 DSGVO Vorsicht geboten: Eine **Profilbildung** auf Basis einer anderen Rechtsgrundlage als einer Einwilligung (z.B. einer Interessenabwägung oder für Zwecke der Vertragsdurchführung) ist selbst bei nicht initial „gesperrten" Tracking-Verfahren in den meisten Fällen von vornherein unzulässig. Typische Beispiele dafür wären etwa das Tracking von Interesse an Medikamenten oder sonstigen Gesundheitsprodukten. Ebenso wäre das Einbeziehen anderer sensibler Daten ohne Einwilligung signifikant risikobehaftet (etwa bei **Zahlungsverkehrsdaten**, vgl. die Wertung in § 59 Abs. 2 ZAG oder bei Daten zu Straftaten, vgl. Art. 10 DSGVO). Entsprechend sollte daher unbedingt überprüft werden, ob besondere Kategorien personenbezogener Daten bei dem Einsatz der jeweiligen Tracking-Technologie erfasst werden könnten. Diese sollten sodann in der Einwilligung benannt werden.

46.8 Hier wird eine **„mehrschichtige" Cookie-Einwilligung** dargestellt, die sich an einer eher geringen Bereitschaft für das Eingehen rechtlicher Risiken orientiert, ohne das Bedürfnis einer für den Verantwortlichen vorteilhaften conversion rate aus den Augen zu verlieren. Noch rechtssicherer wäre es, auf die Einbindung einer zweiten Entscheidungsebene hinsichtlich der möglichen Auswahl von Verarbeitungszwecken gänzlich zu verzichten und stattdessen die Optionen einer Einzelauswahl, einer Globalbestätigung, aber auch einer globalen Ablehnung bereits auf erster Ebene anzubieten.

46.9 Verantwortlichen, die bereit sind, größere jedenfalls praktische Risiken einer Beanstandung der gewählten Lösung durch Datenschutz-Aufsichtsbehörden einzugehen, steht zudem der Weg offen, eine **konkludente Einwilligung** durch „Weiternutzung der Webseite" einzusetzen. Dies gilt jedenfalls dann, wenn ein solcher Hinweis nicht zu übersehen ist (z.B. zentriert und wesentliche Teile der Webseite verdeckend). Zudem muss der Verantwortliche erkennen lassen, was er unter der „Weiternutzung der Webseite" versteht und auf welche Weise Einzelentscheidungen und eine Ablehnung des Cookie-Einsatzes ermöglicht wird. Für die generelle Zulässigkeit einer solchen konkludenten Einwilligung spricht die Tatsache, dass die DSGVO an drei Stellen[16] eine ausdrückliche Einwilligung fordert. Im Umkehr-

---

14 Zu den Erläuterungen siehe Rz. 46.39.

15 Zu den Erläuterungen siehe Rz. 46.40 ff.

16 Dies ist der Fall bei besonderen Kategorien personenbezogener Daten (Art. 9 Abs. 2 lit. a DSGVO), automatisierten Einzelfallentscheidungen (Art. 22 Abs. 2 lit. c DSGVO) und Datentransfers in Drittländern (Art. 49 Abs. 1 lit. a DSGVO).

schluss ist es daher in Konstellationen, in denen diese Ausnahmen nicht einschlägig sind, grundsätzlich möglich, auch eine konkludente Einwilligung einzusetzen[17].

Allerdings wäre es vermutlich rechtswidrig, etwa das reine **Verweilen auf einer Webseite** als Einwilligung zu interpretieren. Dies würde ein rein passives Verhalten bedeuten[18]. Soweit bei der Webseitennutzung nicht lediglich auf das Verweilen, sondern auf das **Anklicken** oder **Scrollen** auf Webseiten abgestellt wird, kann dies den Anforderungen genügen. Denn zumindest das Anklicken (und – wenn auch weniger eindeutig – das Scrollen) wird doch schwerlich als rein passive, sondern vielmehr als eine aktive Handlung einzustufen sein. Wichtig ist, dass Verantwortliche, die sich für eine solche Variante entscheiden, entsprechende Mechanismen implementieren, die den Nachweis über die zweifelsfreie Abgabe der Einwilligung ermöglichen[19]. 46.10

Zudem erhöht der Einsatz einer konkludenten Einwilligung gleichzeitig auch die Anforderungen, die an die Gestaltung der Einwilligungserklärung zu stellen sind[20]: Während die Weiternutzung einer Webseite, auf welcher ein eher unscheinbarer Button implementiert ist, den Anforderungen an eine „**unmissverständliche", aktive Erklärung** eher nicht mehr genügt, dürften Cookie-Banner, die die Webseite ganz oder überwiegend verdecken und zudem in verständlicher Weise darstellen, dass der Erklärende durch eine spezifische Handlung seine Einwilligung in die beschriebene Datenverarbeitung erteilt, ausreichen. Letzteres kann z.B. durch bestimmte Interaktionen mit der Webseite, z.B. das Betätigen bestimmter Schaltflächen etc., erfolgen. Entscheidend ist, dass der Nutzer das Cookie-Banner bewusst zur Kenntnis nimmt und das im Banner angesprochene „Weiternutzen" nachvollziehbar definiert wird. 46.11

Der hier dargestellte CCB verfolgt insoweit einen rechtssichereren Weg und bietet eine ausdrückliche Einwilligung an.

2. Erläuterungen der Einwilligung in den Einsatz von Cookies (1. Ebene)

M 46.1.1 Cookie-Einwilligung – erste Ebene   46.12

I. Erste Ebene:

Einwilligung in den Einsatz von Cookies: [X]

Wir nutzen Cookies, um diese Website optimieren und Ihnen anzeigen zu können. Außerdem möchten wir Ihnen gerne möglichst relevante Inhalte anzeigen. Sie können unter „weitere Einstellungen" die Cookies ablehnen oder dort festlegen, welche Cookies wir setzen dürfen. Wenn Sie zu einem späteren Zeitpunkt Ihre Meinung ändern, können Sie diese Einstellungen jederzeit für die Zukunft ändern.

Wenn Sie mindestens 16 Jahre alt sind, können Sie mit der Betätigung des Buttons „Zustimmen" in die Nutzung sämtlicher Cookies einwilligen.

Zustimmen

Weitere Einstellungen

Beachten Sie bitte auch unsere Datenschutzhinweise.

---

17 So auch *Taeger/Schweda*, ZD 2020, 124; *Moos/Rothkegel*, MMR 2019, 732, 738; *Moos/Strassemeyer*, DSB 2020, 207.
18 Der EuGH fordert hier indes ein „aktives Verhalten", siehe EuGH v. 1.10.2019 – C-673/17, ECLI:EU:C: 2019:801 – Planet49, Rz. 62.
19 Vgl. Erwägungsgrund 42 Satz 1; *Moos/Strassemeyer*, DSB 2020, 207.
20 *Moos/Strassemeyer*, DSB 2020, 207.

a) Die Überschrift des Cookie-Banners

aa) Ratio

46.13 Dem Nutzer soll durch die Überschrift des Cookie-Banners verdeutlicht werden, was die rechtliche Qualität seiner Erklärung sein wird. Wichtig ist insbesondere, den Unterschied zu rein informativen Cookie-Bannern klarzustellen.

bb) Transparenter Aussagegehalt der Überschrift

46.14 Der Nutzer sollte wissen, worin der rechtliche Charakter des „Cookie-Banners" zu sehen ist. Hierzu ist es förderlich, wenn bereits in der Überschrift der Terminus „Einwilligung" verwendet wird.

Im hier vorgestellten CCB wurde eine eher sachliche **Überschrift** gewählt. Hier sind jedoch zahlreiche Gestaltungen denkbar, einschließlich der „Auflockerung" des Textes, ohne den Aussagegehalt zu verfälschen. Viele Nutzer empfinden die Auseinandersetzung mit Cookie-Bannern erfahrungsgemäß als lästig und zeitintensiv. Hier können Formulierungen hilfreich sein, die den Nutzer auf den nur zeitweiligen Charakter der Auseinandersetzung mit dem Banner hinweisen. Irreführend und deshalb ungeeignet sind aber Formulierungen wie „Datenschutz", weil es gerade um die Zustimmung zu einer intensiveren Nutzung von Daten geht.

b) Button zum Schließen des Fensters („X")

aa) Ratio

46.15 Bei einer Einwilligung sollte der Nutzer die Möglichkeit haben, sich über einen unmissverständlichen Button den Verarbeitungen seiner personenbezogenen Daten zu entziehen. Dafür bietet sich die Implementierung eines für die meisten Nutzer gewohnten Buttons zum Schließen des Fensters (z.B. „X") an.

bb) Möglichkeit, die Einwilligung auf „erster Ebene" abzulehnen

46.16 Durch die Einbindung eines Anklickfelds „X" oder „Schließen" oben rechts im Banner soll dem Nutzer auf erster Ebene angeboten werden, die Datenverarbeitung abzulehnen.

Nicht gänzlich klar ist, ob zur Implementierung einer solchen Option eine Pflicht besteht oder ob es ausreicht, die **Ablehnungsmöglichkeit** erst auf der verlinkten „zweiten Ebene" anzubieten. Der dogmatische Anknüpfungspunkt für diese Frage ist das Merkmal der „Freiwilligkeit" der Einwilligung. Insofern wird teilweise vertreten, dass eine Ablehnung genau so einfach wie die Erteilung der Einwilligung sein muss und in der Konsequenz nicht auf zweiter Ebene „versteckt" werden darf. Hierfür spricht in gewisser Weise die Regelung des Art. 7 Abs. 3 Satz 4 DSGVO, nach welcher der Widerruf einer Einwilligung so einfach wie ihre Erteilung sein muss. Eine unterschiedliche Behandlung des Widerrufs einerseits und der initialen Ablehnungsmöglichkeit andererseits erschiene nicht wirklich von einem sachlichen Grund getragen. Insofern ließe sich aufgrund der gleichen Interessenlage in beiden „Ablehnungskonstellationen" die Freiwilligkeit so interpretieren, dass es zu ihrer Wahrung erforderlich ist, bereits auf erster Ebene ihre Abwahl anzubieten. Die Gegenmeinung liegt freilich auf der Hand: aus der Beschränkung der Regelung auf den Widerruf könnte auch eine bewusste Entscheidung des Gesetzgebers zu entnehmen sein[21]. Es wäre dementsprechend zu folgern, dass die Nichterteilung nicht zwingend auf erster Ebene möglich sein muss.

46.17 Ob dies auch aus dem BGH-Urteil „Cookie-Einwilligung II"[22] folgt, ist nicht eindeutig zu beantworten. Der BGH hatte dort eine Einwilligung als unzureichend bezeichnet, bei welcher sich der Nutzer mit einem aufwendigen Verfahren konfrontiert sah, das ihn dazu veranlassen konnte, von der Aus-

---

21 Zur Methodik des EuGH im Hinblick auf Analogiebildungen und Interpretationsspielräume siehe *Gerhardt*, S. 36 ff.
22 BGH v. 28.5.2020 – I ZR 7/16, NJW 2020, 2540.

übung bestimmter Auswahlmöglichkeiten Abstand zu nehmen. In dem der Entscheidung zugrunde liegenden Fall handelte es sich jedoch um ein sehr spezielles und zugleich komplexes Aus- und Abwahlverfahren, das mit einer einfachen Einwilligung in das Setzen von Cookies nur bedingt vergleichbar erscheint. Zudem hat der BGH dieses Verfahren lediglich unter dem Kriterium der „Informiertheit" kritisiert, nicht aber unter dem hier relevanten Kriterium der „Freiwilligkeit". Dies spricht dagegen, beim Fehlen einer ausdrücklichen Ablehnungsmöglichkeit auf erster Ebene eine lediglich unfreiwillige und damit nichtige Einwilligung anzunehmen. Damit wäre die Einwilligung mithin trotz der fehlenden Ablehnungsmöglichkeit auf erster Ebene wirksam erteilt.

Durch die Implementierung des **„Schließen"-Buttons** im CCB ist ein sachgerechter Kompromiss gewählt. Dieser bietet eine Abwahlmöglichkeit auf erster Ebene an, ohne dem Nutzer durch einen prominent hervorgehobenen Button die Entscheidung gegen die Einwilligung über Gebühr zu erleichtern. Ob mit dieser Lösung angesichts der im Internet weit verbreiteten und bekannten Bedeutung des „X"-Symbols für das Schließen eines Fensters die conversion rate tatsächlich geschont würde, müsste jenseits juristischer Anforderungen eingeschätzt und evaluiert werden. 46.18

Noch deutlicher (und rechtssicherer) wäre eine Ablehnungsmöglichkeit freilich, wenn der CCB gleichrangig (neben dem Button „Zustimmen") über einen Button „Ablehnen" verfügen würde.

c) Definition des Verantwortlichen („Wir")

aa) Ratio

Zu einer informierten Einwilligung gehört u.a. die Information über die **Identität des** für die Datenverarbeitung **Verantwortlichen**, was hier gewährleistet werden soll[23]. 46.19

bb) Verlinkung des „Wir"

An dieser Stelle sollte z.B. per **mouse-over** oder **Link** eine Definition des Verantwortlichen i.S.d. Art. 4 Nr. 7 DSGVO einschließlich seiner Gesellschaftsform eingepflegt werden. Die zusätzliche Aufnahme der Adresse ist optional. Zahlreiche aktuell eingesetzte „Cookie-Banner" lassen eine solche Definition vermissen und können dem Erfordernis, den betroffenen Personen die Identität des Verantwortlichen mitzuteilen, folglich nicht hinreichend rechtssicher genügen. Ein Link könnte hier an die entsprechende Stelle der Datenschutzhinweise oder in einen separaten, knappen Text führen. 46.20

d) Bezugnahme auf das Mindestalter

aa) Ratio

Der Hinweis auf das **Mindestalter** soll dazu führen, dass die höheren Anforderungen an Einwilligungen durch besonders vulnerable Personen, hier von Kindern gem. Art. 8 DSGVO, hinreichend umgesetzt werden[24]. Die besondere Schutzbedürftigkeit von Kindern wird bereits in Erwägungsgrund 38 DSGVO erwähnt, wo ihnen ein geringeres Bewusstsein für Risiken, Folgen, Garantien und ihre Rechte im Hinblick auf die Verarbeitung personenbezogener Daten als Erwachsenen zugesprochen wird. 46.21

bb) Begrenzung der Einwilligung auf „einwilligungsmündige" Personen

Art. 8 DSGVO ordnet vereinfacht gesagt an, dass bei einem Angebot eines Dienstes der Informationsgesellschaft gegenüber Kindern und Jugendlichen vor dem sechzehnten Lebensjahr die Träger der elterlichen Verantwortung die Einwilligung anstelle des Kindes erteilen müssen, um eine wirksame Einwilligung herbeizuführen. 46.22

---

23 Siehe Erwägungsgrund 42 DSGVO.
24 Hierzu *EDSA*, Guidelines 05/2020, 4.5.2020, Rz. 124 ff.

Für die **Altersverifizierung** hat sich noch kein Marktstandard etabliert, insbesondere da etwa das PostIdent-Verfahren evident ungeeignet für die Nutzung einer Webseite ist.

46.23 Als Faustregel gilt insoweit: je deutlicher eine Webseite auf **Minderjährige** zugeschnitten ist und je sensibler die Datenverarbeitungen sind, desto intensiver muss sich der Verantwortliche um eine möglichst zuverlässige Altersverifikation bemühen. Als eine mögliche Methode zur Altersverifikation auch im Sinne der Datenminimierung wird etwa der sog. Zero-Knowledge-Beweis diskutiert[25], der im Zusammenhang mit dem Setzen von Cookies im Regelfall jedoch wenig praktikabel erscheint. Bei Webseiten, die keine besonderen Datenkategorien verarbeiten und nicht explizit auf Kinder und Jugendliche zugeschnitten sind, reicht es als Maßnahme sinnvollerweise aus, Nutzer unterhalb eines bestimmten Alters aufzufordern, die Einwilligung nicht als Kind abzugeben.

Insofern liegt kein Fall der zuletzt auch im Urteil des EuGH in Sachen Planet49[26] bestätigten Kritik an der Verknüpfung der Einwilligung mit anderen Willenserklärungen vor, da der Nutzer nichts erklärt, sondern lediglich aufgefordert wird, die Einwilligung unter bestimmten Umständen nicht zu erteilen.

46.24 Ein Blick in das europäische Ausland lässt wenig praktikable Lösungen erkennen: so verfolgt etwa die spanische Datenschutzaufsichtsbehörde den Ansatz, dass bei unter 14-jährigen betroffenen Personen die Erziehungsberechtigten beispielsweise telefonisch einwilligen können oder im CCB gebeten werden sollten, die Gestaltungserklärung für die Nutzung der Daten des Kindes abzugeben[27]. Insgesamt scheint eine solche Lösung jedoch eher praxisfern bzw. manipulationsanfällig zu sein. Angesichts der evidenten Manipulationsanfälligkeit all dieser Verfahrensweisen mag es im Fall, dass ein Online-Dienst sich nicht speziell an Kinder richtet, auch ausreichen, auf einen solchen Hinweis gänzlich zu verzichten. Die **Einwilligung durch ein Kind** wäre dann freilich im Einzelfall nichtig und die betreffende Datenverarbeitung in den meisten Fällen rechtswidrig.

e) Implementierung eines „Zustimmen"-Buttons

aa) Ratio

46.25 Die DSGVO selbst spricht davon, eine Einwilligung setze eine **„eindeutige bestätigende Handlung"** voraus (Erwägungsgrund 32 Satz 1 DSGVO). Der EuGH bestätigt dies in seinem Urteil Planet49: Demnach verlange eine Einwilligung nach der DSGVO ein aktives und kein passives Handeln[28]. Dem schließt sich (notwendigerweise) der BGH an, der unter Bezugnahme auf den EuGH bekräftigt, für eine wirksame Einwilligungserklärung sei eine aktive Handlung erforderlich[29].

Insofern sollte die Beschriftung des „Einwilligungs-Buttons" sorgsam gewählt werden. Aus der Formulierung sollte deutlich und unmissverständlich hervorgehen, dass der Nutzer eine Rechtsfolge herbeiführen möchte. Gewahrt ist dies etwa bei Formulierungen wie „Zustimmen", „Einverstanden", „Einwilligung erteilen" etc. Nicht zu einer rechtswirksamen Einwilligung führen Formulierungen wie „Verstanden" oder „Weiter".

46.26 In der Betätigung des Buttons „Zustimmen" ist eine aktive Handlung des Nutzers zu sehen. Diese Gestaltung ist insoweit rechtssicher und zu empfehlen. Neben der hier gewählten Vorgehensweise, die

---

25 Internationale Arbeitsgruppe für Datenschutz in der Telekommunikation (eine Arbeitsgruppe aus Datenschutzbehörden, Regierungsstellen, internationalen Organisationen und Wissenschaftlern), Working Paper on Online Services for Children (2019), https://www.datenschutz-berlin.de/fileadmin/user_upload/pdf/publikationen/working-paper/2019/2019-IWGDPT-Working_Paper_Online_Services_for_Children.pdf (zuletzt geprüft am 7.12.2020).
26 EuGH v. 1.10.2019 – C-673/17, ECLI:EU:C:2019:801 – Planet49, Rz. 58.
27 *AEPD*, A Guide on the use of cookies, November 2019, S. 30 ff.
28 EuGH v. 1.10.2019 – C-673/17, ECLI:EU:C:2019:801 – Planet49, Rz. 62: *„un consentement actif"*.
29 BGH v. 28.5.2020 – I ZR 7/16, NJW 2020, 2540, Rz. 51 ff.

Einwilligung über einen ausdrücklich zu bestätigenden Button einzuholen, wäre es auch denkbar, auf die „Weiternutzung der Webseite" als Gestaltungserklärung abzustellen (siehe oben, Rz. 46.9).

In jedem Fall rechtssicherer ist es jedoch, die Einwilligung wie hier vorgesehen durch eine auch jenseits der Definition der „Weiternutzung" **unmissverständliche Handlung** einzuholen. Ein Nutzer, der einen „Bestätigen-" oder „Zustimmen"-Button betätigt, lässt damit fraglos deutlicher erkennen, was er möchte, als beim reinen Weiternutzen einer Webseite. 46.27

bb) Hervorhebung des „Zustimmen"-Buttons

Die **optische Hervorhebung** des „Zustimmen"-Buttons im Vergleich zu einer „Ablehnen"-Schaltfläche oder der Schaltfläche für weitere Einstellungen durch eine etwas größere Schrift und Fettdruck führt nicht dazu, dass die Einwilligung als nicht mehr freiwillig gelten würde. 46.28

Das Cookie-Consent-Banner kann in rechtskonformer Weise in Grenzen durch sog. „**Nudging**" in der Effektivität seines Einsatzes zugunsten von Verantwortlichen beeinflusst werden. Dies kann etwa eine größere Schrift und/oder farbliche Hinterlegung des Einwilligungsbuttons beinhalten. Eine Grenze (der Freiwilligkeit) ist aber dort erreicht, wo die Erteilung der Einwilligung als klar vorzugswürdige Option erscheint (etwa „Blinken" der gewünschten Option oder eine kaum leserliche Schriftgröße bei Ablehnungsmöglichkeiten).

Unter kommerziellen Gesichtspunkten empfehlenswert ist es jedenfalls, auf erster Ebene möglichst nur eine binäre Auswahlmöglichkeit anzubieten (etwa „Einwilligung verweigern"/„Einwilligung erteilen" oder „Akzeptieren"/„Mehr Informationen" o.Ä.). Die Interaktionsrate von Nutzern sinkt bei mehreren Wahlmöglichkeiten, da diese oftmals schlicht die Webseite ansehen möchten, ohne zu viel Zeit mit detaillierter Auswahl der Tracking-Einstellungen zu verlieren[30]. Nach empirischen Erkenntnissen machen faktisch ohnehin nur sehr wenige Nutzer Gebrauch von einzelnen Entscheidungsoptionen (etwa 10 % der Nutzer entfernen Häkchen bei einzelnen Anbietern und 6,9 % bei verschiedenen Verarbeitungszwecken)[31]. 46.29

3. Erläuterungen der Einwilligung in den Einsatz von Cookies (2. Ebene)

M 46.1.2 Cookie-Einwilligung – zweite Ebene 46.30

II. Zweite Ebene: „Weitere Einstellungen"

> *Optimierung unserer Website*
>
> *Durch unsere Analysedienste können wir besser verstehen, wie Sie und Andere unsere Webseite nutzen. Diese Informationen werden in anonyme Statistiken überführt, die uns helfen, unsere Webseite nutzerfreundlicher zu gestalten.*
>
> *Präferenzen*
>
> *Mit Hilfe dieser Cookies können wir Ihre Nutzung unserer Webseite so analysieren, dass wir Ihnen unser Angebot für Sie möglichst passend darstellen können, etwa hinsichtlich angebotener Spracheinstellungen oder des konkreten Angebots an Waren und Dienstleistungen.*

---

30 *Utz/Degeling* et.al., S. 9.
31 Zum faktischen Einfluss einer binären Entscheidungsmöglichkeit (mit zumindest geringem Begleiteffekt des Nudgings), siehe *Utz/Degeling* et.al., S. 9.

Personalisierte Werbung

Indem wir Ihre Nutzung unserer Webseite analysieren, können wir Ihnen für Sie potentiell relevante Inhalte als Werbung anzeigen. Wenn Sie diese Einwilligung nicht erteilen, wird Ihnen weniger relevante Werbung angezeigt.

Auswahl so treffen

Weiterführende Informationen zum Umfang dieser Datenverarbeitung finden Sie in unseren Datenschutzhinweisen.

a) Ratio

46.31 Die Einwilligung folgt hier einem mehrschichtigen Verfahren, das insbesondere bei Einwilligungen im Online-Kontext zugunsten der Übersichtlichkeit oftmals ratsam ist.

b) Grundsätzliche Anforderungen an die Granularität

46.32 Im Hinblick auf die **Granularität der Einwilligung** verlangt die DSGVO, nach **Verarbeitungszwecken** (Erwägungsgrund 32 DSGVO) sowie nach der im Einzelfall angebrachten Vorgehensweise hinsichtlich verschiedener **Verarbeitungsvorgänge** (Erwägungsgrund 43 DSGVO) zu unterteilen und entsprechend differenzierende Einwilligungsmöglichkeiten anzubieten. Insbesondere eine Unterteilung nach Verarbeitungszwecken ist (auch nach Ansicht der Datenschutzbehörden) relevant, um die Freiwilligkeit der Einwilligung zu gewährleisten[32].

Die Verarbeitungszwecke variieren freilich von Webseite zu Webseite und erfordern eine individuelle Anpassung. Typischerweise werde diese in Kategorien wie hier vorgeschlagen unterteilt, wenngleich diese schlagwortartige Einordung einer Konkretisierung (etwa in den Datenschutzhinweisen, siehe Rz. 46.40 ff.) bedarf, um die Informiertheit der Einwilligung zu gewährleisten.

46.33 Der EuGH hat zudem klargestellt, dass für das Setzen oder Auslesen von Cookies, die einer Einwilligung bedürfen, die **Kategorien von Empfängern** und die **Funktionsdauer** mitzuteilen sind[33]. Jedenfalls hinsichtlich der Funktionsdauer geht es jedoch insbesondere um die Erfüllung der Transparenzpflichten nach Art. 13 f. DSGVO und weniger um die informierte Einwilligung. Dabei können mehrschichtige und granulare Informationen ein geeignetes Mittel sein, um der doppelten Verpflichtung gerecht zu werden, einerseits präzise und vollständig und andererseits verständlich zu sein[34].

46.34 Denkbar wäre es, neben einer unterteilten Einwilligung nach Verarbeitungszwecken eine solche auch etwa für verschiedene **Datenempfänger** zu fordern. Eine solche granulare Gestaltung könnte in Einzelfällen den Umständen des Einzelfalls gerecht werden, was nach Erwägungsgrund 43 DSGVO von Relevanz ist. Auch der Europäische Datenschutzausschuss diskutiert ein Szenario, in dem eine Einwilligung in die E-Mail-Werbung einerseits und in das Teilen von Informationen mit anderen Unternehmen andererseits eingeholt wird, jedoch nur unter dem Gesichtspunkt, dass zwischen diesen beiden Verarbeitungszwecken unterschieden werden können muss, nicht aber, dass wegen der Unterschiedlichkeit der jeweiligen Datenempfänger separate Erklärungen abgefragt werden müssten. Auf diese müsse lediglich informatorisch hingewiesen werden[35]. In ähnlicher Weise entschied auch das OLG Frankfurt über die Wirksamkeit einer Einwilligung, die zugunsten von acht verschiedenen Verantwortlichen eingeholt wurde. In diesem Zusammenhang wurde nicht die fehlende Möglichkeit diskutiert, Einzelentscheidungen vorzunehmen, sondern lediglich die Frage, ob bei einem zu großen Kreis an involvierten Ver-

---

32 *EDSA*, Guidelines 05/2020, Rz. 42-44; so auch *Klabunde* in Ehmann/Selmayr, Art. 4 DSGVO Rz. 48.
33 EuGH v. 1.10.2019 – C-673/17, ECLI:EU:C:2019:801 – Planet49, Rz. 81.
34 *EDSA*, Guidelines 05/2020, Rz. 69.
35 *EDSA*, Guidelines 05/2020, Beispiel 7.

antwortlichen die betroffene Person überhaupt die Möglichkeit hat, eine informierte Einwilligung abzugeben[36]. Eine solch granulare Einwilligungsmöglichkeit kann angeboten werden, zwingend geboten scheint sie jedoch nicht. In diesem Zusammenhang sollten Nutzer auch nicht durch zu viele Einzelentscheidungen überfordert werden[37].

Zusätzlich (nicht jedoch alternativ) kann dem Nutzer die Möglichkeit gegeben werden, sämtliche Datenverarbeitungen wie hier durch das „Zustimmen"-Feld mit einer einzelnen Handlung zu ermöglichen[38]. Aus dem Umstand, dass einzelne Einwilligungen angeboten werden müssen, folgt nicht, dass eine umfassende Einwilligung unzulässig wäre. In der Regel werden Nutzer ohnehin keine differenzierte Einwilligung erteilen (siehe oben, Rz. 46.29). 46.35

Entsprechend der Anforderungen des Erwägungsgrundes 32 DSGVO und der Konkretisierung durch den EuGH[39] befinden sich hier sämtliche Einzelentscheidungen als Standardeinstellung in der „Ablehnungs-Position".

c) Einzelne Zwecke

aa) „Optimierung unserer Webseite"

Unter diesen Zweck können beispielsweise sämtliche Cookies gefasst werden, die dazu dienen, das **Nutzerverhalten** auf der Webseite zum Zweck der allgemeinen (also nicht individuell abgestimmten) Optimierung des eigenen Web-Angebots zu beobachten und zu analysieren. Typischerweise würden hierunter Instrumente zur Reichweitenmessung und Nachvollziehbarkeit bestimmter Nutzeraktionen auf der Webseite umfasst, sofern der Zweck nicht individualbezogen ist (beispielsweise **Google Analytics** in der Basisvariante oder ähnliche Dienste). 46.36

bb) „Präferenzen"

Eine weiterer „typischer" Verarbeitungszweck ist die Datenverarbeitung, um „**Präferenzen**" festzustellen. Darunter können beispielsweise Informationen fallen, welche die Art beeinflussen, wie sich eine Webseite verhält oder aussieht; z.B. bevorzugte Sprache oder Region des Nutzers, um u.a. das Angebot an Waren oder Dienstleistungen konkretisieren zu können. Teilweise können derartige Cookies auch als technisch notwendig angesehen werden, mit der Konsequenz, dass sie nicht zwingend einwilligungsbedürftig sind (vgl. Art. 5 Abs. 3 ePrivacy-Richtlinie, siehe Rz. 46.4). Hier kommt es sinnvollerweise u.a. auf die Dauer der Speicherung der Präferenzen an (für Session-Cookies wäre eher keine Einwilligung notwendig, für eine dauerhafte Speicherung eher schon)[40]. 46.37

cc) „Personalisierte Werbung"

Als „personalisierte Werbung" oder häufig auch als „**Marketing**" werden solche Verarbeitungszwecke zusammengefasst, welche die Handlungen der Nutzer nachverfolgen, um diesen Nutzern Werbung anzuzeigen, die zu ihren Handlungen auf derselben Webseite (oder auch seitenübergreifend) passt. 46.38

Auch im Hinblick auf „personalisierte Werbung" gibt es vielerlei Variationen, die sich bereits im Text auf dieser Ebene widerspiegeln sollten. So macht es einen Unterschied, ob nur das Nutzerverhalten auf einer Webseite für Werbung auf derselben Webseite getrackt wird oder ob es darum geht, das Nutzerverhalten auch auf anderen Webseiten zu verfolgen und/oder dort personalisierte Werbung auszuspie-

---

36 OLG Frankfurt v. 27.6.2019 – 6 U 6/19 Rz. 14 f., ZD 2019, 507.

37 *Schantz/Wolff*, Das neue Datenschutzrecht, Rz. 518; *EDSA*, Guidelines 05/2020, Rz. 87, spricht von der sog. „click fatigue".

38 *Klement* in Simitis/Hornung/Spiecker, Art. 7 DSGVO Rz. 6, betont, es müssten zwar notwendigerweise mehrere Einwilligungen angeboten, nicht aber notwendigerweise mehrere Einwilligungserklärungen abgegeben werden; ähnlich *Arning/Rothkegel* in Taeger/Gabel, Art. 4 DSGVO Rz. 271.

39 EuGH v. 1.10.2019 – C-673/17, ECLI:EU:C:2019:801 – Planet49, Rz. 65.

40 *Art. 29-Datenschutzgruppe*, WP 194, S. 7 ff.

len. Auch ist denkbar, dass die Informationen über das Nutzerverhalten genutzt werden, um Modelle für die Bewerbung anderer Personen zu entwickeln (etwa anhand „statistischer Zwillinge"). All diese Feinheiten müssen in einer Formulierung der Einwilligung Berücksichtigung finden.

d) Bestätigung der Auswahl

46.39 Schlussendlich sollte durch einen Button die Bestätigung der Auswahl abgefragt werden. Hier ist keine bestimmte Formulierung zwingend. Möglich ist etwa eine Terminologie wie „Einwilligung so erteilen"; „Speichern und beenden"; „Auswahl so treffen" etc.

e) Verlinkung zu den Datenschutzhinweisen

46.40 Die **Datenschutzhinweise** erfüllen hier eine Doppelfunktion: sie stellen der betroffenen Person die Informationen nach Art. 13 f. DSGVO zu Verfügung. Zugleich konkretisieren sie auf „dritter Ebene" die Inhalte der informierten Einwilligung. In den Datenschutzhinweisen sollte konkretisiert werden, was unter den Zwecken verstanden wird, welche Datenkategorien verarbeitet werden[41] und welche Cookies unter dem jeweiligen Zweck fallen. Dadurch kann der Nutzer absehen, welche Auswirkungen seine Entscheidung hat.

46.41 Daneben muss der Verantwortliche freilich die gewöhnlichen **Informationspflichten** aus Art. 13 f. DSGVO erfüllen[42]. Es ist dabei datenschutzrechtlich nicht zwingend erforderlich, die beiden Erläuterungen miteinander in einem Dokument zu verknüpfen. Insbesondere wäre es möglich, sämtliche für eine informierte Einwilligung erforderlichen Informationen im Cookie-Banner selbst oder einem separaten, dort verlinkten Informationstext darzustellen.

Gegen die Darstellung im Cookie-Banner selbst spricht die Übersichtlichkeit der Erklärung. Insbesondere die Datenkategorien können oftmals recht umfangreich sein (zumal sie sich nach eingesetzten Cookies und verfolgten Zwecken häufig unterscheiden).

46.42 Da sich die Anforderungen an eine informierte Einwilligung und eine transparente Datenschutzerklärung jedoch teilweise überschneiden, erscheint es sinnvoll, Synergien zu nutzen. Zudem muss der betroffenen Person ohnehin die Datenschutzerklärung zur Verfügung gestellt werden, so dass eine Verlinkung in jedem Fall an irgendeiner Stelle erfolgen muss.

---

41 *EDSA*, Guidelines 05/2020, Rz. 64; OVG Hamburg Beschl. v. 26.2.2018 – 5 Bs 93/17 Rz. 40.
42 Siehe hierzu die Muster in Teil 7.

§ 47
Schweigepflichtentbindungserklärung

Literatur: *Brüggemann/Rein*, Reform des § 203 StGB – Erleichterungen für die Nutzung einer modernen IT durch Steuerberater, DStR 2017, 2572; *Bundesärztekammer/Kassenärztliche Bundesvereinigung*, Hinweise und Empfehlungen zur ärztlichen Schweigepflicht, Datenschutz und Datenverarbeitung in der Arztpraxis, Deutsches Ärzteblatt v. 9.3.2018, A1; *Düsseldorfer Kreis*; Einwilligungs- und Schweigepflichtentbindungserklärung in der Versicherungswirtschaft; *Dochow*, Unterscheidung und Verhältnis von Gesundheitsdatenschutz und ärztlicher Schweigepflicht (Teil 2), MedR 2019, 363; *Dochow/Dörfer/Halbe/Hübner/Ippach/Schröder/Schütz/Strüve*, Datenschutz in der ärztlichen Praxis, 2019; *Europäischer Datenschutzausschuss*, Guidelines 05/2020 on consent under Regulation 2016/679, Version 1.1 v. 4.5.2020; *v. Heintschel-Heinegg*, Beck'scher Online Kommentar StGB, 47. Edition, Stand 1.8.2020; *Holzner*, Datenschutz, Dokumentations- und Organisationspflichten in der ärztlichen Praxis, 2020; *Joecks/Miebach*, Münchener Kommentar Strafgesetzbuch, Band 4, 3. Aufl. 2017; *Kindhäuser/Neumann/Paeffgen*, Strafgesetzbuch, 5. Aufl. 2017; *Lackner/Kühl*, StGB, 29. Aufl. 2018; *Laue/Kremer*, Das neue Datenschutzrecht in der betrieblichen Praxis, 2. Aufl. 2019; *Laufs/Kern/Rehborn*, Handbuch des Arztrechts, 5. Aufl. 2019; *Römermann*, Beck'scher Online Kommentar BRAO, 9. Edition, Stand 1.11.2020; *Schönke/Schröder*, Strafgesetzbuch, 30. Aufl. 2019; *Schulze/Grziwotz/Lauda*, Kommentiertes Vertrags- und Prozessformularbuch, 4. Aufl. 2020; *Spickhoff*, Medizinrecht, 3. Aufl. 2018; *Weyland*, Bundesrechtsanwaltsordnung, 10. Aufl. 2020.

A. Einleitung

Personenbezogene Daten werden in bestimmten Fällen nicht nur durch die Datenschutzgesetze, sondern auch durch eine (**berufsrechtliche**) **Schweigepflicht** geschützt. So unterliegen z.B. Geheimnisse, die einem Arzt, Apotheker, Rechtsanwalt, Notar, Steuerberater oder Wirtschaftsprüfer in dieser Funktion anvertraut werden, der Schweigepflicht, welche auch über den Tod der betroffenen Person hinaus zu beachten ist (s. z.B. § 203 Abs. 5 StGB).   47.1

Die Pflicht bestimmter Berufsträger zur Verschwiegenheit ergibt sich zuvorderst aus den jeweiligen **berufsrechtlichen Vorschriften**, so z.B. aus den im Einzelfall anwendbaren Berufsordnungen für die Ärzte (vgl. § 9 MBO-Ä)[1], für Rechtsanwälte aus § 43a Abs. 2 BRAO und § 2 BORA, für Notare aus § 18   47.2

---

[1] Bei der MBO-Ä handelt es sich um eine rechtlich unverbindliche Empfehlung, die von der Bundesärztekammer erstellt wird und die ein bundesweit möglichst einheitliches Berufsrecht für Ärzte zum Ziel hat. Rechtlich verbindlich sind nur die berufsrechtlichen Satzungen der verschiedenen Landesärztekammern, in denen die MBO-Ä umgesetzt wird, in denen aber ggf. auch davon abgewichen werden kann, *Scholz* in Spickhoff, Vorbemerkungen zur MBO-Ä Rz. 1 ff. Zur besseren Verständlichkeit wird in diesem Beitrag (einheitlich) auf die MBO-Ä Bezug genommen.

BNotO, für Steuerberater aus § 57 Abs. 1 StBerG und § 5 BOStB sowie für Wirtschaftsprüfer aus § 43 Abs. 1 Satz 1 WiPrO.

47.3 Daneben und grundsätzlich unabhängig von den berufsrechtlichen Vorgaben ergibt sich eine Schweigepflicht für Angehörige bestimmter Berufe auch aus dem Strafrecht – und zwar aus **§ 203 StGB**. Für den privatwirtschaftlichen Rechtsverkehr sind dabei insbesondere die folgenden Berufsgruppen relevant:

– **Arzt**, Zahnarzt, Tierarzt, Apotheker oder Angehöriger eines anderen Heilberufs, der für die Berufsausübung oder die Führung der Berufsbezeichnung eine staatlich geregelte Ausbildung erfordert[2] (§ 203 Abs. 1 Nr. 1 StGB),

– **Berufspsychologe** mit staatlich anerkannter wissenschaftlicher Abschlussprüfung (§ 203 Abs. 1 Nr. 2 StGB),

– **Rechtsanwalt**, Kammerrechtsbeistand, Patentanwalt, Notar, Verteidiger in einem gesetzlich geordneten Verfahren, Wirtschaftsprüfer, vereidigter Buchprüfer, Steuerberater, Steuerbevollmächtigter oder Organ bzw. Mitglied eines Organs einer Rechtsanwalts-, Patentanwalts-, Wirtschaftsprüfungs-, Buchprüfungs- oder Steuerberatungsgesellschaft (§ 203 Abs. 1 Nr. 3 StGB),

– Angehöriger eines **Unternehmens der privaten Kranken-, Unfall- oder Lebensversicherung** oder einer privatärztlichen, steuerberaterlichen oder anwaltlichen Verrechnungsstelle (§ 203 Abs. 1 Nr. 7 StGB).

47.4 Werden Daten einem Angehörigen eines Berufes, der einer Schweigepflicht unterliegt, anvertraut, darf dieser die ihm anvertrauten Geheimnisse grundsätzlich **keinem Dritten mitteilen oder ihm auch nur die Möglichkeit zum Zugriff einräumen**. Dabei ist es unerheblich, ob der Dritte selbst einer Schweigepflicht unterliegt oder nicht[3]. Von diesem Grundsatz gibt es nur sehr enge Ausnahmen[4]. So darf ein zur Verschwiegenheit Verpflichteter z.B. Geheimnisse unter gewissen Bedingungen auch mit seinen berufsmäßig tätigen Gehilfen i.S.d. § 203 Abs. 3 Satz 1 StGB oder den bei ihm zur Vorbereitung auf ihren Beruf tätigen Personen teilen[5]. In Ausnahmesituationen kann eine Offenbarung von Geheimnissen auch durch § 34 StGB (Notstand) gerechtfertigt werden, z.B. um eigene Honorarforderungen durchsetzen zu können[6]. Auch die berufsrechtlichen Regelungen enthalten Ausnahmen von der Schweigepflicht, wie z.B. § 2 Abs. 3 BORA oder § 9 Abs. 2 MBO-Ä. Manche Gesetze enthalten darüber hinaus sogar Offenbarungspflichten des Geheimnisträgers, so z.B. § 138 StGB (Anzeigepflicht von Straftaten) sowie das Geldwäschebekämpfungsgesetz. Es ist aber stets im Einzelfall zu prüfen, inwiefern eine solche Ausnahme den Berufsgeheimnisträger sowohl von der strafrechtlichen als auch von der berufsrechtlichen Verschwiegenheitspflicht befreit.

47.5 Doch nicht nur die Berufsgeheimnisträger selbst unterliegen einer Schweigepflicht. Vielmehr erstreckt sich diese auch auf andere Personen, die mit einem Berufsgeheimnisträger im Rahmen ihrer beruflichen Tätigkeit auf bestimmte (im Gesetz näher festgelegte) Art und Weise „verbunden" sind. Im Hinblick auf (interne) **berufsmäßig tätige Gehilfen**, wie z.B. Sprechstundenhilfen oder mit der Kostenabrechnung betraute Angestellte des originär zur Verschwiegenheit Verpflichteten, sowie die bei ihnen **zur Vorbereitung auf den Beruf tätigen Personen**, wie z.B. Referendare und Famulanten[7], war dies

---

2 Z.B. Krankenschwestern und medizinisch- bzw. pharmazeutisch-technische Assistenten, siehe z.B. *Cierniak/Pohlit* in Joecks/Miebach, § 203 StGB Rz. 31; *Eisele* in Schönke/Schröder, § 203 StGB Rz. 62.

3 S. z.B. BGHZ 1, 15, 128; 116, 272.

4 Siehe ausführlich hierzu z.B. *Holzner*, Kap. A Rz. 61 ff.; *Eisele* in Schönke/Schröder, § 203 StGB Rz. 45 ff.; *Bundesärztekammer/Kassenärztliche Bundesvereinigung*, S. 2 ff.

5 Inwiefern dies auch berufsrechtlich zulässig ist, bemisst sich nach den jeweils anwendbaren berufsrechtlichen Vorgaben.

6 Siehe z.B. *Träger* in Weyland, § 43a BRAO Rz. 28; siehe auch § 2 Abs. 3 BORA.

7 *Weidemann* in v. Heintschel-Heinegg, § 203 StGB Rz. 28 f.; *Eisele* in Schönke/Schröder, § 203 StGB Rz. 97 i.V.m. Rz. 24 ff.; *Cierniak/Pohlit* in Joecks/Miebach, § 203 StGB Rz. 141 i.V.m. Rz. 123 ff.; *Ulsenheimer* in

auch schon vor der Reform des § 203 StGB im Jahr 2017 durch das Gesetz zur Neuregelung des Schutzes von Geheimnissen bei der Mitwirkung Dritter an der Berufsausübung schweigepflichtiger Personen[8] eindeutig geregelt[9].

Umstritten war vor der Reform allerdings, ob auch (**externe**) **Dritte**, wie z.B. Outsourcing-Unternehmen und IT-Dienstleister, in den Anwendungsbereich des § 203 StGB fielen oder nicht. Dies war insbesondere für die Frage relevant, inwiefern und unter welchen Voraussetzungen Berufsgeheimnisträger i.S.d. § 203 Abs. 1 StGB (externe) IT-Dienstleister einbinden durften, die im Rahmen ihrer Wartungs-, Administrations- und Pflegetätigkeiten ggf. auf beim Berufsgeheimnisträger gespeicherte und der Schweigepflicht unterliegende Geheimnisse zugreifen konnten. Vor dem Hintergrund einer immer weiter fortschreitenden Digitalisierung handelte es sich dabei um eine höchst praxisrelevante Frage bzw. um ein Dilemma, weil die Berufsgeheimnisträger einerseits „gezwungen" waren, Daten immer mehr elektronisch zu verarbeiten, andererseits aber ein (straf-)rechtliches Risiko damit einherging, weil die Berufsgeheimnisträger ihre IT-Systeme oftmals nicht selbst (bzw. durch eigenes Personal) warten, administrieren oder pflegen konnten. 47.6

Vor allem aus diesem Grund reformierte der Gesetzgeber im Jahr 2017 nach langjähriger Diskussion (endlich) **§ 203 StGB** und fügte insbesondere einen neuen Abs. 3 Satz 2 und einen neuen Abs. 4 in die Vorschrift ein[10]. § 203 Abs. 3 Satz 2 StGB enthält eine Befugnisnorm. Demnach dürfen die gem. § 203 Abs. 1 und 2 StGB zur Verschwiegenheit verpflichteten Personen „*fremde Geheimnisse gegenüber sonstigen Personen offenbaren, die an ihrer beruflichen oder dienstlichen Tätigkeit mitwirken, soweit dies für die Inanspruchnahme der Tätigkeit der sonstigen mitwirkenden Personen erforderlich ist; das Gleiche gilt für sonstige mitwirkende Personen, wenn diese sich weiterer Personen bedienen, die an der beruflichen oder dienstlichen Tätigkeit der* [gemäß § 203 Abs. 1 oder 2 StGB zur Verschwiegenheit verpflichteten Personen] *mitwirken*". 47.7

Hieraus folgt, dass gem. § 203 Abs. 1 oder 2 StGB zur Verschwiegenheit verpflichtete Personen – soweit dies im Einzelfall für die Inanspruchnahme der Dienstleistung des Verpflichteten erforderlich ist – unter den Voraussetzungen des § 203 Abs. 3 Satz 2 StGB z.B. auch **externe IT-Dienstleister** zur Einrichtung und Wartung ihrer IT-Anlagen[11] hinzuziehen sowie **Cloud-Dienste** und **IT-Outsourcing-Angebote** nutzen können[12], ohne sich nach § 203 StGB strafbar zu machen[13]. Bei den Mitwirkenden, an die ein zur Verschwiegenheit Verpflichteter Geheimnisse weitergeben darf, muss es sich zudem auch nicht zwingend um einen Dienstleister im klassischen Sinne handeln. So kann im Einzelfall z.B. auch die Mitwirkung einer Person, die selbst nach § 203 Abs. 1 oder 2 StGB zur Verschwiegenheit verpflichtet ist, an der Dienstleistung (des ersten Verpflichteten) erforderlich sein. Dies kann z.B. der Fall sein, wenn ein Steuerberater einen Rechtsanwalt bei der Beratung von dessen Mandanten mit seiner Expertise unterstützt[14]. Im Übrigen dürfen die mitwirkenden Personen ihrerseits nach Maßgabe von § 203 Abs. 3 Satz 2 Halbs. 2 StGB auch weitere Unteraufträge erteilen[15]. Mithin hat der Gesetzgeber in § 203 Abs. 3 Satz 2 StGB mit den (externen) „sonstigen mitwirkenden Personen" zusätzlich zu den „internen 47.8

Laufs/Kern/Rehborn, § 143 Rz. 2 f. Auch in den berufsrechtlichen Vorschriften zur Schweigepflicht sind i.d.R. ähnliche Regelungen enthalten.

8 BGBl. I 2017, 3618.
9 Siehe § 203 Abs. 3 Satz 2 StGB a.F.
10 Durch dieses Gesetz wurde zugleich auch die berufsrechtliche Schweigepflicht der Rechtsanwälte, Notare, Patentanwälte, Steuerberater und Wirtschaftsprüfer reformiert.
11 Siehe die Gesetzesbegründung zu § 203 Abs. 3 Satz 2 StGB in BT-Drucks. 18/11936, 28.
12 *Brüggemann/Rein*, DStR 2017, 2572 (2576).
13 Auch Unterbeauftragungen durch die Mitwirkenden sind nach § 203 Abs. 3 Satz 2 und Abs. 4 StGB möglich. Gegebenenfalls bestehen hier aber besondere Anforderungen in den jeweiligen berufsrechtlichen Vorschriften (s. z.B. § 43e Abs. 3 Satz 2 Nr. 3 BRAO).
14 *Brüggemann/Rein*, DStR 2017, 2572 (2575).
15 Gegebenenfalls bestehen hieran aber besondere Anforderungen in den jeweiligen berufsrechtlichen Vorschriften (s. z.B. § 43e Abs. 3 Satz 2 Nr. 3 BRAO).

Gehilfen" des Berufsgeheimnisträgers (also dessen berufsmäßig tätigen Gehilfen und den bei ihm zur Vorbereitung auf den Beruf tätigen Personen) eine weitere Gruppe geschaffen, der unter bestimmten Voraussetzungen Geheimnisse offenbart werden dürfen[16]. Die Befugnis zur Offenbarung von Geheimnissen gegenüber berufsmäßig tätigen Gehilfen des Berufsgeheimnisträgers und den bei ihm zur Vorbereitung auf den Beruf tätigen Personen richtet sich nach der Reform des § 203 StGB nun nach § 203 Abs. 3 Satz 1 StGB.

47.9 Soweit die mitwirkende Person nicht selbst nach § 203 Abs. 1 oder Abs. 2 StGB zur Verschwiegenheit verpflichtet ist, muss der zur Verschwiegenheit Verpflichtete den Mitwirkenden noch **zur Geheimhaltung verpflichten** – dies gilt auch gegenüber „internen Gehilfen" (also gegenüber berufsmäßig tätigen Gehilfen des zur Verschwiegenheit Verpflichteten und bei ihm zur Vorbereitung auf den Beruf tätigen Personen)[17]. Andernfalls droht ihm eine Bestrafung nach § 203 Abs. 4 Satz 2 Nr. 1 StGB, wenn die mitwirkende Person das Geheimnis unbefugt offenbart. Erfolgt die Einbindung durch einen Mitwirkenden, muss dieser den Unterauftragnehmer entsprechend verpflichten (§ 203 Abs. 4 Satz 2 Nr. 2 StGB). Die berufsrechtlichen Regelungen können teilweise weitergehende Anforderungen an die Verpflichtung zur Geheimhaltung – sowohl der externen Dienstleister wie auch der „internen Gehilfen" des Berufsgeheimnisträgers – vorsehen (wie z.B. § 43e BRAO). Diese weitergehenden Anforderungen müssen jedoch nicht zwingend gewahrt werden, damit die Strafbarkeit nach § 203 Abs. 4 Satz 2 Nr. 1 StGB entfällt.[18]

47.10 Als Ausgleich für die Erweiterung des Personenkreises, denen befugt Geheimnisse offenbart werden dürfen, hat der Gesetzgeber auch den Kreis der nach § 203 StGB zur Verschwiegenheit Verpflichteten ausgeweitet. So unterliegen nunmehr auch **die Personen, denen ein Berufsgeheimnisträger Geheimnisse in ihrer Funktion als (externe) „sonstige Mitwirkende" i.S.d. § 203 Abs. 3 Satz 2 StGB befugt offenbaren darf (z.B. IT-Dienstleister), gem. § 203 Abs. 4 Satz 1 StGB der Schweigepflicht**, deren Verletzung mit Freiheitsstrafe bis zu einem Jahr oder mit Geldstrafe bedroht ist. Diese Strafvorschrift gilt ebenso für „interne Gehilfen" i.S.d. § 203 Abs. 3 Satz 1 StGB, also für berufsmäßig tätige Gehilfen des Geheimnisträgers und für Personen, die bei ihm zur Vorbereitung auf ihren Beruf tätig sind – für diese beiden Personengruppen war die Strafbarkeit zuvor in § 203 StGB in Abs. 3 Satz 2 a.F. geregelt.

47.11 Ganz grundsätzlich ist zu beachten, dass die (strafrechtliche) **Schweigepflicht aus § 203 StGB** und die **berufsrechtliche Schweigepflicht** aus dem jeweiligen Berufsrecht **nebeneinander** stehen und inhaltlich teilweise voneinander abweichen. Hieraus folgt z.B., dass das Verhalten eines Berufsgeheimnisträgers zwar nicht gegen die Vorgaben aus § 203 StGB, aber sehr wohl gegen die Vorgaben aus dem jeweiligen Berufsrecht verstoßen kann. Mithin muss stets geprüft werden, ob das Offenbaren von Geheimnissen weder § 203 StGB noch die Regelungen zur Schweigepflicht im jeweiligen Berufsrecht verletzt. Daher ist z.B. auch in jedem Einzelfall zu prüfen, ob die Einbindung von Mitwirkenden (z.B. IT-Dienstleistern) nicht nur nach § 203 StGB, sondern auch nach den jeweiligen berufsrechtlichen Regelungen zulässig ist. So enthält z.B. § 43e BRAO eine Spezialregelung im Hinblick auf die Einbindung von Dienstleistern durch Rechtsanwälte[19]. Diese Vorschrift enthält beispielsweise weitergehende

---

16 Gegebenenfalls bestehen hieran aber besondere Anforderungen in den jeweiligen berufsrechtlichen Vorschriften (s. z.B. § 43a Abs. 2 Satz 4 BRAO, § 9 Abs. 3 MBO-Ä). Zur Abgrenzung zwischen berufsmäßig tätigen Gehilfen i.S.d. § 203 Abs. 3 Satz 1 StGB und sonstigen Mitwirkenden i.S.d. § 203 Abs. 3 Satz 2 StGB s. z.B. *Eisele* in Schönke/Schröder, § 203 StGB Rz. 25 f. und Rz. 46 ff.; *Cierniak/Pohlit* in Joecks/Miebach, § 203 StGB Rz. 123 ff. und Rz. 136 ff.

17 *Eisele* in Schönke/Schröder, § 203 StGB Rz. 101 f. Die Verpflichtung entfällt hingegen gem. § 203 Abs. 4 Satz 2 Nr. 1 StGB, wenn die mitwirkende Person selbst gem. § 203 Abs. 1 oder Abs. 2 StGB zur Verschwiegenheit verpflichtet ist.

18 *Cierniak/Pohlit* in Joecks/Miebach, § 203 StGB Rz. 157; *Eisele* in Schönke/Schröder, § 203 StGB Rz. 102.

19 Entsprechende bzw. leicht abweichende Vorschriften wurden z.B. auch im Berufsrecht für Notare (§ 26a BNotO), Patentanwälte (§ 39c PAO), Steuerberater (§ 62a StBerG) und Wirtschaftsprüfer (§ 50a WiPrO) eingeführt.

Vorgaben für die Einbindung von Dienstleistern als § 203 Abs. 3 und 4 StGB, so z.B. im Hinblick auf die Auswahl des Dienstleisters, die vertragliche Vereinbarung zur Verschwiegenheit und zur Inanspruchnahme von Dienstleistungen, die im Ausland erbracht werden. Die MBO-Ä regelt die Zulässigkeit der Einbindung von Dienstleistern und sonstigen Mitwirkenden in § 9 Abs. 4 MBO-Ä. Ebenso sind die **datenschutzrechtlichen Vorschriften** neben den Vorschriften zur Schweigepflicht anwendbar, so dass insbesondere der Abschluss eines Auftragsverarbeitungsvertrages gem. Art. 28 DSGVO erforderlich sein kann, wenn Dienstleister mit der Verarbeitung von Geheimnissen betraut werden[20].

Kann die Offenbarung von Geheimnissen durch einen Berufsgeheimnisträger nicht auf eine gesetzliche Erlaubnis gestützt werden, stellt die **Einwilligung des Verfügungsberechtigten** das Mittel der Wahl dar, damit ein Berufsgeheimnisträger ihm anvertraute Geheimnisse offenbaren darf. Auf den Streit, ob die Einwilligung dabei im Sinne eines Einverständnisses den Tatbestand des § 203 StGB ausschließt oder („nur") die Rechtswidrigkeit entfallen lässt[21], soll an dieser Stelle nicht eingegangen werden. Für den Berufsgeheimnisträger selbst zählt insoweit nur das Ergebnis, dass die Offenbarung der ihm in seiner beruflichen Funktion anvertrauten Geheimnisse auf Basis einer entsprechenden Einwilligung des Verfügungsbefugten zulässig ist.

47.12

Diesen Zwecken dienen die nachfolgenden Muster für eine Schweigepflichtentbindungserklärung.

47.13

B. Schweigepflichtentbindungserklärung

I. Muster

M 47.1 Schweigepflichtentbindungserklärung

47.14

Schweigepflichtentbindungserklärung

Hiermit entbinde ich Dr. Max Mustermann, Musterstr. 1, 10000 Musterstadt, von seiner ärztlichen Schweigepflicht und willige ein, dass er die oben aufgeführten Daten über meine Gesundheit zu Zwecken meiner Weiterbehandlung an Dr. Erika Musterfrau, Beispielsstr. 2, 20000 Beispielsstadt, übermittelt.

Ort, Datum …   *Name: …*   *Unterschrift: …*

M 47.2 Datenschutzrechtliche Einwilligung und Schweigepflichtentbindungserklärung

47.15

Zusammengefasste datenschutzrechtliche Einwilligungs- und Schweigepflichtentbindungserklärung

Hiermit willige ich ein, dass Dr. Max Mustermann, Musterstr. 1, 10000 Musterstadt, die oben aufgeführten Daten über meine Gesundheit zu Zwecken meiner Weiterbehandlung an Dr. Erika Musterfrau, Beispielsstr. 2, 20000 Beispielsstadt, übermittelt.

Insoweit befreie ich ihn auch von seiner ärztlichen Schweigepflicht.

Meine Einwilligung und die Befreiung von der ärztlichen Schweigepflicht gelten bis auf Widerruf, den ich jederzeit mit Wirkung für die Zukunft, z.B. per E-Mail unter datenschutz@dr-max-mustermann.de, erklären kann.

Ort, Datum …   *Name: …*   *Unterschrift: …*

---

20 Siehe zum Verhältnis zwischen der Schweigepflicht und der DSGVO z.B. auch *Dochow*, MedR 2019, 363.
21 Siehe zu diesem Streit z.B. *Cierniak/Pohlit* in Joecks/Miebach, § 203 StGB Rz. 57 f.

II. Erläuterungen

1. Vorbemerkungen

47.16 Das hier vorgestellte **Muster einer Schweigepflichtentbindungserklärung** betrifft den Beispielsfall der Übermittlung von Gesundheitsdaten durch einen behandelnden Arzt an einen anderen Arzt, der den betroffenen Patienten weiterbehandelt[22]. Das erste Muster beinhaltet dabei ausschließlich eine Erklärung, mittels derer der behandelnde Arzt von der Schweigepflicht befreit wird. Das zweite Muster enthält darüber hinaus auch noch eine datenschutzrechtliche Einwilligung zur Übermittlung der Daten an die weiterbehandelnde Ärztin (s. hierzu auch die besonderen Erläuterungen unter Rz. 47.33 ff.).

47.17 Für den Sonderfall, dass ein Heilberufler von seiner Schweigepflicht entbunden werden soll, damit ein **Versicherer** das zu versichernde Risiko oder seine Leistungspflicht beurteilen kann, sind zusätzlich die Anforderungen des **§ 213 VVG** zu berücksichtigen. In diesem Fall empfiehlt es sich, als Vorlage für eine Schweigepflichtentbindungserklärung auf die **zwischen dem Düsseldorfer Kreis und dem Gesamtverband der deutschen Versicherungswirtschaft e.V. abgestimmte Musterklärung** zurückzugreifen[23]. Allerdings ist hierbei zu beachten, dass diese Mustererklärung noch auf Basis des BDSG a.F., also vor Inkrafttreten der DSGVO, entworfen wurde. Mithin muss diese Mustererklärung (noch) an die (geänderten) datenschutzrechtlichen Anforderungen der DSGVO und der anwendbaren nationalen Begleitgesetze zur DSGVO angepasst werden, bevor Unternehmen diese Mustererklärung rechtssicher verwenden können[24].

2. Inhalt der Schweigepflichtentbindungserklärung

47.18 Im Gegensatz zu einer datenschutzrechtlichen Einwilligung ist im Gesetz **nicht ausdrücklich normiert, welche Mindestinhalte eine Schweigepflichtentbindungserklärung enthalten muss**, um den Geheimnisträger wirksam von seiner Schweigepflicht zu entbinden und eine Strafbarkeit nach § 203 StGB bzw. eine Verletzung berufsrechtlicher Vorschriften auszuschließen. Zudem scheint es in der Praxis auch nicht möglich zu sein, eine solche Erklärung zu Zwecken der Rechtssicherheit mit den zuständigen Behörden abzustimmen. Dies gilt jedenfalls im Hinblick auf die strafrechtliche Schweigepflicht gem. § 203 StGB, da sich weder Gerichte noch Staatsanwaltschaften hierzu im Vorfeld einer geplanten Verwendung äußern werden. Somit scheidet auch ein im Datenschutzrecht durchaus beliebtes Mittel aus, durch Abstimmung mit den zuständigen (Datenschutzaufsichts-)Behörden größere Rechtssicherheit zu erhalten.

47.19 Vor diesem Hintergrund ist es ratsam, sich bei den Inhalten der Schweigepflichtentbindungserklärung **an den Anforderungen einer datenschutzrechtlichen Einwilligungserklärung zu orientieren**. So erfordert auch eine wirksame Schweigepflichtentbindungserklärung – wie eine datenschutzrechtliche Einwilligungserklärung[25] –, dass der Erklärende eine im Wesentlichen zutreffende Vorstellung davon hat, worin er einwilligt, und dass er die Bedeutung und Tragweite seiner Entscheidung zu überbli-

---

22 Siehe hierzu auch § 9 Abs. 5 MBO-Ä, der Ärzte aber nur insoweit von der Schweigepflicht befreit, als das Einverständnis der Patientin oder des Patienten vorliegt oder anzunehmen ist, vgl. hierzu auch *Scholz* in Spickhoff, § 9 MBO-Ä Rz. 3; *Holzner*, Kap. A Rz. 62 ff.

23 Beschluss des Düsseldorfer Kreises v. 17.1.2012, Einwilligungs- und Schweigepflichtentbindungserklärung in der Versicherungswirtschaft, abrufbar unter: https://www.bfdi.bund.de/SharedDocs/Publikatio nen/Entschliessungssammlung/DuesseldorferKreis/170120121EinwilligungVersicherungswirtschaft.pdf.

24 Ausführlich zum Ergänzungsbedarf *Spittka* in Specht/Mantz, § 12 Rz. 54 ff.; *Kremer* in Laue/Kremer, § 2 Rz. 17.

25 S. zur datenschutzrechtlichen Einwilligungserklärung z.B. *Rohwedder* in Moos/Schefzig/Arning, Kap. 5 Rz. 133 ff.

cken vermag[26]. Hierfür ist es erforderlich, den Erklärenden vor Abgabe der Erklärung insbesondere über den Anlass und die Zielsetzung der Entbindung von der Schweigepflicht, sowie über die Art und den Umfang der Einschaltung Dritter zu informieren[27]. Mithin sind die inhaltlichen Anforderungen an eine wirksame Schweigepflichtentbindungserklärung mit denen an eine datenschutzrechtliche Einwilligung gem. Art. 4 Nr. 11, Art. 7 DSGVO vergleichbar. Hieraus folgt zudem, dass Pauschal- oder Blankoeinwilligungen in die Entbindung von der Schweigepflicht unwirksam sind[28].

Somit empfiehlt es sich, den Erklärenden im Rahmen der Schweigepflichtentbindungserklärung insbesondere über die folgenden Umstände aufzuklären:[29]   47.20

– **Person** des zur Verschwiegenheit Verpflichteten

– Konkrete **Nennung der Geheimnisse**, die offenbart werden sollen; hierbei sollte – wenn einschlägig – auch der Umstand erwähnt werden, dass es sich um besonders sensible Daten handelt (z.B. durch Nennung der Kategorie „Gesundheitsdaten")

– **Zwecke**, für die die Geheimnisse offenbart werden sollen

– **Empfänger**, denen die Geheimnisse offenbart werden sollen

– **Zwecke**, für die die **einzelnen Empfänger** die Geheimnisse verwenden

Gegebenenfalls kann die Schweigepflichtentbindungserklärung auch **Einschränkungen** enthalten, so   47.21
z.B. zur Dauer der Entbindung von der Schweigepflicht. Wird einem Dritten die Einsicht in Krankenunterlagen bei einer zur Verschwiegenheit verpflichteten Person gestattet und diese insoweit von ihrer Schweigepflicht entbunden, sollte die Dauer der Entbindung von der Schweigepflicht (also faktisch die Dauer des Rechts des Dritten zur Einsichtnahme) in jedem Fall in der Schweigepflichtentbindungserklärung bestimmt werden[30].

3. Erklärung durch den Verfügungsbefugten

Die Schweigepflichtentbindungserklärung muss zudem von der Person erteilt werden, die über das   47.22
dem Berufsgeheimnisträger anvertraute Geheimnis **verfügungsbefugt** ist.

Ganz regelmäßig wird dies **in der Praxis der jeweilige Patient, Mandant etc. – also der Vertragspart-   47.23
ner des Berufsgeheimnisträgers** – sein, der dem Berufsgeheimnisträger das jeweilige Geheimnis auch

---

26 BGH v. 20.5.1992 – VIII ZR 240/91, NJW 1992, 2348 (2350); *Cierniak/Pohlit* in Joecks/Miebach, § 203 StGB Rz. 62; *Eisele* in Schönke/Schröder, § 203 StGB Rz. 33; *Knauer/Brose* in Spickhoff, §§ 203–205 Rz. 34; s. für Rechtsanwälte auch *Träger* in Weyland, § 43a BRAO Rz. 24.

27 OLG Frankfurt v. 29.6.1987 – 2 Ws 194/86, NJW 1988, 2488; *Cierniak/Pohlit* in Joecks/Miebach, § 203 StGB Rz. 62; *Knauer/Brose* in Spickhoff, §§ 203–205 Rz. 34.

28 *Cierniak/Pohlit* in Joecks/Miebach, § 203 StGB Rz. 62.

29 Gegebenenfalls kann der Berufsgeheimnisträger den Erklärenden auch über die Folgen für den Fall informieren, dass die Erklärung nicht abgegeben und er nicht von der Schweigepflicht entbunden wird (vgl. z.B. *Dörfer* in Dochow/Dörfer/Halbe/Hübner/Ippach/Schröder/Schütz/Strüve, 11.5.1). Nach hier vertretener Auffassung ist dies allerdings nicht zwingend erforderlich – auch nicht im Rahmen einer etwaigen datenschutzrechtlichen Einwilligungserklärung (so wohl auch *Klement* in Simitis/Hornung/Spiecker, Art. 7 DSGVO Rz. 72; *Dochow* in Dochow/Dörfer/Halbe/Hübner/Ippach/Schröder/Schütz/Strüve, 4.5.4; vgl. auch *Europäischer Datenschutzausschuss*, Guidelines 05/2020 on consent under Regulation 2016/679, Version 1.1 v. 4.5.2020, S. 15 f.; dies im Rahmen von datenschutzrechtlichen Einwilligungserklärungen für notwendig erachtend z.B. *Stemmer* in BeckOK DatenschutzR, Art. 7 DSGVO Rz. 55 ff. mit Verweis auf EuGH v. 1.10.2019 – C-673/17, NJW 2019, 3433 (3437); *Heckmann/Paschke* in Ehmann/Selmayr, Art. 7 DSGVO Rz. 40). Ganz generell weitergehende Informationspflichten im Rahmen einer datenschutzrechtlichen Einwilligung annehmend z.B. *Stemmer* in BeckOK DatenschutzR, Art. 7 DSGVO Rz. 55 ff. Siehe ausführlich hierzu Rz. 47.35.

30 *Dautert/Kunze* in Schulze/Grziwotz/Lauda, § 630g BGB Rz. 10.

anvertraut hat. Allerdings sind die Einzelheiten dabei durchaus **umstritten**, insbesondere im Hinblick auf die Einwilligungsbefugnis im Rahmen von § 203 StGB, wobei sich die Erläuterungen im Folgenden auf die wesentlichen Argumentationslinien beschränken.

47.24 So wird argumentiert, dass § 203 StGB das Recht der betroffenen Person auf informationelle Selbstbestimmung schütze, weshalb **diese Person zur Verfügung über das Geheimnis befugt sei**[31]. Dies gelte auch dann, wenn das Geheimnis Auswirkungen auf Dritte habe, Dritte Interesse an einem Geheimnis hätten (z.B. im Fall von Erbkrankheiten) oder wenn eine andere Person dem Berufsgeheimnisträger Geheimnisse über die betroffene Person zur Verfügung stelle, soweit diese in einem inneren Zusammenhang mit dem Rechtsverhältnis zwischen der betroffenen Person und dem Berufsgeheimnisträger stehen (z.B. ein Familienangehöriger erteilt Auskunft über das Vorleben des Patienten)[32].

47.25 Etwas anderes gelte aber, wenn das von einem Dritten mitgeteilte Geheimnis **selbständig** sei – in diesem Fall sei der Mitteilende befugt, über das Geheimnis zu verfügen[33]. So wird dann auch vertreten, dass im Fall eines **Drittgeheimnisses**, also dem Fall, dass ein Anvertrauender dem Berufsgeheimnisträger ein Geheimnis mitteilt, das sich nicht auf ihn selbst, sondern auf eine andere Person bezieht, die in keinem Rechtsverhältnis zum Berufsgeheimnisträger steht, allein der **Anvertrauende über dieses Drittgeheimnis verfügen dürfe**[34]. Teilweise wird in diesem Fall angenommen, dass neben dem Anvertrauenden auch die von dem Geheimnis betroffene Person verfügungsbefugt sei[35]. In diesem Zusammenhang sei allerdings zu beachten, dass die Tatsache, dass der Anvertrauende den Berufsgeheimnisträger über das Drittgeheimnis informiert hat, ein nur der Verfügung des Anvertrauenden unterliegendes Geheimnis sein könne[36].

47.26 Im Hinblick auf die berufsrechtliche Schweigepflicht der Rechtsanwälte nach § 43a BRAO wird der **Mandant als allein verfügungsbefugt** über sämtliche Geheimnisse im Zusammenhang mit dem jeweiligen Mandat angesehen – und zwar unabhängig davon, ob das mandatsbezogene Wissen von dem Mandanten selbst oder von einem Dritten stammt, oder nur Dritte ein Geheimhaltungsinteresse an den anvertrauten Tatsachen haben[37].

47.27 Ist der Mandant eine **juristische Person** und ist diese verfügungsbefugt, muss die Schweigepflichtentbindungserklärung grundsätzlich durch das jeweils **vertretungsberechtigte Organ** erteilt werden[38]. Im Insolvenzfall geht die Verfügungsbefugnis des Mandanten grundsätzlich auf den Insolvenzverwalter über[39].

47.28 Voraussetzung für eine wirksame Schweigepflichtentbindungserklärung ist zudem die **Einwilligungsfähigkeit des Erklärenden**. Handelt es sich bei den Geheimnissen um Betriebs- und Geschäftsgeheimnisse, ist hierfür die Geschäftsfähigkeit des Erklärenden erforderlich – bei Geheimnissen, die zum persönlichen Lebensbereich gehören, kommt es hingegen auf die natürliche Einsichts- und Urteilsfähigkeit an[40].

---

31 S. z.B. *Cierniak/Pohlit* in Joecks/Miebach, § 203 StGB Rz. 59 m.w.N.
32 S. hierzu *Cierniak/Pohlit* in Joecks/Miebach, § 203 StGB Rz. 59 m.w.N.
33 S. hierzu *Cierniak/Pohlit* in Joecks/Miebach, § 203 StGB Rz. 59 m.w.N.
34 *Eisele* in Schönke/Schröder, § 203 StGB Rz. 31 m.w.N.
35 *Eisele* in Schönke/Schröder, § 203 StGB Rz. 31 m.w.N.
36 *Eisele* in Schönke/Schröder, § 203 StGB Rz. 31 m.w.N.; *Cierniak/Pohlit* in Joecks/Miebach, § 203 StGB Rz. 59 m.w.N.
37 *Träger* in Weyland, § 43a BRAO Rz. 24; *Römermann/Praß* in Römermann, § 43a BRAO Rz. 87.
38 *Eisele* in Schönke/Schröder, § 203 StGB Rz. 32; *Cierniak/Pohlit* in Joecks/Miebach, § 203 StGB Rz. 60; für Rechtsanwälte: *Träger* in Weyland, § 43a BRAO Rz. 24.
39 *Eisele* in Schönke/Schröder, § 203 StGB Rz. 32; *Cierniak/Pohlit* in Joecks/Miebach, § 203 StGB Rz. 60; für Rechtsanwälte: *Träger* in Weyland, § 43a BRAO Rz. 24.
40 BGH v. 25.1.1955 – I ZR 15/53, BGHZ 16, 172 (175); *Cierniak/Pohlit* in Joecks/Miebach, § 203 StGB Rz. 61; für Rechtsanwälte: *Römermann/Praß* in Römermann, § 43a BRAO Rz. 90.

4. Form der Schweigepflichtentbindungserklärung

Schon aus Nachweisgründen sollte eine Schweigepflichtentbindungserklärung stets ausdrücklich und in **Schriftform** (§ 126 BGB) eingeholt werden, auch wenn dies rechtlich in aller Regel nicht zwingend ist. So enthält das Strafrecht im Hinblick auf die strafrechtliche Einwilligungserklärung im Rahmen von § 203 StGB keine Formvorgaben. Mithin kann die Einwilligung in diesem Zusammenhang grundsätzlich **formlos** erteilt werden, also z.B. auch mündlich oder konkludent[41]. 47.29

Auch die berufsrechtlichen Vorschriften zur Schweigepflicht, die neben § 203 StGB anwendbar sind, enthalten i.d.R. **keine Formvorgaben im Hinblick auf die Schweigepflichtentbindungserklärung**, so dass der Geheimnisträger auch insoweit z.B. konkludent von seiner Schweigepflicht entbunden werden kann[42]. Allerdings kann insbesondere das Rechtsgeschäft, in dessen Rahmen der Geheimnisträger Geheimnisse offenbaren muss/möchte, an bestimmte Formerfordernisse geknüpft sein. So darf z.B. die Abtretung bzw. Übertragung von Vergütungsforderungen in bestimmten Fällen nur auf Basis einer ausdrücklichen, schriftlichen Einwilligung des Mandanten erfolgen (s. z.B. § 49b Abs. 4 Satz 2 BRAO; § 43a Abs. 2 Satz 2 PAO und § 64 Abs. 2 Satz 2 StBerG). 47.30

Zudem kann die Schweigepflichtentbindungserklärung unter den Voraussetzungen der §§ 305 ff. BGB auch in **AGB** mit aufgenommen werden[43]. 47.31

5. Widerrufbarkeit

Die Schweigepflichtentbindungserklärung ist grundsätzlich jederzeit und ohne Angabe von Gründen widerrufbar, wobei der Widerruf nur **Wirkung für die Zukunft** entfaltet[44]. Allerdings ist es gesetzlich – anders als im Datenschutzrecht – nicht vorgeschrieben, den Erklärenden über dieses Recht zu informieren. Doch kann es insbesondere aus Transparenzgründen durchaus überlegenswert sein, den Erklärenden auf freiwilliger Basis über dieses Recht zu informieren. 47.32

6. Zusammenfassung der Schweigepflichtentbindungserklärung mit einer datenschutzrechtlichen Einwilligungserklärung

Nach hier vertretener Ansicht ist es zudem zulässig, die **datenschutzrechtliche Einwilligung** in die Verarbeitung von Daten (i.d.R. in deren Übermittlung) und die **Entbindung von der Schweigepflicht** – wie in dem zweiten Muster oben unter Rz. 47.15 – in **einer Erklärung zusammenzufassen**. So enthält z.B. die zwischen dem Düsseldorfer Kreis und dem Gesamtverband der deutschen Versicherungswirtschaft e.V. abgestimmte (Muster-)-Einwilligungs- und Schweigepflichtentbindungserklärung in der Versicherungswirtschaft eine Reihe derartiger Erklärungen[45]. Diese Erklärungen, die noch auf Basis der Rechtslage vor der DSGVO entworfen wurden, sind in der Praxis – soweit ersichtlich – bisher nicht beanstandet worden. 47.33

---

41 Siehe z.B. *Eisele* in Schönke/Schröder, § 203 StGB Rz. 34 f.; *Knauer/Brose* in Spickhoff, §§ 203–205 StGB Rz. 34; *Cierniak/Pohlit* in Joecks/Miebach, § 203 StGB Rz. 61 ff.

42 Siehe z.B. im Hinblick auf Rechtsanwälte: *Träger* in Weyland, § 43a BRAO Rz. 25; *Römermann/Praß* in Römermann, § 43a BRAO Rz. 92; im Hinblick auf Ärzte: *Knauer/Brose* in Spickhoff, §§ 203–205 StGB Rz. 34.

43 Siehe aber *Cierniak/Pohlit* in Joecks/Miebach, § 203 StGB Rz. 62.

44 *Cierniak/Pohlit* in Joecks/Miebach, § 203 StGB Rz. 64. Siehe im Hinblick auf Rechtsanwälte: *Römermann/Praß* in Römermann, § 43a BRAO Rz. 94.

45 Beschluss des Düsseldorfer Kreises v. 17.1.2012, Einwilligungs- und Schweigepflichtentbindungserklärung in der Versicherungswirtschaft, abrufbar unter: https://www.bfdi.bund.de/SharedDocs/Publikationen/Entschliessungssammlung/DuesseldorferKreis/170120121EinwilligungVersicherungswirtschaft.pdf.

47.34 Auch auf Grundlage der DSGVO ist es nach hier vertretener Ansicht zulässig, die beiden Erklärungen zusammenzufassen. Mit anderen Worten: Nach hier vertretener Meinung ist die **datenschutzrechtliche Einwilligung auch dann wirksam**, wenn sie mit einer Schweigepflichtentbindungserklärung zusammengefasst wird – vorausgesetzt, dass die übrigen Anforderungen an eine datenschutzrechtliche Einwilligung erfüllt sind[46]. Zwar muss das Ersuchen um Einwilligung gem. Art. 7 Abs. 2 Satz 1 DSGVO – wenn die Einwilligung durch eine schriftliche Erklärung[47] abgegeben werden soll – in verständlicher und leicht zugänglicher Form und in einer klaren und einfachen Sprache so erfolgen, dass es von den anderen Sachverhalten klar zu unterscheiden ist. Das bedeutet jedoch nicht, dass die Einwilligung nicht mit anderen Erklärungen kombiniert werden darf. Allerdings muss die datenschutzrechtliche Einwilligungserklärung gem. Art. 7 Abs. 2 Satz 1 DSGVO deutlich hervorgehoben und übersichtlich gestaltet werden, die betroffene Person also darauf aufmerksam gemacht werden, dass die Erklärung (auch) eine datenschutzrechtliche Einwilligungserklärung beinhaltet. Dies sollte insbesondere durch die Überschrift, die verständliche Formulierung des Textes und die (grafische) Gestaltung der Erklärung erfolgen[48]. Vor diesem Hintergrund sollte die zusammengefasste Erklärung durch gestalterische Maßnahmen (z.B. Rahmen/Formatierung des Textes (z.B. durch Fettdruck oder Einrücken)) von anderen Erklärungen getrennt und mit einer eindeutigen und gesonderten Überschrift versehen werden, wie z.B. *„Datenschutzrechtliche Einwilligung und Schweigepflichtentbindungserklärung"*[49]. Außerdem sollte die Klausel vor dem Hintergrund des Art. 7 Abs. 2 Satz 1 DSGVO eine in sich geschlossene datenschutzrechtliche Einwilligung enthalten und im Hinblick auf die Entbindung der Schweigepflicht dann auf diese datenschutzrechtliche Einwilligung Bezug nehmen. Bei strenger Auslegung von Art. 7 Abs. 2 Satz 1 DSGVO könnten eine Datenschutzaufsichtsbehörde bzw. ein Gericht aber wohl auch zu der Auffassung gelangen, dass die datenschutzrechtliche Einwilligung und die Schweigepflichtentbindungserklärung getrennt voneinander vorgehalten werden müssen. Dieses Risiko erscheint allerdings eher gering. Besitzt die datenschutzrechtliche Einwilligung eine sehr wichtige Bedeutung für das Unternehmen, könnte es allerdings überlegenswert sein, aus Gründen der Rechtssicherheit getrennte Erklärungen zu verwenden oder die zusammengefasste Erklärung mit der zuständigen Datenschutzaufsichtsbehörde abzustimmen.

47.35 Im Übrigen muss die **datenschutzrechtliche Einwilligung** den Anforderungen aus der **DSGVO** – insbesondere aus Art. 4 Nr. 11 und Art. 7 DSGVO – sowie aus den **nationalen Begleitgesetzen**, z.B. dem BDSG und dem SGB X, genügen[50]. Soweit besondere Kategorien personenbezogener Daten verarbeitet werden, ist hierbei auch Art. 9 Abs. 2 lit. a DSGVO zu beachten. Teilweise wird in der datenschutzrechtlichen Literatur – entgegen der hier vertretenen Ansicht – gefordert, dass die betroffene Person im Rahmen der Einwilligung über sämtliche in Art. 13 Abs. 1 lit. a–c, e–f, Abs. 2 DSGVO bzw. in Art. 14 Abs. 1 und ggf. in Abs. 2 lit. a, c–g DSGVO genannten Punkte zu informieren sei[51]. Nach hier vertrete-

---

46 Vgl. *Rohwedder* in Moos/Schefzig/Arning, Kap. 5 Rz. 159; nicht eindeutig: *Europäischer Datenschutzausschuss*, Guidelines 05/2020 on consent under Regulation 2016/679, Version 1.1 v. 4.5.2020, S. 18 f.

47 Schriftliche Erklärungen umfassen auch solche in elektronischer Form, s. z.B. *Rohwedder* in Moos/Schefzig/Arning, Kap. 5 Rz. 160.

48 Siehe z.B. *Rohwedder* in Moos/Schefzig/Arning, Kap. 5 Rz. 160; *Schulz* in Gola, Art. 7 DSGVO Rz. 44 ff.; *Heckmann/Paschke* in Ehmann/Selmayr, Art. 7 DSGVO Rz. 76 ff.

49 Siehe zu den Möglichkeiten, die Vorgaben aus Art. 7 Abs. 2 DSGVO umzusetzen z.B. *Rohwedder* in Moos/Schefzig/Arning, Kap. 5 Rz. 160; *Schulz* in Gola, Art. 7 DSGVO Rz. 44 ff.; *Heckmann/Paschke* in Ehmann/Selmayr, Art. 7 DSGVO Rz. 76 ff.

50 Siehe hierzu z.B. Teil 7, Rz. 45.3 ff. und *Rohwedder* in Moos/Schefzig/Arning, Kap. 5 Rz. 129 ff.

51 Siehe z.B. *Stemmer* in BeckOK DatenschutzR, Art. 7 DSGVO Rz. 55 f., 60 mit Verweis auf EuGH v. 1.10.2019 – C-673/17, NJW 2019, 3433 (3437); *Heckmann/Paschke* in Ehmann/Selmayr, Art. 7 DSGVO Rz. 40. Siehe zu den nach dieser Auffassung im Fall einer Zweckänderung erforderlichen Informationen: *Stemmer* in BeckOK DatenschutzR, Art. 7 DSGVO Rz. 57. Im Einzelfall können ggf. auch noch weitergehende Informationen erforderlich sein, z.B. im Fall von Übermittlungen in Drittländer, siehe *Stemmer* in BeckOK DatenschutzR, Art. 7 DSGVO Rz. 58 ff.

ner Auffassung ist dies aber zu weitgehend[52]. Gerade bei komplexeren Datenverarbeitungen kann es aber ggf. sinnvoll sein, einen Mehrebenenansatz zu verfolgen, um den betroffenen Personen die für die Wirksamkeit der Einwilligung erforderlichen Informationen (verständlich) zur Verfügung zu stellen[53]. In diesem Rahmen kann es ggf. ratsam sein, (auch) die Datenschutzerklärung i.S.d. Art. 13 f. DSGVO mit in die Einwilligung einzubeziehen – quasi als eine (nachgelagerte) Ebene der Information, zumal der Verantwortliche die Informationspflichten nach Art. 13 f. DSGVO ohnehin erfüllen muss und durch die Verweisung/Verlinkung auch sichergestellt wird, dass die Informationen rechtzeitig erteilt werden (siehe hierzu z.B. Teil 7, Rz. 46.40 ff.).

---

52 So wohl auch *Klement* in Simitis/Hornung/Spiecker, Art. 7 DSGVO Rz. 72; *Dochow* in Dochow/Dörfer/Halbe/Hübner/Ippach/Schröder/Schütz/Strüve, 4.5.4; vgl. auch *Europäischer Datenschutzausschuss*, Guidelines 05/2020 on consent under Regulation 2016/679, Version 1.1 v. 4.5.2020, S. 15 ff.

53 Siehe z.B. *Schulz* in Gola, Art. 7 DSGVO Rz. 40; vgl. auch *Europäischer Datenschutzausschuss*, Guidelines 05/2020 on consent under Regulation 2016/679, Version 1.1 v. 4.5.2020, S. 16 f.; vgl. aber auch BGH v. 28.5.2020 – I ZR 7/16, NJW 2020, 2540 (2544). S. hierzu auch Teil 7, Rz. 46.1 ff.

Stichwortverzeichnis

Die Zahlen verweisen auf die Randzahlen. Zahlen mit dem Zusatz ‚M' beziehen sich auf ein Muster und geben die Nummer des Musters an, die aus der Kapitelzahl abgeleitet ist.